Luis

LA
NUESTRO PUEBLO

1.ª edición: 2017

Imprimatur
Cardenal Oscar A. Rodríguez M., SDB
Arzobispo de Tegucigalpa

Monseñor Roberto Camilleri, OFM
Obispo de Comayagua

Traducción dirigida por Luis Alonso Schökel, SJ
Edición preparada por Armando Jesús Lovera Vásquez

Grupo de Comunicación Loyola
Padre Lojendio 2
48008 Bilbao – España
Tfno.: +34 94 447 0358/ Fax: +34 94 447 2630
info@gcloyola.com/ www.gcloyola.com

ISBN 978-84-271-3715-8

ÍNDICE GENERAL

Antiguo Testamento 5
Génesis (Gn) 6
Éxodo (Éx) 39
Levítico (Lv) 68
Números (Nm) 90
Deuteronomio (Dt) 118
Josué (Jos) 144
Jueces (Jue) 161
1 Samuel (1 Sm) 178
2 Samuel (2 Sm) 200
1 Reyes (1 Re) 218
2 Reyes (2 Re) 240
1 Crónicas (1 Cr) 260
2 Crónicas (2 Cr) 279
Esdras (Esd) 303
Nehemías (Neh) 310
1 Macabeos (1 Mac) 320
2 Macabeos (1 Mac) 342
Rut (Rut) 359
Tobías (Tob) 361
Judit (Jdt) 370
Ester (Est) 380
Isaías (Is) 389
Jeremías (Jr) 425
Ezequiel (Ez) 464
Oseas (Os) 498
Joel (Jl) 503
Amós (Am) 505
Abdías (Abd) 509
Jonás (Jon) 510
Miqueas (Miq) 511
Nahún (Nah) 514
Habacuc (Hab) 515
Sofonías (Sof) 517
Ageo (Ag) 519
Zacarías (Zac) 520
Malaquías (Mal) 526
Daniel (Dn) 527
Baruc (Bar) 542
Carta de Jeremías (CJr) 545
Salmos (Sal) 547
Cantar de los cantares (Cant) 591
Lamentaciones (Lam) 594
Proverbios (Prov) 598
Job (Job) 615
Eclesiastés (Ecl) 633
Eclesiástico (Eclo) 639
Sabiduría (Sab) 669

Nuevo Testamento 681
Mateo (Mt) 682
Marcos (Mc) 706
Lucas (Lc) 721
Juan (Jn) 747
Hechos de los Apóstoles (Hch) 765
Romanos (Rom) 789
1 Corintios (1 Cor) 799
2 Corintios (2 Cor) 809
Gálatas (Gál) 816
Efesios (Ef) 819
Filipenses (Flp) 823
Colosenses (Col) 825
1 Tesalonicenses (1 Tes) 827
2 Tesalonicenses (2 Tes) 830
1 Timoteo (1 Tim) 831
2 Timoteo (2 Tim) 834
Tito (Tit) 835
Filemón (Flm) 837
Hebreos (Heb) 837
Santiago (Sant) 844
1 Pedro (1 Pe) 847
2 Pedro (2 Pe) 850
1 Juan (1 Jn) 851
2 Juan (2 Jn) 854
3 Juan (3 Jn) 854
Judas (Jds) 855
Apocalipsis de Juan (Ap) 855

Lecturas bíblicas del año litúrgico 867

Devocionario 887
I. Las oraciones del cristiano 888
II. Vía crucis: el camino de la cruz 893
III. Celebremos la Eucaristía 893
IV. La Iglesia nos enseña 895

ÍNDICE ALFABÉTICO DE LIBROS

Abdías (Abd) 509
Ageo (Ag) 519
Amós (Am) 505
Apocalipsis de Juan (Ap) 855
Baruc (Bar) 542
Cantar de los cantares (Cant) 591
Carta de Jeremías (CJr) 545
Colosenses (Col) 825
1 Corintios (1 Cor) 799
2 Corintios (2 Cor) 809
1 Crónicas (1 Cr) 260
2 Crónicas (2 Cr) 279
Daniel (Dn) 527
Deuteronomio (Dt) 118
Eclesiastés (Ecl) 633
Eclesiástico (Eclo) 639
Efesios (Ef) 819
Esdras (Esd) 303
Ester (Est) 380
Éxodo (Éx) 39
Ezequiel (Ez) 464
Filemón (Flm) 837
Filipenses (Flp) 823
Gálatas (Gál) 816
Génesis (Gn) 6
Habacuc (Hab) 515
Hebreos (Heb) 837
Hechos de los Apóstoles (Hch) 765
Isaías (Is) 389
Jeremías (Jr) 425
Job (Job) 615
Joel (Jl) 503
Jonás (Jon) 510
Josué (Jos) 144
Juan (Jn) 747
1 Juan (1 Jn) 851
2 Juan (2 Jn) 854
3 Juan (3 Jn) 854
Judas (Jds) 855
Judit (Jdt) 370
Jueces (Jue) 379
Lamentaciones (Lam) 161
Levítico (Lv) 68
Lucas (Lc) 721
1 Macabeos (1 Mac) 320
2 Macabeos (1 Mac) 342
Malaquías (Mal) 526
Marcos (Mc) 706
Mateo (Mt) 682
Miqueas (Miq) 511
Nahún (Nah) 514
Nehemías (Neh) 310
Números (Nm) 90
Oseas (Os) 498
1 Pedro (1 Pe) 847
2 Pedro (2 Pe) 850
Proverbios (Prov) 598
1 Reyes (1 Re) 218
2 Reyes (2 Re) 240
Romanos (Rom) 789
Rut (Rut) 359
Sabiduría (Sab) 669
Salmos (Sal) 547
1 Samuel (1 Sm) 178
2 Samuel (2 Sm) 200
Santiago (Sant) 844
Sofonías (Sof) 517
1 Tesalonicenses (1 Tes) 827
2 Tesalonicenses (2 Tes) 830
1 Timoteo (1 Tim) 831
2 Timoteo (2 Tim) 834
Tito (Tit) 835
Tobías (Tob) 361
Zacarías (Zac) 520

ANTIGUO TESTAMENTO

GÉNESIS

LOS ORÍGENES (1–11)

Creación del mundo y la humanidad

1 1Al principio creó Dios el cielo y la tierra. 2La
tierra era un caos, no tenía forma; la tiniebla
cubría el abismo. Y el soplo de Dios se movía
sobre la superficie de las aguas.
3Dijo Dios: «Que exista la luz». Y la luz existió.
4Vio Dios que la luz era buena; y separó Dios la
luz de la tiniebla; 5llamó Dios a la luz: día, y
a la tiniebla: noche. Pasó una tarde, pasó una
mañana: este fue el día primero.
6Y dijo Dios: «Que exista un firmamento entre
las aguas, que separe aguas de aguas». 7E hizo
Dios el firmamento para separar las aguas de
debajo del firmamento, de las aguas de encima
del firmamento. Y así fue. 8Y llamó Dios al firma-
mento: cielo. Pasó una tarde, pasó una mañana:
este fue el día segundo.
9Y dijo Dios: «Que se junten las aguas de de-
bajo del cielo en un solo sitio, y que aparezcan
los continentes». Y así fue. 10Y llamó Dios a los
continentes: tierra, y a la masa de las aguas la
llamó: mar. Y vio Dios que era bueno.
11Y dijo Dios: «Produzca la tierra pasto y hier-
bas que den semilla, y árboles frutales que den
fruto según su especie y que lleven semilla sobre
la tierra». Y así fue. 12La tierra produjo hierba
verde que engendraba semilla según su especie, y
árboles que daban fruto y llevaban semilla según
su especie. Y vio Dios que era bueno. 13Pasó una
tarde, pasó una mañana: este fue el día tercero.
14Y dijo Dios: «Que existan astros en el firma-
mento del cielo para separar el día de la noche,
para señalar las fiestas, los días y los años; 15y
sirvan como lámparas del cielo para alumbrar a
la tierra». Y así fue. 16E hizo Dios los dos grandes
astros: el astro mayor para regir el día, el astro
menor para regir la noche, y las estrellas. 17Y los
puso Dios en el firmamento del cielo para dar
luz sobre la tierra; 18para regir el día y la noche,
para separar la luz de la tiniebla. Y vio Dios que
era bueno. 19Pasó una tarde, pasó una mañana:
este fue el día cuarto.
20Y dijo Dios: «Llénense las aguas de multitud
de vivientes, y vuelen pájaros sobre la tierra
frente al firmamento del cielo». 21Y creó Dios los
cetáceos y los vivientes que se deslizan y que
llenan las aguas según sus especies, y las aves
aladas según sus especies. Y vio Dios que era
bueno. 22Y Dios los bendijo, diciendo: «Crezcan,
multiplíquense y llenen las aguas del mar; y que
las aves se multipliquen en la tierra». 23Pasó una
tarde, pasó una mañana: este fue el día quinto.
24Y dijo Dios: «Produzca la tierra vivientes se-
gún sus especies: animales domésticos, reptiles
y fieras según sus especies». Y así fue. 25E hizo
Dios las fieras de la tierra según sus especies,
los animales domésticos según sus especies y
los reptiles del suelo según sus especies. Y vio
Dios que era bueno.
26Y dijo Dios: «Hagamos al hombre a nuestra
imagen y semejanza; que ellos dominen los
peces del mar, las aves del cielo, los animales
domésticos y todos los reptiles». 27Y creó Dios
al hombre a su imagen; a imagen de Dios lo creó;
varón y mujer los creó. 28Y los bendijo Dios y les
dijo: «Sean fecundos, multiplíquense, llenen la
tierra y sométanla; dominen a los peces del mar,
a las aves del cielo y a todos los animales que se
mueven sobre la tierra».
29Y dijo Dios: «Miren, les entrego todas las
hierbas que engendran semilla sobre la tierra; y
todos los árboles frutales que engendran semilla
les servirán de alimento; 30y a todos los animales
de la tierra, a todas las aves del cielo, a todos
los reptiles de la tierra –a todo ser que respira–,
la hierba verde les servirá de alimento». Y así
fue. 31Y vio Dios todo lo que había hecho: y era
muy bueno. Pasó una tarde, pasó una mañana:
este fue el día sexto.

2 1Y quedaron concluidos el cielo, la tierra y
todo el universo. 2Para el día séptimo había
concluido Dios toda su tarea; y descansó el día
séptimo de toda su tarea. 3Y bendijo Dios el día
séptimo y lo consagró, porque ese día descansó
Dios de toda su tarea de crear. 4aEsta es la histo-
ria de la creación del cielo y de la tierra.

Creación del hombre y la mujer

4bCuando el Señor Dios hizo la tierra y el cielo,
5no había aún matorrales en la tierra, ni brota-
ba hierba en el campo, porque el Señor Dios no
había enviado lluvia a la tierra, ni había hombre
que cultivase el campo 6y sacase un manantial
de la tierra para regar la superficie del campo.
7Entonces el Señor Dios modeló al hombre con
arcilla del suelo, sopló en su nariz aliento de vi-
da, y el hombre se convirtió en un ser vivo.

El paraíso

8El Señor Dios plantó un jardín en Edén, hacia el
oriente, y colocó en él al hombre que había mode-
lado. 9El Señor Dios hizo brotar del suelo toda cla-
se de árboles hermosos de ver y buenos de comer;
además, el árbol de la vida en mitad del jardín y el
árbol del conocimiento del bien y del mal.
10En Edén nacía un río que regaba el jardín y
después se dividía en cuatro brazos: 11el primero

se llama Pisón y rodea todo el territorio de Ja-
vilá, donde hay oro; 12el oro de esa región es de
calidad, y también hay allí ámbar y ónice. 13El
segundo río se llama Guijón, y rodea toda la Nu-
bia. 14El tercero se llama Tigris, y corre al este de
Asiria. El cuarto es el Éufrates.

15El Señor Dios tomó al hombre y lo colocó en
el jardín del Edén, para que lo guardara y lo cul-
tivara. 16El Señor Dios mandó al hombre: «Pue-
des comer de todos los árboles del jardín; 17pero
del árbol del conocimiento del bien y del mal no
comas; porque el día en que comas de él, tendrás
que morir».

18El Señor Dios se dijo: «No está bien que el
hombre esté solo; voy a hacerle una ayuda ade-
cuada». 19Entonces el Señor Dios modeló de ar-
cilla todas las fieras salvajes y todos los pájaros
del cielo, y se los presentó al hombre, para ver
qué nombre les ponía. Y cada ser vivo llevaría el
nombre que el hombre le pusiera. 20Así, el hom-
bre puso nombre a todos los animales domésti-
cos, a los pájaros del cielo y a las fieras salvajes.
Pero entre ellos no encontró la ayuda adecuada.

21Entonces el Señor Dios hizo caer un profundo
sueño sobre el hombre, que se durmió. Luego le
sacó una costilla y llenó con carne el lugar va-
cío. 22De la costilla que le había sacado al hom-
bre, el Señor Dios formó una mujer y se la pre-
sentó al hombre. 23El hombre exclamó: «¡Esta sí
que es hueso de mis huesos y carne de mi carne!
Su nombre será Mujer, porque la han sacado del
Hombre». 24Por eso el hombre abandona padre y
madre, se junta a su mujer y se hacen una sola
carne. 25Los dos estaban desnudos, el hombre y
su mujer, pero no sentían vergüenza.

La caída

3 1La serpiente era el animal más astuto de
cuantos el Señor Dios había creado; y enta-
bló conversación con la mujer: «¿Conque Dios
les ha dicho que no coman de ningún árbol del
jardín?». 2La mujer contestó a la serpiente:
«¡No! Podemos comer de todos los árboles del
jardín; 3solamente del árbol que está en medio
del jardín nos ha prohibido Dios comer o tocar-
lo, bajo pena de muerte». 4La serpiente replicó:
«¡No, nada de pena de muerte! 5Lo que pasa
es que Dios sabe que en cuanto coman de ese
árbol, se les abrirán los ojos y serán como Dios,
conocedores del bien y del mal». 6Entonces la
mujer cayó en la cuenta de que el árbol tentaba
el apetito, era una delicia de ver y deseable
para adquirir conocimiento. Tomó fruta del
árbol, comió y se la convidó a su marido, que
comió con ella. 7Se les abrieron los ojos a los
dos, y descubrieron que estaban desnudos; en-
trelazaron hojas de higuera y se hicieron unos
taparrabos.

8Cuando oyeron al Señor Dios que se paseaba
por el jardín tomando el fresco. El hombre y su
mujer se escondieron entre los árboles del jar-
dín, para que el Señor Dios no los viera. 9Pero
el Señor Dios llamó al hombre: «¿Dónde estás?».
10Él contestó: «Te oí en el jardín, me entró mie-
do porque estaba desnudo, y me escondí». 11El
Señor Dios le replicó: «Y, ¿quién te ha dicho que
estabas desnudo? ¿A que has comido del árbol
prohibido?». 12El hombre respondió: «La mujer
que me diste por compañera me convidó el fruto
y comí». 13El Señor Dios dijo a la mujer: «¿Qué
has hecho?». Ella respondió: «La serpiente me
engañó y comí».

14El Señor Dios dijo a la serpiente: «*Por haber
hecho eso, maldita seas/ entre todos los anima-
les domésticos y salvajes;/ te arrastrarás sobre
el vientre/ y comerás polvo toda tu vida;/* 15*pon-
go enemistad entre ti y la mujer,/ entre tu des-
cendencia y la suya:/ ella te herirá la cabeza/
cuando tú hieras su talón*».

16A la mujer le dijo: «*Multiplicaré los sufri-
mientos de tus embarazos,/ darás a luz hijos
con dolor,/ tendrás ansia de tu marido,/ y él te
dominará*».

17Al hombre le dijo: «*Porque le hiciste caso a tu
mujer/ y comiste del árbol prohibido,/ maldito
el suelo por tu culpa:/ con fatiga sacarás de él tu
alimento mientras vivas;/* 18*te dará cardos y es-
pinas,/ y comerás hierba del campo./* 19*Comerás
el pan con el sudor de tu frente,/ hasta que vuel-
vas a la tierra,/ pues de ella te sacaron;/ porque
eres polvo y al polvo volverás*».

20El hombre llamó a su mujer Eva, por ser la
madre de todos los que viven. 21El Señor Dios
hizo unas túnicas de pieles para el hombre y
su mujer y los vistió. 22Y el Señor Dios dijo: «El
hombre es ya como uno de nosotros en el cono-
cimiento del bien y del mal, ahora solo le falta
echar mano al árbol de la vida, tomar, comer y
vivir para siempre». 23Y el Señor Dios lo expulsó
del Edén, para que trabajara la tierra de donde lo
había sacado. 24Echó al hombre, y a oriente del
jardín del Edén colocó a querubines y una espada
de fuego zigzagueante para cerrar el camino del
árbol de la vida.

Caín y Abel

4 1Adán se unió a Eva, su mujer; ella concibió,
dio a luz a Caín y dijo: «He obtenido un varón
con la ayuda del Señor». 2Después dio a luz al
hermano de Caín, Abel. Abel era pastor de ove-
jas, Caín era labrador. 3Pasado un tiempo, Caín
presentó ofrenda al Señor, algunos frutos del

campo. 4También Abel presentó como ofrendas
las primeras y mejores crías del rebaño. El Señor
se fijó en Abel y en su ofrenda 5y se fijó menos
en Caín y su ofrenda. Caín se irritó sobremanera
y andaba cabizbajo. 6El Señor dijo a Caín: «¿Por
qué te irritas y andas cabizbajo? 7Si obras bien,
¿no levantarías la cabeza? Pero si no, a la puerta
acecha el pecado para someterte, sin embargo
tú puedes dominarlo».
8Caín dijo a su hermano Abel: «Vamos al cam-
po». Y cuando estaban en el campo, se lanzó Caín
sobre su hermano Abel y lo mató. 9El Señor dijo
a Caín: «¿Dónde está Abel, tu hermano?». Con-
testó: «No sé, ¿soy yo, acaso, el guardián de mi
hermano?». 10Pero el Señor replicó: «¿Qué has
hecho? La voz de la sangre de tu hermano clama a
mí desde la tierra. 11Por eso te maldice esa tierra
que se ha abierto para recibir la sangre de tu her-
mano que tu mano derramó. 12Cuando cultives
el campo, no te entregará su fertilidad. Andarás
errante y vagando por el mundo». 13Caín respon-
dió al Señor: «Mi culpa es demasiado grave para
soportarla. 14Si hoy me expulsas de la superficie
de la tierra y tengo que ocultarme de tu presen-
cia, andaré errante y vagando por el mundo; y
cualquiera que me encuentre, me matará». 15Le
respondió el Señor: «No es así. El que mate a Caín
lo pagará multiplicado por siete». Y el Señor mar-
có a Caín, para que no lo matara quien lo encon-
trara. 16Caín se alejó de la presencia del Señor y
habitó en la tierra de Nod, al este de Edén.

Descendencia de Caín

17Caín se unió a su mujer, que concibió y dio
a luz a Henoc. Caín edificó una ciudad y le puso
el nombre de su hijo, Henoc. 18Henoc engendró
a Irad, Irad a Mejuyael, este a Metusael y este a
Lamec. 19Lamec tomó dos mujeres: una llamada
Ada y otra llamada Sila; 20Ada dio a luz a Yabal,
el antepasado de los pastores nómadas; 21su her-
mano se llamaba Yubal, el antepasado de los que
tocan la cítara y la flauta. 22Sila, a su vez, dio
a luz a Tubalcaín, forjador de herramientas de
bronce y hierro; tuvo una hermana que se llama-
ba Naamá. 23Lamec dijo a Ada y Sila, sus muje-
res: *«Escúchenme, mujeres de Lamec,/ pongan*
atención a mis palabras:/ mataré a un hombre
por herirme,/ a un joven por golpearme./ 24*Si la*
venganza de Caín valía por siete,/ la de Lamec
valdrá por setenta y siete».

Descendencia de Set

25Adán se unió otra vez a su mujer, que conci-
bió, dio a luz un hijo y lo llamó Set, porque dijo:
«Dios me ha dado otro descendiente a cambio de
Abel, asesinado por Caín». 26También Set tuvo
un hijo, que se llamó Enós, el primero que invocó
el Nombre del Señor.

5 1Lista de los descendientes de Adán. Cuan-
do Dios creó al hombre, lo hizo a su propia
imagen, 2varón y mujer los creó, los bendijo y
los llamó «Adán» al crearlos. 3Cuando Adán cum-
plió ciento treinta años, engendró a su imagen y
semejanza y llamó a su hijo Set; 4después vivió
ochocientos años, engendró hijos e hijas, 5y a la
edad de novecientos treinta años murió. 6Set te-
nía ciento cinco años cuando engendró a Enós,
7después vivió ochocientos siete años, engen-
dró hijos e hijas, 8y a la edad de novecientos do-
ce años murió. 9Enós tenía noventa años cuando
engendró a Quenán; 10después vivió ochocien-
tos quince años, engendró hijos e hijas, 11y a la
edad de novecientos cinco años murió. 12Quenán
tenía setenta años cuando engendró a Mahlalel;
13después vivió ochocientos cuarenta años, en-
gendró hijos e hijas, 14y a la edad de novecien-
tos diez años murió. 15Mahlalel tenía sesenta y
cinco años cuando engendró a Yéred; 16después
vivió ochocientos treinta años, engendró hijos
e hijas, 17y a la edad de ochocientos noventa y
cinco años murió. 18Yéred tenía ciento sesenta y
dos años cuando engendró a Henoc; 19después
vivió ochocientos años, engendró hijos e hi-
jas, 20y a la edad de novecientos sesenta y dos
años murió. 21Henoc tenía sesenta y cinco años
cuando engendró a Matusalén; 22Henoc trataba
con Dios. Después de nacer Matusalén, vivió
trescientos años, engendró hijos e hijas; 23vi-
vió un total de trescientos sesenta y cinco años.
24Henoc trató con Dios y después desapareció,
porque Dios se lo llevó. 25Matusalén tenía ciento
ochenta y siete años cuando engendró a Lamec;
26después vivió setecientos ochenta y dos años,
engendró hijos e hijas, 27y a la edad de nove-
cientos sesenta y nueve años murió.
28Lamec tenía ciento ochenta y dos años cuan-
do engendró a un hijo, 29y lo llamó Noé, pues
dijo: «Alivió nuestras tareas y trabajos en la tie-
rra que maldijo el Señor». 30Después vivió qui-
nientos noventa y cinco años, engendró hijos e
hijas, 31y a la edad de setecientos setenta y siete
años murió. 32Noé tenía quinientos años cuando
engendró a Sem, Cam y Jafet.

Pecado de los hombres

6 1Cuando los hombres se fueron multiplicando
sobre la tierra y engendraron hijas, 2los hijos
de Dios vieron que las hijas del hombre eran be-
llas, escogieron algunas como esposas y se las
llevaron. 3Pero el Señor se dijo: Mi espíritu no
durará por siempre en el hombre; puesto que es

de carne no vivirá más que ciento veinte años.
[4]En aquel tiempo –es decir, cuando los hijos de
Dios se unieron a las hijas del hombre y engen-
draron hijos– habitaban la tierra los gigantes
–se trata de los famosos héroes de la antigüe-
dad–. [5]Al ver el Señor que en la tierra crecía la
maldad del hombre y que toda su actitud era
siempre perversa, [6]se arrepintió de haber creado
al hombre en la tierra, y le pesó de corazón. [7]Y
dijo el Señor: «Borraré de la superficie de la tie-
rra al hombre que he creado; al hombre con los
cuadrúpedos, reptiles y aves, porque me arre-
piento de haberlos hecho». [8]Pero Noé alcanzó el
favor del Señor.

El diluvio: Dios, Noé y su familia

[9]Descendientes de Noé: Noé fue en su época
un hombre recto y honrado, y trataba con Dios,
[10]y engendró tres hijos: Sem, Cam y Jafet.
[11]La tierra estaba corrompida ante Dios y lle-
na de crímenes. [12]Dios vio la tierra corrompida,
porque todos los vivientes de la tierra se habían
corrompido en su proceder.
[13]Y Dios dijo a Noé: «Veo que todo lo que vive
tiene que terminar, porque por su culpa la tie-
rra está llena de crímenes; los voy a exterminar
con la tierra. [14]Tú fabrícate un arca de madera
resinosa con compartimientos, y recúbrela con
brea por dentro y por fuera. [15]Sus dimensiones
serán: ciento cincuenta metros de largo, vein-
ticinco de ancho y quince de alto. [16]Hazle una
ventana a medio metro del techo; una puerta
al costado y tres pisos superpuestos. [17]Voy a
enviar el diluvio a la tierra, para que extermine
a todo viviente que respira bajo el cielo; todo
lo que hay en la tierra perecerá. [18]Pero contigo
estableceré una alianza: Entra en el arca con tu
mujer, tus hijos y sus mujeres. [19]Toma una pare-
ja de cada viviente, es decir, macho y hembra,
y métela en el arca, para que conserve la vida
contigo: [20]pájaros por especies, cuadrúpedos
por especies, reptiles por especies; de cada una
entrará una pareja contigo para conservar la
vida. [21]Reúne toda clase de alimentos y almacé-
nalos para ti y para ellos».
[22]Noé hizo todo lo que le mandó Dios.

7 [1]El Señor dijo a Noé: «Entra en el arca con to-
da tu familia, porque tú eres el único hombre
honrado que he encontrado en tu generación.
[2]De cada animal puro toma siete parejas, macho
y hembra; de los no puros, una pareja, macho
y hembra; [3]y lo mismo de los pájaros, siete pa-
rejas, macho y hembra, para que conserven la
especie en la tierra. [4]Dentro de siete días haré
llover sobre la tierra cuarenta días con sus no-
ches, y borraré de la superficie de la tierra a
todos los seres que he creado».
[5]Noé hizo todo lo que le mandó el Señor.
[6]Tenía Noé seiscientos años cuando vino el
diluvio a la tierra. [7]Noé entró en el arca con sus
hijos, mujer y nueras, refugiándose del diluvio.
[8]De los animales puros e impuros, de las aves y
reptiles, [9]entraron parejas en el arca detrás de
Noé, como Dios se lo había mandado. [10]Pasados
siete días vino el diluvio a la tierra.
[11]Tenía Noé seiscientos años cuando reven-
taron las fuentes del océano y se abrieron las
compuertas del cielo. Era exactamente el dieci-
siete del mes segundo. [12]Estuvo lloviendo sobre
la tierra cuarenta días con sus noches. [13]Aquel
mismo día entró Noé en el arca con sus hijos,
Sem, Cam y Jafet, su mujer, sus tres nueras, [14]y
también animales de toda clase: cuadrúpedos
por especies, reptiles por especies y aves por
especies –pájaros de todo plumaje–; [15]entraron
con Noé en el arca parejas de todos los vivien-
tes que respiran, [16]entraron macho y hembra de
cada especie, como lo había mandado Dios. Y el
Señor cerró el arca por fuera.
[17]El diluvio cayó durante cuarenta días sobre
la tierra. El agua, al crecer, levantó el arca, de
modo que iba más alta que el suelo. [18]El agua
subía y crecía sin medida sobre la tierra, y el
arca flotaba sobre el agua, [19]el agua crecía más
y más sobre la tierra, hasta cubrir las montañas
más altas bajo el cielo; [20]el agua alcanzó una
altura de siete metros y medio por encima de
las montañas. [21]Y perecieron todos los seres
vivientes que se mueven en la tierra: aves, ga-
nado y fieras y todo lo que habita en la tierra; y
todos los hombres. [22]Todo lo que respira por la
nariz con aliento de vida, todo lo que había en
la tierra firme, murió. [23]Quedó borrado todo lo
que se levanta sobre el suelo; hombres, ganado,
reptiles y aves del cielo fueron borrados de la
tierra; solo quedó Noé y los que estaban con él
en el arca. [24]El agua dominó sobre la tierra cien-
to cincuenta días.

8 [1]Entonces Dios se acordó de Noé y de todas
las fieras y ganado que estaban con él en el
arca; hizo soplar el viento sobre la tierra, y el
agua comenzó a bajar; [2]se cerraron las fuentes
del océano y las compuertas del cielo, y cesó
la lluvia del cielo. [3]El agua se fue retirando de
la tierra y disminuyó, de modo que a los ciento
cincuenta días, [4]el día diecisiete del mes sépti-
mo, el arca encalló en los montes de Ararat. [5]El
agua fue disminuyendo hasta el mes décimo, y
el día primero de ese mes asomaron los picos de
las montañas.

6Pasados cuarenta días, Noé abrió la ventana que había hecho en el arca 7y soltó el cuervo, que voló de un lado para otro, hasta que se secó el agua en la tierra. 8Después soltó la paloma, para ver si las aguas ya habían bajado. 9La paloma, no encontrando dónde posarse, volvió al arca con Noé, porque todavía había agua sobre la superficie. Noé alargó el brazo, la agarró y la metió con él en el arca. 10Esperó otros siete días y de nuevo soltó la paloma desde el arca; 11ella volvió al atardecer con una hoja de olivo arrancada en el pico. Noé comprendió que la tierra se iba secando; 12esperó otros siete días, y soltó la paloma, que ya no volvió.

13El año seiscientos uno, el día primero del primer mes se secó el agua en la tierra. Noé abrió la ventana del arca, miró y vio que la superficie estaba seca; 14el día diecisiete del mes segundo la tierra estaba seca.15Entonces dijo Dios a Noé: 16«Sal del arca con tus hijos, tu mujer y tus nueras; 17todos los seres vivientes que estaban contigo, todos los animales, aves, cuadrúpedos o reptiles, hazlos salir contigo, para que se vayan por toda la tierra y crezcan y se multipliquen en la tierra». 18Salió Noé, con sus hijos, su mujer y sus nueras; 19y todos los animales, cuadrúpedos, aves y reptiles salieron por grupos del arca.

20Noé construyó un altar al Señor, tomó animales y aves de toda especie pura y los ofreció en holocausto sobre el altar. 21El Señor olió el aroma agradable y se dijo: «No volveré a maldecir la tierra a causa del hombre. Sí, el corazón del hombre se pervierte desde la juventud; pero no volveré a matar a los vivientes como acabo de hacerlo. 22*Mientras dure la tierra no han de faltar/ siembra y cosecha, frío y calor,/ verano e invierno, día y noche*».

Alianza de Dios con Noé

9 1Dios bendijo a Noé y a sus hijos diciéndoles: «Sean fecundos, multiplíquense y llenen la tierra. 2Ante ustedes todos los animales de la tierra sentirán temor y respeto: aves del cielo, reptiles del suelo, peces del mar, están en sus manos. 3Todo lo que vive y se mueve les servirá de alimento: yo se los entrego, lo mismo que los vegetales. 4Pero no coman carne con sangre, que es su vida. 5Yo pediré cuentas de la sangre y la vida de cada uno de ustedes, se las pediré a cualquier animal; y al hombre le pediré cuentas de la vida de su hermano. 6*Si uno derrama la sangre de un hombre,/ otro hombre derramará su sangre;/ porque Dios hizo al hombre a su imagen.* 7Ustedes, sean fecundos y multiplíquense, llenen la tierra y domínenla».

8Dios dijo a Noé y a sus hijos: 9«Yo hago una alianza con ustedes y con sus descendientes, 10con todos los animales que los acompañaron: aves, ganado y fieras; con todos los que salieron del arca y ahora viven en la tierra. 11Hago alianza con ustedes: El diluvio no volverá a destruir la vida ni habrá otro diluvio que destruya la tierra». 12Y Dios añadió: «Esta es la señal de la alianza que hago con ustedes y con todos los seres vivientes que viven con ustedes, para todas las edades: 13Pondré mi arco en el cielo, como señal de alianza con la tierra. 14Cuando yo envíe nubes sobre la tierra, aparecerá en las nubes el arco, 15y recordaré mi alianza con ustedes y con todos los animales, y el diluvio no volverá a destruir los vivientes. 16Saldrá el arco en las nubes, y al verlo recordaré mi alianza perpetua: Alianza de Dios con todos los seres vivos, con todo lo que vive en la tierra». 17Dios dijo a Noé: «Esta es la señal de la alianza que hago con todo lo que vive en la tierra».

Los hijos de Noé

18Los hijos de Noé que salieron del arca eran Sem, Cam y Jafet –Cam es antepasado de Canaán–. 19Estos son los tres hijos de Noé que se propagaron por toda la tierra.

20Noé, que era labrador, fue el primero que plantó una viña. 21Bebió el vino, se emborrachó y se desnudó en medio de su tienda de campaña. 22Cam –antecesor de Canaán– vio la desnudez de su padre y salió a contárselo a sus hermanos. 23Sem y Jafet tomaron una capa, se la echaron sobre los hombros de ambos y caminando de espaldas cubrieron la desnudez de su padre. Vueltos de espaldas, no vieron la desnudez de su padre. 24Cuando se le pasó la borrachera a Noé y se enteró de lo que le había hecho su hijo menor, 25dijo: «*¡Maldito Canaán!/ Sea siervo de los siervos de sus hermanos*». 26Y añadió: «*¡Bendito sea el Señor Dios de Sem!/ Canaán será su siervo./* 27*Agrande Dios a Jafet,/ habite en las tiendas de Sem./ Canaán será su siervo*».

28Noé vivió después del diluvio trescientos cincuenta años, 29y a la edad de novecientos cincuenta murió.

Noaquitas: tabla de los pueblos

10 1Descendientes de los tres hijos de Noé, Sem, Cam y Jafet, nacidos después del diluvio:

2Descendientes de Jafet: Gómer, Magog, Maday, Yaván, Tubal, Mésec y Tirás. 3Descendientes de Gómer: Asquenaz, Rifat y Togarma. 4Descendientes de Yaván: alasios, tartaseos, queteos, rodenses. 5De ellos se separaron los pueblos marítimos. Hasta aquí los descendientes de Jafet, cada uno con tierra y lenguas propias, por familias y pueblos.

6Descendientes de Cam: Nubia, Egipto, Put y Canaán. 7Descendientes de Nubia: Sebá, Javilá, Sabtá, Ramá y Sabtecá. Descendientes de Ramá: Sebá y Dedán. 8Nubia engendró a Nemrod, el primer soldado del mundo; 9fue, según el Señor, un intrépido cazador, de donde el dicho: «intrépido cazador, según el Señor, como Nemrod». 10Las capitales de su reino fueron Babel, Erec, Acad y Calno en territorio de Senaar. 11De allí procede Asur, que construyó Nínive, Rejobot-Ir, Calaj 12y Resen entre Nínive y Calaj; esta última es la mayor. 13Egipto engendró a los lidios, anamitas y lehabitas, naftujitas, 14patrositas, caslujitas y cretenses, de los que proceden los filisteos. 15Canaán engendró a Sidón, su primogénito, y a Het 16y también a los jebuseos, amorreos, guirgaseos, 17heveos, arquitas, sinitas, 18arvadeos, semareos y jamateos. Después se dividieron las familias de Canaán; 19el territorio cananeo se extendía desde Sidón hasta Guerar y Gaza; siguiendo después por Sodoma, Gomorra, Adamá y Seboín, junto a Lasa. 20Hasta aquí los hijos de Cam, por familias y lenguas, territorios y naciones.

21También engendró hijos Sem, hermano mayor de Jafet y padre de los hebreos. 22Descendientes de Sem: Elam, Asur, Arfaxad, Lud y Aram. 23Descendientes de Aram: Us, Jul, Guéter y Mésec. 24Arfaxad engendró a Sélaj y este a Héber. 25Héber engendró dos hijos: uno se llamó Péleg, porque en su tiempo se dividió la tierra; su hermano se llamó Yoctán. 26Yoctán engendró a Almodad, Sélef, Jasarmaut, Yéraj, 27Hadorán, Uzal, Diclá, 28Obel, Abimael, Sebá, 29Ofir, Javilá y Yobab: todos descendientes de Yoctán. 30Su territorio se extendía desde Mesa hasta Sefar, la montaña oriental. 31Hasta aquí los descendientes de Sem, por familias, lenguas, territorios y naciones.

32Hasta aquí las familias descendientes de Noé, por naciones; de ellas se ramificaron las naciones del mundo después del diluvio.

La torre de Babel

11 1El mundo entero hablaba la misma lengua con las mismas palabras. 2Al emigrar de oriente, encontraron una llanura en el país de Senaar, y se establecieron allí. 3Y se dijeron unos a otros: «Vamos a preparar ladrillos y a cocerlos –empleando ladrillos en vez de piedras y alquitrán en vez de cemento–». 4Y dijeron: «Vamos a construir una ciudad y una torre que alcance al cielo, para hacernos famosos y para no dispersarnos por la superficie de la tierra».

5El Señor bajó a ver la ciudad y la torre que estaban construyendo los hombres; 6y se dijo: «Son un solo pueblo con una sola lengua. Si esto no es más que el comienzo de su actividad, nada de lo que decidan hacer les resultará imposible. 7Vamos a bajar y a confundir su lengua, de modo que uno no entienda la lengua del prójimo». 8El Señor los dispersó por la superficie de la tierra y dejaron de construir la ciudad. 9Por eso se llama Babel, porque allí confundió el Señor la lengua de toda la tierra, y desde allí los dispersó por la superficie de la tierra.

Semitas

10Descendientes de Sem: Tenía Sem cien años cuando engendró a Arfaxad, dos años después del diluvio; 11después vivió quinientos años, y engendró hijos e hijas. 12Tenía Arfaxad treinta y cinco años cuando engendró a Sélaj; 13después vivió cuatrocientos tres años, y engendró hijos e hijas. 14Tenía Sélaj treinta años cuando engendró a Héber; 15después vivió cuatrocientos tres años, y engendró hijos e hijas. 16Tenía Héber treinta y cuatro años cuando engendró a Péleg; 17después vivió cuatrocientos treinta años, y engendró hijos e hijas. 18Tenía Péleg treinta años cuando engendró a Reú; 19después vivió doscientos nueve años, y engendró hijos e hijas. 20Tenía Reú treinta y dos años cuando engendró a Sarug; 21después vivió doscientos siete años, y engendró hijos e hijas. 22Tenía Sarug treinta años cuando engendró a Najor; 23después vivió doscientos años, y engendró hijos e hijas. 24Tenía Najor veintinueve años cuando engendró a Téraj; 25después vivió ciento diecinueve años, y engendró hijos e hijas. 26Tenía Téraj setenta años cuando engendró a Abrán, Najor y Harán.

27Descendientes de Téraj: Téraj engendró a Abrán, Najor y Harán; Harán engendró a Lot. 28Harán murió viviendo aún su padre, Téraj, en su tierra natal, en Ur de los caldeos. 29Abrán y Najor se casaron: la mujer de Abrán se llamaba Saray; la de Najor era Milcá, hija de Harán, padre de Milcá y Yiscá. 30Saray era estéril y no tenía hijos. 31Téraj tomó a Abrán, su hijo; a Lot, su nieto, hijo de Harán; a Saray, su nuera, mujer de su hijo Abrán, y con ellos salió de Ur de los caldeos en dirección a Canaán; llegado a Jarán, se estableció allí. 32Téraj vivió doscientos cinco años y murió en Jarán.

LOS PATRIARCAS (12–36)

Vocación de Abrán

12 1El Señor dijo a Abrán: «Sal de tu tierra nativa y de la casa de tu padre, a la tierra que te mostraré. 2Haré de ti un gran pueblo, te bendeciré, haré famoso tu nombre, y servirá de

bendición. 3Bendeciré a los que te bendigan,
maldeciré a los que te maldigan. En tu nombre se
bendecirán todas las familias del mundo».
4Abrán marchó, como le había dicho el Señor,
y con él marchó Lot. Abrán tenía setenta y cinco
años cuando salió de Jarán. 5Abrán llevó con-
sigo a Saray, su mujer; a Lot, su sobrino; todo
lo que había adquirido y todos los esclavos que
había ganado en Jarán. Salieron en dirección de
Canaán y llegaron a la tierra de Canaán. 6Abrán
atravesó el país hasta la región de Siquén y llegó
a la encina de Moré –en aquel tiempo habitaban
allí los cananeos–.
7El Señor se apareció a Abrán y le dijo: «A tu
descendencia le daré esta tierra». Él construyó
allí un altar en honor del Señor, que se le había
aparecido. 8Desde allí continuó hacia las monta-
ñas al este de Betel, y estableció allí su campa-
mento, con Betel al oeste y Ay al este; construyó
allí un altar al Señor e invocó el Nombre del Se-
ñor. 9Abrán se trasladó por etapas al Negueb.

Abrán en Egipto

10Pero sobrevino una carestía en el país y,
como había mucha hambre, Abrán bajó a Egip-
to para residir allí. 11Cuando estaba llegando a
Egipto, dijo a Saray, su mujer: «Mira, eres una
mujer muy hermosa; 12cuando te vean los egip-
cios, dirán: "es su mujer". Me matarán a mí y
a ti te dejarán viva. 13Por favor, di que eres mi
hermana, para que me traten bien en atención a
ti, y así, gracias a ti, salvaré la vida».
14Cuando Abrán llegó a Egipto, los egipcios
vieron que su mujer era muy hermosa, 15la vieron
también los ministros del faraón, y elogiaron su
belleza ante el faraón, tanto que la mujer fue
llevada al palacio del faraón. 16A Abrán le trata-
ron bien, en atención a ella, y adquirió ovejas,
vacas, asnos, esclavos y esclavas, borricas y ca-
mellos. 17Pero el Señor afligió al faraón y a su
corte con graves dolencias a causa de Saray, mu-
jer de Abrán. 18Entonces el faraón llamó a Abrán
y le dijo: «¿Qué me has hecho? ¿Por qué no me
confesaste que es tu mujer? 19¿Por qué me dijiste
que era tu hermana? Ya la he tomado por esposa.
Mira, si es tu mujer, tómala y vete de aquí». 20El
faraón dio una escolta a Abrán y lo despidió con
su mujer y sus posesiones.

Abrán y Lot

13 1Abrán con su mujer y todo lo suyo subió
al Negueb; y Lot con él. 2Abrán poseía
muchos rebaños y plata y oro. 3Se trasladó por
etapas del Negueb a Betel, el lugar donde había
puesto al principio su campamento, entre Betel
y Ay. 4Al lugar donde había erigido al comienzo
un altar donde había invocado Abrán el Nom-
bre del Señor. 5También Lot, que acompañaba a
Abrán, tenía ovejas y vacas y tiendas. 6El país
no les permitía vivir juntos porque sus pose-
siones eran inmensas, de modo que no podían
vivir juntos. 7Por eso surgieron peleas entre
los pastores de Abrán y los pastores de Lot. En
aquel tiempo cananeos y fereceos habitaban en
el país. 8Abrán dijo a Lot: «No haya peleas entre
nosotros ni entre nuestros pastores, que somos
hermanos. 9Tienes delante todo el país: si vas
a la izquierda, yo iré a la derecha; si vas a la
derecha, yo iré a la izquierda».
10Lot echó una mirada y vio que toda la vega
del Jordán hasta la entrada de Zoar era de re-
gadío, como un paraíso, como Egipto. Eso era
antes de que el Señor destruyera a Sodoma y
Gomorra. 11Lot se escogió la vega del Jordán y
marchó hacia el este. Así se separaron los dos
hermanos. 12Abrán habitó en Canaán y Lot habi-
tó en las ciudades de la vega, acampando junto
a Sodoma. 13Los vecinos de Sodoma eran perver-
sos y pecaban gravemente contra el Señor.
14Cuando Lot se hubo separado de él, el Se-
ñor dijo a Abrán: «Desde el lugar donde te en-
cuentras echa una mirada y contempla el norte,
y el sur, el este y el oeste. 15Todo el país que
contemplas te lo daré a ti y a tu descendencia
para siempre. 16Haré a tu descendencia como el
polvo de la tierra: si se puede contar el polvo
de la tierra, se contará tu descendencia. 17Anda,
recorre el país a lo largo y a lo ancho, que a ti
te lo daré». 18Abrán levantó su tienda y fue a
establecerse al encinar de Mambré en Hebrón.
Allí erigió un altar al Señor.

El rescate de Lot

14 1Siendo Amrafel rey de Senaar, Arioc, rey
de Elasar, Codorlahomer, rey de Elam, Ti-
deal, rey de Pueblos, 2declararon la guerra a
Bera, rey de Sodoma, a Birsa, rey de Gomorra, a
Sinab, rey de Admá, a Semabar, rey de Seboín y
al rey de Bela –o Soar–. 3Todos ellos se reunieron
en Valsidín –o Mar de la Sal–. 4Doce años habían
sido vasallos de Codorlahomer, el decimotercero
se rebelaron. 5El decimocuarto llegó Codorlaho-
mer con los reyes aliados y derrotó a los refaitas
en Astarot Carnain, a los zuzeos en Ham, a los
emeos en Savé de Quiriataym 6y a los hurritas
en la montaña de Seír hasta el Parán junto al
desierto. 7Se volvieron, llegaron a En Mispat –o
Cades– y derrotaron a los jefes amalecitas y a
los amorreos que habitaban en Hasason Tamar.
8Entonces salieron el rey de Sodoma, el rey de
Gomorra, el rey de Admá, el rey de Seboín y el rey
de Bela –o Soar–, y presentaron batalla en Valsi-

dín 9a Codorlahomer, rey de Elam, Tideal, rey de
Pueblos, Amrafel, rey de Senaar, y Arioc, rey de
Elasar: cinco reyes contra cuatro. 10Valsidín está
lleno de pozos de asfalto: los reyes de Sodoma
y Gomorra, al huir, cayeron en ellos; los demás
huyeron al monte. 11Los vencedores tomaron las
posesiones de Sodoma y Gomorra con todas las
provisiones y se marcharon. 12También se lleva-
ron a Lot, sobrino de Abrán, con sus posesiones,
ya que él habitaba en Sodoma.
13Un fugitivo fue y se lo contó a Abrán el he-
breo, que habitaba en el encinar de Mambré el
amorreo, hermano de Escol y Aner, aliados de
Abrán. 14Cuando oyó Abrán que su hermano había
caído prisionero, reunió a los esclavos nacidos en
su casa, trescientos dieciocho, y salió en su per-
secución hasta Dan; 15cayó sobre ellos de noche;
él con su tropa los derrotó y los persiguió hasta
Joba, al norte de Damasco. 16Recuperó todas las
posesiones, también recuperó a Lot su hermano
con sus posesiones, las mujeres y su gente.

Abrán y Melquisedec

17Cuando Abrán volvía vencedor de Codorlaho-
mer y sus reyes aliados, el rey de Sodoma salió
a su encuentro en Valsavé –el valle del Rey–.
18Melquisedec, rey de Salén, sacerdote de Dios
Altísimo, trajo pan y vino, 19y le bendijo dicien-
do: *«Bendito sea Abrán por el Dios Altísimo,/*
creador de cielo y tierra;/ 20*bendito sea el Dios*
Altísimo,/ que te ha entregado tus enemigos».
Y Abrán le dio la décima parte de todo lo que
llevaba. 21El rey de Sodoma dijo a Abrán: «Dame
la gente, quédate con las posesiones». 22Abrán
replicó al rey de Sodoma: «Juro por el Señor
Dios Altísimo, creador de cielo y tierra, 23que no
aceptaré ni una hebra ni una correa de sandalia
ni nada de lo que te pertenezca; no vayas a decir
luego que has enriquecido a Abrán. 24Solo acep-
to lo que han comido mis mozos y la parte de los
que me acompañaron. Que Aner, Escol y Mambré
se lleven su parte».

Alianza de Abrán con el Señor

15 1Después de estos sucesos, Abrán recibió
en una visión la Palabra del Señor: «No
temas, Abrán; yo soy tu escudo y tu paga será
abundante». 2Abrán contestó: «Señor mío, ¿de
qué me sirven tus dones si soy estéril y Eliezer
de Damasco será el amo de mi casa?». 3Y añadió:
«No me has dado hijos, y un criado de casa me
heredará». 4Pero el Señor le dijo lo siguiente:
«Él no te heredará; uno salido de tus entrañas
te heredará». 5Y el Señor lo sacó afuera y le dijo:
«Mira al cielo; cuenta las estrellas si puedes». Y
añadió: «Así será tu descendencia». 6Abrán cre-
yó al Señor y el Señor se lo tuvo en cuenta para
su justificación.
7El Señor le dijo: «Yo soy el Señor que te saqué
de Ur de los caldeos para darte en posesión esta
tierra». 8Él replicó: «Señor mío, ¿cómo sabré que
voy a poseerla?». 9Respondió el Señor: «Tráeme
una novilla de tres años, una cabra de tres años,
un carnero de tres años, una tórtola y un pichón
de paloma». 10Abrán los trajo y los partió por en
medio colocando una mitad frente a otra, pero
no descuartizó las aves. 11Los buitres bajaban a
los cadáveres y Abrán los espantaba. 12Cuando
iba a ponerse el sol, un sueño profundo invadió a
Abrán y un terror intenso y oscuro cayó sobre él.
13El Señor dijo a Abrán: «Tienes que saber que
tu descendencia vivirá como forastera en tierra
ajena, tendrá que servir y sufrir opresión du-
rante cuatrocientos años; 14pero yo juzgaré al
pueblo a quien han de servir, y al final saldrán
cargados de riquezas. 15Tú te reunirás en paz con
tus abuelos y te enterrarán ya muy viejo. 16Solo
a la cuarta generación tus descendientes volve-
rán a este tierra, porque todavía no ha llegado
al colmo la maldad de los amorreos». 17El sol se
puso y vino la oscuridad; una humareda de hor-
no y una antorcha ardiendo pasaban entre los
miembros descuartizados.
18Aquel día el Señor hizo alianza con Abrán en
estos términos: «A tus descendientes les daré
esta tierra, desde el río de Egipto al gran río
Éufrates: 19la tierra de los quenitas, quenizitas,
cadmonitas, 20hititas, fereceos, refaítas, 21amo-
rreos, cananeos, guirgaseos y jebuseos».

Ismael

16 1Saray, la mujer de Abrán, no le daba hi-
jos; pero tenía una sierva egipcia llamada
Agar. 2Y Saray dijo a Abrán: «El Señor no me deja
tener hijos; únete a mi sierva a ver si ella me da
hijos». Abrán aceptó la propuesta. 3A los diez
años de habitar Abrán en Canaán, Saray, la mujer
de Abrán, tomó a Agar, la esclava egipcia, y se la
dio a Abrán, su marido, como esposa. 4Él se unió
a Agar y ella concibió. Y al verse encinta le per-
dió el respeto a su señora. 5Entonces Saray dijo
a Abrán: «Tú eres responsable de esta injusticia;
yo he puesto en tus brazos a mi esclava, y ella,
al verse encinta, me pierde el respeto. Sea el
Señor nuestro juez». 6Abrán dijo a Saray: «De tu
esclava dispones tú; trátala como te parezca».
Saray la maltrató y ella se escapó.
7El ángel del Señor la encontró junto a una
fuente de la estepa, la fuente del camino de Sur,
8y le dijo: «Agar, esclava de Saray, ¿de dónde
vienes y a dónde vas?». Ella respondió: «Vengo
huyendo de mi señora». 9El ángel del Señor le

dijo: «Vuelve a tu señora y sométete a ella». 10Y
el ángel del Señor añadió: «Haré tan numerosa
tu descendencia, que no se podrá contar». 11Y
el ángel del Señor dijo: «Mira, estás encinta y
darás a luz un hijo y lo llamarás Ismael, porque
el Señor te ha escuchado en la aflicción. 12Será
un potro salvaje: él contra todos y todos contra
él; vivirá separado de sus hermanos.
13Agar invocó el Nombre del Señor, que le ha-
bía hablado: «Tú eres Dios, que me ve». Y se de-
cía: «¡He visto al que me ve!». 14Por eso se llama
aquel pozo: Pozo del que vive y me ve, y está
entre Cades y Bared. 15Agar dio un hijo a Abrán,
y Abrán llamó Ismael al hijo que le había dado
Agar. 16Abrán tenía ochenta y seis años cuando
Agar dio a luz a Ismael.

Alianza del Señor con Abrán

17 1Cuando Abrán tenía noventa y nueve
años, se le apareció el Señor y le dijo: «Yo
soy Dios Todopoderoso. Camina en mi presencia
y sé honrado, 2y haré una alianza contigo: haré
que te multipliques sin medida».
3Abrán cayó rostro en tierra y Dios le habló así:
4«Mira, esta es mi alianza contigo: serás padre
de una multitud de pueblos. 5Ya no te llamarás
Abrán, sino Abrahán, porque te hago padre de
una multitud de pueblos. 6Te haré fecundo sin
medida, sacando pueblos de ti, y reyes nacerán
de ti. 7Mantendré mi alianza contigo y con tu des-
cendencia en futuras generaciones, como alianza
perpetua. Seré tu Dios y el de tus descendientes
futuros. 8Les daré a ti y a tu descendencia futura
la tierra de tus andanzas –la tierra de Canaán–
como posesión perpetua. Y seré su Dios».
9Dios añadió a Abrahán: «Tú guarda la alianza
que hago contigo y tus descendientes futuros.
10Esta es la alianza, que hago con ustedes y con
sus descendientes futuros y que han de guardar:
todos los varones deberán ser circuncidados;
11circuncidarán el prepucio, y será una señal de
mi alianza con ustedes. 12A los ocho días de na-
cer, todos los varones de cada generación serán
circuncidados; también los esclavos nacidos en
casa o comprados a extranjeros que no sean de la
sangre de ustedes. 13Circunciden a los esclavos
nacidos en casa o comprados. Así llevarán en la
carne mi alianza como alianza perpetua. 14Todo
varón incircunciso, que no ha circuncidado su
prepucio, será apartado de su pueblo por haber
quebrantado mi alianza».

Sara

15Dios dijo a Abrahán: «Saray, tu mujer, ya no
se llamará Saray, sino Sara. 16La bendeciré y te
dará un hijo y lo bendeciré; de ella nacerán pue-
blos y reyes de naciones». 17Abrahán cayó rostro
en tierra y se dijo sonriendo: «¿Un centenario va
a tener un hijo, y Sara va a dar a luz a los noven-
ta?». 18Y Abrahán dijo a Dios: «Me contento con
que Ismael viva bajo tu protección». 19Dios repli-
có: «No; es Sara quien te va a dar un hijo, a quien
llamarás Isaac; con él estableceré mi alianza y
con sus descendientes, una alianza perpetua.
20En cuanto a Ismael, escucho tu petición: lo
bendeciré, lo haré fecundo, lo haré multiplicar-
se sin medida, engendrará doce príncipes y haré
de él un pueblo numeroso. 21Pero mi alianza la
establezco con Isaac, el hijo que te dará Sara el
año que viene por estas fechas». 22Cuando Dios
terminó de hablar con Abrahán se retiró.

Circuncisión de los hombres de la casa de Abrahán

23Entonces Abrahán tomó a su hijo Ismael,
a los esclavos nacidos en casa o comprados, a
todos los varones de la casa de Abrahán, y los
circuncidó aquel mismo día, como se lo había
mandado Dios. 24Abrahán tenía noventa y nueve
años cuando se circuncidó; 25Ismael tenía trece
cuando se circuncidó. 26Aquel mismo día se cir-
cuncidaron Abrahán y su hijo Ismael. 27Y todos
los varones de casa, nacidos en casa o compra-
dos a extranjeros, se circuncidaron con él.

Aparición y promesa

18 1El Señor se apareció a Abrahán junto al
encinar de Mambré, mientras él estaba
sentado a la puerta de su carpa a la hora de más
calor. 2Alzó la vista y vio a tres hombres de pie
frente a él. Al verlos, corrió a su encuentro des-
de la puerta de la carpa e inclinándose en tierra
3dijo: «Señor, si he alcanzado tu favor, no pa-
ses de largo junto a tu siervo. 4Haré que traigan
agua para que se laven los pies y descansen bajo
el árbol. 5Mientras tanto, ya que pasan junto a
este siervo, traeré un pedazo de pan para que
recobren fuerzas antes de seguir». Contestaron:
«Bien, haz lo que dices».
6Abrahán entró corriendo en la carpa donde
estaba Sara y le dijo: «Pronto, toma tres me-
didas de la mejor harina, amásalas y haz una
torta». 7Luego corrió al corral, eligió un ternero
hermoso y se lo dio a un criado para que lo pre-
parase enseguida. 8Luego buscó cuajada, leche,
el ternero guisado y se lo sirvió. Él los atendía
bajo el árbol mientras ellos comían.
9Después le dijeron: «¿Dónde está Sara, tu mu-
jer?». Contestó: «Ahí, en la tienda de campaña».
10Y añadió uno: «Para cuando yo vuelva a verte,
en un año, Sara habrá tenido un hijo». Sara lo
oyó, detrás de la puerta de la carpa. 11Abrahán

y Sara eran ancianos, de edad muy avanzada, y Sara ya no tenía sus períodos. [12]Sara se rió por lo bajo, pensando: «Cuando ya estoy seca, ¿voy a tener placer, con un marido tan viejo?». [13]Pero el Señor dijo a Abrahán: «Por qué se ha reído Sara, diciendo: "¿Cómo que voy a tener un hijo, a mis años?". [14]¿Hay algo difícil para Dios? Cuando vuelva a visitarte por esta época, dentro del tiempo de costumbre, Sara habrá tenido un hijo». [15]Pero Sara, que estaba asustada, lo negó: «No me he reído». Él replicó: «No lo niegues, te has reído».

Intercesión de Abrahán

[16]Los hombres se levantaron y dirigieron la mirada a Sodoma; Abrahán los acompañó para despedirlos. [17]El Señor se dijo: «¿Puedo ocultarle a Abrahán lo que voy a hacer? [18]Abrahán llegará a ser un pueblo grande y numeroso; por él serán benditos todos los pueblos de la tierra. [19]Lo he escogido para que instruya a sus hijos, a su casa y sucesores, a mantenerse en el camino del Señor, practicando la justicia y el derecho. Así cumplirá el Señor a Abrahán cuanto le ha prometido». [20]Después dijo el Señor: «La denuncia contra Sodoma y Gomorra es seria y su pecado es gravísimo. [21]Voy a bajar para averiguar si sus acciones responden realmente a la denuncia». [22]Los hombres se volvieron y se dirigieron a Sodoma, mientras el Señor seguía en compañía de Abrahán.

[23]Entonces Abrahán se acercó y dijo: «¿De modo que vas a destruir al inocente con el culpable? [24]Supongamos que hay en la ciudad cincuenta inocentes, ¿los destruirías en vez de perdonar al lugar en atención a los cincuenta inocentes que hay en él? [25]¡Lejos de ti hacer tal cosa! Matar al inocente con el culpable, confundiendo al inocente con el culpable. ¡Lejos de ti! El juez de todo el mundo, ¿no hará justicia?». [26]El Señor respondió: «Si encuentro en la ciudad de Sodoma cincuenta inocentes, perdonaré a toda la ciudad en atención a ellos». [27]Abrahán repuso: «Me he atrevido a hablar a mi Señor, yo que soy polvo y ceniza. [28]Supongamos que faltan cinco inocentes para los cincuenta, ¿destruirás por cinco toda la ciudad?». Contestó: «No la destruiré si encuentro allí los cuarenta y cinco». [29]Abrahán insistió: «Supongamos que se encuentran cuarenta». Respondió: «No lo haré en atención a los cuarenta». [30]Abrahán siguió: «Que no se enfade mi Señor si insisto. Supongamos que se encuentran treinta». Respondió: «No lo haré si encuentro allí treinta». [31]Insistió: «Me he atrevido a hablar a mi Señor. Supongamos que se encuentran veinte». Respondió: «No la destruiré, en atención a los veinte». [32]Abrahán siguió: «Que no se enfade mi Señor si hablo una vez más. Supongamos que se encuentran allí diez». Respondió: «En atención a los diez no la destruiré». [33]Cuando terminó de hablar con Abrahán, el Señor se marchó y Abrahán volvió a su lugar.

El pecado de Sodoma

19 [1]Los dos ángeles llegaron a Sodoma por la tarde. Lot, que estaba sentado a la puerta de la ciudad, al verlos se levantó a recibirlos y se postró rostro en tierra. [2]Y dijo: «Señores míos, les ruego que pasen a hospedarse a la casa de este servidor. Lávense los pies y por la mañana seguirán su camino». Contestaron: «No; pasaremos la noche en la plaza». [3]Pero él insistió tanto, que pasaron y entraron en su casa. Les preparó comida, coció panes y ellos comieron. [4]Aún no se habían acostado, cuando los hombres de la ciudad rodearon la casa: jóvenes y viejos, toda la población hasta el último. [5]Y le gritaban a Lot: «¿Dónde están los hombres que han entrado en tu casa esta noche? Sácalos para que nos acostemos con ellos». [6]Lot se asomó a la entrada, cerrando la puerta al salir, [7]y les dijo: «Hermanos míos, no sean malvados. [8]Miren, tengo dos hijas que aún no han conocido varón alguno; se las traeré para que las traten como quieran, pero no hagan nada a estos hombres que se han hospedado bajo mi techo». [9]Contestaron: «Apártate de ahí; este individuo ha venido como inmigrante y ahora se mete a juez. Ahora te trataremos a ti peor que a ellos». [10]Y empujaban a Lot intentando forzar la puerta. Pero los visitantes alargaron el brazo, metieron a Lot en casa y cerraron la puerta. [11]Y a los que estaban junto a la puerta, pequeños y grandes, los cegaron, de modo que no podían encontrar la puerta.

Liberación de Lot

[12]Los visitantes dijeron a Lot: «¿Tienes más familiares aquí? Toma a tus yernos, hijos, hijas, a todos los tuyos y todo lo que tengas en esta ciudad y sácalos de este lugar. [13]Vamos a destruir este lugar, porque la acusación presentada al Señor contra este sitio es muy seria, y el Señor nos ha enviado para destruirlo». [14]Lot salió a decirles a sus yernos –prometidos de sus hijas–: «Vamos, salgan de este lugar, que el Señor va a destruir la ciudad». Pero ellos lo tomaron a broma.

[15]Al amanecer, los ángeles apuraron a Lot: «Anda, toma a tu mujer y a esas dos hijas tuyas, para que no perezcan por culpa de la ciudad». [16]Y como no se decidía, los agarraron de la mano, a él, a su mujer y a las dos hijas, a quienes el Señor perdonaba; los sacaron y los guiaron fuera de la ciudad. [17]Una vez fuera, le dijeron:

«Ponte a salvo; no mires atrás. No te detengas
en la región baja; ponte a salvo en los montes
para no perecer».
[18]Lot les respondió: «No, señores, por favor.
[19]Sé que gozo del favor de ustedes, porque me
han salvado la vida tratándome con gran miseri-
cordia; yo no puedo ponerme a salvo en los mon-
tes, el desastre me alcanzará y moriré. [20]Mira,
ahí cerca hay una ciudad pequeña donde puedo
refugiarme y escapar del peligro. Como la ciudad
es pequeña, salvaré allí la vida». [21]Uno de ellos
le contestó: «Accedo a lo que pides: no arrasaré
esa ciudad que dices. [22]Apúrate, ponte a salvo
allí, porque no puedo hacer nada hasta que lle-
gues». Por eso la ciudad se llama Zoar. [23]Cuando
Lot llegó a Zoar, salía el sol.

Castigo de Sodoma y Gomorra

[24]El Señor desde el cielo hizo llover azufre y
fuego sobre Sodoma y Gomorra. [25]Arrasó aque-
llas ciudades y toda la región baja con los ha-
bitantes de las ciudades y la hierba del campo.
[26]La mujer de Lot miró atrás y se convirtió en
estatua de sal. [27]Abrahán madrugó y se dirigió
al sitio donde había estado con el Señor. [28]Miró
en dirección de Sodoma y Gomorra, toda la ex-
tensión de la región baja, y vio una humareda
que subía del suelo, como el humo de un hor-
no. [29]Así, cuando Dios destruyó las ciudades de
la región baja, se acordó de Abrahán y libró a
Lot de la catástrofe con que arrasó las ciudades
donde él había vivido.

Las hijas de Lot: origen de moabitas y amonitas

[30]Lot subió de Zoar y se instaló en el monte
con sus dos hijas, pues temía habitar en Zoar;
de modo que se instaló en una cueva con sus dos
hijas. [31]La mayor dijo a la menor: «Nuestro padre
ya es viejo y en el país ya no hay un hombre que
se acueste con nosotras como se hace en todas
partes. [32]Vamos a emborrachar a nuestro padre
y nos acostamos con él: así daremos vida a un
descendiente de nuestro padre». [33]Aquella no-
che embriagaron a su padre y la mayor se acostó
con él, sin que él se diese cuenta cuando ella se
acostó y se levantó. [34]Al día siguiente la mayor
dijo a la menor: «Anoche me acosté yo con mi
padre. Vamos a embriagarlo también esta noche
y tú te acuestas con él: así daremos vida a un
descendiente de nuestro padre». [35]Embriagaron
también aquella noche a su padre, y la menor
fue y se acostó con él, sin que él se diese cuenta
cuando ella se acostó y se levantó. [36]Quedaron
encinta las dos hijas de Lot, de su padre. [37]La
mayor dio a luz un hijo y lo llamó Moab, dicien-
do: «De mi padre –es el antecesor de los moabi-
tas actuales–». [38]También la menor dio a luz un
hijo y lo llamó Amón diciendo: «Hijo de mi pue-
blo –es el antecesor de los amonitas actuales–».

Abrahán en Guerar

20 [1]Abrahán levantó el campamento y se
dirigió al Negueb, estableciéndose entre
Cades y Sur. Mientras residía en Guerar, [2]decía
que Sara era hermana suya. Abimelec, rey de
Guerar, mandó que le trajeran a Sara. [3]Dios se
apareció de noche, en sueños, a Abimelec y le di-
jo: «Vas a morir por haber tomado esa mujer que
es casada». [4]Abimelec, que no se había acercado
a ella, respondió: «Pero, Señor, ¿vas a matar a
un inocente? [5]Si él me dijo que era su hermana,
y ella que era su hermano. Lo he hecho de bue-
na fe y con las manos limpias». [6]Dios le replicó
en sueños: «Ya sé yo que lo has hecho de buena
fe; por eso no te dejé pecar contra mí ni te dejé
tocarla. [7]Pero ahora devuelve esa mujer casada
a su marido; él es profeta y rezará por ti para
que conserves la vida; pero si no se la devuelves,
debes saber que morirás tú con todos los tuyos».
[8]Abimelec madrugó, llamó a sus ministros y les
contó todo el asunto. Los hombres se asustaron
mucho. [9]Después Abimelec llamó a Abrahán y le
dijo: «¿Qué has hecho con nosotros? ¿Qué mal te
he hecho para que nos expusieras a mí y a mi rei-
no a cometer un pecado tan grave? Te has porta-
do conmigo como no se debe». [10]Y añadió: «¿Te-
mías algo para obrar de este modo?». [11]Abrahán
le contestó: «Pensé que en este país no respetan
a Dios y que me matarían por causa de mi mujer.
[12]Además, es realmente hermana mía; de padre,
aunque no de madre, y la tomé por mujer. [13]Cuan-
do Dios me hizo vagar lejos de mi casa paterna,
le dije: "Hazme este favor: en todos los sitios a
donde lleguemos, di que soy tu hermano"».
[14]Entonces Abimelec tomó ovejas, vacas, sier-
vos y siervas y se los dio a Abrahán, devolviéndo-
le además a Sara, su mujer. [15]Y le dijo: «Ahí tienes
mi tierra, vive donde te parezca». [16]Y a Sara le
dijo: «He dado a tu hermano mil pesos de plata;
así podrás mirar a la cara a todos los tuyos».
[17]Abrahán rezó a Dios y Dios sanó a Abime-
lec, a su mujer y a sus concubinas, y dieron a
luz. [18]Porque el Señor había cerrado el vientre
a todas en casa de Abimelec por causa de Sara,
mujer de Abrahán.

Nacimiento de Isaac

21 [1]Como lo había prometido, el Señor se ocu-
pó de Sara, el Señor realizó con Sara lo que
había anunciado. [2]Sara concibió y dio un hijo al
viejo Abrahán en la fecha que le había anunciado

Dios. 3Al hijo que le había nacido, que había da-
do a luz Sara, Abrahán lo llamó Isaac. 4Abrahán
circuncidó a su hijo Isaac el octavo día, como le
había mandado Dios. 5Cien años tenía Abrahán
cuando le nació su hijo Isaac. 6Sara comentó: «El
Señor me ha hecho bailar: los que se enteren bai-
larán conmigo». 7Y añadió: «¿Quién le hubiera di-
cho a Abrahán que Sara iba a criar hijos? ¡Porque
le he dado un hijo en su vejez!». 8El niño creció y
lo destetaron. Abrahán ofreció un gran banquete
el día que destetaron a Isaac.
9Pero Sara vio que el hijo que Abrahán había
tenido de Agar la egipcia jugaba con Isaac, 10y
dijo a Abrahán: «Expulsa a esa sierva y a su hijo,
porque no heredará el hijo de esa sierva con mi
hijo, con Isaac». 11Abrahán se puso muy triste ya
que el otro también era su hijo. 12Pero Dios dijo
a Abrahán: «No te aflijas por el muchacho y por
la sierva. En todo lo que te dice haz caso a Sara.
Pues es Isaac quien prolongará tu descendencia.
13Aunque también del hijo de la sierva sacaré un
gran pueblo, porque también es descendiente
tuyo».
14Abrahán madrugó, tomó pan y un odre de
agua, los puso en los hombros de Agar y la des-
pidió con el niño. Ella se marchó y fue vagando
por el desierto de Berseba. 15Cuando se le acabó
el agua del odre, colocó al niño debajo de unas
matas; 16se apartó y se sentó a solas a la dis-
tancia de un tiro de arco, diciéndose: No puedo
ver morir a mi hijo. Y se sentó a distancia. El
niño rompió a llorar. 17Dios oyó la voz del niño,
y el ángel de Dios llamó a Agar desde el cielo,
preguntándole: «¿Qué te pasa, Agar? No temas,
que Dios ha oído la voz del niño que está ahí.
18Levántate, toma al niño, estate tranquila por
él, porque sacaré de él un gran pueblo». 19Dios le
abrió los ojos y divisó un pozo de agua; fue allá,
llenó el odre y dio de beber al muchacho. 20Dios
estaba con el muchacho, que creció, habitó en
el desierto y se hizo un experto arquero; 21vivió
en el desierto de Farán, y su madre le buscó una
mujer egipcia.

Abrahán y Abimelec

22Por aquel tiempo, Abimelec, con Ficol, su
capitán, dijo a Abrahán: «Dios está contigo en
todo lo que haces. 23Por tanto, júrame por Dios,
aquí mismo, que no me engañarás ni a mí ni a
mi estirpe ni a mi linaje, y que me tratarás a mí
y a esta tierra mía donde resides con la misma
lealtad con que yo te he tratado». 24Abrahán res-
pondió: «Lo juro». 25Pero Abrahán reclamó a Abi-
melec por el asunto del pozo del que se habían
apoderado sus criados. 26Abimelec dijo: «No sé
quién lo habrá hecho; tú no me lo habías dicho
y hasta hoy no me había enterado». 27Entonces
Abrahán tomó ovejas y vacas, se las dio a Abime-
lec y los dos hicieron una alianza. 28Pero Abra-
hán apartó siete ovejas del rebaño. 29Abimelec
preguntó a Abrahán: «¿Qué significan esas siete
ovejas que has apartado?». 30Respondió: «Estas
siete ovejas que recibes de mi mano son la prue-
ba de que yo cavé este pozo». 31Por eso el lugar
se llama Berseba, porque allí juraron los dos.
32Concluida la alianza en Berseba, Abimelec,
con Ficol, su capitán, volvieron al país filisteo.
33Abrahán plantó un tamarisco en Berseba e in-
vocó el Nombre del Señor Dios eterno. 34Abrahán
residió en país filisteo muchos años.

Sacrificio de Isaac

22 1Después de estos sucesos, Dios puso a
prueba a Abrahán, diciéndole: «¡Abra-
hán!». Respondió: «Aquí me tienes». 2Dios le
dijo: «Toma a tu hijo único, a tu querido Isaac,
vete al país de Moria y ofrécemelo allí en sacri-
ficio en uno de los montes que yo te indicaré».
3Abrahán madrugó, ensilló el asno y se llevó a
dos criados y a su hijo Isaac; cortó leña para el
sacrificio y se encaminó al lugar que le había in-
dicado Dios. 4Al tercer día, levantó Abrahán los
ojos y divisó el sitio a lo lejos. 5Abrahán dijo a
sus criados: «Quédense aquí con el asno; yo y el
muchacho iremos hasta allá para adorar a Dios, y
después volveremos con ustedes».
6Abrahán tomó la leña para el holocausto, se
la cargó a su hijo Isaac y él llevaba el fuego y el
cuchillo. Los dos caminaban juntos. 7Isaac dijo a
Abrahán, su padre: «Padre». Él respondió: «Aquí
estoy, hijo mío». El muchacho dijo: «Tenemos
fuego y leña, pero, ¿dónde está el cordero pa-
ra el holocausto?». 8Abrahán le contestó: «Dios
proveerá el cordero para el holocausto, hijo
mío». Y siguieron caminando juntos.
9Cuando llegaron al sitio que le había dicho
Dios, Abrahán levantó allí un altar y apiló la
leña, luego ató a su hijo Isaac y lo puso sobre
el altar, encima de la leña. 10Entonces Abrahán
tomó el cuchillo para degollar a su hijo; 11pe-
ro el ángel del Señor le gritó desde el cielo:
«¡Abrahán, Abrahán!». Él contestó: «Aquí es-
toy». 12Dios le ordenó: «No alargues la mano
contra tu hijo ni le hagas nada. Ya he compro-
bado que respetas a Dios, porque no me has
negado a tu hijo, tu único hijo». 13Abrahán le-
vantó los ojos y vio un carnero enredado por los
cuernos en los matorrales. Abrahán se acercó,
tomó el carnero y lo ofreció en sacrificio en lu-
gar de su hijo. 14Abrahán llamó a aquel sitio: *El
Señor provee*; por eso se dice aún hoy: el monte
donde el Señor provee.

15Desde el cielo, el ángel del Señor volvió a
gritar a Abrahán: 16«Juro por mí mismo –oráculo
del Señor–: Por haber obrado así, por no haberte
reservado tu hijo, tu hijo único, 17te bendeci-
ré, multiplicaré a tus descendientes como las
estrellas del cielo y como la arena de la playa.
Tus descendientes conquistarán las ciudades de
sus enemigos. 18Todos los pueblos del mundo se
bendecirán nombrando a tu descendencia, por-
que me has obedecido».
19Abrahán volvió a sus criados, y juntos se
pusieron en camino hacia Berseba. Abrahán se
quedó a vivir en Berseba.

Allegados a Abrahán

20Algún tiempo más tarde le comunicaron a
Abrahán: «También Milcá ha dado hijos a Najor,
tu pariente: 21Us el primogénito, Bus su hermano
y Camuel, padre de Aram. 22Quésed, Jazó, Fildás,
Yidlaf y Betuel». 23Betuel fue padre de Rebeca.
Milcá dio estos ocho hijos a Najor, hermano de
Abrahán. 24Y una concubina, llamada Rauma,
también le dio hijos: Tébaj, Gajan, Tajas y Maacá.

Muerte y sepultura de Sara

23 1Sara vivió ciento veintisiete años; 2y mu-
rió en Quiriat Arbá –hoy Hebrón–, en país
cananeo. Abrahán fue a hacer duelo y a llorar a
su mujer. 3Después dejó a su difunta y habló a
los hititas: 4«Yo soy un forastero residente entre
ustedes. Denme un sepulcro en propiedad, en su
terreno, para enterrar a mi difunta». 5Los hititas
respondieron a Abrahán: 6«Escúchanos, señor:
tú eres un jefe insigne entre nosotros; entierra
a tu difunta en el mejor de nuestros sepulcros;
nadie de nosotros te negará una sepultura para
tu difunta».
7Abrahán se levantó, hizo una inclinación a los
propietarios hititas 8y les habló así: «Si realmen-
te tienen voluntad de que entierre a mi difunta,
escúchenme: supliquen en mi nombre a Efrón,
hijo de Sójar, 9que me ceda la cueva de Macpe-
la, que se encuentra en el extremo de su campo.
Que me la ceda por su precio, en presencia de
ustedes, como sepulcro en propiedad». 10Efrón
estaba sentado entre los hititas; Efrón, el hitita,
respondió a Abrahán, en presencia de los hititas
que asistían al concejo: 11«No, señor mío; escu-
cha: el campo te lo regalo, y la cueva que hay en
él te la regalo también; te la regalo en presencia
de mis compatriotas; entierra a tu difunta».
12Abrahán hizo una inclinación a los propie-
tarios, 13y oyéndolo ellos se dirigió a Efrón: «Si
te parece, escúchame tú: yo te pago el precio
del campo; acéptalo y enterraré allí a mi difun-
ta». 14Efrón contestó a Abrahán: 15«Señor mío,
escucha: el terreno vale cuatro kilos de plata;
entre nosotros dos, ¿qué significa eso? Entierra
a tu difunta cuando quieras». 16Abrahán aceptó
y pagó a Efrón, en presencia de los hititas, el
precio establecido: cuatro kilos de plata, pesos
comerciales. 17Y así el campo de Efrón en Macpe-
la, frente a Mambré, el campo con la cueva y con
todos los árboles dentro de sus linderos, 18pasó
a ser propiedad de Abrahán, siendo testigos los
hititas que asistían al concejo.
19Después Abrahán enterró a Sara, su mujer, en
la cueva del campo de Macpela, frente a Mam-
bré –hoy Hebrón–, en país cananeo. 20El campo
con la cueva pasó de los hititas a Abrahán como
sepulcro en propiedad.

Boda de Isaac

24 1Abrahán era viejo, de edad avanzada,
y el Señor lo había bendecido en todo.
2Abrahán dijo al criado más viejo de su casa,
que administraba todas las posesiones: «Pon
tu mano bajo mi muslo, 3y júrame por el Señor
Dios del cielo y Dios de la tierra que cuando
busques mujer a mi hijo no la escogerás entre
los cananeos, en cuya tierra habito, 4sino que
irás a mi tierra nativa y allí buscarás mujer a mi
hijo Isaac». 5El criado contestó: «Y si la mujer no
quiere venir conmigo a esta tierra, ¿tengo que
llevar a tu hijo a la tierra de donde saliste?».
6Abrahán le replicó: «En ningún caso lleves a mi
hijo allá. 7El Señor Dios del cielo, que me sacó de
la casa paterna y del país nativo y que juró dar
esta tierra a mi descendencia, enviará su ángel
delante de ti y podrás traer mujer para mi hijo.
8En caso de que la mujer no quiera venir contigo,
quedas libre del juramento. Solo que a mi hijo no
lo lleves allá». 9El criado puso su mano bajo el
muslo de Abrahán, su amo, y le juró hacerlo así.
10Entonces el criado agarró diez camellos de
su amo, y llevando toda clase de regalos de su
amo, se encaminó a Aram Naharaim, ciudad de
Najor. 11Hizo arrodillarse a los camellos fuera de
la ciudad, junto a un pozo, al atardecer, cuando
suelen salir las mujeres a buscar agua. 12Y di-
jo: «Señor Dios de mi amo Abrahán, dame hoy
una señal propicia y trata con bondad a mi amo
Abrahán. 13Yo estaré junto a la fuente cuando las
muchachas de la ciudad salgan por agua. 14Diré a
una de las muchachas: "Por favor, inclina tu cán-
taro para que beba". La que me diga: "Bebe tú,
mientras yo voy a dar de beber a tus camellos",
esa es la que has destinado para tu siervo Isaac.
Así sabré que tratas con bondad a mi amo.
15No había acabado de hablar, cuando salía Re-
beca –hija de Betuel, el hijo de Milcá, la mujer
de Najor, el hermano de Abrahán– con el cántaro

al hombro. 16La muchacha era muy hermosa y
doncella; aún no había conocido varón alguno.
Bajó a la fuente, llenó el cántaro y subió. 17El
criado corrió a su encuentro y le dijo: «Déjame
beber un poco de agua de tu cántaro». 18Ella
contestó: «Bebe, señor mío». Y enseguida bajó
el cántaro al brazo y le dio de beber. 19Cuando
terminó, le dijo: «Voy a sacar agua también
para tus camellos, para que beban todo lo que
quieran». 20Y enseguida vació el cántaro en el
bebedero, corrió al pozo a sacar más y sacó para
todos los camellos. 21El hombre la estaba mi-
rando, en silencio, esperando, a ver si el Señor
daba éxito a su viaje o no. 22Cuando los camellos
terminaron de beber, el hombre tomó un anillo
de oro de cinco gramos de peso, y se lo puso en
la nariz, y dos pulseras de oro de diez gramos,
y se las puso en las muñecas. 23Y le preguntó:
«Dime de quién eres hija y si en casa de tu padre
encontraremos sitio para pasar la noche». 24Ella
contestó: «Soy hija de Betuel, el hijo de Milcá y
de Najor». 25Y añadió: «Tenemos abundancia de
paja y forraje y sitio para pasar la noche».

26El hombre se inclinó, adorando al Señor, y
dijo: «Bendito sea el Señor Dios de mi amo Abra-
hán, que no ha olvidado su bondad 27y lealtad
con su siervo. El Señor me ha guiado a la casa
del hermano de mi amo». 28La muchacha fue
corriendo a casa a contárselo todo a su madre.

29Rebeca tenía un hermano llamado Labán.
Cuando vio el anillo y las pulseras de su herma-
na y oyó lo que contaba su hermana Rebeca de
lo que había dicho el hombre, 30salió corriendo
hacia la fuente en busca del hombre, y lo en-
contró esperando con los camellos, junto a la
fuente. 31Y le dijo: «Ven, el Señor te bendiga,
¿qué esperas aquí fuera? Yo te he preparado alo-
jamiento y sitio para los camellos». 32El hombre
entró en la casa, desensilló los camellos, les dio
paja y forraje, y trajo agua para que se lavasen
los pies el criado y sus acompañantes. 33Cuando
le ofrecieron de comer, él rehusó: «No comeré
hasta explicar mi asunto». Y le dijeron: «Habla».

34Entonces él comenzó: «Soy criado de Abra-
hán. 35El Señor ha bendecido inmensamente a
mi amo y le ha hecho rico; le ha dado ovejas y
vacas, oro y plata, siervos y siervas, camellos y
asnos. 36Sara, la mujer de mi amo, ya vieja, le ha
dado un hijo, que lo hereda todo. 37Mi amo me
tomó juramento: "Cuando le busques mujer a mi
hijo, no la escogerás de los cananeos, en cuya
tierra habito, 38sino que irás a casa de mi pa-
dre y mis parientes y allí le buscarás mujer a mi
hijo". 39Yo le contesté: "¿Y si la mujer no quiere
venir conmigo?". 40Él replicó: "El Señor, a quien
agrada mi proceder, enviará su ángel contigo,
dará éxito a tu viaje y encontrarás mujer para mi
hijo en casa de mi padre y mis parientes; 41pero
no incurrirás en mi maldición si, llegado a casa
de mis parientes, no te la quieren dar, entonces
quedarás libre del juramento". 42Al llegar hoy a
la ciudad dije: "Señor, Dios de mi amo Abrahán,
si quieres dar éxito al viaje que he emprendido,
43yo me pondré junto a la fuente, y diré a la mu-
chacha que salga a sacar agua: Dame de beber un
poco de agua de tu cántaro. 44Si me dice: Bebe
tú, que voy a sacar para los camellos, ella es la
que destina el Señor para el hijo de mi amo".
45No había acabado de decirme esto, cuando sa-
lía Rebeca con el cántaro al hombro; bajó a la
fuente, sacó agua, y yo le pedí: "Dame de beber".
46Ella enseguida bajó el cántaro y me dijo: "Bebe
tú, que voy a dar de beber a tus camellos"; bebí
yo y ella dio de beber a los camellos. 47Entonces
le pregunté: "¿De quién eres hija?". Me dijo: "De
Betuel, hijo de Najor y Milcá". Entonces le puse
un anillo en la nariz y pulseras en las muñecas,
48y me incliné adorando al Señor, bendiciendo al
Señor, Dios de mi amo Abrahán, que me ha guia-
do por el camino justo para llevar al hijo de mi
amo la hija de su hermano. 49Por tanto, díganme
si quieren o no ofrecer a mi amo una prueba de
amistad. Así podré actuar en consecuencia».

50Labán y Betuel le contestaron: «Es cosa del
Señor, nosotros no podemos responderte ni sí
ni no. 51Ahí tienes a Rebeca, tómala y vete, y
sea la mujer del hijo de tu amo, como el Señor
ha dicho».

52Cuando el criado de Abrahán oyó esto, se
postró en tierra ante el Señor. 53Después sacó
objetos de plata y oro y vestidos, y se los ofreció
a Rebeca, y ofreció regalos al hermano y a la ma-
dre. 54Comieron y bebieron él y sus compañeros,
pasaron la noche, y a la mañana siguiente se le-
vantaron y dijeron: «Permítanme que vuelva a la
casa de mi amo». 55El hermano y la madre repli-
caron: «Deja que la chica se quede con nosotros
unos diez días, después se marchará». 56Pero él
replicó: «No me detengan, después que el Señor
ha dado éxito a mi viaje; permítanme volver a la
casa de mi amo». 57Contestaron: «Vamos a llamar
a la chica y a preguntarle su opinión». 58Llama-
ron a Rebeca y le preguntaron: «¿Quieres ir con
este hombre?». Ella respondió: «Sí». 59Entonces
despidieron a Rebeca y a su nodriza, al criado de
Abrahán y a sus compañeros.

60Y bendijeron a Rebeca: «*Tú eres nuestra
hermana,/ sé madre de miles y miles;/ que tu
descendencia conquiste/ las ciudades enemi-
gas*». 61Rebeca y sus compañeras se levantaron,
montaron en los camellos y siguieron al hombre;
y así se llevó a Rebeca el criado de Abrahán.

62Isaac se había trasladado del «Pozo del que
vive y ve» al territorio del Negueb. 63Una tarde
salió a pasear por el campo, y alzando la vista
vio acercarse unos camellos. 64También Rebeca
alzó la vista y, al ver a Isaac, bajó del camello,
65y dijo al criado: «¿Quién es aquel hombre que
viene en dirección nuestra por el campo?». Res-
pondió el criado: «Es mi amo». Ella tomó el velo
y se cubrió. 66El criado le contó a Isaac todo lo
que había hecho. 67Isaac la metió en la tienda de
campaña de Sara, su madre, la tomó por esposa y
con su amor se consoló de la muerte de su madre.

Muerte de Abrahán

25 1Abrahán tomó otra mujer, llamada Que-
tura, 2la cual le dio hijos: Zimrán, Yoxán,
Medán, Madián, Yisbac y Suj. 3Yoxán engendró
a Sebá y Dedán; los hijos de Dedán fueron los
asirios, latusios y lemios. 4Los hijos de Madián
fueron Efá, Efer, Henoc, Abidá y Eldaá. Todos
descendientes de Quetura. 5Abrahán hizo a Isa-
ac heredero universal, 6mientras que a los hijos
de las concubinas les dio legados, y todavía en
vida los despachó hacia el país de oriente, lejos
de su hijo.
7Abrahán vivió ciento setenta y cinco años.
8Abrahán expiró y murió en buena vejez, colma-
do de años, y se reunió con los suyos. 9Isaac e
Ismael, sus hijos, lo enterraron en la cueva de
Macpela, en el campo de Efrón, hijo de Sojar,
el hitita, frente a Mambré. 10En el campo que
compró Abrahán a los hititas fueron enterrados
Abrahán y Sara, su mujer.
11Muerto Abrahán, Dios bendijo a su hijo Isaac,
y este se estableció en «Pozo del que vive y ve».

Descendencia de Ismael

12Descendientes de Ismael, hijo de Abrahán y
Agar, su criada egipcia. 13Nombres de los hijos
de Ismael por orden de nacimiento: Nebayot el
primogénito, Quedar, Adbeel, Mibsán, 14Mismá,
Dumá, Masá. 15Jadad, Temá, Yetur, Nafís y Qued-
ma. 16Estos son los hijos de Ismael y sus nombres
por cercados y campamentos: doce jefes de tri-
bu. 17Ismael vivió ciento treinta y siete años.
Expiró, murió y se reunió con los suyos. 18Ellos
se extendieron desde Javilá hasta Sur, junto a
Egipto, según se llega a Asur; se instaló frente
a sus hermanos.

Descendencia de Isaac

19Descendientes de Isaac, hijo de Abrahán.
Abrahán engendró a Isaac. 20Cuando Isaac tenía
cuarenta años, tomó por esposa a Rebeca, hija
de Betuel, arameo de Padán Aram, y hermana de
Labán, arameo. 21Isaac rezó a Dios por su mujer,
que era estéril. El Señor le escuchó y Rebeca, su
mujer, quedó embarazada. 22Pero las criaturas se
maltrataban en su vientre y ella dijo: «En estas
condiciones, ¿vale la pena vivir?». Y fue a con-
sultar al Señor. 23El Señor le respondió: «*Dos na-
ciones hay en tu vientre,/ dos pueblos se separan
en tus entrañas:/ un pueblo vencerá al otro/ y el
mayor servirá al menor*».
24Cuando llegó el parto, resultó que tenía ge-
melos en el vientre. 25Salió primero uno, todo
pardo y peludo como un manto, y lo llamaron
Esaú. 26Detrás salió su hermano, agarrando con
la mano del talón de Esaú, y lo llamaron Jacob.
Tenía Isaac sesenta años cuando nacieron.
27Crecieron los chicos. Esaú se hizo un experto
cazador, hombre agreste, mientras que Jacob se
hizo honrado beduino. 28Isaac prefería a Esaú
porque le gustaban los platos de caza, Rebeca
prefería a Jacob. 29Un día que Jacob estaba gui-
sando un potaje, volvía Esaú agotado del campo.
30Esaú dijo a Jacob: «Déjame comer un poco de
esa comida rojiza, que estoy agotado –por eso
le llaman Edom–». 31Respondió Jacob: «Véndeme
ahora mismo tus derechos de primogenitura».
32Esaú replicó: «Yo estoy que me muero: ¿qué me
importan los derechos de primogénito?». 33Di-
jo Jacob: «Júramelo ahora mismo». Se lo juró
y vendió a Jacob sus derechos de primogénito.
34Jacob dio a Esaú pan con guiso de lentejas.
Él comió, bebió, se alzó, se fue y así malvendió
Esaú sus derechos de primogénito.

Isaac en Guerar

26 1Sobrevino una carestía en el país –dis-
tinta de la que hubo en tiempos de
Abrahán–, e Isaac se dirigió a Guerar, donde
Abimelec era rey de los filisteos. 2El Señor se le
apareció y le dijo: «No bajes a Egipto, quédate
en el país que te indicaré. 3Reside en este país:
estaré contigo y te bendeciré, porque a ti y a
tus descendientes he de dar todas estas tierras.
Así cumpliré la promesa que le hice a tu padre
Abrahán. 4Multiplicaré tu descendencia como
las estrellas del cielo, daré a tu descendencia
todas estas tierras, y todos los pueblos de la tie-
rra desearán las bendiciones de tu descenden-
cia. 5Porque Abrahán me obedeció y guardó mis
preceptos, mandatos, normas y leyes». 6Isaac se
quedó a vivir en Guerar. 7La gente del lugar le
preguntó quién era la mujer y él dijo que era su
hermana; pues temía que la gente del lugar lo
matase por la belleza de Rebeca.
8Pasado bastante tiempo, Abimelec, rey de los
filisteos, miraba un día por la ventana y vio que
Isaac acariciaba a Rebeca, su mujer. 9Abimelec
llamó a Isaac y le dijo: «Si es tu mujer, ¿por qué

dijiste que es tu hermana?». Le contestó Isaac: «Porque temí que me matasen por causa de ella». 10Abimelec le dijo: «¿Qué es lo que nos has hecho? Si uno de los nuestros llega a acostarse con tu mujer, incurrimos todos en culpa». 11Abimelec dio un decreto para toda la población: «El que toque a este hombre o a su mujer será condenado a muerte».

Pozos

12Isaac sembró en aquella tierra y aquel año cosechó el ciento por uno, porque el Señor le bendijo. 13El hombre prosperaba y prosperaba hasta el colmo de la prosperidad. 14Tenía rebaños de ovejas y vacas, gran servidumbre, tanto que le envidiaban los filisteos. 15Todos los pozos que habían cavado los criados de su padre en vida de Abrahán, los filisteos los llenaron con tierra. 16Abimelec dijo a Isaac: «Apártate de nosotros, porque eres mucho más poderoso que nosotros».

17Isaac se apartó de allí, acampó junto al torrente de Guerar y allí se estableció. 18Isaac volvió a cavar los pozos cavados en vida de su padre Abrahán, que los filisteos habían tapado después de morir Abrahán. Y los llamó con los mismos nombres que les había puesto su padre. 19Los criados de Isaac cavaron junto al torrente y dieron con un manantial. 20Los pastores de Guerar riñeron con los pastores de Isaac, reclamando la propiedad del agua. Y llamó al pozo Esec porque lo habían desafiado. 21Cavaron otro pozo y también riñeron por él, y lo llamó Sitna. 22Se apartó de allí y cavó otro pozo, y por este no riñeron. Y lo llamó Rehobot diciendo: «El Señor nos ha dado su espacio para crecer en el país».

23Desde allí subió a Berseba. 24El Señor se le apareció aquella noche y le dijo: «Yo soy el Dios de tu padre Abrahán, no temas, que estoy contigo. Te bendeciré y multiplicaré tu descendencia en atención a Abrahán mi siervo». 25Levantó allí un altar, invocó el Nombre del Señor y plantó allí su campamento. Los siervos de Isaac abrieron allí un pozo.

26Desde Guerar fue a visitarlo Abimelec con Ajuzá, su consejero y Ficol, su capitán. 27Isaac les dijo: «¿Por qué vienen a visitarme, si fueron ustedes los que me trataron con hostilidad y me echaron de su territorio?». 28Le contestaron: «Hemos comprobado que el Señor está contigo y pensamos que entre tú y nosotros debe haber un acuerdo por eso queremos hacer una alianza contigo. 29Tú no nos harás mal alguno, ya que nosotros no te hemos lesionado, te hemos tratado siempre bien y te hemos despedido en paz. Ahora que el Señor te bendiga». 30Él les ofreció un banquete: comieron y bebieron. 31Por la mañana se levantaron y pronunciaron los juramentos mutuos. Isaac los despidió y ellos marcharon en paz.

32Aquel día vinieron los siervos de Isaac trayéndole noticias del pozo que habían cavado: «Hemos encontrado agua». 33Y llamaron al pozo Siba. Por eso todavía hoy se llama la ciudad Berseba. 34Cuando Esaú cumplió cuarenta años, se casó con Judit, hija de Beeri, el hitita, y con Basmat, hija de Elón, el hitita. 35Trajeron muchos disgustos a Isaac y Rebeca.

Isaac bendice a Jacob

27 1Cuando Isaac se hizo viejo y perdió la vista, llamó a Esaú, su hijo mayor, y le dijo: «¡Hijo mío!». Le contestó: «Aquí estoy». 2Le dijo: «Mira, ya estoy viejo y no sé cuándo voy a morir. 3Así que toma tus armas, arco y aljaba, y sal a campo a cazarme algún animal silvestre. 4Después me lo guisas como a mí me gusta y me lo traes para que lo coma. Porque quiero darte mi bendición antes de morir».

5Rebeca escuchaba lo que Isaac decía a su hijo Esaú. Esaú salió a campo para cazar y traer algún animal silvestre. 6Rebeca dijo a su hijo Jacob: «He oído a tu padre que decía a Esaú tu hermano: 7Tráeme un animal silvestre y guísamelo, yo lo comeré y te bendeciré en presencia del Señor antes de morir. 8Ahora, hijo mío, obedece mis instrucciones: 9Vete al rebaño, selecciona dos cabritos hermosos y yo se los guisaré a tu padre como a él le gusta. 10Tú se lo llevarás a tu padre para que coma; y así te bendecirá antes de morir». 11Replicó Jacob a Rebeca su madre: «Sabes que Esaú mi hermano es peludo y yo soy lampiño. 12Si mi padre me palpa y quedo ante él como embustero, me acarrearé maldición en vez de bendición». 13Su madre le dijo: «Yo cargo con la maldición, hijo mío. Tú obedece, ve y tráemelos». 14Él fue, los escogió y se los trajo a su madre; y su madre los guisó como le gustaba a su padre. 15Rebeca tomó el traje de su hijo mayor Esaú, el traje de fiesta que guardaba en el baúl, y se lo vistió a Jacob, su hijo menor. 16Con la piel de los cabritos le cubrió las manos y la parte lisa del cuello. 17Después puso en manos de su hijo Jacob el guiso que había preparado con el pan.

18Él entró adonde estaba su padre y le dijo: «Padre mío». Le contestó: «Aquí estoy. ¿Quién eres tú, hijo mío?». 19Jacob respondió a su padre: «Yo soy Esaú, tu primogénito. He hecho lo que me mandaste. Incorpórate, siéntate y come de la caza; y después me bendecirás». 20Isaac dijo a su hijo: «¡Qué prisa te has dado para encontrarla, hijo mío!». Le contestó: «Es que el

Señor tu Dios me la puso al alcance». 21Isaac dijo
a Jacob: «Acércate que te palpe, hijo mío, a ver
si eres tú mi hijo Esaú o no». 22Se acercó Jacob
a Isaac, su padre, el cual palpándolo dijo: «La
voz es la voz de Jacob, las manos son las manos
de Esaú». 23No le reconoció porque sus manos
eran peludas como las de su hermano Esaú. Y se
dispuso a bendecirlo. 24Preguntó: «¿Eres tú mi
hijo Esaú?». Contestó: «Lo soy». 25Le dijo: «Hijo
mío, acércame la caza, que coma; y después te
bendeciré». Se la acercó y comió, luego le sirvió
vino, y bebió.

26Isaac, su padre, le dijo: «Acércate y bésa-
me, hijo mío». 27Se acercó y lo besó. Y al oler
el aroma del traje, lo bendijo diciendo: «*Mira,*
el aroma de mi hijo/ como aroma de un campo/
que ha bendecido el Señor./ 28*Que Dios te conce-*
da rocío del cielo,/ fertilidad de la tierra,/ trigo
y vino en abundancia;/ 29*te sirvan pueblos/ y te*
rindan homenaje las naciones./ Serás el señor
de tus hermanos;/ que te rindan homenaje los
hijos de tu madre./ ¡Maldito quien te maldiga,/
bendito quien te bendiga!».

30Apenas terminó Isaac de bendecir a Jacob,
mientras salía Jacob de donde estaba su padre,
Esaú volvía de cazar. 31También él hizo un guiso,
se lo llevó a su padre y dijo a su padre: «Incor-
pórese, padre, y coma de la caza de su hijo; y
así me bendecirá». 32Su padre Isaac le preguntó:
«¿Quién eres?». Contestó: «Soy tu primogénito,
Esaú». 33Isaac fue presa de un terror espantoso y
dijo: «Entonces ¿quién es el que fue a cazar y me
lo trajo y comí de todo antes de que tú llegaras?
Lo he bendecido y será bendecido».

34Al oír Esaú las palabras de su padre, dio un
grito atroz, lleno de amargura y pidió a su pa-
dre: «Bendíceme a mí también, padre mío». 35Le
contestó: «Ha venido tu hermano con trampas
y se ha llevado tu bendición». 36Comentó Esaú:
«Con razón se llama Jacob, ya me ha hecho tram-
pa dos veces; se llevó mis derechos de primo-
génito y ahora se ha llevado mi bendición». Y
añadió: «¿No te queda otra bendición para mí?».
37Respondió Isaac a Esaú: «Mira, lo he nombra-
do señor tuyo, he declarado siervos suyos a sus
hermanos, le he asegurado el grano y el vino;
¿qué puedo hacer ya por ti, hijo mío?». 38Esaú
dijo a su padre: «¿Es que solo tienes una bendi-
ción, padre mío? Bendíceme también a mí, padre
mío». Y Esaú se echó a llorar ruidosamente. 39En-
tonces su padre Isaac le dijo: «*Sin fertilidad de*
la tierra,/ sin rocío del cielo será tu morada./
40*Vivirás de la espada,/ sometido a tu herma-*
no./ Pero cuando te rebeles,/ sacudirás el yugo
del cuello». 41Esaú guardaba rencor a Jacob por la
bendición con que lo había bendecido su padre.
Esaú se decía: «Cuando llegue el luto por mi pa-
dre, mataré a Jacob mi hermano». 42Le contaron
a Rebeca lo que decía su hijo mayor Esaú, mandó
llamar a Jacob, el hijo menor, y le dijo: «Mira,
Esaú tu hermano piensa vengarse matándote.
43Por tanto, hijo mío, anda, huye a Jarán, a ca-
sa de mi hermano Labán. 44Quédate con él una
temporada, hasta que se le pase la cólera a tu
hermano, 45hasta que se le pase la ira a tu her-
mano y se olvide de lo que has hecho; entonces
te mandaré llamar. Que no quiero perder a mis
dos hijos el mismo día». 46Rebeca dijo a Isaac:
«Estas mujeres hititas me hacen la vida imposi-
ble. Si también Jacob toma mujeres hititas del
país, como estas, ¿de qué me sirve vivir?».

Jacob peregrino

28 1Isaac llamó a Jacob, lo bendijo y le dio
instrucciones: «No te cases con una mujer
cananea. 2Vete a Padán Aram, a casa de Betuel,
tu abuelo materno, y cásate con una de las hijas
de Labán, tu tío materno. 3El Dios Todopode-
roso te bendiga, te haga crecer y multiplicarte
hasta ser un grupo de tribus. 4Él te conceda la
bendición de Abrahán, a ti y a tu descendencia,
para que poseas la tierra que has recorrido, que
Dios entregó a Abrahán». 5Isaac, pues, despidió
a Jacob, el cual se dirigió a Padán Aram, a casa
de Labán, hijo de Betuel arameo, hermano de
Rebeca, la madre de Jacob y Esaú.

6Se enteró Esaú de que Isaac había bendecido
a Jacob y lo había enviado a Padán Aram para
que se buscase allí una mujer, y que, al bende-
cirlo, le había encargado que no se casase con
una mujer cananea; 7y que Jacob, obedeciendo
a su padre y su madre, se había dirigido a Pa-
dán Aram. 8Esaú comprendió que las cananeas
no agradaban a su padre Isaac. 9Entonces Esaú
se dirigió a Ismael y, además de las que tenía,
tomó por mujer a Majalat, hija de Ismael, hijo de
Abrahán, y hermana de Nebayot.

Jacob en Betel

10Jacob salió de Berseba y se dirigió a Jarán.
11Acertó a llegar a un lugar; y como se había
puesto el sol, se quedó allí a pasar la noche. To-
mó una piedra del lugar, se la puso como almo-
hada y se acostó en aquel lugar. 12Tuvo un sueño:
una escalinata, plantada en tierra, tocaba con
el extremo el cielo. Mensajeros de Dios subían y
bajaban por ella. 13El Señor estaba en pie sobre
ella y dijo: «Yo soy el Señor, Dios de Abrahán tu
padre y Dios de Isaac. La tierra en la que te en-
cuentras te la daré a ti y a tu descendencia. 14Tu
descendencia será como el polvo de la tierra; te
extenderás a occidente y oriente, al norte y al

sur. Por ti y por tu descendencia todos los pue-
blos del mundo serán benditos. 15Yo estoy conti-
go, te acompañaré adonde vayas, te haré volver
a este país y no te abandonaré hasta cumplirte
cuanto te he prometido».
16Despertó Jacob del sueño y dijo: «Realmente
el Señor está en este lugar y yo no lo sabía».
17Y añadió aterrorizado: «¡Qué terrible es este
lugar! Es nada menos que Casa de Dios y Puerta
del Cielo». 18Jacob se levantó de mañana, tomó
la piedra que le había servido de almohada, la
colocó como piedra conmemorativa y derramó
aceite en la punta. 19Y llamó al lugar Casa de
Dios –la ciudad se llamaba antes Luz–. 20Jacob
pronunció una promesa: «Si Dios está conmigo y
me guarda en el viaje que estoy haciendo y me
da pan para comer y vestido con que cubrirme,
21y si vuelvo sano y salvo a casa de mi padre, en-
tonces el Señor será mi Dios, 22y esta piedra con-
memorativa que acabo de erigir será una casa de
Dios y te daré un diezmo de todo lo que me des».

Jacob y Raquel

29 1Jacob se puso en camino y se dirigió al
país de los orientales. 2Cuando he aquí
que en campo abierto vio un pozo y tres rebaños
de ovejas descansando junto a él, porque en ese
pozo daban de beber a los rebaños. La piedra
que tapaba el pozo era enorme, 3tanto que se
reunían allí todos los pastores, corrían la piedra
de la boca del pozo y daban de beber a las ove-
jas; después colocaban de nuevo la piedra en su
sitio en la boca del pozo. 4Jacob les dijo: «Her-
manos, ¿de dónde son?». Contestaron: «Somos
de Jarán». 5Les preguntó: «¿Conocen a Labán
hijo de Najor?». Contestaron: «Lo conocemos».
6Les dijo: «¿Qué tal está?». Contestaron: «Está
bien. Justamente Raquel su hija está llegando
con las ovejas». 7Él dijo: «Todavía es pleno día,
no es hora de recoger el ganado. ¿Por qué no dan
de beber a las ovejas y las llevan a pastar?». 8Re-
plicaron: «No podemos hasta que se reúnan to-
dos los rebaños. Entonces corremos la piedra de
la boca del pozo y damos de beber a las ovejas».
9Todavía estaba hablando con ellos, cuando
llegó Raquel, que era pastora, con las ovejas de
su padre. 10Cuando Jacob vio a Raquel, hija de
Labán, su tío materno, y las ovejas de Labán, su
tío materno, corrió la piedra de la boca del pozo
y dio de beber a las ovejas de Labán, su tío ma-
terno. 11Después Jacob besó a Raquel y rompió
a llorar ruidosamente. 12Jacob explicó a Raquel
que era hermano de su padre, hijo de Rebeca.
Ella corrió a contárselo a su padre. 13Cuando La-
bán oyó la noticia sobre Jacob, hijo de su her-
mana, corrió a su encuentro, lo abrazó, lo besó
y lo llevó a su casa. Jacob contó a Labán todo lo
sucedido. 14Labán le dijo: «¡Eres de mi carne y
sangre!». Y se quedó con él un mes.
15Labán dijo a Jacob: «El que seas mi hermano
no es razón para que me sirvas gratuitamente;
dime qué salario quieres». 16Labán tenía dos hi-
jas: la mayor se llamaba Lía, la menor se llamaba
Raquel. 17Lía tenía ojos apagados, Raquel era
guapa y de buen tipo. 18Jacob estaba enamorado
de Raquel, y le dijo: «Te serviré siete años por
Raquel, tu hija menor». 19Contestó Labán: «Más
vale dártela a ti que dársela a un extraño. Qué-
date conmigo». 20Jacob sirvió por Raquel siete
años y estaba tan enamorado, que le parecieron
unos días.
21Jacob dijo a Labán: «Se ha cumplido el tiem-
po, dame a mi mujer, que me acueste con ella».
22Labán reunió a todos los hombres del lugar y
les ofreció un banquete. 23Anochecido, tomó a
su hija Lía, se la llevó a él y él se acostó con ella.
24Labán entregó su criada Zilpa a su hija Lía co-
mo criada. 25Al amanecer descubrió que era Lía,
y protestó a Labán: «¿Qué me has hecho? ¿No te
he servido por Raquel? ¿Por qué me has enga-
ñado?». 26Contestó Labán: «No es costumbre en
nuestro lugar dar la pequeña antes de la mayor.
27Termina esta semana y te daré también la otra
en pago de que me sirvas otros siete años». 28Ja-
cob aceptó, terminó aquella semana y él le dio
por mujer a su hija Raquel. 29Labán entregó a
su hija Raquel su criada Bilha como criada. 30Se
acostó también con Raquel y quiso a Raquel más
que a Lía; y se quedó a servir otros siete años.

Hijos de Jacob

31Viendo el Señor que Lía no era correspondida,
la hizo fecunda; mientras Raquel seguía esté-
ril. 32Lía concibió, dio a luz a un hijo y lo llamó
Rubén diciendo: «Ha visto el Señor mi aflicción y
ahora me querrá mi marido». 33Volvió a concebir,
dio a luz un hijo y comentó: «Ha oído el Señor
que no era correspondida y me ha dado este hi-
jo». Y lo llamó Simeón. 34Volvió a concebir, dio
a luz un hijo y comentó: «Esta vez mi marido se
sentirá ligado a mí, pues le he dado tres hijos».
Por eso lo llamó Leví. 35Volvió a concebir, dio a
luz un hijo y comentó: «Esta vez doy gracias al
Señor». Por eso lo llamó Judá. Y dejó de dar a luz.

30 1Vio Raquel que no daba hijos a Jacob, y
envidiosa de su hermana, Raquel dijo a
Jacob: «¡Dame hijos o me muero!». 2Se indignó
Jacob con Raquel y le dijo: «¿Hago yo las veces
de Dios para negarte el fruto del vientre?». 3Ella
replicó: «Ahí tienes a mi sierva Bilha. Acuéstate
con ella para que dé a luz en mis rodillas. Así,

por ella, yo también tendré hijos». 4Y le entregó a su sierva Bilha como esposa. Jacob se acostó con ella; 5ella concibió, dio a luz un hijo para Jacob. 6Raquel comentó: «Dios me ha hecho justicia y me ha escuchado y me ha dado un hijo». Por eso lo llamó Dan. 7Volvió a concebir Bilha, criada de Raquel, y dio a luz un segundo hijo para Jacob. 8Raquel comentó: «Una competición divina: he competido con mi hermana y la he podido». Y lo llamó Neftalí. 9Viendo Lía que había cesado de dar a luz, tomó a su criada Zilpa y se la dio a Jacob como mujer. 10Zilpa, criada de Lía, dio a luz un hijo para Jacob. 11Lía comentó: «¡Qué suerte!». Y lo llamó Gad. 12Zilpa, criada de Lía, dio a luz un segundo hijo para Jacob. 13Y Lía comentó: «¡Qué felicidad! Las mujeres me felicitarán». Y lo llamó Aser. 14Durante la cosecha del trigo fue Rubén al campo y encontró unas mandrágoras; y se las llevó a su madre Lía. Raquel dijo a Lía: «Dame algunas mandrágoras de tu hijo». 15Y le contestó: «¿Te parece poco quitarme a mi marido, que me quieres quitar también las mandrágoras de mi hijo?». Replicó Raquel: «Bueno, que duerma contigo esta noche a cambio de las mandrágoras de tu hijo». 16Cuando Jacob volvía del campo al atardecer, Lía le salió al encuentro y le dijo: «Acuéstate conmigo, que he pagado por ti con las mandrágoras de mi hijo». Aquella noche la pasó con ella. 17Dios escuchó a Lía, que concibió y dio a luz el quinto hijo para Jacob. 18Lía comentó: «Dios me ha pagado el haberle yo dado mi criada a mi marido». Y lo llamó Isacar. 19Volvió a concebir Lía y dio a luz para Jacob el sexto hijo. 20Lía comentó: «Dios me ha hecho un buen regalo. Ahora me honrará mi marido, pues le he dado seis hijos». Y lo llamó Zabulón. 21Después dio a luz una hija y la llamó Dina. 22Dios se acordó de Raquel, Dios la escuchó y la hizo fecunda. 23Ella concibió, dio a luz y comentó: «Dios ha borrado mi afrenta». 24Y lo llamó José, diciendo: «El Señor me dé otro hijo».

Jacob y Labán

25Cuando Raquel dio a luz a José, Jacob dijo a Labán: «Déjame volver a mi lugar y a mi tierra. 26Dame las mujeres por las que te he servido, y los hijos, y me marcharé; tú sabes lo mucho que te he servido». 27Labán le respondió: «¡Por favor! He sabido por un oráculo que el Señor me ha bendecido por tu causa. 28Señala tu salario y te lo pagaré». 29Le replicó: «Tú sabes cómo te he servido y cómo le ha ido al rebaño que me has confiado. 30Lo poco que antes tenías ha crecido inmensamente porque el Señor te ha bendecido por mi causa. Es hora de que haga algo también por mi familia». 31Le preguntó: «¿Qué quieres que te dé?». Contestó Jacob: «No me des nada. Solo haz lo que te digo, que yo volveré a pastorear y guardar tu rebaño. 32Pasaré hoy por todo el rebaño y apartaré todas las ovejas oscuras y todos los cabritos manchados; ese será mi salario. 33Así mañana, cuando llegue el momento de pagarme, mi honradez responderá por mí: si llego a tener en mi poder algún cabrito no manchado o alguna cordera que no sea oscura en mi poder serán robados». 34Respondió Labán: «Está bien, sea lo que tú dices».

35El mismo día apartó todos los cabritos rayados o manchados y todas las cabras manchadas o con manchas blancas y todas las corderas oscuras, y se las confió a sus hijos.

36Labán se alejó unas tres jornadas de camino mientras Jacob pastoreaba el resto del rebaño de Labán. 37Jacob tomó unas ramas verdes de álamo, almendro y plátano, peló en ellas tiras blancas descubriendo lo blanco de las ramas, 38y colocó las ramas peladas en los bebederos. Allí era donde los machos se unían con las hembras cuando venían a beber. 39Lo hacían frente a las varas y las cabras parían crías rayadas o manchadas. 40Jacob apartó las ovejas y las apareó con machos oscuros o rayados y mantuvo separado su rebaño sin mezclarlo con el de Labán. 41Cuando los animales más robustos entraban en celo, colocaba las varas frente al ganado en el bebedero, para que se apareasen frente a las varas. 42Cuando los animales eran débiles, no lo hacía de modo que los débiles eran para Labán y los robustos para Jacob. Y resultó que el ganado débil le tocó a Labán, el robusto a Jacob. 43De este modo se enriqueció muchísimo: tenía muchos rebaños, siervos y siervas, camellos y asnos.

Huida de Jacob

31 1Jacob oyó decir a los hijos de Labán: «Se ha llevado Jacob todas las propiedades de nuestro padre y se ha enriquecido a costa de nuestro padre». 2Observó Jacob la actitud de Labán y ya no era la de antes. 3El Señor dijo a Jacob: «Vuelve a la tierra de tus padres, tu tierra nativa, y estaré contigo».

4Entonces Jacob mandó llamar a Raquel y Lía al campo de sus ovejas. 5Y les dijo: «He observado la actitud de su padre, y ya no es para mí como antes. Pero el Dios de mi padre ha estado conmigo. 6Ustedes saben que he servido a mi suegro con todas mis fuerzas; 7pero él me ha defraudado cambiándome el salario diez veces, aunque Dios no le ha permitido perjudicarme. 8Porque cuando decía que mi salario serían los animales manchados, todas las ovejas los parían

manchados; y cuando decía que mi salario serían
los animales rayados, todas las ovejas los parían
rayados. 9Dios le ha quitado el ganado al padre
de ustedes y me lo ha dado a mí. 10Una vez du-
rante el período que el rebaño entra en celo, mi-
rando en un sueño vi que todos los machos que
cubrían a las ovejas eran rayados o manchados.
11El ángel de Dios me dijo en el sueño: "Jacob".
"Aquí estoy", le contesté. 12Me dijo: "Fíjate bien
y verás que todos los machos que cubren a las
ovejas son rayados o manchados. He visto cómo
te trata Labán. 13Yo soy el Dios de Betel, donde
ungiste una piedra conmemorativa y me hiciste
una promesa. Ahora levántate, sal de esta tierra
y vuelve a tu tierra nativa"».
14Raquel y Lía le contestaron: «¿Nos queda par-
te o herencia en nuestra casa paterna? 15¿Acaso
no nos considera extrañas? Nos ha vendido y se
ha gastado el dinero que recibió por nosotras.
16Toda la riqueza que Dios le ha quitado a nuestro
padre, es ahora nuestra y de nuestros hijos. Por
tanto, haz todo lo que Dios te ha dicho».
17Jacob se levantó, puso a los hijos y las mu-
jeres en camellos 18y guiando todo el ganado y
todas las posesiones que había adquirido en Pa-
dán Aram, se encaminó a casa de su padre Isaac,
en tierra cananea.

Persecución y encuentro

19Labán se marchó a esquilar las ovejas y
Raquel robó los amuletos de su padre. 20Jacob
había disimulado con Labán el arameo, sin dar-
le a entender que se escapaba. 21Así se escapó
con todo lo suyo, cruzó el río y se dirigió a los
montes de Galaad. 22Al tercer día informaron a
Labán de que Jacob se había escapado. 23Reunió
a su gente y salió en su persecución. A los siete
días de marcha le dio alcance en los montes de
Galaad. 24Aquella noche se le apareció Dios en
sueños a Labán el arameo y le dijo: «¡Cuidado
con meterte con Jacob para bien o para mal!».
25Labán se acercó a Jacob. Este había acampa-
do en una altura y Labán acampó en la montaña
de Galaad. 26Labán dijo a Jacob: «¿Qué has he-
cho? ¿Por qué has disimulado conmigo y te has
llevado a mis hijas como cautivas de guerra?
27¿Por qué has huido a escondidas, furtivamen-
te, sin decirme nada? Yo te habría despedido
con festejos, con cantos y cítaras y panderos.
28Ni siquiera me dejaste besar a mis hijas y a
mis nietos. ¡Qué imprudente has sido! 29Podría
hacerles daño, pero el Dios de tu padre me dijo
anoche: "¡Cuidado con meterte con Jacob para
bien o para mal!". 30Pero si te has marchado por
nostalgia de la casa paterna, ¿por qué me has
robado mis dioses?».
31Jacob contestó a Labán: «Tenía miedo pen-
sando que me ibas a arrebatar a tus hijas. Pe-
ro aquel a quien le encuentres tus dioses no
quedará con vida. 32En presencia de tu gente,
si reconoces que tengo algo tuyo, tómalo». No
sabía Jacob que Raquel los había robado. 33Entró
Labán en la tienda de campaña de Jacob y en la
tienda de Lía y en la tienda de las dos criadas
y no encontró nada. Salió de la tienda de Lía y
entró en la tienda de Raquel. 34Raquel había re-
cogido los amuletos, los había escondido en una
montura de camello y estaba sentada encima.
Labán registró toda la tienda y no encontró na-
da. 35Ella dijo a su padre: «No te enfades, señor,
si no puedo levantarme delante de ti; es que me
ha venido la cosa de las mujeres». Y él, por más
que buscó, no encontró los amuletos.
36Entonces Jacob, irritado, discutió con Labán
y le dijo: «¿Cuál es mi crimen, cuál mi pecado,
para que me acoses? 37Después de revolver todas
mis cosas, ¿qué has encontrado que pertenezca
a tu casa? Ponlo aquí delante de mis parientes
y los tuyos, y ellos decidan quién tiene razón.
38Veinte años he pasado contigo. Tus ovejas y
cabras no han abortado, no he comido los carne-
ros de tu rebaño. 39Lo que las fieras despedaza-
ban no te lo presentaba, sino que lo reponía con
lo mío; me exigías cuentas de lo robado de día y
de noche. 40De día me consumía el calor, de no-
che el frío, y no conciliaba el sueño. 41De estos
veinte años que he pasado en tu casa, catorce te
he servido por tus dos hijas, seis por las ovejas,
y tú me has cambiado el salario diez veces. 42Si
el Dios de mi padre, el Dios de Abrahán, y el Te-
rrible de Isaac no hubiera estado conmigo, me
habrías despedido con las manos vacías. Pero
Dios se fijó en mi aflicción y en la fatiga de mis
manos y me ha defendido anoche».
43Labán replicó a Jacob: «Mías son las hijas,
míos son los nietos, mío es el rebaño, cuanto
ves es mío. ¿Qué puedo hacer hoy por estas hijas
mías y por los hijos que han dado a luz? 44Por
eso, hagamos una alianza que sirva de garantía
a los dos».

Alianza de Labán y Jacob

45Jacob tomó una piedra, la erigió como pie-
dra conmemorativa 46y dijo a su gente: «Recojan
piedras». Reunieron piedras, las amontonaron;
y comieron allí junto al montón de piedras.
47Labán lo llamó Yegar Sahduta, Jacob lo llamó
Gal'ed. 48Dijo Labán: «Este montón de piedras
es hoy testigo de los dos –por eso se llama
Gal'ed–». 49También lo llamó Mispá diciendo:
«Vigile el Señor a los dos cuando no nos po-
damos ver. 50Si maltratas a mis hijas o tomas

además de ellas otras mujeres, aunque nadie lo
vea, Dios lo verá y será testigo entre nosotros».
[51]Labán dijo además a Jacob: —Mira el montón
de piedras y la piedra conmemorativa que he
erigido entre los dos. [52]Una y otra cosa son tes-
tigos de que ni yo traspasaré el montón de pie-
dras para entrar por las malas en tu territorio ni
tú traspasarás el montón de piedras o la piedra
conmemorativa para entrar por las malas en mi
territorio. [53]El Dios de Abrahán y el Dios de Najor
serán nuestros jueces.

Jacob juró por el Terrible de Isaac su padre.
[54]Jacob ofreció un sacrificio en el monte e in-
vitó a comer a su gente. Comieron y pasaron la
noche en el monte.

Jacob vuelve a Canaán

32 [1]Labán se levantó temprano, besó a sus
hijos e hijas, los bendijo y se volvió a su
lugar. [2]Jacob seguía su camino cuando se tro-
pezó con unos mensajeros de Dios. [3]Al verlos
comentó: «Es un campamento de Dios». Y lla-
mó a aquel lugar Majnaym. [4]Jacob despachó por
delante mensajeros a Esaú, su hermano, al país
de Seír, a la campiña de Edom. [5]Y les encargó:
«Esto dirán a mi señor Esaú: "Esto dice tu siervo
Jacob: He prolongado hasta ahora mi estancia
con Labán. [6]Tengo vacas, asnos, ovejas, siervos
y siervas; envío este mensaje a mi señor para
congraciarme con él"». [7]Los mensajeros volvie-
ron a Jacob con la noticia: «Nos acercamos a tu
hermano Esaú: Viene a tu encuentro con cuatro-
cientos hombres».

[8]Jacob, lleno de miedo y angustia, dividió en
dos caravanas su gente, sus ovejas, vacas y ca-
mellos, [9]calculando: si Esaú ataca una caravana y
la destroza, se salvará la otra. [10]Jacob oró: «¡Dios
de mi padre Abrahán, Dios de mi padre Isaac! Se-
ñor que me has mandado volver a mi tierra nativa
para colmarme de beneficios. [11]No soy digno de
los favores y la lealtad con que has tratado a tu
siervo; pues con un bastón atravesé este Jordán
y ahora llevo dos caravanas. [12]Líbrame del po-
der de mi hermano, del poder de Esaú, porque
tengo miedo de que venga y me mate, también a
las madres con mis hijos. [13]Tú me has prometido
colmarme de beneficios y hacer mi descendencia
como la arena incontable del mar».

[14]Pasó allí la noche. Después, de lo que tenía
a mano escogió unos presentes para su herma-
no Esaú: [15]doscientas cabras y veinte machos,
doscientas corderas y veinte carneros, [16]treinta
camellas de leche con sus crías, cuarenta vacas
y diez novillos, veinte borricas y diez asnos.
[17]Los dividió en rebaños que confió a sus criados
encargándoles: «Vayan por delante, dejando un
trecho entre cada dos rebaños». [18]Dio instruc-
ciones al primero: «Cuando te alcance mi her-
mano Esaú y te pregunte de quién eres, a dónde
vas, para quién es eso que conduces, [19]le respon-
derás: "De parte de tu siervo Jacob, un presente
que envía a su señor Esaú. Él viene detrás"».
[20]Las mismas instrucciones dio al segundo y al
tercero y a todos los que guiaban los rebaños:
«Esto dirán a Esaú cuando lo encuentren. [21]Y
añadirán: "Mira, tu siervo Jacob viene detrás"».
Porque se decía: «lo aplacaré con los presentes
que van por delante. Después me presentaré a
él: quizá me reciba bien».

[22]Los regalos pasaron delante; él se quedó
aquella noche en el campamento. [23]Todavía de
noche se levantó, tomó a las dos mujeres, las
dos criadas y los once hijos y cruzó el vado del
Yaboc. [24]A ellos y a cuanto tenía los hizo pasar el
río. [25]Y se quedó Jacob solo.

Un hombre peleó con él hasta despuntar la au-
rora. [26]Viendo que no le podía, le golpeó la arti-
culación del fémur; y el fémur de Jacob se dislocó
mientras peleaba con él. [27]Dijo: «Suéltame, que
despunta la aurora». Pero Jacob respondió: «No
te suelto si no me bendices». [28]Le dijo: «¿Cómo te
llamas?». Contestó: «Jacob». [29]Repuso: «Ya no te
llamarás Jacob, sino Israel, porque has luchado
con dioses y hombres y has podido». [30]Jacob a
su vez le preguntó: «Dime tu nombre». Contestó:
«¿Por qué preguntas por mi nombre?». Y lo ben-
dijo allí. [31]Jacob llamó al lugar Penuel, diciendo:
«He visto a Dios cara a cara, y he salido vivo».

[32]Salía el sol cuando atravesaba Penuel; y
marchaba cojeando [33]–por eso los israelitas no
comen, hasta la fecha, el nervio ciático que está
en la articulación del fémur; porque Jacob fue
herido en la articulación del fémur, en el nervio
ciático–.

Encuentro de Jacob con Esaú

33 [1]Alzó Jacob la vista y, viendo que se acer-
caba Esaú con sus cuatrocientos hombres,
repartió sus hijos entre Lía, Raquel y las dos
criadas. [2]Puso delante a las criadas con sus hi-
jos, detrás a Lía con los suyos, la última Raquel
con José. [3]Él se adelantó y se fue postrando en
tierra siete veces hasta alcanzar a su hermano.
[4]Esaú corrió a recibirlo, lo abrazó, se le echó al
cuello y lo besó llorando. [5]Después, echando una
mirada, vio a las mujeres con los hijos y pre-
guntó: «¿Qué relación tienen estos contigo?».
Respondió: «Son los hijos con que Dios ha favo-
recido a tu siervo». [6]Se le acercaron las criadas
con sus hijos y se postraron; [7]después se acercó
Lía con sus hijos y se postraron; finalmente se
acercó José con Raquel y se postraron.

8Le preguntó Esaú: «¿Qué significa toda esta
caravana que he ido encontrando?». Contestó:
«Es para congraciarme con mi señor». 9Replicó
Esaú: «Yo tengo bastante, hermano mío; quéda-
te con lo tuyo». 10Jacob insistió: «De ninguna
manera. Hazme el favor de aceptarme estos pre-
sentes. Porque he visto tu rostro benévolo y era
como ver el rostro de Dios. 11Acepta este obse-
quio que te he traído: me lo ha regalado Dios y es
todo mío». Y, como insistía, lo aceptó.
12Después propuso: «¡En marcha! Yo iré a tu
lado». 13Le replicó: «Mi señor sabe que los ni-
ños son débiles, que las ovejas y vacas están
criando: si los hago caminar una jornada, se me
morirá todo el rebaño. 14Pase mi señor delante
de su siervo; yo procederé despacio al paso de la
comitiva que va delante y al paso de los niños,
hasta alcanzar a mi señor en Seír». 15Esaú dijo:
«Te daré alguno de mis hombres como escolta».
Replicó: «¡Por favor, no te molestes!». 16Aquel
día Esaú prosiguió camino de Seír 17y Jacob se
trasladó a Sucot, donde se construyó una casa
e hizo establos para el ganado. Por eso se llama
el lugar Sucot. 18Jacob llegó sano y salvo a Si-
quén, en tierra de Canaán, proveniente de Padán
Aram, y acampó fuera, frente a la ciudad. 19Y el
terreno donde puso su campamento se lo compró
a los hijos de Jamor, antepasado de Siquén, por
cien monedas. 20Allí levantó un altar y lo dedicó
al Dios de Israel.

Dina en Siquén

34 1Un día salió Dina, la hija que Lía dio a
Jacob, a ver las mujeres del país. 2La vio
Siquén, hijo de Jamor heveo, príncipe del país,
la agarró, se acostó con ella y la violó. 3Cau-
tivado por ella y enamorado de ella, cortejó a
la muchacha. 4Siquén habló a su padre Jamor:
«Consígueme esa chica como mujer».
5Jacob oyó que su hija Dina había sido violada;
pero, como sus hijos estaban en el campo con
el ganado, esperó en silencio a que volvieran.
6Jamor, padre de Siquén, salió a visitar a Jacob
para hablar con él. 7Los hijos de Jacob volvían
del campo; cuando aquellos hombres oyeron la
noticia se enfurecieron, porque era una ofensa
a Israel haberse acostado con la hija de Jacob;
una cosa que no se hace. 8Jamor habló con ellos:
«Mi hijo Siquén se ha encariñado con esta mu-
chacha, permítanle casarse con ella. 9Así empa-
rentaremos: nos darán sus hijas y tomarán las
nuestras 10y vivirán con nosotros. El país está
a disposición de ustedes: habiten en él, hagan
negocios y adquieran propiedades». 11Siquén
dijo al padre y a los hermanos: «Háganme este
favor, que les daré lo que me pidan. 12Señalen
una dote alta y regalos valiosos por la muchacha
y les daré lo que pidan, con tal de que me la den
en matrimonio».
13Los hijos de Jacob respondieron a Siquén y
a su padre Jamor con engaño, porque su herma-
na Dina había sido ultrajada. 14Les dijeron: «No
podemos hacer lo que piden, entregar nuestra
hermana a un hombre no circuncidado, porque
es una ofensa para nosotros. 15Aceptamos con
esta condición: que sean como nosotros, cir-
cuncidando a todos los varones. 16Entonces les
daremos nuestras hijas y tomaremos las de uste-
des, habitaremos con ustedes y seremos un solo
pueblo. 17Pero si no aceptan circuncidarse, nos
llevaremos a nuestra chica». 18Pareció bien la
propuesta a Jamor y a su hijo Siquén. 19Y no tar-
dó el muchacho en ejecutarlo, porque quería a la
hija de Jacob y era la persona más importante en
casa de su padre.
20Fue pues Jamor con su hijo Siquén a la plaza
y dirigió la palabra a los hombres de la ciudad:
21«Estos hombres son gente pacífica. Que habi-
ten con nosotros en el país, comerciando, que
hay suficiente espacio para ellos; tomaremos
sus hijas por esposas y les daremos las nues-
tras. 22Solo que acceden a vivir entre nosotros
y a ser un solo pueblo con esta condición: que
circuncidemos a todos los varones como hacen
ellos. 23Sus ganados, sus posesiones, sus bestias
serán nuestras. Aceptemos y habitarán entre
nosotros». 24Todos los asistentes aceptaron la
propuesta de Jamor y de su hijo Siquén y circun-
cidaron a todos los varones.
25Al tercer día, cuando convalecían, los dos
hijos de Jacob y hermanos de Dina, Simeón y Le-
ví, empuñaron la espada, entraron en la ciudad
confiada, mataron a todos los varones, 26ejecu-
taron a espada a Jamor y a su hijo Siquén y saca-
ron a Dina de casa de Siquén. 27Los hijos de Ja-
cob penetraron entre los muertos y saquearon la
ciudad que había ultrajado a su hermana: 28ove-
jas, vacas y asnos, cuanto había en la ciudad y
en el campo se lo llevaron; 29todas las riquezas,
los niños y las mujeres como cautivos y cuanto
había en las casas. 30Jacob dijo a Simeón y Leví:
«Me han arruinado, haciéndome odioso a la gen-
te del país, a cananeos y fereceos. Si se juntan
contra nosotros y nos matan, pereceré yo con
mi familia». 31Le contestaron: «¿Y a nuestra her-
mana la iban a tratar como a una prostituta?».

Jacob vuelve a Betel

35 1Dios dijo a Jacob: «Levántate, sube a Be-
tel, y levanta allí un altar al Dios que se
te apareció cuando huías de tu hermano Esaú».
2Jacob ordenó a su familia y a toda su gente:

«Dejen de lado los dioses extranjeros que tengan con ustedes, purifíquense y cambien de ropa. 3Vamos a subir a Betel, donde haré un altar al Dios que me escuchó en el peligro y me acompañó en mi viaje». 4Ellos entregaron a Jacob los dioses extranjeros que conservaban y los pendientes que llevaban. Jacob los enterró bajo la encina que hay junto a Siquén. 5Durante su marcha un pánico sagrado se apoderaba de las poblaciones de la región, y no persiguieron a los hijos de Jacob.

6Llegó Jacob a Luz de Canaán –hoy Betel–, él con toda su gente. 7Construyó allí un altar y llamó al lugar Betel, porque allí se le había revelado Dios cuando huía de su hermano. 8Débora, nodriza de Rebeca, murió y la enterraron al pie de Betel, junto a la encina, que llamaron Encina del Llanto. 9Al volver Jacob de Padán Aram, Dios se le apareció de nuevo y lo bendijo 10y le dijo: «Tu nombre es Jacob: tu nombre ya no será Jacob, tu nombre será Israel». Le impuso el nombre de Israel 11y le dijo Dios: «Yo soy el Dios Todopoderoso: crece y multiplícate. Un pueblo, un grupo de pueblos nacerá de ti; reyes saldrán de tus entrañas. 12La tierra que di a Abrahán e Isaac a ti te la doy; y a la descendencia que te suceda le daré la tierra». 13Dios se marchó del lugar donde había hablado con él. 14Jacob erigió una piedra conmemorativa en el lugar donde había hablado con él. Derramó sobre ella una libación, derramó sobre ella aceite. 15Y, al lugar donde había hablado Dios con él, Jacob lo llamó, Betel.

Nacimiento de Benjamín y muerte de Raquel

16Después se marchó de Betel; y cuando faltaba un buen trecho para llegar a Efrata, le llegó a Raquel el trance de parir y el parto venía difícil. 17Como sentía la dificultad del parto, le dijo la comadrona: «No te asustes, que tienes un niño». 18Con su último aliento, a punto de morir, lo llamó Benoní; pero su padre lo llamó Benjamín. 19Murió Raquel y la enterraron en el camino de Efrata –hoy Belén–. 20Jacob erigió una piedra conmemorativa sobre su sepulcro. Es la piedra conmemorativa del sepulcro de Raquel, que dura hasta hoy. 21Israel se marchó de allí y acampó más allá de Migdal Eder.

Muerte de Isaac

22Mientras habitaba Israel en aquella tierra, Rubén fue y se acostó con Bilha, concubina de su padre. Israel se enteró.

Los hijos de Jacob fueron doce: 23Hijos de Lía: Rubén, primogénito de Jacob, Simeón, Leví, Judá, Isacar y Zabulón. 24Hijos de Raquel: José y Benjamín. 25Hijos de Bilha, criada de Raquel: Dan y Neftalí. 26Hijos de Zilpa, criada de Lía: Gad y Aser. Estos son los hijos de Jacob nacidos en Padán Aram.

27Jacob volvió a casa de su padre Isaac, a Mambré en Qiryat Arba –hoy Hebrón–, donde habían residido Abrahán e Isaac. 28Isaac vivió ciento ochenta años. 29Isaac expiró; murió y se reunió con los suyos, anciano y colmado de años. Y lo enterraron Jacob y Esaú, sus hijos.

Descendencia de Esaú

36 1Descendientes de Esaú, es decir, Edom: 2Esaú tomó mujeres cananeas: Ada, hija de Elón, el hitita; Ohlibamá, hija de Aná, hijo de Sibeón, el heveo, 3y Basemat, hija de Ismael y hermana de Nebayot. 4Ada dio a Esaú Elifaz; Basemat a Regüel, 5y Ohlibamá a Yeús, Yalán y Córaj. Hasta aquí los hijos de Esaú nacidos en el país de Canaán.

6Esaú tomó sus mujeres, hijos e hijas, sus criados, su ganado, animales y cuanto había adquirido en el país de Canaán y se dirigió a Seír, lejos de su hermano Jacob, 7porque tenían demasiadas posesiones para vivir juntos y la tierra donde residían no podía mantenerlos a ellos con sus ganados. 8Esaú habitó en la montaña de Seír –Esaú equivale a Edom–.

9Descendientes de Esaú, padre de los edomitas, en la montaña de Seír. 10Lista de los hijos de Esaú: Elifaz, hijo de Ada, mujer de Esaú; Regüel, hijo de Basemat, mujer de Esaú. 11Hijos de Elifaz: Temán, Omar, Sefó, Gatán y Quenaz. 12Elifaz, hijo de Esaú, tenía una concubina llamada Timná, que le dio a Amalec. Estos últimos son los descendientes de Ada, mujer de Esaú. 13Hijos de Regüel: Nájat, Zéraj, Samá y Mizá. Estos son los hijos de Basemat, mujer de Esaú. 14Hijos de Ohlibamá, hija de Aná, hijo de Sibeón, mujer de Esaú: Yeús, Yalán y Córaj. 15Jefes de los hijos de Esaú: Hijos de Elifaz, primogénito de Esaú: los jefes de Temán, Omar, Sefó, Quenaz, 16Córaj, Gatán y Amalec. Estos son los jefes de Elifaz, en tierra de Edom, descendientes de Ada. 17Los siguientes son los hijos de Regüel, hijo de Esaú: jefes de Nájat, Zéraj, Samá y Mizá. Estos son los jefes de Regüel en el país de Edom: descendientes de Basemat, mujer de Esaú. 18Los siguientes son los hijos de Ohlibamá, mujer de Esaú: jefes de Yeús, Yalán y Córaj. 19Estos son los jefes de Ohlibamá, hija de Aná, mujer de Esaú. 20Hasta aquí los hijos y los jefes de Esaú, es decir, de Edom.

Hijos de Seír, el hurrita, habitantes del país: Lotán, Sobal, Sibeón, Aná, 21Disón, Eser y Disán. Estos son los jefes hurritas de los hijos de Seír en tierra de Edom. 22Hijos de Lotán: Horí y He-

mán; hermana de Lotán: Timná. 23Hijos de Sobal:
Albán, Manájat, Ebal, Sefí y Onán. 24Hijos de
Sibeón: Ayá y Aná. Este Aná es el que encontró
agua en el desierto cuando pastoreaba los asnos
de su padre Sibeón. 25Hijos de Aná: Disón y Oh-
libamá, hija de Aná. 26Hijos de Disón: Jamrán,
Esbán, Yitrán y Querán. 27Hijos de Eser: Bilhán,
Zaván y Acán. 28Hijos de Disán: Us y Arán. 29Je-
fes de Horí: jefes de Lotán, Sobal, Sibeón, Aná,
30Disón, Eser y Disán. Hasta aquí los jefes de Ho-
rí en tierra de Seír.

31Reyes que reinaron en tierra de Edom antes
que los israelitas tuvieran rey. 32En Edom fue
rey Bela, hijo de Beor; su ciudad se llamaba
Dinhaba. 33Murió Bela y le sucedió en el trono
Yobab, hijo de Zéraj, natural de Bosra. 34Murió
Yobab y le sucedió en el trono Jusán, natural de
Temán. 35Murió Jusán y le sucedió en el trono
Hadad, hijo de Badad, el que derrotó a Madián
en el campo de Moab; su ciudad se llamaba Avit.
36Murió Hadad y le sucedió en el trono Samlá,
natural de Masreca. 37Murió Samlá y le sucedió
en el trono Saúl, natural de Merjobot Hannahar.
38Murió Saúl y le sucedió en el trono Baal Janán,
hijo de Acbor. 39Murió Baal Janán, hijo de Acbor,
y le sucedió en el trono Hadar; su ciudad se lla-
maba Pau y su mujer Mehetabel, hija de Matred,
hijo de Mezahab.

40Jeques de Esaú por grupos, localidades y
nombres: Timná, Alvá, Yátet, 41Ohlibamá, Elá, Fi-
nón, 42Quenazí, Temán, Mibsar, 43Magdiel e Irán.
Hasta aquí los jeques de Edom, según los países
propios en que habitan –Esaú es el padre de los
edomitas–.

CICLO DE JOSÉ (37; 39–50)

Sueños de José

37 1Jacob se estableció en el país cananeo,
la tierra donde había residido su padre.
2Esta es la historia de la familia de Jacob. Jo-
sé tenía diecisiete años y pastoreaba el rebaño
con sus hermanos. Ayudaba a los hijos de Bilha y
Zilpa, mujeres de su padre, y trajo a su padre ma-
los informes de sus hermanos. 3Israel prefería a
José entre sus hijos, porque le había nacido en
edad avanzada, y le hizo una túnica con mangas.
4Sus hermanos, al ver que su padre lo prefería
entre los hermanos, le tomaron rencor y hasta le
negaban el saludo.

5José tuvo un sueño y se lo contó a sus her-
manos, con lo cual a ellos les aumentó el rencor.
6Les dijo: «Escuchen lo que he soñado. 7Está-
bamos atando gavillas en el campo, de pronto
mi gavilla se alzó y se tenía en pie mientras las
gavillas de ustedes, formaban un círculo en tor-
no a la mía y se postraban ante ella». 8Le con-
testaron sus hermanos: «¿Vas a ser tú nuestro
rey? ¿Vas a ser tú nuestro señor?». Y les crecía
el rencor por los sueños que les contaba. 9José
tuvo otro sueño y se lo contó a sus hermanos:
«He tenido otro sueño: El sol y la luna y once
estrellas se postraban ante mí». 10Cuando se lo
contó a su padre y a sus hermanos, su padre le
reprendió: «¿Qué es eso que has soñado? ¿Es que
yo y tu madre y tus hermanos vamos a postrar-
nos por tierra ante ti?». 11Sus hermanos le te-
nían envidia, pero su padre se guardó el asunto.

12Sus hermanos se trasladaron a Siquén a
apacentar el rebaño de su padre. 13Israel dijo a
José: «Tus hermanos se encuentran pastoreando
en Siquén. Quiero enviarte allá». Contestó él:
«Aquí me tienes». 14Le dijo: «Vete a ver qué tal
están tus hermanos y qué tal el rebaño y tráeme
noticias». Así lo envió desde el valle de Hebrón
y él se dirigió a Siquén. 15Un hombre lo encontró
perdido por el campo y le preguntó qué buscaba;
16él dijo: «Busco a mis hermanos; te ruego que
me digas dónde pastorean». 17El hombre le con-
testó: «Se han marchado de aquí; les oí decir que
iban hacia Dotán». José fue tras sus hermanos y
los encontró en Dotán. 18Cuando ellos lo vieron
venir a lo lejos, antes de que se acercara tra-
maron su muerte. 19Y comentaban: «¡Ahí viene
ese soñador! 20Vamos a matarlo y echarlo en un
pozo; después diremos que lo ha devorado una
fiera, y veremos en qué terminan sus sueños».
21Cuando Rubén oyó esto, intentó librarlo de sus
manos y les dijo: «No cometamos un homicidio».
22Y añadió Rubén: «No derramen sangre; échenlo
en este pozo, aquí en el desierto y no pongan las
manos sobre él». Era para librarlo de sus manos y
devolverlo a su padre.

José vendido por sus hermanos

23Cuando José llegó adonde estaban sus her-
manos, ellos le quitaron la túnica con mangas
que llevaba, 24lo agarraron y echaron en un
pozo; era un pozo vacío, sin agua. 25Después se
sentaron a comer. Levantando la vista vieron
una caravana de ismaelitas que transportaban
en camellos goma de aromas, bálsamo y resina
de Galaad a Egipto. 26Judá propuso a sus herma-
nos: «¿Qué ganamos con matar a nuestro herma-
no y echar tierra sobre su sangre? 27Vamos a ven-
derlo a los ismaelitas y no pongamos las manos
en él; que al fin es hermano nuestro, de nuestra
carne y sangre». Los hermanos aceptaron. 28Al
pasar unos mercaderes madianitas, retiraron a
José del pozo y lo vendieron a los ismaelitas por
veinte pesos de plata. Estos se llevaron a José
a Egipto. 29Entre tanto Rubén volvió al pozo, y
al ver que José no estaba en el pozo, se rasgó

las vestiduras, 30volvió a sus hermanos y les di-
jo: «El muchacho no está; y yo, ¿a dónde voy
yo ahora?». 31Ellos tomaron la túnica de José,
degollaron un cabrito, empaparon en sangre la
túnica y 32enviaron la túnica con manchas a su
padre con este recado: «Hemos encontrado esto;
mira a ver si es la túnica de tu hijo o no». 33Él
al reconocerla dijo: «¡Es la túnica de mi hijo!
Una fiera lo ha devorado, ha descuartizado a
José». 34Jacob se rasgó las vestiduras, se vis-
tió de luto y estuvo mucho tiempo de duelo por
su hijo. 35Vinieron todos sus hijos e hijas para
consolarlo. Pero él rehusó el consuelo diciendo:
«Bajaré a la tumba haciendo duelo por mi hijo».
Su padre lo lloró. 36Y los madianitas lo vendieron
en Egipto a Putifar, ministro y jefe de la guardia
del faraón.

CICLO DE JUDÁ (38)

Judá y Tamar

38 1Por aquel tiempo Judá se apartó de sus
hermanos y se fue a vivir con un tal Jira,
adulamita. 2Judá vio allí una mujer cananea, lla-
mada Sua. La tomó por esposa y tuvo relaciones
con ella. 3Ella concibió y dio a luz un hijo y lo
llamó Er; 4volvió a concebir y dio a luz un hijo
y lo llamó Onán; 5de nuevo dio a luz un hijo y
lo llamó Sela, estaba en Cazib cuando dio a luz.

6Judá le procuró una mujer llamada Tamar a
su primogénito Er. 7Pero Er, el primogénito de
Judá, desagradaba al Señor y el Señor lo hizo
morir. 8Judá dijo a Onán: «Toma la mujer de tu
hermano, según tu obligación de cuñado, y pro-
cúrale descendencia a tu hermano». 9Pero Onán,
sabiendo que la descendencia no iba a ser suya,
cuando se acostaba con la mujer de su hermano,
derramaba por tierra para no procurarle descen-
dencia a su hermano. 10El Señor reprobó lo que
hacía y también a él lo hizo morir. 11Judá dijo a
Tamar, su nuera: «Vive como viuda en casa de tu
padre hasta que crezca mi hijo Sela». Porque te-
mía que muriera también él como sus hermanos.
Tamar se fue y habitó en casa de su padre.

12Pasado bastante tiempo, murió la mujer de
Judá, Sua. Terminado el luto, Judá subió, con
su socio adulamita, a Timná, donde estaban los
esquiladores. 13Avisaron a Tamar: «Tu suegro es-
tá subiendo a Timná a esquilar». 14Ella se quitó
el traje de viuda, se cubrió con un velo disfra-
zándose y se sentó junto a Enaim, en el camino
de Timná; pues veía que Sela había crecido y no
la tomaba por esposa. 15Al verla Judá creyó que
era una prostituta, pues se cubría la cara. 16Se
acercó a ella por el camino y le propuso: «Deja
que me acueste contigo». Porque no sabía que
era su nuera. Respondió ella: «¿Qué me das por
acostarte conmigo?». 17Contestó: «Yo te envia-
ré un cabrito del rebaño». Replicó ella: «Solo
si me dejas una prenda hasta enviármelo». 18Le
preguntó: «¿Qué prenda quieres que te deje?».
Contestó: «El anillo del sello con la cinta y el
bastón que llevas». Se los dio, se acostó con
ella y ella quedó embarazada. 19Se levantó, se
fue, se quitó el velo y se vistió el traje de viuda.
20Judá le envió el cabrito por medio de su socio
adulamita para retirar la prenda a la mujer; pero
este no la encontró. 21Preguntó a unos hombres
del lugar: «¿Dónde está la ramera, la que se po-
nía en Enaim junto al camino?». Le contestaron:
«Aquí no había ninguna ramera». 22Se volvió a
Judá y le informó: «No la he encontrado, y unos
hombres del lugar me han dicho que allí no había
ninguna ramera». 23Judá replicó: «Que se quede
con ello, no se vayan a burlar de nosotros. Yo le
he enviado el cabrito y tú no la has encontrado».

24Pasados tres meses le informaron a Judá: «Tu
nuera Tamar se ha prostituido y ha quedado em-
barazada». Ordenó Judá: «Que la saquen afuera
y la quemen». 25Mientras la conducían, envió un
mensaje a su suegro: «El dueño de estos objetos
me ha dejado embarazada. A ver si reconoces a
quién pertenecen el anillo del sello con la cinta
y el bastón». 26Los reconoció Judá y dijo: «Ella
es inocente y no yo, porque no le he dado a mi
hijo Sela». Y no volvió a tener relaciones con
ella. 27Cuando llegó el parto, tenía mellizos. 28Al
dar a luz, uno sacó una mano, la comadrona se
la agarró y le ató a la muñeca una cinta roja,
diciendo: «Este salió el primero». 29Pero él re-
tiró la mano y salió su hermano. Ella comentó:
«¡Buena brecha te has abierto!». Y lo llamó Fa-
res. 30Después salió su hermano, el de la cinta
roja a la muñeca, y ella lo llamó Zéraj.

José, mayordomo de Putifar

39 1Cuando llevaron a José a Egipto, Putifar,
un egipcio ministro y mayordomo del fa-
raón, se lo compró a los ismaelitas que lo ha-
bían traído. 2El Señor estaba con José y le dio
suerte, de modo que lo dejaron en casa de su
amo egipcio.

3Su amo, viendo que el Señor estaba con él y
que hacía prosperar todo lo que él emprendía, 4le
tomó afecto y lo puso a su servicio personal, po-
niéndolo al frente de su casa y encomendándole
todas sus cosas. 5Desde que lo puso al frente de
la casa y de todo lo suyo, el Señor bendijo la casa
del egipcio en atención a José, y vino la bendi-
ción del Señor sobre todo lo que poseía, en casa
y en el campo. 6Putifar lo puso todo en manos de
José, sin preocuparse de otra cosa que del pan
que comía. José era guapo y de buena presencia.

Tentación, calumnia y cárcel

7Pasado cierto tiempo, la mujer del amo puso
los ojos en José y le propuso: «Acuéstate con-
migo». 8Él rehusó, diciendo a la mujer del amo:
«Mira, mi amo no se ocupa de nada de la casa,
todo lo suyo lo ha puesto en mis manos; 9no
ejerce en casa más autoridad que yo, y no se ha
reservado nada sino a ti, que eres su mujer. ¿Có-
mo voy a cometer yo semejante crimen pecando
contra Dios?». 10Ella insistía un día y otro para
que se acostase con ella o estuviese con ella,
pero él no le hacía caso.
11Un día de tantos, entró él en casa a despachar
sus asuntos, y no estaba en casa ninguno de los
empleados, 12ella lo agarró por el traje y le dijo:
«Acuéstate conmigo». 13Pero él soltó el traje en
sus manos y salió fuera corriendo. Ella, al ver que
le había dejado el traje en la mano y había corri-
do afuera, 14llamó a los criados y les dijo: «Miren,
nos han traído un hebreo para que se aproveche
de nosotros; ha entrado en mi habitación para
acostarse conmigo, pero yo he gritado fuerte;
15al oír que yo levantaba la voz y gritaba, sol-
tó el traje junto a mí y salió afuera corriendo».
16Y retuvo consigo el manto hasta que volviese
a casa su marido, 17y le contó la misma historia:
«El esclavo hebreo que trajiste ha entrado en mi
habitación para aprovecharse de mí, 18yo alcé la
voz y grité y él dejó el traje junto a mí y salió co-
rriendo». 19Cuando el marido oyó la historia que
le contaba su mujer: «tu esclavo me ha hecho
esto», enfureció, 20tomó a José y lo metió en la
cárcel, donde estaban los presos del rey; así fue
a parar a la cárcel. 21Pero el Señor estaba con
José, le concedió favores e hizo que cayese en
gracia al jefe de la cárcel. 22Este encomendó a
José todos los presos de la cárcel, de modo que
todo se hacía allí según su deseo. 23El jefe de la
cárcel no vigilaba nada de lo que estaba a su car-
go, pues el Señor estaba con José, y cuanto este
emprendía, el Señor lo hacía prosperar.

Sueños del copero y del panadero reales

40 1Pasado cierto tiempo, el copero y el pa-
nadero del rey de Egipto ofendieron a su
amo. 2El faraón, enfurecido contra sus dos mi-
nistros, el copero mayor y el panadero mayor,
3los hizo custodiar en casa del mayordomo, en la
cárcel donde José estaba preso. 4El mayordomo
se los encomendó a José para que les sirviera.
Pasaron varios días en la cárcel, 5y el copero
y el panadero del rey de Egipto tuvieron los dos
un sueño y la misma noche, cada sueño con su
propio sentido. 6Por la mañana entró José don-
de ellos estaban y los encontró deprimidos, 7y
preguntó a los ministros del faraón que estaban
presos con él, en casa de su señor: «¿Por qué
tienen hoy ese aspecto?». 8Contestaron: «He-
mos soñado un sueño y no hay quien lo interpre-
te». Replicó José: «Dios interpreta los sueños;
cuéntenmelos».
9El copero contó su sueño a José: «Soñé que
tenía una vid delante; 10la vid tenía tres ramas,
echó brotes y flores y maduraron las uvas en
racimos. 11Yo tenía en una mano la copa del fa-
raón. Estrujé los racimos, los aplasté en la copa
y puse la copa en la mano del faraón». 12José le
dijo: «Esta es la interpretación: las tres ramas
son tres días. 13Dentro de tres días se acordará
de ti, te restablecerá en tu cargo y pondrás la
copa en la mano del faraón como antes, cuando
eras su copero. 14Pero acuérdate de mí cuando
te vaya bien y hazme este favor: menciónale mi
nombre al faraón para que me saque de esta pri-
sión, 15porque me trajeron secuestrado del país
de lo hebreos, y aquí no he cometido nada malo
para que me pusieran en el calabozo». 16Viendo
el panadero que había interpretado bien, le con-
tó a José: «Pues yo soñé que llevaba tres cestos
de mimbre en la cabeza; 17en el cesto superior
había toda clase de repostería para el faraón,
pero los pájaros lo picoteaban en la cesta que yo
llevaba en la cabeza». 18José respondió: «Esta es
la interpretación: las tres cestas son tres días.
19Dentro de tres días el faraón se fijará en ti y
te colgará de un palo y las aves picotearán la
carne de tu cuerpo». 20Al tercer día, el faraón
celebraba su cumpleaños y dio un banquete a
todos sus ministros, y entre todos se fijó en el
copero mayor y el panadero mayor: 21al copero
mayor lo restableció en su cargo de copero, para
que pusiera la copa en la mano del faraón; 22al
panadero mayor lo colgó, como José había inter-
pretado. 23Pero el copero mayor no se acordó de
José, sino que se olvidó de él.

José interpreta los sueños del faraón

41 1Pasaron dos años y el faraón tuvo un sue-
ño: Estaba en pie junto al Nilo 2cuando
vio salir del Nilo siete vacas hermosas y bien
cebadas que se pusieron a pastar entre los jun-
cos. 3Detrás de ellas salieron del Nilo otras siete
vacas flacas y mal alimentadas, y se pusieron,
junto a las otras, a la orilla del Nilo, 4y las va-
cas flacas y mal alimentadas se comieron las
siete vacas hermosas y bien cebadas. El faraón
despertó.
5Volvió a dormirse y tuvo un segundo sueño:
Siete espigas brotaban de un tallo, hermosas y
granadas, 6y siete espigas secas y quemadas por
el viento del este brotaban detrás de ellas. 7Las
siete espigas secas devoraban a las siete espigas

granadas y llenas. El faraón despertó; había sido un sueño.

8A la mañana siguiente, agitado, mandó llamar a todos los magos de Egipto y a sus sabios, y les contó el sueño, pero ninguno sabía interpretárselo al faraón. 9Entonces el copero mayor dijo al faraón: «Tengo que confesar hoy mi pecado. 10Cuando el faraón se irritó contra sus siervos y nos metió en la cárcel en casa del mayordomo, a mí y al panadero mayor, 11él y yo tuvimos un sueño la misma noche; cada sueño con su propio sentido. 12Había allí con nosotros un joven hebreo, siervo del mayordomo; le contamos el sueño y él lo interpretó, a cada uno dio su interpretación. 13Y tal como él lo interpretó así sucedió: a mí me restablecieron en mi cargo, a él lo colgaron».

14El faraón mandó llamar a José. Lo sacaron aprisa del calabozo; se afeitó, se cambió el traje y se presentó al faraón. 15El faraón dijo a José: «He soñado un sueño y nadie sabe interpretarlo. He oído decir de ti que oyes un sueño y lo interpretas». 16Respondió José al faraón: «Sin mérito mío, Dios dará al faraón respuesta conveniente». 17El faraón dijo a José: «Soñaba que estaba de pie junto al Nilo, 18cuando vi salir del Nilo siete vacas hermosas y bien cebadas, y se pusieron a pastar entre los juncos; 19detrás de ellas salieron otras siete vacas flacas y mal alimentadas, en los huesos; no las he visto peores en todo el país de Egipto. 20Las vacas flacas y mal alimentadas se comieron las siete vacas anteriores, las cebadas. 21Y cuando las comieron, nadie hubiera dicho que las tenían en su vientre, pues su aspecto seguía tan malo como al principio. Y me desperté.

22Tuve otro sueño: Siete espigas brotaban de un tallo, hermosas y granadas, 23y siete espigas crecían detrás de ellas, mezquinas, secas y quemadas por el viento del este; 24las siete espigas secas devoraban a las siete espigas hermosas. Se lo conté a mis magos y ninguno pudo interpretármelo.

25José dijo al faraón: «Se trata de un único sueño: Dios anuncia al faraón lo que va a hacer. 26Las siete vacas gordas son siete años de abundancia y las siete espigas hermosas son siete años: es el mismo sueño. 27Las siete vacas flacas y desnutridas, que salían detrás de las primeras, son siete años y las siete espigas vacías y quemadas son siete años de hambre. 28Es lo que he dicho al faraón: Dios ha mostrado al faraón lo que va a hacer. 29Van a venir siete años de gran abundancia en todo el país de Egipto; 30detrás vendrán siete años de hambre que harán olvidar la abundancia en Egipto, porque el hambre acabará con el país. 31No habrá rastro de abundancia en el país a causa del hambre que seguirá, porque será terrible. 32El haber soñado el faraón dos veces indica que Dios confirma su palabra y que se apresura a cumplirla. 33Por tanto, que el faraón busque un hombre sabio y prudente y lo ponga al frente de Egipto; 34establezca inspectores que dividan el país en regiones y administren durante los siete años de abundancia. 35Que reúnan toda clase de alimentos durante los siete años buenos que van a venir, metan grano en los graneros por orden del faraón y los guarden en las ciudades. 36Los alimentos se depositarán para los siete años de hambre que vendrán después en Egipto, y así no perecerá de hambre el país».

37El faraón y sus ministros aprobaron la propuesta, 38y el faraón dijo a sus ministros: «¿Podemos encontrar un hombre como este, dotado de un espíritu sobrehumano?».

39Y el faraón dijo a José: «Ya que Dios te ha enseñado todo eso, nadie será tan sabio y prudente como tú. 40Tú estarás al frente de mi casa y todo el pueblo obedecerá tus órdenes; solo en el trono te precederé». 41Y añadió: «Mira, te pongo al frente de todo el país». 42Y el faraón se quitó el anillo de sello de la mano y se lo puso a José; le vistió traje de lino y le puso un collar de oro al cuello. 43Lo hizo sentarse en la carroza de su lugarteniente y la gente gritaba ante él: ¡Gran Visir! Y así lo puso al frente de Egipto.

44El faraón dijo a José: «Yo soy el faraón; sin contar contigo nadie moverá mano o pie en todo Egipto». 45Y llamó a José Zafnat-Panej, y le dio por mujer a Asenat, hija de Potifera, sacerdote de On. José salió a recorrer Egipto. 46Treinta años tenía cuando se presentó al faraón, rey de Egipto; saliendo de su presencia, viajó por todo Egipto. 47La tierra produjo generosamente los siete años de abundancia; 48durante ellos acumuló alimentos en las ciudades: en cada una metió las cosechas de los campos de la región. 49Reunió grano en cantidad como arena de la playa, hasta que dejó de medirlo porque no alcanzaba a hacerlo.

50Antes del primer año de hambre le nacieron a José dos hijos de Asenat, hija de Potifera, sacerdote de On. 51Al primogénito lo llamó Manasés, diciendo: «Dios me ha hecho olvidar mis trabajos y la casa paterna». 52Al segundo lo llamó Efraín, diciendo: «Dios me ha hecho crecer en la tierra de mi aflicción».

53Se acabaron los siete años de abundancia en Egipto 54y comenzaron los siete años de hambre, como había anunciado José. Hubo hambre en todas las regiones, y solo en Egipto había pan. 55Llegó el hambre a todo Egipto, y el pueblo reclamaba pan al faraón; el faraón decía a los

egipcios: «Diríjanse a José y hagan lo que él les
diga». 56La carestía cubrió todo el país. José ab-
rió los graneros y vendió grano a los egipcios,
mientras el hambre arreciaba en Egipto. 57Todo
el mundo venía a Egipto, a comprar grano a José,
porque el hambre arreciaba en todas partes.

Los hermanos de José: primer encuentro

42 1Al enterarse Jacob de que en Egipto ha-
bía grano, dijo a sus hijos: «¿Por qué se
quedan ahí sin hacer nada? 2He oído que hay
grano en Egipto: Vayan allá y compren algo de
grano para nosotros. Así viviremos y no mori-
remos». 3Bajaron, entonces, diez hermanos de
José a comprar grano en Egipto. 4Jacob no envió
con sus hermanos a Benjamín, hermano de José,
no le fuera a suceder alguna desgracia. 5Los hi-
jos de Israel llegaron en medio de otros viajeros
a comprar grano, porque en el país cananeo se
pasaba hambre.

6En el país mandaba José, él vendía el grano
a todo el mundo; así que los hermanos de José
llegaron y se postraron ante él rostro en tierra.
7Al ver a sus hermanos, José los reconoció, pe-
ro disimuló y les habló con dureza: «¿De dónde
vienen?». Contestaron: «De Canaán, a comprar
alimentos».

8José reconoció a sus hermanos, pero ellos no
lo reconocieron. 9Se acordó José de los sueños
que había soñado sobre ellos y les dijo: «¡Uste-
des son espías! Han venido a inspeccionar las
zonas desguarnecidas del país». 10Le contesta-
ron: «¡De ningún modo, señor! Tus servidores
han venido a comprar alimentos. 11Somos todos
hijos de un mismo padre, gente honrada; tus
servidores no son espías». 12Replicó: «¿Cómo
que no? Han venido a inspeccionar las zonas
desguarnecidas del país». 13Le dijeron: «Éramos
doce hermanos tus servidores, hijos del mismo
padre, de Canaán. El menor se ha quedado con
su padre, otro ha desaparecido». 14Respondió
José: «Lo que yo decía: ustedes son espías. 15Los
pondré a prueba: no saldrán de aquí, ¡por vida
del faraón!, si no viene acá su hermano menor.
16Despachen a uno de ustedes por su hermano,
mientras los demás quedarán presos. Así proba-
rán ustedes que han dicho la verdad; de lo con-
trario, ¡por vida del faraón!, no habrá duda de
que ustedes son espías». 17Y los hizo encarcelar
por tres días.

18Al tercer día José les dijo: «Hagan lo siguien-
te y quedarán con vida; porque yo respeto a
Dios. 19Si ustedes son gente honrada, uno de sus
hermanos quedará aquí encarcelado y los demás
irán a llevar grano a sus familias hambrientas.
20Pero me traerán a su hermano menor. Así pro-
barán que han dicho la verdad y no morirán».
Ellos estuvieron de acuerdo. 21Y se decían: «Es-
tamos pagando el delito contra nuestro herma-
no: cuando lo veíamos suplicarnos angustiado y
no le hicimos caso. Ahora nos toca a nosotros
estar angustiados». 22Les respondió Rubén:
«¿No les decía yo que no cometieran ese delito
contra su hermano? Pero no me hicieron caso.
Ahora nos piden cuentas de su sangre».

23No sabían que José los entendía, porque ha-
bía usado un traductor para hablar con ellos. 24Él
se retiró y lloró; después volvió para hablarles.
Escogió a Simeón y lo hizo encadenar en su pre-
sencia. 25José mandó que les llenaran las bolsas
de grano, que metieran el dinero pagado en cada
una de las bolsas y que les dieran provisiones
para el viaje. Así se hizo. 26Ellos cargaron el gra-
no en los asnos y se marcharon. 27En la posada
uno de ellos abrió la bolsa para dar de comer a
su asno y descubrió el dinero allí, en la boca
de la bolsa. 28Y dijo a sus hermanos: «¡Me han
devuelto el dinero!». Se les encogió el corazón
del susto y se dijeron: «¿Qué es lo que nos ha
hecho Dios?».

29Llegados a casa de su padre Jacob, en Ca-
naán, le contaron todo lo sucedido: 30«El señor
del país nos habló con dureza declarándonos
espías de su tierra. 31Le contestamos que somos
gente honrada, que no somos espías. 32Que éra-
mos doce hermanos, hijos de un padre; que uno
había desaparecido y el menor se había quedado
con su padre en Canaán. 33El señor del país nos
contestó: "Así sabré que son gente honrada: de-
jarán conmigo a uno de los hermanos, llevarán
provisiones a sus familias hambrientas 34y me
traerán a su hermano menor. Así sabré que no
son espías, sino gente honrada; entonces les
devolveré a su hermano y podrán comerciar en
mi país"». 35Cuando vaciaron las bolsas, encon-
tró cada uno su dinero. Viendo el dinero, ellos
y su padre se asustaron. 36Jacob, su padre, les
dijo: «¡Me dejarán solo! ¡José ha desaparecido,
Simeón ha desaparecido y ahora quieren llevarse
a Benjamín. Todo se vuelve contra mí!». 37Rubén
contestó a su padre: «Da muerte a mis dos hijos
si no te lo traigo. Ponlo en mis manos y te lo
devolveré». 38Contestó: «¡Mi hijo no bajará con
ustedes! Su hermano ha muerto y solo me queda
él. Si le sucede una desgracia en el viaje que van
a realizar, ustedes me matarán de pena».

Benjamín en Egipto: segundo encuentro

43 1Había mucha hambre en el país. 2Cuan-
do se terminaron los víveres que habían
traído de Egipto, su padre les dijo: «Regresen
a Egipto a comprarnos más provisiones». 3Le

contestó Judá: «Aquel hombre nos aseguró:
"No se presenten ante mí sin su hermano". 4Si
permites a nuestro hermano venir con nosotros,
bajaremos a comprarte provisiones. 5De lo con-
trario, no bajaremos. Porque aquel hombre nos
dijo: "No se presenten ante mí sin su hermano"».
6Israel les dijo: «¿Por qué me han causado este
dolor diciendo a ese hombre que les quedaba
otro hermano?». 7Replicaron: «Aquel hombre
nos preguntaba por nosotros y por nuestra fa-
milia: si vivía nuestro padre, si teníamos otro
hermano. Y nosotros respondimos a sus pregun-
tas. ¿Cómo íbamos a imaginar que él nos diría:
"Traigan aquí a su hermano"?».
8Judá dijo a Israel, su padre: «Deja que el mu-
chacho venga conmigo. Así iremos y salvaremos
la vida y no moriremos nosotros, tú y los niños.
9Yo respondo por él, a mí me pedirás cuentas de
él. Si no te lo traigo y no te lo pongo delante,
rompes conmigo para siempre. 10Ya estaríamos
de vuelta la segunda vez, si no nos hubiéramos
entretenido tanto». 11Respondió su padre Israel:
«Si no queda más remedio, háganlo. Pongan
productos del país en sus equipajes y llévenlos
como regalo a aquel señor: un poco de bálsamo,
algo de miel, goma, mirra, pistacho y almen-
dras. 12Y lleven doble cantidad de dinero, para
devolver el dinero que les pusieron en la boca
de las bolsas, quizá por descuido. 13Tomen a su
hermano y vuelvan a ver a ese señor. 14El Dios
Todopoderoso lo haga compadecerse de ustedes
para que les devuelva a su hermano y también
a Benjamín. Si tengo que quedarme privado de
hijos, me quedaré».
15Ellos tomaron consigo los regalos, doble can-
tidad de dinero y a Benjamín. Partieron, bajaron
a Egipto y se presentaron a José. 16Cuando José
vio con ellos a Benjamín, dijo a su mayordomo:
«Hazlos entrar en casa. Que maten un animal y
preparen comida porque esos hombres comerán
conmigo al mediodía». 17El hombre cumplió las
órdenes de José y los condujo a casa de José.
18Ellos se asustaron porque los llevaban a casa
de José y se decían: «Lo hacen a causa del dinero
que metieron entonces en las bolsas; es un pre-
texto para acusarnos, condenarnos, retenernos
como esclavos y quedarse con los asnos».
19Acercándose al mayordomo de José, le ha-
blaron a la puerta de la casa: 20«Mira, señor: no-
sotros bajamos en otra ocasión a comprar víve-
res. 21Cuando llegamos a la posada y abrimos las
bolsas, cada uno encontró en la boca de la bolsa
el dinero, era la misma cantidad que habíamos
pagado. Aquí lo traemos de vuelta, 22y también
traemos otro tanto para comprar provisiones.
No sabemos quién lo metió en las bolsas». 23Res-
pondió: «Quédense tranquilos y no teman: Su
Dios, el Dios de su padre, puso ese dinero en las
bolsas. El dinero que ustedes pagaron lo recibí
yo». Y les trajo a Simeón. 24El mayordomo los
hizo entrar en casa de José, les trajo agua para
lavarse los pies y echó pasto a los burros. 25Ellos
prepararon los regalos, esperando la llegada de
José al mediodía; porque habían oído decir que
comerían allí.
26Cuando llegó José a casa, le presentaron los
regalos que habían traído y se postraron en tie-
rra ante él. 27Él les preguntó: «¿Qué tal están?
Su anciano padre, del que me hablaron, ¿vive
todavía?». 28Le contestaron: «Estamos bien
tus siervos y nuestro padre; todavía vive». Y
se postraron. 29Al levantar los ojos, vio José a
Benjamín, su hermano materno, y preguntó: «¿Es
ese el hermano menor, del que me hablaron?». Y
añadió: «Dios te favorezca, hijo mío». 30A José se
le conmovieron las entrañas por su hermano y le
vinieron ganas de llorar; y entrando rápidamente
en una habitación, lloró allí. 31Después se lavó
la cara y salió, y dominándose mandó: «Sirvan la
comida». 32Le sirvieron a él por un lado, a ellos
por otro y a los comensales egipcios por otro.
Porque los egipcios no pueden comer con los he-
breos: sería abominable para los egipcios. 33Se
sentaron frente a él, empezando por el mayor y
terminando por el menor. Ellos se miraban asom-
brados. 34José les hacía pasar porciones de su
mesa, y la porción para Benjamín era cinco veces
mayor. Bebieron hasta embriagarse con él.

Prueba final: Benjamín, culpable

44 1Después encargó al mayordomo: «Llena
de víveres las bolsas de esos hombres,
todo lo que quepa, y pon el dinero dentro de
cada bolsa, 2y mi copa de plata la pones en la
bolsa del menor con el dinero de la compra». Él
cumplió el encargo de José. 3Al amanecer deja-
ron partir a los hombres con sus asnos. 4Apenas
salidos, no se habían alejado de la ciudad, José
dijo al mayordomo: «Sal en persecución de esos
hombres y, cuando los alcances, les dices: "¿Por
qué han pagado mal por bien? 5¿Por qué han ro-
bado la copa de plata? Es la que usa mi señor
para beber y para adivinar. Está muy mal lo que
han hecho"». 6Cuando los alcanzó, les repitió
estas palabras. 7Ellos respondieron: «¿Por qué
dice eso nuestro señor? ¡Lejos de nosotros obrar
de tal manera! 8Si el dinero que encontramos en
las bolsas te lo hemos traído desde Canaán, ¿por
qué íbamos a robar en casa de tu amo oro o pla-
ta? 9Que muera aquel de tus servidores al que se
le encuentre la copa; y nosotros seremos escla-
vos de nuestro señor». 10Respondió él: «Sea lo

que han dicho: a quien se la encuentre, será mi
esclavo; los demás quedarán libres».
11Rápidamente bajaron sus bolsas al suelo y
cada uno abrió la suya. 12Él las fue registrando
empezando por la del mayor y terminando por
la del menor: la copa fue hallada en la bolsa de
Benjamín. 13Al ver esto se rasgaron las vesti-
duras, cargó cada uno su asno y volvieron a la
ciudad. 14Judá y sus hermanos entraron en casa
de José –él estaba todavía allí– y se postraron.
15José les dijo: «¿Qué es lo que han hecho? ¿No
saben que uno como yo es capaz de adivinar?».
16Contestó Judá: «¿Qué podemos responder a
nuestro señor? ¿Qué diremos para probar nues-
tra inocencia? Dios ha descubierto la culpa de
tus servidores. Somos esclavos de nuestro señor,
tanto nosotros como aquel a quien se le encontró
la copa». 17Respondió José: «¡Lejos de mí hacer
tal cosa! Al que se le encontró la copa será mi es-
clavo; ustedes suban en paz a casa de su padre».
18Entonces Judá se acercó a él y le dijo: «Permite,
señor, a tu servidor dirigir unas palabras en tu
presencia; no te impacientes conmigo porque tú
eres como el faraón. 19Mi señor preguntó a sus
servidores si teníamos padre o algún hermano.
20Nosotros respondimos a mi señor: "Tenemos
un padre anciano con un chico pequeño nacido
en su vejez. Un hermano suyo murió y solo le
queda este de aquella mujer. Su padre lo adora".
21Tú dijiste a tus servidores que te lo trajéramos
para conocerlo personalmente. 22Respondimos
a mi señor: "El muchacho no puede dejar a su
padre; si lo deja, su padre morirá". 23Tú dijiste
a tus servidores: "Si no baja su hermano menor
con ustedes, no volverán a verme". 24Cuando vol-
vimos a casa de tu servidor, nuestro padre, y le
comunicamos lo que decía mi señor, 25nuestro
padre respondió: "Vuelvan a comprarnos víve-
res". 26Le dijimos: "No podemos bajar si no viene
con nosotros nuestro hermano menor; porque no
podemos ver a aquel hombre si no nos acompa-
ña nuestro hermano menor". 27Nos respondió tu
servidor, nuestro padre: "Saben que mi mujer me
dio dos hijos: 28uno se alejó de mí y pienso que
lo descuartizó una fiera, ya que no he vuelto a
verlo. 29Si arrancan también a este de mi lado y
le sucede una desgracia, bajaré a la tumba lleno
de tristeza". 30Ahora bien, si regreso a tu servi-
dor, mi padre, sin llevar conmigo al muchacho,
a quien quiere con toda su alma, 31cuando vea
que falta el muchacho, morirá; y nosotros sere-
mos culpables de que tu servidor, mi padre, haya
muerto de pena. 32Además tu servidor ha salido
fiador por el muchacho, ante mi padre, aseguran-
do: "Si no te lo traigo, padre, rompe conmigo pa-
ra siempre". 33En conclusión: deja que tu servidor
se quede como esclavo de mi señor en lugar del
muchacho y que el muchacho vuelva con sus her-
manos. 34¿Cómo podré volver a mi padre sin llevar
al muchacho conmigo? No quiero ver la desgracia
que se abatirá sobre mi padre».

Reconocimiento y reconciliación

45 1José no pudo contenerse en presencia
de su corte y ordenó: «Salgan todos de
mi presencia». Y no quedó nadie con él cuando
José se dio a conocer a sus hermanos. 2Se puso
a llorar tan fuerte, que los egipcios lo oyeron y
la noticia llegó a casa del faraón. 3José dijo a
sus hermanos: «Yo soy José. ¿Vive todavía mi
padre?». Sus hermanos, confundidos y avergon-
zados, no supieron qué responder. 4José dijo a
sus hermanos: «Acérquense». Se acercaron, y les
dijo: «Yo soy José, su hermano, el que vendieron
a los egipcios. 5Pero ahora no se aflijan ni les
pese haberme vendido aquí; porque para salvar
vidas me envió Dios por delante. 6Llevamos dos
años de hambre en el país y nos quedan cinco sin
siembra ni siega. 7Dios me envió por delante para
que puedan sobrevivir en este país, para conser-
var la vida a muchos supervivientes. 8No fueron
ustedes quienes me enviaron aquí, fue Dios; me
hizo ministro del faraón, señor de toda su corte
y gobernador de Egipto. 9Ahora regresen cuanto
antes a casa de mi padre y díganle: "Esto dice tu
hijo José: Dios me ha hecho señor de todo Egip-
to; baja acá conmigo sin tardar. 10Habitarás en la
región de Gosén y estarás cerca de mí: tú y tus
hijos y tus nietos, tus ovejas y vacas y todas tus
posesiones. 11Quedan cinco años de hambre: yo
te mantendré allí, para que no les falte nada a ti
ni a tu familia ni a tus posesiones". 12Ustedes son
testigos, y también mi hermano Benjamín lo es,
que les hablo en persona. 13Cuéntenle a mi padre
mi prestigio en Egipto y todo lo que han visto y
traigan cuanto antes a mi padre acá».
14Y echándose al cuello de Benjamín, su her-
mano, se puso a llorar y lo mismo hizo Benjamín.
15Después besó llorando a todos los hermanos.
Solo entonces le hablaron sus hermanos.
16Cuando llegó al palacio del faraón la noticia
de que habían venido los hermanos de José, el
faraón y su corte se alegraron. 17El faraón dijo
a José: «Da las siguientes instrucciones a tus
hermanos: carguen los animales y regresen a Ca-
naán, 18tomen a su padre y a su familia y vuelvan
acá; yo les daré lo mejor de Egipto y comerán lo
más sustancioso del país». 19Mándales también:
«Tomen carros de Egipto para transportar en
ellos a niños y mujeres y a su padre, y regresen.
20No se preocupen por las cosas que dejan, por-
que lo mejor de Egipto será de ustedes».

[21]Así lo hicieron los hijos de Israel. José les
dio carros, según las órdenes del faraón, y pro-
visiones para el viaje. [22]Además dio a cada uno
una muda de ropa y a Benjamín trescientos pe-
sos de plata y cinco mudas de ropa. [23]A su padre
le envió diez asnos cargados de productos de
Egipto, diez borricas cargadas de grano y víve-
res para el viaje de su padre. [24]Despidió a sus
hermanos y, cuando se iban, les dijo: «No peleen
por el camino».
[25]Subieron de Egipto, llegaron a Canaán, a ca-
sa de su padre Jacob [26]y le comunicaron la noti-
cia: «José está vivo y es gobernador de Egipto».
A Jacob se le encogió el corazón sin poder creer-
lo. [27]Ellos le repitieron cuanto les había dicho
José. Cuando vio los carros que José había en-
viado para transportarlo, su padre Jacob recobró
el aliento. [28]Y dijo Israel: «¡Ya es suficiente! Mi
hijo José está vivo; lo veré antes de morir».

Jacob va a Egipto

46 [1]Israel se puso en camino con todo lo
suyo; llegó a Berseba y allí ofreció sacri-
ficios al Dios de su padre Isaac. [2]De noche, en
una visión, Dios dijo a Israel: «¡Jacob, Jacob!».
Respondió: «Aquí estoy». [3]Le dijo: «Yo soy Dios,
el Dios de tu padre. No temas bajar a Egipto, por-
que allí te convertiré en un pueblo numeroso.
[4]Yo bajaré contigo a Egipto y yo te haré subir.
José te cerrará los ojos». [5]Jacob partió de Ber-
seba. Los hijos de Israel montaron a su padre
Jacob, a los niños y las mujeres en los carros
que el faraón había enviado para su transporte.
[6]Tomaron el ganado y las posesiones adquiridas
en Canaán y se dirigieron a Egipto, Jacob con
toda su descendencia. [7]A sus hijos y nietos, a
sus hijas y nietas, a todos los descendientes los
llevó consigo a Egipto.
[8]Nombres de los hijos de Israel que emigraron
a Egipto: Rubén, primogénito de Jacob; [9]hijos de
Rubén: Henoc, Falú, Jesrón y Carmí; [10]hijos de Si-
meón: Yemuel, Yamín, Ohad, Yaquín, Sójar y Saúl,
hijo de la cananea; [11]hijos de Leví: Guersón, Que-
hat y Merarí; [12]hijos de Judá: Er, Onán, Selá, Fares
y Zéraj; Er y Onán habían muerto en Canaán; hijos
de Fares: Jesrón y Jamul; [13]hijos de Isacar: Tolá,
Puvá, Yasub y Simrón; [14]hijos de Zabulón: Séred,
Elón y Yajleel. [15]Hasta aquí los descendientes
de Lía y Jacob en Padán Aram, además la hija
Dina; total entre hombres y mujeres, treinta y
tres. [16]Hijos de Gad: Sifión, Jaguí, Suní, Esbón,
Erí, Arodí y Arelí; [17]hijos de Aser: Yimná, Yisvá,
Yisví, Beriá y su hermana Seraj; hijos de Beriá:
Héber y Malquiel. [18]Hasta aquí los hijos de Ja-
cob y Zilpa, la criada que Labán dio a su hija Lía;
total, dieciséis personas. [19]Hijos de Raquel, la
mujer de Jacob: José y Benjamín. [20]Asenat, hija
de Potifera, sacerdote de On, dio a José dos hijos
en Egipto: Manasés y Efraín. [21]Hijos de Benjamín:
Bela, Béquer y Asbel; hijos de Bela: Guerá, Naa-
mán, Ejí, Ros, Mupín, Jupín y Ared. [22]Hasta aquí
los descendientes de Raquel y Jacob; total, ca-
torce personas. [23]Hijos de Dan: Jusín; [24]hijos de
Neftalí: Yajseel, Guní, Yéser y Silén. [25]Hasta aquí
los hijos de Jacob y Bilha, la criada que Labán dio
a su hija Raquel; total, siete personas.
[26]Todas las personas que emigraron con Jacob
a Egipto, nacidos de él, sin contar las nueras,
eran en total sesenta y seis. [27]Añadiendo los
dos hijos nacidos a José en Egipto, la familia
de Jacob que emigró a Egipto hace un total de
setenta.
[28]Israel despachó por delante a Judá a casa
de José, para que preparara el camino de Gosén.
Cuando se dirigían a Gosén, [29]José mandó en-
ganchar la carroza y subió hacia Gosén a recibir
a su padre Israel. Al llegar a su presencia, se le
echó al cuello y lloró abrazado a él. [30]Israel dijo
a José: «Ahora puedo morir, después de haberte
visto en persona y vivo». [31]José dijo a sus her-
manos y a la familia de su padre: «Voy a subir a
informar al faraón: Mis hermanos y la familia de
mi padre, que vivían en Canaán, han venido a
verme. [32]Son pastores de ovejas, que cuidan del
ganado; se han traído las ovejas y las vacas y to-
das sus posesiones. [33]Cuando el faraón los llame
para informarse de la ocupación de ustedes [34]le
dirán: Tus siervos son pastores desde la juven-
tud hasta hoy, lo mismo nosotros que nuestros
padres. Y los dejará habitar en Gosén –porque
los egipcios consideran impuros a los pastores–.

Jacob en Egipto

47 [1]José fue a informar al faraón: «Mi padre
y mis hermanos, con sus ovejas y vacas y
todas sus posesiones, han venido de Canaán y
se encuentran en Gosén». [2]Entre sus hermanos,
escogió cinco, y se los presentó al faraón. [3]El
faraón les preguntó: «¿A qué se dedican?». Res-
pondieron: «Tus siervos son pastores de ovejas,
lo mismo nosotros que nuestros padres». [4]Y aña-
dieron: «Hemos venido a residir en esta tierra,
porque en Canaán aprieta el hambre y no hay
pastos para los rebaños de tus siervos; permite
a tus siervos establecerse en Gosén». [5a]El faraón
dijo a José: [6b]«Que se establezcan en Gosén, y
si conoces entre ellos algunos con experiencia,
ponlos a cargo de mi ganado». [5b]Cuando Jacob y
sus hijos llegaron a Egipto, se enteró el faraón,
rey de Egipto, y dijo a José: «Tu padre y tus her-
manos han llegado a verte; [6a]la tierra de Egipto
está a tu disposición, instala a tu padre y a tus

hermanos en lo mejor de la tierra». 7José hizo venir a su padre Jacob y se lo presentó al faraón. Jacob bendijo al faraón. 8El faraón preguntó a Jacob: «¿Cuántos años tienes?». 9Jacob contestó al faraón: «Ciento treinta han sido los años de mis andanzas, pocos y malos han sido los años de mi vida, y no llegan a los años de mis padres, ni al tiempo de sus andanzas». 10Jacob bendijo al faraón y salió de su presencia. 11José instaló a su padre y a sus hermanos y les dio propiedades en Egipto, en lo mejor del país, en la región de Ramsés, como había mandado el faraón. 12Y dio pan a su padre, a sus hermanos y a toda la familia de su padre, incluidos los niños.

Política agraria de José

13En todo el país faltaba el pan, porque el hambre apretaba y agotaba la tierra de Egipto y la de Canaán. 14José acumuló todo el dinero que había en Egipto y en Canaán a cambio de los víveres que ellos compraban, y reunió todo el dinero en casa del faraón. 15En Egipto y en Canaán se acabó el dinero, de modo que acudían a José, diciendo: «Danos pan o moriremos aquí mismo, porque se nos ha acabado el dinero». 16José contestó: «Si ya no hay más dinero entreguen su ganado y yo se lo cambiaré por pan». 17Ellos traían el ganado a José, y este les daba pan a cambio de caballos, de ovejas, de vacas, de asnos; durante un año los estuvo alimentando a cambio de todo su ganado.

18Pasado aquel año, volvieron a él al año siguiente, diciendo: «No podemos negar a nuestro señor que, terminado el dinero y el ganado y los animales cobrados por nuestro señor, solo nos queda que ofrecer a nuestro señor nuestras personas y nuestros campos. 19¿Por qué perecer en tu presencia nosotros y nuestros campos? Tómanos a nosotros y a nuestros campos a cambio de pan, y nosotros, con nuestros campos, seremos siervos del faraón; danos semilla para que vivamos y no muramos, y nuestros campos no queden desolados». 20José compró para el faraón toda la tierra de Egipto, porque todos los egipcios, acosados por el hambre, vendían sus campos. Sí, la tierra vino a ser propiedad del faraón, 21y a todo el pueblo lo hizo siervo, de un extremo a otro del país. 22Solo dejó de comprar las tierras de los sacerdotes, porque el faraón les pasaba una porción y vivían de la porción que les daba el faraón; por eso no tuvieron que vender sus campos.

23José dijo al pueblo: «Hoy los he comprado a ustedes, con sus tierras, para el faraón. Aquí tienen semillas para sembrar los campos. 24Cuando llegue la cosecha, darán la quinta parte al faraón, las otras cuatro partes les servirán para sembrar y como alimento para ustedes, sus familias y sus niños». 25Ellos respondieron: «Nos has salvado la vida, hemos alcanzado el favor de nuestro señor; seremos siervos del faraón».

26Y José estableció una ley en Egipto, hoy todavía en vigor: que una quinta parte es para el faraón. Solamente las tierras de los sacerdotes no pasaron a ser propiedad del faraón.

27Israel se estableció en Egipto, en el territorio de Gosén; adquirió propiedades allí y creció y se multiplicó en gran manera. 28Jacob vivió en Egipto diecisiete años, y toda su vida fueron ciento cuarenta y siete años.

Últimos deseos de Jacob

29Cuando se acercaba para Israel la hora de morir, llamó a su hijo José y le dijo: «Si he alcanzado tu favor, coloca tu mano bajo mi muslo y promete tratarme con bondad y lealtad; no me entierres en Egipto. 30Cuando me duerma con mis padres, sácame de Egipto y entiérrame en la sepultura con ellos». Contestó José: «Haré lo que pides». 31Insistió él: «Júramelo». Y se lo juró. Entonces Israel hizo una inclinación hacia la cabecera de la cama.

Jacob bendice a Efraín y Manasés

48 1Después de estos sucesos le avisaron a José que su padre estaba grave. Él tomó consigo a sus dos hijos, Manasés y Efraín. 2Le comunicaron a Jacob que estaba llegando su hijo José. Israel, haciendo un esfuerzo, se incorporó en la cama. 3Jacob dijo a José: «Dios Todopoderoso se me apareció en Luz de Canaán y me bendijo, 4diciéndome: "Yo te haré crecer y multiplicarte hasta ser un grupo de tribus; a tus descendientes entregaré esta tierra en posesión perpetua". 5Pues bien, los dos hijos que te nacieron en Egipto antes de venir yo a vivir contigo, serán míos: Efraín y Manasés serán para mí como Rubén y Simeón. 6En cambio los que te nazcan después serán tuyos y en nombre de sus hermanos recibirán su herencia. 7Cuando volvía de Padán, se me murió Raquel, en Canaán, en el camino, un buen trecho antes de llegar a Efrata, y en el camino de Efrata –hoy Belén– la enterré».

8Viendo Israel a los hijos de José, preguntó: «¿Quiénes son?». 9Contestó José a su padre: «Son mis hijos, que Dios me dio aquí». Le dijo: «Acércamelos que los bendiga». 10Israel había perdido vista con la vejez y casi no veía. Cuando se los acercaron, los besó y abrazó. 11Israel dijo a José: «No contaba con verte; ahora resulta que Dios me ha dejado verte a ti y a tus descendientes».

12José se los retiró de las rodillas y se postró rostro en tierra. 13Después tomó José a los dos: a Efraín con la derecha lo puso a la izquierda de Israel, a Manasés con la izquierda lo puso a la derecha de Israel; y se los acercó. 14Israel extendió la mano derecha y la colocó sobre la cabeza de Efraín, el menor, y la izquierda sobre la cabeza de Manasés; cruzando los brazos, pues Manasés era el primogénito. 15Y los bendijo: «*El Dios en cuya presencia caminaron/ mis padres, Abrahán e Isaac;/ el Dios que fue mi pastor/ desde mi nacimiento hasta hoy;/* 16*el Ángel que me redime de todo mal/bendiga a estos muchachos;/ que ellos lleven mi nombre/ y el de mis padres, Abrahán e Isaac,/ que crezcan y se multipliquen/ en medio de la tierra*».

17Viendo José que su padre había colocado la derecha sobre la cabeza de Efraín, lo tomó a mal; agarró la mano de su padre y la pasó de la cabeza de Efraín a la de Manasés, 18mientras decía a su padre: «No es así, padre, este es el primogénito, pon la mano sobre su cabeza». 19El padre rehusó diciendo: «Lo sé, hijo mío, lo sé. También llegará a ser una tribu y crecerá. Pero su hermano menor será más grande que él y su descendencia será toda una nación». 20Entonces los bendijo: «El pueblo de Israel usará sus nombres para las bendiciones diciendo: ¡Dios te haga como a Efraín y a Manasés!». Así colocó a Efraín delante de Manasés.

21Israel dijo a José: «Yo estoy para morir; Dios estará con ustedes y los llevará otra vez a la tierra de sus padres. 22Yo te doy más que a tus hermanos, te entrego Siquén, la que conquisté a los amorreos con mi espada y mi arco».

Testamento profético de Jacob

49 1Jacob llamó a sus hijos y les dijo: «Reúnanse, que les voy a contar lo que sucederá en el futuro. 2Reúnanse y escúchenme, hijos de Jacob, oigan a su padre Israel:

3*Tú, Rubén, mi primogénito,/ mi fuerza y primicia de mi virilidad,/ primero en rango, primero en poder;/* 4*precipitado como agua, no serás de provecho,/ porque subiste a la cama de tu padre/ profanando mi lecho con tu acción.*

5*Simeón y Leví, hermanos,/ mercaderes en armas criminales.*/ 6*No quiero asistir a sus consejos,/ no he de participar en su asamblea,/ porque mataron hombres ferozmente/ y a capricho destrozaron bueyes.*/ 7*Maldita su furia, tan cruel,/ y su cólera tan feroz./ Los repartiré entre Jacob/ y los dispersaré por Israel.*

8*A ti, Judá, te alabarán tus hermanos,/ pondrás la mano sobre la nuca de tus enemigos,/ se postrarán ante ti los hijos de tu padre.*/ 9*Judá, hijo mío, eres como/ un cachorro de león: cuando regresa de cazar;/ se agacha y se tumba como león o como leona,/ ¿quién se atreve a desafiarlo?*/ 10*No se apartará de Judá el cetro/ ni el bastón de mando de entre sus rodillas,/ hasta que le traigan tributo/ y le rindan homenaje los pueblos.*/ 11*Ata su burro a una viña,/ la cría a la cepa más escogida;/ lava su ropa en vino/ y su túnica en sangre de uvas.*/ 12*Sus ojos son más oscuros que vino/ y sus dientes más blancos que leche.*

13*Zabulón habitará junto a la costa,/ será un puerto para los barcos,/ su frontera llegará hasta Sidón.*

14*Isacar es un asno robusto/ que se tumba entre las alforjas;/* 15*viendo que es bueno el establo/ y que es hermosa la tierra,/ inclina el lomo a la carga/ y acepta trabajos de esclavo.*

16*Dan gobernará a su pueblo/ como uno a las tribus de Israel.*/ 17*Dan es culebra junto al camino,/ áspid junto a la senda:/ muerde al caballo en la pezuña,/ y el jinete es despedido hacia atrás.* 18*Espero tu salvación, Señor.*

19*Gad: le atacarán los bandidos/ y él los atacará por la espalda.* 20*Aser tendrá comidas sustanciosas,/ y ofrecerá manjar de reyes.* 21*Neftalí es cierva suelta/ que tiene crías hermosas.*

22*José es un potro salvaje,/ un potro junto a la fuente,/ asnos salvajes junto al muro.*/ 23*Los arqueros los irritan,/ los desafían y los atacan.*/ 24*Pero el arco se les queda rígido/ y les tiemblan manos y brazos/ ante el Campeón de Jacob,/ el Pastor y Piedra de Israel.*/ 25*El Dios de tu padre te auxilia,/ el Todopoderoso te bendice:/ bendiciones que bajan del cielo,/ bendiciones del océano, acostado en lo hondo,/ bendiciones de vientres y ubres,/* 26*bendiciones de espigas abundantes,/ bendiciones de montañas antiguas,/ ambición de colinas perdurables,/ bajen sobre la cabeza de José,/ coronen al elegido entre sus hermanos.*

27*Benjamín es un lobo rapaz:/ por la mañana devora la presa,/ por la tarde reparte despojos.*

28Estas son las doce tribus de Israel, y esto es lo que su padre les dijo al bendecirlos, dando una bendición especial a cada uno.

Muerte de Jacob

29Y les dio las siguientes instrucciones: «Cuando me reúna con los míos, entiérrenme con mis padres en la cueva del campo de Efrón, el hitita, 30la cueva del campo de Macpela, frente a Mambré, en Canaán, la que compró Abrahán a Efrón, el hitita, como sepulcro en propiedad. 31Allí enterraron a Abrahán y Sara, su mujer; allí enterraron a Isaac y a Rebeca, su mujer; allí enterré yo a Lía. 32El campo y la cueva fueron comprados a los hititas». 33Cuando Jacob terminó de dar instrucciones a sus hijos, recogió los pies en la cama, expiró y se reunió con los suyos.

Funeral de Jacob

50 1José se echó sobre él llorando y besándole. 2Después ordenó a los médicos de su servicio que embalsamaran a su padre, y los médicos embalsamaron a Israel. 3Les llevó cuarenta días, que es lo que suele llevar el embalsamar, y los egipcios le guardaron luto setenta días.

4Pasados los días del duelo, dijo José a los cortesanos del faraón: «Si he alcanzado su favor, díganle personalmente al faraón: 5"Mi padre me hizo jurar: cuando muera, me enterrarás en el sepulcro que me hice en Canaán". Ahora, pues, déjame subir a enterrar a mi padre, y después volveré». 6Contestó el faraón: «Sube y entierra a tu padre, como lo has jurado».

7Cuando José subió a enterrar a su padre, lo acompañaron los ministros del faraón, los ancianos de la corte y los concejales de los pueblos, 8y toda su familia, sus hermanos, la familia de su padre; solo quedaron en Gosén los niños, las ovejas y las vacas. 9Subieron también carros y jinetes, y la caravana era inmensa. 10Llegados a Goren Ha-Atad, al otro lado del Jordán, hicieron un funeral solemne y magnífico, y le hicieron duelo siete días. 11Viendo los cananeos que habitaban el país el funeral de Goren Ha-Atad comentaron: «El funeral de los egipcios es solemne». Por eso llamaron el lugar: Duelo de Egipcios –está al otro lado del Jordán–. 12Sus hijos cumplieron lo que les había mandado: 13lo llevaron a Canaán, lo enterraron en la cueva del campo de Macpela, frente a Mambré, el campo que Abrahán había comprado a Efrón, el hitita, como sepulcro en propiedad.

14Volvieron a Egipto José con sus hermanos y con los que lo habían acompañado a enterrar a su padre una vez que lo hubieron enterrado. 15Al ver los hermanos de José que su padre había muerto, se dijeron: «A ver si José nos guarda rencor y quiere pagarnos el mal que le hicimos». 16Y enviaron un mensaje a José: «Antes de morir, tu padre nos mandó 17que te dijéramos: "Perdona a tus hermanos su crimen y su pecado y el mal que te hicieron. Por tanto, perdona el crimen de los siervos del Dios de tu padre"».

José al oírlo, se echó a llorar. 18Entonces vinieron sus hermanos, se echaron al suelo ante él y le dijeron: «Aquí nos tienes, somos tus siervos». 19José les respondió: «No teman. ¿Ocupo yo el puesto de Dios? 20Ustedes intentaron hacerme mal, Dios intentaba convertirlo en bien, conservando así la vida a una multitud, como somos hoy. 21Por tanto, no teman. Yo los mantendré a ustedes y a sus niños». Y los consoló llegándoles al corazón.

Muerte de José

22José vivió en Egipto con la familia de su padre y cumplió ciento diez años; 23llegó a conocer a los hijos de Efraín hasta la tercera generación, y también a los hijos de Maquir, hijo de Manasés, y se los puso en el regazo. 24José dijo a sus hermanos: «Yo voy a morir. Dios se ocupará de ustedes y los llevará de esta tierra a la tierra que prometió a Abrahán, Isaac y Jacob». 25Y los hizo jurar: «Cuando Dios se ocupe de ustedes, se llevarán mis huesos de aquí». 26José murió a los ciento diez años de edad. Lo embalsamaron y lo metieron en un ataúd en Egipto.

ÉXODO

EN EGIPTO (1–11)

Esclavitud y genocidio

1 1Lista de los israelitas que fueron a Egipto con Jacob, cada uno con su familia: 2Rubén, Simeón, Leví, Judá, 3Isacar, Zabulón, Benjamín, 4Dan, Neftalí, Gad, Aser. 5Descendientes directos de Jacob, setenta personas; José ya estaba en Egipto.

6Muerto José, sus hermanos y toda aquella generación, 7los israelitas crecían y se propagaban, se multiplicaban y se hacían fuertes en extremo e iban llenando todo el país. 8Subió al trono en Egipto un nuevo faraón que no había conocido a José, 9y dijo a su pueblo: «Miren, los israelitas se están volviendo más numerosos y fuertes que nosotros; 10vamos a vencerlos con astucia, porque si no crecerán; y si se declara la guerra, se aliarán con el enemigo, nos atacarán y después se marcharán de nuestra tierra».

11Entonces, nombraron capataces que los explotaran con trabajos forzados en la construcción de las ciudades granero de Pitón y Ramsés. 12Pero cuanto más los oprimían, ellos más crecían y se propagaban. Hartos de los israelitas, 13los egipcios les impusieron trabajos penosos, 14y les amargaron la vida con dura esclavitud, imponiéndoles los duros trabajos de la preparación de la arcilla, de la fabricación de los ladrillos y toda clase de trabajos del campo.

15El rey de Egipto ordenó a las parteras hebreas –una se llamaba Séfora y otra Fuá–: 16«Cuando asistan a las hebreas en el parto y les llegue el momento de dar a luz, si es niño lo matarán, si es niña la dejarán con vida». 17Pero las parteras respetaban a Dios, y en vez de hacer lo

que les mandaba el rey de Egipto dejaban con vi-
da a los recién nacidos. 18El rey de Egipto llamó a
las parteras y las interrogó: «¿Por qué obran así
y dejan con vida a las criaturas?». 19Contestaron
al faraón: «Es que las mujeres hebreas no son co-
mo las egipcias: son robustas y dan a luz antes
de que lleguen las parteras». 20Dios premió a las
parteras: el pueblo crecía y se hacía muy fuerte,
21y a ellas, como respetaban a Dios, también les
dio familia. 22Entonces, el faraón ordenó a todos
sus hombres: «Cuando les nazca un niño, deben
arrojarlo al Nilo; si es niña, déjenla con vida».

Infancia de Moisés

2 1Un hombre de la tribu de Leví se casó con
una mujer de la misma tribu; 2ella concibió
y dio a luz un niño. Viendo lo hermoso que era,
lo tuvo escondido tres meses. 3No pudiendo te-
nerlo escondido por más tiempo, tomó una cesta
de mimbre, la embadurnó de barro y alquitrán,
colocó en ella a la criatura y la depositó entre
los juncos, a la orilla del Nilo. 4Una hermana del
niño observaba a distancia para ver en qué ter-
minaba todo aquello.
5La hija del faraón bajó a bañarse en el Nilo,
mientras sus criadas la seguían por la orilla. Al
descubrir la cesta entre los juncos, mandó a la
criada a recogerla. 6La abrió, miró dentro y en-
contró un niño llorando. Conmovida, comentó:
«Es un niño de los hebreos». 7Entonces, la her-
mana del niño dijo a la hija del faraón: «¿Quieres
que vaya a buscar una nodriza hebrea que te críe
el niño?». 8Respondió la hija del faraón: «Anda».
La muchacha fue y llamó a la madre del niño.
9La hija del faraón le dijo: «Llévate este niño
y críamelo, y yo te pagaré». La mujer tomó al
niño y lo crió. 10Cuando creció el muchacho, se
lo llevó a la hija del faraón, que lo adoptó como
hijo y lo llamó Moisés, diciendo: «Lo he sacado
del agua».

Juventud de Moisés

11Pasaron los años, Moisés creció, salió
adonde estaban sus hermanos y los encontró
transportando cargas. Y vio cómo un egipcio
maltrataba a un hebreo, uno de sus hermanos.
12Miró a uno y otro lado, y viendo que no había
nadie, mató al egipcio y lo enterró en la arena.
13Al día siguiente, salió y encontró a dos hebreos
riñendo, y dijo al culpable: «¿Por qué maltratas
a tu compañero?». 14Él le contestó: «¿Quién te ha
nombrado jefe y juez nuestro? ¿Es que pretendes
matarme como mataste al egipcio?». Moisés se
asustó pensando que la cosa se había sabido.
15Cuando el faraón se enteró del hecho, buscó a
Moisés para darle muerte; pero Moisés huyó del
faraón y se refugió en el país de Madián. Allí se
sentó junto a un pozo.
16El sacerdote de Madián tenía siete hijas, que
solían salir a sacar agua y a llenar los bebederos
para dar de beber al rebaño de su padre. 17Llega-
ron unos pastores e intentaron echarlas. Enton-
ces Moisés se levantó, defendió a las muchachas
y dio de beber a su rebaño. 18Ellas volvieron
a casa de Raguel, su padre, y él les preguntó:
«¿Cómo así que hoy han vuelto tan pronto?».
19Contestaron: «Un egipcio nos ha librado de
los pastores, nos ha sacado agua y ha dado de
beber al rebaño». 20Replicó el padre: «¿Dónde
está? ¿Cómo lo han dejado marchar? Llámenlo
que venga a comer». 21Moisés accedió a vivir con
él, y este le dio a su hija Séfora por esposa. 22Ella
dio a luz un niño y Moisés lo llamó Guersón, di-
ciendo: «Soy forastero en tierra extranjera».
23Pasaron muchos años, murió el rey de Egip-
to, y los israelitas se quejaban de la esclavitud
y clamaron. Los gritos de auxilio de los esclavos
llegaron a Dios. 24Dios escuchó sus quejas y se
acordó de la alianza con Abrahán, Isaac y Jacob;
25y viendo a los israelitas, Dios se interesó por
ellos.

Vocación de Moisés

3 1Moisés pastoreaba el rebaño de su suegro
Jetró, sacerdote de Madián; una vez llevó el
rebaño más allá del desierto hasta llegar a Ho-
reb, el monte de Dios. 2El ángel del Señor se le
apareció en una llamarada entre las zarzas. Moi-
sés se fijó: la zarza ardía sin consumirse. 3Moisés
dijo: «Voy a acercarme a mirar este espectáculo
tan admirable: cómo es que no se quema la zar-
za». 4Viendo el Señor que Moisés se acercaba a
mirar, lo llamó desde la zarza: «Moisés, Moisés».
Respondió él: «Aquí estoy». 5Dijo Dios: «No
te acerques. Quítate las sandalias de los pies,
porque el sitio que pisas es terreno sagrado».
6Y añadió: «Yo soy el Dios de tu padre, el Dios
de Abrahán, el Dios de Isaac, el Dios de Jacob».
Moisés se tapó la cara temeroso de mirar a Dios.
7El Señor le dijo: «He visto la opresión de mi
pueblo en Egipto, he oído sus quejas contra los
opresores, me he fijado en sus sufrimientos. 8Y
he bajado a librarlos de los egipcios, a sacarlos de
esta tierra para llevarlos a una tierra fértil y es-
paciosa, tierra que mana leche y miel, el país de
los cananeos, hititas, amorreos, fereceos, heveos
y jebuseos. 9La queja de los israelitas ha llegado
a mí, y he visto cómo los tiranizan los egipcios.
10Y ahora, anda, que te envío al faraón para que
saques de Egipto a mi pueblo, a los israelitas».
11Moisés replicó a Dios: «¿Quién soy yo para
acudir al faraón o para sacar a los israelitas de

Egipto?». 12Respondió Dios: «Yo estoy contigo, y
esta es la señal de que yo te envío: que cuando
saques al pueblo de Egipto, darán culto a Dios en
esta montaña».
13Moisés replicó a Dios: «Mira, yo iré a los
israelitas y les diré: "el Dios de sus padres me
ha enviado a ustedes". Si ellos me preguntan:
"cómo se llama", ¿qué les respondo?». 14Dios
dijo a Moisés: «Soy el que soy. Esto dirás a los
israelitas: "Yo soy me envía a ustedes"». 15Dios
añadió a Moisés: «Esto dirás a los israelitas: "El
Señor Dios de sus padres, Dios de Abrahán, Dios
de Isaac, Dios de Jacob, me envía a ustedes. Es-
te es mi Nombre para siempre: así me llamarán
de generación en generación"».
16«Vete, reúne a las autoridades de Israel y di-
les: "El Señor Dios de sus padres, de Abrahán, de
Isaac y de Jacob, se me apareció y me ha dicho:
Los tengo presentes y veo cómo los tratan los
egipcios. 17He decidido sacarlos de la opresión
egipcia y hacerlos subir al país de los cananeos,
hititas, amorreos, fereceos, heveos y jebuseos, a
una tierra que mana leche y miel". 18Ellos te ha-
rán caso, y tú, con las autoridades de Israel, te
presentarás al rey de Egipto y le dirás: "El Señor
Dios de los hebreos nos ha salido al encuentro, y
nosotros tenemos que hacer un viaje de tres jor-
nadas por el desierto para ofrecer sacrificios al
Señor nuestro Dios". 19Yo sé que el rey de Egipto
no los dejará marchar si no es a la fuerza; 20pero
yo extenderé la mano, heriré a Egipto con pro-
digios que haré en el país, y entonces los dejará
marchar. 21Y haré que este pueblo se gane el favor
de los egipcios, de modo que al salir no se mar-
chen con las manos vacías. 22Las mujeres pedirán
a sus vecinas, o a las dueñas de las casas donde se
alojen, objetos de plata y oro y ropa para vestir a
sus hijos e hijas. Así se llevarán botín de Egipto».

4 1Moisés replicó: «¿Y si no me creen ni me ha-
cen caso, y dicen que no se me ha aparecido
el Señor?». 2El Señor le preguntó: «¿Qué tienes
en la mano?». Contestó: «Un bastón». 3Dios le
dijo: «Tíralo al suelo». Él lo tiró al suelo, y al ins-
tante se convirtió en serpiente. Moisés retroce-
dió asustado. 4El Señor dijo a Moisés: «Extiende
tu mano y agárrala por la cola». Moisés extendió
la mano, y al agarrarla en su mano la serpiente
se convirtió nuevamente en un bastón. 5«Esto es
para que crean que se te ha aparecido el Señor,
Dios de sus padres, Dios de Abrahán, Dios de Isa-
ac, Dios de Jacob». 6El Señor siguió diciéndole:
«Mete la mano en el pecho». Él la metió, y al
sacarla tenía la piel descolorida como la nieve,
enferma de lepra. 7Le dijo: «Métela otra vez en
el pecho». La metió, y al sacarla ya estaba tan
sana como todo su cuerpo. 8«Si no te creen ni te
hacen caso al primer signo, te creerán al segun-
do. 9Y si no te creen ni hacen caso a ninguno de
los dos, toma agua del Nilo, derrámala en tierra,
y el agua que hayas sacado del Nilo se convertirá
en sangre». 10Pero Moisés insistió al Señor: «Yo
no tengo facilidad de palabra, ni antes ni ahora
que has hablado a tu servidor; soy torpe de boca
y de lengua».
11El Señor replicó: «¿Quién da la boca al hom-
bre? ¿Quién lo hace mudo o sordo o perspicaz o
ciego? ¿No soy yo, el Señor? 12Por tanto, ve; yo
estaré en tu boca y te enseñaré lo que tienes que
decir». 13Insistió: «No, Señor; envía el que tengas
que enviar». 14El Señor se irritó con Moisés y le
dijo: «Aarón, tu hermano, el levita, sé que habla
bien. Él viene ya a tu encuentro y se alegrará al
verte. 15Háblale y ponle mis palabras en la boca.
Yo estaré en tu boca y en la suya, y les enseñaré
lo que tienen que hacer. 16Él hablará al pueblo en
tu nombre, él será tu boca, tú serás su dios. 17Tú
toma el bastón con el cual realizarás los signos».

Moisés vuelve a Egipto

18Moisés volvió a casa de Jetró, su suegro, y le
dijo: «Voy a volver a Egipto a ver si mis hermanos
viven todavía». Jetró le contestó: «Puedes irte
en paz».
19El Señor dijo a Moisés en Madián: «Vuelve a
Egipto, que han muerto los que intentaban ma-
tarte». 20Moisés tomó a su mujer y a sus hijos,
los montó en asnos y se encaminó a Egipto. En la
mano llevaba el bastón prodigioso.
21El Señor dijo a Moisés: «Mientras vuelves a
Egipto, fíjate en los prodigios que he puesto a tu
disposición, porque los tienes que hacer delante
del faraón. Yo lo pondré terco y no dejará salir al
pueblo. 22Tú le dirás: "Así dice el Señor: Israel es
mi hijo primogénito, 23y yo te ordeno que dejes
salir a mi hijo para que me sirva; si te niegas a
soltarlo, yo daré muerte a tu hijo primogénito"».
24En un albergue del camino, el Señor le salió
al paso para darle muerte. 25Séfora entonces to-
mó un cuchillo de piedra, le cortó el prepucio a
su hijo, lo aplicó a las partes de Moisés y dijo:
«Eres para mí un marido de sangre». 26Y el Señor
lo dejó cuando ella dijo: «marido de sangre» –
por la circuncisión–.
27El Señor dijo a Aarón: «Ve al desierto a re-
cibir a Moisés». Él fue, lo encontró en el monte
de Dios y lo besó. 28Moisés contó a Aarón todas
las cosas que el Señor le había encomendado y
los signos que le había mandado hacer. 29Moisés
y Aarón fueron y reunieron a las autoridades de
Israel. 30Aarón repitió todo lo que el Señor había
dicho a Moisés, y este realizó los signos ante el

pueblo. [31]El pueblo creyó, y al oír que el Señor se ocupaba de los israelitas y se fijaba en su opresión, se inclinaron en actitud de adoración.

Moisés y Aarón ante el faraón

5 [1]Después Moisés y Aarón se presentaron al faraón, y le dijeron: «Así dice el Señor Dios de Israel: "Deja salir a mi pueblo, para que celebre mi fiesta en el desierto"». [2]Respondió el faraón: «¿Quién es el Señor para que tenga que obedecerle dejando marchar a los israelitas? Ni reconozco al Señor ni dejaré marchar a los israelitas». [3]Ellos replicaron: «El Dios de los hebreos nos ha salido al encuentro: tenemos que hacer un viaje de tres días por el desierto para ofrecer sacrificios al Señor, nuestro Dios; de lo contrario, nos herirá con peste o espada». [4]El rey de Egipto les dijo: «¿Por qué ustedes, Moisés y Aarón, alborotan al pueblo en su trabajo? Vuelvan a transportar sus cargas». Y añadió: [5]«Ya son más numerosos que los naturales del país, y ustedes quieren que dejen de transportar cargas».

[6]El mismo día, el faraón dio órdenes a los capataces y a los inspectores: [7]«No sigan entregando paja para fabricar adobes a esta gente como hacían antes; que vayan ellos a buscarse la paja. [8]Pero exíjanles la misma cantidad de adobes que hacían antes, sin disminuir nada. Son unos flojos, y por eso andan gritando: "Vamos a ofrecer sacrificios a nuestro Dios". [9]Impónganles trabajos pesados y que los cumplan, y no hagan caso de sus cuentos».

[10]Los capataces y los inspectores salieron, y dijeron al pueblo: «Esto dice el faraón: "No les daré más paja; [11]vayan ustedes a buscarla y tráiganla de donde puedan, pero no por eso se les va a rebajar la cantidad de adobes que tienen fijada"». [12]El pueblo se dispersó por todo el territorio egipcio buscando paja. [13]Los capataces los apuraban diciendo: «Completen su trabajo, la tarea de cada día, como cuando se les daba la paja».

[14]Los capataces golpeaban a los inspectores israelitas que habían nombrado, diciéndoles: «¿Por qué no completaron hoy la cantidad de adobes como lo hacían antes?». [15]Entonces, los inspectores israelitas fueron a reclamar al faraón: «¿Por qué tratas así a tus siervos? [16]Nos exigen que hagamos adobes sin darnos paja; tus siervos se llevan los golpes, pero el culpable es tu pueblo». [17]Contestó el faraón: «Flojos, eso es lo que son, unos flojos; por eso andan diciendo: "Vamos a ofrecer sacrificios al Señor". [18]Y ahora a trabajar; paja no se les dará, pero tendrán que entregar la misma cantidad de adobes».

[19]Los inspectores israelitas se vieron en un aprieto cuando les dijeron que no disminuiría la cantidad diaria de adobes, [20]y encontrando a Moisés y a Aarón, que los esperaban a la salida del palacio del faraón, [21]les dijeron: «El Señor los examine y los juzgue. Nos han hecho odiosos ante él; al faraón y a su corte le han puesto en la mano una espada para que nos mate». [22]Moisés volvió al Señor, y le dijo: «Señor, ¿por qué maltratas a este pueblo? ¿Para qué me has enviado? [23]Desde que me presenté al faraón para hablar en tu Nombre, el pueblo es maltratado y tú no has librado a tu pueblo».

6 [1]El Señor respondió a Moisés: «Pronto verás lo que voy a hacer al faraón: los dejará marchar a la fuerza y aun los echará de su territorio».

Misión de Moisés I

[2]Dios dijo a Moisés: «Yo soy el Señor. [3]Yo me aparecí a Abrahán, Isaac y Jacob como Dios Todopoderoso, pero no les di a conocer mi Nombre: el Señor. [4]Yo hice alianza con ellos prometiéndoles la tierra de Canaán, tierra donde habían residido como emigrantes. [5]Yo también, al escuchar las quejas de los israelitas esclavizados por los egipcios, me acordé de la alianza; [6]por tanto, diles a los israelitas: Yo soy el Señor, yo les quitaré de encima las cargas de los egipcios, los libraré de su esclavitud, los rescataré con brazo extendido y haciendo justicia solemne. [7]Los adoptaré como mi pueblo y seré su Dios; para que sepan que soy el Señor, el Dios de ustedes, el que les quita de encima las cargas de los egipcios, [8]los llevaré a la tierra que prometí con juramento a Abrahán, Isaac y Jacob, y se la daré en posesión. Yo, el Señor». [9]Moisés comunicó esto a los israelitas, pero no le hicieron caso, porque estaban agobiados por el durísimo trabajo. [10]El Señor dijo a Moisés: [11]«Ve al faraón, rey de Egipto, y dile que deje salir de su territorio a los israelitas». [12]Moisés se dirigió al Señor en estos términos: «Si los israelitas no me escuchan, ¿cómo me escuchará el faraón a mí, que soy tan torpe de palabra?». [13]El Señor habló a Moisés y a Aarón, les dio órdenes para los israelitas y para el faraón, rey de Egipto a fin de dejar salir de Egipto a los israelitas.

Lista de los cabezas de familia

[14]Hijos de Rubén, primogénito de Jacob: Henoc, Falú, Jesrón y Carmí; son los clanes de Rubén. [15]Hijos de Simeón: Yemuel, Yamín, Ohad, Yaquín, Sójar y Saúl, hijo de la cananea; son los clanes de Simeón. [16]Lista de los hijos de Leví por generaciones: Guersón, Quehat y Merarí –Leví vivió ciento treinta y siete años–. [17]Hijos de Guersón: Libní, Semeí y sus clanes. [18]Hijos de Quehat: Amrán, Yishar, Hebrón y Uziel –Que-

hat vivió ciento treinta y tres años–. 19Hijos de
Merarí: Majlí y Musí. Hasta aquí los clanes de
Leví, por generaciones. 20Amrán se casó con
Yoquébed, pariente suya, y ella le dio a Aarón
y a Moisés –Amrán vivió ciento treinta y siete
años–. 21Hijos de Yishar: Córaj, Néfeg y Zicrí.
22Hijos de Uziel: Misael, Elsafán y Sitrí. 23Aarón
se casó con Isabel, hija de Aminadab y hermana
de Najsón; ella dio a luz a Nadab, Abihú, Eleazar
e Itamar. 24Hijos de Córaj: Asir, Elcaná y Abia-
saf; son los clanes corajitas. 25Eleazar, hijo de
Aarón, se casó con una hija de Futiel, y ella dio
a luz a Fineés. Hasta aquí los cabezas de familia
levitas por clanes. 26Y estos son Aarón y Moisés,
a quienes el Señor dijo: Saquen a los israelitas
de Egipto por escuadrones, 27y los que dijeron
al faraón, rey de Egipto, que dejara salir a los
israelitas de Egipto: Moisés y Aarón.

Misión de Moisés II

28Cuando el Señor habló a Moisés en Egipto,
29le dijo: «Yo soy el Señor. Repite al faraón de
Egipto todo lo que te digo». 30Y Moisés le res-
pondió al Señor: «Soy torpe de palabra, ¿cómo
me va a hacer caso el faraón?».

7 1El Señor dijo a Moisés: «Mira, te hago como
un dios para el faraón, y Aarón, tu herma-
no, será tu profeta. 2Tú dirás todo lo que yo te
mande, y Aarón le dirá al faraón que deje salir
a los israelitas de su territorio. 3Yo pondré ter-
co al faraón y haré muchos signos y prodigios
contra Egipto. 4El faraón no los escuchará, pero
yo extenderé mi mano contra Egipto y sacaré
de Egipto a mis escuadrones, mi pueblo, los is-
raelitas, haciendo solemne justicia. 5Para que
los egipcios sepan que yo soy el Señor cuando
extienda mi mano contra Egipto y saque a los
israelitas de en medio de ellos». 6Moisés y Aarón
hicieron puntualmente lo que el Señor les man-
daba. 7Cuando hablaron al faraón, Moisés tenía
ochenta años, y Aarón ochenta y tres.

El bastón prodigioso

8El Señor dijo a Moisés y a Aarón: 9«Cuando
el faraón les diga que hagan algún prodigio,
le dirás a Aarón que agarre su bastón y lo tire
delante del faraón, y se convertirá en una cule-
bra». 10Moisés y Aarón se presentaron al faraón
e hicieron lo que el Señor les había mandado.
Aarón tiró el bastón delante del faraón y de sus
ministros, y se convirtió en una culebra. 11El
faraón llamó a sus sabios y a sus hechiceros, y
los magos de Egipto hicieron lo mismo con sus
encantamientos: 12cada uno tiró su bastón, y se
convirtieron en culebras, pero el bastón de Aa-
rón se tragó los otros bastones. 13Y el faraón se
puso terco y no les hizo caso, como había anun-
ciado el Señor.

Primera plaga

14El Señor dijo a Moisés: «El faraón se ha pues-
to terco y se niega a dejar marchar al pueblo.
15Acude mañana al faraón, cuando salga al río,
y espéralo a la orilla del Nilo, llevando contigo
el bastón que se convirtió en serpiente. 16Y dile:
"El Señor, Dios de los hebreos, me ha enviado a ti
con este encargo: deja salir a mi pueblo para que
me rinda culto en el desierto; hasta ahora no me
has hecho caso. 17Así dice el Señor: Con esto sa-
brás que yo soy el Señor: con el bastón que llevo
en la mano golpearé el agua del Nilo, y se con-
vertirá en sangre; 18los peces del Nilo morirán,
el río apestará y los egipcios no podrán beber
agua del Nilo"». 19El Señor dijo a Moisés: «Dile a
Aarón: Agarra tu bastón, extiende la mano sobre
las aguas de Egipto: ríos, canales, estanques y
pozos, y el agua se convertirá en sangre. Y habrá
sangre por todo Egipto: en las vasijas de madera
y en las de piedra». 20Moisés y Aarón hicieron
lo que el Señor les mandaba. Levantó el bastón
y golpeó el agua del Nilo a la vista del faraón y
de su corte. Toda el agua del Nilo se convirtió
en sangre. 21Los peces del Nilo murieron, el Nilo
apestaba y los egipcios no podían beber agua, y
hubo sangre por todo el país de Egipto. 22Los ma-
gos de Egipto hicieron lo mismo con sus encan-
tamientos, de modo que el faraón se empeñó en
no hacer caso, como lo había anunciado el Señor.
23El faraón se volvió al palacio, pero no aprendió
la lección. 24Los egipcios cavaban pozos a los la-
dos del Nilo buscando agua para beber, porque
no podían beber el agua del Nilo.

Segunda plaga

25A los siete días de haber golpeado el Nilo,
26el Señor dijo a Moisés: «Preséntate al faraón,
y dile: "Así dice el Señor: deja marchar a mi pue-
blo para que me rinda culto. 27Si tú te niegas a
dejarlo marchar, yo infestaré todo tu territorio
de ranas; 28bullirá el Nilo de ranas que subirán,
se meterán en tu palacio, por habitaciones y al-
cobas y hasta tu cama; lo mismo pasará en casa
de tus ministros y de tu pueblo, en hornos y en
donde amasan el pan. 29Las ranas saltarán sobre
ti, sobre tu corte, y sobre todo tu pueblo"».

8 1El Señor dijo a Moisés: «Dile a Aarón: Extien-
de la mano con el bastón sobre ríos, canales
y estanques, y haz salir ranas por todo el territo-
rio egipcio». 2Aarón extendió la mano sobre las
aguas de Egipto e hizo salir ranas que infestaron

todo el territorio egipcio. 3Pero lo mismo hicieron los magos con sus encantamientos: hicieron salir ranas por todo el territorio egipcio.

4El faraón llamó a Moisés y a Aarón, y les pidió: «Pídanle al Señor que aleje las ranas de mí y de mi pueblo, y dejaré marchar al pueblo para que ofrezca sacrificios al Señor». 5Moisés respondió al faraón: «Dime cuándo tengo que rezar por ti, por tu corte y por tu pueblo, para que se acaben las ranas en tu palacio y queden solo en el Nilo». 6Respondió el faraón: «Mañana». Dijo Moisés: «Así se hará, para que sepas que no hay otro como el Señor, nuestro Dios. 7Las ranas se alejarán de ti, de tu palacio, de tu corte y de tu pueblo, y quedarán solo en el Nilo». 8Moisés y Aarón salieron del palacio del faraón. Moisés suplicó al Señor por lo de las ranas, como había convenido con el faraón. 9El Señor cumplió lo que pedía Moisés: las ranas fueron muriendo en casas, patios, campos, 10y las reunían en montones, de modo que todo el país apestaba. 11Viendo el faraón que le daban respiro, se puso terco y no les hizo caso, como lo había anunciado el Señor.

Tercera plaga

12Dijo el Señor a Moisés: «Dile a Aarón: Extiende tu bastón y golpea el polvo del suelo, y se convertirá en mosquitos por todo el territorio egipcio». 13Así lo hicieron. Aarón extendió la mano y con el bastón golpeó el polvo del suelo, que se convirtió en mosquitos que atacaban a hombres y animales. Todo el polvo del suelo se convirtió en mosquitos por todo el territorio egipcio. 14Intentaron los magos hacer lo mismo sacando mosquitos con sus encantamientos, y no pudieron. Los mosquitos atacaban a hombres y animales. 15Entonces los magos dijeron al faraón: «Es el dedo de Dios». Pero el faraón se empeñó en no hacerles caso, como lo había anunciado el Señor.

Cuarta plaga

16Dijo el Señor a Moisés: «Madruga mañana, preséntate al faraón cuando sale hacia el río y dile: "Así dice el Señor: deja marchar a mi pueblo para que me rinda culto; 17si tú no sueltas a mi pueblo, yo soltaré moscas contra ti, contra tu corte, tu pueblo y tu familia, se llenarán de moscas las casas de los egipcios y también los terrenos donde viven. 18Ese día daré trato diverso al territorio de Gosén, donde reside mi pueblo, de modo que allí no habrá moscas; para que sepas que yo, el Señor, estoy en el país. 19Haré distinción entre mi pueblo y el tuyo. Mañana sucederá este signo"». 20El Señor lo cumplió: nubes de moscas invadieron el palacio del faraón y de su corte y todo el territorio egipcio, de modo que toda la tierra estaba infestada de moscas.

21El faraón llamó a Moisés y a Aarón, y les dijo: «Vayan a ofrecer sacrificios a su Dios, pero sin salir del país». 22Respondió Moisés: «No estaría bien hacerlo así, porque los animales que ofreceremos al Señor, nuestro Dios son sagrados para los egipcios; y si sacrificamos a su vista los animales que ellos adoran, nos apedrearán; 23tenemos que hacer un viaje de tres días por el desierto para ofrecer sacrificios al Señor, nuestro Dios, como nos ha mandado». 24Replicó el faraón: «Yo los dejaré marchar al desierto con sus víctimas para el Señor, su Dios, con la condición de que no se alejen. Recen por mí». 25Dijo Moisés: «Cuando salga de tu presencia rezaré al Señor para que aleje las moscas de ti, de tu corte y de tu pueblo mañana mismo. Pero que el faraón no vuelva a usar fraudes para no dejar salir al pueblo a ofrecer sacrificios al Señor». 26Moisés salió de la presencia del faraón, y rezó al Señor. 27El Señor hizo lo que Moisés pedía: alejó las moscas del faraón, de su corte y de su pueblo, hasta no quedar ni una. 28Pero el faraón se puso terco también esta vez y no dejó salir al pueblo.

Quinta plaga

9 1El Señor dijo a Moisés: «Preséntate al faraón y háblale: "Así dice el Señor, Dios de los hebreos: deja salir a mi pueblo para que me rinda culto. 2Si te niegas a dejarlos salir y sigues reteniéndolos a la fuerza, 3la mano del Señor se hará sentir en el ganado del campo, caballos, asnos, camellos, vacas y ovejas con una peste maligna. 4Pero el Señor hará distinción entre el ganado de Israel y el egipcio, de modo que no muera ni uno solo de los animales de los israelitas. 5El Señor ha establecido un plazo: mañana cumplirá el Señor su palabra contra el país"». 6El Señor cumplió su palabra al día siguiente: murió todo el ganado de los egipcios, y del ganado de los israelitas no murió ni uno solo. 7El faraón mandó averiguar, y del ganado de los israelitas no había muerto ni una res. Pero el faraón se puso terco y no dejó salir al pueblo.

Sexta plaga

8El Señor dijo a Moisés y a Aarón: «Recojan un puñado de hollín del horno y que Moisés lo arroje hacia el cielo a la vista del faraón; 9se convertirá por todo el territorio egipcio en polvo que caerá sobre hombres y animales produciendo úlceras y llagas en todo el territorio egipcio». 10Tomaron hollín del horno, y a la vista del faraón, Moisés lo arrojó hacia el cielo, y hombres y animales se cubrieron de úlceras y llagas. 11Los

magos no pudieron resistir delante de Moisés, a
causa de las úlceras, que les habían salido como
a todos los demás egipcios. [12]Pero el Señor hizo
que el faraón se empeñase en no hacerles caso,
como lo había anunciado el Señor.

Séptima plaga

[13]El Señor dijo a Moisés: «Mañana de madru-
gada, preséntate al faraón y dile: "Esto dice el
Señor, Dios de los hebreos: deja salir a mi pueblo
para que me rinda culto. [14]Porque esta vez voy a
soltar todas mis plagas contra ti mismo, tu corte
y tu pueblo, para que sepas que no hay nadie
como yo en toda la tierra. [15]Podía haber soltado
ya mi mano para herirlos hasta que desaparecie-
ran. [16]Pero con este fin te he mantenido en tu
puesto, para mostrarte mi fuerza y para que se
difunda mi fama en toda la tierra. [17]Todavía al-
zas tu barrera frente a mi pueblo para no dejarlo
marchar. [18]Pero mira, mañana a estas horas haré
caer una terrible granizada como no ha caído
otra igual en toda la historia de Egipto. [19]Así
que, manda poner en lugar seguro tu ganado y
lo que tienes en el campo. A los hombres y a
los animales que se encuentren en el campo y
no se refugien en los establos, les caerá enci-
ma un granizo que los matará"». [20]Los ministros
del faraón que respetaron la Palabra del Señor
hicieron refugiarse a sus esclavos y metieron
corriendo el ganado en los establos; [21]los que no
atendieron a la Palabra del Señor, dejaron a sus
esclavos y ganado en el campo.

[22]El Señor dijo a Moisés: «Extiende tu mano
hacia el cielo y caerá granizo en todo el territo-
rio egipcio: sobre hombres y animales y sobre la
hierba del campo». [23]Moisés extendió su bastón
hacia el cielo, y el Señor lanzó truenos, granizo
y rayos zigzagueando hacia la tierra; el Señor
hizo granizar en el territorio egipcio. [24]Vino
el granizo, con rayos que se formaban entre el
granizo, un pedrisco grueso como no se había
visto en Egipto desde que comenzó a ser nación.
[25]El granizo hizo destrozos en todo el territorio
egipcio: hirió a todo lo que se encontraba en
el campo, hombres y animales, destrozó la hier-
ba del campo y tronchó los árboles silvestres.
[26]Pero en territorio de Gosén, donde vivían los
israelitas, no cayó granizo.

[27]Entonces el faraón mandó llamar a Moisés
y a Aarón, y les dijo: «Esta vez he obrado mal.
El Señor tiene razón, y yo y mi pueblo somos
culpables. [28]Recen al Señor, que ya basta de
truenos y granizo, y los dejaré marchar sin re-
tenerlos más». [29]Moisés le contestó: «Cuando
salga de la ciudad extenderé las manos hacia el
Señor, y cesarán completamente truenos y gra-
nizo, para que sepas que toda la tierra es del
Señor. [30]Aunque sé que tú y tu corte todavía no
respetan al Señor Dios» [31]–el lino y la cebada se
perdieron, porque la cebada estaba en espiga y
el lino estaba floreciendo, [32]el trigo y el mijo no
se perdieron, porque son tardíos–. [33]Moisés salió
del palacio y de la ciudad, y extendió las manos
al Señor: cesaron truenos y granizo y la lluvia
no azotó la tierra. [34]Viendo el faraón que habían
cesado la lluvia, el granizo y los truenos, volvió
a pecar y se puso terco, él con su corte, [35]y se
empeñó en no dejar salir a los israelitas, como lo
había anunciado el Señor por medio de Moisés.

Octava plaga

10 [1]El Señor dijo a Moisés: «Preséntate al fa-
raón, porque yo lo he puesto terco a él y
a su corte, para realizar en medio de ellos mis
signos; [2]para que puedas contar a tus hijos y nie-
tos cómo traté a los egipcios, y los signos que
ejecuté en medio de ellos; así sabrán que yo soy
el Señor». [3]Moisés y Aarón se presentaron al fa-
raón y le dijeron: «Esto dice el Señor, Dios de los
hebreos: "¿Hasta cuándo te negarás a humillarte
ante mí y a dejar marchar a mi pueblo para que
me rinda culto? [4]Si te niegas a dejar marchar a
mi pueblo, mañana enviaré la langosta a tu te-
rritorio: [5]cubrirá la superficie de la tierra, de
modo que no se vea el suelo; se comerá todo lo
que se haya salvado del granizo, se comerá todas
las plantas que brotan en el campo de ustedes;
[6]llenarán tu casa, las casas de tus ministros y de
todos los egipcios; algo que no vieron tus padres
ni tus abuelos desde que poblaron la tierra hasta
hoy"». Moisés dio media vuelta y salió de la pre-
sencia del faraón. [7]Los ministros del faraón dije-
ron: «¿Hasta cuándo nos estará llevando ese a la
ruina? Deja marchar a esa gente para que rinda
culto al Señor, su Dios. ¿No acabas de compren-
der que Egipto se está arruinando?». [8]Hicieron
volver a Moisés y a Aarón a presencia del faraón,
y este les dijo: «Vayan a rendir culto al Señor, su
Dios, pero antes díganme quiénes tienen que ir».
[9]Moisés respondió: «Tenemos que ir con chicos y
ancianos, con hijos e hijas, con ovejas y vacas,
para celebrar la fiesta del Señor». [10]Él replicó:
«El Señor los acompañe, si yo los dejo marchar
con sus niños. Se ve con claridad que ustedes
tienen malas intenciones. [11]No; que vayan sola-
mente los varones a ofrecer culto al Señor; es lo
que han pedido». Y el faraón los despachó.

[12]El Señor dijo a Moisés: «Extiende tu mano
sobre Egipto, haz que la langosta invada el país
y se coma la hierba y cuanto se ha salvado del
granizo». [13]Moisés extendió la vara sobre Egip-
to. El Señor hizo soplar sobre el país un viento

del este todo el día y toda la noche; a la ma-
ñana siguiente, 14el viento trajo la langosta,
que invadió todo Egipto, y se posó por todo el
territorio; tal cantidad de langosta nunca hubo
antes ni la habrá después. 15Cubrió la superficie,
destrozó las tierras, devoró la hierba y todos los
frutos, cuanto se había salvado del granizo, y no
quedó cosa verde, ni árboles ni hierba, en todo
el territorio egipcio.
16El faraón llamó inmediatamente a Moisés y a
Aarón, y les dijo: «He pecado contra el Señor, su
Dios, y contra ustedes. 17Perdonen esta vez mi
pecado, recen al Señor, su Dios, para que aleje
de mí este castigo mortal». 18Moisés salió de su
presencia, y rezó al Señor. 19El Señor cambió la
dirección del viento, que empezó a soplar con
toda fuerza del oeste, y se llevó la langosta, em-
pujándola hacia el Mar Rojo: no quedó una sola
langosta en todo el territorio. 20Pero el Señor
hizo que el faraón se empeñase en no dejar mar-
char a los israelitas.

Novena plaga

21El Señor dijo a Moisés: «Extiende tu mano
hacia el cielo, y se extenderá sobre el territorio
egipcio una oscuridad palpable». 22Moisés ex-
tendió la mano hacia el cielo, y una densa os-
curidad cubrió el territorio egipcio durante tres
días. 23No se veían unos a otros ni se movieron
de su sitio durante tres días, mientras que todos
los israelitas tenían luz en sus poblados.
24El faraón llamó a Moisés y a Aarón, y les
dijo: «Vayan a ofrecer culto al Señor; también
los niños pueden ir con ustedes, pero dejen las
ovejas y las vacas». 25Respondió Moisés: «Tienes
que dejarnos llevar víctimas para los sacrificios
que hemos de ofrecer al Señor Dios nuestro.
26También el ganado tiene que venir con no-
sotros, sin quedar ni una res, porque nosotros
queremos tomar de lo nuestro para ofrecerlo al
Señor, nuestro Dios, y no sabremos qué tenemos
que ofrecer al Señor hasta que lleguemos allá».
27Pero el Señor hizo que el faraón se empeñara
en no dejarlos marchar.
28El faraón, entonces, le dijo: «Fuera de mi
presencia, y cuidado con volver a presentarte;
si te vuelvo a ver, morirás inmediatamente».
29Respondió Moisés: «Tú mismo lo has dicho: no
volveré a verte».

Anuncio de la décima plaga

11 1El Señor dijo a Moisés: «Todavía tengo
que enviar una plaga al faraón y a su país.
Después los dejará marchar de aquí, es decir, los
echará a todos de aquí. 2Habla a todo el pue-
blo: que cada hombre pida a su vecino y cada
mujer a su vecina utensilios de plata y oro». 3El
Señor hizo que el pueblo se ganase el favor de
los egipcios, y también Moisés era muy estimado
en Egipto por los ministros del faraón y por el
pueblo.
4Dijo Moisés: «Así dice el Señor: A medianoche
yo haré un recorrido entre los egipcios; 5mori-
rán todos los primogénitos de Egipto, desde el
primogénito del faraón que se sienta en el trono
hasta el primogénito de la sierva que atiende al
molino, y todos los primogénitos del ganado. 6Y
se oirá un inmenso clamor por todo Egipto como
nunca lo ha habido ni lo habrá. 7Mientras que
a los israelitas ni un perro les ladrará, ni a los
hombres ni a las bestias; para que sepan que el
Señor distingue entre egipcios e israelitas. 8En-
tonces todos estos ministros tuyos acudirán a
mí, y de rodillas me pedirán: "Váyanse, tú y el
pueblo que te sigue". Entonces saldré». Y salió
enojado de la presencia del faraón.
9Así, el Señor dijo a Moisés: «El faraón no les
hará caso, y así se multiplicarán mis prodigios
en Egipto». 10Y Moisés y Aarón hicieron todos
estos prodigios en presencia del faraón; pero el
Señor hizo que el faraón se empeñara en no dejar
marchar a los israelitas de su territorio.

LA SALIDA (12,1–15,21)

La Pascua

12 1En aquellos días, el Señor dijo a Moisés
y a Aarón en Egipto: 2«Este mes será para
ustedes el principal, será para ustedes el primer
mes del año. 3Digan a toda la asamblea de Is-
rael: "El diez de este mes cada uno se consegui-
rá un cordero o un cabrito para su familia, uno
por casa". 4Si la familia es demasiado pequeña
para terminarlo, que se junte con el vecino de
casa; el animal se repartirá según el número de
comensales y lo que coma cada uno. 5Será un
animal sin defecto, macho, de un año, cordero
o cabrito. 6Lo guardarán hasta el día catorce del
mes, y entonces toda la asamblea de Israel lo
matará al atardecer. 7Con algo de la sangre ro-
ciarán el marco de la puerta de la casa donde
lo coman. 8Esa noche comerán la carne, asada a
fuego, acompañada de pan sin fermentar y ver-
duras amargas. 9No comerán de ella nada crudo
ni cocido en agua, sino asado a fuego: con cabe-
za, patas y entrañas. 10No dejarán restos para la
mañana siguiente, y si sobra algo, lo quemarán.
11Y lo comerán así: ceñidos con el cinturón, las
sandalias en los pies, un bastón en la mano; y lo
comerán rápidamente, porque es la Pascua del
Señor. 12Esa noche atravesaré todo el territorio
egipcio dando muerte a todos sus primogénitos,
de hombres y de animales; y daré un justo escar-

miento a todos los dioses de Egipto. Yo soy el
Señor. 13La sangre será su contraseña de ustedes
en las casas donde estén: cuando vea la sangre,
pasaré de largo; no los tocará la plaga extermi-
nadora cuando yo pase hiriendo a Egipto. 14Este
día será para ustedes memorable, en él celebra-
rán fiesta al Señor. Y lo harán de generación en
generación como una ley perpetua.

Los Ázimos

15»Durante siete días comerán panes sin le-
vadura; el día primero harán desaparecer de sus
casas toda levadura, porque el que coma algo
fermentado será excluido de Israel. Así del pri-
mero al séptimo día. 16El día primero hay asam-
blea litúrgica y también el día séptimo: en esos
días no trabajarán; solamente prepararán lo que
haga falta a cada uno para comer. 17Ustedes cele-
brarán la fiesta de los Ázimos, porque en ese día
sacó el Señor a sus escuadrones de Egipto. Harán
fiesta ese día: esto es ley perpetua para todas
sus generaciones. 18Desde la tarde del día cator-
ce del mes primero a la tarde del día veintiuno
comerán panes sin levadura; 19durante siete días
no habrá levadura en sus casas, porque quien co-
ma algo fermentado será excluido de la asamblea
de Israel, sea forastero o nativo. 20Por lo tanto
no coman nada fermentado, dondequiera que us-
tedes vivan, coman panes sin levadura».

Órdenes de Moisés

21Moisés llamó a todas las autoridades de Is-
rael y les dijo: «Elijan un cordero o un cabrito
por familia y mátenlo para celebrar la pascua.
22Tomen un manojo de ramas de hisopo, mójen-
lo en la sangre del plato y unten de sangre el
marco de la puerta, y ninguno de ustedes salga
por la puerta de casa hasta la mañana siguiente.
23El Señor va a pasar hiriendo a Egipto, y cuando
vea la sangre en el marco de la puerta, el Señor
pasará de largo y no permitirá al exterminador
entrar en sus casas para herir. 24Cumplan este
mandato del Señor: esta es una ley perpetua
para ustedes y sus hijos. 25Y cuando entren en
la tierra que el Señor les va a dar, según lo pro-
metido, deberán seguir celebrando este rito. 26Y
cuando sus hijos les pregunten qué significa es-
te rito, 27les responderán: es el sacrificio de la
Pascua del Señor. Él pasó en Egipto, junto a las
casas de los israelitas, hiriendo a los egipcios
y protegiendo nuestras casas». 28El pueblo se
inclinó en señal de adoración. Y los israelitas
fueron y pusieron por obra lo que el Señor había
mandado a Moisés y a Aarón.

Décima plaga

29A medianoche, el Señor hirió de muerte a
todos los primogénitos de Egipto: desde el pri-
mogénito del faraón que se sienta en el trono
hasta el primogénito del preso encerrado en el
calabozo, y los primogénitos de los animales.
30Aún de noche, se levantó el faraón y su corte y
todos los egipcios, y se oyó un clamor inmenso
en todo Egipto, porque no había casa en que no
hubiera un muerto.
31El faraón llamó a Moisés y a Aarón de noche,
y les dijo: «Levántense, salgan inmediatamente
de en medio de mi pueblo, ustedes con todos los
israelitas, vayan a ofrecer culto al Señor como lo
habían pedido; 32llévense también como querían
las ovejas y las vacas y váyanse. Y rueguen a
Dios por mí». 33Los egipcios apuraban al pueblo
para que saliese cuanto antes del país, porque
temían morir todos. 34El pueblo sacó la masa sin
fermentar, la envolvió en mantas y se la cargó
al hombro. 35Además, los israelitas hicieron lo
que Moisés les había mandado: pidieron a los
egipcios utensilios de plata y oro y ropa; 36el Se-
ñor hizo que se ganaran el favor de los egipcios,
que les dieron lo que pedían. Así despojaron a
Egipto.
37Los israelitas marcharon de Ramsés hacia
Sucot: eran seiscientos mil hombres de a pie,
sin contar los niños; 38y les seguía una turba in-
mensa, con ovejas y vacas y enorme cantidad
de ganado. 39Como no habían tenido tiempo de
preparar comida cocieron la masa que habían
sacado de Egipto haciendo tortas de pan ázimo,
ya que no había fermentado, porque los egip-
cios los echaban y no podían detenerse y tam-
poco se llevaron provisiones. 40La permanencia
de los israelitas en Egipto duró cuatrocientos
treinta años. 41Cumplidos los cuatrocientos
treinta años, el mismo día, salieron de Egipto
los escuadrones del Señor. 42El Señor veló aque-
lla noche para sacarlos de Egipto: por eso será
para los israelitas noche de vela por todas las
generaciones.

Rito de la Pascua

43El Señor dijo a Moisés y a Aarón: «Este es el
rito de la Pascua. Ningún extranjero la comerá.
44Los esclavos que te hayas comprado, circun-
cídalos y solo entonces podrán comerla. 45Ni el
criado ni el jornalero la comerán. 46Cada corde-
ro se ha de comer dentro de una casa sin sacar
afuera nada de la carne, y no le romperán ningún
hueso. 47La comunidad entera de Israel la cele-
brará. 48Y si el emigrante que vive contigo quiere
celebrar la Pascua del Señor, hará circuncidar a
todos los varones, y solo entonces podrá tomar

parte en ella: será como el nacido en el país. Pe-
ro ningún incircunciso la comerá. 49La misma ley
vale para el nacido en el país y para el emigrante
que vive con ustedes». 50Así lo hicieron los is-
raelitas: todo lo que el Señor había ordenado a
Moisés y a Aarón lo cumplieron. 51Y aquel mismo
día el Señor sacó de Egipto a los israelitas, por
escuadrones.

13 1El Señor dijo a Moisés: 2«Conságrame to-
dos los primogénitos israelitas; el primer
parto, lo mismo de hombres que de animales, me
pertenece». 3Y Moisés dijo al pueblo: «Guarden
siempre el recuerdo de este día, en que han sa-
lido de Egipto, de la esclavitud, cuando el Señor
con mano fuerte los sacó de allí. Este día no se
comerá nada fermentado. 4Salen hoy, en el mes
de abril.

Los panes ázimos

5»Cuando el Señor te haya introducido en la
tierra de los cananeos, los amorreos, los heveos
y los jebuseos, en el país que el Señor te dará,
porque así lo juró a tus padres, tierra que mana
leche y miel, entonces en este mes celebrarás el
siguiente rito: 6Durante siete días comerás pa-
nes sin levadura y el día séptimo se hará fiesta
en honor del Señor. 7Durante esos siete días se
comerá pan sin levadura y no ha de aparecer en
todo tu territorio levadura ni nada fermentado.
8Y ese día le explicarás a tu hijo: Esto es por
lo que el Señor hizo en mi favor cuando salí de
Egipto. 9Este rito te servirá como si tuvieras una
señal en el brazo y un recordatorio en la frente,
para que tengas en los labios la Ley del Señor,
que con mano fuerte te sacó de Egipto. 10Guar-
darás este mandato todos los años, en su fecha.

Los primogénitos

11»Cuando el Señor te introduzca en la tierra
de los cananeos, como juró a ti y a tus padres,
y te la entregue, 12dedicarás al Señor todos los
primogénitos: el primer parto de tus animales,
si es macho, pertenece al Señor. 13La primera
cría de asno la rescatarás con un cordero; si no
la rescatas, la desnucarás. Pero los primogéni-
tos humanos los rescatarás siempre. 14Y cuando
mañana tu hijo te pregunte: ¿Qué significa es-
to?, le responderás: Con mano fuerte nos sacó
el Señor de Egipto, de la esclavitud. 15El faraón
se puso terco en no dejarnos salir, entonces el
Señor dio muerte a todos los primogénitos de
Egipto, lo mismo de hombres que de animales.
Por eso yo sacrifico al Señor todo primogénito
macho de los animales. Pero los primogénitos
de mis hijos los rescato. 16Te servirá como señal
en el brazo y signo en la frente de que con mano
fuerte te sacó el Señor de Egipto».

Hacia el Mar Rojo

17Cuando el faraón dejó marchar al pueblo,
Dios no los guió por el camino de Palestina,
que es el más corto, pensando que si se veían
atacados, se arrepentirían y volverían a Egipto,
18por eso Dios hizo que el pueblo diese un rodeo
por el desierto hacia el Mar Rojo. Los israelitas
habían salido de Egipto muy bien equipados.
19Moisés tomó consigo los huesos de José, como
se lo había hecho jurar a los israelitas: "Cuando
Dios se ocupe de ustedes, se llevarán mis huesos
de aquí". 20Partieron de Sucot y acamparon en
Etán, al borde del desierto. 21El Señor camina-
ba delante de ellos, de día en una columna de
nubes para guiarlos; de noche, en una columna
de fuego, para alumbrarles; así podían caminar
día y noche. 22No se apartaba delante de ellos
ni la columna de nubes de día ni la columna de
fuego de noche.

Paso del Mar Rojo

14 1El Señor dijo a Moisés: 2«Di a los israelitas
que se vuelvan y acampen en Fejirot, entre
Migdal y el mar, frente a Baal-Safón; pongan los
campamentos mirando al mar. 3El faraón pensará
que los israelitas están perdidos en el país y que
el desierto les cierra el paso. 4Haré que el faraón
se empeñe en perseguirlos, y me cubriré de glo-
ria derrotando al faraón y a su ejército, y sabrán
los egipcios que yo soy el Señor». Así lo hicieron
los israelitas. 5Cuando comunicaron al rey de
Egipto que el pueblo había escapado, el faraón
y su corte cambiaron de parecer sobre el pueblo,
y se dijeron: «¿Qué hemos hecho? Hemos dejado
marchar a nuestros esclavos israelitas». 6Hizo
enganchar su carro y tomó consigo sus tropas:
7seiscientos carros escogidos y los demás carros
de Egipto con sus correspondientes oficiales. 8El
Señor hizo que el faraón se empeñase en perse-
guir a los israelitas, mientras estos salían triun-
falmente. 9Los egipcios los persiguieron con
caballos, carros y jinetes, y les dieron alcance
mientras acampaban en Fejirot, frente a Baal-
Safón. 10El faraón se acercaba, los israelitas
alzaron la vista y vieron a los egipcios que avan-
zaban detrás de ellos, y muertos de miedo gri-
taron al Señor. 11Y dijeron a Moisés: «¿No había
sepulcros en Egipto? Nos ha traído al desierto a
morir. ¿Qué nos has hecho sacándonos de Egip-
to? 12¿No te decíamos ya en Egipto: "Déjanos en
paz, y serviremos a los egipcios; más nos vale
servir a los egipcios que morir en el desierto"?».
13Moisés respondió al pueblo: «No tengan mie-

do; manténganse firmes y verán la victoria que
el Señor les va a conceder hoy; esos egipcios que
están viendo hoy, no los volverán a ver jamás.
14El Señor peleará por ustedes; ustedes esperen
en silencio». 15El Señor dijo a Moisés: «¿Por qué
me invocas a gritos? Ordena a los israelitas que
avancen. 16Tú alza el bastón y extiende la mano
sobre el mar, y se abrirá en dos, de modo que los
israelitas puedan atravesarlo a pie, sin mojarse.
17Yo haré que el faraón se empeñe en entrar de-
trás de ustedes y mostraré mi gloria derrotando
al faraón con su ejército, sus carros y jinetes;
18para que sepa Egipto que yo soy el Señor, cuan-
do muestre mi gloria derrotando al faraón con
sus carros y jinetes».
19El ángel de Dios, que caminaba delante del
campamento israelita, se levantó y pasó a su
retaguardia; la columna de nubes que estaba de-
lante de ellos se puso detrás de ellos, 20metién-
dose entre el campamento egipcio y el campa-
mento israelita; la nube se oscureció y la noche
quedó oscura, de modo que no pudieron acercar-
se unos a otros en toda la noche. 21Moisés exten-
dió la mano sobre el mar, el Señor hizo retirarse
al mar con un fuerte viento del este que sopló
toda la noche; el mar quedó seco y las aguas se
dividieron en dos. 22Los israelitas entraron por
el mar a pie, sin mojarse, y las aguas les hacían
de muralla a derecha e izquierda. 23Los egipcios,
persiguiéndolos, entraron detrás de ellos por el
mar, con los caballos del faraón, sus carros y sus
jinetes. 24De madrugada, miró el Señor desde
la columna de fuego y de nubes y desbarató al
ejército egipcio. 25Trabó las ruedas de los carros,
haciéndolos avanzar pesadamente. Los egipcios
dijeron: «Huyamos de los israelitas, porque el
Señor combate por ellos contra Egipto». 26Pero
Dios dijo a Moisés: «Tiende tu mano sobre el mar,
y las aguas se volverán contra los egipcios, sus
carros y sus jinetes». 27Moisés tendió su mano
sobre el mar: al despuntar el día el mar recobró
su estado ordinario, cuando los egipcios trata-
ron de huir, se toparon con las aguas, y el Señor
arrojó a los egipcios en medio del mar. 28Las
aguas, al reunirse, cubrieron carros, jinetes y
todo el ejército del faraón que había entrado en
el mar persiguiendo a Israel, y no escapó uno
solo. 29Pero los israelitas pasaron por el mar a
pie, sin mojarse, mientras las aguas les hacían
de muralla a derecha e izquierda. 30Aquel día el
Señor libró a los israelitas de los egipcios, y los
israelitas vieron los cadáveres de los egipcios a
la orilla del mar. 31Los israelitas vieron la mano
magnífica de Dios y lo que hizo a los egipcios.
Así, Israel respetó al Señor y tuvo confianza en
él y en Moisés, su servidor.

Canto de Moisés

15 1Entonces Moisés y los israelitas cantaron
este canto al Señor:
Cantaré al Señor, que se ha cubierto de glo-
ria,/ caballos y jinetes ha arrojado en el mar.
2*Mi fuerza y mi poder es el Señor,/ él fue mi*
salvación./ Él es mi Dios: yo lo alabaré;/ el Dios
de mi padre: yo proclamaré su grandeza.
3*El Señor es un guerrero,/ su Nombre es el*
Señor.
4*Él arrojó al mar los carros y la tropa del fa-*
raón,/ ahogó en el Mar Rojo a sus mejores capi-
tanes./ 5*Las olas los cubrieron,/ bajaron hasta*
el fondo como piedras.
6*Tu mano, Señor, es fuerte y magnífica;/ tu*
mano, Señor, tritura al enemigo;/ 7*tu gran vic-*
toria destruye al adversario,/ lanzas tu incen-
dio y los devora como paja./ 8*Al soplo de tu ira*
se amontonaron las aguas,/ las corrientes se
alzaron como un dique,/ las olas se cuajaron en
el mar.
9*Decía el enemigo: «Los perseguiré y alcan-*
zaré,/ repartiré el botín, se saciará mi codi-
cia,/ desenvainaré la espada, los agarrará mi
mano»./ 10*Pero sopló tu aliento y los cubrió el*
mar,/ se hundieron como plomo en las aguas
formidables.
11*¿Quién hay como tú entre los dioses, Señor,/*
magnífico en tu santidad,/ temible por tus
proezas, autor de prodigios?/ 12*Extendiste tu*
mano: se los tragó la tierra;/ 13*guiaste con tu fi-*
delidad al pueblo que habías rescatado,/ los lle-
vaste con tu poder hasta tu santa morada./ 14*Lo*
oyeron los pueblos y temblaron,/ se estreme-
cieron los jefes filisteos,/ 15*se espantaron los je-*
fes de Edom,/ un temblor sacude a los príncipes
de Moab,/ perdieron el valor todos los jefes ca-
naneos;/ 16*los asaltaron tu espanto y tu pavor,/*
los dejó petrificados la grandeza de tu brazo,/
mientras pasaba tu pueblo, Señor,/ mientras
pasaba el pueblo que te habías comprado.
17*Lo introduces y lo plantas en el monte de tu*
herencia,/ lugar del que hiciste tu trono, Se-
ñor;/ santuario, Señor, que fundaron tus ma-
nos./ 18*El Señor reina por siempre jamás.*
19Cuando el caballo del faraón y su carro y sus
jinetes entraron por el mar, el Señor volcó sobre
ellos las aguas del mar; en cambio, los israelitas
atravesaron el mar a pie, sin mojarse.
20María, la profetisa, hermana de Aarón, tomó
su pandereta en la mano, y todas las mujeres
salieron con panderetas a danzar detrás de ella.
21María entonaba: «*Canten al Señor, que se ha*
cubierto de gloria;/ caballos y carros ha arro-
jado en el mar».

HACIA EL SINÁI (15,22–18,27)
En Mará

22Moisés hizo partir a los israelitas del Mar Rojo y los llevó hacia el desierto del Sur; caminando tres días por el desierto sin encontrar agua, 23llegaron por fin a Mará, pero no pudieron beber el agua porque era amarga –por eso se llama Mará–.

24El pueblo protestó contra Moisés, diciendo: «¿Qué vamos a beber ahora?». 25Él invocó al Señor, y el Señor le indicó una planta; Moisés la echó en el agua, que se convirtió en agua dulce. Allí les dio leyes y mandatos y los puso a prueba, 26diciéndoles: «Si obedecen al Señor, su Dios, haciendo lo que es justo a sus ojos, escuchando sus mandatos y cumpliendo sus leyes, no les enviaré las enfermedades que he enviado a los egipcios, porque yo soy el Señor, que te sana». 27Llegaron a Elim, donde había doce manantiales y setenta palmeras, y acamparon allí junto a las aguas.

Maná y codornices

16 1Toda la comunidad de Israel partió de Elim y llegó al desierto de Sin, entre Elim y Sinaí, el día quince del segundo mes después de salir de Egipto. 2La comunidad de los israelitas protestó contra Moisés y Aarón en el desierto, 3diciendo: «¡Ojalá hubiéramos muerto a manos del Señor en Egipto, cuando nos sentábamos junto a la olla de carne y comíamos pan hasta hartarnos! Nos han traído a este desierto para matar de hambre a toda esta comunidad».

4El Señor dijo a Moisés: «Yo les haré llover pan del cielo: que el pueblo salga a recoger la ración de cada día; lo pondré a prueba, a ver si guarda mi ley o no. 5El día sexto prepararán lo que hayan recogido, y será el doble de lo que recogen a diario».

6Moisés y Aarón dijeron a los israelitas: «Esta tarde ustedes sabrán que es el Señor quien los ha sacado de Egipto, 7y mañana verán su gloria ya que el Señor ha oído las quejas de ustedes contra él. Porque, ¿quiénes somos nosotros para que ustedes nos critiquen?». 8Dijo Moisés: «Esta tarde el Señor les dará de comer carne y mañana los saciará de pan; el Señor los ha oído protestar contra él; ¿nosotros qué somos? No han protestado contra nosotros, sino contra el Señor». 9Moisés dijo a Aarón: «Di a la asamblea de los israelitas: "Acérquense al Señor, que ha escuchado sus protestas"». 10Mientras Aarón hablaba a la asamblea, ellos miraron hacia el desierto y vieron la Gloria del Señor, que aparecía en la nube».

11El Señor dijo a Moisés: 12«He oído las protestas de los israelitas. Diles: "Hacia el atardecer comerán carne, por la mañana comerán pan hasta quedar satisfechos, para que sepan que yo soy el Señor, su Dios"». 13Por la tarde, una bandada de codornices cubrió todo el campamento; por la mañana había una capa de rocío alrededor del campamento. 14Cuando se evaporó la capa de rocío, apareció en la superficie del desierto un polvo fino parecido a la escarcha. 15Al verlo, los israelitas preguntaron: «¿Qué es esto?». Porque no sabían lo que era. Moisés les dijo: «Es el pan que el Señor les da para comer. 16Estas son las órdenes del Señor: que cada uno recoja lo que pueda comer, dos litros por cabeza para todas las personas que vivan en cada tienda de campaña». 17Así lo hicieron los israelitas: unos recogieron más, otros menos. 18Y al medirlo en el celemín, no le sobraba al que había recogido más, ni le faltaba al que había recogido menos: había recogido cada uno lo que podía comer. 19Moisés les dijo: «Que nadie guarde para mañana». 20Pero no le hicieron caso, sino que algunos guardaron para el día siguiente, y entonces salieron gusanos que lo pudrieron. Moisés se enojó con ellos. 21Recogían cada mañana, cada uno lo que iba a comer, porque el calor del sol lo derretía. 22El día sexto recogían el doble, cuatro litros cada uno. Los jefes de la comunidad informaron a Moisés 23y él les contestó: «Es lo que había dicho el Señor: "mañana es sábado, descanso dedicado al Señor"; cocinen hoy lo que tengan que cocinar y guisen lo que tengan que guisar, y lo que sobre, guárdenlo para mañana». 24Ellos lo apartaron para el día siguiente, como había mandado Moisés, y no le salieron gusanos ni se pudrió. 25Moisés les dijo: «Cómanlo hoy, porque hoy es día de descanso dedicado al Señor, y no lo encontrarán en el campo; 26podrán recogerlo durante los seis días, pero el séptimo día es descanso y no habrá nada».

27El día séptimo salieron algunos a recoger y no encontraron nada. 28El Señor dijo a Moisés: «¿Hasta cuándo se negarán a cumplir mis mandatos y preceptos? 29El Señor es quien les da el descanso; por eso el día sexto se les da el pan de dos días. Que cada uno se quede en su puesto sin salir de su tienda el día séptimo». 30El pueblo descansó el día séptimo.

31Los israelitas llamaron a aquella sustancia maná: era blanca, como semillas de cilantro y era dulce como las tortas amasadas con miel. 32Dijo Moisés: «Estas son las órdenes del Señor: Llena de maná una medida de dos litros y guárdenla para que las generaciones futuras puedan ver el pan que les di de comer en el desierto cuando los saqué de Egipto». 33Moisés ordenó a Aarón: «Toma una jarra, mete en ella dos litros

de maná y colócalo ante el Señor; que se con-
serve para las generaciones futuras». [34]Aarón,
según el mandato del Señor a Moisés, lo colo-
có ante el documento de la alianza, para que
se conservase. [35]Los israelitas comieron maná
durante cuarenta años, hasta que llegaron a tie-
rra habitada. Comieron maná hasta atravesar la
frontera de Canaán [36]–el contenedor usado para
la medida del maná era de dos litros–.

Agua de la roca

17 [1]La comunidad israelita se alejó del de-
sierto de Sin por etapas, según las órdenes
del Señor, y acampó en Rafidín, donde el pueblo
no encontró agua de beber. [2]El pueblo se rebeló
contra Moisés, diciendo: «Danos agua de beber».
Él les respondió: «¿Por qué se rebelan contra mí
y tientan al Señor?». [3]Pero el pueblo, sediento,
protestó contra Moisés: «¿Por qué nos has saca-
do de Egipto?, ¿para matarnos de sed a nosotros,
a nuestros hijos y al ganado?». [4]Moisés clamó al
Señor: «¿Qué hago con este pueblo? Por poco me
apedrean». [5]El Señor respondió a Moisés: «Pasa
delante del pueblo, acompañado de las autorida-
des de Israel, empuña el bastón con el que gol-
peaste el Nilo y camina; [6]yo te espero allí, junto
a la roca del Horeb. Golpea la roca y saldrá agua
para que beba el pueblo». Moisés lo hizo ante las
autoridades israelitas [7]y llamó al lugar Masá y
Meribá, porque los israelitas se habían quejado y
habían tentado al Señor, preguntando: «¿Está o
no está con nosotros el Señor?».

Victoria sobre Amalec

[8]Los amalecitas fueron y atacaron a los israe-
litas en Rafidín. [9]Moisés dijo a Josué: «Escoge
unos cuantos hombres, haz una salida y ataca a
Amalec. Mañana yo estaré de pie en la cima del
monte con el bastón prodigioso en la mano».
[10]Hizo Josué lo que le decía Moisés y atacó a los
amalecitas; entretanto, Moisés, Aarón y Jur su-
bían a la cima del monte. [11]Mientras Moisés tenía
en alto la mano vencía Israel, mientras la tenía
bajada vencía Amalec. [12]Y como le pesaban las
manos, ellos tomaron una piedra y se la pusieron
debajo para que se sentase; mientras, Aarón y Jur
le sostenían los brazos, uno a cada lado. Así sos-
tuvo los brazos hasta la puesta del sol. [13]Josué
derrotó a Amalec y a su tropa a filo de espada.
[14]El Señor dijo a Moisés: «Escríbelo en un libro
de memorias y léeselo a Josué: Borraré la me-
moria de Amalec bajo el cielo». [15]Moisés levan-
tó un altar y lo llamó: «Señor, mi estandarte»,
[16]diciendo: «Monumento al trono del Señor; el
Señor está en guerra con Amalec de generación
en generación».

Visita de Jetró

18 [1]Jetró, sacerdote de Madián, suegro de
Moisés, se enteró de todo lo que había he-
cho Dios con Moisés y con Israel, su pueblo y
cómo el Señor había sacado a Israel de Egipto.
[2]Jetró, suegro de Moisés, había recogido a Sé-
fora, mujer de Moisés [3]y a sus dos hijos, cuando
este la había hecho regresar a su casa. Uno de
esos hijos se llamaba Guersón –por aquello que
Moisés había dicho: «He sido forastero en tie-
rra extranjera»–, [4]y el otro Eleazar –por aquello
que Moisés había dicho: «El Dios de mi padre me
auxilia y me libró de la espada del faraón»– [5]Je-
tró fue a ver a Moisés, con la mujer y los hijos
de este, al desierto donde acampaban, junto al
monte de Dios.
[6]Cuando le informaron a Moisés: Ahí está tu
suegro Jetró, que ha venido a verte, con tu mu-
jer y tus hijos, [7]salió él a recibirlo, se postró, lo
besó y se saludaron los dos; después entraron en
la tienda de campaña. [8]Moisés contó a su suegro
todo lo que había hecho el Señor al faraón y a los
egipcios a causa de los israelitas, y las dificul-
tades que habían encontrado por el camino y de
las cuales los había librado el Señor. [9]Se alegró
Jetró de todos los beneficios que el Señor ha-
bía hecho a Israel, librándolo del poder egipcio,
[10]y dijo: «Bendito sea el Señor, que los libró del
poder de los egipcios y del faraón; [11]ahora sé
que el Señor es el más grande de todos los dio-
ses, porque cuando los trataban a ustedes con
arrogancia, el Señor libró al pueblo del dominio
egipcio». [12]Después Jetró, suegro de Moisés,
ofreció un holocausto y sacrificios a Dios; Aa-
rón, con todas las autoridades israelitas, entró
en la tienda y comieron con el suegro de Moisés,
en presencia de Dios.

Responsabilidad compartida

[13]Al día siguiente, Moisés se sentó a resolver
los asuntos del pueblo, y todo el pueblo acudía
a él de la mañana a la noche. [14]Viendo el suegro
de Moisés todo lo que hacía este por el pueblo,
le dijo: «¿Qué es lo que haces con el pueblo?
¿Por qué estás sentado tú solo mientras todo el
pueblo acude a ti de la mañana a la noche?».
[15]Moisés respondió a su suegro: «El pueblo acude
a mí para que consulte a Dios; [16]cuando tienen
pleito vienen a mí a que se lo resuelva y a que
les explique las leyes y mandatos de Dios». [17]El
suegro de Moisés le replicó: «No está bien lo que
haces; [18]se están matando, tú y el pueblo que te
acompaña; la tarea es demasiado pesada y no
puedes realizarla tú solo. [19]Acepta mi consejo y
que Dios esté contigo: tú representas al pueblo
delante de Dios, y le presentas sus asuntos; [20]al

mismo tiempo debes inculcarle los mandatos y
preceptos de Dios, y enseñarle el camino que
debe seguir y las acciones que debe realizar.
21Busca entre todo el pueblo algunos hombres
hábiles, que respeten a Dios, sinceros, enemigos
del soborno, y nombra entre ellos jefes de mil,
de cien, de cincuenta y de veinte; 22ellos admi-
nistrarán justicia al pueblo regularmente: los
asuntos graves que te los pasen a ti, los asuntos
sencillos que los resuelvan ellos; así se repartirá
la carga y tú podrás con la tuya. 23Si haces lo
que te digo y Dios te da instrucciones, podrás
resistir, y el pueblo se volverá a casa en paz».
24Moisés aceptó el consejo de su suegro e hizo lo
que le decía. 25Escogió entre todos los israelitas
gente hábil y los puso al frente del pueblo, como
jefes de mil, de cien, de cincuenta y de veinte.
26Ellos administraban justicia al pueblo regular-
mente: los asuntos complicados se los pasaban a
Moisés, los sencillos los resolvían ellos. 27Moisés
despidió a su suegro y este se volvió a su tierra.

EN EL SINAÍ (19–40)

Oferta de la Alianza

19 1Aquel día, al cumplir tres meses de salir de
Egipto, los israelitas llegaron al desierto
del Sinaí; 2saliendo de Rafidín llegaron al de-
sierto de Sinaí y acamparon allí, frente al monte.
3Moisés subió hacia el monte de Dios y el Señor
lo llamó desde el monte, y le dijo: 4«Habla así
a la casa de Jacob, diles a los hijos de Israel:
Ustedes han visto lo que hice a los egipcios, y
cómo a ustedes los llevé en alas de águila y los
traje a mí; 5por tanto, si quieren obedecerme y
guardar mi alianza, serán mi propiedad entre to-
dos los pueblos, porque toda la tierra me perte-
nece. 6Ustedes serán para mí un pueblo sagrado,
un reino sacerdotal. Esto es lo que has de decir
a los israelitas». 7Moisés volvió, convocó a las
autoridades del pueblo y les expuso todo lo que
le había mandado el Señor. 8Todo el pueblo a
una respondió: «Haremos cuanto dice el Señor».
9Moisés comunicó al Señor la respuesta, y el Se-
ñor le dijo: «Voy a acercarme a ti en una nube
espesa, para que el pueblo pueda escuchar lo
que hablo contigo y te crea en adelante». Moisés
comunicó al Señor lo que el pueblo había dicho.

Teofanía

10Y el Señor dijo a Moisés: «Vuelve a tu pue-
blo, purifícalos hoy y mañana, que se laven la
ropa, 11y estén preparados para pasado mañana,
porque pasado mañana bajará el Señor al mon-
te Sinaí, a la vista del pueblo. 12Traza un límite
alrededor del monte y avisa al pueblo que se
guarde de subir al monte o acercarse a la fal-
da; el que se acerque al monte será condenado
a muerte. 13Lo matarán, sin tocarlo, a pedradas
o con flechas, sea hombre o animal; no quedará
con vida. Solo cuando suene el cuerno podrán
subir al monte». 14Moisés bajó del monte adonde
estaba el pueblo, lo purificó y le hizo lavarse la
ropa. 15Después les dijo: «Estén preparados para
pasado mañana, y no toquen a sus mujeres».

16Al tercer día por la mañana hubo truenos y
relámpagos y una nube espesa se posó sobre el
monte, mientras el toque de la trompeta cre-
cía en intensidad, y el pueblo se puso a temblar
en el campamento. 17Moisés sacó al pueblo del
campamento para recibir a Dios, y se quedaron
firmes al pie de la montaña. 18El monte Sinaí era
una humareda total, porque el Señor bajó a él
con fuego; se alzaba el humo como de un hor-
no, y toda la montaña temblaba. 19El toque de
la trompeta iba creciendo en intensidad mien-
tras Moisés hablaba y Dios le respondía con el
trueno.

20El Señor bajó a la cumbre del monte Sinaí, y
llamó a Moisés a la cumbre. Cuando este subió,
21el Señor le dijo: «Baja al pueblo y mándales que
no traspasen los límites para ver al Señor, por-
que morirían muchísimos. 22Y a los sacerdotes
que se han de acercar al Señor purifícalos, para
que el Señor no arremeta contra ellos». 23Moisés
contestó al Señor: «El pueblo no puede subir al
monte Sinaí, porque tú mismo nos has mandado
trazar un círculo que marque la montaña sagra-
da». 24El Señor insistió: «Anda, baja y después
sube con Aarón; que el pueblo y los sacerdotes
no traspasen el límite para subir adonde está el
Señor, no sea que él les quite la vida». 25Enton-
ces Moisés bajó al pueblo y se lo dijo.

Decálogo

20 1Dios pronunció las siguientes palabras:
2»Yo soy el Señor, tu Dios, que te saqué de
Egipto, de la esclavitud.

3»No tendrás otros dioses aparte de mí.

4»No te harás una imagen, figura alguna de lo
que hay arriba en el cielo, abajo en la tierra o en
el agua bajo tierra.

5»No te postrarás ante ellos, ni les darás culto;
porque yo, el Señor, tu Dios, soy un Dios celo-
so: castigo la culpa de los padres en los hijos,
nietos y bisnietos cuando me aborrecen; 6pero
actúo con lealtad por mil generaciones cuando
me aman y guardan mis preceptos.

7»No pronunciarás el Nombre del Señor, tu
Dios, en falso. Porque el Señor no dejará sin
castigo a quien pronuncie su Nombre en falso.

8»Fíjate en el sábado para santificarlo. 9Du-
rante seis días trabaja y haz tus tareas, 10pero el

día séptimo es un día de descanso, dedicado al
Señor, tu Dios: no harás trabajo alguno, ni tú, ni
tu hijo, ni tu hija, ni tu esclavo, ni tu esclava,
ni tu ganado, ni el emigrante que viva en tus
ciudades. 11Porque en seis días hizo el Señor el
cielo, la tierra y el mar y lo que hay en ellos, y
el séptimo descansó; por eso el Señor bendijo el
sábado y lo santificó.
12»Honra a tu padre y a tu madre; así prolon-
garás tu vida en la tierra que el Señor, tu Dios,
te va a dar.
13»No matarás.
14»No cometerás adulterio.
15»No robarás.
16»No darás testimonio falso contra tu
prójimo.
17»No codiciarás los bienes de tu prójimo; no
codiciarás la mujer de tu prójimo, ni su esclavo,
ni su esclava, ni su toro, ni su asno, ni nada que
sea de él».
18Todo el pueblo percibía los truenos y relám-
pagos, el sonar de la trompeta y la montaña
humeante. Y el pueblo estaba aterrorizado, y
se mantenía a distancia. 19Y dijeron a Moisés:
«Háblanos tú y te escucharemos; que no nos ha-
ble Dios, que moriremos». 20Moisés respondió al
pueblo: «No teman: Dios ha venido para probar-
los a ustedes, y para que siempre sientan temor
de él a fin de que no pequen». 21El pueblo se
quedó a distancia y Moisés se acercó hasta la
nube espesa donde estaba Dios.

Ley sobre el altar

22El Señor habló a Moisés: «Di a los israelitas:
"Ustedes mismos han visto que les he hablado
desde el cielo; 23no me coloquen a mí entre
dioses de plata ni se fabriquen dioses de oro.
24Me harás un altar de tierra y en él ofrecerás
tus holocaustos, tus sacrificios de comunión,
tus ovejas y tus vacas. En los lugares donde haga
pronunciar mi Nombre bajaré a ti y te bendeciré.
25Y si quieres hacerme un altar de piedras, no lo
construyas con piedras talladas, porque al picar
la piedra con la herramienta queda profanada.
26No subas a mi altar por escalones, no sea que al
subir por él se te vea tu desnudez".

Leyes acerca de la esclavitud

21 1»Decretos que les promulgarás: 2Cuando
te compres un esclavo hebreo, te servirá
seis años y el séptimo marchará libre, sin pagar
nada. 3Si vino solo, marchará solo. Si trajo mu-
jer, marchará la mujer con él. 4Si fue su dueño
quien le dio la mujer, de la que ha tenido hijos
o hijas, entonces la mujer y los hijos pertene-
cen al dueño; el esclavo marchará solo. 5Pero si
el esclavo dice: "Me he encariñado con mi amo,
con mi mujer y con mis hijos: no quiero marchar
libre"; 6entonces su dueño lo llevará delante de
Dios, lo acercará a la puerta o al marco de la
puerta y con un punzón atravesará la oreja del
esclavo, y este quedará esclavo para siempre.
7»Cuando alguien venda su hija como esclava,
ella no marchará libre como marchan los escla-
vos. 8Si no le gusta a su dueño –al que había sido
destinada–, él dejará que la rescaten, pero no
tiene derecho a venderla a extranjeros, ya que
ha sido desleal con ella. 9Si la ha destinado a su
hijo, la tratará como a una hija. 10Si toma nueva
mujer, no privará a la primera de comida, ropa y
derechos conyugales. 11Y si no le da estas tres
cosas, ella podrá marcharse gratuitamente, sin
pagar nada.

Legislación criminal

12»El que hiera de muerte a un hombre, será
castigado con la muerte. 13Si no fue intencio-
nado –Dios lo permitió–, yo te indicaré un lugar
en el que podrá buscar asilo. 14Pero si alguien
está enojado con su prójimo y lo asesina a san-
gre fría, a ese aunque se refugie en mi altar, lo
arrancarás de allí y le darás muerte. 15El que
hiere a su padre o a su madre, será condenado
a muerte. 16El que secuestra a un hombre, pa-
ra venderlo o para retenerlo, será condenado a
muerte. 17El que maldice a su padre o a su madre,
será condenado a muerte.

Casuística criminal

18»Cuando surja una pelea entre dos hombres
y uno hiera al otro a puñetazos o a pedradas, sin
causarle la muerte, pero obligándole a guardar
cama, 19si el herido puede levantarse y salir a la
calle con ayuda de un bastón, entonces el que lo
hirió será declarado inocente: tendrá que pagar
únicamente los gastos de la sanación y el tiem-
po perdido. 20Cuando alguien azote a varazos a
su esclavo o a su esclava, dejándolo muerto en
el instante, será declarado culpable; 21pero si el
esclavo dura con vida uno o más días, entonces
no se condenará al dueño, porque el esclavo era
posesión suya. 22Cuando en una pelea entre hom-
bres alguien golpee a una mujer encinta, hacién-
dole abortar, pero sin causarle ninguna lesión,
se impondrá al causante la multa que reclame el
marido de la mujer, y la pagará ante los jueces.
23Pero cuando haya lesiones, las pagarás: vida
por vida, 24ojo por ojo, diente por diente, mano
por mano, pie por pie, 25quemadura por quemadu-
ra, herida por herida, golpe por golpe. 26Cuando
alguien golpee a su esclavo o esclava en el ojo y
se lo inutilice, dará la libertad al esclavo a cam-

bio del ojo, 27y si le rompe un diente, le dará la
libertad a cambio del diente. 28Cuando un toro
mate a cornadas a un hombre o a una mujer, será
apedreado y su carne no se comerá; el dueño es
inocente. 29Si se trata de un toro que ya embestía
antes, y su dueño, advertido, no lo tenía ence-
rrado, entonces, si el toro mata a un hombre o a
una mujer, será apedreado, y también su dueño
será condenado a muerte. 30Si en lugar de la pena
de muerte le ponen una multa, pagará a cambio
de su vida lo que le pidan. 31La misma norma se
aplicará cuando el toro embista a un muchacho
o a una muchacha. 32Pero si el toro embiste a un
esclavo o a una esclava, el dueño del esclavo co-
brará trescientos gramos de plata y el toro será
apedreado. 33Cuando alguien abra un pozo o cave
una fosa, dejándola sin cubrir, si cae dentro un
toro o un asno, 34el dueño del pozo pagará: resti-
tuirá en dinero al dueño del animal y él se quedará
con el animal muerto. 35Cuando un toro mate a
cornadas a otro toro de distinto dueño, venderá
el toro vivo y se repartirán el dinero; también el
toro muerto se lo dividirán entre los dos. 36Pero si
se sabía que el toro ya embestía antes y su dueño
no lo tenía encerrado, entonces pagará toro por
toro, y él se quedará con el toro muerto.

Leyes acerca de la propiedad

37»Cuando alguien robe un toro o una oveja
para matarlo o venderlo, restituirá cinco toros
por toro y cuatro ovejas por oveja».

22 1»Si un ladrón es sorprendido abriendo un
boquete en un muro y lo hieren de muer-
te, no hay homicidio; 2pero si es a la luz del día,
es un caso de homicidio. El ladrón está obligado
a restituir la totalidad de lo robado, y si no tiene
con qué pagar, será vendido por el valor de lo
robado. 3Si el toro, el asno o el cordero robados
se hallan aún vivos en manos del ladrón, este
restituirá el doble.

4»Cuando alguien arrase un campo o una viña
llevando a su rebaño a pastar en campo ajeno,
restituirá con lo mejor de su propio campo o
viña.

5»Cuando se declare un incendio y se propa-
gue por los matorrales y devore las cosechas, los
sembrados o el campo, el causante del incendio
pagará los daños.

6»Cuando alguien confíe en depósito a su pró-
jimo dinero o cualquier otro objeto, y el obje-
to sea robado de casa de este, entonces, si se
descubre al ladrón, restituirá el doble, 7y si no
se descubre al ladrón, el dueño de la casa se pre-
sentará ante Dios y jurará que no ha tocado el
objeto de su prójimo.

8»En delitos contra la propiedad, ya sea de to-
ro, asno, oveja, vestimentas o cualquier otro ob-
jeto perdido, si uno afirma que el objeto es suyo,
se llevará el pleito ante Dios, y aquel a quien
Dios declare culpable, pagará al otro el doble.

9»Cuando alguien confíe en depósito a su pró-
jimo un asno, un toro, una oveja o cualquier otro
animal y el animal muere o se daña o es robado
sin que nadie lo vea, 10entonces el pleito se de-
cidirá jurando ante Dios que no ha tocado el ani-
mal de su prójimo. El dueño del animal aceptará
el juramento y no habrá restitución; 11pero si se
lo han robado viéndolo él, entonces se restitui-
rá al dueño. 12Si lo han descuartizado las fieras
salvajes, se presentará como prueba el animal
descuartizado y no habrá restitución.

13»Cuando alguien pida en préstamo a su pró-
jimo un animal, y el animal se dañe o muera es-
tando ausente su dueño, debe restituirlo. 14Si
el dueño estaba presente, no habrá restitución.
Si el acreedor es un jornalero, se le descontará
de su salario.

15»Cuando alguien seduzca a una muchacha
soltera y se acueste con ella, pagará la dote y la
tomará por mujer. 16Si el padre de la muchacha
no quiere dársela, entonces el seductor pagará
la dote que se da por las vírgenes.

Legislación apodíctica

17»No dejarás con vida a la hechicera.

18»El que se acueste con bestias, será conde-
nado a muerte.

19»El que ofrezca sacrificios a los dioses –fue-
ra del Señor– será exterminado.

20»No oprimirás ni maltratarás al emigrante,
porque ustedes fueron emigrantes en Egipto.

21»No explotarás a viudas ni a huérfanos,
22porque si los explotas y ellos gritan a mí, yo
los escucharé. 23Se encenderá mi ira contra us-
tedes y los haré morir a espada, dejando a sus
mujeres viudas y a sus hijos huérfanos.

24»Si prestas dinero a uno de mi pueblo, a un
pobre que habita contigo, no serás con él un
usurero, cargándole de intereses.

25»Si tomas en prenda la ropa de tu prójimo,
se la devolverás antes de ponerse el sol, 26por-
que no tiene otro vestido para cubrir su cuerpo
y para acostarse. Si grita a mí, yo le escucharé,
porque yo soy compasivo.

27»No blasfemarás contra Dios y no maldecirás
al jefe de tu pueblo.

28»No te demores en ofrecer los primeros frutos
de tu cosecha y de tu vendimia. Me darás el pri-
mogénito de tus hijos; 29lo mismo harás con tus
toros y ovejas: durante siete días quedará la cría
con su madre y el octavo día me la entregarás.

30»Ustedes estarán consagrados a mí: no co-
man carne de animal despedazado en el campo;
arrójensela a los perros.

Legislación judicial

23 1»No harás declaraciones falsas: no te
pondrás de parte del culpable para testi-
moniar en favor de una injusticia.
2»No seguirás en el mal a los poderosos: no
declararás en un proceso siguiendo a los pode-
rosos y violando el derecho. 3No favorecerás al
poderoso en su causa.
4»Cuando encuentres extraviados el toro o el
asno de tu enemigo, se los llevarás a su dueño.
5Cuando veas al asno de tu adversario caído bajo
la carga, no pases de largo; préstale ayuda.
6»No violarás el derecho del pobre en su causa.
7»Apártate de las causas falsas: no harás mo-
rir al justo ni al inocente ni declararás inocente
al culpable, porque yo no declaro inocente al
culpable. 8No aceptarás soborno, porque el so-
borno ciega al que ve con claridad y falsea la
causa del inocente.
9»No oprimirás al emigrante: ustedes conocen
la suerte del emigrante, porque fueron emigran-
tes en Egipto.

El año sabático y el sábado

10»Durante seis años sembrarás tu tierra y
recogerás la cosecha, pero el séptimo año la
dejarás descansar. 11Deja que coman de allí los
pobres de tu pueblo, y lo que sobre lo comerán
las fieras salvajes. Lo mismo harás con tu viña
y tu olivar.
12»Durante seis días harás tus trabajos, pero
el séptimo día descansarás, para que reposen tu
toro y tu asno y se repongan el hijo de tu esclava
y el emigrante.
13»Ustedes observarán todo lo que les he di-
cho: no invocarán el nombre de dioses extran-
jeros, ¡que su nombre no se oiga en tus labios!

Prescripciones cúlticas

14»Tres veces al año celebrarán fiesta en mi
honor:
15»La fiesta de los Panes Ázimos, que cele-
brarás así: durante siete días comerás panes sin
levadura –como les he ordenado– en la fecha
señalada del mes de Abril, porque en ese mes
salieron de Egipto. No te presentarás a mí con
las manos vacías.
16»La fiesta de la Siega, de las primicias de
todo lo que hayas sembrado en tus tierras.
»La fiesta de la Recolección, a fin de año,
cuando hayas terminado de recoger las cosechas
de tus tierras.
17»Tres veces al año se presentarán todos los
varones de tu pueblo ante el Señor.
18»No acompañarás con pan fermentado la
sangre de mis sacrificios ni dejarás hasta el día
siguiente la grasa de mi fiesta.
19»Llevarás a la casa del Señor, tu Dios, las pri-
micias de tus frutos. No cocerás el cabrito en la
leche de su madre.

Epílogo

20»Voy a enviarte un ángel por delante para
que te cuide en el camino y te lleve al lugar que
he preparado. 21Respétalo y obedécelo. No te
rebeles, porque lleva mi Nombre y no perdona-
rá tus rebeliones. 22Si le obedeces fielmente y
haces lo que yo digo: tus enemigos serán mis
enemigos y tus adversarios serán mis adversa-
rios. 23Mi ángel irá por delante y te llevará a las
tierras de los amorreos, heteos, fereceos, cana-
neos, heveos y jebuseos, y yo acabaré con ellos.
24No adorarás sus dioses ni les servirás. Y no imi-
tarás sus obras. Al contrario, destruirás y des-
trozarás sus piedras conmemorativas. 25Ustedes
sirvan al Señor, su Dios, y él bendecirá tu pan y
tu agua. Apartaré de ti las enfermedades. 26No
habrá en tu tierra mujer estéril ni que aborte.
Colmaré el número de tus días.
27»Enviaré por delante mi terror y desbaratará
los pueblos que invadas; haré que tus enemigos
te den la espalda. 28Enviaré por delante el páni-
co que espantará delante de ti a heveos, cana-
neos y heteos. 29Pero no los echaré a todos en
un año, no vaya a quedar desierta la tierra y se
multipliquen las fieras. 30Los iré echando poco
a poco, hasta que hayas crecido y puedas tomar
posesión de la tierra. 31Marcaré las fronteras de
tu país: desde el Mar Rojo hasta el mar de los
filisteos y desde el desierto hasta el Río. Los ha-
bitantes de ese país los pondré en tus manos y tú
los echarás de tu presencia. 32No harás alianzas
con ellos ni con sus dioses 33y no les dejarás ha-
bitar en tu país, no sea que te arrastren a pecar
contra mí, adorando a sus dioses, que serán para
ti una trampa».

Rito de la Alianza

24 1El Señor dijo a Moisés: «Sube a mí con
Aarón, Nadab y Abihú y los setenta diri-
gentes de Israel y arrodíllense allí a distancia.
2Después se acercará Moisés solo, no ellos, y el
pueblo que no suba». 3Moisés bajó y refirió al
pueblo todo lo que le había dicho el Señor, to-
dos sus mandatos, y el pueblo contestó a una:
«Haremos todo lo que dice el Señor». 4Entonces
Moisés puso por escrito todas las palabras del
Señor; madrugó y levantó un altar en la falda del

monte y doce piedras conmemorativas por las
doce tribus de Israel. 5Mandó a algunos jóvenes
israelitas ofrecer los holocaustos y ofrecer novi-
llos como sacrificios de comunión para el Señor.
6Después tomó la mitad de la sangre y la echó
en recipientes, y con la otra mitad roció el altar.
7Tomó el documento del pacto y se lo leyó en
voz alta al pueblo, el cual respondió: «Haremos
todo lo que manda el Señor y obedeceremos».
8Moisés tomó el resto de la sangre y roció con
ella al pueblo, diciendo: «Esta es la sangre del
pacto que el Señor hace con ustedes según lo
establecido en estas cláusulas».
9Subieron Moisés, Aarón, Nadab, Abihú y los
setenta dirigentes de Israel, 10y vieron al Dios
de Israel: bajo los pies tenía una especie de pa-
vimento de zafiro, límpido como el mismo cielo.
11Dios no extendió la mano contra los notables
de Israel, que pudieron contemplar a Dios, y
después comieron y bebieron. 12El Señor dijo a
Moisés: «Sube hacia mí, al monte, que allí estaré
yo para darte las tablas de piedra con la ley y los
mandatos que he escrito para instruirlos». 13Se
levantó Moisés y subió con Josué, su ayudan-
te, al monte de Dios; 14a los dirigentes les dijo:
«Quédense aquí hasta que yo vuelva. Aarón y Jur
están con ustedes; el que tenga algún asunto,
que se lo traiga a ellos». 15Cuando Moisés subió
al monte, la nube lo cubría 16y la Gloria del Señor
descansaba sobre el monte Sinaí, y la nube lo
cubrió durante seis días. Al séptimo día llamó
a Moisés desde la nube. 17La Gloria del Señor
apareció a los israelitas como fuego voraz sobre
la cumbre del monte. 18Moisés se adentró en la
nube y subió al monte, y estuvo allí cuarenta
días con sus noches.

Tributos para el Santuario

25 1El Señor habló a Moisés: 2«Ordena a los
israelitas que recojan una ofrenda para
mí; ustedes la recibirán de todos los que genero-
samente me la ofrezcan. 3Las ofrendas que uste-
des aceptarán son: oro, plata y bronce; 4púrpura
violácea, roja y escarlata; lino y pelo de cabra;
5pieles de carnero curtidas; pieles finas y made-
ras de acacia; 6aceite para la lámpara y perfumes
para la unción y el sahumerio; 7piedras de ónice
y piedras de engaste para el efod y el pectoral.
8Hazme un santuario, y moraré entre ellos. 9En
su construcción te ajustarás al modelo del san-
tuario y de los utensilios que yo te mostré.

El arca

10»Harás un arca de madera de acacia: ciento
veinticinco centímetros de largo por setenta y
cinco de ancho y setenta y cinco de alto. 11La
revestirás de oro puro por dentro y por fuera, y
alrededor le aplicarás un listón de oro. 12Fundi-
rás oro para hacer cuatro anillas, que colocarás
en los cuatro ángulos, dos a cada lado. 13Harás
también unos travesaños de madera de acacia y
los revestirás de oro, 14y los meterás por las ani-
llas laterales del arca, para poder transportarla.
15Los travesaños permanecerán metidos en las
anillas del arca, y no se sacarán. 16Dentro del
arca guardarás el documento de la alianza que
te daré. 17Harás también una tapa de oro puro
de ciento veinticinco centímetros de largo por
setenta y cinco de ancho. 18En sus dos extremos
harás dos querubines cincelados en oro: 19cada
uno arrancará de un extremo de la tapa, 20y la
cubrirán con las alas extendidas hacia arriba.
Estarán uno frente a otro, mirando al centro de
la tapa. 21Cubrirás el arca con la tapa, y dentro
de ella guardarás el documento de la alianza que
te daré. 22Allí me encontraré contigo, y desde
encima de la tapa, en medio de los querubines
del arca de la alianza, te diré todo lo que tienes
que mandar a los israelitas.

La mesa

23»Harás una mesa de madera de acacia de
cien centímetros de largo por cincuenta de an-
cho y setenta y cinco de alto; 24la revestirás de
oro puro y aplicarás alrededor un listón de oro.
25Pondrás alrededor de ella una abrazadera de
un palmo, y alrededor de la abrazadera un listón
de oro. 26Harás cuatro anillas de oro y las colo-
carás en los ángulos de las cuatro patas. 27Las
anillas estarán sujetas a la abrazadera; por ellas
se meterán los travesaños para poder transpor-
tar la mesa. 28Harás los travesaños de madera de
acacia, los revestirás de oro y con ellos trans-
portarás la mesa. 29Harás también fuentes, ban-
dejas, jarras y copas para la libación: todo de
oro puro. 30Sobre la mesa pondrás los panes pre-
sentados, de modo que estén siempre ante mí.

El candelabro

31»Harás un candelabro de oro puro labrado
a martillo: base, fuste, copas, cálices y corolas
formarán una sola pieza. 32De sus lados arranca-
rán seis brazos, tres a cada lado. 33Cada brazo
tendrá tres copas, como flores de almendro, con
cáliz y corola; serán iguales los seis brazos que
arrancan del candelabro. 34El candelabro tendrá
cuatro copas, como flores de almendro, con cáliz
y corola. 35Un cáliz debajo de cada pareja de bra-
zos del candelabro; serán iguales los seis brazos
del candelabro. 36Cálices y fustes arrancarán de
él, todos por igual, cincelados en oro puro. 37Ha-
rás también siete lámparas y las pondrás sobre

el candelabro, de modo que iluminen la parte
delantera. 38Las tenazas para arreglar los pabi-
los y los ceniceros serán de oro puro. 39Emplea-
rás treinta kilos de oro para hacer el candelabro
y todos sus utensilios. 40Te ajustarás al modelo
que te fue mostrado en la montaña.

Las lonas

26 1»Harás el santuario con diez lonas de lino
fino, reforzado, de púrpura violácea, roja
y escarlata, y bordarás en ellas unos querubines.
2Cada lona medirá catorce metros de largo por
dos de ancho: todas de la misma medida. 3Empal-
marás las lonas en dos series de a cinco cada una,
4y en cada uno de los bordes de las dos series de
lonas harás unas presillas de púrpura violácea:
5cincuenta en el borde de la primera serie y cin-
cuenta en el borde de la segunda. Las presillas
se corresponderán entre sí. 6Harás también cin-
cuenta ganchos de oro y con ellos empalmarás
las lonas, de modo que el santuario forme una
unidad. 7Tejerás también once piezas de pelo de
cabra, que sirvan de tienda de campaña para el
santuario. 8Cada una medirá quince metros de
largo por dos de ancho: las once de la misma
medida. 9Por un lado empalmarás cinco lonas y
seis por el otro, y la sexta, plegada, servirá de
portal a la tienda. 10Pondrás cincuenta presillas
en los bordes de cada serie de lonas empalmadas.
11Harás también cincuenta ganchos de bronce,
los meterás por las presillas y cerrarás la tienda
de modo que forme una unidad. 12De lo que queda
de lona de la tienda, la mitad colgará en la parte
posterior del santuario, 13y los cincuenta centí-
metros que sobran a lo largo de los dos lados de
la tienda colgarán sobre ambos lados del santua-
rio cubriéndolo. 14Harás también para la tienda
una cubierta de pieles de carnero curtidas y una
sobrecubierta de pieles finas.

Los tablones

15»Harás unos tablones de madera de acacia
y los colocarás verticalmente en el santuario.
16Cada uno medirá cinco metros de largo por se-
tenta y cinco centímetros de ancho, 17y llevará
dos espigas para ensamblarse con los contiguos.
Harás todos los tablones iguales. 18Los coloca-
rás del modo siguiente: en la parte sur, veinte
tablones 19y debajo de ellos, cuarenta bases de
plata, dos por cada tablón, para sus dos espi-
gas. 20En el segundo lado, al norte, otros veinte
tablones 21con sus cuarenta bases, dos por ta-
blón. 22En el lado del fondo, oeste, seis tablones
de frente, 23y dos en los ángulos. 24Parejos por
abajo y perfectamente unidos por arriba hasta la
primera anilla: así formarán los dos ángulos del
santuario. 25En total, ocho tablones con dieci-
séis bases, dos por tablón. 26Harás también cinco
travesaños de madera de acacia para los tablo-
nes de cada lado, 27y cinco para el lado del fondo,
al oeste. 28El travesaño central, a media altura
de los tablones, atravesará de un extremo a otro.
29Revestirás de oro los tablones y los travesaños,
y harás de oro las anillas por donde han de pasar
los travesaños. 30Construirás el santuario ajus-
tándote al modelo que viste en la montaña.

La cortina y la antepuerta

31»Harás una cortina de púrpura violácea, roja
y escarlata y lino fino reforzado, y bordarás en
ella querubines. 32Colgarás la cortina en cuatro
columnas de madera de acacia revestidas de oro
y provistas de ganchos y de cuatro bases de pla-
ta. 33La colgarás debajo de los ganchos, y detrás
de ella colocarás el arca de la alianza. La cortina
separará el Santo del Santísimo. 34Colocarás la
tapa de la expiación sobre el arca de la alianza,
en el Santísimo. 35Fuera de la cortina, al lado
norte, pondrás la mesa, y en el lado sur, frente
a la mesa, colocarás el candelabro. 36Harás tam-
bién una antepuerta para la tienda, de púrpura
violácea, roja y escarlata y lino fino, reforzado,
todo esto recamado artísticamente. 37Y para la
antepuerta harás cinco columnas de madera de
acacia, que revestirás de oro lo mismo que sus
ganchos, y fundirás en bronce cinco bases para
las columnas.

El altar de los holocaustos

27 1»Harás el altar de madera de acacia: se-
rá cuadrado y medirá dos metros y medio
por lado y metro y medio de alto. 2En las cuatro
esquinas harás unos salientes, que arrancarán
de él, y los revestirás de bronce. 3Harás para
él recipientes para recoger la ceniza, paletas,
aspersorios, trinchantes y braseros, todos de
bronce. 4Harás también un enrejado de bronce, y
en sus cuatro ángulos pondrás cuatro anillas de
bronce. 5Lo colocarás bajo los rebordes del altar,
de modo que baje hasta media altura del altar.
6Harás también para el altar unos travesaños de
madera de acacia, los revestirás de bronce, 7y
los meterás por las anillas de los dos lados del
altar para transportarlo. 8Harás el altar con ta-
blas, hueco por dentro ajustándote al modelo
que viste en la montaña.

El atrio del Santuario

9»Harás así el atrio del santuario: En el la-
do sur del atrio pondrás cortinas de lino fino,
reforzado, dispuestas a lo largo de cincuenta
metros. 10Las veinte columnas y bases serán

de bronce, los ganchos y varillas de las columnas serán de plata. [11]Lo mismo harás en el lado norte: pondrás cortinas dispuestas a lo largo de cincuenta metros, veinte columnas con sus bases de bronce, los ganchos y las varillas de las columnas de plata. [12]A lo ancho, en el lado del oeste, colocarás cortinas dispuestas a lo largo de veinticinco metros, con diez columnas y diez bases; [13]la anchura será de veinticinco metros. [14]A cada lado de la puerta pondrás cortinas dispuestas a lo largo de siete metros y medio, [15]con tres columnas y tres bases. [16]A la entrada del atrio pondrás una antepuerta de diez metros, de púrpura violácea, roja y escarlata y lino fino, reforzado, recamada artísticamente; con cuatro columnas y cuatro bases. [17]Todas las columnas alrededor del atrio estarán unidas por varillas de plata, sus ganchos serán de plata, sus bases de bronce. [18]El atrio tendrá cincuenta metros de largo por veinticinco de ancho por dos y medio de alto; todo él será de lino fino reforzado y las bases de bronce. [19]Todos los utensilios del servicio del santuario y todas sus estacas, igual que las estacas del atrio, serán de bronce.

El aceite de la lámpara

[20]»Manda a los israelitas que te traigan aceite de oliva puro y refinado para alimentar continuamente la lámpara. [21]Aarón y sus hijos la prepararán en la tienda del encuentro, fuera de la cortina que tapa el documento de la alianza, para que arda de la tarde a la mañana en presencia del Señor. Esta es una ley perpetua para todas las generaciones israelitas.

Ornamentos sacerdotales

28 [1]»De entre los israelitas escoge a tu hermano Aarón y a sus hijos Nadab, Abihú, Eleazar e Itamar para que sean mis sacerdotes. [2]Harás confeccionar ornamentos sagrados, ricos y fastuosos, para tu hermano Aarón. [3]Manda a todos los artesanos a quienes yo he dotado de habilidad que confeccionen los ornamentos de Aarón para consagrarlo sacerdote mío. [4]Ornamentos que confeccionarán: efod, pectoral, manto, túnica bordada, turbante y faja. Los ornamentos que tu hermano Aarón y sus hijos usarán como sacerdotes míos [5]se confeccionarán en oro, púrpura violácea, roja y escarlata y lino.

El efod

[6]»Mandarás hacer artísticamente el efod, en oro, púrpura violácea, roja y escarlata y lino fino reforzado; labor de artesano. [7]Llevará dos hombreras unidas por los extremos. [8]El cinturón para sujetar el efod arrancará de él y será de la misma labor: de oro, púrpura violácea, roja y escarlata y lino fino reforzado. [9]Tomarás dos piedras de ónice y harás grabar en ellas los nombres de las tribus israelitas: [10]seis en cada piedra, por orden de nacimiento. [11]Grabarán los nombres de las tribus israelitas como graba el orfebre la piedra de un sello, y las engarzarán en oro. [12]Aplicarás las dos piedras a las hombreras del efod: piedras recordatorio de los israelitas. Aarón llevará sus nombres sobre las hombreras, como recordatorio para el Señor. [13]Mandarás hacer engastes de oro, [14]y dos cadenas de oro de ley, trenzadas como cordones, y las sujetarás a los engastes.

El pectoral

[15]»Mandarás hacer artísticamente el pectoral del juicio de Dios, de la misma labor que el efod: oro, púrpura violácea, roja y escarlata y lino fino reforzado. [16]Será doble y cuadrado, un palmo de largo por uno de ancho. [17]Colocarás en él cuatro filas de piedras preciosas: en la primera fila, carnelita, topacio y azabache; [18]en la segunda fila, esmeralda, zafiro y diamante; [19]en la tercera fila, jacinto, ágata y amatista; [20]en la cuarta fila, topacio, ónice y jaspe. [21]Las guarniciones de pedrería irán engastadas en monturas de oro. Llevará doce piedras, como el número de las tribus israelitas. Cada piedra llevará grabada, como un sello, el nombre de una de las doce tribus.

[22]»Mandarás hacer además para el pectoral cadenas de oro de ley, trenzadas como cordones, [23]y dos anillas de oro que sujetarás a los dos extremos del pectoral. [24]Pasarás los dos cordones de oro por las dos anillas del pectoral, y los dos cabos de los cordones los unirás a las dos monturas, [25]y los fijarás en las hombreras del efod, por la parte delantera. [26]Mandarás hacer otras dos anillas de oro y las colocarás en los dos extremos del pectoral, en el borde interior que toca el efod. [27]Y otras dos anillas de oro, que fijarás en el borde inferior y delantera de las hombreras del efod, junto al empalme y más arriba del cinturón del efod. [28]Con un cordón de púrpura violácea sujetarán las anillas del pectoral con las del efod, para que quede sobre el cinturón del efod y no pueda desprenderse el pectoral del efod.

[29]»Cuando Aarón entre en el santuario, llevará sobre su corazón, en el pectoral del juicio de Dios, los nombres de las tribus israelitas, como recordatorio perpetuo ante el Señor. [30]Pondrás en el pectoral del juicio de Dios los *urim* y los *tumim*, para que estén sobre el corazón de Aarón cuando entre a presentarse al Señor. Aarón llevará constantemente sobre el corazón, en presencia del Señor, el dictamen de Dios para los israelitas.

El manto

31»Mandarás hacer el manto del efod, todo él de
púrpura violácea. 32Llevará arriba una abertura
en el centro, reforzada alrededor con un dobladi-
llo como el que tienen los chalecos de cuero, para
que no se rasgue. 33En el borde del manto, todo
alrededor, pondrás granadas de púrpura violácea,
roja y escarlata, y alternando con ellas, cascabe-
les de oro; 34cascabel y granada, todo alrededor.
35Aarón lo vestirá cuando oficie. Y al entrar en el
santuario a presentarse al Señor, y al salir, se oirá
el tintineo de los cascabeles: así no morirá.

La flor de oro

36»Mandarás hacer una flor de oro de ley y gra-
barás en ella, como en un sello: Consagrado al
Señor. 37La sujetarás al turbante, por su parte
delantera, con un cordón de púrpura violácea.
38Se colocará sobre la frente de Aarón, y este
cargará con la culpa en que hayan incurrido los
israelitas al hacer sus ofrendas sagradas. La lle-
vará siempre sobre la frente para reconciliarlos
con el Señor. 39La túnica y el turbante serán de
lino, y la faja estará recamada artísticamente.

Otros vestidos

40»Para los hijos de Aarón harás confeccionar
túnicas, fajas y turbantes que les den esplen-
dor y belleza. 41Así deberás vestir a tu hermano
Aarón y a sus hijos, luego los ungirás y los con-
sagrarás sacerdotes míos. 42Les vestirás además
pantalones de lino que les cubran sus partes, de
la cintura a los muslos. 43Aarón y sus hijos los
llevarán cuando entren en la tienda del encuen-
tro o cuando se acerquen al altar para oficiar: así
no incurrirán en culpa y no morirán. Esta es una
ley perpetua para Aarón y sus descendientes.

Ritual de consagración

29 1»Rito de consagración de mis sacerdotes:
Tomarás un novillo y dos carneros sin de-
fecto, 2pan ázimo, tortas ázimas amasadas con
aceite y galletas ázimas untadas de aceite, todo
ello preparado con harina de trigo de la mejor
calidad. 3Lo pondrás en una canasta y lo pre-
sentarás junto con el novillo y los dos carneros.
4»Después mandarás acercarse a Aarón y a sus
hijos a la entrada de la tienda del encuentro y
los harás bañarse. 5Tomarás los ornamentos y
vestirás a Aarón la túnica, el manto del efod,
el efod y el pectoral, y sujetarás el efod con el
cinturón. 6Le pondrás el turbante en la cabeza
y sobre él la diadema santa. 7Luego, tomando
el aceite de la unción, lo derramarás sobre su
cabeza para ungirlo. 8Después harás acercarse
a sus hijos, les vestirás las túnicas, 9les ceñirás
las fajas y les pondrás los turbantes. El sacer-
docio les pertenece por derecho perpetuo. Así
consagrarás a Aarón y a sus hijos.
10»Harás traer el novillo a la tienda del encuen-
tro: Aarón y sus hijos pondrán la mano sobre la
cabeza de la víctima. 11Después degollarás el no-
villo en presencia del Señor, en la puerta de la
tienda del encuentro, 12y tomando sangre de la
res, untarás con el dedo los salientes del altar.
Después derramarás la sangre al pie del mismo al-
tar. 13Tomarás la grasa que envuelve las vísceras,
el lóbulo del hígado, los dos riñones con su grasa
y lo dejarás quemarse sobre el altar. 14La carne,
la piel y los excrementos los quemarás fuera del
campamento. Es un sacrificio expiatorio.
15»Después tomarás uno de los carneros. Aa-
rón y sus hijos pondrán las manos sobre la ca-
beza de la víctima. 16Lo degollarás y tomando
sangre, rociarás el altar por todos los lados.
17Descuartizarás el carnero, lavarás sus vísceras
y patas, las pondrás sobre los trozos y la cabeza,
18y lo dejarás quemarse completamente sobre el
altar. Es holocausto para el Señor: oblación de
aroma que aplaca al Señor.
19»Después tomarás el segundo carnero. Aarón
y sus hijos pondrán las manos sobre la cabeza de
la víctima. 20Degollarás el carnero, y tomando
sangre, untarás con ella el lóbulo de la oreja de-
recha de Aarón y de sus hijos y los pulgares de sus
manos y pies derechos. Luego con la sangre rocia-
rás el altar por todos los lados. 21Tomarás sangre
del altar y aceite de la unción y salpicarás a Aarón
y sus vestidos, a los hijos de Aarón y sus vestidos.
Así se consagrarán Aarón con sus vestidos, sus
hijos con sus vestidos. 22Luego, del carnero de la
consagración tomarás la grasa, la cola, la grasa
que envuelve las vísceras, el lóbulo del hígado,
los dos riñones con su grasa y la pierna derecha;
23de la canasta de panes ázimos presentados al
Señor tomarás un pan, una torta de pan amasada
con aceite y una galleta. 24Pondrás todo ello en
manos de Aarón y de sus hijos, para que lo agiten
ritualmente en presencia del Señor. 25Lo recibirás
otra vez de sus manos y lo dejarás quemarse en el
altar, sobre el holocausto, como aroma que apla-
ca al Señor. Es una oblación al Señor.
26»Después tomarás el pecho del carnero de la
consagración de Aarón y lo agitarás ritualmen-
te en presencia del Señor. Es la ración que te
pertenece. 27Del carnero de la consagración de
Aarón y sus hijos consagrarás el pecho agitado
ritualmente y la pierna ofrecida en tributo: 28les
pertenece a Aarón y a sus hijos como porción
perpetua de parte de los israelitas; porque es el
tributo, tomado de los sacrificios de comunión
que los israelitas ofrecen al Señor.

29»Los ornamentos sagrados de Aarón los
heredarán sus hijos, para vestirlos durante su
unción y consagración. 30Durante siete días los
vestirá el hijo que le suceda en el sacerdocio,
cuando entre en la tienda del encuentro para
oficiar en el santuario.
31»Después tomarás el carnero de la consagra-
ción, cocerás su carne en lugar santo, 32y Aarón
y sus hijos la comerán con el pan de la canasta, a
la entrada de la tienda del encuentro. 33Comerán
la parte con que se hizo la expiación al ordenar-
los y consagrarlos. Ningún laico la puede comer,
porque es porción santa. 34Y si sobra carne y pan
de la consagración para el día siguiente, se que-
mará. No se comerá, porque es porción santa.
35»Esto es lo que harás a Aarón y a sus hijos,
ajustándote a cuanto te he mandado. La consa-
gración durará siete días. 36Cada día ofrecerás
un novillo expiatorio por el pecado. Lo ofrece-
rás sobre el altar para expiar por él, y ungirás el
altar para consagrarlo. 37La expiación y consa-
gración del altar durará siete días; el altar será
sacrosanto, y cualquier cosa que toque el altar
quedará consagrada.
38»Ofrenda permanente que ofrecerás sobre el
altar cada día: dos corderos de un año. 39Uno por
la mañana y otro por la tarde. 40Con el primero
harás una ofrenda de la décima parte de una me-
dida de harina de la mejor calidad amasada con
un litro de aceite refinado y una libación de un
litro de vino. 41El segundo cordero lo ofrecerás
por la tarde, con una ofrenda y una libación co-
mo las de la mañana, en oblación de aroma que
aplaca al Señor.
42»Este es el holocausto que ofrecerán per-
petuamente de generación en generación, en
presencia del Señor, a la puerta de la tienda del
encuentro, donde me encontraré contigo para
hablarte. 43Allí me encontraré con los israelitas,
y el lugar quedará consagrado con mi Gloria.
44Consagraré la tienda del encuentro y el altar,
consagraré a Aarón y a sus hijos como sacerdo-
tes míos. 45Habitaré en medio de los israelitas y
seré su Dios. 46Ellos reconocerán que yo soy el
Señor, su Dios, que los sacó de Egipto para habi-
tar entre ellos. Yo soy el Señor, su Dios.

El altar del incienso

30 1»El altar del incienso lo harás de madera
de acacia, 2de cincuenta centímetros de
largo por cincuenta de ancho; será cuadrado y
tendrá un metro de alto. De él arrancarán unos
salientes. 3Revestirás de oro de ley la parte su-
perior, todos sus lados y los salientes; alrededor
le pondrás un listón de oro. 4Bajo el listón, en
los rebordes de los dos lados opuestos, pondrás
dos anillas de oro; por ellas se meterán los tra-
vesaños para transportar el altar. 5Harás los tra-
vesaños de madera de acacia, revestidos de oro.
6Colocarás el altar delante de la cortina que tapa
el arca de la alianza y delante de la tapa que
cubre el arca de la alianza, donde me encontraré
contigo.
7»Aarón quemará sobre él el incienso del sa-
humerio por la mañana, cuando prepare las
lámparas, 8y lo mismo al atardecer, cuando las
encienda. Será el incienso perpetuo que ofrecen
de generación en generación en presencia del
Señor. 9No ofrecerán sobre el altar otro incienso,
ni holocaustos, ni ofrendas, ni derramarán sobre
él libación alguna. 10Una vez al año Aarón hará
el rito de expiación untando con la sangre de la
víctima expiatoria los salientes del altar; una
vez al año a lo largo de las generaciones. El altar
está consagrado al Señor».

El tributo por el rescate

11El Señor habló a Moisés: 12«Cuando hagas el
censo completo de los israelitas, cada uno, al ser
registrado, dará al Señor un rescate por sí mis-
mo, para que no les suceda ninguna desgracia al
ser registrados. 13Cada uno dará cinco gramos de
plata –peso del templo, que vale veinte óbolos–:
el tributo al Señor será cinco gramos de plata.
14Cada uno de los registrados de veinte años pa-
ra arriba pagará el tributo del Señor. 15Ni el rico
pagará más de cinco gramos ni el pobre menos
cuando den el tributo al Señor como rescate de
sí mismos. 16Recibirás el dinero del rescate de los
israelitas y lo destinarás al servicio de la tienda
del encuentro: será el recordatorio de los israe-
litas para el Señor, como rescate de sus vidas».

La fuente de bronce

17El Señor habló a Moisés: 18«Harás una fuente
de bronce para las abluciones y su base será del
mismo metal, y la colocarás entre la tienda del
encuentro y el altar. Echarás agua en la fuente,
19para que Aarón y sus hijos se laven manos y
pies. 20Cuando vayan a entrar en la tienda del
encuentro, se lavarán para no morir; lo mismo
harán cuando se acerquen al altar para oficiar,
para quemar una oblación al Señor. 21Se lavarán
los pies y las manos para no morir. Esta es una
ley perpetua para ustedes, para Aarón y sus des-
cendientes, por todas las generaciones».

El aceite de la unción

22El Señor habló a Moisés: 23«Toma perfumes
de gran precio: cinco kilos de mirra en grano,
dos kilos y medio de canela, dos kilos y medio de
caña de olor, 24cinco kilos –pesos del templo– de

acacia y tres litros y medio de aceite de oliva.
[25]Con estos ingredientes harás el aceite de la
unción santa. Harás la mezcla según la receta
del perfumista, y servirá para la unción santa.
[26]Untarás con él la tienda del encuentro y el arca
de la alianza, [27]la mesa y todos sus utensilios,
el candelabro con todos sus utensilios y el altar
del incienso, [28]el altar de los holocaustos con
sus utensilios, la fuente de bronce con su base.
[29]Todos ellos los consagrarás para que sean sa-
crosantos. El que los toque quedará consagrado.
[30]Ungirás también a Aarón y a sus hijos para con-
sagrarlos como sacerdotes míos. [31]A los israe-
litas les dirás: Este será el aceite de mi unción
santa a lo largo de las generaciones. [32]No se de-
rramará sobre ningún otro ni copiarán su receta.
Es santo y como tal debe ser tratado. [33]El que
haga una mezcla según esta receta y la derrame
sobre un laico, será excluido de su pueblo».

El incienso

[34]El Señor dijo a Moisés: «Toma una misma
cantidad de resina aromática, ámbar, bálsamo e
incienso depurado, [35]y según la receta del perfu-
mista, haz con todo ello un incienso, échale sal,
y serás puro y santo. [36]Parte de él lo machacarás
hasta reducirlo a polvo y lo pondrás delante del
arca de la alianza, en la tienda del encuentro,
donde me encontraré contigo. Será para ustedes
sacrosanto. [37]No harán incienso para uso perso-
nal según la misma receta. Lo considerarán con-
sagrado al Señor. [38]El que copie la receta para
perfumarse, será excluido de su pueblo».

Los artesanos del Santuario

31 [1]El Señor habló a Moisés: [2]«He escogido
personalmente a Besalel, hijo de Urí, hijo
de Jur, de la tribu de Judá, [3]y lo he colmado de
dotes sobrehumanas, de destreza, habilidad y
saber en su oficio, [4]para que proyecte y labre
oro, plata y bronce; [5]para que talle piedras y las
engaste; para que talle madera, y para las demás
tareas. [6]Le doy como ayudante a Ohliab, hijo de
Ajisamac, de la tribu de Dan. A todos los artesa-
nos les he dado habilidad para que hagan todo
lo que te he mandado, [7]la tienda del encuen-
tro, el arca de la alianza, la placa que la tapa y
todos los utensilios de la tienda; [8]la mesa con
sus utensilios, el candelabro de oro de ley con
sus utensilios y el altar del incienso; [9]el altar
de los holocaustos con sus utensilios, la fuente
de bronce con su base; [10]todos los ornamentos
sagrados del sacerdote Aarón y sus hijos para
cuando oficien; [11]el aceite de la unción y el in-
cienso del sahumerio del templo. Lo harán ajus-
tándose a lo que yo he ordenado».

El descanso del sábado

[12]El Señor habló a Moisés: [13]«Di a los israelitas:
guardarán mis sábados, porque el sábado es la
señal convenida entre mí y ustedes, por todas
las generaciones, para que ustedes sepan que yo
soy el Señor, que los santifica. [14]Guardarán el sá-
bado porque es día santo para ustedes; el que lo
profane será condenado a muerte; el que trabaje
será excluido de su pueblo. [15]Seis días podrán
trabajar; el séptimo es día de descanso solemne
dedicado al Señor. El que trabaje en sábado será
condenado a muerte. [16]Los israelitas guardarán
el sábado a lo largo de las generaciones como
alianza perpetua. [17]Será la señal perpetua entre
yo y los israelitas, porque el Señor hizo el cielo
y la tierra en seis días y el séptimo descansó».
[18]Cuando acabó de hablar con Moisés en el mon-
te Sinaí, le dio las tablas de la alianza: tablas de
piedra escritas por el dedo del Señor.

El becerro de oro

32 [1]Viendo el pueblo que Moisés tardaba en
bajar del monte, acudió en masa ante
Aarón, y le dijo: «Fabrícanos un dios que vaya
delante de nosotros; porque no sabemos qué le
ha pasado a ese Moisés que nos sacó de Egipto».
[2]Aarón les contestó: «Quítenles los pendientes
de oro a sus mujeres, hijos e hijas y tráiganme-
los». [3]Todo el pueblo se quitó los pendientes de
oro y se los trajo a Aarón. [4]Él los recibió, hizo tra-
bajar el oro a cincel y fabricó un ternero de fun-
dición. Después les dijo: «Este es tu dios, Israel,
que te sacó de Egipto». [5]Después, con reveren-
cia, edificó un altar ante él y proclamó: «Mañana
es fiesta del Señor». [6]Al día siguiente se levan-
taron, ofrecieron holocaustos y sacrificios de
comunión, el pueblo se sentó a comer y beber y
después se levantó a danzar. [7]El Señor dijo a Moi-
sés: «Anda, baja del monte, que se ha pervertido
tu pueblo, el que tú sacaste de Egipto. [8]Pronto se
han desviado del camino que yo les había señala-
do. Se han hecho un novillo de metal, se postran
ante él, le ofrecen sacrificios y proclaman: "Este
es tu dios, Israel, el que te sacó de Egipto"». [9]Y
el Señor añadió a Moisés: «Veo que este pueblo
es un pueblo testarudo. [10]Por eso déjame: mi ira
se va a encender contra ellos hasta consumirlos.
Y de ti sacaré un gran pueblo». [11]Entonces Moi-
sés aplacó al Señor, su Dios, diciendo: «¿Por qué,
Señor, se va a encender tu ira contra tu pueblo,
que tú sacaste de Egipto con gran poder y mano
robusta? [12]¿Tendrán que decir los egipcios: Con
mala intención los sacó, para hacerlos morir en
las montañas y exterminarlos de la superficie de
la tierra? Desiste del incendio de tu ira, arrepién-
tete de la amenaza contra tu pueblo. [13]Acuérdate

de tus siervos Abrahán, Isaac e Israel, a quienes
juraste por ti mismo, diciendo: Multiplicaré su
descendencia como las estrellas del cielo, y les
daré toda esta tierra de que he hablado, para que
la posean siempre». [14]Y el Señor se arrepintió
de la amenaza que había pronunciado contra su
pueblo.

Castigo

[15]Moisés se volvió y bajó del monte con las
dos tablas de la alianza en la mano. Las tablas
estaban escritas por ambos lados, por delante y
por detrás; [16]eran hechura de Dios y la escritura
era escritura de Dios grabada en las tablas. [17]Al
oír Josué el griterío del pueblo, dijo a Moisés:
«Se oyen gritos de guerra en el campamento».
[18]Contestó él: «No es grito de victoria, no es
grito de derrota, son otros cantos lo que oigo».
[19]Al acercarse al campamento y ver el ternero y
las danzas, Moisés, enfurecido, tiró las tablas y
las rompió al pie del monte. [20]Después agarró el
ternero que habían hecho, lo quemó y lo trituró
hasta hacerlo polvo, luego esparció el polvo en
agua, y se lo hizo beber a los israelitas. [21]Moisés
dijo a Aarón: «¿Qué te ha hecho este pueblo para
que le hicieras cometer tan enorme pecado?».
[22]Contestó Aarón: «No te irrites, señor. Sabes
que este pueblo es perverso. [23]Me dijeron: "Fa-
brícanos un dios que vaya delante de nosotros,
porque no sabemos qué le ha pasado a ese Moi-
sés que nos sacó de Egipto". [24]Yo les dije: "Quien
tenga oro que se desprenda de él y me lo dé". Yo
lo eché al fuego y salió este ternero». [25]Moisés,
viendo que el pueblo estaba desenfrenado por
culpa de Aarón, que lo había expuesto al ataque
enemigo, [26]se plantó a la puerta del campamen-
to y gritó: «¡Los que estén de parte del Señor,
júntense conmigo!». Y se le juntaron todos los
levitas. [27]Él les dijo: «Esto dice el Señor Dios de
Israel: "Tome cada uno la espada; regresen al
campamento, vayan de puerta en puerta y ma-
ten sin tener en cuenta si es hermano, compa-
ñero, o pariente"». [28]Los levitas cumplieron las
órdenes de Moisés, y aquel día cayeron unos tres
mil hombres del pueblo. [29]Moisés les dijo: «Hoy
se han consagrado al Señor, a costa del hijo o del
hermano, ganándose hoy su bendición».

Intercesión

[30]Al día siguiente Moisés dijo al pueblo: «Han
cometido un pecado gravísimo; pero ahora su-
biré al Señor a ver si puedo conseguir que los
perdone». [31]Volvió, entonces, Moisés al Señor
y le dijo: «Este pueblo ha cometido un peca-
do gravísimo haciéndose dioses de oro. [32]Pero
ahora, o perdonas su pecado o me borras de tu
registro». [33]El Señor respondió: «Al que haya pe-
cado contra mí lo borraré del libro. [34]Ahora ve y
guía a tu pueblo al sitio que te dije: "Mi ángel
irá delante de ti". Y cuando llegue el día de la
cuenta, les pediré cuentas de su pecado». [35]Y el
Señor castigó al pueblo por venerar el ternero
que había hecho Aarón.

Rechazo

33 [1]El Señor dijo a Moisés: «Anda, marcha
desde aquí con el pueblo que sacaste de
Egipto a la tierra que prometí a Abrahán, Isaac
y Jacob que le daría a su descendencia. [2]Enviaré
por delante mi ángel para que expulse a cana-
neos, amorreos, hititas, fereceos, heveos y je-
buseos; [3]a una tierra que mana leche y miel. Pe-
ro yo no iré entre ustedes, porque son un pueblo
duro de cabeza y los aniquilaría en el camino».
[4]Al oír el pueblo palabras tan duras, guardó luto
y nadie se puso sus joyas. [5]El Señor había dicho
a Moisés: «Di a los israelitas: "Son un pueblo de
cabeza dura; si yo los acompañara solo un mo-
mento los aniquilaría; ahora quítense las joyas
que llevan, y ya veré lo que hago con ustedes"».
[6]Los israelitas se desprendieron de sus joyas a
partir del monte Horeb.

La tienda del encuentro

[7]Moisés tomó la tienda y la plantó fuera, a dis-
tancia del campamento, y la llamó: Tienda del
encuentro. El que tenía que consultar al Señor,
salía fuera del campamento y se dirigía a la tien-
da del encuentro. [8]Cuando Moisés salía en direc-
ción a la tienda, todo el pueblo se levantaba y
esperaba a la entrada de sus tiendas, siguiendo
con la vista a Moisés hasta que entraba en la
tienda; [9]en cuanto él entraba, la columna de nu-
be bajaba y se quedaba a la entrada de la tienda,
mientras el Señor hablaba con Moisés. [10]Cuando
el pueblo veía la columna de nube parada a la
puerta de la tienda, se levantaba y se arrodilla-
ba cada uno a la entrada de su tienda en actitud
de adoración. [11]El Señor hablaba con Moisés ca-
ra a cara, como habla un hombre con un amigo.
Después él volvía al campamento, mientras que
Josué, hijo de Nun, su joven ayudante, no se
apartaba de la tienda.

Moisés suplica al Señor

[12]Moisés dijo al Señor: «Mira, tú me has dicho
que guíe a este pueblo, pero no me has comu-
nicado a quién me das como auxiliar, y, sin em-
bargo, dices que me tratas personalmente y que
gozo de tu favor; [13]si gozo de tu favor, enséñame
el camino, y así sabré que gozo de tu favor; ade-
más, ten en cuenta que esta gente es tu pue-

blo». 14Respondió el Señor: «Yo en persona iré
caminando para llevarte al descanso». 15Replicó
Moisés: «Si no vienes en persona, no nos hagas
salir de aquí. 16Porque, ¿en qué se conocerá que
yo y mi pueblo gozamos de tu favor sino en el
hecho de que vas con nosotros? Esto nos distin-
guirá a mí y a mi pueblo de los demás pueblos de
la tierra». 17El Señor le respondió: «También esa
petición te la concedo, porque gozas de mi favor
y te trato personalmente».

La Gloria del Señor I

18Entonces él pidió: «Enséñame tu Gloria».
19Le respondió: «Yo haré pasar ante ti toda mi
riqueza y pronunciaré ante ti el nombre: Señor,
porque yo me compadezco de quien quiero y fa-
vorezco a quien quiero; 20pero mi rostro no lo
puedes ver, porque nadie puede verlo y quedar
con vida». 21Y añadió: «Ahí, junto a la roca, tie-
nes un sitio donde ponerte; 22cuando pase mi
Gloria te meteré en una hendidura de la roca y
te cubriré con mi palma hasta que haya pasado,
23y cuando retire la mano podrás ver mi espalda,
pero mi rostro no lo verás».

Nueva alianza

34 1El Señor ordenó a Moisés: «Lábrate dos
tablas de piedra como las primeras: yo
escribiré en ellas los mandamientos que había
en las primeras, las que tú rompiste. 2Prepárate
para mañana, sube al amanecer al monte Sinaí y
espérame allí, en la cima del monte. 3Que nadie
suba contigo ni asome nadie en todo el mon-
te, ni siquiera las ovejas y vacas pastarán en la
ladera del monte». 4Moisés labró dos tablas de
piedra como las primeras, madrugó y subió al
amanecer al monte Sinaí, según la orden del Se-
ñor, llevando en la mano dos tablas de piedra.
5El Señor bajó en la nube y se quedó con él allí,
y Moisés pronunció el Nombre del Señor. 6El Señor
pasó ante él proclamando: «El Señor, el Señor,
el Dios compasivo y clemente, paciente, rico en
bondad y lealtad, 7que conserva la misericordia
hasta la milésima generación, que perdona cul-
pas, delitos y pecados, aunque no deja impune y
castiga la culpa de los padres en los hijos, nietos
y bisnietos». 8Moisés, al momento, se inclinó y se
echó por tierra. 9Y le dijo: «Si gozo de tu favor,
venga mi Señor con nosotros, aunque seamos un
pueblo de cabeza dura; perdona nuestras culpas y
pecados y tómanos como tu pueblo».
10Respondió el Señor: «Yo voy a hacer un pac-
to. En presencia de tu pueblo haré maravillas
como no se han hecho en ningún país ni nación;
así, todo el pueblo que te rodea verá la obra im-
presionante que el Señor va a realizar contigo.
11Cumple lo que yo te mando hoy, y te quitaré de
delante a amorreos, cananeos, hititas, fereceos,
heveos y jebuseos. 12No hagas alianza con los
habitantes del país donde vas a entrar, porque
sería una trampa para ti. 13Derribarás sus alta-
res, destrozarás sus piedras conmemorativas,
talarás sus árboles sagrados.

Nuevo decálogo

14»No te postres ante dioses extraños, porque
el Señor se llama Dios celoso, y lo es. 15No hagas
alianza con los habitantes del país, porque se
prostituyen con sus dioses, y cuando les ofrez-
can sacrificios te invitarán a comer de las vícti-
mas. 16Ni tomes a sus hijas por mujeres para tus
hijos, porque cuando sus hijas se prostituyan
con sus dioses, prostituirán a tus hijos con sus
dioses. 17No te hagas estatuas de dioses.
18»Guarda la fiesta de los Ázimos: comerás ázi-
mos durante siete días por la fiesta del mes de
abril, según te mandé, porque en ese mes saliste
de Egipto. 19Todas las primeras crías machos de
tu ganado me pertenecen, sean terneros o cor-
deros. 20La primera cría del borrico la rescatarás
con un cordero, y si no la rescatas, la desnuca-
rás. A tu primogénito lo rescatarás, y nadie se
presentará ante mí con las manos vacías.
21»Seis días trabajarás y al séptimo descansa-
rás; durante la siembra y la siega descansarás.
22»Celebra la fiesta de las Semanas al comen-
zar la recolección del trigo y la fiesta de la Cose-
cha al terminar el año.
23»Tres veces al año se presentarán todos los
varones al Señor, Dios de Israel. 24Yo arrojaré
de tu presencia a las naciones, ensancharé tus
fronteras y nadie codiciará tu país mientras tú
subes a visitar al Señor, tu Dios, tres veces al
año. 25No ofrezcas nada fermentado con la san-
gre de mis víctimas. De la víctima de la Pascua
no quedará nada para el día siguiente.
26«Ofrece en el templo del Señor, tu Dios, las
primicias de tus tierras. No cocerás el cabrito en
la leche de la madre.
27El Señor dijo a Moisés: «Escríbete estos man-
datos. Porque estas palabras son las cláusulas
de la alianza que hago contigo y con Israel».
28Moisés pasó allí con el Señor cuarenta días
con sus cuarenta noches: no comió pan ni bebió
agua, y escribió en las tablas las cláusulas del
pacto, los diez mandamientos.

Efectos de la teofanía

29Cuando Moisés bajó del monte Sinaí llevaba
las dos tablas de la alianza en la mano; no sa-
bía que tenía radiante la cara por haber hablado
con el Señor. 30Pero Aarón y todos los israeli-

tas vieron a Moisés con la cara radiante, y no
se atrevieron a acercarse a él. 31Cuando Moisés
los llamó, se acercaron Aarón y los jefes de la
comunidad, y Moisés les habló. 32Después se
acercaron todos los israelitas, y Moisés les co-
municó las órdenes que el Señor le había dado en
el monte Sinaí. 33Y cuando terminó de hablar con
ellos, se echó un velo sobre la cara.
34Cuando Moisés acudía al Señor para hablar
con él, se quitaba el velo hasta la salida. Cuan-
do salía, comunicaba a los israelitas lo que le
habían mandado. 35Los israelitas veían la cara
radiante, y Moisés se volvía a echar el velo sobre
la cara, hasta que volvía a hablar con Dios.

Descanso del sábado

35 1Moisés convocó a toda la asamblea de los
israelitas y les dijo: 2«Esto es lo que el
Señor les manda hacer: "Durante seis días harán
sus tareas, pero el séptimo es el día de descanso
solemne dedicado al Señor. El que trabaje en él
será castigado con la muerte. 3Ese día no en-
cenderán fuego en ninguno de sus poblados"».

Tributos para el Santuario

4Moisés dijo a toda la asamblea de los israeli-
tas: 5«Estas son las órdenes del Señor: reserven
una parte de sus bienes para presentarlos como
ofrenda al Señor; todo hombre generoso ofrecerá
en tributo al Señor oro, plata y bronce, 6púrpura
violácea, roja y escarlata, lino y pelo de cabra,
7pieles de carnero curtidas, pieles finas y madera
de acacia, 8aceite para la lámpara, perfumes para
la unción y para el sahumerio, 9piedras de ónice y
de engaste para el efod y el pectoral. 10Los arte-
sanos, que se presenten para hacer lo que manda
el Señor: 11el santuario con su tienda y cubierta,
ganchos y tablones, travesaños, columnas y ba-
ses, 12el arca con sus travesaños, la tapa y la cor-
tina que la cubre, 13la mesa con sus travesaños y
todos sus utensilios, los panes presentados, 14el
candelabro con las lámparas, con sus utensilios
y el aceite, 15el altar del incienso con sus tra-
vesaños, el aceite de la unción, el incienso del
sahumerio y la antepuerta colocada a la entrada
del santuario, 16el altar de los holocaustos con su
enrejado de bronce, sus utensilios y travesaños,
la fuente para las abluciones con su base, 17las
cortinas del atrio con sus columnas y bases y la
antepuerta de la entrada del atrio, 18las estacas
de la morada, las estacas del atrio con sus cuer-
das, 19los ornamentos sagrados para las funcio-
nes del santuario, los ornamentos sagrados del
sacerdote Aarón y los de sus hijos para oficiar».
20Entonces toda la asamblea de los israelitas se
retiró, 21y todos los hombres generosos que se
sentían animados llevaron tributos al Señor pa-
ra las obras de la tienda del encuentro, para su
culto y para las vestiduras sagradas. 22Acudieron
hombres y mujeres y entregaron generosamen-
te hebillas, pendientes, anillos, pulseras y toda
clase de objetos de oro, y cada uno lo agitaba
ritualmente ante el Señor. 23Los que poseían
púrpura violácea, roja o escarlata, lino, pelo de
cabra, pieles de carnero curtidas y pieles finas
lo llevaron. 24Los que deseaban ofrecer tributo
de plata y bronce se lo llevaron al Señor, y los
que poseían maderas de acacia, las llevaban pa-
ra los diversos usos. 25Las mujeres hábiles en el
oficio hilaron y llevaron las labores en púrpura
violácea, roja, escarlata y en lino. 26Todas las
mujeres hábiles y dispuestas a ayudar tejieron
el pelo de cabra. 27Los jefes llevaron las piedras
de ónice y de engaste para el efod y el pectoral,
28los perfumes, el aceite de la lámpara, el aceite
de la unción y el incienso del sahumerio. 29Los
hombres y mujeres israelitas que se sentían con
generosidad para contribuir a las diversas tareas
que el Señor había mandado hacer a Moisés lleva-
ban su ofrenda voluntaria al Señor.

Artesanos del Santuario

30Moisés dijo a los israelitas: «El Señor ha es-
cogido a Besalel, hijo de Urí, hijo de Jur, de la
tribu de Judá, 31y lo ha colmado de dotes sobre-
humanas, de sabiduría, de destreza y de habili-
dad para su oficio, 32para que proyecte y labre
oro, plata y bronce; 33para que talle piedras y
las engaste; para que talle madera, y para las
demás tareas. 34También le ha dado talento para
enseñar a otros, lo mismo que a Ohliab, hijo de
Ajisamac, de la tribu de Dan. 35Los ha dotado de
habilidad para realizar cualquier clase de labo-
res: bordar en púrpura violácea, roja o escarlata
y en lino; para realizar cualquier clase de labores
y hacer proyectos.

Obras del Santuario

36 1Besalel, Ohliab y todos los artesanos a
quienes el Señor había dotado de habili-
dad y destreza para ejecutar los diversos traba-
jos del santuario realizaron lo que el Señor había
ordenado. 2Moisés convocó a Besalel, Ohliab y
a todos los artesanos a quienes el Señor había
dotado de habilidad y que estaban dispuestos
a colaborar en la ejecución del proyecto, 3y les
entregó personalmente todos los tributos apor-
tados por los israelitas para ejecutar los diversos
trabajos del santuario. Los israelitas continua-
ban llevando ofrendas voluntarias todas las ma-
ñanas. 4Un día los artesanos que trabajaban en el
santuario dejaron sus trabajos, 5y fueron a decir

a Moisés: «El pueblo trae más de lo que se necesita para llevar a cabo los diversos trabajos que el Señor ha ordenado». 6Moisés hizo correr esta voz por el campamento: «Que nadie, ni hombre ni mujer, prepare y traiga más tributos al santuario». 7Y el pueblo dejó de llevarlos. Lo aportado era más que suficiente para realizar las obras.

El Santuario

8Todos los artesanos que colaboraban hicieron el santuario con diez lonas de lino fino reforzado de púrpura violácea, roja y escarlata, y en ellas bordaron querubines. 9Cada lona medía catorce metros de largo por dos de ancho: todas de la misma medida. 10Empalmaron las lonas en dos series de a cinco cada una, 11y en cada uno de los bordes de las dos series pusieron unas presillas de púrpura violácea: 12cincuenta en el borde de la primera y otras cincuenta en el borde de la segunda, de modo que se correspondían. 13Hizo también cincuenta ganchos de oro y unió con ellos las lonas, de modo que el santuario formase una unidad. 14Tejió también once piezas en pelo de cabra para que sirvieran de tienda de campaña al santuario. 15Cada lona medía quince metros de largo por dos de ancho: las once de la misma medida. 16Empalmó cinco lonas por un lado y seis por el otro. 17Puso cincuenta presillas en los bordes de cada serie de lonas empalmadas. 18Hizo también cincuenta ganchos de bronce para cerrar la tienda y formar así una unidad. 19Hizo además para la tienda una cubierta de pieles de carnero curtidas y una sobrecubierta de pieles finas. 20Hizo unos tablones de madera de acacia para el santuario y los colocó verticalmente. 21Cada tablón medía cinco metros de largo por setenta y cinco centímetros de ancho, 22y llevaba dos espigas para ensamblarse con los contiguos. 23Colocó así los tablones del santuario: en la parte sur, veinte tablones, 24y bajo ellos cuarenta bases de plata, dos por tablón, para las espigas. 25En el segundo lado, al norte, otros veinte tablones, 26con sus cuarenta bases, dos por tablón. 27En el fondo del santuario, al oeste, seis tablones de frente 28y dos formando los ángulos. 29Parejos por abajo y perfectamente unidos por arriba hasta la primera anilla. Los dos tablones formaban así los ángulos del fondo de la morada. 30En total, ocho tablones con dieciséis bases, dos por tablón. 31Hizo también cinco travesaños de madera de acacia para los tablones de cada lado 32y cinco para el lado del fondo, al oeste. 33El travesaño central, a media altura de los tablones, atravesaba de un extremo a otro. 34Hizo de oro las anillas, por donde pasaban los travesaños, y revistió de oro los tablones y los travesaños.

La cortina y la antepuerta

35Hizo una cortina de púrpura violácea, roja y escarlata y lino fino reforzado, y bordó en ella querubines. 36La colgó en cuatro columnas de madera de acacia revestidas de oro y provistas de ganchos de oro. Y fundió cuatro bases de plata. 37Hizo también una antepuerta para la tienda, de púrpura violácea, roja y escarlata y lino fino reforzado, recamada artísticamente, 38y cinco columnas provistas de ganchos. Revistió de oro sus capiteles y varillas, y de bronce las cinco bases.

El arca

37 1Besalel hizo el arca de madera de acacia, de ciento veinticinco centímetros de largo por setenta y cinco de ancho y setenta y cinco de alto. 2La revistió de oro de ley por dentro y por fuera, y le aplicó alrededor un listón de oro. 3Fundió oro para hacer cuatro anillas, que colocó en los cuatro ángulos, dos a cada lado. 4Hizo también unos travesaños de madera de acacia y los revistió de oro. 5Metió los travesaños por las anillas laterales del arca para poder transportarla. 6Hizo también una tapa de oro puro de ciento veinticinco centímetros de largo por setenta y cinco de ancho. 7En sus dos extremos hizo dos querubines cincelados en oro: 8cada uno arrancando de un extremo de la tapa 9y cubriéndola con las alas extendidas hacia arriba. Estaban uno frente a otro, mirando al centro de la tapa.

La mesa

10Hizo la mesa de madera de acacia, de un metro de largo por cincuenta centímetros de ancho y setenta y cinco de alto. 11La revistió de oro puro y le aplicó alrededor un listón de oro. 12Le puso alrededor una abrazadera de un palmo, y alrededor de la abrazadera un listón de oro. 13Fundió oro para hacer cuatro anillas, y las colocó en los ángulos de las cuatro patas. 14Sujetó las anillas a la abrazadera, y por ellas se metían los travesaños para transportar la mesa. 15Hizo también travesaños de madera de acacia y los revistió de oro: con ellos se transportaba la mesa. 16Hizo también los utensilios de la mesa: fuentes, bandejas, jarras y copas para la libación, todo de oro puro.

El candelabro

17Hizo el candelabro de oro puro, todo cincelado; de él arrancaban base, fuste, cálices y corolas. 18De sus lados arrancaban seis brazos, tres a cada lado. 19Cada brazo tenía tres copas, como de flor de almendro, con cálices y corolas: eran iguales los seis brazos que arrancaban del

candelabro. 20El candelabro tenía cuatro copas,
como flores de almendro, con cálices y corolas.
21Un cáliz debajo de cada pareja de brazos del
candelabro: los seis brazos del candelabro eran
iguales. 22Cálices y fustes arrancaban de él, to-
dos por igual, cincelados en oro puro. 23Hizo las
siete lámparas, con sus tenazas para arreglar los
pabilos y ceniceros de oro puro. 24Empleó trein-
ta kilos de oro para hacer el candelabro y sus
utensilios.

El altar del incienso

25Hizo el altar del incienso de madera de aca-
cia. Era cuadrado, de cincuenta centímetros de
largo por cincuenta de ancho por un metro de
alto. De él arrancaban los salientes. 26Revistió
de oro puro la parte superior, los cuatro lados
y los salientes. Alrededor le aplicó un listón de
oro. 27Bajo este, en los rebordes de dos lados
opuestos, puso dos anillas de oro, por las cua-
les se metían los travesaños para transportar el
altar. 28Hizo también los travesaños de madera
de acacia y los revistió de oro. 29Hizo también el
aceite de la unción santa y el incienso puro del
sahumerio, según receta de perfumista.

El altar de los holocaustos

38 1Hizo el altar de los holocaustos de ma-
dera de acacia; medía dos metros y medio
de largo por dos y medio de ancho, era cuadrado
y medía metro y medio de alto. 2En las cuatro
esquinas hizo unos salientes que arrancaban
de él y los revistió de bronce. 3También hizo de
bronce todos los utensilios del altar: recipientes
para recoger las cenizas, paletas, aspersorios,
trinchantes y braseros. 4Hizo también para el
altar un enrejado de bronce, y lo colocó bajo los
rebordes de modo que bajara hasta media altu-
ra del altar. 5Soldó cuatro anillas a los cuatro
ángulos del enrejado de bronce para meter por
ellas los travesaños. 6Hizo los travesaños de ma-
dera de acacia y los revistió de bronce. 7Los me-
tió por las anillas de los dos lados del altar para
transportarlo. Hizo el altar de tablas y hueco por
dentro. 8Hizo de bronce la fuente y su base con
los espejos de las mujeres que servían a la entra-
da de la tienda del encuentro.

El atrio del Santuario

9Así hizo el atrio: en el lado sur puso unas
cortinas de lino fino reforzado, dispuestas a lo
largo de cincuenta metros. 10Las veinte colum-
nas y bases eran de bronce, los ganchos de las
columnas y las varillas eran de plata. 11En el lado
norte puso cortinas dispuestas a lo largo de cin-
cuenta metros, colgadas de veinte columnas con
sus bases de bronce; los ganchos y las varillas de
las columnas eran de plata. 12En el lado del oes-
te puso cortinas dispuestas a lo largo de vein-
ticinco metros, con diez columnas y diez bases;
los ganchos y las varillas de las columnas eran
de plata. 13El lado del este tenía una anchura de
veinticinco metros. 14A un lado de la entrada del
atrio puso cortinas de siete metros y medio, 15y
al otro lado de la entrada del atrio cortinas de
siete metros y medio con tres columnas y tres
bases. 16Todas las cortinas que rodeaban el atrio
eran de lino puro reforzado. 17Las bases de las
columnas eran de bronce; los ganchos y varillas,
de plata. Revistió de plata los capiteles, y todas
las columnas del atrio llevaban varillas de plata.
18La antepuerta del atrio era de púrpura violá-
cea, roja y escarlata y lino fino reforzado, y es-
taba recamada artísticamente. Medía diez me-
tros de largo por dos y medio de alto, lo mismo
que las cortinas del atrio. 19Colgaba de cuatro
columnas, con sus bases de bronce; los ganchos
eran de plata. Y revistió de plata los capiteles y
las varillas. 20Todas las estacas que rodeaban el
atrio del santuario eran de bronce.

Los gastos

21Estos son los gastos de la construcción del
santuario de la alianza, que registraron los le-
vitas por orden de Moisés y bajo la dirección de
Itamar, hijo del sacerdote Aarón. 22Besalel, hijo
de Urí, hijo de Jur, de la tribu de Judá, hizo todo
lo que el Señor había ordenado a Moisés. 23Le
ayudó Ohliab, hijo de Ajisamac, de la tribu de
Dan, artesano, dibujante y bordador en púrpura
violácea, roja y escarlata, y en lino. 24El total de
oro empleado en la construcción del santuario,
oro de la ofrenda agitada ritualmente, fue de
ochocientos setenta y ocho kilos –peso del tem-
plo–. 25La plata recogida entre los miembros de
la asamblea fue tres mil dieciocho kilos –peso
del templo–. 26Cinco gramos de plata –peso del
templo– por cada uno de los registrados en el
censo, de veinte años para arriba, o sea, seis-
cientos tres mil quinientos cincuenta hombres.
27Tres mil kilos de plata se emplearon en la fun-
dición de las bases del templo y de la cortina,
a razón de treinta kilos por base. 28Con los die-
ciocho kilos restantes se hicieron los ganchos
y las varillas de las columnas y se revistieron
los capiteles. 29El bronce de la ofrenda agitada
ritualmente pesó dos mil ciento veinticuatro ki-
los. 30Se empleó en hacer las bases de la entrada
de la tienda del encuentro, el altar de bronce
con su rejilla y todos los utensilios del altar,
31las bases del atrio y de su puerta, todas las
estacas del santuario y las del atrio.

Los ornamentos sacerdotales

39 1Confeccionaron los ornamentos sagrados
para el servicio del santuario en púrpura
violácea, roja y escarlata, y lino fino reforzado.
Y del mismo material hicieron los ornamentos
sagrados de Aarón, como el Señor se lo había
ordenado a Moisés.

El efod

2Hicieron el efod de oro, púrpura violácea,
roja y escarlata y lino fino reforzado. 3Hicieron
panes de oro, los cortaron en hilos y los borda-
ron en la púrpura violácea, roja y escarlata, y
en el lino fino reforzado. 4Hicieron también dos
hombreras unidas por los extremos. 5El cintu-
rón para sujetar el efod arrancaba de él y era de
la misma labor: de oro, púrpura violácea, roja y
escarlata y lino fino reforzado, como el Señor
se lo había ordenado a Moisés. 6Engarzaron las
piedras de ónice en filigrana de oro y grabaron
en ellas, como en un sello, los nombres de las
tribus israelitas. 7Las aplicaron a las hombreras
del efod: piedras recordatorio de los israelitas,
como el Señor se lo había ordenado a Moisés.

El pectoral

8Hizo artísticamente el pectoral, de la misma
labor que el efod: oro, púrpura violácea, roja
y escarlata y lino puro reforzado. 9Era doble y
cuadrado, un palmo de largo por uno de ancho.
10Estaba cubierto con cuatro filas de piedras: en
la primera fila, carnelita, topacio y azabache;
11en la segunda fila, esmeralda, zafiro y diaman-
te; 12en la tercera fila, jacinto, ágata y amatista;
13en la cuarta fila, topacio, ónice y jaspe. Las
guarniciones de pedrería iban engarzadas en
filigrana de oro. 14Pusieron doce piedras, como
el número de las tribus israelitas. Cada piedra
llevaba grabado, como un sello, el nombre de
una de las doce tribus. 15Hicieron además para
el pectoral cadenas de oro puro trenzadas como
cordones; 16dos engastes de oro y dos anillas de
oro, que sujetaron a los dos extremos del pecto-
ral. 17Pasaron los dos cordones de oro por las dos
anillas del pectoral 18y unieron los dos cabos de
los cordones a las dos filigranas, y los fijaron en
las hombreras del efod por la parte delantera.
19Hicieron otras dos anillas de oro y las coloca-
ron en los dos extremos del pectoral, en el borde
interior que toca el efod. 20Y otras dos anillas de
oro, que fijaron en la parte interior y delantera
de las hombreras del efod, junto al empalme y
más arriba del cinturón del efod. 21Con un cor-
dón de púrpura violácea sujetaron las anillas del
pectoral con las del efod, de modo que quedara
sobre el cinturón del efod y no pudiera despren-
derse el pectoral del efod, como el Señor se lo
había ordenado a Moisés.

El manto

22Hizo el manto del efod todo él de púrpura
violácea. 23Tenía arriba una abertura en el cen-
tro, reforzada alrededor con un dobladillo, como
el de los chalecos de cuero, para que no se ras-
gara. 24En el borde del manto, todo alrededor,
pusieron granadas de púrpura violácea, roja y
escarlata, 25y alternando con ellas, cascabeles
de oro: cascabel y granada todo alrededor. 26Se
usaba para oficiar, como el Señor se lo había or-
denado a Moisés.

Otros vestidos

27Para Aarón y sus hijos hicieron túnicas teji-
das en lino, 28turbantes y birretas con adornos,
y pantalones de lino fino reforzado. 29Las fajas
en lino fino reforzado, púrpura violácea, roja y
escarlata, recamadas artísticamente, como el
Señor se lo había ordenado a Moisés.

La flor de oro

30Hicieron de oro puro la flor de la diadema
santa, y grabaron en ella, como en un sello: Con-
sagrado al Señor. 31La sujetaron al turbante por
su parte superior, con un cordón de púrpura vio-
lácea, como el Señor se lo había ordenado a Moi-
sés. 32Así terminaron los trabajos del santuario
y de la tienda del encuentro. Los israelitas los
hicieron ajustándose a lo que el Señor había or-
denado a Moisés.

Presentación de la obra

33Le presentaron a Moisés el santuario, la
tienda y todos sus utensilios: ganchos, tablo-
nes, travesaños, columnas y bases. 34La cubier-
ta de pieles de carnero curtidas, la cubierta de
pieles finas y la cortina de la antepuerta. 35El
arca de la alianza con travesaños y tapa. 36La
mesa con sus utensilios y los panes presentados.
37El candelabro de oro puro, con sus lámparas en
orden, sus utensilios y el aceite de las lámparas.
38El altar de oro y el aceite de la unción y del
sahumerio y la antepuerta de la tienda. 39El al-
tar de bronce con su rejilla, travesaños y demás
utensilios; la fuente con su base. 40Las cortinas
del atrio con columnas y bases; la antepuerta
de la entrada del atrio con cuerdas, estacas y
demás utensilios del servicio del santuario de la
tienda del encuentro. 41Los ornamentos sagra-
dos para oficiar en el santuario, los ornamentos
que el sacerdote Aarón y sus hijos usaban para
oficiar. 42Los israelitas hicieron todos los tra-
bajos ajustándose a lo que el Señor había orde-

nado a Moisés. 43Moisés examinó toda la labor, comprobó que se ajustaban a lo ordenado por el Señor, y les dio la bendición.

Mandato del Señor

40 1El Señor habló a Moisés: 2«El día uno del mes primero instalarás el santuario de la tienda del encuentro: 3pondrás en él el arca de la alianza y la taparás con la cortina; 4meterás la mesa y colocarás en ella los panes; meterás el candelabro y encenderás las lámparas; 5pondrás el altar de oro del incienso delante del arca de la alianza, y colgarás la antepuerta del santuario; 6colocarás el altar de los holocaustos delante de la puerta del santuario de la tienda del encuentro; 7pondrás la fuente entre la tienda del encuentro y el altar, y le echarás agua; 8alrededor levantarás el atrio y pondrás la antepuerta de la entrada del atrio.

9»Tomarás el aceite de la unción y ungirás el santuario y cuanto hay en él: lo consagrarás con todos sus utensilios y quedará consagrado. 10Ungirás también el altar de los holocaustos con todos sus utensilios, lo consagrarás y será sacrosanto. 11Ungirás también la fuente con su base y las consagrarás.

12»Después mandarás acercarse a Aarón y a sus hijos a la puerta de la tienda del encuentro y los harás bañarse. 13Vestirás a Aarón con los ornamentos sagrados, lo ungirás y lo consagrarás como sacerdote mío. 14Después mandarás acercarse a sus hijos, y les vestirás la túnica; 15los ungirás como ungiste a su padre, para que sean mis sacerdotes. La unción les conferirá el sacerdocio perpetuo en todas sus generaciones».

Ejecución de las órdenes

16Moisés hizo todo ajustándose a lo que el Señor le había mandado.

17El día uno del mes primero del segundo año fue instalado el santuario. 18Moisés instaló el santuario, colocó las bases, puso los tablones con sus travesaños y plantó las columnas; 19montó la tienda de campaña sobre el santuario y puso la cubierta sobre la tienda, como el Señor se lo había ordenado a Moisés.

20Colocó el documento de la alianza en el arca, sujetó al arca los travesaños y la cubrió con la tapa. 21Después la metió en el santuario y colocó la cortina de modo que tapase el arca de la alianza, como el Señor se lo había ordenado a Moisés.

22Colocó también la mesa en la tienda del encuentro, en la parte norte del santuario y fuera de la cortina. 23Sobre ella colocó los panes presentados al Señor, como se lo había ordenado el Señor a Moisés.

24Colocó el candelabro en la tienda del encuentro, en la parte sur del santuario, frente a la mesa; 25encendió las lámparas en presencia del Señor, como el Señor se lo había ordenado a Moisés.

26Puso el altar de oro en la tienda del encuentro, frente a la cortina, 27y quemó sobre él el incienso del sahumerio, como el Señor se lo había ordenado a Moisés.

28Después colocó la antepuerta del santuario. 29Puso el altar de los holocaustos a la puerta del santuario de la tienda del encuentro, y sobre él ofreció el holocausto y la ofrenda, como el Señor se lo había ordenado a Moisés.

30Colocó la fuente entre la tienda del encuentro y el altar, y echó agua para las abluciones. 31Moisés, Aarón y sus hijos se lavaban manos y pies 32cuando iban a entrar en la tienda del encuentro para acercarse al altar, como el Señor se lo había ordenado a Moisés.

33Alrededor del santuario y del altar levantó el atrio, y colocó la antepuerta a la entrada del mismo. Y así acabó la obra Moisés.

La Gloria del Señor

34Entonces la nube cubrió la tienda del encuentro, y la Gloria del Señor llenó el santuario. 35Moisés no pudo entrar en la tienda del encuentro, porque la nube se había apostado sobre ella y la Gloria del Señor llenaba el santuario. 36En todas las etapas del camino cuando la nube se alzaba del santuario, los israelitas levantaban el campamento. 37Pero cuando la nube no se alzaba, los israelitas esperaban hasta que se alzase. 38Porque de día la nube del Señor se posaba sobre el santuario, y de noche el fuego brillaba en ella, a la vista de toda la casa de Israel. Y esto sucedía en todas las etapas del camino.

LEVÍTICO

RITUAL DE LOS SACRIFICIOS (1–7)

Holocausto

1 1El Señor llamó a Moisés y le habló desde la tienda del encuentro: 2«Di a los israelitas: Cuando hagan una ofrenda al Señor, esta será de ganado mayor o menor.

3»Si es un holocausto de ganado mayor, ofrecerá un macho sin defecto, lo llevará a la entrada de la tienda del encuentro para que lo acepte el Señor. 4Pondrá la mano sobre la cabeza de la víctima, y el Señor se lo aceptará como expiación. 5Degollará la res en presencia del Señor. Los sacerdotes aaronitas ofrecerán la sangre y con ella rociarán por todos los lados el altar, que está a la entrada de la tienda del encuentro. 6Desollará la víctima y la dividirá en pedazos. 7Los sacerdotes aaronitas harán fuego sobre el altar y apilarán leña sobre el fuego. 8Los sacerdotes aaronitas colocarán después cabeza, trozos y grasa sobre la leña, sobre el fuego, sobre el altar. 9Lavarán vísceras y patas. El sacerdote lo dejará quemarse completamente sobre el altar. Es un holocausto: ofrenda de aroma que aplaca al Señor.

10»Si es un holocausto de ganado menor, corderos o cabritos, ofrecerá un macho sin defecto. 11Lo degollará en el lado norte del altar, en presencia del Señor. Los sacerdotes aaronitas rociarán con la sangre todos los lados del altar. 12El sacerdote lo cortará en pedazos y colocará la cabeza y la grasa sobre la leña, sobre el fuego, sobre el altar. 13Lavarán vísceras y patas. El sacerdote lo dejará quemarse completamente sobre el altar. Es un holocausto: ofrenda de aroma que aplaca al Señor.

14»Si es un holocausto de aves, su ofrenda será de tórtolas o pichones de paloma. 15El sacerdote la llevará al altar y le retorcerá el cuello. La dejará quemarse sobre el altar, después de exprimir la sangre a un lado del mismo. 16Le quitará buche y plumas, y los arrojará al este del altar, en el lugar de las cenizas. 17Le rasgará las alas sin arrancarlas, y el sacerdote dejará quemarse la víctima sobre el altar, sobre la leña, sobre el fuego. Es un holocausto: ofrenda de aroma que aplaca al Señor.

Ofrendas de cereales

2 1»Cuando alguien haga una ofrenda al Señor, su ofrenda será de harina de la mejor calidad, sobre la que se echará aceite y pondrá incienso. 2La llevará a los sacerdotes aaronitas, y uno de estos, tomando un puñado de harina, con aceite y todo el incienso, lo dejará quemarse sobre el altar, en obsequio. Es una ofrenda de aroma que aplaca al Señor. 3El resto de la ofrenda será para Aarón y sus descendientes. Es la porción sagrada de la ofrenda al Señor.

4»Si haces una ofrenda cocida al horno, esta será de tortas ázimas de la mejor harina amasadas con aceite y de galletas ázimas untadas de aceite.

5»Si tu ofrenda es a la sartén, esta será de la mejor harina ázima amasada con aceite. 6La partirás en pedazos y le echarás encima aceite. Es una ofrenda.

7»Si tu ofrenda es a la parrilla, esta será de harina de la mejor calidad con aceite. 8La ofrenda así preparada la presentarás al Señor llevándola al sacerdote, quien la pondrá junto al altar. 9Tomará de la ofrenda el obsequio y lo dejará quemarse sobre el altar. Es una ofrenda de aroma que aplaca al Señor. 10El resto de la ofrenda será para Aarón y sus descendientes. Es la porción sagrada de la ofrenda al Señor.

11»Toda ofrenda que hagan al Señor será sin fermentar, porque nada que contenga levadura o miel debe ser quemado en ofrenda al Señor. 12Las pueden ofrecer al Señor como primicias, pero no las pondrán sobre el altar como aroma que aplaca. 13En cambio pondrás sal a todas las ofrendas. No dejes de echar a tus ofrendas la sal de la alianza de tu Dios. Todas las ofrecerás sazonadas.

14»Si haces una ofrenda de primicias al Señor, esta será de granos de espigas tiernas, tostados y machacados. 15Le echarás aceite y le pondrás incienso. Es una ofrenda. 16El sacerdote quemará, en obsequio, algo de la masa y el aceite con todo el incienso. Es una ofrenda al Señor.

Sacrificios de comunión

3 1»Cuando su ofrenda sea un sacrificio de comunión: Si es de ganado mayor, ofrecerá al Señor un macho o una hembra sin defecto. 2Pondrá la mano sobre la cabeza de la víctima y la degollará a la entrada de la tienda del encuentro. Los sacerdotes aaronitas rociarán con la sangre el altar por todos los lados. 3Del sacrificio de comunión ofrecerá en ofrenda al Señor la grasa que envuelve las vísceras y su gordura, 4los dos riñones con su grasa, la grasa junto a los lomos y el lóbulo del hígado junto a los riñones: todo esto lo apartará. 5Los aaronitas la dejarán quemarse sobre el altar, sobre el holocausto, sobre la leña, sobre el fuego. Es una ofrenda de aroma que aplaca al Señor.

6»Si es de ganado menor, ofrecerá al Señor un macho o una hembra sin defecto.

7»Si es un cordero lo que ofrece, lo llevará a la presencia del Señor. 8Pondrá la mano sobre la cabeza de la víctima y la degollará ante la tienda del encuentro. Los sacerdotes aaronitas rociarán con la sangre el altar por todos los lados. 9Del sacrificio de comunión ofrecerán en ofrenda al Señor la grasa, la cola entera cortada desde la rabadilla, la grasa que envuelve las vísceras y sus gorduras: 10los dos riñones con su grasa, la grasa junto a los lomos y el lóbulo del hígado junto a los riñones: todo esto lo apartará. 11El sacerdote la dejará quemarse sobre el altar. Es comida en ofrenda al Señor.

12»Si es un cabrito lo que ofrece, lo llevará a la presencia del Señor. 13Pondrá la mano sobre la cabeza de la víctima y la degollará ante la tienda del encuentro. Los sacerdotes aaronitas rociarán con la sangre el altar por todos los lados. 14De él ofrecerán en ofrenda al Señor la grasa que envuelve las vísceras y sus gorduras, 15los dos riñones con su grasa, la grasa junto a los lomos y el lóbulo del hígado junto a los riñones: todo esto lo apartará. 16El sacerdote lo dejará quemarse sobre el altar. Es comida en ofrenda de aroma que aplaca al Señor. Toda grasa le pertenece al Señor.

17»Esta es una ley perpetua para todas las generaciones y en todos sus poblados: no comerán grasa ni sangre».

Sacrificios de expiación

4 1El Señor habló a Moisés: 2«Di a los israelitas: Cuando alguien, por inadvertencia, traspase alguna de las prohibiciones del Señor, haciendo algo prohibido:

3»Si es el sacerdote ungido el que cometió la transgresión, comprometiendo así al pueblo, ofrecerá al Señor por la trasgresión cometida un novillo sin defecto en sacrificio expiatorio. 4Lo llevará a la entrada de la tienda del encuentro, a la presencia del Señor. Pondrá la mano sobre la cabeza de la víctima y la degollará en presencia del Señor. 5El sacerdote ungido tomará sangre del novillo y la llevará a la tienda del encuentro. 6Mojando un dedo en la sangre y en presencia del Señor, salpicará con ella siete veces en dirección a la cortina del santuario. 7Luego, en presencia del Señor, el sacerdote untará con la sangre los salientes del altar del sahumerio, situado en la tienda del encuentro, y derramará toda la sangre del novillo al pie del altar de los holocaustos, situado a la entrada de la tienda del encuentro. 8Quitará al novillo de expiación toda la grasa: la grasa que envuelve las vísceras y sus gorduras: 9los dos riñones con sus grasas, la grasa junto a los lomos y el lóbulo del hígado junto a los riñones; 10todo esto lo apartará, como se hace con el toro del sacrificio de comunión. El sacerdote la dejará quemarse sobre el altar de los holocaustos. 11El resto del novillo, la piel, la carne con cabeza y patas, vísceras y excrementos, 12lo sacará fuera del campamento a un lugar puro, donde se echan las cenizas, y lo quemará sobre la leña. En el lugar donde se echan las cenizas debe ser quemado.

13»Si es toda la comunidad israelita la que por inadvertencia traspasó alguna prohibición del Señor, haciéndose culpable, y el asunto queda oculto a la comunidad, 14esta, al darse cuenta de la transgresión cometida, ofrecerá en sacrificio expiatorio un novillo, que llevará hasta la tienda del encuentro. 15Las autoridades pondrán las manos sobre la cabeza de la víctima y la degollarán en presencia del Señor. 16Luego el sacerdote ungido llevará sangre del novillo a la tienda del encuentro. 17Mojando un dedo en la sangre y en presencia del Señor, salpicará con ella siete veces en dirección a la cortina del santuario. 18Untará con la sangre los salientes del altar del sahumerio, situado ante el Señor en la tienda del encuentro, y derramará toda la sangre al pie del altar de los holocaustos, situado a la entrada de la tienda del encuentro. 19Le quitará toda la grasa y la dejará quemarse sobre el altar. 20Hará con este novillo como se hace con el del sacrificio expiatorio. De esta manera el sacerdote realizará la expiación a favor de la comunidad y la comunidad quedará perdonada. 21Sacará el novillo fuera del campamento y lo quemará como el primero. Es el sacrificio expiatorio de la asamblea.

22»Si es un jefe el que por inadvertencia traspasó alguna prohibición del Señor, su Dios, haciéndose culpable, 23al darse cuenta de la trasgresión cometida, ofrecerá en ofrenda un macho sin defecto. 24Pondrá la mano sobre la cabeza de la víctima, y en presencia del Señor la degollará en el matadero de los holocaustos. Es un sacrificio expiatorio. 25El sacerdote, mojando un dedo en la sangre de la víctima, untará los salientes del altar de los holocaustos y derramará la sangre al pie del mismo altar. 26Toda la grasa la dejará quemarse sobre el altar como se hace con los sacrificios de comunión. De esta manera el sacerdote realizará la expiación a favor del culpable y el culpable quedará perdonado.

27»Si es un propietario el que por inadvertencia traspasó alguna prohibición del Señor, haciéndose culpable, 28al darse cuenta de la trasgresión cometida, ofrecerá una cabra sin defecto en sacrificio expiatorio. 29Pondrá la mano sobre la cabeza de la víctima y la degollará en el matadero de los holocaustos. 30El sacerdote, mojando un dedo en la sangre, untará los salientes del altar de los holocaustos y derramará la sangre al pie del mismo altar. 31Le quitará toda la grasa, como en los sacrificios de comunión, y la dejará quemarse sobre el altar como aroma que aplaca al Señor. De esta manera, el sacerdote realizará la expiación a favor de esa persona, y esa persona quedará perdonada.

32»Si ofrece un cordero en sacrificio expiatorio, será hembra y sin defecto. 33Pondrá la mano sobre la cabeza de la víctima y la degollará en sacrificio expiatorio en el matadero de los holocaustos. 34El sacerdote, mojando un dedo en la sangre de la víctima, untará los salientes del altar de los holocaustos y derramará toda la sangre al pie del mismo altar. 35Le quitará toda la grasa, como al cordero de los sacrificios de comunión, y la dejará quemarse sobre el altar en ofrenda al Señor. De esta manera el sacerdote realizará la expiación a favor de esa persona, y esa persona quedará perdonada.

Casos particulares

5 1»Si alguno, citado bajo pena a declarar como testigo –de vista o de oído–, no declara, peca y debe cargar con la culpa.

2»Si alguno, sin darse cuenta, toca algo impuro, sea el cadáver de una fiera impura, sea el cadáver de ganado impuro, o el de un animal impuro, también, cuando se entere, quedará impuro y será culpable.

3»Si alguno, sin darse cuenta, toca a una persona impura, manchada con cualquier clase de impureza, cuando se entere, se vuelve culpable.

4»Si alguno, sin darse cuenta, jura a la ligera, para mal o para bien –como hace la gente–, cuando se entere, se vuelve culpable.

5»El que por cualquiera de estas causas se vuelva culpable, en cualquier caso, confesará su pecado. 6Y por el pecado cometido, en penitencia, ofrecerá al Señor una hembra de ganado menor, oveja o cabra, por su trasgresión. El sacerdote realizará la expiación a favor de esa persona por el pecado cometido y se le perdonará.

Casos de pobres

7»Si no tiene lo suficiente para un cabrito, por la transgresión cometida ofrecerá al Señor dos tórtolas o dos pichones de paloma: uno en sacrificio por el pecado y el otro en holocausto. 8El sacerdote los llevará y ofrecerá en primer lugar la víctima destinada al sacrificio por el pecado, le retorcerá el cuello, pero sin arrancarle la cabeza. 9Con la sangre de la víctima salpicará la pared del altar y exprimirá el resto de la sangre al pie del mismo altar. Es un sacrificio expiatorio. 10El segundo lo ofrecerá en holocausto, según lo establecido. De esta manera el sacerdote realizará la expiación a favor de esa persona por el pecado cometido y se le perdonará.

11»Y si no tiene lo suficiente para dos tórtolas o dos pichones de paloma, hará una ofrenda de la décima parte de una medida de la mejor harina por la trasgresión cometida. No le pondrá aceite ni incienso, porque es un sacrificio expiatorio. 12La llevará al sacerdote, y este, tomando un puñado en obsequio, lo dejará quemarse sobre el altar, en ofrenda al Señor. Es un sacrificio expiatorio.

13»De esta manera el sacerdote realizará la expiación a favor de esa persona por el pecado cometido en cualquiera de aquellos casos, y se le perdonará. El resto, como las ofrendas de harina pura, le corresponde al sacerdote».

Sacrificio penitencial

14El Señor dijo a Moisés: 15«El que cometa un delito, defraudando por inadvertencia algo consagrado al Señor, ofrecerá al Señor en penitencia un carnero sin defecto, tasado en veinte gramos de plata –pesos del templo–. 16Y lo que defraudó lo restituirá con recargo de un veinte por ciento. Lo entregará al sacerdote, y este con el carnero del sacrificio penitencial realizará la expiación a favor de esa persona, y se le perdonará.

17»Si alguno, sin darse cuenta, traspasa alguna prohibición del Señor, se vuelve culpable y carga con la culpa. 18Llevará al sacerdote un carnero sin defecto, tasado en proporción a la culpa. El sacerdote realizará la expiación a favor de esa persona por el pecado cometido por inadvertencia, y se le perdonará. 19Es un sacrificio penitencial porque era realmente culpable delante del Señor».

Fraude contra el prójimo

20El Señor dijo a Moisés: 21«El que cometa un delito contra el Señor defraudando a su prójimo, en un depósito, préstamo, robo, explotación o 22apropiación con juramento falso de algo perdido –uno de los pecados que suelen cometer los hombres–, 23pecando e incurriendo en culpa, deberá restituir lo robado, lo ganado con explotación, el depósito o lo perdido que se apropió 24con juramento falso. Lo restituirá por completo con recargo de un veinte por ciento, y se lo devolverá al propietario al ofrecer el sacrificio penitencial. 25Como víctima, ofrecerá al Señor un carnero sin defecto, tasado en proporción al delito. 26Lo llevará al sacerdote, quien realizará la expiación ante el Señor, y se le perdonará cualquier delito que haya cometido».

Derechos y deberes sacerdotales

6 1El Señor habló a Moisés: 2«Da estas órdenes a Aarón y a sus hijos:

»Esta es la ley del holocausto: El holocausto arderá sobre el fuego del altar de la noche a la mañana, y el fuego del altar arderá sin apagarse. 3El sacerdote, vistiéndose con su túnica de lino, se cubrirá con un pantalón también de lino, retirará del altar la ceniza que deja el fuego al consumir el holocausto y la dejará junto al altar. 4Después se cambiará de vestiduras para sacar la ceniza fuera del campamento a un lugar puro. 5El fuego del altar tiene que arder sin apagarse, el sacerdote lo alimentará con leña cada mañana, sobre ella colocará el holocausto y dejará que se queme la grasa de los sacrificios de comunión. 6Es un fuego que tiene que arder sobre el altar continuamente, sin apagarse.

7»Esta es la ley de la ofrenda: Los aaronitas llevarán la ofrenda al altar, a la presencia del Señor. 8Y tomando de la ofrenda un puñado de harina de la mejor calidad con aceite y todo el incienso, lo dejará quemarse sobre el altar en obsequio de aroma que aplaca al Señor. 9El resto de la ofrenda lo comerán Aarón y sus hijos. Se comerá sin levadura, en lugar sagrado, en el atrio de la tienda del encuentro lo comerán. 10No se cocerá fermentado, es la parte que les doy de mi ofrenda. Es porción sagrada, como en el sacrificio expiatorio y en el sacrificio penitencial. 11La pueden comer todos los varones aaronitas: es su porción de las ofrendas del Señor, a lo largo de las generaciones. El que las toque queda consagrado».

12El Señor dijo a Moisés:

13»Ofrenda de Aarón y sus hijos el día de su unción: La décima parte de una medida de la mejor harina como ofrenda permanente, la mitad por la mañana y la mitad al atardecer. 14La presentarás preparada con aceite en la sartén, y la ofrenda hecha migajas la ofrecerás en aroma que aplaca al Señor. 15Igualmente hará el sacerdote ungido que le suceda. Esta es una ley perpetua: toda ella se quemará en honor al Señor. 16Toda ofrenda sacerdotal se ha de quemar por completo, no se comerá».

17El Señor habló a Moisés: 18«Di a Aarón y a sus hijos:

»Esta es la ley del sacrificio expiatorio: La víctima por el pecado se degollará en el matadero de los holocaustos, en presencia del Señor. Es porción sagrada. 19El sacerdote que la ofrece la comerá. Se comerá en lugar sagrado, en el atrio de la tienda del encuentro. 20El que toque su carne queda consagrado. El vestido sobre el que salpique sangre de aspersión se lavará en lugar sagrado. 21La vasija en que se cueza, si es de barro, se romperá; si es de bronce, se fregará y se enjuagará. 22Pueden comer la carne todos los sacerdotes varones. Es porción sagrada. 23Pero ninguna víctima expiatoria cuya sangre haya de llevarse a la tienda del encuentro, para expiar en el santuario, se comerá; debe ser quemada.

7 1»Esta es la ley del sacrificio penitencial: La víctima de este sacrificio es porción sagrada. 2Degollarán la víctima del sacrificio penitencial en el matadero de los holocaustos. El sacerdote con la sangre rociará el altar por todos los lados. 3Ofrecerá toda la grasa: la cola y la grasa que envuelve las vísceras, 4los dos riñones con su grasa, la grasa junto a los lomos y el lóbulo del hígado junto a los riñones: todo esto lo apartará. 5Lo dejará quemarse sobre el altar en ofrenda al Señor. Es un sacrificio penitencial. 6Lo puede comer todo sacerdote varón, se comerá en lugar sagrado. Es porción sagrada.

7»Lo mismo vale para el sacrificio expiatorio y para el penitencial. Le pertenece al sacerdote que realice la expiación. 8Al sacerdote que ofrece el holocausto le pertenece la piel de la víctima. 9Toda ofrenda cocida al horno, asada a la parrilla o frita en la sartén le pertenece al sacerdote celebrante. 10Toda ofrenda amasada con aceite o seca les pertenece a los aaronitas, a todos por igual.

11»Esta es la ley de los sacrificios de comunión que se ofrecen al Señor:

12»Si es un sacrificio de acción de gracias, además de la víctima, se ofrecerán tortas ázimas amasadas con aceite, galletas ázimas untadas de aceite y de harina de la mejor calidad embebida en aceite. 13Con la víctima del sacrificio de comunión, que se ofrecen en acción de gracias, hará una ofrenda de tortas de pan fermentado. 14De todas estas oblaciones se ofrecerá una en tributo al Señor. Ella le pertenece al sacerdote que roció con la sangre de la víctima. 15La carne de este sacrificio de acción de gracias se comerá el día en que se ofrece, sin dejar nada para el día siguiente.

16»Si es un sacrificio voluntario o en cumplimiento de un voto, se comerá la víctima el día en que se ofrece; el resto se comerá al día siguiente. 17Pero si sobra carne de la víctima, se quemará al tercer día. 18Y si alguno come carne de este sacrificio de comunión al tercer día, el sacrificio es inválido, no se le tendrá en cuenta. Lo que sobra se considera desecho, y el que lo coma cargará con la culpa.

19»La carne que toque algo impuro no se puede comer. Hay que quemarla. Solo el que está puro podrá comer la carne. 20El que estando impuro coma de la carne del sacrificio de comunión ofrecida al Señor, será excluido de su pueblo. 21El que habiendo tocado algo impuro –de hombre, de ganado impuro o de cualquier animal impuro– coma carne del sacrificio de comunión ofrecido al Señor, será excluido de su pueblo».

22El Señor habló a Moisés: 23«Di a los israelitas: No comerás grasa de toro, cordero ni cabrito. 24La grasa de un animal muerto o desgarrado por una bestia servirá para cualquier uso, pero no la pueden comer. 25Porque todo el que coma grasa del ganado ofrecido en ofrenda al Señor será excluido de su pueblo. 26No comerán sangre ni de ganado ni de ave, en ninguno de sus poblados. 27Todo el que coma sangre será excluido de su pueblo».

28El Señor habló a Moisés: 29«Di a los israelitas: El que ofrezca un sacrificio de comunión al Señor, llevará de dicho sacrificio su ofrenda al Señor. 30Él mismo llevará en ofrenda al Señor la grasa y el pecho, y lo agitará ritualmente en presencia del Señor. 31El sacerdote dejará quemarse la grasa sobre el altar. El pecho le pertenece a Aarón y a sus hijos. 32De los sacrificios de comunión ustedes darán al sacerdote como tributo la pierna derecha. 33Al aaronita que ofrezca la sangre y la grasa del sacrificio de comunión le pertenece como arancel la pierna derecha. 34Porque el pecho agitado ritualmente y la pierna del tributo lo recibo de los israelitas, de sus sacrificios de comunión, y se lo doy a Aarón, sacerdote, y a sus hijos. Es porción perpetua cedida por los israelitas.

35»Esta es la ración de Aarón y de sus hijos, de las oblaciones al Señor, desde que son promovidos al sacerdocio del Señor. 36El Señor ha mandado a los israelitas que se lo den a los sacerdotes, desde el día en que estos son ungidos. Esta es una ley perpetua para todas las generaciones».

37»Esta es la ley del holocausto, de la ofrenda, del sacrificio expiatorio, del penitencial, del sacrificio de consagración y del de comunión. 38El Señor se lo mandó a Moisés en el monte Sinaí, cuando mandó a los israelitas en el desierto Sinaí que le ofrecieran oblaciones».

CEREMONIAS DE ORDENACIÓN (8–10)

Consagración de Aarón y sus hijos

8 1El Señor habló a Moisés: 2«Toma a Aarón y a sus hijos, los vestidos, el aceite de la unción, el novillo del sacrificio expiatorio, los dos carneros y la canasta de panes ázimos, 3y convoca a toda la asamblea a la entrada de la tienda del encuentro».

4Moisés cumplió el mandato del Señor, y la asamblea se congregó a la entrada de la tienda del encuentro. 5Moisés dijo a la asamblea: «Esto es lo que manda hacer el Señor». 6Después hizo acercarse a Aarón y a sus hijos y los hizo bañarse. 7Le vistió la túnica y le ciñó la faja, le puso el manto y encima le colocó el efod, sujetándolo con el cinturón. 8Le impuso el pectoral con los urim y tumim. 9Le puso un turbante en la cabeza, y en el lado frontal del mismo le impuso la flor de oro, la diadema santa, como el Señor se lo había mandado.

10Moisés, tomando después el aceite de la unción, ungió la morada y cuanto en ella había. Y los consagró. 11Salpicó con el aceite siete veces sobre el altar y ungió el altar con todos sus utensilios, la fuente y su base, para consagrarlos. 12Luego derramó aceite sobre la cabeza de Aarón, y lo ungió para consagrarlo. 13Después Moisés hizo acercarse a los hijos de Aarón, les vistió la túnica, les ciñó la faja y les puso sobre la cabeza los turbantes, como el Señor se lo había ordenado.

14Hizo traer el novillo del sacrificio expiatorio. Aarón y sus hijos pusieron sus manos sobre la cabeza de la víctima. 15Moisés la degolló, y tomando sangre untó con el dedo los salientes del altar por todos los lados: así purificó el altar. Derramó la sangre al pie del altar, y así lo consagró para obtener allí el perdón de los pecados. 16Tomó toda la grasa que envuelve las vísceras, el lóbulo del hígado, los dos riñones con su grasa y lo dejó quemarse sobre el altar. 17El resto del novillo, la piel, carne e intestinos, lo quemó fuera del campamento, como el Señor se lo había ordenado.

18Hizo traer el carnero del holocausto. Aarón y sus hijos pusieron sus manos sobre la cabeza de la víctima. 19Moisés lo degolló y roció con la sangre el altar por todos los lados. 20Cortó en pedazos el carnero y dejó quemarse la cabeza, los trozos y la grasa. 21Lavó vísceras y patas y dejó quemarse todo el carnero sobre el altar, como el Señor se lo había ordenado. Fue un holocausto: ofrenda de aroma que aplaca al Señor.

22Hizo traer el segundo carnero, el de la consagración. Aarón y sus hijos pusieron sus manos sobre la cabeza de la víctima. 23Moisés la degolló, y tomando sangre, untó con ella el lóbulo de la oreja derecha de Aarón y los pulgares de su mano y pie derechos. 24Hizo acercarse a los hijos de Aarón y untó con sangre los lóbulos de sus orejas derechas y los pulgares de sus manos y pies derechos, y roció con la sangre el altar por todos sus lados. 25Tomó la grasa y la cola, toda la grasa que envuelve las vísceras, el lóbulo del hígado, los dos riñones con su grasa y la pierna derecha. 26Del canasto de los panes ázimos, puesto en presencia del Señor, tomó una torta ázima, una torta de pan amasada con aceite y una galleta, y las colocó sobre la grasa y la pierna derecha. 27Puso todo ello en manos de Aarón y sus hijos, y este lo agitó ritualmente en presencia del Señor. 28Luego Moisés lo recibió de sus manos y lo dejó quemarse sobre el altar del holocausto. Fue un sacrificio de consagración: ofrenda de aroma que aplaca al Señor. 29Después tomó el pecho y lo agitó ritualmente en presencia del Señor. Era la ración del carnero de consagración que le pertenecía a Moisés, como se lo había ordenado el Señor. 30Moisés tomó el aceite de la unción y sangre del altar y salpicó sobre Aarón y sus vestidos, sobre los hijos de Aarón y sus vestidos, y así los consagró.

31Moisés dijo a Aarón y a sus hijos: «Hagan cocer la carne a la entrada de la tienda del encuentro y allí la comerán con el pan que hay en el canasto del sacrificio de consagración; así se me ordenó: Lo comerán Aarón y sus hijos. 32Las sobras de carne y pan las quemarán. 33Durante siete días no saldrán por la puerta de la tienda del encuentro, hasta que concluya el tiempo de su consagración. Porque su consagración ha de durar siete días. 34El Señor ha mandado que se haga todo tal como se ha hecho hoy para obtener el perdón de los pecados. 35Permanecerán siete días y siete noches a la entrada de la tienda del encuentro y respetarán las prohibiciones del Señor. Así no morirán. Así se me ha ordenado».

36Y Aarón y sus hijos cumplieron todo lo que el Señor había mandado por medio de Moisés.

Primeros sacrificios públicos

9 1El día octavo Moisés llamó a Aarón, a sus hijos y al senado de Israel. 2Y dijo a Aarón: «Toma un novillo para el sacrificio por el pecado y un carnero para el holocausto, ambos sin defecto, y ofrécelos en presencia del Señor. 3Y di a los israelitas: "Tomen un chivo para el sacrificio por los pecados, un novillo y un cordero de un año y sin defecto, para el holocausto; 4un toro y un carnero para el sacrificio de comunión, que sacrificarán en presencia del Señor, y una ofrenda amasada con aceite, porque hoy se les mostrará el Señor"». 5Llevaron ante la tienda del encuentro lo que Moisés había mandado, y acercándose toda la comunidad, se colocó ante el Señor. 6Moisés les dijo: «Cumplan todo cuanto el Señor ha ordenado, y se les mostrará su Gloria». 7Después dijo a Aarón: «Acércate al altar a ofrecer tu sacrificio expiatorio y tu holocausto. Realiza así la expiación por ti y por el pueblo, presenta luego la ofrenda del pueblo y realiza la expiación por él, como el Señor ha ordenado. 8Aarón se acercó al altar y degolló el novillo del sacrificio por su propio pecado. 9Los aaronitas le acercaron la sangre, y él, mojando un dedo en ella, untó los salientes del altar. Después derramó la sangre al pie del mismo altar. 10Dejó quemarse sobre el altar la grasa, los riñones y el lóbulo del hígado de la víctima, como el Señor se lo había ordenado a Moisés. 11La carne y la piel las quemó fuera del campamento.

12Después degolló la víctima del holocausto, los aaronitas le acercaron la sangre y él roció el altar por todos los lados. 13Le acercaron la víctima cortada en pedazos y la cabeza, y Aarón las dejó quemarse sobre el altar. 14Lavó vísceras y patas y las dejó quemarse junto con el holocausto, sobre el altar.

15Aarón tomó el chivo, víctima expiatoria del pueblo, y lo degolló en sacrificio por el pecado, igual que el primer chivo. 16Ofreció el holocausto según el ritual. 17Hizo la ofrenda. Y tomando un puñado de ella, lo dejó quemarse sobre el altar, junto con el holocausto matutino.

18Degolló el toro y el carnero del sacrificio de comunión del pueblo, los aaronitas le acercaron la sangre y él roció el altar por todos los lados. 19La grasa del toro y del carnero, la cola, la grasa que envuelve las vísceras, los dos riñones con su grasa y el lóbulo del hígado, 20los puso junto a la grasa del pecho y lo dejó quemarse sobre el altar. 21El pecho y la pierna derecha los agitó ritualmente en presencia del Señor, como Moisés lo había ordenado.

Bendición

22Aarón, alzando las manos sobre el pueblo, lo bendijo, y después de haber ofrecido el sacrificio por el pecado, el holocausto y el sacrificio de comunión, bajó. 23Aarón y Moisés entraron en la tienda del encuentro. Cuando salieron bendijeron al pueblo. Y la Gloria del Señor se mostró a todo el pueblo. 24De la presencia del Señor salió fuego que devoró el holocausto y la grasa. Al verlo, el pueblo aclamó y cayó rostro a tierra.

Muerte de Nadab y Abihú

10 1Nadab y Abihú, hijos de Aarón, agarrando cada uno un incensario y poniendo en ellos brasas e incienso, presentaron al Señor un fuego profano que él no les había mandado. 2De la presencia del Señor salió un fuego que los devoró, y murieron en presencia del Señor. 3Moisés dijo a Aarón: «A esto se refería el Señor cuando dijo: "Mostraré mi santidad en mis ministros y mi Gloria ante todo el pueblo"». Aarón no respondió.

4Moisés llamó después a Misael y Elsafán, hijos de Uziel, tío de Aarón, y les dijo: «Retiren a sus hermanos de la presencia del santuario y sáquenlos fuera del campamento». 5Se acercaron y, con sus túnicas, los sacaron fuera del campamento, como Moisés había ordenado. 6Moisés dijo a Aarón y a sus hijos Eleazar e Itamar: «No se despeinen ni se desgarren la ropa, así no morirán ni se encenderá la ira del Señor contra la comunidad. Que sus hermanos y los demás israelitas, lloren más bien por el incendio que envió el Señor. 7No salgan por la puerta de la tienda del encuentro, no sea que mueran, porque ustedes están ungidos con aceite del Señor». Ellos hicieron lo que Moisés había dicho.

Avisos a los sacerdotes

8El Señor dijo a Aarón: 9«Cuando tengan que entrar en la tienda del encuentro, tú o tus hijos, no beban vino ni licor, y así no morirán. Esta es una ley perpetua para todas las generaciones.

[10]Separen lo sagrado de lo profano, lo puro de
lo impuro. [11]Enseñen a los israelitas todos los
preceptos que les comunicó el Señor por medio
de Moisés».
[12]Moisés dijo a Aarón y a los hijos que le que-
daban, Eleazar e Itamar: «Tomen la ofrenda, lo
que sobra de la ofrenda al Señor, y cómanlo sin
levadura junto al altar, porque es porción sagra-
da. [13]La comerán en lugar sagrado: es tu porción
y la de tus hijos de la ofrenda al Señor. Así se me
ha ordenado. [14]El pecho agitado ritualmente y
la pierna del tributo los comerán en lugar puro
tú, tus hijos e hijas; es tu porción y la de tus
hijos de los sacrificios de comunión de los israe-
litas. [15]La pierna del tributo y el pecho agitado
ritualmente, que se ofrecen con la ofrenda de
la grasa, agitándolos ritualmente ante el Señor,
te pertenecen a ti y a tus hijos como porción
perpetua. Así lo ha ordenado el Señor».

Caso de conciencia

[16]Moisés preguntó por el chivo del sacrificio
expiatorio, y ya estaba quemado. Se enojó contra
Eleazar e Itamar, únicos hijos vivientes de Aarón,
y les dijo: [17]«¿Por qué no comieron la víctima ex-
piatoria en lugar sagrado? Es porción sagrada, y
el Señor se la ha dado, para que carguen con la
culpa de la comunidad y así realicen la expiación
por ellos ante el Señor. [18]Si no se llevó su san-
gre al interior del santuario, la tenían que haber
comido en lugar sagrado, como se me ha ordena-
do». [19]Aarón replicó a Moisés: «Si el día que mis
hijos han ofrecido ante el Señor sus sacrificios
expiatorios y sus holocaustos tuve la desgracia
de perderlos, ¿cómo le podía agradar al Señor que
yo comiese hoy la víctima expiatoria?». [20]Moisés
quedó satisfecho con la respuesta.

PUREZA LEGAL (11–15)

Ley sobre los animales

11 [1]El Señor habló a Moisés y a Aarón: [2]«Digan
a los israelitas: De los animales terrestres
pueden comer [3]todos los rumiantes de pezuña
partida; [4]se exceptúan solo los siguientes: el ca-
mello, que es rumiante, pero no tiene la pezuña
partida: ténganlo por impuro; [5]el tejón, que es
rumiante, pero no tiene la pezuña partida: tén-
ganlo por impuro; [6]la liebre, que es rumiante,
pero no tiene la pezuña partida: ténganla por
impura; [7]el puerco, que tiene la pezuña parti-
da, pero no es rumiante: ténganlo por impuro.
[8]No coman su carne ni toquen su cadáver: son
impuros.
[9]»De los animales acuáticos, de mar o de río,
pueden comer los que tienen escamas y aletas.
[10]Y todo reptil o animal acuático, de mar o de
río, que no tenga escamas y aletas, ténganlo por
inmundo. [11]Son inmundos: no coman su carne y
tengan por inmundo su cadáver. [12]Todo animal
acuático que no tiene escamas y aletas ténganlo
por inmundo.
[13]»De las aves tengan por inmundas las si-
guientes, que no son comestibles, porque son
inmundas: el águila, el quebrantahuesos y el
buitre negro; [14]el milano y el buitre en todas
sus variedades; [15]el cuervo en todas sus varie-
dades; [16]el avestruz, el chotacabras y la gaviota;
el halcón en todas sus variedades; [17]el búho, el
mergo y el mochuelo; [18]la corneja, el pelícano y
el calamón; [19]la cigüeña y la garza en todas sus
variedades; la abubilla y el murciélago.
[20]»Todo insecto que camine con cuatro pa-
tas ténganlo por inmundo. [21]De estos insectos
de cuatro patas pueden comer únicamente los
que tienen las patas traseras más largas que las
delanteras, para saltar con ellas sobre el suelo.
[22]Pueden comer los siguientes: la langosta en
todas sus variedades, el cortapicos en todas sus
variedades, el grillo en todas sus variedades,
el saltamontes en todas sus variedades. [23]Los
demás insectos de cuatro patas ténganlos por
inmundos.
[24]»El que toque estos animales quedará impu-
ro, [25]y el que transporte su cadáver, lavará sus
vestidos y quedará impuro hasta la tarde.
[26]»Todo animal que no sea rumiante ni de pe-
zuña partida ténganlo por impuro: el que lo to-
que, quedará impuro hasta la tarde.
[27]»De los animales cuadrúpedos tengan por
impuros los que se apoyan en sus plantas para
caminar; el que toque su cadáver, quedará impu-
ro hasta la tarde; [28]el que transporte su cadáver,
lavará sus vestidos y quedará impuro hasta la
tarde. Ténganlos por impuros.
[29]»De los reptiles tengan por impuros los si-
guientes: la comadreja, el ratón, el lagarto en
todas sus variedades, [30]el geco, la salamandra,
el camaleón, el erizo y el topo. [31]Estos son los
reptiles que tendrán por impuros. El que los to-
que después de muertos quedará impuro hasta
la tarde.
[32]»Todo objeto sea de madera, de paño o de
cuero, una bolsa –o todo utensilio– sobre el que
caiga un animal de estos después de muerto
quedará impuro: lo meterán en agua, y queda-
rá impuro hasta la tarde. Después volverá a ser
puro.
[33]»Toda vasija de barro donde caiga un ani-
mal de estos la romperán. Y lo que haya dentro
quedará impuro: [34]la comida preparada con agua
quedará impura y la bebida –cualquiera que sea
el tipo de recipiente– quedará impura.

35»Todo objeto sobre el que caiga el cadáver
de esos animales quedará impuro: el hornillo y
el fogón serán destruidos, porque quedan impu-
ros y por impuros los tendrán. 36Solo se excep-
túan las fuentes, los pozos y los estanques, que
siguen puros. Pero el que toque un cadáver de
estos animales quedará impuro.
37»Si uno de estos cadáveres cae sobre grano
de sembrar, este queda puro; 38pero si el grano
ha sido humedecido y cae sobre él uno de estos
cadáveres, ténganlo por impuro.
39»Cuando muere un animal comestible, el que
toque su cadáver quedará impuro hasta la tar-
de, 40el que coma su carne, lavará sus vestidos y
quedará impuro hasta la tarde; el que transporte
su cadáver, lavará sus vestidos y quedará impuro
hasta la tarde.
41»Todo reptil es inmundo y no se come. 42Nin-
gún reptil es comestible, ni los que se arrastran
sobre el vientre ni los que avanzan a cuatro pa-
tas ni los ciempiés: son inmundos. 43No se vuel-
van también ustedes inmundos con esos reptiles
ni se contaminen con ellos, ni se dejen manchar
por ellos.
44»Yo soy el Señor, su Dios, ustedes deben
purificarse y ser santos, porque yo soy santo.
No se vuelvan impuros con esos reptiles, que se
arrastran por el suelo. 45Yo soy el Señor que los
saqué de Egipto para ser su Dios: Sean santos,
porque yo soy santo.
46»Esta es la ley sobre los animales terrestres,
las aves, los animales que se mueven en el agua
y sobre todos los reptiles; 47la ley que enseña a
separar lo impuro de lo puro, los animales co-
mestibles de los no comestibles».

Partos

12 1El Señor habló a Moisés: 2«Di a los israe-
litas: Cuando una mujer conciba y dé a luz
un hijo, quedará impura durante siete días, co-
mo en la impureza por menstruación. 3El octavo
día circuncidarán al hijo, 4y ella pasará treinta y
tres días purificando su sangre: no tocará cosa
santa ni entrará en el templo hasta terminar los
días de su purificación.
5»Si da a luz una hija, quedará impura durante
dos semanas, como en la menstruación, y pasa-
rá sesenta y seis días purificando su sangre. 6Al
terminar los días de su purificación –por hijo o
por hija–, llevará al sacerdote, a la entrada de la
tienda del encuentro, un cordero de un año en
holocausto y un pichón de paloma o una tórto-
la en sacrificio por el pecado. 7El sacerdote los
ofrecerá al Señor, realizará la expiación por ella
y quedará purificada del flujo de su sangre.
»Esta es la ley sobre la mujer que da a luz un hi-
jo o una hija. 8Si no tiene medios para comprarse
un cordero, que tome dos tórtolas o dos pichones
de paloma: uno para el holocausto y el otro para
el sacrificio por el pecado. El sacerdote realizará
la expiación por ella y quedará pura».

Enfermedades de la piel

13 1El Señor dijo a Moisés y a Aarón: 2«Cuan-
do alguno tenga una inflamación, una
erupción o una mancha en la piel que parezca
lepra, será llevado ante Aarón, el sacerdote, o
cualquiera de sus hijos sacerdotes. 3El sacerdote
examinará la parte afectada; si el pelo en ella se
ha vuelto blanco y aparece hundida, es un caso
de lepra. Después de examinarlo, el sacerdote lo
declarará impuro.
4»Si se trata de una mancha blanquecina en
la piel, pero no aparece hundida ni se ha vuel-
to blanco el pelo, entonces el sacerdote aislará
al enfermo durante siete días. 5El séptimo día lo
examinará; si observa que el mal está localiza-
do sin extenderse por la piel, lo volverá a aislar
por otros siete días. 6El séptimo día lo volverá a
examinar; si observa que la mancha está pálida y
que no se ha extendido por la piel, entonces lo
declarará puro. Es un caso de irritación de la piel.
El enfermo lavará sus vestidos y quedará puro.
7»Pero si después de examinado por el sacer-
dote y declarado puro se extiende la irritación
por la piel, se hará examinar de nuevo por el sa-
cerdote. 8El sacerdote lo examinará; si observa
que la irritación se ha extendido por la piel, lo
declarará impuro. Es un caso de lepra.
9»Cuando alguno tenga una afección cutánea
será llevado al sacerdote. 10El sacerdote lo exa-
minará; si observa que tiene una inflamación
blanquecina en la piel, que el pelo en esa parte
se ha vuelto blanco y que se han formado llagas
en la inflamación, 11es un caso de lepra crónica.
El sacerdote lo declarará impuro. No lo aislará,
porque es impuro.
12»Pero si la afección va atacando la piel, has-
ta cubrir al enfermo de pies a cabeza –cuanto
puede observar el sacerdote–, el sacerdote lo
examinará; 13si observa que la afección ha cu-
bierto toda su carne, declarará puro al enfermo.
Toda su piel se ha vuelto blanca: es puro. 14Pero
cuando aparezcan en él nuevas llagas, será im-
puro. 15El sacerdote examinará las llagas, y lo
declarará impuro, porque las llagas son impuras.
Es un caso de lepra. 16Y si se cierran las llagas y
se vuelven blancas, se presentará al sacerdote.
17El sacerdote lo examinará; si observa que la
parte afectada se ha vuelto blanca, declarará
puro al enfermo: es puro.

18»Cuando uno tenga una úlcera ya sanada 19y se le produzca sobre la úlcera una inflamación blanquecina o una mancha rojiza clara, se hará examinar por el sacerdote. 20El sacerdote lo examinará; si la mancha aparece hundida y el pelo se ha vuelto blanco, el sacerdote lo declarará impuro. Es un caso de lepra producida en la úlcera. 21Pero si al examinar la mancha observa el sacerdote que el pelo no se ha vuelto blanco ni se ha hundido la piel y que la mancha se ha vuelto pálida, entonces el sacerdote aislará al enfermo durante siete días; 22si se extiende el mal por la piel, el sacerdote lo declarará impuro. Es un caso de lepra. 23Pero si a los siete días la mancha sigue localizada, sin extenderse, se trata de la cicatriz de la úlcera. El sacerdote lo declarará puro.

24»Cuando uno tenga una quemadura en la piel y se le produzca sobre la parte quemada una mancha blanca o rojiza clara, 25el sacerdote lo examinará; si observa que el pelo en la mancha se ha vuelto blanco y que esta aparece hundida, es un caso de lepra producida en la quemadura. El sacerdote lo declarará impuro: es un caso de lepra. 26Pero si, al examinarlo, el sacerdote observa que no se ha vuelto blanco el pelo en la mancha ni se ha hundido la piel y que la mancha está pálida, entonces aislará al enfermo durante siete días. 27El séptimo día lo examinará; si se ha extendido el mal por la piel, el sacerdote lo declarará impuro: es un caso de lepra. 28Pero si la mancha está localizada, sin extenderse por la piel, y se ha vuelto pálida, se trata de la inflamación de la quemadura. El sacerdote lo declarará puro, pues se trata de la cicatriz de la quemadura.

29»Cuando a un hombre o a una mujer se le produzca una afección en la cabeza o en la barba, 30el sacerdote examinará la afección; si observa que está hundida y que el pelo se ha vuelto amarillo y ralo, el sacerdote lo declarará impuro: es un caso de sarna, afección de la cabeza o la barba. 31Pero si, al examinar la sarna, el sacerdote ve que, aunque la piel no aparece hundida, ya no le queda pelo negro, aislará al enfermo durante siete días. 32El séptimo día lo examinará; si observa que no se ha extendido la sarna, que no hay pelo amarillo ni aparece hundida, 33entonces el enfermo se afeitará completamente menos la parte sarnosa, y el sacerdote lo volverá a aislar por otros siete días. 34El séptimo día el sacerdote examinará la sarna; si observa que no se ha extendido y que la piel no aparece hundida, el sacerdote lo declarará puro. El enfermo lavará sus vestidos y quedará puro. 35Pero si, después de declarado puro, se extiende la sarna, el sacerdote lo volverá a examinar; 36si observa que la sarna se ha extendido, no hace falta que mire si el pelo se ha vuelto amarillo: es impuro. 37Pero si ve que la sarna está localizada y le crece pelo negro, entonces la sarna está sanada: es puro, y el sacerdote lo declarará puro.

38»Cuando a un hombre o a una mujer le salgan manchas blancas en la piel, el sacerdote lo examinará; 39si observa sobre la piel manchas blancas pálidas, es un caso de eczema formada en la piel: es puro.

40»Cuando a un hombre se le caiga el pelo, es un caso de calvicie: es puro. 41Si se le cae el pelo de las sienes, se le forman entradas: es puro. 42Si en la calvicie o en las entradas se le forman llagas rojizas claras, es un caso de lepra producida en la calvicie o en las entradas. 43El sacerdote lo examinará; si observa en la calvicie o en las entradas una inflamación rojiza clara del mismo aspecto que la lepra de la piel del cuerpo, 44se trata de un hombre con lepra: es impuro. El sacerdote lo declarará impuro por lepra en la cabeza.

45»El que ha sido declarado enfermo de lepra andará harapiento y despeinado, con la barba tapada e irá gritando: ¡Impuro, impuro! 46Mientras le dure la afección seguirá impuro. Vivirá apartado y tendrá su morada fuera del campamento.

Infección de ropas

47»Cuando se produzca una infección en un vestido de lana o de lino, 48en una trama o urdimbre de lana o de lino, en un cuero o en cualquier objeto de piel, 49y aparezca en ellos una mancha verdusca o rojiza, es una infección que hay que hacer examinar al sacerdote. 50El sacerdote examinará la mancha y aislará el objeto durante siete días. 51El séptimo día lo examinará; si se ha extendido el mal por el vestido, o por la trama o urdimbre, o por el cuero del objeto hecho con piel, se trata de lepra maligna: es impuro. 52Quemará el vestido, la trama o urdimbre, de lana o de lino, o el objeto de piel en el que ha prendido el mal, porque se trata de lepra maligna: lo quemará.

53»Pero si al examinarlo observa el sacerdote que no se ha extendido el mal por el vestido, trama, urdimbre o por el objeto de cuero, 54mandará lavar la parte manchada y la volverá a aislar por otros siete días. 55Después de lavada, el sacerdote volverá a examinar la mancha, y si no ha cambiado de aspecto, aunque no se haya extendido, es impura. El sacerdote la quemará: está corroída por el derecho o por el revés. 56Pero si después de lavada, al examinarla el sacerdote, observa que la mancha se ha vuelto

pálida, entonces arrancará el trozo del vestido,
del cuero, de la trama o de la urdimbre. 57Y si más
tarde reaparece la mancha en el vestido, trama,
urdimbre o en el objeto de piel, el mal sigue.
Quemarán todo lo infectado. 58El vestido, trama,
urdimbre u objeto de cuero del que ha desapa-
recido la mancha al lavarlo, lo volverán a lavar y
quedará puro. 59Esta es la ley sobre la infección
en vestidos de lana o lino, en trama o urdimbre
y en objetos de piel. Es la ley según la cual se
declararán puros o impuros».

Purificación de los enfermos de lepra

14 1El Señor dijo a Moisés: 2«Esta es la ley de
purificación de los enfermos de lepra:
3»El día en que el enfermo se presente al sacer-
dote, el sacerdote saldrá fuera del campamento
y comprobará que el enfermo se ha sanado de su
lepra. 4Después mandará traer para el purifican-
do dos aves puras, vivas, ramas de cedro, púrpu-
ra escarlata y un ramo de hisopo. 5El sacerdote
mandará degollar una de las aves en una vasija
de barro sobre agua de manantial. 6Después to-
mará el ave viva, las ramas de cedro, la púrpura
escarlata y el hisopo, y los mojará, también el
ave viva, en la sangre del ave degollada sobre el
agua de manantial. 7Salpicará siete veces al que
se está purificando de la lepra, y lo declarará
puro. Al ave viva la soltará después en el campo.
8»El purificando lavará sus vestidos, se afei-
tará completamente, se bañará y quedará puro.
Después de esto podrá entrar en el campamento.
Pero durante siete días se quedará fuera de su
tienda de campaña. 9El séptimo día se rapará la
cabeza, se afeitará la barba, las cejas y todo el
pelo, lavará sus vestidos, se bañará y quedará
puro.
10»El octavo día tomará dos corderos sin de-
fecto, una cordera de un año sin defecto, tres
décimas partes de una medida de harina de la
mejor calidad, amasada con aceite, y un cuarto
de litro de aceite.
11»El sacerdote que oficie la purificación pre-
sentará todo esto, junto con el purificando, an-
te el Señor, a la entrada de la tienda del encuen-
tro. 12El sacerdote tomará uno de los corderos y
lo ofrecerá en sacrificio penitencial, junto con
el cuarto de litro de aceite; los agitará ritual-
mente ante el Señor. 13Después degollará el cor-
dero en el matadero de las víctimas expiatorias
y holocaustos en lugar santo, porque la víctima
penitencial, igual que las víctimas expiatorias,
pertenece al sacerdote: son porción sagrada.
14El sacerdote tomará sangre de la víctima pe-
nitencial y untará con ella el lóbulo de la oreja
derecha, el pulgar de la mano derecha y el pul-
gar del pie derecho del purificando. 15Después
echará un poco del aceite en su mano izquierda,
16y untando el índice de su mano derecha en el
aceite que está en la palma de su mano izquier-
da, salpicará siete veces ante el Señor. 17Con el
aceite que le queda en la mano untará el lóbulo
de la oreja derecha, el pulgar de la mano dere-
cha y el pulgar del pie derecho del purificando,
donde había untado la sangre de la víctima pe-
nitencial. 18El resto del aceite que le queda en
la mano lo derramará sobre la cabeza del purifi-
cando, y así realizará la expiación a favor de esa
persona, ante el Señor. 19Después el sacerdote
ofrecerá el sacrificio por el pecado y realizará
la expiación por el que se está purificando. Des-
pués degollará la víctima del holocausto, 20y la
ofrecerá junto con la ofrenda sobre el altar. Así
realiza la expiación en favor de esa persona, y
este queda puro.
21»Si es pobre y no tiene recursos, tomará solo
un cordero, víctima penitencial, para la agita-
ción ritual y para la expiación, la décima par-
te de una medida de harina de la mejor calidad
amasada con aceite para la ofrenda y un cuarto
de litro de aceite 22y dos tórtolas o dos pichones
de paloma, según sus recursos, uno para el sa-
crificio por el pecado y otro para el holocausto.
23El octavo día los presentará al sacerdote, a la
entrada de la tienda del encuentro, en presencia
del Señor, para su purificación.
24»El sacerdote tomará el cordero penitencial
y el cuarto de litro de aceite y los agitará ri-
tualmente ante el Señor. 25Después degollará el
cordero penitencial. El sacerdote tomará san-
gre de la víctima y untará con ella el lóbulo de
la oreja derecha, el pulgar de la mano derecha
y el pulgar del pie derecho del que se purifica.
26Después echará un poco de aceite en su mano
izquierda, 27y con el índice de la mano dere-
cha salpicará siete veces ante el Señor con el
aceite que tiene en la izquierda. 28Con el aceite
que tiene en la mano, el sacerdote untará el
lóbulo de la oreja derecha, el pulgar de la ma-
no derecha y el pulgar del pie derecho del que
se purifica, donde había untado la sangre de
la víctima. 29El resto del aceite que le quede
en la mano lo derramará sobre la cabeza del
que se purifica, para realizar la expiación por
él ante el Señor. 30Después ofrecerá una de las
tórtolas o pichones de paloma, según sus re-
cursos: 31una en sacrificio expiatorio y otra en
holocausto, junto a la ofrenda. Así el sacerdote
realiza la expiación por la persona que debe ser
purificada en presencia del Señor.
32»Esta es la ley de purificación del leproso
que no dispone de medios.

Infecciones de casas

[33]El Señor dijo a Moisés y a Aarón: [34]«Cuando
hayan entrado en la tierra de Canaán, que voy a
darles en posesión, y yo permita que una casa de
su tierra quede infectada, [35]el dueño de la ca-
sa se presentará al sacerdote a informarle: "Ha
aparecido una mancha en mi casa". [36]El sacerdo-
te, sin esperar hasta el examen de la mancha,
mandará desalojar la casa, para que no se conta-
mine lo que hay en ella. [37]Después el sacerdote
entrará a examinar la casa. El sacerdote exami-
nará la mancha; si observa el mal en las paredes,
cavidades verduscas o rojizas un poco hundidas
en la pared, [38]saldrá a la puerta de la casa y la
mandará cerrar durante siete días. [39]Al séptimo
día volverá; si la mancha se ha extendido por la
pared, [40]el sacerdote mandará quitar las piedras
manchadas y echarlas a un lugar impuro fuera de
la ciudad. [41]Mandará raspar toda la casa por den-
tro, y el polvo que salga de rasparla lo echarán
a un lugar impuro, fuera de la ciudad. [42]Tomarán
otras piedras y las pondrán en el lugar de las
primeras. Y con nueva cal revocarán la casa.

[43]»Si después de quitadas las piedras y des-
pués de haber raspado y revocado la casa, rea-
parece la mancha, [44]el sacerdote volverá a exa-
minar la casa; si observa que se ha extendido el
mal por la casa, se trata de lepra maligna de la
casa: es impura. [45]Hará derribar la casa, piedras,
maderamen y toda la cal, y lo sacará todo a un
lugar impuro fuera de la ciudad. [46]El que entre
en la casa mientras está cerrada, quedará im-
puro hasta la tarde. [47]El que duerma en la casa,
lavará sus vestidos. El que coma en la casa, la-
vará sus vestidos.

[48]»Pero si el sacerdote entra, y al examinar
la casa observa que no se ha extendido el mal
después de haberla revocado, declarará pura la
casa, porque el mal se ha sanado.

[49]»Entonces tomará dos aves, ramas de cedro,
púrpura escarlata y un ramo de hisopo para rea-
lizar la expiación por la casa. [50]Degollará una
de las aves en una vasija de barro que contenga
agua de manantial. [51]Después tomará la rama de
cedro, el hisopo, la púrpura escarlata y el ave
viva, y los mojará en la sangre del ave degollada
sobre el agua de manantial, y salpicará la casa
siete veces. [52]Así realiza la expiación por la casa
con la sangre del ave, con el agua de manantial,
con el ave viva, con la rama de cedro, con el hi-
sopo y con la púrpura escarlata. [53]Al ave viva la
soltará en el campo, fuera de la ciudad. Así rea-
liza la expiación por la casa, y esta queda pura.

[54]»Esta es la ley sobre diversas clases de le-
pras y sarnas, [55]sobre manchas de vestidos y
casas; [56]sobre inflamaciones, erupciones y man-
chas, [57]según la cual se declaran los casos de
pureza e impureza. Esta es la ley sobre la lepra.

Impurezas de orden sexual

15 [1]El Señor habló a Moisés y a Aarón: [2]«Digan
a los israelitas: Cuando un hombre padezca
de gonorrea, es impuro. [3]Estas son las normas
de impureza en caso de gonorrea, sea fluida o
espesa, porque ambas son impuras. [4]La cama en
que se acueste el enfermo quedará impura. El
asiento que use quedará impuro. [5]El que toque la
cama del enfermo lavará sus vestidos, se bañará
y quedará impuro hasta la tarde. [6]El que se sien-
te donde ha estado sentado el enfermo, lavará
sus vestidos, se bañará y quedará impuro has-
ta la tarde. [7]El que toque al enfermo lavará sus
vestidos, se bañará y quedará impuro hasta la
tarde. [8]Si el enfermo escupe a uno que está puro,
este lavará sus vestidos, se bañará y quedará im-
puro hasta la tarde. [9]La silla de montar que use
el enfermo quedará impura. [10]El que toque un
objeto sobre el que ha estado el enfermo queda-
rá impuro hasta la tarde. Y el que lo transporte,
lavará sus vestidos, se bañará y quedará impuro
hasta la tarde. [11]Aquel a quien el enfermo toque,
antes de lavarse las manos, lavará sus vestidos,
se bañará y quedará impuro hasta la tarde. [12]To-
da vasija de barro que toque el enfermo, se rom-
perá; si es de madera, se lavará.

[13]»Cuando sane de la gonorrea, el enfermo
contará siete días hasta su purificación. Lavará
sus vestidos, se bañará con agua de manantial
y quedará puro. [14]El octavo día tomará dos tór-
tolas o dos pichones de paloma, se presentará
ante el Señor, a la entrada de la tienda del en-
cuentro, y los entregará al sacerdote. [15]El sacer-
dote los ofrecerá uno en sacrificio expiatorio y
el otro en holocausto. Así realiza la expiación
por él, por su gonorrea, ante el Señor.

[16]»Cuando un hombre tenga una eyaculación,
se bañará y quedará impuro hasta la tarde. [17]Tam-
bién la ropa o el cuero adonde haya caído el se-
men se lavará y quedará impura hasta la tarde.

[18]»Si un hombre tiene relaciones sexuales con
una mujer, se bañarán los dos y quedarán impu-
ros hasta la tarde.

[19]»La mujer, cuando tenga su menstruación,
quedará manchada durante siete días. El que la
toque quedará impuro hasta la tarde. [20]El sitio
donde se acueste o donde se siente, mientras
está manchada, quedará impuro. [21]El que to-
que su casa lavará sus vestiduras, se bañará y
quedará impuro hasta la tarde. [22]El que toque
el asiento que usó, lavará sus vestidos, se ba-
ñará y quedará impuro hasta la tarde. [23]Si está
ella sobre la cama o el asiento, el que los toque

quedará impuro hasta la tarde. [24]Si un hombre se acuesta con ella, pasará también a él la mancha: quedará impuro durante siete días, y dejará impura la cama en que se acueste.

[25]»Cuando una mujer tenga hemorragias frecuentes fuera o después de la menstruación, quedará impura, como en la menstruación, mientras le duren las hemorragias. [26]La cama en que se acueste mientras le duran las hemorragias, quedará impura, lo mismo que en la menstruación. El asiento en que se siente quedará impuro. [27]El que los toque quedará impuro. Lavará sus vestidos, se bañará y quedará impuro hasta la tarde. [28]Si sana de sus hemorragias, contará siete días y después quedará pura. [29]El octavo día tomará dos tórtolas o dos pichones de paloma, los presentará al sacerdote, a la entrada de la tienda del encuentro. [30]El sacerdote ofrecerá uno en sacrificio expiatorio y otro en holocausto. Así realiza la expiación por ella, por la impureza de sus hemorragias ante el Señor.

[31]»Ustedes deberán prevenir a los israelitas de la impureza, para que no mueran a causa de ella, por haber profanado mi morada que está en medio de ustedes.

[32]»Esta es la ley sobre la gonorrea, las eyaculaciones que dejan impuro al hombre, [33]sobre la menstruación de la mujer, las secreciones de hombre o de mujer y sobre el hombre que se acuesta con una mujer en estado de impureza».

FIESTA DE LA EXPIACIÓN (16,1-34)

16 [1]El Señor habló a Moisés después de la muerte de los dos hijos de Aarón, que murieron por acercarse hasta el Señor. [2]Dijo el Señor a Moisés:

»Di a tu hermano Aarón que no entre en cualquier fecha en el santuario, de la cortina hacia dentro, hasta la tapa que cubre el arca. Así no morirá. Porque yo me muestro en una nube sobre la tapa del arca.

[3]»Así entrará Aarón en el santuario: con un novillo para el sacrificio por el pecado y un carnero para el holocausto. [4]Se vestirá la túnica sagrada de lino, se cubrirá con pantalones de lino, se ceñirá una faja de lino y se pondrá un turbante de lino. Son vestiduras sagradas: las vestirá después de haberse bañado. [5]Además recibirá de la asamblea de los israelitas dos chivos para el sacrificio por el pecado y un carnero para el holocausto. [6]Aarón ofrecerá su novillo, víctima expiatoria, y realizará la expiación por sí mismo y por su familia. [7]Después tomará los dos chivos y los presentará ante el Señor a la entrada de la tienda del encuentro. [8]Echará a suerte los dos chivos: uno le tocará al Señor y el otro a Azazel. [9]Tomará el que haya tocado en suerte al Señor y lo ofrecerá en sacrificio por el pecado. [10]El que tocó en suerte a Azazel lo presentará vivo ante el Señor, realizará la expiación por él y después lo mandará al desierto, a Azazel.

[11]»Aarón ofrecerá su novillo, víctima expiatoria, y realizará la expiación por sí mismo y por su familia, y lo degollará. [12]Tomará del altar que está ante el Señor un incensario lleno de brasas y dos puñados de incienso de sahumerio pulverizado, pasando con ellos dentro de la cortina. [13]Pondrá incienso sobre las brasas, ante el Señor; el humo del incienso ocultará la tapa que hay sobre el documento de la alianza, y así no morirá. [14]Después tomará sangre del novillo y salpicará con el dedo la tapa, hacia oriente; después, frente a la tapa, salpicará siete veces la sangre con el dedo. [15]Degollará el chivo, víctima expiatoria, presentado por el pueblo; llevará su sangre dentro de la cortina, y hará igual que con la sangre del novillo: la salpicará sobre la tapa y delante de ella.

[16]»Así realizará la expiación por el santuario, por todas las impurezas y delitos de los israelitas, por todos sus pecados. Lo mismo hará con la tienda del encuentro, establecida entre ellos, en medio de sus impurezas. [17]Mientras esté realizando la expiación por sí mismo, por su familia y por toda la asamblea de Israel, desde que entra hasta que sale, no habrá nadie en la tienda del encuentro. [18]Después saldrá, irá al altar que está ante el Señor, y realizará la expiación por él: tomará sangre del novillo y del chivo, irá untando con ella los salientes del altar. [19]Salpicará la sangre con el dedo siete veces sobre el altar. Así lo santifica y lo purifica de las impurezas de los israelitas.

[20]»Acabada la expiación del santuario, de la tienda del encuentro y del altar, Aarón presentará el chivo vivo. [21]Con las dos manos puestas sobre la cabeza del chivo vivo, confesará las iniquidades y delitos de los israelitas, todos sus pecados; se los echará en la cabeza al macho cabrío, y después, con el encargado de turno, lo mandará al desierto. [22]El chivo se lleva consigo, a una región deshabitada, todas las iniquidades de los israelitas. El encargado lo soltará en el desierto.

[23]»Después Aarón entrará en la tienda del encuentro, se quitará los vestidos de lino que se había puesto para entrar en el santuario y los dejará allí. [24]Se bañará en lugar santo y se pondrá sus propios vestidos. Volverá a salir, ofrecerá su holocausto y el holocausto del pueblo. Realizará la expiación por sí mismo y por el pueblo, [25]y dejará quemarse sobre el altar la grasa de la víctima por el pecado.

26»El que ha llevado el macho cabrío a Azazel, lavará sus vestidos, se bañará y después podrá entrar en el campamento. 27Las víctimas expiatorias, el chivo y el carnero, cuya sangre se introdujo para realizar la expiación en el santuario, se sacarán fuera del campamento, y se quemarán piel, carne e intestinos. 28El encargado de quemarlos lavará sus vestidos, se bañará y después podrá entrar en el campamento.

29»Esta es una ley perpetua. El día diez del séptimo mes harán penitencia; no trabajarán ni el nativo ni el emigrante que reside entre ustedes. 30Porque ese día se realiza la expiación por ustedes, para purificarlos. Quedarán puros ante el Señor de todo pecado. 31Es el sábado solemne en que harán penitencia: esta es una ley perpetua. 32La expiación será realizada por el sacerdote ungido que ha sucedido a su padre en las funciones sacerdotales. Se pondrá los vestidos sagrados de lino 33y realizará la expiación por el santuario, por la tienda del encuentro y por el altar. Realizará también la expiación por los sacerdotes y por toda la asamblea del pueblo de Israel. 34Esta será para ustedes una ley perpetua. Una vez al año se realizará la expiación por todos los pecados de los israelitas».

Moisés hizo lo que le había mandado el Señor.

LEY DE SANTIDAD (17–26)

Sobre la sangre

17 1El Señor habló a Moisés: 2«Di a Aarón, a sus hijos y a los israelitas: Esto es lo que manda el Señor: 3Cualquier israelita que en el campamento o fuera de él degüelle un toro, un cordero o una cabra, 4y no los lleve a la entrada de la tienda del encuentro para ofrecérselos al Señor, ante su morada, es culpable de derramamiento de sangre y será excluido de su pueblo. 5De este modo, los israelitas llevarán al sacerdote las víctimas que maten en el campo y las ofrecerán al Señor en sacrificio de comunión, a la entrada de la tienda del encuentro. 6El sacerdote rociará con la sangre el altar del Señor, situado a la entrada de la tienda del encuentro, y dejará quemarse la grasa en aroma que aplaca al Señor. 7En adelante no inmolarán sus víctimas a los demonios, con quienes se han prostituido. Esta es una ley perpetua para los israelitas a lo largo de todas las generaciones.

8»Diles también: Cualquier israelita o emigrante residente entre ustedes que ofrezca un holocausto o un sacrificio, 9y no los lleve a la entrada de la tienda del encuentro para ofrecerlos al Señor, será excluido de su pueblo. 10Me enfrentaré y lo extirparé de su pueblo a cualquier israelita o emigrante residente entre ustedes que coma sangre. 11Porque la vida de la carne es la sangre, y yo les he dado la sangre para uso del altar, para realizar la expiación por sus vidas. Porque la sangre realiza la expiación por la vida. 12Por eso he mandado a los israelitas: ni ustedes ni el emigrante residente entre ustedes comerán sangre.

13»Cualquier israelita o emigrante residente entre ustedes que cace un animal comestible de pluma o de pelo, derramará su sangre y la cubrirá con tierra, 14porque la vida de la carne es su sangre. Por eso he mandado a los israelitas: no comerán la sangre de carne alguna, porque la vida de la carne es su sangre; quien la coma, será excluido.

15»Todo nativo o emigrante que coma carne muerta o desgarrada por una bestia, lavará sus vestidos y se bañará y quedará impuro hasta la tarde; después quedará puro. 16Si no los lava ni se baña, cargará con su culpa».

Sobre las relaciones sexuales

18 1El Señor habló a Moisés: 2«Di a los israelitas: Yo soy el Señor, su Dios. 3No harán lo que hacen los egipcios, con quienes han convivido, o los cananeos, a cuyo país los llevo; ni seguirán su legislación. 4Cumplan mis mandatos y guarden mis leyes, obrando en conformidad con ellos. Yo soy el Señor, su Dios. 5Cumplan mis leyes y mis mandatos, que dan vida al que los cumple. Yo soy el Señor.

6»Nadie se acercará a un pariente para tener relaciones sexuales con él. Yo soy el Señor.

7»No tendrás relaciones con tu madre. Es de tu padre y es tu madre; no tendrás relaciones con ella.

8»No tendrás relaciones con la concubina de tu padre. Ella es la misma carne de tu padre.

9»No tendrás relaciones con tu hermana, por parte de padre o de madre, nacida en casa o fuera.

10»No tendrás relaciones con tus nietas. Son tu propia carne.

11»No tendrás relaciones con la hija nacida a tu padre de su concubina. Es tu hermana.

12»No tendrás relaciones con tu tía paterna. Es de la sangre de tu padre.

13»No tendrás relaciones con tu tía materna. Es de la sangre de tu madre.

14»No ofenderás a tu tío, hermano de tu padre, teniendo relaciones con su mujer. Es tu tía.

15»No tendrás relaciones con tu nuera. Es mujer de tu hijo; no tendrás relaciones con ella.

16»No tendrás relaciones con tu cuñada. Es carne de tu hermano.

17»No tendrás relaciones con una mujer y con su hija, o con dos primas hermanas. Son de la misma sangre; es aborrecible.

18»No tomarás a la vez a una mujer y a su her-
mana, creando rivalidades al tener relaciones
también con ella, mientras vive la otra.
19»No tendrás relaciones con una mujer duran-
te su menstruación.
20»No te acostarás con la mujer de tu prójimo.
Quedarías impuro.
21»No sacrificarás un hijo tuyo a Moloc por el
fuego, profanando el Nombre de tu Dios. Yo soy
el Señor.
22»No te acostarás con un hombre como si fue-
ra una mujer. Es una abominación.
23»No te acostarás con un animal. Quedarías
impuro. La mujer no se ofrecerá a un animal para
unirse con él. Es una depravación.
24»No se manchen con nada de esto, porque
eso es lo que hacen los pueblos que yo voy a
expulsar delante de ustedes. 25La tierra está
impura: le pediré cuentas, y ella vomitará a sus
habitantes. 26Ustedes, en cambio, cumplan mis
leyes y mandatos y no cometan ninguna de esas
abominaciones, tanto el nativo como el emi-
grante que reside entre ustedes. 27Porque todas
esas infamias fueron cometidas por los hombres
que habitaron el país antes que ustedes y por
eso la tierra quedó impura. 28¡Que la tierra no
los vaya a vomitar también a ustedes, por ha-
berla manchado, como vomitó a los pueblos que
estuvieron antes que ustedes! 29Porque todo
aquel que cometa una de esas abominaciones
será excluido de su pueblo.
30»Respeten, entonces, mis prohibiciones no
haciendo ninguna de las prácticas abominables
que se hacían antes de llegar ustedes. No se
manchen con ellas. Yo soy el Señor, su Dios».

Preceptos diversos

19 1El Señor habló a Moisés: 2«Di a toda la
comunidad de los israelitas: Sean santos,
porque yo, el Señor, su Dios, soy santo.
3»Respeten a sus padres y guarden mis sába-
dos. Yo soy el Señor, su Dios.
4»No acudan a los ídolos ni se hagan dioses de
fundición. Yo soy el Señor, su Dios.
5»Cuando ofrezcan al Señor sacrificios de co-
munión, háganlo de forma que sean aceptados.
6Se comerá la víctima el día mismo de su inmola-
ción o al día siguiente. Lo que sobre, se quemará
al tercer día. 7Lo que se come el tercer día es de
desecho e inválido. 8El trasgresor cargará con su
culpa por haber profanado lo santo del Señor, y
será excluido de su pueblo.
9»Cuando llegue el tiempo de la cosecha no
recojas hasta el último grano de tu campo, ni
vuelvas a buscar las espigas que han quedado.
10Tampoco sacarás hasta el último racimo de tu
viña ni recogerás las uvas caídas. Se lo dejarás
al pobre y al emigrante. Yo soy el Señor, su Dios.
11»No robarán, ni defraudarán, ni engañarán a
ninguno de su pueblo.
12»No jurarán en falso por mi Nombre, profa-
nando el Nombre de tu Dios. Yo soy el Señor.
13»No explotarás a tu prójimo ni lo despojarás.
No retendrás contigo hasta el día siguiente el
salario del obrero.
14»No maldecirás al sordo ni pondrás tropiezos
al ciego. Respeta a tu Dios. Yo soy el Señor.
15»No cometerás ninguna injusticia en los jui-
cios. No serás parcial ni por favorecer al pobre ni
por honrar al rico. Juzga con justicia a tu prójimo.
16»No andarás con cuentos de aquí para allá ni
declararás en falso contra la vida de tu prójimo.
Yo soy el Señor.
17»No guardarás odio a tu hermano. Reprende-
rás abiertamente al prójimo y no cargarás con
pecado por su causa.
18»No serás vengativo ni guardarás rencor a
tu propia gente. Amarás a tu prójimo como a ti
mismo. Yo soy el Señor.
19»Guarden mis leyes.
»No cruzarás tu ganado con animales de es-
pecie diversa, ni sembrarás semillas de especie
diversa, ni llevarás vestidos confeccionados con
materiales diversos.
20»El que se acueste con una esclava prometi-
da a otro, pero que no ha sido rescatada ni pues-
ta en libertad tendrá que pagar indemnización;
pero no serán castigados con la pena de muerte,
porque ella no es libre. 21El hombre ofrecerá al
Señor a la entrada de la tienda del encuentro
un carnero como víctima penitencial. 22El sacer-
dote, con el carnero del sacrificio penitencial,
realizará la expiación por él, por el pecado que
cometió, en presencia del Señor. Y se le perdo-
nará el pecado que cometió.
23»Cuando entren en la tierra y planten árboles
frutales, se abstendrán por tres años de cortar
sus frutos: los dejarán incircuncisos. Sus frutos
no se comerán. 24Al cuarto año se los consagrarán
festivamente al Señor. 25Y al quinto podrán comer
de ellos; así incrementarán para su provecho el
rendimiento del árbol. Yo soy el Señor, su Dios.
26»No comerán carne con sangre. No practica-
rán la adivinación ni la magia. 27No se cortarán
el borde de la cabellera en forma de círculo ni se
recortarán la barba. 28No se harán incisiones por
un difunto ni tampoco tatuajes. Yo soy el Señor.
29»No profanes a tu hija prostituyéndola. No
sea que también la tierra se prostituya y se llene
de depravación.
30»Guarden mis sábados y respeten mi santua-
rio. Yo soy el Señor.

31»No acudan a los espíritus de los muertos ni consulten adivinos. Quedarán impuros. Yo soy el Señor, su Dios.

32»Ponte de pie y honra al anciano. Respeta a tu Dios. Yo soy el Señor.

33»Cuando un emigrante se establezca entre ustedes en su país, no lo opriman. 34Será para ustedes como uno de sus compatriotas: lo amarás como a ti mismo, porque ustedes fueron emigrantes en Egipto. Yo soy el Señor, su Dios.

35»No darán sentencias injustas en los juicios ni cometerán injusticias en pesos y medidas. 36Tengan balanza, pesas y medidas exactas. Yo soy el Señor, su Dios, que los sacó de Egipto.

37»Cumplan todas mis leyes y mandatos poniéndolos por obra. Yo soy el Señor».

Sanciones

20 1El Señor habló a Moisés: 2«Di a los israelitas: Cualquier israelita o emigrante residente en Israel que entregue un hijo suyo a Moloc será castigado con la muerte. Los habitantes del país lo apedrearán. 3Yo mismo me enfrentaré con él y lo extirparé de su pueblo, por haber entregado un hijo suyo a Moloc, manchando mi santuario y profanando mi Nombre santo. 4Pero si los habitantes del país se desentienden del que entrega un hijo suyo a Moloc y no ejecutan al culpable, 5yo mismo me enfrentaré con él y con su familia, y extirparé de su pueblo a él y a cuantos como él se prostituyen con Moloc.

6»Si uno consulta a los espíritus de los muertos y adivinos para prostituirse con ellos, me enfrentaré con él y lo extirparé de su pueblo. 7Ustedes, santifíquense y sean santos, porque yo, el Señor, soy su Dios.

8»Guarden mis leyes poniéndolas por obra. Yo soy el Señor, que los santifica.

9»El que maldiga a su padre o a su madre, será castigado con la muerte. Caiga su sangre sobre él por haberlos maldecido.

10»Si uno comete adulterio con la mujer de su prójimo, los dos adúlteros serán castigados con la muerte.

11»Si uno se acuesta con la concubina de su padre, ofendiendo a su propio padre, ambos serán castigados con la muerte. Caiga su sangre sobre ellos.

12»Si uno se acuesta con su nuera, ambos serán castigados con la muerte. Han cometido una depravación. Caiga su sangre sobre ellos.

13»Si un hombre se acuesta con otro hombre como si fuera una mujer, ambos cometen una abominación. Serán castigados con la muerte. Caiga su sangre sobre ellos.

14»Si uno toma a la vez a una hija y a la madre, es cosa aborrecible. A él y a ellas los quemarán, para que no quede lo aborrecible entre ustedes.

15»Si uno se acuesta con un animal, será castigado con la muerte. Al animal lo matarás.

16»Si una mujer se ofrece a un animal para unirse con él, matarás a la mujer y al animal. Serán castigados con la muerte. Caiga su sangre sobre ellos.

17»Si uno toma a una hermana por parte de padre o de madre y tiene relaciones, es una infamia. Serán públicamente excluidos de su pueblo. Por haber tenido relaciones con su hermana, cargará con su culpa.

18»Si uno se acuesta con una mujer durante su menstruación, descubriendo ambos la fuente de la sangre, los dos serán excluidos de su pueblo.

19»No tendrás relaciones con una tía materna o paterna. Por haber tenido relaciones con alguien de su propia sangre, cargarán con su culpa.

20»Si uno se acuesta con la cuñada de su padre, ofende a su tío. Cargarán con su pecado y morirán sin hijos.

21»Si uno toma a su cuñada, es una inmundicia. Ofende a su propio hermano. No tendrán hijos.

22»Cumplan todas mis leyes y mandatos poniéndolos en práctica, para que no los vomite la tierra a donde los llevo para que habiten en ella. 23No sigan la legislación de los pueblos que voy a expulsar delante de ustedes, porque me da asco su proceder. 24Ya les he dicho: Ustedes poseerán su tierra, yo se la voy a dar en posesión, una tierra que mana leche y miel. Yo soy el Señor, su Dios, que los he separado de los demás pueblos.

25»Separen también ustedes los animales puros de los impuros, las aves impuras de las puras, y no se contaminen con animales, aves o reptiles que yo he separado como impuros.

26»Sean para mí santos, porque yo, el Señor, soy santo, y los he separado de los demás pueblos para que sean míos.

27»El hombre o la mujer que consulten a los muertos o a otros espíritus serán castigados con la muerte. Serán apedreados. Caiga su sangre sobre ellos».

Santidad sacerdotal

21 1El Señor habló a Moisés: «Di a los sacerdotes aaronitas: El sacerdote no se contaminará con el cadáver de un pariente, 2a no ser de pariente próximo: madre, padre, hijo, hija, hermano 3o de su propia hermana soltera, no dada en matrimonio. No se incluye la pariente casada. 4Queda profanado.

5»No se raparán la cabeza, no se recortarán la
barba ni se harán incisiones. 6Serán santos para
su Dios y no profanarán el Nombre de su Dios,
porque son los encargados de ofrecer la ofrenda
del Señor, la comida de su Dios. Deben ser santos.
7»No tomará por mujer una prostituta, una
violada o una repudiada por su marido, porque
está consagrado a su Dios.
8»Lo considerarás santo, porque es el encar-
gado de ofrecer la comida de tu Dios. Será para
ti santo, porque yo, el Señor, que los santifico,
soy santo.
9»Si la hija de un sacerdote se profana prosti-
tuyéndose, profana a su propio padre. Debe ser
quemada.
10»El sumo sacerdote, escogido entre sus her-
manos, sobre cuya cabeza ha sido derramado el
aceite de la unción y que ha sido consagrado con
la investidura de los ornamentos, no irá despei-
nado ni harapiento. 11No se acercará a cadáver
alguno ni se contaminará con el de su padre o
de su madre. 12No saldrá del santuario ni pro-
fanará el santuario de su Dios, porque tiene la
consagración del aceite de la unción de su Dios.
Yo soy el Señor.
13Tomará por mujer una virgen. 14No tomará
por mujer una viuda, repudiada, violada ni pros-
tituta, sino una virgen de su pueblo.
15»No profanará a sus hijos entre su pueblo,
porque yo soy el Señor, que lo santifico.
16El Señor habló a Moisés: 17«Di a Aarón: Nin-
guno de tus futuros descendientes que tenga
un defecto corporal podrá ofrecer la comida de
su Dios: 18sea ciego, rengo, con miembros atro-
fiados o deformes, 19con una pierna o un brazo
fracturados, 20jorobado, enano, con cataratas en
los ojos, con sarna o tiña, con testículos lesiona-
dos. Nadie con alguno de estos defectos puede
ofrecer la comida de su Dios. 21Ninguno de los
descendientes del sacerdote Aarón que tenga un
defecto corporal se acercará a ofrecer la ofrenda
del Señor. Tiene un defecto corporal: no puede
acercarse a ofrecer la comida de su Dios. 22Podrá
comer la comida de su Dios, de la porción sagra-
da como de la santa; 23pero no puede traspasar
la cortina ni acercarse al altar, porque tiene un
defecto corporal. No profanará mi santuario,
porque yo soy el Señor, que los santifico».
24Moisés se lo comunicó a Aarón, a sus hijos y
a todos los israelitas.

Pureza ritual en las ofrendas

22 1El Señor habló a Moisés: 2«Di a Aarón y
a sus hijos que traten con respeto la por-
ción santa que los israelitas me consagran y no
profanen mi santo Nombre. Yo soy el Señor».
3»Diles: Cualquiera de sus futuros descen-
dientes que se acerque en estado de impureza
a la porción santa que los israelitas consagran
al Señor, será excluido de mi presencia. Yo soy
el Señor.
4»Ningún descendiente de Aarón, enfermo de
lepra o de gonorrea, comerá de la porción santa
hasta que no esté puro. El que toque un cadáver,
el que tenga una eyaculación, 5el que toque un
animal o un hombre que puedan contaminarlo
con cualquier clase de impureza, 6quedará impu-
ro hasta la tarde. No comerá de la porción santa,
sino que se bañará, 7y a la puesta del sol quedará
puro. Entonces podrá comer de la porción santa,
que es su comida. 8No comerá animal muerto o
desgarrado por una fiera: quedaría impuro. Yo
soy el Señor.
9»Respetarán mis prohibiciones para no in-
currir en pecado que les traiga la muerte por
haberse profanado. Yo soy el Señor, que los
santifica.
10»Ningún laico comerá de lo santo: ni el
criado del sacerdote ni el jornalero lo comerán.
11Pero si un sacerdote compra con su dinero un
esclavo, este lo podrá comer, lo mismo que los
esclavos nacidos en su casa.
12»Si la hija de un sacerdote se casa con un
laico, no podrá comer del tributo de la porción
santa. 13Pero si enviuda o es repudiada sin tener
descendencia y vuelve a la casa paterna como
en su juventud, podrá comer de la comida de su
padre. Pero ningún laico podrá comerla. 14El que
por inadvertencia coma de lo santo, lo restituirá
al sacerdote con recargo de un veinte por ciento.
15»Los sacerdotes no profanarán la porción
santa que los israelitas tributan al Señor. 16In-
currirían en grave culpa al comer de su porción
santa. Yo soy el Señor, que los santifico.
17El Señor habló a Moisés:
18»Di a Aarón, a sus hijos y a todos los israe-
litas: Cualquier israelita o emigrante residente
en Israel que ofrezca un holocausto al Señor,
19voluntario o en cumplimiento de un voto, em-
pleará como víctima, para que esta ofrenda le
sea aceptada, un macho sin defecto, de ganado
mayor, ovino o caprino. 20No ofrecerán reses con
defecto, porque no les serán aceptadas.
21»El que ofrezca al Señor un sacrificio de
comunión, voluntario o en cumplimiento de un
voto, empleará reses de ganado mayor o menor,
sin defecto, para que les sea aceptado. No ten-
drán defecto alguno. 22No ofrecerán al Señor re-
ses ciegas, con fracturas, mutiladas, ulceradas,
con sarna o tiña; ni las colocarán sobre el altar
en ofrenda al Señor. 23Como ofrenda voluntaria
podrás emplear toros u ovejas que tengan miem-

bros atrofiados o deformes; pero como cumplimiento de un voto no te serán aceptados. 24No ofrecerán al Señor reses con testículos machacados, aplastados, arrancados o cortados. Esto no lo harán nunca en su tierra. 25Ni siquiera de parte de un extranjero ofrecerán tales reses como comida de su Dios. Son deformes y defectuosas, y, por tanto, inválidas».

26El Señor dijo a Moisés:

27»Cuando nazca un toro, un cordero o un cabrito, estarán siete días con la madre. A partir del octavo pueden ofrecerse válidamente en ofrenda al Señor. 28No inmolarán el mismo día una vaca o una oveja con su cría.

29»Cuando ofrezcan al Señor sacrificios de acción de gracias, háganlo de forma que les sean aceptados. 30Se comerá la víctima el día mismo de la inmolación, sin dejar nada para el día siguiente. Yo soy el Señor.

31»Cumplan mis preceptos, poniéndolos por obra. Yo soy el Señor. 32No profanarán mi Nombre santo, para que yo sea santificado entre los israelitas. Yo soy el Señor, que los santifico, 33que los saqué de Egipto para ser su Dios. Yo soy el Señor».

Festividades del Señor

23 1El Señor habló a Moisés:2«Di a los israelitas: Estas son las festividades del Señor en las que convocarán asamblea litúrgica; son mis festividades:

3»Durante seis días trabajarán, pero el día séptimo es día de descanso solemne, de asamblea litúrgica. No harán trabajo alguno. Es día de descanso dedicado al Señor, en cualquier lugar donde habiten.

4»Estas son las festividades del Señor, las asambleas litúrgicas que convocarán a su debido tiempo.

5»El día catorce del primer mes, al atardecer, es la Pascua del Señor. 6El día quince del mismo mes es la fiesta de los panes ázimos dedicada al Señor. Comerán panes sin levadura durante siete días. 7El primer día se reunirán en asamblea litúrgica, y no harán trabajo ni tarea alguna. 8Los siete días ofrecerán oblaciones al Señor. Al séptimo día se volverán a reunir en asamblea litúrgica, y no harán trabajo ni tarea alguna.

9El Señor habló a Moisés:10«Di a los israelitas: Cuando entren en la tierra que yo les voy a dar, y recojan la cosecha, la primera gavilla se la llevarán al sacerdote. 11El día siguiente al sábado, este la agitará ritualmente en presencia del Señor, para que les sea aceptada. 12Ese mismo día ofrecerán al Señor en holocausto un cordero de un año sin defecto; 13harán también una ofrenda de dos décimas de harina de la mejor calidad amasada con aceite –ofrenda de aroma que aplaca al Señor– y una libación de un litro de vino. 14No comerán pan de granos tiernos tostados hasta el día en que lleven su ofrenda a Dios. Esta es una ley perpetua para todas las generaciones en cualquier lugar donde habiten.

15»Pasadas siete semanas completas, a contar desde el día siguiente al sábado –día en que llevaron la gavilla para la agitación ritual–, 16hasta el día siguiente al séptimo sábado, es decir, a los cincuenta días, harán una nueva ofrenda al Señor. 17Desde sus poblados traerán pan para la agitación ritual: dos tortas de dos décimos de harina de la mejor calidad, cocidas con levadura. Son las primicias del Señor. 18Además del pan, ofrecerán en holocausto al Señor siete corderos de un año sin defecto, un novillo y dos carneros, que junto con la ofrenda y las libaciones es ofrenda de aroma que aplaca al Señor. 19Ofrecerán también en sacrificio por el pecado un chivo y dos corderos de un año en sacrificio de comunión. 20El sacerdote lo agitará ritualmente, junto con el pan de las primicias, en presencia del Señor. Es porción santa del Señor para el sacerdote. 21El mismo día se reunirán en asamblea litúrgica y no harán trabajo alguno. Esta es una ley perpetua para todas las generaciones en cualquier lugar donde habiten.

22»Cuando recojan la cosecha de sus tierras, no segarás todo tu campo hasta el borde ni volverás a buscar las espigas caídas; se lo dejarás al pobre y al emigrante. Yo soy el Señor, su Dios.

23El Señor habló a Moisés: 24«Di a los israelitas: El día primero del séptimo mes es día de descanso solemne. Se anunciará con un toque. Se reunirán en asamblea litúrgica. 25No harán trabajo alguno, y ofrecerán una ofrenda al Señor».

26El Señor dijo a Moisés: 27«El día diez del séptimo mes es el día de la expiación. Se reunirán en asamblea litúrgica, harán penitencia y ofrecerán una ofrenda al Señor. 28No harán trabajo alguno, porque es día de expiación. Es el día en que se realiza la expiación por ustedes en presencia del Señor, su Dios. 29Todo el que en ese día no haga penitencia será excluido de su pueblo. 30A quien trabaje, lo exterminaré de su pueblo. 31No harán trabajo alguno. Esta es una ley perpetua para todas las generaciones en cualquier lugar dónde habiten. 32Es día de descanso solemne, en el que harán penitencia. Desde el nueve por la tarde al diez por la tarde guardarán descanso».

33El Señor habló a Moisés: 34«Di a los israelitas: El día quince del séptimo mes comienza la fiesta de las Chozas, dedicada al Señor, y dura siete

días. 35El día primero se reunirán en asamblea
litúrgica. No harán trabajo alguno. 36Durante los
siete días ofrecerán oblaciones al Señor. Al oc-
tavo volverán a reunirse en asamblea litúrgica y
a ofrecer una ofrenda al Señor. Es día de reunión
religiosa solemne. No harán trabajo alguno.
37»Estas son las festividades del Señor en las
que se reunirán en asamblea litúrgica y ofrece-
rán al Señor oblaciones, holocaustos y ofrendas,
sacrificios de comunión y libaciones, según co-
rresponda a cada día, 38además de los sábados
del Señor y de los dones y cuantos sacrificios
ofrezcan al Señor, sea en cumplimiento de un
voto o voluntariamente.
39»Desde el día quince del séptimo mes, reco-
gida ya la cosecha, celebrarán la fiesta del Señor
durante siete días. El primero y el octavo son días
de descanso solemne. 40El primer día cortarán
frutos de árboles de adorno, palmas, ramas de
árboles frondosos y de sauces, y harán fiesta sie-
te días en presencia del Señor. 41Celebrarán esta
fiesta dedicada al Señor anualmente, por espacio
de siete días. Esta es una ley perpetua para todas
las generaciones: la celebrarán el séptimo mes.
42Habitarán los siete días en chozas. Todo israe-
lita nativo habitará en chozas; 43para que sepan
las futuras generaciones que yo hice habitar a los
israelitas en chozas cuando los saqué de Egipto.
Yo soy el Señor, su Dios». 44Moisés comunicó a los
israelitas las festividades del Señor.

Cuidado del Templo

24 1El Señor dijo a Moisés: 2«Manda a los is-
raelitas que te traigan aceite de oliva pu-
ro y refinado para alimentar cada día la lámpara.
3En la tienda del encuentro, delante de la cor-
tina de la alianza, Aarón preparará cada día la
lámpara, para que arda de la noche a la mañana
en presencia del Señor. Esta es una ley perpetua
para todas las generaciones. 4Colocará siempre
las lámparas en el candelabro, de oro puro, en
presencia del Señor.
5»Toma harina de la mejor calidad y prepara
con ella doce tortas de dos décimas partes de
una medida cada una. 6Colócalas después en dos
montones de a seis, sobre la mesa pura, en pre-
sencia del Señor. 7Echa en cada montón incienso
puro, para que sean pan de obsequio, ofrenda
al Señor. 8Todos los sábados las prepararás en
presencia del Señor. Es un compromiso perpetuo
de los israelitas. 9Son para Aarón y sus hijos, que
las comerán en lugar santo. Es la porción sagra-
da, porción perpetua para Aarón, de la ofrenda
al Señor».
10Había entre los israelitas un hijo de madre
israelita y padre egipcio. Un día riñó con un is-
raelita en el campamento. 11El hijo de la israelita
blasfemó y maldijo el Nombre del Señor, por lo
que lo llevaron ante Moisés –su madre se llama-
ba Selamit, hija de Dibrí, de la tribu de Dan–.
12Lo arrestaron hasta que decidiese un oráculo
del Señor.
13El Señor dijo a Moisés:
14«Saca al blasfemo fuera del campamento.
Que todos los que le oyeron pongan las manos
sobre su cabeza y luego toda la asamblea lo ape-
dreará. 15Después dirás a los israelitas: Todo el
que maldiga a su Dios, cargará con su pecado.
16El que blasfeme el Nombre del Señor, será cas-
tigado con la muerte. Toda la asamblea lo ape-
dreará. Emigrante o nativo, quien blasfeme el
Nombre del Señor morirá.
17»El que mate a un hombre, será castigado
con la muerte. 18El que mate un animal, tendrá
que reponerlo, animal por animal. 19Al que le-
sione a un conciudadano, se le hará lo que él
ha hecho: 20fractura por fractura, ojo por ojo,
diente por diente. La lesión que causó a otro se
le causará a él. 21El que mate un animal tendrá
que reponerlo; el que mate a un hombre, morirá.
22Aplicaréis la misma sentencia al emigrante y al
nativo. Yo soy el Señor, su Dios».
23Moisés se lo comunicó a los israelitas, y es-
tos, sacando al blasfemo fuera del campamento,
lo apedrearon. Los israelitas hicieron lo que el
Señor había mandado a Moisés.

Año sabático

25 1El Señor habló a Moisés en el monte Si-
naí: 2«Di a los israelitas: Cuando entren
en la tierra que yo les voy a dar, la tierra gozará
del descanso del Señor. 3Durante seis años sem-
brarás tus campos y durante seis años vendimia-
rás tus viñedos y recogerás sus cosechas. 4Pero
el séptimo será año de descanso solemne para la
tierra, el descanso del Señor. No sembrarás tus
campos ni vendimiarás tus viñas. 5No cortarás
el grano que nazca por sí mismo ni recogerás las
uvas del viñedo no podado. Es año de descanso
para la tierra. 6El descanso de la tierra les servi-
rá de alimento a ti, a tu esclavo, a tu esclava, a
tu jornalero, a tu criado y al emigrante que vive
contigo. 7Su entera cosecha servirá de pasto a
tu ganado y a los animales salvajes.

Año jubilar

8»Deberás contar siete semanas de años, siete
por siete, o sea, cuarenta y nueve años. 9A toque
de trompeta darás un mandato por todo el país,
el día diez del séptimo mes. El día de la expia-
ción harás resonar la trompeta por todo el país.
10Santificarán el año cincuenta y promulgarán

la liberación en el país para todos sus moradores. Celebrarán jubileo, cada uno recobrará su propiedad y retornará a su familia. 11El año cincuenta es para ustedes un jubileo, no sembrarán, no cosecharán lo que vuelva a brotar de la última cosecha ni vendimiarán la viña que haya quedado sin podar. 12Porque es jubileo, lo considerarás sagrado. Comerán de la cosecha de sus campos. 13En este año jubilar cada uno recobrará su propiedad.

14»Cuando realicen operaciones de compra y venta con alguien de su pueblo, no se perjudiquen unos a otros. 15Lo que compres a uno de tu pueblo se tasará según el número de años transcurridos después del jubileo. Él, a su vez, te lo cobrará según el número de cosechas anuales: 16cuantos más años falten, más alto será el precio; cuantos menos, menor será el precio. Porque él te cobra según el número de cosechas. 17Nadie perjudicará a uno de su pueblo. Respeta a tu Dios. Yo soy el Señor, su Dios.

Exhortación y promesa

18»Cumplan mis leyes y guarden mis mandatos poniéndolos por obra y habitarán tranquilos en la tierra. 19La tierra dará sus frutos, comerán hasta saciarse y habitarán tranquilos.

20»Si se preguntan: ¿Qué vamos a comer el año séptimo? No hemos sembrado ni hemos recogido cosecha. 21Yo les mandaré mi bendición el año sexto, para que produzca cosecha para los tres años. 22Sembrarán el año octavo y comerán de la cosecha pasada. Hasta el año noveno, hasta el tiempo de levantar la cosecha, seguirán comiendo de la pasada.

Consecuencias del año jubilar

23»La tierra no se venderá a perpetuidad, porque es mía, y ustedes solo están de paso por ella como huéspedes míos. 24Por lo tanto en todas las tierras de su propiedad deben conceder a los dueños anteriores el derecho de volver a comprarla. 25Si un hermano tuyo se arruina y vende parte de su propiedad hereditaria a su pariente más cercano toca rescatar lo vendido por su hermano. 26El que no tenga quien lo rescate, si ahorra lo requerido para el rescate, 27descontará los años desde su venta, y pagará al comprador lo que falta, recobrando así su propiedad. 28Pero si no ha ahorrado lo requerido para el rescate, lo vendido quedará en poder del comprador hasta el año del jubileo, en que queda libre y vuelve a ser propiedad suya.

29»El que venda una vivienda situada en una ciudad amurallada tiene derecho al rescate hasta cumplirse un año de la venta. Su derecho al rescate es limitado. 30Si no es rescatada en el plazo de un año, la casa situada en una ciudad amurallada queda definitivamente en propiedad del comprador y sus sucesores. No queda libre el año del jubileo. 31Los poblados no amurallados se consideran como los campos. Sus casas tienen posibilidad de rescate: quedan libres el año del jubileo.

32»Referente a las ciudades de los levitas, estos tienen derecho perpetuo a rescatar las casas de las ciudades de su propiedad. 33Si no son rescatadas, quedan libres el año del jubileo, porque las casas de las ciudades de los levitas son propiedad suya entre los israelitas. 34Los campos que rodean sus ciudades no se pueden vender, porque son propiedad perpetua de los levitas.

35»Si un hermano tuyo se arruina y no puede mantenerse, tú lo sustentarás para que viva contigo como si fuera un extranjero o un huésped. 36No le exijas ni intereses ni recargo. Respeta a tu Dios, y viva tu hermano contigo. 37No le prestarás dinero a interés ni aumentarás el precio de los alimentos que le des. 38Yo soy el Señor, su Dios, que los saqué de Egipto para darles la tierra de Canaán y ser su Dios.

39»Si un hermano tuyo se arruina y se te vende, no lo tratarás como esclavo, 40sino como jornalero o criado. Trabajará a tu servicio hasta el año del jubileo, 41cuando él y sus hijos quedarán libres para retornar a su familia y recobrar su propiedad paterna. 42Porque ellos son mis servidores a quienes saqué de Egipto, y no pueden ser vendidos como esclavos. 43No tratarás con dureza a tu hermano. Respeta a tu Dios.

44»Los esclavos y esclavas que ustedes tengan provendrán de los pueblos circundantes. 45También podrán adquirirlos entre los hijos de los criados emigrantes que viven con ustedes, entre sus familias nacidas en Israel. Ellos serán propiedad de ustedes para siempre. 46Se los dejarás en propiedad hereditaria a tus hijos cuando ustedes mueran. Siempre podrán servirse de ellos, pero a sus hermanos israelitas no los tratarán con dureza.

47»Si un emigrante o un criado mejoran de posición y un hermano tuyo se arruina y se vende al emigrante o criado o a un descendiente de la familia del emigrante, 48después de haberse vendido tiene derecho a rescate. Uno de sus hermanos lo rescatará, 49o un tío suyo o su primo o alguien de su parentela, o él mismo si ahorra lo necesario. 50Calculará con el comprador los años desde la venta hasta el jubileo, y el precio corresponderá al número de años, según la paga que se da a los trabajadores. 51Si quedan muchos años, se devolverá del precio de compra, como rescate, lo que corresponda a dichos años. [52]Si quedan pocos años para el jubileo, pagará el rescate calculando los años que faltan. [53]Cada año que pase con él, será como un jornalero. Y no permitirás que lo traten con dureza. [54]Pero si no es rescatado de ninguna de estas maneras, él y sus hijos quedarán libres el año jubilar. [55]Porque los israelitas me pertenecen como servidores: son servidores míos, a quienes saqué de Egipto. Yo soy el Señor, su Dios.

Bendiciones

26 [1]»No se harán ídolos, ni levantarán en su país piedras sagradas, ni colocarán relieves en piedra para postrarse ante ellos. Porque yo soy el Señor, su Dios. [2]Respeten mis sábados y tengan reverencia por mi santuario. Yo soy el Señor.

[3]»Si siguen mis leyes y cumplen mis mandamientos, [4]yo les mandaré la lluvia a su tiempo: la tierra dará sus cosechas y los árboles sus frutos. [5]Entonces el tiempo de la trilla se prolongará hasta la vendimia y la vendimia hasta la siembra. Comerán pan hasta saciarse y habitarán tranquilos en su tierra.

[6]»Pondré paz en el país y dormirán sin alarmas. Alejaré del país a las fieras y la espada no cruzará su tierra. [7]Perseguirán a sus enemigos, que caerán ante ustedes a filo de espada. [8]Cinco de ustedes pondrán en fuga a cien, y cien de ustedes, a diez mil. Sus enemigos caerán ante ustedes a filo de espada.

[9]»Me volveré hacia ustedes y los haré crecer y multiplicarse, manteniendo mi pacto con ustedes. [10]Comerán de cosechas almacenadas y sacarán lo almacenado para hacer sitio a lo nuevo. [11]Pondré mi morada entre ustedes y no los detestaré. [12]Caminaré entre ustedes y seré su Dios y ustedes serán mi pueblo. [13]Yo soy el Señor, su Dios, que los saqué de Egipto, de la esclavitud, rompí las ataduras de su yugo, y los hice caminar con la frente en alto.

Maldiciones

[14]»Pero si no me obedecen y no ponen por obra todos estos preceptos, [15]si rechazan mis leyes y no cumplen mis mandatos, no poniendo por obra todos mis preceptos y rompiendo mi pacto, [16]entonces yo los trataré así: despacharé contra ustedes el espanto, la debilidad y la fiebre, que nublan los ojos y consumen la vida; de nada les servirá sembrar porque sus enemigos se comerán la cosecha; [17]me enfrentaré con ustedes y sucumbirán ante sus enemigos; sus contrarios los someterán y huirán aunque nadie los persiga.

[18]»Y si con todo esto aún no me obedecen, multiplicaré por siete mis escarmientos por sus pecados. [19]Quebrantaré esa enorme soberbia. Convertiré el cielo en hierro y en bronce la tierra. [20]Entonces agotarán sus fuerzas en vano. Sus campos no darán su cosecha ni los árboles sus frutos.

[21]»Y si siguen oponiéndose a mí, negándose a obedecerme, multiplicaré por siete mis golpes, por sus pecados. [22]Soltaré contra ustedes fieras salvajes que los dejarán sin hijos, destrozarán sus ganados, y reducirán el número de ustedes hasta que no haya quién transite por sus caminos.

[23]»Y si aún así no escarmientan, sino que me siguen contrariando, [24]también yo me opondré a ustedes, multiplicando por siete mis golpes, por sus pecados. [25]Levantaré contra ustedes la espada vengadora de mi pacto y se refugiarán en sus ciudades. Les mandaré entonces la peste, y caerán en poder de sus enemigos. [26]Cuando los prive del sustento de pan, diez mujeres cocerán el pan en un horno, y lo racionarán tanto que ustedes comerán pero no quedarán satisfechos.

[27]»Y si aún así no me obedecen, sino que me siguen contrariando, [28]también yo me opondré a ustedes y con mi enojo los castigaré, multiplicando por siete mis escarmientos por sus pecados. [29]Entonces se comerán ustedes la carne de sus hijos y de sus hijas. [30]Destruiré sus santuarios paganos, y partiré en dos sus altares de incienso, amontonaré sus cadáveres sobre los de sus ídolos, y les mostraré mi desprecio. [31]Convertiré sus ciudades en ruinas, asolaré sus santuarios, ya no me aplacarán los aromas de sus sacrificios. [32]Yo destruiré el país, y sus enemigos, que ocuparán la tierra, se horrorizarán de él. [33]Los dispersaré entre los pueblos y los perseguiré con la espada desenvainada. Sus campos serán un desierto y sus ciudades ruinas.

[34]»Entonces, todo el tiempo que dure la desolación y ustedes estén en país enemigo, la tierra disfrutará de sus sábados; solo entonces descansará la tierra y disfrutará de sus sábados. [35]Descansará todo el tiempo que dure la desolación; descanso de sábado que ustedes no le dieron mientras la habitaban. [36]A los sobrevivientes, los haré acobardarse en país enemigo; alarmados por el rumor de hojas que vuelan, huirán como si fuera la espada, y caerán sin que nadie los persiga. [37]Tropezarán unos con otros, como si tuvieran delante una espada, pero no habrá nadie que los persiga. No podrán oponer resistencia a sus enemigos. [38]Perecerán en medio de los pueblos. El país enemigo los devorará.

Reconciliación

39»Los que de ustedes sobrevivan, se pudrirán
en el país enemigo por su culpa y la de sus pa-
dres. 40Confesarán su culpa y la de sus padres:
de haberme sido infieles y haber procedido obs-
tinadamente contra mí, 41por lo que también yo
procedí obstinadamente contra ellos y los llevé
a país enemigo, para ver si se doblegaba su cora-
zón incircunciso y pagaban su culpa.
42»Entonces yo recordaré mi pacto con Jacob,
mi pacto con Isaac, mi pacto con Abrahán: me
acordaré de la tierra. 43Pero ellos tendrán que
abandonar la tierra, y así ella disfrutará de sus
sábados, mientras queda desolada en su ausen-
cia. Pagarán la culpa de haber rechazado mis
mandatos y haber detestado mis leyes.
44»Pero aún con todo esto, cuando estén en
país enemigo, no los rechazaré ni los detestaré
hasta el punto de exterminarlos y de romper mi
pacto con ellos. Porque yo soy el Señor, su Dios.
45Recordaré en favor de ellos el pacto con los an-
tepasados, a quienes saqué de Egipto, a la vista
de los pueblos para ser su Dios. Yo soy el Señor.
46Estos son los preceptos, mandatos y leyes que
el Señor por medio de Moisés estableció en el
monte Sinaí entre él y los israelitas».

APÉNDICE (27,1-34)

27 1El Señor habló a Moisés: 2«Di a los israeli-
tas: Cuando alguno haga un voto especial
ofreciendo al Señor el valor de una persona, se
aplicarán las siguientes tarifas: 3Un varón entre
los veinte y los sesenta años será tasado en qui-
nientos gramos de plata –pesos del templo–. 4Si
es mujer, será tasada en trescientos gramos. 5Un
chico entre los cinco y los veinte años será ta-
sado en doscientos gramos; si es chica, en cien
gramos. 6Un niño entre el mes y los cinco años
será tasado en cincuenta gramos; si es niña, en
treinta gramos. 7De los sesenta años para arriba,
el varón será tasado en ciento cincuenta gra-
mos; la mujer, en cien gramos. 8Si es tan pobre
que no puede pagar la tarifa, lo presentará al
sacerdote, y este lo tasará según los recursos del
que hizo el voto.
9»Si se trata de un animal apto para la ofren-
da al Señor, el animal entero queda consagra-
do. 10No se puede cambiar ni sustituir animal
bueno por malo, o viceversa. Y si se cambia un
animal por otro, los dos quedan consagrados.
11Si se trata de un animal impuro, no apto para
la ofrenda al Señor, será presentado al sacer-
dote, 12y este lo tasará según su calidad. La
tasación será válida. 13Y si quiere rescatarlo,
pagará un recargo del veinte por ciento sobre
lo tasado. 14Cuando alguno consagre su casa al
Señor, el sacerdote la tasará según su calidad.
La tasación será válida. 15Si el que la consa-
gró la quiere rescatar, pagará lo tasado con un
veinte por ciento de recargo. 16Si consagrara
al Señor una parte de las tierras de su propie-
dad hereditaria, se tasará en proporción a su
siembra: quinientos gramos de plata por cada
cuatrocientos kilos de semilla de cebada. 17Si
consagra el campo durante el año jubilar, la
tasación será válida. 18Pero si lo consagra des-
pués del jubileo, el sacerdote calculará el dine-
ro que corresponde a los años que faltan hasta
el próximo año jubilar, y hará el descuento co-
rrespondiente. 19Si el que lo consagró lo quie-
re rescatar, pagará la tasa con un recargo del
veinte por ciento. Y el campo será suyo. 20Si no
lo rescata o lo vende a otro, entonces el campo
ya no podrá ser rescatado. 21Cuando quede libre
en el año jubilar, quedará, como campo dedi-
cado, consagrado al Señor. Será propiedad del
sacerdote. 22Si uno consagra al Señor un campo
comprado que no pertenece a su propiedad he-
reditaria, 23el sacerdote calculará el valor de
la tasa hasta el año jubilar. El que consagró el
campo pagará ese mismo día lo tasado, como
cosa consagrada al Señor. 24El año jubilar el
campo volverá al vendedor a quien pertenecía
en propiedad hereditaria.
25»Las tasaciones se harán según el peso del
templo: diez gramos equivalen a veinte óbolos.
26»Nadie consagrará el primogénito de los
animales, porque le pertenece ya al Señor co-
mo primicia: sea vaca o sea oveja, pertenece al
Señor. 27Si se trata de un animal impuro, será
rescatado con un recargo del veinte por ciento
sobre lo tasado. Si no lo rescata, se venderá al
precio tasado.
28»Lo que uno ha separado como cosa dedi-
cada al Señor, personas, animales o campos de
propiedad hereditaria, no podrá ser vendido ni
rescatado. Lo dedicado es propiedad sagrada del
Señor. 29Una persona destinada al exterminio no
puede ser rescatada, ha de ser ejecutada.
30»La décima parte de los productos del cam-
po, de la siembra y de los frutos pertenecen al
Señor y son sagrados. 31Si alguien quiere res-
catarlos, lo hará con un recargo del veinte por
ciento sobre lo tasado. 32La décima parte de
animales de ganado mayor o menor, la décima
parte de todos los que pasen bajo el cayado, se-
rán consagrados al Señor. 33No hay que averiguar
si son buenos o malos ni se sustituirán. Si se
cambia un animal por otro, los dos quedan con-
sagrados, sin posibilidad de rescate.
34»Estos son los preceptos que el Señor dio a
Moisés en el monte Sinaí para los israelitas».

NÚMEROS

EN EL SINAÍ (1,1–10,10)

Censo de Israel

1 1 El día primero del segundo mes del segundo año de la salida de Egipto, en el desierto de Sinaí, en la tienda del encuentro, el Señor dijo a Moisés:

2 »Haz un censo completo de la comunidad israelita: todos los varones, uno a uno, por clanes y familias, registrando sus nombres. 3 Tú y Aarón registrarán por escuadrones a todos los varones mayores de veinte años aptos para la guerra. 4 Para ello contarán con la ayuda de un jefe de familia por cada tribu.

5 »Los nombres de las personas que los asistirán son: por Rubén, Elisur, hijo de Sedeur; 6 por Simeón, Salumiel, hijo de Surisaday; 7 por Judá, Najsón, hijo de Aminadab; 8 por Isacar, Natanael, hijo de Suar; 9 por Zabulón, Eliab, hijo de Jalón; 10 por los hijos de José: por Efraín, Elisamá, hijo de Amihud, y por Manasés, Gamaliel, hijo de Fedasur; 11 por Benjamín, Abidán, hijo de Gedeoní; 12 por Dan, Ajiezer, hijo de Amisaday; 13 por Aser, Pagiel, hijo de Ocrán; 14 por Gad, Eliasaf, hijo de Degüel; 15 por Neftalí, Ajirá hijo de Enán.

16 »Estos fueron los nombrados por la comunidad, jefes de tribus y cabezas de clanes».

17 Moisés tomó a Aarón y a estos hombres escogidos por sus nombres. 18 Ellos reunieron toda la asamblea el día primero del mes segundo, y todos se inscribieron, uno a uno, los mayores de veinte años, por clanes y familias, registrando sus nombres; 19 Así los registró Moisés en el desierto de Sinaí como lo había mandado el Señor.

20 Hijos y descendientes de Rubén, primogénito de Israel, por clanes y familias, registrando los nombres, uno a uno, de los varones mayores de veinte años y aptos para la guerra; 21 total de la tribu de Rubén, cuarenta y seis mil quinientos.

22 Hijos y descendientes de Simeón, por clanes y familias, registrando los nombres, uno a uno, de los varones mayores de veinte años y aptos para la guerra: 23 total de la tribu de Simeón, cincuenta y nueve mil trescientos.

24 Hijos y descendientes de Gad, por clanes y familias, registrando los nombres, uno a uno, de los varones mayores de veinte años y aptos para la guerra: 25 total de la tribu de Gad, cuarenta y cinco mil seiscientos cincuenta.

26 Hijos y descendientes de Judá, por clanes y familias, registrando los nombres, uno a uno, de los varones mayores de veinte años y aptos para la guerra: 27 total de la tribu de Judá, setenta y cuatro mil seiscientos.

28 Hijos y descendientes de Isacar, por clanes y familias, registrando los nombres, uno a uno, de los varones mayores de veinte años y aptos para la guerra: 29 total de la tribu de Isacar, cincuenta y cuatro mil cuatrocientos.

30 Hijos y descendientes de Zabulón, por clanes y familias, registrando los nombres, uno a uno, de los varones mayores de veinte años y aptos para la guerra: 31 total de la tribu de Zabulón, cincuenta y siete mil cuatrocientos.

32 Hijos y descendientes de Efraín, hijo de José, por clanes y familias, registrando los nombres, uno a uno, de los varones mayores de veinte años y aptos para la guerra: 33 total de la tribu de Efraín, cuarenta mil quinientos.

34 Hijos y descendientes de Manasés, hijo de José, por clanes y familias, registrando los nombres, uno a uno, de los varones mayores de veinte años y aptos para la guerra: 35 total de la tribu de Manasés, treinta y dos mil doscientos.

36 Hijos y descendientes de Benjamín, por clanes y familias, registrando los nombres, uno a uno, de los varones mayores de veinte años y aptos para la guerra: 37 total de la tribu de Benjamín, treinta y cinco mil cuatrocientos.

38 Hijos y descendientes de Dan, por clanes y familias, registrando los nombres, uno a uno, de los varones mayores de veinte años y aptos para la guerra: 39 total de la tribu de Dan, sesenta y dos mil setecientos.

40 Hijos y descendientes de Aser, por clanes y familias, contando los nombres, uno a uno, de los varones mayores de veinte años y aptos para la guerra: 41 total de la tribu de Aser, cuarenta y un mil quinientos.

42 Hijos y descendientes de Neftalí, por clanes y familias, registrando los nombres, uno a uno, de los varones mayores de veinte años y aptos para la guerra: 43 total de la tribu de Neftalí, cincuenta y tres mil cuatrocientos.

44 Este es el censo que hizo Moisés con Aarón, asistidos por los doce jefes israelitas, uno por cada tribu, todos jefes de familia. 45 El total de los israelitas, por familias, mayores de veinte años y aptos para la guerra, 46 fue de seiscientos tres mil quinientos cincuenta.

47 Pero los levitas no fueron registrados con los demás, por familias, 48 porque el Señor había dicho a Moisés: 49 «No incluyas a los levitas en el censo y registro de los israelitas; 50 encárgales la tienda de la alianza, sus objetos y enseres; ellos transportarán la tienda de la alianza con sus objetos, estarán a su servicio y acamparán a su alrededor. 51 Cuando haya que ponerse en marcha, los levitas desmontarán la tienda; cuando se haga alto, los levitas la montarán. Al laico que

se meta, se le matará. 52Los israelitas acamparán
por escuadrones, cada uno en su campamento,
junto a su estandarte. 53Los levitas harán la
guardia de la tienda de la alianza, para que no
estalle la cólera contra la comunidad israelita.
Los levitas cuidarán de la tienda de la alianza».
54Los israelitas hicieron todo lo que el Señor
había mandado a Moisés; lo cumplieron todo.

El campamento

2 1 El Señor dijo a Moisés y a Aarón: 2«Los israe-
litas acamparán cada uno junto a su banderín
o estandarte de familia, mirando a la tienda del
encuentro y alrededor de ella.
3»Al este, hacia la salida del sol, acamparán
los del estandarte de Judá, por escuadrones;
jefe de los hijos de Judá es Najsón, hijo de
Aminadab; 4su ejército cuenta con setenta y
cuatro mil seiscientos alistados. 5Junto a él
acampa la tribu de Isacar; su jefe es Natanael,
hijo de Suar; 6su ejército cuenta con cincuenta
y cuatro mil cuatrocientos alistados. 7La tribu
de Zabulón; su jefe es Eliab, hijo de Jalón; 8su
ejército cuenta con cincuenta y siete mil cua-
trocientos alistados. 9Los alistados en el cam-
pamento de Judá, por escuadrones, son ciento
ochenta y seis mil cuatrocientos. Se pondrán
en marcha los primeros.
10»Al sur, el estandarte del campamento de
Rubén, por escuadrones; jefe de los rubenitas
es Elisur, hijo de Sedeur; 11su ejército cuenta con
cuarenta y seis mil quinientos alistados. 12Junto
a él acampa la tribu de Simeón; su jefe es Salu-
miel, hijo de Surisaday; 13su ejército cuenta con
cincuenta y nueve mil trescientos alistados. 14La
tribu de Gad; su jefe es Eliasaf, hijo de Degüel;
15su ejército cuenta con cuarenta y nueve mil
seiscientos cincuenta. 16Los alistados en el cam-
pamento de Rubén, por escuadrones, son ciento
cincuenta y un mil cuatrocientos cincuenta. Se
pondrán en marcha los segundos.
17»Después se pondrá en marcha la tienda
del encuentro y el campamento levita, en me-
dio de los demás campamentos. Se pondrán en
marcha según acampan, cada uno siguiendo su
estandarte.
18»Al oeste, el banderín del campamento de
Efraín, por escuadrones; jefe de los efraimitas
es Elisamá, hijo de Amihud: 19su ejército cuenta
con cuarenta mil quinientos alistados. 20Junto
a él, la tribu de Manasés; su jefe es Gamaliel,
hijo de Fedasur; 21su ejército cuenta con treinta
y dos mil doscientos alistados. 22Al otro lado,
la tribu de Benjamín; su jefe es Abidán, hijo de
Gedeoní; 23su ejército cuenta con treinta y cinco
mil cuatrocientos alistados. 24Los alistados en el
campamento de Efraín son ciento ocho mil cien.
Se pondrán en marcha los terceros.
25»Al norte, el estandarte del campamento
de Dan, por escuadrones; jefe de los danitas es
Ajiezer, hijo de Amisaday; 26su ejército cuenta
con sesenta y dos mil setecientos alistados.
27Junto a él acampa la tribu de Aser; su jefe es
Pagiel, hijo de Ocrán; 28su ejército cuenta con
cuarenta y un mil quinientos alistados. 29Al otro
lado, la tribu de Neftalí; su jefe es Ajirá, hijo
de Enán; 30su ejército cuenta con cincuenta y
tres mil cuatrocientos alistados. 31Alistados en
el campamento de Dan, ciento cincuenta y siete
mil seiscientos. Se pondrán en marcha los últi-
mos, siguiendo sus estandartes».
32Este es el censo de los israelitas por familias;
los alistados en los campamentos por escuadro-
nes, seiscientos tres mil quinientos cincuenta.
33Los levitas no se incluyeron en el censo de
los israelitas, como lo había mandado el Señor
a Moisés.
34Los israelitas hicieron todo lo que el Señor
mandó a Moisés; según acampaban por estan-
darte, así se ponían en marcha, por clanes y
familias.

Tribu de Leví

3 1Esta es la descendencia de Aarón y Moisés
cuando el Señor habló a Moisés en el monte
Sinaí.
2Nombres de los hijos de Aarón: Nadab, el
primogénito, Abihú, Eleazar e Itamar. 3Estos
son los nombres de los aaronitas ungidos como
sacerdotes, a quienes consagró sacerdotes. 4Na-
dab y Abihú murieron sin hijos, en presencia del
Señor, cuando ofrecieron al Señor fuego profano
en el desierto del Sinaí. Eleazar e Itamar oficia-
ron como sacerdotes en vida de su padre, Aarón.
5El Señor dijo a Moisés: 6«Haz que se acerque
la tribu de Leví y ponla al servicio del sacerdo-
te Aarón. 7Harán la guardia tuya y de toda la
asamblea delante de la tienda del encuentro y
desempeñarán las tareas del santuario. 8Guar-
darán todo el ajuar de la tienda del encuentro
y harán la guardia en lugar de los israelitas y
desempeñarán las tareas del santuario. 9Aparta
a los levitas de los demás israelitas y dáselos a
Aarón y a sus hijos como donados. 10Encarga a
Aarón y a sus hijos que ejerzan el sacerdocio. Al
laico que se meta se le matará».
11El Señor dijo a Moisés: 12«Yo he elegido a los
levitas de entre los israelitas en sustitución de
los primogénitos o primeros partos de los israe-
litas. Los levitas me pertenecen, 13porque me
pertenecen los primogénitos. Cuando di muerte
a los primogénitos en Egipto, me consagré todos

los primogénitos de Israel, de hombres y de ani-
males. Me pertenecen. Yo soy el Señor».
14El Señor dijo a Moisés en el desierto del Si-
naí: 15«Haz un censo de los levitas, por familias
y clanes, de todos los varones mayores de un
mes».
16Moisés hizo el censo, según la orden que le
había dado el Señor.
17Nombres de los levitas: Guersón, Quehat y
Merarí.
18Nombres de los guersonitas por clanes: Libní
y Semeí, 19de los quehatitas por clanes: Amrán,
Yishar, Hebrón y Uziel; 20de los meraritas por
clanes: Majlí y Musí. Estos son los clanes levitas
por familias.
21Clanes guersonitas: el clan de Libní y el clan
de Semeí. 22El número de los varones mayores de
un mes fue de siete mil quinientos. 23Los clanes
guersonitas acampaban al oeste, detrás del san-
tuario; 24jefe de la casa de Guersón era Eliasaf,
hijo de Lael. 25En la tienda del encuentro los
guersonitas se encargaban de guardar la tienda
con su cortina, 26la cortina de la puerta, las cor-
tinas del atrio, la cortina de la puerta del atrio
que da al santuario y rodea el altar, las cuerdas
y todo su servicio.
27Clanes quehatitas: el clan de Amrán, el clan
de Yishar, el clan de Hebrón y el clan de Uziel.
28Número de los varones mayores de un mes, en-
cargados de las funciones del santuario, ocho
mil seiscientos. 29Los clanes quehatitas acam-
paban al sur del santuario; 30su príncipe era Eli-
safán, hijo de Uziel; 31se encargaban de guardar
el arca, la mesa, el candelabro, los altares, los
instrumentos sagrados con que oficiaban, la
cortina y de todo su servicio.
32Eleazar, hijo del sacerdote Aarón, era el jefe
supremo de los levitas, prefecto de los que ejer-
cían funciones en el santuario.
33Clanes meraritas: el clan de Majlí y el clan
de Musí; 34el número de varones mayores de un
mes fue de seis mil doscientos; 35su jefe era
Suriel, hijo de Abijail; acampaban al norte del
santuario. 36Se encargaban de los tablones del
santuario, de los travesaños, columnas y bases,
con todos sus accesorios, y de todo su servicio;
37de las columnas que rodeaban el atrio con sus
bases, estacas y cuerdas.
38Delante del santuario, al este, delante de la
tienda del encuentro, a la salida del sol, acam-
paban Moisés, Aarón y sus hijos, hacían la guar-
dia de los objetos sagrados, la guardia de los
israelitas; al extraño que se metía, se le mataba.
39Censo de los levitas hecho por Moisés y Aa-
rón, según las órdenes del Señor, por clanes: to-
tal de varones mayores de un mes, veintidós mil.
40El Señor dijo a Moisés: «Haz el censo de to-
dos los primogénitos israelitas varones mayores
de un mes, registrando sus nombres; 41aparta
para mí a los levitas en sustitución de los pri-
mogénitos israelitas, y el ganado de los levitas
en sustitución de los primeros partos de los re-
baños de los israelitas. Yo soy el Señor». 42Moi-
sés hizo el censo de los primogénitos israelitas,
como le había mandado el Señor; 43el número de
los primogénitos varones mayores de un mes,
contando sus nombres, fue de veintidós mil dos-
cientos setenta y tres.
44El Señor dijo a Moisés: 45«Aparta a los levitas
en sustitución de los primogénitos israelitas y
el ganado de los levitas en sustitución de los
primeros partos del ganado de los israelitas, y
serán para mí. Yo soy el Señor. 46Para rescatar
a los doscientos setenta y tres primogénitos is-
raelitas que superan el número de los levitas,
47recoge cincuenta gramos por cabeza –pesos
del santuario: dos óbolos por gramo–, 48y entre-
ga el dinero a Aarón y a sus hijos, como rescate
de los que superan su número». 49Moisés recibió
de los que superaban el número de levitas el di-
nero de su rescate; 50recibió así de los primogé-
nitos israelitas trece mil seiscientos cincuenta
gramos –pesos del santuario–, 51y entregó el
dinero del rescate a Aarón y a sus hijos, según
las órdenes que el Señor había dado a Moisés.

4 1 El Señor dijo a Moisés y a Aarón: 2«Hagan un
censo de los quehatitas, aparte de los demás
levitas, por clanes y familias; 3los comprendi-
dos entre los treinta y los cincuenta años, aptos
para el servicio, para que hagan las tareas de la
tienda del encuentro.
4»Los quehatitas atenderán a lo sagrado en la
tienda del encuentro. 5Cuando se ponga en mar-
cha el campamento, Aarón y sus hijos entrarán,
descolgarán la cortina y taparán con ella el arca
de la alianza, 6echarán encima una cubierta de
piel fina, extenderán sobre ella un paño todo de
púrpura violeta y meterán los travesaños. 7Sobre
la mesa de los panes presentados extenderán
un paño violeta, pondrán encima las fuentes,
bandejas, copas y jarras para la libación; encima
estará el pan de la ofrenda continua. 8Sobre ello
extenderán un paño de púrpura escarlata y lo cu-
brirán con una funda de piel fina, y meterán los
travesaños. 9Tomarán un paño violeta y cubrirán
el candelabro con sus lámparas, sus tenazas y
ceniceros y las vasijas de aceite para alimentar-
lo. 10Lo meterán con todos sus utensilios en una
funda de piel fina y meterán los travesaños.
11»Sobre el altar de los sacrificios extenderán
un paño violeta, lo cubrirán con una funda de

piel fina y meterán los travesaños. [12]Tomarán
todos los utensilios que se utilizan en el servicio
del santuario, los meterán en un paño violeta,
los cubrirán con una funda de piel fina y lo pon-
drán sobre los travesaños. [13]Quitarán la ceniza
del altar, extenderán sobre él un paño de púr-
pura roja, [14]pondrán encima todos los enseres
de su servicio, ceniceros, trinchantes, paletas
y aspersorios, todos los utensilios del altar, ex-
tenderán sobre ellos una cubierta de piel fina y
meterán los travesaños.
[15]»Al ponerse en marcha el campamento, Aa-
rón y sus hijos terminarán de cubrir el santua-
rio con todos sus enseres; después entrarán los
quehatitas, para transportarlo, sin tocar las co-
sas santas, pues morirían. Estos son los objetos
de la tienda del encuentro que han de transpor-
tar los quehatitas.
[16]»Eleazar, hijo del sacerdote Aarón, cuidará
del aceite del candelabro, del incienso del sa-
humerio, de la ofrenda diaria, del aceite de la
unción; cuidará además de todo el santuario y
sus enseres, objetos y utensilios sagrados».
[17]El Señor dijo a Moisés y a Aarón: [18]«No per-
mitan que desaparezca de la tribu de Leví el clan
de los quehatitas, [19]y para que no mueran, hagan
lo siguiente: cuando tengan que acercarse a los
objetos sagrados, Aarón y sus hijos entrarán y
asignarán a cada uno su tarea y su carga. [20]Pero
ellos no entrarán a mirar los objetos sagrados ni
por un momento, pues morirían».
[21]El Señor dijo a Moisés: [22]«Haz también un
censo de los guersonitas, por clanes y familias.
[23]Todos los comprendidos entre los treinta y los
cincuenta años, aptos para el servicio, para tra-
bajar en la tienda del encuentro.
[24]»Esta es la tarea y la carga de los guersoni-
tas: [25]transportarán las lonas del santuario, la
tienda del encuentro, su cubierta y el toldo de
piel fina y la antepuerta de la tienda del en-
cuentro; [26]las cortinas del atrio, la cortina de la
puerta del atrio que rodea el santuario y el altar,
las cuerdas y todos los utensilios de su servicio.
Les prestarán todos los cuidados necesarios.
[27]»Los guersonitas prestarán sus servicios a
las órdenes de Aarón y sus hijos, que les asig-
narán sus servicios de guardia y de transporte.
[28]Estas son las tareas de los guersonitas al ser-
vicio de la tienda del encuentro y su servicio de
guardia a las órdenes de Itamar, hijo del sacer-
dote Aarón.
[29]»Haz también el censo de los meraritas por
clanes y familias, [30]todos los comprendidos en-
tre los treinta y los cincuenta años, aptos para
el servicio, para trabajar en la tienda del en-
cuentro. [31]Esto es lo que han de guardar y trans-
portar y su tarea en la tienda del encuentro: los
tablones del santuario, los travesaños, colum-
nas y bases; [32]las columnas del atrio circundante
con sus bases, estacas y cuerdas, sus utensilios
y su servicio. Les asignarás nominalmente los
objetos que han de guardar y transportar. [33]Es-
tas son las tareas de los meraritas en la tienda
del encuentro, a las órdenes de Itamar, hijo del
sacerdote Aarón».
[34]Moisés y Aarón, con los jefes de la asamblea,
hicieron el censo de los quehatitas por clanes
y familias; [35]todos los comprendidos entre los
treinta y los cincuenta años, aptos para el ser-
vicio, para trabajar en la tienda del encuentro.
[36]Se contaron, por clanes, dos mil setecientos
cincuenta. [37]Este es el censo de los clanes que-
hatitas que trabajaban en la tienda del encuen-
tro, realizado por Moisés y Aarón por encargo
del Señor.
[38]El censo de los guersonitas, por clanes y
familias, [39]comprendidos entre los treinta y los
cincuenta años, aptos para el servicio, para tra-
bajar en la tienda del encuentro, [40]arrojó un nú-
mero, por clanes y familias, de dos mil seiscien-
tos treinta. [41]Este es el censo de los guersonitas
que trabajaban en la tienda del encuentro, rea-
lizado por Moisés y Aarón por encargo del Señor.
[42]El censo de los meraritas, por clanes y fa-
milias, [43]comprendidos entre los treinta y los
cincuenta años, aptos para el servicio, para
trabajar en la tienda del encuentro, [44]arrojó
un número, por clanes, de tres mil doscientos.
[45]Este es el censo de los meraritas, realizado por
Moisés y Aarón por encargo del Señor.
[46]Los levitas contados en el censo que hizo
Moisés con Aarón y los jefes israelitas, por cla-
nes y familias, [47]comprendidos entre los treinta
y los cincuenta años, aptos para el trabajo y el
transporte de la tienda del encuentro, [48]suma-
ron ocho mil quinientos ochenta.
[49]Moisés hizo el censo por encargo del Señor,
asignando a cada uno su tarea y su carga. Así
se hizo el censo, como se lo había mandado el
Señor a Moisés.

Legislaciones varias

5 [1] El Señor habló a Moisés: [2]«Di a los israelitas
que expulsen del campamento a los enfermos
de lepra, a los que padezcan de gonorrea, a los
contaminados con cadáveres. [3]Sean hombres o
mujeres, los expulsarán del campamento, para
que no se contamine el campamento, en medio
del cual habito». [4]Así lo hicieron los israelitas,
expulsándolos del campamento; los israelitas
cumplieron lo que el Señor había mandado a
Moisés.

5El Señor habló a Moisés: 6«Di a los israelitas: Cuando un hombre o una mujer cometa un pecado contra otro hombre, ofendiendo al Señor y haciéndose culpable, 7confesará su pecado, restituirá el perjuicio al que haya perjudicado con un recargo del veinte por ciento. 8Si el perjudicado no tiene pariente a quien se haga la restitución, esta se hará al Señor por medio del sacerdote, sin contar el carnero con el que se hace la expiación del culpable. 9El tributo sagrado que los israelitas llevan al sacerdote será para él. 10Lo que uno da al sacerdote, será para él».

11El Señor habló a Moisés: 12«Di a los israelitas: Cuando a un hombre lo engaña su mujer y le es infiel 13acostándose con otro hombre, y el marido no se entera, y queda oculta la mancha, porque no hay testigos contra ella ni ha sido sorprendida, 14si al marido le vienen celos de su mujer, sea que ella se haya manchado o no, 15entonces el marido llevará su mujer al sacerdote, con una ofrenda de la décima parte de una medida de harina de cebada, sin mezclar aceite ni incienso, porque es una ofrenda de celos para denunciar una culpa.

16»El sacerdote la acercará y la colocará en presencia del Señor; 17tomará agua bendita en una vasija de barro, echará en el agua ceniza del suelo del santuario; 18colocará a la mujer en presencia del Señor, le soltará el pelo, le pondrá en las manos la ofrenda recordatorio de los celos, mientras el sacerdote tiene en la mano el agua amarga de la maldición, 19y le tomará juramento en estos términos: Si no se ha acostado contigo un extraño, si no te has manchado estando bajo la potestad de tu marido, que esta agua amarga de la maldición no te haga daño. 20Pero si has engañado a tu marido, estando bajo su potestad, si te has manchado acostándote con otro que no sea tu marido 21–el sacerdote tomará juramento a la mujer, diciéndole– entonces que el Señor te entregue a la maldición entre los tuyos, haciendo que se te aflojen los muslos y se te hinche el vientre; 22entre este agua de maldición en tus entrañas para hincharte el vientre y aflojarte los muslos. La mujer responderá: Amén, amén.

23»El sacerdote escribirá esta maldición en un documento y lo lavará en el agua amarga. 24Después dará a beber a la mujer el agua amarga de la maldición, y entrará en ella el agua amarga de la maldición.

25»El sacerdote recibirá de la mujer la ofrenda de los celos, la agitará ritualmente ante el Señor y la llevará al altar. 26Tomará un puñado de la ofrenda como obsequio y lo quemará sobre el altar. 27Después dará a beber el agua a la mujer. Si esta se ha manchado y ha sido infiel a su marido, al entrar en ella el agua amarga de la maldición, se le hinchará el vientre y se le aflojarán los muslos, y la mujer será maldita entre los suyos. 28Si la mujer no se ha manchado, sino que está limpia, no sufrirá daño y podrá concebir.

29»Esta es la ley de los celos, para cuando una mujer, bajo la potestad del marido, lo engaña y se mancha, 30o cuando a un hombre le vienen celos de su mujer: el marido la presentará ante el Señor y el sacerdote cumplirá con ella este rito. 31El marido queda libre de culpa y la mujer cargará con su culpa.

6 1El Señor habló a Moisés: 2«Di a los israelitas: Cuando un hombre o una mujer quiera hacer un voto especial al Señor, voto de nazireato, 3se abstendrá de vino y licor, no beberá vinagres de vino ni de licor, no beberá zumo de uvas ni comerá uvas frescas ni pasas. 4Mientras dure su voto, no probará ningún producto de la vid, ni vino, ni semillas, ni siquiera pellejos. 5Mientras dure su voto de nazireato, la navaja no le tocará la cabeza; hasta que termine el tiempo de su dedicación al Señor, está consagrado y se dejará crecer el pelo. 6Mientras dure el tiempo de su dedicación al Señor, no se acercará a ningún cadáver: 7ni de su padre ni de su madre, ni de su hermano ni de su hermana; si mueren, no se contaminará con ellos, porque lleva en la cabeza la diadema de su Dios. 8Mientras dura su nazireato está consagrado al Señor.

9»Si alguien muere de repente junto a él y se contamina su cabeza dedicada, se afeitará la cabeza el día de la purificación, es decir, el séptimo día. 10Al octavo llevará al sacerdote, a la puerta de la tienda del encuentro, dos tórtolas o dos pichones de paloma. 11El sacerdote ofrecerá uno en expiación y otro en holocausto, y expiará por el pecado que cometió con el cadáver. Ese día consagra su cabeza y dedica al Señor el tiempo de su nazireato. 12Ofrecerá un cordero de un año como sacrificio de reparación. Y el tiempo precedente no cuenta, porque había contaminado su nazireato.

13»Instrucción sobre el nazireato: Cuando concluya el tiempo de su nazireato, irá a la puerta de la tienda del encuentro, 14llevando como ofrenda al Señor un cordero de un año sin defecto para el holocausto, una cordera de un año sin defecto para el rito de expiación y un carnero sin defecto para el sacrificio de comunión. 15Además, una cesta de panes sin levadura de harina de la mejor calidad, tortas amasadas con aceite, galletas sin levadura untadas de aceite, con sus correspondientes ofrendas y libaciones. 16El sacerdote lo presentará al Señor haciendo

el holocausto y el sacrificio expiatorio. 17El
carnero se lo ofrecerá al Señor en sacrificio de
comunión, con la cesta de panes sin levadura;
el sacerdote ofrecerá también las ofrendas y
libaciones. 18Entonces el nazireo se afeitará la
cabeza a la puerta de la tienda del encuentro,
tomará el pelo de su nazireato y lo echará en el
fuego del sacrificio de comunión. 19El sacerdote
tomará la pierna cocida del carnero, una torta
sin levadura y una galleta sin levadura de la
cesta, y lo pondrá en manos del nazireo cuando
este se haya afeitado. 20Después el sacerdote lo
agitará ritualmente ante el Señor: serán porción
santa del sacerdote además del pecho agitado
ritualmente y la pierna del tributo; después el
nazireo podrá beber vino.

21»Esta es la ley del nazireo, la ofrenda que
promete al Señor por su nazireato, sin contar
lo demás que pueda ofrecer. Lo que haya pro-
metido con voto lo cumplirá, según la ley del
nazireato.

22El Señor habló a Moisés: 23«Di a Aarón y a sus
hijos: Así bendecirán a los israelitas: 24*El Señor
te bendiga y te guarde,/* 25*el Señor te muestre su
rostro radiante/ y tenga piedad de ti,/* 26*el Señor
te muestre su rostro/ y te conceda la paz.*

27»Así invocarán mi Nombre sobre los israeli-
tas, y yo los bendeciré».

Consagración del Santuario: ofrendas

7 1Cuando Moisés terminó de instalar el san-
tuario, lo ungió y consagró con todos sus
utensilios, y lo mismo el altar con sus utensilios:
y los ungió y los consagró. 2Los jefes israelitas,
cabezas de familia, y jefes de las tribus, que
habían colaborado en el censo, se acercaron 3y
presentaron sus ofrendas al Señor: seis carros
cubiertos y doce bueyes, un carro por cada dos
jefes y un buey por cada uno. Los ofrecieron an-
te el santuario.

4El Señor dijo a Moisés: 5«Recíbeselos para el
servicio de la tienda del encuentro y entréga-
selos a los levitas, a cada uno según su tarea».

6Moisés recibió los carros y los bueyes y se los
entregó a los levitas: 7dos carros y cuatro bue-
yes a los guersonitas, para sus tareas; 8cuatro
carros y ocho bueyes a los meraritas, para sus
tareas a las órdenes de Itamar, hijo del sacer-
dote Aarón. 9A los quehatitas no les dio nada,
porque estos tenían que llevar a hombros los
objetos sagrados.

10Además, los jefes trajeron ofrendas por la
dedicación del altar cuando fue ungido; los jefes
presentaron sus ofrendas ante el altar. 11El Señor
dijo a Moisés: «Cada día traerá un jefe su ofren-
da por la dedicación del altar».

12El primer día trajo su ofrenda Najsón, hijo de
Aminadab, de la tribu de Judá: 13una fuente de
plata de mil trescientos gramos, un aspersorio
de plata de setecientos gramos –pesos del san-
tuario–, los dos llenos de harina de la mejor ca-
lidad amasada con aceite para la ofrenda; 14una
bandeja de oro de cien gramos llena de incienso,
15un novillo, un carnero y un cordero de un año
para un holocausto; 16un chivo para un sacrificio
de expiación; 17dos vacas, cinco carneros, cin-
co chivos y cinco corderos de un año para un
sacrificio de comunión. Esta fue la ofrenda de
Najsón, hijo de Aminadab.

18El segundo día trajo su ofrenda Natanael,
hijo de Suar, jefe de Isacar: 19una fuente de pla-
ta de mil trescientos gramos, un aspersorio de
plata de setecientos gramos –pesos del santua-
rio–, los dos llenos de harina de la mejor calidad
amasada con aceite para la ofrenda; 20una ban-
deja de oro de cien gramos llena de incienso;
21un novillo, un carnero y un cordero de un año
para un holocausto; 22un chivo para un sacrifi-
cio de expiación; 23dos vacas, cinco carneros,
cinco chivos y cinco corderos de un año para un
sacrificio de comunión. Esta fue la ofrenda de
Natanael, hijo de Suar.

24El tercer día trajo su ofrenda Eliab, hijo de
Jalón, jefe de la tribu de Zabulón: 25una fuente
de plata de mil trescientos gramos, un asperso-
rio de plata de setecientos gramos –pesos del
santuario–, los dos llenos de harina de la me-
jor calidad amasada con aceite para la ofrenda;
26una bandeja de oro de cien gramos llena de
incienso; 27un novillo, un carnero y un cordero
de un año para un holocausto; 28un chivo para
un sacrificio de expiación; 29dos vacas, cinco
carneros, cinco chivos y cinco corderos de un
año para un sacrificio de comunión. Esta fue la
ofrenda de Eliab, hijo de Jalón.

30El cuarto día trajo su ofrenda Elisur, hijo de
Sedeur, jefe de la tribu de Rubén: 31una fuente
de plata de mil trescientos gramos, un asperso-
rio de plata de setecientos gramos –pesos del
santuario–, los dos llenos de harina de la me-
jor calidad amasada con aceite para la ofrenda;
32una bandeja de oro de cien gramos llena de
incienso; 33un novillo, un carnero y un cordero
de un año para un holocausto; 34un chivo para
un sacrificio de expiación; 35dos vacas, cinco
carneros, cinco chivos y cinco corderos de un
año para un sacrificio de comunión. Esta fue la
ofrenda de Elisur, hijo de Sedeur.

36El quinto día trajo su ofrenda Salumiel hijo
de Surisaday, jefe de la tribu de Simeón: 37una
fuente de plata de mil trescientos gramos, un
aspersorio de plata de setecientos gramos –pe-

sos del santuario–, los dos llenos de harina de la
mejor calidad amasada con aceite para la ofren-
da; 38una bandeja de oro de cien gramos llena de
incienso; 39un novillo, un carnero y un cordero
de un año para un holocausto; 40un chivo para
un sacrificio de expiación; 41dos vacas, cinco
carneros, cinco chivos y cinco corderos de un
año para un sacrificio de comunión. Esta fue la
ofrenda de Salumiel, hijo de Surisaday.

42El sexto día trajo su ofrenda Eliasaf, hijo de
Degüel, jefe de la tribu de Gad: 43una fuente de
plata de mil trescientos gramos, un aspersorio
de plata de setecientos gramos, los dos llenos
de harina de la mejor calidad amasada con acei-
te para la ofrenda; 44una bandeja de oro de cien
gramos llena de incienso; 45un novillo, un car-
nero y un cordero de un año para un holocausto;
46un chivo para un sacrificio de expiación; 47dos
vacas, cinco carneros, cinco chivos y cinco cor-
deros de un año para un sacrificio de comunión.
Esta fue la ofrenda de Eliasaf, hijo de Degüel.

48El séptimo día trajo su ofrenda Elisamá, hi-
jo de Amihud, jefe de la tribu de Efraín: 49una
fuente de plata de mil trescientos gramos, un
aspersorio de plata de setecientos gramos –pe-
sos del santuario–, los dos llenos de harina de la
mejor calidad amasada con aceite para la ofren-
da; 50una bandeja de oro de cien gramos llena de
incienso; 51un novillo, un carnero y un cordero
de un año para un holocausto; 52un chivo para
un sacrificio de expiación; 53dos vacas, cinco
carneros, cinco chivos y cinco corderos de un
año para un sacrificio de comunión. Esta fue la
ofrenda de Elisamá, hijo de Amihud.

54El octavo día trajo su ofrenda Gamaliel, hijo
de Fedasur, jefe de la tribu de Manasés; 55una
fuente de plata de mil trescientos gramos, un
aspersorio de plata de setecientos gramos –pe-
sos del santuario–, los dos llenos de harina de la
mejor calidad amasada con aceite para la ofren-
da; 56una bandeja de oro de cien gramos llena de
incienso; 57un novillo, un carnero y un cordero
de un año para un holocausto; 58un chivo para
un sacrificio de expiación; 59dos vacas, cinco
carneros, cinco chivos y cinco corderos de un
año para un sacrificio de comunión. Esta fue la
ofrenda de Gamaliel, hijo de Fedasur.

60El noveno día trajo su ofrenda Abidán, hijo
de Gedeoní, jefe de la tribu de Benjamín: 61una
fuente de plata de mil trescientos gramos, un
aspersorio de plata de setecientos gramos –
pesos del santuario–, los dos llenos de harina
de la mejor calidad amasada con aceite para la
ofrenda; 62una bandeja de oro de cien gramos,
llena de incienso; 63un novillo, un carnero y un
cordero de un año para un holocausto; 64un chi-
vo para un sacrificio de expiación; 65dos vacas,
cinco carneros, cinco chivos y cinco corderos de
un año para un sacrificio de comunión. Esta fue
la ofrenda de Abidán, hijo de Gedeoní.

66El décimo día trajo su ofrenda Ajiezer, hi-
jo de Amisaday, jefe de la tribu de Dan: 67una
fuente de plata de mil trescientos gramos, un
aspersorio de plata de setecientos gramos –pe-
sos del santuario–, los dos llenos de harina de la
mejor calidad amasada con aceite para la ofren-
da; 68una bandeja de oro de cien gramos llena de
incienso; 69un novillo, un carnero y un cordero
de un año para un holocausto; 70un chivo para
un sacrificio de expiación; 71dos vacas, cinco
carneros, cinco chivos y cinco corderos de un
año para un sacrificio de comunión. Esta fue la
ofrenda de Ajiezer, hijo de Amisaday.

72El undécimo día trajo su ofrenda Pagiel, hijo
de Ocrán, jefe de la tribu de Aser: 73una fuente
de plata de mil trescientos gramos, un asperso-
rio de plata de setecientos gramos –pesos del
santuario–, los dos llenos de harina de la me-
jor calidad amasada con aceite para la ofrenda;
74una bandeja de oro de cien gramos llena de
incienso; 75un novillo, un carnero y un cordero
de un año para un holocausto; 76un chivo para
un sacrificio de expiación; 77dos vacas, cinco
carneros, cinco chivos y cinco corderos de un
año para un sacrificio de comunión. Esta fue la
ofrenda de Pagiel, hijo de Ocrán.

78El duodécimo día trajo su ofrenda Ajirá, hijo
de Enán, jefe de la tribu de Neftalí: 79una fuente
de plata de mil trescientos gramos, un asperso-
rio de plata de setecientos gramos –pesos del
santuario–, los dos llenos de harina de la me-
jor calidad amasada con aceite para la ofrenda;
80una bandeja de oro de cien gramos llena de
incienso; 81un novillo, un carnero y un cordero
de un año para un holocausto; 82un chivo para
un sacrificio de expiación; 83dos vacas, cinco
carneros, cinco chivos y cinco corderos de un
año para un sacrificio de comunión. Esta fue la
ofrenda de Ajirá, hijo de Enán.

84Esta fue la ofrenda de los jefes israelitas
por la dedicación del altar cuando fue ungido:
doce fuentes de plata, doce aspersorios de pla-
ta y doce bandejas de oro. 85Cada fuente era de
mil trescientos gramos y cada aspersorio de se-
tecientos. En total veinticuatro mil gramos de
plata –pesos del santuario–; 86doce bandejas de
oro de cien gramos cada una –pesos del santua-
rio– llenos de incienso; en total, mil doscientos
gramos de oro; 87doce novillos, doce carneros y
doce corderos de un año con sus correspondien-
tes ofrendas para holocaustos; doce chivos para
sacrificios de expiación; 88veinticuatro vacas,

sesenta carneros, sesenta chivos y sesenta cor-
deros de un año para sacrificios de comunión.
Esta fue la ofrenda por la dedicación del altar
cuando fue ungido. [89]Cuando Moisés entró en la
tienda del encuentro para hablar con Dios, oyó
la voz que le hablaba desde lo alto de la tapa que
cubre el arca de la alianza, entre los querubines;
desde allí le hablaba.

El candelabro

8 [1]El Señor habló a Moisés: [2]«Di a Aarón: Cuan-
do enciendas las siete lámparas, hazlo de
modo que iluminen la parte delantera del can-
delabro». [3]Aarón lo hizo así. Las lámparas ilumi-
naban la parte delantera del candelabro, como
el Señor se lo había mandado a Moisés. [4]El can-
delabro era de oro forjado desde la base hasta
las flores. Moisés lo hizo según el modelo que el
Señor le había mostrado.

Consagración de los levitas

[5]El Señor dijo a Moisés: [6]«Escoge entre los
israelitas a los levitas y purifícalos con el si-
guiente rito: [7]Los rociarás con agua expiatoria.
Luego se pasarán la navaja por todo el cuerpo,
se lavarán los vestidos y se purificarán. [8]Des-
pués tomarán un novillo con la ofrenda corres-
pondiente de harina de la mejor calidad amasa-
da con aceite. Y tú tomarás otro novillo para el
sacrificio expiatorio. [9]Harás que se acerquen los
levitas a la tienda del encuentro y convocarás
toda la asamblea de Israel.
[10]»Puestos los levitas en presencia del Señor,
los demás israelitas les impondrán las manos.
[11]Aarón, en nombre de los israelitas, se los pre-
sentará al Señor con el rito de la agitación, para
que se ocupen del culto del Señor.
[12]»Los levitas pondrán las manos sobre la ca-
beza de los novillos, uno será ofrecido al Señor
como sacrificio expiatorio, el otro en holocaus-
to a fin de practicar el rito de expiación a fa-
vor de los levitas. [13]Colocarás a los levitas ante
Aarón y sus hijos para presentárselos al Señor
con el rito de la agitación. [14]Así separarás a los
levitas de los demás israelitas, y serán míos.
[15]»Acabadas las ceremonias, purificados y
ofrecidos con el rito de la agitación, los levi-
tas entrarán a servir en la tienda del encuentro.
[16]Son donados míos, que me han dado los israe-
litas a cambio de sus primogénitos, y yo me los
reservo. [17]Todos los primogénitos israelitas de
hombres y animales me pertenecen: me los con-
sagré cuando di muerte a los primogénitos egip-
cios. [18]Por eso me reservo los levitas a cambio
de los primogénitos israelitas, [19]y se los cedo
a Aarón y a sus hijos, como donados de parte
de los israelitas. Ellos prestarán sus servicios en
lugar de los israelitas en la tienda del encuen-
tro; además realizarán el rito de expiación por
los israelitas, para que si estos se meten en la
zona sagrada, no sufran una desgracia.
[20]Así lo hicieron Moisés, Aarón y toda la
comunidad israelita; todo lo que el Señor ha-
bía mandado a Moisés acerca de los levitas lo
cumplieron.
[21]Los levitas se purificaron de sus pecados, la-
varon sus vestidos. Aarón se los ofreció al Señor
con el rito de la agitación y realizó el rito de ex-
piación por ellos para purificarlos. [22]Acabadas
las ceremonias, entraron a servir en la tienda
del encuentro, en presencia de Aarón y sus hijos.
Así se cumplió todo lo que el Señor había man-
dado a Moisés acerca de los levitas.
[23]El Señor dijo a Moisés: [24]«Los levitas harán
los trabajos de la tienda del encuentro, de vein-
ticinco años para arriba. [25]A los cincuenta años
serán dados de baja y no servirán más. [26]Ayu-
darán a sus hermanos haciendo guardia en la
tienda del encuentro, pero no trabajarán. Así
asignarás el servicio de guardia a los levitas».

La Pascua

9 [1]Al segundo año de salir los israelitas de
Egipto, el mes primero, el Señor dijo a Moisés
en el desierto del Sinaí: [2]«Los israelitas cele-
brarán la Pascua en su fecha: [3] el día catorce
del primer mes, al atardecer, la celebrarán con
todos sus ritos y ceremonias». [4]Moisés mandó a
los israelitas celebrar la Pascua, [5]y ellos la cele-
braron el catorce del mes primero, al atardecer,
en el desierto del Sinaí. Así cumplieron lo que el
Señor había mandado a Moisés.
[6]Había unos que estaban contaminados por
haber tocado un cadáver y no pudieron celebrar
la Pascua en su día. Se presentaron el mismo
día a Moisés y a Aarón, [7]y les dijeron: «Estamos
contaminados por haber tocado un cadáver. ¿Por
qué no nos dejas traer nuestra ofrenda al Señor
el día señalado, con los demás israelitas?». [8]Res-
pondió Moisés: «Esperen hasta que conozca lo
que dispone el Señor».
[9]El Señor habló a Moisés: [10]«Di a los israelitas:
Si uno de ustedes o de sus descendientes está
contaminado por un cadáver o se encuentra de
viaje, [11]celebrará la Pascua del Señor el catorce
del segundo mes, al atardecer. Comerá la víc-
tima pascual con panes sin levadura y hierbas
amargas; [12]no dejará nada para el día siguiente
ni le romperá ningún hueso. La celebrará según
el ritual de la Pascua. [13]Pero el que estando puro
y no encontrándose de viaje deje de celebrarla,
será excluido de su pueblo. Cargará con la culpa

de no haber llevado al Señor la ofrenda en su
día. 14El emigrante que resida entre ustedes ce-
lebrará la Pascua del Señor siguiendo el ritual y
ceremonial. El mismo ritual vale para el nativo y
para el emigrante».

La nube

15Cuando montaban la tienda, la nube cu-
bría el santuario sobre la tienda de la alianza,
y desde el atardecer al amanecer se veía sobre
el santuario una especie de fuego. 16Así sucedía
siempre: la nube lo cubría y de noche se veía
una especie de fuego. 17Cuando se levantaba la
nube sobre la tienda, los israelitas se ponían en
marcha. Y donde se detenía la nube, acampaban.
18A la orden del Señor se ponían en marcha y a
la orden del Señor acampaban. Mientras estaba
la nube sobre el santuario, acampaban. 19Y si se
quedaba muchos días sobre el santuario, los is-
raelitas, respetando la prohibición del Señor, no
se ponían en marcha. 20A veces la nube se que-
daba pocos días sobre el santuario; entonces,
a la orden del Señor, acampaban, y a la orden
del Señor se ponían en marcha. 21Otras veces se
quedaba desde el atardecer hasta el amanecer,
y cuando al amanecer se levantaba, se ponían
en marcha. O se quedaba un día y una noche, y
cuando se levantaba, se ponían en marcha. 22A
veces se quedaba sobre el santuario dos días o
un mes o más tiempo aún; durante este tiempo
los israelitas seguían acampados sin ponerse en
marcha. Solo cuando se levantaba se ponían en
marcha. 23A la orden del Señor acampaban y a la
orden del Señor se ponían en marcha. Respeta-
ban la orden del Señor comunicada por Moisés.

Las trompetas

10 1El Señor dijo a Moisés: 2«Haz dos trom-
petas de plata labrada para convocar a la
comunidad y poner en marcha el campamento.
3Al toque de las dos trompetas se reunirá conti-
go toda la comunidad a la entrada de la tienda
del encuentro. 4Al toque de una sola, se reunirán
contigo los representantes jefes de clanes. 5Al
primer toque agudo se pondrán en movimiento
los que acampan al este. 6Al segundo, los que
acampan al sur. Se les dará un toque para que se
pongan en marcha. 7Para convocar a la asamblea
se dará un toque, pero no agudo.
8»Se encargarán de tocar las trompetas los sa-
cerdotes aaronitas. Esta es una ley perpetua para
todas las generaciones. 9Cuando ustedes, en su
propia tierra, tengan que luchar contra el enemi-
go que los oprima, toquen las trompetas y lancen
fuertes gritos. Y el Señor, su Dios, se acordará de
ustedes y los salvará de sus enemigos. 10También
los días de fiesta, festividades y principios de
mes tocarán las trompetas anunciando los holo-
caustos y sacrificios de comunión. Y su Dios se
acordará de ustedes. Yo soy el Señor, su Dios.

DE SINAÍ A CADES (10,11–21,35)

Partida

11El segundo año, el veinte del segundo mes,
se levantó la nube sobre el santuario de la alian-
za, 12y los israelitas emprendieron la marcha
desde el desierto del Sinaí. La nube se detuvo en
el desierto de Farán. 13A la orden del Señor dada
por Moisés emprendieron la marcha.
14El primero en hacerlo fue el estandarte de
Judá, por escuadrones, a las órdenes de Najsón,
hijo de Aminadab. 15Iba acompañado del escua-
drón de la tribu de Isacar, mandado por Nata-
nael, hijo de Suar, 16y del escuadrón de la tribu
de Zabulón, mandado por Eliab, hijo de Jalón.
17Desmontado el santuario, los guersonitas y
meraritas, encargados de su transporte, se pu-
sieron también en marcha. 18A continuación lo
hizo el estandarte de Rubén, por escuadrones, a
las órdenes de Elisur, hijo de Sedeur. 19Iba acom-
pañado del escuadrón de la tribu de Simeón,
mandado por Salumiel, hijo de Surisaday, 20y del
escuadrón de la tribu de Gad, mandado por Elia-
saf, hijo de Degüel.
21Seguían los quehatitas, encargados de
transportar lo sagrado. Ellos avanzaban des-
pués, a fin de que el santuario ya estuviese
erigido antes de su llegada. 22A continuación,
el estandarte de Efraín, por escuadrones, a las
órdenes de Elisamá, hijo de Amihud. Iba 23acom-
pañado del escuadrón de la tribu de Manasés,
mandado por Gamaliel, hijo de Fedasur, 24y del
escuadrón de la tribu de Benjamín, mandado por
Abidán, hijo de Gedeoní.
25Por último, y cerrando filas, partió el estan-
darte de Dan, por escuadrones, mandado por
Ajiezer, hijo de Amisaday. 26Iba acompañado del
escuadrón de la tribu de Aser, mandado por Pa-
giel, hijo de Ocrán, 27y del escuadrón de la tribu
de Neftalí, mandado por Ajirá, hijo de Enán.
28Este era el orden de marcha por escuadro-
nes de los israelitas cuando emprendieron la
marcha.
29Moisés dijo a su suegro, Jobab, hijo de Re-
güel, el madianita: «Vamos a marchar al sitio
que el Señor ha prometido darnos. Ven con noso-
tros, que te trataremos bien, porque el Señor ha
prometido bienes a Israel». 30Le contestó: «No
voy. Prefiero volver a mi país natal». 31Insistió
Moisés: «No nos dejes, porque conoces este de-
sierto y los lugares donde acampar. Debes ser
nuestro guía. 32Si vienes con nosotros te hare-

mos compartir los bienes que el Señor nos conceda y te trataremos bien».

[33]Partieron del monte del Señor y anduvieron por espacio de tres días. Durante todo el tiempo el arca de la alianza del Señor marchaba al frente de ellos, buscándoles un lugar donde descansar. [34]Desde que se pusieron en marcha, la nube del Señor iba sobre ellos. [35]Cuando el arca se ponía en marcha, Moisés decía: «*¡Levántate, Señor!/ Que se dispersen tus enemigos,/ huyan de tu presencia los que te odian*». [36]Y cuando se detenía el arca, decía: «Descansa, Señor,/ entre las multitudes de Israel».

Quejas del pueblo y de Moisés

11 [1]El pueblo se quejaba al Señor de sus desgracias. Al oírlo él, se encendió su ira, estalló contra ellos el fuego del Señor y empezó a quemar el extremo del campamento. [2]El pueblo gritó a Moisés; este rezó al Señor por ellos, y el incendio se apagó. [3]Y llamaron a aquel lugar Taberá, porque allí había estallado contra ellos el fuego del Señor.

[4]Entre los israelitas se había mezclado gente de toda clase que solo pensaba en comer. Y los israelitas, dejándose llevar por ellos se pusieron a llorar diciendo: «¡Quién nos diera carne! [5]Cómo nos acordamos del pescado que comíamos gratis en Egipto, y de los pepinos, y melones, y puerros, y cebollas, y ajos. [6]Pero ahora se nos quita el apetito de no ver más que maná» [7](el maná se parecía a semilla de coriandro, con color amarillento como el de la resina; [8]el pueblo se dispersaba a recogerlo, lo molían en el molino o lo machacaban en el mortero, lo cocían en la olla y hacían con ello tortas que sabían a pan de aceite. [9]Por la noche caía el rocío en el campamento y encima de él el maná).

[10]Moisés oyó cómo el pueblo, familia por familia, lloraba, cada uno a la entrada de su tienda, provocando la ira del Señor, y disgustado [11]dijo al Señor: «¿Por qué maltratas a tu siervo y no le concedes tu favor, sino que le haces cargar con todo este pueblo? [12]¿He concebido yo a todo este pueblo o lo he dado a luz para que me digas: Toma en brazos a este pueblo, como una nodriza a la criatura, y llévalo a la tierra que prometí a sus padres? [13]¿De dónde sacaré carne para repartirla a todo el pueblo? Vienen a mí llorando: Danos de comer carne. [14]Yo solo no puedo cargar con todo este pueblo, porque supera mis fuerzas. [15]Si me vas a tratar así, más vale que me hagas morir; concédeme este favor, y no tendré que pasar tales penas».

[16]El Señor respondió a Moisés: «Tráeme setenta dirigentes que te conste que dirigen y gobiernan al pueblo, llévalos a la tienda del encuentro y que esperen allí contigo. [17]Yo bajaré y hablaré allí contigo. Apartaré una parte del espíritu que posees y se lo pasaré a ellos, para que se repartan contigo la carga del pueblo y no la tengas que llevar tú solo.

[18]»Al pueblo le dirás: Purifíquense para mañana, porque comerán carne. Han llorado pidiendo al Señor: ¡Quién nos diera carne! Nos iba mejor en Egipto. El Señor les dará de comer carne. [19]No un día, ni dos, ni cinco, ni diez, ni veinte, [20]sino un mes entero, hasta que les produzca náusea y la vomiten. Porque han rechazado al Señor, que va en medio de ustedes y han llorado ante él diciendo: ¿Por qué salimos de Egipto?

[21]Replicó Moisés: «El pueblo que va conmigo cuenta seiscientos mil de a pie, y tú dices que les darás carne para que coman un mes entero. [22]Aunque se maten las vacas y las ovejas, no les bastará, y aunque se reúnan todos los peces del mar, no les bastaría».

[23]El Señor dijo a Moisés: «¿Tan mezquina es la mano de Dios? Ahora verás si mi palabra se cumple o no».

[24]Moisés salió y comunicó al pueblo las palabras del Señor. Después reunió a los setenta dirigentes del pueblo y los colocó alrededor de la tienda. [25]El Señor bajó en la nube, habló con él, y apartando parte del espíritu que poseía, se lo pasó a los setenta dirigentes del pueblo. Al posarse sobre ellos el espíritu, se pusieron a profetizar, una sola vez.

[26]Habían quedado en el campamento dos del grupo, llamados Eldad y Medad. Aunque estaban en la lista, no habían acudido a la tienda. Pero el espíritu se posó sobre ellos, y se pusieron a profetizar en el campamento. [27]Un muchacho corrió a contárselo a Moisés: «Eldad y Medad están profetizando en el campamento». [28]Josué, hijo de Nun, ayudante de Moisés desde joven, intervino: «Prohíbeselo tú, Moisés, señor mío».

[29]Moisés le respondió: «¿Estás celoso de mí? ¡Ojalá todo el pueblo del Señor fuera profeta y recibiera el espíritu del Señor!».

[30]Moisés volvió al campamento con los dirigentes israelitas.

[31]El Señor levantó un viento del mar, que trajo bandadas de codornices y las arrojó junto al campamento, aleteando a un metro del suelo en una extensión de una jornada de camino. [32]El pueblo se pasó todo el día, la noche y el día siguiente recogiendo codornices, y el que menos, recogió diez cargas, y las tendían alrededor del campamento. [33]Con la carne aún entre los dientes, sin masticar, la ira del Señor hirvió contra ellos y los hirió con una grave mortandad. [34]El

lugar se llamó Quibrot Hatavá, porque allí enterraron a los glotones. 35Desde allí se marcharon a Jaserot, donde se quedaron.

Moisés y sus hermanos

12 1María y Aarón hablaron contra Moisés a causa de la mujer cusita que había tomado por esposa. 2Dijeron: «¿Ha hablado el Señor solo a Moisés? ¿No nos ha hablado también a nosotros?». El Señor lo oyó. 3Moisés era el hombre más sufrido del mundo. 4El Señor habló de repente a Moisés, Aarón y María: «Vayan los tres hacia la tienda del encuentro». Y los tres salieron.

5El Señor bajó en la columna de nube y se colocó a la entrada de la tienda, y llamó a Aarón y María. Ellos se adelantaron y el Señor 6les dijo: «Escuchen mis palabras: Cuando entre ustedes hay un profeta del Señor, me doy a conocer a él en visión y le hablo en sueños; 7no es así con mi siervo Moisés, el más fiel de todos mis siervos. 8A él le hablo cara a cara; en presencia, no con enigmas, y él contempla la figura del Señor. ¿Cómo se han atrevido a hablar contra mi servidor Moisés?». 9La ira del Señor se encendió contra ellos, y el Señor se marchó. 10Al apartarse la nube de la tienda, María tenía toda la piel descolorida, como la nieve. Aarón se volvió y vio que estaba leprosa. 11Entonces Aarón dijo a Moisés: «Perdón; no nos exijas cuentas del pecado que hemos cometido insensatamente. 12No dejes a María como un aborto que sale del vientre, con la mitad de la carne comida». 13Moisés suplicó al Señor: «Por favor, Dios, sánala». 14El Señor respondió: «Si su padre le hubiera escupido en la cara, tendría que soportar esa deshonra siete días. Sáquenla fuera del cam pamento siete días y el séptimo se incorporará de nuevo». 15La echaron siete días fuera del campamento, y el pueblo no se puso en marcha hasta que María se incorporó a ellos. 16Después marcharon de Jaserot y acamparon en el desierto de Farán.

Los exploradores

13 1El Señor dijo a Moisés: 2«Envía gente a explorar el país de Canaán, que yo voy a entregar a los israelitas; envía uno de cada tribu, y que todos sean jefes».

3Moisés los envió desde el desierto de Farán, según la orden del Señor; todos eran jefes de los israelitas.

4Sus nombres eran los siguientes: de la tribu de Rubén, Samúa, hijo de Zacur; 5de la tribu de Simeón, Safat, hijo de Horí; 6de la tribu de Judá, Caleb, hijo de Jefoné; 7de la tribu de Isacar, Yigal, hijo de José; 8de la tribu de Efraín, Hosea, hijo de Nun; 9de la tribu de Benjamín, Paltí, hijo de Rafú; 10de la tribu de Zabulón, Gadiel, hijo de Sodí; 11de la tribu de Manasés –hijo de José–, Gadí, hijo de Susí; 12de la tribu de Dan, Amiel, hijo de Gamalí; 13de la tribu de Aser, Satur, hijo de Miguel; 14de la tribu de Neftalí, Najbí, hijo de Vafsí; 15de la tribu de Gad, Guevel, hijo de Maquí.

16Estos son los nombres de los que envió Moisés a explorar el país; a Hosea, hijo de Nun, le cambió el nombre en Josué.

17Moisés los envió a explorar el país de Canaán, diciéndoles: «Suban por este desierto hasta llegar a la montaña. 18Observen cómo es el país y sus habitantes, si son fuertes o débiles, escasos o numerosos; 19cómo es la tierra, buena o mala; cómo son las ciudades que habitan, de carpas o amuralladas; 20cómo es la tierra, fértil o estéril, con vegetación o sin ella. Sean valientes y traigan frutos del país. Era la estación en que maduran las primeras uvas».

21Subieron ellos y exploraron el país desde Sin hasta Rejob, junto a la Entrada de Jamat. 22Subieron por el desierto de Sin y llegaron hasta Hebrón, donde vivían Ajimán, Sesay y Tolmay, hijos de Anac. Hebrón había sido fundada siete años antes que Soán de Egipto. 23Llegados a Nájal Escol cortaron un ramo con un solo racimo de uvas, lo colgaron en una vara y lo llevaron entre dos. También cortaron granadas e higos. 24Ese lugar se llama Nájal Escol, por el racimo que allí cortaron los israelitas.

Informe

25Al cabo de cuarenta días volvieron de explorar el país, 26y se presentaron a Moisés, a Aarón y a toda la comunidad israelita, en el desierto de Farán, en Cades. Les presentaron el informe a ellos, a toda la comunidad israelita, y les enseñaron los frutos del país. 27Y les contaron: «Hemos entrado en el país adonde nos enviaste; es una tierra que mana leche y miel; aquí tienen sus frutos. 28Pero el pueblo que habita el país es poderoso, tiene grandes ciudades fortificadas, hemos visto allí a los anaquitas. 29En la zona del desierto habitan los amalecitas; los heteos, jebuseos y amorreos viven en la montaña; los cananeos, junto al mar y junto al Jordán».

30Caleb hizo callar al pueblo ante Moisés, y dijo: «Tenemos que subir y apoderarnos del país, porque podremos contra él». 31Pero los que habían subido con él replicaron: «No podemos atacar al pueblo, porque es más fuerte que nosotros». 32Y desacreditaban la tierra que habían explorado delante de los israelitas: «La tierra que hemos cruzado y explorado es una tierra que devora a sus habitantes; el pueblo que hemos visto en ella es de gran estatura. [33]Hemos visto allí nefileos, hijos de Anac: parecíamos langostas a su lado, y así nos veían ellos».

Rebeldía contra el Señor

14 [1]Entonces toda la comunidad empezó a dar gritos, y el pueblo lloró toda la noche. [2]Los israelitas protestaban contra Moisés y Aarón, y toda la comunidad les decía: «¡Ojalá hubiéramos muerto en Egipto o en este desierto, ojalá muriéramos! [3]¿Por qué nos ha traído el Señor a esta tierra?, ¿para que caigamos a espada y nuestras mujeres e hijos caigan cautivos? ¿No es mejor volvernos a Egipto?». [4]Y se decían unos a otros: «Nombraremos un jefe y volveremos a Egipto».

[5]Moisés y Aarón se echaron rostro en tierra ante toda la comunidad israelita. [6]Josué, hijo de Nun, y Caleb, hijo de Jefoné, dos de los exploradores, se rasgaron los vestidos, [7]y dijeron a la comunidad israelita: «La tierra que hemos recorrido en exploración es una tierra excelente. [8]Si el Señor nos aprecia, nos hará entrar en ella y nos la dará: es una tierra que mana leche y miel. [9]Pero no se rebelen contra el Señor ni teman al pueblo del país, porque los venceremos fácilmente. Su Sombra protectora se ha apartado de ellos, mientras que el Señor está con nosotros. ¡No les tengan miedo!». [10]Pero la comunidad entera hablaba de apedrearlos, cuando la Gloria del Señor apareció en la tienda del encuentro ante todos los israelitas.

[11]El Señor dijo a Moisés: «¿Hasta cuándo me despreciará este pueblo? ¿Hasta cuándo no me creerán con todos los signos que he hecho entre ellos? [12]Voy a herirlo de peste y a desheredarlo. De ti sacaré un pueblo grande, más numeroso que ellos».

[13]Moisés replicó al Señor: «Se enterarán los egipcios, ya que tú, con tu fuerza, sacaste a este pueblo de en medio de ellos, [14]y se lo dirán a los habitantes de esta tierra. Han oído que tú, Señor, estás en medio de este pueblo; que tú, Señor, te dejas ver cara a cara; que tu nube está sobre ellos, y tú caminas delante en columna de nube de día y en columna de fuego de noche. [15]Si ahora das muerte a este pueblo como a un solo hombre, oirán la noticia las naciones y dirán: [16]El Señor no ha podido llevar a este pueblo a la tierra que les había prometido; por eso los ha matado en el desierto. [17]Por tanto, muestra tu gran fuerza, como lo has prometido. [18]Señor, paciente y misericordioso, que perdonas la culpa y el delito, pero no dejas impune; que castigas la culpa de los padres en los hijos, nietos y bisnietos, [19]perdona la culpa de este pueblo por tu gran misericordia, ya que lo has traído desde Egipto hasta aquí».

[20]El Señor respondió: «Perdono, como me lo pides. [21]Pero ¡por mi vida y por la Gloria del Señor que llena la tierra!, [22]ninguno de los hombres que vieron mi Gloria y los signos que hice en Egipto y en el desierto, y me han puesto a prueba, ya van diez veces, y no me han obedecido, [23]verá la tierra que prometí a sus padres, ninguno de los que me han despreciado la verá. [24]Pero a mi siervo Caleb, que tiene otro espíritu y me fue enteramente fiel, lo haré entrar en la tierra que ha visitado, y sus descendientes la poseerán. [25]Pero como los amalecitas y cananeos habitan en el valle, mañana se dirigirán al desierto, camino del Mar Rojo».

[26]El Señor añadió a Moisés y a Aarón: [27]«¿Hasta cuándo seguirá esta comunidad malvada protestando contra mí? He oído a los israelitas protestar contra mí. [28]Por eso, diles: ¡Por mi vida!, oráculo del Señor, yo haré que les suceda a ustedes lo mismo que me han dicho en la cara; [29]en este desierto caerán sus cadáveres, todos los mayores de veinte años que fueron registrados en el censo y que han hablado mal de mí morirán [30]no entrarán en la tierra donde juré que los establecería. Solo exceptúo a Josué, hijo de Nun, y a Caleb, hijo de Jefoné.

[31]»A sus niños, de quienes dijeron que caerían cautivos, los haré entrar para que conozcan la tierra que ustedes han despreciado. [32]Mientras que los cadáveres de ustedes caerán en este desierto. [33]Sus hijos serán pastores en el desierto durante cuarenta años y cargarán con la infidelidad de ustedes, hasta que el último cadáver quede tendido en el desierto. [34]Ustedes cargarán con su culpa durante cuarenta años por los cuarenta días que emplearon en explorar la tierra, cargarán con su culpa un año por cada día, cuarenta años. Para que sepan lo que es desobedecerme. [35]Yo, el Señor, juro que trataré así a esa comunidad perversa que se ha amotinado contra mí: en este desierto se consumirán y en él morirán.

[36]»En cuanto a los hombres que envió Moisés a explorar la tierra y volvieron e incitaron contra él a toda la comunidad, desacreditando la tierra, [37]los hombres que desacreditaron la tierra murieron fulminados ante el Señor. [38]Solo Josué, hijo de Nun, y Caleb, hijo de Jefoné, quedaron con vida de todos los que habían explorado la tierra.

[39]Moisés comunicó estas palabras a todos los israelitas, y el pueblo hizo gran duelo.

[40]A la mañana siguiente se levantaron y subieron a la cima del monte, diciendo: «Subiremos al sitio que el Señor nos dijo. Hemos pecado».

41Moisés contestó: «¿Por qué quebrantan el
mandato del Señor? Fracasarán. 42No suban, por-
que el Señor no está con ustedes y los derrotará
el enemigo. 43Los amalecitas y los cananeos les
harán frente, y caerán a espada. Se han apar-
tado del Señor, y por eso el Señor no está con
ustedes».
44Pero ellos se empeñaron en subir a la cima
del monte, mientras el arca y Moisés no se mo-
vían del campamento. 45Los amalecitas y cana-
neos que habitaban en la montaña bajaron y los
derrotaron completamente y los persiguieron
hasta Jormá.

Prescripciones sobre los sacrificios

15 1El Señor habló a Moisés: 2«Di a los israeli-
tas: Cuando entren en la tierra que yo les
voy a dar para que la habiten 3y hagan una obla-
ción al Señor, de ganado mayor o menor –sea
holocausto o sacrificio de comunión voluntario
o en cumplimiento de un voto o con ocasión de
una fiesta, oblación de aroma que aplaca al Se-
ñor–, 4el que haga la ofrenda ofrecerá la décima
parte de una medida de harina de la mejor cali-
dad amasada con un litro de aceite, 5y añadirá
al holocausto o sacrificio de comunión una li-
bación de un litro de vino por cada cordero. 6Si
se trata de un carnero, añadirá una ofrenda de
dos décimas partes de una medida de harina de
la mejor calidad amasada con dos litros y cuarto
de aceite 7y una libación de dos litros y cuarto
de vino, aroma que aplaca al Señor.
8»Si el holocausto o sacrificio de comunión
–en cumplimiento de un voto o en acción de
gracias al Señor– es de un novillo, 9añadirás una
ofrenda de tres décimas partes de una medida
de harina de la mejor calidad amasada con dos
litros de aceite, 10y una libación de dos litros
de vino, oblación de aroma que aplaca al Señor.
11»Esto es lo que hay que ofrecer con un toro,
un carnero, una oveja o una cabra. 12Aplicarán
siempre esta proporción.
13»Los israelitas procederán así cuando ofrez-
can una oblación de aroma que aplaca al Se-
ñor. 14Si en el futuro un emigrante que viva o
se encuentre entre ustedes quiere ofrecer una
oblación de aroma que aplaca al Señor, hará lo
mismo que ustedes. 15El mismo rito observarán
ustedes y el emigrante residente entre ustedes.
Esta es una ley perpetua para todas las genera-
ciones. Ante el Señor el emigrante es igual que
ustedes. 16El mismo ritual y ceremonial obser-
varán ustedes y el emigrante residente entre
ustedes.
17El Señor habló a Moisés: 18»Di a los israeli-
tas: Cuando entren en la tierra a la que los llevo
19y coman su pan, ofrecerán en tributo al Señor,
20de la primera harina, una torta como tributo
de la trilla. 21Por todas las generaciones darán al
Señor un tributo de la primera harina.
22»Cuando por inadvertencia descuiden algu-
no de estos preceptos que el Señor ha dado a
Moisés, 23es decir, lo que el Señor les ha man-
dado por medio de Moisés, desde el día de su
promulgación y en adelante por todas las gene-
raciones: 24si es toda la comunidad la que ha fal-
tado por inadvertencia, ofrecerá en holocausto,
aroma que aplaca al Señor, un novillo con su
ofrenda y su libación según el ceremonial y un
chivo en sacrificio expiatorio.
25»El sacerdote realizará el rito de expiación
por toda la comunidad israelita y quedará per-
donada, porque se trataba de una inadvertencia,
y por ella han ofrecido la oblación y la víctima
expiatoria al Señor. 26Quedará perdonada toda la
comunidad israelita y también el emigrante que
reside entre ellos, porque la inadvertencia fue
de todo el pueblo.
27»Si es uno solo el que ha pecado por inad-
vertencia, ofrecerá un cabrito de un año en
sacrificio expiatorio. 28El sacerdote realizará el
rito de expiación por él en presencia del Señor, y
quedará perdonado. 29La misma norma vale para
el israelita y para el emigrante residente entre
ellos en casos de inadvertencia. 30Pero el israe-
lita o emigrante que a conciencia provoque al
Señor, será excluido de su pueblo. 31Por haber
menospreciado la palabra del Señor y haber que-
brantado sus preceptos, será excluido. Cargará
con su culpa.
32Estando los israelitas en el desierto, sor-
prendieron a un hombre recogiendo leña en
sábado. 33Se lo llevaron a Moisés, a Aarón y a
toda la comunidad. 34Lo arrestaron mientras se
decidía lo que había que hacer con él. 35El Señor
dijo a Moisés: «Ese hombre debe ser castigado
con la muerte. Que toda la comunidad lo ape-
dree fuera del campamento». 36La comunidad
lo sacó fuera del campamento y lo apedrearon
hasta matarlo, como el Señor había mandado
a Moisés.
37El Señor habló a Moisés: 38«Di a los israeli-
tas: Háganse borlas y cósanlas con hilo violeta
en el borde de sus vestidos. 39Cuando las vean,
les recordarán los mandamientos del Señor y
les ayudarán a cumplirlos sin ceder a los capri-
chos del corazón y de los ojos, que los arrastran
al desenfreno. 40Así recordarán y cumplirán to-
dos mis mandatos y vivirán consagrados a su
Dios. 41Yo soy el Señor, su Dios, que los sacó
de Egipto para ser su Dios. Yo soy el Señor, su
Dios».

El pueblo, el Señor y Aarón

16 1Córaj, hijo de Yishar, hijo de Quehat, levita; Datán y Abirán, hijos de Eliab, y On, hijo de Pelet, rubenitas, 2se rebelaron contra Moisés, y con ellos doscientos cincuenta hombres, jefes de la asamblea, escogidos para su cargo y de buena reputación. 3Se amotinaron contra Moisés y Aarón, diciendo: «Ya está bien. Toda la comunidad es sagrada y en medio de ella está el Señor, pero ¿por qué se ponen encima de la asamblea del Señor?».

4Moisés, al oírlo, se echó por tierra 5y dijo a Córaj y a sus secuaces: «Mañana el Señor hará saber quién es el que le pertenece: al consagrado lo hará acercarse, al escogido lo hará acercarse. 6Hagan, lo siguiente: Córaj y todos sus secuaces, tomen los incensarios, 7pongan en ellos fuego y mañana echen incienso ante el Señor. El hombre que el Señor escoja, ese, le está consagrado. Ya está bien, levitas».

8Moisés dijo a Córaj: «Escúchenme, levitas: 9¿Todavía les parece poco? El Dios de Israel los ha separado de la asamblea de Israel para que estén cerca de él, presten servicio en su santuario y estén a disposición de la asamblea para servirle. 10A ti y a tus hermanos levitas los ha promovido. ¿Por qué reclaman también el sacerdocio? 11Tú y tus secuaces se han rebelado contra el Señor, porque ¿quién es Aarón para que protesten contra él?».

12Moisés mandó llamar a Datán y a Abirán, hijos de Eliab, los cuales dijeron: «No iremos. 13¿No te basta con habernos sacado de una tierra que mana leche y miel para darnos muerte en el desierto, que todavía pretendes ser nuestro jefe? 14No nos has llevado a una tierra que mana leche y miel, ni nos has dado en herencia campos, ni viñas, ¿y quieres sacarle los ojos a esta gente? No iremos».

15Moisés se enfureció y dijo al Señor: «No aceptes sus ofrendas. Ni un asno he recibido de ellos ni he perjudicado a ninguno». 16Después dijo a Córaj: «Mañana, tú y tus secuaces se presentarán ante el Señor, y también lo hará Aarón. 17Que cada uno tome su incensario, eche incienso y lo ofrezca al Señor. Cada uno de los doscientos cincuenta con su incensario, y tú y Aarón el suyo».

18Tomó, cada uno su incensario, puso fuego, echó incienso y se colocaron a la entrada de la tienda del encuentro con Moisés y Aarón. 19También Córaj reunió a sus secuaces a la entrada de la tienda del encuentro. La Gloria del Señor se mostró a todos los reunidos, 20y el Señor dijo a Moisés y a Aarón: 21«Apártense de ese grupo, que los voy a consumir al instante».

22Ellos cayeron rostro a tierra y oraron: «Dios, Dios de los espíritus de todos los vivientes, uno solo ha pecado, ¿y vas a irritarte contra todos?».

23El Señor respondió a Moisés: 24«Di a la gente que se aparte de las tiendas de Córaj, Datán y Abirán».

25Moisés se levantó y se dirigió a donde estaban Datán y Abirán, y le siguieron las autoridades de Israel, 26y dijo a la asamblea: «Apártense de las tiendas de estos hombres culpables y no toquen nada de lo suyo para no quedar comprometidos con sus pecados».

27Ellos se apartaron de las tiendas de Córaj, Datán y Abirán, mientras Datán y Abirán, con sus mujeres, hijos y niños, salieron a esperar a la entrada de sus tiendas.

28Dijo entonces Moisés: «En esto conocerán que es el Señor quien me ha enviado a actuar así y que no obro por cuenta propia. 29Si estos mueren de muerte natural, según el destino de todos los hombres, es que el Señor no me ha enviado; 30pero si el Señor hace un milagro, si la tierra se abre y se los traga con los suyos, y bajan vivos al abismo, entonces sabrán que estos hombres han despreciado al Señor».

31Apenas había terminado de hablar, cuando el suelo se resquebrajó debajo de ellos, 32la tierra abrió la boca y se los tragó con todas sus familias, y también a la gente de Córaj con sus posesiones. 33Ellos con todos los suyos bajaron vivos al abismo; la tierra los cubrió y desaparecieron de la asamblea.

34Al ruido, todo Israel, que estaba alrededor, echó a correr, pensando que los tragaba la tierra. 35Y el Señor hizo estallar un fuego que consumió a los doscientos cincuenta hombres que habían llevado el incienso.

17 1El Señor habló a Moisés: 2«Di a Eleazar, hijo de Aarón, el sacerdote, que retire del fuego los incensarios y que desparrame las brasas, porque son santas; 3con los incensarios de esos que murieron por su pecado hagan chapas, que aplicarán al altar, porque en ellos se ofreció incienso al Señor y quedaron así consagrados. Y serán un signo para los israelitas».

4El sacerdote Eleazar tomó los incensarios de bronce que habían ofrecido los muertos en el incendio y los transformó en chapas, que aplicó al altar, 5como aviso a los israelitas, para que nadie que no sea de la estirpe de Aarón se meta a ofrecer incienso al Señor. Para que no le suceda lo que a Córaj y a su banda, como lo había anunciado el Señor por medio de Moisés.

6Al día siguiente toda la comunidad israelita protestó contra Moisés y Aarón, diciendo: «Están matando al pueblo del Señor». [7]Y como se formaba un motín contra Moisés y Aarón, ellos se dirigieron a la tienda del encuentro; la nube la cubrió y apareció la Gloria del Señor.

[8]Moisés y Aarón entraron en la tienda del encuentro, [9]y el Señor les habló: [10]«Apártense de esa comunidad, y los consumiré al instante».

[11]Pero ellos se echaron rostro a tierra, y Moisés dijo a Aarón: «Toma el incensario, pon en él brasas del altar, echa incienso y ve aprisa a la comunidad para realizar el rito de expiación por ella, porque ha estallado contra ellos la cólera del Señor y ha comenzado a hacer estragos».

[12]Aarón hizo lo que decía Moisés, corrió a la comunidad y encontró que el pueblo había comenzado a sufrir estragos. Entonces puso incienso para realizar el rito de expiación por ellos, [13]y colocándose entre los muertos y los vivos, detuvo la mortandad. [14]Los muertos fueron catorce mil setecientos, sin contar los muertos en el motín de Córaj. [15]Cuando Aarón volvió a Moisés, a la tienda del encuentro, la mortandad había cesado.

[16]El Señor habló a Moisés: [17]«Di a los israelitas que te traigan varas: una por cada jefe de familia, doce en total, y que cada uno escriba en ella su nombre. [18]En la vara de Leví irá escrito el nombre de Aarón. Una vara por cada cabeza de tribu. [19]Colóquenlas en la tienda del encuentro, ante el documento de la alianza que he hecho con ellos. [20]La vara del que yo elija, florecerá. Y así acabaré con las protestas de los israelitas contra ustedes».

[21]Moisés dijo a los israelitas que le trajeran doce varas, una por cada jefe de tribu, y entre ellas la vara de Aarón. [22]Moisés depositó las varas ante el Señor en la tienda de la alianza. [23]Al día siguiente, cuando Moisés entró en la tienda de la alianza, vio que había florecido la vara de Aarón, representante de la tribu de Leví: echaba brotes y flores, y las flores maduraban hasta hacerse almendras.

[24]Moisés sacó todas las varas de la presencia del Señor y se las llevó a los israelitas. Ellos las examinaron, y cada cual recogió la suya. [25]El Señor dijo a Moisés: «Lleva otra vez la vara de Aarón a la presencia del documento de la alianza, para que se conserve como signo contra los rebeldes. Cesen sus protestas contra mí, y no morirán».

[26]Moisés hizo exactamente lo que le mandaba el Señor.

[27]Los israelitas dijeron a Moisés: «Nos morimos, nos estamos muriendo todos. [28]El que se acerca a la morada del Señor, muere. ¿Vamos a morirnos todos?».

Funciones y derechos de aaronitas y levitas

18 [1]El Señor dijo a Aarón: «Tú serás responsable de los objetos sagrados, con tus hijos y familia; tú, con tus hijos, serán responsables de los sacerdotes.

[2]»A tus hermanos de la tribu de Leví, la tribu de tu padre, los traerás contigo y se unirán a ti para ayudarte cuando tú y tus hijos estén en la tienda de la alianza. [3]Custodiarán tu zona y toda la tienda, pero sin meterse hasta el altar y el ajuar sagrado, porque morirían ellos y también ustedes. [4]Se unirán a ti para custodiar la tienda del encuentro, para las tareas de la tienda, y ningún extraño se meterá entre ustedes. [5]Custodiarás el santuario y el altar y los objetos sagrados, y no volverá a estallar la cólera contra los israelitas. [6]Yo mismo he escogido a los levitas, tus hermanos, entre los israelitas, para dárselos a ustedes, entregados al Señor para el servicio de la tienda del encuentro. [7]Tú con tus hijos ejercerán el sacerdocio: todo lo relacionado con el altar o que se realiza tras la cortina; ustedes desempeñarán esas tareas, porque a ustedes les he dado el sacerdocio, y al extraño que intente meterse, se le matará».

[8]El Señor dijo a Aarón: «Yo te doy lo que se guarda de mis tributos. Lo que los israelitas consagran te lo doy a ti y a tus hijos, como privilegio de la unción. Es derecho perpetuo.

[9]»De lo sagrado y de las oblaciones que no se queman te corresponde lo siguiente: todas las ofrendas, las oblaciones, los sacrificios expiatorios y los sacrificios penitenciales que me ofrezcan. Son cosa sagrada, que te corresponde a ti y a tus hijos. [10]Comerán lo sagrado: todo varón lo podrá comer. Pero deberá tratarlo como algo santo.

[11]»Además, te corresponde lo siguiente: la parte reservada de los dones que los israelitas presentan para la agitación ritual. Yo te la doy a ti, a tus hijos e hijas como derecho perpetuo. Los de tu casa que estén puros la podrán comer.

[12]»Lo mejor del aceite, del vino y del trigo, las primicias que se ofrecen al Señor, a ti te las doy. [13]Las primicias de sus tierras que ellos presentan al Señor, a ti te corresponden. Los de tu casa que estén puros las podrán comer. [14]Lo que Israel dedica a Dios, a ti te corresponde.

[15]»Todo primogénito, de animal o de hombre, que ellos ofrecen al Señor, a ti te corresponde. Pero deja que rescaten los primogénitos del hombre y también los de animales impuros. [16]Los rescatarán cuando tengan un mes, tasándolos en cincuenta gramos –pesos del templo–, dos óbolos por gramo. [17]Los primeros partos de vaca,

oveja y cabra no se rescatarán: son cosa santa.
Derramarás su sangre en torno al altar, quema-
rás su grasa en oblación de aroma que aplaca al
Señor: [18]su carne te corresponde a ti, lo mismo
que el pecho agitado ritualmente y la pierna
derecha.
[19]»Todos los tributos sagrados de los israe-
litas te los doy a ti, a tus hijos e hijas, como
derecho perpetuo: es una alianza perpetua,
sellada con sal delante del Señor, para ti y tus
descendientes.
[20]El Señor dijo a Aarón: «Tú no recibirás heren-
cia en el territorio de los israelitas ni tendrás
una parte en medio de ellos. Yo soy tu parte y
tu herencia en medio de ellos. [21]Yo doy como he-
rencia a los levitas todos los diezmos en pago de
los servicios que me prestan en el servicio de la
tienda del encuentro. [22]Los israelitas no volve-
rán a incurrir en pecado y a morir por meterse
en la tienda del encuentro. [23]Los levitas desem-
peñarán las tareas de la tienda del encuentro y
ellos serán los responsables por los israelitas.
Esta es una ley perpetua para sus descendien-
tes, que no recibirán herencia en medio de los
israelitas. [24]Porque yo les doy a los levitas como
herencia los diezmos que los israelitas reservan
para el Señor. Por eso les he dicho que no recibi-
rán herencia en medio de los israelitas».
[25]El Señor habló a Moisés: [26]«Di a los levitas:
Cuando reciban de los israelitas los diezmos que
yo les doy como herencia, ofrecerán en tributo
al Señor la décima parte de los diezmos. [27]Esto
les será tenido en cuenta como contribución,
como hacen los israelitas cuando dan una parte
de su trigo y de su vino. [28]De ese modo tam-
bién ustedes pagarán tributo al Señor por todos
los diezmos que reciben de los israelitas. Y esa
parte que reservan para el Señor se la darán a
Aarón, el sacerdote. [29]De todos los dones que
reciban, reservarán un tributo para el Señor. La
mejor parte será la consagrada».
[30]También les dirás: «Después de haber apar-
tado la grasa, los diezmos serán para los levitas,
como si fueran su trigo y su vino. [31]Ustedes pue-
den comerlos en cualquier lugar con sus familias,
porque es su salario por el servicio que prestan
en la tienda del encuentro. [32]Si reservan la mejor
parte, no cargarán con pecado, no profanarán lo
consagrado por los israelitas, y no morirán».

La vaca de pelo rojizo

19 [1]El Señor habló a Moisés y a Aarón: [2]«Esta
es la ley que ha dado el Señor: Di a los is-
raelitas que te traigan una vaca de pelo rojizo
sin tara ni defecto y que nunca haya llevado el
yugo, [3]y que se la entreguen al sacerdote Elea-
zar. Él la sacará fuera del campamento, donde la
degollarán en su presencia.
[4]»El sacerdote Eleazar untará un dedo en su
sangre y salpicará siete veces hacia la tienda del
encuentro. [5]Y mandará quemar la vaca en su pre-
sencia: se quemará la piel, la carne y la sangre
con los intestinos. [6]Después el sacerdote tomará
ramas de cedro, hisopo y púrpura escarlata y los
echará al fuego, donde arde la vaca. [7]El sacer-
dote lavará sus vestidos, se bañará y después
volverá al campamento. Quedará impuro hasta la
tarde. [8]El que la quemó, lavará sus vestidos, se
bañará y quedará impuro hasta la tarde.
[9]»Un hombre puro se encargará de recoger las
cenizas de la vaca y las depositará en un lugar
puro fuera del campamento. La comunidad is-
raelita las conservará para preparar el agua, que
se usará en el rito de purificación. [10]El que reco-
gió las cenizas de la vaca lavará sus vestidos y
quedará impuro hasta la tarde.
»Esta es una ley perpetua para los israelitas y
para los emigrantes que viven con ellos.

Leyes de pureza ritual

[11]»El que toque un muerto, un cadáver huma-
no, quedará impuro por siete días. [12]Se purifi-
cará con dicha agua al tercero y al séptimo día,
y quedará puro; si no lo hace, no quedará puro.
[13]El que toque un muerto, un cadáver humano, y
no se purifique, contamina la morada del Señor
y será excluido de Israel, porque no ha sido ro-
ciado con agua de purificación. Sigue impuro y
la impureza sigue en él.
[14]»Esta es la ley para cuando un hombre muere
dentro de una tienda: El que entre en la tienda y
todo lo que hay en ella quedan impuros por sie-
te días. [15]Todo recipiente abierto que no estaba
tapado queda impuro. [16]El que toque en el campo
el cadáver de un hombre apuñalado o cualquier
muerto o huesos humanos, o una sepultura, que-
dará impuro por siete días.
[17]»Para el hombre impuro tomarán un poco de
ceniza de la víctima quemada y echarán agua
de manantial en un vaso sobre la ceniza. [18]Un
hombre puro tomará un hisopo, lo mojará en el
agua y rociará la tienda, los utensilios, todas
las personas que estén allí y al que haya tocado
huesos, o un cadáver, o un muerto, o una sepul-
tura. [19]El hombre puro rociará al impuro los días
tercero y séptimo. El séptimo día quedará libre
de su pecado, lavará sus vestidos, se bañará y a
la tarde quedará puro.
[20]»El hombre impuro que no se haya purificado
será excluido de la asamblea, por haber conta-
minado el santuario del Señor. No ha sido rocia-
do con agua de purificación: él sigue impuro.

21»Esta es una ley perpetua: El que ha hecho la
aspersión con las aguas de purificación lavará
sus vestidos. El que toque las aguas de purifi-
cación quedará impuro hasta la tarde. 22Todo lo
que toque el impuro quedará impuro. La perso-
na que toque al impuro quedará impuro hasta
la tarde.

Agua de la roca: sentencia contra Moisés y Aarón

20 1La comunidad entera de los israelitas
llegó al desierto del Sin el mes primero,
y el pueblo se instaló en Cades. Allí murió María
y allí la enterraron. 2Faltó agua al pueblo y se
amotinaron contra Moisés y Aarón. 3El pueblo
se encaró con Moisés, diciendo: «¡Ojalá hubié-
ramos muerto como nuestros hermanos, delante
del Señor! 4¿Por qué han traído a la comunidad
del Señor a este desierto, para que muramos en
él nosotros y nuestras bestias? 5¿Por qué nos
han sacado de Egipto para traernos a este sitio
horrible, que no tiene grano, ni higueras, ni vi-
ñas, ni granados, ni agua para beber?».

6Moisés y Aarón se apartaron de la comunidad
y se dirigieron a la entrada de la tienda del en-
cuentro, y delante de ella se echaron rostro en
tierra. La Gloria del Señor se les apareció, 7y el
Señor dijo a Moisés: 8«Agarra el bastón, reúne
la asamblea tú con tu hermano Aarón, y en pre-
sencia de ellos ordenen a la roca que dé agua.
Sacarás agua de la roca para darles de beber a
ellos y a sus bestias». 9Moisés retiró la vara de la
presencia del Señor, como se lo mandaba; 10Moi-
sés y Aarón reunieron la asamblea delante de
la roca, y les dijo: «Escuchen, rebeldes: ¿creen
que podemos hacer brotar agua de esta roca?».
11Moisés alzó la mano y golpeó la roca dos veces
con el bastón, y brotó agua tan abundante que
bebió toda la gente y las bestias. 12El Señor dijo
a Moisés y a Aarón: «Por no haberme creído, por
no haber reconocido mi santidad en presencia
de los israelitas, no harán entrar a esta comu-
nidad en la tierra que les voy a dar». 13Este es el
manantial de Meribá, donde los israelitas pro-
movieron una querella contra el Señor, y él les
mostró su santidad.

Edom niega el paso a Israel

14Desde Cades Moisés despachó mensajeros al
rey de Edom con este mensaje: Así dice tu her-
mano Israel: Ya conoces todas las fatigas que
hemos pasado. 15Nuestros padres bajaron a Egip-
to, donde vivimos muchos años; los egipcios nos
maltrataron a nosotros como a nuestros padres;
16entonces gritamos al Señor, él nos escuchó y
envió un ángel para sacarnos de Egipto. Ahora
nos encontramos en Cades, ciudad que linda con
tu territorio. 17Déjanos cruzar por tu país: no
atravesaremos ni campos, ni huertos, ni bebere-
mos agua de los pozos; seguiremos el camino re-
al, sin desviarnos a derecha ni a izquierda, hasta
que hayamos atravesado tu territorio.

18El rey de Edom le contestó: «No pasen por mi
país si no quieren que los reciba con la espada».
19Insistieron los israelitas: «Iremos por la calza-
da. Si nosotros o nuestro ganado bebemos agua
tuya, te la pagaremos sin discutir. Déjanos pasar
a pie». 20Él respondió: «No pasen».

Y les salió al encuentro con una tropa nume-
rosa y bien armada. 21Y como Edom se negó a
dejar pasar a los israelitas por su territorio, ellos
dieron un rodeo.

Muerte de Aarón

22Desde Cades toda la comunidad de Israel se
dirigió al monte Hor. 23El Señor dijo a Moisés y
a Aarón en el monte Hor, junto a la frontera de
Edom: 24«Aarón se va a reunir con los suyos, ya
que no entrará en la tierra que voy a dar a los
israelitas, porque ustedes se rebelaron contra
mi mandato en Meribá. 25Toma a Aarón y a su hijo
Eleazar y sube con ellos al Monte Hor, 26quítale
los ornamentos a Aarón y vísteselos a su hijo
Eleazar, porque Aarón morirá allí».

27Moisés cumplió lo que le mandaba el Señor, y
subió con ellos al Monte Hor, a la vista de toda la
comunidad. 28Le quitó los ornamentos a Aarón y
se los vistió a Eleazar, su hijo. Aarón murió allí,
en la cima del monte. Moisés y Eleazar bajaron
del monte 29y toda la comunidad, toda la casa de
Israel, viendo que Aarón había muerto, lo lloró
treinta días.

Exterminio

21 1Cuando el rey cananeo de Arad, en el
Negueb, se enteró de que los israelitas se
acercaban por el camino de Atarín, los atacó y
capturó algunos prisioneros. 2Entonces Israel
hizo voto al Señor: «Si entregas a este pue-
blo en mi poder, consagraré al exterminio sus
ciudades».

3El Señor escuchó a Israel, entregó a los cana-
neos en su poder, y ellos consagraron al exter-
minio sus ciudades. Y el lugar se llamó Jormá.

Serpientes

4Desde Monte Hor se encaminaron hacia el Mar
Rojo, rodeando el territorio de Edom. El pueblo
estaba extenuado del camino, 5y habló contra
Dios y contra Moisés: «¿Por qué nos has sacado
de Egipto, para morir en el desierto? No tenemos
ni pan ni agua, y nos da náusea ese pan insípi-

do». 6El Señor envió contra el pueblo serpientes
venenosas, que los mordían, y murieron muchos
israelitas. 7Entonces el pueblo acudió a Moisés,
diciendo: «Hemos pecado hablando contra el
Señor y contra ti; reza al Señor para que apar-
te de nosotros las serpientes». Moisés rezó al
Señor por el pueblo, 8y el Señor le respondió:
«Haz una serpiente venenosa y colócala en un
estandarte: los mordidos de serpientes queda-
rán sanos al mirarla». 9Moisés hizo una serpiente
de bronce y la colocó en un estandarte. Cuando
una serpiente mordía a uno, él miraba a la ser-
piente de bronce y quedaba sanado.

Diversas etapas y victorias

10Los israelitas siguieron y acamparon en
Obot. 11De allí siguieron y acamparon en Ruinas
de Abarín, en el desierto, que se extiende al este
de Moab. 12Desde allí siguieron y acamparon en
el torrente Zared. 13Desde allí siguieron y acam-
paron al otro lado del Arnón, en el desierto,
que sale del territorio de los amorreos porque
el Arnón es frontera entre Moab y los amorreos.
14Así se dice en el libro de las batallas de Señor:
Waheb en Sufá y los afluentes del Arnón, 15la
ladera de los torrentes que se extienden hacia
el territorio de Ar y se apoyan en territorios de
Moab. 16Desde allí se trasladaron a Beer, El Pozo.
Este es el pozo donde el Señor dijo a Moisés:
Reúne al pueblo y les daré agua.

17Los israelitas cantaban esta canción: *¡Bro-
ta, agua del pozo!/ Cántenle al pozo./* 18*Pozo que
cavaron príncipes,/ que abrieron jefes del pue-
blo,/ con sus cetros, con sus bastones.*

19Desde allí se trasladaron a Mattaná; de allí
a Najaliel; de allí a Bamot. 20De allí, por el valle
del campo de Moab, hacia la cumbre del Fasga,
que mira hacia el desierto. 21Los israelitas des-
pacharon mensajeros que dijeran a Sijón, rey de
los amorreos: 22«Déjanos atravesar por tu tierra.
No nos desviaremos ni por campo, ni por huerto,
ni beberemos agua de pozo. Iremos por el cami-
no real hasta atravesar tu territorio».

23Pero Sijón no permitió a Israel atravesar su
territorio, sino que reunió toda su tropa, salió
contra ellos al desierto, y llegado a Yahaz, atacó
a Israel. 24Israel lo derrotó a filo de espada y se
apoderó de su territorio, desde el Arnón al Yaboc
y hasta el país de los amonitas porque Yazer es
la frontera con los amonitas. 25Israel conquistó
todas sus ciudades y se estableció en todas las
ciudades amorreas, Jesbón y los pueblos de la
comarca. 26Jesbón era la capital de Sijón, rey de
los amorreos. Él había luchado contra el anterior
rey de Moab y le había arrebatado su tierra des-
de el Yaboc al Arnón.

27Por eso canta el romance: *Entren en Jesbón.
Que se edifique/ y se restaure la capital de Si-
jón./* 28*Fuego ha salido de Jesbón,/ llamas de la
Villa de Sijón:/ ha devorado a Ciudad Moab,/
se ha tragado los cerros del Arnón./* 29*¡Ay de ti,
Moab!/ Estás perdido, pueblo de Camós./ Tus
hijos que sobreviven y tus hijas/ son cautivos del
rey amorreo Sijón./* 30*Se quedan sin descenden-
cia/ desde Jesbón a Dibón.*

31Israel se estableció así en tierra amorrea.

32Moisés despachó unos espías contra Yazer,
que se apoderaron de los pueblos de la comarca,
expulsando a sus habitantes amorreos. 33Des-
pués cambiaron de dirección y subieron por el
camino de Basán. Og, rey de Basán, les salió al
paso con toda su tropa, y los atacó en Edrey.

34El Señor dijo a Moisés: «No le tengas miedo,
yo lo entrego en tu poder con toda su tropa y su
tierra. Trátalo como a Sijón, rey de los amorreos,
que habitaba en Jesbón».

35Los israelitas lo derrotaron a él y a toda su
tropa, sin dejar uno con vida, y se apoderaron
de su territorio.

EN MOAB (22–36)
Profecías de Balaán

22 1Siguieron adelante y acamparon en las
llanuras de Moab, al otro lado del Jordán,
frente a Jericó. 2Balac, hijo de Sipor, vio cómo
había tratado Israel a los amorreos, 3y Moab tu-
vo miedo de aquel pueblo tan numeroso; Moab
tembló ante los israelitas. 4Y dijo a los sena-
dores de Madián: «Toda esta gente va a acabar
con nuestra comarca como un buey acaba con la
hierba de la pradera».

Balac, hijo de Sipor, era entonces rey de Moab.
5Y envió mensajeros a Balaán, hijo de Beor, que
habitaba en Petor, junto al Éufrates, en tierra de
amonitas, para que lo llamaran, diciéndole: «Ha
salido de Egipto un pueblo que cubre la superfi-
cie de la tierra, y se ha establecido frente a no-
sotros. 6Ven, por favor, a maldecir a ese pueblo,
que es más numeroso que nosotros, a ver si logro
derrotarlo y expulsarlo de la región. Porque yo
sé que a quien tú bendices queda bendecido y a
quien tú maldices queda maldecido».

7Los senadores de Moab y de Madián fueron
con el dinero en la mano para pagar las maldi-
ciones a donde estaba Balaán y le transmitieron
el mensaje de Balac. 8Él les dijo: «Duerman esta
noche aquí y les comunicaré lo que el Señor me
diga». Los jefes de Moab se quedaron con Ba-
laán. 9Dios vino a ver a Balaán y le preguntó:
«¿Quiénes son esos que están contigo?». 10Con-
testó Balaán: «Me los ha enviado Balac, hijo de
Sipor, rey de Moab, con este mensaje: 11Un pue-

blo ha salido de Egipto que cubre la superficie de la tierra; ven pronto a maldecirlos, a ver si logro pelear con ellos y expulsarlos». 12Dios dijo a Balaán: «No irás con ellos ni maldecirás a ese pueblo, que es bendito».

13Balaán se levantó a la mañana siguiente y dijo a los ministros de Balac: «Vuelvan a su tierra, porque el Señor no me deja ir con ustedes».

14Los jefes de Moab se levantaron, y llegados a casa de Balac, le dijeron: «Balaán se ha negado a venir con nosotros». 15Pero Balac despachó otros jefes más numerosos e importantes que los anteriores, 16los cuales llegaron adonde estaba Balaán y le dijeron: «Así dice Balac, hijo de Sipor: No rehúses venir a verme, 17porque te haré muy rico y haré todo lo que me digas. Ven, por favor, a maldecir a este pueblo».

18Balaán respondió a los ministros de Balac: «Aunque me diera su palacio lleno de oro y plata, yo no podría quebrantar el mandato del Señor, mi Dios, ni poco ni mucho. 19Por tanto, quédense aquí esta noche, hasta que sepa lo que me dice el Señor esta vez». 20Dios vino de noche a donde estaba Balaán y le dijo: «Ya que esos hombres han venido a llamarte, levántate y vete con ellos; pero harás lo que yo te diga».

21Balaán se levantó de mañana, aparejó la borrica y se fue con los jefes de Moab. 22Al verlo ir, se encendió la ira de Dios, y el ángel del Señor se plantó en el camino haciéndole frente. Él iba montado en la borrica, acompañado de dos criados. 23La borrica, al ver al ángel del Señor plantado en el camino, con la espada desenvainada en la mano, se desvió del camino y tiró por el campo. Pero Balaán la castigó para volverla al camino.

24El ángel del Señor se colocó en un paso estrecho, entre viñas, con dos cercas a ambos lados. 25La borrica, al ver al ángel del Señor, se arrimó a la cerca, y apretó la pierna de Balaán contra la tapia. Él la volvió a golpear.

26El ángel del Señor se adelantó y se colocó en un paso angosto, que no permitía desviarse ni a derecha ni a izquierda. 27Al ver la borrica al ángel del Señor, se tumbó debajo de Balaán. Él, enfurecido, se puso a golpearla. 28El Señor abrió la boca a la borrica y esta dijo a Balaán: «¿Qué te he hecho para que me apalees por tercera vez?». 29Contestó Balaán: «Que te burlas de mí. Si tuviera a mano un puñal, ahora mismo te mataría». 30Dijo la borrica: «¿No soy yo tu borrica, en la que montas desde hace tiempo? ¿Me solía portar así contigo?». Contestó él: «No».

31Entonces el Señor abrió los ojos a Balaán, y este vio al ángel del Señor plantado en el camino con la espada desenvainada en la mano, e inclinándose se postró rostro en tierra. 32El ángel del Señor le dijo: «¿Por qué golpeas a tu burra por tercera vez? Yo he salido a hacerte frente, porque sigues un mal camino. 33La borrica me vio y se apartó de mí tres veces. Si no se hubiera apartado, ya te habría matado yo a ti, dejándola viva a ella».

34Balaán respondió al ángel del Señor: «He pecado, porque no sabía que estabas en el camino, frente a mí. Pero ahora, si te parece mal mi viaje, me vuelvo a casa». 35El ángel del Señor respondió a Balaán: «Vete con esos hombres; pero dirás únicamente lo que yo te diga». Y Balaán prosiguió con los ministros de Balac. 36Cuando Balac oyó que se acercaba Balaán, salió a recibirlo a Ciudad Moab, en la frontera del Arnón, límite de su territorio. 37Y le dijo: «Yo te mandé llamar, ¿por qué no querías venir? ¿No puedo yo hacerte rico?». 38Respondió Balaán: «Acabo de llegar a tu casa; pero, ¿qué puedo decir yo? Pronunciaré solo la palabra que el Señor me ponga en la boca». 39Balaán prosiguió con Balac hasta que llegaron a Ciudad Jusot. 40Allí Balac hizo matar vacas y ovejas, y ofreció la carne a Balaán y a los jefes que lo acompañaban. 41A la mañana siguiente Balac tomó a Balaán y subió con él a Monte Baal, desde donde se distinguían los alrededores del campamento israelita.

23 1Balaán dijo a Balac: «Haz que me construyan aquí siete altares y que me preparen siete novillos y siete carneros». 2Balac hizo lo que le pedía Balaán, y juntos ofrecieron una vaca y un carnero en cada altar. 3Después Balaán dijo a Balac: «Quédate junto a tu holocausto mientras yo voy a ver si el Señor me sale al encuentro. Lo que él me manifieste, te lo comunicaré». Y se fue a una altura pelada. 4Cuando Dios salió al encuentro de Balaán, este le dijo: «He preparado los siete altares y he ofrecido un novillo y un carnero en cada uno». 5El Señor puso su palabra en boca de Balaán y le encargó: «Vuelve a Balac y dile esto».

6Él volvió y lo encontró de pie junto al holocausto, con todos los jefes de Moab. 7Entonces él recitó sus versos:

De Siria me ha traído Balac,/ de los montes de oriente el rey de Moab:/ Ven y maldíceme a Jacob,/ ven y fulmina a Israel.

8*¿Puedo maldecir a quien no mal dice Dios,/ puedo fulminar a quien no fulmina el Señor?*

9*Desde estas altas rocas los veo,/ desde la altura los contemplo:/ Es un pueblo que habita apartado/ y no se cuenta entre las naciones.*

10*¿Quién podrá medir el polvo de Jacob,/ quién podrá contar la arena de Israel?/ Que mi suerte sea la de los justos,/ que mi fin sea como el suyo.*

11Balac dijo a Balaán: «¿Qué me estás hacien-
do? Te he traído para maldecir a mi enemigo, y
te pones a bendecirlo». 12Respondió: «Yo tengo
que decir lo que el Señor me pone en la boca».
13Balac le dijo: «Anda, ven conmigo a otro si-
tio que te enseñaré, desde donde verás un extre-
mo y no todo el pueblo. Maldícemelo desde allí».
14Y lo llevó al Campo Pelado, en el monte Fasga.
Él levantó siete altares y ofreció un novillo y un
carnero en cada uno, 15y dijo a Balac: «Quédate
aquí, junto a tu holocausto, que yo tengo una
cita allá».
16El Señor salió al encuentro de Balaán, le pu-
so en la boca unas palabras y le ordenó: «Vuel-
ve a donde está Balac y dile esto». 17Volvió y lo
encontró de pie junto a los holocaustos, con los
jefes de Moab. Balac le preguntó: «¿Qué te dice
el Señor?». 18Él recitó sus versos:
Levántate, Balac, escúchame;/ dame oído, hijo
de Sipor:/ 19Dios no miente como hombre/ ni se
arrepiente a lo humano./ ¿Puede decir y no ha-
cer,/ puede prometer y no cumplir?
20He recibido una bendición/ y no puedo dejar
de bendecir.
21No descubre maldad en Jacob/ ni encuentra
crimen en Israel;/ el Señor, su Dios, está con él,/
y él lo aclama como a un rey.
22Dios los sacó de Egipto/ embistiendo como
un búfalo.
23No valen presagios contra Jacob/ ni conjuros
contra Israel;/ el tiempo dirá a Jacob/ y a Israel
lo que ha hecho Dios.
24El pueblo se alza como una leona,/ se yergue
como un león,/ no se tumbará hasta devorar la
presa/ y beber la sangre de la matanza.
25Balac dijo a Balaán: «Si no lo maldices, al
menos no lo bendigas». 26Balaán le respondió:
«Ya te lo dije: Haré lo que me diga el Señor».
27Balac insistió: «Ven, te voy a llevar a otro si-
tio. A ver si a Dios le parece bien que lo maldigas
desde allí». 28Y lo llevó a la cumbre del Fegor,
que mira al desierto.
29Balaán dijo a Balac: «Levántame aquí siete
altares y prepárame aquí siete novillos y siete
carneros». 30Balac hizo lo que le pedía Balaán,
y este ofreció un novillo y un carnero en cada
altar.

24 1Viendo Balaán que el Señor se complacía
bendiciendo a Israel, no anduvo como las
otras veces en busca de presagios, sino que se
volvió hacia el desierto, 2y tendiendo la vista,
divisó a Israel acampado por tribus. El Espíritu
de Dios vino sobre él, 3y recitó sus versos:
Oráculo de Balaán, hijo de Beor;/ oráculo del
hombre de ojos perfectos,/ 4oráculo del que es-
cucha palabras de Dios,/ que contempla visio-
nes del Todopoderoso,/ en éxtasis, con los ojos
abiertos.
5¡Qué bellas las tiendas de campaña de Jacob/
y las moradas de Israel!
6Como llanuras dilatadas,/ como jardines
junto al río,/ como áloes que plantó el Señor/
o cedros junto a la corriente;/ 7el agua rebosa
de sus cántaros/ y con el agua se multiplica su
simiente.
Su rey es más alto que Agag/ y su reino
descuella.
8Dios lo sacó de Egipto/ embistiendo como un
búfalo./ Devorará a las naciones enemigas/ y
triturará sus huesos,/ las traspasará con sus
flechas.
9Se agazapa y se tumba como un león,/ o como
una leona, ¿quién lo desafiará?/ Bendito quien
te bendiga,/ maldito quien te maldiga.
10Balac entonces, irritado contra Balaán, dio
una palmada y dijo: «Te he llamado para mal-
decir a mi enemigo y ya lo has bendecido tres
veces. 11Ahora escapa a tu patria. Te había pro-
metido riquezas, pero el Señor te deja sin ellas».
12Balaán contestó: «Ya se lo dije yo a los mensa-
jeros que enviaste: 13Aunque Balac me regale su
palacio lleno de oro y plata, no puedo quebran-
tar el mandato del Señor haciendo mal o bien
por cuenta propia; lo que el Señor me diga lo
diré. 14Ahora me vuelvo a mi pueblo, pero antes
te explicaré lo que este pueblo hará al tuyo en
el futuro».
15Y recitó sus versos:
Oráculo de Balaán, hijo de Beor;/ oráculo del
hombre de ojos perfectos,/ 16oráculo del que es-
cucha palabras de Dios/ y conoce los planes del
Altísimo,/ que contempla visiones del Todopo-
deroso,/ en éxtasis, con los ojos abiertos.
17Lo veo, pero no es ahora;/ lo contemplo, pero
no será pronto./ Avanza la constelación de Ja-
cob/ y sube el cetro de Israel./ Triturará la fren-
te de Moab/ y el cráneo de los hijos de Set;/ 18se
adueñará de Edom,/ se apoderará de Seír,/ Is-
rael ejercerá el poder,/ 19Jacob dominará y aca-
bará/ con los que queden en la capital.
20Después, viendo a Amalec, recitó sus versos:
Amalec era primicia de las naciones,/ al final
ha de perecer.
21Viendo a los cainitas, pronunció sus versos:
Tu morada es duradera:/ has puesto tu nido
en la peña,/ 22pero tu nido quedará arrasado./
¿Hasta cuando te tendrá cautivo Asur?
23Y siguió recitando:
Naves llegan del norte,/ 24navíos del extremo
del mar/ que oprimirán a Asur y a Heber,/ pero
al final perecerán.

25Después Balaán se puso en camino y volvió
a su casa, y Balac también emprendió su viaje.

Baal-Fegor

25 1Estando Israel en Sittim, el pueblo co-
menzó a prostituirse con las muchachas
de Moab, 2que los invitaban a comer de los sa-
crificios a sus dioses y a postrarse ante ellos.
3Israel se dejó arrastrar al culto de Baal-Fegor,
y la ira del Señor se encendió contra Israel. 4El
Señor dijo a Moisés: «Toma a los responsables
del pueblo y cuélgalos delante del Señor, a la luz
del sol, y la ira del Señor se apartará de Israel».
5Moisés dijo a los jueces de Israel: «Que cada
cual dé muerte a los suyos que se hayan dejado
arrastrar al culto de Baal-Fegor».
6Un israelita fue y trajo a su tienda de campaña
a una madianita, a la vista de Moisés y de toda la
comunidad israelita, mientras ellos lloraban a la
entrada de la tienda del encuentro. 7Al verlo, el
sacerdote Fineés, hijo de Eleazar, hijo de Aarón,
se levantó en medio de la asamblea, empuñó su
lanza, 8y entrando detrás del israelita en la alco-
ba, atravesó a los dos, al israelita y a la mujer, y
cesó la matanza de israelitas. 9Los que murieron
en la matanza fueron veinticuatro mil.
10El Señor dijo a Moisés: 11«El sacerdote Fineés,
hijo de Eleazar, hijo de Aarón, celoso de mis de-
rechos ante el pueblo, ha apartado mi cólera de
los israelitas y mi celo no los ha consumido; 12por
eso prometo: le ofrezco una alianza de paz: 13el
sacerdocio será para él y para sus descendientes,
en pacto perpetuo, en pago de su celo por Dios y
de haber expiado por los israelitas».
14El israelita muerto con la madianita se lla-
maba Zimrí, hijo de Salu, jefe de familia en la
tribu de Simeón. 15La madianita muerta se lla-
maba Cosbí, hija de Sur, jefe de familia en Ma-
dián. 16El Señor dijo a Moisés: 17«Ataca a los ma-
dianitas y derrótalos, 18porque ellos te atacaron
con sus seducciones, con los ritos de Fegor y con
su hermana Cosbí, la hija del príncipe madiani-
ta, muerta el día de la matanza, cuando sucedió
lo de Fegor».

Nuevo censo

26 (25,19)Después de esta matanza, 1el Señor
habló a Moisés y al sacerdote Eleazar, hi-
jo de Aarón: 2«Hagan el censo de la comunidad,
registrando por familias a todos los israelitas
mayores de veinte años, aptos para el servicio».
3Moisés con el sacerdote Eleazar hicieron en la
estepa de Moab, junto al Jordán, a la altura de
Jericó, el censo de los mayores de veinte años
4como lo había ordenado el Señor a Moisés. Re-
gistro de los que salieron de Egipto:
5Rubén, el primogénito de Israel. Hijos de
Rubén: Henoc y la familia de los henoquitas, Fa-
lú y la familia de los faluitas. 6Jesrón y la familia
de los jesronitas, Carmí y la familia de los car-
mitas. 7Estas son las familias rubenitas: el total
de los registrados fue de cuarenta y tres mil se-
tecientos treinta. 8Hijo de Falú, Eliab. 9Hijos de
Eliab: Nemuel, Datán y Abirán. Datán y Abirán,
miembros del Consejo, son los que se rebelaron
contra Moisés, junto con la banda de Córaj, que
se rebeló contra el Señor. 10La tierra se abrió
y los tragó, junto con Córaj. Así murió toda la
banda y el fuego devoró a doscientos cincuenta
hombres para escarmiento del pueblo. 11Pero los
hijos de Córaj no murieron.
12Hijos de Simeón por familias: Nemuel y la fa-
milia de los nemuelitas, Yamín y la familia de los
yaminitas, Yaquín y la familia de los yaquinitas,
13Zéraj y la familia de los zerajitas, Saúl y la fa-
milia de los saulitas. 14estas son las familias si-
meonitas: veintidós mil doscientos registrados.
15Hijos de Gad por familias: Safón y la familia
de los safonitas, Jaguí y la familia de los jagui-
tas, Suní y la familia de los sunitas, 16Ozní y la
familia de los oznitas, Erí y la familia de los eri-
tas, 17Arod y la familia de los aroditas, Arelí y la
familia de los arelitas. 18Estas son las familias
gaditas: cuarenta mil quinientos registrados.
19Hijos de Judá: Er y Onán, que murieron en
Canaán. 20Hijos de Judá por familias: Selá y la
familia de los selaítas. 21Fares y la familia de los
faresitas, Zéraj y la familia de los zerajitas. Hi-
jos de Fares: Jesrón y la familia de los jesronitas,
Jamul y la familia de los jamulitas. 22Estas son
las familias de Judá: setenta y seis mil quinien-
tos registrados.
23Hijos de Isacar por familias: Tolá y la familia
de los tolaítas, Puvá y la familia de los puvaítas.
24Yasub y la familia de los yasubitas, Simrón y la
familia de los simronitas. 25Estas son las fami-
lias de Isacar: sesenta y cuatro mil trescientos
registrados.
26Hijos de Zabulón por familias: Séred y la fa-
milia de los sereditas, Elón y la familia de los
elonitas, Yajleel y la familia de los yajleelitas.
27Estas son las familias de Zabulón: sesenta mil
quinientos registrados.
28Hijos de José por familias: Manasés y Efraín.
29Hijos de Manasés: Maquir y la familia de los
maquiritas. Maquir engendró a Galaad. De Ga-
laad se formó la familia de los galaaditas. 30Hi-
jos de Galaad: Yézer y la familia de los yezeritas,
Jélec y la familia de los jelequitas. 31Asriel y la
familia de los asrielitas, Siquén y la familia de
los siquenitas, 32Semidá y la familia de los se-
miditas, Jéfer y la familia de los jeferitas; 33Sal-

fajad, hijo de Jéfer, no tuvo hijos varones, sino
solamente hijas, que se llamaban Majlá, Noá,
Joglá, Milcá y Tirsá. 34Estas son las familias de
Manasés: cincuenta y dos mil setecientos regis-
trados. 35Hijos de Efraín por familias: Sutálaj y
la familia de los sutalajitas, Béquer y la familia
de los bequeritas, Tajan y la familia de los ta-
janitas. 36Hijos de Sutálaj: Erán y la familia de
los eranitas. 37Estas son las familias de Efraín:
treinta y dos mil quinientos registrados. Estos
son los hijos de José por familias.
38Hijos de Benjamín por familias: Bela y la fami-
lia de los belaítas, Asbel y la familia de los asbe-
litas, Ajirán y la familia de los ajiranitas, 39Sufán
y la familia de los sufanitas, Jufán y la familia
de los jufanitas. 40Hijos de Bela: Arad y Naamán
con las familias de araditas y naamanitas. 41Estos
son los hijos de Benjamín por familias: cuarenta y
cinco mil seiscientos registrados.
42Hijos de Dan por familias: Suján y la familia
de los sujanitas. 43Estas son las familias de Dan:
sesenta y cuatro mil cuatrocientos registrados.
44Hijos de Aser por familias: Yimná y la familia
de los yimnaítas, Yisví y la familia de los yisvi-
tas, Beriá y la familia de los beriaítas. 45Hijos de
Beriá: Héber y la familia de los heberitas, Mal-
quiel y la familia de los malquielitas. 46La hija
de Aser se llamaba Séraj. 47Estas son las familias
de los hijos de Aser: cincuenta y tres mil cuatro-
cientos registrados.
48Hijos de Neftalí por familias: Yajseel y la
familia de los yajseelitas, Guní y la familia de
los gunitas. 49Yéser y la familia de los yeseritas,
Silén y la familia de los silenitas. 50Estas son las
familias de Neftalí: cuarenta y cinco mil cuatro-
cientos registrados.
51Número total de israelitas registrados: seis-
cientos un mil setecientos treinta. 52El Señor
habló a Moisés: 53«Entre todos estos repartirás
la tierra en herencia, en proporción al número
de hombres. 54Cada uno recibirá una herencia
proporcional al número de registrados. 55Pero
la distribución de las tierras se hará mediante
un sorteo: se asignará la herencia a las diver-
sas familias patriarcales, 56y se distribuirá entre
los más numerosos y los menos numerosos por
sorteo».
57Censo de los levitas por familias: Gersón y la
familia de los gersonitas, Quehat y la familia de
los quehatitas, Merarí y la familia de los mera-
ritas. 58Estas son las familias de los levitas: la
familia de los libnitas, la familia de los hebro-
nitas, la familia de los majlitas, la familia de
los musitas, la familia de los corajitas. Quehat
engendró a Amrán, 59cuya mujer se llamaba Yo-
québed, hija de Leví, que le nació a Leví en Egip-
to. Ella le dio a Amrán tres hijos: Aarón, Moisés
y María, su hermana. 60De Aarón nacieron Nadab
y Abihú, Eleazar e Itamar. 61Nadab y Abihú mu-
rieron mientras ofrecían al Señor fuego profano.
62El total de los registrados fue de veintitrés
mil varones mayores de un mes. No fueron regis-
trados con los demás israelitas porque no habían
de repartirse la herencia con ellos.
63Este es el censo de israelitas que hicieron
Moisés y el sacerdote Eleazar en la estepa de
Moab, junto al Jordán, a la altura de Jericó.
64Entre los registrados no había ninguno de los
registrados en el censo que Moisés y el sacerdo-
te Aarón habían hecho en el desierto de Sinaí.
65El Señor lo había dicho: «Morirán todos en el
desierto», y no quedó ninguno vivo, más que Ca-
leb, hijo de Jefoné, y Josué, hijo de Nun.

Herencia de las hijas

27 1Se acercaron las hijas de Salfajad, hijo de
Jéfer, hijo de Galaad, hijo de Maquir, hijo
de Manasés, del clan de Manasés, hijo de José,
que se llamaban Majlá, Noá, Joglá, Milcá y Tirsá,
2y se presentaron a Moisés, a Eleazar, a los jefes
y a la comunidad entera a la entrada de la tienda
del encuentro, y declararon: 3«Nuestro padre ha
muerto en el desierto. No era de la banda de
Córaj, de los que se rebelaron contra el Señor,
sino que él murió por su propio pecado. Y no ha
dejado hijos. 4Porque no haya dejado hijos no va
a borrarse el nombre de nuestro padre dentro de
su clan. Danos a nosotras una propiedad entre
los hermanos de nuestro padre».
5Moisés presentó la causa al Señor, 6y el Señor
dijo a Moisés: 7«Las hijas de Salfajad tienen ra-
zón. Dales alguna propiedad en herencia entre
los hermanos de su padre; pásales a ellas la he-
rencia de su padre. 8Después di a los israelitas:
"Cuando alguien muera sin dejar hijos, pasarán
la herencia a su hija; 9si no tiene hijas, darán
la herencia a sus hermanos; 10si no tiene her-
manos, darán la herencia a los hermanos de su
padre; 11si su padre no tiene hermanos, darán la
herencia al pariente más cercano entre los de
su clan; este recibirá la herencia"». Esta es para
los israelitas la norma justa, como el Señor se lo
ordenó a Moisés.

Anuncio de la muerte de Moisés

12El Señor dijo a Moisés: «Sube al monte Aba-
rín y mira la tierra que voy a dar a los israelitas.
13Después de verla te reunirás también tú con los
tuyos, como ya Aarón, tu hermano, se ha reunido
con ellos. 14Porque se rebelaron en el desierto de
Sin, cuando la comunidad protestó, y no les hi-
cieron ver mi santidad junto a la fuente, Meribá,

en Cades, en el desierto de Sin». 15Moisés dijo al Señor: 16«Que el Señor, Dios de los espíritus de todos los vivientes, nombre un jefe para la comunidad; 17uno que salga y entre al frente de ellos, que los lleve en sus entradas y salidas. Que no quede la comunidad del Señor como rebaño sin pastor».

18El Señor dijo a Moisés: «Toma a Josué, hijo de Nun, hombre de grandes cualidades, impón la mano sobre él, 19preséntaselo a Eleazar, el sacerdote, y a toda la comunidad, dale instrucciones en su presencia 20y delégale parte de tu autoridad, para que la comunidad de Israel le obedezca. 21Se presentará a Eleazar, el sacerdote, que consultará por él al Señor por medio de las suertes, y conforme al oráculo saldrán y entrarán él y todos los israelitas, toda la comunidad».

22Moisés hizo lo que el Señor le había mandado: tomó a Josué, lo colocó delante del sacerdote Eleazar y de toda la asamblea, 23le impuso las manos y le dio las instrucciones recibidas del Señor.

Ofrendas que deben ser presentadas al Señor

28 1El Señor habló a Moisés: 2«Ordena a los israelitas: Pongan cuidado en presentarme a su debido tiempo mis ofrendas, mis alimentos y las oblaciones de aroma que aplaca.

3Diles también:

»Diariamente dos corderos de un año, sin defecto, como holocausto perpetuo. 4Uno de los corderos lo ofrecerás por la mañana y el otro al atardecer, 5junto con la ofrenda de la décima parte de una medida de harina de la mejor calidad amasada con un litro de aceite refinado. 6Es el holocausto perpetuo que se ofrecía en el monte Sinaí, como aroma que aplaca, oblación al Señor. 7La libación será de un litro por cada cordero. La libación de licor se hará en el templo. 8El segundo cordero lo ofrecerás al atardecer, con la misma ofrenda y la misma libación de la mañana, en oblación de aroma que aplaca al Señor.

9»El sábado ofrecerás dos corderos de un año, sin defecto, con dos décimas partes de una medida de harina de la mejor calidad amasada con aceite, como ofrenda, y con su libación. 10Es el holocausto del sábado que se añade al holocausto diario y a su libación.

11»El primero de mes ofrecerán en holocausto al Señor dos novillos, un carnero y siete corderos de un año sin defecto. 12Como ofrenda por cada novillo, tres décimas partes de una medida de harina de la mejor calidad amasada con aceite; por el carnero, una ofrenda de dos décimas partes de una medida de harina de la mejor calidad amasada con aceite, 13y por cada cordero, una ofrenda de una décima parte de una medida de harina de la mejor calidad amasada con aceite. Es un holocausto, oblación de aroma que aplaca al Señor. 14La libación será de dos litros de vino por cada novillo, de un litro y medio por el carnero y de un litro por cada cordero. Es el holocausto mensual para todos los meses del año. 15Se ofrecerá también al Señor un chivo en sacrificio expiatorio, además del holocausto diario y su oblación.

16»El día catorce del primer mes se celebra la Pascua del Señor y 17el día quince es día de fiesta. Durante siete días se comerá pan ázimo. 18El primer día se reunirán en asamblea litúrgica y no trabajarán. 19Ofrecerán en oblación, en holocausto al Señor, dos novillos, un carnero y siete corderos de un año sin defecto con una ofrenda de harina de la mejor calidad amasada con aceite: 20tres décimas partes de una medida de harina de la mejor calidad por cada novillo, dos décimas partes por el carnero 21y una décima parte por cada uno de los siete corderos. 22Ofrecerán también un chivo en sacrificio expiatorio para realizar el rito de expiación por ustedes; 23además del holocausto de la mañana, el holocausto diario. 24Lo mismo harán cada uno de los siete días: es alimento, oblación de aroma que aplaca al Señor. Harán eso además del holocausto diario y su libación. 25El séptimo día tendrán asamblea litúrgica y no trabajarán.

26»El día de las primicias, cuando ustedes presenten al Señor la ofrenda nueva, en la fiesta de las Semanas, tendrán asamblea litúrgica y no harán trabajo alguno. 27Ofrecerán como holocausto de aroma que aplaca al Señor dos novillos, un carnero y siete corderos de un año 28con una ofrenda de harina de la mejor calidad amasada con aceite: tres décimas partes de una medida por cada novillo, dos décimas partes de una medida por el carnero 29y una décima parte de una medida por cada uno de los siete corderos. 30Ofrecerán un chivo para realizar el rito de expiación por ustedes, 31además del holocausto diario y de su ofrenda. No tendrán defecto y añadirán la libación.

29 1»El primer día del séptimo mes tendrán asamblea litúrgica y no harán trabajo alguno. Ese día será para ustedes día de aclamación. 2Ofrecerán en holocausto de aroma que aplaca al Señor un novillo, un carnero y siete corderos de un año sin defecto, 3con una ofrenda de harina de la mejor calidad amasada con aceite: tres décimas partes de una medida por el novillo, dos décimas partes de una medida por el carnero 4y una décima parte de una medida por cada uno de los siete corderos. 5Ofrecerán un chivo en sacrificio expiatorio para realizar el rito de expiación por ustedes, 6además del holocausto mensual con su ofrenda y del holocausto diario con su ofrenda, junto con sus libaciones, según lo prescrito. Es oblación de aroma que aplaca al Señor.

7»El décimo día del mismo mes séptimo tendrán asamblea litúrgica y harán penitencia y no harán trabajo alguno. 8Ofrecerán en holocausto de aroma que aplaca al Señor un novillo, un carnero y siete corderos de un año sin defecto: 9con una ofrenda de harina de la mejor calidad amasada con aceite: tres décimas partes de una medida por el novillo, dos décimas partes por el carnero 10y una décima parte por cada uno de los siete corderos. 11Ofrecerán un chivo en sacrificio expiatorio, además del sacrificio expiatorio del día de la expiación del holocausto diario, con sus ofrendas y libaciones.

12»El día quince del séptimo mes tendrán asamblea litúrgica y no harán trabajo alguno. Celebrarán fiesta en honor del Señor durante siete días. 13Ofrecerán en holocausto, oblación de aroma que aplaca al Señor, trece novillos, dos carneros y catorce corderos de un año sin defecto, 14con una ofrenda de harina de la mejor calidad amasada con aceite: tres décimas partes de una medida por cada uno de los trece novillos, dos décimas partes por cada uno de los dos carneros 15y una décima parte por cada uno de los catorce corderos. 16Ofrecerán un chivo en sacrificio expiatorio, además del holocausto diario, con su ofrenda y su libación.

17»El segundo día ofrecerán doce novillos, dos carneros y catorce corderos de un año sin defecto, 18con las ofrendas y libaciones correspondientes al número de novillos, carneros y corderos. 19Ofrecerán un chivo en sacrificio expiatorio, además del holocausto diario, con su ofrenda y sus libaciones.

20»El tercer día ofrecerán once novillos, dos carneros y catorce corderos de un año sin defecto 21con las ofrendas y libaciones correspondientes al número de novillos, carneros y corderos. 22Ofrecerán un chivo en sacrificio expiatorio, además del holocausto diario, con su ofrenda y su libación.

23»El cuarto día ofrecerán diez novillos, dos carneros y catorce corderos de un año sin defecto 24con las ofrendas y libaciones correspondientes al número de novillos, carneros y corderos. 25Ofrecerán un chivo en sacrificio expiatorio, además del holocausto diario, con su ofrenda y su libación.

26»El quinto día ofrecerán nueve novillos, dos carneros y catorce corderos de un año sin defecto 27con las ofrendas y libaciones correspondientes al número de novillos, carneros y corderos. 28Ofrecerán un chivo en sacrificio expiatorio, además del holocausto diario, con su ofrenda y su libación.

29»El sexto día ofrecerán ocho novillos, dos carneros y catorce corderos de un año sin defecto 30con las ofrendas y libaciones correspondientes al número de novillos, carneros y corderos. 31Ofrecerán un chivo en sacrificio expiatorio, además del holocausto diario, con su ofrenda y su libación.

32»El séptimo día ofrecerán siete novillos, dos carneros y catorce corderos de un año sin defecto 33con las ofrendas y libaciones correspondientes al número de novillos, carneros y corderos. 34Ofrecerán un chivo en sacrificio expiatorio, además del holocausto diario, con su ofrenda y su libación.

35»El octavo día tendrán reunión solemne y no harán trabajo alguno. 36Ofrecerán en holocausto, oblación de aroma que aplaca al Señor, un novillo, un carnero y siete corderos de un año sin defecto 37con las ofrendas y libaciones correspondientes al novillo, al carnero y al número de los corderos. 38Ofrecerán un chivo en sacrificio expiatorio, además del holocausto diario, con su ofrenda y su libación.

39»Harán todo esto en sus fechas, independientemente de sus votos y sacrificios voluntarios, de sus holocaustos, ofrendas, libaciones y sacrificios de comunión.

30 1Moisés habló a los israelitas conforme el Señor le había ordenado.

Ley sobre los votos

2Moisés habló a los jefes de las tribus de Israel: Esto es lo que ordena el Señor:

3»Cuando un hombre haga un voto al Señor o se comprometa a algo bajo juramento, no faltará a su palabra: tal como lo dijo lo hará.

4»Cuando una mujer en su juventud, mientras vive con su padre, haga un voto o adquiera un compromiso, 5si su padre, al enterarse del voto o del compromiso, no dice nada, entonces sus votos son válidos y quedan en pie los compromisos. 6Pero si su padre, al enterarse, lo desaprueba, entonces no quedan en pie sus votos ni el compromiso. El Señor la dispensa, porque su padre lo ha desaprobado. 7Y si se casa, estando ligada por el voto o por el compromiso que salió de sus labios por irreflexión, 8y al enterarse el marido no le dice nada, entonces los votos son

válidos y quedan en pie los compromisos; 9pero
si al enterarse el marido lo desaprueba, enton-
ces anula el voto que la ligaba y los compromisos
salidos de sus labios. El Señor la dispensa.
10»El voto de la viuda y de la repudiada y los
compromisos que adquiere son válidos.
11»Cuando una mujer hace un voto en casa de
su marido o se compromete a algo bajo juramen-
to, 12si su marido, al enterarse, no dice nada y no
lo desaprueba, entonces sus votos son válidos
y quedan en pie los compromisos; 13pero si su
marido, al enterarse, lo anula, entonces todo lo
que salió de sus labios, votos y compromisos,
es inválido. Su marido lo ha anulado y Dios la
dispensa. 14El marido puede confirmar o anular
todo voto o juramento de hacer una penitencia.
15Pero si a los dos días el marido no le ha di-
cho nada, entonces confirma todos los votos y
compromisos que la ligan: los confirma con el
silencio que guardó al enterarse; 16y si los anula
más tarde, cargará él con la culpa de ella.
17Estas son las órdenes que dio el Señor a Moi-
sés para marido y mujer, para padre e hija cuan-
do aún joven vive con su padre.

Destrucción de Madián

31 1El Señor dijo a Moisés: 2«Primero venga-
rás a los israelitas de los madianitas, des-
pués te reunirás con los tuyos».
3Moisés dijo al pueblo: «Elijan entre ustedes
algunos hombres y ármenlos para la guerra; ata-
carán a Madián para ejecutar en ellos la vengan-
za del Señor. 4Armen para la guerra mil hombres
de cada tribu de Israel».
5Así, movilizaron para la guerra doce mil hom-
bres, mil por cada tribu de Israel.
6Moisés los envió a la batalla, mil por cada tri-
bu, a las órdenes de Fineés, hijo de Eleazar, con
las armas sagradas y las cornetas para el toque
de ataque. 7Presentaron batalla a Madián, co-
mo el Señor había mandado a Moisés, y mataron
a todos los varones. 8Y mataron a los reyes de
Madián con los demás caídos: Eví, Requen, Zur,
Jur y Reba, los cinco reyes de Madián. Y también
pasaron a cuchillo a Balaán, hijo de Beor. 9Hicie-
ron cautivos a las mujeres y niños de Madián y
saquearon sus bestias, su ganado y sus riquezas.
10Incendiaron todas las ciudades habitadas y
los poblados, 11y se llevaron todos los despojos,
hombres y animales. 12Trajeron los prisioneros,
el botín y los despojos a Moisés, al sacerdote
Eleazar y a toda la comunidad de Israel, que
acampaba en la estepa de Moab, junto al Jordán,
frente a Jericó.
13Moisés con el sacerdote Eleazar y los jefes de
la comunidad salieron a recibirlos fuera del cam-
pamento. 14Moisés se encolerizó con los jefes
de la tropa, generales y capitanes que volvían
de la batalla, 15y les dijo: «¿Por qué han deja-
do con vida a las mujeres? 16Son ellas las que,
instigadas por Balaán, hicieron a los israelitas
traicionar al Señor por Baal-Fegor, y por ellas
hubo una mortandad en la comunidad del Se-
ñor. 17Ahora mismo maten a todos los varones,
incluidos los niños, y a todas las mujeres que
hayan tenido relaciones con hombres. 18Las ni-
ñas y las jóvenes que no hayan tenido relaciones
con hombres déjenlas vivas. 19Ustedes acampen
fuera del campamento siete días. Los que hayan
matado a alguno o hayan tocado algún muerto
se purificarán con sus cautivos el día tercero y el
séptimo. 20Purifiquen también toda la ropa, los
objetos de piel o de pelo de cabra y los utensi-
lios de madera».
21El sacerdote Eleazar dijo a los guerreros que
habían vuelto de la batalla: «Estas son las pres-
cripciones que el Señor ha dado a Moisés: 22"Oro,
plata, bronce, hierro, estaño y plomo, 23todo lo
que resiste el fuego, lo purificarán a fuego y lo
lavarán con agua de purificación, y lo que no re-
siste el fuego lo lavarán con agua. 24El séptimo
día laven los vestidos para que queden limpios, y
así puedan entrar en el campamento"».
25El Señor dijo a Moisés: 26«Hagan la cuenta
del botín capturado, de hombres y animales,
tú con el sacerdote Eleazar y los cabezas de
familia. 27Dividirás a medias el botín entre los
soldados que fueron a la batalla y el resto de
la comunidad. 28Cobra un tributo para el Señor
a los soldados que fueron a pelear: el uno por
quinientos, de hombres, vacas, asnos y ovejas,
29deducido de la mitad que les toca, y entréga-
selo al sacerdote Eleazar como tributo para el
Señor. 30De la otra mitad, de la porción de los
israelitas, cobrarás el uno por cincuenta, de
hombres, vacas, asnos, ovejas y toda clase de
animales, y se lo entregarás a los levitas que
atienden a las funciones del templo del Señor».
31Moisés y el sacerdote Eleazar hicieron lo que
el Señor mandaba a Moisés.
32Censo del botín que capturaron las tropas:
ovejas, seiscientas setenta y cinco mil; 33vacas,
setenta y dos mil; 34asnos, sesenta y un mil;
35seres humanos, mujeres que no habían tenido
que ver con hombres, treinta y dos mil.
36Porción que tocó a los que habían luchado:
ovejas, trescientas treinta y siete mil quinien-
tas; 37tributo de ovejas para el Señor, seiscien-
tas setenta y cinco; 38vacas, treinta y seis mil;
de ellas, tributo para el Señor, setenta y dos;
39asnos, treinta mil quinientos, de los cuales,
tributo para el Señor, sesenta y uno; 40seres hu-

manos, dieciséis mil; de ellos, tributo para el
Señor, treinta y dos.
[41]Moisés entregó el tributo del Señor al sacer-
dote Eleazar, como le había mandado el Señor.
[42]De la otra mitad, que Moisés había requi-
sado a los soldados para los demás israelitas,
[43]el censo fue el siguiente: ovejas, trescientas
treinta y siete mil quinientas; [44]vacas, treinta y
seis mil; [45]asnos, treinta mil quinientos; [46]seres
humanos, dieciséis mil; [47]de ellos, Moisés tomó
un tributo del dos por ciento, de hombres y ani-
males, y lo entregó a los levitas que atienden
a las funciones del templo del Señor, como lo
había mandado el Señor.
[48]Los mandos de las tropas, generales y capi-
tanes, se acercaron a Moisés [49]y le dijeron: «Tus
siervos han hecho el censo de los soldados bajo
su mando, y no falta ni uno. [50]Por eso cada uno
de nosotros en reconocimiento por haber salva-
do la vida ofrece al Señor, de lo que ha captura-
do, objetos de oro, pulseras, brazaletes, anillos,
pendientes y cuentas».
[51]Moisés y el sacerdote Eleazar recibieron el
oro que les ofrecían, todo ello en artículos de
orfebrería. [52]El oro del tributo ofrecido al Señor
pesó mil seiscientos setenta y cinco siclos. [53]Los
soldados lo habían recogido como botín para sí
mismos. [54]Moisés y el sacerdote Eleazar recibie-
ron de los generales y capitanes el oro y lo lleva-
ron a la tienda del encuentro, como recuerdo de
los israelitas ante el Señor.

Primera ocupación: Rubén y Gad

32 [1]Los rubenitas y los gaditas poseían in-
mensos rebaños, y viendo que la tierra de
Yazer y de Galaad era excelente para el ganado,
[2]acudieron a Moisés, al sacerdote Eleazar y a los
jefes de la comunidad para proponerles: [3]«Ata-
rot, Dibón, Yazer, Nimrá, Jesbón, Elalé, Sebán,
Nebo y Beón, [4]el territorio de los pueblos que el
Señor derrotó al avanzar los israelitas, es tierra
buena para ganado, y tus siervos poseen reba-
ños. [5]Por favor, haz que entreguen a tus sier-
vos esa tierra en propiedad, y no pasaremos el
Jordán».
[6]Moisés respondió a los gaditas y rubenitas:
«¿De modo que sus hermanos irán a la guerra,
mientras ustedes se quedan aquí? [7]Van a des-
moralizar a los israelitas y no pasarán a la tierra
que piensa darles el Señor. [8]Eso es lo que hi-
cieron sus padres cuando los envié desde Cades
Barne a reconocer el país: [9]subieron hasta To-
rrente de Escol, reconocieron la tierra y desmo-
ralizaron a los israelitas para que no entraran en
la tierra que pensaba darles el Señor. [10]Aquel día
se encendió la ira del Señor y juró: [11]"Los hom-
bres que salieron de Egipto, de veinte años para
arriba, no verán la tierra que prometí a Abrahán,
Isaac y Jacob, porque no me han sido fieles".
[12]Exceptúo a Caleb, hijo de Jefoné, el quenizi-
ta, y a Josué, hijo de Nun, porque fueron fieles
al Señor. [13]La ira del Señor se encendió contra
Israel, y los zarandeó por el desierto cuarenta
años, hasta que se terminó la generación que
había hecho lo que el Señor reprueba. [14]Y ahora
ustedes, raza de pecadores, ocupan el lugar de
sus padres, avivando la ira ardiente del Señor.
[15]Porque si se apartan de él, otra vez los dejará
en el desierto y ustedes serán los causantes de
la destrucción de este pueblo».
[16]Ellos se acercaron a decirle: «Construiremos
aquí corrales para los rebaños y poblados para
nuestros niños, [17]y nosotros nos armaremos
a toda prisa e iremos delante de los israelitas
hasta dejarlos en su lugar; mientras, nuestros
niños se quedarán en las ciudades fortifica-
das, protegidos de los habitantes del país. [18]No
volveremos a nuestras casas hasta que cada is-
raelita no haya ocupado su herencia [19]y no nos
repartiremos con ellos la herencia al otro lado
del Jordán, sino que nuestra herencia nos tocará
a este lado, al este del Jordán».
[20]Moisés les contestó: «Si se arman para la ba-
talla, como el Señor quiere, [21]y armados cruzan
el Jordán, como el Señor quiere, hasta que él les
quite de delante al enemigo, [22]y la tierra que-
de sometida, como Dios quiere, y solo después
vuelven, entonces serán inocentes ante el Señor
y ante Israel, y esta tierra será propiedad de us-
tedes por voluntad del Señor. [23]Pero si no obran
así, pecarán contra el Señor, y sepan que su
pecado será castigado. [24]Ahora, entonces, cons-
truyan poblados para sus niños y corrales para
los rebaños, y hagan lo que han prometido».
[25]Los gaditas y rubenitas respondieron a Moi-
sés: «Tus siervos harán lo que tú, señor, mandes;
[26]nuestros niños, mujeres, ganados y bestias
quedarán aquí, en los poblados de Galaad, [27]y
tus siervos pasarán, todos armados, para luchar,
como el Señor quiere y tú nos dices».
[28]Moisés dio instrucciones acerca de ellos al
sacerdote Eleazar, a Josué, hijo de Nun, y a los
cabezas de familia en las tribus de Israel: [29]«Si
los gaditas y rubenitas pasan con ustedes el Jor-
dán, todos armados, para luchar, como el Señor
quiere, y la tierra les queda sometida, les darán
la tierra de Galaad en propiedad. [30]Pero si no pa-
san armados con ustedes, recibirán su propiedad
en la tierra de Canaán».
[31]Los gaditas y rubenitas contestaron: «Hare-
mos lo que el Señor manda a tus siervos. [32]No-
sotros pasaremos armados a la tierra de Canaán,

como el Señor quiere, y nos tocará en propiedad
una herencia a este lado del Jordán».
33Moisés asignó a los gaditas y rubenitas y a
la mitad de la tribu de Manasés, hijo de José,
el reino de Sijón, rey de los amorreos, y el reino
de Og, rey de Basán, con todas las ciudades y
poblados del territorio.
34Los gaditas reconstruyeron Dibón, Aroer,
35Atarot-Sofán, Yazer, Yogbehá, 36Bet-Nimrá,
Bet-Harám, fortificándolas, y construyeron co-
rrales para los rebaños. 37Los rubenitas recons-
truyeron Jesbón, Elalé, Quiriatain, 38Nebo, Baal
Maón, Sibma, y pusieron nombres nuevos a los
poblados reconstruidos. 39Los maquiritas, des-
cendientes de Manasés, fueron y conquistaron
Galaad y expulsaron a los amorreos, que habi-
taban allí. 40Moisés asignó Galaad a la tribu de
Maquir, hijo de Manasés, que se estableció allí.
41Yaír, hijo de Manasés, fue y conquistó sus al-
deas, y las llamó Aldeas de Yaír. 42Nóbaj fue y
conquistó Quenat y los poblados de alrededor, y
los llamó con su nombre: Nóbaj.

Itinerario de Israel

33 1Estas son las etapas del viaje de los is-
raelitas cuando salieron de Egipto, por
escuadrones, bajo la guía de Moisés y Aarón.
2Moisés registró las etapas de la marcha, según
la orden del Señor.
3El día quince del primer mes, el día siguien-
te a la Pascua, salieron decididos de Ramsés, a
la vista de los egipcios. 4Los egipcios estaban
todavía enterrando los primogénitos que el Se-
ñor había hecho morir para hacer justicia de sus
dioses.
5Los israelitas salieron de Ramsés y acampa-
ron en Sucot. 6Salieron de Sucot y acamparon en
Etán, al borde del desierto. 7Salieron de Etán,
volvieron a Pi Hajirot frente a Baal-Safón y
acamparon frente a Migdol. 8Salieron de Pi Haji-
rot, atravesaron el mar hacia el desierto, cami-
naron tres días por el desierto de Etán y acampa-
ron en Mara. 9Salieron de Mara y llegaron a Elim,
donde había doce fuentes y setenta palmeras, y
acamparon allí.
10Salieron de Elim y acamparon junto al Mar
Rojo. 11Salieron del Mar Rojo y acamparon en el
desierto de Sin. 12Salieron del desierto de Sin y
acamparon en Dofca. 13Salieron de Dofca y acam-
paron en Alús. 14Salieron de Alús y acamparon
en Rafidín, donde no encontraron agua para el
pueblo. 15Salieron de Rafidín y acamparon en el
desierto del Sinaí.
16Salieron del desierto del Sinaí y acamparon
en Quibrot Hatavá. 17Salieron de Quibrot Hatavá
y acamparon en Jaserot. 18Salieron de Jaserot
y acamparon en Ritmá. 19Salieron de Ritmá y
acamparon en Rimón Pares. 20Salieron de Rimón
Pares y acamparon en Libná. 21Salieron de Libná
y acamparon en Risá. 22Salieron de Risá y acam-
paron en Quehelata. 23Salieron de Quehelata y
acamparon en el monte Safer. 24Salieron de Mon-
te Safer y acamparon en Jarada. 25Salieron de
Jarada y acamparon en Maqhelot.
26Salieron de Maqhelot y acamparon en Tajat.
27Salieron de Tajat y acamparon en Taraj. 28Sa-
lieron de Taraj y acamparon en Mitcá. 29Salieron
de Mitcá y acamparon en Jasmoná. 30Salieron de
Jasmoná y acamparon en Moserot. 31Salieron de
Moserot y acamparon en Bene Yacán. 32Salieron
de Bene Yacán y acamparon en Jor Haguidgad.
33Salieron de Jor Haguidgad y acamparon en
Yotbata. 34Salieron de Yotbata y acamparon
en Abroná. 35Salieron de Abroná y acamparon
en Esión Gueber. 36Salieron de Esión Gueber y
acamparon en el desierto de Sin, en Cades.
37Salieron de Cades y acamparon en el monte
Hor, al extremo del territorio de Edom. 38El sa-
cerdote Aarón subió al monte Hor, por mandato
del Señor, y allí murió a los cuarenta años de la
salida de Egipto, el día primero del quinto mes.
39Aarón murió en la cima de Monte Hor a la edad
de ciento veintitrés años.
40El rey cananeo de Arad, que habitaba en el
Negueb, en territorio cananeo, se enteró de que
se acercaban los israelitas.
41Salieron de Monte Hor y acamparon en Sal-
moná. 42Salieron de Salmoná y acamparon en
Punón. 43Salieron de Punón y acamparon en
Obot. 44Salieron de Obot y acamparon en Rui-
nas de Abarín, en la frontera de Moab. 45Salieron
de Ruinas de Abarín y acamparon en Dibón Gad.
46Salieron de Dibón Gad y acamparon en Almón
Diblataym. 47Salieron de Almón Diblataymʃ y
acamparon en los montes de Abarín, frente a Ne-
bo. 48Salieron de los montes de Abarín y acam-
paron en la estepa de Moab, junto al Jordán, a la
altura de Jericó.
49En la estepa de Moab acamparon a lo largo
del Jordán, desde Bet Yesimot hasta Abel Sitín.
50En la estepa de Moab, junto al Jordán, a la al-
tura de Jericó, el Señor habló a Moisés: 51«Di a
los israelitas: "Cuando atraviesen el Jordán para
entrar en el territorio de Canaán, 52expulsarán
a todos sus habitantes, destruirán sus ídolos
e imágenes y demolerán sus santuarios. 53Ocu-
pen la tierra y habítenla porque yo se la doy
en posesión. 54Se la repartirán a suertes entre
los clanes. Cada uno recibirá una herencia pro-
porcional al número de registrados. Cada tribu
ocupará la parte que le toque por suerte. 55Si no
expulsan a los habitantes del país, entonces los

que queden serán para ustedes espinas en los
ojos y aguijones en el costado, y los atacarán en
la tierra que van a habitar. 56Y yo los trataré a
ustedes como había pensado tratarlos a ellos"».

Fronteras de Israel

34 1El Señor dijo a Moisés: 2«Ordena a los is-
raelitas: Cuando entren en Canaán, esta-
rán en la tierra que les toca en herencia y estos
serán sus límites.
3»La zona del sur limitará por el desierto de
Sin con Edom.
»La frontera del sur arrancará del extremo del
Mar Muerto por el este, 4torcerá hacia el sur por
Maale Acrabbim, y pasando por Sin dará al sur de
Cades Barne; seguirá por Jasar Addar y pasará
por Asemán; 5en Asemán torcerá hacia el torren-
te de Egipto, para terminar en el mar.
6»La frontera del oeste será el Mar Mediterrá-
neo: es la frontera occidental.
7»La frontera del norte la marcarán arrancan-
do del Mar Mediterráneo hasta el Monte Hor;
8de allí seguirán hasta la entrada de Jamat, lle-
gando hasta Sedadá. 9Seguirá por Zefrón, para
terminar en Jasar Enán. Es la frontera del norte.
10»La frontera del este la marcarán desde Ja-
sar Enán hasta Safán; 11bajará desde allí hacia
Rebla, al este de Enán; seguirá bajando bordean-
do por el este el lago de Genesaret; 12seguirá
bajando a lo largo del Jordán, para concluir en
el Mar Muerto.
»Esa es su tierra y los límites que la rodean.
13Moisés ordenó a los israelitas: «Esa es la tie-
rra que repartirán a suertes y que el Señor ha or-
denado dar a las nueve tribus y media. 14Porque
la tribu de Rubén por familias y la tribu de Gad
por familias han recibido ya su herencia, lo mis-
mo que media tribu de Manasés. 15Esas dos tri-
bus y media han recibido ya su herencia al otro
lado del Jordán, frente a Jericó, al oriente».
16El Señor habló a Moisés: 17«Lista de personas
que les repartirán la tierra: el sacerdote Eleazar
y Josué, hijo de Nun. 18Además, un jefe por cada
tribu para repartir la tierra. 19Esta es la lista de
los jefes: por la tribu de Judá, Caleb, hijo de Je-
foné; 20por la tribu de Simeón, Samuel, hijo de
Amihud; 21por la tribu de Benjamín, Eliad, hijo
de Caselón; 22por la tribu de Dan, el jefe Boquí,
hijo de Yoglí. 23Por los hijos de José: por la tri-
bu de Manasés, el príncipe Janiel, hijo de Efod;
24por la tribu de Efraín, el príncipe Camuel, hijo
de Seftán; 25por la tribu de Zabulón, el príncipe
Elisafán, hijo de Parnac; 26por la tribu de Isacar,
el jefe Paltiel, hijo de Azán; 27por la tribu de
Aser, el jefe Ajihud, hijo de Salomí; 28por la tribu
de Neftalí, el príncipe Fedael, hijo de Amihud».
29A estos encargó el Señor repartir a los israe-
litas la herencia en la tierra de Canaán.

Ciudades levíticas

35 1El Señor habló a Moisés en la estepa de
Moab, junto al Jordán, a la altura de Je-
ricó: 2«Ordena a los israelitas que cedan a los
levitas, de su propiedad hereditaria, algunos
pueblos con sus territorios circundantes para
vivir; 3tendrán pueblos para vivir y campos para
sus animales, ganados y bestias. 4Los campos
de pastoreo de los pueblos que asignen a los
levitas se extenderán en un radio de un kiló-
metro fuera de los muros. 5Es decir, medirán un
kilómetro desde el muro del pueblo al este, sur,
oeste y norte; el pueblo quedará en medio, y
esos serán sus campos de pastoreo. 6Asignarán a
los levitas los seis pueblos de refugio que hayan
separado para asilo del homicida y otros cua-
renta y dos pueblos. 7En total, asignarán a los
levitas cuarenta y ocho pueblos con sus alrede-
dores. 8Esos pueblos se tomarán de la herencia
de los israelitas en proporción a los que tenga
cada tribu. Cada una cederá a los levitas pueblos
en proporción a la herencia que haya recibido».

Ciudades de refugio

9El Señor habló a Moisés: 10«Di a los israeli-
tas: Cuando atraviesen el Jordán para entrar en
Canaán, 11elegirán varias ciudades de refugio,
donde pueda buscar asilo el que haya matado a
alguien sin intención. 12Les servirán de refugio
contra el vengador, y así el homicida no morirá
antes de comparecer a juicio ante la asamblea.
13Elegirán seis ciudades de refugio: 14tres al otro
lado del Jordán y tres en Canaán. Serán ciudades
de asilo. 15Esas ciudades servirán de refugio a
los israelitas, a los emigrantes y a los criados
que vivan con ellos. Allí podrá buscar asilo el
que haya matado a alguien sin intención.
16»Si lo ha herido con un objeto de hierro y lo ha
matado, es homicida. El homicida será castigado
con la muerte. 17Si lo ha herido empuñando una
piedra capaz de causar la muerte y lo ha matado,
es homicida. El homicida será castigado con la
muerte. 18Si lo ha herido manejando un objeto de
madera capaz de causar la muerte y lo ha matado,
es homicida. El homicida será castigado con la
muerte. 19Toca al vengador de la sangre matar al
homicida: cuando lo encuentre, lo matará.
20»Si lo ha derribado por odio o ha arrojado
contra él algo con toda intención y lo ha matado,
21o lo ha golpeado a puñetazos por enemistad y
lo ha matado, entonces el agresor será castigado
con la muerte: es homicida. El vengador de la
sangre matará al homicida cuando lo encuentre.

22Si lo ha derribado casualmente, sin odio, o ha arrojado algo contra él sin intención, 23o le ha dado una pedrada mortal sin haberlo visto, y lo mata, sin que le tuviera rencor ni intentase hacerle daño, 24entonces la comunidad juzgará al que hirió y al vengador de la sangre, conforme a estas leyes, 25y salvará al homicida de las manos del vengador de la sangre. La comunidad le dejará volver a la ciudad donde se había refugiado buscando asilo, y allí vivirá hasta que muera el sumo sacerdote ungido con óleo sagrado.

26»Si el homicida sale fuera de los límites de la ciudad donde se había refugiado buscando asilo, 27y el vengador de la sangre lo encuentra fuera de los límites de la ciudad donde se había refugiado, y lo mata, no hay delito. 28Porque el homicida debe vivir en la ciudad donde se había refugiado, hasta que muera el sumo sacerdote. Y cuando el sumo sacerdote muera, el homicida podrá volver a la tierra donde se encuentra su herencia.

29»Estas son normas de justicia para ustedes, para todos sus descendientes y en cualquier lugar donde se encuentren.

30»En casos de homicidio, se dará muerte al homicida después de oír a los testigos. Pero un testigo no basta para dictar pena de muerte. 31No aceptarán rescate por la vida del homicida condenado a muerte, porque debe morir. 32Tampoco aceptarán rescate del que buscó asilo en una ciudad de refugio, para dejarle volver a vivir en su tierra, antes de que muera el sumo sacerdote.

33»No profanarán la tierra donde viven: con la sangre se profana la tierra, y por la sangre derramada en tierra no hay más expiación que la sangre del que la derramó. 34No contaminen la tierra en que viven y en la que yo habito. Porque yo, el Señor, habito en medio de los israelitas.

Herencia de las mujeres

36 1Los jefes de familia del clan de los galaaditas, descendientes de Maquir, hijo de Manasés, uno de los clanes de la casa de José, se presentaron a Moisés, a los príncipes y jefes de familia israelita, 2y declararon: «Dios ha ordenado a mi señor que reparta la tierra por suerte a los israelitas. También ha ordenado a mi señor que haga pasar la herencia de Salfajad, nuestro hermano, a sus hijas. 3Pero si se casan con uno de otra tribu israelita, su herencia se sustraerá de la herencia de nuestros padres; la herencia de la tribu a la que ellas pasen aumentará y la que nos tocó a nosotros disminuirá. 4Y cuando llegue el jubileo de los israelitas, la herencia de ellas se sumará a la herencia de la tribu a la que hayan pasado y se sustraerá de la herencia de nuestros padres».

5Entonces Moisés, por mandato del Señor, ordenó a los israelitas: «La tribu de los hijos de José tiene razón. 6El Señor ordena a las hijas de Salfajad: Podrán casarse con quien ellas quieran, pero siempre dentro de algún clan de su tribu. 7La herencia de los israelitas no pasará de tribu a tribu, sino que todo israelita queda ligado a la herencia de la tribu paterna. 8Las hijas que posean alguna herencia en cualquiera de las tribus israelitas, se casarán dentro de uno de los clanes de la tribu paterna. Así, cada israelita conservará la herencia de su padre; 9y no pasará una herencia de una tribu a otra, sino que cada tribu estará ligada a su herencia».

10Las hijas de Salfajad hicieron lo que el Señor había ordenado a Moisés, 11Majlá, Tirsá, Joglá, Milcá y Noá, hijas de Salfajad, se casaron con primos suyos. 12Se casaron en clanes de los manasitas, tribu de José, conservando su herencia dentro de la tribu a la que pertenecía el clan paterno.

13Estas son las órdenes y las leyes que dio el Señor por medio de Moisés a los israelitas en la estepa de Moab, junto al Jordán, frente a Jericó.

DEUTERONOMIO

PRIMER DISCURSO DE MOISÉS (1–4)

Introducción

1 1Palabras que dijo Moisés a todo Israel al otro lado del Jordán, es decir, en el desierto o estepa que hay frente a Espadaña, entre Farán a un lado y Tofel, Labán, Jaserot y Dizahab al otro lado; 2son once jornadas desde el Horeb hasta Cades Barne, pasando por la sierra de Seír.

3Era el día primero del undécimo mes del año cuarenta cuando Moisés se dirigió a los israelitas por encargo del Señor. 4O sea, después de la derrota de Sijón, rey amorreo que residía en Jesbón, y de Og, rey de Basán, que residía en Astarot, en Edrey. 5Al otro lado del Jordán, en territorio moabita, Moisés comenzó a inculcar esta ley, diciendo así:

Síntesis histórica

6»El Señor nuestro Dios nos dijo en el Horeb: "Basta ya de vivir en estas montañas. 7Pónganse en camino y diríjanse a las montañas amorreas y a las poblaciones vecinas de la estepa, la sierra, la Sefela, el Negueb y la costa. O sea, el territorio cananeo, el Líbano y hasta el río grande, el Éufrates. 8Mira, ahí delante te he puesto la tierra; entra a tomar posesión de la tierra que el Señor prometió darles a sus padres, y después a su descendencia".

Nombramiento de jueces

9»En aquel tiempo yo les dije: "Yo solo no pue-
do hacerme cargo de todos ustedes, 10porque el
Señor, su Dios, los ha multiplicado y hoy son más
numerosos que las estrellas del cielo. 11Que el
Señor, su Dios, los haga crecer mil veces más,
bendiciéndolos como les ha prometido; 12pe-
ro, ¿cómo voy a soportar yo solo su carga, sus
asuntos y pleitos? 13Elijan de cada tribu algunos
hombres hábiles, prudentes y expertos, y yo los
nombraré jefes de ustedes". 14Me contestaron
que les parecía bien la propuesta. 15Entonces yo
tomé algunos hombres hábiles y expertos y los
nombré jefes de ustedes: para cada tribu jefes
de mil, de cien, de cincuenta y de diez, y ade-
más designé escribas para las tribus. 16Y di a sus
jueces las siguientes normas: Escuchen y resuel-
van según justicia los pleitos de sus hermanos,
entre sí o con emigrantes. 17No sean parciales
en la sentencia, oigan por igual a pequeños y
grandes; no se dejen intimidar por nadie, porque
la sentencia es de Dios. Si una causa les resulta
demasiado ardua, pásenmela a mí y yo la resol-
veré. 18En la misma ocasión les mandé todo lo
que tenían que hacer. Así les indiqué aquella
ocasión todo lo que ustedes debían hacer.

Envío de espías a territorio cananeo

19»Después, dejamos el Horeb y nos encami-
namos a las montañas amorreas, atravesando
aquel inmenso y terrible desierto que ustedes
han visto, y cumpliendo las órdenes del Señor
llegamos a Cades Barne.
20»Entonces les dije: "Han llegado a las mon-
tañas amorreas que el Señor, nuestro Dios, va a
darnos. 21Mira, el Señor, tu Dios, te ha puesto
delante esa tierra. Sube y toma posesión, por-
que te la ha prometido el Dios de tus padres. No
temas ni te acobardes".
22»Pero ustedes acudieron a mí en masa y me
propusieron: "Vamos a enviar por delante algu-
nos que examinen la tierra y nos informen del
camino que hemos de seguir y de las ciudades
donde hemos de entrar".
23»Yo aprobé la propuesta, y escogí entre us-
tedes a doce hombres, uno por tribu. 24Ellos par-
tieron, subieron a la montaña, llegaron a Najal
Escol y exploraron la zona, 25tomaron muestras
de los frutos del país, bajaron y nos informaron:
Es buena la tierra que el Señor, nuestro Dios,
va a darnos.
26»Pero rebelándose contra la orden del Señor,
su Dios, se negaron a subir. 27Y se pusieron a
murmurar en sus tiendas: "Porque el Señor nos
odia nos ha sacado de Egipto, para entregarnos
a los amorreos y destruirnos. 28¡A dónde vamos
a subir! Nuestros hermanos nos han acobardado
con sus palabras, que la gente es más fuerte y
corpulenta que nosotros, que las ciudades son
enormes y sus fortificaciones más altas que el
cielo, que hasta han visto anaquitas allí".
29»Yo les decía: "No se acobarden, no les ten-
gan miedo. 30El Señor, su Dios, que va delante,
luchará por ustedes, como ya lo hizo contra los
egipcios, ante sus ojos. 31Y en el desierto ya has
visto que el Señor, tu Dios, te ha llevado como
a un hijo por todo el camino hasta llegar aquí".
32»Y a pesar de todo, ustedes no tuvieron con-
fianza en el Señor, su Dios, que había ido por
delante buscándoles lugar donde acampar, 33de
noche les marcaba el camino con un fuego; de
día, con una nube.
34»El Señor, al oír lo que ustedes decían, se
irritó y juró: 35"Ni uno solo de estos hombres, de
esta generación malvada, verá esa tierra buena
que juré dar a sus padres. 36Exceptúo a Caleb,
hijo de Jefoné; él la verá, a él y a sus hijos le
daré la tierra que pise, por haber seguido plena-
mente al Señor".
37»También contra mí se irritó el Señor, por
culpa de ustedes, y me dijo: "Tampoco tú entra-
rás allí. 38Josué, hijo de Nun, que está a tu ser-
vicio, es quien entrará allí. Confírmalo, porque
él ha de repartir la herencia a Israel. 39Y también
entrarán los niños, esos que según ustedes eran
ya botín del enemigo; y los hijos de ustedes que
aún no distinguen el bien del mal, entrarán allí,
a ellos se la daré en posesión. 40En cuanto a
ustedes, den la vuelta, regresen al desierto en
dirección al Mar Rojo".
41»Entonces ustedes me contestaron: "Hemos
pecado contra el Señor. Vamos a subir a pelear,
como nos había ordenado el Señor, nuestro Dios.
Y se equiparon con las armas, como si fuera cosa
fácil subir a la montaña".
42»Pero el Señor me dijo: "Diles que no suban
a pelear, porque no estoy con ellos y el enemigo
los derrotará". 43Yo les transmití la advertencia,
pero no me hicieron caso, se rebelaron contra la
orden del Señor y tuvieron la osadía de subir a la
montaña. 44Los amorreos que habitaban allí hi-
cieron una salida contra ustedes, los persiguie-
ron como abejas y los derrotaron en Jormá de
Seír. 45Volvieron llorando al Señor, pero el Señor
no los escuchó ni los atendió.
46»Por eso se quedaron tanto tiempo viviendo
en Cades.

Los años en el desierto

2 1»Después dimos la vuelta y fuimos al desier-
to en dirección al Mar Rojo, como me había
mandado el Señor, y pasamos mucho tiempo

dando vueltas por la serranía de Seír. 2Hasta
que el Señor me dijo: 3"Basta de dar vueltas por
esta serranía, diríjanse al Norte. 4Pero advier-
te al pueblo: Van a cruzar la frontera de Seír,
donde habitan sus hermanos, los descendientes
de Esaú; aunque ellos les tienen miedo, 5mucho
cuidado con atacarlos porque no pienso darles
ni un pie de su territorio. La sierra de Seír se la
he entregado a Esaú. 6La comida que coman, se
la pagarán, el agua que beban se la comprarán.
7Porque el Señor, tu Dios, te ha bendecido en
todas tus empresas, los ha atendido en el viaje
por ese inmenso desierto; durante los últimos
cuarenta años el Señor, tu Dios, ha estado conti-
go y no te ha faltado nada".

8»De este modo, cruzamos junto a nuestros
hermanos, los descendientes de Esaú, que ha-
bitaban en Seír, seguimos por el camino de la
estepa que arranca de Eilat y Esion Gueber, y
torciendo cruzamos hacia el desierto de Moab.

9»El Señor me dijo: "No provoques a los moa-
bitas ni te enfrentes en combate con ellos; no
te daré posesiones en su territorio, porque he
dado Ar en posesión a los descendientes de Lot.
10Antiguamente habitaban allí los emitas, pue-
blo grande, numeroso y corpulento, como los
anaquitas. 11Comúnmente se los creía refaítas,
como a los anaquitas, pero los moabitas los lla-
maban emitas. 12En Seír habitaban antiguamen-
te los hurritas, pero los descendientes de Esaú
los desalojaron y aniquilaron, instalándose en
su lugar, lo mismo que hizo Israel con el territo-
rio de su propiedad que les dio el Señor. 13Ahora,
ordenó el Señor: ¡En marcha y a cruzar el torren-
te Zared!". Y cruzamos el torrente Zared.

14»Desde Cades Barne hasta cruzar el torrente
Zared anduvimos caminando treinta y ocho años,
hasta que desapareció del campamento toda
aquella generación de guerreros, como les había
jurado el Señor: 15La mano del Señor pesó sobre
ellos hasta que los hizo desaparecer del campa-
mento. 16Y cuando por fin murieron los últimos
guerreros del pueblo, 17el Señor me dijo: 18"Hoy
vas a cruzar la frontera de Moab por Ar. 19Cuando
establezcas contacto con los amonitas, no los
provoques ni te enfrentes con ellos, porque no
pienso darte posesiones en territorio amonita,
porque se lo di en posesión a los descendientes
de Lot. 20»También esta región se consideraba
de refaítas, porque antiguamente la habita-
ban refaítas, si bien los amonitas los llamaban
sansumitas. 21Eran un pueblo grande, numeroso
y corpulento, como los anaquitas. El Señor los
aniquiló y los amonitas los desalojaron y se ins-
talaron en su lugar. 22Lo mismo sucedió con los
habitantes de Seír, descendientes de Esaú; el Se-
ñor aniquiló a los hurritas, y ellos los desalojaron
y se instalaron en su lugar, y allí viven hoy. 23En
cuanto a los heveos que habitaban los pueblos
de Gaza, los aniquilaron los cretenses venidos
de Creta y se instalaron en su lugar. 24Ahora, di-
jo el Señor, pónganse en camino para cruzar el
río Arnón. Te entrego a Sijón, el rey amorreo de
Jesbón, y su territorio. Atácale y empieza la con-
quista. 25Hoy comienzo a sembrar pánico y terror
por todos los pueblos bajo el cielo; al oír tu fama,
temblarán y se estremecerán ante ti".

Israel derrota a Sijón, rey de Jesbón

26»Desde el desierto de oriente despaché men-
sajeros a Sijón, rey de Jesbón, con propuestas de
paz: 27"Déjame cruzar por tu territorio. Iré ca-
mino adelante, sin desviarme a derecha ni a iz-
quierda. 28Te pagaremos la comida que nos des y
el agua que bebamos; déjanos cruzar a pie, 29co-
mo han hecho los descendientes de Esaú, que
habitan en Seír, y los moabitas, que habitan en
Ar, hasta que crucemos el Jordán para entrar en
la tierra que nos va a dar el Señor, nuestro Dios".
30»Pero Sijón, rey de Jesbón, no quiso dejar-
nos pasar; el Señor lo puso reacio y terco para
entregarlo en tu poder. Hoy es un hecho. 31El
Señor me dijo: "Mira, comienzo por entregarte
Sijón y su territorio; comienza la conquista de
su territorio".

32»Sijón nos salió al encuentro con todas sus
tropas en Yahsá. 33Y como el Señor, nuestro Dios,
nos lo entregó, lo derrotamos a él, a sus hijos y
a todo el ejército. 34Entonces conquistamos sus
ciudades y consagramos al exterminio a los ve-
cinos, con mujeres y niños, sin dejar a nadie con
vida. 35Solo nos reservamos como botín el gana-
do y los despojos de las ciudades conquistadas.
36Desde Aroer, a orillas del Arnón, la ciudad que
da sobre el río, hasta Galaad no hubo villa que
se nos resistiera. Todo nos lo fue entregando a
nuestro paso el Señor, nuestro Dios. 37Solo evi-
taste el territorio amonita, la cuenca del Yaboc
y los pueblos de la montaña, como te había man-
dado el Señor, nuestro Dios.

Israel derrota a Og, rey de Basán

3 1»Torcimos, y comenzamos a subir hacia Ba-
sán cuando en Edrey nos salió al encuentro
Og, rey de Basán, con todo su ejército. 2El Señor
me dijo: "No le tengas miedo, que te lo entrego
con todo su ejército y su territorio. Trátalo como
a Sijón, el rey amorreo que residía en Jesbón".

3»El Señor, nuestro Dios, nos entregó también
a Og, rey de Basán, con todo su ejército, y los de-
rrotamos sin dejar uno con vida. 4Entonces con-
quistamos todas sus ciudades sin dejar de arreba-

tarles una sola. En total, sesenta ciudades en la
zona de Argob, dominios de Og de Basán; 5todas
ellas fortificadas con imponentes murallas y por-
tones con trancas. Sin contar muchísimos pue-
blos de campesinos. 6Como habíamos hecho con
Sijón, rey de Jesbón, consagramos al exterminio
todos los vecinos, con mujeres y niños. 7Nos re-
servamos como botín el ganado y los despojos de
las ciudades. 8Así, conquistamos los territorios
de los dos reyes amorreos al otro lado del Jordán:
desde el río Arnón hasta el monte Hermón. 9Los
sidonios llaman Sirión al Hermón, los amorreos lo
llaman Senir. 10Todos los poblados de la planicie,
todo Galaad y Basán, hasta Salcá y Edrey, domi-
nios del rey de Basán. 11Og, rey de Basán, era el
único superviviente de los refaítas. En la capital,
Amán, se puede visitar su sarcófago de hierro; mi-
de cuatro metros y medio de largo y dos metros de
ancho, según la medida común.

Primer reparto al oriente del Jordán

12»Los territorios que conquistamos enton-
ces los repartí así: a los rubenitas y gaditas les
asigné la mitad de la sierra de Galaad con sus
poblados, a partir de Aroer, junto al Arnón; 13a
la media tribu de Manasés le asigné el resto de
Galaad y todo Basán, dominio de Og, la zona de
Argob. Basán es lo que llaman tierra de refaítas.
14Yaír, hijo de Manasés, escogió el Argob, hasta
la frontera de Guesur y Maacá, y dio a Basán su
nombre, que subsiste hasta hoy: Pueblos de Yaír.
15A Maquir le asigné Galaad. 16A los rubenitas y
gaditas les asigné una parte de Galaad: por un
lado, hasta el Arnón, con frontera en medio del
río; por otro lado, hasta el Yaboc, frontera de los
amonitas; 17además, la estepa, con el Jordán de
frontera, desde Genesaret al Mar Muerto o Mar
Salado, en las laderas orientales del Fasga.
18»Entonces les di estas instrucciones: "El
Señor, su Dios, les ha dado esta tierra en pro-
piedad. Todos los militares tomarán sus armas y
avanzarán delante de sus hermanos. 19En las ciu-
dades que les he asignado se quedarán solo las
mujeres, los niños y los rebaños –sé que tienen
mucho ganado–, 20hasta que el Señor conceda
a sus hermanos el descanso como a ustedes, y
también ellos tomen posesión de la tierra que
el Señor, su Dios, va a darles al otro lado del
Jordán. Después cada uno volverá a la posesión
que le he asignado".
21»Entonces di instrucciones a Josué: "Con tus
ojos has visto todo lo que el Señor, tu Dios, ha
hecho a esos dos reyes. Lo mismo hará el Señor
a todos los reinos adonde vas a entrar. 22No los
temas, que el Señor, su Dios, lucha a favor de
ustedes".

Moisés no entrará en Canaán

23»Entonces recé así al Señor: 24"Señor mío, tú
has comenzado a mostrar a tu servidor tu gran-
deza y la fuerza de tu mano. ¿Qué dios hay en el
cielo o en la tierra que pueda realizar las haza-
ñas y proezas que tú realizas? 25Déjame pasar a
ver esa tierra hermosa que está del otro lado del
Jordán, esas hermosas montañas y el Líbano".
26»Pero el Señor estaba irritado conmigo por
culpa de ustedes y no accedió, sino que me dijo:
"¡Basta! No sigas hablando de ese asunto. 27Su-
be a la cumbre del Fasga, pasea la vista al oeste
y al este, al norte y al sur, y mírala con los ojos,
porque no has de cruzar el Jordán. 28Da instruc-
ciones a Josué, infúndele ánimo y valor, porque
él pasará al frente de ese pueblo y él les reparti-
rá la tierra que estás viendo". 29Y nos quedamos
en la hondonada, frente a Bet Fegor.

Exhortaciones de Moisés

4 1»Ahora, Israel, escucha los mandatos y de-
cretos que yo les enseño a cumplir; así vi-
virán, entrarán y tomarán posesión de la tierra
que el Señor, Dios de sus padres, les va a dar. 2No
añadan ni supriman nada a lo que les mando;
cumplan los preceptos del Señor, su Dios, que
yo les mando hoy. 3Sus ojos ya han visto lo que
el Señor hizo en Baal Fegor; el Señor, tu Dios,
exterminó en medio de ti a todos los que se fue-
ron con el ídolo de Fegor; 4en cambio, ustedes,
los que permanecieron fieles al Señor, todavía
hoy siguen con vida. 5Miren, yo les enseño los
mandatos y decretos que me mandó el Señor, mi
Dios, para que los cumplan en la tierra donde
van a entrar para tomar posesión de ella. 6Pón-
ganlos por obra, que ellos serán su prudencia y
sabiduría ante los demás pueblos, que al oír es-
tos mandatos comentarán: ¡Qué pueblo tan sa-
bio y prudente es esa gran nación! 7Porque, ¿qué
nación grande tiene un dios tan cercano como
nuestro Dios, que cuando lo invocamos siempre
está cerca? 8Y, ¿qué nación grande tiene unos
mandatos y decretos tan justos como esta ley
que yo hoy promulgo en presencia de ustedes?
9»Pero, cuidado, guárdate muy bien de olvidar
los sucesos que vieron tus ojos, que no se apar-
ten de tu memoria mientras vivas; cuéntaselos
a tus hijos y nietos. 10El día aquel que estuvis-
te ante el Señor, tu Dios, en el Monte Horeb,
cuando me dijo el Señor: Reúneme al pueblo y
les haré oír mis palabras, para que aprendan a
temerme mientras vivan en la tierra y se las en-
señen a sus hijos.
11Ustedes se acercaron y se quedaron al pie
de la montaña, mientras la montaña ardía con
llamas que se alzaban hasta el cielo, en medio

de oscuros y densos nubarrones. 12El Señor les hablaba desde el fuego: oían palabras sin ver figura alguna, solo se oía una voz. 13Él les comunicó su alianza y los diez mandamientos que les exigía cumplir, y los grabó en dos tablas de piedra. 14A mí me mandó entonces que les enseñara los mandatos y decretos que tenían que cumplir en la tierra adonde van a cruzar para tomar posesión de ella.

15»¡Mucho cuidado!, que cuando el Señor, su Dios, les habló en el Horeb, desde el fuego, no vieron figura alguna. 16No se perviertan haciéndose ídolos o figuras esculpidas: imágenes de varón o mujer, 17imágenes de animales terrestres, imágenes de aves que vuelan por el cielo, 18imágenes de reptiles del suelo, imágenes de peces del agua bajo la tierra. 19Al levantar los ojos al cielo y ver el sol, la luna y las estrellas, el ejército entero del cielo, no te dejes arrastrar a postrarte ante ellos para darles culto; porque ellos son la parte que el Señor, tu Dios, ha repartido a todos los pueblos bajo el cielo. 20En cambio, a ustedes, los tomó el Señor y los sacó del horno de hierro de Egipto para que fueran el pueblo de su herencia, como lo son hoy.

21»El Señor se irritó conmigo y me juró que no cruzaré el Jordán ni entraré en esa tierra buena que el Señor, tu Dios, te va a dar como herencia. 22Sí, yo moriré en esta tierra, sin cruzar el Jordán, mientras que ustedes lo cruzarán y tomarán posesión de esa tierra buena. 23Cuidado con olvidar la alianza que el Señor, su Dios, concertó con ustedes, haciéndose ídolos de cualquier figura, cosa que te ha prohibido el Señor, tu Dios. 24Porque el Señor, tu Dios, es fuego voraz, Dios celoso.

25»Cuando engendres hijos y nietos y ya hayas vivido largo tiempo en la tierra, si se pervierten haciéndose ídolos de cualquier figura, haciendo lo que el Señor, tu Dios, reprueba irritándolo 26–¡cito hoy como testigos contra ustedes al cielo y a la tierra!–, desaparecerán muy pronto de la tierra de la que vas a tomar posesión pasando el Jordán; no prolongarán la vida en ella, sino que serán destruidos. 27El Señor los dispersará por las naciones, y quedarán unos pocos en los pueblos adonde los deportará el Señor. 28Allí servirán a dioses fabricados por hombres, de madera y piedra, que no ven, ni oyen, ni comen, ni huelen. 29Desde allí buscarás al Señor, tu Dios, y lo encontrarás si lo buscas de todo corazón y con toda el alma. 30Cuando al cabo de los años te alcancen y te estrechen todas estas maldiciones, volverás al Señor, tu Dios, y le obedecerás. 31Porque el Señor, tu Dios, es un Dios compasivo: no te dejará, ni te destruirá, ni olvidará el pacto que juró a tus padres.

32»Pregunta a la antigüedad, a los tiempos pasados, remontándote al día en que Dios creó al hombre sobre la tierra si de un extremo al otro del cielo ha sucedido algo tan grande o se ha oído algo semejante. 33¿Qué pueblo ha oído a Dios hablando desde el fuego, como tú lo has oído, y ha quedado vivo? 34¿Qué dios intentó acudir a sacarse para sí un pueblo de en medio de otro con pruebas, signos y prodigios, en son de guerra, con mano fuerte y brazo extendido, con terribles portentos, como hizo el Señor, su Dios, con ustedes contra los egipcios, delante de tus mismos ojos?

35»A ti se te hicieron ver todas estas cosas, para que sepas que el Señor es Dios y no hay otro fuera de él. 36Desde el cielo te hizo oír su voz para instruirte, en la tierra te hizo ver su fuego terrible y escuchaste sus palabras entre el fuego. 37Porque quiso a tus padres y escogió a sus descendientes, él en persona te sacó de Egipto con su gran poder, 38para desposeer a pueblos más grandes y poderosos que tú, para llevarte a su tierra y dártela en herencia, cosa que hoy es un hecho. 39Reconoce hoy, y aprende en tu corazón, que el Señor es Dios arriba en el cielo y abajo en la tierra, y no hay otro. 40Guarda los mandatos y preceptos que te daré hoy; así les irá bien a ti y a los hijos que te sucedan y prolongarás la vida en la tierra que el Señor, tu Dios, te va a dar para siempre.

41Entonces Moisés separó tres ciudades al este del Jordán 42para que en ellas buscase asilo el que sin intención hubiera matado a otro sin que lo odiase antes; refugiándose en una de ellas, salvaría la vida. 43Para los rubenitas, Beser Ba-Midbar, en la planicie; para los gaditas, Ramot de Galaad; para los manasitas, Golán de Basán.

SEGUNDO DISCURSO DE MOISÉS (4,44–11,32)

Introducción

44Ley que promulgó Moisés a los israelitas. 45Normas, mandatos y decretos que propuso Moisés a los israelitas al salir de Egipto. 46Al otro lado del Jordán, en la hondonada frente a Bet Fegor, en territorio de Sijón, rey amorreo que residía en Jesbón. Pero al salir de Egipto lo derrotó Moisés con los israelitas, 47y conquistaron su territorio, lo mismo que el de Og, rey de Basán. Dos reyes amorreos del lado oriental del Jordán. Toda la estepa al este del Jordán, 48desde Aroer, a orillas del Arnón, hasta el monte Sirión, o Hermón, 49y hasta el Mar Muerto, en las laderas del Fasga.

Los diez mandamientos

5 1Moisés convocó a los israelitas y les dijo:
«Escucha, Israel, los mandatos y decretos
que hoy les predico, para que los aprendan, los
guarden y los pongan en práctica.
2»El Señor, nuestro Dios, hizo alianza con
nosotros en el Horeb. 3No hizo esa alianza con
nuestros padres, sino con nosotros, con los que
estamos vivos hoy, aquí. 4Cara a cara habló el
Señor con ustedes en la montaña, desde el fue-
go. 5Yo mediaba entonces entre el Señor y uste-
des, anunciándoles la Palabra del Señor, porque
les daba miedo aquel fuego y no subieron a la
montaña.
»El Señor dijo: 6yo soy el Señor, tu Dios. Yo te
saqué de Egipto, de la esclavitud.
7»No tendrás otros dioses rivales míos.
8»No te harás imágenes: figura alguna de lo
que hay arriba en el cielo, abajo en la tierra o en
el agua debajo de la tierra. 9No te postrarás ante
ellos ni les darás culto, porque yo, el Señor, tu
Dios, soy un Dios celoso: castigo la culpa de los
padres en los hijos, nietos y bisnietos cuando
me aborrecen. 10Pero actúo con lealtad por mil
generaciones cuando me aman y guardan mis
preceptos.
11»No pronunciarás el Nombre del Señor, tu
Dios, en falso, porque El Señor no dejará sin
castigo a quien pronuncie su Nombre en falso.
12»Guarda el día del sábado, santificándolo,
como el Señor, tu Dios, te ha mandado. 13Duran-
te seis días trabaja y haz tus tareas; 14pero el día
séptimo es día de descanso dedicado al Señor, tu
Dios. No harás trabajo alguno, ni tú, ni tu hijo,
ni tu hija, ni tu esclavo, ni tu esclava, ni tu buey,
ni tu asno, ni tu ganado, ni el emigrante que
viva en tus ciudades, para que descansen como
tú, el esclavo y la esclava. 15Recuerda que fuiste
esclavo en Egipto y que te sacó de allí el Señor,
tu Dios, con mano fuerte y con brazo extendido.
Por eso te manda el Señor, tu Dios, guardar el
día del sábado.
16»Honra a tu padre y a tu madre, como te man-
dó el Señor; así prolongarás la vida y te irá bien
en la tierra que el Señor, tu Dios, te va a dar.
17»No matarás.
18»Ni cometerás adulterio.
19»Ni robarás.
20»Ni darás testimonio falso contra tu prójimo.
21»Ni pretenderás la mujer de tu prójimo. Ni
codiciarás su casa, ni sus tierras, ni su esclavo,
ni su esclava, ni su buey, ni su asno, ni nada
que sea de él.
22Estos son los mandamientos que el Señor
pronunció con voz potente ante toda la asam-
blea, en la montaña, desde el fuego y los nuba-
rrones. Y, sin añadir más, los grabó en dos tablas
de piedra y me las entregó.

Temor del pueblo

23»Al escuchar la voz que salía de la tiniebla,
mientras el monte ardía, se acercaron a mí sus
jefes de tribu y autoridades, 24y me dijeron: "El
Señor, nuestro Dios, nos ha mostrado su Gloria
y su grandeza, hemos oído su voz que salía del
fuego. Hoy vemos que puede Dios hablar a un
hombre y seguir este con vida. 25Pero ahora te-
memos morir devorados por ese fuego violento;
si seguimos oyendo la voz del Señor, nuestro
Dios, moriremos. 26Porque, ¿qué mortal es capaz
de oír, como nosotros, la voz de un Dios vivo, ha-
blando desde el fuego, y salir con vida? 27Acér-
cate tú y escucha cuanto tenga que decirte el
Señor, nuestro Dios. Luego tú nos comunicarás
todo lo que te diga el Señor, nuestro Dios; noso-
tros escucharemos y obedeceremos".
28El Señor oyó lo que me decían, y me dijo:
"He oído lo que te dice ese pueblo; tiene razón.
29Ojalá conserven siempre esa actitud, respe-
tándome y guardando mis preceptos; así, les
irá bien a ellos y a sus hijos por siempre. 30Ve y
diles: vuélvanse a las tiendas. 31Pero tú quédate
aquí conmigo, y te daré a conocer todos los pre-
ceptos, los mandatos y decretos que has de en-
señarles, para que los cumplan en la tierra que
les voy a dar para que tomen posesión de ella".
32Pongan por obra lo que les mandó el Señor,
su Dios; no se aparten ni a derecha ni a izquier-
da. 33Sigan el camino que les marcó el Señor, su
Dios, y vivirán, les irá bien y prolongarán la vida
en la tierra que van a ocupar.

El gran mandamiento

6 1»Estos son los preceptos, los mandatos y
decretos que el Señor, su Dios, les mandó
aprender y cumplir en la tierra donde van a en-
trar para tomar posesión de ella. 2A fin de que
respetes al Señor, tu Dios, guardando toda la vi-
da todos los mandatos y preceptos que te doy –y
también a tus hijos y nietos–, y así te alargarán
la vida. 3Por eso, escucha, Israel, y esfuérzate
en cumplirlos para que te vaya bien y crezcas
mucho. Ya te dijo el Señor, Dios de tus padres: Es
una tierra que mana leche y miel.
4»Escucha, Israel, el Señor, nuestro Dios, es
solamente uno. 5Amarás al Señor, tu Dios, con
todo el corazón, con toda el alma, con todas las
fuerzas. 6Las palabras que hoy te digo quedarán
en tu memoria, 7se las inculcarás a tus hijos y
hablarás de ellas estando en casa y yendo de
camino, acostado y levantado; 8las atarás a tu
muñeca como un signo, serán en tu frente una

señal; 9las escribirás en las columnas y en las
puertas de tu casa.
10»Cuando el Señor, tu Dios, te introduzca en
la tierra que juró a tus padres –a Abrahán, Isa-
ac y Jacob– que te había de dar, con ciudades
grandes y ricas que tú no has construido, 11casas
rebosantes de riquezas que tú no has llenado,
pozos ya cavados que tú no has cavado, viñas y
olivares que tú no has plantado, cuando comas
hasta hartarte, 12ten cuidado de no olvidar al
Señor, que te sacó de Egipto, de la esclavitud.
13»Al Señor, tu Dios, respetarás, a él solo ser-
virás, solo en su Nombre jurarás.
14»No seguirán a dioses extranjeros, dioses de
los pueblos vecinos, 15porque el Señor, tu Dios,
es un Dios celoso en medio de ti. No se encienda
contra ti la ira del Señor, tu Dios, y te extermine
de la superficie de la tierra.
16»No provoquen al Señor, su Dios, poniéndolo
a prueba, como lo provocaron en Masá.
17»Guardarás los preceptos del Señor, tu Dios,
las normas y mandatos que te ordenó.
18»Harás lo que el Señor, tu Dios, aprueba y da
por bueno; así, te irá bien, entrarás y tomarás
posesión de esa tierra buena que prometió el Se-
ñor a tus padres, 19arrojando ante ti a todos tus
enemigos, como te dijo el Señor.
20»Cuando el día de mañana te pregunte tu
hijo: ¿Qué son esas normas, esos mandatos y
decretos que les mandó el Señor, su Dios?, 21le
responderás a tu hijo: Éramos esclavos del faraón
en Egipto y el Señor nos sacó de Egipto con mano
fuerte; 22el Señor hizo ante nuestros ojos signos
y prodigios grandes y tremendos contra el faraón
y toda su corte. 23A nosotros nos sacó de allí para
traernos y darnos la tierra que había prometido
a nuestros padres. 24Y nos mandó cumplir todos
estos mandatos, respetando al Señor, nuestro
Dios, para nuestro bien perpetuo, para que siga-
mos viviendo como hoy. 25Quedamos justificados
ante el Señor, nuestro Dios, si ponemos por obra
todos los preceptos que nos ha mandado.

Advertencias contra la idolatría

7 1»Cuando el Señor, tu Dios, te introduzca en
la tierra de la que vas a tomar posesión, él
expulsará a tu llegada a naciones más grandes
que tú –hititas, guirgaseos, amorreos, cananeos,
fereceos, heveos y jebuseos–, siete pueblos más
numerosos y fuertes que tú; 2cuando el Señor, tu
Dios, los entregue en tu poder y tú los venzas,
los consagrarás sin remisión al exterminio. No
pactarás con ellos ni les tendrás piedad. 3No te
emparentarás con ellos: no darás tus hijos a sus
hijas ni tomarás sus hijas para tus hijos. 4Porque
ellos los apartarán de mí, para que sirvan a dioses
extranjeros, y se encenderá la ira del Señor con-
tra ustedes y no tardará en destruirlos.
5Esto es lo que harán con ellos: demolerán sus
altares, destruirán sus piedras conmemorativas,
arrancarán sus postes sagrados y quemarán sus
imágenes. 6Porque tú eres un pueblo consagrado
al Señor, tu Dios; él te eligió para que fueras,
entre todos los pueblos de la tierra, el pueblo
de su propiedad.

Gratuidad divina y responsabilidad de Israel

7»Si el Señor se enamoró de ustedes y los eli-
gió no fue por ser ustedes más numerosos que
los demás, porque son el pueblo más pequeño,
8sino que por puro amor a ustedes, por mantener
el juramento que había hecho a sus padres, los
sacó el Señor de Egipto con mano fuerte y los
rescató de la esclavitud, del dominio del faraón,
rey de Egipto. 9Así sabrás que el Señor, tu Dios,
es Dios, un Dios fiel: a los que aman y guardan
sus preceptos, les mantiene su alianza y su favor
por mil generaciones; 10pero al que lo aborrece,
le paga en persona sin hacerse esperar, al que lo
aborrece le paga en persona. 11Pon en práctica
estos preceptos y los mandatos y decretos que
hoy te mando.

Beneficios de la obediencia

12»Si escuchas estos decretos y los mantienes
y los cumples, también el Señor, tu Dios, te man-
tendrá la alianza y el favor que prometió a tus
padres. 13Te amará, te bendecirá y te hará crecer;
bendecirá el fruto de tu vientre y el fruto de tus
tierras: tu trigo, tu mosto y tu aceite; las crías
de tus vacas y el parto de tus ovejas, en la tierra
que te dará como prometió a tus padres. 14Serás
bendito entre todos los pueblos; no habrá esté-
ril ni impotente entre los tuyos ni en tu ganado.
15El Señor desviará de ti la enfermedad; no te
mandará jamás epidemias malignas, como aque-
llas que conoces de Egipto, sino que afligirá con
ellas a los que te odian.
16»Devora a todos los pueblos que te entre-
gue el Señor. No tengas compasión de ellos ni
des culto a sus dioses, porque serán una trampa
para ti.
17»Si alguna vez se te ocurre pensar: Estos
pueblos son más numerosos que yo, ¿cómo po-
dré desalojarlos?, 18no les temas; recuerda lo que
hizo el Señor con el faraón y con Egipto entero.
19Las pruebas tremendas que vieron tus ojos, los
signos y prodigios, la mano fuerte y el brazo ex-
tendido con que te sacó el Señor, tu Dios; así ha-
rá el Señor, tu Dios, con todos los pueblos que te
asustan. 20El Señor mandará pánico contra ellos,

hasta aniquilar a los que queden escondiéndose
de ti. 21No les tengas miedo, que el Señor está en
medio de ti, tu Dios, un Dios grande y terrible.
22»El Señor, tu Dios, irá expulsando esos pue-
blos poco a poco. No podrás terminar con ellos
rápidamente, no sea que las bestias feroces se
multipliquen contra ti. 23El Señor, tu Dios, los
entregará ante ti, sembrando en sus filas el pá-
nico, hasta destruirlos. 24Entregará a sus reyes
en tu poder, y tú harás desaparecer su nombre
bajo el cielo. No habrá quien se te resista, hasta
que los destruyas a todos.
25»Quemarás las imágenes de sus dioses. No
codicies el oro ni la plata que los recubre, ni
te lo apropies; así no caerás en su trampa. Mira
que son abominación para el Señor, tu Dios. 26No
metas en tu casa nada abominable, porque serás
consagrado al exterminio como esas cosas. Abo-
rrécelas y detéstalas, porque están consagradas
al exterminio.

No solo de pan vive el hombre

8 1»Todos los preceptos que yo les mando hoy
pónganlos por obra; así vivirán, crecerán,
entrarán y conquistarán la tierra que el Señor
prometió con juramento a sus padres.
2»Recuerda el camino que el Señor, tu Dios,
te ha hecho recorrer estos cuarenta años por el
desierto, para afligirte, para ponerte a prueba y
conocer tus intenciones, y ver si eres capaz o no
de guardar sus preceptos. 3Él te afligió, hacién-
dote pasar hambre, y después te alimentó con
el maná –que tú no conocías ni conocieron tus
padres– para enseñarte que el hombre no vive
solo de pan, sino de todo lo que sale de la boca
de Dios. 4Tus vestidos no se han gastado ni se
te han hinchado los pies durante estos cuarenta
años, 5para que reconozcas que el Señor, tu Dios,
te ha educado como un padre educa a su hijo;
6para que guardes los preceptos del Señor, tu
Dios, sigas sus caminos y lo respetes.
7»Cuando el Señor, tu Dios, te introduzca en
la tierra buena, tierra de torrentes, de fuentes
y aguas profundas que manan en el monte y la
llanura; 8tierra de trigo y cebada, de viñas, hi-
gueras y granados, tierra de olivares y de miel;
9tierra en que no comerás medido el pan, en que
no carecerás de nada; tierra que lleva hierro en
sus rocas y de cuyos montes sacarás cobre; 10en-
tonces, cuando comas hasta hartarte, bendice al
Señor, tu Dios, por la tierra buena que te ha dado.

Advertencias para no olvidarse de Dios

11Cuídate de no olvidar al Señor, tu Dios, de
no cumplir los preceptos, mandatos y decretos
que yo te mando hoy. 12No sea que cuando co-
mas hasta hartarte, cuando te edifiques casas
hermosas y las habites, 13cuando críen tus reses
y ovejas, aumenten tu plata y tu oro y abundes
de todo, 14te vuelvas engreído y te olvides del
Señor, tu Dios, que te sacó de Egipto, de la es-
clavitud; 15que te hizo recorrer aquel desierto
inmenso y terrible, lleno de serpientes y ala-
cranes, una tierra árida sin una gota de agua;
que te sacó agua de una roca de pedernal; 16que
te alimentó en el desierto con un maná que no
conocían tus padres: para afligirte y probarte y
para hacerte el bien al final. 17No pienses: Por
mi fuerza y el poder de mi brazo me he creado
estas riquezas. 18Acuérdate del Señor, tu Dios,
que es él quien te da la fuerza para crearte estas
riquezas, y así mantiene la promesa que hizo a
tus padres, como lo hace hoy.
19»Si olvidas al Señor, tu Dios, y sigues a dio-
ses extranjeros, les das culto y te postras ante
ellos, yo les garantizo hoy que morirán sin reme-
dio. 20Como los pueblos que el Señor va a des-
truir a su paso, así perecerán, por no obedecer
al Señor, su Dios.

Los méritos no son de Israel, son del Señor

9 1Escucha, Israel, tú vas a cruzar hoy el Jor-
dán para conquistar pueblos más grandes y
fuertes que tú, ciudades más grandes y fortifi-
cadas que el cielo; 2un pueblo numeroso y cor-
pulento, los anaquitas, que conoces de oídas,
por aquello: ¿Quién resistirá a los hijos de Anac?
3Así sabrás hoy que el Señor, tu Dios, es quien
cruza al frente de ti, como fuego voraz, y los
destrozará, y los derrotará ante ti, para que tú
los desalojes y destruyas rápidamente, como te
prometió el Señor.
4Cuando los expulse el Señor, tu Dios, ante ti,
no digas: Por mi justicia me trajo el Señor a to-
mar posesión de esta tierra, y por la injusticia de
esos pueblos, el Señor los despoja ante mí. 5Si tú
vas a conquistar esas tierras no es por tu justicia
y honradez, sino que el Señor, tu Dios, despoja a
esos pueblos por su injusticia y para mantener
la palabra que juró a tus padres, Abrahán, Isaac
y Jacob. 6Y sabrás que si el Señor, tu Dios, te da
en posesión esa tierra buena no es por tu propia
justicia, ya que eres un pueblo terco.

Recuerdo de las rebeliones de Israel

7»Recuerda y no olvides que provocaste al
Señor, tu Dios, en el desierto; desde el día que
saliste de Egipto hasta que llegaron a este lugar
han sido rebeldes al Señor; 8en el Horeb provo-
caron al Señor, y el Señor se irritó con ustedes y
los quiso destruir.

9»Cuando yo subí al monte a recibir las tablas
de piedra, las tablas de la alianza que concertó
el Señor con ustedes, me quedé en el monte cua-
renta días y cuarenta noches, sin comer pan ni
beber agua. 10Luego el Señor me entregó las dos
tablas de piedra, escritas de la mano de Dios; en
ellas estaban todos los mandamientos que les
dio el Señor en la montaña, desde el fuego, el
día de la asamblea. 11Pasados los cuarenta días
y cuarenta noches, me entregó el Señor las dos
tablas de piedra, las tablas de la alianza, 12y me
dijo: Levántate, baja de aquí enseguida, que se
ha pervertido tu pueblo, el que tú sacaste de
Egipto. Pronto se han apartado del camino que
les marcaste, se han fundido un ídolo. 13El Señor
me añadió: He visto que este pueblo es un pue-
blo terco. 14Déjame destruirlo y borrar su nom-
bre bajo el cielo; de ti haré un pueblo más fuerte
y numeroso que él.

15»Yo me puse a bajar de la montaña, mientras
la montaña ardía; llevaba en las manos las dos
tablas de la alianza. 16Miré, y era verdad. Habían
pecado contra el Señor, su Dios; se habían hecho
un ternero de fundición. Pronto se apartaron del
camino que el Señor les había marcado. 17En-
tonces agarré las tablas, las arrojé con las dos
manos y las estrellé ante sus ojos. 18Luego me
postré ante el Señor cuarenta días y cuarenta
noches, como la vez anterior, sin comer pan ni
beber agua, pidiendo perdón por el pecado que
habían cometido, haciendo lo que parece mal al
Señor, irritándolo, 19porque tenía miedo de que
la ira y la cólera del Señor contra ustedes los
destruyese. También aquella vez me escuchó el
Señor.

20»Con Aarón se irritó tanto el Señor, que que-
ría destruirlo, y entonces tuve que interceder
también por Aarón.

21»Después tomé el pecado que se habían fa-
bricado, el ternero, y lo quemé, lo machaqué, lo
trituré hasta pulverizarlo como ceniza y arrojé
la ceniza en el torrente que baja de la montaña.

22Luego en Taberá, en Masá y en Quibrot Ha-
tavá siguieron provocando al Señor. 23Y cuando
los envió desde Cades Barne diciéndoles que
subieran a conquistar la tierra que les había en-
tregado, se rebelaron contra la orden del Señor,
no le creyeron ni le obedecieron. 24Desde que los
conozco, han sido rebeldes al Señor.

25Me postré delante del Señor, estuve pos-
trado cuarenta días y cuarenta noches, porque
el Señor pensaba destruirlos. 26Oré al Señor,
diciendo: Señor mío, no destruyas a tu pueblo,
la herencia que has rescatado con tu grandeza,
que sacaste de Egipto con mano fuerte. 27Acuér-
date de tus siervos Abrahán, Isaac y Jacob, no
te fijes en la terquedad de este pueblo, en su
crimen y su pecado, 28no sea que digan en la
tierra de donde nos sacaste: El Señor no pudo in-
troducirlos en la tierra que les había prometido.
O: los sacó por odio, para matarlos en el desier-
to. 29Son tu pueblo, la herencia que sacaste con
tu esfuerzo poderoso y con tu brazo extendido.

Renovación de la Alianza

10 1En aquella ocasión me dijo el Señor: Talla
dos tablas de piedra, como las primeras,
súbemelas a la montaña y construye un arca
de madera; 2voy a escribir sobre esas tablas los
mandamientos escritos en las primeras tablas,
que has estrellado, para que las deposites en el
arca. 3Hice un arca de madera de acacia, tallé
dos tablas de piedra como las primeras y subí
al monte con las dos tablas. 4Él escribió en las
tablas la misma escritura de antes, los diez
mandamientos que les había dado el Señor en
la montaña, desde el fuego, el día de la asam-
blea, y me las entregó. 5Yo bajé de la montaña y
coloqué las dos tablas en el arca que tenía pre-
parada, y allí quedaron, como me había mandado
el Señor.

6Los israelitas se dirigieron de los Pozos de los
anaquitas a Moserot. Allí murió Aarón y allí lo
enterraron. Su hijo Eleazar le sucedió en el sacer-
docio. 7De allí se dirigieron a Gudgoda, y de allí
a Yotbatá, región de torrentes. 8En aquella oca-
sión el Señor apartó a la tribu de Leví para que
llevara el arca de la alianza del Señor, para que
estuviera a disposición del Señor y lo sirviera y
para que bendijera en su nombre, y así lo hacen
todavía hoy. 9Por eso el levita no recibe parte en
la herencia de sus hermanos, sino que el Señor es
su herencia, como le dijo el Señor, tu Dios.

10Yo permanecí en la montaña cuarenta días
y cuarenta noches, como la vez anterior, y tam-
bién aquella vez me escuchó el Señor. 11No quiso
destruirlos, sino que me dijo: Levántate y pre-
párate a partir al frente del pueblo. Que vayan y
tomen posesión de la tierra que les daré, como
prometí a sus padres.

Recapitulación: exigencias del Señor

12»Ahora, Israel, ¿qué es lo que te exige el Se-
ñor, tu Dios? Que respetes al Señor, tu Dios; que
sigas todos sus caminos y lo ames; que sirvas al
Señor, tu Dios, con todo el corazón y con toda
el alma; 13que guardes los preceptos del Señor,
tu Dios, y los mandatos que yo te mando hoy,
para tu bien.

14»Cierto: del Señor son los cielos, hasta el
último cielo; la tierra y todo cuanto la habita;
15con todo, solo de sus padres se enamoró el Se-

ñor, los amó, y de su descendencia los escogió
a ustedes entre todos los pueblos, como sucede
hoy.
16»Por eso circunciden sus corazones, no
persistan en su obstinación; 17que el Señor, su
Dios, es Dios de dioses y Señor de señores; Dios
grande, fuerte y terrible, no es parcial ni acepta
soborno, 18hace justicia al huérfano y a la viuda,
ama al emigrante, dándole pan y vestido.
19»Amarán al emigrante, porque ustedes fue-
ron emigrantes en Egipto.
20»Al Señor, tu Dios, respetarás y a él solo ser-
virás, te unirás a él, en su Nombre jurarás. 21Él
será tu alabanza, él será tu Dios, porque él hizo
a tu favor las terribles hazañas que tus ojos han
visto.
22Setenta eran tus padres cuando bajaron a
Egipto, y ahora el Señor, tu Dios, te ha hecho
numeroso como las estrellas del cielo.

11 1»Amarás al Señor, tu Dios; guardarás sus
consignas y normas, sus decretos y precep-
tos mientras te dure la vida.
2»Ustedes, y no sus hijos, que ni entienden
ni han visto el escarmiento de su Dios, son los
que conocen hoy su grandeza, su mano fuerte y
su brazo extendido, 3los signos y hazañas que
hizo en medio de Egipto contra el faraón, rey
de Egipto, y contra todo su territorio; 4lo que
hizo al ejército egipcio, a sus carros y caballos,
cuando los perseguían y precipitó sobre ellos las
aguas del Mar Rojo y acabó con ellos, hasta el
día de hoy; 5lo que hizo con ustedes en el desier-
to, hasta que llegaron a este lugar; 6lo que hizo
a Datán y Abirón, hijos de Eliab, hijo de Rubén,
cuando la tierra abrió sus fauces y se los tragó
con sus familias y tiendas, con su servidumbre
y ganado, en medio de todo Israel. 7Se trata de
ustedes, que han visto con sus ojos las grandes
hazañas que hizo el Señor.
8»Guardarán fielmente los preceptos que yo
les mando hoy, así tendrán la fuerza necesaria
para ir a conquistar la tierra de la que ustedes
van a tomar posesión; 9y así prolongarán sus
años sobre la tierra que el Señor, su Dios, pro-
metió dar a sus padres y a su descendencia: una
tierra que mana leche y miel. 10La tierra adonde
te diriges para conquistarla no es como la tierra
de Egipto, de donde saliste: allí sembrabas tu
semilla y luego tenías que regar con tu pie, como
se riega una huerta. 11En cambio la tierra adon-
de cruzas para tomarla en posesión es una tierra
de montes y valles, que bebe el agua de la lluvia
del cielo; 12es una tierra de la que el Señor, tu
Dios, se ocupa y está siempre mirando por ella,
desde el principio del año hasta el fin.
13»Si escuchas y obedeces los preceptos que
yo te mando hoy, amando al Señor, tu Dios, y
sirviéndole con todo el corazón y con toda el
alma, 14yo mandaré a tu tierra la lluvia a su tiem-
po: la lluvia temprana y la tardía; cosecharás tu
trigo, tu mosto y tu aceite; 15yo pondré hierba
en tus campos para tu ganado, y comerás hasta
hartarte.
16»Pero, tengan cuidado, no se dejen seducir
ni se desvíen sirviendo a dioses extranjeros y
postrándose ante ellos; 17porque se encenderá
la ira del Señor contra ustedes, cerrará el cielo
y no habrá más lluvia, el campo no dará sus co-
sechas y desaparecerán enseguida de esa tierra
buena que les va a dar el Señor.
18»Graben estas palabras mías en el corazón y
en el alma, átenlas a su muñeca como un signo, y
que sean como una señal en la frente, 19enséña-
selas a tus hijos, háblales de ellas cuando estés
en casa y yendo de camino, acostado y levanta-
do, 20escríbelas en las puertas de tu casa y en
sus columnas, 21así, mientras dure el cielo sobre
la tierra, durarán tus días y los de tus hijos en el
suelo que el Señor juró dar a tus padres.
22»Si observan fielmente los preceptos que
yo les mando hoy amando al Señor, su Dios, si-
guiendo sus caminos y uniéndose a él, 23el Señor
irá por delante expulsando a esos pueblos, más
grandes y fuertes que ustedes, y ustedes irán
ocupando su tierra; 24todo lo que pisen sus pies
será de ustedes; sus fronteras se extenderán
del desierto al Líbano, del río Éufrates al mar
occidental. 25Nadie podrá resistirlos, porque el
Señor, su Dios, sembrará el pánico y el terror en
todo el territorio que pisen, como él mismo les
ha prometido.
26»Mira. Hoy pongo delante de ustedes una
bendición y una maldición: 27la bendición, si
obedecen los preceptos del Señor, su Dios, que
yo les mando hoy; 28la maldición, si desobedecen
los preceptos del Señor, su Dios, y se desvían del
camino que hoy les marco, yendo detrás de dioses
extranjeros, que ustedes no han conocido.
29»Cuando el Señor, tu Dios, te introduzca en
la tierra de la que vas a tomar posesión, pondrás
la bendición en el monte Garizín y la maldición
en el monte Ebal. 30Estos montes se encuentran
a la otra parte del Jordán, detrás de la carretera
del oeste, en la tierra de los cananeos que ha-
bitan en la estepa, frente a Guilgal, cerca de la
encina de Moré. 31Porque ustedes están a punto
de cruzar el Jordán, de tomar posesión de la tie-
rra que el Señor, su Dios, les va a dar. Cuando
tomen posesión de ella y la habiten, 32pondrán
por obra todos los mandatos y decretos que yo
les entrego hoy.

EL LIBRO DE LA LEY (12,1–28,68)

Proemio

12 1Estos son los mandatos y decretos que ustedes deberán poner en práctica mientras vivan en la tierra que el Señor, Dios de tus padres, te da en posesión.

El culto centralizado

2»Destruirán todos los santuarios donde esos pueblos, que ustedes van a conquistar, daban culto a sus dioses, en lo alto de los montes, sobre las colinas, bajo cualquier árbol frondoso; 3demolerán sus altares, destrozarán sus piedras conmemorativas, quemarán sus postes sagrados, derribarán las imágenes de sus dioses y borrarán sus nombres de aquel lugar.

4»Al Señor, su Dios, no le darán culto de esa manera. 5Irán a buscarlo al lugar que él elija entre todas las tribus, para constituirlo morada de su Nombre. 6Allí ofrecerán sus holocaustos y sacrificios: los diezmos, votos y ofrendas voluntarias y también los primogénitos de sus ganados y rebaños. 7Allí comerán tú y tu familia, en la presencia del Señor, su Dios, y festejarán todas las empresas que el Señor, tu Dios, haya bendecido.

8»Allí no deberán hacer ustedes lo que ahora hacemos aquí, donde cada uno hace lo que mejor le parece, 9porque todavía no han entrado en el lugar del descanso y en la herencia que el Señor, tu Dios, te dará. 10Cuando crucen el Jordán, y habiten la tierra que el Señor, su Dios, va a repartirles en herencia, y ponga fin a las hostilidades con los enemigos que los rodean, y vivan tranquilos, 11llevarán al lugar que el Señor, su Dios, se elija para morada de su Nombre todo lo que les tengo ordenado: sus holocaustos, sacrificios, diezmos, ofrendas y lo mejor de sus votos que hayan hecho al Señor, 12y harán fiesta en presencia del Señor, su Dios, ustedes, sus hijos e hijas, sus siervos y siervas, y también el levita que vive en tu vecindad ya que él no ha recibido entre ustedes ninguna tierra en propiedad.

13»Ten cuidado. No ofrecerás sacrificios en cualquier santuario que veas, 14sino solo en el lugar que el Señor se elija en una de tus tribus: allí ofrecerás tus holocaustos y allí harás lo que te tengo ordenado. 15Puedes matar y comer carne en cualquier pueblo cuando tengas ganas, según los dones que el Señor, tu Dios, te conceda; pueden comerla el puro y el impuro, como si se tratase de gacela o ciervo; 16pero la sangre no la comerán; la derramarás por tierra, como el agua.

17»En tu residencia no puedes comer los diezmos del trigo, del mosto y del aceite; los primogénitos de tus reses y ovejas; los votos, las ofrendas y ofertas voluntarias. 18Solo los comerás en presencia del Señor, en el lugar que se elija el Señor, tu Dios, junto con tu hijo, tu hija, tu siervo, tu sierva y el levita que vive en tu vecindad. En presencia del Señor celebrarás el éxito de tus tareas.

19»Ten cuidado. No abandones al levita mientras dure tu vida en la tierra. 20Cuando el Señor, tu Dios, ensanche tus fronteras, como te ha prometido, y decidas comer carne, porque te vienen ganas de comerla, puedes comerla a voluntad. 21Si queda lejos el lugar que elija el Señor, tu Dios, para poner allí su Nombre, tú mismo podrás matar, conforme a mis prescripciones las reses u ovejas que te dé el Señor, y comerás en tu ciudad siempre que te venga en gana; 22comerás esa carne como si se tratase de gacela o ciervo; pueden comerla el puro y el impuro.

23»Pero de ningún modo comas sangre, porque la sangre es la vida, y no comerás la vida con la carne. 24No la comas, derrámala en tierra, como agua. 25No la comas, y te irá bien a ti y a tus hijos que te sucedan por haber hecho lo que Dios aprueba.

26»Lo que hayas consagrado u ofrecido por voto llévalo al lugar que escoja el Señor. 27De los holocaustos ofrecerás carne y sangre sobre el altar del Señor, tu Dios; de los sacrificios de comunión derramarás la sangre sobre el altar del Señor, tu Dios, y comerás la carne.

28»Escucha atentamente todas estas cosas que yo te mando hoy, para que les vaya bien a ti y a tus hijos después de ti, por haber obrado bien, haciendo lo que es recto a los ojos del Señor, tu Dios.

Contra las prácticas idolátricas

29»Cuando el Señor, tu Dios, extirpe a los pueblos cuyas tierras vas a ocupar, cuando los desalojes para instalarte en su tierra, una vez quitados de en medio, 30no caigas en la trampa detrás de ellos; no consultes a sus dioses ni averigües cómo les daban culto dichos pueblos, para hacer tú lo mismo. 31Tú no harás lo mismo con el Señor, tu Dios, porque él considera abominable y detesta todo lo que ellos hacen para honrar a sus dioses, ya que llegan incluso a quemar a sus hijos e hijas en honor de sus dioses.

Casuística en torno a la idolatría

13 1»Todo lo que yo les mando, lo pondrán en práctica; no añadirán ni suprimirán nada.

2»Si entre los tuyos aparece un profeta o vidente de sueños y, anunciando un signo o prodigio, te propone: 3Vamos a seguir a dioses extranjeros y a darles culto; aunque se cumpla el

signo o prodigio, 4no hagas caso a ese profeta o
vidente de sueños. Porque se trata de una prue-
ba del Señor, su Dios, para ver si aman al Señor,
su Dios, con todo el corazón y toda el alma.
5»Al Señor, su Dios, seguirán, lo respetarán,
cumplirán sus preceptos, le obedecerán, le da-
rán culto y se unirán a él.
6»Y ese profeta o vidente de sueños será eje-
cutado: por haber predicado la rebelión contra
el Señor, su Dios, que los sacó de Egipto y los
redimió de la esclavitud, y por haber intenta-
do apartarte del camino que te mandó seguir el
Señor, tu Dios. Así extirparás de ti la maldad.
7»Si un hermano tuyo de padre o de madre,
o tu hijo, tu hija, o la mujer que duerme en tus
brazos, o tu amigo del alma te incitan a escon-
didas proponiéndote: Vamos a dar culto a dioses
extranjeros, desconocidos para ti y para tus pa-
dres 8–sean dioses de pueblos vecinos y cerca-
nos o de pueblos remotos de un extremo al otro
de la tierra– 9no le harás caso ni lo escucharás,
no te apiadarás de él ni le tendrás compasión ni
lo encubrirás. 10Antes le darás muerte; tu mano
será la primera en la ejecución y seguirá la ma-
no de los parientes. 11Lo apedrearás hasta que
muera. Por haber intentado apartarte del Señor,
tu Dios, que te sacó de Egipto, de la esclavitud.
12Así, todo Israel, al enterarse, escarmentará, y
no volverá a cometerse entre los tuyos maldad
semejante.
13»Si te enteras de que en una de las ciudades
que el Señor te da para habitar 14han salido ca-
nallas que extravían a los vecinos, proponién-
doles: Vamos a dar culto a dioses extranjeros
y desconocidos, 15primero investiga, examina,
interroga cuidadosamente, y si resulta que
realmente se ha cometido esa abominación en-
tre los tuyos, 16pasarás a cuchillo a los vecinos,
dedicarás al exterminio la ciudad con todo lo
que hay dentro y con el ganado; 17amontona-
rás en la plaza el botín y prenderás fuego a la
ciudad con todo el botín en honor del Señor,
tu Dios. Quedará como ruina perpetua, sin ser
reedificada. 18Que no se te pegue a las manos
nada dedicado al exterminio. Así, el Señor re-
nunciará a su cólera, te tratará con compasión
y, compadecido, te hará crecer como prometió
a tus padres. 19Por haber obedecido al Señor, tu
Dios, haber cumplido sus preceptos, que yo te
mando hoy, y por haber hecho lo que el Señor,
tu Dios, aprueba.

Animales puros e impuros

14 1»Ustedes son hijos del Señor, su Dios. No
se hagan incisiones ni se rapen el cabello
en la frente por un muerto. 2Eres un pueblo con-
sagrado al Señor, tu Dios; el Señor te ha elegido
entre todos los pueblos de la tierra como pueblo
de su propiedad. 3No comerás nada abominable:
4»Animales terrestres comestibles: el toro,
el cordero, el cabrito, 5el ciervo, la gacela, el
corzo, la cabra montés, el antílope, el bisonte
y la gamuza. 6De los animales terrestres pueden
comer todos los rumiantes de pezuña partida;
7se exceptúan solo los siguientes: el camello, la
liebre y el león, que son rumiantes, pero no tie-
nen la pezuña partida, ténganlos por impuros;
8el jabalí, que tiene la pezuña partida, pero no
es rumiante, ténganlo por impuro. No coman su
carne ni toquen sus cadáveres.
9»Animales acuáticos comestibles: pueden co-
mer los que tienen aletas y escamas; 10pero los
que no tienen aletas ni escamas no los pueden
comer, ténganlos por impuros.
11»Pueden comer todas las aves puras, 12pero
no pueden comer el águila, el quebrantahuesos,
el buitre negro, 13el buitre, el milano en todas
sus variedades, 14el cuervo en todas sus varie-
dades, 15el avestruz, la lechuza, la gaviota y el
halcón en todas sus variedades, 16el búho, el
mochuelo, la corneja, 17el pelícano, el calamón,
el cormorán, 18la cigüeña y la garza en todas sus
variedades, la abubilla y el murciélago, 19y los
insectos, ténganlos por impuros, no son comes-
tibles. 20Pero podrán comer todas las aves puras.
21»No comerán sus cadáveres, se lo dejarán al
emigrante que vive en tu vecindad para que se
los coma o se lo venderás al extranjero, porque
tú eres un pueblo santo para el Señor, tu Dios.
»No cocerás un cabrito en la leche de su
madre.

Diezmos y remisión

22»Todos los años apartarás la décima parte
de los productos de tus campos 23y comerás en
presencia del Señor, tu Dios, en el lugar que se
elija por morada de su Nombre, el diezmo de tu
trigo, tu mosto y tu aceite y los primogénitos de
tus reses y ovejas, para que aprendas a respetar
al Señor, tu Dios, mientras te dure la vida. 24Si te
resulta demasiado largo el camino y no puedes
transportar el diezmo, porque te ha bendecido
el Señor, tu Dios, y porque te queda lejos el lugar
que haya elegido el Señor para poner en él su
Nombre, 25lo venderás, meterás el dinero en una
bolsa y lo llevarás al lugar que elija el Señor, tu
Dios. 26Allí compra lo que desees: reses, ovejas,
vino, licores, todo lo que te pida el apetito, y lo
comerás en la presencia del Señor, disfrutando
tú y los tuyos. 27Pero no descuides al levita de
tu vecindad, porque a él no le tocó nada en el
reparto de la herencia.

28»Cada tres años apartarás la décima parte de la cosecha de ese año y lo depositarás a las puertas de la ciudad. 29Así, vendrá el levita, que no se benefició contigo en el reparto de la herencia, el emigrante, el huérfano y la viuda que viven en tu vecindad, y comerán hasta hartarse. Así, te bendecirá el Señor tu Dios en todas las tareas que emprendas.

Ley sobre el perdón de las deudas

15 1»Cada siete años harás la remisión. 2La remisión consiste en lo siguiente: Todo acreedor condonará la deuda del préstamo hecho a su prójimo; no apremiará a su prójimo, porque ha sido proclamada la remisión del Señor. 3Podrás apremiar al extranjero, pero lo que hayas prestado a tu hermano lo condonarás.

4»Es verdad que no habrá pobres entre los tuyos, porque te bendecirá el Señor, tu Dios, en la tierra que el Señor, tu Dios, va a darte para que la poseas en herencia, 5a condición de que obedezcas al Señor, tu Dios, poniendo por obra este precepto íntegro que yo te mando hoy. 6El Señor, tu Dios, te bendecirá como te ha dicho: tú prestarás a muchos pueblos y no pedirás prestado, dominarás a muchos pueblos y no serás dominado.

7»Si hay entre los tuyos un pobre, un hermano tuyo, en una ciudad tuya, en esa tierra tuya que va a darte el Señor, tu Dios, no endurezcas el corazón ni cierres la mano a tu hermano pobre. 8Ábrele la mano y préstale a la medida de su necesidad.

9»Cuidado, no se te ocurra este pensamiento rastrero: Está cerca el año séptimo, año de remisión, y seas tacaño con tu hermano pobre y no le des nada, porque apelará al Señor contra ti, y resultarás culpable. 10Dale, y no de mala gana, porque por esa acción bendecirá el Señor, tu Dios, todas tus obras y todas tus empresas.

11»Nunca dejará de haber pobres en la tierra; por eso yo te mando: Abre tu mano al pobre, al hermano necesitado que vive en tu tierra.

Ley sobre los esclavos y esclavas

12»Si se te vende tu hermano, hebreo o hebrea, te servirá seis años, y al séptimo lo dejarás ir en libertad. 13Cuando lo dejes irse en libertad, no lo despidas con las manos vacías: 14dale animales de tu rebaño, y mucho trigo y vino, y le darás según te haya bendecido el Señor, tu Dios. 15Recuerda que fuiste esclavo en Egipto y que el Señor, tu Dios, te redimió; por eso yo te impongo hoy esta ley. 16Pero si él te dice: No quiero marcharme, porque me he encariñado contigo y con tu casa –porque le iba bien contigo–, 17toma un punzón, perfórale la oreja contra la puerta de tu casa y será tu esclavo para siempre, y lo mismo harás con tu esclava. 18No te parezca muy duro dejarlo irse en libertad; el haberte servido seis años equivale al salario de un jornalero, y además el Señor, tu Dios, bendecirá cuanto hagas.

Consagración de los primogénitos

19»Todo primogénito macho que te nazca de tus reses y ovejas lo consagrarás al Señor, tu Dios. No trabajarás con el primogénito de tus vacas ni esquilarás el primogénito de tus ovejas. 20Te lo comerás cada año con tu familia en presencia del Señor, tu Dios, en el lugar que se elija el Señor. 21Si tiene algún defecto –cojo o ciego o cualquier otro defecto–, no lo sacrificarás al Señor, tu Dios. 22Puedes comerlo en tu ciudad en estado de pureza o de impureza, como si fuese gacela o ciervo. 23Pero la sangre no la comerás, la derramarás por tierra, como el agua.

Festividades del Señor

16 1»Respeta el mes de abril, celebrando la Pascua del Señor, tu Dios, porque una noche del mes de abril el Señor, tu Dios, te sacó de Egipto. 2Como víctima pascual inmolarás al Señor, tu Dios, una res mayor o menor en el lugar que se elija el Señor, tu Dios, por morada de su Nombre. 3No acompañarás la comida con pan fermentado. Durante siete días comerás panes sin levadura, que es un pan de aflicción, porque saliste de Egipto apresuradamente; así recordarás toda tu vida tu salida de Egipto. 4Durante siete días no se ha de ver levadura en todo tu territorio. De la carne inmolada la tarde del primer día no quedará nada para el día siguiente.

5»No puedes sacrificar la víctima pascual en cualquiera de los poblados que el Señor va a darte. 6Solo en el lugar que elija el Señor por morada de su Nombre. Allí, al atardecer, sacrificarás la Pascua, a la caída del sol, hora en que saliste de Egipto. 7La cocerás y la comerás en el lugar que elija el Señor, y a la mañana siguiente emprenderás el regreso a tu casa. 8Durante seis días comerás panes sin levadura, y el séptimo habrá asamblea en honor del Señor, tu Dios. No harás trabajo alguno.

9»Contarás siete semanas; a partir del día en que empieces a cosechar contarás siete semanas, 10y celebrarás la fiesta de las Semanas en honor del Señor, tu Dios. La oferta voluntaria que hagas será en proporción a lo que te haya bendecido el Señor. 11Celebrarás la fiesta en presencia del Señor, tu Dios, con tus hijos e hijas, esclavos y esclavas y el levita de tu vecindad, con los emigrantes, huérfanos y viudas

que haya entre los tuyos, en el lugar que elija el
Señor, tu Dios, por morada de su Nombre. 12Re-
cuerda que fuiste esclavo en Egipto; guarda y
cumple todos estos preceptos.
13»La fiesta de las Chozas la celebrarás du-
rante siete días cuando hayas terminado de
cosechar tu trigo y de exprimir las uvas. 14Cele-
brarás la fiesta con tus hijos e hijas, esclavos y
esclavas, con los levitas, emigrantes, huérfanos
y viudas de tu vecindad. 15Harás fiesta siete días
en honor del Señor, tu Dios, en el lugar que se
elija el Señor. Lo festejarás porque el Señor, tu
Dios, ha bendecido tus cosechas y tus tareas.
16»Tres veces al año irán todos los varones en
peregrinación al lugar que el Señor se elija: por
la fiesta de los Ázimos, por la fiesta de las Se-
manas y por la fiesta de las Chozas. Y no se pre-
sentarán al Señor con las manos vacías. 17Cada
uno dará lo que pueda conforme a la bendición
que el Señor, tu Dios, te haya otorgado.

Sobre los jueces

18»Nombrarás jueces y magistrados por tribus
en las ciudades que el Señor, tu Dios, te va a dar,
que juzguen al pueblo con justicia. 19No violarás
el derecho, no serás parcial ni aceptarás sobor-
nos, que el soborno ciega los ojos de los sabios
y falsea la causa del inocente. 20Busca solo la
justicia, y así vivirás y tomarás posesión de la
tierra que va a darte el Señor, tu Dios.
21»No plantarás postes sagrados ni árboles
junto al altar que levantes al Señor, tu Dios; 22no
erigirás piedras conmemorativas, porque las
aborrece el Señor, tu Dios.

17 1»No sacrificarás al Señor, tu Dios, toros o
corderos mutilados o deformes: eso sería
una abominación para el Señor, tu Dios.
2»Si en una de las ciudades que va a darte el
Señor, tu Dios, se encuentra un hombre o una
mujer que hace lo que es malo a los ojos del Se-
ñor, tu Dios, quebrantando su alianza, 3porque
va a dar culto a dioses extranjeros y se postra
ante ellos o ante el sol, la luna o el ejército en-
tero del cielo, haciendo lo que yo prohibí, 4y te
los denuncian o te enteras, primero investigarás
a fondo, y si resulta cierto que se ha cometido
tal abominación en Israel, 5sacarás a las puertas
al hombre o a la mujer que cometió el delito y lo
apedrearás hasta que muera.
6»Solo con el testimonio de dos o tres testi-
gos se declarará la sentencia de muerte; nadie
será condenado a muerte por el testimonio de
un solo testigo. 7La mano de los testigos será la
primera en la ejecución y seguirá todo el pueblo.
Así extirparás de ti la maldad.
8»Si una causa te parece demasiado difícil
de sentenciar, causas dudosas de homicidio,
pleitos, lesiones, que surjan en tus ciudades,
subirás al lugar elegido por el Señor, 9acudirás
a los sacerdotes levitas, al juez que esté en fun-
ciones y les consultarás; ellos te comunicarán
sentencia. 10Lo que ellos te digan en el lugar
elegido por el Señor, tú lo harás y cumplirás su
decisión. 11Cumplirás su decisión y pondrás en
práctica su sentencia, sin apartarte a derecha
ni a izquierda. 12El que por arrogancia no escu-
che al sacerdote puesto al servicio del Señor,
tu Dios, ni acepte su sentencia, morirá. Así ex-
tirparás de Israel la maldad 13y el pueblo escar-
mentará al enterarse y nadie volverá a obrar con
arrogancia.

Ley del rey

14»Cuando entres en la tierra que va a darte el
Señor, tu Dios, la tomes en posesión, habites en
ella y te digas: Voy a nombrarme un rey, como
los pueblos vecinos, 15nombrarás rey tuyo al que
elija el Señor, tu Dios, nombrarás rey tuyo a uno
de tus hermanos, no podrás nombrar a un ex-
tranjero que no sea hermano tuyo.
16»Pero él no aumentará su caballería, no en-
viará tropa a Egipto para aumentar su caballería,
porque el Señor les ha dicho: No volverán jamás
por ese camino. 17No tendrá muchas mujeres,
para que no se extravíe su corazón, ni acumu-
lará plata y oro. 18Cuando suba al trono se hará
escribir en un libro una copia de esta ley, según
original de los sacerdotes levitas. 19La llevará
siempre consigo y la leerá todos los días de su
vida, para que aprenda a respetar al Señor, su
Dios, poniendo por obra las palabras de esta ley
y estos mandatos. 20Que no se alce orgulloso so-
bre sus hermanos ni se aparte de este precepto
a derecha ni a izquierda; así alargarán los años
de su reinado él y sus hijos en medio de Israel.

Derechos de los sacerdotes levitas

18 1»Los sacerdotes levitas, la tribu entera
de Leví, no se repartirán la herencia con
Israel; comerán de las ofrendas destinadas a los
sacrificios y de la herencia del Señor; 2esta tribu
no tendrá parte en la herencia de sus hermanos,
el Señor será su herencia, como le dijo.
3»Derechos sacerdotales. Si uno del pueblo sa-
crifica un toro o una oveja, dará al sacerdote una
espalda, las quijadas y el estómago. 4Le darás
las primicias de tu trigo, tu mosto y tu aceite
y la primera lana al esquilar tu rebaño. 5Porque
el Señor, tu Dios, los eligió para siempre, a él y
a sus hijos, de entre todas las tribus, para que
estén al servicio personal del Señor.

6»Si un levita residente en cualquier poblado de Israel se traslada por voluntad propia al lugar elegido por el Señor, 7podrá servir personalmente al Señor, su Dios, como el resto de sus hermanos levitas que están allí al servicio del Señor, 8y comerá una parte lo mismo que los demás. Se exceptúan los sacerdotes adivinos.

Sobre los profetas

9»Cuando entres en la tierra que va a darte el Señor, tu Dios, no imites las abominaciones de esos pueblos. 10Que no haya entre ustedes quien queme a sus hijos o hijas, ni vaticinadores, ni astrólogos, ni agoreros, 11ni hechiceros, ni encantadores, ni espiritistas, ni adivinos, ni quién consulta a los muertos. 12Porque el que practica eso es abominable para el Señor. Y por semejantes abominaciones los va a desheredar el Señor, tu Dios. 13Sé íntegro en tu trato con el Señor, tu Dios; 14esos pueblos que tú vas a desposeer escuchan a astrólogos y vaticinadores, pero a ti no te lo permite el Señor, tu Dios.

15»El Señor, tu Dios te suscitará un profeta como yo, lo hará surgir de entre ustedes, de entre tus hermanos; y es a él a quién escucharán. 16Es lo que pediste al Señor, tu Dios, en el Horeb, el día de la asamblea: No quiero volver a escuchar la voz del Señor, mi Dios, ni quiero ver más ese terrible incendio para no morir.

17»El Señor me respondió: Tienen razón. 18Suscitaré un profeta de entre sus hermanos, como tú. Pondré mis palabras en su boca y les dirá lo que yo le mande. 19A quien no escuche las palabras que pronuncie en mi Nombre, yo le pediré cuentas. 20Y el profeta que tenga la arrogancia de decir en mi Nombre lo que yo no le haya mandado, o hable en nombre de dioses extranjeros, ese profeta morirá.

21»Y si te preguntas: ¿Cómo sabremos si tal palabra no es Palabra del Señor?

22»Cuando un profeta hable en Nombre del Señor y no suceda ni se cumpla su palabra, es algo que no dice el Señor; ese profeta habla por arrogancia, no le tengas miedo.

Ciudades de refugio

19 1»Cuando el Señor, tu Dios, haya extirpado las naciones cuya tierra va a darte el Señor, tu Dios, y habites sus ciudades y sus casas, 2separarás tres ciudades en la tierra que el Señor va a darte en posesión. 3Medirás bien las distancias y dividirás en tres zonas la tierra que el Señor, tu Dios, va a darte en herencia, como asilo de los homicidas.

4Ley sobre el homicida que pide asilo para salvar su vida:

»Si uno mata a su prójimo sin querer, sin estar enemistado con él: 5por ejemplo, uno sale con su prójimo al bosque a cortar leña, y al blandir el hacha para cortar la leña, el hierro se escapa del mango, alcanza al prójimo y lo mata, ese recibirá asilo en una de dichas ciudades y salvará la vida. 6No sea que el vengador de la sangre lo persiga enfurecido, le dé alcance, porque el camino es largo, y lo mate sin motivo suficiente, porque el homicida no estaba enemistado con el otro. 7Por eso yo te mando: Separa tres ciudades. 8Si el Señor, tu Dios, ensancha tus fronteras, como juró a tus padres, y te da toda la tierra que prometió dar a tus padres 9–si pones por obra este precepto que yo te mando hoy amando al Señor, tu Dios, y siguiendo sus caminos toda la vida–, añadirás otras tres ciudades a las anteriores. 10Para que no se derrame sangre inocente en la tierra que el Señor, tu Dios, va a darte en herencia y no recaiga sobre ti un homicidio. 11Pero si uno que odia a su prójimo se pone al acecho, lo ataca, lo hiere de muerte y después busca asilo en una de esas ciudades, 12los ancianos de dicha ciudad lo mandarán sacar de allí y lo entregarán al vengador de la sangre para que muera. 13No tengas piedad de él; así extirparás de Israel el homicidio y te irá bien.

14»No correrás los mojones que marcan los límites de la propiedad de tu prójimo, plantados por los mayores en el patrimonio que heredes, en la tierra que el Señor, tu Dios, va a darte en posesión.

Ley sobre los testigos

15»No es válido el testimonio de uno solo contra nadie, en cualquier caso de pecado, culpa o delito. Solo por el testimonio de dos o de tres testigos se podrá fallar una causa.

16»Si se presenta contra alguien un testigo de mala fe acusándolo de rebelión, 17las dos partes comparecerán ante el Señor, ante los sacerdotes y jueces que estén en funciones entonces, 18y los jueces investigarán a fondo; si resulta que el testigo es falso y que ha calumniado a su hermano, 19le harán a él lo que él intentaba hacer a su hermano, y así extirparás de ti la maldad, 20y los demás escarmentarán al enterarse y no volverán a cometer maldad semejante entre los tuyos. 21No tengas piedad de él: vida por vida, ojo por ojo, diente por diente, mano por mano, pie por pie.

Ley sobre la guerra

20 1»Cuando salgas a combatir contra tus enemigos, y veas caballos, carros y tropas más numerosas que las tuyas, no les tengas miedo, porque el Señor, tu Dios, el que te hizo subir de Egipto, está contigo. 2Cuando vayas a entablar combate, se adelantará el sacerdote para arengar a la tropa, 3y les dirá: Escucha, Israel, hoy van a luchar contra sus enemigos; no se acobarden, no teman, no se desanimen, no se aterroricen ante ellos, 4porque el Señor, su Dios, está con ustedes, luchando a favor de ustedes y contra sus enemigos para darles la victoria. 5Después hablarán los jefes a la tropa y dirán: Quien haya edificado una casa y no la haya estrenado, que se retire y vuelva a su casa, no vaya a morir en combate y la estrene otro. 6Quien haya plantado una viña y no la haya vendimiado todavía, que se retire y vuelva a casa, no vaya a morir en combate y la vendimie otro. 7Quien esté prometido a una mujer y no se haya casado todavía, que se retire y vuelva a casa, no vaya a morir en combate y otro se case con ella.

8Los jefes añadirán esta advertencia a la tropa: Quien tenga miedo y se acobarde, que se retire y vuelva a casa, no vaya a contagiar su cobardía a sus hermanos.

9Cuando los jefes hayan terminado de arengar a la tropa, se nombrarán capitanes al mando de los batallones.

10Cuando te acerques a atacar una ciudad, primero proponle la paz. 11Si ella te responde Paz y te abre las puertas, todos sus habitantes te servirán en trabajos forzados; 12pero si no acepta tu propuesta de paz, sino que mantiene las hostilidades, le pondrás sitio, 13y cuando el Señor la entregue en tu poder, pasarás a cuchillo a todos sus varones. 14Las mujeres, los niños, el ganado y demás bienes de la ciudad los tomarás como botín, y comerás el botín de los enemigos que te entregue el Señor, tu Dios.

15Lo mismo harás con todas las ciudades remotas que no pertenecen a los pueblos de aquí. 16Pero en las ciudades de estos pueblos cuya tierra te entrega el Señor, tu Dios, en herencia no dejarás un alma viviente: 17dedicarás al exterminio a hititas, amorreos, cananeos, fereceos, heveos y jebuseos, como te mandó el Señor, 18para que no les enseñen a cometer las abominaciones que ellos cometen con sus dioses y no pequen contra el Señor, su Dios. 19Si tienes que sitiar largo tiempo una ciudad antes de tomarla al asalto, no destruyas su arbolado a hachazos, porque podrás comer de sus frutos; no los tales, porque los árboles no son hombres para que los trates como a los sitiados. 20Pero si te consta que un árbol no es frutal, lo puedes destruir y talar, para construir con él obras de asedio contra la ciudad que te hace la guerra, hasta que caiga.

Caso de asesinato

21 1»Si en la tierra que el Señor, tu Dios, va a darte en posesión, encuentran apuñalado a un hombre, tendido en medio del campo y no se sabe quién lo mató, 2saldrán tus ancianos y jueces, calcularán la distancia desde el cadáver a los pueblos de los alrededores; 3los ancianos del pueblo más cercano agarrarán una ternera que todavía no haya trabajado, que no haya llevado yugo, 4la bajarán a un torrente de agua perenne, donde nadie cultiva ni siembra, y la desnucarán allí; 5después se acercarán los sacerdotes levitas que eligió el Señor, tu Dios, para que le sirvan y bendigan en su Nombre, competentes en lo civil y en lo criminal 6y los ancianos del pueblo más cercano al lugar del crimen se lavarán las manos en el torrente, sobre la ternera desnucada, 7recitando: "Nuestras manos no han derramado esta sangre, nuestros ojos no han visto nada. 8Perdona a Israel, tu pueblo, que tú redimiste, Señor; no permitas que sangre inocente recaiga sobre tu pueblo, Israel; que esta sangre les quede expiada". 9Así extirparás de ti el homicidio y harás lo que el Señor aprueba.

Prisioneras de guerra

10»Cuando salgas a la guerra contra tu enemigo y el Señor, tu Dios, te lo entregue en tu poder y hagas cautivos, 11si ves entre ellos una mujer hermosa, te enamoras de ella y quieres tomarla por mujer, 12la llevarás a tu casa, ella se rapará la cabeza, se cortará las uñas, 13se quitará el manto de cautiva y durante un mes llorará en tu casa a su padre y a su madre; pasado el luto, te unirás a ella, serás su marido y ella será tu mujer. 14Si más tarde deja de gustarte, la dejarás irse, si quiere, pero no la venderás; no hagas negocio con ella después de haberla humillado.

Derechos del hijo mayor

15»Si uno tiene dos mujeres, una muy querida y otra menos, y las dos, la más querida y la otra, le dan hijos, y el primogénito es hijo de la menos querida, 16al repartir la herencia entre los hijos no podrá enriquecer al hijo de la primera a costa del hijo de la segunda, que es el primogénito, 17reconocerá al primogénito, hijo de la menos querida, dándole dos tercios de todos sus bienes, porque es la primicia de su virilidad y es suya la primogenitura.

Caso del hijo rebelde

18»Si uno tiene un hijo rebelde e incorregible, que no obedece a su padre ni a su madre, que aunque lo corrijan no les hace caso, 19sus padres lo agarrarán, lo sacarán a las puertas del lugar,

a los ancianos de la ciudad, [20]y declararán ante
ellos: Este hijo nuestro es rebelde e incorregi-
ble, no nos obedece, es un comilón y un borra-
cho, [21]y los hombres de la ciudad lo apedrearán
hasta que muera. Así extirparás la maldad de ti,
y todo Israel escarmentará al enterarse.

El ajusticiado

[22]»Si uno sentenciado a pena capital es ajus-
ticiado y colgado de un árbol, [23]su cadáver no
quedará en el árbol de noche; lo enterrarás aquel
mismo día, porque Dios maldice al que cuelga de
un árbol, y no debes contaminar la tierra que el
Señor, tu Dios, va a darte en herencia.

Animales y objetos perdidos

22 [1]»Si ves extraviados al buey o a la oveja
de tu hermano, no te desentiendas: se los
devolverás a tu hermano. [2]Si tu hermano no vive
cerca o no lo conoces, recoge la res en tu corral,
donde se quedará hasta que tu hermano venga a
buscarla, y entonces se la devolverás. [3]Lo mismo
harás con su asno, con su manto, o con cualquier
otro objeto que pierda tu hermano y que tú en-
cuentres: no te desentiendas de ellos. [4]Si ves el
asno o el buey de tu hermano caídos en el cami-
no, no te desentiendas, ayúdalos a levantarse.

Casos varios

[5]»La mujer no llevará ropa de hombre ni el
hombre se vestirá con ropas de mujer, porque
el que así obra es abominable para el Señor, tu
Dios.

[6]»Si de camino encuentras un nido de pájaros
en un arbusto o en el suelo, con pollos o huevos
y la madre junto a ellos, no agarrarás a la madre
con los hijos; [7]soltarás a la madre y puedes que-
darte con los hijos. Así te irá bien y prolongarás
tus días.

[8]»Si construyes una casa nueva, pondrás un
muro de protección a la azotea, y así no harás
a tu casa responsable de sangre si alguien se
cayese de ella.

[9]»No sembrarás tu viña con semillas mezcla-
das, no sea que quede consagrado todo: la semi-
lla que siembres y la cosecha de tu viña.

[10]»No ares con un buey y un asno juntos.

[11]»No vestirás ropa tejida de lana mezclada
con lino.

[12]»Pongan borlas con flecos en las cuatro pun-
tas del manto con que te cubras.

Sobre las relaciones sexuales

[13]»Si uno se casa con una mujer y después de
vivir con ella la aborrece, la calumnia y la difa-
ma, diciendo: [14]Me he casado con esta mujer, y
al acercarme a ella me encuentro con que no es
virgen, [15]el padre y la madre de la joven tomarán
las pruebas de su virginidad, y las exhibirán an-
te los ancianos, en la puerta de la ciudad, [16]y el
padre de la joven declarará ante ellos: He dado
mi hija a este hombre para que fuese su esposa;
[17]él la aborrece y ahora la difama afirmando que
mi hija no era virgen. Aquí están las pruebas de
la virginidad de mi hija. Y extenderá la sábana
ante los ancianos de la ciudad.

[18]»Los ancianos de la ciudad detendrán al ma-
rido y le impondrán un castigo [19]y lo multarán
con cien monedas de plata –que darán al padre
de la joven– por haber difamado a una virgen
israelita; además, la joven seguirá siendo su mu-
jer y no podrá despedirla en toda su vida. [20]Pero
si su denuncia era verdadera, si la joven no era
virgen, [21]sacarán a la joven a la puerta de la casa
paterna y los hombres de la ciudad la apedrea-
rán hasta que muera, por haber cometido en Is-
rael la infamia de prostituir la casa de su padre.
Así extirparás la maldad de ti.

[22]»Si sorprenden a uno acostado con la mujer
de otro, han de morir los dos: el que se acostó
con ella y la mujer. Así extirparás la maldad de ti.

[23]»Si uno encuentra en un pueblo a una joven
prometida a otro y se acuesta con ella, [24]los sa-
carán a los dos a las puertas de la ciudad y los
apedrearán hasta que mueran: a la muchacha
porque dentro del pueblo no pidió socorro y al
hombre por haber violado a la mujer de su próji-
mo. Así extirparás la maldad de ti. [25]Pero si fue en
despoblado donde el hombre encontró a la joven
prometida, la forzó y se acostó con ella, morirá
solo el hombre que se acostó con ella; [26]a la joven
no le harás nada, porque no ha cometido un peca-
do que merezca la muerte; es como si uno ataca a
otro y lo mata, [27]él se la encontró en despoblado
y la muchacha gritó, pero nadie podía defenderla.

[28]»Si uno encuentra a una joven soltera, la
agarra y se acuesta con ella y los sorprenden,
[29]el hombre que se acostó con la joven dará a
su padre cincuenta monedas de plata y tendrá
que aceptarla como mujer por haberla violado,
no podrá despedirla en toda su vida.

23 [1]»No tomará nadie a la mujer de su padre,
no descubrirá lo que es de su padre.

Ley sobre la pureza de la asamblea

[2]»No se admite en la asamblea del Señor a
quien tenga los testículos machacados o haya
sido castrado.

[3]»No se admite en la asamblea del Señor nin-
gún bastardo; no se lo admite en la asamblea del
Señor hasta la décima generación.

4»No se admiten en la asamblea del Señor
amonitas ni moabitas; no se admiten en la
asamblea del Señor ni aun en la décima gene-
ración. 5Porque no te salieron al encuentro con
pan y agua cuando ibas de camino al salir de
Egipto, y porque alquilaron a Balaán, hijo de
Beor, de Petor, en Mesopotamia para que pro-
nunciara una maldición contra ustedes.6Pero el
Señor, tu Dios, no hizo caso a Balaán, el Señor,
tu Dios, cambió la maldición en bendición, por-
que el Señor, tu Dios, te amaba. 7No busques su
paz ni su amistad mientras vivas.
8»No consideres abominables a los edomitas,
que son hermanos tuyos.
»No consideres abominables a los egipcios,
porque fuiste emigrante en su tierra, 9sus des-
cendientes en la tercera generación serán admi-
tidos en la asamblea del Señor.

Ley sobre la pureza del campamento

10»Cuando estés acampado frente al enemigo,
guárdate de toda clase de maldad.
11»Si uno de los tuyos queda impuro por ha-
ber tenido un derrame durante el sueño, saldrá
fuera del campamento y no volverá; 12al atar-
decer, se bañará, y al ponerse el sol volverá al
campamento.
13»Tendrás un lugar fuera del campamento pa-
ra tus necesidades 14y llevarás en tu equipo una
estaca. Cuando salgas a hacer tus necesidades,
harás con ella un hoyo y al final taparás los ex-
crementos. 15Porque el Señor, tu Dios, anda por
el campamento para darte la victoria y entregar-
te el enemigo; tu campamento ha de estar santo,
para que el Señor no vea nada vergonzoso y no
se aparte de ti.

Ley sobre el esclavo fugitivo

16»Si un esclavo se escapa y se refugia en tu
casa, no lo entregues a su amo; 17se quedará
contigo, entre los tuyos, en el lugar que elija en
una de tus ciudades, donde mejor le parezca, y
no lo explotes.

Leyes diversas

18»Ningún hombre ni ninguna mujer israelita
deberá consagrarse a la prostitución practicada
en cultos paganos. 19No llevarás a la casa del
Señor, en cumplimiento de una promesa, la paga
de una prostituta ni el salario de un prostituto,
porque los dos son abominables para el Señor,
tu Dios.
20»No cargues intereses a tu hermano: ni sobre
el dinero, ni sobre alimentos, ni sobre cualquier
préstamo. 21Podrás cargar intereses a los extra-
ños, pero no a tu hermano, para que el Señor,
tu Dios, te bendiga en todas tus empresas, en
la tierra adonde vas para tomarla en posesión.
22»Si ofreces un voto al Señor, tu Dios, no
demores su cumplimiento, porque el Señor, tu
Dios, te lo reclamará y cargarás con un pecado.
23Si te abstienes de hacer votos, no pecas. 24Pe-
ro lo que profieran tus labios has de cumplirlo,
ya que es un voto al Señor, tu Dios, lo que espon-
táneamente hayas prometido.
25»Si entras en la viña de tu prójimo, come
hasta hartarte; pero no metas nada en tu canas-
ta. 26Si pasas por los sembradíos de tu prójimo,
podrás recoger espigas con la mano; pero no me-
tas la hoz en la mies de tu prójimo.

24 1»Si uno se casa con una mujer y luego
no le gusta, porque descubre en ella algo
vergonzoso, le escribirá el acta de divorcio, se
la entregará y la echará de casa. 2Ella después
que haya abandonado la casa, podrá casarse
con otro, 3pero si el segundo marido también
la aborrece, y le escribe el acta de divorcio,
despidiéndola de su casa, o bien este segundo
marido muere, 4el primer marido, que la despi-
dió, no podrá casarse otra vez con ella, porque
está contaminada; sería una abominación ante
el Señor, y tú no puedes manchar con un peca-
do la tierra que el Señor, tu Dios, va a darte en
herencia.
5»Si uno es recién casado, no está obligado
al servicio militar ni a otros trabajos públicos;
tendrá un año de licencia para disfrutar en casa
con la mujer con quien se ha casado.
6»No tomarás en prenda las dos piedras de un
molino, ni siquiera la piedra de moler, porque
sería tomar en prenda una vida.
7»Si descubren que uno ha secuestrado a un
hermano suyo israelita, para explotarlo o ven-
derlo, el secuestrador morirá; así extirparás la
maldad de ti.
8»Cuando se produzcan casos de lepra, cum-
plan exactamente las instrucciones de los sa-
cerdotes levitas: cumplan lo que yo les he man-
dado. 9Recuerda lo que hizo el Señor, tu Dios, a
María cuando salieron de Egipto.
10»Si haces un préstamo cualquiera a tu herma-
no, no entres en su casa a recobrar la prenda; 11es-
pera afuera, y el prestatario saldrá a devolverte
la prenda. 12Y si es pobre, no te acostarás sobre la
prenda; 13se la devolverás a la caída del sol, y así
él se acostará sobre su manto y te bendecirá, y el
mérito será tuyo ante el Señor, tu Dios.
14»No explotarás al jornalero, pobre y nece-
sitado, ya sea hermano tuyo o emigrante que
vive en tu tierra, en tu ciudad; 15cada jornada
le darás su jornal, antes que el sol se ponga,

porque pasa necesidad y está pendiente del salario. Si no, invocará al Señor contra ti, y tú serás culpable.

16»No serán ejecutados los padres por culpas de los hijos ni los hijos por culpas de los padres; cada uno será ejecutado por su propio pecado.

17»No defraudarás el derecho del emigrante y del huérfano ni tomarás en prenda las ropas de la viuda; 18recuerda que fuiste esclavo en Egipto, y que allí te redimió el Señor, tu Dios; por eso yo te mando hoy cumplir esta ley.

19»Cuando recojas la cosecha de tu campo y olvides en el suelo una gavilla, no vuelvas a recogerla; déjasela al emigrante, al huérfano y a la viuda, y así bendecirá el Señor todas tus tareas.

20»Cuando sacudas tus olivos, no repases las ramas; déjaselas al emigrante, al huérfano y a la viuda.

21»Cuando recojas los racimos de tu viña, no rebusques los racimos; déjaselos al emigrante, al huérfano y a la viuda. 22Acuérdate que fuiste esclavo en Egipto; por eso yo te mando hoy cumplir esta ley.

25 1»Cuando dos hombres tengan un pleito, vayan a juicio y los juzguen, absolviendo al inocente y condenando al culpable; 2si el culpable merece una paliza, el juez lo hará tenderse en tierra, y en su presencia le darán los azotes que merece su delito; 3le podrán dar hasta cuarenta y no más, no sea que excedan el número, la paliza sea excesiva y tu hermano quede humillado ante ustedes.

4»No le pondrás bozal al buey que trilla.

5»Si dos hermanos viven juntos y uno de ellos muere sin hijos, la viuda no saldrá de casa para casarse con un extraño; su cuñado se casará con ella y cumplirá con ella los deberes legales de cuñado; 6el primogénito que nazca continuará el nombre del hermano muerto, y así no se borrará su nombre en Israel. 7Pero si el cuñado se niega a casarse, la cuñada acudirá a las puertas, a los ancianos, y declarará: Mi cuñado se niega a transmitir el nombre de su hermano en Israel; no quiere cumplir conmigo su deber de cuñado. 8Los ancianos de la ciudad lo citarán y procurarán convencerlo; pero si se empeña y dice que no quiere tomarla, 9la cuñada se le acercará, en presencia de los ancianos, le quitará una sandalia del pie, le escupirá en la cara y le responderá: Esto es lo que se hace con un hombre que no edifica la casa de su hermano. 10Y en Israel se llamará: La casa del Sinsandalias.

11»Si un hombre está riñendo con su hermano, se acerca la mujer de uno de ellos y, para defender a su marido del que lo golpea, mete la mano y agarra al otro por sus vergüenzas, 12le cortarás la mano sin compasión.

13»No guardarás en la bolsa dos pesas: una más pesada que otra. 14No tendrás en casa dos medidas: una más grande que la otra. 15Ten pesas exactas y justas, ten medidas exactas y justas. Así prolongarás tu vida en la tierra que va a darte el Señor, tu Dios, 16porque quien practica el fraude es abominable ante el Señor.

17»Recuerda lo que te hicieron los amalecitas por el camino, cuando salías de Egipto: 18te salieron al encuentro cuando ibas cansado y deshecho y atacaron por la espalda a los rezagados sin respetar a Dios.

19»Cuando el Señor, tu Dios, ponga fin a las hostilidades con los enemigos que te rodean, en la tierra que el Señor, tu Dios, va a darte en herencia para que la poseas, borrarás la memoria de los amalecitas bajo el cielo. No te olvides.

Prescripciones rituales

26 1»Cuando entres en la tierra que el Señor, tu Dios, va a darte en herencia, cuando tomes posesión de ella y la habites, 2tomarás primicias de todos los frutos que coseches de la tierra que va a darte tu Dios, los meterás en una canasta, irás al lugar que el Señor, tu Dios, haya elegido para morada de su Nombre, 3te presentarás al sacerdote que esté en funciones por aquellos días y le dirás: Hoy confieso ante el Señor, mi Dios, que he entrado en la tierra que el Señor juró a nuestros padres que nos daría a nosotros. 4El sacerdote agarrará de tu mano la canasta, la pondrá ante el altar del Señor, tu Dios, 5y tú recitarás ante el Señor, tu Dios: Mi padre era un arameo errante: bajó a Egipto y residió allí con unos pocos hombres; allí se hizo un pueblo grande, fuerte y numeroso. 6Los egipcios nos maltrataron y nos humillaron, y nos impusieron dura esclavitud. 7Gritamos al Señor, Dios de nuestros padres, y el Señor escuchó nuestra voz; vio nuestra miseria, nuestros trabajos, nuestra opresión. 8El Señor nos sacó de Egipto con mano fuerte, con brazo extendido, con terribles portentos, con signos y prodigios, 9y nos trajo a este lugar y nos dio esta tierra, una tierra que mana leche y miel. 10Por eso traigo aquí las primicias de los frutos del suelo que me diste, Señor. Y lo depositarás ante el Señor, tu Dios; te postrarás ante el Señor, tu Dios, 11y harás fiesta con el levita y el emigrante que viva en tu vecindad por todos los bienes que el Señor, tu Dios, te haya dado a ti y a tu casa.

12»Cuando llegue el tercer año, que es cuando se da la décima parte de todo y cuando hayas apartado ya la décima parte de todos tus frutos y se la hayas dado a los levitas y a los extranjeros que viven en tu país, y al huérfano y a la viuda para que coman hasta hartarse en tus ciudades, 13 recitarás ante el Señor, tu Dios: He apartado de mi casa lo consagrado: se lo he dado al levita, al emigrante, al huérfano y a la viuda, según el precepto que me diste. No he quebrantado ni olvidado ningún precepto. 14 No he comido de ello estando de luto, ni lo he apartado estando impuro, ni se lo he ofrecido a un muerto. He escuchado la voz del Señor, mi Dios, he cumplido todo lo que me mandaste. 15 Vuelve los ojos desde tu santa morada, desde el cielo, y bendice a tu pueblo, Israel, y a esta tierra que nos diste, como habías jurado a nuestros padres, una tierra que mana leche y miel.

16 »Hoy te manda el Señor, tu Dios, que cumplas estos mandatos y decretos. Guárdalos y cúmplelos con todo el corazón y con toda el alma.

17 »Hoy te has comprometido a aceptar lo que el Señor te propone: Que él será tu Dios, que tú irás por sus caminos, guardarás sus mandatos, preceptos y decretos y escucharás su voz.

18 »Hoy se compromete el Señor a aceptar lo que tú le propones: Que serás su propio pueblo –como te prometió–, que guardarás todos sus preceptos, 19 que él te elevará en gloria, fama y esplendor por encima de todas las naciones que ha hecho, y que serás el pueblo santo del Señor, como ha dicho».

Maldiciones

27 1 Moisés y los ancianos de Israel mandaron al pueblo: «Guarden todos los preceptos que yo les mando hoy. 2 El día que crucen el Jordán para entrar en la tierra que va a darte el Señor, tu Dios, levantarás unas piedras grandes, las revocarás de cal, y cuando crucen, 3 escribirán en ellas todos los artículos de esta ley, en conmemoración de tu entrada en la tierra que va a darte el Señor, tu Dios, una tierra que mana leche y miel, como te dijo el Señor, Dios de tus padres. 4 Cuando crucen el Jordán, levantarán esas piedras en el monte Ebal y las revocarán de cal. 5 Allí construirás un altar al Señor, tu Dios, un altar de piedras no labradas a hierro, 6 un altar de piedras enteras construirás al Señor, tu Dios; ofrecerás sobre él holocaustos al Señor, tu Dios, 7 ofrecerás sacrificios de comunión y allí los comerás haciendo fiesta ante el Señor, tu Dios, 8 y escribirás sobre las piedras, grabándolos bien, todos los artículos de esta ley».

9 Moisés y los sacerdotes levitas dijeron a todo Israel: «Guarda silencio y escucha, Israel: hoy te has convertido en el pueblo del Señor, tu Dios; 10 escucharás la voz del Señor, tu Dios, y cumplirás los preceptos y mandatos que yo te mando hoy».

11 Aquel día dijo Moisés al pueblo: 12 «Cuando crucen el Jordán, se colocarán sobre el monte Garizín las tribus de Simeón, Leví, Judá, Isacar, José y Benjamín 13 para pronunciar la bendición al pueblo, y en el monte Ebal las tribus de Rubén, Gad, Aser, Zabulón, Dan y Neftalí para pronunciar la maldición al pueblo. 14 Los levitas entonarán y recitarán con voz fuerte, ante todos los hombres de Israel:

15 »¡Maldito quien se haga una imagen o se funda un ídolo –abominación del Señor, obra de un artesano– y se lo guarde escondido!, y todo el pueblo responderá: ¡Amén!

16 »¡Maldito quien desprecie a su padre o a su madre!, y todo el pueblo responderá: ¡Amén!

17 »¡Maldito quien corra los mojones que marcan los límites de propiedad de su vecino!, y todo el pueblo responderá: ¡Amén!

18 »¡Maldito quien extravíe a un ciego en el camino!, y todo el pueblo responderá: ¡Amén!

19 »¡Maldito quien cometa injusticia con el emigrante, el huérfano o la viuda!, y todo el pueblo responderá: ¡Amén!

20 »¡Maldito quien se acueste con la mujer de su padre!, por haber descubierto lo que es de su padre, y todo el pueblo responderá: ¡Amén!

21 »¡Maldito quien se acueste con bestias!, y todo el pueblo responderá: ¡Amén!

22 »¡Maldito quien se acueste con su hermana, hija de su padre o de su madre!, y todo el pueblo responderá: ¡Amén!

23 »¡Maldito quien se acueste con su suegra!, y todo el pueblo responderá: ¡Amén!

24 »¡Maldito quien mate a escondidas a su hermano!, y todo el pueblo responderá: ¡Amén!

25 »¡Maldito quien se deje sobornar para matar a un inocente!, y todo el pueblo responderá: ¡Amén!

26 »¡Maldito quien no mantenga los artículos de esta ley, poniéndolos por obra!, y todo el pueblo responderá: ¡Amén!

Bendiciones

28 1 »Si obedeces y escuchas la voz del Señor, tu Dios, poniendo en práctica todos los preceptos que yo te mando hoy, el Señor, tu Dios, te pondrá por encima de todas las naciones del mundo. 2 Sobre ti irán viniendo, hasta darte alcance, todas estas bendiciones, si escuchas la voz del Señor, tu Dios:

3 »Bendito seas en la ciudad, bendito seas en el campo.

4 »Bendito el fruto de tu vientre, el fruto de tu suelo, el fruto de tu ganado, las crías de tus reses y el parto de tus ovejas.

5»Bendita tu canasta y bendito el recipiente donde amasas tu pan.

6»Bendito seas al entrar, bendito seas al salir.

7»Que el Señor te entregue ya vencidos los enemigos que se alcen contra ti; vendrán a atacarte por un camino y por siete caminos huirán.

8»Que el Señor mande contigo la bendición en tus graneros y en tus empresas y te bendiga en la tierra que va a darte el Señor, tu Dios.

9»Que el Señor te nombre su pueblo santo, como te tiene prometido, si guardas los preceptos del Señor, tu Dios, y vas por sus caminos; 10así verán todos los pueblos de la tierra que se ha invocado sobre ti el Nombre del Señor, y te temerán.

11»Que el Señor te enriquezca con el fruto de tu vientre, el fruto de tu ganado y el fruto de tu suelo, en la tierra que el Señor había prometido a tus padres que te daría a ti.

12»Que el Señor te abra su rico tesoro del cielo, dando a su tiempo la lluvia a tu tierra y bendiciendo todas tus tareas; así, prestarás a muchas naciones y tú no pedirás prestado.

13»Que el Señor te ponga en el primer lugar, no en el último; que siempre estés encima de los demás, nunca debajo; si escuchas los preceptos del Señor, tu Dios, que yo te mando hoy, poniéndolos por obra, 14y no te apartas a derecha ni a izquierda de lo que yo te mando hoy, yendo detrás de dioses extranjeros para darles culto.

Maldiciones

15»Pero si no escuchas la voz del Señor, tu Dios, poniendo por obra todos los preceptos y mandatos que yo te mando hoy, irán viniendo sobre ti, hasta darte alcance, todas estas maldiciones:

16»Maldito seas en la ciudad, maldito seas en el campo.

17»Maldita tu canasta y el recipiente donde amasas el pan.

18»Maldito el fruto de tu vientre, el fruto de tu suelo, las crías de tus reses y el parto de tus ovejas.

19»Maldito seas al entrar, maldito seas al salir.

20»Que el Señor te mande la maldición, el pánico y la amenaza en todas las tareas que emprendas, hasta que seas exterminado, hasta que perezcas sin tardanza, por haberlo abandonado con tus malas obras.

21»Que el Señor te contagie la peste, hasta terminar contigo, en esa tierra adonde vas para tomarla en posesión.

22»Que el Señor te hiera de tisis, fiebre y delirios; calor sofocante, sequía, plagas sobre tus trigales y epidemias que te persigan hasta que perezcas.

23»Que el cielo sobre tu cabeza sea de bronce y la tierra bajo tus pies de hierro.

24»Que el Señor te mande en vez de lluvia polvo, y haga bajar ceniza del cielo, hasta que seas exterminado.

25»Que el Señor te haga caer derrotado ante tu enemigo: saldrás a atacarlo por un camino y por siete caminos huirás; serás el espanto de todos los reinos de la tierra; 26será tu cadáver pasto de las aves del cielo y de las bestias de la tierra, y no habrá quien las espante.

27»Que el Señor te hiera de viruela, tumores, tiña y sarna, que no puedes sanar.

28»Que el Señor te hiera de locura, ceguera y demencia; 29andarás a tientas a mediodía, como a tientas anda un ciego en la oscuridad. Fracasarás en todos tus caminos, te explotarán y te robarán mientras vivas, y no habrá quien te salve.

30»Te prometerás con una mujer, y otro gozará de ella; te edificarás una casa, y no la habitarás; te plantarás una viña, y no la vendimiarás.

31»Te matarán el buey ante tus ojos, y no lo podrás comer; te robarán el asno, y no te lo devolverán; entregarán tu rebaño al enemigo, y no habrá quien te salve.

32»Serán entregados tus hijos e hijas a un pueblo extranjero; tus ojos lo verán y se irán consumiendo por ellos, sin que puedas echarles una mano.

33»Un pueblo desconocido se comerá el fruto de tu suelo y el producto de tus fatigas; te verás explotado y aplastado del todo mientras vivas, 34hasta volverte loco, por el espectáculo que han de contemplar tus ojos.

35»Que el Señor te hiera en las rodillas y en los muslos con úlceras que no puedas sanar, de la planta de los pies hasta la cabeza.

36»Que el Señor te haga sufrir la deportación a una nación desconocida a ti y al rey que hayas puesto para que te gobierne; allí darás culto a dioses extranjeros de piedra y madera. 37Serás el asombro, el refrán y la burla de todos los pueblos adonde te deporte el Señor, tu Dios.

38»Saldrás al campo cargado de semilla y cosecharás una miseria, porque te lo devorará la langosta.

39»Plantarás y cultivarás viñas, y no beberás ni almacenarás vino, porque te lo comerá el gusano.

40»Tendrás olivos en todos tus terrenos, y no te ungirás con aceite, porque se te caerán las olivas.

41»Engendrarás hijos e hijas, y no serán para ti, porque marcharán al cautiverio.

42»De tus árboles frutales y cosechas se apoderarán los insectos.

43»El extranjero que viva entre los tuyos se al-
zará sobre ti, cada vez más arriba, y tú caerás,
cada vez más abajo; 44él te prestará, y tú no le
podrás prestar; él estará en el primer lugar y tú
en el último.
45»Sobre ti irán viniendo todas estas maldi-
ciones, te perseguirán y te darán alcance, hasta
exterminarte, por no haber escuchado la voz del
Señor, tu Dios, y haber desobedecido los precep-
tos y mandatos que él te mandó. 46Y ellas serán
signo y prodigio contra ti y tu descendencia pa-
ra siempre.
47»Por no haber servido al Señor, tu Dios, con
alegría y generosidad en tu abundancia, 48ser-
virás al enemigo que mande el Señor contra ti:
en hambre y sed, desnudez y miseria total; él te
pondrá en los hombros un yugo de hierro, hasta
exterminarte.
49»El Señor alzará contra ti una nación leja-
na –se lanzará sobre ti como buitre desde los
confines de la tierra–; una nación de lengua
incomprensible, 50nación cruel sin respeto para
el anciano, sin piedad para el muchacho; 51que
devorará el fruto de tu ganado y el fruto de tu
suelo, hasta exterminarte; que no dejará rastro
de tu trigo, tu mosto y tu aceite, de las crías
de tu ganado y del parto de tus ovejas, hasta
destruirte; 52que te sitiará en todas tus ciuda-
des, hasta que se derrumben las altas y sólidas
murallas en las que habías depositado la segu-
ridad de toda tu tierra; te sitiará en todas tus
ciudades, por toda la tierra que va a darte el
Señor, tu Dios, 53y durante el asedio, será tanto
el hambre, que te comerás a tus propios hijos,
la carne de los hijos e hijas que el Señor te dio.
54El más refinado y exquisito mirará con malos
ojos a su hermano, a su amada esposa y a los
hijos que aún le queden, 55para no compartir con
ellos la carne del hijo que se coma. Y no habrá
nada que comer durante el ataque a las ciudades
y la horrible angustia que tu enemigo te hará
sufrir en todas tus ciudades; 56la más refinada y
exquisita entre las mujeres de tu pueblo, la que
jamás se aventuraba a posar la planta del pie so-
bre la tierra, de tanta finura y exquisitez, mirará
con envidia al hombre que se acostaba en sus
brazos, a su hijo y a su hija; 57y se ocultará para
comer la placenta salida de su seno y a los hijos
que dé a luz, porque estará privada de todo, en
la angustia del asedio con que te estreche tu
enemigo, en todas tus ciudades.
58»Si no pones por obra todos los artículos de
esta ley, escritos en este Código, temiendo es-
te nombre glorioso y terrible, el Señor, tu Dios,
59el Señor te castigará a ti y a tus descendientes
con calamidades extraordinarias. Serán cala-
midades impresionantes, heridas tremendas e
insanables, enfermedades malignas y crónicas;
60él volverá contra ti las epidemias egipcias que
te horrorizan y te las pegará, 61y todas las enfer-
medades y heridas que no aparecen en el código
de esta ley también las lanzará contra ti, hasta
exterminarte.
62»Pocos serán los que queden, después de haber
sido numerosos como las estrellas del cielo, por no
haber escuchado la voz del Señor, tu Dios.
63»Y así como antes el Señor se complacía en
hacerlos felices y numerosos, luego se complace-
rá en destruirlos y exterminarlos. Ustedes serán
arrancados de la tierra adonde vas a entrar para
tomarla en posesión, 64y el Señor los dispersará
entre todos los pueblos, de un extremo a otro de
la tierra, y allí darás culto a dioses extranjeros,
que ni tú ni tus padres conocían, dioses de piedra
y madera; 65no descansarás jamás en esos pue-
blos, no reposará nunca la planta de tu pie; el
Señor te volverá allí asustadizo, ciego y cobarde;
66vivirás pendiente de un hilo, temblarás día y
noche, no vivirás jamás seguro; 67por la maña-
na dirás: Ojalá anocheciese, y por la tarde, Ojalá
amaneciese, por el miedo que estremecerá tu
corazón, por el espectáculo que verán tus ojos.
68»El Señor te hará volver en barcos a Egipto,
por ese camino del que yo te dije: No lo volve-
rás a ver, y allí serán puestos en venta como
esclavos y esclavas a sus enemigos, y no habrá
comprador.

DISCURSO FINAL DE MOISÉS (28,69–34,12)

Alianza en Moab

69Términos de la alianza que el Señor mandó a
Moisés hacer con los israelitas en Moab, aparte
de la alianza que había realizado con ellos en el
monte Horeb.

29 1Moisés convocó a todo Israel y les dijo:
«Ustedes son testigos de todo lo que el
Señor hizo en Egipto contra el faraón, sus mi-
nistros y todo su país: 2aquellas grandes pruebas
que vieron sus ojos, aquellos grandes signos y
prodigios; 3pero hasta el día de hoy el Señor no
les había dado inteligencia para entender, ni
ojos para ver, ni oídos para escuchar. 4Yo los hi-
ce caminar cuarenta años por el desierto: no se
les gastaron los vestidos que llevaban puestos
ni las sandalias que tenían en los pies; 5no fue
pan lo que comieron, ni vino ni otro licor lo que
bebieron; para que ustedes supieran que soy yo,
el Señor, su Dios.
6»Al llegar a este lugar, Sijón, rey de Jesbón,
y Og, rey de Basán, nos salieron al encuentro
en son de guerra; los vencimos, 7conquistamos

sus territorios y se los dimos en herencia a los
rubenitas, a los gaditas y a la media tribu de
Manasés.
8»Por eso observarán fielmente los términos
de esta alianza y los cumplirán, y así prospera-
rán en todas sus obras.
9»Hoy todos ustedes se han reunido en la pre-
sencia del Señor, su Dios: –sus jefes de tribu,
concejales y magistrados y todos los hombres de
Israel; 10sus niños y mujres y también los emi-
grantes que están en el campamento, desde el
leñador al aguatero– 11para entrar en alianza con
el Señor, tu Dios, y aceptar el pacto que el Señor,
tu Dios, concluye contigo hoy; en virtud de él,
12te constituye pueblo suyo, y él será tu Dios,
como te dijo y como había jurado a tus padres, a
Abrahán, Isaac y Jacob.
13»No solo con ustedes hago esta alianza y es-
te pacto; 14lo hago con el que está hoy aquí con
nosotros, en presencia del Señor, y con el que
hoy no está aquí con nosotros.
15»Ustedes saben muy bien cómo han vivido
en Egipto y de qué manera han tenido que pasar
por las naciones que encontraron en su cami-
no, 16vieron sus ídolos monstruosos, de piedra
y madera, de plata y oro. 17Que no haya nadie
entre ustedes, hombre o mujer, familia o tribu,
cuyo corazón se aparte hoy del Señor, su Dios,
yendo a dar culto a los dioses de estos pueblos;
que no haya entre ustedes una raíz que produzca
plantas amargas y venenosas, 18alguien que al
escuchar los términos de este pacto se felicite
diciendo por dentro: Todo me irá bien, aunque
siga en mi obstinación; apagaré mi sed con lo
que me dé gana, 19porque el Señor no está dis-
puesto a perdonarlo; su ira y su celo echarán
humo contra ese hombre, se asentará sobre él
la maldición de este código, y el Señor borrará
su nombre bajo el cielo; 20el Señor lo apartará,
para su perdición, de todas las tribus de Israel,
según las maldiciones que sancionan la alianza,
escritas en este código.
21»Las generaciones venideras, los hijos que
los sucedan y los extranjeros que vengan de
lejanas tierras, cuando vean las plagas de esta
tierra, las enfermedades con que la castigará el
Señor 22–azufre y sal, tierra calcinada, donde no
se siembra, ni brota, ni crece la hierba, catás-
trofe como la de Sodoma y Gomorra, Adamá y Se-
boín, arrasadas por la ira y la cólera del Señor–,
23todos esos pueblos se preguntarán: ¿Por qué
trató el Señor así a esta tierra? ¿Qué significa
esta cólera terrible? 24Y les responderán: Porque
abandonaron la alianza del Señor, Dios de sus
padres, el pacto que hizo con ellos al sacarlos
de Egipto, 25porque fueron a dar culto a dioses
extranjeros, postrándose ante ellos –dioses que
no conocían, dioses que no les había asignado–;
26por eso la ira del Señor se encendió contra es-
ta tierra, haciendo recaer sobre ella todas las
maldiciones escritas en este código; 27por eso
el Señor los arrancó de su suelo, con ira, furor
e indignación, y los arrojó a una tierra extraña,
como sucede hoy.
28»Las cosas ocultas pertenecen al Señor,
nuestro Dios; lo revelado es nuestro y de nues-
tros hijos para siempre, para que cumplamos
todos los artículos de esta ley.

Condiciones para la restauración y la bendición

30 1Cuando se cumplan en ti todas estas pa-
labras –la bendición y la maldición que te
he propuesto– y las medites, viviendo entre los
pueblos adonde te expulsará el Señor, tu Dios,
2te convertirás al Señor, tu Dios; escucharás su
voz, lo que yo te mando hoy, con todo el corazón
y con toda el alma, tú y tus hijos.
3El Señor, tu Dios, cambiará tu suerte compa-
decido de ti; el Señor, tu Dios, volverá y te reuni-
rá sacándote de todos los pueblos por donde te
dispersó; 4aunque tus dispersos se encuentren
en los confines del cielo, el Señor, tu Dios, te
reunirá, te recogerá allí; el Señor, tu Dios, 5te
traerá a la tierra que habían poseído tus padres
y tomarás posesión de ella; te hará el bien y te
hará crecer más que tus padres; 6el Señor, tu
Dios, circuncidará tu corazón y el de tus des-
cendientes para que ames al Señor, tu Dios, con
todo el corazón y con toda el alma, y así vivas.
7El Señor, tu Dios, mandará estas maldiciones
contra tus enemigos, los que te habían perse-
guido con saña, 8y tú te convertirás, escucharás
la voz del Señor, tu Dios, y cumplirás todos los
preceptos suyos que yo te mando hoy.
9El Señor, tu Dios, hará prosperar tus empre-
sas, el fruto de tu vientre, el fruto de tu ganado
y el fruto de tu tierra, porque el Señor, tu Dios,
volverá a alegrarse de tu prosperidad, como se
alegraba con la prosperidad de tus padres; 10si
escuchas la voz del Señor, tu Dios, guardando
sus preceptos y mandatos, lo que está escri-
to en el código de esta ley; si te conviertes al
Señor, tu Dios, con todo el corazón y con toda
el alma.
11Porque el precepto que yo te mando hoy no
es cosa que te exceda ni inalcanzable; 12no está
en el cielo para que se diga: ¿Quién de nosotros
subirá al cielo y nos lo traerá y nos lo proclamará
para que lo cumplamos?; 13ni está más allá del
mar, para que se diga: ¿Quién de nosotros cruza-
rá el mar y nos lo traerá y nos lo proclamará para

que lo cumplamos? 14El mandamiento está a tu
alcance: en tu corazón y en tu boca. Cúmplelo.
15Mira: hoy pongo delante de ti la vida y la
felicidad, la muerte y la desdicha. 16Si obedeces
los mandatos del Señor, tu Dios, que yo te pro-
mulgo hoy, amando al Señor, tu Dios, siguiendo
sus caminos, guardando sus preceptos, manda-
tos y decretos, vivirás y crecerás; el Señor tu
Dios, te bendecirá en la tierra adonde vas a en-
trar para conquistarla. 17Pero si tu corazón se
aparta y no obedeces, si te dejas arrastrar y te
postras dando culto a dioses extranjeros, 18yo te
anuncio hoy que morirás sin remedio, que des-
pués de pasar el Jordán y de entrar en la tierra
para tomarla en posesión, no vivirás muchos
años en ella.
19Hoy tomo como testigos contra ustedes al
cielo y a la tierra; te pongo delante bendición y
maldición. Elige la vida, y vivirás tú y tu descen-
dencia, 20amando al Señor, tu Dios, escuchando
su voz, uniéndote a él, porque de ello depende tu
vida y tus muchos años en la tierra que había pro-
metido dar a tus padres, Abrahán, Isaac y Jacob.

Josué, sucesor de Moisés

31 1Cuando Moisés terminó de decir estas
palabras a los israelitas, 2añadió: «He
cumplido ya ciento veinte años, y me encuentro
impedido; además, el Señor me ha dicho: "No
pasarás ese Jordán". 3El Señor, tu Dios, pasará
delante de ti. Él destruirá delante de ti esos
pueblos, para que te apoderes de ellos. Josué
pasará delante de ti, como ha dicho el Señor. 4El
Señor los tratará como a los reyes amorreos Si-
jón y Og y como a sus tierras, que arrasó. 5Cuan-
do el Señor se los entregue, harán con ellos lo
que yo les he ordenado. 6¡Sean fuertes y valien-
tes, no teman, no se acobarden ante ellos!, que
el Señor, tu Dios, avanza a tu lado, no te dejará
ni te abandonará». 7Después Moisés llamó a Jo-
sué, y le dijo en presencia de todo Israel: «Sé
fuerte y valiente, porque tú has de introducir
a este pueblo en la tierra que el Señor, tu Dios,
prometió dar a tus padres, y tú les repartirás la
herencia. 8El Señor avanzará ante ti. Él estará
contigo, no te dejará ni te abandonará. No te-
mas ni te acobardes».
9Moisés escribió esta ley y la consignó a los
sacerdotes levitas, que llevan el arca de la alian-
za del Señor, y a todos los concejales de Israel,
10y les mandó: «Cada siete años, el año de la re-
misión, durante la fiesta de las Chozas, 11cuando
todo Israel acuda a presentarse ante el Señor, tu
Dios, en el lugar que él elija, se proclamará esta
ley frente a todo el pueblo. 12Congrega al pue-
blo, hombres, mujeres y niños, y al emigrante
que viva en tu vecindad, para que oigan y apren-
dan a respetar al Señor, su Dios, y pongan por
obra todos los artículos de esta ley, mientras
les dure la vida en la tierra que van a tomar en
posesión cruzando el Jordán. 13Hasta tus hijos,
aunque no tengan uso de razón, han de escuchar
la ley, para que vayan aprendiendo a respetar al
Señor, su Dios».
14El Señor dijo a Moisés: «Está cerca el día de
tu muerte. Llama a Josué y preséntense en la
tienda del encuentro, y yo le daré mis órdenes».
Moisés y Josué fueron a presentarse a la tien-
da del encuentro. 15El Señor se les apareció en
la tienda en una columna de nubes, que fue a
colocarse a la entrada de la tienda. 16El Señor
dijo a Moisés: «Mira, vas a descansar con tus pa-
dres, y el pueblo se va a prostituir con los dioses
extraños de la tierra adonde va. Me abandona-
rá y quebrantará la alianza que hice con ellos.
17Ese día mi furor se encenderá contra ellos: lo
abandonaré y me esconderé de él, se lo comerán
y le ocurrirán innumerables desgracias y sufri-
mientos. Entonces dirá: Es que mi Dios no está
conmigo; por eso me ocurren estas desgracias.
18Y yo, ese día, me esconderé todavía más, por la
maldad que comete volviéndose a dioses extran-
jeros. 19Y ahora, escribe este cántico, enséñalo a
los israelitas, ordénales que lo reciten, para que
me sirva de testigo contra ellos. 20Cuando haya
llevado a este pueblo a la tierra que prometí a
sus padres, una tierra que mana leche y miel,
comerá hasta hartarse, engordará y se volverá
a dioses extranjeros para darles culto; me des-
preciará y quebrantará mi alianza. 21Entonces,
cuando le ocurran innumerables desgracias y
sufrimientos, este cántico dará testimonio con-
tra él, ¡que no lo olvide la posteridad!, porque
conozco los malos instintos que ya hoy alimenta
antes de haberlo introducido en la tierra prome-
tida». 22Aquel día Moisés escribió este cántico y
se lo hizo aprender a los israelitas.
23El Señor ordenó a Josué: «Sé fuerte y valiente,
que tú has de introducir a los israelitas en la tie-
rra que he prometido. Yo estaré contigo». 24Cuan-
do Moisés terminó de escribir en el documento
los artículos de esta ley hasta el final, 25mandó
a los levitas que llevaban el arca de la alianza
del Señor: 26«Tomen este código de la ley, depo-
sítenlo junto al arca de la alianza del Señor, su
Dios, y que quede allí como testigo contra ti. 27Yo
conozco tu rebeldía y tu terquedad; si estando
yo con ustedes se rebelan contra el Señor, ¿qué
será cuando haya muerto? 28Traigan aquí a todos
los concejales de las tribus y a los magistrados;
quiero recitar en su presencia estas palabras y ci-
tar contra ellos como testigos el cielo y la tierra,

29porque sé que cuando yo muera se pervertirán y se apartarán del camino que les tengo señalado. Y en el futuro les van a suceder muchas desgracias por haber obrado mal a los ojos del Señor, su Dios, y por haberlo irritado con sus malas obras».

30Entonces Moisés recitó hasta el final este cántico en presencia de toda la asamblea de Israel.

Cántico de Moisés

32 *1Escucha, cielo, y hablaré;/ oye, tierra, los dichos de mi boca;/ 2descienda como lluvia mi doctrina,/ caiga como rocío mi palabra;/ como llovizna sobre la hierba,/ como aguacero sobre el césped; 3voy a proclamar el Nombre del Señor:/ reconozcan la grandeza de nuestro Dios.*

4Él es la Roca, sus obras son perfectas,/ sus caminos son justos;/ es un Dios fiel, sin maldad,/ es justo y recto.

5Hijos degenerados, se portaron mal con él,/ generación malvada y pervertida./ 6¿Así le pagas al Señor,/ pueblo necio e insensato?/ ¿No es él tu padre y tu creador,/ el que te hizo y te constituyó?

7Acuérdate de los días remotos,/ considera las épocas pasadas,/ pregunta a tu padre y te lo contará,/ a tus ancianos y te lo dirán: 8Cuando el Altísimo daba a cada pueblo su herencia,/ y distribuía a los hijos de Adán,/ trazando las fronteras de las naciones,/ según el número de los hijos de Dios,/ 9la parte del Señor fue su pueblo,/ Jacob fue el lote de su herencia.

10Lo encontró en una tierra desierta,/ en una soledad poblada de aullidos;/ lo rodeó cuidando de él,/ lo guardó como a las niñas de sus ojos.

11Como el águila incita a su nidada/ revoloteando sobre los pichones,/ así extendió sus alas, los tomó/ y los llevó sobre sus plumas.

12El Señor solo los condujo,/ no hubo dioses extraños con él./ 13Los puso a caballo de sus montañas,/ y los alimentó con las cosechas de sus campos;/ los crió con miel silvestre,/ con aceite de rocas de pedernal;/ 14con cuajada de vaca y leche de ovejas,/ con grasa de corderos y carneros,/ ganado de Basán y cabritos,/ con la mejor harina de trigo,/ y por bebida, con la sangre fermentada de la uva.

15Comió Jacob hasta saciarse,/ engordó mi cariño, y tiró coces/ –estabas gordo y cebado y corpulento–/ y rechazó a Dios, su creador;/ deshonró a su Roca salvadora.

16Le dieron celos con dioses extraños,/ lo irritaron con sus abominaciones,/ 17ofrecieron víctimas a demonios que no son dios,/ a dioses desconocidos,/ nuevos, importados de cerca,/ a los que no veneraban sus padres.

18¡Despreciaste a la Roca que te engendró,/ y olvidaste al Dios que te dio a luz!/ 19Lo vio el Señor, e irritado/ rechazó a sus hijos e hijas,/ 20pensando: Les esconderé mi rostro,/ y veré en qué acaban,/ porque son una generación depravada,/ unos hijos desleales;/ 21ellos me han dado celos con un dios ilusorio,/ me han irritado con ídolos vacíos;/ yo les daré celos con un pueblo ilusorio,/ los irritaré con una nación insensata.

22Está ardiendo el fuego de mi ira/ y abrasará hasta el fondo del abismo,/ consumirá la tierra y sus cosechas/ y quemará los cimientos de los montes.

23Amontonaré desastres contra ellos,/ agotaré en ellos mis flechas;/ 24andarán debilitados por el hambre,/ consumidos de fiebres y epidemias malignas;/ les enviaré los dientes de las fieras/ y el veneno de las serpientes que se arrastran;/ 25en las calles, los diezmará la espada;/ en las casas, el espanto,/ tanto a los jóvenes como las doncellas,/ a los niños de pecho como a los ancianos.

26Yo pensaba: Voy a dispersarlos/ y a borrar su memoria entre los hombres./ 27Pero no quise soportar las burlas del enemigo,/ y la mala interpretación del adversario,/ que dirían: Nuestra mano ha vencido,/ no es el Señor quien lo ha hecho.

28Porque son una nación que ha perdido el juicio/ y carece de inteligencia./ 29Si fueran sensatos, lo entenderían,/ comprenderían su destino.

30¿Cómo es que uno persigue a mil/ y dos ponen en fuga a diez mil?/ ¿No es porque su Roca los ha vendido,/ porque el Señor los ha entregado?

31Porque su roca no es como nuestra Roca;/ nuestros mismos enemigos pueden juzgarlo./ 32Su viña es un retoño de las viñas de Sodoma,/ de los campos de Gomorra;/ sus uvas son uvas venenosas/ y sus racimos son amargos;/ 33su vino es ponzoña de monstruos/ y veneno mortal de víboras.

34¿No tengo todo esto recogido/ y sellado en mis archivos?/ 35Mía será la venganza y el desquite/ en la hora en que tropiecen sus pies,/ porque el día de su perdición se acerca/ y su suerte se apresura/ 36–porque el Señor defenderá a su pueblo/ y tendrá compasión de sus siervos–.

Cuando vea que sus manos flaquean,/ que se consumen amos y criados,/ 37dirá: ¿Dónde están sus dioses/ o la roca donde se refugiaban?/ 38¿No comían la grasa de sus sacrificios/ y bebían el vino de sus libaciones?/ Que se levanten para socorrerlos,/ que sean su refugio.

39 Pero ahora miren: yo soy yo,/ y no hay otro
fuera de mí;/ yo doy la muerte y la vida,/ yo des-
garro y yo sano,/ y no hay quien se libre de mi
mano./ 40 Levanto la mano al cielo y juro:/ Tan
verdad como que vivo eternamente,/ 41 cuando
afile el relámpago de mi espada/ y tome en mi
mano la justicia,/ haré venganza del enemigo/
y daré su paga al adversario;/ 42 embriagaré mis
flechas en sangre,/ mi espada devorará carne;/
sangre de muertos y cautivos,/ cabezas de jefes
enemigos.
43 Naciones, aclámenlo con su pueblo,/ porque
él venga la sangre de sus siervos,/ porque toma
venganza del enemigo/ y perdona a su tierra y
a su pueblo.
44 Moisés fue y recitó este canto entero en pre-
sencia del pueblo. Lo acompañaba Josué, hijo de
Nun. 45 Y cuando terminó de decir todo esto a los
israelitas, 46 añadió: «Fíjense bien en todas las
palabras que yo les he conminado hoy, y orde-
nen a sus hijos que pongan por obra todos los
artículos de esta ley. 47 Porque no son palabra
vacía para ustedes, sino que por ella vivirán y
prolongarán la vida en la tierra que van a tomar
en posesión después de pasar el Jordán».

Moisés ve de lejos la tierra prometida

48 Aquel mismo día el Señor dijo a Moisés:
49 «Sube a las montañas de Abarín, al monte Ne-
bo, que está en Moab, mirando a Jericó, y con-
templa la tierra que voy a dar en propiedad a los
israelitas. 50 Después morirás en el monte y te
reunirás a los tuyos, lo mismo que tu hermano
Aarón murió en Monte Hor y se reunió a los su-
yos. 51 Porque se portaron mal conmigo en medio
de los israelitas, en la Fuente de Meribá, en Ca-
des, en el desierto de Sin, y no reconocieron mi
santidad en medio de los israelitas. 52 Verás de
lejos la tierra, pero no entrarás en la tierra que
voy a dar a los israelitas».

Bendiciones de Moisés

33 1 Bendición que pronunció Moisés sobre
los israelitas antes de morir:
2 El Señor viene del Sinaí/ amaneciendo desde
Seír,/ radiante desde el Monte Farán,/ avanza
desde Meribá de Cades.
3 Delante va el favorito de los pueblos,/ a su de-
recha van los guerreros,/ con la izquierda rige
a sus santos;/ ellos se rinden a su paso/ y mar-
chan a sus órdenes./ 4 Moisés nos dio la ley/ en
herencia para la asamblea de Israel./ 5 Mi cariño
tuvo un rey,/ al reunirse los jefes del pueblo,/ al
unirse las tribus de Israel.
6 ¡Viva Rubén y no muera,/ y sean innumera-
bles sus hombres!
7 Para Judá:/ Escucha, Señor, la voz de Judá/ y
tráelo a tu pueblo;/ sus manos lo defenderán/ si
tú lo proteges de sus enemigos.
8 Para Leví:/ Para tus leales los tumim y urim./
Los pusiste a prueba en Masá,/ los desafiaste en
Meribá;/ 9 dijo a sus padres: No les hago caso;/
a sus hermanos: No los reconozco;/ a sus hijos:
No los conozco./ Cumplieron tus mandatos/ y
guardaron tu alianza./ 10 Enseñarán tus precep-
tos a Jacob/ y tu ley a Israel;/ ofrecerán incien-
so en tu presencia/ y holocaustos en tu altar./
11 Bendice, Señor, sus posesiones/ y acepta la
obra de sus manos./ Rómpeles la espalda a sus
rivales,/ que sus enemigos no se levanten.
12 Para Benjamín:/ Favorito del Señor, habita
tranquilo;/ el Altísimo cuida de él continua-
mente,/ y él habita entre sus hombros.
13 Para José:/ El Señor bendice su tierra/ con el
don y rocío del cielo/ y con el océano acostado en
lo hondo,/ 14 con las mejores cosechas del año/
y los mejores frutos del mes,/ 15 con las primi-
cias de las viejas montañas/ y lo escogido de las
duraderas colinas,/ 16 con lo mejor de la tierra y
cuanto contiene/ y el favor del que habita en la
zarza;/ venga todo esto sobre José/ y coronen al
escogido entre los hermanos./ 17 Bello como pri-
mogénito de toro,/ con grandes cuernos de búfa-
lo,/ con ellos embestirá a los pueblos/ y acosará
a los confines de la tierra.
Así son las decenas de miles de Efraín,/ así son
los millares de Manasés.
18 Para Zabulón:/ A Zabulón le gusta salir;/ a
Isacar, vivir en la tienda./ 19 Invitarán a pueblos
a la montaña/ a ofrecer sacrificios legítimos,/
porque explotan las riquezas marinas,/ los te-
soros ocultos de las playas.
20 Para Gad:/ Bendito el que ensancha a Gad./
Se acuesta como una leona/ y destroza brazos
y cráneos./ 21 Escogió para sí las primicias,/ el
lote reservado al capitán./ Cumplió la justicia
del Señor/ y los compromisos con Israel.
22 Para Dan:/ Dan, cachorro de león,/ que salta
ante la serpiente.
23 Para Neftalí:/ Neftalí se sacia de favores/ y
se llena de bendiciones del Señor,/ posee el mar
y su región.
24 Para Aser:/ Bendito entre todos Aser,/ el
favorito de los hermanos,/ que baña los pies en
aceite./ 25 Con cerrojos de hierro y bronce,/ con
tanta fuerza como años.
26 Nadie como Dios, mi Cariño,/ que cabalga
por el cielo en tu auxilio,/ cabalga a lomos de las
nubes./ 27 El Dios antiguo te ofrece morada/ po-
niendo por debajo sus brazos eternos,/ expulsa
ante ti al enemigo/ y ordena: Destruye.

28 Israel habita tranquilo/ y apartado vive Ja-
cob,/ en tierra de grano y de mosto/ bajo un cielo
que destila rocío.
29 ¡Felicidades, Israel! ¿Quién como tú?/ Pueblo
salvado por el Señor,/ tu escudo protector y es-
pada victoriosa./ Tus enemigos te adularán/ y
tú pisarás sus espaldas.

Muerte y sepultura de Moisés

34 1 Moisés subió de la estepa de Moab al
Monte Nebo, a la cima del Fasga, que mi-
ra a Jericó, y el Señor le mostró toda la tierra:
Galaad hasta Dan, 2 el territorio de Neftalí, de
Efraín y de Manasés, el de Judá hasta el Mar
Occidental; 3 el Negueb y la región del valle de
Jericó, la ciudad de las palmeras hasta Soar, 4 y
le dijo: «Esta es la tierra que prometí a Abrahán,
a Isaac y a Jacob, diciéndoles: Se la daré a tu
descendencia. Te la he hecho ver con tus propios
ojos, pero no entrarás en ella».
5 Y allí murió Moisés, siervo del Señor, en Moab,
como había dicho el Señor. 6 Lo enterraron en el
valle de Moab, frente a Bet Fegor, y hasta el día
de hoy nadie ha conocido el lugar de su tumba.
7 Moisés murió a la edad de ciento veinte años:
no había perdido vista ni había decaído su vigor.
8 Los israelitas lloraron a Moisés en la estepa de
Moab treinta días, hasta que terminó el tiempo
del duelo por Moisés.
9 Josué, hijo de Nun, poseía grandes dotes de
prudencia, porque Moisés le había impuesto las
manos. Los israelitas le obedecieron e hicieron
lo que el Señor había mandado a Moisés.
10 Pero ya no surgió en Israel otro profeta como
Moisés, con quien el Señor trataba cara a cara;
11 ni semejante a él en los signos y prodigios que
el Señor le envió a hacer en Egipto contra el fa-
raón, su corte y su país; 12 ni en la mano podero-
sa, en los terribles portentos que obró Moisés en
presencia de todo Israel.

JOSUÉ

CONQUISTA DE LA TIERRA (1–12)

El Señor llama a Josué

1 1 Después que murió Moisés, siervo del Señor,
dijo el Señor a Josué, hijo de Nun, ministro de
Moisés: 2 «Moisés, mi siervo, ha muerto. Ahora,
levántate y pasa el Jordán con todo este pueblo,
para ir hacia el país que voy a darles. 3 La tierra
donde ustedes pongan la planta del pie yo se la
doy, tal como prometí a Moisés. 4 Su territorio
se extenderá desde el desierto hasta el Líbano,
desde el gran río Éufrates hasta el Mediterrá-
neo, al occidente. 5 Mientras vivas nadie podrá
resistirte. Como estuve con Moisés estaré con-
tigo; no te dejaré ni te abandonaré. 6 ¡Ánimo, sé
valiente!, que tú repartirás a este pueblo la tie-
rra que prometí con juramento a sus padres. 7 Tú
ten mucho ánimo y sé valiente para cumplir todo
lo que te mandó mi siervo Moisés; no te desvíes
ni a derecha ni a la izquierda, y tendrás éxito en
todas tus empresas. 8 Que el libro de esa ley no
se te caiga de los labios; medítalo día y noche,
para poner en práctica todas sus cláusulas; así
prosperarán tus empresas y tendrás éxito. 9 ¡Yo
te lo mando! ¡Ánimo, sé valiente! No te asustes
ni te acobardes, que el Señor, tu Dios, estará
contigo en todas tus empresas».
10 Entonces Josué ordenó a los escribas del
pueblo: 11 «Recorran el campamento y ordenen al
pueblo que prepare provisiones porque dentro
de tres días pasarán el Jordán para ir a tomar
posesión de la tierra que el Señor, su Dios, les
da en propiedad».
12 A los de las tribus de Rubén y de Gad y a la
media tribu de Manasés les dijo: 13 «Recuerden lo
que les mandó Moisés, siervo del Señor cuando
dijo: El Señor, su Dios, les va a dar descanso en-
tregándoles esta tierra. 14 Sus mujeres, chiqui-
llos y ganado pueden quedarse en la tierra que
les dio Moisés en Transjordania; pero ustedes,
los soldados, pasarán el Jordán bien armados al
frente de sus hermanos, para ayudarlos 15 hasta
que el Señor les dé el descanso lo mismo que a
ustedes y también ellos tomen posesión de la
tierra que el Señor, su Dios, les va a dar; después
volverán a la tierra de su propiedad, la que Moi-
sés, siervo del Señor, les dio en Transjordania».
16 Ellos le respondieron: «Haremos lo que nos
ordenes, iremos a donde nos mandes; 17 te obe-
deceremos a ti igual que obedecimos a Moisés.
Basta que el Señor esté contigo como estuvo
con él. 18 El que se rebele y no obedezca tus ór-
denes, las que sean, que muera. ¡Tú ten ánimo,
sé valiente!».

Los espías

2 1 Josué, hijo de Nun, mandó en secreto dos
espías desde Sittim con el encargo de exami-
nar el país diciéndoles: «Vayan a inspeccionar el
país». Ellos se fueron, llegaron a Jericó, entra-
ron en casa de una prostituta llamada Rajab y se
hospedaron allí. 2 Pero alguien dio aviso al rey
de Jericó diciéndole: «¡Cuidado! Esta tarde han
llegado aquí unos israelitas y vienen a reconocer
el país».
3 El rey de Jericó mandó a decir a Rajab: «Saca
a los hombres que han entrado en tu casa, por-
que son espías y han venido a reconocer todo el

país». 4Ella, que había metido a los dos hombres
en un escondite, respondió: «Es cierto, vinie-
ron aquí; pero yo no sabía de dónde eran. 5Se
fueron al caer la noche cuando se iban a cerrar
las puertas de la ciudad y no sé adónde habrán
ido. Salgan enseguida tras ellos, porque todavía
pueden alcanzarlos».
6Rajab había hecho subir a los espías a la azo-
tea, y los había escondido entre los haces de lino
que tenía apilados allí. 7Los guardias salieron a
perseguirlos por el camino del Jordán, hacia los
vados; en cuanto salieron, se cerraron las puer-
tas de la ciudad.
8Antes de que los espías se durmieran, Rajab
subió a la azotea, 9y les dijo: «Sé que el Señor
les ha entregado el país, porque el terror que
ustedes inspiran se ha apoderado de nosotros y
todos los habitantes han quedado espantados a
la vista de ustedes; 10porque hemos oído que el
Señor cuando los sacó de Egipto secó el agua del
Mar Rojo ante ustedes y también lo que hicieron
con los dos reyes amorreos de Transjordania, a
quienes ustedes exterminaron; 11al enterarnos
de eso nuestro corazón desfalleció, y todos se
han quedado sin aliento para enfrentarse con
ustedes; porque el Señor, su Dios, es Dios arriba
en el cielo y abajo en la tierra. 12Ahora, júrenme
por el Señor, que así como yo los he protegi-
do, ustedes tendrán compasión de mi familia.
Denme una señal segura 13de que dejarán con
vida a mi padre y a mi madre, a mis hermanos y
hermanas y a todos los suyos y que nos librarán
de la matanza».
14Los hombres le dijeron: «¡Nuestra vida a
cambio de la vida de ustedes, con tal que no
nos denuncies! Cuando el Señor nos entregue el
país, seremos buenos y leales contigo».
15Entonces ella se puso a descolgarlos con una
soga por la ventana, porque la casa donde vivía
estaba pegando a la muralla, 16y les dijo: «Vayan
al monte, para que no los encuentren los que
andan buscándolos, y quédense allí escondidos
tres días, hasta que ellos regresen; luego uste-
des, podrán seguir su camino». 17Ellos le contes-
taron: «Nosotros respondemos de ese juramento
que nos has exigido, con esta condición: 18cuan-
do nosotros entremos en el país, tú atarás esta
cinta roja a la ventana por la que nos descuel-
gas, y reunirás contigo, dentro de la casa, a tu
padre y tu madre, a tus hermanos y toda tu fa-
milia. 19El que salga a la calle, será responsable
de su muerte, no nosotros; en cambio nosotros
seremos responsables de la muerte de cualquie-
ra que esté contigo en tu casa si alguien lo toca.
20Pero si nos denuncias, no respondemos del ju-
ramento que nos has exigido». 21Ella contestó:
«De acuerdo». Y los despidió. Se marcharon, y
ella ató a la ventana la cinta roja.
22Se marcharon al monte, y estuvieron allí tres
días, hasta que regresaron los perseguidores;
quienes por más que los buscaron por todo el ca-
mino, no los encontraron. 23Los dos hombres se
volvieron monte abajo, cruzaron el río, llegaron
hasta Josué y le contaron todo lo que les había
pasado 24y le dijeron: «El Señor nos entrega todo
el país. Toda la gente tiembla ante nosotros».

Paso del Jordán

3 1Josué madrugó, levantó el campamento de
Sittim, llegó hasta el Jordán con todos los is-
raelitas y pasaron allí la noche antes de cruzar-
lo. 2Al cabo de tres días, los escribas recorrieron
el campamento, 3dando esta orden a la gente:
«Cuando vean moverse el arca de la alianza del
Señor, nuestro Dios, llevada por los sacerdotes
levitas, empiecen a caminar desde sus puestos
detrás de ella. 4Pero dejen entre ustedes y el
arca una distancia aproximada de mil metros, no
se acerquen a ella. Así sabrán por dónde tienen
que ir, porque ninguno de ustedes ha pasado an-
tes por ese camino».
5Y Josué ordenó al pueblo: «Purifíquense, por-
que mañana el Señor hará prodigios en medio
de ustedes». 6Josué ordenó a los sacerdotes:
«Levanten el arca de la alianza y pasen el río
delante de la gente». Levantaron el arca de la
alianza y marcharon delante de la gente.
7El Señor dijo a Josué: «Hoy empezaré a en-
grandecerte ante todo Israel, para que vean que
estoy contigo como estuve con Moisés. 8Tú or-
dena a los sacerdotes portadores del arca de la
alianza que cuando lleguen a la orilla se deten-
gan en el Jordán».
9Josué dijo a los israelitas: «Acérquense aquí
a escuchar las palabras del Señor, su Dios». 10Y
dijo Josué: «Así conocerán que un Dios vivo está
en medio de ustedes, y que va a expulsar ante
ustedes a cananeos, hititas, heveos, fereceos,
guirgaseos, amorreos y jebuseos. 11Miren, el arca
de la alianza del dueño de toda la tierra va a
pasar el Jordán delante de ustedes. 12Ahora eli-
jan doce hombres de las tribus de Israel, uno de
cada tribu. 13Y cuando los pies de los sacerdotes
que llevan el arca de la alianza del dueño de toda
la tierra pisen el Jordán, la corriente del Jordán
se cortará: el agua que viene de arriba se deten-
drá formando un embalse».
14Cuando la gente levantó el campamento para
pasar el Jordán, los sacerdotes que llevaban el
arca de la alianza caminaron delante de la gen-
te. 15Y al llegar al Jordán, en cuanto se moja-
ron los pies en el agua –el Jordán va hasta los

bordes todo el tiempo de la cosecha–, 16el agua
que venía de arriba se detuvo, creció formando
un embalse que llegaba muy lejos, hasta Adán,
un pueblo cerca de Sartan, y el agua que bajaba
al mar del desierto, al Mar Muerto, se cortó del
todo. Así, el pueblo cruzó a la altura de Jericó.
17Los sacerdotes que llevaban el arca de la
alianza del Señor estaban quietos en el cauce
seco, firmes en medio del Jordán, mientras Is-
rael iba pasando por el cauce seco, hasta que
todo el pueblo terminó de pasar el Jordán.

4 1Cuando todo el pueblo acabó de pasar el
Jordán, dijo el Señor a Josué: 2«Elige a doce
hombres del pueblo, uno de cada tribu, 3y mán-
dales sacar de aquí, del medio del Jordán, donde
han pisado los sacerdotes, doce piedras; que las
lleven y las coloquen en el sitio donde van a pa-
sar la noche».
4Josué llamó a los doce hombres de Israel que
había elegido, uno de cada tribu, 5y les dijo:
«Vayan hasta el medio del Jordán, ante el arca
del Señor, su Dios, y cargue cada uno al hombro
una piedra, una por cada tribu de Israel, 6para
que queden como monumento entre ustedes.
Cuando sus hijos el día de mañana les pregunten
qué son esas piedras, 7ustedes les contestarán:
"Es que el agua del Jordán dejó de correr frente
al arca de la alianza del Señor; cuando el arca
atravesaba el Jordán, dejó de correr el agua".
Esas piedras se lo recordarán perpetuamente a
los israelitas».
8Los israelitas hicieron lo que mandó Josué:
sacaron doce piedras del medio del Jordán, co-
mo había dicho el Señor a Josué, una por cada
tribu de Israel; las llevaron hasta el sitio donde
iban a pasar la noche y las colocaron allí. 9Des-
pués Josué erigió doce piedras en medio del
Jordán, en el sitio donde se habían detenido los
sacerdotes que llevaban el arca de la alianza, y
todavía hoy están allí.
10Los sacerdotes que llevaban el arca estu-
vieron quietos en medio del Jordán hasta que
terminaron de hacer todo lo que Josué mandó al
pueblo por orden del Señor. La gente se apresu-
ró a pasar. 11Y cuando acabaron de pasar todos,
pasó el arca del Señor, y los sacerdotes se pu-
sieron a la cabeza del pueblo. 12Los de Rubén,
Gad y media tribu de Manasés pasaron bien ar-
mados al frente de los israelitas, como les había
mandado Moisés. 13Unos cuarenta mil hombres
equipados militarmente desfilaron ante el Señor
hacia la llanura de Jericó. 14Aquel día el Señor
engrandeció a Josué ante todo Israel, para que
lo respetaran como habían respetado a Moisés
mientras vivió.
15El Señor dijo a Josué: 16«Manda a los sacer-
dotes portadores del arca de la Alianza que sal-
gan del Jordán». 17Josué les mandó: «Salgan del
Jordán». 18Y cuando los sacerdotes portadores
del arca de la alianza del Señor, salieron del Jor-
dán, y pusieron los pies en tierra seca, el agua
del Jordán volvió a su cauce y corrió como antes,
hasta los bordes.
19El pueblo salió del Jordán el día diez del mes
primero y acampó en Guilgal, al este de Jericó.
20Josué colocó en Guilgal aquellas doce piedras
sacadas del Jordán, 21y dijo a los israelitas:
«Cuando el día de mañana sus hijos les pregun-
ten qué son esas piedras, 22les responderán: "Is-
rael pasó el Jordán a pie, sin mojarse. El Señor,
su Dios, secó el agua del Jordán ante ustedes
hasta que pasaron, 23como hizo con el Mar Rojo,
que lo secó ante nosotros hasta que lo pasamos.
24Para que todas las naciones del mundo sepan
que la mano del Señor es poderosa y ustedes res-
peten siempre al Señor, su Dios"».

5 1Cuando los reyes amorreos de Cisjordania y
los reyes cananeos de occidente oyeron que
el Señor había secado el agua del Jordán ante
los israelitas hasta que ellos pasaron, quedaron
llenos de temor y no tuvieron ánimo para opo-
nerles resistencia.

Circuncisión

2En aquella ocasión dijo el Señor a Josué:
«Hazte cuchillos de piedra, siéntate y vuelve
a circuncidar a los israelitas». 3Josué hizo cu-
chillos de piedra y circuncidó a los israelitas en
Guibat Haaralot.
4El motivo de esta circuncisión fue que todos
los varones que habían salido de Egipto, como
todos los guerreros, habían muerto en el desier-
to, en el camino desde Egipto. 5Y aunque todos
los que salieron de Egipto estaban circuncida-
dos, los nacidos en el desierto, en el camino
desde Egipto, estaban sin circuncidar. 6Porque
los israelitas anduvieron por el desierto cuaren-
ta años, hasta que la generación de guerreros
que habían salido de Egipto y que no obedecie-
ron al Señor se acabó, conforme a su juramento
de que no verían la tierra que el Señor había ju-
rado a sus padres que les daría, una tierra que
mana leche y miel. 7Dios les suscitó descendien-
tes; a estos los circuncidó Josué, porque esta-
ban sin circuncidar, ya que no los habían circun-
cidado durante el viaje. 8Cuando todos acabaron
de circuncidarse, se quedaron guardando reposo
hasta que se sanaron.
9Entonces el Señor dijo a Josué: «Hoy les he
quitado de encima la vergüenza de Egipto». Y a

aquel sitio le pusieron el nombre de Guilgal, y
todavía se llama así.

Pascua

10Los israelitas estuvieron acampados en Guil-
gal y celebraron la Pascua el catorce del mismo
mes, por la tarde, en la llanura de Jericó. 11A
partir del día siguiente a la Pascua comieron de
los productos del país; el día de Pascua comieron
panes sin levadura y grano tostado. 12A partir
del día siguiente que comieron de los productos
del país, faltó el maná. Los israelitas no volvie-
ron a tener maná; aquel año comieron de los fru-
tos del país de Canaán.
13Estando ya cerca de Jericó, Josué levantó la
vista y vio a un hombre de pie frente a él con
la espada desenvainada en la mano. Josué fue
hacia él y le preguntó: «¿Eres de los nuestros o
del enemigo?». 14Contestó: «No. Soy el general
del ejército del Señor, y acabo de llegar». Josué
cayó rostro a tierra, adorándolo. Después le pre-
guntó: «¿Qué orden trae mi señor a su siervo?».
15El general del ejército del Señor le contestó:
«Descálzate, porque el sitio que pisas es sagra-
do». Josué se descalzó.

Conquista de Jericó

6 1Jericó estaba cerrada a cal y canto ante los
israelitas. Nadie salía ni entraba. 2El Señor
dijo a Josué: «Mira, entrego en tu poder a Jeri-
có y su rey. 3Todos los soldados den una vuelta
diaria alrededor de la ciudad durante seis días.
4Siete sacerdotes llevarán siete trompetas de-
lante del arca; al séptimo día darán siete vueltas
a la ciudad, y los sacerdotes tocarán las trompe-
tas, 5a la señal dada con el cuerno, cuando oigan
el sonido de las trompetas, todo el ejército lan-
zará el grito de guerra; entonces se desplomarán
las murallas de la ciudad, y cada uno la asaltará
desde su puesto».
6Josué, hijo de Nun, llamó a los sacerdotes y
les mandó: «Lleven el arca de la alianza, y que
siete sacerdotes lleven siete trompetas delan-
te del arca del Señor». 7Y luego dijo a la tropa:
«Marchen a rodear la ciudad; los que lleven ar-
mas pasen delante del arca del Señor». 8Después
que Josué dio estas órdenes a la tropa, siete sa-
cerdotes, llevando siete trompetas, se pusieron
delante del Señor y empezaron a tocar. El arca
del Señor los seguía; 9los soldados armados mar-
chaban delante de los sacerdotes que tocaban
las trompetas; el resto del ejército marchaba
detrás del arca. Las trompetas acompañaban la
marcha. 10Josué había dado esta orden a la tro-
pa: «No lancen ningún grito de guerra, ni dejen
oír su voz, no se les escape una palabra hasta el
momento en que yo les mande gritar; entonces
gritarán».
11Dieron una vuelta a la ciudad con el arca del
Señor y se volvieron al campamento para pasar
la noche. 12Josué se levantó de madrugada, y los
sacerdotes tomaron el arca del Señor. 13Siete sa-
cerdotes, llevando siete trompetas delante del
arca del Señor, acompañaban la marcha de los
soldados con las trompetas. Y la retaguardia mar-
chaba tras el arca al son de las trompetas. 14Aquel
segundo día dieron una vuelta a la ciudad y se
volvieron al campamento. Así hicieron seis días.
15El día séptimo, al despuntar el sol, madru-
garon y dieron siete vueltas a la ciudad, con-
forme al mismo ceremonial. La única diferencia
fue que el día séptimo dieron siete vueltas a la
ciudad. 16A la séptima vuelta, los sacerdotes
tocaron las trompetas y Josué ordenó a la tro-
pa: «¡Griten, que el Señor les entrega la ciudad!
17Esta ciudad, con todo lo que hay en ella, se
consagra al exterminio en honor del Señor. So-
lo han de quedar con vida la prostituta Rajab y
todos los que estén con ella en su casa, porque
escondió a nuestros emisarios. 18En cuanto a us-
tedes, tengan cuidado, no se les vayan los ojos
y recojan algo de lo consagrado al exterminio;
porque pondrán bajo maldición el campamento
de Israel y le acarrearán la desgracia. 19Toda la
plata y el oro y el ajuar de bronce y hierro se
consagran al Señor: irán a parar a su tesoro».
20Sonaron las trompetas. Al oír el toque, lan-
zaron todos el grito de guerra. Las murallas
se desplomaron y el ejército dio el asalto a la
ciudad, cada uno desde su puesto, y la conquis-
taron. 21Consagraron al exterminio todo lo que
había dentro: hombres y mujeres, muchachos y
ancianos, vacas, ovejas y burros, todo lo pasa-
ron a cuchillo.
22Josué había encargado a los dos espías:
«Vayan a la casa de la prostituta y sáquenla de
allí con todo lo que tenga, tal como le juraron».
23Los espías fueron y sacaron a Rajab, a su pa-
dre, madre y hermanos y todo lo que tenía, y
a todos los parientes, y los dejaron fuera del
campamento israelita. 24Incendiaron la ciudad
y cuanto había en ella. Solo la plata, el oro y el
ajuar de bronce y hierro lo destinaron al tesoro
del Templo del Señor. 25Josué perdonó la vida
a Rajab, la prostituta, a su familia y a todo lo
suyo. Rajab vivió en medio de Israel hasta hoy,
por haber escondido a los emisarios que envió
Josué a explorar Jericó.
26En aquella ocasión juró Josué:

¡Maldito de Dios el que reedifique esta ciu-
dad!/ Pondrá los cimientos sobre su primogéni-
to/ y colocará las puertas sobre su hijo menor.

[27]El Señor estuvo con Josué, y su fama se di-
vulgó por toda la región.

El sacrilegio de Acán

7 [1]Pero los israelitas cometieron un pecado con
lo consagrado. Porque Acán, hijo de Carmí,
de Zabdí, de Zéraj, de la tribu de Judá, robó de
lo consagrado. Y el Señor se encolerizó contra
Israel.
[2]Josué envió gente desde Jericó hacia Ay, al
este de Betel, con esta orden: «Vayan a recono-
cer la región».
Fueron, hicieron el reconocimiento [3]y, al vol-
ver, dijeron a Josué: «No hace falta que vaya to-
da la tropa; bastan unos dos mil o tres mil para
conquistar la ciudad. No canses a toda la tropa
en este ataque, que ellos son pocos».
[4]Entonces fueron hacia Ay unos tres mil del
ejército; pero tuvieron que huir ante los de Ay,
[5]que les hicieron unas treinta y seis bajas y los
persiguieron desde las puertas de la ciudad has-
ta Hassebarim, derrotándolos en la cuesta. El
valor del ejército se deshizo en agua.
[6]Josué se rasgó el manto, cayó rostro en tie-
rra ante el arca del Señor, y estuvo así hasta el
atardecer, junto con los concejales de Israel,
echándose polvo a la cabeza. [7]Josué oró: «¡Ay
Señor mío! ¿Para qué hiciste pasar el Jordán a
este pueblo?, ¿para entregarnos después a los
amorreos y exterminarnos? ¡Ojalá nos hubiéra-
mos quedado al otro lado del Jordán! [8]¡Perdón,
Señor! ¿Qué voy a decir después que Israel ha
vuelto la espalda ante el enemigo? [9]Lo oirán los
cananeos y toda la gente del país, nos cercarán
y borrarán nuestro nombre de la tierra. ¿Y qué
harás tú con tu ilustre nombre?».
[10]El Señor le respondió: «Anda, levántate.
¿Qué haces ahí, caído rostro en tierra? [11]Israel
ha pecado, han quebrantado el pacto que yo
realicé con ellos, han tomado de lo consagra-
do, han robado, han disimulado escondiéndolo
entre su ajuar. [12]No podrán los israelitas resistir
a sus enemigos, les volverán la espalda, porque
se han convertido ellos mismos en algo que de-
be ser consagrado al exterminio. No estaré más
con ustedes mientras no eliminen lo que ordené
que se destruyera. [13]Levántate, purifica al pue-
blo y diles: Purifíquense para mañana, porque
así dice el Señor, Dios de Israel: ¡Hay algo que
debió ser consagrado al exterminio dentro de ti,
Israel! No podrás hacer frente a tus enemigos
mientras no lo destruyas y lo eches fuera de ti.
[14]Por la mañana se acercarán por tribus. La tribu
que el Señor indique por sorteo se acercará por
clanes; el clan que el Señor indique por sorteo
se acercará por familias; la familia que el Señor
indique por sorteo se acercará por individuos.
[15]El que sea sorprendido con algo consagrado,
será quemado con todos sus bienes, por haber
quebrantado el pacto del Señor y haber cometi-
do una infamia en Israel».
[16]Josué madrugó y mandó a los israelitas
acercarse por tribus. La suerte cayó en la tribu
de Judá. Se fue acercando la tribu de Judá por
clanes, y la suerte cayó en el clan de Zéraj. [17]Se
fue acercando el clan de Zéraj por familias, y la
suerte cayó en la familia de Zabdí. [18]Se fue acer-
cando la familia de Zabdí por individuos, y la
suerte cayó en Acán, hijo de Carmí, de Zabdí, de
Zéraj, de la tribu de Judá.
[19]Josué dijo a Acán: «Hijo mío, glorifica al Se-
ñor, Dios de Israel, haciendo tu confesión. Dime
lo que has hecho, no me ocultes nada». [20]Acán
respondió a Josué: «Es verdad, he pecado contra
el Señor, Dios de Israel. He hecho esto y esto:
[21]vi entre los despojos un manto babilonio muy
bueno, doscientas monedas de plata y una barra
de oro de medio kilo; se me fueron los ojos y lo
agarré. Mira, está todo escondido en un hoyo en
medio de mi tienda, el dinero debajo».
[22]Josué mandó a unos que fueran corriendo a
la tienda de Acán: todo estaba allí escondido, el
dinero debajo. [23]Lo sacaron de la tienda, se lo
llevaron a Josué y a los israelitas y lo deposita-
ron ante el Señor.
[24]Josué tomó a Acán, hijo de Zéraj –con el di-
nero, el manto y la barra de oro–, a sus hijos e
hijas, sus bueyes, burros y ovejas, y su tienda
con todos sus bienes. En compañía de todo Is-
rael los subió al Valle de Acor, [25]y Josué dijo: «¡El
Señor te haga sufrir hoy mismo la desgracia que
nos has acarreado!».
Todos los israelitas apedrearon a Acán. Luego
los quemaron y los cubrieron de piedras. [26]Des-
pués levantaron encima de él un montón de pie-
dras, que todavía hoy se conserva. Y el Señor
aplacó el incendio de su ira. Por eso aquel sitio
se llama hasta hoy Valle de Acor.

Conquista de Ay

8 [1]El Señor dijo a Josué: «No temas ni te aco-
bardes. Vete con tu ejército a atacar Ay, que
yo te pongo en las manos a su rey, su gente, la
ciudad y sus campos. [2]Trata a la ciudad y a su
rey como trataste a Jericó y a su rey. Solo se
llevarán el botín y el ganado. Pon emboscadas al
otro lado del pueblo».
[3]Josué y su ejército prepararon el ataque de
Ay. Josué escogió treinta mil soldados y los en-
vió durante la noche [4]con estas instrucciones:
«Presten atención, ustedes estarán emboscados
detrás del pueblo, pero sin alejarse mucho, man-

téngganse alerta; 5yo y los míos nos acercaremos.
Cuando el enemigo salga contra nosotros, como
la primera vez, huiremos ante ellos; 6ellos sal-
drán detrás, pensando que huimos como la pri-
mera vez, y así lograremos alejarlos del pueblo.
7Entonces salgan de la emboscada y apodérense
de la ciudad –el Señor se las entregará– 8y en
cuanto la ocupen, la incendiarán. Hagan lo que
ha dicho el Señor. Estas son mis órdenes».

9Los despachó, y fueron a ubicarse en el lu-
gar de la emboscada entre Betel y Ay, al oeste
de Ay. Josué pasó aquella noche entre la tropa.
10Se levantó temprano, pasó revista a la tropa
y marchó contra Ay. El iba a la cabeza, con los
ancianos de Israel. 11Todos los soldados que los
acompañaban fueron acercándose a Ay, hasta
llegar frente a ella, y acamparon al norte, dejan-
do el valle entre ellos y el pueblo. 12Josué había
tomado unos cinco mil hombres y los había em-
boscado entre Betel y Ay, al oeste de la villa. 13El
grueso del ejército acampó al norte, la retaguar-
dia al oeste de la villa. Josué fue aquella noche
hasta la mitad del valle.

14Cuando el rey de Ay lo descubrió, despertó
a toda prisa a la gente y salió con su ejército a
presentar batalla a Israel, en la bajada frente
al desierto, sin saber que le habían tendido una
emboscada detrás de la ciudad. 15Josué y los is-
raelitas cedieron ante ellos y emprendieron la
fuga camino del desierto. 16Los de Ay salieron
gritando tras ellos y persiguieron a Josué, ale-
jándose de la ciudad; 17no quedó uno en Ay que
no saliera en persecución de los israelitas y por
perseguirlos dejaron la ciudad desguarnecida.

18El Señor dijo a Josué: «Extiende en dirección
de Ay la lanza que llevas en la mano, porque la
entrego en tu poder».

19Josué extendió en dirección de Ay la lanza
que llevaba en la mano, y los de la emboscada sa-
lieron corriendo de sus posiciones, entraron en
la ciudad, la ocuparon y la incendiaron ensegui-
da. 20Los de Ay se volvieron a mirar y vieron que
subía de la ciudad una humareda hasta el cielo
y que no tenían escapatoria por ninguna parte,
porque los que habían huido hacia el desierto
se volvieron contra sus perseguidores. 21Ya que
Josué y los israelitas, viendo que los de la em-
boscada habían incendiado la ciudad, por la hu-
mareda que subía, se dieron la vuelta y atacaron
a los de Ay 22y por su parte los de la emboscada
salieron de Ay a su encuentro, y así se vieron en-
cerrados entre dos ejércitos israelitas. Israel los
derrotó hasta no dejarles un superviviente ni un
fugitivo. 23Al rey de Ay lo apresaron vivo y se lo
llevaron a Josué. 24Cuando los israelitas acaba-
ron de matar a todos los de Ay que habían salido
a campo abierto en su persecución, haciéndolos
caer a todos a filo de cuchillo, hasta el último,
se volvieron contra Ay y pasaron a cuchillo a sus
habitantes. 25Las bajas de aquel día fueron doce
mil entre hombres y mujeres, toda gente de Ay.

26Josué tuvo extendido el brazo con la lanza
hasta que exterminaron a todos los de Ay. 27Los
israelitas se llevaron solo el ganado y el botín,
como había ordenado el Señor a Josué.

28Josué incendió la ciudad, reduciéndola a un
montón de escombros, que dura hasta hoy. 29Al
rey de Ay lo ahorcó de un árbol y lo dejó allí
hasta la tarde; al ponerse el sol mandó bajar del
árbol el cadáver, lo tiraron junto a la puerta de
la ciudad y lo cubrieron con un montón enorme
de piedras, que se conserva hasta hoy.

30Entonces levantó Josué un altar al Señor,
Dios de Israel, en el monte Ebal, 31como había
mandado Moisés, siervo del Señor, a los israeli-
tas –está escrito en el libro de la ley de Moisés–:
un altar de piedras enteras, no labradas a hierro,
y ofrecieron sobre él holocaustos y sacrificios
de comunión.

32Allí escribió Josué sobre las piedras una co-
pia de la ley que Moisés había escrito en presen-
cia de los israelitas. 33Todo Israel, los ancianos,
los escribas y los jueces estaban a ambos lados
del arca, frente a los sacerdotes levitas portado-
res del arca de la alianza del Señor. Tanto el ex-
tranjero como el nativo: la mitad hacia el monte
Garizín, la otra mitad hacia el monte Ebal, como
había mandado Moisés, siervo del Señor, cuando
bendijo por primera vez al pueblo israelita.

34Josué leyó todo el texto de la ley, bendicio-
nes y maldiciones, tal como está escrito en el
libro de la Ley. 35De cuanto prescribió Moisés no
quedó ni una palabra que Josué no leyera ante
la asamblea de Israel, incluidos niños, mujeres y
los extranjeros que iban con ellos.

Los gabaonitas

9 1Cuando se enteraron los reyes de Cisjorda-
nia, de la montaña, de la Sefela y de toda
la costa mediterránea hasta el Líbano –hititas,
amorreos, cananeos, fereceos, heveos y jebu-
seos– 2se aliaron para luchar contra Josué e
Israel bajo un mando único. 3Los de Gabaón se
enteraron de lo que había hecho Josué con Jeri-
có y con Ay 4y actuaron por su parte astutamen-
te; fueron y tomaron provisiones, cargaron los
burros con alforjas viejas y odres de vino viejos,
rotos y recosidos; 5se pusieron sandalias viejas
y remendadas y se echaron encima unos mantos
viejos; todo el pan que llevaban de comida era
pan duro y desmigajado. 6Fueron al campamento
de Guilgal y dijeron a Josué y a los israelitas:

«Venimos de un país lejano. Hagan un tratado
de paz con nosotros». Los israelitas respondie-
ron a aquellos heveos: «A lo mejor viven aquí
cerca. ¿Cómo vamos a hacer un tratado de paz
con ustedes?». 8Ellos contestaron a Josué: «So-
mos vasallos tuyos». Él insistió: «¿Quiénes son
ustedes y de dónde vienen?». 9Le respondieron:
«Venimos de un país muy lejano, atraídos por la
fama del Señor, tu Dios; porque hemos oído ha-
blar de él, de todo lo que hizo en Egipto, 10y de la
manera cómo trató a los dos reyes amorreos de
Transjordania: Sijón, rey de Jesbón, y Og, rey de
Basán, en Astarot. 11Nuestros ancianos y la gen-
te de nuestro país nos encargaron: Tomen provi-
siones para el viaje y marchen a su encuentro a
ofrecerse como vasallos suyos. Hagan por tanto
una alianza con nosotros. 12Miren nuestro pan:
lo tomamos caliente en casa el día que empren-
dimos el viaje hasta aquí, y ya lo ven, está duro
y convertido en migajas. 13Estos son los odres de
vino: los llenamos nuevos, y ahora están rotos.
estos son nuestros mantos y las sandalias, gas-
tados por el largo camino».

14Entonces los israelitas probaron de las provi-
siones de los viajeros, sin consultar al Señor. 15Y
Josué les firmó un tratado de paz, comprome-
tiéndose a respetar sus vidas; así se lo juraron
también los representantes de la asamblea.

16Pero tres días después de haber pactado con
ellos se enteraron de que eran vecinos, que vi-
vían allí cerca; 17porque los israelitas levantaron
el campamento y al tercer día de marcha llegaron
a sus poblados: Gabaón, Quefira, Beerot y Quiriat
Yearim. 18No los atacaron, porque los represen-
tantes de la asamblea les habían hecho un jura-
mento por el Señor, Dios de Israel; pero toda la
asamblea murmuró contra sus representantes.

19Entonces los representantes dieron explica-
ciones a la asamblea: «Nosotros les hicimos un
juramento por el Señor, Dios de Israel; así que
ahora no podemos atacarlos. 20Pero vamos a ha-
cer lo siguiente: respetaremos sus vidas, y así no
nos vendrá un castigo por quebrar el juramento
que les hicimos». 21Los representantes les dije-
ron: «Que queden con vida, pero que sean leña-
dores y aguateros de todo el pueblo». Se acordó
lo que habían propuesto los representantes.

22Josué mandó llamar a los gabaonitas y les
dijo: «¿Por qué nos engañaron, diciendo que
eran de muy lejos, siendo así que viven cerca de
nosotros? 23Ahora pesa sobre ustedes una maldi-
ción, serán para siempre leñadores y aguateros
del templo de mi Dios». 24Le contestaron: «No-
sotros, servidores tuyos, estábamos informados
de lo que el Señor, tu Dios, había dicho a su
siervo Moisés: que les daría todo el país, y a to-
dos sus habitantes los aniquilaría ante ustedes;
entonces, temblando por nuestra vida, discurri-
mos aquello. 25Ahora estamos en tus manos: haz
de nosotros lo que te parezca bien y justo».

26Josué los trató como había dicho: los pro-
tegió de los israelitas para que no los mataran,
27pero aquel día los hizo leñadores y aguateros
de la asamblea y del altar del Señor, hasta el día
de hoy, donde el Señor quisiera.

La campaña del Sur

10 1Cuando Adoni-Sedec, rey de Jerusalén, oyó
que Josué había tomado Ay y la había arra-
sado y que había hecho con ella y con su rey lo
mismo que con Jericó y su rey y que los de Gabaón
habían hecho las paces con Israel y vivían con
los israelitas, 2se asustó enormemente. Porque
Gabaón era toda una ciudad, como una de las ca-
pitales reales, mayor que Ay, y todos sus hombres
eran valientes. 3Entonces envió este mensaje a
Ohán, rey de Hebrón; a Pirán, rey de Yarmut; a Ya-
fía, rey de Laquis, y a Debir, rey de Eglón: 4«Ven-
gan con refuerzos para derrotar a Gabaón, que
ha hecho las paces con Josué y los israelitas».
5Entonces se aliaron los cinco reyes amorreos –el
de Jerusalén, el de Hebrón, el de Yarmut, el de
Laquis y el de Eglón– subieron con sus ejércitos,
acamparon frente a Gabaón y la atacaron.

6Los de Gabaón despacharon emisarios a Jo-
sué, al campamento de Guilgal, con este ruego:
«No dejes solos a tus vasallos. Ven enseguida a
salvarnos. Ayúdanos, porque se han aliado con-
tra nosotros los reyes amorreos de la montaña».

7Entonces Josué subió desde Guilgal con todo
su ejército, todos sus guerreros, 8y el Señor le
dijo: «No les tengas miedo, que yo te los entre-
go; ni uno de ellos podrá resistirte».

9Josué caminó toda la noche desde Guilgal y
cayó sobre ellos de repente; 10el Señor los des-
barató ante Israel, que les infligió una gran
derrota junto a Gabaón, y los persiguió por la
Cuesta de Bet-Jorón, destrozándolos hasta Aze-
cá y Maqueda. 11Y cuando iban huyendo de los is-
raelitas por la cuesta de Bet-Jorón, el Señor les
lanzó desde el cielo un pedrisco fuerte y mortí-
fero en el camino hasta Azecá; murieron más por
la granizada que por la espada de los israelitas.

12Cuando el Señor puso en manos de los israe-
litas a los amorreos, Josué habló al Señor y gritó
en presencia de Israel: «¡Sol, quieto en Gabaón!
¡Y tú, luna, en el valle de Ayalón!». 13Y el sol que-
dó quieto y la luna inmóvil, hasta que se vengó
el pueblo de sus enemigos. Así consta en el libro
de Yasar: El sol se detuvo en medio del cielo y
tardó un día entero en ponerse. 14Ni antes ni
después ha habido un día como aquel, cuando el

Señor obedeció a la voz de un hombre, porque el Señor luchaba por Israel.

15Josué y los israelitas se volvieron al campamento de Guilgal. 16Los cinco reyes lograron huir y se escondieron en la cueva de Maqueda.

17Avisaron a Josué: «Los cinco reyes están escondidos en la cueva de Maqueda». 18Josué ordenó: «Hagan rodar piedras grandes hasta la entrada de la cueva y dejen allí apostados algunos centinelas para que los vigilen. 19Ustedes no dejen de perseguir al enemigo, córtenles la retirada; no los dejen llegar a sus poblados, porque el Señor, su Dios, se los entrega».

20Cuando Josué y los israelitas los derrotaron hasta acabar con ellos –fue una gran derrota–, los que lograron salvarse huyendo se refugiaron en las ciudades fortificadas. 21Todo el ejército volvió victorioso al campamento de Josué, en Maqueda. Nadie se atrevió a hablar mal de los israelitas. 22Josué ordenó: «Destapen la entrada de la cueva y saquen a esos cinco reyes».

23Cumpliendo sus órdenes, sacaron de la cueva a los cinco reyes: el de Jerusalén, el de Hebrón, el de Yarmut, el de Laquis y el de Eglón. 24Cuando se los presentaron, Josué convocó a todos los israelitas y dijo a sus oficiales: «Acérquense y pisen la nuca a esos reyes». Ellos se acercaron y pusieron el pie en la nuca de los reyes. 25Josué les dijo: «No teman ni se acobarden. ¡Sean fuertes y valientes!, que así tratará el Señor a todos los enemigos con los que van a luchar».

26Dicho esto, los ajustició y los colgó de cinco árboles; allí estuvieron colgados hasta la tarde. 27A la puesta del sol mandó bajarlos de los árboles y tirarlos a la cueva donde se habían escondido; después colocaron grandes piedras a la entrada de la cueva, y allí están todavía hoy.

28Aquel día Josué tomó Maqueda. La pasó a cuchillo, consagrando al exterminio a su rey y a todos sus habitantes. No quedó un superviviente; trató al rey de Maqueda como al de Jericó.

29Desde Maqueda Josué y los israelitas pasaron a Libná y la atacaron. 30El Señor les entregó también Libna y a su rey, y pasaron a cuchillo a todos los habitantes. No quedó en ella un superviviente; a su rey lo trató Josué como al de Jericó.

31Desde Libna Josué y los israelitas pasaron a Laquis, acamparon frente a ella y la atacaron. 32El Señor se la entregó: tomaron Laquis al segundo día y pasaron a cuchillo a todos los habitantes, lo mismo que habían hecho en Libna. 33Horán, rey de Guézer, subió en auxilio de Laquis, pero Josué lo derrotó a él y a su ejército, sin dejarle un superviviente.

34Desde Laquis Josué y los israelitas pasaron a Eglón; acamparon frente a ella y la atacaron. 35La tomaron aquel mismo día y la pasaron a cuchillo, consagrando al exterminio a todos sus habitantes, lo mismo que habían hecho con Laquis.

36Desde Eglón, Josué y los israelitas con él, pasaron a Hebrón y la atacaron. 37La tomaron y pasaron a cuchillo a su rey y a toda la población. No quedó un superviviente, lo mismo que habían hecho en Eglón; la consagraron al exterminio con todos sus habitantes.

38Después Josué y los israelitas con él se volvieron contra Debir y la atacaron. 39Se apoderaron de ella, del rey y sus poblados y los pasaron a cuchillo, consagrando al exterminio a todos sus habitantes. No quedó un superviviente; trataron a Debir y a su rey lo mismo que a Hebrón y a su rey, a Libna y a su rey.

40Así fue como conquistó Josué toda la montaña, el Negueb y la Sefela y las estribaciones de la sierra, con sus reyes. No quedó un superviviente. Consagraron al exterminio a todo ser viviente, como había mandado el Señor, Dios de Israel. 41Josué conquistó desde Cades Barnea hasta Gaza, y todo el país de Gosén hasta Gabaón. 42En una sola ofensiva se apoderó de todos aquellos reyes y sus tierras, porque el Señor, Dios de Israel, combatía por Israel. 43Josué y los israelitas que iban con él se volvieron después al campamento de Guilgal.

La campaña del Norte

11 1Cuando se enteró Yabín, rey de Jasor, mandó mensajeros a Yobab, rey de Madón, al rey de Simerón, al de Acsaf 2y a los reyes del norte de la montaña y del desierto, al sur de Genesaret, de la Sefela y del distrito de Dor, junto al mar, 3a los cananeos de este y oeste, a los amorreos, hititas y fereceos, a los jebuseos de la montaña y a los heveos al pie del Hermón, en la región de Mispá. 4Salieron con todos sus ejércitos, una tropa numerosa como la arena de la playa, muchísimos caballos y carros.

5Se aliaron todos aquellos reyes, y todos juntos fueron a acampar cerca del arroyo de Merón para luchar contra Israel. 6El Señor dijo a Josué: «No les tengas miedo, que mañana, a estas horas, a todos ellos los haré caer ante Israel; les romperás las patas a sus caballos y les quemarás los carros».

7Josué y sus soldados marcharon contra ellos hacia el arroyo de Merón y cayeron sobre ellos de repente. 8El Señor se los entregó a Israel, que los derrotó y persiguió hasta la capital de Sidón, Misrepot Maym y la parte oriental del valle de Mispá. Los desbarataron hasta que no quedó un superviviente.

9Josué los trató como había dicho el Señor: les
quebró las patas a los caballos y les quemó los
carros. 10Luego se volvió, se apoderó de Jasor
y ajustició a su rey porque Jasor era desde an-
tiguo la capital de aquellos reinos, 11y pasó a
cuchillo a todos sus habitantes, consagrándo-
los al exterminio; no quedó uno vivo. A Jasor la
incendió. 12Josué se apoderó de todas aquellas
poblaciones y sus reyes; los pasó a cuchillo, con-
sagrándolos al exterminio, como había ordena-
do Moisés, siervo del Señor. 13Pero los israelitas
no incendiaron las ciudades emplazadas sobre
montículos; la única excepción fue Jasor, incen-
diada por Josué. 14Se llevaron todo su botín y el
ganado; a las personas en cambio las pasaron a
cuchillo, no dejando una viva.

15Lo que el Señor había ordenado a su siervo
Moisés, este se lo ordenó a Josué y Josué lo cum-
plió; no descuidó nada de cuanto el Señor había
ordenado a Moisés. 16Así fue como se apoderó
Josué de todo el país: de la montaña, el Negueb,
la región de Gosén, la Sefela y el desierto, la
montaña de Israel y su llanura, 17desde el monte
Jalac, que sube hacia Seír, hasta Baal-Gad, en
el valle del Líbano, al pie del monte Hermón. Se
apoderó de todos sus reyes y los ajustició.

18Josué estuvo mucho tiempo haciendo la
guerra a todos aquellos reyes. 19Ninguna ciudad
hizo las paces con los israelitas, a excepción de
los heveos que vivían en Gabaón; a todas las
conquistaron con las armas, 20porque fue cosa
de Dios endurecer sus corazones para que opu-
sieran resistencia a Israel, con intención de que
Israel los exterminara sin piedad, aniquilándo-
los, como el Señor había ordenado a Moisés.

21Josué aniquiló a los enaquitas de la monta-
ña, de Hebrón, de Debir, de Anab, en una pala-
bra, de los montes de Judá y de los montes de
Israel. Los exterminó con sus poblaciones. 22No
quedaron enaquitas en territorio de Israel; solo
en Gaza, Gat y Asdod quedaron algunos. 23Josué
se apoderó de todo el país, como el Señor había
dicho a Moisés. Y se lo dio a Israel en herencia,
repartiéndolo en lotes a las tribus. El país quedó
en paz.

Reyes de Transjordania y de Cisjordania

12 1Reyes de Transjordania a los que derro-
taron los israelitas y de cuyas tierras se
apoderaron, desde el río Arnón hasta el monte
Hermón, incluyendo toda la estepa oriental:

2Sijón, rey amorreo con residencia en Jese-
bón. Sus dominios eran: desde Aroer, a orillas
del Arnón, y desde la parte central del valle, la
mitad de Galaad hasta el Yaboc, frontera de los
amonitas, 3la estepa, desde la parte oriental del
Mar de Galilea hasta la parte oriental del mar del
desierto, el Mar Muerto, hasta el camino de Bet-
Yesimot y las estribaciones del Fasga, en el sur.

4Og, rey de Basán, de los últimos refaimitas,
con residencia en Astarot y Edrey. 5Sus domi-
nios eran: el monte Hermón, Salcá y todo Basán
hasta la frontera de los guesureos y macateos,
además de medio Galaad, hasta la frontera de
Sijón, rey de Jesbón.

6Moisés, siervo del Señor, y los israelitas los
derrotaron, y Moisés, siervo del Señor, dio sus
tierras en propiedad a los de Rubén, Gad y media
tribu de Manasés.

7Reyes de Cisjordania a los que derrotaron
Josué y los israelitas, desde Baal-Gad, en el va-
lle del Líbano, hasta el Monte Jalac, que sube
a Seír, cuyas tierras dio Josué en propiedad a
las tribus de Israel, repartiéndolas en lotes; 8en
la montaña, en la Sefela, en la estepa, en las
estribaciones de la sierra, en el desierto y en
el Negueb, donde estaban los hititas, amorreos,
cananeos, fereceos, heveos y jebuseos: 9el rey
de Jericó y el rey de Ay, junto a Betel; 10el rey de
Jerusalén y el rey de Hebrón; 11el rey de Yarmut
y el rey de Laquis; 12el rey de Eglón y el rey de
Guézer; 13el rey de Debir y el rey de Gueder; 14el
rey de Jormá y el rey de Arad; 15el rey de Libná
y el rey de Adulán; 16el rey de Maqueda y el rey
de Betel; 17el rey de Tapuj y el rey de Jéfer; 18el
rey de Afec y el rey de Sarón; 19el rey de Madón
y el rey de Jasor; 20el rey de Simerón y el rey de
Acsaf; 21el rey de Taanac y el rey de Meguido; 22el
rey de Cades y el rey de Yocneán del Carmelo;
23el rey de Dor, en el distrito de Dor; el rey de
los pueblos de Galilea; 24y el rey de Tirsá. Suma
total: treinta y un reyes.

REPARTO DE LA TIERRA I (13–21)

Territorios por ocupar:

13 1Josué era viejo, de edad avanzada, y el
Señor le dijo: «Ya eres viejo, de edad avan-
zada, y queda aún mucha tierra por ocupar, 2to-
da la parte filistea y todo Guesur; 3desde el Sijor,
en tierra de Egipto, hasta el límite de Ecrón,
al norte, zona considerada como cananea; allí
están los cinco principados filisteos –Gaza, As-
dod, Ascalón, Gat, y Ecrón– y los heveos 4del
sur. Además queda todo el país cananeo, desde
la Cueva de los Fenicios hasta Afec, y hasta la
frontera de los amorreos. 5Y por último todo el
país de Biblos y el Líbano oriental, desde Baal-
Gad, al pie del Hermón, hasta el Paso de Jamat.
6Yo expulsaré ante los israelitas a todos los ha-
bitantes de la montaña, desde el Líbano hasta
Misrepot Maym, y a todos los fenicios. Tú solo
tienes que repartir el país entre los israelitas

mediante un sorteo, según te lo he mandado.
7Sí, ya es hora de que repartas esta tierra entre
las nueve tribus y la media tribu de Manasés pa-
ra que la posean como herencia».

Territorios de Transjordania

8La otra media tribu de Manasés, los de Rubén
y los de Gad habían recibido ya la herencia que
Moisés, siervo del Señor, les había asignado en
Transjordania: 9desde Aroer a la orilla del Arnón,
con la ciudad que está en medio del valle, toda
la llanura de Mandaba hasta Dibón, 10y todas las
ciudades de Sijón, rey amorreo que reinaba en
Jesbón, hasta la frontera de los amonitas. 11Ade-
más les había asignado Galaad, el territorio de
los guesureos y macateos, todo el Hermón y todo
el Basán hasta Salcá, 12y todo el reino de Og de
Basán, que reinaba en Astarot y Edrey, y era uno
de los últimos refaimitas a los que Moisés derro-
tó y expulsó. 13En cambio, los israelitas no pu-
dieron expulsar a guesureos y macateos, que han
seguido viviendo en medio de Israel hasta hoy.
14Solo a la tribu de Leví no le asignó Moisés
una herencia; el Señor, Dios de Israel, es su he-
rencia, como les había prometido.
15A la tribu de Rubén Moisés le asignó, por
clanes, 16una herencia cuyo territorio era: desde
Aroer a la orilla del Arnón, con la ciudad que
está en medio del valle, toda la llanura de Ma-
dabá; 17Jesbón y todos los pueblos de la meseta:
Dibón, Mot-Baal, Bet-Baal-Maón, 18Yasá, Cade-
mot, Mepaat, 19Quiriataym, Sibmá y Séret Sajar,
en el monte y en el valle, 20Bet-Fegor, las es-
tribaciones del Fasga y Bet-Yesimot: 21todos los
pueblos de la llanura y todo el reino de Sijón, rey
amorreo que reinaba en Jesbón, al que derrotó
Moisés, lo mismo que a los príncipes de Madián:
Eví, Requen, Sur, Hur y Reba, vasallos de Sijón
que vivían en el país. 22Al adivino Balaán, hijo
de Beor, los israelitas lo acuchillaron con los de-
más. 23Así que el territorio de los rubenitas fue
el Jordán y su ribera. Esa fue, con sus ciudades
y poblados, la herencia de los rubenitas, repar-
tida por clanes.
24A la tribu de Gad –a los gaditas– Moisés le
asignó, por clanes, 25una herencia cuyo territorio
comprendía Jezer, todos los pueblos de Galaad, la
mitad del país amonita, hasta Aroer, frente a Ra-
bat, 26y a partir de Jesbón hasta Ramat Hammispé
y Betonim, desde Majnaym hasta los términos de
Lodabar. 27En el valle: Bet Haram y Bet-Nimrá, Su-
cot y Safón, lo que quedaba del reino de Sihón,
rey de Jesbón. El Jordán servía de límite hasta la
orilla del Mar de Galilea en Transjordania. 28Esa
fue, con ciudades y poblados, la herencia de los
gaditas, repartida por clanes.
29A la media tribu de Manasés, Moisés le había
asignado, por clanes, 30una herencia cuyo terri-
torio comprendía desde Majanaim, todo Basán,
todo el reino de Og, rey de Basán, todas las vi-
llas de Yair en Basán: sesenta poblaciones. 31Me-
dio Galaad, Astarot y Edrey, ciudades del reino
de Og de Basán, les tocaron a los mauiritas de
Manasés, media tribu de Manasés, por clanes.
32Esa fue la tierra que Moisés repartió en he-
rencia en los llanos de Moab, en Transjordania,
al este de Jericó. 33A la tribu de Leví no le asignó
herencia. El Señor, Dios de Israel, es su heren-
cia, como les había prometido.

Territorios de Cisjordania

14 1Estos son los territorios que los israeli-
tas recibieron como herencia en el país de
Canaán, repartidos por el sacerdote Eleazar, Jo-
sué, hijo de Nun, y los cabezas de familias de las
tribus de Israel. 2Ellos lo repartieron echando
suertes, como había ordenado el Señor, por me-
dio de Moisés, a las nueve tribus y media. 3Ya an-
tes Moisés les había asignado herencia en Tran-
sjordania a dos tribus y media pero a los levitas
no les asignó ninguna herencia en medio de
ellos. 4Los descendientes de José formaban dos
tribus: Manasés y Efraín; pero a los levitas no
les asignaron ningún territorio en el país, sino
ciudades para habitar con sus correspondientes
campos para criar sus ganados y rebaños. 5Los
israelitas hicieron el reparto de tierra como el
Señor había mandado a Moisés.
6Los de Judá se acercaron a Josué en Guilgal,
y Caleb, hijo de Jefoné, el queniceo, le dijo: «Ya
sabes el encargo que, por orden del Señor, te
dio para mí, Moisés hombre de Dios en Cades
Barnea. 7Cuarenta años tenía yo cuando Moisés,
siervo del Señor, me envió desde Cades Barnea
a reconocer el país, y volví con una información
fidedigna. 8Los compañeros que habían ido con-
migo desanimaron a la gente; yo, en cambio,
seguí plenamente al Señor, mi Dios, 9y Moisés
juró aquel día: La tierra que han pisado tus pies
será tu herencia y la de tus hijos por siempre,
porque has seguido plenamente al Señor, mi
Dios. 10Ahora ves que el Señor me ha conservado
la vida, como prometió. Cuarenta y cinco años
han pasado desde que el Señor se lo dijo a Moi-
sés, cuando Israel andaba por el desierto; hoy
cumplo ochenta y cinco años, 11y todavía estoy
tan fuerte como el día en que me envió Moisés:
me siento ahora tan fuerte como entonces para
luchar y para emprender lo que sea. 12Por eso,
dame ese monte que me prometió aquel día el
Señor. Tú lo oíste: que aquí vivían los enaquitas
y que sus ciudades eran grandes y fortificadas.

Ojalá el Señor esté conmigo y logre expulsarlos
como él prometió».
13Entonces Josué lo bendijo y dio Hebrón en
herencia a Caleb, hijo de Jefoné. 14Por eso He-
brón pertenece por herencia a Caleb, hijo de
Jefoné, el queniceo, hasta el día de hoy, por ha-
ber seguido plenamente al Señor, Dios de Israel.
15Hebrón se llamaba antiguamente Quiriat Arbá,
por el gigante enaquita. Y el país quedó en paz.

15 1Suerte de la tribu de Judá por clanes. El
territorio que recibieron quedaba hacia la
frontera de Edom, al sur del desierto de Sin, en
el extremo sur. 2Su límite sur partía de la punta
del Mar Muerto, desde el cabo que mira hacia
el sur; 3salía luego frente a Maale Acrabbim,
pasaba por Sin, subía al sur de Cades Barnea,
pasaba Jesrón, subía a Adar, rodeaba Carcá, 4pa-
saba después por Asmón y venía a salir al río de
Egipto, para acabar en el mar: Esa era la frontera
por el sur.
5Su límite oriental era el Mar Muerto, hasta la
desembocadura del Jordán. Su límite norte iba
desde el cabo que hay en la desembocadura del
Jordán, 6subía a Bet-Joglá, pasaba por encima
de Bet-Arabá, subía por la Piedra de Bohán, hi-
jo de Rubén, 7hasta Debir, por el Valle de Acor,
dirigiéndose luego hacia Guilgal, frente a Maa-
le Adumim, que queda al sur del arroyo; pasaba
junto a las aguas de En Semes, para acabar en
En-Roguel; 8después subía por el valle de Ben-
Hinón, por la vertiente sur de los jebuseos, o
sea, Jerusalén; subía a la cima del monte que
hay sobre el valle Hinnón a oeste y que llega por
el norte al extremo del valle de Refaín; 9luego
torcía desde la cima del monte hacia la fuente
del arroyo Neftoj y venía a salir a los pueblos
del monte Efrón, torcía por Baalá, o sea, Qui-
riat Yearim, 10rodeaba desde Baalá por el oeste
hacia los montes de Seír, y pasando la vertiente
norte de Har Yearim, o sea, Quislón, bajaba a
Bet-Semes, pasaba Timná, 11la frontera salía a
la vertiente norte de Ecrón, giraba hacia Sicrín,
cruzaba el monte Baalá, salía a Yabneel y ter-
minaba en el mar. 12El Mar Mediterráneo era el
límite. Esos eran los límites del territorio de los
hijos de Judá, por clanes.
13Josué, siguiendo la orden del Señor, asignó a
Caleb, hijo de Jefoné, un lote en medio de Judá:
Quiriat Arbá –el padre de Enac–, o sea, Hebrón.
14Caleb expulsó de allí a los tres hijos de Anac,
descendientes de Enaq: Sesay, Ajimán y Talmay.
15Desde allí subió contra los de Debir, llamada
antiguamente Quiriat Sefer, 16y prometió: «Al
que tome al asalto Quiriat Sefer le doy por espo-
sa a mi hija Acsá».
17Otoniel, hijo de Quenaz, pariente de Caleb,
tomó la ciudad, y Caleb le dio por esposa a su hija
Acsá. 18Cuando ella llegó, Otoniel la convenció
para que pidiera a su padre un terreno de cultivo;
ella se bajó del burro, y Caleb le preguntó: «¿Qué
te pasa?». 19Contestó: «Hazme un regalo. La tie-
rra que me has dado es desértica, dame también
tierra con manantiales». Y Caleb le dio el manan-
tial de Arriba y el manantial de Abajo. 20Esa fue
la heredad de la tribu de Judá, por clanes.
21Poblaciones de la tribu de Judá.
En la frontera del sur, junto a Edom: Cabseel,
Eder, Yagur, 22Quina, Dimón, Adadá, 23Cades,
Jasor, Yitnán, 24Zif, Telán, Baalot, 25Jasor Jada-
tá, Quiriat Jesrón, o sea Jasor, 26Amán, Semá,
Moladá, 27Jasar Gadda, Jesmón, Bet-Pelet, 28Ja-
sar Sual, Berseba, Biziotía, 29Baalá, Iyim, Esen,
30Eltolad, Quesil, Jormá, 31Sicelag, Madmaná,
Sansaná, 32Lebaot, Siljim, En Rimón. Veintinue-
ve ciudades con sus poblados.
33En la Sefela: Estaol, Sorá, Asená, 34Zanoj, En
Gannim, Tapuj y Enán, 35Yarmut, Adulán, Socó y
Azecá, 36Saaraym, Aditaym, Guedera, Gederota-
ym. Catorce ciudades con sus poblados.
37Sanán, Jadasá, Migdal Gad, 38Dileán, Ham-
mispè, Yoctael, 39Laquis, Boscat, Eglón, 40Cabón,
Lajmás, Quitlis, 41Gederot, Bet-Dagón, Naamá,
Maquedá. Dieciséis ciudades con sus poblados.
42Libná, Eter, Asán, 43Yiptaj, Esná, Nasib,
44Queilá, Aczib, Maresa. Nueve ciudades con sus
poblados.
45Ecrón con sus poblados. 46Y desde Ecrón
hasta el mar todas las ciudades que quedan al
lado de Asdod, con sus poblados. 47Asdod y sus
poblados, Gaza y sus poblados hasta el río de
Egipto. El Mediterráneo era el límite.
48En la montaña: Samir, Yatir, Socó, 49Daná,
Quiriat Saná –o sea, Debir–, 50Anab, Estemó,
Anim, 51Gosén, Jalón, Guiló. Once ciudades con
sus poblados.
52Arab, Rumá, Eseán, 53Yanim, Bet-Tapúa, Afec,
54Jumtá, Quiriat Arbá –o sea, Hebrón– y Sior.
Nueve ciudades con sus poblados.
55Maón, Carmel, Zif, Yutá, 56Yezrael, Yocdeán,
Zanoj, 57Caín, Guibeá, Timná. Diez ciudades con
sus poblados.
58Jaljul, Bet-Sur, Guedor, 59Maarat, Bet-Anot,
Eltecón. Seis ciudades con sus poblados.
Tecua, Efrata –o sea, Belén–, Fegor, Etam,
Quilón, Tatam, Sores, Querem, Galim, Beter, Ma-
noc. Once ciudades con sus poblados.
60Quiriat-Baal –o sea, Quiriat Yearim–, Rabá.
Dos ciudades con sus poblados.
61En el desierto: Bet-Arabá, Medín, Secacá,
62Nibsán, Ir Hammélaj, Engadí. Seis ciudades
con sus poblados.

[63]Pero la tribu de Judá no pudo expulsar a los jebuseos que habitaban en Jerusalén; por eso han seguido viviendo en Jerusalén, en medio de Judá, hasta hoy.

16 [1]Suerte de la tribu de José. El límite del territorio iba desde el Jordán, al este de Jericó, y subía desde Jericó a la montaña de Betel. [2]Saliendo de Betel –es decir Luz– iba hasta la frontera de los arquitas, en Atarot, [3]bajaba por el oeste hasta la frontera de los yafletitas, hasta el término de Bet-Jorón de Abajo y Guézer, y terminaba en el mar. [4]Esa fue la herencia de Manasés y Efraín, hijos de José.

[5]Territorio de los efraimitas por clanes. El límite de su herencia iba desde Atarot Adar, al este, hasta Bet-Jorón de Arriba [6]y terminaba en el mar; desde Micmetá, en el norte, daba un rodeo hacia el este de Taanat de Siló, pasaba después al este de Yanoj; [7]bajaba desde Yanoj a Atarot y Naará, llegaba a Jericó y terminaba en el Jordán. [8]Desde Tapuj iba en dirección oeste por el torrente de Caná y terminaba en el mar. Esa fue la herencia de la tribu de Efraín por clanes, [9]además de las ciudades reservadas a los efraimitas en las posesiones de Manasés, todas las ciudades con sus poblados. [10]Efraín no pudo expulsar a los cananeos de Guézer; los cananeos siguieron viviendo en medio de Efraín, hasta hoy, aunque sometidos a trabajos forzados.

17 [1]Suerte de la tribu de Manasés, primogénito de José. A Maquir, primogénito de Manasés, padre de Galaad, que era hombre belicoso, le tocaron Galaad y Basán. [2]También se sortearon las tierras que les tocarían, según el número de sus clanes, a los otros hijos de Manasés: a Abiézer, Jélec, Asriel, Siquén, Jéfer y Semidá, o sea, los hijos varones de Manasés, nietos de José. [3]Pero Salfajad, hijo de Jéfer, hijo de Galaad, hijo de Maquir, hijo de Manasés, no tuvo hijos varones, sino solo hijas; se llamaban Majlá, Noá, Joglá, Milcá y Tirsá. [4]Estas se presentaron al sacerdote Eleazar, a Josué, hijo de Nun, y a los representantes de tribus, reclamando: «El Señor mandó a Moisés que nos diera una herencia entre nuestros parientes». Entonces les dieron, según la orden del Señor, una herencia entre los parientes de su padre. [5]Así, le tocaron a Manasés diez partes, además de Galaad y Basán, en Transjordania, [6]porque las hijas de Manasés recibieron una herencia entre sus parientes, mientras que el país de Galaad fue para los otros hijos de Manasés.

[7]La frontera de Manasés por el lado de Aser iba por Micmetá, frente a Siquén, seguía por el sur de En Tapuj [8]–la zona de Tapuj pertenecía a Manasés, pero el poblado, en el confín de Manasés, era de Efraín–, [9]y bajaba al torrente de Caná; las ciudades al sur del torrente eran las ciudades que tenía Efraín en medio de Manasés; Manasés llegaba hasta la parte norte del torrente; su límite terminaba en el mar. [10]Limitaban con el mar: al sur, Efraín, y al norte, Manasés, este limitaba al norte con Aser, al este con Isacar. [11]Manasés tenía enclaves en Isacar y Aser: Beisán y sus poblados, Yiblán y sus poblados, los vecinos de Dor y sus poblados, los vecinos de Endor y sus poblados, los vecinos de Taanac y sus poblados, los vecinos de Meguido y sus poblados; y la tercera parte de la región.

[12]Pero Manasés no logró desalojar aquellas ciudades, y los cananeos pudieron seguir en aquella región. [13]Cuando los israelitas se hicieron fuertes, los sometieron a trabajos forzados, aunque no llegaron a expulsarlos.

[14]Los hijos de José reclamaron ante Josué: «¿Por qué nos has asignado como herencia en el sorteo solo una porción de territorio, cuando somos tantos, gracias a Dios?». [15]Josué les contestó: «Si son tantos que no caben en los montes de Efraín, suban a los bosques y desmonten tierras en la región de los fereceos y refaimitas». [16]Los de José replicaron: «Es verdad que estos montes no nos alcanzan. Pero los cananeos que viven en el valle –los de Beisán y los del valle de Yezrael– tienen carros de hierro». [17]Josué contestó a los hijos de José, a Efraín y Manasés: «Ustedes son muchos y fuertes: no tendrán una sola porción de territorio. [18]De ustedes será una montaña; es verdad que es boscosa, pero la talarán y sus confines serán de ustedes. Además expulsarán a los cananeos, aunque tengan carros de hierro y sean poderosos».

Reparto en Siló

18 [1]La asamblea israelita en pleno se reunió en Siló e instalaron allí la tienda del encuentro. El país les estaba sometido. [2]Pero quedaban siete tribus israelitas que no habían recibido aún su heredad. [3]Josué les dijo: «¿Hasta cuándo van a estar con los brazos cruzados, sin ir a tomar posesión de la tierra que les ha dado el Señor, Dios de sus padres? [4]Elijan tres hombres de cada tribu; yo los mandaré a recorrer el país para que hagan un plano dividido por herencias, y después volverán a mí. [5]Dividirán el país en siete lotes. Judá seguirá en su territorio, al sur, y la casa de José en el suyo, al norte. [6]Hagan el plano del país dividiéndolo en siete lotes y tráiganme el proyecto. Después lo echaré a suertes aquí, ante el Señor, nuestro Dios. [7]A los levitas no les tocará ninguna parte porque lo que les

toca a ellos es el sacerdocio del Señor. Por su
parte, Gad, Rubén y media tribu de Manasés ya
recibieron en Transjordania la herencia que les
asignó Moisés, siervo del Señor».
8Cuando aquellos hombres emprendían el
camino para hacer el mapa del país, Josué les
ordenó: «Vayan a recorrer el país y hagan un
mapa; cuando vuelvan, yo lo echaré a suertes
ante el Señor, aquí en Siló». 9Ellos marcharon y
atravesaron el país, registrando por escrito las
ciudades en siete lotes, y se lo llevaron a Josué
al campamento de Siló. 10Josué echó las suertes
entre los israelitas, ante el Señor y distribuyó la
tierra a cada una de las tribus de Israel.
11Salió la suerte de Benjamín, por clanes. El te-
rritorio que le tocó está entre Judá y José. 12Su lí-
mite norte partía del Jordán, subía por la vertien-
te norte de Jericó, luego el monte hacia el oeste
y terminaba en el desierto de Bet-Avén. 13De allí
pasaba a Luz –es decir, Betel– por su vertiente
sur, bajando después a Atarot Adar por el monte
que hay al sur de Bet-Jorón de Abajo. 14Después
torcía, dando la vuelta por la parte oeste, hacia el
sur, desde el monte que está frente a Bet-Jorón,
al sur, y terminaba en Quiriat-Baal –o sea, Quiriat
Yearim–, ciudad que pertenecía a Judá. Ese era el
límite occidental. 15Por el sur, desde el término
de Quiriat Yearim, iba hacia la fuente del arroyo
de Neftoj. 16Después, por la punta del monte que
hay frente al valle de Hinnón, al norte del valle de
Refaim, bajaba al valle de Hinnón por la vertiente
sur de los jebuseos, hasta En-Roguel; 17después
torcía hacia el norte, llegaba a En Semes y a los
cerros que hay frente a Maalé Adumim, bajaba a
la Piedra de Bohán, hijo de Rubén, 18pasaba por
la vertiente norte frente a Bet-Arabá, bajaba ha-
cia la estepa, 19pasaba por la vertiente norte de
Bet-Joglá, terminando en el cabo del Mar Muerto,
el cabo norte, en la desembocadura del Jordán.
Esta era la frontera sur. 20Por el este, el Jordán le
servía de límite. Esa fue la herencia de Benjamín,
por clanes, siguiendo el trazado de sus límites.
21Ciudades de la tribu de Benjamín, por clanes:
Jericó, Bet-Joglá, Valle Quesís, 22Bet-Arabá, Se-
maraym, Betel, 23Avim, Zaca, Ofrá, 24Villar del
Amonita, Ofní, Guibeá. Doce ciudades con sus
poblados. 25Gabaón, Haramá, Beerot, 26Mispá,
Quefirá, Mosá, 27Requen, Yirfel, Tarela, 28Sela
Haelep, Jebús –o sea, Jerusalén–, Guibeá, Qui-
riat Yearim. Catorce ciudades con sus poblados.
Esa fue la herencia que recibieron los clanes de
la tribu de Benjamín.

19 1En segundo lugar salió la suerte de Si-
meón, por clanes. Su herencia quedaba en
medio de la herencia de Judá. 2Les tocaron como
herencia: Berseba, Semá, Molada, 3Jasar Suel,
Balá, Esem, 4Eltolad, Betul, Jormá, 5Sicelag,
Bet-Marcabot, Jasar Susá, 6Bet-Lebaot, Sarujén.
Trece ciudades con sus poblados. 7Ayin, Rimón,
Eter y Asán. Cuatro ciudades con sus poblados.
8Más todos los poblados que hay en torno a esas
ciudades hasta Baalat Beer y Ramat del Negueb.
Esa fue la herencia que recibieron los clanes de
la tribu de Simeón. 9La herencia de Simeón esta-
ba enclavada en el lote de Judá, porque a Judá le
había tocado una parte demasiado grande; por
eso los de Simeón tenían su herencia en medio
de Judá.
10En tercer lugar salió la suerte de Zabulón,
por clanes. 11Su límite llegaba hasta Sarid, su-
bía por el oeste a Maralá, llegaba a Dabeset y
hasta el torrente que está frente a Yocneán, 12de
Sarid volvía al este, hasta el término de Quislot
Tabor, salía a Daberat y subía a Yapía; 13de allí,
siguiendo hacia el este, pasaba por Guitá–Je-
fer hasta Itá Casín, salía a Rimón y torcía hacia
Neá; 14después daba la vuelta por el norte de
Janatón, para terminar en el valle de Yiptajel.
15Su territorio incluía además Catat, Nahlal, Si-
merón, Yidalá y Belén. Doce ciudades con sus
poblados. 16Esa fue la herencia que recibieron
los clanes de la tribu de Zabulón: las ciudades
y sus poblados.
17En cuarto lugar salió la suerte de la tribu de
Isacar, por clanes. 18Su territorio comprendía:
Yezrael, Quesulot, Sunán, 19Jafaraym, Sión,
Anajarat, 20Harabit, Quisión, Abes, 21Yarmut, En
Ganim, En Jadá, Bet-Fasés; 22el límite llegaba
al Tabor, Sajasín y Bet-Semes y terminaba en el
Jordán. Dieciséis ciudades con sus poblados.
23Esa fue la herencia que recibieron los clanes de
la tribu de Isacar: las ciudades y sus poblados.
24En quinto lugar salió la suerte de la tribu
de Aser, por clanes. 25Su territorio comprendía:
Jelcat, Jalí, Beten, Acsaf, 26Alamélec, Amad y
Misal; el límite occidental llegaba al Carmelo
y Sijor Libnat; 27volviendo al este hacia Bet-
Dagón, llegaba a Zabulón y a la parte norte del
Valle de Yiptajel, a Bet-Emec y Nehiel, saliendo
por el norte a Cabul, 28Abdón, Rejob, Jamón,
Caná y Sidón capital; 29volvía hacia Ramá y la
fortaleza de Tiro, volvía luego por Josá y termi-
naba en el mar. El territorio incluía, además, la
región de Aczib, 30Uma, Afec y Rejob. Veintidós
ciudades con sus poblados. 31Esa fue la herencia
que recibieron los clanes de la tribu de Aser: las
ciudades y sus poblados.
32En sexto lugar salió la suerte de la tribu de
Neftalí, por clanes. 33Su límite partía de Jélef, la
Encina de Sananín, Adamá Haneqeb y Yabneel,
hasta Lacún, y terminaba en el Jordán, 34vol-

vía luego por el este, hacia Aznot Tabor; de allí salía hacia Jucoc y lindaba con Zabulón por el sur, con Aser al oeste y con el Jordán al este; 35comprendía las ciudades fortificadas de Sidín, Ser, Jamat, Racat, Genesaret, 36Adamá, Haramá, Jasor, 37Cades, Edrey, En Jasor, 38Yirón, Migdalel, Jorén, Bet-Anat y Bet-Semes. Diecinueve ciudades con sus poblados. 39Esa fue la herencia que recibieron los clanes de la tribu de Neftalí: las ciudades y sus poblados.

40En séptimo lugar salió la suerte de la tribu de Dan, por clanes. 41El territorio de su herencia comprendía: Sorá, Estaol, Ir Semes, 42Salbín, Ayalón, Yitlá, 43Elón, Timná, Ecrón, 44Elteque, Gabatón, Baalá, 45Yehud, Bene Barac, Gat Rimón, 46Río Yarqón con el término frente a Jafa. 47Pero aquel territorio resultaba demasiado estrecho para los hijos de Dan, y por eso subieron a atacar a Lais; la conquistaron, pasaron a cuchillo a sus habitantes, tomaron posesión y se instalaron en ella, y la llamaron Dan, en recuerdo de su antepasado. 48Esa fue la herencia que recibieron los clanes de la tribu de Dan: las ciudades y sus poblados.

49Así terminaron de repartir la tierra y de marcar sus límites. Después los israelitas dieron a Josué, hijo de Nun, una herencia en medio de ellos. 50Siguiendo la orden del Señor, le dieron el pueblo que pidió: Timná Séraj, en la sierra de Efraín. Josué lo reconstruyó y se instaló allí. 51Esta fue la herencia que repartieron entre las tribus de Israel el sacerdote Eleazar, Josué, hijo de Nun, y los cabezas de familia, echando a suertes en Siló, en presencia del Señor, a la entrada de la tienda del encuentro. Así terminaron de repartir el país.

Ciudades de refugio

20 1El Señor dijo a Josué: 2«Di a los israelitas: "Determinen cuáles serán las ciudades de refugio, de las que les habló Moisés, 3donde pueda buscar asilo el que haya matado a alguien sin intención. Ellas les servirán de refugio contra el vengador de la sangre. 4El que busque asilo en una de esas ciudades, se colocará en la plaza junto a la puerta de la ciudad y expondrá su caso a los ancianos, estos lo admitirán en la población y le señalarán una casa para vivir entre ellos. 5Si el vengador de la sangre llega en su persecución, no le entregarán al homicida, porque mató involuntariamente, sin estar enemistado con el otro. 6Vivirá en aquella ciudad mientras no comparezca a juicio ante la asamblea, hasta que muera el sumo sacerdote en funciones por entonces. Después el asesino podrá volver a su ciudad y a su casa, a la ciudad de la que huyó"».

7Entonces los israelitas consagraron las siguientes ciudades: Cades de Galilea, en los montes de Neftalí; Siquén, en la serranía de Efraín; Villa Arbá –o sea, Hebrón–, en la serranía de Judá. 8En Transjordania, al este de Jericó, sañalaron Béser Ba-Midbar, en la llanura de la tribu de Rubén; Ramot de Galaad, en la tribu de Gad, y Golán de Basán, en la tribu de Manasés.

9Esas fueron las ciudades designadas para los israelitas y emigrantes que vivieran entre ellos, con el fin de que pudiera encontrar asilo en ellas el homicida involuntario, librándose de morir a manos del vengador de la sangre, antes de comparecer ante la asamblea.

Ciudades levíticas

21 1Los jefes de familia de la tribu de Leví se acercaron al sacerdote Eleazar, a Josué, hijo de Nun, y a los jefes de familia de las tribus de Israel, 2en Siló, en el país de Canaán, y les dijeron: «El Señor mandó, por medio de Moisés, que se nos dieran ciudades para vivir y campos de pastoreo para nuestros ganados».

3Entonces los israelitas, siguiendo la orden del Señor, dieron de sus territorios a los levitas las siguientes ciudades con sus campos de pastoreo.

4Se echó a suertes para el clan de Quehat; a los levitas descendientes del sacerdote Aarón les tocaron trece ciudades de las tribus de Judá, Simeón y Benjamín. 5A los otros hijos de Quehat, por clanes, les tocaron en el sorteo diez ciudades de las tribus de Efraín, Dan y la mitad de Manasés. 6A los hijos de Guersón, por clanes, les tocaron en el sorteo diez ciudades de las tribus de Isacar, Aser y Neftalí y de la mitad de Manasés, en Basán. 7A los hijos de Merarí, por clanes, les tocaron doce ciudades de las tribus de Rubén, Gad y Zabulón. 8Los israelitas asignaron a los levitas por sorteo aquellas ciudades con sus campos de pastoreo, como había mandado el Señor a Moisés.

9De las tribus de Judá y Simeón les asignaron las poblaciones que se indican a continuación: 10a los levitas hijos de Aarón, de los clanes de Quehat –porque a ellos les tocó primero la suerte–, 11Villa Arbá –el padre de Enac– o sea, Hebrón, en la sierra de Judá, con sus campos de pastoreo alrededor. 12Los campos de cultivo y los poblados próximos se los habían dado en propiedad a Caleb, hijo de Jefoné. 13Con derecho de asilo para los homicidas les asignaron Hebrón y sus campos de pastoreo, y además asignaron Libná, 14Yatir, Estemó 15Jolón, Debir, 16Ayin, Yutá y Bet-Semes cada una con su correspondiente campo de pastoreo. Nueve ciudades de las dos tribus dichas.

17De la tribu de Benjamín les dieron: Gabaón,
Guibeá, 18Anatot y Almón cada una con sus cam-
pos de pastoreo; cuatro ciudades.
19Suma total de las ciudades de los sacerdotes
hijos de Aarón, trece ciudades con sus campos
de pastoreo.
20A los restantes levitas descendientes de
Quehat, de los clanes de Quehat, les tocaron en
suerte ciudades de la tribu de Efraín; 21les asig-
naron, con derecho de asilo para los homicidas,
Siquén y sus campos de pastoreo, en la serranía
de Efraín, y también Guézer, 22Quibsáin y Bet-
Jorón cada una con sus campos de pastoreo;
cuatro ciudades. 23De la tribu de Dan les dieron:
Elteque, Gabatón, 24Ayalón, Gat Rimón cada una
con sus campos de pastoreo; cuatro ciudades.
25Y de la media tribu de Manasés les dieron: Taa-
nac y Gat Rimón cada una con sus campos de
pastoreo: dos ciudades.
26Suma total de las ciudades con sus campos
de pastoreo para los clanes de los restantes hi-
jos de Quehat: diez.
27Para los levitas hijos de Guersón y sus fa-
milias les dieron: de la media tribu de Manasés,
con derecho de asilo para los homicidas, Golán
de Basán y sus campos de pastoreo y también
Astarot y sus campos de pastoreo; dos ciudades.
28De la tribu de Isacar les dieron: Quisión, Dabe-
rat, 29Yarmut y En Ganim, todas con sus campos
de pastoreo; cuatro ciudades. 30De la tribu de
Aser les dieron: Misal, Abdón, 31Jelcá y Rejob
todas con sus campos de pastoreo; cuatro ciu-
dades. 32De la tribu de Neftalí les dieron, con
derecho de asilo para los homicidas: Cades de
Galilea y sus campos de pastoreos, y además Ja-
mat de Dor y Población cada una con sus campos
de pastoreo; tres ciudades.
33Suma total de las poblaciones de los guerso-
nitas, por clanes, trece ciudades y sus campos
de pastoreo.
34Para los otros clanes levíticos descendien-
tes de Merarí les dieron de la tribu de Zabulón,
Yocneán, Cartá, 35Dimna y Nahalal cada una con
sus campos de pastoreo; cuatro ciudades. 36De la
tribu de Rubén, en Transjordania, les dieron con
derecho de asilo para los homicidas: Beser y sus
campos de pastoreo, y además Yahas, 37Quede-
mot y Mepaat cada una con sus campos de pas-
toreo; cuatro ciudades. 38De la tribu de Gad les
dieron, con derecho de asilo para los homicidas:
Ramot de Galaad con sus campos de pastoreo y
además Majnaym, 39Jesbón y Yazer y sus campos
de pastoreo; cuatro ciudades.
40Suma total de poblaciones que tocaron por
sorteo a los otros clanes levíticos descendientes
de Merarí, por clanes, doce ciudades.
41Suma total de ciudades levíticas en medio
del territorio propiedad de los israelitas, cua-
renta y ocho ciudades con sus campos de pas-
toreo. 42Cada una de esas ciudades incluía los
campos de pastoreo que tenían a su alrede-
dor; lo mismo sucedía con todas las ciudades
mencionadas.
43Así fue como el Señor les dio a los israelitas
todo el territorio que les había prometido bajo
juramento a sus antepasados y ellos se estable-
cieron y vivieron allí. 44El Señor les dio paz con
todos los pueblos vecinos, exactamente como
lo había jurado a sus padres; ni un enemigo pu-
do resistirles; el Señor les entregó a todos sus
enemigos. 45No dejó de cumplirse una palabra de
todas las promesas que había hecho el Señor a la
casa de Israel. Todo se cumplió.

REPARTO DE LA TIERRA II (22–24)

El altar de Transjordania

22 1Entonces Josué llamó a los de Rubén, a
los de Gad y a la mitad de la tribu de Ma-
nasés, 2y les dijo: «Ustedes han obedecido las
órdenes de Moisés, siervo del Señor, y también
me han obedecido a mí en todo lo que yo les he
mandado; 3no han abandonado a sus hermanos
desde hace muchos años; han cumplido las ór-
denes que les dio el Señor, su Dios. 4Ahora bien,
el Señor, su Dios, ha dado ya el descanso a sus
hermanos, como les había prometido. Así que
ustedes márchense a casa, a la tierra de su pro-
piedad, la que les dio Moisés, siervo del Señor,
en Transjordania. 5Cumplan a la letra los manda-
tos y leyes que les dio Moisés, siervo del Señor:
amar al Señor, su Dios, caminar por sus sendas,
cumplir sus mandamientos y mantenerse fieles
a él, sirviéndolo con todo el corazón y toda el
alma». 6Josué los bendijo y los despidió. Ellos
marcharon a sus casas.
7Moisés había dado tierras en Basán a media
tribu de Manasés; a la otra media tribu Josué
le dio tierras en medio de sus hermanos, en
Cisjordania. También a estos los bendijo y los
despidió diciéndoles: 8«Vuelvan a casa llenos
de riquezas, con rebaños abundantes, con pla-
ta y oro, con bronce y hierro y ropa abundante.
Repartan con sus hermanos el botín tomado al
enemigo».
9Los de Rubén, los de Gad y los de la media
tribu de Manasés dejaron a los israelitas en Si-
ló de Canaán y emprendieron la marcha hacia el
país de Galaad, la tierra de su propiedad, que
Moisés les había entregado por orden del Señor.
10Fueron a la zona del Jordán, en Canaán, y le-
vantaron allí un altar junto al Jordán, un altar
grande, bien visible.

11Los israelitas se enteraron de que los de
Rubén, los de Gad y los de la media tribu de Ma-
nasés habían levantado un altar frente al país
de Canaán, en la zona del Jordán, al margen del
territorio israelita, 12y reunieron la asamblea en
Siló, para ir a luchar contra ellos.

13Los israelitas les enviaron a los de Rubén, a
los de Gad y a los de la media tribu de Manasés,
que estaban en el país de Galaad, a Fineés, hijo
del sacerdote Eleazar, 14con diez notables, uno
por cada tribu de Israel, jefes de familia. 15Se
presentaron a los rubenitas, a los gaditas y a
la media tribu de Manasés, del país de Galaad,
y les dijeron: 16«Así dice la asamblea del Señor:
¿Qué pecado es ese que han cometido contra el
Dios de Israel, apostatando hoy del Señor, ha-
ciéndose un altar, rebelándose contra el Señor?
17¡Como si no nos bastara el crimen de Fegor,
que no hemos logrado borrar de nosotros hasta
hoy, y eso que vino un castigo a la comunidad
del Señor! 18¡Ustedes se han apartado hoy del
Señor! Y si ustedes se rebelan hoy contra el Se-
ñor, mañana él estará encolerizado contra toda
la comunidad de Israel. 19Si la tierra que les ha
tocado está contaminada, vengan a la tierra del
Señor, en la que está su santuario, y elijan una
propiedad entre nosotros. Pero ¡no se rebelen
contra el Señor, no nos hagan cómplices de su
rebeldía levantando otro altar además del altar
oficial del Señor, nuestro Dios! 20Cuando Acán,
hijo de Zéraj, pecó con lo consagrado, él pereció
por su pecado; pero la ira de Dios alcanzó a toda
la comunidad de Israel, y eso que se trataba de
uno solo».

21Los rubenitas, los gaditas y la media tribu de
Manasés respondieron a los jefes de familia de
Israel: 22«¡El Señor, Dios de los dioses; el Señor,
Dios de los dioses, lo sabe bien, y que Israel lo
sepa! Si ha habido rebelión o pecado contra el
Señor, que nos castigue hoy mismo. 23Si hemos
hecho un altar para apostatar del Señor, para
ofrecer en él holocaustos, presentar ofrendas
y hacer sacrificios de comunión, que el Señor
nos pida cuentas. 24Pero no. Nosotros lo hici-
mos con esta preocupación: el día de mañana
sus hijos dirán a los nuestros: ¿Qué tienen que
ver ustedes con el Señor, Dios de Israel? 25El Se-
ñor puso el Jordán como frontera entre nosotros
y ustedes, los de Rubén y los de Gad. ¡Ustedes
no tienen nada que ver con el Señor! Y así sus
hijos alejarán a los nuestros del culto del Señor.
26Entonces nos dijimos: Vamos a hacernos un
altar no para ofrecer holocaustos ni sacrificios
de comunión, 27sino como testimonio entre us-
tedes y nosotros con nuestros sucesores de que
seguiremos dando culto al Señor en su templo
con nuestros holocaustos y sacrificios de comu-
nión. Que el día de mañana no digan sus hijos
a los nuestros: Ustedes no tienen nada que ver
con el Señor. 28Nos dijimos: Si el día de mañana
nos dicen algo a nosotros y a nuestros suceso-
res, les diremos: Fíjense en la forma de ese altar
del Señor que hicieron nuestros padres: no sirve
para holocaustos ni sacrificios de comunión, si-
no como testimonio entre ustedes y nosotros.
29Ni pensar en rebelarnos contra el Señor ni en
apostatar hoy del Señor levantando un altar pa-
ra ofrecer holocaustos, presentar ofrendas y sa-
crificios de comunión fuera del altar del Señor,
nuestro Dios, que está en su santuario».

30Cuando el sacerdote Fineés, los notables de
la comunidad y los cabezas de familia israeli-
tas que lo acompañaban oyeron la explicación
de los rubenitas, los gaditas y la media tribu de
Manasés, les pareció bien. 31Y Fineés, hijo del
sacerdote Eleazar, dijo a los rubenitas, a los
gaditas y a la media tribu de Manasés: «Ahora
sabemos que el Señor está entre nosotros, por-
que no han cometido ese pecado contra él. Han
librado a los israelitas del castigo del Señor».

32Luego el sacerdote Fineés, hijo de Eleazar, y
los notables dejaron a los rubenitas, a los gadi-
tas y a la media tribu de Manasés en el país de
Galaad, y se volvieron al país de Canaán, a los
israelitas, y les informaron de lo ocurrido. 33El
informe convenció a los israelitas. Bendijeron al
Señor, Dios de Israel, y no se habló más de subir
contra ellos en plan de guerra para destruir la
zona donde se habían instalado los rubenitas
y los gaditas. 34Estos últimos llamaron a aquel
altar Altar del Testimonio, explicando: «Nos ser-
virá de testimonio de que el Señor es Dios».

Despedida de Josué

23 1Habían pasado muchos años desde que el
Señor puso fin a las hostilidades de Israel
con sus enemigos fronterizos. Josué era ya de
edad avanzada, 2y convocó a todo Israel, a los
ancianos, a los jefes de familias, a los jueces
y escribas y les dijo: »Yo ya soy viejo, de edad
avanzada. 3Ustedes han visto cómo ha tratado
el Señor, su Dios, a todos esos pueblos ante
ustedes; el Señor, su Dios, es quien peleó por
ustedes.

4»Ahora miren bien: yo les he sorteado como
herencia para cada tribu tanto a los pueblos que
todavía quedan por conquistar como a los que yo
aniquilé, desde el Jordán hasta el Mediterráneo,
en occidente. 5El Señor, su Dios, se los quitará
de delante y los despojará de sus dominios para
que ustedes puedan tomar posesión de sus tie-
rras, tal como se los prometió el Señor, su Dios.

6»Por eso, esfuércense en cumplir todo lo es-
crito en el libro de la Ley de Moisés, sin desviarse
ni a derecha ni a izquierda, 7y sin mezclarse con
esos pueblos que todavía quedan entre ustedes.
»No invoquen a sus dioses, ni juren por ellos,
ni les den culto, ni se postren ante ellos; 8al con-
trario, manténganse fieles a su Dios como lo han
hecho hasta hoy.
9»El Señor ha arrojado de delante de ustedes
a pueblos grandes y fuertes, sin que nadie se les
haya resistido hasta hoy. 10Uno solo de ustedes
puede perseguir a mil, porque el Señor, su Dios,
lucha por ustedes, como les ha prometido.
11»Pongan toda el alma en amar al Señor, su
Dios; 12pero si se vuelven atrás y se unen a esos
pueblos que quedan entre ustedes y se empa-
rientan con ellos, si ustedes se mezclan con
ellos y ellos con ustedes, 13estén seguros de
que el Señor, su Dios, no se los volverá a quitar
de delante y ellos serán para ustedes un lazo y
una trampa, látigo sobre sus costados y espinas
en los ojos, hasta que ustedes desaparezcan de
esa tierra magnífica que les ha dado el Señor,
su Dios.
14»Yo emprendo hoy el viaje que a todos les
toca recorrer. Reconozcan de todo corazón y
con toda el alma que no ha dejado de cumplirse
una sola de todas las promesas que les hizo el
Señor, su Dios. Todas se han cumplido, ni una
sola ha dejado de cumplirse. 15Porque del mismo
modo que han venido sobre ustedes todas las
bendiciones que les anunció el Señor, su Dios, lo
mismo enviará el Señor contra ustedes todas las
maldiciones, hasta exterminarlos de esta tierra
magnífica que les ha dado el Señor, su Dios.
16»Si quebrantan la alianza que el Señor, su
Dios, les dio, y van a servir a otros dioses rin-
diéndoles adoración, el Señor se encolerizará
contra ustedes y serán expulsados inmediata-
mente de la tierra magnífica que les ha dado.

Renovación de la alianza

24 1Josué reunió a las tribus de Israel en Si-
quén. Convocó a los ancianos de Israel,
a los jefes de familia, a los jueces y escribas,
y se presentaron ante el Señor. 2Josué habló al
pueblo:
»Así dice el Señor, Dios de Israel: Al otro lado
del río Éufrates vivieron antiguamente sus pa-
dres, Téraj, padre de Abrahán y de Najor, sirvien-
do a otros dioses. 3Pero yo tomé a Abrahán, su
padre, del otro lado del río, lo conduje por todo
el país de Canaán y multipliqué su descenden-
cia dándole a Isaac. 4A Isaac le di Jacob y Esaú.
A Esaú le di en propiedad la montaña de Seír,
mientras que Jacob y sus hijos bajaron a Egipto.
5»Envié a Moisés y a Aarón para castigar a
Egipto con los portentos que hice, y después
los saqué de allí. 6Saqué de Egipto a sus padres,
y llegaron al mar. Los egipcios persiguieron a
sus padres con caballería y carros hasta el Mar
Rojo; 7pero gritaron al Señor, y él puso una nu-
be oscura entre ustedes y los egipcios; después
desplomó sobre ellos el mar, cubriéndolos. Sus
ojos vieron lo que hice en Egipto. Después vi-
vieron en el desierto muchos años. 8Los llevé al
país de los amorreos, que vivían en Transjorda-
nia; los atacaron y se los entregué; ustedes se
apoderaron de sus territorios; y yo se los quité
de delante.
9»Entonces Balac, hijo de Sipor, rey de Moab,
atacó a Israel; mandó llamar a Balaán, hijo de
Beor, para que los maldijera; 10pero yo no quise
oír a Balaán, que no tuvo más remedio que ben-
decirlos, y los libré de sus manos.
11»Pasaron el Jordán y llegaron a Jericó. Los
jefes de Jericó los atacaron: los amorreos, fe-
receos, cananeos, hititas, guirgaseos, heveos y
jebuseos, pero yo se los entregué; 12sembré el
pánico ante ustedes, y expulsaron a los dos re-
yes amorreos no con tu espada ni con tu arco;
13y les di una tierra por la que no habían sudado,
ciudades que no habían construido y en las que
ahora viven; viñedos y olivares que no habían
plantado y de los que ahora comen.
14»Por lo tanto, teman al Señor y sírvanlo con
toda sinceridad; dejen de lado a los dioses que
sirvieron sus padres al otro lado del río y en
Egipto, y sirvan al Señor. 15Y si no están dispues-
tos a servir al Señor, elijan hoy a quién quieren
servir: a los dioses que sirvieron sus padres al
otro lado del río o a los dioses de los amorreos
en cuyo país habitan, que yo y mi familia servi-
remos al Señor.
16El pueblo respondió: «¡Lejos de nosotros
abandonar al Señor para ir a servir a otros dio-
ses! 17Porque el Señor, nuestro Dios, es quien
nos sacó a nosotros y a nuestros padres de la
esclavitud de Egipto, quien hizo ante nuestros
ojos aquellos grandes prodigios, nos guardó en
todo nuestro peregrinar y entre todos los pue-
blos que atravesamos. 18El Señor expulsó ante
nosotros a los pueblos amorreos que habitaban
el país. Por eso también nosotros serviremos al
Señor: ¡él es nuestro Dios!».
19Josué dijo al pueblo: «No podrán servir al Se-
ñor, porque es un Dios santo, un Dios celoso. No
perdonará sus delitos ni sus pecados. 20Si aban-
donan al Señor y sirven a dioses extranjeros, se
volverá contra ustedes, y después de haberlos
tratado bien, los maltratará y aniquilará». 21El
pueblo respondió: «¡No! Serviremos al Señor».

22Josué insistió: «Son testigos contra ustedes mismos de que han elegido servir al Señor». Respondieron: «¡Somos testigos!». 23«Entonces dejen de lado los dioses extranjeros que conservan y pónganse de parte del Señor, Dios de Israel». 24El pueblo respondió: «Nosotros serviremos al Señor, nuestro Dios, y le obedeceremos».

25Aquel día Josué selló una alianza con el pueblo y les dio leyes y mandatos en Siquén. 26Escribió las cláusulas en el libro de la ley de Dios, agarró una gran piedra y la erigió allí, bajo la encina del santuario del Señor, 27y dijo a todo el pueblo: «Miren esta piedra, que será testigo contra nosotros, porque ha oído todo lo que el Señor nos ha dicho. Será testigo contra ustedes para que no renieguen de su Dios». 28Luego despidió al pueblo, cada cual a su herencia.

Muerte de Josué

29Algún tiempo después murió Josué, hijo de Nun, siervo del Señor, a la edad de ciento diez años. 30Lo enterraron en el territorio de su herencia, en Timná Séraj, en la serranía de Efraín, al norte del monte Gaas. 31Israel sirvió al Señor mientras vivió Josué y durante toda la vida de los ancianos que le sobrevivieron y que habían visto las hazañas del Señor en favor de Israel. 32Los huesos de José, traídos por los israelitas de Egipto, los enterraron en Siquén, en el campo que había comprado Jacob a los hijos de Jamor, padre de Siquén, por cien pesos, y que pertenecía a los hijos de José. 33También murió Eleazar, hijo de Aarón. Lo enterraron en Guibeá, población de su hijo Fineés, que la había recibido en propiedad en la serranía de Efraín.

JUECES

CAMPAÑAS DE LAS TRIBUS (1,1–2,10)

1 1Después que murió Josué, los israelitas consultaron al Señor: «¿Quién de nosotros será el primero en subir a luchar contra los cananeos?». 2El Señor respondió: «Que suba Judá, porque ya le he entregado el país».

3Entonces Judá dijo a su hermano Simeón: «Ven conmigo a la región que me ha tocado en suerte; lucharemos contra los cananeos, y después iré yo contigo a la tuya». Simeón fue con él. 4Judá subió, y el Señor le entregó a los cananeos y a los fereceos: mataron a diez mil hombres en Bézec. 5Allí encontraron a Adoni-Bézec, lucharon contra él y derrotaron a cananeos y fereceos. 6Adoni-Bézec logró escapar, pero lo persiguieron, lo apresaron y le cortaron los pulgares de manos y pies.

7Adoni-Bézec comentó: «Setenta reyes, con los pulgares de manos y pies amputados, recogían las migajas que caían de mi mesa. Dios me paga mi merecido». Lo llevaron a Jerusalén y allí murió. 8Los judíos atacaron Jerusalén; la conquistaron, pasaron a cuchillo a sus habitantes y prendieron fuego a la ciudad. 9Después bajaron a luchar contra los cananeos de la montaña, del Negueb y de la Sefela. 10Judá marchó contra los cananeos de Hebrón –llamada antiguamente Quiriat Arbá–, y derrotó a Sesay, Ajimán y Talmay. 11Desde allí marchó contra los de Debir –llamada antiguamente Quiriat Sefer–, 12y Caleb prometió: «Al que conquiste Quiriat Sefer, le doy por esposa a mi hija Acsá».

13Otoniel, hijo de Quenaz, pariente de Caleb, más joven que él, tomó la ciudad, y Caleb le dio por esposa a su hija Acsá. 14Cuando ella llegó, Otoniel la convenció para que pidiera a su padre un terreno de cultivo; ella se bajó del burro, y Caleb le preguntó: «¿Qué te pasa?». 15Contestó: «Hazme un regalo. La tierra que me has dado es desértica, dame también tierra con manantiales». Caleb le dio el Manantial de Arriba y el Manantial de Abajo.

16La familia de Jobab, el quenita, suegro de Moisés, subió desde la ciudad de Temarim, junto con los de Judá, hasta el desierto de Arad, y se establecieron entre los amalecitas. 17Judá fue con su hermano Simeón y derrotó a los cananeos de Safat; exterminaron la población y la llamaron Jormá. 18Pero Judá no pudo apoderarse de Gaza y su territorio, ni de Ascalón y su territorio, ni de Ecrón y su territorio; 19el Señor estaba con Judá, y conquistó la montaña pero no logró expulsar a los habitantes del valle, porque tenían carros de hierro. 20A Caleb, como dejó encargado Moisés, le asignaron Hebrón, y expulsó de allí a los tres hijos de Enac. 21Pero los benjaminitas no pudieron expulsar a los jebuseos que habitaban Jerusalén; por eso han seguido viviendo hasta hoy en Jerusalén, en medio de Benjamín.

22Por su parte, la casa de José subió hacia Betel –el Señor estaba con ellos–, 23e hicieron un reconocimiento en las cercanías de Betel –llamada antiguamente Luz–; 24los espías vieron a un hombre que salía de la ciudad y le dijeron: «Enséñanos por dónde se entra en la ciudad, y te perdonaremos la vida». 25El hombre les enseñó por dónde entrar en la ciudad, y la pasaron a cuchillo, excepto a aquel hombre y a su familia, a los que dejaron marchar libres; 26el hombre emigró al país de los hititas y fundó una ciudad: la llamó Luz, nombre que conserva hasta hoy.

27En cambio, Manasés no logró expulsar a los vecinos del municipio de Beisán, ni a los del municipio de Taanac, ni a los del municipio de Dor, ni a los del municipio de Yiblán, ni a los del municipio de Meguido. Los cananeos siguieron en aquella región. 28Y cuando Israel se impuso, no llegó a expulsarlos, pero los sometió a trabajos forzados. 29Tampoco Efraín logró expulsar a los cananeos de Guézer. Los cananeos siguieron en Guézer, en medio de los efraimitas. 30Tampoco Zabulón logró expulsar a los de Quitrón ni a los de Nahalol. Los cananeos siguieron viviendo en medio de Zabulón, aunque sometidos a trabajos forzados. 31Tampoco Aser logró expulsar a los de Aco, ni a los de Sidón, ni a los de Ahlab, ni a los de Aczib, ni a los de Afec, ni a los de Rejob. 32Por eso la tribu de Aser se instaló en medio de los cananeos que habitaban el país, porque no pudo expulsarlos. 33Tampoco Neftalí logró expulsar a los de Bet-Semes ni a los de Bet-Anat, y se instaló en medio de los cananeos que habitaban el país, pero a los vecinos de Bet-Semes y de Bet-Anat los sometió a trabajos forzados.

34Los amorreos presionaron sobre los danitas hacia la montaña, sin dejarlos bajar al valle; 35así los amorreos pudieron seguir en Har Jeres, Ayalón y Saalbín. Pero la casa de José los tuvo en un puño, sometiéndolos a trabajos forzados. 36Las fronteras del territorio edomita iban desde Maale Acrabbim hasta Hassela, y seguían más arriba.

Liturgia penitencial

2 1El ángel del Señor subió de Guilgal a Betel y dijo: «Yo los saqué de Egipto y los traje al país que prometí con juramento a sus padres: Jamás quebrantaré mi alianza con ustedes, 2a condición de que ustedes no hagan pactos con la gente de este país y de que destruyan sus altares. Pero no me han obedecido. ¿Qué es lo que han hecho? 3Por eso les digo: "No expulsaré a esos pueblos delante de ustedes, ellos serán sus enemigos, sus dioses serán una trampa para ustedes"». 4Cuando el ángel del Señor terminó de hablar contra los israelitas, el pueblo se puso a llorar a gritos 5–por eso llamaron a aquel sitio Boquim–. Luego ofrecieron sacrificios al Señor.

6Josué despidió al pueblo y los israelitas marcharon cada cual a tomar posesión de su territorio. 7Los israelitas sirvieron al Señor mientras vivió Josué y los ancianos que le sobrevivieron y que habían visto las hazañas del Señor a favor de Israel. 8Pero murió Josué, hijo de Nun, siervo del Señor, a la edad de ciento diez años, 9y lo enterraron en el territorio de su heredad, en Timná Séraj, en la serranía de Efraín, al norte del monte Gaas. 10Toda aquella generación fue también a reunirse con sus padres, y le siguió otra generación que no conocía al Señor ni lo que había hecho por Israel.

JUECES Y SALVADORES (2,11–16,31)

11Los israelitas hicieron lo que el Señor reprueba: dieron culto a los ídolos, 12abandonaron al Señor, Dios de sus padres, que los había sacado de Egipto, y se fueron detrás de otros dioses, dioses de las naciones vecinas, y los adoraron, irritando al Señor. 13Abandonaron al Señor y dieron culto a Baal y a Astarté.

14El Señor se encolerizó contra Israel: los entregó a bandas de saqueadores, que los saqueaban; los vendió a los enemigos de alrededor, y los israelitas no podían resistirles. 15En todo lo que emprendían, la mano del Señor se les ponía en contra, exactamente como él les había dicho y jurado, llegando así a una situación desesperada.

16Entonces el Señor hacía surgir jueces, que los libraban de las bandas de salteadores; 17pero ni a los jueces hacían caso, sino que se prostituían con otros dioses, dándoles culto, desviándose muy pronto de la senda por donde habían caminado sus padres, obedientes al Señor. No hacían como ellos. 18Cuando el Señor hacía surgir jueces, el Señor estaba con el juez, y mientras vivía el juez, los salvaba de sus enemigos, porque le daba lástima oírlos gemir bajo la tiranía de sus opresores. 19Pero en cuanto moría el juez, recaían y se portaban peor que sus padres, yendo tras otros dioses, rindiéndoles adoración; no se apartaban de sus maldades ni de su conducta obstinada.

20El Señor se encolerizó contra Israel y dijo: «Ya que este pueblo ha violado mi alianza, la que yo estipulé con sus padres, y no han querido obedecerme, 21tampoco yo seguiré quitándoles de delante a ninguna de las naciones que Josué dejó al morir; 22pondré a prueba con ellas a Israel, a ver si siguen o no el camino del Señor, a ver si caminan por él como sus padres». 23Por eso dejó el Señor aquellas naciones, sin expulsarlas enseguida, y no se las entregó a Josué.

3 1Lista de las naciones que dejó el Señor para poner a prueba a los israelitas que no habían conocido las guerras de Canaán 2–solo para enseñar la estrategia militar a las nuevas generaciones de los israelitas sin experiencia de la guerra–: 3los cinco principados filisteos, todos los cananeos, sidonios y heveos que habitan el Líbano, desde la cordillera de Baal-Hermón hasta el Paso de Jamat. 4Estas naciones sirvieron

para tentar a Israel, a ver si obedecía las ór-
denes del Señor, promulgadas a sus padres por
medio de Moisés. 5Por eso, los israelitas vivieron
en medio de cananeos, hititas, amorreos, fere-
ceos, heveos y jebuseos. 6Tomaron sus hijas por
esposas, les entregaron las suyas en matrimonio
y dieron culto a sus dioses.

Otoniel

7Los israelitas hicieron lo que el Señor re-
prueba: se olvidaron del Señor, su Dios, y die-
ron culto a Baal y Astarté. 8Entonces el Señor
se encolerizó contra Israel y los vendió a Cusán
Risatain, rey de Aram Naharaym. Los israelitas le
estuvieron sometidos ocho años. 9Pero gritaron
al Señor, y el Señor hizo surgir un salvador que
los salvara: Otoniel, hijo de Quenaz, pariente de
Caleb, más joven que él. 10Vino sobre él el Espí-
ritu del Señor, gobernó a Israel y salió a luchar;
el Señor puso en sus manos a Cusán Risatain,
rey de Aram Naharaym, y Otoniel se le impuso.
11El país estuvo en paz cuarenta años. Y murió
Otoniel, hijo de Quenaz.

Ehud

12Los israelitas volvieron a hacer lo que el
Señor reprueba. Entonces el Señor fortaleció
contra Israel a Eglón, rey de Moab, porque ha-
cían lo que el Señor reprueba. 13Eglón se alió
con los amonitas y amalecitas, y fue y derrotó a
Israel, conquistando la ciudad de Temarim. 14Los
israelitas estuvieron dieciocho años sometidos
a Eglón, rey de Moab. 15Pero gritaron al Señor, y
el Señor hizo surgir un salvador: Ehud, hijo de
Guerá, de la tribu de Benjamín, que era zurdo;
los israelitas le encargaron que llevara el tributo
a Eglón, rey de Moab.

16Ehud se había hecho un puñal con hoja de
doble filo, de un palmo de largo, y se lo ciñó ba-
jo el manto, junto al muslo derecho. 17Presentó
el tributo a Eglón, rey de Moab, que era gordísi-
mo, 18y al acabar de presentar el tributo se mar-
chó con el séquito que lo había llevado. 19Pero
él se volvió desde Happesilim, que está junto a
Guilgal, y le dijo a Eglón: «¡Majestad! Tengo que
comunicarle un mensaje secreto». Eglón ordenó:
«¡Silencio!». Y salieron de su presencia todos los
cortesanos.

20Entonces Ehud se acercó al rey, que estaba
sentado en su galería privada de verano, y le di-
jo: «Tengo que comunicarle un mensaje divino».
Eglón se incorporó en el trono, 21y Ehud exten-
dió su mano izquierda, tomó el puñal que llevaba
junto al muslo derecho, lo agarró y se lo metió
a Eglón en el estómago: 22el mango entró tras la
hoja y la grasa se cerró sobre ella, porque Ehud
no sacó el puñal del vientre. 23Luego escapó por
la puerta trasera, salió al pórtico y dejó bien
trancadas las puertas de la galería. 24Mientras él
salía, entraron los criados; miraron y se encon-
traron con las puertas de la galería trancadas.
Entonces comentaron: «Seguro que está hacien-
do sus necesidades en la habitación de verano».
25Esperaron un rato, hasta el aburrimiento; pero
como nadie abría las puertas de la galería, aga-
rraron la llave, abrieron y encontraron a su señor
muerto, en el suelo.

26Mientras ellos habían estado esperando,
Ehud pudo escapar hasta Happesilim y se re-
fugió en Seír. 27En cuanto llegó, tocó el cuerno
en la serranía de Efraín. Los israelitas bajaron
de los montes, con él al frente. 28Ehud les di-
jo: «¡Síganme!, que el Señor les ha entregado a
Moab, su enemigo». Bajaron tras él y ocuparon
los vados del Jordán, cortando el paso a Moab;
no dejaron pasar ni a uno. 29En aquella ocasión
derrotaron a unos diez mil moabitas, todos gen-
te de armas; no escapó ni uno. 30Aquel día Moab
quedó sujeto bajo la mano de Israel. Y el país
estuvo en paz ochenta años.

Sangar

31A Ehud le sucedió Sangar, hijo de Anat. Con
una aguijada de bueyes mató a seiscientos filis-
teos, y así también él salvó a Israel.

Débora y Barac

4 1Después que murió Ehud, los israelitas vol-
vieron a hacer lo que el Señor reprueba, 2y
el Señor los vendió a Yabín, rey cananeo que
reinaba en Jasor; el general de su ejército era
Sísara, con residencia en Jaróset-Goyim. 3Los
israelitas gritaron al Señor, porque Sísara tenía
novecientos carros de hierro y llevaba ya veinte
años tiranizándolos.

4Débora, profetisa, casada con Lapidot, go-
bernaba por entonces a Israel. 5Ella se sentaba
debajo de la Palmera de Débora, entre Ramá y
Betel, en la serranía de Efraín, y los israelitas
acudían a ella para resolver sus litigios.

6Débora mandó llamar a Barac, hijo de Abi-
noán, de Cades de Neftalí, y le dijo: «Por orden
del Señor, Dios de Israel, ve a reunir en el Tabor
a diez mil hombres de la tribu de Neftalí y de
la tribu de Zabulón; 7que yo llevaré junto a ti,
al torrente Quisón, a Sísara, jefe del ejercito de
Yabín con sus carros y sus tropas, y te lo entre-
garé». 8Barac replicó: «Si vienes conmigo, voy;
si no vienes conmigo, no voy».

9Débora contestó: «Bien. Iré contigo, pero la
gloria de esta campaña que vas a emprender no
será para ti, porque el Señor pondrá a Sísara en

manos de una mujer». Luego se puso en cami-
no para reunirse con Barac, en Cades. 10Barac
movilizó en Cades a Zabulón y Neftalí; diez mil
hombres lo siguieron, y también Débora subió
con él. 11Jéber, el quenita, se había separado de
su tribu, de los descendientes de Jobab, suegro
de Moisés, y había acampado junto a la Encina
de Sananín, cerca de Cades.
12En cuanto avisaron a Sísara que Barac, hijo
de Abinoán, había subido al Tabor, 13movilizó
sus carros –novecientos carros de hierro– y
toda su infantería, y avanzó desde Jaróset
hasta el torrente Quisón. 14Débora dijo a Ba-
rac: «¡Vamos! Que hoy mismo pone el Señor a
Sísara en tus manos. ¡El Señor marcha delante
de ti!». Barac bajó del Tabor, y tras él sus diez
mil hombres. 15Y el Señor desbarató a Sísara, a
todos sus carros y todo su ejército ante Barac,
tanto que Sísara tuvo que saltar de su carro de
guerra y huir a pie. 16Barac fue persiguiendo al
ejército y los carros hasta Jaróset-Goyim. Todo
el ejército de Sísara cayó a filo de espada, no
quedó ni uno.
17Mientras tanto, Sísara había huido a pie ha-
cia la tienda de Yael, esposa de Jéber, el queni-
ta, porque había buenas relaciones entre Yabín,
rey de Jasor, y la familia de Jéber, el quenita.
18Yael salió a su encuentro y lo invitó: «Pasa,
señor; pasa, no temas». Sísara pasó a la tienda,
y Yael lo tapó con una manta. 19Sísara le pidió:
«Por favor, dame un poco de agua, que me muero
de sed». Ella abrió el odre de la leche, le dio
a beber y lo tapó. 20Sísara le dijo: «Ponte a la
entrada de la tienda, y si viene alguno y te pre-
gunta si hay alguien, le respondes que no».
21Pero Yael, esposa de Jéber, sacó una estaca
de la tienda, agarró un martillo en la mano, se
le acercó de puntillas y le hundió el clavo en la
sien, atravesándolo hasta la tierra. Sísara, que
dormía rendido, murió.
22Barac, por su parte, iba en persecución de
Sísara. Yael le salió al encuentro y le dijo: «Ven,
te voy a enseñar al hombre que buscas». Barac
entró en la tienda: Sísara yacía cadáver, con el
clavo en la sien.
23Dios derrotó aquel día a Yabín, rey cananeo,
ante los israelitas. 24Y estos se fueron haciendo
cada vez más fuertes frente a Yabín, rey cana-
neo, hasta que lograron aniquilarlo.

Canto de victoria

5 1Aquel día Débora y Barac, hijo de Abinoán,
cantaron:
2Porque en Israel van con los cabellos sueltos,/
porque el pueblo se ofreció voluntariamente,/
¡bendigan al Señor!
3Escuchen reyes; presten oído príncipes:/ que
voy a cantar, a cantar al Señor,/ y a tocar para el
Señor, Dios de Israel.
4Señor, cuando salías de Seír/ avanzando des-
de los campos de Edom,/ la tierra temblaba, los
cielos se deshacían,/ agua destilaban las nu-
bes,/ 5los montes se agitaban ante el Señor, el de
Sinaí;/ ante el Señor, Dios de Israel.
6En tiempo de Sangar, hijo de Anat,/ en tiem-
po de Yael, los caminos no se usaban,/ las cara-
vanas andaban/ por sendas tortuosas;/ 7ya no
había más jefes,/ no los había en Israel,/ hasta
que te pusiste de pie, Débora;/ te pusiste de pie,
madre de Israel.
8La gente se había escogido dioses nuevos:/
ya la guerra llegaba a las puertas;/ ni un es-
cudo ni una lanza se veían/ entre cuarenta mil
israelitas.
9¡Mi corazón está con los caudillos de Israel,/
con los voluntarios del pueblo!/ ¡Bendigan al
Señor!/ 10Los que cabalgan borricas blancas,/
montados sobre tapices,/ y los que marchan
por el camino,/ atiendan bien: 11tocando trom-
petas,/ junto a los pozos de agua,/ celebren las
victorias del Señor,/ las victorias de los cam-
pesinos de Israel,/ cuando el pueblo del Señor/
acudió a las puertas.
12¡Despierta, despierta, Débora!/ ¡Despierta,
despierta, entona un canto!/ ¡En pie, Barac!
¡Toma tus cautivos,/ hijo de Abinoán!/ 13Super-
viviente, somete a los poderosos;/ pueblo del Se-
ñor,/ sométeme a los guerreros.
14Lo mejor de Efraín, está en el valle,/ detrás
de ti va Benjamín con sus tropas;/ de Maquir
bajaron los capitanes;/ de Zabulón los que em-
puñan el bastón de mando;/ 15los príncipes de
Isacar están con Débora;/ sí, Isacar también
con Barac;/ se lanza tras sus pasos en el valle./
Rubén entre las acequias/ decide cosas gran-
des./ 16¿Qué haces sentado en los corrales,/
escuchando la flauta de los pastores?/ ¡Rubén
entre las acequias/ decide cosas grandes!
17Galaad se ha quedado/ al otro lado del Jor-
dán,/ Dan sigue con sus barcos;/ Aser se ha
quedado a la orilla del mar/ y sigue en sus ense-
nadas./ 18Zabulón es un pueblo/ que despreció
la vida,/ como Neftalí en sus campos elevados.
19Llegaron los reyes al combate,/ combatie-
ron los reyes de Canaán:/ en Taanac, junto a
las aguas de Meguido,/ no ganaron ni una pieza
de plata./ 20Desde el cielo combatieron las es-
trellas,/ desde sus órbitas combatieron contra
Sísara./ 21El torrente Quisón los arrastró,/ el
torrente Quisón les hizo frente,/ el torrente pi-
soteó a los valientes.

22Martillaban los cascos de los caballos/ al ga-
lope, al galope de sus corceles.
23Maldigan a Meroz; maldíganla,/ dice el
mensajero del Señor;/ maldigan a sus habitan-
tes,/ porque no vinieron en auxilio del Señor,/
en auxilio del Señor con sus tropas.
24¡Bendita entre las mujeres Yael,/ mujer de
Jéber, el quenita,/ bendita entre las que habitan
en tiendas!/ 25Agua le pidió, y le dio leche;/ en
taza de príncipes le ofreció nata.
26Con la izquierda agarró el clavo,/ con la de-
recha el martillo del artesano,/ golpeó a Sísara,
machacándole el cráneo,/ lo destrozó atrave-
sándole las sienes./ 27Se encorvó entre sus pies,/
cayó acostado;/ se encorvó entre sus pies, cayó;/
encorvado, allí mismo cayó deshecho.
28Desde la ventana, asomada,/ grita la madre
de Sísara por el enrejado:/ ¿Por qué tarda en lle-
gar su carro,/ por qué se retrasan los carros de
guerra?
29La más sabia de sus damas le responde,/ y
ella se repite las palabras:/ 30Están agarrando y
repartiendo el botín,/ una muchacha o dos para
cada soldado,/ paños de colores para Sísara,/
bordados y recamados/ para el cuello de las
cautivas.
31¡Perezcan así, Señor, tus enemigos!/ ¡Tus
amigos sean fuertes como el sol al salir!
Y el país estuvo en paz cuarenta años.

Gedeón

6 1Los israelitas hicieron lo que el Señor re-
prueba, y el Señor los entregó a Madián por
siete años. 2El régimen de Madián fue tiránico.
Para librarse de él, los israelitas tuvieron que
valerse de las cuevas de los montes, las cavernas
y los refugios.
3Cuando los israelitas sembraban, los madia-
nitas, los amalecitas y los orientales venían y
los atacaban; 4acampaban frente a ellos y des-
truían todos los sembrados, hasta la entrada
de Gaza. No dejaban nada con vida en Israel,
ni oveja, ni buey, ni asno; 5porque venían con
sus rebaños y sus tiendas de campaña, nume-
rosos como langostas, hombres y camellos sin
número, e invadían el país devastándolo. 6Con
esto Israel iba empobreciéndose por culpa de
Madián.
7Entonces los israelitas pidieron ayuda al
Señor. Y cuando los israelitas suplicaron al Se-
ñor por causa de Madián, 8el Señor les envió
un profeta a decirles: «Así dice el Señor, Dios
de Israel: Yo los hice subir de Egipto, los saqué
de la esclavitud, 9los libré de los egipcios y de
todos sus opresores, los expulsé ante ustedes
para entregarles sus tierras, y les dije: 10Yo soy
el Señor, su Dios; no adoren a los dioses de los
amorreos, en cuyo país van a vivir. Pero ustedes
no escucharon mi voz».
11El ángel del Señor vino y se sentó bajo la
Encina de Ofrá, propiedad de Joás, de Abi-Ezer,
mientras su hijo, Gedeón, estaba limpiando a
escondidas el trigo en el lagar, para que los ma-
dianitas no lo vieran.
12El ángel del Señor se le apareció y le dijo: «El
Señor está contigo, valiente». 13Gedeón respon-
dió: «Perdón; si el Señor está con nosotros, ¿por
qué nos sucede todo esto? ¿Dónde han quedado
aquellos prodigios que nos contaban nuestros
padres: De Egipto nos sacó el Señor...? La ver-
dad es que ahora el Señor nos ha desamparado
y nos ha entregado a los madianitas». 14El Señor
se volvió a él y le dijo: «Vete, y con tus propias
fuerzas salva a Israel de los madianitas. Yo te
envío». 15Gedeón replicó: «Perdón, ¿cómo puedo
yo librar a Israel? Precisamente mi familia es la
menor de Manasés, y yo soy el más pequeño en
la casa de mi padre». 16El Señor contestó: «Yo
estaré contigo, y derrotarás a los madianitas co-
mo a un solo hombre». 17Gedeón insistió: «Si he
alcanzado tu favor, dame una señal de que eres
tú quien habla conmigo. 18No te vayas de aquí
hasta que yo vuelva con una ofrenda y te la pre-
sente». El Señor dijo: «Aquí me quedaré hasta
que vuelvas». 19Gedeón marchó a preparar un ca-
brito y unos panes sin levadura con una medida
de harina; colocó luego la carne en la canasta y
echó el caldo en una olla; se lo llevó al Señor y
se lo ofreció bajo la encina. 20El ángel del Señor
le dijo: «Toma la carne y los panes sin levadura,
colócalos sobre esta roca y derrama el caldo» Así
lo hizo. 21Entonces el ángel del Señor alargó la
punta del bastón que llevaba, tocó la carne y los
panes, y se levantó de la roca una llamarada que
los consumió. Y el ángel del Señor desapareció.
22Cuando Gedeón vio que se trataba del ángel
del Señor, exclamó: «¡Ay Dios mío, que he visto
al ángel del Señor cara a cara!». 23Pero el Señor
le dijo: «¡Paz, no temas, no morirás!». 24Enton-
ces Gedeón levantó allí un altar al Señor y le
puso el nombre de Señor de la Paz. Hasta hoy se
encuentra en Ofrá de Abi-Ezer.
25Aquella noche habló el Señor a Gedeón: «To-
ma el buey de siete años que tiene tu padre, de-
rriba el altar de tu padre dedicado a Baal y corta
el árbol sagrado que está junto a él; 26levanta
luego un altar al Señor, tu Dios, en la cima del
barranco, con las piedras bien puestas; toma el
buey y ofrécelo en sacrificio aprovechando la le-
ña del árbol ya cortado». 27Gedeón eligió a diez
de sus criados e hizo lo que le había mandado
el Señor; pero por temor a sus familiares y a la

gente del pueblo, en lugar de hacerlo de día, lo
hizo durante la noche.
[28]Cuando los vecinos se levantaron temprano,
encontraron destruido el altar de Baal, cortado
el árbol sagrado junto a él y sacrificado el buey
sobre el altar recién construido. [29]Entonces se
preguntaban: «¿Quién habrá sido?». Indagaron,
averiguaron y llegaron a la conclusión: «Ha sido
Gedeón, hijo de Joás».
[30]Entonces le dijeron a Joás: «Trae aquí a tu
hijo, debe morir; porque ha derribado el altar
de Baal y cortado el árbol sagrado que había
junto a él». [31]Joás respondió a todos los que lo
amenazaban: «¿Acaso a ustedes les corresponde
defender a Baal? ¿Son ustedes los que tienen
que salvarlo? Si Baal es dios, que se defienda a
sí mismo, ya que Gedeón derribó su altar. El que
pretenda defenderlo, morirá antes del amane-
cer». [32]Por eso aquel día pusieron a Gedeón el
apodo de Yerubaal, comentando: «¡Que Baal se
defienda de él, ya que él derribó su altar!».
[33]Los madianitas, los amalecitas y los orien-
tales se aliaron, cruzaron el río y acamparon
en la llanura de Yezrael. [34]El Espíritu del Señor
se apoderó de Gedeón, que tocó la trompeta, y
los de Abiézer se reunieron detrás de él. [35]Envió
mensajeros por todo el territorio de Manasés,
y ellos también se le unieron; lo mismo hizo en
Aser, Zabulón y Neftalí, y todos ellos vinieron a
unírsele. [36]Gedeón dijo a Dios: «Si realmente vas
a salvar a Israel por mi medio, como aseguraste,
[37]mira, voy a extender un cuero lanudo de oveja
en el lugar donde se trilla el trigo: si cae el rocío
sobre la lana mientras todo el suelo queda seco,
me convenceré de que vas a salvar a Israel por mi
medio, como aseguraste». [38]Así sucedió.
Al día siguiente Gedeón madrugó, retorció la
lana, exprimiéndole el rocío, y llenó una taza
de agua. [39]Entonces Gedeón dijo a Dios: «No te
enfades conmigo si te hago otra propuesta; haré
solo otra vez la prueba con el vellón: que solo
el vellón quede seco, y, en cambio, caiga rocío
sobre el suelo». [40]Así lo hizo Dios aquella noche:
solo el vellón quedó seco, mientras que cayó ro-
cío en todo el suelo.

7 [1]Yerubaal, es decir, Gedeón, madrugó con su
tropa y acampó junto a En Jarod. El campa-
mento de Madián les quedaba al norte, junto a la
colina de Moré, en el valle. [2]El Señor dijo a Ge-
deón: «Llevas demasiada gente para que yo les
entregue Madián. No quiero que luego Israel se
gloríe diciendo: Mi mano me ha dado la victoria.
[3] Por eso proclama ante la tropa: El que tenga
miedo o tiemble, que se vuelva». Se volvieron a
casa veintidós mil hombres, y se quedaron diez
mil. [4]El Señor dijo a Gedeón: «Todavía es dema-
siada gente. Ordénales que bajen a la fuente,
allí te los seleccionaré. El que yo te diga que
puede ir contigo, irá contigo; pero el que yo te
diga que no puede ir contigo, ese, que no vaya».
[5]Gedeón mandó bajar a la tropa hacia la fuente,
y el Señor le dijo: «Los que beban el agua len-
güeteando, como los perros, ponlos a un lado;
los que se arrodillen para beber, ponlos al otro
lado». [6]Los que bebieron lengüeteando, llován-
dose el agua a la boca, fueron trescientos; los
demás se arrodillaron para beber.
[7]El Señor dijo entonces a Gedeón: «Con estos
trescientos que han bebido lengüeteando los
voy a salvar, entregándoles a Madián en su po-
der. Todos los demás que se vuelvan a casa». [8]Los
trescientos hombres tomaron sus provisiones y
sus trompetas, mientras Gedeón despedía a los
otros israelitas. El campamento de Madián les
quedaba abajo, en el valle. [9]Y el Señor habló a
Gedeón aquella noche: «Levántate, baja contra
el campamento enemigo, que yo te lo entrego.
[10]Si no te atreves, baja con tu escudero Furá has-
ta el campamento. [11]Cuando oigas lo que dicen,
te sentirás animado a atacarlos». Gedeón y su
escudero Furá bajaron hasta las avanzadas del
campamento. [12]Madianitas, amalecitas y orien-
tales estaban tumbados por el valle, numerosos
como langostas; sus camellos eran incontables,
como la arena de la playa.
[13]Al acercarse Gedeón, casualmente estaba uno
contando un sueño al compañero: «Mira lo que he
soñado: una torta de pan de cebada venía rodan-
do contra el campamento de Madián, llegó a la
tienda, la embistió, cayó sobre ella y la revolvió
de arriba a abajo». [14]El otro comentó: «Eso signi-
fica la espada del israelita –de Gedeón, hijo de
Joás–: Dios ha puesto en sus manos a Madián y
todo su campamento». [15]Cuando Gedeón oyó el
sueño y su interpretación, se postró para adorar.
Luego volvió al campamento israelita y ordenó:
«¡Arriba, que el Señor les entrega el campamento
de Madián!». [16]Dividió a los trescientos hombres
en tres cuerpos y entregó a cada soldado una
trompeta, un cántaro vacío y una antorcha en
el cántaro. [17]Luego les dio estas instrucciones:
«Fíjense en mí y hagan lo mismo que yo. Cuando
llegue a las avanzadas del campamento, ustedes
hagan lo que yo haga. [18]Yo tocaré la trompeta, y
conmigo los de mi grupo; entonces también uste-
des tocarán la trompeta alrededor del campamen-
to y gritarán: ¡Por el Señor y por Gedeón!».
[19]Gedeón llegó con los cien hombres de su gru-
po a las avanzadas del campamento, justamente
cuando empezaba el relevo de medianoche; en
cuanto se hizo el cambio de guardia, Gedeón to-

có la trompeta y rompió el cántaro que llevaba
en la mano. 20Entonces los tres grupos tocaron
las trompetas y rompieron los cántaros; luego,
empuñando en la mano izquierda las antorchas
y las trompetas con la derecha para poder tocar,
gritaron: «¡Por el Señor y por Gedeón!». 21Y se
quedaron todos en su sitio alrededor del cam-
pamento. Todo el campamento se alborotó, y
empezaron a gritar y a huir, 22mientras los tres-
cientos seguían sonando las trompetas. El Señor
hizo que se acuchillasen unos a otros en el cam-
pamento y que huyeran hasta Bet-Sitá, en di-
rección a Sartán, hasta la orilla de Abel Mejolá,
frente a Tabat. 23Los israelitas de Neftalí, Aser
y todo Manasés se unieron en persecución de
Madián. 24Gedeón había enviado mensajeros que
avisaron en la serranía de Efraín: «Bajen contra
Madián. Ocupen antes que ellos los vados del
Jordán hasta Bet-Bará». Los hombres de Efraín
corrieron a ocupar los vados hasta Bet-Bará, 25y
apresaron a dos jefes madianitas, Oreb y Zeeb.
A Oreb lo degollaron en Sur Oreb, y a Zeeb en
Yequeb-Zeeb. Siguieron en persecución de los
madianitas y le llevaron a Gedeón, al otro lado
del Jordán, las cabezas de Oreb y de Zeeb.

8 1Pero los efraimitas se le quejaron: «¿Qué es
lo que nos has hecho? ¿Por qué no nos lla-
maste cuando saliste a luchar contra Madián?».
Y se lo reprocharon duramente. 2Él les respon-
dió: «¿Qué hice yo comparado con lo que hicie-
ron ustedes? Un solo racimo de Efraín vale más
que toda la vendimia de Abiézer. 3 A ustedes les
ha entregado el Señor los jefes de Madián, Oreb
y Zeeb. Comparado con esto, ¿qué he logrado ha-
cer yo?». Con esta respuesta se calmó la cólera
de los efraimitas contra Gedeón.
4Gedeón llegó al Jordán y lo cruzó con sus tres-
cientos hombres, que estaban agotados y ham-
brientos. 5Entonces dijo a los vecinos de Sucot:
«Hagan el favor de darme un poco de pan para la
tropa que marcha conmigo, porque vienen ago-
tados, y voy persiguiendo a Zébaj y a Salmuná,
reyes madianitas». 6Las autoridades de Sucot le
respondieron: «¿Acaso ya has capturado a Zébaj
y a Salmuná para que demos de comer a tus sol-
dados?». 7Gedeón contestó: «Cuando el Señor me
entregue a Zébaj y a Salmuná cautivos, regresaré
y desgarraré la carne de ustedes con espinas y
cardos del desierto». 8Desde allí subió a Penuel,
y les pidió el mismo favor; pero los de Penuel le
respondieron lo mismo que los de Sucot. 9Y tam-
bién contestó a los de Penuel: «Cuando vuelva
victorioso, derribaré esa torre».
10Zébaj y Salmuná estaban en Carcor con sus
tropas, unos quince mil hombres. Era todo lo que
quedaba de los soldados armados de espada del
ejercito del oriente, ya que las bajas habían sido
ciento veinte mil.
11Gedeón subió por la ruta de los beduinos,
al este de Nóbaj y Yogbohá, y atacó al enemigo
cuando menos lo esperaban, 12Zébaj y Salmuná
lograron huir, pero Gedeón los persiguió y cap-
turó a los dos reyes madianitas, Zébaj y Salmu-
ná. El resto del ejército huyó lleno de espanto.
13Gedeón, hijo de Joás, volvió de la batalla por
la Maale de Jeres. 14Detuvo a un muchacho de Su-
cot, lo sometió a interrogatorio y el muchacho le
dio una lista con los nombres de las autoridades
y ancianos de Sucot, setenta y siete personas.
15Entonces Gedeón fue a los vecinos de Sucot y
les dijo: «Aquí tienen a Zébaj y a Salmuná, por los
que se burlaron de mí, diciendo: ¿Acaso ya has
capturado a Zébaj y a Salmuná para que le demos
de comer a tus soldados, que vienen agotados?».
16Agarró a los ancianos de la ciudad, recogió es-
pinas y cardos del desierto, y castigó con ellos a
los hombres de Sucot. 17Derribó también la torre
de Penuel y mató a la población.
18Luego preguntó a Zébaj y a Salmuná: «¿Có-
mo eran los hombres que mataron en el Tabor?».
Ellos respondieron: «Parecidos a ti. Tenían as-
pecto de príncipes». 19Gedeón exclamó: «¡Mis
hermanos maternos! ¡Juro por la vida del Señor,
que si ustedes los hubieran perdonado, yo no los
mataría ahora!». 20Y ordenó a Yéter, su primogé-
nito: «Mátalos aquí mismo». Pero el muchacho
no desenvainó la espada, porque tenía miedo;
era todavía un muchacho. 21Entonces Zébaj y
Salmuná le pidieron: «Mátanos tú, que tú eres un
valiente». Gedeón fue y degolló a Zébaj y a Sal-
muná. Luego recogió los adornos que llevaban
en el cuello sus camellos.
22Los israelitas dijeron a Gedeón: «Tú serás
nuestro jefe, y después tu hijo y tu nieto, por-
que nos has salvado de los madianitas». 23Ge-
deón les respondió: «Ni yo ni mi hijo seremos
sus jefes. Su jefe será el Señor». 24Y añadió: «Les
voy a pedir una cosa: denme cada uno un anillo
de lo que les ha tocado como botín -ya que los
vencidos llevaban anillos de oro porque eran
ismaelitas-».
25Contestaron: «Con mucho gusto». Él exten-
dió su manto, y cada uno fue echando un anillo
de su parte en el botín. 26El peso de los anillos
que recogió Gedeón fue de diecinueve kilos de
oro, sin contar los adornos, pendientes y los
vestidos de púrpura que llevaban los reyes ma-
dianitas, más los collares de los camellos. 27Con
todo ello hizo Gedeón un efod, que colocó en la
ciudad de Ofrá. Con él se prostituyó todo Israel:
se volvió una trampa para Gedeón y su familia.

28Madián quedó sometido a los israelitas y ya no levantó cabeza. Con eso el país estuvo en paz cuarenta años, mientras vivió Gedeón. 29Yerubaal, hijo de Joás, se fue a vivir a su casa. 30Gedeón tuvo setenta hijos, ya que tenía muchas mujeres. 31Una concubina que tenía en Siquén también le dio un hijo, al que puso por nombre Abimelec. 32Gedeón, hijo de Joás, murió en buena vejez, y lo enterraron en la sepultura de su padre Joás, en Ofrá de Abi-Ezer.

33Pero en cuanto murió, otra vez los israelitas se prostituyeron con los ídolos, eligiendo como dios suyo a Baal-Berit, 34sin acordarse del Señor, su Dios, que los había librado del poder de todos los enemigos de alrededor. 35Y no se mostraron agradecidos a la familia de Yerubaal-Gedeón, como merecía por todo lo que hizo por Israel.

Abimelec

9 1Abimelec, hijo de Yerubaal, fue a Siquén, a casa de sus tíos maternos, y les propuso a ellos y a todos los parientes de su abuelo materno lo siguiente: 2«Digan a todos los señores de Siquén: ¿Qué es mejor para ustedes, que los gobiernen setenta hombres, es decir, todos los hijos de Yerubaal, o que los gobierne uno solo? Y no olviden que yo soy de su misma sangre». 3Sus tíos maternos lo comunicaron a los siquemitas, y estos se pusieron de parte de Abimelec, pensando: «¡Es pariente nuestro!». 4Le dieron setecientos gramos de plata del templo de Baal-Berit, y con ese dinero Abimelec pagó a unos cuantos desocupados y aventureros que se pusieron a sus órdenes. 5Luego fue a casa de su padre, a Ofrá, y asesinó a sus hermanos, los hijos de Yerubaal, a setenta hombres en la misma piedra. Solo quedó Yotán, el hijo menor de Yerubaal, que se había escondido. 6Los de Siquén y todos los de Bet-Miló se reunieron para proclamar rey a Abimelec, junto a la encina de Siquén. 7En cuanto se enteró Yotán, subió hasta la cumbre del monte Garizín, y desde allí gritó con voz potente: «¡Escúchenme, vecinos de Siquén, y que Dios los escuche a ustedes! 8Una vez fueron los árboles a elegirse rey, y dijeron al olivo: "Sé nuestro rey". 9Pero el olivo dijo: "¿Y voy a dejar mi aceite, con el que se honra a dioses y hombres, para ir a mecerme sobre los árboles?". 10Entonces dijeron a la higuera: "Ven a ser nuestro rey". 11Pero la higuera dijo: "¿Y voy a dejar mi dulce fruto sabroso para ir a mecerme sobre los árboles?". 12Entonces dijeron a la vid: "Ven a ser nuestro rey". 13Pero la vid dijo: "¿Y voy a dejar mi mosto, que alegra a dioses y hombres, para ir a mecerme sobre los árboles?". 14Entonces dijeron todos a la zarza: "Ven a ser nuestro rey". 15Y les dijo la zarza: "Si de veras quieren ungirme como su rey, vengan a cobijarse bajo mi sombra, y si no, salga fuego de la zarza y devore a los cedros del Líbano".

16Y ahora díganme, ¿han obrado con sinceridad y lealtad proclamando rey a Abimelec? ¿Se han portado bien con Yerubaal y su familia? ¿Se han portado con él como merecían los favores que les hizo? 17–Mi padre luchó por ustedes exponiéndose a la muerte y los libró del poder de Madián–. 18Al contrario, ustedes se han levantado contra la familia de mi padre, asesinando a sus hijos, setenta hombres, en la misma piedra, y han nombrado rey de los siquemitas a Abimelec, hijo de una criada de mi padre, con el pretexto de que es pariente de ustedes. 19Si hoy se han portado sincera y lealmente con Yerubaal y su familia, celébrenlo con Abimelec y que él lo celebre con ustedes; 20pero si no es así, ¡salga fuego de Abimelec que devore a los de Siquén y a los de Bet-Miló, salga fuego de los de Siquén y de los de Bet-Miló que devore a Abimelec!».

21Luego Yotán emprendió la huida y marchó a Beer; allí se quedó por miedo a su hermano Abimelec. 22Abimelec gobernó a Israel tres años. 23Dios envió un espíritu de discordia entre Abimelec y los siquemitas, que lo traicionaron. 24Así, el asesinato de los setenta hijos de Yerubaal, la sangre de sus hermanos, recayó sobre Abimelec, que los había asesinado, y sobre los de Siquén, cómplices del asesinato. 25Los de Siquén preparaban emboscadas contra él en las cimas de los montes y despojaban a los caminantes que pasaban por allí. Abimelec se enteró.

26Gaal, hijo de Obed, vino a Siquén con sus hermanos y se ganó la confianza de los siquemitas. 27Salieron al campo, a la vendimia, pisaron la uva y celebraron la fiesta; fueron al templo de su dios y comieron y bebieron entre maldiciones a Abimelec. 28Gaal, hijo de Obed, les dijo: «¿Qué autoridad tiene Abimelec sobre Siquén para que seamos sus esclavos? ¡Es un hijo de Yerubaal, y Zebul es su lugarteniente, ellos sirvieron en casa de Jamor, padre de Siquén! ¿Por qué vamos a ser sus esclavos? 29¡Ah, si yo tuviera poder sobre este pueblo! Quitaría de en medio a Abimelec. Lo desafiaría diciéndole: Refuerza tu ejército y sal a combatir».

30Zebul, gobernador de la ciudad, oyó el discurso de Gaal, hijo de Obed, y se enfureció, 31entonces mandó emisarios a Abimelec, avisándole: «Mira, Gaal, hijo de Obed, ha venido con sus parientes a Siquén y están sublevando la ciudad contra ti. 32Ven de noche con tu gente y escóndete en el campo; 33por la mañana, al salir el sol, ataca a la ciudad. Gaal y los suyos saldrán a presentarte batalla; entonces actúa, que es tu ocasión». [34]Abimelec se puso en marcha de noche con su gente y se emboscaron frente a Siquén, divididos en cuatro cuerpos.

[35]Gaal, hijo de Obed, salió y se detuvo a las puertas de la ciudad, y Abimelec con su gente surgió de la emboscada. [36]Cuando Gaal los vio, dijo a Zebul: «Mira, baja gente de las cumbres de los montes». Zebul contestó: «Son las sombras de los montes y a ti te parecen hombres». [37]Pero Gaal insistió: «Baja gente de Tabbur Haares, y un grupo avanza por el camino de Elón Meonenim». [38]Entonces Zebul le dijo: «¿Dónde está esa boca que decía: Quién es Abimelec para que seamos sus esclavos? ¡Esos son los que tú despreciabas! Sal ahora y lucha contra ellos». [39]Gaal salió al frente de los siquemitas y entabló batalla con Abimelec. [40]Abimelec lo persiguió. Gaal emprendió la huida y muchos cayeron muertos cuando huían hacia las puertas de la ciudad. [41]Abimelec se volvió a Arumá, y Zebul desterró de Siquén a Gaal y sus parientes.

[42]Al día siguiente, los de Siquén se pusieron en campaña, y Abimelec se enteró; [43]tomó a su gente, la dividió en tres cuerpos y se emboscó en el campo. Cuando los vio salir de la ciudad, se lanzó al ataque y los destrozó. [44]Abimelec y los de su grupo se abalanzaron contra la ciudad y tomaron posiciones en las puertas, mientras los otros dos grupos atacaban y derrotaban a los del campo. [45]Todo aquel día estuvo Abimelec atacando la ciudad; al fin la conquistó, pasó a cuchillo a todos sus habitantes, la arrasó y la sembró de sal.

[46]Al saberlo los de Torre Siquén, se refugiaron en la cripta del templo del dios del Pacto. [47]Abimelec se enteró de que estaban reunidos los de Torre Siquén; [48]subió al Monte Salmón con toda su gente, empuñó un hacha, cortó una rama de un árbol y se la echó al hombro, mientras decía a los suyos: «¡Apúrense, hagan lo mismo que hago yo!». [49]Cada uno cortó una rama y siguieron a Abimelec. Apoyaron las ramas sobre la cripta y prendieron fuego al techo. Murieron todos los de Torre Siquén, unos mil entre hombres y mujeres.

[50]Después Abimelec fue a Tebes, la sitió y la conquistó. [51]En medio de la villa había una torre fortificada, y allí se refugiaron todos los hombres y mujeres de la población, aseguraron por dentro los cerrojos y se subieron a la azotea. [52]Abimelec llegó junto a la torre, intentando asaltarla, se aproximó a la puerta para prenderle fuego, [53]pero una mujer le dejó caer sobre la cabeza una piedra de moler y le partió el cráneo. [54]Abimelec llamó enseguida a su escudero y le dijo: «Saca la espada y remátame, para que no se diga lo mató una mujer». Su escudero lo atravesó con su espada, y murió. [55]Al ver los israelitas que Abimelec había muerto, cada cual regresó a su casa. [56]Así pagó Dios a Abimelec lo mal que se portó con su padre, asesinando a sus setenta hermanos. [57]Y todo el mal que hicieron los de Siquén, Dios lo hizo recaer sobre ellos. Sobre ellos cayó la maldición de Yotán, hijo de Yerubaal.

Jueces menores I

10 [1]A Abimelec le sucedió como salvador de Israel Tolá, hijo de Fuá, de Dodó, de la tribu de Isacar. Vivía en Samir, en la serranía de Efraín. [2]Gobernó Israel veintitrés años. Murió y lo enterraron en Samir.

[3]Le sucedió Yaír, el galadita, que gobernó a Israel veintidós años. [4]Tuvo treinta hijos, que montaban en treinta asnos y eran señores de treinta villas, llamadas hasta hoy Villas de Yaír, en Galaad. [5]Yaír murió y lo enterraron en Camón.

Liturgia penitencial

[6]Los israelitas volvieron a hacer lo que el Señor reprueba: dieron culto a Baal y Astarté, a los dioses de Siria, a los dioses de Fenicia, a los dioses de Moab, a los dioses de los amonitas, a los dioses de los filisteos. Abandonaron al Señor, no le dieron culto. [7]Entonces el Señor se enfureció contra Israel y lo vendió a los filisteos y a los amonitas, [8]que a partir de entonces oprimieron cruelmente durante dieciocho años a los israelitas de Transjordania, en el país amorreo de Galaad. [9]Los amonitas pasaron el Jordán con intención de luchar también contra Judá, Benjamín y la tribu de Efraín; así que Israel llegó a una situación desesperada. [10]Entonces los israelitas gritaron al Señor: «¡Hemos pecado contra ti! Hemos abandonado al Señor, nuestro Dios, para dar culto a los baales». [11]El Señor les respondió: «Los he librado de los egipcios, de los amorreos, de los amonitas y de los filisteos. [12]Los fenicios, amalecitas y madianitas fueron sus tiranos. Me gritaron, y yo los salvé. [13]Pero me han abandonado, han dado culto a otros dioses. Por eso no volveré a salvarlos. [14]Vayan a invocar a los dioses que ustedes se han elegido. ¡Que ellos los salven en la hora del peligro!». [15]Los israelitas insistieron: «¡Hemos pecado! Trátanos como quieras, pero por favor, sálvanos en este día». [16]Entonces quitaron de en medio los dioses extranjeros y dieron culto al Señor, que olvidó su enojo ante los sufrimientos de Israel.

[17]Los amonitas, movilizados, acamparon en Galaad. Los israelitas se movilizaron también y acamparon en Mispá. [18]Los israelitas que vivían en Galaad, y sus jefes, se dijeron unos a otros: «El que empiece la guerra contra los amonitas será el caudillo de los que vivimos en Galaad».

Jefté

11 1Jefté, el galaadita, era todo un guerrero,
hijo de Galaad y de una prostituta. 2Galaad
tuvo otros hijos de su esposa legítima, y cuando
llegaron a la mayoría de edad, echaron de casa a
Jefté, diciéndole: «Tú no puedes participar de la
herencia en casa de nuestro padre, porque eres
hijo de una mujer extraña». 3Jefté marchó lejos
de sus hermanos y se estableció en el país de
Tob. Se le juntaron unos cuantos desocupados,
que hacían incursiones bajo su mando.

4Algún tiempo después los amonitas declara-
ron la guerra a Israel. 5Los ancianos de Galaad
fueron al país de Tob a buscar a Jefté, 6suplicán-
dole: «Ven a ser nuestro caudillo en la guerra
contra los amonitas». 7Pero Jefté les respondió:
«¿No son ustedes los que por odio me echaron de
casa?, ¿por qué vienen a mí ahora que están en
aprietos?». 8Los ancianos de Galaad le contesta-
ron: «Así es. Ahora nos dirigimos a ti para que
vengas con nosotros a luchar contra los amoni-
tas. Serás jefe nuestro, de todos los que estamos
en Galaad». 9Jefté les dijo: «¿De modo que me
llaman para luchar contra los amonitas? Enton-
ces si el Señor me los entrega, yo seré el jefe
de ustedes». 10Le respondieron: «Que el Señor
nos juzgue si no hacemos lo que dices». 11Jefté
marchó con los ancianos de Galaad. El pueblo lo
nombró jefe y caudillo, y Jefté juró el cargo ante
el Señor, en Mispá.

El sacrificio de la hija de Jefté

12Luego despachó unos emisarios al rey de los
amonitas con este mensaje: «¿Qué te he hecho
yo para que vengas contra mí, a hacer la guerra
a mi país?». 13El rey de los amonitas contestó
a los emisarios de Jefté: «Israel, cuando venía
de Egipto, se apoderó de mi país, desde el Ar-
nón hasta el Yaboc y el Jordán; así que ahora
devuélvemelo por las buenas». 14Jefté volvió a
enviar mensajeros al rey de los amonitas, 15con
esta respuesta:

»Así dice Jefté: Los israelitas no se apodera-
ron del país de Moab, ni del país de Amón, 16sino
que al venir de Egipto marcharon por el desierto
hasta el Mar Rojo y llegaron a Cades. 17Enviaron
emisarios al rey de Edom pidiéndole que les de-
jase atravesar el país, pero el rey de Edom no
hizo caso. Mandaron también emisarios al rey de
Moab y tampoco quiso. Entonces los israelitas se
instalaron en Cades.

18»Luego anduvieron por el desierto, bordean-
do Edom y Moab; llegaron a la parte oriental de
Moab y acamparon en la otra orilla del Arnón,
sin violar la frontera porque el Arnón es la fron-
tera de Moab.

19Enviaron emisarios a Sijón, rey de los amo-
rreos, que reinaba en Jesbón, pidiendo que les
dejase atravesar su territorio, de paso hacia
nuestra tierra; 20pero Sijón, no fiándose de la
petición de Israel de cruzar su frontera, reunió
sus tropas, acampó en Yasá y presentó batalla a
Israel. 21El Señor, Dios de Israel, entregó a Si-
jón y todas sus tropas en poder de Israel, que
los derrotó y tomó posesión de las tierras de los
amorreos que habitaban aquella región. 22Toma-
ron posesión de la tierra de los amorreos, desde
el Arnón hasta el Yaboc y desde el desierto hasta
el Jordán.

23»Si el Señor, Dios de Israel, expulsó a los
amorreos ante su pueblo, Israel, ¿tú ahora quie-
res expulsarnos? 24Ya tienes lo que te asignó tu
dios Camós, lo mismo que nosotros tenemos lo
que el Señor, nuestro Dios, nos ha asignado.
25Vamos a ver, ¿vales tú más que Balac, hijo
de Sipor, rey de Moab? ¿Se atrevió él a pleitear
con Israel? ¿Le declaró la guerra? 26Cuando Is-
rael se instaló en el municipio de Jesbón y el
de Aroer y en los pueblos que bordean el Arnón,
hace trescientos años, ¿por qué entonces no los
reconquistaron?

27»Así que yo no te he faltado. Eres tú quien
me ofende declarándome la guerra. ¡Que el Se-
ñor sentencie hoy como juez entre israelitas y
amonitas!

28»Pero el rey de los amonitas no quiso hacer
caso al mensaje de Jefté.

29»El Espíritu del Señor vino sobre Jefté,
quién recorrió Galaad y Manasés, pasó a Mispá
de Galaad y de allí marchó contra los amonitas.
30Entonces hizo esta promesa al Señor: «Si en-
tregas a los amonitas en mi poder, 31el primero
que salga a recibirme a la puerta de mi casa,
cuando vuelva victorioso de la campaña contra
los amonitas, será para el Señor, y lo ofreceré
en holocausto». 32Luego marchó a la guerra con-
tra los amonitas. El Señor se los entregó: 33los
derrotó desde Aroer hasta la entrada de Minit
–eran en total veinte ciudades– y hasta Abel
Queramim. Fue una gran derrota, y los amonitas
quedaron sometidos a Israel. 34Jefté volvió a su
casa de Mispá. Y fue precisamente su hija quien
salió a recibirlo, con panderetas y danzas; su hi-
ja única, porque Jefté no tenía más hijos o hijas.
35En cuanto la vio, se rasgó la túnica gritando:
«¡Ay hija mía, qué desdichado soy! Tú eres mi
desdicha, porque hice una promesa al Señor y
no puedo volverme atrás». 36Ella le dijo: «Padre,
si hiciste una promesa al Señor, cumple en mí lo
que prometiste, ya que el Señor te ha permiti-
do vengarte de tus enemigos». 37Y le pidió a su
padre: «Dame este permiso: déjame andar dos

meses por los montes, llorando con mis amigas,
porque quedaré virgen».
38Su padre le dijo: «Vete». Y la dejó marchar dos
meses, y anduvo con sus amigas por los montes,
llorando porque iba a quedar virgen. 39Acabado
el plazo de los dos meses, volvió a casa, y su pa-
dre cumplió con ella el voto que había hecho. La
muchacha era virgen. Así empezó en Israel la cos-
tumbre de que 40todos los años vayan las chicas
israelitas a cantar lamentaciones durante cuatro
días a la hija de Jefté, el galaadita.

Guerra con los efraimitas

12 1Los efraimitas se amotinaron, cruzaron el
Jordán hacia el norte y fueron a protes-
tarle a Jefté: «¿Por qué marchaste a la guerra
contra los amonitas y no nos llamaste a nosotros
para que fuéramos contigo? Ahora vamos a pren-
derle fuego a tu casa contigo adentro». 2Jefté
les respondió: «Cuando yo andaba reñido con
los parientes y los amonitas me presionaban,
les pedí ayuda, y no me ayudaron. 3Entonces,
viendo que no había quien viniera en mi auxilio,
me jugué la vida, marché contra los amonitas, y
el Señor me los entregó. ¿Por qué entonces vie-
nen ahora a hacerme la guerra?». 4Luego juntó a
todos los de Galaad y atacó a los efraimitas. Los
galaaditas derrotaron a los efraimitas. 5Ocupa-
ron los vados del Jordán, cortándole el paso a
Efraín. Y cuando los efraimitas fugitivos les pe-
dían: «¡Déjanos pasar!», los galaaditas pregun-
taban: «¿Eres de Efraín?»; el otro respondía:«
No»; 6y ellos le mandaban: «Di cebada». Él decía
«sebada», porque no sabía pronunciar correcta-
mente; entonces lo agarraban y lo degollaban
junto a los vados del Jordán. Así murieron en
aquella ocasión cuarenta y dos mil efraimitas.
7Jefté gobernó a Israel seis años. Murió, y lo en-
terraron en su pueblo de Galaad.

Jueces menores II

8Después de él gobernó a Israel Ibsán, natural
de Belén. 9Tuvo treinta hijos y treinta hijas. A
sus hijas las casó fuera y a sus hijos los casó con
forasteras. Gobernó a Israel siete años. 10Murió,
y lo enterraron en Belén.
11Después de él gobernó a Israel Elón, zabulo-
nita. Gobernó a Israel diez años. 12Murió, y lo en-
terraron en Ayalón, en el territorio de Zabulón.
13Después de él gobernó a Israel Abdón, hijo
de Hilel, natural del Piratón. 14Tuvo cuarenta
hijos y treinta nietos, cada uno de los cuales
montaba un asno. Gobernó Israel ocho años.
15Abdón, hijo de Hilel, natural de Piratón, mu-
rió, y lo enterraron en Piratón, de la serranía de
Efraín, en el territorio de Saalín.

Sansón

13 1Los israelitas volvieron a hacer lo que el
Señor reprueba, y el Señor los entregó a
los filisteos por cuarenta años. 2Había en Sorá
un hombre de la tribu de Dan, llamado Manoj.
Su mujer era estéril y no había tenido hijos. 3El
ángel del Señor se apareció a la mujer y le dijo:
«Eres estéril y no has tenido hijos. 4Pero conce-
birás y darás a luz un hijo; ten cuidado de no be-
ber vino ni licor, ni comer nada impuro, 5porque
concebirás y darás a luz un hijo. No pasará la na-
vaja por su cabeza, porque el niño estará consa-
grado a Dios desde antes de nacer. Él empezará
a salvar a Israel de los filisteos». 6La mujer fue a
decirle a su marido: «Me ha visitado un hombre
de Dios que, por su aspecto terrible, parecía un
mensajero divino; pero no le pregunté de dón-
de era ni él me dijo su nombre. 7Solo me dijo:
"Concebirás y darás a luz un hijo; ten cuidado
de no beber vino ni licor, ni comer nada impuro,
porque el niño estará consagrado a Dios desde
antes de nacer hasta el día de su muerte"».
8Manoj oró así al Señor: «Perdón, Señor: que
vuelva ese hombre de Dios que enviaste y nos
indique lo que hemos de hacer con el niño una
vez nacido». 9Dios escuchó la oración de Manoj,
y el ángel de Dios volvió a aparecerse a la mu-
jer mientras estaba en el campo y su marido no
estaba con ella. 10La mujer corrió enseguida a
avisar a su marido: «Se me ha aparecido aquel
hombre que me visitó el otro día». 11Manoj si-
guió a su mujer, fue hacia el hombre y le pre-
guntó: «¿Eres tú el que habló con esta mujer?».
Él respondió: «Sí». 12Manoj insistió: «Y una vez
que se realice tu promesa, ¿qué vida debe llevar
el niño y qué tiene que hacer?». 13El ángel del Se-
ñor respondió: «Que se abstenga de todo lo que
le prohibí a tu mujer: 14que no pruebe el fruto de
la vid, que no beba vino ni licores, ni coma cosa
impura; que lleve la vida que dispuse». 15Manoj
dijo al ángel del Señor: «No te marches, y te pre-
pararemos un cabrito» 16b–Porque no había caí-
do en la cuenta de que era el ángel del Señor–.
16aPero el ángel del Señor le dijo: «Aunque me
hagas quedar, no probaré tu comida. Pero pue-
des ofrecer el cabrito en holocausto al Señor».
17Manoj le preguntó: «¿Cómo te llamas, para que
cuando se cumpla tu promesa te hagamos un
obsequio?». 18El ángel del Señor contestó: «¿Por
qué preguntas mi nombre? Es Misterioso».
19Manoj tomó el cabrito y la ofrenda y ofreció
sobre la roca un sacrificio al Señor Misterioso.
20Al subir la llama del altar hacia el cielo, el án-
gel del Señor subió también en la llama, ante
Manoj y su mujer, que cayeron rostro a tierra.
21El ángel del Señor ya no se les apareció más.

Manoj cayó en la cuenta de que aquel era el án-
gel del Señor, 22y comentó con su mujer: «¡Va-
mos a morir, porque hemos visto a Dios!». 23Pero
su mujer repuso: «Si el Señor hubiera querido
matarnos no habría aceptado nuestro sacrificio
y nuestra ofrenda, no nos habría mostrado todo
esto ni nos habría comunicado una cosa así».
24La mujer de Manoj dio a luz un hijo y le puso
de nombre Sansón. El niño creció y el Señor lo
bendijo. 25Y el Espíritu del Señor comenzó a ac-
tuar sobre él en Majné Dan, entre Sorá y Estaol.

Mujeres y acertijos

14 1Sansón bajó a Timná y vio allí una mucha-
cha filistea. 2Cuando regresó les dijo a sus
padres: «He visto una muchacha filistea en Tim-
ná. Pídanmela para que sea mi esposa». 3Sus pa-
dres le contestaron: «¿No hay ninguna mujer en
tu parentela y en todo el pueblo para que vayas
a buscarte una chica entre esos filisteos incir-
cuncisos?». Pero Sansón insistió a su padre: «Pí-
demela para esposa, porque esa me gusta». 4Su
padre y su madre no sospechaban que el Señor
lo disponía así buscando un pretexto contra los
filisteos, que por entonces dominaban a Israel.
5Sansón bajó a Timná. Cuando llegaba cerca
de las viñas de Timná, le salió rugiendo un ca-
chorro de león; 6el Espíritu del Señor se apoderó
de Sansón, que descuartizó al león como quien
descuartiza un cabrito, y eso que no llevaba na-
da en la mano. Pero no se lo contó a sus padres.
7Sansón bajó, habló con la muchacha, y le gustó.
8Pasado algún tiempo, cuando volvía para ca-
sarse con ella, se desvió un poco para ver el león
muerto, y encontró en el esqueleto un enjambre
de abejas con miel; 9sacó el panal con la mano y
se lo fue comiendo por el camino; cuando alcan-
zó a sus padres, les dio miel, y la comieron, pero
no les dijo que la había recogido en el esqueleto
del león.
10Bajó Sansón a casa de la novia y allí ofreció
un banquete, como suelen hacer los jóvenes; 11y
como los filisteos le tenían miedo, le asignaron
treinta compañeros para que estuvieran con él.
12Sansón les dijo: «Les voy a proponer una adivi-
nanza; si me dan la solución correcta dentro de
estos siete días que dura el banquete, les daré
treinta sábanas y treinta trajes de fiesta; 13si no
logran hacerlo, me darán ustedes a mí treinta
sábanas y treinta trajes de fiesta». Le contesta-
ron: «A ver, di la adivinanza». 14Él dijo: «Del que
come salió comida, del fuerte salió dulzura».
Durante los tres primeros días no pudieron
dar con la solución. 15Al cuarto día le dijeron
a la mujer de Sansón: «Engaña a tu marido, a
ver si nos enteramos de la solución, que si no,
te quemamos a ti y a la casa de tu padre. ¿O es
que nos han invitado para dejarnos sin nada?».
16Entonces la mujer de Sansón se puso a llorar
en sus brazos y le dijo: «Tú no me quieres. Tú
me odias. A mis compatriotas les has propuesto
una adivinanza y a mí no me dices la solución».
Él le contestó: «¡No se la he dicho a mi padre ni
a mi madre y te la voy a decir a ti!». 17Pero ella
le estuvo llorando los siete días del convite. Al
fin, el día séptimo –tanto le importunaba– le
dijo la solución, y ella se la dijo a sus compa-
triotas. 18Y estos dieron la respuesta a Sansón el
día séptimo, antes de que entrase en la alcoba:
«*¿Qué más dulce que la miel,/ qué más fuerte
que el león?*». Sansón repuso: «Si no hubieran
arado con mi ternera, no habrían resuelto mi
adivinanza».
19Entonces lo invadió el Espíritu del Señor,
bajó a Ascalón, mató allí a treinta hombres,
los desnudó y dio las prendas a los que habían
acertado la adivinanza. Después, enfurecido, se
volvió a casa de su padre. 20Y su mujer pasó a
pertenecer a uno de los compañeros que habían
cuidado de él.

15 1Algún tiempo después, cuando se cose-
chaba el trigo, Sansón fue a visitar a su
mujer, y le llevaba un cabrito. Pensó: «Quiero
estar a solas con mi mujer en la habitación». Pe-
ro su suegro no lo dejó entrar, 2diciendo: «Yo es-
taba seguro de que la habías aborrecido, por eso
se la di a uno de tus compañeros. Pero su herma-
na la pequeña es más guapa, acéptala en vez de
la otra». 3Sansón replicó: «Esta vez soy inocente
del daño que voy a hacer a los filisteos».
4Fue y atrapó trescientas zorras; preparó an-
torchas, ató las zorras rabo con rabo, con una
antorcha entre los dos rabos, 5prendió fuego a
las antorchas y soltó las zorras por los sembra-
dos de los filisteos, incendiando los haces, el
trigo aún sin recoger e incluso viñas y olivares.
6Los filisteos preguntaron: «¿Quién ha sido?».
Les respondieron: «Sansón, el yerno del timnita,
porque le quitó su mujer y se la dio a un com-
pañero». Entonces subieron los filisteos y pren-
dieron fuego a la mujer y a la casa de su padre.
7Sansón les dijo: «Por haber hecho eso, no pa-
raré hasta haberme vengado de ustedes». 8Y los
atacó con tal furia que no les dejó hueso sano.
Luego se fue a vivir en la cueva del Sela Etam.
9Los filisteos fueron y acamparon contra Judá,
haciendo incursiones por la zona de Lejí. 10Judá
protestó: «¿Por qué han subido contra noso-
tros?». Los filisteos contestaron: «Venimos a
capturar a Sansón para devolverle lo que nos hi-
zo». 11Entonces bajaron tres mil judíos a la cue-

va de Sela Etam y dijeron a Sansón: «Pero, ¿no
sabes que estamos bajo el dominio filisteo? ¿Por
qué nos has hecho esto?». Les respondió: «Les
he pagado con la misma moneda». [12]Insistieron:
«Hemos venido para apresarte y entregarte a los
filisteos». Sansón les dijo: «Júrenme que no me
matarán». [13]Le juraron: «Solo queremos apre-
sarte y entregarte, no pretendemos matarte».
Entonces lo ataron con dos sogas nuevas y lo
sacaron de su escondite.

[14]Cuando llegó a Lejí, los filisteos salieron a
recibirlo dando gritos de triunfo; entonces el
Espíritu del Señor se apoderó de él, y las sogas
de sus brazos fueron como mecha que se que-
ma, y las ataduras de sus manos se deshicieron.
[15]Allí mismo encontró una quijada de asno, toda-
vía fresca, extendió su mano, la empuñó y con
ella mató a mil hombres. [16]Después dijo: *«Con
la quijada de un burro,/ hice dos pilas de cadá-
veres,/ con la quijada de un burro/ maté a mil
hombres».*

[17]Al terminar, tiró la quijada y llamó a aquel
sitio Ramat Lejí. [18]Pero sentía una sed enorme y
gritó al Señor: «Tú me has concedido esta gran
victoria, ¡y ahora voy a morir de sed y a caer
en manos de esos incircuncisos!». [19]Entonces
Dios abrió el pilón que hay en Lejí y brotó agua.
Sansón bebió, recuperó las fuerzas y revivió. Por
eso a la fuente de Lejí se la llama hasta hoy En
Haqqoré. [20]Sansón gobernó a Israel durante la
dominación filistea veinte años.

16 [1]Sansón fue a Gaza, vio allí una prostituta
y entró en su casa. [2]Corrió la voz entre los
de Gaza: «¡Ha venido Sansón!». Entonces lo cer-
caron y se quedaron vigilando junto a la puerta
de la ciudad. Toda la noche estuvieron tran-
quilos, diciéndose: «Al amanecer lo matamos».
[3]Sansón estuvo acostado hasta medianoche; a
medianoche se levantó, agarró las hojas de la
puerta de la ciudad y el marco que la sostenía,
los arrancó con cerrojos y todo, se los cargó a la
espalda y los subió a la cima del monte, frente
a Hebrón.

[4]Más tarde se enamoró Sansón de una mujer de
Valle Sorec, llamada Dalila. [5]Los príncipes filis-
teos fueron a visitarla y le dijeron: «Sedúcelo y
averigua de dónde le viene su gran fuerza y qué
podríamos hacer para sujetarlo y domarlo. Te
daremos cada uno mil cien monedas de plata».
[6]Dalila le dijo a Sansón: «Anda, dime el secreto
de tu gran fuerza y cómo se te podría sujetar y
domar». [7]Sansón le respondió: «Si me atan con
siete cuerdas humedecidas, sin dejarlas secar,
perderé la fuerza y seré como uno cualquiera».
[8]Los príncipes filisteos le llevaron a Dalila sie-
te cuerdas humedecidas, sin dejarlas secar, y lo
ató con ellas. [9]Y como ya antes había escondi-
do a unos hombres en su habitación, ella gritó:
«¡Sansón, te atacan los filisteos!». Él rompió las
cuerdas como se rompe un cordón quemado, y no
se supo el secreto de su fuerza.

[10]Dalila se le quejó: «Vaya, me has engañado;
me has dicho una mentira. Anda, dime cómo se
te puede sujetar». [11]Él respondió: «Si me atan
bien con sogas nuevas, sin estrenar, perderé la
fuerza y seré como uno cualquiera». [12]Dalila to-
mó sogas nuevas y lo ató con ellas. Y le gritó:
«¡Sansón, te atacan los filisteos!». También esta
vez ella había escondido unos hombres en su ha-
bitación. Pero él rompió las sogas de sus brazos,
como si fueran un hilo.

[13]Dalila se le quejó: «Hasta ahora me has en-
gañado, me has dicho una mentira. Anda, dime
cómo se te puede sujetar». Él respondió: «Si
trenzas las siete trenzas de mi cabellera con la
urdimbre de un tejido y las fijas con una clavija,
perderé la fuerza y seré como uno cualquiera».
[14]Dalila lo dejó dormirse y le trenzó las siete
trenzas de la cabeza con la urdimbre y las fijó
con la clavija en el suelo, y le gritó: «¡Sansón,
te atacan los filisteos!». Él despertó y arrancó la
clavija y la urdimbre.

[15]Ella se le quejó: «¡Y luego dices que me quie-
res, pero tu corazón no es mío! Es la tercera vez
que me engañas y no me dices el secreto de tu
fuerza». [16]Y como lo importunaba con sus quejas
día tras día hasta marearlo, Sansón, ya desespe-
rado, [17]le dijo su secreto: «Nunca ha pasado la
navaja por mi cabeza, porque estoy consagrado
a Dios desde antes de nacer. Si me corto el pelo
perderé la fuerza, me quedaré débil y seré como
uno cualquiera». [18]Dalila se dio cuenta de que
le había dicho su secreto, y mandó llamar a los
príncipes filisteos: «Vengan ahora, que me ha
dicho su secreto». Los príncipes fueron allá, con
el dinero.

[19]Dalila dejó que Sansón se durmiera en sus
rodillas, y entonces llamó a un hombre, que cor-
tó las siete trenzas de la cabellera de Sansón,
y Sansón empezó a debilitarse, su fuerza desa-
pareció. [20]Dalila gritó: «¡Sansón, te atacan los
filisteos!». Él despertó y se dijo: «Saldré como
otras veces y me los sacudiré de encima. Pero no
sabía que el Señor lo había abandonado». [21]Los
filisteos lo agarraron, le vaciaron los ojos y lo
bajaron a Gaza; lo ataron con cadenas y lo tenían
moliendo grano en la cárcel. [22]Pero el pelo de la
cabeza le empezó a crecer apenas cortado.

[23]Los príncipes filisteos se reunieron para te-
ner un gran banquete en honor de su dios Dagón
y hacer fiesta. Ellos cantaban: [24]*Nuestro dios*

nos ha entregado/ a Sansón, nuestro enemigo. [25]Cuando ya estaban alegres, dijeron: «Saquen a Sansón, para que nos divierta». Sacaron a Sansón de la cárcel, y bailaba en su presencia. Luego lo pusieron de pie entre las columnas. [24]La gente al verlo alabó a su dios: «*Nuestro dios nos ha entregado/ a Sansón, nuestro enemigo,/ que asolaba nuestros campos/ y aumentaba nuestros muertos*».

[26]Sansón rogó al niño que lo llevaba de la mano: «Déjame tocar las columnas que sostienen el edificio para apoyarme en ellas». [27]La sala estaba repleta de hombres y mujeres; estaban allí todos los príncipes filisteos, y en la galería había unos tres mil hombres y mujeres, viendo bailar a Sansón. [28]Entonces él invocó al Señor: «¡Señor, acuérdate de mí! Dame la fuerza al menos esta vez para poder vengar en los filisteos, de un solo golpe, la pérdida de los dos ojos». [29]Palpó las dos columnas centrales, apoyó las manos contra ellas, la derecha sobre una y la izquierda sobre la otra, [30]y exclamó: «¡Muera yo con los filisteos!», abrió los brazos con fuerza, y el edificio se derrumbó sobre los príncipes y sobre la gente que estaba allí. Los que mató Sansón al morir fueron más que los que mató en vida.

[31]Luego bajaron sus parientes y toda su familia, recogieron el cadáver y lo llevaron a enterrar entre Sorá y Estaol, en la sepultura de su padre, Manoj. Sansón había gobernado a Israel veinte años.

LA CONFEDERACIÓN ISRAELITA (17–21)

Micá, el ídolo y el levita

17 [1]Había un hombre en la serranía de Efraín llamado Micá. [2a]Un día dijo a su madre: «Aquellas mil cien monedas que te desaparecieron, por los que echaste una maldición en mi presencia, mira, ese dinero yo lo tengo, yo lo tomé. [3b]Pero ahora te lo devuelvo». [2b]Su madre exclamó: «¡Dios te bendiga, hijo mío!». [3a]Trajo a su madre las mil cien monedas, y ella dijo: «Consagro este dinero mío al Señor, en favor de mi hijo, para hacer una estatua revestida de metal fundido». [4]Entonces entregó el dinero a su madre; ella tomó doscientas monedas, se las llevó al platero, que les hizo una estatua recubierta de metal, y la pusieron en casa de Micá.

[5]Aquel Micá tenía un lugar de culto, hizo un efod y unos ídolos familiares y consagró sacerdote a uno de sus hijos. [6]Por entonces no había rey en Israel. Cada uno hacía lo que le parecía bien.

[7]Un joven de Belén de Judá, de la tribu de Judá, que era levita y residía allí como emigrante, [8]salió de Belén de Judá con intención de establecerse donde pudiera; fue a la serranía de Efraín, y, de camino, fue a dar a casa de Micá. [9]Este le preguntó: «¿De dónde vienes?». El levita respondió: «De Belén de Judá. Voy de camino, con intención de establecerme donde pueda». [10]Micá le dijo: «Quédate conmigo, y serás para mí un padre y un sacerdote. Te daré diez monedas al año, ropa y comida». Y lo convenció. [11]Así, el levita accedió a quedarse con él, y Micá lo trató como a un hijo. [12]Lo consagró, y el joven estuvo en casa de Micá como sacerdote. [13]Micá pensó: «Ahora estoy seguro de que el Señor me favorecerá, porque tengo a un levita de sacerdote».

Los danitas

18 [1]Por entonces no había rey en Israel. Entonces también la tribu de Dan andaba en busca de su herencia para establecerse, porque aún no había recibido su herencia entre las tribus de Israel. [2]Los danitas enviaron a cinco de sus hombres, gente valiente, de Sorá y Estaol, a explorar el país, con el encargo de examinar el país. Fueron a la serranía de Efraín y llegaron a casa de Micá para hacer noche allí.

[3]Cuando estaban cerca de la casa de Micá, reconocieron la voz del levita y se acercaron. Le preguntaron: «¿Quién te trajo acá? ¿Qué haces aquí? ¿En qué te ocupas?». [4]Él les contó cómo lo había traído Micá, y añadió: «Me ha contratado para que sea su sacerdote». [5]Ellos le pidieron: «Consulta a Dios, a ver si va a salirnos bien este viaje que estamos haciendo». [6]El sacerdote les dio esta respuesta: «Vayan tranquilos. El Señor ve con buenos ojos su viaje». [7]Los cinco hombres se pusieron en camino y llegaron a Lais. Observaron a la gente que vivía en aquel lugar: era gente confiada, como suelen ser los fenicios; vivían tranquilos y seguros, nadie cometía acciones ignominiosas y estaban bien abastecidos. Sidón les quedaba lejos y no tenían relaciones con los sirios.

[8]Los exploradores volvieron a Sorá y Estaol, donde estaban sus hermanos, que les preguntaron: «Hermanos, ¿qué noticias traen?». [9]Respondieron: «¡Vamos, marchemos contra ellos! Hemos visto aquel país, y es de lo mejor. ¿Por qué se quedan quietos? No duden en marchar allá a apoderarse del país; [10]que se van a encontrar con una gente confiada, unos terrenos espaciosos que Dios les da, un sitio donde no escasean los productos del campo». [11]Entonces emigraron de Sorá y Estaol seiscientos hombres armados de la tribu de Dan. [12]Subieron y acamparon cerca de Quiriat Yearim de Judá; por eso aquel sitio se llama hasta hoy Majné Dan. Queda a poniente de Quiriat Yearim. [13]Desde allí pasaron la montaña de Efraín y llegaron cerca de la casa de Micá.

14Los cinco exploradores del país dijeron a sus hermanos: «Sepan que en esta casa hay un efod, unos ídolos familiares y una estatua de metal fundido. Ustedes verán lo que tienen que hacer». 15Se desviaron hacia allá, llegaron a casa del levita y lo saludaron. 16Los seiscientos danitas armados se quedaron en guardia junto al portal de entrada, 17y los cinco exploradores del país se adelantaron y se metieron dentro a tomar la estatua, el efod, los ídolos familiares y al sacerdote, mientras los seiscientos hombres armados estaban en guardia junto al portal de entrada. 18Se metieron en la casa y tomaron la estatua de metal, el efod e ídolos familiares, pero el sacerdote les dijo: «¿Qué están haciendo?». 19Le contestaron: «¡Cállate y ven con nosotros! Queremos que nos sirvas como sacerdote y que seas como un padre para nosotros. ¿Qué te conviene más: ser sacerdote en casa de un particular o sacerdote de una tribu y un clan israelita?».

20Al sacerdote le gustó. Recogió el efod, los ídolos familiares y la estatua de metal y se fue con ellos.

21Emprendieron la marcha, colocando al frente a las mujeres, los niños, el ganado y sus enseres. 22Iban ya lejos de la casa, cuando Micá y los que estaban junto a la casa, dando la alarma, los persiguieron de cerca. 23Como venían gritando, los danitas miraron atrás y preguntaron a Micá: «¿Qué te pasa, que has dado la alarma?». 24Micá contestó: «Me han robado mi dios, que me había hecho, y mi sacerdote y se van sin dejarme nada, ¿y todavía se atreven a preguntarme qué me pasa?». 25Los danitas le contestaron: «¡No nos levantes la voz! No sea que algunos de los nuestros pierdan la paciencia y te ataquen, y acaben perdiendo la vida tanto tú como tus familiares». 26Y siguieron su camino. Micá tuvo miedo, porque eran más fuertes ellos, y se volvió a casa.

27Los danitas, con el ídolo que había hecho Micá y con el sacerdote que tenía, fueron a Lais, a aquella gente tranquila y confiada. Los pasaron a cuchillo e incendiaron la ciudad. 28No hubo quien los librara, porque estaban lejos de Sidón y no tenían relaciones con los sirios. Estaba situada en el valle que llaman Bet-Rejob. La reconstruyeron y se instalaron en ella, 29llamándola Dan, en recuerdo del patriarca hijo de Israel. Antiguamente se llamaba Lais.

30Los danitas erigieron la estatua. Y Jonatán, hijo de Guersón, hijo de Moisés, con sus hijos, fueron sacerdotes de la tribu de Dan hasta el destierro. 31Todo el tiempo que estuvo el templo de Dios en Siló tuvieron instalada entre ellos la estatua de Micá.

El crimen de Guibeá

19 1En aquel tiempo no había rey en Israel. En la serranía de Efraín vivía un levita que tenía una concubina de Belén de Judá. 2Ella le fue infiel y se marchó a casa de su padre, a Belén de Judá, y estuvo allí cuatro meses. 3Su marido se puso en camino tras ella, a ver si la convencía para que volviese. Llevó consigo un criado y un par de burros. Llegó a casa de su suegro, y al verlo, el padre de la chica salió todo contento a recibirlo.

4Su suegro, el padre de la chica, lo retuvo, y el levita se quedó con él tres días, comiendo, bebiendo y durmiendo allí. 5Al cuarto día madrugó y se preparó para marchar. Pero el padre de la chica le dijo: «Repara antes tus fuerzas, prueba un bocado y luego te irás». 6Se sentaron a comer y beber juntos. Después el padre de la chica dijo al yerno: «Anda, quédate otro día, que te sentará bien». 7El levita se disponía a marchar; pero su suegro le insistió tanto, que cambió de parecer y se quedó allí.

8A la mañana del quinto día madrugó para marchar, y el padre de la chica le dijo: «Anda, repón fuerzas». Y se entretuvieron comiendo juntos, hasta avanzado el día. 9Cuando el levita se levantó para marchar con su concubina y el criado, el suegro, el padre de la chica, le dijo: «Mira, ya se hace tarde; pasa aquí la noche, que te sentará bien; mañana madrugas y haces el camino a casa». 10Pero el levita no quiso quedarse y emprendió el viaje; así llegó frente a Jebús –o sea, Jerusalén–. Iba con los dos burros aparejados, la concubina y el criado.

11Llegaron cerca de Jebús al atardecer, y le dice el criado a su amo: «Podemos desviarnos hacia esa ciudad de los jebuseos y hacer noche en ella». 12Pero el amo le respondió: «No vamos a ir a una ciudad de extranjeros, de gente no israelita. Seguiremos hasta Guibeá». 13Y añadió: «Vamos a acercarnos a uno de esos lugares, y pasaremos la noche en Guibeá o en Ramá». 14Siguieron su camino, y cuando el sol se ponía llegaron a Guibeá de Benjamín. 15Se dirigieron allá para entrar a pasar la noche. El levita entró en el pueblo y se instaló en la plaza, pero nadie los invitó a su casa a pasar la noche.

16Ya de tarde llegó un viejo de su labranza. Era oriundo de la sierra de Efraín, y, por tanto, emigrante también él en Guibeá. Los del pueblo eran benjaminitas. 17El viejo alzó los ojos y vio al viajero en la plaza del pueblo. Le preguntó: «¿Adónde vas y de dónde vienes?». 18Le respondió: «Vamos de paso, desde Belén de Judá hasta la serranía de Efraín; yo soy de allí y vuelvo de Belén a mi casa; pero nadie me invita a la suya,

19y eso que traigo paja y forraje para los burros, y tengo comida para mí, para tu servidora y para el criado que acompaña a tu servidor. No nos falta nada». 20El viejo le dijo: «¡Sé bienvenido! Yo me haré cargo de todo lo que necesites. No voy a permitir que pases la noche en la plaza». 21Lo metió en su casa, dio de comer a los burros, los viajeros se lavaron los pies y se pusieron a cenar.

La tragedia

22Estaban pasando un momento agradable cuando los del pueblo, unos pervertidos, rodearon la casa, y golpeando la puerta, gritaron al viejo, dueño de la casa: «Saca al hombre que ha entrado en tu casa, para que nos aprovechemos de él». 23El dueño de la casa salió afuera y les rogó: «Por favor, hermanos, por favor, no hagan una barbaridad con ese hombre, porque ese hombre es mi huésped; ¡no cometan tal infamia! 24Miren, están mi hija y su concubina; las voy a sacar para que abusen de ellas y hagan con ellas lo que quieran; pero a ese hombre no se les ocurra hacerle tal infamia». 25Como no querían hacerle caso, el levita tomó a su mujer y la sacó afuera. Ellos se aprovecharon de ella y la maltrataron toda la noche hasta la madrugada; cuando amanecía la soltaron.

26Al rayar el día volvió la mujer y se desplomó ante la puerta de la casa donde se había hospedado su marido; allí quedó hasta que clareó. 27Su marido se levantó a la mañana, abrió la puerta de la casa, y salía ya para seguir el viaje, cuando encontró a la concubina caída a la puerta de la casa, las manos sobre el umbral. 28Le dijo: «Levántate, vamos». Pero no respondía. Entonces la recogió, la cargó sobre el burro y emprendió el viaje hacia su pueblo.

29Cuando llegó a su casa, agarró un cuchillo, tomó el cadáver de su concubina, lo despedazó en doce trozos y los envió por todo Israel. 30Cuantos lo vieron comentaban: «Nunca ocurrió ni se vio cosa igual desde el día en que salieron los israelitas de Egipto hasta hoy. Reflexionen, deliberen y decidan».

La guerra

20 1Todos los israelitas, desde Dan hasta Berseba, incluido el país de Galaad, fueron como un solo hombre a reunirse en asamblea ante el Señor en Mispá. 2Asistieron a la asamblea del pueblo de Dios los dignatarios del pueblo y todas las tribus de Israel: cuatrocientos mil soldados armados de espada.

3Los benjaminitas se enteraron de que los israelitas habían ido a Mispá. Los israelitas empezaron: «Ustedes dirán cómo se cometió ese crimen». 4El levita, marido de la que había sido asesinada, respondió: «Mi mujer y yo llegamos a Guibeá de Benjamín para pasar la noche. 5Los del pueblo se levantaron contra mí, rodearon la casa de noche intentando matarme, y abusaron de mi mujer hasta hacerla morir. 6Entonces tomé a la concubina, la despedacé y envié los trozos por toda la herencia de Israel, porque se había cometido un crimen infame en Israel. 7Todos ustedes son israelitas: deliberen y tomen una decisión».

8Todo el pueblo se puso en pie como un solo hombre, diciendo: «Ninguno de nosotros marchará a su tienda ni se volverá a su casa. 9Ahora vamos a actuar así contra Guibeá: sortearemos los que han de atacarla; 10de todas las tribus de Israel tomaremos diez hombres de cada cien, cien de cada mil, mil de cada diez mil, para encargarse de los víveres del ejército que irá contra Guibeá de Benjamín a castigar como se merece esa infamia que han cometido en Israel».

11Todos los israelitas, como un solo hombre, se reunieron contra la ciudad. 12Entonces las tribus israelitas mandaron emisarios a la tribu de Benjamín a decirles: «¿Qué explicación dan del crimen que se ha cometido entre ustedes? 13Entreguen a esos pervertidos de Guibeá, para que los matemos y así se borre este crimen de en medio de Israel». Pero los de Benjamín no quisieron hacer caso de sus hermanos los israelitas.

14Desde sus ciudades se congregaron en Guibeá para ir a la guerra contra los israelitas. 15De las ciudades de Benjamín se alistaron aquel día veintiséis mil hombres armados de espada, sin contar a los vecinos de Guibeá. 16En todo aquel ejército se alistaron setecientos zurdos, hombres que manejaban tan bien la honda, que podían darle con la piedra a un cabello, sin fallar el tiro.

17Los israelitas, excluidos los benjaminitas, alistaron cuatrocientos mil hombres armados de espada, todos ellos gente aguerrida. 18Se pusieron en camino hacia Betel y consultaron a Dios: «¿Quién de nosotros será el primero en subir a luchar contra los benjaminitas?». El Señor respondió: «Judá será el primero». 19Los israelitas se levantaron temprano y acamparon frente a Guibeá.

20Salieron al combate contra Benjamín y formaron frente a Guibeá. 21Pero los benjaminitas salieron de Guibeá y dejaron tendidos en tierra aquel día a veinte mil israelitas. 23Los israelitas fueron a Betel a llorar ante el Señor hasta la tarde. Le consultaron: «¿Volvemos a presentar batalla a nuestro hermano Benjamín?». El Señor respondió: «Suban a atacarlo».

22Entonces se rehicieron, volvieron a formar en orden de batalla en el mismo sitio que el día

anterior y 24se acercaron a los de Benjamín aquel
segundo día. 25Pero los de Benjamín salieron a
su encuentro desde Guibeá aquel segundo día
y dejaron tendidos en tierra otros dieciocho
mil israelitas armados de espada. 26Entonces
subieron a Betel todos los israelitas, todo el
ejército, a llorar allí, sentados ante el Señor.
Ayunaron aquel día hasta la tarde, ofrecieron al
Señor holocaustos y sacrificios de comunión 27y
le consultaron porque en aquella época estaba
allí el arca de la alianza 28y oficiaba Fineés, hijo
de Eleazar, hijo de Aarón: «¿Volvemos a salir al
combate contra nuestro hermano Benjamín, o
desistimos?». El Señor respondió: «Ataquen, que
mañana se lo entregaré».
29Entonces pusieron emboscadas en torno a
Guibeá 30y marcharon contra Benjamín el tercer
día, formando frente a Guibeá como las otras ve-
ces. 31Los benjaminitas salieron a su encuentro,
alejándose del pueblo, y como las otras veces,
empezaron a destrozar y herir por los caminos,
el que sube a Betel y el que va a Gabaón. Así
mataron en campo abierto a unos treinta israeli-
tas, 32y comentaron: «Ya están derrotados, como
el primer día». Pero es que los israelitas habían
convenido: «Emprenderemos la huida para ale-
jarlos de la ciudad hacia los caminos».
33El grueso del ejército se reorganizó en Baal-
Tamar. Los que estaban emboscados salieron de
sus posiciones desde el claro de Guibeá. 34Diez
mil hombres selectos de Israel llegaron delan-
te de Guibeá, y se entabló un combate reñido,
sin que los benjaminitas se dieran cuenta de
que el desastre se les echaba encima. 35El Señor
los castigó ante Israel: aquel día los israelitas
hicieron a Benjamín veinticinco mil cien bajas,
todos soldados armados de espada.
36Los benjaminitas se vieron derrotados. Los
israelitas retrocedieron ante Benjamín, contan-
do con la emboscada que habían tendido contra
Guibeá. 37Los de la emboscada asaltaron Guibeá
rápidamente; fueron y pasaron a cuchillo a toda
la población.
38Los israelitas habían convenido con los de
la emboscada en que, cuando hicieran subir una
humareda desde el pueblo, 39ellos presentarían
batalla. Los de Benjamín lograron matar a unos
treinta israelitas, con lo que se confiaron, y co-
mentaron: «Ya están derrotados, como en el pri-
mer combate». 40Pero en aquel momento empezó
a subir la humareda desde el pueblo. Los ben-
jaminitas miraron atrás y vieron que el pueblo
entero subía en llamas al cielo; 41entonces los
israelitas presentaron batalla, y los de Benjamín
quedaron aterrorizados viendo que el desastre
se les echaba encima, 42y huyeron ante los is-
raelitas, camino del desierto, con el enemigo
pisándoles los talones. Los que habían arrasado
el pueblo les cortaron el paso y 43los dividieron,
persiguiéndolos sin descanso; los persiguieron
hasta llegar frente a Guibeá, al oriente. 44Las
bajas de Benjamín fueron dieciocho mil hom-
bres, todos soldados.
45En su huida se dirigieron hacia el desierto, a
Sela Harrimón; pero los israelitas dieron alcan-
ce a cinco mil por los caminos, los persiguieron
de cerca, hasta Guideán, y les mataron dos mil
hombres. 46Las bajas de Benjamín aquel día fue-
ron veinticinco mil hombres armados de espada,
todos gente de guerra.
47En su huida, seiscientos hombres se diri-
gieron hacia el desierto, a Sela Harrimón, y
allí estuvieron cuatro meses. 48Los israelitas se
volvieron contra los de Benjamín. Los pasaron a
cuchillo, desde las personas hasta el ganado y
todo lo que encontraban; todas las ciudades que
encontraron las incendiaron.

La paz

21 1Los israelitas habían hecho este jura-
mento en Mispá: «Ninguno de nosotros
dará su hija en matrimonio a un benjaminita».
2Fueron a Betel y estuvieron allí sentados ante
Dios hasta la tarde, gritando y llorando incon-
solables, 3y decían: «¿Por qué, Señor, Dios de Is-
rael, ha pasado esto en Israel, que ha desapare-
cido hoy una tribu de Israel?». 4Al día siguiente
madrugaron, construyeron allí un altar y ofre-
cieron holocaustos y sacrificios de comunión.
5Después preguntaron: «¿Quién de entre todas
las tribus de Israel no acudió a la asamblea ante
el Señor?». Porque se habían juramentado solem-
nemente contra el que no se presentase ante el
Señor en Mispá, en estos términos: «morirá irre-
mediablemente». 6Los israelitas sentían lástima
por su hermano Benjamín y comentaban: «¡Una
tribu se ha desgajado hoy de Israel! 7¿Cómo pro-
veer de mujeres a los supervivientes? Porque no-
sotros nos hemos juramentado por el Señor a no
darles a nuestras hijas en matrimonio. 8¿Quién
de las tribus de Israel no se presentó ante el Se-
ñor en Mispá?». Resultó que ningún hombre de
Yabés de Galaad había venido al campamento pa-
ra la asamblea; 9al pasar revista a la tropa, vie-
ron que allí no había nadie de Yabés de Galaad.
10Entonces la asamblea mandó allá doce mil
soldados, con esta orden: «Vayan y pasen a cu-
chillo a Yabés de Galaad, sin perdonar mujeres ni
niños. 11Háganlo de modo que exterminen a to-
dos los hombres y a las mujeres casadas, dejando
con vida a las solteras». Así lo hicieron. 12Y resul-
tó que en Yabés de Galaad había cuatrocientas

muchachas jóvenes no casadas, y las llevaron al
campamento de Siló, en tierra de Canaán. 13Lue-
go envió la asamblea una embajada a los ben-
jaminitas de Sela Harrimón, con propuestas de
paz. 14Los benjaminitas volvieron, y los hombres
de Israel les dieron las mujeres que quedaban de
Yabés de Galaad, pero no hubo para todos.
15El pueblo se compadeció de Benjamín, porque
el Señor había abierto una brecha en las tribus is-
raelitas. 16Los ancianos de la asamblea se pregun-
taban: «¿Cómo proveer de mujeres a los supervi-
vientes? Porque las mujeres de Benjamín han sido
exterminadas. 17¡Que los supervivientes de Ben-
jamín tengan herederos y no se borre una tribu
de Israel! 18Claro que nosotros no podemos darles
nuestras hijas en matrimonio. Porque habían ju-
rado: ¡Maldito el que dé una mujer a Benjamín!».
19Entonces propusieron: «Está la fiesta del Se-
ñor, que se celebra todos los años en Siló, al nor-
te de Betel, al este del camino que va de Betel
a Siquén, al sur de Libna». 20Y dieron estas ins-
trucciones a los benjaminitas: «Vengan a escon-
derse entre las viñas, 21y estén atentos: cuando
salgan las muchachas de Siló a bailar en grupos,
salgan también ustedes de las viñas, y róbese
cada uno una mujer, y váyanse a su tierra. 22Si
luego vienen sus padres o hermanos a protestar
contra ustedes, les diremos: Tengan compasión
de ellos, que no las han raptado como esclavas
de guerra ni ustedes se las han dado; porque en
ese caso serían culpables». 23Los benjaminitas
lo hicieron así, y de las danzantes que habían
raptado se quedaron con las mujeres que nece-
sitaban. Después se volvieron a su herencia, re-
construyeron sus ciudades y las habitaron.
24Los israelitas se reintegraron, cada uno a su
tribu y su clan, y se fueron de allí cada cual a su
herencia. 25Por entonces no había rey en Israel;
cada uno hacía lo que le parecía bien.

1 SAMUEL

SAMUEL (1–7)

Nacimiento de Samuel

1 1Había un hombre sufita, oriundo de Ramá, en
la serranía de Efraín, llamado Elcaná, hijo de
Yeroján, hijo de Elihú, hijo de Toju, hijo de Suf,
efraimita. 2Tenía dos mujeres: una se llamaba
Ana y la otra Feniná. Feniná tenía hijos y Ana
no los tenía. 3Aquel hombre solía subir todos
los años desde su pueblo para adorar y ofrecer
sacrificios al Señor Todopoderoso en Siló, donde
estaban de sacerdotes del Señor los dos hijos de
Elí: Jofní y Fineés.
4Llegado el día de ofrecer el sacrificio, repar-
tía raciones a su mujer Feniná para sus hijos
e hijas, 5mientras que Ana le daba solo una
ración, y eso que la quería, pero el Señor la ha-
bía hecho estéril. 6Feniná, su rival, la insultaba
burlándose de ella para mortificarla, porque el
Señor la había hecho estéril. 7Así sucedía año
tras año; siempre que subían al templo del Se-
ñor, solía insultarla así. Una vez Ana lloraba y no
comía. 8Y Elcaná, su marido, le dijo: «Ana, ¿por
qué lloras y no comes? ¿Por qué te afliges? ¿No
valgo yo para ti más que diez hijos?».
9Entonces, después de la comida en Siló,
mientras el sacerdote Elí estaba sentado en su
silla, junto a la puerta del templo del Señor, Ana
se levantó, 10y con el alma llena de amargura se
puso a rezar al Señor, llorando desconsolada-
mente. 11Y añadió este voto: «Señor Todopode-
roso, si te fijas en la humillación de tu servidora
y te acuerdas de mí, si no te olvidas de tu ser-
vidora y le das a tu servidora un hijo varón, se
lo entrego al Señor de por vida y no pasará la
navaja por su cabeza».
12Mientras ella rezaba y rezaba al Señor, Elí
observaba sus labios. 13Y como Ana oraba en
silencio, y no se oía su voz aunque movía los
labios, Elí la creyó borracha 14y le dijo: «¿Has-
ta cuándo te va a durar la borrachera? Ve a que
se te pase el efecto del vino». 15Ana respondió:
«No es así, señor. Soy una mujer que sufre. No
he bebido vino ni licor, estaba desahogándome
ante el Señor. 16No creas que esta servidora tuya
es una descarada; si he estado hablando has-
ta ahora, ha sido de pura congoja y aflicción».
17Entonces Elí le dijo: «Vete en paz. Que el Dios
de Israel te conceda lo que le has pedido». 18Ana
respondió: «¡Que tu servidora pueda gozar siem-
pre de tu favor!». Luego se fue por su camino,
comió y no parecía la de antes. 19A la mañana
siguiente madrugaron, adoraron al Señor y se
volvieron. Llegados a su casa de Ramá, Elcaná se
unió a su mujer Ana, y el Señor se acordó de ella.
20Ana concibió, dio a luz un hijo y le puso de
nombre Samuel, diciendo: «¡Al Señor se lo pedí!».
21Pasado un año, su marido, Elcaná, subió con
toda la familia para hacer el sacrificio anual al
Señor y cumplir la promesa. 22Ana se excusó para
no subir, diciendo a su marido: «Cuando destete
al niño, entonces lo llevaré para presentárselo al
Señor y que se quede allí para siempre». 23Su ma-
rido, Elcaná, le respondió: «Haz lo que te parezca
mejor; quédate hasta que lo destetes. Y que el Se-
ñor te conceda cumplir tu promesa». Ana se que-
dó en casa y crió a su hijo hasta que lo destetó.
24Entonces subió con él al templo del Señor
de Siló, llevando un novillo de tres años, una

medida de harina y un odre de vino. 25Cuando
mataron el novillo, Ana presentó el niño a Elí,
26diciendo: «Señor, por tu vida, yo soy la mujer
que estuvo aquí, junto a ti, rezando al Señor.
27Este niño es lo que yo pedía; el Señor me ha
concedido mi petición. 28Por eso yo se lo cedo al
Señor de por vida, para que sea suyo». Después
se postraron ante el Señor.

Canto de Ana

2 1Y Ana rezó esta oración: *Mi corazón se re-*
gocija por el Señor,/ en Dios me siento lle-
na de fuerza,/ mi boca se ríe de mis enemigos,/
porque tu salvación me ha llenado de alegría./
2*No hay santo como el Señor,/ no hay roca como*
nuestro Dios.

3*No multipliquen discursos arrogantes,/ que*
la insolencia no les brote de la boca,/ porque el
Señor es un Dios que sabe,/ él es quien pesa las
acciones.

4*Se rompen los arcos de los valientes,/ mien-*
tras los cobardes se visten de valor;/ 5*los satis-*
fechos se contratan por el pan,/ mientras los
hambrientos engordan;/ la mujer estéril da a
luz siete hijos,/ mientras la madre de muchos se
marchita.

6*El Señor da la muerte y la vida,/ hunde en el*
abismo y levanta;/ 7*el Señor da la pobreza y la*
riqueza,/ humilla y enaltece.

8*Él levanta del polvo al desvalido,/ alza de la*
basura al pobre,/ para hacer que se siente entre
príncipes/ y que herede un trono glorioso,/ por-
que del Señor son los pilares de la tierra/ y sobre
ellos afianzó el mundo.

9*Él protege los pasos de sus amigos/ mientras*
los malvados perecen en las tinieblas/ –porque
el hombre no triunfa por su fuerza–./ 10*El Señor*
desbarata a sus contrarios,/ el Altísimo truena
desde el cielo,/ el Señor juzga hasta el confín de
la tierra./ Él da autoridad a su rey,/ exalta el
poder de su Ungido.

Samuel y Elí

11Ana volvió a su casa de Ramá, y el niño
estaba al servicio del Señor, a las órdenes del
sacerdote Elí. 12En cambio, los hijos de Elí eran
unos desalmados: no respetaban al Señor 13ni
las obligaciones de los sacerdotes con la gente.
Cuando una persona ofrecía un sacrificio, mien-
tras se guisaba la carne, venía el ayudante del
sacerdote empuñando un tenedor, 14lo clavaba
dentro de la olla o el caldero, en la cacerola o la
cazuela, y todo lo que enganchaba el tenedor se
lo llevaba al sacerdote. Así hacían con todos los
israelitas que acudían a Siló. 15Incluso antes de
quemar la grasa, iba el ayudante del sacerdote
y decía al que iba a ofrecer el sacrificio: «Dame
la carne para el asado del sacerdote. Tiene que
ser cruda, no te aceptará carne cocida». 16Y si el
otro respondía: «Primero hay que quemar la gra-
sa, luego puedes llevarte lo que se te antoje». Le
replicaba: «No. O me la das ahora o me la llevo
por la fuerza». 17Aquel pecado de los ayudantes
era grave a juicio del Señor, porque desacredita-
ban las ofrendas al Señor.

18Por su parte, el muchacho Samuel seguía al
servicio del Señor y llevaba puesto un efod de
lino. 19Su madre solía hacerle un manto, y cada
año se lo llevaba cuando subía con su marido
a ofrecer el sacrificio anual. 20Y Elí bendecía a
Elcaná y a su mujer: «El Señor te dé un descen-
diente de esta mujer, en compensación por el
préstamo que ella hizo al Señor». Luego se vol-
vían a casa. 21El Señor intervino a favor de Ana,
que concibió y dio a luz tres niños y dos niñas. El
niño Samuel crecía en el templo del Señor.

22Elí era muy viejo. A veces oía cómo trataban
sus hijos a todos los israelitas y que se acosta-
ban con las mujeres que servían a la entrada de
la tienda del encuentro. 23Y les decía: «¿Por qué
hacen eso? La gente me cuenta lo mal que se por-
tan. 24No, hijos, no está bien lo que me cuentan;
están escandalizando al pueblo del Señor. 25Si un
hombre ofende a otro, Dios puede hacer de árbi-
tro; pero si un hombre ofende al Señor, ¿quién
intercederá por él?». Pero ellos no hacían caso
a su padre, porque el Señor había decidido que
murieran. 26En cambio, el niño Samuel iba cre-
ciendo, y lo apreciaban el Señor y los hombres.

27Un hombre de Dios se presentó a Elí y le dijo:
«Así dice el Señor: Yo me revelé a la familia de tu
padre cuando todavía eran esclavos del Faraón
en Egipto. 28Entre todas las tribus de Israel me
lo elegí para que fuera sacerdote, subiera a mi
altar, quemara mi incienso y llevara el efod en
mi presencia, y concedí a la familia de tu padre
participar en las oblaciones de los israelitas.
29¿Por qué han tratado con desprecio mi altar
y las ofrendas que mandé hacer en mi templo?
¿Por qué tienes más respeto a tus hijos que a mí,
engordándolos con las primicias de mi pueblo,
Israel, ante mis propios ojos?

30Por eso –oráculo del Señor, Dios de Israel–,
aunque yo te prometí que tu familia y la familia
de tu padre estarían siempre en mi presencia,
ahora –oráculo del Señor– no será así. Porque
yo honro a los que me honran y serán humillados
los que me desprecian. 31Mira, llegará un día en
que arrancaré tus brotes y los de la familia de
tu padre, y nadie llegará a viejo en tu familia.
32Mirarás con envidia todo el bien que haré en
Israel; nadie llegará a viejo en tu familia. 33Y si

dejo a alguno de los tuyos que sirva a mi altar,
se le consumirán los ojos y se irá acabando; pero
la mayor parte de tu familia morirá a espada de
hombres. 34Será una señal para ti lo que les va
a pasar a tus dos hijos, Jofní y Fineés: los dos
morirán el mismo día.
35Yo me nombraré un sacerdote fiel, que hará
lo que yo quiero y deseo; le daré una familia es-
table y vivirá siempre en presencia de mi ungi-
do. 36Y los que sobrevivan de tu familia vendrán
a postrarse ante él para mendigar algún dinero y
una torta de pan, rogándole: Por favor, dame un
empleo cualquiera como sacerdote, para poder
comer un pedazo de pan».

Vocación de Samuel

3 1El niño Samuel oficiaba ante el Señor con
Elí. La Palabra del Señor era rara en aquel
tiempo y no abundaban las visiones. 2Un día
Elí estaba acostado en su habitación. Sus ojos
empezaban a apagarse y no podía ver. 3Aún no
se había apagado la lámpara de Dios, y Samuel
estaba acostado en el santuario del Señor,
donde estaba el arca de Dios. 4El Señor llamó:
«¡Samuel, Samuel!». Y este respondió: «¡Aquí
estoy!». 5Fue corriendo adonde estaba Elí, y le
dijo: «Aquí estoy; vengo porque me has llama-
do». Elí respondió: «No te he llamado, vuelve
a acostarte». 6Samuel fue a acostarse, y el Se-
ñor lo llamó otra vez. Samuel se levantó, fue a
donde estaba Elí, y le dijo: «Aquí estoy; vengo
porque me has llamado». Elí respondió: «No te
he llamado, hijo; vuelve a acostarte». 7Samuel
no conocía todavía al Señor; aún no se le había
revelado la Palabra del Señor. 8El Señor volvió a
llamar por tercera vez. Samuel se levantó y fue
a donde estaba Elí, y le dijo: «Aquí estoy; vengo
porque me has llamado». Elí comprendió enton-
ces que era el Señor quien llamaba al niño, 9y
le dijo: «Anda, acuéstate. Y si te llama alguien,
dices: Habla, Señor, que tu servidor escucha».
Samuel fue y se acostó en su sitio. 10El Señor
se presentó y lo llamó como antes: «¡Samuel,
Samuel!». Samuel respondió: «Habla, que tu
servidor escucha». 11Y el Señor le dijo: «Mira,
voy a hacer una cosa en Israel, que a los que
la oigan les retumbarán los oídos. 12Aquel día
ejecutaré contra Elí y su familia todo lo que he
anunciado sin que falte nada. 13Comunícale que
condeno a su familia definitivamente, porque él
sabía que sus hijos maldecían a Dios y no los
reprendió. 14Por eso juro a la familia de Elí que
jamás se expiará su pecado, ni con sacrificios ni
con ofrendas».
15Samuel siguió acostado hasta la mañana
siguiente, y entonces abrió las puertas del san-
tuario. No se atrevía a contarle a Elí la visión,
16pero Elí lo llamó: «Samuel, hijo». Respondió:
«Aquí estoy». 17Elí le preguntó: «¿Qué es lo que
te ha dicho? No me lo ocultes. Que el Señor te
castigue si me ocultas una palabra de todo lo
que te ha dicho». 18Entonces Samuel le contó
todo, sin ocultarle nada. Elí comentó: «¡Es el Se-
ñor! Que haga lo que le parezca bien». 19Samuel
crecía, y el Señor estaba con él; ninguna de sus
palabras dejó de cumplirse, 20y todo Israel, des-
de Dan hasta Berseba, supo que Samuel era pro-
feta acreditado ante el Señor. 21El Señor siguió
manifestándose en Siló, donde se había revela-
do a Samuel.

4 1La palabra de Samuel se escuchaba en todo
Israel.

Victoria filistea

En aquellos días los filisteos se reunieron para
atacar a Israel. Los israelitas salieron a enfren-
tarse con los filisteos y acamparon junto a Eben-
Ezer, mientras que los filisteos acampaban en
Afec. 2Los filisteos formaron en orden de batalla
frente a Israel. Entablada la lucha, Israel fue
derrotado por los filisteos; de sus filas murieron
en el campo unos cuatro mil hombres. 3La tropa
volvió al campamento, y los ancianos de Israel
deliberaron: «¿Por qué el Señor nos ha hecho
sufrir hoy una derrota a manos de los filisteos?
Vamos a Siló, a traer el arca de la alianza del Se-
ñor, para que esté entre nosotros y nos salve del
poder enemigo». 4Mandaron gente a Siló, y de
allí trajeron el arca de la alianza del Señor Todo-
poderoso, que tiene su trono sobre querubines.
Los dos hijos de Elí, Jofní y Fineés, fueron con el
arca de la alianza de Dios.
5Cuando el arca de la alianza del Señor llegó al
campamento, todo Israel lanzó a pleno pulmón
el grito de guerra, y la tierra retembló. 6Al oír
el estruendo de aquel grito, los filisteos se pre-
guntaron: «¿Qué significa ese grito que retumba
en el campamento hebreo?». Entonces se ente-
raron de que el arca del Señor había llegado al
campamento, 7y muertos de miedo decían: «¡Su
Dios ha llegado al campamento! ¡Ay de nosotros!
Es la primera vez que nos pasa esto. 8¡Ay de no-
sotros! ¿Quién nos librará de la mano de esos
dioses poderosos, los dioses que hirieron a Egip-
to con toda clase de calamidades y epidemias?
9¡Valor, filisteos! ¡Sean hombres y no serán es-
clavos de los hebreos, como lo han sido ellos
de nosotros! ¡Sean hombres y al ataque!». 10Los
filisteos se lanzaron a la lucha y derrotaron a los
israelitas, que huyeron a la desbandada. Fue una
derrota tremenda: cayeron treinta mil de la in-

fantería israelita. 11El arca de Dios fue capturada
y los dos hijos de Elí, Jofní y Fineés, murieron.

Muerte de Elí

12Un benjaminita salió corriendo de las filas
y llegó a Siló aquel mismo día, con la ropa des-
garrada y la cabeza cubierta de polvo. 13Cuando
llegó, allí estaba Elí, sentado en su silla, junto
a la puerta, mirando con ansia el camino, por-
que temblaba por el arca de Dios. Aquel hombre
entró por el pueblo dando la noticia, y toda la
población se puso a gritar.
14Elí oyó el griterío y preguntó: «¿Qué bullicio
es ese?». Mientras tanto, el hombre corría a dar
la noticia a Elí. 15Elí había cumplido noventa y
ocho años; tenía los ojos inmóviles, sin poder
ver. 16El hombre le dijo: «Soy el que ha llegado
del frente». Elí preguntó: «¿Qué ha ocurrido, hi-
jo?». 17El mensajero respondió: «Israel ha huido
ante los filisteos, ha sido una gran derrota para
nuestro ejército; tus dos hijos, Jofní y Fineés,
han muerto, y el arca de Dios ha sido captura-
da». 18En cuanto el hombre mencionó el arca de
Dios, Elí cayó de la silla hacia atrás, junto a la
puerta; se rompió la base del cráneo y murió. Era
ya viejo y estaba torpe. Había sido juez en Israel
cuarenta años.
19Su nuera, la mujer de Fineés, estaba encinta
y próxima a dar a luz. Cuando oyó la noticia de
que habían capturado el arca y que habían muer-
to su suegro y su marido, le sobrevinieron los
dolores, se encorvó y dio a luz. 20Como estaba
a punto de morir, las mujeres que la atendían
la animaban diciendo: «No tengas miedo, que
has dado a luz un niño». Pero ella no respon-
dió ni cayó en la cuenta. 21Al niño lo llamaron
Icabod, diciendo: «La gloria ha sido desterrada
de Israel» –aludían a la captura del arca y a la
muerte de su suegro y su marido–. 22Y repetían:
«La gloria ha sido desterrada de Israel, porque
han capturado el arca de Dios».

El Arca, en el templo de Dagón

5 1Mientras tanto, los filisteos capturaron el
arca de Dios, y la llevaron desde Eben-Ezer
a Asdod. 2Agarraron el arca de Dios, la metieron
en el templo de Dagón y la colocaron junto a
Dagón. 3A la mañana siguiente se levantaron los
asdodeos y encontraron a Dagón caído al suelo,
boca abajo, delante del arca del Señor, lo reco-
gieron y lo colocaron en su sitio. 4A la mañana
siguiente se levantaron y encontraron a Dagón
caído al suelo, boca abajo ante el arca del Señor.
La cabeza de Dagón y sus dos manos estaban
cortadas encima del umbral; solo le quedaba el
tronco. 5Por eso se conserva hasta hoy esta cos-
tumbre en Asdod: los sacerdotes y los que en-
tran en el templo de Dagón no pisan el umbral.

El Arca, en territorio filisteo

6La mano del Señor se hizo sentir pesadamente
sobre los asdodeos, aterrorizándolos, e hiriendo
con tumores a la gente de Asdod y su territorio.
7Al ver lo que sucedía, los asdodeos dijeron: «El
arca del Dios de Israel no debe quedarse entre
nosotros, porque su mano es dura con nosotros
y con nuestro dios Dagón». 8Entonces mandaron
convocar en Asdod a los príncipes filisteos y les
consultaron: «¿Qué hacemos con el arca del Dios
de Israel?». Respondieron: «Que se traslade a
Gat». Llevaron a Gat el arca del Dios de Israel;
9pero nada más llegar, descargó el Señor la mano
sobre el pueblo, causando un pánico terrible,
porque hirió con tumores a toda la población, a
chicos y grandes.
10Entonces trasladaron el arca de Dios a Ecrón;
pero cuando llegó allí, protestaron los ecroni-
tas: «¡Nos han traído el arca de Dios para que
nos mate a nosotros y a nuestras familias!».
11Entonces mandaron convocar a los príncipes
filisteos, y les dijeron: «Devuelvan a su sitio el
arca del Dios de Israel; si no, nos va a matar a
nosotros con nuestras familias». Todo el pueblo
tenía un pánico mortal, porque la mano de Dios
había descargado allí con toda su fuerza. 12A los
que no morían, les salían tumores. Y el clamor
del pueblo subía hasta el cielo.

6 1El arca del Señor estuvo en país filisteo siete
meses.

Devolución del Arca

2Los filisteos llamaron a los sacerdotes y adivi-
nos y les consultaron: «¿Qué hacemos con el arca
del Señor? Indíquennos cómo la podemos enviar
a su sitio». 3Respondieron: «Si quieren devolver
el arca del Dios de Israel, no la manden vacía,
sino pagando una indemnización. Entonces si se
sanan, sabremos por qué su mano no nos dejaba
en paz». 4Les preguntaron: «¿Qué indemnización
tenemos que pagarles?». Respondieron: «Cinco
tumores de oro y cinco ratas de oro, uno por cada
príncipe filisteo, porque la misma plaga la han
sufrido ustedes y ellos. 5Hagan unas imágenes
de los tumores y de las ratas que han asolado el
país, y así reconocerán la gloria del Dios de Is-
rael. A ver si el peso de su mano se aparta de us-
tedes, de su país y de sus dioses. 6No se pongan
tercos, como hicieron los egipcios y el Faraón, y
ese Dios los maltrató hasta que dejaron marchar
a Israel. 7Ahora hagan un carro nuevo, tomen dos
vacas que estén criando y nunca hayan llevado el

yugo y aten las vacas al carro, dejando los terneros encerrados en el establo. 8Después tomen el arca del Señor y colóquenla en el carro; pongan en una canasta junto al arca los objetos de oro que le pagan como indemnización, y suelten el carro. 9Fíjense bien: si tira hacia su territorio y sube a Bet-Semes, es que ese Dios nos ha causado esta terrible calamidad; en caso contrario, sabremos que no nos ha herido su mano, sino que ha sido un accidente».

10Así lo hicieron. Tomaron dos vacas que estaban criando y las ataron al carro, dejando los terneros encerrados en el establo; 11colocaron en el carro el arca del Señor y la canasta con las ratas de oro y las imágenes de los tumores. 12Las vacas tiraron derechas hacia el camino de Bet-Semes; caminaban mugiendo, siempre por el mismo camino, sin desviarse a derecha o izquierda. Los príncipes filisteos fueron detrás, hasta el término de Bet-Semes.

13La gente de este pueblo estaba cosechando el trigo en el valle; alzaron los ojos, y al ver el arca, se alegraron. 14El carro entró en el campo de Josué, el de Bet-Semes, y se paró allí. Al lado había una gran piedra. Entonces la gente hizo leña del carro y ofreció las vacas en holocausto al Señor. 15Los levitas habían descargado el arca del Señor y la cesta con los objetos de oro y los habían depositado sobre la piedra grande. Aquel día los de Bet-Semes ofrecieron holocaustos y sacrificios de comunión al Señor. 16Los cinco príncipes filisteos estuvieron observando, y el mismo día se volvieron a Ecrón. 17Los tumores de oro que los filisteos pagaron como indemnización al Señor fueron uno por Asdod, uno por Gaza, uno por Ascalón, uno por Gat, uno por Ecrón. 18Las ratas de oro eran por las ciudades de la Pentápolis filistea, incluyendo ciudades fortificadas y pueblos desguarnecidos. Y la piedra grande donde depositaron el arca del Señor se puede ver hoy en el campo de Josué, el de Bet-Semes.

19Los hijos de Jeconías, aunque vieron el arca, no hicieron fiesta con los demás, y el Señor castigó a setenta hombres. El pueblo hizo duelo, porque el Señor los había herido con gran castigo, 20y los de Bet-Semes decían: «¿Quién podrá resistir al Señor, a ese Dios santo? ¿Adónde podemos enviar el arca para deshacernos de ella?». 21Y mandaron este mensaje a Quiriat Yearim: «Los filisteos han devuelto el arca del Señor. Bajen a recogerla».

7 1Los de Quiriat Yearim fueron, recogieron el arca y la llevaron a Guibeá a casa de Abinadab, y consagraron a su hijo Eleazar para que guardase el arca. 2Desde el día en que instalaron el arca en Quiriat Yearim pasó mucho tiempo, veinte años. Todo Israel añoraba al Señor. 3Samuel dijo a los israelitas: «Si se convierten al Señor de todo corazón deben dejar de lado a los dioses extranjeros, Baal y Astarté, permanecer constantes con el Señor, sirviéndole solo a él, y él los librará del poder filisteo». 4Entonces los israelitas retiraron las imágenes de Baal y Astarté y sirvieron solo al Señor. 5Samuel ordenó: «Reúnan a todo Israel en Mispá, y rezaré al Señor por ustedes». 6Se reunieron en Mispá, sacaron agua y la derramaron ante el Señor; ayunaron aquel día y dijeron: «Hemos pecado contra el Señor». Samuel juzgó a los israelitas en Mispá.

7Los filisteos se enteraron de que los israelitas se habían reunido en Mispá, y los príncipes filisteos subieron contra Israel. Al saberlo, a los israelitas les entró miedo, 8y dijeron a Samuel: «No dejes de rogar al Señor, nuestro Dios, por nosotros para que nos salve del poder filisteo». 9Samuel agarró un corderito y lo ofreció al Señor en holocausto; rogó al Señor en favor de Israel, y el Señor le escuchó.

10Mientras Samuel ofrecía el holocausto, los filisteos se acercaron para dar la batalla a Israel; pero el Señor mandó aquel día sus truenos con gran fragor contra los filisteos y los desbarató; Israel los derrotó. 11Los israelitas salieron de Mispá persiguiendo a los filisteos, y los fueron destrozando hasta más abajo de Bet-Car. 12Samuel tomó una piedra y la plantó entre Mispá y Sen, y la llamó Eben-Ezer, explicando: «Hasta aquí nos ayudó el Señor».

13Los filisteos tuvieron que someterse, y no volvieron a invadir el territorio israelita. Mientras vivió Samuel, la mano del Señor pesó sobre ellos. 14Israel reconquistó las ciudades que habían ocupado los filisteos; así, volvieron al poder de Israel desde Ecrón a Gat y su territorio. Y hubo paz entre Israel y los amorreos.

15Samuel gobernó a Israel hasta su muerte. 16Todos los años visitaba Betel, Guilgal y Mispá, y allí juzgaba a Israel. 17Luego volvía a Ramá, donde tenía su casa, allí también juzgaba a Israel. Allí levantó un altar al Señor.

SAMUEL Y SAÚL (8–15)

Los israelitas piden un rey

8 1Cuando Samuel llegó a viejo, nombró a sus hijos jueces de Israel. 2El hijo mayor se llamaba Joel y el segundo Abías; ejercían el cargo en Berseba. 3Pero no se comportaban como su padre; atentos solo al provecho propio, aceptaban sobornos y pervirtieron la justicia. 4Entonces los ancianos de Israel se reunieron y fueron a entrevistarse con Samuel en Ramá. [5]Le dijeron: «Mira, tú ya eres viejo y tus hijos no se comportan como tú. Nómbranos un rey que nos gobierne, como es costumbre en todas las naciones». [6]A Samuel le disgustó que le pidieran ser gobernados por un rey, y se puso a orar al Señor.

[7]El Señor le respondió: «Escucha al pueblo en todo lo que te pidan. No te rechazan a ti, sino a mí; no me quieren por rey. [8]Como me trataron desde el día que los saqué de Egipto, abandonándome para servir a otros dioses, así te tratan a ti. [9]Por eso, escucha su reclamo; pero adviérteles bien claro, explícales los derechos del rey».

[10]Samuel comunicó la Palabra del Señor a la gente que le pedía un rey: [11]«Estos son los derechos del rey que los regirá: él tomará a los hijos de ustedes y los destinará a sus carros de guerra y a su caballería y ellos correrán delante de su carroza; [12]los empleará como jefes y oficiales en su ejército, como aradores de sus campos y para recoger su cosecha, como fabricantes de armamentos y de arneses para sus carros. [13]A sus hijas se las llevará como perfumistas, cocineras y reposteras. [14]Les quitará sus mejores campos, viñas y olivares para dárselos a sus ministros. [15]Exigirá el diezmo de los sembrados y las viñas, para dárselos a sus funcionarios y ministros. [16]A sus criados y criadas, a sus mejores burros y bueyes se los llevará para usarlos en su hacienda. [17]De sus rebaños les exigirá diezmos. ¡Y ustedes mismos serán sus esclavos! [18]Entonces gritarán contra el rey que se han elegido, pero Dios no les responderá».

[19]El pueblo no quiso hacer caso a Samuel, e insistió: «No importa. ¡Queremos un rey! [20]Así nosotros seremos como los demás pueblos. Que nuestro rey nos gobierne y salga al frente de nosotros a luchar en la guerra». [21]Samuel oyó lo que pedía el pueblo y se lo comunicó al Señor. [22]El Señor le respondió: «Escúchalos y nómbrales un rey». Entonces Samuel dijo a los israelitas: «¡Vuelva cada uno a su ciudad!».

Elección de Saúl

9 [1]Había un hombre de Guibeá de Benjamín llamado Quis, hijo de Abiel, de Seror, de Becorá, de Afía, benjaminita, de buena posición. [2]Tenía un hijo que se llamaba Saúl, que era joven y apuesto. Era el israelita más alto: de los hombros para arriba, sobresalía por encima de todos los demás. [3]A su padre, Quis, se le habían extraviado unas burras, y dijo a su hijo Saúl: «Llévate a uno de los criados y vete a buscar las burras». [4]Cruzaron la serranía de Efraín y atravesaron la región de Salisá, pero no las encontraron. Atravesaron la región de Saalín, y nada. Atravesaron la región de Benjamín, y tampoco. [5]Cuando llegaron a la región de Suf, Saúl dijo al criado que iba con él: «Vamos a volvernos, no sea que mi padre deje de lado las burras y empiece a preocuparse por nosotros». [6]Pero el criado repuso: «Precisamente en ese pueblo hay un hombre de Dios de gran fama; lo que él dice sucede sin falta. Vamos allá. A lo mejor nos orienta sobre lo que andamos buscando». [7]Saúl replicó: «Y si vamos, ¿qué le llevamos a ese hombre? Porque no nos queda pan en las alforjas y no tenemos nada que llevarle a ese hombre de Dios. ¿Qué nos queda?». [8]El criado respondió: «Tengo aquí dos gramos y medio de plata; se los daré al profeta y nos orientará». [10]Saúl comentó: «Muy bien. ¡Vamos!». Y caminaron hacia el pueblo en donde estaba el hombre de Dios. [11]Mientras subían por la cuesta del pueblo, encontraron a unas muchachas que salían a buscar agua; les preguntaron: «¿Vive aquí el vidente?». [9]En Israel, antiguamente, el que iba a consultar a Dios, decía así: «¡Vamos al vidente!», porque antes se llamaba vidente al que hoy llamamos profeta. [12]Ellas contestaron: «Sí; se te ha adelantado. Precisamente hoy ha llegado a la ciudad, porque hoy se ofrece un sacrificio público en el lugar alto. [13]Si entran en la ciudad, lo encontrarán antes de que suba al lugar alto para el banquete; porque no se pondrán a comer hasta que él llegue, porque a él le corresponde bendecir el sacrificio, y luego comen los convidados. Suban ahora, que ahora precisamente lo encontrarán».

[14]Subieron a la ciudad. Y justamente cuando entraban les salió al encuentro Samuel que subía al lugar alto.

[15]El día antes de llegar Saúl, el Señor había revelado a Samuel: [16]«Mañana te enviaré un hombre de la región de Benjamín, para que lo unjas como jefe de mi pueblo, Israel, y libre a mi pueblo de la dominación filistea; porque he visto la aflicción de mi pueblo, sus quejas han llegado hasta mí». [17]Cuando Samuel vio a Saúl, el Señor le avisó: «Ese es el hombre de quien te hablé; ese regirá a mi pueblo». [18]Saúl se acercó a Samuel en medio de la entrada y le dijo: «Haz el favor de decirme dónde está la casa del vidente». [19]Samuel le respondió: «Yo soy el vidente. Sube delante de mí al lugar alto; hoy comerán conmigo y mañana te dejaré marchar y responderé a todo lo que te preocupa. [20]Por las burras que se te perdieron hace tres días no te preocupes, que ya aparecieron. Además, ¿por quién suspira todo Israel? Por ti y por la familia de tu padre». [21]Saúl respondió: «¡Si yo soy de Benjamín, la menor de las tribus de Israel! Y de todas

las familias de Benjamín, mi familia es la menos
importante. ¿Por qué me dices eso?».
22Entonces Samuel tomó a Saúl y a su criado,
los metió en el comedor y los puso en la presi-
dencia de los convidados, unas treinta perso-
nas. 23Luego dijo al cocinero: «Trae la ración que
te encargué, la que te dije que apartaras». 24El
cocinero sacó el muslo y la cola, y se lo sirvió a
Saúl. Samuel dijo: «Ahí tienes lo que te reser-
varon; come, que te lo han guardado para esta
ocasión, para que lo comas con los convidados».
Así Saúl comió aquel día con Samuel. 25Después
bajaron del lugar alto a la ciudad, y Samuel ha-
bló con Saúl en la azotea.

Unción de Saúl

26Al despuntar el sol, Samuel fue a la azotea a
llamarlo: «Levántate, voy a dejarte partir». Saúl
se levantó, y los dos, él y Samuel, salieron de
casa. 27Cuando habían bajado hasta las afueras,
Samuel le dijo: «Dile al criado que vaya delante;
tú párate un momento y te comunicaré la Pala-
bra de Dios».

10 1Samuel tomó el frasco de aceite, lo de-
rramó sobre la cabeza de Saúl y lo besó,
diciendo: «¡El Señor te unge como jefe de su
herencia! 2Hoy mismo, cuando te separes de mí,
te tropezarás con dos hombres junto a la tumba
de Raquel, en la frontera de Benjamín, que te
dirán: Aparecieron las burras que saliste a bus-
car; mira, tu padre ha olvidado el asunto de las
burras y está preocupado por ustedes, pensando
qué va a ser de su hijo. 3Sigue adelante y vete
hasta la Encina del Tabor; allí te tropezarás con
tres hombres que suben a visitar a Dios en Be-
tel: uno con tres cabritos, otro con tres panes y
otro con un odre de vino; 4después de darte los
buenos días, te entregarán dos panes, y tú los
aceptarás. 5Vete luego a Guibeá de Dios, donde
está la guarnición filistea; al llegar al pueblo te
toparás con un grupo de profetas que baja del
lugar alto, precedidos de una banda de arpas y
cítaras, panderetas y flautas, en estado de tran-
ce profético. 6Te invadirá el Espíritu del Señor,
te convertirás en otro hombre y te mezclarás en
su danza. 7Cuando te sucedan estas señales, haz
todo lo que sea conveniente, porque Dios está
contigo. 8Tú bajarás a Guilgal antes que yo; y yo
iré después a ofrecer holocaustos y sacrificios
de comunión. Espera siete días, hasta que yo lle-
gue y te diga lo que tienes que hacer».
9Cuando Saúl dio la vuelta y se apartó de
Samuel, Dios le cambió el corazón, y aquel mis-
mo día se cumplieron todas aquellas señales.
10De allí fueron a Guibeá, y de pronto dieron con
un grupo de profetas. El Espíritu de Dios invadió
a Saúl y se puso a danzar entre ellos. 11Los que
lo conocían de antes y lo veían danzando con
los profetas, comentaban: «¿Qué le pasa al hi-
jo de Quis? ¡Hasta Saúl anda con los profetas!».
12Uno del pueblo dijo: «¿Quién es el padre de
esos?». Así se hizo proverbial la frase: «¡Has-
ta Saúl anda con los profetas!». 13Cuando se le
pasó el frenesí, Saúl fue a su casa. 14Su tío les
preguntó: «¿Por dónde anduvieron?». Saúl res-
pondió: «Buscando las burras. Como vimos que
no aparecían, fuimos a ver a Samuel». 15Su tío le
dijo: «Cuéntame lo que les dijo Samuel». 16Saúl
respondió: «Nos anunció que habían aparecido
las burras». Pero lo que le había dicho Samuel
del asunto del reino no se lo dijo.

Elección del rey a suerte

17Samuel convocó al pueblo ante el Señor, en
Mispá, 18y dijo a los israelitas: «Así dice el Señor,
Dios de Israel: Yo saqué a Israel de Egipto, los
libré de los egipcios y de todos los reyes que los
oprimían. 19Pero ustedes han rechazado hoy a su
Dios, el que los salvó de todas las desgracias y
peligros, y han dicho: No importa, danos un rey.
Muy bien, preséntense ante el Señor por tribus
y por familias».
20Samuel hizo acercarse a las tribus de Israel,
y le tocó la suerte a la tribu de Benjamín. 21Hizo
acercarse a la tribu de Benjamín, por clanes, y le
tocó la suerte al clan de Matrí; luego hizo acer-
carse al clan de Matrí, por individuos, y le tocó
la suerte a Saúl, hijo de Quis; lo buscaron y no
lo encontraron. 22Consultaron de nuevo al Señor:
«¿Ha venido aquí Saúl?». El Señor respondió:
«Está escondido entre el equipaje». 23Fueron
corriendo a sacarlo de allí, y se presentó en me-
dio de la gente: sobresalía por encima de todos,
de los hombros arriba. 24Entonces Samuel dijo a
todo el pueblo: «¡Miren a quién ha elegido el Se-
ñor! ¡No hay como él en todo el pueblo!». Todos
aclamaron: «¡Viva el rey!».
25Samuel explicó al pueblo los derechos del
rey, y los escribió en un libro, que colocó ante el
Señor. Luego despidió a la gente, cada cual a su
casa. 26También Saúl marchó a su casa, a Guibeá.
Con él fueron los mejores, a quienes Dios tocó el
corazón. 27En cambio, los malvados comentaron:
«¡Qué va a salvarnos ese!». Lo despreciaron y no
le ofrecieron regalos. Saúl callaba.

Saúl vence a los amonitas

11 1El amonita Najás hizo una incursión y
acampó ante Yabés de Galaad. Los de Yabés
le pidieron: «Haz un pacto con nosotros y sere-
mos tus vasallos». 2Pero Najás les dijo: «Pactaré

con ustedes a condición de arrancarles el ojo
derecho. Así pondré en ridículo a todo Israel».
3Los ancianos de Yabés le pidieron: «Concédenos
un plazo de siete días para que podamos mandar
emisarios por todo el territorio de Israel. Si no
hay quien nos salve, nos rendimos».

4Los mensajeros llegaron a Guibeá de Saúl,
comunicaron la noticia al pueblo, y todos se
echaron a llorar a gritos. 5En ese momento, Saúl
llegaba del campo tras los bueyes y preguntó:
«¿Qué le pasa a la gente, que está llorando?».
Le contaron la noticia que habían traído los de
Yabés, 6y al oírlo Saúl, lo invadió el Espíritu de
Dios; enfurecido, 7tomó la pareja de bueyes, los
descuartizó y aprovechando los emisarios, los
repartió por todo Israel, con este mensaje: Así
acabará el ganado del que no vaya a la guerra
con Saúl y Samuel. El temor del Señor cayó sobre
la gente, y fueron a la guerra como un solo hom-
bre. 8Saúl les pasó revista en Bézec: los de Israel
eran trescientos mil y treinta mil los de Judá. 9Y
dijo a los emisarios que habían venido: «Digan a
los hombres de Yabés de Galaad: Mañana, cuan-
do caliente el sol, les llegará la salvación». Los
emisarios marcharon a comunicárselo a los de
Yabés, que se llenaron de alegría, 10y dijeron a
Najás: «Mañana nos rendiremos y harás de noso-
tros lo que mejor te parezca». 11Al día siguiente
Saúl distribuyó la tropa en tres cuerpos; irrum-
pieron en el campamento enemigo al relevo de la
madrugada y estuvieron matando amonitas has-
ta que calentó el sol; los enemigos que quedaron
vivos se dispersaron, de forma que no iban dos
juntos. 12Entonces el pueblo dijo a Samuel: «¡A
ver, los que decían que Saúl no reinaría! ¡Entre-
guen a esos hombres que los mataremos!». 13Pe-
ro Saúl dijo: «Hoy no ha de morir nadie, porque
hoy el Señor ha salvado a Israel». 14Y Samuel dijo
a todos: «Vengan, vamos a Guilgal a inaugurar
allí la monarquía». 15Todos fueron a Guilgal y
coronaron allí a Saúl ante el Señor; ofrecieron
al Señor sacrificios de comunión, y Saúl y los
israelitas se llenaron de alegría.

Despedida de Samuel

12 1Samuel dijo a los israelitas: «Ya ven que
les hice caso en todo lo que me pidieron, y
les he dado un rey. 2Ahora, ahí tienen al rey que
marcha al frente de ustedes. Yo ya estoy viejo
y canoso, y allí están mis hijos, como unos más
entre ustedes. Yo he actuado a la vista de todos
ustedes desde mi juventud hasta ahora. 3Aquí
me tienen, declaren contra mí delante del Señor
y su ungido: ¿A quién le quité un buey? ¿A quién
le quité un burro? ¿A quién le hice injusticia?
¿A quién he perjudicado? ¿De quién he aceptado
un soborno para hacer la vista gorda? Díganlo
y yo les devolveré». 4Respondieron: «No nos
has hecho injusticia, ni nos has perjudicado, ni
has aceptado soborno de nadie». 5Samuel aña-
dió: «Hoy yo tomo por testigo frente a ustedes
al Señor y a su ungido: no me han sorprendi-
do con nada en la mano». Respondieron: «Sean
testigos».

6Samuel dijo al pueblo: «Es testigo el Señor,
que envió a Moisés y a Aarón e hizo subir de
Egipto a sus padres. 7Pónganse de pie, que voy
a discutir con ustedes en presencia del Señor,
acerca de todos los beneficios que el Señor les
hizo a ustedes y a sus padres. 8Cuando Jacob fue
con sus hijos a Egipto, y los egipcios los opri-
mieron, sus padres gritaron al Señor, y el Señor
envió a Moisés y a Aarón para que sacaran de
Egipto a sus padres y los establecieran en este
lugar. 9Pero olvidaron al Señor, su Dios, y él los
vendió a Sísara, general del ejército de Yabín,
rey de Jasor, y a los filisteos y al rey de Moab,
y tuvieron que luchar contra ellos. 10Entonces
gritaron al Señor: Hemos pecado, porque hemos
abandonado al Señor, para servir a Baal y Astar-
té; líbranos del poder de nuestros enemigos y te
serviremos. 11El Señor envió a Yerubaal, a Barac,
a Jefté y a Sansón, y los libró del poder de sus ve-
cinos, y pudieron vivir tranquilos. 12Pero cuando
vieron que los atacaba el rey amonita Najás, me
pidieron que les nombrara un rey, siendo así que
es el Señor el rey de ustedes. 13Ahora, ahí tienen
al rey que pidieron y que se han elegido; ya ven
que el Señor les ha dado un rey. 14Si respetan al
Señor y le sirven, si le obedecen y no se rebelan
contra sus mandatos, ustedes y el rey que reine
sobre ustedes vivirán siendo fieles al Señor, su
Dios. 15Pero si no obedecen al Señor y se rebelan
contra sus mandatos, el Señor descargará su ma-
no sobre ustedes y sobre su rey, hasta destruir-
los. 16Ahora prepárense a asistir al prodigio que
el Señor va a realizar ante sus ojos. 17Estamos
en la cosecha del trigo, ¿no es cierto? Yo voy a
invocar al Señor para que envíe truenos y lluvia;
así reconocerán la grave maldad que cometieron
ante el Señor pidiendo un rey.

18Samuel invocó al Señor, y el Señor envió
aquel día truenos y un aguacero.

19Todo el pueblo, lleno de miedo ante el Señor
y ante Samuel, dijo a Samuel: «Reza al Señor, tu
Dios, para que tus servidores no mueran, por-
que a todos nuestros pecados hemos añadido la
maldad de pedir para nosotros un rey». 20Samuel
les contestó: «No teman. Ya que han cometido
esta maldad, al menos en adelante no se apar-
ten del Señor; sirvan al Señor de todo corazón,
21no sigan a los ídolos, que ni auxilian ni liberan,

porque son puro vacío. 22Por el honor de su ilus-
tre Nombre, el Señor no rechazará a su pueblo,
porque el Señor se ha dignado hacer de ustedes
su pueblo. 23Por mi parte, líbreme Dios de pecar
contra el Señor dejando de rezar por ustedes. Yo
les enseñaré el camino recto y bueno, 24ya que
han visto los grandes beneficios que el Señor les
ha hecho, respeten al Señor y sírvanlo sincera-
mente y de todo corazón. 25Pero si obran mal,
perecerán, ustedes con su rey».

Amenaza filistea

13 1Saúl tenía... años cuando empezó a rei-
nar, y reinó sobre Israel veintidós años.
2Seleccionó a tres mil hombres de Israel: dos mil
estaban con él en Micmás y la montaña de Betel,
y mil estaban con Jonatán en Guibeá de Benja-
mín. Al resto del ejército lo licenció.
3Jonatán derrotó a la guarnición filistea que
había en Guibeá. Los filisteos supieron que los
hebreos se habían sublevado. Saúl hizo tocar la
trompeta por todo el país. 4Entonces los israe-
litas supieron que Saúl había derrotado a una
guarnición enemiga y que se había declarado la
guerra a los filisteos, y se reunieron con Saúl
en Guilgal. 5Los filisteos se concentraron para
la guerra contra Israel: tres mil carros, seis mil
jinetes y una infantería numerosa como la arena
de la playa, y fueron a acampar junto a Micmás,
al este de Bet-Avén. 6Al verse en peligro ante
el avance filisteo, los israelitas fueron a escon-
derse en las cuevas, los agujeros, las peñas, los
refugios y los pozos. 7Muchos hebreos pasaron el
Jordán hacia Gad y Galaad.
Saúl seguía en Guilgal, mientras la gente, ate-
morizada, se le marchaba. 8Aguardó siete días,
hasta el plazo señalado por Samuel; pero Samuel
no llegó a Guilgal, y la gente se le dispersaba.
9Entonces Saúl ordenó: «Tráiganme las víctimas
del holocausto y de los sacrificios de comu-
nión». Y él mismo ofreció el holocausto.

Samuel condena a Saúl

10Apenas había terminado, cuando se presentó
Samuel. Saúl salió a su encuentro y lo saludó.
11Pero Samuel le dijo: «¿Qué has hecho?». Con-
testó: «Vi que la gente se me dispersaba y tú
no venías en el plazo señalado, y los filisteos
se concentraban frente a Micmás, 12y me dije:
Ahora bajarán los filisteos contra mí a Guilgal,
sin que yo haya aplacado al Señor, y me atreví a
ofrecer el holocausto». 13Samuel le dijo: «¡Estás
loco! Si hubieras cumplido la orden del Señor, tu
Dios, él hubiera afianzado tu reino sobre Israel
para siempre. 14En cambio, ahora tu reino no du-
rará. El Señor se ha buscado un hombre a su gus-
to y lo ha nombrado jefe de su pueblo, porque
tú no has sabido cumplir la orden del Señor».
15Samuel se volvió de Guilgal por su camino. El
resto del ejército subió tras Saúl al encuentro
del enemigo y llegaron desde Guilgal a Guibeá
de Benjamín. Saúl pasó revista a las tropas que
seguían con él: unos seiscientos hombres.

Saúl y Jonatán

16Saúl, su hijo Jonatán y sus tropas se esta-
blecieron en Guibeá de Benjamín; por su parte,
los filisteos acamparon junto a Micmás. 17Del
campamento filisteo salió una fuerza de choque
dividida en tres columnas; una se dirigió a Ofrá,
hacia la zona de Sual, 18otra se dirigió a Bet-Jo-
rón, y la tercera se dirigió a la colina que domina
el valle Seboín, hacia el desierto.
19Por entonces no se encontraba un herrero en
tierra de Israel, porque el plan de los filisteos
era que los hebreos no se forjaran espadas ni
lanzas. 20Todos los israelitas tenían que bajar
al país filisteo para reparar sus rejas de arado,
sus azadas, sus hachas y sus hoces. 21Por afi-
lar una reja de arado o una azada les cobraban
medio peso, y dos tercios de peso por un hacha
o una aguijada. 22Así sucedió que, a la hora de
la batalla, en todo el ejército de Saúl no había
más espada ni lanza que las de Saúl y su hijo
Jonatán. 23Un destacamento filisteo salió hacia
la cañada de Micmás.

Hazaña de Jonatán

14 1Un día Jonatán, hijo de Saúl, dijo a su es-
cudero: «Acerquémonos hasta el destaca-
mento filisteo, al otro lado de la cañada». Pero
no se lo dijo a su padre. 2Saúl se encontraba en-
tonces en las afueras de Guibeá, bajo el granado
que estaba cerca de donde trillaban el trigo. Su
tropa eran unos seiscientos hombres. 3Ajías, hi-
jo de Ajitub, hermano de Icabod, hijo de Fineés,
hijo de Elí, sacerdote del Señor en Siló, llevaba
un efod. La tropa no se dio cuenta de que Jona-
tán se alejaba.
4A ambos lados de la cañada que Jonatán in-
tentaba pasar para llegar al destacamento filis-
teo había dos salientes rocosos: uno se llamaba
Bosés y el otro Sene. 5Uno se erguía hacia el nor-
te, frente a Micmás, y el otro hacia el sur, frente
a Guibeá. 6Jonatán dijo a su escudero: «Vamos a
pasar hacia el destacamento de esos incircun-
cisos; a lo mejor el Señor nos da la victoria; no
le cuesta salvar con muchos o con pocos». 7El
escudero respondió: «Haz lo que quieras; estoy
a tu disposición». 8Jonatán dijo: «Mira, vamos
a pasar hasta donde estén esos hombres y deja-
remos que nos descubran. 9Si nos dicen: ¡Alto!

¡No se muevan hasta que lleguemos a ustedes!,
nos quedaremos quietos donde estamos, sin su-
bir hacia ellos. 10Pero si nos dicen: ¡Suban acá!,
subiremos, porque el Señor nos los entrega; esta
será la contraseña».
11El destacamento filisteo los descubrió, y
comentaron: «Miren, unos hebreos que salen de
las cuevas donde se habían escondido». 12Luego
dijeron a Jonatán y a su escudero: «Suban aquí,
que les contaremos una cosa». Jonatán ordenó
entonces a su escudero: »Sube detrás de mí,
porque el Señor los ha entregado a Israel». 13Jo-
natán subió gateando, seguido de su escudero;
los filisteos iban cayendo ante los golpes de Jo-
natán, y su escudero, detrás, los iba rematando.
14Esta fue la primera victoria de Jonatán y su
escudero: mataron unos veinte hombres, como
quien abre un surco en media parcela de campo.
15Todos los que estaban en el campamento y to-
da la tropa se llenaron de miedo. Temieron tam-
bién los de la guarnición y la fuerza de choque.
Al mismo tiempo hubo un temblor de tierra y se
produjo un pánico sobrehumano.
16Desde Guibeá de Benjamín vieron los centi-
nelas de Saúl que el ejército enemigo huía a la
desbandada. 17Entonces Saúl ordenó a los suyos:
«Pasen revista, a ver quién se ha separado de los
nuestros». Pasaron revista, y faltaban Jonatán y
su escudero. 18Saúl ordenó a Ajías: «Trae aquí el
efod –Porque Ajías era el que llevaba entonces
el efod en Israel–». 19Mientras Saúl hablaba al
sacerdote, el tumulto del campamento filisteo
iba en aumento. Saúl dijo al sacerdote: «Retira
la mano».
20Todo el ejército de Saúl se reunió y se lanzó
al combate; los filisteos se acuchillaban unos a
otros, en medio de una enorme confusión. 21Y
los hebreos movilizados hacía tiempo por los
filisteos, y que habían subido con ellos al cam-
pamento, se pasaron a los israelitas de Saúl y
Jonatán. 22Todos los israelitas que se habían es-
condido en la serranía de Efraín oyeron que los
filisteos iban huyendo, y también se juntaron
en su persecución. 23El Señor salvó aquel día a
Israel. La lucha llegó hasta Bet-Avén. Los que
seguían a Saúl eran unos dos mil hombres. La
lucha se extendió por toda la serranía de Efraín.
24Saúl cometió aquel día un grave error, con-
jurando a la tropa: «Maldito el que pruebe un
bocado antes de la tarde, mientras me vengo
de mis enemigos». Nadie probó bocado. 25Por
el suelo había unos panales, 26y el ejército se
acercó a los panales, que destilaban miel, pero
nadie se la llevó a la boca, por miedo al juramen-
to. 27Jonatán, que no había oído el juramento
impuesto al pueblo por su padre, alargó la punta
del palo que llevaba en la mano, lo hundió en el
panal de miel, se lo llevó a la boca y se le iluminó
la mirada. 28Uno de la tropa dijo: «Tu padre nos
ha impuesto un juramento maldiciendo al que
probase hoy un bocado, y eso que la tropa es-
tá agotada». 29Jonatán exclamó: «¡Mi padre ha
traído la desgracia al país! Miren cómo se me
han iluminado los ojos, con solo probar un poco
de esta miel. 30Si la tropa hubiera comido hoy de
los despojos ganados al enemigo, ¡cuánto mayor
habría sido la derrota de los filisteos!».
31Aquel día destrozaron a los filisteos desde
Micmás hasta Ayalón, y el ejército acabó agota-
do. 32Entonces la tropa se lanzó sobre el botín y
agarró ovejas, vacas y terneros, los degollaron
en el suelo y los comieron con la sangre. 33Avi-
saron a Saúl: «Mira que la tropa está pecando
contra el Señor, porque come carne con sangre».
Saúl respondió: «Hagan rodar hasta aquí una
piedra grande». 34Luego ordenó: «Dispérsense
entre la gente y díganles que cada uno me traiga
su toro o su oveja; degüéllenlos aquí y coman;
pero no pequen contra el Señor comiendo car-
ne con sangre». Cada uno llevó lo que tenía, y
Saúl degolló allí los animales. 35Levantó un
altar al Señor y ese fue el primer altar erigido
por él. 36Después dijo: «Esta noche bajaremos a
perseguir a los filisteos, los saquearemos hasta
el amanecer, sin dejarles uno vivo». Le contes-
taron: «Haz lo que te parezca bien». El sacer-
dote ordenó: «Vamos a acercarnos a consultar
a Dios». 37Saúl consultó a Dios: «¿Puedo bajar
tras los filisteos? ¿Los entregarás en poder de
Israel?». 38Aquel día no obtuvo respuesta. En-
tonces ordenó: «Acérquense todos los jefes del
pueblo, para ver quién ha cometido hoy este pe-
cado. 39Porque, ¡por la vida del Señor, salvador
de Israel!, aunque sea mi hijo Jonatán, morirá
sin remedio». Nadie le respondió.
40Entonces se dirigió a todo Israel: «Ustedes
se quedarán de un lado y yo con mi hijo Jona-
tán nos pondremos al otro». Le respondieron:
«Haz lo que te parezca bien». 41Entonces Saúl
consultó al Señor, Dios de Israel: «¿Por qué no
respondes hoy a tu siervo? Señor, Dios de Israel,
si somos culpables yo o mi hijo Jonatán, salga
cara; si es culpable tu pueblo Israel, salga cruz».
Cayó la suerte en Jonatán y Saúl, y la tropa que-
dó libre. 42Entonces dijo Saúl: «Ahora echen la
suerte entre mi hijo Jonatán y yo». Le tocó a Jo-
natán. 43Y Saúl le preguntó: «Dime lo que has he-
cho». Jonatán le contó: «Probé un poco de miel
con la punta del palo que llevaba en la mano. ¡Y
ahora me toca morir!». 44Saúl le dijo: «¡Que Dios
me castigue si no mueres, Jonatán!». 45Pero la
tropa dijo a Saúl: «¿Cómo va a morir Jonatán,

que ha dado esta gran victoria a Israel? ¡De nin-
gún modo! ¡Por la vida del Señor!, que no caerá
a tierra ni un pelo de su cabeza; porque él ha
actuado hoy con la ayuda de Dios». Así salvaron
la vida a Jonatán. 46Saúl dejó de perseguir a los
filisteos, y estos volvieron a sus casas.
47Después de ser proclamado rey de Israel,
Saúl luchó contra todos sus enemigos de alrede-
dor: Moab, los amonitas, Edom, el rey de Sobá,
los filisteos, y vencía en todas sus campañas,
48haciendo proezas; derrotó a Amalec y libró a
Israel de sus saqueadores. 49Sus hijos fueron:
Jonatán, Isbaal, Malquisúa. De sus dos hijas,
la mayor se llamaba Merab; la pequeña, Mical.
50Su mujer se llamaba Ajinoán, hija de Ajimás. El
general de su ejército se llamaba Abner, hijo de
Ner, tío de Saúl. 51Quis, padre de Saúl, y Ner, pa-
dre de Abner, eran hijos de Abiel. 52Durante todo
el reinado de Saúl hubo guerra abierta contra los
filisteos. A todo joven valiente y aguerrido que
veía, Saúl lo enrolaba en su ejército.

Saúl es rechazado

15 1Samuel dijo a Saúl: «El Señor me envió
para ungirte rey de su pueblo Israel. Por
tanto, escucha las palabras del Señor. 2Así dice
el Señor Todopoderoso: Voy a pedir cuentas a
Amalec de lo que hizo contra Israel, al cortarle
el camino cuando este subía de Egipto. 3Ahora
ve y atácalo; entrega al exterminio todo lo que
tiene, y a él no lo perdones; mata a hombres y
mujeres, niños de pecho y chiquillos, toros, ove-
jas, camellos y burros». 4Saúl convocó al ejér-
cito y le pasó revista en Telán: doscientos mil
de infantería y diez mil de caballería. 5Marchó
a las ciudades amalecitas y tendió emboscadas
en los barrancos. 6A los quenitas les envió este
mensaje: «Ustedes salgan del territorio amale-
cita y bajen. Porque se portaron muy bien con
los israelitas cuando subían de Egipto y yo no
quiero mezclarlos con Amalec». Los quenitas se
apartaron de los amalecitas. 7Saúl derrotó a los
amalecitas, desde Telán, según se va a Sur, en
la frontera de Egipto. 8Capturó vivo a Agag, rey
de Amalec, pero a su ejército lo pasó a cuchillo.
9Saúl y su ejército perdonaron la vida a Agag, a
las mejores ovejas y vacas, al ganado bien ceba-
do, a los corderos y a todo lo que valía la pena,
sin querer exterminarlo; en cambio, extermina-
ron lo que no valía nada.
10El Señor dirigió la palabra a Samuel: 11«Estoy
arrepentido de haber hecho rey a Saúl, porque
ha apostatado de mí y no cumple mis órdenes».
Samuel se entristeció y se pasó la noche cla-
mando al Señor. 12Por la mañana madrugó y fue
a encontrar a Saúl; pero le dijeron que se había
ido a Carmel, donde había erigido una estela, y
después, dando un rodeo, había bajado a Guil-
gal. 13Samuel se presentó a Saúl, y este le dijo:
«El Señor te bendiga. He cumplido el encargo del
Señor». 14Samuel le preguntó: «¿Y qué son esos
balidos que oigo y esos mugidos que siento?».
15Saúl contestó: «Los han traído de Amalec. La
tropa ha dejado con vida a las mejores ovejas y
vacas, para ofrecérselas en sacrificio al Señor.
El resto lo hemos exterminado». 16Samuel repli-
có: «¡Basta! Voy a anunciarte lo que el Señor me
ha dicho esta noche». Contestó Saúl: «Dímelo».
17Samuel dijo: «Aunque te creas pequeño, eres
la cabeza de las tribus de Israel, porque el Se-
ñor te ha nombrado rey de Israel. 18El Señor te
envió a esta campaña con orden de exterminar a
esos pecadores amalecitas, combatiendo hasta
acabar con ellos. 19¿Por qué no has obedecido
al Señor? ¿Por qué te has lanzado sobre el botín
haciendo lo que el Señor reprueba?». 20Saúl re-
plicó: «Pero ¡si he obedecido al Señor! He hecho
la campaña a la que me envió, he traído a Agag,
rey de Amalec, y he exterminado a los amaleci-
tas. 21Si la tropa tomó del botín ovejas y vacas,
lo mejor de lo destinado al exterminio, lo hizo
para ofrecérselas en sacrificio al Señor, tu Dios,
en Guilgal».
22Samuel contestó: *«¿Quiere el Señor sacri-
ficios y holocaustos/ o quiere que obedezcan su
voz?/ La obediencia vale más que el sacrificio;/
la docilidad, más que la grasa de carneros./
23Como pecado de adivinos es la rebeldía,/ co-
mo crimen de idolatría es la obstinación./ Por
haber rechazado al Señor,/ el Señor te rechaza
hoy como rey».*
24Entonces Saúl dijo a Samuel: «He pecado,
he quebrantado el mandato de Dios y tu pala-
bra; tuve miedo a la tropa y les hice caso. 25Pero
ahora perdona mi pecado, te lo ruego; vuelve
conmigo y adoraré al Señor». 26Samuel le con-
testó: «No volveré contigo. Por haber rechazado
la Palabra del Señor, el Señor te rechaza como
rey de Israel».
27Samuel dio media vuelta para marcharse.
Saúl le agarró el borde de su manto, que se ras-
gó, 28y Samuel le dijo: «El Señor te arranca hoy
el reino y se lo entrega a otro más digno que
tú. 29El Campeón de Israel no miente ni se arre-
piente, porque no es un hombre para arrepen-
tirse». 30Saúl le dijo: «Cierto, he pecado; pero
esta vez salva mi honor ante los ancianos del
pueblo y ante Israel. Vuelve conmigo para que
haga la adoración al Señor, tu Dios». 31Samuel
volvió con Saúl y este hizo la adoración al Se-
ñor. 32Entonces Samuel ordenó: «Acérquenme a
Agag, rey de Amalec». Agag se acercó temblan-

do, y dijo: «Seguramente me he librado de la
amargura de la muerte». 33Samuel le dijo: «Tu
espada dejó a muchas madres sin hijos; entre
todas quedará sin hijos tu madre». Y lo des-
cuartizó en Guilgal, en presencia del Señor.
34Luego se volvió a Ramá, y Saúl volvió a su
casa de Guibeá de Saúl. 35Samuel no volvió a ver
a Saúl mientras vivió. Pero hizo duelo por él,
porque el Señor se había arrepentido de haber
hecho a Saúl rey de Israel.

SAÚL Y DAVID (16–31)

David ungido rey

16 1El Señor dijo a Samuel: «¿Hasta cuándo
vas a estar lamentándote por Saúl, si yo
lo he rechazado como rey de Israel? ¡Llena tu
frasco de aceite y parte! Yo te envío a Jesé, el
de Belén, porque entre sus hijos me he elegi-
do un rey». 2Samuel contestó: «¿Cómo voy a ir?
Si se entera Saúl, me matará». El Señor le dijo:
«Llevarás una ternera y dirás que vas a hacer un
sacrificio al Señor. 3Convidarás a Jesé al sacrifi-
cio, y yo te indicaré lo que tienes que hacer; me
ungirás al que yo te diga».
4Samuel hizo lo que le mandó el Señor. Cuando
llegó a Belén, los ancianos del pueblo fueron an-
siosos a su encuentro: «¿Vienes en son de paz?».
5Respondió: «Sí, vengo a hacer un sacrificio al
Señor. Purifíquense y vengan conmigo al sacri-
ficio». Purificó a Jesé y a sus hijos y los convidó
al sacrificio. 6Cuando ellos llegaron, Samuel vio
a Eliab, y pensó: «Seguro que el Señor tiene de-
lante a su ungido». 7Pero el Señor le dijo: «No
te fijes en las apariencias ni en su buena es-
tatura. Lo rechazo. Porque Dios no ve como los
hombres, que ven la apariencia. El Señor ve el
corazón». 8Jesé llamó a Abinadab y lo hizo pasar
ante Samuel, y Samuel le dijo: «Tampoco a este
lo ha elegido el Señor». 9Jesé hizo pasar a Samá,
y Samuel dijo: «Tampoco a este lo ha elegido el
Señor». 10Jesé hizo pasar a siete hijos suyos an-
te Samuel, y Samuel le dijo: «Tampoco a estos
los ha elegido el Señor».
11Luego preguntó a Jesé: «¿Se acabaron los
muchachos?». Jesé respondió: «Queda el peque-
ño, que precisamente está cuidando las ovejas».
Samuel dijo: «Manda a buscarlo, porque no nos
sentaremos a la mesa mientras no llegue». 12Je-
sé mandó a buscarlo y lo hizo entrar: era de buen
color, de hermosos ojos y buen tipo. Entonces el
Señor dijo a Samuel: «Levántate y úngelo, por-
que es este». 13Samuel tomó el frasco de aceite
y lo ungió en medio de sus hermanos. En aquel
momento invadió a David el Espíritu del Señor, y
estuvo con él en adelante. Samuel, por su parte,
partió de regreso a Ramá.

David en la corte de Saúl

14El Espíritu del Señor se había apartado de
Saúl, y lo atormentaba un mal espíritu enviado
por el Señor. 15Sus cortesanos le dijeron: «Ahora
te atormenta un mal espíritu. 16Da una orden, y
nosotros, tus siervos, buscaremos a uno que se-
pa tocar la cítara; cuando te sobrevenga el ata-
que del mal espíritu, él tocará, y se te pasará».
17Saúl ordenó: «Sí, búsquenme un buen músico y
tráiganmelo». 18Entonces uno de los cortesanos
dijo: «Yo conozco a un hijo de Jesé, el de Belén,
que sabe tocar y es un muchacho muy valioso,
buen guerrero, habla muy bien, es de buena
presencia y el Señor está con él». 19Saúl mandó
emisarios a Jesé con esta orden: «Envíame a tu
hijo David, el que está con el rebaño». 20Jesé
tomó cinco panes, un odre de vino y un cabrito,
y se los mandó a Saúl por medio de su hijo David.
21David llegó a palacio y se presentó a Saúl; al
rey le causó muy buena impresión, y lo hizo su
escudero.
22Saúl mandó este recado a Jesé: «Que se
quede David a mi servicio, porque me gusta».
23Cuando el mal espíritu atacaba a Saúl, David
tomaba el arpa y tocaba. Saúl se sentía aliviado
y se le pasaba el ataque del mal espíritu.

David y Goliat

17 1Los filisteos reunieron su ejército para la
guerra; se concentraron en Soco de Judá
y acamparon entre Soco y Azecá, en Fesdamín.
2Saúl y los israelitas se reunieron y acamparon
en el valle de Elá, y formaron para la batalla
contra los filisteos. 3Los filisteos tenían sus po-
siciones en un monte y los israelitas en el otro,
con el valle de por medio. 4Del ejército filisteo
se adelantó un luchador, llamado Goliat, oriun-
do de Gat, de casi tres metros de alto. 5Llevaba
un casco de bronce en la cabeza, e iba cubierto
con una coraza escamada también de bronce que
pesaba medio quintal, 6tenía unas canilleras de
bronce en las piernas y una jabalina de bronce a
la espalda; 7el asta de su lanza era gruesa como
el palo de un telar y su punta de hierro pesaba
unos seis kilos. Su escudero caminaba delante
de él. 8Goliat se detuvo y gritó a las filas de
Israel: «¡No hace falta que salgan formados a
luchar! Yo soy el filisteo, ustedes los esclavos
de Saúl. Elijan a uno que baje a enfrentarme; 9si
es capaz de pelear conmigo y me vence, sere-
mos esclavos de ustedes; pero si yo le puedo y lo
derroto, ustedes serán nuestros esclavos y nos
servirán». 10Y siguió: «¡Yo desafío hoy al ejército
de Israel! ¡Préstenme un hombre, y lucharemos
mano a mano!». 11Saúl y los israelitas oyeron el
desafío de aquel filisteo y se llenaron de miedo.

12David era hijo de un efrateo de Belén de Ju-
dá, llamado Jesé, que tenía ocho hijos, y cuan-
do reinaba Saúl era ya viejo, de edad avanzada;
13sus tres hijos mayores habían ido a la guerra
siguiendo a Saúl; se llamaban Eliab el primero,
Abinadab el segundo y Samá el tercero. 14David
era el más pequeño. Los tres mayores habían se-
guido a Saúl; 15David iba y venía del frente a
Belén, para guardar el rebaño de su padre.

16El filisteo se aproximaba y se plantaba allí
mañana y tarde; llevaba ya haciéndolo cuarenta
días.

17Jesé dijo a su hijo David: «Toma esta bolsa
de grano tostado y estos diez panes, y llévaselos
corriendo a tus hermanos al campamento, 18y es-
tos diez quesos se los entregarás al comandante.
Fíjate bien cómo están tus hermanos y trae algo
de ellos como prenda. 19Saúl está con ellos y con
los soldados de Israel en el valle de Elá, luchan-
do contra los filisteos».

20David madrugó, dejó el rebaño al cuidado de
un guardián, cargó las provisiones y se marchó,
según el encargo de Jesé. Cuando llegaba al cer-
cado del campamento, el ejercito avanzaba en
orden de batalla, lanzando el grito de guerra.
21Israelitas y filisteos formaron frente a frente.
22David dejó su carga al cuidado de los de inten-
dencia, corrió hacia las filas y preguntó a sus
hermanos qué tal estaban. 23Mientras hablaba
con ellos, un luchador, el filisteo llamado Go-
liat, oriundo de Gat, subió de las filas del ejérci-
to filisteo y empezó a decir las mismas palabras.
David lo oyó; los israelitas, 24al ver a aquel hom-
bre huyeron aterrados. 25Uno dijo: «¿Han visto a
ese hombre que sube? ¡Sube a desafiar a Israel!
Al que lo derrote, el rey lo colmará de riquezas,
le dará su hija y librará de impuestos a la fami-
lia de su padre en Israel». 26David preguntó a
los que estaban con él: «¿Qué le darán al que
derrote a ese filisteo y salve la honra de Israel?
Porque ¿quién es ese filisteo incircunciso para
desafiar al ejército del Dios vivo?». 27Los solda-
dos le repitieron lo mismo: «Al que lo derrote le
darán este premio».

28Eliab, el hermano mayor, lo oyó hablar con
los soldados y se le enojó: «¿Por qué has venido?
¿A quién dejaste aquellas cuatro ovejas en el de-
sierto? Ya sé que eres un presumido y qué es lo
que pretendes: a lo que has venido es a contem-
plar la batalla». 29David respondió: «Pero ¿qué
hice ahora? ¿O ni siquiera se puede hablar?».
30Se volvió hacia otro y preguntó: «¿Qué es lo
que dicen?». Los soldados le respondieron lo
mismo que antes. 31Algunos que oyeron las pa-
labras de David fueron y se las contaron a Saúl,
que lo mandó llamar.

32David dijo a Saúl: «Majestad, nadie debe
desanimarse por culpa de ese filisteo. Este ser-
vidor tuyo irá a luchar con ese filisteo». 33Pero
Saúl respondió: «No podrás acercarte a ese filis-
teo para luchar con él, porque eres un mucha-
cho, y él es un guerrero desde joven». 34David le
replicó: «Tu servidor es pastor de las ovejas de
mi padre, y si viene un león o un oso y se lleva
una oveja del rebaño, 35salgo tras él, lo apaleo
y se la quito de la boca, y si me ataca, lo agarro
por la melena y lo golpeo hasta matarlo. 36Tu
servidor ha matado leones y osos; ese filisteo
incircunciso será uno más, porque ha desafiado
a las huestes del Dios vivo». 37Y añadió: «El Se-
ñor, que me ha librado de las garras del león y
de las garras del oso, me librará de las manos de
ese filisteo». Entonces Saúl le dijo: «Ve y que el
Señor esté contigo».

38Luego vistió a David con su uniforme, le pu-
so un casco de bronce en la cabeza, lo cubrió con
una coraza, 39y le ciñó su espada sobre el uni-
forme. David intentó en vano caminar, porque
no estaba entrenado, y dijo a Saúl: «Con esto
no puedo caminar, porque no estoy entrenado».
Entonces se quitó todo de encima, 40agarró su
bastón de pastor, escogió cinco piedras bien li-
sas del arroyo, se las echó en la bolsa, empuñó
la honda y se acercó al filisteo. 41Este, precedido
de su escudero, iba avanzando acercándose a
David; 42lo miró de arriba abajo y lo despreció,
porque era un muchacho de buen color y guapo,
43y le gritó: «¿Soy yo un perro para que vengas
a mí con un palo?». Luego maldijo a David invo-
cando a sus dioses, 44y le dijo: «Ven acá, y echaré
tu carne a las aves del cielo y a las fieras del
campo».

45Pero David le contestó: «Tú vienes hacia mí
armado de espada, lanza y jabalina; yo voy hacia
ti en nombre del Señor Todopoderoso, Dios de
los escuadrones de Israel, a los que has desafia-
do. 46Hoy te entregará el Señor en mis manos, te
venceré, te arrancaré la cabeza de los hombros y
echaré tu cadáver y los del campamento filisteo
a las aves del cielo y a las fieras de la tierra, y
todo el mundo reconocerá que hay un Dios en Is-
rael, 47y todos los aquí reunidos reconocerán que
el Señor da la victoria sin necesidad de espadas
ni lanzas, porque esta es una guerra del Señor, y
él los entregará en nuestro poder».

48Cuando el filisteo se puso en marcha y se
acercaba en dirección de David, este salió de
la formación y corrió velozmente en dirección
del filisteo; 49enseguida metió la mano en la
bolsa, sacó una piedra y la arrojó con la honda
hiriendo al filisteo en la frente: la piedra se
le clavó en la frente, y él cayó de cara al sue-

lo. 50 Así venció David al filisteo, con la honda
y una piedra; lo mató de un golpe, sin empu-
ñar espada. 51 David corrió y se paró junto al
filisteo, le agarró la espada, la desenvainó y
lo remató, cortándole la cabeza. Los filisteos,
al ver que había muerto su guerrero, huyeron.
52 Entonces los soldados de Israel y Judá, de
pie, lanzaron el grito de guerra y persiguieron
a los filisteos hasta la entrada de Gat y has-
ta las puertas de Ecrón; los filisteos cayeron
heridos por el camino de Saaraym hasta Gat y
Ecrón. 53 Los israelitas dejaron de perseguir a
los filisteos y se volvieron para saquearles el
campamento. 54 David agarró la cabeza del filis-
teo y la llevó a Jerusalén, las armas las guardó
en su tienda. 55 Cuando Saúl vio a David salir al
encuentro del filisteo, preguntó a Abner, gene-
ral del ejército: «Abner, ¿de quién es hijo ese
muchacho?». Abner respondió: «Por tu vida,
majestad, no lo sé». 56 El rey le dijo: «Pregunta
de quién es hijo el muchacho». 57 Cuando David
volvió de matar al filisteo, Abner lo llevó a pre-
sentárselo a Saúl, con la cabeza del filisteo en
la mano. 58 Saúl le preguntó: «¿De quién eres
hijo, muchacho?». David respondió: «De tu ser-
vidor Jesé, el de Belén».

Envidia de Saúl

18 1 Cuando David acabó de hablar con Saúl,
Jonatán se encariñó con David y llegó a
quererlo como a sí mismo. 2 Saúl retuvo entonces
a David y no lo dejó volver a casa de su padre.
3 Jonatán y David hicieron un pacto, porque Jo-
natán lo quería como a sí mismo; 4 se quitó el
manto que llevaba y se lo dio a David, y también
su ropa, la espada, el arco y el cinto. 5 David te-
nía tal éxito en todas las incursiones que le en-
cargaba Saúl, que el rey lo puso al frente de los
soldados, y cayó bien entre la tropa, e incluso
entre los ministros de Saúl. 6 Cuando volvieron
de la guerra, después que David derrotó al fi-
listeo, las mujeres de todas las poblaciones de
Israel salieron a cantar y recibir con bailes al rey
Saúl, al son alegre de panderetas y platillos. 7 Y
cantaban a coro esta copla: *Saúl mató a mil,/
David a diez mil.*

8 A Saúl le cayó mal aquella copla, y comentó
enfurecido: «¡Diez mil a David y a mí mil! ¡Ya
solo le falta ser rey!». 9 Y a partir de aquel día
Saúl miró a David con malos ojos.

10 Al día siguiente le vino a Saúl el ataque del
mal espíritu, y andaba delirando por el palacio.
David tocaba el arpa como de costumbre. Saúl
que llevaba la lanza en la mano 11 la arrojó, in-
tentando clavar a David en la pared, pero David
la esquivó dos veces. 12 Entonces Saúl le tuvo
miedo, porque el Señor estaba con David y, en
cambio, se había apartado de él. 13 Entonces ale-
jó a David nombrándolo comandante. Así David
iba y venía al frente de las tropas. 14 Y todas sus
campañas le salían bien, porque el Señor estaba
con él.

15 Saúl vio que a David las cosas le salían
muy bien, y le entró pánico. 16 Todo Israel y Ju-
dá querían a David, porque los guiaba en sus
expediciones.

David yerno de Saúl

17 Una vez dijo Saúl a David: «Mira, te doy por
esposa a mi hija mayor, Merab, a condición de
que te portes como un valiente y pelees las ba-
tallas del Señor». Porque pensó: «Es mejor que
lo maten los filisteos y no yo». 18 David respon-
dió: «¿Quién soy yo y quiénes mis hermanos –la
familia de mi padre– en Israel para llegar a yer-
no del rey?». 19 Pero cuando llegó el momento de
entregarle a David por esposa a Merab, hija de
Saúl, se la dieron a Adriel, el de Mejolá.

20 Mical, la otra hija de Saúl, estaba enamora-
da de David. Se lo comunicaron a Saúl y le pa-
reció bien, 21 porque calculó: «Se la daré como
cebo, para que caiga en poder de los filisteos».
Y renovó su propuesta a David: «Hoy puedes
ser mi yerno». 22 Luego dijo a sus ministros:
«Díganle a David confidencialmente: Mira, el
rey te aprecia y todos sus ministros te quie-
ren; acepta ser yerno suyo». 23 Los ministros de
Saúl insinuaron esto a David, y él respondió:
«¿Creen ustedes que llegar a ser yerno del rey
es tan fácil para alguien pobre e insignificante
como yo?». 24 Los ministros comunicaron a Saúl
lo que había respondido David, 25 y Saúl les dijo:
«Díganle así: Al rey no le interesa el dinero; se
contenta con cien prepucios de filisteos, como
venganza contra sus enemigos. De esta mane-
ra, Saúl pensaba lograr que David cayera en po-
der de los filisteos». 26 Entonces los ministros
de Saúl comunicaron a David esta propuesta,
y le pareció una condición justa para ser yerno
del rey. Y no se había cumplido el plazo fija-
do, 27 cuando David emprendió la marcha con su
gente, mató a doscientos filisteos y llevó al rey
el número completo de prepucios, para que lo
aceptara como yerno. Entonces Saúl le dio a su
hija Mical por esposa.

28 Saúl cayó en la cuenta de que el Señor estaba
con David y de que su hija Mical estaba enamora-
da de él. 29 Así creció el miedo que tenía a David,
y fue su enemigo de por vida. 30 Los generales fi-
listeos salían a hacer incursiones, y siempre que
salían, David tenía más éxito que los oficiales de
Saúl. Su nombre se hizo muy famoso.

Saúl y Jonatán

19 1Delante de su hijo Jonatán y de sus mi-
nistros, Saúl habló de matar a David. Jo-
natán, hijo de Saúl, quería mucho a David, 2y le
avisó: «Mi padre, Saúl, te busca para matarte.
Ten mucho cuidado mañana por la mañana; es-
cóndete en un sitio seguro. 3Yo saldré y me que-
daré junto con mi padre en el campo donde tú
estés; le hablaré de ti, y si saco algo en limpio,
te lo comunicaré». 4Jonatán habló a su padre,
Saúl, en favor de David: «¡Que el rey no peque
contra su servidor David! Él no te ha ofendido,
y lo que él hace es en tu provecho; 5él se jugó
la vida cuando mató al filisteo, y el Señor dio a
Israel una gran victoria. Si tanto te alegraste al
verlo, ¿por qué vas a pecar derramando sangre
inocente, matando a David sin motivo?». 6Saúl
hizo caso a Jonatán, y juró: «¡Por la vida de Dios,
no morirá!». 7Jonatán llamó a David y le contó
la conversación; luego lo llevó a la presencia de
Saúl, y David siguió en palacio como antes.

8Se reanudó la guerra y David salió a luchar
contra los filisteos; los venció y les ocasionó
tal derrota, que huyeron ante él. 9Saúl estaba
sentado en su palacio con la lanza en la mano,
mientras David tocaba el arpa. Un mal espíri-
tu enviado por el Señor se apoderó de Saúl, 10el
cual intentó clavar a David en la pared con la
lanza, pero David la esquivó. Saúl clavó la lanza
en la pared y David se salvó huyendo.

Mical salva a David

11Aquella noche Saúl mandó emisarios a casa
de David para vigilarlo y matarlo a la mañana.
Pero su mujer, Mical, le avisó: «Si no te pones
a salvo esta misma noche, mañana serás un
cadáver». 12Ella lo descolgó por la ventana y
David se salvó huyendo. 13Mical agarró luego el
ídolo familiar, lo echó en la cama, puso en la
cabecera un cuero de cabra y lo tapó con una
manta. 14Cuando Saúl mandó los emisarios a Da-
vid, Mical les dijo: «Está enfermo». 15Pero Saúl
despachó de nuevo los emisarios para que bus-
caran a David: «Tráiganmelo con cama y todo,
que lo quiero matar». 16Llegaron los emisarios
y se encontraron con un ídolo en la cama y un
cuero de cabra en la cabecera. 17Entonces Saúl
dijo a Mical: «¿Qué manera de engañarme es es-
ta? ¡Has dejado escapar a mi enemigo!». Mical
le respondió: «Él me amenazó: Si no me dejas
marchar, te mato».

Saúl en trance

18Mientras tanto, David se salvó huyendo y
llegó a Ramá, el pueblo de Samuel, y le contó to-
do lo que le había hecho Saúl. Entonces fueron
los dos a alojarse en Nayot. 19Cuando avisaron a
Saúl que David estaba en Nayot de Ramá, 20des-
pachó emisarios para apresarlo. Encontraron a
la comunidad de profetas en trance, presididos
por Samuel; el Espíritu de Dios se apoderó de los
emisarios de Saúl, y también ellos entraron en
trance. 21Se lo avisaron a Saúl, y mandó otros
emisarios, que también entraron en trance. Por
tercera vez despachó unos emisarios, y también
estos entraron en trance. 22Entonces fue él en
persona a Ramá, y al llegar al pozo de agua que
hay en Secú, preguntó: «¿Dónde están Samuel
y David?». Le respondieron: «En el convento de
Ramá». 23Siguió hasta Nayot de Ramá, y también
de él se apoderó el Espíritu de Dios, entró en
trance y caminó así hasta Nayot de Ramá. 24Se
quitó la ropa y estuvo en trance delante de
Samuel, luego cayó por tierra, rendido y perma-
neció desnudo todo aquel día y toda la noche.
Por eso suelen decir: «¡Hasta Saúl está con los
profetas!».

David y Jonatán

20 1David huyó de Nayot de Ramá y fue a
decirle a Jonatán: «¿Qué hice yo? ¿Cuál
es mi delito y mi pecado contra tu padre para
que intente matarme?». 2Jonatán le dijo: «¡Nada
de eso! ¡No morirás! Mi padre no hace absolu-
tamente nada sin antes comunicármelo. ¿Por
qué me habría de ocultar este asunto? ¡Es im-
posible!». 3Pero David insistió: «Tu padre sabe
perfectamente que te he caído en gracia, y dirá:
Que no se entere Jonatán, no se vaya a llevar
un disgusto. Pero, por la vida de Dios y por tu
propia vida, estoy a un paso de la muerte». 4Jo-
natán le respondió: «Lo que tú digas lo haré».

5Entonces David le dijo: «Mañana precisamen-
te es luna nueva, y me toca comer con el rey.
Déjame marchar y me ocultaré en descampado
hasta pasado mañana por la tarde. 6Si tu padre
nota mi ausencia, tú le dirás que David te pidió
permiso para hacer una escapada a su pueblo,
Belén, porque su familia celebra allí el sacrificio
anual. 7Si él dice: está bien, estoy salvado; pero
si se pone furioso, quiere decir que tiene decidi-
da mi muerte. 8Sé leal con este servidor, porque
nos une un pacto sagrado. Si he faltado, máta-
me tú mismo, no hace falta que me entregues a
tu padre». 9Jonatán respondió: «¡Dios me libre!
Si me entero de que mi padre ha decidido que
mueras, ciertamente que te avisaré». 10David
preguntó: «¿Quién me lo avisará, si tu padre te
responde con malos modos?». 11Jonatán contes-
tó: «¡Vamos al campo!».

Salieron los dos al campo, 12y Jonatán le dijo:
«Te lo prometo por el Dios de Israel; mañana a

esta hora trataré de averiguar las intenciones
de mi padre, si su actitud hacia ti es buena, te
enviaré un aviso. 13Si trama algún mal contra ti,
que el Señor me castigue si no te aviso para que
te pongas a salvo. ¡El Señor esté contigo como
estuvo con mi padre! 14Si entonces yo todavía
vivo, cumple conmigo el pacto sagrado, y si
muero, 15no dejes nunca de favorecer a mi fami-
lia. Y cuando el Señor aniquile a los enemigos de
David de la faz de la tierra, 16no se borre el nom-
bre de Jonatán en la casa de David. ¡Que el Señor
pida cuenta de esto a los enemigos de David!».
17Jonatán hizo jurar también a David por la
amistad que le tenía, porque lo quería con to-
da el alma, 18y le dijo: «Mañana es luna nueva.
Se notará tu ausencia, porque verán tu asien-
to vacío. 19Pasado mañana tu ausencia llamará
mucho la atención. Por lo tanto, vete al sitio
donde te escondiste la vez pasada, y colócate
junto a aquel montón de piedras; 20yo dispararé
tres flechas en esa dirección, como tirando al
blanco, 21y mandaré un criado que vaya a buscar
las flechas. Si le digo: Están más acá, recóge-
las, puedes venir, es que todo te va bien, no hay
problema, ¡por la vida de Dios! 22Pero si le digo
al chico: Están más allá, entonces vete, el Señor
quiere que te marches. 23Y en cuanto a la prome-
sa que nos hemos hecho tú y yo, el Señor estará
siempre entre los dos». 24David se escondió en
el campo.

Llegó la luna nueva y el rey se sentó a la me-
sa para comer; 25ocupó su puesto de siempre,
junto a la pared; Jonatán se sentó enfrente, y
Abner a un lado, y se notó que el puesto de Da-
vid quedaba vacío. 26Pero aquel día Saúl no dijo
nada, porque pensó: «A lo mejor es que no está
limpio, no se habrá purificado». 27Pero al día si-
guiente, el segundo del mes, el sitio de David
seguía vacío, y Saúl preguntó a su hijo Jonatán:
«¿Por qué no ha venido a comer el hijo de Jesé ni
ayer ni hoy?». 28Jonatán le respondió: «Me pidió
permiso para ir a Belén. 29Me dijo que lo dejase
marchar, porque su familia celebraba en el pue-
blo el sacrificio anual y sus hermanos le habían
mandado ir; que si no me parecía mal, él se iría
a ver a sus hermanos. Por eso no ha venido a la
mesa del rey».
30Entonces Saúl se encolerizó contra Jonatán,
y le dijo: «¡Hijo de mala madre! ¡Ya sabía yo que
estabas de parte del hijo de Jesé, para vergüen-
za tuya y de tu madre! 31Mientras el hijo de Jesé
esté vivo sobre la tierra, ni tú ni tu reino estarán
seguros. Así que manda ahora mismo que me lo
traigan, porque merece la muerte». 32Jonatán le
replicó: «Y ¿por qué va a morir? ¿Qué ha hecho?».
33Entonces Saúl le arrojó la lanza para matarlo.
Jonatán se convenció de que su padre había de-
cidido matar a David. 34Se levantó de la mesa
enfurecido y no comió aquel día, el segundo del
mes, afligido porque su padre había deshonrado
a David. 35Por la mañana Jonatán salió al cam-
po con un chiquillo para la cita que tenía con
David. 36Dijo al muchacho: «Corre a buscar las
flechas que yo tire». El muchacho echó a correr,
y Jonatán disparó una flecha, que lo pasó. 37El
muchacho llegó a donde había caído la flecha
de Jonatán, y este le gritó: «¡La tienes más allá!
38¡Corre aprisa, no te quedes parado!». El mu-
chacho recogió la flecha y se la llevó a su amo,
39sin sospechar nada; solo Jonatán y David lo
entendieron. 40Jonatán dio sus armas al criado y
le dijo: «Vete, llévalas a casa». 41Mientras el mu-
chacho se marchaba, David salió de su escondite
y se postró tres veces con el rostro en tierra;
luego se abrazaron llorando los dos copiosamen-
te. 42Jonatán le dijo: «Vete en paz. Como nos lo
juramos en el nombre del Señor: que el Señor sea
siempre juez de nosotros y de nuestros hijos».

David en Nob

21 1David emprendió la marcha, y Jonatán
volvió a la ciudad. 2David llegó a Nob,
donde estaba el sacerdote Ajimélec. Este salió
ansioso a su encuentro y le preguntó: «¿Por
qué vienes solo, sin nadie que te acompañe?».
3David le respondió: «El rey me ha encargado un
asunto y me ha dicho que nadie sepa una palabra
de sus órdenes y del asunto que me encargaba. A
los muchachos los he citado en tal sitio. 4Ahora
dame cinco panes, si los tienes a mano, o lo que
tengas». 5El sacerdote le respondió: «No tengo
pan ordinario a mano. Solo tengo pan consagra-
do; con tal que los muchachos se hayan abste-
nido de tener relaciones con mujeres». 6David
le respondió: «Seguro. Siempre que salimos a
una campaña, aunque sea de carácter profano,
nos abstenemos de mujeres. ¡Con mayor razón
tendrán hoy sus cuerpos en estado de pureza!».
7Entonces el sacerdote le dio pan consagrado,
porque no había allí más pan que el presenta-
do al Señor, el que se retira de la presencia del
Señor, cuando se lo reemplaza por pan fresco.
8Estaba allí aquel día, detenido en el templo,
uno de los empleados de Saúl; se llamaba Doeg,
edomita, jefe de los pastores de Saúl. 9David
preguntó a Ajimélec: «¿No tienes a mano una
lanza o una espada? Ni siquiera traje la espada
ni las armas, porque el encargo del rey era ur-
gente». 10El sacerdote respondió: «La espada de
Goliat, el filisteo, al que mataste en el Valle de
Elá. Ahí la tienes, envuelta en un paño, detrás
del efod. Si la quieres, llévatela; aquí no hay

otra». David dijo: «¡No hay otra espada mejor
que esa! Dámela».

David en Gat

11Ese mismo día, David partió y huyó lejos de
Saúl, llegó a donde estaba Aquís, rey de Gat.
12Pero los ministros de Aquís comentaron con el
rey: «Ese es David, rey del país. ¿No le cantaban
a este danzando: *Saúl mató a mil,/David a diez
mil?*
13No se le escapó a David aquel comentario,
y tuvo miedo de Aquís, rey de Gat. 14Entonces
cambió su conducta ante ellos; fingiéndose
loco cuando iban a apresarlo, se puso a arañar
las puertas, dejándose caer la baba por la bar-
ba. 15Entonces Aquís dijo a sus cortesanos: «¡Si
ese hombre está loco! ¿A qué me lo han traído?
16¿Ando escaso de tontos para que me traigan
este a hacer tonterías? ¿A qué viene este a mi
palacio?».

David huido

22 1David marchó de allí a esconderse en el
refugio de Adulán. Cuando se enteraron
sus parientes y toda su familia, fueron allá. 2Se
le juntaron unos cuatrocientos hombres, gente
en apuros o llena de deudas o desesperados de la
vida. David fue su jefe. 3De allí marchó a Mispá,
de Moab, y dijo al rey de Moab: «Permite que
mis padres vivan entre ustedes hasta que yo vea
qué quiere Dios de mí». 4Se los presentó al rey
de Moab, y se quedaron allí todo el tiempo que
David estuvo en el refugio. 5El profeta Gad dijo a
David: «No sigas en el refugio, métete en tierra
de Judá». Entonces David marchó y se metió en
la espesura de Járet.

Matanza de los sacerdotes

6Saúl estaba en Guibeá, sentado bajo el ta-
marindo, en el alto, con la lanza en la mano,
rodeado de toda su corte, cuando llegó la noti-
cia de que habían sido vistos David y su gente.
7Entonces habló Saúl a sus ministros que esta-
ban de pie junto a él: «Oigan, benjaminitas: Por
lo visto también a ustedes el hijo de Jesé les
va a repartir campos y viñas y los va a nombrar
jefes y oficiales de su ejército, 8porque todos
están conspirando contra mí, nadie me informa
del pacto de mi hijo con el hijo de Jesé, nadie
siente pena por mí ni me descubre que mi hijo ha
puesto en contra mía a mi ayudante para que me
tienda emboscadas, como está pasando ahora».
9Doeg, el edomita, jefe de los pastores de
Saúl, respondió: «Yo vi al hijo de Jesé llegar a
Nob, donde Ajimélec, hijo de Ajitob. 10Consul-
tó al Señor por él, le dio provisiones, y además
le entregó la espada de Goliat, el filisteo». 11El
rey mandó llamar al sacerdote Ajimélec, hijo de
Ajitob, a toda su familia, sacerdotes de Nob. Se
presentaron todos ante el rey, 12y este les dijo:
«Escucha, hijo de Ajitob». Respondió: «Aquí me
tienes, señor». 13Saúl preguntó: «¿Por qué han
conspirado tú y el hijo de Jesé contra mí? Le has
dado comida y una espada, y has consultado a
Dios por él para que me aceche, como está pa-
sando ahora». 14Ajimélec respondió: «¿Hay entre
todos tus servidores alguien tan de confianza
como David? Él es yerno del rey, jefe de tu guar-
dia personal y todos lo honran en tu casa. 15¡Ni
que fuera hoy la primera vez que consulto a Dios
por él! ¡No, lejos de mí! No mezcle el rey en es-
te asunto a este servidor y a su familia, que tu
servidor no sabía ni poco ni mucho de ese asun-
to». 16Pero el rey replicó: «Morirás sin remedio,
Ajimélec, tú y toda tu familia». 17Y luego dijo
a los de su escolta: «Acérquense y maten a los
sacerdotes del Señor, porque se han puesto de
parte de David, y sabiendo que huía no lo denun-
ciaron». Pero los guardias no quisieron mover la
mano para herir a los sacerdotes del Señor.
18Entonces Saúl ordenó a Doeg: «Acércate tú
y mátalos». Doeg, el edomita, se acercó y los
mató. Aquel día murieron ochenta y cinco hom-
bres de los que llevan efod de lino. 19En Nob, el
pueblo de los sacerdotes, Saúl pasó a cuchillo a
hombres y mujeres, chiquillos y niños de pecho,
bueyes, asnos y ovejas.
20Un hijo de Ajimélec, hijo de Ajitob, llama-
do Abiatar, se escapó. Llegó huyendo detrás de
David 21y le contó que Saúl había asesinado a
los sacerdotes del Señor. 22David le dijo: «Ya me
di cuenta yo aquel día que Doeg, el edomita,
estaba allí presente y que avisaría a Saúl. ¡Me
siento culpable de la muerte de tus familiares!
23Quédate conmigo, no temas; que el que inten-
te matarte a ti intenta matarme a mí; conmigo
estarás bien defendido».

David en Queilá

23 1A David le llegó este aviso: «Los filisteos
están atacando Queilá y andan robando el
trigo recién trillado». 2David consultó al Señor:
«¿Puedo ir a matar a los filisteos?». El Señor le
respondió: «Vete, porque los derrotarás y libera-
rás Queilá». 3La gente de David le dijo: «Aquí, en
Judá, estamos con miedo; cuánto más si vamos
a Queilá a atacar a los escuadrones filisteos».
4David volvió a consultar al Señor. Y el Señor le
respondió: «Emprende la marcha hacia Queilá,
que yo te entrego a los filisteos». 5David fue a
Queilá con su gente, luchó contra los filisteos,
los derrotó y se llevó sus rebaños. Así salvó a

los vecinos de Queilá. 6Abiatar, hijo de Ajimélec,
que había ido a refugiarse junto a David, bajó a
Queilá con el efod en la mano. 7A Saúl le infor-
maron de que David había ido a Queilá, y comen-
tó: «Dios me lo pone en la mano; él mismo se ha
cortado la retirada, metiéndose en una ciudad
con puertas y cerrojos». 8Luego convocó a todo
su ejército a la guerra, para bajar a Queilá a cer-
car a David y su gente. 9David supo que Saúl tra-
maba su ruina y dijo al sacerdote Abiatar: «Trae
el efod». 10Y oró: «Señor, Dios de Israel, he oído
que Saúl intenta venir a Queilá a arrasar la ciu-
dad por causa mía. 11¿Bajará Saúl como he oído?
¡Señor, Dios de Israel, respóndeme!». El Señor
respondió: «Bajará». 12David preguntó: «Y los
notables de la ciudad, ¿nos entregarán a mí y a
mi gente en poder de Saúl?». El Señor respondió:
«Los entregarán». 13Entonces David y su gente,
unos seiscientos, salieron de Queilá y vagaron
sin rumbo fijo. Avisaron a Saúl que David había
escapado de Queilá y desistió de la campaña.

David y Jonatán

14David se instaló en el desierto, en los pi-
cachos, en la montaña del desierto de Zif. Saúl
andaba siempre buscándolo, pero Dios no se lo
entregaba. 15Cuando Saúl salió a buscarlo para
matarlo, David estaba en el desierto de Zif, en
Jores, y tuvo miedo. 16Pero Jonatán, hijo de
Saúl, se puso en camino hacia Jores para ver a
David; le estrechó la mano, invocando a Dios, 17y
le dijo: «No temas, no te alcanzará la mano de mi
padre, Saúl. Tú serás rey de Israel y yo seré el se-
gundo. Hasta mi padre, Saúl, lo sabe». 18Los dos
hicieron un pacto ante el Señor, y David se que-
dó en Jores mientras Jonatán volvía a su casa.

David perseguido

19Algunos de Zif fueron a Guibeá a decir a Saúl:
«David está escondido entre nosotros, en los pi-
cachos, en Jores, en el cerro de Jaquilá, al sur
del desierto. 20Majestad, si tienes tantas ganas
de bajar, baja, que a nosotros nos toca entre-
gárselo al rey». 21Saúl dijo: «Dios se lo pague
por haberse compadecido de mí. 22Vayan, prepá-
rense bien, asegúrense bien del sitio por donde
anda, porque me han dicho que es muy astuto.
23Infórmense a ver en qué escondrijos se escon-
de, y vuelvan trayéndome los datos exactos. Yo
marcharé con ustedes, y si él está en esa zona,
daré una batida por todos los pueblos de Judá».
24Se pusieron en camino en dirección a Zif,
delante de Saúl. David y su gente estaban en
el desierto, hacia el sur de la estepa. 25Saúl y
los suyos salieron a buscarlo, pero alguien avi-
só a David, y él bajó al roquedal de la estepa
de Maón. Se enteró Saúl y salió en persecución
de David por la estepa de Maón. 26Saúl iba por
un lado del monte y David con los suyos, por
el otro, y cuando David se alejaba precipitada-
mente de Saúl, y este con los suyos estaba ya
rodeándolo para atraparlo, 27se le presentó a
Saúl un mensajero: «Ven aprisa, que los filisteos
están saqueando el país». 28Entonces Saúl de-
jó de perseguir a David, y se volvió para hacer
frente a los filisteos. Por eso aquel sitio se llama
Selá Hammahlacot.

Saúl y David en la cueva

24 1David subió de allí y se instaló en los si-
tios bien protegidos de Engadí. 2Cuando
Saúl volvió de perseguir a los filisteos, le avi-
saron: «David está en el desierto de Engadí».
3Entonces Saúl, con tres mil soldados de todo
Israel, marchó en busca de David y su gente, ha-
cia las Suré Hayelim, 4llegó a unos corrales de
ovejas junto al camino, donde había una cueva,
y entró a hacer sus necesidades.
David y los suyos estaban en lo más hondo
de la cueva. 5aSus hombres le dijeron a David:
«Este es el día del que te dijo el Señor: Yo te
entrego tu enemigo. Haz con él lo que quieras».
7Pero él les respondió: «¡Dios me libre de hacer
eso a mi señor, el ungido del Señor, extender la
mano contra él! ¡Es el ungido del Señor!». 8aY
les prohibió enérgicamente echarse contra Saúl;
5bpero él se levantó sin meter ruido y le cortó
a Saúl el borde del manto; 6aunque más tarde
le remordió la conciencia por haberle cortado a
Saúl el borde del manto. 8bCuando Saúl se levan-
tó, salió de la cueva y siguió su camino, 9David
se levantó, salió de la cueva detrás de Saúl y le
gritó: «¡Majestad!». Saúl se volvió a ver, y David
se postró rostro en tierra, rindiéndole vasallaje.
10Le dijo: «¿Por qué haces caso a lo que dice la
gente, que David anda buscando tu ruina? 11Mi-
ra, lo estás viendo hoy con tus propios ojos: el
Señor te había puesto en mi poder dentro de la
cueva; me dijeron que te matara, pero te respe-
té, y dije que no extendería la mano contra mi
señor, porque eres el ungido del Señor. 12Padre
mío, mira en mi mano el borde de tu manto; si te
corté el borde del manto y no te maté, ya ves que
mis manos no están manchadas de maldad, ni
de traición, ni de ofensa contra ti, mientras que
tú me acechas para matarme. 13Que el Señor sea
nuestro juez. Y que él me vengue de ti; pero mi
mano no se alzará contra ti. 14Como dice el viejo
refrán: La maldad sale de los malos..., mi mano
no se alzará contra ti. 15¿Tras de quién ha salido
el rey de Israel? ¿A quién vas persiguiendo? ¡A
un perro muerto, a una pulga! 16El Señor sea juez

y sentencie nuestro pleito, vea y defienda mi
causa, librándome de tu mano».
17Cuando David terminó de decir esto a Saúl,
Saúl exclamó: «Pero, ¿es esta tu voz, David, hijo
mío?». Luego levantó la voz llorando, 18mientras
decía a David: «¡Tú eres inocente y no yo! Porque
tú me has pagado con bienes y yo te he pagado
con males, 19y hoy me has hecho el favor más
grande, porque el Señor me entregó a ti y tú no
me mataste. 20Porque si uno encuentra a su ene-
migo, ¿lo deja marchar por las buenas? ¡El Señor
te pague lo que hoy has hecho conmigo! 21Ahora,
mira, sé que tú serás rey y que el reino de Israel
se consolidará en tu mano. 22Júrame, entonces,
por el Señor, que no aniquilarás mi descenden-
cia, que no borrarás mi apellido». 23David se lo
juró. Saúl volvió a casa y David y su gente subie-
ron a su refugio.

David, Nabal y Abigaíl

25 1Samuel murió. Todo Israel se reunió para
hacerle los funerales, y lo enterraron en
su posesión de Ramá. David bajó después a la
estepa de Maón.
2Había un hombre de Maón que tenía sus po-
sesiones en Carmel. Era muy rico: tenía tres mil
ovejas y mil cabras, y estaba en Carmel esquilan-
do las ovejas. 3Se llamaba Nabal, de la familia de
Caleb, y su mujer, Abigaíl; la mujer era sensata y
muy guapa, pero el marido era áspero y de malos
modales.
4David oyó en el desierto que Nabal estaba es-
quilando sus ovejas, 5y mandó diez jóvenes con
este encargo: «Suban a Carmel, preséntense a
Nabal y salúdenlo de mi parte. 6Le dirán: ¡Salud!
La paz contigo, paz a tu familia, paz a tu hacien-
da. 7He oído que estás esquilando tu rebaño;
mira, tus pastores estuvieron con nosotros; no
los molestamos ni les faltó nada mientras estu-
vieron en Carmel. 8Pregunta a tus criados y te lo
dirán. Atiende favorablemente a estos jóvenes,
que venimos en un día de alegría. Haz el favor de
darle a David, siervo e hijo tuyo, lo que tengas
a mano». 9Los jóvenes fueron a decir a Nabal to-
das estas cosas de parte de David, y se quedaron
aguardando.
10Nabal les respondió: «¿Quién es David, quién
es el hijo de Jesé? Hoy día abundan los esclavos
que se escapan del amo. 11¿Voy a tomar mi pan y
mi agua y las ovejas que maté para mis esquila-
dores y voy a dárselos a una gente que no sé de
dónde viene?».
12Los jóvenes hicieron el camino de regreso,
y cuando llegaron, se lo contaron todo. 13David
ordenó a sus hombres: «¡Que cada uno se ciña
la espada!». Todos, incluso David, se la ciñeron.
Después subieron unos cuatrocientos siguiendo
a David, mientras doscientos se quedaron con el
equipaje. 14Uno de los criados avisó a Abigaíl,
la mujer de Nabal: «David ha mandado unos
emisarios desde el desierto a saludar a nuestro
amo, y este los ha tratado de mal modo, 15y eso
que se portaron muy bien con nosotros, no nos
molestaron ni nos faltó nada todo el tiempo que
anduvimos con ellos, cuando estuvimos en des-
campado; 16día y noche nos protegieron mien-
tras estuvimos con ellos guardando las ovejas.
17Así que mira a ver qué puedes hacer, porque
ya está decidida la ruina de nuestro amo y de
toda su casa; en cuanto a él, no es más que un
miserable al que ni siquiera se le puede hablar».
18Abigaíl, sin perder tiempo, reunió dos-
cientos panes, dos odres de vino, cinco ovejas
adobadas, cinco bolsas de trigo tostado, cien
racimos de pasas y doscientos panes de higos;
lo cargó todo sobre los burros, 19y ordenó a los
criados: «Adelántense ustedes, y yo iré detrás».
Pero no dijo nada a Nabal, su marido. 20Mientras
ella, montada en el burro, iba bajando por un
recodo del monte, David y su gente bajaban en
dirección a ella, hasta que se encontraron.
21David, por su parte, había comentado: «He
perdido el tiempo cuidando todo lo de este en
el desierto, sin que se le perdiera ninguno de
sus bienes. ¡Ahora me paga mal por bien! 22¡Que
Dios me castigue si antes del amanecer dejo con
vida en toda la posesión de Nabal a uno solo de
sus hombres!».
23En cuanto vio a David, Abigaíl se bajó del
burro y se postró ante él, rostro en tierra. 24Pos-
trada a sus pies, le dijo: «La culpa es mía, señor.
Pero deja que hable tu servidora, escucha las
palabras de tu servidora. 25No tomes en serio,
señor, a Nabal, ese miserable, porque es como
dice su nombre: se llama Necio, y la necedad va
con él. Tu servidora no vio a los criados que en-
viaste. 26Ahora, señor, ¡por la vida del Señor y
por tu propia vida! es el mismo Señor el que te
impide derramar sangre y hacerte justicia por tu
mano. ¡Que tus enemigos y todos los que tratan
de hacerte mal sean como Nabal! 27Con respecto
a este obsequio que tu servidora le ha traído a su
señor, que sea para los criados que acompañan
a mi señor. 28Perdona la falta de tu servidora,
que el Señor dará a mi señor una casa estable,
porque mi señor pelea las guerras del Señor, y
en toda tu vida no se encuentra en ti nada ma-
lo. 29Y aunque alguno se ponga a perseguirte a
muerte, la vida de mi señor está bien atada en
la bolsa de la vida, al cuidado del Señor, tu Dios,
mientras que la vida de tus enemigos la lanza-
rá como piedras con la honda. 30Que cuando el

Señor cumpla a mi señor todo lo que le ha pro-
metido y lo haya constituido jefe de Israel, [31]mi
señor no tenga que sentir remordimientos ni
desánimo por haber derramado sangre inocente
y haber hecho justicia por su mano. Cuando el
Señor colme de bienes a mi señor, acuérdate de
tu servidora».
[32]David le respondió: «¡Bendito el Señor, Dios
de Israel, que te ha enviado hoy a mi encuentro!
[33]¡Bendita tu prudencia y bendita tú, que me has
impedido hoy derramar sangre y hacerme justi-
cia por mi mano! [34]¡Por la vida del Señor, Dios
de Israel, que me impidió hacerte mal! Si no te
hubieras dado prisa en venir a encontrarme, al
amanecer no le habría quedado vivo a Nabal ni
un solo hombre». [35]David le aceptó lo que ella le
traía, y le dijo: «Vete en paz a tu casa. Ya ves que
he escuchado tu demanda y la tendré en cuenta».
[36]Al volver Abigaíl encontró a Nabal celebran-
do en casa un banquete regio; estaba de buen
humor y muy bebido, así que ella no le dijo lo
más mínimo hasta el amanecer. [37]Y a la mañana,
cuando se le había pasado la borrachera, su mu-
jer le contó lo sucedido; y Nabal sufrió un ataque
al corazón y quedó paralizado. [38]Pasados unos
diez días, el Señor hirió de muerte a Nabal, y
falleció. [39]David se enteró de que había muer-
to Nabal, y exclamó: «¡Bendito el Señor, que se
encargó de defender mi causa contra la afrenta
que me hizo Nabal, librando a su siervo de hacer
mal! ¡Hizo recaer sobre Nabal el daño que había
hecho!».
Luego mandó a pedir la mano de Abigaíl, para
casarse con ella. [40]Unos criados de David fueron
a Carmel, a casa de Abigaíl, a proponerle: «David
nos ha enviado para pedirte que te cases con
él». [41]Ella se levantó, se postró rostro en tierra
y dijo: «Aquí está tu esclava, dispuesta a lavar
los pies de los criados de mi señor». [42]Luego se
levantó aprisa y montó en el burro; cinco cria-
das suyas la acompañaban, detrás de los emisa-
rios de David. Y se casó con él. [43]David se casó
también con Ajinoán, de Yezrael. Las dos fueron
esposas suyas. [44]Por su parte, Saúl había dado
su hija Mical, mujer de David, a Paltiel, hijo de
Lais, natural de Galín.

David y Saúl: último encuentro

26 [1]Los de Zif fueron a Guibeá a informar a
Saúl: «David está escondido en el cerro
de Jaquilá, frente al desierto». [2]Entonces Saúl
emprendió la bajada hacia el desierto de Zif, con
tres mil soldados israelitas, para dar una batida
en busca de David. [3]Acampó junto al camino en
el cerro de Jaquilá que está frente a la estepa.
Cuando David, que vivía en el desierto, vio que
Saúl venía a por él, [4]despachó unos espías pa-
ra averiguar dónde estaba Saúl. [5]Entonces fue
hasta el campamento de Saúl y se fijó en el sitio
donde se acostaban Saúl y Abner, hijo de Ner,
general del ejército; Saúl estaba acostado en el
cercado de carros y la tropa acampaba alrededor.
[6]David preguntó a Ajimélec, el hitita, y a Abisay,
hijo de Seruyá, hermano de Joab: «¿Quién quiere
venir conmigo al campamento de Saúl?». Abisay
dijo: «Yo voy contigo». [7]David y Abisay llegaron
de noche al campamento. Saúl estaba echado,
durmiendo en medio del cercado de carros, la
lanza hincada en tierra a la cabecera. Abner y
la tropa estaban echados alrededor. [8]Entonces
Abisay dijo a David: «Dios te pone el enemigo en
la mano. Voy a clavarlo en tierra de una lanza-
da; no hará falta repetir el golpe». [9]Pero David
le dijo: «¡No lo mates, que no se puede atentar
impunemente contra el ungido del Señor! [10]¡Por
la vida del Señor, ha de ser el mismo Señor el que
lo hiera: le llegará su hora y morirá, o acabará
cayendo en la batalla! [11]¡Dios me libre de atentar
contra el ungido del Señor! Toma la lanza que
está a la cabecera y el jarro de agua y vámonos».
[12]David tomó la lanza y el jarro de agua de la ca-
becera de Saúl y se marcharon. Nadie los vio, ni
se enteró, ni despertó; estaban todos dormidos,
porque los había invadido un letargo enviado
por el Señor.
[13]David cruzó a la otra parte, se plantó en la
cima del monte, lejos, dejando mucho espacio
en medio, [14]y gritó a la tropa y a Abner, hijo de
Ner: «Abner, ¿no respondes?». Abner preguntó:
«¿Quién eres tú, que gritas al rey?». [15]David le
dijo: «¿No eres tú ese hombre a quien nadie en
Israel se le puede comparar? ¿Por qué no has
custodiado al rey, tu señor, cuando uno del
pueblo entró a matarlo? [16]¡No te has portado
bien! ¡Por la vida de Dios que ustedes merecen
la muerte por no haber custodiado a su señor, el
ungido del Señor! Mira dónde está la lanza del
rey y el jarro de agua que tenía a la cabecera».
[17]Saúl reconoció la voz de David, y dijo: «¿Es
tu voz, David, hijo mío?». David respondió: «Es
mi voz, majestad». [18]Y añadió: «¿Por qué me per-
sigues así, mi señor? ¿Qué he hecho, qué culpa
tengo? [19]Que su majestad se digne escucharme:
si es el Señor quien te instiga contra mí, que
sea aplacado con una oblación; pero si son los
hombres, ¡malditos sean del Señor!, porque me
expulsan hoy y me impiden participar en la he-
rencia del Señor, diciéndome que vaya a servir a
otros dioses. [20]Que mi sangre no caiga en tierra,
lejos de la presencia del Señor, ya que el rey de
Israel ha salido persiguiéndome a muerte, como
se caza una perdiz por los montes».

21Saúl respondió: «¡He pecado! Vuelve, hijo
mío, David, que ya no te haré nada malo, por
haber respetado hoy mi vida. He sido un necio,
me he equivocado totalmente». 22David respon-
dió: «Aquí está la lanza del rey. Que venga uno
de los jóvenes a recogerla. 23El Señor pagará a
cada uno su justicia y su lealtad. Porque él te
puso hoy en mis manos, pero yo no quise atentar
contra el ungido del Señor. 24Que como yo he
respetado hoy tu vida, respete el Señor la mía
y me libre de todo peligro». 25Entonces Saúl le
dijo: «¡Bendito seas, David, hijo mío! Tendrás
éxito en todas tus cosas». Luego David siguió su
camino, y Saúl volvió a su palacio.

David, entre los filisteos

27 1Sin embargo David pensaba: «Saúl me va
a eliminar el día menos pensado. No me
queda más solución que refugiarme en el país fi-
listeo; así, Saúl dejará de perseguirme por todo
Israel y estaré seguro». 2Entonces, con sus seis-
cientos hombres, se pasó a Aquís, hijo de Maón,
rey de Gat. 3David y su gente vivieron con Aquís
en Gat, cada uno con su familia: David con sus
dos mujeres, Ajinoán, la yezraelita, y Abigaíl, la
esposa de Nabal, la de Carmel. 4Avisaron a Saúl
que David había huido a Gat, y dejó de perse-
guirlo. 5David pidió a Aquís: «Si quieres hacerme
un favor, asígname un sitio en una población
del campo para establecerme allí; porque este
servidor tuyo no tiene por qué residir contigo
en la capital». 6Aquel mismo día Aquís le asignó
Sicelag –Por eso Sicelag pertenece a los reyes de
Judá hasta hoy–. 7David estuvo en la campiña
filistea un año y cuatro meses.

8Solía subir con su gente a saquear a los gue-
sureos, a los guirsitas y a los amalecitas, los
pueblos que habitaban la zona que va desde
Telán hasta el paso de Sur y hasta Egipto. 9Da-
vid devastaba el país, sin dejar vivo hombre ni
mujer; agarraba ovejas, vacas, burros, camellos
y ropa, y se volvía al país de Aquís. 10Aquís le
preguntaba: «¿Dónde han saqueado hoy?». Da-
vid respondía: «Al sur de Judá». O bien: «Al sur
de los yerajmelitas». O bien: «Al sur de los que-
nitas». 11David no se traía a Gat ningún prisio-
nero vivo, hombre ni mujer, para que no lo de-
nunciaran por lo que hacía. Ese fue su modo de
proceder todo el tiempo que vivió en la campiña
filistea. 12Aquís se fiaba de David, pensando que
David se había enemistado con su pueblo, Is-
rael, y que sería siempre vasallo suyo.

28 1Por entonces los filisteos concentraron
sus tropas para salir a la guerra contra Is-
rael. Aquís dijo a David: «Te comunico que tú y tus
hombres tienen que ir conmigo al frente». 2David
le respondió: «De acuerdo. Verás cómo se porta
un vasallo tuyo». Aquís le dijo: «Muy bien. Te
nombro como mi guardia personal para siempre».

Saúl y la nigromante

3Samuel había muerto; todo Israel asistió a
los funerales, y lo habían enterrado en Ramá,
su pueblo. Por otra parte, Saúl había desterra-
do a nigromantes y adivinos. 4Los filisteos se
concentraron y fueron a acampar en Sunán. Saúl
concentró a todo Israel y acamparon en Gelboé.
5Pero al ver el campamento filisteo, Saúl temió
y se echó a temblar. 6Consultó al Señor, pero
el Señor no le respondió, ni por sueños, ni por
suertes, ni por profetas. 7Entonces Saúl dijo a
sus ministros: «Búsquenme una nigromante para
ir a consultarla». Le dijeron: «Precisamente hay
una en Endor». 8Saúl se disfrazó con ropa aje-
na; marchó con dos hombres, llegaron de noche
y Saúl dijo a la mujer: «Adivíname el porvenir
evocando a los muertos y haz que se me apa-
rezca el que yo te diga». 9La mujer le dijo: «Ya
sabes lo que ha hecho Saúl, que ha desterrado a
nigromantes y adivinos. ¿Por qué me armas una
trampa para luego matarme?». 10Pero Saúl le ju-
ró por el Señor: «¡Por la vida de Dios, no te casti-
garán por esto!». 11Entonces la mujer preguntó:
«¿Quién quieres que se te aparezca?». Saúl di-
jo: «Evócame a Samuel». 12Cuando la mujer vio
aparecer a Samuel, lanzó un grito y dijo a Saúl:
«¿Por qué me has engañado? ¡Tú eres Saúl!». 13El
rey le dijo: «No temas. ¿Qué ves?». Respondió:
«Un espíritu que sube de lo hondo de la tierra».
14Saúl le preguntó: «¿Qué aspecto tiene?». Res-
pondió: «El de un anciano que sube, envuelto en
un manto». Saúl comprendió entonces que era
Samuel, y se postró con el rostro en tierra.

15Samuel le dijo: «¿Por qué me has evocado,
turbando mi reposo?». Saúl respondió: «Estoy
en una situación desesperada: los filisteos me
hacen la guerra, y Dios se ha apartado de mí:
ya no me responde ni por profetas ni en sueños.
Por eso te he llamado, para que me digas qué
debo hacer». 16Pero Samuel le dijo: «Si el Señor
se ha alejado de ti y se ha hecho enemigo tuyo,
¿por qué me preguntas a mí? 17El Señor ha eje-
cutado lo que te anunció por medio mío: arrancó
el reino de tus manos y se lo ha dado a otro, a
David. 18Por no haber obedecido al Señor, por no
haber ejecutado su condena contra Amalec, por
eso ahora el Señor ejecuta esta condena con-
tra ti. 19Y también a Israel lo entregará el Señor
contigo a los filisteos; mañana, tú y tus hijos
estarán conmigo, y al ejército de Israel el Señor
lo entregará en poder de los filisteos».

20 De repente, Saúl se desplomó cuan largo era,
espantado por lo que había dicho Samuel. Esta-
ba desfallecido, porque en todo el día y toda la
noche no había comido nada. 21 La mujer se le
acercó, y al verlo aterrado le dijo: «Esta servido-
ra tuya te obedeció, y se jugó la vida para hacer
lo que pedías; 22 ahora obedece tú también a tu
servidora: voy a traerte algún alimento, come y
recobra las fuerzas necesarias para ponerte en
camino». 23 Él lo rehusaba: «¡No quiero!». Pero
sus oficiales y la mujer insistieron tanto que
al fin les obedeció. Entonces se incorporó y se
sentó en el catre. 24 La mujer tenía un novillo ce-
bado. Lo degolló enseguida, tomó harina, amasó
y coció unos panes. 25 Se los sirvió a Saúl y sus
oficiales. Comieron y aquella misma noche se
pusieron en camino.

David excluido de la batalla

29 1 Los filisteos concentraron sus tropas
hacia Afec. Israel estaba acampado junto
a la fuente de Yezrael. 2 Los príncipes filisteos
desfilaban por batallones y compañías. David y
los suyos iban en la retaguardia, con Aquís. 3 Los
generales filisteos preguntaron: «¿Qué hacen
aquí esos hebreos?». Aquís les respondió: «Ese
es David, vasallo de Saúl, rey de Israel. Lleva
conmigo cosa de uno o dos años, y desde que
se pasó a mí hasta hoy no tengo nada que re-
procharle». 4 Pero los generales filisteos le con-
testaron irritados: «¡Despide a ese hombre! Que
se vaya al pueblo que le asignaste. Que no baje
al combate con nosotros, no sea que se vuelva
contra nosotros en plena batalla; porque el me-
jor regalo para reconciliarse con su señor serían
las cabezas de nuestros soldados. 5 ¿No es ese
David al que cantaban danzando: *Saúl mató a
mil,/ David a diez mil*?».
6 Aquís llamó entonces a David, y le dijo: «¡Por
la vida de Dios, tú eres honrado y no tengo queja
de tu comportamiento en el ejército! No tengo
nada que reprocharte desde que entraste en mi
territorio hasta hoy, pero los príncipes no te ven
con buenos ojos; 7 así que vuélvete en paz para
no disgustarlos». 8 David replicó: «Pero, ¿qué he
hecho? ¿En qué te he ofendido desde que me
presenté a ti hasta hoy? ¿Por qué no puedo ir a
luchar contra los enemigos del rey, mi señor?».
9 Aquís le respondió: «Ya sabes que te estimo
como a un enviado de Dios; pero es que los ge-
nerales filisteos han dicho que no salgas con
ellos al combate. 10 Así que tú y los siervos de tu
señor madrugarán, y cuando aclare, se marcha-
rán». 11 David y su gente madrugaron y salieron
temprano, de vuelta al país filisteo. Los filisteos
subieron a Yezrael.

David en Sicelag

30 1 Para cuando David y su gente llegaron a
Sicelag, al tercer día, los amalecitas ha-
bían hecho una incursión por el Negueb y Sice-
lag, habían asaltado Sicelag y la habían incen-
diado. 2 Sin matar a nadie, se llevaron cautivos
a las mujeres y los vecinos, chicos y grandes, y
arreando los rebaños se volvieron por su camino.
3 David y sus hombres llegaron al pueblo y se lo
encontraron incendiado y sus mujeres y sus hijos
llevados cautivos. 4 Gritaron y lloraron hasta no
poder más. 5 Las dos mujeres de David, Ajinoán,
la yezraelita, y Abigaíl, la esposa de Nabal, el
de Carmel, también habían caído prisioneras.
6 David se encontró en un gran apuro, porque
la tropa, afligida por sus hijos e hijas, hablaba
de apedrearlo. Pero confortado por el Señor, su
Dios, 7 ordenó al sacerdote Abiatar: «Acércame
el efod». Abiatar se lo acercó, 8 y David consultó
al Señor: «¿Persigo a esa banda? ¿Los alcanza-
ré?». El Señor le respondió: «Persíguelos. Los
alcanzarás y recuperarás lo robado». 9 Entonces
David marchó con sus seiscientos hombres; pero
al llegar al torrente de Besor, 10 David continuó
la persecución con cuatrocientos hombres y se
quedaron doscientos, demasiado cansados para
pasar el torrente.
11 Encontraron a un egipcio en el campo y se
lo llevaron a David; le dieron pan para comer
y agua para beber y un poco de pan de higos,
12 más dos racimos de pasas; con la comida re-
cobró las fuerzas, porque llevaba tres días y
tres noches sin comer ni beber. 13 David le pre-
guntó: «¿De quién eres y de dónde vienes?». El
muchacho egipcio respondió: «Soy esclavo de
un amalecita; mi amo me abandonó porque me
puse malo hace tres días. 14 Habíamos hecho una
incursión por la parte sur de los quereteos, de
Judá y de Caleb, e incendiamos Sicelag». 15 David
le dijo: «¿Puedes guiarme hasta esa banda?». El
muchacho respondió: «Si me juras por Dios que
no me matarás ni me entregarás a mi amo, yo te
guiaré hasta esa banda».
16 Los guió. Los encontraron desparramados
por todo el campo, banqueteando y festejando el
rico botín cobrado en el país filisteo y en Judá.
17 David los masacró desde el amanecer hasta la
tarde. Los exterminó sin que se escapara nadie,
fuera de cuatrocientos muchachos que huyeron a
lomo de camello. 18 David recobró todo lo que le
habían robado los amalecitas, incluidas sus dos
mujeres. 19 No les faltó nada, ni chico ni gran-
de, hijos o hijas; David recuperó todo lo que les
habían robado. 20 Agarraron todas las ovejas y
bueyes, y los bueyes se los presentaron a David,
diciendo: «Esta es la parte que le toca a David».

21Después volvió David a donde estaban los
doscientos hombres que, demasiado cansados
para seguirlo, se habían quedado en el torrente
de Besor. Salieron a recibir a David y a su gente,
y cuando llegaron, los saludaron. 22Pero entre
los hombres de David, algunos mezquinos dije-
ron: «Por no haber venido con nosotros, no les
damos del botín recuperado, sino solo su mu-
jer y sus hijos a cada uno; que los tomen y se
marchen». 23Pero David dijo: «No hagan eso,
camaradas, después que el Señor nos ha dado
la victoria, nos ha protegido y nos ha entregado
esa banda que nos había atacado. 24En eso nadie
estará de acuerdo con ustedes, porque tocan a
partes iguales el que baja al campo de batalla y
el que queda guardando el equipo». 25Aquel día
David estableció esta norma para Israel, y ha
estado en vigor hasta hoy.
26aCuando entró en Sicelag, David mandó parte
del botín a los ancianos de Judá y a sus amigos:
27los ancianos de Betel, los de Ramá del Sur, los
de Yatir, 28los de Aroer, los de Sifemot, los de
Estemó, 29los de Carmel, los de las ciudades de
Yerajmeel y los de las ciudades de los quenitas,
30a los de Jormá y a los de Bor-Asan, a los de
Atac, 31a los de Hebrón y a los de todas las locali-
dades por donde anduvo David con su gente, 26by
lo acompañó con estas palabras: «Aquí tienen
un obsequio del botín cobrado a los enemigos
del Señor».

Muerte de Saúl

31 1Mientras tanto, los filisteos entraron en
combate con Israel. Los israelitas huyeron
ante ellos, y muchos cayeron muertos en el mon-
te Gelboé. 2Los filisteos persiguieron de cerca a
Saúl y a sus hijos, hirieron a Jonatán, Abinadab
y Malquisúa, hijos de Saúl. 3Entonces cayó sobre
Saúl el peso del combate; los arqueros le dieron
alcance y lo hirieron gravemente. 4Saúl dijo a
su escudero: «Saca la espada y atraviésame, no
vayan a llegar esos incircuncisos y abusen de
mí». Pero el escudero no quiso, porque le entró
pánico. Entonces Saúl tomó la espada y se dejó
caer sobre ella. 5Cuando el escudero vio que Saúl
había muerto, también él se echó sobre su espa-
da y murió con Saúl. 6Así murieron Saúl, tres hi-
jos suyos, su escudero y los de su escolta, todos
el mismo día. 7Cuando los israelitas de la otra
parte del valle y los de Transjordania vieron que
los israelitas huían y que Saúl y sus hijos habían
muerto, huyeron, abandonando sus poblados.
Los filisteos los ocuparon.
8Al día siguiente fueron a despojar los cadáve-
res, y encontraron a Saúl y sus tres hijos muertos
en el monte Gelboé. 9Lo decapitaron, lo despo-
jaron de sus armas y las enviaron por todo el
territorio filisteo, llevando la buena noticia a
sus ídolos y al pueblo. 10Colocaron las armas en
el templo de Astarté y colgaron los cadáveres en
la muralla de Beisán.
11Los vecinos de Yabés de Galaad oyeron lo que
los filisteos habían hecho con Saúl, 12y los más
valientes caminaron toda la noche, quitaron de
la muralla de Beisán el cadáver de Saúl y los de
sus hijos y los llevaron a Yabés, donde los que-
maron. 13Recogieron los huesos, los enterraron
bajo el tamarindo de Yabés y celebraron un ayu-
no de siete días.

2 SAMUEL

DAVID REY (1–8)

David llora la muerte de Saúl y Jonatán

1 1Al volver de su victoria sobre los amalecitas,
David se detuvo dos días en Sicelag. 2Al tercer
día se presentó un hombre del ejército de Saúl
con la ropa hecha jirones y polvo en la cabeza;
cuando llegó cayó en tierra, postrándose ante
David. 3David le preguntó: «¿De dónde vienes?».
Respondió: «Me he escapado del campamen-
to israelita». 4David dijo: «¿Qué ha ocurrido?
Cuéntame». Él respondió: «La tropa huyó del
campo de batalla, y muchos del pueblo cayeron
en el combate; también murieron Saúl y su hijo
Jonatán».
5David preguntó entonces al muchacho que le
informaba: «¿Cómo sabes que han muerto Saúl
y su hijo Jonatán?». 6Respondió: «Yo estaba ca-
sualmente en el monte Gelboé, cuando encontré
a Saúl apoyado en su lanza, con los carros y los
jinetes persiguiéndolo de cerca; 7se volvió, y al
verme me llamó, y yo dije: ¡A la orden! 8Me pre-
guntó: ¿Quién eres? Respondí: Soy un amalecita.
9Entonces me dijo: Échate encima y remátame,
que estoy en agonía y no acabo de morir. 10Me
acerqué a él y lo rematé, porque vi que, una vez
caído, no viviría. Luego le quité la diadema de
la cabeza y el brazalete del brazo y se los traigo
aquí a mi señor».
11Entonces David agarró sus vestiduras y las
rasgó, y sus acompañantes hicieron lo mismo.
12Hicieron duelo, lloraron y ayunaron hasta el
atardecer por Saúl y por su hijo Jonatán, por
el pueblo del Señor, por la casa de Israel, por-
que habían muerto a espada. 13David pregun-
tó al que le había dado la noticia: «¿De dónde
eres?». Respondió: «Soy hijo de un emigrante
amalecita». 14Entonces David le dijo: «¿Y cómo
te atreviste a alzar la mano para matar al un-

gido del Señor?». 15Llamó a uno de los oficiales
y le ordenó: «¡Acércate y mátalo!». El oficial
lo hirió y lo mató. 16Y David sentenció: «¡Eres
responsable de tu muerte! Porque tu propia
boca te acusó cuando dijiste: Yo he matado
al ungido del Señor». 17David entonó este la-
mento por Saúl y su hijo Jonatán, 18para que
lo aprendieran los de Judá –así consta en el
libro de Yasar–: 19*¡Ay la flor de Israel, herida*
en tus alturas!/ ¡Cómo cayeron los valientes!/
20*No lo anuncien en Gat,/ no lo pregonen en las*
calles de Ascalón;/ que no se alegren las mu-
chachas filisteas,/ no lo celebren las hijas de
incircuncisos.

21*¡Montes de Gelboé, altas mesetas,/ni rocío*
ni lluvia caiga sobre ustedes!/ Que allí quedó
manchado el escudo de los valientes,/ escudo de
Saúl no ungido con aceite,/ 22*sino con sangre de*
heridos/ y grasa de valientes.

¡Arco de Jonatán, que no volvía atrás!/ ¡Espa-
da de Saúl, que nunca fallaba!

23*Saúl y Jonatán, mis amigos queridos:/ ni vi-*
da ni muerte los pudo separar:/ más ágiles que
águilas,/ más bravos que leones./ 24*Muchachas*
de Israel, lloren por Saúl,/ que las vestía de
púrpura y de joyas,/ que enjoyaba con oro sus
vestidos.

25*¡Cómo cayeron los valientes/ en medio del*
combate!/ ¡Jonatán, herido en tus alturas!/
26*¡Cómo sufro por ti, Jonatán, hermano mío!/*
¡Ay, cómo te quería!/ Tu amor era para mí/ más
maravilloso que amoríos de mujeres./ 27*¡Cómo*
cayeron los valientes,/ los rayos de la guerra
perecieron!

David ungido rey en Hebrón

2 1Después consultó David al Señor: «¿Pue-
do ir a alguna ciudad de Judá?». El Señor
le respondió: «Sí». David preguntó: «¿A cuál
debo ir?». Respondió: «A Hebrón». 2Entonces
subieron allá David y sus dos mujeres, Ajinoán,
la yezraelita, y Abigaíl, la mujer de Nabal, el
de Carmel. 3Llevó también a todos sus hombres
con sus familias y se establecieron en los al-
rededores de Hebrón. 4Los de Judá vinieron a
ungir allí a David rey de Judá y le informaron:
«Los de Yabés de Galaad han dado sepultura a
Saúl». 5David mandó unos emisarios a los de
Yabés de Galaad a decirles: «El Señor los bendi-
ga por esa obra de misericordia, por haber dado
sepultura a Saúl, su señor. 6El Señor los trate
con bondad y lealtad, que yo también los re-
compensaré por esa acción. 7Ahora tengan áni-
mo y sean valientes; Saúl, su señor, ha muerto,
pero la casa de Judá me ha ungido a mí para
que sea su rey».

Abner y Joab

8Abner, hijo de Ner, general del ejército de
Saúl, había recogido a Isbaal, hijo de Saúl, lo
había trasladado a Majnaym 9y lo había nom-
brado rey de Galaad, de los de Aser, de Yezrael,
Efraín, Benjamín y todo Israel; 10bsolo Judá si-
guió a David. 10aIsbaal, hijo de Saúl, tenía cua-
renta años cuando empezó a reinar en Israel, y
reinó dos años. 11David fue rey de Judá, en He-
brón, siete años y medio.

12Abner, hijo de Ner, y los súbditos de Isbaal,
hijo de Saúl, fueron desde Majnaym hasta Ga-
baón. 13Por su parte, Joab, hijo de Seruyá, y los
de David salieron de Hebrón, se los encontraron
junto al estanque de Gabaón y se detuvieron,
unos a un lado del estanque y otros al otro lado.
14Abner propuso a Joab: «Que los jóvenes se de-
safíen ante nosotros». Joab dijo: «¡Muy bien!».
15Se prepararon y desfilaron doce benjaminitas
por Isbaal, hijo de Saúl, y doce de los de David.
16Cada uno agarró por la cabeza a su contrario,
hundió la espada en las costillas del otro y caye-
ron todos a una. Por eso a aquel sitio lo llaman
Jelcat Hassiddim; queda junto a Gabaón. 17Aquel
día la batalla fue muy violenta. Los de David de-
rrotaron a Abner y a los de Israel.

18Estaban allí los tres hijos de Seruyá: Joab,
Abisay y Asael. Asael corría como una gacela y
19persiguió a Abner derecho, sin desviarse a un
lado ni a otro. 20Abner volvió la cabeza y pre-
guntó: «¿Eres Asael?». Respondió: «Sí». 21Abner
le dijo: «Desvíate a derecha o izquierda, agarra
a alguno de los muchachos y quítale las armas».
Pero Asael no quiso dejar de seguirlo. 22Abner
le repitió: «Deja de perseguirme, que voy a te-
ner que aplastarte, y, ¿con qué cara me presen-
to luego ante tu hermano Joab?». 23Pero como
Asael no quiso apartarse, Abner golpeó hacia
atrás con la lanza, se la clavó en la ingle y la
lanza le salió por detrás. Allí cayó y allí mismo
murió. Todos los que llegaban al sitio donde
Asael había muerto se paraban.

24Joab y Abisay persiguieron a Abner. Al po-
nerse el sol, llegaron a la colina de Ammá, frente
al valle, en el camino del páramo de Gabaón.
25Los benjaminitas se concentraron tras Abner
formando un grupo bien compacto, y aguan-
taron firmes en lo alto de la loma. 26Entonces
Abner le gritó a Joab: «¿Terminará alguna vez
esta masacre? ¿No te das cuenta que al final no
habrá más que amargura? ¿Cuándo vas a decir
a tu gente que deje de perseguir a sus herma-
nos?». 27Joab respondió: «¡Por la vida de Dios,
si no hubieras hablado, mi gente habría estado
persiguiendo a sus hermanos hasta el amane-
cer!». 28Entonces sonó la trompeta y todos se

detuvieron, dejaron de perseguir a los de Israel
y no reanudaron la batalla.
29Abner y los suyos caminaron por la llanu-
ra de Arabá toda aquella noche, cruzaron el
Jordán, caminaron toda la mañana y llegaron
a Majnaym. 30Joab, por su parte, dejó de per-
seguir a Abner y reunió a toda la tropa. Entre
los servidores de David faltaban diecinueve
hombres, además de Asael. 31En cambio, habían
hecho trescientas sesenta bajas a los de Ben-
jamín y Abner. 32Llevaron el cadáver de Asael
y lo enterraron en Belén, en la sepultura de la
familia. Joab y los suyos estuvieron caminando
toda la noche, y llegaron a Hebrón cuando des-
puntaba el día.

3 1La guerra entre las familias de Saúl y David
se prolongó. David iba afianzándose, mien-
tras la familia de Saúl se debilitaba.
2David tuvo varios hijos en Hebrón: el primero
fue Amnón, de Ajinoán, la yezraelita; 3el segun-
do fue Quilab, de Abigaíl, la mujer de Nabal, el
de Carmel; el tercero, Absalón, de Maacá, hija de
Talmay, rey de Guesur; 4el cuarto, Adonías, de
Jaguit; el quinto, Safatías, de Abital; 5el sexto,
Yitreán, de su esposa Eglá. Esos fueron los hijos
que tuvo David en Hebrón.

Asesinato de Abner

6Mientras duraba la guerra entre la casa de
Saúl y la casa de David, Abner fue afianzándose
en la casa de Saúl. 7Saúl había tenido una con-
cubina llamada Rispá, hija de Ayá. Isbaal dijo a
Abner: «¿Por qué te has acostado con la concu-
bina de mi padre?». 8A Abner le molestó mucho
aquella pregunta de Isbaal y le contestó: «¡Ni
que yo fuera un perro! De modo que estoy tra-
bajando lealmente por la casa de tu padre, Saúl,
por sus hermanos y compañeros y no te entrego
en poder de David, ¡y ahora me echas en cara
un asunto de mujeres! 9Que Dios me castigue si
yo no trabajo para que se cumpla el juramento
del Señor a David: 10Le pasaré el reino de Saúl,
afianzaré el trono de David sobre Israel y Ju-
dá, desde Dan hasta Berseba». 11Isbaal, de puro
miedo, no fue capaz de replicarle.
12Entonces Abner despachó unos emisarios a
Hebrón, para hacer esta propuesta a David: «El
país, ¿para quién es? –Quería decir: Haz un pac-
to conmigo y te ayudaré a poner a todo Israel
de tu parte–». 13David respondió: «Está bien. Yo
haré un pacto contigo. Solo te exijo una cosa:
cuando vengas a verme, no te recibiré si no me
traes a Mical, hija de Saúl». 14David despachó
también emisarios a Isbaal, hijo de Saúl, pidién-
dole: «Devuélveme a mi mujer Mical, con la que
me casé pagando por ella cien prepucios de filis-
teos». 15Entonces Isbaal mandó quitársela a su
marido, Paltiel, hijo de Lais. 16Paltiel la siguió
hasta Bajurín, llorando detrás de ella. Abner le
dijo: «¡Vamos, vuélvete!». Y él se volvió.
17Abner había hablado a los ancianos de Is-
rael: «Hace algún tiempo ustedes pretendían
que David fuera su rey. 18Ese momento, ha llega-
do; porque el Señor dijo sobre David: Por medio
de mi siervo David salvaré a mi pueblo, Israel,
del poder de los filisteos y de todos sus enemi-
gos». 19Abner habló también a los de Benjamín.
Después fue también a Hebrón a hablar perso-
nalmente con David y comunicarle lo que habían
acordado Israel y Benjamín.
20Cuando Abner, con veinte hombres, llegó a
Hebrón para hablar con David, este los convi-
dó. 21Abner le dijo: «Ahora mismo iré a reunir a
todo Israel ante el rey, mi señor, para que haga
un pacto contigo y seas rey según tus aspira-
ciones». David lo despidió y él marchó en paz.
22Pero los soldados de David venían con Joab
de una correría y traían un gran botín. Abner
no estaba ya en Hebrón, porque David lo había
despedido y había marchado en paz. 23Cuando
entraron Joab y su ejército, les dieron la noti-
cia: «Ha venido Abner, hijo de Ner, a visitar al
rey, y el rey lo ha despedido y se ha marchado
en paz». 24Entonces Joab se presentó al rey y
le dijo: «¿Qué has hecho? Ahora que se te había
presentado Abner, ¿por qué lo has dejado irse
tranquilamente? 25¿No sabes que Abner, hijo de
Ner, vino a engañarte para averiguar tus movi-
mientos y enterarse de lo que piensas?». 26Joab
salió de palacio, y sin que David supiera nada,
despachó emisarios tras Abner, que lo hicieron
volver desde el Pozo de Sirá.
27Cuando Abner volvió a Hebrón, Joab lo llevó
aparte, a un lado de la entrada para hablar con
él a solas, y allí lo hirió en la ingle y lo mató, pa-
ra vengar la muerte de su hermano Asael. 28Da-
vid se enteró muy pronto y dijo: «Ante el Señor
y para siempre, yo y mi reino somos inocentes
de la sangre de Abner, hijo de Ner. 29¡Que ella
recaiga sobre Joab y su casa! No falten nunca
en tu familia quienes padezcan de gonorrea y de
lepra, afeminados, muertos a espada y muertos
de hambre». 30Joab y su hermano Abisay asesi-
naron a Abner porque este les había matado a
su hermano Asael en la guerra junto a Gabaón.
31David ordenó a Joab y a sus acompañantes:
«Rasguen sus vestiduras, vístanse de luto y
laméntense por Abner». El rey David caminaba
detrás del féretro. 32Y cuando enterraron a Abner
en Hebrón, el rey gritó y lloró junto a su tumba.
Todos lloraron, 33y el rey entonó este lamento

por Abner: *¿Tenía que morir Abner/ como muere
un insensato?/ 34Tus manos no conocieron las
cadenas/ ni tus pies los grilletes./ Caíste como
se cae/ a manos de traidores.*
Todos siguieron llorándolo y 35luego se acer-
caron a David para obligarlo a comer mientras
fuese de día, pero David juró: «¡Que Dios me
castigue si antes de ponerse el sol pruebo pan o
lo que sea!». 36Cuando la gente lo supo, a todos
les pareció bien, como todo lo que hacía el rey.
37Aquel día supieron todos, y lo supo todo Israel,
que el asesinato de Abner, hijo de Ner, no había
sido cosa del rey.
38El rey dijo a sus cortesanos: «Ya ven que hoy
ha caído en Israel un gran general. 39Yo, a pe-
sar de mi unción real, me siento débil, mientras
que esa gente, los hijos de Seruyá, han sido más
duros que yo. Que el Señor pague al malhechor
su merecido».

Asesinato de Isbaal

4 1Cuando Isbaal, hijo de Saúl, oyó que Abner
había muerto en Hebrón, se acobardó, y todo
Israel se alarmó. 2Isbaal, hijo de Saúl, tenía dos
jefes de guerrillas: uno se llamaba Baaná y el
otro Recab, hijos de Rimón, el de Beerot, benja-
minitas –porque también Beerot se consideraba
perteneciente a Benjamín; 3los de Beerot huye-
ron a Guittaym y allí siguen todavía residiendo
como emigrantes–.
4Por otra parte, Jonatán, hijo de Saúl, tenía
un hijo tullido de ambos pies: tenía cinco años
cuando llegó de Yezrael la noticia de la muer-
te de Saúl y Jonatán; la niñera lo tomó consigo
y huyó; pero lo hizo con tanta precipitación,
que el niño se cayó y quedó cojo; se llamaba
Meribaal.
5Baaná y Recab, hijos de Rimón, el de Beerot,
se pusieron en camino, y cuando calentaba el sol
llegaron a casa de Isbaal, que estaba durmiendo
la siesta. 6La portera se había quedado dormida
mientras limpiaba el trigo. Recab y su hermano
Baaná entraron libremente en la casa, 7llegaron
a la alcoba donde estaba echado Isbaal y lo hi-
rieron de muerte; luego le cortaron la cabeza, la
recogieron y caminaron toda la noche a través
de la estepa.
8Llevaron la cabeza de Isbaal a David, a He-
brón, y dijeron al rey: «Aquí está la cabeza de
Isbaal, hijo de Saúl, tu enemigo, que intentó
matarte. El Señor ha vengado hoy al rey, mi se-
ñor, de Saúl y su estirpe». 9Pero David dijo a Re-
cab y Baaná, hijos de Rimón, el de Beerot: «¡Por
la vida del Señor, que me ha salvado la vida de
todo peligro! 10Si al que me anunció ha muer-
to Saúl, creyendo darme una buena noticia, lo
agarré y lo ajusticié en Sicelag, pagándole así la
buena noticia, 11con mucha mayor razón, ahora
que unos malvados han asesinado a un inocente
en su casa, en su cama, ¿no tendré que pedirles
cuenta de su sangre y borrarlos de la tierra?».
12David dio una orden a sus oficiales, y los mata-
ron. Luego les cortaron manos y pies y los colga-
ron junto a la cisterna de Hebrón; en cuanto a la
cabeza de Isbaal la enterraron en la sepultura de
Abner, en Hebrón.

David rey de Israel

5 1Todas las tribus de Israel fueron a Hebrón a
decirle a David: «Aquí nos tienes. Somos de
la misma sangre. 2Ya antes, cuando todavía Saúl
era nuestro rey, tú eras el verdadero general de
Israel. El Señor te dijo: Tú pastorearás a mi pue-
blo, Israel; tú serás jefe de Israel». 3Todos los
ancianos de Israel fueron a Hebrón para visitar
al rey. El rey David hizo un pacto con ellos, en
Hebrón, ante el Señor, y ellos ungieron a David
rey de Israel. 4Tenía treinta años cuando empezó
a reinar, y reinó cuarenta años; 5en Hebrón reinó
sobre Judá siete años y medio, y en Jerusalén
reinó treinta y tres años sobre Israel y Judá.

Conquista de Jerusalén

6El rey y sus hombres marcharon sobre Jerusa-
lén, contra los jebuseos que habitaban el país.
Los jebuseos dijeron a David: «No entrarás aquí.
Los ciegos y los inválidos bastarán para impedír-
telo. Con esto querían decir que David no entra-
ría». 7Pero David conquistó la fortaleza de Sión,
o sea, la llamada Ciudad de David.
8David había dicho aquel día: «El que quiera
derrotar a los jebuseos, que se meta por el ca-
nal... En cuanto a esos inválidos y ciegos David
los detesta. –Por eso se dice: Ni cojo ni ciego
entrarán en el templo–». 9David se instaló en la
fortaleza y la llamó Ciudad de David. Después
edificó una muralla en torno, desde el terraplén
hacia adentro.
10David iba creciendo en poderío y el Señor
Todopoderoso estaba con él. 11Jirán, rey de Ti-
ro, mandó una embajada a David con madera de
cedro, carpinteros y talladores de piedras para
construirle un palacio. 12Así comprendió David
que el Señor lo engrandecía como rey de Israel y
que engrandecía su reino por amor a su pueblo,
Israel.
13Después que vino de Hebrón, David tomó en
Jerusalén otras concubinas y esposas, que le
dieron más hijos e hijas. 14Los nombres de los
hijos que tuvo en Jerusalén son: Samúa, Sobab,
Natán, Salomón, 15Yibjar, Elisúa, Néfeg, Yafía,
16Elisamá, Elyadá y Elifálet.

Batallas con los filisteos

17Cuando los filisteos oyeron que David había sido ungido rey de Israel, subieron todos para atacarlo. David se enteró y bajó a la fortaleza de Adulán. 18Los filisteos llegaron y se desplegaron en el Valle de Refaím. 19David consultó al Señor: «¿Puedo atacar a los filisteos? ¿Me los entregarás?». El Señor le respondió: «Atácalos que yo te los entrego». 20David fue a Baal-Perasim y allí los derrotó. Y comentó: «El Señor ha abierto una brecha en el frente enemigo, como brecha de agua en un dique». Por eso aquel sitio se llama Las Brechas. 21Los filisteos dejaron abandonados allí sus ídolos; David y sus hombres los recogieron. 22Los filisteos hicieron otra incursión y se desplegaron en el Valle de Refaím. 23David consultó al Señor, que le respondió: «No ataques. Rodéalos por detrás, y luego atácalos frente a las moreras. 24Cuando sientas rumor de pasos en la copa de las moreras, lánzate al ataque, porque entonces el Señor sale delante de ti a derrotar al ejército filisteo». 25David hizo tal como le mandó el Señor, y derrotó a los filisteos desde Gueba hasta la entrada en Guézer.

El Arca transportada a Jerusalén

6 1David reunió nuevamente a los soldados escogidos de Israel, que eran treinta mil hombres. 2Con todo su ejército emprendió la marcha a Baalá de Judá, para trasladar de allí el arca de Dios, que lleva la inscripción: Señor Todopoderoso, que tiene su trono sobre querubines. 3Pusieron el arca de Dios en un carro nuevo 4y la sacaron de casa de Abinadab, en Guibeá. Uzá y Ajió, hijos de Abinadab, guiaban el carro con el arca de Dios; Ajió marchaba delante del arca. 5David y los israelitas iban danzando ante el Señor con todo entusiasmo, cantando al son de cítaras y arpas, panderetas, sonajas y platillos.

6Cuando llegaron al lugar llamado la era de Nacón, los bueyes tropezaron y Uzá alargó la mano al arca de Dios para sujetarla. 7El Señor se encolerizó contra Uzá por su atrevimiento, lo hirió y murió allí mismo, junto al arca de Dios. 8David se enfadó porque el Señor había arremetido contra Uzá, y puso a aquel sitio el nombre de Peres Uzá, y así se llama ahora. 9Aquel día David temió al Señor, y dijo: «¿Cómo va a venir a mi casa el arca del Señor?». 10Y no quiso llevar a su casa, a la Ciudad de David, el arca del Señor, sino que la trasladó a casa de Obededom, el de Gat. 11El arca del Señor estuvo tres meses en casa de Obededom, el de Gat, y el Señor bendijo a Obededom y su familia. 12Informaron a David: «El Señor ha bendecido a la familia de Obededom y toda su hacienda en atención al arca de Dios». Entonces fue David y llevó el arca de Dios desde la casa de Obededom a la Ciudad de David, haciendo fiesta.

13Cuando los portadores del arca del Señor avanzaron seis pasos, sacrificó un toro y un ternero cebado. 14E iba danzando ante el Señor con todo entusiasmo, vestido solo con un efod de lino. 15Así iban David y los israelitas llevando el arca del Señor entre vítores y al sonido de las trompetas. 16Cuando el arca del Señor entraba en la Ciudad de David, Mical, hija de Saúl, estaba mirando por la ventana, y al ver al rey David haciendo piruetas y cabriolas delante del Señor lo despreció en su interior.

17Metieron el arca del Señor y la instalaron en su sitio, en el centro de la tienda que David le había preparado. David ofreció holocaustos y sacrificios de comunión al Señor, 18y cuando terminó de ofrecerlos, bendijo al pueblo en el nombre del Señor Todopoderoso; 19luego repartió a todos, hombres y mujeres de la multitud israelita, un bollo de pan, una tajada de carne y un pastel de pasas de uvas a cada uno. Después se marcharon todos, cada cual a su casa.

20David se volvió para bendecir a su casa, y Mical, hija de Saúl, salió a su encuentro y dijo: «¡Hoy sí que se ha lucido el rey de Israel, desnudándose a la vista de las criadas de sus ministros, como lo haría un bufón cualquiera!». 21David le respondió: «Ante el Señor, que me eligió en lugar de tu padre y de toda tu familia para constituirme jefe de su pueblo, yo bailaré 22y me humillaré todavía más según tu opinión, pero seré honrado por esas mismas esclavas de las que tú hablas». 23Y Mical, hija de Saúl, no tuvo hijos en toda su vida.

Promesa dinástica y oración de David

7 1Cuando David se estableció en su casa y el Señor le dio paz con sus enemigos de alrededor, 2dijo el rey al profeta Natán: «Mira, yo estoy viviendo en una casa de cedro, mientras el arca de Dios vive en una tienda de campaña». 3Natán le respondió: «Ve a hacer todo lo que tienes pensado, que el Señor está contigo». 4Pero aquella noche recibió Natán esta Palabra del Señor:

5»Ve a decir a mi siervo David: Así dice el Señor: ¿Eres tú quien me va a construir una casa para que habite en ella? 6Desde el día en que saqué a los israelitas de Egipto hasta hoy no he habitado en una casa, sino que he viajado de aquí para allá en una tienda de campaña que me servía de santuario. 7Y en todo el tiempo que viajé de aquí para allá con los israelitas, ¿encargué acaso a algún juez de Israel, a los que mandé pastorear a mi pueblo, Israel, que me construyese una casa de cedro?

8»Y ahora, di esto a mi siervo David: Así dice
el Señor Todopoderoso: Yo te saqué del campo
de pastoreo, de andar tras las ovejas, para ser
jefe de mi pueblo, Israel. 9Yo he estado conti-
go en todas tus empresas; he aniquilado a to-
dos tus enemigos; te haré famoso como a los
más famosos de la tierra; 10daré un puesto a mi
pueblo, Israel: lo plantaré para que viva en él
sin sobresaltos, sin que los malvados vuelvan
a humillarlo como lo hacían antes, 11cuando
nombré jueces en mi pueblo, Israel. Te daré paz
con todos tus enemigos, y, además, el Señor te
comunica que te dará una dinastía. 12Y cuando
hayas llegado al término de tu vida y descanses
con tus antepasados, estableceré después de ti
a un descendiente tuyo, nacido de tus entrañas,
y consolidaré su reino.

13»Él edificará un templo en mi honor y yo
consolidaré su trono real para siempre. 14Yo seré
para él un padre, y él será para mí un hijo; si
se tuerce, lo corregiré con varas y golpes, como
lo hacen los hombres; 15pero no le retiraré mi
lealtad como se la retiré a Saúl, al que aparté de
mi presencia. 16Tu casa y tu reino durarán para
siempre en mi presencia; tu trono permanecerá
por siempre.

17Natán comunicó a David toda la visión y to-
das estas palabras. 18Entonces el rey David fue
a presentarse ante el Señor, y dijo: «¿Quién soy
yo, mi Señor, y qué es mi familia para que me
hayas hecho llegar hasta aquí? 19¡Y como si fuera
poco para ti, mi Señor, has hecho una promesa
a la casa de tu servidor para el futuro, mientras
existan hombres, mi Señor! 20¿Qué más puede
añadirte David si tú, mi Señor, conoces a tu ser-
vidor? 21Por tu palabra, y según tus designios,
has hecho esta gran obra, dándosela a conocer a
su servidor, revelándole estas cosas.

22»Por eso eres grande, mi Señor, como hemos
oído; no hay nadie como tú, no hay Dios fuera
de ti. 23¿Y qué nación hay en el mundo como tu
pueblo, Israel, a quien Dios ha venido a librar
para hacerlo suyo, y a darle renombre, y a ha-
cer prodigios terribles en su favor, expulsando
a las naciones y a sus dioses ante el pueblo que
libraste de Egipto? 24Has establecido a tu pue-
blo, Israel, como pueblo tuyo para siempre, y tú,
Señor, eres su Dios.

25»Ahora, Señor Dios, confirma para siempre
la promesa que has hecho a tu servidor y su fa-
milia, cumple tu palabra. 26Que tu nombre sea
siempre famoso. Que digan: ¡El Señor Todopo-
deroso es Dios de Israel! Y que la casa de tu ser-
vidor David permanezca en tu presencia. 27Tú,
Señor Todopoderoso, Dios de Israel, has hecho a
tu servidor esta revelación: Te edificaré una ca-
sa; por eso tu servidor se ha atrevido a dirigirte
esta plegaria. 28Ahora, mi Señor, tú eres el Dios
verdadero, tus palabras son de fiar, y has hecho
esta promesa a tu servidor. 29Dígnate bendecir a
la casa de tu servidor, para que esté siempre en
tu presencia; ya que tú, mi Señor, lo has dicho,
sea siempre bendita la casa de tu servidor.

Victorias de David

8 1Más adelante David derrotó a los filisteos y
los sometió, arrebatándoles la capital, Gat.
2Derrotó a los moabitas: los hizo echarse en
tierra y los midió con un cordel; los que que-
daron dentro de dos medidas de cordel fueron
condenados a muerte, y dejó con vida a los que
quedaron dentro de una medida de cordel. Los
moabitas pasaron a ser vasallos de David, some-
tidos a tributo. 3Derrotó también a Hadadezer,
hijo de Rejob, rey de Sobá, cuando iba a resta-
blecer su soberanía en la región del Éufrates.
4David le capturó mil setecientos jinetes y vein-
te mil soldados de infantería, y mutiló los caba-
llos de tiro, reservándose solo cien. 5Los sirios
de Damasco acudieron en auxilio de Hadadezer,
rey de Sobá, pero David les mató veintidós mil
hombres, 6e impuso gobernadores a los sirios de
Damasco, que quedaron vasallos de David some-
tidos a tributo. El Señor dio a David la victoria
en todas sus campañas. 7Recogió los escudos de
oro que llevaban los oficiales de Hadadezer, y
los llevó a Jerusalén. 8Y en Téjab y Berotay, po-
blaciones de Hadadezer, recogió una cantidad
enorme de bronce.

9Tou, rey de Jamat, oyó que David había de-
rrotado al ejército de Hadadezer, 10y despachó
a su hijo Yorán para saludar al rey David y darle
las felicitaciones por el combate y la derrota de
Hadadezer, porque Hadadezer atacaba a Tou con
frecuencia. Yorán llevó una vajilla de plata, oro
y bronce. 11El rey David consagró al Señor estos
regalos, añadiéndolos a la plata y al oro que ha-
bía tomado a las naciones sometidas 12–Edom,
Moab, los amonitas, filisteos, Amalec y Hada-
dezer, hijo de Rejob, rey de Sobá– y que había
consagrado al Señor.

13Cuando David, victorioso de Damasco, derro-
tó a Edom en Gue Hammélaj, matándole diecio-
cho mil hombres, y aumentó su fama, 14impuso
gobernadores a Edom, que quedó como vasallo
de David. El Señor dio a David la victoria en to-
das sus campañas. 15David reinó sobre todo Is-
rael y gobernó con justicia a su pueblo. 16Joab,
hijo de Seruyá, era el general en jefe del ejérci-
to; Josafat, hijo de Ajilud, el heraldo; 17Sadoc,
hijo de Ajitob, y Abiatar, hijo de Ajimélec, eran
sacerdotes; Sisá, el cronista; 18Benayas, hijo de

Yehoyadá, era el jefe de los quereteos y pelteos.
Y los hijos de David oficiaban en el culto.

DAVID Y SU CORTE (9–20)

Meribaal, acogido por David

9 1David preguntó: «¿Queda alguno de la fa-
milia de Saúl a quien yo pueda favorecer por
amor a Jonatán?». 2La familia de Saúl había te-
nido un criado que se llamaba Sibá; lo trajeron
y el rey le preguntó: «¿Eres Sibá?». Él respon-
dió: «Sí, para servirte». 3El rey le preguntó: «¿Y
no queda ya nadie de la familia de Saúl a quien
yo pueda favorecer por amor de Dios?». Sibá le
respondió: «Queda todavía un hijo de Jonatán,
lisiado de ambos pies». 4El rey le preguntó:
«¿Dónde está?». Sibá le contestó: «En Lodabar,
en casa de Maquir, hijo de Amiel». 5El rey David
mandó que lo trajeran de allí.
6Cuando Meribaal, hijo de Jonatán, hijo de
Saúl, se presentó ante David, cayó con el ros-
tro en tierra y se postró. David le dijo: «¿Eres
Meribaal?». Él respondió: «Sí, para servirte».
7David le dijo: «No temas, porque estoy decidido
a favorecerte por amor a Jonatán, tu padre; te
devolveré todas las tierras de tu abuelo, Saúl, y
comerás siempre a mi mesa». 8Meribaal se pos-
tró y dijo: «¿Qué soy yo para que te fijes en un
perro muerto como yo?».
9El rey llamó entonces a Sibá, criado de Saúl,
y le dijo: «Todas las posesiones de Saúl y su fa-
milia se las entrego al hijo de tu amo. 10Tú, tus
hijos y tus esclavos le cultivarán las tierras y
le entregarán las cosechas para su sustento.
Meribaal, hijo de tu amo, comerá siempre a mi
mesa». Sibá, que tenía quince hijos y veinte es-
clavos, 11contestó al rey: «Tu siervo hará todo lo
que el rey le mande». Meribaal comía a la mesa
de David, como uno de los hijos del rey. 12Tenía
un hijo pequeño, llamado Micá, y toda la casa
de Sibá estaba al servicio de Meribaal, 13que se
trasladó a Jerusalén, porque comía siempre a la
mesa del rey. Meribaal estaba impedido de am-
bos pies.

Guerra contra los amonitas

10 1Murió después el rey de los amonitas, y su
hijo Janún le sucedió en el trono. 2David
dijo: «Voy a devolverle a Janún, hijo de Najás,
los favores que me hizo su padre». Y por medio
de unos embajadores le envió el pésame por la
muerte de su padre. Pero cuando los embajado-
res de David entraron en territorio amonita, 3los
generales amonitas dijeron a su señor Janún:
«¿Crees que David te da el pésame para mostrar-
te su estima por tu padre? ¿No será para exami-
nar la ciudad, explorarla y después destruirla?».
4Janún apresó a los embajadores de David,
les afeitó media barba, les cortó la ropa por la
mitad, a la altura de las nalgas, y los despidió.
Ellos volvieron avergonzados. 5Se lo comunica-
ron a David que les envió este mensaje: «Qué-
dense en Jericó hasta que les crezca la barba, y
luego vengan».
6Cuando los amonitas cayeron en la cuenta de
que habían provocado a David, mandaron gente
a contratar veinte mil mercenarios de infantería
de los sirios de Bet-Rejob y de los sirios de So-
bá, mil hombres del rey de Maacá y doce mil del
rey de Tob. 7Al saberlo David, mandó a Joab con
todo el ejército y sus guerreros. 8Los amonitas
salieron a la guerra y formaron para la batalla a
la entrada de la ciudad, mientras que los sirios
de Sobá, Bet-Rejob y la gente de Tob y Maacá se
quedaban aparte, en el campo. 9Joab se vio en-
vuelto por delante y por detrás; entonces escogió
un grupo de soldados israelitas y los formó frente
a los sirios. 10A la tropa restante la formó frente
a los amonitas, al mando de su hermano Abisay,
11con esta consigna: «Si los sirios me pueden, ven
a librarme, y si los amonitas te pueden a ti, yo iré
a librarte. 12¡Ánimo! Por nuestro pueblo y por las
ciudades de nuestro Dios luchemos valientemen-
te, y que el Señor haga lo que le agrade». 13Joab
y los suyos trabaron combate con los sirios y los
pusieron en fuga. 14Los amonitas, al ver que los
sirios huían, huyeron también ellos ante Abisay,
y se metieron en la ciudad. Joab se volvió a Je-
rusalén, suspendiendo el ataque a los amonitas.
15Viéndose derrotados por Israel, los sirios se
reagruparon. 16Hadadezer ordenó movilizar a los
sirios de la otra parte del río, y vinieron a Jelán,
a las órdenes de Sobac, general en jefe del ejér-
cito de Hadadezer. 17Cuando informaron a David,
concentró todo el ejército de Israel, cruzaron
el Jordán y marcharon hacia Jelán. Los sirios
formaron frente a David y se entabló la batalla.
18Los sirios huyeron ante los israelitas; David les
mató setecientos caballos de tiro y cuarenta mil
hombres, e hirió a Sobac, general del ejército,
que murió allí mismo. 19Al ver los reyes vasallos
de Hadadezer que este había sido derrotado por
Israel, hicieron las paces con Israel, sometién-
dose; en adelante, los sirios no se atrevieron a
auxiliar a los amonitas.

David y Betsabé

11 1Al año siguiente, en la época en que los
reyes van a la guerra, David envió a Joab
con sus oficiales y todo Israel a devastar la
región de los amonitas y sitiar a Rabá. David,
mientras tanto, se quedó en Jerusalén, 2y un
día, a eso del atardecer, se levantó de la cama

y se puso a pasear por la azotea de palacio, y
desde la azotea vio a una mujer bañándose, una
mujer muy bella. 3David mandó a preguntar por
la mujer, y le dijeron: «Es Betsabé, hija de Elián,
esposa de Urías, el hitita». 4David mandó a unos
para que se la trajesen; llegó la mujer, y David
se acostó con ella, que estaba purificándose de
su menstruación. 5Después Betsabé volvió a su
casa; quedó encinta y mandó este aviso a David:
«Estoy encinta».
6Entonces David mandó esta orden a Joab:
«Mándame a Urías, el hitita». 7Joab se lo mandó.
Cuando llegó Urías, David le preguntó por Joab,
el ejército y la guerra. 8Luego le dijo: «Anda a
casa a lavarte los pies». Urías salió de palacio y
detrás de él le llevaron un regalo del rey. 9Pero
Urías durmió a la puerta de palacio, con los guar-
dias de su señor; no fue a su casa. 10Avisaron a
David que Urías no había ido a su casa, y David
le dijo: «Has llegado de viaje, ¿por qué no vas a
casa?». 11Urías le respondió: «El arca, Israel y Ju-
dá viven en tiendas de campaña; Joab, mi jefe, y
sus oficiales acampan a la intemperie; ¿y yo voy
a ir a mi casa a banquetear y a acostarme con mi
mujer? ¡Por la vida del Señor y por tu propia vida,
no haré tal cosa!». 12David le dijo: «Quédate aquí
hoy, que mañana te dejaré ir». Urías se quedó en
Jerusalén aquel día. Al día siguiente, 13David lo
convidó a un banquete y lo emborrachó. Al atar-
decer, Urías salió para acostarse con los guardias
de su señor, y no fue a su casa.
14A la mañana siguiente David escribió una
carta a Joab y se la mandó por medio de Urías.
15El texto de la carta era: «Pon a Urías en pri-
mera línea, donde sea más recia la lucha, y des-
pués déjalo solo, para que lo hieran y muera».
16Joab, que tenía cercada la ciudad, puso a Urías
donde sabía que estaban los defensores más
aguerridos. 17Los de la ciudad hicieron una sali-
da, trabaron combate con Joab, y hubo algunas
bajas en el ejército entre los oficiales de David;
murió también Urías, el hitita. 18Joab mandó a
David el parte de guerra, 19ordenando al mensa-
jero: «Cuando acabes de dar el parte al rey, 20si
el rey monta en cólera y te pregunta: ¿Por qué
se acercaron a la ciudad a combatir? ¿No sabían
que los arqueros disparan de lo alto de la mura-
lla? 21¿Quién hirió a Abimelec, hijo de Yerubaal?
¡Una mujer, desde lo alto de la muralla, le dejó
caer encima una piedra de moler, y así murió en
Tebes! ¿Por qué se acercaron a la muralla?, tú
entonces añades: Ha muerto también tu siervo
Urías, el hitita».
22Marchó el mensajero, se presentó a David y
le comunicó el mensaje de Joab. David se enfa-
dó, 23pero el mensajero le dijo: «Es que el enemi-
go se lanzó contra nosotros, haciendo una salida
a campo abierto; nosotros los rechazamos hasta
la entrada de la ciudad, 24y entonces los arque-
ros nos dispararon desde la muralla; murieron
algunos de los soldados del rey y también murió
tu siervo Urías, el hitita».
25Entonces David dijo al mensajero: «Dile a
Joab que no se preocupe por lo que ha pasado;
porque así es la guerra: un día cae uno y otro
día cae otro; que insista en dar el asalto a la
ciudad hasta arrasarla. Y tú anímalo». 26La mujer
de Urías oyó que su marido había muerto e hizo
duelo por él. 27Cuando pasó el luto, David mandó
a buscarla y la recibió en su casa; la tomó por es-
posa, y le dio a luz un hijo. Pero el Señor reprobó
lo que había hecho David.

Penitencia de David

12 1El Señor envió a Natán. Entró Natán ante
el rey y le dijo: «Había dos hombres en un
pueblo: uno rico y otro pobre. 2El rico tenía mu-
chos rebaños de ovejas y bueyes; 3el pobre solo
tenía una oveja pequeña que había comprado; la
iba criando, y ella crecía con él y con sus hijos,
comiendo de su pan, bebiendo de su vaso, dur-
miendo en su regazo: era como una hija. 4Llegó
una visita a casa del rico, y no queriendo perder
una oveja o un buey, para invitar a su huésped,
tomó la oveja del pobre y convidó a su huésped».
5David se puso furioso contra aquel hombre, y
dijo a Natán: «¡Por la vida de Dios, que el que ha
hecho eso merece la muerte! 6No quiso respetar
lo del otro, pagará cuatro veces el valor de la
cordera». 7Entonces Natán dijo a David: «¡Ese
hombre eres tú! Así dice el Señor, Dios de Israel:
Yo te ungí rey de Israel, te libré de Saúl, 8te di la
hija de tu señor, puse en tus brazos sus mujeres,
te di la casa de Israel y Judá, y por si fuera poco
te añadiré otros favores. 9¿Por qué te has burla-
do del Señor haciendo lo que él reprueba? Has
asesinado a Urías, el hitita, para casarte con su
mujer matándolo a él con la espada amonita.
10Por eso, la espada no se apartará jamás de tu
casa, por haberte burlado de mí casándote con
la mujer de Urías, el hitita. 11Así dice el Señor:
Yo haré que de tu propia casa nazca tu desgra-
cia; te arrebataré tus mujeres y ante tus ojos se
las daré a otro, que se acostará con ellas a la luz
del sol que nos alumbra. 12Tú lo hiciste a escon-
didas, yo lo haré ante todo Israel, en pleno día».
13David dijo a Natán: «¡He pecado contra el
Señor!». Natán le respondió: «El Señor ya ha per-
donado tu pecado, no morirás. 14Pero por haber
despreciado al Señor con lo que has hecho, el
hijo que te ha nacido morirá». 15Natán marchó
a su casa.

El Señor hirió al niño que la mujer de Urías había dado a David, y cayó gravemente enfermo. 16David pidió a Dios por el niño, prolongó su ayuno y de noche se acostaba en el suelo. 17Los ancianos de su casa intentaron levantarlo, pero él se negó, ni quiso comer nada con ellos. 18El séptimo día murió el niño. Los cortesanos de David temieron darle la noticia de que había muerto el niño, porque se decían: «Si cuando el niño estaba vivo le hablábamos al rey y no atendía a lo que decíamos, ¿cómo le decimos ahora que ha muerto el niño? ¡Hará un disparate!». 19David notó que sus cortesanos andaban cuchicheando y adivinó que había muerto el niño. Les preguntó: «¿Ha muerto el niño?». Ellos dijeron: «Sí». Entonces David se levantó del suelo, 20se bañó y se cambió; fue al templo a adorar al Señor; luego fue a palacio, pidió la comida, se la sirvieron y comió.

21Sus cortesanos le dijeron: «¿Qué manera es esta de proceder? ¡Ayunabas y llorabas por el niño cuando estaba vivo, y en cuanto ha muerto te levantas y te pones a comer!». 22David respondió: «Mientras el niño estaba vivo ayuné y lloré, pensando que quizá el Señor se apiadaría de mí y el niño se sanaría. 23Pero ahora ha muerto, ¿qué saco con ayunar? ¿Podré hacerlo volver? Soy yo quien irá donde él, él no volverá a mí». 24Luego consoló a su mujer, Betsabé, fue y se acostó con ella. Betsabé dio a luz un hijo, y David le puso el nombre de Salomón; el Señor lo amó, 25y envió al profeta Natán, que le puso el nombre de Yedidías por orden del Señor. 26Mientras tanto, Joab había atacado a la capital de los amonitas y se había apoderado de ella. 27Despachó unos mensajeros que dijeran a David: «He atacado Rabá. He conquistado el barrio de los aljibes. 28Moviliza a los reservistas, acampa contra la fortaleza y ocúpala tú; si no, la conquistaré yo y le pondrán mi nombre». 29David llamó a filas a los reservistas, marchó a Rabá, la atacó y la conquistó. 30Le quitó al dios Malcom la corona –que pesaba treinta kilos de oro–, con una piedra preciosa que David puso en su diadema, y se llevó un botín inmenso de la ciudad. 31Hizo salir a todos los habitantes y los puso a trabajar con sierras, escoplos y hachas, y a trabajar en los hornos de ladrillos. Hizo lo mismo con todas las poblaciones de los amonitas. Después David volvió a Jerusalén con todo el ejército.

Tamar violada por su hermano

13 1Pasó cierto tiempo. Absalón, hijo de David, tenía una hermana muy guapa, llamada Tamar, y Amnón, hijo de David, se enamoró de ella tan apasionadamente, 2que se puso enfermo por ella, porque su hermana Tamar era soltera, y a Amnón le parecía imposible intentar nada con ella. 3Amnón tenía un amigo llamado Jonadab, hijo de Samá, hermano de David. Jonadab era muy hábil, 4y le dijo: «¿Qué te pasa, príncipe, que cada día tienes peor cara? ¿Por qué no me lo cuentas?». Amnón respondió: «Es por Tamar, la hermana de mi hermano Absalón; estoy enamorado de ella». 5Entonces Jonadab le propuso: «Acuéstate como si estuvieras enfermo, y cuando tu padre venga a verte, le pides que vaya tu hermana Tamar a darte de comer: que te prepare algo allí delante, para que tú lo veas, y te lo sirva ella misma».

6Amnón se acostó y se fingió enfermo. El rey fue a verlo y Amnón le dijo: «Por favor, que venga mi hermana Tamar y me fría aquí delante dos buñuelos y que me los sirva ella misma». 7David envió un recado a casa de Tamar: «Vete a casa de tu hermano Amnón y prepárale algo de comer». 8Tamar fue a casa de su hermano Amnón, que estaba acostado, tomó harina, la amasó, la preparó y frió los buñuelos delante de Amnón. 9Luego los sacó de la sartén delante de él, pero Amnón no quiso comer, y ordenó: «¡Salgan todos!». Cuando salieron todos, 10Amnón dijo a Tamar: «Trae la comida a la alcoba y dame tú misma de comer». Tamar tomó los buñuelos y se los llevó a su hermano a la alcoba; 11pero al acercarse a él para darle de comer, Amnón la sujetó y le dijo: «Ven, hermana mía, acuéstate conmigo». 12Ella replicó: «No, hermano mío; no me fuerces, que eso no se hace en Israel, no cometas tal infamia. 13¿Dónde iré yo con mi deshonra? Tú quedarás como un infame en Israel. Por favor, díselo al rey, que no se opondrá a que yo sea tuya». 14Pero Amnón no quiso hacerle caso, la forzó violentamente y se acostó con ella. 15Después sintió un terrible aborrecimiento hacia ella, un aborrecimiento mayor que el amor que le había tenido, y le dijo: «¡Levántate, vete!». 16Pero ella le suplicó: «¡No, hermano; despacharme ahora sería una maldad más grave que la que acabas de hacer conmigo!». Pero él no le hizo caso; 17llamó a un sirviente y ordenó: «¡Échenme a esta a la calle! ¡Y ciérrenle la puerta!». 18Ella llevaba una túnica con mangas, porque así vestían tradicionalmente las hijas solteras del rey. El sirviente la sacó a la calle y le cerró la puerta.

19Tamar se echó polvo a la cabeza, se rasgó la túnica y se fue gritando por el camino, con las manos en la cabeza. 20Su hermano Absalón le preguntó: «¿Ha estado contigo tu hermano Amnón? Bueno, hermana, tú calla; es tu hermano, no te atormentes por eso». Tamar se quedó, desolada, en casa de su hermano Absalón. 21El rey David oyó lo que había pasado y se indignó

–pero no quiso dar un disgusto a su hijo Amnón,
a quien amaba por ser su primogénito–. 22 Ab-
salón no dirigió una palabra ni buena ni mala a
Amnón, pero le guardó rencor por haber violado
a su hermana Tamar.

Asesinato de Amnón

23 Dos años después, la gente de Absalón es-
taba esquilando sus ovejas en Baal-Jasor, junto
a Efrón, y Absalón convidó a todos los hijos del
rey. 24 Se presentó al rey y le dijo: «Tu servidor
está ahora esquilando las ovejas. Dígnese venir
conmigo el rey y su corte». 25 El rey respondió:
«No, hijo; no vamos a ir todos a serte una car-
ga». Él insistió, pero David no quiso ir, y lo des-
pidió con su bendición. 26 Absalón le dijo: «Que
venga con nosotros por lo menos mi hermano
Amnón». El rey preguntó: «¿Para qué va a ir con-
tigo?». 27 Pero Absalón insistió, y entonces David
mandó con él a Amnón y a todos los hijos del rey.
Absalón preparó un banquete digno de un rey
28 y ordenó a sus criados: «Fíjense bien. Cuando
Amnón esté ya bebido y yo les dé la orden de
herirlo, lo matarán, sin miedo ninguno; yo se lo
mando. Tengan ánimo y sean valientes». 29 Los
criados de Absalón cumplieron sus órdenes. En-
tonces todos los hijos del rey emprendieron la
huida cada uno en su mulo.
30 Iban todavía de camino, y ya le llegó a David
la noticia: «¡Absalón ha matado a todos los hijos
del rey y no queda ninguno!». 31 El rey se levan-
tó, se rasgó las vestiduras y se echó por tierra.
Todos los ministros se rasgaron las vestiduras.
32 Pero Jonadab, hijo de Samá, hermano de Da-
vid, dijo: «No piense su majestad que han mata-
do a todos los hijos del rey. Solo ha muerto Am-
nón. Absalón lo decidió el día que Amnón violó
a su hermana Tamar. 33 Así que no se preocupe
su majestad pensando que han muerto todos los
hijos del rey, porque solo ha muerto Amnón, 34 y
Absalón ha huido». El centinela, alzando la vis-
ta, vio un gran gentío por el camino de Joronaín,
en la cuesta, y avisó al rey: «He visto gente por
el camino de Joronaín, por la ladera del monte».
35 Jonadab dijo al rey: «Son los hijos del rey que
llegan. Pasa lo que decía tu servidor». 36 Acaba-
ba de hablar, cuando entraron los hijos del rey
gritando y llorando. También el rey y toda su
corte se echaron a llorar inconsolables.
37a Absalón fue a refugiarse en el territorio de
Talmay, hijo de Amihud. 37b El rey David guardó
luto por su hijo todo aquel tiempo. 38 Absalón fue
a refugiarse en el territorio de Guesur, donde
permaneció tres años. 39 Pero después de calmar
su dolor por la muerte de Amnón, el rey cesó en
su cólera contra Absalón.

14 1 Joab, hijo de Seruyá, comprendió que el
rey volvía a querer a Absalón. 2 Entonces
mandó a Tecua unos hombres para que trajeran
de allí a una mujer habilidosa. Joab le dijo: «Haz
como que estás de luto, ponte ropa de luto y no
te perfumes; tienes que parecer una mujer que
ya hace mucho tiempo lleva luto por un difunto.
3 Te presentas al rey y le dices lo que yo te diga. Y
Joab le explicó todo lo que debía decir».
4 La mujer se presentó ante el rey y cayó rostro
en tierra diciendo: «Majestad, ¡sálvame!». 5 El
rey preguntó: «¿Qué te pasa?». Ella respondió:
«¡Ay de mí! Soy una viuda, murió mi marido. 6 Y
su servidora tenía dos hijos; riñeron los dos en
el campo, sin que nadie los separase, y uno de
ellos hirió al otro y lo mató. 7 Y ahora resulta que
toda la familia se ha puesto en contra de tu ser-
vidora; dicen que les entregue al homicida para
matarlo, para vengar la muerte de su hermano,
y acabar así con el heredero. ¡Así me apagarán
la última brasa que me queda, y mi marido se
quedará sin apellido ni descendencia sobre la
tierra!». 8 El rey dijo a la mujer: «Vete a casa,
que yo me encargo de tu asunto». 9 La mujer con-
tinuó: «Majestad, yo y mi casa cargaremos con
la responsabilidad; el rey y su trono no serán
responsables». 10 El rey dijo: «Si alguno se mete
contigo, tráemelo y no te molestará más». 11 Ella
replicó: «¡Que el rey pronuncie el nombre del Se-
ñor, su Dios, para que el vengador de la sangre
no aumente el daño acabando con mi hijo!». Él
dijo: «¡Por la vida del Señor, no caerá en tierra
un solo cabello de tu hijo!».
12 La mujer insitió: «¿Puedo añadir una palabra
al rey, mi señor?». Respondió el rey: «Habla».
13 La mujer dijo: «Con lo que acabas de decir,
te condenas a ti mismo, porque al no dejar que
vuelva el desterrado estás maquinando contra el
pueblo de Dios. 14 Todos hemos de morir; somos
agua derramada en tierra, que no se puede re-
coger. Dios no dará muerte al que toma medidas
para que no siga en el destierro el desterrado.
15 He venido a decir esto al rey porque algunos
me han metido miedo, y una servidora pensó:
Voy a hablarle al rey, a lo mejor sigue mi conse-
jo; 16 el rey comprenderá y librará a una servidora
de los que intentan extirparnos de la herencia
de Dios a mí y a mi hijo a la vez. 17 Tu servidora
pensó: La palabra del rey, mi señor, me servirá
de alivio, porque el rey es como un enviado de
Dios, que sabe distinguir el bien y el mal. ¡El
Señor, tu Dios, esté contigo!».
18 El rey tomó la palabra y dijo a la mujer: «No
me ocultes nada de lo que voy a preguntarte».
Respondió: «Habla, majestad». 19 Le preguntó:
«¿No está la mano de Joab detrás de todo es-

to?». Ella respondió: «¡Majestad, por tu vida!
Las palabras de su majestad han dado en el
blanco. Tu siervo Joab es quien me mandó y me
ensayó toda la escena. [20]Ideó esto para no pre-
sentar el asunto de frente; pero mi señor posee
la sabiduría de un enviado de Dios y conoce todo
lo que pasa en la tierra».
[21]El rey dijo a Joab: «Ya ves que he dado mi pa-
labra. Anda a traer al muchacho, Absalón». [22]Joab
se postró rostro en tierra, haciendo una reve-
rencia, dio las gracias al rey y dijo: «Majestad,
hoy he visto que estás bien dispuesto conmigo,
porque has accedido a la petición de tu siervo».
[23]Se levantó y marchó a Guesur y trajo a Absalón
a Jerusalén. [24]El rey ordenó: «Que se vaya a su
casa, porque no quiero recibirlo». Absalón volvió
a su casa, sin ser recibido por el rey. [25]No había
en todo Israel hombre más guapo ni tan admira-
do como Absalón: de pies a cabeza no tenía un
defecto. [26]Cuando se cortaba el pelo –acostum-
braba hacerlo de año en año, porque le pesaba
mucho–, el pelo cortado pesaba más de dos kilos
en la balanza del rey. [27]Tuvo tres hijos y una hija,
llamada Tamar, una muchacha muy guapa.
[28]Absalón residió en Jerusalén dos años sin ser
recibido por el rey. [29]Entonces llamó a Joab, pa-
ra que fuera al rey como enviado suyo, pero Joab
no quiso ir; lo llamó por segunda vez, y tampoco
quiso. [30]Absalón dijo a sus criados: «Miren, Joab
tiene sembrada cebada en la tierra junto a la
mía. Vayan a quemársela». Los criados de Absa-
lón la incendiaron.
[31]Entonces fue Joab a casa de Absalón y le
dijo: «¿Por qué tus criados han quemado mi tie-
rra?». [32]Absalón contestó: «Mira, mandé a de-
cirte que vinieras para enviarte al rey con este
mensaje: ¿Para qué he vuelto de Guesur? ¡Mejor
estaba allí! Quiero que el rey me reciba, y si soy
culpable, que me mate». [33]Joab fue a decírselo
al rey. El rey llamó a Absalón, que se presentó
ante él y le hizo una reverencia rostro en tierra,
y el rey abrazó a Absalón.

Conspiración de Absalón

15 [1]Absalón se agenció inmediatamente una
carroza, caballos y cincuenta hombres de
escolta. [2]Se ponía temprano junto a la entrada
de la ciudad, llamaba a los que iban con algún
pleito al tribunal del rey y les decía: «¿De qué
población eres?». El otro respondía: «Tu servi-
dor es de tal tribu israelita». [3]Entonces Absalón
decía: «Mira, tu caso es justo y está claro; pero
nadie te va a atender en la audiencia del rey». [4]Y
añadía: «¡Ah, si yo fuera juez en el país! Podrían
acudir a mí los que tuvieran pleitos o asuntos y
yo les haría justicia». [5]Y cuando se le acercaba
alguno postrándose ante él, Absalón le tendía
la mano, lo alzaba y lo besaba. [6]Así hacía con
todos los israelitas que iban al tribunal del rey, y
así se los iba ganando.
[7]Al cabo de cuatro años, Absalón dijo al rey:
«Déjame ir a Hebrón, a cumplir una promesa que
hice al Señor, [8]porque cuando estuve en Guesur
de Siria hice esta promesa: Si el Señor me deja
volver a Jerusalén, le ofreceré un sacrificio en
Hebrón». [9]El rey le dijo: «Vete en paz». Absa-
lón emprendió la marcha hacia Hebrón, [10]pero
despachó emisarios a todas las tribus de Israel
con este encargo: «Cuando oigan el sonido de
la trompeta digan: ¡Absalón es rey de Hebrón!».
[11]Desde Jerusalén marcharon con Absalón dos-
cientos convidados; caminaban inocentemente,
sin sospechar nada. [12]Durante los sacrificios,
Absalón mandó gente a Guiló para hacer venir
del pueblo a Ajitófel, el guilonita, consejero de
David. La conspiración fue tomando fuerza, por-
que aumentaba la gente que seguía a Absalón.

Huida de David

[13]Pero uno llevó esta noticia a David: «Los is-
raelitas se han puesto de parte de Absalón». [14]En-
tonces David dijo a los cortesanos que estaban
con él en Jerusalén: «¡Rápido, huyamos! Que si se
presenta Absalón, no nos dejará escapar. Apúren-
se a partir, no sea que él se adelante, nos alcance
y precipite la ruina sobre nosotros y pase a cu-
chillo la población». [15]Los cortesanos le respon-
dieron: «Lo que su majestad decida. ¡Estamos a
tus órdenes!». [16]El rey dejó diez concubinas para
cuidar del palacio y salió acompañado de toda su
corte. [17]Se detuvieron junto a la última casa de
la ciudad; [18]los ministros se colocaron a su lado y
los quereteos, los pelteos, Itay y los de Gat –los
seiscientos hombres que lo habían seguido desde
Gat– fueron pasando ante el rey.
[19]El rey dijo a Itay, el de Gat: «¿Por qué vas a
venir tú también con nosotros? Vuélvete y qué-
date con el rey, que también tú eres un extranje-
ro, lejos de tu tierra. [20]Llegaste ayer, ¿cómo voy
a permitir que salgas hoy errante con nosotros,
cuando yo mismo marcho sin rumbo? Vuélvete y
llévate a tus hermanos. ¡Que el Señor sea bueno
y leal contigo!». [21]Pero Itay respondió: «¡Por la
vida del Señor y por tu propia vida! Donde es-
té el rey, mi señor, allí estaré yo, en vida y en
muerte». [22]Entonces el rey le dijo: «Anda, pasa».
Y pasó Itay, el de Gat, con sus hombres y sus
niños.
[23]Toda la gente lloraba y gritaba. El rey es-
taba junto al torrente Cedrón, mientras todos
iban pasando ante él por el camino del desierto.
[24]Sadoc, con los levitas, llevaban el arca de la

alianza de Dios y la depositaron junto a Abiatar,
hasta que toda la gente salió de la ciudad. 25En-
tonces el rey dijo a Sadoc: «Vuélvete con el arca
de Dios a la ciudad. Si alcanzo el favor del Señor,
me dejará volver a ver el arca y su morada. 26Pero
si dice que no me quiere, aquí me tiene, haga de
mí lo que le parezca bien». 27Luego añadió al sa-
cerdote Sadoc: «Vuélvanse en paz a la ciudad, tú
con tu hijo Ajimás y Abiatar con su hijo Jonatán.
28Miren, yo me detendré por los pasos del desier-
to, hasta que me llegue algún aviso de ustedes».
29Sadoc y Abiatar volvieron con el arca de Dios a
Jerusalén y se quedaron allí.

30David subió la Cuesta de los Olivos; la subía
llorando, la cabeza cubierta y los pies descal-
zos. Y todos sus acompañantes llevaban cu-
bierta la cabeza, y subían llorando. 31Dijeron a
David: «Ajitófel se ha unido a la conspiración
de Absalón». David oró: «¡Señor, que fracase
el plan de Ajitófel!». 32Cuando David llegó a la
cumbre, allí adonde se adoraba a Dios, salió a
su encuentro Jusay, el arquita, rasgada la túni-
ca y con polvo en la cabeza. 33David le dijo: «Si
vienes conmigo, me vas a ser una carga. 34Pero
puedes hacer fracasar el plan de Ajitófel si vuel-
ves a la ciudad y le dices a Absalón: Majestad,
soy tu esclavo; antes lo fui de tu padre, ahora
lo soy tuyo. 35Allí tienes a los sacerdotes Sadoc
y Abiatar; todo lo que oigas en palacio díselo a
los sacerdotes Sadoc y Abiatar. 36Con ellos esta-
rán allí Ajimás, hijo de Sadoc, y Jonatán, hijo de
Abiatar, y por medio de ellos me comunicarán
todo lo que averigüen». 37Jusay, amigo de David,
se fue a la ciudad. Y Absalón entró en Jerusalén.

Sibá, Semeí y David

16 1David había remontado la cima, cuando
se encontró con Sibá, criado de Meribaal,
con un par de burros aparejados, cargados con
doscientos panes, cien racimos de pasas, cien
panes de higos y un odre de vino. 2El rey le di-
jo: «¿Qué significa esto?». Sibá respondió: «Los
burros son para que monte la familia del rey; el
pan y la fruta, para que coman los criados, y el
vino, para que beban los que desfallezcan en el
desierto». 3El rey preguntó: «¿Y dónde está el
hijo de tu amo?». Sibá respondió: «Queda en Je-
rusalén, porque espera que la casa de Israel le
devuelva ahora el reino de su padre». 4Entonces
el rey dijo a Sibá: «Todo lo de Meribaal es tuyo».
Sibá dijo: «A tus pies, majestad. ¡Gracias por el
favor que me otorgas!».

5Al llegar el rey David a Bajurín, salió de allí
uno de la familia de Saúl, llamado Semeí, hijo de
Guerá, insultándolo a medida que se acercaba.
6Y empezó a tirar piedras a David y a sus cortesa-
nos a pesar de que toda la gente y los militares
iban a derecha e izquierda del rey, 7y al malde-
cirlo decía: «¡Vete, vete, asesino, canalla! 8El
Señor te paga la matanza de la familia de Saúl,
cuyo trono has usurpado. El Señor ha entregado
el reino a tu hijo Absalón, mientras tú has caído
en desgracia, porque eres un asesino».

9Abisay, hijo de Seruyá, dijo al rey: «Ese perro
muerto, ¿se pone a maldecir a mi señor? ¡Déjame
ir allá y le corto la cabeza!». 10Pero el rey dijo:
«¡No te metas en mis asuntos, hijo de Seruyá!
Déjale que maldiga, que si el Señor le ha man-
dado que maldiga a David, ¿quién va a pedirle
cuentas?». 11Luego David dijo a Abisay y a todos
sus cortesanos: «Ya ven, un hijo mío, salido de
mis entrañas, intenta matarme, ¡y les extraña
ese benjaminita! Déjenlo que me maldiga, por-
que se lo ha mandado el Señor. 12Quizá el Señor
se fije en mi humillación y me pague con ben-
diciones estas maldiciones de hoy». 13David y
los suyos siguieron su camino, mientras Semeí
iba en dirección paralela por la loma del monte,
echando maldiciones según caminaba, tirando
piedras y levantando polvo.

Absalón en Jerusalén

14El rey y sus acompañantes llegaron rendidos
al Jordán y allí descansaron. 15Mientras tanto,
Absalón y los israelitas entraban en Jerusalén;
Ajitófel iba con él. 16Cuando Jusay, el arquita,
amigo de David, se presentó a Absalón, le dijo:
«¡Viva el rey! ¡Viva el rey!». 17Absalón contes-
tó: «¿Esa es tu lealtad para con tu amigo? ¿Por
qué no te has ido con él?». 18Jusay le respondió:
«¡No, de ninguna manera! Con el que ha elegido
el Señor, y este pueblo, y todo Israel, yo estaré
y con él viviré. 19Y, además, ¿a quién voy a servir
yo sino a su hijo? ¡Como serví a tu padre, te ser-
viré a ti!». 20Luego Absalón preguntó a Ajitófel:
«¿Qué me aconsejas hacer?». 21Ajitófel le res-
pondió: «Acuéstate con las concubinas que dejó
tu padre al cuidado del palacio. Todo Israel sa-
brá que has roto con tu padre, y tus partidarios
cobrarán confianza». 22Entonces le instalaron a
Absalón una tienda de campaña en la azotea,
y se acostó con las concubinas de su padre, a
la vista de todo Israel. 23En aquella época los
consejos de Ajitófel se recibían como oráculos,
lo mismo cuando aconsejaba a David que cuando
aconsejaba a Absalón.

Ajitófel frente a Jusay

17 1Ajitófel propuso a Absalón: «Voy a selec-
cionar doce mil hombres para salir en per-
secución de David esta misma noche. 2Lo alcan-
zaré, estará fatigado y acobardado; le daré un

susto, y todos los que lo acompañan huirán. En-
tonces, cuando quede solo, lo mataré 3y te traeré
a todos como una esposa vuelve al marido. Tú
quieres matar solo a una persona, y que todo el
pueblo quede en paz». 4La propuesta le pareció
bien a Absalón y a todos los concejales de Israel.
5Absalón ordenó: «Llamen también a Jusay, el
arquita, a ver qué opina él». 6Jusay se presentó
ante Absalón, y este le dijo: «Ajitófel propone
esto. ¿Lo hacemos? En caso contrario, ¿qué pro-
pones tú?». 7Jusay respondió: «Por esta vez el
consejo de Ajitófel no es acertado. 8Tú conoces
a tu padre y a sus hombres: son valientes y están
furiosos como una osa a la que han robado las
crías en el campo, y tu padre es práctico en la
guerra y no va a pasar la noche mezclado con la
tropa. 9Ahora lo tendrán escondido en una que-
brada o en cualquier parte. Si las primeras bajas
son de los tuyos, se correrá la noticia de que han
derrotado a la tropa de Absalón, 10e incluso los
mejores de los tuyos, valientes como leones, se
achicarán, porque todo Israel sabe que tu padre
es todo un soldado y los suyos unos valientes.
11Yo aconsejo lo siguiente: concentra aquí a todo
Israel, desde Dan hasta Berseba, numeroso como
la arena de la playa, y tú en persona sal con ellos.
12Iremos adonde esté David, caeremos sobre él
como rocío sobre la tierra y no le dejaremos vi-
vo a uno solo de los que lo acompañan. 13Y si se
mete en una población, todo Israel llevará sogas
y arrastraremos la ciudad hasta el río, hasta que
no quede allí ni un guijarro». 14Entonces Absalón
y los israelitas exclamaron: «¡El consejo de Ju-
say, el arquita, vale más que el de Ajitófel!» —Es
que el Señor había determinado hacer fracasar
el plan de Ajitófel, que era el bueno, para aca-
rrearle la ruina a Absalón–. 15Jusay informó a los
sacerdotes Sadoc y Abiatar: «Ajitófel ha aconse-
jado esto a Absalón y a los ancianos de Israel y
yo les he aconsejado esto otro. 16Así que manden
este recado urgente a David: No pases la noche
en los llanos del desierto; pasa a la otra parte,
para que no te aniquilen con toda tu gente».

David y Absalón en Transjordania

17Jonatán y Ajimás estaban en En-Roguel, por-
que no podían dejarse ver en la ciudad; una cria-
da iría a pasarles los avisos, y ellos marcharían
a comunicárselos al rey David. 18Pero entonces
los vio un muchacho y se lo dijo a Absalón; ellos
marcharon a toda prisa y entraron en casa de un
hombre en Bajurín. Aquel hombre tenía un pozo
en el corral y se metieron en él. 19La mujer tomó
una manta, la extendió sobre la boca del pozo y
echó encima grano, de modo que no se notara na-
da. 20Los criados de Absalón llegaron a la casa de
aquella mujer y preguntaron: «¿Dónde están Aji-
más y Jonatán?». Ella contestó: «Se fueron hacia
el río». Los buscaron, pero al no encontrarlos se
volvieron a Jerusalén. 21En cuanto marcharon los
de Absalón, salieron del pozo y fueron a avisar al
rey David. Le dijeron: «Vamos, crucen rápidamen-
te el río, porque Ajitófel ha propuesto este plan
contra ustedes». 22David y los que lo acompaña-
ban pasaron el Jordán; estuvieron pasando toda
la noche, hasta que lo pasaron todos. 23Mientras
tanto, Ajitófel, viendo que no se había aceptado
su consejo, aparejó el burro y se marchó a casa,
a su pueblo; hizo testamento, se ahorcó y murió.
Lo enterraron en la sepultura familiar. 24Cuando
David llegaba a Majnaym, Absalón pasaba el Jor-
dán con todo Israel. 25Absalón había nombrado a
Amasá jefe del ejército en sustitución de Joab;
Amasá era hijo de un tal Yitrá, ismaelita, que vi-
vía con Abigaíl, hija de Jesé, hermana de Seruyá,
madre de Joab. 26Israel y Absalón acamparon en
tierra de Galaad. 27Cuando David llegó a Majna-
ym, Sobí, hijo de Najás, de Rabá de Amón, Maquir,
hijo de Amiel, de Lodabar, y Barzilay, el galaa-
dita, de Roguelín, 28trajeron colchones, jarras y
vasijas; trigo, cebada, harina y grano tostado;
habas, lentejas, 29miel, leche cuajada de oveja y
quesos de vaca; se lo ofrecieron a David y a la
gente que lo acompañaba para que comieran, di-
ciendo: «La gente estará cansada, hambrienta y
sedienta de caminar por el desierto».

Derrota y muerte de Absalón

18 1David pasó revista a sus tropas y les
nombró jefes y oficiales; 2luego dividió el
ejército en tres cuerpos; uno al mando de Joab;
el segundo al mando de Abisay, hijo de Seruyá,
hermano de Joab, y el tercero al mando de Itay,
el de Gat. Y dijo a los soldados: «Yo también iré
con ustedes». 3Le respondieron: «No vengas.
Que si nosotros tenemos que huir, eso no nos im-
porta; si morimos la mitad, no nos importa. Tú
vales por diez mil de nosotros; es mejor que nos
ayudes desde la ciudad». 4El rey les dijo: «Haré
lo que mejor les parezca». Y se quedó junto a las
puertas mientras todo el ejército salía al comba-
te, por compañías y batallones. 5El rey dio este
encargo a Joab, Abisay e Itay: «¡Trátenme con
cuidado al joven Absalón!». Y todos oyeron el
encargo del rey a sus generales.
6El ejército de David salió al campo para hacer
frente a Israel. Se entabló la batalla en la espe-
sura de Efraín, 7y allí fue derrotado el ejército
de Israel por los de David; fue gran derrota la de
aquel día: veinte mil bajas. 8La lucha se exten-
dió a toda la zona, y el bosque devoró aquel día
más gente que la espada.

9Absalón fue a dar en un destacamento de Da-
vid. Iba montado en un mulo, y al meterse el
mulo bajo el ramaje de una enorme encina, se
le enganchó a Absalón la cabeza en la encina y
quedó colgando entre el cielo y la tierra, mien-
tras el mulo que cabalgaba se le escapó. 10Lo vio
uno y avisó a Joab: «¡Acabo de ver a Absalón
colgado de una encina!». 11Joab dijo al que le
daba la noticia: «Y si lo viste, ¿por qué no lo
clavaste en tierra, y ahora yo tendría que darte
diez monedas de plata y un cinturón?». 12Pero
el hombre le respondió: «Aunque sintiera yo en
la palma de la mano el peso de mil monedas de
plata, no atentaría contra el hijo del rey; es-
tábamos presentes cuando el rey les encargó a
ti, a Abisay y a Itay que le cuidaran a su hijo
Absalón. 13Si yo hubiera cometido por mi cuenta
tal villanía, como el rey se entera de todo, tú te
pondrías contra mí». 14Entonces Joab dijo: «¡No
voy a andar con contemplaciones por tu culpa!».
Agarró tres dardos y se los clavó en el corazón a
Absalón, todavía vivo en el ramaje de la enci-
na. 15Los diez asistentes de Joab se acercaron a
Absalón y lo acribillaron, rematándolo. 16Joab
tocó la trompeta para detener a la tropa, y el
ejército dejó de perseguir a Israel. 17Luego aga-
rraron a Absalón y lo tiraron a un hoyo grande en
la espesura, y echaron encima un montón enor-
me de piedras. Los israelitas huyeron todos a la
desbandada. 18Absalón se había erigido en vida
una piedra conmemorativa en Emec Hammélek,
pensando: No tengo un hijo que lleve mi apelli-
do. Grabó su nombre en la estela; hasta hoy se la
llama Monumento de Absalón.

David recibe la noticia

19Ajimás, hijo de Sadoc, dijo: «Voy corriendo
a llevarle al rey la buena noticia de que el Señor
le ha hecho justicia de sus enemigos». 20Pero
Joab le dijo: «No lleves hoy la buena noticia,
porque ha muerto el hijo del rey. Ya lo harás
otro día». 21Luego ordenó a un etíope: «Vete
a comunicarle al rey lo que has visto». El etío-
pe hizo una inclinación a Joab y echó a correr.
22Ajimás, hijo de Sadoc, le insistió a Joab: «Pa-
se lo que pase, voy corriendo yo también detrás
del etíope». Joab le dijo: «¿A qué vas a correr
tú, hijo? ¡Si no te van a dar un premio por esa
noticia!». 23Ajimás repuso: «Pase lo que pase,
voy corriendo». Entonces Joab le dijo: «Vete».
Ajimás echó a correr, y tomando el atajo por el
valle se adelantó al etíope. 24David estaba sen-
tado entre las dos puertas. El centinela subió
al mirador, encima de la puerta, sobre la mu-
ralla, levantó la vista y miró: un hombre venía
corriendo solo.
25El centinela gritó y avisó al rey. El rey co-
mentó: «Si viene solo, trae buenas noticias».
El hombre seguía acercándose. 26Y entonces el
centinela divisó a otro hombre corriendo detrás,
y gritó desde encima de la puerta: «Viene otro
hombre corriendo solo». Y el rey comentó: «Tam-
bién ese trae buenas noticias». 27Luego dijo el
centinela: «Estoy viendo cómo corre el primero:
corre al estilo de Ajimás, el de Sadoc». El rey
comentó: «Es buena persona, viene con buenas
noticias». 28Cuando Ajimás se aproximó, dijo al
rey: «¡Paz!». Y se postró ante el rey, rostro en
tierra. Luego dijo: «¡Bendito sea el Señor, tu
Dios, que te ha entregado los que se habían su-
blevado contra el rey, mi señor!».
29El rey preguntó: «¿Está bien el muchacho,
Absalón?». Ajimás respondió: «Cuando tu siervo
Joab me envió, yo vi un gran barullo, pero no sé
lo que era». 30El rey dijo: «Retírate y espera ahí».
Se retiró y esperó allí. 31Y en aquel momento lle-
gó el etíope y dijo: «¡Buenas noticias, majestad!
¡El Señor te ha hecho hoy justicia de los que se
habían rebelado contra ti!». 32El rey le pregun-
tó: «¿Está bien mi hijo Absalón?». Respondió el
etíope: «¡Acaben como él los enemigos de su
majestad y cuantos se rebelen contra ti!».

David llora la muerte de su hijo

19 1Entonces el rey se estremeció, subió al
mirador de encima de la puerta y se echó
a llorar, diciendo mientras subía: «¡Hijo mío,
Absalón, hijo mío! ¡Hijo mío, Absalón! ¡Ojalá
hubiera muerto yo en vez de ti, Absalón, hijo
mío, hijo mío!». 2A Joab le avisaron: «El rey está
llorando y lamentándose por su hijo Absalón».
3Así, la victoria de aquel día fue duelo para el
ejército, porque los soldados oyeron decir que el
rey estaba afligido a causa de su hijo. 4Y el ejér-
cito entró aquel día en la ciudad a escondidas,
como se esconden los soldados abochornados
cuando han huido del combate. 5El rey se tapaba
el rostro y gritaba: «¡Hijo mío, Absalón! ¡Absa-
lón, hijo mío, hijo mío!».
6Joab fue a palacio y dijo al rey: «Tus solda-
dos, que han salvado hoy tu vida y la de tus
hijos e hijas, mujeres y concubinas, están hoy
avergonzados de ti, 7porque quieres a los que te
odian y odias a los que te quieren. Hoy has de-
jado en claro que para ti no existen generales ni
soldados. Hoy caigo en la cuenta de que aunque
hubiéramos muerto todos nosotros, con que Ab-
salón hubiera quedado vivo, te parecería bien.
8Levántate, sal a dar ánimo a tus soldados, que,
¡juro por el Señor!, si no sales, esta noche te
quedas sin nadie, y te pesará esta desgracia más
que todas las que te han sucedido desde joven

hasta ahora». 9a El rey se levantó, se sentó a la
puerta y avisaron a todos: «¡El rey está sentado
a la puerta!». Todos acudieron allá.

Vuelta de David

9b Los israelitas de Absalón habían huido a la
desbandada. 10 Y por todas las tribus de Israel
la gente discutía: «El rey nos libró de nuestros
enemigos y nos salvó de los filisteos. Si ahora
huyó del país fue por culpa de Absalón. 11 Absa-
lón, al que ungimos rey, ha muerto en la batalla;
así que, ¿por qué están cruzados de brazos y no
traen al rey a su palacio?».

12 La propuesta de todo Israel llegó a oídos del
rey, que envió esta orden a los sacerdotes Sadoc
y Abiatar: «Digan a los ancianos de Judá: No se
queden los últimos en llamar al rey. 13 Son mis pa-
rientes, de mi carne y sangre. No se queden los
últimos en llamar al rey. 14 A Amasá díganle: Eres
de mi carne y sangre. Que Dios me castigue si no
te nombro de por vida general en jefe de mi ejér-
cito en vez de Joab». 15 David se ganó a todos los
de Judá, que le siguieron como un solo hombre,
y le mandaron este ruego: «Vuelve con todos tus
hombres». 16 El rey volvió y bajó al Jordán, mien-
tras los de Judá iban a Guilgal al encuentro del
rey, para acompañarlo en el paso del Jordán.

17 Semeí, hijo de Guerá, benjaminita, de Baju-
rín, se apresuró a bajar al encuentro del rey Da-
vid y los de Judá con mil de su tribu. 18 Por su
lado, Sibá, criado de la familia de Saúl, con sus
quince hijos y sus veinte criados, atravesaron la
corriente del Jordán frente al rey, y puestos a
disposición del rey, 19 ayudaron a pasar el vado
a la familia real. Semeí, hijo de Guerá, se postró
ante el rey cuando este iba a pasar el Jordán 20 y
le dijo: «No me tome cuentas, majestad, de mi
delito; no recuerde la mala acción de un servidor
cuando su majestad salía de Jerusalén; no me lo
guarde. 21 Un servidor reconoce su pecado; pero,
de toda la casa de José, he venido yo hoy el pri-
mero para bajar al encuentro de su majestad».

22 Abisay, hijo de Seruyá, intervino: «¿Y vamos
a dejar vivo a Semeí, que maldijo al ungido del
Señor? Semeí maldijo al ungido del Señor, ¿va-
mos a dejarlo vivo por esto que ha hecho hoy?».
23 Pero David habló: «¡No te metas en mis asun-
tos, hijo de Seruyá! No me tientes. Siento que
hoy vuelvo a ser rey de Israel. ¿Vamos a matar
hoy a un hombre en Israel?». 24 Luego dijo el rey
a Semeí: «No morirás». Y se lo juró.

25 Meribaal, nieto de Saúl, bajó al encuentro
del rey. No se había lavado los pies, ni arreglado
la barba, ni lavado la ropa desde que tuvo que
irse el rey hasta el día en que volvía victorioso.
26 Y cuando desde Jerusalén llegó adonde estaba
el rey, este le dijo: «Meribaal, ¿por qué no vi-
niste conmigo?». 27 Él respondió: «Majestad, mi
servidor me traicionó. Porque yo me dije: Voy a
aparejar la burra para montar y marcharme con
el rey –porque tu servidor está cojo–. 28 Pero mi
siervo me calumnió ante su majestad. Con todo,
su majestad es como un enviado de Dios; haz lo
que te parezca bien. 29 Y aunque toda mi familia
paterna era digna de muerte ante su majestad,
este siervo suyo fue invitado a sentarse a tu me-
sa. ¿Qué más puedo yo pedir al rey?». 30 El rey le
dijo: «¿Para qué vas a añadir nuevas razones?
Ya lo he decidido: tú y Sibá se repartirán las
tierras». 31 Meribaal respondió: «Que él se quede
con todo, ya que mi señor, el rey, ha vuelto a
casa sano y salvo».

32 Por su parte, Barzilay, el galaadita, bajó
desde Roguelín y siguió hasta el Jordán pa-
ra escoltar al rey en el río. 33 Barzilay era muy
viejo, tenía ochenta años; había sido proveedor
real mientras David residía en Majnaym, porque
Barzilay era de muy buena posición. 34 El rey le
dijo: «Tú pasa conmigo, que yo voy a ser tu pro-
veedor en Jerusalén». 35 Barzilay repuso: «Pero,
¿cuántos años tengo para subir con el rey hasta
Jerusalén? 36 ¡Cumplo hoy ochenta años! Cuando
tu servidor no distingue lo bueno de lo malo, no
saborea lo que come o bebe, ni tampoco si oye a
los cantores o a las cantoras. ¿Para qué voy a ser
una carga más de su majestad? 37 Pasaré un poco
más allá acompañando al rey, no hace falta que
el rey me lo pague. 38 Déjame volver a mi pueblo,
y que al morir me entierren en la sepultura de
mis padres. Aquí está mi hijo Quimeán, que vaya
él, y lo tratas como te parezca bien». 39 Entonces
dijo el rey: «Que venga conmigo Quimeán, y yo
lo trataré como te parezca bien. Y todo lo que
quieras encomendarme, yo lo haré».

40 La gente pasó el Jordán. Lo pasó también el
rey; luego abrazó a Barzilay, lo bendijo y Barzi-
lay se volvió a su pueblo. 41 El rey siguió hasta
Guilgal. Quimeán iba con él. Todo Judá y medio
Israel acompañaban al rey. 42 Y los israelitas fue-
ron a decirle al rey: «¿Por qué te han acaparado
nuestros hermanos de Judá y han ayudado al
rey, a su familia y a toda su gente a pasar el
Jordán?». 43 Pero todo Judá respondió a los de
Israel: «¡Es que el rey es más pariente nuestro!
¿Por qué se molestan? ¿Acaso hemos comido a
costa del rey o él nos ha concedido algún pri-
vilegio?». 44 Los de Israel respondieron a los de
Judá: «¡Nosotros tenemos sobre el rey, y tam-
bién sobre David, diez veces más derechos que
ustedes! ¡No nos desprecien! ¿No hemos sido los
primeros en hacer volver al rey?». Pero los de Ju-
dá les respondieron con palabras aún más duras.

Sublevación de Sebá

20 1Estaba allí por casualidad un desalmado
llamado Sebá, hijo de Bicrí, benjaminita,
que tocó la trompeta, y dijo: «¿Qué nos reparti-
mos nosotros con David? ¡No heredamos juntos
con el hijo de Jesé! ¡A tus tiendas, Israel!». 2Los
israelitas, dejando a David, siguieron a Sebá,
hijo de Bicrí, mientras que los de Judá, desde el
Jordán hasta Jerusalén, siguieron fieles al rey.
3Cuando David llegó a su palacio de Jerusalén,
encerró en el harén a las diez concubinas que
había dejado al cuidado del palacio; las man-
tenía, pero no se acostó con ellas; quedaron
como viudas de por vida. 4Luego ordenó a Ama-
sá: «Moviliza a los hombres de Judá. Tienes tres
días. Luego preséntate aquí». 5Amasá marchó
para reclutar a los de Judá, pero se retrasó del
plazo señalado. 6David dijo entonces a Abisay:
«Sebá, hijo de Bicrí, nos va a ser ahora más peli-
groso que Absalón. Vete con los soldados a per-
seguirlo; que no llegue a las plazas fuertes y se
nos escape». 7Salieron, pues, con Abisay, Joab,
los quereteos, los pelteos y todos los valientes
de David; salieron de Jerusalén en persecución
de Sebá, hijo de Bicrí.
8Cuando estaban junto a la piedra grande que
hay en Gabaón, apareció Amasá. Joab llevaba
sobre el uniforme un cinturón con la espada en-
vainada, ceñida al muslo: la espada se le salió
y cayó. 9Joab saludó a Amasá: «¿Qué tal estás,
hermano?». Y mientras lo besaba, le agarró la
barba con la mano derecha. 10Pero Amasá no
había prestado atención a la espada que tenía
Joab en la mano izquierda y le clavó la espada
en la ingle, le salieron fuera los intestinos y, sin
necesidad de otro golpe, Amasá murió. Joab y
su hermano Abisay persiguieron a Sebá, hijo de
Bicrí. 11Uno de los soldados de Joab se colocó
junto a Amasá y dijo: «¡El que es partidario de
Joab y está con David, que siga a Joab!». 12Mien-
tras tanto, Amasá bañado en su sangre, seguía
en medio del camino. Aquel hombre, viendo que
todos los que llegaban junto al cadáver se para-
ban, retiró a Amasá del camino y le echó encima
una capa. 13Cuando el cadáver quedó fuera de la
calzada, todos siguieron a Joab en persecución
de Sebá, hijo de Bicrí. 14Sebá pasó por todas
las tribus de Israel. Después se fue a Prado de
Bet-Maacá, y todo el clan de Bicrí se metió allí
detrás de él. 15Llegó Joab y cercó a Prado de Bet-
Maacá; levantó un terraplén contra la ciudad y
los soldados de Joab comenzaron a socavar la
muralla. 16De pronto una mujer muy astuta, gri-
tó desde la muralla de la ciudad: «¡Escúchenme,
escúchenme! Digan a Joab que se acerque, que
tengo que hablar con él». 17Joab se le acercó y
ella preguntó: «¿Eres tú Joab?». Él dijo: «Sí». Y
ella dijo entonces: «Escucha las palabras de tu
servidora». Joab respondió: «Te escucho». 18Y
la mujer habló así: «Solían decir antiguamente:
Que pregunten en Prado, y asunto concluido.
19Somos israelitas fieles y pacíficos. Tú intentas
destruir una capital de Israel. ¿Por qué quieres
aniquilar la herencia del Señor?». 20Joab respon-
dió: «¡Eso ni pensarlo, líbreme Dios de aniquilar y
destruir! 21No se trata de eso, sino que uno de la
serranía de Efraín, llamado Sebá, hijo de Bicrí, se
ha sublevado contra el rey David. Entréguenmelo
a él solo y me alejaré de la ciudad». La mujer dijo
entonces a Joab: «Ahora te echamos su cabeza
por la muralla». 22Con su ingenio convenció a la
gente. Decapitaron a Sebá, hijo de Bicrí, y le ti-
raron a Joab la cabeza. Joab tocó la trompeta,
y dejando el asedio, marcharon cada cual a su
casa. Joab volvió a Jerusalén, al palacio real.
23Joab era general en jefe del ejército; Benayas,
hijo de Yehoyadá, mandaba a los quereteos y pel-
teos; 24Yorán estaba encargado de las brigadas
de trabajadores; Josafat, hijo de Ajilud, heraldo;
25Sisá, cronista, y Sadoc y Abiatar, sacerdotes.
26También Irá, el de Yaír, era capellán real.

APÉNDICE (21–24)

Venganza de sangre

21 1En el reinado de David hubo hambre
durante tres años consecutivos, y David
consultó al Señor. El Señor respondió: «Saúl y
su familia están todavía manchados de sangre
por haber matado a los gabaonitas». 2Los ga-
baonitas no pertenecían a Israel, sino que eran
un resto de los amorreos; los israelitas habían
hecho un pacto con ellos, pero Saúl, en su celo
por Israel y Judá, intentó exterminarlos. El rey
David los convocó 3y les dijo: «¿Qué puedo hacer
por ustedes y cómo indemnizarlos, de modo que
bendigan la herencia del Señor?». 4Los gabaoni-
tas contestaron: «Nosotros no queremos plata
ni oro de Saúl y su familia, ni queremos que mue-
ra nadie de Israel». David les dijo: «Haré lo que
me pidan». 5Entonces dijeron: «Un hombre quiso
exterminarnos, y pensó destruirnos y expulsar-
nos del territorio de Israel. 6Que nos entreguen
siete de sus hijos varones, y los colgaremos en
honor del Señor, en Gabaón, en la montaña del
Señor». David respondió: «Yo se los entregaré».
7Perdonó la vida a Meribaal, hijo de Jonatán,
hijo de Saúl, por el pacto sagrado que unía a
David y Jonatán; 8pero a Armoní y Meribaal, los
dos hijos de Saúl y Rispá, hija de Ayá, y a los
cinco hijos de Adriel, hijo de Barzilay, el de Me-
jolá, y de Merab, hija de Saúl, 9se los entregó
a los gabaonitas, que los colgaron en el monte

ante el Señor. Murieron los siete a la vez; fueron
ajusticiados durante la cosecha al comienzo de
la cosecha de la cebada. 10Rispá, hija de Ayá,
agarró una lona, la extendió sobre la peña y des-
de el comienzo de la cosecha hasta que llegaron
las lluvias estuvo allí espantando día y noche a
las aves y a las fieras.

11Cuando le contaron a David lo que hacía
Rispá, hija de Ayá, concubina de Saúl, 12fue a
pedir a los de Yabés de Galaad los huesos de Saúl
y de su hijo Jonatán que los habían recogido a
escondidas en la plaza de Beisán, donde los col-
garon los filisteos después de la derrota de Saúl
en Gelboé, 13trajo de allí los huesos de Saúl y los
de su hijo Jonatán y los juntaron con los huesos
de los ajusticiados. 14Los enterraron todos en el
territorio de Benjamín, en Selá, en la sepultura
de Quis. Hicieron todo lo que mandó el rey y Dios
se aplacó con el país.

Batalla contra los filisteos

15Estalló de nuevo la guerra entre los filisteos
e Israel. David bajó con sus oficiales, acampa-
ron en Gob y dieron batalla a los filisteos. David
estaba exhausto. 16Entonces se adelantó uno de
la raza de los gigantes, con una lanza de bronce
de tres kilos y una espada nueva, diciendo que
iba a matar a David. 17Pero Abisay, hijo de Seru-
yá, defendió a David, hirió al filisteo y lo mató.
Entonces los de David le exigieron: «¡Por Dios,
no salgas más con nosotros a la batalla, para que
no apagues la lámpara de Israel!».

18Después se reanudó en Gob la batalla contra
los filisteos. Sibcay, el husita, hirió a Asaf, uno
de la raza de los gigantes. 19Después se reanudó
en Gob la batalla contra los filisteos, y Eljanán,
hijo de Yaír, el de Belén, mató a Goliat, el de
Gat, cuya lanza tenía el asta tan grande como
el rodillo de un telar. 20Después se reanudó la
batalla en Gat. Había un gigante con seis dedos
en manos y pies, veinticuatro en total, que tam-
bién era de la raza de los gigantes; 21desafió a
Israel, pero Jonatán, hijo de Samá, hermano de
David, lo mató. 22Esos cuatro hombres de la raza
de los gigantes eran de Gat, y cayeron a manos
de David y sus oficiales.

Salmo de David

22 1Cuando el Señor lo libró de sus enemigos
y de Saúl, David entonó este canto:

*2Yo te amo, Señor, tú eres mi fortaleza./ 3Dios
mío, roca mía, refugio mío,/ escudo mío, mi
fuerza salvadora, mi baluarte.*

*4Invoco al Señor que es digno de alabanza/
y quedo libre de mis enemigos./ 5Las olas de la
muerte me envolvieron,/ torrentes destructores
me aterraron,/ 6me envolvían los lazos del Abis-
mo,/ me alcanzaban los lazos de la muerte,/ 7en
el peligro invoqué al Señor,/ invoqué a mi Dios:*

*Desde su templo él escuchó mi voz,/ mi grito
llegó a sus oídos./ 8Tembló y retembló la tierra,/
vacilaron los cimientos del cielo,/ sacudidos
por su cólera./ 9De su nariz se alzaba una hu-
mareda,/ de su boca un fuego voraz,/ y lanzaba
carbones encendidos./ 10Inclinó el cielo y des-
cendió/ con nubarrones bajo los pies;/ 11volaba
a caballo de un querubín,/ planeando sobre las
alas del viento,/ 12envuelto en un manto de os-
curidad,/ denso aguacero y nubes espesas;/ 13al
fulgor de su presencia/ se encendían centellas;/
14el Señor tronaba desde el cielo,/ el Soberano
hacía oír su voz.*

*15Disparando sus flechas los dispersaba,/ su
relámpago los enloquecía./ 16Al bramido del Se-
ñor/ con su nariz resoplando de cólera/ apare-
ció el fondo del mar/ y se vieron los cimientos
del mundo./ 17Desde el cielo alargó la mano y
me agarró,/ para sacarme de las aguas cauda-
losas,/ 18me libró de un enemigo poderoso,/ de
adversarios más fuertes que yo.*

*19Me hacían frente el día funesto,/ pero el Se-
ñor fue mi apoyo:/ 20me sacó a un lugar espacio-
so,/ me libró porque me amaba.*

*21El Señor me pagó mi rectitud,/ retribuyó la
pureza de mis manos,/ 22porque seguí los cami-
nos del Señor,/ y no me rebelé contra mi Dios;/
23porque tuve presentes sus mandatos,/ y no me
aparté de sus preceptos;/ 24estuve enteramente
de su parte,/ guardándome de toda culpa;/ 25el
Señor retribuyó mi rectitud,/ mi pureza en su
presencia.*

*26Con el leal tú eres leal,/ con el íntegro tú eres
íntegro,/ 27con el sincero tú eres sincero,/ con el
falso tú eres sagaz.*

*28Tú salvas al pueblo afligido,/ tu mirada hu-
milla a los soberbios./ 29Señor, tú eres mi lám-
para;/ Señor, tú alumbras mis tinieblas./ 30Con-
fiado en ti me meto en la batalla,/ confiado en
mi Dios asalto la muralla.*

*31El camino de Dios es perfecto,/ la promesa
del Señor es digna de confianza,/ es escudo para
los que en él se refugian./ 32¿Quién es Dios fue-
ra del Señor?/ ¿Qué roca hay fuera de nuestro
Dios?/ 33Dios es mi fuerte refugio,/ me enseña
un camino perfecto;/ 34él me da pies de ciervo/ y
me coloca en las alturas;/ 35él adiestra mis ma-
nos para la guerra/ y mis brazos para tensar la
ballesta.*

*36Me prestaste el escudo de tus victorias,/
multiplicaste tus cuidados conmigo./ 37Ensan-
chaste el camino ante mis pasos,/ y no flaquea-
ron mis tobillos.*

38Perseguiré al enemigo hasta extirparlo,/ y
no volveré sin haberlo aniquilado./ 39Los des-
truiré, los derrotaré,/ no podrán rehacerse:/
¡cayeron bajo mis pies!/ 40Me ceñiste de valor
para la lucha,/ doblegaste a los que se me resis-
tían;/ 41hiciste volver la espalda a mis enemi-
gos,/ reduje al silencio a mis adversarios.
42Pedían auxilio, nadie los salvaba;/ gritaban
al Señor, no les respondía./ 43Los reduje a pol-
vo de la tierra,/ los desmenucé como barro de
la calle.
44Me libraste de las contiendas de mi pueblo,/
me reservaste para cabeza de naciones./ Un
pueblo extraño fue mi vasallo,/ 45los extranjeros
me adulaban,/ me escuchaban y me obedecían./
46Los extranjeros flaqueaban/ y salían temblan-
do de sus baluartes.
47¡Viva el Señor, bendita sea mi Roca!/ Glorifi-
cado sea mi Dios,/ Roca salvadora:/ 48el Dios que
me dio el desquite/ y me sometió los pueblos;/
49que me sacó de entre los enemigos,/ me levantó
sobre los que me resistían,/ y me salvó del hom-
bre violento.
50Por eso te daré gracias ante las naciones,/ y
cantaré, Señor, en honor de tu Nombre:/ 51Tú dis-
te gran victoria a tu rey,/ fuiste leal con tu Un-
gido,/ con David y su descendencia por siempre.

Últimas palabras de David

23 1Estas fueron las últimas palabras de
David:
Oráculo de David, hijo de Jesé,/ oráculo del
hombre elevado a lo alto,/ ungido del Dios de Ja-
cob,/ favorito de los cantores de Israel.
2El Espíritu del Señor habla por mí,/ su pala-
bra está en mi lengua.
3Me dijo el Dios de Jacob,/ me habló la Roca de
Israel:/ El que gobierna a los hombres con jus-
ticia,/ el que gobierna respetando a Dios,/ 4es
como la luz del alba al salir el sol,/ mañana sin
nubes tras la lluvia,/ que hace brillar la hierba
del suelo.
5Mi casa está firme junto a Dios,/ porque él
estableció por mí una alianza eterna,/ bien for-
mulada y mantenida./ ¡Él hará prosperar mis
deseos de salvación!/ 6Pero los malvados serán
como cardos,/ que se tiran y nadie recoge;/ 7na-
die se acerca a ellos/ sino con el hierro y con la
lanza/ y con fuego que los consuma.

Guerreros de David

8Nombres de los guerreros de David: Isbaal, el
jaquemonita, primero de la terna, que blandió el
hacha y mató a ochocientos en una sola acome-
tida. 9Segundo, Eleazar, hijo de Dodí, el ajojita.
Estuvo con David en Fesdamín, cuando los filis-
teos se concentraron allí para el combate; los
israelitas se retiraban, 10pero él estuvo matando
filisteos hasta que se le rindió el brazo y la mano
se le pegó a la espada. El Señor dio a Israel aquel
día una gran victoria; detrás de él, el ejército
se volvió para saquear. 11Tercero, Samá, hijo de
Agé, el ararita. Los filisteos se concentraron
en Lejí, donde había una tierra toda sembrada
de lentejas; el ejército huyó ante los filisteos,
12pero Samá se plantó en medio de la tierra y la
recuperó, mató a los filisteos, y el Señor conce-
dió una gran victoria.
13Tres de los treinta bajaron juntos durante el
tiempo de la cosecha y se unieron a David, en re-
fugio de Adulán, cuando una banda de filisteos
acampaba en el Valle de Refaím. 14David estaba
entonces en el refugio y la guarnición filistea
estaba en Belén. 15David sintió sed y exclamó:
«¡Quién me diera agua, la del pozo junto a la
puerta de Belén!». 16Los tres valientes irrumpie-
ron en el campamento filisteo, sacaron agua del
pozo, junto a la puerta de Belén, y se la llevaron
a David. Pero David no quiso beberla, sino que
la derramó como obsequio al Señor, 17diciendo:
«¡Líbreme Dios! ¡Sería beber la sangre de estos
hombres, que han ido allá exponiendo la vida!».
Y no quiso beberla. Estas fueron las hazañas de
los tres valientes.
18Abisay, hermano de Joab, hijo de Seruyá, era
jefe de los treinta. Blandiendo su lanza mató a
trescientos, ganando renombre entre los trein-
ta; 19se destacó entre ellos; fue su jefe, pero
no llegó a igualar a los tres. 20Benayas, hijo de
Yehoyadá, natural de Cabseel, era un tipo ague-
rrido, rico en hazañas. Mató a los dos moabitas,
hijos de Ariel, y bajó a matar al león en la cister-
na el día de la nieve. 21Mató también a un egip-
cio de gran estatura, que empuñaba una lanza:
Benayas fue hacia él con un palo, le arrebató la
lanza y con ella lo mató. 22Esa fue la hazaña de
Benayas, hijo de Yehoyadá, con la cual ganó re-
nombre entre los treinta guerreros. 23Se destacó
entre ellos, pero no llegó a igualar a los tres.
David lo puso al frente de su escolta personal.
24Asael, hermano de Joab, era de los treinta.
Pertenecían al grupo de los treinta: Eljanán, hijo
de Dodó, de Belén; 25Samá, el de Jarod; Elicá, el
de Jarod; 26Jeles, el pelteo; Irá, hijo de Iqués, de
Tecua; 27Abiezer, de Anatot; Sibecay, el husita;
28Salmón, el ajojita; Mahray, el netofatita, de
Netor; 29Jéleb, hijo de Baná, de Netof; Itay, hijo
de Ribay, de Guibeá de Benjamín; 30Benayas, de
Piratón; Hiday, de Río Gaas; 31Abialbón, de Ara-
bá; Azmaut, de Bajurín; 32Elyajbá, el saalbonita;
Yasán; Jonatán, 33hijo de Samá, el ararita; Ajián,
hijo de Sarar, el ararita; 34Elifélet, hijo de Ajas-

bay, de Maacá; Elián, hijo de Ajitófel, guilonita. [35]Jesray, de Carmel; Paray, de Arab; [36]Yigal, hijo de Natán, de Sobá; Baní, el gadita, [37]Sélec, el amonita; Najeray, de Beerot, escudero de Joab, hijo de Seruyá; [38]Irá, de Yatir; Gareb, de Yatir; [39]Urías, el hitita. Total, treinta y siete.

La peste

24 [1]El Señor volvió a encolerizarse contra Israel e instigó a David contra ellos: «Ve a hacer el censo de Israel y Judá». [2]El rey ordenó a Joab y a los oficiales del ejército que estaban con él: «Vayan por todas las tribus de Israel, desde Dan hasta Berseba, a hacer el censo de la población para que yo sepa cuánta gente tengo». [3]Joab le respondió: «¡Que el Señor, tu Dios, multiplique por cien la población y que su majestad lo vea con sus propios ojos! Pero, ¿qué pretende su majestad con este censo?». [4]La orden del rey se impuso al parecer de Joab y de los oficiales del ejército, y salieron de palacio para hacer el censo de la población israelita.

[5]Pasaron el Jordán y empezaron por Aroer y por la población que hay en medio del valle, hacia Gad y hasta Yazer. [6]Llegaron a Galaad y al territorio hitita, a Cades. Llegaron a Dan y de allí rodearon hacia Sidón. [7]Llegaron a la fortaleza de Tiro y todas las poblaciones de los heveos y cananeos; luego salieron al sur de Judá, hacia Berseba. [8]Así recorrieron todo el territorio, y al cabo de nueve meses y veinte días volvieron a Jerusalén. [9]Joab entregó al rey los resultados del censo: en Israel había ochocientos mil hombres aptos para el servicio militar, y en Judá, quinientos mil. [10]Pero después de haber hecho el censo del pueblo, a David le remordió la conciencia y dijo al Señor: «He cometido un grave error. Ahora, Señor, perdona la culpa de tu siervo, porque he hecho una locura».

[11]Antes de que David se levantase por la mañana, el profeta Gad, vidente de David, recibió la Palabra del Señor: [12]«Vete a decir a David: Así dice el Señor: Te propongo tres castigos; elige uno y yo lo ejecutaré».

[13]Gad se presentó a David y le notificó: «¿Qué castigo escoges? Tres años de hambre en tu territorio, tres meses huyendo perseguido por tu enemigo o tres días de peste en tu territorio. ¿Qué le respondo al Señor, que me ha enviado?». [14]David contestó: «¡Estoy en un gran apuro! Mejor es caer en manos de Dios, que es compasivo, que caer en manos de hombres».

[15]El Señor mandó entonces la peste a Israel, desde la mañana hasta el tiempo señalado. Y desde Dan hasta Berseba murieron setenta mil hombres del pueblo. [16a]El ángel extendió su mano hacia Jerusalén para asolarla. [17]Entonces David, al ver al ángel que estaba hiriendo a la población, dijo al Señor: «¡Soy yo el que ha pecado! ¡Soy yo el culpable! ¿Qué han hecho estas ovejas? Carga la mano sobre mí y sobre mi familia».

[16b]El Señor se arrepintió del castigo, y dijo al ángel, que estaba asolando a la población: «¡Basta! ¡Detén tu mano!». El ángel del Señor estaba junto a la era de Arauná, el jebuseo.

[18]Y Gad fue aquel día a decir a David: «Vete a edificar un altar al Señor en la era de Arauná, el jebuseo». [19]Fue David, según la orden del Señor que le había comunicado Gad, [20]y cuando Arauná se asomó y vio acercarse al rey con toda su corte, salió a postrarse ante él, rostro en tierra. [21]Y dijo: «¿Por qué viene a mí su majestad?». David respondió: «Vengo a comprarte la era para construir un altar al Señor y que cese la mortandad en el pueblo». [22]Arauná le dijo: «Tómela su majestad, y ofrezca en sacrificio lo que le parezca. Ahí están los bueyes para el holocausto y la rastra y los yugos para leña. [23]Tu servidor se lo entrega todo al rey». Y añadió: «¡El Señor, tu Dios, acepte tu sacrificio!». [24]Pero el rey le dijo: «No, no. Te la compraré pagándola al contado. No voy a ofrecer al Señor, mi Dios, víctimas que no me cuestan». Así, compró David la era y los bueyes de Arauná por medio kilo de plata. [25]Construyó allí un altar al Señor, ofreció holocaustos y sacrificios de comunión, el Señor se aplacó con el país y cesó la mortandad en Israel.

1 REYES

SALOMÓN REY (1–11)

Salomón sucede a David

1 [1]El rey David ya era viejo, de edad avanzada; por más ropa que le echaban encima, no entraba en calor. [2]Los cortesanos le dijeron: «Sería conveniente buscarle al rey, mi señor, muchacha soltera, que atienda y asista a su majestad; cuando duerma en sus brazos, su majestad entrará en calor». [3]Entonces fueron por todo el territorio israelita buscando una joven hermosa; encontraron a Abisag, de Sunán, y se la llevaron al rey. [4]Era muy hermosa; atendía al rey y lo cuidaba, pero el rey no se unió a ella.

[5]Mientras tanto, Adonías, hijo de Jaguit, que ambicionaba el trono, se consiguió un carro de guerra, caballos y cincuenta hombres de escolta. [6]Su padre nunca lo había reprendido preguntándole por qué hacía eso. Además era muy apuesto y más joven que Absalón. [7]Se alió con Joab, hijo de Seruyá, y con el sacerdote Abiatar,

que apoyaron su causa. 8En cambio, el sacerdo-
te Sadoc, Benayas, hijo de Yehoyadá, el profeta
Natán, Semeí y sus compañeros y los guerreros
de David no se unieron a Adonías. 9Junto a Eben
Zojélet, cerca de En-Roguel, Adonías sacrificó
ovejas, toros y terneros cebados; convidó a to-
dos sus hermanos, los hijos del rey, y a todos los
funcionarios reales de Judá, 10pero no convidó
al profeta Natán, a Benayas, al cuerpo de los va-
lientes de David ni a su hermano Salomón.
11Natán dijo entonces a Betsabé, madre de Sa-
lomón: «¿No has oído que Adonías, hijo de Jaguit,
se ha proclamado rey sin que lo sepa David, nues-
tro señor? 12Ahora bien, te voy a dar un consejo
para que salgas con vida tú y tu hijo Salomón:
13ve a presentarte al rey David y dile: Majestad,
tú me juraste: Tu hijo Salomón me sucederá en el
reino y se sentará en mi trono. Entonces, ¿por qué
Adonías se ha proclamado rey? 14Mientras estés
tú allí hablando con el rey, entraré yo detrás de ti
para confirmar tus palabras».
15Betsabé se presentó al rey en su habitación
privada. El rey estaba muy viejo y la sunamita
Abisag lo cuidaba. 16Betsabé se inclinó, pos-
trándose ante el rey, y este le preguntó: «¿Qué
quieres?». 17Betsabé respondió: «¡Señor! Tú le
juraste a tu servidora por el Señor, tu Dios: Tu
hijo Salomón me sucederá en el reino y se senta-
rá en mi trono. 18Pero ahora resulta que Adonías
se ha proclamado rey sin que su majestad lo se-
pa. 19Ha sacrificado toros, terneros cebados y
ovejas en cantidad y ha convidado a todos los
hijos del rey, al sacerdote Abiatar y al general
Joab, pero no ha convidado a tu siervo Salomón.
20¡Majestad! Todo Israel está pendiente de ti,
esperando que les anuncies quién va a suceder
en el trono al rey, mi señor. 21De lo contrario
cuando mi señor el rey se vaya a descansar con
sus antepasados, yo y mi hijo Salomón correre-
mos la suerte de los culpables».
22Estaba todavía hablando con el rey, cuando
llegó el profeta Natán. 23Avisaron al rey: «Está
aquí el profeta Natán». Natán se presentó al rey,
se postró ante él rostro en tierra, 24y dijo: «¡Ma-
jestad! Sin duda tú has dicho: Adonías me suce-
derá en el reino y se sentará en mi trono; 25porque
hoy ha ido a sacrificar toros, terneros cebados y
ovejas en cantidad, y ha convidado a todos los hi-
jos del rey, a los generales y al sacerdote Abiatar,
y ahí están, banqueteando con él, y le aclaman:
¡Viva el rey Adonías! 26Pero no ha convidado a
este servidor tuyo, ni al sacerdote Sadoc, ni a Be-
nayas, hijo de Yehoyadá, ni a tu siervo Salomón.
27Si esto se ha hecho por orden de su majestad,
¿por qué no habías comunicado a tus servidores
quién iba a sucederte en el trono?».
28El rey David dijo: «Llámenme a Betsabé».
Ella se presentó al rey y se quedó de pie ante él.
29Entonces el rey juró: 30«¡Por la vida de Dios,
que me libró de todo peligro! Te juro por el Se-
ñor, Dios de Israel: Tu hijo Salomón me sucederá
en el reino y se sentará en mi trono. ¡Hoy mismo
daré cumplimiento a lo que te he jurado!». 31Bet-
sabé se inclinó rostro en tierra ante el rey, y di-
jo: «¡Viva para siempre mi señor el rey David!».
32El rey David ordenó: «Llámenme al sacerdo-
te Sadoc, al profeta Natán y a Benayas, hijo de
Yehoyadá». Cuando se presentaron ante el rey,
33este les dijo: «Tomen con ustedes a los mi-
nistros de su señor. Monten a mi hijo Salomón
en mi propia mula. Bájenlo al Guijón. 34Allí el
sacerdote Sadoc lo ungirá rey de Israel; toquen
la trompeta y aclamen: ¡Viva el rey Salomón!
35Luego subirán detrás de él, y cuando llegue
se sentará en mi trono y me sucederá en el rei-
no, porque lo nombro jefe de Israel y Judá».
36Benayas, hijo de Yehoyadá, respondió al rey:
«¡Amén! ¡Así lo haga el Señor, el Dios de mi
señor el rey! 37¡Que el Señor esté con Salomón
como lo ha estado con su majestad! ¡Que ha-
ga su trono más glorioso que el trono de su
majestad!».
38Entonces, el sacerdote Sadoc, el profeta Na-
tán y Benayas, hijo de Yehoyadá, los quereteos
y los pelteos bajaron a Salomón montado en la
mula del rey David y lo condujeron al Guijón. 39El
sacerdote Sadoc tomó del santuario el cuerno de
aceite y ungió a Salomón. Sonaron las trompetas
y todos aclamaron: ¡Viva el rey Salomón! 40Luego
subieron todos detrás de él al son de flautas, y
dando tantas señales de alegría, que la tierra
parecía estallar bajo sus gritos.
41Adonías y sus convidados lo oyeron cuando
acababan de comer. Joab oyó el sonido de la
trompeta y preguntó: «¿Por qué está alborota-
da toda la ciudad?». 42Todavía estaba hablando
cuando apareció Jonatán, hijo del sacerdote
Abiatar. Adonías dijo: «Entra, que tú eres buena
persona y traerás buenas noticias». 43Jonatán le
respondió: «Al contrario. Su majestad, el rey Da-
vid, ha nombrado rey a Salomón. 44Ha mandado
al sacerdote Sadoc, al profeta Natán, a Benayas,
hijo de Yehoyadá, y a los quereteos y los pelteos
que lleven a Salomón montado en la mula del
rey; 45y el sacerdote Sadoc y el profeta Natán lo
han ungido rey en El Guijón. Desde allí han subi-
do en plan de fiesta; la ciudad está alborotada.
Ese es el griterío que ustedes han oído. 46Y toda-
vía más, Salomón se ha sentado en el trono real,
47y los cortesanos han ido a felicitar a su majes-
tad, el rey David: ¡Que tu Dios haga a Salomón
más famoso que tú y su trono más glorioso que

el tuyo! Y el rey, desde el lecho, ha exclamado, haciendo una inclinación: 48¡Bendito el Señor, Dios de Israel, que hoy me concede ver a un hijo mío sentado en mi trono!».

49Todos los convidados se aterrorizaron, y levantándose de la mesa, se fue cada uno por su lado. 50Adonías tuvo miedo de Salomón y fue a agarrarse a los salientes del altar. 51Avisaron a Salomón: «Adonías te tiene miedo y está agarrado a los salientes del altar, pidiendo que le jures hoy que no lo matarás». 52Salomón dijo: «Si se porta como un hombre de honor, no caerá a tierra ni un pelo suyo. Pero si se le sorprende en alguna falta, morirá». 53El rey Salomón envió gente que lo bajara del altar. Adonías se presentó al rey Salomón, se postró ante él y el rey le dijo: «Vete a casa».

Testamento de David

2 1Estando ya próximo a su muerte, David hizo estas recomendaciones a su hijo Salomón: 2«Yo emprendo el viaje de todos. ¡Ánimo, sé un hombre! 3Guarda las consignas del Señor, tu Dios, caminando por sus sendas, guardando sus preceptos, mandatos, decretos y normas, como están escritos en la Ley de Moisés; para que tengas éxito en todas tus empresas, adondequiera que vayas; 4para que el Señor cumpla la promesa que me hizo: Si tus hijos saben comportarse, procediendo sinceramente de acuerdo conmigo, con todo el corazón y con toda el alma, no te faltará un descendiente en el trono de Israel. 5Ya sabes lo que me hizo Joab, hijo de Seruyá: lo que hizo a los dos generales israelitas, Abner, hijo de Ner, y Amasá, hijo de Yéter; cómo los asesinó vengando en plena paz sangre vertida en la guerra, una sangre que manchó mi uniforme y mis sandalias. 6Haz lo que te dicte tu prudencia: no dejes que sus canas vayan en paz al otro mundo. 7En cambio, perdona la vida a los hijos de Barzilay, el galaadita. Cuéntalos entre tus comensales, porque también ellos me atendieron cuando yo huía de tu hermano Absalón. 8Tienes también a Semeí, hijo de Guerá, benjaminita, de Bajurín. Me maldijo cruelmente cuando me dirigía a Majnaym; después bajó al Jordán a recibirme, y yo le juré por el Señor que no lo mataría a espada. 9Pero ahora no lo dejes impune. Eres inteligente y sabes lo que has de hacer con él para que sus canas vayan al otro mundo manchadas de sangre».

10David fue a reunirse con sus antepasados y lo enterraron en la Ciudad de David. 11Reinó en Israel cuarenta años: siete en Hebrón y treinta y tres en Jerusalén. 12Salomón le sucedió en el trono, y su reino se consolidó.

Salomón y sus enemigos

13Adonías, hijo de Jaguit, fue a ver a Betsabé, madre de Salomón. Ella le preguntó: «¿Vienes como amigo?». Respondió: «Sí». 14Y añadió: «Tengo que decirte una cosa». Betsabé contestó: «Dila». 15Entonces Adonías dijo: «Tú sabes que la corona me correspondía a mí, y todo Israel esperaba verme rey; pero la corona se me ha escapado y ha ido a parar a mi hermano, porque el Señor se la había destinado. 16Ahora voy a pedirte un favor, no me lo niegues». Ella le dijo: «Habla». 17Adonías pidió: «Por favor, dile al rey Salomón –espero que no te lo niegue– que me dé por esposa a la sunamita Abisag». 18Betsabé contestó: «Bien. Yo le hablaré al rey de tu asunto».

19Betsabé fue al rey Salomón a hablarle de Adonías. El rey se levantó para recibirla y le hizo una inclinación; luego se sentó en el trono, mandó poner un trono para su madre, y Betsabé se sentó a su derecha. 20Betsabé le habló: «Voy a pedirte un pequeño favor, no me lo niegues». El rey le contestó: «Madre, pide, no te lo negaré». 21Ella siguió: «Dale a Abisag, la sunamita, como esposa a tu hermano Adonías». 22Pero el rey Salomón respondió: «¿Y por qué pides a la sunamita Abisag para Adonías? ¡Podías pedir para él la corona! Porque es mi hermano, mayor que yo, y tiene de su parte al sacerdote Abiatar y a Joab, hijo de Seruyá». 23Luego juró por el Señor: «¡Que Dios me castigue si, al pedir eso, no ha atentado Adonías contra su propia vida! 24¡Por el Señor, que me ha asentado firmemente en el trono de mi padre, David, y que me ha dado una dinastía como lo había prometido, juro que hoy morirá Adonías!». 25El rey dio una orden, y Benayas, hijo de Yehoyadá, mató a Adonías.

26Al sacerdote Abiatar el rey le dijo: «Vete a Anatot, a tus tierras. Mereces la muerte, pero hoy no voy a matarte, porque llevaste el arca del Señor ante mi padre, David, y lo acompañaste en sus tribulaciones». 27Así destituyó Salomón a Abiatar de su cargo sacerdotal, cumpliendo la profecía del Señor contra la familia de Elí, en Siló. 28La noticia llegó a oídos de Joab, y como él se había pasado al partido de Adonías, aunque no había sido de Absalón, huyó a refugiarse en el santuario del Señor, y se agarró a los salientes del altar. 29Pero cuando avisaron al rey Salomón que Joab se había refugiado en el santuario del Señor y que estaba junto al altar, Salomón le envió este mensaje: «¿Qué te pasa que te refugias junto al altar?». Joab respondió: «Tuve miedo y he buscado asilo junto al Señor». Entonces Salomón ordenó a Benayas, hijo de Yehoyadá: «¡Vete a matarlo!».

30 Benayas entró en el santuario del Señor y
dijo a Joab: «El rey manda que salgas». Joab
contestó: «No. Quiero morir aquí». Benayas
llevó al rey la respuesta de Joab, 31 y el rey le
ordenó: «Haz lo que dice. Mátalo y entiérralo.
Así nos quitarás de encima a mí y a mi familia la
sangre inocente que vertió Joab. 32 ¡Que el Señor
haga recaer su sangre sobre su cabeza por haber
matado a dos hombres más honrados y mejores
que él, asesinándolos sin que lo supiera mi pa-
dre, David: Abner, hijo de Ner, general israelita,
y Amasá, hijo de Yéter, general judío! 33 ¡Que la
sangre de estos hombres caiga sobre Joab y su
descendencia para siempre! ¡Y que la paz del Se-
ñor esté siempre con David, con sus descendien-
tes, su casa y su trono!».
34 Benayas, hijo de Yehoyadá, fue y mató a
Joab; luego lo enterró en sus posesiones, en la
estepa. 35 El rey puso a Benayas, hijo de Yehoya-
dá, al frente del ejército, en sustitución de Joab;
al sacerdote Sadoc le dio el puesto de Abiatar.
36 El rey mandó llamar a Semeí, y le dijo: «Cons-
trúyete una casa en Jerusalén y quédate allí sin
salir a ninguna parte. 37 El día que salgas y cruces
el torrente Cedrón, ten por seguro que morirás
sin remedio, y tú serás responsable». 38 Semeí
respondió: «Está bien. Este servidor hará lo que
ordene su majestad». Semeí vivió en Jerusalén
mucho tiempo. 39 Pero a los tres años se le esca-
paron dos esclavos y se pasaron a Aquís, hijo de
Maacá, rey de Gat. Avisaron a Semeí: «Tus escla-
vos están en Gat». 40 Entonces Semeí aparejó el
burro y marchó a Gat, donde estaba Aquís, en
busca de los esclavos. Así que fue a Gat y se los
trajo de allí. 41 Pero comunicaron a Salomón que
Semeí había ido a Gat y había vuelto.
42 El rey lo mandó llamar, y le dijo: «¿No te hice
jurar por el Señor, advirtiéndote que el día que
salieras y marcharas a cualquier parte podías
estar seguro de que morirías sin remedio? Y tú
me dijiste que te parecía bien. 43 ¿Por qué no has
cumplido lo que juraste por el Señor y la orden
que te di?». 44 Luego añadió: «Tú sabes todo el
daño que hiciste a mi padre David. ¡Que el Señor
haga recaer tu maldad sobre ti! 45 Pero, ¡bendito
el rey Salomón, y el trono de David permanezca
ante el Señor por siempre!». 46 Entonces el rey
dio una orden a Benayas, hijo de Yehoyadá, que
se adelantó y mató a Semeí. Así se consolidó el
reino en manos de Salomón.

Visión de Salomón

3 1 Salomón emparentó con el Faraón de Egip-
to, casándose con una hija suya. La llevó a la
Ciudad de David mientras terminaban las obras
del palacio, del templo y de la muralla en torno
a Jerusalén. 2 La gente seguía sacrificando en los
lugares altos de culto pagano, porque todavía no
se había construido el templo en honor del Señor,
3 y aunque Salomón amaba al Señor, procediendo
según las normas de su padre, David, sacrificaba
y quemaba incienso en los lugares altos.
4 El rey fue a Gabaón a ofrecer allí sacrificios,
porque allí estaba el santuario principal. En
aquel altar ofreció Salomón mil holocaustos.
5 En Gabaón el Señor se apareció aquella noche
en sueños a Salomón, y le dijo: «Pídeme lo que
quieras». 6 Salomón respondió: «Tú le hiciste una
gran promesa a tu siervo, mi padre, David, por-
que procedió de acuerdo contigo, con lealtad,
justicia y rectitud de corazón, y le has cumplido
esa gran promesa dándole un hijo que se siente
en su trono: es lo que sucede hoy. 7 Y ahora, Se-
ñor, Dios mío, tú has hecho a tu siervo sucesor
de mi padre, David; pero yo soy un muchacho
que no sé valerme. 8 Tu siervo está en medio del
pueblo que elegiste, un pueblo tan numeroso
que no se puede contar ni calcular. 9 Enséñame
a escuchar para que sepa gobernar a tu pueblo
y discernir entre el bien y el mal; si no, ¿quién
podrá gobernar a este pueblo tuyo tan grande?».
10 Al Señor le pareció bien que Salomón pidiera
aquello, 11 y le dijo: «Por haber pedido esto, y
no haber pedido una vida larga, ni haber pe-
dido riquezas, ni haber pedido la vida de tus
enemigos, sino inteligencia para acertar en el
gobierno, 12 te daré lo que has pedido: una men-
te sabia y prudente, como no la hubo antes ni
la habrá después de ti. 13 Y te daré también lo
que no has pedido: riquezas y fama mayores que
las de rey alguno. 14 Y si caminas por mis sendas,
guardando mis preceptos y mandatos, como hizo
tu padre, David, te daré larga vida». 15 Salomón
despertó: había tenido un sueño. Entonces fue a
Jerusalén, y de pie ante el arca de la alianza del
Señor ofreció holocaustos y sacrificios de comu-
nión y dio un banquete a toda la corte.

El juicio de Salomón

16 Por entonces acudieron al rey dos prostitu-
tas; se presentaron ante él 17 y una de ellas di-
jo: «Majestad, esta mujer y yo vivíamos en la
misma casa; yo di a luz estando ella en la casa.
18 Y tres días después también esta mujer dio a
luz. Estábamos juntas en casa, no había ningún
extraño con nosotras, solo nosotras dos. 19 Una
noche murió el hijo de esta mujer, porque ella se
recostó sobre él; 20 se levantó de noche y, mien-
tras tu servidora dormía, tomó de mi lado a mi
hijo y lo acostó junto a ella, y a su hijo muerto lo
puso junto a mí. 21 Yo me incorporé por la mañana
para dar el pecho a mi niño, y resulta que estaba

muerto; me fijé bien y vi que no era el niño que
yo había dado a luz». 22Pero la otra mujer repli-
có: «No. Mi hijo es el que está vivo, el tuyo es el
muerto». Y así discutían ante el rey.
23Entonces habló el rey: «Esta dice: Mi hijo es
este, el que está vivo; el tuyo es el muerto. Y
esta otra dice: No, tu hijo es el muerto, el mío es
el que está vivo». 24Y ordenó: «Denme una espa-
da». Le presentaron la espada, 25y dijo: «Partan
en dos al niño vivo; denle una mitad a una y otra
mitad a la otra». 26Entonces a la madre del niño
vivo se le conmovieron las entrañas por su hijo y
suplicó: «¡Majestad, dale a ella el niño vivo, no
lo mates!». Mientras que la otra decía: «Ni para
ti ni para mí. Que lo dividan». 27Entonces el rey
sentenció: «Denle a esa el niño vivo, no lo ma-
ten. ¡Esa es su madre!». 28Todo Israel se enteró
de la sentencia que había pronunciado el rey, y
respetaron al rey, viendo que poseía una sabidu-
ría sobrehumana para administrar justicia.

Administración del reino

4 1El rey Salomón reinó sobre todo Israel.
2Lista de los miembros de su Gobierno: Aza-
rías, hijo de Sadoc, sumo sacerdote; 3Elijóref y
Ajías, hijos de Sisá, secretarios; Josafat, hijo de
Ajilud, cronista; 4Benayas, hijo de Yehoyadá, je-
fe del Ejército; 5Azarías, hijo de Natán, ministro
del Interior; Zabud, hijo de Natán, del consejo
privado del rey; 6Ajisar, mayordomo de palacio;
Adonirán, hijo de Abdá, encargado de las briga-
das de trabajadores.
7Salomón tenía doce gobernadores en todo Is-
rael, ellos abastecían al rey y a su casa, un mes al
año cada uno. 8Sus nombres eran estos: El hijo de
Jur, en la serranía de Efraín. 9El hijo de Déquer, en
Macás, Salbín, Bet-Semes y Ayalón, hasta Bet-Ja-
nán. 10El hijo de Jésed, en Arubbot; entraban en
su jurisdicción Sokó y la región de Jéfer. 11El hijo
de Abinadab, casado con Tafat, hija de Salomón,
en todo el distrito de Dor. 12Baaná, hijo de Ajilud,
en Taanac y Meguido, hasta más allá de Yocneán;
todo Beisán, al lado de Yezrael, desde Beisán has-
ta Abel Mejolá, junto a Sartán. 13El hijo de Gue-
ber, en Ramot de Galaad; entraban en su jurisdic-
ción las villas de Yaír, hijo de Manasés, en Galaad,
y la región de Argob, en Basán; sesenta grandes
ciudades amuralladas, con cerrojos de bronce.
14Ajinadab, hijo de Idó, en Majnaym. 15Ajimás,
en Neftalí; también este se casó con una hija de
Salomón, con Bosmat. 16Baaná, hijo de Jusay, en
Aser y Baalot. 17Josafat, hijo de Faruj, en Isacar.
18Semeí, hijo de Elá, en Benjamín. 19Gueber, hijo
de Urí, en la región de Gad, la región de Sijón, rey
amorreo, y de Og, rey de Basán. Había también un
gobernador en la región de Judá. 20Israelitas y
judíos eran numerosos, como la arena de la playa.
Tenían qué comer y qué beber y podían descansar.

Riqueza y sabiduría

5 1Salomón tenía poder sobre todos los reinos,
desde el Éufrates hasta la región filistea y
la frontera de Egipto. Mientras vivió le pagaron
tributo y fueron sus vasallos. 2Los víveres que
recibía diariamente eran treinta barriles de ha-
rina de la mejor calidad, sesenta de harina co-
mún, 3diez bueyes cebados, veinte toros y cien
ovejas, aparte de los ciervos, gacelas, corzos y
las aves de corral. 4Porque su poder se extendía
al otro lado del Éufrates, desde Tapsaco hasta
Gaza, sobre todos los reyes del otro lado del río,
y había paz en todas sus fronteras. 5Mientras vi-
vió Salomón, Judá e Israel vivieron tranquilos,
cada cual bajo su parra y su higuera, desde Dan
hasta Berseba. 6Salomón tenía establos para
cuatro mil caballos de tiro y doce mil de montar.
7Los gobernadores mencionados, cada uno en
el mes que le correspondía, abastecían al rey
Salomón y a los que eran recibidos en su mesa,
sin dejar faltar nada. 8También suministraban
cebada y paja para los caballos de los carros y
de montar, cada gobernador desde su puesto,
cuando le tocaba.
9Dios concedió a Salomón una sabiduría e in-
teligencia extraordinarias y una mente abierta
como las playas junto al mar. 10La sabiduría de
Salomón superó a la de los sabios de Oriente y
de Egipto. 11Fue más sabio que ninguno, más que
Etán, el ezrajita, más que los rapsodas Hemán,
Calcol y Dardá, hijos de Majol. Y se hizo famoso
en todos los países vecinos. 12Compuso tres mil
proverbios y mil cinco canciones. 13Disertó so-
bre botánica, desde el cedro del Líbano hasta el
hisopo que crece en la pared. Disertó también
sobre cuadrúpedos y aves, reptiles y peces. 14De
todas las naciones venían a escuchar al sabio
Salomón, de todos los reinos del mundo que oían
hablar de su sabiduría.

Alianza con Jirán de Tiro

15Cuando Jirán, rey de Tiro, se enteró de que
Salomón había sucedido a su padre en el trono,
le mandó una embajada, porque Jirán había sido
siempre aliado de David. 16Salomón le contestó:
17«Tú sabes que mi padre, David, no pudo cons-
truir un templo en honor del Señor, su Dios, de-
bido a las guerras en que se vio envuelto, mien-
tras el Señor iba poniendo a sus enemigos bajo
sus pies. 18Ahora el Señor, mi Dios, me ha dado
paz en todo el territorio: no tengo adversarios
ni problemas graves. 19He pensado construir un
templo en honor del Señor, mi Dios, como dijo el

Señor a mi padre, David: Tu hijo, al que haré su-
cesor tuyo en el trono, será quien construya un
templo en mi honor. 20 Ahora, manda que me cor-
ten cedros del Líbano. Mis esclavos irán con los
tuyos; te pagaré el jornal que determines para
tus esclavos, ya sabes que nosotros no tenemos
taladores tan expertos como los fenicios».
21 Al oír Jirán la petición de Salomón se llenó
de alegría, y exclamó: «¡Bendito sea hoy el Se-
ñor, que ha dado a David un hijo sabio al frente
de tan gran nación!». 22 Luego despachó esta
respuesta para Salomón: «He oído tu petición.
Cumpliré tus deseos, enviando madera de cedro
y de abeto; 23 mis esclavos bajarán los troncos
del Líbano al mar; los remolcarán por mar en
balsas, hasta donde tú nos digas, allí desha-
remos las balsas y tú los subes. Por tu parte,
cumple mis deseos abasteciendo mi palacio».
24 Jirán dio a Salomón toda la madera de cedro
y de abeto que él necesitó, 25 y Salomón dio a
Jirán veinte mil barriles de trigo para la manu-
tención de su palacio, más veinte mil cántaros
de aceite virgen. Era lo que Salomón mandaba a
Jirán anualmente. 26 El Señor, según su promesa,
concedió sabiduría a Salomón. Jirán y Salomón
firmaron un tratado de paz. 27 El rey Salomón
reclutó trabajadores en todo Israel: salieron
treinta mil hombres. 28 Los mandó al Líbano por
turnos, diez mil cada mes: un mes en el Líbano
y dos en casa. Adonirán estaba al frente de los
trabajadores. 29 Salomón tenía también seten-
ta mil cargadores y ochenta mil canteros en la
montaña, 30 aparte de los capataces de las obras,
en número de tres mil trescientos, que manda-
ban a los obreros. 31 El rey ordenó extraer gran-
des bloques de piedra de calidad para hacer los
cimientos del templo con piedras talladas. 32 Los
obreros de Salomón, los de Jirán y los de Biblos
labraban la piedra y preparaban la madera y la
piedra para construir el templo.

Construcción del templo

6 1 El año cuatrocientos ochenta de la salida de
Egipto, el año cuarto del reinado de Salomón
en Israel, en el mes segundo, Salomón empezó a
construir el templo del Señor.
2 El templo del Señor construido por Salomón
medía treinta metros de largo, diez de ancho
y quince de alto. 3 El vestíbulo ante la nave del
templo ocupaba diez metros a lo ancho del edi-
ficio y cinco en profundidad. 4 En el templo hizo
ventanales con marcos y enrejados. 5 Y todo alre-
dedor, adosado a los muros del templo, constru-
yó un anexo, rodeando la nave y el santuario con
pisos: 6 el piso bajo medía dos metros y medio
de ancho; el piso intermedio, tres metros de an-
cho; el tercero, tres metros y medio de ancho;
porque había hecho alrededor del templo, por
fuera, unas cornisas, para no tener que empotrar
las vigas en los muros del templo. 7 El templo se
construyó con piedra labrada ya en la cantera;
así durante las obras no se oyeron en el templo
martillos, hachas ni herramientas. 8 La entrada
del piso bajo estaba en la fachada sur del tem-
plo, y por escaleras de caracol se subía al piso
segundo, y de este al tercero.
9 Salomón remató la construcción del templo
recubriéndolo con un artesonado de cedro. 10 Hi-
zo una galería adosada a todo el edificio, de
dos metros y medio de altura, unida al templo
por vigas de cedro. 11 El Señor habló a Salomón:
12 «Por este templo que estás construyendo, si
caminas según mis mandatos, pones en práctica
mis decretos y cumples todos mis preceptos, ca-
minando conforme a ellos, yo te cumpliré la pro-
mesa que hice a tu padre, David: 13 habitaré entre
los israelitas y no abandonaré a mi pueblo Is-
rael». 14 Cuando Salomón acabó la construcción
del templo, 15 revistió los muros interiores con
madera de cedro, desde el suelo hasta el techo;
16 revistió de madera todo el interior; el suelo lo
cubrió con tablas de abeto; los diez metros del
fondo los recubrió con tablas de cedro, desde
el suelo hasta las vigas del techo, y lo destinó
a camarín o santísimo. 17 El templo, es decir, la
nave delante del camarín, medía veinte metros.
18 El cedro del interior del templo llevaba bajo-
rrelieves de guirnaldas con frutos y flores; todo
era de cedro, no se veían las piedras talladas.
19 El camarín, en el fondo del templo, lo destinó
para colocar allí el arca de la alianza del Señor.
20 El camarín medía diez metros de largo, diez
de ancho y diez de alto; lo revistió de oro puro.
21 Hizo un altar de cedro ante el camarín y lo re-
vistió de oro. 22 Revistió de oro todo el templo,
hasta el último hueco.
23 Para el camarín talló dos querubines en
madera de olivo: medían cinco metros de altu-
ra. 24 Las alas del primero medían dos metros y
medio cada una, en total cinco metros de en-
vergadura; 25 el otro querubín medía también
cinco metros. Así que los querubines tenían
las mismas dimensiones y la misma forma; 26 los
dos medían cinco metros de altura. 27 Salomón
los colocó en medio del recinto interior, con las
alas extendidas, de forma que sus alas exterio-
res llegaban a los dos muros, mientras que las
alas interiores se tocaban una a otra en el centro
del recinto. 28 Y revistió de oro los querubines.
29 Sobre los muros del templo, en el camarín y en
la nave, todo alrededor, esculpió bajorrelieves
de querubines, palmas y guirnaldas de flores.

30El pavimento del templo, tanto el del camarín
como el de la nave, lo revistió de oro. 31Para la
entrada del camarín hizo las puertas de madera
de olivo, el dintel y los postes tenían forma pen-
tagonal. 32Sobre las puertas de madera de olivo
labró figuras de querubines, palmas y guirnaldas
de flores, y los recubrió de oro, revistiendo con
panes de oro el relieve de los querubines y las
palmas. 33Para la entrada de la nave hizo un mar-
co de madera de olivo, de forma cuadrangular,
34y dos puertas en madera de abeto, cada una
con dos hojas giratorias; 35sobre ellas esculpió
querubines, palmas y guirnaldas de flores, y los
recubrió de oro, bien aplicado a los relieves.
36Construyó un patio interior con tres hileras de
piedras talladas y una de vigas de cedro.

37El año cuarto, en el mes de mayo, echó los
cimientos del templo, 38y en el año once, en el
mes de noviembre, o sea el mes octavo, terminó
todos los detalles, según el proyecto. Lo cons-
truyó en siete años.

Construcción del palacio

7 1En cuanto a su palacio, Salomón empleó trece
años en terminarlo. 2Construyó el salón lla-
mado Bosque del Líbano: medía cincuenta me-
tros de largo, veinticinco de ancho y quince de
alto, con tres series de columnas de cedro, que
sostenían vigas de cedro. 3Sobre las vigas que
iban encima de las columnas –cuarenta y cinco
columnas en total, quince en cada serie– puso
un revestimiento de cedro. 4Había tres series de
ventanas con enrejados, unas frente a otras, de
tres en tres. 5Todas las puertas y ventanas tenían
un marco rectangular, unas frente a otras, de tres
en tres. 6Construyó el Pórtico de las Columnas, de
veinticinco metros de largo por quince de ancho,
y delante de él otro pórtico con columnas y un
alero sobre la fachada. 7Hizo el Salón del Trono
o Audiencia, donde administraba justicia; lo re-
cubrió con madera de cedro, desde el piso hasta
el techo. 8Su residencia personal, en otro atrio
dentro del pórtico, era de un estilo parecido. Hi-
zo también otro palacio parecido al pórtico, para
la hija del Faraón, con la que se había casado.

9Desde los cimientos hasta la cornisa todo es-
taba hecho con piedras seleccionadas, talladas
a escuadra, cortadas con la sierra tanto la cara
interna como la externa. 10Los cimientos eran de
grandes bloques de piedra de calidad, de cinco
por cuatro metros. 11Sobre los cimientos, había
piedras seleccionadas, labradas a escuadra y
madera de cedro. 12El gran patio tenía tres hile-
ras de piedras talladas y una de vigas de cedro,
lo mismo que el patio interior del templo y el
vestíbulo del palacio.

Trabajos para el templo

13El rey Salomón mandó a buscar a Jirán de
Tiro. 14Este Jirán era hijo de una viuda de la
tribu de Neftalí y de padre fenicio. Trabajaba
el bronce, era un artesano muy experto y hábil
para cualquier trabajo en bronce. Se presentó
al rey Salomón y ejecutó todos sus encargos.
15Hizo dos columnas de bronce de nueve metros
de alto y seis de perímetro cada una, medidos a
cordel. 16Para rematarlas hizo dos capiteles de
bronce fundido, de dos metros y medio de alto
cada uno. 17Y para adornar los capiteles hizo dos
trenzados en forma de cadena, uno para cada
capitel. 18Luego hizo las granadas: dos series ro-
deando cada trenzado, para cubrir el capitel que
remataba cada columna 19b–cuatrocientas gra-
nadas en total, 20doscientas en torno a cada ca-
pitel–, puestas encima, junto a la moldura que
seguía el trenzado. 19aLos capiteles de las co-
lumnas tenían todos forma de azucena. 21Erigió
las columnas en el pórtico del templo. Cuando
levantó la columna de la derecha la llamó Firme;
luego la de la izquierda, y la llamó Fuerte. 22Así
terminó el encargo de las columnas.

23Hizo también un depósito de metal fundido
para el agua: medía cinco metros de diámetro;
era todo redondo, de dos metros y medio de alto
y quince de perímetro, medidos a cordel. 24Por
debajo del borde, todo alrededor, daban la vuel-
ta al depósito dos series de motivos vegetales,
con veinte frutas en cada metro, fundidas con el
depósito en una sola pieza. 25El depósito descan-
saba sobre doce toros, que miraban tres al norte,
tres al oeste, tres al sur y tres a este; tenían las
patas traseras hacia dentro. Encima de ellos iba
el depósito. 26Su espesor era de ocho centíme-
tros, y su borde como el de un cáliz de azucena.
Su capacidad era de unos ochenta mil litros.

27También fabricó diez bases de bronce, de
dos metros de largo por dos de ancho y uno y
medio de alto cada una, 28hechas de esta for-
ma: iban revestidas con paneles enmarcados
en una estructura metálica; 29sobre esos pane-
les había leones, toros y querubines, y sobre el
marco, por encima y por debajo de los leones y
los toros, iban guirnaldas colgantes. 30Cada base
tenía cuatro ruedas de bronce, con ejes también
de bronce; las patas remataban arriba en unos
soportes de metal fundido sobre los que iba el
recipiente de agua, rebasando las guirnaldas.
31Dentro de las bases se abría una embocadura, y
medio metro más abajo, una embocadura redon-
da, de setenta y cinco centímetros de diámetro,
y por debajo, la embocadura de los paneles, con
bajorrelieves, cuadrada, no redonda. 32Las cua-
tro ruedas estaban bajo los paneles y los ejes de

las ruedas estaban fijos al soporte; cada rueda
medía setenta y cinco centímetros de diámetro,
33y eran como las ruedas de un carro: los ejes, las
llantas, los radios, el cubo, todo era de fundi-
ción. 34Había cuatro refuerzos en los cuatro án-
gulos de cada base formando un solo cuerpo con
la misma. 35La parte superior de la base remataba
en una pieza circular de setenta y cinco centí-
metros de altura, formando una misma pieza con
el armazón y los paneles. 36Sobre las planchas
del armazón y los paneles, según el espacio dis-
ponible, grabó querubines, leones y palmas, con
guirnaldas alrededor. 37Así hizo las diez bases de
metal fundido, con el mismo molde, las mismas
medidas y el mismo diseño para todas.

38Luego hizo diez recipientes de bronce, uno
por cada base, con una capacidad de ciento
sesenta litros cada uno. 39Puso cinco bases en
la parte sur del templo y cinco en la parte nor-
te; el depósito lo puso en la parte sur del tem-
plo. 40Jirán hizo también las ollas, las palas y
los aspersorios. Así ultimó todos los encargos
de Salomón para el templo del Señor: 41las dos
columnas, las dos esferas de los capiteles que
remataban las columnas, las dos guirnaldas para
cubrir esas esferas, 42las cuatrocientas granadas
para las dos guirnaldas –dos series de granadas
en cada guirnalda–, 43las diez bases y los diez
recipientes que iban sobre ellas, 44el depósito
sobre los doce toros, 45las ollas, las palas y los
aspersorios. Todos los utensilios que Jirán hizo
al rey Salomón para el templo eran de bronce
bruñido. 46Los fundió en el valle del Jordán, jun-
to al vado de Adamá, entre Sucot y Sartán. 47Sa-
lomón colocó todos esos objetos. Eran tantos,
que no se comprobó el peso del bronce.

48También hizo Salomón todos los demás uten-
silios del templo: el altar de oro, la mesa de oro
sobre la que se ponían los panes presentados,
49los candelabros de oro puro, cinco a la dere-
cha y cinco a la izquierda del camarín, con sus
cálices, lámparas y tenazas de oro, 50las palan-
ganas, cuchillos, aspersorios, bandejas, incen-
sarios de oro puro y los goznes de oro para las
puertas del camarín y de la nave. 51Cuando se
terminaron todos los encargos del rey para el
templo, Salomón hizo traer las ofrendas de su
padre, David: plata, oro y vasos, y las depositó
en el tesoro del templo.

Dedicación del templo

8 1Entonces Salomón convocó a palacio, en Je-
rusalén, a los ancianos de Israel, a los jefes
de tribu y a los cabezas de familia de los israeli-
tas para trasladar el arca de la alianza del Señor
desde la Ciudad de David –o sea, Sión–. 2Todos
los israelitas se congregaron en torno al rey Sa-
lomón en el mes de octubre, el mes séptimo, en
la fiesta de las Chozas. 3Cuando llegaron todos
los ancianos a Israel, los sacerdotes cargaron
con el arca del Señor, 4y los sacerdotes levitas
llevaron la tienda del encuentro, más los uten-
silios del culto que había en la tienda. 5El rey
Salomón, acompañado de toda la asamblea de
Israel reunida con él ante el arca, sacrificaba
una cantidad incalculable de ovejas y bueyes.
6Los sacerdotes llevaron el arca de la alianza del
Señor a su sitio, al camarín del templo –al Santo
de los santos–, bajo las alas de los querubines,
7porque los querubines extendían las alas sobre
el sitio del arca y cubrían el arca y las andas
por encima. 8aLas andas eran lo bastante largas
como para que se viera el remate desde la nave,
delante del camarín, pero no desde fuera. 9En el
arca solo estaban las dos tablas de piedra que
colocó allí Moisés en el Horeb, cuando el Señor
pactó con los israelitas, al salir de Egipto, 8by
allí se conservan actualmente. 10Cuando los sa-
cerdotes salieron del Lugar Santo, la nube llenó
el templo, 11de forma que los sacerdotes no po-
dían seguir oficiando a causa de la nube, porque
la gloria del Señor llenaba el templo.

12Entonces Salomón dijo: «*El Señor puso el sol
en el cielo,/ el Señor quiere habitar en la tinie-
bla,/* 13*y yo te he construido un palacio,/ un sitio
donde vivas para siempre*».

14Luego se volvió y bendijo a toda la asam-
blea de Israel mientras esta permanecía de pie
15y dijo: «¡Bendito sea el Señor, Dios de Israel!
Que ha cumplido con su mano lo que su boca ha-
bía anunciado a mi padre David cuando le dijo:
16Desde el día que saqué de Egipto a mi pueblo,
Israel, no elegí ninguna ciudad de las tribus de
Israel para hacerme un templo donde residiera
mi Nombre, sino que elegí a David para que estu-
viese al frente de mi pueblo, Israel. 17Mi padre,
David, pensó edificar un templo en honor del
Señor, Dios de Israel, 18y el Señor le dijo: Ese
proyecto que tienes de construir un templo en
mi honor haces bien en tenerlo; 19solo que tú no
construirás ese templo, sino que un hijo de tus
entrañas será quien construya ese templo en mi
honor. 20El Señor ha cumplido la promesa que
hizo: yo he sucedido en el trono de Israel a mi
padre, David, como lo prometió el Señor, y he
construido este templo en honor del Señor, Dios
de Israel. 21Y en él he fijado un sitio para el arca,
donde se conserva la alianza que el Señor pactó
con nuestros padres cuando los sacó de Egipto».

22Salomón, de pie ante el altar del Señor, en
presencia de toda la asamblea de Israel, exten-
dió las manos al cielo 23y dijo: «¡Señor, Dios de

Israel! Ni arriba en el cielo ni abajo en la tierra
hay un Dios como tú, que mantienes la Alianza
y eres fiel con tus servidores, cuando caminan
delante de ti de todo corazón como tú quieres.
24Tú has cumplido, a favor de mi padre David,
la promesa que le habías hecho, y hoy mismo
has realizado con tu mano lo que había dicho tu
boca. 25Ahora Señor, Dios de Israel, mantén en
favor de tu servidor, mi padre, David, la promesa
que le hiciste: No te faltará un descendiente que
esté sentado delante de mí en el trono de Israel,
a condición de que tus hijos sepan comportarse
procediendo de acuerdo conmigo, como has pro-
cedido tú. 26Ahora, Dios de Israel, confirma la
promesa que hiciste a mi padre, David, servidor
tuyo. 27Aunque, ¿es posible que Dios habite en
la tierra? Si no cabes en el cielo y lo más alto
del cielo, ¡cuánto menos en este templo que he
construido!

28»Vuelve tu rostro a la oración y súplica de
tu servidor. Señor, Dios mío, escucha el clamor
y la oración que te dirige hoy tu servidor. 29Día
y noche estén tus ojos abiertos sobre este tem-
plo, sobre el sitio donde quisiste que residiera
tu Nombre. ¡Escucha la oración que tu servidor
te dirige en este sitio! 30Escucha la súplica de tu
servidor y de tu pueblo, Israel, cuando recen en
este sitio; escucha tú desde tu morada del cielo,
escucha y perdona.

31»Cuando uno peque contra otro, si se le exi-
ge juramento y viene a jurar ante tu altar en este
templo, 32escucha tú desde el cielo y haz justicia
a tus servidores: condena al culpable dándole
su merecido y absuelve al inocente pagándole
según su inocencia.

»33Cuando los de tu pueblo, Israel, sean derro-
tados por el enemigo, por haber pecado contra
ti, si se convierten a ti y te confiesan su pecado,
y rezan y suplican en este templo, 34escucha tú
desde el cielo y perdona el pecado de tu pueblo,
Israel, y hazlos volver a la tierra que diste a sus
padres.

35»Cuando, por haber pecado contra ti, se cie-
rre el cielo y no haya lluvia, si rezan en este
lugar, te confiesan su pecado y se arrepienten
cuando tú los afliges, 36escucha tú desde el cielo
y perdona el pecado de tu servidor, tu pueblo,
Israel, mostrándole el buen camino que deben
seguir y envía la lluvia a la tierra que diste en
herencia a tu pueblo.

37»Cuando en el país haya hambre, peste,
sequía y plagas en los sembrados, langostas y
saltamontes; cuando el enemigo cierre el cerco
en torno a alguna de sus ciudades; en cualquier
calamidad o enfermedad, 38si uno cualquiera o
todo tu pueblo, Israel, ante los remordimientos
de su conciencia, extiende las manos hacia este
templo y te dirige oraciones y súplicas, 39escú-
chalas tú desde el cielo, donde moras, perdona
y actúa, paga a cada uno según su conducta, tú
que conoces el corazón, porque solo tú conoces
el corazón humano; 40así te respetarán mientras
vivan en la tierra que tú diste a nuestros padres.

41»También el extranjero, que no pertenece a
tu pueblo, Israel, cuando venga de un país leja-
no atraído por tu fama 42–porque oirán hablar
de tu gran fama, de tu mano fuerte y tu brazo
extendido–, cuando venga a rezar en este tem-
plo, 43escúchalo tú desde el cielo, donde moras;
haz lo que te pida, para que todas las naciones
del mundo conozcan tu fama y te teman como tu
pueblo, Israel, y sepan que tu nombre ha sido
invocado en este templo que he construido.

44»Cuando tu pueblo salga en campaña contra
el enemigo, por el camino que les señales, si re-
zan al Señor vueltos hacia la ciudad que has ele-
gido y al templo que he construido en tu honor,
45escucha tú desde el cielo su oración y súplica
y hazles justicia.

46»Cuando pequen contra ti –porque nadie es-
tá libre de pecado– y tú, irritado contra ellos,
los entregues al enemigo, y los vencedores los
destierren a un país enemigo, lejano o cercano,
47si en el país donde vivan deportados reflexio-
nan y se convierten, y en el país de los vencedo-
res te suplican, diciendo: Hemos pecado, hemos
faltado, somos culpables, 48si en el país de los
enemigos que los hayan deportado se convierten
a ti con todo el corazón y con toda el alma, y te
rezan vueltos hacia la tierra que habías dado a
sus padres, hacia la ciudad que elegiste y el tem-
plo que he construido en tu honor, 49escucha tú
desde el cielo, donde moras, su oración y súplica
y hazles justicia; 50perdona a tu pueblo los peca-
dos cometidos contra ti, sus rebeliones contra ti,
haz que sus vencedores se compadezcan de ellos,
51porque son tu pueblo y tu herencia, los que sa-
caste de Egipto, del horno de hierro.

52»Ten los ojos abiertos ante la súplica de tu
servidor, ante la súplica de tu pueblo, Israel, pa-
ra atenderlos siempre que te invoquen. 53Porque
tú los separaste para ti de entre todas las nacio-
nes del mundo a fin de que fueran tu herencia,
como lo dijiste tú mismo, Señor, por medio de
tu servidor Moisés, cuando sacaste de Egipto a
nuestros padres.

54Cuando Salomón terminó de rezar esta ora-
ción y esta súplica al Señor, se levantó de delante
del altar del Señor, donde estaba arrodillado con
las manos extendidas hacia el cielo. 55Y puesto
en pie, bendijo en voz alta a toda la asamblea
israelita, diciendo: 56«¡Bendito sea el Señor, que

ha dado el descanso a su pueblo, Israel, confor-
me a sus promesas! No ha fallado ni una sola de
las promesas que nos hizo por medio de su siervo
Moisés. 57Que el Señor, nuestro Dios, esté con
nosotros, como estuvo con nuestros padres; que
no nos abandone ni nos rechace. 58Que incline
hacia él nuestro corazón, para que sigamos todos
sus caminos y guardemos los preceptos, manda-
tos y decretos que dio a nuestros padres. 59Que
las palabras de esta súplica hecha ante el Señor
permanezcan junto al Señor, nuestro Dios, día y
noche, para que haga justicia a su siervo y a su
pueblo, Israel, según la necesidad de cada día.
60Así sabrán todas las naciones del mundo que
el Señor es el Dios verdadero, y no hay otro; 61y
el corazón de ustedes será totalmente del Señor,
nuestro Dios, siguiendo sus preceptos y guardan-
do sus mandamientos, como hacen hoy».

62El rey, y todo Israel con él, ofrecieron sacri-
ficios al Señor. 63Salomón inmoló, como sacrifi-
cio de comunión en honor del Señor, veintidós
mil bueyes y ciento veinte mil ovejas. Así de-
dicaron el templo el rey y todos los israelitas.
64Aquel día consagró el rey el atrio interior que
hay delante del templo, ofreciendo allí los holo-
caustos, las ofrendas y la grasa de los sacrificios
de comunión; po rque sobre el altar de bronce
que estaba ante el Señor no cabían los holocaus-
tos, las ofrendas y la grasa de los sacrificios de
comunión.

65En aquella ocasión, Salomón, con todo Is-
rael, celebró la fiesta ante el Señor, nuestro
Dios, durante siete días. Acudió al templo que
había construido un gentío inmenso, venido
desde el paso de Jamat hasta el río de Egipto.
Comieron y bebieron e hicieron fiesta cantando
himnos al Señor, nuestro Dios. 66Al octavo día
Salomón despidió a la gente, y ellos dieron gra-
cias al rey. Marcharon a sus casas alegres y con-
tentos por todos los beneficios que el Señor ha-
bía hecho a su siervo David y a su pueblo, Israel.

Nueva aparición y oráculo

9 1Cuando Salomón terminó el templo, el pala-
cio real y todo cuanto quería y deseaba, 2el
Señor se le apareció otra vez, como en Gabaón,
3y le dijo: «He escuchado la oración y súplica que
me has dirigido. Consagro este templo que has
construido, para que en él resida mi Nombre por
siempre; siempre estarán en él mi corazón y mis
ojos. 4En cuanto a ti, si procedes de acuerdo con-
migo como tu padre, David, con corazón íntegro
y recto, haciendo exactamente lo que te mando
y cumpliendo mis mandatos y preceptos, 5conser-
varé tu trono real en Israel perpetuamente, como
le prometí a tu padre, David: No te faltará un des-
cendiente en el trono de Israel. 6Pero si ustedes
o sus hijos se apartan de mí, o no guardan los
preceptos y mandatos que yo les he dado, y van
a dar culto a otros dioses y los adoran, 7borra-
ré a Israel de la tierra que yo le di, rechazaré el
templo que he consagrado a mi Nombre e Israel
será el motivo de burla constante entre todas las
naciones. 8Este templo será un montón de ruinas;
los que pasen se asombrarán y silbarán, comen-
tando: ¿Por qué ha tratado así el Señor a este país
y a este templo? 9Y les dirán: Porque abandonaron
al Señor, su Dios, que había sacado a sus padres
de Egipto; porque se aferraron a otros dioses, los
adoraron y les dieron culto; por eso el Señor les
ha echado encima esta catástrofe».

Eres Cabul

10Salomón construyó los dos edificios, el tem-
plo y el palacio, durante veinte años, 11con la
ayuda de Jirán, rey de Tiro, que le proporcionó
madera de cedro y abeto y todo el oro que quiso.
Al terminar, el rey Salomón dio a Jirán veinte
villas en la provincia de Galilea. 12Jirán salió de
Tiro a visitar las poblaciones que le daba Salo-
món, pero no le gustaron, 13y protestó: «¿Son
estas las ciudades que me das, hermano mío?».
Las llamó Eres Cabul, y así se llama hoy aquella
región. 14Jirán había mandado al rey Salomón
cuatro mil kilos de oro.

Reclutamiento de trabajadores

15Modo como reclutó el rey Salomón trabajado-
res para construir el templo, el palacio, el terra-
plén, la muralla de Jerusalén, Jasor, Meguido y
Guézer 16–el Faraón, rey de Egipto, se había apo-
derado de Guézer, la había incendiado y degolla-
do a los cananeos que la habitaban; luego se la
dio como dote a su hija, la esposa de Salomón, 17y
este la reconstruyó–, Bet-Jorón de Abajo, 18Baa-
lat, Tamar de la Estepa, 19como también todos los
centros de aprovisionamiento que tenía Salomón,
las ciudades con cuarteles de caballería y carros y
cuanto quiso construir en Jerusalén, en el Líbano
y en todas las tierras de su Imperio.

20Salomón hizo primero un reclutamiento
de trabajadores forzados no israelitas 21entre
los descendientes que quedaban todavía de
los amorreos, hititas, fereceos, heveos y je-
buseos –pueblos que los israelitas no habían
podido exterminar–. 22A los israelitas no les
impuso trabajos forzados, sino que le servían
como soldados, funcionarios, jefes y oficiales
de carros y caballería. 23Los jefes y capataces
de las obras, que mandaban a los obreros, eran
quinientos cincuenta. 24Una vez que la hija del
Faraón pasó de la Ciudad de David al palacio que

le había construido Salomón, entonces se hizo
el terraplén.25Salomón ofrecía tres veces al año
holocaustos y sacrificios de comunión sobre el
altar que había construido al Señor, y quemaba
perfumes ante el Señor, y mantenía el templo en
buen estado.
26El rey Salomón construyó una flota en Esión
Gueber, junto a Eilat, en la costa del Mar Rojo,
en el país de Edom. 27Jirán envió como tripulan-
tes esclavos suyos, marineros expertos, junto
con los esclavos de Salomón. 28Llegaron a Ofir
y le trajeron de allí al rey Salomón unos quince
mil kilos de oro.

Visita de la reina de Sabá

10 1La reina de Sabá oyó la fama de Salomón
y fue a desafiarlo con enigmas. 2Llegó a
Jerusalén con una gran caravana de camellos
cargados de perfumes y oro en gran cantidad y
piedras preciosas. Entró en el palacio de Salo-
món y le propuso todo lo que pensaba. 3Salo-
món resolvió todas sus consultas; no hubo una
cuestión tan oscura que el rey no pudiera resol-
ver. 4Cuando la reina de Sabá vio la sabiduría
de Salomón, la casa que había construido, 5los
manjares de su mesa, toda la corte sentada a la
mesa, los camareros con sus uniformes sirvien-
do, las bebidas, los holocaustos que ofrecía en
el templo del Señor, se quedó asombrada, 6y dijo
al rey: «¡Es verdad lo que me contaron en mi país
de ti y tu sabiduría! 7Yo no quería creerlo; pero
ahora que he venido y lo veo con mis propios
ojos, compruebo que no me habían contado ni
siquiera la mitad. En sabiduría y riquezas supe-
ras todo lo que yo había oído. 8¡Dichosa tu gen-
te, dichosos los cortesanos, que están siempre
en tu presencia aprendiendo de tu sabiduría!
9¡Bendito sea el Señor, tu Dios, que, por el amor
eterno que tiene a Israel, te ha elegido para co-
locarte en el trono de Israel y te ha nombrado
rey para que gobiernes con justicia!».
10La reina regaló al rey cuatro mil kilos de oro,
gran cantidad de perfumes y piedras preciosas.
Nunca llegaron tantos perfumes como los que
la reina de Sabá regaló al rey Salomón. 13Por su
parte, el rey Salomón regaló a la reina de Sabá
todo lo que a ella se le antojó, aparte de lo que
el mismo rey Salomón, con su esplendidez, le re-
galó. Después ella y su séquito emprendieron el
viaje de vuelta a su país.

Comercio exterior y riquezas

11La flota de Jirán, que transportaba el oro de
Ofir, trajo también madera de sándalo en gran
cantidad y piedras preciosas. 12Con la madera de
sándalo el rey hizo balaustradas para el templo
del Señor y el palacio real y cítaras y arpas pa-
ra los cantores. Nunca llegó madera de sándalo
como aquel ni se ha vuelto a ver hasta hoy. 14El
oro que recibía Salomón al año eran veintitrés
mil trescientos kilos, 15sin contar el proveniente
de impuestos a los comerciantes, al tránsito de
mercancías y a los reyes de Arabia y gobernado-
res del país.
16El rey Salomón hizo doscientos escudos de
oro trabajado a martillo, gastando seis kilos y
medio en cada uno, 17y trescientos escudos más
pequeños de oro trabajado a martillo, gastando
medio kilo de oro en cada uno; los puso en el
salón llamado Bosque del Líbano. 18Hizo un gran
trono de marfil recubierto de oro fino: 19tenía
seis gradas, la cabecera del respaldo redonda,
brazos a ambos lados del asiento, dos leones de
pie junto a los brazos 20y doce leones de pie a
ambos lados de las gradas; nunca se había hecho
cosa igual en ningún reino.
21Toda la vajilla del rey Salomón era de oro y
todo el ajuar del salón Bosque del Líbano era de
oro puro; nada de plata, a la que en tiempo de
Salomón no se le daba importancia; 22porque el
rey tenía en el mar una flota mercante, junto con
la flota de Jirán, y cada tres años llegaban las
naves cargadas de oro, plata, marfil, monos y
pavos reales. 23En riqueza y sabiduría, el rey Sa-
lomón superó a todos los reyes de la tierra. 24De
todo el mundo venían a visitarlo, para aprender
de la sabiduría de que Dios lo había llenado. 25Y
cada cual traía su obsequio: vajillas de plata y
oro, mantos, armas y aromas, caballos y mulos. Y
así todos los años. 26Salomón juntó carros y ca-
ballos. Llegó a tener mil cuatrocientos carros y
doce mil caballos. Los acantonó en las ciudades
con cuarteles de carros y en Jerusalén, cerca del
palacio. 27Salomón consiguió que en Jerusalén
la plata fuera tan corriente como las piedras y
los cedros como los sicómoros de la Sefela. 28Los
caballos de Salomón provenían de Cilicia, donde
los tratantes del rey los compraban al contado.
29Cada carro importado de Egipto valía seiscien-
tos pesos. Un caballo valía ciento cincuenta, y
lo mismo los importados de los reinos hititas y
de los reinos sirios.

Idolatría de Salomón

11 1Pero el rey Salomón se enamoró de mu-
chas mujeres extranjeras, además de la
hija del Faraón: moabitas, amonitas, edomitas,
fenicias e hititas, 2de las naciones de quienes
había dicho el Señor a los de Israel: No se unan
con ellas ni ellas con ustedes, porque les des-
viarán el corazón hacia otros dioses. Salomón
se enamoró perdidamente de ellas; 3tuvo sete-

cientas esposas y trescientas concubinas. 4Y así,
cuando llegó a viejo, sus mujeres desviaron su
corazón tras dioses extranjeros; su corazón ya
no perteneció por entero al Señor, como el cora-
zón de David, su padre.
5Salomón siguió a Astarté, diosa de los feni-
cios; a Milcom, ídolo de los amonitas. 6Hizo lo
que el Señor reprueba; no siguió plenamente al
Señor, como su padre, David. 7Entonces constru-
yó en el monte que se alza frente a Jerusalén
un santuario a Camós, ídolo de Moab, y a Molek,
ídolo de los amonitas. 8Lo mismo hizo para sus
mujeres extranjeras, que quemaban incienso y
sacrificaban en honor de sus dioses.
9El Señor se encolerizó contra Salomón, porque
había desviado su corazón del Señor, Dios de Is-
rael, que se le había aparecido dos veces, 10y que
precisamente le había prohibido seguir a dioses
extranjeros; pero Salomón no cumplió esta or-
den. 11Entonces el Señor le dijo: «Por haberte
portado así conmigo, siendo infiel a la alianza
y a los mandatos que te di, te voy a arrancar el
reino de las manos para dárselo a un servidor tu-
yo. 12No lo haré mientras vivas, en consideración
a tu padre, David; se lo arrancaré de la mano a
tu hijo. 13Y ni siquiera le arrancaré todo el reino;
dejaré a tu hijo una tribu, en consideración a mi
siervo David y a Jerusalén, mi ciudad elegida».

Rebeliones contra Salomón

14Así, el Señor le suscitó a Salomón un ad-
versario: Hadad, el idumeo, de la estirpe real
de Edom. 15Cuando David derrotó a Edom, al ir
Joab, general en jefe, a enterrar a los muertos,
mató a todos los varones de Edom. 16Joab y el
ejército israelita estuvieron acantonados allí
seis meses, hasta que exterminaron a todos
los varones de Edom. 17Pero Hadad logró huir a
Egipto con unos cuantos idumeos, funcionarios
de su padre. Hadad era entonces un chiquillo.
18Partieron de Madián y llegaron a Farán. Se les
agregaron algunos de Farán, entraron en Egipto
y se presentaron al Faraón, rey de Egipto, que les
dio casa, les aseguró el sustento y le concedió
tierras. 19Hadad se ganó completamente el favor
del Faraón, que lo casó con su cuñada, la herma-
na de la reina Tafnes. 20Su mujer le dio un hijo,
Guenubat, y lo crió en el palacio del Faraón, con
los hijos del Faraón.
21Cuando Hadad se enteró en Egipto de que
David se había reunido con sus antepasados y
que había muerto Joab, general en jefe, pidió
al Faraón: «Déjame ir a mi tierra». 22El Faraón le
respondió: «Pero, ¿qué te falta junto a mí, que
pretendes irte ahora a tu tierra?». Hadad le dijo:
«Nada. Pero déjame ir». 25bY este es el mal que
hizo Hadad: reinó en Edom y no dejó en paz a
Israel. 23También suscitó el Señor como adver-
sario de Salomón a Rezón, hijo de Elyadá, que
se le había escapado a su amo Hadadezer, rey de
Sobá; 24se le juntaron unos cuantos hombres y
se hizo jefe de guerrillas; y mientras David des-
trozaba a los sirios, él se apoderó de Damasco,
se estableció allí y llegó a ser rey de Damasco.
25aFue adversario de Israel durante todo el reina-
do de Salomón.
26Jeroboán, hijo de Nabat, era efraimita,
natural de Serdá; su madre, llamada Servá, era
viuda. Siendo funcionario de Salomón se rebeló
contra el rey. 27La ocasión de rebelarse contra
el rey fue esta: Salomón estaba construyendo
el terraplén para rellenar el foso de la Ciudad de
David, su padre. 28Jeroboán era un hombre de
valer, y Salomón, viendo que el chico trabajaba
bien, lo nombró capataz de todos los cargadores
de la casa de José.
29Un día salió Jeroboán de Jerusalén, y el pro-
feta Ajías, de Siló, envuelto en un manto nuevo,
se lo encontró en el camino; estaban los dos
solos, en descampado. 30Ajías agarró su manto
nuevo, lo rasgó en doce trozos 31y dijo a Jero-
boán: «Recoge diez trozos, porque así dice el
Señor, Dios de Israel: Voy a arrancarle el reino a
Salomón y voy a darte a ti diez tribus; 32pero una
tribu será para él, en consideración a mi siervo
David y a Jerusalén, la ciudad que elegí entre
todas las tribus de Israel; 33porque me ha aban-
donado y ha adorado a Astarté, diosa de los fe-
nicios; a Camós, dios de Moab; a Milcom, dios de
los amonitas, y no ha caminado por mis sendas
practicando lo que yo apruebo, mis mandatos y
preceptos, como su padre, David. 34No le quita-
ré todo el reino; lo mantendré de jefe mientras
viva en consideración a mi siervo David, a quien
elegí, que guardó mis leyes y preceptos; 35pero
a su hijo le quitaré el reino y te daré a ti diez
tribus. 36A su hijo le daré una tribu, para que mi
siervo David tenga siempre una lámpara ante mí
en Jerusalén, la ciudad que me elegí para que
residiera allí mi Nombre. 37En cuanto a ti, voy a
elegirte para que seas rey de Israel, según tus
ambiciones. 38Si obedeces en todo lo que yo te
ordene y caminas por mis sendas y practicas lo
que yo apruebo, guardando mis mandatos y pre-
ceptos, como lo hizo mi siervo David, yo estaré
contigo y te daré una dinastía duradera, como
hice con David. Te entregaré a Israel 39y humilla-
ré a los descendientes de David por esto, aunque
no para siempre».
40Salomón intentó matar a Jeroboán, pero
Jeroboán emprendió la fuga a Egipto, donde
reinaba Sisac, y estuvo allí hasta que murió

Salomón. 41Para más datos sobre Salomón, sus
empresas y su sabiduría, véanse los Anales de
Salomón. 42Salomón reinó en Jerusalén sobre
todo Israel cuarenta años. 43Cuando murió lo
enterraron en la Ciudad de David, su padre. Su
hijo Roboán le sucedió en el trono.

LOS DOS REINOS (12–14)

El cisma

12 1Roboán fue a Siquén porque todo Israel
había acudido allí para proclamarlo rey.
2Cuando se enteró Jeroboán, hijo de Nabat –que
estaba todavía en Egipto, adonde había ido hu-
yendo del rey Salomón– se volvió de Egipto. 3Lo
mandaron llamar, y él se presentó con toda la
asamblea israelita. Entonces hablaron así a Ro-
boán: 4«Tu padre nos impuso un yugo pesado.
Aligera tú ahora la dura servidumbre a que nos
sujetó tu padre y el pesado yugo que nos echó
encima, y te serviremos». 5Él les dijo: «Váyanse y
regresen a verme dentro de tres días».
Ellos se fueron y 6el rey Roboán consultó a los
ancianos que habían estado al servicio de su pa-
dre, Salomón, mientras vivía: «¿Qué respuesta
me aconsejan dar a esta gente?». 7Le dijeron: «Si
hoy te comportas como servidor de este pueblo,
poniéndote a su servicio, y le respondes con bue-
nas palabras, serán servidores tuyos de por vida».
8Pero él desechó el consejo de los ancianos y con-
sultó a los jóvenes que se habían educado con él y
estaban a su servicio. 9Les preguntó: «Esta gente
pide que les aligere el yugo que les echó encima
mi padre. ¿Qué me aconsejan que les responda?».
10Los jóvenes que se habían educado con él le res-
pondieron: «O sea, que esa gente te ha dicho: Tu
padre nos impuso un yugo pesado; tú alívianos
esa carga. Diles esto: Mi dedo meñique es más
grueso que la cintura de mi padre. 11*Si mi padre
los cargó con un yugo pesado,/ yo les aumentaré
la carga;/ si mi padre los castigó con azotes,/ yo
los castigaré con latigazos*».
12Al tercer día, la fecha señalada por el rey,
Jeroboán y todo el pueblo fueron a ver a Roboán.
13Este les respondió ásperamente; desechó el
consejo de los ancianos, 14y les habló siguiendo
el consejo de los jóvenes: «*Si mi padre los cargó
con un yugo pesado,/ yo les aumentaré la car-
ga;/ si mi padre los castigó con azotes,/ yo los
castigaré con latigazos*».
15De manera que el rey no hizo caso al pueblo,
porque era una ocasión buscada por el Señor
para que se cumpliese la palabra que Ajías, el
de Siló, comunicó a Jeroboán, hijo de Nabat.
16Viendo los israelitas que el rey no les hacía ca-
so, le replicaron: «*¿Qué parte tenemos nosotros
con David?/ ¡No tenemos herencia común con el
hijo de Jesé!/ ¡A tus tiendas, Israel!/ ¡Ahora, Da-
vid, a cuidar de tu casa!*».
Los de Israel se marcharon a casa; 17aunque
los israelitas que vivían en las poblaciones de
Judá siguieron sometidos a Roboán. 18El rey Ro-
boán envió entonces a Adorán, encargado de las
brigadas de trabajadores; pero los israelitas lo
mataron a pedradas. Y el mismo rey Roboán tuvo
que subir precipitadamente a su carro y huir a
Jerusalén. 19Así fue como se independizó Israel
de la casa de David, hasta hoy. 20Cuando Israel
oyó que Jeroboán había vuelto, mandaron a lla-
marlo para que fuera a la asamblea, y lo procla-
maron rey de Israel. Con la casa de David quedó
únicamente la tribu de Judá. 21Cuando Roboán
llegó a Jerusalén, movilizó ciento ochenta mil
soldados de Judá y de la tribu de Benjamín pa-
ra luchar contra Israel y recuperar el reino para
Roboán, hijo de Salomón. 22Pero Dios dirigió la
palabra al profeta Semayas: 23«Di a Roboán, hijo
de Salomón, rey de Judá, a todo Judá y Benjamín
y al resto del pueblo: 24Así dice el Señor: No va-
yan a luchar contra sus hermanos, los israelitas;
que cada cual se vuelva a su casa, porque esto
ha sucedido por voluntad mía». Obedecieron la
Palabra del Señor y desistieron de la campaña,
como el Señor lo ordenaba.

El culto cismático

25Jeroboán fortificó Siquén, en la serranía de
Efraín, y residió allí. Luego salió de Siquén para
fortificar Penuel. 26Y pensó para sus adentros:
«Todavía puede volver el reino a la casa de Da-
vid. 27Si la gente sigue yendo a Jerusalén para
hacer sacrificios en el templo del Señor, termi-
narán poniéndose de parte de su señor, Roboán,
rey de Judá. Me matarán y volverán a unirse a
Roboán, rey de Judá». 28Después de aconsejarse,
el rey hizo dos terneros de oro y dijo a la gente:
«¡Ya está bien de subir a Jerusalén! ¡Este es tu
dios, Israel, el que te sacó de Egipto!». 29Lue-
go colocó un ternero en Betel y el otro en Dan.
30Esto incitó a pecar a Israel, porque unos iban a
Betel y otros a Dan. 31También edificó pequeños
templos en los lugares altos; puso de sacerdo-
tes a gente de la plebe, que no pertenecía a la
tribu de Leví. 32Celebró también una fiesta el
día quince del mes octavo, como la fiesta que
se celebraba en Jerusalén, y subió al altar que
había levantado en Betel a ofrecer sacrificios al
ternero que había hecho. En Betel estableció a
los sacerdotes de los pequeños templos que ha-
bía construido. 33Subió al altar que había hecho
en Betel el día quince del mes octavo –el mes
que a él le pareció–. Instituyó una fiesta para
los israelitas y subió al altar a ofrecer incienso.

El profeta de Judá

13 1En el momento en que Jeroboán, de pie
junto al altar, se disponía a quemar incien-
so, llegó a Betel un hombre de Dios de Judá man-
dado por el Señor. 2Y gritó contra el altar, por
orden del Señor: «¡Altar, altar! Así dice el Señor:
Nacerá un descendiente de David –llamado Jo-
sías– que sacrificará sobre ti a los sacerdotes de
los lugares altos que queman incienso sobre ti y
quemará sobre ti huesos humanos». 3Y ofreció
una señal: «Esta es la señal anunciada por el Se-
ñor: el altar va a rajarse y se derramará la ceniza
que hay encima».
4Cuando el rey oyó lo que gritaba el hombre de
Dios contra el altar de Betel, extendió el brazo
desde el altar, ordenando: «¡Deténganlo!». Pero
el brazo extendido contra el profeta se le quedó
rígido, sin poder acercarlo al cuerpo, 5mientras
el altar se rajaba y se derramaba la ceniza, que
era la señal anunciada por el hombre de Dios en
nombre del Señor. 6Entonces el rey suplicó al
hombre de Dios: «Por favor, aplaca al Señor, tu
Dios, y reza por mí para que recupere el movi-
miento del brazo». El hombre de Dios aplacó al
Señor y el rey recuperó el movimiento del brazo,
que le quedó como antes. 7Entonces el rey le
dijo: «Ven conmigo a palacio, cobra fuerzas, y te
haré un regalo». 8Pero el hombre de Dios replicó:
«No iré contigo ni aunque me des medio pala-
cio. No comeré ni beberé nada aquí, 9porque el
Señor me ha prohibido comer, beber o volverme
por el mismo camino». 10Luego se fue por otra
ruta, sin volverse por el camino por donde había
ido a Betel. 11Vivía en Betel un viejo profeta, y
cuando sus hijos fueron a contarle lo que había
hecho el hombre de Dios aquel día en Betel y lo
que había dicho al rey, 12su padre les preguntó:
«¿Qué camino ha tomado?».
Sus hijos le enseñaron el camino que había to-
mado el hombre de Dios venido de Judá, 13y él les
ordenó: «Ensíllenme el burro». Se lo ensillaron,
montó 14y marchó tras el profeta; se lo encontró
sentado bajo una encina, y le preguntó: «¿Eres
tú el hombre de Dios que vino de Judá?». El otro
respondió: «Sí». 15Entonces le dijo: «Ven conmi-
go a casa a tomar algo». 16Pero el otro respon-
dió: «No puedo volverme contigo, ni comer ni
beber nada aquí, 17porque el Señor me ha prohi-
bido comer o beber aquí o volverme por el mismo
camino». 18Entonces el otro le dijo: «También yo
soy profeta, como tú, y un ángel me ha dicho,
por orden del Señor, que te lleve a mi casa para
que comas y bebas algo». Así lo engañó; 19se lo
llevó con él, y aquel comió y bebió en su casa.
20Pero cuando estaban sentados a la mesa, el
Señor dirigió la palabra al profeta que lo había
hecho volver, 21y este gritó al hombre de Dios
venido de Judá: «Así dice el Señor: Por haber
desafiado la orden del Señor, no haciendo lo que
te mandaba el Señor, tu Dios, 22por volverte a
comer y beber allí donde él te lo había prohi-
bido, no enterrarán tu cadáver en la sepultura
de tu familia». 23Después de comer y beber le
ensilló el burro, 24y el otro se marchó. Pero por
el camino le salió un león y lo mató. Su cadáver
quedó tendido en el camino, y el burro y el león
se quedaron de pie junto a él. 25Unos caminantes
vieron el cadáver tendido en el camino y el león
de pie junto al cadáver, y fueron a dar la noticia
a la ciudad donde vivía el viejo profeta. 26Cuan-
do este lo supo, comentó: «¡Es el hombre de Dios
que desafió la orden del Señor! El Señor lo habrá
entregado al león, que lo ha matado y descuarti-
zado, como el Señor dijo». 27Luego ordenó a sus
hijos: «Ensíllenme el burro». Se lo ensillaron.
28Marchó y encontró el cadáver tendido en el
camino; el burro y el león estaban de pie junto
al cadáver; el león no había devorado el cadáver
ni descuartizado al burro. 29Él recogió el cadáver
del hombre de Dios, lo acomodó sobre el burro
y lo volvió a llevar a la ciudad, para hacerle los
funerales y enterrarlo. 30Depositó el cadáver
en su propia sepultura y le entonaron la elegía
¡Ay hermano! 31Después de enterrarlo, habló a
sus hijos: «Cuando yo muera, entiérrenme en
la sepultura donde está enterrado este hombre
de Dios; pongan mis huesos junto a los suyos,
32porque ciertamente se cumplirá la palabra que
él proclamó, por orden del Señor, contra el altar
de Betel y todos los santuarios de los lugares
altos que hay en las poblaciones de Samaría».
33Pero después de esto, Jeroboán no se con-
virtió de su mala conducta y volvió a nombrar
sacerdotes de los lugares altos a personas to-
madas del común de la gente; al que lo deseaba,
él lo consagraba sacerdote de los lugares altos.
34Este proceder llevó al pecado a la dinastía de
Jeroboán, y motivó su destrucción y exterminio
de la tierra.

Sentencia contra Jeroboán

14 1Por entonces cayó enfermo Abías, hijo de
Jeroboán, 2y este dijo a su mujer: «Disfrá-
zate para que nadie se dé cuenta de que eres mi
mujer y vete a Siló; allí está el profeta Ajías, el
que me profetizó que yo sería rey de esta na-
ción. 3Llévate diez panes, rosquillas y un tarro
de miel, y preséntate a él; él te dirá qué va a ser
del niño». 4Así lo hizo; se puso en camino hacia
Siló y entró en casa de Ajías.
Ajías estaba casi ciego, tenía los ojos apaga-
dos por la vejez, 5pero el Señor le había dicho:

«Va a venir la mujer de Jeroboán a pedirte un oráculo sobre su hijo enfermo; le dices esto y esto». Llegó ella, haciéndose pasar por otra, 6y en cuanto Ajías sintió el ruido de sus pasos en la puerta, dijo: «Adelante, mujer de Jeroboán. ¿Por qué te haces pasar por otra? Tengo que darte una mala noticia. 7Ve a decirle a Jeroboán: Así dice el Señor, Dios de Israel: Yo te saqué de entre la gente y te hice jefe de mi pueblo, Israel, 8arrancándole el reino a la dinastía de David para dártelo a ti. Pero ya que tú no has sido como mi siervo David, que guardó mis mandamientos y me siguió de todo corazón, haciendo únicamente lo que yo apruebo, 9sino que te has portado peor que tus predecesores, haciéndote dioses ajenos, ídolos de metal, para irritarme, y a mí me has dado la espalda, 10por eso yo voy a traer la desgracia a tu casa: te exterminaré a todo israelita varón, esclavo o libre, y barreré tu casa a conciencia, como se hace con el estiércol. 11A los tuyos que mueran en poblado los devorarán los perros y a los que mueran en descampado los devorarán las aves del cielo. Lo ha dicho el Señor. 12Y tú, vete a tu casa; en cuanto pongas el pie en la ciudad, morirá el niño. 13Todo Israel hará luto por él y lo enterrarán, porque será el único de la familia de Jeroboán que acabe en un sepulcro; porque de toda tu familia, solo en él se puede encontrar algo que agrade al Señor, Dios de Israel. 14El Señor suscitará un rey de Israel que extermine la dinastía de Jeroboán. 15El Señor golpeará a Israel, que vacilará como un junco en el agua; arrancará a Israel de esta tierra fértil, que dio a sus padres, y los dispersará al otro lado del río, porque erigieron postes sagrados, irritando al Señor. 16Entregaré a Israel por los pecados que has cometido tú y has hecho cometer a Israel». 17La mujer de Jeroboán emprendió la marcha. Llegó a Tirsá, y cuando cruzaba el umbral de la casa, el niño murió. 18Todo Israel hizo luto por él y lo enterraron, como había dicho el Señor por su siervo el profeta Ajías. 19Para más datos sobre Jeroboán, sus batallas y reinado, véanse los Anales del Reino de Israel. 20Jeroboán reinó veintidós años. Murió, y su hijo Nadab le sucedió en el trono.

Roboán de Judá (931-914)

21Roboán, hijo de Salomón, subió al trono de Judá a los cuarenta y un años. Reinó diecisiete años en Jerusalén, la ciudad que eligió el Señor entre todas las tribus de Israel para establecer allí su Nombre. Su madre se llamaba Naamá, y era amonita. 22Los de Judá hicieron lo que el Señor reprueba. Con todos los pecados que cometieron provocaron sus celos, más que sus antepasados: 23construyeron pequeños santuarios en los lugares altos, erigieron postes sagrados y piedras conmemorativas en las colinas elevadas y bajo los árboles frondosos; 24hubo incluso prostitución sagrada en el país; imitaron todos los ritos abominables de las naciones que el Señor había expulsado ante los israelitas. 25El año quinto del reinado de Roboán, Sisac, rey de Egipto, atacó a Jerusalén. 26Se apoderó de los tesoros del templo y del palacio, se lo llevó todo, con los escudos de oro que había hecho Salomón. 27Para sustituirlos, el rey Roboán hizo escudos de bronce, y se los encomendó a los jefes de la escolta que vigilaban el acceso al palacio; 28cada vez que el rey iba al templo, los de la escolta los agarraban, y luego volvían a dejarlos en el cuerpo de guardia. 29Para más datos sobre Roboán y sus empresas, véanse los Anales del Reino de Judá. 30Hubo guerras continuas entre Roboán y Jeroboán. 31Roboán murió y lo enterraron con sus antepasados, en la Ciudad de David. Su hijo Abías le sucedió en el trono.

REYES EN TIEMPOS DE ELÍAS (15–16)

Abías de Judá (914-911)

15

1Abías subió al trono de Judá el año dieciocho de Jeroboán, hijo de Nabat. 2Reinó en Jerusalén tres años. Su madre se llamaba Maacá, hija de Absalón. 3Imitó a la letra los pecados que su padre había cometido; su corazón no perteneció por completo al Señor, su Dios, como había pertenecido el corazón de David, su antepasado. 4En consideración a David, el Señor, su Dios, le dejó una lámpara en Jerusalén, dándole descendientes y conservando a Jerusalén. 5Porque David hizo lo que el Señor aprueba, sin desviarse de sus mandamientos durante toda su vida, excepto en el asunto de Urías, el hitita. 6Hubo guerras continuas entre Abías y Jeroboán. 7Para más datos sobre Abías y sus empresas, véanse los Anales del Reino de Judá. 8Abías murió, y lo enterraron en la Ciudad de David. Su hijo Asá le sucedió en el trono.

Asá de Judá (911-870)

9Asá subió al trono de Judá el año veinte del reinado de Jeroboán de Israel. 10Reinó cuarenta y un años en Jerusalén. Su abuela se llamaba Maacá, hija de Absalón. 11Hizo lo que el Señor aprueba, como su antepasado, David. 12Desterró la prostitución sagrada y retiró todos los ídolos hechos por sus antepasados. 13Incluso a su abuela Maacá le quitó el título de reina madre, por haber hecho una imagen de Astarté. Asá destrozó la imagen y la quemó en el torrente Cedrón. 14No desaparecieron los pequeños santuarios; pero, sin embargo, el corazón de Asá perteneció por entero al Señor toda su vida. [15]Llevó al templo las ofrendas de su padre y las suyas propias: plata, oro y utensilios. [16]Hubo guerras continuas entre Asá y Basá de Israel. [17]Basá de Israel hizo una campaña contra Judá y fortificó Ramá, para cortar las comunicaciones a Asá de Judá. [18]Entonces Asá tomó la plata y el oro que quedaba en los tesoros del templo y del palacio y, entregándoselos a sus ministros, los envió a Ben-Adad, hijo de Tabrimón, de Jezión, rey de Siria, que residía en Damasco, con este mensaje: [19]«Hagamos un tratado de paz, como lo hicieron tu padre y el mío. Aquí te envío este obsequio de plata y oro. Ve, rompe tu alianza con Basá de Israel, para que se retire de mi territorio». [20]Ben-Adad le hizo caso y envió a sus generales contra las ciudades de Israel, devastando Iyón, Dan, Abel Bet-Maacá, la zona del lago y toda la región de Neftalí. [21]En cuanto se enteró Basá, suspendió las obras de Ramá y se volvió a Tirsá. [22]Asá movilizó entonces a todo Judá, sin excepción. Desmontaron las piedras y leños con que Basá fortificaba Ramá y los aprovecharon para fortificar Guibeá de Benjamín y Mispá. [23]Para más datos sobre Asá, sus hazañas militares y las ciudades que fortificó, véanse los Anales del Reino de Judá. [24]Cuando ya era viejo, enfermó de los pies. Murió, y lo enterraron con sus antepasados en la Ciudad de David. Su hijo Josafat le sucedió en el trono.

Nadab de Israel (910-909)

[25]Nadab, hijo de Jeroboán, subió al trono de Israel el año segundo del reinado de Asá de Judá. Reinó en Israel dos años. [26]Hizo lo que el Señor reprueba: imitó a su padre y los pecados que hizo cometer a Israel. [27]Basá, hijo de Ajías, de la tribu de Isacar, conspiró contra él y lo asesinó en Gabatón, que pertenecía a los filisteos, cuando Nadab con todo Israel la estaban sitiando. [28]Basá lo mató el año tercero del reinado de Asá de Judá, y lo suplantó en el trono. [29]En cuanto se proclamó rey, mató a toda la familia de Jeroboán, hasta aniquilarla, sin dejar alma viviente, como había dicho el Señor por su siervo Ajías, el silonita; [30]por los pecados que Jeroboán cometió e hizo cometer a Israel y por provocar el enojo del Señor, Dios de Israel. [31]Para más datos sobre Nadab y sus empresas, véanse los Anales del Reino de Israel.

Basá de Israel (909-885)

[32]Hubo guerras continuas entre Asá y Basá de Israel. [33]Basá, hijo de Ajías, subió al trono de Israel, en Tirsá, el año tercero del reinado de Asá de Judá. Reinó veinticuatro años. [34]Hizo lo que el Señor reprueba; imitó a Jeroboán y persistió en el pecado con que este hizo pecar a Israel.

16 [1]El Señor dirigió la palabra a Jehú, hijo de Janani, contra Basá: [2]«Yo te saqué del polvo y te hice jefe de mi pueblo Israel; pero tú has imitado a Jeroboán, has hecho pecar a mi pueblo, Israel, irritándome con sus pecados, [3]por eso voy a barrer a Basá y su casa y a dejarla como la de Jeroboán, hijo de Nabat. [4]A los de Basá que mueran en poblado los devorarán los perros y al que muera en descampado lo devorarán las aves del cielo». [5]Para más datos sobre Basá y sus hazañas militares, véanse los Anales del Reino de Israel. [6]Basá murió, y lo enterraron en Tirsá. Su hijo Elá le sucedió en el trono. [7]Por medio del profeta Jehú, hijo de Janani, el Señor dirigió la palabra a Basá y su casa, por haber imitado a la casa de Jeroboán, haciendo lo que el Señor reprueba, irritándolo con sus obras, y también porque exterminó a la casa de Jeroboán.

Elá de Israel (885-884)

[8]Elá, hijo de Basá, subió al trono de Israel, en Tirsá, el año veintisiete del reinado de Asá de Judá. Reinó dos años. [9]Su oficial Zimrí, jefe de media división de carros, conspiró contra él mientras se emborrachaba en Tirsá, en casa de Arsá, mayordomo de palacio. [10]Entró Zimrí, lo asesinó el año veintisiete del reinado de Asá de Judá y lo suplantó en el trono. [11]En cuanto subió al trono y se proclamó rey, mató a toda la familia de Basá; acabó con todo varón, pariente o amigo. Zimrí [12]exterminó a toda la familia de Basá, como el Señor había profetizado contra Basá por medio del profeta Jehú, [13]a causa de los pecados de Basá y los de su hijo Elá; los que cometieron ellos y los que hicieron cometer a Israel, irritando al Señor, Dios de Israel, con sus ídolos. [14]Para más datos sobre Elá y sus empresas, véanse los Anales del Reino de Israel.

Zimrí de Israel (884)

[15]Zimrí ocupó el trono en Tirsá siete días, el año veintisiete del reinado de Asá de Judá. La tropa acampaba junto a Gabatón, que pertenecía a los filisteos, [16]y cuando los acampados oyeron que Zimrí había conspirado y matado al rey, aquel mismo día proclamaron rey de Israel al general Omrí. [17]Omrí, con todo el ejército israelita, marchó de Gabatón para sitiar a Tirsá. [18]Cuando Zimrí vio que la ciudad estaba para caer, se encerró en la torre de palacio, prendió fuego al palacio, y así murió. [19]Fue por los pecados que cometió haciendo lo que el Señor reprueba, imi-

tando a Jeroboán y persistiendo en el pecado
que este había cometido al hacer pecar a Israel.
20Para más datos sobre Zimrí y la conspiración
que tramó, véanse los Anales del Reino de Israel.

Omrí de Israel (884-874)

21Entonces los israelitas se dividieron: la mi-
tad siguió a Tibní, hijo de Guinat, queriendo
proclamarlo rey, y la otra mitad siguió a Omrí.
22Los partidarios de Omrí se impusieron a los de
Tibní, hijo de Guinat. Tibní cayó muerto y Omrí
subió al trono. 23Omrí subió al trono de Israel
el año treinta y uno del reinado de Asá de Ju-
dá. Reinó doce años, seis en Tirsá. 24Le compró
a Sémer el monte de Samaría por sesenta kilos
de plata y edificó allí una ciudad, a la que lla-
mó Samaría –por Sémer, el dueño del monte–.
25Omrí hizo lo que el Señor reprueba; fue peor
que todos sus predecesores. 26Imitó a la letra a
Jeroboán, hijo de Nabat, y los pecados que hi-
zo cometer a Israel, irritando al Señor, Dios de
Israel, con sus ídolos. 27Para más datos sobre
Omrí y sus hazañas militares, véanse los Anales
del Reino de Israel. 28Omrí murió y lo enterraron
en Samaría. Su hijo Ajab le sucedió en el trono.

Ajab de Israel (874-853)

29Ajab, hijo de Omrí, subió al trono de Israel
el año treinta y ocho del reinado de Asá de Ju-
dá. 30Reinó sobre Israel, en Samaría, veintidós
años. Hizo lo que el Señor reprueba, más que
todos sus predecesores. 31Lo de menos fue que
imitara los pecados de Jeroboán, hijo de Nabat;
se casó con Jezabel, hija de Etbaal, rey de los
fenicios, y dio culto y adoró a Baal. 32Erigió un
altar a Baal en el templo que le construyó en
Samaría; 33colocó también un poste sagrado y
siguió irritando al Señor, Dios de Israel, más que
todos los reyes de Israel que le precedieron. 34En
su tiempo, Jiel, de Betel, reconstruyó Jericó:
los cimientos le costaron la vida de Abirán, su
primogénito, y las puertas, la de Segub, su ben-
jamín, como lo había dicho el Señor por medio
de Josué, hijo de Nun.

CICLO DE ELÍAS I (17–22)

La sequía

17 1Elías, el tesbita, de Tisbé de Galaad, dijo
a Ajab: «¡Por la vida del Señor, Dios de Is-
rael, a quien sirvo! En estos años no caerá rocío
ni lluvia si yo no lo mando».
2Luego el Señor le dirigió la palabra: 3«Vete
de aquí hacia el Oriente y escóndete junto al to-
rrente Carit, que queda cerca del Jordán. 4Bebe
del torrente y yo mandaré a los cuervos que te
lleven allí la comida. 5Elías hizo lo que le mandó
el Señor y fue a vivir junto al torrente Carit, que
queda cerca del Jordán. 6Los cuervos le lleva-
ban pan por la mañana y carne por la tarde, y
bebía del torrente». 7Pero al cabo del tiempo el
torrente se secó, porque no había llovido en la
región. 8Entonces el Señor dirigió la palabra a
Elías: 9«Levántate y vete a Sarepta de Fenicia a
vivir allí; yo mandaré a una viuda que te dé la co-
mida». 10Elías se puso en camino hacia Sarepta,
y al llegar a la entrada del pueblo encontró allí
a una viuda recogiendo leña. La llamó y le dijo:
«Por favor, tráeme un poco de agua en un jarro
para beber». 11Mientras iba a buscarla, Elías le
gritó: «Por favor, tráeme en la mano un trozo de
pan». 12Ella respondió: «¡Por la vida del Señor,
tu Dios! No tengo pan; solo me queda un puñado
de harina en el jarro y un poco de aceite en la
aceitera. Ya ves, estaba recogiendo cuatro asti-
llas: voy a hacer un pan para mí y mi hijo, nos lo
comeremos y luego moriremos». 13Elías le dijo:
«No temas. Ve a hacer lo que dices, pero primero
prepárame a mí un panecillo y tráemelo; para ti
y tu hijo lo harás después. 14Porque así dice el
Señor, Dios de Israel: *El cántaro de harina no se*
vaciará,/ la aceitera de aceite no se agotará,/
hasta el día en que el Señor envíe/ la lluvia sobre
la tierra».
15Ella marchó a hacer lo que le había dicho
Elías, y comieron él, ella y su hijo durante mucho
tiempo. 16El cántaro de harina no se vació ni la
aceitera se agotó, como lo había dicho el Señor
por Elías. 17Más tarde cayó enfermo el hijo de
la dueña de la casa; la enfermedad fue tan gra-
ve, que murió. 18Entonces la mujer dijo a Elías:
«¡No quiero nada contigo, profeta! ¿Has venido
a mi casa a recordar mis culpas y matarme a mi
hijo?». 19Elías respondió: «Dame a tu hijo». Y
tomándolo de su regazo, se lo llevó a la habi-
tación de arriba, donde él dormía, y lo acostó
en la cama. 20Después clamó al Señor: «Señor,
Dios mío, ¿también a esta viuda que me hospeda
en su casa la vas a castigar haciéndole morir al
hijo?». 21Luego se echó tres veces sobre el niño,
clamando al Señor: «¡Señor, Dios mío, que la vi-
da vuelva a este niño!». 22El Señor escuchó la
súplica de Elías, volvió la vida al niño y resucitó.
23Elías tomó al niño, lo bajó de la habitación y se
lo entregó a la madre, diciéndole: «Aquí tienes
a tu hijo vivo». 24La mujer dijo a Elías: «¡Ahora
reconozco que eres un profeta y que la Palabra
del Señor que tú pronuncias se cumple!».

Juicio de Dios en el Carmelo

18 1Pasó mucho tiempo. El año tercero dirigió
el Señor la palabra a Elías: «Preséntate a
Ajab, que voy a mandar lluvia a la tierra». 2Elías

se puso en camino para presentarse a Ajab. El hambre apretaba en Samaría, 3y Ajab llamó a Abdías, mayordomo de palacio –Abdías era muy religioso, 4y cuando Jezabel mataba a los profetas del Señor, él recogió a cien profetas y los escondió en dos cuevas en grupos de cincuenta, proporcionándoles comida y bebida–, 5y le dijo: «Vamos a recorrer el país, a ver todos los manantiales y arroyos; a lo mejor encontramos pasto para conservar la vida a caballos y mulos sin que tengamos que sacrificar el ganado». 6Se dividieron el país: Ajab se fue por su lado y Abdías por el suyo.

7Y cuando Abdías iba de camino, Elías le salió al encuentro. Al reconocerlo, Abdías cayó rostro en tierra y le dijo: «Pero, ¿eres tú, Elías, mi señor?». 8Elías respondió: «Sí. Ve a decirle a tu amo que Elías está aquí». 9Abdías respondió: «¿Qué pecado he cometido para que me entregues a Ajab y me mate? 10¡Por la vida del Señor, tu Dios! No hay país ni reino adonde mi amo no haya enviado gente a buscarte, y cuando le respondían que no estabas, hacía jurar al reino o al país que no te habían encontrado. 11¡Y ahora tú me mandas que vaya a decirle a mi amo que aquí está Elías! 12Cuando yo me separe de ti, el Espíritu del Señor te llevará no sé dónde: yo informo a Ajab, pero luego no te encuentra, y me mata. Y tu servidor respeta al Señor desde joven. 13¿No te han contado lo que hice cuando Jezabel mataba a los profetas del Señor? Escondí dos grupos de cincuenta en dos cuevas y les proporcioné comida y bebida. 14¡Y ahora tú me mandas que vaya a decirle a mi amo que Elías está aquí! ¡Me matará!». 15Elías respondió: «¡Por la vida del Señor Todopoderoso, a quien sirvo! Hoy me va a ver». 16Entonces Abdías fue en busca de Ajab y se lo dijo.

Ajab marchó al encuentro de Elías, 17y al verlo le dijo: «¿Eres tú, ruina de Israel?». 18Elías le contestó: «¡No soy yo el que traigo la desgracia a Israel, sino tú y tu familia, porque han abandonado al Señor y te has ido detrás de los baales! 19Ahora manda que se reúna en torno a mí todo Israel en el monte Carmelo, con los cuatrocientos cincuenta profetas de Baal, comensales de Jezabel». 20Ajab despachó órdenes a todo Israel, y los profetas se reunieron en el monte Carmelo. 21Elías se acercó a la gente y dijo: «¿Hasta cuándo van a caminar con muletas? Si el Señor es el verdadero Dios, síganlo; si lo es Baal, sigan a Baal». La gente no respondió una palabra. 22Entonces Elías les dijo: «He quedado yo solo como profeta del Señor, mientras que los profetas de Baal son cuatrocientos cincuenta. 23Que nos den dos novillos: ustedes elijan uno, que lo descuarticen y lo pongan sobre la leña sin prenderle fuego; yo prepararé el otro novillo y lo pondré sobre la leña sin prenderle fuego. 24Ustedes invocarán a su dios y yo invocaré al Señor, y el dios que responda enviando fuego, ese es el Dios verdadero». Toda la gente asintió: «¡Buena idea!». 25Elías dijo a los profetas de Baal: «Elijan un novillo y prepárenlo ustedes primero, porque son más. Luego invoquen a su dios, pero sin encender el fuego». 26Agarraron el novillo que les dieron, lo prepararon y estuvieron invocando a Baal desde la mañana hasta mediodía: «¡Baal, respóndenos!». Pero no se oía una voz ni una respuesta, mientras danzaban alrededor del altar que habían hecho. 27Al mediodía, Elías empezó a reírse de ellos: «¡Griten más fuerte! Baal es un dios, pero estará meditando, o bien ocupado, o estará de viaje. ¡A lo mejor está durmiendo y se despierta!». 28Entonces gritaron más fuerte, y se hicieron cortaduras, según su costumbre, con cuchillos y punzones, hasta chorrear sangre por todo el cuerpo. 29Pasado el mediodía, entraron en trance, y así estuvieron hasta la hora de la ofrenda. Pero no se oía una voz, ni una palabra, ni una respuesta.

30Entonces Elías dijo a la gente: «¡Acérquense!». Se acercaron todos, y él reconstruyó el altar del Señor, que estaba demolido: 31tomó doce piedras, una por cada tribu de Jacob a quien el Señor había dicho: Te llamarás Israel; 32con las piedras levantó un altar en honor del Señor, hizo una zanja alrededor del altar, como para sembrar dos medidas de semillas, 33apiló la leña, descuartizó el novillo, lo puso sobre la leña 34y dijo: «Llenen cuatro cántaros de agua y derrámenla sobre la víctima y la leña». Luego dijo: «¡Otra vez!». Y lo hicieron otra vez. Añadió: «¡Otra vez!». Y lo repitieron por tercera vez. 35El agua corrió alrededor del altar, e incluso la zanja se llenó de agua. 36Llegada la hora de la ofrenda, el profeta Elías se acercó y oró: «¡Señor, Dios de Abrahán, Isaac e Israel! Que se vea hoy que tú eres el Dios de Israel y yo tu siervo, que he hecho esto por orden tuya. 37Respóndeme, Señor, respóndeme, para que este pueblo sepa que tú, Señor, eres el Dios verdadero y que eres tú quien les cambiará el corazón». 38Entonces el Señor envió un rayo, que abrasó la víctima, la leña, las piedras y el polvo, y secó el agua de la zanja. 39Al verlo, cayeron todos, exclamando: «¡El Señor es el Dios verdadero! ¡El Señor es el Dios verdadero!». 40Elías les dijo: «Agarren a los profetas de Baal. Que no escape ninguno». Los agarraron. Elías los bajó al torrente Quisón y allí los degolló. 41Elías dijo a Ajab: «Vete a comer y a beber, que ya se oye el ruido de la lluvia». 42Ajab fue a comer y a beber,

mientras Elías subía a la cima del Carmelo; allí se
encorvó hacia tierra, con el rostro en las rodillas,
43y ordenó a su criado: «Sube a mirar el mar». El
criado subió, miró y dijo: «No se ve nada». Elías
ordenó: «Vuelve otra vez». El criado volvió siete
veces, 44y a la séptima dijo: «Sube del mar una
nubecilla como la palma de una mano». Entonces
Elías mandó: «Vete a decirle a Ajab que engan-
che el carro y se vaya, antes que se lo impida
la lluvia». 45En un instante se encapotó el cielo
con nubes empujadas por el viento y empezó una
fuerte lluvia. Ajab montó en el carro y marchó
a Yezrael. 46Y Elías, con la fuerza del Señor, se
ató el cinturón y fue corriendo delante de Ajab,
hasta la entrada de Yezrael.

Elías en el monte Horeb

19 1Ajab contó a Jezabel lo que había hecho
Elías, cómo había pasado a cuchillo a los
profetas. 2Entonces Jezabel mandó a Elías este
recado: «Que los dioses me castiguen si mañana
a estas horas no hago contigo lo mismo que has
hecho tú con cualquiera de ellos». 3Elías temió
y emprendió la marcha para salvar la vida. Lle-
gó a Berseba de Judá y dejó allí a su criado. 4Él
continuó por el desierto una jornada de camino
y al final se sentó bajo una retama y se deseó la
muerte: «¡Basta, Señor! ¡Quítame la vida, que yo
no valgo más que mis padres!». 5Se echó bajo la
retama y se durmió. De pronto un ángel le tocó
y le dijo: «¡Levántate, come!». 6Miró Elías y vio
a su cabecera un pan cocido sobre piedras y un
jarro de agua. Comió, bebió y se volvió a echar.
7Pero el ángel del Señor le volvió a tocar y le dijo:
«¡Levántate, come! Que el camino es superior a
tus fuerzas». 8Elías se levantó, comió y bebió, y
con la fuerza de aquel alimento caminó cuarenta
días y cuarenta noches hasta el Horeb, el monte
de Dios. 9Allí se metió en una cueva, donde pasó
la noche. Y el Señor le dirigió la palabra: «¿Qué
haces aquí, Elías?». 10Respondió: «Me consume el
celo por el Señor, Dios Todopoderoso, porque los
israelitas han abandonado tu alianza, han derri-
bado tus altares y asesinado a tus profetas; solo
quedo yo, y me buscan para matarme». 11El Señor
le dijo: «Sal y ponte de pie en el monte ante el
Señor. ¡El Señor va a pasar!». Vino un huracán
tan violento, que descuajaba los montes y res-
quebrajaba las rocas delante del Señor; pero el
Señor no estaba en el viento. Después del viento
vino un terremoto; pero el Señor no estaba en el
terremoto. 12Después del terremoto vino un fue-
go; pero el Señor no estaba en el fuego. Después
del fuego se oyó una brisa tenue; 13al sentirla,
Elías se tapó el rostro con el manto, salió afuera
y se puso en pie a la entrada de la cueva. Enton-
ces oyó una voz que le decía: «¿Qué haces aquí,
Elías?». 14Respondió: «Me consume el celo por el
Señor, Dios Todopoderoso, porque los israelitas
han abandonado tu alianza, han derribado tus
altares y asesinado a tus profetas; solo quedo yo,
y me buscan para matarme».
15El Señor le dijo: «Vuelve por el mismo camino
hacia el desierto de Damasco, y cuando llegues,
unge rey de Siria a Jazael, 16rey de Israel, a Jehú,
hijo de Nimsí, y a Eliseo, hijo de Safat, de Abel
Mejolá, conságralo como profeta en lugar tuyo.
17Al que escape de la espada de Jazael lo matará
Jehú, y al que escape de la espada de Jehú lo ma-
tará Eliseo. 18Pero yo me reservaré en Israel siete
mil hombres: las rodillas que no se han doblado
ante Baal y los labios que no lo han besado».
19Elías marchó de allí y encontró a Eliseo, hi-
jo de Safat, arando con doce yuntas de bueyes
en fila, él con la última. Elías pasó junto a él
y le echó encima el manto. 20Entonces Eliseo,
dejando los bueyes, corrió tras Elías y le pidió:
«Déjame decir adiós a mis padres, luego vuelvo y
te sigo». Elías le dijo: «Vete, pero vuelve. ¿Quién
te lo impide?». 21Eliseo dio la vuelta, agarró la
yunta de bueyes y los ofreció en sacrificio; apro-
vechó los aperos para cocer la carne y convidó a
su gente. Luego se levantó, marchó tras Elías y
se puso a su servicio.

Batallas contra Ben-Adad de Siria

20 1Ben-Adad, rey de Siria, concentró todas
sus tropas, y acompañado de treinta y dos
reyes vasallos, con caballería y carros, marchó
a sitiar Samaría y asaltarla. 2Mandó a la ciudad
una embajada para Ajab de Israel 3con este men-
saje: «Así dice Ben-Adad: Dame tu plata y tu oro;
quédate con tus mujeres y niños». 4El rey de Is-
rael respondió: «Como su majestad ordene. Soy
suyo con todo lo que tengo».
5Pero los embajadores volvieron con un nuevo
mensaje: «Así dice Ben-Adad: Mando a decirte
que me des tu plata y tu oro, tus mujeres y ni-
ños. 6Así que mañana, a estas horas te enviaré
mis oficiales a registrar tu palacio y los de tus
ministros; echarán mano a lo que más quieres y
se lo llevarán».
7El rey de Israel convocó a los ancianos del
país y les dijo: «Fíjense bien cómo ese busca mi
mal. Me reclama mis mujeres e hijos, mi plata y
mi oro, y eso que no me negué». 8Todos los an-
cianos y el pueblo le respondieron: «No le hagas
caso, no le obedezcas». 9Entonces dio esta res-
puesta a los embajadores de Ben-Adad: «Digan
a su majestad: Haré lo que me dijiste la primera
vez; pero esto otro no puedo hacerlo». Los em-
bajadores marcharon a llevar la respuesta.

[10]Entonces Ben-Adad le envió este mensaje:
«Que los dioses me castiguen si hay bastante
polvo en Samaría para que cada uno de mis sol-
dados pueda tomar un puñado». [11]Pero el rey
de Israel contestó: «Díganle que nadie canta
victoria al ceñirse la espada, sino al quitárse-
la». [12]Ben-Adad estaba bebiendo en las tiendas
de campaña con los reyes, y en cuanto oyó la
respuesta, ordenó a sus oficiales: «¡A sus pues-
tos!». Y tomaron posiciones frente a la ciudad.

[13]Mientras tanto, a Ajab de Israel se le pre-
sentó un profeta, que le dijo: «Así dice el Señor:
¿Ves todo ese ejército inmenso? Te lo entregaré
hoy mismo para que sepas que yo soy el Señor».
[14]Ajab preguntó: «¿Por medio de quién?». Res-
pondió el profeta: «Así dice el Señor: Por medio
de los jóvenes que ayudan a los gobernadores de
las provincias». Ajab preguntó: «¿Y quién ataca-
rá primero?». Respondió el profeta: «Tú».

[15]Ajab pasó revista a los jóvenes que ayudaban
a los gobernadores, que eran doscientos treinta y
dos, y a continuación al ejército israelita que su-
maban siete mil hombres. [16]A mediodía hicieron
una salida, mientras Ben-Adad estaba emborra-
chándose en las tiendas con los treinta y dos alia-
dos. [17]Abrían la marcha los jóvenes que ayudaban
a los gobernadores, y a Ben-Adad le llegó este
aviso: «Ha salido gente de Samaría». [18]Ordenó:
«Si han salido en son de paz, captúrenlos vivos, y
si han salido en plan de guerra, captúrenlos vivos
también». [19]Decíamos que habían salido de la ciu-
dad los jóvenes que ayudaban a los gobernadores,
y el ejército tras ellos, [20]cada uno mató al que se
le puso delante, y los sirios huyeron perseguidos
por Israel; Ben-Adad, rey de Siria, escapó a caba-
llo con algunos jinetes. [21]Entonces salió el rey de
Israel, se apoderó de los caballos y los carros y
causó a los sirios una gran derrota.

[22]El profeta se acercó al rey y le dijo: «Refuer-
za tu ejército y piensa bien lo que vas a hacer,
porque el año que viene el rey de Siria volverá a
atacarte». [23]Por su parte, los ministros del rey de
Siria propusieron: «Su Dios es un dios de monta-
ña; por eso nos vencieron. A lo mejor, si les damos
la batalla en el llano, los vencemos. [24]Actúa de
esta manera: destituye a cada uno de esos reyes
y sustitúyelos por gobernadores. [25]Junta luego
un ejército como el que has perdido, otros tantos
caballos y carros; les presentaremos batalla en el
llano, y seguramente los venceremos». Ben-Adad
les hizo caso y actuó así. [26]Al año siguiente pasó
revista a los sirios y marchó a Afec para luchar
contra Israel. [27]Los israelitas, después de pasar
revista y aprovisionarse, salieron a su encuentro
y acamparon frente a ellos; parecían un hato de
cabras, mientras que los sirios cubrían la llanura.

[28]El profeta se acercó a decir al rey de Israel:
«Así dice el Señor: Por haber dicho los sirios que
el Señor es un dios de montaña y no de llanura,
te entrego ese ejército inmenso, para que sepan
que yo soy el Señor». [29]Siete días estuvieron
acampados frente a frente. El día séptimo tra-
baron batalla, y en un solo día los israelitas les
mataron a los sirios cien mil de infantería. [30]Los
supervivientes huyeron a Afec, pero la muralla se
derrumbó sobre los veintisiete mil hombres que
quedaban. Mientras tanto, Ben-Adad, que había
huido, se metió en la ciudad, de casa en casa.
[31]Sus ministros le dijeron: «Mira, hemos oído que
los reyes de Israel son misericordiosos. Vamos
a ceñirnos un sayal y atarnos una cuerda en la
cabeza, y nos rendiremos al rey de Israel. A lo
mejor te perdona la vida». [32]Se ciñeron un sayal,
se ataron una cuerda a la cabeza y se presentaron
al rey de Israel, diciendo: «Tu siervo Ben-Adad
pide que le perdones la vida». El rey dijo: «¿Vive
todavía? ¡Es mi hermano!». [33]Aquellos hombres
vieron en esto un buen augurio y se apresuraron a
tomarle la palabra, diciendo: «¡Ben-Adad es her-
mano tuyo!». Ajab dijo: «Vayan a traerlo». Cuando
llegó, Ajab lo subió a su carroza, y [34]Ben-Adad le
dijo: «Te devolveré las poblaciones que mi padre
arrebató al tuyo. Y en Damasco te cederé un ba-
rrio, como lo tenía mi padre en Samaría. Con este
pacto déjame ir libre». Ajab firmó un pacto con él
y lo dejó en libertad.

[35]Uno de la comunidad de profetas dijo a un
compañero, por orden del Señor: «¡Pégame!». El
otro se negó, [36]y entonces le dijo: «Por no ha-
ber obedecido la orden del Señor, te matará un
león en cuanto te separes de mí». Y cuando se
alejaba, lo encontró un león y lo mató. [37]Aquel
profeta encontró a otro hombre, y le dijo: «¡Pé-
game!». El hombre le pegó y lo dejó maltrecho.
[38]El profeta se puso a esperar al rey en el camino,
disfrazado con una venda en los ojos. [39]Cuando
pasaba el rey, el profeta le gritó: «Tu servidor
avanzaba hacia el centro de la batalla, cuando
un hombre se acercó y me entregó otro hombre,
diciéndome: Guarda a este; si desaparece, lo pa-
garás con la vida o con dinero. [40]Pero, mientras
yo estaba ocupado de acá para allá, el otro des-
apareció». El rey de Israel le dijo: «¡Está clara la
sentencia! Tú mismo la has pronunciado». [41]En-
tonces el profeta se quitó de golpe la venda de
los ojos y el rey de Israel se dio cuenta de que
era un profeta. [42]Entonces dijo al rey: «Así dice
el Señor: Por haber dejado escapar al hombre
que yo había consagrado al exterminio, pagarás
su vida con tu vida y su ejército con tu ejército».
[43]El rey de Israel marchó a casa triste y afligido,
y entró en Samaría.

La viña de Nabot

21 [1]Nabot, el de Yezrael, tenía una viña al lado
del palacio de Ajab, rey de Samaría. [2]Ajab
le propuso: «Dame la viña para hacerme yo una
huerta, porque está justo al lado de mi casa; yo te
daré en cambio una viña mejor o, si prefieres, te
pago en dinero». [3]Nabot respondió: «¡Dios me li-
bre de cederte la herencia de mis padres!». [4]Ajab
marchó a casa malhumorado y enfurecido por la
respuesta de Nabot, el de Yezrael: no te cederé la
heredad de mis padres. Se tumbó en la cama, vol-
vió la cara y no quiso probar alimento. [5]Su esposa
Jezabel se le acercó y le dijo: «¿Por qué estás de
mal humor y no quieres probar alimento?». [6]Él
contestó: «Es que hablé a Nabot, el de Yezrael, y
le propuse: Véndeme la viña o, si prefieres, te la
cambio por otra. Y me dice: No te doy mi viña».
[7]Entonces Jezabel, su mujer, dijo: «¿Así ejerces
tú la realeza sobre Israel? ¡Arriba! A comer, que
te sentará bien. ¡Yo te daré la viña de Nabot, el
de Yezrael!». [8]Escribió unas cartas en nombre de
Ajab, las selló con el sello del rey y las envió a los
ancianos y notables de la ciudad, conciudadanos
de Nabot. [9]Las cartas decían: Proclamen un ayu-
no y sienten a Nabot en primera fila. [10]Sienten
enfrente a dos canallas que declaren contra él:
Has maldecido a Dios y al rey. Luego, sáquenlo
afuera y mátenlo a pedradas. [11]Los conciudada-
nos de Nabot, los ancianos y notables que vivían
en la ciudad, hicieron tal como les decía Jezabel,
según estaba escrito en las cartas que habían
recibido. [12]Proclamaron un ayuno y sentaron a
Nabot en primera fila; [13]llegaron dos canallas, se
le sentaron enfrente y testificaron contra Nabot
públicamente: «Nabot ha maldecido a Dios y al
rey». Lo sacaron fuera de la ciudad y lo apedrea-
ron, hasta que murió. [14]Entonces informaron a Je-
zabel: «Nabot ha muerto apedreado». [15]En cuanto
oyó Jezabel que Nabot había muerto apedreado,
dijo a Ajab: «Ya puedes tomar posesión de la viña
de Nabot, el de Yezrael, que no quiso vendértela.
Nabot ya no vive, ha muerto». [16]En cuanto oyó
Ajab que Nabot había muerto, se levantó y bajó a
tomar posesión de la viña de Nabot, el de Yezrael.
[17]Entonces el Señor dirigió la palabra a Elías,
el tesbita: [18]«Anda, baja al encuentro de Ajab,
rey de Israel, que vive en Samaría. Mira, está en
la viña de Nabot, adonde ha bajado para tomar
posesión. [19]Dile: Así dice el Señor: ¿Has asesina-
do, y encima robas? Por eso: Así dice el Señor:
En el mismo sitio donde los perros han lamido
la sangre de Nabot, a ti también los perros te
lamerán la sangre». [20]Ajab dijo a Elías: «¡Me has
sorprendido, enemigo mío!». Y Elías repuso: «¡Te
he sorprendido! Por haberte vendido, haciendo
lo que el Señor reprueba, [21]aquí estoy para cas-
tigarte. Te dejaré sin descendencia, te extermi-
naré todo israelita varón, esclavo o libre. [22]Haré
con tu casa como con la de Jeroboán, hijo de
Nabat, y la de Basá, hijo de Ajías, porque me has
irritado y has hecho pecar a Israel. [24]A los de
Ajab que mueran en poblado, los devorarán los
perros, y a los que mueran en descampado, los
devorarán las aves del cielo. [23]Y el Señor tam-
bién ha hablado contra Jezabel: Los perros la
devorarán en el campo de Yezrael». [25]Y es que no
hubo otro que se vendiera como Ajab para hacer
lo que el Señor reprueba, empujado por su mu-
jer, Jezabel. [26]Procedió de manera abominable,
siguiendo a los ídolos, igual que hacían los amo-
rreos, a quienes el Señor había expulsado an-
te los israelitas. [27]En cuanto Ajab oyó aquellas
palabras, se rasgó las vestiduras, se vistió un
sayal y ayunó; se acostaba con el sayal puesto y
andaba taciturno. [28]El Señor dirigió la palabra a
Elías, el tesbita: [29]«¿Has visto cómo se ha humi-
llado Ajab ante mí? Por haberse humillado ante
mí, no lo castigaré mientras viva; castigaré a su
familia en tiempo de su hijo».

El profeta Miqueas

22 [1]Pasaron tres años sin que hubiera guerra
entre Siria e Israel. [2]Pero al tercer año, Jo-
safat, rey de Judá, fue a visitar al rey de Israel, [3]y
este dijo a sus ministros: «Ya saben que Ramot de
Galaad nos pertenece; pero nosotros no hacemos
nada para quitársela al rey sirio». [4]Y preguntó
a Josafat: «¿Quieres venir conmigo a la guerra
contra Ramot de Galaad?». Josafat le contestó:
«Tú y yo, tu ejército y el mío, tu caballería y la
mía, somos uno». [5]Luego añadió: «Consulta antes
la Palabra del Señor». [6]El rey de Israel reunió a
los profetas, unos cuatrocientos hombres, y les
preguntó: «¿Puedo atacar a Ramot de Galaad o
lo dejo?». Respondieron: «Vete. El Señor se la
entrega al rey». [7]Entonces Josafat preguntó:
«¿No queda por ahí algún profeta del Señor pa-
ra consultarle?». [8]El rey de Israel le respondió:
«Queda todavía uno: Miqueas, hijo de Yimlá, por
cuyo medio podemos consultar al Señor; pero yo
lo aborrezco, porque no me profetiza cosas bue-
nas, sino desgracias». Josafat dijo: «¡No hable así
el rey!». [9]El rey de Israel llamó a un funcionario,
y le ordenó: «Que venga enseguida Miqueas, hijo
de Yimlá». [10]El rey de Israel y Josafat de Judá es-
taban sentados en sus tronos, con sus vestiduras
reales, en la plaza, junto a la puerta de Samaría,
mientras todos los profetas gesticulaban ante
ellos. [11]Sedecías, hijo de Canaaná, se hizo unos
cuernos de hierro y decía: «Así dice el Señor: Con
estos embestirás a los sirios hasta acabar con
ellos». [12]Y todos los profetas coreaban: «¡Ataca

a Ramot de Galaad! Triunfarás, el Señor te la en-
trega». 13Mientras tanto, el mensajero que había
ido a llamar a Miqueas le dijo: «Ten en cuenta que
todos los profetas a una le están profetizando
buena fortuna al rey. A ver si tu oráculo es como
el de cualquiera de ellos y anuncia la victoria».
14Miqueas replicó: «¡Por la vida de Dios, diré lo
que el Señor me manda!».
15Cuando Miqueas se presentó al rey, este le
preguntó: «Miqueas, ¿podemos atacar a Ramot
de Galaad o lo dejamos?». Miqueas le respondió:
«Vete, triunfarás. El Señor se la entrega al rey».
16El rey le dijo: «Pero, ¿cuántas veces tendré que
tomarte juramento de que me dices únicamente
la verdad en nombre del Señor?». 17Entonces Mi-
queas dijo: «Estoy viendo a Israel desparramado
por los montes, como ovejas sin pastor. Y el Se-
ñor dice: No tienen amo. Vuelva cada cual a su
casa, y en paz». 18El rey de Israel comentó con
Josafat: «¿No te lo dije? No me profetiza cosas
buenas, sino desgracias». 19Miqueas continuó:
«Por eso escucha la Palabra del Señor: Vi al Señor
sentado en su trono. Todo el ejército celeste es-
taba de pie junto a él, a derecha e izquierda, 20y
el Señor preguntó: ¿Quién podrá engañar a Ajab
para que vaya y muera en Ramot de Galaad? Unos
proponían una cosa y otros otra. 21Hasta que se
adelantó un espíritu y, puesto de pie ante el Se-
ñor, dijo: Yo lo engañaré. El Señor le preguntó:
¿Cómo? 22Respondió: Iré y me transformaré en
oráculo falso en la boca de todos los profetas.
El Señor le dijo: Conseguirás engañarlo. ¡Vete y
hazlo! 23Como ves, el Señor ha puesto oráculos
falsos en la boca de todos esos profetas tuyos,
porque el Señor ha decretado tu ruina». 24En-
tonces Sedecías, hijo de Canaaná, se acercó a
Miqueas y le dio una bofetada diciéndole: «¿Por
dónde se me ha escapado el Espíritu del Señor
para hablarte a ti?». 25Miqueas respondió: «Lo
verás tú mismo el día en que vayas escondién-
dote de habitación en habitación». 26Entonces el
rey de Israel ordenó: «Apresa a Miqueas y llévalo
al gobernador Amón y al príncipe Joás. 27Y les di-
rás: Por orden del rey, metan a este en la cárcel y
ténganlo a pan y agua hasta que yo vuelva victo-
rioso». 28Miqueas dijo: «Si tú vuelves victorioso,
el Señor no ha hablado por mi boca».
29El rey de Israel y Josafat de Judá fueron
contra Ramot de Galaad. 30El rey de Israel dijo
a Josafat: «Voy a disfrazarme antes de entrar
en combate. Tú vete con tu ropa». Se disfrazó
y marchó al combate. 31El rey sirio había orde-
nado a los comandantes de los carros que no
atacasen a chico ni grande, sino solo al rey de
Israel. 32Y cuando los comandantes de los carros
vieron a Josafat, comentaron: «¡Aquel es el rey
de Israel!». Y se lanzaron contra él. Pero Josafat
gritó una orden, 33y entonces los comandantes
vieron que aquel no era el rey de Israel, y lo
dejaron. 34Un soldado disparó el arco al azar e
hirió al rey de Israel, atravesándole la coraza.
El rey dijo al conductor de su carro: «Da la vuel-
ta y sácame del campo de batalla, porque estoy
herido». 35Pero aquel día arreció el combate, de
manera que sostuvieron al rey en pie en su carro
frente a los sirios, y murió al atardecer; la san-
gre goteaba en el interior del carro. 36A la pues-
ta del sol corrió un grito por el campamento:
«¡Cada uno a su pueblo! ¡Cada uno a su tierra!
37¡Ha muerto el rey!». Llevaron al rey a Samaría,
y allí lo enterraron. 38En el estanque de Samaría
lavaron el carro; los perros lamieron su sangre,
y las prostitutas se lavaron en ella, como había
dicho el Señor. 39Para más datos sobre Ajab y
sus empresas, el palacio de marfil y las ciudades
que construyó, véanse los Anales del Reino de
Israel. 40Ajab murió, y su hijo Ocozías le sucedió
en el trono.

Josafat de Judá (870-848)

41Josafat, hijo de Asá, subió al trono de Judá el
año cuarto del reinado de Ajab de Israel. 42Cuan-
do subió al trono tenía treinta y cinco años, y
reinó veinticinco años en Jerusalén. Su madre se
llamaba Azubá, hija de Siljí. 43Siguió el camino de
su padre, Asá, sin desviarse, haciendo lo que el
Señor aprueba. 44Pero no desaparecieron los san-
tuarios paganos; la gente seguía ofreciendo allí
sacrificios y quemando incienso. 45Josafat vivió
en paz con el rey de Israel. 46Para más datos sobre
Josafat, las victorias que obtuvo y las guerras
que hizo, véanse los Anales del Reino de Judá.
47Desterró del país los restos de prostitución sa-
grada que había dejado su padre, Asá. 48El trono
de Edom estaba entonces vacante. 49Josafat se
construyó entonces una flota mercante para ir
por oro a Ofir, pero no pudo zarpar, porque la flo-
ta naufragó en Esión Gueber. 50Entonces Ocozías,
hijo de Ajab, propuso a Josafat: «Que vayan mis
hombres con los tuyos en la expedición». Pero
Josafat no quiso. 51Josafat murió; lo enterraron
con sus antepasados en la Ciudad de David, su
antecesor, y su hijo Jorán le sucedió en el trono.

Ocozías de Israel (853-852)

52Ocozías, hijo de Ajab, subió al trono de Israel,
en Samaría, el año diecisiete de Josafat de Judá.
Reinó sobre Israel dos años. 53Hizo lo que el Señor
reprueba, imitando a su padre y a su madre, y a
Jeroboán, hijo de Nabat, que hizo pecar a Israel.
54Dio culto a Baal; lo adoró, irritando al Señor,
Dios de Israel, igual que había hecho su padre.

2 REYES

CICLO DE ELÍAS II (1,1-18)

Ocozías y Elías

1 1Cuando murió Ajab, Moab se rebeló contra
Israel. 2En Samaría, Ocozías se cayó por el bal-
cón, desde el piso de arriba, y quedó malherido.
Entonces despachó unos mensajeros con este
encargo: «Vayan a consultar a Belcebú, dios de
Ecrón, a ver si me sano de estas heridas». 3Pero
el ángel del Señor dijo a Elías, el tesbita: «Sube
al encuentro de los mensajeros del rey de Sama-
ría y diles: ¿Acaso no hay Dios en Israel, para
que ustedes vayan a consultar a Belcebú, dios de
Ecrón? 4Por eso, así dice el Señor: No te levanta-
rás de la cama donde te has acostado. Morirás sin
remedio». Elías se fue. 5Los mensajeros se volvie-
ron, y el rey les preguntó: «¿Por qué han regre-
sado?». 6Le contestaron: «Nos salió al encuentro
un hombre y nos dijo que nos volviéramos al rey
que nos había enviado, y que le dijéramos: Así
dice el Señor: ¿Acaso no hay un Dios en Israel,
para que mandes a consultar a Belcebú, dios de
Ecrón? Por eso no te levantarás de la cama donde
te has acostado. Morirás sin remedio». 7El rey les
preguntó: «¿Cómo era el hombre que les salió al
encuentro y les dijo eso?». 8Le contestaron: «Era
un hombre peludo y llevaba una piel ceñida con
un cinto de cuero». El rey comentó: «¡Elías, el
tesbita!». 9Y despachó un oficial con cincuenta
hombres para buscar a Elías. Cuando subió este
en busca de Elías, se lo encontró sentado en la
cima del monte. El oficial le dijo: «Profeta, el rey
manda que bajes». 10Elías respondió: «Si soy un
profeta, que caiga un rayo y te consuma a ti con
tus hombres». Entonces cayó un rayo y consumió
al oficial y a sus hombres.

11El rey mandó otro oficial con cincuenta
hombres. Subió y le dijo: «Profeta, el rey man-
da que bajes enseguida». 12Elías respondió: «Si
soy un profeta, que caiga un rayo y te consuma
a ti con tus hombres. Entonces cayó un rayo y
consumió al oficial y a sus hombres». 13Por ter-
cera vez mandó el rey un oficial con cincuenta
hombres. Subió y, cuando llegó frente a Elías,
se hincó de rodillas y le rogó: «Profeta, te lo
pido, respeta mi vida y la de estos cincuenta
servidores tuyos. 14Ya han caído rayos y han con-
sumido a los dos oficiales que vinieron antes y a
sus hombres. Ahora respeta mi vida». 15El ángel
del Señor dijo entonces a Elías: «Baja con él, no
tengas miedo». Elías se levantó, bajó con él para
presentarse al rey, 16y al llegar le dijo: «Así dice
el Señor: Por haber mandado mensajeros a con-
sultar a Belcebú, dios de Ecrón, como si en Israel
no hubiese un Dios para consultar su oráculo, no
te levantarás de la cama donde te has acostado.
Morirás sin remedio». 17El rey murió, conforme a
la profecía de Elías, y Jorán, su hermano, le su-
cedió en el trono el año segundo del reinado de
Jorán de Judá, hijo de Josafat; porque Ocozías
no tenía hijos. 18Para más datos sobre Ocozías,
véanse los Anales del Reino de Israel.

CICLO DE ELISEO (2–13)

Elías arrebatado al cielo

2 1Cuando el Señor iba a arrebatar a Elías al cie-
lo en el torbellino, Elías y Eliseo se marcharon
de Guilgal. 2Elías dijo a Eliseo: «Quédate aquí,
porque el Señor me envía solo hasta Betel». Eli-
seo respondió: «¡Juro por la vida del Señor y por
tu propia vida que no te dejaré!». Bajaron a Be-
tel, 3y la comunidad de profetas de Betel salió a
recibir a Eliseo. Le dijeron: «¿Ya sabes que el Se-
ñor te va a dejar hoy sin jefe y maestro?». Él res-
pondió: «Claro que lo sé. ¡No digan nada!». 4Elías
dijo a Eliseo: «Quédate aquí, porque el Señor me
envía solo hasta Jericó». Eliseo respondió: «¡Ju-
ro por la vida del Señor y por tu propia vida que
no te dejaré!». Llegaron a Jericó, 5y la comunidad
de profetas de Jericó se acercó a Eliseo y le dije-
ron: «¿Ya sabes que el Señor te va a dejar hoy sin
jefe y maestro?». Él respondió: «Claro que lo sé.
¡No digan nada!». 6Elías dijo a Eliseo: «Quédate
aquí, porque el Señor me envía solo hasta el Jor-
dán». Eliseo respondió: «¡Juro por la vida del Se-
ñor y por tu propia vida que no te dejaré!». Y los
dos siguieron caminando. 7También marcharon
cincuenta hombres de la comunidad de profetas,
y se pararon frente a ellos, a cierta distancia. Los
dos se detuvieron junto al Jordán; 8Elías tomó su
manto, lo enrolló, golpeó el agua y el agua se di-
vidió por medio, y así pasaron los dos por el suelo
seco. 9Mientras pasaban el río, dijo Elías a Eliseo:
«Pídeme lo que quieras antes de que me aparten
de tu lado». Eliseo pidió: «Déjame en herencia
dos tercios de tu espíritu». 10Elías comentó: «¡No
es poco lo que pides! Si logras verme cuando me
aparten de tu lado, lo tendrás; si no me ves, no
lo tendrás».

11Mientras ellos seguían conversando por el
camino, los separó un carro de fuego con caba-
llos de fuego, y Elías subió al cielo en el torbe-
llino. 12Eliseo lo miraba y gritaba: «¡Padre mío,
padre mío, carro de Israel y su caballería!». Y
ya no lo vio más. Entonces agarró su túnica y
la rasgó en dos; 13luego recogió el manto que
se le había caído a Elías, se volvió y se detuvo
a la orilla del Jordán, 14y agarrando el manto de
Elías, golpeó el agua, diciendo: «¿Dónde está el
Dios de Elías, dónde?». Golpeó el agua, el agua

se dividió por medio y Eliseo cruzó. [15]Al verlo los hermanos profetas que estaban enfrente, comentaron: «¡Se ha posado sobre Eliseo el espíritu de Elías!». Entonces fueron a su encuentro, se postraron ante él [16]y le dijeron: «Aquí entre tus siervos tienes cincuenta valientes; déjalos ir a buscar a tu maestro. A lo mejor el Espíritu del Señor lo ha arrebatado y lo ha arrojado por algún monte o algún valle». Eliseo les dijo: «No manden a nadie». [17]Pero como le insistieron hasta hartarlo, dijo: «Que vayan». Ellos mandaron cincuenta hombres que lo buscaron durante tres días y no dieron con él. [18]Cuando volvieron a Eliseo, que se había quedado en Jericó, les dijo: «¿No les había dicho que no fueran?».

Milagros de Eliseo

[19]Los habitantes de Jericó dijeron a Eliseo: «El emplazamiento de la villa es bueno, como el señor puede ver. Pero el agua es malsana y hace abortar a las mujeres». [20]Eliseo contestó: «Tráiganme un plato nuevo y pongan en él un poco de sal». Cuando se lo llevaron, [21]fue al manantial, echó allí la sal y dijo: «Así dice el Señor: Yo purifico estas aguas. Ya no saldrá de aquí muerte ni esterilidad». [22]Y el agua se volvió potable hasta el día de hoy, conforme a lo que dijo Eliseo. [23]Después subió de allí a Betel, y según subía por el camino salieron del poblado unos muchachos, que se burlaron de él: «¡Sube, calvo! ¡Sube, calvo!». [24]Eliseo se volvió, se les quedó mirando y los maldijo invocando al Señor. Entonces salieron de la espesura dos osas que despedazaron a cuarenta y dos de aquellos jóvenes. [25]Eliseo marchó al monte Carmelo, y luego desde allí volvió a Samaría.

Jorán de Israel (852-841)

[3][1]Jorán, hijo de Ajab, subió al trono de Israel, en Samaría, el año dieciocho del reinado de Josafat de Judá. Reinó doce años. [2]Hizo lo que el Señor reprueba, aunque no tanto como sus padres, ya que retiró la piedra sagrada de Baal levantada por su padre. [3]Pero repitió a la letra los pecados que Jeroboán, hijo de Nabat, hizo cometer a Israel.

[4]Mesá, rey de Moab, era ganadero y pagaba al rey de Israel un tributo de cien mil corderos y la lana de cien mil carneros. [5]Pero cuando murió Ajab, Mesá se rebeló contra Israel. [6]Entonces el rey Jorán salió de Samaría, pasó revista a todo Israel [7]y mandó este mensaje a Josafat de Judá: «El rey de Moab se ha rebelado contra mí. ¿Quieres venir conmigo a luchar contra Moab?». Respondió: «Sí. Tú y yo, tu ejército y el mío, tu caballería y la mía somos uno». [8]Luego preguntó: «¿Por qué camino subimos?». Jorán respondió: «Por el camino del desierto de Edom». [9]Así, el rey de Israel, el rey de Judá y el rey de Edom emprendieron la marcha. Pero después de un rodeo de siete días, faltó el agua para la tropa y para los animales de carga que iban detrás. [10]Entonces el rey de Israel exclamó: «¡Ay, el Señor nos ha reunido a tres reyes para entregarnos en poder de Moab!». [11]Pero Josafat preguntó: «¿No queda por ahí algún profeta para consultar al Señor?». Uno de los oficiales del rey de Israel respondió: «Ahí está Eliseo, hijo de Safat, el que derramaba agua sobre las manos de Elías». [12]Josafat comentó: «¡La Palabra del Señor está con él!».

Entonces el rey de Israel, Josafat y el rey de Edom bajaron a ver a Eliseo, [13]pero Eliseo dijo al rey de Israel: «¡Déjame en paz! ¡Vete a consultar a los profetas de tu padre y de tu madre!». El rey de Israel repuso: «Mira, es que el Señor nos ha reunido a tres reyes para entregarnos en poder de Moab». [14]Eliseo dijo entonces: «¡Vive el Señor Todopoderoso, a quien sirvo! Si no fuera en consideración a Josafat de Judá, ni siquiera te miraría a la cara. [15]Pero, bueno, tráiganme un músico». Y mientras el músico pulsaba las cuerdas, vino sobre Eliseo la mano del Señor, [16]y dijo: [17]«Así dice el Señor: Abran zanjas y más zanjas por esta quebrada. Porque así dice el Señor: No verán viento, ni verán lluvia, pero esta quebrada se llenará de agua y beberán ustedes, sus ejércitos y sus bestias de carga. [18]Y como si esto fuera poco, el Señor les pondrá a Moab en las manos: [19]conquistarán sus plazas fuertes, talarán sus mejores árboles, taparán los manantiales y llenarán de piedras los mejores campos». [20]En efecto, a la mañana siguiente, a la hora de la ofrenda, vino una creciente de la parte de Edom, y se inundó de agua toda la zona. [21]Mientras tanto, los moabitas, sabiendo que los reyes iban a atacarlos, habían hecho una movilización general, desde los que estaban en edad militar para arriba, y se habían apostado en la frontera. [22]Madrugaron. El sol reverberaba sobre el agua, y al verla de lejos, roja como la sangre, los moabitas [23]exclamaron: «¡Es sangre! Los reyes se han acuchillado, se han matado unos a otros. ¡Al saqueo, Moab!». [24]Pero cuando llegaron al campamento de Israel, surgieron los israelitas y derrotaron a Moab, que huyó ante ellos. Los israelitas penetraron en territorio de Moab y lo devastaron: [25]demolieron las ciudades, cada uno tiró una piedra a los mejores campos hasta llenarlos, cegaron las fuentes de agua y talaron los mejores árboles, hasta dejar solo a Quir Jareset, a la que cercaron y atacaron los honderos. [26]Cuando el rey de Moab vio que llevaba las de

perder, tomó consigo setecientos hombres ar-
mados de espada para abrirse paso hacia el rey
de Siria, pero no pudo. 27Entonces agarró a su
hijo primogénito, el que debía reinar después de
él, y lo ofreció en holocausto sobre la muralla. Y
se levantó una ira tan grande contra Israel, que
tuvo que retirarse y volver a su país.

Milagros de Eliseo

4 1Una mujer, esposa de uno de la herman-
dad de profetas, suplicó a Eliseo: «Mi ma-
rido, servidor tuyo, ha muerto. Y tú sabes que
era hombre religioso. Pero ahora ha venido un
acreedor para llevarse a mis dos hijos como es-
clavos». 2Eliseo le dijo: «¿Qué puedo hacer por
ti? Dime qué tienes en casa». Respondió ella:
«Todo lo que tu servidora tiene en casa es una
botella de aceite». 3Entonces Eliseo le dijo: «Ve
y pide prestadas a tus vecinas vasijas vacías;
cuantas más sean, mejor. 4Luego entra en casa,
te cierras por dentro con tus hijos y comienza a
echar aceite en todas las vasijas; a medida que
las vayas llenando, las irás poniendo aparte».
5La mujer se fue. Cuando se cerró por dentro con
sus hijos, ellos le acercaron las vasijas y ella fue
echando aceite. 6Se llenaron todas, y pidió a uno
de los hijos: «Acércame otra». Él contestó: «Ya
no hay más». Entonces dejó de correr el aceite.
7Ella fue a decírselo al hombre de Dios, y este le
dijo: «Ve a vender el aceite, paga a tu acreedor y
tú y tus hijos vivan de lo que sobre».

El hijo de la sunamita

8Un día pasó Eliseo por Sunán. Había allí una
mujer rica que le obligó a comer en su casa;
después, siempre que él pasaba, entraba allí a
comer. 9Un día dijo la mujer a su marido: «Mi-
ra, ese que viene siempre por casa es un santo
hombre de Dios. 10Si te parece, le haremos en la
azotea una pequeña habitación; le pondremos
allí una cama, una mesa, una silla y un candil,
y cuando venga a casa, podrá quedarse allí arri-
ba». 11Un día que Eliseo llegó a Sunán, subió a la
habitación de la azotea y durmió allí. 12Después
dijo a su criado, Guejazí: «Llama a la sunamita».
La llamó y se presentó ante él. 13Entonces Eli-
seo habló a Guejazí: «Dile: Te has tomado todas
estas molestias por nosotros. ¿Qué puedo hacer
por ti? Si quieres alguna recomendación para el
rey o el general...». Ella dijo: «Yo vivo con los
míos». 14Pero Eliseo insistió: «¿Qué podríamos
hacer por ella?». Guejazí comentó: «Qué sé yo.
No tiene hijos y su marido es viejo». 15Eliseo
dijo: «Llámala». La llamó. Ella se quedó junto
a la puerta 16y Eliseo le dijo: «El año que vie-
ne por estas fechas abrazarás a un hijo». Ella
respondió: «Por favor, no, señor, no engañes a
tu servidora». 17Pero la mujer concibió, y dio a
luz un hijo al año siguiente por aquellas fechas,
como le había predicho Eliseo.

18El niño creció. Un día fue a ver a su padre,
que estaba con los que cosechaban, 19y dijo:
«¡Me duele la cabeza!». Su padre dijo a un cria-
do: «Llévalo a su madre». 20El criado lo tomó y se
lo llevó a su madre; ella lo tuvo en sus rodillas
hasta el mediodía, y el niño murió. 21Lo subió y
lo acostó en la cama del hombre de Dios. Cerró
la puerta y salió. 22Llamó a su marido y le dijo:
«Haz el favor de mandarme un criado y una bu-
rra; voy a ir corriendo a ver al hombre de Dios y
vuelvo enseguida». 23Él le dijo: «¿Por qué vas a ir
hoy a visitarlo si no es luna nueva ni sábado?».
Pero ella respondió: «Hasta luego». 24Hizo apa-
rejar la burra y ordenó al criado: «Toma la rienda
y camina. No detengas la marcha si no te lo di-
go». 25Marchó y llegó a donde estaba el hombre
de Dios, en el monte Carmelo. Cuando Eliseo la
vio venir, dijo a su criado Guejazí: 26«Allí viene
la sunamita. Corre a su encuentro y pregúntale
qué tal están ella, su marido y el niño». Ella res-
pondió: «Estamos bien». 27Pero al llegar junto al
hombre de Dios, en lo alto del monte, se abrazó
a sus pies. Guejazí se acercó para apartarla, pe-
ro el profeta le dijo: «Déjala, que está apenada,
y el Señor me lo tenía oculto sin revelármelo».
28Entonces la mujer dijo: «¿Te pedí yo un hijo?
¡Te dije que no me ilusionaras!».

29Eliseo ordenó a Guejazí: «Cíñete el cinturón,
toma mi bastón y ponte en camino; si encuentras
a alguno no lo saludes y si te saluda alguno no le
respondas. Coloca mi bastón sobre el rostro del
niño». 30Pero la madre exclamó: «¡Juro por la vida
del Señor y por tu propia vida que no te dejaré!».
Entonces Eliseo se levantó y la siguió. 31Mien-
tras tanto, Guejazí se había adelantado y había
puesto el bastón sobre el rostro del niño, pero el
niño no habló ni reaccionó. Guejazí volvió al en-
cuentro de Eliseo y le comunicó: «El niño no se ha
despertado». 32Eliseo entró en la casa y encontró
al niño muerto tendido en su cama. 33Entró, cerró
la puerta y oró al Señor. 34Luego subió a la cama
y se echó sobre el niño, boca con boca, ojos con
ojos, manos con manos; permaneció recostado
sobre él y la carne del niño fue entrando en calor.
35Entonces Eliseo se puso a pasear por la habita-
ción, de acá para allá; subió de nuevo a la cama y
se recostó sobre el niño, y así hasta siete veces;
el niño estornudó y abrió los ojos. 36Eliseo llamó
a Guejazí, y le ordenó: «Llama a la sunamita». La
llamó, y cuando llegó, Eliseo le dijo: «Toma a tu
hijo». 37Ella entró y se arrojó a sus pies, postrada
en tierra. Luego tomó a su hijo y salió.

38Cuando Eliseo volvió a Guilgal, se pasaba hambre en aquella región. La comunidad de profetas estaba sentada junto a él, y Eliseo ordenó a su criado: «Coloca sobre el fuego la olla grande y cuece un caldo para la comunidad». 39Uno de ellos salió al campo a recoger unas hierbas; encontró una especie de viña silvestre, de la que recogió los frutos salvajes hasta llenar el manto. Al llegar, las fue echando en el caldo sin saber lo que hacía. 40Cuando sirvieron la comida a los hombres y probaron el caldo, gritaron: «¡Hombre de Dios, esto tiene veneno!». Y no pudieron tragarlo. 41Entonces Eliseo ordenó: «Tráiganme harina». La echó en la olla, y dijo: «Sirve a la gente, que coman». Y el caldo ya no sabía mal.

42Uno de Baal-Salisá vino a traer al profeta el pan de las primicias, veinte panes de cebada y grano reciente en la alforja. Eliseo dijo: «Dáselos a la gente, que coman». 43El criado replicó: «¿Qué hago yo con esto para cien personas?». Eliseo insistió: «Dáselos a la gente, que coman. Porque así dice el Señor: Comerán y sobrará». 44Entonces el criado se los sirvió, comieron y sobró, como había dicho el Señor.

Naamán de Siria y Eliseo

5 1Naamán, general del ejército del rey sirio, era un hombre que gozaba de la estima y del favor de su señor, porque por su medio el Señor había dado la victoria a Siria; pero estaba enfermo de la piel. 2En una incursión, una banda de sirios llevó de Israel a una muchacha, que quedó como criada de la mujer de Naamán, 3entonces ella dijo a su señora: «Ojalá mi señor fuera a ver al profeta de Samaría; él lo libraría de su enfermedad». 4Naamán fue a informar a su señor: «La muchacha israelita ha dicho esto y esto».

5El rey de Siria le dijo: «Ven, que te doy una carta para el rey de Israel». Naamán se puso en camino, llevando tres quintales de plata, seis mil monedas de oro y diez trajes. 6Presentó al rey de Israel la carta, que decía así: Cuando recibas esta carta, verás que te envío a mi ministro Naamán para que lo libres de su enfermedad. 7Cuando el rey de Israel leyó la carta, se rasgó las vestiduras, exclamando: «¿Acaso soy yo un dios capaz de dar muerte o vida para que este me encargue de librar a un hombre de su enfermedad? Fíjense bien y verán cómo está buscando un pretexto contra mí». 8Eliseo, el hombre de Dios, se enteró de que el rey de Israel se había rasgado las vestiduras, y le envió este recado: «¿Por qué te has rasgado las vestiduras? Que venga a mí y verá que hay un profeta en Israel». 9Naamán llegó con sus caballos y su carro y se detuvo ante la puerta de Eliseo. 10Eliseo mandó a uno a decirle: «Ve a bañarte siete veces en el Jordán, y tu carne quedará limpia». 11Naamán se enojó y decidió irse, comentando: «Yo me imaginaba que saldría en persona a verme y que, puesto de pie, invocaría al Señor, su Dios, pasaría la mano sobre la parte enferma y me libraría de mi enfermedad. 12¿Es que los ríos de Damasco, el Abana y el Farfar, no valen más que toda el agua de Israel? ¿No puedo bañarme en ellos y quedar limpio?». Dio media vuelta y se marchaba furioso. 13Pero sus servidores se le acercaron y le dijeron: «Señor, si el profeta te hubiera mandado una cosa extraordinaria, ¿no la habrías hecho? Cuánto más si lo que te indica para quedar limpio es simplemente que te bañes». 14Entonces Naamán bajó al Jordán y se bañó siete veces, como había ordenado el profeta, y su carne quedó limpia, como la de un niño. 15Volvió con su comitiva y se presentó al hombre de Dios, diciendo: «Ahora reconozco que no hay Dios en toda la tierra más que el de Israel. Acepta un regalo de tu servidor». 16Eliseo contestó: «¡Por la vida del Señor, a quien sirvo! No aceptaré nada». Y aunque le insistía, lo rehusó. 17Naamán dijo: «Entonces que a tu servidor le dejen llevar tierra, la carga de un par de mulas; porque en adelante tu servidor no ofrecerá holocaustos ni sacrificios a otros dioses fuera del Señor. 18Y que el Señor me perdone: si al entrar mi señor en el templo de Rimón para adorarlo se apoya en mi mano, y yo también me postro ante Rimón, que el Señor me perdone ese gesto». 19a Eliseo le dijo: «Vete en paz».

19b Naamán se marchó. Y había caminado ya un buen trecho, 20cuando Guejazí, criado del hombre de Dios Eliseo, pensó: «Mi amo ha sido demasiado generoso con ese sirio, Naamán, no aceptando nada de lo que ofrecía. ¡Por la vida del Señor! Voy a correr detrás para que me dé algo». 21Guejazí siguió a Naamán, y cuando este lo vio correr tras él, bajó de la carroza para ir a su encuentro y lo saludó. Guejazí respondió al saludo, 22y dijo: «Mi amo me manda a decirte que precisamente en este momento se le han presentado dos muchachos de la serranía de Efraín, de la comunidad de los profetas; que hagas el favor de darme para ellos tres arrobas de plata y dos mudas de ropa». 23Naamán dijo: «Ten la bondad de tomar el doble». Y le insistió, hasta que le metió en dos bolsas seis arrobas junto con las dos mudas de ropa, que entregó a un par de esclavos para que se los llevasen. 24Al llegar a la colina, Guejazí lo recogió todo, lo guardó en su casa y despidió a los hombres, que se marcharon.

25Cuando se presentó a su amo, Eliseo le preguntó: «Guejazí, ¿de dónde vienes?». Respondió: «No me he movido de aquí». 26Eliseo le dijo:

«Mi pensamiento te seguía cuando aquel hombre
se apeó de su carroza para ir a tu encuentro. ¿Es
el momento de aceptar dinero y vestidos, oliva-
res y viñas, ovejas y vacas, criados y criadas?
[27]¡Que la enfermedad de Naamán se te pegue a
ti y a tus descendientes para siempre!». Cuando
Guejazí se retiró de su presencia, estaba lepro-
so, blanco como nieve.

Milagro del hacha

6 [1]La comunidad de profetas dijo a Eliseo: «Mi-
ra, el sitio donde habitamos bajo tu direc-
ción nos resulta pequeño. [2]Déjanos ir al Jordán,
allí tomaremos cada uno un madero y haremos
una habitación». Eliseo les dijo: «Vayan». [3]Uno
de ellos le pidió: «Haz el favor de venir con no-
sotros». Eliseo respondió: «Voy». [4]Y se fue con
ellos. Cuando llegaron al Jordán, se pusieron a
cortar ramas, [5]pero a uno, cuando estaba derri-
bando un tronco, se le cayó al río el hierro del
hacha, y gritó: «¡Ay maestro, que era prestada!».
[6]El hombre de Dios preguntó: «¿Dónde cayó?». El
otro le indicó el sitio. Eliseo cortó un palo, lo
tiró allí y el hierro salió a flote. [7]Eliseo dijo: «Sá-
calo». El otro alargó el brazo y lo agarró.

Guerra con Siria

[8]El rey de Siria estaba en guerra con Israel, y
en un consejo de ministros determinó: «Vamos a
tender una emboscada en tal sitio». [9]Entonces el
hombre de Dios mandó este recado al rey de Is-
rael: «Cuidado con pasar por tal sitio, porque los
sirios están allí emboscados». [10]El rey de Israel
envió a reconocer el sitio indicado por el hombre
de Dios. Eliseo le avisaba y él tomaba precaucio-
nes. Y esto no una ni dos veces.

[11]El rey de Siria se alarmó ante esto, convocó
a sus ministros y les dijo: «Díganme quién de los
nuestros informa al rey de Israel». [12]Uno de los
ministros respondió: «No es eso, majestad. Eli-
seo, el profeta de Israel, es quien comunica a su
rey las palabras que pronuncias en tu alcoba».
[13]Entonces el rey ordenó: «Vayan a ver dónde es-
tá, y yo enviaré a detenerlo». Le avisaron: «Está
en Dotán». [14]El rey mandó allá caballería y carros
y un fuerte contingente de tropas. Llegaron de
noche y cercaron la ciudad.

[15]Cuando el hombre de Dios madrugó al día
siguiente para salir, se encontró con que un ejér-
cito cercaba la ciudad con caballería y carros. El
criado dijo a Eliseo: «Maestro, ¿qué hacemos?».
[16]Eliseo respondió: «No temas. Los que están
con nosotros son más que ellos». [17]Luego rezó:
«Señor, ábrele los ojos para que vea». El Señor
le abrió los ojos al criado y vio el monte lleno de
caballería y carros de fuego en torno a Eliseo.
[18]Cuando los sirios bajaron hacia él, Eliseo
oró al Señor: «¡Por favor, vuelve ciega a esta
gente!». El Señor los deslumbró, como pedía Eli-
seo, [19]y este les dijo: «No es este el camino ni
es esta la ciudad. Síganme, yo los llevaré hasta
el hombre que están buscando». Y se los llevó
a Samaría. [20]Cuando ya habían entrado en Sa-
maría, Eliseo rezó: «Señor, ábreles los ojos para
que vean». El Señor les abrió los ojos y vieron
que estaban en mitad de Samaría. [21]El rey de Is-
rael, al verlos, dijo a Eliseo: «Padre, ¿los mato?».
[22]Respondió: «No los mates. ¿Vas a matar a los
que no has hecho prisioneros con tu espada y tu
arco? Sírveles pan y agua, que coman y beban y
se vuelvan a su amo». [23]El rey les preparó un gran
banquete. Comieron y bebieron; luego los despi-
dió y se volvieron a su amo. Las guerrillas sirias
no volvieron a entrar en territorio israelita.

Asedio y hambre en Samaría

[24]Más adelante, Ben-Adad, rey de Siria, mo-
vilizó todo su ejército y cercó Samaría. [25]Hubo
un hambre terrible en Samaría. El asedio fue
tan duro, que un asno llegó a valer ochocientos
gramos de plata, y treinta gramos de algarroba
cincuenta gramos de plata. [26]El rey de Israel pa-
saba por la muralla, y una mujer le gritó: «¡Sál-
vanos, majestad!». [27]Respondió el rey: «Si no
te salva Dios, ¿de dónde saco yo para salvarte?
¿Acaso puedo darte trigo o vino? [28]¿Qué es lo
que te pasa?». Ella respondió: «Esta mujer me
dijo: "Trae tu hijo para que lo comamos hoy, y el
mío lo comeremos mañana. [29]Cocimos a mi hijo
y lo comimos; pero al otro día, cuando le pedí su
hijo para comerlo, lo escondió"». [30]Cuando el rey
oyó lo que decía la mujer, se rasgó las vestidu-
ras y como pasaba sobre la muralla la gente vio
que llevaba un sayal pegado al cuerpo, [31]y dijo:
«¡Que Dios me castigue si Eliseo, hijo de Safat,
se queda hoy con la cabeza sobre el cuello!».
[32]Mientras tanto, Eliseo estaba sentado en su
casa con los ancianos. El rey le envió un men-
sajero, pero antes de que llegara dijo Eliseo a
los ancianos: «¡Van a ver cómo ese asesino ha
mandado uno a cortarme la cabeza! Miren; cuan-
do llegue su enviado, atranquen la puerta y no
lo dejen pasar; detrás de él se oyen las pisadas
de su señor». [33]Todavía estaba hablando, cuando
apareció el rey, que bajó hacia él y le dijo: «Es-
ta desgracia nos la manda el Señor. ¿Qué puedo
esperar de él?».

7 [1]Eliseo respondió: «Escucha la Palabra del
Señor. Así dice el Señor: Mañana a estas
horas en el mercado de Samaría se venderá un
balde de harina de la mejor calidad por un siclo,

y dos baldes de cebada por el mismo precio». 2El
escudero del rey, en cuyo brazo se apoyaba el
soberano, le replicó: «Suponiendo que el Señor
abriese las compuertas del cielo, ¿se cumpliría
esa profecía?». Eliseo le respondió: «¡Lo verás,
pero no lo comerás!». 3Junto a la entrada de la
ciudad había cuatro hombres leprosos. Y se dije-
ron: «¿Qué hacemos aquí esperando la muerte?
4Si nos decidimos a entrar en la ciudad, morire-
mos dentro, porque aprieta el hambre; y si nos
quedamos aquí, moriremos lo mismo. ¡Pasémo-
nos al campamento de los sirios! Si nos dejan
con vida, viviremos; y si nos matan, morire-
mos». 5Al oscurecer se pusieron en camino hacia
el campamento sirio. Llegaron a las avanzadas
del campamento, y... ¡allí no había nadie! 6Es
que el Señor había hecho oír al ejército sirio un
fragor de carros y caballos, el fragor de un ejér-
cito poderoso, y se habían dicho unos a otros:
¡El rey de Israel ha pagado a los reyes hititas
y a los egipcios para atacarnos! 7Y así, al oscu-
recer, abandonando tiendas, caballos, burros y
el campamento tal como estaba, emprendieron
la fuga para salvar su vida. 8Los leprosos llega-
ron a las avanzadas del campamento; entraron
en una tienda, comieron y bebieron; se llevaron
plata, oro y ropa, y fueron a esconderlo. Luego
volvieron, entraron en otra tienda, se llevaron
más cosas de allí y fueron a esconderlas.

9Pero comentaron: «Estamos haciendo algo
que no está bien. Hoy es un día de alegría. Si nos
callamos y esperamos a que amanezca, resulta-
remos culpables. Vamos a palacio a avisar». 10Al
llegar, llamaron a los centinelas de la ciudad y
les informaron: «Hemos ido al campamento si-
rio, y allí no hay nadie ni se oye a nadie; solo
caballos atados, burros atados y las tiendas tal
como estaban». 11Los centinelas gritaron, trans-
mitiendo la noticia al interior de palacio.

12El rey se levantó de noche y comentó con
sus ministros: «Voy a decirles lo que nos han
organizado los sirios: como saben que pasamos
hambre se han ido del campamento a esconderse
en descampado, pensando que cuando salgamos
nos apresarán vivos y entrarán en la ciudad».
13Entonces uno de los ministros propuso: «Que
agarren cinco caballos de los que quedan en la
ciudad, y los mandamos a ver qué pasa; total, si
se salvan, serán como la tropa que todavía vive;
si mueren, serán como los que ya han muerto».
14Eligieron dos jinetes, y el rey les mandó seguir
al ejército sirio, encargándoles: «Vayan a ver
qué pasa». 15Ellos los siguieron hasta el Jordán:
todo el camino estaba sembrado de ropa y ma-
terial abandonado por los sirios al huir a toda
prisa. Volvieron a informar al rey.

16Y entonces toda la gente salió a saquear el
campamento sirio. Y un balde de la mejor harina
costó un siclo, y dos baldes de cebada costaron
el mismo precio, conforme a la Palabra del Se-
ñor. 17El rey había encargado vigilar la entrada a
su escudero, en cuyo brazo se apoyaba. La gente
lo pisoteó al salir por la puerta, y murió, como
había dicho el hombre de Dios cuando el rey fue
a verlo. 18Porque cuando el hombre de Dios dijo
al rey que al día siguiente, a la misma hora, dos
baldes de cebada valdrían un siclo, y un balde de
harina de la mejor calidad valdría el mismo pre-
cio en el mercado de Samaría, 19el escudero le
replicó que, aun suponiendo que el Señor abrie-
se las compuertas del cielo, aquella profecía no
se cumpliría, y entonces Eliseo le dijo: ¡Lo verás,
pero no lo comerás! 20Eso fue lo que pasó: la
gente lo pisoteó en la entrada, y murió.

Vuelta de la sunamita

8 1Eliseo dijo a la madre del niño que había
resucitado: «Parte ahora mismo con toda tu
familia, emigra a donde puedas; porque el Señor
ha llamado al hambre, y va a venir al país por
siete años». 2La mujer puso manos a la obra, se-
gún las instrucciones del profeta; emigró con su
familia a territorio filisteo y se quedó allí siete
años; 3y al cabo de los siete años se volvió del
país filisteo y fue a reclamar al rey su casa y
su campo. 4El rey estaba hablando con Guejazí,
criado del profeta: «Cuéntame todos los mila-
gros de Eliseo». 5Y precisamente cuando Guejazí
le estaba contando al rey cómo Eliseo había re-
sucitado al niño muerto, la madre del niño entró
para reclamar al rey su casa y su campo. Guejazí
dijo al rey: «Majestad, esa es, y ese es el niño re-
sucitado por Eliseo». 6El rey preguntó a la mujer,
y ella le contó todo. Entonces el rey puso a su
disposición un funcionario, al que ordenó: «Haz
que entreguen a esta mujer todas sus posesio-
nes y la renta de las tierras desde el día que se
marchó hasta hoy».

Eliseo y Jazael en Damasco

7Eliseo marchó a Damasco. Ben-Adad, rey de
Siria, estaba enfermo, y le avisaron: «Ha venido
el profeta». 8El rey ordenó a Jazael: «Toma un
regalo, vete a ver al profeta y consulta al Señor
por medio de él, a ver si salgo de esta enfer-
medad». 9Jazael fue a ver a Eliseo, llevándole
como regalo cuarenta camellos cargados con los
mejores productos de Damasco. Cuando llegó
ante él, puesto de pie le dijo: «Tu hijo Ben-Adad,
rey de Siria, me envía a consultarte: ¿Saldré de
esta enfermedad?». 10Eliseo le respondió: «Ve a
decirle que sanará; pero el Señor me ha revelado

que morirá sin remedio». 11 Luego inmovilizó la
mirada, quedó fuera de sí un largo rato y se echó
a llorar. 12 Jazael le preguntó: «Maestro, ¿por qué
lloras?». Eliseo contestó: «Porque sé el daño que
vas a hacer a los israelitas: incendiarás sus pla-
zas fuertes, pasarás a cuchillo a sus soldados,
estrellarás a sus niños y abrirás el vientre de las
mujeres embarazadas». 13 Jazael dijo: «Tu servi-
dor no es más que un perro. ¿Cómo va a hacer ta-
les hazañas?». Eliseo respondió: «El Señor me ha
hecho ver que tú reinarás sobre Siria». 14 Jazael
se despidió de Eliseo, y cuando llegó a su señor,
este le preguntó: «¿Qué te ha dicho Eliseo?».
Respondió: «Me ha dicho que sanarás». 15 Pero al
día siguiente Jazael tomó una colcha, la empapó
en agua y se la extendió al rey sobre la cara,
hasta que murió. Jazael lo suplantó en el trono.

Jorán de Judá (848-841)

16 Jorán, hijo de Josafat, subió al trono el año
quinto del reinado de Jorán de Israel, hijo de
Ajab. 17 Cuando subió al trono tenía treinta y dos
años, y reinó ocho años en Jerusalén. 18 Imitó a los
reyes de Israel, como había hecho la dinastía de
Ajab porque se había casado con una hija de Ajab.
Hizo lo que el Señor reprueba, 19 pero el Señor no
quiso aniquilar a Judá, en atención a su siervo
David, según su promesa de conservarle siempre
una lámpara en su presencia. 20 En su tiempo,
Edom se independizó de Judá y se nombró un rey.
21 Jorán fue a Seír con todos sus carros; se levantó
de noche y, aunque desbarató al ejército idumeo
que lo cercaba, a él y a los oficiales del escuadrón
de carros, la tropa huyó a la desbandada. 22 Así
se independizó Edom de Judá hasta hoy. Por en-
tonces también se rebeló Libná. 23 Para más datos
sobre Jorán y sus empresas, véanse los Anales del
Reino de Judá. 24 Jorán murió, y lo enterraron con
sus antepasados en la Ciudad de David. Su hijo
Ocozías le sucedió en el trono.

Ocozías de Judá (841)

25 Ocozías, hijo de Jorán, subió al trono el año
doce del reinado de Jorán de Israel, hijo de Ajab.
26 Cuando subió al trono tenía veintidós años, y
reinó un año en Jerusalén. Su madre se llama-
ba Atalía, hija de Omrí de Israel. 27 Imitó a Ajab.
Hizo lo que el Señor reprueba porque se había
emparentado con la familia de Ajab. 28 Junto con
Jorán, hijo de Ajab, fue a luchar contra Jazael
de Siria, en Ramot de Galaad. Pero los sirios
hirieron a Jorán, 29 que se volvió a Yezrael para
sanarse de las heridas que recibió de los sirios
en Ramot, luchando contra Jazael de Siria. En-
tonces, cuando estaba enfermo en Yezrael, fue a
visitarlo Ocozías de Judá, hijo de Jorán.

Jehú de Israel (841-813)

9 1 El profeta Eliseo llamó a uno de la comunidad
de profetas y le ordenó: «Átate el cinturón,
toma en la mano esta aceitera y vete a Ramot de
Galaad. 2 Cuando llegues, busca a Jehú, hijo de
Josafat, hijo de Nimsí; entras, lo haces salir de
entre sus camaradas y lo llevas a una habitación
aparte. 3 Toma la aceitera y derrámasela sobre la
cabeza, diciendo: Así dice el Señor: Te unjo rey
de Israel. Luego abres la puerta y escapas sin
detenerte». 4 El joven profeta marchó a Ramot
de Galaad. 5 Al llegar, encontró a los oficiales
del ejército reunidos, y dijo: «Te traigo un men-
saje, mi general». Jehú preguntó: «¿Para quién
de nosotros?». Respondió: «Para ti, mi general».
6 Jehú se levantó y entró en la casa. El profeta le
derramó el aceite sobre la cabeza y le dijo: «Así
dice el Señor, Dios de Israel: Te unjo rey de Israel,
el pueblo del Señor. 7 Derrotarás a la dinastía de
Ajab, tu señor; en Jezabel vengaré la sangre de
mis siervos, los profetas, la sangre de los siervos
del Señor; 8 perecerá toda la casa de Ajab; extir-
paré de Israel a todos los hombres de Ajab: a todo
varón, esclavo o libre. 9 Trataré a la casa de Ajab
como a la de Jeroboán, hijo de Nabat, y como a
la de Basá, hijo de Ajías. 10 Y a Jezabel la comerán
los perros en el campo de Yezrael, y nadie le dará
sepultura». Luego abrió la puerta y escapó.
11 Jehú salió a reunirse con los oficiales de su
señor. Le preguntaron: «¿Buenas noticias? ¿A
qué ha venido a verte ese loco?». Les respondió:
«Ya conocen a ese hombre y lo que anda hablan-
do entre dientes». 12 Le dijeron: «¡Cuentos! Ex-
plícate». Jehú entonces les dijo: «Me ha dicho a
la letra: Así dice el Señor: Te unjo rey de Israel».
13 Inmediatamente tomó cada uno su manto y lo
echó a los pies de Jehú sobre los escalones. To-
caron la trompeta y aclamaron: «¡Jehú es rey!».
14 Entonces Jehú, hijo de Josafat, hijo de Nim-
sí, organizó una conspiración contra Jorán de
esta manera: Jorán estaba con todo el ejército
israelita, defendiendo Ramot de Galaad contra
Jazael, rey de Siria, 15 pero se había vuelto a
Yezrael para sanarse las heridas recibidas de los
sirios en la guerra contra Jazael de Siria. Jehú
dijo: «Si les parece bien, que no salga nadie de
la ciudad a llevar la noticia a Yezrael». 16 Montó y
marchó a Yezrael, donde estaba Jorán en cama.
Ocozías de Judá había ido a hacerle una visita.
17 El vigía, que estaba de pie sobre la torre de
Yezrael, vio al grupo de Jehú, que se acercaba,
y dijo: «Veo un tropel de gente». Jorán ordenó:
«Busca un jinete y mándalo al encuentro a pre-
guntarles si traen buenas noticias». 18 El jinete
salió a su encuentro, y dijo: «El rey pregunta si
traen buenas noticias». Jehú contestó: «¿Qué

te importan las buenas noticias? ¡Ponte ahí
detrás!». El centinela anunció: «El mensajero
ha llegado hasta ellos pero no vuelve». 19El rey
mandó entonces otro jinete, que al llegar a ellos
dijo: «El rey pregunta si traen buenas noticias».
Jehú contestó: «¿Qué te importan las buenas
noticias? ¡Ponte ahí detrás!». 20El centinela
anunció: «Ha llegado hasta ellos pero no vuelve.
Y la forma de guiar es la de Jehú, hijo de Nimsí,
porque guía a lo loco».
21Jorán ordenó: «¡Enganchen mi carro!». En-
gancharon el carro, y Jorán de Israel y Ocozías
de Judá salieron, cada uno en su carro, al en-
cuentro de Jehú. Lo alcanzaron junto a la he-
redad de Nabot, el de Yezrael, 22y Jorán, al ver-
lo, preguntó: «¿Buenas noticias, Jehú?». Jehú
respondió: «¿Cómo va a haber buenas noticias
mientras Jezabel, tu madre, siga con sus ídolos
y brujerías?». 23Jorán volvió las riendas para es-
capar, diciendo a Ocozías: «¡Traición, Ocozías!».
24Pero Jehú ya había tensado el arco, e hirió a
Jorán por la espalda. La flecha le atravesó el
corazón, y Jorán se dobló sobre el carro. 25Jehú
ordenó a su escudero, Bidcar: «Agárralo y tíralo
a la heredad de Nabot, el de Yezrael; porque re-
cuerda que cuando tú y yo cabalgábamos juntos
siguiendo a su padre, Ajab, el Señor pronunció
contra él este oráculo: 26Ayer vi la sangre de Na-
bot y de sus hijos, oráculo del Señor. Juro que en
la misma heredad te daré tu merecido, oráculo
del Señor. Así que agárralo y tíralo a la here-
dad de Nabot, como dijo el Señor». 27Al ver esto,
Ocozías de Judá huyó por el camino de Bet-Gan.
Pero Jehú lo persiguió, diciendo: «¡También a
él!». Lo hirieron en su carro, por la cuesta de
Gur, cerca de Yiblán. Pero logró huir a Meguido,
y allí murió. 28Sus siervos lo llevaron en un carro
a Jerusalén, y lo enterraron en la sepultura fa-
miliar, en la Ciudad de David; 29había subido al
trono de Judá el año once de Jorán, hijo de Ajab.
30Jehú llegó a Yezrael. Jezabel, que se había en-
terado, se sombreó los ojos, se arregló el pelo
y se asomó al balcón. 31Y cuando Jehú entraba
por la puerta, Jezabel le dijo: «¿Qué tal, Zimrí,
asesino de su señor?». 32Jehú levantó la vista al
balcón y preguntó: «¿Quién se pone de mi parte?
¿Quién?». Se asomaron dos o tres eunucos, 33y
Jehú ordenó: «¡Tírenla abajo!». La tiraron; su
sangre salpicó la pared y a los caballos, que la
pisotearon. 34Jehú entró, comió y bebió, y luego
dijo: «Háganse cargo de esa maldita y entiérren-
la, que al fin y al cabo es hija de rey». 35Pero
cuando fueron a enterrarla, solo encontraron la
calavera, los pies y las manos. 36Volvieron a in-
formarle, y Jehú comentó: «Se cumple la palabra
que dijo Dios a su servidor Elías, el tesbita: En
el campo de Yezrael comerán los perros la carne
de Jezabel; 37su cadáver será como estiércol en
el campo, y nadie podrá decir: esa es Jezabel».

Baño de sangre

10 1Ajab tenía setenta hijos en Samaría. Jehú
escribió cartas y las envió a Samaría, a los
notables de la ciudad, los ancianos y los pre-
ceptores de los príncipes, con este texto: 2Ahí
tienen con ustedes a los hijos de su señor, y tie-
nen también sus carros, sus caballos, una ciudad
fortificada y un arsenal. Y bien, cuando reciban
esta carta, 3vean cuál de los hijos de su señor
es más capaz y más recto; siéntenlo en el trono
de su padre y dispónganse a defender la dinastía
de su señor. 4Ellos, muertos de miedo, comen-
taron: «Dos reyes no han podido con él, ¿cómo
podremos nosotros?». 5Entonces el mayordomo
de palacio, el gobernador, los ancianos y los
preceptores enviaron esta respuesta a Jehú: «
Somos siervos tuyos. Haremos cuanto nos digas.
No nombraremos rey a nadie. Haz lo que te parez-
ca bien». 6Jehú les escribió esta otra carta: «Si
están de mi parte y quieren obedecerme, mañana
a estas horas vengan a verme a Yezrael, trayén-
dome las cabezas de los hijos de su señor». Ahora
bien, los hijos del rey vivían con la gente princi-
pal de la ciudad, que los criaba. 7Cuando les llegó
la carta, prendieron a los setenta hijos del rey,
los degollaron, pusieron las cabezas en unos ca-
nastos y se las mandaron a Jehú a Yezrael. 8Llegó
el mensajero y le comunicó: »Han traído las ca-
bezas de los hijos del rey». Jehú dijo: »Pónganlas
las en dos montones a la entrada de la ciudad,
y déjenlas allí hasta la mañana». 9A la mañana
salió, se plantó y dijo a la gente: «Ustedes son
inocentes; yo conspiré contra mi señor y lo maté.
10Pero, ¿quién ha matado a todos estos? Fíjense
cómo no falla nada de lo que el Señor dijo contra
la casa de Ajab. El Señor ha cumplido lo que di-
jo por medio de su servidor Elías». 11Jehú acabó
con los de la dinastía de Ajab que quedaban en
Yezrael: dignatarios, parientes, sacerdotes, has-
ta no dejarle uno vivo.
12Después emprendió la marcha a Samaría.
Cuando en el viaje llegaba a Bet-Equed-Roim,
13encontró a unos parientes de Ocozías de Judá y
les preguntó: «¿Quiénes son ustedes?». Respon-
dieron: «Somos parientes de Ocozías, que vamos
a saludar a los hijos del rey y de la reina madre».
14Jehú dio una orden: «¡Captúrenlos vivos!». Los
capturaron vivos y los degollaron junto al pozo
de Bet-Equed-Roim. Eran cuarenta y dos hom-
bres, y no quedó uno. 15Marchó de allí y encontró
a Jonadab, hijo de Recab, que salió a su encuen-
tro. Le saludó y le dijo: «¿Estás lealmente de mi

parte como yo lo estoy contigo?». Jonadab contestó: «Sí». Jehú replicó: «Entonces, venga esa mano». Le dio la mano, y Jehú lo hizo subir con él a su carro, 16diciéndole: «Ven conmigo y verás mi celo por el Señor». Y lo llevó en su carro. 17Cuando llegó a Samaría mató a todos los de Ajab que quedaban allí, hasta acabar con la familia, como había dicho el Señor a Elías. 18Después reunió a todo el pueblo y les habló: «Si Ajab fue algo devoto de Baal, Jehú lo será mucho más; 19así que convóquenme a todos los profetas de Baal, todos sus fieles y sacerdotes. Que no falte ninguno, porque quiero ofrecer a Baal un sacrificio solemne. El que falte morirá». Jehú actuaba así astutamente para eliminar a los fieles de Baal. 20Luego ordenó: «Convoquen una asamblea litúrgica en honor de Baal». La convocaron. 21Y Jehú mandó aviso por todo Israel. Llegaron todos los fieles de Baal, no quedó uno sin venir, y entraron en el templo de Baal, que se llenó por completo. 22Entonces Jehú dijo al encargado del vestuario: «Saca las vestiduras para los fieles de Baal». Los sacó. 23Luego Jehú y Jonadab, hijo de Recab, entraron en el templo, y Jehú dijo a los fieles de Baal: «Asegúrense de que aquí hay solo devotos de Baal y ninguno del Señor». 24Se adelantaron para ofrecer sacrificios y holocaustos. Pero Jehú había apostado afuera ochenta hombres con esta consigna: «El que deje escapar a uno de los que les pongo en las manos, pagará con la vida». 25Y así, cuando terminaron de ofrecer el holocausto, Jehú ordenó a los guardias y oficiales: «¡Entren a matarlos! ¡Que no escape nadie!». Los guardias y oficiales los pasaron a cuchillo y entraron hasta el camarín del templo de Baal. 26Sacaron la estatua de Baal y la quemaron, 27derribaron el altar y el templo lo convirtieron en letrinas, hasta el día de hoy. 28Así eliminó Jehú el culto de Baal en Israel. 29Pero no se apartó de los pecados que Jeroboán, hijo de Nabat, hizo cometer a Israel: los terneros de oro, el de Betel y el de Dan. 30El Señor le dijo: «Por haber hecho bien lo que yo quería y haber realizado en la familia de Ajab todo lo que yo había decidido, tus hijos, hasta la cuarta generación, se sentarán en el trono de Israel». 31Pero Jehú no perseveró en el cumplimiento de la ley del Señor, Dios de Israel, con todo su corazón; no se apartó de los pecados que Jeroboán hizo cometer a Israel. 32Por aquel entonces el Señor empezó a desmembrar a Israel. Jazael lo derrotó en toda la frontera, 33desde el Jordán hacia el este, todo el país de Galaad, de los gaditas, rubenitas y los de Manasés; desde Aroer, junto al Arnón, hasta Galaad y Basán. 34Para más datos sobre Jehú y sus hazañas militares, véanse los Anales del Reino de Israel. 35Jehú murió, y lo enterraron en Samaría, con sus antepasados. Su hijo Joacaz le sucedió en el trono. 36Jehú fue rey de Israel, en Samaría, veintiocho años.

Reinado y muerte de Atalía

11 1Cuando Atalía, madre de Ocozías, vio que su hijo había muerto, empezó a exterminar a toda la familia real. 2Pero cuando los hijos del rey estaban siendo asesinados, Josebá, hija del rey Jorán y hermana de Ocozías, raptó a Joás, hijo de Ocozías, y lo escondió con su nodriza en el dormitorio; así, se lo ocultó a Atalía y lo libró de la muerte. 3El niño estuvo escondido con ella en el templo seis años mientras en el país reinaba Atalía. 4El año séptimo, Yehoyadá mandó a buscar a los centuriones de los carios y de la escolta; los llamó a su presencia en el templo, se juramentó con ellos y les presentó al hijo del rey. 5Luego les dio estas instrucciones: «Van a hacer lo siguiente: el tercio que está de servicio en el palacio el sábado 6con el tercio que está en la puerta de las caballerizas y el tercio de la puerta de detrás del cuartel de la escolta harán la guardia en el templo por turnos 7y los otros dos cuerpos, todos los que están libres el sábado, harán la guardia en el templo cerca del rey. 8Rodearán al rey por todas partes, arma en mano. Si alguno quiere meterse por entre las filas, mátenlo. Y permanezcan junto al rey, vaya donde vaya».

9Los oficiales hicieron lo que les mandó el sacerdote Yehoyadá; cada uno reunió a sus hombres, los que estaban de servicio el sábado y los que estaban libres, y se presentaron al sacerdote Yehoyadá. 10El sacerdote entregó a los oficiales las lanzas y los escudos del rey David, que se guardaban en el templo. 11Los de la escolta empuñaron las armas y se colocaron entre el altar y el templo, desde el ángulo sur hasta el ángulo norte del templo, para proteger al rey. 12Entonces Yehoyadá sacó al hijo del rey, le colocó la diadema y las insignias, lo ungió rey, y todos aplaudieron, aclamando: «¡Viva el rey!». 13Atalía oyó el clamor de la tropa y de los oficiales y se fue hacia la gente, al templo. 14Pero cuando vio al rey en pie sobre el estrado, como es costumbre, y a los oficiales y la banda cerca del rey, toda la población en fiesta y las trompetas tocando, se rasgó las vestiduras y gritó: «¡Traición! ¡Traición!». 15El sacerdote Yehoyadá ordenó a los oficiales que mandaban las fuerzas: «Sáquenla de las filas. Al que la siga lo matan. Porque el sacerdote no quería que la matasen en el templo». 16La fueron empujando con las manos, y cuando llegaba a palacio por la puerta de las caballerizas, allí la mataron.

17Yehoyadá selló la alianza entre el Señor, el
rey y el pueblo, para que este fuera el pueblo
del Señor. 18Toda la población se dirigió luego
al templo de Baal: lo destruyeron, derribaron
sus altares, trituraron las imágenes, y a Matán,
sacerdote de Baal, lo degollaron ante el altar. El
sacerdote Yehoyadá puso guardias en el templo,
19y luego, con los centuriones, los carios, los de
la escolta y todo el vecindario, bajaron del tem-
plo al rey y lo llevaron a palacio por la puerta
de la escolta. Y Joás se sentó en el trono real.
20Toda la población hizo fiesta, y la ciudad que-
dó tranquila. A Atalía la habían matado a espada
en el palacio.

Joás de Judá (835-796)

12 1Cuando Joás subió al trono tenía siete
años. 2Comenzó a reinar en el séptimo
año de Jehú y reinó en Jerusalén cuarenta años.
Su madre se llamaba Sibyá, natural de Berseba.
3Joás hizo siempre lo que el Señor aprueba, si-
guiendo las enseñanzas del sacerdote Yehoyadá.
4Pero no desaparecieron los santuarios paganos;
la gente seguía ofreciendo allí sacrificios y que-
mando incienso. 5Joás dijo a los sacerdotes: «To-
do el dinero de las colectas del templo, el dinero
del empadronamiento, el de los impuestos según
la tarifa personal y el de las ofrendas volunta-
rias 6que lo recojan los sacerdotes a través de
sus ayudantes, para reparar los desperfectos del
templo». 7Pero el año veintitrés del reinado de
Joás los sacerdotes todavía no habían reparado
los desperfectos del templo. 8Entonces Joás con-
vocó al sacerdote Yehoyadá y a los otros sacerdo-
tes, y les dijo: «¿Por qué no han reparado todavía
los desperfectos del templo? En adelante, no se
queden con el dinero que reciben de la gente que
conocen; tienen que entregarlo para reparar el
templo». 9Los sacerdotes aceptaron no recibir di-
nero de la gente ni encargarse de reparar los des-
perfectos del templo. 10El sacerdote Yehoyadá
tomó un cofre, hizo una ranura en la tapa y lo pu-
so junto al altar, a mano derecha según se entra
en el templo. Los sacerdotes porteros echaban
allí todo el dinero que se traía al templo. 11Cuan-
do veían que había mucho dinero en el cofre,
subía el secretario real con el sumo sacerdote,
lo vaciaban y contaban el dinero que había en el
templo. 12Luego entregaban el dinero ya conta-
do a los maestros de obras encargados del tem-
plo, para pagar a los carpinteros y albañiles que
trabajaban allí, 13y a los tapiadores y canteros,
para comprar madera y piedra de cantería, para
reparar los desperfectos del templo y para todos
los gastos de la conservación del edificio. 14Con
el dinero que se traía al templo no se hacían pa-
langanas de plata, cuchillos, aspersorios, trom-
petas, ni ningún utensilio de oro o de plata para
el templo, 15entregaban el dinero a los maestros
de obras y con él reparaban el edificio. 16Y no se
pedían cuentas a aquellos a quienes se entrega-
ba el dinero, porque procedían con honradez. 17El
dinero de los sacrificios penitenciales y el de los
sacrificios por el pecado no iba a parar al templo,
sino que era para los sacerdotes. 18Por entonces
Jazael, rey de Siria, atacó a Gat y la conquistó.
Luego se volvió para atacar a Jerusalén. 19Pero
Joás de Judá recogió todas las ofrendas votivas
de los reyes de Judá predecesores suyos, Josafat,
Jorán y Ocozías, sus propias ofrendas, más todo
el oro que había en el tesoro del templo y del pa-
lacio real, y se lo envió a Jazael de Siria, que se
alejó de Jerusalén. 20Para más datos sobre Joás
y sus empresas, véanse los Anales del Reino de
Judá. 21Sus cortesanos tramaron una conspira-
ción y lo mataron cuando bajaba por el terraplén.
22Lo asesinaron sus cortesanos Yozabad, hijo de
Simat, y Yehozabad, hijo de Somer. Lo enterraron
con sus antepasados en la Ciudad de David, y su
hijo Amasías le sucedió en el trono.

Joacaz de Israel (813-797)

13 1Joacaz, hijo de Jehú, subió al trono de
Israel en Samaría el año veintitrés del
reinado de Joás de Judá, hijo de Ocozías. Reinó
diecisiete años. 2Hizo lo que el Señor reprueba:
repitió al pie de la letra los pecados que Jero-
boán, hijo de Nabat, hizo cometer a Israel. 3El
Señor se encolerizó contra Israel y lo entregó,
durante todo aquel tiempo, en poder de Jazael
de Siria y de Ben-Adad, hijo de Jazael. 4Joacaz
imploró al Señor, y el Señor lo escuchó, al ver
cómo el rey de Siria oprimía a Israel. 5El Señor
dio a Israel un salvador, que lo libró de la do-
minación siria, y los israelitas pudieron habitar
sus casas como antes. 6Pero no se apartaron de
los pecados que la dinastía de Jeroboán había
hecho cometer a Israel. Incluso el poste sagrado
siguió de pie en Samaría. 7Por eso el Señor no le
dejó a Joacaz más que cincuenta jinetes, diez
carros y diez mil soldados de infantería; el rey de
Siria los había destrozado y reducido a polvo que
se pisotea. 8Para más datos sobre Joacaz y sus
hazañas militares, véanse los Anales del Reino
de Israel. 9Joacaz murió, y lo enterraron con sus
antepasados en Samaría. Su hijo Joás le sucedió
en el trono.

Joás de Israel (797-782)

10Joás, hijo de Joacaz, subió al trono de Israel
en Samaría el año treinta y siete del reinado de
Joás de Judá. Reinó dieciséis años. 11Hizo lo que

el Señor reprueba. Repitió a la letra los peca-
dos que Jeroboán, hijo de Nabat, hizo cometer a
Israel; imitó su conducta. 12Para más datos so-
bre Joás y sus hazañas militares contra Amasías
de Judá, véanse los Anales del Reino de Israel.
13Joás murió, y Jeroboán le sucedió en el trono.
A Joás lo enterraron en Samaría con los reyes
de Israel.

Muerte de Eliseo

14Cuando Eliseo cayó enfermo de muerte, Joás
de Israel bajó a visitarlo y se echó sobre él llo-
rando y repitiendo: «¡Padre mío, padre mío, ca-
rro de Israel y su caballería!». 15Eliseo le dijo:
«Agarra un arco y unas flechas». Agarró un arco
y unas flechas 16y Eliseo le mandó: «Empuña el
arco». Lo empuñó, y Eliseo puso sus manos sobre
las manos del rey 17y ordenó: «Abre la venta-
na que da hacia el este». Joás la abrió, y Eliseo
dijo: «¡Dispara!». Él disparó, y comentó Eliseo:
«¡Flecha victoriosa del Señor, flecha victorio-
sa contra Siria! Derrotarás a Siria en Afec hasta
aniquilarla». 18Luego ordenó: «Agarra las fle-
chas». El rey las agarró, y Eliseo le dijo: «Golpea
el suelo». Él lo golpeó tres veces y se detuvo.
19Entonces el profeta se le enfadó: «Si hubieras
golpeado cinco o seis veces habrías derrotado a
Siria hasta aniquilarla; pero así solo la derrota-
rás tres veces». 20Eliseo murió, y lo enterraron.
Las guerrillas de Moab hacían incursiones por
el país todos los años. 21 Una vez, mientras es-
taban unos enterrando a un muerto, al ver las
bandas de guerrilleros echaron el cadáver en
la tumba de Eliseo y se marcharon. Al tocar el
muerto los huesos de Eliseo, revivió y se puso
en pie. 22Jazael, rey de Siria, había oprimido a
Israel durante todo el reinado de Joacaz. 23Pero
el Señor se apiadó y tuvo misericordia de ellos;
se volvió hacia ellos, por el pacto que había
hecho con Abrahán, Isaac y Jacob, y no quiso
exterminarlos ni los ha arrojado de su presen-
cia hasta ahora. 24Jazael de Siria murió, y su
hijo Ben-Adad le sucedió en el trono. 25Enton-
ces Joás, hijo de Joacaz, recuperó del poder de
Ben-Adad, hijo de Jazael, las ciudades que Ja-
zael había arrebatado por las armas a su padre,
Joacaz. Joás le derrotó tres veces, y así recuperó
las ciudades de Israel.

HASTA LA CAÍDA DE SAMARÍA (14–17)

Amasías de Judá (796-767)

14 1Amasías, hijo de Joás, subió al trono de
Judá el año segundo del reinado de Joás
de Israel, hijo de Joacaz. 2Cuando subió al tro-
no tenía veinticinco años, y reinó en Jerusalén
veintinueve años. Su madre se llamaba Yehoada-
yán, natural de Jerusalén. 3Hizo lo que el Señor
aprueba, aunque no como su antepasado David;
se portó como su padre, Joás; 4pero no desa-
parecieron los santuarios paganos: allí seguía
la gente sacrificando y quemando incienso.
5Cuando se afianzó en el poder, mató a los mi-
nistros que habían asesinado a su padre. 6Pero
siguiendo lo que dice el libro de la ley de Moisés,
promulgada por el Señor: No serán ejecutados
los padres por las culpas de los hijos ni los hijos
por las culpas de los padres; cada uno morirá
por su propio pecado, no mató a los hijos de los
asesinos. 7Amasías derrotó en el Gue Hammélaj
a los idumeos, en número de diez mil, y tomó al
asalto la ciudad de Petra, llamándola Yoctael,
nombre que conserva hasta hoy.

8Entonces mandó una embajada a Joás, hijo
de Joacaz, de Jehú, rey de Israel, con este men-
saje: «¡Ven a enfrentarte conmigo cara a cara!».
9Pero Joás de Israel le envió esta respuesta:
«El cardo del Líbano mandó a decir al cedro del
Líbano: Dame a tu hija por esposa de mi hijo.
Pero pasaron las fieras del Líbano y pisotearon
el cardo. 10Tú has derrotado a Edom y te has en-
greído. ¡Disfruta de tu gloria quedándote en tu
casa! ¿Por qué quieres meterte en una guerra ca-
tastrófica, provocando tu caída y la de Judá?».
11Pero Amasías no hizo caso. Entonces Joás de
Israel subió a vérselas con Amasías de Judá en
Bet-Semes de Judá. 12Israel derrotó a los judíos,
que huyeron a la desbandada. 13En Bet-Semes
apresó Joás de Israel a Amasías de Judá, hijo
de Joacaz, de Ocozías, y se lo llevó a Jerusalén.
En la muralla de Jerusalén abrió una brecha de
doscientos metros, desde la Puerta de Efraín
hasta la Puerta del Ángulo; 14se apoderó del oro,
la plata, los utensilios que había en el templo y
en el tesoro de palacio, tomó rehenes y se vol-
vió a Samaría. 15Para más datos sobre Joás y sus
hazañas militares en la guerra contra Amasías
de Judá, véanse los Anales del Reino de Israel.
16Joás murió, y lo enterraron en Samaría, con los
reyes de Israel. Su hijo Jeroboán le sucedió en
el trono. 17Amasías de Judá, hijo de Joás, sobre-
vivió quince años a Joás de Israel, hijo de Joa-
caz. 18Para más datos sobre Amasías, véanse los
Anales del Reino de Judá. 19En Jerusalén le tra-
maron una conspiración; huyó a Laquis, pero lo
persiguieron hasta Laquis y allí lo mataron. 20Lo
cargaron sobre unos caballos y lo enterraron en
Jerusalén, con sus antepasados, en la Ciudad de
David. 21Entonces Judá en pleno tomó a Azarías,
de dieciséis años, y lo nombraron rey, sucesor
de su padre, Amasías. 22Fue él quién reconstruyó
a Eilat y la devolvió a Judá después que el rey
Amasías se fue a descansar con sus padres.

Jeroboán II de Israel (782-753)

[23]Jeroboán, hijo de Joás, subió al trono en Samaría el año quince del reinado de Amasías de Judá, hijo de Joás. Reinó cuarenta y un años. [24]Hizo lo que el Señor reprueba, repitiendo los pecados que Jeroboán, hijo de Nabat, hizo cometer a Israel. [25]Restableció la frontera de Israel desde el Paso de Jamat hasta el Mar Muerto, como el Señor, Dios de Israel, había dicho por medio de su siervo el profeta Jonás, hijo de Amitay, natural de Gat-Jéfer; [26]porque el Señor se fijó en la terrible desgracia de Israel, donde no había ni esclavo, ni hombre libre, ni quien ayudase a Israel. [27]El Señor no había decidido borrar el nombre de Israel bajo el cielo, y lo salvó por medio de Jeroboán, hijo de Joás. [28]Para más datos sobre Jeroboán y sus hazañas militares contra Damasco, recuperando Jamat para Israel, véanse los Anales del Reino de Israel. [29]Jeroboán murió, y lo enterraron con los reyes de Israel. Su hijo Zacarías le sucedió en el trono.

Azarías (Ozías) de Judá (767-739)

15 [1]Azarías, hijo de Amasías, subió al trono de Judá el año veintisiete del reinado de Jeroboán de Israel. [2]Cuando subió al trono tenía dieciséis años, y reinó en Jerusalén cincuenta y dos años. Su madre se llamaba Yecolía, natural de Jerusalén. [3]Hizo lo que el Señor aprueba, igual que su padre, Amasías. [4]Pero no desaparecieron los santuarios paganos: allí seguía la gente sacrificando y quemando incienso.

[5]El Señor le envió una enfermedad de la piel hasta su muerte, así que vivió recluido en casa. Su hijo Yotán estaba al frente de palacio y gobernaba la nación. [6]Para más datos sobre Azarías y sus empresas, véanse los Anales del Reino de Judá. [7]Azarías murió, y lo enterraron con sus antepasados en la Ciudad de David. Su hijo Yotán le sucedió en el trono.

Zacarías de Israel (753)

[8]Zacarías, hijo de Jeroboán, subió al trono de Israel en Samaría el año treinta y ocho del reinado de Azarías de Judá. Reinó seis meses. [9]Hizo lo que el Señor reprueba, como sus antepasados, repitiendo los pecados que Jeroboán, hijo de Nabat, hizo cometer a Israel. [10]Salún, hijo de Yabés, conspiró contra él y lo mató en Yiblán; lo mató y lo suplantó en el trono. [11]Para más datos sobre Zacarías, véanse los Anales del Reino de Israel. [12]Sucedió lo que el Señor había dicho a Jehú: Tus hijos se sentarán en el trono de Israel hasta la cuarta generación.

Salún de Israel (753)

[13]Salún, hijo de Yabés, subió al trono el año treinta y nueve del reinado de Azarías de Judá, y reinó en Samaría un mes. [14]Menajén, hijo de Gadí, subió de Tirsá, entró en Samaría y mató allí a Salún, hijo de Yabés; lo mató y lo suplantó en el trono. [15]Para más datos sobre Salún y su conspiración, véanse los Anales del Reino de Israel. [16]Entonces Menajén castigó a Tifsaj y su territorio, matando a todos sus habitantes, por no haberle abierto las puertas cuando salió de Tirsá; la ocupó y abrió el vientre a todas las mujeres embarazadas.

Menajén de Israel (752-741)

[17]Menajén, hijo de Gadí, subió al trono de Israel el año treinta y nueve del reinado de Azarías de Judá. Reinó en Samaría diez años. [18]Hizo lo que el Señor reprueba, repitiendo los pecados que Jeroboán, hijo de Nabat, hizo cometer a Israel. [19]En su tiempo, Pul, rey de Asiria, invadió el país, pero Menajén le entregó mil pesos de plata para que lo apoyase y lo mantuviese en el trono. [20]Menajén impuso esa contribución a todos los ricos de Israel, a razón de medio kilo de plata cada uno, para el rey de Asiria. Entonces el rey de Asiria se retiró, dando fin a la ocupación del país. [21]Para más datos sobre Menajén y sus empresas, véanse los Anales del Reino de Israel. [22]Menajén murió, y su hijo Pecajías le sucedió en el trono.

Pecajías de Israel (741-740)

[23]Pecajías, hijo de Menajén, subió al trono de Israel el año cincuenta del reinado de Azarías de Judá. Reinó en Samaría dos años. [24]Hizo lo que el Señor reprueba, repitiendo los pecados que Jeroboán, hijo de Nabat, hizo cometer a Israel. [25]Su oficial Pécaj, hijo de Romelía, conspiró contra él: con cincuenta galaaditas –con Argob y Arié– lo mató en Samaría, en la torre de palacio. Lo mató y lo suplantó en el trono. [26]Para más datos sobre Pecajías y sus empresas, véanse los Anales del Reino de Israel.

Pécaj de Israel (740-731)

[27]Pécaj, hijo de Romelía, subió al trono de Israel en Samaría el año cincuenta y dos del reinado de Azarías de Judá. Reinó diez años. [28]Hizo lo que el Señor reprueba, repitiendo los pecados que Jeroboán, hijo de Nabat, hizo cometer a Israel. [29]En su tiempo, Tiglat Piléser, rey de Asiria, fue y se apoderó de Iyón, Abel Bet-Maacá, Yanoj, Cades, Jasor, Galaad, Galilea y toda la región de Neftalí, y llevó a sus habitantes deportados a Asiria. [30]Oseas, hijo de Elá, tramó una conspi-

ración contra Pécaj, hijo de Romelía; lo mató y
lo suplantó en el trono el año veinte del reinado
de Yotán, hijo de Azarías. 31Para más datos so-
bre Pécaj y sus empresas, véanse los Anales del
Reino de Israel.

Yotán de Judá (739-734)

32Yotán, hijo de Azarías, subió al trono de Judá
el año segundo del reinado de Pécaj de Israel,
hijo de Romelía. 33Cuando subió al trono tenía
veinticinco años, y reinó en Jerusalén dieciséis
años. Su madre se llamaba Yerusá, hija de Sacod.
34Hizo lo que el Señor aprueba, igual que su pa-
dre, Azarías. 35Pero no desaparecieron los san-
tuarios paganos; allí la gente seguía sacrificando
y quemando incienso. Yotán construyó la puerta
superior del templo. 36Para más datos sobre Yotán
y sus empresas, véanse los Anales del Reino de
Judá. 37Por entonces empezó el Señor a mandar
contra Judá a Razín, rey de Damasco, y a Pécaj,
hijo de Romelía. 38Yotán murió, y lo enterraron
con sus antepasados en la Ciudad de David, su
antecesor. Su hijo Acaz le sucedió en el trono.

Acaz de Judá (734-727)

16 1Acaz, hijo de Yotán, subió al trono de Ju-
dá el año diecisiete del reinado de Pécaj,
hijo de Romelía. 2Cuando subió al trono tenía
veinte años, y reinó en Jerusalén dieciséis años.
No hizo, como su antepasado David, lo que el
Señor aprueba. 3Imitó a los reyes de Israel. In-
cluso sacrificó a su hijo en la hoguera, según
las costumbres aborrecibles de las naciones que
el Señor había expulsado ante los israelitas.
4Sacrificaba y quemaba incienso en los lugares
altos, en las colinas y bajo los árboles frondo-
sos. 5Por entonces, Razín de Damasco y Pécaj de
Israel, hijo de Romelía, subieron para atacar a
Jerusalén; la cercaron, pero no pudieron con-
quistarla. 6También por entonces el rey de Edom
reconquistó Eilat y expulsó de allí a los judíos;
los de Edom fueron a Eilat y se establecieron
allí, hasta el día de hoy.

7Acaz mandó una embajada a Tiglat Piléser,
rey de Asiria, con este mensaje: Soy hijo y va-
sallo tuyo. Ven a librarme del poder del rey de
Siria y del rey de Israel, que se han levantado en
armas contra mí. 8Acaz recogió la plata y el oro
que había en el templo y en el tesoro de palacio
y se lo envió al rey de Asiria como regalo. 9El rey
de Asiria le atendió, subió contra Damasco, se
apoderó de ella, deportó a sus habitantes a Quir
y mató a Razín. 10Entonces, el rey Acaz fue a Da-
masco a presentarse a Tiglat Piléser, rey de Asi-
ria. Y cuando vio el altar que había en Damasco,
envió al sacerdote Urías el diseño del altar, con
todos sus detalles. 11Antes de que el rey volvie-
ra de Damasco, el sacerdote Urías construyó un
altar siguiendo todas las instrucciones enviadas
por el rey. 12Cuando Acaz volvió de Damasco, vio
el altar, se acercó, subió hasta él, 13quemó su
holocausto y su ofrenda, derramó su libación y
roció el altar con la sangre de los sacrificios de
comunión que acababa de ofrecer. 14El antiguo
altar de bronce, que estaba situado ante el Se-
ñor, lo retiró de la fachada del edificio, es decir,
entre el altar nuevo y el templo, y lo puso al lado
norte del nuevo altar. 15Luego dio estas órde-
nes al sacerdote Urías: «Sobre el altar grande
quema el holocausto de la mañana y la ofrenda
de la tarde, el holocausto del rey y su ofrenda,
el holocausto del pueblo y su ofrenda; derrama
sobre él sus libaciones y la sangre de los sacri-
ficios. Del altar de bronce me ocuparé yo». 16El
sacerdote Urías hizo lo que le mandó el rey Acaz.

17El rey arrancó las abrazaderas que recubrían
la base y retiró los recipientes para el agua; el
depósito montado sobre los toros de bronce lo
bajó de su soporte y lo puso sobre las losas del
pavimento. 18En consideración al rey de Asiria,
quitó también la tribuna del trono construida en
el templo y la entrada exterior para el rey. 19Pa-
ra más datos sobre Acaz y sus empresas, véanse
los Anales del Reino de Judá. 20Acaz murió, y lo
enterraron con sus antepasados en la Ciudad de
David. Su hijo Ezequías le sucedió en el trono.

Oseas de Israel (731-722)

17 1Oseas, hijo de Elá, subió al trono de Israel
en Samaría el año doce del reinado de Acaz
de Judá. Reinó nueve años. 2Hizo lo que el Señor
reprueba, aunque no tanto como los reyes de
Israel predecesores suyos. 3Salmanasar, rey de
Asiria, lo atacó, y Oseas se le sometió pagándo-
le tributo. 4Pero el rey de Asiria descubrió que
Oseas lo traicionaba: había enviado emisarios a
Sais, al rey de Egipto, y no pagó el tributo como
hacía otros años. Entonces el rey de Asiria lo
apresó y lo encerró en la cárcel. 5El rey de Asiria
invadió el país y asedió a Samaría durante tres
años. 6El año noveno de Oseas, el rey de Asi-
ria conquistó Samaría, deportó a los israelitas
a Asiria y los instaló en Jalaj, junto al Jabor, río
de Gozán, y en las poblaciones de Media. 7Eso
sucedió porque, dando culto a dioses extranje-
ros, los israelitas habían pecado contra el Señor,
su Dios, que los había sacado de Egipto, del po-
der del Faraón, rey de Egipto; 8procedieron se-
gún las costumbres de las naciones que el Señor
había expulsado ante ellos y que introdujeron
los reyes nombrados por ellos mismos. 9Los is-
raelitas blasfemaron contra el Señor, su Dios; en

todo lugar habitado, desde las torres de vigilan-
cia hasta las plazas fuertes, se erigieron lugares
de culto; 10erigieron postes sagrados y piedras
conmemorativas en las colinas altas y bajo los
árboles frondosos; 11allí quemaban incienso, co-
mo hacían las naciones que el Señor había des-
terrado ante ellos. Obraron mal, irritando al Se-
ñor. 12Dieron culto a los ídolos, cosa que el Señor
les había prohibido. 13El Señor había advertido a
Israel y Judá por medio de los profetas y viden-
tes: Vuelvan de su mala conducta y observen mis
mandatos y preceptos, siguiendo la ley que di a
sus padres, que les comuniqué por medio de mis
servidores los profetas. 14Pero no hicieron caso,
sino que se pusieron tercos, como sus padres,
que no confiaron en el Señor, su Dios. 15Recha-
zaron sus mandatos y el pacto que había hecho
el Señor con sus padres y las advertencias que
les hizo; se fueron tras los ídolos vanos y ellos
mismos se desvanecieron, imitando a las nacio-
nes vecinas, cosa que el Señor les había prohi-
bido. 16Abandonaron los preceptos del Señor, su
Dios, se hicieron ídolos de fundición –¡los dos
terneros!– y erigieron un poste sagrado; se pos-
traron ante el ejército del cielo y dieron culto a
Baal. 17Sacrificaron en la hoguera a sus hijos e
hijas, practicaron la adivinación y la magia y se
vendieron para hacer lo que el Señor reprueba,
irritándolo. 18El Señor se irritó tanto contra Is-
rael, que los arrojó de su presencia. Solo quedó
la tribu de Judá, 19aunque tampoco Judá guardó
los preceptos del Señor, su Dios, sino que imitó
el proceder de Israel.

20El Señor rechazó a toda la raza de Israel, la
humilló, la entregó al saqueo, hasta que acabó
por arrojarla de su presencia. 21Porque cuando
Israel se desgajó de la casa de David y eligieron
rey a Jeroboán, hijo de Nabat, Jeroboán desvió
a Israel del culto al Señor y lo indujo a cometer
un grave pecado. 22Los israelitas imitaron a la
letra el pecado de Jeroboán, 23hasta que el Se-
ñor los arrojó de su presencia, como había dicho
por sus siervos los profetas, y fueron deportados
desde su tierra a Asiria, donde todavía están.
24El rey de Asiria trajo gente de Babilonia, Cu-
tá, Avá, Jamat y Sefarvain y la estableció en las
poblaciones de Samaría, para reemplazar a los
israelitas. Ellos tomaron posesión de Samaría y
se instalaron en sus poblados. 25Pero al empezar
a instalarse allí, no daban culto al Señor, y el
Señor les envió leones que hacían estrago en-
tre los colonos. 26Entonces expusieron al rey de
Asiria: «La gente que llevaste a Samaría como
colonos no conoce los ritos del dios del país,
y por eso este les ha enviado leones que hacen
estrago entre ellos, porque no conocen los ri-
tos del dios del país». 27El rey de Asur ordenó:
«Lleven allá uno de los sacerdotes deportados
de Samaría, para que se establezca allí y les en-
señe los ritos del dios del país». 28Uno de los
sacerdotes deportados de Samaría fue entonces
a establecerse en Betel, y les enseñó cómo había
que dar culto al Señor.

29Pero todos aquellos pueblos se fueron ha-
ciendo sus dioses, y cada uno en la ciudad donde
vivía los puso en los santuarios de los lugares
altos que habían construido los de Samaría.
30Los de Babilonia hicieron a Sucot-Benot; los
de Cutá, a Nergal; los de Jamat, a Asima; 31los
de Avá, a Nibjás y Tartac; los de Sefarvain sa-
crificaban a sus hijos en la hoguera en honor
de sus dioses Adramélec y Anamélec. 32También
daban culto al Señor; nombraron sacerdotes a
gente de la masa del pueblo, para que oficiaran
en los santuarios de los lugares altos. 33De ma-
nera que daban culto al Señor y a sus dioses, se-
gún la religión del país de donde habían venido.
34Hasta hoy vienen haciendo según sus antiguos
ritos; no veneran al Señor ni proceden según sus
mandatos y preceptos, según la ley y la norma
dada por el Señor a los hijos de Jacob, al que
impuso el nombre de Israel. 35El Señor había
hecho un pacto con ellos y les había mandado:
«No veneren a otros dioses, ni los adoren, ni les
den culto, ni les ofrezcan sacrificios, 36sino que
deben venerar al Señor, que los sacó de Egipto
con gran fuerza y brazo extendido; a él adorarán
y a él le ofrecerán sacrificios. 37Observarán los
preceptos y normas, la ley y los mandatos que
les ha dado por escrito. No rendirán culto a otros
dioses. 38No olviden el pacto que ha hecho con
ustedes. 39No rindan culto a otros dioses, sino al
Señor, su Dios, y él los librará de sus enemigos».
40Pero no hicieron caso, sino que procedieron
según sus antiguos ritos. 41Así, aquella gente
honraba al Señor y daba culto a sus ídolos. Y
sus descendientes siguen hasta hoy haciendo lo
mismo que sus antepasados.

HASTA LA CAÍDA DE JERUSALÉN (18–25)

Ezequías de Judá (727-698)

18 1Ezequías, hijo de Acaz, subió al trono de
Judá el año tercero del reinado de Oseas de
Israel, hijo de Elá. 2Cuando subió al trono tenía
veinticinco años, y reinó en Jerusalén veinti-
nueve años. Su madre se llamaba Abí, hija de Za-
carías. 3Hizo lo que el Señor aprueba, igual que
su antepasado David. 4Suprimió los santuarios
paganos, destrozó los postes sagrados, rompió
las piedras conmemorativas y trituró la serpien-
te de bronce que había hecho Moisés porque los
israelitas seguían todavía quemándole incienso;

la llamaban Nejustán. 5Puso su confianza en el
Señor, Dios de Israel, y no tuvo comparación con
ninguno de los reyes que hubo en Judá, antes o
después de él. 6Se adhirió al Señor, sin apartarse
de él, y cumplió los mandamientos que el Señor
había dado a Moisés. 7El Señor estuvo con él, y
así tuvo éxito en todas sus empresas. Se rebeló
contra el rey de Asiria y no le rindió vasallaje.
8Derrotó a los filisteos hasta Gaza, devastando
todo su territorio, desde las torres de vigilancia
hasta las plazas fuertes.

9El año cuarto del reinado de Ezequías, que
corresponde al séptimo del reinado de Oseas de
Israel, hijo de Elá, Salmanasar, rey de Asiria,
atacó a Samaría y la sitió. 10Al cabo de tres años,
el año sexto de Ezequías, que corresponde al no-
veno de Oseas de Israel, la conquistó. 11El rey
de Asiria deportó a los israelitas a Asiria y los
instaló en Jalaj, junto al Jabor, río de Gozán, y
en las poblaciones de Media, 12por no haber obe-
decido al Señor, su Dios, y haber quebrantado su
pacto; no obedecieron ni cumplieron lo que les
había mandado Moisés, siervo del Señor.

13El año catorce del reinado de Ezequías, Se-
naquerib, rey de Asiria, atacó todas las plazas
fuertes de Judá, y las conquistó. 14Entonces Eze-
quías mandó a Laquis este mensaje para el rey
de Asiria: Soy culpable. Retírate y te pagaré la
multa que me impongas. El rey asirio impuso a
Ezequías de Judá el pago de nueve mil kilos de
plata y novecientos kilos de oro. 15Ezequías le
entregó toda la plata que había en el templo y
en el tesoro de palacio. 16Fue en aquella ocasión
cuando Ezequías rompió las puertas del santua-
rio y los pilares que Azarías de Judá había recu-
bierto de oro, y se los entregó al rey de Asiria.
17Desde Laquis, el rey de Asiria despachó al ge-
neral en jefe, al jefe de eunucos y al copero ma-
yor para que fueran con un fuerte destacamento
a Jerusalén, al rey Ezequías. Fueron, y cuando
llegaron a Jerusalén se detuvieron ante el Canal
del Estanque de Arriba, que queda junto al ca-
mino del Campo del Tintorero. 18Llamaron al rey,
y salieron a recibirlos Eliacín, hijo de Jelcías,
mayordomo de palacio; Sobná, el secretario, y el
heraldo Yoaj, hijo de Asaf. 19El copero mayor les
dijo: «Digan a Ezequías: Así dice el emperador,
el rey de Asiria: ¿En qué fundas tu confianza?
20Tú piensas que la estrategia y la valentía mili-
tares son cuestión de palabras. ¿En quién con-
fías para rebelarte contra mí? 21¿Te fías de ese
bastón de caña quebrada que es Egipto? Al que
se apoya en él, se le clava en la mano y se la
atraviesa; eso es el Faraón para los que confían
en él. 22Y si me replicas: yo confío en el Señor,
nuestro Dios, ¿no es ese el dios cuyos santua-
rios y altares ha suprimido Ezequías, exigiendo
a Judá y a Jerusalén que se postren ante ese
altar en Jerusalén? 23Por tanto, haz una apuesta
con mi señor, el rey de Asiria, y te daré dos mil
caballos, si es que tienes quien los monte. 24¿Có-
mo te atreves a desairar a uno de los últimos
siervos de mi señor, confiando en que Egipto te
proporcionará carros y jinetes? 25¿Te crees que
he subido a arrasar esta ciudad sin consultar con
el Señor? Fue el Señor quien me dijo que subiera
a devastar este país».

26Eliacín, hijo de Jelcías, Sobná y Yoaj dije-
ron al copero mayor: «Por favor, háblanos en
arameo, que lo entendemos. No nos hables en
hebreo, ante la gente que está en las murallas».
27Pero el copero les replicó: «¿Crees que mi se-
ñor me ha enviado para que les comunique sola-
mente a ti y a tu señor este mensaje? También
es para los hombres que están en la muralla, y
que tendrán que comer su excremento y beber
su orina, igual que ustedes». 28E, irguiéndose,
gritó a voz en cuello, en hebreo: «¡Escuchen las
palabras del emperador, rey de Asiria! 29Así dice
el rey: Que no los engañe Ezequías, porque no
podrá librarlos de mi mano. 30Que Ezequías no
los haga confiar en el Señor, diciendo: el Señor
nos librará y no entregará esta ciudad al rey de
Asiria. 31No hagan caso a Ezequías, porque esto
dice el rey de Asiria: ríndanse y hagan la paz
conmigo, y cada uno comerá de su viña y de su
higuera y beberá de su pozo, 32hasta que llegue
yo para llevarlos a una tierra como la de uste-
des, tierra de trigo y vino nuevo, tierra de pan y
viñedos, tierra de aceite y miel, para que vivan
y no mueran. No hagan caso de Ezequías, que los
engaña, diciendo: el Señor nos librará. 33¿Acaso
los dioses de las naciones han librado a sus paí-
ses de la mano del rey de Asiria? 34¿Dónde están
los dioses de Jamat y Arpad, los dioses de Sefar-
vain, Hená y Avá? ¿Han librado a Samaría de mi
poder? 35¿Qué dios de esos países ha podido li-
brar sus territorios de mi mano? ¿Y va el Señor a
librar de mi mano a Jerusalén?». 36Todos callaron
y no respondieron palabra. Tenían consigna del
rey de no responder. 37Eliacín, hijo de Jelcías,
mayordomo de palacio; Sobná, el secretario, y el
heraldo Yoaj, hijo de Asaf, se presentaron al rey
con las vestiduras rasgadas, y le comunicaron
las palabras del copero mayor.

19 1Cuando el rey Ezequías lo oyó, se rasgó las
vestiduras, se vistió un sayal y fue al tem-
plo; 2y despachó a Eliacín, mayordomo de pala-
cio; a Sobná, el secretario, y a los sacerdotes más
ancianos, vestidos de sayal, para que fueran a
decirle al profeta Isaías, hijo de Amós: 3«Así dice

Ezequías: Hoy es un día de angustia, de castigo y de vergüenza; los hijos llegan al parto y no hay fuerza para darlos a luz. 4Ojalá oiga el Señor, tu Dios, las palabras del copero mayor, a quien su señor, el rey de Asiria, ha enviado para ultrajar al Dios vivo, y castigue las palabras que el Señor, tu Dios, ha oído. ¡Reza por el resto que todavía subsiste!». 5Los ministros del rey Ezequías se presentaron a Isaías, 6y este les dijo: «Digan a su señor: Así dice el Señor: No te asustes por esas palabras que has oído, por las blasfemias de los criados del rey de Asiria. 7Yo mismo le meteré un espíritu, y cuando oiga cierta noticia, se volverá a su país, y allí lo haré morir a espada». 8El copero mayor regresó y encontró al rey de Asiria combatiendo contra Libna, porque había oído que se había retirado de Laquis 9al recibir la noticia de que Tarjaca, rey de Etiopía, había salido para luchar contra él. Senaquerib envió de nuevo mensajeros a Ezequías a decirle: 10«Digan a Ezequías, rey de Judá: Que no te engañe tu Dios, en quien confías, pensando que Jerusalén no caerá en manos del rey de Asiria. 11Tú mismo has oído cómo han tratado los reyes de Asiria a todos los países: exterminándolos, ¿y tú te vas a librar? 12¿Los salvaron a ellos los dioses de los pueblos que destruyeron mis predecesores: Gozán, Jarán, Résef, y los edenitas de Telasar? 13¿Dónde está el rey de Jamat, el rey de Arpad, el rey de Sefarvain, de Hená y de Avá?».

14Ezequías tomó la carta de mano de los mensajeros y la leyó; después subió al templo, la desplegó ante el Señor 15y oró:

Señor, Dios de Israel, sentado sobre querubines:/ Tú solo eres el Dios de todos los reinos del mundo.

Tú hiciste el cielo y la tierra./ 16Inclina tu oído, Señor, y escucha;/ abre tus ojos, Señor, y mira.

Escucha el mensaje que ha enviado Senaquerib/ para ultrajar al Dios vivo.

17Es verdad, Señor:/ los reyes de Asiria han asolado todos los países/ y su territorio, 18han quemado todos sus dioses/ –porque no son dioses,/ sino hechura de manos humanas,/ madera y piedra–/ y los han destruido.

19Ahora, Señor, Dios nuestro/ sálvanos de su mano/ para que sepan todos los reinos del mundo/ que tú solo, Señor, eres Dios.

20Isaías, hijo de Amós, mandó decir a Ezequías: «Así dice el Señor, Dios de Israel: He oído lo que me pides acerca de Senaquerib, rey de Asiria. 21Esta es la palabra que el Señor pronuncia contra él:

Te desprecia y se burla de ti/ la doncella, la ciudad de Sión;/ mueve la cabeza a tu espalda/ la ciudad de Jerusalén.

22¿A quién has ultrajado e insultado,/ contra quién has alzado la voz/ y levantado tus ojos a lo alto?/ ¡Contra el Santo de Israel!

23Por medio de tus mensajeros/ has ultrajado al Señor:/ Con mis numerosos carros/ yo he subido a las cimas de los montes,/ a las cumbres del Líbano;/ he talado la estatura de sus cedros/ y sus mejores cipreses;/ entré en su último reducto,/ en la espesura de su bosque.

24Yo excavé pozos/ y bebí aguas extranjeras,/ sequé bajo la planta de mis pies/ todos los canales de Egipto.

25¿No lo has oído?/ Desde antiguo lo decidí,/ en tiempos remotos lo preparé/ y ahora lo realizo;/ por eso tú reduces sus plazas fuertes/ a montones de escombros.

26Sus habitantes, faltos de fuerza,/ con la vergüenza de la derrota,/ fueron como pasto del campo,/ como verde de los prados,/ como la hierba de las azoteas,/ que se quema antes de crecer.

27Conozco cuándo te sientas y te levantas,/ cuándo entras y sales;/ 28porque te agitas contra mí/ y tu arrogancia sube a mis oídos,/ te pondré mi argolla en la nariz/ y mi freno en el hocico,/ y te llevaré por el camino/ por donde viniste.

29Esto te servirá de señal:/ Este año comerán el grano abandonado;/ el año que viene, lo que brote sin sembrar;/ el año tercero sembrarán y cosecharán,/ plantarán viñas y comerán sus frutos.

30De nuevo el resto de la casa de Judá/ echará raíces por abajo/ y dará fruto por arriba;/ 31porque de Jerusalén saldrá un resto,/ del monte Sión los sobrevivientes./ ¡El celo del Señor lo cumplirá!

32Por eso así dice el Señor/ acerca del rey de Asiria:/ No entrará en esta ciudad,/ no disparará contra ella su flecha,/ no se acercará con escudo/ ni levantará contra ella un terraplén;/ 33por el camino por donde vino/ se volverá,/ pero no entrará en esta ciudad/ –oráculo del Señor–.

34Yo defenderé a esta ciudad para salvarla,/ por mi honor y el de David, mi siervo.

35Aquella misma noche salió el ángel del Señor e hirió en el campamento asirio a ciento ochenta y cinco mil hombres. Por la mañana, al despertar, los encontraron ya cadáveres.

36Senaquerib, rey de Asiria, levantó el campamento, se volvió a Nínive y se quedó allí. 37Y un día, mientras estaba postrado en el templo de su dios Nisroc, Adramélec y Saréser lo asesinaron, y escaparon al territorio de Ararat. Su hijo Asaradón le sucedió en el trono.

Enfermedad de Ezequías

20 1En aquel tiempo, Ezequías cayó enfer-
mo de muerte. El profeta Isaías, hijo de
Amós, fue a visitarlo, y le dijo: «Así dice el Se-
ñor: Ordena todos los asuntos de tu casa, porque
vas a morir sin remedio». 2Entonces Ezequías
volvió la cara a la pared y oró al Señor: 3«Señor,
recuerda que he caminado en tu presencia con
corazón sincero e íntegro y que he hecho lo que
te agrada». Y lloró con largo llanto.
4Pero no había salido Isaías del patio central,
cuando recibió esta Palabra del Señor: 5«Vuelve
a decirle a Ezequías, jefe de mi pueblo: Así dice
el Señor, Dios de tu padre David: He escuchado
tu oración, he visto tus lágrimas. Mira, voy a
sanarte: dentro de tres días podrás subir al tem-
plo; 6y añado a tus días otros quince años. Te li-
braré de las manos del rey de Asiria, a ti y a esta
ciudad; protegeré a esta ciudad, por mí y por mi
siervo David». 7Isaías ordenó: «Hagan una pasta
de higos; que lo apliquen a la herida, y sanará».
8Ezequías le preguntó: «¿Y cuál es la señal de
que el Señor me va a sanar y dentro de tres días
podré subir al templo?». 9Isaías respondió: «Esta
es la señal de que el Señor cumplirá la palabra
dada: ¿Quieres que la sombra adelante diez gra-
dos o que atrase diez?». 10Ezequías comentó: «Es
fácil que la sombra adelante diez grados, lo difí-
cil es que atrase diez». 11El profeta Isaías clamó
al Señor, y el Señor hizo que la sombra atrasase
diez grados en el reloj de Acaz.

Embajada de Merodac Baladán

12En aquel tiempo, Merodac Baladán, hijo de
Baladán, rey de Babilonia, envió cartas y regalos
al rey Ezequías cuando se enteró de que se había
restablecido de su enfermedad. 13Ezequías se
alegró y enseñó a los mensajeros su tesoro: la
plata y el oro, los bálsamos y ungüentos, toda la
vajilla y cuanto había en sus depósitos. No que-
dó nada en su palacio y en sus dominios que Eze-
quías no les enseñase. 14Pero el profeta Isaías
se presentó al rey Ezequías y le dijo: «¿Qué ha
dicho esa gente, y de dónde vienen a visitar-
te?». Ezequías contestó: «Han venido de un país
lejano: de Babilonia». 15Isaías preguntó: «¿Qué
han visto en tu casa?». Ezequías dijo: «Todo. No
he dejado nada de mis tesoros sin enseñárselo».
16Entonces Isaías le dijo: «Escucha la Palabra del
Señor: 17Mira, llegarán días en que se llevarán a
Babilonia todo lo que hay en tu palacio, cuanto
atesoraron tus abuelos hasta hoy. No quedará
nada, dice el Señor. 18Y a los hijos que salieron
de ti, que tú engendraste, se los llevarán a Babi-
lonia para que sirvan como palaciegos del rey».
19Ezequías dijo: «Es auspiciosa la Palabra del
Señor que has pronunciado, porque se decía a
sí mismo: Mientras yo viva, habrá paz y seguri-
dad». 20Para más datos sobre Ezequías y sus vic-
torias y las obras que hizo: la cisterna y el canal
que construyó para llevar el agua a la ciudad,
véanse los Anales del Reino de Judá. 21Ezequías
murió, y su hijo Manasés le sucedió en el trono.

Manasés de Judá (698-643)

21 1Cuando Manasés subió al trono tenía
doce años, y reinó en Jerusalén cincuen-
ta y cinco años. Su madre se llamaba Jepsibá.
2Hizo lo que el Señor reprueba, imitando las
costumbres abominables de las naciones que el
Señor había expulsado ante los israelitas. 3Re-
construyó los santuarios paganos que su padre,
Ezequías, había hecho destruir, levantó altares
a Baal y erigió un poste sagrado, igual que hi-
zo Acaz de Israel; adoró y dio culto a todo el
ejército del cielo; 4puso altares en el templo del
Señor, del que había dicho el Señor: Pondré mi
nombre en Jerusalén; 5edificó altares a todo el
ejército del cielo en los dos atrios del templo,
6sacrificó a su hijo en la hoguera; practicó la
adivinación y la magia; instituyó nigromantes
y adivinos. Hacía continuamente lo que el Señor
reprueba, irritándolo. 7La imagen de Astarté que
había fabricado la colocó en el templo del que
el Señor había dicho a David y a su hijo Salo-
món: En este templo y en Jerusalén, a la que
elegí entre todas las tribus de Israel, pondré mi
nombre para siempre; 8ya no dejaré que Israel
ande errante, lejos de la tierra que di a sus pa-
dres, a condición de que pongan por obra cuanto
les mandé, siguiendo la ley que les promulgó mi
siervo Moisés. 9Pero ellos no hicieron caso. Y
Manasés los extravió, para que se portasen peor
que las naciones a las que el Señor había exter-
minado ante los israelitas.
10El Señor dijo entonces por medio de sus ser-
vidores los profetas: 11«Puesto que Manasés de
Judá ha hecho esas cosas abominables, se ha
portado peor que los amorreos que le precedie-
ron y ha hecho pecar a Judá con sus ídolos; 12así
dice el Señor, Dios de Israel: Yo voy a traer sobre
Jerusalén y Judá tal catástrofe, que al que lo
oiga le retumbarán los oídos. 13Extenderé sobre
Jerusalén el cordel como hice en Samaría, el
mismo nivel con que medí a la dinastía de Ajab, y
fregaré a Jerusalén como a un plato, que se frie-
ga por delante y por detrás. 14Desecharé al resto
de mi herencia, lo entregaré en poder de sus
enemigos, será presa y botín de sus enemigos,
15porque han hecho lo que yo repruebo, me han
irritado desde el día en que sus padres salieron
de Egipto hasta hoy». 16Además, Manasés derra-

mó ríos de sangre inocente, de forma que inundó
Jerusalén de punta a punta, aparte del pecado
que hizo cometer a Judá haciendo lo que el Se-
ñor reprueba. 17Para más datos sobre Manasés y
los crímenes que cometió, véanse los Anales del
Reino de Judá. 18Manasés murió, y lo enterraron
en el jardín de su palacio, el jardín de Uzá. Su
hijo Amón le sucedió en el trono.

Amón de Judá (643-640)

19Cuando Amón subió al trono tenía veintidós
años, y reinó en Jerusalén dos años. Su madre
se llamaba Mesulémet, hija de Jarús, natural de
Yotbá. 20Hizo lo que el Señor reprueba, igual que
su padre, Manasés; 21imitó a su padre: dio culto
y adoró a los mismos ídolos que su padre; 22dejó
al Señor, Dios de sus padres, no caminó por sus
sendas. 23Sus cortesanos conspiraron contra él y
lo asesinaron en el palacio; 24pero la población
mató a los conspiradores, y nombraron rey su-
cesor a Josías, hijo de Amón. 25Para más datos
sobre Amón y sus empresas, véanse los Anales
del Reino de Judá. 26Lo enterraron en su sepul-
tura del jardín de Uzá. Su hijo Josías le sucedió
en el trono.

Josías de Judá (640-609)

22 1Cuando Josías subió al trono tenía die-
ciocho años, y reinó treinta y un años en
Jerusalén. Su madre se llamaba Yedidá, hija de
Adaya, natural de Boscat. 2Hizo lo que el Señor
aprueba. Siguió el camino de su antepasado
David, sin desviarse a derecha ni izquierda. 3El
año dieciocho de su reinado mandó al secreta-
rio Safán, hijo de Asalías, hijo de Musulán, que
fuera al templo con este encargo: 4«Preséntа-
te al sacerdote Jelcías; que tenga preparado el
dinero ingresado en el templo por las colectas
que los porteros hacen entre la gente. 5Que se
lo entreguen a los encargados de las obras del
templo, para que lo repartan a los obreros que
trabajan en el templo reparando los desperfec-
tos del edificio 6–carpinteros, albañiles y tapia-
dores– o para comprar madera y piedras talladas
para reparar el edificio. 7Pero que no les pidan
cuentas del dinero que les entregan, porque se
portan con honradez».
8El sumo sacerdote Jelcías, dijo al cronista
Safán: «He encontrado en el templo el libro de
la ley». 9Entregó el libro a Safán, y este lo leyó.
Luego fue a dar cuenta al rey: «Tus siervos han
juntado el dinero que había en el templo y se lo
han entregado a los encargados de las obras».
10Y le comunicó la noticia: «El sacerdote Jelcías
me ha dado un libro». Safán lo leyó ante el rey,
11y cuando el rey oyó el contenido del libro de la
ley, se rasgó las vestiduras 12y ordenó al sacer-
dote Jelcías; a Ajicán, hijo de Safán; a Acbor,
hijo de Miqueas; al cronista Safán, y a Asaías,
funcionario real: 13«Vayan a consultar al Señor
por mí y por el pueblo y por todo Judá a propó-
sito de este libro que han encontrado; porque el
Señor estará enfurecido contra nosotros, porque
nuestros padres no obedecieron los mandatos
de este libro cumpliendo lo prescrito en él».
14Entonces el sacerdote Jelcías, Ajicán, Acbor,
Safán y Asaías fueron a ver a la profetisa Julda,
esposa de Salún, el guardarropa, hijo de Ticua
de Jarjás. Julda vivía en Jerusalén, en el Barrio
Nuevo. Le expusieron el caso, 15y ella les respon-
dió: «Así dice el Señor, Dios de Israel: Díganle
al hombre que los ha enviado: 16Así dice el Se-
ñor: Yo voy a traer la desgracia sobre este lugar
y todos sus habitantes: todas las maldiciones
de este libro que ha leído el rey de Judá; 17por
haberme abandonado y haber quemado incien-
so a otros dioses, irritándome con sus ídolos,
está ardiendo mi cólera contra este lugar, y no
se apagará. 18Y al rey de Judá, que los ha enviado
a consultar al Señor, díganle: Así dice el Señor,
Dios de Israel: 19Porque tu corazón se ha conmo-
vido y te has humillado delante el Señor al oír
mi amenaza contra este lugar y sus habitantes,
que serán objeto de espanto y de maldición; por-
que te has rasgado las vestiduras y llorado en
mi presencia, también yo te escucho –oráculo
del Señor–. 20Por eso, cuando yo te reúna con
tus padres, te enterrarán en paz, sin que llegues
a ver con tus ojos la desgracia que voy a traer a
este lugar». Ellos llevaron la respuesta al rey.

23 1El rey ordenó que se presentasen ante él
todos los ancianos de Judá y de Jerusa-
lén. 2Luego subió al templo, acompañado de to-
dos los judíos y los habitantes de Jerusalén, los
sacerdotes, los profetas y todo el pueblo, chicos
y grandes. El rey les leyó el libro de la alianza
encontrado en el templo. 3Después, de pie sobre
el estrado, selló ante el Señor la alianza, com-
prometiéndose a seguirle y cumplir sus precep-
tos, normas y mandatos, con todo el corazón y
con toda el alma, cumpliendo las cláusulas de la
alianza escritas en aquel libro. El pueblo entero
suscribió la alianza. 4Luego mandó el rey al sumo
sacerdote Jelcías, a los sacerdotes de segundo
orden y a los porteros que sacaran del templo to-
dos los utensilios fabricados para Baal, Astarté
y todo el ejército del cielo. Los quemó fuera de
Jerusalén, en los campos del Cedrón, y llevaron
las cenizas a Betel. 5Suprimió a los sacerdotes
establecidos por los reyes de Judá para quemar
incienso en los lugares altos de las poblaciones

de Judá y alrededores de Jerusalén, y a los que
ofrecían incienso a Baal, al sol y a la luna, a los
signos del zodíaco y al ejército del cielo. 6Sacó
del templo el poste sagrado y lo llevó fuera de
Jerusalén, al torrente Cedrón lo quemó junto al
torrente y lo redujo a cenizas, que echó a la fo-
sa común. 7Derribó las habitaciones del templo
dedicadas a la prostitución sagrada, donde las
mujeres tejían mantos para Astarté. 8Hizo venir
de las poblaciones de Judá a todos los sacerdo-
tes y, desde Guibeá hasta Berseba, profanó los
lugares altos donde estos sacerdotes ofrecían
incienso. Derribó la capilla de los sátiros que
había a la entrada de la puerta de Josué, gober-
nador de la ciudad, a mano izquierda según se
entra. 9Pero a los sacerdotes de los santuarios
paganos no se les permitía subir al altar del Se-
ñor en Jerusalén, sino que solo comían panes
ázimos entre sus hermanos. 10Profanó el horno
del valle de Ben-Hinón, para que nadie quema-
se a su hijo o su hija en honor de Moloc. 11Hizo
desaparecer los caballos que los reyes de Judá
habían dedicado al sol, en la entrada del templo,
junto a la habitación del eunuco Natanmélec, en
las dependencias del templo; quemó el carro del
sol. 12También derribó los altares en la azotea de
la galería de Acaz, construidos por los reyes de
Judá, y los altares construidos por Manasés en
los dos atrios del templo; los trituró y esparció
el polvo en el torrente Cedrón. 13Profanó los san-
tuarios paganos que miraban a Jerusalén, al sur
del monte de los Olivos, construidos por Salo-
món, rey de Israel, en honor de Astarté el ídolo
abominable de los fenicios, Camós el ídolo abo-
minable de Moab y Milcom el ídolo abominable
de los amonitas. 14Destrozó las piedras conme-
morativas, cortó los postes sagrados y llenó el
lugar que ellos ocupaban con huesos humanos.
15Derribó también el altar de Betel y el santuario
construido por Jeroboán, hijo de Nabat, con el
que hizo pecar a Israel. Lo trituró hasta reducir-
lo a polvo, y quemó el poste sagrado.

16Al darse la vuelta, Josías vio los sepulcros
que había allí en el monte; entonces envió a
recoger los huesos de aquellos sepulcros, los
quemó sobre el altar y los profanó, según la Pa-
labra del Señor anunciada por el profeta, cuan-
do Jeroboán, en la fiesta, estaba de pie ante el
altar. Al darse la vuelta, Josías levantó la vista
hacia el sepulcro del profeta que había anuncia-
do estos sucesos, 17y preguntó: «¿Qué es aquel
mausoleo que estoy viendo?». Los de la ciudad
le respondieron: «Es el sepulcro del profeta que
vino de Judá y anunció lo que acabas de hacer
con el altar de Betel». 18Entonces el rey orde-
nó: «¡Déjenlo! Que nadie remueva sus huesos».
Así se conservaron sus huesos junto con los del
profeta que había venido de Samaría. 19Josías
hizo desaparecer también todos los edificios de
los santuarios que había en las poblaciones de
Samaría, construidas por los reyes de Israel para
irritar al Señor; hizo con ellos lo mismo que en
Betel. 20Sobre los altares degolló a los sacerdo-
tes de los santuarios paganos que había allí, y
quemó encima huesos humanos. Luego se volvió
a Jerusalén, 21y ordenó al pueblo: «Celebren la
Pascua en honor del Señor, su Dios, como está
prescrito en este libro de la alianza». 22No se
había celebrado una Pascua semejante desde el
tiempo en que los jueces gobernaban a Israel ni
durante todos los reyes de Israel y Judá. 23Fue
el año dieciocho del reinado de Josías cuando
se celebró aquella Pascua en Jerusalén en ho-
nor del Señor. 24Para cumplir las cláusulas de la
ley, escritas en el libro que el sacerdote Jelcías
encontró en el templo, Josías extirpó también
a los nigromantes y adivinos, ídolos, fetiches
y todas las monstruosidades que se veían en
territorio de Judá y en Jerusalén. 25Ni antes ni
después hubo un rey como él, que se convirtiera
al Señor con todo el corazón, con toda el alma y
con todas sus fuerzas, conforme en todo con la
ley de Moisés. 26Sin embargo, el Señor no aplacó
su furor contra Judá, por lo mucho que le ha-
bía irritado Manasés. 27El Señor dijo: «También
a Judá la apartaré de mi presencia, como hice
con Israel; y repudiaré a Jerusalén, mi ciudad
elegida, y al templo en que determiné establecer
mi Nombre». 28Para más datos sobre Josías y sus
empresas, véanse los Anales del Reino de Judá.
29En su tiempo, el faraón Necó, rey de Egipto, su-
bió a ver al rey de Asiria, camino del Éufrates. El
rey Josías salió a hacerle frente, y Necó lo mató
en Meguido, al primer encuentro. 30Sus siervos
pusieron el cadáver en un carro, lo trasladaron
de Meguido a Jerusalén y lo enterraron en su se-
pulcro. Entonces la gente tomó a Joacaz, hijo de
Josías, lo ungieron y lo nombraron rey sucesor.

Joacaz de Judá (609)

31Cuando Joacaz subió al trono tenía veinti-
trés años, y reinó tres meses en Jerusalén. Su
madre se llamaba Jamutal, hija de Jeremías,
natural de Libna. 32Joacaz hizo lo que el Señor
reprueba, igual que sus antepasados. 33El faraón
Necó lo encarceló en Ribla, provincia de Jamat,
para impedirle reinar en Jerusalén, e impuso al
país un tributo de tres mil kilos de plata y trein-
ta de oro. 34El faraón Necó nombró rey a Eliacín,
hijo de Josías, como sucesor de su padre, Josías,
y le cambió el nombre por el de Joaquín. A Joa-
caz se lo llevó a Egipto, donde murió. 35Joaquín

entregó al faraón la plata y el oro, pero para ello
tuvo que imponer una contribución a la nación:
cada uno, según su tarifa, pagó la plata y el oro
que había que entregar al Faraón.

Joaquín de Judá (609-598)

36Cuando Joaquín subió al trono tenía veinti-
cinco años, y reinó once años en Jerusalén. Su
madre se llamaba Zebida, hija de Fedayas, na-
tural de Rumá. 37Hizo lo que el Señor reprueba,
igual que sus antepasados.

24 1Durante su reinado, Nabucodonosor, rey
de Babilonia, hizo una expedición mili-
tar, y Joaquín le quedó sometido por tres años.
Pero se le rebeló. 2Entonces el Señor mandó
contra él guerrillas de caldeos y sirios, moa-
bitas y amonitas; los envió contra Judá para
aniquilarla, conforme a la palabra que había
pronunciado por sus siervos los profetas. 3Eso
le sucedió a Judá por orden del Señor, para
apartarla de su presencia por los pecados que
había cometido Manasés, 4y por la sangre ino-
cente que derramó hasta inundar a Jerusalén;
el Señor no quiso perdonar. 5Para más datos so-
bre Joaquín y sus empresas, véanse los Anales
del reino de Judá. 6Joaquín murió, y su hijo Je-
conías le sucedió en el trono. 7El rey de Egipto
no volvió a salir de su país, porque el rey de
Babilonia se había apoderado de las antiguas
posesiones del rey de Egipto, desde el Nilo has-
ta el Éufrates.

Jeconías de Judá (598-597)

8Cuando Jeconías subió al trono tenía die-
ciocho años, y reinó tres meses en Jerusalén.
Su madre se llamaba Nejustá, hija de Elnatán,
natural de Jerusalén. 9Hizo lo que el Señor re-
prueba, igual que su padre. 10En aquel tiempo,
los oficiales de Nabucodonosor, rey de Babilo-
nia, subieron contra Jerusalén y la cercaron.
11Nabucodonosor, rey de Babilonia, llegó a Je-
rusalén cuando sus oficiales la tenían cercada.
12Jeconías de Judá se rindió al rey de Babilonia,
con su madre, sus ministros, generales y fun-
cionarios. El rey de Babilonia los apresó el año
octavo de su reinado. 13Se llevó los tesoros del
templo y de palacio, y destrozó todos los uten-
silios de oro que Salomón, rey de Israel, había
hecho para el templo según las órdenes del Se-
ñor. 14Deportó a todo Jerusalén, los generales,
los ricos –diez mil deportados–, los herreros y
cerrajeros; solo quedó la plebe. 15Nabucodo-
nosor deportó a Jeconías a Babilonia. Llevó
deportados de Jerusalén a Babilonia al rey, la
reina madre y sus mujeres, sus funcionarios y
grandes del reino, 16todos los ricos –siete mil
deportados–, los herreros y cerrajeros –mil de-
portados–, todos aptos para la guerra. 17En su
lugar nombró rey a su tío Matanías, y le cambió
el nombre en Sedecías.

Sedecías de Judá (597-587)

18Cuando Sedecías subió al trono tenía vein-
tiún años, y reinó once años en Jerusalén. Su
madre se llamaba Jamutal, hija de Jeremías, na-
tural de Libna. 19Hizo lo que el Señor reprueba,
igual que había hecho Joaquín. 20Eso le sucedió
a Jerusalén y Judá por la cólera del Señor, hasta
que las arrojó de su presencia. Sedecías se rebe-
ló contra el rey de Babilonia.

Caída de Jerusalén

25 1Pero el año noveno de su reinado, el día
diez del décimo mes, Nabucodonosor, rey
de Babilonia, vino a Jerusalén con todo su ejér-
cito, acampó frente a ella y construyó torres de
asalto alrededor. 2La ciudad quedó sitiada has-
ta el año once del reinado de Sedecías, 3el día
noveno del mes cuarto. El hambre apretó en la
ciudad, y no había pan para la población. 4Se
abrió brecha en la ciudad, y los soldados huye-
ron de noche, por la puerta entre las dos mu-
rallas, junto a los jardines reales, mientras los
caldeos rodeaban la ciudad, y se marcharon por
el camino de la estepa. 5El ejército caldeo persi-
guió al rey; lo alcanzaron en la estepa de Jericó,
mientras sus tropas se dispersaban, abandonán-
dolo. 6Apresaron al rey, y se lo llevaron al rey
de Babilonia, que estaba en Ribla, y lo procesó.
7A los hijos de Sedecías los hizo ajusticiar ante
su vista; a Sedecías lo cegó, le echó cadenas de
bronce y lo llevó a Babilonia. 8El día primero del
quinto mes –que corresponde al año diecinueve
del reinado de Nabucodonosor en Babilonia– lle-
gó a Jerusalén Nabusardán, jefe de la guardia,
funcionario del rey de Babilonia. 9Incendió el
templo, el palacio real y las casas de Jerusalén,
y puso fuego a todos los palacios. 10El ejérci-
to caldeo, a las órdenes del jefe de la guardia,
derribó las murallas que rodeaban a Jerusalén.
11Nabusardán, jefe de la guardia, se llevó cau-
tivos al resto del pueblo que había quedado en
la ciudad, a los que se habían pasado al rey de
Babilonia y al resto de la plebe. 12De la clase ba-
ja dejó algunos, para que cultivaran los campos
y las viñas.

13Los caldeos rompieron las columnas de bron-
ce, las bases y el depósito de bronce que había
en el templo, para llevarse el bronce a Babilonia.
14También llevaron los calderos, paletas, cuchi-
llos, bandejas y todos los utensilios de bronce

que servían para el culto. 15El jefe de la guardia
tomó los incensarios e hisopos, y todo lo que
había, en dos lotes, de oro y de plata, 16y las
dos columnas, el depósito y los pedestales que
había hecho Salomón para el templo; era imposi-
ble calcular lo que pesaba el bronce de aquellos
objetos; 17cada columna medía nueve metros y
estaba rematada por un capitel de bronce de me-
tro y medio de altura, adornado con trenzados
y granadas alrededor, todo de bronce. 18El jefe
de la guardia apresó al sumo sacerdote, Serayas,
al vicario Sofonías y a los tres porteros; 19en la
ciudad, apresó también a un dignatario jefe del
ejército y a cinco hombres del servicio personal
del rey, que se encontraban en la ciudad; al se-
cretario del general en jefe, que había hecho el
reclutamiento de los terratenientes, y a sesenta
ciudadanos que se encontraban en la ciudad.
20Nabusardán, jefe de la guardia, los apresó y se
los llevó al rey de Babilonia, a Ribla. 21El rey de
Babilonia los hizo ejecutar en Ribla, provincia
de Jamat. Así marchó Judá al destierro.

Godolías

22Nabucodonosor, rey de Babilonia, nombró
a Godolías, hijo de Ajicán, hijo de Safán, go-
bernador de los que quedaban en territorio
de Judá, la gente que él dejaba. 23Cuando los
capitanes y sus hombres oyeron que el rey de
Babilonia había nombrado gobernador a Godo-
lías, fueron a Mispá, a visitarlo, Ismael, hijo
de Natanías; Juan, hijo de Carej; Serayas, hi-
jo de Tanjumet, el netofateo, y Yezanías, de
Maacá; todos ellos con sus hombres. 24Godolías
les juró: «No teman someterse a los caldeos.
Permanezcan en el país, obedezcan al rey de
Babilonia y les irá bien».
25Pero al séptimo mes, Ismael, hijo de Nata-
nías, hijo de Elisamá, de sangre real, llegó con
diez hombres y asesinó a Godolías y a los ju-
díos y caldeos de su séquito en Mispá. 26Todo
el pueblo, chicos y grandes, con los capitanes,
emprendieron la huida a Egipto, por miedo a los
caldeos.

Amnistía

27El año treinta y siete del destierro de Jeco-
nías de Judá, el día veinticuatro del mes doce,
Evil Merodac, rey de Babilonia, en el año de su
subida al trono, concedió gracia a Jeconías de
Judá y lo sacó de la cárcel. 28Le prometió su fa-
vor y colocó su trono más alto que los de los
otros reyes que había con él en Babilonia. 29Le
cambió el traje de preso y le hizo comer a su
mesa mientras vivió. 30Y mientras vivió se le pa-
saba una pensión diaria de parte del rey.

1 CRÓNICAS

GENEALOGÍAS (1–9)

De Adán a Abrahán

1 1Adán, Set, Enós, 2Quenán, Mahlalel, Yéred,
3Henoc, Matusalén, Lamec, 4Noé, Sem, Cam
y Jafet.
5Descendientes de Jafet: Gómer, Magog, Ma-
day, Yaván, Tubal, Mésec y Tirás. 6Descendientes
de Gómer: Asquenaz, Rifat y Togarma. 7Descen-
dientes de Yaván: alasios, tartaseos, queteos y
rodenses.
8Descendientes de Cam: Cus, Egipto, Put y
Canaán. 9Descendientes de Cus: Sebá, Javilá,
Sabtá, Ramá y Sabtecá. Descendientes de Ramá:
Sebá y Dedán. 10Cus engendró a Nemrod, el pri-
mer soldado del mundo. 11Egipto engendró a los
lidios, anamitas, lehabitas, naftujitas, 12patro-
sitas, caslujitas y cretenses, de los cuales proce-
den los filisteos. 13Canaán engendró a Sidón, su
primogénito, y a Het, 14y también a los jebuseos,
amorreos, guirgaseos, 15heveos, arquitas, sini-
tas, 16arvadeos, semareos y jamateos.
17Descendientes de Sem: Elam, Asur, Arfaxad,
Lud y Aram. Descendientes de Aram: Us, Jul,
Guéter y Mésec. 18Arfaxad engendró a Sélaj y
este a Héber. 19Héber engendró dos hijos: uno
se llamaba Péleg, porque en su tiempo se di-
vidió la tierra; su hermano se llamaba Yoctán.
20Yoctán engendró a Almodad, Sélef, Jasarmaut,
Yéraj, 21Hadorán, Uzal, Diclá, 22Ebal, Abimael,
Sebá, 23Ofir, Javilá y Yobab: todos descendien-
tes de Yoctán. 24Sem, Arfaxad, Sélaj, 25Héber,
Péleg, Reú, 26Sarug, Najor, Téraj, 27Abrán, o sea,
Abrahán.

De Abrahán a Israel

28Descendientes de Abrahán: Isaac e Ismael;
29sus descendientes: Nebayot, primogénito de
Ismael, Quedar, Adbeel, Mibsán, 30Mismá, Dumá,
Masá, Jadad, Temá, 31Yetur, Nafís y Quedma. Es-
tos son los hijos de Ismael.
32Quetura, concubina de Abrahán, dio a luz
a Zimrán, Yoxán, Medán, Madián, Yisbac y Suj.
Descendientes de Yoxán: Sebá y Dedán. 33Hijos
de Madián: Efá, Efer, Henoc, Abidá y Eldaá. To-
dos descendientes de Quetura.
34Abrahán engendró a Isaac. Hijos de Isaac:
Esaú e Israel. 35Hijos de Esaú: Elifaz, Regüel,
Yeús, Yalán y Córaj. 36Hijos de Elifaz: Temán,
Omar, Sefó, Gatán, Quenaz, Timná y Amalec.
37Hijos de Regüel: Nájat, Zéraj, Samá y Mizá.
38Hijos de Seír: Lotán, Sobal, Sibeón, Aná, Di-
són, Eser y Disán. 39Hijos de Lotán: Horí y Ho-
mán; hermana de Lotán: Timná. 40Hijos de Sobal:

Albán, Manájat, Ebal, Sefí y Onán. Hijos de Si-
beón: Ayá y Aná. 41 Hijo de Aná: Disón. Hijos de
Disón: Jamrán, Esbán, Yitrán y Querán. 42 Hijos
de Eser: Bilhán, Zaván y Acán. Hijos de Disán:
Us y Aram.
43 Reyes que reinaron en el país de Edom antes
de que los israelitas tuvieran rey: Bela, hijo de
Beor; su ciudad se llamaba Dinhaba. 44 Murió Be-
la y le sucedió en el trono Yobab, hijo de Zéraj,
natural de Bosra. 45 Murió Yobab y le sucedió en
el trono Jusán, natural de Temán. 46 Murió Jusán
y le sucedió en el trono Hadad, hijo de Badad, el
que derrotó a Madián en el campo de Moab; su
ciudad se llamaba Avit. 47 Murió Hadad y le suce-
dió en el trono Samlá, natural de Masreca. 48 Mu-
rió Samlá y le sucedió en el trono Saúl, natural
de Rejobot Hannajar. 49 Murió Saúl y le sucedió
en el trono Baal-Janán, hijo de Acbor. 50 Murió
Baal-Janán y le sucedió en el trono Hadar; su
ciudad se llamaba Pau y su mujer Mehetabel,
hija de Matred, hijo de Mezahab. 51 A la muerte
de Hadar hubo caudillos en Edom: Timná, Alvá,
Yetet, 52 Ohlibamá, Elá, Finón, 53 Quenazí, Temán,
Mibsar, 54 Magdiel e Irán. Hasta aquí los caudillos
de Edom.

2 1 Hijos de Israel: Rubén, Simeón, Leví, Judá,
Isacar, Zabulón, 2 Dan, José, Benjamín, Nef-
talí, Gad y Aser.

Hijos de Judá I

3 Hijos de Judá: Er, Onán y Selá; los tres le na-
cieron de una cananea llamada Súa. Er, el primo-
génito de Judá, no agradaba al Señor, y el Señor
lo hizo morir. 4 Tamar, su nuera, tuvo de él dos
hijos: Fares y Zéraj. En total, los hijos de Judá
fueron cinco.
5 Hijos de Fares: Jesrón y Jamul. 6 Hijos de Zé-
raj: Zimrí, Etán, Hemán, Calcol y Dardá; cinco en
total. 7 Hijo de Carmí: Acar, que trajo la desgracia
sobre Israel, al tomar lo que Dios había ordenado
que se destruyera por completo. 8 Hijo de Etán:
Azarías. 9 Hijos que le nacieron a Jesrón: Yerajme-
el, Ram y Qelubay. 10 Ram engendró a Aminadab.
Aminadab engendró a Najsón, príncipe de los ju-
díos. 11 Najsón engendró a Salmá. Salmá engendró
a Booz. 12 Booz engendró a Obed. Obed engendró
a Jesé. 13 Jesé engendró a Eliab, su primogénito;
a Abinadab, el segundo; a Simeá, el tercero; 14 a
Netanel, el cuarto; a Raday, el quinto; 15 a Osen,
el sexto, y a David, el séptimo. 16 Sus hermanas
fueron Seruyá y Abigaíl. Hijos de Seruyá: Abisay,
Joab y Asael, tres. 17 Abigaíl dio a luz a Amasá. El
padre de Amasá fue Yéter, el ismaelita.
18 Caleb, hijo de Jesrón, tuvo hijos de Azubá, su
mujer, y de Yeriot. Los hijos que tuvo de Azubá
fueron: Yéser, Sobab y Ardón. 19 Cuando murió
Azubá, Caleb se casó con Efrata, que le dio a Jur.
20 Jur engendró a Urí, y este a Besalel.
21 Cuando Jesrón tenía sesenta años se unió a
la hija de Maquir, padre de Galaad, y ella le dio
a luz a Segub. 22 Segub engendró a Yaír, que tuvo
veintitrés ciudades en la tierra de Galaad. 23 Los
guesureos y los sirios les arrebataron los pue-
blos de Yaír y Quenat y sus campamentos, hasta
un total de sesenta ciudades. Todos estos eran
hijos de Maquir, padre de Galaad. 24 Después de la
muerte de Jesrón, Caleb se unió a Efrata, que le
dio a Asjur, fundador de Tecua.
25 Los hijos de Yerajmeel, primogénito de Jes-
rón, fueron: Ram, el primogénito; Buná, Oren y
Osen, sus hermanos. 26 Yerajmeel tuvo otra mu-
jer, llamada Atará, que fue madre de Onán. 27 Los
hijos de Ram, primogénito de Yerajmeel, fueron:
Maas, Yamín y Equer. 28 Los hijos de Onán fueron:
Samay y Yadá. Hijos de Samay: Nadab y Abisur.
29 La mujer de Abisur se llamaba Abijaíl; le dio a
Ajbán y Molid. 30 Hijos de Nadab: Séled y Apaym.
Séled murió sin hijos. 31 Hijo de Apaym: Yiseí. Hi-
jo de Yiseí: Sesán. Hijo de Sesán: Ajlay. 32 Hijos
de Yadá, hermano de Samay: Yéter y Jonatán.
Yéter murió sin hijos. 33 Hijos de Jonatán: Pelet y
Zazá. Estos son los descendientes de Yerajmeel.
34 Sesán no tuvo hijos, pero sí hijas. Sesán te-
nía un esclavo egipcio llamado Yarjá, 35 y le dio a
una de sus hijas por mujer; esta dio a luz a Atay.
36 Atay engendró a Natán; Natán engendró a Za-
bad; 37 Zabad engendró a Eflal; Eflal engendró a
Obed; 38 Obed engendró a Jehú; Jehú engendró
a Azarías; 39 Azarías engendró a Jales; Jales en-
gendró a Eleasá; 40 Eleasá engendró a Sismay;
Sismay engendró a Salún; 41 Salún engendró a
Yecamías; Yecamías engendró a Elisamá.
42 Hijos de Caleb, hermano de Yerajmeel: Mesá,
el primogénito, que fue padre de Zif, y Maresá,
padre de Hebrón. 43 Hijos de Hebrón: Córaj, Ta-
puj, Requen y Sama. 44 Sama engendró a Rajan,
padre de Yorqueán. Requen engendró a Samay.
45 Hijo de Samay: Maón, fundador de Bet-Sur.
46 Efá, concubina de Caleb, dio a luz a Jarán, Mo-
sá y Gazez. Jarán engendró a Gazez.
47 Hijos de Yohday: Reguen, Yotán, Guesán,
Pelet, Efá y Sáaf. 48 Maacá, concubina de Caleb,
dio a luz a Séber y Tirjaná. 49 También parió a
Sáaf, fundador de Macmená, y a Sevá, fundador
de Macbená y Guibeá. Hija de Caleb fue Acsa.
50 Estos fueron los descendientes de Caleb,
descendiente de Jur, primogénito de Efrata:
Sobal, fundador de Quiriat Yearim; 51 Salmá, fun-
dador de Belén; Jaref, fundador de Bet-Gader.
52 Sobal, fundador de Quiriat Yearim, fue padre
de Reayas y antepasado de la mitad de los ma-

najteos. 53Clanes de Quiriat Yearim: yetureos,
futeos, sumateos y misraítas. De ellos salieron
los soraítas y estaulitas.
54Descendientes de Salmá: Belén y los neto-
fateos, Atarot, Bet-Joab, la mitad de los mana-
jteos y los soraítas. 55Clanes de los sofritas que
viven en Yabés: los tirateos, simateos y suca-
teos. Estos eran los quenitas, descendientes de
Jamat, antepasado de los recabitas.

Casa de David

3 1Hijos de David que le nacieron en Hebrón: el
primogénito, Amnón, de Ajinoán, de Yezrael;
el segundo, Daniel, de Abigaíl, de Carmel; 2el
tercero, Absalón, de Maacá, hija de Talmay, rey
de Guesur; el cuarto, Adonías, hijo de Jaguit;
3el quinto, Sefatías, de Abital; el sexto, Yitreán,
de Eglá, su mujer. 4Estos seis le nacieron en He-
brón, donde reinó siete años y seis meses. En
Jerusalén reinó treinta y tres años. 5Hijos que
le nacieron en Jerusalén: Simeá, Sobab, Natán y
Salomón, los cuatro de Betsabé, hija de Amiel.
6Tuvo también otros nueve: Yibjar, Elisamá, Eli-
félet, 7Nogah, Néfeg, Yafía, 8Elisamá, Elyadá y
Elifélet. 9Todos estos fueron los hijos de David,
sin contar los que tuvo de las concubinas. Tamar
era hermana de ellos.
10Sucesores de Salomón en línea directa:
Roboán, Abías, Asá, Josafat, 11Jorán, Ocozías,
Joás, 12Amasías, Azarías, Yotán, 13Acaz, Eze-
quías, Manasés, 14Amón y Josías. 15Hijos de
Josías: primogénito, Juan; segundo, Joaquín;
tercero, Sedecías; cuarto, Salún. 16Hijos de Joa-
quín: Jeconías y Sedecías. 17Hijos de Jeconías:
Asir, Sealtiel, 18Malquirán, Fedayas, Senasar,
Yecamías, Hosamá y Nedabías. 19Hijos de Fe-
dayas: Zorobabel y Simeí. Hijos de Zorobabel:
Mesulán, Ananías y su hermana Selomit. 20Había
otros cinco: Jasubá, Ohel, Berequías, Jasadías,
Yusab-Jésed. 21Hijos de Ananías: Felatías e
Isaías, padre de Refayas, padre de Arnán, padre
de Abdías, padre de Secanías. 22Hijo de Seca-
nías: Semayas. Hijos de Semayas: Jatús, Yigal,
Barij, Nearías y Safat; en total, seis. 23Hijos de
Nearías: Elioenay, Ezequías y Azricán; en total,
tres. 24Hijos de Elioenay: Hodayas, Eliasib, Fela-
yas, Acub, Juan, Pelayas y Ananí; en total, siete.

Hijos de Judá II

4 1Hijos de Judá: Fares, Jesrón, Carmí, Jur y So-
bal. 2Reayas, hijo de Sobal, engendró a Yájat;
Yájat engendró a Ajumay y Láhad. Estos fueron
los clanes de los soraítas.
3Hijos de Etán: Yezrael, Yismá y Yidbás, que
tenían una hermana llamada Haslelfoni. 4Tam-
bién Penuel, que fundó Guedor, y Ezer, que fun-
dó Jusá. Hijos de Jur: Efrata, el primogénito,
que fundó Belén. 5Asjur, fundador de Tecua,
tuvo dos mujeres: Jelá y Naará. 6Naará le dio a
Ajuzán, Jéfer, Temní y Ajastarí; estos fueron los
hijos de Naará. 7Hijos de Jelá: Séret, Yesójar y
Etnán. 8Cos fue el padre de Anub, de Sobebá y
de los clanes de Ajarjel, hijo de Harún. 9Yabés
fue más importante que sus hermanos; su madre
le puso este nombre porque decía: Lo he dado
a luz con dolores. 10Yabés hizo esta petición al
Dios de Israel: Bendíceme, ensancha mi territo-
rio y ayúdame. Presérvame del mal para que no
padezca. Dios le concedió lo que había pedido.
11Quelub, hermano de Sujá, engendró a Mejir,
que fue padre de Estón. 12Estón engendró a Bet-
Rafá, Pasej y Tejiná, fundador de Quiriat Najás.
estos fueron los hombres de Recá.
13Hijos de Quenaz: Otniel y Serayas. Hijo de
Otniel: Jatat. 14Meonotay engendró a Ofrá. Sera-
yas engendró a Joab, fundador de Gue Harasim,
porque eran herreros.
15Hijos de Caleb, hijo de Jefoné: Iru, Elá y
Naan. Hijo de Elá: Quenaz.
16Hijos de Yehalelel: Zif, Zifá, Tiriá y Asarel.
17Hijos de Esdras: Yéter, Méred, Efer y Yalón.
Yéter engendró a Miriam, Samay y Yisbaj, funda-
dor de Estemoa. 18Méred se casó con Bitia, hija
del Faraón. Esta le dio a Yéred, fundador de Gue-
dor; a Jéber, fundador de Socó, y a Yecutiel, fun-
dador de Zanoj. 19Los hijos que tuvo de su otra
mujer, Odía, hermana de Najan, fueron: el padre
de Queilá, el garmita, y Estemoa, el macateo.
20Hijos de Simón: Amnón, Riná, Ben-Janán y
Tilón. Hijos de Yiseí: Zojet y Ben-Zojet.
21Hijos de Selá, hijo de Judá: Er, fundador de
Lecá; Laedá, fundador de Maresa; los clanes
que trabajan el lino en Bet-Asbé; 22Joaquín, los
hombres de Cozebá, Joás y Saraf, que dominaron
en Moab; luego volvieron a Belén. –Estos datos
son muy antiguos–. 23Eran alfareros; habitaban
en Netaim y en Guedera, junto al rey, y trabaja-
ban para él.

Descendientes de Simeón

24Hijos de Simeón: Nemuel, Yamín, Yarib, Zéraj
y Saúl. Descendientes de Saúl: 25Salún; el hijo de
este, Mibsán, y el de este, Mismá. 26Descendien-
tes de Mismá: su hijo Jamuel; el de este, Zacur,
y el de este, Simeí. 27Simeí tuvo dieciséis hijos
y seis hijas. Sus hermanos no tuvieron muchos
hijos y sus familias no se multiplicaron tanto
como las de los hijos de Judá. 28Habitaban en
Berseba, Moladá y Jasar Sual, 29Bilhá, Esen, To-
lad, 30Betuel, Jormá, Sicelag, 31Bet-Marcabot,
Jasar Susim, Bet-Birí y Saaraim. Estas fueron sus
ciudades hasta que David subió al trono. 32Sus

pueblos eran Etán, Ayin, En Rimmón, Toquen y
Asán: cinco. 33Y los pueblos que rodeaban es-
tas ciudades, hasta Baal. 34Estos son los sitios
donde residían.
Registro de sus clanes: Mesobab, Yamlec; Yo-
sá, hijo de Amasías; 35Joel, Jehú, hijo de Yosi-
bías, hijo de Serayas, hijo de Asiel. 36Elioenay,
Jacoba, Yesojayas, Asayas, Adiel, Yesimiel, Be-
nayas, 37Zizá, hijo de Sifeí, hijo de Alón, hijo de
Yedayas, hijo de Simrí, hijo de Semayas. 38Eran
jefes de sus clanes; sus familias fueron muy nu-
merosas. 39Buscando pastos para sus ganados,
llegaron a las inmediaciones de Guedor, hasta
el oriente del valle. 40Encontraron pastos abun-
dantes y buenos en una región espaciosa, tran-
quila y apacible; antes la habitaban los cami-
tas. 41Estos, cuyos nombres hemos consignado
anteriormente, vinieron en tiempos de Ezequías
de Judá, atacaron sus campamentos y a los me-
unitas que se encontraban allí y los destruyeron
por completo hasta el día de hoy. Ocuparon su
puesto, porque allí había pasto para el ganado.
42Quinientos de ellos, de los descendientes de
Simeón, se dirigieron a la montaña de Seír man-
dados por Felatías, Nearías, Refayas y Uziel, hi-
jos de Yiseí. 43Derrotaron a los supervivientes de
Amalec y han habitado allí hasta el día de hoy.

Descendientes de Rubén

5 1Hijos de Rubén, primogénito de Israel.
Efectivamente, era el primogénito; pero por
haber profanado el lecho paterno, la primoge-
nitura pasó a los hijos de José, hijo de Israel, y
no fue registrado como primogénito. 2Es cierto
que Judá fue más poderoso que sus hermanos, y
jefe de ellos, pero la primogenitura fue de José.
3Hijos de Rubén, primogénito de Israel: Henoc,
Falú, Jesrón y Carmí. 4Línea de descendientes de
Joel: Semayas, Gog, Semeí, 5Miqueas, Reayas,
Baal y 6Beerá; a este último se lo llevó cautivo
Tiglat Piléser, rey de Asiria; era príncipe de los
rubenitas. 7Sus parientes, familia por familia, tal
como están registrados en el árbol genealógico,
fueron: el jefe, Yeguiel; Zacarías; 8Bela, hijo de
Azaz, hijo de Semá, hijo de Joel, que habitó en
Aroer; sus posesiones se extendían hasta Nebo
y Baal-Maón, 9y por el este hasta el comienzo
del desierto, desde el río Éufrates, porque tenía
mucho ganado en la tierra de Galaad. 10En tiem-
pos de Saúl lucharon contra los agarenos, que
cayeron en sus manos; habitaron en sus tiendas,
en toda la zona oriental de Galaad.

Descendientes de Gad

11Enfrente de ellos vivían los hijos de Gad,
en el territorio de Basán, hasta Salcá: 12Joel,
el jefe; segundo, Safán; luego, Yanay y Safat,
en Basán. 13Sus parientes pertenecían a las fa-
milias de Miguel, Mesulán, Seba, Yoray, Yacán,
Zía y Eber; en total, siete. 14Estos eran los hi-
jos de Abijail, hijo de Jurí, hijo de Yaroj, hijo
de Galaad, hijo de Miguel, hijo de Yesisay, hijo
de Yajdó, hijo de Buz; 15Ají, hijo de Abdiel, hijo
de Guní, era el jefe de familia. 16Habitaban en
Galaad, en Basán, en los pueblos del distrito y
en los campos de pastoreo de Sarón, hasta sus
confines. 17Su genealogía se registró en tiempos
de Yotán de Judá y de Jeroboán de Israel.
18Entre los descendientes de Rubén, de Gad y
de la media tribu de Manasés había cuarenta y
cuatro mil setecientos sesenta soldados en edad
militar, provistos de escudo y espada, expertos
en el manejo del arco y diestros en la guerra.
19Combatieron contra los agarenos y los itureos,
contra Nafís y Nodab. 20En medio del combate
clamaron a su Dios, y por haber confiado en él,
este escuchó su oración, los ayudó contra ellos y
puso en sus manos a los agarenos y a sus aliados.
21Se apoderaron de su ganado: cincuenta mil ca-
mellos, doscientas cincuenta mil ovejas, dos mil
asnos. También hicieron cien mil prisioneros, 22y
hubo otros muchos muertos, porque esta guerra
fue cosa de Dios. Se establecieron en su territo-
rio hasta el destierro.

Descendientes de Manasés

23Media tribu de Manasés habitaba la región
desde Basán hasta Baal- Hermón, Sanir y el
monte Hermón. Eran también numerosos en
el Líbano. 24Sus jefes de familia fueron: Efer,
Yiseí, Eliel, Azriel, Jeremías, Hodavías y Yaj-
diel, hombres valientes, famosos, jefes de sus
familias. 25Pero pecaron contra el Dios de sus
padres, dando culto a los dioses de los mora-
dores del país que Dios había destruido ante
ellos. 26Entonces el Dios de Israel incitó contra
ellos a Pul, rey de Asiria, es decir, Tiglat Piléser
de Asiria, y este desterró a los rubenitas, los
gaditas y la media tribu de Manasés, condu-
ciéndolos a Jalaj, Jabor, Hará y al río Gozán,
donde viven actualmente.

Descendientes de Leví

27Hijos de Leví: Guersón, Quehat y Merarí.
28Hijos de Quehat: Amrán, Yishar, Hebrón y
Uziel. 29Hijos de Amrán: Aarón, Moisés y María.
Hijos de Aarón: Nadab, Abihú, Eleazar e Itamar.
30Eleazar engendró a Fineés; Fineés engendró
a Abisúa; 31Abisúa engendró a Buquí; Buquí
engendró a Uzí; 32Uzí engendró a Zerajías; Ze-
rajías engendró a Merayot; 33Merayot engendró
a Amarías; Amarías engendró a Ajitub; 34Ajitub

engendró a Sadoc; Sadoc engendró a Ajimás;
35Ajimás engendró a Azarías; Azarías engendró
a Juan; 36Juan engendró a Azarías, que ejerció el
sacerdocio en el templo construido por Salomón
en Jerusalén; 37Azarías engendró a Amarías;
Amarías engendró a Ajitub; 38Ajitub engendró
a Sadoc; Sadoc engendró a Salún; 39Salún en-
gendró a Jelcías; Jelcías engendró a Azarías;
40Azarías engendró a Serayas; Serayas engendró
a Yosadac, 41y Yosadac fue al cautiverio cuando
el Señor desterró a Judá y a Jerusalén por medio
de Nabucodonosor.

6 1Hijos de Leví: Guersón, Quehat y Merarí.
2Nombres de los guersonitas: Libní y Semeí;
3de los quehatitas: Amrán, Yishar, Hebrón y
Uziel; 4de los meraritas: Majlí y Musí. Estos son
los clanes levitas por familias.

5Línea de descendientes de Guersón: Libní,
Yájat, Zimá, 6Yoaj, Idó, Zéraj, Yeatray.

7Línea de descendientes de Quehat: Amina-
dab, Córaj, Asir, 8Elcaná, Abiasaf, Asir, 9Tájat,
Uriel, Uzías, Saúl. 10Hijos de Elcaná: Amasay y
Ajimot, 11padre de Elcaná, padre de Sofay, pa-
dre de Nájat, 12padre de Eliab, padre de Yeroján,
padre de Elcaná, padre de Samuel; 13hijos de
Samuel: Joel, el primogénito, y Abías, el segun-
do. 14Línea de descendientes de Merarí: Majlí,
Libní, Semeí, Uzá. 15Simeá, Jaguías, Asayas.

16Maestros del coro nombrados por David para
el templo del Señor cuando se colocó allí el arca.
17Su oficio consistía en cantar delante del ta-
bernáculo de la tienda del encuentro, hasta que
Salomón edificó al Señor el templo de Jerusalén
y realizaron en él su ministerio según las normas
prescritas.

18Los que ejercían este ministerio y sus hijos
son los siguientes: de los quehatitas, Hemán,
cantor, hijo de Joel, de Samuel, 19de Elcaná, de
Yeroján, de Eliel, de Toj, 20de Suf, de Elcaná, de
Májat, de Amasay, 21de Elcaná, de Joel, de Aza-
rías, de Sofonías, 22de Tájat, de Asir, de Abiasaf,
de Córaj, 23de Yishar, de Quehat, de Leví, de Is-
rael. 24Su colega Asaf estaba a su derecha; Asaf
era hijo de Berequías, de Simeá, 25de Miguel,
de Baseyas, de Malquías, 26de Etní, de Zéraj, de
Adaya, 27de Etán, de Zimá, de Semeí, 28de Yájat,
de Guersón, de Leví.

29A su izquierda estaban sus parientes mera-
ritas: Etán, hijo de Cusí, de Abdí, de Maluc, 30de
Jasabías, de Amasías, de Jelcías, 31de Amasí, de
Baní, de Sémer, 32de Majlí, de Musí, de Merarí,
de Leví.

33Sus hermanos levitas fueron asignados a
todos los servicios del tabernáculo del templo.
34Aarón y sus hijos ofrecían los sacrificios en el
altar de los holocaustos y el incienso en el al-
tar de los perfumes, se encargaban de todo lo
concerniente a las cosas santísimas y de hacer
la expiación por Israel, como había mandado
Moisés, siervo de Dios.

35Línea de descendientes de Aarón: Eleazar,
Fineés, Abisúa, 36Buquí, Uzí, Zerajías, 37Merayot,
Amarías, Ajitub, 38Sadoc, Ajimás.

Ciudades levíticas

39Lugares de residencia de los descendientes
de Aarón, según los límites de sus campamen-
tos: a los hijos de Aarón, del clan de Quehat –
porque a ellos les tocó primero la suerte–, 40les
correspondieron Hebrón, en territorio de Judá,
con sus campos de pastoreo alrededor; 41pero,
el campo de la ciudad y sus poblados se los ha-
bían dado en propiedad a Caleb, hijo de Jefoné.
42A los hijos de Aarón con derecho de asilo les
asignaron Hebrón, Libná y sus campos de pas-
toreo, Yatir y Estemó y sus campos de pastoreo,
43Jilez y sus campos de pastoreo, Debir y sus
campos de pastoreo, 44Asán y sus campos de
pastoreo, Bet Semes y sus campos de pastoreo.
45De la tribu de Benjamín: Guibeá y sus campos
de pastoreo, Alémet y sus campos de pastoreo,
Anatot y sus campos de pastoreo. Suma total,
trece pueblos con sus campos de pastoreo. 46A
los demás clanes de quehatitas les tocaron en
suerte diez ciudades de la tribu de Efraín, de la
tribu de Dan y de una media tribu de Manasés.
47A los clanes guersonitas les tocaron trece ciu-
dades de la tribu de Isacar, de la tribu de Aser,
de la tribu de Neftalí y de la tribu de Manasés
en Basán. 48A los clanes meraritas les tocaron
doce ciudades de la tribu de Rubén, de la tribu
de Gad y de la tribu de Zabulón. 49Los hijos de
Israel entregaron a los levitas estas ciudades
con sus campos de pastoreo. 50Las poblaciones
de las tribus de Judá, Simeón y Benjamín indi-
cadas anteriormente por su nombre las entre-
garon por sorteo.

51A los clanes de Quehat les tocaron en suerte
ciudades de la tribu de Efraín. 52Les asignaron,
con derecho de asilo, Siquén y sus campos de
pastoreo en la serranía de Efraín, Guézer y sus
campos de pastoreo, 53Yocmeán y sus campos de
pastoreo, Bet-Jorón y sus campos de pastoreo,
54Ayalón y sus campos de pastoreo, Gat Rimmón
y sus campos de pastoreo. 55Y de la media tribu
de Manasés: Aner y sus campos de pastoreo, Bi-
leán y sus campos de pastoreo los entregaron a
los restantes clanes quehatitas.

56A los hijos de Guersón y sus familias se les
dio: de la media tribu de Manasés, Golán de Ba-
sán y sus campos de pastoreo, Astarot y sus cam-

pos de pastoreo. 57De la tribu de Isacar, Quisión
y sus campos de pastoreo, Daberat y sus campos
de pastoreo, 58Ramot y sus campos de pastoreo,
En Ganim y sus campos de pastoreo. 59De la tribu
de Aser, Misal y sus campos de pastoreo, Abdón y
sus campos de pastoreo, 60Jelcá y sus campos de
pastoreo, Rejob y sus campos de pastoreo. 61De
la tribu de Neftalí, Cades de Galilea, Jamón y sus
campos de pastoreo, Quiriataym y sus campos
de pastoreo.
62A los restantes descendientes de Merarí se
les dio: de la tribu de Zabulón, Rimmón y sus
campos de pastoreo, Tabor y sus campos de
pastoreo. 63En Transjordania, frente a Jericó, a
oriente del Jordán, de la tribu de Rubén, Beser
Ba-Midbar y sus campos de pastoreo, Yahas y sus
campos de pastoreo, 64Quedemot y sus campos
de pastoreo, Mepaat y sus campos de pasto-
reo. 65De la tribu de Gad, Altos de Galaad y sus
campos de pastoreo, Majnaym y sus campos de
pastoreo, 66Jesbón y sus campos de pastoreo,
Yaazer y sus campos de pastoreo.

Descendientes de Isacar

7 1Hijos de Isacar: Tolá, Puvá, Yasub y Simrón,
cuatro. 2Hijos de Tolá: Uzí, Refayas, Yeriel,
Yajmay, Yibsán y Samuel, jefes de familia de To-
lá, hombres de armas. En tiempos de David eran
veintidós mil seiscientos. 3Hijo de Uzí: Yizrajías.
Hijos de Yizrajías: Miguel, Abdías, Joel, Yisías;
cinco jefes en total. 4Según su árbol genealó-
gico por familias, contaban con un ejército de
treinta y seis mil hombres de guerra, porque
tenían muchas mujeres e hijos. 5Sus parien-
tes de todos los clanes de Isacar eran ochenta
y siete mil hombres de armas; todos estaban
registrados.

Descendientes de Benjamín I

6Hijos de Benjamín: Bela, Béquer y Yediael,
tres. 7Hijos de Bela: Esbón, Uzí, Uziel, Yerimot
e Irí, cinco. Eran jefes de familia y hombres de
armas. Estaban registrados veintidós mil trein-
ta y cuatro. 8Hijos de Béquer: Zemirá, Joás,
Eliezer, Elioenay, Omrí, Yeremot, Abías, Ana-
tot y Alémet; todos ellos eran hijos de Béquer,
jefes de familia y hombres de armas, según
consta en su árbol genealógico. 9Estaban regis-
trados veinte mil doscientos. 10Hijo de Yediael:
Bilhán. Hijos de Bilhán: Yeús, Benjamín, Ehud,
Quenaná, Zetán, Tarsis y Ajisájar, 11todos ellos
eran descendientes de Yediael, jefes de familia
y hombres de armas. Contaban con un ejérci-
to de diecisiete mil doscientos hombres. 12Los
sufitas y jufitas eran hijos de Irí; los jusitas,
de Ajer.

Descendientes de Neftalí

13Hijos de Neftalí: Yajsiel, Guní, Yéser y Salún.
Estos eran hijos de Bilha.

Descendientes de la otra mitad de Manasés

14Hijo de Manasés nacido de su concubina, una
aramea: Maquir, padre de Galaad. 15Maquir se ca-
só con una mujer llamada Maacá. El segundo hijo
se llamaba Selofjad; Selofjad tuvo hijas. 16Maa-
cá, esposa de Maquir, dio a luz un hijo y lo llamó
Fares; su hermano se llamaba Seres, y fueron sus
hijos Ulán y Requen. 17Hijo de Ulán: Bedán. Es-
tos son los hijos de Galaad, hijo de Maquir, hijo
de Manasés. 18Su hermana Hamoléquet parió a
Ishod, Abiezer y Majlá. 19Hijos de Semidá: Ajián,
Siquén, Licjí y Anián.

Descendientes de Efraín

20Hijos de Efraín: Sutélaj, padre de Béred, pa-
dre de Tájat, padre de Eleadá, padre de Tájat,
21padre de Zabad, padre de Sutélaj; a otros dos
hijos, Ezer y Elead, los mataron los nativos de
Gat cuando bajaron a recoger su ganado. 22Su
padre, Efraín, llevó luto por ellos durante mu-
cho tiempo; sus parientes vinieron a consolarlo.
23Luego se unió a su mujer, que concibió y dio
a luz un hijo; lo llamó Beriá, por la desgracia
que había afectado a la familia. 24Tenía una
hija llamada Será, que construyó Bet-Jorón Al-
ta, Bet-Jorón Baja y Uzenserá. 25Tenía un hijo
llamado Réfaj, padre de Résef, padre de Télaj,
padre de Tajan, 26padre de Ladán, padre de Ami-
hud, padre de Elisamá, 27padre de Nun, padre de
Josué. 28Sus posesiones y lugares de residencia:
Betel y sus poblados; a oriente, Naarán; a occi-
dente, Guézer, Siquén y Ayá con sus poblados.
29En poder de Manasés estaban Beisán, Tanac,
Meguido y Dor con sus respectivos poblados. En
ellas habitaron los descendientes de José, hijo
de Israel.

Descendientes de Aser

30Hijos de Aser: Yimná, Yisvá, Yisví, Beriá y
su hermana Séraj. 31Hijos de Beriá: Jéber y Mal-
quiel, padre de Birzait. 32Jéber engendró a Ya-
flet, Somer, Yotán y a Suá, hermana de estos.
33Hijos de Yaflet: Pasac, Bimhal y Asvat. estos
son los hijos de Yaflet. 34Hijos de Somer: Ají, Ro-
hgá, Yejubá y Aram. 35Hijos de Elen, su hermano:
Sofaj, Yimná, Seles y Amal. 36Hijos de Sofaj: Suj,
Jarnéfer, Sual, Berí, Yimrá, 37Beser, Hod, Samá,
Silsá, Yitrán y Beerá. 38Hijos de Yéter: Jefoné,
Fispá y Ará. 39Hijos de Ulá: Araj, Janiel y Risiá.
40Todos estos descendientes de Aser eran jefes
de familia, hombres de armas selectos, jefes con

mando. Estaban alistados en el ejército. Conta-
ban veintiséis mil hombres.

Descendientes de Benjamín II

8 1Benjamín engendró a Bela, su primogénito;
Asbel, el segundo; Ajraj, el tercero; 2Nojá, el
cuarto, y Rafá, el quinto. 3Hijos de Bela: Adar,
Guerá, Abiud, 4Abisúa, Naamán, Ajoj, 5Guerá,
Sefufán y Jurán. 6Hijos de Ejud, jefes de fami-
lia de los que habitaban en Guibeá y luego se
trasladaron a Manájat: 7Naamán, Ajías y Guerá,
que fue quien los trasladó; este engendró a Uzá
y Ajijud.
8Sajrain tuvo hijos en tierras de Moab, des-
pués de haber dejado a sus mujeres Jusín y Ba-
rá. 9De otra mujer, Hodes, tuvo a Yobab, Sibiá,
Mesá, Malcán, 10Yeús, Saquías y Mirmá. Estos
fueron sus hijos, jefes de familia. 11Jusín le ha-
bía dado a Abitub y Elpáal. 12Hijos de Elpáal:
Eber, Miseán y Sémed, que edificó Onó, Lod y
sus poblados.
13Beriá y Sema, cabezas de familia de Aya-
lón, pusieron en fuga a los habitantes de Gat.
14Ajió, Sasac, Yeremot, 15Zebadías, Arad, Eder,
16Miguel, Yispá y Yojá eran hijos de Beriá. 17Ze-
badías, Mesulán, Jizquí, Jéber, 18Yismeray, Yizliá
y Yobab eran hijos de Elpáal. 19Joaquín, Zicrí,
Zabdí, 20Elioenay, Siltay, Eliel, 21Adaya, Bara-
yas y Simrat eran hijos de Semeí. 22Yisfán, Eber,
Eliel, 23Abdón, Zicrí, Janán, 24Ananías, Elam,
Antotías, 25Yifdías y Faniel eran hijos de Sasac.
26Samseray, Sejarías, Atalías, 27Yaresías, Elías y
Zicrí eran hijos de Yeroján. 28En su árbol genea-
lógico aparecen como jefes de familia. Habita-
ban en Jerusalén.
29Yeguiel, fundador de Gabaón, habitaba en
Gabaón. Su mujer se llamaba Maacá. 30Su pri-
mogénito era Abdón; después venían Sur, Quis,
Baal, Ner, Nadab, 31Guedor, Ajió, Zéquer y Miclot.
32Miclot engendró a Simá. Vivían en Jerusalén,
con sus parientes. 33Ner engendró a Quis; Quis
a Saúl; Saúl a Jonatán, Malquisúa, Abinadab y
Esbaal. 34Hijo de Jonatán fue Meribaal, y este
engendró a Miqueas. 35Hijos de Miqueas: Fitón,
Mélec, Tarea y Ajaz. 36Ajaz engendró a Yehoadá;
este engendró a Alémet, Azmaut y Zimrí. Zim-
rí engendró a Mosá 37y Mosá a Bineá, padre de
Rafá, padre de Eleasá, padre de Asel. 38Asel tu-
vo seis hijos, llamados Azricán, Bocrú, Ismael,
Searías, Abdías y Janán. Estos fueron los hijos
de Asel. 39Hijos de su hermano Esec: Ulán, el
primogénito; Yehús, el segundo; Elifélet, el ter-
cero. 40Los hijos de Ulán eran hombres de armas,
arqueros. Tuvieron muchos hijos y nietos, ciento
cincuenta. Todos estos fueron los descendientes
de Benjamín.

La comunidad de Jerusalén después del destierro

9 1Cuando fueron deportados a Babilonia por
sus infidelidades, todos los israelitas esta-
ban registrados e inscritos en los Anales del Rei-
no de Israel y de Judá. 2Los primeros en ocupar
de nuevo sus posesiones y ciudades eran israeli-
tas seglares, sacerdotes, levitas y sirvientes del
templo. 3En Jerusalén se establecieron judíos,
benjaminitas y hombres de Efraín y Manasés.
4De los descendientes de Judá: Utay, hijo de
Amihud, hijo de Omrí, hijo de Imrí, hijo de Ba-
ní, descendiente de Fares, hijo de Judá. 5De los
silonitas: Asayas, el primogénito, con sus hijos.
6Zerajitas: Yegüel y sus parientes, seiscientos
noventa. 7De los descendientes de Benjamín:
Salú, hijo de Mesulán, hijo de Hodavías, hijo de
Hasenuá; 8Yibnayas, hijo de Yeroján; Elá, hijo de
Uzí, hijo de Micrí; Mesulán, hijo de Sefatías, hijo
de Regüel, hijo de Yibnías, 9y sus parientes re-
gistrados: novecientos cincuenta y seis. Todos
ellos eran jefes de familia de sus linajes.
10De los sacerdotes: Yedayas, Yehoyarib y Ya-
quín; 11Azarías, hijo de Jelcías, hijo de Mesulán,
hijo de Sadoc, hijo de Merayot, hijo de Ajitub,
prefecto del templo; 12Adaya, hijo de Yeroján,
hijo de Pasjur, hijo de Malquías; Masay, hijo de
Adiel, hijo de Yajzera, hijo de Mesulán, hijo de
Mesilemit, hijo de Imer, 13y sus parientes, jefes
de familia, mil setecientos sesenta hombres de
armas, ocupados en el servicio del templo.
14De los levitas: Semayas, hijo de Jasub, hijo
de Azricán, hijo de Jasabías, merarita; 15Bacba-
car, Jeres, Galal, Matanías, hijo de Micá, hijo de
Zicrí, hijo de Asaf; 16Abdías, hijo de Semayas,
hijo de Galal, hijo de Yedutún; Berequías, hijo
de Asá, hijo de Elcaná, que vivía en los poblados
netofateos.
17Los porteros eran: Salún, Acub, Talmón y
Ajimán; su hermano Salún era el jefe. 18Hasta
entonces estaban encargados de la puerta real,
a oriente, y eran porteros de los barrios de los
levitas. 19Salún, hijo de Coré, hijo de Abiasaf, hi-
jo de Córaj, y sus parientes de la familia corajita
estaban encargados de custodiar la entrada de la
tienda; sus antepasados habían hecho guardia a
la entrada en el campamento del Señor. 20Fineés,
hijo de Eleazar, fue antiguamente su jefe; el
Señor estuvo con él. 21Zacarías, hijo de Mesele-
mías, era portero de la tienda del encuentro. 22En
total, los elegidos para porteros eran doscientos
veintidós; estaban registrados por poblaciones.
David y el vidente Samuel los eligieron por su
fidelidad. 23Ellos y sus hijos hacían los turnos de
guardia ante las puertas de la tienda, es decir de
la casa del Señor. 24Había porteros en las cua-

tro direcciones: este, oeste, norte y sur. 25Sus parientes, que vivían en pueblos, tenían que venir a ayudarlos en turnos de siete días. 26Los cuatro porteros principales estaban siempre en funciones; eran levitas y estaban encargados de las salas y almacenes del templo. 27Pasaban la noche en los alrededores del templo, porque debían custodiarlo y abrirlo cada mañana.

28Algunos levitas estaban encargados de los objetos del culto; los contaban al recibirlos y al entregarlos. 29Otros cuidaban los utensilios, los vasos sagrados, la harina de las ofrendas, el vino, el aceite, el incienso y los aromas. 30Algunos sacerdotes hacían la mezcla de los perfumes aromáticos. 31El levita Matitías, primogénito de Salún, corajita, se encargaba siempre de las ofrendas que se freían en la sartén; 32y algunos de sus parientes quehatitas preparaban para cada sábado los panes presentados.

33Los cantores, jefes de familia de los levitas, habitaban en las salas y estaban exentos de cualquier otro trabajo, porque su oficio les ocupaba día y noche. 34Estos eran los jefes de familia de los levitas, según su árbol genealógico. Vivían en Jerusalén.

35Yeguiel, fundador de Gabaón, habitaba allí; su mujer se llamaba Maacá. 36Su primogénito era Abdón; después venían Sur, Quis, Baal, Ner, Nadab, 37Guedor, Ajió, Zacarías y Miclot. 38Miclot engendró a Simá. Vivían en Jerusalén, con sus parientes. 39Ner engendró a Quis; Quis a Saúl; Saúl a Jonatán, Malquisúa, Abinadab y Esbaal. 40Hijo de Jonatán fue Meribaal, y este engendró a Miqueas. 41Hijos de Miqueas: Fitón, Mélec, Tajrea y Ajaz. 42 Ajaz engendró a Yará. Yará engendró a Alémet, Azmaut y Zimrí. Zimrí engendró a Mosá 43y Mosá a Bineá, padre de Rafayas, padre de Eleasá, padre de Asel. 44Asel tuvo seis hijos, llamados Azricán, Bocrú, Ismael, Searías, Abdías y Janán. Estos fueron los hijos de Asel.

REINADO DE DAVID (10–29)

Muerte de Saúl

10 1Mientras tanto, los filisteos entraron en combate con Israel. Los israelitas huyeron ante ellos, y muchos cayeron muertos en el monte Gelboé. 2Los filisteos persiguieron de cerca a Saúl y sus hijos, e hirieron a Jonatán, Abinadab y Malquisúa, hijos de Saúl. 3Entonces cayó sobre Saúl el peso del combate; los arqueros le dieron alcance y lo hirieron a flechazos. 4Saúl dijo a su escudero: «Saca la espada y atraviésame, no vayan a llegar esos incircuncisos y abusen de mí». Pero el escudero no quiso porque le entró pánico. Entonces Saúl tomó la espada y se dejó caer sobre ella. 5Cuando el escudero vio que Saúl había muerto, también él se echó sobre la espada y murió. 6Así murieron Saúl y sus tres hijos; de golpe desapareció toda su casa. 7Cuando los israelitas del valle vieron que Israel se daba a la fuga y que Saúl y sus hijos habían muerto, huyeron abandonando sus poblados. 8Los filisteos los ocuparon; al día siguiente fueron a despojar los cadáveres y encontraron a Saúl y a sus hijos muertos en el monte Gelboé. 9Los despojaron, tomaron sus cabezas y sus armas y las pasearon por todo el territorio filisteo, llevando la buena noticia a sus ídolos y al pueblo. 10Colocaron las armas en el templo de sus dioses y clavaron las cabezas en el templo de Dagón. 11Los vecinos de Yabés de Galaad oyeron lo que los filisteos habían hecho con Saúl, 12y los más valientes se pusieron en marcha, tomaron el cadáver de Saúl y los de sus hijos, y los llevaron a Yabés. Enterraron sus huesos bajo la encina de Yabés y celebraron un ayuno de siete días. 13Saúl murió por haberse rebelado contra el Señor, no prestando atención a su palabra, y por haber consultado a los espíritus 14en vez de consultar al Señor. El Señor lo entregó a la muerte y traspasó el reino a David, hijo de Jesé.

David rey de Israel

11 1Los israelitas se reunieron con David en Hebrón y le dijeron: «Mira, somos de la misma sangre. 2Ya antes, cuando todavía Saúl era rey, tú eras el verdadero general de Israel. El Señor, tu Dios, te dijo: Tú pastorearás a mi pueblo, Israel; tú serás jefe de mi pueblo, Israel». 3Todos los ancianos de Israel fueron a Hebrón, donde estaba el rey. David hizo un pacto con ellos delante del Señor y ellos ungieron como rey de Israel, tal como lo había dicho el Señor por medio de Samuel.

Conquista de Jerusalén

4David y los israelitas marcharon sobre Jerusalén, es decir, Jebús, cuyo territorio estaba en manos de los jebuseos. 5Los habitantes de Jebús dijeron a David: «No entrarás aquí». Pero David conquistó la fortaleza de Sión, la Ciudad de David. 6David había prometido: «Al primero que mate a un jebuseo lo nombro general en jefe». Joab, hijo de Seruyá, subió el primero y llegó a general. 7David se instaló en la fortaleza, y por eso la llamaron Ciudad de David. 8Ensanchó la ciudad a partir del terraplén, mientras Joab restauraba el resto de la ciudad. 9David iba creciendo en poderío y el Señor Todopoderoso estaba con él.

10Capitanes de David que se distinguieron durante su reinado y que con todo Israel lo nombraron rey, como había predicho el Señor a Is-

rael. 11 Lista de los guerreros de David: Yasobeán,
el jaquemonita, primero de la terna, que blandió
su lanza y mató a trescientos en una sola arre-
metida. 12 Segundo, Eleazar, hijo de Dodó, el ajo-
jita; también pertenecía a la terna. 13 Estuvo con
David en Fesdamín, cuando los filisteos se con-
centraron allí para el combate; había una parce-
la toda sembrada de cebada. 14 El ejército huía
ante los filisteos, pero él se situó en medio de
la parcela, la defendió y mató a los filisteos. Así
el Señor alcanzó una gran victoria. 15 Tres de los
treinta bajaron a la peña, al refugio de Adulán,
donde se encontraba David mientras una banda
de filisteos acampaba en Valle de Refaín. 16 David
estaba entonces en el refugio, y la guarnición
filistea ocupaba Belén. 17 David sintió sed y ex-
clamó: «¡Quién me diera de beber agua del pozo
que está junto a la puerta de Belén!». 18 Los tres
irrumpieron en el campamento filisteo, sacaron
agua del pozo, junto a la puerta de Belén, y se
la llevaron a David. Pero David no quiso beber-
la, sino que la derramó como obsequio al Señor,
19 diciendo: «¡Líbreme Dios de hacerlo! Sería be-
ber la sangre de estos hombres, que han arries-
gado su vida para traerla». Y no quiso beberla.
Estas fueron las hazañas de los tres valientes.

20 Abisay, hermano de Joab, era jefe de los
treinta. Blandiendo su lanza, mató a trescientos
y ganó renombre entre los treinta; 21 se destacó
entre ellos y fue su jefe, pero no llegó a igualar
a los tres.

22 Benayas, hijo de Yehoyadá, natural de Cab-
seel, era un tipo aguerrido, pródigo en hazañas.
Mató a los dos moabitas hijos de Ariel y bajó a
matar al león en la cisterna el día de la nieve.
23 Mató también a un egipcio que medía dos me-
tros y medio y empuñaba una lanza del tamaño
del palo grande de un telar. Benayas fue hacia
él con un palo, le arrebató la lanza y con ella
lo mató. 24 Esas fueron las hazañas de Benayas,
hijo de Yehoyadá, con las cuales ganó renombre
entre los treinta guerreros. 25 Se destacó entre
ellos, pero no llegó a igualar a los tres. David lo
puso al frente de su escolta.

26 Los guerreros más famosos eran: Asael, her-
mano de Joab. Eljanán, hijo de Dodó, de Belén.
27 Samot, el de Jarod. Jeles, el pelteo. 28 Irá, hijo
de Iqués, de Tecua. Abiezer, de Anatot. 29 Sibcay,
el jusita. Ilay, el ajojita. 30 Mahray, de Netof. Jé-
led, hijo de Baná, de Netof. 31 Itay, hijo de Ribay,
de Guibeá de Benjamín. Benayas, de Piratón.
32 Juray, de Río Gaas. Abiel, de Arabá. 33 Az-
maut, de Bajurín. Elyajbá, el saalbonita. 34 Ya-
sán, el gunita. Jonatán, hijo de Sagué, de Arar.
35 Ajián, hijo de Sacar, el ararita. Elifal, hijo de
Ur. 36 Jéfer, de Mequerá. Ajías, el pelteo. 37 Jesró,
de Carmel. Naaray, hijo de Ezbay. 38 Joel, her-
mano de Natán. Mibjar, hijo de Hagrí. 39 Sélec,
el amonita. Najeray, Beerot, escudero de Joab,
hijo de Seruyá. 40 Irá, de Yatir. Gareb, de Yatir.
41 Urías, el hitita. Zabad, hijo de Ajlay. 42 Adiná,
hijo de Sizá, el rubenita, jefe de los rubenitas, y
con él treinta. 43 Janán, hijo de Maacá. Josafat,
el mitnita. 44 Uzías, de Astarot. Samá y Yeguiel,
hijos de Jotán, de Aroer. 45 Yediael, hijo de Simrí.
Yojá, su hermano, el tisita. 46 Eliel, el majavita.
Yeribay y Yosavías, hijos de Elnaan. Yitmá, el
moabita. 47 Eliel, Obed y Yasiel, de Sobá.

Partidarios de David

12 1 Lista de los que fueron a Sicelag para
unirse a David cuando este se había des-
terrado a causa de Saúl, hijo de Quis. Eran de los
soldados más valientes en el combate; 2 mane-
jaban el arco y podían lanzar piedras y disparar
flechas con ambas manos. Pertenecían a Ben-
jamín, la tribu de Saúl. 3 Ajiezer, el jefe, y Joás,
hijos de Semaá, de Guibeá; Yeziel y Félet, hijos
de Azmaut; Beracá y Jehú, de Anatot; 4 Yisma-
yas, de Gabaón, uno de los treinta valientes y
destacado; 5 Jeremías, Yajziel, Juan, Yozabad, de
Guederot; 6 Eleuzay, Yerimot, Baalías, Semarías y
Sefatías, de Jarif; 7 Elcaná, Isaías, Azarel, Yoé-
zer, Yasobeán, corajitas; 8 Yoelá y Zebadías, hijos
de Yerojám, de Guedor.

9 También algunos gaditas se pasaron a David
en el refugio del desierto: hombres aguerridos,
hechos al combate, diestros con el escudo y la
lanza, osados como leones, ágiles como cabras
monteses. 10 Su capitán era Ezer; Abdías, segun-
do; Eliab, tercero; 11 Mismaná, cuarto; Jeremías,
quinto; 12 Atay, sexto; Eliel, séptimo; 13 Juan, oc-
tavo; Elzabad, noveno; 14 Jeremías, décimo; Mac-
banay, undécimo. 15 Todos estos gaditas eran jefes
del ejército: el inferior mandaba cien hombres, el
superior mil. 16 Estos son los que el mes primero
cruzaron el río, cuando el Jordán rebasa las dos
orillas y cierra los valles al este y al oeste.

17 También algunos benjaminitas y judíos fueron
al refugio de David. 18 este salió a su encuentro y
les dijo: «Si vienen como amigos para ayudarme,
yo estoy dispuesto a unirme con ustedes; pero si
vienen para entregarme a mis enemigos, no sien-
do yo un criminal, que el Dios de nuestros padres
nos examine y juzgue». 19 Entonces el Espíritu se
apoderó de Amasay, jefe de los treinta, y excla-
mó: «*Somos tuyos, David./ Estamos contigo, hijo
de Jesé./ La paz será tuya/ y de tus partidarios,/
porque tu Dios viene en tu auxilio*». David los re-
cibió y los puso al frente de sus divisiones.

20 También algunos de Manasés se pasaron a
David cuando este iba con los filisteos a luchar

contra Saúl. De hecho no combatió con ellos,
porque los príncipes filisteos decidieron licen-
ciarlo, pensando: Se pasará a Saúl, su señor,
llevándole nuestras cabezas. 21Y cuando volvía
a Sicelag se le pasaron algunos de Manasés: Ad-
naj, Yozabad, Yediel, Miguel, Yozabad, Elihú y
Siltay, generales de Manasés. 22Combatieron en
guerrillas a favor de David. Todos eran hombres
de armas y llegaron a jefes del ejército. 23Día
tras día llegaban a David nuevos refuerzos, has-
ta que dispuso de una tropa innumerable.
24Número de los guerreros que se presentaron
armados a David, en Hebrón, para traspasarle el
reino de Saúl, cumpliendo el oráculo del Señor:
25Seis mil ochocientos de Judá, armados de es-
cudo y lanza, equipados para el combate. 26Siete
mil cien valientes de Simeón, armados. 27Cuatro
mil seiscientos de Leví. 28Yehoyadá, jefe de los
aaronitas, con tres mil setecientos. 29Sadoc,
joven y valiente, con veintidós jefes de su fa-
milia. 30Tres mil de Benjamín, parientes de Saúl,
que hasta entonces habían permanecido fieles
en su mayor parte a la casa de Saúl. 31Veinte mil
ochocientos valientes de Efraín, famosos en sus
familias. 32Dieciocho mil de media tribu de Ma-
nasés, designados por su nombre para ir a pro-
clamar rey a David. 33Doscientos jefes de Isacar,
y todos sus hermanos a sus órdenes, inteligentes
y oportunos para discernir lo que Israel debía ha-
cer. 34Cincuenta mil de Zabulón en edad militar,
equipados con toda clase de armas y que pelea-
ban con toda el alma. 35Mil jefes de Neftalí, con
treinta y siete mil hombres provistos de escudo
y lanza. 36Veintiocho mil seiscientos danitas, ar-
mados. 37Cuarenta mil de Aser, en edad militar
y armados. 38De Transjordania, ciento veinte mil
entre rubenitas, gaditas y la media tribu de Ma-
nasés, provistos de toda clase de armas. 39Todos
estos, hombres de guerra, en edad militar, deci-
didos, llegaron a Hebrón dispuestos a nombrar
a David rey de todo Israel. También los demás
israelitas estaban de acuerdo en nombrar rey a
David. 40Permanecieron allí tres días, comiendo
y bebiendo a expensas de sus hermanos. 41Ade-
más, todos los de la región, incluso los de Isacar,
Zabulón y Neftalí, venían con asnos, camellos y
bueyes trayendo provisiones: harina, pan de hi-
go, pasas, vino, aceite, bueyes y ovejas en abun-
dancia, porque Israel estaba en fiesta.

Primer intento de traslado del Arca a Jerusalén

13 1David consultó a sus mandos, jefes y ofi-
ciales. 2Después dijo a toda la asamblea de
Israel: «Si les parece bien, y si el Señor, nuestro
Dios, lo aprueba, vamos a invitar a nuestros her-
manos que se han quedado en el territorio de
Israel y además a los sacerdotes y levitas que
están en sus ciudades y poblados a que se reú-
nan con nosotros. 3Luego traeremos el arca de
nuestro Dios, ya que no nos hemos preocupado
de ella en los tiempos de Saúl».
4El pueblo aprobó la idea y la comunidad deci-
dió ponerla en práctica. 5Entonces David reunió
a todos los israelitas, desde el torrente de Egip-
to hasta la entrada en Jamat, para transportar el
arca de Dios desde Quiriat Yearim. 6David y todo
Israel fueron a Baalá, es decir, Quiriat Yearim
de Judá, para trasladar el arca de Dios, que lle-
va la inscripción Señor Todopoderoso que tiene
su trono sobre querubines. 7Pusieron el arca de
Dios en un carro nuevo y la sacaron de casa de
Abinadab. Uzá y Ajió guiaban el carro. 8David y
los israelitas iban danzando ante Dios con todo
entusiasmo, cantando al son de cítaras y arpas,
panderetas, sonajas y trompetas. 9Cuando llega-
ron a la era de Quidón, los bueyes tropezaron, y
Uzá alargó la mano para sujetar el arca. 10El Se-
ñor se encolerizó contra Uzá por haber alargado
la mano al arca, y murió allí mismo, delante de
Dios. 11David se entristeció porque el Señor ha-
bía arremetido contra Uzá, y puso a aquel sitio
el nombre de Arremetida de Uzá, y así se le lla-
ma ahora. 12Aquel día David temió a Dios y dijo:
«Cómo voy a llevar a mi casa el arca de Dios?».
13Y no la llevó a su casa, a la Ciudad de David,
sino que la trasladó a casa de Obededón, el de
Gat. 14El arca de Dios estuvo tres meses en casa
de Obededón, y el Señor bendijo a la familia de
Obededón y todas sus cosas.

David en Jerusalén

14 1Jurán, rey de Tiro, mandó una embajada
a David con madera de cedro, albañiles y
carpinteros para construirle un palacio. 2Así
comprendió David que el Señor lo consolidaba
como rey de Israel y que engrandecía extraor-
dinariamente su reino por amor a su pueblo,
Israel. 3David tomó en Jerusalén otras esposas
y engendró más hijos e hijas. 4Nombres de los hi-
jos que tuvo en Jerusalén: Samúa, Sobab, Natán,
Salomón, 5Yibjar, Elisúa, Elpálet, 6Nogah, Néfeg,
Yafía, 7Elisamá, Belyadá y Elifálet.

Batallas contra los filisteos

8Cuando los filisteos oyeron que habían un-
gido a David rey de todo Israel, subieron todos
para atacarlo. David se enteró y les salió al en-
cuentro. 9Los filisteos habían llegado y se ha-
bían desplegado en Valrefaín. 10David consultó
a Dios: «¿Puedo atacar a los filisteos? ¿Me los
entregarás?». El Señor le respondió: «Atácalos,

que yo te los entrego». 11Los atacó en Baal-Pe-
rasim y allí los derrotó. Y comentó David: «Dios
ha abierto por mi mano una brecha en el frente
enemigo, como brecha en un dique». Por eso a
aquel sitio lo llaman Baal-Perasim. 12Los filis-
teos dejaron abandonados allí sus dioses y David
mandó que los quemasen. 13Los filisteos hicie-
ron otra incursión y se desplegaron en el valle.
14David consultó de nuevo a Dios, que le res-
pondió: «No ataques. Rodéalos por detrás, sin
enfrentarte con ellos, y luego los atacas frente a
las moreras. 15Cuando sientas rumor de pasos en
la copa de las moreras, lánzate al ataque, por-
que Dios sale delante de ti a derrotar al ejército
filisteo». 16David hizo como le mandó Dios y de-
rrotaron al ejército filisteo desde Guibeá hasta
Guézer. 17La fama de David se extendió por todo
el territorio y el Señor hizo que todos los pue-
blos le temieran.

Traslado del Arca a Jerusalén

15 1David se construyó un palacio en la Ciu-
dad de David, preparó un lugar para el arca
de Dios y le levantó una tienda. 2Entonces dio
una orden: «Nadie puede transportar el arca de
Dios a excepción de los levitas, porque el Señor
los ha elegido a ellos para transportar el arca
y para servirle a él eternamente». 3David con-
gregó en Jerusalén a todos los israelitas para
trasladar el arca del Señor al lugar que le había
preparado. 4Luego reunió a los hijos de Aarón y
a los levitas.

5Hijos de Quehat: el príncipe Uriel y ciento
veinte de su familia. 6Hijos de Merarí: el príncipe
Asayas y doscientos veinte de su familia. 7Hijos
de Guersón: el príncipe Joel y ciento treinta de
su familia. 8Hijos de Elisafán: el príncipe Sema-
yas y doscientos de su familia. 9Hijos de Hebrón:
el príncipe Eliel y ochenta de su familia. 10Hijos
de Uziel: el príncipe Aminadab y ciento doce de
su familia.

11David llamó también a los sacerdotes Sadoc
y Abiatar, y a los levitas Uriel, Asayas, Joel,
Semayas, Eliel y Aminadab, 12y les dijo: «Uste-
des son los jefes de familia de los levitas: pu-
rifíquense ustedes y sus hermanos para subir el
arca del Señor, Dios de Israel, al lugar que le he
preparado. 13Por no haber estado ustedes allí la
primera vez, el Señor, nuestro Dios, acometió
contra nosotros, ya que no fuimos a consultarlo
como está mandado». 14Los sacerdotes y levitas
se purificaron para trasladar el arca del Señor,
Dios de Israel. 15Luego los levitas se echaron las
andas a los hombros y levantaron en peso el ar-
ca de Dios, tal como había mandado Moisés por
orden del Señor.

16David mandó a los jefes de los levitas orga-
nizar a los cantores de sus familias para que en-
tonasen cantos festivos acompañados de instru-
mentos, arpas, cítaras y platillos. 17Los levitas
se lo encomendaron a Hemán, hijo de Joel; a su
pariente Asaf, hijo de Berequías, y a Etán, hijo
de Cusayas, descendiente de Merarí y pariente
de los anteriores. 18Junto con ellos, en segundo
puesto, a sus parientes Zacarías, hijo de Yaziel,
Semiramot, Yejiel, Uní, Eliab, Benayas, Maseyas,
Matitías, Eliflehu, Micneyas, Obededón y Ye-
guiel, porteros.

19Los cantores Hemán, Asaf y Etán tocaban
platillos de bronce. 20Zacarías, Yaziel, Semira-
mot, Yejiel, Uní, Eliab, Maseyas y Benayas te-
nían arpas agudas. 21Matitías, Eliflehu, Micne-
yas, Obededón, Yeguiel y Azazías tenían cítaras
de octava para dirigir el canto. 22Quenanías,
jefe de los levitas, entonaba porque era exper-
to. 23Berequías y Elcaná eran porteros del arca.
24Los sacerdotes Sebanías, Josafat, Natanel,
Amasay, Zacarías, Benayas y Eliezer tocaban las
trompetas delante del arca de Dios. Obededón y
Yejías eran porteros del arca.

25David, los ancianos de Israel y los generales
fueron con gran alegría a trasladar el arca de la
alianza del Señor desde la casa de Obededón.
26Y por haber protegido Dios a los levitas que
la transportaban sacrificaron siete terneros y
siete carneros. 27David vestía un manto de li-
no, igual que todos los levitas, los portadores
del arca, los cantores y que Quenanías, director
del coro. David llevaba también un efod de lino.
28Todo Israel acompañaba al arca de la alianza
del Señor entre aclamaciones, al son de cuernos,
trompetas y platillos y tocando arpas y cítaras.
29Cuando el arca de la alianza del Señor entraba
en la Ciudad de David, Mical, hija de Saúl, esta-
ba mirando por la ventana, y al ver al rey David
haciendo cabriolas y bailando lo despreció en
su interior.

El Arca en la tienda

16 1Metieron el arca de Dios y la instalaron en
el centro de la tienda que David le había
preparado. Ofrecieron holocaustos y sacrificios
de comunión a Dios, 2y cuando David terminó de
ofrecerlos bendijo al pueblo en nombre del Se-
ñor. 3Luego repartió a todos los israelitas, hom-
bres y mujeres, una porción de pan, una tajada
de carne y un pastel de pasas de uva a cada uno.

4A algunos levitas los puso al servicio del arca
del Señor para que invocasen, dieran gracias y
alabasen al Señor, Dios de Israel. 5Asaf, jefe; Za-
carías, segundo; luego Uziel, Semiramot, Yejiel,
Matitías, Eliab, Benayas, Obededón y Yeguiel,

con arpas y cítaras. Asaf tocaba los platillos.
6Los sacerdotes Benayas y Yajziel tocaban las
trompetas a diario delante del arca de la alianza
de Dios. 7Aquel día, David dispuso por primera
vez que el Señor fuera alabado por Asaf y sus
hermanos de esta manera:
8*Den gracias al Señor, invoquen su nombre,/*
hagan conocer entre los pueblos sus hazañas;/
9*canten al Señor al son de instrumentos,/ co-*
menten todas sus maravillas;/ 10*gloríense de su*
Nombre santo,/ que se alegren los que buscan al
Señor.
11*Recurran al Señor y a su poder,/ busquen*
siempre su presencia./ 12*Recuerden las maravi-*
llas que hizo,/sus prodigios y las sentencias de
su boca.
13*¡Estirpe de Abrahán, su siervo;/ hijos de Ja-*
cob, su elegido!/ 14*El Señor es nuestro Dios,/ él*
gobierna toda la tierra./ 15*Se acuerda siempre*
de su alianza,/ de la palabra dada por mil gene-
raciones;/ 16*de la alianza sellada con Abrahán,/*
y el juramento hecho a Isaac,/ 17*confirmado co-*
mo ley para Jacob,/ como alianza eterna para
Israel: 18*A ti te daré el país cananeo/ como lote*
de tu herencia.
19*Cuando eran un grupo muy pequeño,/ y eran*
extranjeros en aquellas regiones,/ 20*cuando an-*
daban errantes de pueblo en pueblo,/ y pasaban
de un reino a otra nación,/ 21*a nadie le per-*
mitió oprimirlos/ y por ellos castigó a reyes:/
22*No toquen a mis ungidos,/ no maltraten a mis*
profetas.
23*Cante al Señor la tierra entera,/ pregonen*
día tras día su victoria./ 24*Cuenten a los pueblos*
su gloria,/ sus maravillas a todas las naciones;/
25*porque el Señor es grande/ y muy digno de ala-*
banza;/ más temible que todos los dioses./ 26*Por-*
que los dioses de los paganos son apariencia,/
mientras que el Señor hizo los cielos;/ 27*honor y*
majestad están en su presencia,/ fuerza y belle-
za en su santuario.
28*Aclamen al Señor, familias de los pueblos,/*
aclamen la gloria y poder del Señor,/ 29*aclamen*
la gloria del nombre del Señor,/ entren en sus
atrios trayéndole ofrendas;/ póstrense ante el
Señor en el atrio sagrado,/ 30*tiemble en su pre-*
sencia la tierra entera./ Él afianzó el mundo y
no vacilará.
31*Alégrense los cielos, goce la tierra,/ y digan*
los pueblos: El Señor es rey./ 32*Retumbe el mar y*
todo lo que hay en él,/ regocíjese el campo y todos
sus frutos,/ 33*aclamen los árboles silvestres/ de-*
lante del Señor, que ya llega,/ ya llega a gobernar
la tierra.
34*Den gracias al Seño porque es bueno,/ por-*
que es eterna su misericordia./ 35*Digan: Sálva-*
nos, Señor Dios nuestro,/ reúnenos y líbranos
de las naciones,/ para que demos gracias a tu
santo Nombre/ y alabarte será nuestra gloria./
36*Bendito el Señor Dios de Israel,/ desde siempre*
y por siempre.
Todo el pueblo respondió: ¡Amén! ¡Aleluya!
37A Asaf y a sus hermanos los dejó al cuidado
del arca de la alianza del Señor para que presta-
sen ante ella su servicio permanente, según los
ritos de cada día. 38A Obededón, hijo de Yedu-
tún, a Josá y a sesenta y ocho de su familia los
nombró porteros. 39Al sacerdote Sadoc y a sus
hermanos los sacerdotes los encargó del santua-
rio del Señor, que se encontraba en el santuario
de Guibeá, 40para que diariamente ofreciesen al
Señor en el altar el holocausto matutino y el ves-
pertino, de acuerdo con todo lo escrito en la Ley
que el Señor dictó a Israel. 41Con ellos, Hemán,
Yedutún y los demás escogidos y designados por
su nombre para cantar al Señor: Es eterna su mi-
sericordia. 42Estos tenían trompetas, platillos y
otros instrumentos para acompañar los cantos
del Señor. Los hijos de Yedutún eran porteros.
43Después se marcharon todos, cada cual a su
casa, y David se dirigió para bendecir su casa.

Profecía de Natán

17 1Cuando David se estableció en su casa, le
dijo al profeta Natán: «Mira, yo estoy vi-
viendo en una casa de cedro, y el arca de la alian-
za del Señor está en una tienda de campaña».
2Natán le respondió: «Ve a hacer lo que tienes
pensado, que Dios está contigo». 3Pero aquella
noche recibió Natán esta Palabra de Dios: 4«Ve a
decir a mi siervo David: Así dice el Señor: No serás
tú quien me construya la casa para habitar. 5Des-
de el día en que liberé a Israel hasta hoy no he
habitado en una casa, sino que he ido de tienda
en tienda y de santuario en santuario. 6Y en todo
el tiempo que viajé de acá para allá con los israe-
litas, ¿encargué acaso a algún juez de Israel, a los
que mandé gobernar a mi pueblo, que me cons-
truyese una casa de cedro? 7Y ahora esto le dirás a
mi siervo David: Así dice el Señor Todopoderoso:
Yo te saqué del campo de pastoreo, de andar tras
las ovejas, para ser jefe de mi pueblo, Israel. 8Yo
he estado contigo en todas tus empresas; he ani-
quilado a todos tus enemigos. Te haré famoso, co-
mo a los más famosos de la tierra; 9daré una tierra
a mi pueblo, Israel, lo plantaré para que viva en
ella sin sobresaltos, sin que los malvados vuel-
van a humillarlo como lo hacían antes, 10cuando
nombré jueces en mi pueblo, Israel, y humillé a
todos sus enemigos; además, te comunico que el
Señor te dará una dinastía. 11Y cuando te llegue
el momento de irte con tus padres, estableceré

después de ti a un descendiente tuyo, a uno de
tus hijos, y consolidaré su reino. 12Él me edificará
un templo y yo consolidaré su trono para siempre.
13Yo seré para él un padre, él será para mí un hijo;
y no le retiraré mi lealtad, como se la retiré a tu
predecesor. 14Lo estableceré para siempre en mi
casa y en mi reino y su trono permanecerá eterna-
mente». 15Natán comunicó a David toda la visión
y todas estas palabras.
16Entonces el rey David fue a presentarse ante
el Señor, y dijo: «¿Quién soy yo, Señor, Dios, y
qué es mi familia para que me hayas hecho llegar
hasta aquí? 17Y por si fuera poco para ti, Dios
mío, has hecho a la casa de tu siervo una pro-
mesa para el futuro, mientras existan hombres,
Señor, Dios. 18¿Qué más puede añadir David en tu
honor, si tú conoces a tu servidor? 19Señor, por
amor a tu servidor y según tus designios, has he-
cho esta gran obra, dándosela a conocer a tu ser-
vidor, revelando todas estas maravillas. 20Señor,
como hemos oído, no hay nadie como tú, no hay
Dios fuera de ti. 21¿Y qué nación hay en el mundo
como tu pueblo, Israel, al que Dios ha venido a
librar para hacerlo suyo y ganarte renombre con
prodigios terribles en su favor, expulsando a las
naciones ante el pueblo que libraste de Egip-
to? 22Has establecido a tu pueblo, Israel, como
pueblo tuyo para siempre, y tú, Señor, eres su
Dios. 23Ahora, Señor, confirma para siempre la
promesa que has hecho a tu servidor y su familia,
cumple tu palabra. 24Que tu nombre perdure y sea
siempre famoso. Que digan: El Señor Todopode-
roso es Dios de Israel. Y que la casa de David
permanezca en tu presencia. 25Tú, Dios mío, has
revelado a tu servidor que le edificarás una ca-
sa; por eso tu siervo se ha atrevido a dirigirte
esta plegaria. 26Ahora, Señor, tú eres el Dios ver-
dadero, y has hecho esta promesa a tu siervo.
27Dígnate bendecir a la casa de tu servidor para
que esté siempre en tu presencia; porque lo que
tú, Señor, bendices, queda bendito para siempre.

Victorias de David

18 1Más adelante David derrotó a los filisteos
y los sometió, arrebatándoles Gat y sus
poblados. 2Derrotó a Moab, y los moabitas sir-
vieron a David en calidad de vasallos sometidos
a tributo. 3Derrotó también a Hadadezer, rey de
Sobá, en Jamat, cuando iba a establecer su sobe-
ranía en la región del Éufrates. 4David le capturó
mil carros, siete mil jinetes y veinte mil solda-
dos de infantería, y mutiló los caballos de tiro,
reservándose solo cien. 5Los sirios de Damasco
acudieron en auxilio de Hadadezer, rey de Sobá,
pero David les mató veintidós mil hombres, 6e
impuso gobernadores a los sirios de Damasco,
que quedaron como vasallos de David someti-
dos a tributo. El Señor dio a David la victoria
en todas sus campañas. 7Recogió los escudos de
oro que llevaban los oficiales de Hadadezer y las
llevó a Jerusalén. 8Y en Tibjat y Cun, poblacio-
nes de Hadadezer, tomó una cantidad enorme de
bronce, con la que Salomón hizo el depósito, las
columnas y los utensilios de bronce.
9Tou, rey de Jamat, oyó que David había de-
rrotado al ejército de Hadadezer, rey de Sobá,
10y despachó a su hijo Dorán para saludar al rey
David y darle felicitaciones por el combate y la
derrota de Hadadezer, porque Hadadezer ataca-
ba a Tou con frecuencia. Dorán llevó una vajilla
de oro, plata y bronce. 11El rey David consagró al
Señor estos regalos, añadiéndolos a la plata y al
oro que había tomado a las naciones de Edom,
Moab, los amonitas, filisteos y Amalec.
12Abisay, hijo de Seruyá, derrotó a Edom en
Gue Hammélaj, matándole dieciocho mil hom-
bres; 13impuso gobernadores a Edom, que quedó
como vasallo de David. El Señor dio a David la
victoria en todas sus campañas.
14David reinó en todo Israel y gobernó con
justicia y rectitud a su pueblo. 15Joab, hijo de
Seruyá, era general en jefe del ejército. Josafat,
hijo de Ajilud, heraldo. 16Sadoc, hijo de Ajitob,
y Ajimélec, hijo de Abiatar, sacerdotes. Sausá,
cronista. 17Benayas, hijo de Yehoyadá, jefe de
los quereteos y pelteos. Los hijos de David ocu-
paban los primeros puestos junto al rey.

Guerra contra los amonitas

19 1Murió después Najás, el rey de los amoni-
tas, y su hijo le sucedió en el trono, 2David
dijo: «Voy a portarme bien con Janún, hijo de
Najás, porque su padre se portó bien conmigo».
Y, por medio de unos embajadores, le envió el
pésame por la muerte de su padre. Pero cuando
los embajadores de David entraron en territorio
amonita para darle el pésame, 3los generales
amonitas dijeron a Janún: «¿Crees que David te
da el pésame para mostrarte su estima por tu
padre? Esa gente ha venido a examinar, explo-
rar y destruir el país». 4Janún hizo detener a los
embajadores de David, los afeitó, les cortó la
ropa por la mitad, a la altura de las nalgas, y
los despidió. 5Ellos volvieron avergonzados. Se
lo avisaron a David y el rey les envió este mensa-
je: «Quédense en Jericó hasta que les crezca la
barba y luego vengan».
6Cuando los amonitas cayeron en la cuenta
de que habían provocado a David, Janún y los
amonitas enviaron treinta mil kilos de plata a
Aram Naharaym, a Maacá y a Sobá para contratar
carros y jinetes. 7Contrataron treinta y dos mil

carros y al rey de Maacá con su ejército, que vino a acampar delante de Madabá. Los amonitas se reunieron en sus ciudades y se pusieron en pie de guerra. [8]Al saberlo David, mandó a Joab con todo el ejército y sus guerreros. [9]Los amonitas salieron a la guerra y formaron para la batalla a la entrada de la ciudad, mientras que los reyes mercenarios se quedaban aparte en el campo.

[10]Joab se vio envuelto por delante y por la espalda; entonces escogió un grupo de soldados y los formó frente a los sirios. [11]A la tropa restante la formó frente a los amonitas, al mando de su hermano Abisay, [12]con esta consigna: «Si los sirios me pueden, ven a librarme, y si los amonitas te pueden a ti, yo te libraré. [13]¡Ánimo! Por nuestro pueblo y por las ciudades de nuestro Dios luchemos valientemente, y que el Señor haga lo que le agrade».

[14]Joab y los suyos trabaron combate con los sirios y los pusieron en fuga. [15]Los amonitas, al ver que los sirios huían, huyeron también ellos ante su hermano Abisay y se metieron en la ciudad. Joab volvió a Jerusalén. [16]Al verse derrotados por Israel, los sirios enviaron mensajeros para movilizar a los sirios del otro lado del Éufrates. Sopac, general en jefe del ejército de Hadadezer, se puso al frente de ellos. [17]Cuando informaron a David, concentró a todo Israel, cruzó el Jordán, llegó a donde estaban, tomó posiciones, se puso en orden de combate y entabló batalla con los sirios. [18]Estos huyeron ante los israelitas; David les mató siete mil caballos de tiro y cuarenta mil hombres, entre ellos Sopac, general del ejército. [19]Al ver los vasallos de Hadadezer que habían sido derrotados por Israel, hicieron las paces con David y se sometieron. A los sirios se les quitaron las ganas de volver a ayudar a los amonitas.

20 [1]Al año siguiente, en la época en que los reyes salen de campaña, tomó Joab el grueso del ejército, arrasó el territorio amonita y se fue a sitiar Rabá, mientras David permanecía en Jerusalén. Joab expugnó Rabá y la arrasó. [2]David quitó la corona de la cabeza de Malcom, y resultó que pesaba treinta y cuatro kilos de oro. Había en ella una piedra preciosa que pasó a la corona de David. Se llevó un botín inmenso de la ciudad. [3]También capturó a sus habitantes y los puso a trabajar con sierras, picos de hierro y hachas. Lo mismo hizo con todas las poblaciones de los amonitas. Después volvió a Jerusalén con todo el ejército.

Guerras contra los filisteos

[4]Más tarde tuvo lugar en Guézer una batalla con los filisteos. Fue entonces cuando el jusita Sibcay mató a Sipay, de la raza de los gigantes. Los filisteos quedaron sometidos. [5]Cuando continuó la guerra con los filisteos, Eljanán, hijo de Yaír, mató a Lajmí, que era hermano de Goliat, el de Gat, y cuya lanza tenía un asta tan grande como el rodillo de un telar. [6]La guerra continuó en Gat, donde había un gigante con veinticuatro dedos –seis en cada mano y en cada pie– que también era de la raza de los gigantes. [7]Desafió a Israel, pero Jonatán, hijo de Simeá, hermano de David, lo mató. [8]Esta gente descendía de los gigantes de Gat y cayeron a manos de David y de sus oficiales.

Censo de Israel

21 [1]Satán se alzó contra Israel e instigó a David a hacer un censo de Israel. [2]David ordenó a Joab y a los jefes de la tropa: «Vayan a hacer el censo de Israel, desde Berseba hasta Dan, y tráiganme el resultado para que yo sepa cuánta gente tengo». [3]Joab respondió: «Que el Señor multiplique a su pueblo por cien. Pero si todos están sometidos a su majestad, ¿qué pretende mi señor con este censo? Va a acarrear una culpa a Israel».

[4]Pero la orden del rey se impuso al parecer de Joab, que se puso en camino y recorrió todo Israel. [5]Cuando volvió a Jerusalén entregó a David los resultados del censo: en Israel había un millón cien mil hombres aptos para el servicio militar, y en Judá, cuatrocientos setenta mil. [6]A Leví y Benjamín Joab no los incluyó en el censo porque detestaba la orden del rey. [7]Dios lo desaprobó y castigó a Israel. [8]Entonces David dijo a Dios: «He cometido un grave error al hacer este censo. Ahora, perdona la culpa de tu servidor, porque he hecho una locura».

[9]El Señor dijo a Gad, vidente de David: [10]«Ve a decir a David: Así dice el Señor: Te propongo tres castigos; elige uno y yo lo ejecutaré». [11]Gad se presentó a David y le comunicó: «Así dice el Señor: Escoge o [12]tres años de hambre, o tres meses huyendo de tus enemigos y perseguido por la espada de tus adversarios, o tres días de espada del Señor, es decir, de peste en el país, mientras el ángel del Señor hace estragos en todo el territorio de Israel. ¿Qué le respondes al que me ha enviado?». [13]David contestó a Gad: «Estoy en un gran apuro. Mejor es caer en manos de Dios, que es muy compasivo, que caer en manos de hombres». [14]El Señor mandó entonces la peste a Israel y murieron setenta mil israelitas. [15]Luego envió Dios un ángel a Jerusalén para asolarla. Pero apenas había comenzado lo vio el Señor, se arrepintió del castigo y dijo al ángel exterminador: «Basta, detén tu mano».

El ángel del Señor se encontraba junto a la era
de Ornán, el jebuseo. 16David alzó los ojos y vio
al ángel del Señor erguido entre tierra y cielo,
con la espada desnuda en su mano, apuntando
hacia Jerusalén. David y los ancianos, cubier-
tos de saco, cayeron rostro en tierra. 17Entonces
David dijo a Dios: «Soy yo quien ordenó el censo
del pueblo. Soy yo el que ha pecado. Soy yo el
culpable. ¿Qué han hecho estas ovejas? Señor,
Dios mío, descarga la mano sobre mí y sobre mi
familia, pero no hieras a tu pueblo».
18Entonces Gad, por orden del ángel del Se-
ñor, le dijo a David que fuese a edificar un altar
al Señor en la era de Ornán, el jebuseo. 19Fue
David, según le había dicho Gad en nombre del
Señor. 20Ornán se hallaba trillando el trigo y sus
cuatro hijos se habían escondido; se volvió y
vio al ángel. 21David se acercó a Ornán y este,
al ver a David, salió de la era y se postró ante él
rostro en tierra. 22David dijo a Ornán: «Dame la
era para construir un altar al Señor. Es para que
cese la mortandad en el pueblo. Te pagaré su
precio exacto».
23Ornán le respondió: «Tómela su majestad, y
haga lo que le parezca. Le doy también los bue-
yes para los holocaustos, los trillos para leña y
el trigo como ofrenda. Se lo doy todo». 24Pero
el rey David le dijo: «No, no. Lo compraré por su
justo precio. No voy a tomar lo tuyo para ofrecer
al Señor víctimas que no me cuestan».
25David le dio a Ornán seiscientos gramos de
oro por la era. 26Construyó allí un altar al Señor.
Ofreció holocaustos y sacrificios de comunión,
invocó al Señor, que le respondió enviando fue-
go del cielo sobre el altar de los holocaustos.
27Y el Señor ordenó al ángel que envainase la
espada. 28Entonces, al ver David que el Señor le
respondía en la era de Ornán, el jebuseo, ofreció
allí sacrificios. 29El santuario del Señor que hizo
Moisés en el desierto y el altar de los holocaus-
tos se encontraban por entonces en el santuario
de Guibeá. 30Pero David no se atrevió a ir allá a
consultar a Dios porque lo aterraba la espada del
ángel del Señor.

Preparativos para la construcción del Templo

22 1Dijo David: «Aquí se alzará el templo del
Señor Dios y el altar de los holocaustos
de Israel». 2Luego mandó reunir a los extranje-
ros que residían en tierra de Israel y los empleó
como obreros para tallar las piedras destinadas
a construir el templo de Dios. 3Reunió también
gran cantidad de hierro para hacer clavos y gra-
pas para las puertas, y un montón enorme de
bronce 4y una cantidad incalculable de madera
de cedro que los sidonios y tirios le traían en
abundancia.
5David pensó: «Salomón, mi hijo, es todavía
joven y débil. Y el templo que hay que construir
al Señor debe ser grandioso, para que su fama
y gloria se extienda por todos los países. Voy
a comenzar los preparativos». Y así lo hizo ge-
nerosamente antes de morir. 6Luego llamó a su
hijo Salomón y le mandó construir un templo al
Señor, Dios de Israel, 7diciéndole: «Hijo mío, yo
tenía pensado edificar un templo en honor del
Señor, mi Dios. 8Pero él me dijo: Has derramado
mucha sangre y has combatido en grandes bata-
llas. No edificarás un templo en mi honor porque
has derramado mucha sangre en mi presencia.
9Pero tendrás un hijo que será un hombre pacífi-
co y le haré vivir en paz con todos los enemigos
de alrededor. Su nombre será Salomón, y en sus
días concederé paz y tranquilidad a Israel. 10Él
edificará un templo en mi honor; será para mí
un hijo, yo seré para él un padre, y consolidaré
por siempre su trono real en Israel. 11Hijo mío,
que el Señor esté contigo y te ayude a construir
un templo al Señor, tu Dios, según sus desig-
nios sobre ti. 12Basta que el Señor te conceda
sensatez y prudencia para gobernar a Israel,
cumpliendo la Ley del Señor, tu Dios. 13Tu éxito
depende de que pongas por obra los mandatos y
preceptos que el Señor mandó a Israel por medio
de Moisés. ¡Ánimo, sé valiente! ¡No te asustes ni
te acobardes! 14Mira, con grandes sacrificios he
ido reuniendo para el templo del Señor treinta
y cuatro mil toneladas de oro, trescientas cua-
renta mil toneladas de plata, bronce y hierro en
cantidad incalculable; además, madera y piedra.
Tú añadirás aún más. 15Dispones también de
gran cantidad de artesanos: talladores de pie-
dra, albañiles, carpinteros y obreros de todas las
especialidades. 16Hay oro, plata, bronce y hierro
de sobra. Pon manos a la obra y que el Señor te
acompañe».
17David ordenó que todas las autoridades de
Israel ayudasen a su hijo Salomón. Les dijo:
18«El Señor, su Dios, está con ustedes y les ha
dado paz en las fronteras después de poner en
mis manos a los habitantes de esta tierra, que
ahora se halla sometida al Señor y a su pueblo.
19Ahora, en cuerpo y alma, a servir al Señor y a
construir un santuario, para colocar el arca de la
alianza del Señor y los objetos sagrados en ese
templo construido en honor del Señor».

Organización de los levitas

23 1Siendo ya anciano de edad muy avanza-
da, David nombró rey de Israel a su hijo
Salomón. 2Luego reunió a todas las autoridades

de Israel, a los sacerdotes y a los levitas. 3Por
entonces hicieron el censo de los levitas mayo-
res de treinta años, que resultaron ser treinta y
ocho mil varones. 4Veinticuatro mil dirigían las
obras del templo del Señor, seis mil eran secre-
tarios y jueces, 5cuatro mil porteros y cuatro mil
músicos, que alababan al Señor acompañados
de los instrumentos hechos por David. 6Este los
distribuyó en tres clases, correspondientes a las
tres ramas de Leví: Guersón, Quehat y Merarí.
7Hijos de Guersón: Ladán y Semeí. 8Hijos de
Ladán: Yejiel, el primero, Zetán y Joel; tres. 9Hi-
jos de Semeí: Selomit, Jaziel y Harán; tres, que
eran cabezas de familia de Ladán. 10Hijos de Se-
meí: Yájat, Zizá, Yeús, Beriá; cuatro. 11Yájat era
el primogénito; Zizá, el segundo. Yeús y Beriá no
tuvieron muchos hijos; formaron una sola fami-
lia y como una fueron registrados.
12Hijos de Quehat: Amrán, Yishar, Hebrón y
Uziel; cuatro. 13Hijos de Amrán: Aarón y Moisés.
A Aarón y a sus descendientes los apartaron a
perpetuidad para ofrecer los dones sacrosantos,
quemar incienso ante el Señor, servirle y bende-
cir en su nombre. 14Los hijos de Moisés, el hom-
bre de Dios, fueron contados con la tribu de los
levitas. 15Hijos de Moisés: Guersón y Eliezer. 16El
primogénito de Guersón fue Sebuel; 17el primo-
génito de Eliezer, Rejabías. Eliezer no tuvo más
hijos, pero Rejabías tuvo muchos. 18El primogé-
nito de Yishar fue Selomit. 19Hijos de Hebrón:
Yerías, el primogénito; Amarías, segundo; Uziel,
tercero, y Yecameán, cuarto. 20Hijos de Uziel:
Miqueas, el primogénito, y Yisías, el segundo.
21Hijos de Merarí: Majlí y Musí. Hijos de Majlí:
Eleazar y Quis. 22Eleazar murió sin tener hijos,
sino solo hijas; sus primos, los hijos de Quis, se
casaron con ellas. 23Hijos de Musí: Majlí, Eder y
Yeremot; tres.
24aEstos eran los levitas repartidos por fami-
lias, registrados según sus linajes, cuando se
hizo el censo de todos los individuos mayores de
veinte años. 27–Porque, de acuerdo con las últi-
mas disposiciones de David, los levitas entraban
en el censo a partir de los veinte años–. 24bEsta-
ban al servicio del culto en el templo del Señor.
25En efecto, David había dicho: El Señor, Dios de
Israel, ha concedido paz a su pueblo y habita
en Jerusalén para siempre. 26Los levitas ya no
tienen que transportar el santuario y los objetos
de culto. 28Por eso quedaron a las órdenes de los
aaronitas para el servicio del templo del Señor,
de los atrios y de las habitaciones, para purifi-
car todos los objetos sagrados y ocuparse del
culto del templo. 29Estaban encargados de los
panes presentados, de la harina para las ofren-
das, de las tortas de pan ázimo, de las ofren-
das a la sartén o cocidas y de todos los pesos y
medidas. 30Por la mañana y por la tarde debían
presentarse para alabar y dar gracias al Señor;
31y debían ofrecer regularmente en su presen-
cia los holocaustos de los sábados, principios
de mes y días festivos, según el número y el rito
prescrito. 32Custodiaban la tienda del encuentro
y el santuario; sus hermanos aaronitas vigilaban
el servicio del templo.

Organización de los sacerdotes

24 1Clases de los aaronitas: Hijos de Aarón:
Nadab, Abihú, Eleazar e Itamar. 2Como
Nadab y Abihú murieron antes que su padre, sin
dejar hijos, Eleazar e Itamar ejercieron el sacer-
docio. 3David, Sadoc, de la familia de Eleazar, y
Ajimélec, de la familia de Itamar, los distribu-
yeron en clases para que prestasen servicio por
turno. 4Resultó que la familia de Eleazar contaba
más varones que la de Itamar; por eso a los de
Eleazar les correspondieron dieciséis jefes de fa-
milia y a los de Itamar ocho. 5La distribución se
hizo por sorteo, ya que tanto los eleazaritas co-
mo los itamaritas tenían funcionarios sagrados
y funcionarios de Dios. 6Un levita, el secretario
Semayas, hijo de Netanel, los inscribió en pre-
sencia del rey, de las autoridades, del sacerdote
Sadoc, de Ajimélec, hijo de Abiatar, y de los jefes
de familia sacerdotales y levíticos: dos familias
de Eleazar, una de Itamar, y así sucesivamente.
7En el sorteo fueron saliendo: primero, Yeho-
yarib; segundo, Yedayas; 8tercero, Jarín; cuar-
to, Seorín; 9quinto, Malquías; sexto, Miyamín;
10séptimo, Hacós; octavo, Abías; 11noveno,
Jesús; décimo, Secanías; 12undécimo, Eliasib;
duodécimo, Yaquín; 13decimotercero, Jupá; de-
cimocuarto, Yesebab; 14decimoquinto, Bilgá;
decimosexto, Imer; 15decimoséptimo, Jezir;
decimoctavo, Hapisés; 16decimonono, Petajías;
vigésimo, Ezequiel; 17vigésimo primero, Yaquín;
vigésimo segundo, Gamul; 18vigésimo tercero,
Pelayas; vigésimo cuarto, Maazías.
19Estos fueron los turnos para acudir al templo
del Señor, según las normas establecidas por su
padre, Aarón, de acuerdo con el mandato del Se-
ñor, Dios de Israel.
20Otros miembros de familias levíticas: De
la familia de Amrán, Subael; de la familia de
Subael, Yejdías; 21de la familia de Rejabías, el
jefe era Yisías; de los yisharitas, Selomot; 22de
la familia de Selomot, Yájat; 23de la familia de
Hebrón, el jefe era Yerías; segundo, Amarías;
tercero, Yajziel; cuarto, Yecameán. 24De la fami-
lia de Uziel, Miqueas; de la familia de Miqueas,
Samur. 25Yisías era hermano de Miqueas; el jefe
de la familia de Yisías era Zacarías.

26Hijos de Merarí: Majlí y Musí; también era
hijo suyo Uzías. 27Descendientes de Merarí por
parte de Uzías: Sohan, Zacur e Ibrí. 28Por parte
de Majlí: Eleazar, que no tuvo hijos, y Quis. 29Por
parte de Quis: su hijo Yerajmeel. 30Hijos de Musí:
Majlí, Eder y Yerimot. Estas eran las familias de
los levitas.
31Igual que sus hermanos los aaronitas, tam-
bién ellos hicieron sorteo, tanto las familias
principales como las más pequeñas, en presen-
cia del rey David, de Sadoc, de Ajimélec y de los
cabezas de familia sacerdotales y levíticos.

Organización de los cantores

25 1David y los directores del culto separaron
para el culto a los hijos de Asaf, Hemán
y Yedutún, que improvisaban al son de cítaras,
arpas y platillos.
Lista de las personas empleadas en esta tarea
del culto:
2De la familia de Asaf: Zacur, José, Natanías y
Asarela, hijos de Asaf, bajo la dirección de Asaf,
que improvisaba a las órdenes del rey. 3De la
familia de Yedutún: Godolías, Yisrí, Isaías, Se-
meí, Jasabías y Matitías; seis en total, bajo la
dirección de su padre, Yedutún, que improvisaba
al son de la cítara, alabando y dando gracias al
Señor. 4De la familia de Hemán: Buquías, Mata-
nías, Uziel, Sebuel, Yerimot, Ananías, Jananí,
Eliata, Guidalti, Romamti-Ezer, Yosbecasa, Ma-
lotí, Hotir, Majziot. 5Todos estos eran hijos de
Hemán, vidente del rey, según la promesa divina
de exaltar su prestigio. Dios concedió a Hemán
catorce hijos y tres hijas. 6Todos ellos, bajo la
dirección de su padre, cantaban en el templo del
Señor con platillos, arpas y cítaras, ejerciendo
el culto en el templo de Dios. Asaf, Hemán y Ye-
dutún se hallaban a las órdenes inmediatas del
rey. 7Su número, incluido el de sus parientes, era
doscientos ochenta y ocho; todos dominaban
el arte de cantar al Señor. 8Se sortearon el ser-
vicio, sin distinguir entre pequeños y grandes,
maestros y discípulos.
9En el sorteo salieron: Primero, José; con sus
hermanos e hijos, doce. Segundo, Godolías; con
sus hermanos e hijos, doce. 10Tercero, Zacur;
con sus hermanos e hijos, doce. 11Cuarto, Yisrí;
con sus hermanos e hijos, doce. 12Quinto, Nata-
nías; con sus hermanos e hijos, doce. 13Sexto,
Buquías; con sus hermanos e hijos, doce. 14Sép-
timo, Asarela; con sus hermanos e hijos, doce.
15Octavo, Isaías; con sus hermanos e hijos, doce.
16Noveno, Matanías; con sus hermanos e hijos,
doce. 17Décimo Semeí; con sus hermanos e hijos,
doce. 18Undécimo, Azarel; con sus hermanos e
hijos, doce. 19Duodécimo, Jasabías; con sus her-
manos e hijos, doce. 20Decimotercero, Subael;
con sus hermanos e hijos, doce. 21Decimocuarto,
Matitías; con sus hermanos e hijos, doce. 22De-
cimoquinto, Yeremot; con sus hermanos e hijos,
doce. 23Decimosexto, Ananías; con sus herma-
nos e hijos, doce. 24Decimoséptimo, Yosbecasa;
con sus hermanos e hijos, doce. 25Decimoctavo,
Jananí; con sus hermanos e hijos, doce. 26Deci-
monono, Malotí; con sus hermanos e hijos, doce.
27Vigésimo, Eliata; con sus hermanos e hijos, do-
ce. 28Vigésimo primero, Hotir; con sus hermanos
e hijos, doce. 29Vigésimo segundo, Guidalti; con
sus hermanos e hijos, doce. 30Vigésimo tercero,
Majziot; con sus hermanos e hijos, doce. 31Vigé-
simo cuarto, Romamti-Ezer; con sus hermanos
e hijos, doce.

Organización de los porteros

26 1Clases de los porteros: De los corajitas:
Meselemías, hijo de Coré, descendiente
de Abiasaf. 2Hijos de Meselemías: Zacarías, el
primogénito; segundo, Yediel; tercero, Zeba-
días; cuarto, Yatniel; 3quinto, Elam; sexto, Juan;
séptimo, Elioenay.
4Hijos de Obededón: Semayas, el primogéni-
to; segundo, Yehozabad; tercero, Yoaj; cuarto,
Sacar; quinto, Netanel; 5sexto, Amiel; séptimo,
Isacar; octavo, Peuletay. 6Su hijo Sémayas tuvo
varios hijos, que se impusieron en sus familias
por sus grandes cualidades. 7Hijos de Sémayas:
Otní, Rafael, Obed, Elzabad, y sus hermanos Eli-
hú y Semaquías, de grandes cualidades. 8Todos
estos eran descendientes de Obededón. Ellos,
sus hijos y sus hermanos eran setenta y dos en
total, hombres de cualidades y robustos para
el trabajo. 9Meselemías tuvo hijos y hermanos,
dieciocho hombres capaces.
10Los hijos de Josá, descendiente de Merarí,
fueron: Simrí, el jefe, porque aunque no era el
primogénito, su padre le dio el primer puesto;
11segundo, Jelcías; tercero, Tebalías; cuarto,
Zacarías. Los hijos y hermanos de Josá fueron
trece en total.
12A estos grupos de porteros, tanto a los jefes
como a sus hermanos, se les encomendó el ser-
vicio del templo. 13Pequeños y grandes se sor-
tearon las puertas por familias. 14La oriental le
tocó a Selamías. La del norte, a su hijo Zacarías,
que era un consejero prudente. 15La del sur, a
Obededón, y a sus hijos los almacenes. 16A Josá
le tocó la occidental, la puerta del Tocón, que
da al camino de la subida. Los turnos de guardia
eran proporcionales: 17seis levitas por día en la
oriental, cuatro por día al norte, cuatro por día
al sur, y de dos en dos en los almacenes; 18junto
al atrio, al este, cuatro para la cuesta y dos para

el mismo atrio. [19]Estas eran las clases de los por-
teros, descendientes de Córaj y de Merarí.

Organización de tesoreros del Templo y jueces

[20]Levitas encargados del tesoro del templo y
de los dones votivos: [21]Yejielí, hijo de Ladán,
guersonita. [22]Los hijos de Yejielí, Zetán y su her-
mano Joel, custodiaban los tesoros del templo.
[23]Descendientes de Amrán, Yishar, Hebrón y
Uziel: [24]Subael, hijo de Guersón, hijo de Moisés,
era el tesorero mayor. [25]Sus hermanos, por parte
de Eliezer, eran: Rejabías, Isaías, Jorán, Zicrí y
Selomit. [26]Este Selomit y sus hermanos custo-
diaban los dones votivos que habían regalado
el rey David, los jefes de familia y los generales,
jefes y oficiales del ejército; [27]parte del botín
de guerra lo habían dedicado al sostenimiento
del templo; [28]también custodiaban todo lo que
habían donado el vidente Samuel; Saúl, hijo de
Quis; Abner, hijo de Ner, y Joab, hijo de Seruyá.
Todo lo consagrado estaba a cargo de Selomit y
sus hermanos.
[29]De los yisharitas, Jeconías y sus hijos se
ocupaban de los asuntos profanos de Israel co-
mo secretarios y jueces. [30]De los hebronitas, Ja-
sabías y sus parientes, mil setecientos hombres
capaces, administraban los asuntos del Señor y
de la corona en Israel, a occidente del Jordán.
[31]El jefe de los hebronitas era Yerías. El año cua-
renta del reinado de David se investigó el árbol
genealógico de los hebronitas y encontraron en-
tre ellos gente capaz en Yazer de Galaad. [32]Sus
parientes eran dos mil setecientos jefes de fa-
milia, todos hombres de armas; el rey David los
puso al frente de los rubenitas, de los gaditas
y de la media tribu de Manasés para todos los
asuntos religiosos y de la corona.

Organización militar y civil

27 [1]Israelitas seglares: Los jefes de familia,
jefes de mil y oficiales de cien, con sus se-
cretarios, estaban al servicio del rey para toda
clase de asuntos. Se turnaban por divisiones de
mes en mes, todo el año, y cada división consta-
ba de veinticuatro mil hombres.
[2]Al frente de la primera, la del primer mes, es-
taba Yasobeán, hijo de Zabdiel, con veinticuatro
mil hombres. [3]Era descendiente de Fares y jefe
de todos los oficiales del primer mes. [4]Al mando
de la división del mes segundo se encontraba
Eleazar, hijo de Doday, el ajojita; el caudillo
Miclot formaba parte de ella; tenía veinticuatro
mil hombres. [5]Jefe de la tercera división, la del
mes tercero, era Benayas, hijo del sumo sacer-
dote Yehoyadá, con veinticuatro mil hombres;
[6]Benayas era uno de los treinta guerreros y je-
fe de ellos; su hijo Amizabad pertenecía a esta
división. [7]Jefe del cuarto, para el mes cuarto,
Asael, hermano de Joab, al que sucedió su hijo
Zebadías, con veinticuatro mil hombres. [8]Jefe
del quinto, para el mes quinto, el general Sa-
mhut de Zéraj, con veinticuatro mil hombres.
[9]Jefe del sexto, para el mes sexto, Irá, hijo de
Iqués de Tecua, con veinticuatro mil hombres.
[10]Jefe del séptimo, para el mes séptimo, Jeles,
el pelteo, de la tribu de Efraín, con veinticuatro
mil hombres. [11]Jefe del octavo, para el mes octa-
vo, Sibcay de Jusá, zerajita, con veinticuatro mil
hombres. [12]Jefe del noveno, para el mes noveno,
Abiezer de Anatot, benjaminita, con veinticua-
tro mil hombres. [13]Jefe del décimo, para el mes
décimo, Mahray de Netofá, zerajita, con veinti-
cuatro mil hombres. [14]Jefe del undécimo, para el
mes undécimo, Benayas de Piratón, efraimita,
con veinticuatro mil hombres. [15]Jefe del duodé-
cimo, para el mes duodécimo, Jelday de Netofá,
descendiente de Otniel, con veinticuatro mil
hombres.
[16]Jefes de las tribus de Israel: De Rubén: Elie-
zer, hijo de Zicrí. De Simeón: Sefatías, hijo de
Maacá. [17]De Leví: Jasabías, hijo de Quemuel.
De Aarón: Sadoc. [18]De Judá: Eliab, hermano de
David. De Isacar: Omrí, hijo de Miguel. [19]De Za-
bulón: Yismayas, hijo de Abdías. De Neftalí: Ye-
rimot, hijo de Azriel. [20]De Efraín: Oseas, hijo de
Uzías. De media tribu de Manasés: Joel, hijo de
Fedayas. [21]De la otra media tribu de Manasés en
Galaad: Yidó, hijo de Zacarías. De Benjamín: Ya-
siel, hijo de Abner. [22]De Dan: Azarel, hijo de Ye-
roján. Estos eran los jefes de las tribus de Israel.
[23]David no hizo el censo de los menores de
veinte años, porque el Señor había prometido
multiplicar a Israel como las estrellas del cielo.
[24]Joab, hijo de Seruyá, comenzó el censo –lo que
motivó la cólera de Dios contra Israel–, pero no
lo terminó, y por eso no figura el número en los
Anales del rey David.
[25]Encargados de la administración: Del teso-
ro de la corona: Azmaut, hijo de Adiel. De los
silos del campo, pueblos, campamento y de las
fronteras: Jonatán, hijo de Uzías. [26]De los la-
bradores que cultivaban la tierra: Ezrí, hijo de
Quelub. [27]De los viñedos: Semeí, de Ramá. De los
productos de las viñas y de las bodegas: Zabdí,
de Sefán. [28]De los olivares y de los sicómoros de
la Sefela: Baal-Janán. De los depósitos de acei-
te: Joás. [29]Del ganado vacuno que pastaba en
Sarón: Sitray, saronita. Del ganado vacuno que
pastaba en las vegas: Safat, hijo de Adlay. [30]De
los camellos: Obil, de Ismael. De las borricas:
Yejdías, de Meronot. [31]Del ganado menor: Yaziz,

de Agar. Todos ellos eran encargados de los bie-
nes que pertenecían al rey David.
32 Jonatán, tío de David, hombre inteligente y
culto, era consejero; él y Yejiel, hijo de Jacmoní,
eran preceptores de los hijos del rey. 33 Ajitófel
era consejero del rey. Jusay, arquita, era ami-
go del rey. 34 A Ajitófel le sucedieron Yehoyadá,
hijo de Benayas, y Abiatar. El general en jefe
era Joab.

Testamento de David

28 1 David reunió en Jerusalén a todas las
autoridades de Israel: a los jefes de las
tribus y de las divisiones al servicio del rey, a
los generales y oficiales, a los administrado-
res de todos los bienes y de la ganadería real,
a los cortesanos, a los guerreros y a todos los
hombres más capaces. 2 El rey David se puso de
pie y dijo: «Hermanos míos, pueblo mío: escú-
chenme. Yo tenía pensado construir un templo
para descanso del arca de la alianza del Señor y
como tarima de los pies de nuestro Dios. Reali-
cé los preparativos para la construcción, 3 pero
Dios me dijo: Tú no edificarás un templo en mi
honor porque te has pasado la vida guerreando
y has derramado mucha sangre. 4 El Señor, Dios
de Israel, me había elegido entre toda mi fa-
milia para ser rey vitalicio de Israel. En efecto,
escogió a Judá como tribu capitana, dentro de
Judá a mi familia y entre mis hermanos se fijó
en mí para hacerme rey de todo Israel. 5 Y entre
los muchos hijos que me dio el Señor, eligió a mi
hijo Salomón para que ocupe el trono real del
Señor en Israel. 6 Y me dijo: Tu hijo Salomón será
quien edifique mi templo y mis atrios, porque
lo he escogido como hijo y seré un padre para
él. 7 Si se esfuerza por cumplir mis preceptos y
decretos, como hace ahora, consolidaré su reino
para siempre. 8 Por tanto, en presencia de todo
Israel, comunidad del Señor, y poniendo por tes-
tigo a nuestro Dios, les digo: Observen y estu-
dien todos los preceptos del Señor, su Dios; así
poseerán este magnífico país y se lo legarán a
sus descendientes para siempre. 9 Y tú, Salomón,
hijo mío, reconoce al Dios de tu padre y sírvele
de todo corazón, con generosidad de espíritu,
que el Señor sondea los corazones y penetra
todas las intenciones. Si lo buscas, se dejará
encontrar; si lo abandonas, te rechazará defi-
nitivamente. 10 Mira, el Señor te ha elegido para
construir un santuario. Ánimo, manos a la obra».
11 David entregó a su hijo Salomón los planos
del atrio y del templo, de los almacenes, las ha-
bitaciones superiores, las naves interiores y la
cámara del propiciatorio. 12 También el proyecto
que había concebido sobre los atrios del templo
y las habitaciones circundantes para el tesoro
del templo de Dios, para los dones votivos, 13 pa-
ra las clases sacerdotales y levíticas, para los
diversos servicios del culto del templo y para
los objetos sagrados del mismo. 14 Le indicó la
cantidad de oro que debían tener los objetos de
oro según sus funciones y la cantidad de plata
que debían tener los objetos de plata según las
suyas; 15 el peso de los candelabros de oro con
sus lámparas y el de los de plata con las suyas,
según el uso de los diversos candelabros; 16 la
cantidad de oro de cada una de las mesas de los
panes presentados y la de plata de las mesas de
plata; 17 el oro puro de los tenedores, asperso-
rios y copas, la cantidad de oro y plata de las
tazas respectivas. 18 El oro refinado del altar del
incienso y el proyecto del carro de los querubi-
nes de oro, que cubren con sus alas el arca de la
alianza del Señor. 19 Todo esto se hallaba en un
escrito que el Señor le había consignado, expli-
cando la fabricación del modelo.
20 David añadió a su hijo Salomón: «Ánimo, sé
valiente; pon manos a la obra. No te asustes ni
te acobardes, que el Señor Dios, mi Dios, está
contigo. No te dejará ni te abandonará hasta
que hayas terminado todas las obras del servicio
del templo. 21 Están a tu disposición las clases
sacerdotales y levíticas que se encuentran al
servicio del templo de Dios, y además de las
autoridades y del pueblo, que están plenamen-
te a tus órdenes, también te ayudarán en esta
tarea muchos profesionales que se ofrecerán
voluntariamente».

Ofrendas para el Templo

29 1 El rey David dijo luego a toda la comuni-
dad: «Mi hijo Salomón, al que Dios eligió,
es joven e inmaduro; sin embargo, la empresa
es enorme, porque no se trata de construir una
casa cualquiera, sino un templo al Señor Dios.
2 Por eso fui haciendo los preparativos según mi
capacidad: oro para los objetos de oro, plata
para los de plata, bronce para los de bronce,
hierro para los de hierro, madera para el mo-
biliario, ónice, piedras de engaste, azabache,
piedras para mosaicos, toda clase de piedras
preciosas y gran cantidad de alabastro. 3 Ade-
más, por amor al templo de mi Dios, aparte de
lo que ya he preparado para el santuario, en-
trego mis tesoros de oro y plata: 4 mil quintales
de oro, de oro de Ofir; dos mil cuatrocientos
quintales de plata finísima, para recubrir las
paredes interiores del templo, 5 para los diver-
sos objetos de oro y plata y para los trabajos de
los orfebres. ¿Quién quiere hoy ofrecer genero-
samente al Señor?».

6 Los jefes de familia, los jefes de las tribus de
Israel, los jefes y oficiales y los administradores
del rey 7 ofrecieron generosamente para la cons-
trucción del templo ciento setenta quintales
de oro, diez mil dáricos, tres mil cuatrocientos
treinta quintales de plata, seis mil ciento seten-
ta y cuatro toneladas de bronce y tres mil cua-
trocientas treinta toneladas de hierro. 8 Los que
tenían piedras preciosas las entregaron a Yejiel,
guersonita, para el tesoro del templo. 9 El pueblo,
lleno de generosidad, se alegraba de ofrecer algo
al Señor, y también David sentía gran alegría.

Oración de David

10 Entonces bendijo al Señor en presencia de
toda la comunidad y dijo: «Bendito seas, Señor,
Dios de nuestro padre Israel, desde siempre y
para siempre. 11 A ti, Señor, la grandeza, el po-
der, el honor, la majestad y la gloria, porque tu-
yo es cuanto hay en cielo y tierra. Tuyo el reino y
el que está por encima de todos. 12 Riqueza y glo-
ria vienen de ti. Todo lo gobiernas. En tus manos
están la fuerza y el poder, en tus manos engran-
decer y fortalecer a quien quieras. 13 Nosotros,
Dios nuestro, te damos gracias y alabamos tu
nombre glorioso. 14 Ni yo ni mi pueblo somos
nadie para ofrecerte todo esto, porque todo es
tuyo, y te ofrecemos lo que tu mano nos ha dado.
15 Ante ti somos emigrantes y extranjeros, igual
que nuestros padres. Nuestra vida terrena no
es más que una sombra sin esperanza. 16 Señor,
Dios nuestro, todo lo que hemos preparado para
construir un templo a tu santo Nombre viene de
tus manos y a ti te pertenece. 17 Sé, Dios mío,
que sondeas el corazón y amas la sinceridad. Con
sincero corazón te ofrezco todo esto, y veo con
alegría a tu pueblo aquí reunido ofreciéndote
sus dones. 18 Señor, Dios de nuestros padres
Abrahán, Isaac e Israel, conserva siempre en tu
pueblo esta forma de pensar y de sentir, man-
tén sus corazones fieles a ti. 19 Concede a mi hijo
Salomón un corazón íntegro para poner en prác-
tica todos tus preceptos, normas y mandatos, y
para edificarte este templo que he proyectado».
20 David dijo a toda la comunidad: «Bendigan
al Señor, su Dios». Toda la comunidad bendijo al
Señor, Dios de sus padres, y postrándose rindie-
ron homenaje al Señor y al rey.
21 Al día siguiente ofrecieron sacrificios y ho-
locaustos al Señor: mil novillos, mil carneros y
mil corderos, con sus libaciones, y numerosos
sacrificios por todo Israel. 22 Festejaron aquel
día comiendo y bebiendo en presencia del Señor.
Entronizaron por segunda vez a Salomón, hijo de
David, y lo ungieron jefe por la gracia de Dios. A
Sadoc lo ungieron sacerdote.

Muerte de David y reinado de Salomón

23 Salomón se sentó en el trono del Señor como
sucesor de su padre, David, y tuvo éxito. Todo
Israel le prestó obediencia 24 y todos los genera-
les, los guerreros y los hijos del rey David pres-
taron juramento al nuevo rey. 25 El Señor engran-
deció a Salomón ante todo Israel y le otorgó una
majestad regia que no habían conocido los reyes
anteriores de Israel.
26 David, hijo de Jesé, fue rey de todo Israel.
27 Reinó cuarenta años, siete en Hebrón y treinta
y tres en Jerusalén. 28 Murió en buena vejez, col-
mado de años, riquezas y gloria. Su hijo Salomón
le sucedió en el trono. 29 Las gestas de David,
de la primera a la última, están escritas en los
libros de Samuel, el vidente, en la historia del
profeta Natán y en la historia del vidente Gad,
30 con todo lo referente a su reinado, a sus bata-
llas y lo que le sucedió a él, a Israel y a todos los
reinos vecinos.

2 CRÓNICAS

REINADO DE SALOMÓN (1–9)

Visión de Salomón

1 1 Salomón, hijo de David, se afianzó en el tro-
no, y el Señor, su Dios, estaba con él y lo en-
grandeció. 2 Después de hablar con los israelitas,
con los jefes y oficiales, los jueces, los príncipes
y todos los jefes de familia, 3 Salomón y toda la
comunidad con él se dirigieron al santuario de
Guibeón, donde estaba la tienda del encuentro
con Dios, la que había hecho en el desierto Moi-
sés, siervo de Dios. 4 El arca de Dios, en cam-
bio, había sido llevada por David desde Quiriat
Yearim al lugar que él mismo le había prepara-
do en Jerusalén, levantando allí una tienda de
campaña para ella. 5 El altar de bronce que había
hecho Besalel, hijo de Urí, hijo de Jur, también
se encontraba allí, delante del santuario del Se-
ñor. 6 Salomón y la comunidad lo consultaban.
Subió Salomón al lugar donde se hallaba el altar
de bronce –el que está en presencia del Señor,
delante de la tienda del encuentro– y ofreció
sobre él mil holocaustos.
7 Aquella noche, Dios se apareció a Salomón
y le dijo: «Pídeme lo que quieras». 8 Salomón
respondió a Dios: «Tú trataste con gran mise-
ricordia a mi padre, David, y me has nombrado
sucesor suyo. 9 Ahora, Señor Dios, que se cumpla
la promesa que hiciste a mi padre, David, por-
que tú has sido quien me ha hecho reinar sobre
un pueblo numeroso como el polvo de la tierra.
10 Dame ciencia y sabiduría para dirigir a este

pueblo. De lo contrario, ¿quién podría gobernar
a este pueblo tuyo tan numeroso?».
11Contestó Dios a Salomón: «Por haber sido
ese tu deseo, en vez de pedirme riquezas, bie-
nes, gloria, la muerte de tus enemigos o una
larga vida; por haber pedido ciencia y sabiduría
para gobernar a mi pueblo, del que te he consti-
tuido rey, 12se te concede la sabiduría y la cien-
cia, y también riquezas, bienes y gloria como
no la han tenido los reyes que te precedieron ni
la tendrán tus sucesores». 13Salomón salió de la
tienda del encuentro y volvió desde el santuario
de Guibeón a Jerusalén, donde reinó en Israel.

Riquezas de Salomón

14Salomón juntó carros y caballos. Llegó a te-
ner mil cuatrocientos carros y doce mil caballos.
Los acantonó en las ciudades con cuarteles para
carros y en Jerusalén, junto a palacio. 15El rey
consiguió que en Jerusalén la plata y el oro fue-
ran tan corrientes como las piedras, y los cedros
tan numerosos como los sicómoros de la Sefela.
16Los caballos de Salomón provenían de Egipto y
Cilicia, donde los tratantes del rey los compra-
ban al contado. 17Cada carro importado de Egip-
to valía seiscientos pesos, y un caballo, ciento
cincuenta. Sus intermediarios los vendían por el
mismo precio a los reyes hititas y sirios.

Preparativos para la construcción del Templo

18Salomón decidió construir un templo en ho-
nor del Señor y un palacio real.

2 1Reclutó setenta mil hombres para transpor-
tar cargas y ocho mil para extraer las piedras
de las montañas, y puso al frente de ellos tres
mil seiscientos capataces.
2Luego envió esta embajada a Jirán, rey de
Tiro: «Hace tiempo enviaste a mi padre, David,
madera de cedro para que se construyese un pa-
lacio donde habitar. 3Mira, yo pienso construir
ahora un templo en honor del Señor, mi Dios,
para consagrarlo a él, quemar incienso de sahu-
merio en su presencia, tener siempre los panes
presentados, ofrecer los holocaustos matutinos
y vespertinos, los de los sábados, principios de
mes y solemnidades del Señor, nuestro Dios. Así
se hará siempre en Israel. 4El templo que voy a
construir debe ser grande, porque nuestro Dios
es el más grande de todos los dioses. 5¿Quién se
atreverá a construirle un templo, cuando el cielo
y lo más alto del cielo resultan pequeños para
contenerlo? Y, ¿quién soy yo para construirle un
templo, aunque solo sea para quemar incienso
en su presencia? 6De todos modos, envíame un
hombre que domine el arte de trabajar el oro,
la plata, el bronce, el hierro, la escarlata, el
carmesí, la púrpura y que sepa grabar. Trabajará
con los artesanos que preparó mi padre, David, y
que están a mi disposición en Judá y Jerusalén.
7Mándame también madera de cedro, abeto y
sándalo del Líbano. Ya sé que tus siervos son ex-
pertos en talar árboles del Líbano. Mis esclavos
irán con los tuyos 8para prepararme gran canti-
dad de madera, porque el templo que voy a cons-
truir será grande y magnífico. 9A los taladores
les daré para su manutención veinte mil cargas
de trigo, veinte mil cargas de cebada, veinte mil
cántaros de vino y veinte mil de aceite».
10Jirán, rey de Tiro, contestó a Salomón por
escrito: «El Señor te ha hecho rey de su pueblo
por lo mucho que lo quiere. 11Y añadía: Bendito
sea el Señor, Dios de Israel, que hizo el cielo y
la tierra, por haber dado al rey David un hijo
sabio, dotado de sensatez y prudencia, dispues-
to a construir un templo al Señor y un palacio
real. 12Te envío a Jirán-Abiu, hombre experto e
inteligente, 13hijo de madre danita y de padre
fenicio. Sabe trabajar el oro, la plata, el bronce,
el hierro, la piedra, la madera, la púrpura roja y
violácea, el carmesí, el lino y hacer toda clase
de grabados. Realizará todos los proyectos que
le encarguen en colaboración con tus artesanos
y con los de tu padre, David, mi señor. 14Envía
a tus servidores el trigo, la cebada, el vino y el
aceite de que hablas. 15Nosotros talaremos to-
dos los árboles del Líbano que necesites, te los
enviaremos a Jafa en balsas, por vía marítima,
y tú te encargas de transportarlos a Jerusalén».
16Salomón hizo el censo de todos los emigran-
tes que se encontraban en territorio israelita,
censo posterior al que hizo su padre, David. Eran
ciento cincuenta y tres mil seiscientos. 17Seten-
ta mil los destinó a cargadores, ochenta mil a
canteros en la montaña y tres mil seiscientos
como capataces al frente del personal.

Construcción del Templo

3 1Salomón comenzó a construir el templo del
Señor en Jerusalén, en el monte Moria –don-
de el Señor se apareció a su padre, David, en el
lugar que este había preparado, en la era de Or-
nán, el jebuseo–. 2Comenzó a edificar en el mes
segundo del año cuarto de su reinado. 3Salomón
determinó la planta del templo: treinta metros
de largo, del patrón antiguo, y diez de ancho.
4El vestíbulo ante la nave del templo ocupaba
diez metros a lo ancho del edificio, y tenía cin-
co metros de profundidad y diez de altura. Lo
revistió por dentro de oro puro. 5La nave princi-
pal la recubrió con madera de abeto y la adornó

con palmas y guirnaldas engarzadas en oro fino.
6 Adornó el templo con piedras preciosas y con
oro auténtico de Paravín. 7 También revistió de
oro la nave, las vigas, los umbrales, las paredes
y las puertas. E hizo relieves de querubines en
las paredes.
8 Hizo luego la cámara del santísimo. Ocupaba
diez metros a lo ancho del edificio y tenía diez
de profundidad; la recubrió con doscientos cin-
co quintales de oro fino. 9 Los clavos, que eran
de oro, pesaban cada uno medio kilo. Revistió
de oro las habitaciones superiores. 10 Para la cá-
mara del Santísimo encargó a los escultores dos
querubines, y los recubrió de oro. 11 Las alas de
los querubines abarcaban diez metros; un ala del
primero, de dos metros y medio, tocaba la pared
interior del edificio; la otra, también de dos me-
tros y medio, rozaba al segundo querubín. 12 Un
ala del segundo querubín, de dos metros y me-
dio, tocaba la pared de enfrente, y la otra ala, de
dos metros y medio, llegaba hasta un ala del pri-
mer querubín. 13 En total, las alas extendidas de
los querubines abarcaban diez metros. Estaban
de pie, mirando hacia dentro. 14 Hizo el velo de
púrpura violeta, escarlata, carmesí y lino, con
querubines bordados.
15 Delante de la nave colocó dos columnas de
diecisiete metros y medio de altura, rematadas
con un capitel de dos metros y medio. 16 Hizo
unas guirnaldas en forma de collar y las puso en
los capiteles; también hizo cien granadas y las
colocó en las guirnaldas. 17 Levantó las columnas
a la entrada del templo, una a la derecha y otra
a la izquierda. A la derecha la llamó Firme y a la
izquierda Fuerte.

4 1 Hizo un altar de bronce de diez metros de
largo, diez de ancho y cinco de alto. 2 Cons-
truyó también un depósito de metal fundido;
medía cinco metros de diámetro. Era todo re-
dondo, de dos metros y medio de alto y unos
quince de perímetro, medidos a cordel. 3 Por de-
bajo del borde, todo alrededor, daban la vuelta
al depósito dos series de figuras de toros –vein-
te cada metro– fundidas con el depósito en una
sola pieza. 4 El depósito descansaba sobre doce
toros; los toros, que miraban tres al norte, tres
al oeste, tres al sur y tres al este, tenían las pa-
tas traseras hacia dentro; encima de ellos iba el
depósito. 5 Su espesor era de un palmo y su borde
como el de un cáliz de azucena. Su capacidad,
unos ciento veinte mil litros.
6 Hizo diez recipientes de bronce; puso cinco
a la derecha y cinco a la izquierda. En ellos se
lavaba el material de los holocaustos, mientras
que el depósito estaba destinado a las ablucio-
nes de los sacerdotes. 7 Hizo también diez can-
delabros de oro, según la forma prescrita, y los
puso en el santuario, cinco a la derecha y cinco
a la izquierda. 8 También hizo diez mesas y las
colocó en el santuario, cinco a la derecha y cin-
co a la izquierda. Hizo cien aspersorios de oro.
9 Construyó el atrio de los sacerdotes, el atrio
mayor y sus puertas, que recubrió de bronce. 10 El
depósito lo puso a la derecha, hacia el sudeste.
11 Jirán hizo también los calderos, los ceniceros
y los aspersorios. Así ultimó todos los encargos
de Salomón para el templo del Señor: 12 las dos
columnas, las dos esferas de los capiteles que
remataban las columnas, las dos guirnaldas para
adornar esas esferas, 13 las cuatrocientas grana-
das para las dos guirnaldas –dos series de grana-
das por guirnalda–, 14 las diez bases y los diez re-
cipientes que iban sobre ellas, 15 el depósito sobre
los doce toros, 16 las ollas, ceniceros y tenedores.
Todos los utensilios que Jirán-Abiu hizo al rey Sa-
lomón para el templo del Señor eran de bronce
bruñido. 17 Los fundió en el valle del Jordán, junto
al vado de Adamá, entre Sucot y Seredá.
18 Salomón hizo todos estos objetos; eran tan-
tos que no se calculó el peso del bronce. 19 Tam-
bién hizo los demás utensilios del templo: el al-
tar de bronce, las mesas sobre las que se ponen
los panes presentados, 20 los candelabros con sus
lámparas, de oro puro, para que ardieran como
está mandado delante del camarín, 21 los cálices,
lámparas y tenazas de oro, de oro purísimo; 22 los
cuchillos, aspersorios, bandejas, incensarios
de oro puro, y también de oro los goznes de las
puertas del camarín y de la nave.

Traslado del Arca

5 1 Cuando se terminaron todos los encargos
del rey para el templo, Salomón hizo traer las
ofrendas de su padre, David –plata, oro y va-
sos–, y las depositó en el tesoro del templo de
Dios. 2 Entonces Salomón convocó en Jerusalén
a los ancianos de Israel, a los jefes de las tri-
bus y a los cabezas de familia de los israelitas
para transportar el arca de la alianza del Señor
desde la Ciudad de David, o sea, Sión. 3 Todos los
israelitas se congregaron en torno al rey en la
fiesta del mes séptimo. 4 Cuando llegaron todos
los ancianos de Israel, los levitas cargaron con
el arca, 5 y los sacerdotes levitas la trasladaron,
junto con la tienda del encuentro y los utensi-
lios del culto que había en la tienda.
6 El rey Salomón, acompañado de toda la asam-
blea de Israel, reunida con él ante el arca, sa-
crificaba una cantidad incalculable de ovejas
y bueyes. 7 Los sacerdotes llevaron el arca de la
alianza del Señor a su sitio, al camarín del tem-

plo, al santísimo, bajo las alas de los querubines;
8los querubines extendían sus alas sobre el sitio
del arca y cubrían el arca y las andas por encima
9–las andas eran lo bastante largas como para
que se viera el remate desde la nave, delante del
camarín, pero no desde fuera–. Allí se conservan
actualmente. 10En el arca solo había las dos ta-
blas que escribió Moisés en el Horeb, cuando el
Señor pactó con los israelitas al salir de Egipto.

11Cuando los sacerdotes salieron del santuario
–todos los sacerdotes presentes sin distinción
de clases se habían purificado–, 12los levitas
cantores –Asaf, Hemán, Yedutún, sus hijos y sus
hermanos–, vestidos de lino fino, con platillos,
arpas y cítaras, estaban de pie al este del altar,
acompañados de ciento veinte sacerdotes que
tocaban las trompetas. 13Trompeteros y canto-
res entonaron al unísono los himnos y la acción
de gracias al Señor; y cuando ellos elevaban la
voz al son de las trompetas, de los platillos y de
los instrumentos musicales para alabar al Señor,
porque es bueno, porque es eterna su misericor-
dia, una nube llenó el templo, 14de forma que los
sacerdotes no podían seguir oficiando a causa
de la nube, porque la gloria del Señor llenaba el
templo de Dios.

6 1Entonces Salomón dijo: «El Señor quiere ha-
bitar en la tiniebla; 2y yo te he construido
un palacio, un sitio donde vivas para siempre».

Plegaria de Salomón

3Luego se volvió y bendijo a toda la asamblea
de Israel mientras esta permanecía de pie 4y dijo:
«Bendito el Señor, Dios de Israel, que ha cumpli-
do con su mano lo que su boca había anunciado a
mi padre David cuando le dijo: 5Desde el día que
saqué del país de Egipto a mi pueblo, no elegí
ninguna ciudad de las tribus de Israel para ha-
cerme un templo donde residiera mi Nombre, y no
elegí a nadie para que fuese caudillo de mi pue-
blo, Israel, 6sino que elegí a Jerusalén para poner
allí mi Nombre y elegí a David para que estuviera
al frente de mi pueblo, Israel. 7Mi padre, David,
pensó edificar un templo en honor del Señor, Dios
de Israel, 8y el Señor le dijo: Ese proyecto que
tienes de construir un templo en mi honor, ha-
ces bien en tenerlo; 9solo que tú no construirás
ese templo, sino que un hijo de tus entrañas será
quien construya ese templo en mi honor. 10El Se-
ñor ha cumplido la promesa que hizo; yo he suce-
dido en el trono de Israel a mi padre, David, como
prometió el Señor, y he construido este templo en
honor del Señor, Dios de Israel. 11Y en él he colo-
cado el arca, donde se conserva la alianza que el
Señor pactó con los hijos de Israel».

12Salomón, de pie ante el altar del Señor, en
presencia de toda la asamblea de Israel, exten-
dió las manos. 13Salomón había hecho un estra-
do de bronce de dos metros y medio de largo por
dos y medio de ancho y uno cincuenta de alto, y
lo había colocado en medio del atrio; subió a él,
se arrodilló frente a toda la asamblea de Israel,
elevó las manos al cielo 14y dijo:

»Señor, Dios de Israel. Ni en el cielo ni en la
tierra hay un Dios como tú, que mantienes la
Alianza y eres fiel con tus servidores cuando
caminan delante de ti de todo corazón como tú
quieres. 15Tú has cumplido, a favor de mi padre,
David, la promesa que le habías hecho y hoy mis-
mo has realizado con tu mano lo que había dicho
tu boca. 16Ahora, Señor, Dios de Israel, mantén
en favor de tu siervo, mi padre, David, la prome-
sa que le hiciste: No te faltará un descendiente
que esté sentado delante de mí en el trono de Is-
rael, a condición de que tus hijos sepan compor-
tarse, caminando por mi ley como has caminado
tú. 17Ahora, Señor, Dios de Israel, confirma la
promesa que hiciste a tu siervo David. 18Aunque,
¿es posible que Dios habite con los hombres en
la tierra? Si no cabes en el cielo y lo más alto
del cielo, ¡cuánto menos en este templo que te
he construido!

19»Vuelve tu rostro a la oración y súplica de tu
servidor, Señor, Dios mío, escucha el clamor y la
oración que te dirige tu servidor. 20Día y noche
estén tus ojos abiertos sobre este templo, sobre
el sitio donde quisiste que residiera tu Nombre.
¡Escucha la oración que tu servidor te dirige en
este sitio! 21Escucha las súplicas de tu servidor y
de tu pueblo, Israel, cuando recen en este sitio;
escucha tú desde tu morada del cielo, escucha
y perdona.

22»Cuando uno peque contra otro, si se le exi-
ge juramento y viene a jurar ante tu altar en este
templo, 23escucha tú desde el cielo y haz justicia
a tus servidores: condena al culpable dándole
su merecido y absuelve al inocente pagándole
según su inocencia.

24»Cuando tu pueblo, Israel, sea derrotado
por el enemigo por haber pecado contra ti, si se
convierten y confiesan su pecado, y rezan y su-
plican ante ti en este templo, 25escucha tú desde
el cielo y perdona el pecado de tu pueblo, Israel,
y hazlos volver a la tierra que les diste a ellos y
a sus padres.

26»Cuando, por haber pecado contra ti, se cie-
rre el cielo y no haya lluvia, si rezan en este
lugar, te confiesan su pecado y se arrepienten
cuando tú los afliges, 27escucha tú desde el cielo
y perdona el pecado de tu servidor, de tu pueblo,
Israel, mostrándole el buen camino que deben

seguir y envía la lluvia a la tierra que diste en herencia a tu pueblo.

28»Cuando en el país haya hambre, peste, sequía y plagas en los sembrados, langostas y saltamontes; cuando el enemigo cierre el cerco a algunas de sus ciudades; en cualquier calamidad o enfermedad, 29si uno cualquiera, o todo tu pueblo, Israel, ante los remordimientos y el dolor, extiende las manos hacia este templo y te dirige oraciones y súplicas, 30escucha tú desde el cielo donde moras, perdona y actúa, paga a cada uno según su conducta, tú que conoces el corazón, porque solo tú conoces el corazón humano; 31así te respetarán y marcharán por tus sendas mientras vivan en la tierra que tú diste a nuestros padres.

32»Pero también al extranjero que no pertenece a tu pueblo, Israel: cuando venga de un país lejano, atraído por tu gran fama, tu mano fuerte y tu brazo extendido, cuando venga a rezar en este templo, 33escúchalo tú desde el cielo, donde moras, haz lo que te pida, para que todas las naciones del mundo conozcan tu fama y te respeten como tu pueblo, Israel, y sepan que tu Nombre ha sido invocado en este templo que he construido.

34»Cuando tu pueblo salga en campaña contra sus enemigos por el camino que le señales, si rezan a ti vueltos hacia esta ciudad que has elegido y al templo que he construido en tu honor, 35escucha tú desde el cielo su oración y súplica y hazles justicia.

36»Cuando pequen contra ti –porque nadie está libre de pecado– y tú, irritado con ellos, los entregues al enemigo, y los vencedores los destierren a un país lejano o cercano, 37si en el país donde viven deportados reflexionan y se convierten, y en el país de su destierro te suplican diciendo: Hemos pecado, hemos faltado, somos culpables; 38si en el país del destierro adonde los han deportado se convierten a ti con todo el corazón y con toda el alma, y rezan vueltos a la tierra que habías dado a sus padres, hacia la ciudad que elegiste y el templo que he construido en tu honor, 39desde el cielo donde moras escucha tú su oración y súplica, hazles justicia y perdona a tu pueblo los pecados cometidos contra ti.

40»Que tus ojos, Dios mío, estén abiertos y tus oídos atentos a las súplicas que se hagan en este lugar.

41Y *ahora, levántate, Señor Dios,/ ven a tu mansión,/ ven con el arca de tu poder;/ que tus sacerdotes,/ Señor Dios,/ se vistan de gala,/ que tus fieles rebosen de felicidad./* 42*Señor Dios,/ no rechaces a tu ungido;/ recuerda la lealtad de David, tu servidor.*

Dedicación del Templo

7 1Cuando Salomón terminó su oración, bajó fuego del cielo, que devoró el holocausto y los sacrificios. La gloria del Señor llenó el templo, 2y los sacerdotes no podían entrar en él porque la gloria del Señor llenaba el templo. 3Los israelitas, al ver que el fuego y la gloria del Señor bajaban al templo, se postraron rostro en tierra sobre el pavimento y adoraron y dieron gracias al Señor, porque es bueno, porque es eterna su misericordia.

4El rey y todo el pueblo ofrecieron sacrificios al Señor, 5el rey Salomón inmoló veintidós mil toros y ciento veinte mil ovejas. Así dedicaron el templo de Dios el rey y todo el pueblo. 6Los sacerdotes oficiaban de pie, mientras los levitas cantaban al Señor con los instrumentos que había hecho el rey David para alabar y dar gracias al Señor, porque es eterna su misericordia; los sacerdotes se hallaban frente a ellos y todos los israelitas se mantenían de pie.

7Salomón consagró el atrio interior que hay delante del templo, ofreciendo allí los holocaustos y la grasa de los sacrificios de comunión, porque en el altar de bronce que hizo Salomón no cabían los holocaustos, la ofrenda y la grasa. 8En aquella ocasión Salomón celebró durante siete días la fiesta; acudió todo Israel, un gentío inmenso, desde el paso de Jamat hasta el río de Egipto. Después de festejar la dedicación del altar durante siete días, 9al octavo celebraron una asamblea solemne y luego otros siete días de fiesta. 10El día veintitrés del mes séptimo Salomón despidió a la gente y ellos marcharon a sus casas alegres y contentos por todos los beneficios que el Señor había hecho a David, a Salomón y a su pueblo, Israel.

11Salomón terminó el templo del Señor y el palacio real; todo cuanto había deseado hacer para el templo y el palacio le salió perfectamente. 12Se le apareció el Señor de noche y le dijo: «He escuchado tu oración y elijo este lugar como templo para los sacrificios. 13Cuando yo cierre el cielo y no haya lluvia, cuando ordene a la langosta que devore la tierra, cuando envíe la peste contra mi pueblo, 14si mi pueblo, que lleva mi Nombre, se humilla, ora, me busca y abandona su mala conducta, yo lo escucharé desde el cielo, perdonaré sus pecados y sanaré su tierra. 15Mantendré los ojos abiertos y los oídos atentos a las súplicas que se hagan en este lugar. 16Elijo y consagro este templo para que esté en él mi Nombre eternamente. Mi corazón y mis ojos estarán siempre en él.

17»Y en cuanto a ti, si procedes de acuerdo conmigo como tu padre, David, haciendo exac-

tamente lo que yo te mando y cumpliendo mis
mandatos y decretos, 18conservaré tu trono real
como pacté con tu padre, David: No te faltará
un descendiente que gobierne a Israel. 19Pero si
apostatan y descuidan los mandatos y preceptos
que les he dado y se van a dar culto a otros dio-
ses y los adoran, 20los arrancaré de mi tierra que
les di, rechazaré el templo que he consagrado a
mi Nombre y lo convertiré en el refrán y la burla
de todas las naciones. 21Y todos los que pasen
junto a este templo que fue tan magnífico se
asombrarán, comentando: ¿Por qué ha tratado
el Señor de tal manera a este país y a este pue-
blo? 22Y les dirán: Porque abandonaron al Señor,
el Dios de sus padres, que los había sacado de
Egipto, y siguieron a otros dioses, los adoraron
y les dieron culto; por eso les ha echado encima
esta catástrofe.

Otras noticias sobre Salomón

8 1Salomón construyó el templo del Señor y el
palacio durante veinte años. 2Fortificó las
ciudades que le había dado Jirán e instaló en
ellas a los israelitas. 3Luego se dirigió contra
Jamat de Sobá y se apoderó de ella. 4Fortificó
Tadmor, en el desierto, y todas las ciudades de
aprovisionamiento que había construido en Ja-
mat. 5Convirtió Bet-Jorón de Arriba y Bet-Jorón
de Abajo en plazas fuertes, con murallas, puer-
tas y cerrojos. 6Lo mismo hizo con Balat, con los
centros de aprovisionamiento que tenía Salo-
món, las ciudades con cuarteles de carros y ca-
ballería, y cuanto quiso construir en Jerusalén,
en el Líbano y en todas las tierras de su Imperio.

7Salomón hizo un reclutamiento de traba-
jadores no israelitas entre los descendientes
que quedaban todavía de los hititas, amorreos,
fereceos, heveos y jebuseos 8–pueblos que los
israelitas no habían exterminado–. 9A los israe-
litas no les impuso trabajos forzados, sino que
le servían como soldados, funcionarios, jefes
y oficiales de carros y caballería. 10Los jefes y
capataces que mandaban a los obreros eran dos-
cientos cincuenta.

11A la hija del Faraón la trasladó de la Ciudad
de David al palacio que le había construido, por-
que pensaba: El palacio de David, rey de Israel,
quedó consagrado por la presencia del arca del
Señor; mi mujer no puede vivir en él.

12Salomón ofrecía holocaustos al Señor sobre
el altar del Señor que había construido delante
del atrio. 13Observaba el rito diario de los holo-
caustos y las prescripciones de Moisés referen-
tes a los sábados, principios de mes y las tres
solemnidades anuales: la fiesta de los Ázimos,
la de las Semanas y la de las Chozas. 14Siguiendo
las prescripciones de su padre, David, asignó a
las clases sacerdotales sus servicios; a los le-
vitas, sus funciones de cantar y oficiar en pre-
sencia de los sacerdotes, según el rito de cada
día; y a los porteros los encargó por grupos de
cada una de las puertas. Así lo había dispuesto
David, el hombre de Dios. 15No se desviaron de
lo que el rey había mandado a los sacerdotes y a
los levitas en cosa alguna, ni siquiera en lo refe-
rente a los almacenes. 16Así llevó a cabo toda la
obra, desde el día en que puso los cimientos del
templo del Señor hasta su terminación.

17Salomón se dirigió entonces a Esión Gueber
y Elot, en la costa de Edom. 18Por medio de sus
ministros, Jirán le envió una flota y marineros
expertos. Fueron a Ofir con los funcionarios de
Salomón y trajeron de allí al rey Salomón unos
dieciséis mil kilos de oro.

Visita de la reina de Sabá

9 1La reina de Sabá oyó la fama de Salomón y
fue a desafiarlo con enigmas. Llegó a Jerusa-
lén con una gran caravana de camellos cargados
de perfumes y oro en gran cantidad y piedras
preciosas. Entró en el palacio de Salomón y le
propuso todo lo que pensaba. 2Salomón resolvió
todas sus consultas; no hubo una cuestión tan
oscura que Salomón no le pudiera resolver.

3Cuando la reina de Sabá vio la sabiduría de
Salomón, la casa que había construido, 4los
manjares de su mesa, toda la corte sentada a la
mesa, los camareros con sus uniformes, sirvien-
do, los coperos con sus uniformes, los holocaus-
tos que ofrecía en el templo del Señor, se quedó
asombrada 5y dijo al rey: «Es verdad lo que me
contaron en mi país de ti y tu sabiduría. 6Yo no
quería creerlo, pero ahora que he venido y lo veo
con mis propios ojos, resulta que no me habían
dicho ni la mitad. En abundancia de sabiduría
superas todo lo que yo había oído. 7¡Dichosa tu
gente, dichosos los cortesanos que están siem-
pre en tu presencia aprendiendo de tu sabiduría!
8¡Bendito sea el Señor, tu Dios, que, por el amor
con que quiere conservar para siempre a Israel,
te ha elegido para colocarte en el trono, como
rey de ellos por la gracia del Señor, tu Dios, para
que gobiernes con justicia!». 9La reina regaló
al rey cuatro mil kilos de oro, gran cantidad de
perfumes y piedras preciosas; nunca hubo per-
fumes como los que la reina de Sabá regaló al
rey Salomón.

10Los servidores de Jirán y los de Salomón, que
transportaban el oro de Ofir, trajeron también
madera de sándalo y piedras preciosas. 11Con la
madera de sándalo el rey hizo entarimados para
el templo del Señor y el palacio real, y cítaras

y arpas para los cantores. Nunca se había visto
madera semejante en la tierra de Judá.
12 Por su parte, el rey Salomón regaló a la reina
de Sabá todo lo que a ella se le antojó, superan-
do lo que ella misma había llevado al rey. Des-
pués ella y su séquito emprendieron el viaje de
vuelta a su país.

Riquezas de Salomón

13 El oro que recibía Salomón al año eran
veintitrés mil trescientos kilos, 14 sin contar el
proveniente de impuestos a los comerciantes y
al tránsito de mercancías; y todos los reyes de
Arabia y los gobernadores del país llevaban oro
y plata a Salomón.
15 El rey Salomón hizo doscientos escudos de
oro trabajado a martillo, gastando seis kilos y
medio en cada uno, 16 y trescientos escudos más
pequeños de oro trabajado a martillo, gastando
medio kilo de oro en cada uno; los puso en el
salón llamado Bosque del Líbano. 17 Hizo un gran
trono de marfil, recubierto de oro puro; 18 tenía
seis gradas, un cordero de oro en el respaldo,
brazos a ambos lados del asiento, dos leones de
pie junto a los brazos, 19 y doce leones de pie a
ambos lados de las gradas. Nunca se había hecho
cosa igual en ningún reino.
20 Toda la vajilla de Salomón era de oro, y todo
el ajuar del salón Bosque del Líbano era de oro
puro; nada de plata, que en tiempos de Salo-
món no se le daba importancia, 21 porque el rey
tenía una flota que iba a Tarsis con los siervos
de Jirán, y cada tres años volvían las naves de
Tarsis cargados de oro, plata, marfil, monos y
pavos reales.
22 En riqueza y sabiduría, el rey Salomón supe-
ró a todos los reyes de la tierra. 23 Todos los reyes
del mundo venían a visitarlo, para aprender de
la sabiduría de que Dios lo había llenado. 24 Y ca-
da cual traía su obsequio: vajillas de plata y oro,
mantos, armas y aromas, caballos y mulos. Y así
todos los años.
25 Salomón tenía en sus caballerizas cuatro mil
caballos de tiro, carros y doce mil caballos de
montar. Los acantonó en las ciudades con cuar-
teles de carros y en Jerusalén, cerca de palacio.
26 Tenía poder sobre todos los reyes, desde el Éu-
frates hasta la región filistea y la frontera de
Egipto. 27 Salomón consiguió que en Jerusalén la
plata fuera tan corriente como las piedras, y los
cedros, como los sicómoros de la Sefela. 28 Los
caballos de Salomón provenían de Egipto y de
otros países.
29 Para más datos sobre Salomón, del principio
al fin de su reinado, véase la historia del profeta
Natán, la profecía de Ajías de Siló y las visiones
del vidente Idó a propósito de Jeroboán, hijo de
Nabat. 30 Salomón reinó en Jerusalén sobre todo
Israel cuarenta años. 31 Cuando murió lo ente-
rraron en la Ciudad de David, su padre. Su hijo
Roboán le sucedió en el trono.

REYES DE JUDÁ HASTA EL EXILIO (10–36)

El cisma

10 1 Roboán fue a Siquén, porque todo Israel
había acudido allí para proclamarlo rey.
2 Cuando se enteró Jeroboán, hijo de Nabat –que
estaba todavía en Egipto, adonde había ido hu-
yendo del rey Salomón–, se volvió de Egipto.
3 Lo mandaron llamar, y él se presentó con toda
la asamblea israelita. Entonces hablaron así a
Roboán: 4 «Tu padre nos impuso un yugo pesa-
do. Aligera ahora la dura servidumbre a que nos
sujetó tu padre y el yugo pesado que nos echó
encima, y te serviremos». 5 Él les dijo: «Vuelvan a
verme dentro de tres días». Ellos se fueron, 6 y el
rey Roboán consultó a los ancianos que habían
estado al servicio de su padre, Salomón, mien-
tras vivía: «¿Qué respuesta me aconsejan dar a
esta gente?». 7 Le dijeron: «Si te portas bien con
este pueblo, si eres condescendiente con ellos y
les respondes con buenas palabras, serán servi-
dores tuyos de por vida».
8 Pero él desechó el consejo de los ancianos
y consultó a los jóvenes que se habían educado
con él y estaban a su servicio. 9 Les preguntó:
«Esta gente me pide que les aligere el yugo que
les echó encima mi padre. ¿Qué me aconsejan
que les responda?». 10 Los jóvenes que se ha-
bían educado con él le respondieron: «O sea,
que esa gente te ha dicho: Tu padre nos impuso
un yugo pesado, tú alívianos esa carga. Diles
esto: Mi dedo meñique es más grueso que la
cintura de mi padre. 11 Si mi padre les cargó un
yugo pesado, yo les aumentaré la carga; si mi
padre los castigó con azotes, yo los castigaré
con latigazos».
12 Al tercer día, la fecha señalada por el rey,
Jeroboán y todo el pueblo fueron a ver a Roboán.
13 El rey les respondió ásperamente; desechó el
consejo de los ancianos 14 y les habló siguiendo
el consejo de los jóvenes: «*Si mi padre los cargó
con un yugo pesado,/ yo les aumentaré la car-
ga;/ si mi padre los castigó con azotes,/ yo los
castigaré con latigazos*». 15 De manera que el rey
no hizo caso al pueblo, porque era una ocasión
buscada por el Señor para que se cumpliese la
Palabra del Señor que Ajías, el de Siló, comunicó
a Jeroboán, hijo de Nabat. 16 Viendo los israeli-
tas que el rey no les hacía caso, le replicaron:
«*¿Qué parte tenemos nosotros con David?/* ¡*No
tenemos herencia común con el hijo de Jesé!/* ¡*A*

tus tiendas, Israel!/ ¡Ahora, David, a cuidar de tu casa!».

Los de Israel se marcharon a casa, 17aunque los israelitas que vivían en las poblaciones de Judá siguieron sometidos a Roboán. 18El rey Roboán envió entonces a Adorán, encargado de las brigadas de trabajadores, pero los israelitas lo mataron a pedradas. Y el mismo rey Roboán tuvo que subir precipitadamente a su carro y huir a Jerusalén. 19Así fue como se independizó Israel de la casa de David, hasta hoy.

Roboán de Judá (931-914)

11 1Cuando Roboán llegó a Jerusalén, movilizó ciento ochenta mil soldados de Judá y Benjamín para luchar contra Israel y recuperar el reino. 2Pero el Señor dirigió la palabra al profeta Semayas: 3«Di a Roboán, hijo de Salomón, rey de Judá, y a todos los israelitas de Judá y Benjamín: 4Así dice el Señor: No vayan a luchar contra sus hermanos; que cada cual se vuelva a su casa, porque esto ha sucedido por voluntad mía». Obedecieron a las palabras del Señor y desistieron de la campaña contra Jeroboán.

5Roboán habitó en Jerusalén y construyó fortalezas en Judá. 6Restauró Belén, Etán, Tecua, 7Bet-Sur, Socó, Adulán, 8Gat, Maresa, Zif, 9Adoraym, Laquis, Azecá, 10Sora, Ayalón y Hebrón, fortalezas de Judá y Benjamín. 11Reforzó las fortalezas, puso en ellas comandantes y las proveyó de almacenes de víveres, aceite y vino. 12Todas las ciudades tenían escudos y lanzas; estaban perfectamente armadas. Reinó en Judá y Benjamín.

13Los sacerdotes y levitas de todo Israel acudían desde sus tierras para unirse a él; 14los levitas abandonaron sus campos de pastoreo y posesiones para establecerse en Judá y Jerusalén, porque Jeroboán y sus hijos les habían prohibido ejercer el sacerdocio del Señor, 15nombrando por su cuenta sacerdotes para los santuarios de los lugares altos, para los sátiros y para los terneros que había fabricado. 16Tras ellos, israelitas de todas las tribus deseosos de servir al Señor, Dios de Israel, fueron a Jerusalén para ofrecer sacrificios al Señor, Dios de sus padres. 17Consolidaron el reino de Judá e hicieron fuerte a Roboán, hijo de Salomón, durante tres años, tiempo en el que imitaron la conducta de David y Salomón.

18Roboán se casó con Majalat, hija de Yerimot, hijo de David y de Abijaíl, hija de Eliab, de Jesé. 19Le dio varios hijos: Yeús, Semarías y Zahan. 20Después se casó con Maacá, hija de Absalón, que le dio a Abías, Atay, Zizá y Selomit. 21Roboán quería a Maacá más que a todas sus otras mujeres y concubinas; tuvo dieciocho esposas y setenta concubinas y engendró veintiocho hijos y setenta hijas. 22A Abías, hijo de Maacá, lo puso al frente de sus hermanos, escogiéndolo como sucesor. 23Repartió prudentemente a sus hijos por todo el territorio de Judá y Benjamín y por todas las fortalezas, dándoles gran cantidad de víveres y procurándoles muchas mujeres.

12 1Pero cuando Roboán consolidó su reino y se hizo fuerte, él y todo Israel abandonaron la ley del Señor. 2Por haberse rebelado contra el Señor, el año quinto de su reinado, Sisac, rey de Egipto, atacó Jerusalén 3con mil doscientos carros, sesenta mil jinetes y una multitud innumerable de libios, suquíes y cusitas procedentes de Egipto. 4Conquistaron las fortalezas de Judá y llegaron hasta Jerusalén. 5Entonces el profeta Semayas se presentó a Roboán y a las autoridades de Judá, que se habían reunido en Jerusalén por miedo a Sisac, y les dijo: «Así dice el Señor: Ustedes me han abandonado, yo los abandono ahora en manos de Sisac».

6Las autoridades de Israel y el rey confesaron humildemente: «El Señor tiene razón». 7Cuando el Señor vio que se habían humillado, dirigió su palabra a Semayas: «Han sido humildes, no los aniquilaré. Los salvaré dentro de poco y no derramaré mi cólera sobre Jerusalén por medio de Sisac. 8Pero le quedarán sometidos para que aprecien lo que es servirme a mí y lo que es servir a los reyes de la tierra».

9Sisac, rey de Egipto, atacó Jerusalén y se apoderó de los tesoros del templo y del palacio; se llevó todo, incluso los escudos de oro que había hecho Salomón. 10Para sustituirlos, el rey Roboán hizo escudos de bronce y se los encomendó a los jefes de la escolta que vigilaban el acceso a palacio 11cada vez que el rey iba al templo, los de la escolta los agarraban y luego volvían a dejarlos en el cuerpo de guardia. 12Por haberse humillado, el Señor apartó su cólera de él y no lo destruyó por completo. También en Judá hubo cierto bienestar.

13El rey Roboán se reafirmó en Jerusalén y siguió reinando. Tenía cuarenta y un años cuando subió al trono y reinó diecisiete en Jerusalén, la ciudad que el Señor había elegido como propiedad personal entre todas las tribus de Israel. Su madre se llamaba Naamá y era amonita. 14Obró mal porque no se dedicó de corazón a servir al Señor. 15Las gestas de Roboán, de las primeras a las últimas, se hallan escritas en la Historia del profeta Semayas y del vidente Idó. Hubo guerras continuas entre Roboán y Jeroboán. 16Cuando murió lo enterraron en la Ciudad de David. Su hijo Abías le sucedió en el trono.

Abías de Judá (914-911)

13 1 Abías subió al trono de Judá el año die-
ciocho del reinado de Jeroboán. 2 Reinó
tres años en Jerusalén. Su madre se llamaba
Maacá y era hija de Uriel, el de Guibeá. Hubo
guerra entre Abías y Jeroboán. 3 Abías empren-
dió la guerra con un ejército de cuatrocientos
mil soldados aguerridos. Jeroboán le hizo frente
con ochocientos mil soldados aguerridos.
4 Abías se situó en la cumbre del monte Sema-
raín, en la sierra de Efraín, y gritó: «Jeroboán,
israelitas, escúchenme: 5 ¿Acaso no saben que
el Señor, Dios de Israel, ha dado a David y a sus
descendientes el trono de Israel para siempre,
por medio de una alianza indestructible? 6 Sin
embargo, Jeroboán, hijo de Nabat, empleado de
Salomón, hijo de David, se rebeló contra su señor,
7 rodeándose de gente desocupada y sin escrúpu-
los que se impusieron a Roboán, hijo de Salomón,
aprovechándose de que no podía dominarlos por
ser joven y débil de carácter. 8 Ahora se proponen
hacer frente al reino del Señor, administrado por
los descendientes de David. Ustedes son muy nu-
merosos, tienen con ustedes los ídolos que les
hizo Jeroboán, los terneros de oro; 9 han expul-
sado a los aaronitas, sacerdotes del Señor, y a los
levitas; se han hecho sacerdotes como los pue-
blos paganos: a cualquiera que traiga un novillo y
siete carneros lo ordenan sacerdote de los falsos
dioses. 10 En cuanto a nosotros, el Señor es nues-
tro Dios y no lo hemos abandonado; los sacerdo-
tes que sirven al Señor son los aaronitas y los en-
cargados del culto los levitas; 11 ofrecen al Señor
holocaustos matutinos y vespertinos y perfumes
fragantes, presentan los panes sobre la mesa pu-
ra y encienden todas las tardes el candelabro de
oro y sus lámparas. Porque nosotros observamos
las prescripciones del Señor, nuestro Dios, al que
ustedes han abandonado. 12 Sepan que Dios está
con nosotros, al frente. Sus sacerdotes darán con
las trompetas el toque de guerra contra ustedes.
Israelitas, no luchen contra el Señor, Dios de sus
padres, porque no podrán vencer».
13 Mientras tanto, Jeroboán destacó una patru-
lla para sorprenderlos por la espalda. El grue-
so del ejército quedó frente a los de Judá y el
destacamento a su espalda. 14 Los judíos, al vol-
verse, observaron que los atacaban de frente y
por la espalda. 15 Entonces clamaron al Señor, los
sacerdotes tocaron las trompetas, la tropa lan-
zó el grito de guerra y en aquel momento Dios
derrotó a Jeroboán y a los israelitas ante Abías
y Judá. 16 Los israelitas huyeron ante los judíos
y el Señor los entregó en sus manos. 17 Abías y
su tropa les causaron una gran derrota, cayendo
muertos quinientos mil soldados de Israel. 18 En
aquella ocasión los israelitas quedaron humilla-
dos, mientras los de Judá se hicieron fuertes por
haberse apoyado en el Señor, Dios de sus padres.
19 Abías persiguió a Jeroboán y le arrebató al-
gunas ciudades: Betel y sus poblados, Yesaná y
sus poblados, Efrón y sus poblados. 20 Jeroboán
no consiguió recuperarse en tiempos de Abías;
el Señor lo hirió y murió. 21 Abías, por el contra-
rio, se hizo cada vez más fuerte. Tuvo catorce
mujeres y engendró veintidós hijos y dieciséis
hijas. 22 Las restantes gestas de Abías, su con-
ducta y sus empresas, se hallan escritas en el
Comentario del profeta Idó. 23 Cuando murió lo
enterraron en la Ciudad de David y le sucedió en
el trono su hijo Asá, en cuyo tiempo el país gozó
de paz durante diez años.

Asá de Judá (911-870)

14 1 Asá hizo lo que el Señor, su Dios, aprue-
ba y estima. 2 Suprimió los altares de los
cultos extranjeros y los santuarios de los luga-
res altos, destrozó las piedras conmemorativas
y cortó los pilares sagrados. 3 Animó a Judá a
servir al Señor, Dios de sus padres, y a observar
la ley y los preceptos. 4 Suprimió los santuarios
paganos y los altares de incienso en todas las
ciudades de Judá. El reino gozó de paz en su
época. 5 Aprovechando esta paz que le conce-
dió el Señor, la calma que reinaba en el país y
la ausencia de guerras durante aquellos años,
construyó fortalezas en Judá. 6 Para ello propu-
so a los judíos: «Podemos disponer libremente
del país porque hemos servido al Señor, nuestro
Dios, y él nos ha concedido paz con los vecinos.
Vamos a construir estas ciudades y a rodearlas
de murallas con torres, puertas y cerrojos». Así
lo hicieron con pleno éxito. 7 Asá dispuso de un
ejército de trescientos mil judíos, armados de
escudo y lanza, y doscientos ochenta mil ben-
jaminitas, armados de escudos pequeños y arco.
Todos eran buenos soldados.
8 Zéraj de Cus salió a su encuentro con un ejér-
cito de un millón de hombres y trescientos ca-
rros. Cuando llegó a Maresa, 9 Asá le hizo frente
y entablaron batalla en el valle de Sefatá, junto
a Maresa. 10 Asá invocó al Señor, su Dios: «Señor,
cuando quieres ayudar no distingues entre po-
derosos y débiles. Ayúdanos, Señor, Dios nues-
tro, que en ti nos apoyamos y en tu nombre nos
dirigimos contra esa multitud. Tú eres nuestro
Dios. No te dejes vencer por un hombre».
11 El Señor derrotó a los cusitas ante Asá y Ju-
dá. Los cusitas huyeron, 12 pero Asá los persiguió
con su tropa hasta Guerar. El Señor y sus huestes
los destrozaron. Murieron tantos cusitas, que
no pudieron rehacerse. El botín fue enorme.

13Aprovechando que los poblados de la región de Guerar eran presa de un pánico sagrado, los asaltaron y saquearon porque había en ellos gran botín. 14Mataron también a unos pastores y volvieron a Jerusalén con gran cantidad de ovejas y camellos.

15 1El Espíritu del Señor vino sobre Azarías, hijo de Oded. 2Salió al encuentro de Asá, y le dijo: «Escúchenme, Asá, Judá y Benjamín: Si están con el Señor, él estará con ustedes; si lo buscan, se dejará encontrar; pero si lo abandonan, él los abandonará. 3Durante muchos años Israel vivió sin Dios verdadero, sin sacerdote que lo instruyese, sin ley. 4Pero en el peligro volvieron al Señor, Dios de Israel; lo buscaron, y él se dejó encontrar. 5En aquellos tiempos nadie vivía en paz, todos los habitantes del país sufrían grandes turbaciones. 6Pueblos y ciudades se destruían mutuamente, porque Dios los turbaba con toda clase de peligros. 7Pero ustedes manténganse firmes y no desfallezcan, que sus obras tendrán recompensa».

8Cuando Asá escuchó esta profecía de Azarías, hijo de Oded, se animó a suprimir los ídolos de todo el territorio de Judá y Benjamín y de las ciudades que había conquistado en la sierra de Efraín, y reparó el altar del Señor que se hallaba delante del vestíbulo. 9Luego reunió a los judíos, a los benjaminitas y a los de Efraín, Manasés y Simeón que residían entre ellos, porque muchos israelitas se habían pasado a su bando al ver que el Señor, su Dios, estaba con él. 10Se reunieron en Jerusalén en mayo del año quince del reinado de Asá. 11Sacrificaron al Señor setecientos toros y siete mil ovejas del botín que habían traído, 12e hicieron un pacto, comprometiéndose a servir al Señor, Dios de sus padres, con todo el corazón y toda el alma, 13y a condenar a muerte a todo el que no lo observase, grande o pequeño, hombre o mujer. 14Así lo juraron al Señor a grandes voces, entre vítores y al son de trompetas y cuernos. 15Todo Judá festejó el juramento; lo habían hecho de corazón, buscando al Señor con sincera voluntad; él se dejó encontrar por ellos y les concedió paz con sus vecinos.

16El rey Asá le quitó el título de reina madre a su madre, Maacá, por haber hecho una imagen de Astarté. Destrozó la imagen, la redujo a polvo y la quemó en el torrente Cedrón. 17No desaparecieron de Israel los santuarios paganos, pero el corazón de Asá perteneció íntegramente al Señor durante toda su vida. 18Llevó al templo las ofrendas de su padre y las suyas propias: plata, oro y utensilios. 19Los treinta y cinco primeros años de su reinado no hubo guerras.

16 1Pero el año treinta y seis del reinado de Asá, Basá de Israel hizo una campaña contra Judá y fortificó Ramá para cortar las comunicaciones a Asá de Judá. 2Este sacó entonces plata y oro de los tesoros del templo y del palacio y los envió a Ben-Adad, rey de Siria, que residía en Damasco, con este mensaje: 3Hagamos un tratado de paz, como lo hicieron tu padre y el mío. Aquí te mando plata y oro. Anda, rompe tu alianza con Basá de Israel para que se retire de mi territorio.

4Ben-Adad le hizo caso y envió a sus generales contra las ciudades de Israel, devastando Iyón, Dan, Abel Maym y todos los depósitos de las ciudades de Neftalí. 5En cuanto se enteró Basá, dejó de fortificar Ramá e hizo parar las obras. 6El rey Asá movilizó entonces a todo Judá; desmontaron las piedras y leños con que Basá fortificaba Ramá y los aprovecharon para fortificar Guibeá y Mispá.

7En aquella ocasión, el vidente Janání se presentó ante Asá, rey de Judá, y le dijo: «Por haberte apoyado en el rey de Siria en vez de apoyarte en el Señor, tu Dios, se te ha escapado de las manos el ejército del rey de Siria. 8También los cusitas y libios constituían un gran ejército, con innumerables carros y caballos; pero entonces te apoyaste en el Señor, tu Dios, y él los puso en tus manos. 9Porque el Señor repasa la tierra entera con sus ojos para fortalecer a los que le son leales de corazón. Has hecho una locura y en adelante vivirás en guerra». 10Asá se indignó con el vidente, e irritado con él por sus palabras, lo metió en la cárcel. Por entonces se ensañó también con otras personas del pueblo.

11Para las gestas de Asá, de las primeras a las últimas, véanse los Anales de los reyes de Judá e Israel. 12El año treinta y nueve de su reinado enfermó de los pies. Aunque la enfermedad se fue agravando, acudió solo a los médicos, sin acudir al Señor ni siquiera en la enfermedad. 13Asá murió el año cuarenta y uno de su reinado, yendo a reunirse con sus antepasados. 14Lo enterraron en el sepulcro que se había excavado en la Ciudad de David. Lo pusieron en un lecho lleno de un ungüento confeccionado a base de aromas y perfumes, y encendieron en su honor una gran hoguera.

Josafat de Judá (870-848)

17 1Le sucedió en el trono su hijo Josafat, que logró imponerse al reino de Israel. 2Instaló guarniciones en todas las fortalezas de Judá, y nombró gobernadores en el territorio de Judá y en las ciudades de Efraín, que había conquistado su padre, Asá.

3El Señor estuvo con Josafat porque imitó la
antigua conducta de su padre y no servía a los
baales, 4sino al Dios de su padre, cumpliendo
sus preceptos; no imitó la conducta de Israel.
5El Señor consolidó el reino en sus manos; todo
Judá le pagaba tributo, y Josafat llegó a tener
gran riqueza y prestigio. 6Su orgullo era caminar
por las sendas del Señor, y volvió a suprimir los
santuarios paganos y las piedras conmemorati-
vas de Judá.

7El año tercero de su reinado envió a algunos
jefes, Ben-Jail, Abdías, Zacarías, Natanael y Mi-
queas, a instruir a los habitantes de las ciudades
de Judá. 8Iban con ellos los levitas Semayas,
Natanías, Zebadías, Asael, Semiramot, Jonatán,
Adonías, Tobías y Tobadonías y los sacerdotes
Elisamá y Jorán. 9Recorrieron como instructores
de Judá todas las ciudades de Judá, llevando el
libro de la ley del Señor, e instruyeron al pueblo.

10Todos los reinos vecinos de Judá, presos
de un pánico sagrado, se abstuvieron de lu-
char contra Josafat. 11Los filisteos le pagaban
tributo copioso en dinero; también los árabes
le traían ganado menor: siete mil setecientos
carneros y siete mil setecientos chivos. 12Jo-
safat se hizo cada vez más poderoso. Construyó
fortalezas y ciudades de aprovisionamiento en
Judá. 13Tenía muchos empleados en las ciuda-
des de Judá. En Jerusalén disponía de soldados
valientes y aguerridos, 14alistados por familias:
Alto Mando de Judá: Adnaj, capitán general,
con trescientos mil soldados; 15a sus órdenes,
el general Juan, con doscientos ochenta mil, 16y
Amasías, hijo de Zicrí, que servía al Señor co-
mo voluntario, al mando de doscientos mil. 17De
Benjamín: el valeroso Elyadá, con doscientos mil
hombres, armados de arco y escudo; 18a sus ór-
denes estaba Yehozabad, con ciento ochenta mil
hombres disponibles. 19Todos estos se hallaban
al servicio del rey, sin contar los que este había
destinado a las fortalezas de Judá.

18 1Cuando Josafat llegó al colmo de su rique-
za y prestigio emparentó con Ajab. 2Años
más tarde bajó a Samaría a visitar a Ajab. Este
mató gran cantidad de ovejas y de toros para él y
para su séquito; luego lo incitó a atacar a Ramot
de Galaad. 3Ajab, rey de Israel, dijo a Josafat,
rey de Judá: «¿Quieres venir conmigo contra Ra-
mot de Galaad?». Josafat le respondió: «Tú y yo,
tu ejército y el mío, iremos juntos a la guerra».
4Luego añadió: «Consulta antes el oráculo del
Señor».

5El rey de Israel reunió a los profetas, cua-
trocientos hombres, y les preguntó: «¿Podemos
atacar a Ramot de Galaad, o lo dejo?». Respon-
dieron: «Vete. Dios se la entrega al rey». 6En-
tonces Josafat preguntó: «¿No queda por ahí
algún profeta del Señor para preguntarle?». 7El
rey de Israel le respondió: «Queda todavía uno,
Miqueas, hijo de Yimlá, por cuyo medio podemos
consultar al Señor; pero yo lo aborrezco, porque
nunca me profetiza cosas buenas, sino siempre
desgracias». Josafat dijo: «¡No hable así el rey!».
8El rey de Israel llamó a un funcionario y le dijo:
«Que venga enseguida Miqueas, hijo de Yimlá».

9El rey de Israel y Josafat de Judá estaban
sentados en sus tronos, con sus vestiduras rea-
les, en la plaza, junto a la puerta de Samaría,
mientras todos los profetas gesticulaban ante
ellos. 10Sedecías, hijo de Cananá, se hizo unos
cuernos de hierro y decía: «Así dice el Señor:
Con estos embestirás a los sirios hasta acabar
con ellos». 11Y todos los profetas coreaban:
«¡Ataca a Ramot de Galaad! Triunfarás, el Señor
te la entrega». 12Mientras tanto, el mensajero
que había ido a llamar a Miqueas le dijo: «Ten
en cuenta que todos los profetas a una le están
profetizando buena fortuna al rey. A ver si tu
oráculo es como el de cualquiera de ellos y anun-
cias la victoria. 13Miqueas replicó: «¡Por la vida
de Dios! ¡Diré lo que Dios me manda!».

14Cuando se presentó al rey, este le pregun-
tó: «Miqueas, ¿podemos atacar a Ramot de Ga-
laad, o lo dejo?». Miqueas le respondió: «Vete,
triunfarás. El Señor te la entrega». 15El rey le
dijo: «Pero, ¿cuántas veces tendré que tomarte
juramento de que me dices únicamente la ver-
dad en nombre del Señor?». 16Entonces Miqueas
dijo: «*Estoy viendo a Israel desparramado por
los montes,/ como ovejas sin pastor./ Y el Señor
dice: No tienen amo./ Vuelva cada cual a su casa
y en paz*». 17El rey de Israel comentó con Josafat:
«¿No te lo dije? No me profetiza cosas buenas,
sino desgracias». 18Miqueas continuó: «Por eso,
escuchen la Palabra del Señor: Vi al Señor sen-
tado en su trono. Todo el ejército celeste estaba
de pie a derecha e izquierda, 19y el Señor pregun-
tó: ¿Quién podrá engañar a Ajab, rey de Israel,
para que vaya y muera en Ramot de Galaad? Unos
proponían una cosa, otros otra. 20Hasta que se
adelantó un espíritu y, puesto de pie ante el Se-
ñor, dijo: Yo lo engañaré. El Señor le preguntó:
¿Cómo? 21Respondió: Iré y me transformaré en
oráculo falso en la boca de todos los profetas.
El Señor le dijo: Conseguirás engañarlo. Vete y
hazlo. 22Como ves, el Señor ha puesto oráculos
falsos en la boca de esos profetas tuyos, porque
el Señor ha decretado tu ruina».

23Entonces Sedecías, hijo de Cananá, se acer-
có a Miqueas y le dio una bofetada, diciéndole:
«¿Por dónde se me ha escapado el Espíritu del

Señor para hablarte a ti?». 24Miqueas respondió:
«Lo verás tú mismo el día en que vayas escon-
diéndote de habitación en habitación». 25Enton-
ces el rey de Israel ordenó: «Apresen a Miqueas y
llévenlo al gobernador Amón y al príncipe Joás.
26Díganles: Por orden del rey, metan a este en la
cárcel y ténganlo a pan y agua hasta que yo vuel-
va victorioso». 27Miqueas dijo: «Si tú vuelves
victorioso, el Señor no ha hablado por mi boca».
28El rey de Israel y Josafat de Judá fueron
contra Ramot de Galaad. 29El rey de Israel dijo
a Josafat: «Voy a disfrazarme antes de entrar
en combate. Tú vete con tu tropa». Se disfrazó
y marcharon al combate. 30El rey sirio había or-
denado a los comandantes de los carros que no
atacasen a chico ni grande, sino solo al rey de
Israel. 31Y cuando los comandantes de los carros
vieron a Josafat, comentaron: «¡Aquel es el rey
de Israel!». Y se lanzaron contra él. Pero Josafat
gritó, y el Señor vino en su ayuda, alejándolos
de él. 32Los comandantes vieron que aquel no
era el rey de Israel, y lo dejaron. 33Un soldado
disparó el arco al azar e hirió al rey de Israel,
atravesándole la coraza. El rey dijo al conductor
de su carro: «Da la vuelta y sácame del campo de
batalla, porque estoy herido». 34Pero aquel día
arreció el combate, de manera que sostuvieron
al rey de Israel de pie en su carro frente a los si-
rios hasta el atardecer. Murió a la puesta del sol.

19 1Josafat de Judá volvió sano y salvo a su
palacio de Jerusalén. 2Pero el vidente Je-
hú, hijo de Jananí, le salió al encuentro y le dijo:
«¿Conque ayudas a los malvados y te alías con
los enemigos del Señor? El Señor se ha indig-
nado contigo por eso. 3Pero cuentas también
con buenas acciones: has quemado los postes
sagrados de este país y has servido a Dios con
constancia».
4Josafat estableció su residencia en Jerusa-
lén, pero volvió a visitar al pueblo, desde Ber-
seba hasta la sierra de Efraín, convirtiéndolo al
Señor, Dios de sus padres. 5Estableció jueces en
cada una de las fortalezas del territorio de Judá
6y les advirtió: «Cuidado con lo que hacen, por-
que no juzgarán con autoridad de hombres, sino
con la de Dios, que estará con ustedes cuando
pronuncien sentencia. 7Por tanto, teman al Se-
ñor y procedan con cuidado. Porque el Señor,
nuestro Dios, no admite injusticias, favoritis-
mos ni sobornos».
8También en Jerusalén designó a algunos le-
vitas, sacerdotes y jefes de familia para que se
encargasen del derecho divino y de los litigios
de los habitantes de Jerusalén. 9Les dio esta
orden: «Obren siempre con temor de Dios, con
honradez e integridad. 10Cuando sus hermanos
que habitan en sus ciudades les presenten un
caso de asesinato, o bien los consulten sobre le-
yes, preceptos, mandatos o decretos, instrúyan-
los para que no se hagan culpables ante el Señor
y no se derrame su cólera sobre ustedes y sus
hermanos. Si actúan así estarán libres de culpa.
11El sumo sacerdote Amarías presidirá las causas
religiosas, y Zebadías, hijo de Ismael, jefe de la
casa de Judá, las civiles. Los levitas estarán al
servicio de ustedes. Tengan ánimo y pónganse
a trabajar, y que el Señor esté con los buenos».

20 1Algún tiempo después los moabitas, los
amonitas y algunos meunitas vinieron a
combatir contra Josafat. 2Informaron a este:
«Una gran multitud procedente de Edom, al
otro lado del Mar Muerto, se dirige contra ti;
ya se encuentran en Jasasón Tamar –la actual
Engadí–».
3Josafat, asustado, decidió recurrir al Señor,
proclamando un ayuno en todo Judá. 4Judíos de
todas las ciudades se reunieron para pedir con-
sejo al Señor. 5Josafat se colocó en medio de la
asamblea de Judá y Jerusalén, en el templo, de-
lante del atrio nuevo, 6y exclamó: «Señor, Dios
de nuestros padres. ¿No eres tú el Dios del cielo,
el que gobierna los reinos de la tierra, lleno de
fuerza y de poder, al que nadie puede resistir?
7¿No fuiste tú, Dios nuestro, quien expulsaste
a los moradores de esta tierra delante de tu
pueblo, Israel, y la entregaste para siempre a
los descendientes de tu amigo Abrahán? 8La
habitaron y construyeron en ella un santuario
en tu honor, pensando: 9Cuando nos ocurra una
calamidad –espada, inundación, peste o ham-
bre– nos presentaremos ante ti en este templo –
porque en él estás presente–, te invocaremos en
nuestro peligro y tú nos escucharás y salvarás.
10Cuando Israel venía de Egipto no le permitiste
atravesar el territorio de los amonitas, el de los
moabitas y la montaña de Seír; en vez de des-
truirlos se alejó de ellos. 11Y ahora nos lo pagan
disponiéndose a expulsarnos de la propiedad
que tú nos concediste. 12Tú los juzgarás, Dios
nuestro, porque nosotros nada podemos contra
ese gran ejército que se nos viene encima. No
sabemos qué hacer si no es poner los ojos en ti».
13Todos los judíos con sus mujeres e hijos, in-
cluso los chiquillos, permanecían de pie ante el
Señor. 14En medio de la asamblea, un descen-
diente de Asaf, el levita Yajziel, hijo de Zaca-
rías, hijo de Benayas, hijo de Yeguiel, hijo de
Matanías, tuvo una inspiración del Señor 15y
dijo: «Judíos, habitantes de Jerusalén, y tú, rey
Josafat, presten atención. Así dice el Señor: No

se asusten ni se acobarden ante esa inmensa
multitud, porque la batalla no es cosa de uste-
des, sino de Dios. 16Mañana bajarán contra ellos
cuando vayan subiendo la Cuesta de Hassís; les
saldrán al encuentro al final del barranco que
hay frente al desierto de Yeruel. 17No tendrán
necesidad de combatir; permanezcan quietos y
firmes contemplando cómo el Señor los salva.
Judá y Jerusalén, no se asusten ni acobarden.
Salgan mañana a su encuentro, que el Señor
estará con ustedes». 18Josafat se postró rostro
en tierra y todos los judíos y los habitantes de
Jerusalén cayeron ante el Señor para adorarlo.
19Los levitas corajitas descendientes de Quehat
se levantaron para alabar a grandes voces al Se-
ñor, Dios de Israel.

20De madrugada se pusieron en marcha hacia
el desierto de Tecua. Cuando salían, Josafat se
detuvo y dijo: «Judíos y habitantes de Jerusalén,
escúchenme: confíen en el Señor, su Dios, y sub-
sistirán; confíen en sus profetas, y vencerán».
21De acuerdo con el pueblo, dispuso que un
grupo revestido de ornamentos sagrados avan-
zara al frente de los guerreros cantando y ala-
bando al Señor con estas palabras: Den gracias
al Señor, porque es eterna su misericordia.
22Apenas comenzaron los cantos de júbilo y de
alabanza, el Señor sembró discordias entre los
amonitas, los moabitas y los serranos de Seír que
venían contra Judá, y se mataron unos a otros.
23Los amonitas y moabitas decidieron destruir y
aniquilar a los de Seír, y cuando terminaron con
ellos, se destruyeron mutuamente. 24Cuando los
hombres de Judá llegaron a la cima desde donde
se divisa el desierto y miraron hacia el ejército
enemigo, no vieron más que cadáveres tendidos
por el suelo; nadie se había salvado. 25Josafat
y su ejército fueron a saquear el botín. Encon-
traron mucho ganado, provisiones, vestidos y
objetos de valor. Recogieron hasta no poder con
más. El botín fue tan copioso que tardaron tres
días en recogerlo. 26Al cuarto día se reunieron en
Emec Berecá –lugar al que dieron este nombre,
con el que se conoce hasta hoy, porque allí ben-
dijeron al Señor– 27y todos los judíos y jerosoli-
mitanos, con Josafat al frente, emprendieron la
vuelta a Jerusalén, festejando la victoria que el
Señor les había concedido sobre sus enemigos.
28Una vez en Jerusalén, desfilaron hasta el tem-
plo al son de arpas, cítaras y trompetas. 29Los
reinos circundantes fueron presa de un pánico
sagrado al saber que el Señor luchaba contra los
enemigos de Israel. 30El reino de Josafat gozó de
calma y su Dios le concedió paz con sus vecinos.
31Josafat reinó en Judá. Tenía treinta y cinco
años cuando subió al trono y reinó en Jerusalén,
veinticinco años. Su madre se llamaba Azubá y
era hija de Siljí. 32Imitó la conducta de su pa-
dre, Asá, sin desviarse de ella, haciendo lo que
el Señor aprueba. 33Pero no desaparecieron los
santuarios paganos y el pueblo no se mantuvo
fiel al Dios de sus padres. 34Para más datos sobre
Josafat, desde el principio hasta el fin de su rei-
nado, véase la Historia de Jehú, hijo de Jananí,
inserta en el libro de los reyes de Israel. 35Jo-
safat de Judá se alió con Ocozías de Israel, aun-
que este era un malvado. 36Lo hizo para construir
una flota con destino a Tarsis; construyeron las
naves en Esión Gueber. 37Pero el maresita Eliezer,
hijo de Dodavías, profetizó contra Josafat, di-
ciendo: «Por haberte aliado con Ocozías, el Señor
destruirá tu obra». Efectivamente, las naves zo-
zobraron y no pudieron ir a Tarsis.

Jorán de Judá (848-841)

21 1Murió Josafat y lo enterraron con sus
antepasados en la Ciudad de David. Su
hijo Jorán le sucedió en el trono. 2Tenía varios
hermanos de padre: Azarías, Yejiel, Zacarías,
Azarías, Miguel y Sefatías, todos ellos hijos de
Josafat de Judá. 3Su padre les dejó gran canti-
dad de plata, oro y objetos de valor, además de
fortalezas en Judá; pero el trono se lo dejó a
Jorán por ser el primogénito. 4Cuando se afian-
zó en el trono de su padre, asesinó a todos sus
hermanos y también a algunos jefes de Israel.
5Tenía treinta y dos años cuando subió al trono
y reinó en Jerusalén ocho años. 6 mitó la con-
ducta de los reyes de Israel, las acciones de la
casa de Ajab, porque se casó con una hija de es-
te. Hizo lo que el Señor reprueba. 7Pero el Señor
no quiso destruir la casa de David, a causa del
pacto que había hecho con David, y porque le
había prometido mantener siempre encendida
su lámpara y la de sus hijos. 8En su tiempo, Edom
se independizó de Judá y se nombró un rey. 9Jo-
rán fue con sus generales y todos sus carros, se
levantó de noche, y aunque desbarató al ejército
idumeo, que lo había envuelto a él y a los oficia-
les del escuadrón de carros, 10Edom se indepen-
dizó de Judá hasta hoy; también Libná consiguió
entonces la independencia. Esto ocurrió por
haber abandonado al Señor, Dios de sus padres.
11Levantó santuarios paganos en los montes de
Judá, arrastró a la idolatría a los habitantes de
Jerusalén y descarrió a Judá. 12El profeta Elías
le mandó a decir por escrito: «Así dice el Señor,
Dios de tu padre, David: Por no haber imitado la
conducta de tu padre, Josafat, y la de Asá, rey de
Judá, 13sino la conducta de los reyes de Israel;
por haber fomentado la idolatría en Judá y entre
los habitantes de Jerusalén, copiando las prác-

ticas idolátricas de la casa de Ajab, y por haber
asesinado a tus hermanos, la casa de tu padre,
que valían todos más que tú, 14el Señor herirá a
tu pueblo, tus hijos, tus mujeres y tus posesiones
con una plaga terrible. 15Y tú mismo padecerás
muchas dolencias y una enfermedad maligna te
consumirá las entrañas día tras día».

16El Señor excitó contra Jorán la hostilidad de
los filisteos y de los árabes que habitaban junto
a los cusitas. 17Subieron a Judá, la invadieron y
se llevaron todas las riquezas que encontraron
en palacio junto con sus mujeres e hijos. Solo
le quedó el más pequeño, Joacaz. 18Después de
esto, el Señor le hirió las entrañas con una en-
fermedad insanable. 19Pasaron los días y al cabo
de dos años la enfermedad le consumió las en-
trañas; murió entre atroces dolores. Su pueblo
no le encendió una hoguera, como había hecho
con sus predecesores.

20Tenía treinta y dos años cuando subió al tro-
no y reinó en Jerusalén ocho años. Desapareció
sin que nadie lo añorase. Lo enterraron en la
Ciudad de David, pero no en el panteón real.

Ocozías de Judá (841)

22 1Los habitantes de Jerusalén nombraron
rey a su hijo menor, Ocozías, porque a los
otros los había asesinado la banda que junto con
los árabes había invadido el campamento. Así
reinó Ocozías, hijo de Jorán de Judá.

2Tenía cuarenta y dos años cuando subió al
trono y reinó en Jerusalén un año; su madre se
llamaba Atalía y era hija de Omrí. 3También él
imitó la conducta de la casa de Ajab, porque su
madre lo incitaba al mal. 4Hizo lo que el Señor
reprueba, igual que la casa de Ajab, ya que al
morir su padre ellos fueron sus consejeros para
su perdición. 5Por consejo suyo acompañó a Jo-
rán, hijo de Ajab, rey de Israel, a luchar contra
Jazael, rey de Siria, en Ramot de Galaad. Los si-
rios hirieron a Jorán 6y este volvió a Yezrael para
sanarse de las heridas que le habían infligido en
Ramot, durante la batalla contra Jazael de Siria.

Entonces Ocozías, hijo de Jorán, rey de Judá,
bajó a Yezrael para visitar a Jorán, hijo de Ajab,
que estaba enfermo. 7Con esta visita Dios pro-
vocó la ruina de Ocozías. Durante su estancia,
salió con Jorán al encuentro de Jehú, hijo de
Nimsí, al que había ungido el Señor para exter-
minar a la dinastía de Ajab. 8Y mientras Jehú ha-
cía justicia en la dinastía de Ajab, encontró a las
autoridades de Judá y a los parientes de Ocozías
que estaban a su servicio y los mató. 9Después
buscó a Ocozías; lo apresaron en Samaría, donde
se había escondido, y se lo llevaron a Jehú, que
lo mandó matar. Pero le dieron sepultura, pen-
sando: Era hijo de Josafat, que sirvió al Señor de
todo corazón. En la familia de Ocozías no quedó
nadie capaz de reinar.

Lucha contra Atalía

10Cuando Atalía, madre de Ocozías, vio que su
hijo había muerto, empezó a exterminar a toda
la familia real de la casa de Judá. 11Pero cuan-
do los hijos del rey estaban siendo asesinados,
Josebá, hija del rey Jorán, esposa del sacerdote
Yehoyadá y hermana de Ocozías, raptó a Joás,
hijo de Ocozías, y lo escondió con su nodriza en
el dormitorio; así se lo ocultó a Atalía, que no
pudo matarlo. 12Estuvo escondido con ellas en
el templo durante seis años, mientras en el país
reinaba Atalía.

23 1Al año séptimo, Yehoyadá se armó de
valor y reunió a los centuriones: Azarías,
hijo de Yeroján, Ismael, hijo de Juan, Azarías,
hijo de Obed, Maseyas, hijo de Adaya, y Eli-
safat, hijo de Zicrí. Se juramentó con ellos 2y
recorrieron Judá congregando a los levitas de
todas las ciudades y a los jefes de familia de
Israel. Cuando regresaron a Jerusalén, toda
la comunidad 3hizo en el templo un pacto con
el rey. Luego les dijo: «Debe reinar un hijo del
rey, como prometió el Señor a la descendencia
de David. 4Van a hacer lo siguiente: el tercio
de ustedes, sacerdotes y levitas, que entra de
servicio el sábado, hará guardia en las puertas;
5otro tercio ocupará el palacio, y el último tercio
la Puerta del Fundamento. El pueblo se situará
en los atrios del templo. 6Pero que nadie entre
en el templo, a excepción de los sacerdotes y los
levitas de servicio. Ellos pueden hacerlo porque
están consagrados; pero el pueblo deberá ob-
servar las prescripciones del Señor. 7Los levitas
rodearán al rey por todas partes, arma en mano.
Si alguno quiere entrar en palacio, mátenlo. Y
permanezcan junto al rey, vaya a donde vaya».

8Los levitas y los judíos hicieron lo que les
mandó el sacerdote Yehoyadá; cada uno reunió
a sus hombres, los que estaban de servicio el
sábado y los que quedaban libres, porque el
sacerdote Yehoyadá no exceptuó a ninguna de
las secciones. 9El sacerdote Yehoyadá entregó
a los oficiales las lanzas, y los diversos escudos
del rey David, que se guardaban en el templo.
10Colocó a todo el pueblo, con armas arrojadizas,
desde el ángulo sur hasta el ángulo norte del
templo, entre el altar y el templo, para proteger
al rey. 11Entonces sacaron al príncipe, le coloca-
ron la diadema y las insignias, lo proclamaron
rey, y Yehoyadá y sus hijos lo ungieron, acla-
mando: «¡Viva el rey!».

12 Atalía oyó el clamor de la tropa que corría y
aclamaba al rey y se fue hacia la gente, al templo.
13 Pero cuando vio al rey de pie sobre su estrado,
junto a la entrada, y a los oficiales y la banda
cerca del rey, toda la población en fiesta, las
trompetas tocando y los cantores acompañando
los cánticos de alabanza con sus instrumentos, se
rasgó las vestiduras y dijo: «¡Traición, traición!».
14 El sacerdote Yehoyadá ordenó a los oficiales
que mandaban las fuerzas: «Sáquenla del atrio.
Al que la siga lo matan». Porque no quería que
la matasen en el templo. 15 La fueron empujando
con las manos, y cuando llegaba a palacio por la
Puerta de las Caballerías, allí la mataron.
16 Yehoyadá selló un pacto con todo el pueblo
y con el rey para que fuera el pueblo del Señor.
17 Toda la población se dirigió luego al templo
de Baal: lo destruyeron, derribaron sus altares
y sus imágenes, y a Matán, sacerdote de Baal,
lo degollaron ante el altar. 18 Yehoyadá puso
guardias en el templo, a las órdenes de los sa-
cerdotes y levitas que David había distribuido
en la casa de Dios para ofrecer holocaustos al
Señor –según manda la ley de Moisés– con ale-
gría y con cánticos, según las prescripciones de
David. 19 Puso porteros en las puertas del templo
para que no entrase absolutamente nada impu-
ro. 20 Luego, con los centuriones, los notables,
las autoridades y todo el vecindario, bajaron del
templo al rey, lo llevaron a palacio por la Puer-
ta Superior e instalaron al rey en el trono real.
21 Toda la población hizo fiesta y la ciudad quedó
tranquila. A Atalía la habían matado a espada.

Joás de Judá (835-796)

24 1 Joás tenía siete años cuando subió al
trono y reinó en Jerusalén cuarenta años.
Su madre se llamaba Sibyá y era natural de Ber-
seba. 2 Mientras vivió el sacerdote Yehoyadá hizo
lo que el Señor aprueba. 3 Yehoyadá le procuró
dos mujeres y engendró hijos e hijas. 4 Más tarde,
Joás sintió deseos de restaurar el templo. 5 Re-
unió a los sacerdotes y a los levitas, y les dijo:
«Vayan por las ciudades de Judá recogiendo di-
nero de todo Israel para reparar todos los años
el templo de su Dios. Háganlo lo antes posible».
Pero los levitas se lo tomaron con calma.
6 Entonces el rey llamó al sumo sacerdote Ye-
hoyadá y le dijo: «¿Por qué no te has preocupado
de que los levitas cobren en Judá y Jerusalén el
tributo impuesto por Moisés, siervo del Señor, y
por la comunidad de Israel para la tienda de la
alianza? 7 ¿No te das cuenta de que la malvada
Atalía y sus secuaces destrozaron el templo y de-
dicaron a los baales todos los objetos sagrados
del mismo?».
8 Entonces, por orden del rey, hicieron un co-
fre y lo colocaron en la puerta del templo, por
fuera. 9 Luego anunciaron por Judá y Jerusalén
que había que ofrecer al Señor el tributo que
Moisés, siervo de Dios, había impuesto a Israel
en el desierto. 10 Las autoridades y la población
lo hicieron de buena gana y depositaron dinero
hasta que el cofre se llenó. 11 Cada vez que los
levitas llevaban el cofre a la inspección real y
veían que había mucho dinero, se hacían presen-
tes un secretario del rey y un inspector del sumo
sacerdote, vaciaban el cofre y volvían a colo-
carlo en su sitio. Así hicieron periódicamente, y
reunieron una gran suma de dinero.
12 El rey y Yehoyadá lo entregaban a los capa-
taces de la obra del templo, y estos pagaban a
los albañiles y carpinteros que restauraban el
templo y a los herreros y broncistas que lo re-
paraban. 13 Los obreros hicieron su tarea; bajo
sus manos fue resurgiendo la estructura, hasta
que levantaron sólidamente el templo según los
planos. 14 Al terminar, devolvieron al rey y a Ye-
hoyadá el dinero sobrante, con el que hicieron
objetos para el templo, utensilios para el culto
y para los holocaustos, copas y objetos de oro
y plata. Mientras vivió Yehoyadá ofrecieron los
holocaustos regulares en el templo. 15 Este llegó
a viejo y murió en edad avanzada, a los ciento
treinta años. 16 Lo enterraron con los reyes en la
Ciudad de David, porque fue bueno con Israel,
con Dios y con su templo.
17 Cuando murió Yehoyadá, las autoridades de
Judá fueron a rendir homenaje al rey, y este si-
guió sus consejos; 18 olvidando el templo del Se-
ñor, Dios de sus padres, dieron culto a los postes
sagrados y a los ídolos. Este pecado desenca-
denó la cólera de Dios contra Judá y Jerusalén.
19 Les envió profetas para convertirlos, pero no
hicieron caso de sus amonestaciones. 20 Enton-
ces el Espíritu de Dios se apoderó de Azarías,
hijo del sacerdote Yehoyadá, que se presentó
ante el pueblo, y le dijo: «Así dice Dios: ¿Por
qué quebrantan los preceptos del Señor? Van a
la ruina. Han abandonado al Señor y él los aban-
donará a ustedes».
21 Pero conspiraron contra él y lo apedrearon
en el atrio del templo por orden del rey. 22 El rey
Joás, sin tener en cuenta los beneficios recibidos
de Yehoyadá, mató a su hijo, que murió diciendo:
«¡Que el Señor juzgue y les pida cuentas!».
23 Al cabo de un año, un ejército de Siria se
dirigió contra Joás, penetró en Judá hasta Jeru-
salén, mató a todos los jefes del pueblo y envió
todo el botín al rey de Damasco. 24 El ejército de
Siria era reducido, pero el Señor le entregó un
ejército enorme porque el pueblo había abando-

nado al Señor, Dios de sus padres. Así se vengaron de Joás. 25 Al retirarse los sirios, dejándolo gravemente herido, sus cortesanos conspiraron contra él para vengar al hijo del sacerdote Yehoyadá. Lo asesinaron en la cama y murió. Lo enterraron en la Ciudad de David, pero no le dieron sepultura en el panteón real. 26 Los conspiradores fueron Zabad, hijo de Simat, la amonita, y Yehozabad, hijo de Simrit, la moabita. 27 Para lo referente a sus hijos, a las numerosas profecías contra él y a la restauración del templo, véase el Comentario a los Anales de los reyes. Su hijo Amasías le sucedió en el trono.

Amasías de Judá (796-767)

25 1 Amasías tenía veinticinco años cuando subió al trono y reinó en Jerusalén veintinueve años. Su madre se llamaba Yehoadayán y era natural de Jerusalén. 2 Hizo lo que el Señor aprueba, aunque no de todo corazón. 3 Cuando se afianzó en el poder, mató a los ministros que habían asesinado a su padre. 4 Pero, siguiendo lo que dice el libro de la ley de Moisés promulgada por el Señor: No serán ejecutados los padres por las culpas de los hijos, ni los hijos por las culpas de los padres; cada uno morirá por su propio pecado, no mató a sus hijos.

5 Amasías reunió a los de Judá y puso a todos los judíos y benjaminitas, por familias, a las órdenes de jefes y oficiales. Hizo el censo de los mayores de veinte años; resultaron trescientos mil en edad militar y equipados de lanza y escudo. 6 Reclutó en Israel cien mil mercenarios por cien pesos de plata. 7 Pero un hombre de Dios se presentó ante él y le dijo: «Majestad, no lleves contigo al destacamento de Israel, que el Señor no está con los efraimitas. 8 Si te apoyas en ellos, Dios te derrotará frente a tus enemigos. Porque Dios puede dar la victoria y la derrota».

9 Amasías preguntó al hombre de Dios: «¿Y qué pasa con los cien pesos de plata que di al destacamento de Israel?». El hombre de Dios le contestó: «El Señor puede devolvértelos con creces».

10 Amasías licenció a la tropa procedente de Efraín para que volviese a su tierra. Ellos se indignaron con Judá y volvieron a sus tierras enfurecidos. 11 Amasías se armó de valor, tomó el mando de la tropa, marchó a Gue Hammélaj y mató a diez mil seiritas. 12 A otros diez mil los apresaron vivos, los llevaron a la cima de la Roca y los despeñaron desde ella. Murieron todos destrozados. 13 Mientras tanto, el destacamento que había licenciado Amasías para que no luchase a su lado se dispersó por las ciudades de Judá –desde Samaría hasta Bet-Jorón–, matando a tres mil personas y capturando un gran botín.

14 Cuando Amasías volvió de derrotar a los idumeos se trajo los dioses de los seiritas, los adoptó como dioses propios, los adoró y les quemó incienso. 15 El Señor se indignó con Amasías y le envió un profeta, que le dijo: «¿Por qué sirves a unos dioses que no han podido salvar a su pueblo de tu mano?».

16 Amasías lo cortó en seco, diciéndole: «¿Quién te ha hecho consejero del rey? Termina de una vez si no quieres que te maten». El profeta terminó con estas palabras: «Por lo que has hecho, y por no escuchar mi consejo, estoy seguro de que Dios decide tu destrucción».

17 Después de aconsejarse, Amasías de Judá mandó una embajada a Joás, hijo de Joacaz, de Jehú, rey de Israel, con este mensaje: «¡Ven a enfrentarte conmigo cara a cara!». 18 Pero Joás de Israel envió esta respuesta a Amasías de Judá: «El cardo del Líbano mandó decir al cedro del Líbano: Dame a tu hija por esposa de mi hijo. Pero pasaron las fieras y pisotearon el cardo. 19 Tú dices: He derrotado a Edom, y te has engreído. Disfruta de tu gloria quedándote en tu casa. ¿Por qué quieres meterte en una guerra catastrófica, provocando tu caída y la de Judá?».

20 Pero Amasías no hizo caso, porque Dios quería entregarlo en manos de Joás por haber servido a los dioses de Edom. 21 Entonces Joás de Israel subió a vérselas con Amasías de Judá en Bet-Semes de Judá. 22 Israel derrotó a los judíos, que huyeron a la desbandada. 23 En Bet-Semes apresó Joás de Israel a Amasías de Judá, hijo de Joás, de Joacaz, y se lo llevó a Jerusalén. En la muralla de Jerusalén abrió una brecha de doscientos metros, desde la Puerta de Efraín hasta la Puerta del Ángulo, 24 se apoderó del oro, la plata, los utensilios que se hallaban en el templo al cuidado de Obededón, los tesoros de palacio y los rehenes, y se volvió a Samaría.

25 Amasías de Judá, hijo de Joás, sobrevivió quince años a Joás de Israel, hijo de Joacaz. 26 Para más datos sobre Amasías, desde el principio hasta el fin de su reinado, véase el libro de los reyes de Judá e Israel. 27 Cuando Amasías se apartó del Señor tramaron contra él una conspiración en Jerusalén; huyó a Laquis, pero lo persiguieron hasta Laquis y lo mataron allí. 28 Lo cargaron sobre unos caballos y lo enterraron con sus antepasados en la capital de Judá.

Azarías (Ozías) de Judá (767-739)

26 1 Entonces Judá en pleno tomó a Ozías, de dieciséis años, y lo nombró rey sucesor de su padre, Amasías. 2 Después que murió el rey, reconstruyó Elot, y la devolvió a Judá. 3 Ozías tenía dieciséis años cuando subió al trono

y reinó en Jerusalén cincuenta y dos años. Su
madre se llamaba Yecolía, natural de Jerusalén.
[4]Hizo lo que el Señor aprueba, igual que su pa-
dre, Amasías. [5]Sirvió al Señor mientras vivió Za-
carías, que lo había educado en el temor de Dios;
y mientras sirvió al Señor, Dios lo hizo triunfar.
[6]Salió a luchar contra los filisteos, derribó las
murallas de Gat, Yabné y Asdod, y construyó ciu-
dades en Asdod y en territorio filisteo. [7]Dios lo
ayudó en la guerra contra los filisteos, los ára-
bes que habitaban en Gur-Baal y los meunitas.
[8]Los amonitas pagaron tributo a Ozías, y llegó a
ser tan poderoso que su fama se extendió hasta
la frontera de Egipto.
[9]En Jerusalén Ozías construyó y fortificó to-
rres en la Puerta del Ángulo, en la Puerta del
Valle y en la Esquina. [10]También levantó torres
en el desierto y cavó muchos pozos para el abun-
dante ganado que poseía en la llanura y la mese-
ta; también tenía labradores y viñadores en los
montes y las huertas, porque a Ozías le gustaba
el campo.
[11]Dispuso de un ejército en pie de guerra agru-
pado en escuadrones según el censo efectuado
por el secretario Yeguiel y el comisario Maseyas
por orden de Ananías, funcionario real. [12]El nú-
mero de los jefes de familia al frente de soldados
era dos mil seiscientos. [13]Tenían a sus órdenes
un ejército de trescientos siete mil quinientos
guerreros intrépidos, que luchaban contra los
enemigos del rey. [14]Ozías equipó a toda la tro-
pa con escudos, lanzas, cascos, corazas, arcos
y hondas. [15]Hizo unos artefactos inventados por
un ingeniero que lanzaban flechas y pedruscos;
los colocó en las torres y en los ángulos de Je-
rusalén. Con la ayuda prodigiosa de Dios se hizo
fuerte y su fama llegó hasta muy lejos.
[16]Pero al hacerse poderoso, la soberbia lo
arrastró a la perdición. Se rebeló contra el Se-
ñor, su Dios, entrando en el templo para quemar
incienso en el altar de los perfumes. [17]El sacer-
dote Azarías y ochenta valientes sacerdotes
fueron tras él, [18]se plantaron ante el rey Ozías
y le dijeron: «Ozías, a ti no te corresponde que-
mar incienso al Señor. Solo pueden hacerlo los
sacerdotes aaronitas consagrados para ello. ¡Sal
del santuario, que tu pecado no te honra ante
el Señor!». [19]Ozías, que tenía el incensario en
la mano, se indignó con los sacerdotes. Y en el
mismo momento, en el templo, ante los sacerdo-
tes, junto al altar de los perfumes, la lepra brotó
en su frente. [20]El sumo sacerdote, Azarías, y los
otros sacerdotes se quedaron mirándolo y vieron
que tenía lepra en la frente. Lo echaron de allí,
mientras él mismo se apresuraba a salir, herido
por el Señor. [21]El rey Ozías siguió leproso hasta
el día de su muerte. Vivió en la leprosería, con
prohibición de acudir al templo. Su hijo Yotán se
encargó de la corte y de juzgar a la población.
[22]Para más datos sobre Ozías, desde el princi-
pio hasta el fin de su reinado, véase el libro del
profeta Isaías, hijo de Amós. [23]Cuando murió lo
enterraron con sus antepasados en el campo del
cementerio real, considerando que era un lepro-
so. Su hijo Yotán le sucedió en el trono.

Yotán de Judá (739-734)

27 [1]Cuando subió al trono Yotán tenía veinti-
cinco años y reinó en Jerusalén dieciséis
años. Su madre se llamaba Yerusá, hija de Sadoc.
[2]Hizo lo que el Señor aprueba, igual que su pa-
dre, Ozías. Pero no iba al templo, y el pueblo
seguía corrompiéndose. [3]Construyó la Puerta
Superior del templo hizo muchas obras en la
muralla del Ofel. [4]Construyó ciudades en la sie-
rra de Judá y levantó fortalezas y torres en los
bosques. [5]Luchó contra el rey de los amonitas
y lo venció; los amonitas le pagaron aquel año
cien pesos de plata, diez mil toneles de trigo y
diez mil de cebada; e igual cantidad los dos años
siguientes. [6]Yotán se hizo poderoso porque pro-
cedió rectamente ante el Señor, su Dios.
[7]Para más datos sobre Yotán, sus guerras y
empresas, véase el libro de los reyes de Israel
y Judá. [8]Subió al trono a la edad de veinticinco
años y reinó en Jerusalén dieciséis años. [9]Cuan-
do murió lo enterraron en la Ciudad de David. Su
hijo Acaz le sucedió en el trono.

Acaz de Judá (734-727)

28 [1]Cuando subió al trono Acaz tenía veinte
años y reinó en Jerusalén dieciséis años.
No hizo, como su antepasado David, lo que el
Señor aprueba. [2]Imitó a los reyes de Israel, ha-
ciendo estatuas a los baales. [3]Quemaba incienso
en el valle de Ben-Hinón e incluso sacrificó a su
hijo en la hoguera, según la costumbre aborreci-
ble de las naciones que el Señor había expulsado
ante los israelitas. [4]Sacrificaba y quemaba in-
cienso en los santuarios paganos, en las colinas
y bajo los árboles frondosos.
[5]El Señor, su Dios, lo entregó en manos del rey
sirio, que lo derrotó, capturó numerosos prisio-
neros y los llevó a Damasco. También lo entregó
en manos del rey de Israel, que le causó una gran
derrota. [6]Pécaj, hijo de Romelías, mató en un
solo día a ciento veinte mil judíos, todos ague-
rridos, por haber abandonado al Señor, Dios de
sus padres. [7]Y Zicrí, un soldado de Efraín, mató
a Maseyas, hijo del rey, a Azricán, mayordomo
de palacio, y al primer ministro, Elcaná. [8]Entre
mujeres, hijos e hijas, los israelitas tomaron

a sus hermanos doscientos mil prisioneros; se
apoderaron también de un gran botín y lo lleva-
ron a Samaría.
9Había allí un profeta del Señor llamado Oded.
Cuando el ejército volvía a Samaría, salió a su
encuentro y les dijo: «El Señor, Dios de sus pa-
dres, indignado con Judá, lo puso en sus manos.
Pero ustedes los han masacrado con una furia tal
que clama al cielo. 10Y encima se proponen con-
vertir a los habitantes de Judá y Jerusalén en
esclavos y esclavas de ustedes. ¿No han pecado
ya bastante contra el Señor, su Dios? 11Háganme
caso y devuelvan a sus hermanos a quienes han
tomado prisioneros, porque los amenaza la ira
ardiente del Señor».
12Algunos jefes efraimitas –Azarías, hijo de
Juan; Berequías, hijo de Mesilemot; Ezequías,
hijo de Salún, y Amasá, hijo de Jadlay– se pu-
sieron también en contra del ejército que volvía
13y les dijeron: «No metan aquí a esos prisione-
ros, porque nos haríamos culpables delante del
Señor. Ya bastante hemos pecado para que se
dediquen a aumentar nuestras faltas y culpas,
irritando al Señor contra Israel».
14Entonces los soldados dejaron los prisione-
ros y el botín a disposición de las autoridades y
de la comunidad. 15Designaron expresamente a
algunos para que se hiciesen cargo de los cau-
tivos. A los que estaban desnudos los vistieron
con trajes y sandalias del botín; luego les die-
ron de comer y beber, los ungieron, montaron
en burros a los que no podían caminar y los lle-
varon a Jericó, la ciudad de las palmeras, con
sus hermanos. A continuación se volvieron a
Samaría.
16Por entonces, el rey Acaz envió una embajada
al rey de Asiria para pedirle ayuda. 17Porque los
idumeos habían hecho una nueva incursión, de-
rrotando a Judá y haciendo prisioneros; 18los fi-
listeos saquearon las ciudades de la Sefela y del
Negueb de Judá, apoderándose de Bet-Semes,
Ayalón, Guederot, Socó y su región, Timná y su
región, Gimzó y su región, y se establecieron en
ellas. 19El Señor humillaba a Judá por culpa de
Acaz, que había traído el desenfreno a Judá y se
mostraba rebelde al Señor. 20Pero Tiglat Piléser,
rey de Asiria, en vez de ayudarlo, marchó contra
él y lo sitió. 21Y aunque Acaz despojó el templo,
el palacio y las casas de las autoridades para
ganarse al rey de Asiria, no le sirvió de nada.
22Incluso durante el asedio siguió rebelándose
contra el Señor. 23Ofreció sacrificios a los dioses
de Damasco, que lo habían derrotado, pensando:
Los dioses de Siria sí que ayudan a sus reyes. Les
ofreceré sacrificios para que me ayuden a mí.
Pero fueron su ruina y la de Israel.
24Acaz reunió los objetos del templo y los hizo
pedazos; cerró las puertas del templo, constru-
yó altares en todos los rincones de Jerusalén 25y
levantó santuarios paganos en todas las ciuda-
des de Judá para quemar incienso a dioses ex-
traños, irritando al Señor, Dios de sus padres.
26Para sus restantes actividades y empresas,
del principio al fin de su reinado, véase el libro
de los reyes de Judá e Israel. 27Cuando Acaz mu-
rió no lo llevaron al panteón real de Judá, sino
que lo enterraron en la ciudad, en Jerusalén. Su
hijo Ezequías le sucedió en el trono.

Ezequías de Judá (727-698)

29 1Cuando Ezequías subió al trono tenía
veinticinco años y reinó en Jerusalén
veintinueve años. Su madre se llamaba Abí, hi-
ja de Zacarías. 2Hizo lo que el Señor aprueba,
igual que su antepasado David. 3El año primero
de su reinado, el mes primero, abrió y restauró
las puertas del templo. 4Hizo venir a los sacer-
dotes y levitas, los reunió en la Plaza de Oriente
5y les dijo: «Escúchenme, levitas: Purifíquense y
purifiquen el templo del Señor, Dios de sus pa-
dres. Saquen del santuario la impureza, 6porque
nuestros padres pecaron, hicieron lo que reprue-
ba el Señor, nuestro Dios, lo abandonaron y se
despreocuparon por completo de la morada del
Señor. 7Por si fuera poco, cerraron las puertas
de la nave, apagaron las lámparas y dejaron de
quemar incienso y de ofrecer holocaustos en el
santuario del Dios de Israel. 8Entonces el Se-
ñor se indignó con Judá y Jerusalén, y los hizo
objeto de estupor, de espanto y de burla, como
ustedes pueden ver con sus propios ojos. 9Nues-
tros padres murieron a espada y nuestros hijos,
hijas y mujeres marcharon al destierro por este
motivo. 10Ahora tengo el propósito de sellar una
alianza con el Señor, Dios de Israel, para que
cese en su ira contra nosotros. 11Por tanto, hijos
míos, no sean negligentes, que el Señor los ha
elegido para estar en su presencia, servirle, ser
sus ministros y quemar incienso».
12Entonces los levitas –Májat, hijo de Amasay,
y Joel, hijo de Azarías, descendientes de Que-
hat; Quis, hijo de Abdí, y Azarías, hijo de Yehale-
lel, descendientes de Merarí; Yoaj, hijo de Zimá,
y Edén, hijo de Yoaj, descendientes de Guersón;
13Simrí y Yeguiel, descendientes de Elisafán; Za-
carías y Matanías, descendientes de Asaf; 14Ye-
jiel y Semeí, descendientes de Hemán; Semayas
y Uziel, descendientes de Yedutún– 15reunieron
a sus hermanos, se purificaron y fueron a puri-
ficar el templo, como había dispuesto el rey por
orden del Señor. 16Los sacerdotes penetraron en
el interior del templo para purificarlo; sacaron

al atrio todas las cosas impuras que encontraron
en el templo, y los levitas las agarraron y arro-
jaron fuera, al torrente Cedrón. 17La tarea de pu-
rificación comenzó el día uno del mes primero;
el ocho llegaron a la nave del templo, y durante
otros ocho días purificaron el templo, y termina-
ron el dieciséis del mismo mes.
18Se presentaron luego al rey Ezequías y le di-
jeron: «Ya hemos purificado todo el templo: el
altar de los holocaustos con todos sus utensilios
y la mesa de los panes presentados con todos
sus utensilios. 19También hemos reparado y puri-
ficado todos los objetos que el rey Acaz profanó
con su rebeldía durante su reinado. Los hemos
dejado delante del altar del Señor».
20Muy de mañana, el rey Ezequías reunió a las
autoridades de la ciudad y subió al templo. 21Lle-
varon siete toros, siete carneros, siete corderos
y siete chivos como sacrificio expiatorio por la
monarquía, por el santuario y por Judá. Luego
ordenó a los sacerdotes aaronitas que los ofre-
ciesen sobre el altar del Señor. 22Sacrificaron
los toros, y los sacerdotes recogieron la sangre
y la derramaron sobre el altar; sacrificaron los
carneros y derramaron la sangre sobre el altar;
sacrificaron los corderos y derramaron la sangre
sobre el altar. 23Luego llevaron los chivos de la
expiación delante del rey y de la comunidad para
que les impusiesen las manos. 24Los sacerdotes
los degollaron y derramaron la sangre sobre el
altar para obtener el perdón de todo Israel, ya
que el rey había ordenado que el holocausto y el
sacrificio de expiación fueran por todo Israel.
25El rey había instalado a los levitas en el
templo, con platillos, arpas y cítaras, como lo
habían dispuesto David, Gad, el vidente del rey,
y el profeta Natán. La orden era de Dios, por me-
dio de sus profetas. 26Así, se hallaban presentes
los levitas con los instrumentos de David y los
sacerdotes con las trompetas.
27Ezequías dio orden de ofrecer el holocausto
ante el altar, y en el mismo instante en que em-
pezó el holocausto comenzó el canto del Señor
y el son de las trompetas, acompañados de los
instrumentos de David, rey de Israel. 28Hasta
que terminó el holocausto toda la comunidad
permaneció postrada, mientras continuaban
los cantos y resonaban las trompetas. 29Cuan-
do acabó, el rey y su séquito se postraron en
adoración. 30Luego Ezequías y las autoridades
pidieron a los levitas que alabasen al Señor con
canciones de David y del vidente Asaf. Lo hicie-
ron con tono festivo y adoraron al Señor hacien-
do reverencia. 31Luego Ezequías tomó la palabra
y dijo: «Ahora quedan consagrados al Señor.
Acérquense y ofrezcan sacrificios de acción de
gracias por el templo». La comunidad ofreció
sacrificios de acción de gracias y las personas
generosas holocaustos.
32El número de víctimas que ofreció la co-
munidad fue de setenta toros, cien carneros
y doscientos corderos, todos en holocausto al
Señor. 33Las ofrendas sagradas fueron seiscien-
tos toros y tres mil ovejas. 34Como los sacerdo-
tes eran pocos y no daban abasto para desollar
tantas víctimas, los ayudaron sus hermanos,
los levitas, hasta que terminaron la tarea y se
purificaron los sacerdotes, porque los levitas
se mostraron más dispuestos a purificarse que
los sacerdotes. 35Hubo muchos holocaustos,
además de la grasa de los sacrificios de comu-
nión y de las libaciones de los holocaustos. Así
se restableció el culto del templo. 36Ezequías
y el pueblo se alegraron de que Dios hubiera
movido al pueblo, porque todo sucedió en un
abrir y cerrar de ojos.

30 1Ezequías envió mensajeros por todo Is-
rael y Judá, y escribió cartas a Efraín y
Manasés para que acudiesen al templo de Jeru-
salén, con el fin de celebrar la Pascua del Señor,
Dios de Israel. 2El rey, las autoridades y toda
la comunidad de Jerusalén decidieron en con-
sejo celebrar la Pascua durante el segundo mes,
3ya que no habían podido hacerlo a su debido
tiempo porque quedaban muchos sacerdotes por
purificarse y el pueblo no se había reunido aún
en Jerusalén. 4Al rey y a toda la comunidad les
pareció acertada la decisión. 5Entonces acor-
daron pregonar por todo Israel, desde Berseba
hasta Dan, que viniesen a Jerusalén a celebrar la
Pascua del Señor, Dios de Israel, porque muchos
no la celebraban como está mandado.
6Los mensajeros recorrieron todo Israel y Judá
llevando las cartas del rey y de las autorida-
des, y pregonando por orden del rey: «Israeli-
tas, vuelvan al Señor, Dios de Abrahán, Isaac e
Israel, y el Señor volverá a estar con todos los
supervivientes del poder de los reyes asirios.
7No sean como sus padres y hermanos, que se
rebelaron contra el Señor, Dios de sus padres,
y este los convirtió en objeto de espanto, como
ustedes mismos pueden ver. 8No sean tercos co-
mo sus padres. Entréguense al Señor, acudan al
santuario que ha sido consagrado para siempre.
Sirvan al Señor, su Dios, y él apartará de ustedes
el ardor de su cólera. 9Si se convierten al Señor,
los que deportaron a sus hermanos e hijos sen-
tirán compasión de ellos y los dejarán volver a
este país. Porque el Señor, su Dios, es clemente
y misericordioso, y no les volverá la espalda si
se vuelven a él».

10 Los mensajeros recorrieron de ciudad en ciu-
dad la tierra de Efraín y Manasés, hasta Zabulón,
pero todos se reían y se burlaban de ellos. 11 Solo
algunos de Aser, Manasés y Zabulón se mostra-
ron humildes y acudieron a Jerusalén. 12 Los ju-
díos, por gracia de Dios, cumplieron unánimes lo
que el Señor había dispuesto por orden del rey y
de las autoridades.
13 En el mes segundo se reunió en Jerusalén
una gran multitud para celebrar la fiesta de
los Ázimos; fue una asamblea numerosísima.
14 Primero suprimieron los altares que había por
Jerusalén y todos los altares de incensar, arro-
jándolos al torrente Cedrón. 15 Luego el catorce
de mayo inmolaron la Pascua. Los sacerdotes
levíticos confesaron sus pecados, se purifica-
ron y llevaron holocaustos al templo. 16 Cada
cual ocupó el puesto que le correspondía según
la ley de Moisés, hombre de Dios; los sacerdo-
tes derramaban la sangre que les pasaban los
levitas. 17 Como muchos de la comunidad no se
habían purificado, los levitas se encargaron de
inmolar los corderos pascuales de todos los que
no estaban puros para consagrarlos al Señor.
18 Gran número de personas, en su mayoría de
Efraín, Manasés, Isacar y Zabulón, no observa-
ron lo prescrito y comieron la Pascua sin ha-
berse purificado. Pero Ezequías intercedió por
ellos diciendo: «El Señor, que es bueno, perdo-
ne 19 a todos los que sirven de corazón a Dios, al
Señor Dios de sus padres, aunque no tengan la
pureza ritual». 20 El Señor escuchó a Ezequías y
sanó al pueblo.
21 Los israelitas que se encontraban en Jerusa-
lén celebraron la fiesta de los Ázimos durante
siete días con gran júbilo; los sacerdotes y levi-
tas alababan al Señor día tras día con todo entu-
siasmo. 22 Ezequías felicitó a los levitas por sus
buenas disposiciones para con el Señor. Pasaron
los siete días de fiesta ofreciendo sacrificios de
comunión y confesando al Señor, Dios de sus pa-
dres. 23 Luego la comunidad decidió prolongar la
fiesta otros siete días. Y pudieron hacerlo, con
gran júbilo, 24 porque Ezequías, rey de Judá, les
proporcionó mil toros y siete mil ovejas, y las
autoridades, mil toros y diez mil ovejas; además,
se purificaron muchos sacerdotes. 25 La alegría
reinaba entre la comunidad de Judá, entre los
sacerdotes, los levitas, los que habían venido
de Israel, los extranjeros procedentes de Israel
y los residentes en Judá. 26 Una fiesta tan magní-
fica no se recordaba en Jerusalén desde los días
de Salomón, hijo de David, rey de Israel. 27 Los
sacerdotes levíticos se levantaron para bendecir
al pueblo. El Señor escuchó su voz, y la plegaria
llegó hasta su santa morada de los cielos.

31 1 Terminada la fiesta, todos los israelitas
presentes recorrieron las ciudades de
Judá destruyendo las piedras conmemorativas,
talando los postes sagrados y demoliendo los
santuarios paganos y los altares de todo Judá,
Benjamín, Efraín y Manasés hasta que no quedó
ni uno. Luego cada cual se volvió a su casa y
su ciudad.
2 Ezequías organizó por clases a los sacerdo-
tes y levitas, asignando a cada uno su función
sacerdotal o levítica: ofrecer holocaustos y sa-
crificios de comunión, dar gracias y alabar y ser-
vir a la entrada de los campamentos del Señor.
3 Destinó parte de los bienes de la corona a toda
clase de holocaustos: matutinos y vespertinos,
de los sábados, principios de mes y festividades,
como manda la ley del Señor. 4 A los habitantes
de Jerusalén les ordenó ayudar económicamen-
te a los sacerdotes y levitas para que pudieran
dedicarse a la ley del Señor. 5 Cuando se difundió
la orden, los israelitas recogieron las primicias
del trigo, del vino nuevo, del aceite, de la miel
y de todos los productos agrícolas y entregaron
abundantes diezmos de todo. 6 También los is-
raelitas y judíos que habitaban en las ciudades
de Judá entregaron el diezmo del ganado mayor
y menor y el diezmo de las cosas sacrosantas de-
dicadas al Señor, disponiéndolos en montones.
7 Comenzaron a hacer los montones en mayo y
terminaron en octubre. 8 Cuando llegaron Eze-
quías y las autoridades, al ver los montones,
bendijeron al Señor y a su pueblo, Israel. 9 Eze-
quías pidió a los sacerdotes y levitas que le in-
formasen sobre ellos. 10 El sumo sacerdote, Aza-
rías, de la familia de Sadoc, le dijo: «Desde que
comenzaron a traer ofrendas al templo hemos
comido hasta saciarnos; pero ha sobrado mucho
porque el Señor ha bendecido a su pueblo. Toda
esta cantidad es lo que ha sobrado».
11 Ezequías dio orden de preparar unos silos en
el templo. Cuando lo hicieron llevaron 12 fielmen-
te las ofrendas, el diezmo y los dones sacrosan-
tos. Encargaron de ellos al levita Conanías y a su
hermano Semeí como ayudante. 13 Por orden del
rey Ezequías y de Azarías, prefecto del templo,
nombraron inspectores a Yejiel, Azazías, Nájat,
Asael, Yerimot, Yozabad, Eliel, Yismaquías, Má-
jat y Benayas, a las órdenes de Conanías y de su
hermano Semeí. 14 El levita Coré, hijo de Yimná,
portero de la Puerta de Oriente, estaba encarga-
do de las ofrendas voluntarias y de administrar
las ofrendas del Señor y los dones sacrosantos.
15 A sus órdenes estaban Edén, Minyamín, Jesús,
Semayas, Amarías y Secanías, repartidos por
las ciudades sacerdotales para proveer per-
manentemente a sus hermanos, según sus cla-

ses, fuesen grandes o pequeños, [16]con tal que
estuviesen inscritos entre los varones a partir
de los tres años; es decir, proveían a todos los
que entraban diariamente al servicio del tem-
plo para realizar las funciones asignadas a sus
clases. [17]Los sacerdotes estaban registrados
por familias y los levitas –a partir de los veinte
años– por sus funciones y clases. [18]Debían re-
gistrarse con toda su familia, mujeres, hijos e
hijas, todo el grupo, porque habían de ser fieles
a su consagración. [19]Respecto a los sacerdotes
aaronitas que vivían en los campos de pastoreo
de sus ciudades, en todas ellas había personas
encargadas por su nombre de proveer a los sa-
cerdotes varones y a todos los levitas inscritos
en el registro. [20]Ezequías impuso esta norma en
todo Judá. Actuó con bondad, rectitud y fideli-
dad de acuerdo con el Señor, su Dios. [21]Todo lo
que emprendió en servicio del templo, de la ley
y de los preceptos lo hizo sirviendo a su Dios de
todo corazón. Por eso tuvo éxito.

32 [1]Después de estos actos de lealtad, Sena-
querib, rey de Asiria, se puso en marcha,
llegó a Judá, sitió las fortalezas y dio orden de
conquistarlas. [2]Ezequías advirtió que Senaque-
rib venía dispuesto a atacar a Jerusalén. [3]Re-
unido en consejo con las autoridades civiles y
militares, propuso cegar los manantiales que ha-
bía fuera de la ciudad; y ellos lo apoyaron. [4]Reu-
nieron mucha gente y cegaron todas las fuentes
y el canal subterráneo que atravesaba la ciudad,
diciéndose: Solo falta que cuando venga el rey
de Asiria encuentre agua en abundancia. [5]Con
gran energía reparó toda la muralla derruida, la
coronó con torres, edificó una muralla exterior,
fortificó la zona del terraplén, la Ciudad de Da-
vid, e hizo numerosas lanzas y escudos. [6]Nombró
jefes militares al frente de la población, los re-
unió en la Plaza Mayor y les dio ánimo con estas
palabras: [7]«¡Sean fuertes y tengan valor! No se
asusten ni se acobarden ante el rey de Asiria y
la multitud que le sigue. Nosotros contamos con
algo más grande que él. [8]Él cuenta con fuerzas
humanas, nosotros con el Señor, nuestro Dios,
que nos auxilia y guerrea con nosotros». El pue-
blo se animó con las palabras de Ezequías, rey
de Judá.

[9]Más tarde, Senaquerib, rey de Asiria, que si-
tiaba Laquis con todas sus tropas, envió a unos
cortesanos a Jerusalén para que dijesen a Eze-
quías, rey de Judá, y a todos los judíos que se en-
contraban en Jerusalén: [10]«Así dice Senaquerib,
rey de Asiria: ¿En qué confían ustedes para se-
guir en una ciudad sitiada como Jerusalén? [11]¿No
ven que Ezequías los está engañando y los lleva
a morir de hambre y de sed cuando dice: El Señor,
nuestro Dios, nos salvará de la mano del rey de
Asiria? [12]¿No fue él quien suprimió sus santuarios
y sus altares ordenando a judíos y jerosolimita-
nos que se postren y quemen incienso ante un
único altar? [13]¿No saben lo que hice yo y lo que
hicieron mis antepasados con todos los pueblos
del mundo? ¿Acaso los dioses de esos pueblos
pudieron librar sus territorios de mi mano?
[14]¿Qué dios de esos pueblos que exterminaron
mis antepasados consiguió librar a su gente de
mi mano? ¿Y su Dios, va a poder salvarlos? [15]No se
dejen engañar y embaucar por Ezequías. No con-
fíen en él. Ningún dios de ninguna nación o reino
pudo librar a su pueblo de mi mano y de la de mis
antepasados. ¡Y va a poder librarlos su Dios!».

[16]Los cortesanos siguieron hablando con-
tra el Señor Dios y contra su siervo Ezequías.
[17]Senaquerib había escrito también un mensaje
insultando al Señor, Dios de Israel, y diciendo
contra él: Lo mismo que los dioses nacionales
no libraron sus pueblos de mi mano, tampoco el
Dios de Ezequías librará a su pueblo. [18]Hablaban
a gritos, en hebreo, dirigiéndose al pueblo de
Jerusalén que se encontraba en la muralla, para
atemorizarlo y asustarlo, a fin de apoderarse de
la ciudad. [19]Hablaron del Dios de Jerusalén como
si se tratase de un dios cualquiera, fabricado por
hombres. [20]El rey Ezequías y el profeta Isaías,
hijo de Amós, se pusieron en oración con este
motivo y clamaron al cielo. [21]Entonces el Señor
envió un ángel, que aniquiló a todos los solda-
dos y a los jefes y oficiales del campamento del
rey asirio. Este volvió a su país derrotado, y una
vez que entró en el templo de su dios lo asesina-
ron allí sus propios hijos.

[22]El Señor salvó a Ezequías y a los habitantes
de Jerusalén de manos de Senaquerib, rey de
Asiria, y de todos los enemigos, concediéndoles
paz en las fronteras. [23]Mucha gente vino a Je-
rusalén para ofrecer dones al Señor y presentes
a Ezequías de Judá, que a raíz de esto adquirió
gran prestigio en todas las naciones.

[24]Por entonces, Ezequías había enfermado de
muerte. Oró al Señor, que le prometió sanarlo
y le concedió un prodigio. [25]Pero Ezequías no
correspondió a este beneficio; al contrario, se
llenó de orgullo y atrajo sobre sí, sobre Judá y
sobre Jerusalén la cólera del Señor. [26]Pero lue-
go se arrepintió de su orgullo, junto con todos
los habitantes de Jerusalén, y la ira del Señor no
se abatió más sobre ellos en vida de Ezequías.
[27]Tuvo gran riqueza y prestigio. Acumuló gran
cantidad de plata, oro, piedras preciosas, aro-
mas, escudos y objetos de valor de todas clases;
[28]construyó silos para las cosechas de trigo, vino

nuevo y aceite, establos para todo tipo de ganado y corrales para los rebaños. 29Edificó ciudades y reunió un inmenso rebaño de ovejas y vacas, porque Dios le concedió muchísimos bienes.

30Fue Ezequías quien cegó la salida superior de las aguas de Guijón y las desvió por un subterráneo a la parte occidental de la Ciudad de David. 31Triunfó en todas sus empresas; y cuando los príncipes de Babilonia le enviaron mensajeros para informarse del prodigio que había sucedido en su país, si Dios lo abandonó fue para ponerlo a prueba y conocer sus intenciones.

32Para más datos sobre Ezequías y sobre sus obras de piedad, véanse el libro del profeta Isaías, hijo de Amós, y el libro de los reyes de Judá e Israel. 33Cuando murió Ezequías lo enterraron en la cuesta de las tumbas de los descendientes de David. Los judíos y la población de Jerusalén le dedicaron un gran funeral. Su hijo Manasés le sucedió en el trono.

Manasés de Judá (698-643)

33 1Manasés tenía doce años cuando subió al trono y reinó en Jerusalén cincuenta y cinco años. 2Hizo lo que el Señor reprueba, imitando las costumbres abominables de las naciones que el Señor había expulsado ante los israelitas. 3Reconstruyó los santuarios paganos derruidos por su padre, Ezequías, levantó altares a los baales, erigió postes sagrados, adoró y dio culto a todo el ejército del cielo; 4puso altares en el templo del Señor, del que había dicho el Señor: Mi nombre estará en Jerusalén para siempre; 5edificó altares a todo el ejército del cielo en los dos atrios del templo; 6quemó a sus hijos en el valle de Ben-Hinón; practicó la adivinación, la magia y la hechicería, e instituyó nigromantes y adivinos. Hacía continuamente lo que el Señor reprueba, irritándolo. 7La imagen del ídolo que había fabricado la colocó en el templo de Dios, del que Dios había dicho a David y a su hijo Salomón: En este templo y en Jerusalén, a la que elegí entre todas las tribus de Israel, pondré mi nombre para siempre, 8ya no dejaré que Israel ande lejos de la tierra que asigné a sus padres, a condición de que pongan por obra cuanto les mandé, siguiendo la ley, los preceptos y normas de Moisés.

9Pero Manasés extravió a Judá y a la población de Jerusalén para que se portase peor que las naciones que el Señor había exterminado ante los israelitas.

10El Señor dirigió su palabra a Manasés y a su pueblo, pero no le hicieron caso. 11Entonces hizo venir contra ellos a los generales del rey de Asiria, que apresaron a Manasés con ganchos, lo ataron con cadenas de bronce y lo condujeron a Babilonia. 12En su angustia procuró aplacar al Señor, su Dios, y se humilló profundamente ante el Dios de sus padres 13y le suplicó. El Señor lo atendió con benignidad, escuchó su súplica y lo hizo volver a Jerusalén, a su reino. Manasés reconoció que el Señor es el verdadero Dios.

14Más tarde construyó una muralla exterior en la Ciudad de David, desde el oeste de Guijón, en el torrente, hasta la Puerta del Pescado, rodeando el Ofel; la hizo muy alta. Puso oficiales en todas las fortalezas de Judá.

15Suprimió del templo los dioses extranjeros y el ídolo; y arrojó fuera de la ciudad todos los altares que había construido en el monte del templo y en Jerusalén. 16Restauró el altar del Señor e inmoló sobre él sacrificios de comunión y de acción de gracias. Y ordenó que los judíos diesen culto al Señor, Dios de Israel. 17Pero el pueblo siguió sacrificando en los altares paganos, aunque solo al Señor, su Dios.

18Para más datos sobre Manasés, la oración que hizo y los oráculos de los videntes que le hablaban en nombre del Señor, Dios de Israel, véase la historia de los reyes de Israel. 19Su oración y la respuesta que recibió, su pecado y su rebeldía, los lugares donde levantó santuarios paganos y erigió postes sagrados e ídolos antes de su conversión están registrados en la historia de sus videntes. 20Cuando murió Manasés lo enterraron en su casa. Su hijo Amón le sucedió en el trono.

Amón de Judá (643-640)

21Amón tenía veintidós años cuando subió al trono y reinó en Jerusalén dos años. 22Hizo lo que el Señor reprueba, igual que su padre, Manasés. Amón sacrificó y dio culto a todos los ídolos que hizo su padre, Manasés. 23Pero no se humilló ante el Señor, como había hecho su padre; al contrario, multiplicó sus culpas. 24Sus cortesanos conspiraron contra él y lo asesinaron en el palacio. 25Pero la población mató a los conspiradores y nombraron rey sucesor suyo a Josías, hijo de Amón.

Josías de Judá (640-609)

34 1Cuando Josías subió al trono tenía ocho años y reinó en Jerusalén treinta y un años. 2Hizo lo que el Señor aprueba. Imitó la conducta de su antepasado David, sin desviarse a derecha ni izquierda.

3El año octavo de su reinado, cuando todavía era un muchacho, comenzó a servir al Dios de su antepasado David, y el año doce empezó a purificar a Judá y a Jerusalén de santuarios paganos, de postes sagrados, de estatuas e ídolos. 4 Destruyeron en su presencia los altares de los baales y derribó los incensarios que había sobre ellos; destrozó los postes sagrados, y a los ídolos y estatuas los trituró hasta reducirlos a polvo, y lo esparció sobre las tumbas de los que les habían ofrecido sacrificios. 5 Quemó sobre sus altares los huesos de los sacerdotes. Así purificó a Judá y Jerusalén. 6 En las ciudades de Manasés, Efraín, Simeón y hasta de Neftalí, en todos sus lugares, 7 destruyó los altares, trituró hasta hacer polvo los postes sagrados y las estatuas y derribó los incensarios en todo el territorio de Israel. Luego volvió a Jerusalén.

8 El año dieciocho de su reinado, cuando terminó de purificar el país y el templo, mandó a Safán, hijo de Asalías, al alcalde Maseyas y al canciller Yoaj, hijo de Joacaz, a reparar el templo del Señor, su Dios. 9 Se presentaron al sumo sacerdote, Jelcías, para recoger el dinero ingresado en el templo por las colectas de los porteros levitas en Manasés, Efraín, el resto de Israel, y en Judá, Benjamín y la población de Jerusalén. 10 Lo entregaron a los encargados de las obras del templo, y los maestros de obras que trabajaban en el templo lo dedicaron a reparar y restaurar el edificio, 11 entregándolo a los carpinteros y albañiles para comprar piedras talladas para los muros y madera para las vigas de los edificios que los reyes de Judá habían dejado arruinarse. 12 Aquellos hombres realizaron su trabajo con toda honradez. Estaban designados para dirigir las obras los levitas Yájat y Abdías, descendientes de Merarí, y Zacarías y Mesulán, descendientes de Quehat. Los levitas, como sabían tocar diversos instrumentos, 13 acompañaban a los acarreadores y dirigían a todos los obreros, cualquiera que fuese su tarea. Otros levitas eran secretarios, inspectores y porteros.

14 Cuando estaban sacando el dinero ingresado en el templo, el sacerdote Jelcías encontró el libro de la ley del Señor escrito por Moisés. 15 Entonces Jelcías dijo al cronista Safán: «He encontrado en el templo el libro de la ley». Y se lo entregó a Safán. 16 Este se lo llevó al rey cuando fue a darle cuenta de su tarea: «Tus siervos ya han hecho todo lo que les mandaste. 17 Recogieron el dinero que había en el templo y se lo entregaron a los encargados y a los obreros». 18 Y le comunicó la noticia: «El sacerdote Jelcías me ha dado un libro. Safán lo leyó ante el rey, 19 y cuando este oyó el contenido de la ley se rasgó los vestidos 20 y ordenó a Jelcías, a Ajicán, hijo de Safán, a Abdón, hijo de Miqueas, al cronista Safán y al funcionario real Asayas: 21 «Vayan a consultar al Señor por mí, por el resto de Israel y por Judá a propósito del libro encontrado; porque el Señor está enfurecido contra nosotros, porque nuestros padres no obedecieron la Palabra del Señor, cumpliendo lo prescrito en este libro».

22 Jelcías y los designados por el rey fueron a ver a la profetisa Julda, esposa del guardarropa Salún, hijo de Ticua, de Jasrá, que vivía en Jerusalén, en el Barrio Nuevo. Le expusieron el caso 23 y ella les respondió: «Así dice el Señor, Dios de Israel: Díganle al que los ha enviado: 24 Así dice el Señor: Yo voy a traer la desgracia sobre este lugar y sus habitantes, todas las maldiciones escritas en el libro que han leído ante el rey de Judá. 25 Por haberme abandonado y haber quemado incienso a otros dioses, irritándome con sus ídolos, está ardiendo mi cólera contra este lugar, y no se apagará. 26 Y al rey de Judá, que los ha enviado a consultar al Señor, díganle: Así dice el Señor, Dios de Israel: 27 Por haber escuchado estas palabras con dolor de corazón, humillándote ante Dios al oír sus amenazas contra este lugar y sus habitantes, porque te has humillado ante mí, te has rasgado los vestidos y llorado en mi presencia, también yo te escucho –oráculo del Señor–. 28 Cuando yo te reúna con tus padres te enterrarán en paz, sin que lleguen a ver tus ojos la desgracia que voy a traer a este lugar y a sus habitantes».

Ellos llevaron la respuesta al rey, 29 y este dio órdenes para que se presentasen los ancianos de Judá y de Jerusalén. 30 Luego subió al templo, acompañado de todos los judíos, los habitantes de Jerusalén, los sacerdotes, los levitas y todo el pueblo, chicos y grandes. El rey les leyó el libro de la alianza encontrado en el templo. 31 Después, de pie sobre su estrado, selló ante el Señor la alianza, comprometiéndose a seguirle y cumplir sus preceptos, normas y mandatos, con todo su corazón y con toda su alma, poniendo en práctica las cláusulas de la alianza escritas en este libro. 32 Hizo suscribir la alianza a todos los que se encontraban en Jerusalén. La población de Jerusalén actuó según la alianza del Dios de sus padres.

33 Josías suprimió las infames prácticas que había en todos los territorios israelitas e hizo que todos los residentes en Israel diesen culto al Señor, su Dios. Durante su vida no se apartaron del Señor, Dios de sus padres.

35 1 Josías celebró en Jerusalén la Pascua del Señor, inmolándola el día catorce del primer mes. 2 Asignó a los sacerdotes sus funciones y los confirmó en el servicio del templo. 3 Y dijo a los levitas consagrados al Señor, encargados de instruir a Israel: «Dejen el arca santa en el templo que construyó Salomón, hijo de David, rey de Israel; ya no tendrán que trasladarla sobre sus hombros. Dedíquense ahora a servir al Señor, su Dios, y a su pueblo, Israel. 4Organícense en turnos por familias, como dispusieron por escrito el rey David y su hijo Salomón. 5Ocupen sus puestos en el santuario, dividiendo sus familias de forma que cada grupo levítico se encargue de un grupo de familias de los otros israelitas, sus hermanos. 6Inmolen la Pascua, purifíquense y prepárenla para sus hermanos a fin de que ellos puedan cumplir lo que mandó el Señor por medio de Moisés».

7Josías proporcionó a la gente corderos y cabritos –treinta mil en total– para sacrificios pascuales de todos los presentes y tres mil bueyes, todo ello de la hacienda real. 8Las autoridades ayudaron voluntariamente al pueblo, a los sacerdotes y a los levitas. Jelquías, Zacarías y Yejiel, encargados del templo, dieron a los sacerdotes dos mil seiscientos animales pascuales y trescientos bueyes. 9Conanías, Semayas, su hermano Natanael, Jasabías, Yeguiel y Jozabad, jefes de los levitas, proporcionaron a los levitas cinco mil animales pascuales y quinientos bueyes.

10Cuando estuvo preparada la ceremonia, los sacerdotes ocuparon sus puestos y los levitas se distribuyeron por clases, como había ordenado el rey. 11Inmolaron la Pascua. Los sacerdotes rociaban la sangre, mientras los levitas desollaban las víctimas. 12Separaban la parte que debía ser quemada y la entregaban a las diversas familias del pueblo, para que ellas la ofreciesen al Señor, como está escrito en el libro de Moisés. Lo mismo hicieron con los bueyes. 13Asaron la Pascua, como está mandado, y cocieron los alimentos sagrados en ollas, calderos y cazuelas, repartiéndolos enseguida a toda la gente del pueblo. 14Después la prepararon para ellos mismos y para los sacerdotes; como los sacerdotes aaronitas estuvieron ocupados hasta la noche en ofrecer los holocaustos y las grasas, los levitas la prepararon para sí mismos y para ellos. 15Los cantores, descendientes de Asaf, estaban en sus puestos, como habían mandado David, Asaf, Hemán y Yedutún, vidente del rey. Los porteros ocuparon cada cual su puesto, sin necesidad de abandonar su trabajo, porque sus hermanos levitas se lo prepararon todo. 16Toda la ceremonia se realizó aquel mismo día: se celebró la Pascua y se inmolaron holocaustos en el altar del Señor, como había mandado el rey Josías.

17Los israelitas que se hallaban presentes celebraron entonces la Pascua y a continuación la fiesta de los Ázimos durante siete días. 18Desde los tiempos del profeta Samuel ningún rey de Israel había celebrado una Pascua como la que organizaron Josías, los sacerdotes, los levitas, todos los judíos e israelitas que se encontraban allí y los habitantes de Jerusalén. 19Se celebró el año dieciocho del reinado de Josías.

20Bastante después de que Josías restaurase el templo, el rey de Egipto, Necó, se dirigió a Cárquemis, junto al Éufrates, para entablar batalla. Josías salió a hacerle frente. 21Entonces Necó le envió este mensaje: «No te metas en mis asuntos, rey de Judá. No vengo contra ti, sino contra la dinastía que me hace la guerra. Dios me ha dicho que me dé prisa. Deja de oponerte a Dios, que está conmigo, no sea que él te destruya». 22Pero Josías no retrocedió sino que se empeñó en combatir. Desatendiendo lo que Dios le decía por medio de Necó, entabló batalla en la llanura de Meguido. 23Los arqueros dispararon contra el rey Josías, y este dijo a sus servidores: «Sáquenme del combate, porque estoy gravemente herido». 24Sus servidores lo sacaron del carro, lo trasladaron al otro que poseía y lo llevaron a Jerusalén, donde murió. Lo enterraron en las tumbas de sus antepasados. Todo Judá y Jerusalén hizo duelo por Josías. 25Jeremías compuso una elegía en su honor, y todos los cantores y cantoras siguen recordándolo en sus elegías. Se han hecho tradicionales en Israel; pueden verse en las Lamentaciones.

26Para más datos sobre Josías, las obras de piedad que hizo de acuerdo con la ley del Señor 27y todas sus gestas, de las primeras a las últimas, véase el libro de los reyes de Israel y Judá.

Joacaz de Judá (609)

36 1La gente tomó a Joacaz, hijo de Josías, y lo nombraron rey sucesor en Jerusalén. 2Cuando Joacaz subió al trono tenía veintitrés años y reinó tres meses en Jerusalén. 3El rey de Egipto lo destronó, impuso al país un tributo de cien pesos de plata y un peso de oro, 4y nombró rey de Judá y Jerusalén a su hermano Eliacín, cambiándole el nombre por el de Joaquín. A su hermano Joacaz, Necó se lo llevó a Egipto.

Joaquín de Judá (609-598)

5Cuando Joaquín subió al trono tenía veinticinco años y reinó en Jerusalén once años. Hizo lo que el Señor, su Dios, reprueba. 6Nabucodonosor de Babilonia subió contra él y lo condujo a Babilonia atado con cadenas de bronce. 7También se llevó algunos objetos del templo y los colocó en su palacio de Babilonia.

8Para más datos sobre Joaquín, las iniquidades que cometió y todo lo que le sucedió, véase el libro de los reyes de Israel y Judá. Su hijo Jeconías le sucedió en el trono.

Jeconías de Judá (598-597)

[9]Cuando Jeconías subió al trono tenía ocho
años y reinó en Jerusalén tres meses y diez días.
Hizo lo que el Señor reprueba. [10]A principios de
año, el rey Nabucodonosor envió a por él y lo lle-
varon a Babilonia, junto con los objetos de valor
del templo. Nombró rey de Judá y Jerusalén a su
hermano Sedecías.

Sedecías de Judá (597-587)

[11]Cuando Sedecías subió al trono tenía vein-
tiún años y reinó en Jerusalén once años. [12]Hizo
lo que el Señor, su Dios, reprueba; no se humi-
lló ante el profeta Jeremías, que le hablaba en
nombre de Dios. [13]Además, se rebeló contra el
rey Nabucodonosor, que le había tomado jura-
mento solemne de fidelidad. Se puso terco y se
negó por completo a convertirse al Señor, Dios
de Israel. [14]También las autoridades de Judá, los
sacerdotes y el pueblo multiplicaron sus infide-
lidades, imitando las prácticas infames de los
pueblos paganos y profanando el templo que el
Señor había consagrado en Jerusalén.

[15]El Señor, Dios de sus padres, les enviaba
continuamente mensajeros, porque sentía
lástima de su pueblo y de su morada; [16]pero
ellos se burlaban de los mensajeros de Dios,
se reían de sus palabras y se burlaban de los
profetas, hasta que la ira del Señor se encendió
sin remedio contra su pueblo. [17]Entonces envió
contra ellos al rey de los caldeos, que mató a
sus hijos en su santuario; a todos los entregó
en sus manos, sin perdonar joven, muchacha,
anciano o canoso. [18]Y se llevó a Babilonia todos
los objetos del templo, grandes y pequeños, los
tesoros del templo, los del rey y los de los mag-
nates. [19]Incendiaron el templo, derribaron la
muralla de Jerusalén, prendieron fuego a todos
sus palacios y destrozaron todos los objetos de
valor. [20]Se llevó desterrados a Babilonia a los
supervivientes de la matanza y fueron esclavos
suyos y de sus descendientes hasta el triunfo
del reino persa. [21]Así se cumplió lo que anunció
el Señor por Jeremías, y la tierra disfrutó de su
descanso sabático todo el tiempo que estuvo
desolada, hasta cumplirse setenta años.

[22]El año primero de Ciro, rey de Persia, el Se-
ñor, para cumplir lo que había anunciado por
medio de Jeremías, movió a Ciro, rey de Persia,
a promulgar de palabra y por escrito en todo su
reino: [23]«Ciro, rey de Persia, decreta: El Señor,
Dios del cielo, me ha entregado todos los reinos
de la tierra y me ha encargado construirle un
templo en Jerusalén de Judá. Todos los de ese
pueblo que viven entre nosotros pueden volver.
Y que el Señor, su Dios, esté con ellos».

ESDRAS

La vuelta del destierro

1 [1]El año primero de Ciro, rey de Persia, el Se-
ñor, para cumplir lo que había anunciado por
boca de Jeremías, movió a Ciro de Persia a pro-
mulgar de palabra y por escrito en todo su reino:
[2]«Ciro, rey de Persia, decreta: El Señor, Dios del
cielo, me ha entregado todos los reinos de la
tierra y me ha encargado construirle un templo
en Jerusalén de Judá. [3]Los que pertenezcan a
ese pueblo, que su Dios los acompañe y suban
a Jerusalén de Judá para reconstruir el templo
del Señor, Dios de Israel, el Dios que habita en
Jerusalén. [4]Y a todos los supervivientes, donde-
quiera que residan, la gente del lugar les propor-
cionará plata, oro, hacienda y ganado, además
de las ofrendas voluntarias para el templo del
Dios de Jerusalén».

[5]Entonces, todos los que se sintieron movidos
por Dios –jefes de familia de Judá y Benjamín,
sacerdotes y levitas– se pusieron en marcha y
subieron a reedificar el templo de Jerusalén.
[6]Sus vecinos les proporcionaron de todo: plata,
oro, hacienda, ganado y otros muchos regalos,
además de las ofrendas voluntarias. [7]El rey Ciro
hizo entrega de los utensilios del templo que Na-
bucodonosor se había llevado de Jerusalén para
colocarlo en el templo de su dios. [8]Ciro de Persia
los puso en manos del tesorero Mitrídates, que
los contó delante de Sesbasar, príncipe de Ju-
dá. [9]Era la siguiente cantidad: treinta copas de
oro, mil copas de plata, veintinueve cuchillos,
[10]treinta vasos de oro, cuatrocientos diez vasos
de plata y mil objetos de otras clases. [11]Total de
objetos de oro y plata: cinco mil cuatrocientos.
Sesbasar los llevó todos consigo cuando los des-
terrados subieron de Babilonia a Jerusalén.

Lista de los deportados que volvieron a su tierra

2 [1]Lista de los pertenecientes a la provincia de
Judá, deportados a Babilonia por Nabucodo-
nosor, que volvieron a Jerusalén y Judá –cada
uno a su pueblo– desde el destierro. [2]Fueron
con Zorobabel, Josué, Nehemías, Serayas, Ree-
layas, Mardoqueo, Bilsán, Mispar, Bigvay, Rejún
y Baná.

El número de la gente del pueblo fue el si-
guiente: [3]Descendientes de Farós, dos mil ciento
setenta y dos. [4]Descendientes de Sefatías, tres-
cientos setenta y dos. [5]Descendientes de Araj,
setecientos setenta y cinco. [6]Descendientes de
Pajat Moab, descendientes de Josué y de Joab,
dos mil ochocientos doce. [7]Descendientes de

Elam, mil doscientos cincuenta y cuatro. 8Des-
cendientes de Zatú, novecientos cuarenta y cin-
co. 9Descendientes de Zacay, setecientos sesen-
ta. 10Descendientes de Baní, seiscientos cuarenta
y dos. 11Descendientes de Bebay, seiscientos
veintitrés. 12Descendientes de Azgad, mil dos-
cientos veintidós. 13Descendientes de Adonicán,
seiscientos sesenta y seis. 14Descendientes de
Bigvay, dos mil cincuenta y seis. 15Descendientes
de Adín, cuatrocientos cincuenta y cuatro. 16Des-
cendientes de Ater, de Ezequías, noventa y ocho.
17Descendientes de Besay, trescientos veintitrés.
18Descendientes de Yorá, ciento doce. 19Descen-
dientes de Jasún, doscientos veintitrés. 20Des-
cendientes de Guibar, noventa y cinco. 21Ciento
veintitrés hombres de Belén. 22Cincuenta y seis
de Netofá. 23Ciento veintiocho de Anatot. 24Cua-
renta y dos de Azmaut. 25Setecientos cuarenta y
tres de Quiriat Yearim, Quepira y Beerot. 26Seis-
cientos veintiuno de Ramá y Guibeá. 27Ciento
veintidós de Micmás. 28Doscientos veintitrés de
Betel y Ay. 29Descendientes de Nebo, cincuenta
y dos. 30Descendientes de Magbís, ciento cin-
cuenta y seis. 31Descendientes del otro Elam, mil
doscientos cincuenta y cuatro. 32Descendientes
de Jarín, trescientos veinte. 33Descendientes
de Lod, Jadid y Onó, setecientos veinticinco.
34Descendientes de Jericó, trescientos cuarenta
y cinco. 35Descendientes de Senaá, tres mil seis-
cientos treinta.

36Sacerdotes: Descendientes de Yedayas,
de la familia de Josué, novecientos setenta y
tres. 37Descendientes de Imer, mil cincuenta y
dos. 38Descendientes de Pasjur, mil doscientos
cuarenta y siete. 39Descendientes de Jarín, mil
diecisiete.

40Levitas: Descendientes de Josué y de Cad-
miel, de la familia de Hodavías, setenta y cuatro.

41Cantores: Descendientes de Asaf, ciento
veintiocho.

42Porteros: Descendientes de Salún, Ater,
Talmón, Acub, Jatitá y Sobay, ciento treinta y
nueve en total.

43Empleados del templo: Descendientes de
Sijá, Jasufá, Tabaot, 44Querós, Siahá, Fadón,
45Lebaná, Jagabá, Acub, 46Jagab, Samlay, Janán,
47Guidel, Gájar, Reayas, 48Resín, Necodá, Gazán,
49Uzá, Pasej, Besay, 50Asná, meunitas, nefusi-
tas, 51Bacbuc, Jacufá, Jarjur, 52Baslut, Mejidá,
Jarsá, 53Barcós, Sísara, Támaj, 54Nesij y Jatifá.

55Hijos de los servidores de Salomón: Des-
cendientes de Sotay, Soféret, Perudá, 56Yalá,
Darcón, Guidel, 57Sefatías, Jatil, Poquéret, el
sebaíta, y Amí. 58Total de empleados del templo
y de los hijos de los servidores de Salomón, tres-
cientos noventa y dos.

59Lista de los que subieron de Tel Mélaj, Tel
Jarsá, Querub, Adán e Imer, pero no pudieron
probar su ascendencia o su origen israelita:
60Descendientes de Pelayas, Tobías y Necodá,
seiscientos cincuenta y dos.

61Y entre los sacerdotes, los descendientes de
Jobayas, Hacós y Barzilay, que se casó con una
hija del galaadita Barzilay y tomó su nombre.
62Buscaron su registro genealógico, pero no lo
encontraron, y se les excluyó del sacerdocio. 63El
gobernador les ordenó que no comiesen de los
alimentos sagrados hasta que apareciese un sa-
cerdote experto en consultar las suertes.

64La comunidad constaba en total de cuaren-
ta y dos mil trescientas sesenta personas, 65sin
contar los esclavos y esclavas, que eran siete mil
trescientos treinta y siete. Había también dos-
cientos cantores y cantoras; 66y tenían setecien-
tos treinta y seis caballos, doscientos cuarenta
y cinco mulos, 67cuatrocientos treinta y cinco
camellos y seis mil setecientos veinte asnos.

68Cuando llegaron al templo de Jerusalén, al-
gunos jefes de familia hicieron donativos para
que el templo se reconstruyese en su mismo sitio.
69De acuerdo con sus posibilidades, entregaron al
fondo del culto sesenta y un mil dracmas de oro,
cinco mil minas de plata y cien túnicas sacerdota-
les. 70Los sacerdotes, los levitas y parte del pue-
blo se establecieron en Jerusalén; los cantores,
los porteros y los empleados del templo, en sus
pueblos, y el resto de Israel, en los suyos.

Restauración del altar y del culto

3 1Los israelitas se encontraban ya en sus po-
blaciones cuando al llegar el mes séptimo
se reunieron todos en Jerusalén como un solo
hombre. 2Entonces Josué, hijo de Yosadac, con
sus parientes los sacerdotes, y Zorobabel, hijo
de Sealtiel, con sus parientes, se pusieron a
construir el altar del Dios de Israel para ofrecer
en él holocaustos, como manda la ley de Moi-
sés, hombre de Dios. 3Levantaron el altar en su
antiguo sitio, a pesar del temor que les inspira-
ban los colonos extranjeros, y ofrecieron en él
al Señor los holocaustos matutinos y vesperti-
nos. 4Celebraron la fiesta de las Chozas, como
está mandado, ofreciendo holocaustos según el
número y el ritual de cada día 5y siguieron ofre-
ciendo el holocausto diario, el de principios de
mes, el de las solemnidades dedicadas al Señor
y los ofrecidos voluntariamente al Señor. 6El día
primero de octubre comenzaron a ofrecer holo-
caustos al Señor. Pero aún no se habían puesto
los cimientos del templo. 7Entonces, de acuerdo
con lo autorizado por Ciro de Persia, contrataron
talladores de piedra y carpinteros, y dieron a los

sidonios y tirios alimentos, bebidas y aceite pa-
ra que enviasen a Jafa, por vía marítima, madera
de cedro del Líbano.
8A los dos años de haber llegado al templo de
Jerusalén, en el mes segundo, Zorobabel, hijo
de Sealtiel, Josué, hijo de Yosadac, sus demás
parientes sacerdotes y levitas, y todos los que
habían vuelto a Jerusalén del cautiverio comen-
zaron la obra del templo, poniendo al frente de
ella a los levitas mayores de veinte años. 9Jo-
sué, sus hijos y hermanos, Cadmiel y sus hijos,
Hodavías, los hijos de Henadad, sus hijos y sus
hermanos, los levitas, se pusieron todos al fren-
te de los obreros que trabajaban en el templo.
10Cuando los albañiles terminaron de echar los
cimientos, se presentaron los sacerdotes, reves-
tidos, con trompetas, y los levitas, descendien-
tes de Asaf, con platillos, para entonar himnos al
Señor, según ordenó David, rey de Israel. 11Ala-
baron y dieron gracias al Señor porque es bueno,
porque es eterna su misericordia con Israel. Todo
el pueblo alabó con grandes aclamaciones al Se-
ñor por haberse puesto los cimientos del templo.
12Muchos sacerdotes, levitas y jefes de familia
–los ancianos que habían visto con sus propios
ojos el primer templo– se lamentaban a voces,
mientras otros muchos lanzaban gritos de ale-
gría. 13Y era imposible distinguir entre gritos de
alegría y sollozos, porque el clamor de la gente
era tan grande que se oía desde lejos.

Interrupción de las obras

4 1Cuando los rivales de Judá y Benjamín se en-
teraron de que los desterrados estaban cons-
truyendo el templo del Señor, Dios de Israel, 2se
presentaron a Zorobabel, a Josué y a los jefes de
familia, y les dijeron: «Vamos a ayudarlos, por-
que también nosotros servimos a su Dios, igual
que ustedes, y le ofrecemos sacrificios desde
que Asaradón de Asiria nos instaló aquí». 3Zo-
robabel, Josué y los demás jefes de familia les
respondieron: «No edificaremos juntos el tem-
plo de nuestro Dios. Lo haremos nosotros solos,
como ha mandado Ciro de Persia». 4Entonces los
colonos extranjeros se dedicaron a desmoralizar
a los judíos y a atemorizarlos para que dejasen
de construir. 5Desde tiempos de Ciro hasta el
reinado de Darío de Persia estuvieron sobornan-
do consejeros que hiciesen fracasar sus planes.
6Cuando Jerjes subió al trono, al comienzo de
su reinado, redactaron una denuncia contra los
habitantes de Judá y Jerusalén. 7Y en tiempos
de Artajerjes, Bislán, Mitrídates, Tabeel y demás
colegas enviaron un informe a Artajerjes de Per-
sia. El documento estaba redactado en arameo,
con aclaraciones también en arameo.
8El gobernador Rejún y el secretario Simsay
escribieron al rey Artajerjes una carta contra
Jerusalén. 9Exactamente, la firmaron el gober-
nador Rejún, el secretario Simsay, sus demás
colegas, los jueces y los legados, funcionarios
persas, ciudadanos de Uruc, Babilonia, Susa –es
decir, elamitas–, 10los restantes pueblos que el
ilustre emperador Asurbanipal deportó e instaló
en las ciudades de Samaría y en el resto de Tran-
seufratina, etc.
11Copia de la carta que enviaron:
«Al rey Artajerjes, tus súbditos, habitantes
de Transeufratina, etc. 12Comunicamos al rey
que los judíos que han venido de tu región
piensan reconstruir Jerusalén, ciudad rebelde
y perversa; están dispuestos a levantar la mu-
ralla y ya han echado los cimientos. 13Sepa el
rey que si reconstruyen esta ciudad y levantan
sus murallas no seguirán pagando tributo, con-
tribución ni peaje, lo que en definitiva perju-
dicaría a su majestad. 14Como nosotros vivimos
a sueldo de la corona, no podemos tolerar esta
ofensa a su majestad y le comunicamos lo que
ocurre. 15Que investiguen en los anales de tus
predecesores, en ellos comprobarás que se tra-
ta de una ciudad rebelde, perjudicial para los
reyes y las provincias y que ha estado siempre
fomentando insurrecciones. Por eso la destru-
yeron. 16Nosotros hacemos saber al rey que, si
se reconstruye esta ciudad y se terminan sus
murallas, perderá pronto los territorios de
Transjordania».
17El rey respondió: «Al gobernador Rejún, al
secretario Simsay y a sus demás colegas que
residen en Samaría y en las restantes localida-
des de Transeufratina; paz, etc. 18Me han leído
una traducción del documento que enviaron.
19Mandé investigar el caso y, efectivamente, esa
ciudad se ha rebelado desde antiguo contra los
reyes y se han producido en ella sediciones y
revueltas. 20En Jerusalén ha habido reyes podero-
sos que dominaban toda Transeufratina, y a
los que se pagaban impuestos, contribuciones y
peajes. 21Manden, por lo tanto, que se impida a
esos hombres reconstruir la ciudad hasta nueva
orden. 22Actúen diligentemente en este asunto,
para que no empeore la situación en perjuicio
de los reyes».
23Cuando leyeron al gobernador Rejún, al se-
cretario Simsay y a sus demás colegas la copia
del documento del rey Artajerjes, se dirigieron
enseguida a Jerusalén, a los judíos, y les obli-
garon con las armas a detener las obras. 24Se
suspendieron, por lo tanto, las obras del templo
de Jerusalén y estuvieron paradas hasta el año
segundo del reinado de Darío de Persia.

Se reanuda la construcción

5 1Entonces, el profeta Ageo y el profeta Zacarías, hijo de Idó, comenzaron a profetizar a los judíos de Judá y Jerusalén en nombre del Dios de Israel que velaba sobre ellos. 2Al oírlos, Zorobabel, hijo de Sealtiel, y Josué, hijo de Yosadac, se pusieron a reconstruir el templo de Jerusalén, acompañados y alentados por los profetas de Dios. 3Pero Tatenay, gobernador de Transeufratina, Setar Boznay y sus colegas se acercaron, y les dijeron: 4«¿Quién les ha ordenado construir este templo y restaurar este santuario? ¿Cómo se llaman los hombres que han mandado construir este edificio?». 5Pero Dios velaba por las autoridades de Judá y les permitieron seguir las obras mientras no llegase un decreto de Darío y les entregasen el escrito.

6Copia de la carta que enviaron Tatenay, gobernador de Transeufratina, Setar Boznay, sus colegas y las autoridades de Transeufratina al rey Darío. 7El escrito estaba redactado en los siguientes términos:

«Al rey Darío, paz completa. 8Sepa el rey que hemos ido a la provincia de Judá y resulta que los judíos con su senado están construyendo en Jerusalén un gran templo con bloques de piedra, y recubren sus paredes de madera; trabajan a conciencia y el trabajo adelanta rápidamente. 9Entonces preguntamos al senado: ¿Quién les ha ordenado reconstruir esta casa y restaurar este santuario? 10Les pedimos también sus nombres, y tomamos por escrito los de sus jefes para poder informarte. 11Nos dieron la siguiente respuesta: Nosotros somos servidores del Dios del cielo y tierra, y estamos reconstruyendo un templo edificado antaño, que construyó y terminó un gran rey de Israel. 12Pero nuestros padres irritaron al Dios del cielo, y este los entregó en manos del caldeo Nabucodonosor, rey de Babilonia, que destruyó este templo y deportó el pueblo a Babilonia. 13Sin embargo, el primer año de su reinado, Ciro de Babilonia ordenó reconstruirlo. 14Además, los objetos de oro y plata que Nabucodonosor se llevó del templo de Jerusalén al de Babilonia, el rey Ciro mandó sacarlos de este último y los consignó a un hombre llamado Sesbasar, al que nombró gobernador, 15diciéndole: Toma estos objetos, ve a llevarlos al templo de Jerusalén y que reconstruyan la casa de Dios en su mismo sitio. 16Sesbasar vino, echó los cimientos del templo de Jerusalén y desde entonces lo estamos construyendo; pero todavía no hemos terminado. 17Por consiguiente, si al rey le parece, que investiguen en los archivos reales de Babilonia, a ver si es verdad que el rey Ciro ordenó reconstruir este templo de Jerusalén. Y que nos comuniquen lo que el rey decida».

6 1El rey Darío ordenó investigar en la tesorería de Babilonia, que servía también de archivo, 2y resultó que en Ecbatana, la fortaleza de la provincia de Media, había un rollo redactado en los siguientes términos:

Memorándum

3El año primero de su reinado, el rey Ciro decretó a propósito del templo de Jerusalén: Constrúyase un templo donde ofrecer sacrificios y echen sus cimientos. Su altura será de treinta metros y su ancho de otros treinta. 4Tendrá tres hileras de bloques de piedra y una hilera de madera nueva. Los gastos correrán a cargo de la corona. 5Además, los objetos de oro y plata de la casa de Dios, que Nabucodonosor trasladó del templo de Jerusalén al de Babilonia, serán devueltos al templo de Jerusalén para que ocupen su puesto en la casa de Dios.

6Por consiguiente, Tatenay, gobernador de Transeufratina, Setar Boznay y sus colegas, las autoridades de Transeufratina, manténganse al margen 7y permitan al comisionado de Judea y al senado de Judá que trabajen reconstruyendo el templo de Dios en su antiguo sitio. 8En cuanto al senado de Judá y a la construcción del templo, les ordeno que se paguen a esos hombres todos los gastos puntualmente y sin interrupción, utilizando los fondos reales de los impuestos de Transeufratina. 9Los novillos, carneros y corderos que necesiten para los holocaustos del Dios del cielo, igual que el trigo, la sal, el vino y el aceite se les proporcionarán sin falta cada día, según las indicaciones de los sacerdotes de Jerusalén, 10para que ofrezcan sacrificios al Dios del cielo rogando por la salud del rey y de sus hijos. 11Asimismo, ordeno: al que no cumpla este edicto, arrancarán una viga de su casa y se lo ajusticiará sobre ella, y convertirán su casa en un montón de escombros. 12Y a todo rey o pueblo que, transgrediendo esta orden, intente destruir el templo de Jerusalén, el Dios que le ha dado su nombre lo aniquile. La orden es mía y quiero que se cumpla a la letra. Darío.

13Tatenay, gobernador de Transeufratina, Setar Boznay y sus colegas hicieron puntualmente lo que había mandado el rey Darío. 14De este modo, el senado de Judá adelantó mucho la construcción, cumpliendo las instrucciones de los profetas Ageo y Zacarías, hijo de Idó, hasta que por fin la terminaron, conforme a lo mandado por el Dios de Israel y por Ciro, Darío y Artajerjes, reyes de Persia. 15El templo se terminó el día

tres del mes de marzo, el año sexto del reinado
de Darío. 16Los israelitas –sacerdotes, levitas y
resto de los deportados– celebraron con júbilo
la dedicación del templo, 17ofreciendo con este
motivo cien toros, doscientos carneros, cuatro-
cientos corderos y doce chivos –uno por tribu–
como sacrificio expiatorio por todo Israel. 18El
culto del templo de Jerusalén se lo encomenda-
ron a los sacerdotes, por grupos, y a los levitas,
por clases, como manda la ley de Moisés.

19Los deportados celebraron la Pascua el día
catorce del primer mes; 20como los levitas se
habían purificado, junto con los sacerdotes, es-
taban puros e inmolaron la víctima pascual para
todos los deportados, para los sacerdotes sus
hermanos y para ellos mismos. 21La comieron los
israelitas que habían vuelto del destierro y todos
los que, renunciando a la impureza de los colo-
nos extranjeros, se unieron a ellos para servir al
Señor, Dios de Israel. 22Celebraron con gozo la
fiesta de los Ázimos durante siete días; porque
el Señor los había llenado de alegría al hacer que
el rey de Asiria, los favoreciera y ayudara en la
reconstrucción del templo del Dios de Israel.

Esdras llega a Jerusalén

7 1Años más tarde, durante el reinado de Ar-
tajerjes de Persia, Esdras, hijo de Serayas,
de Azarías, de Jelcías, 2de Salún, de Sadoc, de
Ajitub, 3de Amarías, de Azarías, de Merayot, 4de
Zerajías, de Uzí, de Buquí, 5de Abisúa, de Fineés,
de Eleazar, hijo del sumo sacerdote Aarón, subió
de Babilonia. 6Era un letrado experto en la ley
que dio el Señor, Dios de Israel, por medio de
Moisés. El rey le concedió todo lo que pedía por-
que el Señor, su Dios, estaba con él.

7El año séptimo del rey Artajerjes subieron a
Jerusalén algunos israelitas, sacerdotes, levi-
tas, cantores, porteros y empleados del templo;
8llegaron a Jerusalén en julio del año séptimo
del rey. 9El uno de marzo Esdras decidió salir de
Babilonia y el uno de julio llegó a Jerusalén, con
la ayuda de Dios, 10porque se había dedicado a
estudiar la ley del Señor para cumplirla y para
enseñar a Israel sus mandatos y preceptos.

11Copia del documento que entregó el rey Ar-
tajerjes a Esdras, sacerdote letrado, especialis-
ta en los preceptos del Señor y en sus mandatos
a Israel:

12«Artajerjes, rey de reyes, al sacerdote Esdras,
doctor en la ley del Dios del cielo. Paz perfecta,
etc. 13Dispongo que mis súbditos israelitas, in-
cluidos sus sacerdotes y levitas, que deseen ir a
Jerusalén puedan ir contigo. 14El rey y sus siete
consejeros te envían para ver cómo se cumple en
Judá y Jerusalén la ley de tu Dios, que te han con-
fiado, 15y para llevar la plata y el oro que el rey y
sus consejeros han ofrecido voluntariamente al
Dios de Israel, que habita en Jerusalén, 16además
de la plata y el oro que recojas en la provincia de
Babilonia y de los dones que ofrezcan el pueblo y
los sacerdotes al templo de su Dios en Jerusalén.
17Emplea exactamente ese dinero en comprar
novillos, carneros y corderos, con las oblaciones
y libaciones correspondientes, y ofrécelos en el
altar del templo dedicado a tu Dios en Jerusa-
lén. 18El oro y la plata que sobren lo emplearán
como mejor les parezca a ti y a tus hermanos, de
acuerdo con la voluntad de su Dios. 19Los objetos
que te entreguen para el culto del templo de tu
Dios los pondrás al servicio de Dios en Jerusalén.
20Cualquier otra cosa que necesites para el tem-
plo te la proporcionarán en la tesorería real. 21Yo,
el rey Artajerjes, ordeno a todos los tesoreros de
Transeufratina que entreguen puntualmente a
Esdras, sacerdote, doctor en la ley del Dios del
cielo, todo lo que les pida, 22hasta un total de
tres mil kilos de plata, cien cargas de trigo, cien
medidas de vino y cien de aceite; la sal sin res-
tricciones. 23Hágase puntualmente todo lo que
ordene el Dios del cielo con respecto a su templo,
para que no se irrite contra el reino, el rey y sus
hijos. 24Y les hacemos saber que todos los sacer-
dotes, levitas, cantores, porteros, empleados
y servidores de esa casa de Dios están exentos
de impuesto, contribución y peaje. 25Tú, Esdras,
con esa prudencia que Dios te ha dado, nombra
magistrados y jueces que administren justicia a
todo tu pueblo de Transeufratina, es decir, a to-
dos los que conocen la ley de tu Dios, y a los que
no la conocen, enséñasela. 26Al que no cumpla
exactamente la ley de Dios y la orden del rey, que
se le condene a muerte, o al destierro, o a pagar
una multa, o a la cárcel».

27Bendito sea el Señor, Dios de nuestros pa-
dres, que movió al rey a honrar el templo de Je-
rusalén 28y me hizo ganar el favor del rey, el de
sus consejeros y el de las autoridades militares.
Animado al ver que el Señor, mi Dios, me ayuda-
ba, reuní a algunos israelitas importantes para
que subiesen conmigo.

8 1Lista de los jefes de familia, indicando su
genealogía, que subieron conmigo desde Ba-
bilonia durante el reinado de Artajerjes:

2De los descendientes de Fineés, Guersón. De
los descendientes de Itamar, Daniel. 3De los des-
cendientes de David, Jatús, hijo de Secanías. De
los descendientes de Farós, Zacarías y ciento cin-
cuenta registrados con él. 4De los descendientes
de Pajat Moab, Elioenay, hijo de Zerajías, con
doscientos varones. 5De los descendientes de

Zatú, Secanías, hijo de Yajziel, con trescientos
varones. 6De los descendientes de Adín, Ebed,
hijo de Jonatán, con cincuenta varones. 7De los
descendientes de Elam, Isaías, hijo de Atalías,
con setenta varones. 8De los descendientes de
Sefatías, Zebadías, hijo de Miguel, con ochenta
varones. 9De los descendientes de Joab, Abdías,
hijo de Yejiel, con doscientos dieciocho varones.
10De los descendientes de Baní, Selomit, hijo de
Yosifías, con ciento sesenta varones. 11De los
descendientes de Bebay, Zacarías, hijo de Bebay,
con veintiocho varones. 12De los descendientes
de Azgad, Juan, hijo de Hacatán, con ciento diez
varones. 13De los descendientes de Adonicán, los
últimos, llamados Elifélet, Yeguiel y Semayas,
con sesenta varones. 14De los descendientes de
Bigvay, Utay y Zabud, con setenta varones.

El viaje a Jerusalén

15Los reuní junto al río que corre hacia Ahavá;
acampamos allí tres días, y observé que había
gente del pueblo y sacerdotes, pero no encon-
tré levitas. 16Entonces envié a los jefes Eliezer,
Ariel, Semayas, Elnatán, Yarib, Elnatán, Natán,
Zacarías y Mesulán, y a Yoyarib y Elnatán, hom-
bres prudentes, 17con la orden de presentarse a
Idó, jefe de la localidad de Casifía, a fin de que
nos proporcionaran empleados para el templo de
nuestro Dios.
18Gracias a Dios, nos enviaron un hombre pru-
dente, descendiente de Majlí, de Leví, de Israel:
Serebías, que vino con dieciocho personas en-
tre hijos y hermanos. 19También nos enviaron a
Jasabías e Isaías, descendientes de Merarí, con
veinte entre hijos y hermanos. 20Y doscientos
veinte empleados del templo, de los que David
y las autoridades destinaron al servicio de los
levitas. Todos fueron designados por su nombre.
21Allí, junto al río Ahavá, proclamé un ayuno
para hacer penitencia ante nuestro Dios y pe-
dirle un feliz viaje para nosotros, nuestros niños
y nuestros bienes. 22Porque nos daba vergüenza
pedirle al rey infantes y soldados de caballería
que nos protegiesen de los enemigos durante el
viaje, después de haberle dicho: Nuestro Dios
protege a los que le sirven, mientras su poder
y su cólera se vuelven contra los que lo aban-
donan. 23Por esta intención ayunamos y supli-
camos al Señor, que nos atendió benignamente.
24Escogí a doce príncipes de los sacerdotes y
también a Serebías y Yasabías con diez de sus
hermanos. 25Pesé ante ellos la plata, el oro y los
objetos que el rey, sus consejeros y los israelitas
residentes allí habían entregado como ofrenda
al templo de nuestro Dios. 26Lo pesé, y les en-
tregué diecinueve mil quinientos kilos de plata,
cien objetos de plata que pesaban sesenta kilos
y tres mil kilos de oro, 27veinte copas de oro de
mil dáricos y dos objetos de bronce fino dorado,
valiosos como el oro. 28Y les dije: «Ustedes están
consagrados al Señor. Estos objetos son sagra-
dos y la plata y el oro son ofrendas voluntarias
al Señor, Dios de nuestros padres. 29Vigílenlos y
guárdenlos hasta que los pesen en Jerusalén, en
las salas del templo, delante de los príncipes de
los sacerdotes, los levitas y los jefes de familia de
Israel». 30Los sacerdotes y levitas tomaron la pla-
ta, el oro y los objetos que habían contado para
llevarlos a Jerusalén, al templo de nuestro Dios.
31El doce de marzo partimos del río Ahavá y
nos encaminamos hacia Jerusalén. Nuestro Dios
nos protegió y nos libró de enemigos y saltea-
dores durante el viaje. 32Llegamos a Jerusalén y
descansamos allí tres días. 33El cuarto contamos
la plata, el oro y los objetos en el templo de
nuestro Dios y se los entregamos al sumo sacer-
dote, Meremot, hijo de Urías, en presencia de
Eleazar, hijo de Fineés, y de los levitas Yozabad,
hijo de Josué, y Noadías, hijo de Binuy. 34Tras
contar y pesar todo, se puso el inventario por
escrito. 35Los deportados que volvían del cau-
tiverio ofrecieron holocaustos al Dios de Israel:
doce novillos por todo Israel, noventa y seis
carneros, setenta y siete corderos y doce chivos
como sacrificio expiatorio; todos en holocausto
al Señor. 36Luego entregaron los decretos del rey
a los gobernadores imperiales y a los funciona-
rios de Transeufratina, que ayudaron al pueblo y
al templo de Dios.

Reforma de Esdras

9 1Más adelante se me acercaron las autorida-
des para decirme: »El pueblo de Israel, los
sacerdotes y los levitas han cometido las mis-
mas abominaciones que los pueblos paganos,
cananeos, hititas, fereceos, jebuseos, amoni-
tas, moabitas, egipcios y amorreos; 2ellos y sus
hijos se han casado con extranjeras, y la raza
santa se ha mezclado con pueblos paganos. Los
jefes y los magistrados han sido los primeros
en cometer esta traición». 3Cuando me enteré
de esto, me rasgué los vestidos y el manto, me
afeité la cabeza y la barba y me senté desolado.
4Todos los que respetaban la ley del Dios de Is-
rael se reunieron junto a mí al enterarse de esta
traición de los deportados. Permanecí abatido
hasta la hora de la oblación de la tarde. 5Pero al
llegar ese instante acabé mi penitencia, y con el
vestido y el manto rasgados, me arrodillé y al-
cé las manos al Señor, mi Dios, 6diciendo: «Dios
mío, de pura vergüenza no me atrevo a levantar
el rostro hacia ti, porque nuestros delitos so-

brepasan nuestra cabeza y nuestra culpa llega
al cielo. 7Desde los tiempos de nuestros padres
hasta hoy nos hemos hecho muy culpables, y por
nuestros delitos, nosotros con nuestros reyes y
sacerdotes hemos sido entregados a reyes ex-
tranjeros, a la espada, al destierro, al saqueo
y a la ignominia, como nos sucede en el día de
hoy. 8Pero ahora el Señor, nuestro Dios, nos ha
concedido un momento de gracia, dejándonos
un resto y de darnos un refugio en su lugar san-
to, dando luz a nuestros ojos y concediéndonos
respiro en nuestra esclavitud. 9Porque éramos
esclavos, pero nuestro Dios no nos abandonó en
nuestra esclavitud; él nos obtuvo el favor de los
reyes de Persia, nos dio respiro para levantar el
templo de nuestro Dios y restaurar sus ruinas y
nos dio una muralla en Judá y Jerusalén.

10»Y ahora, Dios nuestro, ¿qué podemos decir
después de todo esto? Hemos abandonado los
preceptos 11que nos diste, por medio de tus sier-
vos los profetas, diciendo: La tierra que vas a po-
seer es una tierra manchada por la inmundicia de
los pueblos paganos, por las abominaciones con
que la han llenado de un extremo a otro, por sus
impurezas. 12Por consiguiente, no entreguen sus
hijas a sus hijos ni casen a sus hijos con sus hijas;
nunca pretendan su alianza ni su favor; así se ha-
rán fuertes, comerán los frutos de la tierra y se la
dejarán a sus hijos como herencia para siempre.

13»Después de todo lo que nos ha ocurrido por
nuestras malas acciones y nuestra grave culpa
–aunque tú, Dios nuestro, has estimado por lo
bajo nuestros delitos y nos has dejado salir con
vida–, 14¿volveremos a violar tus preceptos, em-
parentándonos con estos pueblos abominables?
¿No te irritarías hasta acabar con nosotros sin
dejar un resto con vida? 15Señor, Dios de Israel,
este resto que hoy sigue con vida demuestra que
eres justo. Nos presentamos ante ti con nues-
tras culpas, a pesar de que en estas condiciones
nadie puede comparecer delante de ti.

10 1Mientras Esdras, llorando y postrado an-
te el templo de Dios, oraba y hacía esta
confesión, una gran multitud de israelitas –
hombres, mujeres y niños– se reunió junto a él
llorando sin parar. 2Entonces Secanías, hijo de
Yejiel, descendiente de Elam, tomó la palabra
y dijo a Esdras: «Hemos sido infieles a nuestro
Dios al casarnos con mujeres extranjeras de los
pueblos paganos. Pero todavía hay esperanza
para Israel. 3Nos comprometeremos con nuestro
Dios a despedir a todas las mujeres extranjeras
y a los niños que hemos tenido de ellas, según
decidas tú y los que respetan los preceptos de
nuestro Dios. Cúmplase la ley. 4Levántate, que
este asunto es competencia tuya y nosotros te
apoyaremos. Actúa con energía».

5Esdras se puso en pie e hizo jurar a los prínci-
pes de los sacerdotes, a los levitas y a todo Israel
que actuarían de esa forma. 6Ellos lo juraron. En-
tonces Esdras salió del templo y fue al aposento
de Yehojanán, hijo de Elyasib, donde pasó la no-
che. Pero en señal de duelo no comió ni bebió,
entristecido como estaba por la infidelidad de los
desterrados. 7Pregonaron por Judá y Jerusalén
que todos los deportados se reunieran en Jeru-
salén. 8Al que no acudiese en el plazo de tres días
establecido por las autoridades y los ancianos se
le incautarían los bienes para el Señor y lo expul-
sarían de la comunidad de los desterrados. 9Al
tercer día estaban en Jerusalén todos los judíos
y benjaminitas. Era el veinte del mes noveno. To-
do el pueblo se encontraba en la explanada del
templo, temblando a causa del problema y de la
lluvia intensa. 10El sacerdote Esdras se puso en
pie y les dijo: «Han pecado al casarse con mujeres
extranjeras, agravando la culpa de Israel. 11Aho-
ra, den gracias al Señor, Dios de nuestros padres y
cumplan su voluntad separándose de los pueblos
paganos y de las mujeres extranjeras». 12Toda la
comunidad respondió en alta voz: 13«Haremos lo
que nos dices. Pero somos muchos, y en época
de lluvias no hay quien resista a la intemperie.
El problema no se resuelve en un día ni en dos,
porque somos muchos los que hemos cometido
este pecado. 14Sería mejor que nuestros jefes
representasen a toda la comunidad. Los ciuda-
danos que se hayan casado con una extranjera
se presentarán cuando los llamen, junto con los
concejales y jueces de cada pueblo, hasta que
apartemos la cólera de Dios que hemos provocado
con tal conducta». 15Solo se opusieron Jonatán,
hijo de Asael, y Yajzías, hijo de Tiqvá, apoyados
por Mesulán y por el levita Sabtay.

16Los desterrados lo hicieron así. El sacerdote
Esdras escogió algunos jefes de familia, según
sus linajes, designándolos por su nombre. El día
uno del décimo mes se sentaron a examinar el
asunto 17y el día uno del primer mes terminaron
con todos los hombres que se habían casado con
extranjeras.

18Sacerdotes casados con extranjeras: Mase-
yas, Eliezer, Yarib y Guedalías, descendientes de
Josué, hijo de Yosadac, y de sus hermanos; 19se
comprometieron a dejar sus mujeres y a ofrecer
un carnero por su pecado. 20Jananí y Zebadías,
descendientes de Imer. 21Maseyas, Elías, Se-
mayas, Yejiel y Uzías, descendientes de Jarín.
22Elioenay, Maseyas, Ismael, Netanel, Yozabad y
Elasa, descendientes de Pasjur. 23Levitas: Yoza-
bad, Semeí, Quelayas, que era quelita, Petajías,

Judá y Eliezer. 24Cantores: Eliasib. Porteros: Sa-
lún, Telen y Urí. 25Los demás israelitas que es-
taban en el mismo caso fueron: Ramías, Yizías,
Malquías, Miyamín, Eleazar, Malquías y Benayas,
descendientes de Farós. 26Matanías, Zacarías,
Yejiel, Abdí, Yeremot y Elías, descendientes de
Elam. 27Elioenay, Eliasib, Matanías, Yeremot,
Zabat y Azizá, descendientes de Zatú. 28Juan,
Ananías, Zabay y Atlay, descendientes de Bebay.
29Mesulán, Maluc, Adaya, Yasub, Seal y Yeramot,
descendientes de Baní. 30Adná, Quelal, Benayas,
Maseyas, Matanías, Besalel, Binuy y Manasés,
descendientes de Pajat Moab. 31Eliezer, Yesiyas,
Malquías, Semayas, Simeón, 32Benjamín, Maluc
y Semarías, descendientes de Jarín. 33Matnay,
Matatá, Zabad, Elifélet, Yeremay, Manasés y Se-
meí, descendientes de Jasún. 34Descendientes
de Baní: Maday, Amrán, Uel, 35Benayas, Bedías,
Queluhí, 36Vanías, Meremot, Eliasib, 37Matanías,
Matenay, Yasay, 38Baní, Binuy, Semeí, 39Sele-
mías, Natán, Adaya, 40Macnadbay, Sasay, Saray,
41Azarel, Selemías, Semarías, 42Salún, Amarías y
José, 43Yeguiel, Matitías, Zabad, Zebiná, Yaday,
Joel y Benayas, descendientes de Nebó. 44Todos
estos se habían casado con extranjeras y despi-
dieron a sus mujeres y a sus hijos.

NEHEMÍAS

Introducción

1 1Autobiografía de Nehemías, hijo de Jacalías:
El mes de diciembre del año veinte me encon-
traba yo en la fortaleza de Susa 2cuando llegó
mi hermano Jananí con unos hombres de Judá.
Les pregunté por los judíos que se habían librado
del destierro y por Jerusalén. 3Me respondieron:
«Los que se libraron del destierro están en la
provincia pasando grandes privaciones y humi-
llaciones. La muralla de Jerusalén está en ruinas
y sus puertas consumidas por el fuego». 4Al oír
estas noticias lloré e hice duelo durante unos
días, ayunando y orando al Dios del cielo 5con es-
tas palabras: «Señor, Dios del cielo, Dios grande
y terrible, fiel a la alianza y misericordioso con
los que te aman y guardan tus preceptos: 6ten los
ojos abiertos y los oídos atentos a la oración de
tu servidor, la oración que día y noche te dirijo
por tus servidores, los israelitas, confesando los
pecados que los israelitas hemos cometido con-
tra ti, tanto yo como la casa de mi padre. 7Nos
hemos portado muy mal contigo, no hemos ob-
servado los preceptos, mandatos y decretos que
ordenaste a tu siervo Moisés. 8Pero acuérdate de
lo que dijiste a tu siervo Moisés: Si son infieles
los dispersaré entre los pueblos; 9pero si vuelven
a mí y ponen en práctica mis preceptos, aunque
los desterrados se encuentren en los confines del
mundo, allá iré a reunirlos y los llevaré al lugar
que elegí para morada de mi nombre. 10Son tus
servidores y tu pueblo, los que rescataste con tu
gran poder y mano fuerte. 11Señor, mantén tus
oídos atentos a la oración de tu servidor y a la
oración de tus servidores que están deseosos de
respetarte. Permíteme lograr mi cometido y que
sea bien recibido por el rey». Yo era entonces
copero del rey.

El viaje

2 1Era el mes de marzo del año veinte del rei-
nado de Artajerjes. Tenía el vino delante y
yo tomé la copa y se la serví. En su presencia
no debía tener cara triste. 2El rey me preguntó:
«¿Qué te pasa que tienes mala cara? Tú no estás
enfermo, sino triste». Me llevé un susto, 3pero
contesté al rey: «Viva su majestad eternamen-
te. ¿Cómo no voy a estar triste cuando la ciudad
donde se hallan enterrados mis padres está en
ruinas y sus puertas consumidas por el fuego?».
4El rey me dijo: «¿Qué es lo que pretendes?». Me
encomendé al Dios del cielo, 5y respondí: «Si a
su majestad le parece bien, y si está satisfecho
de su servidor, déjeme ir a Judá a reconstruir la
ciudad donde están enterrados mis padres». 6El
rey y la reina, que estaba sentada a su lado, me
preguntaron: «¿Cuánto durará tu viaje y cuándo
volverás?». Al rey le pareció bien la fecha que le
indiqué y me dejó ir. 7Pero añadí: «Si a su majes-
tad le parece bien, que me den cartas para los
gobernadores de Transeufratina, a fin de que me
faciliten el viaje hasta Judá. 8Y una carta dirigi-
da a Asaf, superintendente de los bosques rea-
les, para que me suministren tablones para las
puertas de la fortaleza del templo, para el muro
de la ciudad y para la casa donde me instalaré».
9Gracias a Dios, el rey me lo concedió todo. Me
proporcionó también una escolta de oficiales y
jinetes, y cuando me presenté a los gobernado-
res de Transeufratina, les entregué las cartas del
rey. 10Cuando el joronita Sambalat y Tobías, el
funcionario amonita, se enteraron de la noticia,
les molestó mucho que alguien viniera a preocu-
parse por el bienestar de los israelitas.
11Llegué a Jerusalén y descansé allí tres días.
12Luego me levanté de noche con unos pocos
hombres, sin decir a nadie lo que mi Dios me
había inspirado hacer en Jerusalén. Solo llevaba
la cabalgadura que yo montaba. 13Salí de noche
por la Puerta del Valle, dirigiéndome a la Fuente
del Dragón y a la Puerta de la Basura; comprobé
que las murallas de Jerusalén estaban en ruinas

y las puertas consumidas por el fuego. 14Continué por la Puerta de la Fuente y el estanque real. 15Como allí no había sitio para la cabalgadura, subí por el torrente, todavía de noche, y seguí inspeccionando la muralla. Volví a entrar por la Puerta del Valle y regresé a casa. 16Las autoridades no supieron adónde había ido ni lo que pensaba hacer. Hasta entonces no había dicho nada a los judíos, ni a los sacerdotes, ni a los notables, ni a las autoridades, ni a los demás encargados de la obra. 17Entonces les dije: «Ya ven la situación en que nos encontramos: Jerusalén está en ruinas y sus puertas incendiadas. Vamos a reconstruir la muralla de Jerusalén para que ya no seamos objeto de burla». 18Les conté cómo el Señor me había favorecido y lo que me había dicho el rey. Ellos dijeron: «¡Vamos, pongámonos a trabajar!». Y pusieron manos a la obra con todo entusiasmo.

19Cuando se enteraron el joronita Sambalat, Tobías, el siervo amonita, y el árabe Guesen, empezaron a burlarse de nosotros y a despreciarnos, comentando: «¿Qué están haciendo? ¿Se van a rebelar contra el rey?». 20Les repliqué: «El Dios del cielo hará que tengamos éxito. Nosotros, sus servidores, seguiremos construyendo. Ustedes, en cambio, no tienen terrenos, ni derechos, ni un nombre en Jerusalén».

Reconstrucción de la muralla

3 1El sumo sacerdote, Eliasib, y sus parientes, los sacerdotes, pusieron manos a la obra y reconstruyeron la Puerta de las Ovejas; la consagraron y fijaron sus hojas; continuaron hasta la Torre de Ciento y hasta la Torre de Jananel. 2Junto a ellos trabajaron los hombres de Jericó, y junto a estos, Zacur, hijo de Imrí. 3La Puerta de los Peces la reconstruyeron los hijos de Hasnaá; la armaron y fijaron sus hojas, barras y cerrojos. 4A su lado trabajó Meremot, hijo de Urías, hijo de Hacós; junto a este, Mesulán, hijo de Berequías, hijo de Mesezabel; 5junto a este, Sadoc, hijo de Baná; junto a este trabajaron los de Tecua, aunque sus notables no quisieron colaborar con las autoridades.

6La Puerta del Barrio Nuevo la restauraron Yoyadá, hijo de Pasej, y Mesulán, hijo de Besodías; la armaron y fijaron sus hojas, barras y cerrojos. 7Junto a ellos trabajaron Melatías de Gabaón y Yadón de Meronot, con los hombres de Gabaón y de Atalaya, a expensas del gobernador de Transeufratina. 8Junto a él trabajó Uziel, hijo de Jarjayas, orfebre, y junto a este el perfumista Ananías; ambos dejaron terminada la muralla de Jerusalén hasta el muro ancho. 9Junto a ellos trabajó Refayas, hijo de Jur, jefe de medio distrito de Jerusalén. 10A su lado lo hizo Yedayas, hijo de Jarumaf, delante de su casa. Junto a este trabajó Jatús, hijo de Jasabnías. 11La parte siguiente, hasta la Torre de los Hornos, la restauraron Malquías, hijo de Jarín, y Jasub, hijo de Pajat Moab. 12Junto a estos trabajó Salún, hijo de Halojés, jefe de medio distrito de Jerusalén, con sus hijas. 13La Puerta del Valle la restauró Janún con los habitantes de Zanoj; la reconstruyeron, fijaron sus puertas, barras y cerrojos, e hicieron quinientos metros de muralla, hasta la Puerta de la Basura. 14La Puerta de la Basura la restauró Malquías, hijo de Recab, jefe del distrito de Bet-Kérem; la reconstruyó y fijó sus hojas, barras y cerrojos. 15La Puerta de la Fuente la restauró Salún, hijo de Col-Jozé, jefe del distrito de Mispá; la reconstruyó, la cubrió y fijó sus hojas, barras y cerrojos; también construyó la muralla del estanque de Sélaj, junto al jardín real, hasta la escalera que baja de la Ciudad de David.

16A continuación, Nehemías, hijo de Azbuc, jefe de medio distrito de Bet-Sur, reparó hasta las tumbas de David, el estanque artificial y la Casa de los Valientes. 17A continuación lo hicieron los levitas: Rejún, hijo de Baní; junto a él, Jasabías, jefe de medio distrito de Queilá, su distrito. 18A continuación repararon sus parientes: Bavay, hijo de Jenadad, jefe de medio distrito de Queilá. 19Junto a él, Ezer, hijo de Josué, jefe de Mispá, restauró el sector a partir de la subida del arsenal del Ángulo. 20Baruc, hijo de Zabay, reparó el sector que va desde el Ángulo hasta la puerta de la casa del sumo sacerdote, Eliasib. 21Meremot, hijo de Urías, hijo de Hacós, restauró desde la puerta de la casa de Eliasib hasta el final de la misma. 22Luego lo hicieron los sacerdotes que habitaban en la vega del Jordán. 23Benjamín y Jasub repararon la zona frente a su casa, luego lo hizo Azarías, hijo de Maseyas, hijo de Ananías, en la zona junto a su casa. 24Binuy, hijo de Jenadad, reparó el sector desde la casa de Azarías hasta el Ángulo y la Esquina. 25Palal, hijo de Uzay, lo hizo a partir del Ángulo y la torre saliente del palacio real, la de arriba, que da al patio de la cárcel. Luego, Fedayas, hijo de Farós, reparó 26hasta enfrente de la Puerta del Agua, al este de la torre saliente. Los empleados del templo vivían en el Ofel. 27A continuación trabajaron los de Tecua, desde la torre grande saliente hasta la muralla del Ofel.

28A partir de la Puerta de los Caballos trabajaron los sacerdotes, cada cual frente a su casa. 29A continuación, Sadoc, hijo de Imer, reparó la zona delante de su casa y detrás de él lo hizo Semayas, hijo de Secanías, encargado de la

Puerta de Oriente. 30Ananías, hijo de Selemías, y Janún, sexto hijo de Salaf, repararon el sector siguiente. Mesulán, hijo de Berequías, restauró frente a su vivienda. 31A continuación, el orfebre Malquías restauró hasta la casa de los empleados del Templo y de los comerciantes, frente a la Puerta de la Inspección, y hasta la habitación superior de la esquina. 32La zona entre la habitación superior de la esquina y la Puerta de las Ovejas la restauraron los orfebres y comerciantes.

33Cuando Sambalat se enteró de que estábamos reconstruyendo la muralla, se indignó, y enfurecido, empezó a burlarse de los judíos, 34diciendo a su gente y a la guarnición samaritana: «¿Qué hacen esos desgraciados judíos? ¿No hay nadie que se lo impida? ¿Van a ofrecer sacrificios? ¿Se creen que van a terminar el trabajo en un día? ¿O que de los montones de escombros van a sacar nuevas las piedras que se quemaron?». 35El amonita Tobías, que se encontraba a su lado, dijo: «Déjalos que construyan. En cuanto suba una zorra se desmoronará su muralla de piedra».

36Escucha, Dios nuestro, cómo se burlan de nosotros. Haz que sus insultos recaigan sobre ellos y mándalos al destierro para que se burlen de ellos. 37No encubras sus delitos, no borres de tu vista sus pecados, porque han ofendido a los constructores. 38Seguimos levantando la muralla, que quedó reparada hasta media altura. La gente tenía ganas de trabajar.

4 1Cuando Sambalat, Tobías, los árabes, los amonitas y los asdoditas se enteraron de que la reparación de la muralla de Jerusalén iba adelante –porque empezaban a cerrarse las brechas– se enfurecieron. 2Y se confabularon para luchar contra Jerusalén y sembrar en ella la confusión. 3Encomendándonos a nuestro Dios, pusimos una guardia día y noche para vigilarlos.

4Mientras los judíos decían: Los cargadores se agotan y los escombros son muchos; nosotros solos no podemos construir la muralla, 5nuestros enemigos comentaban: Que no sepan ni vean nada hasta que hayamos penetrado en medio de ellos y los matemos; así detendremos las obras. 6En esta situación, los judíos que vivían entre ellos, viniendo de diversos lugares, nos repetían una y otra vez que nos iban a atacar. 7Entonces aposté en trincheras detrás de la muralla y entre matorrales gente dividida por familias y armados con sus espadas, lanzas y arcos. 8Después de una inspección, dije a los notables, a las autoridades y al resto del pueblo: «No les tengan miedo. Acuérdense del Señor, grande y terrible, y luchen por sus hermanos, hijos, hijas, mujeres y casas».

9Al ver nuestros enemigos que estábamos informados, Dios desbarató sus planes y pudimos volver a la muralla, cada cual a su tarea. 10Con todo, desde aquel día la mitad de mis hombres trabajaba mientras la otra mitad estaba armada de lanzas, escudos, arcos y corazas. Las autoridades se preocupaban de todos los judíos. 11Los que construían la muralla y los cargadores estaban armados; con una mano trabajaban y con la otra empuñaban el arma. 12Todos los albañiles llevaban la espada al cinto mientras trabajaban. Y el corneta iba a mi lado, 13porque había dicho a los notables, a las autoridades y al resto del pueblo: El trabajo es tan grande y tan extenso, que debemos esparcirnos a lo largo de la muralla, lejos unos de otros. 14En cuanto oigan la corneta, dondequiera que estén, vengan a reunirse con nosotros. Nuestro Dios combatirá por nosotros. 15Así seguimos, unos trabajando y otros empuñando las lanzas, desde que despuntaba el alba hasta que salían las estrellas. 16Por entonces también dije al pueblo: «Todos pernoctarán en Jerusalén con sus criados. De noche haremos guardia y de día trabajaremos». 17Yo, mis hermanos, mis criados y los hombres de mi escolta dormíamos vestidos y con las armas al alcance de la mano.

Problemas sociales

5 1La gente sencilla, sobre todo las mujeres, empezaron a protestar enérgicamente contra sus hermanos judíos. 2Unos decían: Tenemos muchos hijos e hijas; que nos den trigo para comer y seguir con vida. 3Otros: Pasamos tanta hambre, que tenemos que hipotecar nuestros campos, viñedos y casas para conseguir trigo. 4Y otros: Hemos tenido que pedir dinero prestado para pagar el impuesto real. 5Somos iguales que nuestros hermanos, nuestros hijos son como los suyos, y, sin embargo, debemos entregar como esclavos a nuestros hijos e hijas; a algunas de ellas incluso las han deshonrado, sin que podamos hacer nada, porque nuestros campos y viñas están en manos ajenas.

6Cuando me enteré de sus protestas y de lo que sucedía me indigné y, sin poder contenerme, me encaré con los nobles y las autoridades. 7Les dije: «Ustedes se están portando con sus hermanos como usureros». 8Convoqué contra ellos una asamblea general, y les dije: «Nosotros, en la medida de nuestras posibilidades, rescatamos a nuestros hermanos judíos vendidos a los paganos. Y ustedes venden a sus hermanos para que luego nos los vendan a nosotros».

Se quedaron cortados, sin respuesta, 9y yo
seguí: «No está bien lo que hacen. Solo respe-
tando a nuestro Dios evitarán el desprecio de
nuestros enemigos, los paganos. 10También yo,
mis hermanos y mis criados les hemos prestado
dinero y trigo. 11Olvidemos esa deuda. Devuél-
vanles hoy mismo sus campos, viñas, olivares y
casas, y perdónenles el dinero, el trigo, el vino y
el aceite que les han prestado». 12Respondieron:
«Se lo devolveremos sin exigir nada. Haremos
lo que dices». Entonces llamé a los sacerdotes
para que les tomasen juramento de que cumpli-
rían su palabra. 13Luego me despojé de mi man-
to, diciendo: «Así despoje Dios de su casa y de
sus bienes al que no cumpla su palabra, y que se
quede despojado y sin nada». Toda la asamblea
respondió: «Amén». Y alabó al Señor. El pueblo
cumplió lo prometido.

14Dicho sea de paso, desde el día en que me
nombraron gobernador de Judá, cargo que ocu-
pé durante doce años, desde el veinte hasta el
treinta y dos del rey Artajerjes, ni yo ni mis
hermanos comimos a expensas del cargo. 15En
cambio los gobernadores anteriores fueron
una carga para el pueblo, exigiéndole cada día
cuatrocientos gramos de plata en concepto de
pan y vino, y también sus servidores oprimían
a la gente. 16Pero yo no obré así por respeto
al Señor. Además, trabajé personalmente en la
muralla, aunque yo no era terrateniente, y to-
dos mis criados se pasaban el día en la obra. 17A
mi mesa se sentaban ciento cincuenta nobles
y consejeros, sin contar los que venían de los
países vecinos. 18Cada día se aderezaba un to-
ro, seis ovejas escogidas y aves; cada diez días
encargaba vino de todas clases en abundancia.
Y a pesar de esto nunca reclamé la pensión que
me correspondía como gobernador, porque bas-
tante agobiado estaba ya el pueblo. 19Dios mío,
acuérdate para mi bien de todo lo que hice por
esta gente.

Intrigas de los enemigos

6 1Cuando Sambalat, Tobías, el árabe Guesen y
el resto de nuestros enemigos se enteraron
de que había reconstruido la muralla sin dejar ni
una brecha –aunque todavía no había puesto las
hojas de las puertas–, 2Sambalat y Guesen man-
daron a decirme: «Ven a entrevistarte con no-
sotros en uno de los pueblos del valle de Onó».
3Venían con malas intenciones, y les contesté
con unos mensajeros: «Tengo muchísimo trabajo
y no puedo bajar. No voy a dejar la obra parada
para bajar a verlos». 4Cuatro veces me manda-
ron a decir lo mismo y les contesté igual. 5A la
quinta, Sambalat envió a su criado con una carta
abierta, 6que decía: «Se oye comentar entre la
gente, y así lo afirma Guesen, que tú y los judíos
piensan rebelarse, y que por eso has construido
la muralla. 7Según esos rumores, tú serías el rey,
y has nombrado profetas que te proclamen en
Jerusalén rey de Judá. Esos rumores van a llegar
a oídos del emperador. Ven, y decidiremos jun-
tos lo que conviene hacer». 8Le respondí: «Esos
rumores de que hablas carecen de fundamento;
son pura invención tuya». 9Querían intimidar-
nos, pensando que abandonaríamos la obra,
dejándola a medio acabar. Al contrario, cobré
nuevos ánimos.

10Por entonces fui a casa de Semayas, hijo
de Pelayas, hijo de Mehetabel, que se hallaba
impedido, y me dijo: «Vamos a meternos en el
templo, dentro de la nave, y cerramos la puerta.
Porque van a venir a matarte; piensan matarte
esta noche». 11Le contesté: «Un hombre como
yo no huye ni se mete en el templo para salvar la
vida. No voy». 12Porque caí en la cuenta de que
no era Dios quien lo enviaba; me hizo esta profe-
cía sobornado por Tobías y Sambalat, 13para que
me entrase miedo y actuase de esa forma, come-
tiendo un pecado que pensaban aprovechar para
denigrarme y difamarme. 14Dios mío, acuérdate
de lo que han hecho Tobías y Sambalat; también
de la profetisa Noadías y de los otros profetas
que intentaron asustarme.

15El veinticinco de septiembre, a los cincuenta
y dos días de comenzada, se terminó la mura-
lla. 16Cuando se enteraron nuestros enemigos y
lo vieron los pueblos circundantes se llenaron
de admiración y reconocieron que era nuestro
Dios el autor de esta obra. 17Por aquellos días
era intensa la correspondencia epistolar entre
los notables de Judá y Tobías, 18ya que muchos
judíos se habían juramentado con él por ser yer-
no de Secanías, hijo de Araj, y porque su hijo
Juan estaba casado con la hija de Mesulán, hijo
de Berequías. 19Me hablaban bien de él y a él le
referían lo que yo hacía. Tobías siguió enviando
cartas para intimidarme.

7 1Cuando estuvo reconstruida la muralla y
coloqué las puertas, se asignaron los cargos
de porteros, cantores y levitas. 2Puse al frente
de Jerusalén a mi hermano Jananí, y a Ananías,
jefe de la fortaleza, que era un hombre honrado
y temeroso de Dios como pocos. 3Les dije: «Que
no abran las puertas de Jerusalén hasta que
el sol caliente, y que las cierren y atranquen
antes de que se ponga. Y que formen cuerpos de
guardia con los habitantes de Jerusalén; unos
vigilarán en los puestos y otros delante de su
casa».

La repoblación de Jerusalén I

4La ciudad era espaciosa y grande, pero los ha-
bitantes escasos y no se construían casas. 5En-
tonces mi Dios me inspiró reunir a los notables, a
las autoridades y al pueblo para hacer el registro.
Encontré el registro de los primeros que habían
vuelto, donde estaba escrito: 6Habitantes de la
provincia que regresaron del destierro, adonde
los llevó cautivos Nabucodonosor, rey de Babi-
lonia, y volvieron a Jerusalén y a Judá, cada uno
a su pueblo: 7Vinieron con Zorobabel, Josué, Ne-
hemías, Azarías, Raamías, Najmaní, Mardoqueo,
Bilsán, Mispéret, Bigvay, Nejún y Baná.

Lista de los hombres del pueblo de Israel:8Dos
mil ciento setenta y dos descendientes de Fa-
rós. 9Trescientos setenta y dos descendientes de
Sefatías. 10Seiscientos cincuenta y dos descen-
dientes de Araj. 11Dos mil ochocientos dieciocho
descendientes de Pajat Moab, descendientes de
Josué y de Joab. 12Mil doscientos cincuenta y
cuatro descendientes de Elam. 13Ochocientos
cuarenta y cinco descendientes de Zatú. 14Se-
tecientos sesenta descendientes de Zacay.
15Seiscientos cuarenta y ocho descendientes de
Binuy. 16Seiscientos veintiocho descendientes
de Bebay. 17Dos mil trescientos veintidós des-
cendientes de Azgad. 18Seiscientos sesenta y
siete descendientes de Adonicán. 19Dos mil se-
senta y siete descendientes de Bigvay. 20Seis-
cientos cincuenta y cinco descendientes de
Adín. 21Noventa y ocho descendientes de Ater,
de Ezequías. 22Trescientos veintiocho descen-
dientes de Jasún. 23Trescientos veinticuatro
descendientes de Besay. 24Ciento doce descen-
dientes de Jarif. 25Noventa y cinco oriundos de
Guibeón. 26Ciento ochenta y ocho oriundos de
Belén y Netofá. 27Ciento veintiocho de Anatot.
28Cuarenta y dos de Bet-Azmaut. 29Setecientos
cuarenta y tres de Quiriat Yearim, Quepira y Bee-
rot. 30Seiscientos veintiuno de Ramá y Guibeá.
31Ciento veintidós de Micmás. 32Ciento veinti-
trés de Betel y Ay. 33Cincuenta y dos descendien-
tes de Nebo. 34Mil doscientos cincuenta y cua-
tro descendientes del otro Elam. 35Trescientos
veinte de Jarín. 36Trescientos cuarenta y cinco
de Jericó. 37Setecientos veintiuno de Lod, Jadid
y Onó. 38Tres mil novecientos treinta de Senaá.

39Sacerdotes: Novecientos setenta y tres des-
cendientes de Yedayas, de la familia de Josué.
40Mil cincuenta y dos descendientes de Imer.
41Mil doscientos cuarenta y siete descendientes
de Pasjur. 42Mil diecisiete descendientes de Jarín.

43Levitas: Setenta y cuatro descendientes de
Josué y de Cadmiel, de la familia de Hodavías.

44Cantores: Ciento cuarenta y ocho descen-
dientes de Asaf.

45Porteros: Ciento treinta y ocho descendien-
tes de Salún, Ater, Talmón, Acub, Jatitá y Sobay.

46Empleados del templo: Descendientes de Si-
já, Jasufá, Tabaot, 47Querós, Sia, Fadón, 48Leba-
ná, Jagabá, Salmay, 49Janán, Guidel, Gájar, 50Re-
ayas, Resín, Necodá, 51Gazán, Siahá Uzá, Pasej,
52Besay, meunitas, nefusitas, 53Bacbuc, Jacufá,
Jarjur, 54Baslut, Mejidá, Jarsá, 55Barcós, Sísara,
Támaj, 56Nesij y Jatifá.

57Hijos de los servidores de Salomón: 58Des-
cendientes de Sotay, Soféret, Perudá, Yalá,
Darcón, Guidel, 59Sefatías, Jatil, Poquéret, el
sebaíta, y Amí. 60Total de empleados del templo
y de los hijos de los servidores de Salomón: tres-
cientos noventa y dos.

61Lista de los que subieron de Tel Mélaj, Tel
Jarsá, Querub, Adán e Imer, pero no pudieron
probar su ascendencia o su origen israelita:
62seiscientos cuarenta y dos descendientes de
Pelayas, Tobías y Necodá. 63Y de los sacerdotes,
los descendientes de Jobayas, Hacós y Barzilay,
que se había casado con una hija de Barzilay,
el galaadita, y tomó su nombre. 64Buscaron su
registro genealógico, pero no lo encontraron y
se les excluyó del sacerdocio; 65el gobernador
les prohibió comer los alimentos sagrados hasta
que apareciese un sacerdote experto en consul-
tar las suertes.

66En total, la comunidad constaba de cuaren-
ta y dos mil trescientas sesenta personas, 67sin
contar los esclavos y esclavas, que eran siete mil
trescientos treinta y siete. 68Tenía doscientos
cuarenta y cinco entre cantores y cantoras, sete-
cientos treinta y seis caballos y doscientos cua-
renta y cinco mulas, cuatrocientos treinta y cin-
co camellos y seis mil setecientos veinte asnos.

69Algunos jefes de familia hicieron donativos
para la obra. El gobernador entregó al tesoro mil
dáricos de oro, cincuenta aspersorios y quinien-
tas treinta túnicas sacerdotales. 70Los jefes de
familia ofrecieron para el culto veinte mil dári-
cos de oro y dos mil doscientas minas de plata.
71El resto del pueblo, veinte mil dáricos de oro,
dos mil minas de plata y sesenta y siete túni-
cas sacerdotales. 72Los sacerdotes, los levitas,
los porteros, los cantores, parte del pueblo, los
empleados del templo y todo Israel se estable-
cieron en sus pueblos. Al llegar el mes séptimo
se encontraban instalados en ellos.

Lectura de la Ley

8 1Entonces todo el pueblo se reunió como un
solo hombre en la plaza que se abre ante la
Puerta del Agua, y pidió a Esdras, el letrado, que
trajera el libro de la ley de Moisés, que Dios ha-
bía dado a Israel.

2El sacerdote Esdras trajo el libro de la ley an-
te la asamblea, compuesta de hombres, mujeres
y todos los que tenían uso de razón. Era a me-
diados de septiembre. 3En la plaza de la Puerta
del Agua, desde el amanecer hasta el mediodía,
estuvo leyendo el libro a los hombres, a las mu-
jeres y a los que tenían uso de razón. Toda la
gente seguía con atención la lectura de la ley.
4Esdras, el letrado, estaba de pie en el púlpito
de madera que había hecho para esta ocasión. A
su derecha se encontraban Matitías, Sema, Ana-
yas, Urías, Jelcías y Maseyas; a su izquierda, Fe-
dayas, Misael, Malquías, Jasún, Jasbadana, Za-
carías y Mesulán. 5Esdras abrió el libro a la vista
de todo el pueblo –ya que se encontraba en un
puesto elevado–, y cuando lo abrió, toda la gen-
te se puso en pie. 6Esdras bendijo al Señor, Dios
grande, y todo el pueblo, levantando las manos,
respondió: Amén, amén. Después se inclinaron
y adoraron al Señor, rostro en tierra. 7Los levi-
tas Josué, Baní, Serebías, Yamín, Acub, Sabtay,
Hodiyías, Maseyas, Quelitá, Azarías, Yozabad,
Janán y Felayas explicaron la ley al pueblo, que
se mantenía en sus puestos. 8Leían el libro de la
ley de Dios traduciéndolo y explicándolo para
que se entendiese la lectura.

9El gobernador Nehemías, el sacerdote y letra-
do Esdras y los levitas que instruían al pueblo,
viendo que la gente lloraba al escuchar la lectu-
ra de la ley, le dijeron: «Hoy es un día consagra-
do al Señor, su Dios. No estén tristes ni lloren».
10Después añadió: «Ya pueden retirarse, coman
bien, beban vinos generosos y envíen porcio-
nes a los que no tienen nada, porque hoy es día
consagrado a nuestro Dios. No ayunen, que al
Señor le gusta que estén fuertes. 11Los levitas
serenaban al pueblo, diciendo: «¡Tranquilícense!
Este día es santo; no estén tristes». 12El pueblo
se fue, comió, bebió, envió porciones y organizó
una gran fiesta, porque había comprendido lo
que le habían explicado.

La fiesta de las Chozas

13Al día siguiente, los jefes de familia de todo
el pueblo, los sacerdotes y los levitas se reunie-
ron con el letrado Esdras para estudiar el libro
de la ley. 14En la ley que había mandado el Señor
por medio de Moisés encontraron escrito: Los
israelitas habitarán en chozas durante la fiesta
del mes séptimo. 15Entonces anunciaron en to-
dos sus pueblos y en Jerusalén: «Vayan al monte
y traigan ramas de olivo, pino, mirto, palmera
y de otros árboles frondosos para construir las
chozas, como está mandado». 16La gente fue, las
trajo e hicieron las chozas; unos en la azotea,
otros en sus patios, en los patios del templo, en
la plaza de la Puerta del Agua y en la plaza de la
Puerta de Efraín. 17Toda la asamblea que había
vuelto del destierro hizo chozas, habitaron en
ellas –cosa que no hacían los israelitas desde
tiempos de Josué, hijo de Nun– y hubo una gran
fiesta. 18Todos los días, del primero al último,
Esdras leyó el libro de la ley de Dios. La fiesta
duró siete días, y el octavo tuvo lugar una asam-
blea solemne, como está mandado.

Ceremonia de expiación

9 1El día veinticuatro de este mismo mes se
reunieron los israelitas para ayunar, vesti-
dos de sayales y cubiertos de polvo. 2La estirpe
de Israel se separó de todos los extranjeros, y
puestos de pie confesaron sus pecados y las cul-
pas de sus padres. 3Permanecieron en sus pues-
tos una cuarta parte del día, mientras se leía el
libro de la ley del Señor, su Dios, y otra cuarta
parte la pasaron confesando y rindiendo home-
naje al Señor, su Dios. 4Josué, Baní, Cadmiel, Se-
banías, Buní, Serebías, Baní y Quenaní subieron
a la tribuna de los levitas e invocaron en alta
voz al Señor, su Dios. 5Y los levitas Josué, Cad-
miel, Baní, Jasabnías, Serebías, Hodiyas, Seba-
nías y Petajías dijeron: «Levántense, bendigan
al Señor, su Dios, desde siempre y por siempre;
bendigan su Nombre glorioso, que supera toda
bendición y alabanza».

6Y Esdras rezó:

»Tú, Señor, eres el único Dios. Tú hiciste los
cielos, lo más alto de los cielos y todos sus ejér-
citos; la tierra y cuantos la habitan, los mares
y cuanto contienen. A todos les das vida, y los
ejércitos celestes te rinden homenaje.

7»Tú, Señor, eres el Dios que elegiste a Abrán,
lo sacaste de Ur de los caldeos y le pusiste por
nombre Abrahán. 8Viste que su corazón te era
fiel e hiciste con él un pacto para darle la tierra
de los cananeos, hititas, amorreos, fereceos, je-
buseos y guirgaseos, a él y a su descendencia. Y
cumpliste la palabra porque eres leal.

9»Viste luego la aflicción de nuestros padres
en Egipto, escuchaste sus clamores junto al Mar
Rojo. 10Realizaste signos y prodigios contra el
Faraón, contra sus ministros y toda la gente del
país –porque sabías que eran arrogantes con
ellos– y te creaste una fama que perdura hasta
hoy. 11Abriste ante ellos el mar, y cruzaron el
mar sin mojarse los pies. Arrojaste al abismo a
sus perseguidores, como una piedra en aguas
turbulentas. 12Con columna de nube los guiaste
de día, con columna de fuego, de noche, para
iluminarles el camino que debían recorrer.

13»Bajaste al monte Sinaí, hablaste con ellos
desde el cielo. Les diste normas justas, leyes váli-

das, mandatos y preceptos excelentes. 14Les diste
a conocer tu santo sábado, les diste preceptos,
mandatos y leyes por medio de tu siervo Moisés.
15»Les enviaste pan desde el cielo cuando
tenían hambre, hiciste brotar agua de la roca
cuando tenían sed. Y les ordenaste tomar po-
sesión de la tierra que, con la mano en alto, ha-
bías jurado darles. 16Pero ellos, nuestros padres,
se mostraron arrogantes; poniéndose tercos
desoyeron tus mandatos. 17No quisieron oír ni
recordar los prodigios que hiciste en su favor.
Tercamente se empeñaron en volver a la escla-
vitud de Egipto.
»Pero tú, Dios del perdón, clemente y com-
pasivo, paciente y misericordioso, no los
abandonaste,18ni siquiera cuando hicieron un
ternero de metal fundido y proclamaron: Este es
tu dios, que te sacó de Egipto, cometiendo una
ofensa terrible. 19Pero tú, por tu gran compa-
sión, no los abandonaste en el desierto. No se
alejó de ellos la columna de nube que los guiaba
por el camino de día, ni la columna de fuego que
de noche les iluminaba el camino que debían re-
correr. 20Les diste tu buen espíritu para instruir-
los, no les quitaste de la boca tu maná, les diste
agua en los momentos de sed.
21»Cuarenta años los sustentaste en el desier-
to y nada les faltó; ni sus vestidos se gastaron ni
se hincharon sus pies. 22Les entregaste reinos y
pueblos, repartiste a cada uno su región.
»Se apoderaron del país de Sijón, rey de Jes-
bón, de la tierra de Og, rey de Basán. 23Multipli-
caste sus hijos como las estrellas del cielo, los
introdujiste en la tierra que habías prometido
a sus padres en posesión. 24Entraron los hijos
para ocuparla y derrotaste ante ellos a sus habi-
tantes, los cananeos. Los pusiste en sus manos,
igual que a los reyes y a los pueblos del país,
para que dispusieran de ellos a placer.
25»Conquistaron fortalezas y una tierra fértil;
poseyeron casas rebosantes de riquezas, pozos
excavados, viñas y olivares, y abundantes árboles
frutales; comieron hasta hartarse y engordaron
y disfrutaron de tus dones generosos. 26Pero
después fueron indóciles, se rebelaron contra ti,
se echaron tu ley a las espaldas y asesinaron a
tus profetas, que los amonestaban a volver a ti,
cometiendo gravísimas ofensas. 27Los entregaste
en manos de sus enemigos, que los oprimieron.
»Pero en su angustia clamaron a ti, y tú los es-
cuchaste desde el cielo; y por tu gran compasión
les enviaste salvadores que los salvaron de sus
enemigos. 28Pero al sentirse tranquilos hacían
otra vez lo que repruebas; los abandonabas en
manos de sus enemigos que los oprimían; cla-
maban de nuevo a ti, y tú los escuchabas desde
el cielo, librándolos muchas veces por tu gran
compasión.
29»Los amonestaste para reducirlos a tu Ley,
pero ellos, altivos, no obedecieron tus precep-
tos y pecaron contra tus normas, que dan la
vida al hombre si las cumple. Volvieron la es-
palda con rebeldía; tercamente, no quisieron
escuchar.30Fuiste paciente con ellos durante
muchos años, tu Espíritu los amonestó por tus
profetas, pero no prestaron atención y los en-
tregaste en manos de pueblos paganos. 31Sin
embargo, por tu gran compasión no los aniqui-
laste ni abandonaste, porque eres un Dios cle-
mente y compasivo.
32»Ahora, Dios nuestro, Dios grande, valiente
y terrible, fiel a la alianza y leal, no menospre-
cies las aflicciones que les han sobrevenido a
nuestros reyes, a nuestros príncipes, sacerdotes
y profetas, a nuestros padres y a todo tu pueblo
desde el tiempo de los reyes asirios hasta hoy.
33Eres inocente en todo lo que nos ha ocurrido,
porque tú obraste con lealtad, y nosotros somos
culpables. 34Ciertamente, nuestros reyes, prín-
cipes, sacerdotes y padres no cumplieron tu ley
ni prestaron atención a los preceptos y avisos
con que los amonestabas. 35Durante su reinado,
a pesar de los grandes bienes que les concediste
y de la tierra espaciosa y fértil que les entre-
gaste, no te sirvieron ni se convirtieron de sus
malas acciones.
36»Por eso estamos ahora esclavizados, es-
clavos en la tierra que diste a nuestros padres
para que comiesen sus frutos excelentes. 37Y sus
abundantes productos son para los reyes a los
que nos sometiste por nuestros pecados, y que
ejercen su dominio a su arbitrio sobre nuestras
personas y ganados. Somos unos desgraciados.

Renovación de la Alianza

10 1»Con todo, hacemos un pacto y lo po-
nemos por escrito, sellándolo nues-
tras autoridades, nuestros levitas y nuestros
sacerdotes».
2Lo firmaron Nehemías, hijo de Jacalías, y
Sedecías, 3Serayas, Azarías, Jeremías, 4Pasjur,
Amarías, Malquías, 5Jatús, Sebanías, Maluc,
6Jarín, Meremot, Abdías, 7Daniel, Guinetón,
Baruc, 8Mesulán, Abías, Miyamín, 9Mazías, Bil-
gay, Semayas. Todos ellos sacerdotes. 10Levitas:
Josué, hijo de Azanías; Binuy, descendiente de
Jenadad; Cadmiel 11y sus hermanos; Secanías,
Hodiyas, Quelitá, Felayas, Janán, 12Micá, Rejob,
Jasabías, 13Zacur, Serebías, Sebanías, 14Hodi-
yas, Baní y Beninú. 15Autoridades: Farós, Pajat
Moab, Elam, Zatú, Baní, 16Buní, Azgad, Bebay,
17Adonías, Bigvay, Adín, 18Ater, Ezequías, Azur,

19Hodiyas, Jasún, Besay, 20Jarif, Anatot, Nebay,
21Magpiás, Mesulán, Jezir, 22Mesezabel, Sadoc,
Yadúa, 23Felatías, Janán, Anayas, 24Oseas, Ana-
nías, Jasub, 25Halojés, Filjá, Sobec, 26Rejún, Ja-
sabná, Maseyas, 27Ajías, Janán, Anán, 28Maluc,
Jarín y Baná.
29El resto del pueblo, los sacerdotes, los le-
vitas, los porteros, los cantores, los empleados
del templo y todos los extranjeros que se habían
convertido a la ley de Dios, sus mujeres, hijos,
hijas y todos los que tenían uso de razón 30se
unieron a sus hermanos, los notables, y juraron
solemnemente: «Proceder según la ley de Dios
dada por medio de Moisés, siervo de Dios, y po-
ner en práctica todos los preceptos, decretos y
mandatos del Señor. 31No dar nuestras hijas a
extranjeros y no casar a nuestros hijos con ex-
tranjeras. 32No comprar en sábado o día de fiesta
las mercancías, especialmente el trigo, que los
extranjeros traen y venden en sábado. Renun-
ciar cada siete años a la cosecha y a cualquier
clase de deudas».
33Nos comprometimos además: «A entregar ca-
da año un tercio de siclo para el culto del templo
de nuestro Dios: 34para los panes presentados y la
ofrenda diaria; para el holocausto diario, el de los
sábados, principios de mes, solemnidades, con-
sagraciones y sacrificios expiatorios por Israel,
y para todo lo que haga falta en el templo 35–en
cuanto a la ofrenda de leña que debe arder en el
altar del Señor, nuestro Dios, como manda la ley,
sacerdotes, levitas y pueblo echaron suertes para
traerla al templo por familias y en determinadas
épocas cada año–. 36A traer al templo cada año
los primeros frutos de nuestros campos, las pri-
micias de todos los árboles frutales 37y los primo-
génitos de nuestros hijos y ganados, como está
escrito en la ley. A entregar a los sacerdotes que
ofician en el templo los primogénitos de nuestros
ganados mayor y menor. 38Para los sacerdotes
llevaremos a los almacenes del templo lo mejor
de nuestra harina, de nuestras ofrendas, de toda
clase de frutos, del vino y del aceite, y daremos a
los levitas el diezmo de nuestros campos –es de-
cir, a los levitas que perciben el diezmo en todos
los pueblos donde trabajamos–. 39Un sacerdote
aaronita acompañará a los levitas cuando estos
reciban el diezmo, y los levitas entregarán la dé-
cima parte del mismo al templo de nuestro Dios,
depositándolo en los almacenes del tesoro. 40Por-
que los israelitas y los levitas llevan las ofrendas
de trigo, vino y aceite a los almacenes; allí está
el mobiliario del santuario y viven los sacerdotes
que están de servicio, los porteros y los cantores.
En una palabra: no descuidaremos el templo de
nuestro Dios».

La repoblación de Jerusalén II

11 1Las autoridades fijaron su residencia en
Jerusalén, y el resto del pueblo se sorteó
para que, de cada diez, uno habitase en Jeru-
salén, la ciudad santa, y nueve en sus pueblos.
2La gente colmó de bendiciones a todos los
que se ofrecieron voluntariamente a residir en
Jerusalén.
3Lista de los jefes de la provincia que fijaron
su residencia en Jerusalén y en los pueblos de
Judá. Cada cual residió en su propiedad, en su
pueblo, seglares, sacerdotes, levitas, emplea-
dos del templo y los hijos de los servidores
de Salomón. 4En Jerusalén residían judíos y
benjaminitas.
Judíos: Atayas, hijo de Uzías, hijo de Zaca-
rías, hijo de Amarías, hijo de Sefatías, hijo de
Mahlalel, descendiente de Fares; 5Maseyas, hijo
de Baruc, hijo de Col-Jozé, hijo de Jazayas, hijo
de Adaya, hijo de Yoyarib, hijo de Zacarías, hijo
de Seloní. 6Total de descendientes de Fares que
habitaban en Jerusalén: cuatrocientos sesenta
y ocho hombres de recursos.
7Benjaminitas: Salú, hijo de Mesulán, hijo
de Yoed, hijo de Fedayas, hijo de Colayas, hijo
de Maseyas, hijo de Itiel, hijo de Isaías, 8y sus
parientes, novecientos veintiocho hombres de
recursos. 9Joel, hijo de Zicrí, estaba al frente
de ellos, y Judá, hijo de Hasnuá, era el segundo
jefe de la ciudad.
10Sacerdotes: Yedayas, Yoyarib, Yaquín; 11Se-
rayas, hijo de Jelcías, hijo de Mesulán, hijo de
Sadoc, hijo de Merayot, hijo de Ajitub, comisario
del templo, 12y sus ochocientos veintidós pa-
rientes, que trabajaban en el templo; Adaya, hi-
jo de Yeroján, hijo de Felalías, hijo de Amsí, hijo
de Zacarías, hijo de Pasjur, hijo de Malquías, 13y
sus doscientos cuarenta y dos parientes, jefes
de familia; Amasay, hijo de Azarel, hijo de Ajzay,
hijo de Mesilemot, hijo de Imer, 14y sus ciento
veintiocho parientes, hombres de armas. Su su-
perintendente era Zabdiel, hijo de Hagadol.
15Levitas: Semayas, hijo de Jasub, hijo de Azri-
cán, hijo de Jasabías, hijo de Buní; 16Sabtay y Yo-
zabad, jefes levitas al frente del servicio exterior
del templo; 17Matanías, hijo de Micá, hijo de Zab-
dí, hijo de Asaf, que dirigía el canto y entonaba la
acción de gracias; Bacbuquías, el segundo de sus
hermanos; Abdías, hijo de Samúa, hijo de Galal,
hijo de Yedutún. 18Total de levitas residentes en
la ciudad santa: doscientos ochenta y cuatro.
19Porteros: Acub, Talmón y sus parientes, que
hacían la guardia de las puertas: ciento setenta
y dos. 20El resto de Israel, de los sacerdotes y de
los levitas se estableció en los pueblos de Judá,
cada cual en su propiedad. 21Los empleados del

templo habitaban el Ofel; Sijá y Guispá estaban
al frente de ellos. 22El encargado de los levitas
de Jerusalén era Uzí, hijo de Baní, hijo de Jasa-
bías, hijo de Matanías, hijo de Micá; era uno de
los descendientes de Asaf, encargados del canto
al servicio del templo. 23Una orden real y un re-
glamento fijaban la actuación de los cantores
cada día. 24Petajías, hijo de Mesezabel, descen-
diente de Zéraj, hijo de Judá, estaba al servicio
del rey para todos los asuntos del pueblo.

25En los pueblos y campos también habitaban
judíos: en Villa Arbá y sus poblados, en Dibón
y sus poblados, en Yecabsel y sus alrededores,
26en Yesúa, en Moladá, en Bet-Pélet, 27en Jasar
Sual, en Berseba y sus poblados, 28en Sicelag,
en Meconá y sus poblados, 29en En Rimmón, So-
reá, Yarmut, 30Zanoj, Adulán y sus alrededores,
en Laquis y su región, en Azecá y sus poblados.
Se establecieron desde Berseba hasta el valle
de Hinón.

31Los benjaminitas habitaban en Guibeá, Mic-
más, Ayá, Betel y sus poblados, 32Anatot, Nob,
Ananías, 33Jasor, Ramá, Guittaym, 34Jadid,
Seboín, Nebalat, 35Lod, Onó y en Gue Harasim.
36Grupos de levitas residían en Judá y Benjamín.

12 1Lista de los sacerdotes y levitas que su-
bieron con Zorobabel, hijo de Sealtiel y
con Josué: Serayas, Jeremías, Esdras, 2Amarías,
Maluc, Jatús, 3Secanías, Rejún, Meremot, 4Idó,
Guinetón, Abías, 5Miyamín, Maadías, Bilgá, 6Se-
mayas, Yoyarib, Yedayas, 7Salú, Amoc, Jelcías,
Yedayas. Eran los jefes de los sacerdotes y de sus
parientes en tiempos de Josué.

8Levitas: Josué, Binuy, Cadmiel, Serebías, Ju-
dá, Matanías –encargado con sus hermanos de
los himnos de acción de gracias–; 9sus hermanos
Bacbuquías y Uní les ayudaban en el ministerio.
10Josué engendró a Joaquín; Joaquín engendró a
Eliasib; Eliasib engendró a Yoyadá; 11Yoyadá en-
gendró a Juan, y Juan engendró a Yadúa.

12Sacerdotes jefes de familia en tiempos de
Joaquín: de la familia de Serayas, Merayas; de
Jeremías, Ananías; 13de Esdras, Mesulán; de
Amarías, Juan; 14de Maluc, Jonatán; de Seca-
nías, José; 15de Jarín, Azná; de Meremot, Jel-
cay; 16de Idó, Zacarías; de Guinetón, Mesulán;
17de Abías, Zicrí; de Minyamín...; de Moadías,
Piltay; 18de Bilgá, Samúa; de Semayas, Jonatán;
19de Yoyarib, Matnay; de Yedayas, Uzí; 20de Salú,
Calay; de Amoc, Eber; 21de Jelcías, Jasabías; de
Yedayas, Netanel.

22Los jefes de familia de los sacerdotes que
vivieron en tiempos de Eliasib, Yoyadá, Juan y
Yadúa están registrados en el libro de las Cróni-
cas hasta el reinado del persa Darío. 23Levitas:
Los jefes de familia están registrados en el libro
de las Crónicas hasta el tiempo de Juan, nieto
de Eliasib.

24Los jefes de los levitas eran Jasabías, Sere-
bías, Josué, Binuy, Cadmiel; a sus órdenes esta-
ban sus hermanos, que se turnaban por grupos
en la alabanza y la acción de gracias, según dis-
puso David, hombre de Dios. 25Matanías, Bacbu-
quías, Abdías, Mesulán, Talmón y Acub eran
porteros; hacían la guardia en los almacenes de
las puertas. 26Todos estos vivieron en tiempos
de Joaquín, hijo de Josué, hijo de Yosadac, en
tiempos del gobernador Nehemías y del sacerdo-
te y letrado Esdras.

Inauguración de la muralla

27Al inaugurar la muralla de Jerusalén busca-
ron a los levitas por todas partes para traerlos
a Jerusalén a celebrar la inauguración con una
fiesta y con acciones de gracias, al son de plati-
llos, arpas y cítaras. 28Se reunieron los cantores
del valle del Jordán, de la región de Jerusalén,
de los pueblos de Netofat, 29de Bet-Guilgal y
de los campos de Guibeá y Azmaut –porque los
cantores se habían construido poblados en las
cercanías de Jerusalén–. 30Los sacerdotes y los
levitas se purificaron y luego purificaron al pue-
blo, las puertas y la muralla.

31Mandé a las autoridades de Judá que subie-
sen a la muralla y organicé dos grandes coros.
Uno iba por la derecha, encima de la muralla,
hacia la Puerta de la Basura. 32Cerraban la mar-
cha Oseas, la mitad de las autoridades de Judá,
33Azarías, Esdras, Mesulán, 34Judá, Benjamín,
Semayas, Jeremías; 35sacerdotes con trompetas,
Zacarías, hijo de Jonatán, hijo de Semayas, hi-
jo de Matanías, hijo de Miqueas, hijo de Zacur,
hijo de Asaf, 36y sus hermanos, Semayas, Azarel,
Milalay, Guilalay, Maay, Netanel, Judá y Janani,
con los instrumentos de David, hombre de Dios.
Esdras, el letrado, iba al frente de ellos.

37Pasaron por la Puerta de la Fuente y, si-
guiendo en línea recta, subieron a la escalera
de la Ciudad de David y bajaron por la cuesta
de la muralla, junto al palacio de David, hasta
la Puerta del Agua, al este. 38aEl segundo coro,
al que seguía yo con la mitad de las autorida-
des 41y los sacerdotes Eliacín, Maseyas, Minya-
mín, Miqueas, Elioenay, Zacarías y Ananías, con
trompetas, 42ay Maseyas, Semayas, Eleazar, Uzí,
Juan, Malquías, Elam y Ezer, 38bse dirigió hacia
la izquierda, por encima de la muralla, a lo largo
de la Torre de los Hornos hasta el muro ancho,
39y continuó por la Puerta de Efraín, la Puerta
Antigua, la Puerta del Pescado, la Torre de Jana-
nel, la Torre de los Cien y la Puerta de los Reba-

ños, hasta detenerse en la Puerta de la Cárcel.
40 Los dos coros se situaron en el templo de Dios;
42b los cantores cantaban dirigidos por Yizrajías.
43 Aquel día ofrecieron sacrificios solemnes y
hubo fiesta, porque el Señor les había dado un
gran motivo de gozo; también las mujeres y los
niños compartían la alegría, y el regocijo de Je-
rusalén se escuchaba desde lejos. 44 Por entonces
se nombraron los encargados de los almacenes
destinados a provisiones, ofrendas, primicias
y diezmos, donde se guardaban, por campos y
pueblos, las porciones que prescribe la ley pa-
ra los sacerdotes y los levitas. Porque los judíos
estaban contentos de los sacerdotes y levitas
en funciones, 45 que se ocupaban del culto de su
Dios y del rito de la purificación, como habían
mandado David y su hijo Salomón, y también de
los cantores y porteros. 46 Porque desde tiempos
antiguos, en tiempos de David y Asaf, había jefes
de cantores y cánticos de alabanza y de acción
de gracias a Dios. 47 Y en tiempos de Zorobabel y
de Nehemías todos los israelitas entregaban dia-
riamente los víveres a los cantores y porteros, y
hacían ofrendas sagradas a los levitas, igual que
estos a los descendientes de Aarón.

Diversas reformas

13 1 Por entonces, leyendo al pueblo el libro
de Moisés, encontramos escrito: Los amo-
nitas y moabitas nunca podrán pertenecer a la
comunidad de Dios, 2 porque no socorrieron a los
israelitas con pan y agua, sino que contrataron
a Balaán para que los maldijese –aunque nues-
tro Dios cambió la maldición en bendición–.
3 Cuando escucharon esta cláusula apartaron de
Israel a la masa de extranjeros. 4 Antes de esto,
el sacerdote Eliasib, encargado de las dependen-
cias del templo y pariente de Tobías, 5 le había
acondicionado a este una habitación espaciosa,
en la que antes solían guardarse las ofrendas, el
incienso, los utensilios, el diezmo del trigo, del
vino y del aceite debido a los levitas, cantores y
porteros, y la contribución para los sacerdotes.
6 En ese momento no me encontraba yo en Je-
rusalén, porque el año treinta y dos de Artajer-
jes, rey de Babilonia, fui a ver a su majestad; al
cabo de cierto tiempo, con el permiso del rey,
7 volví a Jerusalén y advertí la maldad que había
cometido Eliasib acondicionándole a Tobías una
habitación en los atrios del templo. 8 Me pareció
muy mal, mandé sacar de la habitación todas las
cosas de Tobías, 9 ordené que la purificasen y
volví a guardar allí los utensilios del templo, las
ofrendas y el incienso.
10 Supe también que los levitas no habían perci-
bido sus porciones y que por eso los levitas y los
cantores encargados del culto se habían marcha-
do a sus campos. 11 Me encaré con los notables, y
les dije: «¿Por qué se ha descuidado el templo?».
Mandé reunir a los levitas y volvieron a ocupar sus
puestos. 12 Todos los judíos trajeron a los alma-
cenes el diezmo del trigo, del vino y del aceite.
13 Puse al frente de los almacenes al sacerdote
Selemías, al sacerdote Sadoc y al levita Fedayas,
ayudados por Janán, hijo de Zacur, hijo de Mata-
nías, que tenían fama de honrados; se encarga-
ron de distribuir las porciones a sus hermanos.
14 Tenme esto en cuenta, Dios mío, y no olvides mi
piedad en favor del templo y de su culto.
15 Vi también por entonces que algunos judíos
pisaban las uvas para hacer el vino en sábado,
otros hacían gavillas y las cargaban en mulos;
e incluso introducían en sábado en Jerusalén
vino, uvas, higos y toda clase de cargas. Les
eché en cara que vendiesen su mercancía ese
día. 16 También los tirios residentes en Jerusa-
lén traían pescado y toda clase de mercancías,
y los vendían en sábado a los judíos y en Jeru-
salén. 17 Me encaré con los nobles de Judá, y les
dije: «Obran mal profanando el día sábado. 18 Es
lo mismo que hicieron nuestros padres, y fíjen-
se en el castigo que nos mandó nuestro Dios a
nosotros y a esta ciudad. Profanando el sábado
ustedes aumentan la ira de Dios contra Israel».
19 Mandé que se cerrasen las puertas de Jerusa-
lén al caer la tarde antes del sábado, con orden
de no abrirlas hasta pasado el sábado. Y puse en
las puertas a algunos de mis criados para que no
entrase ninguna carga en día de sábado. 20 Pero
algunos comerciantes y mercaderes diversos se
quedaron a pernoctar fuera de Jerusalén una y
otra vez. 21 Les advertí: «¿Por qué duermen fren-
te a la muralla? Si lo vuelven a hacer, los haré
detener». Desde entonces no aparecieron en
sábado. 22 Ordené a los levitas que se purifica-
sen y ayudasen a los guardianes de las puertas
a santificar el día sábado. Tenme también esto
en cuenta, Dios mío, y perdóname por tu gran
misericordia.
23 Por entonces advertí también que algunos
judíos se habían casado con mujeres asdoditas,
amonitas y moabitas. 24 La mitad de sus hijos
hablaban asdodeo u otras lenguas extranjeras,
pero no sabían hablar hebreo. 25 Me encaré con
ellos, los maldije, golpeé a algunos, les tiré de
los pelos y los conjuré solemnemente: No casen
sus hijas con sus hijos ni tomen sus hijas para
sus hijos o para ustedes. 26 Ese fue precisamente
el pecado de Salomón, rey de Israel. No había
otro rey como él en toda la tierra, y su Dios lo
quería tanto que lo hizo rey de todo Israel. Pero
incluso a él lo hicieron pecar las mujeres extran-

jeras. 27Que no volvamos a enterarnos de que
cometen la infamia de ofender a nuestro Dios
casándose con extranjeras. 28Un hijo del sumo
sacerdote, Yoyadá, hijo de Eliasib, era yerno
del joronita Sambalat. Lo alejé de mi presencia.
29¡Acuérdate de esta gente, Dios mío, porque
profanaron el sacerdocio y la alianza de los sa-
cerdotes y de los levitas!
30Yo los purifiqué de todo contacto con ex-
tranjeros y restablecí a los sacerdotes y levitas
en sus respectivos cargos. 31También me ocupé
de la ofrenda de leña en los tiempos señalados,
igual que de las primicias. Acuérdate de mí, Dios
mío, para mi bien.

1 MACABEOS

Introducción histórica

1 1Alejandro el macedonio, hijo de Filipo, que
ocupaba el trono de Grecia, salió de Mace-
donia, derrotó y suplantó a Darío, rey de Persia
y Media, 2entabló numerosos combates, ocupó
fortalezas, asesinó a reyes, 3llegó hasta el con-
fín del mundo, saqueó innumerables naciones.
Cuando la tierra quedó en paz bajo su mando,
su corazón se ensoberbeció y se llenó de orgu-
llo, 4reunió un ejército potentísimo y dominó
países, pueblos y soberanos, que tuvieron que
pagarle tributo. 5Pero después cayó en cama,
y cuando vio cercana la muerte, 6llamó a los
generales más ilustres, educados con él desde
jóvenes, y les repartió el reino antes de morir. 7A
los doce años de reinado, Alejandro murió 8y sus
generales se hicieron cargo del gobierno, cada
cual en su territorio; 9al morir Alejandro, todos
ciñeron la corona real, y después los sucedieron
sus hijos durante muchos años, multiplicando
las desgracias en el mundo.

Persecución de Antíoco Epífanes

10De ellos brotó un vástago perverso: Antíoco
Epífanes, hijo del rey Antíoco. Había estado en
Roma como rehén, y subió al trono el año ciento
treinta y siete de la era seléucida. 11Por enton-
ces hubo unos israelitas renegados que conven-
cieron a muchos diciendo: «¡Vamos a hacer un
pacto con las naciones vecinas, porque desde
que nos separamos de ellos nos han venido mu-
chas desgracias!». 12Esta propuesta fue bien re-
cibida, 13y algunos del pueblo fueron enseguida
a ver al rey. El rey los autorizó a adoptar las cos-
tumbres paganas, 14y entonces, acomodándose
a los usos paganos, construyeron un gimnasio
en Jerusalén, 15disimularon la circuncisión, re-
negaron de la santa alianza, se emparentaron
con los paganos y se entregaron a toda clase de
maldades.
16Cuando ya se sintió seguro en el trono, An-
tíoco se propuso reinar también sobre Egipto,
para ser así rey de dos reinos. 17Invadió Egipto
con un fuerte ejército, con carros, elefantes, ca-
ballos y una gran flota. 18Atacó a Tolomeo, rey
de Egipto. Tolomeo retrocedió y huyó, sufriendo
muchas bajas. 19Entonces Antíoco ocupó las pla-
zas fuertes de Egipto y saqueó el país.
20Cuando volvía de conquistar Egipto, el año
ciento cuarenta y tres, subió contra Israel y
Jerusalén con un fuerte ejército. 21Entró con
arrogancia en el santuario, robó el altar de oro,
el candelabro y todos sus accesorios, 22la mesa
de los panes presentados, las copas para la liba-
ción, las fuentes, los incensarios de oro, la cor-
tina y las coronas; arrancó todo el decorado de
oro de la fachada del templo; 23se apoderó tam-
bién de la plata y el oro, la vajilla de valor y los
tesoros escondidos que encontró, 24y se lo llevó
todo a su tierra, después de haber causado una
gran masacre y de lanzar palabras insolentes.

25*Un lamento se oyó en todo el país por Israel/*
26*gimieron los príncipes y los ancianos,/ desfa-*
llecieron doncellas y muchachos,/ se desfiguró
la hermosura de las mujeres.

27*El esposo entonó un canto fúnebre,/ la espo-*
sa se entristeció en su lecho nupcial./ 28*La tierra*
tembló por sus habitantes,/ y toda la casa de Ja-
cob se cubrió de vergüenza.

29Dos años después el rey envió un recaudador
de impuestos a las ciudades de Judá que se pre-
sentó en Jerusalén con un fuerte ejército. 30Este
habló a la gente con palabras de paz, pero con
la intención de engañarlos. La gente confió en
él, entonces atacó sorpresivamente la ciudad,
descargándole un duro golpe: mató a muchos
israelitas, 31saqueó la ciudad, derribó sus casas
y la muralla entera. 32Se llevaron cautivos a las
mujeres y los niños, y se apoderaron del ganado.
33Después convirtió la Ciudad de David en su
fortaleza, rodeándola de fuertes torres y una
muralla alta y maciza. 34Instalaron allí un grupo
de gente impía, sin fe y sin ley que se acuartela-
ron en ese lugar, 35almacenaron armas y víveres,
y guardaron allí el botín que habían reunido en
el saqueo de Jerusalén. 36*De esta forma se con-*
virtieron en un gran peligro,/ una acechanza
para el templo,/ una continua amenaza para
Israel.

37*Derramaron sangre inocente/ en torno al*
santuario, profanándolo.

38*A causa de ellos, huyeron los habitantes de*
Jerusalén,/ y la ciudad se convirtió en morada

de extranjeros,/ casa extraña para los suyos;/
sus hijos la abandonaron.
39*Su santuario quedó como un desierto,/ sus*
fiestas se cambiaron en duelo,/ los sábados en
motivo de burla,/ su honor en humillación. 40*Su*
deshonra igualó a su fama,/ su grandeza se
cambió en duelo.
41El rey decretó la unidad nacional para todos
los súbditos de su imperio, 42obligando a cada
uno a abandonar su legislación particular. 43To-
das las naciones se sometieron a la orden del
rey, e incluso muchos israelitas adoptaron la re-
ligión oficial: ofrecieron sacrificios a los ídolos
y profanaron el sábado.
44El rey despachó correos a Jerusalén y a las
ciudades de Judá, con órdenes escritas: tenían
que adoptar las costumbres extranjeras, 45se
prohibía ofrecer en el santuario holocaustos, sa-
crificios y libaciones, guardar los sábados y las
fiestas; 46se mandaba contaminar el santuario y
a los fieles, 47construyendo altares, templos y
capillas para el culto idolátrico, así como sacri-
ficar cerdos y otros animales impuros; 48tenían
que dejar incircuncisos a los niños y profanar-
se a sí mismos con toda clase de impurezas y
profanaciones, 49de manera que olvidaran la
ley y cambiaran todas las costumbres. 50El que
no cumpliese la orden del rey sería condenado
a muerte.
51En estos términos escribió el rey a todos sus
súbditos. Nombró inspectores para toda la na-
ción, y mandó que en todas las ciudades de Ju-
dá, una tras otra, se ofreciesen sacrificios. 52Se
les unió mucha gente, todos traidores a la ley,
y causaron tal daño al país, 53que los israelitas
tuvieron que esconderse en cualquier refugio
disponible.
54El día quince de diciembre del año ciento
cuarenta y cinco el rey mandó poner sobre el
altar de los holocaustos un altar pagano, y fue-
ron poniendo altares por todas las poblaciones
judías del contorno; 55quemaban incienso ante
las puertas de las casas y en las plazas; 56Se des-
truían y echaban al fuego los libros de la ley que
encontraban; 57y al que se lo descubría con un
libro de la alianza en su poder, o al que vivía de
acuerdo con la ley se lo ajusticiaba, en virtud
del decreto real. 58Como tenían el poder, todos
los meses hacían lo mismo a los israelitas que
se encontraban en las ciudades. 59El veinticinco
de cada mes sacrificaban sobre el altar pagano
encima del altar de los holocaustos. 60A las ma-
dres que circuncidaban a sus hijos, las mataban,
como ordenaba el edicto, 61con las criaturas
colgadas al cuello; y mataban también a sus fa-
miliares y a los que habían circuncidado a los
niños. 62Pero hubo muchos israelitas que resis-
tieron, haciendo el firme propósito de no comer
alimentos impuros; 63prefirieron la muerte antes
que contaminarse con aquellos alimentos y pro-
fanar la alianza santa. Y murieron. 64Fueron días
de terribles calamidades para Israel.

Rebelión de Matatías

2 1Por ese tiempo surgió Matatías, hijo de
Juan, hijo de Simeón, sacerdote de la familia
de Yoarib; y aunque era nacido en Jerusalén, se
había establecido en Modín. 2Tenía cinco hijos:
Juan, por sobrenombre el Feliz; 3Simón, llamado
el Fanático; 4Judas, llamado Macabeo; 5Lázaro,
llamado Avarán, y Jonatán, llamado Apfús.
6Al ver Matatías los sacrilegios que se come-
tían en Judá y Jerusalén, 7exclamó: «¡Ay de mí!
¿Para esto he nacido? ¿Para ver la ruina de mi
pueblo y la destrucción de la ciudad santa? ¡Pa-
ra quedarme sentado en ella, mientras es entre-
gada al poder del enemigo, y el santuario está
en manos de extranjeros!
8*Su templo es como un hombre deshonrado;/*
9*su ajuar valioso ha sido llevado como botín;/*
sus niños, asesinados en las plazas;/ sus jóve-
nes, muertos por la espada enemiga.
10*¿Qué nación no ha ocupado sus palacios,/*
no se ha apropiado de sus despojos?/ 11*Le han*
arrebatado su hermosura;/ era libre, y ahora es
esclava.
12*Ahí está nuestro santuario,/ nuestra her-*
mosura y nuestro orgullo,/ está desolado, lo
han profanado los paganos./ 13*¿Para qué seguir*
viviendo?
14Matatías y sus hijos se rasgaron las vestidu-
ras, se vistieron de sayal e hicieron gran duelo.
15Los funcionarios reales encargados de hacer
apostatar por la fuerza llegaron a Modín, para
que la gente ofreciese sacrificios, 16y muchos
israelitas acudieron a ellos. Matatías se reunió
con sus hijos, 17y los funcionarios del rey le
dijeron: «Eres un personaje ilustre, un hombre
importante en este pueblo, y estás respalda-
do por tus hijos y parientes. 18Adelántate para
ser el primero en cumplir la orden del rey, co-
mo lo han hecho todas las naciones, y también
los hombres de Judá y los que han quedado en
Jerusalén. Tú y tus hijos recibirán el título de
grandes del reino, los premiarán con oro y plata
y muchos regalos».
19Pero Matatías respondió en voz alta: «Aun-
que todos los súbditos en los dominios del rey
obedezcan, abandonando la religión de sus pa-
dres, y aunque prefieran cumplir sus órdenes,
20yo, mis hijos y mis parientes viviremos según
la alianza de nuestros padres. 21¡Dios nos libre

de abandonar la ley y nuestras costumbres! [22]No obedeceremos las órdenes del rey, desviándonos de nuestra religión ni a la derecha ni a la izquierda».

[23]Cuando acabó de hablar, se adelantó un judío, a la vista de todos, dispuesto a sacrificar sobre el altar de Modín, como lo mandaba el rey. [24]Al verlo, Matatías se indignó, tembló de cólera y en un arrebato de ira santa corrió a degollar a aquel hombre sobre el altar. [25]Ahí mismo mató al funcionario real, que obligaba a sacrificar, y derribó el altar. [26]Lleno de celo por la ley, hizo lo que Fineés a Zimrí, hijo de Salu. [27]Luego empezó a gritar con toda su voz por la ciudad: «El que sienta celo por la ley y quiera mantener la alianza, ¡que me siga!». [28]Después, dejando en la ciudad cuanto tenía, él y sus hijos huyeron a las montañas. [29]Por entonces, muchos judíos amantes de la justicia y el derecho bajaron al desierto para instalarse allí [30]con sus hijos, mujeres y ganados. Es que la situación se había hecho intolerable.

[31]A los funcionarios reales y a la guarnición de Jerusalén, de la Ciudad de David, les llegó la denuncia de que unos individuos, que habían desobedecido el mandato del rey, habían bajado a las cuevas del desierto. [32]Corrieron en su persecución muchos soldados. Los alcanzaron, tomaron posiciones frente a ellos y los atacaron un sábado. [33]Y les dijeron: «¡Basta ya! Salgan, obedezcan las órdenes del rey y salvarán sus vidas». [34]Pero ellos respondieron: «Ni saldremos ni obedeceremos al rey, profanando el sábado». [35]Los soldados les dieron el asalto enseguida, [36]y ellos no replicaron, ni les tiraron una piedra, ni se atrincheraron en las cuevas, [37]sino que dijeron: «¡Muramos todos con la conciencia limpia! El cielo y la tierra son testigos de que ustedes nos asesinan injustamente». [38]Así fueron atacados en pleno sábado. Y murieron todos, con sus mujeres, hijos y ganados. Había unas mil personas.

[39]Cuando lo supieron Matatías y sus hijos hicieron gran duelo por ellos, [40]y comentaban: «Si todos nos comportamos como nuestros hermanos, y no luchamos contra los paganos por nuestra vida y nuestra ley, muy pronto nos harán desaparecer de la tierra». [41]Aquel mismo día celebraron consejo y acordaron lo siguiente: «Al que nos ataque en sábado le responderemos luchando; así no pereceremos todos, como nuestros hermanos en las cuevas». [42]Entonces se les añadió el grupo de los Leales, israelitas aguerridos, todos ellos sinceramente fieles a la ley; [43]se les sumaron también como refuerzos todos los que escapaban de cualquier desgracia. [44]Organizaron un ejército y descargaron su ira contra los pecadores y su cólera contra los impíos. Los que se libraron fueron a refugiarse entre las naciones extranjeras.

[45]Matatías y sus partidarios recorrieron el país derribando los altares, [46]circuncidando por la fuerza a los niños no circuncidados que encontraban en territorio israelita [47]y persiguiendo a los insolentes. La campaña fue un éxito, [48]de manera que rescataron la ley de manos de los paganos y sus reyes, y no permitieron que prevalecieran los malvados.

[49]Cuando le llegó la hora de morir, Matatías dijo a sus hijos:

«*Hoy triunfan la insolencia y el descaro;/ son tiempos de calamidades y de terribles castigos.*

[50]*Hijos míos, tengan celos por la ley/ y sacrifiquen sus vidas por la alianza de nuestros padres./* [51]*Recuerden las hazañas que hicieron nuestros padres en su tiempo/ y conseguirán gloria sin par y fama perpetua.*

[52]*¿Acaso Abrahán no fue hallado fiel en la prueba/ y por eso Dios lo contó entre los justos?/* [53]*José, en medio del peligro, cumplió el mandamiento/ y llegó a ser señor de Egipto./* [54]*Fineés, nuestro padre, por su gran celo/ recibió la promesa de un sacerdocio eterno./* [55]*Josué llegó a ser juez de Israel/ por haber cumplido la ley./* [56]*Caleb, por su testimonio ante la asamblea,/ recibió una tierra en heredad./* [57]*David, por su misericordia,/ obtuvo el trono de una monarquía perpetua./* [58]*Elías fue arrebatado al cielo/ por su gran celo por la ley./* [59]*Ananías, Azarías y Misael, por su fe,/ se salvaron de la hoguera./* [60]*Daniel, por su inocencia,/ se salvó de las fauces de los leones.*

[61]*Y así, repasando las generaciones,/ comprenderán que los que esperan en Dios no desfallecen./* [62]*No teman las palabras de un pecador,/ porque su gloria acabará en podredumbre y gusanos:/* [63]*hoy es exaltado y mañana desaparecerá;/ volverá al polvo de donde vino y sus planes fracasarán.*

[64]*Hijos míos, sean valientes en defender la ley,/ que ella los llenará de gloria.*

[65]Miren, sé que su hermano Simeón es prudente; obedézcanle siempre, y hará de padre con ustedes. [66]Judas Macabeo, aguerrido desde joven, será el jefe del ejercito y dirigirá la guerra contra el extranjero. [67]Ustedes, por su parte, reúnan a todos los que guardan la ley y defiendan los derechos de su pueblo. [68]Devuelvan a los paganos su merecido y cumplan cuidadosamente los preceptos de la ley».

[69]Y después de bendecirlos fue a reunirse con sus antepasados. [70]Murió el año ciento cuarenta

y seis. Lo enterraron en la sepultura familiar, en
Modín, y todo Israel le hizo solemnes funerales.

Actividad de Judas en Judea

3 1Le sucedió su hijo Judas, apodado Macabeo.
2Todos sus hermanos y los partidarios de su
padre le prestaron apoyo y combatieron con en-
tusiasmo por Israel.
3*Judas extendió la fama de su pueblo;/ vistió*
la coraza como un héroe,/ ciñó sus armas y en-
tabló combates/ protegiendo sus campamentos
con la espada.
4*Fue un león en sus hazañas,/ un cachorro que*
ruge por la presa; 5*rastreó y persiguió a los im-*
píos,/ quemó a los agitadores del pueblo.
6*Por miedo a Judas los impíos se acobarda-*
ron,/ los que hacían el mal fracasaron;/ por su
mano triunfó la liberación.
7*Hizo sufrir a muchos reyes,/ alegró a Jacob*
con sus hazañas,/ su recuerdo será siempre
bendito./ 8*Recorrió las ciudades de Judá/ exter-*
minando en ella a los impíos;/ apartó de Israel
la cólera divina.
9*Su renombre llenó la tierra,/ porque reunió a*
un pueblo/ a punto de ser exterminado.
10Apolonio reunió un ejército extranjero y un
gran contingente de Samaría para luchar contra
Israel. 11Cuando lo supo Judas, salió a hacerle
frente, lo derrotó y lo mató. Los paganos tuvie-
ron muchas bajas, y los supervivientes huyeron.
12Al recoger el botín, Judas se quedó con la
espada de Apolonio, y desde entonces siempre
combatió con ella. 13Cuando Serón, general en
jefe del ejército sirio, se enteró de que Judas
había reunido en torno a sí una tropa numerosa
de fieles seguidores suyos dispuestos a pelear,
14se dijo: «Voy a ganar fama y renombre en el
imperio luchando contra Judas y los suyos, esos
que desprecian la orden del rey». 15Se le sumó
un fuerte ejército de gente impía, que subieron
con él para ayudarle a vengarse de los israeli-
tas. 16Cuando llegaba cerca de la cuesta de Bet-
Jorón, Judas le salió al encuentro con un puñado
de hombres; 17pero al ver el ejército que venía de
frente dijeron a Judas: «¿Cómo vamos a luchar
contra esa multitud bien armada, siendo no-
sotros tan pocos? Y además estamos agotados,
porque no hemos comido en todo el día».
18Judas respondió: «No es difícil que unos
pocos envuelvan a muchos, porque a Dios le
da lo mismo salvar con muchos que con pocos,
19porque la victoria no depende del número de
soldados, sino de la fuerza que llega del cielo.
20Ellos vienen a atacarnos llenos de insolencia
e impiedad, para aniquilarnos y saquearnos a
nosotros, a nuestras mujeres y a nuestros hijos,
21mientras que nosotros luchamos por nuestra
vida y nuestra religión. 22El Señor los aplastará
ante nosotros. No les tengan miedo».
23Nada más terminar de hablar, se lanzó contra
ellos de repente. Derrotaron a Serón y su ejérci-
to, 24lo persiguieron por la bajada de Bet-Jorón
hasta la llanura. Serón tuvo unas ochocientas
bajas, y los demás huyeron al territorio filisteo.
25Judas y sus hermanos empezaron a ser temi-
dos, y una ola de pánico cayó sobre las naciones
vecinas. 26Su fama llegó a oídos del rey, porque
todos comentaban las batallas de Judas.

Batalla de Emaús

27Cuando el rey Antíoco se enteró, se enfure-
ció y ordenó concentrar todas las fuerzas de su
imperio, un ejército poderosísimo. 28Abrió el te-
soro y repartió a las tropas el sueldo de un año,
ordenándoles estar preparados para cualquier
eventualidad. 29Pero cuando vio que las arcas se
le vaciaban y que los tributos de la región dis-
minuían por las discordias y la miseria que había
desencadenado en el país al suprimir las leyes
antiguas, 30tuvo miedo de que, como le había
ocurrido más de una vez, no le llegara para los
gastos y regalos que solía hacer superando a los
reyes anteriores. 31Viéndose muy apurado, pro-
yectó marchar a Persia, para recoger los tributos
de aquellas provincias y reunir una gran suma de
dinero. 32A Lisias, miembro distinguido de la fa-
milia real, lo dejó al frente del gobierno, desde
el Éufrates hasta los confines de Egipto, 33y le
encomendó el cuidado de su hijo Antíoco, hasta
su vuelta. 34Le dejó la mitad de las tropas y de
los elefantes, y le comunicó todas sus decisio-
nes, en particular las referentes a la población
de Judá y Jerusalén: 35que enviara contra ellos
un ejército para aplastar y aniquilar al ejército
de Israel y a los que quedaban en Jerusalén; que
borrara su nombre de aquel sitio 36y estableciera
extranjeros por todo el territorio. 37El rey, por su
parte, marchó de Antioquía, capital de su impe-
rio, el año ciento cuarenta y siete, llevándose la
otra mitad de las tropas. Después de pasar el Éu-
frates fue recorriendo las provincias del norte.
38Lisias escogió a Tolomeo hijo de Dorimeno,
a Nicanor y a Gorgias, hombres poderosos y
grandes del reino, 39y envió con ellos cuarenta
mil soldados de infantería y siete mil jinetes,
para que invadieran y devastaran Judá, confor-
me a la orden del rey. 40Partieron con todo su
ejército, y fueron a acampar junto a Emaús, en
la llanura. 41Cuando los traficantes de aquella
zona oyeron la noticia, acudieron al campa-
mento con muchísima plata, oro y con cadenas,
para comprar israelitas como esclavos. El ejér-

cito se vio reforzado además con tropas sirias y filisteas.

42 Judas y sus hermanos vieron que se agravaba la situación –los ejércitos acampaban en su territorio, y conocían la orden del rey que mandaba destruir y exterminar al pueblo–, 43 y comentaron: «¡Reparemos la ruina de nuestro pueblo! ¡Luchemos por nuestro pueblo y por el templo!». 44 La asamblea se reunió para prepararse a la guerra y para rezar pidiendo misericordia y compasión.

45 *Jerusalén estaba despoblada/ como un desierto,/ ninguno de sus hijos entraba o salía./ El santuario, pisoteado;/ los extranjeros ocupaban la fortaleza,/ convertida en albergue de los paganos./ Jacob había perdido la alegría,/ ya no sonaban la cítara y la flauta.*

46 Se reunieron y fueron a Mispá, frente a Jerusalén, porque antiguamente Israel había tenido allí un lugar de oración. 47 Aquel día ayunaron, se ciñeron un sayal, se echaron ceniza en la cabeza y se rasgaron las vestiduras. 48 Desenrollaron el volumen de la ley, para consultarlo lo mismo que los paganos consultaban a sus ídolos. 49 Llevaron los ornamentos sacerdotales, las primicias y los diezmos; hicieron ir a los nazireos que habían terminado de cumplir su voto, 50 y levantaron su voz al cielo diciendo: «¿Qué podemos hacer con estos hombres? ¿A dónde los llevaremos, 51 si su templo está pisoteado y tus sacerdotes tristes y humillados? 52 Ya ves, los paganos se han reunido para exterminarnos. Tú conoces sus planes contra nosotros. 53 ¿Cómo podremos resistirles si tú no nos auxilias?». 54 Tocaron las cornetas y lanzaron grandes alaridos.

55 Después Judas nombró jefes militares: comandantes, capitanes y suboficiales. 56 A los que estaban edificando una casa, a los que iban a casarse, a los que acababan de plantar una viña y a los miedosos les dijo que se volvieran a sus casas, como manda la ley. 57 El ejército se puso en marcha, y acamparon al sur de Emaús. 58 Judas ordenó: «¡Prepárense! Sean valientes, estén atentos mañana al amanecer, para dar batalla a esos paganos que se han reunido contra nosotros para exterminarnos, a nosotros y nuestro templo. 59 Más vale morir en la batalla que ver las desgracias de nuestra nación y del templo. 60 Pero hágase la voluntad de Dios».

4 1 Gorgias emprendió la marcha de noche, con cinco mil hombres de infantería y mil jinetes escogidos, 2 con idea de caer sobre el campamento judío y aplastarlos de improviso. Gente de la fortaleza de Jerusalén le servían de guías. 3 Pero Judas se enteró, y también él se puso en marcha con sus guerreros, para aplastar al ejército real que quedaba en Emaús, 4 mientras el resto de las tropas estaban dispersas lejos del campamento.

5 Cuando Gorgias llegó de noche al campamento judío no encontró a nadie. Se puso a buscarlos por la sierra, pensando que huían de él. 6 Al amanecer apareció Judas en la llanura con tres mil hombres, aunque sin escudos ni espadas como hubiera querido. 7 Cuando vieron el campamento pagano fortificado, bien defendido, rodeado por la caballería, con tropas aguerridas, 8 Judas arengó a sus hombres: 9 «No teman a esta muchedumbre ni se asusten por sus ataques. Recuerden cómo se salvaron nuestros antepasados en el Mar Rojo, cuando los perseguía el Faraón con un ejército. 10 Invoquemos ahora al cielo para que nos favorezca, acordándose de la alianza con nuestros padres, para que aplaste hoy a este ejército ante nosotros. 11 Así, todas las naciones reconocerán que hay alguien que rescata y salva a Israel».

12 Cuando los extranjeros levantaron la vista y los vieron venir de frente, salieron del campamento para la batalla. 13 Los de Judas hicieron tocar la trompeta y se entabló la lucha. 14 Los paganos fueron derrotados y huyeron hacia la llanura; 15 los más rezagados cayeron muertos a espada; los de Judas los fueron persiguiendo hasta Guézer y los llanos de Idumea, Asdod y Yamnia; les hicieron unas tres mil bajas.

16 Cuando Judas y su ejército dejaron de perseguirlos, 17 Judas advirtió a la tropa: «No tengan ansia del botín, porque nos queda otra batalla: Gorgias y su ejército están en el monte, ahí cerca. 18 Ahora hagan frente al enemigo y luchen; después podrán apoderarse del botín tranquilamente». 19 Aún estaba hablando cuando asomó por el monte un escuadrón; 20 pero al ver que los suyos habían huido y que el campamento estaba ardiendo, como lo probaba la humareda que se veía, 21 se desmoralizaron por completo, y cuando vieron al ejército de Judas en la llanura, dispuesto al combate, 22 huyeron todos a territorio filisteo.

23 Entonces Judas se volvió a saquear el campamento: recogieron gran cantidad de oro, plata, ropa de púrpura roja y violeta y muchas riquezas. 24 Y regresaron cantando alabanzas a Dios, porque es bueno, porque es eterna su misericordia. 25 Israel consiguió aquel día una gran victoria. 26 Los extranjeros que escaparon con vida fueron a comunicar a Lisias lo ocurrido. 27 Lisias, al oírlo, quedó abrumado de pesar, porque a Israel no le había ocurrido lo que él quería, ni el plan le había salido como le había ordenado el rey.

28Así que al año siguiente reclutó sesenta mil
infantes y cinco mil jinetes para luchar contra
los judíos. 29Llegaron a Idumea y acamparon en
Bet-Sur. Judas salió a hacerles frente con diez
mil hombres, 30y al ver aquel ejército tan pode-
roso, rezó: «Bendito eres, Salvador de Israel,
que quebrantaste el ímpetu de aquel gigante por
medio de tu siervo David y entregaste el cam-
pamento filisteo en poder de Jonatán, hijo de
Saúl, y de su escudero. 31Entrega así ese ejér-
cito en poder de tu pueblo Israel. Que ellos se
sientan avergonzados de su infantería y de su
caballería. 32Mételes miedo, haz que se derrita
su poderío y que se tambaleen con la derrota.
33Derríbalos con la espada de tus amigos para
que te canten himnos de alabanza todos los que
conocen tu Nombre». 34Cuando se enfrentaron
los dos ejércitos, unos cinco mil hombres de Li-
sias cayeron en la refriega. 35Lisias al ver rotas
sus líneas de combate y el valor de los soldados
de Judas, dispuestos a vivir o morir noblemente,
marchó a Antioquía para reclutar más mercena-
rios, con intención de volver a Judá.

Purificación del Templo

36Judas y sus hermanos propusieron: «Ahora
que tenemos derrotado al enemigo, subamos a
purificar y consagrar el templo». 37Se reunió to-
da la tropa, y subieron al monte Sión. 38Vieron
el santuario desolado, el altar profanado, las
puertas incendiadas, la maleza creciendo en los
atrios como matorrales en una ladera y las de-
pendencias del templo derruidas. 39Se rasgaron
las vestiduras e hicieron gran duelo, echándose
ceniza en la cabeza 40y postrándose rostro en
tierra. Al toque de corneta gritaron hacia el
cielo. 41Judas ordenó a sus hombres que com-
batieran a los que estaban en la fortaleza hasta
terminar la purificación del templo. 42Eligió sa-
cerdotes sin defecto corporal, observantes de la
ley, 43que purificaron el templo y arrojaron a un
lugar impuro las piedras que lo contaminaban.
44Luego deliberaron qué hacer con el altar de
los holocaustos que había sido profanado, 45y se
les ocurrió una buena idea: destruirlo; así no les
serviría de oprobio por haberlo profanado los
paganos. Así que lo destruyeron, 46y colocaron
las piedras en el monte del templo, en un sitio
apropiado, hasta que viniese un profeta y resol-
viera lo que había que hacer con ellas. 47Luego
tomaron piedras sin tallar, como manda la ley, y
levantaron un altar nuevo, igual que el anterior.
48Restauraron el templo y consagraron el inte-
rior del edificio y los atrios. 49Renovaron todos
los utensilios sagrados y metieron en el templo
el candelabro, el altar del incienso y la mesa.
50Quemaron incienso sobre el altar y encendie-
ron los candiles del candelabro, para que alum-
braran el templo. 51Cuando pusieron panes sobre
la mesa y corrieron la cortina, quedó ultimado
todo el trabajo.
52El año ciento cuarenta y ocho, el día veinti-
cinco del mes noveno –diciembre–, 53madrugaron
para ofrecer un sacrificio, según la ley, en el
nuevo altar de los holocaustos recién construi-
do. 54En el aniversario del día en que lo habían
profanado los paganos lo volvieron a consagrar,
cantando himnos y tocando cítaras, laúdes y
platillos. 55Todo el pueblo se postró en tierra,
adorando y alabando a Dios, que les había dado
éxito. 56Durante ocho días celebraron la consa-
gración, ofreciendo con júbilo holocaustos y sa-
crificios de comunión y de alabanza. 57Decoraron
la fachada del templo con coronas de oro y peque-
ños escudos. Consagraron también el portal y las
dependencias, poniéndoles puertas. 58El pueblo
entero celebró una gran fiesta, que canceló la
afrenta de los paganos. 59Judas, con sus herma-
nos y toda la asamblea de Israel, determinó que
se conmemorara anualmente la nueva consagra-
ción del altar, con solemnes festejos, durante
ocho días, a partir del veinticinco de diciembre.
60En aquella ocasión construyeron en torno al
monte Sión unas murallas altas, con torreones,
no fueran a llegar los paganos y las derruyesen
como habían hecho antaño. 61Judas acuarteló
allí una guarnición para defender el monte. Tam-
bién fortificó Bet-Sur, para que la gente estu-
viera defendida por la parte de Idumea.

Hazañas de Judas fuera de Judea

5 1Cuando las naciones vecinas se enteraron de
que los judíos habían reconstruido el altar y
restaurado el santuario como estaba antes, se
irritaron muchísimo, 2determinaron destruir
a los descendientes de Jacob que vivían entre
ellos, y empezaron a matar y eliminar a gente
del pueblo.
3Entonces Judas atacó a los descendientes de
Esaú en Idumea, en Acrabatene, porque hostiga-
ban a Israel. Les infligió una gran derrota, los
sometió y los saqueó. 4Después se acordó de la
maldad de los beanitas, una trampa peligrosa pa-
ra el pueblo, con sus emboscadas en los caminos,
5y los cercó en sus castillos; tomó posiciones, los
consagró al exterminio y quemó sus castillos con
todos los que estaban dentro. 6Después marchó
contra los amonitas, y se las vio con un ejérci-
to considerable y bien armado, a las órdenes de
Timoteo. 7Trabó con ellos muchos combates; los
destrozó, los deshizo, 8se apoderó de todo el te-
rritorio de Jezer y luego se volvió a Judá.

[9]Los pueblos de Galaad se aliaron contra los
israelitas que vivían en su territorio, con inten-
ción de exterminarlos. Los israelitas huyeron a
la plaza fuerte de Datema, [10]y enviaron a Judas
y sus hermanos este mensaje: Los pueblos ve-
cinos se han aliado contra nosotros para ex-
terminarnos, [11]y se están preparando para ve-
nir a apoderarse de la plaza fuerte donde nos
hemos refugiado. Timoteo es su general. [12]Ven
a librarnos de sus manos, porque ya han caído
muchos de los nuestros, [13]y todos nuestros her-
manos que vivían en el país de Tob han muerto;
sus mujeres, hijos y enseres han sido llevados
al destierro; han muerto allí unas mil personas.
[14]Estaban leyendo la carta cuando otros men-
sajeros, con la ropa hecha jirones, llegaron de
Galilea con esta noticia: [15]De Tolemaida, Tiro y
Sidón, y toda la Galilea de los gentiles, se han
aliado contra nosotros para aniquilarnos. [16]En
cuanto lo oyeron Judas y la tropa, convocaron
una asamblea extraordinaria para deliberar qué
podían hacer por los hermanos en situación apu-
rada, hostilizados por el enemigo. [17]Judas dijo a
su hermano Simón: «Elige unos cuantos y vete
a librar a tus hermanos de Galilea. Mi hermano
Jonatán y yo iremos al país de Galaad».

[18]Dejó con el resto de las fuerzas, para la
defensa de Judá, a José, hijo de Zacarías, y a
Azarías, oficial del ejército, [19]dándoles estas
instrucciones: «Tomen el mando de estas tropas,
pero no entren en combate con los paganos has-
ta que volvamos nosotros». [20]A Simón le asigna-
ron tres mil hombres para ir a Galilea, y a Judas,
ocho mil para la expedición contra Galaad.

[21]Simón partió para Galilea y trabó muchos
combates con los paganos, los derrotó [22]y los
persiguió hasta las puertas de Tolemaida. Los
paganos tuvieron unas tres mil bajas, y Judas
recogió el botín. [23]Luego juntó a los judíos que
había en Galilea y Arbata, con sus mujeres, hijos
y enseres, y los llevó a Judá, con gran regocijo.

[24]Por su parte, Judas Macabeo y su hermano
Jonatán atravesaron el Jordán y caminaron tres
jornadas por el desierto. [25]Encontraron a los na-
bateos, que los recibieron pacíficamente, y les
contaron lo que había pasado a sus hermanos
israelitas en Galaad. [26]Muchos se habían ence-
rrado en Bosra, Beser, Alema, Casfo, Maqued
y Carnín, todas plazas fuertes e importantes.
[27]Otros se habían reunido en las demás ciuda-
des de Galaad, y el enemigo había determinado
atacar esas plazas fuertes al día siguiente, ocu-
parlas y exterminarlos a todos en un solo día.

[28]Judas y su ejército desandaron inmedia-
tamente el camino hacia el desierto de Bosra.
Judas tomó la ciudad, pasó a cuchillo a todos
los varones, saqueó la villa y la incendió. [29]Por
la noche marchó de allí, y caminaron hasta la
fortaleza. [30]Al salir el sol divisaron un ejército
innumerable colocando escalas y máquinas de
guerra para apoderarse de la fortaleza; estaban
dando el asalto. [31]Al ver Judas que había empe-
zado el ataque y que de la ciudad subía al cielo
el fragor del alarido de guerra y el son de las
cornetas, [32]ordenó a sus soldados: «¡Luchen hoy
por sus hermanos!». [33]Avanzaron en tres colum-
nas por detrás del enemigo, tocaron las cornetas
y oraron gritando. [34]Cuando los soldados de Ti-
moteo se dieron cuenta de que era el Macabeo,
huyeron. Judas les infligió una gran derrota: les
hizo aquel día unas ocho mil bajas. [35]Luego tor-
ció hacia Alema. La tomó al asalto, mató a todos
los varones, la saqueó y la incendió. [36]Partió de
allí y conquistó Casfo, Maqued y Beser, con las
demás ciudades de Galaad.

[37]Después de estos sucesos, Timoteo reunió
otro ejército y acampó frente a Rafón, al otro
lado del torrente. [38]Judas envió gente a recono-
cer el campamento, y le informaron: «Se le han
unido todas las naciones vecinas; es un ejército
numerosísimo; [39]tienen mercenarios árabes co-
mo auxiliares, y están acampados al otro lado
del torrente, preparados para venir a atacarte».
Judas les salió al encuentro, [40]y mientras él y su
ejército se acercaban al torrente, Timoteo dijo
a sus oficiales: «Si lo atraviesa él primero ha-
cia nosotros, no podremos resistirle; seguro que
nos vencerá. [41]Pero si no se atreve, y acampa al
otro lado del río, lo pasamos nosotros hacia él,
y lo venceremos».

[42]Cuando Judas se acercó al torrente, formó
a los oficiales de la administración en la ribera
y les ordenó: «No dejen acampar a nadie. Que
avancen todos». [43]Luego él, el primero, atravesó
el río hacia el enemigo. Toda la tropa le siguió.
Derrotaron a los paganos, que arrojaron sus
armas y huyeron hasta el santuario de Carnín.
[44]Los judíos se apoderaron de la ciudad e incen-
diaron el santuario con todos los que estaban
dentro. Destruida Carnín, ya nadie opuso resis-
tencia a Judas.

[45]Judas reunió a todos los israelitas que había
en Galaad, chicos y grandes, con sus esposas, hi-
jos y enseres –una muchedumbre inmensa–, para
llevarlos a Judá. [46]Llegaron a Efrón, una ciudad
importante, bien fortificada, que les caía de
camino –era imposible dejarla a derecha o iz-
quierda, había que atravesarla–. [47]Pero los de la
ciudad la cerraron y obstruyeron las puertas con
piedras. [48]Judas les envió mensajeros en son de
paz que les dijeron: «Queremos pasar por el te-
rritorio de ustedes para llegar a nuestra patria.

Nadie les hará ningún daño, solo queremos pa-
sar». Pero se negaron a abrirle. 49Entonces Judas
ordenó pregonar por el campamento que todos
formaran para el combate, en el sitio donde es-
tuvieran. 50Los guerreros formaron. Dio el asalto
a la ciudad, todo aquel día y toda la noche, y la
ciudad se rindió. 51Judas pasó a cuchillo a todos
los varones, arrasó la villa después de saquearla
y la atravesó pasando por encima de los cadá-
veres. 52Luego cruzaron el Jordán hasta la gran
llanura, frente a Beisán. 53Judas iba reuniendo
a los rezagados y animando a la gente duran-
te toda la marcha, hasta que llegaron a Judá.
54Subieron al monte Sión, en medio de una gran
alegría, y ofrecieron holocaustos por haber re-
gresado sanos y salvos, sin ninguna baja.
55Mientras Judas y Jonatán estaban en Galaad,
y su hermano Simón en Galilea, frente a Tolemai-
da, 56José, hijo de Zacarías, y Azarías, oficiales
del ejército, se enteraron de las hazañas mili-
tares que habían llevado a cabo, 57y se dijeron:
«Vamos a hacernos famosos también nosotros.
¡Vamos a luchar contra las naciones vecinas!».
58Dieron órdenes a sus tropas, y marcharon con-
tra Yamnia. 59Pero Gorgias y sus hombres salie-
ron de la ciudad a presentarles batalla, 60y José
y Azarías huyeron. Gorgias los persiguió hasta
las fronteras de Judá. Aquel día cayeron unos
dos mil soldados israelitas, 61el ejército sufrió
una gran derrota por no haber obedecido a Ju-
das y sus hermanos, esperando hacer una gran
hazaña; 62no eran de la raza de los hombres des-
tinados a salvar a Israel.
63El valeroso Judas y sus hermanos se hicie-
ron muy célebres en todo Israel y por todos los
países donde se oía hablar de ellos. 64La gente
se arremolinaba en torno a ellos, vitoreándolos.
65Judas y sus hermanos salieron a luchar contra
los descendientes de Esaú, en el sur. Conquistó
el territorio de Hebrón, derribó sus plazas fuer-
tes e incendió los torreones de la muralla. 66Lue-
go emprendió la marcha al país filisteo y atra-
vesó Maresá. 67Aquel día cayeron en el combate
unos sacerdotes que, queriendo hacer una haza-
ña, salieron a luchar imprudentemente. 68Lue-
go Judas torció hacia Asdod, en tierra filistea;
derribó sus altares, quemó las imágenes de sus
dioses, saqueó las ciudades y se volvió a Judá.

Muerte de Antíoco

6 1El rey Antíoco recorría las provincias del
norte cuando se enteró de que en Persia
había una ciudad llamada Elimaida, famosa por
su riqueza en plata y oro, 2con un templo lleno
de tesoros: escudos dorados, corazas y armas
dejadas allí por Alejandro, el de Filipo, rey de
Macedonia, que había sido el primer rey de Gre-
cia. 3Antíoco fue allá e intentó apoderarse de la
ciudad y saquearla; pero no pudo, porque los de
la ciudad, dándose cuenta de lo que pretendía,
4salieron a atacarle. Antíoco tuvo que huir, y
emprendió el viaje de vuelta a Babilonia, ape-
sadumbrado. 5Entonces llegó a Persia un mensa-
jero con la noticia de que la expedición militar
contra Judá había fracasado. 6Lisias, que había
ido como caudillo de un ejército poderoso, había
huido ante el enemigo; los judíos, sintiéndose
fuertes con las armas y pertrechos, y el enorme
botín de los campamentos saqueados, 7habían
derribado el altar construido sobre el altar de
Jerusalén, habían levantado en torno al santua-
rio una muralla alta como la de antes, y lo mismo
en Bet-Sur, ciudad que pertenecía al rey. 8Al oír
este informe, el rey se asustó y se impresionó,
de tal forma que cayó en cama con una gran
depresión, porque no le habían salido las cosas
como quería.
9Allí pasó muchos días, cada vez más depri-
mido. Pensó que se moría, 10llamó a todos sus
grandes y les dijo: «El sueño ha huido de mis
ojos. Me siento abrumado de pena 11y me digo:
¡A qué tribulación he llegado, en qué violento
oleaje estoy metido, yo, feliz y querido cuando
era poderoso! 12Pero ahora me viene a la memo-
ria el daño que hice en Jerusalén, robando el
ajuar de plata y oro que había allí y enviando
gente que exterminase a los habitantes de Judá
sin motivo. 13Reconozco que por eso me han ve-
nido estas desgracias. Ya ven, muero de tristeza
en tierra extranjera». 14Llamó a Filipo, un gran-
de del reino, y lo puso al frente de todo el impe-
rio. 15Le dio su corona, su manto real y el anillo,
encargándole la educación de su hijo Antíoco y
de prepararlo para reinar. 16El rey Antíoco murió
allí el año ciento cuarenta y nueve. 17Cuando Li-
sias se enteró de la muerte del rey alzó por rey
a su hijo Antíoco, criado por él de pequeño, y le
dio el sobrenombre de Eupátor.

Antíoco Eupátor

18Mientras tanto, la gente de la fortaleza
tenía confinados a los israelitas en torno al
templo, y no perdía ocasión de hacerles mal
y favorecer a los paganos. 19Judas se propuso
acabar con ellos, y congregó a todo el ejérci-
to para asediarlos. 20Se concentraron todos y
empezaron el asedio el año ciento cincuenta,
con catapultas y máquinas de asalto. 21Algu-
nos sitiados rompieron el cerco; se les junta-
ron algunos renegados de Israel 22que fueron a
decirle al rey: «¿Cuándo piensas hacer justicia
y vengar a nuestros hermanos? 23Nosotros nos

sometimos a tu padre voluntariamente, procedimos según sus instrucciones y obedecimos sus órdenes a la letra. [24]El resultado es que nuestros compatriotas han cercado la fortaleza y nos tratan como extraños. Más aún, han matado a los nuestros que caían en sus manos y han confiscado nuestros bienes. [25]Y no solo extienden la mano contra nosotros, sino también contra todos los vecinos de su majestad. [26]Ahí los tienes, acampados ahora contra la fortaleza de Jerusalén, intentando conquistarla; han fortificado el santuario y Bet-Sur, [27]y si no te adelantas rápidamente, harán cosas mayores todavía, y ya no podrás detenerlos».

[28]El rey se encolerizó al oír esto. Convocó a todos los grandes del reino, jefes de infantería y de caballería. [29]Y como también se le presentaron mercenarios del extranjero y de los países marítimos, [30]su ejército contaba cien mil infantes, veinte mil jinetes y treinta y dos elefantes amaestrados para la lucha. [31]Atravesando Idumea asediaron Bet-Sur. La lucha se prolongó muchos días; prepararon máquinas de asalto, pero los sitiados hicieron una salida y las incendiaron, luchando valientemente.

[32]Entonces Judas levantó el cerco de la fortaleza y acampó junto a Bet-Zacarías, frente al campamento del rey. [33]De madrugada, el rey hizo avanzar su ejército a toda prisa por el camino de Bet-Zacarías. Las tropas se dispusieron a entrar en acción, y sonó la señal de ataque. [34]A los elefantes les habían dado vino de uva y de moras, para excitarlos a la lucha. [35]Los repartieron entre los escuadrones, asignando a cada elefante mil hombres protegidos con corazas y cascos de bronce, más quinientos jinetes escogidos: [36]donde estaba un elefante, allí estaban ellos; adonde iba, iban ellos, sin separarse de él. [37]Cada elefante llevaba encima, sujeta con un arnés, una torre de madera bien protegida. En cada torre iban el guía indio y cuatro guerreros, que disparaban desde allí. [38]El resto de la caballería, protegido por las tropas de a pie, iba en las dos alas del ejército, para hostigar al enemigo.

[39]Cuando el sol relumbró sobre los escudos de oro y bronce, su reflejo en los montes los hizo resplandecer como antorchas. [40]Parte del ejército real estaba formado en las cumbres de los montes; otra parte en la ladera. Iban avanzando seguros y en perfecto orden. [41]Estremecía oír el fragor de aquella muchedumbre en marcha y el entrechocar de las armas. Realmente era un ejército inmenso y poderoso. [42]Judas y sus tropas avanzaron, y en el choque el ejército real tuvo seiscientas bajas.

[43]Lázaro, apodado Avarán, se fijó en un elefante protegido con armadura real que sobresalía entre los demás elefantes; creyendo que el rey iba allí, [44]entregó su vida para salvar a su pueblo y ganarse así renombre inmortal: [45]corrió audazmente hacia el elefante, matando a diestra y siniestra por en medio del escuadrón, que se iba abriendo a ambos lados, [46]se metió bajo el elefante y le clavó la espada; el elefante se desplomó encima de él, y allí murió. [47]Los judíos, al ver la fuerza impetuosa del ejército real retrocedieron.

[48]Los del ejército real subieron contra ellos hacia Jerusalén; el rey acampó con intención de invadir Judá y el monte Sión, [49]hizo un tratado de paz con los de Bet-Sur, que salieron de la ciudad –no tenían ya provisiones para resistir el asedio, porque era año sabático en el país–. [50]El rey ocupó Bet-Sur y acantonó allí una guarnición para su defensa. [51]Luego puso cerco durante muchos días al templo; instaló ballestas y máquinas de asalto, lanzallamas, catapultas, lanzadardos y hondas. [52]Los judíos hicieron también máquinas defensivas, y la lucha se prolongó muchos días. [53]Pero cuando se acabaron los víveres en los almacenes, porque era año séptimo, y los que se habían refugiado huyendo a Judá desde el extranjero habían consumido las últimas provisiones, [54]se quedaron pocos en el templo; el hambre apretaba, y se dispersaron cada cual por su lado.

[55]Lisias se enteró de que Filipo, a quien el rey Antíoco había confiado en vida la educación de su hijo Antíoco como sucesor, [56]había vuelto de Persia y Media con las tropas de la expedición real y que intentaba hacerse con el poder. [57]Rápidamente determinó partir, y dijo al rey, a los generales y a las tropas: «Cada día somos menos, tenemos pocas provisiones y el lugar que atacamos está fortificado; los asuntos del reino son urgentes. [58]Hagamos las paces con esa gente, firmemos un tratado con ellos y toda su nación, [59]permitiéndoles vivir según su legislación, como hacían antes. Porque, enfurecidos por haberles abolido su legislación, nos han hecho todo esto». [60]El rey y los jefes aprobaron la propuesta; ofrecieron la paz a los judíos, y estos la aceptaron.

[61]El rey y los jefes confirmaron el pacto con juramento, y así los judíos salieron de la fortaleza. [62]Pero cuando el rey llegó al monte Sión y vio aquellas fortificaciones quebrantó el juramento y mandó derribar la muralla entera. [63]Luego partió rápidamente y volvió a Antioquía donde encontró a Filipo que se había apoderado de la ciudad. El rey lo atacó y se la arrebató por la fuerza.

Demetrio I

7 1El año ciento cincuenta y uno Demetrio
de Seleuco se marchó de Roma, desembar-
có con unos pocos en una ciudad de la costa y
allí empezó su reinado. 2Cuando iba a entrar en
el palacio real de sus antepasados, las tropas
apresaron a Antíoco y Lisias para llevárselos a
Demetrio. 3Se lo dijeron a Demetrio, y respon-
dió: «¡No quiero ni verles la cara!». 4Entonces
los soldados los mataron, y Demetrio subió al
trono imperial. 5Todos los israelitas renegados e
impíos acudieron a él, guiados por Alcimo, que
aspiraba al cargo de sumo sacerdote, 6y acusa-
ron al pueblo ante el rey: «Judas y sus herma-
nos han exterminado a todos tus partidarios, y
a nosotros nos han expulsado de nuestro país.
7Envía a uno de tu confianza a inspeccionar los
destrozos que nos ha causado Judas, a nosotros
y a tu provincia, y a castigarlos a ellos y a todos
los que los apoyan».
8El rey eligió a Báquides, del grupo de los ami-
gos del rey, gobernador de la zona occidental
del Éufrates, hombre influyente y de su confian-
za. 9Lo envió con el impío Alcimo, confirmado
en el cargo de sumo sacerdote, con orden de
castigar a los israelitas. 10Partieron. Entraron en
Judá con un ejército numeroso, y mandaron una
embajada a Judas y sus hermanos, con falsas
propuestas de paz. 11Pero los judíos, al verlos
con un ejército tan numeroso no hicieron caso a
la embajada; 12sin embargo, una comisión de es-
cribas se reunió con Alcimo y Báquides para bus-
car una solución justa; 13los primeros en pedir la
paz por parte de los israelitas eran los Leales,
14porque decían: «El que ha venido con el ejér-
cito es un sacerdote de la estirpe de Aarón; no
nos va a traicionar». 15Báquides habló con ellos
en son de paz y les juró: «No los maltrataremos,
ni a ustedes, ni a sus amigos». 16Ellos le creye-
ron, pero él hizo arrestar y ejecutar a sesenta
de ellos en un solo día, según aquel texto de la
Escritura: 17«Desparramaron los cadáveres y la
sangre de tus fieles alrededor de Jerusalén, y
nadie los entierra». 18A la gente le entró pánico
ante los invasores. Se comentaba: «No tienen
sinceridad ni honradez; han faltado a su palabra
y a su juramento».
19Después Báquides marchó de Jerusalén para
acampar en Betsaid. Mandó apresar a muchos
de los suyos, que habían desertado, y a algunos
del pueblo, los asesinó y los arrojó a la cisterna
grande. 20Luego puso la provincia en manos de
Alcimo, dejando un destacamento para apoyar-
lo, y se volvió adonde estaba el rey. 21Alcimo
tuvo que luchar para defender su cargo de sumo
sacerdote; 22se le unieron todos los agitadores
del pueblo y se adueñaron de Judá, haciendo un
estrago enorme en Israel. 23Cuando Judas vio
que Alcimo y su gente hacían más daño a los
israelitas que los paganos, 24salió por todo el
territorio de Judá para castigar a los desertores
e impedirles hacer correrías por la región. 25Y al
ver Alcimo que Judas y los suyos se rehacían,
comprendió que no podría resistirles, y se volvió
al rey, con gravísimas acusaciones.

Derrota de Nicanor

26Entonces el rey envió a Nicanor, uno de
sus más famosos generales, enemigo mortal
de los israelitas, con el encargo de exterminar
al pueblo. 27Nicanor llegó a Jerusalén con un
gran ejército, y envió a Judas y sus hermanos
este mensaje, con palabras fingidas de amistad:
28«No nos peleemos. Yo saldré con una pequeña
escolta para celebrar con ustedes una entrevista
amistosa». 29Llegó a donde estaba Judas, y se
saludaron amistosamente, pero los enemigos
estaban preparados para secuestrar a Judas.
30Judas se enteró de que la visita de Nicanor era
una trampa, y le tomó tal miedo que no quiso
volver a verlo. 31Entonces Nicanor se dio cuenta
de que su plan había sido descubierto, y salió
a luchar contra Judas, junto a Cafarsalán. 32Ni-
canor tuvo unas quinientas bajas, y los demás
huyeron a la Ciudad de David.
33Después de estos sucesos, Nicanor subió
al monte Sión. Algunos sacerdotes y ancianos
del pueblo salieron del templo para saludarle
amistosamente y mostrarle el holocausto que se
ofrecía por el rey. 34Pero él los despreció, se bur-
ló de ellos, los escupió, profiriendo insolencias,
35y juró encolerizado: «Si no me entregan ahora
mismo a Judas y a su ejército, cuando yo vuelva
victorioso incendiaré este templo». Y salió enfu-
recido. 36Los sacerdotes entraron, y de pie fren-
te al altar y el santuario dijeron entre lágrimas:
37«Tú elegiste este templo dedicado a tu Nombre
para que sirviera a tu pueblo de casa de oración
y súplica. 38Castiga a ese hombre y a su ejército.
¡Que caiga a filo de espada! Recuerda sus blas-
femias, no les des reposo». 39Nicanor salió de
Jerusalén y acampó en Bet-Jorón; allí se le aña-
dió un ejército sirio. 40Judas acampó en Adasa
con tres mil hombres, y rezó así: 41«Cuando los
embajadores del rey blasfemaron, salió tu ángel
y les mató a ciento ochenta y cinco mil. 42Aplas-
ta hoy igualmente a este ejército ante nuestros
ojos, para que sepan todos que blasfemó contra
tu templo. ¡Júzgalo como merece su maldad!».
43Los ejércitos entraron en combate el trece
de marzo. El ejército de Nicanor fue derrotado;
el primero en caer fue el mismo Nicanor, 44y sus

soldados, al ver que había caído, arrojaron las
armas y huyeron. 45Los judíos los persiguieron
una jornada, desde Adasa hasta Guézer, tocan-
do las trompetas detrás de ellos. 46De todos los
poblados judíos a la redonda salió gente para
cercar a los que huían, que se volvían unos con-
tra otros; todos cayeron a espada, no quedó ni
uno. 47Luego agarraron el botín y los despojos.
A Nicanor le cortaron la cabeza y la mano dere-
cha, que había extendido insolentemente, y las
llevaron para colgarlas frente a Jerusalén. 48El
pueblo se alegró muchísimo, y festejaron aquel
día como si fuera una gran fiesta. 49Determina-
ron celebrar anualmente aquella fecha, trece de
marzo. 50Judá tuvo paz por algún tiempo.

Judas pacta con Roma

8 1Judas había oído hablar de los romanos: que
eran muy poderosos, benévolos con sus alia-
dos y que hacían pacto de amistad con cuantos
acudían a ellos. 2Le contaron sus hazañas mili-
tares en las Galias: cómo las habían conquistado,
sometiéndolas a tributo; 3y todo lo que habían
hecho en tierras de España para apoderarse de las
minas de plata y oro que hay allí, 4cómo habían
sabido mantener su dominio en todo el país con
paciencia y prudencia, y eso que estaba muy le-
jos. A los reyes que les habían atacado desde los
confines de la tierra los habían derrotado aplas-
tándolos definitivamente; los demás les pagaban
un tributo anual. 5Habían derrotado y sometido a
Filipo, a Perseo, rey de Macedonia, y a los que se
les habían sublevado; 6derrotaron también a An-
tíoco el Grande, rey de Asia, que salió a atacarles
con ciento veinte elefantes, caballería, carros y
muchísima infantería: 7lo apresaron vivo, y quedó
obligado, él y sus sucesores en el trono, a pagar un
fuerte tributo, a entregar rehenes y ceder la In-
dia, Media y Lidia, 8las mejores provincias del rey;
cuando los romanos las recibieron se las dieron al
rey Eumenes. 9También los griegos proyectaron
una campaña para aniquilar a los romanos, 10pero
al enterarse estos del proyecto mandaron contra
ellos a un solo general: entraron en combate e
hicieron muchas bajas a los griegos, se llevaron
cautivos a las mujeres y niños, saquearon el país
y lo sometieron, derribaron las plazas fuertes y
los redujeron a esclavitud perpetua. 11Aniquila-
ron y esclavizaron los restantes reinos, las islas,
a cuantos les opusieron resistencia; en cambio,
se mantenían fieles a sus amigos y a los que se
ponían bajo su protección. 12Dominaron a reyes
vecinos y lejanos. Cuantos oían hablar de ellos
los temían. 13Aquellos a quienes quieren ayudar
en sus pretensiones al trono, llegan a reyes; a los
que quieren cambiar, los destituyen. Están en la
cima del poder. 14Y con todo esto ni uno de ellos
ha ceñido la corona ni se ha vestido de púrpu-
ra para aumentar su autoridad. 15Han formado
un Senado, y diariamente deliberan trescientos
veinte senadores, buscando siempre el bien pú-
blico. 16Confían cada año el poder y el gobierno
del país a un solo hombre; todos le obedecen, sin
envidia ni rivalidades.

17Judas eligió a Eupólemo, hijo de Juan, hijo
de Acos, y a Jasón, hijo de Lázaro, y los envió a
Roma para firmar un tratado de amistad y mutua
defensa, 18con la intención de sacudirse el yugo
griego, porque veían que el imperio griego esta-
ba esclavizando a Israel. 19Partieron para Roma,
un viaje larguísimo. Y al entrar en el Senado ha-
blaron así: 20«Judas Macabeo, sus hermanos y el
pueblo judío nos han enviado aquí para hacer
con ustedes un tratado de paz y mutua defensa,
y para que nos inscriban en el número de sus
aliados y amigos». 21Los senadores aprobaron la
petición.

22Copia del documento que escribieron en ta-
blillas de bronce, y mandaron a Jerusalén para
que quedase allí como documento fehaciente
del pacto de paz y mutua defensa: 23«¡Gocen
bienestar perpetuo romanos y judíos en tierra
y mar! ¡Lejos de ellos la espada enemiga! 24Pero
si estalla la guerra contra Roma o uno de sus
aliados en el imperio, 25el pueblo judío luchará a
su lado con toda el alma, conforme lo exijan las
circunstancias, 26a los enemigos no les darán ni
suministrarán alimentos, armas, dinero, naves.
Es decreto de Roma. Cumplirán estas cláusulas
sin compensación alguna. 27Igualmente, si esta-
lla una guerra contra el pueblo judío, los roma-
nos lucharán a su lado decididamente, conforme
lo exijan las circunstancias, 28y no darán a los
enemigos alimentos, armas, dinero ni naves. Es
decreto de Roma. Observarán estas cláusulas
lealmente. 29En estos términos quedaba estipu-
lado el pacto de los romanos con el pueblo judío.
30Y si más adelante alguna de las partes quisiera
añadir o rescindir algo, se hará de común acuer-
do, y lo añadido o rescindido tendrá fuerza de
ley. 31En cuanto a los daños que les ha causado
el rey Demetrio, ya le escribimos en los siguien-
tes términos: ¿Por qué oprimes tiránicamente a
nuestros amigos y aliados los judíos? 32Si se nos
vuelven a quejar de ti, defenderemos sus dere-
chos atacándote por tierra y mar».

Muerte de Judas

9 1Pero Demetrio, en cuanto oyó que Nicanor y
su ejército habían sucumbido en el combate,
volvió a enviar a Báquides y Alcimo al territorio
de Judá con el ala derecha del ejército. 2Empren-

dieron la marcha por el camino de Guilgal, tomaron al asalto Mesalot de Arbela y asesinaron a mucha gente. 3El mes primero del año ciento cincuenta y dos acamparon frente a Jerusalén, 4pero luego partieron de allí, camino de Berea, con veinte mil de infantería y dos mil jinetes. 5Judas acampaba en Elasa con tres mil soldados, 6y al ver la enorme muchedumbre de enemigos se aterrorizaron; muchos desertaron del campamento, y solo quedaron ochocientos.

7Judas vio que su ejército se deshacía precisamente cuando era inminente la batalla, y se descorazonó, porque ya no era posible reunirlos. 8Aunque desalentado, dijo a los que quedaban: «¡Ataquemos lo mismo a nuestro enemigo! A lo mejor podemos presentarles batalla». 9Los suyos intentaban convencerle: «Es completamente imposible. Salvemos primero nuestras vidas, luego volveremos con los nuestros, y entonces les daremos la batalla. Ahora somos pocos». 10Judas repuso: «¡Nada de huir ante el enemigo! Si nos ha llegado la hora, muramos valientemente por nuestros compatriotas, sin dejar una mancha en nuestra fama».

11El ejército enemigo salió del campamento y formó frente a ellos, con la caballería dividida en dos cuerpos, y los honderos y arqueros delante del ejército, los más aguerridos en primera fila. Báquides iba en el ala derecha. 12La tropa avanzó por ambos lados, a toque de la trompeta. 13Los de Judas también tocaron las trompetas, y el suelo retembló por el fragor de los ejércitos. El combate se entabló al amanecer y duró hasta la tarde.

14Judas vio que Báquides y lo más fuerte del ejército estaba a la derecha; se le juntaron los más animosos, 15destrozaron el ala derecha y la persiguieron hasta los montes de Asdod. 16Pero cuando los del ala izquierda vieron que el ala derecha estaba destrozada se volvieron en persecución de Judas y sus compañeros. 17El combate arreció, y hubo muchas bajas por ambas partes. 18Judas también cayó, y los demás huyeron.

19Jonatán y Simón recogieron el cadáver de su hermano Judas y lo enterraron en la sepultura familiar, en Modín. 20Lo lloraron, y todo Israel le hizo solemnes funerales, entonando muchos días esta lamentación: 21¡Cómo ha caído el héroe, salvador de Israel! 22No hemos escrito otros datos de la historia de Judas, sus hazañas militares y sus títulos de gloria, porque fueron muchísimos.

Jonatán y Báquides

23Después que murió Judas, por todo el territorio israelita asomaron de nuevo los renegados y reaparecieron todos los malhechores. 24El país se pasó a su bando, porque por entonces hubo un hambre terrible. 25Báquides eligió a unos impíos y los puso al frente del gobierno de la zona. 26Ellos seguían el rastro de los amigos de Judas, y se los llevaban a Báquides, que los castigaba y humillaba. 27Fue un tiempo de grandes sufrimientos para Israel como no se había visto desde que desaparecieron los profetas. 28Todos los partidarios de Judas se reunieron y dijeron a Jonatán: 29«Desde que murió tu hermano Judas no tenemos un valiente como él que guíe la lucha contra el enemigo, ese Báquides y los que odian a nuestro pueblo. 30Por eso te elegimos hoy a ti para que lo sustituyas como jefe y caudillo que dirija nuestra guerra». 31En aquel mismo instante tomó el mando Jonatán, sucediendo a su hermano Judas.

32Báquides se enteró y quería matarlo; 33pero en cuanto lo supieron Jonatán, su hermano Simón y todos sus camaradas, huyeron al desierto de Tecua y acamparon junto a la cisterna de Asfar. 34Báquides lo supo un sábado, y fue él en persona con todo su ejército a la otra orilla del Jordán.

35Jonatán envió a su hermano al frente de la comitiva, a pedir a sus amigos los nabateos que les cuidaran todo el equipaje, que era mucho. 36Pero los hijos de Jambrí, de Madabá, salieron y capturaron a Juan con todo lo que tenía, y se marcharon llevándoselo todo. 37Poco tiempo después comunicaron a Jonatán y su hermano Simón: «Los hijos de Jambrí celebran una gran boda; a la novia, hija de uno de los ricos de Canaán, la llevan desde Madabá en un gran cortejo». 38Recordando el asesinato de su hermano Juan, subieron a ocultarse al reparo del monte. 39De pronto vieron aparecer en dirección hacia ellos y en medio de un gran gentío que llevaba regalos, al novio, que avanzaba hacia el cortejo de la novia con sus amigos y parientes, al son de la música, de tamboriles y otros instrumentos. 40Los de Jonatán salieron de la emboscada y se lanzaron contra ellos para matarlos. Hirieron a muchos, y los supervivientes escaparon al monte. Les quitaron todo el botín, 41y la boda se cambió en luto, y el canto de los músicos en lamentación. 42Así vengaron la muerte de su hermano. Luego se volvieron a las regiones pantanosas del Jordán.

43Cuando Báquides lo supo se fue un sábado hasta las riberas del Jordán con un gran ejército. 44Jonatán dijo a los suyos: «¡Ánimo! Luchemos por defender nuestras vidas, que hoy no es como antes. 45Miren, el enemigo nos asedia por delante y por detrás, de un lado están las aguas del Jordán y del otro los pantanos y las male-

zas; no hay donde batirse en retirada. 46Así que
clamen al cielo para que nos salve de nuestros
enemigos». 47Se trabó el combate. Jonatán alar-
gó el brazo para herir a Báquides, pero este lo
esquivó echándose atrás. 48Jonatán y los suyos
se echaron al río y lo atravesaron a nado hasta
la otra orilla; el enemigo no pasó el Jordán en
su persecución.
49Báquides tuvo aquel día unas mil bajas;
50luego se volvió a Jerusalén y comenzó a forti-
ficar algunas ciudades en Judea: las fortalezas
de Jericó, Emaús, Bet-Jorón y Betel, Timná, Pi-
ratón y Tefón, con murallas altas, puertas y ce-
rrojos. 51En todas ellas acuarteló guarniciones
para hostilizar a Israel. 52Fortificó también la
ciudad de Bet-Sur, Guézer y la fortaleza, y dejó
en ellas tropas y depósitos de víveres. 53Tomó
como rehenes a los hijos de las autoridades
de la zona y los encarceló en la fortaleza de
Jerusalén.
54El año ciento cincuenta y tres, el segundo
mes, Alcimo ordenó derribar el muro del atrio
interior del templo, destruyendo la obra de los
profetas. Empezó la demolición, 55pero precisa-
mente entonces Alcimo sufrió una enfermedad
que detuvo sus planes; la parálisis le cerró la
boca de forma que no podía hablar ni hacer tes-
tamento. 56Y así murió entonces, entre enormes
dolores. 57Cuando Báquides vio que había muer-
to Alcimo, regresó a donde estaba el rey. Judá
quedó en paz durante dos años.
58Todos los judíos renegados deliberaron:
«Ahí tienen a Jonatán y los suyos, tranquilos
y confiados. Traeremos a Báquides para que se
apodere de todos ellos en una noche». 59Fueron
a verlo y parlamentaron con él. 60Báquides se
puso en marcha con un gran ejército. Envió ins-
trucciones secretas a todos sus aliados de Judá
para que apresaran a Jonatán y sus compañeros;
pero no lo consiguieron, porque se descubrió su
plan. 61Jonatán y los suyos apresaron a unos cin-
cuenta hombres de la región, de los principales
conspiradores, y los mataron.
62Jonatán y Simón se retiraron con su gente
a Bet-Basí del Páramo, reconstruyeron lo que
estaba en ruinas y la fortificaron. 63En cuanto
se enteró Báquides, reunió todas sus tropas y
avisó a los de Judá; 64llegó a Bet-Basí, la cercó y
la atacó durante muchos días, emplazando má-
quinas de asalto. 65Jonatán dejó a su hermano
Simón en la ciudad, salió hacia el campo y se
puso en marcha con unos cuantos. 66Derrotó a
Odomera y sus parientes, y a los hijos de Farisón
en su campamento. Luego empezaron a repartir
golpes, avanzando por entre el ejército. 67En-
tonces Simón y los suyos hicieron una salida e
incendiaron las máquinas de asalto. 68Lucharon
contra Báquides y lo derrotaron; quedó profun-
damente humillado, porque su plan y su campa-
ña habían sido inútiles. 69Entonces se enfureció
contra los renegados que le habían aconsejado
la expedición, mató a muchos y decidió volver-
se a su tierra. 70Al enterarse Jonatán, le envió
embajadores para tratar con él la paz y la devo-
lución de los prisioneros. 71Báquides los recibió,
accedió a su petición y juró a Jonatán no hacerle
más daño en toda su vida. 72Le devolvió los pri-
sioneros que había hecho en Judá, y regresó a
su tierra, sin volver a hacer incursiones en te-
rritorio judío.
73La espada descansó en Israel. Jonatán vivió
en Micmás; empezó a gobernar al pueblo, y ba-
rrió a los impíos del territorio israelita.

Jonatán y Alejandro Balas

10 1El año ciento sesenta Alejandro de An-
tíoco, por sobrenombre Epífanes, se hizo
a la mar, tomó posesión de Tolemaida, donde fue
bien recibido y empezó a reinar allí. 2Cuando se
enteró el rey Demetrio, reunió un gran ejército
y salió a enfrentarse con él. 3Demetrio envió a
Jonatán una carta amistosa, dándole mayores
poderes; 4porque pensó: «Voy a adelantarme a
hacer con esos las paces, antes de que las haga
con Alejandro en contra mía, 5cuando se acuerde
de todo el daño que le hice a él, a sus hermanos y
a su raza». 6Le autorizó para reclutar tropas, fa-
bricar armas y ser su aliado, y mandó devolverle
los rehenes de la fortaleza.
7Jonatán fue a Jerusalén y leyó la carta a to-
do el pueblo y a los de la fortaleza. 8Todos se
aterrorizaron al oír que el rey lo autorizaba para
reclutar un ejército. 9Los de la fortaleza devol-
vieron a Jonatán los rehenes, y él los entregó a
sus padres. 10Jonatán se instaló en Jerusalén,
y empezó a reconstruir y restaurar la ciudad.
11Ordenó a los albañiles que reconstruyeran
la muralla y rodearan el monte Sión con una
fortificación hecha de piedras talladas. Así lo
hicieron. 12Los extranjeros que vivían en las pla-
zas fuertes construidas por Báquides huyeron,
13todos abandonaron sus puestos y se volvieron
a su tierra. 14Únicamente en Bet-Sur quedaron
algunos de los que habían renegado de la ley
y los mandamientos. Bet-Sur les ofrecía asilo.
15El rey Alejandro se enteró de las promesas
de Demetrio a Jonatán; le contaron las hazañas
militares llevadas a cabo por él y sus hermanos
y las fatigas que habían soportado, 16y comentó:
«¿Encontraremos un hombre como este? ¡Hagá-
moslo amigo y aliado nuestro!». 17Luego escri-
bió una carta y se la mandó. Decía así: 18«El rey

Alejandro saluda a su hermano Jonatán. 19He-
mos oído que eres poderoso y digno de nuestra
amistad. 20Ahora bien, te nombramos hoy sumo
sacerdote de tu nación y te damos el título de
Amigo del rey, para que apoyes nuestra causa y
seas siempre amigo nuestro». Y le envió un man-
to de púrpura y una corona de oro. 21Jonatán se
puso los ornamentos sagrados el mes séptimo
del año ciento sesenta, en la fiesta de las Cho-
zas; reclutó tropas y almacenó muchas armas.

22Demetrio se enteró y comentó entristecido:
23«¿Qué habremos hecho para que Alejandro se
nos haya adelantado y se haya ganado la amis-
tad y el apoyo judío? 24Voy a escribirles yo tam-
bién, a ver si logro convencerlos ofreciéndoles
altos puestos y regalos, para que luchen a mi
lado». 25Y les escribió lo siguiente:

»El rey Demetrio saluda a la nación judía.
26Hemos recibido con alegría la noticia de que
han guardado los pactos hechos con nosotros y
perseverado en nuestra amistad sin pasarse al
enemigo. 27Ahora bien, sigan siéndonos leales y
les recompensaremos los favores que nos hacen.
28Los dejaremos exentos de muchos impuestos y
les haremos regalos.

29»De momento los libero, y eximo a todos los
judíos, de los impuestos y contribución de la sal
y de las coronas. 30Renuncio, a partir de hoy pa-
ra siempre, al tercio de las cosechas y a la mitad
de la fruta que me corresponde percibir de Judá
y los tres distritos de Samaría y Galilea anexio-
nados a ella. 31Jerusalén con su territorio, sus
diezmos y derechos, será sagrada y exenta de
impuestos. 32Renuncio asimismo a mis atribu-
ciones sobre la fortaleza de Jerusalén y faculto
al sumo sacerdote para acuartelar allí una guar-
nición de hombres a su gusto.

33»Concedo libertad, gratuitamente, a todo
judío que haya sido deportado desde Judá a
cualquier parte de mi imperio. Todos quedarán
libres de impuestos, incluso de los del ganado.
34Las festividades, los sábados, luna nueva y las
fiestas de guardar, más los tres días anteriores
y posteriores a cada fiesta, todos esos días se-
rán días de exención y remisión para todos los
judíos que haya en mi imperio, 35y nadie tendrá
derecho a perseguir ni molestar a ninguno de
ellos por ningún motivo.

36»Serán llamados a filas para el ejército real
hasta treinta mil judíos; se les dará la ración
normal de las tropas reales; 37se les acantonará
en las plazas fuertes más importantes, y se les
pondrá en puestos administrativos de confian-
za. Sus jefes y oficiales serán judíos, y podrán
seguir su legislación, como ha ordenado el rey
para Judá.

38»Los tres distritos de Samaría anexionados
a Judá le quedarán unidos, y serán considerados
dependientes de la misma autoridad, no estan-
do sometidos más que a la jurisdicción del sumo
sacerdote.

39»Dono Tolemaida y sus alrededores al tem-
plo de Jerusalén, para sufragar los gastos del
templo, 40y asigno además quince mil siclos de
plata anuales, que se tomarán de los ingresos del
rey en las localidades que parezca conveniente.
41Y la cantidad que no pagaron los funcionarios,
como se hacía al principio, la entregarán des-
de ahora para las obras del templo. 42Además,
los cinco mil siclos de plata que se retiraban de
los ingresos anuales del templo quedan libres de
impuestos, por tratarse de ingresos de los sacer-
dotes oficiantes. 43Todo deudor del rey por asun-
tos de impuestos o cualquier otro motivo que se
refugie en el templo de Jerusalén o en su recinto
queda perdonado con todas las posesiones que
tenga en mi imperio. 44»Los gastos de recons-
trucción y restauración del edificio del templo
correrán a cuenta del rey. 45Los gastos de recons-
trucción y fortificaciones de la muralla en torno
a Jerusalén correrán a cuenta del rey, lo mismo
que la reconstrucción de murallas en Judá.

46Cuando Jonatán y el pueblo oyeron todo esto
no le dieron crédito ni lo admitieron, acordán-
dose de los graves daños inferidos a Israel por
Demetrio y de su dura opresión. 47Se inclinaron
a favor de Alejandro, porque les había dirigido
mejores propuestas de paz, y ellos querían ser
siempre sus aliados. 48El rey Alejandro reunió un
gran ejército y formó sus tropas frente a Deme-
trio. 49Los dos reyes trabaron combate. El ejér-
cito de Demetrio huyó. Alejandro los persiguió
y se le impuso. 50Y aunque luchó encarnizada-
mente hasta la puesta del sol, Demetrio cayó
aquel día.

Alejandro, Tolomeo y Jonatán

51Alejandro envió entonces embajadores al
rey Tolomeo de Egipto, con este mensaje: 52«He
vuelto a mi reino, he ocupado el trono de mis pa-
dres, conquistado el poder, derrotado a Deme-
trio y soy dueño del país 53–trabé combate con
él y lo derrotamos junto con su ejército y ahora
he ocupado su trono–; 54hagamos un tratado de
amistad: dame tu hija por esposa, yo seré tu yer-
no, y les haré, a ella y a ti, regalos dignos de ti».

55El rey Tolomeo respondió: «¡Feliz el día en
que has vuelto a tu patria y has ocupado el trono
real! 56Haré lo que pides, pero sal a entrevistarte
conmigo en Tolemaida; yo seré tu suegro, como
dices». 57Tolomeo salió de Egipto con su hija
Cleopatra, y llegó a Tolemaida el año ciento se-

senta y dos. 58El rey Alejandro salió a su encuen-
tro. Tolomeo le dio su hija Cleopatra por esposa,
y celebraron la boda en Tolemaida, con gran es-
plendor, como correspondía a su dignidad real.
59El rey Alejandro escribió a Jonatán para que
fuera a verlo. 60Jonatán marchó a Tolemaida con
un gran cortejo, para entrevistarse con los dos
reyes; a ellos y a sus amigos los obsequió con
oro y muchos regalos, y se ganó sus simpatías.
61Entonces se confabuló contra él la peste de
Israel, unos renegados dispuestos a querellarse
ante el rey, pero el rey no les atendió; 62ordenó
que quitaran a Jonatán su ropa y lo vistieran de
púrpura. Así lo hicieron. 63El rey lo hizo sentar a
su lado y dijo a sus nobles: «Salgan con él por la
ciudad y proclamen que nadie lo acuse de nada
ni lo moleste por nada». 64Cuando los acusado-
res vieron los honores que le tributaban, los tér-
minos de la proclama y la púrpura con que esta-
ba vestido, se dieron a la fuga. 65El rey lo honró
elevándolo al rango superior de los grandes del
reino, y lo nombró general y gobernador. 66Jona-
tán regresó a Jerusalén en paz y contento.

Actividad de Jonatán en tiempo de Demetrio II

67El año ciento sesenta y cinco, Demetrio, hijo
de Demetrio, llegó de Creta a su patria. 68El rey
Alejandro se disgustó mucho cuando lo supo,
y se volvió a Antioquía. 69Demetrio confió el
mando a Apolonio, gobernador de Celesiria, que
reunió un gran ejército y acampó frente a Yam-
nia. Y mandó este mensaje al sumo sacerdote,
Jonatán: 70«Tú eres el único que se ha rebelado
contra nosotros y me has dejado en ridículo.
¿Por qué alardeas desafiante en la montaña? 71Si
confías en tu ejército, baja aquí, a la llanura,
que nos veamos las caras, porque está conmigo
el ejército de las ciudades. 72Pregunta, entérate
de quién soy yo y quiénes nuestros aliados, y
te dirán que ustedes no podrán resistir contra
nosotros porque los antepasados de ustedes
ya han sido derrotados dos veces en su propia
tierra. 73Ahora no podrás resistir a la caballería
ni a un ejército tan poderoso, en esta llanura,
donde no hay piedras, ni guijarros, ni sitio don-
de escapar».
74Cuando Jonatán oyó el mensaje de Apolonio,
todo alterado, eligió diez mil hombres y salió
de Jerusalén; su hermano Simón se le juntó con
refuerzos. 75Acampó frente a Jafa; como allí ha-
bía una guarnición de Apolonio, los de la ciudad
le cerraron las puertas. Jonatán dio el asalto.
76Los de la ciudad, atemorizados, le abrieron, y
Jonatán se apoderó de Jafa. 77Cuando se enteró
Apolonio, formó en orden de batalla a tres mil
jinetes y mucha infantería, y marchó a Asdod co-
mo si fuera de paso; pero al mismo tiempo, con-
tando con su numerosa caballería, avanzó por
la llanura. 78Jonatán los persiguió por detrás,
hacia Asdod, y los dos ejércitos trabaron com-
bate. 79Apolonio había dejado a su espalda mil
jinetes ocultos, 80pero Jonatán sabía que tenía a
su espalda una emboscada. Y aunque el enemigo
rodeó a su ejército disparando flechas contra la
tropa desde la mañana hasta la tarde, 81la tropa
aguantó bien, siguiendo las órdenes de Jonatán,
mientras que los caballos del enemigo se cansa-
ron. 82Cuando ya la caballería estaba fatigada,
Simón hizo avanzar a sus tropas y trabó com-
bate con la infantería enemiga; la destrozó, y
huyeron; 83la caballería se desparramó por la lla-
nura; huyeron hasta Asdod, y se guarecieron en
Bet-Dagón, templo pagano. 84Jonatán incendió
Asdod y las ciudades del contorno; se llevó sus
despojos e incendió el santuario de Dagón con
todos los que se habían refugiado allí. 85Suman-
do los caídos a espada y los muertos en el incen-
dio, las bajas fueron unas ocho mil. 86Jonatán
marchó de allí y acampó frente a Ascalón. Los de
la ciudad salieron a recibirlo con grandes feste-
jos. 87Después regresó a Jerusalén con los suyos,
llevando consigo un gran botín. 88Cuando el rey
Alejandro se enteró de todo, concedió nuevos
honores a Jonatán: 89le envió un broche de oro,
como suelen regalar a los familiares de los reyes,
y le dio en propiedad Ecrón y su territorio.

Tolomeo VI en Antioquía

11 1El rey de Egipto reunió un ejército nume-
roso, como la arena de la playa, e intentó
apoderarse astutamente del imperio de Ale-
jandro, para anexionarlo a su propio imperio.
2Marchó hacia Siria con pretextos pacíficos, y
la gente de las ciudades le abría las puertas y
salía a recibirlo, porque el rey Alejandro había
dado orden de hacerle recibimientos, por ser
su yerno. 3Pero a medida que entraba en las
ciudades, Tolomeo iba dejando en todas una
guarnición militar. 4Cuando llegaron cerca de
Asdod le enseñaron el santuario incendiado de
Dagón, Asdod y sus alrededores en escombros,
los cadáveres esparcidos y los cuerpos calcina-
dos en la guerra con Jonatán porque los habían
amontonado a lo largo del camino. 5Le contaron
lo que había hecho Jonatán, para que el rey lo
reprobara; pero el rey calló.
6Jonatán salió a recibirlo en Jafa, fastuosa-
mente. Se saludaron y pernoctaron allí. 7Luego
Jonatán acompañó al rey hasta el río Eléutero y
regresó a Jerusalén. 8Pero el rey Tolomeo se apo-
deró de las ciudades de la costa hasta Seleucia

del Mar, tramando planes siniestros contra Ale-
jandro, 9y envió al rey Demetrio unos embajado-
res con este mensaje: Vamos a hacer un pacto; te
daré a mi hija, la mujer de Alejandro, y reinarás
en el imperio de tu padre. 10Estoy arrepentido
de haberle dado mi hija, porque ha intentado
matarme. 11Lo calumnió porque codiciaba su im-
perio. 12Le quitó su hija y se la dio a Demetrio.
Así rompió con Alejandro, y su enemistad se hizo
pública. 13Tolomeo entró en Antioquía y se ciñó
la corona de Asia; así, ciñó su frente con dos
coronas: la de Egipto y la de Asia.

14El rey Alejandro estaba en Cilicia por aquel
entonces, porque se habían sublevado los de
aquellas provincias. 15Pero, en cuanto se enteró,
marchó contra Tolomeo para atacarle. Tolomeo
salió a enfrentarse con él con un ejército pode-
roso, y lo hizo huir. 16Alejandro huyó a Arabia
en busca de protección, mientras que el rey To-
lomeo quedaba vencedor. 17El árabe Zabdiel de-
capitó a Alejandro y envió la cabeza a Tolomeo.
18El rey Tolomeo murió dos días después, y los
habitantes de las plazas fuertes asesinaron a las
guarniciones acantonadas allí.

Demetrio II y Jonatán

19Demetrio subió al trono el año ciento se-
senta y siete. 20Por entonces Jonatán reunió
a los de Judá para atacar la fortaleza de Je-
rusalén e instaló en ella muchas máquinas de
guerra. 21Unos malos patriotas, renegados,
fueron a decir al rey que Jonatán tenía cercada
la fortaleza. 22El rey se puso furioso al oírlo,
y emprendió inmediatamente la marcha hacia
Tolemaida; escribió a Jonatán que no continua-
ra el asedio y que fuera a entrevistarse con él
cuanto antes en Tolemaida. 23Cuando Jonatán
se enteró, ordenó continuar el asedio; escogió
un grupo de ancianos y sacerdotes de Israel, y
se lanzó al peligro. 24Con plata y oro, ropas y
otros muchos regalos, fue a presentarse al rey
en Tolemaida, y lo halló favorable. 25Algunos
compatriotas renegados lo acusaban, 26pero el
rey lo trató como sus predecesores, honrándo-
lo ante todos sus amigos; 27lo confirmó en el
puesto de sumo sacerdote y las demás dignida-
des que tenía antes, y lo puso en el rango su-
perior de los grandes del reino. 28Jonatán pidió
al rey que eximiera de impuestos a Judá y los
tres distritos de Samaría, y le prometió unos
nueve mil kilos de plata. 29El rey lo aprobó, y
le escribió sobre este punto la siguiente carta:

30»El rey Demetrio saluda a su hermano Jona-
tán y al pueblo judío. 31Les enviamos, a título de
información, copia de la carta que escribimos
a nuestro pariente Lástenes acerca de ustedes:

32»El rey Demetrio saluda a su pariente Láste-
nes. 33Por sus buenos sentimientos hacia noso-
tros, hemos determinado favorecer a nuestros
amigos los judíos, que respetan nuestros dere-
chos. 34Les confirmamos los límites territoriales
de Judá y los tres distritos de Samaría –Ofrá,
Lida y Ramá– que se añadieron a Judá, con to-
dos sus alrededores, en beneficio de los sacer-
dotes de Jerusalén, como compensación por los
impuestos que pagaban al rey anualmente por
los productos agrícolas y la fruta. 35En cuanto a
los demás ingresos nuestros a los que tenemos
derecho, los diezmos y los tributos de las salinas
y las coronas, se los cedemos desde este mo-
mento. 36Es una determinación irrevocable, que
surtirá efecto a partir de hoy. 37Manden sacar
una copia de este documento, que entregarán
a Jonatán y la expondrán en el monte santo, en
un sitio visible».

38Cuando el rey Demetrio vio que el país que-
daba tranquilo bajo su mando, eliminada toda
resistencia, licenció todas sus tropas, cada uno
a su casa, excepto los mercenarios extranjeros
que había reclutado en ultramar. Así se ganó la
hostilidad de los soldados movilizados en tiempo
de sus antepasados. 39Entonces Trifón, antiguo
partidario de Alejandro, al ver que todos los
soldados protestaban contra Demetrio, se pre-
sentó a Imalcúe, el árabe preceptor de Antíoco,
hijo de Alejandro, 40y lo presionó para que se lo
entregara a fin de que reinara en lugar de su pa-
dre. Le contó lo que había hecho Demetrio y lo
impopular que era entre sus soldados. Trifón se
quedó allí muchos días. 41Jonatán envió a pedir
al rey Demetrio que retirara a los de la fortaleza
de Jerusalén y a las guarniciones de las plazas
fuertes, que hostigaban continuamente a Israel.
42Demetrio le remitió esta respuesta: Por ti y por
tu pueblo no solo haré eso, sino que los colmaré
de honores, a ti y a tu pueblo, en cuanto ten-
ga ocasión. 43Ahora hazme el favor de enviarme
gente que luche en mi favor, porque todos mis
soldados han desertado. 44Jonatán le envió tres
mil hombres aguerridos a Antioquía. Cuando se
presentaron al rey, este se alegró de su llegada.

45La población, unas ciento veinte mil perso-
nas, organizó una manifestación en el centro de
la ciudad con la intención de asesinar al rey. 46El
rey se refugió en su palacio; los vecinos de la
ciudad ocuparon las salidas de la villa y empeza-
ron el asalto. 47Entonces el rey llamó a los judíos
en su ayuda; inmediatamente se congregaron
todos en torno de él; luego se esparcieron por
la ciudad, y mataron aquel día a unos cien mil,
48e incendiaron la ciudad, después de recoger un
cuantioso botín. Así salvaron al rey. 49Al ver los

de la ciudad que los judíos se habían apoderado
de la villa a placer, se acobardaron y clamaron al
rey, suplicándole: 50«Hagamos las paces, y que
los judíos dejen de atacarnos a nosotros y a la
ciudad». 51Rindieron las armas e hicieron la paz.
Los judíos se cubrieron de gloria delante del rey
y de todos los súbditos de su imperio; luego re-
gresaron a Jerusalén con un abundante botín.
52El rey Demetrio ocupó su trono real, y el país
quedó en paz bajo su mando. 53Pero no cumplió
ninguna promesa; se distanció de Jonatán, y en
vez de pagarle los buenos servicios le dio mucho
que sufrir.

Intrigas de Trifón

54Después de estos sucesos volvió Trifón con
Antíoco, un muchacho muy joven todavía, que
subió al trono y se ciñó la corona. 55Se le su-
maron todos los soldados que había licenciado
Demetrio de mala manera; atacaron a Demetrio,
y este, derrotado, tuvo que huir. 56Trifón se apo-
deró de Antioquía utilizando los elefantes.
57El joven Antíoco escribió a Jonatán: Te con-
firmo en el puesto de sumo sacerdote, te pongo
al frente de los cuatro distritos y te confirmo
grande del reino. 58Y le envió una vajilla de oro
con todo el servicio completo, autorizándole a
beber en copas de oro, a vestirse de púrpura y
usar prendedor de oro. 59A su hermano Simón lo
nombró gobernador militar en la zona que com-
prende desde la Escala de Tiro hasta la frontera
de Egipto. 60Jonatán marchó a hacer un recorri-
do por la región y las ciudades del otro lado del
río Éufrates. Todo el ejército se le agregó como
aliado. Al llegar a Ascalón, los habitantes de la
ciudad lo recibieron con todos los honores. 61De
allí marchó a Gaza, pero los de Gaza le cerraron
las puertas; entonces la cercó; saqueó los alre-
dedores y los incendió. 62Los de Gaza pidieron la
paz a Jonatán; se la concedió, pero retuvo como
rehenes a los hijos de las autoridades y los envió
a Jerusalén. Luego prosiguió su viaje a través
del país, hasta Damasco.
63Cuando se enteró de que los oficiales de De-
metrio se encontraban en Cades de Galilea con
un gran ejército, en plan de estorbarle su pro-
yecto, 64salió a hacerles frente, dejando en la
región a su hermano Simón. 65Simón cercó Bet-
Sur, la atacó durante muchos días, apretando el
asedio. 66Los de la ciudad le pidieron la paz, y se
la concedió; pero les hizo evacuar la ciudad, la
ocupó y puso en ella una guarnición.
67Jonatán y su ejército acamparon junto al
lago de Genesaret; de madrugada fueron a la
llanura de Jasor 68y se encontraron con que el
ejército de extranjeros avanzaba hacia ellos por
la llanura y les había puesto emboscadas en los
montes; ellos iban de frente. 69Cuando surgieron
los emboscados y se trabó el combate, 70todos
los de Jonatán huyeron; no quedó ni uno, fuera
de Natatías, hijo de Absalón, y Judas, hijo de
Alfeo, oficiales del ejército.
71Jonatán se rasgó las vestiduras, se echó tie-
rra a la cabeza y oró. 72Luego volvió a la lucha
contra el enemigo y les hizo emprender la huida.
73Al ver esto, los que se le habían marchado se
le incorporaron de nuevo, persiguieron juntos
al enemigo hasta su campamento de Cades y
acamparon allí. 74Los extranjeros tuvieron aquel
día unas tres mil bajas. Jonatán volvió luego a
Jerusalén.

Embajada a Roma

12 1Viendo Jonatán que el momento era fa-
vorable, eligió a algunos para enviarlos a
Roma a confirmar y renovar el pacto de amistad
con los romanos. 2A Esparta y otros países des-
pachó mensajes en el mismo sentido. 3Los emba-
jadores partieron para Roma, y cuando entraron
en el Senado, dijeron: «El sumo sacerdote, Jo-
natán, y el pueblo judío nos han enviado para
que ustedes renueven con ellos el antiguo pacto
de amistad y de mutua defensa». 4Los romanos
les dieron un salvoconducto con el que pudieran
llegar a Judá sanos y salvos.
5Copia de la carta de Jonatán a los espartanos:
6«El sumo sacerdote, Jonatán, el consejo de
la nación, los sacerdotes y toda la nación ju-
día saludan a sus hermanos de Esparta. 7Ya en
tiempos pasados el rey Áreo envió al sumo sa-
cerdote, Onías, una carta reconociendo nuestro
parentesco, como consta en la copia adjunta.
8Onías recibió al mensajero con todos los ho-
nores, y aceptó la carta, que hablaba de mutua
defensa y amistad. 9Y aunque con el estímulo
de los libros santos no necesitamos tales alian-
zas, 10nos hemos permitido enviarles una emba-
jada para renovar con ustedes nuestra alianza
fraternal, a fin de no mirarnos como extraños,
ya que ha pasado mucho tiempo desde que nos
enviaron aquel mensaje. 11Por lo que a nosotros
toca, con ocasión de las festividades y en otros
días designados no los olvidamos en nuestros
sacrificios y oraciones, porque es justo y debido
acordarse de los hermanos. 12Nos alegramos mu-
chos de la gloria que ustedes tienen. 13Nosotros
nos hemos visto cercados de muchas tribulacio-
nes y muchas guerras; los reyes vecinos nos han
atacado, 14pero no hemos querido molestarlos a
ustedes ni a los demás aliados y amigos nuestros
con motivo de esas guerras, 15porque gracias a la
ayuda protectora del cielo nos hemos librado de

los enemigos, que han sido derrotados. 16Ahora
hemos elegido a Numenio, de Antíoco, y a An-
típatro, de Jasón, y los hemos enviado a Roma
para renovar el anterior pacto de amistad y mu-
tua defensa. 17Les hemos ordenado presentarse
también a ustedes, saludarlos y entregarles esta
nuestra carta sobre la renovación de nuestra
fraternidad. 18Hagan el favor de respondernos
a esta carta».
19Copia de la carta enviada a Onías:
20«Areo, rey de Esparta, saluda al sumo sa-
cerdote Onías. 21En un documento relativo a
espartanos y judíos se ha descubierto que son
parientes, de la estirpe de Abrahán. 22Ahora que
lo sabemos, les pedimos por favor que nos escri-
ban con noticias de ustedes. 23 Por nuestra par-
te, les decimos: sus ganados y todos sus bienes
son nuestros y los nuestros son de ustedes. Por
tanto, ordenamos que se les envíe un mensaje
para comunicarles esto».
24Jonatán se enteró de que los oficiales de
Demetrio habían regresado con un ejército más
numeroso que el anterior para atacarlo. 25Salió
de Jerusalén para hacerles frente en la zona de
Jamat, sin dejarles poner pie en su territorio.
26Envió espías al campamento enemigo, y al vol-
ver le comunicaron que se preparaban para caer
de noche sobre los judíos. 27En cuanto se puso el
sol, Jonatán ordenó a los suyos estar en vela y
con las armas a mano toda la noche, preparados
para el combate, y destacó puestos de avanzada
alrededor del campamento.
28Cuando los enemigos se enteraron de que
Jonatán y los suyos estaban dispuestos al com-
bate se acobardaron, llenos de miedo; encendie-
ron fogatas en el campamento [y se retiraron].
29Jonatán y los suyos, como veían el resplandor
de las hogueras, no se enteraron hasta por la
mañana de lo ocurrido. 30Entonces Jonatán los
persiguió, pero no pudo alcanzarlos, porque ya
habían pasado el río Eléutero. 31Luego se volvió
contra los árabes llamados zabadeos; los derro-
tó y los saqueó. 32Emprendió la marcha hacia Da-
masco y atravesó toda la región. 33Simón había
salido, mientras tanto, y había llegado hasta
Ascalón y las plazas fuertes cercanas; se des-
vió luego hacia Jafa y la conquistó 34porque se
había enterado de que querían entregar la plaza
fuerte a los de Demetrio. Dejó allí una guarni-
ción de defensa. 35A su vuelta, Jonatán convocó
a la asamblea de los ancianos y decidió con ellos
construir plazas fuertes en Judá, 36dar más al-
tura a las murallas de Jerusalén, construir una
gran barrera de separación entre la fortaleza y
la ciudad para aislar la fortaleza a fin de que sus
habitantes no pudieran comprar ni vender. 37Se
reunieron para reconstruir la ciudad, porque
estaba caída una parte de la muralla oriental,
sobre el torrente del este. Jonatán restauró la
muralla de Capenat. 38Simón, por su parte, re-
construyó Adida en la Sefela, la fortificó y le
puso puertas con cerrojos.

Secuestro de Jonatán

39Trifón había intentado ocupar el trono de
Asia, ceñirse la corona y eliminar al rey Antíoco.
40Pero temiendo que Jonatán no le iba a dejar,
o que a lo mejor lo atacaba, andaba buscando la
manera de prenderlo y deshacerse de él; así, se
marchó hasta Beisán.
41Jonatán salió a hacerle frente con cuarenta
mil soldados escogidos, y llegó a Beisán. 42Al ver
Trifón que Jonatán había venido con aquel ejér-
cito, temió echarle mano; 43es más, lo recibió
con todos los honores, lo recomendó a todos sus
generales, le hizo regalos y ordenó a sus genera-
les y soldados que le obedeciesen como a él mis-
mo. 44Y dijo a Jonatán: «¿Para qué has cansado
a toda esta gente, cuando no hay guerra entre
nosotros? 45Mándalos ahora mismo a sus casas,
quédate con una pequeña escolta y ven conmi-
go a Tolemaida; te la entregaré con las demás
plazas fuertes, el resto del ejército y todos los
funcionarios; después emprenderé el regreso;
para esto he venido». 46Jonatán se fió de él e
hizo lo que le dijo: licenció a los soldados, que
se fueron a Judá; 47se quedó con unos tres mil
hombres: dejó dos mil en Galilea, los otros mil
lo acompañaron. 48Y cuando entró en Tolemaida,
los habitantes de la villa cerraron las puertas, lo
apresaron y acuchillaron a todos los que habían
entrado con él.
49Trifón envió tropas de infantería y caballería
a Galilea y a la gran llanura de Esdrelón para
eliminar a todos los de Jonatán. 50Pero estos,
que ya sabían que Jonatán había caído preso y
muerto con los de su escolta, se animaron mu-
tuamente, y avanzaron en escuadrón cerrado,
dispuestos a la lucha. 51Sus perseguidores los
vieron dispuestos a jugarse la vida y se volvie-
ron. 52Así, los de Jonatán pudieron llegar sanos
y salvos a Judá. Lloraron a Jonatán y a los de su
escolta, muy alarmados. Todo Israel hizo gran
duelo. 53Todos los países vecinos intentaron
entonces exterminarlos, y decían: «No tienen
jefe ni defensor. ¡Vamos a atacarlos y borrar su
recuerdo de entre los hombres!».

Simón asume el mando

13 1Cuando Simón se enteró de que Trifón ha-
bía reunido un gran ejército para ir a des-
truir Judá 2y vio a la gente aterrorizada, subió a

Jerusalén, congregó al pueblo 3y los animó di-
ciendo: «Ustedes saben lo que yo, mis hermanos
y mi familia hemos hecho por la ley y el templo,
las guerras y dificultades que hemos pasado.
4Por eso todos mis hermanos han muerto por
Israel. Quedo yo solo. 5Pero lejos de mí tratar
de ponerme a salvo en los momentos de peli-
gro, ya que no valgo más que mis hermanos. 6Al
contrario, vengaré a mi pueblo, al templo, a sus
mujeres y a sus hijos, ya que todas las naciones,
por odio, se han unido para aniquilarnos». 7Al
oírlo hablar así, todos se reanimaron, 8y le res-
pondieron con una aclamación: «¡Tú eres nues-
tro caudillo después de Judas y de tu hermano
Jonatán! 9Dirige nuestra guerra, y haremos lo
que nos mandes». 10Simón congregó a todos los
guerreros y se dio prisa a terminar la muralla de
Jerusalén, fortificándola toda en derredor. 11A
Jonatán, hijo de Absalón, lo envió a Jafa con
bastante tropa. Jonatán expulsó a los de Jafa y
se estableció allí.

12Trifón salió de Tolemaida con un gran ejér-
cito para ir a Judá; llevaba con él a Jonatán,
prisionero. 13Simón acampó en Adida, frente a
la llanura. 14Cuando Trifón supo que Simón re-
emplazaba a su hermano Jonatán y que estaba
a punto de atacarle, le envió este mensaje:
15«Tenemos cautivo a tu hermano Jonatán, por
el dinero que debe al fisco a causa de los cargos
que tenía. 16Si mandas tres mil kilos de plata y
dos de sus hijos como rehenes, para que no se
rebele cuando quede libre, lo soltamos». 17Simón
comprendió que le hablaban de mala fe, pero
mandó traer el dinero y los niños, para no hacer-
se odioso entre la gente, 18que comentaría: «¡Ha
muerto Jonatán porque Simón no envió a Trifón
el dinero ni los niños!».

19Así que envió los niños y tres mil kilos de
plata. Pero Trifón, faltando a su palabra, no
soltó a Jonatán. 20Trifón marchó después para
invadir y saquear el país; dio un rodeo por el
camino de Adora, mientras Simón y su ejército
lo seguían a todas partes. 21Los de la fortaleza
enviaban mensajes a Trifón, insistiéndole que
cortara por el desierto y les enviara víveres.
22Trifón preparó toda su caballería para ir allá,
pero aquella noche caía una nevada tan fuerte
que no pudo ir a causa de la nieve. Entonces em-
prendió la marcha hacia Galaad. 23Al llegar cerca
de Bascama mató a Jonatán, y allí lo enterraron.
24Luego regresó a su tierra.

25Simón envió a recoger los restos mortales de
su hermano Jonatán, y lo enterró en Modín, su
pueblo natal. 26Todo Israel le hizo solemnes fu-
nerales y lo lloraron durante muchos días. 27So-
bre la sepultura de su padre y hermanos, Simón
levantó un monumento de piedra pulida por am-
bas caras, bien visible. 28Erigió siete pirámides,
unas frente a otras, en honor de su padre, su
madre y sus cuatro hermanos. 29Las rodeó artís-
ticamente con grandes columnas; sobre las co-
lumnas colocó escudos con armas para recuerdo
perpetuo, y junto a las armas hizo esculpir unas
naves, para que las vieran los navegantes. 30Así
era el monumento que construyó en Modín y que
todavía se conserva.

Actividad político-militar de Simón

31Por su parte, Trifón conspiró contra el joven
rey Antíoco y lo mató; 32lo suplantó en el trono
y ciñó la corona de Asia, causando grandes es-
tragos en el país. 33Simón construyó las plazas
fuertes de Judá, las rodeó de torres elevadas y
altas murallas, con puertas y cerrojos, y las dejó
bien aprovisionadas. 34Eligió a algunos para en-
viarlos al rey Demetrio a pedirle que condonase
los impuestos al país, porque todas las interven-
ciones de Trifón habían sido un verdadero sa-
queo. 35El rey Demetrio respondió a su petición
con la siguiente carta:

36«El rey Demetrio saluda al sumo sacerdote,
Simón, aliado de reyes, a los ancianos y al pue-
blo judío. 37Hemos recibido la corona de oro y el
ramo de palma que enviaste, y estamos dispues-
tos a firmar con ustedes una paz duradera y a
escribir a los funcionarios para que los eximan
de impuestos. 38Sigue en vigor cuanto hemos
decretado a favor de ustedes. Las plazas fuertes
que han construido quedan en poder de uste-
des. 39Asimismo, concedemos amnistía por los
errores y transgresiones cometidas hasta el pre-
sente. Les perdonamos la corona que nos deben.
Y si en Jerusalén deben alguna contribución, no
se le exigirá. 40Si algunos de ustedes están dis-
puestos a alistarse en nuestra escolta pueden
hacerlo. ¡Haya paz entre nosotros!».

41Israel se sacudió el yugo extranjero el año
ciento setenta, 42y empezaron a fechar así los
documentos y contratos: Año primero de Simón
el Grande, sumo sacerdote, general y caudillo de
los judíos. 43Por entonces acampó Simón frente
a Guézer y la cercó con su ejército; armó una to-
rre de asalto, la arrimó a la ciudad, abrió brecha
en un torreón y lo ocupó. 44Cuando los que iban
en la torre móvil saltaron a la ciudad se armó un
gran revuelo en la población. 45Los vecinos de
la ciudad subieron a la muralla con sus mujeres
e hijos, y rasgándose las vestiduras, pidieron la
paz a Simón, con grandes gritos: 46«¡No nos tra-
tes como merece nuestra maldad, sino conforme
a tu misericordia!». 47Simón accedió y suspendió
el ataque. Pero los expulsó de la ciudad, purifi-

có las casas en las que había ídolos, y entonces
entró en la ciudad entre cantos de alabanza y
acción de gracias. 48 Echó fuera de la ciudad todo
lo que la profanaba e instaló en ella gente ob-
servante de la ley. Fortificó Guézer y se constru-
yó allí una casa.
49 Los de la fortaleza de Jerusalén, como no
podían salir ni entrar en la provincia para com-
prar y vender, pasaban un hambre espantosa, y
muchos de ellos morían de inanición. 50 Clama-
ron a Simón, pidiéndole las paces. Él accedió.
Los expulsó de allí y purificó la fortaleza de las
profanaciones. 51 El día veintitrés del mes se-
gundo del año ciento setenta y uno entraron los
judíos en la fortaleza, entre vítores, con ramos
de palma, cítaras, platillos y arpas, con himnos
y canciones, porque había sido derrotado el ma-
yor enemigo de Israel. 52 Simón declaró aquel día
fiesta anual. Luego fortificó el monte del tem-
plo, del lado de la fortaleza, y habitó allí con los
suyos. 53 Y cuando vio que su hijo Juan era ya un
hombre, lo nombró general en jefe del ejército,
con residencia en Guézer.

Gloria de Simón

14 1 El año ciento setenta y dos el rey Deme-
trio concentró sus tropas y marchó a Media
en busca de ayuda para la guerra contra Trifón.
2 Pero cuando Arsaces, rey de Persia y Media, se
enteró de que Demetrio había entrado en su te-
rritorio, envió a uno de sus generales con orden
de apresarlo vivo. 3 Fue el general, derrotó al
ejército de Demetrio, lo apresó y se lo llevó a
Arsaces, que lo metió en la cárcel.
4 Mientras vivió Simón, Judá estuvo en paz./
Simón buscó el bienestar de su pueblo,/ que
aprobó siempre su gobierno y su magnificen-
cia./ 5 Añadió a sus títulos de gloria/ la conquis-
ta de Jafa como puerto,/ y así abrió un camino al
tráfico marítimo.
6 Extendió las fronteras de su patria,/ se adue-
ñó del país;/ 7 repatrió a numerosos cautivos,/
se apoderó de Guézer, Bet-Sur y la fortaleza;/ y
las purificó de toda impureza,/ no hubo quien
le resistiera.
8 La gente cultivaba en paz sus campos,/ la tie-
rra daba sus cosechas/ y los árboles de la llanu-
ra sus frutos./ 9 Los ancianos se sentaban en las
plazas/ hablando todos del bienestar reinante,/
y los mozos vistieron gloriosos uniformes mili-
tares./ 10 Abasteció de víveres a las ciudades,/
las equipó con medios de defensa,/ su renombre
llegó a los confines de la tierra.
11 Hizo obra de paz en el país,/ e Israel se lle-
nó de inmenso gozo./ 12 Cada cual pudo habitar
bajo su parra y su higuera/ sin que nadie lo in-
quietara./ 13 Acabó con los enemigos en el país,/
en su tiempo los reyes acababan derrotados./
14 Protegió a la gente humilde;/ tuvo en cuenta
la ley,/ exterminó a impíos y malvados./ 15 Dio
esplendor al templo/ y aumentó los utensilios
sagrados.
16 En Roma y Esparta sintieron profundamente
la muerte de Jonatán cuando supieron la noti-
cia; 17 pero al enterarse de que su hermano Simón
le había sucedido como sumo sacerdote y que se
había hecho cargo del país y sus ciudades, 18 le
escribieron en tablillas de bronce para renovarle
el tratado de amistad y mutua defensa pactado
con sus hermanos Judas y Jonatán; 19 aquel do-
cumento se leyó en Jerusalén ante la asamblea.
20 Copia de la carta de los espartanos:
«El gobierno y la ciudad de Esparta saludan
a sus hermanos el sumo sacerdote Simón, los
ancianos, los sacerdotes y demás pueblo judío.
21 Los embajadores que nos han enviado nos han
informado acerca de la gloria y el prestigio de
ustedes. Nos hemos alegrado con su venida, 22 y
sus discursos constan en las actas oficiales, en
estos términos: Numenio, de Antíoco, y Antípa-
tro, de Jasón, embajadores de los judíos, han
venido aquí a renovar su pacto de amistad. 23 El
pueblo ha decretado recibirlos con todos los
honores y depositar una copia de sus discursos
en los documentos oficiales, para que sirva de
recuerdo a la nación espartana. Se ha sacado
una copia de todo esto para el sumo sacerdote
Simón».
24 Más tarde envió Simón a Numenio a Roma,
con un gran escudo de oro, de seiscientos kilos,
para ratificar el pacto de mutua defensa con los
romanos.
25 Al correrse estas noticias entre el pueblo,
la gente comentó: «¿Con qué podremos pagar a
Simón y sus hijos? 26 Porque él, sus hermanos y su
familia han luchado con constancia para recha-
zar a los enemigos de Israel, y le han conseguido
la libertad». Grabaron una inscripción en bronce
y la fijaron en unas columnas en el monte Sión.
27 Copia de la inscripción: «El dieciocho de
septiembre del año ciento setenta y dos –que
corresponde al año tercero de Simón, sumo sa-
cerdote–, durante la tribulación del pueblo de
Dios, 28 en una asamblea solemne de sacerdotes y
pueblo, autoridades y ancianos del país, se nos
notificó lo siguiente.
29 »Cuando en el país se libraban frecuentes
combates, el sacerdote Simón, hijo de Matatías,
descendiente de Yoarib, y sus hermanos se expu-
sieron al peligro y resistieron a los enemigos de
su patria para salvar incólumes su templo y su
ley, y así dieron gran gloria a su nación, hacién-

dola gloriosa. 30Jonatán, después de unificar a
su patria y hacer de sumo sacerdote, fue a re-
unirse con los suyos. 31Sus enemigos quisieron
poner el pie en el país y atacar el templo, 32 pero
entonces surgió Simón, para luchar por su pue-
blo; gastó gran parte de su fortuna en equipar y
pagar a los guerreros de su patria.
33»Fortificó las ciudades de Judá y la ciudad
fronteriza de Bet-Sur, antiguo cuartel enemigo,
y dejó allí una guarnición judía. 34Fortificó Jafa,
en la costa, y Guézer, en la frontera de Asdod,
antiguo enclave enemigo, y estableció allí colo-
nias judías, proporcionándoles todo lo necesa-
rio para su buen funcionamiento.
35»Al ver la gente la fidelidad de Simón y su in-
terés por engrandecer a su patria, lo nombraron
caudillo y sumo sacerdote suyo, como recom-
pensa por los servicios prestados, por su honra-
dez y lealtad para con la patria, intentando por
todos los medios enaltecer a su pueblo.
36»En su tiempo pudo llevarse a buen término
la expulsión de los paganos de la zona ocupada,
y de los de Jerusalén, la ciudad de David, que se
habían edificado una fortaleza de donde salían a
profanar los alrededores del templo, profanando
gravemente su pureza. 37Simón instaló judíos en
la fortaleza, la fortificó para seguridad del país
y de la ciudad, y elevó las murallas de Jerusalén.
38Por eso el rey Demetrio lo confirmó en el cargo
de sumo sacerdote, 39lo hizo grande del reino y
lo colmó de honores, 40porque se enteró de que
los romanos llamaban a los judíos amigos, alia-
dos y hermanos, y que habían recibido con todos
los honores a los embajadores de Simón.
41»Supo también que los judíos y los sacer-
dotes habían determinado que Simón fuese su
caudillo y sumo sacerdote vitalicio, hasta que
surgiese un profeta fidedigno, 42y que fuese su
general, que se ocupara del templo, de la super-
visión de las obras, del gobierno del país, del
armamento, de las plazas fuertes; todos debían
obedecerle. 43Los documentos oficiales se es-
cribirían todos en su nombre, y él vestiría de
púrpura y oro.
44»Se prohíbe a todo el pueblo y a los sacer-
dotes desobedecer uno solo de estos puntos,
contradecir las órdenes que dicte, convocar en
todo el territorio una reunión sin su autoriza-
ción, vestir de púrpura o llevar un prendedor de
oro. 45Todo el que viole estas prescripciones o
desobedezca uno solo de estos puntos será reo
de culpa. 46Todos aprobaron que se otorgase a
Simón autoridad para actuar conforme a tales
normas. 47Simón aceptó con agrado actuar de
sumo sacerdote, ser general y jefe de los judíos y
de los sacerdotes y presidirlos a todos.
48Decretaron grabar este documento en ta-
blillas de bronce y colocarlas en el recinto del
templo, en un sitio visible, 49depositando en el
tesoro copias a disposición de Simón y sus hijos.

Antíoco y Simón

15 1Antíoco, hijo del rey Demetrio, mandó
una carta desde ultramar a Simón, sumo
sacerdote y jefe de los judíos, y a toda la nación,
2redactada en los siguientes términos: «El rey
Antíoco saluda a Simón, sumo sacerdote y jefe
del Estado, y al pueblo judío. 3Considerando que
unos canallas se han apoderado del reino de mis
padres; queriendo yo hacer valer mis derechos
al trono para restaurar el imperio, y habiendo
reclutado numerosas tropas y equipado barcos
de guerra 4con intención de desembarcar en el
país para vengarme de sus devastadores, que
han asolado muchas ciudades de mi reino, 5te
confirmo todas las exenciones de impuestos
concedidas por los reyes predecesores míos y
cualesquiera otras exenciones que te otorgaran.
6Te permito acuñar moneda propia, de curso le-
gal, en tu país. 7Jerusalén y el templo serán ciu-
dad franca. Puedes retener todo el armamento
que has almacenado, así como las plazas fuertes
que edificaste y tienes en tu poder. 8Todas tus
deudas, presentes y futuras, pagaderas al teso-
ro real, te quedan perdonadas desde ahora para
siempre. 9Y cuando hayamos restablecido nues-
tro reino te colmaremos de honores a ti, a tu
nación y al santuario, de modo que tu fama será
conocida de todo el mundo».
10El año ciento setenta y cuatro Antíoco mar-
chó al país de sus padres; toda la tropa se pasó
a él, de manera que quedaron pocos con Trifón.
11Antíoco lo persiguió. Trifón se refugió en Dor
del Mar, 12dándose perfecta cuenta de su deses-
perada situación al haber sido abandonado por
sus soldados.
13Antíoco acampó frente a Dor con ciento
veinte mil guerreros de a pie y ocho mil jinetes.
14Cercaron la ciudad. Los barcos se acercaron por
mar, de modo que Antíoco bloqueó la ciudad por
mar y tierra, sin dejar entrar ni salir a nadie.
15Mientras tanto, Numenio y su comitiva lle-
garon de Roma con una carta para los reyes de
los diversos países, en la que se decía: 16«Lucio,
cónsul de Roma, saluda al rey Tolomeo. 17Envia-
dos por el sumo sacerdote, Simón, y el pueblo
judío, se nos han presentado los embajadores
judíos, nuestros amigos y aliados, 18trayéndonos
un escudo de oro de seiscientos kilos. 19Nos es
grato escribir a los reyes de los diversos países
para que no intenten hacerles daño ni les ata-
quen a ellos, a sus ciudades y su país, ni se alíen

con sus enemigos. [20]Hemos decidido aceptarles ese escudo. [21]Por lo tanto, si tienen entre ustedes algunos judíos traidores que hayan huido de su país entréguenlos al sumo sacerdote Simón, para que los castigue conforme a su ley».

[22]Escribió una carta igual al rey Demetrio, a Atalo, Ariarates y Arsaces, [23]y a todos los países: Sansame, Esparta, Delos, Mindo, Sición, Caria, Samos, Panfilia, Licia, Halicarnaso, Rodas, Fasélida, Cos, Side, Arvad, Górtina, Cnido, Chipre y Cirene. [24]Al sumo sacerdote, Simón, le enviaron una copia.

[25]Mientras tanto, el rey Antíoco atacaba de nuevo a Dor, lanzando contra ella incesantemente sus batallones y levantando máquinas de guerra. Tenía cercado a Trifón, sin dejarle salir ni entrar. [26]Simón le envió dos mil soldados para luchar como aliados, y además plata, oro y material suficiente. [27]Pero Antíoco no solo no quiso recibirlos, sino que revocó las concesiones hechas a Simón, rompiendo con él. [28]Le envió uno de sus amigos, Atenobio, como parlamentario, con este mensaje: «Tienen en su poder Jafa, Guézer y la fortaleza de Jerusalén, ciudades de mi imperio. [29]Han asolado sus territorios, han causado graves daños al país y se han apoderado de muchas poblaciones de mi imperio. [30]Así que devuélvanme ahora mismo las ciudades que han ocupado y los impuestos de las poblaciones que han sometido fuera de los límites de Judá. [31]De lo contrario, paguen nueve mil kilos de plata, y otros tantos como indemnización por daños y perjuicios y por los impuestos de las ciudades. De no ser así, me presentaré ahí para atacarte».

[32]Atenobio, amigo del rey, llegó a Jerusalén y se quedó asombrado ante el esplendor de Simón, sus aparadores repletos de vajilla de oro y plata, y todo el fasto que lo rodeaba. Entregó a Simón el mensaje del rey, [33]y Simón respondió: «Ni hemos ocupado tierra extranjera ni nos hemos apoderado de bienes ajenos, sino de la herencia de nuestros antepasados, que ha estado algún tiempo en poder enemigo injustamente. [34]Aprovechando la ocasión hemos recuperado la herencia de nuestros antepasados. [35]En cuanto a Jafa y Guézer, que tú reclamas, eran ellas precisamente las que causaban graves daños a nuestro pueblo y asolaban el país. Te daremos por ellas tres mil kilos –de plata–». [36]Atenobio no respondió. Enfurecido, se volvió a donde estaba el rey y le transmitió la respuesta; le habló de la fastuosidad de Simón y de todo lo que había visto. El rey se puso furioso.

[37]Por su parte, Trifón pudo huir por mar a Ortosia. [38]El rey nombró a Cendebeo jefe supremo del litoral, y le asignó soldados de infantería y caballería. [39]Le mandó acampar frente a Judá, reconstruir Cedrón, reforzar sus puertas y hostilizar al pueblo mientras el rey perseguía a Trifón. [40]Cendebeo se presentó en Yamnia y empezó a provocar al pueblo, a invadir Judá, a hacer presiones y a matar gente. [41]Reconstruyó Cedrón y acantonó allí jinetes e infantería, para que hicieran incursiones y marchas por las rutas de Judá, como se lo había ordenado el rey.

Primer éxito de Juan

16 [1]Juan subió de Guézer y comunicó a su padre, Simón, lo que hacía Cendebeo. [2]Simón llamó a sus dos hijos mayores, Judas y Juan, y les dijo: «Mis hermanos y yo, y toda mi familia, combatimos a los enemigos de Israel, desde jóvenes hasta hoy, y muchas veces conseguimos liberar a Israel con nuestro esfuerzo. [3]Yo ya soy viejo, pero ustedes están en la mejor edad, gracias a Dios. Ocupen mi puesto y el de mi hermano. Salgan a luchar por nuestra patria. Que la ayuda del cielo los acompañe». [4]Seleccionó veinte mil guerreros y jinetes del país, y marcharon contra Cendebeo. Pernoctaron en Modín, [5]y de madrugada caminaron hacia la llanura; se toparon con un ejército numeroso, de infantería y caballería, separado de ellos por un río.

[6]Juan y sus tropas formaron frente a ellos; al ver que la tropa no se atrevía a pasar el río, Juan lo pasó el primero. Al verlo sus soldados, pasaron tras él. [7]Luego dividió a la tropa, colocando en medio a los jinetes, porque la caballería enemiga era muy numerosa. [8]Sonaron las trompetas, y Cendebeo y su ejército fueron derrotados: cayeron muchos heridos, y los demás huyeron a la plaza fuerte. [9]Entonces fue herido Judas, el hermano de Juan. Juan los persiguió hasta llegar a Cedrón, reconstruida por Cendebeo. [10]Huyeron a las torres de la campiña de Asdod. Juan incendió la ciudad, causando dos mil bajas al enemigo. Después regresó a Judá.

Muerte de Simón

[11]Tolomeo de Abubo había sido nombrado gobernador de la llanura de Jericó. Tenía mucha plata y oro, [12]por ser yerno del sumo sacerdote, [13]pero, lleno de soberbia, quiso apoderarse del país, y conspiró para eliminar a Simón y sus hijos. [14]Simón estaba inspeccionando las poblaciones del país, ocupado en sus problemas administrativos. Bajó a Jericó con sus hijos Matatías y Judas, el año ciento setenta y siete, el mes de enero, o sea, el mes Sebat. [15]El hijo de Abubo los recibió pérfidamente en el fortín llamado Doc, construido por él; les ofreció un banquete y apostó allí unos cuantos hombres. [16]Cuando

Simón y sus hijos estaban bebidos, Tolomeo y sus hombres se levantaron, empuñaron sus armas, se precipitaron sobre Simón en la sala del banquete, y lo mataron junto con sus dos hijos y algunos de su séquito. 17¡Fue una gran traición devolver mal por bien!

18Tolomeo consignó por escrito lo sucedido y envió el informe al rey, pidiéndole tropas de socorro y el mando sobre la provincia y las poblaciones. 19Despachó a Guézer otros emisarios para eliminar a Juan; envió cartas a la oficialidad para que se entrevistaran con él, que les daría plata, oro y regalos. 20A otro grupo lo mandó a Jerusalén, para apoderarse de la ciudad y del monte del templo. 21Pero hubo uno que corrió a Guézer y avisó a Juan de la muerte de su padre y hermanos, y que Tolomeo había mandado gente para matarle también a él. 22Juan quedó consternado ante la noticia. Luego apresó a los que venían a asesinarlo y los ejecutó, sabiendo que llegaban para matarlo.

23Para otros datos sobre Juan y las hazañas militares que realizó, las murallas que construyó y sus empresas, 24véanse los anales de su pontificado, a partir de la fecha de su consagración como sumo sacerdote, sucesor de su padre.

2 MACABEOS

Cartas a los judíos de Egipto

1 1Los hermanos judíos de Jerusalén y de Judá saludan a los hermanos judíos de Egipto: ¡paz y prosperidad!

2¡Que Dios los favorezca y se acuerde de la promesa que hizo a sus fieles servidores Abrahán, Isaac y Jacob! 3¡Que les dé a todos el deseo de adorarlo y de hacer su voluntad con corazón generoso y de buena gana! 4¡Que él les abra el corazón a su ley y a sus preceptos, y les conceda la paz! 5¡Que escuche sus oraciones, se reconcilie con ustedes y no los abandone en la desgracia! 6Ahora mismo estamos aquí rezando por ustedes.

7El año ciento sesenta y nueve, durante el reinado de Demetrio, nosotros los judíos les escribimos: En medio de la grave tribulación que nos sobrevino aquellos años, desde que Jasón y su partido traicionaron a la tierra santa y al reino, 8cuando incendiaron las puertas del templo y derramaron sangre inocente, oramos al Señor y nos escuchó; ofrecimos un sacrificio con la mejor harina, encendimos las lámparas y presentamos los panes. 9Ahora también les escribimos para que celebren la fiesta de las Chozas en el mes de diciembre. En el año ciento ochenta y ocho.

10Los habitantes de Jerusalén, de Judá, el consejo de los ancianos y Judas saludan a Aristóbulo, consejero del rey Tolomeo, miembro de la familia de los sacerdotes ungidos, y a los judíos de Egipto, deseándoles se encuentren bien.

11Salvados por Dios de graves peligros, le damos muchas gracias por ser nuestro defensor contra el rey, 12porque él expulsó a los que se habían levantado en armas contra la Ciudad Santa. 13En efecto, cuando el generalísimo marchó a Persia rodeado de un ejército que parecía invencible, fueron descuartizados en el templo de Nanea, gracias a una estratagema de la que se valieron los sacerdotes de la diosa. 14Antíoco se presentó allí en compañía de sus consejeros, con el pretexto de casarse con la diosa, para recibir como dote sus inmensas riquezas. 15Los sacerdotes del templo de Nanea habían expuesto esas riquezas con motivo de la visita que Antíoco debía hacer al recinto sagrado, acompañado de unas pocas personas. Pero en cuanto entró Antíoco, cerraron el templo, 16abrieron la puerta secreta del techo y acribillaron a pedradas al generalísimo. Luego los descuartizaron, los degollaron y echaron las cabezas a los que habían quedado afuera. 17¡Bendito sea siempre nuestro Dios, que entregó a los impíos!

18Como vamos a celebrar la purificación del templo el veinticinco de diciembre, nos pareció conveniente informarles para que también ustedes celebren la fiesta de las Chozas y la del Fuego, el fuego que apareció cuando Nehemías, después de haber reconstruido el templo y el altar ofreció sacrificios. 19Porque cuando nuestros antepasados fueron deportados a Persia, los piadosos sacerdotes de entonces quitaron el fuego del altar y lo ocultaron clandestinamente en el fondo de un pozo seco; lo escondieron tan bien que nadie supo el sitio.

20Pasados muchos años, cuando Dios quiso, Nehemías, enviado por el rey de Persia, mandó a los descendientes de aquellos sacerdotes que habían ocultado el fuego que fueran a buscarlo. Y, según nos cuentan, no encontraron fuego, sino un líquido espeso. Nehemías les ordenó sacarlo y llevárselo; 21y cuando ya estaban las víctimas sobre el altar, Nehemías mandó a los sacerdotes rociar con aquel líquido la leña y lo que había encima. 22Lo hicieron. Pasó algún tiempo, y el sol, antes nublado, brilló, y se encendió una llamarada que dejó a todos admirados. 23Mientras el sacrificio se consumía, todos los sacerdotes y todos los presentes oraban; Jonatán entonaba, y los demás coreaban como Nehemías.

24este era el texto de la oración: Señor, Señor
Dios, creador de todo, terrible y fuerte, justo y
compasivo, único rey y bienhechor, 25único pro-
tector, único justo, todopoderoso y eterno, que
salvas a Israel de todo mal, que elegiste y consa-
graste a nuestros padres, 26recibe este sacrificio
por todo tu pueblo, Israel. Guarda tu porción y
santifícala. 27Congrega a los nuestros dispersos,
da libertad a los que viven como esclavos entre
los paganos, fíjate en los despreciados y aborre-
cidos, para que los paganos reconozcan que tú
eres nuestro Dios; 28castiga a los tiranos que,
llenos de soberbia, nos insultan; 29planta a tu
pueblo en tu lugar santo, como dijo Moisés.

30Los sacerdotes, por su parte, cantaban los
himnos. 31Y cuando se consumieron las víctimas,
Nehemías mandó derramar el líquido sobrante
encima de unas piedras grandes. 32Lo hicieron,
y se encendió una llama, pero se consumió en
cuanto brilló la luz refulgente del altar. 33Cuan-
do se hizo público el suceso, y cuando contaron
al rey de Persia que en el sitio donde habían
escondido el fuego los sacerdotes deporta-
dos había aparecido un líquido con el que los
acompañantes de Nehemías habían purificado
las víctimas del sacrificio, 34el rey, después de
comprobar el hecho, mandó poner una cerca y
declarar aquel sitio recinto sagrado. 35Cuando
el rey les hacía ese favor había un intercambio
de regalos entre el rey y sus favorecidos. 36Los
acompañantes de Nehemías llamaron a aquel
líquido neftar, que significa purificación, pero
comúnmente se llama nafta.

2 1En los documentos se lee que el profeta Je-
remías mandó a los deportados recoger fue-
go, como queda dicho, 2y que el profeta, al en-
tregarles la ley, les recomendó que no olvidaran
los preceptos del Señor ni se extraviaran al ver
estatuas de oro y plata revestidas de adornos. 3Y
con otros consejos similares los exhortaba a no
alejar la ley de su corazón.

4En este escrito se decía que el profeta, avi-
sado por un oráculo, mandó que llevaran con él
la tienda y el arca cuando marchó a la monta-
ña donde Moisés había subido para contemplar
la herencia de Dios. 5Al llegar arriba, Jeremías
encontró una especie de cueva; metió allí la
tienda, el arca y el altar del incienso, y cerró la
entrada. 6Algunos de sus acompañantes fueron
después a marcar el camino, pero no pudieron
encontrarlo. 7Cuando lo supo Jeremías, los re-
prendió diciendo: Ese sitio quedará desconocido
hasta que Dios tenga misericordia de su pueblo
y lo reúna. 8Entonces el Señor mostrará de nue-
vo esos objetos, y se verá la gloria del Señor y
la nube, como apareció en tiempo de Moisés, y
cuando Salomón oró para que el lugar santo que-
dara consagrado solemnemente.

9También se contaba cómo Salomón, con su
sabiduría, ofreció el sacrificio de la dedicación
e inauguración del templo. 10Así como Moisés
suplicó al Señor y bajó fuego del cielo que con-
sumió el sacrificio, también suplicó Salomón, y
bajó fuego que devoró los holocaustos. 11Moisés
dijo: La víctima ofrecida por el pecado ha si-
do devorada por no haberla comido. 12Salomón
celebró los ocho días siguiendo un ceremonial
parecido.

13También se cuenta eso en las actas y en
las memorias de Nehemías, donde se relataba,
además, cómo este fundó una biblioteca en la
que reunió los libros que tratan de los reyes, los
escritos de los Profetas y de David, y las cartas
reales sobre donaciones. 14De forma parecida re-
unió Judas todos los libros dispersos a causa de
la guerra que hemos padecido, los cuales están
ahora en nuestro poder. 15Si ustedes necesitan
alguno de estos escritos manden a alguien que
los venga a buscar.

16Así que, próximos ya a la fiesta de la Pu-
rificación, les escribimos para que también us-
tedes hagan lo posible por celebrar estos días.
17Y el Dios que ha salvado a todo su pueblo y
ha devuelto a todos la herencia, el reino, el
sacerdocio y la santificación, 18como lo había
prometido por la ley, ese mismo Dios –así lo
esperamos– se apiade pronto de nosotros y nos
reúna en el lugar santo desde todas las regiones
de la tierra, ya que nos libró de grandes males y
purificó el lugar santo.

Prólogo

23aJasón de Cirene dejó escrita en cinco libros
19la historia de Judas Macabeo y sus hermanos,
la purificación del gran templo y la dedicación
del altar, 20las guerras contra Antíoco Epífanes
y su hijo Eupátor, 21las apariciones celestiales
en favor de los bravos combatientes por el ju-
daísmo, que, aunque pocos, llegaron a saquear
todo el país y perseguir a las hordas bárbaras,
22a recuperar el templo famoso en todo el mun-
do, liberar la ciudad, restablecer las leyes que
estaban a punto de ser abolidas –gracias a que
el Señor fue compasivo y benévolo con ellos–.

23bNosotros vamos a intentar resumirlo en un
solo volumen. 24Viendo la cantidad de cifras, y
la dificultad que encuentran, por la amplitud de
la materia, los que quieren internarse en las na-
rraciones históricas, 25hemos procurado ofrecer
entretenimiento a los que se contentan con una
simple lectura, facilitar a los estudiosos el tra-

bajo de retener datos de memoria y ser útiles a
los lectores en general.
26Para quienes hemos emprendido la penosa
tarea de hacer este resumen no ha sido un tra-
bajo fácil, sino de sudores y vigilias, 27como no
es fácil el trabajo del que organiza un banque-
te, que tiene que atender al gusto de los de-
más. Para merecer también nosotros la gratitud
de muchos, soportamos con gusto esta fatiga,
28y dejando al historiador el examen detalla-
do de cada hecho, nos esforzaremos por seguir
las normas de un resumen; 29porque a nosotros
nos pasa, creo yo, lo que al arquitecto de un
edificio nuevo: debe proyectar el conjunto de
la obra, mientras que el decorador y el pintor
solo tienen que atender a lo necesario para la
ornamentación.
30Al historiador principal le toca meterse a
fondo en los sucesos, explayarse en ellos, es-
tudiar críticamente todos sus pormenores; 31en
cambio, al que hace una adaptación se le permi-
te hacer una síntesis de la obra, renunciando a
hacer una exposición completa de los hechos.
32Esto supuesto, comencemos ya la narración,
poniendo punto final a este prólogo. Porque se-
ría una simpleza alargar el prólogo y abreviar la
historia.

Historia de Heliodoro

3 1Cuando en la Ciudad Santa se vivía con toda
paz y se observaban las leyes con la mayor
perfección, gracias a la piedad del sumo sacer-
dote Onías, y su rigor contra el mal, 2los mismos
reyes honraban el lugar santo, y engrandecían
el templo con regalos magníficos; 3hasta el mis-
mo Seleuco, rey de Asia, pagaba con sus propios
recursos todos los gastos necesarios para los sa-
crificios litúrgicos. 4Pero un tal Simón, del clan
de Bilgá, nombrado administrador del templo,
tuvo diferencias con el sumo sacerdote acerca
del reglamento del mercado general. 5Y no pu-
diendo imponerse a Onías, acudió a Apolonio de
Tarso, que en aquel entonces era gobernador de
Celesiria y Fenicia, 6y le contó que el tesoro de
Jerusalén estaba repleto de riquezas indescrip-
tibles, tantas que era incontable la cantidad
de ofrendas, y desproporcionada para el presu-
puesto de los sacrificios; y que era posible ha-
cerlas pasar a manos del rey.
7En una audiencia con el rey, Apolonio le in-
formó de las riquezas que le habían denunciado.
Entonces el rey eligió a Heliodoro jefe del Go-
bierno, y lo envió con órdenes de traerse dichas
riquezas. 8Heliodoro se puso inmediatamente en
camino, con el pretexto de recorrer las ciudades
de Celesiria y Fenicia, pero en realidad para eje-
cutar el plan del rey. 9Al llegar a Jerusalén, fue
recibido amistosamente por el sumo sacerdote
de la ciudad, al que informó sobre la denuncia
que le había llegado, explicó el motivo de su
viaje y preguntó si realmente todo aquello era
verdad.
10El sumo sacerdote le manifestó que las can-
tidades depositadas –contra el informe falso del
impío Simón– estaban destinadas a las viudas
y a los huérfanos, 11más una suma que era de
Hircano de Tobías, un hombre de muy buena po-
sición; que en total había unos doce mil kilos
de plata y seis mil de oro, 12y que de ninguna
manera se podía hacer una injusticia a los que
se habían fiado del lugar santo, de la sagrada
inviolabilidad del templo venerado en todo el
mundo.
13Pero Heliodoro, en virtud de las órdenes
del rey, insistió en que todo aquello había que
confiscarlo para el tesoro real. 14Fijó una fecha
y quería entrar para inventariar todo aquello.
En la ciudad había una ansiedad enorme, 15los
sacerdotes, revestidos con los ornamentos sa-
cerdotales, postrados ante el altar invocaban al
cielo, que había dictado la ley sobre las canti-
dades en depósito, rogándole que los conserva-
ra intactos para quienes lo habían depositado.
16Ver el aspecto del sumo sacerdote partía el
alma: la palidez de su rostro revelaba su angus-
tia interior; 17estaba invadido por un miedo y
un temblor corporal que descubrían a quienes
lo miraban el sufrimiento que llevaba dentro del
corazón.
18Además, salían de las casas corriendo gru-
pos de gente para hacer rogativas públicas ante
el ultraje que iba a sufrir el lugar santo. 19Las
mujeres, ceñidas de sayal bajo los senos, llena-
ban las calles. Y las más jóvenes, normalmente
recluidas en sus casas, unas corrían hacia las
puertas, otras a las murallas, otras se asomaban
a las ventanas; 20y todas rezaban levantando las
manos al cielo.
21Daba lástima aquella muchedumbre revuelta
y postrada, y la expectación ansiosa del sumo
sacerdote, lleno de angustia; 22porque mientras
ellos suplicaban al Señor Todopoderoso que
guardara intactos y seguros los depósitos de
quienes los habían dejado en el templo, 23Helio-
doro intentaba ejecutar lo decretado.
24Estaba ya junto al tesoro con su escolta,
cuando de pronto el Soberano de los espíritus y
de todo poder se manifestó tan grandiosamente
que todos los que se habían atrevido a entrar
se quedaron sin fuerzas ni valor, heridos por la
fuerza de Dios. 25Porque se le apareció un ca-
ballo montado por un temible jinete, ricamente

adornado, el cual, en una arrancada impetuosa,
atacó a Heliodoro con las patas delanteras; el ji-
nete aparecía revestido de una armadura de oro.
26Y se le aparecieron también otros dos jóvenes,
extraordinariamente vigorosos y de resplande-
ciente hermosura, vestidos con ropajes magní-
ficos; se pusieron uno a cada lado y lo azotaban
sin parar, descargándole una lluvia de golpes.
27Al punto cayó al suelo, envuelto en densa os-
curidad, y tuvieron que recogerlo y acomodarlo
en una camilla. 28Así, reconociendo abiertamen-
te la soberanía de Dios, llevaban ahora, incapaz
de valerse por sí mismo, al que poco antes había
llegado al dicho tesoro con gran acompañamien-
to y numerosa escolta.

29Mientras él, por la fuerza de Dios, yacía
mudo y privado de toda esperanza de salva-
ción, 30los judíos alababan al Señor, que había
glorificado su lugar santo. El templo, que poco
antes había estado lleno de miedo y turbación,
rebosaba de alegría y gozo por la aparición del
Señor omnipotente.

31Enseguida, algunos de los acompañantes de
Heliodoro rogaron a Onías que invocara al Altísi-
mo para que perdonara la vida al que ya estaba
a punto de morir.

32El sumo sacerdote, suponiendo que el rey
podía sospechar que los judíos habían preparado
un atentado contra Heliodoro, ofreció un sacri-
ficio por la sanación de aquel hombre. 33Y mien-
tras el sumo sacerdote hacía la expiación, se le
aparecieron a Heliodoro los mismos jóvenes,
revestidos con los mismos ropajes, y puestos de
pie le dijeron: «Ya puedes estarle agradecido al
sumo sacerdote, Onías, porque por él el Señor te
concede la vida. 34Y tú, castigado por el cielo,
anuncia a todos el gran poder de Dios». Dicho
esto, desaparecieron.

35Heliodoro, después de ofrecer un sacrificio
al Señor y de hacer grandes promesas al que
le había conservado la vida, se despidió de
Onías y volvió al rey con su ejército, 36dando
testimonio ante todos de los milagros del Dios
supremo, que había visto con sus propios ojos.
37Y cuando el rey le preguntó quién sería el más
indicado para enviarlo nuevamente a Jerusa-
lén, Heliodoro dijo: 38«Si tienes algún enemi-
go, o un conspirador contra el Estado, envíalo
allá, y te lo devolverán molido a golpes, si es
que logra salvarse, porque verdaderamente una
fuerza divina rodea aquel lugar. 39Porque el que
habita en el cielo es el guardián y protector de
aquel lugar, y a los que van allí a hacer daño los
castiga con la muerte.

40Así acabó el episodio de Heliodoro y la con-
servación del tesoro».

Persecución de Antíoco Epífanes

4 1Simón, al que antes mencionamos, el que
denunció los tesoros traicionando a la pa-
tria, calumniaba a Onías, como si este hubiese
sido el que maltrató a Heliodoro y el causante de
los males. 2Se atrevía a llamar enemigo público
al bienhechor de la ciudad, al protector de sus
compatriotas y fervoroso cumplidor de las leyes.
3La enemistad llegó a tal punto, que uno de los
agentes de Simón llegó a cometer asesinatos.
4Entonces Onías, considerando que aquella
tensión era peligrosa y que Apolonio, hijo de
Menesteo, gobernador de Celesiria y Fenicia,
fomentaba la maldad de Simón, 5acudió al rey no
como acusador de sus conciudadanos, sino mi-
rando al bien común y privado, 6porque veía que
si no intervenía el rey era ya imposible tener paz
en el Estado y que Simón pusiera fin a su locura.

7Al morir Seleuco ocupó el trono Antíoco, por
sobrenombre Epífanes. Jasón, el hermano de
Onías, consiguió el sumo sacerdocio por sobor-
no, 8prometiendo al rey en una audiencia unos
diez mil kilos de plata al contado, más dos mil
de otras rentas. 9Y además se comprometía a
incluir en la cuenta otros cuatro mil si se le
concedía autorización para instalar un gimna-
sio y un ateneo juvenil y para registrar a los
de Jerusalén como ciudadanos antioquenos.
10En cuanto obtuvo el consentimiento del rey
y se apoderó del mando, Jasón hizo enseguida
que sus compatriotas adoptaran el estilo de
vida griego, 11suprimió los privilegios reales
concedidos benévolamente a los judíos gracias
a Juan, padre de Eupólemo –el que negoció
el pacto de amistad y mutua defensa con los
romanos–, abolió las leyes de la constitución
e intentaba introducir prácticas contra la ley.
12Se dio el gusto de levantar un gimnasio bajo
la misma fortaleza, e hizo que los jóvenes más
sobresalientes se dedicaran a los ejercicios
atléticos.

13Era tal el auge del helenismo, y el avance de
la moda extranjera, debido a la enorme desver-
güenza de Jasón, el cual tenía más de impío que
de sumo sacerdote, 14que los sacerdotes ya no
tenían interés por el culto litúrgico ante el altar,
sino que, despreciaban el templo. En cuanto se
convocaba el campeonato de disco, dejaban de
lado los sacrificios y corrían a participar en los
juegos de la palestra, contrarios a la ley. 15Y sin
mostrar ningún aprecio por los valores naciona-
les, tenían, en cambio, las glorias griegas como
las mejores. 16Pero esto mismo los llevó a una
situación difícil: aquellos mismos a quienes se
propusieron seguir y a los cuales querían imitar
en todo, fueron sus enemigos y verdugos. 17Por-

que no es cosa liviana quebrantar las leyes divinas, como se verá claramente en lo que sigue.

[18]Cuando se celebraban en Tiro los campeonatos quinquenales en presencia del rey, [19]el contaminado Jasón envió como representantes de Jerusalén unos antioquenos en calidad de observadores, con trescientas dracmas de plata para el sacrificio a Hércules. Pero los mismos que las llevaron tuvieron por mejor no emplearlas en el sacrificio, cosa inconveniente, sino dejarlas para otros gastos, [20]y así aquel dinero destinado al sacrificio de Hércules por voluntad del donante, fue a parar a la construcción de barcos de remos por deseo de los portadores.

[21]Cuando Apolonio de Menesteo fue enviado a Egipto para asistir a la entronización del rey Filométor, Antíoco se enteró de que este no apoyaba su política, y empezó a adoptar medidas de seguridad; por eso visitó Jafa y siguió hacia Jerusalén. [22]Jasón y los vecinos le hicieron un gran recibimiento; entró al resplandor de antorchas y entre aclamaciones, y después fue a acampar en Fenicia con su ejército.

[23]Al cabo de tres años, Jasón envió a Menelao, el hermano del Simón antes mencionado, a llevar el dinero al rey y concluir las negociaciones sobre asuntos urgentes.

[24]Pero Menelao, una vez presentado ante el rey, lo impresionó con su aire majestuoso y logró hacerse investir del sumo sacerdocio, ofreciendo unos nueve mil kilos de plata más que Jasón, [25]y se volvió con el nombramiento real, sin otros méritos para el sumo sacerdocio que el furor de un tirano cruel y la ira rabiosa de un animal salvaje. [26]Y Jasón, que había suplantado a su propio hermano, suplantado a su vez por otro, tuvo que huir a territorio amonita.

[27]Por su parte, Menelao tenía en sus manos el poder, pero no hacía nada por pagar la cantidad prometida al rey. [28]Sóstrato, prefecto de la fortaleza, se la reclamaba, porque estaba encargado de cobrar los impuestos. Por este motivo el rey llamó a los dos. [29]Menelao dejó como sustituto en su cargo de sumo sacerdote a su hermano Lisímaco, y Sóstrato dejó a Crates, jefe de los chipriotas.

[30]Entre tanto, ocurrió la sublevación de Tarso y Malos, porque las habían entregado en donación a Antióquida, concubina del rey. [31]Así que el rey marchó apresuradamente para restablecer el orden, dejando como regente a Andrónico, uno de los dignatarios de la corte.

[32]Pensando aprovechar una buena oportunidad, Menelao robó algunos objetos de oro del templo, se los regaló a Andrónico y vendió otros en Tiro y las ciudades vecinas. [33]Cuando Onías lo averiguó con toda certeza, se retiró a Dafne, cerca de Antioquía, lugar de asilo y de allí denunció a Menelao. [34]El resultado fue que Menelao, tomando aparte a Andrónico, lo incitaba a matar a Onías. Andrónico se presentó ante Onías, y se ganó astutamente su confianza, dándole la mano derecha con juramento. Onías se resistía a creerle, pero al fin se dejó convencer y salió de su refugio. Inmediatamente Andrónico lo mató, sin ningún miramiento por la justicia. [35]Por esta razón no solo los judíos, sino también muchos de otras naciones, estaban alarmados e indignados por el injusto asesinato de aquel hombre. [36]Cuando el rey volvió de Cilicia, los judíos de la capital y los griegos que reprochaban tan mala acción, acudieron a él para quejarse por la injusta muerte de Onías.

[37]Antíoco, profundamente apenado y movido a compasión, lloró recordando la prudencia y la conducta irreprochable del difunto. [38]Luego, lleno de indignación despojó a Andrónico de la púrpura y le desgarró los vestidos; luego hizo que lo pasearan por toda la ciudad, y en el mismo sitio donde había tratado a Onías impíamente, allí eliminó al homicida. Así le dio el Señor el castigo que merecía.

[39]Lisímaco había cometido en Jerusalén muchos robos sacrílegos con el consentimiento de Menelao, y la noticia se había divulgado entre la gente. Por eso el pueblo se amotinó contra Lisímaco cuando ya muchos objetos de oro habían desaparecido. [40]Como la multitud estaba muy excitada y había llegado al colmo de su furor, Lisímaco armó a unos tres mil hombres y emprendió una represión violenta, dirigida por un tal Aurano, hombre avanzado en edad y más aún en demencia.

[41]Ante el ataque de Lisímaco, unos con piedras, otros con estacas y algunos tomando a puñados la ceniza esparcida allí, las arrojaban violentamente contra la tropa. [42]Con eso hirieron a muchos, mataron a otros y a todos los demás les hicieron emprender la huida; y al sacrílego lo mataron junto al tesoro.

[43]A Menelao se le procesó por aquel incidente, [44]y cuando el rey llegó a Tiro, los tres hombres emisarios del Senado expusieron un informe ante el rey. [45]Viéndose ya perdido, Menelao prometió una buena suma a Tolomeo, hijo de Dorimeno, para que convenciera al rey. Y efectivamente, [46]Tolomeo se llevó al rey a una galería como para tomar un poco el aire, y lo hizo cambiar de opinión. [47]Así, al culpable de todo lo absolvió de lo que se le imputaba, y a aquellos desdichados, que aun ante un tribunal bárbaro habrían sido absueltos como inocentes, los con-

denó a muerte. 48De este modo los que habían
hablado en defensa de la ciudad, del pueblo y
del ajuar sagrado, sufrieron sin más un castigo
injusto. 49Por este motivo algunos de Tiro, para
manifestar su repulsa por aquel crimen, costea-
ron con generosidad los gastos del funeral. 50En
cambio, Menelao, gracias a la avaricia de los po-
derosos, se mantuvo en el mando, progresando
en maldad, convirtiéndose en el mayor adversa-
rio de sus conciudadanos.

Conquista de Jerusalén y profanación del Templo

5 1Por aquel tiempo Antíoco preparaba su se-
gunda expedición a Egipto. 2Ocurrió que casi
durante cuarenta días aparecieron por toda la
ciudad jinetes galopando por el aire, con vesti-
duras de oro, y escuadrones de tropas armadas
con las espadas desenvainadas, 3compañías de
caballería en formación, ataques y cargas por
ambas partes, escudos que se agitaban, bosques
de lanzas, disparos de flechas, fulgor de arma-
duras de oro y corazas de todo tipo. 4Y así to-
dos pedían que aquella aparición fuera de buen
augurio.
5Se corrió el falso rumor de que había muerto
Antíoco. Y Jasón, con mil hombres por lo menos,
lanzó un ataque por sorpresa contra la ciudad.
Rechazados los de la muralla, y al fin tomada
ya la ciudad, Menelao se refugió en la fortale-
za. 6Jasón empezó a asesinar sin piedad a sus
propios conciudadanos, sin comprender que
una victoria sobre sus hermanos era la mayor
derrota; solo pensaba que triunfaba sobre ene-
migos, no sobre compatriotas. 7Pero no logró
el mando, y al final, afrentado por su traición,
marchó nuevamente fugitivo hacia el territorio
amonita. 8Su malvado proceder tuvo este des-
enlace: encarcelado por Aretas, rey de los ára-
bes, huyendo de ciudad en ciudad, perseguido
por todos, aborrecido como transgresor de las
leyes, detestado como verdugo de la patria y
de los ciudadanos, fue arrojado a Egipto; 9y el
que había desterrado a muchos, murió en tierra
extranjera, después de navegar rumbo a Esparta
esperando obtener protección por los lazos de
familia. 10Al que dejó a tantos insepultos, nadie
lo lloró; ni tuvo funerales ni sitio en la sepultura
familiar.
11Cuando llegó a oídos del rey la noticia de lo
sucedido, pensó que Judá intentaba sublevarse.
Por eso, hecho una fiera, emprendió viaje desde
Egipto y tomó la ciudad por las armas. 12Ordenó
a los soldados degollar sin piedad a los que en-
contraran y matar a los que se refugiasen en las
casas. 13Fue un asesinato en masa de jóvenes y
viejos, un exterminio de muchachos, mujeres y
niños, una matanza de muchachas y chiquillos.
14En aquellos tres días perecieron ochenta mil:
cuarenta mil asesinados y otros tantos vendi-
dos como esclavos. 15Y no satisfecho con eso, se
atrevió a entrar en el templo más santo de toda
la tierra, guiado por Menelao, hecho un traidor
de las leyes y la patria. 16Y tomó el ajuar sagrado
con sus manos sacrílegas, y arrebató con sus ma-
nos profanas las ofrendas depositadas por otros
reyes para engrandecimiento, gloria y honor del
lugar santo.
17Antíoco se ensoberbeció en su interior, sin
darse cuenta de que el Señor se había irritado
por poco tiempo a causa de los pecados come-
tidos por los habitantes de la ciudad, y que a
eso se debía su indiferencia por el lugar santo;
18porque si ellos no se hubieran dejado dominar
por tantos pecados, Antíoco habría sido casti-
gado nada más llegar, y se habría visto obligado
a desistir de su atrevimiento, como Heliodoro,
el enviado por el rey Seleuco para inventariar el
tesoro. 19Pero el Señor no eligió al pueblo para
el lugar santo, sino al lugar santo para el pueblo,
20y por eso el mismo lugar santo que compartió
las desgracias del pueblo participó después de
su fortuna; y el que estuvo abandonado mien-
tras duró la ira del Todopoderoso, fue recons-
truido con todo esplendor en la reconciliación
del Señor supremo.
21Así que Antíoco se llevó unos cincuenta mil
kilos –de plata– del templo, y se marchó urgen-
temente a Antioquía, creyendo en su insolencia
y arrogancia que podría hacer navegable la tie-
rra y transitable el mar. 22Dejó unos funcionarios
que maltrataran a nuestra raza: en Jerusalén a
Felipe, frigio de nacimiento y de carácter más
salvaje que el que le dio el cargo; 23en Garizín,
Andrónico, y a estos hay que añadir a Menelao,
el peor de todos en ensañarse contra sus conciu-
dadanos, lleno de un odio profundo contra los
ciudadanos judíos.
24Antíoco envió a Apolonio, jefe de los merce-
narios de Misia, con un ejército de veintidós mil
hombres y la orden de asesinar a todos los adul-
tos y vender a las mujeres y a los niños. 25Cuando
llegó a Jerusalén, con aires de hombre pacífi-
co, se contuvo hasta el día santo del sábado, y
aprovechando el descanso de los judíos, ordenó
desfilar a sus tropas; 26y a todos los que salían
a ver el espectáculo, los acuchilló; después,
recorriendo la ciudad con sus soldados, mató a
mucha gente.
27Mientras tanto, Judas el Macabeo se retiró
al desierto con nueve hombres; viviendo con sus
compañeros por los montes, como los animales

salvajes, sin comer nada más que hierbas, para
no incurrir en ninguna impureza.

Leyes persecutorias

6 1Poco tiempo después, el rey envió a un sena-
dor ateniense para que obligara a los judíos
a abandonar las costumbres tradicionales y a
no gobernarse por la ley de Dios; 2tenía orden
de profanar el templo de Jerusalén y dedicarlo
a Júpiter Olímpico y dedicar el de Garizín a Jú-
piter Hospitalario, siguiendo la práctica de los
habitantes del lugar. 3El avance del mal resulta-
ba molesto e insoportable aun para la masa del
pueblo; 4el templo estaba repleto del libertinaje
y de las orgías de los paganos, que se divertían
alegremente con rameras y tenían relaciones
con mujeres en los recintos sagrados, e incluso,
introducían allí objetos prohibidos. 5El altar re-
bosaba de víctimas ilegítimas, prohibidas por la
ley. 6No se podía ni celebrar el sábado, ni guardar
las fiestas tradicionales, ni siquiera declararse
judío. 7A su pesar, se veían forzados al banquete
sacrificial con que se conmemoraba cada mes el
nacimiento del rey; y cuando llegaba la fiesta
de Baco, les obligaban a hacer una procesión en
su honor, coronados de hiedra. 8A propuesta de
Tolomeo, se decretó para las ciudades griegas
vecinas que actuasen igual contra los judíos,
obligándoles al banquete sacrificial, 9y matan-
do a los que no quisieran aceptar las costumbres
griegas. Se estaba viendo venir la desgracia.

10Dos mujeres fueron denunciadas por haber
circuncidado a sus hijos. Con los niños colgados
a los pechos las pasearon públicamente por la
ciudad, y luego las despeñaron muralla abajo.
11A otros, que se habían reunido en las cuevas
cercanas para celebrar a escondidas el sábado,
los denunciaron a Felipe, y los quemaron en ma-
sa al no querer defenderse por motivos religio-
sos, por respeto a aquel día santísimo.

12Recomiendo a todos aquellos a cuyas manos
llegue este libro que no se dejen desconcertar
por estos sucesos; piensen que aquellos casti-
gos no pretendían exterminar nuestra raza, sino
corregirla; 13porque es señal de gran bondad no
tolerar por mucho tiempo a los impíos, sino dar-
les enseguida el castigo. 14El Señor soberano no
ha determinado tratarnos como a los otros pue-
blos, que para castigarlos espera pacientemente
a que lleguen al colmo de sus pecados; 15no nos
condena cuando ya hemos llegado al límite de
nuestros pecados. 16Por eso no retira nunca de
nosotros su misericordia, y aunque corrige a su
pueblo con desgracia, no lo abandona. 17Quede
esto dicho como advertencia. Después de esta
pequeña digresión, volvamos a nuestra historia.

Martirio de Eleazar

18A Eleazar, uno de los principales maestros
de la ley, hombre de edad avanzada y semblante
muy digno, le abrían la boca a la fuerza para
que comiera carne de cerdo. 19Pero él, prefirien-
do una muerte honrosa a una vida de infamia,
escupió la carne y avanzó voluntariamente al
suplicio, 20como deben hacer los que son cons-
tantes en rechazar manjares prohibidos, aun a
costa de la vida.

21Los que presidían aquel banquete ritual con-
trario a la ley, viejos amigos de Eleazar, lo lle-
varon aparte y le propusieron que hiciera traer
carne permitida, preparada por él mismo, y que
la comiera haciendo como que comía la carne del
sacrificio ordenado por el rey, 22para que así se
librara de la muerte y, dada su antigua amistad,
lo tratasen con consideración. 23Pero él, adop-
tando una actitud cortés, digna de sus años, de
su noble ancianidad, de sus canas honradas e
ilustres, de su conducta intachable desde niño
y, sobre todo, digna de la ley santa dada por
Dios, respondió todo seguido: «¡Envíenme al se-
pulcro! 24No es digno de mi edad andar fingien-
do. Muchos jóvenes van a creer que Eleazar, a
los noventa años, se ha pasado a las costumbres
paganas, 25y si miento por un poco de vida que
me queda se van a extraviar con mi mal ejem-
plo. Eso sería manchar y deshonrar mi vejez. 26Y
aunque de momento me librase del castigo de
los hombres, no escaparía de la mano del Om-
nipotente, ni vivo ni muerto. 27Si muero ahora
como un valiente me mostraré digno de mis años
28y dejaré a los jóvenes un noble ejemplo, pa-
ra que aprendan a enfrentar voluntariamente
una muerte noble por amor a nuestra santa y
venerable ley». Dicho esto se dirigió enseguida
al suplicio. 29Los que lo llevaban consideraron
lo que hablaba como una locura y cambiaron en
crueldad la benevolencia que antes le habían
demostrado.

30Él, a punto de morir bajo los golpes, dijo en-
tre suspiros: «Bien sabe el Señor, que posee la
santa sabiduría, que, pudiendo librarme de la
muerte, aguanto en mi cuerpo los crueles dolores
de la flagelación, y los sufro con gusto en mi alma
por respeto a él». 31Así terminó su vida, dejando
no solo a los jóvenes, sino a toda la nación, un
ejemplo memorable de heroísmo y de virtud.

Los siete hermanos y su madre

7 1Arrestaron a siete hermanos con su madre.
El rey los hizo azotar con látigos y nervios
de buey para forzarlos a comer carne de cerdo,
prohibida por la ley. 2Uno de ellos habló en
nombre de los demás: «¿Qué pretendes sacar de

nosotros? Estamos dispuestos a morir antes que
quebrantar la ley de nuestros padres». 3Fuera de
sí, el rey ordenó poner al fuego sartenes y ollas.
4Las pusieron al fuego inmediatamente, y el rey
ordenó que cortaran la lengua al que había ha-
blado en nombre de todos, que le arrancaran el
cuero cabelludo y le amputaran las extremida-
des a la vista de los demás hermanos y de su ma-
dre. 5Cuando el muchacho quedó completamente
mutilado, el rey mandó aplicarle fuego y freírlo;
todavía respiraba. Mientras el humo de la sar-
tén se esparcía por todas partes, los otros con la
madre se animaban entre sí a morir noblemente
diciendo: 6«El Señor Dios nos contempla, y de
verdad se compadece de nosotros, como declaró
Moisés en el cántico de denuncia contra Israel:
Se compadecerá de sus servidores».

7Una vez que el primero murió de esta manera,
llevaron al segundo al suplicio; le arrancaron los
cabellos con la piel, y le preguntaban si pensaba
comer carne de cerdo antes que lo atormentasen
miembro a miembro. 8El respondió en la lengua
materna: «¡No comeré!». Por eso también él
sufrió a su vez el martirio como el primero. 9Y
cuando estaba por dar su último suspiro, dijo:
«Tú, malvado, nos arrancas la vida presente. Pe-
ro el Rey del universo nos resucitará a una vida
eterna, ya que nosotros morimos por su ley».

10Después se divertían con el tercero. Invitado
a sacar la lengua, lo hizo enseguida, y alargó
las manos con gran valor. 11Y habló dignamente:
«De Dios las recibí, y por sus leyes las desprecio.
Espero recobrarlas del mismo Dios». 12El rey y su
corte se asombraron del valor con que el joven
despreciaba los tormentos.

13Cuando murió este, torturaron de modo se-
mejante al cuarto. 14Y cuando estaba próximo a
su fin, dijo: «Vale la pena morir a manos de los
hombres cuando se espera que Dios mismo nos
resucitará. En cambio, tú no resucitarás para la
vida».

15Después sacaron al quinto, y lo atormenta-
ban. 16Pero él, mirando al rey, le dijo: «Aunque
eres un simple mortal, haces lo que quieres por-
que tienes poder sobre los hombres. Pero no te
creas que Dios ha abandonado a nuestra nación.
17Espera un poco y ya verás cómo su gran poder
te tortura a ti y a tu descendencia».

18Después de este llevaron al sexto, y cuando
iba a morir, dijo: «No te equivoques. Nosotros su-
frimos esto porque hemos pecado contra nuestro
Dios; por eso han ocurrido estas cosas extrañas.
19Pero tú, que te has atrevido a luchar contra
Dios, no pienses que vas a quedar sin castigo».

20Pero ninguno más admirable y digno de re-
cuerdo que la madre. Viendo morir a sus siete
hijos en el espacio de un día, lo soportó con
entereza, esperando en el Señor. 21Con noble
actitud, uniendo un ardor varonil a la ternura fe-
menina, fue animando a cada uno, y les decía en
su lengua: 22«Yo no sé cómo ustedes aparecieron
en mis entrañas; no fui yo la que les dio el espí-
ritu y la vida, ni la que ordenó armoniosamente
los miembros de su cuerpo. 23Fue el creador del
universo, el que modela la raza humana y deter-
mina el origen de todo. Él, con su misericordia,
les devolverá el aliento y la vida si ahora se sa-
crifican por su ley».

24Antíoco creyó que la mujer lo despreciaba,
y sospechó que lo estaba insultando. Todavía
quedaba el más pequeño, y el rey intentaba per-
suadirlo no solo con palabras, sino que le juraba
que si renegaba de sus tradiciones lo haría rico
y feliz, lo tendría por amigo y le daría algún car-
go. 25Pero como el muchacho no hacía el menor
caso, el rey llamó a la madre y le rogaba que
aconsejase al chiquillo para su bien. 26Tanto le
insistió, que la madre accedió a persuadir al hi-
jo; 27se inclinó hacia él, y riéndose del cruel tira-
no, habló así en su idioma: «Hijo mío, ten piedad
de mí, que te llevé nueve meses en el seno, te
amamanté y crié tres años y te he alimentado
hasta que te has hecho un joven. 28Hijo mío, te
lo suplico, mira el cielo y la tierra, fíjate en todo
lo que contienen y verás que Dios lo creó todo
de la nada, y el mismo origen tiene el hombre.
29No temas a ese verdugo, no desmerezcas de tus
hermanos y acepta la muerte. Así, por la mise-
ricordia de Dios, te recobraré junto con ellos».

30Apenas ella terminó de hablar, el muchacho
dijo: «¿Qué esperan? Yo no obedezco el decre-
to real. Yo obedezco los decretos de la ley da-
da a nuestros antepasados por medio de Moi-
sés. 31Pero tú, que has tramado toda clase de
crímenes contra los hebreos, no escaparás de
las manos de Dios. 32Porque nosotros sufrimos
por nuestros pecados. 33Y si el Dios vivo se ha
enojado un momento para corregirnos y educar-
nos, volverá a reconciliarse con sus servidores.
34Pero tú, impío, el hombre más criminal de to-
dos, no te ensoberbezcas neciamente con vanas
esperanzas, mientras alzas la mano contra los
servidores de Dios; 35que todavía no has escapa-
do de la sentencia de Dios, vigilante todopode-
roso. 36Mis hermanos, después de soportar ahora
un dolor pasajero, participan ya de la promesa
divina de una vida eterna; en cambio, tú, por
sentencia de Dios, pagarás la pena que merece
tu soberbia. 37Yo, lo mismo que mis hermanos,
entrego mi cuerpo y mi vida por las leyes de mis
padres, suplicando a Dios que se apiade pronto
de mi raza, que tú tengas que confesarlo, entre

tormentos y azotes, como único Dios, [38]y que la ira del Todopoderoso, que se ha abatido justamente sobre todo mi pueblo, se detenga en mí y en mis hermanos».

[39]El rey, exasperado y no aguantando aquella burla, se ensañó contra este muchísimo más que contra los otros, [40]y aquel muchacho murió sin mancha, con total confianza en el Señor. [41]La madre murió la última, después de sus hijos. [42]Baste lo que he contado a propósito de los convites sacrificiales y la increíble crueldad del rey.

Primera actividad de Judas

8 [1]Mientras tanto, Judas el Macabeo y sus compañeros, entrando a escondidas en los poblados, convocaban a sus parientes y reunían a los que habían permanecido fieles al judaísmo. Así, juntaron unos seis mil hombres. [2]Suplicaban al Señor que mirase al pueblo pisoteado por todos y se compadeciera del santuario profanado por hombres impíos; [3]que se compadeciera de la ciudad destrozada, a punto de ser arrasada por completo; que escuchara el clamor de la sangre que clamaba al cielo; [4]que recordara el injusto exterminio de niños inocentes y las blasfemias pronunciadas contra su Nombre, y que mostrara su rigor contra el mal.

[5]En cuanto el Macabeo organizó a su gente, se hizo invencible a los enemigos, porque la ira del Señor se cambió en misericordia. [6]Llegaba inesperadamente a ciudades y poblados y las incendiaba, tomaba posiciones estratégicas y ponía en fuga a numerosos enemigos, [7]aprovechando sobre todo para estas operaciones la complicidad de la noche. La fama de su valentía se extendía por todas partes.

[8]Al ver Felipe que aquel hombre progresaba poco a poco y que conseguía éxitos cada vez más frecuentes, escribió a Tolomeo, gobernador de Celesiria y Fenicia, para que defendiese los intereses reales. [9]Tolomeo eligió inmediatamente a Nicanor, hijo de Patroclo, del rango superior entre los Grandes del Reino, y lo envió al frente de no menos de veinte mil hombres de todas las naciones, para exterminar a toda la raza judía, y le agregó a Gorgias, un general con mucha experiencia militar. [10]Con la venta de esclavos judíos, Nicanor contaba completar los sesenta mil kilos de plata del tributo que el rey debía a los romanos. [11]Despachó enseguida mensajeros a las ciudades de la costa, invitándolas al mercado de esclavos judíos, prometiendo entregar noventa esclavos por treinta kilos de plata, sin sospechar el castigo del Todopoderoso que se le venía encima.

[12]Cuando le llegó a Judas la noticia de la expedición de Nicanor, informó a su gente de la proximidad del enemigo, [13]los cobardes y los que no esperaban la venganza de Dios huyeron a refugiarse en otros sitios; [14]pero los demás vendían todo lo que les quedaba, rogando al mismo tiempo al Señor que librara a los que el impío Nicanor había vendido ya antes de la batalla. [15]Rogaban al Señor que hiciera esto si no por ellos, al menos por las promesas hechas a sus padres y por invocar sobre ellos su Nombre augusto y magnífico.

[16]El Macabeo reunió a sus seguidores en número de seis mil y los arengó a no asustarse ante el enemigo ni temer a la inmensa multitud de gentiles que los atacaba injustamente. Al contrario, que luchasen con valentía, [17]teniendo ante los ojos la insolencia criminal de aquellos contra el lugar santo, las injurias y burlas contra la ciudad y además la supresión de las costumbres de sus antepasados. [18]Dijo: «Ellos confían en sus armas y en su audacia, pero nosotros confiamos en el Dios Todopoderoso, que con un gesto puede deshacer a nuestros atacantes y al mundo entero». [19]Les enumeró las intervenciones de Dios en favor de sus antepasados, aquella del tiempo de Senaquerib, cuando perecieron ciento ochenta y cinco mil, [20]y la batalla contra los gálatas en Babilonia, cuando ocho mil judíos entraron en acción junto con cuatro mil macedonios, y a pesar de verse desbaratados los macedonios, los ocho mil judíos, gracias a la ayuda del cielo, aniquilaron a ciento veinte mil enemigos y consiguieron un gran botín.

[21]Enardecidos con aquellas palabras, quedaron dispuestos a morir por la patria y las leyes. Entonces Judas dividió al ejército en cuatro cuerpos; [22]puso al frente de cada uno a sus hermanos Simón, Josefo y Jonatán, asignando mil quinientos hombres a cada uno. [23]Además ordenó a Eleazar que leyera el libro sagrado. Y después de darles como contraseña ¡Dios ayuda!, él mismo se puso al frente del primer cuerpo, y atacó a Nicanor.

[24]Y con el Todopoderoso como aliado, mataron más de nueve mil enemigos; dejaron heridos y maltrechos a la mayoría de los soldados de Nicanor, y los hicieron huir a todos. [25]Recogieron el dinero de los que habían ido con intención de comprarlos. Y después de perseguirlos bastante tiempo, se volvieron, frenados por lo tarde que era, [26]porque era víspera de sábado, y por eso no pudieron perseguirlos más lejos. [27]Les recogieron las armas, despojaron los cadáveres enemigos y celebraron el sábado, alabando y agradeciendo solemnemente al Señor por haberlos

conservado hasta aquel día señalado por Dios
como comienzo de la misericordia.
28Después del sábado dieron parte del botín a
los damnificados, a las viudas y a los huérfanos;
el resto se lo repartieron entre ellos y sus hijos.
29Después de hacer el reparto tuvieron rogativas
públicas, pidiendo al Señor misericordioso que
completara su reconciliación con sus servidores.
30Lucharon también contra los de Timoteo y
Báquides, y les mataron más de veinte mil; se
apoderaron de muchas plazas fuertes de mon-
taña, y distribuyeron un cuantioso botín por
partes iguales entre ellos, los damnificados, los
huérfanos y las viudas, y también los ancianos.
31Les recogieron las armas y las almacenaron
cuidadosamente en sitios estratégicos; el resto
del botín lo llevaron a Jerusalén. 32Mataron al
comandante de las tropas de Timoteo, un hom-
bre de lo más impío, que había hecho mucho mal
a los judíos. 33En las fiestas de la victoria en la
capital quemaron vivos a los que habían incen-
diado las puertas santas y a Calístenes, que se
había refugiado en una casilla. Así él recibió el
castigo merecido por su impiedad.
34El bandido Nicanor, que había llevado a mil
comerciantes para la venta de judíos esclavos,
35humillado, gracias a Dios, por los que él con-
sideraba los últimos, despojado de sus ropajes
suntuosos, como un esclavo fugitivo, solitario,
a campo traviesa, llegó a Antioquía, muy afor-
tunado en comparación con su ejército derrota-
do. 36Y el que esperaba pagar a los romanos un
tributo con la venta de esclavos de Jerusalén,
proclamaba que los judíos tenían un defensor y
que eran invulnerables por seguir las leyes que
él les había impuesto.

Muerte de Antíoco Epífanes

9 1Por aquel tiempo Antíoco se tuvo que retirar
en desorden del territorio persa. 2En efecto,
al llegar a la capital, Persépolis, había empeza-
do a saquear el templo y a ocupar la ciudad; ante
esto el pueblo se amotinó y recurrió a las armas,
y Antíoco, derrotado y puesto en fuga por los
habitantes, tuvo que emprender una vergonzosa
retirada.
3Cuando estaba cerca de Ecbatana, le lle-
gó la noticia de lo ocurrido a Nicanor y a los
de Timoteo, 4y fuera de sí por la ira, pensaba
desquitarse con los judíos de la injuria que le
habían hecho los que le obligaron a emprender
la retirada. Por eso ordenó al conductor de su
carro avanzar sin detenerse hasta el final del
viaje. Pero, ¡viajaba con él la sentencia del
cielo! En su arrogancia, Antíoco había dicho:
«Cuando llegue allá convertiré a Jerusalén en
un cementerio de judíos». 5Pero el Señor, que
lo ve todo, el Dios de Israel, lo castigó con una
enfermedad invisible e insanable; ya que ape-
nas había pronunciado esa frase le sobrevino
un incesante dolor de vientre, con unas pun-
zadas agudísimas, 6cosa perfectamente justa,
porque él había atormentado las entrañas de
otros con tantísimos tormentos refinados. 7Pe-
ro todavía no desistió de su soberbia. Es más,
rebosando arrogancia, respirando contra los
judíos el fuego de su cólera, mandó acelerar la
marcha. Pero se cayó del carro cuando corría a
toda velocidad, y con la violencia de la caída
se le dislocaron todos los miembros del cuerpo.
8El que poco antes pensaba, en su ambición
sobrehumana, que podía mandar a las olas del
mar; el que se imaginaba poder pesar en la ba-
lanza las cumbres de los montes, estaba tendido
en tierra, y tenía que ser llevado en una camilla,
mostrando a todos la fuerza manifiesta de Dios.
9Su estado era tal que del cuerpo del impío bro-
taban los gusanos, y la carne se le desprendía en
vida en medio de terribles dolores; y el ejército
apenas podía soportar el hedor de su podredum-
bre. 10Al que poco antes parecía capaz de tocar
las estrellas, nadie podía transportarlo, por su
olor inaguantable.
11Entonces, postrado por la enfermedad, em-
pezó a ceder en su arrogancia. Al aumentar los
dolores a cada momento, llegó a reconocer el
castigo divino 12y no pudiendo soportar su pro-
pio mal olor, dijo: «Es justo que un mortal se so-
meta a Dios y no quiera medirse con él». 13Pero
aquel criminal rezaba al Soberano que ya no se
apiadaría de él. 14Decía que declararía libre a la
Ciudad Santa, a la que antes se había dirigido
rápidamente para arrasarla y convertirla en ce-
menterio; 15que daría los mismos derechos que
a los atenienses a todos los judíos, de quienes
había decretado que ni sepultura merecían, sino
que los echasen, junto con sus hijos, como co-
mida de las fieras y de las aves de rapiña; 16que
adornaría con bellísimos regalos el templo santo
que antes despojó; que regalaría muchos más
objetos sagrados; que pagaría los gastos de los
sacrificios con sus propios ingresos 17y que en-
cima se haría judío y recorrería todos los lugares
habitados anunciando el poder de Dios.
18Como los dolores no cesaban de ninguna for-
ma, porque el justo juicio de Dios había caído
sobre él, sin esperanza de sanación, escribió
a los judíos, en forma de súplica, la carta que
copiamos a continuación: 19«El rey y general
Antíoco envía muchos saludos a los nobles
ciudadanos judíos, deseándoles bienestar y
prosperidad.

20»Espero que gracias al cielo se encuentren bien ustedes y sus hijos, y que sus asuntos marchen según sus deseos.

21»Guardo un recuerdo muy afectuoso del respeto y la benevolencia de ustedes. Al volver de Persia he contraído una enfermedad muy molesta, y me ha parecido necesario preocuparme por la seguridad de todos. 22No es que yo desespere de mi situación –al contrario, espero salir de la enfermedad–; 23pero he tenido en cuenta que también mi padre, siempre que organizaba una expedición militar al norte, nombraba un sucesor, 24para que si ocurría algo imprevisto o llegaban malas noticias, los súbditos de las provincias no se intranquilizaran, sabiendo a quién había quedado confiado el gobierno. 25Además sé bien que los soberanos vecinos, en las fronteras de nuestro imperio, están espiando la ocasión, a la espera de un acontecimiento; por eso he nombrado rey a mi hijo Antíoco, al que muchas veces recomendé y confié a la mayoría de ustedes mientras yo recorría las provincias del norte. A él le he escrito la carta que va a continuación. 26Y ahora les pido encarecidamente que recuerden mis beneficios públicos y privados, y mantengan todos para con mi hijo la lealtad que me profesaron a mí. 27Porque estoy persuadido de que él sabrá acomodarse a ustedes, siguiendo moderada y humanamente mi programa político.

28Y así aquel asesino y blasfemo, entre dolores atroces, perdió la vida en los montes, en tierra extraña, con un final desastroso, como él había tratado a otros. 29Felipe, su amigo íntimo, trasladó sus restos; pero no fiándose del hijo de Antíoco, se fue a Egipto, donde reinaba Tolomeo Filométor.

Purificación del Templo

10 1El Macabeo y su gente, guiados por el Señor, reconquistaron el templo y la ciudad, 2derruyeron los altares levantados por los extranjeros en la plaza pública y sus templos. 3Después de purificar el templo, levantaron otro altar, y con fuego sacado del pedernal ofrecieron sacrificios después de una interrupción de dos años, quemaron incienso, encendieron las lámparas y presentaron los panes. 4Hecho esto, se postraron en tierra y suplicaron al Señor no volver a caer en tales desastres, sino que, si alguna vez pecaban, él los castigara con moderación, pero que no los entregara a extranjeros blasfemos. 5La purificación del templo cayó en el mismo día en que los extranjeros lo habían profanado: el veinticinco del mismo mes, o sea, diciembre. 6Celebraron con regocijo ocho días de fiesta, como la de las Chozas, recordando que poco antes, en tiempo de esa fiesta, andaban por los montes y las cuevas, viviendo como animales salvajes. 7Por eso, llevando tirsos, ramos verdes y palmas, entonaban himnos al que había llevado a buen fin la purificación de su lugar santo, 8y determinaron, mediante decreto público votado en la asamblea y obligatorio para todo el pueblo judío, celebrar todos los años aquellos días de fiesta.

Hazañas de Judas

9Así acabó Antíoco, por sobrenombre Epífanes. 10Ahora vamos a tratar de Antíoco Eupátor, hijo de aquel impío, dando un resumen de los daños causados por las guerras. 11Cuando Eupátor subió al trono nombró jefe de Gobierno a un tal Lisias, gobernador supremo de Celesiria y Fenicia; 12porque Tolomeo, el apodado Macrón, que se distinguió en tratar con justicia a los judíos, para reparar la injusticia que habían cometido con ellos, procuraba gobernarlos pacíficamente. 13A causa de esto, los Grandes del Reino lo acusaron ante Eupátor, y como a cada paso oía que lo llamaban traidor, por haber abandonado Chipre, cuyo gobierno le había confiado Filométor, para pasarse al partido de Antíoco Epífanes, viendo que no había ejercido su cargo con honor, se suicidó, envenenándose.

14Por su parte, Gorgias, nombrado gobernador de la región, mantenía tropas mercenarias, y a cada paso hostigaba a los judíos. 15Al mismo tiempo, también los idumeos, que controlaban importantes fortificaciones, molestaban a los judíos, y procuraban fomentar la guerra acogiendo a los fugitivos de Jerusalén. 16Los del Macabeo, después de unas rogativas para pedir a Dios que fuera su aliado, atacaron las fortificaciones de los idumeos: 17las asaltaron resueltamente, las conquistaron, rechazaron a los que luchaban en las murallas, acuchillaron a los que cayeron en sus manos y eliminaron por lo menos a veinte mil.

18Nueve mil fugitivos por lo menos se refugiaron en dos torres muy bien defendidas, provistos de todo lo necesario para soportar un asedio. 19El Macabeo dejó a Simón y Josefo, y también a Zaqueo, con bastante tropa para mantener el cerco, y él marchó a los sitios de mayor urgencia. 20Pero los de Simón, hambrientos de dinero, se dejaron sobornar por algunos de los refugiados en las torres, y por siete mil dracmas los dejaron escapar. 21Cuando informaron al Macabeo de lo sucedido, reunió a los oficiales del ejército y les acusó de haber vendido a sus hermanos por dinero, dejando libres a sus

adversarios. [22]Hizo ejecutar a los traidores y
conquistó enseguida los dos castillos. [23]Aque-
lla operación militar, dirigida personalmente
por él, fue un éxito: en las dos fortificaciones
mató a más de veinte mil.

[24]Pero Timoteo, derrotado antes por los ju-
díos, reclutó muchísimas tropas extranjeras,
juntó muchos caballos de Asia y se presentó pa-
ra conquistar a punta de lanza Judá. [25]Cuando
él se aproximaba, los del Macabeo, echándose
tierra a la cabeza y ciñéndose sayal a la cintura,
con rogativas a Dios pedían, [26]postrados al pie
del altar, que les favoreciera, que fuera enemigo
de sus enemigos y adversario de sus adversarios,
como dice expresamente la ley.

[27]Al terminar la oración, empuñaron las
armas y se alejaron bastante de la ciudad.
Cuando estuvieron cerca de sus enemigos se
detuvieron. [28]Al romper el alba se entabló el
combate. Unos llevaban como garantía de
triunfo y de victoria, aparte de su valor, el re-
curso al Señor; los otros solo tenían a su propio
arrojo como jefe en las batallas. [29]En lo más
recio del combate, los enemigos vieron en el
cielo cinco hombres resplandecientes montan-
do caballos con frenos de oro que se pusieron
a la vanguardia de los judíos, [30]colocaron en
medio al Macabeo y lo cubrieron con sus pro-
pias armas, para mantenerlo invulnerable,
mientras disparaban flechas y rayos contra los
enemigos; estos, desconcertados y deslum-
brados, se desorganizaron, llenos de pánico.
[31]Cayeron veinte mil quinientos, y seiscientos
jinetes. [32]El mismo Timoteo tuvo que huir a la
fortaleza llamada Guézer, muy bien fortificada,
cuyo jefe era Quereas. [33]Pero los del Macabeo
asediaron la fortaleza durante cuatro días, lle-
nos de entusiasmo. [34]Los de dentro, confiando
en lo inaccesible de la fortificación, proferían
blasfemias y maldiciones.

[35]Al amanecer del quinto día, veinte mucha-
chos del ejército del Macabeo, enfurecidos por
aquellas blasfemias, asaltaron valerosamente
el muro, y con furor salvaje mataban a todo
el que les salía al paso. [36]Los demás escalaron
por otra parte, y sorprendiendo a los sitiados
incendiaron los torreones, prendieron hogueras
y quemaron vivos a los blasfemos. Mientras tan-
to, otros rompieron las puertas, y así metieron
dentro al resto de la tropa y conquistaron la
ciudad. [37]A Timoteo, escondido en una cisterna,
lo degollaron; también a su hermano Quereas
y a Apolófanes. [38]Después de aquella hazaña,
bendecían con himnos de alabanza al Señor, que
había hecho a Israel un beneficio tan grande
concediéndoles aquella victoria.

Expedición de Lisias

11 [1]Muy poco tiempo después, Lisias, tutor y
pariente del rey y jefe de Gobierno, muy
disgustado por lo ocurrido, [2]reunió unos ochen-
ta mil hombres y toda la caballería y avanzó con-
tra los judíos, con el proyecto de establecer en
Jerusalén colonos griegos, [3]someter al templo al
pago de impuestos como los demás santuarios
de los paganos y poner en venta todos los años
el cargo de sumo sacerdote. [4]Ensoberbecido por
las miríadas de soldados, los millares de jinetes
y los ochenta elefantes, no se le ocurría pensar
para nada en el poder de Dios.

[5]Cuando entró en Judá se aproximó a Bet-Sur,
que es una fortaleza distante de Jerusalén unos
veintiocho kilómetros, y la atacó. [6]Cuando los
del Macabeo recibieron la noticia de que Lisias
estaba asediando las plazas fuertes, sollozan-
do y llorando suplicaban al Señor, junto con el
pueblo, que enviara un ángel bueno para salvar
a Israel. [7]El Macabeo en persona fue el primero
en empuñar las armas, luego arengó a los de-
más, animándolos a socorrer a sus hermanos,
y a enfrentar el peligro junto con él. [8]Se lan-
zaron todos animosos, y allí, cerca todavía de
Jerusalén, se les apareció, al frente del ejército,
un jinete con vestiduras blancas, esgrimiendo
armas de oro.

[9]Todos a una alabaron al Dios misericordioso,
y quedaron enardecidos, dispuestos a derribar
no solo a hombres, sino a las fieras más feroces
y a murallas de hierro. [10]Avanzaban ordenada-
mente, teniendo un aliado celestial, porque
el Señor se había compadecido de ellos. [11]Se
arrojaron contra el enemigo como leones, y
dejaron tendidos a once mil de infantería y mil
seiscientos jinetes, y obligaron a huir a los de-
más, [12]pero la mayoría se salvaron con heridas y
desarmados; el mismo Lisias se salvó huyendo
vergonzosamente.

[13]Como no era tonto, reflexionó sobre la de-
rrota que había sufrido, y pensando que los
hebreos eran invencibles porque el Dios pode-
roso luchaba con ellos como aliado, [14]les envió
una embajada para proponerles un arreglo en
términos justos y prometiendo persuadir al rey
de la necesidad de aliarse con los judíos. [15]El
Macabeo, pensando en el bien común, accedió
a todo lo que proponía Lisias. Y el rey concedió
todo lo que el Macabeo pidió por escrito a Li-
sias en favor de los judíos. [16]La carta de Lisias
a los judíos estaba concebida en los siguientes
términos:

»Lisias saluda al pueblo judío.

[17]»Juan y Absalón, los embajadores de uste-
des, me han entregado el documento firmado y

me han pedido ratificar su contenido. 18Todo lo
que había que comunicar al rey se lo expuse ya,
y concedí todo lo que entraba en mis atribucio-
nes. 19Por lo tanto, si mantienen su buena dis-
posición hacia el gobierno, procuraré trabajar
a favor de ustedes en el futuro. 20He ordenado
a sus embajadores y a los míos que traten con
ustedes las cuestiones de detalle. 21Saludos.
Año ciento cuarenta y ocho, el veinticuatro de
Júpiter Corintio.

22La carta del rey decía así: «El rey Antíoco
saluda a su hermano Lisias.

23»Después que mi padre se fue al cielo
queriendo que los súbditos de nuestro impe-
rio puedan dedicarse sin temor a sus asuntos;
24como hemos sabido que a los judíos no les
gusta adoptar costumbres griegas como era el
deseo de mi padre, sino que prefieren su propio
estilo de vida y piden se les permita seguir su
legislación; 25deseando que dicho pueblo viva
sin temor, hemos determinado restituirles el
templo y que vivan conforme a las costumbres
de sus mayores. 26Por lo tanto, ten la bondad
de enviarles embajadores y hacer con ellos las
paces, para que, conociendo nuestros deseos,
vivan contentos y puedan atender con gusto a
sus asuntos.

27La carta del rey para el pueblo era esta:

»El rey Antíoco saluda al Consejo de los ancia-
nos y al pueblo judío.

28»Nos alegramos de que estén bien. También
nosotros estamos bien. 29Menelao nos ha ex-
puesto que quieren volver a sus hogares; 30por
tanto, a los que vuelvan a casa, hasta el treinta
de abril, les garantizamos la inmunidad. 31Los
judíos podrán usar sus alimentos y sus leyes
como antes, y ninguno de ellos será molesta-
do en absoluto por infracciones cometidas por
ignorancia. 32Les envío también a Menelao para
que les infunda confianza. 33Saludos. Año ciento
cuarenta y ocho, el quince de abril.

34También los romanos les enviaron una carta,
que decía así:

»Quinto Memmio y Tito Manio, legados de Ro-
ma, saludan al pueblo judío.

35»Estamos de acuerdo con lo que les ha con-
cedido Lisias, pariente del rey. 36Y en cuanto a
los puntos que él consideró que debía someter
al juicio del rey, envíennos urgentemente a
alguien con instrucciones detalladas sobre el
particular, para que las expongamos como les
conviene a ustedes, ya que vamos a ir a Antio-
quía. 37Por eso, mándennos pronto algunos para
que nosotros conozcamos las propuestas de us-
tedes. 38Saludos. Año ciento cuarenta y ocho, el
quince de abril.

Nuevas hazañas de Judas

12 1Cuando acabaron las negociaciones,
Lisias volvió a donde estaba el rey, y los
judíos volvieron a sus trabajos del campo. 2Pero
algunos de los gobernadores locales, Timoteo,
Apolonio de Geneo, más Jerónimo y Demofón,
a los que hay que añadir a Nicanor, jefe de los
chipriotas, no los dejaban tranquilos ni vivir en
paz.

3Y los habitantes de Jafa cometieron un cri-
men horrendo que voy a contar: sin aparentar
la menor mala intención, invitaron a los judíos
que vivían en la ciudad junto con sus mujeres
y niños, a subir a unas naves que ellos mismos
habían equipado. 4Como se trataba de un decre-
to público de la ciudad, y los judíos deseaban
vivir en paz, y no guardaban ninguna sospecha,
aceptaron la invitación; pero cuando estaban en
alta mar, los echaron a pique; eran por lo menos
doscientos.

5Cuando Judas recibió la noticia de aquella
crueldad contra sus compatriotas, dio órdenes
a sus hombres, 6e invocando a Dios, justo juez,
marchó contra los asesinos de sus hermanos,
les incendió de noche el puerto, les quemó las
naves y pasó a cuchillo a los que se habían re-
fugiado allí. 7Como la ciudad estaba cerrada, se
retiró, pero con intención de volver para acabar
con Jafa. 8Y al recibir la noticia de que los de
Yamnia intentaban hacer lo mismo con los judíos
que vivían allí, 9los atacó de noche y prendió
fuego al puerto con todos los navíos, de forma
que el resplandor del incendio se vio hasta en
Jerusalén, a cuarenta y cinco kilómetros.

10Se había alejado de allí unos dos kilómetros
en un avance contra Timoteo, cuando cayeron
sobre él unos árabes, eran no menos de cinco
mil de a pie y quinientos jinetes. 11Se trabó un
violento combate, y con la ayuda de Dios ven-
cieron los de Judas. Los nómadas, derrotados, le
pedían la paz, prometiendo entregarle ganado y
serle útiles en el futuro. 12Judas pensó que real-
mente podían serle útiles de muchas maneras, y
accedió a hacer las paces con ellos; después de
concertar la paz, se fueron a sus tiendas.

13Atacó también una ciudad llamada Caspín,
defendida con terraplenes y amurallada, en la
que vivía gente de toda raza. 14Los de dentro,
confiados en la solidez de sus murallas y en los
depósitos de víveres, se mostraron insolentes
contra los de Judas, insultándolos, y encima
profiriendo blasfemias y maldiciones. 15Los de
Judas invocaron al supremo Soberano del uni-
verso, que en tiempos de Josué derruyó Jericó
sin arietes ni máquinas de guerra. Luego asalta-
ron ferozmente la muralla. 16Y cuando conquis-

taron la ciudad por voluntad de Dios, hicieron una matanza indescriptible, hasta el punto de que el estanque vecino, de unos cuatrocientos metros de ancho, aparecía lleno de la sangre que afluía a él.

[17]Se alejaron de allí unos ciento cuarenta kilómetros y llegaron a Querac, donde habitan los judíos tubianos; [18]pero a Timoteo no lo encontraron en aquella región, porque, al no conseguir nada por entonces, se había marchado de allí, dejando en su lugar una guarnición, por cierto muy fuerte. [19]Dositeo y Sosípatro, oficiales del ejército del Macabeo, fueron allá y aniquilaron a la guarnición que había dejado Timoteo en la fortificación: más de diez mil hombres. [20]Por su parte, el Macabeo distribuyó sus tropas en varios cuerpos; nombró jefes a aquellos dos, y se lanzó contra Timoteo, que tenía un ejército de ciento veinte mil hombres de infantería y dos mil quinientos jinetes.

[21]Cuando Timoteo recibió la noticia de la llegada de Judas, envió las mujeres, los niños y el resto del equipaje al lugar llamado Karnión, inexpugnable e inaccesible por lo angosto de los pasos en toda aquella zona. [22]Cuando apareció el primer destacamento de Judas, el terror y el pánico se apoderaron de los enemigos, porque se manifestó ante ellos Aquel que todo lo ve. Entonces emprendieron la huida, lanzándose cada uno por su lado, hiriéndose muchas veces unos a otros, y atravesándose entre ellos con sus espadas. [23]Judas los persiguió impetuosamente; acribilló a aquellos criminales y aniquiló a unos treinta mil hombres. [24]El mismo Timoteo, que fue a caer entre las tropas de Dositeo y Sosípatro, les pidió con mucha diplomacia que lo dejaran vivo, porque tenía en su poder a los padres y hermanos de muchos de ellos y corrían el riesgo de ser ejecutados. [25]Logró convencerlos a base de muchos razonamientos, con la promesa de devolverlos ilesos, y lo dejaron en libertad con el fin de salvar a sus hermanos.

[26]Judas marchó después contra Karnión y el santuario de Atargate, y mató veinticinco mil hombres. [27]Después de derrotarlos y aniquilarlos, marchó contra Efrón, una ciudad fortificada donde residía Lisias y gentes de todas partes. Jóvenes robustos, alineados ante la muralla, la defendían valerosamente, y dentro estaban bien provistos de proyectiles y máquinas de guerra. [28]Después de invocar al Soberano, que con su poder tritura las fuerzas del enemigo, conquistaron la ciudad y mataron unos veinticinco mil de los que había dentro.

[29]Partiendo de allí, se lanzaron contra Escitópolis, distante más de cien kilómetros de Jerusalén; [30]pero como los judíos de allí aseguraron que los de Escitópolis los trataban con deferencia y que los habían acogido humanitariamente en los momentos de infortunio, [31]Judas y los suyos les dieron las gracias y los exhortaron a seguir siendo en el futuro benévolos con los de su raza. Próxima ya la fiesta de las Semanas, llegaron a Jerusalén, [32]y después de la fiesta de Pentecostés se lanzaron contra Gorgias, gobernador de Idumea. [33]Gorgias salió con tres mil de infantería y cuatrocientos jinetes; [34]se entabló el combate y los judíos tuvieron unas cuantas bajas.

[35]Un tal Dositeo, jinete muy valiente de los de Bacenor, sujetaba a Gorgias por el manto y lo arrastraba a pura fuerza, queriendo cazar vivo a aquel maldito; pero uno de los jinetes tracios se lanzó contra Dositeo, le cercenó el brazo y así Gorgias pudo huir a Maresá. [36]Por otra parte, los de Esdrín estaban agotados porque llevaban combatiendo mucho tiempo. Judas invocó al Señor para que se mostrara aliado y dirigiera la batalla. [37]En la lengua materna lanzó el grito de guerra, y entonando himnos irrumpió por sorpresa entre los de Gorgias y los puso en fuga.

[38]Judas congregó el ejército y marchó a la ciudad de Adulán, y como llegaba el día séptimo se purificaron según el rito acostumbrado, y allí mismo celebraron el sábado. [39]Al día siguiente, porque ya urgía, los de Judas fueron a recoger los cadáveres de los caídos, para sepultarlos con sus parientes en las sepulturas familiares. [40]Y bajo la túnica de cada muerto encontraron amuletos de los ídolos de Yamnia, que la ley prohíbe a los judíos. Todos vieron claramente que aquella era la razón de su muerte.

[41]Así que todos alababan las obras del Señor, justo juez, que descubre lo oculto, [42]e hicieron rogativas para pedir que el pecado cometido quedara borrado por completo. Por su parte, el noble Judas arengó a la tropa a conservarse sin pecado, después de ver con sus propios ojos las consecuencias del pecado de los caídos.

[43]Después recogió dos mil dracmas de plata en una colecta y las envió a Jerusalén para que ofreciesen un sacrificio de expiación. Obró con gran rectitud y nobleza, pensando en la resurrección. [44]Si no hubiera esperado la resurrección de los caídos, habría sido inútil y ridículo rezar por los muertos. [45]Pero considerando que a los que habían muerto piadosamente les estaba reservado un magnífico premio, la idea es piadosa y santa. [46]Por eso hizo una expiación por los caídos, para que fueran liberados del pecado.

Paz con Antíoco

13 1El año ciento cuarenta y nueve les llegó a los de Judas la noticia de que Antíoco Eupátor avanzaba sobre Judá con muchas tropas 2y que iba con él Lisias, su tutor y jefe de Gobierno. Tenían un ejército de ciento diez mil griegos de infantería, cinco mil trescientos jinetes, veintidós elefantes y trescientos carros provistos de cuchillas en los ejes. 3Menelao se les añadió y animaba a Antíoco con mucho disimulo, no para salvar a la patria, sino con intención de conservar su cargo. 4Pero el Rey de reyes provocó la indignación de Antíoco contra aquel malvado, y como Lisias demostró que aquel era el causante de todos los males, Antíoco ordenó que lo llevaran a Berea y lo ajusticiaran según la costumbre del lugar: 5hay allí una torre de veinticinco metros, llena de ceniza, provista de una máquina giratoria inclinada por todas partes hacia la ceniza; 6allí era donde todos empujaban al responsable de un robo sacrílego, o al autor de otras enormidades, para que pereciera. 7Con tal muerte acabó el impío, Menelao, que ni siquiera tuvo sepultura. 8Con toda justicia: ya que había cometido muchos pecados contra el altar cuyo fuego y ceniza eran puros, en la ceniza recibió la muerte.

9Pero el rey avanzaba con planes feroces, para que los judíos lo pasasen peor que en tiempo de su padre. 10Cuando Judas recibió esta noticia, exhortó a la gente a pedir al Señor día y noche que también entonces, como otras veces, socorriese a los que iban a quedar privados de la ley, la patria y el templo santo, 11que no permitiera a gentes blasfemas someter al pueblo, que apenas empezaba a respirar.

12Todos unánimemente cumplieron la orden y suplicaron al Señor misericordioso con llantos, ayunos y postraciones tres días seguidos, Judas los arengó y les ordenó concentrarse. 13Se reunió en privado con los ancianos y determinó salir a resolver el asunto con la ayuda de Dios antes que el ejército del rey entrase en Judá y se apoderase de la capital. 14Confiando al creador del universo el resultado, arengó a los suyos, animándoles a luchar valerosamente hasta la muerte por las leyes, el templo, la ciudad, la patria y las instituciones. Y marchó a acampar en los alrededores de Modín. 15Después de darles la contraseña: «¡Victoria de Dios!», con unos cuantos jóvenes de los más valientes lanzó un ataque nocturno contra la tienda real: mató unos dos mil hombres en el campamento enemigo, y acribillaron al principal de los elefantes con el que iba en la torreta. 16Finalmente, llenaron el campamento de espanto y confusión, y se marcharon victoriosos. 17Cuando amanecía, ya estaba hecho todo, gracias a la protección que el Señor les prestaba.

18Cuando el rey experimentó la audacia de los judíos, intentó apoderarse de las fortalezas valiéndose de estratagemas. 19Se acercó a Bet-Sur, plaza judía fortificada; lo hicieron huir; atacó, lo vencieron. 20Judas envió lo necesario a los sitiados. 21Pero Ródoco, del ejército judío, pasó información secreta a los enemigos; lo descubrieron, lo apresaron y lo ejecutaron. 22El rey volvió a parlamentar con los de Bet-Sur: les ofreció la paz, la aceptó de ellos y se retiró; atacó a los de Judas y salió derrotado. 23Recibió la noticia de que Felipe, que había quedado al frente del Gobierno, se había sublevado en Antioquía. Consternado, habló con los judíos, se sometió con juramento a todas las condiciones razonables, hizo las paces y ofreció un sacrificio, honró al templo y se portó bien con el lugar santo. 24Recibió al Macabeo, y dejó a Hegemónidas de gobernador desde Tolemaida hasta Guerar.

25Luego marchó a Tolemaida. Los de Tolemaida descontentos por ese tratado se indignaron, y querían anular lo estipulado. 26Pero Lisias subió a la tribuna, hizo una defensa lo mejor que pudo, los convenció, los calmó, los dejó en disposición de ánimo favorable y marchó a Antioquía. Así acabó la expedición y retirada del rey.

Expedición de Nicanor

14 1Pasados tres años, Judas y sus hombres recibieron la noticia de que Demetrio Seléucida había penetrado en el puerto de Trípoli con una flota y un gran ejército, 2había matado a Antíoco y a su preceptor, Lisias, y se había apoderado del país.

3Un tal Alcimo, que anteriormente había sido sumo sacerdote y que durante la rebelión se había contaminado voluntariamente, pensando que ya no tenía salida alguna, ni podría ya subir al sagrado altar, 4fue a entrevistarse con el rey Demetrio el año ciento cincuenta y uno, llevando una corona de oro y una palma, además de los acostumbrados ramos del templo. Aquel día no pidió nada; 5pero encontró una buena ocasión para sus perversos designios, cuando Demetrio lo llamó al Consejo y le preguntó en qué disposición de ánimo y en qué plan estaban los judíos. Él respondió: 6«Los judíos llamados Leales, capitaneados por Judas Macabeo, fomentan la guerra y promueven rebeliones, y así no dejan que el imperio disfrute de estabilidad. 7Debido a eso, viéndome despojado de mi dignidad hereditaria –quiero decir, del sumo sacerdocio–, me

presento aquí ahora, interesado sinceramente,
8en primer lugar por los derechos del rey, y en
segundo lugar mirando por el bien de mis con-
ciudadanos; porque por la falta de cabeza de
los que antes mencioné todo nuestro pueblo
está sufriendo muchísimo. 9Tú, rey, infórma-
te de todo esto en detalle, y según tu bondad
comprensiva con todos vela sobre el país y sobre
nuestra raza, cercada por todas partes; 10porque
mientras viva Judas será imposible que el Esta-
do disfrute de paz».

11Después de hablar así, los otros Grandes del
Reino, hostiles a Judas en todo, empezaron en-
seguida a incitar a Demetrio. 12Inmediatamen-
te eligió a Nicanor, que era jefe de la sección
de elefantes; lo nombró gobernador de Judá
13y lo envió con órdenes de aniquilar a Judas,
dispersar a sus partidarios e imponer a Alcimo
como sumo sacerdote del augusto templo. 14Por
su parte, los paganos de Judá que habían esca-
pado de Judas se agregaron en masa a Nicanor,
pensando que los infortunios y desgracias de los
judíos iban a ser su prosperidad. 15Cuando los
judíos se enteraron de la expedición de Nicanor
y la invasión de los paganos, se cubrieron de
polvo y suplicaron a Aquel que había constituido
a su pueblo para siempre y siempre ayudaba ma-
nifiestamente a su porción.

16Bajo la orden del jefe, salieron enseguida
de allí y se trabaron en lucha con ellos junto
al poblado de Desau. 17Simón, el hermano de
Judas, había entrado en combate con Nicanor,
pero a causa de un ataque sorpresivo del enemi-
go sufrió un revés momentáneo; 18sin embargo,
Nicanor no se atrevía a resolver la batalla a base
de sangre, porque estaba enterado del valor de
las tropas de Judas y de su coraje en la lucha por
la patria. 19Por eso envió a Posidonio, Teódoto y
Matatías para negociar la paz.

20Después de una larga deliberación sobre las
condiciones, el jefe se las comunicó a la tropa,
y todos estuvieron de acuerdo con el tratado
de paz. 21Fijaron una fecha para una entrevista
privada de los jefes, en un sitio determinado.
Se puso una tarima de cada lado y se prepara-
ron asientos. 22Judas había apostado gente
armada en sitios estratégicos, dispuesta a in-
tervenir si los enemigos les jugaban de repente
una mala partida. La entrevista se desarrolló
normalmente.

23Nicanor se detuvo en Jerusalén, y se portó
con toda corrección, y hasta licenció a las tro-
pas que se le habían agregado en masa. 24Tenía
a Judas continuamente a su lado, y sentía por él
un sincero afecto. 25Le aconsejó casarse y fun-
dar una familia. Judas se casó, vivió feliz, como
un ciudadano ordinario. 26Pero Alcimo, al ver la
amistad que tenían, se fue a Demetrio con una
copia del pacto que habían firmado, y le dijo que
Nicanor tenía ideas contrarias a la política del
Gobierno, porque había nombrado sucesor suyo
a Judas, el conspirador contra el imperio. 27El
rey, enfurecido e irritado con las acusaciones
de aquel perfecto canalla, escribió a Nicanor,
diciéndole que estaba disgustado por lo del pac-
to, ordenándole que arrestara al Macabeo y se lo
enviara rápidamente a Antioquía. 28Cuando Ni-
canor recibió aquella carta quedó abatido, con
un gran disgusto por tener que anular el pacto
sin que aquel hombre hubiera cometido ninguna
injusticia. 29Pero como no se podía contradecir
al rey, aguardaba la ocasión de cumplir la orden
mediante algún engaño. 30Por su parte, el Maca-
beo observó que Nicanor lo trataba con cierta
frialdad y que las relaciones normales se habían
puesto difíciles. Pensando que aquella frialdad
no presagiaba nada bueno, reunió a muchos de
los suyos y se le escapó a Nicanor ocultamente.

31Nicanor vio que aquel hombre lo había ga-
nado limpiamente en la maniobra; se presentó
en el augusto y santo templo mientras los sa-
cerdotes ofrecían los sacrificios rituales, y les
ordenó que le entregaran aquel hombre. 32Ellos
le dijeron y le juraron que no sabían dónde po-
dría estar el que buscaba. 33Entonces él exten-
dió la mano derecha hacia el santuario y juró
así: «Si no me entregan preso a Judas, arrasaré
este santuario de Dios, derribaré el altar y le-
vantaré aquí un templo magnífico en honor de
Baco». 34Dicho esto se fue. Y los sacerdotes ele-
varon las manos hacia el cielo, invocando así al
que siempre había luchado por nuestro pueblo:
35«Tú, Señor, que no necesitas nada en el mundo,
quisiste que estuviera entre nosotros el templo
donde resides. 36Por eso ahora, Señor santísimo,
guarda sin mancha eternamente esta casa re-
cién purificada».

37Denunciaron ante Nicanor a un tal Razis, uno
de los ancianos de Jerusalén, un hombre que
amaba a sus conciudadanos, muy estimado, y al
que llamaban por su bondad padre de los judíos.
38En los primeros tiempos de la ruptura con el
paganismo había sido acusado de practicar el
judaísmo, y se había entregado al judaísmo en
alma y cuerpo, sin reserva. 39Nicanor querien-
do mostrar la hostilidad que profesaba contra
los judíos, envió más de quinientos soldados
para arrestarlo, 40pensando que con eso ases-
taba un duro golpe a los judíos. 41Cuando los
soldados estaban a punto de apoderarse de la
torre y querían forzar la puerta del atrio, se les
ordenó prender fuego e incendiar las puertas.

Entonces Razis, acorralado, se clavó la espada,
42prefiriendo morir noblemente antes de caer
bajo las garras de aquellos criminales y tener
que sufrir ultrajes indignos de su nobleza. 43Pero
en la precipitación de la lucha no acertó con el
golpe, y las tropas entraban ya puertas adentro.
Entonces corrió valientemente hacia la mura-
lla y se tiró abajo sobre los soldados, como un
héroe. 44Los soldados retrocedieron inmediata-
mente, dejando un espacio libre, y allí cayó, en
medio del espacio vacío. 45Todavía respiraba. Se
levantó lleno de ardor; bañado en sangre, herido
gravemente, corrió por entre las tropas, se paró
sobre una roca escarpada 46y ya completamente
desangrado se arrancó los intestinos, los agarró
con las dos manos y se los tiró a las tropas, su-
plicando al Dueño de la vida y del espíritu que
algún día se los devolviera de nuevo. De este
modo murió.

15 1Cuando recibió Nicanor la noticia de que
las tropas de Judas andaban por Samaría,
determinó atacarlos sin exponerse, en día de
descanso. 2Los judíos que le seguían por la fuer-
za le dijeron: «No los aniquiles de esa forma tan
cruel y tan bárbara. Honra ese día, honrado y
santificado por el que todo lo ve». 3Pero el ban-
dido preguntó si había en el cielo un soberano
que hubiera mandado celebrar el día del sábado.
4Ellos le respondieron: «El Señor vivo, el sobe-
rano del cielo, es quien mandó celebrar el día
séptimo». 5Y él replicó: «Y yo soy soberano de la
tierra, que ordeno empuñar las armas y servir los
intereses del rey». Sin embargo, no logró reali-
zar su cruel designio.

6Mientras Nicanor, en su orgullo y arrogancia,
pensaba levantar un monumento público con
las cosas que iba a quitar a las tropas de Judas,
7el Macabeo no perdía su confianza, esperando
firmemente recibir ayuda de parte del Señor, 8y
animaba a los suyos a no temer el ataque de los
paganos, sino a recordar las ayudas recibidas
del cielo anteriormente y a esperar la victoria
que les iba a conceder el Todopoderoso. 9Los
exhortó con textos de la Ley y los Profetas, y re-
cordándoles los combates que habían sostenido
reavivó su coraje. 10Y a la vez que los llenaba de
entusiasmo les dio instrucciones, mostrándoles
la perfidia de los paganos, que violaban los ju-
ramentos. 11Así los alegró a todos, armando a
cada uno no tanto con la seguridad que dan los
escudos y las lanzas cuanto con el ánimo que
dan las palabras de aliento. Además les contó un
sueño totalmente fidedigno, una especie de vi-
sión, que los alegró a todos. 12En el sueño vio lo
siguiente: Onías, el antiguo sumo sacerdote, un
hombre bueno y excelente, de aspecto venera-
ble, de carácter suave, digno en su hablar, ejer-
citado desde niño en la práctica de la virtud,
extendía las manos y rezaba por toda la comuni-
dad judía. 13Después, en igual actitud, se le apa-
reció a Judas un personaje extraordinario por
su ancianidad y su dignidad, revestido de una
dignidad soberana y majestuosa. 14Onías tomó la
palabra para decir: «Este es Jeremías, el profe-
ta de Dios, que ama a sus hermanos e intercede
continuamente por el pueblo y la Santa Ciudad».
15Entonces Jeremías extendió la mano derecha
y entregó a Judas una espada de oro, mientras
decía: 16«Toma la santa espada, don de Dios, con
la que destruirás a los enemigos».

17Arengados por aquellas magníficas pala-
bras de Judas, capaces de llevar al heroísmo y
de infundir a los jóvenes el vigor de hombres
maduros, decidieron no esperar, sino tomar la
ofensiva valerosamente y decidir el asunto
con valentía, todos unidos, ya que peligraban
la ciudad, la religión y el templo. 18La preocu-
pación por sus mujeres y niños, además de sus
hermanos y parientes, no les importaba mucho;
temían sobre todo por el templo consagrado.
19Ni era menor la angustia de los que quedaron
en la ciudad, preocupados por el combate que
iba a librarse en campo abierto. 20Mientras to-
dos aguardaban el desenlace inminente, ya es-
taban concentrándose los enemigos: el ejército
formaba para la batalla, los elefantes estaban
colocados en puntos estratégicos y la caballería
se situaba en los flancos. 21Al ver el Macabeo
el despliegue de aquella masa, la variedad de
armamento y la fiereza de los elefantes, levantó
las manos al cielo invocando al Señor, que hace
prodigios, sabiendo que a los que lo merecen
les da la victoria, no por las armas, sino por el
medio que quiere. 22Su invocación a Dios fue la
siguiente: «Señor: tú, en tiempo de Ezequías,
rey de Judá, enviaste a tu ángel y exterminó
a ciento ochenta y cinco mil del campamento
de Senaquerib. 23Señor de los cielos: envíanos
ahora un ángel que nos preceda sembrando un
terrible pánico. 24Que la grandeza de tu brazo
quebrante a los que han llegado blasfemando
contra tu pueblo santo». Así terminó.

25Mientras los de Nicanor avanzaban al son
de trompetas y cantos de guerra, 26los de Judas
trabaron combate con el enemigo entre invoca-
ciones y rezos; 27y luchando con las manos, pero
orando a Dios con el corazón, dejaron tendidos
por lo menos a treinta y cinco mil. Y rebosaron
de alegría por la intervención manifiesta de
Dios. 28Acabada la contienda, cuando volvían
llenos de gozo, descubrieron a Nicanor muerto,

con la armadura puesta. 29 En medio del grite-
río y el alboroto alababan al Señor en la lengua
materna. 30 Después, el que se había entregado
entero, en cuerpo y alma, combatiendo en el pri-
mer puesto por sus conciudadanos, el que nunca
había perdido el afecto de su juventud para con
sus compatriotas, ordenó cortar la cabeza y un
brazo entero a Nicanor, y ordenó que los llevaran
a Jerusalén.
31 Al llegar allí convocó a sus compatriotas y
a los sacerdotes, y puesto de pie ante el altar
mandó buscar a los de la fortaleza: 32 les mostró
la cabeza del infame Nicanor y la mano que aquel
blasfemo, lleno de arrogancia, había extendido
contra la santa morada del Todopoderoso; 33 des-
pués cortó la lengua del impío Nicanor, y mandó
que se la echaran a los pájaros en pedazos, y que
su brazo fuera colgado frente al santuario como
pago que merecía su locura. 34 Todos levantaron
los ojos al cielo, alabando al Señor glorioso:
«¡Bendito tú, que has guardado sin mancha tu
lugar santo!». 35 Judas colgó de la fortaleza la
cabeza de Nicanor, como prueba visible y mani-
fiesta a todos de la ayuda del Señor. 36 Y todos,
de común acuerdo, decretaron no dejar pasar
aquel día inadvertido, sino celebrar fiesta el día
trece del duodécimo mes –en arameo, Adar–, la
víspera del día de Mardoqueo.

Epílogo

37 Así acabó la historia de Nicanor. Como desde
aquel tiempo la ciudad quedó en poder de los
hebreos, yo también pondré aquí punto final a
nuestra historia. 38 Si he logrado dejarla bien es-
crita y construida, eso es lo que yo quería. Si me
ha salido vulgar y mediocre, he hecho lo mejor
que he podido. 39 Es desagradable beber vino so-
lo o agua sola; en cambio, el vino mezclado con
agua es agradable, es un placer para el gusto. Lo
mismo pasa en una obra literaria, donde el estilo
variado es un placer para el oído del lector. Y
con esto termino.

RUT

La muchacha forastera

1 1 En tiempo de los Jueces hubo hambre en el
país, y un hombre emigró, con su mujer y sus
dos hijos, desde Belén de Judá a los campos de
Moab. 2 Se llamaba Elimélec; su mujer, Noemí, y
sus hijos, Majlón y Kilión. Eran efrateos, de Be-
lén de Judá. Llegados a la campiña de Moab, se
establecieron allí. 3 Elimélec, el marido de Noemí,
murió, y quedaron con ella sus dos hijos, 4 que se
casaron con dos mujeres moabitas: una se llama-
ba Orfá y la otra Rut. Pero al cabo de diez años de
residir allí, 5 murieron también los dos hijos, Ma-
jlón y Kilión, y la mujer se quedó sin marido y sin
hijos. 6 Al enterarse de que el Señor había atendi-
do a su pueblo dándole pan, Noemí con sus dos
nueras emprendió el camino de vuelta desde la
campiña de Moab. 7 En compañía de sus dos nue-
ras salió del lugar donde residía, y emprendieron
el regreso al país de Judá. 8 Noemí dijo a sus dos
nueras: «Váyanse, vuelvan cada una a la casa de
su madre. Que el Señor las trate con piedad, como
ustedes lo hicieron con mis muertos y conmigo.
9 El Señor les conceda vivir tranquilas en casa de
un nuevo marido». Y las abrazó. Ellas, rompiendo
a llorar, 10 le respondieron: «¡De ningún modo!
Volveremos contigo a tu pueblo».
11 Noemí insistió: «Regresen, hijas mías. ¿Por
qué quieren venir conmigo? ¿Creen que tendré
más hijos que puedan casarse con ustedes? 12 Va-
yan, hijas mías, vuélvanse, que soy demasiado
vieja para casarme. Y aunque pensara que me
queda esperanza, y me casara esta noche, y tu-
viera hijos, 13 ¿van a esperar a que crezcan, van
a renunciar, por ellos, a casarse? No, hijas. Mi
suerte es más amarga que la de ustedes, porque
la mano del Señor se ha desatado contra mí».
14 De nuevo rompieron a llorar. Orfá se despidió
de su suegra y volvió a su pueblo, mientras que
Rut se quedó con Noemí. 15 Noemí le dijo: «Mira,
tu cuñada se ha vuelto a su pueblo y a su dios.
Vuélvete tú con ella». 16 Pero Rut contestó: «No
insistas en que te deje y me vuelva. A donde tú
vayas, yo iré, donde tú vivas, yo viviré; tu pue-
blo será el mío, tu Dios será mi Dios; 17 donde
tú mueras, allí moriré y allí me enterrarán. Solo
la muerte podrá separarnos, y si no, que el Se-
ñor me castigue». 18 Al ver que se empeñaba en
ir con ella, Noemí no insistió más. 19 Y siguieron
caminando las dos hasta Belén. Cuando llega-
ron, se alborotó toda la población, y las mujeres
decían: «¡Si es Noemí!». 20 Ella corregía: «No me
llamen Noemí. Llámenme Mara, porque el Todo-
poderoso me ha llenado de amargura. 21 Partí
llena de bienes, y el Señor me trae vacía. No me
llamen Noemí, que el Señor me afligió, el Todo-
poderoso me maltrató». 22 Así fue como Noemí,
con su nuera Rut, la moabita, volvió de la cam-
piña de Moab. Empezaba la cosecha de la cebada
cuando llegaron a Belén.

El rico del pueblo

2 1 Noemí tenía, por parte de su marido, un
pariente de muy buena posición llamado
Booz, de la familia de Elimélec. 2 Rut, la moa-
bita, dijo a Noemí: «Déjame ir a recoger espi-

gas al campo, donde un segador me permita ir
detrás de él». Noemí le respondió: «Ve, hija».
3Se marchó y fue a recoger espigas en el campo,
siguiendo a los segadores. Fue a parar a una de
las tierras de Booz, de la familia de Elimélec,
4y en aquel momento llegaba él de Belén y sa-
ludó a los segadores: «¡Que el Señor esté con
ustedes!». Respondieron: «¡Dios te bendiga!».
5Luego preguntó al capataz: «¿De quién es esa
chica?». 6El capataz respondió: «Es una chica
moabita, la que vino con Noemí de la campiña
de Moab. 7Me dijo que la dejase ir detrás de
los segadores recogiendo espigas hasta juntar
unas gavillas; desde que llegó por la mañana ha
estado de pie todo el tiempo, y ahora está aquí
descansando un poco». 8Entonces Booz dijo a
Rut: «Escucha, hija. No vayas a recoger espigas
a otra parte, no te vayas de aquí ni te alejes de
mis servidoras. 9Fíjate en qué terreno cosechan
los hombres y sigue a las espigadoras. Ya he da-
do órdenes a mis criados para que no te moles-
ten. Cuando tengas sed, vete adonde están los
cántaros de agua y bebe de lo que saquen los
criados». 10Rut se echó, se postró ante él por
tierra y le dijo: «Yo soy una forastera, ¿por qué
te he caído en gracia y te has interesado por
mí?». 11Booz respondió: «Me han contado todo
lo que hiciste por tu suegra después que murió
tu marido: que dejaste a tus padres y tu pueblo
natal y has venido a vivir con gente descono-
cida. 12El Señor te pague esta buena acción.
El Dios de Israel, bajo cuyas alas has venido
a refugiarte, te recompense abundantemente».
13Ella dijo: «Ojalá sepa yo agradarte, señor; me
has tranquilizado y has llegado al corazón de tu
servidora, aunque no soy ni una criada tuya».

14Cuando llegó la hora de comer, Booz le dijo:
«Acércate, come de este pan y moja la rebanada
en la salsa». Ella se sentó junto a los segadores,
y él le ofreció grano tostado. Rut comió hasta
quedar satisfecha, y todavía le sobró. 15Des-
pués se levantó a seguir recogiendo espigas, y
Booz ordenó a sus servidores: 16«Aunque recoja
entre los manojos de espigas, no la molesten,
más aún, saquen algunas espigas del manojo y
déjenlas caer, y cuando ella las recoja, no le di-
gan nada». 17Rut estuvo recogiendo espigas en
aquel campo hasta la tarde; después desgranó
lo que había recogido y sacó cuarenta y cinco
kilos de cebada. 18Se la cargó y marchó al pue-
blo. Enseñó a su suegra lo que había recogido.
También sacó la comida que le había sobrado
y se la dio. 19Su suegra le preguntó: «¿Dónde
has ido a recoger espigas hoy y con quién has
trabajado? ¡Bendito el que se ha interesado por
ti!». Rut le contó: «El hombre con el que he
trabajado hoy se llama Booz». 20Noemí dijo a
su nuera: «Que el Señor le bendiga; el Señor,
que no deja de apiadarse de vivos y muertos».
Y añadió: «Ese hombre es pariente nuestro, uno
de los que tienen que responder por nosotras».
21Entonces Rut, la moabita siguió diciendo:
«También me dijo que no me apartase de sus
servidores hasta que no acaben la cosecha».
22Y Noemí le dijo: «Hija, es conveniente que
salgas con sus criadas, y así no te molestarán
en otra parte». 23De este modo, Rut siguió con
las criadas de Booz, recogiendo espigas hasta
acabar la cosecha de la cebada y del trigo. Vivía
con su suegra.

La noche en el campo

3 1Un día su suegra le dijo: 2«Hija, tengo que
buscarte un hogar donde vivas feliz. Resul-
ta que Booz, con cuyas criadas has estado tra-
bajando, es pariente nuestro. Esta noche va a
ir a al campo a separar el grano de la paja. 3Tú
lávate, perfúmate, ponte el manto y baja allá.
Que no te vea mientras come y bebe. 4Y cuando
se eche a dormir, fíjate dónde se acuesta; vas,
le destapas los pies y te acuestas allí. Él te di-
rá lo que has de hacer». 5Rut respondió: «Haré
todo lo que me dices». 6Después bajó al campo
e hizo exactamente lo que le había encargado
su suegra.

7Booz comió, bebió y se puso alegre. Luego fue
a acostarse a una orilla de la parva de cebada.
Rut se acercó de puntillas, le destapó los pies y
se acostó. 8A medianoche el hombre sintió un
escalofrío, se incorporó y vio una mujer echada
a sus pies. 9Preguntó: «¿Quién eres?». Ella dijo:
«Soy Rut, tu servidora. Extiende tu manto sobre
tu servidora, porque tienes derecho a rescatar-
me casándote conmigo». 10Él dijo: «El Señor te
bendiga, hija. Esta segunda obra de caridad es
mejor que la primera, porque no te has buscado
un pretendiente joven, pobre o rico. 11Bien, hi-
ja, no tengas miedo, que haré por ti lo que me
pidas; porque todos los del pueblo ya saben que
eres una mujer virtuosa. 12Es verdad que a mí
me toca responder por ti, pero hay otro pariente
más cercano que yo. 13Esta noche quédate aquí,
y mañana por la mañana, si él quiere cumplir su
deber familiar, que lo haga enhorabuena; si él
no quiere, lo haré yo, ¡te lo juro! Acuéstate has-
ta la mañana». 14Ella durmió a sus pies hasta la
mañana, y se levantó cuando la gente todavía
no llega a reconocerse, porque Booz no quería
que supiesen que la mujer había ido a ese lugar.
15Booz le dijo: «Trae el manto y mantenlo bien
abierto». Le midió seis medidas de cebada, la
ayudó a cargarlas y Rut volvió al pueblo.

16Al llegar a casa de su suegra, esta le pregun-
tó: «¿Qué tal, hija?». Rut le contó lo que Booz
había hecho por ella, 17y añadió: «También me
regaló estas seis medidas de cebada, diciéndo-
me: No vas a volver a casa de tu suegra con las
manos vacías». 18Noemí le dijo: «Quédate tran-
quila, hija, hasta que sepas cómo se arregla todo
esto; que él no descansará hasta resolver hoy
mismo este asunto».

La boda

4 1Booz, por su parte, fue a la plaza del pueblo
y se sentó allí. En aquel momento pasaba por
allí el pariente del que había hablado Booz. Lo
llamó: «Oye, fulano, ven y siéntate aquí». El otro
llegó y se sentó. 2Booz reunió a diez ancianos y
les dijo: «Siéntense aquí». Y se sentaron. 3En-
tonces Booz dijo al otro: «Noemí ha vuelto de los
campos de Moab y ha puesto en venta la tierra
que era de nuestro pariente Elimélec. 4He que-
rido ponerte al tanto y decirte: Cómprala ante
los aquí presentes, los ancianos, si es que quie-
res rescatarla, y si no, dímelo; porque tú eres
el primero con derecho a rescatarla y yo vengo
después de ti». El otro dijo: «La compro». 5Booz
prosiguió: «Al comprarle esa tierra a Noemí ad-
quieres también a Rut, la moabita, esposa del
difunto, con el fin de conservar el apellido del
difunto junto con su herencia». 6Entonces el
otro dijo: «No puedo hacerlo, porque perjudica-
ría a mis herederos. Te cedo mi derecho; a mí no
me es posible». 7Antiguamente había esta cos-
tumbre en Israel, cuando se trataba de rescate
o de una compra-venta: para cerrar el trato se
quitaba uno la sandalia y se la daba al otro. Así
se hacían los tratos en Israel. 8Así que el otro di-
jo a Booz: «Cómpralo tú». Se quitó la sandalia y
se la dio. 9Y entonces Booz dijo a los ancianos y a
la gente: «Hoy los tomo por testigos de que ad-
quiero todas las posesiones de Elimélec, Kilión y
Majlón de manos de Noemí, 10y de que adquiero
como esposa a Rut, la moabita, mujer de Majlón,
con el fin de conservar el apellido del difunto
junto con su herencia, para que no desaparezca
el apellido del difunto entre sus parientes, ni
sea olvidado en este pueblo. ¿Son testigos?».
11Todos los allí presentes respondieron: «Somos
testigos». Y los ancianos añadieron: «¡Que a la
mujer que va a entrar en tu casa la haga el Señor
como Raquel y Lía, las dos que construyeron la
casa de Israel! ¡Que tengas riqueza en Efrata y
renombre en Belén! 12¡Que por los hijos que el
Señor te dé de esta joven tu casa sea como la de
Fares, el hijo que Tamar dio a Judá!».
13Así fue como Booz se casó con Rut. Se
unió a ella; el Señor hizo que Rut concibiera
y diese a luz un hijo. 14Las mujeres dijeron a
Noemí: «Bendito sea Dios, que te ha dado hoy
quien responda por ti. El nombre del difunto
se pronunciará en Israel. 15Y el niño te será un
descanso y una ayuda en tu vejez; porque te lo
ha dado a luz tu nuera, la que tanto te quiere,
que te vale más que siete hijos». 16Noemí tomó
al niño, lo puso en su regazo y se encargó de
criarlo. 17Las vecinas le buscaban un nombre,
diciendo: «¡Noemí ha tenido un niño!». Y le pu-
sieron por nombre Obed. Fue el padre de Jesé,
padre de David.
18Lista de los descendientes de Fares: Fares
engendró a Jesrón, 19Jesrón engendró a Ram,
Ram engendró a Aminadab, 20Aminadab engen-
dró a Najsón, Najsón engendró a Salmá, 21Salmá
engendró a Booz, Booz engendró a Obed, Obed
engendró a Jesé y Jesé engendró a David.

TOBÍAS

Tobit el justo

1 1Historia de Tobit, hijo de Tobiel, hijo de Ana-
niel, hijo de Aduel, hijo de Gabael, de la fa-
milia de Asiel, de la tribu de Neftalí, 2deportado
desde Tisbé –al sur de Cades de Neftalí, en la
alta Galilea, por encima de Jasor, detrás de la
ruta occidental, al norte de Fegor– durante el
reinado de Salmanasar, rey de Asiria. 3Yo, Tobit,
procedí toda mi vida con sinceridad y honradez,
e hice muchas limosnas a mis parientes y com-
patriotas deportados conmigo a Nínive, en el
país de los Asirios. 4De joven, cuando estaba en
Israel, mi patria, toda la tribu de nuestro padre
Neftalí se separó de la casa de David y de Jeru-
salén, la ciudad elegida entre todas las tribus de
Israel como lugar de sus sacrificios, en la que
había sido edificado y consagrado a perpetuidad
el templo, morada de Dios.
5Todos mis parientes, y la tribu de nuestro
padre Neftalí, ofrecían sacrificios al ternero
que Jeroboán, rey de Israel, había puesto en
Dan, en la serranía de Galilea; 6mientras que
muchas veces yo era el único que iba a las fies-
tas de Jerusalén, como se lo prescribe a todo
Israel una ley perpetua. Yo corría a Jerusalén
con las primicias de los frutos y de los anima-
les, con los diezmos del ganado y la primera
lana de las ovejas, 7y lo entregaba a los sacer-
dotes, hijos de Aarón, para el culto; el diezmo
del trigo y del vino, del aceite, de las granadas,
de las higueras y demás árboles frutales se lo
daba a los levitas que oficiaban en Jerusalén.
El segundo diezmo lo cambiaba en dinero, jun-

tando lo de seis años, y cuando iba cada año
a Jerusalén lo gastaba allí. 8El tercer diezmo
lo daba cada tres años a los huérfanos, a las
viudas y a los extranjeros que convivían con
los israelitas. Lo comíamos según lo ordenado
en la Ley de Moisés acerca de los diezmos, y
según el encargo de Débora, madre de mi abue-
lo Ananiel, porque mi padre murió, dejándome
huérfano.
9De mayor, me casé con una mujer de mi fami-
lia llamada Ana; tuve con ella un hijo y le puse
de nombre Tobías.
10Cuando me deportaron a Asiria como cauti-
vo, vine a Nínive. Todos mis parientes y compa-
triotas comían manjares de los gentiles, 11pero
yo me guardé muy bien de hacerlo. 12Y como yo
tenía muy presente a Dios, 13el Altísimo hizo
que me ganara el favor de Salmanasar, y lle-
gué a ser el encargado de sus compras. 14Hasta
que murió, yo solía ir a Media, y allí hacía las
compras en casa de Gabriel, hijo de Gabri, en
Ragués de Media, y allí dejé en depósito unas
bolsas con trescientos kilos de plata. 15Cuando
murió Salmanasar, su hijo Senaquerib le suce-
dió en el trono. Las rutas de Media se cerraron
y ya no pude volver allá.
16En tiempo de Salmanasar hice muchas li-
mosnas a mis compatriotas: 17di mi pan al ham-
briento y mi ropa al desnudo, y si veía a algún
israelita muerto y arrojado tras la muralla de
Nínive, lo enterraba. 18Así, enterré a los que
mató Senaquerib cuando tuvo que huir de Ju-
dea, después del castigo que recibió del Rey del
cielo a causa de sus blasfemias. Lleno de có-
lera, Senaquerib mató a muchos israelitas; yo
recogí los cadáveres y los enterré a escondidas;
él mandó buscarlos, pero no aparecieron. 19Un
ninivita fue a denunciarme ante el rey, dicién-
dole que era yo el que los había enterrado. Me
escondí, y cuando supe que el rey estaba in-
formado y que me buscaban para matarme, huí
lleno de miedo. 20Entonces me quitaron todos
los bienes; se lo llevaron todo para el tesoro
real y me dejaron únicamente a mi mujer, Ana,
y mi hijo, Tobías. 21No habían pasado cuarenta
días cuando Senaquerib fue asesinado por sus
dos hijos que huyeron a los montes de Ararat.
Su hijo Asaradón le sucedió en el trono. Asara-
dón puso a Ajicar, hijo de mi hermano Anael, al
frente de la contabilidad y la administración
general del reino. 22Ajicar intercedió por mí
y pude volver a Nínive. Durante el reinado de
Senaquerib de Asiria, Ajicar había sido copero
mayor, canciller, tesorero y contador, y Asara-
dón lo repuso en sus cargos. Ajicar era de mi
familia, era sobrino mío.

La desgracia de Tobit

2 1Durante el reinado de Asaradón regresé a
casa; me devolvieron a mi mujer, Ana, y a
mi hijo, Tobías. En nuestra fiesta de Pentecos-
tés, que es la fiesta de las Semanas, me pre-
pararon una buena comida. 2Cuando me puse
a la mesa, llena de platos variados, dije a mi
hijo, Tobías: «Hijo, ve a buscar entre nuestros
hermanos deportados de Nínive, uno que se
acuerde de Dios con toda el alma, y tráelo para
que coma con nosotros. Te espero, hijo, hasta
que vuelvas».
3Tobías marchó a buscar a algún israelita
pobre, y cuando volvió, me dijo: «Padre». Res-
pondí: «¿Qué pasa, hijo?». Agregó: «Padre, han
asesinado a un israelita. Lo han estrangulado
hace un momento, y lo han dejado tirado ahí,
en la plaza». 4Yo me levanté rápidamente, dejé
la comida sin haberla probado, recogí el cadá-
ver de la plaza y lo metí en una habitación para
enterrarlo cuando se pusiera el sol. 5Cuando vol-
ví, me lavé y comí entristecido, 6recordando la
frase del profeta Amós contra Betel: Sus fiestas
se convertirán en duelo y todos sus cantos en la-
mentaciones. Y lloré. 7Cuando se puso el sol, fui
a cavar una fosa y lo enterré. 8Los vecinos se me
reían: «¡Ya no tiene miedo! Lo anduvieron bus-
cando para matarlo por eso mismo, y entonces
se escapó; y ahora ahí está, ¡otra vez enterrando
a los muertos!».
9Aquella noche, después del baño, fui al patio
y me acosté junto a la pared, con la cabeza des-
cubierta porque hacía calor; 10yo no sabía que en
la pared, encima de mí, había un nido de gorrio-
nes; su excremento caliente me cayó en los ojos
y se me formaron nubes. Fui a los médicos para
que me sanaran; pero cuantos más ungüentos
me daban, más perdía la vista, hasta que quedé
completamente ciego. Estuve sin vista cuatro
años. Todos mis parientes se apenaron por mi
desgracia, y Ajicar me cuidó dos años, hasta que
marchó a Elimaida.
11En aquella situación, mi mujer, Ana, se puso
a hacer labores femeninas para ganar dinero.
12Los clientes le daban el importe cuando les
llevaba la labor terminada; el siete de marzo,
al acabar un tejido y mandárselo a los clientes,
estos le dieron el importe íntegro y le regalaron
un cabrito para que lo trajese a casa. 13Cuando
llegó, el cabrito empezó a balar. Yo llamé a mi
mujer, y le dije: «¿De dónde viene ese cabrito?
¿No será robado? Devuélveselo al dueño, que no
podemos comer nada robado». 14Ana me respon-
dió: «Es un regalo que me hicieron, además de la
paga». Pero yo no le creía, y abochornado por su
acción, insistí en que se lo devolviera al dueño.

Entonces me replicó: «Y, ¿dónde están tus limosnas? ¿Dónde están tus obras de caridad? ¡Ya ves lo que te pasa!».

3 1Profundamente afligido, sollocé, me eché a llorar y empecé a rezar entre sollozos:

2*Señor, tú eres justo; todas tus obras son justas;/ tú actúas con misericordia y lealtad,/ tú eres el juez del mundo.*

3*Tú, Señor, acuérdate de mí y mírame;/ no me castigues por mis pecados y mis errores/ ni por los que mis padres cometieron/ delante de ti./* 4*Ellos desoyeron tus mandamientos./ Y tú nos entregaste al saqueo,/ al destierro y a la muerte,/ nos has hecho refrán,/ comentario y burla de todas las naciones/ donde nos has dispersado.*

5*Sí, todas tus sentencias son justas/ cuando me tratas así por mis pecados,/ porque no hemos cumplido tus mandatos/ ni hemos procedido lealmente en tu presencia.*

6*Haz ahora de mí lo que te guste./ Manda que me quiten la vida,/ y desapareceré de la faz de la tierra/ y en tierra me convertiré./ Porque más me vale morir que vivir/ después de oír ultrajes que no merezco/ y verme invadido de tristeza.*

Manda, Señor, que yo me libre de esta prueba;/ déjame marchar a la eterna morada/ y no me apartes tu rostro, Señor./ Porque más me vale morir que vivir/ pasando esta prueba y escuchando tales ultrajes.

La desgracia de Sara

7Aquel mismo día, Sara, la hija de Ragüel, el de Ecbatana de Media, tuvo que soportar también los insultos de una criada de su padre; 8porque Sara se había casado siete veces, pero el maldito demonio Asmodeo fue matando a todos los maridos, uno después de otro, cuando iban a unirse a ella. La criada le dijo: «Eres tú la que matas a tus maridos. Te han casado ya con siete y no llevas el apellido ni siquiera de uno. 9Que tus maridos hayan muerto no es razón para que nos castigues. ¡Ve a reunirte con ellos! ¡Y que jamás veamos ni un hijo ni una hija tuyos!». 10Entonces Sara, profundamente afligida, se echó a llorar y subió al piso de arriba de la casa, con intención de ahorcarse. Pero lo pensó otra vez, y se dijo: «¡Van a echárselo en cara a mi padre! Le dirán que la única hija que tenía, tan querida, se ahorcó al verse hecha una desgraciada. Y mandaré a la tumba a mi anciano padre de puro dolor. Será mejor no ahorcarme, sino pedir al Señor la muerte, y así ya no tendré que oír más insultos». 11Extendió las manos hacia la ventana y rezó:

Bendito eres, Dios misericordioso./ Bendito tu nombre por los siglos./ Que te bendigan todas tus obras por los siglos.

12*Hacia ti levanto ahora mi rostro y mis ojos./* 13*Manda que yo desaparezca de la tierra/ para no oír más insultos.*

14*Tú sabes, Señor, que me conservo/ limpia de todo pecado con varón,/* 15*conservo limpio mi nombre/ y el de mi padre, en el destierro./ Soy hija única; mi padre no tiene/ otro hijo que pueda heredarlo,/ ni pariente próximo, o de la familia,/ con quien poder casarme.*

Ya se me han muerto siete,/ ¿para qué vivir más?/ Si no quieres matarme, Señor,/ escucha cómo me insultan.

16En el mismo momento, el Dios de la gloria escuchó la oración de los dos, 17y envió a Rafael para sanarlos: a Tobit, limpiándole la vista, para que pudiera ver la luz de Dios, y a Sara, la de Ragüel, dándole como esposa a Tobías, hijo de Tobit, y librándola del maldito demonio Asmodeo. Porque Tobías tenía más derecho a casarse con ella que todos los pretendientes.

En el mismo momento Tobit pasaba del patio a casa y Sara de Ragüel bajaba del piso de arriba.

Consejo de Tobit a su hijo

4 1Aquel día Tobit se acordó del dinero que había depositado en casa de Gabael, en Ragués de Media, 2y pensó para sus adentros: He pedido la muerte. ¿Por qué no llamo a mi hijo Tobías y le informo sobre ese dinero antes de morir? 3Entonces llamó a su hijo Tobías, y cuando se presentó, le dijo:

»Entiérrame. No descuides a tu madre. Respétala toda la vida, tenla contenta y no le des disgustos. 4Acuérdate de los muchos peligros que pasó cuando te llevaba en el seno. Y cuando muera, entiérrala junto a mí en la misma sepultura.

5»Hijo, acuérdate del Señor toda la vida. No consientas en pecado ni quebrantes sus mandamientos. Realiza obras de caridad toda tu vida y no sigas el camino de la injusticia. 6Si procedes rectamente, te irán bien tus negocios.

7»Da limosna de tus bienes a toda la gente honrada y no seas tacaño en tus limosnas. Si ves un pobre, no vuelvas el rostro, y Dios no te apartará su rostro. 8Haz limosna en proporción a lo que tienes; si tienes poco, no temas dar de lo poco que tienes. 9Así guardarás un buen tesoro para el tiempo de necesidad. 10Porque la limosna libra de la muerte y no deja caer en las tinieblas. 11Los que hacen limosna presentan al Altísimo una buena ofrenda.

12»Guárdate, hijo, de toda unión ilegítima.
Para casarte, busca primero una mujer de tu fa-
milia; no te cases con una que no sea de nuestra
tribu, porque somos hijos de profetas. Recuer-
da, hijo, que ya antiguamente nuestros ante-
pasados, Noé, Abrahán, Isaac y Jacob tomaron
esposas de entre sus parientes, y recibieron la
bendición de los hijos, y su descendencia here-
dará la tierra.
13»Bien, hijo, ama a tus parientes y no te creas
más que los hijos e hijas de tu pueblo, rehusan-
do tomar esposa de entre ellos; porque la so-
berbia trae perdición e intranquilidad. La pereza
lleva a la decadencia y a la miseria, porque la
pereza es madre del hambre.
14»No retengas ni una noche el jornal de tu
obrero. Dáselo enseguida, que si sirves a Dios,
él te lo pagará.
»Ten cuidado, hijo, en todo lo que haces y
pórtate siempre con educación. 15No hagas a
otro lo que a ti no te agrada. No bebas hasta
embriagarte; que la embriaguez no te acompañe
en el camino.
16»Da tu pan al hambriento y tu ropa al des-
nudo. Da de limosna cuanto te sobre y no seas
tacaño en tus limosnas. 17Ofrece tu pan sobre
la tumba de los justos y no lo des a los pecado-
res. 18Pide consejo al sensato y no desprecies un
consejo útil.
19»Bendice a Dios en toda ocasión; pídele que
dirija tus pasos y que todos tus caminos y todos
tus proyectos lleguen a feliz término. Porque no
todas las naciones aciertan en sus proyectos.
Es el Señor quien da los bienes a quien quiere y
humilla a quien quiere. Bien, hijo, recuerda es-
tas normas, que no se te borren de la memoria.
20»Y ahora te comunico que en casa de Gabael,
hijo de Gabri, en Ragués de Media, dejé en de-
pósito trescientos kilos de plata. 21No te apures
porque seamos pobres; si temes a Dios, huyes de
todo pecado y haces lo que le agrada al Señor, tu
Dios, tendrás muchas riquezas.

El guía desconocido

5 1Tobías respondió a su padre, Tobit: «Padre,
haré lo que me has dicho. 2Pero, ¿cómo podré
recuperar ese dinero de Gabael, si ni él me cono-
ce ni yo a él? ¿Qué contraseña puedo darle para
que me reconozca y se fíe de mí y me dé el di-
nero? Además, no conozco el camino de Media».
3Tobit le dijo: «Gabael me dio un recibo, y yo
le di el mío; firmamos los dos el contrato, des-
pués lo rompí por la mitad y tomamos cada uno
una parte, de modo que una quedó con el dinero.
¡Ya hace veinte años que dejé en depósito ese
dinero! Bien, hijo, búscate un hombre de con-
fianza que pueda acompañarte, y le pagaremos
por todo lo que dure el viaje. Vete a recuperar
ese dinero».
4Tobías salió a buscar un guía experto que lo
acompañase a Media. Cuando salió se encon-
tró con el ángel Rafael, parado; pero no sabía
que era un ángel de Dios. 5Le preguntó: «¿De
dónde eres, buen hombre?». Respondió: «Soy
un israelita compatriota tuyo y he venido aquí
buscando trabajo». Tobías le preguntó: «¿Sa-
bes por dónde se va a Media?». 6Rafael le dijo:
«Sí. He estado allí muchas veces y conozco muy
bien todos los caminos. He ido a Media con
frecuencia, parando en casa de Gabael, uno de
nuestros hermanos que vive en Ragués de Me-
dia. Ragués está a dos días enteros de camino
desde Ecbatana, porque queda en la montaña».
7Entonces Tobías le dijo: «Espérame aquí, buen
hombre, mientras voy a decírselo a mi padre.
Porque necesito que me acompañes; ya te lo
pagaré». 8El otro respondió: «Bueno, espero
aquí, pero no te entretengas».
9Tobías fue a informar a su padre, Tobit: «Mi-
ra, he encontrado a un israelita compatriota
nuestro». Tobit le dijo: «Llámamelo, que yo me
entere de qué familia y de qué tribu es, y a ver
si es de confianza para acompañarte, hijo». 10To-
bías salió a llamarlo: «Buen hombre, mi padre
te llama».
Cuando entró, Tobit se adelantó a saludarlo. El
ángel le respondió: «¡Que tengas salud!». Pero
Tobit comentó: «¿Qué salud puedo tener? Soy un
ciego que no ve la luz del día. Vivo en la oscu-
ridad, como los muertos, que ya no ven la luz.
Estoy muerto en vida: oigo hablar a la gente,
pero no la veo». El ángel le dijo: «Ánimo, Dios te
sanará pronto; ánimo».
Entonces Tobit le preguntó: «Mi hijo Tobías
quiere ir a Media. ¿Podrías acompañarlo como
guía? Yo te lo pagaré, amigo». Él respondió:
«Sí. Conozco todos los caminos. He ido a Media
muchas veces, he atravesado sus llanuras y sus
montañas; sé todos los caminos».
11Tobit le preguntó: «Amigo, ¿de qué familia y
de qué tribu eres? Dímelo». 12Rafael respondió:
«¿Qué falta te hace saber mi tribu?». Tobit dijo:
«Amigo, quiero saber exactamente tu nombre y
apellido». 13Rafael respondió: «Soy Azarías, hijo
del ilustre Ananías, compatriota tuyo». 14Enton-
ces Tobit le dijo: «¡Seas bienvenido, amigo! No
te me enfades si he querido saber exactamente
de qué familia eres. Ahora resulta que tú eres
pariente nuestro, y de muy buena familia. Yo
conozco a Ananías y a Natán, los dos hijos del
ilustre Semeyas. Iban conmigo a adorar a Dios
en Jerusalén, y no se han apartado del buen ca-

mino. Los tuyos son buena gente. Bienvenido,
hombre; eres de una familia excelente».
15Y añadió: «Te daré como paga una dracma
diaria y tendrás todo lo que necesites, lo mismo
que mi hijo. 16Acompáñale, y ya añadiré algo a la
paga». 17Rafael respondió: «Lo acompañaré. No
tengas miedo: sanos marchamos y sanos volve-
remos; el camino es seguro». Tobit le dijo: «Ami-
go, Dios te lo pague».
Luego llamó a Tobías y le habló así: «Hijo, pre-
para el viaje y vete con tu pariente. Que el Dios
del cielo los proteja allá y los traiga de nuevo sa-
nos y salvos. Que su ángel los acompañe con su
protección, hijo». Tobías besó a su padre y a su
madre y emprendió la marcha, mientras Tobit le
decía: «¡Buen viaje!». 18Pero la madre se echó a
llorar, y dijo a Tobit: «¿Por qué has mandado a mi
hijo? ¡Él, que era nuestro apoyo, que lo teníamos
siempre cerca! 19El dinero no es más que dine-
ro, es basura en comparación con nuestro hijo.
20¡Nos bastaba vivir con lo que Dios nos daba!».
21Tobit le dijo: «No te preocupes. Nuestro hijo ha
marchado sano y salvo, y sano y salvo volverá.
Lo verás con tus ojos el día que regrese sano y
salvo. 22No te preocupes ni temas por ellos, mu-
jer, que un ángel bueno lo acompañará, le dará
un viaje feliz y lo traerá sano y salvo». 23Y ella
dejó de llorar.

El viaje

6 1Cuando salieron el muchacho y el ángel, el
perro se fue con ellos. Caminaron hasta que
se les hizo de noche, y acamparon junto al río Ti-
gris. 2El muchacho bajó hasta el río a lavarse los
pies, y un pez enorme saltó del río intentando
arrancarle un pie. Tobías dio un grito, 3y el ángel
le dijo: «¡Agárralo, no lo sueltes!». Tobías suje-
tó al pez y lo sacó a tierra. 4Entonces, el ángel
le dijo: «Ábrelo, quítale la hiel, el corazón y el
hígado, y guárdalos, porque sirven como reme-
dios; los intestinos, tíralos». 5El chico abrió el
pez y juntó la hiel, el corazón y el hígado; luego
asó un trozo del pez, lo comió y saló el resto. 6Si-
guieron su camino juntos hasta llegar a Media.
7Entonces Tobías preguntó al ángel: «Amigo
Azarías, ¿qué remedios se sacan del corazón,
del hígado y de la hiel del pez?». 8El ángel res-
pondió: «Si a un hombre o a una mujer le dan
ataques de un demonio o un espíritu malo, se
queman allí delante el corazón y el hígado del
pez, y ya no le vuelven los ataques. 9Y si uno
tiene nubes en los ojos, se le unta con la hiel;
luego se sopla, y se sana».
10Habían entrado ya en Media, y estaban cer-
ca de Ecbatana, 11cuando Rafael dijo al chico:
«Amigo Tobías». Él respondió: «¿Qué?». Rafael
dijo: «Hoy vamos a hacer noche en casa de Ra-
güel. Es pariente tuyo, y tiene una hija llamada
Sara. 12Es hija única. Tú eres el pariente con más
derecho a casarse con ella y a heredar los bienes
de su padre. La muchacha es formal, decidida y
muy guapa, y su padre es de buena posición».
13Luego siguió: «Tú tienes derecho a casarte con
ella. Escucha, amigo. Esta misma noche hablaré
al padre acerca de la muchacha, para que te la
reserve como prometida. Y cuando volvamos de
Ragués hacemos la boda. Estoy seguro de que
Ragüel no va a poner obstáculos ni la va a casar
con otro. Se expondría a la pena de muerte, se-
gún la Ley de Moisés, sabiendo como sabe que
su hija te pertenece a ti antes que a cualquier
otro. De manera que escucha, amigo. Esta misma
noche vamos a tratar acerca de la muchacha y la
pediremos en matrimonio. Luego, cuando volva-
mos de Ragués, la recogemos y la llevamos con
nosotros a tu casa».
14Tobías le dijo: «Amigo Azarías, he oído que
ya se ha casado siete veces, y todos los mari-
dos han muerto en la alcoba la noche de bodas
cuando se acercaban a ella. He oído decir que los
mataba un demonio, 15y como el demonio no le
hace daño a ella, pero mata al que quiere acer-
cársele, yo, como soy hijo único, tengo miedo de
morirme y de mandar a la sepultura a mis padres
del disgusto que les iba a dar. Y no tienen otro
hijo que pueda enterrarlos».
16El ángel le preguntó: «¿Y no te acuerdas de
las recomendaciones que te hizo tu padre: que
te casaras con una de la familia? Mira, escu-
cha, amigo, no te preocupes por ese demonio;
tú cásate con ella; sé que esta misma noche
te la darán como esposa. 17Y cuando vayas a
entrar en la alcoba, toma un poco del hígado
y del corazón del pez y échalo en el brasero
del incienso. Al esparcirse el olor, en cuanto el
demonio lo huela, escapará y ya no volverá a
aparecer cerca de ella. 18Cuando vayas a unirte
a ella, levántense primero los dos para orar y
supliquen al Señor del cielo que tenga mise-
ricordia de ustedes y los salve. No temas; que
ella te está destinada desde la eternidad; tú la
salvarás, ella irá contigo, y pienso que te dará
hijos muy queridos. No te preocupes». 19Al oír
Tobías lo que iba diciendo Rafael, y que Sara
era pariente suya, de la familia de su padre, le
tomó cariño y se enamoró de ella.

La boda de Sara

7 1Al llegar a Ecbatana, le dijo Tobías: «Amigo
Azarías, llévame derecho a casa de nuestro
pariente Ragüel». El ángel lo llevó a casa de
Ragüel. Lo encontraron sentado a la puerta

del patio; se adelantaron a saludarlo, y él les contestó: «Tanto gusto, amigos; bienvenidos». Luego los hizo entrar en casa, 2y dijo a su mujer, Edna: «¡Cómo se parece este chico a mi pariente Tobit!». 3Edna les preguntó: «¿De dónde son, amigos?». Respondieron: «Somos de la tribu de Neftalí, deportados en Nínive». 4Ella siguió: «¿Conocen a nuestro pariente Tobit?». Respondieron: «Sí». «¿Qué tal está?». 5Le dijeron: «Vive todavía y está bien». Y Tobías dijo: «Es mi padre».

6Entonces Ragüel dio un salto, lo besó, llorando, y le dijo: «¡Hijo, bendito seas! Tienes un padre excelente. ¡Qué desgracia que haya quedado ciego un hombre tan honrado y que daba tantas limosnas!». Y abrazado al cuello de su pariente Tobías, siguió llorando. 7Edna, la esposa, y su hija, Sara, lloraban también. 8Ragüel los recibió cordialmente y mandó matar un carnero. 9Cuando se lavaron y bañaron, se pusieron a la mesa. Tobías dijo a Rafael: «Amigo Azarías, dile a Ragüel que me dé a mi pariente Sara». 10Ragüel lo oyó, y dijo al muchacho: «Tú come y bebe y disfruta a gusto esta noche. Porque, amigo, solo tú tienes derecho a casarte con mi hija, Sara, y yo tampoco puedo dársela a otro, porque tú eres el pariente más cercano. Pero, hijo, te voy a hablar con toda franqueza. 11Ya se la he dado en matrimonio a siete de mi familia, y todos murieron la noche en que iban a acercarse a ella. Pero bueno, hijo, tú come y bebe, que el Señor cuidará de ustedes».

12Tobías replicó: «No comeré ni beberé hasta que no hayas tomado una decisión sobre este asunto». Ragüel le dijo: «Lo haré. Y te la daré como prescribe la Ley de Moisés. Dios mismo manda que te la entregue, y yo te la confío. A partir de hoy, para siempre, son marido y mujer. Es tuya desde hoy para siempre. ¡El Señor del cielo los ayude esta noche, hijo, y les dé su gracia y su paz!».

13Llamó a su hija, Sara. Cuando se presentó, Ragüel le tomó la mano y se la entregó a Tobías, con estas palabras: «Recíbela conforme al derecho y a lo prescrito en la Ley de Moisés, que manda dártela por esposa. Tómala y llévala sana y salva a la casa de tu padre. Que el Dios del cielo les dé paz y bienestar».

14Luego llamó a la madre, mandó traer papel y escribió el acta del matrimonio: «Que se la entregaba como esposa conforme a lo prescrito en la Ley de Moisés». Después empezaron a cenar. 15Ragüel llamó a su mujer, Edna, y le dijo: «Mujer, prepara la otra habitación, y llévala allí». 16Edna se fue a arreglar la habitación que le había dicho su marido. Llevó allí a su hija y lloró por ella. Luego, enjugándose las lágrimas, le dijo: 17«Ánimo, hija. Que el Dios del cielo cambie tu tristeza en gozo. Ánimo, hija». Y salió.

8 1Al terminar la cena, decidieron irse a dormir, y acompañaron al muchacho hasta la habitación. 2Tobías recordó los consejos de Rafael; sacó de la alforja el hígado y el corazón del pez y los echó en el brasero del incienso. 3El olor del pez alejó al demonio, que escapó hasta el confín de Egipto. Rafael lo persiguió al instante y lo sujetó allí, atándolo de pies y manos. 4Cuando Ragüel y Edna salieron, cerraron la puerta de la habitación. Tobías se levantó de la cama y dijo a Sara: «Mujer, levántate, vamos a rezar pidiendo a nuestro Señor que tenga misericordia de nosotros y nos proteja». 5Se levantó, y empezaron a rezar pidiendo a Dios que los protegiera. Rezó así:

Bendito eres, Dios de nuestros padres,/ y bendito tu Nombre por los siglos de los siglos./ Que te bendigan el cielo/ y todas tus creaturas por siempre.

6*Tú creaste a Adán, y como ayuda y apoyo/ creaste a su mujer, Eva:/ de los dos nació la raza humana./ Tú dijiste: No está bien que el hombre esté solo,/ voy a hacerle alguien como él para que le ayude.*

7*Si yo me caso con esta prima mía/ no busco satisfacer mi pasión,/ sino que procedo lealmente.*

Dígnate apiadarte de ella y de mí,/ y haznos llegar juntos a la vejez.

8Los dos dijeron: «Amén, amén». 9Y durmieron aquella noche.

10Ragüel se levantó, llamó a los criados y fueron a cavar una fosa; porque se dijo: «No sea que haya muerto, y luego se rían y se burlen de nosotros». 11Cuando terminaron la fosa, Ragüel marchó a casa, llamó a su mujer 12y le dijo: «Manda una criada que entre a ver si está vivo; porque si está muerto, lo enterramos, y así nadie se entera». 13Encendieron el candil, abrieron la puerta y mandaron dentro a la criada. Ella entró y los encontró a los dos juntos, profundamente dormidos, 14y salió a decir: «Está vivo, no ha ocurrido nada». 15Entonces Ragüel alabó al Dios del cielo:

Bendito eres, Dios,/ digno de toda bendición sincera./ Seas bendito por siempre.

16*Bendito eres por el gozo que me has dado:/ no pasó lo que me temía,/ sino que nos has tratado según tu gran misericordia.*

17*Bendito eres por haberte compadecido/ de dos hijos únicos./ Sé misericordioso con ellos, Señor,/ y protégelos;/ haz que vivan hasta el fin/ disfrutando de tu misericordia.*

18Ragüel mandó luego a sus criados que tapa-
ran la fosa antes del amanecer 19y a su mujer
que hiciera una gran hornada de pan. Él se fue
al establo, trajo dos bueyes y cuatro carneros,
mandó guisarlos y empezaron los preparativos.
20Después llamó a Tobías, y le dijo: «Tú no te
moverás de aquí durante catorce días. Te queda-
rás aquí comiendo y bebiendo en mi casa y ha-
ciendo feliz a mi hija, que bastante ha sufrido.
21Luego llévate la mitad de mis bienes, y vete
sano y salvo a casa de tu padre. La otra mitad
será de ustedes cuando mi mujer y yo hayamos
muerto. Ánimo, hijo, yo soy tu padre y Edna tu
madre; somos tuyos y de tu mujer, desde ahora
para siempre. Ánimo, hijo».

9 1Entonces Tobías llamó a Rafael, y le dijo:
2«Amigo Azarías, vete a Ragués con cuatro
servidores y dos camellos. 3Llégate a casa de
Gabael, dale el recibo, carga el dinero y a él te
lo traes a la boda. 4Ya sabes que mi padre estará
contando los días, y basta que me retrase un día
para darle un disgusto. Y ya ves que tampoco
puedo quebrantar el juramento de Ragüel».
5Rafael marchó a Ragués de Media con los
cuatro servidores y los dos camellos, y se hos-
pedaron en casa de Gabael. Rafael le entregó el
recibo y le habló de Tobías, hijo de Tobit: que se
había casado y que lo invitaba a la boda. Gabael
contó inmediatamente las bolsas de dinero con
los sellos intactos y los cargaron.
6De madrugada partieron juntos para ir a la
boda. Al llegar a casa de Ragüel encontraron a
Tobías sentado a la mesa. Se levantó y saludó
a Gabael, lloró y lo bendijo con estas palabras:
«¡Qué buen hijo de un padre excelente, honrado
y caritativo! Que el Señor te bendiga con ben-
diciones del cielo, y también a tu mujer y a tus
suegros. Bendito sea Dios, que me ha permitido
ver el vivo retrato de mi primo Tobit».

La vuelta a casa

10 1Por su parte, Tobit iba contando, uno por
uno, los días del viaje de Tobías, la ida y
la vuelta. Pero pasó el tiempo sin que su hijo
volviera, 2y pensó: «¡Ha tenido allí algún con-
tratiempo! A lo mejor ha muerto Gabael y no hay
nadie que le entregue el dinero». 3Y empezó a
preocuparse. 4Su mujer, Ana, decía: «Mi hijo ha
muerto. Mi hijo ya no vive». Y empezó a llorar y
a lamentarse por él: 5«¡Ay de mí, hijo! ¡Te dejé
marchar, y tú eras la luz de mis ojos!». 6Tobit
le reñía: «Calla, no te preocupes, mujer. Está
sano y salvo. Habrá tenido allí mucho que ha-
cer. Su compañero es de confianza, es uno de
los nuestros. No te aflijas por él, mujer, llegará
enseguida». 7Pero ella repuso: «Calla, déjame,
no intentes engañarme. Mi hijo ha muerto». Y
todos los días salía a mirar el camino por donde
había marchado su hijo, porque no creía a na-
die. Y cuando se ponía el sol entraba en casa,
lamentándose, y se pasaba la noche llorando,
sin poder dormir.
8Cuando pasaron los catorce días de fiesta que
Ragüel había jurado hacer a su hija por la boda,
Tobías fue a decirle: «Déjame marchar, porque
estoy seguro de que mi padre y mi madre piensan
que no volverán a verme. Te ruego, padre, que
me dejes marchar a mi casa. Ya te dije en qué si-
tuación los dejé». 9Ragüel respondió: «Quédate,
hijo, quédate conmigo. Yo mandaré un correo a
tu padre, Tobit, con noticias tuyas». Pero Tobías
insistió: «No, no. Por favor, déjame volver a mi
casa».
10Entonces Ragüel le entregó enseguida a Sa-
ra, y la mitad de sus bienes, criados y criadas,
vacas y ovejas, burros y camellos, ropa, dinero
y vajilla. 11Los despidió sanos y salvos, dicién-
dole a Tobías: «Salud, hijo. Que tengas buen
viaje. El Señor del cielo los guíe, a ti y a tu
mujer, Sara. A ver si antes de morirme puedo
ver a sus hijos». 12Luego dijo a su hija, Sara:
«Ve a casa de tu suegro. Desde ahora ellos son
tus padres, como los que te hemos dado la vida.
14b¡Ojalá puedas honrarlos mientras vivan! Vete
en paz, hija. A ver si mientras vivo no oigo más
que buenas noticias tuyas». Los abrazó y los
dejó marchar.
13Edna se despidió de Tobías: «Hijo y pariente
querido, que el Señor te lleve a casa. A ver si
antes de morirme puedo ver a sus hijos. Delante
de Dios te confío a mi hija, Sara. No la disgustes
nunca. Anda en paz, hijo. Desde ahora yo soy tu
madre y Sara tu hermana. ¡Ojalá viviéramos to-
dos juntos toda la vida!». Los besó y los despidió
sanos y salvos.
14aAsí marchó Tobías de casa de Ragüel, sano
y salvo, alegre y alabando al Señor de cielo y
tierra, rey del universo, por el éxito del viaje.

Sanación de Tobit

11 1Cuando estaban cerca de Caserín, frente
a Nínive, 2 dijo Rafael: «Tú sabes en qué
situación quedó tu padre. 3Adelantémonos pa-
ra preparar la casa, antes que llegue tu esposa
con los demás». 4Caminaron los dos juntos, y
Rafael le dijo: «Ten a mano la hiel». El perro
iba detrás de ellos. 5Ana estaba sentada, con
la mirada fija en el camino por donde tenía que
llegar su hijo. 6Tuvo el presentimiento de que
llegaba, y dijo al padre: «Mira, viene tu hijo con
su compañero».

7Rafael dijo a Tobías antes de llegar a casa: «Estoy seguro de que tu padre recuperará la vista. 8Úntale los ojos con la hiel del pez; el remedio hará que las nubes de los ojos se contraigan y se le desprendan. Tu padre recobrará la vista y verá la luz». 9Ana fue corriendo a arrojarse al cuello de su hijo, diciéndole: «Te veo, hijo, ya puedo morirme». Y se echó a llorar. 10Tobit se puso de pie, y, tropezando, salió por la puerta del patio. 11Tobías fue hacia él con la hiel del pez en la mano; le sopló en los ojos, le agarró la mano y le dijo: «Ánimo, padre». Le echó el remedio, se lo aplicó 12y luego con las dos manos le quitó como una piel de los ojos.

13Entonces su padre lo abrazó llorando, mientras decía: «Te veo, hijo, luz de mis ojos». 14Luego añadió:

Bendito sea Dios,/ bendito su gran Nombre,/ benditos sean todos sus santos ángeles/ por siempre.

Que su Nombre se invoque sobre nosotros./ Que su nombre glorioso nos proteja,/ 15porque si antes me castigó,/ ahora veo a mi hijo, Tobías.

Tobías entró en la casa contento y bendiciendo a Dios en alta voz. Luego le contó a su padre lo bien que les había salido el viaje: traía el dinero y se había casado con Sara, la hija de Ragüel: «Está ya cerca, a las puertas de Nínive».

16Tobit salió al encuentro de su nuera, hacia las puertas de Nínive. Iba contento y bendiciendo a Dios, y los ninivitas, al verlo caminar con paso firme y sin ninguna ayuda, se sorprendían. 17Tobit les confesaba abiertamente que Dios había tenido misericordia y le había devuelto la vista. Cuando llegó cerca de Sara, mujer de su hijo Tobías, la bendijo diciendo: «¡Bienvenida, hija! Bendito sea tu Dios, que te ha traído aquí. Bendito sea tu padre, bendito mi hijo, Tobías, y bendita tú, hija. ¡Bienvenida a esta tu casa! Que goces de alegría y bienestar. Entra, hija».

18Todos los judíos de Nínive celebraron aquel día una gran fiesta, 19y Ajicar y Nadab, los sobrinos de Tobit, fueron a casa de Tobit a compartir su alegría.

Rafael

12 1Cuando acabaron los festejos de la boda, Tobit llamó a Tobías y le recordó: «Hijo, ya es hora de pagarle lo convenido a tu compañero. Y dale aún más». 2Tobías respondió: «Padre, ¿cuánto le doy? No salgo perdiendo ni aunque le dé la mitad de los bienes que trajo conmigo. 3Me ha guiado sin que me pasara nada malo, sanó a mi mujer, trajo el dinero conmigo y te sanó a ti. ¿Cuánto le doy?». 4Tobit dijo: «Hijo, bien se merece la mitad de todo lo que ha traído». 5Así es que lo llamó y le dijo: «Como paga, toma la mitad de todo lo que has traído, y vete en paz».

6Entonces Rafael llamó aparte a los dos y les dijo: «Bendigan a Dios y proclamen ante todos los vivientes los beneficios que les ha hecho, para que todos canten himnos en su honor. Manifiesten a todos las obras del Señor como él se merece, y nunca dejen de celebrarlo. 7Si el secreto del rey hay que guardarlo, las obras de Dios hay que publicarlas y proclamarlas como se merecen. Obren bien, y el mal nunca los dañará. 8Vale más la oración sincera y la limosna generosa que la riqueza adquirida injustamente. Vale más hacer limosnas que atesorar dinero. 9La limosna libra de la muerte y purifica de todo pecado. Los que dan limosnas gozarán de una larga vida. 10Los pecadores y los malhechores son enemigos de sí mismos. 11Les descubriré toda la verdad sin ocultarles nada. Ya les dije que si el secreto del rey hay que guardarlo, las obras de Dios hay que publicarlas como se merecen. 12Ahora bien, cuando Sara y tú estaban rezando, yo presentaba sus oraciones ante la presencia gloriosa del Señor, para que él las tuviera en cuenta. Lo mismo cuando enterrabas a los muertos. 13Y cuando te levantaste de la mesa sin dudar, y dejaste la comida por ir a enterrar a aquel muerto, Dios me envió para probarte; 14pero me ha enviado de nuevo para sanarte a ti y a tu nuera, Sara. 15Yo soy Rafael, uno de los siete ángeles que están al servicio de Dios y tienen acceso ante el Señor de la gloria». 16Los dos hombres se asustaron y cayeron rostro en tierra, temerosos.

17Rafael les dijo: «No teman. ¡La paz esté con ustedes! Bendigan a Dios eternamente. 18Mi presencia entre ustedes no se ha debido a mí, sino a la voluntad de Dios. Bendíganlo siempre y cántenle himnos. 19Aunque ustedes me veían comer, no comía; era pura apariencia. 20Por eso bendigan al Señor en la tierra, den gracias a Dios. Yo subo ahora al que me envió. Ustedes escriban todo lo que les ha sucedido». El ángel desapareció. 21Cuando se pusieron de pie, ya no lo vieron. 22Entonces bendijeron y cantaron a Dios, dándole gracias por aquellas maravillas que hizo, porque se les había aparecido un ángel de Dios.

Cántico de Tobit

13 1Tobías escribió la plegaria de júbilo y dijo: *Bendito sea Dios, que vive eternamente,/ y bendito sea su reinado.*

2Él castiga y tiene compasión,/ hunde en el Abismo y levanta./ Nadie escapa de su mano.

3Celébrenlo ustedes, israelitas, ante los paganos,/ porque él nos dispersó entre ellos./ 4Allí les mostró su grandeza./ Denle gloria delante de

todos los vivientes./ Porque él es nuestro Señor y
Dios,/ nuestro Padre eternamente.
5Nos azotará por nuestros delitos,/ pero se
compadecerá de nuevo,/ y nos reunirá entre
los paganos/ por donde los dispersó./ 6Si se
convierten a él de todo corazón/ y con toda el
alma,/ siendo sinceros con él,/ entonces él se
volverá a ustedes/ y no les ocultará su rostro.
7Miren cómo los va a tratar/ y celébrenlo en
voz alta./ Bendigan al Señor de la justicia/ me
confieso a él:/ y glorifiquen al Rey de los siglos.
8Yo en mi destierro/ muestro su poder y gran-
deza a un pueblo pecador:/ Conviértanse, pe-
cadores,/ obren rectamente en su presencia./
Quizá los querrá y los tratará con compasión.
9Ensalzaré al Señor,/ mi alma al Rey del Cielo/
y celebraré su grandeza.
Digan todos, confesándose a él en Jerusalén:/
¡Jerusalén, Ciudad Santa!,/ Dios te azotará por
las acciones de tus hijos;/ pero de nuevo se com-
padecerá de los hijos de los justos.
10Confiésate bien al Señor,/ alaba al Rey de
los siglos/ para que sea reconstruida en ti/ con
gozo su tienda/ alegrando en ti a todos los deste-
rrados,/ amando en ti a todos los desgraciados/
por todas las generaciones, de los siglos.
11Vendrán a ti de lejos muchos pueblos/ por el
Nombre del Señor tu Dios/ trayendo en sus ma-
nos dones,/ dones al Rey del cielo./ Generacio-
nes sin fin te cantarán vítores.
12Malditos los que te odian./ Benditos para
siempre los que te aman.
13Alégrate con júbilo/ por los hijos de los jus-
tos,/ porque se reunirán para bendecir/ al Señor
de los justos.
14Dichosos los que te aman,/ se alegrarán de tu
paz./ Dichosos los que se afligieron por tus cas-
tigos./ Porque gozarán contigo al ver tu gloria/
y disfrutarán perpetuamente.
15Bendice, alma mía, al Rey magnífico,/ 16por-
que Jerusalén será reconstruida/ con zafiros y
esmeraldas/ y con piedras preciosas tus mura-
llas,/ las torres y baluartes con oro puro./ 17Las
plazas de Jerusalén serán pavimentadas/ con
berilo y azabache y piedra de Sufir.
18Todas sus calles dirán ¡Aleluya!/ y alabarán
diciendo: Bendito Dios/ que ensalzó todos los
siglos.

14 1Fin de la acción de gracias de Tobit.

Epílogo

2Tobit descansó en paz a los ciento doce años,
y recibió honrosa sepultura en Nínive. A los se-
senta y dos años quedó ciego, y después de re-
cobrar la vista vivió prósperamente y haciendo
limosnas, bendiciendo a Dios y proclamando su
grandeza. 3Próximo a la muerte, llamó a su hijo,
Tobías, y le hizo estas recomendaciones:
»Hijo mío, llévate a tus hijos 4y parte ense-
guida para Media. Porque yo me fío del oráculo
divino que pronunció el profeta Nahún contra
Nínive; todo eso se cumplirá y le sucederá a
Asiria y Nínive. Se cumplirá todo lo que dijeron
los profetas de Israel enviados por Dios, sin que
falle una profecía; todo sucederá a su tiempo, y
en Media se estará más seguro que en Asiria o
en Babilonia. Lo sé y estoy convencido: todo lo
que dijo Dios sucederá y se cumplirá sin que falle
un oráculo. Y nuestros hermanos que viven en
tierra de Israel serán dispersados y deportados
de aquella tierra buena, y todo Israel quedará
desierto; Samaría y Jerusalén quedarán desier-
tas, el templo será incendiado y quedará algún
tiempo en estado lamentable.
5»Pero Dios se apiadará nuevamente de ellos,
y los devolverá a la tierra de Israel. Reconstrui-
rán el templo, no como la primera vez, hasta que
llegue el tiempo prefijado. Después volverán
del destierro, reconstruirán Jerusalén esplén-
didamente y reconstruirán el templo como lo
anunciaron los profetas de Israel. 6Y todas las
naciones de la tierra se convertirán y temerán a
Dios sinceramente; arrojarán los ídolos, que los
han engañado con mentiras, 7y bendecirán como
es justo al Dios de los siglos.
»Todos los israelitas que se salven aquellos
días, acordándose sinceramente de Dios, se re-
unirán e irán a Jerusalén, recibirán la tierra de
Abrahán y la habitarán para siempre con segu-
ridad. Los que aman sinceramente al Señor se
alegrarán, pero los pecadores e injustos serán
borrados de la tierra.
8»Y ahora, hijos, les encargo que sirvan sin-
ceramente al Señor y hagan lo que le agrada.
Obliguen a sus hijos a practicar la limosna y las
obras de caridad; que se acuerden del Señor y
bendigan sinceramente su nombre en todo mo-
mento con todas sus fuerzas.
9»Tú, hijo, sal de Nínive, no te quedes aquí. 10El
día que entierres a tu madre conmigo, ese mismo
día no duermas en este territorio. Porque veo en
él mucha injusticia, mucho engaño, y que no se
arrepienten. Ya ves, hijo, lo que Nadab le hizo a
Ajicar, que lo había criado: ¡lo encerró vivo en un
sepulcro! Pero Dios lo cubrió de desprecio ante
su misma víctima, y Ajicar salió a la luz mientras
que Nadab marchó a la eterna tiniebla por haber
intentado matar a Ajicar. Por sus limosnas se li-
bró Ajicar de la red mortal que le había tendido
Nadab, y Nadab cayó en la red mortal y pereció.

11Así que, hijos, vean cuáles son los frutos de la
limosna y cuáles los de la injusticia, que mata.
Pero ya me va faltando el aliento.
Lo tendieron en la cama y murió. 12Cuando mu-
rió su madre, Tobías la enterró junto a su padre.
Luego marchó a Media con su mujer, y se esta-
blecieron en Ecbatana, con su suegro, Ragüel.
13Tobías atendió a sus suegros en su vejez, los
sepultó en Ecbatana de Media, y así heredó los
bienes de Ragüel y los de su padre, Tobit. 14Mu-
rió, muy estimado, a la edad de ciento diecisiete
años. 15Antes de morir fue testigo de la caída
de Nínive, y vio a sus habitantes desterrados en
la deportación que hizo Ciaxares, rey de Media.
Bendijo al Señor por el castigo de los ninivitas
y asirios. Antes de morir pudo alegrarse por la
desgracia de Nínive, y bendijo al Señor por los
siglos de los siglos.

JUDIT

Planes de Nabucodonosor

1 1Era el año doce del reinado de Nabucodono-
sor, rey de Asiria, en la capital, Nínive. Por
entonces, Arfaxad era rey de los medos en Ecba-
tana; 2este había construido alrededor de Ecba-
tana murallas de piedras talladas que medían
un metro y medio de ancho por tres de largo;
las murallas tenían una altura de treinta y cinco
metros y una anchura de veinticinco; 4las puer-
tas tenían una altura de treinta y cinco metros y
una anchura de veinte, para que pudieran pasar
las fuerzas de su ejército y desfilar su infante-
ría; 3sobre las puertas levantó unas torres de
cincuenta metros de alto por treinta de ancho
en los cimientos.
5En aquellos días, el rey Nabucodonosor luchó
contra el rey Arfaxad en la gran llanura, es de-
cir, la llanura que hay en el término de Ragau.
6Se le unieron todos los habitantes de la región
montañosa, todos los que vivían en las riberas
del Éufrates, del Tigris y del Hidaspe, y en la
llanura que estaban bajo el dominio de Arioc,
rey de Elimaida. Así, se aliaron muchas naciones
para combatir contra los hijos de Jeleud.
7Nabucodonosor, rey de Asiria, despachó
embajadores a Persia y a las naciones de oc-
cidente, a Cilicia, Damasco, el Líbano y el An-
tilíbano; a los habitantes del litoral 8y a los
pueblos del Carmelo, Galaad, la alta Galilea y
la gran llanura de Esdrelón; 9a los de Samaría
y sus ciudades; a los de Cisjordania hasta Jeru-
salén, Batané, Jelús, Cades, y el río de Egipto,
Tafnés, Ramsés y todo Gosén, 10hasta más allá
de Tanis y Menfis, y a todos los egipcios, hasta
la frontera de Nubia. 11Todo el mundo despreció
la embajada de Nabucodonosor, rey de Asiria,
y no se aliaron con él, y es que no le tenían
miedo, porque lo consideraban como un hom-
bre sin aliados. Así que despidieron a sus em-
bajadores con las manos vacías y humillados.
12Nabucodonosor se encolerizó contra todas
aquellas regiones y juró, por su trono y por su
imperio, vengarse de todo el territorio de Cili-
cia, Damasco y Siria, y pasar a cuchillo a todos
los moabitas, amonitas, judíos y a todo Egipto,
hasta la frontera de los dos mares.
13El año diecisiete presentó batalla al rey Ar-
faxad, y lo venció en el combate, aplastando
todo su ejército, su caballería y sus carros. 14Se
apoderó de sus ciudades, llegó hasta Ecbatana,
tomó sus torres y saqueó sus calles, convirtien-
do en humillación la hermosura de la ciudad.
15A Arfaxad lo capturó en los montes de Ragau,
lo acribilló a flechazos y así acabó con él para
siempre. 16Luego se volvió con toda su gente,
una inmensa multitud de soldados. Y allá él y su
ejército, se dedicaron a descansar y divertirse
durante ciento veinte días.

Órdenes de Nabucodonosor

2 1El año dieciocho, el día veintidós del pri-
mer mes, en el palacio de Nabucodonosor,
rey de Asiria, se deliberó sobre la venganza que
se tomaría contra toda la tierra, como el rey
había anunciado. 2El rey convocó a todos sus
ministros y grandes del reino, les expuso su
plan secreto y decretó la destrucción de aque-
llos territorios. 3Se aprobó la destrucción de
cuantos no habían hecho caso a la embajada de
Nabucodonosor. 4Y en cuanto acabó el consejo,
Nabucodonosor, rey de Asiria, llamó a Holofer-
nes, comandante en jefe de su ejército, segun-
do en el reino, y le ordenó: 5«Así dice el Empe-
rador, dueño de toda la tierra: Cuando salgas
de mi presencia, toma contigo hombres de pro-
bado valor, hasta ciento veinte mil de infante-
ría y un fuerte contingente de caballería, doce
mil jinetes, 6y ataca a todo occidente, porque
no hicieron caso a mi llamado. 7Que pongan a
mi disposición la tierra y el agua, porque voy a
salir irritado contra ellos; cubriré la superficie
de la tierra con los pies de mis soldados y se la
entregaré al saqueo; 8sus heridos llenarán las
hondonadas, torrentes y ríos desbordarán de
cadáveres, 9y llevaré sus cautivos hasta el con-
fín del mundo. 10Ve por delante a conquistarme
sus territorios. Si se te entregan, resérvamelos
para el castigo. 11No tengas compasión con los
rebeldes; entrégalos a la matanza y al saqueo

en toda tierra que conquistes. 12¡Juro por mi vi-
da y mi imperio! Lo he dicho y lo cumpliré. 13No
quebrantes una sola de las órdenes de tu señor.
Ejecútalas exactamente como te he ordenado.
¡Cúmplelas sin tardanza!».

El general Holofernes

14Holofernes salió de la presencia de su señor,
convocó a todos los jefes, generales y oficiales
del ejército asirio y, tal como se lo había manda-
do su señor, 15seleccionó para la guerra un con-
tingente de ciento veinte mil hombres y doce
mil arqueros a caballo, 16y los organizó para la
campaña. 17Juntó una cantidad enorme de ca-
mellos, asnos y mulos para el equipaje, e innu-
merables ovejas, bueyes y cabras para el abas-
tecimiento, 18provisiones abundantes para cada
soldado y gran cantidad de oro y plata del pala-
cio real. 19Cuando emprendió la marcha con todo
su ejército, precediendo al rey Nabucodonosor,
cubrió todo occidente con sus carros, jinetes y
tropas escogidas. 20Iba con ellos un gentío nu-
meroso, una muchedumbre innumerable como
langostas, como la arena de la tierra. 21Salie-
ron de Nínive. En tres días de marcha avanzaron
hacia la llanura de Bectilet, y desde allí fueron
a acampar cerca de los montes, al norte de la
alta Cilicia. 22Después, con todo su ejército –in-
fantería, caballería y carros–, marchó a la zona
montañosa. 23Destruyó a Put y Lidia, saqueó a
los rasitas e ismaelitas junto al desierto, al sur
de Jeleón; 24luego, bordeando el Éufrates, atra-
vesó Mesopotamia y destruyó todas las ciudades
fortificadas que dominaban el torrente Abroná
hasta llegar al mar. 25Se apoderó del territorio
de Cilicia, desbaratando a cuantos le ofrecieron
resistencia, y llegó a la frontera sur de Jafet,
frente a Arabia; 26cercó a todos los madianitas,
incendió sus campamentos y saqueó sus reba-
ños; 27bajó después a la llanura de Damasco du-
rante la cosecha del trigo; quemó todos los sem-
brados, aniquiló los rebaños de ovejas y vacas,
saqueó las ciudades, asoló las llanuras y pasó a
cuchillo a todos los jóvenes. 28Un miedo terrible
se abatió sobre los habitantes de la costa. Los
de Sidón y Tiro, los de Sur y Oquina, y los de Yam-
nia, Azoto y Ascalón, temblaron ante él.

3 1Y despacharon una embajada con esta pro-
puesta de paz: 2«Aquí nos tienes, siervos
del emperador Nabucodonosor, postrados ante
ti. Trátanos como mejor te parezca. 3Tienes a tu
disposición nuestras casas y todo nuestro te-
rritorio, los campos de trigo, nuestras ovejas y
vacas, todos los establos de nuestros poblados;
dispón de ellos como gustes. 4Nuestras ciudades
y sus habitantes son tus esclavos; avanza hacia
ellas en el plan que prefieras». 5Los embajadores
se presentaron a Holofernes y le transmitieron
el mensaje. 6Entonces Holofernes bajó con su
ejército hacia la costa del mar, dejó guarnicio-
nes en las ciudades fortificadas y se llevó gente
escogida para servicios auxiliares. 7Por toda la
región lo recibieron con coronas, danzas y pan-
deros. 8Pero él destruyó sus santuarios, taló
los árboles sagrados y se dedicó a exterminar
todos los dioses del país, para que todas las na-
ciones adoraran solo a Nabucodonosor y todas
las tribus lo invocasen como dios, cada una en
su lengua. 9Cuando llegó a la vista de Esdrelón,
cerca de Dotán, que está frente a la serranía de
Judá, 10acampó entre Gabá y Escitópolis, y allí
se quedó un mes, reuniendo provisiones para el
ejército.

Resistencia israelita

4 1Cuando los israelitas de Judea se enteraron
de lo que Holofernes, comandante en jefe del
ejército de Nabucodonosor, rey de Asiria, había
hecho a aquellas naciones, saqueando y destru-
yendo sus templos, 2se aterrorizaron, temblando
por Jerusalén y el templo de su Dios, 3porque
acababan de volver del destierro y hacía poco
que el pueblo se había reagrupado en Judea, y ya
habían consagrado el ajuar, el altar y el edificio
del templo, que habían sido profanados.

4Mandaron aviso por todo el territorio de Sa-
maría: Coná, Bet-Jorón, Belmain, Jericó, Joba,
Asora y el valle de Salén. 5Ocuparon las cum-
bres de los montes más altos, fortificaron los
poblados de aquella sierra e hicieron acopio de
provisiones con vistas a la guerra, ya que hacía
poco que habían terminado la cosecha.

6Joaquín, que era entonces el sumo sacerdote
en Jerusalén, escribió a los habitantes de Betu-
lia y Betomestain, que queda frente a Esdrelón,
ante la llanura cercana a Dotán, 7mandándoles
ocupar las subidas de la montaña. Por allí pa-
saba el camino a Judea y era fácil cortar el paso
a los invasores, porque el desfiladero era tan
estrecho que solo se podía pasar de dos en dos.
8Los israelitas obedecieron al sumo sacerdote,
Joaquín, y al Consejo de los ancianos, que tenía
sus sesiones en Jerusalén.

9Todos los israelitas clamaron fervientemente
a Dios, humillándose ante él. 10Ellos y sus mu-
jeres, hijos y ganados, los forasteros, criados
y jornaleros, se vistieron de sayal. 11Y los que
vivían en Jerusalén, incluso mujeres y niños,
se postraron ante el templo, cubierta la cabeza
con ceniza, extendiendo el sayal ante el Señor.
12Cubrieron el altar con un sayal y gritaron a

una voz, fervientemente, al Dios de Israel, pi-
diéndole que no entregara sus hijos al pillaje,
ni sus mujeres al cautiverio, ni a la destrucción
las ciudades que habían heredado, ni el templo
a la profanación y las burlas humillantes de los
gentiles. [13]El Señor escuchó sus plegarias y se
fijó en su tribulación.
En toda Judea la gente ayunó muchos días se-
guidos, y también en Jerusalén, ante el templo
del Señor Todopoderoso. [14]El sumo sacerdote,
Joaquín, todos los sacerdotes y ministros al ser-
vicio del Señor ofrecían el holocausto diario, las
ofrendas y dones voluntarios de la gente, ceñi-
dos con sayal [15]y con ceniza en sus turbantes, y
gritaban al Señor con todas sus fuerzas para que
protegiera a la casa de Israel.

Informe de Ajior

5 [1]A Holofernes, comandante en jefe del ejérci-
to asirio, le llegó el aviso de que los israelitas
se estaban preparando para la guerra: habían
bloqueado los desfiladeros de la montaña, for-
tificado las cumbres de los montes más altos y
llenado de obstáculos las llanuras.
[2]Holofernes se enfureció. Convocó a todos
los jefes moabitas, a los generales amonitas y
a todos los gobernadores del litoral, [3]y les ha-
bló así: «Cananeos: díganme qué gente es esa de
la sierra, qué ciudades tienen, con qué fuerzas
cuentan y en qué basan su poder y su fuerza,
qué rey los gobierna y manda su ejército [4]y por
qué no se han dignado venir a mi encuentro, a
diferencia de lo que han hecho todos los pueblos
de occidente».
[5]Ajior, jefe de todos los amonitas, le respon-
dió: «Escucha, alteza, lo que dice tu servidor. Te
diré la verdad sobre ese pueblo que vive en la
sierra, ahí cerca. Tu servidor no mentirá. [6]Esa
gente desciende de los caldeos. [7]Al principio es-
tuvieron en Mesopotamia, por no querer seguir
a los dioses de sus antepasados, que residían en
Caldea. [8]Abandonaron la religión de sus padres
y adoraron al Dios del cielo, al que ellos recono-
cían por Dios; pero los caldeos los expulsaron de
la presencia de sus dioses, y tuvieron que huir
a Mesopotamia. Allí residieron mucho tiempo;
[9]pero su Dios les mandó salir de allí y marchar al
país de Canaán, donde se establecieron, y se en-
riquecieron con oro, plata y muchísimo ganado.
[10]Después bajaron a Egipto a causa de un hambre
que se abatió sobre el país de Canaán, y allí se
estuvieron mientras encontraron alimento. Allí
crecieron mucho, hasta ser un pueblo innume-
rable. [11]Pero el rey de Egipto se levantó contra
ellos y los explotó astutamente obligándolos a
fabricar adobes, humillándolos y esclavizándo-
los. [12]Ellos gritaron a su Dios, y él castigó a todo
el país de Egipto con plagas insanables; así, los
egipcios los expulsaron de su presencia. [13]Dios
secó ante ellos el Mar Rojo [14]y los condujo por el
camino del Sinaí y de Cades Barne. Expulsaron a
todos los moradores del desierto, [15]se asentaron
en el país amorreo y exterminaron por la fuerza
a todos los de Jesbón. Luego pasaron el Jordán
y tomaron posesión de toda la sierra, [16]después
de expulsar a los cananeos, fereceos, jebuseos,
a los de Siquén y a todos los guirgaseos, y resi-
dieron allí mucho tiempo. [17]Mientras no pecaron
contra su Dios, prosperaron, porque estaba con
ellos un Dios que odia la injusticia. [18]Pero cuan-
do se apartaron del camino que les había seña-
lado, fueron destrozados con muchas guerras y
deportados a un país extranjero; el templo de su
Dios fue arrasado, y sus ciudades, conquistadas
por el enemigo. [19]Pero ahora se han convertido a
su Dios; han vuelto de la dispersión, han ocupa-
do Jerusalén, donde está su templo, y repoblado
la sierra, que había quedado desierta. [20]Así que,
alteza, si esa gente se ha desviado pecando con-
tra su Dios, comprobemos esa caída y subamos
a luchar contra ellos. [21]Pero si no han pecado,
déjalos, no sea que su Dios y Señor los proteja y
quedemos mal ante todo el mundo».
[22]Cuando Ajior acabó, se levantaron protestas
de todos los que estaban de pie en torno a la
tienda. Los oficiales de Holofernes, todos los
del litoral y los moabitas querían despedazarlo:
[23]«¡No tenemos miedo a los israelitas! Son un
pueblo sin ejército ni fuerza para aguantar un
combate duro. [24]¡Vamos allá! Serán un bocado
para tu ejército, general Holofernes».

Condena y liberación de Ajior

6 [1]Cuando se calmó el alboroto de los que ro-
deaban el consejo, Holofernes, general en
jefe del ejército asirio, dijo a Ajior, en presencia
de toda la tropa extranjera y todos los moabitas:
[2]«Y, ¿quién eres tú, Ajior, y los mercenarios de
Efraín para ponerte a profetizar así, diciendo
que no luchemos contra los israelitas porque
su Dios los protegerá? ¿Qué dios hay fuera de
Nabucodonosor? Él va a enviar su poder y los ex-
terminará de la superficie de la tierra, sin que su
Dios pueda librarlos. [3]Nosotros, sus servidores,
los aplastaremos como a un solo hombre. No
podrán resistir el empuje de nuestra caballería.
Los barreremos. [4]Los exterminaremos en sus lu-
gares, sus montañas quedarán empapadas con
su sangre, sus llanuras se llenarán de cadáveres.
No podrán resistir ante nosotros, sino que pe-
recerán totalmente, dice el rey Nabucodonosor,
dueño de toda la tierra. Porque ha hablado, y

no pronuncia palabras vacías. [5]Y en cuanto a ti, Ajior, mercenario amonita, que has dicho esas frases en un momento de sinrazón, no volverás a verme hasta que castigue a esa gente escapada de Egipto. [6]Entonces, cuando yo vuelva, la espada de mis soldados y la lanza de mis oficiales te traspasarán el costado, y caerás entre sus heridos. [7]Mis esclavos te van a llevar a la montaña y te dejarán en alguna ciudad de los desfiladeros; [8]no perecerás hasta que seas exterminado con ellos. [9]Y si por dentro confías en que no nos apoderaremos de ellos, no agaches la cabeza. Lo he dicho: no quedará una palabra sin cumplirse».

[10]Después ordenó a los esclavos que estaban en la tienda que tomaran a Ajior y lo llevasen a Betulia para entregarlo a los israelitas. [11]Los esclavos lo prendieron y lo sacaron a la llanura, fuera del campamento. Luego, alejándose hacia la sierra, llegaron a las fuentes que hay bajo Betulia. [12]Al verlos, los de la ciudad empuñaron las armas y salieron de Betulia, que está en la cumbre del monte. [13]Como los honderos les impedían la subida disparándoles piedras, los de Holofernes se deslizaron por la ladera del monte, ataron a Ajior y lo dejaron tendido al pie del monte. Luego volvieron a presentarse a su jefe.

[14]Los israelitas bajaron de la ciudad, se acercaron a Ajior, lo desataron, lo llevaron a Betulia y se lo presentaron a los jefes de la ciudad, [15]que eran, en aquel entonces, Ozías, de Micá, de la tribu de Simeón; Cabris, de Gotoniel, y Carmis, hijo de Melquiel. [16]Convocaron a todos los ancianos de la ciudad, y también los jóvenes y las mujeres fueron corriendo a la asamblea. Pusieron a Ajior en medio de la gente, y Ozías le preguntó qué había pasado. [17]Ajior respondió contándoles lo que habían hablado en el consejo de Holofernes: lo que dijo él ante la oficialidad asiria y las orgullosas amenazas de Holofernes contra Israel. [18]Todo el pueblo se postró en adoración a Dios, gritando: [19]«Señor, Dios del cielo, mira desde lo alto su soberbia y apiádate de la humillación de nuestro pueblo. Mira en este día a los que te están consagrados.

[20]Después animaron a Ajior y lo felicitaron efusivamente. [21]Y, al acabar la asamblea, Ozías lo llevó a su casa y ofreció un convite a los ancianos. Toda aquella noche estuvieron implorando el auxilio del Dios de Israel».

Asedio de la ciudad

7 [1]Al día siguiente Holofernes ordenó a su ejército y a las tropas aliadas que levantaran el campamento y avanzaran hacia Betulia, ocuparan los desfiladeros de la montaña y atacaran a los israelitas. [2]Aquel mismo día todos los soldados emprendieron el avance. El ejército contaba ciento setenta mil soldados de infantería y doce mil jinetes, –además de los de intendencia–, sin contar los encargados del equipaje y la enorme muchedumbre de a pie mezclada con ellos. [3]Formaron en orden de batalla en el valle cercano a Betulia, junto a la fuente, desplegándose a lo ancho en dirección de Dotán, hasta Belmain, y a lo largo desde Betulia hasta Ciamón, frente a Esdrelón. [4]Cuando los israelitas vieron aquella multitud, comentaron aterrorizados: «Estos van a barrer la superficie de la tierra; ni los montes más altos, ni las colinas, ni los barrancos aguantarán tanto peso». [5]Cada cual empuñó sus armas, encendieron hogueras en las torres y estuvieron en guardia toda la noche.

[6]Al segundo día Holofernes desplegó toda la caballería ante los israelitas de Betulia, [7]exploró las subidas a la ciudad, inspeccionó los manantiales de agua y los ocupó, dejando allí destacamentos militares. Luego regresó a donde estaba su gente. [8]Los mandos moabitas, los oficiales de Esaú y los jefes del litoral fueron a decirle: [9]«Si su alteza nos hace caso, el ejército no sufrirá ni un rasguño. [10]Esos israelitas no confían en sus armas, sino en la altura de los montes donde viven, porque las cimas de esos montes no son fáciles de escalar. [11]Por eso, alteza, no les presentes batalla y no sufrirás ni una baja. [12]Quédate en el campamento, reserva a tus soldados y permítenos ocupar el manantial que brota al pie del monte, [13]porque de ahí sacan el agua los de Betulia. Así, cuando la sed acabe con ellos, entregarán la ciudad. Nosotros subiremos con nuestros soldados a la cumbre de los montes cercanos y acamparemos allí, para impedir que alguien salga de la ciudad. [14]Se consumirán de hambre, con sus mujeres y niños. Antes de que los toque la espada caerán tendidos en las calles de la ciudad, [15]y así les harás pagar bien caro su rebeldía, cuando no quisieron salir a tu encuentro en son de paz».

[16]La propuesta le gustó a Holofernes y a sus ayudantes. Ordenó que aquel plan se llevara a efecto, [17]y los amonitas emprendieron la marcha con cinco mil asirios; acamparon en el valle y ocuparon los manantiales y las fuentes de los israelitas. [18]Los edomitas y amonitas subieron a la sierra, acamparon frente a Dotán y mandaron destacamentos hacia el sur y al este, frente a Egrebel, cerca de Cus, sobre el torrente Mocmur. El grueso del ejército asirio acampó en la llanura, cubriendo todo el suelo. Sus tiendas de campaña y equipos formaban un campamento de una extensión enorme, porque eran una multitud inmensa.

19Al verse cercados por el enemigo, sin posibilidad de escapar, los israelitas se desanimaron, y gritaron al Señor, su Dios. 20El ejército asirio –infantería, caballería y carros– mantuvo el cerco treinta y cuatro días. Los vecinos de Betulia gastaron el agua de las tinajas; 21los pozos se agotaron, y ya ni un solo día podían beber agua hasta saciarse, porque estaba racionada. 22Los niños estaban sin fuerzas, las mujeres y los jóvenes desfallecían de sed y caían por las calles y junto a las puertas de la ciudad completamente exhaustos.

23Hasta que un buen día todos, jóvenes, mujeres y niños, se amotinaron contra Ozías y los jefes de la ciudad, gritando contra los ancianos: 24«Que Dios sea el juez entre nosotros y ustedes, porque nos han causado un gran mal al no querer negociar la paz con los asirios. 25Ahora ya no hay quien nos ayude. Dios nos ha vendido a los asirios para que sucumbamos ante ellos, muriendo atrozmente de sed. 26Llamen a los asirios y entréguenles la ciudad entera como botín a Holofernes y a todo el ejército. 27Más vale que nos saqueen: seremos sus esclavos, pero salvaremos la vida, y no veremos con nuestros ojos morir a nuestros niños, ni expirar a nuestras mujeres y nuestros hijos. 28Si no lo hacen hoy mismo, invocamos por testigos contra ustedes al cielo y la tierra y a nuestro Dios, Señor de nuestros padres, que nos castiga como merecen nuestros pecados y los de nuestros padres».

29Entonces se levantó de la asamblea un lamento unánime, y gritaron al Señor Dios a grandes voces. 30Ozías les dijo: «Tengan confianza, hermanos. Vamos a resistir otros cinco días, y en ese plazo el Señor, Dios nuestro, se compadecerá de nosotros. ¡Porque no nos va a abandonar hasta el fin! 31Si pasados los cinco días no hemos recibido ayuda, obraré como ustedes dicen». 32Disolvió la reunión, y cada uno regresó a su puesto: los hombres subieron a las murallas y torres de la ciudad, y mandaron a casa a las mujeres y niños. Mientras tanto en la población se propagaba el desánimo.

La mujer sabia y valiente

8 1Entonces se enteró Judit, hija de Merarí, hijo de Ox, hijo de José, hijo de Uziel, hijo de Jelcías, hijo de Ananías, hijo de Gedeón, hijo de Rafaín, hijo de Ajitob, hijo de Elías, hijo de Jelcías, hijo de Eliab, hijo de Natanael, hijo de Salamiel, hijo de Surisaday, hijo de Simeón, hijo de Israel. 2Su marido, Manasés, de su tribu y parentela, había fallecido durante la cosecha de la cebada: 3cuando atendía a los jornaleros en el campo tuvo una insolación; cayó en cama y murió en Betulia, su ciudad; lo enterraron en la sepultura familiar, en su finca, entre Dotán y Balamón.

4Judit llevaba ya viuda tres años y cuatro meses. Vivía en su casa, 5en una habitación que se había preparado en la azotea; ceñía un sayal y vestía de luto. 6Desde que enviudó ayunaba diariamente, excepto los sábados y sus vísperas, el primero y el último día del mes y las fiestas de guardar en Israel. 7Era muy bella y atractiva. Su marido, Manasés, le había dejado oro y plata, criados y criadas, rebaños y tierras, y ella vivía de eso. 8Era muy religiosa, y nadie podía reprocharle lo más mínimo.

9Cuando se enteró de que la gente, desalentada por la falta de agua, había protestado contra el gobernador, y que Ozías les había jurado entregar la ciudad a los asirios pasados cinco días, 10Judit mandó a su ama de llaves a llamar a Cabris y Carmis, ancianos de la ciudad, 11y cuando se presentaron les dijo:

«Escúchenme, jefes de la población de Betulia. Ha sido un error eso que han dicho hoy a la gente, obligándose ante Dios, con juramento, a entregar la ciudad al enemigo si el Señor no les manda ayuda dentro de este plazo.

12»Vamos a ver: ¿quiénes son ustedes para tentar hoy a Dios y ponerse públicamente por encima de él? 13¡Han puesto a prueba al Señor Todopoderoso, ustedes, que nunca entenderán nada! 14Si ustedes son incapaces de penetrar la profundidad del corazón humano y de rastrear sus pensamientos, ¿cómo pretenden entender a Dios, que hizo todas las cosas o conocer su pensamiento o comprender sus designios?

»No, hermanos, no provoquen la ira del Señor, nuestro Dios. 15Porque aunque no piense socorrernos en estos cinco días, tiene poder para protegernos el día que quiera, lo mismo que para aniquilarnos ante el enemigo. 16No exijan garantías a los planes del Señor, nuestro Dios, que a Dios no se le intimida como a un hombre ni se regatea con él como con un ser humano.

17»Por tanto, mientras aguardamos su salvación, imploremos su ayuda, y si le parece bien, escuchará nuestras voces. 18Porque, hoy en día no hay nadie –en nuestro tiempo, y hoy mismo, no ha habido– entre nuestras tribus, familias, pueblos o ciudades que adore a dioses hechos por manos humanas, como ocurría antaño, 19y por eso nuestros antepasados fueron entregados a la espada y al saqueo, y sucumbieron de mala manera ante nuestros enemigos.

20»Nosotros, en cambio, no reconocemos otro Dios fuera de él. Por eso esperamos que no nos

desprecie ni desatienda a nuestra raza. 21Porque
si caemos nosotros, caerá toda Judea, nuestro
templo será saqueado y esa profanación la pa-
garemos con nuestra sangre; 22en las naciones
donde estemos como esclavos seremos respon-
sables de la muerte de nuestros compatriotas,
de la deportación de la gente del país y de la
desolación de nuestra patria. Y seremos moti-
vo de maltrato y burla de quienes nos compren,
23porque nuestra esclavitud no acabará bien,
sino que el Señor, Dios nuestro, la aprovechará
para deshonrarnos.

24»Así que, hermanos, demos ejemplo a nues-
tros compatriotas; que su vida depende de noso-
tros, y en nosotros se basa la seguridad del san-
tuario, del templo y del altar. 25Demos gracias al
Señor, Dios nuestro, por todo esto, porque nos
pone a prueba como a nuestros antepasados.

26»Recuerden lo que hizo con Abrahán, cómo
probó a Isaac y lo que le pasó a Jacob en Meso-
potamia de Siria cuando guardaba los rebaños
de su tío materno Labán. 27Dios no nos trata
como a ellos, que los purificó con el fuego para
probar su lealtad; no nos castiga; es que el Se-
ñor, para corregirlos, azota a sus fieles».

28Entonces Ozías le dijo: «Todo lo que has
dicho es muy sensato, y nadie te va a llevar la
contra, 29porque no hemos descubierto hoy tu
prudencia; desde pequeña todos conocen tu in-
teligencia y tu buen corazón. 30Pero es que la
gente se moría de sed y nos forzaron a hacer
lo que dijimos, comprometiéndonos con un ju-
ramento irrevocable. 31Tú, que eres una mujer
piadosa, reza por nosotros, para que el Señor
mande la lluvia, se nos llenen los pozos y no
perezcamos».

32Judit les dijo: «Escúchenme. Voy a hacer una
cosa que se comentará de generación en genera-
ción entre la gente de nuestra raza. 33Esta noche
se pondrán junto a las puertas. Yo saldré con mi
criada, y en el plazo señalado para entregar la
ciudad al enemigo, el Señor socorrerá a Israel
por mi medio. 34Pero no intenten averiguar lo
que voy a hacer, porque no les diré nada hasta
que lo cumpla».

35Ozías y los jefes le dijeron: «Vete en paz. Que
Dios te guíe para que puedas vengarte de nues-
tro enemigo». 36Luego salieron de la habitación
y cada uno se fue a su puesto.

Oración de Judit

9 1Era el momento en que acababan de ofrecer
en el templo de Jerusalén el incienso vesper-
tino. Judit se echó ceniza en la cabeza, y postra-
da en tierra, se descubrió el sayal que llevaba a
la cintura y gritó al Señor con todas sus fuerzas:

2Señor, Dios de mi padre Simeón,/ al que pu-
siste una espada en la mano/ para vengarse de
los extranjeros/ que forzaron vergonzosamente
a una doncella,/ la desnudaron para violentar-
la/ y profanaron su seno deshonrándola.

Aunque tú habías dicho: No hagan eso, lo hi-
cieron./ 3Por eso entregaste sus jefes a la ma-
tanza,/ y su lecho, envilecido por su engaño,/
con engaño quedó ensangrentado:/ heriste a
esclavos con amos,/ y a los amos en sus tronos,/
4entregaste sus mujeres al pillaje, sus hijas a la
cautividad;/ sus despojos fueron repartidos en-
tre tus hijos queridos,/ que, encendidos por tu
celo,/ y horrorizados por la mancha causada a
su sangre,/ te habían pedido auxilio.

¡Dios, Dios mío, escucha a esta viuda!/ 5Tú
hiciste aquello, y lo de antes y lo de después./
Tú proyectas el presente y el futuro,/ lo que tú
quieres, sucede;/ 6tus proyectos se presentan/ y
dicen: Aquí estamos./ Porque todos tus caminos
están preparados/ ,y tus designios, previstos de
antemano.

7Ahí están los asirios: en el apogeo de su fuer-
za,/ orgullosos de sus caballos y jinetes,/ sober-
bios por el vigor de su infantería,/ seguros de sus
escudos,/ lanzas, arcos y hondas;/ ¡y no saben
que tú eres el Señor,/ que pone fin a la guerra!

8¡Tu nombre es el Señor!/ Quebranta su fuerza
con tu poder,/ aplasta su dominio con tu cóle-
ra./ Porque han decidido profanar tu templo,/
manchar la tienda donde reside tu nombre glo-
rioso,/ echar abajo con el hierro los salientes de
tu altar.

9Mira su soberbia, descarga tu ira sobre sus
cabezas,/ ayuda a esta viuda a realizar la haza-
ña que ha pensado.

10Por mi lengua seductora/ hiere a esclavos
con amos,/ al señor con el siervo;/ quebranta
su arrogancia a manos de una mujer./ 11Tu po-
der no está en el número/ ni tu imperio en los
guerreros;/ eres Dios de los humildes,/ socorre-
dor de los pequeños,/ protector de los débiles,/
defensor de los desanimados,/ salvador de los
desesperados.

12Sí, sí, Dios de mi padre,/ Dios de la herencia
de Israel,/ dueño de cielo y tierra,/ creador de
las aguas,/ rey de toda la creación,/ escucha mi
súplica/ 13y concédeme hablar seductoramente/
para herir de muerte/ a los que han planeado
una venganza cruel contra tus fieles,/ tu santa
morada, el monte Sión/ y la casa que es posesión
de tus hijos.

14Haz que todo tu pueblo y todas las tribus/
vean y conozcan que tú eres el único Dios,/ Dios
de toda fuerza y de todo poder,/ y que no hay na-
die que proteja a la raza israelita fuera de ti.

Judit ante Holofernes

10 1Cuando Judit terminó de suplicar al Dios de Israel, cuando acabó sus rezos, 2se puso de pie, llamó a su servidora y bajó a la casa, en la que pasaba los sábados y días de fiesta; 3se despojó del sayal, se quitó el vestido de luto, se bañó, se ungió con un perfume intenso, se peinó, se puso una diadema y se vistió la ropa de fiesta que se ponía en vida de su marido, Manasés; 4se calzó las sandalias, se puso los collares, los brazaletes, los anillos, los pendientes y todas sus joyas. Quedó bellísima, capaz de seducir a los hombres que la viesen. 5Luego entregó a su servidora un odre de vino y una aceitera; llenó las alforjas con galletas, un pan de frutas secas y panes puros; empaquetó las provisiones y se las dio a su servidora.

6Cuando salían hacia la puerta de Betulia encontraron allí a Ozías, de pie, y a los ancianos de la ciudad Cabris y Carmis. 7Al verla con aquel semblante transformado, y con otros vestidos, se quedaron pasmados ante tanta belleza, y le dijeron: 8«¡Que el Dios de nuestros padres te favorezca y te permita realizar tus planes para gloria de los israelitas y exaltación de Jerusalén!».

9Ella adoró a Dios, y les dijo: «Ordenen que me abran las puertas de la ciudad para ir a cumplir sus deseos». Ellos ordenaron a los soldados que le abrieran, como pedía. 10Así lo hicieron. Judit salió con su servidora. Los hombres de la ciudad la siguieron con la vista mientras bajaba el monte, hasta que cruzó el valle y desapareció. 11Cuando caminaban derecho por el valle les salió al encuentro una avanzada asiria, 12que las detuvo diciendo: «¿De qué nación son, de dónde vienen y adónde van?». Judit respondió: «Soy hebrea, y huyo de mi gente porque pronto caerán en poder de ustedes y serán destruidos. 13Quisiera presentarme a Holofernes, el comandante en jefe de su ejército, para darle informaciones auténticas; le enseñaré el camino por donde puede pasar y conquistar toda la sierra sin que caiga uno solo de sus hombres».

14Mientras la escuchaban, admiraban aquel rostro, que les parecía un prodigio de belleza, y le dijeron: 15«Has salvado la vida apresurándote a bajar para presentarte a nuestro jefe. Ve ahora a su tienda; te escoltarán hasta allá algunos de los nuestros. 16Y cuando estés ante él, no tengas miedo; dile lo que nos has dicho, y te tratará bien».

17Eligieron a cien hombres, que escoltaron a Judit y su servidora hasta la tienda de Holofernes. 18Al correrse por las tiendas la noticia de su llegada, se armó una agitación general en todo el campamento. Y como Judit estaba fuera de la tienda de Holofernes mientras la anunciaban, los soldados la rodearon 19admirando su hermosura, y por ella, también a los israelitas. Y comentaban: «No podemos menospreciar a una nación que tiene mujeres tan bellas. No hay que dejarles ni un solo hombre; los que quedasen serían capaces de engañar a todo el mundo».

20Los guardaespaldas de Holofernes y los oficiales salieron e introdujeron a Judit en la tienda. 21Holofernes estaba reposando en su lecho, bajo un dosel de púrpura y oro, recamado con esmeraldas y piedras preciosas. 22Cuando le dijeron que estaba Judit, salió a la antecámara, precedido de portadores de lámparas de plata. 23Cuando Judit estuvo frente a Holofernes y sus oficiales, todos quedaron pasmados ante aquel rostro tan hermoso. Ella se postró ante él, rostro en tierra; pero los esclavos la levantaron.

Informe de Judit

11 1Holofernes le dijo: «Ten confianza, mujer, no tengas miedo; yo jamás he hecho daño a nadie que quiera servir a Nabucodonosor, rey del mundo entero. 2Incluso si tu gente de la sierra no me hubiese despreciado, yo no habría levantado mi lanza contra ellos. Pero ellos se lo han buscado. 3Bien, dime por qué te has escapado y te pasas a nosotros. Viniendo has salvado tu vida. Ten confianza, no correrás peligro ni esta noche ni después. 4Nadie te tratará mal. Nos portaremos bien contigo, como lo hacemos con los servidores de mi señor, el rey Nabucodonosor».

5Entonces Judit le dijo: «Permíteme hablarte, y acoge las palabras de tu esclava. No mentiré esta noche a mi señor. 6Si haces caso a las palabras de tu esclava, Dios llevará a buen término tu campaña, no fallarás en tus planes. 7¡Por vida de Nabucodonosor, rey del mundo entero, que te ha enviado para poner en orden a todos, y por su imperio! Gracias a ti no solo le servirán los hombres, sino que por tu poder hasta las fieras, y los rebaños, y las aves del cielo vivirán a disposición de Nabucodonosor y de su casa. 8Porque hemos oído hablar de tu sabiduría y tu astucia, y todo el mundo comenta que tú eres el mejor en todo el imperio, el consejero más hábil y el estratega más admirado.

9»Ahora bien, nos enteramos del discurso que pronunció Ajior en tu consejo, porque los de Betulia le perdonaron la vida y él les contó todo lo que dijo aquí. 10Alteza, no deseches su opinión, tenla presente, porque es exacta: nuestra raza no sufrirá daño ni las armas podrán someterlos si no pecan contra su Dios. 11Pero ahora, que mi señor no se sienta rechazado y fracasado, la

muerte se abate sobre ellos: son reos de un pe-
cado con el que irritan a su Dios cuando lo come-
ten. 12Como han empezado a faltarles los víveres
y a agotárseles el agua, han acordado lanzarse
sobre sus rebaños, han decidido consumir cuan-
to el Señor en sus leyes les prohibió comer 13y
han resuelto acabar con las primicias del trigo
y los diezmos del vino y del aceite, porción sa-
grada de los sacerdotes que ofician ante nuestro
Dios en Jerusalén que ninguno del pueblo puede
ni tocar. 14Y como los de Jerusalén ya lo están
haciendo, han mandado allá una comisión para
conseguir de los ancianos el mismo permiso; 15y
lo que va a pasar es que, en cuanto les llegue el
permiso, lo usarán, y ese mismo día caerán en tu
poder para que los aniquiles.
16»Por eso, en cuanto lo supe, me escapé.
Dios me envía para hacer contigo una hazaña
que asombrará a cuantos la oigan. 17Yo soy una
mujer piadosa; día y noche doy culto al Dios del
cielo. Ahora, señor, me gustaría quedarme con
ustedes; saldré por las noches hacia el barranco,
para pedirle a Dios que me avise cuando come-
tan ese pecado. 18Y entonces vendré a decír-
telo; tú saldrás con todo tu ejército y ninguno
de ellos te opondrá resistencia. 19Yo te guiaré a
través de Judea, hasta llegar frente a Jerusalén,
y pondré tu trono en medio de la ciudad. Tú los
manejarás como a ovejas sin pastor y ni siquiera
un perro gruñirá contra ti. Todo esto lo preveo,
me ha sido anunciado y he sido enviada para
comunicártelo.
20Las palabras de Judit agradaron a Holofer-
nes, y sus oficiales, admirados de la prudencia
de Judit, comentaron: 21«En toda la tierra, de
un extremo al otro, no hay una mujer tan be-
lla y que hable tan bien». 22Y Holofernes le dijo:
«Dios ha hecho bien enviándote por delante de
los tuyos para darnos a nosotros la victoria, y la
muerte a los que despreciaron a mi señor. 23Eres
tan hermosa como elocuente. Si haces lo que has
dicho, tu Dios será mi Dios, vivirás en el palacio
del rey Nabucodonosor y serás célebre en todo
el mundo».

12 1Luego ordenó que la llevaran a donde te-
nía su vajilla de plata, y mandó que le sir-
vieran de su misma comida y de su mismo vino.
2Pero Judit dijo: «No los probaré, para no caer en
pecado. Yo me he traído mis provisiones». 3Ho-
lofernes le preguntó: «Y si se te acaba lo que tie-
nes, ¿de dónde sacamos una comida igual? Entre
nosotros no hay nadie de tu raza». 4Judit le res-
pondió: «¡Por tu vida, alteza! No acabaré lo que
he traído antes de que el Señor haya realizado
por mi medio su plan». 5Los oficiales de Holofer-
nes la llevaron a su tienda. Judit durmió hasta
la medianoche, se levantó antes del relevo del
amanecer 6y mandó este recado a Holofernes:
«Señor, ordena que me permitan salir a orar».
7Holofernes ordenó a los soldados de su guar-
dia personal que la dejaran salir. Así pasó Judit
tres días en el campamento. Todas las noches
se dirigía al barranco de Betulia y se lavaba en
el manantial donde se encontraba el puesto de
avanzada. 8Volvía y suplicaba al Señor, Dios de
Israel, que dirigiera su plan para exaltación de
su pueblo. 9Luego, purificada, volvía a su tienda
y allí se quedaba hasta que, a eso del atardecer,
le llevaban la comida.

La noche decisiva

10El cuarto día, Holofernes ofreció un banque-
te exclusivamente para su personal de servicio,
sin invitar a ningún oficial, 11y dijo al eunuco Ba-
goas, que era su mayordomo: «Trata de conven-
cer a esa hebrea que tienes a tu cargo para que
venga a comer y beber con nosotros. 12Porque
sería una vergüenza no aprovechar la ocasión de
acostarme con esa mujer. Si no me la gano, se va
a reír de mí». 13Bagoas salió de la presencia de
Holofernes, entró donde estaba Judit y le dijo:
«No tenga miedo esta niña bonita de presentar-
se a mi señor como huésped de honor, para beber
y alegrarse con nosotros, pasando el día como
una mujer asiria de las que viven en el palacio de
Nabucodonosor». 14Judit respondió: «¿Quién soy
yo para contradecir a mi señor? Haré enseguida
lo que le agrade; será para mí un recuerdo feliz
hasta el día de mi muerte». 15Se levantó para
arreglarse. Se vistió y se puso todas sus joyas de
mujer. Su doncella entró delante y le extendió
en el suelo, ante Holofernes, el vellón de lana
que le había dado Bagoas para que se recostase
allí a diario mientras comía.
16Judit entró y se sentó. Al verla, Holofernes
se turbó, y la pasión lo agitó con un deseo vio-
lento de unirse a ella, porque desde la primera
vez que la vio esperaba la ocasión de seducir-
la, 17y le dijo: «¡Bebe; alégrate con nosotros!».
18Judit respondió: «Claro que beberé, señor. Hoy
es el día más grande de toda mi vida». 19Y co-
mió y bebió ante Holofernes, tomando de lo que
le había preparado su doncella. 20Holofernes,
entusiasmado con ella, bebió muchísimo vino,
como no había bebido en toda su vida.

13 1Cuando se hizo tarde, el personal de ser-
vicio se retiró enseguida. Bagoas cerró la
tienda por fuera, después de hacer salir a los
sirvientes. Todos fueron a acostarse, rendidos
por lo mucho que habían bebido. 2En la tienda

quedaron solo Judit y Holofernes, tumbado en
el lecho, completamente borracho. [3]Judit había
ordenado a su doncella que se quedara fuera de
la alcoba y la esperase a la salida como otros
días. Había dicho que saldría para hacer la ora-
ción, y había hablado de ello con Bagoas. [4]Cuan-
do salieron todos, sin que quedara en la alcoba
nadie, ni chico ni grande, Judit, de pie junto al
lecho de Holofernes, oró interiormente:Señor,
Dios Todopoderoso,mira favorablementelo que
voy a hacer en esta horapara exaltación de
Jerusalén.[5]Ha llegado el momento de ayudar
a tu herenciay de cumplir mi plan, hiriendo al
enemigo que se ha levantado contra nosotros.
[6]Avanzó hacia la columna del lecho, que que-
daba junto a la cabeza de Holofernes, descolgó
la espada [7]y, acercándose al lecho, agarró la me-
lena de Holofernes y oró: «¡Dame fuerza ahora,
Señor, Dios de Israel!». [8]Le descargó dos golpes
en el cuello con todas sus fuerzas, y le cortó la
cabeza. [9]Luego, haciendo rodar el cuerpo de Ho-
lofernes, lo tiró del lecho y arrancó el cortinado
de las columnas. Poco después salió, entregó a
su servidora la cabeza de Holofernes [10]y la ser-
vidora la metió en la bolsa de la comida. Luego
salieron las dos juntas para orar, como acostum-
braban. Atravesaron el campamento, rodearon
el barranco, subieron la pendiente de Betulia y
llegaron a las puertas de la ciudad.

La ciudad victoriosa

[11]Judit gritó desde lejos a los centinelas:
«¡Abran, abran la puerta! Dios, nuestro Dios, es-
tá con nosotros, demostrando todavía su fuerza
en Israel y su poder contra el enemigo. ¡Así lo ha
hecho hoy!». [12]Cuando los de la ciudad la oye-
ron, bajaron enseguida hacia la puerta y convo-
caron a los ancianos. [13]Todos fueron corriendo,
chicos y grandes. Les parecía increíble que lle-
gara Judit. Abrieron la puerta y la recibieron;
luego hicieron una gran hoguera para poder ver,
y se amontonaron en torno a ellas. [14]Judit les
dijo gritando: «¡Alaben a Dios, alábenlo! Alaben
a Dios, que no ha retirado su misericordia de la
casa de Israel; que por mi mano ha dado muerte
al enemigo esta misma noche». [15]Y sacando la
cabeza guardada en la bolsa, la mostró, y dijo:
«Esta es la cabeza de Holofernes, comandante
en jefe del ejército asirio. Esta es la cortina bajo
la que dormía su borrachera. ¡El Señor lo hirió
por mano de una mujer! [16]Vive el Señor, que me
protegió en mi camino; les juro que mi rostro
sedujo a Holofernes para su ruina, pero no me
hizo pecar. Mi honor está sin mancha». [17]Todos
se quedaron asombrados, y postrándose en ado-
ración a Dios, dijeron a una voz: «Bendito eres,
Dios nuestro, que has aniquilado hoya los ene-
migos de tu pueblo». [18]Y Ozías dijo a Judit: «Que
el Altísimo te bendiga, hija, más que a todas las
mujeres de la tierra. Bendito el Señor, creador
de cielo y tierra, que enderezó tu golpe contra
la cabeza del general enemigo. [19]Los que recuer-
den esta hazaña de Dios jamás perderán la con-
fianza que tú inspiras. [20]Que el Señor te engran-
dezca siempre y te dé prosperidad, porque no
dudaste en exponer tu vida ante la humillación
de nuestra raza, sino que vengaste nuestra ruina
procediendo con rectitud en presencia de nues-
tro Dios». Todos aclamaron: «¡Así sea, así sea!».

La mañana triunfal

14 [1]Entonces Judit les habló: «Escuchen, her-
manos. Tomen esta cabeza y cuélguenla en
las almenas de la muralla. [2]Y cuando comience a
clarear y salga el sol sobre la tierra, empuñará
cada cual sus armas y saldrán de la ciudad todos
los soldados. Pongan al frente un jefe, como si
fueran a bajar a la llanura hasta los puestos de
avanzada de los asirios, pero no bajen. [3]Ellos
tomarán las armas e irán al campamento a des-
pertar a los generales del ejército asirio: todos
irán corriendo a la tienda de Holofernes, y no
lo encontrarán. Entonces les entrará el pánico y
huirán ante ustedes. [4]Ustedes, y cuantos viven
en territorio israelita, los perseguirán para des-
trozarlos en la retirada. [5]Pero antes tráiganme
a Ajior, el amonita, para que vea y reconozca al
que se burlaba de los israelitas y nos lo mandó
para que lo matáramos».
[6]Fueron a casa de Ozías a buscar a Ajior. Cuan-
do llegó y vio la cabeza de Holofernes en la ma-
no de un hombre de la asamblea, se desmayó ca-
yendo de frente. [7]Cuando lo levantaron, se echó
a los pies de Judit, y postrado ante ella, dijo: «Te
bendecirán en todas las tiendas de Judá, y todos
los pueblos que escuchen tu fama temblarán.
[8]Ahora cuéntame lo que has hecho estos días».
En medio de la gente, Judit contó lo que había
hecho, desde el día en que marchó hasta aquel
momento. [9]Cuando acabó, todos dieron vivas,
llenando la ciudad de gritos de júbilo. [10]Ajior,
viendo cuanto había hecho el Dios de Israel,
creyó plenamente en él, se circuncidó y fue ad-
mitido en la casa de Israel definitivamente.
[11]Cuando despuntó el día, colgaron de la mu-
ralla la cabeza de Holofernes. Los hombres em-
puñaron las armas y salieron por escuadrones
hacia los accesos de la ciudad. [12]Por su parte,
los asirios, al verlos, lo notificaron a sus jefes,
y estos a los generales, comandantes y toda la
oficialidad. [13]Cuando llegaron a la tienda de
Holofernes, dijeron al mayordomo: «Despierta a

nuestro jefe, que esos esclavos se han atrevido a
bajar para atacarnos; quieren que los destroce-
mos por completo».
14 Bagoas entró y golpeó el tapiz de la tienda,
suponiendo que Holofernes dormía con Judit.
15 Como no respondía nadie, apartó las cortinas,
entró en la alcoba y se lo encontró muerto, tira-
do a la entrada; le habían arrancado la cabeza.
16 Bagoas pegó un grito, y rasgándose las vesti-
duras, se echó a llorar, sollozando y aullando.
17 Luego fue a la tienda donde se alojaba Judit,
y al no encontrarla, se lanzó sobre la tropa,
gritando: 18 «¡Los esclavos nos han traicionado!
Una sola mujer hebrea ha deshonrado a la casa
del rey Nabucodonosor. ¡Ahí está Holofernes, ti-
rado en el suelo y descabezado!». 19 Al oírlo, los
oficiales asirios se rasgaron los mantos, com-
pletamente perturbados. Sus gritos y alaridos
resonaron por todo el campamento.

15 1 Cuando lo oyeron los soldados que esta-
ban en las tiendas, quedaron espantados
ante lo ocurrido. 2 Les entró el pánico, y sin es-
perar uno al otro, huyeron todos por los caminos
de la llanura y de la sierra, en una desbandada
general. 3 Los acampados en la sierra, en torno a
Betulia, se dieron también a la fuga. Entonces
todos los soldados israelitas se lanzaron sobre
ellos. 4 Ozías despachó mensajeros a Bebay,
Joba, Cola y por todo Israel, para comunicar lo
sucedido y pedir que se lanzasen todos contra el
enemigo y lo destrozasen.
5 Al enterarse los israelitas, todos a una caye-
ron sobre los asirios, machacándolos hasta Jo-
ba. Se juntaron también los de Jerusalén y todos
los de la sierra, informados de lo ocurrido en el
campamento enemigo. Además, los de Galaad y
Galilea los atacaron por los flancos, causándoles
grandes pérdidas, hasta más allá de Damasco y
su región. 6 Los que quedaron en Betulia se lan-
zaron sobre el campamento asirio y lo devasta-
ron, consiguiendo un inmenso botín. 7 Al volver
de la matanza, los israelitas se apoderaron de lo
que quedaba; incluso la gente de los poblados y
granjas de la sierra y de la llanura se llevó mu-
chos despojos; así que hubo un botín enorme.

Acción de gracias

8 El sumo sacerdote, Joaquín, y el consejo de
ancianos de Israel que habitaban en Jerusalén
fueron a contemplar los prodigios de Dios en fa-
vor de Israel y a ver y a saludar a Judit. 9 Cuando
llegaron a su casa, todos a una voz la felicitaron:
«Tú eres la gloria de Jerusalén,/ tú eres el
honor de Israel,/ tú eres el orgullo de nuestra
raza./ 10 *Con tu mano lo hiciste,/ bienhechora*
de Israel,/ y Dios se ha complacido./ Que Dios
omnipotente te bendiga por siempre jamás».
Y todos aclamaron: «¡Así sea!».
11 El saqueo del campamento duró treinta días.
A Judit le asignaron la tienda de Holofernes con
toda su vajilla de plata, los divanes, las vasijas
y el mobiliario. Judit tomó esas cosas, cargó su
mula; luego enganchó los carros y lo amontonó
todo encima. 12 Todas las israelitas corrieron a
verla y felicitarla. Algunas organizaron una dan-
za en su honor. Judit tomó ramos y los repartió
a sus compañeras, 13 que se coronaron como ella
con hojas de olivo. Judit, a la cabeza de toda la
gente, dirigía la danza de las mujeres. Seguían
todos los israelitas, armados, llevando coronas
y cantando himnos. 14 En medio de todos los is-
raelitas, Judit entonó este canto de acción de
gracias, coreado por todo el pueblo:

Himno de Judit

16 1 *Canten a mi Dios al son de pandere-*
tas,/ celebren al Señor con platillos;/ con
un cántico nuevo/ invoquen y glorifiquen su
Nombre.
2 *El Señor es un Dios que pone fin a la guerra;/*
desde su campamento/ en medio del pueblo/ me
libró de las manos de mis perseguidores.
3 *De las montañas del norte/ llegó Asur con*
miles de soldados./ Su muchedumbre/obstruyó
los torrentes,/ su caballería cubrió los valles./
4 *Amenazó incendiar mi territorio,/ matar a*
espada a mis muchachos,/ estrellar a mis pe-
queñuelos,/ entregar mis niños al pillaje/ y mis
doncellas para ser raptadas.
5 *¡El Señor omnipotente los frustró/ por mano*
de una mujer!/ 6 *No cayó su jefe ante soldados,/*
ni lo hirieron hijos de titanes,/ ni gigantes cor-
pulentos lo vencieron,/ sino Judit, hija de Me-
rarí,/ lo paralizó con la belleza de su rostro:/
7 *se quitó su vestido de luto/ para levantar a los*
afligidos de Israel,/ se ungió el rostro con per-
fumes,/ 8 *sujetó sus cabellos con una diadema/*
y se vistió de lino para seducirlo./ 9 *Su sandalia*
cautivó sus ojos,/ su hermosura esclavizó su al-
ma,/ la espada le cortó el cuello./ 10 *Los persas se*
asustaron de su audacia,/ los medos se asom-
braron de su osadía.
11 *Entonces mis humildes lanzaron su alarido,/*
y los atemorizaron;/ gritaron mis débiles,/ y
los aterrorizaron;/ levantaron la voz,/ y ellos
retrocedieron./ 12 *Hijos de esclavas los atrave-*
saron,/ los hirieron como a hijos de prófugos;/
perecieron en el combate de mi Señor.
13 *Cantaré a mi Dios un cántico nuevo:/ Se-*
ñor, tú eres grande y glorioso,/ admirable en tu
fuerza, Invencible./ 14 *Que te sirva toda la crea-*

ción,/ porque lo mandaste y existió,/ enviaste
tu aliento y la construiste,/ nada puede resistir
a tu voz.
15*Sacudirán las olas/ los cimientos de los mon-*
tes,/ las peñas en tu presencia/ se derretirán
como cera,/ pero tú serás propicio a tus fieles./
16*Porque poco valen los sacrificios/ de aroma*
agradable/ y nada la grasa de los holocaustos,/
pero el que teme al Señor/ será siempre grande.
17*¡Ay de los pueblos que atacan a mi raza!/ El*
Señor omnipotente/ se vengará de ellos el día del
juicio;/ meterá en su carne fuego y gusanos/ y
llorarán de dolor eternamente.
18Al llegar a Jerusalén adoraron a Dios, y cuan-
do todos terminaron de purificarse, ofrecieron
holocaustos, sacrificios voluntarios y ofrendas
votivas.

Conclusión

19Judit consagró al Señor todo el ajuar de la
tienda de Holofernes, regalo del pueblo, y el
cortinado que ella había quitado de la tienda.
20Durante tres meses toda la gente estuvo en
fiestas ante el templo de Jerusalén, y Judit se
quedó con ellos. 21Pasado ese tiempo, cada cual
emprendió la marcha hacia su herencia. Judit
volvió a Betulia y siguió administrando su casa.
Fue muy célebre en su tiempo por todo el país.
22Tuvo muchos pretendientes, pero no volvió a
casarse desde que su marido, Manasés, murió y
fue a reunirse con los suyos. 23La fama de Judit
fue en aumento. Vivió en casa de su marido has-
ta la edad de ciento cinco años. Dejó libre a su
servidora y murió en Betulia, la enterraron en la
sepultura de su marido, Manasés, 24y los israeli-
tas hicieron duelo siete días. Antes de morir, Ju-
dit repartió sus bienes entre los parientes de su
marido, Manasés, y entre sus propios parientes.
25En su tiempo, y después, durante muchos años,
nadie volvió a molestar a los israelitas.

ESTER

Este libro presenta adiciones de texto griego. Las señalamos con letra cursiva y «(TG)» en los títulos. Su ubicación corresponde a la secuencia narrativa del texto hebreo.

El sueño de Mardoqueo (TG)

11 1*El año segundo del reinado del emperador*
Artajerjes, el día uno de abril, tuvo un sueño
Mardoqueo, hijo de Yaír, descendiente de Semeí,
y de Quis, benjaminita, 2un judío que vivía en la
ciudad de Susa, funcionario de la corte, 3uno de
los deportados que Nabucodonosor, rey de Ba-
bilonia, había llevado cautivos desde Jerusalén
con Jeconías, rey de Judá.
4*Soñó lo siguiente: gritos y estruendo, true-*
nos, un terremoto, tumulto en la tierra. 5Luego
aparecieron dos grandes dragones dispuestos
al combate; lanzaron un rugido, 6y al oírlo, to-
das las naciones se armaron para atacar a la
raza de los justos. 7El día quedó oscuro y som-
brío. ¡Día de tribulación y angustia, calami-
dades y tumultos! 8Toda la raza de los justos se
asustó, temiendo la ruina, y se dispusieron a
morir; pero gritaron al Señor, 9y en respuesta a
su clamor, un río enorme y caudaloso surgió co-
mo de una fuentecilla; 10apareció una luz y salió
el sol; los oprimidos se levantaron y devoraron
a los grandes.
11*Cuando Mardoqueo despertó, se le había*
grabado profundamente aquel sueño, en el que
había visto los planes de Dios, y estuvo dándole
vueltas hasta la noche, intentando descifrarlo.

El banquete del rey Asuero

1 1Era en tiempo del rey Asuero, cuyo imperio
abarcaba ciento veintisiete provincias, desde
la India hasta Nubia.
2El año tercero de su reinado, el rey, que resi-
día en la fortaleza de Susa, 3ofreció un banquete
a todos los generales y oficialidad del ejército
persa y medo, a la nobleza de palacio y a los go-
bernadores de las provincias, 4para hacer alarde
durante muchos días, ciento ochenta días, de
las riquezas y el esplendor de su reino, de su
extraordinaria gloria y su grandeza.
5Pasados aquellos días, el rey ofreció un
banquete de siete días a toda la población de
la fortaleza de Susa, chicos y grandes, en la
explanada de los jardines del palacio. 6Había
finas cortinas de lino blanco y púrpura viole-
ta, sujetas a unas anillas de plata, que pendían
de columnas de mármol blanco, –sujetas a unas
anillas de plata– sobre el pavimento de mosai-
co, hecho de malaquita, mármol blanco y nácar.
7Había copas de oro para la bebida, todas distin-
tas, y vino abundante, ofrecido por el rey con
espléndida generosidad. 8La norma para beber
era que nadie obligase a nadie; el rey había or-
denado a todos los sirvientes de palacio que res-
petaran los deseos de cada uno. 9Por su parte, la
reina Vasti ofreció un banquete a las mujeres del
palacio real de Asuero.
10El séptimo día, cuando el rey estaba alegre
por el vino, ordenó a Maumán, Bazata, Jarbona,
Bagatá, Abgatá, Zetar y Carcás, los siete eu-
nucos que estaban al servicio personal del rey
Asuero, 11que le trajeran a la reina Vasti con su

corona real, para que los generales y el pueblo admirasen su belleza, porque era muy hermosa. 12Pero cuando los eunucos le transmitieron la orden del rey, la reina Vasti no quiso ir. El rey tuvo un acceso de ira y se enfureció; 13luego consultó a los letrados –porque los asuntos del rey se solían consultar a los expertos en derecho–; 14mandó que se presentaran Carsená, Setar, Admatá, Tarsis, Mares, Marsana y Memucán, los siete grandes del reino de Persia y Media, que formaban parte del consejo real y ocupaban los primeros puestos en el reino, y les preguntó: 15«¿Qué sanción hay que imponer a la reina Vasti por no haber obedecido la orden del rey Asuero, transmitida por los eunucos?».

16Ante el rey y los grandes del reino respondió Memucán: «La reina Vasti no solo ha faltado al rey, sino a todos los gobernadores y a todos los súbditos que tiene el rey Asuero en las provincias. 17Porque cuando las mujeres se enteren de lo que ha hecho la reina, despreciarán a sus maridos. Dirán: El rey Asuero mandó que se presentara la reina Vasti, y ella no fue. 18Hoy mismo, las mujeres de los príncipes de Persia y Media que oigan lo de la reina, hablarán a sus maridos en el mismo tono y acabarán despreciándolos y riñendo. 19Si al rey le parece bien, publique un decreto real, que se incluirá en la legislación de Persia y Media con carácter irrevocable, prohibiendo que Vasti se presente al rey Asuero y otorgando el título de reina a otra mejor que ella. 20Cuando por todo el inmenso imperio del rey oigan el decreto real, todas las mujeres honrarán a sus maridos, nobles o plebeyos».

21El rey y los príncipes aprobaron la propuesta. El rey hizo lo que había sugerido Memucán: 22mandó cartas a todas las provincias del imperio, a cada una en su escritura y a cada pueblo en su lengua, ordenando que fuese el marido quien mandase en casa.

Ester elegida reina

2 1Más adelante, cuando se le pasó la cólera, el rey se acordó de Vasti, de lo que había hecho y lo que él decretó con aquel motivo. 2Entonces le dijeron los cortesanos: «Que le busquen al rey muchachas solteras y bellas. 3El rey puede nombrar delegados en todas las provincias del imperio para que reúnan a todas las muchachas en el harén de la fortaleza de Susa, bajo el mando de Hegeo, eunuco real guardián de las mujeres, que les dará cremas de belleza, 4y la muchacha que más le guste al rey sustituirá a la reina Vasti».

Al rey le agradó la propuesta, y fue lo que se hizo.

5En la fortaleza de Susa vivía un judío llamado Mardoqueo, hijo de Yaír, y descendiente de Semeí, y de Quis, benjaminita, 6que había sido deportado desde Jerusalén con Jeconías, rey de Judá, entre los cautivos que se llevó Nabucodonosor, rey de Babilonia. 7Mardoqueo había criado a Hadasá, es decir, Ester, prima suya, huérfana de padre y madre. La muchacha era muy guapa y atractiva, y al morir sus padres, Mardoqueo la adoptó por hija.

8Cuando se promulgó el decreto real, llevaron a muchas chicas a la fortaleza de Susa, bajo las órdenes de Hegeo, y llevaron también a Ester a palacio y se la encomendaron a Hegeo, guardián de las mujeres. 9A Hegeo le gustó la muchacha, y como le agradó le dio inmediatamente las cremas de belleza y los alimentos y le asignó siete esclavas, escogidas del palacio real; después la trasladó, con sus esclavas, a un apartamento mejor dentro del harén. 10Ester no dijo de qué raza ni de qué familia era, porque Mardoqueo se lo había prohibido. 11Mardoqueo paseaba diariamente ante el atrio del harén para enterarse de cómo iba Ester y cómo la trataban.

12Cada muchacha se preparaba durante doce meses, según el reglamento de las mujeres –es lo que duraba el tratamiento de belleza: seis meses a base de aceite de mirra y seis meses con diversos bálsamos y otras cremas femeninas–; 13después, cuando le llegaba el turno de presentarse ante el rey Asuero, le daban todo lo que quería llevar consigo del harén al palacio real. 14Entraba por la tarde, y a la mañana volvía a un segundo harén, a las órdenes de Sagsegaz, eunuco real guardián de las concubinas; ya no volvía a presentarse al rey, a no ser que el rey la desease y la llamase expresamente.

15Cuando a Ester, hija de Abijail, tío de Mardoqueo, su padre adoptivo, le llegó el turno de presentarse al rey, se contentó con lo que dijo Hegeo, eunuco real, guardián de las mujeres. Ester se ganaba a cuantos la veían. 16En el año séptimo del reinado de Asuero, el mes décimo, o sea, el mes de enero, llevaron a Ester al palacio real, al rey Asuero, 17y el rey la prefirió a las otras mujeres, y alcanzó su favor más que el resto de los israelitas, tanto que la coronó, nombrándola reina en vez de Vasti. 18Después ofreció un gran banquete, en honor de Ester, a todos sus generales y oficialidad, ordenó un día de descanso y repartió regalos con generosidad propia de un rey.

19Cuando Ester pasó al segundo harén, como las demás muchachas, 20no dijo de qué raza ni de qué familia era; se lo había encargado Mardoqueo, a quien obedecía igual que cuando

vivía con él. Mardoqueo le había ordenado que
temiese a Dios y cumpliese sus mandamientos
como cuando vivía con él. Y Ester no cambió de
conducta.
21Por entonces, Mardoqueo era funcionario de
la corte. Bigtán y Teres, dos eunucos reales del
cuerpo de centinelas, estaban descontentos y
planeaban un atentado contra el rey Asuero. 22El
plan llegó a oídos de Mardoqueo; se lo dijo a la
reina Ester, y Ester habló al rey por encargo de
Mardoqueo. 23Hecha una investigación, se des-
cubrió la conjura. Los dos eunucos fueron ahor-
cados, y el suceso se consignó por escrito en los
anales del reino, en presencia del rey.

Mardoqueo salva al rey (TG)

11 12*Mardoqueo vivía en la corte con Gabazá*
y Zarra, los dos eunucos reales centinelas, 13*y*
oyendo sus conversaciones se enteró de sus
planes, hasta averiguar que preparaban un
atentado contra el rey Artajerjes. Mardoqueo
informó al rey de todo. 14*El rey interrogó a los dos*
eunucos; ellos confesaron y fueron ajusticiados.
15*Entonces el rey mandó escribir este suceso en*
los anales, y Mardoqueo, por su cuenta, escri-
bió una relación de todo aquello. 16*El rey dio a*
Mardoqueo un cargo en la corte y lo recompensó
con regalos. 17*Pero Amán, el hijo de Hamdatá, de*
Agag, un personaje con mucho prestigio ante el
rey, andaba buscando la manera de perjudicar a
Mardoqueo y a su gente por el asunto de los dos
eunucos del rey.

Amán y Mardoqueo

3 1Pasado algún tiempo, el rey Asuero ascendió
a Amán, hijo de Hamdatá, de Agag. Le asignó
un trono más alto que el de los ministros cole-
gas suyos. 2Todos los funcionarios de palacio,
según orden del rey, rendían homenaje a Amán
doblando la rodilla, pero Mardoqueo no le rendía
homenaje doblando la rodilla. 3Los funcionarios
de palacio le preguntaron: «¿Por qué desobede-
ces la orden del rey?».
4Y como se lo decían día tras día sin que les
hiciera caso, lo denunciaron a Amán, por ver si
a Mardoqueo le valían sus excusas, porque les
había dicho que él era judío. 5Amán comprobó
que Mardoqueo no le rendía homenaje doblando
la rodilla, y se enfureció. 6Pero no se contentó
con castigar solo a Mardoqueo. Como le habían
dicho a qué raza pertenecía, pensó aniquilar con
él a todos los judíos del imperio de Asuero.
7El año doce del reinado de Asuero, el mes pri-
mero, o sea, el mes de abril, se hizo ante Amán
el sorteo, llamado pur, por días y por meses.
La suerte cayó en el mes doce, o sea, el mes de
marzo. 8Amán dijo al rey Asuero: «En todas las
provincias de tu reino, hay un pueblo aislado,
diseminado entre todos los otros pueblos. Tie-
nen leyes diferentes de los demás y no cumplen
los decretos reales. Al rey no le conviene tole-
rarlos. 9Si a su majestad le parece bien, decrete
su exterminio, y yo entregaré a los administra-
dores trescientas toneladas de plata para el
tesoro real».
10El rey se quitó el anillo del sello y se lo en-
tregó a Amán, hijo de Hamdatá, descendiente
de Agag, enemigo de los judíos, 11diciéndole:
«Haz con ellos lo que te parezca, y quédate con
el dinero».
12Los secretarios del reino fueron convocados
para el día trece del mes primero. Y tal como
ordenó Amán, redactaron un documento des-
tinado a los funcionarios reales, a los gober-
nadores de cada una de las provincias y a los
jefes de cada pueblo, a cada provincia en su
escritura y a cada pueblo en su lengua. Estaba
escrito en nombre del rey Asuero y sellado con
el sello real.
13A todas las provincias del imperio los co-
rreos llevaron cartas en las que se ordenaba
exterminar, matar y aniquilar a todos los judíos,
niños y viejos, chiquillos y mujeres, y saquear
sus bienes el mismo día: el día trece del mes
duodécimo, o sea, el mes de marzo.

Edicto contra de los judíos (TG)

12 1*Copia de la carta:*
«El emperador Artajerjes a los gobernadores de
las ciento veintisiete provincias, desde la India
hasta Etiopía, y a los jefes de distrito bajo sus
órdenes:
2*»Jefe de muchas naciones y señor de toda la*
tierra, procuro no ensoberbecerme con la arro-
gancia que da el poder, sino gobernar siempre
equitativa y benévolamente, para que mis súbdi-
tos disfruten siempre de una vida sin tormentas.
Ofreciendo así una política humana, y dejando
libertad dentro de nuestras fronteras, intento
restablecer la paz tan deseada de todos.
3*»Al consultar a mis consejeros cómo se podría*
conseguir esto, Amán, que se distingue por su
prudencia, hombre de una dedicación sin igual,
de una fidelidad inquebrantable y probada y que
por eso ha recibido el honor de ocupar el segundo
lugar en el reino, 4*nos ha informado de que en-*
tre todos los pueblos de la tierra hay un pueblo
odioso, con un régimen jurídico opuesto al de
todas las naciones, que desprecia continuamen-
te las órdenes reales, hasta el punto de estorbar
nuestra política irreprochable y recta. 5*Por eso,*
considerando que este pueblo singular, enemigo

de todos y completamente aparte por su legisla-
ción, enemigo de nuestros intereses, comete los
peores crímenes, hasta el punto de amenazar la
estabilidad de nuestro reinado.
6*»Ordenamos que el día catorce del mes duo-*
décimo, el mes de marzo, del presente año to-
dos los que se les indican en la carta de Amán,
nuestro jefe de gobierno, que es como nuestro
segundo padre, sean exterminados de raíz, con
sus mujeres y niños, por la espada de sus enemi-
gos, sin compasión ni miramiento alguno, 7*para*
que, arrojados violentamente al sepulcro en un
solo día estos enemigos de ayer y de hoy, nuestra
política marche en el futuro con seguridad y or-
den perpetuos.

3 14El texto de la carta, con fuerza de ley para
todas y cada una de las provincias, se haría
público a fin de que todos estuviesen prepa-
rados para aquel día. 15Obedeciendo al rey, los
correos partieron veloces. El edicto fue pro-
mulgado en la fortaleza de Susa, y mientras
el rey y Amán banqueteaban, toda Susa quedó
conmocionada.

Tristeza de los judíos

4 1Cuando Mardoqueo supo lo que pasaba, se
rasgó las vestiduras, se vistió un sayal, se
echó ceniza y salió por la ciudad lanzando gritos
de dolor: «*¡Desaparece un pueblo inocente!*». 2Y
llegó hasta la puerta del palacio real, por la que
nadie podía pasar vistiendo un sayal.
3De provincia en provincia, según se iba
publicando el decreto real, todo era un gran
duelo, ayuno, llanto y luto para los judíos;
muchos se acostaron sobre ceniza vestidos de
penitencia.
4Las esclavas y los eunucos de Ester fueron a
decírselo, y la reina se llenó de angustia; mandó
ropa a Mardoqueo para que se vistiera y se qui-
tara el sayal, pero Mardoqueo no la aceptó. 5En-
tonces Ester llamó a Hatac, uno de los eunucos
reales al servicio de la reina, y lo mandó a ver a
Mardoqueo para informarse de lo que pasaba y
por qué hacía aquello.
6Hatac fue a hablar con Mardoqueo, que es-
taba en la plaza, ante la puerta de palacio.
7Mardoqueo le comunicó lo que había pasado:
le contó en detalle lo del dinero que Amán había
prometido ingresar en el tesoro real a cambio
del exterminio de los judíos; 8y le dio una copia
del decreto que había sido promulgado en Susa
ordenando el exterminio de los judíos, para que
se la enseñara a Ester y le informara, que manda-
se a la reina presentarse al rey intercediendo en
favor de los suyos.

Súplica de Mardoqueo a Ester (TG)

12 8*Y que le dijese:* 9*«Acuérdate de cuando eras*
pequeña y yo te daba de comer. El virrey Amán ha
pedido nuestra muerte. 10*Invoca al Señor, habla*
al rey en favor nuestro, líbranos de la muerte».

Instrucciones de Ester a Mardoqueo

4 9Hatac transmitió a Ester la respuesta de
Mardoqueo, 10y Ester le dio este recado para
Mardoqueo: 11«Los funcionarios reales y la gen-
te de las provincias del Imperio saben que, por
decreto real, cualquier hombre o mujer que se
presente al rey en el patio interior sin haber sido
llamado es reo de muerte; a no ser que el rey,
extendiendo su cetro de oro, le perdone la vida.
En cuanto a mí, hace un mes que el rey no me
ha llamado».
12Cuando Mardoqueo recibió la respuesta de
Ester, 13ordenó que le contestaran: «No creas
que por estar en palacio vas a ser tú la única
que quede con vida entre todos los judíos. ¡Ni
mucho menos! 14Si ahora te niegas a hablar, la
liberación y la ayuda les vendrán a los judíos de
otra parte, pero tú y tu familia desaparecerán.
¡Quién sabe si no has subido al trono para una
ocasión como esta!».
15Entonces Ester envió esta respuesta a Mar-
doqueo: 16«Vete a reunir a todos los judíos que
viven en Susa; ayunen por mí. No coman ni be-
ban durante tres días con sus noches. Yo y mis
esclavas haremos lo mismo, y al acabar me pre-
sentaré ante el rey, incluso contra su orden. Si
hay que morir, moriré».
17Mardoqueo se fue a cumplir las instrucciones
de Ester.

Oración de Mardoqueo (TG)

13 1*Y oró así, recordando todas las hazañas del*
Señor:
2*«Señor, Señor, rey y dueño de todo, porque to-*
do está bajo tu poder y no hay quien se oponga a
tu voluntad de salvar a Israel. 3*Tú creaste el cielo*
y la tierra y todas las maravillas que hay bajo el
cielo, y eres Señor de todo; ni hay, Señor, quien
se te pueda oponer. 4*Tú lo sabes todo. Si yo me*
niego a postrarme ante ese soberbio Amán, tú
sabes bien, Señor, que no lo hago por arrogan-
cia, orgullo o vanidad; que por salvar a Israel,
de buena gana le besaría yo la planta del pie. 5*Si*
me he negado a hacerlo es porque para mí Dios
está por encima de cualquier hombre. Yo no me
postro ante nadie si no es ante ti, Señor mío; no
lo hago por orgullo.
6*»Ahora, Señor, Dios rey, Dios de Abrahán,*
perdona a tu pueblo; porque traman nuestra
muerte, han deseado aniquilar tu antigua he-

rencia. 7No desprecies la porción que te rescataste del país de Egipto; 8escucha mi súplica, apiádate de tu herencia, cambia nuestro duelo en fiesta, para que vivamos celebrando tu nombre, Señor. No hagas enmudecer la boca de los que te alaban».

9Ante la muerte inminente, todos los israelitas gritaban a Dios con todas sus fuerzas.

Oración de Ester (TG)

10La reina Ester, temiendo el peligro inminente, acudió al Señor. Se despojó de sus ropas lujosas y se vistió de luto; en vez de perfumes refinados, se cubrió la cabeza de ceniza y basura, y se desfiguró por completo, cubriendo con sus cabellos revueltos aquel cuerpo que antes se complacía en adornar. Luego rezó así al Señor, Dios de Israel:

11«Señor mío, único rey nuestro. Protégeme, que estoy sola y no tengo otro defensor fuera de ti, porque yo misma me he expuesto al peligro. 12Desde mi infancia oí, en el seno de mi familia, cómo tú, Señor, escogiste a Israel entre las naciones, a nuestros padres entre todos sus antepasados para ser tu herencia perpetua, y les cumpliste lo que habías prometido.

13»Nosotros hemos pecado contra ti dando culto a otros dioses; 7por eso nos entregaste a nuestros enemigos. ¡Eres justo, Señor! 14Y no les basta nuestro amargo cautiverio, sino que se han comprometido con sus ídolos, jurando invalidar el pacto salido de tus labios, haciendo desaparecer tu herencia y enmudecer a los que te alaban, extinguiendo tu altar y la gloria de tu templo 15y abriendo los labios de los gentiles para que den gloria a sus ídolos y veneren eternamente a un rey de carne.

16»No entregues, Señor, tu cetro a los que no son nada. Que no se burlen de nuestra caída. Vuelve contra ellos sus planes, que sirva de escarmiento el que empezó a atacarnos.

17»Atiende, Señor, muéstrate a nosotros en la tribulación, y dame valor, Señor, rey de los dioses y señor de poderosos. 18Pon en mi boca un discurso acertado cuando tenga que hablar al león; haz que cambie y aborrezca a nuestro enemigo, para que perezca con todos sus cómplices.

19»A nosotros líbranos con tu mano, y a mí, que no tengo otro auxilio fuera de ti, protégeme tú, Señor, que lo sabes todo, 20y sabes que odio la gloria de los impíos, que me horroriza el lecho de los incircuncisos y de cualquier extranjero.

21»Tú conoces mi peligro. Aborrezco este emblema de grandeza que llevo en mi frente cuando aparezco en público. Lo aborrezco como un harapo inmundo, y en privado no lo llevo. 22Tu sierva no ha comido a la mesa de Amán, ni estimado el banquete del rey, ni bebido vino de libaciones. 23Desde el día de mi exaltación hasta hoy, tu sierva solo se ha deleitado en ti, Señor, Dios de Abrahán.

24»¡Oh Dios poderoso sobre todos! Escucha el clamor de los desesperados, líbranos de las manos de los malhechores y a mí quítame el miedo.

Ester y Asuero (TG)

14 1Al tercer día, al acabar la oración, Ester se quitó la ropa de suplicante y se vistió con todo lujo. Quedó esplendorosa. Luego, invocando al Dios y salvador que vela sobre todos, marchó con dos doncellas, apoyándose suavemente en una con delicada elegancia, mientras la otra la acompañaba llevando la cola del vestido. 2Ester iba encendida, radiante de hermosura, con el rostro alegre, como una enamorada, pero con el corazón angustiado.

3Atravesó todas las puertas, hasta quedar de pie ante el rey. Estaba sentado en su trono real, revestido de todos sus ornamentos majestuosos, de oro y piedras preciosas. El rey aparecía terrible. 4Levantó su rostro encendido de majestad y, en un arrebato de ira, lanzó una mirada. La reina palideció y se apoyó en el hombro de la doncella, desmayándose.

5Entonces Dios movió al rey a benevolencia; se inquietó, saltó de su trono y tomó a Ester en sus brazos, animándola con palabras tranquilizadoras mientras ella volvía en sí: 6«¿Qué pasa, Ester? Soy tu esposo. Ánimo, no morirás. Nuestra orden es solo para nuestros súbditos. Acércate».

7Ester le dijo: «Te vi, señor, como a un ángel de Dios, y me atemoricé ante tanto esplendor. Porque eres admirable, señor, y tu rostro fascina».

8Mientras hablaba, se desmayó. El rey se turbó, y todos los cortesanos intentaban reanimarla.

El rey y el virrey con Ester

5 1Al tercer día, Ester se puso sus vestidos de reina y llegó hasta el patio interior del palacio, frente al salón del trono. El rey estaba sentado en su trono real, en el salón, frente a la entrada. 2Cuando vio a la reina Ester, de pie en el patio, la miró complacido, extendió hacia ella el cetro de oro que tenía en la mano y Ester se acercó a tocar el extremo del cetro.

3El rey le preguntó: «¿Qué te pasa, reina Ester? Pídemelo, y te daré hasta la mitad de mi reino». 4Ester dijo: «Si le agrada al rey, venga hoy con Amán al banquete que he preparado en su honor». 5El rey dijo: «Avisen inmediatamente a Amán, que acepte la invitación de Ester».

El rey y Amán fueron al banquete preparado
por Ester. 6Y en medio de los brindis, el rey di-
jo a Ester: «Pídeme lo que quieras y te lo doy.
Aunque pidas la mitad de mi reino, la tendrás».
7Ester respondió: «Mi petición y mi deseo es que
8si el rey quiere hacerme un favor, si quiere acce-
der a mi petición y cumplir mi deseo, venga con
Amán al banquete que voy a prepararle mañana,
y entonces le responderé».

9Amán salió aquel día alegre y de buen humor;
pero cuando vio que Mardoqueo, a la puerta del
palacio real, no se levantaba ni se apartaba,
se llenó de furor contra Mardoqueo, 10pero se
dominó.

11Al llegar a casa, llamó a sus amigos y a su
mujer, Zares; les habló del esplendor de sus ri-
quezas, de sus muchos hijos y de cómo el rey
lo había engrandecido ascendiéndolo sobre sus
funcionarios y ministros. 12Y añadió: «Además,
la reina Ester, a ese banquete que ha celebrado,
no ha invitado más que al rey y a mí. Y también
estoy invitado con el rey para mañana. 13Pero
todo esto no me satisface mientras siga vien-
do al judío Mardoqueo sentado a la puerta de
palacio». 14Su mujer, Zares, y sus amigos le di-
jeron: «Que preparen una horca de veinticinco
metros. Por la mañana le pides al rey que ahor-
quen allí a Mardoqueo, y luego te vas contento
al banquete».

A Amán le gustó la propuesta, y mandó pre-
parar la horca.

Honor para Mardoqueo

6 1Aquella noche el rey no lograba conciliar el
sueño. Entonces mandó traer el libro de los
anales o crónicas. Se los leyeron. 2Y allí se con-
taba cómo Mardoqueo había descubierto a Big-
tán y Teres, los dos eunucos reales centinelas,
que habían querido atentar contra el rey Asuero.
3El rey preguntó: «¿Qué premio o recompensa se
le dio a Mardoqueo por aquello?». Los cortesa-
nos que asistían al rey respondieron: «No se le
dio nada». 4Entonces el rey preguntó: «¿Quién
está en el patio?». En aquel momento llegaba
Amán al patio exterior de palacio para pedir al
rey que ahorcasen a Mardoqueo en la horca que
le había preparado. 5Los cortesanos respondie-
ron: «En el patio está Amán». El rey dijo: «Que
entre».

6Cuando entró Amán, el rey le preguntó: «¿Qué
se puede hacer en favor de uno a quien el rey
quiere honrar?». Amán pensó para sus adentros:
«Y, ¿a quién va a querer honrar el rey si no es a
mí?». 7Así que contestó: «Que a esa persona a la
que el rey quiere honrar 8le traigan las vestidu-
ras reales que suele llevar el rey, el caballo en el
que suele cabalgar el rey y una corona real. 9La
ropa y el caballo se los entregarán a un dignata-
rio real que pertenezca a la nobleza, que vista
con esa ropa al hombre a quien el rey quiere hon-
rar y lo pasee a caballo por la plaza de la ciudad,
pregonando ante él: ¡Este es el trato que se da a
quien el rey quiere honrar!».

10Entonces el rey dijo a Amán: «Toma enseguí-
da la ropa y el caballo que has dicho y haz eso
con Mardoqueo, el judío funcionario de la corte.
No omitas ni un detalle de lo que has dicho».
11Amán tomó la ropa y el caballo, vistió a Mar-
doqueo y lo paseó a caballo por la plaza de la
ciudad, pregonando ante él: «¡Este es el trato
que se da a quien el rey quiere honrar!».

12Después, mientras Mardoqueo volvía a su
puesto en palacio, Amán corría hacia su casa,
triste y tapándose la cara. 13Contó a su mujer,
Zares, y a todos sus amigos lo que había pasado.

Zares y sus sabios le dijeron: «Si Mardoqueo,
ante quien has empezado a caer, es de raza judía,
no podrás con él; caerás ante él hasta el fondo.
No podrás defenderte de él porque el Dios vivo
está con él». 14Estaban todavía hablando con él
cuando llegaron los eunucos reales para llevarlo
enseguida al banquete preparado por Ester.

Hundimiento de Amán

7 1El rey y Amán fueron al banquete con la reina
Ester. 2Aquel segundo día el rey volvió a pre-
guntar a Ester en medio de los brindis: «Reina
Ester, pídeme lo que quieras y te lo doy. Aunque
me pidas la mitad de mi reino, la tendrás».

3La reina Ester respondió: «Majestad, si quie-
res hacerme un favor, si te agrada, concédeme
la vida –es mi petición– y la vida de mi pueblo
–es mi deseo–. 4Porque mi pueblo y yo hemos
sido vendidos para el exterminio, la matanza y
la destrucción. Si nos hubieran vendido para ser
esclavos o esclavas, me habría callado, ya que
esa desgracia no supondría daño para el rey».

5El rey preguntó: «¿Quién es? ¿Dónde está el
que intenta hacer eso?». 6Ester respondió: «¡El
adversario y enemigo es ese malvado, Amán!».
Amán quedó aterrorizado ante el rey y la reina.

7Y el rey, en un arrebato de ira, se levantó del
banquete y salió al jardín de palacio, mientras
Amán se quedó para pedir por su vida a la reina
Ester, porque comprendió que el rey ya había de-
cidido su ruina.

8Cuando el rey volvió del jardín de palacio y
entró en la sala del banquete, Amán estaba in-
clinado sobre el diván donde se recostaba Ester,
y el rey exclamó: «¿Y se atreve a violentar a la
reina, ante mí, en mi palacio?». Nada más decir
esto, taparon la cara a Amán, 9y Harbona, uno de

los eunucos del servicio personal del rey, sugirió: «Precisamente en casa de Amán han instalado una horca de veinticinco metros de alto; la ha preparado Amán para Mardoqueo, que salvó al rey con su denuncia».

El rey ordenó: «¡Ahórquenlo allí!». [10]Ahorcaron a Amán en la horca que había levantado para Mardoqueo, y la cólera del rey se calmó.

Triunfo de los judíos

8 [1]Aquel día el rey Asuero entregó a la reina Ester la casa de Amán, el enemigo de los judíos; y Mardoqueo fue presentado al rey, que ya sabía por Ester el parentesco que tenía con la reina. [2]El rey se quitó el anillo que había recuperado de Amán y se lo entregó a Mardoqueo. Ester confió a Mardoqueo la administración de la casa de Amán.

[3]Ester volvió a hablar al rey. Cayó a sus pies llorando y suplicándole que anulase los planes perversos que Amán de Agag había tramado contra los judíos.

[4]Cuando el rey extendió hacia Ester el cetro de oro, ella se levantó y quedó en pie ante el rey. [5]Luego dijo: «Si al rey le agrada y quiere hacerme un favor, si mi propuesta le parece bien y si está contento de mí, revoque por escrito la carta de Amán, hijo de Hamdatá, descendiente de Agag, que había mandado exterminar a los judíos en las provincias del imperio. [6]Porque, ¿cómo podré ver la desgracia que se echa sobre mi pueblo, cómo podré ver la destrucción de mi familia?».

[7]El rey Asuero dijo entonces a la reina Ester y al judío Mardoqueo: «Ya ven que he dado a Ester la casa de Amán y a él lo han ahorcado por atentar contra los judíos. [8]Ustedes escriban, en nombre del rey, lo que les parezca sobre los judíos y séllenlo con el sello real, porque los documentos escritos en nombre del rey y sellados con su sello son irrevocables».

[9]Entonces, el día veintitrés del mes tercero, o sea, el mes de junio, fueron convocados los secretarios del reino, y tal como ordenó Mardoqueo, se redactó un documento destinado a los judíos, autoridades, gobernadores y jefes de las provincias –ciento veintisiete provincias, desde la India hasta Etiopía–, a cada provincia en su escritura y a cada pueblo en su lengua; a los judíos, en su alfabeto y su lengua.

[10]Redactaron un documento en nombre del rey Asuero, lo sellaron con su sello y despacharon las cartas por correos montados en caballos velocísimos, pura sangre, de las caballerizas reales.

[11]En dicho documento el rey concedía a los judíos de todas y cada una de las ciudades el derecho a reunirse y defenderse, a exterminar, matar y aniquilar a cualquier gente armada de cualquier raza o provincia que los atacara, incluso a sus mujeres y niños, más el derecho a saquear sus bienes en todas las provincias del rey Asuero, [12]el mismo día, el trece del mes duodécimo, o sea, el mes de marzo.

Edicto a favor de los judíos (TG)

15 [1]*Copia de la carta:*

[2]*«El emperador Artajerjes a los gobernadores de las ciento veintisiete provincias, desde la India hasta Etiopía, y a cuantos nos son leales, ¡salud!*

[3]*»Considerando que muchos, cuantos más beneficios y más honra reciben de sus bienhechores más se ensoberbecen, y no solo intentan maltratar a nuestros súbditos, sino que, no pudiendo dominar su propia arrogancia, conspiran contra sus mismos bienhechores, borran del corazón humano el sentimiento de gratitud y,* [4]*más aún, ensoberbecidos con los aplausos de los malvados piensan escapar a la justicia del Dios que siempre lo ve todo y odia a los malos.*

[5]*»Considerando que con frecuencia muchos constituidos en autoridad, influidos por los que creían amigos, a quienes confiaron la marcha de sus asuntos, se han visto envueltos en desgracias irreparables y convertidos en cómplices del asesinato de inocentes,* [6]*porque la maldad de los amigos, a base de sofismas engañosos, prevaleció sobre la íntegra nobleza de sentimientos de los gobernantes.* [7]*Basta con mirar no a las anécdotas que se nos cuentan de la antigüedad, sino delante de nuestros mismos ojos: ¡cuántas maldades no se han cometido por esa peste de gobernantes indignos!* [8]*Por lo cual procuraremos que en el futuro todos tengan asegurada la tranquilidad y la paz en el reino,* [9]*efectuando los cambios convenientes y dictaminando siempre con benevolencia y equidad los asuntos que se nos presenten.*

[10]*»Resultando que Amán, de Hamdatá, macedonio –extranjero tenía que ser, no de nuestra sangre y nuestra hidalguía–, recibido por nosotros como amigo,* [11]*experimentó el trato humano que damos a todos los pueblos, hasta el punto de haber sido proclamado nuestro padre y reverenciado por todos como virrey;* [12]*pero no sabiendo mantenerse en su rango, ha intentado arrebatarnos el poder y la vida, porque con toda clase de engaños* [13]*nos pidió la muerte de Mardoqueo, nuestro salvador y continuo bienhechor, y la de Ester, nuestra intachable compañera en el trono, junto con toda su raza.* [14]*Con estas medidas, él pensaba dejarnos aislados*

*y pasar el poder de manos de los persas a los
macedonios.*

*15»Resultando que no hemos comprobado que
los judíos, condenados por este criminal al ex-
terminio, sean malhechores; al contrario, se
rigen por leyes justísimas 16y son hijos del Altísi-
mo, del gran Dios vivo, que para bien nuestro y el
de nuestros antecesores conserva el imperio con
un orden excelente.*

*17»Ordenamos que no sea obedecida la carta
enviada por Amán, hijo de Hamdatá, 18porque
su autor ha sido ahorcado junto a las puertas de
Susa, con todos los de su casa. El Señor domina-
dor de todo le ha dado enseguida el castigo que
merecía.*

*19»Expondrán en público copias de esta carta
y permitirán a los judíos que sigan libremente
sus leyes. 20Ayúdenles además a defenderse de
quienes los ataquen, ese mismo día trece del mes
duodécimo, mes de marzo. 21Porque ese día trá-
gico para el pueblo elegido, el Dios dominador,
universal, lo ha convertido en día de alegría.*

*22»Por tanto, ustedes, judíos, celebren con toda
solemnidad este día señalado entre sus fiestas
solemnes, 23para que ahora y en el futuro sea un
recuerdo de salvación para ustedes y los persas
de buena voluntad y un recuerdo de destrucción
para sus enemigos.*

*24»Toda ciudad o región en general que no ac-
túe conforme a la presente orden será devastada
sin piedad a hierro y fuego. Ningún hombre pon-
drá el pie en ella, y hasta las fieras y las aves la
detestarán».*

El edicto llega a todas las provincias

8 13El texto del documento, con fuerza de ley
en todas y cada una de las provincias, se ha-
ría público para que los judíos estuviesen prepa-
rados para vengarse de sus enemigos dicho día.
14A toda prisa, obedeciendo la orden del rey, los
correos, montados en caballos velocísimos, pu-
ra sangre, de las caballerizas reales, partieron
rápidos. El edicto se promulgó en la fortaleza
de Susa. 15Mardoqueo salió de la presencia del
rey con vestiduras regias color violeta y blanco,
una gran corona de oro y un manto de lino color
púrpura. En la ciudad de Susa resonaban gritos
de alegría. 16Para los judíos fue un día luminoso
y alegre, gozoso y triunfal. 17En cada provincia
y ciudad adonde llegaba el decreto del rey los
judíos se llenaban de inmensa alegría, y cele-
braban banquetes y fiestas. Y muchos gentiles
se convirtieron, llenos de temor ante los judíos.

Venganza judía

9 1El día trece del mes duodécimo, o sea, el mes
de marzo, cuando debía ejecutarse el decreto
del rey, el día en que los enemigos de los judíos
esperaban apoderarse de ellos, se produjo un
cambio de situación, y fueron los judíos quie-
nes se apoderaron de sus enemigos. 2Los judíos
se concentraron en sus ciudades, en todas las
provincias del rey Asuero, para atacar a los que
habían intentado destruirlos. Nadie les opuso
resistencia, porque el temor a los judíos se había
apoderado de todos los pueblos. 3Los jefes de
las provincias, las autoridades, los gobernado-
res y funcionarios reales apoyaron a los judíos
por miedo a Mardoqueo, 4porque Mardoqueo
tenía un alto cargo en palacio y su fama se ex-
tendía por todas las provincias: Mardoqueo iba
aumentando su poder.

5Los judíos pasaron a cuchillo a sus enemigos,
matándolos y exterminándolos; hicieron de
ellos lo que quisieron. 6En la fortaleza de Susa
exterminaron a quinientos hombres, 7y también
a Parsandatá, Dalfón, Aspatá, 8Poratá, Adalía,
Aridatá, 9Parmastá, Arisay, Ariday y Vaizatá,
10los diez hijos de Amán, de Hamdatá, enemigo
de los judíos. Pero no obtuvieron botín.

11Cuando aquel mismo día comunicaron al rey
el número de víctimas en la fortaleza de Susa,
12dijo a la reina Ester: «Solo en la fortaleza de
Susa los judíos han exterminado a quinientos
hombres y a los diez hijos de Amán. ¿Qué habrán
hecho en las demás provincias del imperio? Pide
lo que quieras, y te lo daré; si deseas algo más,
se hará». 13Ester respondió: «Si al rey le agrada,
que los judíos de Susa puedan prorrogar hasta
mañana el cumplimiento del decreto. Y que cuel-
guen a los diez hijos de Amán».

14El rey ordenó que se hiciese así: se prorrogó
el decreto en Susa y colgaron a los diez hijos de
Amán. 15Así, los judíos de Susa se concentraron
también el día catorce del mes de marzo. Mataron
a otros trescientos hombres, pero no recogieron
ningún botín. 16Los demás judíos en las provin-
cias del imperio se concentraron para defender-
se, eliminando a sus enemigos; mataron a setenta
y cinco mil adversarios, pero no tomaron botín.

Fiesta de Purim

17Eso fue el día trece del mes de marzo, y el día
catorce descansaron, declarándolo día festivo.
18En cambio, los judíos de Susa se reunieron los
días trece y catorce; el día quince descansaron,
declarándolo día festivo. 19Por eso los judíos del
campo, los que viven en los poblados, celebran
como gran día festivo el catorce del mes de mar-
zo, y se hacen regalos.

20Mardoqueo puso todo esto por escrito, y
mandó cartas a todos los judíos de todas las
provincias del rey Asuero, próximos y lejanos,
21encargándoles celebrar anualmente los días
catorce y quince del mes de marzo, 22por ser los
días en los cuales los judíos quedaron libres de
sus enemigos y el mes en que se les cambió la
tristeza en alegría y el luto en fiesta. Que los
declararan días festivos, que se hicieran regalos
y dieran también a los pobres.
23Los judíos, que ya habían empezado a ha-
cerlo, aceptaron lo que les escribió Mardoqueo.
24Porque Amán, hijo de Hamdatá, descendiente
de Agag, el enemigo de los judíos, había hecho
el sorteo, llamado pur, para eliminarlos y des-
truirlos; 25pero cuando Ester se presentó al rey,
el rey escribió un documento volviendo contra
Amán el plan perverso que había tramado contra
los judíos, y lo colgaron en la horca, a él y a sus
hijos. 26Por eso, esos días se llaman purim, de
la palabra pur. Según el texto de aquella carta,
y lo que habían presenciado o las noticias que
les habían llegado, 27los judíos ratificaron y se
comprometieron de forma irrevocable, ellos, sus
descendientes y los prosélitos, a celebrar esos
dos días anualmente, según aquel documento
y en aquellas fechas. 28Esos días, recordados
y celebrados de generación en generación, en
cada familia y provincia y ciudad, esos días de
purim no desaparecerán de entre los judíos, ni
su recuerdo perecerá entre sus descendientes.
29La reina Ester, hija de Abijail, y el judío Mar-
doqueo escribieron urgiendo el cumplimiento
de la segunda carta sobre los días de purim, 30y
enviaron cartas a todos los judíos de las ciento
veintisiete provincias del imperio de Asuero,
saludándolos sinceramente 31y ratificando la
celebración de esos días de purim tal como les
habían ordenado el judío Mardoqueo y la reina
Ester, y tal como se habían comprometido ellos
mismos y sus descendientes, con algunas cláu-
sulas sobre ayunos y lamentaciones.
32Así, el edicto de Ester fijó las normas para
celebrar los días de purim, y quedó consignado
por escrito.

Epílogo del texto hebreo

10 1El rey Asuero impuso un tributo a los ha-
bitantes del continente y de las islas. 2Pa-
ra sus victorias militares y la narración detalla-
da de la dignidad a que el rey elevó a Mardoqueo,
véanse los anales del reino de Media y Persia:
3El judío Mardoqueo era el virrey de Asuero, el
primero entre los judíos, querido de sus muchos
compatriotas, 4preocupado por el bien de su
pueblo, promotor de la paz para los suyos.

Interpretación del sueño de Mardoqueo (TG)

16 *1Mardoqueo comentó: «Esto viene de Dios. 2Yo*
recuerdo el sueño que tuve sobre esto, y no ha fa-
llado un detalle: 3la fuentecilla que se convirtió
en río, la luz, el sol, el agua abundante. Ester es
el río: el rey la tomó por esposa y la hizo reina.
4Los dos dragones somos Amán y yo. 5Las nacio-
nes son las que se aliaron para borrar el nombre
judío. 6Nuestra nación, los que gritaban a Dios y
se salvaron, es Israel. El Señor salvó a su pueblo,
el Señor nos sacó de todos estos males. Dios ha
hecho signos y prodigios portentosos, como no
ha hecho entre los gentiles. 7Por eso señaló dos
destinos: uno para el pueblo de Dios y otro para
los gentiles. 8Ambos se han cumplido en la hora,
el momento y el día determinado en la presen-
cia de Dios y ante todas las naciones. 9Dios se
acordó de su pueblo e hizo justicia a su herencia.
10Por tanto, el pueblo del Señor celebrará siem-
pre esos días del mes de marzo, el catorce y el
quince, como fiesta religiosa, con una asamblea
litúrgica y festejos».

Epílogo final (TG)

11«El año cuarto del reinado de Tolomeo y
Cleopatra, Dositeo, que decía ser sacerdote y
levita, y su hijo Tolomeo trajeron la presente
carta de los purim. Dijeron que era auténtica,
traducida por Lisímaco, hijo de Tolomeo, de la
comunidad de Jerusalén».

ISAÍAS

PRIMER ISAÍAS (1–39)
Visión de Isaías

1 1Visión de Isaías, hijo de Amós, acerca de
Judá y de Jerusalén en tiempos de Ozías, de
Yotán, de Acaz y de Ezequías, reyes de Judá.

Requisitoria de Dios y confesión del pueblo

2Escuchen, cielos; presta oído, tierra;/ que
habla el Señor:/ He criado y educado hijos,/ y
ellos se han rebelado contra mí./ 3Conoce el buey
a su amo,/ y el asno el pesebre de su dueño;/ pero
Israel no me conoce,/ mi pueblo no recapacita.
4¡Ay, gente pecadora,/ pueblo cargado de cul-
pas,/ raza de malvados,/ hijos degenerados!/
Han abandonado al Señor,/ han despreciado al
Santo de Israel,/ han vuelto la espalda.
5¿Dónde seguirlos hiriendo,/ si acumulan más
delitos?/ La cabeza es una llaga,/ el corazón está
agotado,/ 6de la planta del pie a la cabeza/ no les
queda parte sana:/ llagas, moretones, heridas
recientes,/ no sanadas ni vendadas,/ ni alivia-
das con ungüento.
7Su país está desolado;/ sus ciudades, incen-
diadas;/ sus campos, ante sus propios ojos,/ los
devoran extranjeros./ ¡Desolación como en la
catástrofe de Sodoma!/ 8Y Sión, la capital, ha
quedado/ como cabaña de viñedo,/ como choza
de melonar,/ como ciudad sitiada.
9Si el Señor Todopoderoso/ no nos hubiera
dejado un resto,/ seríamos como Sodoma,/ nos
pareceríamos a Gomorra.

Segunda requisitoria

10Escuchen la Palabra del Señor,/ príncipes
de Sodoma;/ escucha la enseñanza de nuestro
Dios,/ pueblo de Gomorra.
11¿De qué me sirve la multitud de sus sacri-
ficios?/ –dice el Señor–./ Estoy harto de holo-
caustos de carneros,/ de grasa de animales ce-
bados;/ la sangre de novillos, corderos y chivos/
no me agrada.
12Cuando entran a visitarme/ y pisan mis
atrios,/ ¿quién exige algo de sus manos?/ 13No
me traigan más ofrendas sin valor,/ el humo
del incienso es detestable./ Lunas nuevas, sá-
bados, asambleas.../ no aguanto reuniones y
crímenes.
14Sus solemnidades y fiestas las detesto;/ se
me han vuelto una carga/ que no soporto más./
15Cuando extienden las manos,/ cierro los ojos;/
aunque multipliquen las plegarias,/ no los escu-
charé;/ sus manos están llenas de sangre.
16Lávense, purifíquense,/ aparten de mi vis-
ta sus malas acciones./ Cesen de obrar mal,/
17aprendan a obrar bien;/ busquen el derecho,/
socorran al oprimido;/ defiendan al huérfano,/
protejan a la viuda.
18Entonces, vengan y discutamos/ –dice el Se-
ñor–./ Aunque sus pecados/ sean como el rojo
más vivo,/ se volverán blancos como nieve;/
aunque sean rojos como escarlata,/ quedarán
como lana.
19Si saben obedecer,/ comerán lo sabroso de la
tierra;/ 20si rehúsan y se rebelan,/ la espada los
comerá./ Lo ha dicho el Señor.

La ciudad infiel

21¡Cómo se ha prostituido/ la Ciudad Fiel!/
Antes llena de derecho,/ morada de justicia;/
ahora no hay más que criminales.
22Tu plata se ha vuelto basura,/ tu vino está
aguado,/ 23tus jefes son bandidos,/ socios de la-
drones:/ todos amigos de sobornos,/ en busca de
regalos./ No defienden al huérfano,/ no se en-
cargan de la causa de la viuda.
24Por eso/ –oráculo del Señor Todopoderoso,/
el Fuerte de Israel–:/ me vengaré de mis enemi-
gos,/ me desquitaré de mis adversarios.
25Volveré mi mano contra ti:/ para limpiarte
de tus impurezas en el crisol/ y eliminar todos
tus desechos;/ 26te daré jueces como los anti-
guos,/ consejeros como los de antes:/ entonces
te llamarás/ Ciudad Justa, Ciudad Fiel./ 27Sión
será redimida con el derecho,/ los repatriados
con la justicia.
28Vendrá la ruina para rebeldes y pecadores
juntos,/ los que abandonan al Señor perecerán.

Contra la idolatría

29Ustedes se avergonzarán/ de las encinas que
amaban,/ se sonrojarán/ de los jardines que
elegían./ 30Serán como encina/ de hojas secas,/
como jardín/ sin agua./ 31El poderoso será un
trapo,/ su obra será la chispa:/ arderán los dos
juntos/ y no habrá quien los apague.

Sión: esperanzas y peligros

2 1Visión de Isaías, hijo de Amós,/ acerca de Ju-
dá y de Jerusalén:/ 2Al final de los tiempos/
estará firme/ el monte de la casa del Señor,/
sobresaliendo entre los montes,/ encumbrado
sobre las montañas./ Hacia él confluirán las
naciones,/ 3caminarán pueblos numerosos./
Dirán: Vengan, subamos al monte del Señor,/
a la casa del Dios de Jacob:/ él nos instruirá en
sus caminos/ y marcharemos por sus sendas,/
porque de Sión saldrá la ley;/ de Jerusalén, la
Palabra del Señor.

4 Será el árbitro entre las naciones,/ el juez de pueblos numerosos./ De las espadas forjarán arados;/ de las lanzas, hoces./ No alzará la espada pueblo contra pueblo,/ ya no se adiestrarán para la guerra.

5 Casa de Jacob, ven,/ caminemos a la luz del Señor.

Teofanía y juicio de Dios

6 Has desechado a tu pueblo,/ a la casa de Jacob,/ porque está llena de adivinos de oriente,/ de astrólogos filisteos,/ y han pactado con extraños./ 7 Su país está lleno de plata y oro,/ y sus tesoros no tienen número;/ su país está lleno de caballos,/ y sus carros no tienen número;/ 8 su país está lleno de ídolos,/ y se postran ante las obras de sus manos,/ hechas con sus dedos./ 9 Pero el mortal será doblegado,/ será humillado el hombre/ y no podrá levantarse.

10 Métete entre las rocas,/ escóndete en el polvo,/ ante el Señor terrible,/ ante su majestad sublime.

11 Los ojos orgullosos serán humillados,/ será doblegada la arrogancia humana;/ solo el Señor será ensalzado aquel día,/ 12 que es el día del Señor Todopoderoso:/ contra todo lo orgulloso y arrogante,/ contra todo lo alto y engreído,/ 13 contra todos los cedros del Líbano,/ contra todas las encinas de Basán,/ 14 contra todos los montes elevados,/ contra todas las colinas encumbradas,/ 15 contra todas las altas torres,/ contra todas las murallas fortificadas,/ 16 contra todas las naves de Tarsis,/ contra todos los navíos opulentos:/ 17 será doblegado el orgullo del hombre,/ será humillada la arrogancia humana;/ solo el Señor será ensalzado aquel día,/ 18 y todos los ídolos desaparecerán.

19 Métanse en las cuevas de las rocas,/ en las grietas de la tierra,/ ante el Señor terrible,/ ante su majestad sublime,/ cuando él se levante/ para llenar la tierra de espanto.

20 Aquel día el hombre arrojará/ sus ídolos de plata; sus ídolos de oro/ –que se hizo para postrarse ante ellos–,/ a los ratones y a los murciélagos;/ 21 y se meterá en huecos de las rocas/ y en las hendiduras de las piedras./ Ante el Señor terrible,/ ante su majestad sublime,/ cuando se levante/ llenando la tierra de espanto.

22 Dejen de confiar en el hombre/ que solo tiene un soplo de vida en la nariz:/ ¿Para qué estimarlo tanto?

Anarquía en Jerusalén

3 1 Miren que el Señor Todopoderoso/ aparta de Jerusalén y de Judá/ toda clase de sustento:/ todo sustento de pan,/ todo sustento de agua;/ 2 capitán y soldado,/ juez y profeta,/ adivino y anciano;/ 3 jefe de batallón y notable,/ consejero, artesano,/ mago y experto en encantamientos.

4 Nombraré jefes a muchachos,/ los gobernarán niños./ 5 Se atacará la gente, unos a otros,/ un hombre a su prójimo;/ se amotinarán muchachos contra ancianos,/ plebeyos contra nobles./ 6 Un hombre agarrará a su hermano/ en la casa paterna y le dirá:/ Tienes un manto, sé nuestro jefe,/ toma el mando de esta ruina./ 7 El otro protestará ese día:/ No soy médico,/ y en mi casa no hay pan ni tengo manto:/ no me nombren jefe del pueblo.

8 Se desmorona Jerusalén, Judá se derrumba:/ porque hablaban y actuaban contra el Señor,/ rebelándose en presencia de su gloria./ 9 Su descaro testimonia contra ellos,/ alardean de sus pecados, como Sodoma, no los ocultan:/ ¡ay de ellos, que se acarrean su desgracia!/ 10 ¡Dichoso el justo: le irá bien,/ comerá el fruto de sus acciones!/ 11 ¡Ay del malvado: le irá mal,/ le darán la paga de sus obras!/ 12 Pueblo mío, a quien un niño pequeño lo tiraniza/ y mujeres lo gobiernan:/ pueblo mío, tus guías te extravían,/ borran el trazado de tus sendas.

13 El Señor se levanta a juzgar,/ de pie va a sentenciar a su pueblo./ 14 El Señor viene a entablar un pleito/ con los jefes y príncipes de su pueblo./ Ustedes han arrasado las viñas,/ tienen en casa lo robado al pobre./ 15 ¿Qué es eso? ¿Con qué derecho aplastan a mi pueblo/ , y pisotean la cara de los pobres?/ –oráculo del Señor Todopoderoso–.

Contra el lujo femenino

16 Dice el Señor:/ Porque se envanecen las mujeres de Sión,/ andan con el cuello estirado/ provocando con la mirada,/ caminan con pasos cortos/ haciendo sonar las pulseras de los pies:/ 17 Por eso el Señor cubrirá de sarna/ la cabeza de las mujeres de Sión,/ el Señor desnudará sus vergüenzas.

18 Aquel día arrancará el Señor sus adornos: pulseras de los pies, diademas, medias lunas, 19 pendientes, brazaletes, velos, 20 pañuelos, cadenillas, cinturones, frascos de perfume, amuletos, 21 sortijas y anillos de nariz, 22 trajes, mantos, chales, bolsos, 23 vestidos de gasa y de lino, turbantes y mantillas./ 24 Y tendrán:/ en vez de perfume, podredumbre;/ en vez de cinturón, soga;/ en vez de rizos, calvicie;/ en vez de sedas, un sayal;/ en vez de belleza, cicatriz.

25 Tus hombres caerán a espada;/ tus soldados, en la guerra;/ 26 gemirán y harán luto tus puertas,/ asolada te sentarás en el suelo.

Las viudas de Jerusalén

4 1Aquel día, siete mujeres/ agarrarán a un solo
hombre,/ diciéndole: Comeremos de nuestro
pan,/ nos vestiremos con nuestra ropa;/ danos
solo tu apellido,/ quita nuestra deshonra.
2Aquel día, el retoño del Señor/ será joya y
gloria,/ y el fruto del país,/ honor y ornamen-
to para los sobrevivientes de Israel./ 3A los que
queden en Sión, a los restantes en Jerusalén,/
los llamarán santos:/ los inscritos en Jerusa-
lén entre los vivos./ 4Cuando lave el Señor/
la suciedad de las mujeres de Sión/ y limpie
la sangre dentro de Jerusalén,/ con un viento
justiciero,/ con un soplo abrasador,/ 5creará
el Señor en todo el recinto/ del Monte Sión y
su asamblea/ una nube de día,/ un humo bri-
llante,/ un fuego llameante de noche./ Toldo y
tabernáculo cubrirán su gloria:/ 6de día serán
sombra contra el calor,/ reparo en el aguace-
ro,/ refugio en la tempestad.

Canto a la viña

5 1Voy a cantar en nombre de mi amigo/ un
canto de amor a su viña:
Mi amigo tenía una viña/ en fértil terreno./
2Removió la tierra, la limpió de piedras/ y plan-
tó buenas cepas;/ construyó en medio una to-
rre/ y cavó un lagar./ Y esperó que diera uvas,/
pero dio frutos agrios./ 3Y ahora, habitantes de
Jerusalén,/ hombres de Judá,/ por favor, sean
ustedes los jueces entre mi viña y yo./ 4¿Qué más
podía hacer por mi viña/ que yo no lo haya he-
cho?/ ¿Por qué, esperando que diera uvas,/ dio
frutos agrios?
5Y ahora les diré a ustedes/ lo que voy a hacer
con mi viña:/ quitar su valla para que sirva de
pasto,/ derruir su cerca para que la pisoteen./
6La dejaré arrasada:/ no la podarán ni la lim-
piarán,/ crecerán zarzas y cardos;/ prohibiré a
las nubes/ que lluevan sobre ella./ 7La viña del
Señor Todopoderoso/ es la casa de Israel,/ son
los hombres de Judá/ su plantación preferida./
Él esperó de ellos derecho,/ y ahí tienen: asesi-
natos;/ esperó justicia,/ y ahí tienen: lamentos.

Contra los malvados

8¡Ay de los que añaden casas a casas/ y juntan
campos con campos,/ hasta no dejar sitio,/ y vi-
vir ellos solos en medio del país!/ 9Soy testigo: lo
ha jurado el Señor Todopoderoso:/ Sus muchas
casas serán arrasadas,/ sus palacios magnífi-
cos quedarán deshabitados,/ 17pastarán corde-
ros como en praderas propias,/ chivos cebados
comerán en sus ruinas,/ 10diez cuadras de viña/
no darán más que un tonel,/ y una carga de se-
milla/ dará solo una canasta.
11¡Ay de los que madrugan/ en busca de lico-
res,/ y hasta el crepúsculo/ los enciende el vi-
no!/ 12Todo son cítaras y arpas,/ panderetas y
flautas/ y vino en sus banquetes,/ y no atienden
a la actividad de Dios/ ni se fijan en la obra de
su mano./ 13Y así mi pueblo, inconsciente, va
deportado;/ sus nobles mueren de hambre,/ y
el pueblo se quema de sed./ 14El abismo ensan-
cha sus fauces,/ dilata la boca sin medida:/ allá
bajan los nobles y el pueblo,/ su tumulto y sus
festejos.
15Será doblegado el mortal,/ será humillado el
hombre,/ los ojos arrogantes serán humillados./
16El Señor Todopoderoso/ será exaltado al juz-
gar,/ el Dios santo mostrará/ su santidad en la
sentencia.
18¡Ay de los que arrastran a sí/ la culpa con
cuerdas de bueyes,/ y el pecado con sogas de ca-
rretas!/ 19Los que dicen: Que se dé prisa,/ que
apresure su obra para que la veamos;/ que se
cumpla enseguida/ el plan del Santo de Israel,/
para que lo comprobemos.
20¡Ay de los que llaman/ al mal bien y al bien
mal,/ que tienen las tinieblas por luz/ y la luz
por tinieblas,/ que tienen lo amargo por dulce/
y lo dulce por amargo!
21¡Ay de los que se tienen por sabios/ y se creen
inteligentes!/ 22¡Ay de los valientes para beber
vino/ y campeones para mezclar licores;/ 23de
los que por soborno absuelven al culpable/ y
niegan justicia al inocente!/ 24Por eso, como la
lengua de fuego devora el rastrojo/ y la paja se
consume en la llama,/ su raíz se pudrirá,/ sus
brotes volarán como polvo./ Porque rechazaron
la ley del Señor Todopoderoso/ y despreciaron la
Palabra del Santo de Israel.
25Por eso se enciende la ira del Señor contra su
pueblo/ y extiende la mano para herirlo./ Tiem-
blan los montes, yacen los cadáveres/ como ba-
sura por las calles./ Y con todo eso no se aplaca
su ira,/ sigue extendida su mano.

Invasión asiria

26Izará una bandera para un pueblo remoto,/
silbará hacia el confín de la tierra:/ mírenlo
llegar veloz y ligero./ 27Nadie se cansa, nadie
tropieza,/ no se acuesta, no se duerme,/ no se
desprende el cinturón de los lomos,/ no se desa-
ta la correa de las sandalias.
28Sus flechas están afiladas/ y todos los arcos
tensos;/ los cascos de sus caballos son como de
piedra/ y las ruedas, como torbellinos./ 29Su
rugido es de león,/ ruge como los cachorros,/
gruñe y atrapa la presa,/ la retiene, y nadie se
la arranca.

30 *Aquel día bramará contra él/ como brama el mar./ Mira a la tierra en espesas tinieblas,/ nubarrones oscurecen la luz.*

Vocación de Isaías

6 1 El año de la muerte del rey Ozías vi al Señor sentado sobre un trono alto y excelso: el borde de su manto llenaba el templo. 2 Por encima de él había serafines erguidos, con seis alas cada uno: con dos alas se cubrían el rostro, con dos alas se cubrían el cuerpo, con dos alas volaban. 3 Y se gritaban el uno al otro: «¡Santo, santo, santo, el Señor Todopoderoso, la tierra está llena de su gloria!».

4 Y temblaban los umbrales de las puertas al clamor de su voz, y el templo estaba lleno de humo. 5 Yo dije: «*¡Ay de mí, estoy perdido!/ Yo, hombre de labios impuros/ que habito en medio de un pueblo de labios impuros,/ he visto con mis ojos/ al Rey y Señor Todopoderoso*».

6 Y voló hacia mí uno de los serafines con un carbón encendido en la mano, que había retirado del altar con unas tenazas; 7 lo aplicó a mi boca y me dijo: «*Mira: esto ha tocado tus labios,/ ha desaparecido tu culpa,/ está perdonado tu pecado*».

8 Entonces escuché la voz del Señor, que decía: «¿A quién mandaré?, ¿quién irá de nuestra parte?». Contesté: «Aquí estoy, mándame».

9 Él replicó: «Anda y dile a ese pueblo: *Escuchen con sus oídos, pero sin entender;/ miren con sus ojos, pero sin comprender./* 10 *Entorpece el corazón de ese pueblo,/ endurece su oído, ciega sus ojos:/ que sus ojos no vean, que sus oídos no oigan,/ que su corazón no entienda,/ que no se convierta y sane*».

11 Pregunté: «¿Hasta cuándo, Señor?». Y me contestó: «*Hasta que se desmoronen/ las ciudades despobladas/ y las casas deshabitadas,/ y queden los campos desolados./* 12 *Porque el Señor alejará a los hombres,/ y crecerá el abandono en el país./* 13 *Y aunque queden en él uno de cada diez,/ de nuevo será barrido;/ como la encina o el roble/ que al cortarlos, solo dejan un tronco./ Este tronco será semilla santa*».

Primer aviso a Acaz

7 1 Reinaba en Judá Acaz, hijo de Yotán, hijo de Ozías. Rasín, rey de Damasco, y Pécaj, hijo de Romelías, rey de Israel, subieron a Jerusalén para atacarla; pero no lograron conquistarla. 2 Llegó la noticia al heredero de David: «Los sirios acampan en Efraín». Y se agitó su corazón y el del pueblo como se agitan los árboles del bosque con el viento. 3 Entonces el Señor dijo a Isaías: «Ve al encuentro de Acaz, con tu hijo Sear Yasub, hacia el extremo del canal del Estanque de Arriba, junto al camino del campo del Tintorero, 4 y le dirás: ¡Vigilancia y calma! No temas, no te acobardes,ante esos dos cabos de tizones humeantes. 5 Aunque Siria trame tu ruina diciendo: 6 Subamos contra Judá, sitiémosla, abramos brecha en ella y nombraremos en ella rey al hijo de Tabeel.

7 *Así dice el Señor:* No se cumplirá ni sucederá:/ 8a *Damasco es capital de Siria,/ y Rasín, capitán de Damasco;/* 9a *Samaría es capital de Efraín,/ y el hijo de Romelías, capitán de Samaría./* 8b *Dentro de sesenta y cinco años,/ Efraín, destruido,/ dejará de ser pueblo./* 9b *Si ustedes no creen, no subsistirán*».

Segundo aviso: Emanuel

10 El Señor volvió a hablar a Acaz: 11 «Pide una señal al Señor, tu Dios; en lo hondo del abismo o en lo alto del cielo». 12 Respondió Acaz: «No la pido, no quiero tentar al Señor».

13 Entonces dijo Dios: «Escucha, heredero de David: ¿No les basta cansar a los hombres, que cansan incluso a mi Dios? 14 Por eso el Señor mismo les dará una señal: Miren: la joven está embarazada y dará a luz un hijo, y le pondrá por nombre Emanuel. 15 Comerá leche cuajada con miel, hasta que aprenda a rechazar el mal y a escoger el bien. 16 Porque antes que aprenda el niño a rechazar el mal y escoger el bien, quedará abandonada la tierra de los dos reyes que te hacen temer. 17 El Señor hará venir sobre ti, sobre tu pueblo, sobre tu dinastía días como no se conocieron desde que Efraín se separó de Judá».

Invasión asiria

18 *Aquel día/ les silbará el Señor a los tábanos/ del confín del delta de Egipto/ y a las abejas del país de Asiria,/* 19 *y vendrán y se posarán en masa/ en las honduras de las quebradas,/ en las hendiduras de las rocas,/ en todo matorral, en todo bebedero.*

20 *Aquel día le afeitará el Señor/ con navaja alquilada al otro lado del Éufrates/ la cabeza y el pelo de sus partes,/ y le rapará la barba.*

21 *Aquel día cada uno mantendrá/ una novilla y dos ovejas,/* 22 *y como abundará la leche,/ comerán leche cuajada;/ sí, comerán leche cuajada y miel/ los que queden en el país.*

23 *Aquel día, un viñedo de mil cepas/ de mil monedas de valor/ producirá zarzas y cardos./* 24 *Entrarán por él con arcos y flechas,/ porque todo el país será zarzas y cardos;/* 25 *en las laderas cultivadas con azadón/ no entrarás por miedo a las zarzas y cardos;/ serán pasto de vacas,/ pisoteado por ovejas.*

El hijo de Isaías

8 1El Señor me dijo: «Toma una tabla grande,
y escribe con caracteres ordinarios: Pronto-
al-saqueo, Rápido-al-botín». 2Entonces yo tomé
dos testigos fieles: Urías, sacerdote, y Zacarías,
hijo de Berequías. 3Me acerqué a la profetisa;
ella concibió y dio a luz un hijo. El Señor me
dijo: 4«Ponle por nombre Pronto-al-saqueo, Rá-
pido-al-botín. Porque antes que el niño aprenda
a decir papá, mamá, las riquezas de Damasco y
el despojo de Samaría serán llevados a presencia
del rey de Asiria».

Invasión

5El Señor volvió a dirigirme la palabra: 6«Ya
que ese pueblo ha despreciado el agua de Siloé,
que corre mansa, por la arrogancia de Rasín y
del hijo de Romelías, 7sepan que el Señor hará
que los sumerjan las aguas del Éufrates, torren-
ciales e impetuosas: –el rey de Asiria, con todo
su ejército–.
Rebasan las orillas,/ desbordan las riberas,/
8invaden Judá, lo inundan,/ crecen y alcanzan
hasta el cuello./ Y se desplegarán sus alas/ hasta
cubrir la anchura de tu tierra,/ ¡oh Emanuel!».

Liberación

9Sean crueles, pueblos,/ que saldrán derro-
tados,/ escúchenlo, países lejanos:/ ármense,
que saldrán derrotados;/ ármense, que saldrán
derrotados;/ 10hagan planes, que fracasarán;/
pronuncien amenazas, que no se cumplirán,/
porque tenemos a Emanuel.

Piedra de tropiezo

11Así me dijo el Señor, mientras su mano me
agarraba y me amonestaba para que no siguiera
el camino de este pueblo: 12«*No llamen aliados/*
a los que ese pueblo llama aliados,/ no los ate-
rre ni los atemorice/ lo que él teme;/ 13al Señor
Todopoderoso llámenlo Santo,/ que solo él les
infunda temor;/ que solo él los haga temblar,/
14él será piedra para tropezar/ y roca para des-
peñarse/ para las dos casas de Israel,/ será lazo
y trampa/ para los habitantes de Jerusalén:/
15muchos tropezarán en ella,/ caerán, se destro-
zarán,/ se enredarán y quedarán atrapados».

Dios esconde su rostro

16Guardo selladas las instrucciones/ que ga-
rantizan mis discípulos,/ 17y aguardo al Señor,/
que oculta su rostro a la casa de Jacob,/ y espe-
ro en él./ 18Aquí estoy yo con mis hijos –los que
me dio el Señor–/ como signos y presagios para
Israel/ de parte del Señor Todopoderoso,/ que
habita en el Monte Sión.
19Seguramente les dirán: «Consulten a los es-
píritus y adivinos, que susurran y musitan: ¿No
consulta un pueblo a sus dioses, y a los muertos
acerca de los vivos? 20Seguro que les hablarán así».

Días oscuros

21Pasará por allí, agobiado y hambriento, y ra-
bioso de hambre maldecirá a su rey y a su Dios.
Volverá la cabeza a lo alto 22y mirará a la tierra:
todo es aprieto y oscuridad sin salida, angustia
y tinieblas densas, sin aurora; 23ano habrá salida
para la angustiada.

Profecía mesiánica

23bSi en otro tiempo humilló el país de Zabu-
lón, y el país de Neftalí, en un futuro ensalzará
el camino del mar, al otro lado del Jordán, la
región de los paganos.

9 *1El pueblo que caminaba a oscuras vio una luz*
intensa,/ los que habitaban un país de som-
bras se inundaron de luz./ 2Has acrecentado la
alegría, has aumentado el gozo:/ gozan en tu
presencia, como se goza en la cosecha,/ como
se alegran los que se reparten el botín./ 3Por-
que la vara del opresor, el yugo de sus cargas,/
su bastón de mando los trituraste como el día de
Madián./ 4Porque la bota que pisa con estrépito/
y la capa empapada en sangre/ serán combusti-
ble, pasto del fuego.
5Porque un niño nos ha nacido, nos han traído
un hijo:/ lleva el cetro del principado y se llama/
Consejero maravilloso, Guerrero divino,/ Jefe
perpetuo, Príncipe de la paz.
6Su glorioso principado y la paz no tendrán
fin,/ en el trono de David y en su reino;/ se
mantendrá y consolidará/ con la justicia y el
derecho,/ desde ahora y por siempre./ El celo del
Señor Todopoderoso lo realizará.

La ira del Señor

7El Señor ha lanzado una amenaza contra
Jacob,/ ha alcanzado a Israel;/ 8la entenderá el
pueblo entero,/ Efraín y los jefes de Samaría,/
que van diciendo con soberbia y presunción:/
9¿Se cayeron los ladrillos?,/ reconstruiremos
con piedras talladas;/ ¿se derrumbó el made-
ramen de sicómoro?,/ lo reemplazaremos con
cedro.
10El Señor incitará contra ellos al enemigo/ y
provocará a sus adversarios:/ 11por delante Da-
masco, por la espalda los filisteos/ devorarán a
Israel a boca llena./ Y, con todo, no se aplaca su
ira,/ sigue extendida su mano.
12Pero el pueblo no se ha vuelto al que lo hería,/
no ha buscado al Señor Todopoderoso./ 13El Se-

ñor cortará a Israel cabeza y cola,/ palma y jun-
co en un solo día./ 14El anciano honorable es la
cabeza,/ el profeta embaucador es la cola./ 15Los
que guían a ese pueblo lo extravían,/ los que se
dejan guiar son aniquilados.
16Por eso el Señor no perdona a los jóvenes,/
no se compadece de huérfanos y viudas;/ porque
todos son impíos y malvados/ y toda boca pro-
fiere infamias./ Y, con todo, no se aplaca su ira,/
sigue extendida su mano.
17Sí, la maldad está ardiendo como fuego/ que
consume zarzas y cardos,/ prende en la espesu-
ra del bosque, y el humo se alza en torbellinos./
18aCon la ira del Señor arde el país,/ y el pueblo
es pasto del fuego:/ 19buno devora la carne de su
prójimo/ 18by ninguno perdona a su hermano;/
19adestroza a la derecha, y sigue con hambre,/
devora a izquierda, y no se sacia.
20Manasés contra Efraín, Efraín contra Mana-
sés,/ juntos los dos contra Judá./ 21Y, con todo,
no se aplaca su ira,/ sigue extendida su mano.

Malaventura

10 1¡Ay de los que decretan leyes injustas,/
de los notarios que registran vejaciones,/
2que dejan sin defensa al desamparado/ y nie-
gan sus derechos a los pobres de mi pueblo,/ que
hacen su presa de las viudas/ y saquean a los
huérfanos!
3¿Qué harán el día de la cuenta,/ cuando
la tormenta lejana se eche encima?/ ¿A quién
acudirán buscando auxilio/ y dónde deposita-
rán su fortuna,/ 4para no ir encorvados con los
prisioneros/ y no caer con los asesinados?/ Y,
con todo, no se aplaca su ira,/ sigue extendida
su mano.

Asiria instrumento de Dios

5¡Ay Asiria, vara de mi ira,/ bastón de mi fu-
ror!/ 6Contra una nación impía lo despaché,/ lo
mandé contra el pueblo de mi cólera,/ para que
entrase a saquear y lo despojase/ y lo pisase co-
mo barro de la calle.
7Pero él no pensaba así,/ no eran esos sus cál-
culos;/ su propósito era aniquilar, exterminar
no pocas naciones./ 8Decía: ¿No son todos mis
ministros reyes?/ 9¿No fue Calno como Cár-
quemis?/ ¿No fue Jamat como Arpad? ¿No fue
Samaría como Damasco?/ 10Como mi mano se
apoderó de reinos insignificantes/ y de sus imá-
genes.../ 11Lo que hice con Samaría y sus imáge-
nes,/ ¿no lo voy a hacer con Jerusalén y sus ído-
los?/ 12–Cuando termine el Señor toda su tarea
en el monte Sión y en Jerusalén, exigirá cuentas
de sus conquistas a su orgullo,/ a la arrogancia
altanera de sus ojos–.
13Él decía: Con la fuerza de mi mano lo he he-
cho,/ con mi talento, porque soy inteligente./
Cambié las fronteras de las naciones,/ saqueé
sus tesoros/ y derribé como un héroe a los jefes
de sus sitiales.
14Mi mano tomó, como un nido, las riquezas de
los pueblos;/ como quien recoge huevos abando-
nados,/ agarré toda la tierra,/ y no hubo quien
batiese las alas,/ quien abriese el pico para piar.
15¿Cómo?, ¿se envanece el hacha contra el leña-
dor?,/ ¿se gloría la sierra contra quien la ma-
neja?/ Como si el bastón manejase a quien lo le-
vanta,/ como si la vara alzase a quien no es leño.
16Por eso, el Señor Todopoderoso/ meterá de-
bilidad en su gordura,/ y debajo del hígado/ le
encenderá una fiebre como un fuego abrasador.

El resto de Israel

17La luz de Israel se convertirá en fuego,/ su
Santo en una llama/ que arderá y devorará/ sus
zarzas y cardos en un solo día./ 18El esplendor
de su bosque y de su huerto/ lo consumirá Dios
de médula a corteza,/ será como un enfermo que
se apaga;/ 19y quedarán tan pocos árboles de su
bosque,/ que un niño podrá contarlos.
20Aquel día, el resto de Israel, los supervi-
vientes de Jacob, no volverán a apoyarse en su
agresor, sino que se apoyarán sinceramente en
el Señor, el Santo de Israel. 21Un resto volverá,
un resto de Jacob, al guerrero divino: 22aunque
fuera tu pueblo, Israel, como arena del mar, solo
un resto volverá a él; la destrucción decretada
rebosa justicia. 23El Señor va a cumplir en medio
de la tierra la destrucción decretada.

Oráculo de liberación

24Por eso, así dice el Señor Todopoderoso:
«Pueblo mío, que habitas en Sión, no temas
a Asiria, aunque te hiera con la vara y alce su
bastón contra ti, a la manera egipcia; 25porque
dentro de muy poco la ira se acabará y mi furor
los aniquilará. 26El Señor Todopoderoso sacudirá
contra ellos su látigo, como cuando hirió a Ma-
dián en Sur Oreb, como cuando alzó su bastón
contra el mar, en el camino de Egipto. 27Aquel
día su carga resbalará de tu hombro, arrancarán
su yugo de tu cuello».

Avance asirio y derrota

28Sube del lado de Rimón,/ llega hasta Ayat,/
atraviesa Migrón,/ revisa las armas en Mic-
más./ 29Desfilan por el desfiladero,/ hacen no-
che en Guibeá;/ alarmada está Ramá,/ Guibeá
de Saúl ha huido. 30Clama a voces, Villa de Ga-
lín;/ escúchala, Lais; contesta, Anatot./ 31Mad-
mená va desbandada,/ los vecinos de Guebín

buscan refugio./ 32*Hoy mismo hace alto en Nob,/*
y ya agita la mano contra el monte Sión,/ la co-
lina de Jerusalén.

Paz mesiánica

33*Miren, el Señor Todopoderoso/ desgaja con*
violencia el ramaje,/ son talados los árboles más
elevados,/ los más altos se desploman;/ 34*es cor-*
tada a hachazos la espesura del bosque/ y a ma-
nos del Poderoso el Líbano va cayendo.

11 1*Pero retoñará el tocón de Jesé,/ de su cepa*
brotará un vástago/ 2*sobre el cual se posa-*
rá el Espíritu del Señor:/ espíritu de sensatez e
inteligencia,/ espíritu de valor y de prudencia,/
espíritu de conocimiento y respeto del Señor.
3*Lo inspirará el respeto del Señor./ No juzgará*
por apariencias/ ni sentenciará solo de oídas;/
4*juzgará con justicia a los desvalidos,/ senten-*
ciará con rectitud a los oprimidos;/ ejecutará
al violento con el cetro de su sentencia/ y con
su aliento dará muerte al culpable./ 5*Se terciará*
como banda la justicia/ y se ceñirá como fajín
la verdad.
6*Entonces el lobo y el cordero irán juntos,/ y la*
pantera se tumbará con el cabrito,/ el novillo y
el león engordarán juntos;/ un chiquillo los pas-
torea;/ 7*la vaca pastará con el oso,/ sus crías se*
tumbarán juntas,/ el león comerá paja como el
buey./ 8*El niño jugará en agujero de la cobra,/*
la criatura meterá la mano/ en el escondrijo de
la serpiente.
9*No harán daño ni estrago/ por todo mi Monte*
Santo,/ porque se llenará el país de conocimien-
to del Señor,/ como colman las aguas el mar.

Vuelta de los desterrados

10*Aquel día la raíz de Jesé se levantará/ como*
una bandera para los pueblos:/ a ella acudirán
las naciones/ y será gloriosa su morada.
11*Aquel día el Señor tenderá otra vez su mano/*
para rescatar al resto de su pueblo:/ a los que
queden en Asiria y Egipto/ y en Patrós, en Nubia
y en Elam,/ en Senaar y en Jamat y en las islas./
12*Izará una bandera ante las naciones/ para re-*
unir a los israelitas desterrados/ y congregar a
los judíos dispersos/ de los cuatro extremos del
orbe./ 13*Cesará la envidia de Efraín/ y se aca-*
bará el rencor de Judá:/ Efraín no envidiará a
Judá,/ Judá no tendrá rencor a Efraín.
14*Se lanzarán sobre la espalda de los filisteos*
a occidente/ y unidos despojarán a las tribus de
oriente;/ Edom y Moab caerán en sus manos/ y
los amonitas se les someterán./ 15*El Señor secará*
el golfo del mar de Egipto,/ haciendo señas con
la mano a su viento abrasador,/ y lo herirá en
sus siete canales,/ que se pasarán en sanda-
lias./ 16*Y habrá una calzada/ para el resto de su*
pueblo que quede en Asiria,/ como la tuvo Israel
cuando subió de Egipto.

Himno

12 1*Aquel día recitarás:/ Te doy gracias, Se-*
ñor,/ porque estabas irritado contra mí,/
pero ha cesado tu ira/ y me has consolado./
2*Siendo Dios mi salvador,/ confío y no temo/*
porque mi fuerza y poder es el Señor,/ él fue mi
salvación./ 3*Sacarán agua con gozo/ del ma-*
nantial de la salvación.
4*Aquel día, recitarán:/ Den gracias al Señor,/*
invoquen su Nombre,/ cuenten a los pueblos/
sus hazañas,/ proclamen que su Nombre es
sublime.
5*Canten al Señor, que hizo proezas,/ que las*
conozca toda la tierra;/ 6*grita jubilosa, Sión, la*
princesa,/ que es grande en medio de ti el Santo
de Israel.

Contra Babilonia

13 1Oráculo contra Babilonia que Isaías hijo
de Amós recibió en una visión.
2*Sobre un monte pelado levanten la bandera,/*
grítenles con fuerza/ agitando la mano,/ para
que entren por las puertas de los príncipes./ 3*Yo*
he dado órdenes a mis consagrados,/ he reclu-
tado a mis guerreros,/ entusiastas de mi honor,
para ejecutar mi ira.
4*Escuchen: tumulto en los montes,/ como de*
un gran ejército,/ escuchen: estruendo de rei-
nos,/ de naciones aliadas;/ el Señor Todopode-
roso revisa/ su ejército para el combate./ 5*Van*
llegando de tierra lejana,/ del confín del cielo:/
el Señor con las armas de su ira,/ para arrasar
la tierra entera./ 6*Den alaridos, que está cerca*
el día del Señor/ y llegará como azote del Todo-
poderoso;/ 7*por eso los brazos desfallecerán/ y*
se desmayarán los corazones humanos;/ 8*espas-*
mos y angustias los agarrarán,/ se turbarán/ y
se retorcerán como parturientas./ Se mirarán
espantados unos a otros:/ rostros febriles, sus
rostros.
9*Miren, llega implacable el día del Señor,/ su*
cólera y el estallido de su ira,/ para dejar la tie-
rra desolada/ exterminando de ella a los peca-
dores./ 10*Las estrellas del cielo y las constelacio-*
nes/ no destellan su luz,/ se entenebrece el sol al
salir,/ la luna no irradia su luz.
11*Tomaré cuentas al mundo de su maldad,/ a*
los perversos de sus crímenes;/ terminaré con
la soberbia de los insolentes/ y el orgullo de los
tiranos lo humillaré./ 12*Haré que los hombres*
escaseen más que el oro,/ y los mortales, más

que el metal de Ofir./ 13Porque sacudiré el cielo/
y temblará la tierra en su asiento/ por la cólera
del Señor Todopoderoso,/ el día que estalle su
ira.
14Entonces, como cierva acosada/ o como re-
baño que nadie congrega,/ volverán unos a su
pueblo,/ huirán otros a su tierra;/ 15el que es
atrapado, muere atravesado,/ el que es captu-
rado cae a espada;/ 16sus niños son estrellados
ante sus ojos,/ sus casas saqueadas, sus mujeres
violadas./ 17Miren: yo incito contra ellos a los
medos,/ que no aprecian la plata/ ni les impor-
ta el oro;/ 18sus arcos acribillan a los jóvenes,/
no perdonan a los niños,/ no se apiadan de las
criaturas.
19Quedará Babilonia, la perla de los reinos,/
joya y orgullo de los caldeos,/ como Sodoma y
Gomorra/ cuando Dios las arrasó;/ 20jamás la
habitarán,/ nunca más será poblada;/ el bedui-
no no acampará allí/ ni los pastores apacenta-
rán sus rebaños;/ 21allí se apacentarán las fie-
ras,/ sus casas se llenarán de búhos,/ morarán
allí avestruces/ y brincarán chivos allí;/ 22au-
llarán hienas en sus mansiones/ y chacales en
sus lujosos palacios./ Está a punto de llegar su
hora,/ no serán prolongados sus días.

Vuelta del destierro

14 1Sí, el Señor se apiadará de Jacob, volve-
rá a escoger a Israel y a establecerlo en
su patria; los extranjeros se asociarán a ellos
y se incorporarán a la casa de Jacob. 2Las po-
blaciones los irán recogiendo para llevarlos a su
lugar; la casa de Israel los poseerá, como siervos
y siervas, en la tierra del Señor. Harán cautivos
a sus cautivadores, dominarán a sus opresores.
3Cuando el Señor te dé reposo de tus penas y
temores, y de la dura esclavitud en que serviste,
4aentonarás esta sátira contra el rey de Babilonia:

Sátira al rey de Babilonia

4b¡Cómo ha acabado el tirano,/ ha cesado su
agitación!/ 5Ha quebrado el Señor el cetro de los
malvados,/ la vara de los dominadores,/ 6al que
golpeaba furioso a los pueblos con golpes ince-
santes/ y oprimía con furia a las naciones/ con
opresión implacable.
7La tierra entera descansa tranquila,/ gritan-
do de júbilo./ 8Hasta los cipreses se alegran de tu
suerte/ y los cedros del Líbano:/ Desde que yaces
tendido,/ ya no sube el talador contra nosotros./
9El abismo en lo hondo se estremece por ti,/ al
salir a tu encuentro:/ en tu honor despierta a las
sombras,/ a todos los potentados de la tierra/ y
levanta de su trono/ a todos los reyes de las na-
ciones,/ 10y te cantan a coro diciendo:
¡También tú consumido como nosotros,/ igual
que nosotros,/ 11tu majestad ha sido precipita-
da al abismo/ junto con el sonido de tus arpas!/
La cama en que yaces son gusanos;/ tu manta,
lombrices.
12¿Cómo has caído del cielo,/ lucero de la au-
rora,/ y estás derrumbado por tierra,/ agresor
de naciones?/ 13Tú, que te decías:/ Escalaré los
cielos,/ encima de los astros divinos/ levantaré
mi trono y me sentaré/ en el Monte de la Asam-
blea,/ en el vértice de la montaña celeste;/ 14es-
calaré la cumbre de las nubes,/ me igualaré al
Altísimo.
15¡Ay, abatido al abismo, a las profundidades
de la fosa!/ 16Los que te ven se te quedan miran-
do,/ meditan tu suerte:/ ¿Es este el que hacía
temblar la tierra/ y estremecerse los reinos,/
17el que dejaba el mundo desierto,/ arrasaba sus
ciudades/ y no soltaba a sus prisioneros?
18Todos los reyes de las naciones/ descienden
a sepulcros de piedra,/ todos reposan con glo-
ria,/ cada cual en su mausoleo;/ 19a ti, en cam-
bio, te han arrojado sin darte sepultura,/ como
carroña asquerosa;/ te han cubierto de muertos
traspasados a espada,/ como a cadáver piso-
teado./ 20No te juntarás a ellos en el sepulcro/
porque arruinaste tu país,/ asesinaste a tu pue-
blo;/ se extinguirá para siempre/ el apellido del
malvado.
21Preparen la matanza de sus hijos,/ por la
culpa de sus padres,/ no sea que se levanten y se
adueñen de la tierra/ y cubran el mundo de rui-
nas./ 22Yo me levantaré contra ellos/ –oráculo
del Señor Todopoderoso–/ y extirparé de Babi-
lonia posteridad y apellido,/ retoño y vástago –
oráculo del Señor–;/ 23la convertiré en posesión
de erizos,/ en agua estancada,/ la barreré bien
barrida,/ hasta que desaparezca/ –oráculo del
Señor Todopoderoso–.

Contra el rey de Asiria

24El Señor Todopoderoso lo ha jurado:/ lo que
he planeado sucederá,/ lo que he decidido se
cumplirá:/ 25quebrantaré a Asiria en mi país,/
la pisotearé en mis montañas;/ resbalará de los
míos su yugo,/ su carga resbalará de sus hom-
bros./ 26Este es plan decidido sobre toda la tie-
rra,/ esta es la mano extendida sobre todos los
pueblos:/ 27Y si el Señor Todopoderoso decide,/
¿quién lo impedirá?;/ si su mano está extendi-
da,/ ¿quién se la apartará?

Contra Filistea

28El año de la muerte del rey Acaz se pronunció
este oráculo: 29No te alegres, Filistea entera,/ de
que se haya quebrado la vara que te hería;/ por-

que de la raíz de la serpiente brotará una víbora/ y su fruto será un dragón alado,/ 30bque hará morir de hambre tu raíz/ y matará tu resto;/ 30amientras que los desvalidos/ pastarán en mis praderas/ y los pobres se tumbarán tranquilos./ 31Gime, puerta; grita, ciudad;/ tiembla, Filistea entera,/ porque viene del norte/ una humareda en columnas apretadas./ 32¿Qué responder a los mensajeros de esa nación?/ –Que el Señor fundó a Sión/ y en ella se refugiarán los oprimidos de su pueblo.

El luto de Moab

15 1Oráculo contra Moab:
La noche que asolaron Ar, sucumbió Moab;/ la noche que asolaron Quir, sucumbió Moab./ 2La gente de Dibón sube llorando a las alturas;/ por Nebo y Madabá lanza alaridos Moab,/ con las cabezas rapadas y las barbas afeitadas.

3En las calles, vestidos de sayal,/ en plazas y azoteas todos lanzan alaridos,/ deshechos en llanto./ 4Se lamentan Jesbón y Elalé,/ hasta en Yahas se escucha su clamor;/ por eso a Moab le tiemblan las entrañas,/ respira jadeando.

5Mi corazón se lamenta por Moab:/ sus fugitivos marchan hacia Soar./ Que por la cuesta de Lujit suben llorando,/ que por la vía de Joronain lanzan gritos desgarradores,/ 6que la fuente de Nimrín se ha secado,/ marchito está el césped,/ consumida la hierba, falta el verdor.

7Por eso cargan con riquezas y provisiones/ hacia el torrente de los Sauces./ 8Que un grito va recorriendo las fronteras de Moab:/ hasta Eglaín llega su grito,/ hasta Beer Elim su alarido./ 9Que la fuente de Dimón está llena de sangre./ Reservo nuevas plagas contra Dimón:/ el león contra el resto de Moab,/ contra los supervivientes del campo.

Los moabitas en Judá

16 *1Envíen carneros al soberano del país,/ desde Petra del desierto al Monte Sión./ 2Como pájaros espantados,/ nidada dispersa,/ irán las muchachas de Moab/ por los vados del Arnón.*

3Danos consejo,/ toma una decisión;/ extiende tu sombra como la noche,/ en pleno mediodía,/ esconde a los fugitivos,/ no descubras al prófugo.

4Da asilo a los fugitivos de Moab,/ sé tú su escondrijo/ ante el devastador./ Cuando cese la opresión,/ termine la devastación/ y desaparezca el que pisoteaba el país,/ 5habrá en la tienda de David/ un trono fundado en la lealtad y la verdad:/ en él se sentará un juez celoso del derecho,/ y que practique la justicia.

Lamentaciones de Moab

6Nos hemos enterado de la soberbia de Moab,/ una soberbia desmedida;/ de su orgullo, su soberbia y su arrogancia;/ ¿qué vale su inútil charlatanería?/ 7Por eso gemirán los moabitas/ por Moab, todos gemirán;/ por las tortas pasas de Quir Hareset/ suspiren de puro afligidos./ 8Languidece la campiña de Jesbón,/ la viña de Sibmá,/ jefes de naciones aplastaron sus sarmientos:/ hasta Jazer llegaban,/ serpenteaban por el desierto,/ sus retoños se extendían y cruzaban el mar.

9Por eso lloraré con el llanto de Jazer/ por la viña de Sibmá;/ los regaré con mis lágrimas, Jesbón y Elalé./ Que murieron las coplas de tu vendimia y tu cosecha,/ 10se retiraron del huerto el gozo y la alegría;/ en las viñas ya no cantan jubilosos,/ ya no pisan el vino en el lagar,/ las coplas enmudecieron.

11Por eso mis entrañas por Moab vibran como cítara/ y mi pecho por Villa del Alfarero./ 12Un día se verá a Moab fatigarse hacia su santuario,/ irá con plegarias a su templo,/ pero no le valdrá.

13Tal fue la amenaza que en otro tiempo pronunció el Señor contra Moab; 14pero ahora dice el Señor: «Dentro de tres años, años de jornalero, será humillada la nobleza de Moab con toda su numerosa plebe, y los que queden serán pocos, escasos e impotentes».

Oráculo contra Damasco

17 *1Oráculo contra Damasco: Miren: Damasco va a dejar de ser ciudad,/ será un montón de escombros./ 2Sus pueblos, abandonados para siempre,/ serán para los rebaños,/ que se tumbarán sin que nadie los espante.*

3Efraín va a perder su plaza fuerte/ y Damasco su poderío,/ y al resto de los arameos les sucederá/ como a la nobleza de Israel/ –oráculo del Señor Todopoderoso–.

4Aquel día la nobleza de Jacob quedará pobre,/ y enflaquecerá la gordura de su cuerpo:/ 5como cuando el segador abraza la mies/ y su brazo siega las espigas:/ como se recogen las espigas/ en el valle de Refaín/ 6y quedan solo restos olvidados;/ como cuando al apalear el olivo/ quedan dos o tres aceitunas en lo alto de la copa,/ cuatro o cinco en sus ramas fecundas/ –oráculo del Señor, Dios de Israel–.

Fin de la idolatría

7Aquel día el hombre se fijará en su Hacedor, sus ojos mirarán al Santo de Israel; 8y ya no se fijará en los altares, hechura de sus manos, ni mirará las piedras conmemorativas y los postes sagrados que fabricaron sus dedos.

Los jardines de Adonis

9Aquel día tus plazas fuertes serán abandona-
das/ como las que evacuaron los heveos y amo-
rreos/ ante el avance israelita/ y quedarán de-
siertas./ 10Porque olvidaste a Dios, tu Salvador,/
y no te acordaste de tu Roca de refugio./ Planta-
bas plantaciones deliciosas/ e injertabas gajos
extranjeros:/ 11el día que lo plantabas lograbas
que germinara/ y que floreciese el injerto a la
mañana siguiente;/ pero la cosecha se malogra/
un día funesto de dolor insanable.

La marea de los pueblos

12¡Ay!, retumbar de muchedumbres/ como
retumbar de aguas que retumban;/ bramar de
pueblos,/ como bramar de aguas impetuosas
que braman./ 13Él les da un grito, y huyen lejos,/
empujados como paja del monte por el viento,/
como la flor del cardo por el vendaval./ 14Al atar-
decer se presenta el espanto,/ antes de amane-
cer ya no existen./ Tal es el destino de los que
nos saquean,/ la suerte de los que nos despojan.

Contra el reino de Nubia

18 1¡Ay del país del zumbido de alas,/ más allá
de los ríos de Nubia,/ 2que envía correos
por el mar,/ en canoas de junco sobre las aguas!/
Corran, mensajeros ligeros,/ al pueblo esbelto
de piel bronceada,/ a la gente temida de cerca-
nos y lejanos,/ al pueblo vigoroso y dominador,/
cuya tierra surcan canales.
3Habitantes del mundo, moradores de la tie-
rra,/ al alzarse la bandera en los montes, obser-
ven;/ al sonar la trompeta, escuchen,/ 4que esto
me ha dicho el Señor:
Desde mi morada yo contemplo sereno,/ como
el ardor deslumbrante del día,/ como nube de
rocío en el calor de la cosecha./ 5Porque antes de
la vendimia,/ concluida la floración,/ cuando
la flor se convierta/ en racimo que va madu-
rando,/ cortará los zarcillos con la podadora,/
arrancará y arrojará los sarmientos,/ 6y juntos
serán abandonados/ a los buitres del monte y a
las fieras salvajes:/ los buitres veranean sobre
ellos,/ sobre ellos invernan las fieras salvajes.
7Entonces traerá tributo al Señor Todopode-
roso/ el pueblo esbelto, de piel bronceada,/ la
gente temida de cercanos y lejanos,/ el pueblo
vigoroso y dominador,/ cuya tierra surcan ca-
nales,/ al lugar dedicado al Señor Todopodero-
so,/ al Monte Sión.

Contra Egipto

19 1Contra Egipto: Miren al Señor, que mon-
tando en nube ligera/ penetra en Egipto:/
vacilan ante él los ídolos de Egipto,/ y el corazón
de los egipcios se desmaya en el pecho./ 2Incitaré
a egipcios contra egipcios:/ pelearán uno con su
hermano, otro con su compañero,/ ciudad con-
tra ciudad, reino contra reino.
3El valor de los egipcios se les deshará en el
pecho/ y anularé sus planes./ Consultarán a los
ídolos y a los agoreros,/ y a los adivinos y a los
hechiceros./ 4Entregaré a los egipcios en manos
de señor cruel,/ un rey cruel los dominará/ –
oráculo del Señor Todopoderoso–.
5Se secarán las aguas del Nilo,/ el río quedará
seco y árido,/ 6apestarán los canales,/ los brazos
del Nilo menguarán hasta secarse,/ cañas y jun-
cos se marchitarán./ 7La hierba de la orilla del
Nilo/ y todos los sembrados junto al Nilo se se-
carán,/ barridos por el viento desaparecerán./
8Gimen los pescadores,/ se lamentan los que
echan el anzuelo en el Nilo,/ y los que extien-
den las redes en el agua desfallecen;/ 9quedan
defraudados los que trabajan el lino,/ los carda-
dores y tejedores están pálidos,/ 10los amos están
consternados,/ los jornaleros abatidos.
11¡Qué locos los magnates de Tanis,/ los sa-
bios que aconsejan al faraón consejos desatina-
dos!/ ¿Cómo dicen al faraón:/ Soy discípulo de
sabios,/ discípulo de antiguos reyes?/ 12¿Dónde
han quedado tus sabios?/ Que te anuncien, ya
que tanto saben,/ lo que el Señor Todopode-
roso planea contra Egipto./ 13Los magnates de
Tanis son necios,/ son ilusos los magnates de
Menfis,/ los notables de sus tribus descarrían
a Egipto.
14El Señor ha infundido en sus entrañas un
soplo de vértigo:/ descarrían a Egipto en todas
sus empresas,/ como da traspiés el borracho
vomitando./ 15No les resultará a los egipcios
empresa que emprendan,/ sean cabeza o cola,
palma o junco.

Conversión de Egipto y Asiria

16Aquel día los egipcios serán como mujeres:
se asustarán y temblarán ante la mano que el
Señor Todopoderoso agita contra ellos. 17Judea
será el espanto de Egipto: solo mencionarla, le
producirá terror, por el plan que el Señor Todo-
poderoso planea contra él.
18Aquel día habrá en Egipto cinco ciudades
que hablarán la lengua de Canaán y que jurarán
por el Señor Todopoderoso; una de ellas se lla-
mará Ciudad del Sol.
19Aquel día habrá en medio de Egipto un altar
del Señor y un monumento al Señor junto a la
frontera. 20Serán signo y testimonio del Señor
Todopoderoso en territorio egipcio. Si claman al
Señor contra el opresor, él les enviará un salva-
dor y defensor que los libre.

21El Señor se manifestará a los egipcios, y ellos
reconocerán aquel día al Señor. Le ofrecerán sa-
crificios y ofrendas, harán votos al Señor y los
cumplirán. 22El Señor herirá a los egipcios: los
herirá y los sanará; ellos volverán al Señor, él los
escuchará y los sanará.
23Aquel día habrá una calzada de Egipto a
Asiria: los asirios irán a Egipto y los egipcios a
Asiria; los egipcios con los asirios darán culto
a Dios.
24Aquel día Israel será mediador entre Egipto y
Asiria, será una bendición en medio de la tierra;
25porque el Señor Todopoderoso lo bendice di-
ciendo: ¡Bendito mi pueblo, Egipto, y la obra de
mis manos, Asiria, y mi herencia, Israel!

Acción simbólica: Contra Egipto y Nubia

20 1El año en que el general en jefe enviado
por Sargón, rey de Asiria, llegó a Azoto,
la atacó y la conquistó. 2Entonces el Señor ha-
bló por medio de Isaías, hijo de Amós [antes le
había dicho]: «Anda, desátate el sayal de la cin-
tura, quítate las sandalias de los pies». Él lo hizo
y anduvo desnudo y descalzo.
3El Señor explicó: «Como mi siervo Isaías ha
caminado desnudo y descalzo durante tres años,
como signo y presagio contra Egipto y Nubia,
4así conducirá el rey de Asiria a los cautivos
egipcios y a los deportados nubios, jóvenes y
viejos, descalzos y desnudos, con las nalgas
al aire, las vergüenzas de los egipcios. 5Aquel
día los habitantes de esta costa quedarán ape-
nados y defraudados por la suerte de Nubia, su
confianza, y de Egipto, su orgullo; 6y dirán: Ahí
tienen a los que eran nuestra confianza, a los
que acudíamos en busca de auxilio para que nos
libraran del rey de Asiria; y ahora nosotros ¿có-
mo nos salvaremos?».

Caída de Babilonia

21 1Oráculo de la marisma:/ Como torbelli-
nos que azotan al Negueb,/ viene del de-
sierto, de un país temible./ 2Se me ha manifesta-
do una visión siniestra:/ el traidor traicionado,
el devastador devastado./ ¡Adelante, elamitas;
al asedio, medos!,/ acallen los gemidos.
3Al verlo, mis entrañas se agitan con espas-
mos,/ me agarran angustias como angustias
de parturienta;/ me agobia el oírlo, me espanta
el mirarlo;/ 4se me turba la mente, el terror me
sobrecoge,/ la tarde suspirada se me ha vuelto
espanto./ 5¡Preparen la mesa, extiendan el man-
tel,/ a comer y a beber!/ ¡De pie, capitanes, a en-
grasar el escudo!
6Esto me ha dicho el Señor:/ Ve y coloca un vi-
gía, lo que vea que lo anuncie:/ 7Si ve gente mon-
tada, un par de jinetes,/ montados en jumentos
o montados en camellos,/ que preste atención,
redoblada atención,/ 8y que grite: ¡Lo veo!/ Co-
mo vigía, Señor, yo mismo estoy de pie todo el
día,/ y en mi puesto de guardia yo sigo erguido
toda la noche.
9¡Atención! Llega uno montado, un par de jine-
tes,/ y anuncian: Ha caído, ha caído Babilonia:/
las estatuas de sus dioses yacen destrozadas por
tierra./ 10Pueblo mío, trillado en la era,/ lo que
he escuchado al Señor Todopoderoso,/ Dios de
Israel, te lo anuncio.

Contra Duma

11Oráculo contra Duma:/ Uno me grita de
Seír:/ Vigía, ¿cuánto queda de la noche?/ Vigía,
¿cuánto queda de la noche?/ 12Responde el vi-
gía:/ Vendrá la mañana y también la noche./ Si
quieren preguntar, pregunten, vengan otra vez.

Contra Arabia

13Oráculo contra Arabia:/ En la maleza del de-
sierto pasarán la noche,/ caravanas de Dedán;/
14al encuentro del sediento/ salgan con agua,/
habitantes de Tema,/ lleven pan a los fugiti-
vos,/ 15porque van huyendo de la espada,/ de la
espada afilada,/ de los arcos tensos, de la lucha
encarnizada.
16Esto me ha dicho el Señor: «Dentro de un año,
año de jornalero, se acabará la nobleza de Cadar,
17y quedará de los arqueros de Cadar bien poca
cosa –lo ha dicho el Señor, Dios de Israel–.

Contra Jerusalén

22 1Oráculo del Valle de la Visión:/ pero, ¿qué
te pasa/ que te subes en masa a las azo-
teas?,/ 2llena de ruido, ciudad estridente, ciu-
dad divertida.
Tus caídos no han caído a espada,/ no han
muerto en combate;/ 3todos tus jefes deserta-
ron en bloque,/ sin un disparo de arco cayeron
prisioneros;/ todas sus tropas fueron apresadas
cuando se alejaban huyendo.4Por eso digo: Dejen
de mirarme/ y lloraré amargamente,/ no insis-
tan en consolarme/ de la derrota de mi pueblo.
5Aquel era un día de pánico,/ de humillación
y desconcierto/ que enviaba el Señor Todopo-
deroso./ En el Valle de la Visión/ socavaban los
muros,/ y se oían gritos por los montes./ 6Elam
se cargaba la aljaba,/ había jinetes y carros de
Aram,/ Quir desnudaba el escudo./ 7Tus valles
mejores/ se llenaban de carros,/ los jinetes car-
gaban contra la puerta,/ 8dejando desguarneci-
do a Judá.
Aquel día, inspeccionaban el arsenal/ en el
palacio de columnas de madera/ 9y miraban

cuántas brechas tenía la ciudad de David;/ re-
cogían el agua en la cisterna de abajo,/ 10hacían
recuento de la casas de Jerusalén,/ demolían
casas para reforzar la muralla,/ 11entre los dos
muros hacían un depósito/ para el agua del pozo
viejo./ Pero no se fijaban en el que lo ejecutaba/
ni miraban al que lo dispuso hace tiempo.
12El Señor Todopoderoso los invitaba aquel
día/ a llanto y a luto,/ a raparse la cabeza y a
ceñir sayal;/ 13pero ustedes, fiesta y alegría,/ a
matar vacas, a degollar corderos,/ a comer car-
ne, a beber vino,/ a comer y a beber, que mañana
moriremos./ 14Me ha comunicado su decisión el
Señor Todopoderoso:/ Juro que no se expiará ese
pecado de ustedes/ hasta que mueran –lo ha di-
cho el Señor Todopoderoso–.

Contra el mayordomo

15Así dice el Señor Todopoderoso:/ Anda, ve
a ese mayordomo de palacio,/ a Sobná,/ 16bque
se labra en lo alto un sepulcro/ y se excava en
la piedra un mausoleo:/ 16a¿Qué tienes aquí,
a quién tienes aquí,/ que te labras aquí un
sepulcro?
17Mira, el Señor te arrojará con violencia:/ te
aferrará con fuerza/ 18y te hará dar vueltas y
vueltas como un aro/ sobre la llanura dilatada./
Allí morirás, allí pararán tus carrozas de gala,/
vergüenza de la corte de tu señor.

Nuevo mayordomo

19Te echaré de tu pueblo,/ te destituiré de tu
cargo./ 20Aquel día llamaré a mi siervo Eliacín,/
hijo de Jelcías:/ 21le vestiré tu túnica,/ le ceñiré
tu banda,/ le daré tus poderes;/ será un gober-
nante para los habitantes de Jerusalén/ y para el
pueblo de Judá.
22Le pondré en el hombro/ la llave del palacio
de David:/ lo que él abra nadie lo cerrará,/ lo
que él cierre nadie lo abrirá./ 23Lo hincaré como
un clavo en sitio firme,/ dará un trono glorioso
a su familia./ 24Colgarán de él los nobles de su
familia, vástagos y descendientes, toda la vajilla
menor, de bandejas a cántaros. 25Aquel día –orá-
culo del Señor Todopoderoso– cederá el clavo
hincado en sitio firme, y la carga que colgaba de
él se soltará, caerá y se romperá –lo ha dicho el
Señor–.

Contra Tiro y Sidón

23 1Oráculo contra Tiro:/ Lloren, naves de
Tarsis,/ porque está destruido su puerto./
Al volver de Chipre lo descubrieron.
2Enmudezcan, habitantes de la costa,/ mer-
caderes de Sidón, que cruzan el mar/ 3y envían
viajantes por el océano./ Sacaba su ganancia del
grano de Sijor,/ de las cosechas del Nilo;/ llegas-
te a ser emporio internacional.
4Avergüénzate, Sidón,/ que habla el mar,/ la
fortaleza marina:/ No me he retorcido ni he da-
do a luz,/ no he criado muchachos/ ni sacado
adelante muchachas.
5Cuando los egipcios se enteren,/ se retorce-
rán por las noticias de Tiro./ 6Vuelvan a Tarsis,/
lloren, habitantes de la costa./ 7¿Es esta su ciu-
dad divertida, de origen remoto,/ cuyos pies la
llevaban/ a colonias lejanas?
8¿Quién decretó tal cosa contra Tiro,/ la que
regalaba coronas,/ cuyos comerciantes eran
príncipes/ y sus mercaderes grandes de la tie-
rra?/ 9El Señor Todopoderoso decretó/ abatir el
orgullo de los príncipes/ y humillar a los gran-
des de la tierra.
10Vuelve a tu tierra, ciudad de Tarsis,/ que el
puerto no existe ya./ 11El Señor extendió la ma-
no sobre el mar,/ hizo estremecerse los reinos;/
y mandó destruir el puerto de Canaán./ 12Dijo:
No volverás a divertirte,/ doncella violentada,
capital de Sidón;/ levántate y cruza hasta Chi-
pre,/ que tampoco allí tendrás reposo.
13Mira el país de los caldeos:/ erigieron torres
y devastaron sus palacios,/ lo entregaron a las
fieras,/ lo redujeron a escombros./ 14Lloren, na-
ves de Tarsis,/ porque está destruido su puerto.

Contra Tiro

15Aquel día, Tiro quedará olvidada setenta
años que es la duración de la vida de un rey, y
al cabo de setenta años aplicarán a Tiro la copla
de la prostituta: 16«Toma la cítara, recorre la
ciudad, prostituta olvidada, toca buena música,
canta muchas coplas, a ver si se acuerdan de ti».
17Al cabo de los setenta años, el Señor se ocu-
pará de Tiro, y ella volverá a su antiguo comer-
cio, fornicando con todos los reinos de la su-
perficie del mundo. 18Pero las ganancias de su
comercio serán consagradas al Señor, no serán
almacenadas ni atesoradas. Sus ganancias serán
para los que habitan ante el Señor, para que co-
man y se sacien y se vistan con esplendor.

Catástrofe

24 1Miren al Señor que agrieta la tierra y la
resquebraja,/ devasta la superficie y dis-
persa a sus habitantes:/ 2lo mismo pueblo que
sacerdote,/ esclavo que señor,/ esclava que se-
ñora,/ comprador que vendedor,/ prestatario
que prestamista,/ acreedor que deudor./ 3Que-
da la tierra rajada,/ queda saqueada/ –el Señor
ha pronunciado esta amenaza–.
4Languidece y se debilita la tierra,/ desfallece
y se debilita el mundo,/ desfallecen el cielo y la

tierra,/ 5la tierra está profanada bajo sus habi-
tantes,/ que violaron la ley,/ trastocaron el de-
creto,/ rompieron el pacto perpetuo./ 6Por eso
la maldición se devora la tierra/ y lo pagan sus
habitantes,/ por eso se consumen los habitantes
de la tierra/ y quedan hombres contados.

La ciudad desolada

7Languidece el vino nuevo, desfallece la vid,/
gimen los corazones alegres;/ 8cesa el alborozo
de los tamboriles,/ se acaba el bullicio de los que
se divierten,/ cesa el alborozo de las cítaras./
9Ya no beben vino entre canciones/ y el licor es
amargo para el que lo bebe.

10La ciudad, desolada, se derrumba,/ están
cerradas las entradas de las casas;/ 11hay la-
mentos por las calles porque no hay vino,/ se
apagaron las fiestas, se desterró el alborozo del
país./ 12En la ciudad solo quedan escombros/ y
la puerta está herida de ruina.

El resto

13Sucederá en medio de la tierra/ y entre los
pueblos/ lo que en el apaleo de la aceituna/ o
en la segunda pasada después de la vendimia./
14Ellos alzarán la voz vitoreando la grandeza del
Señor:/ Aclamen desde occidente,/ 15respondan
desde oriente glorificando al Señor;/ desde las
islas del mar, al Nombre del Señor, Dios de Is-
rael./ 16aDesde el confín de la tierra nos llegan
cánticos:/ ¡Gloria al Justo!

Destrucción

16bPero yo digo: ¡Qué dolor, qué dolor, ay de mí!/
Los traidores traicionan,/ los traidores traman
traiciones./ 17Pánico y zanja y trampa contra
ti,/ habitante de la tierra:/ 18el que escape del
grito de pánico/ caerá en la zanja,/ el que sal-
ga del fondo de la zanja/ quedará atrapado en
trampa./ Se abren las compuertas del cielo/ y
retiemblan los cimientos de la tierra:/ 19se tam-
balea y se bambolea la tierra,/ tiembla y retiem-
bla la tierra,/ se mueve y se remueve la tierra,/
20vacila y oscila la tierra/ como un borracho,
cabecea como una choza;/ tanto le pesa su peca-
do,/ que se desploma y no se alza más.

Juicio y reino del Señor

21Aquel día juzgará el Señor/ a los ejércitos del
cielo en el cielo,/ a los reyes de la tierra en la tie-
rra./ 22Se van agrupando y quedan encerrados,/
presos en la prisión;/ pasados muchos días
comparecerán a juicio./ 23La luna se sonroja-
rá,/ se avergonzará el sol/ cuando reine el Señor
Todopoderoso/ en el Monte Sión, en Jerusalén,/
glorioso delante de su senado.

Himno de los salvados

25 1Señor, tú eres mi Dios,/ te ensalzo y te doy
gracias,/ porque realizaste planes admi-
rables,/ asegurados desde antiguo./ 2Conver-
tiste la ciudad en escombros,/ la plaza fuerte en
demolición,/ el castillo de los bárbaros en rui-
na/ que jamás será reedificada.

3Por eso un pueblo poderoso reconoce tu gloria/
y la capital de los tiranos te respeta:/ 4porque
fuiste refugio del desvalido,/ refugio del pobre en
peligro,/ reparo del aguacero,/ sombra contra el
calor./ Porque el ímpetu de los tiranos/ es agua-
cero de invierno,/ 5es calor de verano el tumulto
de los bárbaros;/ tú aplacas el calor con sombras
de nubes/ y ahogas los cantos de los tiranos.

6El Señor Todopoderoso ofrece a todos los pue-
blos,/ en este monte, un festín de manjares sucu-
lentos,/ un festín de vinos añejados,/ manjares
deliciosos, vinos generosos./ 7Arrancará en este
monte/ el velo que cubre a todos los pueblos,/ el
paño que tapa a todas las naciones;/ 8y aniqui-
lará la muerte para siempre./ El Señor enjugará
las lágrimas de todos los rostros/ y alejará de la
tierra entera la humillación de su pueblo/ –lo ha
dicho el Señor–.

9Aquel día se dirá: Aquí está nuestro Dios,/ de
quien esperábamos que nos salvara:/ celebre-
mos y festejemos su salvación./ 10La mano del
Señor se posará en este monte,/ mientras que
Moab será pisoteado en su sitio,/ como se pisa
la paja en el agua del estercolero;/ 11allí dentro
extenderá las manos,/ como las extiende el na-
dador al nadar.

Pero el Señor aplastará su orgullo/ y los es-
fuerzos de sus manos;/ 12los altos baluartes de
sus murallas los doblegará,/ abatirá y tumbará
en el suelo, en el polvo.

Himno de victoria

26 1Aquel día se cantará este canto en el te-
rritorio de Judá:

Tenemos una ciudad fuerte:/ le ha puesto
para salvarla murallas y baluartes./ 2Abran las
puertas, para que entre un pueblo justo/ que
guarda los compromisos;/ 3su voluntad es firme,
tú velas por su paz,/ porque confía en ti.

4Confíen siempre en el Señor,/ porque el Señor
es la Roca perpetua:/ 5doblegó a los que habita-
ban en la cumbre,/ y a la ciudad inaccesible la
abatió,/ la abatió hasta el suelo,/ la tumbó en el
polvo;/ 6y la pisan los pies, los pies del oprimi-
do,/ las pisadas de los desvalidos.

Los juicios del Señor

7La senda del justo es recta,/ tú allanas el
sendero del justo./ 8En la senda de tus juicios,

Señor, te esperamos,/ invocamos tu Nombre con
ansia:/ 9mi alma te ansía de noche,/ mi espíritu
en mi interior madruga por ti;/ porque cuando
tus juicios llegan a la tierra,/ aprenden justicia
los habitantes del mundo.
10Si se trata con clemencia al malvado,/ no
aprende justicia,/ en un país honrado comete
crímenes,/ sin fijarse en la grandeza del Señor;/
11aunque alces la mano, Señor, no la miran./ Que
miren confundidos tu celo por el pueblo/ y que el
fuego devore a tus enemigos.
12Señor, tú nos gobernarás en paz,/ porque
todas nuestras empresas nos las realizas tú./
13Señor, Dios nuestro, aunque fuera de ti/ nos
dominaron otros señores,/ nosotros invocamos
solamente tu Nombre.

Resurrección

14Los muertos no vivirán,/ las sombras no se
alzarán,/ porque tú los juzgaste y aniquilaste/ y
extirpaste su memoria./ 15Multiplicaste el pue-
blo, Señor,/ multiplicaste el pueblo/ manifestan-
do tu gloria,/ ensanchaste los confines del país.
16Señor, en el peligro acudíamos a ti,/ cuando
apretaba la fuerza de tu escarmiento./ 17Como la
mujer embarazada, cuando le llega el parto,/ se
retuerce y grita de dolor,/ así éramos en tu pre-
sencia, Señor:/ 18concebimos, nos retorcimos,/
dimos a luz... viento;/ no trajimos salvación al
país,/ no le nacieron habitantes al mundo./
19¡Vivirán tus muertos,/ tus cadáveres se alza-
rán,/ despertarán jubilosos los que habitan en
el polvo!/ Porque tu rocío es rocío de luz,/ y la
tierra de las sombras parirá.
20Anda, pueblo mío, entra en tus aposentos/ y
cierra la puerta por dentro;/ escóndete un breve
instante/ mientras pasa la cólera.
21Porque el Señor va a salir de su morada para
castigar la culpa de los habitantes de la tierra:
la tierra descubrirá la sangre derramada y ya no
ocultará a los asesinados en ella.

27 1Aquel día castigará el Señor con su espa-
da grande, templada, robusta, a Leviatán,
serpiente huidiza; a Leviatán, serpiente tortuo-
sa, y dará muerte al dragón marino.

Canción de la viña

Aquel día cantarán a la viña hermosa;/ 3Yo, el
Señor, soy su guardián,/ la riego con frecuen-
cia,/ para que no le falte su hoja,/ noche y día
la guardo.
4Ya no estoy irritado./ Si me diera zarzas y
cardos,/ me lanzaría contra ella para quemarlos
todos./ 5Si se acoge a mi protección,/ hará las
paces conmigo,/ ¡sí, las paces hará conmigo!

Renovación de Israel

6Llegarán días en que Jacob echará raíces,/
Israel echará brotes y flores,/ y sus frutos cubri-
rán la tierra./ 7¿Lo ha herido como hiere a los
que lo hieren?/ ¿Lo ha matado como mueren los
que lo matan?/ 8Lo castigas espantándolo, ex-
pulsándolo,/ arrollándolo con viento impetuoso
en día de viento del este.
9Con esto se expiará la culpa de Jacob, y este
será el fruto de alejar su pecado: dejar las pie-
dras de los altares como piedra caliza triturada y
no erigir postes sagrados ni altares de incienso.
10La plaza fuerte está solitaria,/ como man-
sión despreciada, abandonada como el de-
sierto:/ allí pastan novillos,/ allí se tumban y
consumen sus ramas./ 11Al secarse el ramaje, se
quiebra,/ vienen mujeres y le prenden fuego./
Porque es un pueblo insensato,/ por eso su Hace-
dor no se apiada,/ su Creador no lo compadece.

Reunión final en Jerusalén

12Aquel día trillará el Señor las espigas/ desde
el Gran Río hasta el Torrente de Egipto;/ pero
ustedes, israelitas,/ serán buscados uno por
uno.
13Aquel día sonará la gran trompeta,/ y ven-
drán los dispersos de Asiria,/ los desterrados
de Egipto,/ para postrarse ante el Señor/ en el
monte santo de Jerusalén.

Contra el reino del Norte

28 1¡Ay de la corona esplendorosa/ de los
ebrios de Efraín/ y de la flor marchita, jo-
ya de su atavío,/ que está en la cabeza/ de los
hartos de vino!
2Miren: Viene uno fuerte y robusto,/ de parte
del Señor,/ como tormenta de granizo,/ tor-
menta asoladora,/ como tormenta de aguas/
impetuosas y desbordadas,/ con la mano derri-
ba todo al suelo/ 3y con los pies pisotea/ la co-
rona fastuosa de los ebrios de Efraín/ 4y la flor
marchita, joya de su atavío,/ que está en lo alto
del valle fértil./ Será como breva temprana,/
que el primero que la ve, apenas la agarra, se la
traga.
5Aquel día será el Señor Todopoderoso/ co-
rona enjoyada,/ diadema espléndida/ para el
resto de su pueblo:/ 6sentido de justicia para los
que se sientan a juzgar,/ valor para los que re-
chazan/ el asalto a las puertas.

Contra los que se burlan del profeta

7También estos se tambalean por el vino/ y
dan traspiés por el licor;/ sacerdotes y profetas
se tambalean por el licor,/ los aturde el vino,/
dan traspiés por el licor,/ se tambalean con la

visión,/ tartamudean al dar sentencias;/ [8]todas las mesas están llenas de vómitos y suciedad,/ y no queda espacio libre.

[9]*¿A quién viene a adoctrinar,/ a quién a enseñar la lección?,/ ¿a recién destetados,/ apartados del pecho?/* [10]*Dice: ce con ce, ce con ce,/ pe con pe, pe con pe,/ chico aquí, chico allí./*

[11]*Ahora bien con lengua balbuciente,/ en lenguaje extraño/ el Señor hablará a este pueblo,/* [12]*el que les había dicho:/ En esto está el reposo,/ den reposo al cansado,/ en esto está el descanso,/ pero no quisieron obedecer.*

[13]*Entonces el mensaje del Señor les sonará así:/ ceconcé, ceconcé,/ peconpé, peconpé,/ chicuaquí, chicuallí,/ para que vayan y caigan de espaldas/ y se destrocen y se enreden/ y queden atrapados.*

Pacto con la muerte y verdadero cimiento

[14]*Escuchen la Palabra del Señor,/ gente burlona,/ que gobiernan a ese pueblo de Jerusalén:/* [15]*ustedes decían: Hemos firmado/ un pacto con la muerte,/ una alianza con el abismo:/ cuando pase el azote arrollador,/ no nos alcanzará,/ porque tenemos la mentira por refugio/ y el engaño por escondrijo.*

[16]*El Señor dice así:/ Miren, yo coloco en Sión una piedra/ probada, angular,/ preciosa, de cimiento:/ quien se apoya no vacila./* [17]*Usaré como plomada la justicia,/ como nivel el derecho;/ el granizo arrasará el falso refugio de ustedes/ y el agua arrollará su escondrijo.*

[18]*Su pacto con la muerte se romperá,/ su alianza con el abismo será anulada;/ y cuando pase el azote arrollador/ los pisoteará,/* [19]*cada vez que pase, los arrebatará,/ y ha de pasar mañana tras mañana,/ de día y de noche;/ entonces bastará el terror/ para aprender la lección.*

Contra los cínicos

[20]*Será corta la cama para estirarse/ y estrecha la manta para arroparse./* [21]*Como en el monte Perasim/ se alzará el Señor,/ como en el valle de Gabaón/ se desperezará,/ para ejecutar su obra, obra extraña,/ para cumplir su tarea, tarea inaudita./* [22]*Por tanto, no se burlen,/ no sea que se aprieten sus cadenas,/ que me he enterado de la destrucción decretada/ por el Señor Todopoderoso contra todo el país.*

Instrucción agrícola

[23]*Escuchen, presten oído a mi voz,/ atención, escuchen mi discurso:/* [24]*El que ara, ¿se pasa los días arando,/ abriendo surcos, desterronando, para sembrar?/* [25]*Cuando ha igualado la superficie,/ siembra hinojo y esparce comino,/ echa trigo y cebada,/ y en los bordes escanda y mijo;/* [26]*su Dios lo instruye,/ le enseña las reglas.*

[27]*Porque el hinojo no se trilla con el trillo/ ni las ruedas del carro se pasan sobre el comino:/ el hinojo se trilla con varas/ y el comino con látigo;/* [28]*el grano no se tritura hasta lo último,/ sino que se trilla arreando el rodillo del carro,/ que lo rompe sin triturarlo./* [29]*También esto es disposición/ del Señor Todopoderoso:/ su plan es admirable/ y es grande su destreza.*

Contra Jerusalén

29 [1]*¡Ay Ariel, Ariel,/ ciudad que sitió David!/ Añadan años a años,/ gire el ciclo de las fiestas,/* [2]*y asediaré a Ariel,/ y habrá llantos y lamentos./ Serás para mí como Ariel:/* [3]*te sitiaré en redondo,/ te estrecharé con trincheras/ y alzaré baluartes contra ti.*

[4]*Abatida, hablarás desde el suelo/ y tu palabra sonará apagada desde el polvo,/ como voz de fantasma desde la tumba/ susurrarás tus palabras desde el polvo.*

[5]*El tropel de tus enemigos/ será como polvareda./ El tropel de tus agresores/ como nube de polvo;/ pero de improviso, de repente,/* [6]*te auxiliará el Señor Todopoderoso/ con fragor y estruendo de grandes truenos,/ con huracán y vendaval y rayos abrasadores.*

[7]*Y acabará como sueño o visión nocturna/ el tropel de los pueblos que combaten a Ariel,/ sus trincheras, sus baluartes, sus sitiadores.*

[8]*Como sueña el hambriento que come,/ y se despierta con el estómago vacío;/ como sueña el sediento que bebe,/ y se despierta con la garganta reseca,/ así será el tropel de los pueblos/ que combaten contra el Monte Sión.*

[9]*Queden tontos y torpes,/ enceguézcanse y quédense ciegos;/ se emborracharán, y no de vino,/ se tambalearán, y no por el licor;/* [10]*sino porque el Señor les derrama/ un viento de modorra/ que les embotará los ojos/ y les cubrirá las cabezas.*

[11]*Cualquier visión les resultará como el texto de un libro sellado: se lo entregan a uno que sabe leer, diciéndole: Por favor, lee esto; y él responde: No puedo, que está sellado.* [12]*Se lo entregan a uno que no sabe leer, diciéndole: Por favor, lee esto; y él responde: Si no sé leer.*

[13]*Dice el Señor:/ Ya que este pueblo se me acerca con la boca/ y me glorifica con los labios,/ mientras su corazón está lejos de mí,/ y su culto a mí es precepto humano y rutina,/* [14]*yo seguiré multiplicando prodigios,/ prodigios maravillosos:/ fracasará la sabiduría de sus sabios/ y se eclipsará la prudencia de sus prudentes.*

Malaventura

15¡Ay de los que traman secretamente/ pa-
ra esconderle sus planes al Señor!/ Hacen sus
obras en la oscuridad,/ diciendo: ¿Quién nos
ve, quién se entera?/ 16¡Qué desatino!/ Como
si el barro se considerara alfarero,/ como si la
obra dijera del que la hizo:/ No me ha hecho,/
como si el cacharro dijera del alfarero:/ No me
entiende.

Salvación escatológica

17Pronto, muy pronto,/ el Líbano se converti-
rá en jardín,/ y el jardín parecerá un bosque;/
18aquel día oirán los sordos/ las palabras del li-
bro,/ sin tinieblas ni oscuridad/ verán los ojos
de los ciegos;/ 19los oprimidos volverán/ a fes-
tejar al Señor/ y los pobres se alegrarán/ con el
Santo de Israel,/ 20porque no quedarán tiranos,/
se acabarán los cínicos/ y serán aniquilados los
que se desviven por el mal;/ 21los que acusan a
uno en un proceso,/ ponen trampas al que de-
fiende en un tribunal/ y con falsedades hunden
al inocente.

22Por eso, esto dice el Señor,/ Dios de la casa de
Jacob,/ que redimió a Abrahán:/ Ya no fracasará
Jacob,/ no sentirá vergüenza;/ 23cuando vean lo
que hace mi mano en medio de ellos,/ santifica-
rán mi Nombre,/ santificarán al Santo de Jacob/
y temerán al Dios de Israel./ 24Los que habían
perdido la cabeza comprenderán,/ y los que pro-
testaban aprenderán la lección.

Contra el pacto con Egipto

30 1¡Ay de los hijos rebeldes!/ –oráculo del Se-
ñor–,/ que hacen planes sin contar conmi-
go,/ que firman pactos sin contar con mi profe-
ta,/ añadiendo pecados a pecados;/ 2que bajan
a Egipto sin consultar mi oráculo/ buscando la
protección del faraón/ y refugiarse a la sombra
de Egipto;/ 3la protección del faraón los hará
fracasar/ y el refugio a la sombra de Egipto los
defraudará.

4Cuando estén sus jefes en Soán/ y lleguen
sus embajadores a Janés,/ 5todos se sentirán
defraudados/ por un pueblo inútil/ que no
puede auxiliar ni servir,/ si no es de fracaso y
decepción.

Contra la embajada

6Oráculo contra la Bestia del Sur:/ Por tierra
hostil y siniestra,/ de leones y leonas rugien-
tes,/ de víboras y dragones alados,/ llevan sus
riquezas a lomo de asno/ y sus tesoros a giba
de camello,/ 7a un pueblo inútil,/ cuyo auxilio
es vano y nulo;/ por eso lo llamo así:/ Fiera que
ruge y no hace nada.

Testamento de Isaías

8Ahora ve y escríbelo en una tablilla,/ grábalo
en bronce,/ que sirva en el futuro/ de testimonio
perpetuo:/ 9Es un pueblo rebelde,/ hijos rene-
gados,/ hijos que no obedecen la ley del Señor;/
10que dicen a los videntes: No tengan visiones,/
y a los profetas: No profeticen sinceramente;/
díganos cosas agradables,/ profetícennos ilu-
siones;/ 11apártense del camino,/ retírense de la
senda,/ dejen de ponernos delante al Santo de
Israel.

12Por eso, así dice el Santo de Israel:/ Ya que re-
chazan este mensaje,/ y confían en la opresión y
en la perversidad,/ y se apoyan en ellas,/ 13por
eso esa culpa será para ustedes/ como grieta que
baja/ en una alta muralla,/ y la arquea, hasta
que de repente,/ de golpe, se desploma;/ 14como
vasija de loza rota,/ hecha añicos sin piedad,/
hasta no quedar entre sus añicos ni un trozo/
con que sacar brasas del rescoldo,/ con que sa-
car agua del pozo.

15Así decía el Señor, el Santo de Israel:/ La sal-
vación de ustedes está/ en convertirse y tener
calma,/ su fuerza consiste/ en confiar y estar
tranquilos./ Pero no quisieron 16y dijeron:/ –No.
Huiremos a caballo./ –Está bien, tendrán que
huir./ –Correremos a galope./ –Más correrán
los que los persigan.

17Huirán mil ante la amenaza de uno,/ huirán
ante la amenaza de cinco,/ hasta quedar como
un poste en la cumbre de un monte,/ como señal
sobre una colina.

Conversión del pueblo

18Pero el Señor espera/ para apiadarse de us-
tedes,/ aguanta para tenerles compasión/ por-
que el Señor es un Dios recto:/ dichosos los que
esperan en él.

19Vecinos de Sión,/ habitantes de Jerusalén,/
no tendrán que llorar,/ porque se apiadará al
oír tu gemido;/ apenas te oiga, te responderá./
20Aunque el Señor les dé/ el agua tasada y el pan
medido,/ ya no se esconderá tu Maestro,/ con
tus ojos verás a tu Maestro;/ 21si se desvían a de-
recha o izquierda,/ tus oídos oirán una llamada
a la espalda:/ Este es el camino, caminen por él.

22Tendrás por impuros/ tus ídolos recubiertos
de plata/ y tus estatuas revestidas de oro:/ las
arrojarás como inmundicia,/ las tratarás como
basura.

23Te dará lluvia para la semilla/ que siembres
en el campo,/ el grano de la cosecha del campo/
será rico y sustancioso;/ aquel día tus ganados/
pastarán en anchas praderas;/ 24los bueyes y as-
nos/ que trabajan en el campo/ comerán forraje
fermentado,/ aventado con pala y horquilla.

[25]En todo monte elevado,/ en toda colina al-
ta,/ habrá acequias y cauces de agua,/ el día de
la gran matanza,/ cuando caigan las torres./
[26]La luz de la luna será como la del sol,/ la luz
del sol será siete veces más intensa,/ cuando el
Señor vende la fractura a su pueblo/ y le sane la
herida que le causó.

Teofanía y castigo de Asiria

[27]Miren: el Señor en persona viene de lejos,/
arde su cólera con espesa humareda;/ sus labios
están llenos de furor,/ su lengua es fuego abra-
sador,/ [28]su aliento es río desbordado/ que al-
canza hasta el cuello:/ para zarandear a los pue-
blos/ con zaranda de exterminio,/ para poner
freno de extravío/ a la quijada de las naciones.
[29]Ustedes entonarán un cántico,/ como en no-
che sagrada de fiesta:/ se alegrará el corazón al
compás de la flauta,/ mientras van al monte del
Señor,/ a la Roca de Israel.
[30]El Señor hará oír la majestad de su voz,/
mostrará su brazo que descarga/ con ira furiosa
y rayos abrasadores,/ con tormenta y aguace-
ro y granizo./ [31]A la voz del Señor se acobardará
Asiria,/ a golpes de palo;/ [32]y cada golpe de la
vara de castigo/ que el Señor descargue sobre
ella,/ lo acompañarán con tamboriles y cítaras/
y danzas guerreras.
[33]Que está preparada hace tiempo en Tofet,/
está dispuesta, ancha y profunda,/ una hoguera
con leña abundante:/ y el soplo del Señor, como
torrente de azufre,/ le prenderá fuego.

Contra el pacto con Egipto

31 [1]¡Ay de los que bajan a Egipto por auxilio/
y buscan apoyo en la caballería!/ Confían
en los carros, porque son numerosos,/ y en los
jinetes, porque son muy fuertes;/ sin fijarse en el
Santo de Israel/ ni consultar al Señor.
[2]Pero él también es hábil para enviar desgra-
cias/ y no ha cambiado su palabra./ Se alzará
contra la casa de los malvados,/ contra la ayuda
de los malhechores./ [3]Los egipcios son hombres y
no dioses,/ sus caballos son carne y no espíritu.
El Señor extenderá su mano:/ tropezará el
protector/ y caerá el protegido,/ los dos juntos
perecerán,/ [4]porque me ha dicho esto el Señor:/
Como gruñe el león/ o el cachorro con su presa/
y se reúne contra él un tropel de pastores,/ pero
él no se asusta de sus voces/ ni se intimida por su
tumulto,/ así bajará el Señor Todopoderoso/ a
combatir sobre el Monte Sión/ y sobre su cima./
[5]Como un ave aleteando,/ el Señor Todopodero-
so protegerá a Jerusalén:/ protección liberado-
ra,/ rescate salvador./ [6]Hijos de Israel, vuelvan
a él/ de lo hondo de su rebelión.

Conversión de Judá y fin de Asiria

[7]Aquel día todos rechazarán los ídolos de plata
y los ídolos de oro/ que hicieron sus manos pe-
cadoras./ [8]Asiria caerá a espada no humana,/
espada no de mortal la devorará;/ y si sus mo-
zos escapan de la espada,/ caerán en trabajos
forzados.
[9]Despavorida escapará su Roca,/ sus jefes
quedarán espantados de su bandera/ –oráculo
del Señor, que tiene una hoguera en Sión,/ un
horno en Jerusalén–.

Reino de la justicia

32 [1]Miren: reinará con justicia un rey/ y sus
jefes gobernarán según derecho./ [2]Será
cada uno como abrigo del viento,/ reparo del
aguacero,/ como acequias en tierra seca,/ som-
bra de roca maciza en tierra reseca.
[3]Los ojos de los que ven no estarán cerrados/ y
los oídos de los que oyen atenderán;/ [4]la mente
precipitada aprenderá sensatez,/ la lengua tar-
tamuda hablará con soltura y claridad.
[5]Ya no llamarán noble al necio/ ni tratarán de
excelencia al pícaro,/ [6]porque el necio dice nece-
dades/ y por dentro planea el crimen,/ practica
el vicio y habla perversamente del Señor,/ deja
vacío al hambriento,/ priva de agua al sediento.
[7]El pícaro usa malas artes/ y maquina sus in-
trigas:/ perjudica a los hombres con mentiras/
y al desvalido que defiende su derecho./ [8]En
cambio, el noble tiene planes nobles/ y está fir-
me en su noble sentir.

Contra las mujeres frívolas

[9]Mujeres despreocupadas, levántense,/ escu-
chen mi voz,/ damas confiadas,/ presten oído
a mi discurso:/ [10]Dentro de un año y unos días/
temblarán las confiadas,/ porque se consumirá
la vendimia/ y no habrá cosecha.
[11]Estremézcanse las despreocupadas,/ tiem-
blen las confiadas,/ desnúdense del todo/ y
cíñanse un sayal,/ [12]golpéense los pechos en
duelo/ por los campos preciados,/ por las viñas
fecundas,/ [13]por las tierras de mi pueblo/ donde
crecen zarzas y cardos,/ por las casas alegres/ y
la ciudad divertida.
[14]Porque el palacio está vacío,/ la ciudad po-
pulosa desierta,/ la colina y la torre de guar-
dia,/ convertidos en cuevas para siempre,/ en
delicia de asnos y pastizal de rebaños.

Restauración

[15]Hasta que se derrame sobre nosotros/ un
aliento de lo alto;/ entonces el desierto será un
jardín,/ el jardín parecerá un bosque,/ [16]en el
desierto morará la justicia,/ y el derecho habi-

tará en el jardín,/ 17el efecto de la justicia será la
paz,/ la función de la justicia,/ calma y tran-
quilidad perpetuas;/ 18mi pueblo habitará en
un lugar pacífico,/ en moradas tranquilas,/ en
mansiones sosegadas;/ 19aunque sea talado el
bosque,/ aunque sea abatida la ciudad./ 20Di-
chosos ustedes que siembran junto al agua/ y
dejan sueltos al toro y al asno.

Esperanza en el Señor

33 1¡Ay de ti, devastador, nunca devastado;/
saqueador, nunca saqueado!/ Cuando
acabes de devastar te devastarán a ti,/ cuando
termines de saquear te saquearán a ti.

2¡Piedad, Señor, que esperamos en ti!,/ sé
nuestro brazo por la mañana/ y nuestra salva-
ción en el peligro./ 3A tu voz atronadora se des-
bandaron los pueblos,/ al levantarte tú se dis-
persaron las naciones,/ 4y se recogía botín como
se recoge la langosta,/ se abalanzaban a él como
avalancha de saltamontes.

5El Señor es sublime, porque habita en lo al-
to,/ él ha llenado a Sión de justicia y derecho;/
6la fidelidad será su adorno,/ la sabiduría y el
conocimiento serán su provisión salvadora,/ el
respeto del Señor será su tesoro.

7Oigan, los enviados gimen en la calle,/ los
mensajeros de paz lloran amargamente:/ 8están
destruidas las calzadas/ y ya no transitan ca-
minantes./ Ha roto la alianza,/ despreciando a
los testigos/ y no respetando al hombre.

9Languidece y se marchita el país,/ el Líbano
se decolora y queda mustio,/ el Sarón está hecho
una estepa,/ están pelados el Basán y el Car-
melo./ 10Ahora me pongo de pie, dice el Señor;/
ahora me yergo,/ ahora me alzo:/ 11Concebirán
paja y darán a luz polvo,/ y mi aliento como
fuego los consumirá;/ 12los pueblos serán cal-
cinados,/ como cardos segados arderán./ 13Los
lejanos, escuchen lo que he hecho;/ los cercanos,
reconozcan mi valor.

14Temen en Sión los pecadores,/ un temblor se
apodera de los perversos:/ ¿Quién de nosotros
habitará en un fuego devorador,/ quién de noso-
tros habitará en una hoguera perpetua?

15El que procede con justicia, habla con rec-
titud/ y rehúsa el lucro de la opresión;/ el que
sacude la mano rechazando el soborno/ y tapa
su oído a propuestas sanguinarias;/ el que cie-
rra los ojos para no complacerse en el mal,/ 16ese
morará en las alturas:/ picachos rocosos serán
su fortificación,/ con abundancia de pan y pro-
visión de agua.

17Un rey en su esplendor contemplarán tus
ojos,/ verán un país dilatado,/ 18y te dirás so-
brecogido:/ ¿Dónde está el que contaba,/ dón-
de está el que pesaba,/ dónde el que contaba las
torres?/ 19Ya no verás al pueblo violento,/ cuya
lengua es oscura y no se entiende,/ que pronun-
cia de modo extraño e incomprensible.

20Contempla a Sión, ciudad de nuestras fies-
tas:/ tus ojos verán a Jerusalén,/ morada tran-
quila, tienda permanente,/ cuyas estacas no se
arrancarán,/ cuyas cuerdas no se soltarán./
21Que allí el Señor es nuestro capitán,/ en un lu-
gar de ríos y canales anchísimos,/ que no surcan
barcas de remo/ ni la nave capitana los cruza:/
23aestán flojas sus cuerdas,/ no sujetan el mástil
ni despliegan las velas.

22Porque el Señor es nuestro juez,/ el Señor
nuestro gobernador,/ el Señor nuestro rey;/ él
nos salvará:

23bEntonces el ciego repartirá enorme botín/
y hasta los cojos se darán al saqueo;/ 24y ningún
vecino dirá: Me siento mal,/ porque al pueblo
que allí habita le han perdonado la culpa.

Juicio

34 1Acérquense, pueblos, a escuchar;/ nacio-
nes, atiendan;/ escuche la tierra y los que
la llenan,/ el mundo y cuanto produce;/ 2porque
el Señor está irritado con todas las naciones,/
enojado con todos sus ejércitos;/ los consagra al
exterminio,/ los entrega a la matanza.

3Sus muertos son arrojados/ y de los cadá-
veres se levanta el hedor,/ los montes chorrean
sangre/ 4y los valles se resquebrajan,/ el cielo
se enrolla como un pliego/ y se marchitan sus
ejércitos,/ como se marchita el follaje de la vid,/
como se marchita la hoja de la higuera.

5Porque la espada del Señor se embriaga en el
cielo:/ mírenla bajar hacia Edom/ para ejecutar
a un pueblo condenado./ 6La espada del Señor
chorrea sangre,/ está grasienta de sebo,/ sangre
de corderos y machos cabríos,/ sebo de entrañas
de carneros./ Porque el Señor hace carnicería
en Bosra,/ gran matanza en Edom;/ 7y caen jun-
tos búfalos/ con toros y novillos.

Se empapa la tierra de su sangre,/ el polvo está
grasiento de su sebo;/ 8porque es el día de la ven-
ganza del Señor,/ año de desquite para la causa
de Sión./ 9Sus arroyos se transforman en brea/
y el polvo en azufre,/ su territorio se vuelve brea
ardiente,/ 10que no se apaga de día ni de noche,/
y su humareda sube perpetuamente;/ de edad en
edad seguirá desolada,/ por siglos de siglos na-
die la transitará.

11Se adueñan de ella el pelícano y el erizo,/ la
lechuza y el cuervo la habitan./ El Señor le apli-
ca la plomada del caos/ y el nivel del vacío;/ 12y
no queda nombre con que llamar a su reino,/ sus
jefes vuelven a la nada.

13En sus palacios crecen espinos;/ en sus to-
rreones, cardos y ortigas;/ se convierte en mo-
rada de chacales,/ en guarida de avestruces;/
14se reúnen hienas y gatos salvajes,/ el chivo
llama a su compañero,/ allí descansa el búho/
y encuentra dónde posarse;/ 15allí anida la ser-
piente,/ pone, incuba y empolla sus huevos;/ allí
se juntan los buitres/ sin que falten a las hem-
bras compañeros.
16Estudien el libro del Señor: ni uno solo de
ellos falta, porque lo ha mandado la boca del Se-
ñor y su aliento los ha reunido. 17Echa la suerte
para ellos y con la cuerda de medir en su mano
les reparte el país: lo poseerán para siempre, de
edad en edad lo habitarán.

Vuelta a Sión

35 *1El desierto y la tierra reseca se regoci-*
jarán,/ el arenal de alegría florecerá,/
2como flor de narciso florecerá,/ desbordando
de gozo y alegría;/ tiene la gloria del Líbano,/
la belleza del Carmelo y del Sarón;/ ellos verán
la gloria del Señor,/ la belleza de nuestro Dios./
3Fortalezcan las manos débiles,/ afirmen las ro-
dillas vacilantes./ 4Digan a los cobardes:/ Sean
fuertes, no teman;/ ahí está su Dios, que trae el
desquite,/ viene en persona, los desagraviará y
los salvará. / 5Se despegarán los ojos del ciego,/
los oídos del sordo se abrirán,/ 6saltará como
ciervo el tullido,/ la lengua del mudo cantará;/
porque ha brotado agua en el desierto,/ arroyos
en la estepa,/ 7el arenal será un estanque,/ lo re-
seco un manantial,/ la hierba cañas y juncos,/
en la cueva donde se tumbaban chacales.
8Lo cruzará una calzada/ que llamarán Vía
Sacra,/ no pasará por ella el impuro,/ los inex-
pertos no se extraviarán./ 9No habrá por allí
leones,/ no se acercarán bestias feroces,/ sino
que caminarán los redimidos/ 10y volverán por
ella los rescatados del Señor:/ volverán a Sión
con cánticos:/ en cabeza, alegría perpetua,/ si-
guiéndolos, gozo y alegría;/ pena y aflicción se
alejarán.

Invasión de Senaquerib

36 1El año catorce del reinado de Ezequías,
Senaquerib, rey de Asiria, subió contra
las ciudades fortificadas de Judá y las conquis-
tó. 2Desde Laquis el rey de Asiria despachó al
copero mayor para que fuera con un fuerte des-
tacamento a Jerusalén, al rey Ezequías. El cope-
ro mayor se detuvo ante el canal del Estanque de
Arriba, junto al camino del Campo del Tintorero.
3Salieron a recibirlo Eliacín, hijo de Jelcías, ma-
yordomo de palacio; Sobná, el secretario, y Yoaj,
el canciller, hijo de Asaf.
4El copero mayor les dijo:
«Digan a Ezequías: Así dice el emperador, el
rey de Asiria: ¿En qué fundas tu confianza? 5Tú
piensas que la estrategia y la valentía militares
son cuestión de palabras. ¿En quién confías para
rebelarte contra mí? 6¿Te fías de ese bastón de
caña quebrada que es Egipto? Al que se apoya
en él se le clava en la mano y se la atraviesa.
Eso es el faraón para los que confían en él. 7Y
si me replicas: Confiamos en el Señor, nuestro
Dios, ¿no es este el Dios cuyos lugares de culto y
altares ha suprimido Ezequías, exigiendo a Judá
y a Jerusalén que se postren solamente ante ese
altar? 8Por tanto, haz una apuesta con mi señor,
el rey de Asiria, y te daré dos mil caballos, si es
que tienes quien los monte. 9¿Cómo te atreves a
desairar a uno de los últimos siervos de mi se-
ñor, el rey de Asiria, confiando en que Egipto te
proporcionará carros y jinetes? 10¿Te crees que
he subido a devastar este país sin contar con el
Señor? Fue el Señor quien me dijo que subiera a
devastar este país».
11Eliacín, Sobná y Yoaj dijeron al copero ma-
yor: «Por favor, háblanos en arameo, que lo
entendemos; no nos hables en hebreo ante la
gente que está en las murallas». 12Pero el copero
les replicó: «¿Crees que mi Señor me ha enviado
para que les comunique a ti y a tu señor este
mensaje? También es para los hombres que están
en la muralla, y que con ustedes tendrán que
comer su excremento y beber su orina». 13E ir-
guiéndose el copero mayor, gritó bien fuerte en
hebreo: «Escuchen las palabras del emperador,
rey de Asiria: 14Así dice el rey: que no los engañe
Ezequías, porque no podrá librarlos. 15Que Eze-
quías no los haga confiar en el Señor, diciendo:
El Señor nos librará y no entregará esta ciudad
al rey de Asiria. 16No hagan caso a Ezequías, por-
que esto dice el rey de Asiria: ríndanse y hagan
la paz conmigo, y cada uno comerá de su viña
y su higuera y beberá de su pozo; 17hasta que
llegue yo, para llevarlos a una tierra como la de
ustedes, tierra de grano y de vino nuevo, tierra
de pan y de viñas. 18Que no los engañe Ezequías,
diciendo: El Señor nos librará. ¿Acaso los dioses
de las naciones libraron a sus países de la mano
del rey de Asiria? 19¿Dónde están los dioses de
Jamat y Arpad, dónde los dioses de Sefarvaín?
¿Han librado a Samaría de mi poder? 20¿Qué dios
de esos países ha podido librar sus territorios
de mi mano? ¿Y va el Señor a librar a Jerusalén
de mi mano?».
21Ellos callaron y no le respondieron palabra.
Tenían orden del rey de no responder. 22Entonces
Eliacín, hijo de Jelcías, el mayordomo de pala-
cio, Sobná, el secretario, y Yoaj el canciller, hijo

de Asaf, se presentaron al rey Ezequías con las
vestiduras rasgadas y le comunicaron las pala-
bras del copero mayor.

Recurso a Isaías

37 1Cuando el rey Ezequías oyó esto, se rasgó
las vestiduras, se vistió un sayal y se di-
rigió al templo del Señor, 2y despachó a Eliacín,
el mayordomo de palacio; a Sobná, el secretario,
y a los sacerdotes más ancianos, vestidos de sa-
yal, para que fueran a decirle al profeta Isaías,
hijo de Amós: 3«Así dice Ezequías: Hoy es un día
de angustia, de castigo y de vergüenza; los hijos
llegan al parto, y no hay fuerza para darlos a luz.
4Ojalá oiga el Señor las palabras del copero ma-
yor, a quien su señor, el rey de Asiria, ha enviado
para ultrajar al Dios vivo, y castigue las palabras
que el Señor, tu Dios, ha oído. Reza por el resto
que todavía subsiste».
5Los ministros del rey Ezequías se presentaron
a Isaías 6y él les respondió: «Digan a su señor:
Así dice el Señor: No te asustes por esas palabras
que has oído, por las blasfemias de los criados
del rey de Asiria. 7Yo mismo les meteré un espíri-
tu, y cuando oiga ciertas noticias, se volverá a su
país, y en su país lo haré morir a espada».

Segunda versión de la embajada

8El copero mayor regresó y encontró al rey de
Asiria combatiendo contra Alba, porque había
oído que el rey se había retirado de Laquis 9al
recibir la noticia de que Tajarca, rey de Nubia,
había salido para luchar contra él.
Senaquerib envió de nuevo mensajeros a Eze-
quías a decirle: 10«Digan a Ezequías, rey de Ju-
dá: Que no te engañe tu Dios, en quien confían,
pensando que Jerusalén no será entregada en
manos del rey de Asiria. 11Tú mismo has oído có-
mo han tratado los reyes de Asiria a todos los
países, exterminándolos, ¿y tú te vas a librar?
12¿Los salvaron a ellos los dioses de los pueblos
que mis predecesores destruyeron: Gozán, Ja-
rrán, Résef y los adanitas de Telasar? 13¿Dónde
están el rey de Jamat, el rey de Arpad, el rey de
Sefarvaín, de Hená y de Avá?».

Oración de Ezequías

14Ezequías tomó la carta de manos de los men-
sajeros y la leyó: 15después subió al templo, la
desplegó ante el Señor y oró:
16*Señor Todopoderoso, Dios de Israel, sentado*
sobre querubines:/ tú solo eres el Dios de todos
los reinos del mundo,/ tú hiciste el cielo y la tie-
rra./ 17*Presta oído, Señor, y escucha;/ abre tus*
ojos, Señor, y mira./ Escucha el mensaje que ha
enviado Senaquerib/ para ultrajar al Dios vivo.
18*Es verdad, Señor: los reyes de Asiria han*
asolado todas las naciones y sus territorios,/
19*han quemado todos sus dioses/ –porque no son*
dioses, sino hechura de manos humanas,/ leño y
piedra– y los han destruido.
20*Ahora, Señor, Dios nuestro,/ sálvanos de su*
mano,/ para que sepan todos los reinos del mun-
do/ que tú solo, Señor, eres Dios.

Respuesta de Isaías

21Isaías, hijo de Amós, mandó decir a Eze-
quías: «Así dice el Señor, Dios de Israel: He oído
lo que me pides acerca de Senaquerib, rey de
Asiria. 22Esta es la sentencia que el Señor pro-
nuncia contra él:
Te desprecia y se burla de ti la doncella, la ciu-
dad de Sión:/ menea la cabeza a tu espalda la
ciudad de Jerusalén.
23*¿A quién has ultrajado e insultado,/ contra*
quién has alzado la voz y levantado tus ojos a lo
alto?/ ¡Contra el Santo de Israel!
24*Por medio de tus servidores/ has ultrajado*
al Señor:/ Con mis numerosos carros/ yo he
subido a las cimas de los montes,/ a las cum-
bres del Líbano;/ he talado la estatura de sus
cedros y sus mejores cipreses;/ llegué hasta
la última cumbre,/ hasta lo más denso de su
bosque.
25*Yo excavé pozos y bebí aguas extranjeras;/*
sequé bajo la planta de mis pies todos los canales
de Egipto./ 26*¿No lo has oído? Desde antiguo lo*
decidí,/ en tiempos remotos lo preparé,/ y aho-
ra lo realizo;/ por eso tú reduces las ciudades
fortificadas a montones de escombros.
27*Sus habitantes, faltos de fuerza,/ con la*
vergüenza de la derrota,/ fueron como hierba
del campo,/ como verde de los prados,/ co-
mo grama de las azoteas marchitada antes de
crecer./ 28*Sé cuándo te sientas y te levantas,/*
cuándo entras y sales;/ 29*porque te agitas con-*
tra mí/ y tu arrogancia sube a mis oídos,/ te
pondré mi argolla en la nariz/ y mi freno en el
hocico,/ y te llevaré por el camino/ por donde
viniste».

Signo para Ezequías

30Esto te servirá de señal:
Este año comerán el grano caído;/ el año que
viene, lo que brote sin sembrar;/ el año tercero
sembrarán y cosecharán,/ plantarán viñas y co-
merán sus frutos.
31*De nuevo el resto de la casa de Judá/ echa-*
rá raíces por abajo y dará frutos por arriba;/
32*porque de Jerusalén saldrá un resto,/ los su-*
pervivientes, del Monte Sión:/ ¡el celo del Señor
Todopoderoso lo cumplirá!

33*Por eso, así dice el Señor acerca del rey de*
Asiria:/ No entrará en esta ciudad,/ no dispa-
rará contra ella su flecha,/ no se acercará con
escudo/ ni levantará contra ella un terraplén;/
34*por el camino por donde vino se volverá,/ pe-*
ro no entrará en esta ciudad/ –oráculo del Se-
ñor–./ 35*Yo defenderé a esta ciudad para salvar-*
la,/ por mi honor y el de David, mi siervo.

Desenlace

36Aquella misma noche salió el ángel del Se-
ñor e hirió en el campamento asirio a ciento
ochenta y cinco mil hombres; por la mañana, al
despertar, los encontraron cadáveres. 37Sena-
querib, rey de Asiria, levantó el campamento,
se volvió a Nínive, y se quedó allí. 38Y un día,
mientras estaba postrado en el templo de su
dios Nisroc, sus hijos Adramélec y Saréser lo
mataron con la espada, y escaparon al territo-
rio de Ararat. Y le sucedió en el trono su hijo
Asaradón.

Enfermedad y sanación de Ezequías

38 1En aquel tiempo, Ezequías cayó enfer-
mo de muerte. El profeta Isaías, hijo
de Amós, fue a visitarlo y le dijo: «Así dice el
Señor: Haz testamento, porque vas a morir sin
remedio». 2Entonces, Ezequías volvió la cara a la
pared y oró al Señor: 3«Señor, ten presente que
he procedido de acuerdo contigo, con corazón
sincero e íntegro, y que he hecho lo que te agra-
da». Y lloró con largo llanto.
4El Señor dirigió la palabra a Isaías: 5«Ve y dile
a Ezequías: Así dice el Señor, Dios de tu padre
David: He escuchado tu oración, he visto tus lá-
grimas. Mira, añado a tus días otros quince años.
6Los libraré de las manos del rey de Asiria, a ti y
a esta ciudad, y la protegeré».
21Isaías ordenó: «Que traigan un ungüento de
higos y lo apliquen a la herida para que se sa-
ne». 22Ezequías dijo: «¿Cuál es la señal de que
subiré a la casa del Señor?». 7Respondió: «Esta
es la señal del Señor, de que cumplirá el Señor
la palabra dada: 8En el reloj de sol de Ajaz haré
que la sombra retroceda los diez grados que ha
avanzado». Y desanduvo el sol en el reloj los diez
grados que había avanzado.

Cántico de Ezequías

9Cántico de Ezequías, rey de Judá, cuando en-
fermó y sanó de la enfermedad:
10*Yo pensé: En lo mejor de mis días,/ tengo que*
marchar hacia las puertas del abismo;/ me pri-
van del resto de mis años.
11*Yo pensé: Ya no veré más al Señor/ en la tie-*
rra de los vivos,/ ya no miraré a los hombres/
entre los habitantes del mundo./ 12*Levantan y*
enrollan mi morada/ como tienda de pastores./
Como un tejedor enrollaba yo mi vida,/ y me
cortan la trama.
Día y noche me estabas acabando,/ 13*sollozo*
hasta el amanecer./ Me quiebras los huesos co-
mo un león,/ día y noche me estás acabando./
14*Como una golondrina estoy piando,/ gimo*
como una paloma./ Mis ojos mirando al cielo se
consumen:/ ¡Señor, que me oprimen, sal fiador
por mí!
15*¿Qué le diré y qué pensaré si él es quien lo ha-*
ce?/ Huye de mí el sueño/ por la amargura de
mi alma./ 16*Los que Dios protege, viven,/ y entre*
ellos vivirá mi espíritu:/ me has sanado, me has
hecho revivir.
17*La amargura se me volvió paz/ cuando detu-*
viste mi vida ante la tumba vacía/ y volviste la
espalda a todos mis pecados./ 18*El abismo no te*
da gracias,/ ni la muerte te alaba,/ ni esperan
en tu fidelidad/ los que bajan a la fosa.
19*Los vivos, los vivos son quienes te dan gra-*
cias:/ como yo ahora./ El padre enseña a sus hi-
jos tu fidelidad./ 20*Sálvame, Señor, y tocaremos*
nuestras arpas/ todos nuestros días en la casa
del Señor.

Embajada del rey de Babilonia

39 1En aquel tiempo, Merodac Baladán, hijo
de Baladán, rey de Babilonia, envió car-
tas y regalos al rey Ezequías cuando se enteró
de que se había restablecido de su enfermedad.
2Ezequías se alegró y enseñó a los mensajeros
su tesoro: la plata y el oro, los perfumes y un-
güentos, toda la vajilla y cuanto había en sus
depósitos. No quedó nada en su palacio y en sus
dominios que Ezequías no les enseñase.
3Pero el profeta Isaías se presentó al rey Eze-
quías y le dijo: «¿Qué ha dicho esa gente y de
dónde vienen a visitarte?», Ezequías contestó:
«De una tierra lejana han venido a visitarme:
de Babilonia». 4Isaías preguntó: «¿Qué han vis-
to en tu casa?». Ezequías contestó: «Han visto
toda mi casa; no he dejado de enseñarles nada
de mis tesoros». 5Isaías le replicó: «Escucha la
Palabra del Señor Todopoderoso: 6Mira: llegarán
días en que todo lo que hay en tu casa, cuanto
atesoraron tus abuelos hasta hoy, se lo llevarán
a Babilonia. No quedará nada, dice el Señor. 7Y a
los hijos que de ti salieron, que tú engendraste,
se los llevarán a Babilonia para que sirvan co-
mo palaciegos del rey». 8Ezequías contestó: «Es
favorable la Palabra del Señor que has pronun-
ciado». Porque se decía: «Mientras yo viva habrá
paz y seguridad».

ISAÍAS II (40–55)
La Buena Noticia

40 1Consuelen, consuelen a mi pueblo,/ dice
su Dios:/ 2hablen al corazón de Jerusalén,
anúncienle/ que se ha cumplido su condena/ y
está pagado su crimen,/ ya que de la mano del
Señor ha recibido/ doble castigo por sus pecados.
3Una voz grita:/ En el desierto preparen/ un
camino al Señor;/ tracen en la llanura/ un sen-
dero para nuestro Dios;/ 4que los valles se levan-
ten,/ que montes y colinas se aplanen,/ que lo
torcido se enderece/ y lo escabroso se nivele;/
5y se revelará la gloria del Señor/ y la verán to-
dos los hombres juntos/ –ha hablado la boca del
Señor–.
6Dice una voz: Grita./ Respondo: ¿Qué debo
gritar?/ Toda carne es hierba/ y su belleza como
flor campestre:/ 7se seca la hierba,/ se marchi-
ta la flor,/ cuando el aliento del Señor/ sopla
sobre ellos;/ 8se seca la hierba,/ se marchita la
flor,/ pero la Palabra de nuestro Dios/ se cumple
siempre.
9Súbete a un monte elevado,/ mensajero de
Sión;/ alza fuerte la voz,/ mensajero de Jeru-
salén;/ álzala, no temas,/ di a las ciudades de
Judá:/ Aquí está su Dios.
10Miren, el Señor Dios llega con poder,/ y su
brazo manda./ Miren, viene con él su salario,/
delante de él su recompensa./ 11Como un pastor
que apacienta el rebaño,/ su brazo lo reúne,/
toma en brazos los corderos/ y hace recostar a
las madres.

Polémica con los ídolos

12¿Quién ha medido a puñados el mar,/ o men-
surado a palmos el cielo,/ o a cuartillos el polvo
de la tierra?/ ¿Quién ha pesado en la balanza los
montes/ y en la báscula las colinas?/ 13¿Quién
ha medido el Espíritu del Señor?/ ¿Quién le ha
sugerido su proyecto?/ 14¿Con quién se aconsejó
para entenderlo,/ para que le enseñara el cami-
no exacto?,/ ¿para que le enseñara el saber/ y le
sugiriese el método inteligente?
15Miren, las naciones son gotas de un balde/
y valen lo que el polvillo de balanza./ Miren,
las islas pesan lo que un grano,/ 16el Líbano no
basta para leña,/ sus fieras no bastan para el
holocausto./ 17Frente a él las naciones todas son
como si no existieran,/ para él no cuentan abso-
lutamente nada.
18¿Con quién podrán ustedes comparar a
Dios,/ qué imagen van a contraponerle?/ 19¿La
estatua que funde el escultor/ y el orfebre recu-
bre de oro/ y le suelda cadenas de plata?
(41,6)Ellos se ayudan uno a otro,/ dicen a su
compañero: Ánimo,/ (41,7)y el escultor anima al
orfebre;/ el que forja a martillo al que golpea el
yunque,/ diciendo: Buena soldadura,/ y la suje-
tan con clavos para que no se mueva.
(40,20)El demasiado modesto para hacer esa
ofrenda/ escoge una madera incorruptible,/ se
busca un hábil escultor/ que le haga una estatua
que no se mueva.
21¿No saben, no lo han oído,/ no se lo han
anunciado de antemano;/ no lo han compren-
dido desde la fundación del mundo?/ 22El que se
sienta sobre la cúpula de la tierra/ –sus habi-
tantes parecen saltamontes–;/ el que tendió co-
mo toldo el cielo/ y lo desplegó como tienda que
se habita;/ 23el que reduce a nada a los prínci-
pes/ y convierte a los gobernantes en nulidad:/
24apenas plantados,/ apenas sembrados,/ ape-
nas arraigan sus brotes en tierra,/ sopla sobre
ellos y se marchitan,/ y el vendaval los arrebata
como paja./ 25¿A quién podrán compararme?/ ¿A
quién me asemejo?/ –dice del Santo–.
26Levanten los ojos a lo alto y miren:/ ¿quién
creó aquello?/ El que cuenta y despliega su ejér-
cito/ y a cada uno lo llama por su nombre;/ tan
grande es su poder,/ tan robusta su fuerza,/ que
no falta ninguno.

Polémica con el pueblo

27¿Por qué andas hablando, Jacob,/ y diciendo,
Israel:/ Mi suerte está oculta al Señor,/ mi Dios
ignora mi causa?/ 28¿Acaso no lo sabes,/ es que
no lo has oído?/ El Señor es un Dios eterno/ y
creó los confines del mundo./ No se cansa, no se
fatiga,/ es insondable su inteligencia.
29Él da fuerza al cansado,/ acrecienta el vigor
del inválido;/ 30aun los muchachos se cansan,
se fatigan,/ los jóvenes tropiezan y vacilan;/
31pero los que esperan en el Señor/ renuevan sus
fuerzas,/ echan alas como las águilas,/ corren
sin cansarse,/ marchan sin fatigarse.

Promesa de liberación a Israel: Vocación de Ciro

41 1Islas, callen ante mí;/ naciones, esperen
mi desafío./ Que se acerquen a hablar,/
comparezcamos juntos a juicio./ 2¿Quién lo ha
mandado desde oriente/ y convoca la victoria
a su paso,/ le entrega los pueblos,/ le somete
los reyes?/ Su espada los tritura/ y su arco los
dispersa como paja;/ 3los persigue y avanza
seguro/ por sendas que sus pies no pisaban/
4¿Quién lo ha hecho y ejecutado?/ El que anun-
cia el futuro de antemano./ Yo, el Señor, que soy
el primero,/ yo estoy con los últimos./ 5Véanlo,
islas, y estremézcanse,/ tiemblen los confines
del mundo.

Israel siervo del Señor

8Tú, Israel, siervo mío;/ Jacob, mi elegido;/
estirpe de Abrahán, mi amigo./ 9Tú, a quien
tomé en los confines del mundo,/ y llamé de las
regiones más remotas,/ a quien dije: Tú eres mi
siervo,/ te he elegido y no te he rechazado./ 10No
temas, que yo estoy contigo;/ no te angusties,
que yo soy tu Dios:/ te fortalezco y te auxilio/ y
te sostengo con mi diestra victoriosa.
11Mira: se avergonzarán derrotados/ los que
se enardecen contra ti;/ serán aniquilados y
perecerán/ los que pleitean contra ti;/ 12bus-
carás sin encontrarlos/ a los que pelean contra
ti;/ serán aniquilados,/ dejarán de existir los
que guerrean contra ti./ 13Porque yo, el Señor,
tu Dios/ te agarro de la diestra,/ y te digo: No
temas,/ yo mismo te auxilio./ 14No temas, gu-
sanito de Jacob,/ oruga de Israel,/ yo mismo te
auxilio/ –oráculo del Señor–,/ tu redentor es el
Santo de Israel.
15Mira, te convierto en un instrumento de
trillar,/ afilado, nuevo, dentado:/ trillarás los
montes y los triturarás,/ convertirás en paja las
colinas;/ 16los echarás al viento, y el viento los
arrebatará,/ el vendaval los dispersará;/ y tú te
alegrarás con el Señor,/ te gloriarás del Santo
de Israel.

Nuevo éxodo

17Los pobres y los indigentes/ buscan agua,
y no la hay;/ su lengua está reseca de sed./ Yo,
el Señor, les responderé;/ yo, el Dios de Israel,
no los abandonaré./ 18Haré brotar ríos en las
dunas;/ en medio de los valles, manantiales;/
transformaré el desierto en estanque/ y el are-
nal en fuentes de agua;/ 19pondré en el desierto
cedros,/ y acacias, y mirtos, y olivos;/ plantaré
en la estepa cipreses,/ junto con olmos y aler-
ces./ 20Para que vean y conozcan,/ reflexionen
y aprendan de una vez/ que la mano del Señor
lo ha hecho,/ que el Santo de Israel lo ha creado.

Pleito con los dioses

21Expongan su caso, dice el Señor;/ presen-
ten sus pruebas, dice el Rey de Jacob;/ 22que se
adelanten y nos anuncien lo que va a suceder./
Nárrennos sus predicciones pasadas/ y pres-
taremos atención;/ anúnciennos el futuro,/ y
comprobaremos el desenlace;/ 23narren los su-
cesos futuros,/ y sabremos que son dioses./ Ha-
gan algo, bueno o malo,/ que nos demos cuenta
y lo veamos todo.
24Miren, ustedes son nada;/ sus obras, vacío;/
es despreciable elegirlos./ 25Yo lo hice aparecer
en el norte, y ha venido;/ en oriente lo llamo
por su nombre;/ pisará gobernantes como ba-
rro,/ como pisa el alfarero la arcilla./ 26¿Quién
lo anunció de antemano/ para que lo supiéra-
mos,/ por adelantado para que dijéramos: Tiene
razón?/ Ninguno lo narra, ninguno lo anuncia,/
nadie oye el discurso de ustedes.
27Lo anuncié yo el primero en Sión/ y envié
un mensajero a Jerusalén./ 28Busqué; pero entre
ellos no había nadie,/ ningún consejero a quien
preguntarle/ para que me informara.
29Todos juntos eran nada;/ sus obras, vacío;/
aire y nulidad sus estatuas.

Primer cántico del siervo: Presentación

42 1Miren a mi siervo,/ a quien sostengo;/ mi
elegido,/ a quien prefiero.
Sobre él he puesto mi Espíritu,/ para que
promueva el derecho en las naciones./ 2No gri-
tará, no clamará,/ no voceará por las calles./
3No romperá la caña quebrada,/ no apagará
la mecha vacilante./ Promoverá fielmente el
derecho,/ 4no vacilará ni se quebrará,/ hasta
implantar el derecho en la tierra,/ y su ley que
esperan las islas.
5Así dice el Señor Dios,/ que creó y desplegó
el cielo,/ afianzó la tierra con su vegetación,/
dio el respiro al pueblo que la habita/ y el aliento
a los que se mueven en ella./ 6Yo, el Señor,/ te
he llamado para la justicia,/ te he tomado de la
mano,/ te he formado/ y te he hecho alianza de
un pueblo,/ luz de las naciones.
7Para que abras los ojos de los ciegos,/ saques
a los cautivos de la prisión/ y de la cárcel a los
que habitan en tinieblas:/ 8Yo soy el Señor, este
es mi Nombre,/ no cedo mi gloria a nadie/ ni mi
honor a los ídolos.
9Lo antiguo ya ha sucedido,/ y algo nuevo yo
anuncio,/ antes de que brote se lo comunico.

Himno

10Canten al Señor un cántico nuevo,/ y llegue
su alabanza a los confines de la tierra;/ los que
se hacen al mar, los que lo pueblan,/ las costas
y sus habitantes./ 11Alégrese el desierto con sus
tiendas,/ los poblados que habita Cadar;/ exul-
ten los vecinos de Petra,/ clamen desde la cum-
bre de las montañas;/ 12den gloria al Señor,/
pronuncien su alabanza en las costas.
13El Señor sale como un héroe,/ excita su ardor
como un guerrero,/ lanza el alarido desafiando
al enemigo.

Nueva salvación

14Desde antiguo guardé silencio,/ me callaba,
aguantaba;/ como parturienta, jadeo y resuello.
15Arrasaré montes y colinas,/ secaré toda su
hierba,/ convertiré los ríos en tierra árida,/

secaré los estanques;/ 16*conduciré a los ciegos por un camino que desconocen,/ los guiaré por senderos que ignoran./* Ante ellos convertiré las tinieblas en luz,/ lo escabroso en llano./ Esto es lo que pienso hacer,/ y no dejaré de hacerlo./ 17Retrocederán defraudados/ los que confían en el ídolo,/ los que dicen a una estatua:/ Tú eres nuestro Dios.

Ceguera del pueblo

18Sordos, escuchen y oigan; ciegos, miren y vean:/ 19¿quién es ciego sino mi siervo,/ quién es sordo sino el mensajero que envío?/ ¿Quién es ciego como mi enviado,/ quién es sordo como el siervo del Señor?

20Mucho mirar y no sacabas nada,/ con los oídos abiertos no te enterabas./ 21El Señor, por amor de su justicia,/ quería glorificar y engrandecer su ley;/ 22pero son un pueblo saqueado y despojado,/ atrapados todos en cuevas,/ encerrados en cárceles.

Lo saqueaban, y nadie lo libraba;/ lo despojaban, y nadie decía: Devuélvelo./ 23¿Quién de ustedes prestará oído a esto,/ y atento escuchará el futuro?/ 24¿Quién entregó a Jacob al saqueo,/ a Israel al despojo?/ ¿No fue el Señor, contra quien pecamos/ no queriendo seguir sus caminos/ ni obedecer su ley?

25Descargó sobre él el ardor de su ira,/ el furor de la guerra;/ lo rodeaban sus llamas, y no se daba cuenta;/ lo quemaban, y no hacía caso.

Rescate del pueblo

43 1Y ahora, así dice el Señor, el que te creó, Jacob;/ el que te formó, Israel:/ No temas, que te he redimido,/ te he llamado por tu nombre,/ tú eres mío.

2Cuando cruces las aguas, yo estaré contigo,/ la corriente no te anegará;/ cuando pases por el fuego, no te quemarás,/ la llama no te abrasará./ 3Porque yo soy el Señor, tu Dios,/ el Santo de Israel, tu salvador.

Como rescate tuyo entregué a Egipto,/ a Etiopía y Sabá a cambio de ti;/ 4porque te aprecio/ y eres valioso y yo te quiero,/ entregaré hombres a cambio de ti,/ pueblos a cambio de tu vida:/ 5no temas, que contigo estoy yo;/ desde oriente traeré a tu descendencia,/ desde occidente te reuniré./ 6Diré al Norte: Entrégalo;/ al Sur: No lo retengas;/ tráeme a mis hijos de lejos/ y a mis hijas del confín de la tierra;/ 7a todos los que llevan mi Nombre,/ a los que creé para mi gloria,/ a los que hice y formé.

El pueblo testigo de Dios

8Saquen al pueblo ciego, aunque tiene ojos;/ a los sordos, aunque tienen oídos;/ 9que se reúnan las naciones/ y se junten los pueblos:/ ¿quién de ellos puede contárnoslo/ o informarnos de predicciones pasadas?/ Que presenten testigos para ganar su causa,/ que lo oigamos, y diremos: es verdad.

10Ustedes son mis testigos/ –oráculo del Señor–/ y mis siervos, a quienes escogí,/ para que conocieran y me creyeran,/ para que comprendieran quién soy yo./ Antes de mí no habían fabricado ningún dios/ y después de mí ninguno habrá:/ 11Yo soy el Señor;/ fuera de mí no hay salvador./ 12Yo predije, y salvé; yo anuncié,/ y no tenían dios extranjero./ Ustedes son mis testigos/ –oráculo del Señor–;/ 13yo soy Dios,/ desde siempre lo soy./ No hay quien libre de mi mano;/ lo que yo hago, ¿quién lo deshará?

Salvación

14Así dice el Señor, su Redentor, el Santo de Israel:/ A causa de ustedes yo he mandado gente a Babilonia,/ he arrancado todos los cerrojos de las prisiones,/ y los caldeos rompen en lamentos./ 15Yo soy el Señor, su Santo,/ el creador de Israel, su Rey.

16Así dice el Señor,/ que abrió camino en el mar/ y senda en las aguas impetuosas;/ 17que sacó a batalla carros y caballos,/ tropa con sus valientes:/ caían para no levantarse,/ se apagaron como mecha que se extingue.

18No recuerden lo de antaño,/ no piensen en lo antiguo;/ 19miren que realizo algo nuevo;/ ya está brotando, ¿no lo notan?/ Abriré un camino por el desierto,/ ríos en el arenal;/ 20me glorificarán las fieras salvajes,/ chacales y avestruces,/ porque ofreceré agua en el desierto,/ ríos en el arenal,/ para apagar la sed de mi pueblo,/ de mi elegido./ 21El pueblo que yo me formé,/ para que proclamara mi alabanza.

Requisitoria contra el pueblo

22Pero tú no me invocabas, Jacob;/ ni te esforzabas por mí, Israel;/ 23no me ofrecías ovejas en holocausto,/ no me honrabas con tus sacrificios;/ yo no te avasallé exigiéndote ofrendas,/ ni te cansé pidiéndote incienso,/ 24no me comprabas canela con dinero,/ no me saciabas con la grasa de tus sacrificios;/ pero me avasallabas con tus pecados,/ y me cansabas con tus culpas.

25Yo, yo era quien por mi cuenta borraba tus crímenes/ y no me acordaba de tus pecados;/ 26recuérdamelo tú, y discutiremos;/ razona tú, y saldrás absuelto./ 27Ya tu primer padre pecó,/ tus jefes se rebelaron contra mí;/ 28por eso pro-

fané a príncipes consagrados,/ entregué a Jacob
al exterminio/ y a Israel a los insultos.

Dios consuela a su pueblo

44 1*Y ahora escucha, Jacob, siervo mío;/ Is-*
rael, mi elegido:
2*Así dice el Señor que te hizo,/ que te formó en*
el vientre y te auxilia:/ No temas, siervo mío,/ Ja-
cob, mi cariño, mi elegido;/ 3*voy a derramar agua*
sobre el suelo sediento/ y torrentes en la tierra
seca;/ voy a derramar mi aliento sobre tu descen-
dencia/ y mi bendición sobre tus retoños.
4*Crecerán como hierba junto a la fuente,/ co-*
mo sauces junto a las acequias./ 5*Uno dirá: Soy*
del Señor;/ otro se pondrá el nombre de Jacob;/
uno se tatuará en el brazo:/ Del Señor, y se ape-
llidará Israel.
6*Así dice el Señor, Rey de Israel,/ su redentor, el*
Señor Todopoderoso:/ Yo soy el primero y yo soy
el último;/ fuera de mí no hay dios./ 7*¿Quién se*
parece a mí?, que hable,/ que lo explique y me lo
exponga./ ¿Quién anunció de antemano el por-
venir,/ quién nos predice lo que ha de suceder?
8*No teman, no tiemblen:/ ¿no lo anuncié y lo*
predije por adelantado?/ Ustedes son testigos:/
¿Hay un dios fuera de mí?/ No existe roca que yo
no conozca.

Sátira contra la idolatría

9*Los que modelan ídolos no valen nada,/ y es*
inútil lo que ellos aman,/ sus devotos no ven na-
da ni conocen;/ por eso quedan defraudados./
10*¿Quién modela un dios o funde una imagen/ si*
no es para sacar algo?
11*Miren: todos sus seguidores quedarán de-*
fraudados,/ porque los que los fabrican no son
más que hombres./ Que se reúnan todos para
comparecer:/ sentirán espanto y vergüenza a
la vez.
12*El herrero trabaja el ídolo en las brasas,/ lo*
va modelando con el martillo,/ lo trabaja con
brazo robusto;/ pasa hambre, se agota,/ no be-
be y está exhausto./ 13*El tallista aplica la regla,/*
lo diseña a lápiz,/ lo trabaja con la gubia/ y lo
delinea con el compás:/ le da figura de hombre y
belleza humana,/ para instalarlo en un templo.
14*Se corta cedros,/ se escoge una encina o un*
roble,/ dejándolos crecer entre los árboles del
bosque,/ o planta un fresno/ que crece con la llu-
via./ 15*A la gente le sirve de leña,/ lo toman para*
calentarse/ o también para hacer fuego y cocer
pan;/ pero él hace un dios y lo adora,/ fabri-
ca una imagen y se postra ante ella./ 16*Con una*
parte hace fuego:/ asa carne sobre las brasas,/
se la come, queda satisfecho,/ se calienta y dice:/
Bueno, estoy caliente y tengo luz./ 17*Con el resto*
se hace la imagen de un dios,/ se postra,/ lo adora
y le reza:/ Líbrame, que tú eres mi dios.
18*No comprenden ni distinguen,/ tienen los*
ojos cegados y no ven,/ la mente, y no entien-
den./ 19*No reflexiona,/ no tiene inteligencia ni*
criterio para decir:/ La mitad la he quemado
en el fuego;/ he cocido pan sobre las brasas,/
he asado carne para comer./ ¿Y voy a hacer del
resto un ídolo?/ ¿Y a postrarme ante un trozo de
madera?/ 20*Él se alimenta de ceniza,/ una men-*
te ilusa lo extravía,/ no es capaz de liberarse
diciendo:/ ¿No es un engaño lo que tengo en mi
mano?

Redención de Israel

21*Acuérdate de esto, Jacob;/ de que eres mi*
siervo, Israel./ Te formé, y eres mi siervo,/ Is-
rael, no te olvidaré./ 22*He disipado como niebla*
tus rebeliones;/ como nube tus pecados:/ vuelve
a mí, que soy tu redentor.
23*Aclamen, cielos, porque el Señor ha actua-*
do;/ griten de alegría, profundidades de la
tierra,/ rompan en aclamaciones, montañas,/
y tú, bosque, con todos tus árboles;/ porque el
Señor ha redimido a Jacob/ y se gloría de Israel.

Yo soy el Señor

24*Así dice el Señor, tu redentor,/ que te formó*
en el vientre:/ Yo soy el Señor, creador de todo;/
Yo solo desplegué el cielo,/ yo afiancé la tierra./
Y, ¿quién me ayudaba?/ 25*Yo soy el que frustra*
los presagios de los magos/ y muestra la necedad
de los adivinos;/ el que echa atrás a los sabios/
y muestra que su saber es ignorancia;/ 26*pe-*
ro realiza la palabra de sus siervos,/ cumple el
proyecto de sus mensajeros;/ el que dice: ¡Jeru-
salén, serás habitada;/ ciudades de Judá, serán
reconstruidas;/ ruinas, las levantaré!;/ 27*el que*
dice: Océano, aridece,/ secaré tus corrientes;/
28*el que dice: Ciro, tú eres mi pastor/ y cumplirás*
todo mi designio;/ el que dice: Jerusalén, serás
reconstruida;/ templo, serás cimentado.

Investidura de Ciro

45 1*Así dice el Señor a su ungido, Ciro,/ a*
quien lleva de la mano:
Doblegaré ante él naciones,/ desarmaré a los
reyes,/ abriré ante él las puertas,/ los batientes
no se le cerrarán./ 2*Yo iré delante de ti/ allanán-*
dote cerros;/ haré trizas las puertas de bronce,/
arrancaré los cerrojos de hierro,/ 3*te daré teso-*
ros ocultos,/ caudales escondidos./ Así sabrás
que yo soy el Señor,/ que te llamo por tu nom-
bre,/ el Dios de Israel.
4*Por mi siervo, Jacob;/ por Israel, mi elegido./*
Te llamé por tu nombre,/ te di un título, aun-

que no me conocías./ 5Yo soy el Señor, y no hay
otro;/ fuera de mí no hay dios./ Te pongo la in-
signia, aunque no me conoces,/ 6*para que sepan*
de oriente a occidente/ que no hay otro fuera
de mí./ Yo soy el Señor, y no hay otro:/ 7*artífi-*
ce de la luz,/ creador de las tinieblas,/ autor de
la paz,/ creador de la desgracia;/ yo, el Señor,
hago todo esto.

8*Cielos, destilen el rocío;/ nubes, derramen*
la victoria;/ ábrase la tierra y brote la salva-
ción,/ y con ella germine la justicia:/ yo, el Se-
ñor, lo he creado./ 9*¡Ay del que pleitea con su*
artífice,/ vasija contra el alfarero!/ ¿Acaso dice
la arcilla al artesano:/ Qué estás haciendo,/
tu vasija no tiene asas?/ 10*¡Ay del que le dice al*
padre: ¿Qué engendras?,/ o a la mujer: ¿Por qué
te retuerces?

11*Así dice el Señor, el Santo de Israel, su artí-*
fice:/ Y ustedes, ¿van a pedirme cuentas de mis
hijos?/ ¿Me van a dar instrucciones sobre la obra
de mis manos?/ 12Yo hice la tierra y creé sobre
ella al hombre;/ mis propias manos desplegaron
el cielo,/ y doy órdenes a su entero ejército./ 13Yo
lo he suscitado para la victoria/ y allanaré todos
sus caminos:/ él reconstruirá mi ciudad,/ liber-
tará a mis deportados/ sin precio ni soborno/
–dice el Señor Todopoderoso–.

14Así dice el Señor:/ Los obreros de Egipto,/ los
mercaderes de Nubia/ y los sabeos de alta esta-
tura/ a ti pasarán, tuyos serán,/ tras de ti mar-
charán,/ desfilarán en cadenas;/ se postrarán
ante ti y te suplicarán:/ Solo en ti está Dios,/ y
no hay más dioses.

15Es verdad: Tú eres el Dios escondido,/ el Dios
de Israel, el Salvador./ 16Derrotados, fracasados
todos juntos,/ se marchan con su fracaso los fa-
bricantes de ídolos,/ 17mientras el Señor salva a
Israel/ con una salvación perpetua,/ y no serán
derrotados/ ni fracasarán nunca jamás.

18Así dice el Señor, creador del cielo/ –él es
Dios–,/ el que modeló la tierra,/ la fabricó y la
afianzó;/ no la creó vacía,/ sino que la formó
habitable:/ Yo soy el Señor y no hay otro.

19No hablé a escondidas,/ en un país tenebro-
so;/ no dije a la estirpe de Jacob:/ Búsquenme en
el vacío./ Yo soy el Señor que pronuncia senten-
cia/ y declara lo que es justo.

20Reúnanse, vengan, acérquense juntos,/ su-
pervivientes de las naciones:/ No discurren los
que llevan su ídolo de madera/ y rezan a un dios
que no puede salvar./ 21Declaren, expongan las
pruebas,/ que deliberen juntos:/ ¿quién anunció
esto desde antiguo,/ quién lo predijo desde en-
tonces?/ ¿No fui yo, el Señor?/ No hay otro Dios
fuera de mí./ Yo soy un Dios justo y salvador,/ y
no hay ninguno más.

22Vengan a mí para ser salvados,/ confines de
la tierra,/ porque yo soy Dios, y no hay otro./
23Lo juro por mi Nombre,/ de mi boca sale una
sentencia,/ una palabra irrevocable:/ Ante mí
se doblará toda rodilla,/ por mí jurará toda len-
gua./ 24Dirán: Solo el Señor/ tiene la justicia y el
poder./ A él vendrán derrotados/ los que se en-
furecían contra él,/ 25por el Señor triunfará y se
gloriará/ la estirpe de Israel.

Contra los dioses de Babilonia

46 1Se encorva Bel, se desploma Nebo;/ car-
gan sus imágenes sobre bestias y anima-
les de carga,/ y las estatuas que les cargan en
andas/ son una carga abrumadora;/ 2a una
se encorvan y se desploman:/ incapaces de li-
brar al que los lleva,/ ellos mismos marchan al
destierro.

3Escúchenme, casa de Jacob,/ resto de la casa
de Israel,/ con quien he cargado desde que na-
cieron,/ a quien he llevado desde que salieron de
las entrañas:/ 4hasta que envejezcan yo seré el
mismo,/ hasta las canas yo los sostendré;/ yo lo
he hecho,/ yo los seguiré llevando,/ yo los sos-
tendré y los libraré.

5¿A quién me compararán, me igualarán/ o
me asemejarán? ¿Quién se me puede compa-
rar?/ 6Sacan oro de la bolsa/ y pesan plata en
la balanza;/ asalarian un orfebre/ que con ello
fabrique un dios,/ se postran y lo adoran./ 7Se
lo cargan a hombros,/ lo transportan;/ donde lo
ponen, allí se queda;/ no se mueve de su sitio./
Por mucho que le griten, no responde,/ no los
salva del peligro.

Dios, dueño del futuro

8Recuerden esto y medítenlo:/ reflexionen,
rebeldes,/ 9recordando el pasado predicho./ Yo
soy Dios, y no hay otro;/ no hay otro dios como
yo./ 10De antemano yo anuncio el futuro;/ por
adelantado, lo que aún no ha sucedido./ Digo: Mi
designio se cumplirá,/ mi voluntad la realizo./
11Llamo al buitre de oriente,/ de tierra lejana al
hombre de mi designio./ Tal como lo dije, lo ha-
ré;/ así como lo pensé, lo realizaré.

12Escúchenme, los valientes,/ que se quedan
lejos de la victoria:/ 13Yo acerco mi victoria, no
está lejos;/ mi salvación no tardará;/ traeré la
salvación a Sión y mi honor a Israel.

Humillación de Babilonia y de sus magos

47 1Baja, siéntate en el polvo, joven Babilo-
nia;/ siéntate en tierra, sin trono, capital
de los caldeos,/ que ya no te volverán a llamar
blanda y refinada./ 2Agarra un molino, muele

harina,/ quítate el velo, alza las faldas,/ des-
cubre el muslo, cruza los canales,/ 3aparezca
tu desnudez,/ véanse tus vergüenzas./ Toma-
ré venganza inexorable./ 4Nuestro redentor,/
que se llama el Señor Todopoderoso,/ el Santo
de Israel, dice:/ 5Siéntate y calla, entra en las
tinieblas,/ capital de los caldeos,/ que ya no te
llamarán Emperatriz.
6Airado contra mi pueblo,/ profané mi heren-
cia,/ la entregué en tus manos:/ no tuviste com-
pasión de ellos,/ abrumaste con tu yugo a los
ancianos,/ 7diciéndote: Seré señora por siempre
jamás,/ sin considerar esto,/ sin pensar en el
desenlace.
8Pero ahora escúchalo, sedienta de placeres,/
que reinabas confiada,/ que te decías: Yo y na-
die más./ No me quedaré viuda,/ no perderé a
mis hijos./ 9Las dos cosas te sucederán,/ de re-
pente en un solo día:/ viuda y sin hijos te verás
a la vez,/ a pesar de tus muchas brujerías/ y del
gran poder de tus sortilegios.
10Tú te sentías segura en tu maldad,/ dicién-
dote: Nadie me ve;/ tu sabiduría y tu ciencia
te han trastornado,/ mientras pensabas: Yo y
nadie más./ 11Porque vendrá sobre ti una des-
gracia/ que no sabrás conjurar,/ caerá sobre ti
un desastre/ del que no te podrás librar;/ ven-
drá sobre ti de repente/ una catástrofe que no
te imaginabas.
12Insiste en tus sortilegios,/ en tus muchas
brujerías,/ que han sido tu tarea desde joven;/
quizá te aprovechen,/ quizá los espantes./ 13Es-
tás harta de consejos:/ que se levanten y te sal-
ven/ los que conjuran el cielo,/ los que observan
las estrellas,/ los que pronostican cada mes/ lo
que te va a suceder.
14Míralos convertidos en paja:/ el fuego los
consume/ y no pueden librarse del poder de las
llamas;/ ni siquiera son brasas para calentarse/
ni hogar para sentarse enfrente./ 15En eso han
terminado aquellos con quienes traficabas,/
con quien te atareabas desde joven:/ cada uno se
pierde por su lado,/ y no hay quien te salve.

Pleito con el pueblo

48 1Escuchen esto, casa de Jacob,/ que llevan
el nombre de Israel,/ y brotan de la semilla
de Judá,/ que juran por el Nombre del Señor,/
e invocan al Dios de Israel,/ pero sin verdad ni
rectitud,/ 2aunque toman nombre de la Ciudad
Santa/ y se apoyan en el Dios de Israel,/ cuyo
nombre es Señor Todopoderoso.
3El pasado lo predije de antemano:/ de mi boca
salió y lo anuncié;/ de repente lo realicé y su-
cedió./ 4Porque sé que eres obstinado,/ que tu
cuello es una barra de hierro/ y tu frente es de
bronce;/ 5por eso te lo anuncié de antemano,/
antes de que sucediera te lo predije,/ para que
no dijeras:
Mi ídolo lo ha hecho,/ mi estatua de leño o
metal lo ha ordenado./ 6Lo oíste; míralo todo,/
¿por qué no lo anuncias?,/ y ahora te predigo al-
go nuevo,/ secretos que no conoces;/ 7ahora son
creados, y no antes,/ ni de antemano los oíste,/
para que no digas: Ya lo sabía./ 8Ni lo habías oído
ni lo sabías,/ aún no estaba abierta tu oreja;/
porque yo sabía lo pérfido que eres,/ que desde el
vientre de tu madre te llaman rebelde.
9Por mi Nombre modero mi cólera,/ por mi
honor me contengo para no aniquilarte./ 10Mira,
yo te he refinado como plata,/ te he probado en
el crisol de la desgracia;/ 11por mí, por mí lo ha-
go:/ porque mi Nombre no ha de ser profanado/
y mi gloria no la cedo a nadie.

Misión de Ciro

12Escúchame, Jacob; Israel, a quien llamé:/ yo
soy, yo soy el primero y yo soy el último./ 13Mi
mano cimentó la tierra,/ mi diestra desplegó el
cielo;/ cuando yo los llamo, se presentan juntos.
14Reúnanse todos y escuchen:/ ¿quién de ellos
lo ha predicho?/ Mi amigo cumplirá mi voluntad
contra Babilonia/ y la raza de los caldeos./ 15Yo,
yo mismo he hablado/ y lo he llamado, lo he traí-
do/ y he dado éxito a su empresa.
16Acérquense y escuchen esto:/ No hago pre-
dicciones en secreto,/ y cuando sucede, ya estoy
yo allí/ –y ahora el Señor Dios me ha enviado
con su espíritu–./ 17Así dice el Señor, tu reden-
tor,/ el Santo de Israel:
Yo, el Señor, tu Dios, te enseño para tu prove-
cho,/ te guío por el camino que sigues./ 18Si hu-
bieras atendido a mis mandatos,/ sería tu paz
como un río,/ tu justicia como las olas del mar;/
19tu descendencia sería como la arena,/ como sus
granos, los retoños de tus entrañas;/ tu nombre
no sería aniquilado ni destruido ante mí.

Salida de Babilonia

20¡Salgan de Babilonia, huyan de los caldeos!/
Con gritos de júbilo/ anúncienlo y proclámen-
lo,/ publíquenlo hasta el confín de la tierra./
Digan: el Señor ha redimido a su siervo Jacob./
21No pasaron sed cuando los guió por el desier-
to,/ agua de la roca hizo brotar,/ partió la roca
y brotó agua.

Segundo cántico del siervo: La misión

49 1Escúchenme, islas; presten atención,
pueblos lejanos:/ Estaba yo en el vientre, y
el Señor me llamó en las entrañas maternas,/ y
pronunció mi nombre.

2Hizo de mi boca una espada afilada,/ me es-
condió en la sombra de su mano;/ me hizo flecha
puntiaguda,/ me guardó en su aljaba/ 3y me
dijo: Tú eres mi siervo –Israel–,/ de quien estoy
orgulloso.
4Mientras yo pensaba: En vano me he cansa-
do,/ en viento y en nada he gastado mis fuer-
zas;/ en realidad mi derecho lo defendía el Se-
ñor,/ mi salario lo tenía mi Dios./ 5Y ahora habla
el Señor,/ que ya en el vientre me formó siervo
suyo,/ para que le trajese a Jacob,/ para que le
reuniese a Israel/ –tanto me honró el Señor, mi
Dios fue mi fuerza–:
6Es poco que seas mi siervo/ y restablezcas
las tribus de Jacob/ y conviertas a los supervi-
vientes de Israel;/ te hago luz de las naciones,/
para que mi salvación alcance hasta el confín de
la tierra.
7Así dice el Señor, redentor y Santo de Israel,/
al despreciado, al aborrecido de las naciones,/
al esclavo de los tiranos:/ Te verán los reyes, y se
pondrán de pie;/ los príncipes, y se postrarán;/
porque el Señor es fiel,/ porque el Santo de Israel
te ha elegido.
8Así dice el Señor:/ En tiempo de gracia te he
respondido,/ en el día de la salvación te he auxi-
liado;/ te he defendido y constituido alianza del
pueblo;/ para restaurar el país,/ para repartir
las herencias devastadas,/ 9para decir a los cau-
tivos: Salgan;/ a los que están en tinieblas: Ven-
gan a la luz;/ aun por los caminos pastarán,/
tendrán praderas en todas las dunas;/ 10no pa-
sarán hambre ni sed,/ no les hará daño el viento
ardiente ni el sol;/ porque los conduce el que los
compadece/ y los guía a manantiales de agua.
11Convertiré mis montes en caminos/ y mis
senderos se nivelarán. 12Miren, unos vienen de
un país remoto;/ miren, otros del norte y del oc-
cidente,/ y aquellos del país de Siene./ 13Grita
de alegría, cielo; alégrate, tierra;/ prorrumpan
en aclamaciones, montañas,/ porque el Señor
consuela a su pueblo/ y se compadece de los
desamparados.

Consuelo de Sión

14Decía Sión: Me ha abandonado el Señor,/ mi
dueño me ha olvidado.
15¿Puede una madre olvidarse de su criatura,/
dejar de querer al hijo de sus entrañas?/ Pero,
aunque ella se olvide,/ yo no te olvidaré./ 16Mira,
en mis palmas te llevo tatuada,/ tus muros están
siempre ante mí;/ 17los que te construyen van
más aprisa que los que te destruían,/ los que te
arrasaban se alejan de ti.
18Levanta los ojos a tu alrededor y mira:/ todos
se reúnen para venir a ti;/ por mi vida –orácu-
lo del Señor–,/ a todos los llevarás como vestido
precioso,/ serán tu cinturón de novia./ 19Porque
tus ruinas, tus escombros, tu país desolado,/ re-
sultarán estrechos para tus habitantes,/ mien-
tras se alejarán los que te devoraban.
20Los hijos que dabas por perdidos te dirán otra
vez:/ Mi lugar es estrecho,/ hazme sitio para
habitar./ 21Pero tú te preguntarás:/ ¿Quién me
engendró a estos?/ Yo, sin hijos y estéril,/ ¿quién
los ha criado?/ Me habían dejado sola,/ ¿de
dónde vienen estos?
22Esto dice el Señor:/ Mira, con la mano hago
seña a las naciones,/ alzo mi estandarte para los
pueblos:/ traerán a tus hijos en brazos,/ a tus hi-
jas las llevarán al hombro./ 23Sus reyes serán tus
tutores;/ sus princesas, tus niñeras;/ rostro en
tierra te rendirán homenaje,/ lamerán el polvo
de tus pies,/ y sabrás que yo soy el Señor,/ que no
defraudo a quienes esperan en mí.
24Pero, ¿se le puede quitar la presa a un solda-
do,/ se le escapa su prisionero a un tirano?
25Esto responde el Señor:/ Si a un soldado le
quitan su prisionero/ y la presa se le escapa a un
tirano,/ yo mismo defenderé tu causa,/ yo mis-
mo salvaré a tus hijos./ 26Haré a tus opresores
comerse su propia carne,/ se embriagarán de su
sangre como de vino;/ y sabrá todo el mundo que
yo soy el Señor, tu salvador,/ y que tu redentor es
el Fuerte de Jacob.

Pleito con el pueblo

50 1Así dice el Señor: ¿Dónde está el acta de
divorcio/ con que despedí a la madre de
ustedes?/ ¿O a cuál de mis acreedores los he ven-
dido?/ Miren, por sus culpas fueron vendidos,/
por sus crímenes fue repudiada su madre./
2¿Por qué cuando vengo no hay nadie,/ cuando
llamo nadie responde?/ ¿Tan corta es mi mano
que no puede redimir?/ ¿O es que no tengo fuer-
za para librar?
Miren: con un bramido seco el mar,/ convierto
los ríos en desierto;/ por falta de agua se pudren
sus peces, muertos de sed./ 3Yo visto el cielo de
luto, lo cubro de sayal.

Tercer cántico del siervo: Sufrimiento y confianza

4Mi Señor me ha dado una lengua de discípu-
lo,/ para saber decir al abatido una palabra de
aliento.
Cada mañana me despierta el oído,/ para
que escuche como un discípulo./ 5El Señor me
abrió el oído:/ yo no me resistí ni me eché atrás:/
6ofrecí la espalda a los que me apaleaban,/ las
mejillas a los que me arrancaban la barba;/ no
me tapé el rostro ante ultrajes y salivazos.

7El Señor me ayuda,/ por eso no me acobar-
daba;/ por eso endurecí el rostro como piedra,/
sabiendo que no quedaría defraudado./ 8Tengo
cerca a mi defensor,/ ¿quién pleiteará contra
mí?/ Comparezcamos juntos.
¿Quién tiene algo contra mí?/ Que se me acer-
que./ 9Miren, el Señor me ayuda,/ ¿quién me
condenará?/ Miren, todos se gastan como ro-
pa,/ los roe la polilla.
10¿Quién de ustedes respeta al Señor/ y obe-
dece a su siervo?/ Aunque camine en tinieblas,
sin un rayo de luz,/ que confíe en el Señor/ y se
apoye en su Dios.
11Atención, ustedes, los que atizan el fuego/
y preparan flechas encendidas:/ caerán a la
hoguera de su fuego,/ bajo las flechas que han
encendido./ Así los tratará mi mano,/ quedarán
tendidos en el tormento.

Consuelo a Jerusalén

51 1Escúchenme, los que van tras la justicia,/
los que buscan al Señor:
Miren la roca de la que fueron tallados,/ la
cantera de donde los extrajeron;/ 2miren a
Abrahán, su padre;/ a Sara, que los dio a luz:/
cuando lo llamé, era uno,/ pero lo bendije y lo
multipliqué.
3El Señor consuela a Sión,/ consuela a sus
ruinas:/ convertirá su desierto en un edén,/
su arenal en paraíso del Señor;/ allí habrá go-
zo y alegría,/ con acción de gracias/ al son de
instrumentos.
4Hazme caso, pueblo mío;/ nación mía, dame
oído;/ porque de mí sale la ley,/ mi mandato es
la luz de los pueblos.
5En un momento haré llegar mi victoria,/
amanecerá como el día mi salvación,/ mi brazo
gobernará los pueblos:/ me están aguardando
las islas,/ ponen su esperanza en mi brazo.
6Levanten los ojos al cielo,/ Miren abajo, a la
tierra:/ el cielo se disipa como humo,/ la tierra
se gasta como ropa,/ sus habitantes mueren
como mosquitos;/ pero mi salvación dura por
siempre,/ mi victoria no tendrá fin.
7Escúchenme los entendidos en derecho,/ el
pueblo que lleva mi ley en el corazón:/ no teman
la afrenta de los hombres,/ no desmayen por
sus ultrajes:/ 8Porque la polilla los roerá como
a la ropa,/ como los gusanos roen la lana;/ pero
mi victoria dura por siempre,/ mi salvación de
edad en edad.
9¡Despierta, despierta;/ revístete de fuerza,
brazo del Señor;/ despierta como en los días
antiguos,/ como en las generaciones pasadas!/
¿No eres tú quien destrozó al monstruo/ y tras-
pasó al dragón?/ 10¿No eres tú quien secó el mar/
y las aguas del Gran Océano;/ el que hizo un ca-
mino por el fondo del mar/ para que pasaran los
redimidos?
11Los rescatados del Señor volverán:/ vendrán
a Sión con cánticos,/ en cabeza alegría perpe-
tua,/ siguiéndolos gozo y alegría,/ pena y aflic-
ción se alejarán./ 12Yo, yo soy tu consolador./
¿Quién eres tú para temer a un mortal,/ a un
hombre que será como hierba?
13Olvidaste al Señor que te hizo,/ que desplegó
el cielo y cimentó la tierra./ Y temías sin cesar,
todo el día, la furia del opresor,/ cuando se dis-
ponía a destruir./ ¿Dónde ha quedado la furia
del opresor?/ 14Se suelta a toda prisa el preso
encorvado,/ no morirá en el calabozo/ ni le fal-
tará el pan.
15Yo, el Señor, tu Dios,/ agito el mar, y rugen
sus olas:/ mi Nombre es Señor Todopoderoso./
16Puse en tu boca mi Palabra,/ te cubrí con la
sombra de mi mano;/ extiendo el cielo, cimento
la tierra,/ y digo a Sión: Mi pueblo eres tú.
17¡Despiértate, despiértate,/ levántate, Jeru-
salén!,/ que bebiste de la mano del Señor la copa
de su ira,/ y bebiste hasta el fondo una copa, un
cáliz embriagador./ 18Entre los hijos que engen-
dró,/ no hay quien la guíe;/ entre los hijos que
crió,/ no hay quien la lleve de la mano:/ 19esos
dos males te han sucedido,/ ¿quién te compa-
dece?;/ ruina y destrucción, hambre y espada,/
¿quién te consuela?/ 20Tus hijos yacen desfalle-
cidos en las encrucijadas,/ como antílope en la
red,/ repletos de la ira del Señor,/ del reproche
de tu Dios./ 21Por tanto, escúchalo, desgracia-
da;/ borracha y no de vino.
22Así dice el Señor, tu Dios,/ defensor de su
pueblo:/ Mira, yo quito de tu mano la copa del
vértigo,/ no volverás a beber del cuenco de mi
ira;/ 23lo pondré en la mano de tus verdugos,/
que te decían: Dobla el cuello,/ que pasemos
encima;/ y presentaste la espalda como suelo,/
como calle para los transeúntes.

Despierta, Sión

52 1¡Despierta, despierta,/ vístete de tu fuer-
za, Sión;/ vístete el traje de gala, Jerusa-
lén, Santa Ciudad!,/ porque no volverán a en-
trar en ti/ incircuncisos ni impuros./ 2Sacúdete
el polvo,/ ponte de pie, Jerusalén cautiva;/ des-
átate las correas del cuello,/ 3porque así dice el
Señor:/ por nada fueron vendidos/ y sin pagar
los rescataré.
4Porque así dice el Señor:/ Al principio mi
pueblo bajó a Egipto,/ para residir allí como ex-
tranjero;/ al final, Asur lo oprimió./ 5Pero aho-
ra, ¿qué hago yo aquí?/ –oráculo del Señor–./ A
mi pueblo se lo llevan por nada,/ sus dominado-

res lanzan aullidos/ –oráculo del Señor–/ y todo
el día sin cesar/ desprecian mi Nombre.
6Por eso mi pueblo reconocerá mi Nombre,/
comprenderá aquel día/ que era yo el que habla-
ba,/ y aquí estoy.

El mensajero de paz

7¡Qué hermosos son sobre los montes/ los pies
del mensajero que anuncia la paz,/ que trae la
buena nueva,/ que pregona la victoria,/ que di-
ce a Sión: Ya reina tu Dios!
8Escucha: tus vigías gritan, cantan a coro,/
porque ven cara a cara al Señor,/ que vuelve a
Sión./ 9Estallen en gritos de alegría,/ ruinas
de Jerusalén,/ que el Señor consuela a su pue-
blo,/ rescata a Jerusalén./ 10El Señor desnuda su
santo brazo/ a la vista de todas las naciones,/
y verán los confines de la tierra/ la victoria de
nuestro Dios.
11¡Fuera, fuera! Salgan de allí,/ no toquen na-
da impuro./ ¡Salgan de ella! ¡Purifíquense,/ los
que llevan los vasos del Señor!/ 12No saldrán
apresurados/ ni se irán huyendo,/ porque al
frente de ustedes marcha el Señor,/ y en la reta-
guardia, el Dios de Israel.

Cuarto cántico del siervo: Su pasión y gloria

13Miren, mi siervo tendrá éxito,/ subirá y cre-
cerá mucho./ 14Como muchos se espantaron de
él,/ porque desfigurado no parecía hombre/
ni tenía aspecto humano;/ 15así asombrará a
muchos pueblos;/ ante él los reyes cerrarán la
boca,/ al ver algo que nunca se había visto/ y
contemplar algo inaudito.

53 1¿Quién creyó nuestro anuncio?/ ¿A quién
mostró el Señor su brazo?/ 2Creció en su
presencia como brote,/ como raíz en tierra ári-
da:/ no tenía presencia ni belleza/ que atrajera
nuestras miradas/ ni aspecto que nos cautivase./
3Despreciado y evitado de la gente,/ un hombre
habituado a sufrir,/ curtido en el dolor;/ al verlo
se tapaban la cara;/ despreciado, lo tuvimos por
nada;/ 4a él, que soportó nuestros sufrimientos/
y cargó con nuestros dolores,/ lo tuvimos por un
contagiado,/ herido de Dios y afligido.
5Él, en cambio, fue traspasado por nuestras
rebeliones,/ triturado por nuestros crímenes./
Sobre él descargó el castigo que nos sana/ y con
sus cicatrices nos hemos sanado./ 6Todos errá-
bamos como ovejas,/ cada uno por su lado,/ y el
Señor cargó sobre él/ todos nuestros crímenes.
7Maltratado, aguantaba, no abría la boca;/
como cordero llevado al matadero,/ como oveja
muda ante el esquilador,/ no abría la boca.
8Sin arresto, sin proceso, lo quitaron de en
medio,/ ¿quién meditó en su destino?/ Lo arran-
caron de la tierra de los vivos,/ por los pecados
de mi pueblo lo hirieron./ 9Le dieron sepultura
con los malvados/ y una tumba con los malhe-
chores,/ aunque no había cometido crímenes/
ni hubo engaño en su boca.
10El Señor quería triturarlo con el sufrimien-
to:/ si entrega su vida como expiación,/ verá
su descendencia,/ prolongará sus años/ y por
su medio triunfará el plan del Señor./ 11Por los
trabajos soportados/ verá la luz, se saciará de
saber;/ mi siervo inocente rehabilitará a todos/
porque cargó con sus crímenes.
12Por eso le asignaré una porción entre los
grandes/ y repartirá botín con los poderosos:/
porque desnudó el cuello para morir/ y fue con-
tado entre los pecadores,/ él cargó con el pecado
de todos/ e intercedió por los pecadores.

Fecundidad de la estéril

54 1Canta de gozo, la estéril que no dabas a
luz;/ rompe a cantar de júbilo,/ la que no
tenías dolores;/ porque la abandonada/ tendrá
más hijos que la casada/ –dice el Señor–.
2Ensancha el espacio de tu tienda,/ despliega
sin miedo tus lonas,/ alarga tus cuerdas,/ clava
bien tus estacas;/ 3porque te extenderás a dere-
cha e izquierda,/ tu descendencia heredará na-
ciones/ y poblará ciudades desiertas.
4No temas, no tendrás que avergonzarte,/
no te sonrojes, no te afrentarán;/ olvidarás la
vergüenza de tu soltería,/ ya no recordarás el
desprecio de tu viudez./ 5Porque el que te hizo
te toma por esposa:/ su Nombre es Señor Todo-
poderoso./ Tu redentor es el Santo de Israel,/ se
llama Dios de toda la tierra.
6Como a mujer abandonada y abatida/ te
vuelve a llamar el Señor;/ como a esposa de ju-
ventud, repudiada/ –dice tu Dios–.
7Por un instante te abandoné,/ pero con gran
cariño te recogeré./ 8En un arrebato de ira/ te
escondí un instante mi rostro,/ pero con lealtad
eterna te quiero/ –dice el Señor, tu redentor–.
9Me sucede como en tiempo de Noé:/ juré que
las aguas del diluvio/ no volverían a cubrir la
tierra;/ así juro no enojarme contra ti/ ni re-
procharte./ 10Aunque se retiren los montes/ y
vacilen las colinas,/ no te retiraré mi lealtad/ ni
mi alianza de paz vacilará/ –dice el Señor, que
te quiere–.

Reconstrucción de Jerusalén

11¡Oh afligida, zarandeada, desconsolada!/
Mira, yo mismo te coloco piedras de azabache,/
te cimento con zafiros,/ 12te pongo almenas de

rubí,/ y puertas de esmeralda,/ y muralla de
piedras preciosas.
13Tus hijos serán discípulos del Señor,/ tendrán
gran paz tus hijos./ 14Tendrás firme asiento en la
justicia;/ quedará lejos la opresión,/ y no ten-
drás que temer,/ y el terror, que no se te acercará.
15Si alguno te asedia, no es de parte mía;/ si
lucha contigo, caerá frente a ti./ 16Yo he crea-
do al herrero/ que aviva las brasas y saca una
herramienta,/ y yo he creado al devastador
funesto:/ 17ningún arma forjada contra ti dará
resultado;/ y a la lengua que te acuse en juicio le
probarás que es culpable.
Esta es la herencia de los siervos del Señor,/ yo
soy su vengador/ –oráculo del Señor–.

Alianza del Señor

55 1¡Atención, sedientos!, vengan por agua,/
también los que no tienen dinero:/ vengan,
compren trigo,/ coman sin pagar, vino y leche
gratis./ 2¿Por qué gastan dinero en lo que no
alimenta?,/ ¿y el salario en lo que no deja satis-
fecho?/ Escúchenme atentos, y comerán bien,/
se deleitarán con platos sustanciosos./ 3Presten
atención y vengan a mí,/ escúchenme y vivi-
rán./ Sellaré con ustedes alianza perpetua,/ la
promesa que aseguré a David:/ 4a él lo hice mi
testigo para los pueblos,/ caudillo y soberano de
naciones;/ 5tú llamarás a un pueblo desconoci-
do,/ un pueblo que no te conocía correrá hacia
ti:/ por el Señor, tu Dios;/ por el Santo de Israel,
que te honra.

La Palabra del Señor

6Busquen al Señor mientras se deje encon-
trar,/ llámenlo mientras esté cerca;/ 7que el
malvado abandone su camino/ y el criminal sus
planes;/ que regrese al Señor,/ y él tendrá pie-
dad;/ a nuestro Dios, que es rico en perdón.
8Mis planes no son sus planes,/ sus caminos
no son mis caminos/ –oráculo del Señor–./ 9Co-
mo el cielo está por encima de la tierra,/ mis
caminos están por encima de los suyos/ y mis
planes de sus planes.
10Como bajan la lluvia y la nieve del cielo,/ y
no vuelven allá, sino que empapan la tierra,/
la fecundan y la hacen germinar,/ para que dé
semilla al sembrador/ y pan para comer,/ 11así
será mi Palabra, que sale de mi boca:/ no volverá
a mí vacía,/ sino que hará mi voluntad/ y cum-
plirá mi encargo.

Epílogo: Salida de Babilonia

12Saldrán con alegría, los llevarán seguros:/
montes y colinas romperán a cantar ante uste-
des/ y aplaudirán los árboles silvestres./ 13En
vez de espinos, crecerá el ciprés;/ en vez de orti-
gas, el arrayán:/ serán el renombre del Señor/ y
monumento perpetuo, indestructible.

ISAÍAS III (56-66)

Fin del exclusivismo

56 1Así dice el Señor:/ Observen el derecho,/
practiquen la justicia,/ que mi salvación
está para llegar/ y se va a revelar mi victoria./
2Dichoso el hombre que obra así,/ dichoso el
mortal que persevera en ello,/ que guarda el sá-
bado sin profanarlo/ y guarda su mano de hacer
cualquier mal.
3No diga el extranjero que se ha unido al Se-
ñor:/ El Señor me excluirá de su pueblo./ No di-
ga el eunuco: Yo soy un árbol seco./ 4Porque así
dice el Señor:/ A los eunucos que guarden mis
sábados,/ que escojan lo que me agrada/ y per-
severen en mi alianza,/ 5les daré en mi casa y
en mis murallas/ un monumento y un nombre/
mejores que hijos e hijas;/ nombre eterno les da-
ré/ que no se extinguirá.
6A los extranjeros que se hayan unido al Se-
ñor, para servirlo,/ para amar al Señor y ser sus
servidores,/ que guarden el sábado sin profa-
narlo/ y perseveren en mi alianza,/ 7los traeré
a mi Monte Santo,/ los alegraré en mi casa de
oración;/ aceptaré sobre mi altar sus holocaus-
tos y sacrificios;/ porque mi casa es casa de ora-
ción,/ y a mi casa la llamarán todos los pueblos/
Casa de Oración.
8Oráculo del Señor, que reúne a los dispersos
de Israel,/ y reunirá otros a los ya reunidos.

Perros mudos

9Fieras salvajes, vengan a comer;/ fieras todas
de la selva:/ 10que los guardianes están ciegos/
y no se dan cuenta de nada,/ son perros mudos
incapaces de ladrar,/ vigilantes tumbados,/
amigos de dormir,/ 11son perros con un hambre
insaciable,/ son pastores incapaces de com-
prender;/ cada cual va por su camino y a su ga-
nancia, sin excepción.
12¡Vengan! Voy a buscar vino,/ emborraché-
monos de licor;/ y mañana lo mismo que hoy,/
hay provisión abundante.

57 1Perece el inocente, y nadie hace caso;/ se
llevan a los hombres fieles,/ y nadie com-
prende que ante la maldad se llevan al inocen-
te,/ 2para que entre en la paz y descanse en su
lecho/ el que procedía con sinceridad.

Idolatría

3Acérquense ustedes, hijos de bruja,/ raza
de un adúltero y una prostituta:/ 4¿de quién se

burlan abriendo la boca y sacando la lengua?/
¿No son ustedes hijos ilegítimos,/ una raza bas-
tarda?/ 5Ustedes que arden de lujuria entre los
robles,/ bajo cualquier árbol frondoso;/ que
inmolan niños junto a los arroyos/ y entre las
grietas de las rocas.
6aLas piedras lisas del arroyo serán tu heren-
cia,/ ellas te tocarán en suerte:/ en su honor
derramabas libaciones/ y ofrecías sacrificios./
7Sobre un monte alto y elevado/ colocabas tu ca-
ma;/ allá subías a ofrecer sacrificios./ 6b¿Podrá
eso aplacarme?
8Detrás de los postes de la puerta colocabas tu
amuleto;/ te olvidabas de mí, te desnudabas,/
subías al lecho y hacías sitio;/ hacías trato con
tus amantes,/ con los que te gustaba acostarte;/
mirando su desnudez,/ fornicabas con ellos sin
cesar.
9Ibas a Moloc con ungüento,/ prodigando per-
fumes;/ despachabas lejos a tus mensajeros,/
los hacías bajar hasta el abismo./ 10Te cansabas
de tanto caminar,/ pero no decías es inútil,/ re-
cobrabas fuerzas y no desfallecías.
11¿Quién te asustaba,/ a quién temías para ne-
garme/ y no acordarte de mí ni pensar en mí?/
¿No es que yo callaba y disimulaba,/ y por eso
no me temías?/ 12Pero yo te denunciaré,/ tu jus-
ticia y tus obras no te servirán;/ 13tus ídolos ni
te librarán cuando grites,/ a todos los barrerá
el viento,/ un soplo los arrebatará./ Pero el que
se refugia en mí, heredará el país/ y poseerá mi
Monte Santo.

Consuelo

14Abran paso, abran paso, despejen el ca-
mino,/ quiten todo tropiezo del camino de mi
pueblo,/ 15porque así dice el Alto y Excelso,/
Morador eterno, cuyo Nombre es Santo:/ Yo ha-
bito en la altura sagrada,/ pero estoy con los de
espíritu humilde y arrepentido,/ para reani-
mar a los humildes,/ para reanimar el corazón
arrepentido.
16No estaré recriminando siempre/ ni me irri-
taré constantemente,/ porque entonces sucum-
birían ante mí el espíritu/ y el aliento que yo he
creado./ 17Por su delito me irrité un momento,/
lo herí y me oculté irritado,/ él se apartó y siguió
por su camino.
18Yo vi su conducta, pero lo sanaré,/ lo guia-
ré, lo llenaré de consuelos;/ y a los que hacen
duelo por él,/ 19les haré brotar en los labios este
canto:/ Paz al lejano, paz al cercano/ –dice el
Señor–, y lo sanaré./ 20Los malvados son como
el mar agitado,/ que no pueden calmarse:/ sus
aguas remueven fango y barro./ 21No hay paz
para los malvados/ –dice mi Dios–.

El ayuno

58 1Grita con fuerte voz, no te contengas,/
alza la voz como una trompeta,/ denuncia
a mi pueblo sus delitos,/ a la casa de Jacob sus
pecados.
2Consultan mi oráculo a diario,/ muestran
deseo de conocer mi camino/ como si fueran un
pueblo que practicara la justicia/ y no abando-
nase el mandato de su Dios./ Me piden senten-
cias justas,/ desean tener cerca a Dios./ 3¿Para
qué ayunar, si no haces caso?/ ¿Mortificarnos,
si tú no te fijas?
Miren: el día de ayuno buscan su propio in-
terés,/ y maltratan a sus servidores;/ 4miren:
ayunan entre peleas y disputas,/ dando puñe-
tazos sin piedad./ No ayunen como ahora,/ ha-
ciendo oír en el cielo sus voces./ 5¿Es ese el ayuno
que el Señor desea,/ el día en que el hombre se
mortifica?/ Doblar la cabeza como un junco,/
acostarse sobre estera y ceniza,/ ¿a eso lo llaman
ayuno, día agradable al Señor?
6El ayuno que yo quiero es este:/ abrir las pri-
siones injustas,/ hacer saltar los cerrojos de los
cepos,/ dejar libres a los oprimidos,/ romper
todos los cepos;/ 7compartir tu pan con el ham-
briento,/ hospedar a los pobres sin techo,/ vestir
al que ves desnudo/ y no despreocuparte de tu
hermano.
8Entonces brillará tu luz como la aurora,/ tus
heridas sanarán rápidamente;/ tu justicia te
abrirá camino,/ detrás irá la gloria del Señor./
9Entonces llamarás al Señor,/ y te responderá;/
pedirás auxilio, y te dirá: Aquí estoy.
Si destierras de ti toda opresión,/ y el seña-
lar con el dedo,/ y la palabra maligna;/ 10si das
tu pan al hambriento/ y sacias el estómago del
necesitado,/ surgirá tu luz en las tinieblas,/ tu
oscuridad se volverá mediodía.
11El Señor te guiará siempre,/ en el desierto
saciará tu hambre,/ hará fuertes tus huesos,/
serás un huerto bien regado,/ un manantial
de aguas/ cuyas aguas nunca se agotan,/ 12re-
construirás viejas ruinas,/ levantarás sobre los
cimientos antiguos;/ te llamarán reparador de
brechas,/ restaurador de casas en ruinas.

El sábado

13Si detienes tus pies el sábado,/ y no haces
negocios en mi día santo;/ si llamas al sábado tu
delicia,/ y honras el día consagrado al Señor;/
si lo honras absteniéndote de viajes,/ de buscar
tu interés,/ de tratar tus negocios,/ 14entonces
el Señor será tu delicia./ Te haré cabalgar sobre
las alturas de la tierra,/ te alimentaré con la he-
rencia de tu padre Jacob/ –ha hablado la boca
del Señor–.

El pecado obstáculo a la salvación

59 1Mira, la mano del Señor no se queda corta
para salvar/ ni es duro de oído para oír;/
2son las culpas de ustedes las que se interponen/
entre ustedes y su Dios;/ son sus pecados los que
les ocultan su rostro,/ e impiden que los oiga;/
3pues las manos de ustedes están manchadas de
sangre,/ sus dedos, de crímenes;/ sus labios di-
cen mentiras,/ sus lenguas susurran maldades.
4No hay quien invoque la justicia/ ni quien
vaya a juicio con sinceridad;/ se apoyan en la
mentira,/ afirman la falsedad,/ conciben el cri-
men/ y dan a luz la maldad.
5Incuban huevos de serpiente/ y tejen tela-
rañas:/ quien coma esos huevos morirá;/ si se
rompen, salen víboras./ 6Sus telas no sirven pa-
ra vestidos;/ son tejidos que no pueden cubrir./
Sus obras son obras criminales,/ sus manos
ejecutan la violencia./ 7Sus pies corren hacia el
mal,/ tienen prisa por derramar sangre inocen-
te;/ sus planes son planes criminales,/ destro-
zos y ruinas dejan a su paso.
8No conocen el camino de la paz,/ no existe el
derecho en sus senderos,/ se abren sendas tor-
cidas;/ quien las sigue, no conoce la paz./ 9Por
eso está lejos de nosotros el derecho/ y no nos
alcanza la justicia:/ esperamos la luz, y vienen
tinieblas;/ claridad, y caminamos a oscuras.
10Como ciegos vamos palpando la pared,/ an-
damos a tientas como gente sin vista;/ en pleno
día tropezamos como al anochecer,/ en pleno
vigor estamos como los muertos./ 11Gruñimos
todos igual que osos/ y nos quejamos como palo-
mas./ Esperamos en el derecho, pero nada;/ en
la salvación, y está lejos de nosotros.
12Porque nuestros crímenes contra ti son mu-
chos,/ y nuestros pecados nos acusan;/ tenemos
presentes nuestros crímenes/ y reconocemos
nuestras culpas:/ 13rebelarnos y negar al Se-
ñor,/ volver la espalda a nuestro Dios,/ hablar
de opresión y revuelta,/ planear por dentro en-
gaños;/ 14y así se tuerce el derecho/ y la justicia
se queda lejos,/ porque en la plaza tropieza la
honradez,/ y a la sinceridad no la dejan entrar;/
15ala lealtad está ausente,/ y despojan a quien
evita el mal.

Interviene el Señor

15bEl Señor contempla disgustado/ que ya no
existe la justicia./ 16Ve que no hay nadie,/ se
extraña de que nadie intervenga./ Entonces su
brazo le dio la victoria,/ y su justicia lo mantu-
vo:/ 17por coraza se puso la justicia/ y por casco
la salvación;/ por traje se vistió la venganza/ y
por manto se envolvió en la indignación.
18A cada uno va a pagar lo que merece:/ a
su enemigo, furia;/ a su adversario, castigo./
19Los de occidente temerán al Señor,/ los de
oriente respetarán su gloria;/ porque vendrá
como río encajonado,/ empujado por el soplo
del Señor./ 20Pero a Sión vendrá un Redentor/
para alejar los crímenes de Jacob/ –oráculo del
Señor–.

Oráculo de salvación

21Por mi parte, dice el Señor,/ esta es mi alian-
za con ellos:/ el Espíritu mío, que te envié;/ las
Palabras mías, que puse en tu boca,/ no se cae-
rán de tu boca,/ ni de la boca de tus hijos,/ ni de
la boca de tus nietos,/ nunca jamás –lo ha dicho
el Señor–.

La luz de la nueva Jerusalén

60 1¡Levántate, brilla,/ que llega tu luz;/ la
gloria del Señor amanece sobre ti!/ 2Mi-
ra: las tinieblas cubren la tierra,/ la oscuridad
los pueblos;/ pero sobre ti amanecerá el Señor,/
su gloria aparecerá sobre ti;/ 3y acudirán los
pueblos a tu luz,/ los reyes al resplandor de tu
aurora.
4Echa una mirada a tu alrededor y observa:/
todos esos se han reunido, vienen a ti;/ tus
hijos llegan de lejos,/ a tus hijas las traen en
brazos.
5Entonces lo verás, radiante de alegría;/ tu
corazón se asombrará, se ensanchará,/ cuando
vuelquen sobre ti los tesoros del mar/ y te trai-
gan las riquezas de los pueblos.
6Te inundará una multitud de camellos,/ de
dromedarios de Madián y de Efá./ Vienen todos
de Sabá,/ trayendo incienso y oro/ y procla-
mando las alabanzas del Señor.
7Reunirá para ti los rebaños de Cadar/ y los
carneros de Nebayot estarán a tu servicio;/ su-
birán a mi altar como víctimas gratas/ y honra-
ré mi noble casa./ 8¿Quiénes son esos que vuelan
como nubes/ y como palomas al palomar?/ 9Son
navíos que acuden a mí,/ en primera línea las
naves de Tarsis,/ trayendo a tus hijos de lejos,/ y
con ellos su plata y su oro,/ por la fama del Señor,
tu Dios,/ del Santo de Israel, que así te honra.

Homenaje de los pueblos

10Extranjeros reconstruirán tus murallas/ y
sus reyes te servirán;/ si te herí con ira,/ con
amor te compadezco./ 11Tus puertas estarán
siempre abiertas,/ ni de día ni de noche se ce-
rrarán:/ para traerte las riquezas de los pue-
blos/ con sus reyes desfilando./ 12El pueblo y el
rey que no se te sometan, perecerán;/ las nacio-
nes serán arrasadas.

13Vendrá a ti el orgullo del Líbano,/ con el ci-
prés y el abeto y el pino,/ para adornar el lugar
de mi santuario/ y ennoblecer el lugar donde se
posan mis pies./ 14Los hijos de tus opresores ven-
drán a ti encorvados,/ y los que te despreciaban
se postrarán a tus pies;/ te llamarán Ciudad del
Señor,/ Sión del Santo de Israel.
15Estuviste abandonada, aborrecida, sin un
transeúnte,/ pero te haré el orgullo de los si-
glos,/ la delicia de todas las edades./ 16Mamarás
la leche de los pueblos,/ mamarás al pecho de re-
yes;/ y sabrás que yo, el Señor, soy tu salvador,/
que el Fuerte de Jacob es tu redentor.
17En lugar de bronce, te traeré oro;/ en lugar
de hierro, te traeré plata;/ en lugar de madera,
bronce,/ y en lugar de piedra, hierro;/ te daré
por magistrado la paz,/ y por gobernador, la
justicia.
18No se oirá más en tu tierra ¡Violencia!,/ ni
dentro de tus fronteras ¡Ruina, destrucción!;/
tu muralla se llamará Salvación,/ y tus puertas,
Alabanza.

Luz perpetua

19Ya no será el sol tu luz en el día,/ ni te alum-
brará la claridad de la luna;/ será el Señor tu luz
perpetua,/ y tu Dios será tu esplendor;/ 20tu sol
ya no se pondrá/ ni desaparecerá tu luna,/ por-
que el Señor será tu luz perpetua/ y se habrán
acabado los días de tu luto.
21En tu pueblo todos serán justos/ y poseerán
por siempre la tierra:/ es el brote que yo he plan-
tado,/ la obra de mis manos, para gloria mía./
22El pequeño crecerá hasta mil,/ y el menor se
hará pueblo numeroso:/ yo soy el Señor y haré
que pronto suceda.

Misión del profeta

61 1El Espíritu del Señor está sobre mí,/ por-
que el Señor me ha ungido./ Me ha enviado
para dar una buena noticia a los que sufren,/
para vendar los corazones desgarrados,/ para
proclamar la liberación a los cautivos/ y a los
prisioneros la libertad,/ 2para proclamar el año
de gracia del Señor,/ el día del desquite de nues-
tro Dios;/ para consolar a los afligidos;/ 3para
cambiar su ceniza en corona,/ su luto en perfu-
me de fiesta,/ su abatimiento en traje de gala./
Los llamarán Robles del Justo,/ plantados por el
Señor, para su gloria.

Restauración

4Reconstruirán las viejas ruinas,/ levanta-
rán los antiguos escombros;/ renovarán las
ciudades en ruinas,/ los escombros de muchas
generaciones./ 5Se presentarán extranjeros/ a
pastorear sus rebaños,/ y forasteros serán sus
labradores y viñadores.
6Ustedes se llamarán Sacerdotes del Señor,/
dirán de ustedes: Ministros de nuestro Dios./
Comerán la opulencia de los pueblos,/ y toma-
rán posesión de sus riquezas./ 7A cambio de su
vergüenza e insultos,/ ellos obtendrán una por-
ción doble;/ poseerán el doble en su país,/ y go-
zarán de alegría perpetua.
8Porque yo, el Señor, amo la justicia,/ detesto
la rapiña y el crimen./ Les daré su salario fiel-
mente/ y haré con ellos una alianza perpetua./
9Su descendencia será célebre entre las nacio-
nes,/ y sus vástagos entre los pueblos./ Quienes
los vean reconocerán/ que son la descendencia
que bendijo el Señor.
11Como el suelo echa sus brotes,/ como un jar-
dín hace germinar sus semillas,/ así el Señor
hará brotar la justicia/ y su fama frente a todos
los pueblos.

La nueva Jerusalén

10Desbordo de gozo con el Señor,/ y me alegro
con mi Dios:/ porque me ha vestido un traje de
gala/ y me ha envuelto en un manto de triunfo,/
como novio que se pone la corona/ o novia que se
adorna con sus joyas.

62 1Por amor de Sión no callaré,/ por amor
de Jerusalén no descansaré,/ hasta que
irrumpa la aurora de su justicia/ y su salvación
brille como antorcha./ 2Los pueblos verán tu
justicia,/ y los reyes, tu gloria;/ te pondrán un
nombre nuevo/ impuesto por la boca del Señor.
3Serás corona espléndida en la mano del Se-
ñor/ y diadema real en la palma de tu Dios./ 4Ya
no te llamarán la Abandonada/ ni a tu tierra la
Devastada,/ a ti te llamarán mi Preferida/ y a
tu tierra la Desposada,/ porque el Señor te pre-
fiere a ti,/ y tu tierra tendrá esposo./ 5Como un
joven se casa con su novia,/ así te desposa el que
te construyó;/ la alegría que encuentra el esposo
con su esposa,/ la encontrará tu Dios contigo.
6Sobre tus murallas, Jerusalén,/ he colocado
centinelas:/ nunca callan, ni de día ni de no-
che,/ los que invocan al Señor no se den descan-
so;/ 7no le den descanso hasta que la establez-
ca,/ hasta que haga de Jerusalén/ la admiración
de la tierra.
8El Señor lo ha jurado por su diestra/ y por su
brazo poderoso:/ ya no entregará tu trigo/ para
que se lo coman tus enemigos;/ ya no se beberán
extranjeros tu vino,/ por el que tú trabajaste./
9Los que lo cosechan lo comerán/ y alabarán al
Señor;/ los que lo vendimian lo beberán/ en mis
atrios sagrados.

Llegada del salvador victorioso

[10]*Pasen, pasen por las puertas,/ abran ca-
mino al pueblo;/ nivelen, nivelen el sendero,/
límpienlo de piedras,/ levanten un estandarte
para los pueblos./* [11]El Señor envía un mensaje/
hasta el confín de la tierra:/ *Digan a la ciudad
de Sión:/ Mira a tu Salvador, que llega,/ el pre-
mio de su victoria lo acompaña,/ la recompensa
lo precede;/* [12]los llamarán Pueblo Santo,/ redi-
midos del Señor,/ a ti te llamarán la Buscada,/
Ciudad no abandonada.

63 [1]*¿Quién es ese que viene de Edom,/ de Bos-
ra, con las ropas teñidas de rojo?/ ¿Quién
es ese vestido de gala/ que avanza lleno de fuer-
za?/* Yo, que sentencio con justicia/ y soy pode-
roso para salvar.

[2]*¿Por qué están rojos tus vestidos/ y la túni-
ca, como quien pisa la uva?/* [3]Yo solo he pisado
la uva/ y de otros pueblos nadie me ayudaba./
Los pisé con cólera,/ los estrujé con furor:/ su
sangre salpicó mis vestidos/ y me manché toda
la ropa.

[4]Porque es el día que pienso vengarme,/ el año
del rescate ha llegado./ [5]Miraba sin encontrar
un ayudante,/ espantado al no haber quien me
apoyara;/ pero mi brazo me dio la victoria,/ mi
furor fue mi apoyo;/ [6]pisoteé a los pueblos con mi
cólera,/ los embriagué con mi furor,/ para que
su sangre bajara a la tierra.

Meditación histórica

[7]Voy a recordar la misericordia del Señor,/ las
alabanzas del Señor:/ todo lo que hizo por noso-
tros el Señor,/ sus muchos beneficios a la casa de
Israel,/ lo que hizo con su compasión/ y su gran
misericordia.

[8]Él dijo: *Son mi pueblo,/ hijos que no engaña-
rán./* Él fue su salvador [9]en el peligro:/ no fue
un mensajero ni un enviado,/ él en persona los
salvó,/ por su amor y su clemencia/ los rescató,
y los liberó/ y los llevó siempre en brazos/ en to-
dos los peligros.

[10]Pero ellos se rebelaron/ e irritaron su Santo
Espíritu;/ entonces él se volvió su enemigo/ y
luchó contra ellos./ [11]Se acordaron del pasado,/
del que sacó a su pueblo:/ *¿Dónde está el que sacó
de las aguas/ al pastor de su rebaño?/ ¿Dónde el
que metió en su pecho/ su Santo Espíritu?*

[12]*¿El que estuvo a la derecha de Moisés/
guiándolo con su brazo glorioso?/ ¿El que di-
vidió el mar ante ellos,/ ganándose renombre
perpetuo?/* [13]*¿El que los hizo andar por el fon-
do del mar/ como el caballo por el desierto sin
tropezar,/* [14]*y como ganado que baja al valle?,/*
el Espíritu del Señor los llevó al descanso:/ *así
condujiste a tu pueblo/ ganándote renombre
glorioso.*

Invocación a Dios Padre

[15]*Observa desde el cielo,/ mira desde tu mo-
rada santa y gloriosa:/ ¿dónde está tu celo y tu
valor,/ tu entrañable ternura y compasión?/*
No la reprimas,/ [16]*que tú eres nuestro padre:/*
Abrahán no sabe de nosotros,/ Israel no nos co-
noce;/ *tú, Señor, eres nuestro padre,/* tu Nom-
bre de siempre es Nuestro Redentor.

[17]*Señor, ¿por qué nos extravías lejos de tus ca-
minos/ y endureces nuestro corazón para que no
te respete?/ Vuélvete, por amor a tus siervos,/ a
las tribus que te pertenecen./* [18]*Por un momento
nuestros enemigos/ se apoderaron de tu pueblo
santo,/ y pisotearon tu santuario.*

[19a]*Estamos como antiguamente,/ cuando no
nos gobernabas/ y no llevábamos tu Nombre.*

El pueblo pide una teofanía

64 [(63,19b)]*¡Ojalá rasgases el cielo y bajases,/
derritiendo los montes,* [1]*con tu presen-
cia, como fuego que prende en los sarmientos/
o hace hervir el agua!/ Para mostrar a tus ene-
migos quién eres,/ para que tiemblen ante ti las
naciones,/* [2]*cuando hagas maravillas que no es-
perábamos./* [3]*Jamás oído oyó ni ojo vio/ un Dios
fuera de ti que hiciera tanto/ por el que espera
en él./* [4a]*Sales al encuentro/ del que practica
gozosamente la justicia/ y tiene presentes tus
caminos.*

Confesión del pecado y súplica

[4b]*Estabas enojado,/ y nosotros fracasamos:/
aparta nuestras culpas,/ y seremos salvos./* [5]To-
dos estábamos contaminados,/ nuestra justicia
era un trapo sucio;/ todos nos marchitábamos
como follaje,/ nuestras culpas nos arrebataban
como el viento.

[6]*Nadie invocaba tu Nombre/ ni se esforzaba
por aferrarse a ti;/ porque nos ocultabas tu ros-
tro/ y nos entregabas en poder de nuestra cul-
pa./* [7]*Y, sin embargo, Señor, tú eres nuestro pa-
dre,/ nosotros la arcilla y tú el alfarero:/ somos
todos obra de tu mano.*

[8]*No te irrites tanto, Señor,/ no recuerdes
siempre nuestra culpa:/ mira que somos tu
pueblo./* [9]*Tus santas ciudades son un desierto,/
Sión se ha vuelto un desierto,/ Jerusalén una
desolación.*

[10]*Nuestro templo, nuestro orgullo,/ donde te
alabaron nuestros padres,/ ha sido incendia-
do,/ y lo que más queríamos está reducido a
escombros./* [11]*¿Te quedas insensible a todo esto,
Señor,/ te callas y nos afliges sin medida?*

Denuncia y amenaza

65 1Yo ofrecía respuesta a los que no pregun-
taban,/ salía al encuentro de los que no me
buscaban;/ decía: Aquí estoy, aquí estoy/ al pue-
blo que no invocaba mi Nombre.
2Tenía mis manos extendidas/ todo el día ha-
cia un pueblo rebelde,/ que andaba por el mal
camino,/ siguiendo sus antojos,/ 3pueblo que
me provocaba en la cara continuamente,/ que
sacrificaba en los jardines/ y ofrecía incienso
sobre los ladrillos,/ 4que se sentaba en los sepul-
cros/ y pernoctaba en las grutas,/ que comía la
carne de cerdo/ y caldo abominable en las ta-
zas;/ 5que decía: Retírate, no te acerques,/ que
estoy consagrado.
Eso hace humear mi cólera/ como fuego que
arde todo el día./ 6Lo tengo escrito delante/ y no
descansaré hasta que les dé su merecido/ por
7sus culpas y las de sus padres,/ todas juntas –
dice el Señor–./ Porque ofrecían incienso en las
montañas/ y me ultrajaban en las colinas,/ les
mediré su paga/ y se la echaré encima.

Suerte de buenos y malos

8Así dice el Señor:/ Como al encontrar jugo en
un racimo se dice:/ No lo eches a perder, que es
una bendición,/ así haré yo en atención a mis
siervos:/ no lo echaré a perder todo.
9Sacaré descendencia de Jacob, de Judá,/ quie-
nes posean mis montañas:/ las poseerán mis ele-
gidos/ y mis siervos habitarán allí./ 10El Sarón
será un redil de ovejas,/ y el Valle de Acor, pastizal
de vacas,/ para mi pueblo que me ha buscado.
11Pero a ustedes que abandonaron al Señor/
olvidando mi Monte Santo,/ que preparaban la
mesa en honor de la Fortuna/ y levantaron la
copa en honor del Destino,/ 12yo los destino a la
espada,/ y todos se encorvarán para el degüe-
llo:/ porque llamé y no respondieron,/ hablé y
no escucharon,/ hicieron lo que no me agrada,/
eligieron lo que no quiero.
13Por eso, así dice el Señor:/ Miren: mis siervos
comerán,/ y ustedes pasarán hambre;/ miren:
mis siervos beberán,/ y ustedes tendrán sed;/
miren: mis siervos estarán alegres,/ y ustedes
avergonzados;/ 14miren: mis siervos cantarán de
puro contento,/ y ustedes gritarán de puro dolor/
y aullarán con el corazón desgarrado.
15Dejarán su nombre a mis elegidos/ como
fórmula de imprecación./ A ustedes el Señor
les dará muerte,/ y a sus siervos les dará otro
nombre./ 16El que quiera felicitarse en el país,/
se felicitará con el Dios fiel;/ el que quiera jurar
en el país,/ jurará por el Dios fiel./ Sí, se olvida-
rán las angustias del pasado/ y hasta de mi vista
desaparecerán.

Nueva creación

17Miren, yo voy a crear un cielo nuevo/ y una
tierra nueva;/ de lo pasado no quedará recuer-
do/ ni se lo traerá a la memoria,/ 18más bien
gócense y alégrense siempre/ por lo que voy a
crear;/ miren, voy a transformar a Jerusalén en
alegría/ y a su población en gozo;/ 19me alegraré
de Jerusalén/ y me gozaré de mi pueblo,/ y ya no
se oirán en ella gemidos ni llantos;/ 20ya no ha-
brá allí niños/ que mueran al nacer/ ni adultos
que no completen sus años,/ pues será joven el
que muera a los cien años,/ y el que no los alcan-
ce se tendrá por maldito.
21Construirán casas y las habitarán,/ planta-
rán viñas y comerán sus frutos,/ 22no construi-
rán para que otro habite,/ ni plantarán para que
otro coma;/ porque los años de mi pueblo serán
los de un árbol/ y mis elegidos podrán gastar lo
que sus manos fabriquen.
23No se fatigarán en vano,/ no engendrarán
hijos para la catástrofe;/ porque serán la des-
cendencia de los benditos del Señor,/ y como
ellos, sus retoños./ 24Antes de que me llamen yo
les responderé,/ aún estarán hablando y los ha-
bré escuchado./ 25El lobo y el cordero pastarán
juntos,/ el león como el buey comerá paja./ No
harán daño ni estrago/ por todo mi Monte San-
to/ –dice el Señor–.

El culto auténtico

66 1Así dice el Señor:/ El cielo es mi trono,/
y la tierra, el estrado de mis pies:/ ¿Qué
templo podrán construirme/ o qué lugar para mi
descanso?/ 2Todo esto lo hicieron mis manos,/ y
así existió todo esto/ –oráculo del Señor–.
Pero en ese pondré mis ojos:/ en el humilde y
en el abatido/ que se estremece ante mis pala-
bras./ 3Hay quien inmola un toro,/ y es como si
matara a un hombre;/ hay quien sacrifica una
oveja,/ y es como si desnucara un perro;/ hay
quien trae una ofrenda,/ y es como si fuera san-
gre de cerdo;/ hay quien inciensa invocando,/ y
es como si bendijera a un ídolo.
Todos ellos eligieron su camino/ y escogieron
sus prácticas idolátricas,/ 4pues yo también
elegiré sus castigos/ y les mandaré lo que más
temen;/ porque llamé, y nadie contestó;/ hablé,
y no escucharon;/ hicieron lo que no me agra-
da,/ escogieron lo que no quería.

Juicio

5Escuchen la Palabra del Señor,/ los que tiem-
blan ante sus palabras:/ Dicen sus hermanos,/
los que los detestan,/ los que los rechazan por
mi Nombre:/ Que el Señor muestre su gloria,/
y disfrutemos de la alegría de ustedes./ Pues

ellos serán confundidos./ 6Una voz retumba en
la ciudad,/ una voz sale del templo:/ es la voz
del Señor,/ que da su merecido a sus enemigos.

Un pueblo renace

7Antes de las contracciones dio a luz,/ antes
que le llegaran los dolores/ ha dado vida a un va-
rón:/ 8¿Quién ha oído tal cosa/ o quién ha visto
algo semejante?/ ¿Se engendra todo un país en
un solo día,/ se da luz a un pueblo de una sola
vez?/ Apenas sintió los dolores,/ Sión dio a luz
a sus hijos.
9Abro yo la matriz, ¿y no haré que dé a luz?/
–dice el Señor–./ Yo, que hago dar a luz, ¿la voy a
cerrar?/ –dice tu Dios–.
10Festejen a Jerusalén, gocen con ella,/ todos
los que la aman;/ alégrense de su alegría/ los
que por ella estaban de duelo;/ 11mamarán de sus
pechos/ y se saciarán de sus consuelos,/ y sabo-
rearán las delicias/ de sus pechos abundantes./
12Porque así dice el Señor:/ Yo haré correr hacia
ella,/ como un río, la paz;/ como un torrente en
crecida,/ las riquezas de las naciones.
Ella los amamantará y los llevará en brazos,/
y sobre las rodillas los acariciará;/ 13como a un
niño a quien su madre consuela,/ así los conso-
laré yo./ 14Al verlo se alegrará su corazón/ y sus
huesos florecerán como un prado;/ la mano del
Señor se manifestará a sus siervos,/ y su cólera,
a sus enemigos.

Juicio de los pueblos

15Porque el Señor llegará con fuego/ y sus ca-
rros como torbellino,/ para desahogar con furor
su ira/ y su indignación con llamas./ 16Porque el
Señor va a juzgar/ con su fuego y con su espada
a todo mortal:/ serán muchas las víctimas del
Señor.
17Los que se consagran y purifican/ para en-
trar en los jardines/ tras uno que ocupa el cen-
tro,/ los que comen carne de cerdo y reptiles y
ratas,/ sus obras y sus planes perecerán juntos/
–oráculo del Señor–.

Reunión de todos los pueblos

18Pero yo vendré para reunir/ a las naciones de
toda lengua:/ vendrán para ver mi gloria;/ 19les
daré una señal,/ y de entre ellos despacharé/
supervivientes a las naciones:/ a Tarsis, Etiopía,
Libia,/ Masac, Tubal y Grecia;/ a las costas leja-
nas,/ que nunca oyeron mi fama/ ni vieron mi
gloria,/ y anunciarán mi gloria a las naciones.
20Y de todas las naciones, como ofrenda al Se-
ñor,/ traerán a todos sus hermanos/ a caballo
y en carros y en literas,/ en mulos y dromeda-
rios,/ hasta mi Monte Santo de Jerusalén/ –dice
el Señor–,/ como los israelitas traen la ofrenda/
en una vasija pura al templo del Señor.
21De entre ellos escogeré/ sacerdotes y levitas
–dice el Señor–./ 22Como el cielo nuevo y la tie-
rra nueva,/ que voy a hacer, durarán ante mí/
–oráculo del Señor–,/ así durará su descenden-
cia/ y el nombre de ustedes./ 23Cada luna nueva
y cada sábado/ vendrá todo mortal a postrarse
ante mí/ –dice el Señor–.
24Y al salir verán los cadáveres/ de los que se
rebelaron contra mí:/ su gusano no muere, su
fuego no se apaga,/ y serán el horror de todos
los mortales.

JEREMÍAS

Introducción

1 1Palabras de Jeremías, hijo de Jelcías, de los
sacerdotes residentes en Anatot, territorio
de Benjamín. 2Recibió palabras del Señor duran-
te el reinado de Josías, hijo de Amón, en Judá, el
año trece de su reinado, 3y también en tiempos
de Joaquín, hijo de Josías, hasta el final del año
once del reinado en Judá de Sedecías, hijo de
Josías; hasta la deportación de Jerusalén en el
mes quinto.

Vocación de Jeremías

4El Señor me dirigió la palabra: 5«Antes de for-
marte en el vientre te elegí, antes de salir del
seno materno te consagré y te nombré profeta
de los paganos». 6Yo repuse: «¡Ay, Señor mío!
Mira que no sé hablar, que soy un muchacho».
7El Señor me contestó: «No digas que eres un
muchacho: que a donde yo te envíe, irás; lo que
yo te mande, lo dirás. 8No les tengas miedo,
que yo estoy contigo para librarte –oráculo del
Señor–».
9El Señor extendió la mano, me tocó la boca
y me dijo: «Mira, yo pongo mis palabras en tu
boca, 10hoy te establezco sobre pueblos y reyes,
para arrancar y arrasar, destruir y demoler, edi-
ficar y plantar».

Primeras visiones

11El Señor me dirigió la palabra: «¿Qué ves,
Jeremías?». Respondí: «Veo una rama de almen-
dro». 12Me dijo: «¡Has visto bien! Porque estoy
atento para cumplir mi palabra».
13De nuevo me dirigió la palabra: «¿Qué ves?».
Respondí: «Veo una olla hirviendo que se derra-
ma por el lado del norte». 14Me dijo: «Desde el
norte se derramará la desgracia sobre todos los
habitantes del país. 15Voy a llamar a todas las

tribus del norte –oráculo del Señor–: Vendrá y
pondrá cada uno su asiento frente a las puertas
de Jerusalén, en torno a sus murallas y frente a
los poblados de Judá. 16Entablaré juicio contra
ellos por todas sus maldades: porque me aban-
donaron, quemaron incienso a dioses extranje-
ros y se postraron ante las obras de sus manos.
17Y tú ármate de valor, levántate,/ diles lo que
yo te mando./ No les tengas miedo;/ que si no,
yo te meteré miedo de ellos./ 18Yo te convier-
to hoy en ciudad fortificada,/ en columna de
hierro, en muralla de bronce,/ frente a todo el
país:/ frente a los reyes y príncipes de Judá,/
frente a los sacerdotes y los terratenientes;/
19lucharán contra ti, pero no te vencerán,/ por-
que yo estoy contigo para librarte/ –oráculo del
Señor–.

Pleito de Dios y conversión

2 1El Señor me dirigió la palabra: 2Ve, grita,
que lo oiga Jerusalén:/ Así dice el Señor:/ Re-
cuerdo tu cariño de joven,/ tu amor de novia,/
cuando me seguías por el desierto,/ por tierra
sin cultivar./ 3Israel era sagrada para el Señor,/
primicia de su cosecha:/ quien se atrevía a co-
mer de ella lo pagaba,/ la desgracia caía sobre
él/ –oráculo del Señor–.
4Escuchen la Palabra del Señor, casa de Jacob,
tribus todas de Israel:
5Así dice el Señor:/ ¿Qué delito encontraron
en mí sus padres/ para alejarse de mí?/ Siguie-
ron a dioses vanos/ volviéndose así vanos ellos
mismos,/ 6en vez de preguntar:/ ¿Dónde está el
Señor?/ El que nos sacó de Egipto/ y nos condujo
por el desierto,/ por estepas y barrancos,/ tie-
rra sedienta y sombría,/ tierra que nadie atra-
viesa,/ que ninguno habita.
7Yo los conduje a un país de huertos,/ para que
comieran sus frutos sabrosos;/ pero entraron y
contaminaron mi tierra,/ e hicieron de mi he-
rencia un lugar aborrecible./ 8Los sacerdotes no
preguntaban:/ ¿Dónde está el Señor?/ Los doc-
tores de la ley no me reconocían,/ los pastores se
rebelaban contra mí,/ los profetas profetizaban
en nombre de Baal,/ siguiendo a dioses que de
nada sirven./ 9Por eso vuelvo a pleitear con us-
tedes/ y con sus nietos pleitearé/ –oráculo del
Señor–.
10Naveguen hasta las costas de Chipre y mi-
ren,/ envíen gente a Cadar y observen atenta-
mente:/ ¿ha sucedido algo semejante?/ 11¿Cam-
bia un pueblo de dios?/ Y eso que no es dios;/
pero mi pueblo cambió su Gloria/ por el que no
sirve./ 12¡Espántense de esto, cielos/ tiemblen
horrorizados!/ –oráculo del Señor–,/ 13porque
dos maldades ha cometido mi pueblo:/ me aban-
donaron a mí, fuente de agua viva,/ y se cava-
ron pozos,/ pozos agrietados que no conservan
el agua.
14¿Era Israel un esclavo/ o un nacido en escla-
vitud?/ ¿Por qué se ha vuelto presa de leones/
15que rugen contra él con gran estruendo?/
Arrasaron su tierra,/ incendiaron sus pobla-
dos/ hasta dejarlos deshabitados./ 16Incluso
gente de Menfis y Tafnes/ te raparon la cabeza.
17¿No te ha sucedido todo eso/ por haber aban-
donado al Señor, tu Dios?/ 18Y ahora, ¿para qué
quieres ir a Egipto?,/ ¿a beber agua del Nilo?;/
¿para qué quieres ir a Asiria?,/ ¿a beber agua del
Éufrates?/ 19Tu maldad te castiga,/ tu infide-
lidad te enseña:/ mira y aprende que es malo y
amargo/ abandonar al Señor, tu Dios,/ sin sen-
tir miedo/ –oráculo del Señor Todopoderoso–.
20Desde antiguo has roto el yugo/ y hecho sal-
tar las correas/ diciendo: No quiero servir:/
en cualquier colina alta,/ bajo cualquier árbol
frondoso,/ te acostabas y te prostituías./ 21Yo te
planté, vid selecta/ de cepas legítimas,/ y tú te
volviste espino,/ viña bastarda.
22Por más que te laves/ con jabón y lejía abun-
dante,/ me queda presente la mancha de tu cul-
pa/ –oráculo del Señor–.
23¿Cómo te atreves a decir:/ No me he conta-
minado,/ no he seguido a los ídolos?/ Mira en el
valle tu camino/ y reconoce lo que has hecho,/
camella liviana de extraviados caminos,/ 24as-
na salvaje criada en el desierto,/ cuando en celo
aspira el viento,/ ¿quién domará su pasión?/
Los que la buscan no necesitan cansarse,/ la en-
cuentran en celo.
25Ahórrales calzado a tus pies,/ sed a tu gar-
ganta;/ tú respondes: ¡De ninguna manera!/
Estoy enamorada de extranjeros/ y me iré con
ellos./ 26Como se queda turbado un ladrón sor-
prendido,/ se quedan turbados los israelitas,/
con sus reyes, príncipes,/ sacerdotes y profe-
tas;/ 27dicen a un trozo de madera: Eres mi pa-
dre;/ a una piedra: Me has dado a luz;/ me dan
la espalda y no la cara,/ pero en tiempo de la
desgracia dicen:/ ¡Ven a salvarnos!
28¿Y dónde están los dioses/ que te hacías?/
¡Que se levanten ellos/ y te salven de tu desgra-
cia!/ Pues tantos como poblados/ eran tus dio-
ses, Judá./ 29¿Por qué me entablan pleito,/ si son
todos rebeldes?/ –oráculo del Señor–.
30En vano herí a sus hijos:/ no aprendieron la
lección;/ la espada de ustedes devoró a sus pro-
fetas/ como león carnicero./ 31–Ustedes fíjense
en la Palabra del Señor–./ ¿Me he vuelto desier-
to para Israel/ o tierra tenebrosa?/ ¿Por qué
dice mi pueblo:/ Huimos, ya no volvemos a ti?/
32¿Acaso olvida una joven sus joyas,/ una novia

su cinturón?/ Pero mi pueblo me tiene olvidado/
hace ya mucho tiempo.
33¡Qué bien conoces el camino de tu amor!/
¡Qué bien te has aprendido el mal camino!/ 34En
tus manos hay sangre/ de pobres inocentes:/ no
los sorprendiste abriendo un boquete.
35Y encima dices: Soy inocente,/ su ira no me
alcanzará./ Pero yo te juzgaré/ por haber dicho
que no has pecado./ 36¡Qué poco te cuesta/ cam-
biar de rumbo!/ También Egipto te va a fallar/
como te falló Asiria;/ 37también de allí saldrás/
con las manos en la cabeza,/ porque el Señor ha
rechazado/ la base de tu confianza,/ y no ten-
drás éxito con ellos.

3 1Si un hombre repudia a su mujer,/ ella se se-
para y se casa con otro,/ ¿volverá él a ella?,/
¿no está esa mujer irremediablemente deshon-
rada?/ Y tú, que te has prostituido con muchos
amantes,/ ¿podrás volver a mí?/ –oráculo del
Señor–.
2Levanta la vista a los montes desolados y mi-
ra:/ ¿dónde no te has prostituido?/ Como un nó-
mada en el desierto/ te sentabas en los caminos,/
a su disposición,/ y profanaste la tierra/ con tu
prostitución y tu maldad./ 3Faltaban los agua-
ceros,/ no veían la lluvia,/ y tú, ramera desca-
rada,/ no sentías vergüenza./ 4Ahora mismo me
dices: Tú eres mi padre,/ mi amigo de juventud;/
5pensando: No me va a guardar un rencor eter-
no,/ y seguías obrando maldades, tan tranquila.

Las dos hermanas

6Durante el reinado de Josías me dijo el Señor:
«¿Has visto lo que ha hecho Israel, la apósta-
ta? Se ha ido por todos los montes altos y se ha
prostituido bajo todo árbol frondoso. 7Yo pensé
que después de hacer todo esto volvería a mí;
pero no volvió. Entonces su hermana, Judá, la
infiel, 8vio que a Israel, la apóstata, la había
despedido yo por sus infidelidades, dándole el
acta de divorcio; con todo, Judá, la infiel, no
temió, sino que fue y se prostituyó también
ella. 9Y así, con su facilidad para prostituirse,
profanó el país, porque cometió adulterio con la
piedra y el leño. 10A pesar de todo, su hermana,
Judá, la infiel, no volvió a mí de todo corazón,
sino de mentiras –oráculo del Señor–».
11El Señor me dijo: Israel, la apóstata, resulta
inocente al lado de Judá, la infiel: 12Ve y pro-
clama este mensaje hacia el norte: Vuelve, Is-
rael, apóstata/ –oráculo del Señor–,/ que no te
pondré mala cara,/ porque soy leal/ y no guardo
rencor eterno/ –oráculo del Señor–./ 13Pero re-
conoce tu culpa,/ porque te rebelaste/ contra el
Señor, tu Dios:/ entregaste tu amor a extraños/
bajo todo árbol frondoso/ y me desobedeciste/ –
oráculo del Señor–.

Llamada a la conversión

14Vuelvan, hijos apóstatas –oráculo del Se-
ñor–, que yo soy su dueño: escogeré a uno de ca-
da ciudad, a dos de cada tribu y los traeré a Sión;
15les daré pastores a mi gusto que los apacienten
con saber y acierto; 16entonces, cuando crezcan
y se multipliquen en el país –oráculo del Señor–,
ya no se nombrará el arca de la alianza del Señor,
no se la recordará ni mencionará, no se la echará
de menos ni se hará otra.
17En aquel tiempo llamarán a Jerusalén Trono
del Señor, acudirán a ella todos los paganos,
porque Jerusalén llevará el Nombre del Señor y
ya no seguirán la maldad de su corazón obsti-
nado. 18En aquellos días Judá irá a reunirse con
Israel y juntas vendrán del país del norte a la
tierra que di en herencia a sus padres.
19Yo había pensado/ contarte entre mis hijos,/
darte una tierra envidiable,/ la perla de las na-
ciones en herencia,/ esperando que me llama-
ras: padre mío,/ y no te apartaras de mí;/ 20pero
igual que una mujer traiciona a su amante,/
así me traicionó Israel/ –oráculo del Señor–./
21Oigan, se escucha en los montes desolados/
el llanto suplicante de los israelitas,/ que han
extraviado el camino,/ olvidados del Señor, su
Dios./ 22Vuelvan, hijos apóstatas,/ y los sanaré
de su apostasía.
Aquí estamos, hemos venido a ti,/ porque tú,
Señor, eres nuestro Dios./ 23Cierto, son mentira
las colinas/ y las celebraciones de los montes;/
en el Señor, nuestro Dios, está la salvación de
Israel./ 24La vergonzosa idolatría devoró/ los
ahorros de nuestros padres desde su juventud:/
vacas y ovejas, hijos e hijas;/ 25nos acostamos
sobre nuestra vergüenza/ y nos cubre la humi-
llación,/ porque pecamos contra el Señor, nues-
tro Dios,/ nuestros padres y nosotros,/ desde la
juventud hasta hoy/ y desobedecimos al Señor,
nuestro Dios.

4 1Si quieres volver, Israel,/ vuelve a mí –orá-
culo del Señor–;/ si apartas de mí tus ídolos
detestables,/ no irás errante;/ 2si juras por el
Señor con verdad,/ justicia y derecho,/ las na-
ciones desearán tu dicha y tu fama./ 3Así dice
el Señor a los habitantes de Judá y Jerusalén:/
Preparen los campos/ y no siembren cardos./
4Circuncídense para el Señor/ quiten el prepu-
cio de sus corazones,/ habitantes de Judá y Je-
rusalén,/ no sea que por sus malas acciones,/
estalle como fuego mi cólera/ y arda sin que na-
die pueda apagarla.

El enemigo del norte

Mírenle subir:/ 5Anúncienlo en Judá,/ pro-
clámenlo en Jerusalén,/ toquen la trompeta en
el país,/ griten a pleno pulmón:/ júntense para
marchar/ a la ciudad fortificada,/ 6levanten la
bandera hacia Sión;/ escapen sin detenerse;/
que yo traigo del norte la desgracia,/ una gran
calamidad:/ 7sale el león de la maleza,/ sale
de su guarida,/ está en marcha un asesino de
pueblos,/ para arrasar tu país/ e incendiar tus
ciudades/ dejándolas despobladas./ 8Por eso
vístanse de sayal,/ hagan duelo y laméntense,/
porque no cede el incendio de la ira del Señor./
9Aquel día –oráculo del Señor–/ se acobardarán
el rey y los príncipes,/ se espantarán los sacer-
dotes,/ se turbarán los profetas.

10Yo dije: ¡Ay Señor mío!/ Realmente has enga-
ñado a este pueblo/ y a Jerusalén, prometiéndo-
le paz,/ cuando tenemos al cuello la espada.

11En aquel tiempo dirán/ a este pueblo y a Je-
rusalén:/ Un viento sopla de las dunas del de-
sierto/ hacia la capital de mi pueblo:/ no viento
de aventar ni de limpiar el trigo,/ 12sino viento
huracanado a mis órdenes:/ ahora me toca a mí
pronunciar su sentencia.

13Mírenle avanzar como una nube,/ sus carro-
zas como un huracán,/ sus caballos más rápidos
que águilas:/ ¡ay de nosotros! Estamos perdi-
dos./ 14Jerusalén, lava tu corazón de maldades,/
para salvarte,/ ¿hasta cuándo anidarán en tu
pecho/ planes criminales?

15Escucha al mensajero de Dan,/ al que anun-
cia desgracias desde la sierra de Efraín:/ 16Dí-
ganselo a los paganos,/ anúncienlo en Jerusa-
lén:/ de tierra lejana llega el enemigo/ lanzando
gritos contra los poblados de Judá;/ 17como los
guardianes de un campo te cercan,/ porque te
rebelaste contra mí/ –oráculo del Señor–;/ 18tu
conducta y tus acciones te lo han traído,/ ese es
tu castigo,/ el dolor que te hiere el corazón.

El alarido de guerra

19¡Ay mis entrañas, mis entrañas!/ Me tiem-
blan las paredes del pecho,/ tengo el corazón
turbado/ y no puedo callar;/ porque yo mismo
escucho/ el toque de trompeta,/ el alarido de
guerra,/ 20un golpe llama a otro golpe,/ el país
está deshecho;/ de repente quedan destrozadas
las tiendas de campaña/ y en un momento los
pabellones./ 21¿Hasta cuándo tendré que ver la
bandera/ y escuchar el toque de la trompeta?/
22Mi pueblo es insensato, no me reconoce,/ son
hijos necios que no recapacitan:/ son hábiles
para el mal,/ ignorantes para el bien.

23Miro a la tierra: ¡caos informe!;/ al cielo: es-
tá sin luz;/ 24miro a los montes: tiemblan;/ a las
colinas: danzan;/ 25miro: no hay hombres,/ las
aves del cielo han volado;/ 26miro: el vergel es un
desierto,/ los poblados están arrasados:/ por el
Señor, por el incendio de su ira.

El grito de Sión

27Así dice el Señor:/ El país quedará desola-
do,/ pero no lo aniquilaré;/ 28la tierra guardará
luto,/ el cielo arriba se ennegrecerá;/ lo dije y no
me arrepiento,/ lo pensé y no me vuelvo atrás.

29Al oír a los jinetes y arqueros,/ huyen los
vecinos,/ se meten en cuevas,/ se esconden en
la maleza,/ trepan a los peñascos,/ y la ciudad
queda abandonada,/ sin un habitante.

30Y tú, ¿qué haces/ que te vistes de púrpura,/
te enjoyas de oro,/ te maquillas los ojos con ne-
gro?/ En vano te embelleces,/ tus amantes te re-
chazan,/ solo buscan tu vida.

31Oigo un grito como de parturienta,/ sollozos
como en el primer parto:/ el grito angustiado de
Sión,/ estirando los brazos:/ ¡Ay de mí, que des-
fallezco,/ que me quitan la vida!

¿No he de vengarme?

5 1Recorran las calles de Jerusalén,/ miren,
comprueben, busquen en sus plazas/ a ver si
hay alguien que respete el derecho/ y practique
la sinceridad;/ y le perdonaré.

2Cuando dicen: ¡Por la vida del Señor!,/ juran
en falso,/ 3y tus ojos, Señor, buscan la sinceri-
dad./ Los heriste y no les dolió,/ los extermi-
naste y no escarmentaban;/ endurecían la cara
como roca/ y se negaban a convertirse.

4Me dije: estos son gente sencilla e ignoran-
tes,/ no conocen el camino del Señor,/ el pre-
cepto de su Dios;/ 5me dirigiré a los jefes para
hablarles,/ porque ellos sí conocen el camino
del Señor,/ el precepto de su Dios./ Pero todos
juntos rompieron el yugo,/ hicieron saltar las
correas;/ 6por eso los herirá un león de la sel-
va,/ un lobo del desierto los despedazará,/ una
pantera acecha sus ciudades/ y arrebata al que
sale,/ porque son muchas sus culpas/ y graves
sus apostasías.

7Después de todo, ¿podré perdonarte?,/ tus
hijos me abandonaron,/ juraron por dioses fal-
sos;/ yo los colmé de bienes,/ ellos fueron adúl-
teros,/ se iban en tropel a los prostíbulos;/ 8son
caballos cebados y fogosos/ que relinchan cada
cual por la mujer del prójimo.

9Y por todo esto, ¿no los castigaré?/ –orácu-
lo del Señor–./ De un pueblo semejante,/ ¿no
me voy a vengar?/ 10Suban a sus terrazas,/
destruyan sin aniquilar;/ arranquen sus sar-
mientos,/ ya que no son del Señor;/ 11porque
me han sido infieles Israel y Judá/ –oráculo del

Señor–;/ 12renegaron del Señor diciendo:/ No
es él, no nos pasará nada,/ no veremos espada
ni hambre.
13Sus profetas son viento,/ no tienen pala-
bras del Señor,/ 14por eso así dice el Señor, Dios
Todopoderoso:/ Por haber hablado así,/ así
les sucederá:/ haré que mi palabra sea fuego
en tu boca/ que consumirá a ese pueblo como
leña./ 15Israel, yo voy a conducir contra uste-
des/ un pueblo remoto/ –oráculo del Señor–:/
un pueblo invencible,/ un pueblo antiquísimo,/
un pueblo de lengua incomprensible,/ no en-
tenderás lo que diga:/ 16su boca es una tumba
abierta/ y todos son guerreros:/ 17comerá tus
cosechas y tu pan,/ comerá a tus hijos e hijas,/
comerá tus vacas y ovejas,/ comerá tu viña y tu
higuera,/ conquistará a espada/ las fortalezas
en que confías.
18Pero en aquellos días –oráculo del Señor– no
los aniquilaré. 19Cuando te pregunten: «¿Por qué
nos ha hecho todo esto el Señor, nuestro Dios?»,
contestarás:« Así como ustedes me abandona-
ron para servir en su propio país a dioses ex-
tranjeros, así servirán a dioses extranjeros en
tierra extraña».
20Anuncien esto a Jacob,/ publíquenlo en Ju-
dá:/ 21Escúchalo, pueblo necio y sin juicio,/ que
tiene ojos y no ve,/ tiene oídos y no oye:/ 22¿A mí
no me respetan,/ no tiemblan en mi presencia?/
–oráculo del Señor–.
Yo puse la arena como frontera del mar,/ límí-
te perpetuo que no traspasa;/ hierve impotente,
braman sus olas,/ 23pero no lo traspasan;/ en
cambio, este pueblo/ es duro y rebelde de cora-
zón,/ y se marcha lejos;/ 24no piensan:/ Debe-
mos respetar al Señor, nuestro Dios,/ que envía
a su debido tiempo/ las lluvias tempranas y tar-
días/ y observa las semanas justas para nuestra
cosecha.
25Sus culpas han trastornado el orden,/ sus
pecados los dejan sin lluvia,/ 26porque hay en
mi pueblo criminales/ que ponen trampas como
cazadores/ y cavan fosas para cazar hombres:/
27sus casas están llenas de engaño/ como una
jaula está llena de pájaros,/ así es como se hacen
poderosos y ricos,/ 28engordan y prosperan;/
rebosan de malas palabras,/ no juzgan según
derecho,/ no defienden la causa del huérfano/
ni sentencian a favor de los pobres.
29Y por todo esto, ¿no los castigaré?/ –oráculo
del Señor–;/ de un pueblo semejante, ¿no me voy
a vengar?/ 30Espantos y prácticas idolátricas/
suceden en el país:/ 31los profetas profetizan em-
bustes,/ los sacerdotes dominan por la fuerza,/
y mi pueblo tan contento./ ¿Qué harán ustedes
cuando llegue el fin?

Amenazas contra Jerusalén

6 1Huyan, benjaminitas, de Jerusalén,/ toquen
la trompeta en Tecua,/ hagan señales en Bet-
Kérem:/ asoma por el norte la desgracia,/ una
ruina gigante./ 2Sión es como una bella prade-
ra/ 3donde entran pastores y rebaños,/ plantan
en círculo las tiendas,/ y a pastar cada uno por
su lado.
4Declárenle la guerra santa;/ ¡arriba, al ata-
que a mediodía!;/ ¡ay, que se acaba el día,/ se
alargan las sombras de la tarde!;/ 5¡arriba, al
ataque de noche,/ a destruir sus palacios!;/
6porque así dice el Señor Todopoderoso:/ Corten
árboles,/ levanten un terraplén contra Jerusa-
lén;/ es una ciudad sentenciada,/ donde domi-
na la opresión;/ 7como brota el agua de un pozo,/
brota de ella la maldad,/ violencias y atropellos
se escuchan en ella,/ siempre tengo delante gol-
pes y heridas./ 8Escarmienta, Jerusalén,/ si no
quieres que me canse de ti/ y te convierta en de-
solación,/ en tierra deshabitada.

Anuncio del castigo

9Así dice el Señor Todopoderoso:/ Rebusca el
resto de Israel,/ como racimos en una viña,/ pasa
la mano por los sarmientos,/ como un vendimia-
dor./ 10¿A quién hablaré, a quién advertiré/ para
que me escuche?:/ tienen oídos incircuncisos,/
incapaces de atender,/ toman a burla la Palabra
de Dios/ porque no les agrada;/ 11pero yo estoy
lleno de la ira del Señor/ y no puedo contenerla;/
derrámala en la calle sobre los chiquillos/ y sobre
los grupos de jóvenes;/ de golpe, caerán presos/
marido y mujer, viejos y ancianos,/ 12pasarán a
extraños sus casas,/ sus campos y sus mujeres,/
cuando extienda la mano/ contra los habitantes
del país/ –oráculo del Señor–,/ 13porque del pri-
mero al último/ solo buscan enriquecerse,/ pro-
fetas y sacerdotes se dedican al fraude.
14Pretenden sanar por encima/ la fractura de
mi pueblo,/ diciendo: Marcha bien, muy bien./ Y
no marcha bien./ 15¿Acaso se avergüenzan de sus
horribles actos?/ Ni se avergüenzan ni se sonro-
jan;/ por eso caerán con los demás caídos,/ tro-
pezarán el día que tengan que dar cuenta/ –lo ha
dicho el Señor–.

Rebeldía de Israel

16Así decía el Señor:/ Deténganse en los ca-
minos a mirar,/ pregunten por la vieja senda:/
¿cuál es el buen camino?,/ síganlo y encontrarán
reposo;/ ellos respondieron:/ No queremos ca-
minar./ 17Les di centinelas:/ Atención al toque
de trompeta;/ ellos respondieron: No nos im-
porta./ 18Por eso, escuchen naciones;/ entérate,
asamblea, lo que va a pasar;/ 19escucha, tierra:/

Yo traigo contra este pueblo una desgracia,/ re-
sultado de sus planes,/ porque despreciaron mis
palabras,/ rechazaron mi ley.
20¿Qué me importa el incienso de Sabá/ y la
caña aromática de un lejano país?/ Sus holo-
caustos no me agradan,/ sus sacrificios no me
son gratos./ 21Así dice el Señor:/ Yo pondré a este
pueblo obstáculos/ en que tropiecen:/ padres e
hijos, vecinos y amigos/ acabarán juntos.

Invasión del norte

22Así dice el Señor:/ Miren, un ejército viene
desde el norte,/ una multitud se moviliza en el
extremo del mundo,/ 23armados de arcos y lan-
zas,/ crueles y despiadados,/ sus gritos resue-
nan como el mar,/ avanzan a caballo,/ formados
como soldados/ contra ti, Sión.
24Al oír su fama nos acobardamos,/ nos atena-
zan angustias y temblor de parturienta./ 25No
salgas al campo,/ no vayas por el camino,/ que
la espada enemiga/ siembra el terror por todas
partes./ 26Capital de mi pueblo, vístete de luto/ y
revuélcate en el polvo,/ haz funeral como por un
hijo único,/ un duelo amargo,/ porque llega de
repente nuestro devastador.
27Te nombro examinador de mi pueblo,/ para
que examines y pruebes su conducta./ 28Todos
son rebeldes y siembran calumnias,/ todos son
bronce y hierro de mala calidad;/ 29el fuelle re-
sopla,/ el plomo se derrite por el fuego,/ en vano
funde el fundidor,/ la escoria no se desprende./
30Plata de desecho hay que llamarlos,/ porque el
Señor los desecha.

Sermón sobre el templo

7 1Palabras que el Señor dirigió a Jeremías: 2Pá-
rate junto a la puerta del templo y proclama
allí: Escuchen, judíos, la Palabra del Señor, los
que entran por estas puertas a adorar al Se-
ñor, 3así dice el Señor Todopoderoso, Dios de
Israel: Enmienden su conducta y sus acciones,
y habitaré con ustedes en este lugar; 4no se ha-
gan ilusiones con razones falsas, repitiendo: el
templo del Señor, el templo del Señor, el templo
del Señor. 5Si enmiendan sus conductas y sus
acciones, si juzgan rectamente los pleitos, 6si no
oprimen al emigrante, al huérfano y a la viuda,
si no derraman sangre inocente en este lugar, si
no siguen a dioses extranjeros, para desgracia
de ustedes mismos, 7entonces habitaré con uste-
des en este lugar, en la tierra que di a sus padres,
desde antiguo y para siempre.
8Se hacen ilusiones con razones falsas, que
no sirven: 9¿de modo que roban, matan, come-
ten adulterio, juran en falso, queman incienso
a Baal, siguen a dioses extranjeros y descono-
cidos, 10y después entran a presentarse ante mí
en este templo que lleva mi Nombre, y dicen:
Estamos salvados, para seguir cometiendo las
mismas maldades? 11¿Creen que este templo que
lleva mi Nombre es una cueva de bandidos? Aten-
ción, que yo lo he visto –oráculo del Señor–.
12Vayan a mi templo de Siló, al que di mi Nombre
en otro tiempo, y miren lo que hice con él, por la
maldad de Israel, mi pueblo. 13Y ahora, por ha-
ber cometido tales acciones –oráculo del Señor–,
porque les hablé sin cesar y no me escucharon,
porque los llamé y no me respondieron, 14por eso
trataré al templo que lleva mi Nombre, y en el que
ustedes confían, y al lugar que di a sus padres y a
ustedes, de la misma manera que traté a Siló; 15a
ustedes los arrojaré de mi presencia, como arrojé
a sus hermanos, a toda la descendencia de Efraín.

No valen intercesiones

16Y tú no intercedas por este pueblo, no supli-
ques a gritos por ellos, no me reces, que no te
escucharé. 17¿No ves lo que hacen en los pueblos
de Judá y en las calles de Jerusalén? 18Los hijos
recogen leña, los padres encienden el fuego, las
mujeres preparan la masa para hacer tortas en
honor de la reina del cielo, y para irritarme ha-
cen libaciones a dioses extranjeros. 19¿Es a mí a
quien irritan –oráculo del Señor– o más bien a
sí mismos, para su confusión?20Por eso así dice
el Señor: Miren, mi ira y mi enojo se derraman
sobre este lugar, sobre hombres y ganados, so-
bre el árbol silvestre, sobre el fruto del suelo, y
arden sin apagarse.

No vale el culto

21Así dice el Señor Todopoderoso, Dios de Is-
rael: Añadan sus holocaustos a sus sacrificios y
cómanse la carne; 22porque cuando saqué a sus
padres de Egipto no les ordené ni hablé de ho-
locaustos y sacrificios; 23esta fue la orden que
les di: Obedézcanme, y yo seré su Dios y ustedes
serán mi pueblo; caminen por el camino que les
señalo, y les irá bien. 24Pero no escucharon ni
prestaron oído, seguían sus planes, la maldad
de su corazón endurecido, dándome la espalda
y no la cara.
25Desde que sus padres salieron de Egipto has-
ta hoy les envié a mis siervos los profetas un día
y otro día; 26pero no me escucharon ni prestaron
oído, se pusieron tercos y fueron peores que sus
padres. 27Ya puedes repetirles este sermón, que
no te escucharán; ya puedes gritarles, que no te
responderán. 28Les dirás: Esta es la gente que
no obedeció al Señor, su Dios, y no quiso escar-
mentar; la sinceridad se ha perdido, arrancada
de su boca.

Duelo por Ben-Hinón

29Córtate la cabellera y tírala,/ entona en
los montes desolados un lamento:/ El Señor ha
rechazado y expulsado/ a la generación que
provocó su ira;/ 30porque los judíos hicieron lo
que yo repruebo/ –oráculo del Señor–; pusieron
sus ídolos en el templo que lleva mi Nombre,/
contaminándolo.
31Levantaron altares al Horno, en el valle de
Ben-Hinón para quemar a hijos e hijas, cosa que
yo no mandé ni se me pasó por la cabeza; 32por
eso, miren que llegan días –oráculo del Señor–
en que ya no se llamará El Horno ni valle de Ben-
Hinón, sino valle de las Ánimas, porque tendrán
que enterrar en El Horno por falta de sitio; 33y
los cadáveres de este pueblo serán pasto de las
aves del cielo y de las bestias de la tierra, sin
que nadie los espante. 34Haré desaparecer en los
pueblos de Judá y en las calles de Jerusalén la
voz alegre y la voz gozosa, la voz del novio y la
voz de la novia, porque el país será una ruina.

8 1Entonces –oráculo del Señor– sacarán de sus
tumbas los huesos de los reyes de Judá, 2los
huesos de sus príncipes, los huesos de los sa-
cerdotes, los huesos de los profetas, los huesos
de los vecinos de Jerusalén: quedarán expuestos
al sol, a la luna, a los astros del cielo a quienes
amaron, a quienes sirvieron, a quienes siguie-
ron, a quienes consultaron, a quienes adoraron;
no serán recogidos ni sepultados, yacerán como
estiércol en el campo.
3La muerte será preferible a la vida para todo
el resto, para los supervivientes de esa raza per-
versa, en todos los lugares por donde los disper-
sé –oráculo del Señor Todopoderoso–.

No quieren convertirse

4Diles: Así dice el Señor:/ ¿No se levanta el que
cayó?,/ ¿no vuelve el que se fue?/ 5Entonces, ¿por
qué este pueblo de Jerusalén/ ha apostatado
irrevocablemente?/ Se afianza en la rebelión,/
se niega a convertirse./ 6He escuchado atenta-
mente:/ no dicen la verdad,/ nadie se arrepien-
te de su maldad/ diciendo: ¿Qué he hecho?/ To-
dos vuelven a sus extravíos/ como caballo que se
lanza a la batalla.
7Aun la cigüeña en el cielo conoce su tiem-
po,/ la tórtola, la golondrina, la grulla/ saben
cuando deben emigrar;/ pero mi pueblo no com-
prende/ el mandato del Señor./ 8¿Por qué dicen:
Somos sabios,/ tenemos la ley del Señor?/ Si la
ha falsificado la pluma falsa de los escribanos.
9Pues quedarán confundidos los sabios,/ se
espantarán y caerán prisioneros:/ rechazaron
la Palabra del Señor,/ ¿de qué les servirá su
sabiduría?/ 10Por eso entregaré sus mujeres a
extraños/ y sus campos a los conquistadores;/
porque del primero al último/ solo buscan en-
riquecerse,/ profetas y sacerdotes se dedican al
fraude./ 11Pretenden sanar superficialmente la
fractura de mi pueblo/ diciendo: Marcha bien,
muy bien;/ y no marcha bien./ 12¿Se avergüen-
zan cuando cometen horribles actos?/ Ni se
avergüenzan/ ni saben lo que es sonrojarse;/
pues caerán con los demás caídos,/ tropezarán
el día que tengan que rendir cuenta/ –oráculo
del Señor–.
13Si intento cosecharlos/ –oráculo del Se-
ñor–/ no hay racimos en la vid/ ni higos en la
higuera,/ la hoja está seca;/ los entregaré a la
esclavitud.
14¿Qué hacemos aquí sentados?/ Reunámo-
nos,/ entremos en las ciudades fortificadas pa-
ra morir allí;/ porque el Señor, nuestro Dios, nos
deja morir,/ nos da a beber agua envenenada,/
porque pecamos contra el Señor./ 15Se espera
mejoría/ y no hay bienestar,/ a la hora de sa-
narse sobreviene el espanto.
16Desde Dan se escucha el resoplar de los caba-
llos,/ cuando relinchan los corceles,/ retiembla
la tierra;/ llegan y devoran el país con sus habi-
tantes,/ la ciudad con sus vecinos./ 17Yo envío
contra ustedes serpientes venenosas,/ contra
las que no valen encantamientos,/ los picarán
mortalmente/ –oráculo del Señor–.

Llanto del profeta

18Mi dolor no tiene remedio,/ mi corazón des-
fallece,/ 19al oír desde lejos el grito de auxilio de
la capital:/ ¿No está el Señor en Sión,/ no está
allí su Rey?/ ¿No me irritaron con sus ídolos,/
dioses inútiles y extraños?/ 20Pasó la cosecha, se
acabó el verano,/ y no hemos recibido auxilio./
21Por el sufrimiento de la capital ando afligido,/
atenazado de espanto:/ 22¿No queda medicina
en Galaad,/ no quedan médicos?/ ¿Por qué no
se cierra la herida/ de la capital de mi pueblo?/
23¡Quién diera agua a mi cabeza/ y a mis ojos
una fuente de lágrimas/ para llorar día y no-
che/ a los muertos de la capital!

Depravación de Jerusalén

9 1Quién me diera un hogar en el desierto/ para
dejar a mi pueblo y alejarme de ellos;/ pues
son todos unos adúlteros,/ una banda de traido-
res;/ 2tensan las lenguas como arcos,/ dominan
el país con la mentira y no con la verdad;/ van de
mal en peor,/ y a mí no me conocen/ –oráculo
del Señor–.
3Guárdese cada uno de su prójimo,/ no se fíen
del hermano,/ el hermano pone zancadillas/

y el prójimo anda calumniando;/ 4se estafan
unos a otros/ y no dicen la verdad,/ entrenan
sus lenguas en la mentira,/ están depravados
y son incapaces de convertirse:/ 5fraude sobre
fraude,/ engaño sobre engaño,/ y rechazan mi
conocimiento/ –oráculo del Señor–.
6Por eso así dice el Señor Todopoderoso:/ Yo
mismo los fundiré y examinaré,/ porque no
puedo desentenderme de la capital de mi pue-
blo:/ 7su lengua es flecha afilada,/ su boca dice
mentiras,/ saludan con la paz al prójimo/ y por
dentro le preparan una trampa.
8Y de esto, ¿no les voy a pedir cuentas?/ –orá-
culo del Señor–./ De un pueblo semejante,/ ¿no
me voy a vengar?/ 9Haré resonar por los montes
llantos y gemidos,/ en las praderas del desierto
cánticos fúnebres:/ porque están requemadas,/
nadie transita, no se oye mugir el ganado,/ aves
del cielo y bestias se han escapado./ 10Convertiré
a Jerusalén en escombros,/ en guarida de cha-
cales,/ arrasaré los pueblos de Judá/ dejándolos
deshabitados.

No sabios, plañideras

11¿Quién es el sabio que lo entienda?/ A quien
le haya hablado el Señor, que lo explique:/ ¿por
qué perece el país/ y se quema como desierto
intransitado?/ 12Responde el Señor:/ Porque
abandonaron la ley que yo les promulgué,/
desobedecieron y no la siguieron,/ 13sino que
siguieron a su corazón endurecido/ y a los baa-
les recibidos de sus padres./ 14Por eso así dice el
Señor Todopoderoso,/ Dios de Israel:/ Les daré a
comer ajenjo/ y a beber agua envenenada;/ 15los
dispersaré por naciones desconocidas de ellos y
sus padres,/ les echaré detrás la espada hasta
que los consuma.
16Así dice el Señor Todopoderoso:/ Sean sensa-
tos y hagan venir plañideras,/ traigan mujeres
expertas;/ 17que vengan pronto y nos entonen
un lamento,/ para que se deshagan en lágrimas
nuestros ojos/ y destilen agua nuestros párpa-
dos./ 18Ya se escucha el lamento en Sión:/ ¡Ay,
estamos deshechos,/ qué terrible fracaso!/ Tu-
vimos que abandonar el país,/ nos echaron de
nuestras moradas.
19Escuchen, mujeres, la Palabra del Señor,/
reciban sus oídos la palabra de su boca./ En-
señen a sus hijas lamentaciones,/ cada una a
su vecina este canto fúnebre:/ 20Subió la muer-
te por las ventanas/ y entró en los palacios,/
arrebató al niño en la calle,/ a los jóvenes en
la plaza./ 21El Señor dice su oráculo:/ Yacen
cadáveres humanos/ como estiércol en el cam-
po,/ como gavillas detrás del que cosecha,/ que
nadie recoge.
22Así dice el Señor:/ No se gloríe el sabio de su
saber,/ no se gloríe el soldado de su valor,/ no
se gloríe el rico de su riqueza;/ 23quien quiera
gloriarse, que se gloríe de esto:/ de conocer y
comprender que soy el Señor,/ que en la tierra
establece la lealtad,/ el derecho y la justicia/ y
se complace en ellos/ –oráculo del Señor–.
24Miren que llegan días/ –oráculo del Señor–/
en que pediré cuentas a todo circunciso:/ 25a
Egipto, Judá, Edom, Amón, Moab/ y a los bedui-
nos de cabeza rapada./ Porque todos, lo mismo
que Israel,/ son incircuncisos de corazón.

El Señor y los ídolos

10 1Israelitas, escuchen esta palabra que el
Señor les dirige:
2Dice el Señor: No imiten la conducta de los
paganos,/ no se asusten de las señales del cie-
lo/ que asustan a los paganos./ 3Los ritos de
esos pueblos son falsos:/ cortan un leño en el
bosque,/ lo trabaja el escultor con el formón,/
4lo adorna con oro y plata,/ lo sujeta con cla-
vos y martillo,/ para que no se mueva./ 5Son
espantapájaros de melonar,/ que no hablan;/
hay que transportarlos, porque no andan;/ no
les tengan miedo,/ que no pueden hacer ni mal
ni bien.
6No hay como tú, Señor;/ tú eres grande,/
grande es tu fama y tu poder,/ 7¿quién no te
temerá?/ Tú lo mereces, Rey de las naciones;/
entre todos sus sabios y reyes,/ ¿quién hay como
tú?/ 8Sin distinción son necios e insensatos,/
nada puede enseñarles un ídolo de madera./ 9De
Tarsis importan plata laminada, oro de Ofir,/
lo trabajan el orfebre y el fundidor,/ lo revis-
ten de terciopelo rojo y violeta;/ pura obra de
artesanos.
10En cambio, el Señor es Dios verdadero,/
Dios vivo y Rey de los siglos:/ bajo su cólera
tiembla la tierra,/ las naciones no soportan su
ira./ 11Por eso les dirán:/ Dioses que no hicie-
ron cielo y tierra/ desaparezcan de la tierra y
bajo el cielo./ 12Él hizo la tierra con su poder,/
asentó el universo con su maestría,/ desple-
gó el cielo con su habilidad./ 13Cuando su voz
truena/ retumban las aguas del cielo,/ hace
subir las nubes desde el horizonte,/ con los ra-
yos desata la lluvia/ y saca los vientos de sus
depósitos.
14El hombre con su saber se embrutece,/ el or-
febre con su ídolo fracasa:/ son imágenes falsas,
sin aliento,/ 15están vacías y no sirven para na-
da;/ el día de rendir cuenta perecerán./ 16No es
así la porción de Jacob,/ sino que lo hizo todo:/
Israel es la tribu de su propiedad/ y su Nombre
es Señor Todopoderoso.

Los rebaños se dispersan

17Recoge tu equipaje y sal del país,/ población
asediada,/ 18porque así dice el Señor:/ Esta vez
lanzaré con honda/ a los habitantes del país,/
los estrujaré hasta exprimirlos./ 19¡Ay de mí, qué
desgracia,/ mi herida es insanable!/ Yo que de-
cía: Es una dolencia, me aguantaré./ 20Mi tienda
está deshecha,/ las cuerdas arrancadas,/ se me
han ido los hijos/ y no queda ninguno,/ no hay
quien levante mi tienda/ y sujete las lonas.
21Los pastores están embrutecidos,/ no con-
sultan al Señor,/ por eso no obran con acierto,/
y los rebaños se desperdigan./ 22Escuchen un
mensaje: Ya llega/ con gran estruendo del país
del norte,/ para convertir los poblados de Judá
en desolación,/ en guarida de chacales.
23Ya lo sé, Señor, que el hombre/ no es dueño
de sus caminos,/ que nadie puede establecer
su propio curso./ 24Corrígenos, Señor, pero con
medida,/ no nos hagas desaparecer con tu cóle-
ra;/ 25descarga tu ira sobre las naciones que no
te reconocen,/ sobre las tribus que no invocan tu
Nombre,/ porque han devorado y consumido a
Jacob/ y han destruido sus pastos.

Los términos de la Alianza

11 1Palabras que el Señor dirigió a Jeremías:
2«Escucha los términos de esta alianza y
comunícaselos a los judíos y a los vecinos de Je-
rusalén. 3Diles: Así dice el Señor, Dios de Israel:
Maldito el que no obedezca los términos de es-
ta alianza, 4que yo impuse a sus padres cuando
los saqué de Egipto, de aquel horno de hierro:
Obedézcanme y hagan lo que les mando; así se-
rán mi pueblo y yo seré su Dios. 5Así cumpliré
la promesa que hice a sus padres de darles una
tierra que mana leche y miel. Hoy es un hecho».
Yo respondí: «Amén, Señor».
6Y el Señor me dijo: «Proclama estas palabras
en los pueblos de Judá y en las calles de Jeru-
salén: Escuchen los términos de esta alianza y
cúmplanlos. 7Yo se lo advertí a sus padres cuando
los saqué de Egipto, y hasta hoy he repetido mi
advertencia: Obedézcanme. 8Ellos no escucharon
ni prestaron oído, sino que cada uno seguía la
maldad de su corazón endurecido. Por eso hice
caer sobre ellos las maldiciones de la alianza,
porque no hicieron lo que yo les mandaba».
9El Señor me dijo: «Judíos y habitantes de Je-
rusalén se han puesto de acuerdo 10para volver a
los pecados de sus antepasados, que rehusaron
obedecer mis mandatos; siguen y sirven a dioses
extranjeros. Israel y Judá han quebrantado la
alianza que establecí con sus padres. 11Por eso,
así dice el Señor: Yo les enviaré una calamidad
de la que no podrán librarse; me gritarán y no
les oiré. 12Entonces los pueblos de Judá y los
vecinos de Jerusalén irán a gritar a los dioses
a quienes quemaban incienso; pero ellos no po-
drán salvarlos en la hora de su desgracia».

Ni rezos, ni culto, ni elección

13Tenías tantos dioses como poblados, Judá;
hiciste tantos altares como calles, Jerusalén;
altares para ofrecer sacrificios a Baal. 14Y tú no
intercedas por este pueblo, no supliques a gritos
por él, que no escucharé cuando me invoquen en
la hora de su desgracia.
15¿Qué busca mi amada en mi casa?,/ ¿ejecu-
tar sus intrigas?,/ ¿podrán los votos y la carne
inmolada/ apartar de ti la adversidad,/ pa-
ra que lo celebres con gritos estrepitosos?/ 16El
Señor te llamó olivo verde/ de fruto excelente;/
pero si le prende fuego,/ se queman sus ramas.
17El Señor Todopoderoso, que te plantó, pro-
nuncia una amenaza contra ti, por la maldad
de Israel y de Judá, que me irritaron quemando
incienso a Baal.

Confesiones de Jeremías: Inicio de la persecución

18El Señor me enseñó y me hizo comprender
lo que hacían:
(12,6)Tus hermanos y tu familia,/ también, te
son desleales,/ ellos te calumnian a la espalda;/
no te fíes aunque te digan buenas palabras.
19Yo, como cordero manso/ llevado al mata-
dero,/ no sabía los planes homicidas/ que tra-
maban contra mí:/ Cortemos el árbol/ que está
en todo su vigor,/ arranquémoslo de la tierra de
los vivos,/ que su nombre no se pronuncie más./
20Pero tú, Señor Todopoderoso,/ juzgas recta-
mente,/ sondeas las entrañas y el corazón;/ a
ti he encomendado mi causa,/ que logre desqui-
tarme de ellos.
(12,3)Tú, Señor, me examinas y me conoces;/ tú
sabes cuál es mi actitud contigo;/ apártalos co-
mo a ovejas/ destinadas al matadero,/ resérva-
los para el día del sacrificio.
21Así sentencia el Señor contra los vecinos de
Anatot, que intentan matarte, diciéndote: No
profetices en Nombre del Señor si no quieres
morir en nuestras manos. 22Así dice el Señor
Todopoderoso: Yo los voy a castigar, sus jóvenes
morirán a espada, sus hijos e hijas morirán de
hambre; 23y no quedará resto de ellos el año que
tengan que rendir cuenta, cuando envíe la des-
gracia a los vecinos de Anatot.

El problema de la retribución

12 *1Aunque tú, Señor, tienes siempre la ra-*
zón/ cuando discuto contigo,/ quiero pro-

ponerte un caso:/ ¿Por qué prosperan los malva-
dos/ y viven en paz los traidores?/ 2Las plantas
echan raíces, crecen, dan fruto;/ sí, tú estás cer-
ca de sus labios/ y lejos de su corazón,/ 4bporque
dicen:/ No ve nuestras andanzas.
5Si corres con los de a pie y te cansas,/ ¿cómo
competirás con los de a caballo?/ Aunque en tie-
rra tranquila/ te sientas seguro,/ ¿qué harás en
la espesura del Jordán?

He desechado mi heredad

7He abandonado mi casa/ y rechazado mi
herencia,/ he entregado el amor de mi alma en
manos enemigas;/ 8porque mi herencia se había
vuelto contra mí,/ rugiendo como león feroz;/
por eso la detesté;/ 9mi herencia se había vuel-
to un leopardo,/ y los buitres giraban sobre él:/
¡vengan, fieras del campo,/ acérquense a co-
mer!/ 10Entre tantos pastores destrozaron mi
viña/ y pisotearon mi parcela,/ convirtieron
mi parcela escogida en desierto desolado,/ 11la
dejaron desolada, desértica,/ ¡qué desolación!/
Todo el país desolado,/ ¡y a nadie le importaba!
12Por todas las lomas del desierto/ llegaron
hombres violentos,/ porque la espada del Se-
ñor/ devora de un extremo al otro del país,/
y ningún ser vivo se salvará./ 4a¿Hasta cuán-
do hará duelo la tierra/ y se secará la hierba
del campo?/ Por la maldad de sus habitantes/
mueren el ganado y las aves del cielo./ 13Sem-
braron trigo y cosecharon cardos,/ en vano se
agotaron/ ¡qué miseria de cosecha!,/ por la ira
ardiente del Señor.

Cada uno a su heredad

14Así dice el Señor a todos los malos vecinos
que tocaron la herencia que yo regalé a mi pue-
blo, Israel: «Yo los arrancaré de sus campos,
arrancaré de allí a los judíos. 15Después de
arrancarlos, volveré a compadecerme de ellos
y a traer a cada uno a su tierra y su herencia.
16Y si aprenden la costumbre de mi pueblo, de
jurar por mi Nombre, por la vida del Señor, como
ellos enseñaron a mi pueblo a jurar por Baal, se
establecerán en medio de mi pueblo. 17Pero a la
nación que no obedezca, la arrancaré y la des-
truiré, oráculo del Señor».

El cinturón de lino

13 1El Señor me ordenó: «Ve, cómprate un cin-
turón de lino y póntelo a la cintura; que no
lo toque el agua». 2Según la orden del Señor, me
compré el cinturón y me lo puse a la cintura. 3El
Señor me ordenó de nuevo: 4«Toma el cinturón
comprado, que llevas ceñido, ve al río Éufrates
y escóndelo allí en las hendiduras de una roca».
5Fui y lo escondí en el Éufrates, según la orden
del Señor.
6Pasados muchos días, me ordenó el Señor:
«Ve al Éufrates y recoge el cinturón que te
mandé esconder». 7Fui al Éufrates, cavé donde
lo había escondido y recogí el cinturón: estaba
gastado e inservible. 8Entonces el Señor me di-
rigió la palabra: 9«Así dice el Señor: De la misma
manera destruiré el orgullo de Judá y el orgullo
desmedido de Jerusalén, 10de ese pueblo que se
niega a obedecerme, que sigue los impulsos de
su corazón endurecido, que va detrás de dioses
extranjeros y les rinde adoración. Serán como
ese cinturón inservible. 11Como se adhiere el
cinturón a la cintura del hombre, así me ceñí a
judíos e israelitas para que fueran mi pueblo, mi
fama, mi gloria y mi honor –oráculo del Señor–.
Pero no obedecieron».

El último plazo

12Les dirás lo siguiente: «Así dice el Señor,
Dios de Israel: Las vasijas se llenan de vino;
te contestarán: Como si no supiéramos que las
vasijas se llenan de vino. 13Les replicarás: Así
dice el Señor: Yo mismo llenaré de embriaguez
a todos los habitantes del país, a los reyes que
se sientan en el trono de David, a sacerdotes
y profetas y a todos los vecinos de Jerusalén.
14Los haré chocar unos con otros, padres con hi-
jos –oráculo del Señor–; ni piedad, ni perdón, ni
compasión me impedirán destruirlos».
15Escuchen, atiendan,/ y no sean soberbios,/
que habla el Señor:/ 16Den gloria al Señor, su
Dios,/ antes de que oscurezca,/ antes de que
tropiecen sus pies/ por los montes y a media
luz,/ y convierta en densas tinieblas/ la luz que
ustedes esperan./ 17Y si no escuchan,/ lloraré
a escondidas/ por la soberbia de ustedes,/ mis
ojos se desharán en lágrimas,/ cuando se lleven
el rebaño del Señor.
18Di al rey y a la reina madre:/ siéntense en el
suelo,/ porque se les ha caído de la cabeza/ la
corona real./ 19Los poblados del Negueb están
cercados,/ nadie rompe el cerco,/ todo Judá
marcha al destierro,/ al destierro sin faltar
uno./ 20Levanta la vista/ y míralos venir por el
norte:/ ¿dónde está el rebaño que te encomen-
daron?/ 21¿Qué dirás cuando te falte lo mejor de
tus ovejas,/ los que habías educado para gober-
narte?/ ¿No sentirás dolores como la parturien-
ta?/ 22Y si preguntas por qué te sucede todo eso,/
por tus muchas culpas te levantan las faldas/ y
te violentan los tobillos.
23¿Puede un etíope mudar de piel/ o una pan-
tera de pelaje?/ Igual ustedes:/ ¿podrían hacer
el bien,/ habituados como están a hacer el mal?/

24Los dispersaré como paja/ que se lleva el viento
del desierto./ 25Esta es tu suerte,/ mi paga por
tu rebelión/ –oráculo del Señor–,/ porque me
olvidaste confiando en la mentira,/ 26también
yo te alzaré las faldas por delante,/ y se verá tu
vergüenza,/ 27tus adulterios, tus relinchos,/ tus
pensamientos de fornicación./ Sobre las colinas
del campo/ he visto tus repugnantes ídolos./
¡Ay de ti, Jerusalén, que no te purificas!/ ¿Hasta
cuándo seguirás así?

La sequía

14 1En el tiempo de la sequía, el Señor dirigió
la palabra a Jeremías:
2Se enluta Judá,/ desfallecen sus puertas,/
se inclinan sombrías,/ Jerusalén lanza gritos./
3Los nobles envían/ a sus sirvientes por agua:/
van a los pozos,/ no encuentran agua,/ se vuel-
ven con los cántaros vacíos,/ se cubren avergon-
zados la cabeza,/ 4porque los campos se horrori-
zan/ al faltar la lluvia en el país;/ los labradores
se cubren/ la cabeza defraudados.
5Hasta la cierva pare/ y abandona su cría en
descampado/ porque no hay pastos;/ 6los asnos
salvajes/ se paran en las lomas desoladas,/ as-
pirando el aire como chacales,/ con ojos apaga-
dos,/ porque no hay hierba.
7Si nuestras culpas nos acusan,/ obra, Señor,
por tu Nombre,/ porque son muchas nuestras
apostasías,/ hemos pecado contra ti./ 8Espe-
ranza de Israel,/ salvador en el peligro,/ ¿por
qué te portas como forastero en el país,/ como
caminante que se desvía para pasar la noche?/
9¿Por qué te portas como un hombre aturdido,/
como soldado incapaz de vencer?/ Tú estás con
nosotros, Señor;/ llevamos tu Nombre,/ no nos
abandones.
10Así responde el Señor a este pueblo: «Le
gusta mover las piernas, no refrenan sus pasos,
pero el Señor no se complace en ellos; ahora re-
cuerda sus culpas y castigará sus pecados». 11El
Señor me dijo: «No intercedas a favor de este
pueblo. 12Si ayunan, no escucharé sus gritos; si
ofrecen holocaustos y ofrendas, no los aceptaré;
con espada, hambre y peste yo los consumiré».
13Yo respondí: «¡Ay, Señor mío! Mira que los pro-
fetas les dicen: No verán la espada, no pasarán
hambre, les daré paz duradera en este lugar».
14El Señor me contestó: «Mentira profetizan
los profetas en mi Nombre; no los envié, no los
mandé, no les hablé; visiones engañosas, orá-
culos vanos, fantasías de su mente es lo que
profetizan. 15Por eso, así dice el Señor a los pro-
fetas que profetizan en mi Nombre sin que yo los
haya enviado: Ellos dicen: Ni espada ni hambre
llegarán a este país; pues a espada y de hambre
acabarán esos profetas; 16y el pueblo a quien
profetizan estará tirado por las calles de Jeru-
salén a causa del hambre y la espada; y no habrá
quien los entierre a ellos y a sus mujeres, a sus
hijos e hijas; les echaré encima sus maldades».
17Diles esta palabra:/ Mis ojos se deshacen en
lágrimas,/ día y noche, sin cesar,/ por la terri-
ble desgracia/ de la capital de mi pueblo,/ por
su herida insanable./ 18Salgo al campo: muertos
a espada;/ entro en la ciudad: desfallecidos de
hambre;/ profetas y sacerdotes recorren el país/
y no logran comprender./ 19¿Por qué has recha-
zado a Judá/ y sientes asco de Sión?/ ¿Es que nos
has herido sin remedio?/ Se espera mejoría y no
hay bienestar,/ al tiempo de sanarse sobreviene
el espanto.
20Señor, reconocemos nuestra culpa/ y los
delitos paternos;/ te hemos ofendido./ 21Por tu
Nombre, no nos rechaces,/ no desprestigies tu
trono glorioso,/ recuerda tu alianza con no-
sotros,/ no la rompas./ 22¿Hay acaso entre los
ídolos paganos uno que haga llover?/ ¿Sueltan
solos los cielos sus aguaceros?/ Tú, Señor, eres
nuestro Dios,/ en ti esperamos,/ porque eres tú
quien hace todo eso.

15 1El Señor me respondió: «Aunque estuvie-
ran delante Moisés y Samuel, no me con-
movería por ese pueblo. Despáchalos, que sal-
gan de mi presencia. 2Y si te preguntan adónde
tienen que ir, diles: Así dice el Señor:
El destinado a la muerte, a la muerte;/ el des-
tinado a la espada, a la espada;/ el destinado al
hambre, al hambre;/ el destinado al destierro, al
destierro.
3Les daré cuatro clases de verdugos –oráculo
del Señor–: la espada para matar, los perros pa-
ra despedazar, las aves del cielo para devorar,
las bestias de la tierra para destrozar. 4Los haré
escarmiento de todos los reyes del mundo, por
culpa de Manasés, hijo de Ezequías, rey de Judá,
por todo lo que hizo en Jerusalén».

Poema sobre Jerusalén

5¿Quién se apiada de ti, Jerusalén,/ quién te
compadece?/ ¿Quién se aparta de su camino/
para preguntar cómo estás?/ 6Tú me rechazas-
te, te echaste atrás/ –oráculo del Señor–,/ y yo
tendí la mano para aniquilarte;/ cansado de
compadecer,/ 7los he dispersado con la horqui-
lla/ por las ciudades del país;/ dejé sin hijos,
destruí a mi pueblo,/ y no se convirtieron de su
conducta.
8Las viudas que dejé eran como la arena de
la playa,/ conduje en pleno día un devastador/
contra la madre y el joven,/ les metí de repente

pánico y turbación,/ 9la madre de siete hijos/ desfallecía exhalando el alma,/ se le ponía el sol de día/ y quedaba desconcertada,/ el resto lo entregaré a la espada enemiga/ –oráculo del Señor–.

Confesiones de Jeremías: Crisis vocacional

10¡Ay de mí, madre mía, que me engendraste/ hombre de pleitos y controversias con todo el mundo!/ Ni he prestado ni me han prestado,/ y todos me maldicen.

11De veras, Señor, te he servido fielmente:/ en el peligro y en la desgracia/ he intercedido en favor de mi enemigo./ 12[[¿Acaso se rompe el hierro,/ el hierro del norte y el bronce?/ 13 Tu fortuna y tus tesoros entregaré al saqueo,/ gratuitamente,/ por todos tus pecados/ y en todo tu territorio./ 14 Y te haré esclavo de tu enemigo/ en país desconocido,/ porque prende el fuego de mi ira,/ y sobre ustedes arderá.]]

15Tú lo sabes, Señor, acuérdate y ocúpate de mí,/ véngame de mis perseguidores,/ no me dejes perecer por tu paciencia,/ mira que soporto injurias por tu causa./ 16Cuando recibía tus palabras, las devoraba,/ tu palabra era mi gozo y mi alegría íntima,/ yo llevaba tu Nombre, Señor, Dios Todopoderoso.

17No me senté a disfrutar/ con los que se divertían,/ forzado por tu mano me senté solitario,/ porque me llenaste de tu ira./ 18¿Por qué se ha vuelto crónica mi llaga/ y mi herida resistente e insanable?/ Te me has vuelto arroyo engañoso,/ de agua inconstante.

19Entonces me respondió el Señor:/ Si vuelves, te haré volver y estar a mi servicio,/ si apartas lo precioso de lo despreciable,/ serás mi boca./ Que ellos vuelvan a ti, no tú a ellos./ 20Frente a este pueblo te pondré/ como muralla de bronce inexpugnable:/ lucharán contra ti y no te vencerán/ porque yo estoy contigo/ para librarte y salvarte/ –oráculo del Señor–./ 21Te libraré de manos de los perversos,/ te rescataré del puño de los opresores.

Una vida profética

16 1El Señor me dirigió la palabra: 2«No te cases, no tengas hijos ni hijas en este lugar. 3Porque así dice el Señor a los hijos e hijas nacidos en este lugar, a las madres que los parieron, a los padres que los engendraron en esta tierra: 4Morirán de muerte cruel, no serán llorados ni sepultados, serán como estiércol sobre el campo, acabarán a espada y de hambre, sus cadáveres serán pasto de las aves del cielo y de las bestias de la tierra».

5Así dice el Señor: No entres en casa donde haya luto, no vayas al duelo, no les des el pésame, porque retiro de este pueblo –oráculo del Señor– mi paz, misericordia y compasión. 6Morirán en esta tierra grandes y pequeños, no serán sepultados ni llorados, ni por ellos se harán incisiones o se raparán el pelo; 7no asistirán al banquete fúnebre para darle el pésame por el difunto, ni les darán la copa del consuelo por su padre o su madre. 8No entres en la casa donde se celebra un banquete para comer y beber con los comensales; 9porque así dice el Señor Todopoderoso, Dios de Israel: Yo haré desaparecer de este lugar, en sus propios días, ante ustedes, la voz alegre, la voz gozosa, la voz del novio, la voz de la novia.

10Cuando anuncies a este pueblo todas estas palabras, te preguntarán: ¿Por qué ha pronunciado el Señor contra nosotros tan terribles amenazas? ¿Qué delitos o pecados hemos cometido contra el Señor, nuestro Dios?, 11les responderás: Porque sus padres me abandonaron –oráculo del Señor–, siguieron a dioses extranjeros, sirviéndolos y adorándolos. A mí me abandonaron y no guardaron mi ley. 12Pero ustedes son peores que sus padres, cada cual sigue la maldad de su corazón obstinado, sin escucharme a mí. 13Los arrojaré de esta tierra a un país desconocido de ustedes y de sus padres: allí servirán a dioses extranjeros, día y noche, porque yo no tendré compasión de ustedes.

14Pero llegarán días –oráculo del Señor– en que ya no se dirá: Por la vida del Señor, que sacó a los israelitas de Egipto, 15sino más bien: Por la vida del Señor, que nos sacó del país del norte, de todos los países por donde nos dispersó. Y los haré volver a su tierra, la que di a sus padres.

16Enviaré muchos pescadores a pescarlos –oráculo del Señor–, detrás enviaré muchos cazadores a cazarlos por montes y valles, por las hendiduras de las peñas. 17Yo vigilo su conducta, no se me oculta, sus culpas no se esconden de mi vista. 18Les pagaré el doble por sus culpas y pecados, porque profanaron mi tierra con la carroña de sus ídolos y con sus prácticas idolátricas llenaron mi herencia.

19El Señor es mi fuerza y fortaleza,/ mi refugio en el peligro./ A ti vendrán los paganos,/ de los extremos de la tierra, diciendo:/ Qué engañoso es el legado de nuestros padres,/ qué vaciedad sin provecho./ 20¿Podrá un hombre hacer dioses?/ Entonces, no serán dioses./ 21Pues esta vez yo les enseñaré mi mano poderosa,/ y sabrán que me llamo El Señor.

Pecados y castigo de Judá

*17 1El pecado de Judá está escrito/ con pun-
zón de hierro,/ con punta de diamante/
está grabado en la tabla del corazón/ y en los
salientes de los altares,/ 2para memoria de sus
sucesores:/ son sus altares y postes sagrados,/
levantados junto a árboles frondosos,/ en coli-
nas elevadas, 3en montículos del campo./ Entre-
garé al saqueo tus riquezas y tesoros,/ porque
pecaste en las alturas/ en todo tu territorio;/
4tendrás que renunciar a la herencia que yo te
di,/ te haré esclavo de tu enemigo/ en país des-
conocido,/ porque se ha encendido el fuego de
mi ira/ y arderá perpetuamente.*

*5Así dice el Señor:/ ¡Maldito quien confía en
un hombre/ y busca apoyo en la carne,/ apar-
tando su corazón del Señor!/ 6Será matorral en
la estepa/ que no llegará a ver la lluvia,/ habi-
tará un desierto abrasado,/ tierra salobre e in-
hóspita./ 7¡Bendito quien confía en el Señor/ y
busca en él su apoyo!*

*8Será un árbol plantado junto al agua,/ arrai-
gado junto a la corriente;/ cuando llegue el ca-
lor, no temerá,/ su follaje seguirá verde,/ en año
de sequía no se asusta,/ no deja de dar fruto.*

*9Nada más falso y perverso que el corazón:/
¿quién lo entenderá?/ 10Yo, el Señor, penetro el
corazón,/ examino las entrañas,/ para pagar
al hombre su conducta,/ lo que merecen sus
obras./ 11Perdiz que empolla huevos que no pu-
so/ es quien adquiere riquezas injustas:/ a la
mitad de la vida lo abandonan,/ y él termina
hecho un necio.*

*12Trono glorioso, exaltado desde el principio/
es nuestro lugar santo:/ 13tú, Señor, eres la es-
peranza de Israel,/ los que te abandonan fraca-
san,/ los que se apartan serán escritos en el pol-
vo,/ porque abandonaron al Señor,/ manantial
de agua viva.*

Confesiones de Jeremías: Incredulidad

*14Sáname, Señor y quedaré sano;/ sálvame, y
quedaré a salvo;/ para ti es mi alabanza./ 15Ellos
me repiten:/ ¿Dónde está la Palabra del Señor?/
Que se cumpla./ 16Pero yo no he insistido/ pi-
diéndote desgracias/ ni deseado calamidades
para ellos;/ tú sabes lo que pronuncian mis la-
bios,/ lo tienen delante./ 17No me hagas tem-
blar,/ tú eres mi refugio en la desgracia;/ 18fra-
casen mis perseguidores y no yo,/ sientan terror
ellos y no yo,/ haz que les llegue el día funesto,/
quebrántalos con doble quebranto.*

El sábado

19Así me dijo el Señor: «Ve y colócate en la
Puerta de Benjamín, por donde entran y salen los
reyes de Judá, y en cada una de las puertas de Je-
rusalén, 20y diles: Reyes de Judá, judíos y vecinos
de Jerusalén, que entran por estas puertas, es-
cuchen la Palabra del Señor. 21Así dice el Señor:
Cuídense muy bien de llevar cargas en sábado o
de introducirlas por las puertas de Jerusalén.
22No saquen cargas de sus casas en sábado ni ha-
gan trabajo alguno; santifiquen el sábado como
mandé a sus padres. 23Ellos no me escucharon ni
prestaron oído; se pusieron tercos, no me escu-
charon ni escarmentaron. 24Pero si ustedes me
escuchan –oráculo del Señor– y no introducen
cargas en sábado por las puertas de esta ciudad,
sino que santifican el sábado no trabajando en
él, 25entonces entrarán por las puertas de esta
ciudad los reyes sucesores en el trono de David,
montados en carros y caballos, acompañados de
sus dignatarios, de judíos y vecinos de Jerusa-
lén, y la ciudad estará habitada por siempre.
26Vendrán de los pueblos de Judá, de la región
de Jerusalén, del territorio de Benjamín, de la
Sefela, de la Sierra, del Negueb, y entrarán en
el templo del Señor con holocaustos, sacrificios,
ofrendas e incienso en acción de gracias. 27Pe-
ro si no me escuchan, si no santifican el sábado
absteniéndose de introducir cargas en sábado
por las puertas de Jerusalén, entonces prenderé
fuego a sus puertas, fuego que destruirá los pa-
lacios de Jerusalén, sin apagarse».

En el taller del alfarero

18 1Palabras que el Señor dirigió a Jeremías:
2«Baja al taller del alfarero y allí te comu-
nicaré mi palabra». 3Bajé al taller del alfarero,
y lo encontré trabajando en el torno. 4A veces,
trabajando el barro, le salía mal una vasija; en-
tonces hacía otra vasija, como mejor le parecía.

5Y me dirigió la palabra el Señor: 6«Y yo, ¿no
podré, israelitas, tratarlos como ese alfarero?
Como está el barro en manos del alfarero, así
están ustedes en mis manos, israelitas. 7Primero
me refiero a un pueblo y a un rey y hablo de
arrancar y arrasar; 8si ese pueblo al que me re-
fiero se convierte de su maldad, yo me arrepen-
tiré del mal que pensaba hacerles. 9Después me
refiero a un pueblo y a un rey y hablo de edificar
y plantar: 10si me desobedecen y hacen lo que yo
repruebo, yo me arrepentiré de los beneficios
que les había prometido. 11Y ahora habla a los
judíos y a los vecinos de Jerusalén: Así dice el
Señor: Yo, el alfarero, les preparo un castigo y
medito un plan contra ustedes. Que se convier-
ta cada cual de su mala conducta, corrijan su
conducta y sus acciones. 12Responden: No que-
remos, seguiremos nuestros planes, cada uno
seguirá la maldad de su corazón perverso».

13Por eso, así dice el Señor:/ Pregunten a los paganos/ quién oyó tal cosa:/ la capital de Israel/ ha cometido algo horripilante./ 14¿Abandona la nieve del Líbano las rocas escarpadas?/ ¿Se corta el agua fresca que fluye caprichosa?/ 15Pero mi pueblo me olvida y sacrifica a dioses vacíos:/ tropiezan caminando por las viejas sendas/ y caminan por rutas y caminos sin aplanar,/ 16convirtiendo así su tierra/ en desolación y burla perpetua,/ los caminantes se espantan y sacuden la cabeza./ 17Como viento del este/ los dispersaré ante el enemigo,/ les daré la espalda y no la cara/ el día de la derrota.

Confesiones de Jeremías: Persecución

18Dijeron: «Vamos a tramar un plan contra Jeremías, porque no nos faltará la instrucción de un sacerdote, el consejo de un sabio, el oráculo de un profeta; vamos a herirlo en la lengua, no hagamos caso de lo que dice».

19Hazme tú caso, Señor,/ escucha a mis rivales,/ 20¿es que se pagan bienes con males?/ Me han cavado una fosa./ Recuerda que estuve ante ti/ intercediendo por ellos/ para apartar de ellos tu enojo./ 21Ahora entrega sus hijos al hambre,/ ponlos a merced de la espada,/ queden sus mujeres viudas y sin hijos,/ mueran sus hombres asesinados/ y los jóvenes a filo de espada en el combate./ 22Que se oigan gritos salir de sus casas,/ cuando de repente los asalten bandidos,/ pues cavaron una fosa para atraparme,/ escondieron trampas para mis pies./ 23Señor, tú conoces su plan homicida contra mí:/ no perdones sus culpas,/ no borres de tu vista sus pecados;/ caigan derribados ante ti,/ ejecútalos en el momento de la ira.

La jarra de barro

19 1El Señor me dijo: «Vete a comprar una jarra de barro; acompañado de algunos ancianos y sacerdotes, 2sal hacia el valle de Ben-Hinón, adonde da la Puerta de los Cascotes, y proclama allí lo que yo te diré: 10Rompe la jarra en presencia de tus acompañantes, 11a y diles: Así dice el Señor Todopoderoso: Del mismo modo romperé yo a este pueblo y a esta ciudad; como se rompe un cacharro de barro y no se puede recomponer».

14Jeremías volvió de la puerta adonde lo había mandado el Señor a profetizar, se plantó en el atrio del templo y dijo a todo el pueblo: 15«Así dice el Señor Todopoderoso, Dios de Israel: Yo haré venir sobre esta ciudad y su región todos los males con que la he amenazado, porque se pusieron tercos y no escucharon mis palabras».

(20,1)Pasjur, hijo de Imer, sacerdote comisario del templo del Señor, oyó a Jeremías profetizar aquello; (20,2)Pasjur hizo azotar al profeta Jeremías y lo metió en el calabozo que se encuentra en la puerta superior de Benjamín, en el templo del Señor. (20,3)A la mañana siguiente, cuando Pasjur lo sacó del calabozo, Jeremías le dijo: «El Señor ya no te llama Pasjur, sino Cerco de Terror; (20,4)porque así dice el Señor: Serás el terror tuyo y de tus amigos, que caerán a espada enemiga, ante tu vista; entregaré a todos los judíos en poder del rey de Babilonia, que los desterrará a Babilonia y los matará con la espada. (20,5)Entregaré todas las riquezas de esta ciudad, sus posesiones, objetos preciosos, los tesoros reales de Judá a los enemigos, que los saquearán, los agarrarán y se los llevarán a Babilonia. (20,6)Y tú, Pasjur, con todos los de tu casa, irás al destierro, a Babilonia; allí morirás y serás enterrado con todos tus amigos, a quienes profetizabas tus embustes».

El valle de Ben-Hinón

19 3Tú dirás: Escuchen la Palabra del Señor, reyes de Judá y vecinos de Jerusalén: Así dice el Señor Todopoderoso, Dios de Israel: Yo haré venir sobre este lugar una catástrofe que a quien la oiga le zumbarán los oídos; 4porque me abandonaron, profanaron este lugar sacrificando en él a dioses extranjeros, que ni ellos ni sus padres conocían, y los reyes de Judá lo llenaron de sangre inocente. 5Construyeron santuarios a Baal, donde quemaban a sus hijos como holocaustos en honor de Baal; cosa que no les mandé, ni les dije, ni se me pasó por la cabeza.

6Por eso llegarán días –oráculo del Señor– en que este lugar ya no se llamará El Horno ni valle de Ben-Hinón, sino valle de las Ánimas. 7Haré fracasar en él los planes de Judá y Jerusalén, los derribaré a espada del enemigo, por mano de los que los buscan para matarlos, daré sus cadáveres en pasto a las aves del cielo y a las bestias de la tierra. 8Haré de esta ciudad espanto y burla: los que pasen junto a ella se espantarán y silbarán a la vista de tantas heridas. 9Haré que se coman a sus hijos e hijas, que se coman unos a otros, cuando les aprieten y estrechen el cerco sus enemigos mortales. 11bY enterrarán en El Horno, por falta de sitio.

12Así trataré a este lugar y a sus habitantes, haré de esta ciudad un horno –oráculo del Señor–; 13las casas de Jerusalén y los palacios reales de Judá serán inmundos como el sitio de El Horno; las casas en cuyas azoteas ofrecían sacrificios a los astros del cielo, y libaban a dioses extranjeros.

Confesiones de Jeremías: Final

20 *7Me sedujiste, Señor, y me dejé seducir;/ me forzaste, y me venciste./ Yo era motivo de risa todo el día,/ todos se burlaban de mí./ 8Si hablo, es a gritos, clamando ¡violencia, destrucción!,/ la Palabra del Señor se me volvió insulto y burla constantes,/ 9y me dije: No me acordaré de él,/ no hablaré más en su Nombre./ Pero la sentía dentro como fuego ardiente/ encerrado en los huesos:/ hacía esfuerzos por contenerla y no podía.*

10Oía el cuchicheo de la gente:/ Cerco de Terror,/ ¡a denunciarlo, a denunciarlo!/ Mis amigos espiaban mi traspié:/ A ver si se deja seducir,/ lo venceremos y nos vengaremos de él./ 11Pero el Señor está conmigo/ como valiente soldado,/ mis perseguidores tropezarán/ y no me vencerán;/ sentirán la confusión de su fracaso,/ un sonrojo eterno e inolvidable./ 12Señor Todopoderoso,/ examinador justo/ que ves las entrañas y el corazón,/ que yo vea cómo tomas venganza de ellos,/ porque a ti encomendé mi causa./ 13Canten al Señor, alaben al Señor,/ que libró al pobre del poder de los malvados.

14¡Maldito el día en que nací,/ el día que mi madre me dio a luz no sea bendito!/ 15¡Maldito el que dio la noticia a mi padre:/ Te ha nacido un hijo, dándole un alegrón!/ 16¡Ojalá fuera ese hombre como las ciudades/ que el Señor trastornó sin compasión!/ ¡Ojalá oyese gritos por la mañana y alaridos al mediodía!/ 17¡Por qué no me mató en el vientre!/ Habría sido mi madre mi sepulcro;/ su vientre me habría llevado por siempre./ 18¿Por qué salí del vientre/ para pasar trabajos y penas/ y acabar mis días derrotado?

A Sedecías

21 1Palabras que el Señor dirigió a Jeremías cuando el rey Sedecías envió a Pasjur, hijo de Malaquías, y a Sofonías, hijo de Masías, para decirle: 2«Consulta por nosotros al Señor, a ver si repite sus prodigios con nosotros, y Nabucodonosor, rey de Babilonia, que ahora nos está combatiendo, se tiene que retirar». 3Jeremías les contestó: «Digan a Sedecías: 4Así dice el Señor, Dios de Israel: Las armas que empuñan en el combate yo se las pasaré al rey de Babilonia y a los caldeos, que los asedian fuera de la muralla, y los reuniré en medio de esta ciudad. 5Yo en persona lucharé contra ustedes, con mano extendida y brazo fuerte, con ira, cólera y furia. 6Heriré a los habitantes de esta ciudad, hombres y animales, y morirán en una grave epidemia. 7Después –oráculo del Señor– a Sedecías, rey de Judá, a sus ministros y a los que sobrevivan en la ciudad a la peste, la espada y el hambre, los entregaré en manos de Nabucodonosor, rey de Babilonia, y en mano de sus enemigos mortales. Los pasará a filo de espada, sin piedad, sin respetos, sin compasión».

8A ese pueblo le dirás: «Así dice el Señor: Yo les pongo delante el camino de la vida y el camino de la muerte. 9Los que se queden en la ciudad morirán a espada, de hambre y de peste; los que salgan y se pasen a los caldeos sitiadores, salvarán la vida, los apresarán como botín vivo. 10Porque me enfrento con esta ciudad para mal y no para bien –oráculo del Señor–. Será entregada al rey de Babilonia, que la pasará a fuego».

A la casa real de Judá

11A la casa real de Judá./ Escuchen la Palabra del Señor:/ 12Casa de David, así dice el Señor:/ Vayan temprano a administrar justicia,/ libren al oprimido del poder del opresor;/ si no quieren que mi cólera estalle como fuego/ y arda inextinguible por sus malas acciones.

A Jerusalén

13Aquí estoy contra ti,/ Señora del valle, Roca de la llanura/ –oráculo del Señor–./ Ustedes dicen:/ ¿Quién caerá sobre nosotros,/ quién penetrará en nuestras guaridas?/ 14Los castigaré como merecen sus acciones:/ prenderé fuego al bosque/ y consumirá todo alrededor.

Al rey

22 1Así dice el Señor: Baja al palacio real de Judá y proclama allí lo siguiente: 2Escuchen la Palabra del Señor, rey de Judá, que ocupas el trono de David, y también tus ministros y el pueblo, que entra por estas puertas. 3Así dice el Señor: Practiquen la justicia y el derecho, libren al oprimido del opresor, no exploten al emigrante, al huérfano y a la viuda, no derramen sin piedad sangre inocente en este lugar. 4Si cumplen estos mandatos, podrán entrar por estas puertas los reyes que ocupan el trono de David, montados en carros de caballos, acompañados de sus ministros y del pueblo. 5Y si no cumplen estos mandatos, juro por mí mismo –oráculo del Señor– que este palacio se convertirá en ruinas. 6Porque así dice el Señor al palacio real de Judá:

Aunque fueras para mí/ como Galaad o la cumbre del Líbano,/ juro que haré de ti un desierto,/ una ciudad deshabitada;/ 7consagraré a tus devastadores,/ cada uno con sus armas,/ para que talen tus mejores cedros/ y los echen al fuego.

8Llegarán muchos pueblos a esta ciudad, y se preguntarán unos a otros: ¿Por qué trató así el Señor a esta gran ciudad? 9Y responderán: Porque abandonaron la alianza del Señor, su Dios, y sirvieron y adoraron a dioses extranjeros.

A Joacaz-Salún

10 No lloren por el muerto/ ni se lamenten por
él,/ lloren por el que se marcha,/ porque no vol-
verá a ver su tierra natal. 11 Porque así dice el Se-
ñor a Salún, hijo de Josías, rey de Judá, sucesor
de su padre, Josías: El que salió de este lugar no
volverá a él, 12 morirá en el país de su destierro y
esta tierra no la volverá a ver.

A Joaquín

13 ¡Ay del que edifica su casa con injusticia,/
piso a piso, quebrantando el derecho!/ Hace
trabajar de balde a su prójimo/ sin pagarle el
salario./ 14 Piensa: Me construiré una casa espa-
ciosa/ con salones aireados,/ abriré ventanas,/
la revestiré de cedro,/ la pintaré de bermellón./
15 ¿Piensas que eres rey/ porque compites en ce-
dros?/ Si tu padre comió y bebió y le fue bien,/ es
porque practicó la justicia y el derecho;/ 16 hizo
justicia a pobres e indigentes,/ y eso sí que es
conocerme/ –oráculo del Señor–./ 17 Tú, en cam-
bio, tienes ojos y corazón/ solo para ganancias
mal habidas,/ para derramar sangre inocente,/
para el abuso y la opresión. 18 Por eso, así dice el
Señor a Joaquín, hijo de Josías, rey de Judá: No
le harán funeral cantando:/ ¡Ay hermano mío, ay
hermana!/ No le harán funeral:/ ¡Ay Señor, ay Ma-
jestad!/ 19 Lo enterrarán como a un asno:/ lo arras-
trarán y lo tirarán/ fuera del recinto de Jerusalén.

A Jerusalén

20 Sube al Líbano y grita,/ alza la voz en Ba-
sán,/ grita desde Abarín,/ porque han sido des-
trozados tus amantes./ 21 Te hablé en tu bienes-
tar y dijiste:/ No obedezco;/ esa es tu conducta
desde joven,/ no me obedeciste;/ 22 pues el viento
apacentará a tus pastores/ y tus amantes irán
al destierro;/ entonces sentirás vergüenza y
sonrojo/ de todas tus maldades./ 23 Tú, Señora
del Líbano,/ que anidas entre cedros,/ cómo so-
llozarás cuando te lleguen las ansias,/ dolores
como de parto.

A Jeconías

24 ¡Por mi vida!, Jeconías, hijo de Joaquín, rey
de Judá, aunque fueras el anillo de mi mano de-
recha, te arrancaría 25 y te entregaría en poder
de tus mortales enemigos, de los que más temes:
de Nabucodonosor, rey de Babilonia, y en poder
de los caldeos. 26 Los expulsaré a ti y a tu madre,
que te dio a luz, a un país extraño, donde no na-
cieron, y allí morirán. 27 Y no volverán a la tierra
adonde ansían volver.

28 Ese Jeconías, ¿es una vasija rota, desprecia-
ble,/ un objeto inútil?,/ ¿por qué lo expulsan con
su descendencia/ y lo arrojan a un país desco-
nocido?/ 29 ¡Tierra, tierra, tierra!,/ escucha la
Palabra del Señor:/ 30 Así dice el Señor:/ Inscri-
ban a ese hombre como estéril,/ como varón fra-
casado en la vida,/ porque de su descendencia
no se logrará ninguno/ que se siente en el trono
de David/ para reinar en Judá.

A los pastores

23 1 ¡Ay de los pastores que dispersan y extra-
vían las ovejas de mi rebaño! –oráculo del
Señor–. 2 Por eso, así dice el Señor, Dios de Israel,
a los pastores que pastorean a mi pueblo: Ustedes
dispersaron a mis ovejas, las expulsaron, no se
ocuparon de ellas; yo, en cambio, me ocuparé de
ustedes y castigaré sus malas acciones –oráculo
del Señor–. 3 Yo mismo reuniré el resto de mis ovejas
en todos los países adonde las expulsé, las volveré
a traer a sus pastos, para que crezcan y se multi-
pliquen. 4 Les daré pastores que las pastoreen: no
temerán, ni se espantarán, ni se perderán –oráculo
del Señor–.

5 Miren que llegan días/ –oráculo del Señor–/
en que daré a David un retoño legítimo./ Reina-
rá como rey prudente,/ y administrará la justi-
cia/ y el derecho en el país;/ 6 en sus días se sal-
vará Judá,/ Israel habitará en paz,/ y le darán el
título/ Señor, justicia nuestra.

7 Miren que llegan días –oráculo del Señor– en
que ya no se dirá: Por la vida del Señor, que sacó
a los israelitas de Egipto, 8 sino que se dirá: Por
la vida del Señor, que sacó a la descendencia de
Israel del país del norte y de todos los países
adonde los expulsó, y los trajo a sus tierras.

A los profetas

9 A los profetas:/ Se me rompe el corazón en el
pecho,/ se me dislocan los huesos,/ estoy como
un borracho,/ como uno vencido por el vino,/ a
causa del Señor/ y de sus santas palabras:

10 El país está lleno de adulterios,/ y por ello
hace duelo la tierra,/ se secan los pastos de la es-
tepa,/ ellos corren hacia la maldad,/ y emplean
su poder para la injusticia;/ 11 profetas y sacer-
dotes son unos impíos,/ hasta en mi templo en-
cuentro maldades/ –oráculo del Señor–;/ 12 por
eso su camino se volverá resbaladizo,/ empuja-
dos a las tinieblas caerán en ellas;/ les enviaré la
desgracia/ el año en que les pida cuentas/ –orá-
culo del Señor–.

13 Entre los profetas de Samaría he visto una
locura:/ profetizan por Baal extraviando a Is-
rael, mi pueblo;/ 14 entre los profetas de Jeru-
salén he visto algo espeluznante:/ adúlteros y
embusteros que apoyan a los malvados,/ para
que nadie se convierta de la maldad;/ para mí
son todos sus vecinos/ como Sodoma y Gomo-

rra./ 15Por eso dice el Señor Todopoderoso a los
profetas:/ Les daré a comer un alimento amargo/
y a beber agua envenenada,/ porque de los pro-
fetas de Jerusalén/ se difundió la impiedad a
todo el país.
16Así dice el Señor Todopoderoso:/ No hagan
caso a sus profetas, que los engañan:/ cuentan
visiones de su fantasía,/ no de la boca del Se-
ñor;/ 17a los que desprecian la Palabra del Se-
ñor/ les dicen: Tendrán paz;/ a los que siguen
su corazón obstinado/ les dicen: No les pasará
nada malo./ 18¿Quién asistió al consejo del Se-
ñor?,/ ¿quién lo vio y escuchó su palabra?,/
¿quién atendió a mi palabra y la escuchó?
19Mira, el Señor desencadena una tormenta,
un huracán/ que gira sobre la cabeza de los mal-
vados;/ 20la ira del Señor no se detendrá/ hasta
realizar y cumplir sus designios./ Al cabo de los
años lograrán comprenderlo./ 21Yo no envié a
los profetas, y ellos corrían;/ no les hablé, y ellos
profetizaban;/ 22si hubieran asistido a mi con-
sejo,/ anunciarían mis palabras a mi pueblo,/
para que se convirtiese del mal camino,/ de sus
malas acciones.
23¿Soy yo Dios solo de cerca y no Dios de lejos?/
–oráculo del Señor–./ 24Porque uno se esconda
en su escondrijo,/ ¿no lo voy a ver yo?/ –oráculo
del Señor–,/ ¿no lleno yo el cielo y la tierra?/ –
oráculo del Señor–.
25He oído lo que dicen los profetas, profeti-
zando engaños en mi Nombre, diciendo que han
tenido un sueño; 26¿hasta cuándo seguirán los
profetas profetizando engaños y las fantasías
de su mente? 27Con los sueños que se cuentan
unos a otros pretenden hacer olvidar mi Nom-
bre a mi pueblo, como lo olvidaron sus padres a
causa de Baal. 28El profeta que tenga un sueño,
que lo cuente; el que tenga mi palabra, que la
diga a la letra.
¿Qué hace el grano con la paja?/ –oráculo del
Señor–./ 29¿No es mi palabra fuego/ –oráculo del
Señor–/ o martillo que tritura la piedra?
30Por eso aquí estoy contra los profetas –orá-
culo del Señor–, que se roban unos a otros mis
palabras; 31aquí estoy contra los profetas –orá-
culo del Señor– que manejan la lengua para
soltar oráculos; 32aquí estoy contra los profetas
–oráculo del Señor– que cuentan sus sueños fal-
sos y extravían a mi pueblo con sus engaños y
extravagancias. No los mandé, no los envié, son
inútiles para este pueblo –oráculo del Señor–.
33Si este pueblo o un sacerdote o un profeta te
preguntan cuál es la carga del Señor, les dirás:
Ustedes son la carga del Señor, y yo los arroja-
ré –oráculo del Señor–. 34Si un sacerdote o un
profeta o uno del pueblo dicen: carga del Señor,
lo castigaré a él y a su casa. 35Cuando hablan y
comentan entre ustedes, tienen que decir: ¿Qué
responde el Señor, qué dice el Señor? 36Y que no
se vuelva a mencionar la carga del Señor, porque
cada uno cargará con sus palabras. Falsifican las
palabras del Dios vivo, del Señor Todopoderoso,
nuestro Dios. 37Al profeta le hablarán así: ¿Qué
responde el Señor, qué dice el Señor? 38Y ahora
dice el Señor: Si se empeñan en decir: carga del
Señor, siendo así que yo les he prohibido decir:
carga del Señor, entonces, 39por haberlo dicho,
yo los levantaré como una carga y los tiraré lejos
de mí, a ustedes y a la ciudad que les di a uste-
des y a sus padres. 40Y les enviaré una afrenta
eterna, un sonrojo eterno e inolvidable.

¿Quién es el resto?

24 1El Señor me mostró dos cestas de hi-
gos colocadas delante del santuario del
Señor. Era después que Nabucodonosor, rey de
Babilonia, desterró a Jeconías, hijo de Joaquín,
rey de Judá, con los dignatarios de Judá, y a
los artesanos y maestros de Jerusalén, y se los
llevó a Babilonia. 2Una tenía higos exquisitos,
es decir, brevas; otra tenía higos muy pasados,
que no se podían comer.
3El Señor me preguntó: «¿Qué ves, Jeremías?».
Contesté: «Veo higos: unos exquisitos, otros tan
pasados que no se pueden comer».
4Y el Señor me dirigió la palabra: 5Así dice el
Señor, Dios de Israel: A los desterrados de Judá,
a los que expulsé de su patria al país caldeo,
los considero buenos, como estos higos buenos.
6Los miraré con benevolencia, los volveré a traer
a esta tierra; los construiré y no los destruiré,
los plantaré y no los arrancaré. 7Les daré inteli-
gencia para que reconozcan que soy yo el Señor;
ellos serán mi pueblo y yo seré su Dios, si vuel-
ven a mí de todo corazón.
8A Sedecías, rey de Judá, a sus dignatarios,
al resto de Jerusalén que quede en esta tierra o
resida en Egipto, los trataré como a esos higos
tan malos que no se pueden comer. 9Serán terri-
ble escarmiento para todos los reinos del mun-
do, serán objeto de desprecio, sátiras, burlas y
maldiciones en todos los lugares por donde los
disperse. 10Les enviaré la espada, el hambre y la
peste, hasta consumirlos en la tierra que les di a
ellos y a sus padres.

Nabucodonosor verdugo de Dios

25 1El año cuarto del reinado de Joaquín, hi-
jo de Josías, en Judá, que corresponde al
año primero del reinado de Nabucodonosor en
Babilonia, recibió Jeremías este mensaje para
todo el pueblo judío, 2y el profeta Jeremías se lo

comunicó a todos los judíos y a todos los vecinos
de Jerusalén:
3Desde el año trece del reinado en Judá de Jo-
sías, hijo de Amón, hasta el presente día –en to-
tal, veintitrés años–, he recibido la Palabra del
Señor y se la he predicado puntualmente, y no
me han escuchado. 4El Señor les enviaba pun-
tualmente a sus siervos los profetas, y no quisie-
ron escuchar ni prestar oído. 5Los exhortaban:
Que se convierta cada uno de su mala conducta
y de sus malas acciones, y volverá a la tierra que
el Señor les entregó a ustedes y a sus padres, des-
de siempre y para siempre. 6Y no sigan a dioses
extranjeros para servirlos y adorarlos, no me
irriten con las obras de sus manos, y no les ha-
ré ningún mal. 7No me escucharon –oráculo del
Señor–, me irritaron con las obras de sus manos,
para su propia desgracia.
8Por eso, así dice el Señor Todopoderoso:
Puesto que no escucharon mis palabras 9yo man-
daré a buscar a los pueblos del norte y a Nabuco-
donosor, rey de Babilonia, siervo mío; lo traeré
a esta tierra, contra sus habitantes y los pue-
blos vecinos; los consagraré al exterminio, los
convertiré en espanto, burla y ruina perpetua.
10Haré cesar la voz alegre y la voz gozosa, la voz
del novio y la voz de la novia, el ruido del molino
y la luz de la lámpara. 11Toda esta tierra quedará
desolada, y las naciones vecinas estarán some-
tidas al rey de Babilonia durante setenta años.
12Pasados los setenta años –oráculo del Se-
ñor–, pediré cuentas al rey de Babilonia y a su
nación de todas sus culpas, y convertiré en de-
sierto perpetuo el país de los caldeos. 13Cumpli-
ré en su país todas las amenazas que pronuncié
contra él; todo lo escrito en este libro. 14Ellos, a
su vez, estarán sometidos a muchas naciones y
a reyes poderosos; les pagaré sus acciones, las
obras de sus manos.

Profecía de Jeremías contra los paganos

15El Señor, Dios de Israel, me dijo: «Toma de mi
mano esta copa de aguardiente y dásela a beber
a todas las naciones adonde te envío. 16Que be-
ban y se tambaleen y enloquezcan ante la espa-
da que arrojo en medio de ellos. 17Tomé la copa
de mano del Señor y se la hice beber a todas las
naciones a las que me envió el Señor: 18A Jerusa-
lén y a los pueblos de Judá, a sus reyes y nobles,
para convertirlos en ruina y desolación, en burla
y maldición. Cosa que sucede hoy. 19Al faraón,
rey de Egipto, a sus ministros, sus nobles y todo
su pueblo y sus muchedumbres. 20A los reyes de
Hus y de Filistea: Ascalón, Gaza, Ecrón y el resto
de Asdod. 21A Edom, Moab y Amón; 22a todos los
reyes de Tiro y Sidón y a los reyes de las costas
lejanas que están más allá del mar; 23a Dedán,
Temá, Buz y a todos los de cabeza rapada; 24a
todos los reyes de Arabia y de los beduinos que
viven en el desierto; 25y a todos los reyes de
Zimrí, de Elam y de Media; 26a todos los reyes
del norte, próximos y remotos, uno tras otro, y
a todos los reyes de la superficie terrestre. Y
después de todos ellos, beberá el rey de Sesac».
27Les dirás: «Así dice el Señor Todopoderoso,
Dios de Israel: Beban, emborráchense, vomiten,
caigan para no levantarse, ante la espada que yo
arrojo entre ustedes. 28Y si se niegan a tomar la
copa de tu mano para beber, les dirás: Así dice
el Señor Todopoderoso: Tienen que beber. 29Por-
que si en la ciudad que lleva mi Nombre comencé
el castigo, ¿van ustedes a quedar impunes? No
quedarán impunes, porque yo reclamo la espada
contra todos los habitantes del mundo, oráculo
del Señor Todopoderoso».
30Y tú profetízales diciendo lo siguiente:
El Señor ruge desde la altura,/ clama desde su
mansión santa,/ ruge y ruge contra su pueblo,/
entona la copla de los pisadores de uva/ contra
todos los habitantes del mundo;/ 31el eco resuena
hasta los confines de la tierra,/ porque el Señor
entabla pleito con los paganos,/ viene a juzgar a
todos los hombres/ y hará ejecutar a los culpa-
bles/ –oráculo del Señor–.
32Así dice el Señor Todopoderoso:/ Miren la
catástrofe pasar de nación en nación,/ un terri-
ble huracán se agita en los extremos del mundo./
33Aquel día las víctimas del Señor/ ocuparán la
tierra de punta a punta,/ no los recogerán, ni
enterrarán,/ ni les harán duelo,/ serán como
estiércol sobre el campo.
34Giman, pastores; griten,/ revuélquense en
el polvo,/ encargados del rebaño;/ les ha llegado
el día de la matanza/ y caerán como carneros
hermosos;/ 35no hay escapatoria para los pasto-
res,/ no hay salida para los encargados del reba-
ño./ 36Se oye el grito de los pastores,/ el gemido
de los encargados del rebaño,/ porque el Señor
ha destruido sus pastos;/ 37están silenciosas las
prósperas praderas,/ por el incendio de la ira del
Señor;/ 38abandonan, como un león su guarida,/
sus tierras, que están desoladas,/ por el incendio
devastador,/ por el incendio de su ira.

Jeremías juzgado y absuelto

26 1Al comienzo del reinado de Joaquín, hijo
de Josías, rey de Judá, el Señor dirigió la
palabra a Jeremías: 2«Así dice el Señor: Ponte en
el atrio del templo y di a todos los vecinos de los
pueblos de Judá que vienen al templo a adorar al
Señor, todo lo que yo te mando decir; no dejes ni
una palabra. 3A ver si se convierte cada uno de

su mala conducta y yo puedo arrepentirme del castigo que preparo contra ellos por sus malas acciones. 4Les dirás: Así dice el Señor: Si no me obedecen, siguiendo la ley que yo les he dado, 5y escuchando lo que le dicen mis siervos los profetas, que yo les envío sin cesar, y ustedes no escuchan, 6yo trataré este templo como el de Siló, y esta ciudad será fórmula de maldición para todas las naciones».

7Los sacerdotes, los profetas y toda la gente oyeron a Jeremías pronunciar este discurso en el templo; 8y cuando terminó de decir todo lo que el Señor le había mandado decir al pueblo, los sacerdotes, los profetas y la gente lo apresaron, diciéndole: «Eres reo de muerte. 9¿Por qué profetizas en Nombre del Señor diciendo que este templo será como el de Siló y esta ciudad quedará en ruinas y deshabitada?».

La gente se amotinó contra Jeremías en el templo. 10Se enteraron de todo los dignatarios de Judá y, subiendo del palacio real al templo, se sentaron en el tribunal de la Puerta Nueva. 11Los sacerdotes y los profetas dijeron a los dignatarios y a la gente: «Este hombre merece la muerte por haber profetizado contra esta ciudad; ustedes mismos lo han oído». 12Contestó Jeremías a los dignatarios y al pueblo: «El Señor me envió a profetizar todo lo que han oído contra este templo y esta ciudad. 13Y ahora corrijan su conducta y sus acciones, obedezcan al Señor, su Dios, y el Señor se arrepentirá de las amenazas que ha proferido contra ustedes. 14Yo estoy en sus manos: hagan de mí lo que mejor les parezca. 15Pero sepan que si me matan, serán responsables de sangre inocente ustedes, la ciudad y sus vecinos. Porque ciertamente el Señor me ha enviado a ustedes a predicarles todo lo que he dicho».

16Los dignatarios y toda la gente dijeron a los sacerdotes y profetas: «Este hombre no merece la muerte, porque nos ha hablado en Nombre del Señor, nuestro Dios». 17Entonces se levantaron algunos ancianos y dijeron a toda la asamblea del pueblo: 18Miqueas de Moréset profetizó durante el reinado de Ezequías, rey de Judá, y dijo a los judíos: Así dice el Señor Todopoderoso:

Sión será un campo arado,/ Jerusalén será una ruina,/ el monte del templo/ un cerro cubierto de maleza.

19¿Le dieron muerte Ezequías, rey de Judá, y todo el pueblo? ¿No respetaron al Señor y lo calmaron y el Señor se arrepintió de la amenaza que había proferido contra ellos? Nosotros, en cambio, estamos a punto de cargarnos con un crimen enorme.

20Hubo otro profeta que profetizó en Nombre del Señor: Urías, hijo de Semayas, natural de Quiriat Yearim. Profetizó contra esta ciudad y este país lo mismo que Jeremías. 21El rey Joaquín, con sus guardias y dignatarios, lo oyeron, y el rey intentó matarlo; pero Urías se enteró y, atemorizado, huyó a Egipto. 22Entonces el rey Joaquín despachó a Egipto a Elnatán, hijo de Acbor, con su destacamento. 23Sacaron a Urías de Egipto y se lo llevaron al rey Joaquín, el cual lo hizo ajusticiar y arrojar su cadáver en la sepultura común.

24Entonces Ajicán, hijo de Safín, se hizo cargo de Jeremías para que no lo entregaran a ser ejecutado por el pueblo.

Sometimiento a Babilonia

27 1El año cuarto del reinado de Sedecías, hijo de Josías, rey de Judá, el Señor dirigió la palabra a Jeremías:

2«Así dice el Señor: Hazte unas correas y un yugo y encájatelo en el cuello, 3y envía un mensaje a los reyes de Edom, Moab, Amón, Tiro y Sidón, por medio de los embajadores que han venido a Jerusalén a visitar al rey Sedecías. 4Diles que informen a sus señores: Así dice el Señor Todopoderoso, Dios de Israel: Digan a sus señores: 5Yo he creado la tierra y hombres y animales sobre la faz de la tierra, con mi gran poder y con mi brazo extendido; y la doy a quien me parece; 6ahora, yo entrego todos estos territorios a Nabucodonosor, rey de Babilonia, mi siervo; incluso las fieras del campo se las doy como servidores; 7todas las naciones estarán sometidas a él, a su hijo y nieto, hasta que le llegue a su país la hora de ser servidor de pueblos numerosos y reyes poderosos. 8Si una nación y su rey no se someten a Nabucodonosor, rey de Babilonia, y no rinden el cuello al yugo del rey de Babilonia, con espada y hambre y peste castigaré a esa nación, hasta entregarla en sus manos –oráculo del Señor–. 9Y ustedes no hagan caso a sus profetas y adivinos intérpretes de sueños, hechiceros y magos, que les dicen: No serán vasallos del rey de Babilonia; 10porque les profetizan mentiras para sacarlos de su tierra, para que yo los disperse y los destruya. 11Si una nación rinde el cuello y se somete al rey de Babilonia, la dejaré en su tierra, para que la cultive y la habite –oráculo del Señor–».

12A Sedecías, rey de Judá, le hablé en los mismos términos: «Coloquen su cuello bajo el yugo del rey de Babilonia, sométanse a él y a su ejército, y vivirán; 13así no morirán a espada, de hambre y peste, como dijo el Señor a los pueblos que no se sometan al rey de Babilonia. 14No hagan caso a los profetas que les dicen: No serán vasallos del rey de Babilonia, porque les profe-

tizan mentiras: [15]yo no los envié –oráculo del
Señor–, y ellos profetizan mentiras en mi Nom-
bre, para que yo los tenga que arrojar y destruir
a ustedes con los profetas que les profetizan».
[16]A los sacerdotes y al pueblo les dije: «Así
dice el Señor: No hagan caso a esos profetas
que les profetizan: Muy pronto recobraremos de
Babilonia el ajuar del templo; les profetizan en-
gaños, [17]no les hagan caso. Permanezcan some-
tidos al rey de Babilonia y vivirán, y esta ciudad
no se convertirá en ruinas. [18]Si son profetas y
tienen la Palabra del Señor, que intercedan al
Señor para que no se lleven a Babilonia el resto
del ajuar del templo y del palacio real de Jeru-
salén. [19]Porque así dice el Señor Todopoderoso
acerca de las columnas, el depósito, el pedestal
y el resto del ajuar que aún queda en la ciudad
[20]–que Nabucodonosor, rey de Babilonia, no se
llevó de Jerusalén a Babilonia cuando desterró
a Jeconías, hijo de Joaquín, con todos los nota-
bles de Judá y Jerusalén–».
[21]Así dice el Señor Todopoderoso, Dios de
Israel, acerca del ajuar que ha quedado en el
templo y en el palacio real de Jerusalén: [22]«Se
los llevarán a Babilonia y allí quedarán, hasta
que yo haga inventario –oráculo del Señor– y los
saque y los devuelva a este lugar».

Jeremías y Ananías

28 [1]Ese mismo año, el cuarto del reinado de
Sedecías en Judá, el mes quinto, Ananías,
hijo de Azur, profeta natural de Gabaón, me dijo
en el templo, en presencia de los sacerdotes y de
toda la gente: [2]«Así dice el Señor Todopoderoso,
Dios de Israel: Rompo el yugo del rey de Babilo-
nia. [3]Antes de dos años devolveré a este lugar
todo el ajuar del templo que Nabucodonosor, rey
de Babilonia, acaparó y se llevó a Babilonia. [4]A
Jeconías, hijo de Joaquín, rey de Judá, y a todos
los judíos desterrados en Babilonia yo los haré
volver a este lugar –oráculo del Señor–. Porque
romperé el yugo del rey de Babilonia».
[5]El profeta Jeremías respondió al profeta Ana-
nías, en presencia de los sacerdotes y del pueblo
que estaba en el templo; [6]el profeta Jeremías
dijo: «¡Amén, así lo haga el Señor! Que el Señor
cumpla tu profecía trayendo de Babilonia a es-
te lugar todo el ajuar del templo y a todos los
desterrados. [7]Pero escucha lo que yo te digo a
ti y a todo el pueblo: [8]Los profetas que nos pre-
cedieron, a ti y a mí, desde tiempo inmemorial,
profetizaron guerras, calamidades y epidemias
a muchos países y a reinos dilatados. [9]Cuando
un profeta anunciaba prosperidad, solo al cum-
plirse su profecía era reconocido como profeta
enviado realmente por el Señor».
[10]Entonces Ananías le quitó el yugo del cuello
al profeta Jeremías y lo rompió, [11]diciendo en
presencia de todo el pueblo: «Así dice el Señor:
Así es como romperé el yugo del rey de Babilo-
nia, que llevan al cuello tantas naciones, antes
de dos años». El profeta Jeremías se marchó por
su camino.
[12]Después que el profeta Ananías rompió el yu-
go que el profeta Jeremías llevaba al cuello, el
Señor le dirigió la palabra: [13]«Ve a decirle a Ana-
nías: Así dice el Señor: Tú has roto un yugo de
madera, yo lo sustituiré con un yugo de hierro.
[14]Pues así dice el Señor Todopoderoso, Dios de
Israel: Yugo de hierro pondré al cuello de todas
estas naciones, para que estén sometidas a Na-
bucodonosor, rey de Babilonia, y hasta las fieras
del campo le daré como servidores».
[15]El profeta Jeremías dijo al profeta Ananías:
«Escúchame, Ananías: el Señor no te ha enviado,
y tú infundes a este pueblo una falsa confianza.
[16]Por eso, así dice el Señor: Yo te echaré de la su-
perficie de la tierra. Este año morirás, por haber
predicado rebelión contra el Señor». [17]El profeta
Ananías murió aquel año, el mes séptimo.

Cartas de Jeremías

29 [1]Texto de la carta que el profeta Jeremías
envió desde Jerusalén a los desterrados;
a los ancianos, sacerdotes, profetas y al pueblo
deportados por Nabucodonosor de Jerusalén
a Babilonia. [2]Fue después de marcharse el rey
Jeconías con la reina madre y los eunucos y dig-
natarios de Judá y Jerusalén y los artesanos y
maestros de Jerusalén. [3]La envió por medio de
Elasa, hijo de Safán, y de Gamarías, hijo de Jel-
cías, legados de Sedecías, rey de Judá, a Nabu-
codonosor, rey de Babilonia:
[4]Así dice el Señor Todopoderoso, Dios de Is-
rael, a todos los deportados que yo llevé de
Jerusalén a Babilonia: [5]Construyan casas y habí-
tenlas, planten huertos y coman sus frutos, cá-
sense y engendren hijos e hijas, [6]tomen esposas
para sus hijos, casen a sus hijas, para que ellas
engendren hijos e hijas; crezcan allí y no dismi-
nuyan. [7]Pidan por la prosperidad de la ciudad
adonde yo los desterré y recen al Señor por ella,
porque su prosperidad será la de ustedes.
[8]Así dice el Señor Todopoderoso, Dios de Is-
rael: no se dejen engañar por los profetas y adi-
vinos que viven entre ustedes; no hagan caso de
los sueños que sueñan, [9]porque les profetizan
engaños en mi Nombre, y yo no los envié –orá-
culo del Señor–.
[10]Esto es lo que dice el Señor: Cuando se cum-
plan setenta años en Babilonia, me ocuparé de
ustedes, les cumpliré mis promesas trayéndolos

de nuevo a este lugar. 11Yo conozco mis designios sobre ustedes: designios de prosperidad, no de desgracia, pues les daré un porvenir y una esperanza. 12Me invocarán, vendrán a rezarme y yo los escucharé; 13me buscarán y me encontrarán, si me buscan de todo corazón; 14me dejaré encontrar y cambiaré su suerte –oráculo del Señor–. Los reuniré en todas las naciones y lugares adonde los arrojé –oráculo del Señor– y los volveré a traer al lugar de donde los desterré.

15Si ustedes dicen que el Señor les ha nombrado profetas en Babilonia, 21el Señor Todopoderoso, Dios de Israel, dice a propósito de Ajab, hijo de Colayas, y de Sedecías, hijo de Masías, que les profetizan engaños en mi Nombre: Yo los entregaré a Nabucodonosor, rey de Babilonia, que los hará ajusticiar en presencia de ustedes. 22Y darán origen a una maldición que se correrá entre todos los judíos desterrados en Babilonia: El Señor te trate como a Ajab y a Sedecías, a quienes quemó vivos el rey de Babilonia. 23Porque cometieron una infamia en Israel, adulteraron con la mujer del prójimo y contaron mentiras en mi Nombre sin que yo los mandase. Lo sé y lo atestiguo –oráculo del Señor–.

16Así dice el Señor acerca del rey que se sienta en el trono de David y de todo el pueblo que vive en la ciudad –sus hermanos que no han ido con ustedes al destierro–. 17Así dice el Señor Todopoderoso: Yo despacharé contra ellos la espada, el hambre y la peste; los trataré como a los higos podridos que no se pueden comer de malos. 18Los perseguiré con la espada, el hambre y la peste, y haré de ellos un escarmiento para todos los reinos de la tierra, y maldición y espanto y burla y oprobio de todas la naciones por donde los dispersé. 19Porque no escucharon mis palabras –oráculo del Señor–; porque les envié constantemente a mis siervos los profetas, y no hicieron caso –oráculo del Señor–.

20Ustedes, los desterrados que envié de Jerusalén a Babilonia, escuchen la Palabra del Señor.

Mensaje a Samayas

24A Samayas, el nejlamita le dirás: 25Así el Señor Todopoderoso, Dios de Israel: «Tú has enviado por tu cuenta una carta a Sofonías, hijo de Masías, el sacerdote, en estos términos: 26El Señor te ha nombrado sucesor del sacerdote Yehoyadá como responsable del templo; si se presenta un exaltado y se pone a profetizar lo tienes que meter en el calabozo y atarlo con cadenas. 27Entonces, ¿por qué no has dado un escarmiento a Jeremías, de Anatot, que se ha metido a profetizar? 28Nos ha enviado una carta a Babilonia diciendo que va para largo, que construyamos casas y las habitemos, que plantemos huertos y comamos sus frutos».

29El sacerdote Sofonías le leyó la carta al profeta Jeremías, 30y el Señor le dirigió la palabra: 31«Envía un mensaje a los desterrados: Así dice el Señor acerca de Samayas, el nejlamita: Samayas les ha profetizado, sin que yo lo enviase, arrastrándolos a una falsa confianza. 32Por eso, dice el Señor: Yo castigaré a Samayas, el nejlamita, y a su descendencia: no tendrá un sucesor que viva entre este pueblo, no probará los bienes que yo daré a mi pueblo, porque predicó rebelión contra el Señor –oráculo del Señor–».

Oráculo de restauración

30 1Palabras que dirigió el Señor a Jeremías: 2«Así dice el Señor: Escribe en un libro todas las palabras que te he dicho. 3Porque llegarán días –oráculo del Señor– en que cambiaré la suerte de mi pueblo, Israel y Judá, dice el Señor, y los volveré a llevar a la tierra que di en posesión a sus padres».

4Palabra del Señor a Israel y a Judá. 5Así dice el Señor: *Gritos de pavor hemos oído,/ de terror sin sosiego./* 6*Pregunten y averigüen:/ ¿Acaso dan a luz los varones?/ ¿Qué veo? Todos los varones,/ como parturientas,/ las manos a las caderas,/ los rostros desfigurados y pálidos./* 7*¡Ay! Aquel día será grande/ y sin igual,/ hora de angustia para Jacob./ Pero saldrá de ella.*

8Aquel día –oráculo del Señor Todopoderoso– romperé el yugo de tu cuello y haré saltar las correas; ya no servirán a extranjeros, 9servirán al Señor, su Dios, y a David, el rey que les nombraré.

10*Y tú, siervo mío, Jacob, no temas;/ no te asustes, Israel/ –oráculo del Señor–,/ que yo te salvaré del país remoto/ y a tu descendencia del destierro;/ Jacob volverá y descansará,/ reposará sin alarmas,/* 11*porque yo estoy contigo para salvarte/ –oráculo del Señor–.*

Destruiré a todas las naciones por donde los dispersé,/ a ti no te destruiré,/ te corregiré como mereces/ y no te dejaré sin castigo./ 12*Así dice el Señor:/ Tu fractura es fatal,/ tu herida no puede sanar,/* 13*no hay quien defienda tu causa/ vendando tu herida,/ no hay remedio para tu dolencia./* 14*Tus amantes te olvidaron/ y ya no te buscan,/ porque te derrotó el enemigo/ con cruel escarmiento;/ por la cantidad de tus crímenes,/ por tus muchos pecados.*

15*¿Por qué gritas por tu herida?/ Tu llaga es insanable;/ por la cantidad de tus crímenes,/ por tus muchos pecados te he tratado así./* 16*Los que te devoran serán devorados,/ todos tus enemigos irán al destierro,/ los que te saquean*

serán saqueados,/ los que te despojan serán
despojados.
17 Te devolveré la salud,/ te sanaré las heridas/
–oráculo del Señor–./ Te llamaban La Abandona-
da,/ Sión, por quien nadie pregunta./ 18 Así dice
el Señor:/ Yo cambiaré la suerte de las tiendas de
Jacob,/ compadecido de sus moradas;/ sobre sus
ruinas será reconstruida la ciudad,/ su palacio
se asentará en su puesto;/ 19 resonarán allí him-
nos y rumores de fiesta;/ los haré crecer y no dis-
minuir,/ los honraré y no serán despreciados./
20 Serán sus hijos como antes,/ asamblea estable
delante de mí;/ castigaré a sus opresores,/ 21 de
ella saldrá su príncipe,/ de ella nacerá su jefe,/
y yo lo acercaré hasta mí;/ ¿quién, si no, se atre-
vería a acercarse a mí?/ 22 Ustedes serán mi pue-
blo,/ yo seré su Dios,/ –oráculo del Señor–.
23 ¡Atención! El Señor desencadena una tor-
menta,/ un huracán gira sobre la cabeza de los
malvados;/ 24 no se apaga el incendio de la ira del
Señor,/ hasta realizar y cumplir sus designios./
Al cabo de los años/ llegarán a comprenderlo.

Retorno a la tierra

31 1 En aquel tiempo –oráculo del Señor– seré
el Dios de todas las tribus de Israel y ellas
serán mi pueblo.
2 Así dice el Señor:/ El pueblo escapado de la
espada/ alcanzó favor en el desierto:/ Israel
camina a su descanso,/ 3 el Señor se le apareció
desde lejos.
Con amor eterno te amé,/ por eso prolongué
mi lealtad;/ 4 te reconstruiré y quedarás cons-
truida,/ capital de Israel;/ de nuevo saldrás en-
joyada/ a bailar alegremente con panderetas;/
5 de nuevo plantarás viñas/ en los montes de
Samaría,/ y los que las plantan las cosecharán.
6 ¡Es de día!, gritarán los centinelas/ en la sie-
rra de Efraín: de pie, a Sión,/ a visitar al Señor,
nuestro Dios./ 7 Así dice el Señor:/ Griten jubilo-
sos por Jacob,/ regocíjense por el primero de los
pueblos,/ háganse oír, alaben y digan:/ El Señor
ha salvado a su pueblo, al resto de Israel.
8 Yo los traeré del país del norte,/ los reuniré
desde los rincones del mundo./ Qué gran multi-
tud retorna;/ entre ellos hay ciegos y lisiados,/
mujeres embarazadas y a punto de dar a luz;/ 9 si
marcharon llorando,/ los conduciré entre con-
suelos,/ los guiaré hacia corrientes de agua,/
por camino llano y sin tropiezos.
Seré un padre para Israel,/ Efraín será mi pri-
mogénito./ 10 Escuchen, pueblos, la Palabra del
Señor,/ anúncienla, islas remotas:/ El que es-
parció a Israel lo reunirá,/ lo guardará como el
pastor a su rebaño;/ 11 el Señor redimió a Jacob,/
lo rescató de una mano más fuerte,/ 12 y vendrán
entre aclamaciones/ a la altura de Sión,/ acu-
dirán hacia los bienes del Señor:/ trigo y vino y
aceite,/ y rebaños de vacas y ovejas;/ será co-
mo huerto regado,/ no volverán a desfallecer,/
13 entonces la muchacha gozará bailando/ y los
ancianos igual que los jóvenes;/ convertiré su
tristeza en gozo,/ los consolaré y aliviaré sus
penas;/ 14 alimentaré a los sacerdotes con man-
jares/ y mi pueblo se saciará de mis bienes/ –
oráculo del Señor–.
15 Así dice el Señor:/ Escuchen, en Ramá/ se
oyen lamentos y llanto amargo:/ es Raquel, que
llora inconsolable/ a sus hijos que ya no viven.
16 Así dice el Señor:/ Reprime tus sollozos,/
enjuga tus lágrimas/ –oráculo del Señor–,/ tu
trabajo será pagado,/ volverán del país enemi-
go;/ 17 hay esperanza de un porvenir/ –oráculo
del Señor–,/ volverán los hijos a la patria./ 18 Es-
toy escuchando lamentarse a Efraín:/ Me has
corregido y he escarmentado,/ como novillo sin
domar;/ hazme regresar y yo regresaré,/ que tú
eres mi Señor, mi Dios;/ 19 si me alejé, después me
arrepentí,/ y al comprenderlo me di golpes de
pecho;/ me sentía confundido y avergonzado/
de soportar el pecado de mi juventud.
20 ¡Si es mi hijo querido Efraín,/ mi niño, mi
encanto!/ Cada vez que lo reprendo me acuerdo
de él,/ se me conmueven las entrañas/ y cedo a
la compasión/ –oráculo del Señor–./ 21 Coloca
pilares, planta señales,/ fíjate bien en el camino
por donde caminas,/ vuelve, doncella de Israel,/
vuelve a tus ciudades,/ 22 ¿hasta cuándo esta-
rás indecisa, muchacha rebelde?,/ que el Señor
crea de nuevo en el país,/ y la mujer abrazará
al varón.
23 Así dice el Señor Todopoderoso, Dios de Is-
rael: Cuando yo cambie su suerte, se volverá a
decir en Judá y en sus poblados: El Señor te ben-
diga, lugar de salvación, monte santo. 24 En Judá
y en sus poblados habitarán juntos los labrado-
res y los que se desplazan con el rebaño. 25 Daré
de beber a las gargantas sedientas, colmaré a
los muertos de hambre. 26 Yo desperté, miré y me
pareció un sueño feliz.
27 Miren que llegan días –oráculo del Señor–
en que sembraré en Israel y en Judá semilla de
hombres y semilla de animales. 28 Como vigilé
sobre ellos para arrancar y arrasar, para des-
truir y deshacer y maltratar, así vigilaré so-
bre ellos para edificar y plantar –oráculo del
Señor–.
29 En aquellos días ya no se dirá:/ Los padres
comieron uva agria,/ a los hijos se les destem-
plan los dientes,/ 30 porque el que muera, será
por su propia culpa/ y tendrá dolor de muelas el
que coma uva agria.

31 Miren que llegan días –oráculo del Señor– en
que haré una alianza nueva con Israel y con Judá:
32 no será como la alianza que hice con sus pa-
dres cuando los agarré de la mano para sacarlos
de Egipto; la alianza que ellos quebrantaron y yo
mantuve –oráculo del Señor–; 33 así será la alianza
que haré con Israel en aquel tiempo futuro –orá-
culo del Señor–: meteré mi ley en su pecho, la es-
cribiré en su corazón, yo seré su Dios y ellos serán
mi pueblo; 34 ya no tendrán que enseñarse unos a
otros, mutuamente, diciendo: Tienes que conocer
al Señor, porque todos, grandes y pequeños, me
conocerán –oráculo del Señor–, porque yo perdo-
no sus culpas y olvido sus pecados.

35 *Así dice el Señor:/ que establece el sol para
iluminar el día,/ el ciclo de la luna y las estre-
llas para iluminar la noche,/ que agita el mar
y rugen sus olas/ –su título es Señor Todopo-
deroso–:/* 36 *Cuando fallen estas leyes que yo he
dado/ –oráculo del Señor–,/ la descendencia de
Israel/ ya no será más el pueblo mío.*

37 *Así dice el Señor:/ Si puede medirse el cielo
en lo alto,/ o explorar en lo profundo el cimien-
to de la tierra,/ yo rechazaré a la descendencia
entera de Israel,/ por todo lo que hizo/ –oráculo
del Señor–.*

38 Miren que llegan días –oráculo del Señor– en
que se edificará la ciudad del Señor, desde la
torre de Hanael hasta la puerta del Ángulo. 39 La
cinta de medir seguirá derecha hasta Loma de
Gareb y girará hacia Goat. 40 Todo el valle de los
cadáveres, el cementerio de las cenizas, hasta
el valle del torrente Cedrón, y hasta la puerta
de los Caballos, a oriente, estará consagrado al
Señor, y ya no será arrasado ni destruido jamás.

Jeremías rescata un terreno

32 1 Palabras que el Señor dirigió a Jeremías
el año décimo del reinado de Sedecías en
Judá, que corresponde al año dieciocho de Na-
bucodonosor. 2 Entonces sitiaba a Jerusalén el
ejército del rey de Babilonia, y el profeta Jere-
mías estaba preso en el atrio de la guardia, en
el palacio real de Judá. 3 Lo había encarcelado
Sedecías, acusándole: «Tú has profetizado: Así
dice el Señor: Yo entregaré esta ciudad en ma-
nos del rey de Babilonia, para que la conquiste.
4 Sedecías, rey de Judá, no escapará de manos
de los caldeos, sino que será entregado sin falta
en manos del rey de Babilonia, que le hablará
cara a cara, y sus ojos verán sus ojos. 5 Y llevará
a Sedecías a Babilonia, y allí quedará hasta que
yo me ocupe de él –oráculo del Señor–. Si luchan
contra los caldeos, no vencerán».

6 Jeremías contestó: «El Señor me ha dirigido
la palabra: 7 Hanamel, hijo de tu tío Salún, ven-
drá a decirte: Cómprame el campo de Anatot,
porque a ti te corresponde rescatarlo comprán-
dolo. 8 Y vino a visitarme mi primo, como había
dicho el Señor, al atrio de la guardia, y me dijo:
Cómprame el campo de Anatot, en territorio de
Benjamín, porque a ti te corresponde rescatarlo
y adquirirlo: cómpramelo. Yo comprendí que era
una Palabra del Señor. 9 Y, así, compré el campo
de Anatot a mi primo Hanamel; pesé el dinero:
diecisiete monedas de plata. 10 Escribí el contra-
to, lo sellé, hice firmar a los testigos y pesé la
plata en la balanza. 11 Después tomé el contrato
sellado, según las normas legales, y la copia
abierta, 12 y entregué el contrato a Baruc, hijo
de Nerías, de Majsías, en presencia de Hanamel,
mi primo, en presencia de los testigos que ha-
bían firmado el contrato y en presencia de los
judíos que estaban en el atrio de la guardia. 13 En
presencia de ellos ordené a Baruc: 14 Así dice el
Señor Todopoderoso, Dios de Israel: Toma estos
contratos, el sellado y el abierto, y mételos en
una jarra de barro, para que se conserven mu-
chos años. 15 Porque así dice el Señor Todopode-
roso, Dios de Israel: Todavía se comprarán casas
y campos y huertos en esta tierra».

Oración de Jeremías

16 Después de entregar a Baruc, hijo de Nerías,
el contrato, oré al Señor: 17 ¡Ay, mi Señor! Tú hi-
ciste el cielo y la tierra con tu gran poder, con
brazo extendido, nada es imposible para ti. 18 Tú
tratas con misericordia por mil generaciones,
pero castigas el pecado de los padres en los hijos
que les suceden. Dios grande y esforzado, cuyo
Nombre es Señor Todopoderoso. 19 Grande en
ideas, poderoso en acciones, cuyos ojos están
abiertos sobre los pasos de los hombres, para
pagar a cada uno su conducta, lo que merecen
sus acciones. 20 Tú hiciste signos y prodigios en
Egipto un día como hoy, en Israel y entre todos
los hombres, y te has ganado fama que dura hoy.
21 Sacaste de Egipto a tu pueblo, Israel, con pro-
digios y portentos, con mano fuerte y brazo ex-
tendido, y con gran terror. 22 Les diste esta tierra,
que habías jurado a sus padres darles, tierra que
mana leche y miel, 23 y entraron a poseerla. Pero
ellos no te obedecieron, no procedieron según tu
ley, no hicieron lo que les habías mandado hacer;
por eso les enviaste todas estas desgracias. 24 Mi-
ra, los terraplenes ya llegan hasta la ciudad para
conquistarla, la ciudad está entregada en manos
de los caldeos, que la atacan con la espada, el
hambre y la peste. Sucede lo que anunciaste, y lo
estás viendo. 25 Y tú, mi Señor, me dices: Cómpra-
te el campo con dinero, ante testigos, mientras
la ciudad cae en manos de los caldeos.

26El Señor dirigió la palabra a Jeremías: 27«Yo
soy el Señor, Dios de todos los humanos: ¿hay
algo imposible para mí? 28Por eso, así dice
el Señor: Yo entrego esta ciudad en manos de
los caldeos, en manos de Nabucodonosor, rey
de Babilonia; para que la conquiste. 29Los cal-
deos que la atacan entrarán en esta ciudad y le
pondrán fuego. La quemarán con las casas, en
cuyas azoteas se quemaba incienso a Baal y se
hacían libaciones a dioses extranjeros, para irri-
tarme. 30Porque israelitas y judíos hacen lo que
yo repruebo desde su juventud; los israelitas me
irritan con las obras de sus manos –oráculo del
Señor–. 31Esta ciudad ha provocado mi ira y mi
cólera desde que la construyeron hasta hoy. La
tendré que apartar de mi presencia, 32por todas
las maldades que comenten israelitas y judíos,
irritándome todos, con sus reyes y príncipes,
con sus sacerdotes y profetas, los judíos y los
habitantes de Jerusalén. 33Me dan la espalda, y
no la cara. Yo los aleccionaba sin cesar, y ellos
no escuchaban ni escarmentaban. 34Ponían sus
ídolos en la casa que llevaba mi Nombre, profa-
nándola. 35Construían capillas a Baal, en el valle
de Ben-Hinón, para pasar por el fuego a sus hijos
e hijas, en honor de Moloc. Cosa que yo no mandé
ni se me pasó por la cabeza. Hicieron prácticas
idolátricas semejantes, haciendo pecar a Judá».

El Señor ratifica las palabras del profeta

36Y ahora así dice el Señor, Dios de Israel, a esta
ciudad de la que ustedes dicen: Va a caer en ma-
nos del rey de Babilonia, por la espada, el hambre
y la peste. 37Miren que yo los congregaré en todos
los países por donde los dispersó mi ira y mi có-
lera y mi gran furor. Los traeré a este lugar, y los
haré habitar tranquilos. 38Ellos serán mi pueblo
y yo seré su Dios. 39Les daré un corazón entero y
una conducta íntegra, para que me respeten toda
la vida, para su bien y el de sus hijos que los suce-
dan. 40Haré con ellos alianza eterna, y no cesaré
de hacerles bien. Les infundiré respeto a mí, para
que no se aparten de mí. 41Gozaré haciéndoles el
bien. Los plantaré de verdad en esta tierra, con
todo mi corazón y toda mi alma. 42Porque así dice
el Señor: Lo mismo que envié a este pueblo esta
gran calamidad, también yo mismo les enviaré
todos los bienes que les prometo. 43Se comprarán
campos en esta tierra, de la que ustedes dicen:
Está desolada, sin hombres ni ganado, y cae en
manos de los caldeos. 44Se comprarán campos
con dinero, ante testigos, se escribirá y sellará
el contrato en el territorio de Benjamín y en el
distrito de Jerusalén, en las poblaciones de Judá,
de la Sierra, de la Sefela y del Negueb, porque
cambiaré su suerte –oráculo del Señor–.

Restauración

33 1Mientras Jeremías estaba todavía dete-
nido en el atrio de la guardia, el Señor le
dirigió la palabra: 2«Así dice el Señor, que hizo
la tierra, la formó y la estableció; su Nombre
es Señor. 3Llámame, y te contestaré, te comu-
nicaré cosas grandes e inaccesibles que no co-
noces. 4Porque así dice el Señor de Israel a las
casas de esta ciudad y a los palacios reales de
Judá, ahora arrasados por el asedio y la espada:
5Ahora vienen a pelear contra ella los caldeos,
y a llenarla de cadáveres humanos; porque yo la
herí con ira y cólera, oculté mi rostro a esta ciu-
dad, por todas sus maldades. 6Yo mismo le traeré
restablecimiento y sanación, y los colmaré de
paz y de fidelidad. 7Cambiaré la suerte de Judá y
la suerte de Israel, y los edificaré como en otro
tiempo; 8los purificaré de todos los crímenes
que cometieron contra mí, les perdonaré todos
los crímenes que cometieron contra mí, rebelán-
dose contra mí. 9Jerusalén será motivo de gozo,
alabanza y honor, para mí y para todas las na-
ciones de la tierra que oigan contar todo el bien
que les he hecho, y los temerán y respetarán, por
todo el bien y la paz que les he dado».
10Así dice el Señor: «En este lugar del que us-
tedes dicen que está en ruinas, sin hombres ni
ganado; en las ciudades de Judá y en las calles
de Jerusalén, ahora desoladas, sin hombres ni
ganado, 11todavía se escuchará la voz alegre y la
voz gozosa, la voz del novio y la voz de la novia;
la voz de los que cantan al entrar con acción de
gracias en el templo: Den gracias al Señor Todo-
poderoso, porque es bueno, porque es eterna su
misericordia. Porque cambiaré la suerte de esta
tierra, haciéndola como antes, dice el Señor».
12Así dice el Señor Todopoderoso: « En este
lugar, ahora arruinado, sin hombres ni ganado,
y en todas las ciudades, todavía habrá majadas
de pastores que recogen sus ovejas. 13Por las po-
blaciones de la Sierra, de la Sefela, del Negueb,
por el territorio de Benjamín, por el distrito de
Jerusalén y por las ciudades de Judá, todavía
pasarán las ovejas junto al que las cuenta –dice
el Señor–. 14Miren que llegan días –oráculo del
Señor– en que cumpliré la promesa que hice a
la casa de Israel y a la casa de Judá. 15En aque-
llos días y en aquella hora suscitaré a David un
retoño legítimo que hará justicia y derecho en
la tierra. 16En aquellos días se salvará Judá y en
Jerusalén vivirán tranquilos, y la llamarán así:
Señor–nuestra–justicia».
17Porque así dice el Señor: «No faltará a David
un sucesor que se siente en el trono de la casa
de Israel. 18De los sacerdotes y levitas no falta-
rá quien ofrezca en mi presencia holocaustos,

inciense las ofrendas y haga sacrificios todos los días».

[19]El Señor dirigió la palabra a Jeremías: [20]Así dice el Señor: «Si puede romperse mi alianza con el día y la noche, de modo que no haya día y noche a su tiempo, [21]también se romperá la alianza con David, mi siervo, de modo que le falte sucesor en el trono, y la alianza con los sacerdotes y levitas, mis ministros. [22]Como las estrellas del cielo, incontables; como las arenas de la playa, innumerables; multiplicaré la descendencia de mi siervo David y de los levitas que me sirven».

[23]El Señor dirigió la palabra a Jeremías: [24]«¿No oyes lo que dice este pueblo? Las dos familias que el Señor había elegido las ha rechazado. Así desprecian a mi pueblo y no lo consideran como nación. [25]Así dice el Señor: Como es cierto que hice el día y la noche y establecí las leyes del cielo y la tierra, [26]también es cierto que no rechazaré a los descendientes de Jacob y de mi siervo David, ni dejaré de sacar de entre ellos a quienes gobiernen a los descendientes de Abrahán, Isaac y Jacob. Porque cambio su suerte y les tengo compasión».

A Sedecías

34 [1]Palabras que el Señor dirigió a Jeremías mientras Nabucodonosor, rey de Babilonia, y todo su ejército y todos los reyes de la tierra bajo su dominio y todos sus ejércitos luchaban contra Jerusalén y contra sus ciudades: [2]«Así dice el Señor, Dios de Israel: Vete a hablar con Sedecías, rey de Judá, y le dirás: Así dice el Señor: Yo he entregado esta ciudad en manos del rey de Babilonia, para que la incendie. [3]Tú no te librarás de su mano, sino que serás atrapado y caerás en su poder: tus ojos verán los ojos del rey de Babilonia, tu boca hablará a su boca y tú irás a Babilonia. [4]Escucha, Sedecías, rey de Judá la Palabra del Señor: Así te dice el Señor: No morirás a espada. [5]Morirás en paz. Igual que se quemaron perfumes por tus padres, los reyes que te precedieron, también se quemarán por ti. Te harán funeral cantando ¡Ay, señor! Lo he dicho yo –oráculo del Señor–».

[6]El profeta Jeremías dijo todo esto a Sedecías en Jerusalén, [7]mientras el ejército del rey de Babilonia luchaba contra Jerusalén y contra el resto de las ciudades de Judá: Laquis y Azecá, las dos plazas fuertes que aún subsistían.

Liberación de esclavos

[8]Palabras que el Señor dirigió a Jeremías después que el rey Sedecías pactó con el pueblo de Jerusalén para proclamar una liberación: [9]que cada cual deje en libertad a su esclavo hebreo y a su esclava hebrea, de modo que ningún judío fuera esclavo de un hermano suyo. [10]Todos los nobles y el pueblo aceptaron este pacto de dejar libre cada cual a su esclavo y a su esclava, de modo que ninguno siguiera en esclavitud. Obedecieron, y los pusieron en libertad. [11]Pero después se volvieron atrás, tomaron otra vez a los esclavos y esclavas que habían dejado libres y los sometieron de nuevo a esclavitud.

[12]Entonces el Señor dirigió la palabra a Jeremías: [13]«Así dice el Señor, Dios de Israel: Yo pacté con sus padres cuando los saqué de Egipto, de la esclavitud, diciendo: [14]Al cabo de cada siete años, todos dejarán libre a su hermano hebreo que hayan comprado como esclavo y que les haya servido seis años: lo despedirán en libertad. Pero sus padres no me escucharon ni me prestaron oído. [15]Ustedes se han convertido hoy haciendo lo que yo apruebo, proclamando cada cual la liberación para su prójimo y habían hecho un pacto ante mí, en el templo que lleva mi Nombre. [16]Pero después han cambiado, han profanado mi Nombre; cada cual ha vuelto a tomar al esclavo y a la esclava que había dejado libres y los ha sometido de nuevo a esclavitud. [17]Por eso así dice el Señor: Ustedes no me obedecieron proclamando cada cual la liberación para su prójimo y su hermano; pues miren, yo proclamo la liberación –oráculo del Señor– para la espada y el hambre y la peste, y los haré escarmiento de todos los reyes de la tierra. [18]A los hombres que quebrantaron mi pacto no cumpliendo las estipulaciones del pacto que hicieron conmigo, los trataré como al novillo que cortaron en dos para pasar entre las dos mitades. [19]A los dignatarios de Judá y Jerusalén, a los eunucos y sacerdotes, a todo el pueblo que pasó entre las mitades del novillo, [20]los entregaré en manos de sus enemigos, que los persiguen a muerte; sus cadáveres serán pasto de las aves del cielo y de las bestias de la tierra. [21]Y a Sedecías, rey de Judá, con sus príncipes, los entregaré en manos de sus enemigos, que los persiguen a muerte; en manos del ejército del rey de Babilonia, que acaba de retirarse. [22]Yo los he mandado –oráculo del Señor– y los volveré a traer contra esta ciudad, para que la ataquen, la conquisten y la incendien. Y las ciudades de Judá quedarán desoladas y sin habitantes».

Los recabitas

35 [1]Palabras que el Señor dirigió a Jeremías en tiempo de Joaquín, hijo de Josías, rey de Judá: [2]«Vete a la familia de los recabitas, habla con ellos, tráelos al templo, a una de las salas, y dales a beber vino». [3]Yo tomé a

Yazanías, hijo de Jeremías, hijo de Habasinías,
con sus hermanos e hijos y con toda la familia
de los recabitas. 4Los llevé al templo, a la sala
de Ben-Joman, hijo de Yigdalías, el hombre de
Dios, que está junto a la sala de los dignatarios
y encima de la habitación de Maasías, hijo de
Salún, el portero. 5Ofrecí jarras y copas de vino
a los miembros de la familia recabita, y les dije:
«Beban».

6Ellos respondieron: «No bebemos vino. Por-
que Jonadab, hijo de Recab, nuestro antepasa-
do, nos dio la orden: No beberán jamás vino, ni
ustedes ni sus hijos; 7no construirán casas, no
sembrarán semillas, no plantarán ni poseerán
viñas, sino que habitarán en tiendas de campa-
ña toda la vida para que vivan largos años en la
superficie de la tierra en la que residen. 8No-
sotros obedecemos a Jonadab, hijo de Recab,
nuestro antepasado, en todo lo que nos mandó:
no bebemos vino en toda la vida, ni nosotros ni
nuestras esposas, ni nuestros hijos ni nuestras
hijas; 9no construimos casas para habitarlas, ni
tenemos viñas ni campos de sembradío, 10sino
que vivimos en tiendas de campaña, y acatamos
y cumplimos todo lo que nos mandó nuestro
padre Jonadab. 11Pero cuando Nabucodonosor,
rey de Babilonia, invadió el país, dijimos: Va-
mos a Jerusalén, huyendo del ejército caldeo
y del ejército arameo. Por eso habitamos en
Jerusalén».

12El Señor dirigió la palabra a Jeremías: 13«Así
dice el Señor Todopoderoso, Dios de Israel: Vete
a decir a los judíos y a los habitantes de Jerusa-
lén: ¿Por qué no aprenden también ustedes esta
lección y obedecen mis palabras? –oráculo del
Señor–. 14Se cumple la palabra de Jonadab, hijo
de Recab, que prohibió a sus hijos beber vino, y
no beben vino hasta hoy, porque obedecen los
mandatos de su padre. En cambio, yo les hablo
sin cesar, y ustedes no me hacen caso. 15Sin
cesar les envié a mis siervos los profetas para
decirles: Que se convierta cada cual de su mala
conducta y que corrija sus acciones; no sigan a
dioses extraños, dándoles culto; así habitarán
en la tierra que les di a ustedes y a sus padres.
Pero no me obedecieron ni me hicieron caso.
16Realmente, los hijos de Jonadab, hijo de Re-
cab, observan los mandatos que les mandó su
padre, pero este pueblo no me hace caso. 17Por
eso, así dice el Señor Todopoderoso, Dios de Is-
rael: Yo haré caer sobre Judá y sobre los habitan-
tes de Jerusalén todas las amenazas que he pro-
nunciado contra ellos, porque les hablé, y no me
escucharon; los llamé, y no me respondieron».

18A la familia de los recabitas les dijo Jere-
mías: «Así dice el Señor Todopoderoso, Dios de
Israel: Porque obedecen los preceptos de Jona-
dab, su padre, y observan sus mandatos y cum-
plen todo lo que les mandó, 19por eso así dice el
Señor Todopoderoso, Dios de Israel: Nunca fal-
tarán descendientes de Jonadab, hijo de Recab,
que estén a mi servicio todos los días».

El rollo de Jeremías

36 1El año cuarto de Joaquín, hijo de Josías,
rey de Judá, el Señor dirigió la palabra a
Jeremías: 2«Toma el rollo y escribe en él todas
las palabras que te he dicho sobre Judá y Jeru-
salén y sobre todas las naciones, desde el día
en que comencé a hablarte, siendo rey Josías,
hasta hoy. 3A ver si escuchan los judíos las ame-
nazas que pienso ejecutar contra ellos y se con-
vierte cada cual de su mala conducta y puedo
perdonar sus crímenes y pecados».

4Entonces Jeremías llamó a Baruc, hijo de Ne-
rías, para que escribiese en el rollo, al dictado
de Jeremías, todas las palabras que el Señor le
había dicho. 5Después Jeremías le ordenó a Ba-
ruc: «Yo estoy detenido y no puedo entrar en el
templo. 6Entra tú en el templo un día de ayuno
y lee las palabras del Señor que yo te he dictado
y que has escrito en el rollo, de modo que las
oiga el pueblo y todos los judíos que vienen de
sus poblaciones al templo del Señor. 7A ver si
presentan sus súplicas al Señor y se convierte
cada cual de su mala conducta, porque es grande
la ira y la cólera con que el Señor amenaza a
este pueblo».

8Baruc, hijo de Nerías, cumplió todo lo que
le mandó el profeta Jeremías, leyendo en el ro-
llo las palabras del Señor en el templo. 9El año
quinto de Joaquín, hijo de Josías, rey de Judá,
el mes noveno, se proclamó un ayuno en honor
del Señor para toda la población de Jerusalén
y para los que venían de los poblados judíos a
Jerusalén. 10En presencia de todo el pueblo leyó
Baruc en el rollo las palabras de Jeremías en el
templo, lo hizo desde la habitación de Gamarías,
hijo de Safán, el escribano, en el atrio superior,
a la entrada de la Puerta Nueva del templo.

11Cuando Miqueas, hijo de Gamarías, hijo de
Safán, oyó las palabras del Señor leídas del ro-
llo, 12bajó al palacio real, a la habitación del
secretario, donde encontró en sesión a los dig-
natarios: al secretario, Elisamá; a Pelayas, hijo
de Samayas; a Elnatán, hijo de Acbor; a Gama-
rías, hijo de Safán; a Sedecías, hijo de Ananías,
y a los demás dignatarios. 13Y Miqueas les contó
todo lo que había oído leer a Baruc del rollo, en
presencia del pueblo. 14Entonces los dignatarios
enviaron a Yehudí, hijo de Natanías, y a Sela-
mías, hijo de Cusí, para que le dijeran a Baruc:

Toma el rollo que has leído en presencia del pueblo y ven. Baruc, hijo de Nerías, tomó en la mano el rollo y fue a donde estaban.

[15]Ellos le dijeron: «Siéntate y léelo ante nosotros». Baruc lo leyó ante ellos. [16]Cuando oyeron el contenido, se asustaron, y se decían unos a otros: «Tenemos que comunicar todo esto al rey». [17]Y a Baruc le preguntaron: «Dinos cómo escribiste todo eso». [18]Baruc les respondió: «Jeremías iba pronunciando estas palabras y yo las iba escribiendo con tinta en el rollo». [19]Los dignatarios le dijeron a Baruc: «Vete y escóndete con Jeremías, y que nadie sepa dónde están». [20]Entonces se dirigieron al atrio real, después de guardar el rollo en la habitación de Elisamá, el secretario, y comunicaron al rey de palabra todo el asunto.

[21]Entonces el rey envió a Yehudí a traer el rollo de la habitación de Elisamá, el secretario. Este lo leyó ante el rey y ante los dignatarios que estaban al servicio del rey. [22]El rey estaba sentado en las habitaciones de invierno –era el mes noveno–, y tenía delante un brasero encendido. [23]Cada vez que Yehudí terminaba de leer tres o cuatro columnas, el rey las cortaba con un cortaplumas y las arrojaba al fuego del brasero. Hasta que todo el rollo se consumió en el fuego del brasero. [24]Pero ni el rey ni sus ministros se asustaron al oír las palabras del libro ni rasgaron sus vestiduras. [25]Y aunque Elnatán, Pelayas y Gamarías instaban al rey a que no quemase el rollo, él no les hizo caso. [26]Entonces el rey mandó a Yerajmeel, príncipe real; a Serayas, hijo de Azriel, y a Salamías, hijo de Abdeel, a arrestar a Baruc, el escribano, y a Jeremías, el profeta. Pero el Señor los escondió.

[27]Después que el rey quemó el rollo con las palabras que Jeremías había dictado a Baruc, el Señor dirigió la palabra a Jeremías: [28]«Toma otro rollo y escribe en él todas las palabras que había en el primer rollo, quemado por Joaquín, rey de Judá. [29]Y a Joaquín, rey de Judá, le dirás: Así dice el Señor: Tú has quemado este rollo diciendo: ¿Por qué has escrito en él que el rey de Babilonia vendrá ciertamente a destruir este país y aniquilar en él a hombres y ganado? [30]Por eso, así dice el Señor a Joaquín, rey de Judá: No tendrá descendiente en el trono de David; su cadáver quedará expuesto al calor del día y al frío de la noche. [31]Castigaré sus crímenes en él, en su descendencia y en sus siervos, y haré venir sobre ellos y sobre los habitantes de Jerusalén y sobre los judíos todas las amenazas con que los he amenazado, sin que ellos me escuchasen».

[32]Jeremías tomó otro rollo y se lo entregó a Baruc, hijo de Nerías, el escribano, para que escribiese en él, a su dictado, todas las palabras del libro quemado por Joaquín, rey de Judá. Y se añadieron otras muchas palabras semejantes.

El profeta y el rey

37 [1]Sedecías, hijo de Josías, sucedió en el trono a Jeconías, hijo de Joaquín, a quien había nombrado rey de Judá Nabucodonosor, rey de Babilonia. [2]Ni él ni sus ministros ni los terratenientes escucharon las palabras que dijo el Señor por medio de Jeremías, profeta.

[3]El rey Sedecías envió a Yehucal, hijo de Selamías, y a Sofonías, hijo de Maasías, sacerdote, para que dijeran al profeta Jeremías: Reza por nosotros al Señor, nuestro Dios. [4]Por entonces Jeremías podía moverse libremente entre el pueblo: aún no lo habían metido en la cárcel. [5]El ejército del faraón había salido de Egipto, y cuando los caldeos que sitiaban Jerusalén oyeron la noticia, levantaron el cerco de la ciudad.

[6]Entonces el Señor dirigió la palabra a Jeremías: [7]«Así dice el Señor, Dios de Israel: Esto dirás al rey de Judá, que te ha enviado a consultarme. Mira, el ejército del faraón, que ha salido en auxilio de ustedes, se volverá a su tierra de Egipto. [8]Y los caldeos volverán a atacar esta ciudad, la conquistarán y la incendiarán. [9]Así dice el Señor: No se hagan ilusiones pensando que los caldeos levantarán el cerco, porque no se marcharán. [10]Aunque derrotaran al ejército caldeo que los ataca, de manera que no quedasen más que soldados heridos, se levantaría cada uno en su tienda y prenderían fuego a esta ciudad».

[11]Cuando el ejército caldeo levantó el cerco de Jerusalén, por miedo al ejército egipcio, [12]intentó Jeremías salir de Jerusalén hacia el territorio de Benjamín, para repartirse una herencia con los suyos. [13]Al llegar a la Puerta de Benjamín estaba allí el capitán de la guardia, Yirayas, hijo de Selamías, hijo de Ananías, quien detuvo al profeta Jeremías, diciendo: «¿Conque te pasas a los caldeos?». [14]Respondió Jeremías: «Mentira. No me paso a los caldeos». Pero Yirayas no le creyó, sino que lo detuvo y lo llevó a los dignatarios. [15]Los dignatarios se irritaron contra Jeremías, lo hicieron azotar y lo encarcelaron en casa de Jonatán, el escribano –que habían convertido en cárcel–. [16]Así entró Jeremías en el calabozo del sótano, y allí pasó mucho tiempo.

[17]El rey Sedecías lo hizo traer y le preguntó en secreto en su palacio: «¿Tienes algún oráculo del Señor?». Respondió Jeremías: «Sí. Serás entregado en manos del rey de Babilonia». [18]Y añadió Jeremías al rey Sedecías: «¿Qué delito he cometido contra ti o tus ministros o contra

este pueblo para que me encierren en la cárcel? 19¿Dónde están ahora sus profetas esos que les profetizaban: No vendrá contra ustedes el rey de Babilonia ni invadirá el territorio? 20Ahora escúchame, majestad. Acepta mi súplica, no me conduzcas a casa de Jonatán, el escribano, no sea que muera allí».

21Entonces el rey Sedecías ordenó que custodiasen a Jeremías en el patio de la guardia y que le diesen un pan al día –de la Calle de Panaderos–, mientras hubiese pan en la ciudad. Y Jeremías se quedó en el patio de la guardia.

Condenado a muerte y liberado

38 1Safatías Ben Matán; Godolías, hijo de Pasjur; Yucal, hijo de Selamías, y Pasjur, hijo de Malquías, oyeron las palabras que dijo al pueblo Jeremías: 2Así dice el Señor: El que se quede en esta ciudad morirá a espada, de hambre o de peste; el que se pase a los caldeos será tomado como botín, pero salvará la vida. 3Y así dice el Señor: Esta ciudad será entregada al ejército del rey de Babilonia para que la conquiste. 4Y los dignatarios dijeron al rey: «Muera ese hombre, porque está desmoralizando a los soldados que quedan en la ciudad y a todo el pueblo con semejantes discursos. Ese hombre no busca el bien del pueblo, sino su desgracia». 5Respondió el rey Sedecías: «Ahí lo tienen, está en su poder: el rey no puede nada contra ustedes».

6Ellos se apoderaron de Jeremías y lo arrojaron en el pozo de Malquías, príncipe real, en el patio de la guardia, descolgándolo con sogas. En el pozo no había agua, sino lodo, y Jeremías se hundió en el lodo.

7Ebed-Mélec, un criado del rey, eunuco nubio que también vivía en palacio, se enteró de que habían metido a Jeremías en el pozo. Mientras el rey estaba sentado junto a la Puerta de Benjamín, 8Ebed-Mélec salió de palacio y habló al rey: 9«Majestad, esos hombres han tratado injustamente al profeta Jeremías, arrojándolo al pozo, donde morirá de hambre –porque no quedaba pan en la ciudad–». 10Entonces el rey ordenó a Ebed-Mélec, el nubio: «Toma tres hombres a tu mando y saquen al profeta Jeremías del pozo antes de que muera». 11Ebed-Mélec tomó a su mando los hombres, entró en el ropero de palacio y allí tomó tiras y trapos, y los descolgó con la soga hasta el pozo.

12Y Ebed-Mélec, el nubio, dijo a Jeremías: «Coloca los trapos dejajo de tus brazos, por debajo de la soga». Y Jeremías lo hizo. 13Entonces tiraron de Jeremías con las sogas y lo sacaron del pozo. Y Jeremías se quedó en el patio de la guardia.

Último encuentro

14El rey Sedecías mandó que le trajeran al profeta Jeremías, a la tercera entrada del templo; y el rey dijo a Jeremías: «Quiero preguntarte una cosa: no me calles nada». 15Respondió Jeremías a Sedecías: «Si te lo digo, seguro que me matarás, y si te doy un consejo, no me escucharás». 16El rey Sedecías juró en secreto a Jeremías: «¡Por la vida del Señor, que nos dio la vida!, que no te mataré ni te entregaré en poder de estos hombres que te persiguen a muerte». 17Respondió Jeremías a Sedecías: «Así dice el Señor Todopoderoso, Dios de Israel: Si te rindes a los generales del rey de Babilonia, salvarás la vida y no incendiarán la ciudad; vivirás tú y tu familia. 18Pero si no te rindes a los generales del rey de Babilonia, esta ciudad caerá en manos de los caldeos, que la incendiarán, y tú no escaparás».

19El rey Sedecías dijo a Jeremías: «Tengo miedo de que me entreguen en manos de los judíos que se han pasado a los caldeos y que me maltraten». 20Respondió Jeremías: «No te entregarán. Obedece al Señor en lo que te comunico y te irá bien, y salvarás la vida. 21Pero si te niegas a rendirte, este es el oráculo que me ha comunicado el Señor: 22Escucha: todas las mujeres que han quedado en el palacio real de Judá serán entregadas a los generales del rey de Babilonia, y cantarán:

Te han engañado y te han vencido/ tus buenos amigos:/ han hundido sus pies en el barro/ y se han marchado.

23Todas tus mujeres y tus hijos se los entregarán a los caldeos, y tú no te librarás de ellos, sino que caerás en poder del rey de Babilonia, que incendiará la ciudad».

24Sedecías dijo a Jeremías: «Que nadie sepa de esta conversación y no morirás. 25Si los jefes se enteran de que he hablado contigo y vienen a preguntarte: Cuéntanos lo que has dicho al rey y lo que él te ha dicho; no nos lo ocultes, que no te mataremos, 26tú les responderás: Estaba presentando mi súplica al rey para que no me llevasen de nuevo a casa de Jonatán, a morir allí». 27Vinieron los dignatarios y le preguntaron, y él respondió según las instrucciones del rey. Así, se fueron sin decir más, porque la cosa no se supo. 28Y así se quedó Jeremías en el patio de la guardia, hasta el día de la conquista de Jerusalén.

Sobre la conquista de Jerusalén

39 1El año noveno de Sedecías, rey de Judá, el mes décimo, vino Nabucodonosor, rey de Babilonia, con todo su ejército a Jerusalén, y le puso cerco. 2El año undécimo de Sedecías, el mes cuarto, el día noveno, abrieron una brecha en la ciudad, 3y entraron los generales del rey

de Babilonia y se sentaron en la puerta central:
Nergalsaréser, príncipe de Sin-Maguir, jefe de
empleados, y Nabusasbán, jefe de eunucos, y los
demás generales del rey de Babilonia.
4Cuando lo vieron Sedecías, rey de Judá, y
sus soldados, salieron de noche huyendo de la
ciudad, por el camino de los jardines reales, por
una puerta entre las dos murallas, y se dirigie-
ron hacia el desierto. 5Pero el ejército caldeo los
persiguió, y alcanzó a Sedecías en la estepa de
Jericó. Lo apresaron y lo llevaron ante Nabuco-
donosor, rey de Babilonia, que estaba en Ribla,
provincia de Jamat. Allí lo juzgó.
6El rey de Babilonia hizo ajusticiar en Ribla a
los hijos de Sedecías, ante su vista, y a todos los
notables de Judá también los hizo ajusticiar el
rey de Babilonia. 7A Sedecías lo cegó y le echó
cadenas de bronce, para llevarlo a Babilonia.
8Los caldeos incendiaron el palacio real y las
casas del pueblo, y destruyeron las murallas. 9Al
resto del pueblo que había quedado en Jerusa-
lén y a los que se habían pasado a ellos Nabu-
sardán, jefe de la guardia, los llevó a Babilonia
desterrados. 10A la gente pobre que no tenía
nada, Nabusardán, jefe de la guardia, los dejó
en el territorio de Judá, y les entregó aquel día
viñedos y campos.
11En cuanto a Jeremías, Nabucodonosor, rey
de Babilonia, había dado órdenes a Nabusardán,
jefe de la guardia, diciendo: 12«Tómalo bajo tu
protección, no le hagas ningún daño, sino tráta-
lo como él te diga».
13Nabusardán, jefe de la guardia; Nabusas-
bán, jefe de eunucos, y Nergalsaréser, jefe de
empleados, y todos los generales del rey de Ba-
bilonia 14enviaron a sacar del patio de la guardia
a Jeremías, y se lo entregaron a Godolías, hijo de
Ajicán, hijo de Safán, para que lo mandase a su
casa y habitase en medio del pueblo.
15El Señor había dirigido la palabra a Jeremías
mientras estaba preso en el patio de la guardia:
16«Vete y di a Ebed-Mélec, el nubio: Así dice el
Señor Todopoderoso, Dios de Israel: Yo cumpliré
mis palabras contra esta ciudad, para mal y no
para bien: tenlas presentes aquel día. 17Aquel
día te libraré –oráculo del Señor– y no caerás
en poder de los hombres que tú temes; 18seguro
que te libraré y no caerás a espada: salvarás tu
vida como recompensa, porque confiaste en mí
–oráculo del Señor–».

Godolías gobernador

40 1Palabras que el Señor dirigió a Jere-
mías después que Nabusardán, jefe de la
guardia, lo tomó a su cargo en Ramá, donde se
encontraba encadenado entre los deportados
de Jerusalén y de Judá que iban desterrados a
Babilonia.
2El jefe de la guardia mandó traer a Jeremías,
y le dijo: «El Señor, tu Dios, anunció esta cala-
midad contra esta ciudad; 3el Señor lo cumplió
y ejecutó lo que había dicho, porque habían pe-
cado contra el Señor, desobedeciéndole; por eso
les ha sucedido esto. 4Pero ahora yo te suelto
hoy las cadenas de tus brazos. Si quieres venir
conmigo a Babilonia, yo te cuidaré; si no quieres
venir conmigo a Babilonia, no lo hagas. Toda la
tierra está delante de ti, y puedes ir a donde
te parezca bien. 5Si prefieres vivir con Godolías,
hijo de Ajicán, hijo de Safán, a quien el rey de
Babilonia ha nombrado gobernador de Judá,
vive con él entre tu pueblo, o vete adonde te
parezca bien». El jefe de la guardia le dio provi-
siones y regalos, y lo dejó libre. 6Jeremías se fue
con Godolías, hijo de Ajicán, a vivir con él, entre
el pueblo que había quedado en el país.
7Los capitanes, que estaban en el campo con
sus hombres, oyeron que el rey de Babilonia ha-
bía nombrado gobernador del país a Godolías,
hijo de Ajicán, y que le habían confiado los hom-
bres, las mujeres y los niños y los pobres que no
habían sido deportados a Babilonia. 8Entonces
fueron a visitar a Godolías en Mispá: Ismael, hi-
jo de Natanías; Juan y Jonatán, hijos de Carej;
Sarayas, hijo de Tanjumet; los hijos de Efaí, el
netofateo, y Yezanías, el macateo, todos ellos
con sus hombres.
9Godolías, hijo de Ajicán, hijo de Safán, les ju-
ró a ellos y a sus hombres: «No teman someterse
a los caldeos; habiten en el país, obedezcan al
rey de Babilonia y les irá bien. 10Yo tengo que
quedarme en Mispá, a disposición de los caldeos
que vengan a visitarnos; ustedes cosechen vino,
fruta y aceite, pónganlos en vasijas, y habiten
en los pueblos que les toque ocupar». 11También
los otros judíos que habitaban en Moab, Amón,
Edom y en otros países oyeron que el rey de Ba-
bilonia había dejado un resto en Judá y que les
había nombrado gobernador a Godolías, hijo de
Ajicán, hijo de Safán. 12Y volvieron todos los ju-
díos de todos los sitios de la dispersión, y fueron
a Judá a visitar a Godolías, en Mispá. Y tuvieron
una gran cosecha de vino y fruta.
13Juan, hijo de Carej, y los capitanes que es-
taban en el campo fueron a ver a Godolías en
Mispá, 14y le dijeron: «¿No sabes que Baalís, rey
de Amón, ha enviado a Ismael, hijo de Natanías,
para que te asesine?». Pero Godolías, hijo de Aji-
cán, no les creyó.
15Juan, hijo de Carej, habló secretamente a
Godolías en Mispá: «Yo iré y mataré a Ismael,
hijo de Natanías, y nadie lo sabrá. Así no te ma-

tarán a ti, no se dispersarán todos los judíos que
se han reunido contigo y no perecerá el resto
de Judá». 16Godolías, hijo de Ajicán, respondió a
Juan, hijo de Carej: «No hagas eso. Es mentira lo
que dices de Ismael».

Asesinato de Godolías

41 1El mes séptimo vino Ismael, hijo de Na-
tanías, hijo de Elisamá, de estirpe real,
con diez hombres, a visitar a Godolías, hijo de
Ajicán, en Mispá; mientras comían juntos allí,
2se levantó Ismael, hijo de Natanías, y sus diez
hombres, apuñalaron a Godolías, hijo de Ajicán,
hijo de Safán, el gobernador del país puesto por
el rey de Babilonia, y lo mataron. 3Y a los judíos
que acompañaban a Godolías en Mispá y a los mi-
litares caldeos que se encontraban allí también
los mató Ismael.
4Al día siguiente del asesinato de Godolías,
cuando nadie lo sabía aún, 5venían unos hombres
de Siquén, de Siló y de Samaría, unos ochenta en
total, con las barbas rapadas, con las vestiduras
rasgadas y con incisiones, trayendo ofrendas e
incienso para ofrecer en el templo. 6Ismael, hijo
de Natanías, les salió al encuentro desde Mispá
y caminaba llorando. Cuando los alcanzó, les di-
jo: «Venid a ver a Godolías, hijo de Ajicán». 7Y
cuando entraron en la ciudad, Ismael, hijo de
Natanías, los asesinó, y apoyado por sus hom-
bres los arrojó en el pozo. 8Entre ellos había diez
hombres que dijeron a Ismael: «No nos mates,
porque tenemos escondido en el campo trigo,
cebada, aceite y miel». Él accedió y no los mató
como a sus hermanos. 9El pozo donde arrojó Is-
mael los cadáveres de los hombres asesinados,
un pozo grande, es el que construyó el rey Asá
por temor a Basá, rey de Israel. Ismael, hijo de
Natanías, lo llenó de cadáveres.
10Después Ismael apresó al resto del pueblo de
Mispá, y a las princesas reales que Nabusardán,
jefe de la guardia, había entregado en custodia
a Godolías, hijo de Ajicán. Ismael, hijo de Nata-
nías, los hizo prisioneros, y se puso en marcha
hacia el territorio amonita. 11Pero Juan, hijo de
Carej, y sus capitanes se enteraron del crimen
cometido por Ismael, hijo de Natanías. 12Reu-
nieron toda su tropa y marcharon a combatir
contra Ismael, hijo de Natanías, y lo alcanza-
ron junto al Gran Lago de Gabaón. 13Cuando el
pueblo que Ismael llevaba cautivo vio a Juan,
hijo de Carej, y a sus capitanes, se alegraron.
14Toda la gente que Ismael llevaba cautiva desde
Mispá cambió de dirección y se pasó a Juan, hijo
de Carej. 15Mientras, Ismael, hijo de Natanías,
logró escapar de Juan con ocho hombres, y se
fue al país amonita. 16Juan, hijo de Carej, y sus
capitanes, recogieron al resto del pueblo que
Ismael, hijo de Natanías, había apresado en Mis-
pá, después de matar a Godolías, hijo de Ajicán,
soldados, mujeres, niños y eunucos, liberados
en Gabaón, 17y marcharon, parando en el alber-
gue de Quimhán, cerca de Belén, con intención
de emigrar a Egipto, 18lejos de los caldeos; pues
les temían, porque Ismael, hijo de Natanías, ha-
bía asesinado a Godolías, el gobernador del país
nombrado por el rey de Babilonia.

Consulta a Jeremías

42 1Entonces los capitanes, con Juan, hijo
de Carej, y Yezanías, hijo de Hosayas, y
todo el pueblo, del menor al mayor, acudieron al
profeta Jeremías 2y le dijeron: «Acepta nuestra
súplica y reza al Señor, tu Dios, por nosotros y
por todo este resto; porque quedamos muy po-
cos de la multitud, como lo pueden ver tus ojos.
3Que el Señor, tu Dios, nos indique el camino que
debemos seguir y lo que debemos hacer».
4El profeta Jeremías les respondió: «De acuer-
do; yo rezaré al Señor, su Dios, según me piden,
y todo lo que el Señor me responda se lo comuni-
caré, sin ocultarles nada».
5Ellos dijeron a Jeremías: «El Señor sea testi-
go veraz y fiel contra nosotros si no cumplimos
todo lo que el Señor, tu Dios, te mande decirnos.
6Sea favorable o desfavorable, obedeceremos
al Señor, nuestro Dios, a quien nosotros te en-
viamos, para que nos vaya bien, obedeciendo al
Señor, nuestro Dios».
7Pasados diez días, el Señor dirigió la palabra
a Jeremías. 8Este llamó a Juan, hijo de Carej, a
todos sus capitanes y a todo el pueblo, del me-
nor al mayor, 9y les dijo: «Así dice el Señor, Dios
de Israel, a quien me enviaron para presentarle
sus súplicas: 10Si se quedan a vivir en esta tierra,
los construiré y no los destruiré, los plantaré
y no los arrancaré; porque me pesa el mal que
les he hecho. 11No teman al rey de Babilonia, a
quien ahora temen; no le teman –oráculo del Se-
ñor– porque yo estoy con ustedes para salvarlos
y librarlos de su mano. 12Le infundiré compasión
para que los compadezca y los deje vivir en sus
tierras. 13Pero si dicen: No habitaremos en esta
tierra –desobedeciendo al Señor, su Dios–, 14si-
no que iremos a Egipto, donde no conoceremos
la guerra, ni oiremos el toque de trompetas, ni
pasaremos hambre de pan, y allí viviremos, 15en-
tonces, resto de Judá, escuchen la Palabra del
Señor: Así dice el Señor Todopoderoso, Dios de
Israel: Si se empeñan en ir a Egipto para residir
allí, 16la espada que ustedes temen los alcanzará
en Egipto, el hambre que los asusta se les pegará
en Egipto y allí morirán. 17Todos los que se em-

peñen en ir a Egipto para residir allí, allí morirán
por la espada, el hambre y la peste, y no quedará
ni un superviviente de todas las calamidades
que yo les enviaré. [18]Porque así dice el Señor
Todopoderoso, Dios de Israel: Como se derramó
mi ira y mi cólera sobre los habitantes de Jeru-
salén, así se derramará mi cólera sobre ustedes
si van a Egipto. Serán maldición y espanto, des-
precio y burla, volverán a ver este lugar».
[19]Esto dice el Señor, resto de Judá: «No vayan
a Egipto. Sépanlo bien, porque yo se lo atesti-
guo hoy. [20]Cierto que se engañan a ustedes mis-
mos cuando me envían al Señor, su Dios, pidien-
do que rece por ustedes al Señor, su Dios, y que
les comunique todo lo que dice el Señor, su Dios,
para cumplirlo. [21]Yo se lo he comunicado hoy, y
no quieren obedecer al Señor, su Dios, que me ha
enviado a ustedes. [22]Pues ahora, sépanlo bien:
Morirán a espada, de hambre y de peste en el
sitio que eligen como residencia».

A Egipto

43 [1]Cuando Jeremías terminó de comunicar al
pueblo las palabras del Señor, su Dios; todas
las palabras que le encomendó el Señor, su Dios,
[2]tomaron la palabra Azarías, hijo de Hosayas, y
Juan, hijo de Carej, y dijeron a Jeremías: «¡Mentira!
No te ha mandado el Señor, nuestro Dios, decir: No
vayan a Egipto a residir allí; [3]sino que Baruc, hijo de
Nerías, te incita contra nosotros, para entregarnos
en manos de los caldeos, para que nos maten o nos
deporten a Babilonia». [4]Y ni Juan, hijo de Carej, ni
sus capitanes ni el pueblo obedecieron al Señor,
quedándose a vivir en tierras de Judá; [5]sino que
Juan, hijo de Carej, y sus capitanes reunieron el
resto de Judá, que había vuelto de todas las nacio-
nes de la dispersión para habitar en Judá: [6]hombres
y mujeres, niñas y princesas y cuantos Nabusardán,
jefe de la guardia, había encomendado a Godolías,
hijo de Ajicán, hijo de Safán; y también al profeta
Jeremías y a Baruc, hijo de Nerías; [7]y sin obede-
cer al Señor se encaminaron a Egipto y llegaron a
Tafne.
[8]El Señor dirigió la palabra a Jeremías en Taf-
ne: [9]«Agarra unas piedras grandes y entiérralas
en la mezcla del pavimento que está a la entrada
del palacio del faraón en Tafne, en presencia de
los judíos; [10]y les dirás: Así dice el Señor Todo-
poderoso, Dios de Israel: Yo mandaré a buscar
a Nabucodonosor, rey de Babilonia, mi siervo,
y colocaré su trono sobre estas piedras que he
enterrado, y plantará su pabellón sobre ellas.
[11]Vendrá y herirá a Egipto: el destinado a la
muerte, a la muerte; el destinado al cautiverio,
al cautiverio; el destinado a la espada, a la es-
pada. [12]Prenderá fuego a los templos de Egipto,
incendiará sus casas y limpiará a Egipto como un
pastor despioja su manto, y se marchará de allí
en paz. [13]Destrozará los obeliscos de Bet-Semes,
en Egipto, y prenderá fuego a los templos de los
dioses egipcios».

Últimos oráculos

44 [1]Palabras que recibió Jeremías para los
judíos que habitaban en Egipto: en Mig-
dol, en Tafne, en Menfis y en tierra de Patrós:
[2]«Así dice el Señor Todopoderoso, Dios de Is-
rael: Ustedes han visto todas las calamidades
que envié sobre Jerusalén y sobre las ciudades
de Judá: ahí las tienen hoy, arruinadas y sin
habitantes. [3]A causa de las maldades que co-
metieron, irritándome, quemando incienso y
dando culto a dioses extraños, que ni ellos ni
sus padres conocían. [4]Sin cesar les envié a mis
siervos los profetas para que les dijeran: No
hagan esas horribles cosas que detesto. [5]Pero
no escucharon ni prestaron oído para corregir-
se de la maldad dejando de quemar incienso a
dioses extraños. [6]Entonces se derramó mi cólera
y mi ira, y quemó las ciudades de Judá y las ca-
lles de Jerusalén, que se convirtieron en ruina
y desolación hasta el día de hoy. [7]Pues ahora,
así dice el Señor Todopoderoso, Dios de Israel:
¿Por qué se hacen daño grave a ustedes mismos
extirpando de Judá hombres y mujeres, niños y
lactantes, sin dejar un resto, [8]y me irritan con
las obras de sus manos, quemando incienso a
dioses extraños en Egipto, donde han venido a
residir; y así son exterminados y se convierten
en maldición y vergüenza de todas las naciones
del mundo? [9]¿Acaso han olvidado las maldades
de sus padres, de los reyes de Judá y sus muje-
res, las maldades de ustedes mismos y las de sus
mujeres cometidas en Judá y en las calles de Je-
rusalén? [10]Hasta hoy no se han arrepentido, no
han demostrado temor, no han procedido según
mi ley y mis preceptos, que yo les promulgué a
ustedes y a sus padres».
[11]Por eso, así dice el Señor Todopoderoso, Dios
de Israel: «Yo me enfrentaré con ustedes para
mal, para exterminar a Judá. [12]Arrebataré el res-
to de Judá que se empeñó en ir a Egipto para re-
sidir allí. Se consumirán todos en Egipto, caerán
a espada o se consumirán de hambre, del menor
al mayor morirán a espada o de hambre, y serán
desprecio y espanto, maldición y burla. [13]Casti-
garé a los habitantes de Egipto, como castigué
a los de Jerusalén, con espada, hambre y peste.
[14]No quedarán supervivientes del resto de Judá
que vino a residir en Egipto, ni volverán a Judá,
adonde ansían volver para vivir allí –No volverán
más que algunos fugitivos–».

15Todos los hombres que sabían que sus muje-
res quemaban incienso a dioses extraños y todas
las mujeres que asistían y los que habitaban en
Patrós respondieron a grandes voces a Jeremías:
16«No queremos escuchar esa palabra que nos
dices en Nombre del Señor, 17sino que haremos
lo que hemos prometido: quemaremos incienso
a la reina del cielo y le ofreceremos libaciones;
igual que hicimos nosotros y nuestros padres,
nuestros reyes y jefes en las ciudades de Judá y
en las calles de Jerusalén. Entonces nos hartá-
bamos de pan, nos iba bien, y no conocíamos la
desgracia. 18Pero desde que dejamos de quemar
incienso a la reina del cielo y de ofrecer liba-
ciones, carecemos de todo, y morimos a espa-
da y de hambre. 19Cuando nosotras quemamos
incienso y ofrecemos libaciones a la reina del
cielo, ¿acaso hacemos panes con su imagen y le
ofrecemos libaciones sin el consentimiento de
nuestros maridos?».
20Respondió Jeremías al pueblo, hombres y
mujeres, y a todos los que habían respondido
igual: 21«¿Piensan que el Señor ha olvidado to-
do el incienso que quemaban en las ciudades de
Judá y en las calles de Jerusalén, ustedes, sus
padres, sus reyes y príncipes y todos los terra-
tenientes? 22El Señor ya no podía soportar sus
malas acciones, las horribles perversidades que
cometían; por eso se convirtió su tierra en ruina
y espanto y maldición, sin habitantes hasta hoy:
23por haber quemado incienso y haber pecado
contra el Señor, desobedeciendo al Señor, no
procediendo según su ley, preceptos y manda-
tos. Por eso les ha sucedido esa calamidad, que
dura hasta hoy».
24Dijo Jeremías al pueblo y a las mujeres: «Es-
cuchen la Palabra del Señor, judíos que viven en
Egipto: 25Así dice el Señor Todopoderoso, Dios
de Israel: Con la boca lo dicen, con la mano lo
cumplen: Tenemos que cumplir los votos que he-
mos hecho de ofrecer incienso y libaciones a la
reina del cielo. Confirmarán sus votos, cumpli-
rán sus promesas».
26Pero escuchen la Palabra del Señor, judíos
que habitan en Egipto: «Miren: Yo juro por mi
Nombre ilustre –dice el Señor– que ya no invo-
cará mi Nombre ninguna boca judía, diciendo:
Por la vida del Señor, en todo el país de Egipto.
27Yo vigilaré sobre ustedes para mal, no para
bien. Se consumirán los judíos de Egipto, con
la espada y el hambre y la peste, hasta acabar-
se. 28Solo los escapados de la espada, pocos en
número, volverán de Egipto a Judá. Entonces
sabrá el resto de Judá que ha venido a residir
en Egipto cuál es la palabra que se cumple, la
mía o la de ellos. 29Esta será la señal –oráculo
del Señor–: los castigaré en este lugar, para
que sepan que mis amenazas contra ustedes
se cumplen. 30Así dice el Señor: Yo entregaré
al faraón Ofra, rey de Egipto, en manos de los
enemigos que lo persiguen a muerte, como en-
tregué a Sedecías, rey de Judá, en manos de
Nabucodonosor, rey de Babilonia, el enemigo
que lo perseguía a muerte».

Para Baruc

45 1Palabra que dijo Jeremías, profeta, a
Baruc, hijo de Nerías, cuando él, bajo el
dictado de Jeremías escribió estas palabras en
el rollo, el año cuarto de Joaquín, hijo de Josías,
rey de Judá: 2«Esto dice el Señor, Dios de Israel,
para ti, Baruc: 3Tú dices: ¡Ay de mí!, que el Señor
añade penas a mi dolor; estoy agotado de gemir
y no encuentro reposo. 4Dile esto: Así dice el Se-
ñor: Mira: lo que yo he construido, yo lo destru-
yo; lo que yo he plantado, yo lo arranco; 5¿y tú
pides milagros para ti? No los pidas. Porque yo
he de enviar desgracias a todo ser vivo –oráculo
del Señor– y tú salvarás tu vida como recompen-
sa adondequiera que vayas».

Oráculos contra las Naciones

46 1Palabras del Señor al profeta Jeremías
sobre las naciones:

Contra Egipto

2Contra el ejército de Necó, faraón de Egipto,
que llegó hasta Cárquemis, junto al Éufrates, y
fue derrotado por Nabucodonosor, rey de Babi-
lonia, el año cuarto del reinado de Joaquín, hijo
de Josías, en Judá.
3*Preparen el escudo y la coraza,/ láncense al*
ataque,/ 4*ensillen los caballos;/ a montar, jine-*
tes;/ colóquense los cascos,/ hagan brillar las
lanzas,/ pónganse la coraza./ 5*¿Qué es lo que*
veo?/ Están aterrados, retroceden,/ sus solda-
dos derrotados/ huyen corriendo sin volverse,/
¡terror por todas partes!/ –oráculo del Señor–:/
6*el más ágil no puede huir,/ ni escapa el más*
valiente.
¡Al norte, a la orilla del Éufrates,/ tropeza-
ron y cayeron!/ 7*¿Quién es ese que crece como*
el Nilo/ y encrespa sus aguas como los ríos?/
8*Es Egipto el que crece como el Nilo/ y encres-*
pa sus aguas como los ríos,/ que dice: Creceré,
inundaré la tierra,/ destruiré ciudades con
sus habitantes./ 9*¡Que avance la caballería!/*
¡Adelante los carros!;/ en marcha, soldados:/
nubios y libios que empuñan escudo,/ lidios
que tensan el arco!/ 10*Ese día es para el Señor*
Todopoderoso día de venganza/ para vengarse
de sus enemigos.

La espada devora,/ se sacia, chorrea sangre,/
porque el Señor Todopoderoso/ celebra un ban-
quete en el norte,/ a la orilla del Éufrates./ 11*Su-*
be a Galaad por bálsamo,/ capital de Egipto:/ en
vano multiplicas los remedios,/ tu herida no se
cierra.
12*Las naciones se enteraron de tu humilla-*
ción,/ pues tus lamentos llenan la tierra./ ¡Tro-
pezaron soldado con soldado,/ juntos cayeron
los dos!
13Palabra que dijo el Señor al profeta Jeremías
cuando Nabucodonosor, rey de Babilonia, fue a
derrotar a Egipto:
14*Anúncienlo en Egipto,/ publíquenlo en Mig-*
dol,/ proclámenlo en Menfis y Tafne;/ digan:
¡En formación, alerta!,/ que la espada devora
a tu alrededor./ 15*¿Por qué está tendido tu Buey*
Apis y no se levanta?/ Porque el Señor lo derri-
bó/ 16*poderosamente: tropezó y cayó.*
Dicen a sus camaradas: Levantémonos,/ hu-
yamos de la espada mortífera,/ a nuestra gen-
te,/ a nuestra tierra nativa,/ 17*y por sobrenom-*
bre llaman al faraón/ Estruendo a destiempo.
18*¡Juro por mi vida! –oráculo del Rey/ que se*
llama Señor Todopoderoso–./ Como es real el
Tabor entre los montes/ o como el Carmelo do-
mina sobre el mar,/ sucederá.
19*Menfis será una desolación,/ incendiada y*
deshabitada./ Prepara el equipaje para el des-
tierro,/ población de Egipto;/ 20*Egipto es una*
novilla hermosa;/ desde el norte viene un tábano,
viene;/ 21*también sus mercenarios/ eran novi-*
llos cebados;/ huyen juntos sin parar,/ porque les
llega el día funesto,/ la hora de rendir cuentas.
22*Escúchenla, silba como serpiente,/ porque*
avanzan los ejércitos,/ la invaden como leñado-
res con sus hachas,/ 23*talan sus bosques/ –orá-*
culo del Señor–./ Por muchos e incontables que
sean,/ aunque sean más que la langosta,/ 24*es*
derrotada la capital de Egipto/ y entregada al
ejército del norte.
25Dice el Señor Todopoderoso, Dios de Israel:
Yo tomaré cuentas al dios Amón de No, a Egipto
con sus ídolos y príncipes, al faraón y a los que
confían en él. 26*Los entregaré en manos de ene-*
migos mortales: de Nabucodonosor, rey de Ba-
bilonia, y sus generales. Después será habitada
como en tiempos antiguos –oráculo del Señor–.
27*Tú no temas, siervo mío, Jacob;/ no te asus-*
tes, Israel./ Yo te traeré de lejos, sano y salvo,/ y
a tu descendencia de la cautividad;/ Jacob vol-
verá, descansará,/ reposará sin alarmas./ 28*Tú*
no temas, siervo mío, Jacob,/ que yo estoy conti-
go/ –oráculo del Señor–.
Acabaré con todas las naciones por donde te
dispersé;/ contigo no acabaré,/ aunque no te
dejaré sin castigo,/ te escarmentaré como es
debido.

Contra los filisteos

47 1Palabras del Señor al profeta Jeremías
contra los filisteos. –Antes que el faraón
derrotara a Gaza–.
2*Así dice el Señor:/ Mira las aguas creciendo*
en el norte,/ ya son un torrente,/ una avenida
que inunda el país y sus habitantes,/ la ciudad
y sus vecinos.
Gritan los hombres,/ gimen los habitantes del
país,/ 3*al oír el estrépito de los cascos de los ca-*
ballos,/ el retumbo de los carros,/ el fragor de
las ruedas;/ los padres, ya sin fuerza, no cuidan
a sus hijos./ 4*Porque llega el día de aniquilar a*
toda Filistea,/ en Tiro y Sidón se acabará hasta
el último defensor.
El Señor destruye a los filisteos,/ al resto de
la isla de Creta./ 5*Le crece la calva a Gaza,/ As-*
calón enmudece./ ¡Ay, resto de los enaquitas!/
¿Hasta cuándo te harás cortaduras en señal de
duelo?/ 6*¡Ay, espada del Señor!/ ¿Cuándo vas a*
descansar?/ Vuelve a tu vaina,/ quédate tran-
quila, cálmate.
7*¿Y cómo va a descansar,/ si el Señor la ha*
mandado?/ La ha enviado contra Ascalón/ y
contra el litoral.

Contra Moab

48 1A Moab así dice el Señor Todopoderoso,
Dios de Israel:
¡Ay de Nebo, arrasada;/ de Quiriataym, derro-
tada y conquistada!/ ¡De la Ensalzada, derrota-
da y deshecha!/ 2*Ya no existe la fama de Moab./*
En Jesbón planeaban contra ella./ ¡Vamos a des-
truirla como nación!/ Madmén, enmudeces/
perseguida por la espada.
3*Oigan gritos en Joronain:/ gran desastre y*
quebranto:/ 4*quebrantada está Moab,/ que se*
oigan sus gritos en Seír./ 5*Por la cuesta de Lujit*
subían llorando,/ por la bajada de Joronain se
oyen gritos desgarradores./ 6*Huyan, salven la*
vida,/ como asnos del desierto.
7*Por confiarte de tus obras y tesoros,/ tam-*
bién tú serás conquistada;/ Camós marchará
al destierro/ con sus sacerdotes y dignatarios./
8*Vendrá el devastador a cada pueblo:/ ni uno se*
librará;/ quedará desolado el valle/ y destruida
la llanura/ –lo ha dicho el Señor–.
9*.../ sus pueblos quedarán desiertos/ por falta*
de habitantes./ 10*¡Maldito quien ejecute con ne-*
gligencia/ el encargo del Señor!/ ¡Maldito quien
retenga/ su espada de la sangre!/ 11*Moab reposó*
desde joven,/ tranquila como vino dejado en re-
poso:/ no la trasvasaron de una vasija a otra,/

no fue al destierro;/ así conservó su gusto/ y no
alteró su aroma.
12Pero llegará un tiempo –oráculo del Señor–
en que despacharé tinajeros que la trasvasen:
vaciarán las vasijas, romperán los cacharros. 13Y
Camós defraudará a Moab, como le pasó a Israel
con Betel, en quien confiaba.
14¿Cómo presumían de valientes,/ de soldados
aguerridos?/ 15Avanza el destructor de Moab
y sus pueblos,/ la flor de sus soldados baja al
matadero/ –oráculo del Rey que se llama Señor
Todopoderoso–.
16Se acerca la catástrofe de Moab,/ su desgra-
cia se apresura:/ 17llórenla, todos sus vecinos,/
y los que respetan su fama./ Digan: ¡Ay, cómo
se ha quebrado el bastón del poder,/ el cetro de
majestad!
18Baja de tu pedestal,/ siéntate en el suelo re-
seco,/ población de Dibón,/ porque avanza con-
tra ti el devastador de Moab,/ para derruir tus
fortalezas;/ 19y tú, población de Aroer,/ ponte en
el camino y vigila,/ pregunta al fugitivo evadi-
do:/ ¿Qué ha pasado?
20Que está derrotada y deshecha Moab:/ gi-
man y griten, anuncien en el Arnón/ que está
arrasada Moab;/ 21que han ejecutado la senten-
cia contra la meseta:/ Jolón, Yahas, Mepaat,/
22Dibón, Nebo, Bet-Diblataym,/ 23Quiriataym,
Bet-Gamul, Bet-Maón,/ 24Quiriot, Bosra,/ con-
tra todos los poblados de Moab,/ cercanos y leja-
nos./ 25Han destruido el poder de Moab,/ le han
roto el brazo/ –oráculo del Señor–.
26Emborráchenla, porque desafió al Señor;
Moab se revolcará en su vómito, y se burlarán de
ella. 27¿No te burlaste tú de Israel como de uno
sorprendido entre ladrones? ¿No hacías muecas
cuando hablabas de ella?
28Abandonen las ciudades,/ habiten entre pe-
ñas, vecinos de Moab,/ como palomas que ani-
dan en la pared de una cueva.
29Nos hemos enterado de la soberbia de Moab,/
de su orgullo desmedido,/ de su soberbia, vani-
dad,/ presunción y engreimiento./ 30Yo conozco
su arrogancia/ –oráculo del Señor–,/ sus vanas
habladurías,/ sus acciones desatinadas.
31Por eso voy a lamentarme por Moab,/ a
gritar por todo Moab,/ 32a sollozar por Quiriat
Jeser;/ a llorar por ti, viña de Sinmá,/ más que
lloré por Yazer./ Tus sarmientos se extendían
hasta el mar/ y llegaban hasta Yazer:/ sobre tu
cosecha y tu vendimia/ cayó el devastador;/
33cesaron el gozo y la alegría/ en las huertos de
Moab.
Acabé con el vino de tus lagares,/ y ya no pi-
sarán entonando coplas y más coplas./ 34El grito
de Jesbón llega hasta Elalé y Yahas,/ las voces se
oyen en Soar,/ Joronain y Eglat Salisiya,/ por-
que hasta la Fuente de Nimrín se ha secado.
35Acabaré en Moab con los que suben a los san-
tuarios a ofrecer incienso a sus dioses –oráculo
del Señor–. 36Por eso mi corazón gime con voz
de flauta por Moab, mi corazón gime con voz de
flauta por Quiriat Jeser, porque han perdido to-
do lo ahorrado. 37Todas las cabezas están calvas
y las barbas rapadas, llevan cortaduras en los
brazos y un sayal a la cintura; 38en las azoteas
y calles de Moab hay luto unánime, porque he
quebrado a Moab como cántaro inútil –oráculo
del Señor–.
39Giman: ¡Ay, Moab!,/ desecha volvió la espal-
da;/ ¡qué vergüenza, Moab!,/ hecha la burla y el
espanto/ de todos sus vecinos./ 40Así dice el Se-
ñor:/ Mírenlo lanzarse como un águila/ abrien-
do las alas sobre Moab:/ 41las ciudades han sido
conquistadas,/ las fortalezas tomadas./ Aquel
día se sentirán los soldados de Moab/ como mu-
jer en parto.
42Moab dejará de ser nación,/ porque desafió
al Señor./ 43¡Pánico, fosa y trampa contra ti,/
población de Moab!/ –oráculo del Señor–:/ 44el
que se libra del pánico/ cae en la fosa,/ al que
se alza de la fosa/ lo atrapa la trampa;/ porque
hago que le llegue a Moab/ el año de rendir cuen-
tas/ –oráculo del Señor–.
45Al amparo de Jesbón se detienen sin fuerzas
los fugitivos:/ ha salido un fuego de Jesbón,/ una
llama de Sijón que devora las sienes de Moab/ y
el cráneo de los saonitas.
46¡Ay de ti, Moab;/ estás perdido, pueblo de Ca-
mós!/ Tus hijos van deportados,/ tus hijas mar-
chan al destierro./ 47Al cabo de los años cambia-
ré la suerte de Moab –oráculo del Señor–. Fin de
la sentencia de Moab.

Contra Amón

49 1A los amonitas así dice el Señor:/ ¿Acaso
Israel no tiene hijos,/ no tiene heredero?/
¿Por qué Malcom ha heredado a Gad/ y su pue-
blo vive en sus poblados?/ 2Pero llegará un tiem-
po/ –oráculo del Señor–/ en que haré resonar en
Rabat Amón el alarido de guerra:/ se convertirá
en un montón de escombros/ y sus ciudades se-
rán incendiadas;/ entonces Israel heredará al
heredero/ –lo dice el Señor–.
3Gime, Jesbón, porque está arrasada Ay;/ gri-
ten, ciudades de Rabat,/ vístanse de luto, hagan
duelo,/ corran de un lado a otro entre las cer-
cas,/ porque Malcom marcha al destierro/ con
sus sacerdotes y dignatarios.
4¿Por qué te glorías de tus valles,/ valles férti-
les, ciudad perversa,/ confiada en tus tesoros;/
decías: ¿Quién me invadirá?/ 5Yo haré que te

invada el terror por todas partes/ –oráculo del
Señor Todopoderoso–:/ cada uno huirá en una
dirección/ y nadie reunirá a los dispersos./
6Después cambiaré la suerte de Amón/ –oráculo
del Señor–.

Contra Edom

7A Edom así dice el Señor Todopoderoso:/ ¿Ya
no queda sabiduría en Temán?,/ ¿ya no dan con-
sejos sus maestros?,/ ¿ya se ha puesto rancia su
sabiduría?/ 8Huyan, vuelvan la espalda,/ caven
refugios, habitantes de Dedán,/ porque le envío
a Esaú su desastre,/ la hora de las cuentas.
9Si te invadieran vendimiadores,/ ¿no deja-
rían racimos?/ Si vinieran ladrones noctur-
nos,/ ¿no te saquearían con medida?/ 10Pero soy
yo quien desnudo a Esaú,/ descubro sus escon-
drijos,/ y no podrá ocultarse./ Está destruido su
linaje,/ su familia, no quedan vecinos;/ 11aban-
donas a tus huérfanos,/ ¿y voy a mantenerlos
yo?,/ ¿van a depender de mí tus viudas?
12Así dice el Señor: Los que no acostumbran
beber la copa la han tenido que beber, ¿y tú vas
a quedar sin castigo? ¡De ningún modo! La be-
berás. 13Lo juro por mí mismo –oráculo del Se-
ñor–: Bosra se convertirá en espanto, oprobio,
ruina, maldición; todos sus pueblos serán ruinas
perpetuas.
14He oído un mensaje del Señor/ enviado a las
naciones:/ Reúnanse, marchen contra ella,/
preséntenle batalla.
15Te convierto en la nación más pequeña,/
despreciada de los hombres./ 16Te sedujo el te-
rror que sembrabas/ y la arrogancia de tu cora-
zón:/ habitas en las rocas escarpadas,/ agarra-
da a las cumbres;/ pues aunque pongas el nido
tan alto como un águila,/ de allí te derrumbaré/
–oráculo del Señor–.
17Y Edom será un espanto: los que pasen jun-
to a ella silbarán espantados al ver sus heridas.
18Será como la catástrofe de Sodoma y Gomorra
y sus vecinos, donde no habita nadie ni mora
hombre alguno –dice el Señor–.
19Como un león que sube de la espesura del Jor-
dán/ a las praderas siempre verdes,/ así los es-
pantaré de repente/ y me adueñaré de los esco-
gidos./ Porque, ¿quién hay como yo?,/ ¿quién me
desafía?,/ ¿quién es el pastor que puede resis-
tirme?/ 20Ahora escuchen el designio del Señor
contra Edom/ y sus planes contra los habitantes
de Temán:
Juro que aun las ovejas más pequeñas serán
arrebatadas,/ juro que se espantará de ellas su
pradera./ 21Al estruendo de su caída/ retiembla
la tierra,/ el clamor y los gritos se oyen hasta el
Mar Rojo./ 22Como un águila, se eleva y se lanza/
abriendo las alas contra Bosra;/ aquel día los
soldados de Edom/ se sentirán como una mujer
en parto.

Contra Damasco

23Están confusas Jamat y Arpad,/ porque han
oído una noticia terrible:/ ansiosas, se agitan
como el mar,/ no logran calmarse./ 24Damasco
desfallece/ y emprende la huida,/ le asalta un
temblor,/ le agarran dolores y espasmos como
de parturienta./ 25¡Ay, abandonada la ciudad
famosa,/ la villa gozosa!
26Sus jóvenes caen en las calles aquel día, y sus
guerreros enmudecen –oráculo del Señor Todo-
poderoso–. 27Prenderé un fuego a las murallas de
Damasco que devorará los palacios de Ben-Adad.

Contra Cadar y Jazor

28Contra Cadar y los reinos de Jazor –a los que
derrotó Nabucodonosor, rey de Babilonia–. Así
dice el Señor:
De pie, combatan contra Cadar,/ destruyan a
las tribus de Oriente./ 29Que recojan sus tien-
das y sus ovejas,/ sus lonas, todo su equipaje,/
que se lleven sus camellos,/ que se alce un grito:
Cercados de terror.
30Huyan desbandados, caven refugios,/ habi-
tantes de Jazor/ –oráculo del Señor–,/ porque
Nabucodonosor, rey de Babilonia,/ tiene planes
y designios contra ustedes./ 31De pie, avancen
contra un pueblo confiado/ que habita tran-
quilo/ –oráculo del Señor–,/ no usa puertas
ni cerrojos/ y vive apartado:/ 32sus camellos
serán botín;/ sus inmensos rebaños, la presa;/
dispersaré a todos los vientos/ a los de sienes
rapadas,/ de todas partes atraeré su ruina/ –
oráculo del Señor–.
33Jazor será guarida de chacales,/ un desierto
perpetuo;/ nadie habitará allí/ ni morará hom-
bre alguno.

Contra Elam

34Palabra del Señor al profeta Jeremías contra
Elam –al principio del reinado de Sedecías en
Judá–.
35Así dice el Señor Todopoderoso:/ Yo quebra-
ré el arco de Elam/ y lo mejor de sus soldados:/
36conduciré contra Elam los cuatro vientos/
desde los cuatro puntos cardinales;/ los dis-
persaré a todos los vientos,/ y no habrá nación
adonde no lleguen/ prófugos de Elam.
37Haré que Elam se aterrorice ante sus ene-
migos/ que intentan darle muerte;/ les enviaré
una desgracia,/ el incendio de mi ira/ –oráculo
del Señor–;/ despacharé tras ellos/ la espada
hasta consumirlos.

38*Colocaré mi trono en Elam/ y destruiré al
rey y a los nobles/ –oráculo del Señor–./* 39*Al
cabo de los años/ cambiaré la suerte de Elam/
–oráculo del Señor–.*

Contra Babilonia

50 1Palabra del Señor contra Babilonia –país
caldeo– por medio del profeta Jeremías:
2*Anúncienlo a las naciones,/ publíquenlo,
alcen la bandera,/ publíquenlo, no lo callen, di-
gan:/ Babilonia ha sido conquistada,/ Bel está
confuso, Marduc humillado,/ sus ídolos derro-
tados,/ sus imágenes avergonzadas./* 3*Porque
desde el norte se abalanzó sobre ella/ un pueblo
que saqueará su territorio,/ hasta que no quede
en ella un habitante,/ porque hombres y anima-
les huirán desbandados.*
4*En aquellos días y en aquella hora/ –oráculo
del Señor–/ vendrán juntos israelitas y judíos,/
llorando y buscando al Señor, su Dios;/* 5*pre-
guntan por Sión y allá se encaminan:/ Vamos
a unirnos al Señor/ en alianza eterna, irrevo-
cable./* 6*Mi pueblo era un rebaño perdido/ que
los pastores extraviaban por los montes,/ iban
de monte en colina,/ olvidando el rebaño;/* 7*los
que los encontraban se los comían,/ sus rivales
decían: No somos culpables,/ porque han pecado
contra el Señor,/ su pastizal seguro,/ la Espe-
ranza de sus padres.*
8*Huyan de Babilonia y del territorio caldeo,/
salgan como chivos delante del rebaño,/* 9*porque
yo movilizo contra Babilonia en el norte/ una
alianza de naciones poderosas/ que formarán
contra ella y la conquistarán;/ sus flechas, como
soldado experto, nunca fallan el blanco./* 10*Los
caldeos serán saqueados/ y los saqueadores se
hartarán/ –oráculo del Señor–.*
11*Aunque festejen bulliciosamente,/ ladrones
de mi herencia,/ aunque brinquen como no-
villa en el prado/ y relinchen como caballos,/*
12*su madre quedará avergonzada,/ confundida
la que los dio a luz,/ convertida en la última
de las naciones,/ en desierto y estepa reseca./*
13*Por la cólera del Señor quedará deshabitada/
y hecha toda un desierto;/ los que pasen junto
a Babilonia silbarán espantados/ al ver tantas
heridas.*
14*Arqueros, pongan cerco a Babilonia,/ apun-
ten, no ahorren flechas,/ porque pecó contra el
Señor;/* 15*lancen el grito de guerra en torno a
ella,/ que se entregue su guarnición,/ que cai-
gan sus pilares y se derrumben sus murallas;/
porque el Señor se venga de ella así:/ lo que hizo
háganselo a ella.*
16*Exterminen en Babel al sembrador/ y al que
empuña la hoz en el tiempo de la cosecha./ Hu-
yen de la espada mortífera,/ cada uno a su pue-
blo/ y a su tierra nativa./* 17*Israel era una oveja
descarriada,/ acosada de leones:/ primero la
devoró el rey de Asiria,/ últimamente la despe-
dazó Nabucodonosor,/ rey de Babilonia.*
18*Por eso, dice el Señor Todopoderoso,/ Dios de
Israel:/ Yo tomaré cuentas al rey de Babilonia y
a su país,/ como se las tomé al rey de Asiria./*
19*Restituiré Israel a sus pastizales,/ para que
paste en el Carmelo y en Basán,/ para que sacie
su hambre en la sierra de Efraín y en Galaad.*
20*En aquellos días y en aquella hora/ –oráculo
del Señor–/ se buscará la culpa de Israel,/ y no
aparecerá;/ el pecado de Judá, y no se encontra-
rá;/ porque yo perdonaré a los que deje con vida.*
21*¡Contra el territorio de Meratain avancen,/
contra los habitantes de Pecod!/ Aniquila a filo
de espada,/ haz cuanto te diga/ –oráculo del
Señor–.*
22*Suena el grito de guerra en el país,/ un gra-
ve quebranto:/* 23*¡Ay, arrancado y quebrado/ el
martillo del mundo!/ ¡Ay, Babilonia, conver-
tida/ en el espanto de las naciones!/* 24*Babilo-
nia, te puse una trampa,/ y has caído sin darte
cuenta;/ te han sorprendido y apresado/ porque
retaste al Señor.*
25*El Señor ha abierto su arsenal/ y ha sacado
las armas de su ira,/ porque el Señor Todopode-
roso/ tiene una tarea en el país caldeo./* 26*Ven-
gan contra ella desde el confín:/ abran los gra-
neros,/ apilen sus gavillas,/ destruyan hasta no
dejar resto;/* 27*maten sus novillos,/ que bajen al
matadero;/ ¡ay de ellos, les llega el día/ y la hora
de la cuenta!*
28*Oigan a los fugitivos evadidos de Babilonia/
que anuncian en Sión la venganza/ del Señor,
nuestro Dios,/ la venganza de su templo./* 29*Re-
cluten arqueros contra Babel,/ a todos los que
tensan el arco;/ cierren el cerco, que no escape
nadie;/ páguenle sus obras,/ lo que hizo hágan-
selo a ella:/ se insolentó contra el Señor,/ el San-
to de Israel;/* 30*sus jóvenes caerán en las calles,/
aquel día sus guerreros enmudecerán/ –oráculo
del Señor–.*
31*¡Aquí estoy contra ti, insolente!/ –oráculo del
Señor Todopoderoso–,/ te llegó el día,/ la hora
de rendir cuentas:/* 32*tropezará la insolente,/
caerá y nadie la levantará./ Prenderé fuego a
sus pueblos,/ que consuma todos sus alrededo-
res./* 33*Así dice el Señor Todopoderoso:/ Israeli-
tas y judíos sufren juntos la opresión,/ los que
los desterraron los retienen/ y se niegan a sol-
tarlos./* 34*Pero el rescatador es fuerte,/ se llama
Señor Todopoderoso:/ él defenderá su causa,/
acallando la tierra,/ agitando a los habitantes
de Babilonia.*

35¡Espada!, contra los caldeos,/ contra los
vecinos de Babilonia/ –oráculo del Señor–,/
contra sus nobles y sus maestros./ 36¡Espada!,
contra sus adivinos,/ que se desconcierten./
¡Espada!, contra sus soldados,/ que se aterrori-
cen./ 37¡Espada!,/ contra sus tesoros y carros,/
contra la multitud que hay en medio de ella,/
que se vuelvan mujeres,/ contra sus tesoros,/
para que sean saqueados./ 38¡Espada!, contra
sus canales,/ que se sequen,/ porque es un país
de ídolos,/ que pierde el seso por sus espantajos.

39Habitarán allí chacales/ y hienas y aves-
truces,/ por siempre jamás,/ de edad en edad
estará despoblada./ 40Será como la catástrofe/
de Sodoma, Gomorra y sus vecinas,/ donde no
habita nadie/ ni mora hombre alguno/ –oráculo
del Señor–.

41Miren: un ejército viene desde el norte,/ una
multitud y muchos reyes se movilizan/ en el
extremo del mundo:/ 42armados de arcos y lan-
zas,/ crueles y despiadados,/ sus gritos resue-
nan como el mar,/ avanzan a caballo,/ formados
como soldados/ contra ti, Babilonia.

43Al oír su fama el rey de Babilonia se aco-
barda,/ lo invade la angustia/ y espasmos de
parturienta./ 44Como un león que sube/ de la
espesura del Jordán/ a las praderas siempre
verdes,/ así los espantaré de repente/ y me
adueñaré de los escogidos,/ pues, ¿quién hay co-
mo yo?,/ ¿quién me desafía?,/ ¿quién es el pastor
que pueda resistirme?

45Ahora escuchen el designio del Señor contra
Babel/ y sus planes contra el territorio caldeo:/
Juro que aun las ovejas más pequeñas/ serán
arrebatadas,/ juro que se espantarán de ellas las
praderas./ 46Al estruendo de su caída retiembla
la tierra,/ y las naciones escuchan sus gritos.

51

1Así dice el Señor:/ Yo movilizo contra
Babilonia y los caldeos/ un viento mortí-
fero,/ 2despacho contra Babilonia/ gente que la
lance al viento/ que la limpiarán y vaciarán su
territorio;/ 3el día de la desgracia la sitiarán;/
que no se vaya el arquero/ ni se retire el que viste
coraza;/ no perdonen a sus soldados,/ aniquilen
su ejército,/ 4caigan heridos en tierra caldea,/
caigan atravesados en sus calles.

5Porque Israel y Judá/ no son viudas de su
Dios,/ el Señor Todopoderoso,/ mientras que
el país caldeo/ es deudor del Santo de Israel./
6Huyan de Babilonia,/ sálvese el que pueda,/
no perezca por culpa de ella;/ porque es la hora
de la venganza del Señor,/ cuando le pagará su
merecido.

7Babilonia era en la mano del Señor/ una
copa de oro que emborrachaba a toda la tie-
rra,/ de su vino bebían las naciones/ y se
perturbaban.

8Cayó de repente Babilonia/ y se rompió: la-
méntense por ella./ Traigan bálsamo para sus
heridas,/ a ver si se sana;/ 9hemos tratado a
Babilonia/ y no se sana, déjenla,/ vamos cada
uno a nuestra tierra;/ su condena llega al cielo,/
alcanza a las nubes;/ 10el Señor nos ha rehabi-
litado,/ vamos a Sión a contar las hazañas del
Señor, nuestro Dios.

11Afilen las flechas,/ sujeten el escudo,/ el
Señor incita a los jefes medos,/ porque quiere
destruir a Babilonia:/ es la venganza del Señor,/
la venganza de su templo./ 12Alcen la bandera/
contra las murallas de Babilonia,/ refuercen la
guardia,/ pongan centinelas,/ preparen em-
boscadas;/ porque el Señor ejecuta lo que pensó
y anunció/ contra los habitantes de Babilonia.

13Ciudad opulenta,/ que vive entre canales:/
te llega el fin, te cortan la trama./ 14El Señor
Todopoderoso/ lo jura por su vida:/ Aunque tu
muchedumbre sea más que la langosta,/ sobre ti
cantarán victoria./ 15Él hizo la tierra con su po-
der,/ fundó el universo con maestría,/ desplegó
el cielo con habilidad./ 16Cuando él truena,/ re-
tumban las aguas del cielo,/ hace subir las nubes
desde el horizonte,/ con los rayos desata la llu-
via/ y saca los vientos de sus silos.

17El hombre, con su saber, se embrutece;/ el
orfebre, con su ídolo, fracasa:/ 18son imágenes
falsas, sin aliento,/ son vanidad y no sirven pa-
ra nada:/ el día de la cuenta perecerán./ 19No es
así la porción de Jacob,/ sino que lo hizo todo:/
Israel es la tribu de su propiedad,/ y su Nombre
es Señor Todopoderoso.

20Tú eres mi maza, mi arma de guerra:/ ma-
chacaré contigo las naciones,/ destruiré a los
reyes,/ 21machacaré contigo caballos y jinetes,/
machacaré contigo carros y conductores,/ 22
machacaré contigo hombres y mujeres,/ ma-
chacaré contigo ancianos y jóvenes,/ macha-
caré contigo jóvenes y doncellas,/ 23machacaré
contigo pastores y rebaños,/ machacaré contigo
labradores y yuntas,/ machacaré contigo go-
bernadores y alcaldes/ 24y pagaré a Babilonia y
a todos los caldeos,/ en presencia de ustedes,/
todo el mal que hicieron a Sión/ –oráculo del
Señor–.

25Aquí estoy contra ti, Monte Exterminio,/
que exterminó la tierra entera/ –oráculo del
Señor–;/ extenderé contra ti mi brazo,/ te ha-
ré rodar peñas abajo,/ te convertiré en Monte
Quemado;/ 26ya no sacarán de ti piedras angu-
lares o de cimiento,/ porque serás desolación
eterna/ –oráculo del Señor–./ 27Levanten la
bandera en la tierra,/ toquen la trompeta entre

las naciones,/ convocando a la guerra santa;/
recluten contra ella los reinos/ de Ararat, Miní
y Asquenaz,/ nombren contra ella un general,/
avancen los caballos como langostas erizadas;/
28llamen a guerra santa a las naciones,/ a los re-
yes medos,/ con sus gobernadores y alcaldes/ y
toda la tierra de sus dominios.
29Temblará y se retorcerá la tierra/ cuando
se cumpla el plan del Señor contra Babilonia,/
cuando deje el territorio babilonio/ como un de-
sierto despoblado./ 30Los soldados de Babilonia
dejan de luchar,/ se agachan en los fortines,/
se acaba su valentía,/ se han vuelto mujeres;/
han quemado sus edificios/ y roto sus cerrojos./
31Un correo releva a otro,/ un mensajero releva
a otro,/ para anunciar al rey de Babilonia/ que
su ciudad está enteramente conquistada,/ 32los
pasos de los ríos tomados,/ las compuertas in-
cendiadas/ y los soldados presa del pánico.
33Así dice el Señor Todopoderoso,/ Dios de Is-
rael:/ La capital de Babilonia era un campo en
tiempo de trilla:/ muy pronto llegará el tiempo
de la cosecha./ 34Nabucodonosor, rey de Babi-
lonia,/ me ha comido, me ha devorado,/ me ha
dejado como un plato vacío,/ me ha engullido
como un dragón,/ se ha llenado la panza con mis
manjares/ y me ha vomitado;/ 35recaiga sobre
Babilonia mi carne violentada/ –dice de la po-
blación de Sión–,/ recaiga mi sangre sobre los
caldeos/ –dice Jerusalén–.
36Y así responde el Señor:/ Aquí estoy yo pa-
ra defender tu causa/ y ejecutar tu venganza:/
secaré su mar, agotaré sus manantiales,/ 37Ba-
bilonia se convertirá en escombros,/ en guarida
de chacales, objeto de burla y espanto,/ vacía
de habitantes./ 38Rugen a coro como leones,/
gruñen como cachorros de león:/ 39haré que sus
festines acaben en fiebre,/ los emborracharé pa-
ra que celebren una orgía/ y duerman un sueño
eterno, sin despertar/ –oráculo del Señor–./
40Los haré bajar al matadero/ como corderos o
carneros o chivos.
41¡Ay, Babilonia conquistada,/ capturado el
orgullo del mundo!/ ¡Ay, Babilonia convertida/
en el espanto de las naciones!/ 42El mar subió
hasta Babilonia y la inundó/ con el tumulto de
su oleaje;/ 43sus ciudades quedaron desoladas/
como tierra seca y árida,/ tierra que nadie ha-
bita,/ que no atraviesa el mortal.
44Tomaré cuentas a Bel en Babilonia/ y le sa-
caré el bocado de la boca./ Ya no confluirán a él
los pueblos,/ y hasta las murallas de Babilonia
se desplomarán./ 45¡Pueblo mío, salgan!/ Pon-
te a salvo de la ira ardiente del Señor./ 46No se
acobarden ni teman/ por las noticias que circu-
lan,/ cada año una nueva noticia:/ Violencia en
el país,/ señores contra señores./ 47Porque llega
un tiempo/ en que castigaré a los ídolos de Ba-
bilonia:/ el país quedará confuso/ y los caídos
yacerán en medio de él.
48Clamarán contra Babilonia/ cielo y tierra
y lo que hay en ellos/ cuando venga sobre ella/
desde el norte el destructor/ –oráculo del Se-
ñor–./ 49También Babilonia ha de caer/ por las
víctimas de Israel,/ como por Babilonia caye-
ron/ víctimas de todo el mundo.
50Los que evitaron su espada,/ caminen sin
detenerse,/ invocando desde lejos al Señor,/
recordando a Jerusalén./ 51Nos avergonzamos al
oír la infamia,/ nos cubre la cara la vergüenza,/
entraron extranjeros en el santuario del Señor.
52Por eso, llegarán días/ –oráculo del Señor–/
en que castigaré a sus ídolos/ y por todo el país
se quejarán los heridos./ 53Aunque Babel se eleve
hasta el cielo/ y fortifique en la altura su forta-
leza,/ yo le enviaré destructores/ –oráculo del
Señor–.
54Se oyen los gritos de Babilonia,/ grave que-
branto de los caldeos,/ 55porque el Señor devasta
Babilonia,/ pone fin a su enorme griterío,/ por
mucho que rujan sus olas como un océano/ y re-
suene el estruendo de sus voces./ 56Porque llega
a Babilonia el destructor:/ caerán prisioneros
sus soldados,/ se romperán sus arcos./ Porque
el Señor es un Dios que recompensa/ y les dará
la paga.
57Emborracharé a sus nobles y a sus maestros,
a sus gobernadores y alcaldes y a sus soldados, y
dormirán un sueño eterno sin despertarse –orá-
culo del Rey que se llama Señor Todopoderoso–.
58Así dice el Señor Todopoderoso:/ La gruesa
muralla de Babilonia será desmantelada,/ sus
altas puertas serán incendiadas,/ para nada
trabajaron los pueblos,/ para el fuego se fatiga-
ron las naciones.
59Encargo del profeta Jeremías a Serayas, hijo
de Nerías, hijo de Majsías, cuando fue a Babilo-
nia con Sedecías, rey de Judá, el año cuarto de
su reinado –Serayas era jefe de la caravana–.
60Jeremías había escrito en un rollo todas las
desgracias que iban a suceder a Babilonia, todas
las palabras citadas acerca de Babilonia.
61Y Jeremías dijo a Serayas: «Cuando llegues a
Babilonia, busca un sitio y proclama todas estas
palabras. 62Dirás: Señor, tú has amenazado des-
truir este lugar hasta dejarlo deshabitado, sin
hombres ni animales, convertido en perpetua
desolación. 63Y cuando termines de leer el rollo,
le atarás una piedra y lo arrojarás al Éufrates, 64y
dirás: Así se hundirá Babilonia y no se levanta-
rá, por las desgracias que yo envío contra ella».
Aquí terminan las palabras de Jeremías.

Epílogo histórico

52 [1]Cuando Sedecías subió al trono tenía veintiún años y reinó once años en Jerusalén. Su madre se llamaba Jamutal, hija de Jeremías, natural de Alba. [2]Hizo lo que el Señor reprueba, igual que había hecho Joaquín. [3]Esto les sucedió a Jerusalén y a Judá por la cólera del Señor, hasta que las arrojó de su presencia. Sedecías se rebeló contra el rey de Babilonia.

[4]El año noveno de su reinado, el diez del mes décimo, Nabucodonosor, rey de Babilonia, vino a Jerusalén con todo su ejército, acampó frente a ella y construyó torres de asalto alrededor. [5]La ciudad quedó sitiada hasta el año once del reinado de Sedecías, [6]el nueve del mes cuarto. El hambre se hizo insoportable en la ciudad y no había pan para la población. [7]Se abrió una brecha en la ciudad, y los soldados huyeron de noche por la puerta entre las dos murallas, junto a los jardines reales, y se marcharon por el camino del desierto a pesar de que los caldeos rodeaban la ciudad.

[8]El ejército caldeo persiguió al rey; alcanzaron a Sedecías en la llanura de Jericó, mientras sus tropas se dispersaban abandonándolo. [9]Apresaron al rey y se lo llevaron al rey de Babilonia, que estaba en Ribla, provincia de Jamat, y lo procesó. [10]El rey de Babilonia hizo ajusticiar en Ribla a los hijos de Sedecías, ante su vista, y a todos los nobles de Judá también los hizo ajusticiar en Ribla. [11]A Sedecías lo cegó, le echó cadenas de bronce, lo llevó a Babilonia y lo encerró en prisión de por vida. [12]El día diez del mes quinto –que corresponde al año diecinueve del reinado de Nabucodonosor en Babilonia– llegó a Jerusalén Nabusardán, jefe de la guardia, funcionario del rey de Babilonia. [13]Incendió el templo, el palacio real y las casas de Jerusalén y puso fuego a todos los palacios.

[14]El ejército caldeo, a las órdenes del jefe de la guardia, derribó las murallas que rodeaban a Jerusalén. [15]Nabusardán, jefe de la guardia, se llevó cautivo al resto del pueblo que había quedado en Jerusalén, a los desertores que se habían pasado al rey de Babilonia y al resto de los artesanos. [16]De la clase baja dejó algunos para que cultivaran las viñas y los campos.

[17]Los caldeos rompieron las columnas de bronce, los pedestales y el depósito de bronce que había en el templo para llevarse el bronce a Babilonia. [18]También tomaron las ollas, palas, cuchillos, aspersorios, bandejas y todos los utensilios de bronce empleados en el culto. [19]Nabusardán, jefe de la guardia, tomó las palanganas, los braseros, aspersorios, ollas, candelabros, bandejas, fuentes, en dos lotes, de oro y de plata.

[20]También las dos columnas, el depósito y los doce toros que sostenían el pedestal –que había encargado el rey Salomón para el templo–; imposible calcular lo que pesaba el bronce de aquellos objetos.

[21]Cada columna medía nueve metros de altura, ocho centímetros de espesor y eran huecas; tenía un anillo de veinticinco centímetros de circunferencia. [22]Estaba rematada por un capitel de bronce de dos metros y medio de altura, adornado con trenzados y granadas alrededor, todo de bronce. [23]Sobresalían noventa y seis granadas, y el total de las granadas sobre la circunferencia era cien.

[24]El jefe de la guardia apresó también al sumo sacerdote, Serayas; al vicario, Sofonías, y a los tres porteros. [25]En la ciudad apresó a un cortesano jefe de la tropa y a siete hombres del servicio personal del rey que se encontraban en la ciudad; al secretario del general en jefe, encargado del reclutamiento entre los terratenientes, y a sesenta terratenientes que se encontraban en la ciudad. [26]Nabusardán, jefe de la guardia, los apresó y los llevó al rey de Babilonia, a Ribla. [27]El rey de Babilonia los hizo ejecutar en Ribla, provincia de Jamat. Así marchó Judá al destierro.

[28]Este es el número de los deportados por Nabucodonosor: el año séptimo, tres mil veintitrés judíos; [29]el año decimoctavo de Nabucodonosor, ochocientos treinta y dos vecinos de Jerusalén; [30]el año vigésimo tercero de Nabucodonosor, deportó Nabusardán, jefe de la guardia, setecientos cuarenta y cinco judíos. Total, cuatro mil seiscientos.

[31]El año trigésimo séptimo del destierro de Jeconías, rey de Judá, el día veinticinco del duodécimo mes, Evil Merodac, rey de Babilonia, el año de su ascensión al trono, concedió gracia a Jeconías, rey de Judá, y lo sacó de la cárcel. [32]Le prometió su favor, y colocó su trono más alto que los de los otros reyes que había con él en Babilonia. [33] Le cambió el traje de preso y lo hizo comer a su mesa mientras vivió.

[34]De parte del rey se le pasaba una pensión diaria, toda la vida, hasta que murió.

EZEQUIEL

Teofanía

1 1El año treinta, el día cinco del mes cuarto,
estando yo entre los deportados, a orillas del
río Quebar, se abrieron los cielos y contemplé
una visión divina. 2Fue el año quinto de la de-
portación de Jeconías.
3Vino la Palabra del Señor a Ezequiel, hijo de
Buzi, sacerdote, en tierra de los caldeos, a ori-
llas del río Quebar.
4Entonces se apoyó en mí la mano del Señor,
y vi que venía del norte un viento huracanado,
una gran nube y un zigzagueo de relámpagos.
Nube rodeada de resplandor, y entre el relampa-
gueo como el brillo del metal pulido. 5En medio
de estos aparecía la figura de cuatro seres vi-
vientes; 6tenían forma humana, cuatro rostros y
cuatro alas cada uno.
7Sus piernas eran rectas y sus pies como pe-
zuñas de novillo; rebrillaban como brilla el
bronce pulido. 8Debajo de las alas tenían brazos
humanos por los cuatro costados, tenían rostros
y alas los cuatro. 9Sus alas se juntaban de dos en
dos. No daban la espalda al caminar; caminaban
de frente. 10Su rostro tenía esta figura: rostro de
hombre, y rostro de león por el lado derecho de
los cuatro, rostro de toro por el lado izquierdo
de los cuatro, rostro de águila los cuatro. 11Sus
alas estaban extendidas hacia arriba; un par de
alas se juntaban, otro par de alas les cubría el
cuerpo. 12Los cuatro caminaban de frente, avan-
zaban a favor del viento, sin dar la espalda al
caminar.
13Entre esos seres vivientes había como carbo-
nes encendidos, parecían antorchas agitándose
entre los vivientes; el fuego brillaba y lanza-
ba relámpagos. 14Iban y venían como chispas.
15Miré y vi en el suelo una rueda al lado de cada
uno de los cuatro seres vivientes. 16El aspecto
de las ruedas era como el brillo del topacio; las
cuatro tenían la misma apariencia. Su hechura
era como si una rueda estuviera encajada dentro
de la otra, 17para poder rodar en las cuatro direc-
ciones sin tener que girar al rodar. 18Tenían aros
y llantas, y vi que la circunferencia de las cuatro
llantas estaba llena de ojos.
19Al caminar los seres vivientes, avanzaban a
su lado las ruedas; cuando los seres vivientes
se elevaban del suelo, se elevaban también las
ruedas; 20avanzaban hacia donde soplaba el
viento; las ruedas se elevaban a la vez, porque
llevaban el espíritu de los seres vivientes. 21Y
así avanzaban cuando avanzaban ellos, se de-
tenían cuando se detenían ellos y cuando ellos
se elevaban del suelo las ruedas se elevaban a
la vez, porque llevaban el espíritu de los seres
vivientes.
22Sobre la cabeza de los seres vivientes había
una especie de plataforma, brillante como el
cristal –extendida por encima de sus cabezas–.
23Bajo la plataforma, sus alas estaban horizon-
talmente emparejadas; cada uno se cubría el
cuerpo con un par. 24Y oí el rumor de sus alas, co-
mo estruendo de aguas caudalosas, como la voz
del Todopoderoso, cuando caminaban; griterío
de multitudes como estruendo de tropas; cuan-
do se detenían, replegaban sus alas. 25También
se oyó un estruendo sobre la plataforma que
estaba encima de sus cabezas; cuando se dete-
nían, replegaban las alas. 26Y por encima de la
plataforma, que estaba sobre sus cabezas, había
una especie de zafiro en forma de trono; sobre
esta especie de trono sobresalía una figura que
parecía un hombre.
27Y vi un brillo como de metal brillante, algo
así como fuego lo enmarcaba, de lo que parecía
su cintura para arriba, y de lo que parecía su
cintura para abajo vi algo así como fuego. Esta-
ba rodeado de resplandor. 28El resplandor que lo
rodeaba era como el arco iris que aparece en las
nubes cuando llueve. Era la apariencia visible de
la gloria del Señor. Al contemplarla, caí rostro
en tierra, y oí la voz de uno que me hablaba.

Vocación

2 1Me decía: «Hijo de hombre, ponte de pie, que
voy a hablarte». 2Penetró en mí el espíritu mien-
tras me estaba hablando y me levantó poniéndome
de pie, y oí al que me hablaba.
3Me decía: «Hijo de hombre, yo te envío a
Israel, pueblo rebelde: se rebelaron contra mí
ellos y sus padres, se sublevaron contra mí has-
ta el día de hoy. 4A hijos duros de rostro y de
corazón empedernido te envío. Les dirás: Esto
dice el Señor; 5te escuchen o no te escuchen,
porque son un pueblo rebelde, y sabrán que hay
un profeta en medio de ellos. 6Y tú, Hijo de hom-
bre, no les tengas miedo, no tengas miedo a lo
que digan, aun cuando te rodeen espinas y te
sientes encima de alacranes. No tengas miedo a
lo que digan ni te acobardes ante ellos, porque
son un pueblo rebelde. 7Les dirás mis palabras,
te escuchen o no te escuchen, porque son un
pueblo rebelde. 8Y tú, Hijo de hombre, oye lo
que te digo: ¡No seas rebelde, como ese pueblo
rebelde! Abre la boca y come lo que te doy». 9Vi
entonces una mano extendida hacia mí, con un
rollo. 10Lo desenrolló ante mí: estaba escrito por
ambos lados; tenía escritos cantos fúnebres, la-
mentos y amenazas.

Misión del profeta

3 1Y me dijo: «Hijo de hombre, come lo que tie-
nes ahí; cómete este rollo y vete a hablar a la
casa de Israel». 2Abrí la boca y me dio a comer
el rollo, 3diciéndome: «Hijo de hombre, alimenta
tu vientre y sacia tus entrañas con este rollo que
te doy». Lo comí y su sabor en la boca era dulce
como la miel.
4Y me dijo: «Hijo de hombre, anda, vete a la
casa de Israel y diles mis palabras, 5porque no se
te envía a un pueblo de idioma extraño y de len-
guas extranjeras que no comprendes. 6Por cier-
to, que si a estos te enviara te harían caso; 7en
cambio, la casa de Israel no querrá hacerte caso,
porque no quieren hacerme caso a mí. Pues toda
la casa de Israel son tercos de cabeza y duros de
corazón. 8Mira, hago tu rostro tan duro como el
de ellos y tu cabeza terca como la de ellos; 9co-
mo el diamante, más dura que el pedernal hago
tu cabeza. No les tengas miedo ni te acobardes
ante ellos, aunque sean un pueblo rebelde».
10Y me dijo: «Hijo de hombre, todas las pala-
bras que yo te diga escúchalas atentamente y
apréndelas de memoria. 11Ahora vete a los de-
portados, a tus compatriotas, y diles: Esto dice
el Señor; te escuchen o no te escuchen».
12Entonces me arrebató el espíritu y oí a mis
espaldas el estruendo de un gran terremoto al
elevarse de su sitio la gloria del Señor. 13Era
el revuelo de las alas de los seres vivientes al
rozar una con otra, junto con el fragor de las
ruedas: el estruendo de un gran terremoto. 14El
espíritu me tomó y me arrebató y marché decidi-
do y enardecido, mientras la mano del Señor me
empujaba. 15Llegué a los deportados de Tel-Abib
que vivían a orillas del río Quebar, que es donde
ellos vivían, y me quedé allí siete días aturdido
en medio de ellos.

El profeta como centinela

16Al cumplirse los siete días me dirigió la pala-
bra el Señor: 17«Hijo de hombre, te he puesto de
centinela en la casa de Israel. Cuando escuches
una palabra de mi boca, les darás la alarma de
mi parte. 18Si yo digo al malvado que es reo de
muerte y tú no le das la alarma –es decir, no
hablas poniendo en guardia al malvado para que
cambie su mala conducta y conserve la vida–,
entonces el malvado morirá por su culpa y a ti
te pediré cuenta de su sangre. 19Pero si tú pones
en guardia al malvado, y no se convierte de su
maldad y de su mala conducta, entonces él mo-
rirá por su culpa, pero tú habrás salvado la vida.
20Y si el justo se aparta de su justicia y comete
maldades, pondré una trampa delante de él y
morirá; por no haberlo puesto en guardia, él mo-
rirá por su pecado y no se tendrán en cuenta las
obras justas que hizo; pero a ti te pediré cuenta
de su sangre. 21Si tú, por el contrario, pones en
guardia al justo para que no peque, y en efecto
no peca, ciertamente conservará la vida por ha-
ber estado alerta, y tú habrás salvado la vida».
22Entonces se apoyó sobre mí la mano del Se-
ñor, quien me dijo: «Levántate, sal a la llanura y
allí te hablaré». 23Me levanté y salí a la llanura:
allí estaba la gloria del Señor, la gloria que yo
había contemplado a orillas del río Quebar, y caí
rostro en tierra.
24Penetró en mí el espíritu y me levantó po-
niéndome de pie; entonces el Señor me habló
así: «Vete y enciérrate dentro de tu casa. 25Y tú,
Hijo de hombre, mira que te pondrán sogas, te
amarrarán con ellas y no podrás soltarte. 26Te
pegaré la lengua al paladar, te quedarás mudo y
no podrás ser el acusador, porque son un pueblo
rebelde. 27Pero cuando yo te hable, te abriré la
boca para que les digas: Esto dice el Señor. El
que quiera, que te escuche, y el que no, que lo
deje; porque son un pueblo rebelde».

Acciones simbólicas

4 1Y tú, Hijo de hombre, agarra un ladrillo,
póntelo delante y graba en él una ciudad,
2ponle cerco, construye torres de asalto contra
ella, y haz un terraplén contra ella; pon tropas
contra ella y emplaza máquinas de guerra a su
alrededor.
3Y tú agarra una sartén de hierro y ponla como
muro de hierro entre ti y la ciudad; dirige contra
ella tu rostro; quedará sitiada y le apretarás el
cerco. Es una señal para la casa de Israel.
4Y tú, acuéstate del lado izquierdo, y te echaré
encima la culpa de la casa de Israel. Los días que
estés así acostado cargarás con su culpa. 5Yo te
señalo en días los años de su culpa –trescientos
noventa días– para que cargues con la culpa de
la casa de Israel.
6Cumplidos estos, te acostarás del lado dere-
cho y cargarás con la culpa de la casa de Judá
cuarenta días: un día por cada año te señalo.
7Dirigirás el rostro y el brazo desnudo hacia el
cerco de Jerusalén y profetizarás contra ella.
8Mira, te amarro con sogas, y no podrás cambiar
de lado hasta que cumplas los días de tu asedio.
9Y tú, recoge trigo y cebada, habas y lentejas,
mijo y maíz: échalo todo en una vasija y con ello
hazte de comer. –Eso comerás trescientos no-
venta días, todos los días que estés echado de
lado–. 10Comerás una cantidad fija de alimento:
una ración diaria de ocho onzas; a una hora fija
la comerás. 11Beberás el agua medida: la sexta
parte de un jarrón, a una hora fija la beberás.

12Comerás un pan de cebada, que cocerás delan-
te de ellos sobre excremento humano.
13Y dijo el Señor: «Los israelitas comerán un
pan impuro en las naciones por donde los dis-
perse». 14Yo repliqué: «¡Ay, Señor! Mira que yo
nunca me he contaminado; desde muchacho
nunca he comido carne de animal muerto o des-
pedazado por una fiera; nunca ha entrado en mi
boca carne de desecho». 15Me respondió: «Está
bien, te concedo que prepares tu pan no sobre
excremento humano, sino sobre excremento de
vaca». 16Y añadió: «Hijo de hombre, cortaré el
sustento del pan en Jerusalén: comerán el pan
racionado y con susto, beberán el agua medida
y con miedo, 17para que, al faltarles el pan y el
agua, se consuman por su culpa, y todo el mundo
se horrorice».

5 1Y tú, Hijo de hombre, agarra una cuchilla
afilada, agarra una navaja barbera y pásate-
la por la cabeza y la barba. Después agarra una
balanza y haz tres porciones. 2Un tercio lo que-
marás en el fuego en medio de la ciudad cuando
termine el asedio, un tercio lo cortarás con la
espada en torno a la ciudad, un tercio lo espar-
cirás al viento y yo los perseguiré con la espada
desnuda. 3Recogerás unos cuantos pelos y los
meterás en el dobladillo del manto; 4de estos
apartarás algunos y los echarás al fuego, y deja-
rás que se quemen.
Dirás a la casa de Israel: 5Esto dice el Señor:
Se trata de Jerusalén: la puse en el centro de
los pueblos, rodeada de países, 6y se rebeló
contra mis leyes y mandatos pecando más que
otros pueblos, más que los países vecinos. Por-
que rechazaron mis mandatos y no siguieron mis
leyes, 7por eso así dice el Señor: Porque fueron
más rebeldes que los pueblos vecinos, porque no
siguieron mis leyes ni cumplieron mis mandatos,
ni obraron como es costumbre de los pueblos
vecinos; 8por eso así dice el Señor: Aquí estoy
contra ti para hacer justicia en ti a la vista de
los pueblos. 9Por tus prácticas idolátricas, haré
en ti cosas que jamás hice ni volveré a hacer.
10Por eso los padres se comerán a sus hijos en
medio de ti, y los hijos se comerán a sus padres;
haré justicia en ti, y a tus supervivientes los es-
parciré a todos los vientos.
11Por eso, ¡por mi vida! –oráculo del Señor–,
por haber profanado mi santuario con tus ídolos
y prácticas idolátricas, juro que te rechazaré,
no me apiadaré de ti ni te perdonaré. 12Un ter-
cio de los tuyos morirá de peste y el hambre los
consumirá dentro de ti, un tercio caerá a espada
alrededor de ti y un tercio lo esparciré a todos los
vientos. Y los perseguiré con la espada desnuda.
13Agotaré mi ira contra ellos y saciaré mi cóle-
ra hasta quedarme a gusto; y sabrán que yo, el
Señor, hablé con pasión cuando agote mi cólera
contra ellos.
14Te haré asombro y objeto de burla para los
pueblos vecinos, a la vista de los que pasen.
15Serás objeto de burla e insultos, escarmiento y
espanto para los pueblos vecinos, cuando haga
en ti justicia con ira y cólera, con castigos des-
piadados. Yo, el Señor, lo he dicho: 16Dispararé
contra ustedes las flechas malignas del hambre,
que acabarán con ustedes, para acabar con us-
tedes las dispararé. Les haré pasar hambre y les
cortaré el sustento del pan. 17Mandaré contra
ustedes hambre y fieras salvajes que los deja-
rán sin hijos; pasarán por ti peste y matanza y
mandaré contra ti la espada. Yo, el Señor, lo he
dicho.

Contra los montes de Israel

6 1Me dirigió la palabra el Señor: 2Hijo de hom-
bre, mira a los montes de Israel y profetiza
contra ellos. 3¡Montes de Israel, escuchen la Pa-
labra del Señor! Esto dice el Señor a los montes
y a las colinas, a las quebradas y a los valles:
¡Atención!, que yo mando la espada contra us-
tedes para destruir sus santuarios; 4serán arra-
sados sus altares y rotas sus imágenes sagradas;
haré que caigan sus muertos delante de sus
ídolos. 5–Arrojaré los cadáveres de los israelitas
delante de sus ídolos–. Esparciré sus huesos en
torno a sus altares. 6En todos los lugares donde
ustedes habiten serán arruinadas las aldeas y
arrasadas las lomas; hasta que queden arruina-
dos y arrasados sus altares, rotos y destruidos
sus ídolos, arrancados sus altares para quemar
incienso y borradas todas sus obras. 7Los muer-
tos yacerán entre ustedes, y sabrán que yo soy
el Señor.
8Dejaré que algunos escapen de la espada a
otras naciones, y cuando se dispersen por sus
territorios, 9los que se salven se acordarán de mí
en las naciones adonde los deporten; les desga-
rraré el corazón adúltero, que se apartó de mí y
los ojos que fornicaron con sus ídolos; sentirán
asco de sí mismos por lo mal que se portaron,
por sus prácticas idolátricas. 10Y sabrán que
yo, el Señor, no en vano los amenacé con estos
castigos.
11Esto dice el Señor: Golpea las palmas y bai-
lotea, y grita: ¡Bien por las graves prácticas
idolátricas de la casa de Israel!, que a espada,
de hambre y de peste caerán. 12El que está lejos
morirá de peste, el que está cerca caerá a espa-
da y el que aún quede vivo de hambre morirá.
Agotaré mi cólera contra ellos. 13Y sabrán que yo

soy el Señor cuando sus muertos estén tirados
junto a sus ídolos en torno a sus altares, en las
altas colinas, en la cima de los montes, al pie
de los árboles frondosos y al pie de las copudas
encinas, santuarios donde ofrecían a sus ídolos
oblaciones de aroma que aplaca. [14]Extenderé mi
mano contra ellos y haré del país un desierto
desolado –todos los poblados desde el desierto
hasta Ribla–. Y sabrán que yo soy el Señor.

Llega el día

7 [1]Me dirigió la palabra el Señor: [2]Tú, Hijo de
hombre, anuncia: Esto dice el Señor a la tie-
rra de Israel: ¡El fin, llega el fin: a los cuatro
extremos del país! [3]Ya te llega el fin: Lanzaré mi
ira contra ti, te juzgaré como mereces y pagarás
tus prácticas idolátricas. [4]No me apiadaré ni te
perdonaré: te daré la paga que mereces, te que-
darás con tus prácticas idolátricas, y sabrán que
yo soy el Señor.

[5]Esto dice el Señor: Se avecina desgracia tras
desgracia: [6]el fin llega, llega el fin, te acecha,
está llegando. [7]Te toca el turno, habitante de
la tierra: llega el momento, el día se aproxima
sin retraso y sin tardanza. [8]Pronto derramaré mi
cólera sobre ti y en ti agotaré mi ira; te juzgaré
como mereces y pagarás tus prácticas idolátri-
cas. [9]No me apiadaré ni te perdonaré, te daré
la paga que mereces, te quedarás con tus prác-
ticas idolátricas, y sabrán que yo soy el Señor
que castiga.

[10]Ahí está el día, está llegando, te toca el tur-
no. Florece la injusticia, madura la insolencia,
[11]triunfa la violencia, el cetro del malvado. Sin
retraso y sin tardanza, [12]llega el momento, el
día se avecina; el comprador, que no se alegre;
el vendedor, que no esté triste –porque a todos
los alcanza el incendio–. [13]Porque el vendedor
no recobrará lo vendido ni el comprador reten-
drá lo comprado –porque a todos los alcanza el
incendio–.

[14]Tocan la trompeta, preparan las armas, pe-
ro nadie acude a la batalla porque a todos los
alcanza mi incendio. [15]La espada en la calle, en
casa la peste y el hambre: el que está en descam-
pado muere a espada, al que está en la ciudad lo
devoran el hambre y la peste. [16]Los que escapan
huyendo a las montañas, gimiendo como palo-
mas, morirán todos ellos, cada cual por su culpa.
[17]Todos los brazos desfallecen y todas las rodi-
llas se aflojan; [18]se visten sayal, se cubren de
espanto; todos los rostros, consternados; todas
las cabezas, rapadas. [19]Tirarán a la calle la plata,
tendrán el oro por inmundicia; ni su oro ni su
plata podrán salvarlos el día de la ira del Señor,
porque fueron su tropiezo y pecado. No les qui-
tarán el hambre ni les llenarán el vientre. [20]Es-
taban orgullosos de sus espléndidas alhajas: con
ellas fabricaron estatuas de sus ídolos abomi-
nables, pero yo se los convertiré en inmundicia.
[21]Se lo daré como botín a bárbaros, como pre-
sa a los criminales de la tierra, y lo profanarán.
[22]Apartaré de ellos mi rostro y profanarán mi
tesoro: invadirán la ciudad bandoleros que la
profanarán. [23]Prepara cadenas, que el país está
lleno de crímenes, la ciudad está llena de vio-
lencias. [24]Traeré a los pueblos más feroces para
que se adueñen de sus casas; pondré fin a su ter-
ca soberbia y serán profanados sus santuarios.

[25]Cuando llegue el pánico, buscarán paz, y
no la habrá. [26]Vendrá desastre tras desastre, y
alarma tras alarma; pedirán visiones al profeta,
fracasarán las instrucciones del sacerdote y las
propuestas de los ancianos. [27]El rey hará duelo,
los nobles se vestirán de espanto, a los terrate-
nientes les temblarán las manos; los trataré co-
mo merecen, los juzgaré con su misma justicia, y
sabrán que yo soy el Señor.

La visión del templo

8 [1]El año sexto, el día cinco del mes sexto, es-
tando yo sentado en mi casa y los ancianos
de Judá sentados frente a mí, bajó sobre mí la
mano del Señor. [2]Vi una figura que parecía un
hombre: de lo que parecía la cintura para abajo,
fuego; de la cintura para arriba, como un res-
plandor, un brillo como de metal pulido. [3]Alar-
gando una forma de mano, me agarró por los ca-
bellos; el espíritu me levantó en vilo y me llevó
en éxtasis entre el cielo y la tierra a Jerusalén,
junto a la puerta norte del atrio interior donde
estaba situado el ídolo rival del Señor. [4]Allí es-
taba la gloria del Dios de Israel, como la había
contemplado en la llanura.

[5]Me dijo: «Hijo de hombre, dirige la vista ha-
cia el norte». Dirigí la vista hacia el norte, y vi
al norte de la puerta del altar el ídolo rival el
que está a la entrada. [6]Añadió: «Hijo de hombre,
¿no ves lo que están haciendo? Graves prácticas
idolátricas comete aquí la casa de Israel para
que me aleje de mi santuario. Pero aún verás
prácticas idolátricas mayores».

[7]Después me llevó a la puerta del atrio y vi una
grieta en el muro. [8]Me dijo: «Hijo de hombre,
abre un boquete en el muro». Abrí un boquete
en el muro y vi una puerta. [9]Añadió: «Entra y
mira las atroces prácticas idolátricas que están
cometiendo ahí». [10]Entré, y vi grabados en las
cuatro paredes toda clase de reptiles y animales
inmundos, todos los ídolos de la casa de Israel.
[11]Frente a ellos, setenta ancianos de la casa de
Israel estaban en pie, incensario en mano. Ja-

zanías, hijo de Safán, entre ellos. Una nube de
incienso se elevaba.
12 Me dijo: «¿No ves, Hijo de hombre, lo que
están haciendo en secreto los ancianos de la
casa de Israel cada uno en el nicho de su ídolo?
Porque piensan: El Señor no nos ve, el Señor ha
abandonado el país». 13 Y añadió: «Aún los verás
hacer prácticas idolátricas mayores».
14 Después me llevó junto a la puerta norte de
la casa del Señor; allí estaban unas mujeres sen-
tadas en el suelo, llorando a Tamuz. 15 Me dijo:
«¿No ves, Hijo de hombre? Aún verás prácticas
idolátricas mayores que estas». 16 Después me
llevó al atrio interior de la casa del Señor. A
la entrada del templo del Señor, entre el atrio
y el altar, había unos veinticinco hombres, de
espaldas al templo y mirando hacia el oriente:
estaban adorando al sol.
17 Me dijo: «¿No ves, Hijo de hombre? ¡Le pare-
cen poco a la casa de Judá las prácticas idolátri-
cas que aquí cometen, que también han llenado
el país de violencias, indignándome más y más!
¡Ahí los tienes despachando verdugos para enfu-
recerme! 18 Pues también yo actuaré con cólera,
no me apiadaré ni perdonaré; me invocarán a
gritos, pero no los escucharé».

Sentencia y ejecución

9 1 Entonces le oí llamar en voz alta: «Acér-
quense, verdugos de la ciudad, empuñando
cada uno su arma mortal». 2 Entonces aparecie-
ron seis hombres por el camino de la puerta de
arriba, la que da al norte, empuñando mazas. En
medio de ellos, un hombre vestido de lino, con
los instrumentos de escribano a la cintura. Al
llegar, se detuvieron junto al altar de bronce.
3 La gloria del Dios de Israel se había levantado
del querubín en que se apoyaba, yendo a poner-
se en el umbral del templo. Llamó al hombre ves-
tido de lino, con los instrumentos de escribano a
la cintura, 4 y le dijo el Señor: «Recorre la ciudad,
atraviesa Jerusalén y marca en la frente a los
que se lamentan afligidos por las prácticas ido-
látricas que en ella se cometen». 5 A los otros les
dijo en mi presencia: «Recorran la ciudad detrás
de él hiriendo sin compasión y sin piedad. 6 A
viejos, muchachos y muchachas, a niños y muje-
res, mátenlos, acaben con ellos; pero a ninguno
de los marcados lo toquen. Empiecen por mi san-
tuario». Y empezaron por los ancianos que esta-
ban frente al templo. 7 Luego les dijo: «Profanen
el templo, llenando sus atrios de cadáveres, y
salgan a matar por la ciudad».
8 Solo yo quedé con vida. Mientras ellos mata-
ban, caí rostro en tierra y grité: «¡Ay Señor! ¿Vas
a exterminar al resto de Israel, derramando tu
cólera sobre Jerusalén?». 9 Me respondió: «Gran-
de, muy grande, es el delito de la casa de Is-
rael y de Judá; el país está lleno de crímenes; la
ciudad colmada de injusticias; porque dicen: El
Señor ha abandonado el país, no lo ve el Señor.
10 Pues tampoco yo me apiadaré ni perdonaré;
doy a cada uno su merecido».
11 Entonces el hombre vestido de lino, con los
instrumentos de escribano a la cintura, informó
diciendo: «He cumplido lo que me ordenaste».

La gloria se marcha

10 1 En la plataforma que estaba sobre la ca-
beza de los querubines vi una especie de
zafiro, en forma de trono, que sobresalía. 2 El
Señor dijo al hombre vestido de lino: «Métete
debajo de la carroza bajo el querubín, recoge un
puñado de brasas de entre los querubines y es-
párcelas por la ciudad». Y vi que se metió.
3 Al entrar este hombre, los querubines se en-
contraban al sur del templo –y la nube llenaba el
atrio interior–. 4 La gloria del Señor se remontó
sobre los querubines y se colocó en el umbral del
templo; la nube llenó el templo y el resplandor
de la gloria del Señor llenó el atrio. 5 El rumor de
las alas de los querubines llegó hasta el atrio
exterior: era como la voz del Todopoderoso
cuando habla. 6 El hombre vestido de lino, al re-
cibir la orden de recoger fuego de debajo de la
carroza, entre los querubines, se colocó al lado
de una rueda. 7 El querubín alargó la mano entre
los querubines hacia el fuego que estaba entre
los querubines, lo recogió y se lo echó en el
cuenco de las manos al hombre vestido de lino;
él lo recogió y se marchó.
8 A los querubines les asomaban por debajo de
las alas una especie de brazos humanos. 9 Y vi
cuatro ruedas al lado de los querubines, una al
lado de cada uno. El aspecto de las ruedas era
como el brillo del topacio. 10 Las cuatro tenían
la misma apariencia. Su hechura era como si
una rueda estuviese encajada dentro de la otra,
11 para poder rodar en las cuatro direcciones sin
tener que girar al rodar, pues ya de antemano
estaban orientadas en la dirección en que roda-
ban. No se volvían al avanzar. 12 La circunferen-
cia de las cuatro llantas estaba llena de ojos.
13 Oí que a las ruedas las llamaban La Carroza.
14 Cada querubín tenía cuatro caras: de querubín,
de hombre, de león y de águila.
15 Los querubines se elevaron. Estos eran los
seres vivientes que yo había visto a orillas del
río Quebar. 16 Al caminar los querubines, avanza-
ban a su lado las ruedas. Las ruedas no se apar-
taban de su lado, ni siquiera cuando los queru-
bines levantaban las alas para remontarse del

suelo. 17Se detenían cuando se detenían ellos y
junto con ellos se elevaban, porque llevaban el
espíritu de los seres vivientes.
18Luego la gloria del Señor salió levantándose
del umbral del templo y se colocó sobre los que-
rubines. 19Vi a los querubines levantar las alas,
remontarse del suelo –sin separarse de las rue-
das– y salir. Y se detuvo junto a la puerta orien-
tal de la casa del Señor; mientras tanto, la gloria
del Dios de Israel sobresalía por encima de ellos.
20Eran los seres vivientes que yo había visto
debajo del Dios de Israel a orillas del río Quebar,
y me di cuenta de que eran querubines. 21Tenían
cuatro rostros y cuatro alas cada uno, y una
especie de brazos humanos debajo de las alas,
22su fisonomía era la de los otros que yo había
contemplado a orillas del río Quebar. Caminaban
de frente.

El resto

11 1Me arrebató el espíritu y me llevó por los
aires a la puerta oriental de la casa del
Señor la que mira al este; allí, junto a la puer-
ta, había veinticinco hombres, entre los que
distinguí a Jazanías, hijo de Azur, y a Palatías,
hijo de Banías, jefes del pueblo. 2El Señor me
dijo: «Hijo de hombre, esos son los que en esta
ciudad maquinan maldades y planean crímenes.
3Andan diciendo: Pronto reconstruiremos las ca-
sas: la ciudad es la olla y nosotros la carne. 4Por
tanto, profetiza contra ellos, profetiza, Hijo de
hombre».
5Bajó sobre mí el Espíritu del Señor y me dijo:
«Di: Esto dice el Señor: Eso piensan ustedes, ca-
sa de Israel; yo conozco sus pensamientos. 6Han
multiplicado sus víctimas en esta ciudad, han
llenado de víctimas sus calles. 7Por tanto, esto
dice el Señor: La ciudad es la olla, de la que los
sacaré a ustedes, y sus víctimas son la carne.
8Temen la espada: Pues mandaré la espada con-
tra ustedes –oráculo del Señor–. 9Los sacaré de
la ciudad, los entregaré en poder de bárbaros
y haré justicia en ustedes. 10Los juzgaré en la
frontera de Israel, caerán a espada y sabrán que
yo soy el Señor. 11No será ya su olla ni ustedes
la carne: los juzgaré en la frontera de Israel. 12Y
sabrán que yo soy el Señor, cuyas leyes no han
seguido, cuyos mandatos no han cumplido, sino
que han imitado las costumbres de los pueblos
vecinos». 13Mientras yo profetizaba, cayó muer-
to Palatías, hijo de Banías; entonces caí rostro
en tierra y rompí a gritar, diciendo: «¡Ay, Señor,
vas a aniquilar al resto de Israel!».
14Me vino esta Palabra del Señor: 15«Hijo de
hombre, los habitantes de Jerusalén dicen de
tus hermanos, compañeros tuyos de exilio, y
de la casa de Israel toda entera: Ellos se han
alejado del Señor, a nosotros nos toca poseer la
tierra. 16Por tanto, di: Esto dice el Señor: Cierto,
los llevé a pueblos lejanos, los dispersé por los
países y fui para ellos un santuario pasajero en
los países adonde fueron. 17Por tanto, di: Esto
dice el Señor: Los reuniré de entre los pueblos,
los recogeré de los países en los que están dis-
persos y les daré la tierra de Israel. 18Entrarán
y quitarán de ella todos sus ídolos y prácticas
idolátricas. 19Les daré un corazón íntegro e in-
fundiré en ellos un espíritu nuevo: les arrancaré
el corazón de piedra y les daré un corazón de
carne, 20para que sigan mis leyes y pongan por
obra mis mandatos; serán mi pueblo y yo seré su
Dios. 21Pero si el corazón se les va tras sus ídolos
y prácticas idolátricas, les daré su merecido –
oráculo del Señor–».
22Los querubines levantaron las alas sin se-
pararse de las ruedas; mientras tanto, la gloria
del Dios de Israel sobresalía por encima de ellos.
23La gloria del Señor se elevó sobre la ciudad y
se detuvo en el monte, al oriente de la ciudad.
24Entonces el espíritu me arrebató y me llevó por
los aires al destierro de Babilonia, en éxtasis; la
visión desapareció. 25Y yo les conté a los deste-
rrados lo que el Señor me había revelado.

Al destierro

12 1Me dirigió la palabra el Señor: 2«Hijo
de hombre, vives en medio de un pueblo
rebelde: tienen ojos para ver, y no ven; tienen
oídos para oír, y no oyen; porque son un pueblo
rebelde. 3Tú, Hijo de hombre, prepara el equipaje
del destierro y emigra a la luz del día, a la vista
de todos; a la vista de todos emigra a otro lugar,
a ver si lo ven; porque son un pueblo rebelde.
4Saca tu equipaje, como quien va al destierro,
a la luz del día, a la vista de todos, y tú sal al
atardecer, a la vista de todos, como quien va al
destierro. 5A la vista de todos abre un boquete
en el muro y saca por allí tu equipaje. 6Cárgate
al hombro tu equipaje, a la vista de todos sácalo
en la oscuridad; tápate la cara, para no ver la
tierra, porque hago de ti una señal para la casa
de Israel». 7Yo hice lo que me mandó: saqué mi
equipaje como quien va al destierro, a la luz del
día; al atardecer abrí un boquete en el muro, lo
saqué en la oscuridad, me cargué al hombro mi
equipaje, a la vista de todos.
8A la mañana siguiente me dirigió la palabra
el Señor: 9«Hijo de hombre, ¿no te ha pregun-
tado la casa de Israel, el pueblo rebelde, qué
es lo que hacías? 10Pues respóndeles: Esto dice
el Señor: Este oráculo contra Jerusalén va por
el príncipe y por toda la casa de Israel que vi-

ve allí. 11Di: Soy señal para ustedes; lo que yo
he hecho se lo harán ellos: irán –cautivos– al
destierro. 12El príncipe que vive entre ellos se
cargará al hombro el equipaje, abrirá un boquete
en el muro para sacarlo, lo sacará en la oscuri-
dad y se tapará la cara para que no lo reconoz-
can. 13Pero tenderé mi red sobre él y lo cazaré
en mi trampa; lo llevaré a Babilonia, país de los
caldeos, donde morirá sin poder verla. 14A su es-
colta y a su ejército los dispersaré a todos los
vientos y los perseguiré con la espada desnuda.
15Y sabrán que yo soy el Señor cuando los des-
parrame por los pueblos y los disperse por los
territorios. 16Pero dejaré a unos pocos, supervi-
vientes de la espada, del hambre y de la peste,
para que cuenten sus prácticas idolátricas por
los pueblos adonde vayan, y sepan que yo soy
el Señor».
17Me dirigió la palabra el Señor: 18«Hijo de
hombre, come el pan con estremecimiento, bebe
el agua con temblor y susto. 19Para los terrate-
nientes dirás: Esto dice el Señor a los que habi-
tan en Jerusalén en la tierra de Israel: Comerán
el pan con susto, beberán el agua con miedo,
porque devastarán y despoblarán su país por
las violencias de sus habitantes; 20arrasarán las
ciudades habitadas y el país quedará desolado, y
sabrán que yo soy el Señor».

Estribillos

21Me dirigió la palabra el Señor: 22«Hijo de
hombre, ¿qué significa ese refrán que dicen en
la tierra de Israel: Pasan días y días y no se cum-
ple la visión? 23Pues diles: Esto dice el Señor:
Acabaré con ese refrán y no volverán a repetirlo
en Israel. Diles tú este otro: Ya está llegando el
día en que se cumplirá la visión. 24Porque ya no
habrá visiones vanas ni vaticinios engañosos en
la casa de Israel. 25Porque yo, el Señor, diré lo
que tenga que decir, y lo que diga se hará, no
se retrasará más; sino que en sus días, pueblo
rebelde, lo diré y lo haré –oráculo del Señor–».
26Me dirigió la palabra el Señor: 27«Hijo de
hombre, mira lo que anda diciendo la casa de Is-
rael: Las visiones de este van para largo, a largo
plazo profetiza. 28Diles: Esto dice el Señor: No
se retrasarán más mis palabras; lo que diga lo
haré –oráculo del Señor–».

Falsos profetas y profetisas

13 1Me dirigió la palabra el Señor: 2Hijo de
hombre, profetiza contra los profetas de
Israel, profetiza diciéndoles: Escuchen la Pa-
labra del Señor. 3Esto dice el Señor: ¡Ay de los
profetas insensatos que se inventan profecías,
cosas que nunca vieron, siguiendo su inspira-
ción! 4Como chacales entre ruinas son tus pro-
fetas, Israel. 5No han defendido los boquetes de
la muralla ni levantaron un muro en torno a la
casa de Israel, para que resistiera en la batalla,
el día del Señor.
6Visionarios falsos, adivinos de engaños, que
decían: oráculo del Señor, cuando el Señor no
los enviaba, esperando que cumpliera su pala-
bra. 7Ustedes han visto visiones vanas y han
pronunciado oráculos falsos diciendo: oráculo
del Señor, cuando el Señor no hablaba. 8Por tan-
to, esto dice el Señor: Por haber dicho mentiras
y haber visto engaños, por eso aquí estoy contra
ustedes –oráculo del Señor–.
9Extenderé mi mano contra los profetas visio-
narios falsos y adivinos de engaños; no tomarán
parte en el consejo de mi pueblo, ni serán ins-
critos en el censo de la casa de Israel, ni entra-
rán en la tierra de Israel, y sabrán que yo soy el
Señor. 10Sí, porque han extraviado a mi pueblo,
anunciando paz cuando no había paz, y mientras
ellos construían una pared inconsistente uste-
des la iban recubriendo de cal.
11Diles a los que recubren de cal: Vendrá una
lluvia torrencial, caerá granizo, se desencade-
nará un viento huracanado. 12Cuando la pared
se derrumbe, les dirán: ¿Qué pasó con la cal que
pusieron? 13Por tanto, esto dice el Señor: Con
furia desencadenaré un viento huracanado, una
lluvia torrencial mandaré con ira, y granizo, en
el colmo de mi furia. 14Derribaré la pared que
han recubierto de cal, la tiraré al suelo, queda-
rán al desnudo sus cimientos; se desplomará y
perecerán debajo, y sabrán que yo soy el Señor.
15Cuando agote mi cólera contra la pared y
contra los que la recubrieron de cal, les dirán:
¿Qué pasó con la pared y con los que la recubrie-
ron de cal: 16con los profetas de Israel que pro-
fetizaban para Jerusalén, que tenían para ella
visiones de paz, cuando no había paz? –oráculo
del Señor–.
17Tú, Hijo de hombre, enfréntate con las mu-
jeres de tu pueblo, metidas a profetisas por su
cuenta, y profetiza contra ellas 18diciéndoles:
Esto dice el Señor: ¡Ay de las que cosen lazos
mágicos en las muñecas y hacen velos de todos
los tamaños para cazar a la gente! Cazan a mi
propio pueblo, para enriquecerse ustedes. 19Me
profanan ante mi pueblo por un puñado de ceba-
da y un mendrugo de pan, destinando a la muer-
te al que no tenía que morir, y a la vida al que
no tenía que vivir; engañan de este modo a mi
pueblo, que hace caso de sus mentiras.
20Por tanto, esto dice el Señor: Aquí estoy
yo contra los lazos con que cazan a la gente al
vuelo; se los arrancaré de los brazos a la gente

que ustedes cazan, y los soltaré para que vuelen.
21Rasgaré sus velos y libraré a mi pueblo de sus
manos; no volverán a ser presa de sus manos, y
sabrán que yo soy el Señor. 22Porque han afligi-
do con engaños al justo, sin que yo lo afligiera,
porque han dado apoyo al malvado, para que no
se convirtiera de su mala conducta y pudiera
conservar la vida; 23por tanto, no volverán a
ver falsedades ni a vaticinar engaños, libraré a
mi pueblo de sus manos, y sabrán que yo soy
el Señor.

Nostalgia de los ídolos

14 1Se me presentaron algunos ancianos de
Israel y se sentaron frente a mí. 2Entonces
me dirigió la palabra el Señor: 3«Hijo de hombre,
esos hombres se han puesto a pensar en sus ído-
los y se han imaginado algo que les hace caer en
pecado: ¿voy a permitir que me consulten? 4Por
tanto, háblales así: Esto dice el Señor: cualquier
israelita que se ponga a pensar en sus ídolos,
imaginándose algo que le hace caer en pecado,
cuando acuda al profeta, yo, el Señor, me encar-
garé de responderle, de acuerdo con la multitud
de sus ídolos, 5y así llegaré al corazón de los
israelitas que han desertado de mí por causa de
sus ídolos. 6Por tanto, dile a la casa de Israel:
Esto dice el Señor: Arrepiéntanse y conviértanse
de sus idolatrías, den la espalda a sus prácticas
idolátricas, 7porque a cualquier israelita o emi-
grante residente en Israel que apostate de mí y
se ponga a pensar en sus ídolos imaginándose
algo que lo hace caer en pecado, cuando acuda
al profeta para consultarme, yo, el Señor, me en-
cargaré de responderle. 8Me enfrentaré con él,
haré de él un escarmiento proverbial, lo extir-
paré de mi pueblo, y sabrán que yo soy el Señor.
9Y si un profeta, dejándose engañar, pronuncia
un oráculo, yo, el Señor, lo dejaré en su engaño;
extenderé mi mano contra él y lo eliminaré de
mi pueblo, Israel. 10Tanto el profeta como quien
le consulte serán reos de la misma culpa. 11Pa-
ra que la casa de Israel no vuelva a extraviarse
lejos de mí ni a mancharse con sus crímenes, y
así será mi pueblo y yo seré su Dios –oráculo
del Señor–».

Cuatro casos de intercesión

12Me dirigió la palabra el Señor: 13«Hijo de
hombre, si un país peca contra mí cometiendo
un delito, extenderé mi mano contra él, le cor-
taré el sustento del pan y le mandaré hambre
y extirparé de él hombres y animales. 14Si se
encontraran allí estos tres varones: Noé, Daniel
y Job, por ser justos salvarían ellos la vida –
oráculo del Señor–. 15Si suelto por el país fieras
salvajes que lo dejen sin hijos, para que quede
devastado y sin nadie que lo transite, por miedo
a las fieras, 16aunque esos tres varones se en-
cuentren allí, ¡por mi vida! –oráculo del Señor–,
juro que no salvarán a sus hijos ni a sus hijas;
ellos solos se salvarán y el país quedará devasta-
do. 17Si mando la espada contra ese país, si orde-
no a la espada que atraviese el país y extirpo de
él hombres y animales, 18aunque se encuentren
allí esos tres varones, ¡por mi vida! –oráculo del
Señor–, juro que no salvarán a sus hijos ni a sus
hijas, sino que ellos solos se salvarán. 19Si le en-
vío la peste a ese país y derramo sobre él mi
cólera, para extirpar de él hombres y animales,
20aunque se encuentren allí Noé, Daniel y Job,
¡por mi vida! –oráculo del Señor–, juro que no
salvarán a sus hijos ni a sus hijas, sino que ellos
solos, por ser justos, salvarán la vida. 21Porque
así dice el Señor: ¡Cuánto más cuando yo mande
mis cuatro terribles plagas: la espada, el ham-
bre, las fieras salvajes y la peste, contra Jeru-
salén para extirpar de ella hombres y animales!
22Si queda allí algún superviviente, hijos e hijas
que hayan logrado evadirse adonde están uste-
des, entonces, al ver su conducta y sus malas
obras, se sentirán aliviados de la catástrofe que
mandé contra Jerusalén, de todo lo que mandé
contra ella. 23Sí que se aliviarán, porque al ver
su conducta y sus malas obras se darán cuenta
de que todo lo que hice en Jerusalén no fue sin
motivo –oráculo del Señor–».

La vid inútil

15 1Me dirigió la palabra el Señor: 2«Hijo de
hombre, ¿en qué gana la vid a los demás
arbustos silvestres? 3¿Sacan de ella madera para
cualquier labor? ¿Sacan acaso clavos para colgar
la vajilla? 4Si la echan al fuego para que se con-
suma, y el fuego le devora las puntas y el centro
se quema, ¿para qué trabajo servirá? 5Si cuan-
do estaba entera no se la utilizaba para nada,
¡cuánto menos se hará algo con ella cuando la
queme el fuego y la devore!
6Por tanto, esto dice el Señor: Igual que el
leño de la vid silvestre que eché al fuego para
alimentarlo, así echaré a los habitantes de Jeru-
salén, 7me enfrentaré con ellos: ¿escaparon del
fuego?, pues el fuego los devorará, y sabrán que
yo soy el Señor cuando me enfrente con ellos.
8Convertiré su tierra en un desierto por los deli-
tos que han cometido –oráculo del Señor–».

Una historia de amor

16 1Me dirigió la palabra el Señor: 2Hijo de
hombre, denuncia a Jerusalén sus prácti-
cas idolátricas, 3diciendo: ¡Esto dice el Señor:

Jerusalén, eres cananea de casta y de cuna: tu
padre era amorreo y tu madre era hitita! 4Fue así
tu alumbramiento: el día en que naciste no te
cortaron el ombligo, no te bañaron ni frotaron
con sal, ni te envolvieron en pañales. 5Nadie se
apiadó de ti haciéndote alguna de estas cosas,
por compasión, sino que te arrojaron a campo
abierto, asqueados de ti, el día que naciste. 6Pa-
sando yo a tu lado, te vi pataleando en tu propia
sangre, y te dije mientras yacías en tu sangre:
Sigue viviendo y crece como brote campestre.

7Creciste y te desarrollaste, llegaste a la flor
de tu juventud; tus senos se afirmaron y el ve-
llo te brotó, pero estabas desnuda y en cueros.
8Pasando de nuevo a tu lado, te vi en la edad
del amor; extendí sobre ti mi manto para cubrir
tu desnudez; me comprometí con juramento, hi-
ce alianza contigo –oráculo del Señor– y fuiste
mía.

9Te bañé, te limpié la sangre y te ungí con
aceite. 10Te vestí de bordado, te calcé zapatos
de cuero fino; te ceñí de lino, te revestí de seda.
11Te engalané con joyas: te puse pulseras en los
brazos y un collar al cuello. 12Te puse un anillo
en la nariz, pendientes en las orejas y diadema
de lujo en la cabeza. 13Lucías joyas de oro y pla-
ta y vestidos de lino, seda y bordado; comías de
la mejor harina, miel y aceite; estabas hermosa
y prosperaste más que una reina. 14Se difundió
entre los pueblos la fama de tu belleza, que era
perfecta por el encanto con que te adorné. –orá-
culo del Señor–.

15Te sentiste segura de tu belleza y, ampara-
da en tu fama, fornicaste y te prostituiste con
el primero que pasaba. 16Tomaste tus vestidos
y sobre ellos fornicabas, y te hiciste velos de
colores. 17Tomaste tus alhajas, el oro y la plata
que yo te regalé, y te hiciste estatuas de varones
con las que fornicabas. 18Tomaste tus vestidos
bordados y las revestiste con ellos, y les ofrecías
mi perfume y mi incienso. 19El alimento que yo
te daba –la mejor harina, miel y aceite te daba
de comer– también se lo ofreciste como ofrenda
de aroma que aplaca –oráculo del Señor–.

20Tomaste a tus hijos y a tus hijas, los que
diste a luz para mí, y se los inmolaste para que
comieran. No bastándote tus fornicaciones,
21degollaste a mis hijos pasándolos por el fuego
en su honor. 22Con tus abominables fornicacio-
nes, no te acordaste de tu niñez, cuando estabas
desnuda y en cueros pataleando en tu propia
sangre.

23Y encima de tanta maldad, ¡ay de ti, ay de
ti! –oráculo del Señor– 24te edificabas prostíbu-
los y te levantabas puestos en todas las calles.
25En las encrucijadas instalabas tus puestos y
envilecías tu hermosura; abriéndote de piernas
al primero que pasaba, continuamente te prosti-
tuías. 26Fornicaste con los egipcios, tus vecinos,
de grandes miembros, y a fuerza de prostituirte,
me encolerizaste.

27Entonces extendí mi brazo contra ti, te re-
duje la ración, te entregué a la avidez de tus
rivales, las hijas de los filisteos, que se sonroja-
ban de tu conducta infame. 28Fornicaste con los
asirios sin saciarte, volvías a fornicar con ellos
y todavía no te saciabas. 29Sin cesar fornicaste
en Caldea, tierra de mercaderes, y ni con eso te
saciaste.

30¡Cómo me enfurecí contra ti –oráculo del
Señor– cuando hacías todo eso, lo que hace una
ramera empedernida! 31Cuando instalabas tus
prostíbulos en las encrucijadas y levantabas
tus puestos en todas las calles, no cobrabas el
precio como hacen las prostitutas. 32¡Oh hembra
adúltera, que teniendo marido recibe a extra-
ños! 33A las prostitutas les hacen regalos; tú, en
cambio, diste tu regalo de boda a tus amantes;
los sobornabas para que acudieran de todas par-
tes a fornicar contigo. 34Tú hacías lo contrario
que las otras hembras: a ti nadie te solicitaba,
eras tú la que pagabas y a ti no te pagaban, y
obrabas al revés.

35Por eso, prostituta, escucha la Palabra del
Señor. 36Esto dice el Señor: Por haber prodigado
tus encantos y desnudado tus vergüenzas, pros-
tituyéndote con tus amantes, con tus abomina-
bles ídolos, por haberles ofrecido la sangre de
tus hijos; 37por eso aquí me tienes: voy a reu-
nir a todos tus amantes a los que complaciste,
a todos los que amabas y a los que aborrecías.
Los reuniré de todas partes contra ti, te dejaré
desnuda delante de ellos, para que miren tus
vergüenzas. 38Te aplicaré las penas de las adúl-
teras y de las homicidas, descargando sobre ti
mi furor y mi rabia.

39Te entregaré en sus manos: derribarán tus
prostíbulos, demolerán tus puestos; te quitarán
los vestidos, te arrebatarán las alhajas, deján-
dote desnuda y en cueros. 40Traerán un tropel
contra ti que te apedreará y te descuartizará
a cuchilladas. 41Prenderán fuego a tus casas y
ejecutarán en ti la sentencia en presencia de
muchas mujeres; 42Aplacaré mi ira contra ti y
apartaré de ti mi cólera; me serenaré y no vol-
veré a irritarme. 43Por no haberte acordado de
tu juventud, por haberme provocado con todas
estas cosas, también yo te pagaré según tu con-
ducta –oráculo del Señor–. ¿No has añadido la
infamia a todas sus prácticas idolátricas?

44Mira, todos se burlan diciéndote el refrán:
De tal madre, tal hija. 45Hija eres de tu madre,

que aborreció marido e hijos; hermana eres de
tus hermanas, que aborrecieron maridos e hijos.
La madre de ustedes era hitita y su padre un
amorreo. 46Tu hermana la mayor es Samaría con
sus poblados, situada a tu izquierda; tu hermana
la pequeña, situada a tu derecha, es Sodoma con
sus poblados.
47No solo seguiste sus caminos e imitaste sus
prácticas idolátricas, sino que te pareció poco
y les ganaste en conducta depravada. 48¡Juro
por mi vida! –oráculo del Señor– que Sodoma,
tu hermana, y sus poblados no han obrado como
han obrado tú y tus poblados. 49Mira, ese fue el
delito de Sodoma, tu hermana: soberbia, hartura
de pan y bienestar apacible tuvieron ella y sus
poblados, pero no dio una mano al desgraciado y
al pobre. 50Se engrieron frente a mí, cometieron
prácticas idolátricas, y las quité de en medio en
cuanto lo vi. 51Y Samaría no pecó ni la mitad que
tú; tú has cometido más prácticas idolátricas
que ellas, y con las prácticas idolátricas cometi-
das, has hecho buenas a tus hermanas.
52Ahora carga, tú también, con tu vergüenza,
porque con tus pecados dejaste en buen lugar
a tus hermanas; te envileciste más que ellas,
ellas son inocentes a tu lado. Sonrójate tam-
bién y carga con tu vergüenza, porque has hecho
buenas a tus hermanas. 53Cambiaré su suerte, la
suerte de Sodoma y sus poblados, la suerte de
Samaría y sus poblados –también cambiaré tu
suerte junto con la de ellas–, 54para que cargues
con tu vergüenza y te avergüences de cuanto hi-
ciste sirviéndoles a ellas de consuelo.
55Y tu hermana Sodoma y sus poblados volve-
rán a su estado antiguo: Samaría y sus poblados
volverán a su estado antiguo también tú y tus
poblados volverán a su estado antiguo. 56¿No te
burlabas de Sodoma, tu hermana, difamándola
en tu época de orgullo, 57antes de descubrirse
tus vergüenzas? ¡Ahora eres la vergüenza de las
edomitas y de sus vecinas las filisteas, que te
insultan por todas partes! 58Ahora cargas con tu
infamia y tus prácticas idolátricas –oráculo del
Señor–.
59Porque así dice el Señor: Actuaré contigo
conforme a tus acciones, pues menospreciaste
el juramento y quebrantaste la alianza. 60Pero
yo me acordaré de la alianza que hice contigo
cuando eras joven y haré contigo una alianza
eterna. 61Tú te acordarás de tu conducta y te
sonrojarás, al recibir a tus hermanas, las ma-
yores y las más pequeñas; pues yo te las daré
como hijas, pero no en virtud de tu alianza. 62Yo
mismo haré alianza contigo y sabrás que yo soy
el Señor, 63para que te acuerdes y te sonrojes y
no vuelvas a abrir la boca de vergüenza, cuando
yo te perdone todo lo que hiciste –oráculo del
Señor–.

El águila y el cedro

17 1Me dirigió la palabra el Señor: 2Hijo de
hombre, plantea un enigma y narra una pa-
rábola a la casa de Israel, 3diciendo: «Esto dice
el Señor: El águila gigante, de gigantescas alas,
de gran envergadura, de plumaje tupido, lleno
de colorido, voló al Líbano; tomó la copa de un
cedro, 4arrancó la más alta de sus ramas y se
la llevó a un país de mercaderes, plantándola
en una ciudad de traficantes. 5Después recogió
semilla de la tierra y la echó en terreno pre-
parado. La sembró en la ribera, junto a aguas
abundantes, 6para que germinara y se hiciera vid
aparrada, achaparrada, para que orientara hacia
ella los sarmientos, y le sometiera las raíces. Y
se hizo vid, y echó retoños y se puso frondosa.
7aVino después otra águila gigante, de gigantes-
cas alas y de plumaje tupido, y entonces nuestra
vid, 8aaunque estaba plantada en buen terreno,
junto a aguas abundantes, 7bdirigió sus raíces
hacia ella y orientó hacia ella sus sarmientos,
para recibir más riego que en la tierra donde es-
taba plantada 8by así echar ramas y dar fruto y
hacerse vid espléndida».
9Di: «*Esto dice el Señor: ¿Prosperará o la
arrancarán de raíz y se malogrará su fruto y
se marchitarán sus renuevos?* No *hará falta un
brazo robusto ni mucha gente para arrancarla.*
10*Miren, ya está plantada: ¿prosperará?, ¿o se
secará cuando la azote el viento del este, en la
tierra donde germinó se secará?*».
11*Me dirigió la palabra el Señor:* 12*Dile a este
pueblo rebelde: «¿No entienden lo que esto sig-
nifica? Di: Miren, el rey de Babilonia fue a Jeru-
salén, y apresando a su rey y a sus príncipes se
los llevó a Babilonia.* 13*Tomando a uno de estirpe
real, hizo con él un pacto y lo comprometió con
juramento, llevándose a los nobles del país* 14*para
que fuera un reino humilde que no se ensober-
beciera y observara fielmente el pacto.* 15*Pero
se rebeló contra él y envió mensajeros a Egipto
pidiendo caballos y tropas numerosas. ¿Tendrá
éxito?, ¿escapará con vida el que hizo esto? El que
violó el pacto, ¿escapará con vida?* 16*¡Por mi vida!
–oráculo del Señor–, juro que en el territorio del
rey que lo hizo rey, cuyo juramento menospre-
ció y cuyo pacto violó, en Babilonia morirá.* 17*Y
el faraón no intervendrá en favor suyo en la gue-
rra con un gran ejército y mucha tropa cuando
hagan terraplenes y construyan torres de asalto
para matar a tanta gente.* 18*Menospreció el ju-
ramento y violó el pacto. Dio la mano y después
hizo esto. No escapará con vida.* 19*Por tanto, así*

dice el Señor: ¡Juro por mi vida!, que lo castigaré
por haber menospreciado mi juramento y por
haber violado mi pacto. 20*Tenderé mi red sobre él*
y lo cazaré en mi trampa; lo llevaré a Babilonia
para juzgarlo allí por sus traiciones y por todos
sus extravíos. 21*Lo mejor de su ejército caerá a*
espada y los supervivientes se dispersarán a
todos los vientos, y sabrán que yo, el Señor, he
hablado».
22Esto dice el Señor: «Tomaré la copa de un
cedro del cedro alto y encumbrado; cortaré un
brote de la más alta de sus ramas y yo lo plantaré
en un monte elevado y señero, 23lo plantaré en
el monte encumbrado de Israel. Echará ramas,
dará fruto y llegará a ser un cedro magnífico;
anidarán en él todos los pájaros, a la sombra de
su ramaje anidarán todas las aves. 24Y sabrán los
árboles silvestres que yo, el Señor, humillo al
árbol elevado y elevo al árbol humilde, seco el
árbol verde y reverdezco el árbol seco. Yo, el Se-
ñor, lo digo y lo hago».

Responsabilidad personal

18 1Me dirigió la palabra el Señor:
2»¿Por qué andan repitiendo este refrán
en la tierra de Israel: Los padres comieron uvas
agrias y a los hijos se les destemplan los dien-
tes? 3¡Por mi vida!, les juro –oráculo del Señor–
que nadie volverá a repetir ese refrán en Israel.
4Sépanlo: todas las vidas son mías; lo mismo que
la vida del padre, es mía la vida del hijo; el que
peca es el que morirá.
5»El hombre que es justo, que observa el dere-
cho y la justicia, 6que no participa en banquetes
idolátricos levantando los ojos a los ídolos de
Israel; que no profana a la mujer de su prójimo,
ni se acuesta con la mujer en su regla; 7que no
explota, sino que devuelve la prenda empeñada;
que no roba, sino que da su pan al hambriento y
viste al desnudo; 8que no presta con usura ni co-
bra intereses; que aparta la mano de la maldad
y juzga imparcialmente los delitos; 9que camina
según mis preceptos y guarda mis mandamien-
tos, cumpliéndolos fielmente, ese hombre es
justo y ciertamente vivirá –oráculo del Señor–.
10»Si este engendra un hijo criminal y homici-
da, que quebranta algunas de estas prohibiciones
11o no cumple todos estos mandatos, sino que
participa en banquetes idolátricos y profana a la
mujer de su prójimo; 12que explota al desgraciado
y al pobre, que roba y no devuelve la prenda em-
peñada, que levanta los ojos a los ídolos y comete
prácticas idolátricas; 13que presta con usura y
cobra intereses, ciertamente no vivirá; por haber
cometido todas esas prácticas idolátricas, morirá
ciertamente y será responsable de sus crímenes.
14»Y si este engendra un hijo, que a pesar de
haber visto los pecados de su padre no los imita;
15que no participa en los banquetes idolátricos
levantando los ojos a los ídolos de Israel; que
no profana a la mujer de su prójimo; 16que no
explota ni se apropia la prenda empeñada; que
no roba, sino que da su pan al hambriento y viste
al desnudo; 17que aparta la mano de la maldad y
no cobra interés usurario; que cumple mis man-
damientos y camina según mis preceptos, ese
hombre no morirá por culpa de su padre, sino
que ciertamente vivirá. 18Su padre, que cometió
atropellos y robos y maltrató a su gente, murió
por su culpa.
19»Ustedes objetarán: ¿Por qué no carga el
hijo con la culpa del padre? Si el hijo observa
el derecho y la justicia y guarda mis preceptos
y los cumple, ciertamente vivirá. 20El que peca
es el que morirá; el hijo no cargará con la culpa
del padre, el padre no cargará con la culpa del
hijo; sobre el justo recaerá su justicia, sobre el
malvado recaerá su maldad. 21Si el malvado se
convierte de los pecados cometidos y guarda
mis preceptos y practica el derecho y la justi-
cia, ciertamente vivirá y no morirá. 22No se le
tendrán en cuenta los delitos que cometió, por
la justicia que hizo vivirá. 23¿Acaso quiero yo la
muerte del malvado –oráculo del Señor– y no
que se convierta de su conducta y que viva?
24»Si el justo se aparta de su justicia y comete
maldad, imitando las prácticas idolátricas del
malvado, no se tendrá en cuenta la justicia que
hizo: por la iniquidad que perpetró y por el peca-
do que cometió morirá.
25»Ustedes objetarán: No es justo el proceder
del Señor. Escucha, casa de Israel: ¿Es injusto
mi proceder? ¿No es el proceder de ustedes el
que es injusto? 26Cuando el justo se aparta de su
justicia, comete la maldad y muere, muere por
la maldad que cometió. 27Y cuando el malvado
se convierte de la maldad que hizo y practica el
derecho y la justicia, él mismo salva su vida. 28Si
recapacita y se convierte de los delitos cometi-
dos, ciertamente vivirá y no morirá.
29»Objeta la casa de Israel: No es justo el pro-
ceder del Señor. ¿Es injusto mi proceder, casa de
Israel? ¿No es el proceder de ustedes el que es
injusto? 30Pues bien, casa de Israel, yo juzgaré a
cada uno según su proceder –oráculo del Señor–.
Arrepiéntanse y conviértanse de sus delitos, y
no caerán en pecado. 31»Quítense de encima los
delitos que han cometido y estrenen un cora-
zón nuevo y un espíritu nuevo, y así no morirán,
casa de Israel. 32Porque yo no quiero la muerte
de nadie –oráculo del Señor–. ¡Conviértanse y
vivirán!

La leona y los cachorros

19 1Tú entona esta lamentación por los prín-
cipes de Israel:
2»¡Qué leona tu madre en medio de leones!
Tumbada entre leoncillos amamantaba a sus
cachorros. 3Crió a uno de sus cachorros, que se
hizo león joven y aprendió a desgarrar la pre-
sa, devorando hombres. 4Juntaron gente contra
él, lo atraparon en la fosa, y con argollas se lo
llevaron a la tierra de Egipto. 5Y viendo desva-
necida y burlada su esperanza, tomó otro de
sus cachorros y lo hizo león joven. 6Se paseaba
entre los leones hecho ya un león joven; 7hacía
estragos en los palacios y arrasaba las ciudades;
tenía el país y sus moradores espantados con sus
rugidos. 8Cargaron contra él los pueblos de las
comarcas vecinas; tendieron sus redes sobre él y
lo atraparon en la fosa. 9Con cadenas y con argo-
llas lo llevaron al rey de Babilonia; enjaulado se
lo llevaron para que no volviera a oírse su rugido
en las montañas de Israel.

La vid arrancada

10»Tu madre es como vid sarmentosa plantada
al pie del agua: produjo sombra y fruto por la
abundancia de agua. 11Echó ramas vigorosas pa-
ra cetros reales; se elevó su estatura hasta tocar
las nubes; destacaba por su altura; por su abun-
dancia de sarmientos. 12Pero la arrancaron con
rabia y la tiraron por tierra, y el viento del este
secó su fruto; se desgajó y se secó y el fuego
devoró su rama vigorosa. 13Ahora está planta-
da en el desierto, en terreno reseco y sediento.
14Brotó fuego de una rama y devoró sus retoños
y sus frutos. No queda en ella ramas fuertes, ce-
tro para gobernar. Es un canto fúnebre: se canta
como lamentación.

Historia de una rebeldía

20 1El año séptimo, el día décimo del quinto
mes, vinieron algunos ancianos de Israel
a consultar al Señor y se sentaron frente a mí.
2Entonces me dirigió la palabra el Señor: 3Hijo
de hombre, habla así a los ancianos de Israel:
Esto dice el Señor: ¿Vienen a consultarme? ¡Por
mi vida! Juro que no me dejaré consultar por
ustedes –oráculo del Señor–. 4¡Júzgalos tú, júz-
galos tú, Hijo de hombre! Dales a conocer las
prácticas idolátricas de sus padres, 5diciéndo-
les: Esto dice el Señor:
»Cuando elegí a Israel, juré con la mano en
alto a la descendencia de la casa de Jacob;
cuando me manifesté a ellos en Egipto les dije
con la mano en alto: Yo soy el Señor, su Dios.
6Aquel día les juré con la mano en alto sacarlos
de Egipto y llevarlos a una tierra que yo mismo
les había explorado: manaba leche y miel, era
la perla de las naciones. 7Y les dije: Arrojen sus
detestables dioses que atraen sus miradas y no
se contaminen con los ídolos de Egipto. Yo soy
el Señor, su Dios.
8»Pero se rebelaron contra mí y no quisieron
obedecerme; ninguno arrojó los detestables
dioses que atraían sus miradas ni se deshizo de
los ídolos de Egipto. Entonces pensé derramar
mi cólera sobre ellos para agotar en ellos mi ira
en territorio egipcio. 9Pero actué por respeto a
mi Nombre, para que no fuera profanado ante los
paganos con los que vivían, y en cuya presencia
me manifesté a ellos para sacarlos de Egipto.
10Los saqué de Egipto y los llevé al desierto.
11Les di mis preceptos y les enseñé mis manda-
mientos, que dan la vida al que los cumple. 12Les
di también mis sábados como señal recíproca,
para que se supiera que yo soy el Señor que los
santifico.
13»Pero se rebeló contra mí la casa de Israel
en el desierto: no caminaron según mis precep-
tos, rechazaron mis mandamientos, que dan la
vida al que los cumple, y profanaron gravemente
mis sábados. Entonces pensé derramar mi cólera
sobre ellos, en el desierto, para exterminarlos.
14Pero actué por respeto a mi Nombre, para que
no fuera profanado ante los paganos, en cuya
presencia los había sacado. 15No obstante, juré
en el desierto, con la mano en alto, no llevarlos
a la tierra que les había asignado, que mana-
ba leche y miel y era la perla de las naciones,
16por haber rechazado mis mandamientos, por
no haber caminado según mis preceptos, por
haber profanado mis sábados, porque se les iba
el corazón tras sus ídolos. 17Pero compadecido
de ellos, no los aniquilé ni acabé con ellos en
el desierto. 18A sus hijos les dije en el desierto:
No caminen según los preceptos de sus padres,
ni guarden sus mandamientos, ni se contaminen
con sus ídolos. 19Yo soy el Señor, su Dios: cami-
nen según mis preceptos, guarden mis manda-
mientos y cúmplanlos; 20santifiquen mis sába-
dos: serán señal recíproca para que se sepa que
soy el Señor, su Dios.
21»Pero sus hijos se rebelaron contra mí: no
caminaron según mis preceptos, ni guardaron ni
cumplieron mis mandamientos, que dan la vida
al que los cumple, y profanaron mis sábados.
Entonces pensé derramar mi cólera sobre ellos
para agotar en ellos mi ira en el desierto. 22Pero
retraje mi mano y actué por respeto a mi Nom-
bre para que no fuera profanado ante los paga-
nos, en cuya presencia los había sacado. 23Con
todo, juré en el desierto, con la mano en alto,
dispersarlos por las naciones y esparcirlos por

los países, 24por no haber cumplido mis mandamientos, por haber rechazado mis preceptos y haber profanado mis sábados, por haberse entregado a los ídolos de sus padres. 25¿Acaso les di yo preceptos no buenos, mandamientos que no les darían la vida? 26¿Los contaminé con las ofrendas que hacían sacrificando en el fuego a sus hijos primogénitos? ¿Los horroricé para que así supieran que yo soy el Señor?

27»Por tanto, Hijo de hombre, habla así a la casa de Israel: Esto dice el Señor: Sus padres encima me ofendieron cometiendo esta traición: 28Cuando los introduje en la tierra que con la mano en alto había jurado darles, al ver una colina alta, al ver un árbol frondoso, allí hacían sus sacrificios, allí depositaban su irritante ofrenda, allí ponían sus oblaciones de aroma que aplaca, allí vertían sus libaciones. 29Entonces les pregunté: ¿Qué hay en ese lugar alto que frecuentan? Y se quedó con el nombre de lugar alto hasta el día de hoy.

30»Por tanto, dile a la casa de Israel: Esto dice el Señor: Se contaminan igual que sus padres, se prostituyen con sus ídolos, 31ofrecen a sus hijos pasándolos por el fuego, se siguen contaminando con sus ídolos, ¿y voy a dejarme consultar por ustedes, casa de Israel? ¡Por mi vida! –oráculo del Señor–, juro que no me dejaré consultar. 32Jamás se realizarán los planes que están pensando: Seremos como los demás pueblos, como las razas de otros países, que adoran al leño y a la piedra.

33»¡Por mi vida! –oráculo del Señor–, juro que con mano poderosa, con brazo extendido, con cólera incontenible, reinaré sobre ustedes 34y los sacaré de los países y los reuniré de entre las naciones por las que están dispersos, con mano poderosa, con brazo extendido, con cólera incontenible. 35Y los llevaré al desierto de los pueblos para pleitear allí con ustedes cara a cara. 36Igual que pleiteé con sus padres en el desierto de Egipto, así pleitearé con ustedes –oráculo del Señor–. 37Los haré pasar bajo el cayado y los haré entrar uno a uno por el aro de la alianza, 38y excluiré a los rebeldes que se sublevan contra mí; los sacaré del país de su destierro, pero no entrarán en la tierra de Israel. Y sabrán que yo soy el Señor.

39»A ustedes, casa de Israel, esto les dice el Señor: Cada uno que vaya a servir a sus ídolos si no quiere obedecerme, pero que no siga profanando mi santo Nombre con sus ofrendas idolátricas. 40Porque en mi santo monte, en el más alto monte de Israel –oráculo del Señor–, allí en la tierra, me servirá la casa de Israel toda entera. Allí los aceptaré, allí les pediré sus tributos, sus primicias y sus dones sagrados. 41Como aroma que aplaca los aceptaré cuando los saque de los países y los reúna de entre las naciones en las que están dispersos y muestre en ustedes mi santidad a la vista de los paganos. 42Y sabrán que yo soy el Señor cuando los lleve a la tierra de Israel, al país que con la mano en alto juré dar a sus padres. 43Allí, cuando se acuerden de su conducta y de las malas obras con que se contaminaron sentirán asco de ustedes mismos por las maldades que cometieron. 44Y sabrán que yo soy el Señor cuando los trate como exige mi Nombre, no según su mala conducta y sus obras perversas, casa de Israel –oráculo del Señor–.

El bosque en llamas

21 1Me dirigió la palabra el Señor: 2«Hijo de hombre, ponte mirando al sur, vaticina al mediodía, profetiza así al bosque austral: 3¡Bosque austral, escucha la Palabra del Señor! Esto dice el Señor: Voy a prenderte un fuego que devore tus árboles verdes, tus árboles secos. No se apagará la ardiente llamarada que abrasará todos los terrenos, desde el sur hasta el norte. 4Y verá todo mortal que yo, el Señor, lo encendí, y no se apagará». 5Yo entonces repliqué: «¡Ay, Señor! Van diciendo de mí: Es un charlatán».

6Me dirigió la palabra el Señor: 7«Hijo de hombre, ponte mirando a Jerusalén, dirige tu palabra hacia el templo, 8di así a la tierra de Israel: Tierra de Israel, esto dice el Señor: Aquí estoy contra ti, desenvaino la espada para extirpar de ti a inocentes y culpables. 9Porque tengo que extirpar de ti a inocentes y culpables, por eso sale mi espada de la vaina contra todo mortal, de sur a norte. 10Y sabrá todo mortal que yo, el Señor, desenvainé mi espada: no volverá a la vaina. 11Y tú, Hijo de hombre, gime doblando la cintura, gime amargamente a la vista de ellos. 12Y cuando te pregunten por qué gimes, responderás: Porque al llegar una noticia todos los corazones desmayarán y desfallecerán todos los brazos, todos los espíritus vacilarán y flaquearán todas las rodillas. Mira que llega, que sucede –oráculo del Señor–».

Canto a la espada

13Me dirigió la palabra el Señor: 14«Hijo de hombre, profetiza diciendo: Esto dice el Señor: ¡Espada, espada afilada y además pulida! 15Afilada para degollar, pulida para brillar... 16La llevaron a pulir antes de empuñarla; ya está afilada la espada, ya está pulida, para ponerla en manos del asesino. 17Grita y gime, Hijo de hombre, porque la alzan contra mi pueblo, contra todos los príncipes de Israel; los han entregado a la

espada, junto con mi pueblo; por tanto, golpéa-
te el pecho... 18–oráculo del Señor–. 19Y tú, Hijo
de hombre, profetiza y golpea las palmas: que
se duplique la espada, que se triplique, la es-
pada de los acribillados, la espada grande que
acribilla, que los tiene acorralados. 20Para que
el corazón tiemble y haya muchos caídos, con-
tra todas sus puertas enderezo la punta de la
espada, hermanada con el rayo, desnuda para la
matanza. 21Da estocadas a derecha y tajos a iz-
quierda: donde tu hoja sea requerida. 22También
yo golpearé las palmas y descargaré mi rabia. Yo,
el Señor, he hablado».
23Me dirigió la palabra el Señor:
24»Y tú, Hijo de hombre, traza dos rutas para la
espada del rey de Babilonia; las dos arrancarán
del mismo país. 25Pon una señal en el inicio de
cada ruta para la espada: A Rabat de los amo-
nitas; a Judá, que tiene en Jerusalén su plaza
fuerte. 26Ha hecho alto el rey de Babilonia en
la bifurcación del camino, donde se dividen las
dos rutas, para consultar los presagios: revuelve
las flechas, pregunta a los ídolos, inspecciona
el hígado de las víctimas. 27Ya tiene en su mano
derecha el vaticinio: ¡A Jerusalén! ¡A prorrumpir
en alaridos y lanzar gritos de guerra, a dirigir
máquinas de guerra contra las puertas, a hacer
un terraplén y construir torres de asalto! 28A los
habitantes de Jerusalén les pareció falso el va-
ticinio, porque les habían jurado vasallaje; pero
él los acusará y los arrestará.
29»Por tanto, así dice el Señor: Porque les
denuncian su culpa y se descubren sus delitos;
porque quedan patentes sus pecados y todos sus
crímenes; porque están procesados, los arres-
tarán por la fuerza. 30Y tú, malhechor infame,
príncipe de Israel, cuyo día ha llegado, la hora
del castigo final; 31esto dice el Señor: ¡Fuera
el turbante, quítate la corona! Esto ya no será
así: lo humilde será elevado y lo excelso será
humillado; 32ruinas, ruinas, todo lo convierto en
ruinas. Pero esto no sucederá hasta que llegue
el que ha de ejecutar la sentencia que yo le he
encargado.
33Y tú, Hijo de hombre, profetiza: «Esto dice el
Señor contra los amonitas y contra sus insultos.
¡Espada, espada desenvainada para la matanza,
pulida para brillar! 34De ti, en visiones falsas,
vaticinan engaños. ¡Que te apliquen al cuello de
los malhechores infames, cuyo día ha llegado,
la hora del castigo final! 35¡Vuelve a la vaina! En
el mismo lugar donde fuiste forjada, en tu país
natal, te juzgaré; 36derramaré mi furor sobre ti,
alimentaré contra ti el fuego de mi furia y te
entregaré en poder de hombres bárbaros, arte-
sanos del exterminio. 37Serás pasto del fuego,
tu sangre caerá en tu propia tierra. Jamás serás
nombrada, porque yo, el Señor, he hablado».

La ciudad sanguinaria

22 1Me dirigió la palabra el Señor: 2«Y tú,
Hijo de hombre, juzga, juzga a la ciudad
sanguinaria, denúnciale todas sus prácticas ido-
látricas, 3diciendo: Esto dice el Señor: ¡Ciudad
que se encamina a su destrucción, derramando
sangre dentro de sí, y que se ha contaminado fa-
bricándose ídolos! 4La sangre que derramaste te
condena, te han contaminado los ídolos que fa-
bricaste. Has precipitado tu hora y has llegado
al fin de tu existencia. Por eso te hago objeto de
insulto de los pueblos y burla de todas las nacio-
nes. 5Las vecinas y las remotas se burlan de ti,
famosa por tu impureza, grande por tu anarquía.
6Mira, los príncipes de Israel solo ocupados en
derramar sangre. 7En ti despojan al padre y a la
madre, en ti atropellan al forastero, en ti explo-
tan al huérfano y a la viuda. 8Menosprecias mis
cosas santas, y profanas mis sábados. 9En ti hay
hombres que calumnian para derramar sangre:
en ti van a comer a los montes banquetes ido-
látricos, en ti se cometen infamias. 10En ti hay
quien peca con su madrastra, en ti quien violen-
ta a la mujer en su regla. 11En ti unos cometen
prácticas idolátricas con la mujer del prójimo;
otros abusan infamemente de su nuera, otros
violentan a su hermana, hija de su mismo pa-
dre. 12En ti se practica el soborno para derramar
sangre; cobras interés usurario, te enriqueces a
costa del prójimo y a mí me tienes olvidado –
oráculo del Señor–.
13»Pero yo estoy golpeando las palmas al ver
los negocios que haces y la sangre que hay en ti.
14¿Seguirá tu corazón inconmovible y firmes tus
manos cuando yo actúe contra ti? Yo, el Señor,
lo digo y lo hago. 15Te dispersaré por las nacio-
nes y te esparciré por los países, y así te limpia-
ré de toda mancha. 16En ti quedaré profanado
a la vista de los paganos, y sabrás que yo soy
el Señor.
17Me dirigió la palabra el Señor: 18«Hijo de
hombre, la casa de Israel se me ha convertido
en resto inútil: todos ellos sean plata, cobre y
estaño, hierro y plomo dentro del horno; se han
convertido en resto inútil. 19Por tanto, esto di-
ce el Señor: Por haberse convertido todos en
resto inútil, por eso voy a reunirlos dentro de
Jerusalén. 20Igual que se reúne plata y cobre,
hierro, plomo y estaño dentro del horno, y se
aviva el fuego para que se funda todo, de la
misma manera los reuniré; en mi ira y en mi
cólera los meteré y los fundiré. 21Los juntaré y
alimentaré contra ustedes el fuego de mi furia,

que los fundirá en ella. [22]Allí se fundirán igual que se funde la plata dentro del horno. Y sabrán que yo, el Señor, he derramado mi cólera sobre ustedes.

[23]Me dirigió la palabra el Señor: [24]«Hijo de hombre, dile a Jerusalén: Eres tierra no limpiada ni llovida, en el día de mi furor. [25]Sus príncipes dentro de ella eran león que ruge al desgarrar la presa; devoraban a la gente, arrebataban riquezas y objetos preciosos, multiplicaban dentro de ella el número de viudas. [26]Sus sacerdotes violaban mi ley y profanaban mis cosas santas; no separaban lo sagrado y lo profano ni declaraban lo que es puro o es impuro. Ante mis sábados cerraban los ojos, y así fui profanado en medio de ellos. [27]Sus nobles dentro de ella eran lobos que desgarraban la presa, derramando sangre y eliminando gente para enriquecerse. [28]Sus profetas eran como los que cubren con cal que les ofrecían visiones falsas y les vaticinaban embustes, diciendo: Esto dice el Señor, cuando el Señor no hablaba. [29]Los terratenientes cometían atropellos y robos, explotaban al desgraciado y al pobre y atropellaban injustamente al emigrante. [30]Busqué entre ellos uno que levantara una cerca, que por amor a la tierra aguantara en la brecha frente a mí, para que yo no la destruyera; pero no lo encontré. [31]Entonces derramé mi furor sobre ellos, los consumí en el fuego de mi furia; di a cada uno su merecido –oráculo del Señor–.

Las dos hermanas

23 [1]Me dirigió la palabra el Señor:
[2]»Hijo de hombre, había dos mujeres hijas de la misma madre; [3]se prostituyeron en Egipto, doncellas eran y se prostituyeron. Allí fueron manoseados sus pechos, allí perdieron su virginidad. [4]Ohlá se llamaba la mayor y Ohlibá su hermana. Después fueron mías y dieron a luz hijos e hijas.

[5]»Ohlá, siendo mía, se prostituyó y se enamoró de sus amantes: [6]guerreros vestidos de púrpura, gobernantes y regidores; todos eran galanes gallardos, jinetes cabalgando en sus caballos. [7]Y fornicó con ellos, que eran lo más selecto de los asirios; se contaminó con los ídolos de todos sus enamorados. [8]Pero no dejó de fornicar con los egipcios que se habían acostado con ella de muchacha, le habían quitado su virginidad y fornicado con ella. [9]Por eso la entregué en poder de sus amantes, en poder de los asirios, sus enamorados. [10]Ellos desnudaron sus vergüenzas, le arrebataron hijos e hijas y a ella la mataron a espada; fue la habladuría de las mujeres por la sentencia que en ella ejecutaron.

[11]»Ohlibá, su hermana, que lo vio, se envició aún más que ella y fornicó más que su hermana. [12]Se enamoró de los asirios: gobernantes y regidores, guerreros espléndidamente vestidos, jinetes cabalgando en sus caballos, jóvenes apuestos todos ellos. [13]Y vi cómo se contaminaba: las dos iban por el mismo camino. [14]Aún fueron a más sus fornicaciones: vio grabados de hombres en las paredes, figuras de caldeos pintadas en rojo, [15]con cinturones ceñidos a las caderas, adornadas con turbantes las cabezas, todos con aspecto de capitanes, fiel retrato de los babilonios, naturales de Caldea, [16]y se enamoró de ellos a primera vista y les envió mensajeros a Caldea. [17]Y acudieron a ella los babilonios, a su lecho de amoríos, contaminándola con sus fornicaciones; una vez contaminada, se hastió de ellos. [18]Descubrió sus fornicaciones y desnudó sus vergüenzas; entonces yo me hastié de ella lo mismo que me había hastiado de su hermana. [19]Todavía acrecentó sus fornicaciones, añorando su juventud, cuando se prostituía en Egipto, [20]y volvió a enamorarse de aquellos lujuriosos amantes, que tienen miembros de burros y esperma de sementales. [21]Añorabas tu juventud infame, cuando los egipcios desfloraron tu seno, seducidos por tus pechos de doncella.

[22]»Por tanto, Ohlibá, esto dice el Señor: Mira, yo vuelvo contra ti a tus amantes, de los que sentiste hastío; los traigo contra ti de todas partes; [23]a los babilonios y todos los caldeos, a Pecod y Soá y Coa, y a todos los asirios con ellos, jóvenes apuestos, todos gobernantes y regidores, capitanes y oficiales, cabalgando en caballos todos ellos. [24]Vienen contra ti infantes y jinetes y carros, multitud de tropas; te cercan con escudos y corazas y cascos; les encomiendo la justicia y ejecutarán en ti su sentencia. [25]Descargaré sobre ti mi pasión y te tratarán con rabia; te arrancarán nariz y orejas y lo que quedará de ti caerá a espada; te arrebatarán hijos e hijas y el fuego devorará a los que sobrevivan. [26]Te arrancarán los vestidos y te arrebatarán las joyas; [27]pondré fin a tu infamia y a la prostitución que empezaste en Egipto, y no volverás a levantar a ellos los ojos ni a acordarte de Egipto.

[28]»Porque esto dice el Señor: Mira, voy a entregarte en manos de los que aborreces, en manos de aquellos de quienes sentiste hastío. [29]Te tratarán con odio y te quitarán cuanto ganaste; te dejarán desnuda, en cueros, visibles tus vergüenzas de prostituta. [30]Esto es lo que te traen tu infamia y tus prostituciones, por fornicar con las naciones y contaminarte con sus ídolos. [31]Por seguir el camino de tu hermana, pongo su copa en tus manos.

32Esto dice el Señor: Beberás la copa de tu
hermana, ancha y profunda y de gran capacidad.
Serás objeto de risa y de burla. 33Te llenarás de
embriaguez y amargura, es copa de espanto y
aturdimiento: la copa de tu hermana Samaría.
34La beberás hasta el fondo la romperás con
tus dientes y con sus pedazos te desgarrarás
los pechos. Porque soy yo quien habla –oráculo
del Señor–. 35Por tanto, así dice el Señor: Por
haberte olvidado de mí y haberme dado las es-
paldas, carga también tú con tu infamia y tus
fornicaciones.

36El Señor me dijo: «Juzga a Ohlá y a Ohlibá,
acusándolas de sus prácticas idolátricas. 37Por-
que cometieron adulterio y hay sangre en sus
manos, cometieron adulterio con sus ídolos; y
hasta a sus propios hijos, los que dieron a luz
para mí, se los inmolaron, para que comieran.
38Algo más hicieron: profanaron mi santuario y
violaron mis sábados. 39Después de degollar a
sus hijos en honor de sus ídolos, entraron en mi
santuario profanándolo. Ahí tienes lo que hicie-
ron dentro de mi casa. 40Y mandaban también
avisos a hombres que venían de lejos, les man-
daban mensajeros y enseguida acudían; para
ellos te bañabas, te pintabas los ojos y te en-
galanabas con joyas. 41Te sentabas en un lecho
suntuoso delante de una mesa bien servida y les
ofrecías mi perfume y mi incienso. 42Una multi-
tud alegre se divertía con ella, eran muchedum-
bre, hombres bebedores traídos del desierto; le
ponían pulseras en los brazos y diademas de lujo
en la cabeza.

43[...] 44Acudían a ella como quien acude a
una prostituta; así acudían a Ohlá y a Ohlibá,
hembras depravadas. 45Pero varones justos las
juzgarán aplicándoles las penas de las adúlte-
ras y de las homicidas, porque adúlteras son y
hay sangre en sus manos. 46Porque esto dice el
Señor: traerán gente contra ellas que se ensa-
ñe con ellas y las despoje. 47La gente las ape-
dreará y las cortará con sus espadas; matarán a
sus hijos e hijas y prenderán fuego a sus casas.
48Así pondré fin a la infamia de esta tierra y es-
carmentarán todas las mujeres y no imitarán su
mala conducta. 49Les darán el merecido de su
mala conducta y cargarán con sus pecados de
idolatría, y sabrán que yo soy el Señor.

La olla al fuego

24 1El año noveno, el día décimo del décimo
mes, me dirigió la palabra el Señor:
2»Hijo de hombre, apunta la fecha de hoy,
de hoy mismo. El rey de Babilonia hoy mismo
ha atacado a Jerusalén. 3Cuenta una parábola
a este pueblo rebelde, diciéndoles: Esto dice el
Señor: Prepara la olla, prepárala, echa en ella
agua; 4echa en ella trozos de carne, los mejores
trozos, la pata y el costillar; llénala de huesos
escogidos. 5Aparta lo mejor del rebaño; luego
apila debajo la leña, cuece los trozos en la olla
y hierve los huesos. 6b Vacíala pedazo a pedazo,
sin echarlas a suerte. 6a Por tanto, así dice el
Señor: ¡Ay ciudad asesina, olla herrumbrada que
no se desherrumbra! 7Porque la sangre que en la
ciudad se derramó
la echó sobre la roca desnuda, no la derramó
en la tierra para que el polvo la cubriera. 8Para
encolerizarme, para vengarme he puesto sobre
la roca desnuda, la sangre que derramó: así no
será cubierta.

9»Por tanto, así dice el Señor: ¡Ay, ciudad
asesina! Yo mismo agrando la hoguera, 10arrimo
más leña, enciendo el fuego, consumo la carne,
saco el caldo y los huesos se queman. 11Coloco
la olla vacía sobre las brasas para que el cobre
se recaliente, se ponga al rojo y se le derrita
la suciedad, se le consuma la herrumbre. 12Pero,
por más que uno se esfuerce, ni al fuego se le
desprende su mucha herrumbre. 13Por tu infame
inmundicia, porque intenté limpiarte y no que-
daste limpia de tu inmundicia, no volverás a ser
limpiada hasta que descargue en ti mi cólera.
14Yo, el Señor, lo digo, lo realizo y sucede, no lo
paso por alto, ni me apiado, ni me arrepiento.
Según tu conducta y tus malas obras te juzgaré
–oráculo del Señor–.

Muerte de la esposa

15Me dirigió la palabra el Señor: 16«Hijo de
hombre, voy a arrebatarte repentinamente el
encanto de tus ojos; no llores ni hagas duelo ni
derrames lágrimas; 17laméntate en silencio co-
mo un muerto, sin hacer duelo; colócate el tur-
bante y cálzate las sandalias; no te cubras la
cara ni comas el pan del duelo». 18Por la maña-
na yo hablaba a la gente, por la tarde se murió
mi mujer y a la mañana siguiente hice lo que se
me había mandado. 19Entonces me dijo la gente:
«¿quieres explicarnos qué nos anuncia lo que es-
tás haciendo?».

20Les respondí:

»Me dirigió la palabra el Señor: 21Dile a la casa
de Israel: Esto dice el Señor: Mira, voy a profanar
mi santuario, del que están tan orgullosos, el en-
canto de sus ojos, el tesoro de sus almas. Los hijos
e hijas que dejaron caerán a espada. 22Entonces
harán lo que yo he hecho: no se cubrirán la ca-
ra ni comerán el pan del duelo; 23seguirán con el
turbante en la cabeza y las sandalias en los pies,
no llorarán ni harán duelo; se consumirán por su
culpa y se lamentarán unos con otros.

El profeta mudo

24»Ezequiel les servirá de señal: harán lo mis-
mo que él ha hecho. Y cuando suceda sabrán que
yo soy el Señor. 25Y tú, Hijo de hombre, el día que
yo les arrebate su refugio, su espléndida alegría,
el encanto de sus ojos, el ansia de sus almas,
26ese día se te presentará un fugitivo para comu-
nicarte una noticia. 27Ese día se te abrirá la boca
y podrás hablar en presencia del fugitivo, y no
volverás a quedar mudo. Les servirás de señal y
sabrán que yo soy el Señor.

Contra Amón

25 1Me dirigió la palabra el Señor: 2«Hijo de
hombre, ponte de cara a los amonitas y
profetiza contra ellos, 3diciendo a los amonitas:
Escuchen la Palabra del Señor: Esto dice el Se-
ñor: Por haber exclamado: ¡Qué bien!, cuando
profanaban mi santuario, cuando devastaban
la tierra de Israel, cuando la casa de Judá iba
al destierro; 4por eso te doy en propiedad a los
orientales: colocarán en ti sus cercados y plan-
tarán en ti su campamento; ellos se comerán tus
frutos, ellos se beberán tu leche. 5Haré a Rabat
pastizal de camellos y a Amón corral de ovejas, y
sabrán que yo soy el Señor.
6»Porque así dice el Señor: Por haber aplaudido
y saltado de alegría, por haberte regocijado, con
todo el desprecio de tu alma, a causa de la tierra
de Israel; 7por eso extiendo mi mano contra ti: te
daré como botín a las naciones, te extirparé de
entre los pueblos y te exterminaré de la tierra,
te destruiré para que sepas que yo soy el Señor.

Contra Moab

8Esto dice el Señor:
»Por haber dicho Moab: Mira, la casa de Ju-
dá, igual que todas las naciones; 9por eso voy
a abrir el costado de Moab, desde sus ciudades
fronterizas hasta Bet-Yesimot, Baal-Maón y Qui-
riataym, la joya del país; 10la daré en propiedad
a los orientales, junto con Amón, para que no
sea nombrada entre las naciones. 11Haré justicia
contra Moab y sabrán que yo soy el Señor.

Contra Edom

12Esto dice el Señor:
»Por haberse Edom vengado cruelmente de la
casa de Judá, porque delinquió vengándose de
ellos; 13por eso, así dice el Señor: extiendo mi
mano contra Edom: exterminaré de ella hombres
y animales, la convertiré en ruinas: de Temán a
Dedán todos caerán a espada. 14Tomaré vengan-
za de Edom por mano de mi pueblo, Israel; trata-
rán a Edom según mi cólera y mi rabia; conoce-
rán entonces mi venganza –oráculo del Señor–.

Contra los filisteos

15Esto dice el Señor:
»Por haberse ensañado los filisteos, por haber
tomado venganza, aniquilando con profundo
desprecio, por vieja hostilidad; 16por eso, así
dice el Señor: extiendo mi mano contra los filis-
teos, voy a ajusticiar a los verdugos, voy a aca-
bar con los supervivientes de la orilla del mar.
17Haré con ellos una venganza terrible, castigos
despiadados, y sabrán que yo soy el Señor cuan-
do ejecute en ellos mi venganza.

Contra Tiro I

26 1El año undécimo, el día primero del mes,
me dirigió la palabra el Señor:
2*»Hijo de hombre,/ por haber dicho Tiro de Je-*
rusalén:/ ¡Ya está rota la puerta de los pueblos!/
Ha caído en mi poder;/ en ella alimentaré mi es-
pada;/ 3por eso dice el Señor:/ Aquí estoy, Tiro,
contra ti;/ levanto contra ti naciones numero-
sas/ igual que el mar levanta su oleaje.
4Demolerán las murallas de Tiro,/ derribarán
sus torres;/ barreré hasta el polvo de ella/ con-
virtiéndola en roca pelada./ 5Será tendedero de
redes en medio del mar,/ porque he hablado yo/
–oráculo del Señor–./ Serán botín de las nacio-
nes,/ 6y sus poblados del campo serán pasados a
cuchillo,/ y sabrán que yo soy el Señor.
7»Porque esto dice el Señor:/ Yo traigo contra
Tiro desde el norte a Nabucodonosor,/ rey de
Babilonia, rey de reyes,/ con caballos y carros
y jinetes/ y un ejército de tropa numerosa./
8Pasará por la espada a tus poblados del cam-
po./ Armará contra ti torres de asalto,/ contra
ti elevará terraplenes,/ contra ti avanzará con
sus escudos./ 9Con duros troncos golpeará tus
murallas/ y demolerá a hachazos tus torres./
10Te envolverá la polvareda/ de sus escuadrones
de caballos./ El estrépito de las caballerías/ y el
rodar de los carros/ hará que tiemblen tus mu-
rallas/ cuando entre por tus puertas/ como se
entra en una ciudad tomada por asalto./ 11Con
los cascos de sus caballos/ irá pisoteando tus
calles./ Pasará por la espada a tus vecinos/ y
echará por tierra tus robustos pilares.
12Harán botín de tus tesoros/ y saquearán tus
mercancías./ Derribarán tus murallas/ y de-
rruirán tus suntuosos edificios./ Arrojarán en
medio del mar tus piedras y tu madera/ y tus es-
combros./ 13Haré cesar el bullicio de tus cancio-
nes/ y no se escuchará el acompañamiento de tus
cítaras./ 14Te convertiré en roca pelada,/ serás
tendedero de redes./ No te reedificarán;/ que yo,
el Señor, he hablado/ –oráculo del Señor–.
15»Esto dice el Señor: Tiro, al estruendo de tu
derrumbamiento, con el lamento de tus caídos y

la matanza de tus víctimas en medio de ti, las is-
las temblarán. 16Bajarán de sus tronos todos los
príncipes marinos, se despojarán de sus mantos
y se quitarán sus ropajes bordados; se vestirán
de terror y se sentarán en el suelo, temblarán
sin cesar, espantados de ti. 17Te entonarán esta
lamentación:

¡Cómo ha desaparecido,/ desbaratada por el
mar,/ ciudad famosísima!/ Era más fuerte que
el mar,/ ella y sus jefes;/ qué terror infundían/
ella y sus jefes;/ 18ahora se estremecen las islas/
al derrumbarte tú,/ y las costas marinas/ se ho-
rrorizan de tu desenlace.

19»Porque esto dice el Señor: Cuando yo te
convierta en ciudad arrasada, igual que las
ciudades despobladas; cuando levante contra
ti el océano y te cubran las aguas caudalosas,
20te precipitaré con los que bajan a la fosa, los
pobladores del pasado; pondré tu domicilio en
el fondo de la tierra, en las ruinas perpetuas,
con los que bajan a la fosa, para que no vuel-
vas a reinar ni a adornar la tierra de los vivos.
21Te convertiré en espanto, dejarás de existir; te
buscarán, pero no te encontrarán nunca jamás
–oráculo del Señor–.

Contra Tiro II

27 1Me dirigió la palabra el Señor: 2«Y tú, Hi-
jo de hombre, entona una lamentación a
Tiro. 3Di: ¡Oh Tiro, princesa de los puertos, mer-
cado de innumerables pueblos costeros!, esto
dice el Señor:

Tiro, tú decías: Soy la belleza acabada./ 4Tu
territorio era el corazón del mar,/ los que te
hicieron modelaron a la perfección tu belleza;/
5con abetos de Senir armaron todo tu madera-
je;/ escogieron un cedro del Líbano para erigir
tu mástil;/ 6con robles de Basán fabricaron tus
remos;/ tu cubierta es de madera de cedro de las
costas de Chipre,/ incrustado de marfil;/7tus
velas, de lino bordado de Egipto, eran tu estan-
darte;/ tu toldo era de color violeta y rojo de las
costas de Elisa./8Príncipes de Sidón y Arvad
eran tus remeros,/ sabios de Tiro eran tus timo-
neles;/ 9ancianos y sabios de Biblos reparaban
tus desperfectos.

Todas las naves del mar y sus marineros comer-
ciaban contigo; 10tenías alistados en tu ejército
guerreros persas, lidios y libios; escudo y casco
colgaban en ti, te engalanaban con ellos. 11Los
de Arvad y Jelec estaban en tus murallas, los de
Gamad en tus torres; en tus murallas colgaron
sus escudos, dando remate a tu belleza. 12Tarsis
comerciaba contigo, por tu opulento comercio:
plata, hierro, estaño y plomo te daba a cambio.
13Grecia, Tubal y Mosoc comerciaban contigo;
con esclavos y objetos de bronce te pagaban.
14Los de Bet-Togarma te daban a cambio caba-
llos de tiro y de carrera y mulos. 15Los de Rodas
comerciaban contigo; muchos pueblos costeros
negociaban contigo en colmillos de marfil y ma-
dera de ébano. 16Aram negociaba contigo por la
abundancia de tus productos: entregaba piedras
preciosas, púrpura, bordados, hilo, corales y ru-
bíes a cambio de tus mercancías.

17Judá y la tierra de Israel comerciaban conti-
go; con trigo de Menit, rosquillas, miel, aceite
y bálsamo te pagaban. 18Damasco acudía a tu
mercado por la multitud de tus productos, por tu
opulento comercio con vino de Jelbón y lana de
Sajar. 19De Izal traían a tu feria hierro forjado,
canela y caña aromada como pago. 20Dedán co-
merciaba contigo con sillas de montar.

21Arabia y los príncipes de Cadar negociaban
contigo; en borregos, carneros y chivos nego-
ciaban. 22Los mercaderes de Sabá y Ramá comer-
ciaban contigo; te daban a cambio los mejores
perfumes, piedras preciosas y oro. 23Jarrán,
Canné y Edén, Asiria y Kilmad comerciaban con-
tigo; 24comerciaban contigo en objetos primoro-
sos, mantos de terciopelo con adornos, tejidos
preciosos, cuerdas sólidamente trenzadas; en
esto comerciaban contigo.

25Naves de Tarsis transportaban tus mercan-
cías;/ te llenaste y pesabas demasiado/ en el
corazón del mar;/ 26tus remeros te condujeron a
aguas profundas;/ viento del este te destrozó en
el corazón del mar;/ 27tu riqueza, tu comercio,
tus mercancías,/ tus marineros y tus pilotos,/
los que reparan tus averías/ y tus mercaderes y
tus guerreros,/ toda la tripulación de a bordo,/
naufragarán en el corazón del mar,/ el día de tu
naufragio.

28Al grito de auxilio de tus pilotos/ retumba-
rá el espacio;/ 29saltarán de sus naves cuantos
empuñan remo,/ marineros y capitanes,/ para
quedarse en tierra./ 30Se escucharán sus gri-
tos,/ gimiendo amargamente por ti;/ se echa-
rán ceniza en la cabeza,/ se revolcarán en el
polvo.

31Se raparán por ti, se vestirán el sayal;/ llo-
rarán por ti amargamente/ con duelo amargo./
32Te entonarán un canto fúnebre,/ te cantarán
lamentos:/ ¿Quién como Tiro,/ sumergida en el
seno del mar?

33Al desembarcar tus mercancías/ hartabas
a muchos pueblos;/ con tu opulento comercio/
enriquecías a reyes de la tierra./ 34Ahora estás
destrozada/ en los mares, en lo hondo del mar;/
cargamento y tripulación/ naufragaron a bor-
do./ 35Los habitantes de las costas/ se espan-
tan de ti,/ y sus reyes están aterrados,/ con el

rostro descompuesto./ 36Los mercaderes de los
pueblos/ silban por ti;/ ¡siniestro desenlace!,/
dejarás de existir para siempre.

Contra el rey de Tiro

28 1Me dirigió la palabra el Señor: 2»Hijo de
hombre, di al príncipe de Tiro: Esto dice
el Señor:

Se llenó de soberbia tu corazón/ y te dijiste:
Soy Dios,/ estoy sentado en un trono de dioses/
en el corazón del mar;/ tú que eres hombre y no
dios/ te creías sabio como los dioses./ 3¡Si eres
más sabio que Daniel!,/ ningún enigma se te
resiste./ 4Con tu talento, con tu habilidad,/ te
hiciste una fortuna;/ acumulaste oro y plata en
tus tesoros./ 5Con agudo talento de mercader/
ibas acrecentando tu fortuna,/ y tu fortuna te
llenó de soberbia.

6»Por eso, así dice el Señor:/ Por haberte creí-
do sabio como los dioses,/ 7por eso traigo con-
tra ti bárbaros pueblos feroces;/ desnudarán la
espada contra tu belleza y tu sabiduría,/ profa-
nando tu esplendor./ 8Te hundirán en la fosa,/
morirás con muerte vergonzosa/ en el corazón
del mar./ 9Tú que eres hombre y no dios,/ ¿te
atreverás a decir: Soy Dios,/ delante de tus ase-
sinos,/ en poder de los que te apuñalen?/ 10Mo-
rirás con muerte de incircunciso,/ a manos de
bárbaros./ Yo lo he dicho/ –oráculo del Señor–.

11Me dirigió la palabra el Señor: 12«Hijo de
hombre, entona una lamentación al rey de Tiro.
Así dice el Señor:

Eras modelo de perfección,/ lleno de sabidu-
ría,/ de acabada belleza;/ 13estabas en un jardín
de dioses,/ revestido de piedras preciosas:/ co-
ralina, topacio y aguamarina,/ crisólito, mala-
quita y jaspe,/ zafiro, rubí y esmeralda;/ de oro
labrado tus aretes y colgantes,/ preparados el
día de tu creación.

14Te puse junto a un querubín/ protector de
alas extendidas./ Estabas en la montaña sa-
grada de los dioses,/ entre piedras de fuego te
paseabas./ 15Era intachable tu conducta/ desde
el día de tu creación/ hasta que se descubrió tu
culpa.

16A fuerza de hacer tratos,/ te ibas llenando de
violencia,/ y pecabas./ Te desterré entonces/
de la montaña de los dioses/ y te expulsó el que-
rubín protector/ de entre las piedras de fuego./
17Te llenó de soberbia tu belleza/ y tu esplendor
te trastornó el sentido;/ te arrojé por tierra,/ te
hice espectáculo para los reyes.

18Con tus muchas culpas,/ con tus sucios
negocios,/ profanaste tu santuario;/ hice bro-
tar de tus entrañas/ fuego que te devoró;/ te
convertí en ceniza sobre el suelo,/ a la vista de
todos./ 19Tus conocidos de todos los pueblos/ se
espantaron de ti;/ ¡siniestro desenlace!,/ para
siempre dejaste de existir.

Contra Sidón

20Me dirigió la palabra el Señor: 21«Hijo de
hombre, ponte de cara a Sidón y profetiza contra
ella. 22Esto dice el Señor:

Aquí estoy contra ti, Sidón,/ en ti me cubriré
de gloria./ Sabrán que yo soy el Señor/ cuan-
do haga justicia contra ella/ y brille en ella mi
santidad./ 23Mandaré contra ella peste/ y san-
gre por sus calles;/ caerán acuchillados sus ha-
bitantes/ por la espada hostil que la rodea,/ y
sabrán que yo soy el Señor./ 24Y no tendrá ya la
casa de Israel/ espino punzante ni zarzal desga-
rrador/ en los vecinos que la hostigan,/ y sabrán
que yo soy el Señor.

25»Esto dice el Señor: Cuando recoja la casa de
Israel de entre los pueblos donde está disper-
sa y brille en ella mi santidad, a la vista de las
naciones, volverán a habitar su tierra, la que di
a mi siervo Jacob; 26habitarán en ella seguros,
edificarán casas y plantarán viñas; habitarán
seguros, cuando haga justicia en los vecinos que
la desprecian, y sabrán que yo soy el Señor, su
Dios.

Contra Egipto

29 1El año décimo, el doce del décimo mes,
me dirigió la palabra el Señor: 2Hijo de
hombre, ponte de cara al faraón, rey de Egipto, y
profetiza contra él y contra todo Egipto, 3habla
así: Esto dice el Señor:

Aquí estoy contra ti, faraón, rey de Egipto,/
colosal cocodrilo acostado en el cauce del Nilo,/
que dices: Mío es el Nilo, y yo me lo he hecho./
4Te pondré argollas en las fauces,/ prenderé en
tus escamas los peces de tu Nilo;/ te sacaré del
cauce de tu Nilo/ con todos los peces de tu Nilo
prendidos en tus escamas.

5Te arrojaré al desierto,/ a ti y a los peces de
tu Nilo;/ quedarás tendido en pleno campo,/ sin
que nadie te recoja y te entierre./ Te echaré de
comida a las fieras de la tierra/ y a las aves del
cielo;/ 6así sabrán los habitantes de Egipto/ que
yo soy el Señor.

Porque has sido bastón de caña/ para la
casa de Israel:/ 7cuando su mano te empuña-
ba,/ te partiste y les heriste la mano;/ cuando
se apoyaban en ti,/ te quebraste y los hiciste
tambalearse.

8»Por eso, así dice el Señor:/ Traigo la espada
contra ti,/ exterminaré en ti hombres y anima-
les./ 9La tierra de Egipto será desolación y rui-
na;/ sabrán entonces que yo soy el Señor./ Por

haber dicho: Mío es el Nilo,/ yo soy quien lo ha
hecho.
10»Por eso, aquí estoy contra ti y contra tu
Nilo; convertiré Egipto en ruina, en desierto
desolado, de Migdal a Asuán y hasta la raya de
Etiopía. 11No la transitará pie humano, no la re-
correrá pezuña de animal; nadie la poblará en
cuarenta años. 12Haré a Egipto la más desolada
de todas las tierras: sus ciudades quedarán más
arrasadas que todas las ciudades en ruinas, por
cuarenta años. Dispersaré a Egipto entre las na-
ciones, lo esparciré por los países.
13»Porque esto dice el Señor: Al cabo de cua-
renta años recogeré a Egipto de entre los pueblos
por los que ande disperso. 14Cambiaré la suerte
de Egipto, haciéndolos regresar a la tierra de
Patrós, a su cuna, donde formarán un reino mise-
rable, 15el más miserable de todos los reinos, y no
volverán a alardear frente a las naciones: los ha-
ré pequeños para que no sometan a las naciones.
16Ya no serán la confianza de la casa de Israel,
sino que le denunciarán el delito de haberlos se-
guido; sabrán entonces que yo soy el Señor.

Nabucodonosor conquistará Egipto

17El año veintisiete, el uno del primer mes,
me dirigió la palabra el Señor: 18«Hijo de hom-
bre, Nabucodonosor, rey de Babilonia, lanzó a
su ejército en dura campaña contra Tiro; toda
cabeza quedó calva, toda espalda llena de lla-
gas; pero ni él ni su ejército sacaron nada de la
campaña contra Tiro. 19Por eso, así dice el Señor:
Voy a entregar Egipto a Nabucodonosor, rey de
Babilonia: se llevará sus tesoros, lo despojará y
lo saqueará, servirá de paga a su ejército. 20Co-
mo paga por su hazaña, pues por mí la hicieron,
le entregaré Egipto –oráculo del Señor–. 21Ese
día haré germinar el vigor de la casa de Israel, y
a ti te daré palabra intrépida en medio de ellos,
y sabrán que yo soy el Señor».

El día de Egipto

30 1Me dirigió la palabra el Señor: 2«Hijo de
hombre, profetiza: Esto dice el Señor:
Griten: ¡Maldito aquel día!,/ 3que está cerca el
día,/ está cerca el día del Señor:/ será día car-
gado de nubarrones,/ la hora de las naciones./
4La espada vendrá contra Egipto,/ y Etiopía se
estremecerá/ cuando caigan acuchillados en
Egipto;/ les arrebatarán sus tesoros,/ demole-
rán sus cimientos./ 5Etiopía, Put, Lidia,/ y la
entera Arabia,/ Libia y los habitantes del país
aliado/ caerán con ellos a espada.
6Esto dice el Señor:/ Caerán los que apoyan a
Egipto,/ su orgulloso poderío se derrumbará;/
de Migdal a Asuán/ caerán a espada/ –oráculo
del Señor–./ 7Quedará el país más desolado que
ningún otro país,/ sus ciudades más arruinadas
que ninguna otra ciudad./ 8Sabrán que yo soy el
Señor/ cuando prenda fuego a Egipto/ y queden
desbaratados cuantos le auxilian.
9Ese día despacharé correos en barcos para so-
bresaltar a la confiada Etiopía; se estremecerán
el día de Egipto, que está llegando.
10Esto dice el Señor:/ Pondré fin a la opulen-
cia de Egipto/ por medio de Nabucodonosor,/
rey de Babilonia./ 11A él y a sus tropas, terror de
las naciones,/ los traigo para devastar el país;/
desnudarán la espada contra Egipto,/ llenando
el país de acuchillados.
12Convertiré el Nilo en tierra seca,/ venderé
el país a desalmados;/ arrasaré el país y cuanto
hay en él/ por mano de bárbaros;/ yo, el Señor,
he hablado.
13Esto dice el Señor:/ Exterminaré a los ído-
los,/ acabaré con los dioses de Menfis/ y con los
príncipes de Egipto,/ que no existirán más./
Meteré miedo a Egipto,/ 14arrasaré Patrós,/
prenderé fuego a Tanis/ y haré justicia con-
tra Tebas,/ 15derramaré mi cólera en Pelusio,/
fortaleza de Egipto,/ exterminaré a la muche-
dumbre de Tebas,/ 16prenderé fuego a Egipto,/
Pelusio se retorcerá de dolor,/ abrirán brecha en
Tebas,.../ 17los jóvenes de Avén y Pi-Beset caerán
a espada;/ las mujeres irán cautivas./ 18En Taf-
nes se oscurecerá el día,/ cuando yo rompa allí el
cetro de Egipto/ y se extinga su terca soberbia;/
una nube la velará,/ sus hijas irán cautivas./
19Haré justicia contra Egipto,/ y sabrán que yo
soy el Señor.
20El año undécimo, el siete del primer mes, me
dirigió la palabra el Señor:
21»Hijo de hombre, le he roto el brazo al fa-
raón, rey de Egipto, y ahí lo tienes, no lo han
vendado aplicando medicamentos, colocando
un vendaje para que cobre fuerzas y así pueda
empuñar la espada.
22»Por tanto, esto dice el Señor: Aquí estoy
contra el faraón, rey de Egipto; voy a romperle
los dos brazos, el sano y el roto, y haré que se le
caiga la espada de la mano. 23Dispersaré a Egipto
entre las naciones, lo esparciré por los países.
24Le robusteceré los brazos al rey de Babilonia,
y le pondré mi espada en la mano; al faraón le
romperé los brazos, gemirá ante él con gemidos
de acuchillado. 25Fortaleceré los brazos del rey
de Babilonia, al faraón se le caerán los brazos;
sabrán que yo soy el Señor cuando entregue mi
espada al rey de Babilonia para que la descargue
contra Egipto. 26Dispersaré a Egipto entre las
naciones, lo esparciré por los países, y sabrán
que yo soy el Señor.

Contra el faraón I

31 1El año undécimo, el día uno del mes ter-
cero, me dirigió la palabra el Señor: 2«Hijo
de hombre, di al faraón, rey de Egipto, y a su
tropa:
¿A quién te pareces en tu grandeza?/ 3*Fíjate en*
Asiria, cedro del Líbano,/ de magnífico ramaje,/
tupido y umbroso,/ de estatura gigante,/ cuya
copa llega hasta las nubes./ 4*Lo criaron las llu-*
vias,/ las aguas subterráneas lo elevaron:/ con
sus corrientes rodeaban su tronco/ y regaban
con sus acequias/ al arbolado de la campiña./
5*Así se empinó por encima/ de los árboles de la*
campiña;/ se hizo tupido su ramaje,/ dilatada
su copa,/ gracias a la abundancia de las aguas.
6*Anidaban en su ramaje/ las aves del cielo,/*
tenían cría bajo su copa/ las fieras salvajes,/ a
su sombra se cobijaba/ muchedumbre de pue-
blos./ 7*Era magnífico por su corpulencia,/ por*
la envergadura de sus ramas,/ pues hundía su
raíz/ en aguas abundantes./ 8*Los cedros del*
parque de los dioses/ no lo sobrepasaban,/ ni
competían con su ramaje los abetos,/ ni los plá-
tanos igualaban su copa;/ ningún árbol del par-
que de los dioses/ podía competir con su hermo-
sura./ 9*Lo hice magnífico, tupido de ramas,/ lo*
envidiaban los árboles del paraíso,/ del parque
de los dioses.
10»Pues bien, esto dice el Señor: por haberse
elevado tan alto y haber levantado su copa has-
ta las nubes, y haberse engreído por su altura,
11lo entregué a merced de la nación más pode-
rosa para que lo tratara según su maldad. 12Lo
cortaron los bárbaros más feroces, lo tiraron por
los barrancos: por los valles fueron cayendo sus
ramas; se fue desgajando su copa por los barran-
cos del país, de su sombra escaparon los pueblos
de la tierra, dejándolo abatido. 13Anidaron en su
tronco caído las aves del cielo y se guarecieron
en su copa los animales salvajes. 14Para que no
eleven su estatura los árboles bien regados, y
no levanten su copa hasta las nubes ni confíen
en su altura los bien regados; porque todos es-
tán destinados a la muerte, a lo profundo de la
tierra, en medio de los hijos de Adán que bajan
a la fosa.
15»Esto dice el Señor: El día que bajó al abismo
vestí de luto el Océano: detuve sus corrientes,
las aguas caudalosas se estancaron. Enluté al
Líbano por él, por él entristecieron todos los
árboles del campo. 16Al estruendo de su caída
hice temblar a las naciones, cuando lo precipité
en el abismo con los que bajan a la fosa; enton-
ces se consolaron en lo profundo de la tierra los
árboles del paraíso, los mejores del Líbano, los
bien regados. 17También ellos bajaron al abismo
con él, con los muertos a espada; y los que se co-
bijaban a su sombra se diseminaron entre las na-
ciones. 18¿Con qué árbol del paraíso competías
en gloria y en grandeza? Fuiste precipitado con
los árboles del paraíso a lo profundo de la tierra:
ahí estás tendido en medio de incircuncisos, con
los muertos a espada. Se trata del faraón y de su
tropa –oráculo del Señor–.

Contra el faraón II

32 1El año duodécimo, el día uno del mes
duodécimo, me dirigió la palabra el Se-
ñor: 2«Hijo de hombre, entona esta lamentación
al faraón, rey de Egipto:
Parecías león de las naciones,/ pero eres co-
codrilo del Nilo;/ chapoteas en la corriente/ y
enturbias las aguas con tus patas,/ pateando en
su corriente.
*»*3*Esto dice el Señor:/ Tenderé mi red sobre*
ti,/ y con ella te atraparé,/ 4*te dejaré tendido en*
tierra,/ te estrellaré contra el suelo,/ para que
aniden en ti las aves del cielo/ y se ceben en ti
las fieras salvajes./ 5*Pondré en las lomas tu car-*
ne/ y llenaré con tu carroña los valles;/ 6*regaré*
con tu sangre la tierra,/ la exprimiré sobre los
cerros/ y cauces de los ríos/ se llenarán con tu
aguaza.
7*Oscureceré el cielo cuando te extingas/ y en-*
lutaré sus estrellas;/ al sol lo cubriré con nuba-
rrones/ y la luna no dará más luz;/ 8*los astros*
fulgurantes del firmamento/ por ti los enlutaré/
y mandaré tinieblas a tu tierra/ –oráculo del
Señor–.
9»Afligiré el corazón de muchos pueblos
cuando llegue la noticia de tu destrucción a las
naciones, a países desconocidos. 10Al empuñar
ante ellos mi espada haré que se espanten de
ti muchos pueblos, que sus reyes se horroricen
de ti; el día de tu abatimiento temblarán a cada
rato por su propia vida.
11*»Porque esto dice el Señor:/ La espada del*
rey de Babilonia te alcanzará./ 12*A espada de va-*
lientes,/ los más feroces de las naciones,/ haré
caer a tu tropa;/ arrasaré el orgullo de Egipto/
y quedará desecha su tropa./ 13*Acabaré con el*
ganado/ de la ribera del río caudaloso:/ no lo
enturbiará ya el pie del hombre,/ pezuña de ga-
nado no lo enturbiará./ 14*Entonces sosegaré sus*
aguas/ y haré fluir su caudal como aceite/ –orá-
culo del Señor–./ 15*Cuando convierta a Egipto en*
desolación/ y quede el país despoblado,/ cuando
hiera a todos sus habitantes,/ sabrán que yo soy
el Señor.
16Esta es la lamentación que cantarán; la can-
tarán las capitales de las naciones, por Egipto y
sus tropas la cantarán –oráculo del Señor–.

17El año duodécimo, el quince del mes, me di-
rigió la palabra el Señor:
18»Hijo de hombre, entona cantos fúnebres a
las tropas de Egipto; condúcelas junto con las
capitales de naciones ilustres a las profundi-
dades de la tierra, con los que bajan a la fosa.
19¿Eres más privilegiado que los demás? Pues
desciende, acuéstate con los incircuncisos.
20Caerán en medio de muertos a espada y per-
manecerán con él todas sus tropas, 21le dirán los
más bravos guerreros en medio del abismo: Tú y
tus aliados, bajen y permanezcan con los incir-
cuncisos muertos a espada.
22Allí está Asiria y todo su ejército rodeando
su sepulcro; todos cayeron muertos a espada, 23y
los sepultaron en el fondo de la fosa, su ejército
rodeando su sepultura; todos cayeron muertos
a espada, por haber aterrorizado el mundo de
los vivos.
24Allí está Elam y sus tropas, rodeando su
sepultura; todos cayeron muertos a espada,
bajaron incircuncisos a las profundidades de la
tierra, por haber aterrorizado el mundo de los
vivos; arrastran su vergüenza con los que bajan
a la fosa. 25En medio de acuchillados le ha sido
preparado un lecho a Elam, sus tropas rodeando
su sepulcro; todos ellos incircuncisos, muertos a
espada, por haber aterrorizado el mundo de los
vivos; arrastran su vergüenza con los que bajan
a la fosa, en medio de acuchillados los echaron.
26Allí están Mesec y Tubal y sus tropas, rodean-
do su sepulcro; todos incircuncisos, muertos a
espada, por haber aterrorizado el mundo de los
vivos. 27Pero no están sepultados con los valien-
tes caídos en el pasado, que bajaron al abismo
con sus armas de guerra: la espada bajo la cabe-
za, el escudo sobre su cuerpo. ¡Aún dan miedo
sus hazañas en el mundo de los vivos! 28Tú, en
cambio, te irás desmoronando en medio de in-
circuncisos, yacerás con los muertos a espada.
29Allí está Edom con sus reyes y príncipes: los
sepultaron con los muertos a espada, yacerán
con los incircuncisos que bajan a la fosa.
30Allí están todos los caudillos del norte y los
sidonios todos, que bajaron sin honor con los
acuchillados, por haber infundido terror con sus
proezas: yacen incircuncisos con los muertos a
espada, arrastran su vergüenza con los que ba-
jan a la fosa.
31Viéndolos el faraón se consolará de la pérdi-
da de sus tropas: muertos a espada el faraón y
todo su ejército –oráculo del Señor–. 32Por haber
aterrorizado el mundo de los vivos, se encon-
trará tumbado en medio de incircuncisos, con
los muertos a espada, el faraón con sus tropas
–oráculo del Señor–.

El profeta como centinela

33 1Me dirigió la palabra el Señor:
2»Hijo de hombre, habla así a tus compa-
triotas: Cuando yo envíe la espada contra una
población y el vecindario escoja a uno del lugar
y lo ponga de centinela; 3si al divisar la espada
que avanza contra la población da la alarma al
vecindario a toque de trompeta, 4el que oyendo
el toque de trompeta no se ponga alerta, será
responsable de su propia sangre cuando llegue
la espada y lo arrebate. 5Puesto que oyó el toque
de trompeta y no se puso alerta, responderá de
su propia sangre; si hubiera estado alerta, ha-
bría salvado la vida. 6Pero si el centinela divisa
la espada que avanza y no toca la trompeta, y el
vecindario no se pone alerta, y llega la espada
y arrebata a alguno de ellos, estos mueren por
su culpa, pero al centinela le pediré cuenta de
la sangre.
7»A ti, Hijo de hombre, te he puesto de cen-
tinela en la casa de Israel; cuando escuches
palabras de mi boca, les darás la alarma de mi
parte. 8Si yo digo al malvado: ¡Malvado, eres reo
de muerte!, y tú no hablas poniendo en guar-
dia al malvado para que cambie de conducta, el
malvado morirá por su culpa, pero a ti te pediré
cuenta de su sangre; 9pero si tú pones en guar-
dia al malvado para que cambie de conducta, y él
no cambia de conducta, él morirá por su culpa y
tú salvarás la vida.
10»*Y tú, Hijo de hombre, dile a la casa de Israel:*
Ustedes piensan de este modo: Nuestros críme-
nes y nuestros pecados pesan sobre nosotros y
por ellos nos consumimos, ¿podremos seguir con
vida? 11*Pues diles: ¡Por mi vida! –oráculo del Se-*
ñor–, juro que no quiero la muerte del malvado,
sino que cambie de conducta y viva. ¡Conviér-
tanse, cambien de conducta, malvados, y no mo-
rirán, casa de Israel!
12»Y tú, Hijo de hombre, di a tus compatriotas:
Al justo no lo salvará su justicia si comete un
delito, al malvado no lo condenará su maldad si
se convierte de ella. Si el justo peca de nada le
valdrá su buen comportamiento anterior. 13Si di-
go al justo: vivirás, y él, confiado en su justicia,
comete un delito, no se tendrá en cuenta su jus-
ticia, sino que morirá por el delito que cometió.
14Si digo al malvado: morirás, y él se convierte
de su pecado, practica el derecho y la justicia,
15devuelve la prenda, restituye lo robado y si-
gue los preceptos de vida sin incurrir en delito,
entonces vivirá y no morirá, 16no se tendrá en
cuenta ningún pecado de los que cometió; por
haber practicado el derecho y la justicia vivirá.
17»Replicarán tus compatriotas: No es justo el
proceder del Señor, cuando son ellos los que no

proceden rectamente. 18Si se pervierte el justo de
su justicia y comete un delito, por él morirá. 19Si
el malvado se convierte de su maldad y practica
la justicia y el derecho, por ellos vivirá. 20¿Insis-
ten en decir que no es justo el proceder del Señor?
A cada uno lo juzgaré según su conducta.

Llega el fugitivo

21El año duodécimo de nuestra deportación,
el día cinco del mes décimo, se me presentó un
fugitivo de Jerusalén y me dio esta noticia: Han
destruido la ciudad. 22La tarde anterior había
venido sobre mí la mano del Señor, y permane-
ció hasta que el fugitivo se me presentó por la
mañana; entonces se me abrió la boca y no volví
a estar mudo.

En Jerusalén

23Me dirigió la palabra el Señor: 24«Hijo de
hombre, los moradores de aquellas ruinas de
la tierra de Israel andan diciendo: Si Abrahán,
que era uno solo, se adueñó de la tierra, ¡cuánto
más nosotros, que somos muchos, seremos due-
ños de la tierra! 25Pues diles: Esto dice el Señor:
Ustedes, que comen en los montes levantando
los ojos a sus ídolos y derraman sangre, ¿van a
poseer la tierra? 26Ustedes, que se apoyan en
sus espadas, cometen prácticas idolátricas y
profanan a la mujer del prójimo, ¿van a poseer
la tierra?

27»Diles así: Esto dice el Señor: ¡Por mi vida!
Les juro que los que estén en las ruinas caerán a
espada, a los que estén en descampado los en-
tregaré como pasto a las fieras y los que estén
en los fortines y refugios morirán apestados.
28Convertiré el país en desierto desolado y así
terminará su terca soberbia. Quedarán desola-
dos los montes de Israel, sin nadie que los tran-
site. 29Sabrán que yo soy el Señor cuando con-
vierta el país en desierto desolado, por todas las
prácticas idolátricas que cometieron.

El cantante de amor

30»Y tú, Hijo de hombre, la gente de tu pueblo
anda murmurando de ti junto a los muros y a
la puerta de las casas, diciéndose uno a otro:
Vamos a ver qué palabra nos envía el Señor.
31Acuden a ti en tropel y mi pueblo se sienta
delante de ti; escuchan tus palabras, pero no
las practican; con la boca dicen elogios, pero
su ánimo anda tras el negocio. 32Eres para ellos
como un cantante de amor, tienes buena voz y
tocas armoniosamente. Escuchan tus palabras,
pero no las practican. 33Pero cuando se cumplan,
y están a punto de cumplirse, se darán cuenta de
que tenían un profeta en medio de ellos».

Los pastores de Israel

34 1Me dirigió la palabra el Señor:
2»Hijo de hombre, profetiza contra los
pastores de Israel, profetiza diciéndoles: ¡Pas-
tores!, esto dice el Señor: ¡Ay de los pastores de
Israel que se apacientan a sí mismos! ¿No de-
berían los pastores apacentar a las ovejas? 3Se
alimentan con su leche, se visten con su lana;
matan a las más gordas, pero no apacientan el
rebaño. 4No fortalecen a las débiles, ni sanan
a las enfermas, ni vendan a las heridas; no re-
cogen las descarriadas, ni buscan las perdidas
y maltratan brutalmente a las fuertes. 5Al no
tener pastor, se dispersaron y fueron pasto de
las fieras salvajes. 6Mis ovejas se dispersaron y
vagaron sin rumbo por montes y altos cerros; mis
ovejas se dispersaron por toda la tierra, sin que
nadie las buscase siguiendo su rastro.

7»Por eso, pastores, escuchen la Palabra del
Señor: 8¡Lo juro por mi vida! –oráculo del Se-
ñor–. Mis ovejas fueron presa, mis ovejas fueron
pasto de las fieras salvajes, por falta de pastor;
porque mis pastores no cuidaban mi rebaño, los
pastores se apacentaban a sí mismos y mi reba-
ño no lo apacentaban.

9»Por eso, pastores, escuchen la Palabra del
Señor: 10Esto dice el Señor: Me voy a enfrentar
con los pastores: les reclamaré mis ovejas, los
quitaré de pastores de mis ovejas para que dejen
de apacentarse a sí mismos, los pastores; libraré
a mis ovejas de sus fauces, para que no sean su
manjar.

11»Así dice el Señor: Yo mismo en persona
buscaré mis ovejas siguiendo su rastro. 12Como
sigue el pastor el rastro de su rebaño cuando las
ovejas se le dispersan, así seguiré yo el rastro de
mis ovejas y las libraré sacándolas de todos los
lugares por donde se dispersaron un día de os-
curidad y nubarrones. 13Los sacaré de entre los
pueblos, los congregaré de los países, los traeré
a su tierra, los apacentaré en los montes de Is-
rael, en las cañadas y en los poblados del país.
14Los apacentaré en ricos pastizales, tendrán
sus prados en los montes más altos de Israel;
allí se recostarán en fértiles praderas y pastarán
pastos jugosos en los montes de Israel.

15»Yo mismo apacentaré mis ovejas, yo mismo
las haré descansar –oráculo del Señor–. 16Bus-
caré las ovejas perdidas, recogeré las descarria-
das; vendaré a las heridas, sanaré a las enfer-
mas: a las gordas y fuertes las guardaré y las
apacentaré como es debido.

17»Y a ustedes, mis ovejas, esto dice el Señor:
Voy a juzgar entre oveja y oveja: ¡entre carneros
y chivos! 18¿No les basta alimentarse con el me-
jor pasto, que pisotean con las pezuñas el resto

del pastizal? ¿Ni beber el agua clara, que entur-
bian la restante con las pezuñas? [19]Y luego mis
ovejas tienen que pastar lo que pisotearon sus
pezuñas y tienen que beber lo que sus pezuñas
enturbiaron.
[20]»Por eso, así les dice el Señor: Yo mismo juz-
garé el pleito de las ovejas flacas y las gordas.
[21]Porque ustedes empujan de costado, con la
espaldilla, y cornean a las débiles, hasta disper-
sarlas y hacerlas huir, [22]yo salvaré a mis ovejas
y no volverán a ser botín; yo juzgaré el pleito de
mis ovejas. [23]Les daré un pastor único que las
pastoree: mi siervo David: él las apacentará, él
será su pastor. [24]Yo, el Señor, seré su Dios, y mi
siervo David, príncipe en medio de ellos. Yo, el
Señor, lo he dicho.
[25]»Haré con ellos alianza de paz: eliminaré de
la tierra los animales dañinos; acamparán se-
guros en el desierto, dormirán en los bosques.
[26]Ellos y mi colina toda a la redonda serán una
bendición: enviaré lluvias a su tiempo, una
bendición de lluvias. [27]El árbol silvestre dará su
fruto y la tierra dará su cosecha, y ellos estarán
seguros en su territorio. Sabrán que yo soy el Se-
ñor cuando haga saltar las ataduras de su yugo y
los libre del poder de los tiranos. [28]No volverán
a ser botín de las naciones ni los devorarán las
fieras salvajes; vivirán seguros, sin sobresaltos.
[29]Haré brotar para ellos una plantación famosa:
no volverá a haber muertos de hambre en el país
ni tendrán que soportar la burla de los pueblos.
[30]»Y sabrán que yo, el Señor su Dios, estoy con
ellos, y ellos son mi pueblo, la casa de Israel
–oráculo del Señor–. [31]Y ustedes son mis ovejas,
ovejas de mi rebaño, y yo soy su Dios –oráculo
del Señor–.

Contra el monte de Seír

35 [1]Me dirigió la palabra el Señor: [2]«Hijo de
hombre, ponte de cara al monte Seír y
profetiza así contra él: [3]Esto dice el Señor: Aquí
estoy contra ti, monte Seír, extenderé mi mano
contra ti para hacerte desierto desolado. [4]Con-
vertiré en escombros tus ciudades, quedarás de-
solado y sabrás que yo soy el Señor.
[5]»Porque, movido por un rencor antiguo, en-
tregaste a los israelitas a la espada el día del
desastre, el día del castigo final; [6]por eso, ¡juro
por mi vida! –oráculo del Señor– que en sangre
te convertiré y la sangre te perseguirá. ¿Abo-
rreces la sangre?, pues la sangre te perseguirá.
[7]»Convertiré el monte Seír en desierto deso-
lado y extirparé de él al que va y al que viene.
[8]Llenaré de apuñalados tus montes y tus valles
y todos los cauces de tus ríos; allí yacerán los
muertos a espada. [9]Te convertiré en eterna de-
solación, tus ciudades no serán habitadas, y sa-
brán que yo soy el Señor.
[10]»Por haber dicho: Las dos naciones serán
mías, y me apoderaré de los dos países –y el
Señor estaba allí–; [11]por eso, ¡juro por mi vida!
–oráculo del Señor– que te trataré con la misma
ira y con la misma rabia con que tú los trataste,
movida de odio, y haré que me conozcas, cuando
te juzgue.
[12]»Y sabrás que yo, el Señor, escuché los in-
sultos que decías a los montes de Israel: Están
desiertos: nos los han dado para que los devore-
mos. [13]Se envalentonaron contra mí con sus pa-
labras desafiantes y fueron irrespetuosos contra
mí con su palabrería –y yo lo estaba oyendo–.
[14]»Esto dice el Señor: Con gozo de toda la tie-
rra te convertiré en desolación. [15]Lo mismo que
te alegraste al quedar desolada la herencia de la
casa de Israel, así haré contigo: quedará desola-
do el monte Seír y todo el territorio de Edom, y
sabrán que yo soy el Señor.

A los montes de Israel

36 [1]Y tú, Hijo de hombre, profetiza así a los
montes de Israel: Montes de Israel, escu-
chen la Palabra del Señor: [2]«Esto dice el Señor:
Por haber dicho su enemigo: ¡Bien! Los cerros
antiguos son propiedad nuestra; [3]por eso profe-
tiza así: Esto dice el Señor: Porque los han arra-
sado y pisoteado y conquistado los restantes
pueblos; porque han sido objeto de habladurías
y la gente los ha difamado; [4]por eso, montes de
Israel, escuchen la Palabra del Señor:
»Esto dice el Señor a los montes y a los cerros,
a los cauces de los ríos y a los valles, a las ruinas
desoladas y a las ciudades abandonadas, que
fueron botín y burla del resto de los pueblos ve-
cinos; [5]por tanto, esto dice el Señor: Juro que en
el fuego de mi celo hablo contra el resto de las
naciones que se han apoderado de mi tierra con
regocijo de corazón y mala entraña, despoblán-
dola y saqueándola. [6]Por eso profetiza a la tierra
de Israel diciendo a los montes y a los cerros, a
los cauces de los ríos y a los valles:
»Esto dice el Señor: Yo hablo con celo y con
cólera, porque han cargado con el oprobio de las
naciones; [7]por eso, así dice el Señor: Juro con la
mano en alto que los pueblos que los rodean car-
garán con sus propios ultrajes. [8]Y ustedes, mon-
tes de Israel, echarán ramas y darán fruto para
mi pueblo, Israel, que está para llegar. [9]Porque
yo voy hacia ustedes, me vuelvo hacia ustedes:
serán cultivados y sembrados. [10]Multiplicaré la
población de toda la casa de Israel; serán repo-
bladas las ciudades y las ruinas serán recons-
truidas. [11]Multiplicaré su población y su ganado

serán muchos y fecundos y haré que los habiten
como antiguamente y les concederé más bienes
que al principio, y sabrán que yo soy el Señor.
12Haré que los transite la gente de mi pueblo,
Israel; tomarán posesión de ustedes y serán su
herencia y no volverán a quedarse sin hijos.

13»Esto dice el Señor: Porque te dicen: Eres
devoradora de hombres, has dejado a tu nación
sin hijos; 14por eso no devorarás más hombres
ni dejarás a tu nación sin hijos –oráculo del Se-
ñor–. 15Haré que no escuches más los ultrajes de
los paganos, y ya no tendrás que cargar con las
afrentas de los pueblos ni volverás a dejar a tu
nación sin hijos –oráculo del Señor–.

Castigo y reconciliación

16Me dirigió la palabra el Señor:

17»Hijo de hombre, cuando la casa de Israel
habitaba en su tierra la contaminó con su con-
ducta y con sus malas obras; para mí su proceder
fue como sangre inmunda. 18Entonces derramé
mi cólera sobre ellos por la sangre que habían
derramado en el país y por haberlo contaminado
con sus ídolos. 19Los esparcí por las naciones y
anduvieron dispersos por los países; según su
proceder y sus malas obras los juzgué. 20Al lle-
gar a las diversas naciones profanaron mi santo
Nombre, pues decían de ellos: Estos son el pue-
blo del Señor, han tenido que salir de su tierra.
21Entonces sentí lástima de mi Nombre santo,
profanado por la casa de Israel en las naciones
adonde fue. 22Por eso, di a la casa de Israel:

»Esto dice el Señor: No lo hago por ustedes,
casa de Israel, sino por mi santo Nombre, pro-
fanado por ustedes en las naciones adonde fue-
ron. 23Mostraré la santidad de mi Nombre ilustre
profanado entre los paganos, que ustedes pro-
fanaron en medio de ellos, y sabrán los paganos
que yo soy el Señor –oráculo del Señor– cuando
les muestre mi santidad en ustedes. 24Los reco-
geré por las naciones, los reuniré de todos los
países y los llevaré a su tierra. 25Los rociaré con
un agua pura que los purificará: de todas sus in-
mundicias e idolatrías los he de purificar. 26Les
daré un corazón nuevo y les infundiré un espí-
ritu nuevo; arrancaré de su cuerpo el corazón
de piedra y les daré un corazón de carne. 27Les
infundiré mi espíritu y haré que caminen según
mis preceptos y que cumplan mis mandatos po-
niéndolos por obra. 28Habitarán en la tierra que
di a sus padres; ustedes serán mi pueblo y yo
seré su Dios.

29»Los libraré de sus inmundicias, llamaré al
trigo y lo multiplicaré y no los dejaré pasar ham-
bre; 30haré que abunden los frutos de los árboles
y las cosechas de los campos, para que no los
insulten los paganos llamándolos muertos de
hambre. 31Al acordarse de su conducta perversa
y de sus malas acciones, sentirán asco de us-
tedes mismos por sus culpas y prácticas idolá-
tricas. 32Sépanlo bien, no lo hago por ustedes
–oráculo del Señor–; tengan vergüenza y sonró-
jense de su conducta, casa de Israel.

33»Esto dice el Señor: Cuando los purifique de
sus culpas, haré que se repueblen las ciudades y
que las ruinas se reconstruyan. 34Volverán a cul-
tivar la tierra desolada, después de haber esta-
do desierta a la vista de los caminantes. 35Dirán:
Esta tierra desolada está hecha un paraíso, y las
ciudades arrasadas, desiertas, destruidas, son
ahora plazas fuertes habitadas. 36Y los pueblos
que queden a su alrededor sabrán que yo, el Se-
ñor, reedifico lo destruido y planto lo arrasado.
Yo, el Señor, lo digo y lo hago.

37»Esto dice el Señor: Me dejaré suplicar por la
casa de Israel y le concederé esto: multiplicaré
su población como un rebaño. 38Como rebaño de
ovejas consagradas, como ovejas en Jerusalén
durante la fiesta, así se llenarán de gente las
ciudades arrasadas. Y sabrán que yo soy el Señor.

Los huesos y el espíritu

37 1La mano del Señor se posó sobre mí y el
Señor me llevó en espíritu, dejándome en
un valle todo lleno de huesos. 2Me hizo pasar-
les revista: eran muchísimos los que había en
la cuenca del valle; estaban resecos. 3Entonces
me dijo: «Hijo de hombre, ¿podrán revivir esos
huesos?». Contesté: «Tú lo sabes, Señor». 4Me
ordenó: «Profetiza así sobre esos huesos: Hue-
sos secos, escuchen la Palabra del Señor. 5Esto
dice el Señor a esos huesos: Yo les voy a infundir
espíritu para que revivan. 6Les injertaré tendo-
nes, les haré crecer carne; tensaré sobre ustedes
la piel y les infundiré espíritu para que revivan.
Así sabrán que yo soy el Señor». 7Pronuncié la
profecía que se me había mandado, y mientras
lo pronunciaba, resonó un trueno, luego hubo
un terremoto y los huesos se juntaron, hueso
con hueso. 8Vi que habían prendido en ellos los
tendones, que brotaba la carne y tenían la piel
tensa; pero no había espíritu en ellos.

9Entonces me dijo: «Llama al espíritu, llama,
Hijo de hombre, diciéndole al espíritu: Esto dice
el Señor: Ven, espíritu, desde los cuatro vientos
y sopla en estos cadáveres para que revivan».
10Pronuncié el llamado que se me había manda-
do. Penetró en ellos el espíritu, revivieron y se
pusieron en pie: era una muchedumbre inmensa.

11Entonces me dijo: «Hijo de hombre, esos
huesos son toda la casa de Israel. Ahí los tienes
diciendo: Nuestros huesos están secos, nuestra

esperanza se ha desvanecido; estamos perdidos.
12 Por eso profetiza diciéndoles: Esto dice el Se-
ñor: Yo voy a abrir sus sepulcros, los voy a sacar
de sus sepulcros, pueblo mío, y los voy a llevar a
la tierra de Israel. 13 Sabrán que yo soy el Señor
cuando abra sus sepulcros, cuando los saque de
sus sepulcros, pueblo mío. 14 Infundiré mi espíri-
tu en ustedes para que revivan, los estableceré
en su tierra y sabrán que yo, el Señor, lo digo y lo
hago –oráculo del Señor–».

Las dos varas

15 Me dirigió la palabra el Señor:
16 »Y tú, Hijo de hombre, agarra una vara y
escribe en ella: Judá; agarra luego otra vara y
escribe en ella: José. 17 Júntalas la una con la
otra de modo que formen una sola vara y queden
unidas en tu mano. 18 Y cuando la gente de tu
pueblo te diga: Explícanos lo que quieres decir,
19 respóndeles:
»Esto dice el Señor: Voy a tomar la vara de
José y a juntarla con la vara de Judá, de modo
que formen una sola vara y queden unidas en mi
mano. 20 Toma en la mano las varas escritas, y
enseñándoselas, diles:
21 »*Esto dice el Señor: Yo voy a recoger a los*
israelitas de las naciones adonde marcharon,
voy a congregarlos de todas partes y los voy a re-
patriar. 22 *Los haré un solo pueblo en su país, en*
los montes de Israel, y un solo rey reinará sobre
todos ellos. No volverán a ser dos naciones ni a
desmembrarse en dos monarquías. 23 *No volve-*
rán a contaminarse con sus ídolos y fetiches y
con todos sus crímenes. Los libraré de sus pe-
cados y apostasías, los purificaré: ellos serán mi
pueblo y yo seré su Dios. 24 *Mi siervo David será*
su rey, el único pastor de todos ellos. Caminarán
según mis mandatos y cumplirán mis preceptos,
poniéndolos por obra. 25 *Habitarán en la tierra*
que le di a mi siervo Jacob, en la que habitaron
sus padres; allí vivirán para siempre, ellos y sus
hijos y sus nietos, y mi siervo David será su prín-
cipe para siempre. 26 *Haré con ellos una alianza*
de paz, alianza eterna pactaré con ellos. Los es-
tableceré, los acrecentaré y pondré entre ellos
mi santuario para siempre; 27 *tendré mi morada*
junto a ellos, yo seré su Dios y ellos serán mi pue-
blo. 28 *Y sabrán las naciones que yo soy el Señor*
que consagra a Israel, cuando esté entre ellos mi
santuario para siempre.

Contra Gog: escatología

38 1 Me dirigió la palabra el Señor:
2 »Hijo de hombre, vuelve tu rostro ha-
cia Gog, jefe y caudillo de Mesec y Tubal, y pro-
fetiza así contra él:
3 Esto dice el Señor: Aquí estoy contra ti, Gog,
jefe y caudillo de Mesec y Tubal; 4 te haré volver y
te pondré argollas en la mandíbula; los sacaré a
la lucha a ti y a todo tu ejército: caballos y jine-
tes, todos bien equipados; una milicia inmensa,
con escudos y bien equipados, todos empuñan-
do la espada. 5 Parás, Nubia y Put van con ellos,
todos con escudos y cascos. 6 Gómer y todas sus
tropas; Bet-Togarma, el norte remoto, con todas
sus tropas; pueblos innumerables te siguen. 7 ¡En
pie de guerra, prepárate tú, con toda la milicia
que tienes reclutada, mantenlos alerta! 8 Des-
pués de mucho tiempo te pasarán revista; al ter-
minar los años invadirás una nación rescatada
de la espada, reunida de muchos países en los
montes de Israel, que fueron desierto durante
mucho tiempo. Fueron sacados de entre los pue-
blos y habitan todos confiados. 9 Pero tú te le-
vantarás como una tempestad, avanzarás como
un nubarrón hasta cubrir el país. Tú, con todos
tus escuadrones y tropas aliadas incontables.
10 »Esto dice el Señor: Aquel día te vendrán
pensamientos y planearás planes malvados:
11 Invadiré un país abierto y atacaré a gente pa-
cífica que habita confiada en ciudades sin mu-
rallas, sin cerrojos y sin puertas; 12 para entrar
a saquear y alzarme con el botín, para alargar
la mano a las ruinas repobladas. Atacaré a un
pueblo recogido de entre las naciones, que se ha
hecho con ganado y hacienda y habita en el om-
bligo del mundo. 13 Sabá y Dedán, los mercaderes
de Tarsis y todos sus traficantes te dirán: ¿Con-
que vienes a saquear? ¿Has reclutado tu milicia
para alzarte con el botín; para robar plata y oro,
para arrebatar ganado y hacienda, para alzarte
con un rico botín?
14 »Pues bien, Hijo de hombre, profetiza contra
Gog: Esto dice el Señor: Aquel día, cuando mi
pueblo, Israel, habite confiado, te despertarás
15 y vendrás desde tu territorio, desde el norte
remoto, con tropas aliadas incontables, todos
montados a caballo, una gran milicia, un ejérci-
to inmenso, 16 y atacarás a mi pueblo, Israel, lo
mismo que un nubarrón, hasta cubrir el país. Al
cabo de los años te traeré contra mi país, para
que, al ver mi santidad actuando sobre ti, Gog,
me reconozcan las naciones.
17 »Esto dice el Señor: Tú eres aquel de quien
hablé antiguamente por medio de mis siervos los
profetas de Israel; ya entonces profetizaron du-
rante años que yo te traería contra ellos. 18 Aquel
día, cuando Gog invada la tierra de Israel –orácu-
lo del Señor–, brotará mi cólera y mi indignación.
19 En el fuego de mi furia y en mi pasión lo juro:
aquel día habrá un gran terremoto en la tierra de
Israel, 20 temblarán ante mí los peces del mar y las

aves del cielo, los animales salvajes y los reptiles
del suelo y todos los hombres de la superficie de
la tierra. Se derrumbarán las montañas, los ris-
cos se despeñarán y las murallas se desplomarán.
21 Daré cita contra él a la espada –oráculo del Se-
ñor–, y la espada de cada uno se volverá contra su
hermano. 22 Lo castigaré con peste y con sangre;
haré caer una lluvia torrencial y granizo, fuego
y azufre caerán sobre él y sus escuadrones y sus
tropas aliadas incontables. 23 Mostraré mi gran-
deza y mi santidad y me daré a conocer a muchas
naciones, y sabrán que yo soy el Señor.

39 1 Y tú, Hijo de hombre, profetiza así contra
Gog:
»Esto dice el Señor: Aquí estoy contra ti, Gog,
jefe y caudillo de Mesec y Tubal, 2 te haré volver
y te conduciré, te levantaré en el norte remoto y
te llevaré a los montes de Israel. 3 De un golpe te
tiraré el arco de la mano izquierda y las flechas
se te caerán de la mano derecha. 4 En los montes
de Israel caerás tú con todos tus escuadrones
y las tropas que vienen contigo. Te daré como
pasto a todas las aves de rapiña y a las fieras
salvajes. 5 Caerás en campo abierto, porque yo
lo he dicho –oráculo del Señor–. 6 Enviaré fuego
contra Magog y los que habitan confiados en las
islas, para que sepan que yo soy el Señor. 7 Daré
a conocer mi Nombre santo en medio de mi pue-
blo, Israel; ya no profanaré mi Nombre santo, y
sabrán las naciones que yo soy el Señor, el Santo
de Israel.
8 »Mira que llega, que sucede –oráculo del
Señor–: es el día que predije. 9 Saldrán los ve-
cinos de los poblados y prenderán y quemarán
las armas: arco y flechas, coraza y escudo, ve-
nablo y jabalina; harán fuego con ellas durante
siete años. 10 No tendrán que acarrear leña del
monte ni tendrán que cortarla en los bosques,
pues harán fuego con las armas. Saquearán a sus
saqueadores y despojarán a sus despojadores –
oráculo del Señor–.
11 »Aquel día le daré a Gog un mausoleo, un
sepulcro en Israel: el valle de Abarim, al este
del Mar Muerto, obstruirá el paso a los caminan-
tes. Allí enterrarán a Gog con toda su horda, y
le pondrán de nombre Gue Hamón de Gog. 12 La
casa de Israel los enterrará para limpiar el país,
y tardarán siete meses. 13 Entre todos los del país
los enterrarán, y el día en que me cubra yo de
gloria será memorable para ellos –oráculo del
Señor–. 14 Destacarán patrullas que se dediquen
a rastrear el país y a enterrar a los que aún que-
den a flor de tierra, para limpiar el país. Pasados
siete meses harán la inspección. 15 El rastreador
que recorriendo el país vea un hueso humano,
plantará junto a él una señal, hasta que lo entie-
rren los enterradores en Gue Hamón de Gog, 16 y
dejen limpio el país.
17 »Y tú, Hijo de hombre, esto dice el Señor:
Di a las aves de toda pluma y a las fieras salva-
jes: Reúnanse y congréguense de todas partes
al banquete que les he preparado, un banquete
colosal en los montes de Israel. Comerán carne
y beberán sangre: 18 comerán carne de héroes y
beberán sangre de príncipes de la tierra; ellos
serán los carneros, corderos y chivos, los no-
villos y los toros, todos engordados en Basán.
19 Comerán grasa hasta que se harten y beberán
sangre hasta embriagarse: es el banquete que
les he preparado. 20 Se hartarán en mi mesa de
caballos y jinetes, de héroes y guerreros –orá-
culo del Señor–.
21 »Mostraré mi gloria a las naciones: todas las
naciones verán el juicio que hago en ellos y la
mano que lo ejecuta. 22 A partir de aquel día sa-
brá la casa de Israel que yo soy el Señor, su Dios.
23 Y las naciones sabrán que la casa de Israel fue
deportada por su culpa, por haberse rebelado
contra mí; por eso les oculté mi rostro, los puse
en manos de su adversarios y cayeron todos a es-
pada. 24 Los traté según merecían su inmundicia
y sus delitos, ocultándoles mi rostro.
25 »Por tanto, así dice el Señor: Ahora cambio
la suerte de Jacob, me apiado de la casa de Is-
rael y soy celoso de mi santo Nombre. 26 Cargarán
con su deshonra y su deslealtad contra mí cuan-
do habiten en su tierra seguros, sin sobresal-
tos; 27 cuando los haga regresar de las naciones
y los recoja de los países hostiles y muestre en
ellos mi santidad a la vista de muchos pueblos.
28 Sabrán que yo soy el Señor, que si los deporté
entre los paganos, ahora los reúno en su tierra
sin dejarme ninguno. 29 No volveré a ocultarles
mi rostro, yo que he infundido mi espíritu en la
casa de Israel –oráculo del Señor–.

El nuevo templo

40 1 El año veinticinco de nuestra deporta-
ción, el diez del mes, día de año nuevo, el
año catorce de la caída de la ciudad, ese mismo
día vino sobre mí la mano del Señor, 2 y el Señor
me llevó en éxtasis a la tierra de Israel, deján-
dome en un monte muy alto, en cuya cima se er-
guía una mole con traza de fortaleza. 3 Me llevó
allá y vi junto a la puerta un hombre que parecía
de bronce: tenía en la mano un cordel de lino y
una regla de medir. 4 Este hombre me dijo: «Hijo
de hombre, mira y escucha atentamente, fíjate
bien en lo que voy a enseñarte, porque has sido
traído aquí para que yo te lo enseñe. Anuncia a
la casa de Israel todo lo que veas».

5»Una muralla ceñía todo el perímetro del
templo. La regla de medir que el hombre llevaba
en la mano era de seis codos codo mayor, de a
codo y palmo. La muralla medía tres metros de
espesor por tres metros de alto. 6Entró por la
puerta oriental: subió los peldaños y se puso a
medir. 7El umbral de la puerta medía tres metros
de fondo; las celdas, tres metros de largo por
tres de ancho; 8la pared, entre habitación y ha-
bitación dos metros y medio; el umbral interior
de la puerta contigua al vestíbulo, tres metros.
9El vestíbulo de la puerta medía cuatro me-
tros; los pilares, un metro; el vestíbulo estaba
al fondo. 10La puerta oriental tenía tres celdas
a cada lado, todas de las mismas dimensiones.
Las pilastras de ambos lados tenían también las
mismas dimensiones. El ancho de la puerta tenía
cinco metros. 11El pasillo de la puerta medía me-
tro y medio de ancho. 12Las celdas tenían en su
embocadura una baranda de medio metro. 13Las
celdas medían tres metros de lado. El pórtico,
desde el fondo de una celda hasta el fondo de la
otra, doce metros y medio. 14Las puertas de las
celdas estaban frente a frente.

»El vestíbulo medía diez metros y comunicaba
con el atrio. 15El largo total, desde la fachada
de la entrada hasta el frente del vestíbulo in-
terno, veinticinco metros. 16Las celdas del lado
interior de la puerta tenían ventanas. También
el vestíbulo tenía ventanas. Los pilares del ves-
tíbulo estaban ornamentados con palmas.

17Luego me llevó al atrio exterior, en el que
había treinta habitaciones. Un empedrado bor-
deaba todo el atrio. 18El empedrado arrancaba
de las puertas y su anchura correspondía a la
longitud de estas. 19Es el empedrado inferior. El
atrio, desde el frente de la puerta exterior hasta
la fachada de la puerta interior, medía cincuen-
ta metros.

20»Midió también la puerta norte del atrio ex-
terior a lo largo y a lo ancho. 21Tenía las mismas
dimensiones que la puerta anterior: veinticinco
metros de largo por doce metros y medio de an-
cho, con sus tres celdas a cada lado, sus pilas-
tras y su vestíbulo. 22Las ventanas del vestíbulo
y las palmas ornamentales tenían las mismas
dimensiones que las de la puerta oriental. Tenía
una escalinata de siete peldaños. El vestíbulo
estaba al fondo. 23Por el norte, lo mismo que por
el este, la puerta del atrio interior daba fren-
te a la puerta del atrio exterior. Entre puerta y
puerta había una distancia de cincuenta metros.

24»Me condujo hacia el sur. Allí vi la puerta
sur. Sus pilastras y su vestíbulo medían lo mismo
que los de las demás puertas. 25Las celdas y el
vestíbulo de la puerta tenían ventanas, igua-
les a las de las demás puertas. La puerta medía
veinticinco metros de largo por doce metros y
medio de ancho. 26Tenía una escalinata de sie-
te peldaños. El vestíbulo estaba al fondo. 27Los
pilares del vestíbulo estaban ornamentados con
palmas. El atrio interior tenía también una puer-
ta mirando al sur. Entre puerta y puerta había
una distancia de cincuenta metros.

28»Por la puerta sur me llevó al atrio interior.
Esta puerta medía lo mismo que las demás. 29Sus
celdas, sus pilastras y su vestíbulo medían lo
mismo que los de las demás puertas. 30La puerta
y su vestíbulo tenían ventanas. La puerta medía
veinticinco metros por doce metros y medio.

31»El vestíbulo comunicaba con el atrio ex-
terior. Sus pilares estaban ornamentados con
palmas. Tenía una escalinata de ocho peldaños.
32Me llevó al atrio interior en dirección este. Es-
ta puerta medía lo mismo que las demás. 33Sus
celdas, sus pilastras y su vestíbulo medían lo
mismo que los de las demás puertas. La puerta
y su vestíbulo tenían ventanas. La puerta medía
veinticinco metros por doce metros y medio. 34El
vestíbulo comunicaba con el atrio exterior. Sus
pilares estaban ornamentados con palmas. Te-
nía una escalinata de ocho peldaños. 35Me llevó
a la puerta norte, que medía lo mismo que las
demás. 36Sus celdas, sus pilastras y su vestíbulo
tenían ventanas. La puerta medía veinticinco
metros por doce metros y medio. 37El vestíbu-
lo comunicaba con el atrio exterior. Sus pilares
estaban ornamentados con palmas. Tenía una
escalinata de ocho peldaños.

47»El atrio central era un cuadrado de cin-
cuenta metros de lado. El altar estaba situado
enfrente del templo.

48»Me llevó al vestíbulo del templo. Los pilares
medían dos metros y medio. La entrada tenía
siete metros de luz. Los costados de la puerta
medían metro y medio. 49El vestíbulo medía diez
metros de ancho por seis de fondo. Tenía una
escalinata de diez peldaños. Junto a los pilares
había sendas columnas.

41 1»Me llevó a la nave del templo. Los pi-
lares medían tres metros de espesor. 2La
entrada tenía cinco metros de luz; las paredes
laterales de la entrada medían dos metros y me-
dio. La nave medía veinte metros de largo por
diez de ancho.

3»Penetró en la pieza interior. Los pilares de
la entrada medían un metro. La entrada tenía
tres metros de luz. Las paredes laterales de la
entrada medían tres metros y medio. 4Esta pieza
medía diez metros de largo por diez de ancho.
Entonces me dijo: Este es el Santísimo.

(40,38)»Había un cuarto que comunicaba con
el vestíbulo de la puerta. Era el lavadero de
las víctimas de los holocaustos. (40,39)A cada la-
do del vestíbulo de la puerta había dos mesas
destinadas a degolladero de las víctimas de los
holocaustos y de los sacrificios expiatorios y
penitenciales. (40,40)Fuera del vestíbulo, a cada
costado de la entrada de la puerta norte, ha-
bía dos mesas. (40,41)Cuatro mesas había dentro
de la puerta y otras cuatro fuera. Eran ocho en
total las mesas destinadas a degolladero. (40,42a)
Las cuatro mesas para las víctimas de los ho-
locaustos estaban construidas con piedras ta-
lladas. Medían setenta y cinco centímetros de
largo por setenta y cinco de ancho y cincuenta
de alto. (40,43a)Un palmo medían las repisas que
había empotradas en las paredes. (40,42b)En ellas
se ponían las herramientas utilizadas para de-
gollar las víctimas de los holocaustos y del sa-
crificio. (40,43b)La carne de las ofrendas se ponía
en las mesas.

(40,44)»Me condujo al atrio interior, donde ha-
bía dos habitaciones: una al costado de la puer-
ta norte, mirando al sur, y otra al costado de
la puerta oriental, mirando al norte. (40,45)Y me
dijo: Esta habitación orientada al sur es para los
sacerdotes que atienden al servicio del templo;
(40,46)y la habitación orientada al norte es para
los sacerdotes que atienden al servicio del altar,
es decir, los sadoquitas, escogidos entre los le-
vitas para servir al Señor.

41 5»La pared del templo medía tres metros
de espesor. Las habitaciones laterales,
todo alrededor del templo medían dos metros de
anchura. 6Las habitaciones estaban superpues-
tas formando tres plantas. La pared del templo
tenía unos soportes en los que se apoyaban las
vigas de las habitaciones, que así no iban empo-
tradas en la pared del templo. 7Las habitaciones
se hacían más anchas a medida que se subía,
pues en cada planta ganaban espacio al muro del
templo. Desde la planta baja se podía subir a la
intermedia y a la superior.

8»El templo estaba bordeado por un empedra-
do. Las habitaciones laterales tenían más de
una vara de cimientos. El empedrado medía tres
metros. 9La pared exterior de las habitaciones
laterales medía dos metros y medio de espesor.
10Entre las habitaciones laterales al templo y los
bloques de habitaciones quedaba un espacio de
diez metros de anchura alrededor del templo.
11Las habitaciones laterales comunicaban con
este espacio por dos puertas, una al norte y otra
al sur. Este espacio tenía una pared de dos me-
tros y medio de espesor.

12»Junto a este recinto, por el lado occiden-
tal, se levantaba un pabellón de treinta y cinco
metros de ancho por cuarenta y cinco de largo.
La pared de este pabellón medía dos metros y
medio de espesor. 13Longitud total del templo,
cincuenta metros. Longitud del pabellón, inclu-
yendo el espesor del muro y el recinto, cincuen-
ta metros. 14Anchura de la fachada oriental del
templo, incluyendo el recinto, cincuenta me-
tros. 15Anchura del pabellón contiguo al recinto,
por la parte de atrás, cincuenta metros.

»La nave del templo y el vestíbulo estaban re-
vestidos de madera. 16Los umbrales de las venta-
nas estaban revestidos de madera. La pared es-
taba guarnecida de madera desde el suelo hasta
las ventanas; igualmente las mismas ventanas,
todo estaba recubierto de madera. 17En las pare-
des del Santísimo y de la nave había paneles or-
namentados con palmas y querubines alternán-
dose. 18Los querubines tenían dos rostros: 19un
rostro humano mirando a la palma de un lado y
un rostro de león mirando a la palma del otro
lado. Todo el templo tenía esta ornamentación.
20Desde el piso hasta el paño que carga sobre la
puerta, toda la pared estaba ornamentada con
querubines y palmas.

21»La puerta de la nave tenía columnas cua-
dradas. 22Delante del santuario había una es-
pecie de altar de madera: medía metro y medio
de alto por uno de largo y uno de ancho; tenía
ángulos salientes; su base y sus paredes eran de
madera. Me dijo: Esta es la mesa que está en
presencia del Señor.

23»La puerta de la nave tenía dos hojas. 24La
puerta del santuario tenía dos hojas. Las hojas
de estas puertas eran giratorias. 25Estaban or-
namentadas con querubines y palmas. Tenían
la misma ornamentación que las paredes. En la
fachada del vestíbulo había un saliente de ma-
dera. 26Las paredes laterales del vestíbulo y el
saliente estaban ornamentadas con querubines
y palmas.

42 1»Me llevó a la parte norte del atrio exterior
y me condujo a un bloque de habitaciones si-
tuado frente al recinto y frente al pabellón, por el
norte. 2Medía cincuenta metros de largo por vein-
ticinco de ancho, por el lado norte. 3Se levantaba
entre el recinto interior de diez metros y el empedra-
do del atrio exterior. Tenía tres galerías, una encima
de otra. 4La fachada de este bloque daba a una calle
interior, de cinco metros de ancho por cincuenta
de largo. Este bloque comunicaba con la calle por
el norte.

5»Las habitaciones del piso superior eran me-
nos amplias que las de los pisos bajo e inter-

medio, porque las galerías les robaban espacio.
6En efecto, el bloque constaba de tres plantas,
y no tenía columnas como las del atrio exterior;
por eso estaba escalonado, con entrantes en los
pisos intermedio y superior. 7Un muro de veinti-
cinco metros de longitud separaba este bloque
de habitaciones del atrio exterior. 8El bloque del
atrio exterior medía veinticinco metros de lon-
gitud. Este bloque caía enfrente del otro y me-
día cincuenta metros. 9Desde el atrio exterior se
podía entrar en este bloque de habitaciones por
una puerta que se abría al este, en el arranque
del muro del atrio. 10Al sur había otro bloque
gemelo frente al recinto y al pabellón. 11Delante
pasaba una calle. Tenía el mismo aspecto que el
bloque del norte; medía lo mismo de longitud y
de anchura, tenía idénticos accesos y estructu-
ra. 12Al pie de este bloque se abría una puerta
en el arranque del muro, por la parte oriental.

13»Me dijo: Las habitaciones de estos bloques,
hacia el norte y hacia el sur, emplazados frente
al recinto, son sacristías. En ellas los sacerdotes
que se acercan al Señor comerán los manjares
sacrosantos. En ellas depositarán la oblación
sacrosanta y la ofrenda, el sacrificio expiato-
rio y el penitencial, porque el lugar es sagrado.
14Los sacerdotes que entren allí no podrán sa-
lir del recinto santo al atrio exterior sin antes
quitarse las vestiduras con las que oficiaron,
porque son sagradas. Deben cambiarse de ropa
antes de acercarse a donde está el pueblo.

15»Cuando terminó de medir el ámbito del tem-
plo, me sacó por la puerta oriental y se puso a
medir el perímetro del templo. 16El lado oriental
medía doscientos cincuenta metros, medidos
con la caña de medir. 17Pasó al lado norte, que
medía doscientos cincuenta metros, medidos
con la caña de medir. 18Pasó al lado sur, que me-
día doscientos cincuenta metros, medidos con
la caña de medir. 19Pasó al lado occidental, que
medía doscientos cincuenta metros, medidos
con la caña de medir. 20Lo midió por los cuatro
costados. Lo circundaba una muralla de dos-
cientos cincuenta metros de ancho por doscien-
tos cincuenta de largo, que separaba lo sacro
de lo profano.

Vuelve la gloria

43 1»Me condujo a la puerta que mira al este:
2vi la gloria del Dios de Israel que venía
de oriente, con estruendo de aguas caudalosas;
la tierra reflejó su gloria. 3La visión que tuve era
como la visión que había contemplado cuando
vino a destruir la ciudad, como la visión que ha-
bía contemplado a orillas del río Quebar. Y caí
rostro en tierra. 4La gloria del Señor entró en
el templo por la puerta oriental. 5Entonces me
arrebató el espíritu y me llevó al atrio interior.
La gloria del Señor llenaba el templo.

6»Entonces oí a uno que me hablaba desde el
templo –el hombre seguía a mi lado–, 7y me de-
cía: Hijo de hombre, este es el sitio de mi trono,
el sitio de las plantas de mis pies, donde voy a
residir para siempre en medio de los hijos de Is-
rael. La casa de Israel y sus monarcas ya no pro-
fanarán mi Nombre santo con sus fornicaciones
ni con los cadáveres de sus reyes difuntos. 8Po-
niendo su umbral junto a mi umbral y postes de
sus puertas pegados a los míos –ellos y yo pared
por medio–, profanaron mi Nombre santo con las
prácticas idolátricas que perpetraron, y por eso
los consumió mi ira. 9Pero ahora alejarán de mí
sus fornicaciones y los cadáveres de sus monar-
cas, y residiré en medio de ellos para siempre.

10»Y tú, Hijo de hombre, describe a la casa de
Israel el templo, a ver si se avergüenza de sus
culpas. 11Al medir el plano, se avergonzarán de
lo que hicieron. La estructura y disposición del
templo, sus entradas y salidas, sus preceptos y
leyes, enséñaselos y diséñalos, para que pongan
por obra todas sus leyes y preceptos.

12»Ley del templo. El área entera de la cima
del monte es lugar sacrosanto. Esta es la ley del
templo.

13»Dimensiones del altar. La caja del altar me-
día medio metro de profundidad y medio metro
de espesor; entre el borde y el altar quedaba un
espacio de medio metro; el borde medía una
cuarta.

14Alzado del altar. El bloque inferior desde
la caja medía un metro de altura y tenía una
plataforma de medio metro. El bloque superior
medía dos metros de altura y tenía una platafor-
ma de medio metro. 15Desde aquí hasta el ara,
dos metros de altura. Del ara sobresalían cuatro
remates.

16Dimensiones del ara. Un cuadrado de seis
metros de lado. 17El bloque superior era un cua-
drado de siete metros de lado. Entre el altar y el
borde quedaba un espacio de medio metro; el
borde que lo rodeaba medía veinticinco centí-
metros. La escalinata del altar miraba al oriente.

18»Me dijo: Hijo de hombre, esto dice el Se-
ñor: Preceptos sobre el altar. El día en que ter-
minen de construirlo, para ofrecer holocaustos
y rociarlo de sangre, darás un novillo para el
sacrificio expiatorio 19a los sacerdotes levitas
del linaje de Sadoc, que se acercan a mí para ser-
virme –oráculo del Señor–. 20Tomarás su sangre,
untarás con ella los cuatro salientes del altar,
los cuatro ángulos de sus bloques y el borde que
rodea la base, y así lo purificarás y lo expiarás.

21Tomarás el novillo del sacrificio expiatorio y
lo quemarán en el sitio establecido del templo,
fuera del santuario. 22El segundo día ofrecerás
un chivo sin defecto como sacrificio expiatorio;
con él harás la expiación del altar siguiendo el
mismo rito que con el novillo. 23Terminada la ex-
piación, ofrecerás un novillo y un carnero sin
defecto, 24los ofrecerás al Señor, y los sacerdo-
tes les echarán sal y se los ofrecerán al Señor
en holocausto. 25Durante siete días ofrecerás un
chivo como sacrificio expiatorio, y ofrecerán un
novillo y un carnero sin defecto. 26Durante siete
días purificarán el altar, lo expiarán y lo consa-
grarán. 27Así pasarán estos siete días. A partir
del octavo, los sacerdotes ofrecerán sobre el al-
tar sus holocaustos y sacrificios de comunión. Y
yo se los aceptaré –oráculo del Señor–.

44 1Luego me hizo volver a la puerta exterior
del santuario que mira a oriente; estaba
cerrada.
2Y me dijo: «Esta puerta permanecerá cerrada.
No se abrirá nunca y nadie entrará por ella, por-
que el Señor, el Dios de Israel, ha entrado por
ella; permanecerá cerrada. 3Solo el príncipe en
funciones podrá sentarse allí para comer el pan
en presencia del Señor; entrará por el vestíbulo
de la puerta y saldrá por el mismo camino».
4Luego me llevó por la puerta del norte hacia
la fachada del templo. Contemplé la gloria del
Señor, que llenaba el templo del Señor, y caí ros-
tro en tierra. 5Y me dijo:
»Hijo de hombre, fíjate bien, mira con los
ojos, escucha con los oídos: voy a comunicar-
te los preceptos y leyes del templo del Señor.
Fíjate bien en los que tienen acceso al templo
y al santuario.
6»Dile al pueblo rebelde, a la casa de Israel:
Basta ya de cometer prácticas idolátricas, casa
de Israel. 7Profanan mi templo metiendo en mi
santuario extranjeros, incircuncisos de corazón
e incircuncisos de carne, y ofreciéndome como
alimento grasa y sangre, mientras quebrantan
mi alianza con sus prácticas idolátricas. 8En vez
de atender al servicio de mis cosas santas, les
encargan a ellos el servicio de mi santuario.
9Por tanto, esto dice el Señor: Ningún extran-
jero incircunciso de corazón e incircunciso de
carne entrará en mi santuario; absolutamente
ninguno de los extranjeros que viven con los
israelitas.
10»Los levitas, que se alejaron de mí cuando
Israel se extravió, abandonándome para seguir a
sus ídolos, pagarán su culpa, 11y desempeñarán
en mi santuario el oficio de porteros y sacrista-
nes del templo. Ellos degollarán las víctimas del
holocausto y del sacrificio del pueblo, al ser-
vicio de la gente. 12Porque le sirvieron delante
de sus ídolos, arrastrando al pecado a la casa
de Israel; por eso les juro con la mano en alto
–oráculo del Señor– que pagarán sus culpas, 13y
no se acercarán a mí para oficiar como sacer-
dotes ni podrán acercarse a mis cosas santas o
sacrosantas. Cargarán con su vergüenza y con
las prácticas idolátricas que perpetraron. 14Yo
los nombro encargados de todos los servicios y
oficios auxiliares del templo.
15»Pero los sacerdotes levíticos descendien-
tes de Sadoc, que se hicieron cargo del servicio
de mi santuario cuando los israelitas anduvie-
ron extraviados lejos de mí, se acercarán a mí
para servirme y estarán en mi presencia, para
ofrecerme grasa y sangre –oráculo del Señor–.
16Ellos entrarán en mi santuario y se acercarán
a mi mesa como ministros míos y se encargarán
de mi servicio.
17»Cuando tengan que entrar por la puerta del
atrio interior, se pondrán vestiduras de lino; no
llevarán ropa de lana cuando vayan a oficiar en
las puertas del atrio interior o dentro del atrio.
18Irán cubiertos con turbantes de lino, llevarán
calzones de lino, pero no se ceñirán, para no su-
dar. 19Cuando tengan que salir al atrio exterior,
donde está el pueblo, se quitarán las vestiduras
con las que oficiaron, dejándolas en las sacris-
tías, y se pondrán otra ropa. Así no consagrarán
al pueblo con sus vestiduras.
20»No se raparán la cabeza ni irán desmelena-
dos; se recortarán el pelo. 21Ningún sacerdote
beberá vino cuando vaya a entrar en el atrio
interior. 22No tomarán por mujer a viuda ni a re-
pudiada; solo podrán casarse con vírgenes del
linaje de la casa de Israel o con la viuda de un
sacerdote. 23Declararán a mi pueblo lo que es sa-
grado y lo que es profano y dictaminarán lo que
es puro o impuro. 24En los pleitos actuarán co-
mo jueces. Sentenciarán según mis leyes; guar-
darán mis mandatos y preceptos en todas mis
festividades y santificarán mis sábados. 25No se
contaminarán con ningún cadáver, a no ser del
padre, la madre, el hermano o la hermana solte-
ra. 26Después de purificarse, contará siete días,
27y cuando vaya a entrar en el atrio interior para
oficiar en el santuario, ofrecerá por sí mismo un
sacrificio expiatorio –oráculo del Señor–.
28»No tendrán propiedad hereditaria: yo soy
su propiedad; no les darán ninguna posesión en
Israel: yo soy su posesión. 29Comerán la ofren-
da y las víctimas de los sacrificios expiatorios
y penitenciales. 30También les pertenece todo
lo dedicado al Señor. Lo mejor de las primicias
de toda especie y de los tributos de toda espe-

cie será para los sacerdotes. La primicia de la
molienda se la darán al sacerdote para que la
bendición descienda sobre la casa de ustedes.
[31]Los sacerdotes no comerán ningún ave ni ani-
mal terrestre muerto o desgarrado por una fiera.

Reparto de la tierra

45 [1]»Cuando se repartan por sorteo la herencia
de la tierra, reservarán para el Señor como
tributo una fracción sagrada de doce kilómetros y
medio de longitud por diez de anchura. Toda su su-
perficie será sagrada. [2]En ella se dejará para el san-
tuario un cuadro de doscientos cincuenta metros de
lado, rodeado de veinticinco metros de pastos. [3]Aquí
medirán una parcela de doce kilómetros y medio
de largo por cinco de ancho, en la que se levantará
el santuario. [4]Es la parcela sacrosanta del país. Se
adjudicará a los sacerdotes ministros del santuario
que se acercan al Señor para servirle. Allí tendrán
solares para sus casas y pastos para el ganado. [5]A
los levitas, empleados del templo, se les adjudicará
una propiedad de doce kilómetros y medio de longi-
tud por cinco de anchura, para que tengan ciudades
donde habitar. [6]El área señalada como territorio de
la ciudad medirá doce kilómetros y medio de largo
por dos y medio de ancho, a lo largo del territorio
sagrado. Pertenecerá a toda la casa de Israel.

[7]»Al príncipe le asignarán una propiedad a
ambos lados del territorio sagrado y de los lími-
tes de la ciudad; se extenderán desde el límite
del territorio sagrado y del límite de la ciudad
hasta el mar por occidente y hasta la frontera
por oriente. Su longitud de frontera a frontera
corresponde a una de las porciones asignadas
a las tribus. [8]Esta será su posesión en Israel.
Mis príncipes ya no explotarán a mi pueblo, sino
que adjudicarán la tierra a la casa de Israel, por
tribus.

[9]»Esto dice el Señor: ¡Basta ya, príncipes de
Israel! Abandonen la violencia y el robo y prac-
tiquen el derecho y la justicia. Dejen de atrope-
llar a mi pueblo –oráculo del Señor–.

[10]»Usen balanzas justas, pesas justas y medi-
das justas. [11]La unidad de medida será la misma
para sólidos y líquidos. Un canasto y un tonel
serán iguales y de una misma medida, de manera
que tanto el tonel como el canasto tendrán la
décima parte de una carga. A partir de la car-
ga serán fijadas las medidas. [12]El siclo valdrá
veinte óbolos. Cinco siclos serán siempre cinco
siclos, diez siclos serán diez siclos y cincuenta
siclos valdrán una mina.

[13]»Arancel tributario: una sexta parte de una
medida de trigo por cada carga de trigo y una
sexta parte de una medida de cebada por ca-
da carga de cebada. [14]Tasa de aceite: el aceite
se medirá con el tonel: un tonel por cada carga
pues diez toneles hacen una carga. [15]Una oveja
por cada rebaño de doscientas cabezas, como
tributo de las familias de Israel, para expiar
por medio de la ofrenda, del holocausto y del
sacrificio de comunión –oráculo del Señor–.
[16]»Toda la población en Israel está obligada a
dar al príncipe este tributo. [17]El príncipe es res-
ponsable del holocausto, la ofrenda y la libación
en las fiestas, días de luna nueva, sábados y so-
lemnidades de la casa de Israel. Él en persona
hará el sacrificio expiatorio, la ofrenda, el ho-
locausto y el sacrificio de comunión para expiar
por los pecados de la casa de Israel.

[18]»Esto dice el Señor: El día uno del mes pri-
mero tomarás un novillo sin defecto y purifica-
rás el santuario. [19]El sacerdote tomará sangre de
la víctima expiatoria, untará con ella los marcos
de las puertas del templo y los cuatro ángulos
del bloque del altar y el marco de la puerta del
atrio interior. [20]Lo mismo harás el siete del mes
por los que hayan pecado por inadvertencia o
por ignorancia, y así expiarás por el templo. [21]El
día catorce del mes primero celebrarán la Pas-
cua. Comerán panes ázimos durante siete días.
[22]El primer día ofrecerá el príncipe un novillo
como víctima expiatoria por sí y por toda la po-
blación del país. [23]Cada uno de los siete días de
la fiesta ofrecerá al Señor en holocausto siete
novillos y siete carneros sin defecto y un chivo
como víctima expiatoria. [24]Añadirá una ofrenda
de una medida de harina por cada novillo y una
medida de harina por cada carnero, más siete
litros de aceite por cada medida de harina. [25]En
la fiesta del día quince del mes séptimo se hará
la misma ofrenda durante siete días: sacrificio
expiatorio, holocausto, ofrenda y aceite.

46 [1]»Esto dice el Señor: La puerta oriental
del atrio interior permanecerá cerrada los
seis días laborables. Solo se abrirá los sábados
y los días de luna nueva. [2]El príncipe entrará
desde el exterior por el vestíbulo, deteniéndose
junto al marco de la puerta; los sacerdotes ofre-
cerán el holocausto y el sacrificio de comunión;
el príncipe se postrará en el umbral de la puerta
y volverá a salir. La puerta no se cerrará hasta el
atardecer. [3]También los terratenientes del país
se postrarán ante el Señor, a la entrada de la
puerta, los sábados y días de luna nueva.

[4]»Oblación del príncipe al Señor: Los sábados:
un holocausto de seis corderos sin defecto y un
carnero sin defecto. [5]Como ofrenda, una me-
dida de harina por carnero, y por los corderos,
a voluntad, más siete litros de aceite por cada
medida de harina. [6]Los días de luna nueva: un

novillo sin defecto, seis corderos y un carnero
sin defecto. 7Como ofrenda, una medida de ha-
rina por novillo, una medida por carnero, y por
los corderos, según sus posibilidades, más siete
litros de aceite por cada medida.
8»El príncipe entrará por el vestíbulo de
la puerta y saldrá por el mismo camino. 9Pero
cuando los terratenientes del país vayan a pre-
sentarse ante el Señor en las festividades, los
que entren por la puerta del norte para hacer la
adoración saldrán por la del sur, y los que entren
por la puerta del sur saldrán por la del norte;
no se retirarán por la misma puerta por la que
entraron, sino que saldrán por la de enfrente. 10Y
el príncipe entrará y saldrá en medio de ellos.
11»En las fiestas y solemnidades la ofrenda
consistirá en una medida de harina por novi-
llo, una medida por carnero, y por los corderos
a voluntad, más siete litros de aceite por cada
medida.
12»Cuando el príncipe ofrezca voluntariamen-
te al Señor un holocausto o sacrificio de comu-
nión, le abrirán la puerta oriental, ofrecerá su
holocausto o sacrificio de comunión como todos
los sábados, y luego saldrá. Y cuando salga, ce-
rrarán la puerta.
13»Ofrecerás diariamente al Señor en holo-
causto un cordero de un año sin defecto; lo ofre-
cerás todas las mañanas. 14Añadirás cada maña-
na como ofrenda la sexta parte de una medida
de harina, más dos litros de aceite para amasar
la harina de la mejor calidad; esta ofrenda al Se-
ñor es un rito cotidiano y perpetuo. 15El cordero
con la ofrenda y el aceite lo ofrecerán todas las
mañanas como holocausto cotidiano.
16»Esto dice el Señor: Cuando el príncipe dé
parte de su herencia a alguno de sus hijos, a es-
tos les pertenece como propiedad hereditaria.
17Pero si da parte de su herencia a un súbdito su-
yo, a este le pertenecerá hasta el año de la remi-
sión. Luego retornará al príncipe. 18Es herencia
de sus hijos y a ellos les pertenece. El príncipe
no quitará al pueblo su herencia, expropiándole
tiránicamente. Solo podrá dejar a sus hijos lo
que sea propiedad suya, para que mi pueblo no
se disperse, despojado de su propiedad.
19»Me llevó por la entrada de al lado de la
puerta a los bloques de sacristías sacerdotales,
que dan al norte; en la parte de atrás, al occi-
dente, había un local. 20Y me dijo: Este es el lo-
cal donde los sacerdotes cocerán las víctimas de
los sacrificios expiatorios y penitenciales y pre-
pararán la ofrenda; así no tendrán que sacarlos
al atrio exterior, pues consagrarían al pueblo.
21»Me sacó al atrio exterior y me lo hizo atra-
vesar hasta las cuatro esquinas del atrio; allí,
en cada esquina del atrio, había un patio. 22Al
abrigo de las cuatro esquinas había patios de
veinte metros de longitud por quince de anchu-
ra; los cuatro tenían las mismas dimensiones.
23Los cuatro estaban cercados; al pie de la cerca
había hornos. 24Y me dijo: Estas son las cocinas
donde los servidores del templo cocerán los sa-
crificios del pueblo.

El manantial del templo

47 1Me hizo volver a la entrada del templo.
Del umbral del templo manaba agua hacia
oriente –el templo miraba a oriente–. El agua iba
bajando por el lado derecho del templo, al sur del
altar. 2Me sacó por la puerta norte y me llevó por
fuera a la puerta del atrio que mira al oriente.
El agua iba corriendo por el lado derecho. 3El
hombre que llevaba el cordel en la mano salió
hacia el este. Midió quinientos metros, y me hizo
atravesar las aguas: ¡agua hasta los tobillos! 4Mi-
dió otros quinientos, y me hizo cruzar las aguas:
¡agua hasta las rodillas! Midió otros quinientos,
y me hizo pasar: ¡agua hasta la cintura! 5Midió
otros quinientos: era un torrente que no pude
cruzar, pues habían crecido las aguas y no se ha-
cía pie; era un torrente que no se podía vadear.
6Me dijo entonces: «¿Has visto, Hijo de hom-
bre?». A la vuelta me condujo por la orilla del to-
rrente. 7Al regresar, vi a la orilla del río una gran
arboleda en sus dos márgenes. 8Me dijo: «Estas
aguas fluyen hacia el oriente, bajarán hasta el
desierto, desembocarán en el mar de las aguas
pútridas y lo sanearán. 9Todos los seres vivos
que bullan, allí donde desemboque la corriente
tendrán vida, y habrá peces en abundancia. Al
desembocar allí estas aguas quedará saneado
el mar y habrá vida dondequiera que llegue la
corriente. 10Se pondrán pescadores a su orilla:
desde Engadí hasta Eglaín habrá tendederos de
redes; su pesca será variada, tan abundante co-
mo la del Mediterráneo. 11Pero sus pantanos y
esteros no serán saneados: quedarán para sali-
nas. 12A la vera del río, en sus dos riberas, crece-
rá toda clase de frutales; no se marchitarán sus
hojas ni sus frutos se acabarán; darán cosecha
nueva cada luna, porque los riegan aguas que
manan del santuario; su fruto será comestible y
sus hojas medicinales».
13»Esto dice el Señor: Fronteras de la tierra
que las doce tribus de Israel recibirán como
propiedad hereditaria. 14Todos recibirán partes
iguales. Yo juré con la mano en alto dársela a sus
padres; por eso esta tierra les tocará a ustedes
como propiedad hereditaria.
15»Fronteras de la tierra: Por el norte: desde
el Mediterráneo, por Jetlón, el Paso de Jamat,

Sedad, [16]Berota y Sibrain –separando los territorios de Damasco y Jamat–, hasta Jasar Enon, que limita con Haurán. [17]Así que la frontera va desde el Mediterráneo hasta Jasar Enon, separando al norte los territorios de Damasco y Jamat. Esta es la frontera norte.

[18]»Por el este: desde Hazar Enon, por la línea que separa los territorios de Haurán y Damasco, siguiendo el curso del Jordán, entre Galaad e Israel, hasta el Mar del este y hasta Palma. Esta es la frontera oriental.

[19]Por el sur: desde Tamar hasta el oasis de Meribá Cades y, siguiendo el torrente, hasta el Mediterráneo. Esta es la frontera sur.

[20]»Por el oeste: limita con el mar Mediterráneo, hasta la latitud del Paso de Jamat. Esta es la frontera occidental.

[21]»Esta es la tierra que se repartirán las doce tribus de Israel. [22]Se la repartirán a suerte como propiedad hereditaria, incluyendo a los emigrantes residentes entre ustedes que hayan tenido hijos en su país. Serán para ustedes como los demás israelitas. Entrarán en la distribución con las tribus de Israel. [23]A los emigrantes les darán su propiedad hereditaria en el territorio de la tribu donde residan –oráculo del Señor–.

48 [1]Lista de las tribus:
En el extremo norte –que va desde el Mediterráneo, por Jetlón y el Paso de Jamat, hasta Hazar Enon, separando por el norte la región de Damasco de la de Jamat–, se extiende de este a oeste el territorio de Dan. [2]Lindando con Dan, se extiende de este a oeste el territorio de Aser.

[3]Lindado con Aser, se extiende de este a oeste el territorio de Neftalí. [4]Lindando con Neftalí, se extiende de este a oeste el territorio de Manasés. [5]Lindando con Manasés, se extiende de este a oeste el territorio de Efraín.

[6]Lindando con Efraín, se extiende de este a oeste el territorio de Rubén. [7]Lindado con Rubén, se extiende de este a oeste el territorio de Judá. [8]Lindando con Judá, se extiende de este a oeste el territorio sagrado: medirá doce kilómetros y medio de anchura, y de este a oeste, lo mismo que las demás porciones. En el centro se levantará el santuario.

[9]El territorio sagrado que reservarán como tributo al Señor tendrá doce kilómetros y medio de longitud por diez de anchura.

[10]Beneficiarios del territorio sagrado: A los sacerdotes les corresponderá una parcela rectangular, de doce kilómetros y medio de longitud –lados norte y sur– por cinco de anchura –lados oriental y occidental–. En el centro se levantará el santuario del Señor.

[11]Se trata de los sacerdotes consagrados, descendientes de Sadoc, que se hicieron cargo de mi servicio y no se extraviaron como los levitas, cuando se extraviaron los israelitas, [12]y les corresponderá una porción sacrosanta del territorio sagrado de la tierra, colindante con la de los levitas.

[13]A los levitas les corresponderá una parcela de doce kilómetros y medio de longitud por cinco de anchura, lindando con la de los sacerdotes. Área total del territorio sagrado: doce kilómetros y medio de longitud por diez de anchura. [14]Nada de esto podrán vender ni permutar. No podrán enajenar lo mejor de la tierra, porque es porción santa del Señor.

[15]Queda una extensión de dos kilómetros y medio de anchura por doce y medio de longitud: es terreno profano. Pertenece a la ciudad para viviendas y pastos. La ciudad se levantará en el centro. [16]Área de la ciudad: dos mil doscientos cincuenta metros por cada lado, norte, sur, este y oeste. [17]Tendrá ciento veinticinco metros de prados comunales al norte, sur, este y oeste.

[18]Quedan al este y al oeste de la ciudad, colindantes con el territorio sagrado, sendas parcelas de cinco kilómetros de longitud. Con lo que produzcan se alimentarán los que trabajen en la ciudad. [19]Las labrarán los obreros de todas las tribus israelitas que trabajen en la ciudad. [20]Área total del territorio sagrado, incluyendo lo que pertenece a la ciudad: un cuadrado de doce kilómetros y medio de lado.

[21]Quedan los terrenos del príncipe. Están situados a ambos lados del territorio sagrado y de las posesiones de la ciudad. Se extienden por el este desde la raya de doce kilómetros y medio hasta la frontera oriental, y por el oeste, desde la raya de doce kilómetros y medio hasta la frontera occidental, paralelos a los territorios de las tribus. Pertenecen al príncipe. En medio quedará el territorio sagrado con el santuario del templo.

[22]Igualmente, las propiedades de los levitas y de la ciudad quedarán enclavadas entre los terrenos del príncipe y los territorios de Judá y de Benjamín.

[23]Resto de las tribus:

De este a oeste se extiende el territorio de Benjamín.

[24]Lindando con Benjamín, se extiende de este a oeste el territorio de Simeón. [25]Lindado con Simeón, se extiende de este a oeste el territorio de Isacar. [26]Lindando con Isacar, se extiende de este a oeste el territorio de Zabulón. [27]Lindando con Zabulón, se extiende de este a oeste el territorio de Gad.

28El territorio de Gad coincide al sur con la
frontera sur, que va desde Palma, por el oasis de
Meribá Cades, siguiendo el cauce del torrente,
hasta el Mediterráneo. 29Esta es la tierra que
distribuirán en propiedad hereditaria a las tri-
bus de Israel y estas son sus porciones –oráculo
del Señor–.
30aPuertas de salida de la ciudad: 31allevarán
los nombres de las tribus de Israel.
30bPor el lado norte, 31bque mide dos mil dos-
cientos cincuenta metros, tres puertas: la puer-
ta de Rubén, la puerta de Judá y la puerta de
Leví.
32Por el lado oriental, que mide dos mil dos-
cientos cincuenta metros, tres puertas: la puer-
ta de José, la puerta de Benjamín y la puerta
de Dan.
33Por el lado sur, que mide dos mil doscien-
tos cincuenta metros, tres puertas: la puerta
de Simeón, la puerta de Isacar y la puerta de
Zabulón.
34Por el lado occidental, que mide dos mil
doscientos cincuenta metros, tres puertas: la
puerta de Gad, la puerta de Áser y la puerta de
Neftalí.
35Perímetro de la ciudad: nueve kilómetros.
Desde entonces la ciudad se llamará «El Señor
está allí».

OSEAS

Introducción

1 1Palabra del Señor que recibió Oseas, hijo de
Beerí, durante los reinados de Ozías, Yotán,
Acaz y Ezequías en Judá y en tiempo de Jero-
boán, hijo de Joás, en Israel.

El mal amor

2Comienzan las palabras del Señor a Oseas: Di-
jo el Señor a Oseas: «*Ve, toma por esposa/ a una*
prostituta/ y ten hijos bastardos,/ porque el país
está prostituido,/ alejado del Señor».
3Fue y tomó a Gomer, hija de Diblaín, que con-
cibió y dio a luz un hijo. 4El Señor le dijo:
«*Llámalo Yezrael,/ porque muy pronto pe-*
diré cuentas/ de la sangre de Yezrael/ a la di-
nastía de Jehú/ y pondré fin al reino de Israel./
5*Aquel día romperé el arco de Israel/ en el valle*
de Yezrael».
6Ella volvió a concebir y dio a luz una hija. El
Señor le dijo:
«*Llámala: No-compadecida,/ porque ya no*
me compadeceré de Israel/ ni lo perdonaré./
7*Pero de Judá me compadeceré/ y lo salvaré,*
porque soy el Señor, su Dios./ No lo salvaré con
arco, ni espada, ni batallas,/ ni caballos, ni
jinetes».
8Cuando Gomer dejó de amamantar a No-com-
padecida, concibió y dio a luz un hijo. 9El Señor
le dijo:
«*Llámalo: No-pueblo-mío,/ porque ustedes no*
son mi pueblo/ y yo no estoy con ustedes».

Salvación

2 1*El número de los israelitas/ llegará a ser co-*
mo la arena de la playa,/ que ni se mide ni
se cuenta,/ y en lugar de llamarlos No-pueblo-
mío,/ los llamarán Hijos del Dios viviente./ 2*Se*
reunirán israelitas con judíos/ y se nombrarán
un único caudillo/ y resurgirán de la tierra,/
porque es el día grande de Yezrael./ 3*Llamen*
a su hermano Pueblo-mío/ y a su hermana
Compadecida.

El buen amor: pleito y reconciliación

4*Acusen a su madre, acúsenla/ que ella no*
es mi mujer/ ni yo soy su marido,/ para que
se quite de la cara sus prostituciones/ y sus
adulterios de entre los pechos;/ 5*si no, la dejaré*
desnuda y en cueros,/ como el día que nació;/
la convertiré en desierto,/ la transformaré
en tierra árida,/ la mataré de sed;/ 6*y de sus*
hijos no me compadeceré,/ porque son hijos
bastardos.
7*Sí, su madre se ha prostituido,/ se ha deshon-*
rado la que los engendró./ Ella decía: Me voy con
mis amantes,/ que me dan mi pan y mi agua,/
mi lana y mi lino,/ mi vino y mi aceite./ 8*Por eso,*
voy a llenar su camino con espinos/ y le voy a
poner delante un muro/ para que no encuentre
sus senderos.
9*Perseguirá a sus amantes/ y no los alcanza-*
rá,/ los buscará y no los encontrará,/ y dirá: Voy
a volver con mi primer marido,/ porque enton-
ces me iba mejor que ahora./ 10*Ella no compren-*
día/ que era yo quien le daba/ el trigo y el vino y
el aceite,/ y oro y plata en abundancia.
11*Por eso le quitaré otra vez/ mi trigo en su*
tiempo/ y mi vino en su estación;/ recobraré mi
lana y mi lino,/ con que cubría su desnudez./
12*Descubriré su deshonra/ ante sus amantes,/ y*
nadie la librará de mi mano;/ 13*pondré fin a sus*
alegrías, sus fiestas,/ sus novilunios, sus sába-
dos/ y todas sus solemnidades.
14*Arrasaré su vid y su higuera,/ de los que*
decía: son mi paga,/ me las dieron mis aman-
tes./ Los reduciré a matorrales/ y los devorarán
las bestias del campo./ 15*Le tomaré cuentas/*
de cuando ofrecía incienso a los baales/ y se
adornaba con su anillo y su collar/ para ir con

sus amantes,/ olvidándose de mí/ –oráculo del
Señor–.
16Por tanto, mira, voy a seducirla,/ la llevaré al
desierto/ y le hablaré al corazón./ 17Allí le daré
sus viñas,/ y el Valle de Acor será Paso de la Es-
peranza./ Allí me responderá como en su juven-
tud,/ como cuando salió de Egipto.
18Aquel día –oráculo del Señor–/ me llamarás
Esposo mío,/ ya no me llamarás ídolo mío./ 19Le
apartaré de la boca/ los nombres de los baales/
y sus nombres no serán invocados./ 20Aquel día
haré en su favor una alianza/ con los animales
salvajes,/ con las aves del cielo/ y los reptiles de
la tierra./ Arco y espada y armas/ romperé en
el país,/ y los haré dormir tranquilos./ 21Me ca-
saré contigo para siempre,/ me casaré contigo
en justicia y en derecho,/ en afecto y en cariño./
22Me casaré contigo en fidelidad,/ y conocerás
al Señor.
23Aquel día responderé/ –oráculo del Señor–,/
responderé al cielo,/ este responderá a la tie-
rra,/ 24la tierra responderá al trigo/ y al vino y
al aceite/ y estos responderán a Yezrael.
25Y me la sembraré en el país,/ me compadeceré
de No-compadecida/ y diré a No-pueblo-mío:/
Eres mi pueblo,/ y él responderá: Dios mío.

Matrimonio simbólico

3 1Me dijo el Señor: «Vete otra vez, ama a una
mujer amante de otro y adúltera, como ama
el Señor a los israelitas, a pesar de que siguen
a dioses ajenos, golosos de tortas de uva». 2Me
la compré por quince pesos de plata y por una
carga y media de cebada. Y le dije: «Muchos años
vivirás conmigo; no te prostituirás ni estarás
con hombre alguno, ni yo estaré contigo. 4Por-
que muchos años vivirán los israelitas sin rey y
sin príncipe, sin sacrificios y sin piedras conme-
morativas, sin imágenes ni amuletos. 5Después
volverán a buscar los israelitas al Señor, su Dios,
y a David, su rey; temblando acudirán al Señor y
a sus bienes en un tiempo futuro».

Pleito con los sacerdotes

4 1*Escuchen la Palabra del Señor, hijos de Is-*
rael:/ el Señor tiene un pleito/ con los ha-
bitantes del país:/ ya no hay verdad ni lealtad/
ni conocimiento de Dios en el país,/ 2sino jura-
mento y mentira,/ asesinato y robo,/ adulterio y
libertinaje,/ homicidio tras homicidio.
3Por eso gime el país/ y desfallecen sus ha-
bitantes:/ hasta los animales salvajes,/ hasta
las aves del cielo,/ incluso los peces del mar/
desaparecen.
4Aunque nadie acuse, nadie reprenda;/ ¡mi
pleito es contigo, sacerdote!/ 5Tropezarás de día
y contigo/ tropezará el profeta de noche./ Pere-
cerá tu patria,/ 6perecerá mi pueblo,/ por falta
de conocimiento.
Porque tú has rechazado el conocimiento,/
yo te rechazaré de mi sacerdocio;/ te olvidaste
de la ley de tu Dios,/ también yo me olvidaré de
tus hijos./ 7Cuantos más son, más pecan contra
mí;/ cambiaré su dignidad en ignominia.
8Se alimentan del pecado de mi pueblo/ y con
sus culpas matan el hambre./ 9Pueblo y sacer-
dote correrán la misma suerte:/ les tomaré
cuenta de su conducta/ y les daré la paga de
sus acciones./ 10Comerán y no se saciarán,/
fornicarán sin quedar satisfechos,/ porque
abandonaron al Señor/ para entregarse a la
fornicación.

Fornicación idolátrica

11La fornicación, el vino y el licor/ quitan la
razón 12a mi pueblo,/ que consulta a un pedazo
de madera,/ y escucha el oráculo de su poste;/
porque un espíritu de fornicación/ los extravía
y se prostituyen/ abandonando a su Dios.
13Sacrifican en la cumbre de los montes/ y
queman ofrendas en las colinas,/ debajo de en-
cinas y álamos/ y terebintos de agradable som-
bra./ Y así se prostituyen sus hijas/ y adulteran
sus nueras./ 14No castigaré a sus hijas por pros-
tituirse/ ni a sus nueras por sus adulterios,/
porque ellos mismos se van con prostitutas/ y
sacrifican con rameras del templo./ Así el pue-
blo incauto va a la ruina.
15Eres madre prostituta, Israel,/ ¡que no lo
pague Judá!/ No vayan a Guilgal,/ no suban
a Bet-Avén,/ no juren, ¡por la vida del Señor!/
16Si Israel embiste como vaca brava,/ ¿va ahora
a apacentarlos el Señor/ como a corderos en la
pradera?/ 17Efraín se ha aliado con los ídolos,/
18los príncipes de los borrachos/ se han entrega-
do a la prostitución,/ sus jefes aman la deshon-
ra./ 19Un huracán la envolverá en sus alas/ y sus
altares los defraudarán.

Sentencia sin apelación: no vale el culto

5 1*Escuchen esto, sacerdotes;/ presten aten-*
ción, israelitas;/ escuchen, los de la casa
real:/ Es contra ustedes la sentencia./ Porque
fueron trampa en Mispá,/ red tendida sobre el
Tabor,/ 2y fosa cavada en Sitín./ Yo los castigaré
a todos.
3Yo conozco a Efraín,/ Israel no me es desco-
nocido;/ si tú, Efraín, has fornicado,/ Israel está
contaminado./ 4Sus acciones no los dejan con-
vertirse a su Dios,/ porque llevan dentro un es-
píritu de prostitución/ y no conocen al Señor./
5La arrogancia de Israel lo acusará a la cara,/

Efraín tropezará en sus delitos,/ también Judá
tropezará con ellos./ 6*Con ovejas y vacas irán*
en busca del Señor,/ sin encontrarlo,/ porque
se ha apartado de ellos;/ 7*engañaron al Señor y*
tuvieron hijos bastardos,/ y ahora un intruso les
comerá sus campos.

No valen las alianzas

8*Toquen la corneta en Gabá,/ la trompeta en*
Ramá,/ lancen el grito de guerra en Bet-Avén:/
¡Que te persiguen, Benjamín!/ 9*Efraín se espan-*
tará cuando lo acusen./ Es seguro lo que procla-
mo/ contra las tribus de Israel.
10*Los príncipes de Judá son/ como los que*
corren los límites de los campos,/ sobre ellos
derramaré/ mi enojo como agua./ 11*Oprime*
Efraín, quebranta el derecho,/ está empeñado
en seguir la idolatría.
12*Pero yo soy polilla para Efraín,/ carcoma*
para la casa de Judá./ 13*Cuando vio Efraín su*
enfermedad/ y Judá su llaga,/ fue Efraín a Asi-
ria,/ mandó mensajeros al emperador,/ pero él
no puede sanarlos/ ni sanar su herida.
14*Porque yo seré león para Efraín,/ leoncillo*
para la casa de Judá./ Yo mismo despedazaré la
presa y me iré,/ la llevaré sin que nadie la salve./
15*–Voy a volver a mi puesto,/ hasta que reconoz-*
can sus culpas/ y acudan a mí, y en su angustia/
madruguen en mi búsqueda.

Conversión auténtica

6 1*Vamos a volver al Señor:/ él nos despedazó y*
nos sanará,/ nos hirió y nos vendará la heri-
da./ 2*En dos días nos hará revivir,/ al tercer día*
nos restablecerá/ y viviremos en su presencia.
3*Esforcémonos por conocer al Señor:/ su veni-*
da es segura como la aurora;/ vendrá a nosotros
como la lluvia,/ como aguacero que empapa la
tierra./ 4*¿Qué haré contigo, Efraín:/ qué haré*
contigo, Judá?/ Su amor es nube mañanera,/
rocío que se evapora al alba.
5*Por eso los maté con las palabras de mi boca,/*
los atravesé con mis profetas/ y mi sentencia
brilla como la luz./ 6*Porque quiero amor, no sa-*
crificios;/ conocimiento de Dios, no holocaus-
tos./ Llevo cuenta de sus maldades.
7*Ellos en la tierra quebrantaron mi alianza,/*
allí me hicieron traición./ 8*Galaad es villa de*
malhechores,/ con huellas de sangre./ 9*Como*
bandidos al acecho/ se confabulan los sacerdo-
tes;/ asesinan camino de Siquén,/ ¡es una infa-
mia lo que hacen!
10*En la casa de Israel he visto algo horrible:/*
allí se prostituye Efraín,/ se contamina Israel./
11*También para ti, Judá, está el castigo prepara-*
do./ Cuando cambié la suerte de mi pueblo, (7,1)
cuando sané a Israel,/ se descubría el pecado de
Efraín/ y las maldades de Samaría:/ obraron de
mala fe,/ como ladrones que se meten en las ca-
sas/ o bandoleros que asaltan en despoblado./
(7,2)*Y no reflexionan que llevo cuenta/ de todas*
sus maldades,/ ya los han rodeado sus accio-
nes,/ las tengo delante de mí.

Conjuras de palacio

7 3*Divierten al rey con su maldad,/ y con sus*
mentiras a los príncipes;/ 4*todos arden de*
ira,/ son como horno encendido/ que deja de
atizar el panadero/ desde que amasa hasta que
fermenta la masa.
5*En la fiesta del rey,/ con la calentura del vi-*
no,/ los príncipes dan la mano a los agitadores./
6*Sí, su corazón es como un horno,/ su mente está*
tramando;/ de noche se adormece su ira,/ por la
mañana arde como una hoguera./ 7*Todos arden*
como un horno/ y devoran a sus gobernantes./
Todos sus reyes van cayendo/ sin que ni uno me
invoque.

Alianzas funestas

8*Efraín se mezcla con los pueblos,/ Efraín es*
un pastel mal cocido./ 9*Extranjeros le han co-*
mido su vigor,/ y él sin enterarse;/ ya tiene los
cabellos entrecanos,/ y él sin enterarse./ 10*Su*
arrogancia acusa a Israel,/ pero ellos no vuelven
al Señor, su Dios,/ a pesar de todo no lo buscan./
11*Efraín es ingenua paloma atolondrada:/ piden*
ayuda a Egipto,/ acuden a Asiria;/ 12*en cuanto*
acudan echaré sobre ellos mi red/ y los abatiré
como a pájaros,/ los atraparé en cuanto escuche
la bandada.

Insinceros e ingratos

13*¡Ay de ellos!, que se me escaparon;/ ¡des-*
graciados!, por rebelarse contra mí./ Yo los re-
dimiría,/ pero ellos me calumnian,/ 14*y no me*
invocan de corazón,/ sino que vociferan en sus
camas,/ son devotos de Ceres y Baco/ y se apar-
tan de mí.
15*Yo adiestré, robustecí sus brazos,/ y ellos*
planeaban el mal contra mí./ 16*Se volvían a su*
dios,/ eran como arco que falla./ Caerán a es-
pada sus príncipes/ por la insolencia de sus len-
guas,/ por sus burlas contra Egipto.

Han roto la alianza

8 1*¡Lleva a tu boca la trompeta!/ Que un águila*
se abalanza sobre la casa del Señor./ Porque
han roto mi alianza/ rebelándose contra mi ley.
2*Me gritan:/ Te conocemos, Dios de Israel./*
3*Pero Israel rechazó el bien;/ que el enemigo lo*
persiga./ 4*Se nombraron reyes sin contar con-*

migo,/ se nombraron príncipes sin mi aproba-
ción./ Con su plata y su oro se hicieron ídolos
para su perdición.
5*Me repugna tu novillo, Samaría,/ ardo de*
ira contra él./ ¿Cuándo lograrán la inocencia?/
6*Porque, ¿qué es ese toro?,/ ¿acaso un dios?/ Un*
escultor lo hizo, no es dios,/ se hace astillas el
novillo de Samaría.

No valen alianzas ni fortalezas

7*Siembran viento/ y cosechan tempestades;/*
los trigales no echan espiga/ ni dan grano,/ y si
lo dieran,/ lo devorarían los extranjeros.
8*Han devorado a Israel,/ ya es entre las na-*
ciones un objeto sin valor./ 9*Porque han mar-*
chado a Asiria/ como burro salvaje./ Efraín
contrata su amor;/ 10*pero, aunque lo hayan*
contratado con las naciones,/ yo los atraparé,/
y empezarán a disminuir/ por las cargas del
Rey soberano.
11*Porque Efraín multiplicó sus altares para pe-*
car,/ para pecar le sirvieron sus altares./ 12*Aun-*
que les dé multitud de leyes,/ las consideran co-
mo de un extraño./ 13*Aunque inmolen víctimas*
en mi honor/ y coman la carne,/ al Señor no le
agradan.
Tiene presentes sus culpas/ y castigará sus
pecados:/ tendrán que volver a Egipto./ 14*Is-*
rael olvidó a su Hacedor/ y construyó pala-
cios,/ Judá fortificó muchas ciudades;/ pero yo
prenderé fuego a sus ciudades/ y devoraré sus
fortificaciones.

Ni pan ni vino

9 1No te alegres, Israel,/ no te regocijes co-
mo los paganos,/ porque te has prostituido/
abandonando a tu Dios./ Vendiste tu amor/ en
todos los campos de trigo;/ 2pero el campo y
la bodega/ no los alimentarán,/ el vino les
fallará.
3*No habitarán en la tierra del Señor,/ Efraín*
volverá a Egipto,/ en Asiria comerán manjar
impuro./ 4*No harán libaciones de vino al Señor/*
ni le ofrecerán sus sacrificios;/ serán para ellos
pan de duelo,/ se contaminarán quienes lo co-
man./ Su pan les quitará el hambre,/ pero no
entrará en la casa del Señor.
5*¿Qué harán el día de la solemnidad,/ el día*
de la fiesta del Señor?/ 6*Porque si escapan de*
la catástrofe,/ Egipto los recogerá,/ Menfis los
enterrará;/ las ortigas heredarán su codiciada
plata/ y los cardos crecerán en sus tiendas.
7*Llega la hora de la cuenta,/ llega la hora de la*
paga,/ –que se entere Israel–,/ por tu gran cul-
pa,/ por tu gran subversión./ El profeta es un
loco,/ el hombre inspirado delira./ 8*El vidente*
de Efraín profetiza sin contar con su Dios;/ es
trampa de ladrón en sus caminos,/ subversión
en la casa de Dios.
9*Se han corrompido profundamente,/ como*
en los días de Gabá,/ pero él tiene presente su
culpa,/ castigará su pecado.

Infidelidades

10*Como uvas en el desierto/ encontré a Is-*
rael,/ como higos tempranos en la higuera/
descubrí a sus padres./ Pero ellos fueron a
Baal-Fegor,/ se consagraron a la Ignominia/
y se hicieron tan odiosos/ como el objeto de
su amor./ 11*Como pájaro emigra la gloria de*
Efraín:/ no habrá parto ni embarazo ni concep-
ción;/ 12*aunque críen a sus hijos,/ los dejaré sin*
descendencia,/ porque, ¡ay de ellos!,/ cuando
de ellos me aparte.
13*Efraín.../ Efraín entrega a sus hijos al ver-*
dugo./ 14*Dales, Señor; ¿qué vas a darles?/ Dales*
vientres estériles y pechos secos.
15*Su maldad arranca de Guilgal:/ allí lo abo-*
rrecía;/ por la maldad de sus acciones los eché
de mi casa,/ no volveré a quererlos,/ todos sus
jefes son rebeldes./ 16*Herido está Efraín,/ su raíz*
está seca, no da fruto;/ aunque den a luz,/ ma-
taré al amor de sus entrañas.
17*Mi Dios los rechazará por su desobediencia/*
y andarán errantes por las naciones.

En la tierra: vid frondosa

10 1*Israel era vid frondosa,/ daba fruto: cuan-*
to más fruto, más altares;/ cuanto mejor
iba el país,/ mejores piedras conmemorativas./
2*Tienen el corazón dividido,/ y han de pagarlo;/*
él destrozará sus altares,/ arrasará sus piedras
conmemorativas.
3*Sí, ya pueden decir: No tenemos rey,/ no*
respetamos al Señor;/ el rey, ¿qué puede hacer-
nos?/ 4*Hablan y hablan, juran en falso,/ firman*
alianzas;/ florecen los pleitos como la cizaña/
en los surcos del campo.
5*Los vecinos de Samaría tiemblan/ por el*
novillo de Bet-Avén,/ el pueblo y los sacerdotes
hacen duelo a su dios,/ se revuelcan porque su
gloria/ ha marchado al destierro:/ 6*se la llevan*
a Asiria como tributo a su dios./ La vergüenza
se adueña de Efraín,/ Israel se avergüenza de
su plan.
7*Samaría y su rey desaparecen/ como astillas*
que se lleva el agua./ 8*Son destruidos los lugares*
altos idolátricos,/ el pecado de Israel./ Cardos y
abrojos crecen en sus altares,/ gritan a los mon-
tes: ¡Cúbrannos!,/ y a los cerros: ¡Caigan sobre
nosotros!

9Del tiempo de Gabá arranca el pecado de Is-
rael;/ allí me hicieron frente;/ ¿no los sorpren-
derá en Gabá la guerra/ contra los hijos de la
injusticia?/ 10He venido para aprisionarlos,/ los
pueblos se reunirán contra ellos,/ aprisionán-
dolos por su doble culpa.

11Efraín es una novilla domesticada/ que tri-
lla con gusto;/ pero yo echaré el yugo/ a su her-
moso pescuezo,/ engancharé a Efraín para que
are,/ a Jacob para que labre la tierra./ 12Siem-
bren según justicia,/ cosechen con lealtad,/
labren el campo nuevo,/ que están a tiempo de
buscar al Señor,/ hasta que venga y les dé la llu-
via conveniente.

13Araron maldad,/ cosecharon crímenes,/
comieron el fruto de la mentira./ Por confiar
en tu poder,/ en la multitud de tus soldados,/
14clamor de guerra se alzará contra tu pueblo;/
tus fortalezas serán arrasadas,/ como arrasó
Salmón a Bet-Arbel;/ cuando la batalla,/ estre-
llaron a la madre con los hijos./ 15Así harán con
ustedes, Betel,/ por su maldad consumada./ Al
amanecer desaparecerá el rey de Israel.

La niñez de Israel

11 1Cuando Israel era niño, lo amé,/ y desde
Egipto llamé a mi hijo./ 2Cuanto más los
llamaba,/ más se alejaban de mí:/ ofrecían sa-
crificios a los Baales/ y quemaban ofrendas a
los ídolos.

3Yo enseñé a andar a Efraín/ y lo llevé en mis
brazos,/ y ellos sin darse cuenta/ de que yo los
cuidaba./ 4Con correas de amor los atraía,/
con cuerdas de cariño./ Fui para ellos como
quien alza/ una criatura a las mejillas;/ me
inclinaba y les daba de comer./ 5Pero volverá a
Egipto,/ asirio será su rey,/ porque no quisieron
convertirse.

6Irá girando la espada por sus ciudades/ y
destruirá sus cerrojos;/ por sus maquinacio-
nes/ devorará 7a mi pueblo,/ aferrado a la infi-
delidad./ Aunque invoquen a su Dios,/ tampoco
los levantará./ 8¿Cómo podré dejarte, Efraín;/
entregarte a ti, Israel?/ ¿Cómo dejarte como a
Admá;/ tratarte como a Seboín?

Me da un vuelco el corazón,/ se me conmueven
las entrañas./ 9No ejecutaré mi condena,/ no
volveré a destruir a Efraín;/ que soy Dios y no
hombre,/ el Santo en medio de ti/ y no enemigo
destructor.

10Irán detrás del Señor,/ que rugirá como
león;/ sí, rugirá y vendrán temblando/ sus hijos
desde occidente,/ 11desde Egipto vendrán/ tem-
blando como pájaros,/ desde Asiria como palo-
mas,/ y los haré habitar en sus casas/ –oráculo
del Señor–.

12 1Efraín me rodea de mentiras,/ y de enga-
ños la casa de Israel./ Judá es el rebaño,/
el pueblo del Señor se mantiene fiel al Santo./
2Efraín se apacienta de viento,/ va detrás del
viento del este todo el día,/ multiplica la mentira
y la violencia./ Hace alianza con Asiria,/ envía
aceite a Egipto.

Jacob, adulto

3El Señor entabla pleito con Israel/ para to-
mar cuenta a Jacob de su conducta,/ para darle
la paga de sus acciones./ 4En el vientre suplan-
tó a su hermano,/ 5siendo adulto luchó contra
Dios,/ luchó con un ángel y lo venció./ Lloró y
alcanzó misericordia;/ en Betel lo encontró/ y
allí habló con él:/ 6El Señor, Dios Todopodero-
so,/ su Nombre es El Señor.

7Y tú, conviértete a tu Dios,/ practica la leal-
tad y la justicia,/ espera siempre en tu Dios./
8Canaán maneja balanza falsa,/ le gusta esta-
far./ 9Efraín dice: Ya soy rico,/ he juntado una
fortuna;/ pero sus ganancias no le llegarán/
por la culpa que cometió.

10Yo soy el Señor,/ Dios tuyo desde Egipto;/
otra vez te haré habitar en tiendas,/ como en los
días del encuentro./ 11Yo hablé por los profetas,/
yo multipliqué las visiones/ y hablé por los pro-
fetas en parábolas./ 12.../ en Guilgal sacrifica-
ban al Toro/ y sus altares eran como montones
de piedras/ en los surcos del campo.

13Jacob huyó al campo de Siria,/ Israel se puso
a trabajar por una mujer,/ por una mujer guar-
dó ganado./ 14Por medio de un profeta,/ el Señor
sacó a Israel de Egipto/ y por un profeta lo guar-
dó./ 15Efraín lo irritó amargamente:/ el Señor
descargará sobre él sus crímenes/ y le devolverá
su injuria.

Síntesis histórica

13 1Efraín hablaba e imponía,/ la autoridad
estaba en Israel;/ pero se hizo culpable de
idolatría/ y murió./ 2Y ahora continúan pecan-
do:/ se funden imágenes,/ se hacen ídolos de
plata con destreza,/ obras de pura artesanía./
En su honor inmolan corderos,/ les dan a beber
sangre de novillos./ 3Por eso serán nube matuti-
na,/ rocío que al alba se evapora,/ paja arreba-
tada por el viento,/ humo por la chimenea.

4Pero yo soy el Señor,/ Dios tuyo desde Egip-
to,/ no conocías a otro dios más que a mí,/ nin-
gún salvador fuera de mí./ 5Yo te conocí en el
desierto,/ en tierra abrasadora.

6Yo los apacenté y se hartaron,/ se hartaron y
se enorgulleció su corazón,/ y así se olvidaron
de mí./ 7Seré para ellos como leopardo,/ los ace-
charé como pantera en el camino,/ 8los asalta-

ré como una osa a quien roban las crías/ y les
desgarraré el pecho;/ allí los devoraré como un
león,/ las fieras los descuartizarán.
9Si yo destruyo, Israel, ¿quién te auxiliará?,/
10¿dónde está tu rey para salvarte?,/ ¿y los al-
caldes de tus ciudades?/ Tú me los pediste: Da-
me rey y príncipes./ 11Airado te di un rey,/ y
encolerizado te lo quito./ 12La culpa de Efraín
está registrada,/ está archivado su pecado.
13Cuando su madre estaba con dolores,/ fue
criatura torpe,/ que no se puso a tiempo/ en po-
sición para salir del vientre./ 14¿Los libraré del
poder del abismo,/ los rescataré de la muerte?/
¡Qué plagas las tuyas, oh muerte,/ qué pestes las
del abismo!/ El consuelo se aparta de mi vista./
15Aunque fructifique entre cañaverales,/ ven-
drá viento del este,/ viento del Señor,/ subiendo
del desierto,/ y secará su fuente,/ agotará su
manantial;/ se llevará sus tesoros,/ sus enseres
preciosos.

14 1Samaría pagará la culpa/ de rebelarse
contra su Dios:/ los pasarán a cuchillo,/
estrellarán a las criaturas,/ abrirán el vientre
de las embarazadas.

Conversión

2Conviértete, Israel, al Señor, tu Dios,/ que
tropezaste en tu culpa./ 3Preparen su discurso/
y conviértanse al Señor; díganle:/ Perdona del
todo nuestra culpa;/ acepta el don que te ofre-
cemos,/ el fruto de nuestros labios./ 4Asiria no
nos salvará,/ no montaremos a caballo;/ no
volveremos a llamar dios nuestro/ a las obras de
nuestras manos;/ en ti encuentra compasión el
huérfano./ 5Sanaré su infidelidad,/ los querré
sin que lo merezcan,/ mi cólera ya se ha apar-
tado de ellos./ 6Seré rocío para Israel:/ flore-
cerá como azucena/ y arraigará como álamo;/
7echará brotes,/ tendrá el esplendor del olivo/
y el aroma del Líbano;/ 8volverán a morar a su
sombra,/ revivirán como el trigo,/ florecerán
como la vid,/ serán famosos como el vino del
Líbano.
9Efraín, ¿qué tengo yo que ver con las imáge-
nes?/ Yo contesto y miro./ Yo soy abeto frondo-
so:/ de mí proceden tus frutos.

Epílogo

10Quien sea sabio que lo entienda,/ quien sea
inteligente que lo comprenda./ Los caminos del
Señor son rectos,/ por ellos caminan los justos,/
en ellos tropiezan los pecadores.

JOEL

Introducción

1 1Palabra que el Señor dirigió a Joel, hijo de
Fatuel.

Plaga y llanto

2Oigan esto, jefes;/ escuchen, campesinos:/
¿Ha sucedido algo semejante en sus días/ o en
los días de sus antepasados?/ 3Cuéntenselo a sus
hijos,/ sus hijos a los suyos,/ y ellos a la siguiente
generación.
4Lo que dejó el saltamontes/ lo comió la lan-
gosta,/ lo que dejó la langosta/ lo comió el gu-
sano,/ lo que dejó el gusano/ lo comió la oruga.
5Despierten, borrachos, y lloren;/ giman,
bebedores,/ que les quitan el licor de la boca;/
6porque un pueblo invade mi país,/ poderoso,
innumerable:/ tiene dientes de león y quijadas
de leona;/ 7convierte mi viñedo en desolación,/
reduce las higueras a astillas;/ pela, descorte-
za,/ hasta que blanquean las ramas.
8Suspira, como joven vestida de sayal,/ por el
marido de su juventud;/ 9en el templo del Señor
cesaron ofrenda y libación,/ hacen duelo los sa-
cerdotes que sirven al Señor.
10Destruido el suelo, hace duelo la tierra:/ el
grano está perdido,/ el vino seco, el aceite ran-
cio;/ 11están defraudados los labradores,/ se
quejan los viñadores por el trigo y la cebada,/
porque no hay cosecha en los campos.
12La viña está seca,/ la higuera marchita,/ y
el granado y la palmera y el manzano;/ los árbo-
les silvestres están secos,/ y hasta el gozo de los
hombres se ha secado.

Duelo y súplica

13Vístanse de luto, sacerdotes;/ laméntense,
ministros del altar;/ vengan a dormir en este-
ras,/ ministros de mi Dios,/ porque faltan en el
templo de su Dios/ ofrenda y libación.
14Proclamen un ayuno,/ convoquen la asam-
blea,/ reúnan a los jefes y a todos los campesi-
nos/ en el templo del Señor, su Dios,/ e invo-
quen al Señor:/ 15¡Ay, qué día!,/ porque está
cerca el día del Señor,/ llegará como azote del
Todopoderoso.
16¿No están viendo cómo falta en el templo de
nuestro Dios/ la comida y la fiesta y la alegría?/
17Se han secado las semillas bajo los terrones,/
los silos están desolados,/ los graneros vacíos,/
porque la cosecha se ha perdido./ 18¡Cómo muge
el ganado,/ las manadas de vacas están inquie-
tas,/ porque no quedan pastos,/ y las ovejas lo
pagan!

19A ti, Señor, te invoco,/ que el fuego ha consu-
mido los pastos de la llanura,/ el calor ha que-
mado los árboles silvestres./ 20Hasta las bestias
del campo rugen a ti,/ porque están secas las
corrientes de agua/ y el fuego ha consumido los
pastos de la llanura.

La invasión de la langosta

2 1Toquen la trompeta en Sión,/ resuene el
grito en mi monte santo;/ tiemblen los cam-
pesinos,/ porque llega, ya está cerca el día del
Señor;/ 2día de oscuridad y tinieblas,/ día de
nubes y nubarrones;/ como crepúsculo que se
extiende sobre los montes/ es el ejército denso
y numeroso;/ no hubo semejante ni se volverá a
repetir/ por muchas generaciones.
3Delante de él, el fuego devora,/ detrás de él,
las llamas consumen;/ delante la tierra es un
jardín,/ detrás es un desierto desolado;/ nada se
salva./ 4Su aspecto es de caballos,/ de jinetes que
galopan;/ 5su estruendo, de carros/ rebotando
por las montañas;/ como crepitar de llama que
consume la paja,/ como ejército numeroso for-
mado para la batalla;/ 6ante el cual tiemblan los
pueblos,/ con los rostros enrojecidos.
7Corren como soldados,/ escalan aguerridos
la muralla,/ cada cual avanza en su línea/ sin
desordenar las filas;/ 8ninguno estorba al cama-
rada,/ avanza cada cual por su camino,/ aun-
que caigan al lado flechas,/ no se desbandan./
9Asaltan la ciudad,/ escalan las murallas,/ su-
ben a las casas,/ penetran como ladrones por
las ventanas./ 10Ante ellos tiembla la tierra/ y se
conmueve el cielo,/ sol y luna se oscurecen,/ los
astros retiran su resplandor.
11El Señor alza la voz delante de su ejército:/
son innumerables sus campamentos,/ son fuer-
tes los que cumplen sus órdenes./ Grande y te-
rrible es el día del Señor:/ ¿quién lo resistirá?

Penitencia y súplica

12Pero ahora –oráculo del Señor–,/ conviér-
tanse a mí de todo corazón,/ con ayuno, con
llanto, con luto./ 13Rasguen los corazones y no
los vestidos;/ conviértanse al Señor su Dios;/
que es compasivo y clemente,/ paciente y mi-
sericordioso,/ y se arrepiente de las amenazas.
14Quizá se arrepienta y vuelva,/ dejando a su
paso bendición,/ ofrenda y libación para el Se-
ñor, su Dios./ 15Toquen la trompeta en Sión,/
proclamen un ayuno,/ 16convoquen la reunión,/
congreguen al pueblo,/ purifiquen a la asam-
blea,/ reúnan a?los ancianos,/ congreguen a
muchachos y niños de pecho;/ salga el esposo de
la habitación,/ la esposa de su lecho nupcial;/
17entre el atrio y el altar lloren los sacerdotes,/
digan los ministros del Señor:/ Perdona, Señor, a
tu pueblo,/ no entregues tu nación al desprecio,/
no la sometan los gentiles,/ no se diga entre los
pueblos:/ ¿dónde está su Dios?/ 18El Señor tenga
celos de su tierra/ y perdone a su pueblo.

Oráculo de salvación

19Entonces el Señor respondió a su pueblo:/ Yo
les enviaré el trigo, el vino,/ el aceite en abun-
dancia,/ ya no haré de ustedes el desprecio de
los paganos;/ 20alejaré de ustedes al pueblo del
norte,/ lo dispersaré por tierra árida y desola-
da:/ la vanguardia hacia el mar de oriente,/ la
retaguardia hacia el mar de occidente;/ se es-
parcirá su mal olor,/ se extenderá su pestilen-
cia,/ porque intentó hacer proezas.
21No temas, suelo; alégrate, haz fiesta,/ porque
el Señor ha hecho proezas;/ 22no teman, fieras
salvajes,/ que los prados de la llanura reverde-
cerán,/ los árboles darán sus frutos,/ la vid y la
higuera darán su riqueza.
23Hijos de Sión, alégrense/ y festejen al Señor,
su Dios,/ que les da la lluvia temprana/ en su
justa medida,/ la lluvia tardía como antigua-
mente/ y derrama para ustedes el aguacero./
24Los campos se llenarán de grano,/ rebosarán
las bodegas de vino y aceite;/ 25les compensaré
los años/ en que devoraban la langosta,/ el sal-
tamontes,/ la oruga y el gusano,/ mi gran ejér-
cito que envié contra ustedes.
26Comerán hasta saciarse/ y alabarán al Se-
ñor, su Dios,/ que hizo prodigios por ustedes;/
27sabrán que yo estoy en medio de Israel/ y mi
pueblo no quedará defraudado./ Yo soy el Señor,
su Dios,/ y no hay otro,/ y mi pueblo no quedará
defraudado.

Escatología: día del Señor

3 1Después derramaré/ mi espíritu sobre to-
dos:/ sus hijos e hijas profetizarán,/ sus
ancianos tendrán sueños,/ sus jóvenes verán
visiones./ 2También sobre criados y criadas/
derramaré mi espíritu aquel día.
3Haré prodigios en cielo y tierra:/ sangre,
fuego, humareda;/ 4el sol aparecerá oscuro,/ la
luna ensangrentada,/ antes de llegar el día del
Señor,/ grande y terrible.
5Todos los que invoquen el Nombre del Señor se
librarán:/ en el monte Sión quedará un resto/ –
lo dice el Señor–,/ en Jerusalén los supervivien-
tes que él convoque.

Juicio de las naciones

4 1¡Atención!, en aquellos días,/ en aquel mo-
mento,/ cuando cambie la suerte de Judá y
Jerusalén,/ 2reuniré a todas las naciones/ y las

haré bajar al valle de Josafat:/ allí las juzgaré
por sus delitos/ contra mi pueblo y herencia;/
porque dispersaron a Israel por las naciones,/
se repartieron mi tierra,/ 3se sortearon a mi
pueblo,/ cambiaban un muchacho por una ra-
mera,/ vendían una ramera por unos tragos de
vino.
4También ustedes, Tiro, Sidón y región filis-
tea,/ ¿qué quieren de mí?,/ ¿quieren vengarse de
mí?,/ ¿van a tomar represalias contra mí?/ Pues
muy pronto les daré su merecido:/ 5porque me
robaron mi oro y mi plata,/ llevaron a sus tem-
plos mis objetos preciosos;/ 6vendieron los hijos
de Judá y Jerusalén a los griegos/ para alejarlos
de su territorio.
7Pero yo los sacaré del país donde los vendie-
ron,/ haré recaer la paga sobre ustedes:/ 8ven-
deré sus hijos e hijas a los judíos,/ y ellos los
venderán al pueblo remoto de los sabeos/ –lo ha
dicho el Señor–.
9Publiquen esto entre las naciones,/ declaren
la guerra santa,/ alisten soldados,/ que vengan
todos los combatientes;/ 10de los arados forjen
espadas;/ de las podaderas, lanzas;/ diga el co-
barde: Soy todo un soldado.
11Vengan, pueblos de alrededor,/ reúnanse
allí:/ el Señor conducirá sus guerreros./ 12Aler-
ta, vengan las naciones al valle de Josafat,/ que
allí me sentaré a juzgar/ a los pueblos vecinos.
13Mano a la hoz,/ madura está la cosecha:/
vengan a pisar la uva, que hay mucha;/ des-
bordan las cubas, porque abunda su maldad,/
14muchedumbres y muchedumbres en el valle de
la Decisión;/ porque llega el día del Señor/ en el
valle de la Decisión.
15Sol y luna se oscurecen,/ los astros recogen
su resplandor./ 16El Señor rugirá desde Sión,/
alzará la voz en Jerusalén/ y temblarán cielo y
tierra;/ el Señor será refugio de su pueblo,/ for-
taleza de los israelitas./ 17Y sabrán que yo soy el
Señor, su Dios,/ que habito en Sión, mi monte
santo;/ Jerusalén será santa/ y no la atravesa-
rán extranjeros.
18Aquel día los montes manarán licor,/ las
colinas destilarán leche,/ los torrentes de Judá
irán llenos de agua;/ brotará un manantial en
el templo del Señor/ que engrosará el Torrente
de las Acacias./ 19Egipto se volverá un desierto;/
Edom, llanura desolada,/ porque violentaron a
los judíos/ y derramaron sangre inocente en su
país./ 20Judá estará habitada siempre,/ Jerusa-
lén sin interrupción./ 21Vengaré su sangre,/ no
quedarán sin castigo,/ y el Señor habitará en
Sión.

AMÓS

Introducción

1 1Palabras de Amós, uno de los pastores de Te-
cua. Visión acerca de Israel durante los reina-
dos de Ozías en Judá y de Jeroboán, hijo de Joás,
en Israel. Dos años antes del terremoto, 2dijo:
El Señor ruge desde Sión,/ alza la voz desde
Jerusalén,/ y aridecen los campos de pastoreo,/
se seca la cumbre del Carmelo.

Delito y castigo de ocho naciones

3Así dice el Señor:/ A Damasco, por tres delitos/
y por el cuarto, no lo perdonaré:/ porque trilló a
Galaad/ con trilladoras de hierro,/ 4enviaré fue-
go a la casa de Hazael,/ que devorará los palacios
de Ben-Adad./ 5Romperé los cerrojos de Damas-
co/ y aniquilaré a los jefes de Bigat Avén/ y al que
lleva cetro en Bet-Edén,/ y el pueblo sirio irá des-
terrado a Quir/ –lo ha dicho el Señor–.
6Así dice el Señor:/ A Gaza, por tres delitos/ y
por el cuarto, no la perdonaré:/ porque hicieron
prisioneros en masa/ y los vendieron a Edom,/
7enviaré fuego a las murallas de Gaza,/ que de-
vorará sus palacios;/ 8aniquilaré a los vecinos
de Asdod,/ al que lleva el cetro en Ascalón;/ ten-
deré la mano contra Ecrón/ y perecerá el resto
de los filisteos/ –lo ha dicho el Señor–.
9Así dice el Señor:/ A Tiro, por tres delitos/ y
por el cuarto, no la perdonaré:/ porque vendió/
innumerables prisioneros a Edom/ y no respetó
la alianza fraterna,/ 10enviaré fuego a las mura-
llas de Tiro,/ que devorará sus palacios.
11Así dice el Señor:/ A Edom, por tres delitos/
y por el cuarto, no lo perdonaré:/ porque persi-
guió con la espada a su hermano/ ahogando la
compasión,/ alimentando un odio permanen-
te,/ conservó siempre la cólera,/ 12enviaré fuego
a Temán,/ que devorará los palacios de Bosra.
13Así dice el Señor:/ A Amón, por tres delitos/ y
por el cuarto, no lo perdonaré:/ porque abrieron
el vientre/ de las embarazadas de Galaad,/ para
ensanchar su territorio,/ 14prenderé fuego en la
muralla de Rabá,/ que devorará sus palacios,/
entre los alaridos de la batalla/ y el torbellino de
la tormenta;/ 15su rey marchará al destierro/
junto con sus príncipes/ –lo ha dicho el Señor–.

2 1Así dice el Señor:/ A Moab, por tres delitos/
y por el cuarto, no la perdonaré:/ porque
quemó y calcinó con cal/ los huesos del rey de
Edom,/ 2enviaré fuego a Moab,/ que devorará
los palacios de Queriot;/ Moab morirá en el tu-
multo bélico,/ entre gritos de guerra/ y toques
de trompeta;/ 3extirparé de ella al gobernante/

y junto con él, mataré a los príncipes/ –lo ha di-
cho el Señor–.
4 Así dice el Señor:/ A Judá, por tres delitos/
y por el cuarto, no lo perdonaré:/ porque re-
chazaron la ley del Señor/ y no observaron sus
mandamientos;/ sus mentiras los extraviaron,/
las mismas que veneraban sus padres;/ 5 envia-
ré fuego a Judá,/ que devorará los palacios de
Jerusalén.
6 Así dice el Señor:/ A Israel, por tres delitos/ y
por el cuarto, no lo perdonaré:/ porque venden al
inocente por dinero/ y al pobre por un par de san-
dalias;/ 7 revuelcan en el polvo al débil/ y no ha-
cen justicia al indefenso./ Padre e hijo van juntos
a una mujer/ profanando mi santo Nombre;/ 8 se
acuestan sobre ropas tomadas en prenda,/ junto
a cualquier altar,/ beben en el templo de su Dios/
el vino confiscado injustamente.
9 Yo destruí a los amorreos al llegar ellos: 7 eran
altos como cedros,/ fuertes como encinas;/ des-
truí arriba el fruto,/ abajo la raíz./ 10 Yo los saqué
a ustedes de Egipto,/ los conduje por el desierto
cuarenta años,/ para que conquistaran el país
amorreo./ 11 Nombré profetas a sus hijos,/ na-
zireos a sus jóvenes:/ ¿no es cierto, israelitas?/
–oráculo del Señor–.
12 Pero ustedes emborrachaban a los nazireos,/
y a los profetas les prohibían profetizar./ 13 Por
eso miren,/ yo los aplastaré en el suelo,/ como
un carro cargado de gavillas:/ 14 el más veloz no
logrará huir,/ el más fuerte no sacará fuerzas,/
el soldado no salvará la vida;/ 15 el arquero no
resistirá,/ el más ágil no se salvará,/ el jinete
no salvará la vida;/ 16 el más valiente entre los
soldados/ huirá desnudo aquel día/ –oráculo
del Señor–.

Les pediré cuentas

3 1 Escuchen, israelitas, esta palabra que les
dice el Señor, a todas las tribus que saqué
de Egipto:
2 A ustedes solos los elegí/ entre todas las tri-
bus de la tierra,/ por eso les pediré cuentas/ de
todos sus pecados.
3 ¿Caminan juntos dos/ que no se han puesto
de acuerdo?/ 4 ¿Ruge el león en la espesura/ sin
tener presa?,/ ¿grita el cachorro en la guarida/
sin haber cazado?,/ 5 ¿cae el pájaro al suelo/ si
no hay una trampa?,/ ¿salta la trampa del sue-
lo/ sin haber atrapado?,/ 6 ¿suena la trompeta
en la ciudad/ sin que el vecindario se alarme?,/
¿sucede una desgracia en la ciudad/ que no la
mande el Señor?
7 No hará tal cosa el Señor/ sin revelar su plan a
sus siervos los profetas./ 8 Ruge el león, ¿quién no
temerá?/ Habla el Señor, ¿quién no profetizará?
9 Hagan oír su voz en los palacios de Asdod,/
digan en los palacios de Egipto:/ Reúnanse junto
a los montes de Samaría,/ y vean cuántos desór-
denes hay en medio de ella,/ cuántas opresiones
en su interior./ 10 No sabían obrar rectamente/
–oráculo del Señor–,/ atesoraban violencias y
crímenes en sus palacios.
11 Por eso, así dice el Señor:/ El enemigo rodea
el país,/ derriba tu fortaleza,/ saquea tus pala-
cios./ 12 Así dice el Señor:/ Como salva el pastor
de la boca del león/ un par de patas o la punta de
una oreja,/ así se salvarán los israelitas,/ veci-
nos de Samaría,/ con el borde de una esterilla/ y
una manta de Damasco.
13 Escuchen y den testimonio contra la casa de
Jacob/ –oráculo del Señor,/ Dios Todopodero-
so–./ 14 Cuando tome cuentas a Israel de sus de-
litos,/ le tomaré cuentas de los altares de Betel:/
los salientes del altar serán arrancados/ y cae-
rán al suelo;/ 15 derribaré la casa de invierno/
y la casa de verano,/ se perderán las arcas de
marfil,/ desaparecerán los ricos arcones/ –orá-
culo del Señor–.

4 1 Escuchen esta palabra, vacas de Basán,/ en
el monte de Samaría: oprimen a los indefen-
sos,/ maltratan a los pobres,/ piden a sus mari-
dos: Trae de beber.
2 El Señor lo jura por su santidad:/ Les llegará la
hora/ en que las agarren a ustedes con ganchos,/
a sus hijos con anzuelos de pesca;/ 3 saldrá cada
una por la brecha que tenga delante,/ y las arro-
jarán al estiércol/ –oráculo del Señor–.
4 Vayan a Betel a pecar,/ en Guilgal pequen más
todavía:/ ofrezcan por la mañana sus sacrifi-
cios/ y en tres días sus diezmos;/ 5 ofrezcan ázi-
mos,/ pronuncien la acción de gracias,/ procla-
men públicamente sus ofrendas voluntarias,/
que eso es lo que les gusta, israelitas/ –oráculo
del Señor–.

Escarmientos vanos

6 Aunque yo les hice pasar hambre/ en todas
sus ciudades,/ y en todas sus poblaciones los
privé de pan,/ no se convirtieron a mí/ –orácu-
lo del Señor–./ 7 Aunque yo les retuve la lluvia/
tres meses antes de la cosecha,/ hice llover en un
pueblo sí/ y en otro no,/ en una parcela llovió,/
otra sin lluvia se secó;/ 8 de dos o tres pueblos
iban a otro para beber agua,/ y no conseguían
calmar su sed,/ no se convirtieron a mí/ –orá-
culo del Señor–.
9 Los herí con la sequía y el gusano,/ sequé sus
huertos y viñedos,/ sus higueras y olivares los
devoró la langosta,/ pero no se convirtieron a
mí/ –oráculo del Señor–.

[10]*Les envié la peste egipcia,/ maté a espada a*
sus jóvenes/ con lo mejor de su caballería,/ hice
subir hasta sus narices/ el hedor de su campa-
mento;/ pero no se convirtieron a mí/ –oráculo
del Señor–.
[11]*Les envié una catástrofe tremenda,/ como la*
de Sodoma y Gomorra,/ y fueron como un pa-
lo humeante/ sacado del incendio;/ pero no se
convirtieron a mí/ –oráculo del Señor–.
[12]*Por eso así te voy a tratar, Israel,/ y porque*
así te voy a tratar,/ prepárate a enfrentarte con
tu Dios;/ [13]*porque él formó las montañas,/ creó*
el viento,/ descubre al hombre sus pensamien-
tos,/ hizo la aurora y el crepúsculo/ y camina
sobre las alturas de la tierra:/ se llama Señor,
Dios Todopoderoso.

Lamentación por Israel

5 [1]Escuchen *estas palabras/ que entono por*
ustedes:/ una lamentación por la casa de
Israel./ [2]*Cayó para no levantarse la doncella*
de Israel,/ está arrojada en el suelo y nadie la
levanta.
[3]Porque ?*así dice el Señor a la casa de Israel:/*
La ciudad de donde partieron mil/ se quedará
con cien;/ de donde partieron cien,/ se quedará
con diez.
[4]Así dice el Señor a la casa de Israel:/ *Bús-*
quenme y vivirán:/ [5]*no busquen a Betel,/ no*
vayan a Guilgal,/ no se dirijan a Berseba;/
que Guilgal irá cautiva/ y Betel se volverá Bet-
Avén,/ [6]*busquen al Señor y vivirán./ Y si no, a la*
casa de José penetrará como fuego/ y devorará a
Betel sin que nadie la apague.

Primer ay: justicia en los tribunales

[7]*¡Ay de los que convierten la justicia en vene-*
no/ y arrastran por el suelo el derecho,/ [10]*odian*
al que juzga rectamente en el tribunal/ y detes-
tan al que testifica con verdad!/ [11]*Por eso, por*
haber pisoteado al pobre/ exigiéndole un tri-
buto de grano,/ si construyen casas de piedras
talladas,/ no las habitarán;/ si plantan viñas
selectas,/ no beberán de su vino./ [12]*Porque yo*
conozco/ sus muchos crímenes e innumerables
pecados:/ oprimen al inocente,/ aceptan so-
bornos,/ atropellan a los pobres en el tribunal/
[13]*–por eso se calla entonces el prudente,/ porque*
es un momento peligroso–.
[14]*Busquen el bien, no el mal, y vivirán/ y es-*
tará realmente con ustedes/ el Señor, Dios To-
dopoderoso,/ como ustedes dicen./ [15]*Odien el*
mal, amen el bien,/ restablezcan en el tribunal
la justicia:/ a ver si se apiada el Señor,/ Dios To-
dopoderoso,/ del resto de José.

[16]Así dice el Señor,/ Dios Todopoderoso:/ *En*
todas las calles hay duelo,/ en todas las calles
gritan: ¡Ay, ay!;/ los campesinos llaman para el
duelo y el luto/ a expertos en lamentaciones;/
[17]*en todas las viñas habrá duelo,/ cuando pase*
entre ustedes, dice el Señor/ [8]que creó las Pléya-
des y Orión,/ *convierte las sombras en aurora,/*
el día en noche oscura;/ convoca a las aguas del
mar/ y las derrama sobre la tierra;/ su nombre
es El Señor;/ [9]*lanza la destrucción contra la for-*
taleza,/ y la destrucción alcanza/ a la ciudad
fortificada.

Segundo ay: culto y justicia

[18]*¡Ay de los que ansían el día del Señor!/ ¿De*
qué les servirá el día del Señor/ si es tenebroso y
sin luz?/ [19]*Como cuando uno huye del león/ y se*
encuentra con un oso,/ o se mete en casa,/ apo-
ya la mano en la pared/ y lo pica una serpiente.
[20]*¿No es el día del Señor/ tenebroso y sin luz,/*
oscuridad sin resplandor?/ [21]*Yo aborrezco y des-*
precio sus fiestas,/ me repugnan sus reuniones
litúrgicas;/ [22]*por muchos holocaustos y ofren-*
das que me traigan,/ no aceptaré ni miraré sus
víctimas cebadas.
[23]*Retiren de mi presencia el ruido de los can-*
tos,/ no quiero oír la música de la cítara;/ [24]*que*
corra como el agua el derecho/ y la justicia co-
mo arroyo inagotable./ [25]*¿Acaso en el desierto,/*
durante cuarenta años,/ me trajeron ofrendas y
sacrificios,/ casa de Israel?
[26]*Tendrán que transportar/ a Sacut y Que-*
ván,/ imágenes de sus dioses astrales,/ que
ustedes se fabricaron,/ [27]*cuando los destie-*
rre más allá de Damasco./ Dice el Señor, Dios
Todopoderoso.

Tercer ay: lujo y riquezas

6 [1]*¡Ay de los que se sienten seguros en Sión/ y*
confían en el monte de Samaría!/ Los seña-
lados como jefes de naciones,/ a quienes acude
la casa de Israel./ [2]*Vayan a Calno y observen,/*
de allí sigan a Jamat la Grande/ y bajen a Gat de
Filistea:/ ¿valen ustedes más que esos reinos,/
su territorio es más extenso que el de ustedes?/
[3]*Quieren espantar el día de la desgracia/ y*
apresuran el reino de la violencia./ [4]*Se acuestan*
en camas de marfil,/ se apoltronan en sus sillo-
nes,/ comen carneros del rebaño/ y terneras del
establo;/ [5]*canturrean al son del arpa,/ inven-*
tan, como David,/ instrumentos musicales;/
[6]*beben vino en copas,/ se ungen con perfumes*
exquisitos/ y no se apenan por la ruina de José.
[7]*Por eso irán al destierro,/ a la cabeza de los*
deportados/ y se acabará la orgía de los liberti-
nos./ [8]Oráculo del Señor,/ Dios Todopoderoso:/

El Señor lo ha jurado por su vida:/ Porque detes-
to la arrogancia de Jacob/ y odio sus palacios,/
entregaré la ciudad y sus habitantes./ [11]El Señor
ha dado órdenes de reducir/ a escombros las
mansiones,/ a cascotes las cabañas./ [9]Y si que-
dan diez hombres en una casa,/ morirán.
[10]El tío y el incinerador vendrán a sacar los
huesos de la casa. Uno dirá al que está en el rin-
cón de la casa: ¿Te queda alguno? Responderá:
Ninguno. Y él dirá: Chsss... Que no es hora de
pronunciar el nombre del Señor–.
[12]¿Galopan los caballos por los peñascos?,/ ¿se
puede arar con vacas?/ Pero ustedes convierten
en veneno el derecho,/ la justicia en amargura./
[13]Quedan satisfechos con una Nadería,/ se glo-
rían de haber conquistado con su esfuerzo Qar-
naym,/ [14]Por eso, yo, casa de Israel/ –oráculo del
Señor,/ Dios Todopoderoso–,/ suscitaré contra
ustedes/ un pueblo que los oprimirá/ desde el
Paso de Jamat/ hasta el Torrente de Arabá.

Tres primeras visiones

7 [1]Esto me mostró el Señor: Preparaba langos-
tas cuando comenzaba a crecer la hierba –la
hierba que brota después de la que se corta para
el rey–; [2]y cuando ellas terminaron de devorar
la hierba del país, yo dije:« Señor, perdona:
¿cómo podrá resistir Jacob si es tan pequeño?».
[3]Con esto se compadeció el Señor, y dijo: «No
sucederá».
[4]Esto me mostró el Señor: El Señor citaba al
fuego para juzgar, un fuego que devoraba el
gran Océano y devoraba los campos: [5]Yo dije:
«¡Basta, Señor, por favor!, ¿cómo podrá resistir
Jacob si es tan pequeño?». [6]Con esto se compa-
deció el Señor, y dijo: «Tampoco esto sucederá».
[7]Esto me mostró el Señor: Estaba de pie junto
al muro con una plomada de albañil en la ma-
no. [8]El Señor me preguntó: «¿Qué ves, Amós?».
Respondí: «Una plomada de albañil». Me explicó:
«Voy a tirar la plomada en medio de mi pueblo,
Israel; ya no volveré a perdonarlo; [9]quedarán de-
soladas las lomas de Isaac, arruinados los san-
tuarios de Jacob; empuñaré la espada contra la
dinastía de Jeroboán».

Amós y Amasías

[10]Amasías, sacerdote de Betel, envió un men-
saje a Jeroboán, rey de Israel: «Amós está cons-
pirando contra ti en medio de Israel; el país ya
no puede soportar sus palabras. [11]Así predica
Amós: A espada morirá Jeroboán, Israel marcha-
rá de su país al destierro»...
[12]Amasías ordenó a Amós: «Vidente, vete, es-
capa al territorio de Judá; allí te ganarás la vida,
allí profetizarás; [13]pero en Betel no vuelvas a pro-
fetizar, porque es el templo real, es el santuario
nacional». [14]Respondió Amós a Amasías: «Yo no
era profeta ni discípulo de profeta; era pastor y
cultivaba higueras. [15]Pero el Señor me arrancó de
mi ganado y me mandó ir a profetizar a su pueblo,
Israel. [16]Pues bien, escucha la Palabra del Señor:
Tú me dices:/ No profetices contra Israel,/ no
pronuncies oráculos/ contra la casa de Isaac.
[17]Por eso el Señor dice:/ Tu mujer será deshon-
rada en la ciudad,/ tus hijos e hijas morirán a
espada;/ tu tierra será repartida a cordel,/ tú
morirás en tierra pagana,/ Israel marchará de
su país al destierro.

Cuarta visión

8 [1]Esto me mostró el Señor: Un cesto de higos
maduros. [2]Me preguntó: «¿Qué ves, Amós?».
Respondí: «Un cesto de higos maduros». Me
explicó: Maduro está mi pueblo, Israel, y ya no
volveré a perdonarlo. [3]Aquel día –oráculo del Se-
ñor– gemirán las cantoras del palacio: ¡Cuántos
cadáveres arrojados por todas partes. Chsss!
[4]Escúchenlo los que aplastan a los pobres y
eliminan a los miserables; [5]ustedes piensan:
¿Cuándo pasará la luna nueva para vender trigo
o el sábado para ofrecer grano y hasta el salvado
de trigo? Para achicar la medida y aumentar el
precio, [6]para comprar por dinero al indefenso y
al pobre por un par de sandalias. [7]¡Jura el Se-
ñor por la gloria de Jacob no olvidar jamás lo
que han hecho! [8]¿Y no va a temblar la tierra,/
no van a hacer luto sus habitantes?/ Toda ella
crecerá como el Nilo,/ como el Nilo se agitará y
se calmará.

Día de juicio

[9]Aquel día –oráculo del Señor–/ haré ponerse
el sol a mediodía/ y en pleno día oscureceré la
tierra./ [10]Convertiré sus fiestas en duelo,/ sus
cantos en lamentaciones,/ vestiré de sayal toda
cintura/ y dejaré rapada toda cabeza;/ harán
duelo como por el hijo único,/ el final será un día
trágico.
[11]Miren que llegan días/ –oráculo del Señor–/
en que enviaré hambre al país:/ no hambre de
pan ni sed de agua,/ sino de oír la Palabra del
Señor;/ [12]irán errantes de este a oeste,/ vagando
de norte a sur,/ buscando la Palabra del Señor,/
y no la encontrarán.
[13]Aquel día desfallecerán de sed/ las bellas
muchachas y los jóvenes./ [14]Los que juran:/
Por Asima de Samaría,/ por la vida de tu Dios,
Dan,/ por la vida del Señor de Berseba,/ caerán
para no levantarse.

Quinta visión

9 1Vi al Señor de pie junto al altar, que decía:/
Golpea los capiteles y temblarán los umbra-
les;/ arrancaré a todos los capitanes/ y daré
muerte a espada a los que queden;/ no escapa-
rá ni un fugitivo,/ no se salvará ni un evadido./
2Aunque perforen hasta el abismo,/ de allí los
sacará mi mano;/ aunque escalen el cielo,/ de
allí los derribaré;/ 3aunque se escondan en la
cima del Carmelo,/ allí los descubriré y agarra-
ré;/ aunque se me oculten en lo hondo del mar,/
allá enviaré la serpiente que los muerda;/ 4aun-
que vayan cautivos delante del enemigo,/ allá
enviaré la espada que los mate./ Tendré puestos
en ellos mis ojos para mal,/no para bien.
5El Señor Todopoderoso,/ toca la tierra y la
tierra se estremece,/ toda ella crece y disminuye
como el Nilo,/ y hacen duelo sus habitantes;/ 6Él
construye en el cielo las gradas de su trono/ y
cimienta su bóveda sobre la tierra;/ convoca las
aguas del mar/ y las derrama sobre la superfi-
cie de la tierra;/ su nombre es El Señor./ 7¿No
son ustedes para mí como nubios, israelitas?/
–oráculo del Señor–./ Si saqué a Israel de Egip-
to,/ saqué a los filisteos de Creta/ y a los sirios
de Quir.
8Miren, yo el Señor clavo los ojos sobre el rei-
no pecador/ y los extirparé de la superficie de
la tierra;/ aunque no aniquilaré a la casa de Ja-
cob/ –oráculo del Señor–.
9Miren, daré órdenes de zarandear/ a Israel
entre las naciones,/ como se zarandea el trigo
en un cedazo/ sin que caiga un grano a tierra./
10Pero morirán a espada/ todos los pecadores de
mi pueblo;/ los que dicen: No llega,/ no nos al-
canza la desgracia.

Día de restauración

11Aquel día levantaré la choza caída de David,/
repararé sus boquetes,/ levantaré sus ruinas
hasta reconstruirla/ como era en tiempos anti-
guos;/ 12para que conquisten el resto de Edom/ y
todos los pueblos que llevaron mi Nombre/ –orá-
culo del Señor, que lo cumplirá–.
13Miren que llegan días/ –oráculo del Señor–/
en los que el que ara/ seguirá de cerca al que co-
secha/ y el que pisa uvas al sembrador;/ fluirá
licor por los montes/ y destilarán todas las coli-
nas./ 14Cambiaré la suerte de mi pueblo, Israel:/
reconstruirán ciudades arruinadas y las habi-
tarán,/ plantarán viñedos y beberán su vino,/
cultivarán huertos y comerán sus frutos./ 15Los
plantaré en su tierra/ y ya no los arrancarán de
la tierra que les di,/ dice el Señor, tu Dios.

ABDÍAS

Introducción

1 1Visión de Abdías./ Así dice el Señor a Edom:/
Hemos oído un mensaje de parte del Señor,/
un mensajero ha sido enviado a las naciones:/
¡Arriba, a combatir contra ella!

Castigo a Edom

2Te convierto en la nación/ más pequeña y
despreciable:/ 3tu arrogancia te sedujo;/ porque
habitas en rocas escarpadas,/ asentadas en las
cimas, piensas:/ ¿Quién me derribará en tie-
rra?/ 4Pues aunque te remontes como un águi-
la/ y pongas el nido en las estrellas,/ de allí te
derribaré/ –oráculo del Señor–.
5Si te invadieran salteadores/ o ladrones noc-
turnos,/ ¿se llevarían más de lo que necesitan?/
Si te invadieran vendimiadores,/ ¿no dejarían
racimos?/ 6¡Ay de Esaú, destruido!/ Le han re-
gistrado/ y requisado sus tesoros;/ 7te han em-
pujado a la frontera tus aliados,/ tus amigos te
han engañado y sometido,/ tus comensales te
ponen trampas debajo.
8Pues aquel día –oráculo del Señor–/ acabaré
con los sabios de Edom,/ con los prudentes del
monte de Esaú/ y no les quedará habilidad./ 9Se
acobardarán tus soldados, Temán,/ y se acaba-
rán los varones/ del monte de Esaú;/ 10por la
violencia criminal contra tu hermano Jacob,/ te
cubrirá la vergüenza/ y perecerás para siempre.

En la caída de Jerusalén

11Aquel día estabas tú presente,/ el día que
bárbaros capturaron su ejército,/ cuando extra-
ños invadían la ciudad/ y se rifaban Jerusalén,/
tú eras uno de ellos.
12No disfrutes del día de tu hermano,/ su día
funesto,/ no te alegres por los judíos,/ el día de
su desastre,/ no hables con insolencia el día del
aprieto,/ 13no entres en la capital de mi pueblo/
el día de su ruina,/ no disfrutes tú también de su
desgracia/ el día de su ruina,/ no eches mano a
sus riquezas/ el día de su ruina,/ 14no aguardes
a la salida/ para matar a los fugitivos,/ no ven-
das a los supervivientes/ el día del aprieto.

El día del Señor

15Se acerca el día del Señor/ para todas las
naciones:/ lo que hiciste te lo harán,/ te paga-
rán tu merecido./ 16Como bebieron en mi monte
santo,/ beberán todas las naciones por turno,/
beberán, se hartarán/ y desaparecerán sin dejar
rastro.

17Pero en el monte Sión/ quedará un resto que
será santo/ y la casa de Jacob/ recobrará sus
posesiones./ 18Jacob será el fuego,/ José será la
llama,/ Esaú será la paja:/ arderá hasta consu-
mirse;/ no quedará superviviente/ al pueblo de
Esaú/ –lo ha dicho el Señor–.
19Ocuparán el Negueb,/ el monte de Esaú,/
ocuparán la Sefela y Filistea,/ Benjamín y Ga-
laad,/ los campos de Efraín,/ los campos de
Samaría;/ 20los desterrados israelitas,/ esos
desgraciados,/ ocuparán Canaán hasta Sarep-
ta;/ los desterrados de Jerusalén/ que viven en
Sefarad/ ocuparán los poblados del Negueb;/
21después subirán victoriosos al monte Sión/
para gobernar el monte de Esaú,/ y el reino será
del Señor.

JONÁS

En el barco

1 1El Señor dirigió la palabra a Jonás, hijo de
Amitay: 2«Levántate y vete a Nínive, la gran
metrópoli, y proclama en ella que su maldad ha
llegado hasta mí». 3Se levantó Jonás para huir
a Tarsis, lejos del Señor; bajó a Jafa y encontró
un barco que zarpaba para Tarsis; pagó el precio
y embarcó para navegar con ellos a Tarsis, lejos
del Señor.
4Pero el Señor envió un viento impetuoso
sobre el mar, se alzó una furiosa tormenta en
el mar y la nave estaba a punto de naufragar.
5Temieron los marineros y cada cual gritaba a
su dios. Arrojaron la carga al mar para aligerar
la nave, mientras Jonás, que había bajado a lo
hondo de la nave, dormía profundamente.
6El capitán se le acercó y le dijo: «¿Qué haces
dormido? Levántate y grita a tu Dios; a ver si
ese Dios se compadece de nosotros y no perece-
mos». 7Y se decían unos a otros: «Echemos suer-
tes para ver por culpa de quién nos viene esta
calamidad». Echaron suertes y le tocó a Jonás.
8Le interrogaron: «Dinos: ¿por qué nos sobre-
viene esta calamidad?, ¿cuál es tu oficio?, ¿de
dónde vienes?, ¿cuál es tu país?, ¿de qué pueblo
eres?». 9Les contestó: «Soy un hebreo y adoro
al Señor, Dios del cielo, que hizo el mar y la tie-
rra firme». 10Atemorizados, aquellos hombres
le preguntaron: «¿Qué has hecho?» –Porque
comprendieron que huía del Señor, por lo que él
había declarado–.
11Le preguntaron: «¿Qué haremos contigo para
que se nos calme el mar?». Porque el mar seguía
embraveciéndose. 12Él contestó: «Levántenme y
tírenme al mar, y el mar se les calmará; yo sé muy
bien que por mi culpa les sobrevino esta furiosa
tormenta». 13Pero ellos remaban para alcanzar
tierra firme, y no podían porque el mar seguía
embraveciéndose.
14Entonces invocaron al Señor: «¡Ah, Señor,
que no perezcamos por culpa de este hombre, no
nos hagas responsables de una sangre inocente!
Tú, Señor, puedes hacer lo que quieres». 15En-
tonces levantaron a Jonás y lo arrojaron al mar,
y el mar calmó su furia. 16Y aquellos hombres te-
mieron mucho al Señor. Ofrecieron un sacrificio
al Señor y le hicieron votos.

En el vientre del gran pez

2 1El Señor envió un pez gigantesco para que se
tragara a Jonás y estuvo Jonás en el vientre
del pez tres días con sus noches. 2Desde el vien-
tre del pez, Jonás rezó al Señor, su Dios:
3En el peligro grité al Señor y me atendió,/
desde el vientre del abismo pedí auxilio y me
escuchó./ 4Me habías arrojado al fondo, en alta
mar,/ me rodeaba la corriente,/ tus torrentes y
tus olas me arrollaban./ 5Pensé: Me has arroja-
do de tu presencia;/ ¡quién pudiera otra vez ver
tu santo templo!/ 6A la garganta me llegaba el
agua,/ me rodeaba el océano,/ las algas se en-
redaban a mi cabeza;/ 7bajaba hasta las raíces
de los montes,/ la tierra se cerraba para siempre
sobre mí.
Y sacaste mi vida de la fosa, Señor, Dios mío./
8Cuando se me acababan las fuerzas, invoqué al
Señor,/ llegó hasta ti mi oración,/ hasta tu san-
to templo./ 9Los devotos de los ídolos faltan a su
lealtad;/ 10yo, en cambio, te cumpliré mis votos,/
mi sacrificio será un grito de acción de gracias:/
la salvación viene del Señor.
11El Señor dio orden al pez de vomitar a Jonás
en tierra firme.

En Nínive

3 1El Señor dirigió otra vez la palabra a Jonás:
2«Levántate y vete a Nínive, la gran ciudad,
y anuncia lo que yo te digo». 3Se levantó Jonás
y fue a Nínive, como le mandó el Señor. Níni-
ve era una gran ciudad, tres días hacían falta
para recorrerla. 4Jonás se fue adentrando en
la ciudad y caminó un día entero pregonando:
«¡Dentro de cuarenta días Nínive será arrasa-
da!». 5Creyeron a Dios los ninivitas, proclama-
ron un ayuno y se vistieron de sayal pequeños
y grandes.
6Cuando el mensaje llegó al rey de Nínive, se
levantó del trono, se quitó el manto, se vistió
de sayal, se sentó en el polvo 7y mandó al heral-
do proclamar en Nínive un decreto real y de la
corte: «Hombres y animales, vacas y ovejas no-

prueben bocado, no pasten ni beban; 8cúbranse
de sayal hombres y animales. Invoquen fervien-
temente a Dios; que cada cual se convierta de su
mala vida y de sus acciones violentas. 9A ver si
Dios se arrepiente, calma el incendio de su ira
y no perecemos». 10Vio Dios su obras y que se
habían convertido de su mala vida, y se arrepin-
tió de la catástrofe con que había amenazado a
Nínive y no la ejecutó.

La lección del ricino

4 1Jonás sintió un disgusto enorme. Irritado,
2rezó al Señor en estos términos: «¡Ah, Señor,
ya me lo decía yo cuando estaba en mi tierra!
Por algo me adelanté a huir a Tarsis; porque sé
que eres un Dios compasivo y clemente, pacien-
te y misericordioso, que te arrepientes de las
amenazas. 3Ahora, Señor, quítame la vida; más
vale morir que vivir». 4Respondió el Señor: «¿Te
parece bien irritarte de esa manera?». 5Jonás
había salido de la ciudad y se había instalado
al oriente de la misma; allí se había hecho una
choza, y estaba sentado a la sombra esperando
el destino de la ciudad.

6Entonces el Señor Dios hizo crecer una planta
de ricino hasta sobrepasar a Jonás, para que le
diese sombra en la cabeza y lo librase de una
insolación. Jonás estaba encantado con aquel
ricino.

7Entonces Dios envió un gusano al amanecer el
día siguiente, el cual dañó el ricino, que se secó.
8Y cuando el sol apretaba, envió Dios un viento
sofocante del este; el sol abrasaba la cabeza de
Jonás y lo hacía desfallecer. Jonás se deseó la
muerte y dijo: «Más vale morir que vivir». 9Res-
pondió Dios a Jonás: «¿Te parece bien enojarte
a causa de esa planta de ricino?». Contestó:
«¡Claro que me parece bien enojarme hasta de-
sear morir!».

10El Señor le replicó: «Tú sientes compasión
de una planta de ricino que no te ha costado
cultivar, que una noche brota y otra perece, 11¿y
yo no voy a apiadarme de Nínive, la gran ciudad,
que habitan más de ciento veinte mil hombres
que no saben distinguir el bien del mal, y donde
hay además muchísimo ganado?».

MIQUEAS

Introducción

1 1Palabra del Señor que recibió Miqueas, el
de Moréset, durante los reinados de Yotán,
Acaz y Ezequías de Judá. Visión sobre Samaría
y Jerusalén.

Teofanía de juicio

2Escuchen, pueblos todos;/ pongan atención,
tierra y los que la pueblan:/ que el Señor sea tes-
tigo contra ustedes,/ el Señor en su santo tem-
plo./ 3Miren al Señor que sale de su morada/ y
desciende y camina sobre las alturas de la tie-
rra./ 4Bajo él se derriten los montes/ y los valles
se resquebrajan,/ como cera junto al fuego,/ co-
mo agua que se derrama por una cuesta.

5Todo por el delito de Jacob,/ por los pecados
de Israel./ ¿Cuál es el delito de Jacob?, ¿no es Sa-
maría?/ ¿Cuál es el santuario pagano de Judá?,/
¿no es Jerusalén?

6Pues reduciré Samaría a un campo de rui-
nas,/ una tierra para plantar viñedos,/ arras-
traré al valle sus piedras/ y desnudaré sus ci-
mientos./ 7Todos sus ídolos serán triturados/
y sus ofrendas quemadas,/ arrasaré todas sus
imágenes;/ las reunió como precio de prostitu-
ción,/ otra vez serán precio de prostitución.

Lamento del profeta

8Por eso gimo y me lamento,/ camino descalzo
y desnudo,/ hago duelo como aúllan los chaca-
les/ y gimo como los avestruces./ 9Insanable es
la herida que ha sufrido Judá,/ llegó hasta la ca-
pital de mi pueblo,/ hasta Jerusalén.

Duelo de las poblaciones

10No lo cuenten en Gat,/ no lloren en El Llan-
to,/ en Bet-Apar revuélquense en el lodo,/ 11la
población de Sapir se aparta desnuda y aver-
gonzada,/ la población de Sanan no sale,/ hay
duelo en Bet-Esel,/ porque les quitan su apoyo,/
12muy enferma está la población de Marot,/
porque el Señor arroja la desgracia/ sobre Je-
rusalén, la capital;/ 13enganchen al carro los
caballos,/ población de Laquis/ –allí comenzó el
pecado de Sión,/ allí se encontraban los delitos
de Israel–;/ 14despídanse de Moraste Gat,/ Bet-
Aczib ha defraudado a los reyes de Israel,/ 15te
enviaré un heredero,/ población de Maresa;/ la
tropa de Israel se refugia en Adulán.

16Rápate, aféitate, por tus hijos adorados,/
hazte una calva ancha como la de un águila,/
porque te los han desterrado.

Primera denuncia

2 1¡Ay, de los que planean maldades/ y traman
iniquidades en sus camas!/ Al amanecer las
ejecutan,/ porque tienen poder./ 2Codician
campos y los roban,/ casas y las ocupan,/ opri-
men al jefe de familia y a su casa,/ al propietario
y a su herencia.

3Por eso así dice el Señor:/ Miren, yo planeo
una desgracia contra esa gente,/ de la que no

podrán apartar el cuello,/ ni podrán caminar
erguidos,/ porque es un tiempo de desgracias.
4Aquel día entonarán contra ustedes una sá-
tira,/ cantarán una lamentación:/ ¡Ay, que me
roba y vende la propiedad familiar!/ Nos apresa
y reparte nuestras tierras,/ ¡Estamos perdidos!/
5Así no tendrás a nadie/ que distribuya la tierra
en la asamblea del Señor.

Los profetas

6No deliren –deliran ellos–/ no deliren dicien-
do:/ No llegará la humillación./ 7¿Está maldita
la casa de Jacob?/ ¿Se ha acabado la paciencia
del Señor/ o van a ser tales sus acciones?/ ¿No
son buenas mis palabras/ para el que procede
rectamente?
8Antiguamente mi pueblo se levantaba contra
el enemigo,/ ahora arrancan túnica y manto a
quien transita confiado,/ al regresar de la gue-
rra./ 9Echan del hogar querido a las mujeres de
mi pueblo/ y a sus niños les quitan para siempre
mi honor./ 10¡Levántense y caminen!/ que este
no es sitio de reposo/ porque está contamina-
do,/ está hipotecado y exigen la hipoteca./ 11Si
viniera un profeta diciendo engaños:/ Te invi-
to a vino y licor,/ sería un profeta digno de este
pueblo.

El rebaño reunido

12Yo te reuniré todo entero, Jacob;/ congrega-
ré tus supervivientes, Israel;/ los juntaré como
ovejas en un corral,/ como rebaño en la prade-
ra,/ y se oirá el barullo de la multitud./ 13De-
lante avanza el que abre camino,/ los demás lo
siguen,/ atraviesan la puerta y salen:/ delante
marcha su rey,/ el Señor a la cabeza.

Segunda denuncia

3 1Pero yo digo:/ Escúchenme, jefes de Jacob,/
príncipes de Israel:/ 2¿no les toca a ustedes
ocuparse del derecho,/ ustedes que odian el bien
y aman el mal?/ Arrancan la piel del cuerpo,/ la
carne de los huesos,/ 3se comen la carne de mi
pueblo,/ le arrancan la piel,/ le rompen los hue-
sos,/ lo cortan como carne para la olla,/ como
ración para la cacerola./ 4Pero cuando griten al
Señor,/ no les responderá,/ les ocultará el ros-
tro entonces/ por sus malas acciones.

Los profetas y el profeta

5Así dice el Señor/ a los profetas que extravían
a mi pueblo:/ Cuando tienen algo que morder,
anuncian paz,/ y declaran una guerra santa a
quien no les llena la boca./ 6Por eso llegará una
noche sin visión,/ oscuridad sin oráculo;/ se
pondrá el sol para los profetas/ oscureciendo el
día;/ 7los videntes avergonzados,/ los adivinos
sonrojados se taparán la barba,/ porque Dios no
responde.
8Yo, en cambio, estoy lleno de valor,/ de Espí-
ritu del Señor,/ de justicia, de fortaleza,/ para
denunciar sus crímenes a Jacob,/ sus pecados a
Israel.

Denuncia y sentencia

9Escúchenme, jefes de Jacob,/ príncipes de Is-
rael:/ ustedes que desprecian la justicia y tuer-
cen el derecho,/ 10edifican con sangre a Sión,/
a Jerusalén con crímenes./ 11Sus jueces juzgan
por soborno,/ sus sacerdotes predican a suel-
do,/ sus profetas adivinan por dinero;/ y enci-
ma se apoyan en el Señor/ diciendo: ¿No está el
Señor en medio de nosotros?/ No nos sucederá
nada malo./ 12Pero por su culpa/ Sión será un
campo arado,/ Jerusalén será una ruina,/ el
monte del templo,/un cerro de malezas.

Restauración: el monte del templo

Diferenciamos en este pasaje dos voces: la de Miqueas [M] y la de los falsos profetas [F].

4 1[M]Al final de los tiempos estará firme/ el
monte de la casa del Señor,/ en la cima de
los montes,/ encumbrado sobre las montañas./
2Hacia él confluirán las naciones,/ caminarán
pueblos numerosos;/ dirán: Vengan, subamos al
monte del Señor,/ a la casa del Dios de Jacob;/
él nos instruirá en sus caminos/ y marcharemos
por sus sendas;/ porque de Sión saldrá la ley,/
de Jerusalén la Palabra del Señor.
3Será el árbitro de muchas naciones,/ el juez
de numerosos pueblos./ De las espadas forjarán
arados;/ de las lanzas, podaderas./ No alzará la
espada pueblo contra pueblo,/ no se adiestra-
rán para la guerra./ 4Se sentará cada uno bajo
su parra y su higuera,/ sin sobresaltos/ –lo ha
dicho el Señor Todopoderoso–.
5[F]Todos los pueblos caminan invocando a su
dios,/ nosotros caminamos invocando siempre/
al Señor, nuestro Dios.

El resto y el Señor rey

6[M]Aquel día –oráculo del Señor–/ reuniré a
los inválidos,/ congregaré los dispersos/ a los
que maltraté:/ 7haré de los inválidos el resto,/
los desterrados serán un pueblo numeroso./
Sobre ellos reinará el Señor/ en el monte Sión/
desde ahora y por siempre.
8[F]Y tú, Torre del Rebaño, colina de Sión,/ re-
cibirás el poder antiguo,/ el reino de la capital,
Jerusalén./ 9Y ahora, ¿por qué gritas quejándo-
te?/ ¿No tienes rey,/ te falta el consejero?/ ¿Por
qué te retuerces como parturienta?

10[M]Retuércete como parturienta,/ expulsa,
Sión,/ porque ahora saldrás de la ciudad/ pa-
ra vivir en descampado;/ irás a Babilonia y de
allí te sacarán,/ te rescatará el Señor de manos
enemigas.
11[F]Ahora se alían contra ti/ muchas nacio-
nes diciendo:/ Estás profanada,/ gocemos del
espectáculo de Sión;/ 12pero no entienden los
planes del Señor,/ no comprenden sus desig-
nios:/ que los junta como gavillas en el campo./
13Arriba, trilla, Sión:/ te daré cuernos de hie-
rro/ y pezuñas de bronce,/ para que tritures a
muchos pueblos;/ consagrarás al Señor sus ga-
nancias,/ su riqueza al Dueño de la tierra.
14[M]Ahora se juntan en tropeles,/ nos ponen
asedio,/ con el bastón de mando golpean en la
mejilla/ al Juez de Israel.

5 1Pero tú, Belén de Efrata,/ pequeña entre las
aldeas de Judá,/ de ti sacaré el que ha de ser
jefe de Israel:/ su origen es antiguo,/ de tiempo
inmemorial.
2Por eso el Señor los abandonará/ hasta que la
madre dé a luz/ y el resto de los hermanos vuelva
a los israelitas./ 3De pie pastoreará/ con la au-
toridad del Señor,/ en nombre de la majestad/
del Señor, su Dios;/ y habitarán tranquilos,/
cuando su autoridad se extienda/ hasta los con-
fines de la tierra.
4[F]La paz vendrá así:/ Si Asiria se atreve a in-
vadir nuestro país/ y pisar nuestros palacios,/
le enfrentaremos siete pastores,/ ocho capita-
nes,/ 5que pastorearán Asiria con la espada,/ y
Nimrod con la daga./ Así nos librará de Asiria,/
cuando invada nuestro país/ y pise nuestro
territorio.
6[M]El resto de Jacob será en medio de muchas
naciones/ como rocío del Señor,/ como llovizna
sobre el césped,/ que no tiene que esperar/ a los
hombres ni aguardar a nadie.
7[F]El resto de Jacob será en medio de muchas
naciones/ como un león entre fieras salvajes,/
como cachorro en un rebaño de ovejas,/ que pe-
netra y pisotea/ y hace presa, sin que nadie lo
toque./ 8¡Alza tu mano contra los agresores/ y
sean aniquilados todos tus enemigos!
9[M]Aquel día –oráculo del Señor–/ les ani-
quilaré su caballería/ y destruiré sus carros,/
10aniquilaré sus ciudades/ y arrasaré las forta-
lezas,/ 11aniquilaré en tus manos tus hechice-
rías/ y no te quedarán adivinos,/ 12aniquilaré
en medio de ti ídolos y piedras conmemorativas/
y no adorarás las obras de tus manos,/ 13derri-
baré en medio de ti tus ídolos/ y acabaré con tus
bosques sagrados./ 14Con ira y cólera tomaré
venganza/ de las naciones que no obedezcan.

Llamada a juicio

6 1Escuchen lo que dice el Señor:/ Levántate,/
llama a juicio a los montes,/ que las colinas
escuchen tu voz./ 2Escuchen, montes, el juicio
del Señor,/ firmes cimientos de la tierra:/ el
Señor entabla juicio con su pueblo,/ pleitea con
Israel.
3Pueblo mío, ¿qué te hice, en qué te molesté?/
Respóndeme./ 4Te saqué de Egipto,/ te redimí de
la esclavitud,/ enviando por delante a Moisés,
Aarón y María.
5Pueblo mío, recuerda lo que planeaba Balac,
rey de Moab,/ y cómo respondió Balaán, hijo de
Beor;/ recuerda desde Sittim a Guilgal,/ para
que comprendas que el Señor tiene razón.

Compensación cúltica

6¿Con qué me presentaré al Señor,/ inclinán-
dome al Dios del cielo?/ ¿Me presentaré con ho-
locaustos,/ con terneros de un año?/ 7¿Aceptará
el Señor un millar de carneros/ o diez mil arro-
yos de aceite?/ ¿Le ofreceré mi primogénito por
mi culpa/ o el fruto de mi vientre por mi pecado?
8Hombre, ya te he explicado lo que está bien,/
lo que el Señor desea de ti:/ que defiendas el de-
recho y ames la lealtad,/ y que seas humilde con
tu Dios./ 9a¡Qué acierto es respetarte a ti!

Denuncias y amenazas

9b¡Oigan! El Señor llama a la ciudad,/ escu-
chen, tribus y sus asambleas:/ 10¿Voy a tolerar
la casa del malvado/ con sus tesoros mal adqui-
ridos,/ con sus medidas rebajadas e indignan-
tes?,/ 11¿voy a absolver las balanzas con trampa/
y una bolsa de pesas falsas?/ 12Los ricos están
llenos de violencias,/ la población miente,/ tie-
nen en la boca una lengua embustera.
13Por eso yo voy a comenzar a golpearte/ y a
devastarte por tus pecados:/ 14comerás sin sa-
ciarte,/ te retorcerás por dentro;/ si apartas
algo, se echará a perder;/ si se conserva, lo en-
tregaré a los guerreros;/ 15sembrarás y no cose-
charás,/ pisarás la aceituna y no te ungirás,/
pisarás la uva y no beberás vino.
16Ustedes observan los decretos de Omrí/ y
las prácticas de Ajab;/ siguen sus consejos;/ así
que los devastaré,/ entregaré la población a la
burla/ y tendrán que soportar la afrenta de mi
pueblo.

Discurso del profeta

7 1¡Ay de mí!/ Me sucede como al que rebusca/
terminada la vendimia:/ no quedan racimos
que comer/ ni brevas, que tanto me gustan;/
2han desaparecido del país los hombres leales,/
no queda un hombre honrado;/ todos acechan

para matar,/ se tienden redes unos a otros;/ 3sus
manos son buenas para la maldad:/ el príncipe
exige, el juez se soborna,/ el poderoso declara
sus ambiciones;/ 4se retuerce la bondad como
espinos/ y la rectitud como zarzales.
El día de la cuenta que anuncia el centinela/
llegará: pronto llegará la desgracia./ 5No se fíen
del prójimo,/ no confíen en el amigo,/ guarda
la puerta de tu boca/ de la que duerme en tus
brazos;/ 6porque el hijo deshonra al padre,/
se levantan la hija contra la madre,/ la nuera
contra la suegra/ y los enemigos de uno son los
de su casa./ 7Pero yo estoy alerta/ aguardan-
do al Señor,/ mi Dios y salvador:/ mi Dios me
escuchará.

Restauración

8No cantes victoria, mi enemiga:/ si caí, me
levantaré;/ si me siento en tinieblas, el Señor es
mi luz./ 9Soportaré la cólera del Señor,/ porque
pequé contra él,/ hasta que juzgue mi causa y
me haga justicia;/ me sacará a la luz y gozaré
de su justicia./ 10Mi enemiga al verlo se cubrirá
de vergüenza,/ la que me decía: ¿Dónde está tu
Dios?/ Mis ojos gozarán pronto viéndola/ piso-
teada como barro de la calle.
11Es el día de reconstruir tu muralla,/ es el día
de ensanchar tus fronteras./ 12el día en que ven-
drán a ti/ desde Asiria hasta Egipto,/ del Nilo
al Éufrates,/ de mar a mar, de monte a monte./
13El país con sus habitantes quedará desolado/
en pago de sus malas acciones.
14Pastorea a tu pueblo con tu bastón,/ a las
ovejas de tu propiedad,/ vecino solitario de los
bosques del Carmelo;/ que pasten como anti-
guamente/ en Basán y Galaad;/ 15como cuando
saliste de Egipto,/ muéstranos tus prodigios.
16Que los pueblos al verlo se avergüencen,/ a
pesar de su valentía;/ que se lleven la mano a
la boca/ y se tapen los oídos;/ 17que muerdan el
polvo/ como culebras, o como insectos;/ que sal-
gan temblando/ de sus guaridas,/ que teman y
se asusten ante ti,/ Señor, Dios nuestro.
18¿Qué Dios como tú perdona el pecado/ y
absuelve la culpa al resto de su herencia?/ No
mantendrá siempre la ira,/ porque ama la mise-
ricordia;/ 19volverá a compadecerse,/ destruirá
nuestras culpas,/ arrojará al fondo del mar to-
dos nuestros pecados.
20Así serás fiel a Jacob/ y leal a Abrahán,/
como lo prometiste en el pasado/ a nuestros
padres.

NAHÚN

Introducción

1 1Oráculo contra Nínive: texto de la visión de
Nahún de Elcas.

Teofanía y juicio

2El Señor es un Dios celoso y justiciero,/ el
Señor sabe enfurecerse y tomar venganza./ El
Señor se venga de sus adversarios,/ y guarda
rencor contra sus enemigos.
3El Señor es paciente y es poderoso,/ el Señor
nada deja sin castigo./ Camina en el huracán y
la tormenta,/ las nubes son el polvo de sus pa-
sos./ 4Ruge contra el mar y lo seca/ y evapora
todos los ríos;/ aridecen el Basán y el Carmelo/ y
se marchita la flor del Líbano.
5Las montañas tiemblan ante él,/ las coli-
nas se estremecen./ En su presencia se levanta
la tierra,/ el mundo y todos sus habitantes./
6¿Quién resistirá su enojo,/ quién aguantará su
ira ardiente?/ Su furor se derrama como fuego/
y las rocas se rompen ante él.
7El Señor es bueno,/ atiende a los que se re-
fugian en él,/ 8es refugio en el peligro,/ cuando
llega la inundación./ Extermina a sus contra-
rios,/ empuja a las tinieblas al enemigo./ 9¿Qué
traman contra el Señor?/ Su adversario no se
levantará dos veces,/ porque él lo aniquilará.
10Los que se emborrachan en festines/ serán
consumidos como maraña de espinos,/ como
montón de paja seca./ 11De ti salió el que tra-
maba maldades/ contra el Señor, el consejero
siniestro./ 12Así dice el Señor:/ Aunque sean
muchos y estén sanos,/ serán cortados y desa-
parecerán;/ si te afligí, ya no te afligiré más./
13Porque ahora romperé el yugo que te oprime,/
haré saltar tus cadenas.
14El Señor lo ha dispuesto para ti:/ ningún
descendiente continuará tu nombre./ Te des-
preciarán,/ pero te daré un sepulcro./ En el
templo de tu Dios/ aniquilaré ídolos e imágenes.

Fiesta en Jerusalén

2 1Miren, ya se acerca por los cerros/ el men-
sajero que anuncia la paz;/ Celebra tu fiesta,
Judá,/ cumple tus promesas,/ que el Criminal
no volverá a atravesarte/ porque ha sido ani-
quilado;/ 3porque el Señor restablece/ la gloria
de Jacob, la gloria de Israel,/ a quien habían
asaltado salteadores,/ destruyendo sus ramas.

Asalto y conquista de Nínive

2Que te asaltan los arietes/ y se estrecha el
cerco:/ vigila las entradas,/ prepárate para

*luchar/ y redobla tus fuerzas./ 4El escudo de la
tropa está rojo/ y los soldados visten de púr-
pura,/ reluce en los carros el brillo del acero/
cuando se forman para la batalla.*
*5Los jinetes vertiginosos,/ los carros enloque-
cidos/ se lanzan por calles y callejas/ revolvién-
dose como antorchas o relámpagos.*
*6Convoca a sus capitanes/ que tropiezan unos
con otros,/ al correr hacia las murallas/ y se
asegura la defensa./ 7Se abren las compuertas
de los ríos/ y el palacio se derrumba;/ 8hacen
formar y salir a los cautivos,/ conducen a las es-
clavas,/ que se golpean el pecho gimiendo como
palomas./ 9Nínive es un estanque/ cuyas aguas
se escapan:/ ¡Deténganse, deténganse!,/ pero
nadie se vuelve.*
*10Roben la plata, roben el oro,/ la riqueza es
inacabable,/ qué abundancia de toda clase de
objetos preciosos./ 11¡Destrucción, desolación,
devastación!/ El valor se funde,/ vacilan las
rodillas,/ se estremecen los cuerpos,/ el rostro
pierde el color.*
*12¿Dónde está la cueva de los leones,/ el pasti-
zal de los cachorros;/ adonde iban sin asustar-
se/ el león con la leona y sus crías?/ 13El león que
hacía presas para sus cachorros/ y despedazaba
para sus leonas,/ su cueva se llenaba de vícti-
mas,/ su guarida de despojos.*
*14¡Aquí estoy yo contra ti!/ –oráculo del Se-
ñor de los ejércitos–./ Arderán humeando tus
carros/ y la espada devorará tus cachorros,/
extirparé de la tierra tus presas/ y no volverá a
sonar la voz de tus mensajeros.*

Ciudad sanguinaria

3 *1¡Ay de la ciudad sanguinaria y traidora,/
repleta de rapiñas, insaciable de despojos!/
2Escuchen: látigos, estrépito de ruedas,/ ca-
ballos al galope, carros rebotando,/ 3jinetes al
asalto, brillar de espadas,/ relampagueo de lan-
zas, multitud de heridos,/ masas de cadáveres,
cadáveres sin fin,/ se tropieza en cadáveres./
4Por las muchas fornicaciones de la prostituta,/
tan hermosa y hechicera,/ que vendía pueblos
con sus fornicaciones/ y tribus con sus hechi-
cerías;/ 5¡aquí estoy yo contra ti!/ –oráculo del
Señor Todopoderoso–.*
*Te levantaré hasta la cara las faldas,/ ense-
ñando tu desnudez a los pueblos,/ tu vergüen-
za a los reyes./ 6Te arrojaré basura encima/
y te expondré a la pública deshonra./ 7Los que
te vean se apartarán de ti diciendo:/ Desolada
está Nínive,/ ¿quién la compadecerá?/ ¿Dónde
encontrar quien la consuele?*

Tú como ella

*8¿Eres tú mejor que No-Amón,/ señora del Ni-
lo, rodeada de aguas?/ Su fortaleza era el mar,/
las aguas su muralla,/ 9incontables nubios,/
egipcios sin número,/ libios y nubios eran sus
defensores.*
*10También ella fue al destierro,/ marchó pri-
sionera,/ sus hijos fueron estrellados en las
encrucijadas,/ se rifaron a los nobles/ y enca-
denaron a los notables./ 11También tú te em-
briagarás y te esconderás,/ también tú buscarás
asilo lejos del enemigo.*
*12Tus fortalezas son higueras/ cargadas de hi-
gos maduros,/ al sacudirlas caen en la boca que
las come./ 13Mira, tus soldados se han vuelto/
mujeres frente al enemigo;/ abiertas están las
puertas de tu territorio/ y el fuego ha consumi-
do los cerrojos.*

No hay remedio

*14Junta agua para el asedio,/ fortifica las de-
fensas,/ pisa lodo, aplasta arcilla,/ métela en
el molde:/ 15que el fuego te consumirá,/ como
devora la langosta,/ y la espada te aniquilará:/
aunque te multipliques como la langosta,/ te
multipliques como los saltamontes,/ 16la lan-
gosta muda la piel y vuela;/ aunque sean tus
comerciantes/ más que las estrellas del cielo,/
17tus capitanes como langostas,/ tus jefes como
insectos,/ posados en la tapia durante el frío,/ al
brillar el sol se marchan sin dejar huella.*
*18Tus pastores, rey de Asiria, se han dormido/
y tus capitanes se han tumbado,/ la tropa está
dispersa por los montes/ y no hay quien la reú-
na./ 19No hay remedio para tu herida,/ tu herida
es insanable.*
*Los que oyen noticias tuyas aplauden,/ pues,
¿quién no ha experimentado/ tu perpetua
maldad?*

HABACUC

Introducción

1 1Oráculo recibido en visión por el profeta
Habacuc.

Impaciencia y anuncio

*2¿Hasta cuándo, Señor,/ pediré auxilio sin que
me escuches?/ ¿Hasta cuándo te gritaré: ¡Vio-
lencia!,/ sin que me salves?/ 3¿Por qué me ha-
ces ver crímenes,/ me enseñas injusticias,/ me
pones delante violencias y destrucción/ y sur-
gen discordias/ y se alzan contiendas?/ 4La ley
cae en desuso/ y el derecho no sale vencedor,/*

los malvados cercan al inocente/ y el derecho es
pisoteado.
5Miren a las naciones,/ asómbrense y quéden-
se sin palabras:/ en sus días haré una obra tal,/
que si se la contaran, no la creerían./ 6Yo pondré
en pie de guerra/ a un pueblo cruel y resuelto/
que recorrerá la anchura de la tierra/ conquis-
tando poblaciones ajenas.
7Es temible y terrible:/ no reconoce más ley
que su voluntad y su derecho./ 8Sus caballos son
más veloces que panteras,/ más salvajes que lo-
bos del desierto./ Sus jinetes galopan,/ sus jine-
tes vienen de lejos/ volando como águila sobre
la presa.
9Todos llegan dispuestos a matar,/ con el ros-
tro tendido hacia adelante,/ y juntan prisione-
ros como arena./ 10Es un pueblo que se ríe de los
reyes,/ se burla de los jefes;/ juega con las ciu-
dades fortificadas,/ construye terraplenes de
asalto/ y las conquista./ 11Después toma aliento
y continúa./ Su fuerza es su dios.

Súplica y descripción

12Señor, ¿no eres tú, desde antiguo/ mi Dios
santo que no muere?/ Señor, ¿lo has puesto tú en
el tribunal?/ Roca, ¿lo has establecido para que
juzgue?/ 13Tus ojos son demasiado puros/ para
estar mirando el mal,/ no puedes estar contem-
plando la opresión:/ ¿por qué, entonces, con-
templas/ en silencio a los traidores,/ al culpable
que devora al inocente?
14¿Hiciste tú a los hombres/ como peces del
mar,/ como reptiles sin jefe?/ 15Él los saca a
todos con el anzuelo,/ los apresa en la red,/ los
junta en su bolsa/ y luego ríe satisfecho;/ 16y
ofrece sacrificios,/ e incienso a las redes/ por-
que le dieron rica presa,/ comida sustanciosa./
17¿Y seguirá utilizando sus redes/ y matando
pueblos sin compasión?

Espera y oráculo

2 1Me pondré de centinela,/ haré la guardia
observando atento/ a ver qué me dice,/ qué
responde a mi reclamo.
2El Señor me respondió:/ Escribe la visión,/
grábala en tablillas,/ de modo que se lea de
corrido:/ 3la visión tiene un plazo fijado,/ ca-
mina hacia la meta,/ no fallará; aunque tarde,
espérala,/ que llegará sin retraso./ 4El ánimo
soberbio fracasará;/ pero el justo, por su fide-
lidad, vivirá./ 5Aunque lo intente el traidor,/
el hombre orgulloso, nada conseguirá;/ aun-
que ensanche su boca como el abismo/ y sea
insaciable como la muerte;/ aunque arrase
con todos los pueblos/ y se adueñe de todas las
naciones.

Copla de los cinco ayes

6Todos ellos entonarán contra él/ coplas y ver-
sos con aguda ironía./ ¡Ay del que acumula/ lo
que no le pertenece,/ ¿por cuánto tiempo?,/ y
amontona objetos empeñados!
7De pronto se alzarán tus acreedores,/ des-
pertarán/ y, sacudiéndote bien, te desvalija-
rán;/ 8porque saqueaste a tantas naciones,/ los
demás pueblos te saquearán;/ por tus asesinatos
y violencias/ en países, ciudades y poblaciones.
9¡Ay del que mete en casa ganancias injustas/
y anida muy alto para librarse de la desgracia!/
10Destruyendo a tantas naciones/ has acarrea-
do la deshonra de tu casa/ y has malogrado tu
vida./ 11Hasta las piedras de las paredes recla-
marán/ y las vigas de madera responderán.
12¡Ay del que construye con sangre la ciudad/
y funda la capital sobre el crimen!/ 13El Señor de
los ejércitos ha decidido/ que trabajen los pue-
blos para el fuego/ y las naciones se cansen inú-
tilmente,/ 14cuando toda la tierra se llene/ del
conocimiento de la gloria del Señor,/ como las
aguas colman el mar.
15¡Ay del que emborracha a su prójimo,/ lo
embriaga con una copa drogada,/ para mirarlo
desnudo!/ 16Bebe tú también/ y enseña el pre-
pucio,/ llénate de ofensas y no de honores,/ que
la copa de la mano del Señor/ se volverá contra
ti/ y tu gloria se convertirá en vergüenza./ 17El
Líbano violentado te aplastará,/ la matanza de
animales te aterrará:/ por tus asesinatos y vio-
lencias/ en países, ciudades y poblaciones.
19¡Ay del que dice a un trozo de madera: Des-
pierta,/ y a una piedra: levántate!/ ¿Te va a
comunicar algún mensaje?/ Míralo recubierto
de oro y plata,/ y no tiene alma./ 18¿De qué le
sirve al ídolo que lo talle el artesano/ si es una
imagen, un maestro de mentiras?/ ¿De qué le
sirve al artesano confiar en su obra/ o fabricar
ídolos mudos?/ 20En cambio, el Señor está en su
santo templo:/ ¡silencio en su presencia/ todo el
mundo!

Himno del profeta

3 1Intercesión del profeta Habacuc por delitos
inadvertidos.
2¡Señor, he oído tu fama;/ Señor, he visto tu
obra!/ Realízala, ahora, en nuestra vida/ mani-
fiéstala, en nuestros días,/ y aunque estés eno-
jado/ acuérdate de la compasión.
3El Señor viene de Temán,/ el Santo del monte
Farán;/ su resplandor cubre el cielo/ y la tierra
se llena de sus alabanzas;/ 4su brillo es como el
sol;/ su mano despide rayos/ y allí se esconde su
poder.

[5]*Ante él marcha la Peste,/ la Fiebre sigue sus*
pasos./ [6]*Se detiene y tiembla la tierra,/ lan-*
za una mirada/ y dispersa a las naciones;/ se
derrumban las viejas montañas,/ se hunden
las antiguas colinas,/ las órbitas primordiales,
ante él./ [7]*Hundidas veo las tiendas de Cusán,/*
sacudidas las lonas de Madián.
[8]*¿Es que arde, Señor, contra los ríos,/ con-*
tra los ríos tu cólera,/ contra el mar tu furor,/
cuando montas tus caballos,/ tu carro victorio-
so?/ [9]*Desenfundas y preparas tu arco,/ cargas*
de flechas tu bolsa./ Agrietas con torrentes el
suelo/ [10]*y al verte tiemblan las montañas;/ cae*
una lluvia torrencial,/ el océano hace oír su
voz,/ levanta sus brazos a lo alto.
[11]*Sol y luna se detienen en su morada/ a la luz*
de tus flechas que cruzan,/ al brillo del relám-
pago de tu lanza./ [12]*Caminas enfurecido por la*
tierra,/ pisoteas furioso a los pueblos,/ [13]*sales*
a salvar a tu pueblo,/ a salvar a tu ungido:/ des-
trozas el techo de la casa del malvado,/ desnu-
das sus cimientos hasta la roca.
[14]*Con tus flechas atraviesas al capitán/ y*
sus tropas se dispersan en torbellino/ cuan-
do triunfantes iban a devorar/ una víctima a
escondidas./ [15]*Pisas el mar con tus caballos/ y*
hierve la inmensidad de las aguas.
[16]*Lo escuché y temblaron mis entrañas,/ al*
oírlo se estremecieron mis labios,/ me entró un
escalofrío por los huesos/ y me temblaban las
piernas al andar./ Gimo por el día de angustia/
que se viene sobre el pueblo que nos oprime./
[17]*Aunque la higuera no echa brotes/ y las cepas*
no dan fruto,/ aunque el olivo se niega a su ta-
rea/ y los campos no dan cosechas,/ aunque se
acaban las ovejas del corral/ y no quedan vacas
en el establo; [18]*yo festejaré al Señor/ gozando*
con mi Dios salvador:/ [19]*el Señor es mi fuerza,/*
me da piernas de gacela,/ me encamina por las
alturas.

SOFONÍAS

Introducción

1 [1]Palabras del Señor que recibió Sofonías, hijo
de Cusí, hijo de Godolías, hijo de Azarías, hijo
de Ezequías, durante el reinado de Josías, hijo de
Amón, en Judá.

Destrucción

[2]*Acabaré con todo en la superficie de la tierra/*
–oráculo del Señor–:/ [3]*acabaré con hombres y*
animales,/ acabaré con las aves del cielo y los
peces del mar,/ con los escándalos y los malva-
dos;/ eliminaré a los hombres de la superficie de
la tierra/ –oráculo del Señor–.
[4]*Extenderé mi mano contra Judá/ y contra to-*
dos los vecinos de Jerusalén,/ eliminaré de este
lugar/ lo que queda de Baal/ y el nombre de sus
sacerdotes y su clero,/ [5]*eliminaré a los que ado-*
ran en las azoteas a los astros del cielo,/ a los
que adorando al Señor y jurando por él,/ juran
también por Malcom,/ [6]*a los que se apartan del*
Señor,/ a los que no lo buscan ni lo consultan.

Días de ira

[7]*¡Silencio en presencia del Señor!,/ que se*
acerca el día del Señor./ El Señor ha preparado
un banquete/ y ha purificado a sus invitados./
[8]*El día del banquete del Señor/ pediré cuentas a*
nobles y príncipes reales/ y a cuantos visten a la
moda extranjera;/ [9]*a los que escalan la terraza*
del templo/ –ese día–, a los que llenan de enga-
ños/ y violencias la casa de su Señor.
[10]*Aquel día –oráculo del Señor–/ se oirá gri-*
tar en la Puerta del Pescado,/ gemir en el Ba-
rrio Nuevo/ y lamentarse en las colinas:/ [11]*¡Gi-*
man, vecinos del Mortero!/ Que se acabaron los
mercaderes,/ desaparecieron los que cambian
dinero.
[12]*Entonces registraré a Jerusalén con antor-*
chas,/ para pedir cuentas/ a los adormecidos
con vinos generosos,/ a los que piensan: Dios no
actúa ni bien ni mal;/ [13]*sus riquezas serán sa-*
queadas,/ sus casas derribadas,/ las casas que
construyan no las habitarán,/ de las viñas que
planten no beberán vino.
[14]*¡Se acerca el día grande del Señor!/ Se acerca*
con gran rapidez:/ el día del Señor es más ágil
que un fugitivo,/ más veloz que un soldado.
[15]*Ese día será un día de cólera,/ día de an-*
gustia y aflicción,/ día de destrucción y deso-
lación,/ día de oscuridad y tinieblas,/ día de
nubes y nubarrones,/ [16]*día de trompeta y gritos*
de guerra,/ contra las ciudades fortificadas,/
contra las altas torres de defensa.
[17]*Perseguiré a los hombres,/ para que anden*
ciegos,/ porque pecaron contra el Señor;/ su
sangre se derramará como polvo,/ sus entrañas
como estiércol,/ [18]*ni su plata ni su oro podrán*
librarlos,/ el día de la cólera del Señor,/ cuando
el fuego de su celo/ consuma la tierra entera,/
cuando acabe cruelmente/ con todos los habi-
tantes de la tierra.

2 [1]*¡Amontónense bien, pueblo despreciable!,/*
[2]*antes que los desparrame/ como paja que se*
vuela,/ antes que los alcance/ el incendio de la
ira del Señor,/ antes que los alcance/ el día de la
ira del Señor./ [3]*Busquen al Señor, los humildes/*

que cumplen sus mandatos:/ busquen la justi-
cia,/ busquen la humildad,/ tal vez así encon-
trarán un refugio/ el día de la ira del Señor.

Contra las naciones

4Gaza quedará abandonada;/ Ascalón, devas-
tada;/ Asdod, despoblada al mediodía;/ Ecrón,
arrancada./ 5¡Ay de los que habitan en la costa,/
pueblo cretense!/ –la Palabra del Señor va por
ustedes–:/ Canaán, tierra filistea,/ te dejaré
totalmente despoblada,/ 6el litoral se converti-
rá en pastizal,/ terreno del resto de los judíos,/
7prados de pastores,/ corrales de ovejas, que
pastarán allí/ y al atardecer se recogerán/ en
las casas de Ascalón,/ cuando el Señor, su Dios,
los visite/ para cambiar su suerte.
8He oído los insultos de Moab,/ los ultrajes
de los amonitas:/ insultaban a mi pueblo;/ in-
vadían su territorio;/ 9por eso ¡juro por mi vi-
da!/ –oráculo del Señor todopoderoso,/ Dios
de Israel–,/ Moab será como Sodoma,/ Amón
como Gomorra:/ campo de ortigas,/ mina de
sal, desierto permanente./ –El resto de mi pue-
blo los saqueará,/ sus supervivientes serán sus
dueños–.
10Esa será la paga de su orgullo,/ de sus in-
sultos despreciativos,/ contra el pueblo del Se-
ñor todopoderoso;/ 11terrible se les mostrará el
Señor/ cuando elimine a todos los dioses de la
tierra;/ entonces le rendirán homenaje/ cada
una en su lugar/ hasta las islas de los paganos./
12También ustedes, nubios,/ caerán atravesados
por mi espada.
13Él extenderá su mano hacia el norte/ y ex-
terminará a Asiria,/ dejará a Nínive desolada,/
hecha un arenal, un desierto:/ 14en su recinto
se tumbarán/ manadas de fieras de toda espe-
cie,/ lechuzas y erizos pernoctan en los capite-
les,/ resuena su canto en las ventanas,/ el um-
bral queda destrozado,/ las maderas de cedro
desnudas.
15Esta es la ciudad bulliciosa/ que vivía con-
fiada,/ que pensaba: Yo y nadie más,/ quedó
reducida a escombros,/ a madriguera de fie-
ras;/ los que pasan junto a ella/ silban y agitan
la mano.

Juicio de Jerusalén

3 1¡Ay de la ciudad rebelde,/ manchada y
opresora!/ 2No obedeció ni escarmentó,/ no
confiaba en el Señor/ ni acudía a su Dios;/ 3sus
príncipes eran en ella leones rugiendo;/ sus jue-
ces, lobos a la tarde,/ sin comer desde la maña-
na;/ 4sus profetas, unos fanfarrones,/ hombres
desleales;/ sus sacerdotes profanaban las cosas
santas,/ violentaban la ley./ 5En ella está el Se-
ñor justo,/ que no comete injusticia;/ cada ma-
ñana dicta sentencia,/ al alba sin falta;/ pero el
criminal no reconoce su culpa.
6Aniquilé naciones,/ derribé sus torres for-
tificadas,/ llené de escombros sus calles/ para
que nadie transitara,/ arrasé sus ciudades/ pa-
ra que nadie las habitase,/ 7pensando:/ Quizá
escarmiente y me tema,/ y no será destruido su
hogar/ cuando yo le haga rendir cuentas;/ pero
ellos madrugaban/ para cometer toda clase de
maldades.
8Por eso, esperen –oráculo del Señor–/ a que
yo me levante a acusar,/ porque yo suelo reunir
a los pueblos,/ juntar a los reyes,/ para derra-
mar sobre ellos mi furor,/ el incendio de mi ira;/
en el fuego de mi celo/ se consumirá la tierra
entera.

Restauración

9Entonces purificaré/ los labios de los pue-
blos/ para que invoquen todos/ el Nombre del
Señor/ y le sirvan de común acuerdo;/ 10desde
más allá de los ríos de Etiopía,/ de la disper-
sión,/ los que me rezan me traerán ofrendas.
11Aquel día no tendrás que avergonzarte/ de
las acciones con que me ofendiste,/ porque ex-
tirparé tus soberbios discursos/ y no volverás a
insolentarte/ en mi monte santo.
12Dejaré en ti un pueblo pobre y humilde,/ 13un
resto de Israel que se acogerá al Señor,/ que no
cometerá crímenes/ ni dirá mentiras/ ni tendrá
en la boca una lengua embustera./ Pastarán y se
tenderán/ sin que nadie los espante.
14¡Grita, ciudad de Sión;/ lanza vítores, Is-
rael;/ festéjalo exultante, Jerusalén capital!/
15Que el Señor ha expulsado a los tiranos,/ ha
echado a tus enemigos;/ el Señor dentro de ti es
el rey de Israel/ y ya no temerás nada malo.
16Aquel día dirán a Jerusalén:/ No temas, Sión,
no te acobardes;/ 17el Señor, tu Dios, es dentro
de ti/ un soldado victorioso/ que goza y se ale-
gra contigo,/ renovando su amor,/ se llena de
júbilo por ti,/ 18como en día de fiesta./ Apar-
taré de ti la desgracia/ y la vergüenza que pesa
sobre ti;/ 19entonces yo mismo/ trataré con tus
opresores,/ salvaré a los inválidos,/ reuniré a
los dispersos,/ les daré fama y renombre en la
tierra/ donde ahora los desprecian./ 20Enton-
ces los traeré,/ y cuando los haya reunido,/ les
daré fama y renombre/ en todos los pueblos del
mundo,/ cambiando su suerte/ ante sus propios
ojos/ –lo ha dicho el Señor–.

AGEO

Introducción

1 1El año segundo del reinado de Darío, el día
primero del sexto mes, el Señor dirigió la pa-
labra, por medio del profeta Ageo, a Zorobabel,
hijo de Sealtiel, gobernador de Judea, y a Josué,
hijo de Yosadac, sumo sacerdote:

Primer oráculo

2»Así dice el Señor Todopoderoso: Este pueblo
anda diciendo que todavía no ha llegado el mo-
mento de reconstruir el templo. 3Y el Señor diri-
gió la palabra, por medio del profeta Ageo: 4¿De
modo que es tiempo de vivir en casas lujosas,
mientras el templo está en ruinas?

5*Pues ahora, así dice el Señor Todopoderoso:/*
Fíjense en su situación:/ 6*Siembran mucho, pe-*
ro cosechan poco,/ comen, pero se quedan con
hambre;/ beben, pero siguen sedientos;/ se
abrigan, pero tienen frío;/ y el asalariado guar-
da su paga en saco roto.

7*Así dice el Señor Todopoderoso:/ Fíjense en su*
situación;/ 8*suban al monte, traigan maderos,/*
construyan el templo;/ yo lo aceptaré/ y mos-
traré en él mi gloria/ –dice el Señor–.

9*Esperaban abundancia, resultó escasez;/ lo*
que guardan en su casa, yo lo disperso de un so-
plo;/ ¿por qué? –oráculo del Señor Todopodero-
so–./ Porque mi casa está en ruinas,/ mientras
ustedes disfrutan cada uno de su casa.

10Por eso el cielo ha retenido el rocío y la tie-
rra ha retenido la cosecha; 11porque he llamado
una sequía sobre la tierra y los montes; sobre el
trigo, el vino, el aceite; sobre los productos del
campo, sobre hombres y ganados; sobre todos
sus trabajos.

12Zorobabel, hijo de Sealtiel, y Josué, hijo de
Yosadac, sumo sacerdote, y el resto del pueblo
obedecieron al Señor; porque el pueblo, al oír
las palabras del profeta Ageo, tuvo miedo al
Señor. 13Ageo, mensajero del Señor, transmitió
al pueblo este mensaje del Señor: «Yo estoy con
ustedes –oráculo del Señor–». 14El Señor mo-
vió a Zorobabel, hijo de Sealtiel, gobernador
de Judea; a Josué, hijo de Yosadac, sumo sa-
cerdote, y al resto del pueblo; ellos fueron y
emprendieron las obras del templo del Señor
de los ejércitos, su Dios. 15Era el veinticuatro
del sexto mes.

Segundo oráculo

2 1El año segundo del reinado de Darío, el vein-
tiuno del mes séptimo, el Señor dirigió la
palabra por medio del profeta Ageo:
2»Di a Zorobabel, hijo de Sealtiel, gobernador
de Judea, y a Josué, hijo de Yosadac, sumo sa-
cerdote, y al resto del pueblo: 3¿Queda alguien
entre ustedes que haya visto este templo en su
esplendor primitivo?, ¿qué es lo que ven ahora?,
¿no les parece que no existe?

»4*Pues ánimo, Zorobabel/ –oráculo del Se-*
ñor–;/ ánimo, Josué,/ hijo de Yosadac, sumo
sacerdote;/ ánimo, pueblo entero/ –oráculo del
Señor–;/ ¡a la obra!, que yo estoy con ustedes/
–oráculo del Señor Todopoderoso–,/ 5*según el*
compromiso que pacté con ustedes/ cuando sa-
lieron de Egipto,/ y mi Espíritu sigue entre us-
tedes;/ no teman.

6»Y así dice el Señor Todopoderoso: Dentro
de muy poco yo agitaré cielo y tierra, mares y
continentes; 7haré temblar a todas las nacio-
nes y vendrán las riquezas de todos los pue-
blos, y llenaré este templo de gloria –dice el
Señor Todopoderoso–. 8Mía es la plata, mío es
el oro –oráculo del Señor Todopoderoso–. 9La
gloria de este segundo templo será mayor que
la del primero –dice el Señor Todopoderoso–.
En este sitio daré la paz –oráculo del Señor
Todopoderoso–.

Tercer oráculo

10El segundo año de Darío, el veinticuatro del
mes noveno, recibió el profeta Ageo esta Pala-
bra del Señor: 11«Así dice el Señor Todopodero-
so: Consulta a los sacerdotes el caso siguiente:
12Si uno toca carne consagrada con los pliegues
del vestido y toca con ella pan o caldo o vino
o aceite o cualquier alimento, ¿quedan consa-
grados?». Los sacerdotes respondieron que no.
13Ageo añadió: «Y si cualquiera de esas cosas
toca un cadáver, ¿queda contaminada?». Los sa-
cerdotes respondieron que sí.

14Y Ageo replicó:

«Lo mismo le pasa a este pueblo y nación res-
pecto a mí: todas las obras que me ofrecen están
contaminadas. 15Ahora bien, fíjense en el pa-
sado. Antes de construir el templo: 16¿cómo les
iba? El montón cuyo peso calculaban que pesaba
veinte no pesaba más que diez; calculaban sacar
cincuenta toneles de vino del lagar y sacaban
veinte. 17Es que yo hería con gorgojo, pulgón y
granizo sus trabajos, y no se volvían a mí –orá-
culo del Señor–. 18Ahora, mirando hacia atrás,
fíjense en el día veinticuatro del mes noveno,
cuando se echaron los cimientos del templo del
Señor: 19¿quedaba grano en el granero? Viñas,
higueras, granados y olivos no producían. A par-
tir de ese día los bendigo».

Cuarto oráculo

20El veinticuatro del mismo mes el Señor di-
rigió por segunda vez la palabra a Ageo: 21«Di a
Zorobabel, gobernador de Judea: Haré temblar
cielo y tierra, 22volcaré los tronos reales, des-
truiré el poder de los reinos paganos, volcaré
carros y conductores, caballos y jinetes morirán
a manos de sus camaradas. 23Aquel día –oráculo
del Señor Todopoderoso– te tomaré, Zorobabel,
hijo de Sealtiel, siervo mío –oráculo del Señor–;
te haré mi anillo de sellar, porque te he elegido
–oráculo del Señor Todopoderoso–».

ZACARÍAS

ZACARÍAS I (1–8)

Introducción

1 1En el año segundo de Darío, el mes octavo, el
Señor dirigió la palabra al profeta Zacarías,
hijo de Berequías, hijo de Idó:

Exhortación a la conversión

2El Señor estaba muy irritado con los antepa-
sados de ustedes. 3Ahora diles: Así dice el Señor
Todopoderoso: Vuelvan a mí –oráculo del Señor
Todopoderoso–, y yo volveré a ustedes –dice el
Señor Todopoderoso–.
4No sean como sus antepasados, a quienes
predicaban los más antiguos profetas diciendo:
Así dice el Señor Todopoderoso: Conviértanse de
su mala conducta y de sus malas acciones; pero
ellos no me escucharon ni me hicieron caso –
oráculo del Señor Todopoderoso–.
5Sus antepasados, ¿dónde están?, sus profe-
tas, ¿viven para siempre? 6En cambio, mis pala-
bras y decretos, que encomendé a mis siervos los
profetas, ¿no alcanzaron a sus antepasados? En-
tonces se convirtieron diciendo: Como el Señor
había dispuesto tratarnos por nuestra conducta,
y nuestras acciones, así nos ha tratado.

Primera visión

7El veinticuatro del mes undécimo del segun-
do año del reinado de Darío, el Señor dirigió la
palabra a Zacarías, hijo de Berequías, hijo de
Idó: 8En una visión nocturna se me apareció
un jinete sobre un caballo rojo, parado en una
hondonada entre unos arbustos; detrás de él
había caballos rojos, castaños y blancos. 9Pre-
gunté: «¿Quiénes son, señor?». Me contestó el
ángel que hablaba conmigo: «Te voy a enseñar
quiénes son». 10Y el que estaba entre los ar-
bustos me dijo: «A estos los ha despachado el
Señor para que recorran la tierra». 11Ellos infor-
maron al ángel del Señor, que estaba entre los
arbustos: «Hemos recorrido la tierra y la hemos
encontrado en paz y tranquila». 12Entonces el
ángel del Señor dijo: «Señor Todopoderoso,
¿cuándo te vas a compadecer de Jerusalén y de
los pueblos de Judá? Ya hace setenta años que
estás enojado con ellos».
13El Señor contestó al ángel que hablaba con-
migo palabras buenas, frases de consuelo. 14Y el
ángel que me hablaba me ordenó proclamar:
»*Así dice el Señor Todopoderoso:/ Siento celos
de Jerusalén,/ celos grandes de Sión,/* 15*y siento
un gran enojo/ contra las naciones confiadas/
que se aprovechan de mi breve enojo/ para re-
doblar su maldad.*
16*Por eso, así dice el Señor:/ Me vuelvo a Je-
rusalén con compasión,/ mi templo será reedi-
ficado/ –oráculo del Señor Todopoderoso–/ y
aplicarán la plomada a Jerusalén.*
17*Sigue proclamando: Así dice el Señor Todo-
poderoso:/ Otra vez rebosarán las ciudades de
bienes,/ el Señor consolará otra vez a Sión,/ Je-
rusalén será su elegida.*

Segunda visión

2 1Levanté la vista y vi cuatro cuernos. 2Pre-
gunté al ángel que hablaba conmigo: «¿Qué
significan?». Me contestó: «Significan los
cuernos que dispersaron a Judá, a Israel y Je-
rusalén». 3Después el Señor me enseñó cuatro
herreros. 4Pregunté: «¿Qué han venido a ha-
cer?». Respondió: «Aquellos son los cuernos
que dispersaron tan bien a Judá, que nadie pudo
levantar cabeza, y los herreros han venido a es-
pantarlos, a derribar los cuernos de las naciones
que embestían a Judá para dispersarla».

Tercera visión

5Levanté la vista y vi a un hombre con un cor-
del de medir. 6Pregunté: «¿Adónde va ese?». Me
contestó: «A medir Jerusalén, para comprobar
su anchura y longitud». 7Entonces se adelantó
el ángel que hablaba conmigo y otro ángel le
salió al encuentro, diciéndole: 8«Corre a decirle
a aquel muchacho: Por la multitud de hombres
y ganados que habrá, Jerusalén será ciudad
abierta; 9yo la rodearé como muralla de fuego
y mi gloria estará en medio de ella –oráculo del
Señor–.
10*¡Ánimo, vamos!, escapen del país del norte/
–oráculo del Señor–,/ que yo los dispersé a los
cuatro vientos/ –oráculo del Señor–.*
11*¡Ánimo, hijos de Sión,/ que habitan en Babi-
lonia, escapen!/* 12*Porque así dice el Señor Todo-
poderoso/ a las naciones que los deportaron:/ El
que los toca a ustedes,/ toca a la niña de mis ojos.*

13Yo levantaré mi mano contra ellos,/ y serán
saqueados por sus propios esclavos,/ y sabrán
que el Señor Todopoderoso/ me ha enviado./
14Festeja y aclama, joven Sión,/ que yo vengo a
habitar en ti/ –oráculo del Señor–.
15Aquel día se incorporarán al Señor/ muchos
pueblos/ y serán pueblo mío;/ habitaré en medio
de ti,/ y sabrás que el Señor Todopoderoso/ me
ha enviado a ti./ 16El Señor tomará a Judá como
herencia suya/ en la tierra santa/ y volverá a
elegir a Jerusalén.
17¡Silencio todos ante el Señor,/ que se levanta
en su santa morada!

Cuarta visión

3 1Después me enseñó al sumo sacerdote, Jo-
sué, de pie ante el ángel del Señor. A su de-
recha estaba el Satán acusándolo. 2El Señor dijo
a Satán: «El Señor te llama al orden, Satán; el
Señor, que ha escogido a Jerusalén, te llama al
orden. ¿No es ese un carbón ardiente sacado del
fuego?». 3Josué estaba vestido con un traje su-
cio, de pie delante del ángel. 4este dijo a los que
estaban allí delante:«Quítenle el traje sucio». Y
a él le dijo: «Mira, aparto de ti la culpa y te visto
de fiesta». 5Y añadió: «Pónganle en la cabeza un
turbante limpio». Le pusieron el turbante limpio
y lo revistieron.
6El ángel del Señor, que estaba de pie, dijo a
Josué:
7Así dice el Señor Todopoderoso:/ Si sigues mi
camino/ y guardas mis mandamientos,/ tam-
bién administrarás mi templo/ y guardarás mis
atrios,/ y te dejaré acercarte/ con esos que ahí
están.
8Escuchen, Josué, sumo sacerdote,/ y sus com-
pañeros que están sentados delante de él:/ uste-
des son figuras proféticas de lo que ha de venir./
Yo he de traer a mi siervo Germen./ 9Miren la
piedra que presento a Josué:/ es una y lleva siete
ojos./ Tiene una inscripción:/ En un día quita-
ré el pecado de esta tierra/ –oráculo del Señor
Todopoderoso–.
10Aquel día se invitarán unos a otros/ a des-
cansar bajo la parra y la higuera/ –oráculo del
Señor Todopoderoso–.

Quinta visión

4 1Volvió el ángel que hablaba conmigo y me
despertó como se despierta a uno del sueño;
2y me dijo: «¿Qué ves?». Contesté: «Veo un can-
delabro de oro macizo con un recipiente para el
aceite encima, y siete lámparas a las que llega el
aceite por siete tubos. 3Y dos olivos junto a él,
a derecha e izquierda». 4Pregunté al ángel que
hablaba conmigo: «¿Qué significa, señor?». 5El
ángel que hablaba conmigo contestó: «Pero, ¿no
sabes lo que significan?». Repuse: «No, señor».
6aEntonces él me explicó: 10b«Esas siete lám-
paras representan los ojos del Señor, que se pa-
sean por toda la tierra». 11Entonces yo pregunté:
«¿Y qué significan esos dos olivos a derecha e
izquierda del candelabro?». 12Insistí: «¿Qué sig-
nifican las dos ramas de olivo junto a los dos
tubos de oro que conducen el aceite?».
13Me dijo: «Pero, ¿no lo sabes?». Respondí:
«No, señor». 14Y me dijo: «Son los dos ungidos
que sirven al Dueño de todo el mundo». 6bEn esto
dice el Señor a Zorobabel: «No cuentan la fuerza
ni la riqueza, lo que cuenta es mi Espíritu –dice
el Señor Todopoderoso–. 7¿Quién eres tú, gran
montaña? Delante de Zorobabel quedarás con-
vertida en llanura. Él sacará la piedra principal
entre exclamaciones: ¡Qué bella, qué bella!».
8El Señor me dirigió la palabra: 9Zorobabel
con sus manos puso los cimientos de esta casa
y con sus manos la terminará. Y así sabrás que
el Señor Todopoderoso me ha enviado a ustedes.
10aEl que despreciaba los humildes comienzos,
gozará viendo en manos de Zorobabel la piedra
emplomada.

Sexta visión

5 1Levanté de nuevo la vista y vi un libro que
volaba. 2El ángel me preguntó: «¿Qué ves?».
Contesté: «Veo un libro que vuela, de diez me-
tros por cinco». 3Me explicó: «Es la maldición
que se dirige a la superficie de todo el país. Por
un lado del libro está escrito: Los ladrones que-
dan sin castigo, por el otro: Los que juran en fal-
so quedan sin castigo. 4Yo la haré venir –oráculo
del Señor Todopoderoso– para que entre en casa
del ladrón y en casa del que jura falsamente por
mi Nombre; se instalará en la casa hasta consu-
mir maderas y piedras».

Séptima visión

5El ángel que hablaba conmigo se adelantó y
me dijo: «Levanta la vista y mira lo que apa-
rece». 6Pregunté: «¿Qué?». Me contestó: «Un
recipiente de una medida de harina: así de
grande es la culpa en todo el país». 7Entonces
se levantó la tapa de plomo y apareció una mujer
sentada dentro del recipiente. 8Me explicó: «Es
la maldad». La empujó dentro del recipiente y
puso la tapa de plomo. 9Levanté la vista y vi
dos mujeres, con alas de cigüeña aleteando en
el viento, que transportaban el recipiente entre
cielo y tierra.
10Pregunté al ángel que hablaba conmigo:
«¿Adónde se llevan el recipiente?». 11Me con-
testó: «A construirle un santuario en territorio

de Senaar, y cuando esté terminado, la pondrán sobre un pedestal».

Octava visión

6 1Levanté la vista de nuevo y vi aparecer cuatro carros entre dos montañas: las montañas eran de bronce. 2Del primer carro tiraban caballos rojos; del segundo, caballos negros; 3del tercero, caballos blancos; del cuarto, caballos manchados. 4Pregunté al ángel que hablaba conmigo: «¿Qué significan, señor?». 5El ángel me respondió: «Están al servicio del Dueño de todo el mundo y salen a los cuatro vientos. 6Los rojos parten hacia oriente, los negros hacia el norte, los blancos hacia occidente, los manchados hacia el sur». 7Salían briosos, dispuestos a recorrer la tierra. Él les ordenó: «Recorran la tierra». Y lo hicieron. 8Y a mí me gritó: «Los que salen hacia el norte calman mi enojo contra el país del norte».

La corona

9El Señor me dirigió la palabra: 10Pide ofrendas a los exiliados que han vuelto de Babilonia: a Jelday, Tobías y Yedayas; después vete a casa de Josías, hijo de Sofonías. 11Toma oro y plata, fabrica una corona y colócala en la cabeza a Zorobabel hijo de Sealtiel. 12Y le dirás:

Así dice el Señor Todopoderoso:/ Aquí está el hombre llamado Germen,/que construirá el templo/ su descendencia germinará.

13Él construirá el templo, él asumirá la dignidad y se sentará en el trono para gobernar; mientras el sumo sacerdote se sentará en el suyo, y reinará la concordia entre los dos. 14La corona quedará en el templo del Señor como recordatorio para Jelday, Tobías, Yedayas y Josías, hijo de Sofonías.

15Si obedecen al Señor, su Dios, de lejos vendrán a construir el templo, y sabrán que el Señor Todopoderoso me ha enviado a ustedes.

Culto y justicia

7 1El año cuarto del reinado de Darío, el cuatro del mes noveno, es decir, en noviembre, el Señor dirigió la palabra a Zacarías. 2Betel-Saréser había enviado a Reguem-Melec con su séquito a aplacar al Señor 3y a consultar a los sacerdotes del templo del Señor Todopoderoso y a los profetas lo siguiente: «¿Debemos observar el quinto mes un día de duelo y abstinencia como lo venimos haciendo desde hace años?».

4El Señor Todopoderoso me dirigió la palabra: 5«Di a la gente del campo y a los sacerdotes: Cuando estos setenta años ayunaban y hacían duelo los meses quinto y séptimo, ¿lo hacían en mi honor? 6Cuando comen y beben, ¿no lo hacen en provecho propio? 7Recuerden las palabras que proclamaba el Señor por medio de los antiguos profetas, cuando Jerusalén y los pueblos de su alrededor, el Negueb y la Sefela todavía estaban habitados».

8El Señor dirigió la palabra al profeta Zacarías: 9«Así dice el Señor Todopoderoso: Hagan justicia de verdad, que cada uno trate a su hermano con amor y misericordia, 10no opriman a viudas, huérfanos, emigrantes y necesitados, que nadie piense en hacer maldades contra su prójimo. 11Pero no hicieron caso, me dieron la espalda rebelándose, se taparon los oídos para no oír. 12Endurecieron su corazón como el diamante y no escucharon la ley ni las palabras que el Señor Todopoderoso inspiraba a los antiguos profetas. Entonces el Señor Todopoderoso se indignó profundamente y dijo: 13Como no escucharon cuando yo los llamaba, no los escucharé cuando me llamen. 14Y los dispersaré por naciones extranjeras; a su espalda quedó la tierra devastada, sin vecinos ni caminantes. Así convirtieron una tierra envidiable en una desolación».

Diez promesas

8 1El Señor Todopoderoso envió este mensaje:

2*Así dice el Señor Todopoderoso:/ Siento celos de Sión, celos terribles,/ siento de ella unos celos que me arrebatan.*

3*Así dice el Señor Todopoderoso:/ Volveré a Sión,/ habitaré en medio de Jerusalén;/ Jerusalén se llamará Ciudad fiel,/ el monte del Señor Todopoderoso,/ Monte santo.*

4*Así dice el Señor Todopoderoso:/ Otra vez se sentarán ancianos y ancianas/ en las calles de Jerusalén,/ y habrá hombres tan ancianos/ que se apoyarán en bastones;/* 5*las calles de la ciudad/ se llenarán de niños y niñas/ que jugarán en la calle.*

6*Así dice el Señor Todopoderoso:/ Si esto parece imposible/ a los ojos del resto de este pueblo,/ ¿será también imposible para mí?*

7*Así dice el Señor Todopoderoso:/ Yo salvaré a mi pueblo/ y lo traeré de los países de oriente y occidente,/ para que habite en Jerusalén./* 8*Ellos serán mi pueblo,/ yo seré su Dios auténtico y legítimo.*

9*Así dice el Señor Todopoderoso:/ Anímense a trabajar los que escucharon estas palabras,/ pronunciadas por los profetas,/ el día en que se echaron/ los cimientos para la construcción/ del templo del Señor Todopoderoso./* 10*Porque antes no había salario/ para hombres ni animales,/ no había seguridad para los que iban y venían,/ a causa del enemigo.*

Yo enfrentaba unos contra otros./ 11 Ahora no
trataré al resto del pueblo/ como en tiempos
pasados/ –oráculo del Señor Todopoderoso–./
12 Sembrarán tranquilos,/ la viña dará su fruto,/
la tierra dará su cosecha,/ el cielo dará su ro-
cío;/ todo se lo entrego como herencia/ al resto
de este pueblo./ 13 Así como antes,/ pueblo de Ju-
dá y pueblo de Israel/ fueron maldecidos por los
paganos,/ así ahora los salvaré/ y serán bende-
cidos./ No teman, anímense.
14 Así dice el Señor Todopoderoso:/ Como pla-
neaba desgracias contra ustedes,/ cuando me
irritaban sus padres,/ y no me arrepentía/ –di-
ce el Señor Todopoderoso–,/ 15 así cambiaré en
estos días mis planes/ para hacer bien a Jerusa-
lén y a Judá./ No teman.
16 Esto es lo que tienen que hacer: Decir la ver-
dad al prójimo, juzgar con integridad en los tri-
bunales; 17 no tramar males unos contra otros, no
acostumbrarse a jurar en falso, que yo aborrezco
todo eso –oráculo del Señor–.
18 El Señor Todopoderoso me dirigió la palabra:
19 Así dice el Señor Todopoderoso: El ayuno de los
meses cuarto, quinto, séptimo y décimo se cam-
biará para Judá en gozo, alegría y festividad.
Amen la sinceridad y la paz.
20 Así dice el Señor Todopoderoso:/ Todavía
vendrán pueblos/ y vecinos de ciudades popu-
losas;/ 21 los habitantes de una ciudad/ irán a
los de otra y les dirán:/ Vamos a apaciguar al
Señor./ –Yo voy contigo a visitar/ al Señor To-
dopoderoso./ 22 Así vendrán pueblos numerosos/
y naciones poderosas/ a visitar al Señor Todo-
poderoso/ en Jerusalén y a apaciguar al Señor.
23 Así dice el Señor Todopoderoso: En aquellos
días diez hombres de cada lengua extranjera
agarrarán a un judío por el borde del manto y le
dirán: Queremos ir con ustedes, porque hemos
oído que Dios está con ustedes.

ZACARÍAS II (9–14)

Contra las naciones

9 1 La Palabra del Señor llega al territorio de
Jadrac,/ y se detiene en Damasco;/ porque
al Señor le pertenece la capital de Siria/ como
todas las tribus de Israel;/ 2 y también la vecina
Jamat,/ y Tiro y Sidón, con toda su sabiduría.
3 Tiro se construyó una fortaleza,/ amontonó
plata como polvo/ y oro como barro de la calle;/
4 pero el Señor se apoderará de ella,/ arrojará al
mar sus riquezas/ y ella será consumida por el
fuego.
5 Ascalón al verlo temblará,/ Gaza se retorcerá
y también Ecrón,/ porque su esperanza quedó
defraudada./ Será eliminado el rey de Gaza,/
Ascalón quedará deshabitada.
6 En Asdod habitarán bastardos,/ y aniquila-
ré el orgullo de los filisteos./ 7 Les arrancaré de
la boca la sangre/ y de los dientes las comidas
prohibidas:/ entonces un resto de ellos/ será de
nuestro Dios,/ será como una tribu de Judá/ y
Ecrón como los jebuseos.
8 Pondré una guarnición en mi casa/ contra
los que merodean,/ y no volverá a pasar el tira-
no,/ porque ahora vigilo con mis ojos.

Paz y guerra

9 Alégrate, ciudad de Sión:/ grita de júbilo, Je-
rusalén;/ mira a tu rey que está llegando:/ justo,
victorioso, humilde,/ cabalgando un burro,/
una cría de burra./ 10 Destruirá los carros de
Efraín/ y los caballos de Jerusalén;/ destruirá
los arcos de guerra/ proclamará la paz a las na-
ciones;/ dominará de mar a mar,/ del Gran Río
al confín de la tierra.
11 Por la sangre de tu alianza,/ libertaré a los
presos del calabozo./ 12 Regresen a la ciudad for-
tificada,/ cautivos esperanzados;/ hoy te envío
un segundo mensajero.
13 Tensaré a Judá como un arco/ y lo cargaré
con Efraín;/ Sión, te convierto en espada de
campeón,/ e incitaré a tus hijos contra los de
Grecia./ 14 El Señor se les aparecerá/ disparando
flechas como rayos,/ el Señor tocará la trompe-
ta/ y avanzará entre huracanes del sur.
15 El Señor Todopoderoso será su escudo:/ se
tragarán como carne a los honderos,/ beberán
como vino su sangre,/ se llenarán como copas/ o
como salientes de altar.

Fecundidad

16 Aquel día el Señor los salvará,/ y su pueblo
será como un rebaño en su tierra,/ como piedras
agrupadas en una diadema./ 17 ¡Qué felicidad,
qué belleza!/ El trigo hará florecer a los jóve-
nes,/ el vino nuevo a las muchachas.

10 1 Pidan al Señor las lluvias tempranas y
tardías,/ que el Señor envía los relámpa-
gos y los aguaceros,/ da pan al hombre y hierba
al campo./ 2 En cambio, los ídolos dan respues-
tas vacías,/ los adivinos solo ven falsedades,/
cuentan sueños fantásticos,/ consuelan sin
provecho./ Por eso el pueblo vaga perdido/ como
ovejas sin pastor.

Repatriación

3 Contra los pastores se enciende mi cólera,/
voy a castigar a los chivos./ El Señor Todopode-
roso cuidará de su rebaño/ –la casa de Judá– y
hará de él/ su caballo preferido en la batalla./
4 De ellos saldrá la piedra angular/ y estacas pa-

ra las tiendas,/ los arcos guerreros y los capitanes;/ [5]todos juntos serán como soldados/ que pisan el barro de la calle en la batalla;/ pelearán porque el Señor está con ellos,/ y los jinetes saldrán derrotados.

[6]Fortaleceré a la casa de Judá,/ daré la victoria a la casa de José,/ los devolveré a su patria/ porque me dan lástima,/ y serán como si no los hubiera rechazado./ Yo soy el Señor, su Dios,/ *que les responde.*

[7]Efraín será como un soldado,/ se sentirá alegre, como si hubiera bebido;/ sus hijos al verlo se alegrarán,/ se sentirán gozosos con el Señor./ [8]Silbaré para reunirlos,/ porque los rescaté,/ y serán tan numerosos como antes./ [9]Si los dispersé por varias naciones,/ allá lejos criarán hijos,/ se acordarán de mí y volverán.

[10]Los devolveré a su patria desde Egipto,/ los reuniré en Asiria,/ los conduciré a Galaad y al Líbano/ y ni siquiera así habrá sitio suficiente./ [11]Entonces atravesarán un mar hostil:/ golpearé el mar agitado/ y se secará el fondo del Nilo./ Será abatido el orgullo de Asiria/ y arrancado el cetro de Egipto;/ [12]con la fuerza del Señor/ avanzarán en su nombre/ –oráculo del Señor–.

11 *[1]Abre tus puertas, Líbano,/ que el fuego se alimente con tus cedros./ [2]Gime, ciprés, que ha caído el cedro,/ han talado los árboles poderosos;/ giman, encinas de Basán,/ que ha caído la selva impenetrable./ [3]Escuchen: gimen los pastores,/ porque han arrasado sus pastos;/ escuchen: rugen los leones,/ porque han arrasado la arboleda del Jordán.*

Ovejas y pastores

[4]Así dice el Señor, mi Dios: Engorda las ovejas para la matanza: [5]los compradores las matan sin sentirse culpables; los vendedores dicen: ¡Bendito sea Dios!, me hago rico; los pastores no se compadecen de ellas.

[6]No volveré a perdonar a los habitantes del país –oráculo del Señor–; entregaré a cada uno en manos de su pastor y de su rey; cuando destruyan el país, no los libraré de sus manos.

[7]Entonces yo engordé las ovejas para la matanza, por cuenta de los comerciantes. Tomé dos bastones: a uno lo llamé Belleza, al otro Unión, y seguí engordando las ovejas. [8]En un mes eliminé a los tres pastores: ya no los aguantaba, ni ellos a mí. [9]Les dije: No quiero seguir pastoreando con ustedes. Si una se muere, que se muera; si una perece, que perezca; las que queden se comerán unas a otras.

[10]Tomé el bastón Belleza y lo rompí, en señal de que anulaba mi alianza con todas las naciones. [11]Aquel día se anuló, y los comerciantes que me vigilaban comprendieron que se trataba de una Palabra del Señor. [12]Entonces les dije: Si les parece bien, páguenme el salario; si no, déjenlo. Ellos pesaron mi salario: treinta monedas de plata. [13]Y el Señor me dijo: Échalo en el tesoro del templo. Yo tomé aquella valiosa suma en que me habían valorado y la eché en el tesoro del templo del Señor.

[14]Después rompí el segundo bastón, Unión, en señal de que anulaba la hermandad de Judá e Israel.

[15]El Señor me ordenó: Vístete con la ropa de un pastor irresponsable. [16]Porque yo pondré en el país un pastor que descuide a las ovejas extraviadas y no busque a las perdidas, que no sane a las heridas ni alimente a las sanas, que se coma las gordas y les arranque las pezuñas.

[17]¡Ay del mal pastor que abandona el rebaño!/ ¡Que un puñal hiera su brazo, y su ojo derecho!/ ¡Que se le paralice el brazo,/ que se le ciegue el ojo derecho!

[(13,7)]¡Levántate, espada, contra mi pastor,/ contra mi ayudante!/ –oráculo del Señor Todopoderoso–./ Hiere al pastor,/ que se dispersen las ovejas;/ volveré mi mano contra los pequeños./ [(13,8)]En todo el país –oráculo del Señor–/ dos tercios serán arrancados y perecerán,/ y quedará solo un tercio./ [(13,9)]Ese tercio lo pasaré por fuego,/ lo purificaré como al oro,/ lo limpiaré como a la plata./ Después me llamará/ y yo le contestaré;/ diré: Son mi pueblo,/ y ellos dirán: El Señor es mi Dios.

Aquel día

12 [1]Oráculo. Palabra del Señor para Israel. Oráculo del Señor que desplegó el cielo, cimentó la tierra y formó el espíritu del hombre dentro de él. [2]Miren: voy a hacer de Jerusalén una copa embriagadora para todos los pueblos vecinos; también Judá estará en el asedio de Jerusalén.

[3]En aquel día haré de Jerusalén una piedra muy pesada para todos los pueblos: cuando se alíen contra ella todas las naciones del mundo, el que intente levantarla se herirá con ella.

[4]Aquel día –oráculo del Señor– haré que se espanten los caballos y se asusten los jinetes; pondré mis ojos en Judá y cegaré los caballos de los paganos. [5]Las tribus de Judá se dirán: «Los vecinos de Jerusalén cobran fuerzas gracias al Señor Todopoderoso, su Dios».

[6]Aquel día haré de las tribus de Judá un incendio en el bosque, una antorcha entre la paja, devorarán a derecha e izquierda a todos los pue-

blos vecinos. Mientras Jerusalén seguirá habi-
tada en su sitio. 7El Señor salvará las tiendas
de Judá como antiguamente: así ni la dinastía
davídica ni los vecinos de Jerusalén mirarán con
orgullo a Judá.
8Aquel día escuchará el Señor a los vecinos de
Jerusalén: el más inseguro se sentirá fuerte co-
mo David, el sucesor de David será un dios, como
un ángel del Señor al frente de ellos.
9En aquel día me dispondré a aniquilar a todas
las naciones que invadan Jerusalén. 10Sobre la
dinastía davídica y los vecinos de Jerusalén de-
rramaré un espíritu de gracia y de súplica. Al mi-
rarme traspasado por ellos mismos, harán duelo
como por un hijo único, llorarán como se llora a
un primogénito.
11Aquel día el luto de Jerusalén será tan gran-
de como el de Hadad-Rimón, en el valle de Me-
guido. 12Hará duelo el país, familia por familia:
la familia de David por su lado, y sus mujeres
por su lado; la familia de Natán por su lado, y
sus mujeres por su lado; 13la familia de Leví por
su lado, y sus mujeres por su lado; la familia de
Semeí por su lado, y sus mujeres por su lado;
14todas las familias supervivientes cada una por
su lado, y sus mujeres por su lado.

13 1Aquel día se abrirá un manantial para que
puedan lavar en él sus pecados e impurezas
la dinastía de David y los vecinos de Jerusalén.
2En aquel día –oráculo del Señor Todopodero-
so– arrancaré del país los nombres de los ídolos
y no serán invocados más; también apartaré del
país sus profetas y el espíritu que los contami-
na. 3Si uno vuelve a profetizar, los mismos pa-
dres que lo engendraron le dirán: No quedarás
vivo, por haber profetizado mentiras en nombre
del Señor. Sus mismos padres lo apuñalarán por
hacerse pasar por profeta.
4En aquel día se avergonzarán los profetas de
sus visiones y profecías y no se vestirán mantos
peludos para engañar. 5Dirán: «No soy profeta,
sino labrador; la tierra es mi ocupación desde
la juventud». 6Le preguntarán: «¿Y qué son esas
heridas que llevas entre los brazos?». Contesta-
rá: «Es que me hirieron en casa de mis amantes».

14 1Miren que llega el día del Señor, en que
tus despojos, Jerusalén, serán repartidos
en medio de ti. 2Movilizaré a todas las nacio-
nes contra Jerusalén; conquistarán la ciudad,
saquearán las casas, violarán a las mujeres; la
mitad de la población marchará al destierro, el
resto del pueblo no será expulsado de la ciudad.
3Porque el Señor saldrá a luchar contra esas na-
ciones como cuando salía a luchar en la batalla.
4Aquel día asentará los pies sobre el Monte de
los Olivos, a oriente de Jerusalén, y lo dividi-
rá por el medio formando un gran valle de este
a oeste: la mitad del monte se apartará hacia
el norte, la otra mitad hacia el sur. 5El valle de
Hinón quedará bloqueado, porque el valle entre
los dos montes seguirá su dirección. Y ustedes
huirán como cuando el terremoto en tiempos de
Ozías, rey de Judá. Y vendrá el Señor, mi Dios,
con todos sus consagrados.
6En aquel día no habrá más astros luminosos,
frío y hielo; 7será un día único, elegido por el
Señor, sin distinción de noche y día, porque al
atardecer seguirá habiendo luz.
8En aquel día brotará un manantial en Jeru-
salén: la mitad fluirá hacia el mar oriental, la
otra mitad hacia el mar occidental; lo mismo en
verano que en invierno. 9El Señor será rey de to-
do el mundo.
Aquel día el Señor será único y su nombre
único. 10Todo el país se transformará en llanura:
desde La Gueba hasta Rimón Negueb. Jerusalén
estará en alto y habitada, desde la Puerta de
Benjamín hasta la Puerta Vieja y hasta la Puerta
del Ángulo, desde la torre de Jananel hasta las
Bodegas del Rey. 11Estará habitada, no volverá
a ser amenazada de exterminio; habitarán en
Jerusalén tranquilos. 12A todos los pueblos que
lucharon contra Jerusalén el Señor les impon-
drá el siguiente castigo: se les pudrirá la carne
mientras estén de pie, se les pudrirán los ojos en
las cuencas, se les pudrirá la lengua en la boca.
13En aquel día les asaltará un pánico terrible
enviado por el Señor. Cuando uno agarre la mano
de un camarada, el otro volverá su mano contra
él. 14Hasta Judá luchará contra Jerusalén. Arre-
batarán las riquezas de los pueblos vecinos: plata
y oro y trajes innumerables. 15Los caballos, mu-
los, burros, camellos y demás animales que haya
en los campamentos sufrirán el mismo castigo.
16Los supervivientes de las naciones que in-
vadieron Jerusalén vendrán cada año a rendir
homenaje al Rey, al Señor Todopoderoso, y a cele-
brar la fiesta de las Chozas. 17La tribu que no suba
a Jerusalén a rendir homenaje al Rey no recibirá
lluvia en su territorio. 18Si alguna tribu egipcia
no acude, el Señor la castigará como castiga a
los que no van a celebrar la fiesta de las Chozas.
19Esa será la pena de Egipto y de las naciones que
no vengan a celebrar la fiesta de las Chozas.
20Aquel día los cascabeles de los caballos lle-
varán escrito: Consagrado al Señor; las ollas del
templo serán tan sagradas como los aspersorios
del altar. 21Todas las ollas de Jerusalén y Judá
estarán consagradas al Señor. Los que vengan a
ofrecer sacrificios las usarán para guisar en ellas.

Y ya no habrá, aquel día, mercaderes en el
templo del Señor Todopoderoso.

MALAQUÍAS

Introducción

1 1Oráculo. El Señor dirigió la palabra a Israel
por medio de Malaquías.

Amor de Dios y elección

2Dice el Señor: «Yo los amo». Ustedes pregun-
tan: «¿En qué se nota que nos amas?».
Oráculo del Señor: ¿No eran hermanos Jacob
y Esaú? Sin embargo, amé a Jacob 3y aborrecí a
Esaú, convertí sus montes en un desierto, y di
su herencia a los chacales del desierto. 4Si Edom
dice: «Aunque estemos deshechos, reconstrui-
remos nuestras ruinas». El Señor Todopoderoso
replica: «Ellos construirán y yo derribaré. Y los
llamarán Tierra Malvada, Pueblo de la Ira Perpe-
tua del Señor». 5Cuando ustedes lo vean con sus
ojos, dirán: «La grandeza del Señor desborda las
fronteras de Israel».

Delitos cúlticos

6El hijo honra a su padre, el servidor a su se-
ñor. Pero si yo soy padre, ¿dónde está el honor
que me pertenece?; si yo soy el señor, ¿dónde el
respeto que se me debe?
El Señor Todopoderoso les habla a ustedes:
«¡Sacerdotes que desprecian mi nombre!». Us-
tedes preguntan: «¿En qué hemos despreciado tu
nombre?». 7Traen a mi altar pan manchado y en-
cima preguntan: «¿Con qué te manchamos?». Con
pretender que la mesa del Señor puede ser des-
preciada, 8que traer víctimas ciegas no es malo,
que traerlas rengas o enfermas no es malo. Ofréz-
canselas a su gobernador, a ver si le agradan y les
muestra su favor –dice el Señor Todopoderoso–.
9Eso traen y, ¿pretenden que él les muestre su
favor? Pues bien, dice el Señor Todopoderoso, im-
ploren a Dios para que él les tenga piedad. 10Ojalá
alguien de ustedes les cerrara las puertas, para
que no enciendan inútilmente el fuego de mi al-
tar. Ustedes no me agradan y no acepto la ofren-
da de sus manos –dice el Señor Todopoderoso–.
11Desde donde sale el sol hasta su ocaso es
grande mi fama en las naciones, y en todo lugar
me ofrecen sacrificios y ofrendas puras; porque
mi fama es grande en las naciones –dice el Señor
Todopoderoso–.
12Ustedes, en cambio, la profanan cuando
dicen: «La mesa del Señor está manchada y su
comida no vale la pena».
13Dicen: «¡Qué aburrimiento!», y me despre-
cian –dice el Señor Todopoderoso–. Me traen
víctimas robadas, rengas, enfermas, y, ¿voy a
aceptarlas de sus manos? –dice el Señor–. 14Mal-
dito el mentiroso que tiene un macho en su re-
baño y ofrece una víctima castrada al Señor. Yo
soy el Gran Rey y mi nombre es respetado en las
naciones –dice el Señor Todopoderoso–.

2 1*Y ahora les toca a ustedes, sacerdotes:* 2*Si no
me obedecen y no se proponen honrarme –di-
ce el Señor Todopoderoso– les enviaré mi maldi-
ción; maldeciré sus bendiciones, las maldeciré
porque no hacen caso.*
3Miren que les arranco el brazo y les arro-
jo basura a la cara; la basura de sus fiestas...
4Entonces sabrán que yo les envié este mensaje,
mientras duraba mi alianza con Leví –dice el Se-
ñor Todopoderoso–.
5Mi alianza con él era de vida y paz; se la di,
para que temiera, respetara y reverenciara mi
nombre. 6Una doctrina auténtica llevaba en la
boca y en sus labios no se hallaba maldad; se
portaba conmigo con integridad y rectitud y
apartaba a muchos de la culpa. 7Labios sacer-
dotales han de guardar el saber y en su boca se
busca la doctrina, porque es mensajero del Se-
ñor Todopoderoso.
8Pero ustedes se apartaron del camino, hicie-
ron tropezar a muchos con su doctrina, y pervir-
tieron la alianza con Leví –dice el Señor Todo-
poderoso–. 9Por eso yo los haré despreciables y
viles ante todo el pueblo, por no haber seguido
mis caminos y por no tratar a todos por igual
cuando enseñan a la gente.

Justicia y lealtad

10¿No tenemos todos un solo padre?, ¿no nos
creó un mismo Dios?, ¿por qué uno traiciona a
su hermano profanando la alianza de nuestros
antepasados? 11Judá traiciona, en Jerusalén se
cometen acciones horribles; Judá ha profanado
el santuario que el Señor ama y se ha casado
con la hija de un dios extranjero. 12El hombre
que así proceda, quien quiera que sea, testigo
o defensor, lo excluya el Señor de las tiendas
de Jacob, de los que traen ofrendas al Señor
Todopoderoso.
13Y hacen otra cosa: cubren el altar del Señor
de lágrimas, llantos y lamentos, porque no se
fija en su ofrenda ni la acepta de sus manos.
14*Preguntan: «¿por qué sucede esto?». Porque
el Señor es testigo de que has sido infiel a la mu-
jer de tu juventud, aunque era compañera tuya,
esposa de alianza.* 15*¿No los ha hecho él un solo
ser de carne y espíritu? ¿Y qué busca este único*

ser? Una descendencia dada por Dios. Así que
cuiden su espíritu para no ser infieles a la espo-
sa de su juventud. [16]*Porque el que aborrece y se*
divorcia –dice el Señor, Dios de Israel– cubre su
vestido de violencia –dice el Señor Todopodero-
so–, y no sean infieles.

Juicio de purificación

[17]Con sus palabras cansan al Señor. Preguntan:
«¿por qué lo cansamos?». Porque dicen que el
que obra mal agrada al Señor y que él se com-
place en tales hombres, y añaden: «¿dónde está
el Dios justo?».

3 [1]Miren, yo envío mi mensajero a preparar el
camino delante de mí. De pronto entrará en
el santuario el Señor que buscan; el mensajero
de la alianza que tanto desean, mírenlo entrar
–dice el Señor Todopoderoso–.
[2]¿Quién resistirá cuando él llegue? ¿Quién
quedará de pie cuando aparezca? Será fuego de
fundidor, blanqueador de lavandero: [3]se senta-
rá como fundidor a refinar la plata, refinará y
purificará como plata y oro a los levitas, y ellos
ofrecerán al Señor ofrendas legítimas. [4]En-
tonces agradará al Señor la ofrenda de Judá y
Jerusalén, como en tiempos pasados, como en
años remotos. [5]Los llamaré a juicio, seré testigo
exacto contra hechiceros, adúlteros y aquellos
que juran en falso, contra los que defraudan al
obrero en su sueldo, oprimen a viudas y huérfa-
nos y atropellan al emigrante sin tenerme respe-
to –dice el Señor Todopoderoso–.

Diezmos y cosechas

[6]Yo, el Señor, no he cambiado y ustedes, hijos
de Jacob, no han acabado. [7]Desde los tiempos
de sus antepasados se apartan de mis precep-
tos y no los observan. Vuelvan a mí y volveré a
ustedes –dice el Señor Todopoderoso–. Ustedes
dicen: «¿por qué tenemos que volver?». [8]¿Puede
un hombre defraudar a Dios como ustedes inten-
tan defraudarme?
Ustedes dicen: «¿En qué te defraudamos?». En
los diezmos y tributos: [9]han incurrido en maldi-
ción, porque toda la nación me defrauda. [10]Trai-
gan íntegros los diezmos al tesoro del templo
para que haya sustento en mi templo. Hagan la
prueba conmigo –dice el Señor Todopoderoso– y
verán cómo les abro las compuertas del cielo y
derrocho sobre ustedes bendiciones en abundan-
cia. [11]Alejaré la langosta para que no les destru-
ya la cosecha del campo ni les despoje los viñe-
dos de los campos –dice el Señor Todopoderoso–.
[12]Todos los pueblos los felicitarán, porque serán
mi país favorito –dice el Señor Todopoderoso–.

La justicia de Dios

[13]Dice el Señor: Sus discursos son insolentes
contra mí. Y ustedes todavía preguntan: «¿en
qué te ofenden nuestras palabras?». [14]Porque
dicen: «No vale la pena servir a Dios, ¿qué saca-
mos con guardar sus mandamientos y andar en-
lutados ante el Señor Todopoderoso? [15]Tenemos
que felicitar a los arrogantes: los malvados pros-
peran, desafían a Dios y quedan sin castigo».
[16]Así comentaban entre sí los fieles del Señor,
el Señor atendió y lo oyó. Ante él se escribía
un libro de memorias: Fieles del Señor que es-
timan su nombre, [17]dice el Señor Todopoderoso:
«el día que yo actúe, ellos serán mi propiedad;
los perdonaré como un padre al hijo que le sir-
ve; [18]entonces verán la diferencia entre buenos
y malos, entre los que sirven a Dios y los que no
le sirven».
[19]Miren que llega el día, ardiente como un hor-
no, cuando arrogantes y malvados serán la paja:
ese día futuro los quemaré y no quedará de ellos
rama ni raíz –dice el Señor Todopoderoso–. [20]Pero
a los que respetan mi nombre los alumbrará el sol
de la justicia que sana con sus alas. Saldrán sal-
tando como terneros del establo; [21]pisotearán a
los malvados, que serán como polvo bajo la plan-
ta de sus pies, el día que yo actúe –dice el Señor
Todopoderoso–.

Vuelta de Elías

[22]Recuerden la ley, los preceptos y mandatos
que yo le encomendé en el Monte Horeb a mi
siervo Moisés para todo Israel. [23]Y yo les enviaré
al profeta Elías antes de que llegue el día del
Señor, grande y terrible: [24]reconciliará a padres
con hijos, a hijos con padres, y así no vendré yo
a exterminar la tierra.

DANIEL

HISTORIA DE DANIEL (1–6)

Daniel en la corte de Babilonia

1 [1]El año tercero del reinado de Joaquín, rey de
Judá, Nabucodonosor, rey de Babilonia llegó
a Jerusalén, y la sitió. [2]El Señor entregó en su
poder a Joaquín de Judá y todos los objetos que
quedaban en el templo. Nabucodonosor se los
llevó a Senaar, y los objetos del templo los metió
en el tesoro del templo de su dios.
[3]El rey ordenó a Aspenaz, jefe de eunucos, se-
leccionar algunos israelitas de sangre real y de
la nobleza, [4]jóvenes, perfectamente sanos, de
buen tipo, bien formados en la sabiduría, cultos
e inteligentes y aptos para servir en palacio, y

ordenó que les enseñasen la lengua y literatura
caldeas. 5Cada día el rey les pasaría una ración
de comida y de vino de la mesa real. Su edu-
cación duraría tres años, al cabo de los cuales
pasarían a servir al rey.
6Entre ellos había unos judíos: Daniel, Ana-
nías, Misael y Azarías. 7El jefe de eunucos les
cambió los nombres, llamando a Daniel, Belsa-
zar; a Ananías, Sidrac; a Misael, Misac, y a Aza-
rías, Abed-Nego.
8Daniel hizo propósito de no contaminarse
con los manjares y el vino de la mesa real, y pi-
dió al jefe de eunucos que le dispensase de esa
contaminación. 9El jefe de eunucos, movido por
Dios, se compadeció de Daniel y le dijo: 10«Tengo
miedo al rey, mi señor, que les ha asignado la
ración de comida y bebida; si los encuentra más
flacos que sus compañeros, pongo en peligro mi
cabeza». 11Daniel dijo al guardia a quien el jefe
de eunucos había designado para que cuidara de
él así como de sus compañeros Ananías, Misael y
Azarías: 12«Haz una prueba con nosotros duran-
te diez días: que nos den verduras para comer
y agua para beber. 13Compara después nuestro
aspecto con el de los jóvenes que comen de la
mesa real y trátanos luego según el resultado».
14Aceptó la propuesta e hizo la prueba durante
diez días. 15Al acabar tenían mejor aspecto y es-
taban más gordos que los jóvenes que comían
de la mesa real. 16Así que les retiró la ración de
comida y de vino y les dio verduras.
17Dios les concedió a los cuatro un conoci-
miento profundo de todos los libros del saber.
Daniel sabía además interpretar visiones y
sueños. 18Al cumplirse el plazo señalado por el
rey, el jefe de eunucos se los presentó a Nabu-
codonosor. 19Después de conversar con ellos, el
rey no encontró ninguno como Daniel, Ananías,
Misael y Azarías, y los tomó a su servicio. 20Y en
todas las cuestiones y problemas que el rey les
proponía, lo hacían diez veces mejor que todos
los magos y adivinos de todo el reino. 21Daniel
estuvo en palacio hasta el año primero del rei-
nado de Ciro.

El sueño de Nabucodonosor

2 1*El año segundo de su reinado, Nabucodo-
nosor tuvo un sueño; se sobresaltó y no pudo
seguir durmiendo. 2Mandó llamar a los magos,
astrólogos, hechiceros y adivinos para que le ex-
plicasen el sueño.*
3Cuando llegaron a su presencia, el rey les di-
jo: «He tenido un sueño que me ha sobresaltado
y quiero saber lo que significa». 4Respondieron
los adivinos:«¡Viva el rey eternamente! Cuente
su majestad el sueño y nosotros explicaremos
su sentido». 5El rey les dijo: «¡Ordeno y man-
do! Si no me cuentan el sueño y su interpreta-
ción, los harán pedazos y demolerán sus casas;
6en cambio, si me dan a conocer el sueño y su
interpretación, los llenaré de dones, regalos y
honores. Por tanto, díganme el sueño y su in-
terpretación». 7Ellos respondieron por segunda
vez: «Majestad, cuéntanos el sueño y te explica-
remos su sentido».
8El rey repuso: «Está claro que intentan ganar
tiempo, porque han visto que mi decisión está
tomada, 9si no me cuentan el sueño, les toca-
rá a todos una misma sentencia. Porque se han
puesto de acuerdo para contarme mentiras y
engaños a ver si mientras tanto llega un cambio
de situación. Así que cuéntenme el sueño y me
convenceré de que también son capaces de in-
terpretarlo». 10Los adivinos contestaron al rey:
«No hay un hombre en la tierra que pueda de-
cir lo que el rey pide; ningún rey ni príncipe ha
exigido cosa semejante a magos, astrólogos o
adivinos. 11Lo que el rey exige es sobrehumano;
solo los dioses, que no habitan con los mortales,
pueden decírselo al rey». 12Al oír esto, el rey se
enfureció y mandó acabar con todos los sabios
de Babilonia. 13Y decretó que los sabios fueran
ejecutados. Y fueron también a buscar a Daniel y
a sus compañeros para ajusticiarlos.
14Cuando Arioc, jefe de la guardia real, se di-
rigía a ejecutar a los sabios, 15Daniel aconsejó
tener prudencia y preguntó al funcionario real:
«¿Por qué ha dado el rey un decreto tan seve-
ro?». 16Arioc le explicó todo el asunto, y Daniel
se dirigió al rey para pedirle un poco de tiempo
para explicarle el sueño. 17Daniel volvió a casa
y contó todo a sus compañeros, Ananías, Aza-
rías y Misael, 18y les encargó que invocasen la
misericordia del Dios del cielo para que les re-
velase el secreto y así Daniel y sus compañeros
no tuvieran que perecer con los demás sabios
de Babilonia.
19En una visión nocturna, Daniel tuvo la reve-
lación del secreto, y bendijo al Dios del cielo,
20diciendo:
*Bendito sea el Nombre de Dios/ por los siglos
de los siglos./ Él posee la sabiduría y el poder,/
21él cambia tiempos y estaciones,/ hace reyes
y los destrona./ Él da sabiduría a los sabios/ y
ciencia a los expertos,/ 22revela los secretos más
profundos/ y conoce lo que ocultan las tinie-
blas./ 23Te alabo y te doy gracias,/ Dios de mis
padres,/ porque me has dado sabiduría y po-
der:/ me has revelado lo que te pedía,/ me has
revelado el asunto del rey.*
24Después Daniel acudió a Arioc, a quien el rey
había encargado ejecutar a los sabios de Babi-

lonia, y le dijo: «No des muerte a los sabios de Babilonia; llévame a presencia del rey y le explicaré el sentido del sueño». 25 Arioc lo condujo a toda prisa hasta el rey y le dijo: «Hay un hombre de los deportados de Judá que está dispuesto a explicar el sueño a su majestad». 26 El rey preguntó a Daniel: «¿De modo que eres capaz de contarme el sueño y de explicarme su sentido?».

27 Daniel repuso:

»Su majestad interroga sobre un misterio que no se lo pueden explicar ni sabios, ni astrólogos, ni magos, ni adivinos; 28 pero hay un Dios en el cielo que revela los secretos y que ha anunciado al rey Nabucodonosor lo que sucederá al final de los tiempos.

29 »Este es el sueño que viste estando acostado. Te pusiste a pensar en lo que iba a suceder, y el que revela los secretos te comunicó lo que va a suceder. 30 En cuanto a mí, no es que yo tenga una sabiduría superior a la de todos los vivientes; si me han revelado el secreto es para que le explique el sentido al rey y así puedas entender lo que pensabas.

31 »Tú, rey, viste una visión: una estatua majestuosa, una estatua gigantesca y de un brillo extraordinario; su aspecto era impresionante. 32 Tenía la cabeza de oro fino, el pecho y los brazos de plata, el vientre y los muslos de bronce, 33 las piernas de hierro y los pies de hierro mezclado con barro. 34 En tu visión una piedra se desprendió sin intervención humana, chocó con los pies de hierro y barro de la estatua y la hizo pedazos. 35 Del golpe se hicieron pedazos el hierro y el barro, el bronce, la plata y el oro, triturados como la paja cuando se limpia el trigo en verano, que el viento la arrebata y desaparece sin dejar rastro. Y la piedra que deshizo la estatua creció hasta convertirse en una montaña enorme que ocupaba toda la tierra.

36 »Este era el sueño; ahora explicaremos al rey su sentido: 37 Tú, majestad, rey de reyes, a quien el Dios del cielo ha concedido el reino y el poder, el dominio y la gloria, a quien ha dado poder 38 sobre los hombres dondequiera que vivan, sobre las fieras salvajes y las aves del cielo, para que reines sobre ellos, tú eres la cabeza de oro. Te sucederá un reino de plata, menos poderoso. 39 Después un tercer reino, de bronce, que dominará todo el mundo. 40 Vendrá después un cuarto reino, fuerte como el hierro. Como el hierro destroza y aplasta todo, así destrozará y triturará a todos.

41 »Los pies y los dedos que viste, de hierro mezclado con barro de alfarero, representan un reino dividido; conservará algo del vigor del hierro, porque viste hierro mezclado con arcilla. 42 Los dedos de los pies, de hierro y barro, son un reino a la vez poderoso y débil. 43 Como viste el hierro mezclado con la arcilla, así se mezclarán las descendencias, pero no llegarán a ligarse, lo mismo que no se puede fundir el hierro con el barro. 44 Durante esos reinados, el Dios del cielo suscitará un reino que nunca será destruido ni su dominio pasará a otro, sino que destruirá y acabará con todos los demás reinos, pero él durará por siempre; 45 eso significa la piedra que viste desprendida del monte sin intervención humana y que destrozó el barro, el hierro, el bronce, la plata y el oro. Este es el destino que el Dios poderoso comunica a su majestad. El sueño tiene sentido, la interpretación es cierta.

46 Entonces Nabucodonosor se postró en tierra rindiendo homenaje a Daniel y mandó que le hicieran sacrificios y ofrendas. 47 El rey dijo a Daniel:«Sin duda que tu Dios es Dios de dioses y Señor de reyes; él revela los secretos, ya que tú fuiste capaz de explicar este secreto». 48 Después el rey colmó a Daniel de honores y riquezas, lo nombró gobernador de la provincia de Babilonia y jefe de todos los sabios de Babilonia. 49 A instancias de Daniel, el rey puso a Sidrac, Misac y Abed-Nego al frente de la provincia de Babilonia, mientras que Daniel quedó en la corte.

La estatua de oro

3 1 El rey Nabucodonosor hizo una estatua de oro, de treinta metros de alto por tres de ancho, y la colocó en la llanura de Dura, provincia de Babilonia. 2 Mandó convocar a los gobernadores, ministros, prefectos, consejeros, tesoreros, letrados, magistrados y autoridades de provincia para que acudieran a la inauguración de la estatua que había erigido el rey Nabucodonosor. 3 Se reunieron los gobernadores, ministros, prefectos, consejeros, tesoreros, letrados, magistrados y autoridades de provincia para la inauguración de la estatua que había erigido el rey Nabucodonosor, y mientras estaban de pie frente a ella, 4 el heraldo proclamó con voz potente: 5 «A todos los pueblos, naciones y lenguas: cuando oigan tocar la trompeta, la flauta, la cítara, el laúd, el arpa, la vihuela y todos los demás instrumentos, se postrarán para adorar la estatua que ha erigido el rey Nabucodonosor. 6 El que no se postre en adoración será inmediatamente arrojado dentro de un horno de fuego ardiente». 7 Así, pues, cuando los diversos pueblos oyeron tocar la trompeta, la flauta, la cítara, el laúd, el arpa, la vihuela y todos los demás instrumentos, todos los pueblos, naciones y lenguas se postraron adorando la estatua de oro que Nabucodonosor había erigido.

[8]Entonces unos caldeos fueron al rey a denun-
ciar a los judíos: [9]«¡Viva el rey eternamente! [10]Su
majestad ha decretado que cuantos escuchen
tocar la trompeta, la flauta, la cítara, el laúd, el
arpa, la vihuela y todos los demás instrumentos
se postren adorando la estatua de oro, [11]y el que
no se postre en adoración será arrojado dentro
de un horno de fuego ardiente. [12]Pues bien, hay
unos judíos, Sidrac, Misac y Abed-Nego –a quie-
nes has encomendado el gobierno de la provin-
cia de Babilonia–, que no obedecen la orden re-
al, ni veneran a tus dioses, ni adoran la estatua
de oro que has erigido».

[13]Nabucodonosor, terriblemente enfurecido,
ordenó que trajeran a Sidrac, Misac y Abed-Nego,
y cuando los tuvo delante, les dijo: [14]«¿Es cier-
to, Sidrac, Misac y Abed-Nego, que no respetan a
mis dioses ni adoran la estatua que he mandado
levantar? [15]Miren: si al oír tocar la trompeta, la
flauta, la cítara, el láud, el arpa, la vihuela y
todos los demás instrumentos están dispuestos
a postrarse adorando la estatua que he hecho,
háganlo; pero si no la adoran, serán arrojados
inmediatamente dentro del horno de fuego ar-
diente, y, ¿qué Dios los librará de mis manos?».

[16]Sidrac, Misac y Abed-Nego contestaron:
[17]«Majestad, a eso no tenemos por qué respon-
der. Si es así, el Dios a quien veneramos puede li-
brarnos del horno encendido y nos librará de tus
manos. [18]Y aunque no lo haga, conste, majestad,
que no veneramos a tus dioses ni adoramos la
estatua de oro que has levantado».

[19]Nabucodonosor, furioso contra Sidrac, Misac
y Abed-Nego y con el rostro desencajado por
la rabia, mandó encender el horno siete veces
más fuerte que de costumbre, [20]y ordenó a al-
gunos de sus soldados más robustos que atasen
a Sidrac, Misac y Abed-Nego y los echasen en
el horno de fuego ardiente. [21]Así, vestidos con
sus pantalones, camisas, gorros y demás ropa,
los ataron y los echaron en el horno de fuego
ardiente. [22]La orden del rey era terminante y el
horno estaba al rojo vivo; sucedió que las llamas
envolvieron y devoraron a los que conducían a
Sidrac, Misac y Abed-Nego; [23]mientras los tres,
Sidrac, Misac y Abed-Nego, caían atados en el
horno de fuego ardiente.

Oración penitencial de Azarías

(24)Paseaban ellos por las llamas alabando y
dando gracias a Dios.

(25)Azarías se detuvo a orar, y abriendo los la-
bios en medio del fuego, dijo:

(26)*Bendito seas, Señor,/ Dios de nuestros pa-*
dres,/ alabado y glorificado/ tu Nombre por
siempre.

(27)*Lo que has hecho con nosotros está justifi-*
cado:/ todas tus acciones son justas,/ tus ca-
minos son rectos,/ tus sentencias son justas./
(28)*Son justas las sentencias/ que has ejecutado*
contra nosotros,/ contra tu Ciudad Santa,/ la
Jerusalén de nuestros padres;/ con justicia y
derecho lo has ejecutado todo/ por nuestros pe-
cados./ (29)*Porque hemos cometido/ toda clase*
de pecados,/ alejándonos de ti,/ rebelándonos
contra ti,/ hemos cometido toda clase de peca-
dos,/ hemos quebrantado/ los preceptos de tu
ley;/ (30)*no hemos puesto por obra/ lo que nos*
habías mandado para nuestro bien.

(31)*Por eso,/ todo lo que nos has enviado y nos*
has hecho,/ lo has hecho con justicia./ (32)*Nos*
entregaste en poder de nuestros enemigos,/ im-
píos, malvados y rebeldes,/ del rey más injusto y
perverso del mundo./ (33)*Ya no podemos abrir la*
boca,/ porque la vergüenza abruma a tus sier-
vos y a tus fieles.

(34)*¡Por el honor de tu Nombre!,/ no nos aban-*
dones para siempre,/ no rompas tu alianza,/ no
nos niegues tu misericordia./ (35)*Por Abrahán, tu*
amigo;/ por Isaac, tu siervo;/ por Israel, tu con-
sagrado;/ (36)*a quienes prometiste multiplicar*
su descendencia/ como las estrellas del cielo,/
como la arena de las playas.

(37)*Por nuestros pecados, Señor,/ somos hoy el*
más pequeño de los pueblos,/ humillado por to-
da la tierra;/ (38)*no tenemos ya ni príncipe,/ ni*
jefe, ni profeta,/ ni holocaustos, ni sacrificios,/
ni ofrendas, ni incienso,/ ni lugar donde ofre-
certe primicias/ y alcanzar tu misericordia.

(39)*Pero tenemos un corazón quebrantado/ y*
un espíritu humillado;/ recíbelos como si fueran
una ofrenda/ de holocaustos de toros y carne-
ros,/ de millares de gordos corderos./ (40)*Ese será*
el sacrificio que hoy te ofrecemos/ para aplacarte
fielmente;/ porque los que confían en ti/ no que-
dan defraudados.

(41)*En adelante te seguiremos de todo corazón,/*
te respetaremos,/ buscaremos tu rostro./ No
nos defraudes;/ (42)*trátanos según tu ternura/ y*
tu gran misericordia;/ (43)*líbranos, con tu poder*
maravilloso,/ y da gloria a tu Nombre, Señor.

(44)*Sean humillados los que nos maltratan,/*
queden confundidos,/ pierdan el mando,/ sea
destruido su poder/ (45)*y sepan que tú, Señor, eres*
el Dios único,/ glorioso, en toda la tierra.

Cántico de los tres jóvenes

(46)Los criados del rey que los habían arrojado
no cesaban de avivar el fuego. En el momento de
echarlos, el horno estaba encendido siete veces
más fuerte que de costumbre. Los criados que
los echaron se encontraban en la parte superior,

mientras otros, por debajo, alimentaban el fuego con petróleo, resina, estopa y leña. (47)Las llamas se alzaban veinticuatro metros y medio por encima del horno, (48)saltaron y consumieron a los caldeos que se encontraban cerca del horno.

(49)Un ángel del Señor bajó adonde estaban Azarías y sus compañeros, expulsó las llamas fuera del horno, (50)metió dentro un viento húmedo que silbaba, y el fuego no los atormentó, ni los hirió, ni siquiera los tocó. (51)Entonces los tres, al unísono, entonaban cánticos y bendecían y glorificaban a Dios en el horno, diciendo:

(52)*Bendito seas, Señor,/ Dios de nuestros padres,/ a ti gloria y alabanza eternamente.*

Bendito sea tu Nombre, santo y glorioso,/ a él gloria y alabanza eternamente.

(53)*Bendito seas en el templo de tu santa gloria,/ a ti gloria y alabanza eternamente.*

(54)*Bendito seas en tu trono real,/ a ti gloria y alabanza eternamente.*

(55)*Bendito cuando cabalgas sobre querubines/ penetrando los abismos,/ a ti gloria y alabanza eternamente.*

(56)*Bendito seas en el firmamento del cielo,/ a ti gloria y alabanza eternamente.*

(57)*Criaturas todas del Señor,/ bendigan al Señor,/ canten en su honor eternamente./* (58)*Ángeles del Señor, bendigan al Señor,/ canten en su honor eternamente.* (59)*Cielos, bendigan al Señor,/ canten en su honor eternamente.*

(60)*Aguas del espacio, bendigan al Señor,/ canten en su honor eternamente./* (61)*Ejércitos del Señor, bendigan al Señor,/ canten en su honor eternamente./* (62)*Sol y luna, bendigan al Señor,/ canten en su honor eternamente.*

(63)*Astros del cielo, bendigan al Señor,/ canten en su honor eternamente./* (64)*Lluvia y rocío, bendigan al Señor,/ canten en su honor eternamente./* (65)*Vientos todos, bendigan al Señor,/ canten en su honor eternamente.*

(66)*Fuego y calor, bendigan al Señor,/ canten en su honor eternamente./* (67)*Fríos y heladas, bendigan al Señor,/ canten en su honor eternamente./* (68)*Rocíos y nevadas, bendigan al Señor,/ canten en su honor eternamente.*

(69)*Témpanos y hielos, bendigan al Señor,/ canten en su honor eternamente./* (70)*Escarchas y nieves,/ bendigan al Señor,/ canten en su honor eternamente./* (71)*Noches y días, bendigan al Señor,/ canten en su honor eternamente./* (72)*Luz y tinieblas, bendigan al Señor,/ canten en su honor eternamente.*

(73)*Rayos y nubes, bendigan al Señor,/ canten en su honor eternamente./* (74)*Que la tierra bendiga al Señor,/ cante en su honor eternamente.* (75)*Montes y cumbres, bendigan al Señor,/ canten en su honor eternamente./* (76)*Cuanto germina en la tierra,/ bendiga al Señor,/ cante en su honor eternamente.*

(77)*Manantiales, bendigan al Señor,/ canten en su honor eternamente./* (78)*Mares y ríos, bendigan al Señor,/ canten en su honor eternamente./* (79)*Cetáceos y cuanto se agita en el mar,/ bendigan al Señor,/ canten en su honor eternamente.*

(80)*Aves del cielo, bendigan al Señor,/ canten en su honor eternamente./* (81)*Fieras y ganados, bendigan al Señor,/ canten en su honor eternamente./* (82)*Hijos de los hombres,/ bendigan al Señor,/ canten en su honor eternamente.*

(83)*Bendiga Israel al Señor,/ cante en su honor eternamente./* (84)*Sacerdotes del Señor,/ bendigan al Señor,/ canten en su honor eternamente./* (85)*Servidores del Señor,/ bendigan al Señor,/ canten en su honor eternamente.*

(86)*Almas y espíritus justos,/ bendigan al Señor,/ canten en su honor eternamente./* (87)*Santos y humildes de corazón,/ bendigan al Señor,/ canten en su honor eternamente./* (88)*Ananías, Azarías y Misael,/ bendigan al Señor,/ canten en su honor eternamente;/ porque los sacó de la fosa,/ los libró del poder de la muerte,/ los arrancó de la llama ardiente/ y los libró del fuego.*

(89)*Den gracias al Señor, porque es bueno,/ porque es eterna su misericordia.*

(90)*Alaben a Dios, todos los fieles de Dios,/ denle gracias con canciones,/ porque es eterna su misericordia/ y dura por los siglos de los siglos.*

Confesión de Nabucodonosor

24(91)Entonces el rey, totalmente sorprendido, se levantó apresuradamente y preguntó a sus consejeros: «¿No eran tres los hombres que atamos y echamos al horno?». Le respondieron: «Así es, majestad».

25(92)Preguntó: «¿Entonces cómo es que veo cuatro hombres, sin atar, paseando por el horno sin sufrir nada? Y el cuarto parece un ser divino».

26(93)Y acercándose a la puerta del horno encendido, dijo: «Sidrac, Misac y Abed-Nego, siervos del Dios Altísimo, salgan y vengan aquí». 27(94)Sidrac, Misac y Abed-Nego salieron del horno.

Los gobernadores, ministros, prefectos y consejeros se acercaron para ver a aquellos hombres a prueba de fuego: no se les había quemado el pelo, los pantalones estaban intactos, ni siquiera olían a chamuscados.

28(95)Nabucodonosor entonces dijo: «Bendito sea el Dios de Sidrac, Misac y Abed-Nego, que envió un ángel a salvar a sus siervos, que, confiando en él, desobedecieron el decreto real y

prefirieron enfrentar el fuego antes que venerar
y adorar a otro dios fuera del suyo. 29(96)Por eso
decreto que quien blasfeme contra el Dios de Si-
drac, Misac y Abed-Nego, de cualquier pueblo,
nación o lengua que sea, sea hecho pedazos y su
casa sea derribada. Porque no existe otro Dios
capaz de librar como este».
30(97)El rey dio cargos a Sidrac, Misac y Abed-
Nego en la provincia de Babilonia: 31(98)El rey
Nabucodonosor, a todos los pueblos, naciones
y lenguas que habitan en la tierra: Paz y pros-
peridad. 32(99)Quiero contar los signos y prodi-
gios que el Dios Altísimo ha hecho conmigo:
33(100)¡Qué grandes son sus signos,/ qué admi-
rables sus prodigios!/ Su reinado es eterno, su
poder dura por todas las edades.

Visión del árbol

4 1Yo, Nabucodonosor, estaba en paz en mi ca-
sa, con buena salud en mi palacio, 2cuando
tuve un sueño que me asustó y las fantasías de
mi mente me llenaron de espanto. 3Mandé que se
presentaran todos los sabios de Babilonia para
explicarme el sentido del sueño. 4Acudieron los
magos, astrólogos, hechiceros y adivinos; les
conté mi sueño, pero no supieron explicarme su
sentido. 5Después se presentó Daniel –llamado
Belsazar en honor de mi dios–, hombre dotado
de espíritu profético, y le conté mi sueño:
6»Belsazar, jefe de los magos, sé que posees
espíritu profético y que no se te resiste nin-
gún secreto; te contaré mi sueño y tú me lo
explicarás.
7»Estando yo acostado tuve esta visión:
Vi un árbol gigantesco/ en medio de la tierra:/
8el árbol se hacía corpulento,/ su copa tocaba el
cielo,/ se le veía desde los extremos de la tierra./
9Su follaje era hermoso,/ de sus frutos abundan-
tes se alimentaban todos,/ bajo él se guarecían
las fieras salvajes/ y en su ramaje anidaban las
aves del cielo;/ sustentaba a todos los vivientes.
10»Estando yo acostado tuve esta visión:
Vi bajar del cielo un Guardián Sagrado/ 11que
gritó con voz fuerte:/ Derriben el árbol,/ corten
sus ramas,/ arranquen sus hojas,/ dispersen
sus frutos;/ que huyan de su sombra las fieras/ y
las aves de sus ramas.
12Dejen en tierra solo el tronco con las raíces./
Encadenado con hierro y bronce/ en medio del
campo;/ que lo empape el rocío,/ compartirá
con las fieras los pastos del suelo./ 13Perderá el
instinto de hombre/ y adquirirá instintos de
fiera,/ y pasará en ese estado siete años./ 14Lo
han decretado los Guardianes,/ lo han anun-
ciado los Santos,/ para que todos los vivientes/
reconozcan que el Altísimo/es dueño de los rei-
nos humanos,/ que da el reino a quien quiere/ y
pone al más humilde en el trono.
15»Este es el sueño que he visto, yo, el rey
Nabucodonosor; tú, Belsazar, explícame su sen-
tido, porque ningún sabio ha sido capaz de ha-
cerlo, mientras que tú posees espíritu profético.
16Por un rato, Daniel, llamado Belsazar, quedó
perplejo, espantado por sus pensamientos.
El rey le dijo: «Belsazar, no te asustes de mi
sueño o de su sentido». Belsazar replicó:
»Señor, ojalá el sueño se refiera a tus enemi-
gos y su interpretación a tus rivales.
17»El árbol gigantesco que viste, cuya copa
tocaba el cielo y se veía hasta los confines de
la tierra, 18de hermoso follaje y frutos abun-
dantes que sustentaban a todos, a cuya sombra
habitaban las fieras salvajes y en cuyo ramaje
anidaban las aves del cielo, 19eres tú mismo, ma-
jestad; porque tu poder es inmenso, tu dominio
alcanza hasta el cielo y tu imperio se extiende
hasta los confines de la tierra.
20»El Guardián Sagrado que viste bajar del
cielo y que dijo: Derriben el árbol, destrúyan-
lo dejando solo su tronco y sus raíces en tierra;
encadenado con bronce en medio del campo,
empapado por el rocío de la noche compartirá
con las fieras la hierba del suelo y pasará en ese
estado siete años, significa lo siguiente: 21Es el
decreto del Altísimo pronunciado contra el rey,
mi señor. 22Te apartarán de los hombres, vivirás
con las fieras, te alimentarás con hierba como
los toros, te mojará el rocío de la noche, y así
pasarás siete años; hasta que reconozcas que el
Altísimo es dueño de los reinos humanos y da el
poder a quien quiere. 23Mandaron dejar el tronco
con las raíces porque volverás a reinar cuando
reconozcas que Dios es soberano. 24Por tanto,
majestad, acepta mi consejo: redime tus peca-
dos con limosnas, tus delitos socorriendo a los
pobres, para que dure tu tranquilidad.
25Todo esto le sucedió al rey Nabucodonosor.
26Al cabo de doce meses, paseando por su pa-
lacio de Babilonia, 27dijo: «Esta es Babilonia la
magnífica, que yo he construido como capital
de mi reino, gracias a mi poderío y para honrar
mi majestad».
28No había acabado de hablar, cuando se oyó
una voz en el cielo: 29«¡Contigo hablo, rey Nabu-
codonosor! Has perdido el reino, te apartarán de
los hombres, vivirás en compañía de las fieras
comiendo hierba como los toros, te mojará el ro-
cío de la noche, y así pasarás siete años, hasta
que reconozcas que el Altísimo es dueño de los
reinos humanos y da el poder a quien quiere».
30Inmediatamente ejecutaron la sentencia
contra Nabucodonosor, lo alejaron de los hom-

bres, comió hierba como los toros, lo mojó el
rocío de la noche, le crecieron plumas de buitre
y garras de ave rapaz.
31 Pasado el tiempo, yo, Nabucodonosor, alcé
los ojos al cielo, recobré la razón, bendije al Al-
tísimo, alabé al que vive siempre:
32 «*Su reino es eterno,/ su imperio dura de*
generación en generación;/ nada valen ante él
los que habitan la tierra,/ y trata como quiere
al ejército del cielo;/ nadie puede atentar contra
él/ ni exigirle cuentas de lo que hace».
33 En aquel momento recobré la razón, recobré
los honores y la dignidad real, mis consejeros y
nobles acudieron a mí, volví a ocupar el trono
y creció mi poder incomparable. 34 Y ahora yo,
Nabucodonosor, alabo y ensalzo y glorifico al
Rey del cielo, porque sus obras son justas y rec-
tos sus caminos; al que procede con soberbia lo
humilla.

El festín de Baltasar

5 1 El rey Baltasar ofreció un banquete a mil no-
bles del reino, y se puso a beber delante de
todos. 2 Después de probar el vino, mandó traer
los vasos de oro y plata que su padre, Nabucodo-
nosor, había robado en el templo de Jerusalén,
para que bebiesen en ellos el rey y los nobles,
sus mujeres y concubinas.
3 Cuando trajeron los vasos de oro que ha-
bían robado en el templo de Jerusalén brinda-
ron con ellos el rey y sus nobles, sus mujeres y
concubinas.
4 Mientras saboreaban el vino, alababan a los
dioses de oro y plata, de bronce y hierro, de pie-
dra y madera. 5 De repente aparecieron unos de-
dos de mano humana escribiendo sobre la pared
blanca del palacio, frente al candelabro, y el rey
veía cómo escribían los dedos.
6 Entonces su rostro palideció, la mente se
le turbó, le faltaron las fuerzas, las rodillas le
entrechocaban. 7 A gritos mandó que vinieran
los astrólogos, magos y adivinos, y dijo a los
sabios de Babilonia: «El que lea y me interpre-
te ese escrito se vestirá de púrpura, llevará un
collar de oro y ocupará el tercer puesto en mi
reino».
8 Acudieron todos los sabios del reino, pero
no pudieron leer lo escrito ni explicar al rey su
sentido. 9 Entonces el rey Baltasar se inquietó
mucho y cambió de color; sus nobles también
estaban desconcertados.
10 Al saber lo que les ocurría al rey y a los no-
bles, la reina entró en la sala del banquete y
dijo: 11 «¡Viva siempre el rey! No te inquieten
tus pensamientos ni cambie tu semblante de
color. En el reino hay un hombre a quien Dios
ha concedido espíritu de profecía. En el reina-
do de tu padre demostró poseer inteligencia,
prudencia y un saber sobrehumano. Tu padre, el
rey Nabucodonosor, lo nombró jefe de los ma-
gos, astrólogos, hechiceros y adivinos, 12 por-
que demostró tener un don extraordinario de
ciencia y de penetración para interpretar sue-
ños, aclarar enigmas y resolver problemas. Se
trata de Daniel, a quien el rey puso el nombre
de Belsazar. Que llamen a Daniel y nos dará la
interpretación».
13 Cuando trajeron a Daniel ante el rey, este
le preguntó: «¿Eres tú Daniel, uno de los ju-
díos desterrados que trajo de Judea el rey, mi
padre? 14 Me han dicho que posees espíritu de
profecía, inteligencia, prudencia y un saber ex-
traordinario. 15 Aquí han traído a mi presencia
los sabios y los astrólogos para que leyeran el
escrito y me explicaran su sentido, pero han
sido incapaces de hacerlo. 16 Me han dicho que
tú puedes interpretar sueños y resolver pro-
blemas; pues bien, si logras leer lo escrito y
explicarme su sentido, te vestirás de púrpura,
llevarás un collar de oro y ocuparás el tercer
puesto en mi reino».
17 Entonces Daniel habló así al rey: °Quédate
con tus dones y da a otro tus regalos. Yo leeré al
rey lo escrito y le explicaré su sentido.
18 »Majestad: el Dios Altísimo concedió impe-
rio y poder, gloria y honor a tu padre, Nabuco-
donosor. 19 Y por aquel poder recibido, todos los
pueblos, naciones y lenguas lo temieron y res-
petaron. Tenía poder sobre la vida y la muerte,
engrandecía y humillaba a su antojo.
20 »Pero se ensoberbeció y creció su soberbia;
entonces lo derribaron del trono real y lo despo-
jaron de su dignidad.
21 »Tuvo que vivir lejos de los hombres, con
instintos de bestia; en compañía de asnos sal-
vajes, comiendo hierba como los toros, con su
cuerpo empapado por el rocío de la noche, has-
ta que reconoció que el Dios Altísimo rige los
reinos humanos y coloca en el trono a quien
quiere.
22 »Y tú, Baltasar, su hijo, aun sabiendo esto,
no has querido humillarte. 23 Te has rebelado
contra el Señor del cielo, has hecho traer los va-
sos de su templo para brindar con ellos en com-
pañía de tus nobles, tus mujeres y concubinas.
Han alabado a dioses de oro y plata, de bronce y
hierro, de piedra y madera, que ni ven, ni oyen,
ni entienden; mientras que al Dios dueño de tu
vida y tus caminos ni lo has honrado.
24 »Por eso Dios ha enviado esa mano para es-
cribir ese texto. 25 Lo que está escrito es:
Contado, Pesado, Dividido.

26La interpretación es esta:
Contado: Dios ha contado los días de tu reina-
do y les ha señalado el límite.
Pesado: 27Has sido pesado en la balanza y te
falta peso.
28Dividido: Tu reino se ha dividido y se lo en-
tregan a medos y persas.
29Baltasar mandó vestir a Daniel de púrpura,
ponerle un collar de oro y pregonar que tenía
el tercer puesto en el reino. 30Baltasar, rey de
los caldeos, fue asesinado aquella misma noche.

6 1Y Darío, el medo, le sucedió en el trono a la
edad de sesenta y dos años.

Daniel con los leones

2Darío decidió nombrar ciento veinte gober-
nadores regionales distribuidos por todo el rei-
no, 3y sobre ellos tres ministros, a quienes los
gobernadores rendirían cuentas para que no
sufriesen los intereses de la corona. Uno de los
tres era Daniel.
4Daniel sobresalía entre los ministros y los
gobernadores por su talento extraordinario, de
modo que el rey decidió ponerlo al frente de to-
do el reino.
5Entonces los ministros y los gobernadores
buscaron algo de qué acusarle en su administra-
ción del reino; pero no le encontraron ninguna
culpa ni descuido, porque era hombre de fiar que
no cometía errores ni era negligente.
6Aquellos hombres se dijeron: «No podremos
acusar a Daniel de ninguna falta. Tenemos que
buscar un delito de carácter religioso».
7Entonces los ministros y gobernadores fueron
al rey diciéndole: 8«¡Viva siempre el rey Darío!
Los ministros del reino, los prefectos, los go-
bernadores regionales, consejeros y gobernado-
res provinciales están de acuerdo en que el rey
debe promulgar un edicto sancionando que en
los próximos treinta días nadie haga oración a
otro dios que no seas tú, bajo pena de ser arro-
jado al foso de los leones. 9Por tanto, majestad,
promulga esa prohibición y firma el documento
para que no pueda ser modificado, según la ley
de medos y persas que es irrevocable». 10Así, el
rey Darío promulgó y firmó el decreto.
11Cuando Daniel se enteró de la promulgación
del decreto, subió al piso superior de su casa,
que tenía ventanas orientadas hacia Jerusalén.
Y, arrodillado, oraba dando gracias a Dios tres
veces al día, como solía hacerlo.
12Aquellos hombres lo espiaron y lo sorpren-
dieron orando y suplicando a su Dios. 13Entonces
fueron a decirle al rey: «Majestad, ¿no has fir-
mado tú un decreto que prohíbe hacer oración
a cualquier dios fuera de ti, bajo pena de ser
arrojado al foso de los leones?».
El rey contestó: «El decreto está en vigor, co-
mo ley irrevocable de medos y persas». 14Ellos le
respondieron: «Pues Daniel, uno de los deporta-
dos de Judea, no te obedece a ti, majestad, ni
a la prohibición que has firmado, sino que tres
veces al día reza sus oraciones».
15Al oírlo, el rey se apenó profundamente y
se puso a pensar la manera de salvar a Daniel,
y hasta la puesta del sol hizo lo imposible por
librarlo. 16Pero aquellos hombres apuraban di-
ciéndole: «Majestad, sabes que, según la ley de
medos y persas, una prohibición o edicto real es
válido e irrevocable». 17Entonces el rey mandó
traer a Daniel y echarlo al foso de los leones. El
rey dijo a Daniel: «¡Que tu Dios a quien veneras
con tanta constancia, te salve!».
18Trajeron una piedra, taparon con ella la boca
del foso y el rey la selló con su sello y con el
de sus nobles, para que nadie pudiese modifi-
car la sentencia dada contra Daniel. 19Luego el
rey volvió a palacio, pasó la noche en ayunas,
sin mujeres y sin poder dormir. 20Madrugó y fue
corriendo al foso de los leones. 21Se acercó al
foso y gritó afligido: «¡Daniel, siervo del Dios
vivo! ¿Ha podido salvarte de los leones ese Dios
a quien veneras con tanta constancia?».
22Daniel le contestó: 23«¡Viva siempre el rey!
Mi Dios envió su ángel a cerrar las fauces de los
leones, y no me han hecho nada, porque ante
él soy inocente, como tampoco he hecho nada
contra ti».
24El rey se alegró mucho y mandó que sacaran
a Daniel del foso. Al sacarlo no tenía ni un ras-
guño, porque había confiado en su Dios. 25Luego
el rey mandó traer a los que habían calumniado
a Daniel y arrojarlos al foso de los leones con sus
hijos y esposas. No habían llegado al suelo y ya
los leones los habían atrapado y despedazado.
26Entonces el rey Darío escribió a todos los pue-
blos, naciones y lenguas de la tierra:
27¡Paz y bienestar! Ordeno y mando: Que en mi
imperio todos respeten y teman al Dios de Daniel.
Él es el Dios vivo que permanece siempre. Su rei-
no no será destruido, su imperio dura hasta el fin.
28Él salva y libra, hace signos y prodigios en el
cielo y en la tierra. Él salvó a Daniel de los leones.
29Así fue como prosperó Daniel durante el rei-
nado de Darío y de Ciro de Persia.

VISIONES (7–12)
Las cuatro fieras

7 1El año primero de Baltasar, rey de Babilonia,
Daniel tuvo un sueño, visiones de su fanta-
sía, estando en la cama. Al punto escribió lo que

había soñado: 2«Tuve una visión nocturna: los
cuatro vientos agitaban el océano. 3Cuatro fieras
gigantescas salían del mar, las cuatro distintas.
4»La primera era como un león con alas de
águila; mientras yo miraba, le arrancaron las
alas, la alzaron del suelo, la pusieron de pie co-
mo un hombre y le dieron mente humana.
5»La segunda era como un oso medio erguido,
con tres costillas en la boca, entre los dientes.
Le dijeron: ¡Arriba! Come carne en abundancia.
6»Después vi otras fieras como un leopardo,
con cuatro alas de ave en el lomo y cuatro cabe-
zas. Y le dieron el poder.
7»Después tuve otra visión nocturna: una
cuarta fiera, terrible, espantosa, fortísima; te-
nía grandes dientes de hierro, con los que comía
y descuartizaba, y las sobras las pateaba con las
pezuñas. Era diversa de las fieras anteriores,
porque tenía diez cuernos. 8Miré atentamen-
te los cuernos y vi que entre ellos salía otro
cuerno pequeño; para hacerle sitio, arrancaron
tres de los cuernos precedentes. Aquel cuerno
tenía ojos humanos y una boca que profería
insolencias.
9»Durante la visión vi que colocaban unos tro-
nos, y un anciano se sentó:
Su vestido era blanco como nieve,/ su cabe-
llera como lana limpísima;/ su trono, llamas
de fuego;/ sus ruedas, llamaradas./ 10*Un río*
impetuoso de fuego/ brotaba delante de él./ Mi-
les y miles le servían,/ millones estaban a sus
órdenes./ Comenzó la sesión/ y se abrieron los
libros.
11»Yo seguía mirando, atraído por las insolen-
cias que profería aquel cuerno; hasta que mata-
ron a la fiera, la descuartizaron y la echaron al
fuego. 12A las otras les quitaron el poder, deján-
dolas vivas una temporada. 13Seguí mirando, y
en la visión nocturna vi venir en las nubes del
cielo una figura humana, que se acercó al ancia-
no y fue presentada ante él. 14Le dieron poder
real y dominio: todos los pueblos, naciones y
lenguas lo respetarán. Su dominio es eterno y no
pasa, su reino no tendrá fin.
15»Yo, Daniel, me sentía agitado por dentro y
me turbaban las visiones de mi fantasía. 16Me
acerqué a uno de los servidores y le pedí que me
explicase todo aquello.
»Él me contestó explicándome el sentido de
la visión: 17Esas cuatro fieras gigantescas repre-
sentan cuatro reinos que surgirán en el mundo.
18Pero los santos del Altísimo recibirán el reino y
lo poseerán por los siglos de los siglos.
19»Yo quise saber lo que significaba la cuarta
fiera, diversa de las demás; la fiera terrible, con
dientes de hierro y garras de bronce, que devo-
raba y trituraba y pateaba las sobras con las pe-
zuñas; 20lo que significaban los diez cuernos de
su cabeza y el otro cuerno que salía y eliminaba
a otros tres, que tenía ojos y una boca que profe-
ría insolencias, y era más grande que los otros.
21»Mientras yo seguía mirando, aquel cuerno
luchó contra los santos y los derrotó. 22Hasta
que llegó el anciano para hacer justicia a los
santos del Altísimo, y empezó el imperio de los
santos.
23»Después me dijo: La cuarta bestia es un
cuarto reino que habrá en la tierra, diverso de
todos los demás; devorará toda la tierra, la pi-
sará y triturará.
24»Sus diez cuernos son diez reyes que habrá
en aquel reino; después vendrá otro, diverso de
los precedentes, que destronará a tres reyes;
25blasfemará contra el Excelso, perseguirá a los
santos del Altísimo e intentará cambiar el calen-
dario y la ley. Dejarán en su poder a los santos
durante un año y otro año y otro año y medio.
26»Pero cuando se siente el tribunal para juz-
gar, le quitará el poder y será destruido y ani-
quilado totalmente. 27El poder real y el dominio
sobre todos los reinos bajo el cielo serán entre-
gados al pueblo de los santos del Altísimo. Será
un reino eterno, al que temerán y se someterán
todos los soberanos.
28»Fin del relato.
Yo, Daniel, quedé inquieto con estos pensa-
mientos y me puse pálido; pero todo me lo guardé
en mi interior.

El carnero y el macho cabrío

8 1El año tercero del rey Baltasar, yo, Daniel,
tuve una visión, después de la que ya había
tenido. 2Contemplaba en visión que me encon-
traba en Susa, capital de la provincia de Elam, y
contemplaba en visión que me encontraba junto
al río Ulay.
3»Levanté la vista y vi junto al río, de pie, un
carnero de altos cuernos, uno más alto y detrás
del otro. 4Vi que el carnero embestía hacia el
oeste, hacia el norte y hacia el sur, y no había
fiera que le resistiera, ni quien se librase de su
poder; hacía lo que quería, alardeando.
5»Mientras yo reflexionaba, apareció un chivo
que venía del oeste, atravesando toda la tierra
sin tocar el suelo; tenía un cuerno entre los ojos.
6Se acercó al carnero de los dos cuernos, que ha-
bía visto de pie junto al río, y se lanzó contra él
furiosamente. 7Lo vi llegar junto al carnero, em-
bestirlo violentamente y herirlo; le rompió los
dos cuernos, y el carnero quedó sin fuerza para
resistir. Lo derribó en tierra y lo pateó, sin que
nadie librase al carnero de su poder.

8»Entonces el chivo hizo alarde de su poder.
Pero, al crecer su poderío, se le rompió el cuer-
no grande y le salieron en su lugar otros cua-
tro cuernos orientados hacia los cuatro puntos
cardinales.
9»De uno de ellos salió otro cuerno pequeño
que creció mucho, apuntando hacia el sur, ha-
cia el este, hacia la tierra santa. 10Creció hasta
alcanzar las estrellas del cielo, derribó al suelo
algunas de ellas y las pisoteó. 11Creció hasta
alcanzar al Jefe de las estrellas, suprimió el
sacrificio cotidiano y profanó el templo. 12Le
entregaron las estrellas y en lugar del sacrificio
expiatorio instaló la maldad. La verdad cayó por
los suelos, mientras él actuaba con gran éxito.
13»Entonces oí a dos santos que hablaban en-
tre sí. Uno preguntaba: ¿Cuánto tiempo durará
esta visión del sacrificio perpetuo suprimido,
de la desolación del santuario y de las estrellas
pisoteadas?. 14El otro contestaba: Dos mil tres-
cientas tardes y mañanas; después el santuario
será restablecido.
15»Yo, Daniel, seguía mirando y procurando
entender la visión cuando apareció frente a mí,
de pie, una figura humana.
16»Oí una voz humana junto al río Ulay que gri-
taba: Gabriel, explícale a este la visión.
17»Se acercó a donde yo estaba, y al acercarse
caí espantado rostro en tierra; pero él me dijo:
Hombre, has de comprender que la visión se re-
fiere al final.
18Mientras él hablaba, caí en trance, con el
rostro en tierra; él me tocó y me puso de pie.
19Después me dijo: Yo te explicaré lo que sucede-
rá en el tiempo final de la cólera; porque se trata
del plazo final.
20El carnero de dos cuernos que viste repre-
senta los reyes de Media y Persia.
21El chivo es el rey de Grecia; el cuerno grande
entre sus ojos es el jefe de la dinastía. 22Los cua-
tro cuernos que salieron al quebrarse el primero
son cuatro reyes de su nación, pero no con su
misma fuerza.
23*Al final de sus reinados,/ en el colmo de sus*
crímenes,/ se alzará un rey atrevido y astuto,/
24*experto en enigmas,/ de fuerza indomable,/*
prodigiosamente destructivo,/ que actuará con
gran éxito./ Destruirá a poderosos,/ a un pue-
blo de santos./ 25*Con su astucia hará triunfar/*
el engaño en sus acciones./ Se creerá grande y
destruirá/ con toda calma a muchos./ Se atre-
verá con el Príncipe de príncipes,/ pero será
destrozado sin intervención humana.
26La visión en que hablaban de tardes y maña-
nas es auténtica. Pero tú guárdala en secreto,
porque se refiere a un futuro remoto.
27»Yo, Daniel, estuve enfermo unos días; cuan-
do me levanté, me dediqué a los asuntos del rey,
pero seguía desconcertado, sin comprender la
visión.

Las setenta semanas

9 1El año primero de Darío, hijo de Jerjes, des-
cendiente de los medos y rey de los caldeos,
2el año primero de su reinado, yo, Daniel, leía
atentamente en el libro de las profecías de Jere-
mías el número de años que Jerusalén había de
quedar en ruinas: 3eran setenta años. Después
me dirigí al Señor, mi Dios implorándole con ora-
ciones y súplicas, con ayuno, sayal y cubierto
de ceniza.
4Oré y me confesé al Señor, mi Dios: «Señor,
Dios grande y terrible, que mantienes la alianza
y eres leal con los que te aman y cumplen tus
mandamientos: 5«Hemos pecado, hemos cometi-
do crímenes y delitos, nos hemos rebelado apar-
tándonos de tus mandatos y preceptos.
6»No hicimos caso a tus siervos los profetas que
hablaban en tu Nombre a nuestros reyes, a nues-
tros príncipes, a nuestros antepasados y a todo
nuestro pueblo.
7»Tú, Señor, eres justo; pero nosotros los ju-
díos nos sentimos avergonzados: tanto los ha-
bitantes de Jerusalén, como los otros israelitas,
tanto los cercanos como a los que están lejos en
todos los países por donde los dispersaste por
los delitos que cometieron contra ti.
8»Señor, nos abruma la vergüenza: a nuestros
reyes, príncipes y antepasados, porque hemos
pecado contra ti. 9Pero aunque nosotros nos
hemos rebelado, el Señor, nuestro Dios, es com-
pasivo y perdona. 10No obedecimos al Señor,
nuestro Dios, siguiendo las normas que nos daba
por medio de sus siervos los profetas.
11»Todo Israel quebrantó tu ley y no ha querido
obedecerte; por eso nos han caído encima las
maldiciones, consignadas con juramento en la
ley de Moisés, el siervo de Dios; porque pecamos
contra él.
12»Cumplió la palabra que pronunció contra
nosotros y contra los jefes que nos goberna-
ban, enviándonos una calamidad –la que suce-
dió en Jerusalén– como no ha sucedido bajo
el cielo.
13»Según está escrito en la ley de Moisés, nos
sucedió esta desgracia completa; a pesar de to-
do esto, no aplacamos al Señor, nuestro Dios,
convirtiéndonos de nuestros crímenes y recono-
ciendo tu verdad.
14»El Señor, nuestro Dios, vigiló para enviar-
nos esa desgracia: el Señor, nuestro Dios, nos
trata justamente, porque no le obedecimos.

15»Pero ahora, Señor, Dios nuestro, que con
mano fuerte sacaste a tu pueblo de Egipto, co-
brándote fama que dura hasta hoy: hemos peca-
do y obrado mal.
16»Señor, a la medida de tu justicia, aparta
la ira y la cólera de Jerusalén, tu ciudad y tu
monte santo. Por nuestros pecados y los deli-
tos de nuestros antepasados Jerusalén y todo tu
pueblo son afrentados por los pueblos vecinos.
17»Ahora, pues, Dios nuestro, escucha la ora-
ción y las súplicas de tu siervo, mira benévo-
lo a tu santuario destruido, ¡Señor mío, por tu
honor! 18Dios mío, inclina tu oído y escúchame;
abre los ojos y mira nuestra desolación y la ciu-
dad que lleva tu Nombre; porque, al presentar
ante ti nuestra súplica, no confiamos en nues-
tros méritos, sino en tu gran misericordia. 19Es-
cucha, Señor; perdona, Señor; atiende, Señor;
actúa sin tardanza, ¡Dios mío, por tu honor! Por
tu ciudad y tu pueblo, que llevan tu Nombre.
20Aún estaba hablando y suplicando y con-
fesando mi pecado y el de mi pueblo, Israel, y
presentando mis súplicas al Señor, mi Dios, en
favor de su monte santo; 21aún estaba pronun-
ciando mi súplica, cuando aquel Gabriel que
había visto en la visión llegó volando hasta mí,
a la hora de la ofrenda de la tarde. 22Al llegar,
me habló así:
23»Daniel, yo he salido para abrirte la inteli-
gencia. Al principio de tus súplicas se pronunció
una sentencia, y yo he venido para comunicárte-
la, porque eres un predilecto. ¡Entiende la pala-
bra, comprende la visión!:
24*Setenta semanas están decretadas/ para tu*
pueblo y tu Ciudad Santa:/ para cerrar el deli-
to,/ poner fin al pecado/ y expiar el crimen,/
para traer una justicia eterna,/ para que se
cumplan visiones y profecías/ y consagrar el
lugar santísimo.
25*Has de saberlo y comprenderlo:/ desde que se*
decretó la vuelta/ y la reconstrucción de Jeru-
salén/ hasta un príncipe ungido/ pasarán siete
semanas;/ después durante sesenta y dos sema-
nas/ será reconstruida con calles y fosos,/ pero
en tiempos difíciles.
26*Pasadas las sesenta y dos semanas/ matarán*
al ungido inocente;/ vendrá un príncipe con su
tropa/ y arrasará la ciudad y el templo./ El final
será un cataclismo,/ y hasta el fin están decre-
tadas/ guerra y destrucción.
27*Firmará una alianza con muchos/ durante*
una semana,/ durante media semana/ hará
cesar ofrendas y sacrificios/ y pondrá sobre el
altar/ el ídolo abominable/ hasta que el fin de-
cretado/ le llegue al destructor.

La visión terrible

10 1El año tercero de Ciro, rey de Persia, le
revelaron a Daniel una palabra: la palabra
era verdadera, y se refería a un gran combate.
Daniel estuvo atento a la palabra, y logró com-
prender la visión. 2Por entonces, yo, Daniel, es-
taba cumpliendo un luto de tres semanas: 3no
comía manjares exquisitos, no probaba vino ni
carne, ni me ungía con perfumes durante las
tres semanas.
4El día veinticuatro del mes primero estaba
yo junto al Río Grande. 5Levanté la vista y vi
aparecer un hombre vestido con túnica de lino y
con un cinturón de oro; 6su cuerpo era como el
topacio, su rostro como un relámpago, sus ojos
como antorchas, sus brazos y piernas como des-
tellos de bronce pulido, sus palabras resonaban
como una multitud.
7Solo yo veía la visión; la gente que estaba
conmigo, aunque no veía la visión, quedó llena
de terror y corrió a esconderse. 8Así quedé solo;
al ver aquella magnífica visión me sentí desfa-
llecer, mi semblante quedó desfigurado y no ha-
llaba fuerzas. 9Entonces oí ruido de palabras, y
al oírlas caí desvanecido con el rostro en tierra.
10Una mano me tocó, y me hizo apoyar temblo-
roso sobre mis rodillas y sobre las palmas de mis
manos. 11Luego me habló: «Daniel, predilecto:
fíjate en las palabras que voy a decirte y ponte
de pie, porque me han enviado a ti».
Mientras me hablaba así, me puse de pie
temblando. 12Me dijo: «No temas, Daniel. Des-
de el día aquel en que te dedicaste a estudiar
y a humillarte ante Dios, tus palabras han sido
escuchadas y yo he venido a causa de ellas. 13El
príncipe del reino de Persia me opuso resisten-
cia durante veintiún días; Miguel, uno de los
príncipes supremos, vino en mi auxilio; por eso
me detuve allí junto a los reyes de Persia. 14Pero
ahora he venido a explicarte lo que ha de suce-
der a tu pueblo en los últimos días. Porque la
visión va para largo».
15*Mientras me hablaba así, caí rostro en tierra*
y enmudecí. 16Una figura humana me tocó los la-
bios: abrí la boca y hablé al que estaba frente a
mí: «La visión me ha hecho retorcer de dolor, y
no tengo fuerzas. 17¿Cómo hablará este servidor
a tal señor? ¡Si ahora las fuerzas me abandonan
y he quedado sin aliento!».
18De nuevo una figura humana me tocó y me
fortaleció. 19Después me dijo: «No temas, pre-
dilecto; ten calma, sé fuerte». Mientras me
hablaba, recobré las fuerzas y dije: «Me has
dado fuerzas, señor, puedes hablar». 20Me dijo:
«¿Sabes para qué he venido? Ahora tengo que
volver a luchar con el príncipe de Persia; cuando

termine, vendrá el príncipe de Grecia. 21Pero te
comunicaré lo que está escrito en el libro de la
verdad. Nadie me ayuda en mis luchas excepto
Miguel, el príncipe de ustedes».

11 1Yo por mi parte, durante el año primero
de Darío el medo, le ayudé y reforcé a él.
2Ahora te comunicaré la verdad:
»Persia todavía tendrá tres reyes. El cuarto
los superará en riquezas; pero cuando por las
riquezas crezca su poderío, provocará a todo el
reino griego.
3»*Surgirá un rey batallador, que tendrá gran-*
des dominios y un poder absoluto. 4*Cuando se*
afirme, su reino será dividido hacia los cuatro
puntos cardinales. No lo heredarán sus descen-
dientes ni será tan poderoso; su reino pasará a
manos ajenas.
5»Se hará fuerte el rey del sur, pero uno de sus
generales lo superará y sus dominios serán más
dilatados. 6Después los dos harán una alianza; la
hija del rey del sur acudirá al rey del norte para
hacer las paces. Perderá la fuerza de su brazo, su
descendencia no subsistirá; serán entregados a
la muerte ella, su séquito, su hijo y su protector.
7»De sus raíces brotará un retoño en su lugar,
que entrará en la fortaleza del rey del norte y
los tratará como vencedor. 8Se llevará a Egipto
sus dioses e ídolos y sus vasos preciosos de oro
y plata, y por unos años dejará en paz al rey del
norte.
9»*Este último invadirá el reino del rey del sur,*
pero se volverá a su territorio. 10*Sus hijos decla-*
rarán la guerra, reunirán ejércitos enormes: in-
vadirá y pasará como una inundación, y volverá
a luchar hasta la fortaleza.
11»El rey del sur, irritado, saldrá a luchar con-
tra él, pondrá en pie de guerra un gran ejército,
el cual caerá en sus manos. 12Se llenará de sober-
bia con la victoria sobre el ejército y hará morir
a millares, pero no prevalecerá.
13»El rey del norte pondrá en pie de guerra
otro ejército mayor que el primero; pasados
unos años volverá con un gran ejército bien
abastecido.
14»*Entonces muchos se levantarán contra el*
rey del sur; hombres violentos de tu pueblo se
alzarán para cumplir una visión, pero fracasa-
rán. 15*Vendrá el rey del norte, hará un terraplén y*
conquistará la ciudad fortificada. Las tropas del
sur no resistirán, ni siquiera los más valientes
tendrán fuerza para resistir.
16»El invasor actuará a su antojo, sin que nadie
le pueda resistir. Se establecerá en la tierra san-
ta y será suya toda entera. 17Decidido a someter
todo el reino del sur, ofrecerá la paz y la firmará;
le dará en matrimonio una princesa con inten-
ción de perderlo, pero el proyecto no resultará.
18»Entonces se volverá contra las costas y con-
quistará mucho territorio; pero un jefe pondrá
fin a su insolencia, para que no responda con
insolencias.
19»Entonces se dirigirá a las fortalezas de su
territorio; allí tropezará y caerá sin dejar rastro.
20»Un sucesor suyo despachará a un recauda-
dor de impuestos de su majestad a requisar el
tesoro del templo; en pocos días será liquidado
aunque no de frente ni en la guerra.
21Le sucederá un hombre despreciable a quien
no le correspondía ser rey. Se abrirá paso suave-
mente, y con intrigas se hará dueño del reino.
22Barrerá ejércitos enemigos desbaratándolos,
y también al príncipe de la alianza. 23Aun dis-
poniendo de poca gente, con sus cómplices y a
fuerza de traiciones se irá haciendo fuerte.
24»Sin agitarse irá penetrando en las zonas
más fértiles de la provincia, y hará lo que no
hicieron sus padres ni sus abuelos: repartirá bo-
tín, despojos, riquezas, atacará con estratage-
mas las fortalezas; pero por poco tiempo.
25»Envalentonado, se dispondrá a atacar al
rey del sur con un gran ejército; el rey del sur le
hará frente con un ejército inmenso, pero caerá
víctima de conspiraciones; 26los que compartían
su pan le ocasionarán la ruina, su ejército será
barrido y tendrá muchísimas bajas.
27»Los dos reyes, llenos de malas intenciones,
se sentarán a una mesa para decirse mentiras;
pero no les valdrá de nada porque el plazo ya
está fijado. 28El rey del norte volverá a su país
con muchas riquezas y con planes contra la san-
ta alianza, después de ejecutarlos volverá a su
país.
29»En el plazo fijado volverá al país del sur,
pero no le irá como las otras veces.
30»Naves de Chipre lo atacarán; se volverá
asustado para desahogar su cólera contra la
santa alianza.
»Al volver, hará caso a los que abandonan la
santa alianza. 31Algunos destacamentos suyos
se presentarán a profanar el santuario y la for-
taleza, abolirán el sacrificio cotidiano e instala-
rán un ídolo abominable.
32»Pervertirá con halagos a los que quebran-
tan la alianza, pero los que reconocen a su Dios
se decidirán a actuar.
33»Los maestros del pueblo instruirán a los
demás, aunque por un tiempo tengan que en-
frentar la espada, el fuego, la cautividad y la
confiscación de bienes.
34»Al verlos en tales peligros, unos cuantos les
ayudarán y otros se les juntarán por adulación.

35La desgracia de algunos maestros servirá para
purificar, perfeccionar y poner a prueba hasta
que llegue el final, porque el plazo está fijado.
36»El rey actuará a su antojo, lleno de soberbia
desafiará a todos los dioses y hablará con arro-
gancia contra el Dios de los dioses; prosperará
hasta el momento del castigo, que está decreta-
do y se ejecutará.
37»No respetará al dios de sus padres ni al
favorito de las mujeres, no respetará a ningún
dios, porque se creerá superior a todos.
38»En cambio, dará culto al dios de la forta-
leza, ofrecerá plata y oro, piedras preciosas y
joyas a un dios desconocido de sus padres.
39»Con la ayuda de un dios extranjero atacará
fortalezas fortificadas; a los que lo reconozcan
los colmará de honores, los nombrará goberna-
dores de pueblos numerosos y les dará tierras
en recompensa.
40»Al final, el rey del sur embestirá contra él;
el rey del norte se lanzará en torbellino con ca-
rros, jinetes y muchas naves. Invadirá y cruzará
países como una inundación.
41»Penetrará en la tierra santa. Caerán a milla-
res, pero se librarán de sus manos los edomitas,
los moabitas y la flor de los amonitas.
42»Echará mano a diversos países y ni siquiera
Egipto se librará. 43Se adueñará del oro y la plata
y todos los tesoros de Egipto; libios y nubios for-
marán su séquito. 44Pero alarmado por noticias
recibidas del este y del norte, marchará con toda
furia a destruir y aniquilar muchedumbres.
45»Plantará su pabellón entre el mar y la tierra
santa de la Santa Montaña.
»Se aproxima a su fin y nadie lo defenderá.

Resurrección y salvación

12 1»Entonces se levantará Miguel, el ar-
cángel que se ocupa de tu pueblo: serán
tiempos difíciles, como no los hubo desde que
existen las naciones hasta ahora.
»Entonces se salvará tu pueblo: todos los ins-
critos en el libro.
2»Muchos de los que duermen en el polvo des-
pertarán: unos para vida eterna, otros para ig-
nominia perpetua.
3»Los maestros brillarán como brilla el firma-
mento, y los que convierten a los demás, res-
plandecerán como estrellas, perpetuamente.
4»Tú, Daniel, guarda estas palabras y sella el
libro hasta el momento final. Muchos lo repasa-
rán y aumentarán su saber.
5»Yo, Daniel, vi a otros hombres de pie a ambos
lados del río. 6Y pregunté al hombre vestido de
lino, que estaba sobre el agua del río: «¿Cuándo
acabarán estos prodigios?».
7»El hombre vestido de lino, que estaba sobre
el agua del río, alzó ambas manos al cielo y le oí
jurar por el que vive eternamente: Un año y dos
años y medio. Cuando acabe la persecución del
pueblo santo, se cumplirá todo esto.
8»Yo oí sin entender y pregunté: Señor, ¿cuál
será el desenlace? 9Me respondió: Sigue adelan-
te, Daniel. Las palabras están guardadas y sella-
das hasta el momento final.
10»Muchos se purificarán, blanquearán y per-
feccionarán; los malvados seguirán en su mal-
dad, sin entender; los maestros comprenderán.
11Desde que supriman el sacrificio cotidiano y
coloquen el ídolo abominable pasarán mil dos-
cientos noventa días.
12»Dichoso el que aguarde hasta que pasen mil
trescientos treinta y cinco días.
13Tú vete y descansa. Te levantarás a recibir tu
destino al final de los días.

RELATOS GRIEGOS (13–14)

Susana y Daniel

13 1Vivía en Babilonia un hombre llamado
Joaquín, 2casado con Susana, hija de Jel-
cías, mujer muy bella y religiosa. 3Sus padres
eran honrados y habían educado a su hija según
la ley de Moisés. 4Joaquín era muy rico y tenía
un parque junto a su casa; como era el más res-
petado de todos, los judíos solían reunirse allí.
5Aquel año fueron designados jueces dos an-
cianos del pueblo, de esos que el Señor denuncia
diciendo: En Babilonia la maldad ha brotado de
los viejos jueces, que pasan por guías del pue-
blo. 6Solían ir a casa de Joaquín, y los que tenían
pleitos que resolver acudían a ellos.
7A mediodía, cuando la gente se marchaba,
Susana salía a pasear por el parque con su mari-
do. 8Los ancianos la veían a diario, cuando salía
a pasear por el parque, y se enamoraron de ella:
9Pervirtieron su corazón y desviaron los ojos
para no mirar a Dios ni acordarse de sus justas
leyes.
10Los dos estaban locos de pasión por ella, pe-
ro no se confesaban mutuamente su tormento,
11porque les daba vergüenza admitir que esta-
ban ansiosos de poseerla. 12Día tras día se las
ingeniaban para verla. 13Un día dijeron: «Vamos
a casa, que es la hora de comer». 14Y al salir se
separaron. Pero, dando media vuelta, se encon-
traron otra vez en el mismo sitio. Preguntando
uno a otro el motivo, acabaron por confesarse su
pasión. Entonces, de acuerdo, fijaron una oca-
sión para encontrarla sola.
15Un día, mientras aguardaban ellos el mo-
mento oportuno, salió ella como de ordinario,
acompañada solo de dos criadas, y se le antojó

bañarse en el parque, porque hacía mucho calor.
16Allí no había nadie fuera de los dos viejos es-
condidos y espiándola.
17Susana dijo a las criadas: «Tráiganme el per-
fume y las cremas y cierren la puerta del par-
que mientras me baño». 18Ellas, cumpliendo la
orden, cerraron la puerta del parque y salieron
por una puerta lateral para traer el encargo, sin
darse cuenta de que los viejos estaban escondi-
dos. 19Apenas salieron las criadas, se levantaron
los dos ancianos, corrieron hacia ella 20y le di-
jeron: «Las puertas del parque están cerradas,
nadie nos ve y nosotros estamos enamorados de
ti; consiente y acuéstate con nosotros. 21Si te
niegas, daremos testimonio contra ti diciendo
que un joven estaba contigo y que por eso ha-
bías despachado a las criadas».
22Susana lanzó un gemido y dijo: «No tengo
salida: si hago eso seré rea de muerte; si no lo
hago, no escaparé de sus manos. 23Pero prefiero
no hacerlo y caer en manos de ustedes antes que
pecar contra Dios».
24Susana se puso a gritar, y los concejales, por
su parte, también gritaron. 25Uno de ellos fue
corriendo y abrió la puerta del parque. 26Al oír
gritos en el parque, la servidumbre vino corrien-
do por la puerta lateral a ver qué le había pasa-
do. 27Y cuando los viejos contaron su historia los
criados quedaron abochornados, porque Susana
nunca había dado que hablar.
28Al día siguiente, cuando la gente vino a casa
de Joaquín, su marido, vinieron también los dos
viejos con el propósito criminal de hacerla mo-
rir. 29En presencia del pueblo ordenaron: «Vayan
a buscar a Susana, hija de Jelcías, mujer de Joa-
quín». 30Fueron a buscarla, y vino ella con sus
padres, hijos y parientes.
31Susana era una mujer muy delicada y muy
hermosa. 32Los malvados le mandaron quitarse
el velo que llevaba echado para gozar mirando
su belleza. 33Toda su familia y cuantos la veían
lloraban.
34Entonces, los dos ancianos se levantaron en
medio de la asamblea y pusieron las manos sobre
la cabeza de Susana. 35Ella, llorando, levantó la
vista al cielo, porque su corazón confiaba en el
Señor.
36Los ancianos declararon: «Mientras paseá-
bamos nosotros solos por el parque, salió esta
con dos criadas, cerró la puerta del parque y
despidió a las criadas. 37Entonces se le acercó
un joven que estaba escondido y se acostó con
ella. 38Nosotros estábamos en un rincón del par-
que, y al ver aquel delito corrimos hacia ellos.
39Los vimos abrazados, pero no pudimos sujetar
al joven, porque era más fuerte que nosotros,
y abriendo la puerta salió corriendo. 40En cam-
bio, a esta la agarramos y le preguntamos quién
era el joven, pero no quiso decírnoslo. Damos
testimonio de ello». 41Como eran ancianos del
pueblo y jueces, la asamblea les creyó y condenó
a muerte a Susana.
42Ella dijo gritando: «Dios eterno que ves lo
escondido, que lo sabes todo antes de que su-
ceda, 43tú sabes que han dado falso testimonio
contra mí, y ahora tengo que morir siendo ino-
cente de lo que su maldad ha inventado contra
mí». 44El Señor la escuchó.
45Mientras la llevaban para ejecutarla, Dios
movió con su santa inspiración a un muchacho
llamado Daniel; 46este dio una gran voz: «¡No
soy responsable de ese homicidio!».
47Toda la gente se volvió a mirarlo y le pregun-
taron: «¿Qué pasa, qué estás diciendo?». 48Él,
plantado en medio de ellos, les contestó: «Pero,
¿están locos, israelitas? ¿Conque sin discutir la
causa ni investigar los hechos condenan a una
israelita? 49Vuelvan al tribunal, porque esos han
dado falso testimonio contra ella».
50La gente volvió a toda prisa y los ancianos le
dijeron: «Ven, siéntate con nosotros y explícate;
porque Dios te ha dado la madurez de un ancia-
no». 51Daniel les dijo: «Sepárenlos lejos uno del
otro, que los voy a interrogar yo».
52Los apartaron, él llamó a uno y le dijo: «¡En-
vejecido en años y en crímenes! Ahora vuelven
tus pecados pasados; 53cuando dabas sentencia
injusta condenando inocentes y absolviendo
culpables, contra el mandato del Señor: No
matarás al inocente ni al justo. 54Ahora, ya que
tú la viste, dime debajo de qué árbol los viste
abrazados».
Él respondió: «Debajo de una acacia».
55Replicó Daniel: «Tu calumnia se vuelve con-
tra ti: el ángel de Dios ha recibido la sentencia
divina y te va a partir por medio».
56Lo apartó, mandó traer al otro y le dijo:
«¡Eres cananeo y no judío! La belleza te sedujo
y la pasión pervirtió tu corazón. 57Eso hacían
con las mujeres israelitas, y ellas por miedo se
acostaban con ustedes; pero una mujer judía no
ha tolerado la maldad de ustedes. 58Ahora dime:
«¿bajo qué árbol los sorprendiste abrazados?».
Él contestó: «Debajo de una encina».
59Replicó Daniel: «Tu calumnia se vuelve contra
ti: el ángel de Dios aguarda con la espada para
dividirte por medio. Y así acabará con ustedes».
60Entonces toda la asamblea se puso a gritar
bendiciendo a Dios, que salva a los que esperan
en él. 61Se levantaron contra los dos ancianos
a quienes por su propia confesión Daniel había
declarado culpables de falso testimonio 62y los

ajusticiaron según la ley de Moisés, aplicándoles
la misma pena que ellos habían tramado contra
su prójimo. Aquel día se salvó una vida inocente.
63Jelcías, su mujer, todos los parientes y
Joaquín, el marido, alabaron a Dios, porque su
pariente Susana no había cometido ninguna
acción vergonzosa. 64Y desde aquel día, Daniel
gozó de gran prestigio entre el pueblo.

Bel o el fraude descubierto

14 1El rey Astiages fue sepultado en el sepul-
cro familiar y le sucedió en el trono Ciro,
el persa. 2Daniel vivía con el rey, más honrado
que sus demás amigos. 3Tenían los babilonios
un ídolo llamado Bel; cada día le llevaban me-
dio quintal de sémola, cuarenta ovejas y ciento
treinta litros de vino. 4También el rey lo venera-
ba y acudía todos los días a adorarlo, mientras
que Daniel adoraba a su Dios.
5El rey le preguntó: «¿Por qué no adoras a
Bel?». Contestó: «Porque yo no venero a dioses
de fabricación humana, sino al Dios vivo, creador
de cielo y tierra y dueño de todos los vivientes».
6El rey le contestó: «Entonces, ¿no crees que
Bel es un dios vivo? ¿No ves todo lo que come y
bebe a diario?». 7Daniel repuso sonriendo: «No
te engañes, majestad. Ese es de barro por den-
tro y de bronce por fuera y jamás ha comido ni
bebido».
8El rey se enfadó, llamó a sus sacerdotes y les
dijo: «Si no me dicen quién se come esos alimen-
tos morirán. Pero si demuestran que es Bel quien
los come, Daniel morirá por haber blasfemado
contra Bel». 9Daniel dijo al rey: «Que se cumpla
lo que has dicho».
10Los sacerdotes de Bel eran setenta, sin con-
tar mujeres y niños.
El rey se dirigió con Daniel al templo de Bel.
11Los sacerdotes de Bel le dijeron: «Nosotros
saldremos fuera. Tú, majestad, trae la comida,
mezcla el vino y acércalo, después cierra la
puerta y séllala con tu anillo. 12Mañana tempra-
no volverás; si descubres que Bel no ha consumi-
do todo, moriremos nosotros; en caso contrario,
morirá Daniel por habernos calumniado» 13–Lo
decían muy seguros, porque habían hecho de-
bajo de la mesa un pasadizo oculto por donde
entraban siempre a comer las ofrendas–.
14Cuando salieron ellos, el rey acercó la comi-
da a Bel. Daniel mandó a sus criados que traje-
ran ceniza y la esparcieran por todo el templo,
en presencia solo del rey. Salieron, cerraron la
puerta, la sellaron con el anillo real y se mar-
charon. 15Aquella noche los sacerdotes, según
costumbre, vinieron con sus mujeres y niños y
dieron cuenta de la comida y la bebida.
16El rey madrugó y lo mismo hizo Daniel. 17Pre-
guntó el rey: «¿Están intactos los sellos?». Con-
testó: «Intactos, majestad».
18Al abrir la puerta, el rey miró a la mesa y
gritó: «¡Qué grande eres, Bel! No hay engaño en
ti». 19Daniel, riéndose, sujetó al rey para que no
entrase y le dijo: «Mira al suelo y averigua de
quién son esas huellas».
20El rey repuso: «Estoy viendo huellas de hom-
bres, mujeres y niños». 21Y lleno de furia, hizo
arrestar a los sacerdotes con sus mujeres y ni-
ños. Le enseñaron la puerta secreta por donde
entraban a comer lo que había en la mesa. 22El
rey los hizo ajusticiar y entregó a Bel en poder
de Daniel, el cual lo destruyó con su templo.
23Había también un dragón enorme, al que
veneraban los babilonios. 24El rey dijo a Daniel:
«No dirás que este es de bronce; está vivo, come
y bebe; no puedes negar que es un dios vivo.
Adóralo». 25Respondió Daniel: «Yo adoro al Se-
ñor, mi Dios, que es el Dios vivo. Dame permiso,
majestad, y mataré al dragón sin palo ni cuchi-
llo». 26El rey contestó: «Concedido».
27Entonces Daniel tomó resina, grasa y pelos;
los coció, hizo unas tortas y se las echó en la boca
al dragón. El dragón las comió y reventó. Daniel
sentenció: «Ahí tienen lo que ustedes adoraban».
28Al enterarse los babilonios se enfurecieron,
se amotinaron contra el rey y dijeron: «El rey se
ha vuelto judío: ha destrozado a Bel, ha matado
al dragón y ha degollado a los sacerdotes».
29Acudieron al rey y exigieron: «Entréganos a
Daniel si no quieres morir con tu familia». 30Vien-
do el rey que lo amenazaban con violencia, les
entregó a Daniel a la fuerza. 31Ellos lo arrojaron
al foso de los leones, donde pasó seis días.
32Había en el foso siete leones; cada día les
echaban dos ajusticiados y dos ovejas; en aque-
lla ocasión no les echaron nada para que devo-
rasen a Daniel.
33En Judea vivía el profeta Habacuc. Aquel
día había preparado un guiso, puesto pequeños
trozos de pan en una canastilla y marchaba al
campo para llevárselo a los que estaban cose-
chando. 34El ángel del Señor ordenó a Habacuc:
«Ese almuerzo llévaselo a Daniel, que está en
Babilonia, en el foso de los leones». 35Habacuc
respondió: «Señor, ni he visitado Babilonia ni
conozco ese foso». 36Entonces el ángel del Señor
lo agarró por la cabeza y, con el ímpetu de su
Espíritu, lo llevó hasta Babilonia sujeto por los
cabellos y lo depositó frente al foso.
37Habacuc gritó: «Daniel, Daniel, toma el al-
muerzo que te envía Dios». 38Daniel respondió:
«Dios mío, te has acordado de mí, no has des-
amparado a los que te aman». 39Y levantándose

se puso a comer. Mientras, el ángel del Señor
restituía a Habacuc a su país.
40Al séptimo día vino el rey para llorar a Da-
niel. Se acercó al foso, miró dentro y allí estaba
Daniel sentado. 41Con todas sus fuerzas gritó:
«¡Grande eres, Señor, Dios de Daniel, y no hay
más Dios que tú!». 42Lo hizo sacar, y a los cul-
pables del atentado los hizo arrojar al foso, y
al instante fueron devorados en su presencia.

BARUC

Introducción

1 1Texto del documento que escribió Baruc, hijo
de Nerías, hijo de Maasías, hijo de Sedecías,
hijo de Asadías, hijo de Jelcías, en Babilonia, 2el
siete del mes del año quinto, fecha en que los
caldeos conquistaron Jerusalén y la incendiaron.
3Baruc leyó este documento en presencia del
rey Jeconías, hijo de Joaquín, rey de Judá, y de
todo el pueblo que acudió a escuchar; 4en pre-
sencia de las autoridades, príncipes reales y de
todo el pueblo, pequeños y grandes, que vivían
en Babilonia junto al río Sud. 5Todos lloraron,
ayunaron y suplicaron al Señor; 6después hicie-
ron una colecta, cada uno ofreció según sus po-
sibilidades, 7y enviaron el dinero a Jerusalén, al
sumo sacerdote Joaquín, hijo de Jelcías, hijo de
Salún, a los demás sacerdotes y a todo el pueblo
que habitaba en Jerusalén.
8Fue entonces, el diez de junio, cuando Baruc
recobró para devolverlos a Judá los utensilios
robados del templo; se trataba de objetos de
plata encargados por Sedecías, hijo de Josías,
rey de Judá, 9después de que Nabucodonosor,
rey de Babilonia, deportó a Jeconías, a los jefes
y autoridades, a príncipes y gente del pueblo de
Jerusalén a Babilonia.
10La carta decía así:
»Les enviamos este dinero para que compren
con él víctimas para los holocaustos y los sacri-
ficios por el pecado, incienso, ofrendas, y las
ofrezcan sobre el altar del Señor, nuestro Dios,
11rezando por la salud de Nabucodonosor, rey de
Babilonia, y por su hijo Baltasar, para que vivan
en la tierra cuanto dura el cielo sobre la tierra.
12El Señor nos conceda fuerzas y nos ilumine
para que podamos vivir a la sombra de Nabuco-
donosor, rey de Babilonia, y de su hijo Baltasar,
sirviéndoles muchos años y gozando de su favor.
13Recen también por nosotros al Señor, nuestro
Dios, porque hemos pecado contra el Señor,
nuestro Dios, y la cólera y el furor del Señor si-
guen pesando sobre nosotros.
14»Lean este documento que les enviamos y
hagan su confesión en el templo el día de fiesta
y en las fechas oportunas, diciendo así:

Liturgia penitencial I

15»Confesamos que el Señor, nuestro Dios, es
justo; nosotros, en cambio, estamos hoy muy
avergonzados junto a los judíos y vecinos de
Jerusalén, 16a nuestros reyes y gobernantes, a
nuestros sacerdotes y profetas y a nuestros pa-
dres; 17porque pecamos contra el Señor no ha-
ciéndole caso, 18desobedecimos al Señor, nues-
tro Dios, no siguiendo los mandatos que el Señor
nos había dado. 19Desde el día en que el Señor
sacó a nuestros padres de Egipto hasta hoy no
hemos hecho caso al Señor, nuestro Dios, nos
hemos negado a obedecerle. 20Por eso nos persi-
guen ahora las desgracias y la maldición con que
el Señor amenazó a Moisés, su siervo, cuando sa-
có a nuestros padres de Egipto para darnos una
tierra que mana leche y miel.
21»No obedecimos al Señor, nuestro Dios, que
nos hablaba por medio de sus enviados, los pro-
fetas; 22todos seguimos nuestros malos deseos
sirviendo a dioses ajenos y haciendo lo que es
malo a los ojos del Señor, nuestro Dios.

2 1»Por eso el Señor cumplió las amenazas que
había pronunciado contra nosotros, nuestros
gobernantes que gobernaban a Israel, nuestros
reyes y contra israelitas y judíos. 2Jamás suce-
dió bajo el cielo lo que sucedió en Jerusalén –se-
gún lo escrito en la Ley de Moisés–, 3que entre
nosotros hubo quien se comió a su hijo y a su
hija; 4el Señor los sometió a todos los reinos ve-
cinos, dejó desolado su territorio, haciéndolos
objeto de burla y ofensa en medio de los pue-
blos de la redonda donde los dispersó. 5Fueron
vasallos y no señores, porque habíamos pecado
contra nuestro Dios, desoyendo su voz.
6»El Señor, nuestro Dios, es justo; a nosotros
nos oprime hoy la vergüenza. 7Todas las ame-
nazas que el Señor había pronunciado han caí-
do sobre nosotros; 8con todo, no aplacamos al
Señor convirtiéndonos de nuestra actitud per-
versa. 9Por eso el Señor estuvo vigilando para
enviarnos las desgracias amenazadas.
10»El Señor fue justo en todo lo que dispuso
contra nosotros, porque nosotros no le obe-
decimos poniendo por obra lo que nos había
mandado.

Liturgia penitencial II

11»Pero ahora, Señor, Dios de Israel, que sa-
caste a tu pueblo de Egipto con mano fuerte,
con signos y prodigios, con brazo alzado y gran

poder, haciéndote así un Nombre famoso que
dura hasta hoy: 12nosotros hemos pecado, Se-
ñor, Dios nuestro; hemos cometido crímenes y
delitos contra todos tus mandamientos; 13aparta
de nosotros tu cólera, que quedamos muy pocos
en las naciones donde nos has dispersado.
14»Escucha, Señor, nuestras oraciones y súpli-
cas, líbranos por tu honor, haz que ganemos el
favor de los que nos deportaron; 15para que co-
nozca todo el mundo que tú eres el Señor, nues-
tro Dios, que has dado tu Nombre a Israel y a su
descendencia.
16»Mira, Señor, desde tu santa morada y fíjate
en nosotros; inclina, Señor, tu oído y escucha;
17abre los ojos y mira: los muertos en la tumba,
con sus cuerpos ya sin vida, no pueden cantar tu
gloria y tu justicia; 18mientras que los que viven
agobiados por la tristeza, el que camina encor-
vado y desfallecido, los ojos que se apagan, el
estómago hambriento, esos son, Señor, los que
reconocerán tu gloria y tu justicia.

Liturgia penitencial III

19»Nuestras súplicas no se apoyan en los de-
rechos de nuestros padres y reyes, Señor, Dios
nuestro. 20Tú has descargado tu ira y tu cólera
sobre nosotros, como lo habías anunciado por
tus siervos, los profetas, que gritaban: 21Así di-
ce el Señor: Dobleguen los hombros, sométanse
al rey de Babilonia y vivirán en la tierra que di
a sus padres. 22Si desobedecen al Señor y no se
someten al rey de Babilonia, 23alejaré de las po-
blaciones de Judá y de las calles de Jerusalén la
voz alegre y gozosa, la voz del novio y la voz de
la novia, y el país quedará desierto, sin habitan-
tes. 24Y como no obedecimos sometiéndonos al
rey de Babilonia, cumpliste todas las amenazas
pronunciadas por tus siervos los profetas: se
sacaron de las tumbas los huesos de nuestros
reyes y antepasados, 25y quedaron expuestos al
calor del día y al frío de la noche. Ellos murieron
de diversas calamidades, de hambre, de peste y
a espada. 26Y por la maldad de Israel y de Judá,
la casa que llevaba tu Nombre ha llegado a ser
lo que es hoy.
27»Tú, Señor, Dios nuestro, nos habías tratado
según tu inmensa piedad y compasión; 28tú ha-
blaste por Moisés, tu siervo, cuando le mandaste
escribir tu Ley en presencia de Israel: 29Si no me
obedecen, esa inmensa multitud quedará reduci-
da a unos pocos, en medio de los pueblos donde
los dispersaré. 30Sé que no me van a obedecer,
porque son un pueblo de corazón duro; con todo,
en el destierro se convertirán, 31y reconocerán
que yo soy el Señor, su Dios; entonces les daré
oídos y mente dóciles, 32en su destierro me ala-
barán e invocarán mi Nombre, 33se arrepentirán
de su rebeldía y de su mala conducta, recordando
cómo sus padres pecaron contra el Señor. 34En-
tonces los traeré de nuevo a la tierra que con
juramento prometí a sus padres, Abrahán, Isaac
y Jacob, y la poseerán; los haré crecer y no dismi-
nuirán; 35les daré una alianza eterna: seré su Dios
y ellos serán mi pueblo, y no volveré a expulsar a
mi pueblo Israel de la tierra que les di.

Liturgia penitencial IV

3 1»Señor todopoderoso, Dios de Israel, un alma
afligida y un espíritu abatido gritan a ti. 2Es-
cucha, Señor, ten piedad, porque hemos pecado
contra ti. 3Tú reinas por siempre, nosotros mori-
mos para siempre. 4Señor todopoderoso, Dios de
Israel, escucha las súplicas de los israelitas que
ya murieron y las súplicas de los hijos de los que
pecaron contra ti: ellos desobedecieron al Señor,
su Dios, y a nosotros nos persiguen las desgra-
cias. 5No te acuerdes de los delitos de nuestros
padres, acuérdate hoy de tu brazo y de tu Nombre.
6Porque tú eres el Señor, Dios nuestro, y nosotros
te alabamos, Señor. 7Nos infundiste tu temor para
que invocásemos tu Nombre y confesáramos en el
destierro apartando nuestro corazón de los peca-
dos con que te ofendieron nuestros padres. 8Mira,
hoy vivimos en el destierro donde nos dispersas-
te haciéndonos objeto de burla y maldición, para
que paguemos así los delitos de nuestros padres,
que se alejaron del Señor, nuestro Dios.

Exhortación sobre la sabiduría

9Escucha, Israel, mandatos de vida;/ presta
oído para aprender prudencia./ 10¿A qué se de-
be, Israel,/ que estés aún en país enemigo,/ que
envejezcas en tierra extranjera,/ 11que estés
contaminado entre los muertos/ y te cuenten
con los habitantes del Abismo?/ 12Es que aban-
donaste la fuente de la sabiduría./ 13Si hubieras
seguido el camino de Dios,/ habitarías en paz
para siempre./ 14Aprende dónde se encuentra la
prudencia,/ dónde el valor y dónde la inteligen-
cia;/ así aprenderás dónde se encuentra la vida
larga,/ y dónde la luz de los ojos y la paz.
15¿Quién encontró su puesto/ o entró en sus
almacenes?/ 16¿Dónde están los jefes de las na-
ciones,/ los amos de los animales terrestres,/
17los que jugaban con las aves del cielo,/ los que
atesoraban oro y plata,/ en los que confían los
hombres,/ y era inmensa su fortuna?
18¿Dónde los que trabajan la plata con tanto
cuidado/ cuyas obras no podemos describir?/
19Desaparecieron, bajando a la tumba/ y otros
ocuparon sus puestos./ 20Una nueva genera-
ción vio la luz/ y habitó en la tierra,/ pero no

conocieron/ el camino de la inteligencia,/ 21no
descubrieron sus senderos/ ni lograron alcan-
zarla,/ y sus hijos se extraviaron.
22No se dejó oír en Canaán/ ni se dejó ver en
Temán;/ 23ni los hijos de Agar/ que buscan el sa-
ber en la tierra,/ ni los mercaderes de Meirán y
Temán,/ que cuentan historias y buscan el sa-
ber,/ conocieron el camino de la sabiduría/ ni
recordaron sus senderos./ 26Allí nacieron los gi-
gantes,/ famosos en la antigüedad,/ corpulen-
tos y aguerridos;/ 27pero no los eligió Dios/ ni les
mostró el camino de la inteligencia;/ 28murieron
por su falta de prudencia,/ perecieron por falta
de reflexión.
29¿Quién subió al cielo para tomarla,/ quién
la bajó de las nubes?/ 30¿Quién atravesó el mar
para encontrarla/ y comprarla a precio de oro?/
31Nadie conoce su camino/ ni puede rastrear
sus sendas./ 32El que todo lo sabe la conoce,/ y
la examina con su inteligencia./ El que creó la
tierra para siempre/ y la llenó de animales cua-
drúpedos;/ 33envía el rayo y él va,/ lo llama y le
obedece temblando;/ 34a los astros, que brillan
gozosos/ en sus puestos de guardia,/ 35los llama
y responden: ¡Presentes!,/ y brillan gozosos para
su Creador.
24¡Qué grande es, Israel,/ el templo de Dios;/
qué inmensos son sus dominios!/ 25Él es grande
y sin límites,/ es sublime y sin medida./ 36Él es
nuestro Dios/ y no hay otro frente a él:/ 37in-
vestigó el camino de la inteligencia/ y se lo
enseñó a su hijo Jacob;/ a su amado, Israel./
38Después apareció en el mundo/ y vivió entre
los hombres.

4 1La sabiduría es el libro de los mandatos de
Dios,/ la ley de validez eterna:/ los que la
guarden vivirán,/ los que la abandonen mori-
rán./ 2Vuélvete, Jacob, a recibirla,/ camina a
la claridad de su resplandor;/ 3no entregues a
otros tu gloria/ ni tu dignidad a un pueblo ex-
tranjero./ 4¡Dichosos nosotros, Israel,/ que co-
nocemos lo que agrada al Señor!

Restauración de Jerusalén

5¡Ánimo, pueblo mío,/ que llevas el nombre de
Israel!/ 6Los vendieron a los gentiles,/ pero no
para ser aniquilados;/ porque provocaron/ el
enojo de Dios contra ustedes/ los entregaron a
sus enemigos,/ 7porque irritaron a su Creador/
sacrificando a demonios y no a Dios;/ 8se olvi-
daron del Señor eterno,/ que los había criado,/
y entristecieron a Jerusalén,/ que los alimentó.
9Cuando ella vio/ que el castigo de Dios los
alcanzaba, dijo:/ Escuchen, vecinas de Sión./
Dios me ha enviado una pena terrible:/ 10vi
cómo el Eterno desterraba a mis hijos e hijas;/
11yo los crié con alegría,/ los despedí con lágri-
mas de pena./ 12Que nadie se alegre viendo/ a
esta viuda abandonada de todos./ Si estoy de-
sierta,/ es por los pecados de mis hijos,/ que se
apartaron de la ley de Dios./ 13No hicieron caso
de sus mandatos/ ni siguieron el camino de sus
preceptos,/ no pisaron fielmente/ la senda de su
instrucción.
14Que se acerquen las vecinas de Sión,/ re-
cuerden que el Eterno/ llevó cautivos a mis hijos
e hijas./ 15Les envió un pueblo remoto,/ pueblo
cruel y de lengua extraña/ que no respetaba a
los ancianos/ ni sentía piedad por los niños;/
16arrebataron a la viuda sus hijos queridos,/ la
dejaron sola y sin hijas./ 17Y yo, ¿qué puedo hacer
por ustedes?/ 18Solo el que les envió tales desgra-
cias/ los librará del poder enemigo./ 19Váyanse,
hijos míos, váyanse,/ mientras yo quedo sola./
20Me he quitado el vestido de la paz,/ me he
puesto el sayal de suplicante,/ gritaré al Eterno
toda mi vida.
21¡Ánimo, hijos! Invoquen a Dios/ para que los
libre del poder enemigo./ 22Yo espero que el Eter-
no los salvará,/ el Santo ya me llena de alegría,/
porque muy pronto el Eterno,/ su Salvador,/
tendrá misericordia de ustedes./ 23Si los expulsó
entre duelo y llantos,/ Dios mismo los devolverá
a mí/ con gozo y alegría sin término.
24Como hace poco las vecinas de Sión/ los vie-
ron marchar cautivos,/ así pronto verán la sal-
vación/ que Dios les concede,/ acompañada de
gran gloria/ y el esplendor del Eterno./ 25Hijos,
soporten con paciencia el castigo/ que Dios les
ha enviado;/ si tus enemigos te dieron alcance,/
muy pronto verás su perdición/ y pondrás el pie
sobre sus cuellos.
26Mis niños mimados/ recorrieron caminos
ásperos,/ los robó el enemigo/ como a un reba-
ño./ 27¡Ánimo, hijos, invoquen a Dios!/ Que el
que los castigó/ se acordará de ustedes./ 28Si un
día se empeñaron en alejarse de Dios,/ vuélvan-
se a buscarlo con renovado empeño./ 29El que
les mandó las desgracias,/ les mandará el gozo
eterno de su salvación.
30¡Ánimo, Jerusalén!/ El que te dio su Nombre
te consuela./ 31Malditos los que te hicieron mal/
y se alegraron de tu caída,/ 32malditas las ciu-
dades/ que esclavizaron a tus hijos,/ maldita la
ciudad que los aceptó./ 33Como se alegró de tu
caída/ y disfrutó con tu ruina,/ llorará su pro-
pia desolación./ 34Le quitaré la población/ de
que se enorgullece/ y su arrogancia se conver-
tirá en duelo./ 35El Eterno le enviará un fuego/
que arderá muchos días,/ y la habitarán largos
años los demonios.

36Mira hacia oriente, Jerusalén,/ contempla
el gozo que Dios te envía./ 37Ya llegan alegres/
los hijos que despediste,/ reunidos por la Pala-
bra del Santo/ en oriente y occidente;/ ya llegan
alegres/ y dando gloria a Dios.

5 *1Jerusalén, despójate del vestido de luto y*
aflicción/ y vístete para siempre las galas de
la gloria que Dios te da,/ 2envuélvete en el man-
to de la justicia de Dios/ y ponte en la cabeza la
diadema de la gloria del Eterno;/ 3porque Dios
mostrará tu esplendor a cuantos viven bajo el
cielo./ 4Dios te dará un nombre para siempre:/
Paz en la Justicia,/ Gloria en la Piedad./ 5Ponte
en pie, Jerusalén,/ sube a la altura,/ mira hacia
oriente/ y contempla a tus hijos,/ reunidos de
oriente y occidente/ a la voz del Santo,/ gozosos
invocando a Dios.
6A pie se marcharon,/ conducidos por el ene-
migo,/ pero Dios te los traerá con gloria/ como
llevados en carroza real./ 7Dios ha mandado
aplanarse/ a los montes elevados/ y a las coli-
nas perpetuas,/ ha mandado llenarse a los ba-
rrancos/ hasta nivelar el suelo,/ para que Israel
camine con seguridad/ guiado por la gloria de
Dios;/ 8ha mandado a los bosques/ y a los árbo-
les aromáticos/ hacer sombra a Israel./ 9Porque
Dios guiará a Israel/ con alegría a la luz de su
gloria,/ con su justicia y su misericordia.

CARTA DE JEREMÍAS

La traducción de la Biblia al latín (la Vulgata), y gracias a ella el Canón Católico, recoge este escrito dentro del libro de Baruc como capítulo 6. Aprovechando que existían las cartas de Jeremías a los desterrados (Jeremías 29), un autor anónimo compuso esta sátira contra la idolatría.

Copia de la carta que envió Jeremías a los que iban a ser llevados cautivos a Babilonia por el rey de los babilonios, para comunicarles lo que Dios le había ordenado:

1 1Por los pecados que han cometido contra
Dios serán llevados cautivos a Babilonia por
Nabucodonosor rey de Babilonia. 2Llegados a
Babilonia, pasarán allí mucho tiempo, largos
años, unas siete generaciones. Después los sa-
caré de allí en paz. 3Durante ese tiempo verán
en Babilonia, dioses de plata, oro y madera, que
son llevados a hombros y que infunden temor a
los gentiles.
4¡Cuidado! No imiten a los extranjeros, no se
dejen dominar del temor a esos dioses. 5Cuando
vean delante y detrás de ellos multitudes que
los adoran, digan: «¡Solo a ti, Señor, se debe la
adoración!, 6porque mi ángel está con ustedes, y
cuidará de sus vidas».
7Los ídolos tienen una lengua modelada por el
escultor, están recubiertos de oro y plata, pero
son falsos e incapaces de hablar.
8Como se hace con una doncella que gusta
adornarse con joyas, toman oro y tejen coronas
para sus dioses. 9Pero los sacerdotes sustraen
a dioses oro y plata para sus usos personales, y
llegan a dar parte de ello a las prostitutas del
templo. 10A sus dioses de plata, oro y madera
los adornan con vestidos como a hombres, 11pe-
ro no se libran del óxido y la polilla. Les ponen
mantos de púrpura, y tienen que limpiarles la
cara del polvo del templo que se les acumula
encima.
12Empuña un bastón de mando como goberna-
dor de provincia, pero no puede matar con él a
quien lo ofende. 13Empuña en la diestra un puñal
y un hacha, que no los librarán en la guerra ni
de los bandidos. 14De donde se sigue que no son
dioses y que no tienen por qué temerles.
15Como una vasija rota que ya no sirve son los
dioses que entronizan en sus templos. 16Tienen
los ojos llenos del polvo que levantan los que
entran.
17Como se cierra la celda de un reo que ha
ofendido al rey y va a ser ejecutado; así los sa-
cerdotes aseguran los templos con portones y
barras y cerrojos, para que los dioses no sean
robados por los ladrones.
18Les encienden más candiles que a sí mismos,
aunque los dioses no pueden ver ninguno. 19Son
como las vigas de las casas, que, según dicen,
los gusanos las roen por dentro, y mientras son
devorados junto con sus vestidos, no lo sien-
ten. 20Tienen la cara negra del humo del templo.
21Sobre sus cuerpos y cabezas revolotean lechu-
zas, golondrinas y otros pájaros, y saltan los
gatos. 22Por todo esto reconocerán que no son
dioses y que no deben tenerles miedo.
23El oro que los recubre y adorna no brilla si
no le limpian la pátina. Cuando los fundían no
lo sentían. 24Se compran a cualquier precio,
aunque no tienen vida. 25Llevados a hombros –
porque no tienen pies–, demuestran a la gente
que no valen nada; y hasta sus servidores que-
dan avergonzados, porque si esos dioses caen
por tierra, ellos tienen que levantarlos; 26si los
colocan derechos, no pueden moverse; si se in-
clinan, no se ponen derechos, y reciben como
muertos los dones que les ofrecen.

27Los sacerdotes venden las víctimas de sus
sacrificios para aprovecharse, y lo mismo sus
mujeres las sazonan, sin dar a pobres y necesita-
dos. Esos sacrificios los tocan mujeres paridas o
en sus reglas. 28Por tanto, sabiendo que no son
dioses, no les tengan miedo.
29Entonces, ¿por qué se llaman dioses? Las
mujeres llevan ofrendas a dioses de plata, oro y
madera. 30En sus templos los llevan en procesión
con las túnicas rasgadas, la cabeza y la barba
afeitadas, la cabeza descubierta, 31y lanzan au-
llidos ante sus dioses, como se hace en un ban-
quete fúnebre. 32Los sacerdotes les quitan sus
vestidos para vestir a sus mujeres e hijos.
33Reciban bienes o males, no pueden recla-
marles. No pueden nombrar ni destituir reyes.
34Tampoco pueden dar riquezas ni dinero. Si uno
les hace una promesa y no la cumple, no pueden
vengarse.
35No arrancan al hombre de la muerte ni li-
bran al débil del poderoso. 36No devuelven la
vista al ciego ni libran al hombre del peligro.
37No se apiadan de las viudas ni socorren a los
huérfanos.
38Son como piedras del monte esos seres de
madera, dorados y plateados. 39Sus servidores
quedarán defraudados. Entonces, ¿cómo es po-
sible creerles o llamarlos dioses?
40Más aún, los mismos caldeos los deshon-
ran, porque viendo que un mudo no habla, se
lo llevan a Bel y le piden que le dé el habla,
como si pudiera escuchar. 41Pero ellos no son
capaces de discurrir y abandonarlos, viendo
que no sienten.
42Las mujeres, ceñidas de cuerdas, se sientan
en las calles y queman salvado como si fuese
incienso. 43Cuando una de ellas, solicitada por
algún transeúnte, se acuesta con él, se burla de
la vecina que no ha tenido el mismo éxito ni le
han cortado las cuerdas.
44Todo lo que hacen con ellos es falso. En-
tonces, ¿cómo es posible creerles o llamarlos
dioses?
45Están fabricados por escultores y orfebres,
y son lo que quieren sus autores. 46Los que lo
fabrican no viven muchos años; ¿qué será, pues,
de sus fabricaciones? 47Dejan como herencia
a los sucesores engaños e infamias. 48Porque
si sobreviene una guerra o una desgracia, los
sacerdotes deliberan dónde esconderse con
ellos. 49¿Cómo no comprenden que no son dioses
cuando no pueden salvarse en la guerra o en la
desgracia?
50Siendo de madera, dorados y plateados,
es evidente que son falsos; quedará patente a
reyes y pueblos que no son dioses, sino manu-
factura humana, y no realizan ninguna acción
divina. 51¿Quién no ve que no son dioses?
52No nombran reyes de un país ni dan la lluvia
a los hombres; 53no pueden juzgar sus causas ni
vengar sus injurias, porque son impotentes. Son
como cuervos que vuelan entre cielo y tierra.
54Si se produce un incendio en el templo de esos
dioses de madera, dorados y plateados, sus sa-
cerdotes escapan para ponerse a salvo, y ellos se
queman como las vigas del templo.
55No pueden resistir ni al rey ni a los enemi-
gos. 56Entonces, ¿cómo se puede aceptar o creer
que sean dioses?
57Esos dioses de madera, dorados y plateados,
no se libran de ladrones ni de bandidos; estos al
ser más fuertes, les quitan el oro, la plata y los
vestidos, se los llevan y los ídolos no pueden
defenderse.
58Por tanto, más que esos dioses vale un rey
que hace alarde de su valor o una servicial vasija
doméstica que utiliza su propietario. Más vale
puerta de casa que protege a los inquilinos que
los dioses falsos. Más vale columna de madera
en un palacio que los dioses falsos.
59El sol, la luna y las estrellas brillan y obe-
decen cuando les encargan sus tareas. 60Cuando
aparece el rayo, es bien visible. El viento mismo
sopla en cualquier región. 61Las nubes obedecen
enseguida cuando Dios las despacha por todo el
mundo habitado. 62El rayo, cuando lo despachan
desde arriba a consumir montes y selvas, lo hace
al punto.
Los ídolos no se les pueden comparar ni en
figura ni en poder. 63Por tanto, ¿cómo es posi-
ble creerles o llamarlos dioses? Pues no pueden
hacer justicia ni favorecer a los hombres. 64Por
tanto, sabiendo que no son dioses, no les ten-
gan miedo. 65No pueden maldecir ni bendecir a
los reyes. 66No pueden mostrar a los pueblos sig-
nos celestes, no iluminan como el sol ni brillan
como la luna.
67Valen más las fieras, que saben defenderse
refugiándose en sus guaridas. 68Ningún argu-
mento prueba que sean dioses; por tanto, no les
teman.
69Esos dioses de madera, dorados y plateados
son como espantapájaros inútiles en un melo-
nar. 70Son como espinos en un huerto, donde
se posa cualquier pájaro; son como un muerto
echado a las tinieblas esos dioses de madera,
dorados y plateados. 71Por la púrpura y el lino
que se pudren encima de ellos conocerán que no
son dioses.
Terminan carcomidos y son el oprobio del país.
72En conclusión: vale más el hombre honrado que
no tiene ídolos, pues no quedará confundido.

SALMOS

Los dos caminos

1 [1]Dichoso quien/ no acude a la reunión de los
malvados/ ni se detiene en el camino de los
pecadores/ ni se sienta en la sesión de los arro-
gantes;/ [2]sino que su tarea es la ley del Señor/
y susurra esa ley día y noche./ [3]Será como un
árbol/ plantado junto al río,/ que da fruto a su
tiempo,/ su fronda no se marchita;/ en todo lo
que hace, prospera.
[4]No sucede así con los malvados,/ serán como
paja que lleva el viento./ [5]Por eso los malvados
no se levantarán en el tribunal,/ ni los peca-
dores en la asamblea de los justos./ [6]Porque el
Señor se ocupa del camino de los justos,/ pero el
camino de los malvados se disolverá.

El Señor y su Mesías

2 [1]¿Por qué se amotinan las naciones/ y los
pueblos planean en vano?/ [2]Se rebelan los
reyes del mundo/ y los príncipes conspiran
juntos/ contra el Señor y contra su Ungido:/
[3]«¡Rompamos sus ataduras, sacudámonos sus
riendas!».
[4]El Soberano se ríe desde el cielo,/ el Señor se
burla de ellos./ [5]Después les habla con ira/ y con
su furor los espanta:/ [6]«Yo mismo he ungido a mi
rey/ en Sión, mi monte santo».
[7]Voy a proclamar el decreto del Señor:/ Él me
ha dicho: «Tú eres mi hijo,/ yo te he engendrado
hoy»./ [8]Pídemelo/ y te daré las naciones en he-
rencia,/ en propiedad los confines del mundo./
[9]Los triturarás con cetro de hierro,/ los desme-
nuzarás como piezas de loza.
[10]Y ahora, reyes, sean prudentes;/ aprendan,
gobernantes de la tierra:/ [11]Sirvan al Señor con
temor,/ temblando ríndanle homenaje,/ [12]no
sea que pierdan el camino,/ si llega a encenderse
su ira./ ¡Felices los que se refugian en él!

Mi escudo y mi gloria

3 [2]Señor, ¡cuántos son mis enemigos,/ cuántos
los que se levantan contra mí!,/ [3]cuántos di-
cen de mí:/ «¡Ni siquiera Dios le ayuda!».
[4]Pero tú, Señor, eres un escudo en torno a mí,
mi gloria,/ tú me haces levantar cabeza./ [5]Si a
voz en grito clamo al Señor,/ Él me escucha des-
de su monte santo.
[6]Me acuesto, enseguida me duermo, y me des-
pierto,/ porque el Señor me sostiene./ [7]No teme-
ré las saetas de un ejército/ desplegado alrede-
dor contra mí.
[8]¡Levántate, Señor, sálvame, Dios mío!/ Abo-
fetea a todos mis enemigos,/ rompe los dientes
de los malvados./ [9]¡De ti, Señor, viene la salva-
ción,/ y la bendición para tu pueblo!

Reposo del justo

4 [2]Cuando te llamo, respóndeme Dios, defensor
mío;/ tú que en la estrechez me diste anchu-
ra,/ ten piedad de mí, oye mi oración.
[3]Señores, ¿hasta cuándo ultrajarán a mi glo-
ria,/ amarán la falsedad y buscarán la menti-
ra?/ [4]Sépanlo: el Señor ha distinguido a su ami-
go,/ el Señor me oye cuando lo llamo.
[5]Tiemblen y dejen de pecar,/ reflexionen en el
lecho y guarden silencio;/ [6]ofrezcan sacrificios
justos y confíen en el Señor.
[7]Muchos dicen: «¿Quién nos mostrará la feli-
cidad/ si la luz de tu rostro, Señor, se ha alejado
de nosotros?».
[8]Pero tú has puesto en mi corazón más ale-
gría/ que cuando abundan el trigo y el vino./
[9]Me acuesto en paz y enseguida me duermo,/
porque solo tú, Señor, me haces vivir confiado.

Escucha mi voz

5 [2]Escucha mis palabras, Señor,/ percibe mi
susurro;/ [3]atiende mi grito de socorro,/ ¡Rey
mío y Dios mío!
A ti te suplico, [4]Señor:/ por la mañana oye mi
voz;/ por la mañana te expongo mi causa,/ ¡es-
taré pendiente de ti!
[5]Tú no eres un Dios que desee el mal,/ el mal-
vado no es tu huésped,/ [6]ni el impío resiste tu
mirada.
Detestas a los malhechores,/ [7]destruyes a los
mentirosos;/ a sanguinarios y traicioneros/ los
aborrece el Señor.
[8]Yo en cambio, por tu gran bondad,/ puedo en-
trar en tu casa/ y postrarme en tu santuario/
con toda reverencia.
[9]Guíame, Señor, con tu rectitud/ en respuesta
a mis detractores;/ allana tu camino ante mí.
[10]En su boca no hay sinceridad,/ sus entrañas
son pura maldad,/ su garganta, un sepulcro
abierto/ y su lengua portadora de muerte.
[11]Castígalos, oh Dios, que fracasen sus pla-
nes:/ por sus muchos crímenes, expúlsalos,/
porque se han rebelado contra ti.
[12]Que se alegren los que se refugian en ti/ can-
ten con júbilo eterno./ Protégelos y se regocija-
rán contigo/ los que aman tu Nombre.
[13]Porque tú, Señor, bendices al justo,/ y como
un escudo lo rodea tu favor.

Piedad de mí, Señor

6 [2]Señor, no me reprendas airado,/ no me cas-
tigues encolerizado./ [3]Piedad de mí, Señor,
que estoy acabado,/ sana, Señor, mis huesos dis-

locados./ 4Estoy profundamente abatido/ y tú,
Señor, ¿hasta cuándo?
5Vuélvete, Señor, salva mi vida,/ ayúdame, por
tu misericordia:/ 6en la muerte nadie te recuer-
da,/ en el Abismo, ¿quién te dará gracias?
7Estoy agotado de gemir,/ cada noche anego
mi lecho,/ y empapo la cama con mi llanto;/ 8mis
ojos se nublan de pesar,/ envejecen con tantas
angustias.
9¡Apártense de mí, malhechores,/ que el Se-
ñor ha escuchado mis sollozos,/ 10el Señor ha
escuchado mi súplica,/ el Señor ha acogido mi
oración!
11¡Que se avergüencen/ y enloquezcan
mis enemigos,/ retrocedan súbitamente
abochornados!

Sálvame

7 2Señor, Dios mío, en ti me refugio:/ sálvame
de mis perseguidores y líbrame,/ 3para que no
me desgarren como un león/ sin que nadie me
salve ni libere.
4Señor, Dios mío, si he actuado mal,/ si hay
crímenes en mis manos,/ 5si he sido desleal con
mi amigo/ y he perdonado al opresor injusto,/
6que el enemigo me persiga y me alcance,/ que
me pisotee vivo contra el suelo,/ y aplaste mi
vientre contra el polvo.
7Levántate, Señor, indignado,/ álzate contra
la furia de mis adversarios,/ despierta, Dios
mío, y convoca un juicio./ 8Que te rodee una
asamblea de naciones,/ presídela desde la altu-
ra./ 9Juzga, Señor, a los pueblos,/ júzgame según
mi justicia,/ según la inocencia que hay en mí./
10Castiga la maldad de los culpables;/ y apoya al
inocente,/ tú que examinas el corazón y las en-
trañas,/ tú, Dios justo.
11Mi escudo es el Dios Altísimo,/ que salva a los
rectos de corazón./ 12Dios es un juez justo,/ un
Dios que sentencia cada día./ 13Si no se desdice,
afilará la espada,/ tensará el arco y lo sujetará,/
14se preparará armas mortíferas,/ lanzará sus
flechas incendiarias.
15Miren al malvado: concibió un crimen,/ es-
tá preñado de maldad y da a luz una mentira./
16Cavó una zanja y la ahondó/ y cayó en la fosa
que excavó;/ 17recaiga sobre su cabeza su mal-
dad,/ que le caiga en la cerviz su crueldad.
18Yo confesaré la justicia del Señor,/ y cantaré
en honor del Señor Altísimo.

Gloria al Creador y dignidad humana

8 2Señor, dueño nuestro,/ ¡qué admirable es tu
Nombre en toda la tierra!
Quiero adorar tu majestad sobre el cielo,/
3con los labios de un pequeño lactante:/ levan-
taste una fortaleza frente a tus adversarios/
para reprimir al enemigo vengativo.
4Cuando contemplo tu cielo, obra de tus de-
dos,/ la luna y las estrellas que en él fijaste,/
5¿qué es el hombre para que te acuerdes de él,/ el
ser humano para que te ocupes de él?
6Lo hiciste apenas inferior a un dios,/ lo co-
ronaste de gloria y esplendor,/ 7le diste poder
sobre las obras de tus manos;/ todo lo pusiste
bajo sus pies:
8Manadas de ovejas y toros,/ también las bes-
tias salvajes,/ 9aves del aire, peces del mar/ que
trazan sendas por los mares.
10Señor, dueño nuestro,/ ¡qué admirable es tu
Nombre en toda la tierra!

Refugio del oprimido

9 2Te doy gracias, Señor, de todo corazón/ con-
tando todas tus maravillas;/ 3quiero festejarte
y celebrarte/ cantando en tu honor, Altísimo.
4Porque mis enemigos retrocedieron,/ trope-
zaron y perecieron en tu presencia./ 5Pronun-
ciaste sentencia en mi favor,/ sentado en el tri-
bunal, juez justo.
6Reprendiste a los paganos,/ destruiste al
malvado/ borrando su nombre para siempre. 8El
Señor reina eternamente,/ dispone el tribunal
para juzgar.
7Ellos perecieron, se acabó su recuerdo;/ re-
dujiste sus ciudades a ruinas perpetuas./ 9Él
juzga el mundo con justicia,/ sancionará a las
naciones con rectitud.
10El Señor es un refugio para el oprimido,/
un refugio en momentos de peligro;/ 11los que
reconocen tu Nombre confían en ti,/ porque no
abandonas a los que te buscan, Señor.
12Canten al Señor que reina en Sión,/ cuenten
sus hazañas a los pueblos,/ 13pues, el que ama a
los que lloran,/ recuerda su lamento,/ no olvida
el grito de los oprimidos.
14¡Ten piedad, Señor! mira mi desgracia, cau-
sada por mis enemigos,/ tú que me levantas del
portal de la Muerte,/ 15para que pueda procla-
mar tus alabanzas/ desde las puertas de Sión,/
y alegrarme con tu victoria.
16Se han hundido los paganos en la fosa que
hicieron,/ su pie quedó atrapado en la red que
escondieron./ 17Apareció el Señor para hacer
justicia,/ y el malvado se enredó en sus propias
obras.
18Vuelvan al Abismo los malvados,/ los paga-
nos que olvidan a Dios;/ 19que el indigente no
será olvidado para siempre,/ y la esperanza de
los pobres nunca se frustrará.
20Levántate, Señor, no prevalezca el hombre,/
juzga a los paganos en tu presencia;/ 21infúnde-

les, Señor, tu terror;/ sepan los gentiles que solo
son hombres.

No te quedes lejos

10 1*¿Por qué, Señor, te quedas lejos/ y te es-*
condes en los momentos de peligro? 2*El*
malvado, que persigue con arrogancia al humil-
de,/ será atrapado en las intrigas que urdió:
3*Sí, el malvado se gloría de su ambición,/ el*
codicioso blasfema y desprecia al Señor;/ 4*el*
malvado dice con arrogancia:/ «Dios no pedirá
cuentas»,/ no existe –así piensa–.
5*Su opulencia dura por siempre;/ tus excelsos*
decretos le son ajenos,/ los desprecia con total
violencia./ 6*Piensa: «No vacilaré jamás,/ siem-*
pre seré feliz y afortunado».
7*Su boca está llena de engaños y fraudes,/ en*
su lengua encubre maldad y opresión;/ 8*se po-*
ne al acecho junto a los poblados/ para matar a
escondidas al inocente./ Sus ojos espían al des-
graciado,/ 9*acecha en su escondrijo/ como león*
en su guarida,/ acecha al humilde para secues-
trarlo,/ secuestra al humilde arrastrándolo en
su red.
10*Se agazapa, se acurruca,/ y los indigentes*
caen en sus garras./ 11*El malvado piensa: «Dios*
se ha olvidado,/ se ha tapado la cara y ya no ve».
12*¡Levántate, Señor, extiende la mano,/ no te*
olvides de los humildes! 13*¿Por qué el malvado*
desprecia a Dios/ pensando que no le pedirá
cuentas?
14*Pero tú ves las penas y desgracias,/ tú los*
miras y los tomas en tus manos:/ El débil se en-
comienda a ti,/ tú eres el protector del huérfano.
15*¡Quiebra el brazo al malvado/ y págale su*
maldad!/ Solo tú rastreas su iniquidad./ 16*El*
Señor es rey eterno, por siempre,/ y los paganos
desaparecerán de su tierra.
17*Tú escuchas, Señor, los deseos de los humil-*
des,/ los reconfortas y les prestas atención./ 18*Si*
defiendes al huérfano y al oprimido,/ el hombre
de barro jamás infundirá terror.

El Señor es justo

11 (10)1*En el Señor me refugio, ¿por qué me*
dicen:/ Escapa al monte como un pája-
ro,/ 2*porque los malvados ya tensan el arco/ y*
ajustan la flecha a la cuerda/ para disparar en
la sombra/ contra los hombres rectos?/ 3*Cuando*
se tambalean los cimientos,/ ¿qué puede hacer
el justo?
4*El Señor está en su templo santo,/ el Señor*
tiene en el cielo su trono:/ sus ojos están obser-
vando,/ sus pupilas examinan a los hombres.
5*El Señor examina a honrados y a malvados,/*
y aborrece al que ama la violencia./ 6*Enviará*
sobre los malvados ciclones, fuego y azufre,/ un
viento huracanado les tocará en suerte./ 7*Por-*
que el Señor es justo y ama la justicia;/ los rectos
verán su rostro.

Refugio del pobre

12 (11)2*¡Sálvanos, Señor!, porque escasean los*
fieles,/ han desaparecido los leales entre
los hombres./ 3*No hacen más que mentirse unos*
a otros,/ hablan con labios mentirosos/ y doblez
de corazón.
4*Que el Señor elimine los labios mentirosos/*
y la lengua fanfarrona/ 5*de los que dicen: «La*
lengua es nuestra fuerza,/ nuestros labios son
nuestra arma,/ ¿quién será nuestro amo?».
6*El Señor responde: Por los sollozos del humil-*
de,/ por el lamento del pobre,/ ahora me levan-
to/ y daré la salvación a quien la ansía.
7*Las palabras del Señor son palabras limpias,/*
como plata purificada en el crisol,/ siete veces
de escoria depurada.
8*Tú nos guardarás, Señor,/ nos librarás*
siempre de esa gente./ 9*Los malvados del en-*
torno deambularán,/ ¡colmo de vileza entre los
hombres!

Respóndeme

13 (12)2*¿Hasta cuándo, Señor, me olvidarás?,/*
¿eternamente?/ ¿Hasta cuándo me oculta-
rás tu rostro?/ 3*¿Hasta cuándo estaré angustia-*
do,/ con el corazón apenado todo el día?/ ¿Hasta
cuándo triunfará mi enemigo?
4*Mírame, respóndeme, Señor, Dios mío,/ da*
luz a mis ojos, o me dormiré en la muerte./ 5*Que*
no diga mi enemigo: «lo he vencido»,/ ni mi ad-
versario se alegre de mi fracaso.
6*Pero yo confío en tu benevolencia,/ mi cora-*
zón se alegra por tu ayuda;/ cantaré al Señor
por el bien que me ha hecho.

El necio ante Dios

14 (13) 1a*Piensa el necio en su interior: «Dios*
no existe»./ 2*El Señor se asoma desde el*
cielo/ hacia los hijos de Adán/ para ver si hay al-
guno sensato,/ alguien que busque a Dios./ 1b*Se*
han corrompido,/ odiosa es su conducta,/ no
hay quien obre bien./ 3*Todos se han rebelado,/*
a una se han obstinado,/ no hay uno que haga el
bien,/ ni uno solo.
4*¿Pero no aprenderán los malhechores,/ que*
devoran a mi pueblo,/ que devoran el grano
del Señor/ que no han cosechado?/ 5*Véanlos*
aterrarse sobremanera,/ pues Dios está en la
asamblea de los justos./ 6*El grupo de los hu-*
mildes los abochornará,/ porque el Señor es su
refugio.

7¡Ojalá venga desde Sión la salvación de Is-
rael!/ Cuando el Señor cambie la suerte de su
pueblo,/ se alegrará Jacob, hará fiesta Israel.

Deseo de tu Casa

15 (14)1Señor, ¿quién se hospedará en tu tien-
da?,/ ¿quién habitará en tu monte santo?
2El que procede honradamente/ y practica la
rectitud;/ 3el que dice de corazón la verdad/
y no calumnia con su lengua;/ el que no hace
mal al prójimo/ ni difama a su vecino;/ 4el que
mira con desprecio al réprobo/ y honra a los
que respetan al Señor;/ el que no se retracta
aun jurando en su perjuicio;/ 5el que no pres-
ta dinero a usura/ ni acepta soborno contra
el inocente.
El que obra así nunca fallará.

Tú eres mi bien

16 (15)1¡Protégeme, Dios mío, que me refugio
en ti!
2Yo digo al Señor: «Dueño mío,/ tú eres mi
Bien, nada es comparable a ti»./ 3A los dioses
de la tierra,/ y a los señores en quienes me de-
leitaba: «¡Multiplíquense sus desgracias/ que
los sorprendan una tras otra!»./ Yo jamás les
derramaré libaciones con mis manos,/ ni mis
labios proclamarán sus nombres.
5Señor, tú eres la parte de mi herencia y de mi
copa;/ Tú mismo has echado mi suerte:/ 6Las
cuerdas me asignaron una parcela deliciosa,/ el
Altísimo midió mi heredad.
7Bendigo al Señor que me aconseja,/ aun de
noche instruye mi conciencia./ 8He elegido al
Señor como mi guía perpetuo,/ de su diestra ja-
más me apartaré.
9Dios fiel, se me alegra el corazón,/ mis en-
trañas saltan de gozo,/ y aun mi carne habita al
cubierto,/ 10pues no entregarás mi vida al Abis-
mo,/ ni dejarás que tu amigo vea el sepulcro.
11Me enseñarás un camino de vida,/ me llena-
rás de alegría en tu presencia,/ de gozo eterno
a tu derecha.

Clamor de un perseguido

17 (16)1Escucha, Señor, mi demanda,/ atien-
de a mi clamor,/ presta oído a mi súplica:/
destruye los labios mentirosos./ 2Aparezca ante
ti mi justicia,/ tus ojos observen la rectitud.
3Sondea mi corazón, revísalo de noche/ prué-
bame en el crisol,/ no hallarás tacha en mí.
Mi boca no ha faltado/ 4las obras de tus ma-
nos,/ he observado el mandato de tus labios./
5Mis piernas se mantuvieron firmes;/ en los
senderos abruptos,/ en tu ruta mis pies no
vacilaron.
6Yo te llamo porque me respondes,/ inclina tu
oído y escucha mi palabra./ 7Salvador de los que
se refugian en ti,/ muestra las maravillas de tu
amor/ ante quienes se rebelan contra tu diestra.
8Guárdame como a la niña de tus ojos,/ a la
sombra de tus alas escóndeme/ 9de los malva-
dos que me asaltan,/ del enemigo mortal que me
acorrala.
10Han cerrado sus entrañas,/ su boca habla
con soberbia./ 11Mis piernas vacilan; ellos me
asedian,/ fijan en mí sus ojos para derribarme
por tierra./ 12Son como un león ávido de presa,/
como cachorro agazapado en su escondrijo.
13Levántate, Señor, hazle frente,/ doblégalo y
con tu espada/ sácame vivo del malvado./ 14Má-
talos con tu mano, Señor,/ quítalos del mundo,/
erradícalos de la tierra.
A tus protegidos llénales el vientre,/ que
sus hijos queden hartos/ y dejen el resto para
los más pequeños./ 15Y yo, por mi inocencia,
veré tu rostro,/ al despertar me saciaré de tu
presencia.

Tú eres mi fortaleza

18 (17)2¡Yo te amo, Señor, mi fortaleza!/ 3¡Se-
ñor, mi roca, mi defensa, mi libertador!,/
¡Dios mío, mi roca de refugio!/ ¡Mi escudo, mi
fuerza salvadora, mi baluarte, digno de alaban-
za!/ 4Invoco al Señor y quedo libre del enemigo.
5Me cercaban lazos mortales,/ torrentes des-
tructores me aterraban,/ 6me envolvían lazos
del Abismo,/ me alcanzaban redes de muerte./
7En el peligro invoqué al Señor/ pidiendo soco-
rro a mi Dios;/ desde su templo escuchó mi cla-
mor,/ mi grito de socorro llegó a él, a sus oídos.
8Tembló y retembló la tierra,/ se tambalearon
los cimientos de los montes/ estremecidos por su
furor./ 9De su nariz se alzaba una humareda,/
de su boca un fuego voraz/ y arrojaba carbones
encendidos.
10Inclinó los cielos y bajó,/ con nubarrones
bajo los pies;/ 11volaba cabalgando en un que-
rubín,/ planeando sobre las alas del viento;/
12se puso como velo un cerco de tinieblas,/ como
tienda un oscuro aguacero/ y nubes espesas./
13Ante el resplandor de su presencia,/ las nubes
se deshicieron en granizo y centellas;/ 14mien-
tras el Señor tronaba en el cielo,/ el Altísimo
lanzaba su voz. 15Forjaba sus saetas y las disper-
saba,/ multiplicaba sus rayos y los esparcía.
16Apareció el cauce del mar/ y afloraron los ci-
mientos de la tierra,/ ante tu bramido, Señor,/
ante el resuello furioso de tu nariz.
17Desde arriba alargó la mano y me agarró/
y me sacó de las aguas caudalosas;/ 18me libró
de enemigos poderosos,/ de adversarios más

fuertes que yo./ 19Me asaltaban el día de mi
desgracia,/ pero el Señor fue mi apoyo./ 20Me
sacó a un lugar espacioso,/ me libró porque me
amaba.
21El Señor me pagó mi rectitud,/ retribuyó la
pureza de mis manos,/ 22porque seguí los cami-
nos del Señor/ y no me alejé de mi Dios;/ 23porque
tuve presentes sus mandatos/ y jamás rechacé
sus preceptos,/ 24mi conducta ante él ha sido
irreprochable/ guardándome de toda culpa.
25El Señor recompensó mi rectitud,/ la pu-
reza de mis manos ante sus ojos./ 26Con el leal
eres leal,/ íntegro con el hombre íntegro,/ 27con
el sincero eres sincero,/ y sagaz con el astuto./
28Tú salvas al pueblo afligido/ y humillas los ojos
altaneros.
29Tú, Señor, enciendes mi lámpara,/ Dios mío,
tú alumbras mis tinieblas./ 30Contigo corro con
brío,/ con mi Dios asalto la muralla.
31El camino de Dios es perfecto,/ la palabra del
Señor es acrisolada,/ escudo para los que se re-
fugian en él.
32Porque, ¿quién es Dios fuera del Señor?/
¿Quién es Roca fuera de nuestro Dios?/ 33El Dios
que me ciñe de valor/ y hace irreprochables mis
caminos;/ 34me da pies ligeros como de cierva/
y me asienta en sus alturas,/ 35adiestra mis ma-
nos para la guerra/ y mis brazos para tensar el
arco de bronce.
36Me prestaste tu escudo salvador,/ tu dere-
cha me sostuvo,/ y tu triunfo me engrandeció./
37Ensanchaste el camino a mis pasos/ y no fla-
quearon mis tobillos.
38Perseguí al enemigo hasta alcanzarlo/ y no
volví hasta haber acabado con él;/ 39los aplas-
té y no pudieron rehacerse,/ cayeron bajo mis
pies.
40Me ceñiste de valor para la guerra,/ doble-
gaste a mis agresores;/ 41pusiste en fuga a mis
enemigos,/ reduje al silencio a mis adversarios.
42Pedían auxilio, nadie los salvaba;/ clamaban
al Señor, no les respondía./ 43Los trituré como
polvo de la plaza,/ los pisé como barro de la calle.
44Me libraste de las contiendas del pueblo,/
me pusiste al frente de las naciones;/ un pue-
blo extraño fue mi vasallo/ 45por mi fama se me
sometían./ Los extranjeros me adulaban,/ 46los
extranjeros se desmoralizaban/ y abandonaban
temblando sus refugios.
47¡Viva el Señor, bendita sea mi Roca!/ ¡Glo-
rificado sea mi Dios y Salvador!/ 48El Dios que
me dio el desquite/ y me sometió los pueblos,/
49que me libró del enemigo,/ me levantó sobre
los que resistían/ y me libró del hombre vio-
lento./ 50Por eso te daré gracias ante las nacio-
nes/ y cantaré, Señor, en honor de tu Nombre:
51Tú diste gran victoria a tu rey,/ fuiste fiel con
tu Ungido,/ con David y su descendencia para
siempre.

Gloria a Dios en la creación y en la ley

19 (18)2Los cielos proclaman la gloria de
Dios,/ el firmamento pregona la obra de
sus manos./ 3Un día le pasa el mensaje a otro
día,/ una noche le informa a otra noche.
4Sin que hablen, sin que pronuncien,/ sin que
se oiga su voz,/ 5a toda la tierra alcanza su dis-
curso,/ a los confines del mundo su lenguaje.
Allí le ha preparado una tienda al sol:/ 6se re-
gocija cual esposo que sale de su alcoba,/ como
atleta que corre su carrera./ 7Asoma por un ex-
tremo del cielo/ y su órbita llega al otro extre-
mo;/ nada se escapa a su calor.
8La ley del Señor es perfecta:/ devuelve el
aliento;/ el precepto del Señor es verdadero:/ da
sabiduría al ignorante.
9Los mandatos del Señor son rectos:/ alegran
el corazón;/ la instrucción del Señor es clara:/
da luz a los ojos.
10El respeto del Señor es puro:/ dura para
siempre;/ los mandamientos del Señor son ver-
daderos:/ justos sin excepción.
11Son más valiosos que el oro,/ que el metal
más fino;/ son más dulces que la miel/ que des-
tila un panal.
12Aunque tu servidor se alumbra con ellos/ y
guardarlos trae gran recompensa,/ 13¿quién se
da cuenta de sus propios errores?
Purifícame de culpas ocultas; 14del orgullo
protege a tu servidor,/ para que no me domine./
Entonces seré irreprochable/ e inocente de gra-
ve pecado.
15Que te agraden las palabras de mi boca,/ que
te plazca el susurro de mi corazón,/ ¡Señor, Roca
mía, Redentor mío!

Oración por el rey

20 (19)2Que el Señor te responda en el día
del aprieto,/ que te proteja el Nombre del
Dios de Jacob./ 3Que te auxilie desde el santua-
rio,/ que te apoye desde Sión./ 4Que tenga en
cuenta todas tus ofrendas/ y halle enjundioso
tu holocausto./ 5Que te conceda lo que deseas/
y cumpla todos tus proyectos.
6Y nosotros celebraremos tu victoria,/ alzare-
mos estandartes/ en Nombre de nuestro Dios./
El Señor cumplirá todas tus peticiones.
7Ahora sé que el Señor/ da la victoria a su Un-
gido,/ que le responde desde su santo cielo/ con
los prodigios victoriosos de su diestra.
8Confían unos en los carros,/ otros en la ca-
ballería;/ nosotros confiamos en el Señor nues-

tro Dios; 9ellos se encorvaron y cayeron;/ noso-
tros nos erguimos/ y nos mantenemos de pie.
10¡Señor, da la victoria al rey!/ ¡Respóndenos
cuando te invocamos!

El rey celebra tu victoria

21 (20)2Señor, el rey festeja tu triunfo,/
¡cuánto se alegra por tu victoria!/ 3Le has
concedido lo que desea su corazón,/ no le has
negado lo que pedían sus labios.
4Te adelantaste a bendecirlo con bienes,/ le
has puesto en la cabeza una corona de oro./ 5Te
pidió vida y se la concediste,/ años que se pro-
longan sin término./ 6Grande es su prestigio por
tu victoria,/ le has conferido honor y majestad.
7Le has concedido bendiciones incesantes,/ lo
colmas de gozo en tu presencia./ 8Porque el rey
confía en el Señor,/ con la gracia del Altísimo,
no fracasará.
9Que alcance tu izquierda a tus enemigos,/
que tu derecha alcance a tus adversarios./ 10Los
convertirás en un horno encendido/ cuando
asome tu rostro, Señor.
Su enojo los devora, los consume el fuego./
11Borrarás su estirpe de la tierra,/ a sus descen-
dientes de entre los humanos.
12Aunque tramen maldades contra ti/ y urdan
intrigas, nada conseguirán;/ 13porque tú los ha-
rás huir/ tensando el arco contra ellos.
14Levántate, Señor, con tu fuerza:/ ¡Cantare-
mos y ensalzaremos tu poder!

¿Por qué me has abandonado?

22 (21)2¡Dios mío, Dios mío!,/ ¿por qué me has
abandonado?,/ ¿por qué estás ajeno a mi
grito,/ al rugido de mis palabras?
3Dios mío, te llamo de día y no respondes,/ de
noche y no hallo descanso;/ 4aunque tú habitas
en el santuario,/ gloria de Israel.
5En ti confiaban nuestros padres,/ confiaban
y los ponías a salvo;/ 6a ti clamaban y quedaban
libres,/ en ti confiaban y no los defraudaste.
7Pero yo soy un gusano, no un hombre:/ ver-
güenza de la humanidad, asco del pueblo;/ 8al
verme se burlan de mí,/ hacen muecas, menean
la cabeza:/ 9Acudió al Señor, que lo ponga a sal-
vo,/ que lo libre si tanto lo ama.
10Fuiste tú quien me sacó del vientre,/ me con-
fiaste a los pechos de mi madre;/ 11desde el seno
me encomendaron a ti/ desde el vientre mater-
no tú eres mi Dios.
12No te quedes lejos,/ que el peligro se acerca
y nadie me socorre./ 13Me acorrala un tropel de
novillos,/ toros de Basán me cercan;/ 14abren
contra mí sus fauces:/ leones que descuartizan
y rugen.
15Me derramo como agua,/ se me descoyuntan
los huesos;/ mi corazón, como cera,/ se derrite
en mi interior;/ 16mi garganta está seca como
una teja,/ la lengua pegada al paladar./ ¡Me
hundes en el polvo de la muerte!
17Unos perros me acorralan,/ me cerca una
banda de malvados./ Me inmovilizan las manos
y los pies,/ 18puedo contar todos mis huesos./
Ellos me miran triunfantes:/ 19se reparten mis
vestidos,/ se sortean mi túnica.
20Pero tú, Señor, no te quedes lejos,/ Fuerza
mía, ven pronto a socorrerme;/ 21libra mi vida
de la espada,/ mi única vida, de las garras del
mastín;/ 22sálvame de las fauces del león,/ de-
fiéndeme de los cuernos del búfalo.
23Contaré tu fama a mis hermanos,/ te alabaré
en medio de la asamblea:/ 24Fieles del Señor, alá-
benlo,/ descendientes de Jacob, glorifíquenlo,/
témanlo, descendientes de Israel,/ 25porque no
ha desdeñado ni despreciado/ la desgracia del
desgraciado,/ no le ha escondido su rostro;/
cuando pidió auxilio, lo escuchó.
26Te alabaré sin cesar en la gran asamblea:/
cumpliré mis votos ante los fieles./ 27Comerán
los pobres hasta saciarse/ y alabarán al Señor
los que lo buscan:/ ¡No pierdan nunca el ánimo!
28Lo recordarán y se volverán al Señor/ todos
los confines de la tierra,/ se postrarán en su
presencia/ todas las familias de los pueblos;/
29porque el Señor es Rey,/ él gobierna a los pue-
blos./ 30Ante él se postrarán los que duermen en
la tierra,/ en su presencia se encorvarán los que
bajan al polvo.
Mi vida la conservará./ 31Mi descendencia le
servirá,/ hablará de mi Dueño a la generación
venidera/ 32contará su justicia al pueblo por na-
cer:/ así actuó el Señor.

El Señor es mi pastor

23 (22)1El Señor es mi pastor, nada me falta./
2En verdes praderas me hace reposar, me
conduce a fuentes tranquilas/ 3y recrea mis
fuerzas./ Me guía por el sendero adecuado/ ha-
ciendo gala su oficio.
4Aunque camine por lúgubres cañadas,/ nin-
gún mal temeré, porque tú vas conmigo;/ tu vara
y tu bastón me defienden.
5Preparas ante mí una mesa/ en presencia de
mis enemigos;/ me unges con perfume la cabe-
za,/ y mi copa rebosa.
6¡La bondad y el amor me escoltan/ todos los
días de mi vida!/ Y habitaré en la casa del Se-
ñor/ por días sin término.

Himno de entrada en el Templo

24 (23)[1]*Del Señor es la tierra y cuanto la lle-*
na,/ el mundo y todos sus habitantes,/
[2]*porque Él la fundó sobre los mares,/ Él la asentó*
sobre los ríos.
[3]*¿Quién puede subir al monte del Señor?,/*
¿quién puede estar en el recinto sagrado?
[4]*El de manos inocentes y corazón puro,/ que*
no suspira por los ídolos ni jura en falso./ [5]*Ese*
recibirá del Señor la bendición/ y el favor de
Dios su Salvador.
[6]*Esta es la generación que busca al Señor;/*
que viene a visitarte, Dios de Jacob.
[7]¡Portones, alcen los dinteles!/ *levánten-*
se, puertas eternales,/ y que entre el Rey de la
Gloria.
[8]*¿Quién es ese Rey de la Gloria?/* El Señor, *hé-*
roe valeroso,/ el Señor, héroe de la guerra.
[9]¡Portones, alcen los dinteles!/ *levántense*
puertas eternales,/ y que entre el Rey de la Gloria.
[10]*¿Quién es el Rey de la Gloria?/* El Señor To-
dopoderoso,/ *él es el Rey de la Gloria.*

En ti confío

25 (24)[1]*A ti, Señor Dios mío, elevo mi alma:/*
[2]*en ti confío, no quede defraudado,/ ni se*
rían de mí mis enemigos./ [3]*Los que esperan en ti*
no queden defraudados;/ queden defraudados/
los que traicionan por nada.
[4]Indícame, Señor, *tus caminos,/ enséñame tus*
sendas;/ [5]*encamíname fielmente, enséñame,/*
pues tú eres mi Dios salvador, y en ti espero todo
el día./ [6]*Recuerda, Señor, que tu ternura/ y tu*
misericordia son eternas,/ [7]*no recuerdes mis*
pecados juveniles,/ y mis culpas;/ acuérdate de
mí según tu amor/ por tu bondad, Señor.
[8]El Señor *es bueno y recto:/ indica su camino*
a los pecadores;/ [9]*encamina rectamente a los*
humildes,/ enseña su camino a los humildes./
[10]*Las sendas del* Señor *son amor y fidelidad/ pa-*
ra los que guardan los preceptos de su alianza./
[11]Por tu Nombre, Señor,/ *perdona mi grande*
iniquidad.
[12]*¿Hay alguien que respete al* Señor?/ *Él le in-*
dicará el camino que ha de elegir:/ [13]*La felicidad*
será su morada/ y su descendencia poseerá la
tierra./ [14]El Señor *se confía a sus fieles/ y les*
revela lealmente su alianza.
[15]*Mis ojos están fijos en el* Señor,/ *pues él saca-*
rá mis pies de la red.
[16]*Vuélvete a mí y ten piedad,/ que estoy solo y*
afligido./ [17]*Alivia las angustias de mi corazón/*
y sácame de mis congojas./ [18]*Mira mi aflicción*
y mi fatiga/ y perdona todos mis pecados; [19]*mira*
cuántos son mis enemigos/ cuán violento el odio
que me tienen.
[20]*Protege mi vida y líbrame,/ no me avergüence*
de haberme acogido a ti./ [21]*La rectitud y la hon-*
radez me custodiarán/ porque espero en ti.
[22]¡Salva, oh Dios, a Israel/ *de todos sus*
angustias!

Plegaria del inocente perseguido

26 (25)[1]*Júzgame,* Señor, *que obro con honra-*
dez,/ si confío en el Señor, *no vacilaré./*
[2]*Escrútame,* Señor, *ponme a prueba,/ aquilata*
mis entrañas y mi corazón;/ [3]*porque tengo ante*
mis ojos tu amor/ y camino con fidelidad a ti.
[4]*No me reúno con idólatras,/ no tengo trato*
con los hipócritas;/ [5]*detesto la banda de malhe-*
chores,/ y con los malvados no me siento.
[6]*Me lavo las manos como inocente/ y doy vuel-*
tas en torno a tu altar, Señor,/ [7]*proclamando mi*
acción de gracias/ y contando tus maravillas./
[8]Señor, *amo vivir en tu casa,/ el lugar donde re-*
side tu Gloria.
[9]*No permitas que muera entre pecadores,/ ni*
que perezca entre sanguinarios/ [10]*cuya izquier-*
da está llena de infamia,/ y su derecha repleta
de soborno.
[11]*Yo en cambio obro con honradez:/ sálvame,*
ten piedad de mí./ [12]*Mi pie se mantiene en el ca-*
mino recto,/ en la asamblea bendeciré al Señor.

Tú eres mi luz y salvación

27 (26)[1]El Señor *es mi luz y mi salvación:/ ¿a*
quién temeré?/ El Señor *es el baluarte de*
mi vida:/ ¿de quién me asustaré?
[2]*Si me acosan los malvados/ para devorar mi*
carne,/ ellos, mis enemigos y adversarios,/ tro-
piezan y caen.
[3]*Si un ejército acampa contra mí,/ mi corazón*
no teme;/ aunque me asalten las tropas,/ conti-
nuaré confiando.
[4]*Una cosa pido al* Señor, *es lo que busco:/ ha-*
bitar en la casa del Señor/ *todos los días de mi*
vida;/ admirando la belleza del Señor,/ *y con-*
templando su templo./ [5]*Él me cobijará en su ca-*
baña/ en el momento del peligro;/ me ocultará
en lo oculto de su tienda,/ me pondrá sobre una
roca./ [6]*Entonces levantaré la cabeza/ sobre el*
enemigo que me cerca./ En su tienda ofreceré
sacrificios/ entre aclamaciones,/ cantando y
tocando para el Señor.
[7]*Escucha,* Señor, *mi voz que te llama,/ ten pie-*
dad de mí, respóndeme./ [8] *Busquen mi rostro./*
Mi corazón dice:/ Tu rostro buscaré, Señor:/ [9]*no*
me ocultes tu rostro./ No rechaces con ira a tu
siervo,/ que tú eres mi auxilio;/ no me deseches,
no me abandones,/ Dios de mi salvación.
[10]*Si mi padre y mi madre me abandonan,/ el*
Señor *me acogerá./* [11]*Indícame,* Señor, *tu cami-*

no,/ guíame por una senda llana,/ porque tengo
enemigos./ 12No me entregues a la avidez de mis
adversarios,/ pues se levantan contra mí testi-
gos falsos,/ acusadores violentos./ 13Yo, en cam-
bio, espero contemplar/ la bondad del Señor en
el país de la vida.
14Espera en el Señor, sé valiente,/ ¡ten ánimo,
espera en el Señor!

Prerrogativas del justo

28 (27)1A ti, Señor, te invoco./ Roca mía, no
te hagas el sordo;/ que si enmudeces seré
como/ los que bajan al sepulcro./ 2Escucha mi
voz suplicante/ cuando te pido auxilio,/ cuando
levanto las manos/ hacia tu templo sagrado.
3No me arrastres con los malvados,/ ni con los
malhechores:/ saludan con la paz al prójimo/ y
con malicia en el corazón./ 4Dales lo que mere-
cen sus obras/ y la maldad de sus actos,/ dales
según la obra de sus manos,/ devuélveles lo que
se merecen./ 5Como no entienden las proezas de
Dios,/ ni la acción de sus manos,/ ¡que él los de-
rribe y no los reconstruya!
6¡Bendito sea el Señor/ que escuchó mi voz su-
plicante!/ 7El Señor es mi fuerza y mi escudo:/
en él confía mi corazón./ Me socorrió y mi co-
razón se alegra;/ le doy gracias con mi cántico./
8El Señor es mi baluarte y refugio,/ el salvador
de su Ungido./ 9Salva a tu pueblo, bendice a tu
heredad,/ guíalos y sostenlos siempre.

¡Aclamen la gloria y el poder del Señor!

29 (28)1Hijos de Dios, aclamen al Señor,/
aclamen la gloria y el poder del Señor,/
2aclamen la gloria del Nombre del Señor,/ ado-
ren al Señor en el atrio sagrado.
3La voz del Señor sobre las aguas,/ el Dios de la
gloria ha tronado,/ el Señor sobre las aguas to-
rrenciales./ 4La voz del Señor es potente,/ la voz
del Señor es magnífica, 5la voz del Señor parte
los cedros,/ parte el Señor los cedros del Líba-
no./ 6Hace brincar el Líbano como un novillo,/
el Sarión como cría de búfalo./ 7La voz del Señor
lanza llamas de fuego./ 8La voz del Señor hace
temblar el desierto,/ el Señor hace temblar el de-
sierto de Cades;/ 9La voz del Señor retuerce los
robles,/ abre claros en las selvas./ En su templo
todo grita: ¡Gloria!
10El Señor se sienta sobre las aguas diluvia-
les,/ el Señor está sentado como rey eterno./ 11El
Señor da fuerza a su pueblo,/ el Señor bendice a
su pueblo con la paz.

Te pedí auxilio, y me sanaste

30 (29)2Te alabaré, Señor, porque me has
librado/ y no has dado la victoria a mis
enemigos./ 3Señor Dios mío, te pedí ayuda y me
sanaste./ 4Señor, me libraste del Abismo,/ me
reanimaste cuando bajaba a la fosa.
5Canten al Señor, fieles suyos,/ den gracias a
su Nombre santo:/ 6Porque su enojo dura un ins-
tante,/ su bondad toda la vida;/ al atardecer se
hospeda el llanto,/ al amanecer, el júbilo.
7Yo pensaba despreocupado:/ ¡No caeré ja-
más!/ 8Con tu favor, Señor, me sostenías/ más
firme que sólidas montañas,/ pero escondiste tu
rostro/ y quedé desconcertado.
9A ti, Señor, llamé;/ a mi dueño supliqué:/
10¿Qué ganas con mi muerte,/ con que baje a la
fosa?/ ¿Te va a dar gracias el polvo/ o va a pro-
clamar tu fidelidad?/ 11Escucha, Señor, ten pie-
dad,/ ¡Sé tú, Señor, mi protector!
12Cambiaste mi luto en danza,/ me quitaste el
sayal/ y me vestiste de fiesta./ 13Por eso mi cora-
zón te canta sin cesar,/ Señor Dios mío, te daré
gracias siempre.

En ti me refugio

31 (30)2En ti me refugio, Señor:/ no quede yo
nunca defraudado;/ por tu justicia ponme
a salvo.
3Inclina tu oído hacia mí,/ ven pronto a li-
brarme,/ sé mi roca de refugio,/ mi fortaleza
protectora;/ 4tú eres mi roca y mi fortaleza:
Por tu Nombre guíame, condúceme;/ 5sácame
de la red que me han tendido,/ porque tú eres mi
protector./ 6En tu mano encomendaba mi vida:/
y me libraste, Señor, Dios fiel./ 7Odias a quienes
veneran ídolos vanos,/ yo en cambio confío en
el Señor.
8Festejaré, celebraré tu fidelidad,/ pues te
fijaste en mi sufrimiento,/ reparaste en mi an-
gustia./ 9No me entregaste en poder del enemi-
go,/ afianzaste mis pies en terreno espacioso.
10Piedad, Señor, estoy angustiado:/ se con-
sumen de pena mis ojos,/ mi garganta y mis
entrañas.
11Mi vida se gasta en la tristeza,/ mis años se
van en gemidos,/ por mi culpa decae mi vigor/ y
se consumen mis huesos.
12Soy la burla de todos mis enemigos,/ el asco
de mis vecinos,/ el espanto de mis conocidos:/
me ven por la calle y escapan de mí./ 13Me han
olvidado como a un cadáver inerte,/ soy como
un cacharro inútil.
14Oigo calumnias de la turba,/ –terror por do-
quier–/ mientras, a una, se confabulan contra
mí/ y traman quitarme la vida.
15Pero yo confío en ti, Señor,/ digo: Tú eres mi
Dios./ 16En tu mano está mi destino:/ líbrame de
los enemigos que me persiguen./ 17Brille tu ros-
tro sobre tu siervo,/ sálvame por tu amor.

18Señor, que no fracase por haberte invocado;/
que fracasen los malvados/ y bajen llorando al
Abismo./ 19Enmudezcan los labios mentirosos/
que dicen insolencias contra el justo/ con sober-
bia y desprecio.
20¡Qué grande es tu bondad, Señor!/ La reser-
vas para tus fieles/ y ante todos la muestras/ a
quienes se acogen a ti.
21En tu escondite personal los escondes/ de las
intrigas de los hombres,/ los ocultas en tu tien-
da/ de lenguas murmuradoras./ 22Bendito el Se-
ñor,/ que me ha mostrado su ternura/ desde la
ciudad fortificada.
23¡Y yo que decía a la ligera:/ me has echado de
tu presencia!,/ pero tú escuchaste mi súplica/
cuando te pedí auxilio.
24Amen al Señor, todos sus fieles,/ que el Señor
guarda a sus fieles,/ pero castiga con creces a
los orgullosos.
25¡Sean fuertes y valientes/ los que esperan en
el Señor!

Dicha del perdón

32 (31)1¡Feliz el que está absuelto de su culpa,/
a quien le han enterrado su pecado!/ 2¡Fe-
liz el hombre/ a quien el Señor no le imputa el
delito/ y en cuya conciencia no hay engaño!
3Se consumían mis huesos cuando callaba,/
cuando gemía sin parar;/ 4porque día y noche tu
mano/ pesaba sobre mí;/ se me secaba la savia/
con los calores estivales.
5Te declaré mi pecado,/ no te encubrí mi deli-
to;/ propuse confesarme/ de mis delitos al Se-
ñor;/ y tú perdonaste/ mi culpa y mi pecado./
6Por eso, que todo fiel te suplique:/ si se acerca
un ejército,/ o crecen las aguas caudalosas,/ no
lo tocarán.
7Tú eres mi refugio, me libras del peligro,/ me
rodeas de cantos de liberación.
8Te instruiré, te señalaré/ el camino que debes
seguir/ te aconsejaré, con mis ojos puestos en ti.
9No sean como caballos o mulos, irracionales,/
cuyo brío hay que domar con freno y brida,/ solo
así puedes acercarte.
10¡Cuántos son los tormentos del malvado!/
Pero, al que confía en el Señor/ él lo envuelve con
su amor.
11Alégrense en el Señor, regocíjense los justos,/
canten jubilosos los rectos de corazón.

Bondad divina

33 (32)1Aclamen, justos, al Señor,/ que la ala-
banza es propia de hombres rectos.
2Den gracias al Señor con la cítara,/ toquen
para él el arpa de diez cuerdas./ 3Cántenle un
canto nuevo,/ toquen bellamente con júbilo.
4Que la palabra del Señor es recta/ y su actua-
ción es fiable./ 5Ama la justicia y el derecho/ y su
amor llena la tierra.
6Por la palabra del Señor se hizo el cielo,/ por
el aliento de su boca las constelaciones./ 7En-
cierra en un odre las aguas marinas/ y mete en
depósitos los océanos.
8Honre al Señor la tierra entera,/ tiemblen
ante él los habitantes del orbe./ 9Porque él lo dijo,
y existió,/ él lo mandó, y surgió.
10El Señor anula el proyecto de las naciones/
y frustra los planes de los pueblos;/ 11el proyecto
del Señor se cumple siempre,/ sus planes gene-
ración tras generación.
12¡Feliz la nación cuyo Dios es el Señor,/ el pue-
blo que se eligió como heredad!
13Desde el cielo se fija el Señor/ mirando a to-
dos los hombres./ 14Desde su trono observa/ a
todos los habitantes de la tierra:/ 15él, que mo-
deló cada corazón/ y conoce todas sus acciones.
16No vence un rey por su gran ejército,/ no es-
capa un soldado por su mucha fuerza;/ 17de na-
da sirve la caballería para la victoria,/ ni por su
gran ejército se salva.
18Mira el ojo del Señor sobre sus fieles,/ que
esperan en su amor,/ 19para librar su vida de la
muerte/ y mantenerlos en tiempo de hambre.
20Nosotros aguardamos al Señor/ que es nues-
tro auxilio y escudo;/ 21lo festeja nuestro cora-
zón/ y en su santo Nombre confiamos.
22Que tu amor nos acompañe,/ Señor, como lo
esperamos de ti.

Protección divina

34 (33)2Bendigo al Señor en todo momento,/
su alabanza está siempre en mi boca./ 3Yo
me siento orgulloso del Señor:/ que lo escuchen
los humildes y se alegren./ 4Glorifiquen conmi-
go al Señor,/ todos juntos alabemos su Nombre.
5Consulté al Señor y me respondió/ librándo-
me de todos mis temores./ 6Mírenlo y quedarán
radiantes,/ sus rostros no se sonrojarán./ 7Este
pobre clamó y el Señor lo escuchó,/ liberándolo
de todas sus angustias.
8El ángel del Señor acampa/ en torno a sus fie-
les y los protege./ 9Gusten y vean qué bueno es el
Señor:/ ¡Feliz quien se refugia en él!
10Respeten al Señor sus consagrados,/ que
nada les falta a quienes lo respetan./ 11Los ricos
se empobrecen y pasan hambre,/ los que buscan
al Señor no carecen de bienes./ 12Vengan, hijos,
escúchenme:/ les enseñaré a respetar al Señor./
13¿Hay alguien que ame la vida,/ y desee días
disfrutando de bienes?/ 14Guarda tu lengua del
mal,/ tus labios de la mentira;/ 15apártate del
mal, obra bien,/ busca la paz y sigue tras ella.

16Los ojos del Señor miran a los justos,/ sus
oídos a sus clamores./ 17El Señor se encara con
los malhechores,/ para borrar de la tierra su
recuerdo.
18Si claman, el Señor los escucha/ y los libra de
todas las angustias./ 19El Señor está cerca de los
que sufren/ y salva a los que desfallecen.
20Por muchos males que sufra el justo,/ de
todos lo libra el Señor;/ 21él cuida de todos sus
huesos,/ ni uno solo se quebrará./ 22La maldad
da muerte al malvado;/ los que odian al justo
lo pagarán./ 23El Señor rescata la vida de sus
siervos/ los que se refugian en él no serán
castigados.

Auxíliame

35 (34)1Litiga, Señor, contra mis litigantes,/
ataca a mis atacantes;/ 2empuña el escu-
do y la adarga,/ levántate y ven en mi ayuda;/
3blande la espada y la pica/ contra mis perse-
guidores;/ dime: ¡Yo soy tu victoria!
4Sufran una derrota vergonzosa/ los que me
persiguen a muerte,/ retrocedan humillados/
los que planean mi desgracia;/ 5sean como tamo
al viento,/ acosados por el ángel del Señor;/ 6sea
su camino oscuro y resbaladizo/ perseguidos
por el ángel del Señor./ 7Porque sin motivo me
tendían redes/ sin motivo me cavaban zanjas
mortales./ 8Que los sorprenda una desgracia
imprevista,/ que los enrede la red que escondie-
ron/ y caigan dentro de la zanja.
9Yo festejaré al Señor/ y celebraré su victoria./
10Todos mis huesos proclamarán:/ Señor, ¿quién
como tú,/ que defiendes al débil del poderoso,/
al débil y pobre del explotador?
11Comparecían testigos falsos,/ me interro-
gaban de cosas que ni sabía,/ 12me pagaban mal
por bien/ dejándome desamparado.
13Yo en cambio, cuando estaban enfermos,/
me vestía sayal,/ me afligía con ayunos/ y, en
mi interior, repetía mi oración./ 14Como por un
amigo o un hermano/ caminaba de uno a otro
lado,/ como quien llora a su madre,/ andaba
triste y abatido.
15Pero cuando tropecé, se alegraron,/ se jun-
taron, se juntaron contra mí./ Me desgarraban
por sorpresa,/ me desgarraban sin parar./ 16Si
caía, los burlones del entorno/ rechinaban los
dientes contra mí.
17Señor, ¿cuándo vas a fijarte?/ Libra mi vida
de sus fosas,/ mi única vida de los leones./ 18Te
daré gracias en la gran asamblea,/ ante un pue-
blo numeroso te alabaré.
19Que no canten victoria/ mis enemigos trai-
dores,/ que no se hagan guiños/ los que me
odian sin razón;/ 20porque hablan de paz/ y
contra los pacíficos de la tierra/ traman planes
siniestros./ 21Abren sus fauces contra mí; se car-
cajean:/ lo han visto nuestros ojos.
22Tú lo has visto, Señor, no te calles,/ Dueño
mío, no te quedes lejos./ 23Despierta, levántate
en mi juicio,/ en defensa de mi causa, Dios y
Dueño mío.
24Júzgame según tu justicia, Señor Dios mío,/
y no se reirán de mí,/ 25ni pensarán: ¡Qué bien,
lo que queríamos!;/ tampoco dirán: ¡Lo hemos
devorado!
26Sean avergonzados y confundidos a una/ los
que se alegran de mi desgracia;/ cúbranse de
vergüenza e ignominia/ los que se envalentonan
contra mí.
27Que se alegren y griten de júbilo/ los que
desean mi victoria,/ y digan siempre: Sea enal-
tecido el Señor,/ que da la paz a su siervo./ 28Y
mi lengua anunciará tu justicia/ y tu alabanza
todo el día.

Dios, fuente de vida

36 (35)2El pecado inspira al malvado/ en lo
profundo de su corazón;/ no tiene temor
de Dios/ ni siquiera en su presencia./ 3Pues
Dios lo destruirá con su mirada,/ al descubrir su
abominable delito.
4Las palabras de su boca son maldad y trai-
ción,/ es incapaz de ser sensato y de obrar bien./
5Acostado planea el crimen,/ se obstina en el ca-
mino,/ no rechaza la maldad.
6Señor, tu misericordia viene del cielo,/ tu
fidelidad llega hasta las nubes;/ 7tu justicia es
como las altas cordilleras,/ tus juicios son un
océano inmenso; tú socorres a hombres y ani-
males./ 8¡Qué inapreciable es tu misericordia,
oh Dios!/ Los humanos se refugian/ a la sombra
de tus alas./ 9Se sacian con la abundancia de tu
casa,/ les das a beber en el río de tus delicias;/
10porque en ti está la fuente de la vida/ y con tu
luz vemos la luz.
11Prolonga tu misericordia/ sobre los que te
reconocen/ y tu justicia sobre los rectos de co-
razón./ 12Que no me pisotee el pie del soberbio,/
que no me destierre la mano del malvado.
13Vean cómo caen los malhechores,/ derriba-
dos, ya no pueden levantarse.

Certeza de felicidad para los justos

37 (36)1No te enojes por causa de los malva-
dos,/ no envidies a los que cometen injus-
ticias,/ 2porque pronto se secarán como hierba/
y como césped verde se marchitarán.
3Confía en el Señor y haz el bien,/ habita en la
tierra y sáciate de sus riquezas;/ 4deléitate en el
Señor/ y cumplirá lo que pide tu corazón.

5Encomienda al Señor tu camino,/ confía en él, y él actuará:/ 6Hará brillar tu justicia como la aurora,/ tu derecho como el mediodía.

7Descansa en el Señor y espera en él;/ no te irrites por el que triunfa,/ por el hombre que urde intrigas.

8Refrena la ira, reprime el furor,/ no te enojes, que será peor;/ 9porque los malvados serán exterminados,/ mas los que esperan en el Señor/ poseerán la tierra./ 10Espera un momento: ya no está el malvado,/ fíjate en su sitio: ¡ya no está!/ 11Pero los humildes poseerán la tierra/ disfrutarán de abundante prosperidad.

12El malvado maquina contra el honrado/ y rechina sus dientes contra él;/ 13pero el Señor se ríe de él/ porque ve que le llega su día.

14Los malvados desenvainan la espada/ y tensan su arco,/ para abatir al pobre y al humilde,/ para asesinar a los hombres rectos:/ 15pero su espada les atravesará el corazón,/ sus arcos se quebrarán.

16Más vale la pobreza del honrado/ que la opulencia del malvado poderoso;/ 17porque los brazos de los malvados/ se quebrarán,/ mientras que el Señor sostiene a los honrados.

18El Señor se ocupa de la vida de los buenos:/ Su herencia durará para siempre./ 19No se marchitarán en tiempo de sequía,/ en días de penuria se hartarán.

20Pero los malvados perecerán,/ los enemigos del Señor/ como llama de un pastizal se extinguirán,/ como el humo se desvanecerán.

21El malvado pide prestado y no devuelve,/ el honrado se compadece y reparte./ 22Los benditos poseerán la tierra,/ los malditos serán exterminados./ 23El Señor afianza los pasos del hombre/ y se ocupa de sus caminos./ 24Aunque caiga, no quedará postrado,/ pues el Señor lo sujeta de la mano.

25Fui joven, ya soy viejo:/ nunca he visto a un justo abandonado/ ni a su descendencia mendigando pan./ 26A diario se compadece y presta:/ su descendencia es una bendición.

27Apártate del mal y haz el bien,/ y siempre tendrás una morada;/ 28pues el Señor ama el derecho/ y no abandona a sus fieles,/ los protege siempre.

Pero la descendencia de los malvados,/ será exterminada./ 29Los justos poseerán la tierra/ y habitarán siempre en ella.

30La boca del justo expone la sabiduría,/ su lengua proclama el derecho,/ 31lleva en el corazón la enseñanza de su Dios:/ Sus pasos no vacilan.

32Espía el malvado al justo/ intentando darle muerte:/ 33El Señor no lo entrega en sus manos,/ ni permite que lo condenen en un juicio.

34Espera en el Señor, sigue su camino:/ te levantará para poseer la tierra,/ y verás el exterminio de los malvados.

35Vi a un malvado lleno de arrogancia,/ que se expandía como cedro frondoso:/ 36Volví a pasar y ya no estaba,/ lo busqué y no pude encontrarlo.

37Observa al bueno, fíjate en el honrado:/ El pacífico tendrá un porvenir;/ 38mas los impíos serán aniquilados en masa,/ el porvenir de los malvados quedará truncado.

39La salvación de los honrados viene del Señor,/ él es su alcázar en tiempo de angustia;/ 40el Señor los auxilia y los libera,/ los libera de los malvados y los salva,/ porque se refugian en él.

No me abandones

38 (37)2Señor, no me reprendas con ira,/ no me corrijas con furor./ 3Tus flechas se me han clavado/ y tu mano pesa sobre mí./ 4No hay parte ilesa en mi cuerpo,/ a causa de tu enojo,/ no me queda un hueso sano,/ a causa de mi pecado.

5Mis culpas sobrepasan mi cabeza;/ como fardo pesado gravitan sobre mí./ 6Hieden mis llagas podridas,/ a causa de mi insensatez./ 7Estoy encorvado, profundamente abatido,/ todo el día camino sombrío./ 8¡Tengo las espaldas ardiendo,/ no hay parte ilesa en mi cuerpo!/ 9Agotado, totalmente aplanado,/ rujo y bramo en mi interior.

10Señor mío, mis lamentos están ante ti,/ no se te ocultan mis gemidos./ 11Mi corazón se agita, me abandonan las fuerzas,/ y me falta hasta la luz de los ojos./ 12Mis amigos y compañeros/ permanecen ajenos a mi dolencia,/ mis familiares se mantienen a distancia./ 13Me tienden trampas los que quieren matarme,/ los que desean mi desgracia me difaman,/ todo el día rumorean calumnias.

14Pero, como un sordo, no oigo,/ como mudo, no abro la boca;/ 15soy como uno que no oye/ ni tiene réplica en su boca.

16Yo espero en ti, Señor,/ tú me escucharás, Señor Dios mío./ 17Me dije: Que no se rían a mi costa/ quienes se insolentan contra mí/ cuando vacilen mis pasos.

18¡A punto estuve de caer/ mientras perduraba mi pena!/ 19Sí, yo confieso mi culpa,/ me duele mi pecado./ 20Mis enemigos mortales son poderosos,/ son muchos mis enemigos traidores./ 21Los que me devuelven mal por bien/ y me atacan cuando procuro el bien.

22No me abandones, Señor,/ Dios mío, no te alejes de mí;/ 23ven pronto a socorrerme,/ Señor mío, mi salvación.

Caducidad de la vida

39 (38)2Yo pensé: vigilaré mi proceder/ para
no ofender con la lengua;/ mantendré una
mordaza en mi boca/ mientras el malvado esté
ante mí./ 3Guardé silencio resignado,/ inútil-
mente me callé,/ y mi herida empeoró./ 4Mi co-
razón ardía en mi pecho;/ mis susurros atizaban
el fuego/ hasta que solté la lengua:
5Señor, indícame mi fin/ y cuántos van a ser
mis días,/ para que comprenda cuán caduco
soy./ 6Me concediste unos palmos de vida,/ mis
días son como nada ante ti:/ El hombre no dura
más que un soplo,/ 7es como una sombra que pa-
sa;/ solo un soplo son las riquezas que acumu-
la,/ sin saber quién será su heredero.
8Entonces, Señor, ¿qué espero?/ Mi esperanza
está en ti./ 9De todos mis delitos líbrame,/ no me
hagas la burla de necios.
10Enmudezco, no abro la boca,/ porque tú has
actuado./ 11Aparta de mí tus golpes,/ bajo tu
mano hostil perezco.
12Castigando su culpa educas al hombre,/ co-
mo polilla corroes su belleza./ El hombre no es
más que un soplo.
13Escucha mi súplica, Señor,/ atiende a mi cla-
mor,/ no seas sordo a mi llanto,/ pues yo soy un
forastero junto a ti,/ un huésped como todos mis
padres./ 14¡Aparta de mí tu mirada, y me alegra-
ré/ antes de que me vaya y ya no exista!

Tú eres mi ayuda y salvador

40 (39)2Yo esperaba impacientemente al Se-
ñor;/ él se inclinó a mí/ y escuchó mi cla-
mor./ 3Me levantó de la fosa fatal,/ de la char-
ca fangosa./ Asentó mis pies sobre una roca,/
afianzó mis piernas./ 4Me puso en la boca un
cántico nuevo,/ una alabanza a nuestro Dios./
Muchos al verlo se sobrecogieron/ y confiaron
en el Señor.
5¡Feliz el hombre que ha puesto/ su confianza
en el Señor,/ y no se va con los idólatras/ que se
extravían con engaños!/ 6¡Cuántas maravillas
has hecho tú,/ Señor Dios mío,/ cuántos planes
en favor nuestro!;/ ¡eres incomparable!/ Qui-
siera anunciarlos, pregonarlos,/ pero superan
todo número.
7Tú no quieres sacrificios ni ofrendas;/ me
has abierto el oído;/ no pides holocaustos ni
víctimas/ 8entonces yo digo: aquí estoy,/ como
en el libro está escrito de mí./ 9Deseo cumplir tu
voluntad, Dios mío,/ llevo tu enseñanza en mis
entrañas./ 10He proclamado tu justicia/ ante la
gran asamblea,/ no, no he cerrado los labios,/
Señor, tú lo sabes.
11No he escondido en el pecho tu justicia,/
he anunciado tu fidelidad y tu salvación,/
no he ocultado tu amor y tu verdad/ a la gran
asamblea.
12Tú, Señor, no reprimas tu ternura hacia mí,/
que tu amor y fidelidad me guarden siempre,/
13porque me rodean innumerables desgracias,/
mis culpas me dan caza y no puedo huir;/ son
más que los pelos de la cabeza/ y me va faltando
el coraje.
14¡Señor, dígnate librarme,/ date prisa, Se-
ñor, en socorrerme!/ 15Queden avergonzados y
confundidos/ los que me persiguen a muerte,/
retrocedan y queden abochornados/ los que de-
sean mi daño./ 16Queden corridos de vergüen-
za/ los que se carcajean de mí./ 17Alégrense y
gocen contigo/ todos los que te buscan./ Digan
siempre: Grande es el Señor,/ los que anhelan tu
salvación.
18Yo soy un pobre desgraciado,/ pero el Señor
piensa en mí./ Tú eres mi ayuda y mi salvador,/
¡Dios mío, no tardes!

El Señor salva a quien cuida del desvalido

41 (40)2Feliz el que cuida del desvalido:/ el Se-
ñor lo librará en el día aciago.
3El Señor lo protegerá y lo conservará vivo,/
será dichoso en la tierra,/ y no lo entregará/ a
las fauces de sus enemigos.
4El Señor lo sostendrá en el lecho del dolor,/
transformará la cama de su enfermedad.
5Yo dije: Señor, ten piedad,/ sáname, que he
pecado contra ti./ 6Mis enemigos hablan mal
de mí:/ ¿Cuándo morirá y se perderá su apelli-
do?/ 7Si alguien viene a visitarme/ su corazón
miente y acumula maldad,/ sale a la calle y lo
comenta.
8Los que me odian se reúnen a murmurar de
mí,/ me achacan la enfermedad que padezco:/
9Ha contraído una enfermedad mortal;/ el que
se acostó no se levantará.
10Incluso mi amigo, en quien confiaba,/ y que
compartía mi pan/ me pone zancadillas.
11Mas tú, Señor, ten piedad, ponme en pie/ y
les daré su merecido./ 12En esto conozco que me
quieres:/ que mi enemigo no cantará/ victoria
a mi costa.
13Tú me sostendrás en mi integridad/ y me
mantendrás siempre en tu presencia.
14Bendito sea el Señor Dios de Israel,/ desde
siempre y por siempre./ Amén, amén.

Mi alma tiene sed de ti

42 (41)2Como anhela la cierva corrientes de
agua,/ así, mi alma te anhela a ti, oh Dios.
3Mi alma está sedienta de Dios, del Dios vivo,/
¿cuándo entraré a ver el rostro de Dios?

4Mis lágrimas son mi pan noche y día,/ mien-
tras todo el día me repiten:/ ¿Dónde está tu Dios?
5Recordándolo, me desahogo conmigo:/ ¡cómo
entraba en el recinto,/ cómo avanzaba hasta la
casa de Dios,/ entre gritos de júbilo y acción de
gracias,/ en el bullicio festivo!
6¿Por qué estás abatida, alma mía,/ por qué
estás gimiendo?/ Espera en Dios, que aún le da-
rás gracias:/ Salvador de mi rostro, 7Dios mío.
Cuando mi alma se angustia,/ entonces te
recuerdo, pequeña Colina,/ desde el Jordán y
el Hermón./ 8Una sima grita a otra sima/ con
fragor de cascadas:/ tus oleadas y tus olas/ me
han arrollado.
9De día el Señor me brinda su amor,/ de noche
me acompaña su canción,/ la canción al Dios de
mi vida.
10Diré: ¡Oh Dios, Roca mía!,/ ¿por qué me has
olvidado?/ ¿por qué he de andar cabizbajo,/
acosado por el enemigo?
11Por el quebranto de mis huesos/ se burlan
mis adversarios;/ todo el día me repiten:/ ¿Dón-
de está tu Dios?
12¿Por qué estás abatida, alma mía,/ por qué
estás gimiendo?/ Espera en Dios, que aún le da-
rás gracias:/ Salvador de mi rostro, Dios mío.

Defiende mi causa

43 (42)1Hazme justicia, oh Dios,/ defiende mi
causa/ contra gente sin piedad,/ ponme a
salvo/ del hombre traidor y malvado.
2Si tú eres mi Dios y mi protector:/ ¿por qué
me rechazas?/ ¿por qué he de andar cabizbajo,/
acosado por el enemigo?
3Envía tu luz y tu verdad:/ que ellas me escol-
ten/ y me conduzcan a tu monte santo,/ hasta
llegar a tu morada./ 4Me acercaré al altar de
Dios,/ al Dios, gozo de mi vida,/ y te daré gra-
cias al son del arpa,/ Dios, Dios mío.
5¿Por qué estás abatida, alma mía,/ por qué
estás gimiendo?/ Espera en Dios, que aún le da-
rás gracias:/ Salvador de mi rostro, Dios mío.

Elegía nacional

44 (43)2Oh Dios, nuestros oídos oyeron,/
nuestros padres nos contaron/ la obra
que hiciste en sus días,/ lo que antiguamente
3hizo tu mano:/ Desposeíste a los gentiles/ y los
plantaste a ellos,/ pulverizaste a las naciones,/
y los hiciste brotar a ellos.
4No conquistaron la tierra con su espada,/ ni su
brazo les dio la victoria,/ sino tu diestra, tu brazo
y la luz de tu rostro,/ porque tú los amabas.
5¡Tú eres mi Rey, oh Dios,/ mi soberano, el sal-
vador de Jacob!/ 6Con tu auxilio embestimos al
enemigo,/ en tu Nombre aplastamos al agresor.
7Porque no confío en mi arco,/ mi espada no
me da la victoria;/ 8Tú nos das la victoria sobre
el enemigo/ y derrotas a cuantos nos odian./ 9En
Dios nos gloriamos cada día,/ y celebramos tu
Nombre sin cesar.
10Pero ahora nos rechazas, nos avergüenzas/
ya no sales con nuestras tropas./ 11Nos haces
retroceder ante el enemigo/ y los que nos odian
nos saquean.
12Nos entregas como ovejas de consumo/ y
nos dispersas entre los paganos./ 13Vendes a tu
pueblo por una miseria,/ y no te enriqueces con
su importe./ 14Nos haces el escarnio de nuestros
vecinos,/ burla e irrisión de los circundantes./
15Nos haces el refrán de los paganos,/ el hazme-
rreír de las naciones.
16Tengo siempre delante mi deshonra,/ la ver-
güenza me cubre la cara,/ 17al oír insultos e inju-
rias,/ al ver al enemigo agresivo.
18Todo esto nos sucede sin haberte olvidado,/
ni haber violado tu alianza;/ 19sin que retroce-
diera nuestro corazón,/ ni se desviaran de tu
senda nuestros pasos./ 20Mas tú nos trituraste/
en la guarida de los chacales,/ y nos cubriste de
sombras mortales.
21Si hubiéramos olvidado/ el Nombre de nues-
tro Dios/ y levantado las manos a un dios ex-
traño,/ 22¿no lo habría descubierto Dios,/ que
penetra los secretos del corazón?
23Por tu causa nos matan cada día,/ nos tratan
como a ovejas de matadero./ 24¡Despierta, Se-
ñor! ¿Por qué duermes?/ ¡Espabílate! ¡No nos re-
chaces para siempre!/ 25¿Por qué nos ocultas tu
rostro/ y olvidas nuestra desgracia y opresión?
26Nuestro aliento se hunde en el polvo,/ nues-
tro vientre está pegado a la tierra./ 27¡Leván-
tate, ven a socorrernos,/ rescátanos, por tu
misericordia!

Himno real

45 (44)2Bulle en mi corazón un tema bello,/
recito mi poema a un rey,/ mi lengua es
ágil pluma de escribano./ 3Eres el más bello de
los hombres,/ de tus labios fluye la gracia,/ por-
que Dios te bendice para siempre.
4Cíñete al flanco la espada, valiente,/ con-
quista gloria y esplendor;/ 5cabalga invicto en
pro de la verdad,/ de la piedad y de la justicia;/
tu diestra te enseñe a realizar proezas./ 6Tus
flechas son afiladas, se te rinden ejércitos,/ se
desmoralizan los enemigos del rey.
7El Dios eterno e inmortal te ha entronizado:/
cetro de rectitud es tu cetro real./ 8Ama la justi-
cia y odia la iniquidad,/ pues, entre tus compa-
ñeros,/ Dios, tu Dios, te ha ungido/ con perfume
de fiesta.

9A mirra, áloe y acacia/ huelen tus vestidos,/
desde las salas de marfil/ te deleitan las arpas./
10Hijas de reyes vienen a tu encuentro,/ la reina,
a tu derecha, con oro de Ofir.
11Escucha, hija, mira, pon atención:/ olvida tu
pueblo y la casa paterna,/ 12prendado está el rey
de tu belleza;/ póstrate ante él, que es tu señor./
13La ciudad de Tiro viene con regalos,/ los ha-
cendados del pueblo buscan tu favor.
14Entra la princesa, toda esplendorosa,/ vesti-
da de tisú de oro y brocados./ 15Llevan ante el rey
a las doncellas,/ sus amigas la siguen y acompa-
ñan;/ 16avanzan entre alegría y algazara,/ van
entrando en el palacio real.
17A cambio de tus padres tendrás hijos,/ que
nombrarás príncipes por todo el país./ 18¡Inmor-
talizaré tu nombre por generaciones,/ así los
pueblos te alabarán/ por los siglos de los siglos!

Dios, refugio y fortaleza

46 (45)2Dios es nuestro refugio y fortaleza,/
socorro siempre a punto en la angustia./
3Por eso no tememos aunque tiemble la tierra/
y los montes se hundan en el fondo del mar./
4Aunque bramen y se agiten sus aguas,/ y con
su oleaje sacudan los montes./ [El Señor Todo-
poderoso está con nosotros,/ nuestro alcázar es
el Dios de Jacob.]
5Un río y sus acequias alegran la ciudad de
Dios:/ sacrosanta morada del Altísimo./ 6Dios
está en medio de ella, nunca vacila:/ al despun-
tar la aurora Dios la socorre./ 7Braman las na-
ciones, tiemblan los pueblos;/ él alza su voz y se
tambalea la tierra.
8El Señor Todopoderoso está con nosotros,/
nuestro alcázar es el Dios de Jacob.
9Vengan a ver los prodigios del Señor,/ que
provoca asombro en la tierra:/ 10pone fin a la
guerra en todo el orbe:/ rompe los arcos, quiebra
las lanzas,/ prende fuego a los carros./ 11Rín-
danse y reconozcan que soy Dios,/ excelso sobre
los pueblos,/ excelso sobre la tierra.
12El Señor Todopoderoso está con nosotros,/
nuestro alcázar es el Dios de Jacob.

Dios, rey de las naciones

47 (46)2¡Aplaudan, todos los pueblos,/ acla-
men a Dios con gritos de alegría!/ 3Porque
el Señor es altísimo y terrible,/ emperador de
toda la tierra.
4Él nos somete los pueblos,/ y nos sojuzga na-
ciones./ 5Él nos eligió nuestra heredad,/ orgullo
de Jacob, su amado.
6Dios asciende entre aclamaciones,/ el Señor
al son de trompeta./ 7Canten para Dios, can-
ten,/ canten para nuestro rey, canten,/ 8porque
es rey de toda la tierra:/ canten para Dios con
maestría./ 9Dios reina sobre las naciones,/ Dios
se sienta en su santo trono.
10Príncipes paganos se reúnen/ con el pueblo
del Dios de Abrahán,/ pues de Dios son los gran-
des de la tierra,/ ¡él es inmensamente excelso!

La ciudad del gran rey

48 (47)2¡Grande es el Señor/ y muy digno de
alabanza!/ En la ciudad de nuestro Dios/
está su monte santo:/ 3Bella colina, alegría de
toda la tierra,/ es el monte Sión, confín del nor-
te,/ la capital del Emperador./ 4Dios, desde su
palacio,/ se muestra como baluarte.
5Miren, los reyes se aliaron,/ atacaron todos
juntos:/ 6al verlo, quedaron aterrados,/ huye-
ron despavoridos./ 7Los atenazó un temblor,/ sí,
espasmos de parturienta:/ 8como el viento sola-
no/ que destroza los navíos de Tarsis.
9Lo que oímos, lo hemos visto/ en la ciudad del
Señor Todopoderoso,/ en la ciudad de nuestro
Dios:/ el Señor la ha afianzado para siempre.
10Meditamos, oh Dios, tu misericordia/ en
medio de tu templo:/ 11como tu fama, oh Dios, tu
alabanza/ llega al confín del mundo./ Tu dere-
cha está llena de justicia:/ 12lo festeja el monte
Sión,/ los poblados de Judá se alegran/ de tus
sentencias.
13Den vueltas en torno a Sión,/ cuenten sus
torreones,/ 14fíjense en sus murallas,/ observen
sus palacios,/ para poder contarle a la próxi-
ma generación:/ 15¡Este es Dios!,/ nuestro Dios
eterno e inmortal/ que siempre nos guiará.

La inconsistencia humana

49 (48)2Escuchen esto, todos los pueblos,/ es-
cúchenlo, habitantes del orbe;/ 3tanto los
humildes como los poderosos,/ lo mismo el rico
que el pobre:
4Mi boca hablará sabiamente/ y mi corazón
susurrará con sensatez;/ 5prestaré mi oído al
proverbio/ expondré mi enigma con la cítara.
6¿Por qué voy a temer los días aciagos,/ cuan-
do me cerque la maldad de los tramposos,/
7que confían en su fortuna/ y alardean de sus
inmensas riquezas?/ 8¡Ay, nadie puede librar-
se/ ni pagar a Dios su rescate!,/ 9es tan caro el
precio de la vida,/ que jamás podrán pagarlo./
10¿Podrá vivir eternamente/ sin tener que ver el
sepulcro?
11Mira, los sabios mueren/ lo mismo que pere-
cen ignorantes y estúpidos,/ y legan sus rique-
zas a extraños.
12El sepulcro es su morada perpetua,/ su ha-
bitación por generaciones,/ aunque hayan dado
su nombre a países./ 13El hombre apenas pasa

una noche en la riqueza:/ se parece a los anima-
les que enmudecen.
14Este es el camino de los arrogantes,/ el final
de los jactanciosos:/ 15como ovejas, son recogi-
dos en el Abismo,/ la Muerte los pastorea,/ ba-
jan derecho a la tumba,/ su figura se desvanece/
y el Abismo es su mansión.
16Pero Dios rescatará mi vida,/ me arrancará
de las garras del Abismo.
17No temas si alguien se enriquece/ y aumenta
el lujo de su casa,/ 18cuando muera no se llevará
nada,/ su lujo no bajará con él./ 19En vida se fe-
licitaba:/ ¡Te aplauden porque te va bien!,/ 20se
reunirá con sus antepasados/ que jamás ven la
luz.
21El hombre rico no comprende:/ se parece a
los animales que enmudecen.

El verdadero culto

50 (49)1El Dios de los dioses, el Señor habla:/
convoca la tierra de oriente a occidente./
2Desde Sión, dechado de belleza,/ Dios resplan-
dece;/ 3viene nuestro Dios y no callará.
Lo precede un fuego voraz,/ lo rodea una tem-
pestad violenta./ 4Desde lo alto convoca cielo y
tierra/ para juzgar a su pueblo:/ 5Reúnanse an-
te él sus fieles,/ que sellaron su alianza con un
sacrificio./ 6Proclame el cielo su justicia:/ Dios
en persona va a juzgar.
7Escucha, pueblo mío, voy a hablar,/ Israel,
voy a testificar contra ti;/ yo soy Dios, tu Dios.
8No te reprocho por tus sacrificios/ ni por tus
holocaustos/ que están siempre ante mí./ 9No
tomaré un novillo de tu casa/ ni los chivos de tus
rebaños,/ 10porque son míos todos los animales
del bosque,/ y las bestias de las altas monta-
ñas;/ 11conozco todas las aves de los montes,/ y
las alimañas del campo mías son.
12Si tuviera hambre, no te lo diría,/ porque es
mío el orbe y cuanto contiene./ 13¿Voy a comer
carne de toros,/ o a beber sangre de chivos?
14Ofrécele a Dios el sacrificio de tu alaban-
za,/ y cumple tus votos al Altísimo;/ 15invócame
el día de la angustia,/ te libraré y tú me darás
gloria.
16Al pecador le dice Dios:/ –¿Por qué reci-
tas mis mandamientos/ y tienes en la boca mi
alianza,/ 17tú que detestas la corrección/ y te
echas a la espalda mis mandatos?
18Si ves a un ladrón, disfrutas con él,/ con
los adúlteros te deleitas./ 19En tu boca fraguas
la maldad,/ con la lengua urdes engaños;/ 20te
sientas a murmurar de tu hermano/ a chismo-
rrear del hijo de tu madre./ 21Esto haces, ¿y voy a
callarme?/ ¿Crees que soy como tú?/ Te acusaré,
litigaré contigo.
22Entiendan bien esto, los que olvidan a Dios,/
no sea que los destruya y nadie los libere.
23El que ofrece un sacrificio de alabanza/ me
glorifica;/ al que enmienda su conducta lo haré
gozar/ de la salvación de Dios.

Miserere

51 (50)3Ten piedad de mí, oh Dios, por tu bon-
dad,/ por tu inmensa compasión borra
mi culpa,/ 4lava del todo mi delito/ y limpia mi
pecado.
5Porque yo reconozco mi culpa/ y tengo siem-
pre presente mi pecado./ 6Contra ti, contra ti
solo pequé,/ cometí la maldad ante tus ojos;/
así serás justo cuando juzgues/ e irreprochable
cuando sentencies./ 7Mira, culpable nací,/ pe-
cador me concibió mi madre.
8Tú quieres la sinceridad interior/ y en lo
íntimo me inculcas sensatez./ 9Rocíame con el
hisopo y quedaré limpio,/ lávame y blanquearé
más que la nieve.
10Hazme sentir gozo y alegría,/ salten de gozo
los huesos quebrantados./ 11Aparta de mi pecado
tu vista/ y borra todas mi culpas.
12Crea en mí, oh Dios, un corazón puro,/ re-
nueva en mi interior un espíritu firme;/ 13no
me arrojes lejos de tu presencia/ ni me quites tu
santo espíritu; / 14devuélveme la alegría de tu
salvación,/ afiánzame con tu espíritu genero-
so./ 15Enseñaré a los malvados tus caminos,/ y
los pecadores volverán a ti.
16Líbrame de la sangre, oh Dios,/ Dios y Sal-
vador mío,/ y mi lengua aclamará tu justicia./
17Señor mío, ábreme los labios/ y mi boca procla-
mará tu alabanza.
18Un sacrificio no te satisface,/ si te ofreciera
un holocausto, no lo aceptarías./ 19El sacrificio
que te agrada/ es un espíritu quebrantado,/ un
corazón arrepentido y humillado,/ oh Dios, no
lo desprecias.
20Favorece a Sión por tu bondad,/ reconstru-
ye la muralla de Jerusalén;/ 21entonces acep-
tarás sacrificios estipulados,/ las ofrendas y
el holocausto,/ y sobre tu altar se inmolarán
novillos.

La suerte de los malvados

52 (51)3¿Por qué presumes de tu maldad, va-
liente?/ ¿Por qué ultrajas a Dios,/ 4tra-
mando crímenes todo el día?/ Tu lengua es
navaja afilada,/ autor de fraudes./ 5Prefieres el
mal al bien,/ la mentira a la honradez./ 6Amas
las palabras hirientes,/ lengua embustera.
7Pues Dios te destruirá para siempre,/ te sa-
cará, te arrastrará de la tienda,/ arrancará tus
raíces del suelo vital.

8 *Al ver esto los justos se asustarán,/ se reirán de él diciendo:/* 9 *Miren al valiente que no consideró/ a Dios su refugio,/ que confió en sus inmensas riquezas/ y se refugió en su crimen.*

10 *Pero yo, como verde olivo/ en la casa de Dios,/ confío en la misericordia de Dios/ por siempre jamás.*

11 *Te daré gracias siempre/ porque has actuado;/ proclamaré tu Nombre,/ tan bueno con tus fieles.*

Perversidad universal

53 (52) 2 *Piensa el necio: Dios no existe./ Se han corrompido y pervertido,/ no hay quien obre bien.*

3 *Dios se asoma desde el cielo/ hacia los hijos de los hombres,/ para ver si hay alguno sensato/ alguien que busque a Dios./* 4 *Todos han apostatado/ a una se han obstinado,/ no hay uno que obre bien,/ ni siquiera uno solo.*

5 *¿No aprenderán los malhechores/ que devoran a mi pueblo/ que devoran el grano de Dios/ que no han cosechado?*

6 *¡Véanlos aterrarse sobremanera/ sin razón para aterrarse!/ Pues Dios dispersa los huesos del sitiador;/ tú los derrotas, porque Dios los rechaza.*

7 *¡Que venga desde Sión la salvación de Israel!/ Cuando el Señor cambie/ la suerte de su pueblo,/ se alegrará Jacob, hará fiesta Israel.*

Sálvame y defiéndeme

54 (53) 3 *¡Oh Dios, por tu honor sálvame,/ con tu poder, defiéndeme!/* 4 *¡Oh Dios, escucha mi oración,/ atiende a mis palabras!/* 5 *Porque unos arrogantes se levantan contra mí,/ unos violentos me persiguen a muerte,/ sin tener presente a Dios.*

6 *¡Mira, oh Dios, protector mío,/ Señor, que sostienes mi vida!/* 7 *Devuelve el mal a mis difamadores,/ por tu fidelidad destrúyelos.*

8 *Te ofreceré de buen grado un sacrificio,/ Señor, daré gracias a tu Nombre, que es bueno,/* 9 *porque me libraste de mis adversarios,/ y he visto la derrota de mis enemigos.*

Confianza del perseguido

55 (54) 2 *Escucha, oh Dios, mi oración,/ no te cierres a mi súplica,/* 3 *atiéndeme y respóndeme./ Me agito en mi ansiedad,/ gimo* 4 *ante la voz del enemigo,/ ante la mirada del malvado,/ que descargan falsedades sobre mí,/ me difaman a la cara.*

5 *Se me retuerce por dentro el corazón,/ me asaltan pavores mortales;/* 6 *me invaden temor y terror,/ me cubre el espanto.*

7 *Pienso: ¡Quién me diera alas de paloma/ para volar y posarme!/* 8 *Entonces huiría muy lejos,/ me hospedaría en el desierto;/* 9 *me apresuraría a buscar un refugio/ ante la tormenta y el huracán.*

10 *¡Destrúyelos, Señor,/ confunde sus lenguas!/ Pues veo en la ciudad violencia y discordia,/* 11 *día y noche rondan por sus murallas,/ en su recinto crimen e injusticia,/* 12 *en su interior insidias;/ no abandonan sus calles/ tiranía y engaño.*

13 *Si me ofendiera mi enemigo,/ lo habría aguantado;/ si me atacara mi adversario,/ me habría escondido de él;/* 14 *pero eres tú, mi camarada,/ mi amigo y confidente,/* 15 *a quien me unía dulce intimidad;/ íbamos juntos a la casa de Dios./* 16 *¡Que los sorprenda la muerte,/ que bajen vivos al Abismo,/ pues la maldad habita entre ellos!*

17 *Yo invoco a Dios/ y el Señor me salvará./* 18 *Por la tarde, por la mañana, al mediodía/ gimo y suspiro,/ él escuchará mi voz:/* 19 *Líbrame de la agresión, sálvame/ que son muchos contra mí./* 20 *Que Dios me escuche y los humille,/ el que reina desde antiguo,/ pues no tienen enmienda/ ni respetan a Dios.*

21 *Levantan la mano contra su aliado,/ violando la alianza./* 22 *Su boca es más blanda que manteca,/ pero su corazón es belicoso;/ sus palabras, más suaves que aceite,/ pero son puñales./* 23 *Encomienda a Dios tus afanes,/ que él te sostendrá;/ nunca permitirá que el justo caiga.*

24 *Tú, oh Dios, hundirás en la fosa profunda/ a esos sanguinarios y traidores/ sin cumplir ni la mitad de sus años./ Yo, en cambio, confío en ti.*

Confianza en el peligro

56 (55) 2 *Piedad de mí, oh Dios, que me pisotean;/ me atacan y oprimen todo el día;/* 3 *mis enemigos me pisotean todo el día,/ son muchos los atacantes, oh Altísimo./* 4 *Cuando temo, confío en ti.*

5 *En Dios, cuya palabra alabo,/ en Dios confío y no temo,/ ¿qué podrá hacerme un mortal?/* 6 *Todo el día tergiversan mis palabras,/ sus planes contra mí son malignos./* 7 *Acechan, se esconden,/ rastrean mis huellas,/ como salteadores ávidos de mi vida.*

8 *Líbrame de su iniquidad,/ oh Dios, derriba con ira a los pueblos./* 9 *Anota tú mis andanzas,/ recoge mis lágrimas en tu odre,/ mis fatigas en tu libro.*

10 *Si, cuando te invoque,/ retroceden y se retiran mis enemigos,/ proclamaré: Dios está de mi parte.*

11En Dios, cuya palabra alabo,/ en el Señor, cu-
ya palabra alabo;/ 12en Dios confío y no temo:/
¿qué podrá hacerme un hombre?
13En verdad, cumpliré mis votos,/ Dios Altísi-
mo, dándote gracias:/ 14Has librado mi vida de
la muerte,/ alejando mis pies de la caída,/ para
que camine ante Dios/ hacia la luz de la vida.

A la sombra de tus alas me refugio

57 (56)2Piedad de mí, oh Dios, piedad,/ que
me refugio en ti;/ me refugio a la sombra
de tus alas,/ hasta que pasa la calamidad.
3Invoco al Dios Altísimo,/ al Dios Altísimo, mi
vengador./ 4Envíe desde el cielo para salvarme/
de los insultos de mis perseguidores,/ envíe Dios
su amor y su fidelidad.
5Yo he de acostarme entre leones/ que devoran
seres humanos;/ sus dientes son lanzas y fle-
chas,/ su lengua una espada afilada.
6Tu grandeza, oh Dios, sobre los cielos,/ tu glo-
ria, sobre toda la tierra.
7Han tendido una red a mis pasos,/ un lazo a
mi cuello;/ han cavado ante mí una fosa,/ ¡cai-
gan dentro de ella!
8Mi corazón está firme, oh Dios,/ mi corazón
está firme:/ cantaré y tocaré./ 9¡Despierta, glo-
ria mía!/ ¡Despierten, cítara y arpa!/ Desperta-
ré a la aurora.
10Te daré gracias entre los pueblos, Señor,/ to-
caré para ti entre las naciones:/ 11por tu amor,
que sobrepasa el cielo,/ por tu fidelidad, que al-
canza las nubes./ 12Tu grandeza, oh Dios, sobre
los cielos,/ tu gloria, sobre toda la tierra.

Dios el juez justo

58 (57)2¿De verdad, poderosos,/ emiten uste-
des setencias justas?/ ¿Juzgan equitativa-
mente a los humanos?
3No, ustedes cometen injusticias a concien-
cia/ imponiendo en la tierra/ la violencia de
sus manos.
4Los malvados se pervirtieron/ desde el seno
materno,/ los mentirosos se extraviaron desde
el seno./ 5Tienen veneno como veneno de ser-
pientes,/ de víbora sorda que cierra el oído,/
6para no oír la voz del encantador,/ del experto
hacedor de hechizos.
7Oh Dios, rómpeles los dientes de la boca,/
quiebra, Señor, esos colmillos a leones./ 8Que se
evaporen como agua que fluye,/ que se pudran
como hierba que se pisa./ 9sean como babosa que
se deslíe al deslizarse,/ que, como aborto de mu-
jer, jamás vea el sol.
10Antes de que echen espinas,/ como la zarza
verde o quemada,/ arrebátelos el vendaval./
11Goce el justo viendo la venganza,/ bañe sus
pies en la sangre de los malvados;/ 12y la gente
comentará:/ ¡El justo cosecha su fruto,/ sí, hay
un Dios que hace justicia en la tierra!

Petición de ayuda

59 (58)2 Líbrame de mis enemigos, Dios mío,/
defiéndeme de mis agresores,/ 3líbrame de
los malhechores,/ sálvame de los sanguinarios.
4Mira cómo me están acechando:/ los podero-
sos conspiran contra mí,/ sin que yo haya peca-
do ni faltado, Señor,/ 5y ni siquiera exista culpa
en mí,/ corren y toman posiciones./ ¡Levántate,
ven a mi encuentro, mira,/ 6tú, Señor Dios To-
dopoderoso,/ Dios de Israel!
Despierta para castigar a los paganos,/ no te
apiades de los traidores inicuos./ 7Vuelven al
atardecer,/ aullando como perros,/ merodean
por la ciudad.
8Mira, de su boca fluye baba,/ de sus labios es-
padas:/ ¿Quién nos oirá?
9Pero tú, Señor, te ríes de ellos,/ te burlas de los
paganos./ 10Fortaleza mía, por ti velo,/ porque
mi alcázar es Dios.
11Que mi Dios fiel salga a mi encuentro,/ y yo
vea la derrota de mis difamadores./ 12¡No los
mates, que mi pueblo no lo olvide;/ que vaguen
lejos de su fortaleza,/ humíllalos, Señor, escudo
nuestro!
13Por el pecado de su boca,/ por el chismorreo
de sus labios/ queden atrapados en su orgullo,/
por la mentira y maldición que profieren.
14¡Destrúyelos con tu furor,/ destrúyelos,
que dejen de existir!;/ y se reconozca que Dios
gobierna/ desde Jacob hasta los confines de la
tierra.
15Vuelven al atardecer,/ aullando como pe-
rros,/ merodean por la ciudad.
16Vagabundean, buscando comida,/ si no se
hartan, no se retiran.
17Yo, en cambio, cantaré tu fuerza,/ procla-
maré por la mañana tu amor,/ porque fuiste mi
fortaleza/ y un refugio en el día de la angustia./
18Fortaleza mía, por ti velo,/ porque mi alcázar
es Dios, mi Dios fiel.

¡Restáuranos!

60 (59)3Oh Dios, nos has rechazado y des-
trozado,/ estabas airado, ¡vuélvete a
nosotros!
4Has sacudido la tierra y la has hendido,/ ¡re-
para sus grietas, que se desmorona!
5Diste a beber a tu pueblo una copa,/ nos hi-
ciste probar un vino de vértigo./ 6Ofrece una
señal a tus fieles,/ para que escapen de los arcos.
7Para que tus amigos sean liberados,/ respón-
denos y que tu diestra nos salve.

8Dios habló desde su santuario:/ Triunfante
repartiré Siquén,/ parcelaré el Valle de Sucot;
9mío es Galaad, mío Manasés./ Efraín es el casco
de mi cabeza,/ Judá, mi bastón de mando.
10Moab, una vasija para lavarme,/ sobre Edón
lanzo mi sandalia,/ sobre Filistea, mi grito de
conquista.
11¡Quién me llevara a la ciudad fortificada,/
quién me condujera a Edón!/ 12Pero tú, oh Dios,
¿no nos has rechazado?,/ ¿sales aún con nues-
tras tropas?/ 13Ayúdanos contra el enemigo,/
que la ayuda del hombre es vana.
14Con Dios haremos proezas,/ él aplastará a
nuestros enemigos.

Escucha, mi clamor

61 (60)2¡Escucha, oh Dios, mi clamor,/ atiende
a mi súplica!
3Desde el confín de la tierra te invoco/ con el
corazón abatido.
Llévame a una roca inaccesible,/ 4porque tú
eres mi refugio,/ mi fortaleza frente al enemigo.
5Quiero hospedarme siempre en tu tienda,/
refugiado al amparo de tus alas,/ 6pues tú, oh
Dios, escuchaste mis votos,/ me diste la heredad
de los fieles a tu Nombre.
7Añade días a los días del rey,/ que sus años
sean por generaciones;/ 8que reine siempre en
presencia de Dios,/ que lealtad y fidelidad le ha-
gan guardia.
9Y yo cantaré siempre en tu honor/ cumplien-
do mis votos día a día.

Tú eres mi roca, no vacilaré

62 (61)2Solo en Dios encuentro descanso,/ de
él viene mi salvación./ 3Solo él es mi roca,
mi salvación,/ mi alcázar: jamás vacilaré.
4¿Hasta cuándo arremeterán contra uno,/
para abatirlo todos juntos/ como a una pared
que cede/ o a una tapia que se desploma?/ 5Solo
piensan en derribarme de mi altura,/ se com-
placen en la mentira:/ con la boca bendicen,/
con el corazón maldicen.
6Solo en Dios encuentro descanso,/ de él viene
mi salvación./ 7Solo él es mi roca, mi salvación,/
mi alcázar: jamás vacilaré./ 8En Dios está mi
salvación y mi gloria,/ mi roca firme, mi refugio
está en Dios.
9Ustedes confíen siempre en él,/ desahoguen
con él su corazón,/ que Dios es nuestro refu-
gio./ 10Solo un soplo son los plebeyos,/ los nobles,
mera apariencia,/ todos juntos en la balanza/
pesarían menos que un soplo./ 11No confíen en
la opresión,/ no se ilusionen con el robo;/ a
las riquezas, si aumentan,/ no les entreguen el
corazón.
12Dios ha hablado una vez,/ dos veces le he oí-
do:/ que Dios tiene el poder,/ 13tuya, Señor, es la
misericordia;/ que tú pagarás a cada uno/ se-
gún sus obras.

Tú eres mi Dios, por ti madrugo

63 (62)2¡Oh Dios, tú eres mi Dios, por ti ma-
drugo:/ mi garganta está sedienta de ti,/
mi carne desfallece por ti/ como tierra seca, re-
seca, sin agua!
3Que así te contemple en el santuario/ viendo
tu poder y tu gloria./ 4Porque tu amor vale más
que la vida,/ te alabarán mis labios.
5Que así te bendiga mientras viva,/ alzando
las manos en tu Nombre./ 6Me saciaré como de
enjundia y de manteca,/ y mi boca te alabará
con labios jubilosos.
7Si en mi lecho me acuerdo de ti,/ en mis vi-
gilias medito en ti,/ 8porque tú has sido mi ayu-
da,/ y a la sombra de tus alas salto de gozo./ 9Mi
vida está unida a ti/ y tu mano me sostiene.
10Pero los que intentan quitarme la vida/ va-
yan a lo profundo de la tierra;/ 11sean pasados a
filo de espada,/ sirvan de pasto a los chacales.
12Pero el rey se alegrará en Dios,/ el que jura
por él se felicitará,/ cuando tapen la boca a los
mentirosos.

Escucha mi gemido

64 (63)2Escucha, oh Dios, la voz de mi gemi-
do,/ protege mi vida de la banda hostil;/
3escóndeme del tropel de los malvados,/ de la
camarilla de los malhechores.
4Afilan la lengua como un puñal/ y asestan
como flechas, palabras envenenadas,/ 5para
disparar a escondidas contra el inocente:/ le
disparan de improviso y sin temor.
6Se obstinan en su palabra delictiva,/ calcu-
lan cómo esconder trampas,/ y se dicen: ¿Quién
nos descubrirá,/ 7y escrutará nuestro crimen
perfecto?/ Los escruta el mismo que escruta/
hasta lo íntimo del hombre/ y la profundidad
del corazón.
8Dios les disparará una flecha:/ y súbitamente
serán heridos;/ 9los doblegará a causa de su len-
gua,/ quienes los ven menearán la cabeza.
10Todos los humanos temerán,/ anunciarán la
obra de Dios/ y entenderán su actuación./ 11Que
el honrado festeje al Señor,/ que se refugie en él/
y los corazones sinceros se feliciten.

Tú mereces un himno en Sión

65 (64)2Oh Dios, tú mereces un himno en
Sión/ y a ti se te cumplen los votos.
3A ti, que escuchas la oración,/ ha de presen-
tar todo mortal/ 4sus acciones pecaminosas./

Innumerables son nuestros delitos/ pero tú los
perdonas.
5*Dichoso el que tú eliges e invitas/ a morar en*
tus atrios./ Que nos saciemos de los bienes de tu
casa,/ de los dones sagrados de tu templo.
6*Con portentos favorables nos respondes,/*
Dios Salvador nuestro,/ esperanza de los confi-
nes de la tierra/ y del océano lejano.
7*Tú afianzas los montes con tu fuerza/ ceñi-*
do de poder./ 8*Tú acallas el estruendo del mar,/*
el estruendo de las olas/ y el tumulto de los
pueblos.
9*Los habitantes de los confines/ se sobrecogen*
ante tus signos/ y tú haces que canten de júbilo/
las puertas de la aurora y del ocaso.
10*Tú cuidas de la tierra, la riegas,/ la enrique-*
ces sin medida;/ La acequia de Dios va llena de
agua./ Preparas sus trigales./ Así preparas la
tierra:/ 11*empapas sus surcos,/ igualas los te-*
rrones,/ la mulles con lloviznas;/ bendices sus
brotes.
12*Coronas el año con tus bienes/ y tus rodadas*
rezuman abundancia;/ 13*rezuman los pastos del*
páramo,/ y las colinas se orlan de alegría;/ 14*las*
praderas se visten de rebaños/ y los valles se cu-
bren de mieses/ que aclaman y cantan.

Todo el mundo aclame al Señor

66 (65)1*Aclame a Dios toda la tierra,/* 2*canten*
en honor de su Nombre,/ tribútenle una
espléndida alabanza.
3*Digan a Dios: ¡Qué formidable eres por tus*
obras,/ por tu inmenso poder te adulan tus
enemigos!
4*Que todo el mundo te rinda homenaje/ can-*
tando para ti, cantando en tu honor.
5*Vengan a ver las obras de Dios,/ sus hazañas*
formidables/ a favor de los hombres:/ 6*Trans-*
formó el mar en tierra firme;/ a pie cruzaron el
río./ ¡Venid, alegrémonos con él!
7*Con su autoridad gobierna por siempre:/ sus*
ojos vigilan a las naciones,/ para que no se su-
bleven los rebeldes.
8*Bendigan, pueblos, a nuestro Dios,/ procla-*
men a voces su alabanza./ 9*Nos conservó entre*
los vivientes/ y no permitió que tropezara nues-
tro pie.
10*Oh Dios, nos pusiste a prueba,/ nos refinas-*
te como se refina la plata./ 11*Nos metiste en una*
prisión,/ pusiste un cincho en nuestros lomos,/
12*dejaste que los mortales/ cabalgaran sobre*
nosotros,/ pasamos por fuego y agua,/ pero nos
llevaste a la abundancia.
13*Entraré en tu casa con holocaustos/ para*
cumplir los votos/ 14*que pronunciaron mis la-*
bios/ y prometió mi boca en la angustia./ 15*Te*
ofreceré holocaustos cebados/ con el incienso de
carneros,/ inmolaré vacas y cabras.
16*Vengan a escuchar, fieles de Dios,/ les conta-*
ré lo que hizo por mí:/ 17*Lo invoqué con la boca,/*
con la lengua lo alabé.
18*Si yo hubiera tenido mala intención,/ el Se-*
ñor no me habría escuchado./ 19*Pero Dios me*
escuchó,/ atendió a la voz de mi súplica.
20*¡Bendito sea Dios,/ que no rechazó mi súpli-*
ca/ ni apartó de mí su misericordia!

Que todos los pueblos te den gracias

67 (66)2*Que el Señor tenga piedad y nos ben-*
diga,/ que nos muestre su rostro radian-
te,/ 3*que se reconozca en la tierra tu poderío,/ y*
entre las naciones tu victoria.
4*¡Que te den gracias los pueblos, oh Dios,/ que*
todos los pueblos te den gracias!
5*Que se alegren y salten de gozo las naciones/*
porque riges al mundo con justicia,/ riges los
pueblos con rectitud/ y gobiernas las naciones
de la tierra.
6*¡Que te den gracias los pueblos, oh Dios,/ que*
todos los pueblos te den gracias!
7*La tierra ha dado su cosecha:/ nos bendi-*
ce Dios, nuestro Dios./ 8*Que Dios nos bendi-*
ga, y que lo respeten/ hasta en los confines del
mundo.

Oda patriótica y religiosa

68 (67) 2*Se levanta Dios y se dispersan sus*
enemigos,/ huyen de su presencia quienes
lo odian.
3*Como se disipa el humo, los disipas,/ como*
se derrite la cera ante el fuego,/ así perecen los
malvados ante Dios.
4*En cambio los justos se alegran,/ se alborozan*
en la presencia de Dios,/ y festejan de alegría.
5*Canten a Dios, toquen en su honor,/ ensalcen*
al jinete de las nubes;/ su Nombre es el Señor,
salten de gozo ante él./ 6*Padre de huérfanos,*
protector de viudas/ ese es Dios desde su santa
morada.
7*Dios da un hogar a los que están solos,/ libera*
de la prisión a los cautivos;/ mas los rebeldes se
quedan en el yermo.
8*Oh Dios, cuando salías al frente de tu pue-*
blo,/ cuando avanzabas por el desierto,/ 9*la tie-*
rra tembló, los cielos se licuaron,/ ante Dios, el
Dios del Sinaí,/ ante de Dios, el Dios de Israel.
10*Tú derramaste, oh Dios, una lluvia genero-*
sa,/ aliviaste tu heredad extenuada./ 11*Tu reba-*
ño habitó en la tierra,/ que bondadosamente, oh
Dios,/ habías preparado para los pobres.
12*Mi Señor pronuncia un oráculo,/ y una mul-*
titud anuncia la noticia:/ 13*Los reyes, los ejérci-*

tos huyen, van huyendo,/ y las mujeres de la casa
reparten el botín.
14*Mientras dormían en los apriscos,/ las alas*
de paloma se cubrían de plata,/ y sus plumas de
oro amarillo./ 15*Cuando el Todopoderoso dis-*
persaba reyes,/ nevaba en el Monte Salmón.
16*Montaña altísima es la montaña de Basán,/*
montaña escarpada es la montaña de Basán.
17*¿Por qué envidian, montañas escarpadas,/*
al monte que Dios eligió para habitar?/ El Señor
habitará en él por siempre.
18Los carros de Dios son miles y miles,/ los ar-
queros, millares:/ el Señor marcha del Sinaí al
santuario./ 19Subiste a la cumbre llevando cau-
tivos,/ recibiste tributo de seres humanos,/ aun
de quienes se oponían/ a la mansión del Señor
Dios.
20Bendito sea el Señor día tras día:/ Dios,
nuestro salvador, nos alivia.
21Nuestro Dios es un Dios salvador,/ el Señor,
mi Dueño, nos libra de la muerte.
22Dios aplasta la cabeza de sus enemigos,/ el
cráneo melenudo de los criminales.
23Dice el Señor: Los traeré de Basán,/ los trae-
ré desde el fondo del mar,/ 24para que bañes tus
pies en su sangre/ y la lengua de los perros/ ten-
ga en tus enemigos su porción.
25Aparece tu cortejo, oh Dios,/ el cortejo de mi
Dios, mi Rey, al santuario.
26Al frente marchan los cantores,/ al final, los
arpistas;/ en medio, las jovencitas/ van tocan-
do panderos.
27En la asamblea bendicen a Dios,/ al Señor en
la congregación de Israel.
28Miren: los guía Benjamín, el más pequeño,/
los príncipes de Judá y sus huestes,/ los prínci-
pes de Zabulón,/ los príncipes de Neftalí.
29¡Manda, oh Dios, tu fuerza,/ refuerza, oh
Dios, lo que hiciste por nosotros/ 30desde tu
templo de Jerusalén!/ Que te traigan los reyes
su tributo.
31Reprime a la Fiera del Cañaveral,/ a la ma-
nada de Toros,/ a los Novillos de los pueblos:/
que se sometan con lingotes de plata./ ¡Dispersa
a los pueblos belicosos!/ 32Que los mercaderes de
Egipto/ vengan con regalos,/ Etiopía tienda sus
manos hacia Dios.
33Reinos del mundo, canten a Dios,/ toquen
para nuestro Señor.
34¡Véanlo cabalgando por los cielos,/ los cielos
antiguos!/ ¡Ya lanza su voz,/ su voz de victoria!
35Reconozcan la victoria de Dios:/ sobre Is-
rael, su majestad,/ su poderío, sobre las nubes./
36Dios es terrible en su santuario./ Ciertamente
el Dios de Israel/ da fuerza y poder a su pueblo./
¡Bendito sea Dios!

Sálvame que me hundo

69 (68) 2¡Sálvame, Dios,/ que me llega el agua
al cuello!/ 3Me hundo en el fango profun-
do/ y no puedo hacer pie;/ he entrado en las
aguas sin fondo/ y me arrastra la corriente.
4Estoy exhausto de gritar,/ tengo ronca la gar-
ganta,/ se me nublan los ojos/ esperando a mi
Dios.
5Más que los cabellos de la cabeza/ son los que
me odian sin motivo,/ más numerosos que mis
cabellos/ son mis enemigos mentirosos./ ¿Es que
tengo que devolver/ lo que no he robado?
6Dios mío, tú conoces mi ignorancia,/ no se te
ocultan mis culpas./ 7Que por mi culpa no que-
den defraudados/ los que esperan en ti, Señor
Todopoderoso;/ que por mi culpa no se aver-
güencen/ los que te buscan, Dios de Israel./
8Pues por ti aguanté afrentas,/ la vergüenza
cubrió mi rostro.
9Soy un extraño para mis hermanos,/ un ex-
tranjero para los hijos de mi madre/ 10porque me
devora el celo por tu templo/ y las afrentas con
que te afrentan/ caen sobre mí.
11Si sollozo ayunando, se burlan de mí;/ 12si
me visto de sayal, se ríen de mí;/ 13sentados a
la puerta cuchichean,/ los borrachos me sacan
coplas.
14Pero yo, Señor, a ti dirijo mi oración,/ en el
momento propicio;/ por tu gran amor, respón-
deme, oh Dios,/ con tu fidelidad salvadora./
15Sácame del fango, no me hunda,/ líbrame de
los que me aborrecen/ y de las aguas sin fondo;/
16que no me arrastre la corriente,/ ni me trague
el torbellino,/ ni el pozo se cierre sobre mí.
17Respóndeme, Señor, por tu bondadoso
amor,/ por tu inmensa ternura vuelve tus ojos
a mí./ 18No ocultes tu rostro a tu siervo,/ estoy
angustiado, respóndeme enseguida.
19Acércate a mí, rescátame,/ líbrame de la
guarida del enemigo./ 20Tú conoces mi oprobio,/
mi vergüenza y deshonra,/ ante ti están mis
opresores.
21El oprobio me parte el corazón/ y me sien-
to desfallecer;/ espero compasión, y no la hay,/
consoladores, y no los encuentro./ 22Echaron
veneno en mi comida/ y en mi sed me dieron
vinagre.
23Que su mesa se vuelva una trampa/ y sus
compañeros, un lazo./ 24Que se apaguen sus ojos
y no vean,/ y sus lomos flaqueen sin cesar.
25Descarga sobre ellos tu enojo,/ que los alcan-
ce el incendio de tu ira./ 26Que su campamento
quede desierto/ y nadie habite sus tiendas,/
27porque persiguen al que tú heriste/ y cuentan
las heridas del que laceraste.

28Añade culpa a sus culpas,/ y no accedan a tu
justicia./ 29Sean borrados del libro de los vivos,/
no sean inscritos con los justos.
30Pero a mí, pobre y malherido,/ tu salvación,
oh Dios, me restablecerá./ 31Alabaré el Nombre
de Dios con cantos:/ proclamaré su grandeza/
con acción de gracias:/ 32le agradará a Dios más
que un toro,/ más que un novillo con cuernos y
pezuñas.
33Mírenlo, humildes, y alégrense,/ recobren el
ánimo, buscadores de Dios;/ 34porque el Señor
escucha a los pobres/ y no desprecia a sus cauti-
vos./ 35Alábenlo, cielo y tierra,/ mares y cuanto
bulle en ellos.
36Pues Dios salvará a Sión/ y reconstruirá los
poblados de Judá:/ la habitarán y la poseerán,/
37la estirpe de sus servidores la heredará,/ los
que aman su Nombre vivirán en ella.

Ven a librarme

70 (69) 2¡Oh Dios, apresúrate a librarme,/ Se-
ñor, date prisa en socorrerme!
3Queden derrotados y humillados/ los que me
persiguen a muerte,/ retrocedan confundidos/
los que desean mi daño.
4Retírense avergonzados/ los que se carcajean
de mí.
5Alégrense y gocen conmigo/ todos los que te
buscan;/ Digan siempre: ¡Dios es grande!,/ los
que anhelan tu salvación.
6Yo soy humilde y pobre,/ ¡oh Dios, ven pronto
a mí!/ Tú eres mi auxilio y mi salvador,/ ¡Señor,
no tardes!

Por tu justicia líbrame y rescátame

71 (70) 1A ti, Señor, me acojo/ nunca quede
defraudado./ 2Por tu justicia, líbrame y
rescátame,/ tiende tu oído hacia mí y sálvame.
3Sé mi roca de refugio, siempre accesible,/ la
que prometiste para liberarme,/ pues mi peña y
mi alcázar eres tú.
4Dios mío, líbrame de la mano perversa,/ del
puño criminal y opresor./ 5Tú eres mi esperan-
za, Señor mío,/ y mi confianza, Señor, desde mi
juventud.
6Desde el seno materno me apoyaba en ti,/
desde las entrañas de mi madre me sostenías./
¡A ti la alabanza continua!
7Eres un prodigio para muchos,/ pues tú eres
mi refugio fortificado./ 8Llena está mi boca de tu
alabanza,/ de tu elogio todo el día.
9No me rechaces ahora en la vejez,/ no me
abandones, cuando decaen mis fuerzas,/ 10por-
que mis enemigos hablan de mí,/ quienes me
espían dictaminan:/ 11Dios lo ha abandonado,/
persíganlo, apresénlo,/ que no hay quien lo libre.
12Oh Dios, no te quedes lejos,/ Dios mío, apre-
súrate a socorrerme./ 13Sean confundidos y
humillados/ los que atentan contra mi vida;/
cúbranse de humillación y de vergüenza/ los que
buscan mi daño.
14Yo en cambio esperaré siempre,/ reiterando
tus alabanzas./ 15Mi boca anunciará tu justicia/
y tu salvación todo el día,/ aunque no sepa con-
tarla./ 16Entraré en tu fortaleza, Señor mío,/
recordaré tu justicia, Señor, solo tuya.
17Me instruiste, Dios mío, desde mi juven-
tud/ y hasta hoy he anunciado tus maravillas./
18Ahora, en la vejez y en las canas,/ no me aban-
dones, oh Dios,/ hasta que anuncie tu poder a la
asamblea/ y a cuantos entran en tu fortaleza./
19Tu justicia, oh Dios, llega hasta el cielo/ por-
que has hecho cosas grandes:/ oh Dios, ¿quién
como tú?
20Aunque me hiciste pasar/ por muchas an-
gustias y desgracias/ me devolverás la vida,/ y
de las simas de la tierra/ me sacarás de nuevo.
21Acrecentarás mi dignidad,/ y me rodearás
de tu consuelo./ 22Te alabaré a plena voz con el
arpa,/ Dios mío, por tu fidelidad;/ tocaré la cí-
tara en tu honor,/ Santo de Israel./ 23Te aclama-
rán mis labios/ –cantando para ti–/ y también
mi vida,/ la que tú rescataste.
24Incluso mi lengua/ proclamará tu justicia
todo el día./ ¡Queden confundidos y humilla-
dos/ los que buscaban mi daño!

Confía tu juicio al rey

72 (71) 1Oh Dios, confía tu juicio al rey,/ y tu
rectitud al hijo del rey./ 2Para que gobier-
ne a tu pueblo con justicia,/ a tus humildes con
rectitud.
3Produzcan los montes bienestar/ y las co-
linas, prosperidad para tu pueblo;/ 4que él de-
fienda a los humildes del pueblo,/ socorra a los
hijos de los pobres/ y aplaste al opresor.
5Que dure tanto como el sol,/ como la luna,
por generaciones./ 6Que baje como lluvia sobre
el césped,/ como llovizna que empapa la tierra.
7Que en sus días cunda la prosperidad,/ y
haya prosperidad hasta que falte la luna./ 8Que
domine de mar a mar,/ del Río al confín de la
tierra.
9Inclínense en su presencia los beduinos,/ y
sus enemigos muerdan el polvo.
10Que los reyes de Tarsis y las islas/ le paguen
tributo;/ que los reyes de Sabá y Arabia/ le pa-
guen impuestos./ 11Que se postren ante él todos
los reyes/ y que todos los pueblos le sirvan.
12Si él libra al pobre suplicante,/ al humilde y
al desvalido; 13si se apiada del pobre y del débil,/
y salve la vida de los pobres;/ 14si los rescata de

la opresión y la violencia,/ y considera valiosa
su sangre, 15que viva y le den oro de Sabá,/ que
recen por él continuamente/ y todo el día lo ben-
digan;/ 16haya en el campo trigo abundante,/
que ondee en la cima de los montes;/ brote su
fruto como el Líbano/ y retoñe como hierba del
campo;/ 17que su fama sea eterna,/ y su nombre
se perpetúe como el sol./ Que se feliciten por él
los pueblos,/ y lo proclamen dichoso.

***

18¡Bendito el Señor Dios de Israel,/ el único que
hace maravillas!

19¡Bendito por siempre su Nombre glorioso,/
que su gloria llene la tierra!/ ¡Amén, amén!

20[Terminan las súplicas de David hijo de Jesé]

¡Qué bueno eres para el honrado!

73 (72) 1¡Qué bueno es Dios, oh Israel,/ para
los limpios de corazón!

2Pero yo a punto estuve de tropezar,/ mis pier-
nas casi llegaron a vacilar,/ 3porque envidiaba a
los perversos/ viendo prosperar a los malvados.

4Para ellos no hay sinsabores,/ sano y robus-
to está su cuerpo;/ 5no pasan las fatigas de los
mortales/ ni son vejados por los humanos.

6Y es que su collar es el orgullo/ y se visten un
traje de violencia./ 7Sus ojos brillan de felici-
dad,/ de presunción desborda su corazón.

8Insultan, hablan con malicia,/ altivamente
hablan de opresión./ 9Su boca se eleva contra el
cielo/ y su lengua se pasea por la tierra.

10Por eso mi pueblo va tras ellos/ y bebe copio-
samente de sus aguas./ 11Dicen: ¿va a saberlo
Dios,/ se va a enterar el Altísimo?/ 12Así son los
malvados,/ que, despreocupados del Eterno,/
aumentan sus riquezas.

13Entonces, ¿purifiqué en vano mi corazón/
y me lavé las manos como inocente,/ 14aguan-
té afrentas todo el día/ y fui castigado cada
mañana?

15Si hubiera dicho: Hablaré como ellos,/ ha-
bría traicionado el linaje de tus hijos.

16Meditaba yo para entenderlo,/ pero me re-
sultaba muy difícil./ 17Hasta que entré en el san-
tuario de Dios/ y comprendí el destino de ellos.

18Es verdad: los pones en el resbaladero,/ y los
empujas a la ruina;/ 19¡Qué pronto se convierten
en horror/ y acaban consumidos de espanto!/
20Como un ensueño al despertar, Señor,/ al le-
vantarte desprecias su figura.

21Cuando mi corazón se amargaba,/ cuando
me torturaba en mi interior,/ 22yo era un necio y
un ignorante,/ era solo un animal ante ti.

23Pero yo siempre estaré contigo:/ me tomas de
la mano derecha,/ 24me guías según tus planes/
y me llevas a un destino glorioso.

25¿A quién tengo yo en el cielo?/ Contigo nada
deseo en la tierra./ 26Aunque se consumen mi
carne y mi corazón,/ Dios es siempre el apoyo/
de mi corazón y mi herencia.

27Sí, los que se alejan de ti se pierden,/ destru-
yes a los que te son infieles./ 28Pero mi bien es
estar junto a Dios,/ hacer de mi Dueño, el Señor,
mi refugio/ y contar todas tus acciones.

¿Por qué nos tienes abandonados?

74 (73) 1¿Por qué, oh Dios,/ nos tienes abando-
nados para siempre/ y humea tu cólera/
contra las ovejas de tu rebaño?

2Acuérdate del pueblo que adquiriste/ anti-
guamente,/ que rescataste como tribu de tu pro-
piedad/ del monte Sión donde habitabas.

3Levanta a tu pueblo de la ruina total,/ el
enemigo ha destrozado el santuario./ 4Rugían
tus adversarios en medio de tu asamblea,/ co-
locaban como señal sus estandartes;/ 5se ase-
mejaban a quien se abre paso/ a hachazos en la
espesa arboleda;/ 6todos juntos derribaron las
puertas,/ las abatieron con hachas y mazas;/
7prendieron fuego a tu santuario,/ asolaron y
profanaron/ la morada de tu Nombre./ 8Dije-
ron: ¡Quememos, junto a tu linaje,/ los templos
de Dios en el país!

9Ya no vemos nuestros estandartes,/ ni tene-
mos un profeta,/ ninguno de nosotros sabe hasta
cuándo.

10¿Hasta cuándo, oh Dios, te insultará el ene-
migo,/ y el adversario despreciará/ sin cesar tu
Nombre?/ 11¿Por qué retiras tu mano izquierda/
y tienes la derecha escondida en el seno?

12Mas tú, oh Dios, eres mi rey desde antiguo,/
autor de victorias en medio de la tierra.

13Tú con tu fuerza agitaste el Mar,/ quebraste
las cabezas del monstruo marino./ 14Tú aplastas-
te las cabezas de Leviatán,/ las echaste como pas-
to a manadas de fieras./ 15Tú alumbraste manan-
tiales y torrentes,/ tú secaste ríos inagotables.

16Tuyo es el día, tuya también la noche,/ tú co-
locaste la luna y el sol./ 17Tú trazaste los límites
del mundo,/ el verano y el invierno tú los creaste.

18Recuérdalo: el enemigo te afrenta, Señor,/ y
un pueblo insensato desprecia tu Nombre./ 19No
entregues al depredador/ la vida de tu tórtola,/
no olvides para siempre la vida de tus pobres.

20Fíjate en la alianza:/ que los escondrijos del
país/ están repletos de focos de violencia./ 21¡No
quede defraudado el oprimido,/ que el humilde y
el pobre alaben tu Nombre!

22¡Levántate, oh Dios, defiende tu causa!,/
recuerda las continuas ofensas del insensato,/
23no olvides el griterío de tus adversarios,/ el
creciente vocerío de tus agresores.

Te damos gracias invocándote

75 (74) 2Te damos gracias, oh Dios, te damos
gracias,/ invocando tu Nombre,/ contan-
do tus maravillas.
3Cuando elija la ocasión,/ yo juzgaré recta-
mente./ 4Aunque tiemble la tierra con sus habi-
tantes,/ yo he afianzado sus columnas.
5Digo a los jactanciosos: No se jacten,/ a los
malvados: No levanten la frente,/ 6no levanten
la frente contra el Excelso,/ no hablen insolen-
temente contra la Roca.
7No es el Oriente ni el Occidente,/ no es el De-
sierto ni la Montaña;/ 8es Dios quien gobierna:/
a uno humilla, a otro ensalza.
9El Señor tiene una copa en la mano,/ un vaso
lleno de vino espumoso y drogado:/ lo verterá, lo
sorberán hasta las heces,/ lo beberán todos los
malvados de la tierra.
10Yo siempre proclamaré su grandeza/ y can-
taré para el Dios de Jacob./ 11Derribaré el po-
der de los malvados,/ el poderío del justo será
exaltado.

El Señor se manifiesta en Judá

76 (75) 2Dios se manifiesta en Judá,/ su fama
es grande en Israel,/ 3su tienda está en
Jerusalén,/ su morada en Sión./ 4Allí quebró
los destellos del arco,/ el escudo, la espada y la
guerra.
5¡Tú eres deslumbrante, magnífico/ con mon-
tones de botín!/ 6Fueron despojados los valien-
tes/ que dormían su sueño,/ a los guerreros les
fallaron sus brazos./ 7Ante tu bramido, Dios de
Jacob,/ se aturdieron el jinete y el caballo.
8¡Tú eres terrible!, ¿quién se mantendrá/ ante
ti cuando estás enojado?/ 9Desde el cielo procla-
marás la sentencia;/ la tierra se asustará y en-
mudecerá,/ 10cuando te levantes, oh Dios, para
juzgar,/ para salvar a los oprimidos del mundo.
11Sí, triturarás la cólera humana,/ protegerás
a los que sobrevivan a tu cólera./ 12Hagan voto al
Señor, su Dios, y cúmplanlos,/ cuantos lo rodean
traigan regalos al Terrible,/ 13que deja sin alien-
to a los príncipes/ y es Terrible para los reyes
del mundo.

Alzo mi voz para que me escuches

77 (76) 2¡A voces clamo a Dios,/ a voces clamo
con insistencia a Dios,/ que me escuche
enseguida!/ 3En mi angustia te busco, Dueño
mío,/ te tiendo mis manos sin descanso,/ y re-
chazo todo consuelo./ 4Me acuerdo de Dios entre
gemidos,/ meditando, mi espíritu languidece.
5Tú sujetas los párpados de mis ojos,/ me agi-
to, sin poder hablar./ 6Considero los días anti-
guos,/ los años remotos 7recuerdo./ De noche,
tocando la lira,/ mi corazón medita/ y mi es-
píritu indaga./ 8¿Es que el Señor nos rechazará
para siempre/ y dejará de sernos propicio?
9¿Se habrá agotado para siempre/ su miseri-
cordia,/ se habrá terminado para el futuro su
promesa?/ 10¿Habrá olvidado Dios su bondad/ o
cerrado con ira sus entrañas?
11Y me digo: Este es mi dolor:/ la mano del Al-
tísimo está paralizada./ 12Recuerdo las proezas
del Señor,/ sí, recuerdo tus antiguos portentos,/
13considero todas tus proezas,/ considero todas
tus hazañas.
14Dios mío, tu camino es santo,/ ¿qué Dios es
grande como nuestro Dios?
15Tú eres el Dios que obras maravillas/ y mos-
traste a los pueblos tu poder./ 16Con tu brazo res-
cataste a tu pueblo,/ a los hijos de Jacob y de José.
17Te vio el mar, oh Dios,/ te vio el mar y tem-
bló,/ las olas se estremecieron.
18Las nubes descargaron sus aguas,/ retum-
baron los nubarrones,/ tus rayos zigzaguearon.
19Rodaba el estruendo de tu trueno,/ los re-
lámpagos deslumbraban el mundo,/ la tierra
temblaba y retemblaba.
20Tu camino discurría por las aguas,/ tu sen-
dero por las aguas caudalosas,/ y no quedaba
rastro de tus huellas.
21Guiaste a tu pueblo como un rebaño/ por la
mano de Moisés y de Aarón.

Bondad de Dios e ingratitud de Israel

78 (77) 1Escucha, pueblo mío, mi instruc-
ción,/ presta oído a las palabras de mi
boca:/ 2abriré mi boca a las parábolas,/ para
evocar los misterios del pasado.
3Lo que oímos y aprendimos,/ lo que nos con-
taron nuestros padres/ 4no lo ocultaremos a
nuestros hijos,/ lo contaremos a la siguiente ge-
neración:/ las glorias del Señor y su poder/ y las
maravillas que realizó.
5Pues él hizo un pacto con Jacob/ y dio una
instrucción a Israel:/ él mandó a nuestros pa-
dres/ que se lo comunicaran a sus hijos,/ 6para
que lo supiera la generación venidera,/ los hijos
que habían de nacer;/ y se lo contaran a sus hi-
jos,/ 7para que pusieran en Dios su esperanza,/
no olvidaran las hazañas de Dios/ y cumplieran
sus mandamientos./ 8Para que no imitaran a sus
antepasados:/ generación rebelde y obstinada,/
generación de corazón inconstante,/ de espíritu
desleal a Dios.
9Los hijos de Efraín, diestros arqueros,/ retro-
cedieron el día del combate;/ 10no guardaron la
alianza de Dios/ y rehusaron seguir sus instruc-
ciones,/ 11se olvidaron de todas sus hazañas,/ y
las maravillas que les mostrara:/ 12los portentos

que hizo con sus padres/ en territorio egipcio,
en la campiña de Soán.
13Escindió el mar para abrirles paso,/ suje-
tando las aguas como un dique./ 14Los guiaba de
día con la nube,/ de noche con el resplandor del
fuego.
15Hendió la roca en el desierto,/ les dio a be-
ber raudales de agua./ 16Hizo brotar arroyos de
una peña/ y descender aguas como ríos./ 17Mas
ellos volvieron a pecar contra él/ rebelándose
en el yermo contra el Altísimo./ 18Tentaron a
Dios en sus corazones/ exigiendo comida para
su apetito./ 19Hablaron contra Dios diciendo:/
¿podrá Dios preparar una mesa en el desierto?/
20Verdad es que golpeó la roca,/ fluyó el agua y
se desbordaron los ríos;/ pero, ¿también podrá
darnos pan/ y proporcionar carne a su pueblo?/
21Lo oyó el Señor y se indignó,/ un incendio esta-
lló contra Jacob/ y su enojo ardió contra Israel,/
22porque no fiaron de Dios/ ni confiaron en su
auxilio.
23Desde arriba dio orden a las nubes/ y abrió
las compuertas del cielo;/ 24hizo que les llovie-
se maná para comer/ y les sirvió un trigo del
cielo./ 25El hombre comió pan de héroes,/ les
mandó provisiones hasta la hartura./ 26Desde
el cielo desencadenó el solano/ y desde su for-
taleza empujó el siroco./ 27Hizo que les lloviese
carne como polvareda,/ y aves como arena de la
playa./ 28Las hizo caer en medio del campamen-
to,/ alrededor de sus carpas./ 29Comieron hasta
hartarse,/ y les satisfizo su avidez./ 30Apenas
saciada su avidez,/ con la comida aún en la
boca,/ 31la ira de Dios hirvió contra ellos:/ dio
muerte a los más robustos/ y abatió la flor de Is-
rael./ 32A pesar de todo, volvieron a pecar/ y no
se fiaron de sus prodigios./ 33Redujo sus días a
un soplo/ y sus años a un suspiro.
34Mientras los mataba, lo buscaban,/ se con-
vertían y volvían a Dios;/ 35recordaban que Dios
era su Roca,/ el Dios Altísimo, su Redentor./
36Lo adulaban con la boca,/ le mentían con la
lengua;/ 37su corazón no fue leal con él/ ni fue-
ron fieles a su alianza./ 38Él, en cambio, enter-
necido,/ perdonaba la culpa y no los destruía;/
muchas veces reprimió su enojo/ y no excitaba
todo su furor,/ 39recordando que eran carne,/
un aliento que se va y no retorna.
40¡Cómo se rebelaron en el desierto!/ ¡Cuánto
lo irritaron en la estepa!/ 41Volvían a tentar a
Dios,/ irritando al Santo de Israel,/ 42sin acor-
darse de aquella mano/ que un día los libró de
la opresión,/ 43cuando hizo signos en Egipto/ y
portentos en la campiña de Soán.
44Él convirtió sus canales en sangre/ y sus
arroyos, para que no bebieran;/ 45les mandó tá-
banos que los picasen/ y ranas que los destru-
yesen;/ 46entregó a la langosta su cosecha,/ a
saltamontes el fruto de su afán;/ 47asoló con gra-
nizo sus viñedos/ y sus sicómoros con la escar-
cha;/ 48entregó sus ganados al pedrisco/ y sus
rebaños a los rayos;/ 49descargó sobre ellos su ira
ardiente,/ su enojo, su furor, su indignación:/
una delegación de siniestros mensajeros,/ 50pa-
ra prepararle el camino./ No salvó su vida de la
muerte,/ entregó sus vidas a la peste./ 51Hirió a
los primogénitos en Egipto,/ primicias del vigor
en las tiendas de Cam.
52Sacó como un rebaño a su pueblo,/ los guió
como un hato por el desierto;/ 53los condujo se-
guros, sin alarmas,/ mientras el mar cubría a
sus enemigos./ 54Los llevó a su santa montaña,/
al monte que su diestra conquistó./ 55Expulsó
ante ellos a los pueblos,/ a cordel les asignó su
heredad,/ instaló en sus tiendas a las tribus de
Israel./ 56Pero ellos, rebeldes, tentaron al Dios
Altísimo,/ y no guardaron sus preceptos;/ 57de-
sertaron, traidores como sus padres,/ se torcie-
ron como un arco mal tensado:/ 58lo irritaron
con sus altozanos,/ con sus ídolos excitaron
sus celos./ 59Lo oyó Dios y se indignó,/ el Gran-
de rechazó a Israel./ 60Abandonó su morada de
Siló,/ la tienda plantada entre los humanos./
61Entregó su fortaleza a los conquistadores/ y
su ornato a la mano del adversario./ 62Dejó su
pueblo a merced de la espada,/ indignado con
su heredad./ 63El fuego devoró a sus valientes,/
y las doncellas no tuvieron cantos nupciales;/
64sus sacerdotes caían a espada/ y las viudas no
cantaron lamentos fúnebres.
65Se despertó como de un sueño el Señor,/ co-
mo soldado aturdido por el vino./ 66Hirió al ene-
migo por la espalda/ los dejó humillados para
siempre./ 67Rechazó la tienda de José/ y no eligió
a la tribu de Efraín;/ 68eligió a la tribu de Judá/
y el monte Sión, su preferido./ 69Se construyó
un santuario como el cielo,/ lo cimentó para
siempre como la tierra./ 70Eligió a David, su
siervo,/ sacándolo de los apriscos del rebaño;/
71de andar tras las ovejas lo llevó/ a pastorear
a Jacob, su pueblo,/ a Israel, su heredad./ 72Los
pastoreó con corazón íntegro,/ los guió con ma-
no experta.

Súplica por Jerusalén

79 (78) 1Oh Dios, los paganos han invadido tu
heredad,/ han profanado tu santo tem-
plo,/ han reducido Jerusalén a ruinas./ 2Echa-
ron los cadáveres de tus siervos/ como pasto a
las aves del cielo,/ la carne de tus leales a las
fieras de la tierra./ 3Derramaron su sangre co-
mo agua/ en torno a Jerusalén,/ sin que nadie

los sepultara./ [4]Fuimos la irrisión de nuestros
vecinos,/ burla y oprobio de quienes nos rodean.
[5]¿Hasta cuándo, Señor, estarás enojado?,/
¿para siempre?,/ ¿hasta cuando arderán tus
celos como fuego?/ [6]Derrama tu furor, oh
Dios,/ sobre los paganos que no te reconocen,/
y sobre los reinos que no invocan tu Nombre;/
[7]porque han devorado a Jacob,/ han asolado su
mansión.
[8]No nos imputes los delitos de los antepasa-
dos,/ que tu ternura se apresure a alcanzar-
nos,/ porque estamos totalmente abatidos./
[9]Socórrenos, Dios Salvador nuestro,/ por el ho-
nor de tu Nombre;/ líbranos y perdona nuestros
pecados,/ en atención a tu Nombre.
[10]¿Por qué han de decir los paganos:/ Dónde
está su Dios?/ Que ante nuestros ojos/ se mues-
tre a los paganos/ la venganza de la sangre/ de
tus servidores derramada./ [11]Lleguen a tu pre-
sencia/ los lamentos de tus cautivos,/ con tu
inmenso poder/ salva a los condenados a muer-
te./ [12]¡Devuelve siete veces más a nuestros veci-
nos/ la afrenta con que te afrentaron, Señor./
[13]Y nosotros, pueblo tuyo, ovejas de tu rebaño,/
te daremos gracias siempre,/ y cantaremos tus
glorias por generaciones.

Pastor de Israel, escucha

80 (79) [2]Pastor de Israel, escucha,/ tú que
guías a José como a un rebaño,/ entro-
nizado sobre querubines,/ resplandece [3]ante
Efraín, Benjamín y Manasés./ Despierta tu po-
der/ y ven en nuestro auxilio.
[4]¡Oh Dios, vuélvete a nosotros,/ ilumina tu
rostro y nos salvaremos!
[5]Señor Dios Todopoderoso,/ ¿hasta cuándo
te envolverás en humo/ pese a la oración de tu
pueblo?/ [6]Nos diste a comer un pan de llanto,/ a
beber lágrimas en abundancia./ [7]Nos convertis-
te/ en habladuría de nuestros vecinos,/ nues-
tros enemigos se burlan de nosotros.
[8]¡Oh Dios Todopoderoso, vuélvete a nosotros,/
ilumina tu rostro y nos salvaremos!
[9]Arrancaste una vid de Egipto,/ expulsaste
pueblos y la plantaste;/ [10]desalojaste a sus pre-
decesores/ y echó raíces hasta llenar el país./
[11]Las montañas se cubrieron con su sombra,/ y
con sus pámpanos, los cedros altísimos;/ [12]ex-
tendiste sus sarmientos hasta el mar/ y sus bro-
tes hasta el Río Grande.
[13]¿Por qué abriste brecha en su cerca/ para que
la vendimien los viandantes,/ [14]la asolen los ja-
balíes/ y la destrocen las alimañas del campo?/
[15]Dios Todopoderoso, vuélvete,/ mira desde el
cielo, fíjate,/ e inspecciona esta viña:/ [16]cuida lo
que tu diestra trasplantó,/ el esqueje que hiciste
vigoroso./ [17]Como a la maleza la prendieron fue-
go:/ ¡perezcan con un bramido tuyo!
[18]Que tu mano proteja a tu elegido,/ al hombre
que hiciste vigoroso./ [19]Y nunca nos alejaremos
de ti;/ danos vida e invocaremos tu Nombre.
[20]¡Señor Dios Todopoderoso, vuélvete a noso-
tros/ ilumina tu rostro y nos salvaremos!

El Señor es nuestra fuerza

81 (80) [2]Aclamen a Dios, nuestra fortaleza;/
vitoreen al Dios de Jacob./ [3]Canten, to-
quen el tamboril,/ la cítara armoniosa y el ar-
pa./ [4]Toquen la trompeta en el novilunio,/ en el
plenilunio que es nuestra fiesta./ [5]Porque es una
ley de Israel,/ un precepto del Dios de Jacob,/
[6a]una norma que impuso a José/ al salir del país
de Egipto.
[6b]Oigo un lenguaje desconocido:/ [11b]abre la bo-
ca, que te la llene.
[7]Retiré la carga de sus hombros,/ sus manos
abandonaron la espuerta./ [8]Gritaste en la an-
gustia y te libré,/ te respondí desde el refugio
tonante,/ te probé en las aguas de Meribá.
[9]Escucha, pueblo mío, que te amonesto,/ ¡Is-
rael, ojalá me escucharas!/ [10]No tendrás un dios
extraño/ ni adorarás un dios extranjero./ [11a]Yo
soy el Señor, tu Dios,/ que te saqué de Egipto.
[12]Pero mi pueblo no me escuchó,/ Israel no
me obedeció./ [13]Los entregué a su corazón obs-
tinado,/ caminaron según sus antojos./ [14]¡Oja-
lá me escuchase mi pueblo/ y anduviera Israel
por mis caminos;/ [15]en un instante humillaría
a sus enemigos/ y volvería mi mano contra sus
adversarios!/ [16]Los que aborrecen al Señor lo
adularían,/ y su suerte quedaría fijada para
siempre;/ [17]lo alimentaría con el mejor trigo,/ lo
saciaría de miel silvestre.

El Señor hace justicia

82 (81) [1]Dios se levanta en la asamblea divi-
na,/ rodeado de dioses juzga.
[2]¿Hasta cuándo darán sentencias injustas/
poniéndose de parte del culpable?/ [3]Defiendan
al débil y al huérfano,/ hagan justicia al humilde
y al necesitado,/ [4]salven al débil y al mendigo,/
librándolos del poder de los malvados.
[5]No saben, no entienden, caminan a oscuras,/
tiemblan hasta los cimientos de la tierra.
[6]Yo declaro: Aunque sean dioses/ y todos sean
hijos del Altísimo,/ [7]morirán como cualquier
hombre,/ caerán como un príncipe cualquiera.
[8]¡Levántate, oh Dios, y juzga la tierra,/ porque
tú eres el dueño de todos los pueblos!

¡No te estés callado!

83 (82) 2¡Señor, no te estés callado,/ no estés mudo e inactivo, oh Dios!

3Mira que tus enemigos se amotinan/ y los que te odian levantan cabeza./ 4Traman planes contra tu pueblo/ y conspiran contra tus protegidos./ 5Dicen: Vamos a destruirlos como nación,/ que nunca se recuerde el nombre de Israel.

6Así han decidido unánimemente/ concertar un pacto contra ti:/ 7beduinos, idumeos, ismaelitas,/ moabitas y agarenos,/ 8Biblos, Amón y Amalec,/ filisteos y habitantes de Tiro;/ 9también Asiria se alió con ellos,/ prestaron refuerzos a los hijos de Lot.

10Trátalos como a Madián, como a Sísara,/ como a Yabín junto al torrente Quisón:/ 11cuando fueron aniquilados en En-Dor,/ y sirvieron de estiércol para el campo./ 12Trata a sus príncipes como a Oreb y Zeeb,/ a sus capitanes como a Zebá y Salmaná,/ 13que arengaban: Conquistemos/ estas fértiles praderas.

14Dios mío, conviértelos en vilanos,/ en paja a merced del viento./ 15Como fuego que quema el bosque,/ como llama que abrasa los montes,/ 16persíguelos así con tu tormenta,/ atérralos con tu huracán.

17Cúbreles el rostro de ignominia,/ para que busquen tu Nombre, Señor./ 18¡Desconcertados y confundidos para siempre,/ queden humillados y perezcan!/ 19Y reconozcan que tu Nombre es el Señor,/ el Altísimo sobre toda la tierra.

¡Qué delicia es tu morada!

84 (83) 2¡Qué amable es tu morada,/ Señor del universo!/ 3Languidece mi ser/ y anhela a gritos el atrio del Señor;/ mi corazón y mi carne/ saltan de gozo por el Dios vivo./ 4Hasta el gorrión ha encontrado una casa,/ y la golondrina un nido/ donde poner sus pichones,/ junto a tus altares, Señor del universo,/ Rey mío y Dios mío.

5Dichosos los que habitan en tu casa/ alabándote siempre./ 6Dichosos quienes tienen su refugio en ti,/ aquellos cuyo corazón te alaba./ 7Cuando pasan por el Valle del Llanto,/ lo transforman en manantial/ y la lluvia lo cubre de balsas./ 8Caminan de baluarte en baluarte/ para ver al Dios de los dioses en Sión./ 9Señor Dios del universo,/ escucha mi súplica,/ atiéndeme, Dios de Jacob.

10Oh Dios, escudo nuestro, mira,/ fíjate en el rostro de tu Ungido./ 11Vale más un día en tu atrio/ que mil en mi casa;/ prefiero el umbral de la casa de Dios/ a morar en la tienda del malvado./ 12Porque el Señor es sol y es escudo,/ Dios concede favor y gloria;/ el Señor no niega sus bienes/ a los de conducta intachable./ 13Señor del universo,/ ¡dichoso quien confía en ti!

Has sido bueno con tu tierra

85 (84) 2Señor, has sido bueno con tu tierra,/ has cambiado la suerte de Jacob;/ 3has perdonado la culpa de tu pueblo,/ has cubierto todos sus pecados./ 4Has reprimido tu enojo,/ has desistido del ardor de tu ira./ 5Vuélvete a nosotros, Dios salvador nuestro,/ calma tu enojo con nosotros.

6¿Vas a estar siempre airado con nosotros,/ o prolongarás tu enojo por generaciones?/ 7¿No vas a devolvernos la vida,/ para que tu pueblo te festeje?/ 8Demuéstranos, Señor, tu amor/ y danos tu salvación.

9Voy a escuchar lo que dice Dios:/ el Señor ha prometido bienestar/ a su pueblo, y a sus amigos,/ que confían nuevamente en él.

10La Salvación ya está cerca de sus fieles,/ y su Gloria habitará en nuestra tierra./ 11El amor y la verdad se dan cita,/ la justicia y la paz se besan;/ 12la verdad brota de la tierra,/ la justicia se asoma desde el cielo.

13Con una orden el Señor nos dará la lluvia,/ y nuestra tierra nos dará su cosecha./ 14La justicia caminará delante de él,/ la paz seguirá sus pasos.

Respóndeme que estoy desamparado

86 (85) 1Inclina tu oído, Señor, respóndeme,/ que soy un pobre desamparado./ 2Guarda mi vida, que soy un fiel tuyo,/ salva a este tu siervo/ que confía en ti, Dios mío.

3Ten piedad de mí, Dueño mío,/ que a ti clamo todo el día:/ 4anima la vida de tu siervo,/ pues por ti suspiro, Dueño mío./ 5Tú, Dueño mío, eres bueno e indulgente,/ misericordioso con cuantos te invocan.

6Escucha, Señor, mi plegaria,/ atiende a la voz de mi súplica./ 7Cuando te invoco angustiado/ dígnate responderme.

8Ningún dios hay como tú, Dueño mío,/ ninguna obra como las tuyas./ 9Si tú actúas, todas las naciones/ vendrán a postrarse ante ti, Dueño mío,/ y glorificarán tu Nombre./ 10¡Qué grande eres, autor de maravillas;/ solo tú eres Dios!

11Enséñame, Señor, tu camino/ para que camine con fidelidad a ti;/ unifica mi corazón/ para que respete tu Nombre./ 12Te daré gracias de todo corazón,/ mi Dueño y mi Dios,/ honraré siempre tu Nombre,/ 13porque tu amor es grande, oh Altísimo,/ y me libraste del abismo profundo.

14Oh Dios, gente soberbia se levanta contra mí,/ una turba violenta acecha mi vida,/ sin

tener presente tu Nombre./ [15]Pero *tú, Dueño*
mío,/ Dios compasivo y piadoso,/ paciente, todo
amor y fidelidad,/ [16]*vuélvete y ten compasión de*
mí,/ da el triunfo a tu siervo,/ salva al hijo de
tu esclava.
[17]*Dame una señal propicia:/ que mis adversa-*
rios vean, confundidos,/ que tú, Señor, me ayu-
das y consuelas.

Sión, hogar de todos los pueblos

87 (86) [1]*¡Por él está fundada entre las santas*
montañas,/ [2]*el Señor prefiere las puertas*
de Sión/ a todas las moradas de Jacob!/ [3]*Mara-*
villas se dicen de ti, Ciudad de Dios.
[4]*Contaré a Egipto y a Babilonia/ entre los que*
me reconocen;/ también filisteos, tirios y nu-
bios/ han nacido allí./ [5]*Y de Sión se dirá:/ Es-*
te y el otro han nacido en ella;/ el Altísimo en
persona la ha fundado./ [6]*El Señor escribirá en*
el registro de los pueblos:/ También este ha na-
cido allí.
[7]*Y cantarán mientras danzan:/ Todas mis*
fuentes están en ti.

De día y de noche te pido auxilio

88 (87) [2]*Señor, Dios salvador mío,/ día y no-*
che clamo a ti./ [3]*Llegue hasta ti mi ora-*
ción,/ inclina el oído a mi clamor.
[4]*Estoy harto de males/ y mi vida, al borde del*
Abismo./ [5]*Estoy censado entre los que bajan a*
la fosa,/ soy como un hombre acabado./ [6]*Tengo*
mi lecho entre los muertos,/ como los cadáveres
que yacen en el sepulcro,/ a quienes ya no re-
cuerdas/ pues fueron arrancados de tu mano./
[7]*Me has colocado en la fosa profunda,/ en las*
tinieblas abismales./ [8]*Tu enojo pesa sobre mí,/*
me anegas en tus olas.
[9]*Alejaste de mí a mis allegados,/ me has he-*
cho un horror para ellos./ Encerrado, no puedo
salir,/ [10]*mis ojos se nublan de dolor./ Te invoco*
todo el día, Señor./ tendiendo las palmas hacia
ti./ [11]*¿Acaso harás milagros por los muertos?,/*
¿se levantarán ellos para darte gracias?/ [12]*¿Se*
narrará en el sepulcro tu amor/ o tu fidelidad
en la tumba?/ [13]*¿Se conocerán tus maravillas en*
las tinieblas/ o tu justicia en el país del olvido?/
[14]*Pero yo te pido auxilio, Señor:/ con el alba irá a*
tu encuentro mi súplica.
[15]*¿Por qué, Señor, me rechazas/ y me ocultas*
tu rostro?/ [16]*Soy un desdichado/ y muero que-*
jumbroso./ He soportado tus terrores/ y estoy
aturdido./ [17]*Tu incendio ha pasado sobre mí,/*
tus espantos me han aniquilado;/ [18]*me envuel-*
ven como agua todo el día,/ me cercan todos a la
vez./ [19]*Alejaste de mí amigos y compañeros,/ mi*
compañía son las tinieblas.

Cantaré eternamente tu lealtad

89 (88) [2]*Cantaré eternamente el amor del Se-*
ñor,/ anunciaré su fidelidad por genera-
ciones./ Con mi boca [3]*afirmo claramente:/ Oh*
Eterno, tu amor edificó los cielos,/ más estable
que ellos es tu fidelidad./ [4]*—Pacté una alianza*
con mi elegido,/ jurando a David mi siervo:/
[5]*Afianzaré tu linaje para siempre/ y consolidaré*
tu trono por generaciones.
[6]*Celébrense tus maravillas en los cielos, Se-*
ñor,/ y tu fidelidad en la asamblea de los San-
tos;/ [7]*pues, ¿quién sobre las nubes/ es compara-*
ble al Señor?/ ¿quién se asemeja al Señor entre
los dioses?/ [8]*Dios es temible en el consejo de los*
santos,/ es grande y terrible para toda su corte./
[9]*Señor Dios del universo, ¿quién como tú?/ Eres*
poderoso, Señor, y tus fieles te rodean.
[10]*Tú doblegas la soberbia del mar/ y acallas*
su oleaje embravecido./ [11]*Tú trituraste a Rahab*
como a un cadáver/ con brazo potente disper-
saste al enemigo./ [12]*Tuyos son los cielos, tuya es*
la tierra;/ tú cimentaste el mundo y cuanto con-
tiene./ [13]*Tú creaste el Norte y el Sur,/ el Tabor*
y el Hermón/ saltan de gozo en tu presencia./
[14]*Tienes un brazo poderoso;/ triunfante es tu*
izquierda,/ sublime tu derecha./ [15]*Justicia y De-*
recho sostienen tu trono,/ Bondad y Fidelidad
marchan ante ti.
[16]*Dichoso el pueblo que sabe aclamarte,/ que*
camina a la luz de tu rostro, Señor./ [17]*Tu Nombre*
será su gozo constante,/ y por tu justicia se ale-
grará./ [18]*Sí, tú eres nuestra fortaleza gloriosa/*
y con tu favor nos das la victoria./ [19]*En verdad*
el Señor es nuestro Escudo,/ el Santo de Israel
nuestro rey.
[20]*Un día hablaste en visión/ declarando a*
tus amigos:/ he elegido a un muchacho y no
a un guerrero,/ he encumbrado a un soldado
de la tropa./ [21]*Encontré a David, mi siervo,/ y*
lo ungí con óleo sagrado./ [22]*Porque mi mano le*
dará firmeza,/ y mi brazo lo fortalecerá;/ [23]*no*
lo engañará el enemigo/ ni los criminales lo
humillarán.
[24]*Trituraré ante él a sus adversarios,/ y heri-*
ré a los que lo odian./ [25]*Mi fidelidad y amor lo*
acompañarán,/ y por mi Nombre triunfará./
[26]*Extenderé su izquierda hasta el Mar/ y su de-*
recha hasta el Río.
[27]*Él me invocará: Tú eres mi padre,/ mi Dios,*
mi Roca salvadora./ [28]*Y yo lo nombraré mi pri-*
mogénito,/ excelso entre los reyes de la tierra./
[29]*Le guardaré mi amor eterno/ y mi alianza con*
él será estable.
[30]*Le daré un linaje perpetuo/ y un trono dura-*
dero como el cielo./ [31]*Si sus hijos abandonan mi*
ley/ y no siguen mis mandamientos,/ [32]*si violan*

mis preceptos/ y no guardan mis mandatos,/
33castigaré a palos sus delitos/ y a latigazos sus
culpas.
34Pero no les retiraré mi lealtad/ ni desmen-
tiré mi fidelidad;/ 35no violaré mi alianza,/ ni
cambiaré mis promesas./ 36Una vez juré por mi
santidad/ no faltar a mi palabra con David./
37Su linaje será perpetuo/ y su trono como el sol
ante mí;/ 38se mantendrá siempre como la lu-
na,/ testigo fidedigno en las nubes.
39Pero tú, enojado con tu Ungido,/ lo recha-
zaste y despreciaste;/ 40anulaste la alianza con
tu siervo,/ profanaste por tierra su diadema./
41Destruiste todas sus murallas/ y derrocaste
sus fortalezas;/ 42lo saquearon todos los vian-
dantes,/ fue la irrisión de sus vecinos./ 43Enal-
teciste la diestra de sus adversarios,/ y ensal-
zaste las manos de sus enemigos./ 44En tu ira,
embotaste el filo de su espada,/ y no lo sostuviste
en el combate./ 45Le quitaste su espléndido ce-
tro,/ y su trono por tierra derribaste./ 46Acor-
taste los días de su juventud/ y lo cubriste de
ignominia.
47¿Hasta cuándo, Señor,/ te ocultarás siem-
pre?/ ¿Hasta cuándo arderá como fuego tu eno-
jo?/ 48Recuerda, Señor, que mi vida es corta,/
¿creaste para nada a los mortales?/ 49¿Quién
vivirá sin ver la muerte?,/ ¿quién escapará de
las garras del Abismo?
50¿Dónde está, Dueño mío, tu amor de an-
taño,/ el amor fiel que juraste a David?/ 51Re-
cuerda, Señor, el ultraje de tus siervos,/ cómo
aguanta mi pecho/ las saetas de los pueblos:/
52Así como mis enemigos me insultan, Señor,/
también insultan alevosamente a tu Ungido.

***

53¡Bendito el Señor por siempre!/ Amén, amén.

Tú siempre has sido nuestro refugio

90 (89) 1Señor, tú has sido nuestro refugio/
de generación en generación./ 2Antes de
que naciesen las montañas/ y la tierra y el orbe
dieran a luz,/ desde siempre y por siempre eres
tú, oh Dios.
3Tú devuelves al hombre al polvo,/ diciendo:
¡Regresen, hijos de Adán!/ 4Sí, mil años para ti
son un ayer que pasó,/ una vigilia nocturna./
5Si tú los arrebatas por la noche,/ al amanecer
serán hierba segada:/ 6brota y es cortada por la
mañana,/ por la tarde se marchita y se seca.
7¡Cómo nos ha consumido tu enojo/ y nos ha
anonadado tu indignación!/ 8Pusiste nuestras
culpas ante ti,/ nuestros secretos a la luz de tu
mirada,/ 9y nuestros días declinan bajo tu eno-
jo,/ agotamos nuestros años como un suspiro./
10Aunque vivamos setenta años/ y el más robusto
hasta ochenta,/ afanarse por ellos es fatiga in-
útil,/ porque pasan aprisa y volamos.
11¿Quién comprende el ardor de tu enojo?,/
¿quién entiende el ímpetu de tu indignación?/
12Enséñanos la medida exacta de nuestros días/
para que adquiramos un corazón sensato.
13¡Vuélvete, Señor!, ¿hasta cuándo?,/ ten
compasión de tus siervos./ 14Sácianos por la
mañana de tu amor,/ y toda nuestra vida será
alegría y júbilo./ 15Alégranos por los días en que
nos humillaste,/ por los años en que sufrimos
desgracias./ 16Que tu acción se manifieste a tus
siervos/ y tus hijos vean tu esplendor./ 17Des-
cienda sobre nosotros/ la bondad del Señor
nuestro Dios./ Que consolide la obra de nues-
tras manos./ ¡Consolide la obra de nuestras
manos!

Confianza en Dios

91 (90) 1El que habita al amparo del Altísimo/
y pernocta a la sombra del Todopoderoso,/
2diga al Señor: Tú eres mi refugio y mi alcázar,/
mi Dios en quién confío.
3Solo Él te librará de la red/ y te defenderá de
la peste funesta;/ 4te cubrirá con sus plumas,/ y
bajo sus alas te refugiarás;/ su brazo será escudo
y coraza./ 5No temerás el espanto nocturno,/ ni
la flecha que vuela de día,/ 6ni la peste que se
desliza en las tinieblas,/ ni la plaga que acecha
a mediodía.
7Caerán a tu izquierda mil,/ diez mil a tu de-
recha,/ a ti no te alcanzarán./ 8Basta con que
abras tus ojos,/ para ver la paga de los malva-
dos,/ 9porque hiciste del Señor tu refugio,/ del
Altísimo, tu morada./ 10No se te alcanzará la
desgracia/ ni la plaga se acercará tu tienda,/
11porque a sus ángeles ordenará/ que te guarden
en tus caminos./ 12Te llevarán en sus palmas,/
para que tu pie no tropiece en la piedra.
13Caminarás entre leones y víboras,/ pisotea-
rás cachorros y dragones./ 14Porque me ama, lo
libraré,/ lo protegeré porque me reconoce./ 15Me
llamará y le responderé,/ estaré con él en la an-
gustia,/ lo defenderé y honraré./ 16Lo saciaré de
larga vida/ y le haré ver mi salvación.

Poder y justicia de Dios

92 (91) 2Es bueno dar gracias al Señor/ y can-
tar en tu honor, oh Altísimo,/ 3proclamar
por la mañana tu amor/ y durante la noche tu
fidelidad,/ 4con arpas de diez cuerdas y laúdes,/
con arpegios de cítaras.
5Pues me alegro, Señor, con tus acciones,/ y
salto de gozo con las obras de tus manos./ 6¡Qué
magníficas son tus obras, Señor,/ qué insonda-
bles tus pensamientos!

7El ignorante no lo entiende,/ ni el necio lo
comprende./ 8Aunque broten como hierba los
malvados/ y florezcan todos los malhechores,/
9serán destruidos para siempre./ Mas tú, Señor,
eres excelso por siempre.
10Mira, Señor, tus enemigos,/ mira, tus enemi-
gos perecerán,/ los malhechores se dispersarán.
11Pero a mí me das la fuerza de un búfalo,/ y
me empapas con aceite tonificante./ 12Mis ojos
descubrirán a mis espías,/ mis oídos percibirán
a los insurrectos.
13El justo florecerá como palmera,/ crecerá
como cedro del Líbano,/ 14plantado en la casa del
Señor,/ crecerá en los atrios de nuestro Dios./
15Aun en la vejez dará fruto,/ estará lozano y
frondoso,/ 16para proclamar que el Señor es rec-
to:/ Roca mía, en quien no hay falsedad.

Majestad de Dios

93 (92) 1El Señor reina, vestido de majestad,/ el
Señor, vestido y ceñido de poder;/ así el orbe
está firme y no vacila./ 2Tu trono está firme desde
siempre,/ desde siempre existes tú.
3Levantan los ríos, Señor,/ levantan los ríos su
estruendo,/ levantan los ríos su fragor./ 4Más
poderoso que las aguas estruendosas,/ más im-
ponente que el oleaje del mar,/ más imponente
en el cielo es el Señor./ 5Tus decretos son total-
mente estables,/ la santidad es el ornato de tu
casa,/ a lo largo de los días, Señor.

Dios, abogado del justo

94 (93) 1Dios justiciero, Señor,/ Dios justicie-
ro, resplandece./ 2Álzate, Juez de la tie-
rra,/ da su merecido a los soberbios.
3¿Hasta cuándo, Señor, los malvados,/ hasta
cuándo triunfarán los malvados,/ 4verterán
palabras altaneras,/ se jactarán los malhecho-
res?/ 5Pisotean, Señor, a tu pueblo/ y oprimen a
tu herencia./ 6Asesinan a viudas y emigrantes,/
degüellan a huérfanos;/ 7y comentan: el Señor
no lo ve,/ el Dios de Jacob ni se entera.
8Comprendan, estúpidos del pueblo,/ necios,
¿cuándo aprenderán?/ 9El que implantó el oí-
do, ¿no va a oír?,/ el que formó el ojo, ¿no ha de
ver?,/ 10el que educa a los pueblos, ¿no corregi-
rá?,/ el que instruye al hombre, ¿no conocerá?/
11Conoce el Señor los pensamientos humanos/ y
sabe que solo son un soplo.
12Dichoso el hombre a quien educas, Señor,/
a quien instruyes en tu ley,/ 13aliviándole tras
los días duros,/ mientras cavan una fosa al mal-
vado./ 14Pues el Señor no dejará a su pueblo/ ni
abandonará su herencia./ 15El tribunal del justo
restaurará en derecho,/ tras él irán los rectos de
corazón.
16¿Quién se pondrá de mi parte/ contra los
malvados?,/ ¿quién se pondrá de mi parte/ con-
tra los malhechores?/ 17Si el Señor no me hubiera
auxiliado,/ yo habitaría ya en el silencio./ 18Si
pienso: mis pies no vacilan / tu amor, Señor, me
sostiene;/ 19si se multiplican mis preocupacio-
nes,/ tus consuelos me deleitan./ 20¿Te aliarás
con un tribunal corrupto/ que dictamina in-
justicia/ en nombre de la ley?/ 21Se confabulan
contra la vida del justo/ y condenan a muerte
al inocente.
22Pero el Señor será mi baluarte,/ Dios, mi Ro-
ca de refugio./ 23Les pagará su iniquidad,/ los
aniquilará por sus maldades;/ el Señor nuestro
Dios los aniquilará.

Aclamemos al Señor

95 (94) 1Vengan, aclamemos al Señor,/ vito-
reemos a la Roca salvadora;/ 2entremos
a su presencia dándole gracias,/ vitoreándolo
con cánticos.
3Porque el Señor es el gran Dios,/ el gran Rey
de todos los dioses:/ 4tiene en sus manos las si-
mas de la tierra,/ son suyas las cumbres de los
montes;/ 5suyo es el mar porque él lo hizo,/ y la
tierra firme que modelaron sus manos.
6Entremos, inclinémonos y postrémonos,/
arrodillémonos ante el Señor, Creador nuestro,/
7porque él es nuestro Dios/ y nosotros el pueblo
que apacienta,/ el rebaño que cuida./ ¡Oh, si es-
cuchasen hoy su voz!
8No endurezcan su corazón como en Meri-
bá,/ como el día de Masá en el desierto:/ 9don-
de sus antepasados me pusieron a prueba/ y
me tentaron, aunque habían visto mis obras./
10Durante cuarenta años/ detesté a aquella
generación,/ y dije: Son un pueblo de cora-
zón extraviado/ que no reconoce mi camino;/
11por eso juré indignado:/ no entrarán en mi
descanso.

El Señor, rey y juez

96 (95) 1Canten al Señor un cántico nuevo,/
canta al Señor, tierra entera;/ 2canten
al Señor, bendigan su Nombre,/ pregonen día
tras día su victoria./ 3Cuenten a los gentiles
su gloria,/ sus maravillas a todos los pueblos./
4Porque el Señor es grande/ y muy digno de ala-
banza;/ más temible que todos los dioses./ 5Pues
los dioses de los gentiles son nada,/ mas el Señor
hizo los cielos./ 6Honor y Majestad están en su
presencia,/ Fuerza y Belleza en su santuario.
7Tributen al Señor, familias de los pueblos,/
tributen al Señor la gloria y el poder;/ 8tributen
al Señor la gloria de su Nombre,/ entren en sus
atrios trayéndole ofrendas./ 9Póstrense ante el

Señor/ en el atrio sagrado,/ tiemble en su pre-
sencia toda la tierra.
10 Digan a los gentiles: ¡El Señor es rey!/ El orbe
está afianzado y no vacila;/ el Señor gobierna a
los pueblos con rectitud.
11 Alégrense los cielos, salte de gozo la tierra,/
retumbe el mar y cuanto contiene./ 12 Salte de go-
zo la campiña y cuanto hay en ella,/ aclamen go-
zosos los árboles del bosque/ 13 delante del Señor,
que llega,/ que ya llega a regir la tierra;/ regirá
el orbe con justicia/ y a los pueblos con lealtad.

El Señor reina, la tierra goza

97 (96) 1 El Señor reina, salte de gozo la tie-
rra,/ alégrense las islas innumerables./
2 Nubes y nubarrones lo rodean,/ Justicia y De-
recho sostienen su trono./ 3 Delante de él avanza
fuego,/ que llamea también a su espalda./ 4 Sus
relámpagos iluminan el mundo,/ y al verlo, la
tierra se estremece./ 5 Los montes se derriten co-
mo cera/ en presencia del Señor,/ ante el Dueño
de toda la tierra.
6 Los cielos proclaman su justicia/ y todos los
pueblos contemplan su gloria.
7 Se sonrojan los que adoran estatuas/ y los que
se glorían en sus nulidades;/ ante él se postran
todos los dioses.
8 Lo oye Sión y se alegra,/ se regocijan las po-
blaciones de Judá,/ por tu actuación providen-
cial, Señor,/ 9 porque tú Señor,/ eres el Altísimo
sobre toda la tierra,/ muy por encima de todos
los dioses.
10 El Señor ama a quienes odian el mal,/ pre-
serva la vida de sus fieles,/ los libra de la mano
del malvado./ 11 Despunta la luz para los justos/
y la alegría para los rectos de corazón./ 12 Feste-
jen, justos, al Señor,/ den gracias a su Nombre
santo.

El rey victorioso y juez justo

98 (97) 1 Canten al Señor un canto nuevo/
porque ha hecho maravillas;/ su diestra le
ha dado la victoria,/ su santo brazo./ 2 El Señor
da a conocer su victoria,/ a la vista de los pue-
blos revela su justicia.
3 Se acordó de su amor y lealtad/ hacia la Casa
de Israel;/ los confines de la tierra han contem-
plado/ la victoria de nuestro Dios.
4 ¡Aclama al Señor, tierra entera,/ griten, vito-
reen, canten!/ 5 Toquen la cítara para el Señor;/
la cítara y los demás instrumentos;/ 6 con clari-
nes y al son de trompetas/ aclamen al Señor que
es Rey.
7 Brame el mar y cuanto contiene,/ el mundo
y sus habitantes./ 8 Batan palmas los ríos,/ los
montes aclamen al unísono,/ 9 delante del Señor,
que llega,/ que ya llega a regir la tierra./ 10 Re-
girá el mundo con justicia,/ y a los pueblos con
rectitud.

El Señor reina, tiemblen las naciones

99 (98) 1 El Señor reina, tiemblen las nacio-
nes,/ entronizado sobre querubines,
vacile la tierra./ 2 El Señor es grande en Sión,/
excelso sobre todos los pueblos./ 3 Confiesen su
Nombre, grande y terrible:/ Él es Santo.
4 Oh Rey poderoso, que amas el derecho,/ tú
has establecido la rectitud;/ tú administras en
Jacob/ la justicia y el derecho./ 5 Exalten al Se-
ñor, nuestro Dios,/ póstrense ante el estrado de
sus pies:/ Él es Santo.
6 Moisés y Aarón entre sus sacerdotes,/ Samuel
entre los que invocaban su Nombre:/ invocaban
al Señor y él les respondía./ 7 Dios les hablaba
desde la columna de nube;/ ellos cumplían sus
órdenes/ y la ley que les entregó./ 8 Señor Dios
nuestro, tú les respondías;/ eras para ellos un
Dios de perdón,/ aunque castigabas sus delitos./
9 Exalten al Señor, nuestro Dios,/ póstrense en su
monte santo:/ Santo es el Señor nuestro Dios.

Vitorea al Señor

100 (99) 1 Aclame al Señor, la tierra entera,/
2 sirvan al Señor con alegría,/ entren
a su presencia con vítores./ 3 Reconozcan que el
Señor es Dios,/ que nuestro Dios es poderoso,/
nosotros somos su pueblo/ y ovejas de su rebaño.
4 Entren por sus puertas dándole gracias,/ por
sus atrios con himnos,/ denle gracias, bendigan
su Nombre:/ 5 El Señor es bueno, su amor es eter-
no,/ su lealtad perdura por generaciones.

Tocaré para ti, Señor

101 (100) 1 Voy a cantar la bondad y la justi-
cia:/ tocaré para ti, Señor;/ 2 cantaré tu
perfecto proceder:/ ¿cuándo vendrás a mí?
Quiero obrar con rectitud/ dentro de mi pa-
lacio./ 3 No pondré ante mis ojos/ nada abomi-
nable;/ odiaré al fabricante de ídolos,/ jamás
se juntará conmigo./ 4 Lejos de mí un corazón
perverso,/ no protegeré al malvado./ 5 Al que
en secreto habla mal de su prójimo/ lo haré ca-
llar;/ ojos altaneros, corazones arrogantes,/ los
destruiré.
6 Me fijaré en los leales del país,/ para que vi-
van conmigo;/ el que procede honradamente/
estará a mi servicio./ 7 Jamás habitará en mi pa-
lacio/ el que actúa con engaño,/ el mentiroso no
aguantará ante mis ojos.
8 Cada mañana haré callar/ a los malvados del
país,/ eliminando de la Ciudad de Dios/ a todos
los malhechores.

Escucha mi súplica

102 (101) 2Señor, escucha mi oración,/ y mi
clamor llegue a ti./ 3No me escondas
tu rostro/ el día de mi angustia,/ tiende tu oído
hacia mí,/ respóndeme pronto/ el día en que te
invoco.
4Que mis días se desvanecen como humo/ y
mis huesos arden como brasas./ 5Mi corazón
se seca como heno segado,/ me olvido hasta de
comer mi pan./ 6Al son de mis gemidos,/ se me
pega la piel a los huesos.
7Me asemejo a una lechuza de la estepa,/ soy
como un búho entre ruinas./ 8Estoy desvelado y
soy como un pájaro/ que pía en el tejado 9todo el
día./ Me afrentan mis enemigos,/ que se burlan
de mí y me maldicen./ 10En vez de pan como ce-
niza,/ mezclo mi bebida con llanto,/ 11a causa de
tu cólera y enojo,/ pues me alzaste y me arrojas-
te./ 12Mis días declinan como una sombra,/ y yo
me voy secando como el heno.
13Tú, en cambio, Señor, reinas siempre,/ tu
Nombre pasa de una a otra generación./ 14Te le-
vantarás y te compadecerás de Sión,/ pues ya es
hora de que te apiades de ella,/ ¡ya se ha cumpli-
do el plazo!/ 15¡Cómo aman tus siervos sus pie-
dras/ y se apiadan hasta de su polvo!
16Los paganos respetarán tu Nombre, Señor,/
todos los reyes del mundo, tu gloria,/ 17cuando
el Señor reconstruya Sión/ y aparezca en su glo-
ria,/ 18se vuelva a las súplicas de los indefensos/
y no desdeñe su oración./ 19Escríbase esto para
la generación futura,/ y el pueblo recreado ala-
bará al Señor:/ 20se ha asomado desde su excelso
santuario,/ desde el cielo el Señor ha mirado la
tierra,/ 21para escuchar los lamentos de los cau-
tivos/ y librar a los condenados a muerte;/ 22para
proclamar en Sión la fama del Señor/ y su alaban-
za en Jerusalén,/ 23cuando se reúnan unánimes
los pueblos/ y los reinos para servir al Señor.
24Él debilitó mi fuerza en el camino/ y acortó
el número de mis días./ 25Yo dije: Dios mío,/ no
me arrebates en la mitad de mis días,/ tú que vi-
ves por generaciones./ 26Al principio afirmaste
la tierra,/ el cielo es obra de tus manos:/ 27ellos
perecerán, tú permaneces,/ se gastarán como la
ropa,/ como un vestido los mudas y se van./ 28Tú,
en cambio, eres aquel/ cuyos años no se acabarán.
29Los hijos de tus siervos tendrán una mora-
da,/ y su descendencia perdurará ante ti.

Bendice, alma mía, al Señor

103 (102) 1Bendice, alma mía, al Señor,/ y mi
ser a su santo Nombre;/ 2bendice, alma
mía, al Señor/ y no olvides sus beneficios.
3Él, que perdona todas tus culpas,/ y sana to-
das tus enfermedades,/ 4que rescata tu vida de
la fosa/ y te corona de amor y de ternura/ 5sacia
de bienes tu vejez,/ y rejuveneces como el águila.
6El Señor obra justamente,/ y defiende a los
oprimidos./ 7Mostró sus caminos a Moisés/ y
sus hazañas a los israelitas.
8El Señor es compasivo y clemente,/ lento a la
ira, rico en amor./ 9No está siempre litigando,/
ni guarda rencor perpetuo./ 10No nos trata se-
gún nuestros pecados/ ni nos paga conforme a
nuestras culpas.
11Pues como se eleva el cielo sobre la tierra,/
así prevalece su amor sobre sus fieles./ 12Como
dista la aurora del ocaso,/ así aleja de nosotros
nuestros delitos./ 13Como un padre se enternece
con sus hijos,/ así se enternece el Señor con sus
fieles.
14Pues él conoce nuestra hechura,/ recordan-
do que somos barro./ 15La vida del hombre es co-
mo la hierba,/ florece como la flor campestre;/
16el viento la azota, y ya no existe,/ ni siquiera su
casa lo recuerda.
17Pero el amor del Señor a sus fieles/ dura des-
de siempre hasta siempre;/ su justicia pasa de
hijos a nietos,/ 18para los que guardan la alian-
za/ y se acuerdan de cumplir sus mandatos./
19El Señor asentó en el cielo su trono,/ con su
soberanía gobierna el universo.
20Bendigan al Señor, ángeles suyos,/ milicia
valerosa que cumple sus órdenes,/ obediente
al sonido de su palabra./ 21Bendigan al Señor,
todos sus ejércitos,/ siervos suyos que cum-
plen su voluntad./ 22Bendigan al Señor, todas
sus obras,/ en todos los lugares de su imperio./
¡Bendice, alma mía, al Señor!

Himno al Creador

104 (103) 1Bendice, alma mía, al Señor:/ Se-
ñor Dios mío ¡qué grande eres!/ Te re-
vistes de belleza y esplendor.
2Te vistes de luz como de un manto,/ desplie-
gas los cielos como una tienda./ 3Construyes
sobre las aguas tus salones,/ las nubes te sirven
de carroza/ y paseas sobre las alas del viento./
4Los vientos te sirven de mensajeros,/ el fuego
ardiente, de ministro.
5Asentaste la tierra sobre su cimiento/ para
que nunca más vacile;/ 6la cubriste con el océa-
no como un manto,/ y las aguas persistían sobre
los montes,/ 7pero ante tu bramido huyeron,/
ante tu voz tonante se precipitaron,/ 8escalando
montañas, descendiendo valles,/ hasta el puesto
asignado;/ 9trazaste una frontera infranquea-
ble,/ para que nunca más aneguen la tierra.
10Haces brotar fuentes en los valles,/ que flu-
yen por las quebradas,/ 11para que se abreven las
bestias del campo,/ y apacigüen su sed los asnos

salvajes./ 12A su vera habitan las aves del cielo,/
y entre su fronda entonan su canto.
13Desde tus salones riegas las montañas,/ la
tierra se empapa con tu acción fecunda./ 14Ha-
ces brotar hierba para el ganado/ y vegetales pa-
ra el cultivo del hombre:/ 15para que saque trigo
de la tierra/ y vino que le alegra el corazón;/
aceite para abrillantar su rostro,/ y pan que lo
fortalece./ 16Se sacian los árboles del Señor,/
los cedros del Líbano que él plantó./ 17En ellos
anidan los pájaros,/ en su copa pone su casa la
cigüeña./ 18Los riscos son para los rebecos,/ las
peñas, madrigueras de tejones.
19Actúa la luna según sus fases/ y el sol conoce
su ocaso./ 20Caen las tinieblas y viene la noche,/
y rondan las fieras de la selva./ 21Los cachorros
rugen por su presa/ reclamando a Dios su comi-
da./ 22Al brillar el sol se retiran/ para tumbarse
en sus guaridas./ 23Sale el hombre a su tarea,/ a
su trabajo hasta el atardecer.
24¡Cuántas son tus obras, Señor,/ todas las hi-
ciste con sabiduría:/ la tierra está llena de tus
criaturas!
25Ahí está el mar: ancho y dilatado,/ en él se
agitan innumerables/ animales pequeños y
grandes;/ 26lo surcan las naves, y el Leviatán/
que hiciste para jugar con él.
27Todos ellos esperan de ti/ que les des comida
a su tiempo./ 28Se lo das y lo atrapan,/ abres la
mano y se sacian de bienes./ 29Escondes el rostro
y se anonadan,/ les retiras el aliento y expiran,/
y vuelven al polvo./ 30Envías tu aliento y los
creas/ y renuevas la faz de la tierra.
31¡Gloria al Señor por siempre/ goce el Señor
con sus obras!/ 32Cuando mira la tierra, ella
tiembla,/ toca las montañas, y echan humo./
33Cantaré al Señor mientras viva,/ tocaré pa-
ra mi Dios mientras exista./ 34Suba hasta él mi
poema,/ y yo me alegraré con el Señor.
35¡Desaparezcan de la tierra los pecadores,/
que los malvados nunca más existan!/ Bendice,
alma mía, al Señor./ Aleluya.

Den gracias al Señor, invoquen su nombre

105 (104) 1Den gracias al Señor, invoquen su
Nombre,/ divulguen sus hazañas entre
los pueblos./ 2Canten, toquen para él,/ reciten
todas sus maravillas./ 3Gloríense de su Nombre
santo,/ que se alegren los que buscan al Señor./
4Recurran al Señor y a su poder,/ busquen siem-
pre su rostro./ 5Recuerden las maravillas que
hizo,/ sus prodigios y las sentencias de su boca./
6¡Estirpe de Abrahán, su siervo,/ hijos de Jacob,
su elegido!/ 7El Señor es nuestro Dios,/ él go-
bierna toda la tierra.
8Se acordó de su alianza eterna,/ del pacto
establecido por generaciones,/ 9el que concertó
con Abrahán/ y el que juró por sí mismo a Isa-
ac;/ 10el que confirmó como ley para Jacob,/ co-
mo alianza eterna para Israel:/ 11Te daré el país
cananeo/ como tu lote hereditario.
12Cuando eran poco numerosos,/ poquísimos y
emigrantes en el país;/ 13cuando iban de pueblo
en pueblo,/ de un reino a otra nación,/ 14a nadie
le permitió oprimirlos,/ y por ellos castigó a re-
yes:/ 15No toquen a mis ungidos,/ no maltraten
a mis profetas.
16Trajo el hambre sobre aquel país,/ tronchan-
do los tallos del trigo./ 17Envió por delante a un
hombre,/ a José, vendido como esclavo./ 18Le
trabaron los pies con grillos,/ metieron su cuello
en la argolla;/ 19hasta que se cumplió su predic-
ción,/ y la palabra del Señor lo acreditó./ 20El
rey ordenó que lo soltaran,/ el soberano que lo
libraran./ 21Lo nombró administrador de su ca-
sa/ y señor de todas sus posesiones,/ 22para que
a su gusto instruyera a los nobles/ y aleccionara
a los ancianos.
23Entonces Israel entró en Egipto,/ Jacob emi-
gró al país de Cam./ 24Dios hizo a su pueblo muy
fecundo/ y más poderoso que sus opresores/
25a quienes cambió el corazón,/ para que odia-
ran a su pueblo/ y usaran malas artes con sus
siervos./ 26Envió a Moisés, su siervo,/ y a Aarón,
su elegido,/ 27que realizaron sus signos en el de-
sierto/ y sus prodigios en el país de Cam.
28Envió las tinieblas, y entenebreció,/ pe-
ro ellos no reconocieron su obra./ 29Convirtió
sus aguas en sangre/ y dio muerte a todos sus
peces./ 30Hizo que la tierra bullera de ranas,/
hasta en los aposentos reales./ 31Ordenó que
vinieran tábanos,/ mosquitos por toda su co-
marca./ 32En vez de lluvia les dio granizo/ y ra-
yos por todo el territorio./ 33Dañó sus higueras
y viñas/ y tronchó los árboles de su comarca./
34Ordenó que viniera la langosta,/ saltamontes
innumerables,/ 35que devoraron el forraje del
territorio,/ y devoraron los frutos de sus cam-
pos./ 36Hirió a los primogénitos del territorio:/
primicias de su virilidad.
37Los sacó cargados de oro y plata,/ y, de en-
tre sus tribus,/ ni uno solo flaqueó./ 38Egipto se
alegró de su marcha,/ porque el terror los sobre-
cogió./ 39Tendió una nube que los cubriese/ y un
fuego que los alumbrara de noche./ 40Pidieron, y
les envió codornices/ y los sació con pan del cie-
lo./ 41Hendió la roca y brotaron las aguas,/ que
fluyeron como río por los sequedales,/ 42porque
se acordó del pacto santo/ hecho con Abrahán,
su siervo./ 43Sacó a su pueblo con alegría,/ a sus
escogidos con aclamaciones./ 44Les asignó las

tierras de los paganos,/ y poseyeron el sudor de
las naciones,/ 45para que guarden sus manda-
mientos/ y observen sus leyes. ¡Aleluya!

Fidelidad divina e infidelidad humana

106 (105) 1Aleluya./ Den gracias al Señor
porque es bueno,/ porque es eterno su
amor./ 2¿Quién contará las hazañas del Señor/
o proclamará todas sus alabanzas?/ 3¡Dichosos
los que respetan el derecho/ y practican siem-
pre la justicia!/ 4Acuérdate de mí, Señor,/ por
amor a tu pueblo,/ visítame con tu salvación,/
5para que goce de la dicha de tus elegidos,/ com-
parta la alegría de tu pueblo/ y me gloríe con tu
nación.

6Hemos pecado como nuestros padres,/ hemos
cometido maldades e iniquidades./ 7Nuestros
padres en Egipto/ no comprendieron tus mara-
villas;/ no se acordaron de tu inmenso amor,/ se
rebelaron contra el Altísimo/ junto al Mar Ro-
jo./ 8Pero él los salvó por el honor de su Nombre,/
para manifestar su poder./ 9Increpó al Mar Rojo,
y se secó;/ los condujo por las profundidades/
como si fueran un páramo./ 10Los salvó de la ma-
no adversaria,/ los rescató de la mano hostil./
11Las aguas anegaron a su opresores,/ ni uno
solo quedó vivo./ 12Entonces creyeron sus pala-
bras/ y cantaron su alabanza.

13Bien pronto se olvidaron de sus obras/ y no
dieron fe a su proyecto./ 14Ardieron de avidez
en el desierto/ y tentaron a Dios en la estepa./
15Él les concedió lo que pedían,/ y de sus vi-
das abolió la flaqueza./ 16Envidiaron a Moisés
en el campamento,/ y a Aarón, consagrado al
Señor./ 17Se abrió la tierra y se tragó a Datán/
y cubrió a la cuadrilla de Abirán./ 18Un fuego
abrasó a su banda,/ una llama consumió a los
malvados.

19En Horeb fabricaron un becerro/ y se postra-
ron ante una imagen fundida./ 20Cambiaron su
gloria por la imagen/ de un toro que come hier-
ba./ 21Se olvidaron de Dios, su salvador,/ que
había hecho prodigios en Egipto,/ 22maravillas
en el país de Cam,/ portentos junto al Mar Rojo./
23Había pensado exterminarlos,/ pero Moisés,
su elegido,/ se mantuvo en la brecha frente a él/
para apartar su ira destructora.

24Despreciaron una tierra envidiable/ no
creyeron en su palabra./ 25Murmuraron en sus
tiendas,/ no escucharon la voz del Señor./ 26Él,
con la mano alzada,/ juró abatirlos en el desier-
to./ 27dispersar su estirpe entre los pueblos,/ es-
parcirlos entre las naciones.

28Se aparearon con Baal-Fegor/ y comieron
sacrificios de muertos./ 29Lo irritaron con sus
acciones,/ y una plaga descargó sobre ellos./
30Se levantó Pinjás para juzgar,/ y la plaga ce-
só./ 31Esto se le apuntó a su favor,/ por genera-
ciones sin término.

32Lo enojaron junto a las aguas de Meribá,/ y
por su causa le fue mal a Moisés:/ 33lo amarga-
ron el ánimo/ y sus labios desvariaron.

34No exterminaron a los pueblos/ como el Se-
ñor les había ordenado;/ 35se emparentaron con
los paganos/ e imitaron sus costumbres;/ 36ado-
raron sus ídolos,/ que les sirvieron de trampa;/
37inmolaron sus hijos/ y sus hijas a demonios;/
38derramaron sangre inocente,/ la sangre de sus
hijos e hijas,/ inmolados a los ídolos de Canaán/
y con la sangre profanaron la tierra./ 39Se con-
taminaron con sus obras/ y se prostituyeron con
sus acciones.

40La ira del Señor se encendió contra su pue-
blo/ y aborreció su herencia./ 41Los entregó en
manos de paganos/ y sus adversarios los some-
tieron;/ 42sus enemigos los tiranizaron/ y los
doblegaron bajo su poder.

43Repetidas veces los liberó,/ mas ellos, obs-
tinados en sus planes,/ se hundieron en su
iniquidad./ 44Pero él se fijó en su angustia,/
al escuchar sus clamores./ 45Recordó su pacto
con ellos,/ y se compadeció por su gran amor;/
46y les mostró gran misericordia/ ante los que
los habían deportado./ 47Sálvanos, Señor Dios
nuestro,/ reúnenos de entre los paganos,/ dare-
mos gracias a tu Nombre santo,/ y alabarte será
nuestra gloria.

***

48Bendito sea el Señor, Dios de Israel,/ desde
ahora y por siempre./ Responda todo el pueblo:/
¡Amén! ¡Aleluya!

Himno de acción de gracias

107 (106) 1Den gracias al Señor porque es
bueno,/ porque es eterno su amor./
2Que lo digan los rescatados por el Señor,/ los
que rescató del poder enemigo;/ 3los que reunió
de distintas naciones:/ del este y oeste, del norte
y sur.

4Erraban por un desierto desolado,/ no en-
contraban el camino/ hacia una ciudad habi-
tada;/ 5pasaban hambre y sed,/ se apagaba su
aliento./ 6Pero clamaron al Señor en su angus-
tia,/ y los libró de sus congojas./ 7Los guió por
un camino llano/ para llegar a una ciudad habi-
tada./ 8Den gracias al Señor por su amor,/ por
las maravillas en favor de los humanos,/ 9por-
que sació la garganta jadeante/ y llenó de bienes
la garganta famélica.

10Habitaban en lúgubres tinieblas,/ encade-
nados con hierros torturantes,/ 11por desafiar
las órdenes de Dios/ y despreciar el plan del

Altísimo./ 12Doblegó su terquedad con fatigas,/
sucumbían y nadie los socorría./ 13Pero clama-
ron al Señor en su angustia/ y los salvó de sus
congojas./ 14Los sacó de las lúgubres tinieblas,/
y rompió sus cadenas./ 15Den gracias al Señor
por su amor,/ por las maravillas a favor de los
humanos,/ 16porque quebró las puertas de bron-
ce/ y trituró los barrotes de hierro.
17Embotados por su proceder pecador,/ eran
atormentados por sus iniquidades./ 18Les re-
pugnaba cualquier alimento,/ y ya tocaban
las puertas de la muerte./ 19Pero clamaron al
Señor en su angustia/ y los salvó de sus con-
gojas./ 20Envió su palabra para sanarlos,/
para arrancarlos de la fosa./ 21Den gracias al
Señor por su amor,/ por las maravillas a favor
de los humanos./ 22Ofrézcanle sacrificios de
acción de gracias/ y proclamen sus obras con
aclamaciones.
23Se hicieron a la mar en sus navíos,/ comer-
ciando por aguas caudalosas,/ 24contemplaron
las obras de Dios,/ sus maravillas en alta mar./
25Él mandó alzarse un ventarrón borrascoso,/
que encrespaba las olas;/ 26subían a los cielos,
bajaban al abismo,/ su aliento se entrecorta-
ba por el peligro;/ 27danzaban y se tambalea-
ban como borrachos,/ pues su pericia se había
desvanecido./ 28Pero clamaron al Señor en su
angustia/ y los sacó de sus congojas./ 29Redu-
jo la borrasca a susurro/ y enmudeció el oleaje
del mar./ 30Se alegraron de aquella bonanza,/
y los condujo al puerto ansiado./ 31Den gracias
al Señor por su amor,/ por las maravillas a fa-
vor de los humanos./ 32Aclámenlo en la asam-
blea del pueblo,/ alábenlo en el consejo de los
ancianos.
33Transformó los ríos en desierto,/ y los ma-
nantiales en sequedal;/ 34la tierra fértil en
marisma,/ por la maldad de sus habitantes./
35Transformó el desierto en estanques/ y erial
en manantiales. / 36Asentó allí a los hambrien-
tos,/ para que fundaran una ciudad habita-
ble./ 37Sembraron campos, plantaron viñas,/
y cosecharon un fruto copioso./ 38Los bendijo
y se multiplicaron sobremanera/ y su ganado
nunca menguó./ 39Después menguaron y fue-
ron abatidos,/ por la opresión, la desventura y
el dolor.
40El que vierte desprecio sobre los príncipes/
y los descarría por un desierto sin caminos,/
41levanta a los pobres de la miseria/ y multi-
plica sus familias como rebaños./ 42Los rectos
lo ven y se alegran,/ y los malvados cierran la
boca.
43¿Quién es sabio? ¡Recuerde todo esto,/ y me-
dite sobre el amor del Señor!

Canto de victoria

108 (107) 2Mi corazón está firme, oh Dios,/
cantaré y tocaré con toda mi alma:/
3Despierten, cítara y arpa,/ despertaré a la au-
rora./ 4Te daré gracias entre los pueblos, Señor,/
tocaré para ti entre las naciones:/ 5por tu amor,
que sobrepasa el cielo,/ por tu fidelidad, que al-
canza las nubes.
6¡Tu grandeza, oh Dios, sobre los cielos,/ y tu
gloria, sobre la tierra!/ 7Para que tus predilec-
tos sean liberados/ sálvanos con tu diestra y
respóndenos./ 8Dios habló desde su santuario:/
–Triunfante repartiré Siquén,/ parcelaré el
Valle de Sucot,/ 9mío es Galaad, mío Manasés,/
Efraín es casco que cubre mi cabeza,/ Judá, mi
bastón de mando,/ 10Moab, una vasija para la-
varme,/ sobre Edom lanzo mi sandalia,/ sobre
Filistea mi grito de conquista.
11¡Quién me llevara a la ciudad fortificada,/
quién me condujera a Edom!,/ 12pues tú, oh Dios,
¿no nos has rechazado?,/ ¿sales aún con nues-
tras tropas?/ 13Ayúdanos contra el enemigo,/
que la ayuda del hombre es vana.
14¡Con Dios haremos proezas,/ él aplastará a
nuestros enemigos!

No te hagas el sordo

109 (108) 1Dios de mi alabanza, no te hagas
el sordo,/ 2que bocas malvadas y frau-
dulentas/ se abren contra mí,/ y me hablan con
lengua mentirosa./ 3Me cercan con palabras
odiosas/ y me combaten sin motivo./ 4En pago
de mi amor me denuncian/ aunque yo rezaba
por ellos;/ 5Me devuelven mal por bien/ y odio
a cambio de amor.
6Nombra contra él un malvado,/ que un acu-
sador se ponga a su derecha./ 7Cuando sea
juzgado, salga culpable,/ y su apelación se re-
suelva en condena./ 8Que sus días sean pocos/
y su empleo lo ocupe otro./ 9Que sus hijos que-
den huérfanos/ y su mujer viuda./ 10Vagabun-
deen sus hijos mendigando/ y pidan lejos de sus
ruinas./ 11Que un acreedor se apodere de sus
bienes/ y extraños se adueñen de sus sudores./
12¡Jamás le brinde nadie su favor,/ ni se apia-
de de sus huérfanos!/ 13Que su posteridad sea
exterminada/ y en una generación se borre su
apellido./ 14Recuerde Dios, el Señor, la culpa de
su padre/ y no borre el pecado de su madre:/
15estén siempre ante el Señor/ y borre de la tie-
rra su memoria.
16Porque no se acordó de actuar con amor,/
persiguió al pobre desgraciado/ y al atribulado,
hasta matarlo;/ 17ya que amó la maldición, ¡re-
caiga sobre él!,/ despreció la bendición, ¡aléjese
de él!/ 18Se vistió de maldición cual manto,/ que

penetre como agua en sus entrañas,/ y como aceite en sus huesos;/ 19sea cual vestido que lo cubre,/ como un cinturón que lo ciñe siempre./ 20Así pague el Señor a los que me acusan,/ a los que me calumnian.

21Tú, en cambio, Señor, Dueño mío,/ trátame conforme a tu Nombre,/ líbrame por tu bondadoso amor./ 22Porque soy humilde y pobre,/ y mi corazón ha sido traspasado;/ 23me desvanezco/ como una sombra que declina,/ me espantan como a la langosta;/ 24se me doblan las rodillas por el ayuno,/ y, sin grasa, enflaquece mi carne./ 25Soy la burla de ellos,/ al verme menean la cabeza.

26Ayúdame, Señor, Dios mío,/ sálvame según tu amor./ 27Sepan que tu mano hizo esto,/ que tú, Señor, lo hiciste./ 28Maldigan ellos, que tú me bendecirás;/ levántense y sean confundidos,/ que tu siervo se alegrará./ 29Vístanse de oprobio mis acusadores,/ que su infamia los cubra como un manto./ 30Daré gracias al Señor, el Grande, con mi boca,/ y en medio de los ancianos lo alabaré,/ 31porque se puso a la derecha del pobre/ para salvar su vida de los jueces.

El Mesías, rey y sacerdote

110 (109) 1Dijo el Señor a mi señor:/ Siéntate a mi derecha/ hasta que haga a tus enemigos/ estrado de tus pies.

2El Señor extenderá desde Sión/ el poder de tu reinado:/ ¡domina entre tus enemigos!/ 3Tu pueblo está dispuesto/ para el día de la movilización,/ cuando aparezcas majestuoso;/ desde el seno de la aurora/ tuya es la flor de la juventud.

4El Señor lo ha jurado y no se arrepiente:/ Tú eres sacerdote del Eterno,/ al modo de Melquisedec./ 5El Señor está a tu derecha:/ exterminará a los reyes/ el día de su cólera;/ 6sentenciará a los reyes,/ amontonará cadáveres,/ aplastará cabezas sobre la ancha tierra./ 7En el camino beberá del torrente/ y así levantará su cabeza.

Alabanzas por las obras del Señor

111 (110) 1¡Aleluya!
Doy gracias al Señor de todo corazón/ en la reunión de los justos,/ en la asamblea./ 2Grandes son las obras del Señor,/ ponderadas por quienes las aprecian./ 3Su actuación es magnífica y espléndida,/ su justicia dura por siempre.

4Dejó un memorial de sus proezas:/ el Señor es bondadoso y compasivo./ 5Dio el alimento a sus fieles,/ Y acordándose siempre de su alianza./ 6Mostró a su pueblo la eficacia de sus obras/ dándole la heredad de los paganos./ 7Sus obras son verdad y justicia,/ todos sus preceptos, fiables,/ 8válidos por siempre jamás,/ 'se han de cumplir fiel y rectamente./ 9Envió la redención a su pueblo,/ ratificó para siempre su alianza,/ su Nombre es santo y temible.

10Principio de la sabiduría/ es respetar al Señor,/ son inteligentes los que lo practican./ ¡La alabanza del Señor/ permanezca para siempre!

Felicidad del que respeta al Señor

112 (111) 1¡Aleluya!
Feliz el hombre que respeta al Señor/ y ama con pasión sus mandatos./ 2Su linaje será numeroso en la tierra,/ la estirpe de los justos será bendita./ 3En su casa habrá riquezas y abundancia,/ su generosidad durará por siempre./ 4En las tinieblas clarea la Luz para los rectos:/ el Compasivo, Clemente y Justo./ 5El bueno es dadivoso, compasivo y atento,/ y administra rectamente sus asuntos:/ 6porque el justo jamás vacilará,/ será eterna su memoria.

7No temerá las malas noticias;/ con firme corazón confía en el Señor/ 8Su corazón seguro no temerá,/ hasta que vea la derrota de sus adversarios./ 9Da con largueza a los pobres,/ su generosidad dura por siempre,/ alzará la frente con dignidad.

10El malvado al verlo se irritará,/ rechinará los dientes hasta consumirse./ ¡Los deseos de los malvados se frustrarán!

El Dios de los humildes

113 (112) 1¡Aleluya!/ Alaben, siervos del Señor,/ alaben el Nombre del Señor./ 2Bendito sea el Nombre del Señor/ ahora y por siempre./ 3Desde la salida del sol hasta su ocaso,/ alabado sea el Nombre del Señor.

4El Señor es excelso sobre todos los pueblos,/ su gloria sobre los cielos./ 5¿Quién como el Señor, Dios nuestro,/ que está entronizado en lo alto/ 6y se inclina para mirar/ desde cielo a la tierra?/ 7Levanta del polvo al desvalido,/ alza de la basura al pobre,/ 8para sentarlo con los nobles,/ con los más nobles de su pueblo./ 9Pone al frente de su casa/ a la estéril, madre feliz de hijos./ ¡Aleluya!

La salida de Egipto

114 (113A) 1Cuando Israel salió de Egipto,/ Jacob de un pueblo bárbaro,/ 2Judá fue su santuario,/ Israel fue su dominio.

3El mar al verlos huyó,/ el Jordán retrocedió./ 4Los montes brincaron como carneros,/ las colinas como corderos.

5¿Qué te pasa, mar, que huyes,/ a ti, Jordán, que retrocedes?/ 6¿A ustedes montes, que sal-

tan como carneros,/ colinas, que triscan como
corderos?
[7]Estremécete, tierra, ante el Señor,/ en pre-
sencia del Dios de Jacob,/ [8]que transforma la
roca en estanques,/ en fuente el pedernal.

¡No a nosotros!

115 (113B) [1]No por nosotros, Señor, no por
nosotros,/ solo por tu Nombre muestra
tu gloria,/ por tu amor y tu fidelidad./ [2]¿Por qué
han de decir los paganos:/ Dónde está su Dios?/
[3]–Nuestro Dios está en los cielos,/ hace cuanto
quiere.
[4]Sus ídolos son plata y oro,/ hechura de manos
humanas./ [5]Tienen boca y no hablan,/ tienen
ojos y no ven,/ [6]tienen orejas y no oyen,/ tienen
nariz y no huelen,/ [7]tienen manos y no tocan,/
tienen pies y no andan,/ sus gargantas ni susu-
rran./ [8]¡Sean como ellos sus fabricantes,/ cuan-
tos confían en ellos!
[9]Israel, confía en el Señor:/ él es tu ayuda y es-
cudo./ [10]Casa de Aarón, confía en el Señor:/ él es
su ayuda y escudo./ [11]Fieles del Señor, confíen en
el Señor:/ él es su ayuda y escudo.
[12]El Señor nos recuerde y nos bendiga:/ ben-
diga a la Casa de Israel,/ bendiga a la Casa de
Aarón,/ [13]bendiga a los fieles del Señor,/ a todos:
pequeños y grandes.
[14]Que el Señor los multiplique/ a ustedes y a
sus hijos;/ [15]bendecidos del Señor,/ que hizo el
cielo y la tierra.
[16]El cielo pertenece al Señor,/ confió la tierra
a los humanos./ [17]Los muertos ya no alaban al
Señor/ ni los que bajan al silencio;/ [18]pero noso-
tros bendeciremos al Señor/ desde ahora y para
siempre./ ¡Aleluya!

Liberación del peligro de muerte

116 (114/115) [1]Amo al Señor porque escucha/
mi voz suplicante,/ [2]porque tiende su
oído hacia mí/ en cuanto lo invoco.
[3]Me apretaban las redes de la muerte,/ me
alcanzaban los tormentos del Abismo,/ preso
de angustia y de congoja,/ [4]invoqué el Nombre
del Señor:/ ¡Por favor, Señor, salva mi vida!/ [5]El
Señor es clemente y justo,/ nuestro Dios es com-
pasivo./ [6]El Señor guarda a los sencillos:/ estaba
yo agotado y me salvó.
[7]¡Alma mía, recobra la calma,/ que el Señor fue
bueno contigo!/ [8]Arrancó mi vida de la muerte,/
mis ojos de las lágrimas,/ mis pies de la caída./
[9]Caminaré en presencia del Señor/ en la tierra
de los vivientes./ [10]Tengo fe, aun cuando dije:/
¡Qué desgraciado soy!;/ [11]aunque dije espan-
tado:/ Los humanos son mentirosos./ [12]¿Cómo
pagaré al Señor/ todo el bien que me ha hecho?
[13]Alzaré la copa de la salvación/ invocando el
Nombre del Señor./ [14]Cumpliré al Señor mis vo-
tos/ en presencia de todo el pueblo.
[15]Costosa es a los ojos del Señor/ la muerte de
sus amigos./ [16]¡Por favor, Señor, que soy tu sier-
vo,/ siervo tuyo, hijo de tu esclava,/ rompe mis
cadenas!
[17]Te ofreceré un sacrificio de alabanza,/ invo-
cando el Nombre del Señor./ [18]Cumpliré al Señor
mis votos/ en presencia de todo el pueblo,/ [19]en
los atrios de la casa del Señor,/ en medio de ti,
Jerusalén./ ¡Aleluya!

Alabanza de la creación

117 (116) [1]Alaben al Señor, todas las nacio-
nes,/ aclámenlo, todos los pueblos./
[2]Pues grande es su amor con nosotros,/ la fideli-
dad del Señor es eterna./ ¡Aleluya!

Liturgia de acción de gracias

118 (117) [1]Den gracias al Señor, porque es
bueno,/ porque es eterno su amor./ [2]Di-
ga la Casa de Israel:/ es eterno su amor./ [3]Diga
la Casa de Aarón:/ es eterno su amor./ [4]Digan
los fieles del Señor:/ es eterno su amor.
[5]Desde mi prisión clamé al Señor,/ me res-
pondió desde su inmenso cielo./ [6]El Señor está
de mi parte: no temo/ lo que pueda hacerme el
hombre./ [7]El Señor está de mi parte, es mi de-
fensor:/ así veré la derrota de mi enemigo./ [8]Es
mejor refugiarse en el Señor/ que confiar en el
hombre,/ [9]mejor es refugiarse en el Señor/ que
fiarse de los poderosos.
[10]Todos los pueblos me cercaban:/ en el Nom-
bre del Señor los derribé./ [11]Me cercaban y me
acorralaban:/ en el Nombre del Señor los de-
rribé./ [12]Me cercaban como abejas,/ crepitaban
cual fuego en zarzal:/ en el Nombre del Señor los
derribé./ [13]Empujaban con fuerza para derri-
barme,/ pero el Señor fue mi auxilio./ [14]El Señor
es mi fortaleza y protección,/ él fue mi salvador.
[15]Se oyen voces de júbilo y de victoria/ en las
tiendas de los vencedores:/ La diestra del Señor
hace proezas,/ [16]la diestra del Señor es subli-
me,/ la diestra del Señor hace proezas./ [17]–No
he de morir, viviré/ para contar las hazañas del
Señor./ [18]Me castigó, me castigó el Señor,/ pero
no me entregó a la muerte.
[19]¡Ábranme las puertas del triunfo,/ entraré
para dar gracias al Señor!/ [20]–Esta es la puerta
del Señor,/ los vencedores entrarán por ella./
[21]–Te doy gracias porque me escuchaste,/ y fuis-
te mi salvación./ [22]–La piedra que rechazaron
los albañiles/ es ahora la piedra angular./ [23]Es el
Señor quien lo ha hecho/ y nos parece un mila-
gro./ [24]Este es el día en que actuó el Señor:/ ¡va-

mos a festejarlo y a celebrarlo!/ 25¡Sálvanos, Se-
ñor, por favor!/ ¡Por favor, danos éxito, Señor!/
26–El que entra sea bendito/ en Nombre del Se-
ñor!/ Los bendecimos desde la casa del Señor./
27El Señor es Dios, él nos ilumina./ –Inicien una
procesión con ramos/ hasta los ángulos del al-
tar./ 28–Tú eres mi Dios, te doy gracias,/ Dios
mío, yo te ensalzo.
29–Den gracias al Señor porque es bueno,/
porque es eterno su amor.

Elogio a la Ley divina

119 (118) 1Dichosos los de conducta intacha-
ble,/ que siguen la voluntad del Señor./
2Dichosos los que guardan sus preceptos,/ y lo
buscan de todo corazón;/ 3los que, sin cometer
iniquidad,/ andan por sus caminos./ 4Tú man-
daste que tus decretos/ se observen exacta-
mente./ 5Ojalá estén firmes mis caminos/ para
cumplir tus órdenes./ 6Entonces no quedaré de-
fraudado/ al fijarme en tus mandatos./ 7Te daré
gracias con sincero corazón/ cuando aprenda
tus justos mandamientos./ 8Quiero cumplir tus
órdenes/ ¡No me abandones,/ oh Dios grande e
inmortal!
9¿Cómo limpiará un joven su sendero?/ –Ob-
servando tu palabra./ 10Te busco de todo cora-
zón:/ no me desvíes de tus mandatos./ 11Guardo
en mi corazón tu promesa/ para no pecar contra
ti./ 12¡Bendito eres, Señor!,/ enséñame tus nor-
mas./ 13Mis labios recitarán/ todo lo que manda
tu boca./ 14En el camino de tus preceptos disfru-
to/ más que con cualquier fortuna./ 15Voy a me-
ditar tus decretos/ y a fijarme en tus senderos./
16Me complazco en tus órdenes:/ no me olvido de
tus palabras.
17Cuida de tu servidor y viviré/ para cumplir
tu palabra./ 18Abre mis ojos y contemplaré/
las maravillas de tu ley./ 19Soy peregrino en la
tierra:/ no me ocultes tus mandatos./ 20Mi vi-
da se consume deseando/ siempre tus manda-
mientos./ 21Amonesta a los malditos soberbios/
que se apartan de tus mandatos./ 22Retira de
mí el insulto y el desprecio,/ porque guardo
tus preceptos./ 23Aunque los poderosos conspi-
ren contra mí,/ tu siervo medita tus órdenes./
24También tus preceptos son mi delicia,/ son mis
consejeros.
25Estoy abatido en el polvo:/ reanímame según
tu palabra./ 26Te conté mis andanzas y me res-
pondiste:/ enséñame tus estatutos./ 27Indícame
el camino de tus decretos,/ y meditaré tus mara-
villas./ 28Mi cuerpo se encorva por la tristeza,/
sostenme con tu palabra./ 29Aléjame del camino
de la mentira/ y dame la gracia de tu voluntad./
30He escogido el camino de la lealtad,/ he elegido
tus mandamientos./ 31Me adhiero a tus precep-
tos, Señor,/ no me defraudes./ 32Por el camino
de tus mandatos correré/ cuando me ensanches
el corazón.
33Muéstrame, Señor,/ el camino de tus esta-
tutos/ y lo seguiré hasta el final./ 34Enséñame a
cumplir tu voluntad/ y a observarla de todo co-
razón./ 35Encamíname por la senda de tus man-
datos,/ porque en ella me deleito./ 36Inclina mi
corazón hacia tus preceptos/ y no a ganancias
injustas./ 37No dejes que mis ojos se fijen en la
mentira,/ reanímame en tu camino./ 38Mantén
a tu siervo la promesa/ porque te reverencio de
verdad./ 39Aleja el ultraje que me aterra;/ pues
tus mandamientos son buenos./ 40Mira cómo
deseo tus decretos;/ con tu justicia dame vida.
41Señor, lleguen hasta mí tu amor/ y tu sal-
vación, según tu promesa,/ 42así responderé al
que me insulta/ que confío en tu palabra./ 43No
apartes de mi boca la palabra veraz/ –oh Dios,
grande e inmortal–,/ pues espero en tus man-
damientos./ 44Que cumpla tu voluntad, Dios
eterno,/ por siempre jamás;/ 45y camine en li-
bertad,/ buscando tus decretos./ 46Que hable de
tus preceptos ante reyes/ sin sentir vergüenza,/
47y me deleite en tus mandatos/ que tanto amo./
48Alzaré las palmas/ hacia tus amados manda-
tos/ y meditaré tus normas.
49Recuerda la palabra dada a tu siervo,/ de la
que hiciste mi esperanza./ 50Este es mi consue-
lo en la aflicción:/ que tu promesa me da vida./
51Los soberbios me insultan,/ –oh Dios, grande e
inmortal–,/ pero no me aparto de tu voluntad./
52Recordando tus antiguos mandamientos,/ Se-
ñor, quedé consolado./ 53Me enfurezco contra los
malvados/ que abandonan tu ley./ 54Tus normas
eran mi música/ en tierra extranjera./ 55De no-
che recuerdo tu Nombre, Señor,/ en las vigilias,
tu voluntad./ 56Esta es mi tarea:/ observar tus
decretos.
57He resuelto, Señor, que mi herencia/ sea ob-
servar tus palabras./ 58Busco denodadamente tu
rostro,/ apiádate de mí según tu promesa./ 59He
examinado mi proceder,/ para retornar a tus
preceptos./ 60Me doy prisa, no difiero/ la obser-
vancia de tus mandatos./ 61Los lazos de los mal-
vados me envolvían,/ pero no olvidé tu ley./ 62A
media noche/ me levanto para darte gracias/
por tus justos mandamientos./ 63Soy amigo de
quienes te respetan,/ de los que guardan tus de-
cretos./ 64Señor, de tu amor está llena la tierra:/
enséñame tus normas.
65Trataste bien a tu siervo,/ Señor, según tu
palabra./ 66Enséñame a discernir y entender,/
porque confío en tus mandatos./ 67Antes de la
humillación, erraba/ pero ahora cumplo tu ins-

trucción./ 68Tú, que eres bueno y bienhechor,/
enséñame tus leyes./ 69Unos soberbios me difa-
man con mentiras;/ pero yo guardo de corazón
tus decretos./ 70Como grasa se ha embotado su
corazón,/ pero yo me deleito en tu voluntad./
71Me vino bien haber sido humillado,/ así apren-
dí tus órdenes./ 72Es más valiosa la ley de tu bo-
ca/ que mil monedas de oro y plata.

73Tus manos me hicieron y me plasmaron,/
instrúyeme y aprenderé tus mandatos./ 74Me
miran/ los que te respetan y se regocijan,/ por-
que he confiado en tu palabra./ 75Señor, bien
sé/ que tus mandamientos son justos,/ que con
razón me humillaste./ 76Que tu amor sea mi con-
suelo/ según prometiste a tu siervo./ 77Que me
alcance tu compasión, y viviré,/ porque tu ley es
mi delicia./ 78Sean confundidos/ los orgullosos
que me calumnian,/ yo meditaré tus decretos./
79Vuelvan a mí los que te honran:/ que conozcan
tus preceptos./ 80Sea mi corazón íntegro en tus
normas,/ así no quedaré avergonzado.

81Mi vida desfallece por tu salvación,/ espe-
ro en tu palabra./ 82Mis ojos languidecen por
tu promesa:/ ¿cuándo me consolarás?/ 83Aun-
que era como un odre ahumado,/ no olvidaba
tus leyes./ 84¿Cuántos serán aún los años de tu
siervo?/ ¿Cuándo juzgarás a mis perseguido-
res?/ 85Me han cavado una fosa los soberbios,/
que no están de acuerdo con tu ley./ 86Todos tus
mandatos son verdaderos;/ sin causa me per-
siguen, socórreme./ 87Casi me eliminaron de la
tierra,/ pero no abandoné tus decretos./ 88Por
tu amor dame vida/ y guardaré la instrucción
de tu boca.

89Tu palabra, Señor, es eterna,/ más estable
que el cielo;/ 90tu fidelidad, por generaciones,/
afianzaste la tierra y está firme:/ 91por tu dispo-
sición se mantienen hasta hoy,/ pues todo está
a tu servicio./ 92Si tu voluntad no fuera mi deli-
cia,/ habría perecido en mi aflicción./ 93Jamás
olvidaré tus decretos,/ pues con ellos me vivi-
ficas./ 94Tuyo soy, sálvame,/ que busco tus nor-
mas./ 95Me acechan los malvados para perder-
me,/ pero yo medito tus preceptos./ 96He visto
límites en todo lo perfecto,/ pero, ¡qué inmenso
es tu mandato!

97¡Cómo amo tu voluntad!,/ la medito todo el
día./ 98Tus mandatos me hacen/ más hábil que
mis enemigos,/ siempre van conmigo./ 99Soy
más sagaz que todos mis maestros,/ porque
medito tus preceptos./ 100Soy más sabio que los
ancianos,/ ya que observo tus decretos./ 101Alejo
mis pies de toda senda mala,/ para observar tu
palabra./ 102No me aparto de tus mandamien-
tos/ porque tú me has instruido./ 103¡Qué dul-
ce es tu promesa al paladar,/ más que miel a la
boca!/ 104Reflexiono sobre tus decretos,/ por eso
odio toda senda falsa.

105Lámpara es tu palabra para mis pasos,/ luz
en mis senderos./ 106He jurado, y lo ratifico:/
cumpliré tus justos mandamientos./ 107Estoy
sumamente afligido,/ vivifícame, Señor, según
tu palabra./ 108Acepta, Señor, las ofrendas de mi
boca/ y enséñame tus mandamientos./ 109Mi vi-
da está siempre en mis manos,/ pero no olvido
tu ley./ 110Los malvados me ponen trampas,/ yo
no me desvío de tus decretos./ 111Tus preceptos
son mi herencia perpetua,/ son el gozo de mi co-
razón./ 112Inclino mi corazón a cumplir tus nor-
mas,/ que son mi recompensa eterna.

113Detesto a los inconstantes/ y amo tu volun-
tad./ 114Tú eres mi refugio y mi escudo:/ confío
en tu palabra./ 115Apártense de mí, perversos,/
y cumpliré los mandatos de mi Dios./ 116Sosten-
me con tu promesa y viviré,/ no defraudes mi
esperanza./ 117Respáldame y estaré a salvo/ y
me fijaré siempre en tus normas./ 118Repudias
a quienes/ se apartan de tus normas,/ porque
falaz es la astucia./ 119Rechazas como escoria/
a todos los malvados de la tierra,/ por eso amo
tus preceptos./ 120Mi cuerpo tiembla aterroriza-
do por ti/ y me estremecen tus mandamientos.

121Practico la justicia y el derecho:/ no me
entregues a mis opresores./ 122Sal fiador por
tu siervo,/ que no me opriman los soberbios./
123Mis ojos se languidecen por tu salvación/ y
por tu promesa de justicia./ 124Trata a tu siervo
según tu amor/ y enséñame tus normas./ 125Soy
tu siervo, instrúyeme,/ y comprenderé tus pre-
ceptos./ 126Es hora de actuar, Señor,/ han que-
brantado tu ley./ 127¡Oh Dios altísimo y fiel,/ yo
amo tus mandatos/ más que el oro puro!/ 128¡Oh
Dios altísimo y fiel,/ considero rectas todas tus
normas/ y detesto toda senda engañosa!

129Tus preceptos son admirables:/ por eso los
guarda mi alma./ 130La explicación de tu pala-
bra ilumina,/ instruye a los inexpertos./ 131Jadeo
con la boca abierta,/ anhelando tus mandatos./
132Vuélvete a mí con piedad,/ como haces con
quienes te aman./ 133Afirma mis pasos según tu
promesa,/ que no me domine maldad alguna./
134Líbrame de la opresión de los hombres,/ y guar-
daré tus decretos./ 135Haz brillar tu rostro sobre tu
siervo/ y enséñame tus leyes./ 136Ríos de lágrimas
vierten mis ojos/ porque no se guarda tu ley.

137Tú eres justo, Señor,/ y recto en tus juicios./
138Justamente prescribes preceptos,/ sumamen-
te estables./ 139Me consumo de celo/ porque mis
enemigos olvidan tus palabras./ 140Purísima es
tu promesa,/ y tu siervo la ama./ 141Soy peque-
ño y despreciable,/ mas no olvido tus decretos./
142Tu justicia es justicia eterna,/ y tu ley es au-

téntica./ 143 Aunque me alcancen/ la angustia y la opresión,/ tus mandatos son mi delicia./ 144 Tus preceptos son justos por siempre;/ instrúyeme y viviré.

145 Clamo de todo corazón,/ respóndeme, Señor,/ y guardaré tus normas./ 146 Te invoco, sálvame,/ y observaré tus preceptos./ 147 Me adelanto a la aurora pidiendo auxilio,/ esperando tus palabras./ 148 Mis ojos se adelantan a las vigilias,/ meditando tu promesa./ 149 Por tu amor escucha mi voz,/ Señor, vivifícame según tu justicia./ 150 Me cercan los seguidores de los ídolos,/ y se alejan de tu ley./ 151 Tú, Señor, estás cerca/ y todos tus mandatos son auténticos./ 152 Desde hace tiempo estableciste/ tus preceptos para siempre.

153 Mira mi aflicción y líbrame,/ pues no olvido tu voluntad./ 154 Defiende mi causa y rescátame,/ vivifícame conforme a tu promesa./ 155 Tu salvación está lejos de los malvados,/ porque no buscan tu ley./ 156 Grande es tu ternura, Señor,/ vivifícame según tu justicia./ 157 Muchos son/ mis perseguidores y adversarios,/ pero yo no me aparto de tus preceptos./ 158 Veo a los renegados y siento asco,/ porque no observan tus instrucciones./ 159 Mira cómo amo tus decretos;/ Señor, vivifícame según tu amor./ 160 El compendio de tu palabra es la verdad,/ son eternos tus justos mandamientos.

161 Los poderosos me persiguen sin motivo;/ mi corazón tiembla por tus palabras./ 162 Yo me alegro de tu promesa,/ como el que obtiene un rico botín./ 163 Detesto y aborrezco la mentira,/ amo tu voluntad./ 164 Siete veces al día te alabo/ por tus justos mandamientos./ 165 Mucha paz tienen los que aman tu ley,/ nada los hace tropezar./ 166 Espero tu salvación, Señor,/ y cumplo tus mandatos./ 167 Yo observo tus preceptos,/ los amo intensamente./ 168 Guardo tus preceptos y decretos,/ ¡todos mis caminos están ante ti!

169 Llegue mi clamor a tu presencia, Señor,/ instrúyeme con tu palabra./ 170 Llegue mi súplica a tu presencia:/ líbrame según tu promesa./ 171 Brote de mis labios la alabanza,/ pues me enseñaste tus normas./ 172 Proclame mi lengua tu promesa/ pues todos tus mandatos son justos./ 173 Que tu mano me auxilie,/ pues he elegido tus decretos./ 174 Anhelo tu salvación, Señor,/ tu voluntad es mi delicia./ 175 Que yo viva para alabarte;/ que tu mandamiento me auxilie./ 176 Si me extravié como oveja descarriada,/ busca a tu siervo./ ¡No. No olvido tus mandatos!

Confianza del justo

120 (119) 1 En mi angustia clamé al Señor/ y él me respondió.

2 Señor, líbrame del labio mentiroso,/ de la lengua embustera./ 3 ¿Qué te dará y qué te añadirá,/ lengua embustera?/ 4 –Flechas de arquero afiladas/ y brasas de retama.

5 ¡Ay de mí, emigrado cerca de Masac,/ acampado junto a las tiendas de Cadar!/ 6 Habito demasiado cerca/ de quien odia la paz./ 7 Yo, ¡cómo proclamo la paz!/ ¡y ellos prefieren la guerra!

Dios cuida de su pueblo

121 (120) 1 Levanto los ojos a los montes:/ ¿de dónde me vendrá el auxilio?/ 2 El auxilio me viene del Señor,/ que hizo el cielo y la tierra./ 3 No dejará que tropiece tu pie,/ no duerme tu guardián./ 4 No duerme, ni dormita/ el guardián de Israel.

5 El Señor es tu guardián,/ el Señor es tu sombra,/ el Altísimo está a tu derecha;/ 6 de día el sol no te hará daño/ ni la luna de noche./ 7 El Señor te guarda de todo mal,/ él guarda tu vida./ 8 El Señor guarda tus entradas y salidas/ ahora y por siempre.

Himno a Jerusalén

122 (121) 1 Me alegré con quienes me dijeron:/ ¡Iremos a la casa del Señor!/ 2 Nuestros pies se detienen/ ante tus puertas, Jerusalén.

3 ¡Jerusalén!, edificada como ciudad/ totalmente armoniosa,/ 4 adonde suben las tribus,/ las tribus del Señor;/ según la ley de Israel,/ a dar gracias al Nombre del Señor./ 5 Allí reside el tribunal de justicia,/ el tribunal del palacio de David.

6 Pidan la paz para Jerusalén:/ Vivan tranquilos los que te aman;/ 7 haya paz en tus murallas,/ tranquilidad en tus palacios./ 8 Por mis hermanos y compañeros/ quiero decir: La paz contigo./ 9 Por la casa del Señor nuestro Dios/ quiero pedir: El bien para ti.

¡A ti levanto mis ojos!

123 (122) 1 A ti levanto mis ojos,/ a ti, entronizado en el cielo./ 2 Como los ojos de los esclavos/ miran la mano de sus señores,/ como los ojos de la esclava/ miran la mano de su señora,/ nuestros ojos miran al Señor, Dios nuestro,/ hasta que se apiade de nosotros.

3 ¡Piedad, Señor, ten piedad!,/ que estamos hartos de desprecios,/ 4 estamos demasiado hartos/ del sarcasmo de los insolentes,/ del desprecio de los orgullosos.

Nuestro auxilio es el Nombre del Señor

124 (123) 1Si el Señor no hubiera estado de
nuestra parte,/ –que lo diga conven-
cido Israel–,/ 2si el Señor no hubiera estado de
nuestra parte,/ cuando nos asaltaban los hom-
bres,/ 3nos habrían tragado vivos,/ ardiendo en
cólera contra nosotros;/ 4nos habrían arrollado
las aguas,/ el torrente nos habría anegado;/
5nos habrían anegado/ las aguas ondeantes.
6Bendito sea el Señor,/ que no nos entregó/ co-
mo presa a sus dientes./ 7Salvamos la vida como
un pájaro/ de la red del cazador:/ la red se rom-
pió,/ y nosotros escapamos./ 8Nuestro auxilio es
el Nombre del Señor,/ que hizo el cielo y la tierra.

El Señor, protector de Israel

125 (124) 1Los que confían en el Señor/ son
como el monte Sión:/ no tiembla, está
asentado para siempre./ 2¡Jerusalén, rodeada
de montañas!/ Así rodea el Señor a su pueblo/
ahora y por siempre.
3Jamás reposará el cetro del malvado/ sobre
el lote de los justos,/ siempre que los justos no
tiendan/ su mano a la maldad.
4Señor, favorece a los buenos,/ a los rectos de
corazón./ 5A los que se desvían por sendas tor-
tuosas/ que los conduzca el Señor/ con los mal-
hechores./ ¡Paz a Israel!

Cuando el Señor cambió nuestra suerte

126 (125) 1Cuando el Señor cambió la suerte
de Sión,/ nos parecía estar soñando./
2La boca se nos llenaba de risas,/ la lengua de
cantos alegres./ Hasta entre los paganos se co-
mentaba:/ El Señor ha estado grande con ellos./
3–El Señor ha estado grande con nosotros./ ¡Es-
tamos alegres!
4Cambia, Señor, nuestra suerte,/ como los
torrentes del Negueb./ 5Los que siembran con
lágrimas/ cosechan con cantos alegres./ 6Al ir
iba llorando/ llevando el saco de la semilla;/ al
volver vuelve cantando/ trayendo sus gavillas.

Si el Señor no construye la casa

127 (126) 1Si el Señor no construye la ca-
sa,/ en vano trabajan los albañiles;/ si
el Señor no cuida la ciudad,/ en vano vigila la
guardia.
2Es inútil que os levantéis temprano,/ y retra-
séis el descanso/ los que coméis el pan de los ído-
los,/ el Dios fiel da el éxito a su amigo.
3Mirad: la herencia del Señor son los hijos,/
su salario el fruto del vientre./ 4Como saetas
en manos de un guerrero/ son los hijos de la
juventud.
5¡Dichoso el hombre que llena/ con ellas la al-
jaba!/ No será humillado, al alejar/ de la puerta
a sus enemigos.

¡Dichoso el que sigue tus caminos!

128 (127) 1¡Dichoso el que respeta al Señor/ y
sigue sus caminos!/ 2Comerás del tra-
bajo de tus manos,/ ¡dichoso, tú, que te irá bien!/
3Tu mujer, como una vid fecunda,/ en la intimi-
dad de tu casa,/ tus hijos como brotes de olivo/
en torno a tu mesa.
4Así bendecirá el Dios fiel/ al varón que res-
peta al Señor./ 5Que el Señor te bendiga desde
Sión,/ disfruta del bienestar de Jerusalén,/ to-
dos los días de tu vida./ 6Goza de los hijos de tus
hijos./ ¡Paz a Israel!

Protección a los fieles

129 (128) 1Cuánta guerra me han hecho/
desde mi juventud/ –que lo diga clara-
mente Israel–,/ 2cuánta guerra me han hecho/
desde mi juventud/ pero no pudieron conmigo./
3Roturaron mi espalda los aradores,/ trazaron
sus largos surcos.
4Rompa el Señor, el justo,/ las correas de los
malvados./ 5Retrocedan derrotados/ los que
odian a Sión:/ 6sean como hierba de la azotea,/
que se seca antes de arrancarla;/ 7que no llena
la mano del segador,/ ni la brazada del gavilla-
dor,/ 8ni los transeúntes pueden decir:/ ¡Que el
Señor los bendiga!/ Los bendecimos en el Nom-
bre del Señor.

Desde lo hondo te grito

130 (129) 1Desde lo hondo a ti clamo, Señor,/
2Dueño mío, escucha mi voz./ Estén tus
oídos atentos/ a la voz de mi súplica.
3Si recuerdas los delitos, Señor,/ ¿quién resis-
tirá, Dueño mío?/ 4Pero el perdón es cosa tuya,/
para que seas respetado.
5Yo espero al Señor,/ lo espero anhelante,/
yo aguardo su palabra;/ 6Mi vida aguarda a mi
Dueño,/ más que el centinela la aurora./ ¡Más
que el centinela la aurora!
7Aguarde Israel al Señor,/ que en el Señor solo
hay amor/ y su redención es generosa:/ 8Él redi-
mirá a Israel/ de todos sus delitos.

Señor, mi corazón no es ambicioso

131 (130) 1Señor, mi corazón no es engreído,/
ni mis ojos altaneros;/ no persigo gran-
dezas/ ni prodigios que me superan.
2Calmo y silencio mi anhelo/ como un niño
junto a su madre,/ como un niño junto al Señor.
3¡Espere Israel en el Señor,/ ahora y por
siempre!

Oración por David

132 (131) 1Tenle en cuenta, Señor, a David/
todos sus afanes,/ 2cuando prometió
al Señor/ e hizo voto al Defensor de Jacob:/ 3No
entraré en la tienda, en mi casa,/ ni subiré al le-
cho de mi descanso;/ 4no concederé sueño a mis
ojos/ ni descanso a mis párpados,/ 5hasta que
encuentre un lugar para el Señor,/ una morada
para el Defensor de Jacob.
6Mirad: oímos que el arca estaba en Efrata,/ la
encontramos en los campos del Yaar./ 7¡Entre-
mos en su morada,/ postrémonos ante el estrado
de sus pies./ 8¡Avanza, Señor, hacia tu reposo,/
ven con el arca de tu poder!/ 9Que tus sacerdotes
se vistan de gala/ y tus amigos canten alegres./
10En atención a tu siervo David,/ no rechaces el
rostro de tu Ungido.
11El Señor juró a David/ una promesa que ja-
más revocará:/ Un fruto de tus entrañas/ pon-
dré en tu trono./ 12Si tus hijos guardan mi alian-
za/ y los preceptos que les enseño,/ también sus
hijos, por siempre,/ se sentarán en tu trono.
13El Señor ha elegido a Sión,/ la quiere como
residencia suya:/ 14Esta es mi mansión para
siempre,/ aquí habitaré, porque la quiero./
15Bendeciré generosamente sus provisiones/ y
saciaré de pan a sus pobres./ 16Vestiré a sus sa-
cerdotes de gala,/ y sus amigos cantarán albo-
rozados./ 17Allí renovaré el poderío de David,/
prepararé una lámpara para mi Ungido./ 18Cu-
briré de ignominia a sus enemigos,/ mas sobre él
brillará su diadema.

¡Qué bueno que los hermanos estén unidos!

133 (132) 1Vean: ¡qué bueno, qué grato,/ convi-
vir los hermanos unidos!
2Es como ungüento exquisito en la cabeza,/
que baja por la barba;/ la barba de Aarón, que
baja/ hasta el cuello de su vestimenta.
3Es como rocío del Hermón/ que baja sobre las
colinas de Sión,/ pues allí envía el Señor su ben-
dición:/ la vida para siempre.

Alabanza nocturna

134 (133) 1Y ahora, bendigan al Señor,/ todos
los siervos del Señor,/ que pasan la no-
che/ en la casa del Señor./ 2Levanten las manos
hacia el santuario/ y bendigan al Señor./ 3El Se-
ñor te bendiga desde Sión,/ el que hizo el cielo
y la tierra.

Alabanza al Dios vivo

135 (134) 1¡Aleluya!/ ¡Alaben el Nombre del
Señor,/ alábenlo, siervos del Señor,/
2los que están en la casa del Señor,/ en los atrios
de la casa de nuestro Dios!/ 3Alaben al Señor, que
el Señor es bueno,/ canten en su honor, porque
es amable./ 4Porque el Señor eligió a Jacob,/ a
Israel como su propiedad.
5Bien sé que el Señor es grande,/ nuestro
Dueño más que todos los dioses./ 6El Señor hace
cuanto quiere/ en el cielo y en la tierra,/ en los
mares y en los abismos./ 7Levanta las nubes en
el confín de la tierra,/ con relámpagos desata la
lluvia,/ suelta los vientos de sus silos.
8Hirió a los primogénitos de Egipto,/ hom-
bres y animales./ 9Envió señales y prodigios/
en medio de ti, Egipto,/ contra el Faraón y sus
ministros./ 10Hirió a pueblos numerosos,/ mató
a reyes poderosos:/ 11incluso a Sijón, rey amo-
rreo,/ también a Og, rey de Basán/ y aún a todos
los reyes de Canaán./ 12Y entregó su tierra en
heredad,/ en heredad a Israel, su pueblo./ 13Se-
ñor, tu renombre es eterno,/ Señor, tu recuerdo
por generaciones./ 14El Señor hace justicia a su
pueblo/ y se compadece de sus siervos.
15Los ídolos de los gentiles son plata y oro,/
hechura de manos humanas:/ 16tienen boca y no
hablan,/ tienen ojos y no ven,/ 17tienen oídos y
no oyen,/ ni siquiera hay aliento en su boca./
18¡Sean como ellos sus fabricantes,/ los que con-
fían en ellos!
19Casa de Israel, bendice al Señor,/ casa de Aa-
rón, bendice al Señor,/ 20casa de Leví, bendice
al Señor,/ fieles del Señor, bendigan al Señor./
21¡Bendito sea el Señor en Sión,/ el morador de
Jerusalén!/ ¡Aleluya!

Eterna es tu misericordia

136 (135) 1Den gracias al Señor porque es
bueno,/ porque es eterno su amor./
2Den gracias al Dios de los dioses,/ porque es
eterno su amor./ 3Den gracias al Señor de seño-
res,/ porque es eterno su amor.
4Al único que hace grandes maravillas,/ por-
que es eterno su amor./ 5Al que hizo el cielo con
maestría,/ porque es eterno su amor./ 6Al que
asentó la tierra sobre las aguas,/ porque es eter-
no su amor./ 7Al que hizo las grandes lumina-
rias,/ porque es eterno su amor./ 8El sol, para
regir el día,/ porque es eterno su amor./ 9La luna
y estrellas, para regir la noche,/ porque es eter-
no su amor.
10Al que hirió a los primogénitos egipcios,/
porque es eterno su amor;/ 11y sacó Israel de
entre ellos,/ porque es eterno su amor;/ 12con
mano fuerte, con brazo extendido,/ porque es
eterno su amor./ 13Al que partió en dos partes el
Mar Rojo,/ porque es eterno su amor;/ 14e hizo
pasar por en medio a Israel,/ porque es eterno
su amor;/ 15y hundió en él al Faraón y a su ejér-

cito,/ porque es eterno su amor./ 16Al que guió a
su pueblo por el desierto,/ porque es eterno su
amor./ 17Al que hirió a reyes poderosos,/ por-
que es eterno su amor;/ 18y dio muerte a reyes
famosos,/ porque es eterno su amor;/ 19incluso a
Sijón, rey amorreo,/ porque es eterno su amor;/
20también a Og, rey de Basán,/ porque es eterno
su amor.

21Y entregó su tierra en herencia,/ porque
es eterno su amor;/ 22en herencia a Israel su
siervo,/ porque es eterno su amor./ 23Al que en
nuestra humillación/ se acordó de nosotros,/
porque es eterno su amor;/ 24y nos libró de nues-
tros opresores,/ porque es eterno su amor./ 25Él
da alimento a todo viviente,/ porque es eterno
su amor.

26¡Den gracias al Dios del cielo,/ porque es
eterno su amor!

Junto a los canales de Babilonia

137 (136) 1Junto a los canales de Babilonia/
nos sentamos, y lloramos/ con nostal-
gia de Sión./ 2En los sauces de sus orillas/ colgá-
bamos nuestras cítaras./ 3Allí mismo los que nos
deportaron/ nos pedían canciones,/ nuestros
opresores, canciones alegres:/ Cántennos una
canción de Sión./ 4¡Cómo cantar un canto del
Señor/ en tierra extranjera!

5Si me olvido de ti, Jerusalén,/ que se me pa-
ralice la mano derecha,/ 6que se me pegue la
lengua al paladar/ si no me acuerdo de ti,/ si
no exalto a Jerusalén/ como colmo de mi alegría.

7A los idumeos, Señor, tenles en cuenta/ el día
de Jerusalén,/ cuando incitaban: ¡Desnúdenla,/
desnúdenla hasta los cimientos!/ 8¡Capital de
Babilonia, destructora,/ Dichoso el que te pa-
gue/ el mal que nos has hecho!/ 9¡Dichoso el que
agarre y estrelle/ a tus hijos contra la peña!

Te doy gracias, Señor

138 (137) 1Te doy gracias de todo corazón;/
frente a los dioses cantaré para ti./ 2Me
postraré hacia tu santuario,/ dando gracias a tu
Nombre,/ por tu amor y tu fidelidad;/ porque tu
promesa supera a tu fama./ 3Cuando te llamé,
me escuchaste,/ fortaleciste mi ánimo.

4Te darán gracias, Señor, los reyes de la tierra/
al escuchar las palabras de tu boca./ 5Cantarán
la soberanía del Señor:/ ¡qué grande es tu gloria,
Señor!/ 6Excelso es el Señor y mira al humilde,/
desde lejos conoce al soberbio.

7Si camino entre peligros, me conservas vivo:/
ante la furia de mis enemigos/ extiendes tu iz-
quierda/ y tu derecha me salva./ 8Que el Señor
me defienda mientras viva./ ¡Señor, tu Nombre
es eterno,/ no abandones la obra de tus manos!

Señor, tú me sondeas me conoces

139 (138) 1Señor, tú me sondeas y me co-
noces./ 2Sabes cuando me siento o me
levanto,/ de lejos percibes mis pensamientos;/
3disciernes mi camino y mi descanso,/ todas mis
sendas te son familiares./ 4Aún no ha llegado
la palabra a mi lengua,/ y ya, Señor, la conoces
toda./ 5Me estrechas por detrás y por delante,/
apoyas sobre mí tu palma./ 6Tanto saber me so-
brepasa,/ es sublime y no lo alcanzo.

7¿Adónde me alejaré de tu aliento?,/ ¿adónde
huiré de tu presencia?/ 8Si subiera al cielo, allí
estás tú;/ si me acostara en el abismo, allí estás;/
9si me remontara con las alas de la aurora/ para
instalarme en el confín del mar,/ 10aun allí me
guiaría tu izquierda/ y tu derecha me aferraría./
11Si dijera: Que me encubra la tiniebla/ y la luz se
haga noche en torno a mí,/ 12ni la tiniebla es tene-
brosa para ti,/ aun la noche es luminosa como el
día:/ la tiniebla es como la luz del día.

13Tú formaste mis entrañas,/ me tejiste en
el seno materno./ 14Te doy gracias porque eres
prodigioso:/ soy un misterio, misteriosa obra
tuya;/ y tú me conoces hasta el fondo,/ 15no se
te oculta mi osamenta./ Cuando en lo oculto era
formado,/ entretejido en lo profundo de la tie-
rra,/ 16tus ojos veían mi ser informe./ En tu libro
estaban escritos/ todos mis días, ya planeados,/
antes de llegar el primero.

17¡Qué insondable me resultan tus pensamien-
tos,/ oh Dios, qué incalculable su suma!/ 18Si los
cuento, son más que granos de arena;/ y aunque
terminara aún me quedarías tú./ 19Si mataras,
oh Dios, al malvado/ y se alejasen de mí los san-
guinarios,/ 20pues hablan de ti dolosamente,/
y tus adversarios cuchichean en vano./ 21¿No
odiaré a quienes te odian, Señor?/ ¿No detestaré
a quienes se levantan contra ti?/ 22Los odio con
odio sin límites,/ los tengo por enemigos.

23Oh Dios, sondéame y conoce mi corazón,/
examíname y conoce mis pensamientos./ 24Mira
si mi camino es errado/ y guíame por el camino
recto.

Líbrame, Señor, del malvado

140 (139) 2Líbrame, Señor, del hombre mal-
vado,/ cuídame de los hombres violen-
tos,/ 3que planean trampas en su corazón,/ a
diario provocan discordias./ 4Afilan la lengua
como serpientes,/ con veneno de víboras tras
los labios.

5Defiéndeme, Señor, de la mano perversa,/
guárdame de los hombres violentos/ que pla-
nean hacerme caer;/ 6los soberbios me tienden
lazos,/ los villanos extienden una red,/ me po-
nen trampas al borde del sendero.

7Yo digo: oh Señor, tú eres mi Dios,/ escucha,
Señor, mis gritos de socorro./ 8Señor, dueño mío,
mi fuerza salvadora,/ protege mi cabeza el día
del combate./ 9¡No secundes, Señor, los deseos
del malvado,/ no favorezcas sus proyectos, oh
Excelso!/ 10Cubra la cabeza de quienes me cer-
can/ la iniquidad de sus labios./ 11Descarguen
sobre ellos carbones encendidos,/ caigan en el
abismo, y no se levanten./ 12No arraigue en la
tierra el deslenguado,/ el mal persiga al violento
hasta desterrarlo.
13Sé que el Señor defiende al humilde,/ hará
justicia a los pobres./ 14Sí, los honrados darán
gracias a tu Nombre,/ los rectos habitarán en tu
presencia.

Señor, te estoy llamando, ven deprisa

141 (140) 1Señor, te estoy llamando, ven de-
prisa,/ escucha mi voz cuando te lla-
mo./ 2Sea mi oración como incienso en tu pre-
sencia,/ mis manos levantadas,/ como ofrenda
vespertina.
3Coloca, Señor, un guardián en mi boca,/ vi-
gila, oh Altísimo, la puerta de mis labios./ 4No
dejes que mi corazón se incline al mal,/ a per-
petrar acciones criminales/ con hombres mal-
hechores./ ¡No seré comensal en sus banquetes!/
5Que el justo me golpee y el leal me reprenda,/
mi cabeza no brillará con ungüento exquisito,/
pues continuaré orando en sus desgracias.
6Sus gobernantes caigan en manos de la Ro-
ca,/ y oigan cuán suaves son sus palabras:/ 7Co-
mo rueda molar que se estrella en el suelo,/ así
se esparzan sus huesos a la boca del abismo.
8 A ti, Señor, Dueño mío, se vuelven mis ojos,/
en ti me refugio, no me destruyas./ 9Guárdame
del cepo que me han puesto,/ de la trampa de los
malhechores./ 10Caigan en sus redes los malva-
dos/ al tiempo que yo escapo ileso.

A voces grito al Señor

142 (141) 2A voces clamo al Señor,/ a voces
suplico al Señor./ 3Desahogo ante él mi
congoja,/ expongo ante él mi angustia,/ 4mien-
tras se apaga el aliento./ Pero tú conoces mis
senderos,/ en el camino por el que marcho/ me
han escondido una trampa./ 5Mira a la derecha
y observa:/ ni uno me reconoce./ Me he quedado
sin refugio,/ nadie se ocupa de mí./ 6A ti clamo,
Señor, te digo:/ Tú eres mi refugio,/ mi lote en la
tierra de los vivos./ 7Atiende a mi clamor,/ pues
estoy del todo agotado;/ líbrame de mis perse-
guidores,/ que son más fuertes que yo.
8Sácame de la prisión/ para dar gracias a tu
Nombre./ Me rodearán los justos/ cuando me
brindes tu favor.

Señor, escucha mi oración

143 (142) 1Señor, escucha mi oración:/ oh
Dios, atiende a mi súplica,/ por tu fi-
delidad y justicia, respóndeme./ 2No entres en
pleito con tu siervo,/ pues ningún ser vivo es
justo ante ti.
3El enemigo me persigue a muerte,/ ya aplasta
mi vida contra el suelo,/ me confina en las ti-
nieblas/ como a los muertos de antaño./ 4Ya se
me apaga el aliento,/ dentro de mí se estremece
mi corazón./ 5Recuerdo los tiempos antiguos,/
medito todas sus acciones,/ considero la obra de
tus manos./ 6Extiendo hacia ti las manos/ y mi
garganta como tierra reseca.
7Respóndeme enseguida, Señor,/ que me falta
el aliento./ Si me escondes tu rostro,/ seré como
los que bajan al sepulcro./ 8Por la mañana haz-
me sentir tu amor,/ porque confío en ti./ Indíca-
me el camino que debo seguir,/ Pues a ti confío
mi vida./ 9Líbrame de mis enemigos, Señor,/ ya
que me refugio en ti./ 10Enséñame a cumplir tu
voluntad,/ pues tú eres mi Dios./ Tu espíritu
bondadoso me guíe/ por una tierra llana.
11Por tu Nombre, Señor, vivifícame,/ por tu
justicia, líbrame de la angustia;/ 12por tu amor
destruye a mis enemigos,/ destruye a mis agre-
sores,/ pues siervo tuyo soy.

Oración después de la victoria

144 (143) 1Bendito sea el Señor, mi Roca,/
que adiestra mis manos para el com-
bate,/ mis dedos para la batalla./ 2Mi aliado y
mi alcázar,/ mi baluarte donde me pongo a sal-
vo,/ mi escudo y mi refugio,/ él me somete los
pueblos./ 3Señor,/ ¿qué es el hombre para que te
acuerdes de él,/ el ser humano para que pienses
en él?/ 4El hombre se asemeja a un soplo,/ sus
días a una sombra que pasa.
5Señor, inclina tus cielos y desciende;/ toca
los montes y que humeen./ 6Fulmina tus rayos
y dispérsalos,/ lanza tus flechas y desbarátalos.
7Alarga tu mano desde lo alto,/ defiéndeme y
líbrame/ de las aguas caudalosas,/ de la mano
de extranjeros,/ 8cuya boca profiere falseda-
des,/ y su diestra es engañosa.
9Oh Dios, te cantaré un canto nuevo,/ tocaré
para ti el arpa de diez cuerdas,/ 10tú que das la
victoria a los reyes,/ y libras a David, tu siervo,/
de la espada inicua./ 11Defiéndeme y líbrame/
de la mano de extranjeros,/ cuya boca profiere
falsedades/ y su diestra es engañosa.
12Sean nuestros hijos como plantío,/ exube-
rante desde la juventud;/ sean nuestras hijas
columnas esculpidas,/ estructura de un pala-
cio;/ 13nuestros graneros estén rebosantes/ de
productos de toda especie./ Nuestros rebaños a

millares/ se multipliquen en nuestros prados;/ 14que nuestros bueyes vengan cargados./ No haya brechas ni boquetes,/ ningún lamento en nuestras plazas.

15¡Dichoso el pueblo al que así le sucede,/ dichoso el pueblo cuyo Dios es el Señor!

Grandeza y bondad de Dios

145 (144) A 1Te alabaré, Dios mío, mi Rey,/ bendeciré tu Nombre por siempre jamás;/ 2todos los días te bendeciré,/ alabaré tu Nombre por siempre jamás.

3Grande es el Señor, muy digno de alabanza,/ su grandeza es insondable.

4Cada generación pondera tus obras a la otra/ y le cuenta tus hazañas;/ 5alaban ellos tu esplendorosa majestad,/ y yo recito tus maravillas;/ 6relatan ellos tus terribles proezas/ y yo narro tus grandezas;/ 7celebran la memoria de tu inmensa bondad/ y aclaman tu victoria.

8El Señor es clemente y compasivo,/ lento a la ira y rico en amor;/ 9el Señor es bueno con todos,/ tierno con todas sus criaturas.

10Que todas tus criaturas te alaben, Señor,/ que te bendigan tus fieles.

11Proclamen la gloria de tu realeza,/ que cuenten tus grandezas,/ 12explicando tus proezas a los hombres,/ el glorioso esplendor de tu realeza.

13Tu reinado es un reinado eterno,/ tu gobierno por todas las generaciones.

[Fiel es Dios en sus palabras/ y amoroso en sus acciones].

14El Señor sostiene a los que caen,/ y levanta a los que se doblan.

15Los ojos de todos te están aguardando:/ tú les das la comida a su tiempo;/ 16tú abres la mano y colmas/ de bienes a todo viviente.

17El Señor es justo en todos sus caminos,/ fiel en todas sus acciones.

18El Señor está cerca de los que lo invocan,/ de los que lo invocan sinceramente.

19Satisface los deseos de sus fieles,/ escucha sus clamores y los salva.

20El Señor guarda a quienes lo aman,/ destruye a todos los malvados.

21Proclame mi boca la alabanza del Señor,/ todo viviente bendiga/ su santo Nombre por siempre jamás.

Alaba, alma mía, al Señor

146 (145) 1¡Aleluya!/ Alaba, alma mía, al Señor/ 2alabaré al Señor mientras viva,/ cantaré para mi Dios mientras exista.

3No confíen en los poderosos,/ en un hombre incapaz de salvar:/ 4exhala su aliento y vuelve a la tierra,/ ese día acaban sus planes.

5Dichoso a quien auxilia el Dios de Jacob:/ su esperanza es el Señor su Dios,/ 6que hizo el cielo y la tierra,/ el mar y cuanto hay en ellos;/ que mantiene su fidelidad perpetuamente,/ 7que hace justicia a los oprimidos;/ da pan a los hambrientos;/ el Señor libera a los cautivos;/ 8el Señor da vista a los ciegos;/ el Señor endereza a los encorvados;/ el Señor ama a los honrados;/ 9el Señor protege a los emigrantes;/ sustenta al huérfano y a la viuda/ y anula el poder de los malvados./ 10El Señor reina eternamente,/ tu Dios, Sión, de edad en edad./ ¡Aleluya!

Nuestro Dios merece una alabanza

147 (146 y 147) 1¡Aleluya!/ ¡Qué bueno es cantar a nuestro Dios!/ ¡Qué delicia entonarle la alabanza!

2El Señor reconstruye Jerusalén/ y reúne a los deportados de Israel.

3Él sana los corazones destrozados,/ y venda sus heridas.

4Cuenta el número de las estrellas,/ llama a cada una por su nombre.

5Grande y poderoso es nuestro Dueño,/ su sabiduría no tiene medida.

6El Señor levanta a los humildes,/ y abate por tierra a los malvados.

7Entonad la acción de gracias al Señor,/ toquen la cítara para nuestro Dios,/ 8que cubre el cielo de nubes,/ prepara la lluvia para la tierra/ y hace reverdecer las montañas;/ 9que dispensa alimento al ganado/ y a las crías de cuervo que graznan.

10No aprecia el brío de los caballos/ ni estima los músculos del hombre.

11El Señor quiere a sus fieles/ y a los que anhelan su amor.

12¡Glorifica al Señor, Jerusalén,/ alaba a tu Dios, Sión!,/ 13que refuerza los cerrojos de tus puertas/ y bendice a tus hijos dentro de ti;/ 14que da prosperidad a tu territorio/ y te sacia en el mejor trigo;/ 15que envía su mensaje a la tierra/ y su palabra corre veloz;/ 16que extiende la nieve como lana/ y esparce la escarcha como ceniza;/ 17que arroja el granizo como migas,/ ante su helada, ¿quién resistirá?

18Envía una orden y se derrite,/ sopla su aliento y fluyen las aguas.

19Anuncia su mensaje a Jacob,/ sus decretos y mandatos a Israel.

20Con ninguna nación obró así/ ni les dio a conocer sus mandatos./ ¡Aleluya!

Alabanza universal

148 1¡Aleluya!/ Alaben al Señor desde los cielos,/ alaben al Señor en las alturas;/ 2alábenlo, todos sus ángeles,/ alábenlo, todos

sus ejércitos;/ 3alábenlo, sol y luna,/ alábenlo,
estrellas lucientes;/ 4alábenlo, espacios celes-
tes/ y aguas que están sobre los cielos.
5Alaben el Nombre del Señor,/ solo él lo mandó
y fueron creados;/ 6los fijó para siempre jamás/
y les impuso una ley que no pasará.
7Alaben al Señor desde la tierra,/ monstruos
del mar y abismos todos;/ 8fuego, granizo, nie-
ve y humo,/ viento huracanado que cumple sus
órdenes;/ 9montes y todas las colinas;/ árboles
frutales y cedros;/ 10fieras y animales domésti-
cos,/ reptiles y aves que vuelan.
11Reyes y pueblos del mundo,/ príncipes y
jefes de la tierra,/ 12los jóvenes y también las
muchachas,/ los ancianos junto con los niños;/
13alaben el Nombre del Señor,/ el único Nombre
sublime;/ su majestad sobre el cielo y la tierra.
14Él aumenta el vigor de su pueblo./ A él la ala-
banza de todos sus fieles,/ de Israel, su pueblo
cercano./ ¡Aleluya!

Canten al Señor un cántico nuevo

149 1¡Aleluya!/ Canten al Señor un canto
nuevo,/ su alabanza en la asamblea de
los fieles.
2Alégrese Israel por su Creador,/ salten de go-
zo los hijos de Sión por su Rey;/ 3alaben su Nom-
bre con danzas,/ tocando tambores y cítaras;/
4porque el Señor ama a su pueblo/ y corona con
su victoria a los humildes.
5Que los justos celebren su gloria/ y lo acla-
men aun en sus lechos:/ 6con vítores a Dios en
su garganta,/ y espadas de dos filos en las ma-
nos,/ 7para tomar venganza de las naciones,/
y aplicar el castigo a los pueblos;/ 8para atar a
sus reyes con cadenas/ y a sus nobles con es-
posas de hierro;/ 9para aplicarles la sentencia
escrita:/ ¡qué honor para todos sus fieles!/
¡Aleluya!

Aleluya final

150 1¡Aleluya!/ Alaben al Señor en su
templo,/ alábenlo en su augusto
firmamento.
2Alábenlo por sus magníficas proezas,/ alá-
benlo por su inmensa grandeza.
3Alábenlo al son de trompetas,/ alábenlo con
arpas y cítaras.
4Alábenlo con tambores y danzas,/ alábenlo
con cuerdas y flautas.
5Alábenlo con címbalos sonoros,/ alábenlo con
címbalos vibrantes.
6¡Todo ser que alienta alabe al Señor!/
¡Aleluya!

EL CANTAR DE LOS CANTARES

1 1El cantar más hermoso, por Salomón.

1. La esposa

2¡Que me cubra de besos con su boca!/ ¡Son
mejores que el vino tus amores!/ 3¡Qué intenso
el olor de tus perfumes!/ Aroma que se expan-
de es tu nombre,/ por eso de ti se enamoran las
muchachas!
4Llévame contigo, ¡corramos!,/ a tu alcoba
condúceme, rey mío:/ juntos disfrutemos, goce-
mos,/ y alabemos tus amores más que el vino./
¡Con razón de ti se enamoran!

2. Una muchacha ingenua

5Estoy morena y hermosa,/ muchachas de Je-
rusalén,/ como las tiendas de Cadar,/ como las
lonas de Salomón.
6No se fijen en mi tez morena,/ es que el sol me
ha bronceado./ Los hijos de mi madre/ se en-
fadados conmigo:/ me pusieron a guardar sus
viñas;/ ¡y mi propia viña/ no la supe guardar!

3. El pastor inaccesible

7—Dime, amado mío, dónde pastoreas,/ dón-
de recuestas tu rebaño al mediodía,/ para
que no vaya perdida/ tras los rebaños de tus
compañeros.
8—Si no lo sabes tú,/ la más bella de las mu-
jeres,/ sigue las huellas del rebaño,/ y lleva a
pastar tus cabritos/ junto a las chozas de los
pastores.

4. Encantos femeninos

9Amada mía, te pareces/ a la yegua de la ca-
rroza del faraón./ 10¡Qué bellas tus mejillas con
los pendientes,/ y tu cuello con los collares!
11Te haremos pendientes de oro,/ con engastes
de plata.

5. Una noche de amor

12Mientras el rey estaba en su diván,/ mi nar-
do exhalaba su fragancia. 13Bolsita de mirra es
mi amado para mí:/ que reposa entre mis pe-
chos./ 14Manojito de alheña es mi amado para
mí,/ en las viñas de Engadí.

6. Diálogo en el bosque

15—¡Qué hermosa eres, amada mía,/ qué her-
mosa eres!/ ¡Palomas son tus ojos!

16–*¡Qué hermoso eres, amado mío,/ qué dul-
ce!,/* 17*¡nuestro lecho es frondoso!/* De cedro son
*las vigas de nuestra casa,/ y de ciprés nuestro
techo.*

7. Rosas y manzanos

2 1–*Soy un narciso de la llanura,/ una rosa de
los valles.*
2–*Como rosa entre espinas/ es mi amada en-
tre las mozas.*
3–*Como manzano entre arbustos/ es mi ama-
do entre los mozos:/ quisiera yacer a su som-
bra,/ y comer de sus frutos sabrosos.*

8. La mujer herida

4–*Me llevaron a un banquete/ y el Amor me
declaró la guerra.* 5*Tiéndanme sobre tortas de
pasas,/ recuéstenme sobre manzanas,/ porque
he sido herida por el Amor.* 6*Su izquierda bajo mi
cabeza/ y su derecha me abraza.*
7–*¡Les conjuro, muchachas de Jerusalén,/
por las gacelas y las ciervas del campo:/ no
despierten ni desvelen al amor/ hasta que a él
le plazca!*

9. Primavera

8*¡Un rumor!... ¡Mi amado!/ Véanlo, aquí llega
saltando por los montes,/ brincando por los co-
llados!/* 9*Es mi amado un gamo,/ parece un cer-
vatillo./ Véanlo parado tras la cerca,/ mirando
por las ventanas,/ atisbando por la reja.*
10*Habla mi amado y me dice:/ «¡Levántate,
amada mía,/ preciosa mía, vente!/* 11*Mira, el
invierno ya ha pasado,/ las lluvias han cesado,
se han ido./* 12*Brotan flores en el campo,/ llega
el tiempo de la poda;/ el arrullo de la tórtola/ se
oye en nuestra tierra;/* 13*en la higuera despun-
tan las yemas,/ las vides abultadas perfumean./
¡Levántate, amada mía,/ preciosa mía, vente!/*
14*Paloma mía, en las grietas de la rocas,/ en el
escondrijo escarpado,/ déjame ver tu figura,/
déjame escuchar tu voz:/ ¡Es tan dulce tu voz,/
y tan bella tu figura!/* 15*Atrápennos las raposas,/
las raposas pequeñitas,/ que destrozan nuestras
viñas,/ nuestras viñas ya floridas».*
16*Mi amado es mío y yo suya,/ ¡se deleita en-
tre las rosas!/* 17*Hasta que surja el día,/ y huyan
las tinieblas,/ ronda, amado mío,/ sé como un
gamo/ aseméjate a un cervatillo/ por montes y
quebradas.*

10. Primer nocturno

3 1–*En mi cama, por la noche,/ buscaba al amor
de mi alma:/ lo buscaba y no lo encontraba./*
2*Me levanté y recorrí la ciudad/ por calles y pla-
zas,/ buscando al amor de mi alma./ Lo busqué
y no lo encontré./* 3*Me encontraron los centi-
nelas/ que hacen ronda por la ciudad:/ «¿Han
visto al amor de mi alma?».*/ 4*En cuanto los hu-
be pasado,/ encontré al amor de mi alma./ Lo
abracé y no lo solté/ hasta meterlo en la casa de
mi madre,/ en la alcoba de la que me llevó en sus
entrañas.*
5–*¡Les conjuro, muchachas de Jerusalén,/ por
las gacelas y las ciervas del campo:/ no despier-
ten ni desvelen al amor/ hasta que a él le plazca!*

11. Día de bodas

6*¿Quién es esa que sube por el desierto/ como
columna de humo,/ perfumada con mirra e in-
cienso,/ y aromas de mercaderes?*
7*¡Es la litera de Salomón!/ Sesenta soldados la
escoltan,/ los más valientes de Israel./* 8*Todos
ellos empuñan la espada,/ son adiestrados gue-
rreros,/ cada uno con la espada al flanco/ por
temor a las emboscadas nocturnas.*
9*El rey Salomón se ha hecho una litera/ con
maderas del Líbano,/* 10*de plata sus columnas,/
de oro su respaldo,/ de púrpura su asiento;/ el
Amor ilumina su interior.*
11*¡Muchachas de Jerusalén, salgan!/ ¡Miren,
muchachas de Sión,/ al rey Salomón con la co-
rona/ que le ciñó su madre el día de su boda,/
día de fiesta de su corazón!*

12. Belleza de la amada

4 1*¡Qué hermosa eres, amada mía,/ qué her-
mosa eres!*
*¡Palomas son tus ojos tras el velo!/ Tus cabe-
llos, como un rebaño de cabras,/ que desciende
por la sierra de Galaad.*
2*Tus dientes, cual rebaño de ovejas trasquila-
das que suben del baño;/ todas ellas gemelas,/
ninguna solitaria.*
3*Tus labios, cinta escarlata,/ y tu habla, me-
lodiosa./ Dos cortes de granada,/ tus mejillas
tras el velo.*
4*Tu cuello, cual torre de David,/ edificada con
sillares:/ mil escudos penden de ella,/ todos es-
cudos de valientes.*
5*Tus pechos, dos crías mellizas de gacela/ que
pacen entre rosas.*
6*Hasta que surja el día/ y huyan las tinieblas,/
me voy al monte de la mirra,/ a la colina del
incienso.*
7*¡Toda hermosa eres, amada mía,/ y no hay
defecto en ti!*

13. La embriaguez del amor

8*Ven desde el Líbano, novia mía,/ ven del Lí-
bano, acércate./ Desciende de la cumbre del
Amaná,/ de las cumbres del Senir y del Her-*

món,/ de las guaridas de leones,/ de los montes
de leopardos.
9 Me has robado el corazón,/ hermana y novia
mía,/ me has robado el corazón/ con una sola
mirada tuya,/ con una vuelta de tu collar.
10 ¡Qué deliciosos son tus amores,/ hermana y
novia mía;/ tus amores son mejores que el vi-
no!,/ ¡más exquisitos que el bálsamo el olor de
tus perfumes!
11 Novia mía, néctar destilan tus labios,/ miel y
leche, bajo tu lengua;/ y la fragancia de tus ves-
tidos/ cual fragancia del Líbano.
12 Eres un jardín con cerrojo,/ hermana y no-
via mía;/ eres un manantial con cerrojo,/ una
fuente sellada./ 13 Es tu seno paraíso de grana-
dos/ con frutos exquisitos:/ 14 alheña con nar-
dos,/ nardo y azafrán, canela y cinamomo,/ con
árboles de incienso,/ mirra y áloe,/ con los me-
jores ungüentos./ 15 ¡Fuente de los jardines,/ ma-
nantial de aguas vivas/ que fluyen del Líbano!
16 –Despierta, viento del norte;/ acércate,
viento del sur;/ soplen sobre mi jardín,/ que
exhale sus perfumes./ Entra, amor mío, en tu
jardín,/ come de sus frutos exquisitos.

5 1 –He entrado en mi jardín,/ hermana y no-
via mía,/ a recoger el bálsamo y la mirra,/ a
comer mi néctar con mi miel,/ a beber mi leche
con mi vino.
–Compañeros, coman y beban,/ embriáguen-
se de amores.

14. Segundo nocturno

2 –Yo dormía, pero mi corazón velaba./ ¡Un ru-
mor!... Mi amado llama:/ «Ábreme, hermana y
novia mía,/ mi paloma sin tacha;/ que mi cabe-
za está cubierta de rocío,/ mis rizos, del relente
de la noche».
3 Ya me he quitado la túnica,/ ¿cómo vestir-
me otra vez?/ Ya me he lavado los pies,/ ¿cómo
mancharlos de nuevo?
4 Cuando mi amado metió la mano en la hendi-
dura,/ mis entrañas se estremecieron.
5 Me levanté para abrir a mi amado:/ mis ma-
nos destilaban mirra,/ mis dedos goteaban mi-
rra,/ en el pestillo de la cerradura.
6 Abrí yo misma a mi amado,/ pero mi amado
ya se había marchado./ ¡El alma se me fue tras
él!/ Lo busqué, y no lo encontré;/ lo llamé, y no
respondió.
7 Me encontraron los centinelas que rondan
por la ciudad;/ me golpearon y me hirieron,/ me
quitaron el velo/ los centinelas de las murallas.
8 Les conjuro, muchachas de Jerusalén,/ que si
encuentran a mi amado le digan.../ ¿Qué han de
decirle?/ Que he sido herida por el Amor.

15. Así es mi amado

9 –¿Qué tiene de especial tu amado/ tú, la más
hermosa de las mujeres?/ ¿Qué tiene de especial
tu amado/ para que así nos conjures?
10 –Mi amado es radiante y rubicundo,/ nota-
ble entre millares./ 11 Su cabeza es oro finísimo,/
sus rizos, colinas ondulantes,/ negros como el
cuervo./ 12 Sus ojos, cual palomas/ a la vera de las
aguas,/ se bañan en leche,/ se posan en la orilla.
13 Sus mejillas, plantel de balsameras,/ semille-
ro de plantas aromáticas./ sus labios rosáceos/
destilan mirra líquida./ 14 Sus brazos, torneados
en oro,/ engastados con piedras de Tarsis;/ su
vientre, de marfil labrado,/ todo incrustado de
zafiros;/ 15 sus piernas, columnas de alabastro/
asentadas en basas de oro./ Su porte como el Lí-
bano,/ esbelto como los cedros./ 16 Su paladar es
dulce,/ todo él es un encanto./ Así es mi amado,
así es mi amigo,/ muchachas de Jerusalén.

16. Recuerdos

6 1 –¿Adónde fue tu amado,/ tú, la más hermo-
sa de las mujeres?/ ¿Adónde se encaminó tu
amado,/ para buscarlo contigo?
2 –Mi amado ha bajado a su jardín,/ al plantel
de balsameras,/ a deleitarse en el jardín,/ a re-
coger sus rosas./ 3 Mi amado es mío, y yo suya,/
¡se deleita entre las rosas!
4 –Eres bella, amada mía, como Tirsá,/ fas-
cinante como Jerusalén;/ imponente como
un batallón./ 5 ¡Aparta de mí tus ojos,/ que me
turban!/ [Tus cabellos, como un rebaño de ca-
bras que desciende/ por la sierra de Galaad./
6 Tus dientes, cual rebaño/ de ovejas que suben
del baño:/ todas ellas gemelas/ ninguna solita-
ria./ 7 Dos cortes de granada,/ tus mejillas tras
el velo].

17. La esposa raptada

8 –Si sesenta son las reinas,/ ochenta las con-
cubinas,/ e innumerables las doncellas,/ 9 una
sola es mi paloma hermosísima;/ única para
su madre,/ predilecta de quien la engendró./ Al
verla, la felicitan las muchachas,/ la elogian las
reinas y concubinas.
10 –¿Quién es esa que se asoma como el alba,/
hermosa como la luna,/ radiante como el sol,/
imponente como un batallón?
11 –Había bajado al nogueral/ a contemplar
la floración del valle,/ a ver si las vides habían
brotado,/ a ver si despuntaban los granados./
12 ¡Sin saberlo, me raptó el carro del Príncipe!

18. La entrega del amor

7 1 –¡Gira, gira, Sulamita!/ ¡Gira y gira, que te
veamos!

–¿Qué miran en la Sulamita/ cuando danza
entre dos coros?
2–¡Qué bellos tus pies con sandalias,/ hija de
príncipe!/ Las curvas de tus caderas como una
alhaja/ labor de orfebre;/ 3tu ombligo, una án-
fora redonda,/ ¡que nunca le falte el licor!;/ tu
vientre, un montoncito de trigo,/ recinto de ro-
sas;/ 4tus pechos, dos crías/ mellizas de gacela;/
5tu cuello como torre de marfil;/ tus ojos, pisci-
nas de Jesbón,/ junto a las puertas de Batrabín;/
tu nariz igual que la torre del Líbano,/ que mira
hacia Damasco;/ 6tu cabeza se yergue como el
Carmelo;/ y tu melena, como púrpura regia,/ se
recoge en el cintero.
7–¡Qué dulce y bello es/ el Amor en las deli-
cias!/ 8Asemeja tu talle a una palmera/ y tus
pechos a los racimos./ 9Yo pensé: treparé a la
palmera/ a recoger sus dátiles;/ tus pechos son
racimos de uvas;/ tu aliento, aroma de manza-
nas;/ 10tu boca, un vino generoso que entra aca-
riciando/ y me moja los labios y los dientes.
11–Yo soy de mi amado/ y él me busca con
pasión.

19. Promesas en el campo

12Ven, amado mío, salgamos al campo,/ per-
noctemos entre los cipreses;/ 13amanezcamos
entre las viñas./ Veremos si las vides ya flo-
recen,/ si echan flores los granados;/ y allí te
daré mi amor./ 14Las mandrágoras exhalan su
fragancia,/ nuestra puerta rebosa de frutos:/
los nuevos y los antiguos, amado mío,/ los he
reservado para ti.

20. Suspiros

8 1–¡Oh, si fueras mi hermano/ amamantado
por los pechos de mi madre!/ Al encontrarte
en la calle te besaría,/ sin temor a las burlas./
2Te llevaría, te metería en casa de mi madre,/
allí me enseñarías./ Te daría a beber vino aro-
mático,/ el licor de mis granadas./ 3Su izquier-
da bajo mi cabeza/ y su derecha me abraza.
4–Les conjuro, muchachas de Jerusalén,/ que
no despierten ni desvelen al Amor/ hasta que a
él le plazca.

21. Teofanía de Amor

5–¿Quién es esa que sube del desierto/ apoya-
da en su amado?
–Te desperté bajo el manzano/ allí donde tu
madre te concibió/ donde tu progenitora te dio
a luz.
6–Ponme como una marca en tu brazo,/ grá-
bame como un sello en tu corazón,/ que el amor
es fuerte como la muerte,/ inexorable como el
infierno la pasión;/ sus chispas son de fuego/
llamaradas del Señor./ 7Las aguas torrencia-
les no podrán apagar el amor/ ni anegarlo los
ríos./ Si alguien quisiera comprar el amor/
con todas las riquezas de su casa,/ se haría
despreciable.

22. La hermana pequeña

8Tenemos una hermanita,/ sin pechos toda-
vía./ ¿Qué haremos con nuestra hermanita/
cuando sea pedida?
9Si es una muralla,/ le pondremos almenas de
plata;/ y si es una puerta,/ la reforzaremos con
tablas de cedro.
10Yo soy una muralla,/ y mis pechos los torreo-
nes;/ pero para él yo seré/ mensajera de paz.

23. La viña de Salomón

11Salomón tenía una viña/ en Baal Hamón;/
la arrendó a unos guardas,/ que le traen por sus
frutos/ mil monedas de plata./ 12Sin embargo,
mi viña es solo para mí;/ para ti, Salomón, las mil
monedas/ y da doscientas a los guardas.

24. Encuentro final

13–¡Mujer que yaces en el jardín/ –los compa-
ñeros están al acecho–,/ permíteme escuchar tu
voz.
14–Pasa, amado mío,/ sé como un gamo o un
cervatillo,/ sobre las colinas de balsameras.

LAMENTACIONES

Primera lamentación

1 1¡Qué solitaria está/ la ciudad populosa!/ Se
ha quedado viuda/ la primera de las nacio-
nes;/ la princesa de las provincias,/ está some-
tida a trabajos forzados.
2Pasa la noche llorando,/ le corren las lágri-
mas por las mejillas./ No hay nadie entre sus
amigos/ que la consuele;/ todos sus aliados la
han traicionado,/ se han vuelto sus enemigos.
3Judá marchó al destierro,/ humillada y es-
clava;/ hoy habita entre gentiles,/sin encon-
trar reposo;/ los que la perseguían le dieron
alcance/y la cercaron.
4Los caminos de Sión están de luto,/porque
nadie acude a las fiestas;/ sus puertas están
en ruinas,/gimen sus sacerdotes,/ sus don-
cellas están desoladas,/ y ella misma llena de
amargura.
5Sus enemigos la han vencido,/ han triunfado
sus adversarios,/ porque el Señor la ha casti-
gado/por su continua rebeldía;/ aun sus niños
marcharon al destierro/delante del enemigo.

6 La ciudad de Sión ha perdido/toda su hermosura;/ sus nobles, como ciervos/ que no encuentran pasto,/ caminaban sin fuerzas,/ empujados por la espalda.

7 Jerusalén recuerda los días tristes y turbulentos,/ cuando caía su pueblo en manos enemigas/ y nadie lo socorría,/ y al verla, sus enemigos/ se reían de su desgracia.

8 Jerusalén ha pecado gravemente/y ha quedado manchada;/ los que antes la honraban, la desprecian/ viéndola desnuda,/ y ella entre gemidos/se vuelve de espaldas.

9 Hasta en sus vestidos aparece su impureza,/ ella no pensó en el futuro./ ¡Qué caída tan terrible!:/no hay quien la consuele./ Mira, Señor, mi miseria/ y el triunfo de mi enemigo.

10 El enemigo ha echado mano/a todos sus tesoros;/ ella ha visto a los gentiles/entrar en el santuario,/ aunque tú habías prohibido/ que entraran en tu asamblea.

11 Todo el pueblo, entre gemidos,/ anda buscando pan;/ ofrecían sus tesoros para comer/ y recobrar las fuerzas./ Mira, Señor, fíjate/ cómo estoy humillada.

12 Ustedes, los que pasan por el camino,/ miren, vean:/ ¿Hay dolor como mi dolor?/ ¡Cómo me han maltratado!/ El Señor me ha castigado/ el día del incendio de su ira.

13 Desde el cielo ha lanzado un fuego/ que se me ha metido en los huesos;/ ha tendido una red a mis pasos/ y me ha hecho retroceder,/ me ha dejado apenada/ y sufriendo todo el día.

14 El Señor hizo un yugo con mis culpas/ y lo ató con su mano,/ me lo echó al cuello/ y doblegó mis fuerzas,/ me ha entregado en unas manos/ que no me dejan levantarme.

15 El Señor ha hecho desaparecer/ a mis capitanes que me defendían;/ convocó contra mí una asamblea/ para destrozar a mis soldados;/ el Señor pisó como a uvas en el lagar a la doncella,/ capital de Judá.

16 Por eso estoy llorando,/ mis ojos se deshacen en llanto;/ no tengo cerca quien me consuele,/ quien me reanime;/ mis hijos están apenados/ ante la victoria del enemigo.

17 Sión extiende las manos,/ pero nadie la consuela./ El Señor mandó a los pueblos vecinos/ que atacaran a Jacob;/ Jerusalén quedó en medio de ellos/ como basura.

18 Pero el Señor es justo,/ porque me rebelé contra su palabra./ Pueblos todos,/ escuchen y miren mis heridas:/ mis doncellas y mis jóvenes/ han marchado al destierro.

19 Llamé a mis amantes,/ pero me han traicionado./ Mis sacerdotes y ancianos/ murieron en la ciudad,/ mientras buscaban alimento/ para recobrar las fuerzas.

20 Mira, Señor, mis angustias/ y la amargura de mis entrañas./ El corazón se me revuelve dentro/ de tanta amargura;/ en la calle la espada me deja sin hijos;/ en casa, reina la muerte.

21 Escuchen cómo gimo,/ sin nadie que me consuele./ El enemigo se alegró de mi desgracia,/ que tú mismo ejecutaste;/ ¡haz que llegue el día anunciado,/ para que terminen como yo!

22 Lleguen a tu presencia sus maldades/ y trátalos a ellos/ como me trataste a mí,/ por mis rebeliones:/ porque se multiplican mis gemidos/ y desfallece mi corazón.

Segunda lamentación

2 1 ¡Ay, el Señor con su enojo/ ha cubierto de sombras/ a la capital, Sión!/ Desde el cielo arrojó por tierra/ la gloria de Israel,/ y el día de su ira se olvidó/ del estrado de sus pies.

2 El Señor destruyó sin compasión/ todas las moradas de Jacob,/ con su indignación demolió/ las fortalezas de Judá,/ derribó por tierra, deshonrados,/ al rey y a los príncipes.

3 Encendido en ira/ quebró el vigor de Israel;/ al llegar el enemigo,/ nos retiró el apoyo,/ y prendieron las llamas en Jacob,/ consumiendo todo alrededor.

4 Como un enemigo, tendió el arco,/ afirmó la mano derecha/ y dio muerte, enemistado,/ a los jóvenes más apuestos,/ y en las tiendas de Sión/ derramó como fuego su furor.

5 El Señor se portó como/ enemigo,/ destruyendo a Israel:/ derribó todos sus palacios,/ arrasó sus fortalezas,/ y en la capital de Judá multiplicó/ duelos y lamentos.

6 Como un ladrón, destruyó la tienda,/ arrasó el lugar de la asamblea,/ el Señor hizo olvidar en Sión/ sábados y fiestas,/ indignado y furioso rechazó/ al rey y al sacerdote.

7 El Señor rechazó su propio altar,/ dejó de lado su santuario,/ entregó en manos enemigas/ los muros de sus palacios;/ y gritaban en el templo del Señor,/ como en día de fiesta.

8 El Señor determinó arrasar/ las murallas de Sión:/ tomó las medidas y no retiró/ la mano que derribaba;/ muros y fortificaciones se lamentaban/ al desmoronarse juntos.

9 Hundió en la tierra las puertas,/ rompió los cerrojos./ Rey y príncipes estaban entre los gentiles. No había ley./ Y los profetas ya no/ recibían visiones del Señor.

10 Los ancianos de Sión/ se sientan en el suelo silenciosos,/ se echan polvo en la cabeza/ y se visten de sayal;/ las doncellas de Jerusalén/ dejan caer hasta el suelo la cabeza.

[11]Se consumen en lágrimas mis ojos,/ de
amargura mis entrañas,/ se derrama por tierra
mi hiel,/ por la ruina de la capital de mi pueblo,/
muchachos y niños de pecho desfallecen/ por las
calles de la ciudad.
[12]Preguntaban a sus madres:/ ¿dónde hay pan
y vino?,/ mientras desfallecían, como los heri-
dos,/ por las calles de la ciudad,/ mientras ex-
piraban/ en brazos de sus madres.
[13]¿Quién se te iguala,/ quién se te asemeja, ciu-
dad de Jerusalén?,/ ¿a quién te compararé, para
consolarte,/ Sión, la doncella?/ Inmensa como el
mar es tu desgracia:/ ¿quién podrá sanarte?
[14]Tus profetas te ofrecían visiones/ falsas y
engañosas;/ y no te denunciaban tus culpas/
para cambiar tu suerte,/ sino que te anuncia-
ban/ visiones falsas y seductoras.
[15]Los que van por el camino/ se frotan las ma-
nos al verte,/ silban y mueven la cabeza/ contra
la ciudad de Jerusalén:/ ¿Es esta la ciudad más
hermosa,/ la alegría de toda la tierra?
[16]Todos tus enemigos/ se burlaron de ti a car-
cajadas,/ silbaron y rechinaron los dientes di-
ciendo:/ La hemos arrasado;/ este es el día que
esperábamos:/ lo hemos conseguido y lo estamos
viendo.
[17]El Señor ha realizado/ su designio,/ ha cum-
plido la palabra/ que había pronunciado hace
tiempo:/ ha destruido sin compasión;/ ha en-
cumbrado el poder del adversario,/ ha dado al
enemigo el gozo de la victoria.
[18]Grita con toda el alma/ al Señor;/ laménta-
te, Sión,/ derrama ríos de lágrimas,/ de día y
de noche,/ no te concedas reposo,/ no descansen
tus ojos.
[19]Levántate y grita de noche,/ al relevo de la
guardia,/ derrama como agua tu corazón/ en
presencia del Señor,/ levanta hacia él las ma-
nos,/ por la vida de tus niños/ desfallecidos de
hambre/ en las esquinas.
[20]Mira, Señor, fíjate:/¿a quién has tratado así?/
¿Cuándo las mujeres se han comido/ a sus hijos,
a sus hijos tiernos?/ ¿Cuándo han asesinado en el
templo del Señor/ a sacerdotes y profetas?
[21]En las calles están tendidos por el suelo/ mu-
chachos y ancianos,/ mis jóvenes y mis doncel-
las/ cayeron a filo de espada;/ el día de tu ira/
diste muerte, mataste sin compasión.
[22]Convocaste, como para/ una fiesta,/ terro-
res que me cercan:/ el día de tu ira/ nadie pudo
salvarse ni escapar./ A los que yo crié y alimen-
té/ los aniquiló el enemigo.

Tercera lamentación

3 [1]Yo soy un hombre que ha probado/el dolor
bajo el látigo de su cólera,/ [2]porque me ha lle-
vado y conducido/ a las tinieblas y no a la luz;/
[3]todo el día está volviendo/ su mano contra mí.
[4]Me ha consumido la piel y la carne/ y me ha
roto los huesos;/ [5]en torno mío/ ha levantado un
cerco/ de veneno y amargura/ [6]y me ha ence-
rrado en las tinieblas,/ como a los muertos en
el pasado.
[7]Me ha tapiado sin salida/ cargándome de ca-
denas;/ [8]por más que grito: «Socorro»,/ se hace
sordo a mi súplica;/ [9]me ha cerrado el paso con
una muralla,/ y ha entorpecido mis senderos.
[10]Me está acechando como un oso/ o como un
león escondido;/ [11]me ha cerrado el camino/
para despedazarme/ y me ha dejado inmóvil;/
[12]tensa el arco/ y me hace blanco de sus flechas.
[13]Me ha clavado en las entrañas/las flechas
que llevaba:/ [14]la gente se burla de mí,/ me de-
dican refranes burlones todo el día;/ [15]me ha sa-
ciado de amargura,/ me ha dado a beber ajenjo.
[16]Mis dientes rechinan mordiendo/ piedras,/
y me revuelco en el polvo;/ [17]me han arrancado
la paz,/ y ni me acuerdo de la dicha;/ [18]me digo:
Se me acabaron las fuerzas/ y mi esperanza en
el Señor.
[19]Fíjate en mi aflicción y en mi amargura,/
en la hiel que me envenena;/ [20]no hago más que
pensar en ello,/ y estoy abatido.
[21]Pero hay algo que traigo a la memoria/ y me
da esperanza:/ [22]que la misericordia del Señor
no termina/ y no se acaba su compasión;/ [23]an-
tes bien, se renuevan cada mañana:/ ¡qué gran-
de es tu fidelidad!
[24]Y me digo: «El Señor es mi herencia»,/ y es-
pero en él.
[25]El Señor es bueno para los que esperan en él/
y lo buscan;/ [26]es bueno esperar en silencio/ la
salvación del Señor;/ [27]le irá bien al hombre/ si
es dócil desde joven.
[28]Que se esté solo y callado/cuando la desgracia
descarga sobre él;/ [29]que se humille hasta besar el
suelo,/ quizá quede esperanza;/ [30]que ofrezca su
mejilla al que lo golpea/ y lo llenen de ofensas.
[31]Porque el Señor no rechaza/ para siempre;/
[32]aunque aflige,/ se compadece con gran mise-
ricordia,/ [33]porque no goza castigando/ o ape-
nando a los hombres.
[34]Aplastar bajo los pies/ a todos los prisione-
ros de la tierra,/ [35]negar su derecho al pobre,/
en presencia del Altísimo,/ [36]extorsionar a al-
guien en un juicio:/ eso no lo aprueba el Señor.
[37]¿Quién mandó que sucediera/ algo si no fue
el Señor?,/ [38]¿no es el Señor quien dispone/ que
suceda el bien y el mal?,/ [39]¿por qué se ha de que-
jar de su desgracia/ el hombre mientras vive?
[40]–Examinemos y revisemos nuestra conduc-
ta/ y volvamos al Señor,/ [41]levantemos con las

manos/ el corazón al Dios del cielo:/ 42nosotros
nos hemos rebelado pecando,/ y tú no nos has
perdonado;/ 43envuelto en tu enojo nos has per-
seguido/ y matado sin piedad,/ 44te has envuelto
en nubes/ para que no te alcancen las plega-
rias;/ 45nos has hecho el desprecio/ y basura de
las gentes.
46Todos nuestros enemigos/ se ríen de noso-
tros;/ 47nos asaltan terrores y espantos,/ des-
gracias y fracasos,/ 48lloramos arroyos de lágri-
mas/ por la ruina de la capital.
49Mis ojos lloran sin cesar/ y sin descanso,/
50hasta que el Señor desde el cielo/ se asome y
me vea;/ 51me duelen los ojos de llorar/ por las
jóvenes de la ciudad.
52Los que me odian sin razón/me han dado
caza, como a un pájaro;/ 53me han echado vivo
al pozo/ y me han arrojado piedras;/ 54se cie-
rran las aguas sobre mi cabeza,/ y pienso: Estoy
perdido.
55Invoqué tu Nombre, Señor,/ de lo profundo
de la fosa:/ 56oye mi voz, no cierres el oído/ a mis
gritos de auxilio;/ 57tú te acercaste cuando te
llamé/ y me dijiste: «No temas».
58Te encargaste de defender mi causa/ y de
salvar mi vida,/ 59has visto que padezco injusti-
cia,/ juzga mi causa;/ 60has visto la venganza/
que traman contra mí;/ 61has oído, Señor, cómo
me insultan/ y traman mi desgracia,/ 62lo que
dicen y piensan/ contra mí continuamente;/
63vigila todos sus movimientos:/ soy el objeto de
sus burlas.
64Tú les pagarás, Señor,/ como merecen sus
obras,/ 65les darás una mente cerrada/ y los
maldecirás;/ 66los perseguirás con ira/ hasta
aniquilarlos bajo el cielo, Señor.

Cuarta lamentación

4 1Se ha vuelto pálido el oro,/ el oro más puro,/
las piedras sagradas están tiradas/ en todas
las esquinas;/ 2los nobles vecinos de Sión,/ que
valían su peso en oro,/ son tratados como ca-
charros de barro,/ labor de alfarero.
3Hasta los chacales dan las ubres/ para ama-
mantar sus crías;/ en cambio, la capital fue des-
piadada/ como el avestruz del desierto.
4De pura sed,/ a las criaturas se les pega la
lengua al paladar;/ los niños piden pan/ y nadie
se lo da;/ 5los que comían manjares exquisitos,/
desfallecen en la calle;/ los que se criaron entre
púrpura,/ se revuelcan en la basura.
6La culpa de la capital/ era más grave que el
pecado de Sodoma,/ que fue arrasada en un mo-
mento/ sin manos humanas.
7Sus nobles eran más limpios que la nieve,/
más blancos que la leche;/ eran más rojos que
corales,/ con venas como zafiros,/ 8ahora están
más negros que hollín, 7 no se les reconoce en la
calle,/ sobre los huesos se les arruga la piel,/ re-
seca como leña.
9¡Más dichosos los que murieron a espada/
que los muertos de hambre!/ Aquellos, apu-
ñalados, se desangraron;/ estos, por falta de
alimento.
10Las manos de mujeres delicadas/ cuecen a
sus propios hijos/ y se los comen/ mientras se
derrumba la capital de mi pueblo.
11El Señor sació su cólera/ y derramó el incen-
dio de su ira,/ prendió un fuego en Sión/ que
devora hasta los cimientos.
12No creían los reyes del mundo/ ni los habi-
tantes del orbe/ que el enemigo lograría/ entrar
por las puertas de Jerusalén.
13Por los pecados de sus profetas/ y los críme-
nes de sus sacerdotes,/ que derramaron en me-
dio de ella/ sangre inocente.
14Vagaban como ciegos por las calles,/ man-
chados de sangre:/ nadie podía/ tocar sus
vestidos.
15¡Apártense –gritaban–, estoy impuro;/ apár-
tense, no me toquen!/ Iban como prófugos o fu-
gitivos que/ ya no reciben asilo.
16El Señor mismo los ha dispersado/ y ya no se
ocupa de ellos:/ no hay respeto para los sacerdo-
tes,/ no hay compasión para los ancianos.
17Nuestros ojos se consumen/ esperando so-
corro en vano:/ aguardamos vigilantes/ a un
pueblo impotente.
18No podíamos andar por la calle,/ porque
vigilaban nuestros pasos;/ se acercaba nuestro
fin,/ el término de nuestros días./ 19Los que nos
perseguían eran/más veloces que las águilas del
cielo,/ nos acosaban por los montes y/ nos vigi-
laban en el desierto.
20Al ungido del Señor, al que era nuestro alien-
to,/ lo cazaron en una trampa,/ a aquel de quien
decíamos: «A su sombra/ viviremos entre los
pueblos».
21¡Goza y disfruta, capital de Edom,/ princesa
de Us,/ que tú también tendrás que beber la co-
pa:/ te embriagarás y te desnudarás!
22Está cumplida tu condena, Sión,/ no segui-
rás en el destierro;/ examinarán tu culpa, capi-
tal de Edom,/ y aparecerá tu pecado.

Quinta lamentación

5 1Recuerda, Señor, lo que nos ha pasado;/ mira
y fíjate en nuestras afrentas.
2Nuestra herencia ha pasado a los bárbaros;/
nuestras casas, a extranjeros;/ 3hemos queda-
do huérfanos de padre/ y nuestras madres han
quedado viudas.

4 Tenemos que comprar el agua que bebemos/ y
pagar la leña que nos llevamos.
5 Nos empujan con un yugo al cuello,/ nos fati-
gan sin darnos descanso.
6 Hemos pactado con Egipto y Asiria/ para sa-
ciarnos de pan.
7 Nuestros padres pecaron, y ya no viven,/ y
nosotros cargamos con sus culpas./ 8 Unos es-
clavos nos han sometido/ y nadie nos libra de
su poder.
9 Arriesgamos la vida por el pan,/ porque la
espada amenaza en descampado.
10 Nuestra piel quema como un horno,/ tortu-
rada por el hambre.
11 Violaron a las mujeres en Sión/ y a las don-
cellas en los pueblos de Judá;/ 12 con sus manos
colgaron a los príncipes,/ sin respetar a los an-
cianos;/ 13 forzaron a los jóvenes a mover el mo-
lino,/ y los muchachos sucumbían bajo cargas
de leña.
14 Los ancianos ya no se sientan a la puerta,/
los jóvenes ya no cantan;/ 15 ha cesado el gozo del
corazón,/ las danzas se han vuelto duelo;/ 16 se
nos ha caído la corona de la cabeza:/ ¡ay de noso-
tros, que hemos pecado!
17 Por eso está enfermo nuestro corazón/ y se
nos nublan los ojos,/ 18 porque el monte Sión está
desolado/ y los zorros se pasean por él.
19 Pero tú, Señor, eres rey por siempre,/ tu tro-
no dura de edad en edad.
20 ¿Por qué te olvidas siempre de nosotros/ y
nos tienes abandonados por tanto tiempo?
21 Señor, haznos volver hacia ti y volveremos,/
renueva los tiempos pasados,/ 22 ¿o es que ya nos
has rechazado,/ que tu enojo no tiene medida?

PROVERBIOS

Finalidad de los Proverbios

1 1 Proverbios de Salomón, hijo de David, rey
de Israel,/ 2 para adquirir sabiduría y educa-
ción,/ para entender máximas inteligentes,/
3 para obtener una educación acertada:/ justicia,
derecho y rectitud,/ 4 para enseñar sagacidad al
incauto,/ saber y reflexión al muchacho/ 5 –lo
escucha el sensato y aumenta el saber,/ el inte-
ligente adquiere destreza–,/ 6 para entender pro-
verbios y refranes,/ máximas y enigmas./ 7 Res-
petar al Señor es el principio de la sabiduría;/
los necios desprecian la sabiduría y la educación.

Consejos a los jóvenes

8 Hijo mío, escucha los avisos de tu padre,/ no
rechaces las enseñanzas de tu madre,/ 9 pues se-
rán hermosa diadema en tu cabeza/ y collar en
tu garganta.
10 Hijo mío, si intentan engañarte los peca-
dores,/ no lo permitas./ 11 Si te dicen: «Ven con
nosotros,/ preparemos una trampa mortal/
y acechemos al inocente sin motivo;/ 12 nos lo
tragaremos vivo, como el Abismo;/ enterito, co-
mo a los que bajan a la tumba;/ 13 obtendremos
magníficas riquezas/ y llenaremos nuestra casa
de botín./ 14 Comparte tu suerte con nosotros,/
tendremos una bolsa común».
15 Hijo mío, no los acompañes en su camino;/
aparta tus pasos de su senda,/ 16 porque sus pies
corren a la maldad/ y se apresuran a derramar
sangre./ 17 Pero aunque no vale la pena poner
una trampa/ si la ven los pájaros,/ 18 ellos se la
tienden a sí mismos/ y ponen su vida en peli-
gro./ 19 Tal es la suerte de la codicia sin límite,/
que quita la vida a su dueño.

Invitación a la Sabiduría

20 La Sabiduría proclama por las calles,/ en las
plazas levanta la voz;/ 21 grita en lo más ruido-
so de la ciudad,/ y en las plazas públicas pre-
gona:/ 22 ¿Hasta cuándo, inmaduros, amarán la
inmadurez,/ y ustedes, insolentes, vivirán en la
insolencia,/ y ustedes, necios, odiarán el saber?
23 Presten atención a mis correcciones,/ y les
abriré el corazón comunicándoles mis palabras.
24 Los llamé y no quisieron oírme;/ extendí la
mano, y no me hicieron caso;/ 25 rechazaron mis
consejos,/ no aceptaron mi corrección;/ 26 pues
yo me reiré de su desgracia,/ me burlaré cuando
estén muertos de miedo.
27 Cuando los alcance como tormenta el te-
rror,/ cuando les llegue como huracán la des-
gracia,/ cuando los sorprenda la angustia y el
sufrimiento,/ 28 entonces llamarán, y no los es-
cucharé;/ me buscarán, y no me encontrarán.
29 Porque aborrecieron el saber/ y no escogie-
ron el respeto del Señor;/ 30 no aceptaron mis
consejos,/ despreciaron mis advertencias;/
31 comerán el fruto de su conducta,/ y se saciarán
de sus planes.
32 La rebeldía da muerte a los irreflexivos,/ la
despreocupación acaba con los imprudentes;/
33 pero el que me obedece vivirá tranquilo,/ segu-
ro y sin temer mal alguno.

Discurso del maestro

2 1 Hijo mío, si aceptas mis palabras/ y conser-
vas mis mandatos,/ 2 escuchando a la sabidu-
ría/ y prestando atención a la prudencia;/ 3 si
invocas a la inteligencia/ y llamas a la pruden-
cia;/ 4 si la procuras como el dinero/ y la buscas
como un tesoro,/ 5 entonces comprenderás el

respeto del Señor/ y alcanzarás el conocimiento
de Dios.
6Porque es el Señor quien da la sabiduría,/ de
su boca proceden saber e inteligencia;/ 7Él re-
serva su ayuda para los hombres rectos,/ es es-
cudo para el de conducta intachable,/ 8cuida el
camino del derecho/ y custodia la senda de sus
fieles.
9Entonces comprenderás la justicia y el de-
recho,/ la rectitud y toda conducta buena,/
10porque entrará en tu mente la sabiduría/ y
sentirás gusto en el saber,/ 11la sagacidad te
guardará,/ la prudencia te protegerá/ 12para
librarte del mal camino,/ del hombre que habla
perversamente,/ 13de los que abandonan el sen-
dero recto/ para seguir caminos tenebrosos,/
14de los que gozan haciendo el mal/ y se alegran
de la perversión,/ 15siguen senderos torcidos/
y sendas extraviadas;/ 16para librarte de la ra-
mera,/ de la prostituta que halaga con sus pa-
labras,/ 17que abandonó al compañero de su ju-
ventud,/ olvidó la alianza de su Dios;/ 18su casa
se inclina hacia la muerte,/ sus sendas hacia
el país de las sombras;/ 19los que entran allí no
retornan,/ no alcanzan las sendas de la vida.
20Para que sigas el buen camino/ y te man-
tengas en sendas honradas,/ 21porque los rectos
habitarán la tierra/ y los íntegros permanece-
rán en ella;/ 22mientras que los malvados serán
expulsados de la tierra/ y los traidores serán
arrancados de ella.

3 1Hijo mío, no olvides mi enseñanza,/ conser-
va en tu memoria mis preceptos,/ 2porque te
darán muchos días,/ y años de vida, y prosperi-
dad;/ 3no permitas que te abandonen bondad y
lealtad,/ cuélgatelas al cuello,/ escríbelas en la
tablilla del corazón:/ 4alcanzarás favor y acep-
tación/ de Dios y de los hombres.
5Confía en el Señor de todo corazón/ y no te
fíes de tu propia inteligencia;/ 6en todos tus
caminos tenlo presente,/ y él enderezará tus
sendas.
7No te tengas por sabio,/ respeta al Señor y
evita el mal;/ 8esa es la mejor medicina para tu
cuerpo/ y para tus huesos.
9Honra al Señor con tus riquezas,/ con las
primicias de todas tus cosechas,/ 10y tus grane-
ros se colmarán de grano,/ tus bodegas rebosa-
rán de vino nuevo.
11No rechaces, hijo mío, el castigo del Señor,/
no te enojes con su corrección,/ 12porque al que
ama lo reprende el Señor,/ como un padre al hijo
querido.

Sabiduría y prudencia

13Dichoso el hombre que alcanza sabiduría,/
el hombre que adquiere inteligencia:/ 14es mejor
mercancía que la plata,/ produce más rentas que
el oro,/ 15es más valiosa que los corales,/ no se le
compara joya alguna;/ 16en su mano derecha trae
largos años,/ en la izquierda honor y riqueza;/
17sus caminos son deliciosos/ y sus sendas son
tranquilas,/ 18es árbol de vida para los que la aga-
rran,/ son dichosos los que la retienen.
19El Señor cimentó la tierra con sabiduría/
y estableció el cielo con inteligencia;/ 20con su
saber brotan los océanos/ y las nubes destilan
rocío.
21Hijo mío, no las pierdas de vista,/ conserva
la prudencia y la reflexión:/ 22serán vida para tu
alma/ y adorno para tu cuello;/ 23seguirás tran-
quilo tu camino/ sin que tropiecen tus pies,/ 24te
acostarás sin alarmas,/ te acostarás y el sueño te
será dulce,/ 25no te asustará el terror imprevisto/
ni la desgracia que cae sobre el malvado.
26Porque el Señor se pondrá a tu lado/ y librará
tu pie de la trampa.

Deberes con el prójimo

27No niegues un favor a quien lo necesita/ si
está en tu mano hacérselo.
28Si tienes, no digas al prójimo:/ Regresa otro
día, mañana te lo daré.
29No trames daños contra tu prójimo/ mien-
tras vive confiado contigo.
30No lleves a juicio a nadie sin motivo/ cuando
él no te ha hecho daño.
31No envidies al violento/ ni elijas ninguno de
sus caminos.
32Porque el Señor aborrece al perverso,/ pero
se confía a los hombres rectos;/ 33el Señor mal-
dice la casa del malvado/ y bendice la morada
del honrado;/ 34se burla de los insolentes,/ pero
trata con bondad a los humildes;/ 35otorga honor
a los sabios/ y reserva deshonra para los necios.

La tradición

4 1Escuchen, hijos, la corrección paterna;/
pongan atención, para aprender prudencia;
2les enseño una buena doctrina,/ no abandonen
mi enseñanza.
3Yo también fui hijo de mi padre,/ tierno y pre-
ferido de mi madre.
4Él me instruía así: Conserva mis palabras en
la memoria,/ guarda mis preceptos y vivirás;/
5adquiere sabiduría, adquiere inteligencia,/
no la olvides, no te apartes de mis consejos;/
6no la abandones, y te guardará;/ ámala, y te
protegerá.

7El principio de la sabiduría es: Adquiere sa-
biduría,/ gasta tu fortuna en adquirir pruden-
cia;/ 8estímala, y te hará noble;/ abrázala, y te
hará rico;/ 9pondrá en tu cabeza una diadema
hermosa,/ te ceñirá una espléndida corona.

Los dos caminos

10Escucha, hijo mío, recibe mis palabras,/ y se
alargarán los años de tu vida:/ 11Te instruyo so-
bre el camino de la sabiduría,/ te encamino por
la senda recta./ 12Al caminar no serán torpes tus
pasos;/ al correr no tropezarás./ 13Agárrate a la
instrucción, no la sueltes;/ consérvala, porque
ella es tu vida.
14No entres por el sendero de los malvados,/ no
pises el camino de los perversos;/ 15evítalo, no lo
atravieses;/ apártate de él y sigue.
16No duermen si no cometen crímenes,/ pier-
den el sueño si no hacen caer a alguien,/ 17co-
men la maldad como pan/ y beben violencias
como vino.
18La senda de los honrados brilla como la au-
rora,/ se va esclareciendo hasta pleno día;/ 19el
camino de los malvados es tenebroso,/ no saben
dónde tropezarán.

El buen camino

20Hijo mío, atiende a mis palabras,/ escucha
mis consejos:/ 21que no se aparten de tus ojos,/
guárdalos dentro del corazón;/ 22porque son vi-
da para el que los sigue,/ son salud para su cuer-
po./ 23Por encima de todo guarda tu corazón,/
porque de él brota la vida.
24Aparta de ti la lengua tramposa/ y aleja de ti
los labios falsos;/ 25que tus ojos miren de frente/
y tus pupilas se dirijan hacia adelante.
26Fíjate bien dónde pones tus pies,/ que todos
tus caminos sean seguros,/ 27no te desvíes a de-
recha ni a izquierda,/ aparta tus pasos del mal.

5 1Hijo mío, haz caso de mi experiencia,/ pon
atención a mi inteligencia:/ 2así sabrás ser
discreto/ y tus labios guardarán el saber.

La ramera

3Los labios de la ramera destilan miel/ y su pa-
ladar es más suave que el aceite;/ 4pero al final
es más amarga que el ajenjo/ y más cortante que
puñal de doble filo;/ 5sus pies bajan a la Muerte/
y sus pasos se dirigen al Abismo;/ 6no sigue el
camino de la vida,/ sus sendas se extravían sin
que se dé cuenta.
7Por tanto, hijos, escúchenme/ y no se aparten
de mis consejos:/ 8aleja de ella tu camino/ y no
te acerques a la puerta de su casa,/ 9no vayas a
dar a extraños tu honor/ ni tu dignidad a gente
despiadada;/ 10no se sacien con tu vigor gente
extraña/ y tus fatigas vayan a parar en casa de
un desconocido.
11Gemirás cuando te llegue el desenlace/ y se
consuma la carne del cuerpo./ 12Entonces dirás:
¿Por qué aborrecí la corrección/ y mi corazón
despreció la reprimenda?/ 13¿Por qué no hice ca-
so a mis maestros/ ni presté oído a mis educado-
res?/ 14Por poco llego al colmo de la desgracia,/
en medio de la asamblea reunida.

Gozo del matrimonio

15Bebe agua de tu propia fuente,/ bebe a
chorros de tu pozo./ 16No derrames por la ca-
lle tu manantial/ ni tus arroyos por las pla-
zas;/ 17sean para ti solo,/ sin compartirlos con
extraños.
18Sea tu fuente bendita,/ goza con la esposa de
tu juventud:/ 19cierva querida, gacela hermo-
sa,/ que siempre te embriaguen sus caricias,/
que constantemente te deleite su amor.
20¿Por qué, hijo mío, te ha de deleitar la rame-
ra/ o has de estrechar el seno de la extraña?
21Los caminos humanos están bajo la mirada
de Dios,/ él vigila todas sus sendas.
22Sus propias culpas enredan al malvado/ y
queda preso en las redes de su pecado;/ 23muere
por falta de corrección,/ su enorme insensatez
lo perderá.

Fianza

6 1Hijo mío, si has salido fiador de tu vecino/
dando la mano a un extranjero,/ 2si te has
enredado con tus palabras/ o has quedado atra-
pado por la boca,/ 3haz lo siguiente, hijo mío,
para librarte,/ pues saliste responsable por tu
vecino,/ caíste en poder de tu vecino:/ ve, in-
siste, acosa a tu vecino,/ 4no concedas sueño a
tus ojos/ ni reposo a tus pupilas;/ 5líbrate como
gacela del cazador/ o como pájaro de la trampa.

Pereza

6Mira a la hormiga, perezoso,/ observa sus
costumbres y aprende;/ 7aunque no tiene jefe,/
ni capataz, ni gobernante,/ 8acumula grano en
verano/ y reúne provisiones durante la cosecha.
9¿Hasta cuándo dormirás, perezoso?,/ ¿cuán-
do sacudirás el sueño?
10Un rato duermes, un rato das cabezadas,/
un rato cruzas los brazos y descansas/ 11y te
llega la pobreza del vagabundo/ y la miseria del
mendigo.

El perverso

12Un hombre malvado, un individuo perver-
so,/ camina contando mentiras,/ 13guiñando un

ojo, sacudiendo los pies,/ señalando con el de-
do;/ 14en su corazón depravado planea malda-
des/ siempre sembrando discordias,/ 15por eso
de repente le llegará la perdición,/ se quebrará
de improviso y sin remedio.

Siete cosas

16Seis cosas detesta el Señor/ y la séptima la
aborrece de corazón:/ 17ojos soberbios, lengua
mentirosa,/ manos que derraman sangre ino-
cente,/ 18corazón que maquina planes malva-
dos,/ pies que corren para la maldad,/ 19testigo
falso y mentiroso/ y el que provoca peleas entre
hermanos.
20Guarda, hijo mío, los consejos de tu padre/ y
no rechaces la enseñanza de tu madre,/ 21llléva-
los siempre atados al corazón/ y cuélgatelos al
cuello:/ 22cuando camines, te guiarán;/ cuando
descanses, te guardarán;/ cuando despiertes,
hablarán contigo.
23Porque el consejo es lámpara y la enseñanza
es luz/ y es camino de vida la instrucción que
corrige.
24Te guardarán de la mala mujer,/ de la lengua
seductora de la ramera.
25Que tu corazón no codicie su belleza/ ni te
dejes prender por sus miradas.
26Si la ramera busca un pedazo de pan,/ la ca-
sada anda a la pesca de una vida lujosa.
27¿Podrá uno llevar fuego en el pecho/ sin que
se le queme la ropa?
28¿Podrá uno caminar sobre brasas/ sin que-
marse los pies?
29Pues lo mismo el que se junta con la mujer del
prójimo,/ no quedará sin castigo el que la toque.
30¿No se desprecia al ladrón que roba/ para
calmar su hambre?
31Si lo sorprenden, pagará siete veces más,/ y
aún tendrá que dar toda su fortuna.
32Pues el adúltero es hombre sin juicio,/
obrando así se arruina a sí mismo:/ 33recibirá
golpes e insultos/ y su deshonra no se borrará.
34Porque los celos enfurecen al marido/ y no
perdonará el día de la venganza,/ 35no acepta-
rá ninguna compensación/ ni la querrá aunque
aumentes la oferta.

La seducción

7 1Hijo mío, conserva mis palabras/ y guárda-
te mis mandatos,/ 2conserva mis mandatos
y vivirás,/ que mi enseñanza sea como la niña
de los ojos;/ 3átalos a los dedos,/ escríbelos en la
tablilla del corazón.
4Di a la Sabiduría: Eres mi hermana,/ y llama
amiga a la prudencia,/ 5para que te cuide de la
ramera,/ de la prostituta de palabra seductora:
6Estaba yo a la ventana de mi casa,/ asomado
a la reja,/ 7mirando a unos jóvenes sin expe-
riencia/ cuando distinguí entre ellos a uno sin
juicio,/ 8pasaba por la calle, junto a la esquina/
y se dirigía a la casa de ella;/ 9era la hora del cre-
púsculo,/ era plena noche y oscura.
10Una mujer le sale al encuentro,/ vestida co-
mo ramera, astuta, envuelta en un velo,/ 11atre-
vida y seductora,/ sus pies no saben estarse en
casa:/ 12ahora en la calle, luego en la plaza,/
acechando en todas las esquinas.
13Lo agarra y lo besa/ y con todo descaro le di-
ce:/ 14He preparado un banquete/ porque hoy he
cumplido mi promesa;/ 15por eso he salido a tu
encuentro/ ansiosa de verte, y te he encontrado.
16He cubierto la cama con colchas,/ he exten-
dido sábanas de Egipto,/ 17he perfumado la alco-
ba/ con mirra, áloe y canela.
18Ven, vamos a embriagarnos de caricias,/ a
saciarnos de amores;/ 19porque mi marido no
está en casa,/ ha emprendido un largo viaje,/
20tomó la bolsa del dinero/ y hasta la luna llena
no vuelve.
21Con tantos discursos lo seduce,/ lo atrae con
sus dulces labios,/ 22y el infeliz se va detrás de
ella/ como buey llevado al matadero,/ como
ciervo que se enreda en el lazo,/ 23hasta que una
flecha le desgarra el corazón,/ como pájaro que
vuela a la trampa/ sin saber que le costará la
vida.
24Y ahora, hijos míos, escúchenme,/ pongan
atención a mis consejos,/ 25no se extravíe tras ella
tu corazón,/ no te pierdas por sus sendas,/ 26por-
que ella ha asesinado a muchos,/ sus víctimas
son innumerables,/ 27su casa es un camino hacia
el Abismo,/ una bajada a la morada de la muerte.

Discurso de la Sabiduría

8 1La Sabiduría proclama,/ la inteligencia le-
vanta la voz.
2En lugares elevados junto al camino,/ de pie
en el cruce de las sendas,/ 3junto a las puertas,
a la entrada de la ciudad,/ en los accesos a los
portales grita:
4A ustedes, hombres, los llamo,/ a los seres hu-
manos se dirige mi voz;/ 5los inexpertos, apren-
dan prudencia;/ los necios, aprendan a tener
juicio.
6Escuchen, que hablo sin rodeos,/ abro los la-
bios con sinceridad;/ 7mi paladar repasa la ver-
dad/ y mis labios aborrecen el mal;/ 8todas mis
palabras son justas,/ ninguna es falsa o perver-
sa;/ 9son claras para el que entiende/ y rectas
para el que comprende.
10Reciban mi corrección y no plata,/ un saber
más precioso que el oro;/ 11porque la prudencia

vale más que las perlas/ y con ninguna joya se le
puede comparar.

Himno a la Sabiduría

12*Yo, Sabiduría, soy vecina de la Prudencia/ y*
busco el trato de la Reflexión.
13*Honrar al Señor es odiar el mal./ Yo detes-*
to el orgullo y la soberbia,/ el mal camino y la
mentira./ 14*Son míos el consejo y la habilidad,/*
son míos la inteligencia y el poder.
15*Por mí reinan los reyes/ y los príncipes dan*
decretos justos,/ 16*por mí gobiernan los gober-*
nantes/ y los nobles juzgan la tierra.
17*Yo amo a los que me aman,/ los que madru-*
gan por mí me encuentran.
18*Yo traigo riqueza y gloria,/ fortuna sólida y*
justicia;/ 19*mi fruto es mejor que el oro puro,/*
mi renta vale más que la plata.
20*Camino por la vía de la justicia/ y sigo las*
sendas del derecho,/ 21*para ofrecer riquezas a*
mis amigos/ y llenar sus tesoros.
22*El Señor me creó como primera de sus ta-*
reas,/ antes de sus obras;/ 23*desde antiguo,*
desde siempre fui formada,/ desde el principio,
antes del origen de la tierra;/ 24*no había océanos*
cuando fui engendrada,/ no había manantiales
ni ríos;/ 25*todavía no estaban encajados los mon-*
tes,/ antes de las montañas fui engendrada;/
26*no había hecho la tierra y los campos/ ni los*
primeros terrones del mundo./ 27*Cuando colo-*
caba los cielos, allí estaba yo;/ cuando trazaba la
bóveda sobre la superficie del océano,/ 28*cuando*
sujetaba las nubes en la altura/ y reprimía las
fuentes abismales,/ 29*cuando imponía su límite*
al mar,/ para que las aguas no traspasaran sus
orillas;/ cuando asentaba los cimientos de la
tierra,/ 30*yo estaba junto a él, como confidente,/*
yo estaba disfrutando cada día,/ jugando todo el
tiempo en su presencia,/ 31*jugando con el mundo*
creado,/ disfrutando con los hombres.
32*Por tanto, hijos, escúchenme:/ dichosos los*
que siguen mis caminos./ 33*Escuchen mi correc-*
ción y serán sensatos,/ no la rechacen,/ 34*di-*
choso el hombre que me escucha,/ velando en mi
puerta cada día,/ vigilando a la entrada de mi
casa./ 35*Porque el que me encuentra, encuentra*
la vida/ y goza del favor del Señor.
36*Quien me pierde, se arruina a sí mismo;/ los*
que me odian aman la muerte.

Banquete de la Sabiduría

9 1*La Sabiduría se ha edificado una casa,/ ha*
labrado siete columnas,/ 2*ha matado los ani-*
males, mezclado el vino/ y puesto la mesa,/ 3*ha*
despachado a sus criadas a proclamarlo/ en los
puntos que dominan la ciudad.
4*El que sea inexperto, venga acá;/ al falto de*
juicio le quiero hablar:/ 5*Vengan a comer de mis*
manjares/ y a beber el vino que he mezclado./
6*Dejen la inexperiencia y vivirán,/ sigan dere-*
cho el camino de la inteligencia.

Destinatarios

7*Quien corrige al soberbio se acarrea insultos;/*
quien reprende al malvado, desprecios;/ 8*no re-*
prendas al soberbio, pues te aborrecerá;/ repren-
de al prudente y te querrá;/ 9*instruye al sabio, y*
será más sabio;/ enseña al honrado, y aprenderá.
10*El principio de la Sabiduría es respetar al Se-*
ñor,/ y conocer al Santo es inteligencia./ 11*Por*
mí prolongarás tus días/ y se te añadirán años
de vida;/ 12*si eres sabio, lo eres para tu prove-*
cho;/ si eres soberbio, tú solo lo pagarás.

Banquete de la Necedad

13*Doña Necedad es chismosa,/ tonta e igno-*
rante/ 14*está sentada a la puerta de su casa,/ en*
un asiento que domina la ciudad,/ 15*para llamar*
a los que pasan,/ a los que van derechos por el
camino:
16*El que sea inexperto venga acá;/ al falto*
de juicio le quiero hablar:/ 17*El agua robada es*
más dulce,/ el pan comido a escondidas es más
sabroso.
18*Pero ellos no saben que en su casa están los*
difuntos,/ son ahora sombras en el reino de la
muerte.

PROVERBIOS DE SALOMÓN I
(10,1–22,16)

10 1*Un hijo sabio es la alegría de su padre;/ un*
hijo necio, es la pena de su madre.
2*Tesoros mal ganados no aprovechan,/ pero la*
justicia libra de la muerte.
3*El Señor no deja con hambre al que es bueno,/*
pero rechaza la codicia del malvado.
4*La mano perezosa empobrece,/ el brazo tra-*
bajador enriquece.
5*Quien almacena en otoño es prudente,/*
quien duerme en la cosecha es un descarado.
6*Sobre la cabeza del honrado llueven bendicio-*
nes,/ la boca malvada encubre violencia.
7*La memoria del honrado es bendita,/ el nom-*
bre del malvado se pudre.
8*El hombre juicioso acepta órdenes,/ labios*
necios acaban en la ruina.
9*Quien procede sinceramente, camina segu-*
ro;/ el que actúa con disimulo queda descubierto.
10*Quien cierra los ojos trae sufrimientos,/*
quien reprende abiertamente trae remedio.
11*La boca del justo es manantial de vida,/ la*
boca del malvado encubre violencia.

12El odio provoca peleas,/ el amor disimula las ofensas.

13En los labios del prudente hay sabiduría,/ y un látigo en la espalda del necio.

14El sabio atesora saber,/ la boca del necio atrae la desgracia.

15La fortuna del rico es su defensa,/ la miseria es el terror del pobre.

16El salario del honrado es la vida,/ la ganancia del malvado es el fracaso.

17El que acepta la corrección va por camino de vida,/ el que la rechaza se extravía.

18Los labios mentirosos encubren odio,/ quien difunde calumnias es un insensato.

19Donde abundan las palabras no falta el pecado,/ quien se muerde los labios es discreto.

20Plata pura es la boca del honrado;/ mente perversa no vale nada.

21Labios honrados guían a muchos,/ los necios mueren por falta de juicio.

22La bendición divina enriquece,/ y nada le añade nuestra fatiga.

23El necio se divierte haciendo trampas,/ el hombre prudente con la sabiduría.

24Al malvado le sucede lo que teme,/ al honrado se le da lo que desea.

25Pasa el huracán, desaparece el malvado;/ pero el justo se mantiene para siempre.

26Vinagre a los dientes, humo a los ojos:/ eso es el perezoso para quien le da un encargo.

27Respetar al Señor prolonga la vida,/ los años de los malvados se acortan.

28La esperanza de los honrados es alegre,/ la ilusión de los malvados fracasa.

29El camino del Señor es refugio para el hombre recto,/ y es terror para los malhechores.

30El honrado jamás tropezará,/ el malvado no habitará en la tierra.

31De boca honrada brota sabiduría,/ lengua tramposa será cortada.

32Labios honrados saben de benevolencia;/ la boca del malvado, de engaños.

11 1El Señor aborrece las balanzas falseadas/ y le gustan las pesas exactas.

2El orgullo acarrea la deshonra;/ pero la sabiduría acompaña a los humildes.

3La honradez guía a los buenos,/ la falsedad destruye a los traidores.

4No sirve la fortuna el día del castigo,/ pero la justicia libra de la muerte.

5La honradez del justo hace fácil su camino,/ el malvado caerá por su maldad.

6La honradez de los rectos los salva,/ los traidores quedan enredados en su codicia.

7Con la muerte del malvado muere su esperanza,/ y muere también la ilusión de las riquezas.

8El honrado se libra del peligro,/ el malvado ocupa su puesto.

9El malvado hunde al prójimo con la boca,/ pero la inteligencia a los justos los salva.

10El éxito de los honrados lo festeja la ciudad,/ y cuando fracasan los malvados, canta de júbilo.

11Con la bendición de los rectos prospera la ciudad,/ la boca de los malvados la destruye.

12Quien desprecia al prójimo es un imprudente,/ el hombre prudente se calla.

13El chismoso todo lo cuenta,/ el hombre de confianza guarda el secreto.

14Por falta de gobierno se arruina un pueblo,/ y se salva a fuerza de deliberación.

15Quien sale fiador por un extraño se perjudica,/ el que evita hacer tratos vive tranquilo.

16La mujer hermosa se hace respetar,/ la que odia la rectitud atrae la deshonra.

La fortuna del perezoso es escasa,/ los audaces conservan su riqueza.

17El hombre bondadoso se hace bien a sí mismo,/ el despiadado destroza su propia carne.

18El malvado hace ganancias engañosas,/ el que siembra justicia tiene paga segura.

19El que mide lo que es justo, vivirá;/ el que persigue la maldad, morirá.

20Aborrece el Señor la mente perversa/ y le agrada una conducta sincera.

21Tarde o temprano el malvado la paga,/ la descendencia de los honrados está a salvo.

22Anillo de oro en hocico de puerco/ es la mujer hermosa pero sin inteligencia.

23El deseo de los honrados se logra,/ las ilusiones de los malvados pasan.

24Hay quien regala y se enriquece,/ quien es tacaño y se empobrece.

25El que es generoso prospera,/ el que da también recibirá.

26Al que acapara trigo lo maldice la gente,/ al que lo vende lo cubren de bendiciones.

27Quien madruga para el bien alcanzará favor,/ al que busca el mal le saldrá al encuentro.

28Quien confía en sus riquezas se marchita,/ los honrados brotarán como follaje.

29Quien descuida su casa heredará viento,/ el necio será esclavo del sabio.

30El fruto de la honradez es un árbol de vida,/ el sabio se gana a la gente.

31Si al honrado le pagan en la tierra,/ ¡cuánto más al malvado y al pecador!

12 1 *El que ama la corrección, ama el saber;/ el*
que la detesta, se embrutece.
2 *El bueno obtiene el favor del Señor,/ el per-*
verso será condenado.
3 *El que se apoya en la maldad no estará,/ la*
raíz del honrado no se desprende.
4 *Mujer virtuosa es corona del marido,/ la de*
mala fama es como caries en los huesos.
5 *Los planes de los honrados son rectos,/ las*
tácticas de los malvados son traidoras.
6 *Las palabras del malvado son trampas mor-*
tales,/ las de los rectos, causa de salvación.
7 *Se derrumban los malvados y desaparecen,/*
pero la casa de los honrados subsiste.
8 *Al hombre se lo estima según su prudencia,/*
pero el corazón perverso será despreciado.
9 *Más vale ser modesto y tener un criado/ que*
presumir de rico y no tener pan.
10 *El honrado se preocupa por su ganado,/ el*
malvado no entiende de compasión.
11 *El que cultiva su campo se saciará de pan,/ el*
imprudente se ocupa de ilusiones.
12 *La codicia es la red de los malvados,/ los*
honrados arraigan firmemente.
13 *En la falsedad de sus labios se enreda el mal-*
vado,/ el honrado se librará del peligro.
14 *De lo que uno habla, recoge el fruto;/ de lo*
que uno hace, recibe el pago.
15 *El necio está contento con su proceder,/ el*
sensato escucha el consejo.
16 *El necio muestra enseguida su rabia,/ el*
prudente disimula la ofensa.
17 *El que respira la verdad declara con justi-*
cia,/ el testigo falso con mentiras.
18 *El chismoso hiere como una espada,/ la len-*
gua del sabio sana.
19 *La palabra verdadera permanece para siem-*
pre,/ el mentiroso solo un instante.
20 *El que maquina el mal tiene amargura,/*
quien aconseja la paz vive contento.
21 *Al honrado no le pasa nada malo,/ los mal-*
vados andan llenos de desgracias.
22 *El Señor aborrece el labio mentiroso,/ el*
hombre sincero obtiene su favor.
23 *El hombre prudente oculta su saber,/ la*
mente insensata grita su ignorancia.
24 *Mano trabajadora mandará,/ mano perezo-*
sa servirá.
25 *La angustia del corazón deprime,/ una bue-*
na palabra reanima.
26 *El justo sirve de guía a su prójimo,/ el cami-*
no de los malvados los extravía.
27 *El perezoso no gana su sustento,/ el que tra-*
baja alcanza riquezas.
28 *La senda de la justicia es vida,/ el camino de*
la impiedad lleva a la muerte.

13 1 *El hijo sensato acepta la corrección pater-*
na,/ el arrogante no la escucha.
2 *De lo que uno habla comerá,/ pero los traido-*
res tienen hambre de violencia.
3 *Quien guarda su boca, custodia su vida;/*
quien suelta los labios, marcha a la ruina.
4 *El perezoso desea mucho y no obtiene nada,/*
el que trabaja queda satisfecho.
5 *El honrado aborrece la mentira,/ el malvado*
se hace odioso y se deshonra.
6 *La honradez custodia al hombre íntegro,/ la*
maldad destruye al pecador.
7 *Hay quien presume de rico y no tiene nada,/*
quien pasa por pobre y tiene una fortuna.
8 *Las riquezas del rico le salvan la vida,/ al po-*
bre no le importan las amenazas.
9 *La luz de los honrados es alegre,/ la lámpara*
de los malvados se apaga.
10 *La insolencia provoca discordias,/ la sabi-*
duría acompaña a los que se dejan aconsejar.
11 *Fortuna hecha de golpe encoge,/ el que reúne*
poco a poco enriquece.
12 *Esperanza que tarda entristece el corazón,/*
deseo que se cumple es árbol de vida.
13 *El que desprecia la palabra se perderá,/ el*
que respeta el mandato queda sin deudas.
14 *Fuente de vida es el consejo sabio/ que apar-*
ta de los lazos de la muerte.
15 *El sentido común se gana el favor,/ el camino*
de los perversos conduce a la ruina.
16 *El sagaz actúa con prudencia,/ el necio hace*
gala de su ignorancia.
17 *El mensajero malvado precipita en la des-*
gracia,/ enviado fiel la remedia.
18 *Miseria y vergüenza para quien rechaza la*
corrección,/ el que cumple los avisos recibirá
honor.
19 *Deseo cumplido es dulce a la garganta,/ al*
necio le da asco apartarse del mal.
20 *Trata con los sabios y te harás más sabio,/*
el que se junta con ignorantes se echa a perder.
21 *La desgracia persigue al pecador,/ a los hon-*
rados la paz y el bien.
22 *La herencia del bueno queda en su familia,/*
la fortuna del pecador se reserva para el honrado.
23 *El campo de los nobles da rico sustento,/ pero*
se puede perder por falta de justicia.
24 *El que no usa el castigo odia a su hijo,/ el que*
lo ama lo corrige a tiempo.
25 *El honrado come hasta estar satisfecho,/ el*
vientre del malvado pasa necesidad.

14 1 *La sabiduría edifica su casa,/ la necedad*
la arruina con sus manos.
2 *El que procede rectamente respeta a Dios,/ el*
de conducta torcida lo desprecia.

3 De la boca del necio brota la soberbia,/ los labios del sabio son su defensa.

4 Donde no hay bueyes el establo está limpio,/ pero la fuerza de un toro trae rica cosecha.

5 Un testigo fiel no miente,/ un testigo falso respira mentiras.

6 El arrogante busca sabiduría y no la encuentra,/ la ciencia es fácil para el inteligente.

7 Deja la compañía del necio,/ pues no descubriste saber en sus labios.

8 Encontrar el camino es la sabiduría del prudente,/ el engaño es locura de los necios.

9 Los necios se burlan de sus culpas,/ los rectos gozan de favor.

10 Conoce el corazón su propia amargura/ y no comparte su alegría con ningún extraño.

11 La casa del malvado se arruina,/ la tienda del honrado prospera.

12 Hay un camino que parece recto,/ y va a parar a la muerte.

13 También entre risas llora el corazón,/ y la alegría termina en aflicción.

14 El insensato está satisfecho de su conducta,/ el hombre bueno lo está de sus acciones.

15 El ingenuo se lo cree todo,/ el sagaz se fija en sus pasos.

16 El sabio es cauteloso y se aparta del mal,/ el necio se lanza confiado.

17 El impulsivo hace locuras,/ el reflexivo sabe aguantar.

18 El ingenuo se adorna con necedad,/ el sagaz se corona de saber.

19 Los malos se postrarán ante los buenos,/ y los malvados, a la puerta del honrado.

20 El pobre es odioso aun a su compañero,/ el rico tiene muchos amigos.

21 Quien desprecia a su prójimo, peca;/ dichoso quien se apiada de los pobres.

22 ¿No se extravía el que busca hacer el mal?/ El que busca hacer el bien, es objeto de amor y lealtad.

23 Toda fatiga trae su ganancia,/ pero el charlar trae pobreza.

24 Corona de los sabios es la prudencia,/ collar del insensato es la necedad.

25 El testigo fiel salva vidas,/ el impostor respira mentiras.

26 Respetar al Señor es un refugio seguro/ que servirá de defensa a los hijos.

27 Respetar al Señor es manantial de vida/ que aparta de los lazos de la muerte.

28 Pueblo numeroso es honor del rey,/ la falta de gente es ruina del príncipe.

29 El hombre paciente es rico en prudencia,/ el impulsivo exalta su torpeza.

30 Un corazón pacífico es vida del cuerpo,/ la envidia carcome los huesos.

31 Quien explota al necesitado ofende a su Hacedor,/ quien se apiada del pobre, lo honra.

32 El malvado tropieza en su maldad,/ el honrado se refugia en su integridad.

33 En corazón prudente habita la sabiduría,/ aun en medio de necios se da a conocer.

34 La justicia hace prosperar a una nación,/ el pecado es la ruina de los pueblos.

35 El rey favorece al ministro hábil,/ descarga su ira sobre el indigno.

15

1 Respuesta amable aplaca la ira,/ palabra hiriente aviva el enojo.

2 De la lengua de los sabios brota sabiduría,/ de la boca del necio, necedades.

3 En todo lugar los ojos de Dios/ están vigilando a malos y buenos.

4 Lengua suave es árbol de vida,/ lengua perversa hiere en lo más vivo.

5 El necio desprecia la corrección paterna,/ quien cumple los avisos demuestra inteligencia.

6 En casa del honrado hay abundancia,/ la ganancia del malvado desaparece.

7 Los labios del sensato esparcen saber,/ la mente del necio ignorancia.

8 El Señor aborrece el sacrificio del malvado,/ la oración de los rectos alcanza su favor.

9 El Señor aborrece la conducta del malvado/ y ama al que busca la justicia.

10 El que deja la senda será escarmentado;/ el que odia la corrección, morirá.

11 Infierno y Abismo son conocidos por Dios,/ ¡cuánto más el corazón humano!

12 El insolente no quiere que lo reprendan,/ por eso no se junta con los sabios.

13 Corazón contento cara feliz,/ corazón abatido desalienta el espíritu.

14 El hombre inteligente procura saber,/ la boca del necio se llena de estupideces.

15 Para el desgraciado todos los días son malos,/ el corazón contento está siempre de fiesta.

16 Más vale poco respetando a Dios/ que grandes tesoros con sobresalto.

17 Más vale ración de verdura con amor/ que carne de vaca con rencor.

18 El hombre impulsivo provoca peleas,/ el hombre paciente las calma.

19 El camino del perezoso es como un cerco de espinas,/ la senda de los rectos está limpia.

20 Hijo sabio, alegría de su padre;/ hijo necio, deshonra de su madre.

21 La necedad divierte al insensato,/ el hombre prudente camina derecho.

[22]Fracasan los planes cuando no se consulta,/ y se logran cuando hay consejeros.
[23]¡Qué alegría saber responder,/ qué buena es la palabra oportuna!
[24]El prudente sube por un camino de vida/ que lo aparta de la bajada al Abismo.
[25]El Señor destruye la casa del soberbio/ y mantiene firme la propiedad de la viuda.
[26]El Señor aborrece los malos pensamientos/ y considera puras las palabras amables.
[27]El codicioso arruina su casa,/ el que odia el soborno vivirá.
[28]La mente honrada medita la respuesta,/ la boca del malvado escupe maldades.
[29]El Señor está lejos de los malvados/ y escucha la oración de los honrados.
[30]Mirada serena alegra el corazón,/ buena noticia da vigor a los huesos.
[31]Oído que escucha la corrección saludable/ se hospedará en medio de los doctos.
[32]Quien rechaza la corrección se odia a sí mismo,/ quien escucha la reprensión adquiere juicio.
[33]Respetar al Señor es escuela de sabiduría,/ delante de la gloria camina la humildad.

16 [1]El hombre hace proyectos en su corazón,/ pero el Señor pone la respuesta en sus labios.
[2]A uno le parece limpia su conducta,/ pero es el Señor quien examina las conciencias.
[3]Encomienda al Señor tus tareas,/ y te saldrán bien tus planes.
[4]El Señor da a cada obra su destino,/ también al malvado: el día funesto.
[5]El Señor aborrece al orgulloso,/ tarde o temprano tendrá su castigo.
[6]Bondad y verdad perdonan la culpa,/ el respeto del Señor aparta del mal.
[7]Cuando el Señor aprueba la conducta de un hombre/ lo reconcilia con sus enemigos.
[8]Más vale poco con justicia/ que muchas ganancias injustas.
[9]El hombre planea su camino,/ el Señor le dirige los pasos.
[10]Hay un oráculo en los labios del rey:/ no se equivoca cuando dicta sentencia.
[11]Los platillos de la balanza son del Señor,/ todas las pesas son obra suya.
[12]El rey aborrece el obrar mal,/ porque su trono se asienta en la justicia.
[13]El rey aprueba unos labios sinceros/ y ama a quien habla rectamente.
[14]La ira del rey es anuncio de muerte,/ el hombre sensato logra aplacarla.
[15]El rostro sereno del rey trae vida,/ su favor es nube que trae lluvia.
[16]Mejor es comprar sabiduría que oro,/ más vale comprar prudencia que plata.
[17]La senda de los hombres rectos se aparta del mal;/ quien vigila su camino guarda su vida.
[18]Delante de la ruina va la soberbia,/ delante de la caída va el orgullo.
[19]Más vale ser humilde con los pobres/ que repartir botín con los soberbios.
[20]Al que mide sus palabras le irá bien,/ dichoso el que confía en el Señor.
[21]El hombre juicioso tiene fama de prudente,/ las palabras amables convencen mejor.
[22]Fuente de vida es la sabiduría para el que la posee,/ la necedad es castigo del necio.
[23]A mente sabia, boca discreta;/ sus labios convencen mejor.
[24]Panal de miel son las palabras amables,/ dulzura en la garganta, salud de los huesos.
[25]Hay caminos que parecen derechos/ y van a parar a la muerte.
[26]El que pasa necesidad trabaja con afán,/ porque el hambre lo estimula.
[27]El hombre depravado cava zanjas funestas/ y lleva en los labios fuego devorador.
[28]El hombre tramposo provoca peleas,/ el que anda con cuentos causa enemistades.
[29]El hombre violento seduce a su prójimo/ y lo guía por mal camino.
[30]Quien guiña un ojo medita engaños,/ quién se muerde los labios ya ha hecho el mal.
[31]Las canas son noble corona:/ ganada en el camino de la justicia.
[32]Más vale paciencia que valentía,/ más vale saberse dominar que conquistar una ciudad.
[33]El hombre echa las suertes,/ pero la decisión viene del Señor.

17 [1]Más vale pan duro con paz/ que casa llena de festines y peleas.
[2]El servidor inteligente se impondrá al hijo indigno/ y compartirá la herencia con los hermanos.
[3]La plata se prueba en el horno, el oro en el crisol,/ los corazones los prueba el Señor.
[4]El malvado hace caso de labios mentirosos,/ el embustero presta oído a lengua maligna.
[5]Quien se burla del pobre afrenta a su Hacedor,/ quien se alegra de la desgracia no quedará sin castigo.
[6]Corona de los ancianos son los nietos,/ el orgullo de los hijos son los padres.
[7]No le va al tonto el lenguaje elevado,/ ni al hombre respetable hablar con engaños.

8El soborno le parece piedra mágica al que lo
da:/ consigue cuanto se propone.
9Quien busca amistad disimula la ofensa,/
quien la recuerda, aleja al amigo.
10Una corrección aprovecha al prudente/ más
que cien golpes al imprudente.
11El revoltoso busca dificultades:/ le enviarán
un mensajero cruel.
12Encuentre yo una osa a quien robaron las
crías/ y no un necio diciendo tonterías.
13A quien paga mal por bien,/ el mal no se
apartará de su casa.
14Quien comienza una discusión abre una re-
presa:/ antes de involucrarte, retírate.
15Al que absuelve al culpable y al que condena
al inocente,/ a los dos los aborrece el Señor.
16¿De qué sirve el dinero en mano del necio?/
¿Podrá comprar sabiduría si no tiene seso?
17El amigo ama en toda ocasión,/ y el hermano
nació para compartir la adversidad.
18Es un insensato quien estrecha la mano/ sa-
liendo fiador de su vecino.
19Quien ama las peleas ama el delito,/ quien
agranda la puerta invita al robo.
20Corazón perverso no hará fortuna,/ lengua
retorcida caerá en la desgracia.
21Quien engendra un tonto pasará penas,/ no
tendrá alegría el padre de un necio.
22Corazón alegre favorece la sanación,/ áni-
mo abatido seca los huesos.
23El malvado acepta soborno a escondidas/
para torcer el curso de la justicia.
24La sabiduría está delante del sensato,/ pero
el necio mira al vacío.
25Un hijo necio es la tristeza del padre,/ y
fuente de amargura de la madre.
26No está bien multar al hombre inocente,/ ni
azotar al hombre honorable.
27Ahorra palabras el hombre sabio,/ mantiene
la calma el hombre prudente.
28Necio callado pasa por sabio;/ el que cierra
los labios, por prudente.

18 1El hombre egoísta sigue sus caprichos/ y
se irrita contra todo sano consejo.
2Al necio no le gusta la discreción,/ sino publi-
car lo que piensa.
3Con la maldad entra el desprecio/ y con el or-
gullo, la deshonra.
4Las palabras de un hombre son agua profun-
da,/ arroyo que fluye, fuente de sensatez.
5No es justo favorecer al culpable/ negando su
derecho al inocente.
6Los labios del necio se meten en peleas/ y su
boca llama a los golpes.
7La boca del necio es su ruina,/ en sus labios se
enreda él mismo.
8Las palabras del que murmura son golosinas/
que bajan hasta lo hondo del vientre.
9El hombre irresponsable en sus asuntos/ es
hermano del que destruye.
10El Nombre del Señor es una torre fortifica-
da:/ a ella acude el honrado, y es inaccesible.
11La fortuna del rico es su fortaleza,/ se la
imagina como alta muralla.
12Antes de la ruina el corazón fue soberbio,/
antes de la gloria fue humilde.
13El que contesta antes de escuchar/ sufrirá la
vergüenza de su necedad.
14Buen ánimo sostiene en la enfermedad;/
ánimo abatido, ¿quién lo levantará?
15Mente inteligente adquiere saber,/ oído sen-
sato busca conocer.
16Los regalos abren paso al hombre/ y lo pre-
sentan ante los grandes.
17El primero que se defiende parece tener ra-
zón,/ hasta que llega el otro y lo interroga.
18La suerte pone fin a las disputas/ y decide
entre los poderosos.
19El hermano ofendido es peor que ciudad
amurallada,/ las peleas son cerrojo de castillo.
20De los frutos del hablar se sacia el vientre,/
uno se sacia de la cosecha de los labios.
21Muerte y vida están en poder de la lengua:/
lo que elija eso comerá.
22Quien encuentra mujer encuentra un bien,/
alcanza favor del Señor.
23El pobre habla suplicando,/ el rico responde
con altanería.
24Hay compañeros que se maltratan/ y amigos
más unidos que un hermano.

19 1Más vale pobre y honrado/ que necio y
mentiroso.
2No vale voluntad sin reflexión:/ quien apura
el paso, tropieza.
3La necedad del hombre le hace perder su ca-
mino,/ su corazón se irrita y echa la culpa al
Señor.
4La riqueza procura muchos amigos,/ al pobre
hasta sus amigos lo abandonan.
5Testigo falso no quedará sin castigo,/ el testi-
go mentiroso no escapará.
6Muchos halagan al hombre generoso/ y todos
son amigos del que hace regalos.
7Si al pobre hasta sus hermanos lo desprecian,/
cuánto más se distanciarán de él los amigos.
8Quien adquiere buen juicio se ama a sí mis-
mo,/ a quien conserva la prudencia le irá bien.
9Testigo falso no quedará sin castigo,/ el que
dice mentiras perecerá.

[10]No le va al necio vivir con lujo,/ cuánto me-
nos al servidor mandar a los príncipes.
[11]El hombre sensato frena la ira,/ su honor
consiste en pasar por alto una ofensa.
[12]Rugido de león es la cólera del rey,/ rocío so-
bre hierba su favor.
[13]Hijo necio es desgracia del padre,/ mujer que
pelea es gotera continua.
[14]Casa y fortuna son herencia de los padres,/
mujer habilidosa es don del Señor.
[15]La pereza hace dormir profundamente,/ el
perezoso pasará hambre.
[16]Quien guarda el precepto guarda su vida,/
quien descuida su conducta morirá.
[17]Quien se apiada del pobre presta al Señor,/ y
él le dará su recompensa.
[18]Corrige a tu hijo mientras hay esperanza,/
pero no te enfurezcas hasta matarlo.
[19]El que se enoja pagará una multa,/ librarlo
del castigo empeora las cosas.
[20]Escucha el consejo, acepta la corrección/ y
llegarás a ser sensato.
[21]El hombre medita muchos planes,/ pero se
cumple el designio del Señor.
[22]Lo que se espera del hombre es su lealtad:/
más vale pobre que traidor.
[23]Respetar al Señor es vida:/ uno duerme sa-
tisfecho y sin pesadillas.
[24]El perezoso mete la mano en el plato/ pero no
es capaz de llevarla a la boca.
[25]Castiga al insolente y el inexperto se hará
cauteloso;/ reprende al prudente y aumentará
su saber.
[26]Quien maltrata al padre y expulsa a la ma-
dre/ es hijo indigno e infame.
[27]Hijo mío, deja de aceptar la corrección/ y te
perderás por falta de principios.
[28]El testigo falso se burla del derecho,/ la boca
del perverso se traga el crimen.
[29]Para los insolentes hay látigos preparados/ y
azotes para la espalda de los necios.

20 [1]El vino hace insolente, el licor alborota;/
bajo sus efectos nadie actúa con sabiduría.
[2]Como rugido de león el terror del rey:/ quien
lo irrita se juega la vida.
[3]Es un honor vivir sin peleas,/ pero el necio se
enreda en discusiones.
[4]En otoño no ara el perezoso,/ en la cosecha
pide y no hay.
[5]Agua profunda son las intenciones secretas:/
el hombre inteligente sabe descubrirlas.
[6]Muchos tienen fama de bondadosos,/ pero un
hombre de confianza, ¿quién lo hallará?
[7]Honrado es quien procede con rectitud:/ di-
chosos los hijos que le sucedan.
[8]Un rey sentado en el tribunal/ con su mirada
barre toda maldad.
[9]¿Quién podrá decir:/ tengo la conciencia pu-
ra, me he limpiado de pecados?
[10]Pesas desiguales, medidas desiguales:/ las
dos cosas las aborrece el Señor.
[11]Ya con sus acciones deja ver el muchacho/ si
su conducta será pura y recta.
[12]Oído que escucha, ojo que mira:/ ambas co-
sas las hizo el Señor.
[13]No tomes gusto al sueño, que te empobrece-
rás;/ despega los ojos y te saciarás de pan.
[14]Malo, malo, dice el comprador;/ después se
aleja felicitándose por su compra.
[15]Existe el oro y las finas perlas,/ pero la joya
valiosa son unos labios prudentes.
[16]Quítale la ropa, sácale prendas,/ pues salió
fiador de un extraño desconocido.
[17]Es sabroso el pan robado,/ después se llena la
boca de piedras.
[18]Prepara tus planes aconsejándote,/ y haz la
guerra con táctica.
[19]El que anda con cuentos revela secretos,/ no
te juntes con el de labios fáciles.
[20]Al que maldice a su padre y a su madre/ se le
apagará la lámpara en plena oscuridad.
[21]Fortuna adquirida rápidamente/ al final no
prosperará.
[22]No digas: Me las pagará;/ espera en el Señor,
que él te defenderá.
[23]El Señor aborrece pesas desiguales,/ no es
justa la balanza con trampa.
[24]El Señor dirige los pasos del hombre;/ nadie
conoce su propio destino.
[25]Es una trampa prometer algo a la ligera/ y
después de prometido pensarlo.
[26]Rey prudente aleja a los malvados/ y hace
rodar la rueda sobre ellos.
[27]El espíritu humano es lámpara del Señor/
que penetra hasta lo íntimo de las entrañas.
[28]Misericordia y lealtad guardan al rey,/ la
misericordia asegura su trono.
[29]Orgullo del joven es su fuerza,/ honra del
anciano son sus canas.
[30]Heridas y llagas purifican del mal;/ los gol-
pes sanan la conciencia.

21 [1]El corazón del rey es una corriente de
agua en manos de Dios:/ la dirige a donde
quiere.
[2]Al hombre le parece siempre recto su cami-
no,/ pero es Dios quien pesa los corazones.
[3]Practicar el derecho y la justicia/ agrada a
Dios más que los sacrificios.
[4]Ojos altaneros, mente ambiciosa;/ la luz de
los malvados, todo es pecado.

5 *Los planes del hombre cuidadoso traen ga-
nancia,/ los del precipitado traen pobreza.*
6 *Acumular tesoros con la mentira/ es soplo
que se esfuma, trampa mortal.*
7 *La violencia de los malvados los acecha/ por-
que se negaron a respetar el derecho.*
8 *El camino del vicioso zigzaguea,/ la conducta
del honrado es recta.*
9 *Más vale vivir en un rincón de la azotea/ que
compartir la casa con mujer pendenciera.*
10 *Afán del malvado es desear el mal,/ mira sin
piedad a su prójimo.*
11 *Cuando el insolente la paga, aprende el
imprudente;/ pero el sabio aprende con la
experiencia.*
12 *El justo observa la casa del malvado:/ y pre-
cipita al malvado en la ruina.*
13 *Quien cierra los oídos al clamor del necesi-
tado/ no será escuchado cuando grite.*
14 *Un regalo a escondidas aplaca el enojo;/ un
obsequio hecho con discreción, la áspera ira.*
15 *Al hacerse justicia, el honrado se alegra,/ el
malhechor tiembla./* 16 *Quien se extravía del ca-
mino de la prudencia/ descansará en la asam-
blea de los muertos.*
17 *Quien ama los festejos acabará mendigo,/
quien ama el vino y los perfumes no llegará a
rico.*
18 *El malvado pagará por el honrado;/ el trai-
dor, por el hombre recto.*
19 *Más vale habitar en el desierto/ que con mu-
jer pendenciera y de mal genio.*
20 *Un tesoro precioso hay en casa del sabio,/ el
insensato lo consume.*
21 *El que busca justicia y misericordia/ alcan-
zará vida y gloria.*
22 *El hombre sabio atacará la ciudad bien de-
fendida/ y derribará la fortaleza confiada.*
23 *Quien cuida la boca y la lengua/ nunca se
mete en aprietos.*
24 *Se llama arrogante al insolente fanfarrón/
que procede con pasión y soberbia.*
25 *Los deseos dan muerte al perezoso,/ porque
sus manos se niegan a trabajar.*
26 *Todo es desear y desear para el perezoso,/ pe-
ro el honrado da sin tacañerías.*
27 *Los sacrificios del malvado son repugnan-
tes,/ y mucho más si los ofrece con cálculo.*
28 *El testigo falso perecerá,/ el que escucha
tendrá la última palabra.*
29 *El malvado aparenta seguridad:/ el honrado
está seguro de su camino.*
30 *No hay habilidad ni hay prudencia/ ni hay
consejo frente al Señor.*
31 *Se prepara el caballo para la batalla,/ pero la
victoria la da el Señor.*

22 1 *Mejor es buena fama que riquezas,/ más
vale simpatía que oro y plata.*
2 *El rico y el pobre tienen algo en común:/ a
ambos los hizo el Señor.*
3 *El prudente ve el peligro y lo evita,/ el impru-
dente sigue y lo paga.*
4 *En las huellas de la humildad y el respeto de
Dios/ caminan riqueza, honor y vida.*
5 *Hay lazos y trampas en la senda del perver-
so:/ quien cuida su vida se aparta de ellos.*
6 *Educa al muchacho en el buen camino:/
cuando envejezca no se apartará de él.*
7 *El rico será señor de los pobres,/ el deudor se-
rá esclavo del acreedor.*
8 *Quien siembra maldad cosecha desgracia:/ el
látigo de su furor lo consumirá.*
9 *El generoso será bendecido/ porque repartió
su pan con el pobre.*
10 *Echa al insolente: se acabará la discordia/ y
cesarán peleas e insultos.*
11 *El rey ama un corazón limpio/ y aprecia un
hablar ingenioso.*
12 *Los ojos del Señor custodian el saber/ y ha-
cen fracasar las palabras del traidor.*
13 *¡Afuera hay un león!, dice el perezoso,/ en
plena calle me matará.*
14 *Fosa profunda es la boca de la ramera,/ el
enemistado con Dios caerá en ella.*
15 *La estupidez se pega al corazón del joven:/ el
látigo de la corrección se la apartará.*
16 *Se oprime al pobre para enriquecerse,/ se da
al rico para envilecerse.*

PALABRAS DE LOS SABIOS (22,17–24,22)

17 *Presta oído y escucha las palabras de los sa-
bios,/ presta atención a mi experiencia:/* 18 *te
serán gratas si las guardas dentro de ti/ y las
tienes todas a punto en tus labios;/* 19 *para que
pongas en Dios tu confianza,/ también a ti te
instruiré.*
20 *He escrito para ti treinta máximas de expe-
riencia,/* 21 *para enseñarte a conocer la verdad/
y a dar razón de ella al que te dio un encargo.*
22 *No explotes al pobre, porque es pobre;/ no
atropelles al desgraciado en el tribunal,/* 23 *por-
que el Señor defenderá su causa/ y despojará de
la vida a los que lo despojan.*
24 *No te juntes con el malhumorado/ ni vayas
con el violento,/* 25 *no sea que te acostumbres a
sus caminos/ y te pongas una trampa mortal.*
26 *No seas fácil en dar la mano/ empeñándote
en deudas,/* 27 *pues si no tienes qué devolver,/ te
quitarán la cama en la que duermes.*
28 *No cambies de lugar los linderos antiguos/
que colocaron tus abuelos.*

29¿Has visto un hombre hábil en su oficio?/ Es-
tará al servicio de reyes,/ no estará al servicio
de gente mediocre.

23 1Sentado a la mesa de un señor,/ mira bien
quién tienes delante;/ 2ponte un cuchillo
a la garganta/ si tienes mucha hambre;/ 3no
seas ansioso de sus manjares,/ que son comida
engañosa.
4No te esfuerces por enriquecerte,/ deja de
pensar en ello;/ 5si te fijas bien, verás que no hay
riqueza,/ ha echado alas como un águila y vuela
por el cielo.
6No te sientes a comer con el avaro/ ni an-
síes sus manjares:/ 7son un pelo en la garganta,
amargura en el paladar;/ te dice: come y bebe,
pero no te aprecia;/ 8el bocado comido lo tendrás
que vomitar/ y habrás malgastado tus palabras
corteses.
9No hables a oídos necios,/ porque desprecia-
rán tus sabias razones.
10No cambies de lugar los linderos antiguos/ ni
te metas en el campo del huérfano,/ 11porque su
defensor es fuerte/ y defenderá su causa contra
ti.
12Haz caso de la corrección,/ presta oído a los
consejos de la experiencia.
13No ahorres castigo al muchacho:/ porque le
azotes con látigo no morirá;/ 14tú lo azotas con el
látigo/ pero libras su vida del Abismo.
15Hijo mío, si tu corazón se hace sabio,/ yo me
alegraré de corazón,/ 16sentiré un gozo entra-
ñable/ cuando tus labios hablen como es debido.
17No sientas envidia de los pecadores,/ sino
siempre de los que respetan a Dios;/ 18así ten-
drás un porvenir,/ y tu esperanza no fracasará.
19Escucha, hijo mío, sé juicioso,/ encamina
bien tu mente:/ 20no te juntes con bebedores/ ni
vayas con comilones,/ 21porque bebedores y co-
milones se arruinarán/ y el perezoso se vestirá
de harapos.
22Escucha al padre que te engendró,/ no des-
precies la vejez de tu madre:/ 23compra la verdad
y no la vendas,/ sabiduría, educación y pruden-
cia;/ 24el padre del honrado se llenará de gozo,/
el que engendra un hijo sabio se alegrará,/ 25tu
padre estará contento de ti/ y gozará la que te
dio a luz.
26Hijo mío, hazme caso,/ acepta de buena gana
mis indicaciones.
27Trampa peligrosa es la mala mujer,/ pozo
angosto es la ramera;/ 28se pone al acecho co-
mo un ladrón/ y provoca traiciones entre los
hombres.
29¿Quién sufre?, ¿quién se queja?,/ ¿quién pe-
lea?, ¿quién se lamenta?,/ ¿quién recibe golpes
sin motivo?, ¿quién tiene la mirada turbia?
30El que vive para el vino/ y va catando bebidas.
31No mires al vino cuando rojea/ y lanza des-
tellos en la copa;/ 32se desliza suavemente, al
final muerde como culebra/ y pica como víbora.
33Tus ojos verán maravillas,/ tu mente imagi-
nará absurdos;/ 34te hará sentir como quien está
en alta mar/ o agarrado en la punta de un mástil.
35Me han golpeado, y no me ha dolido;/ me han
sacudido, y no lo he sentido;/ en cuanto despier-
te volveré a pedir más.

24 1No envidies a los malvados/ ni desees
vivir con ellos, 2su mente medita violen-
cias,/ sus labios dicen maldades.
3Con la sabiduría se construye una casa,/ con
la prudencia se mantiene firme,/ 4con el saber
se llenan sus cuartos/ de bienes, riquezas y
comodidades.
5Más vale maña que fuerza,/ experiencia más
que vigor.
6Con buenos planes se gana la guerra,/ y la
victoria es fruto del consejo.
7La sabiduría es demasiado para el necio:/ no
abrirá la boca en público.
8Al que medita maldades/ lo llamarán malin-
tencionado;/ 9el que trama locuras fracasa;/
al insolente lo detestan los hombres./ 10¿Te has
desanimado en el momento del peligro?,/ tu
fuerza es limitada.
11Salva a los condenados a muerte,/ saca del
peligro al que está para morir.
12Aunque digas que no lo sabías,/ ¿no lo va
a saber el que pesa los corazones?,/ ¿no lo sa-
brá el que vigila tu vida/ y paga al hombre sus
acciones?
13Hijo mío, come miel, que es buena;/ el panal
es dulce al paladar:/ 14así sean el conocimiento y
la sabiduría para tu alma;/ si los alcanzas ten-
drás un porvenir/ y tu esperanza no fracasará.
15No aceches la casa del honrado/ ni destruyas
su rebaño,/ 16pues aunque caiga siete veces el
honrado se levantará,/ mientras que los malva-
dos se hundirán en la desgracia.
17Si cae tu enemigo no te alegres;/ si tropieza,
no lo celebres,/ 18no sea que el Señor lo vea/ y
retire su enojo de él.
19No te enojes por causa de los malvados,/ no
envidies a los que obran mal;/ 20porque el per-
verso no tiene futuro,/ la lámpara de los malva-
dos se apagará.
21Hijo mío, teme al Señor y al rey;/ no provo-
ques a ninguno de los dos,/ 22porque de repente
salta su castigo,/ y, ¿quién conoce su furor?

OTRAS SENTENCIAS (24,23-34)

23*No es justo ser parcial al juzgar:/ 24a quien
declara inocente al culpable/ la gente lo maldice
y se irrita contra él;/ 25pero a quienes lo casti-
gan, les va bien,/ sobre ellos caen bendiciones.*
26*Quien da una respuesta oportuna,/ es como
si diera un beso en los labios.*
27*Ordena tus asuntos en la calle y realiza tus
tareas en el campo,/ después podrás edificar tu
casa.*
28*No atestigües sin motivo contra tu prójimo,/
no engañes con los labios.*
29*No digas: le haré lo que me hizo,/ me las ha
de pagar.*
30*Pasé por el campo de un perezoso,/ por la vi-
ña de un hombre sin juicio:/ 31todo era espinas
que crecían, los cardos cubrían el terreno,/ la
cerca de piedras estaba derribada;/ 32al verlo,
reflexioné;/ al mirarlo, aprendí esta lección./
33Un rato duermes, un rato descansas,/ un rato
cruzas los brazos para dormitar mejor,/ 34y te
llega la pobreza del vagabundo,/ la penuria del
mendigo.*

PROVERBIOS DE SALOMÓN II (25–29)

25 1*Otros proverbios del rey Salomón que
recogieron/ los escribientes de Ezequías,
rey de Judá.*
2*Es gloria de Dios ocultar un asunto,/ es gloria
de reyes averiguarlo.*
3*La altura del cielo, la profundidad de la tie-
rra/ y el corazón de los reyes son impenetrables.*
4*Aparta las impurezas de la plata,/ el platero
hará una copa;/ 5aparta al malvado del servicio
del rey,/ y su trono se afirmará en la justicia.*
6*No te des importancia en la presencia del
rey,/ ni te coloques con los grandes:/ 7más vale
escuchar: Sube aquí,/ que ser humillado ante los
nobles.*
8*Aun sobre lo que han visto tus ojos/ no te apu-
res en llevarlo a los tribunales,/ pues, ¿qué harás
al final,/ cuando tu prójimo te deje confundido?*
9*Arregla el pleito con tu vecino/ pero no reve-
les secretos ajenos,/ 10para que no te desprecie
el que lo oye/ y tu deshonra no tenga remedio.*
11*Naranjas de oro en diseños de plata/ son las
palabras pronunciadas a su tiempo.*
12*Pendientes de oro y alhajas de oro fino/ es el
sabio que amonesta al que sabe escuchar.*
13*Frescura de nieve en tiempo de cosecha/ es el
mensajero fiel para quien lo envía.*
14*Nubes y viento sin caer gota/ es quien pro-
mete orgullosamente pero no cumple.*
15*Con paciencia se convence a un gobernan-
te,/ las palabras suaves rompen la resistencia.*
16*Si encuentras miel come lo justo,/ no sea que
te hartes y la vomites.*
17*No visites con frecuencia a tu vecino,/ no sea
que lo hartes y te aborrezca.*
18*Maza, espada y flecha aguda/ es el que de-
clara en falso contra su amigo.*
19*Diente picado y pie que resbala/ es confiar
en el traidor cuando llega el peligro.*
20*Vinagre en la llaga, ir sin ropa en el frío/ es
cantar coplas a corazón apenado.*
21*Si tu enemigo tiene hambre, dale de comer;/
si tiene sed, dale de beber;/ 22así enrojecerá de
vergüenza/ y el Señor te lo pagará.*
23*Viento de noroeste trae lluvia;/ lengua mur-
muradora, caras furiosas.*
24*Más vale vivir en un rincón de la azotea/ que
en casa amplia con mujer pendenciera.*
25*Agua fresca en garganta sedienta/ es la bue-
na noticia de tierra lejana.*
26*Manantial turbio, fuente contaminada,/ el
honrado que tiembla ante el malvado.*
27*Comer mucha miel no aprovecha,/ ni buscar
excesivos honores.*
28*Ciudad desmantelada y sin muralla/ el hom-
bre que no domina su pasión.*

26 1*No le va bien la nieve al verano,/ ni la llu-
via al momento de la cosecha,/ ni el honor
al necio.*
2*Como gorrión que aletea, como golondrina
sin nido,/ la maldición injusta no va a ninguna
parte.*
3*Para el caballo el látigo, para el burro el fre-
no,/ para la espalda del necio un garrote.*
4*No respondas al necio según su locura,/ no te
vayas a igualar a él;/ 5responde al necio hacién-
dole ver su locura,/ para que no se crea que es
inteligente.*
6*Se corta las piernas y bebe vinagre/ quien en-
vía mensajes por medio de un necio.*
7*Como son inseguras las piernas del inváli-
do,/ así un proverbio en la boca del necio.*
8*Quiere sujetar una piedra en la honda/ quien
concede honores a un necio.*
9*Rama de espino en manos de un borracho/ es
un proverbio en boca de un necio.*
10*Arquero que hiere a cualquiera que pasa/ el
que contrata a un necio o a un borracho.*
11*Perro que vuelve a su vómito/ es el necio que
insiste en sus estupideces.*
12*¿Has visto a uno que se tiene por sabio?/ De
un necio se puede esperar más.*
13*Dice el perezoso: Hay un león en el camino,/
hay una fiera en la calle.*
14*La puerta gira en sus bisagras,/ el perezoso
en la cama.*

15El flojo mete la mano en el plato/ y lo cansa
llevársela a la boca.
16El perezoso se cree más sabio/ que siete per-
sonas que saben responder.
17Agarra un perro por las orejas/ quien se mete
en una discusión ajena.
18Como un loco que tira/ flechas y lanzas mor-
tales,/ 19así es el que engaña a su amigo/ y luego
le dice: Era en broma.
20Si se acaba la leña, se apaga el fuego;/ si no
está el chismoso, se acaba la discusión.
21Para hacer brasas, carbón, y para ha-
cer fuego, leña;/ para entablar una pelea, el
pendenciero.
22Las palabras del chismoso son como golosi-
nas/ que bajan hasta lo profundo de las entrañas.
23Barniz que recubre la vasija de barro/ son las
palabras melosas de un corazón perverso.
24Disimula con los labios el que odia,/ mientras
que por dentro medita engaños;/ 25aunque te ha-
ble con ternura, no le creas,/ lleva dentro siete
maldades;/ 26aunque encubra el odio con disimu-
lo,/ su maldad se descubrirá en la asamblea.
27El que cava una fosa caerá en ella,/ al que ha-
ce rodar una piedra le caerá encima.
28Lengua mentirosa duplica los daños,/ boca
que adula empuja a la ruina.

27 1No te glories del mañana,/ no sabes lo que
traerá el mañana.
2Que te alabe el extraño, y no tu boca;/ el des-
conocido, y no tus labios.
3Pesada es la piedra y también la carga de are-
na:/ más pesado es el mal genio del necio.
4Cruel es el enojo, destructiva la ira,/ pero,
¿quién resistirá a los celos?
5Más vale corrección hecha con franqueza/ que ca-
riño falso.
6Más se puede confiar en el amigo que hiere,/
que en el beso del enemigo.
7El que tiene el estómago lleno pisotea el panal,/
para el hambriento hasta lo amargo es dulce.
8Pájaro escapado del nido/ es el vagabundo
lejos de su hogar.
9Perfume e incienso alegran el corazón,/ el
consejo del amigo endulza el ánimo.
10No abandones a tu amigo ni al amigo de tu
padre,/ no vayas con tus problemas a casa de tu
hermano./ Más vale vecino cerca que hermano
lejos.
11Ten juicio, hijo mío; dame esa alegría,/ y po-
dré responder a los que me ofenden.
12El prudente ve el peligro y lo evita,/ el im-
prudente sigue adelante y lo paga.
13Toma la ropa de quien salió fiador por un des-
conocido/ y quedó empeñado por un extraño.
14Quien saluda al vecino de madrugada y a
gritos/ es como si lo maldijera.
15Gotera continua en día de chaparrón/ y mu-
jer pendenciera se parecen:/ 16querer sujetarla es
sujetar el viento/ y agarrar aceite con la mano.
17El hierro afila al hierro,/ el hombre en el tra-
to con su prójimo.
18Quien cuida una higuera comerá higos,/
quien custodia a su jefe recibirá honores.
19Como el rostro se refleja en el agua,/ así el
hombre en su conciencia.
20Infierno y Abismo son insaciables,/ insacia-
bles son los ojos del hombre.
21La plata en el horno, el oro en el crisol,/ y el
hombre en la boca de quien lo alaba.
22Aunque machaques al necio en un mortero,/
no le quitarás su estupidez.
23Observa bien el aspecto de tus ovejas/ y fí-
jate en tus rebaños;/ 24porque la fortuna no
dura siempre/ ni la corona de generación en
generación.
25Nace la hierba, asoma el césped,/ se recoge
el pasto de los montes;/ 26tus ovejas te dan ves-
tido,/ tus cabritos dinero para comprarte un
campo,/ 27las cabras leche para alimentarte tú y
tu familia/ y para mantener a tus criadas.

28 1El malvado huye sin que lo persigan,/ el
honrado va seguro como un león.
2Por los crímenes de un país se multiplican
sus jefes;/ con un hombre prudente y experto se
mantiene el orden.
3Pobre que explota a los pobres/ es lluvia to-
rrencial que no da pan.
4Los que abandonan la ley alaban al malvado,/
los que cumplen la ley rompen con ellos./ 5Los
malvados no entienden la justicia,/ el que con-
sulta al Señor lo entiende todo.
6Más vale pobre y honrado/ que rico
malintencionado.
7El que cumple la ley es prudente,/ el que se
junta con depravados avergüenza a su padre.
8El que aumenta sus riquezas prestando a
usura/ acumula para el que se compadece de los
pobres
9Si uno aparta sus oídos de la ley,/ también su
oración será aborrecida.
10El que extravía a los rectos por el mal cami-
no/ caerá en su propia trampa.
11El rico se cree sabio,/ pero el pobre con inte-
ligencia lo conoce a fondo.
12Cuando triunfan los honrados hay fiesta;/
cuando se imponen los malvados, se esconde la
gente.
13El que oculta sus crímenes no prosperará,/ el
que los confiesa y se arrepiente será perdonado.

14 Dichoso el hombre que teme siempre al Se-
ñor,/ pero el terco caerá en la desgracia.
15 León rugiente y oso hambriento/ es el gober-
nante malvado para los pobres.
16 Un príncipe imprudente oprime a muchos;/
el que odia el lucro prolongará sus años.
17 El hombre culpable de homicidio/ corre a la
tumba: ¡nadie lo detenga!
18 El de conducta recta se salva,/ el que camina
por atajos caerá en la trampa.
19 El que cultiva su campo se saciará de pan,/ el
que sigue ilusiones se hartará de miseria.
20 Hombre sincero, rico en bendiciones;/ el que
tiene apuro por enriquecerse no quedará sin
castigo.
21 No es justo discriminar a la gente:/ por un
pedazo de pan el hombre comete un crimen.
22 El avaro se apura por enriquecerse/ y no sa-
be que le llegará la miseria.
23 El que reprende a otro será más estimado/
que el de lengua aduladora.
24 El que roba a sus padres y dice: No he peca-
do,/ hace compañía al criminal.
25 El que ambiciona mucho provoca peleas,/ el
que confía en el Señor prosperará.
26 El que se fía de sí mismo es un necio,/ el que
procede con sabiduría está a salvo.
27 El que da al pobre no pasará necesidad,/ el
que se desentiende se llenará de maldiciones.
28 Cuando se imponen los malvados, uno se
esconde;/ cuando desaparecen, prosperan los
honrados.

29 1 El hombre que se enoja cuando lo corri-
gen/ fracasará de improviso y sin remedio.
2 Cuando gobiernan los honrados se alegra el
pueblo,/ cuando mandan los malvados se queja
el pueblo.
3 El que ama la sabiduría alegra a su padre,/ el
que se junta con rameras malgasta su fortuna.
4 Un rey justo hace estable el país,/ el que lo
carga de impuestos lo arruina.
5 El hombre que adula a su compañero/ tiende
una trampa a sus pasos.
6 El crimen del malvado es su propia trampa;/
pero el honrado vive alegre.
7 El justo atiende a la causa de los pobres,/ el
malvado no comprende nada.
8 Los provocadores agitan la ciudad,/ los sa-
bios calman los ánimos.
9 Cuando el sabio pleitea con el necio,/ aunque
se enoje o se ría, no consigue nada.
10 Los sanguinarios odian al hombre de bien,/
los honrados cuidan de su vida.
11 El necio da rienda suelta a toda su pasión,/ y
el sabio acaba por refrenarla.
12 El gobernante que hace caso de calumnias/
tendrá a criminales por ministros.
13 El pobre y el usurero tienen algo en común:/
el Señor da luz a los ojos de ambos.
14 Cuando un rey juzga lealmente a los necesi-
tados,/ su trono está firme por siempre.
15 Palos y correcciones procuran sabiduría,/
muchacho consentido avergüenza a su madre.
16 Cuando mandan los malvados aumentan los
crímenes,/ pero los honrados los verán caer.
17 Corrige a tu hijo y te dará descanso/ y
satisfacciones.
18 Donde no hay profeta, el pueblo queda sin
freno;/ pero dichoso el que guarda la ley.
19 A un esclavo no se lo corrige con palabras,/ aun-
que entienda no hará caso.
20 ¿Has visto a un hombre que habla sin parar?/
Más se puede esperar de un necio.
21 El que consiente al esclavo cuando mucha-
cho,/ al final lo lamentará.
22 Hombre impulsivo aviva las peleas,/ el vio-
lento muchedumbre de crímenes.
23 La soberbia de un hombre lo humillará,/ el
humilde conservará su honor.
24 El que va a medias con el ladrón se odia a sí
mismo:/ aunque oye maldiciones no lo denuncia.
25 El que teme a los hombres caerá en la tram-
pa,/ el que confía en el Señor vivirá seguro.
26 Muchos buscan el favor del que manda,/ pe-
ro la sentencia viene de Dios.
27 El criminal es aborrecido por los honrados,/
el hombre recto es aborrecido por el malvado.

PROVERBIOS DE AGUR (30,1-33)

30 1 Máximas de Agur, hijo de Yaqué, el
masaíta.
Oráculo del varón: Me he fatigado, oh Dios,/
me he fatigado y me rindo;/
2 porque soy muy
torpe, menos que hombre,/ y no tengo inteligen-
cia humana,/
3 no he aprendido a ser sabio/ ni he
llegado a comprender al Santo.
4 ¿Quién subió al cielo y luego bajó?,/ ¿quién
recogió el viento en el puño?,/ ¿quién encerró el
mar en una capa?,/ ¿quién fijó los confines del
mundo?/ ¿Cuál es su nombre y su apellido, si lo
sabes?
5 Cada Palabra de Dios es verdadera,/ él es es-
cudo para los que se refugian en él.
6 No añadas nada a sus dichos,/ no sea que te
reprenda y quedes como mentiroso.
7 Dos cosas te he pedido a ti;/ no me las niegues
mientras viva:/
8 aleja de mí falsedad y mentira;/
no me des riqueza ni pobreza,/ concédeme solo el
pan necesario;/
9 no sea que me sacie y reniegue
de ti, diciendo:/ ¿Quién es el Señor?;/ no sea que
necesitado robe/ y abuse del Nombre de mi Dios.

10 No calumnies al siervo ante su amo:/ te mal-
decirá y serás castigado.
11 Gente que maldice a su padre/ y no bendice a
su madre,/ 12 gente que se considera limpia/ y no
se lava su inmundicia,/ 13 gente de ojos engreí-
dos/ y mirada altanera,/ 14 gente con navajas
por dientes/ y cuchillos por mandíbulas,/ para
extirpar de la tierra a los humildes/ y del suelo
a los pobres.
15 La sanguijuela tiene dos hijas:/ Dame y Da-
me./ Tres cosas hay insaciables/ y una cuarta
que no dice: Basta:
16 El Abismo, el vientre estéril,/ la tierra que no
se harta de agua,/ y el fuego que no dice: Basta.
17 Al que se burla de su padre/ y rehúsa obe-
diencia a su madre,/ que le saquen los ojos los
cuervos/ y se los coman los buitres.
18 Hay tres cosas que me asombran/ y una
cuarta que no comprendo:/ 19 el camino del águi-
la por el cielo,/ el camino de la serpiente por la
roca,/ el camino de la nave por el mar,/ el cami-
no del hombre por la mujer.
20 Así procede la adúltera:/ come, se limpia la
boca y dice:/ No he hecho nada malo.
21 Por tres cosas tiembla la tierra/ y la cuarta
no la puede soportar:/ 22 siervo que llega a rey,/
necio que tiene comida de sobra,/ 23 mujer abo-
rrecida que encuentra marido,/ esclava que
ocupa el lugar de su señora
24 Cuatro seres pequeños hay en el mundo/
más sabios que los sabios:/ 25 las hormigas, pue-
blo débil/ que asegura su comida en verano;/
26 los tejones, pueblo sin fuerza/ que hace madri-
guera en las rocas;/ 27 las langostas, que no tie-
nen rey/ y avanzan todas en formación;/ 28 las
lagartijas, que se agarran con la mano/ y entran
en palacios reales.
29 Hay tres seres de buen andar/ y un cuarto de
paso majestuoso:/ 30 el león, el más valiente de
los animales,/ que no retrocede ante nadie;/ 31 el
gallo, que camina erguido; también el chivo;/ el
rey al frente de su ejército.
32 Si te has dado importancia, por irreflexión
o deliberadamente,/ tápate la boca:/ 33 aprietas
la leche y sale manteca,/ aprietas la nariz y sale
sangre,/ aprietas la ira y salen peleas.

PROVERBIOS DE LEMUEL (31,1-31)

31 1 Máximas de Lemuel, rey de Masá, que le
enseñó su madre.
2 ¿Qué es eso, hijo mío?/ ¿Qué es eso, hijo de mis
entrañas?/ ¿Qué es eso, hijo de mis promesas?/
3 No gastes tu fuerza con mujeres/ ni tu vigor con
las que corrompen a reyes.
4 No es de reyes, Lemuel,/ no es de reyes darse
al vino/ ni de gobernantes darse al licor,/ 5 por-
que beben y olvidan la ley/ y violan el derecho de
los más humildes./ 6 Deja el licor al vagabundo/
y el vino al que está triste:/ 7 que beba y olvide su
miseria,/ que no se acuerde de sus penas.
8 Abre tu boca a favor del mudo,/ habla en de-
fensa del indefenso;/ 9 abre tu boca y da senten-
cia justa/ defendiendo al pobre y al desgraciado.

La perfecta casada

10 Una mujer hacendosa, ¿quién la encontra-
rá?/ Vale mucho más que las perlas.
11 Su marido confía en ella/ y no le falta nunca
nada.
12 Le trae ganancias y no pérdidas/ todos los
días de su vida.
13 Adquiere lana y lino,/ sus manos trabajan a
gusto.
14 Es como nave mercante/ que importa el gra-
no de lejos.
15 Todavía de noche se levanta/ para dar la ra-
ción a sus criados/ y la porción a sus criadas.
16 Examina un terreno y lo compra,/ con lo que
ganan sus manos planta una viña.
17 Se ciñe la cintura con firmeza/ y despliega la
fuerza de sus brazos.
18 Cuida de que su negocio marche bien/ y aun
de noche no se apaga su lámpara.
19 Extiende la mano para hilar/ y con sus dedos
fabrica el tejido.
20 Abre sus palmas al necesitado/ y extiende
sus manos al pobre.
21 Si nieva no teme por los empleados,/ porque
todos llevan trajes forrados.
22 Confecciona mantas para su uso,/ se viste de
lino y púrpura.
23 En la plaza su marido es respetado/ cuando
se sienta entre los ancianos del pueblo.
24 Teje sábanas y las vende,/ provee de cinturo-
nes a los comerciantes.
25 Está vestida de fuerza y dignidad,/ sonríe
ante el día de mañana.
26 Abre la boca juiciosamente/ y su lengua en-
seña con bondad.
27 Vigila lo que hacen sus empleados,/ no come
lo que no ha ganado.
28 Sus hijos se levantan para felicitarla,/ su
marido proclama su alabanza:
29 Muchas mujeres han dado prueba de lo que
valen,/ pero tú las superas a todas.
30 Engañosa es la gracia, fugaz la hermosura,/
la mujer que respeta al Señor merece alabanza.
31 Felicítenla por el éxito de su trabajo,/ que sus
obras la alaben en la plaza.

JOB

PRÓLOGO (1–2)

En la tierra

1 1Había una vez en el país de Us un hombre
llamado Job: era justo y honrado, religioso
y alejado del mal. 2Tenía siete hijos y tres hijas.
3Tenía siete mil ovejas, tres mil camellos, qui-
nientas yuntas de bueyes, quinientas burras y
una servidumbre numerosa. Era el más rico entre
los hombres de oriente. 4Sus hijos solían cele-
brar banquetes, un día en casa de cada uno, e
invitaban a sus tres hermanas a comer con ellos.
5Al terminar esos días de fiesta, Job los hacía
venir para purificarlos: madrugaba y ofrecía un
holocausto por cada uno, por si habían pecado
maldiciendo a Dios en su interior. Job jamás de-
jaba de hacer esto.

En el cielo

6Un día fueron los ángeles y se presentaron al
Señor; entre ellos llegó también Satán.
7El Señor le preguntó: «¿De dónde vienes?». Él
respondió: «De dar vueltas por la tierra».
8El Señor le dijo: «¿Te has fijado en mi siervo
Job? En la tierra no hay otro como él: es un hom-
bre justo y honrado, religioso y alejado del mal».
9Satán le respondió: «¿Y crees tú que su re-
ligión es desinteresada? 10¡Si tú mismo lo has
cercado y protegido, a él, a su hogar y todo lo
suyo! Has bendecido sus trabajos, y sus rebaños
se ensanchan por el país. 11Pero tócalo, daña sus
posesiones, y te apuesto a que te maldice en tu
cara».
12El Señor le dijo: «Haz lo que quieras con
sus cosas, pero a él no lo toques». Y Satán se
marchó.

En la tierra

13Un día que sus hijos e hijas comían y bebían
en casa del hermano mayor, 14llegó un mensaje-
ro a casa de Job y le dijo: «Estaban los bueyes
arando y las burras pastando a su lado, 15cuando
cayeron sobre ellos unos sabeos, apuñalaron a los
empleados y se llevaron el ganado. Solo yo pude
escapar para contártelo».
16No había acabado de hablar, cuando llegó
otro y dijo: «Ha caído un rayo del cielo que ha
quemado y consumido tus ovejas y pastores. So-
lo yo pude escapar para contártelo».
17No *había acabado de hablar, cuando llegó*
otro y dijo: «Una banda de caldeos, dividiéndose
en tres grupos, se echó sobre los camellos y se los
llevó y apuñaló a los empleados. Solo yo pude es-
capar para contártelo».
18No había acabado de hablar, cuando llegó
otro y dijo: «Estaban tus hijos y tus hijas co-
miendo y bebiendo en casa del hermano mayor,
19cuando un huracán cruzó el desierto y embis-
tió por los cuatro costados la casa, que se de-
rrumbó y los mató. Solo yo pude escapar para
contártelo».
20Entonces Job se levantó, se rasgó el manto,
se rapó la cabeza, se echó por tierra 21y dijo:
«Desnudo salí del vientre de mi madre y desnudo
volveré a él. El Señor me lo dio,el Señor me lo
quitó: ¡bendito sea el Nombre del Señor!».
22A pesar de todo, Job no pecó ni maldijo a
Dios.

En el cielo

2 1Un día fueron los ángeles y se presentaron al
Señor; entre ellos llegó también Satán.
2El Señor le preguntó: «¿De dónde vienes?». Él
respondió: «De dar vueltas por la tierra».
3*El Señor le dijo: «¿Te has fijado en mi sier-*
vo Job? En la tierra no hay otro como él: es un
hombre justo y honrado, religioso y apartado del
mal, y tú me has incitado contra él, para que lo
aniquilara sin motivo; pero todavía persiste en
su honradez».
4Satán respondió: «Una piel por otra piel; uno
da todo lo que tiene por la vida. 5Ponle la mano
encima, hiérelo en la carne y en los huesos, y te
apuesto a que te maldice en tu cara». 6El Señor
le dijo: «Haz lo que quieras con él, pero respé-
tale la vida».

En la tierra

7*Y Satán se marchó. E hirió a Job con llagas*
malignas, desde la planta del pie a la coroni-
lla. 8*Job agarró un pedazo de teja para rascarse*
con ella, y permaneció sentado en medio de la
ceniza.
9Su mujer le dijo: «¿Todavía persistes en tu
honradez? Maldice a Dios y muérete». 10Él le
contestó: «Hablas como una necia. Si acepta-
mos de Dios los bienes, ¿no vamos a aceptar los
males?». A pesar de todo, Job no pecó con sus
labios.
11*Tres amigos suyos –Elifaz de Temán, Bildad*
de Suj y Sofar de Naamat–, al enterarse de la
desgracia que había sufrido, salieron de su tie-
rra y se reunieron para ir a compartir su pena
y consolarlo. 12*Cuando lo vieron a distancia, no*
lo reconocían y rompieron a llorar; se rasgaron
el manto, se echaron polvo sobre la cabeza y ha-
cia el cielo 13*y se quedaron con él, sentados en el*
suelo, siete días con sus noches, sin decirle una
palabra, viendo lo atroz de su sufrimiento.

DISCURSOS DE JOB Y SUS AMIGOS (3–31)

Maldición de Job

3 1Entonces Job abrió la boca y maldijo su día
2diciendo:
3¡Desaparezca el día que nací,/ y la noche en
que se dijo: Han concebido un varón!
4Que ese día se vuelva tinieblas,/ que Dios des-
de lo alto se desentienda de él,/ que sobre él no
brille la luz,/ 5que lo reclamen las tinieblas y las
sombras,/ que la niebla se pose sobre él,/ que un
eclipse lo aterrorice;/ 6que se apodere de esa no-
che la oscuridad,/ que no se sume a los días del
año,/ que no entre en la cuenta de los meses,/
7que esa noche quede estéril/ y cerrada a los gri-
tos de júbilo,/ 8que la maldigan los que maldicen
el día,/ los que entienden de incitar al Leviatán;/
9que no brillen las estrellas de su aurora,/ que es-
pere la luz y no llegue,/ que no vea el parpadear
del alba;/ 10porque no me cerró las puertas del
vientre/ y no escondió a mi vista tanta miseria.

Ansias de morir

11¿Por qué al salir del vientre no morí/ o perecí
al salir de las entrañas?/ 12¿Por qué me recibió un
regazo/ y unos pechos me dieron de mamar?
13Ahora reposaría tranquilo/ y dormiría en
paz,/ 14como los reyes y consejeros de la tierra/
que reconstruyen ciudades derruidas;/ 15o como
los nobles que poseyeron oro/ y llenaron de plata
sus palacios.
16Ahora sería un aborto enterrado,/ una cria-
tura que no llegó a ver la luz.
17Allí acaba el tumulto de los malvados,/ allí
reposan los que están rendidos,/ 18con ellos des-
cansan los prisioneros/ sin oír la voz del capa-
taz;/ 19se confunden pequeños y grandes/ y el
esclavo se libera de su amo.

¡Líbrenme de Dios!

20¿Por qué dio a luz a un desgraciado/ y vida
al que la pasa en la amargura,/ 21al que ansía la
muerte que no llega/ y escarba buscándola, más
que un tesoro,/ 22al que se alegraría ante la tum-
ba/ y gozaría al recibir sepultura,/ 23al hombre
que no encuentra camino/ porque Dios le cerró
la salida?
24Por alimento tengo mis sollozos/ y mis gemi-
dos desbordan como agua.
25Lo que más temía me sucede,/ lo que más me
aterraba me acontece:/ 26vivo sin paz, sin calma,
sin descanso,/ en puro sobresalto.

Discurso de Elifaz I

4 1Respondió Elifaz de Temán: 2Si uno tuviera
que hablarte, no sé si lo aguantarías,/ pero,
¿puede uno frenar las palabras?
3Tú que a tantos instruías/ y fortalecías los
brazos caídos,/ 4que con tus palabras levanta-
bas al que tropezaba/ y sostenías las rodillas que
se doblaban,/ 5hoy que te toca a ti, ¿no aguan-
tas?,/ ¿te turbas hoy que todo te cae encima?
6¿No era la religión tu confianza/ y una vida
honrada tu esperanza?
7¿Recuerdas un inocente que haya perecido?/
¿Dónde se ha visto un justo exterminado?
8Mi experiencia es esta: los que cultivan mal-
dad/ y siembran miseria, eso mismo cosechan.
9Sopla Dios y perecen,/ su aliento enfurecido
los consume.
10Aunque ruge el león y le hace coro la leona,/ a
los cachorros les arrancan los dientes:/ 11muere
el león falto de presa/ y las crías de la leona se
dispersan.
12Sorpresivamente me llegó una palabra,/
apenas percibí su murmullo:/ 13en una pesadilla
nocturna,/ cuando el sueño cae sobre los hom-
bres,/ 14me invadió el terror,/ un temblor que
estremeció todos mis huesos.
15Un viento me rozó la cara,/ el vello del cuer-
po se me erizó.
16Estaba de pie –no conocía su aspecto–;/ solo
una figura ante mis ojos,/ un silencio; después
oí una voz:
17¿Puede algún mortal ser justo ante Dios?,/ ¿o
un hombre ser puro frente a su Creador?
18Si no confía en sus servidores/ y aun en sus
ángeles descubre faltas,/ 19¿cómo estarán lim-
pios ante su Creador/ los que habitan en casas
de arcilla/ cimentadas en barro?
20Entre el alba y el ocaso se desmoronan,/ sin
que se note desaparecen para siempre./ 21Les
arrancan las cuerdas de la tienda/ y mueren sin
haber aprendido.

5 1Grita, a ver si alguien te responde;/ ¿a qué
ángel recurrirás?/ 2Porque la rabia mata al
insensato/ y la pasión da muerte al imprudente.
3Yo vi un insensato echar raíces/ y al momento
se arruinó su casa,/ 4sus hijos no tienen quien
los ayude,/ atropellados sin defensa ante los
jueces,/ 5sus cosechas las devoró el hambrien-
to,/ sus posesiones las arrebató la sequía/ y el
sediento se beberá su fortuna.
6No nace del barro la desgracia,/ la miseria no
germina de la tierra:/ 7es el hombre quien nace
para la miseria,/ como las chispas para perder-
se en el aire.
8Yo que tú acudiría a Dios/ para poner mi cau-
sa en sus manos.
9Él hace prodigios incomprensibles,/ mara-
villas innumerables:/ 10da lluvia a la tierra,/
riega los campos,/ 11levanta a los humildes,/ da

refugio seguro a los abatidos,/ 12hace fracasar
los proyectos del astuto/ para que no prosperen
sus planes,/ 13enreda en sus propias redes al as-
tuto/ y hace abortar las intrigas del malvado;/
14así, en pleno día, tropiezan con las tinieblas,/ a
plena luz van a tientas como de noche.
15Así Dios salva al pobre/ *de la lengua afilada,*
de la mano violenta;/ 16da esperanza al débil/ y
a la maldad le cierra la boca.
17Dichoso el hombre a quien Dios corrige:/
no rechaces el escarmiento del Todopoderoso,/
18porque él hiere y venda la herida,/ golpea y sa-
na con su mano;/ 19de seis peligros te salva/ y al
séptimo no sufrirás ningún mal;/ 20en tiempo de
hambre te librará de la muerte/ y en la batalla,
de la espada;/ 21te esconderá del látigo de la len-
gua/ y cuando llegue el desastre, no temerás;/
22de demonios y carestías te reirás,/ no temerás
a las fieras,/ 23harás pacto con los espíritus del
campo/ y tendrás paz con las fieras,/ 24disfru-
tarás de la paz de tu tienda/ y cuando revises
tu morada, nada faltará;/ 25verás una descen-
dencia numerosa/ y a tus hijos como hierba del
campo;/ 26bajarás a la tumba lleno de vigor,/
como se levanta una parva a su debido tiempo.
27Todo esto lo hemos comprobado *y es cierto:/*
escúchalo y saca conclusiones.

Job a Elifaz

6 1Respondió Job:
2Si pudiera pesarse mi pena/ *y juntarse en*
la balanza mis desgracias,/ 3serían más pesadas
que la arena;/ por eso digo tantas necedades.
4Llevo clavadas las flechas del Todopoderoso/
y siento cómo absorbo su veneno,/ los terrores
de Dios se han desplegado contra mí.
5¿Rebuzna el asno salvaje *ante la hierba?,/*
¿muge el buey ante el forraje?,/ 6¿va uno a comer
sin sal lo desabrido/ o a encontrarle gusto a la
clara del huevo?
7Lo que me daba asco/ *es ahora mi alimento*
repugnante.
8Ojalá se cumpla lo que pido/ *y Dios me con-*
ceda lo que espero:/ 9que Dios se digne aplastar-
me/ y que suelte su mano y me corte en dos.
10Sería un consuelo para mí:/ *aun torturado*
sin piedad, saltaría de gozo,/ por no haber rene-
gado de las palabras del Santo.
11¿Qué fuerzas me quedan *para resistir?,/*
¿qué destino espero para tener paciencia?
12¿Es mi fuerza *la fuerza de las rocas/ o es de*
bronce mi carne?
13Ya no encuentro apoyo en mí/ *y la suerte me*
abandona.
14Al amigo que sufre *se le ama/ aunque olvide*
el temor del Todopoderoso;/ 15pero mis herma-
nos me traicionan como un torrente,/ como un
arroyo cuando se queda sin agua:/ 16bajan tur-
bios en tiempos del deshielo/ cuando se deshace
la nieve;/ 17pero con el primer calor se secan/ y
en verano desaparecen de su cauce;/ 18por ellos
las caravanas se desvían de su curso,/ se aden-
tran en el desierto y se pierden.
19Las caravanas de Temá *los buscan/ y los*
viajeros de Sabá esperan encontrarlo;/ 20pero
queda burlada su esperanza/ y al llegar se ven
decepcionados.
21Igual ustedes, *se han vuelto nada para mí,/*
ven algo terrible y sienten miedo.
22¿Les he pedido que me dieran algo,/ *que me*
regalaran parte de sus bienes,/ 23que me libra-
ran de mi adversario/ o que me rescataran de la
mano opresora?
24Instrúyanme, *que guardaré silencio;/ há-*
ganme ver en qué me he equivocado.
25Nadie puede rechazar *un argumento correc-*
to./ Pero, ¿qué prueban sus argumentos?
26¿Pretenden criticar mis palabras,/ *cuando*
lo que dice un desesperado es viento?
27¡Ustedes serían capaces *de apostar la vida de*
un huérfano/ y de vender aún a su propio amigo!
28Ahora mírenme *atentamente:/ juro no men-*
tir en su cara.
29Sigamos, *por favor, pero sin maldad;/ si-*
gamos, que está en juego mi inocencia./ 30¿Hay
maldad en mis labios?,/ ¿no pesa mi boca las
palabras?

7 1La vida del hombre *en la tierra es como un*
servicio militar,/ sus días son los de un jor-
nalero:/ 2como el esclavo, suspira por la som-
bra,/ como el jornalero, espera el salario.
3Mi herencia son *meses vacíos,/ me han sido*
asignadas noches de sufrimiento.
4Al acostarme pienso: *¿Cuándo me levanta-*
ré?;/ se hace larga la noche/ y me canso de dar
vueltas hasta el alba;/ 5tengo el cuerpo cubierto
de gusanos y costras,/ la piel se me rompe y me
supura.
6Mis días corren *más que la lanzadera del te-*
lar/ y se consumen sin esperanza.
7Recuerda que mi vida *es un soplo/ y que mis*
ojos no verán más la dicha.
8No me verás, *ojo del que mira,/ cuando me*
mires tú, ya no estaré.
9Como la nube pasa *y se deshace,/ el que baja a*
la tumba ya no sube;/ 10no retorna a su casa/ ni
vuelve a contemplarlo su morada.
11Por eso no frenaré *mi lengua,/ hablará*
mi espíritu angustiado,/ se quejará mi alma
entristecida.

12¿Soy el Océano o el Dragón/ para que así me
vigiles?
13Cuando pienso que el lecho me aliviará/ y
la cama compartirá mis quejidos,/ 14entonces
me espantas con sueños/ y me aterrorizas con
pesadillas.
15Preferiría morir asfixiado,/ la muerte, antes
que vivir con este cuerpo.
16No he de vivir para siempre:/ déjame, que
mis días son un soplo.
17¿Qué es el hombre para que le des impor-
tancia,/ para que te ocupes de él,/ 18para que
lo visites por la mañana/ y lo examines a cada
momento?
19¿Hasta cuándo seguirás vigilándome/ sin
dejarme ni siquiera tragar saliva?
20Si he pecado, ¿qué te he hecho?/ Centine-
la del hombre,/ ¿por qué me has tomado como
blanco/ y me he convertido en carga para mí?
21¿Por qué no me perdonas mi delito/ y alejas
mi culpa?/ Si muy pronto me acostaré en el pol-
vo,/ me buscarás y ya no existiré.

Discurso de Bildad I

8 1Bildad de Suj habló a su vez y dijo:
2¿Hasta cuándo hablarás de esa manera/ y
serán tus palabras un huracán?
3¿Puede Dios falsear el derecho/ o el Todopo-
deroso torcer la justicia?
4Si tus hijos pecaron contra él,/ ya los entregó
en poder de sus delitos.
5Pero si tú madrugas por buscar a Dios/ y su-
plicas al Todopoderoso,/ 6si te conservas puro y
recto,/ él cuidará de ti y restaurará tu legítima
morada;/ 7tu pasado será una pequeñez/ com-
parado con tu magnífico futuro.
8Pregunta a las generaciones pasadas,/
atiende a lo que averiguaron tus padres;/ 9noso-
tros somos de ayer, no sabemos nada;/ nuestros
días son una sombra sobre el suelo.
10Pero ellos te instruirán,/ te hablarán con pa-
labras salidas del corazón.
11¿Brota el papiro fuera del pantano,/ crece
sin agua el junco?/ 12Todavía verde, sin que lo
arranquen,/ se seca antes que otras hierbas.
13Tal es el destino del que olvida a Dios,/ en eso
acaba la esperanza del impío.
14Su confianza es frágil,/ una telaraña su se-
guridad;/ 15si uno se apoya en ella, no lo resiste;/
si se agarra a ella, no lo sostiene.
16Lleno de savia, al sol,/ echa retoños por su
huerto,/ 17enreda las raíces entre piedras/ y se
agarra al cerco de piedras.
18Pero si lo eliminan de su sitio,/ este reniega
de él diciendo: Nunca te he visto.
19Así acaba su alegre carrera,/ y otra planta
brota de la tierra.
20Dios no rechaza al hombre justo/ ni da la
mano a los malvados:/ 21puede aún llenar tu bo-
ca de risas/ y tus labios de gritos de júbilo;/ 22tus
enemigos se cubrirán de vergüenza/ y la tienda
del malvado desaparecerá.

Job a Bildad

9 1Respondió Job:
2Sé muy bien que es así:/ que ante Dios nadie
puede declararse inocente.
3Aunque alguno pretenda discutir con él,/ no
podría responderle de mil veces, una.
4Sabio de mente, rico de fuerza,/ ¿quién le re-
siste y queda sin castigo?
5Él desplaza las montañas de improviso/ y
las vuelca con su cólera;/ 6estremece la tierra
en sus cimientos/ y sus columnas retiemblan;/
7manda al sol que no brille/ y guarda bajo sello
las estrellas;/ 8él solo despliega el cielo/ y cami-
na sobre las olas del mar;/ 9creó la Osa y Orión,/
las Pléyades y las constelaciones del Sur;/ 10ha-
ce prodigios incomprensibles,/ maravillas sin
cuento.
11Si cruza junto a mí, no lo veo,/ pasa rozándo-
me y no lo siento.
12Si agarra una presa, ¿quién se la quitará?,/
¿quién podrá decirle: ¡Qué estás haciendo!?
13Dios no cede en su enojo,/ bajo él se encorvan
las legiones del Caos.
14¡Cuánto menos podré yo replicarle/ o buscar
argumentos contra él!
15Aunque tuviera yo razón, no recibiría res-
puesta,/ tendría que suplicar a mi adversario;/
16aunque lo citara para que me respondiera,/ no
creo que me hiciera caso;/ 17me arrollaría con la
tormenta/ y me heriría mil veces sin motivo;/
18no me dejaría ni tomar aliento,/ me saciaría
de amargura.
19Si se trata de fuerza él es el más fuerte;/ si de
justicia, ¿quién lo hará comparecer?
20Aunque tuviera yo razón me condenaría,/
aunque fuera inocente, me declararía perverso.
21Soy inocente; no me importa la vida,/ des-
precio la existencia;/ 22porque todo da lo mismo
y me atrevo a decir:/ Dios trata igual a inocentes
y culpables.
23Si una catástrofe siembra la muerte de im-
proviso,/ él se burla de la desgracia del inocen-
te;/ 24deja la tierra en poder de los malvados/ y
venda los ojos a sus gobernantes:/ ¿quién sino
él lo hace?
25Mis días corren más que un correo/ y se es-
capan sin haber probado la felicidad;/ 26se des-

lizan como ligeras canoas,/ como águila que se
abate sobre la presa.
27*Y si me digo: Olvidaré mi tristeza,/ pondré*
buena cara,/ 28*temo toda clase de desgracias,/*
sabiendo que no me perdonará./ 29*Y si soy culpa-*
ble, ¿de qué sirve que me esfuerce?
30*Aunque me frotara con jabón/ y me lavara*
las manos con lejía,/ 31*me hundirías en el fango/*
y mis vestidos me darían asco.
32*Dios no es un hombre como yo para decirle:/*
Vamos los dos a un tribunal.
33*No hay un árbitro entre nosotros/ que pue-*
da tener autoridad sobre ambos/ 34*y apartar de*
mí su látigo,/ para que no me enloquezca con su
terror.
35*Así hablaría sin miedo;/ de lo contrario no*
soy dueño de mí mismo.

10 1*Estoy hastiado de la vida:/ así que voy a*
dar rienda suelta a mis quejas/ desaho-
gando la amargura de mi alma.
2*Pediré a Dios: No me condenes,/ hazme saber*
qué tienes contra mí.
3*¿Te parece bien oprimirme y despreciar la*
obra de tus manos,/ mientras favoreces los pla-
nes del malvado?
4*¿Tienes ojos de carne/ o ves como ven los*
hombres?/ 5*¿Son tus días como los de un mor-*
tal/ y tus años como los de un hombre/ 6*para*
que busques mi culpa/ y examines mi pecado,/
7*aunque sabes que no soy culpable/ y que nadie*
me librará de tus manos?
8*Tus manos me formaron, ellas modelaron/*
todo mi contorno, ¿y ahora me aniquilas?
9*Recuerda que me hiciste de barro,/ ¿y me vas*
a devolver al polvo?
10*¿No me derramaste como leche?,/ ¿no me*
cuajaste como queso?,/ 11*¿no me forraste de*
carne y piel?,/ ¿no me tejiste de huesos y tendo-
nes?,/ 12*¿no me otorgaste vida y favor/ y tu pro-*
videncia no custodió mi espíritu?
13*Y con todo, algo te guardabas:/ ahora sé que*
pensabas esto:/ 14*que si pecaba, me estarías vi-*
gilando/ y no me dejarías sin castigo;/ 15*que*
si era culpable, ¡ay de mí!;/ que si era inocen-
te, tampoco levantaría cabeza,/ lleno de ver-
güenza y embriagado de miserias;/ 16*que si la*
levantaba, me darías caza como a un león,/ re-
pitiendo tus proezas contra mí,/ 17*renovando*
tus ataques contra mí,/ redoblando tu cólera
contra mí,/ tus tropas de relevo sobre mí.
18*Entonces, ¿por qué me sacaste del vientre?/*
Pude haber muerto sin que unos ojos me vie-
ran,/ 19*y ser como si no hubiera existido,/ con-*
ducido del vientre al sepulcro.
20*¡Qué pocos son mis días!/ Que Dios acabe y*
se aparte de mí,/ y tendré un instante de ale-
gría,/ 21*antes de partir, para no volver,/ al país*
de tinieblas y sombras,/ 22*a la tierra de la oscu-*
ridad y el desorden,/ donde la misma claridad
es sombra.

Discurso de Sofar I

11 1Sofar de Naamat habló a su vez y dijo:
2*¿Va a quedar sin respuesta tal palabre-*
ría?,/ ¿va a tener razón el charlatán?/ 3*¿Hará*
callar a otros tu palabrería?,/ ¿te burlarás sin
que nadie te confunda?
4*Tú has dicho: Mi doctrina es limpia,/ soy puro*
ante tus ojos.
5*Pero que Dios te hable,/ que abra los labios*
para responderte:/ 6*él te enseñará secretos de*
sabiduría,/ muy difíciles de entender, y sabrás/
que aun parte de tu culpa te perdona.
7*¿Pretendes conocer la profundidad de Dios/ o*
abarcar la perfección del Todopoderoso?
8*Es más alta que el cielo: ¿qué vas a hacer tú?;/*
es más honda que el abismo: ¿qué sabes tú?;/ 9*es*
más larga que la tierra/ y más ancha que el mar.
10*Si se presenta y encarcela y cita a juicio,/*
¿quién se lo puede impedir?
11*Él conoce a los hombres falsos;/ si ve la mal-*
dad, ¿no la sabrá discernir?
12*Pero el necio se volverá sabio/ cuando el asno*
salvaje se domestique.
13*En cuanto a ti, si diriges tu corazón a Dios,/*
y extiendes las manos hacia él;/ 14*si alejas tu*
mano de la maldad,/ y no alojas en tu tienda
la injusticia,/ 15*entonces podrás alzar la frente*
sin mancha,/ acosado, no sentirás miedo,/ 16*ol-*
vidarás tus desgracias/ o las recordarás como
agua que pasó;/ 17*tu vida resurgirá como un me-*
diodía,/ tus tinieblas serán una aurora;/ 18*ten-*
drás tranquilidad en la esperanza,/ mirarás al-
rededor y te acostarás tranquilo,/ 19*descansarás*
sin que nadie te asuste,/ y muchos buscarán tu
favor.
20*Pero a los malvados se les ciegan los ojos,/*
no encuentran escapatoria,/ y el último suspiro
será su única esperanza.

Job a Sofar

12 1Respondió Job:
2*¡Qué gente tan importante son,/ con*
ustedes morirá la sabiduría!,/ 3*pero también*
yo tengo inteligencia/ y no soy menos que uste-
des:/ ¿quién no sabe todo eso?
4*Soy el hazmerreír de mi vecino,/ yo, que lla-*
maba a Dios y me escuchaba;/ 5*soy una antorcha*
que el satisfecho no aprecia,/ pero que sirve a los
pies que vacilan.

6Mientras tanto hay paz en las tiendas de los
bandidos,/ y viven tranquilos los que desafían
a Dios,/ pensando que lo manejan a su antojo.
7Pregunta a las bestias y te instruirán,/ a las
aves del cielo y te informarán,/ 8a los reptiles del
suelo y te darán lecciones,/ te lo contarán los
peces del mar:/ 9con tantos maestros, ¿quién no
sabe/ que la mano del Señor lo ha hecho todo?
10En su mano está la respiración de los vivien-
tes/ y el aliento de la carne de cada uno.
11¿No distingue el oído las palabras/ y no sabo-
rea el paladar los manjares?
12¿No está en los ancianos la sabiduría/ y la
prudencia en los viejos?
13Pues él posee sabiduría y poder,/ la inteli-
gencia y la prudencia son suyas.
14Lo que él destruye nadie lo levanta;/ si él
aprisiona, no hay escapatoria;/ 15si retiene la
lluvia, viene la sequía;/ si la suelta, se inunda
la tierra.
16Él posee fuerza y eficacia,/ suyos son el
engañado y el que engaña,/ 17convierte en im-
prudentes a los sabios/ y hace enloquecer a los
gobernantes,/ 18despoja a los reyes de sus insig-
nias/ y les ata una soga a la cintura,/ 19hace im-
prudentes a los sacerdotes/ y trastorna a los no-
bles,/ 20quita la palabra a los consejeros/ y priva
de sensatez a los ancianos,/ 21arroja desprecio
sobre los señores/ y pone fin a la prepotencia
de los robustos;/ 22revela lo más hondo de las
tinieblas/ y saca a la luz las sombras,/ 23levan-
ta pueblos y los arruina,/ engrandece naciones
y las destruye,/ 24quita el talento a los jefes/ y
los extravía por una inmensidad sin caminos;/
25van a tientas en densa oscuridad/ y los hace
tambalear como borrachos.

13 1Todo eso lo han visto mis ojos,/ lo han oído
mis oídos, y lo comprendo:/ 2lo que uste-
des saben yo también lo sé,/ y no soy menos que
ustedes.
3Pero yo quiero dirigirme al Todopoderoso,/
deseo discutir con Dios,/ 4mientras ustedes
cubren todo con mentiras/ y son unos médicos
matasanos.
5¡Ojalá se callaran del todo,/ eso sí que sería
saber!
6Por favor, escuchen mi defensa,/ pongan aten-
ción a las razones de mis labios;/ 7¿o es que inten-
tan defender a Dios/ con mentiras e injusticias?
8¿Quieren ponerse de parte de Dios/ o conver-
tirse en sus abogados?
9¿Qué pasaría si Dios los examinara?,/ ¿inten-
tarían engañarlo como a un hombre?
10Si a escondidas son parciales,/ él los casti-
gará severamente.
11¿No los atemoriza su majestad,/ no los
aplasta su terror?
12Sus argumentos son proverbios polvorien-
tos,/ y sus razones son arcilla.
13Guarden silencio, que voy a hablar yo:/ pase
lo que pase,/ 14arriesgaré todo,/ me jugaré la vi-
da,/ 15y aunque intente matarme, lo esperaré,/
con tal de defenderme en su presencia;/ 16eso
sería ya mi salvación,/ porque el impío no se
presenta ante él.
17Escuchen atentamente mis palabras,/ pon-
gan atención a mis razones:/ 18he preparado mi
defensa/ y sé que soy inocente.
19¿Quiere alguien pleitear conmigo?/ Porque
callar ahora sería morir.
20Concédeme, Dios, estas dos cosas/ y no me
esconderé de tu presencia:/ 21que mantendrás
lejos de mí tu mano/ y que no me espantarás con
tu terror;/ 22después acúsame y yo te responde-
ré,/ o hablaré yo y tú me replicarás.
23¿Cuántos son mis pecados y mis culpas?/ De-
muéstrame mis delitos y pecados.
24¿Por qué ocultas tu rostro/ y me tratas como
a tu enemigo?,/ 25¿por qué asustas a una hoja
que se lleva el viento/ y persigues la paja seca?
26Apuntas en mi cuenta rebeldías,/ me acha-
cas pecados de mi juventud/ 27y me pones ca-
denas en mis pies,/ vigilas todos mis pasos/ y
examinas mis huellas.
28Así este hombre se desgasta como un leño
podrido,/ como vestido destruido por la polilla.

14 1El hombre nacido de mujer,/ de vida breve,
lleno de inquietudes;/ 2como flor se abre y se
marchita,/ huye como la sombra sin parar.
3¿Y en uno así clavas los ojos/ y me llevas a jui-
cio contigo?
4¿Quién sacará pureza de lo impuro?/ ¡Nadie!
5Si sus días están contados/ y sabes el número
de sus meses,/ si le has puesto un límite infran-
queable,/ 6aparta de él tu vista y déjalo/ hasta
que complete, como jornalero, su jornada.
7Un árbol tiene esperanza:/ aunque lo corten,
vuelve a rebrotar/ y no deja de echar renuevos;/
8aunque envejezcan sus raíces en tierra/ y el
tronco se esté pudriendo en el suelo,/ 9al olor del
agua reverdece/ y echa follaje como planta joven.
10Pero el varón muere y queda inmóvil,/
¿adónde va el hombre cuando expira?
11Falta el agua de los lagos,/ los ríos se secan
y aridecen:/ 12así el hombre se acuesta y no se
levanta;/ pasará el cielo y él no despertará/ ni se
levantará de su sueño.
13¡Ojalá me guardaras en el Abismo,/ escondi-
do mientras pasa tu cólera,/ y fijaras un plazo
para acordarte de mí!

14bCada día de mi servicio esperaría/ que lle-
gara mi relevo;/ 15con nostalgia por la obra de
tus manos/ tú me llamarías y yo respondería;/
16en lugar de contar mis pasos, como ahora/
dejarías de vigilar mi pecado,/ 17guardarías en
una bolsa bien cerrada mis delitos/ y limpiarías
mis culpas.
18Una montaña se inclina y se derrumba,/ una
roca se mueve de su sitio,/ 19el agua desgasta
las piedras,/ la lluvia arrastra las tierras,/ y tú
destruyes la esperanza del hombre.
14aMuerto el hombre, ¿puede revivir?/ 20Lo
aplastas para siempre y se va,/ le desfiguras el
rostro y lo expulsas./ 21Sus hijos se enriquecen
sin que él se entere,/ se arruinan sin que él lo
advierta.
22Solo siente el tormento de su carne,/ solo
siente la pena de su alma.

Discurso de Elifaz II

15 1Elifaz de Temán habló a su vez y dijo:
2¿Responde un sabio con doctrina falsa/
o llena su pecho de puro viento?
3¿Usa argumentos sin valor/ o palabras sin
sentido?
4Tú, en cambio, destruyes aun el temor de
Dios/ y eliminas la oración;/ 5tus culpas ins-
piran tus palabras/ y adoptas el lenguaje de la
gente astuta./ 6Te condena tu boca, no yo;/ tus
labios atestiguan contra ti.
7¿Has sido el primer hombre en nacer?,/ ¿te
engendraron antes que a las colinas?/ 8¿Escu-
chas acaso los secretos de Dios?,/ ¿has acapa-
rado la sabiduría?/ 9¿Qué sabes que nosotros no
sepamos?,/ ¿qué entiendes que no entendamos?
10Entre nosotros hay canas venerables,/ al-
guien más anciano que tu padre.
11¿Te parecen poco los consuelos de Dios/ y la
palabra suave que se te insinúa?
12¡Cómo te arrebata la pasión/ y se te saltan
los ojos!
13Vuelves contra Dios tu furor,/ soltando pro-
testas por la boca./ 14¿Cómo puede el hombre ser
puro/ o inocente el nacido de mujer?
15Ni aun a sus ángeles los encuentra fieles/ ni
el cielo es puro a sus ojos;/ 16¡cuánto menos el
hombre, detestable y corrompido,/ que se bebe
como agua la maldad!
17Escúchame, que voy a hablarte,/ voy a con-
tarte lo que he visto,/ 18lo que los sabios procla-
maron sin ocultarlo,/ recibido de sus antepasa-
dos;/ 19a ellos solos les dieron el país/ y ningún
extranjero lo recorrió con ellos.
20El malvado pasa la vida entre tormentos,/
son pocos los años reservados para el tirano;/
21escucha ruidos que lo espantan,/ cuando está
más tranquilo, lo asaltan los bandidos;/ 22no es-
pera escapar de las tinieblas/ porque está reser-
vado para la espada;/ 23lo arrojan como pasto a
los buitres,/ sabe que su desgracia es inminen-
te;/ 24el día oscuro lo aterroriza,/ la angustia y
la inquietud lo asaltan,/ como un rey dispuesto
al ataque.
25Porque extendió la mano contra Dios/ y de-
safió al Todopoderoso,/ 26arremetió ciegamen-
te contra él/ protegido por un escudo macizo y
abollonado;/ 27porque iba engordando su cara/
y los muslos se le hinchaban de gordura,/ 28ha-
bitará ciudades abandonadas,/ casas inhabita-
bles que amenazan ruina.
29Ya no será rico ni durará su fortuna/ ni baja-
rán al sepulcro sus posesiones/ 30ni escapará de
las sombras;/ el calor quemará sus brotes/ y el
viento arrebatará sus flores.
31Que no se engañe confiando en la mentira,/
pues se lo pagarán con mentira;/ 32antes de
tiempo se marchitará su follaje/ y no volverán a
verdear sus ramas;/ 33será como una parra cu-
yas uvas no maduran,/ como olivo que sacude
sus flores.
34La banda de los impíos es estéril,/ el fuego
devorará las tiendas de los deshonestos.
35Concibe miseria y da a luz desgracia,/ en su
vientre lleva la mentira.

Job a Elifaz

16 1Respondió Job:
2He oído ya mil discursos semejantes,/ to-
dos ustedes son unos consoladores inoportunos.
3¿No hay límite para los discursos vacíos?/
¿Qué te impulsa a replicar?
4¿Hablaría yo como ustedes/ si ustedes estu-
vieran en mi lugar?/ ¿Compondría discursos
contra ustedes/ moviendo burlonamente la
cabeza?
5¿Los reconfortaría con la boca?,/ ¿o la com-
pasión frenaría mis labios?
6Pero aunque hable, no se alivia mi dolor,/
aunque calle, no se aparta de mí,/ 7y al fin Dios
ha acabado con mis fuerzas,/ su guardia me ha
prendido/ 8y se levanta a testimoniar contra
mí/ acusándome en falso en mi cara.
9El furor de Dios me ataca y me desgarra,/ re-
china los dientes contra mí/ y me clava sus ojos
agresivos.
10La gente abre la boca para acusarme, me
abofetean con desprecio,/ todos se confabulan
contra mí./ 11Dios me entrega a los malvados,/
me arroja en manos criminales.
12Vivía yo tranquilo cuando me destrozó,/ me
agarró por la nuca y me descuartizó,/ hizo de
mí su blanco;/ 13de todos lados me dispara,/ me

atravesó los riñones sin piedad/ y derramó por
tierra mi hiel;/ 14me abrió herida tras herida/ y
me asaltó como un guerrero.
15Me he cosido un sayal sobre la piel/ y he hun-
dido mi frente en el polvo.
16Tengo la cara enrojecida de llorar/ y la som-
bra me rodea los párpados;/ 17aunque en mis
manos no hay violencia/ y es sincera mi oración.
18¡Tierra, no cubras mi sangre!/ ¡No se detenga
mi pedido de justicia!
19En el cielo está mi testigo,/ en la altura mi
defensor,/ 20el que interpreta mis pensamientos
ante Dios:/ a él alzo los ojos llorosos;/ 21que juz-
gue entre este mortal y Dios,/ como se juzga un
pleito entre los humanos;/ 22porque mis años es-
tán contados/ y emprenderé el viaje sin retorno.

17 1Se me turba la mente, mis días se apagan,/
me espera el sepulcro:/ 2solo burlas me
acompañan/ y estoy harto de provocaciones.
3Sé tú mi garante ante ti mismo,/ ¿quién, si no,
responderá por mí?
4Tú has cerrado su mente al razonamiento/ y
no los dejarás triunfar.
5Si alguien denuncia al prójimo para despo-
jarlo,/ a sus hijos se les consumirán los ojos.
6Me ha hecho objeto de burla para la gente,/
como alguien a quien se escupe en la cara;/ 7mis
ojos se consumen irritados/ y mis miembros son
todos como sombra.
8Los justos se asombran al verlo/ y el inocente
se indigna contra el malvado;/ 9pero el justo se
afirma en su camino/ y el de manos puras for-
talece su ánimo./ 10Vengan todos, vuelvan:/ que
entre ustedes no encontraré un sabio.
11Pasan mis días, fracasan mis planes,/ y las
aspiraciones de mi corazón,/ 12pero ustedes
convierten la noche en día,/ en luz cercana la
tiniebla presente.
13¡Nada espero! El Abismo es mi casa,/ me hago
la cama en las tinieblas,/ 14a la podredumbre la
llamo madre,/ a los gusanos padre y hermanos.
15¿Dónde ha quedado mi esperanza?/ Mi espe-
ranza, ¿quién la ha visto?
16Bajará a las puertas del Abismo/ cuando nos
hundamos juntos en la tierra.

Discurso de Bildad II

18 1Bildad de Suj tomó la palabra y dijo:
2¿Cuándo pondrás freno a las palabras?/
Reflexiona y luego hablaremos.
3¿Por qué nos consideras unas bestias/ y nos
tratas como estúpidos?
4Tú que te destrozas con tu enojo,/ ¿va a des-
poblarse la tierra por tu causa/ o a moverse la
roca de su sitio?
5La luz del malvado se apaga/ y no brilla la lla-
ma de su hogar,/ 6se oscurece la luz de su tienda/
y se le apaga la lámpara,/ 7se acortan sus pasos
vigorosos/ y sus propios proyectos lo derriban;/
8sus pies lo llevan a la trampa/ y camina entre
redes,/ 9un lazo lo engancha por los tobillos/ y la
trampa se cierra sobre él.
10Hay nudos escondidos en el suelo/ y trampas
en su senda.
11Lo rodean temores que lo espantan,/ lo per-
siguen a cada paso;/ 12su vigor desaparece/ y la
desgracia se pega a su costado,/ 13la enferme-
dad, hija preferida de la muerte, corroe su piel,/
devora sus miembros.
14Lo arrancan de la paz de su tienda/ para
conducirlo al Rey de los terrores;/ 15prenden
fuego a su tienda/ y esparcen azufre en sus po-
sesiones;/ 16por debajo sus raíces se secan,/ por
arriba su ramaje se marchita.
17Su recuerdo se acaba en el país/ y se olvida su
nombre en la región;/ 18expulsado de la luz a las
tinieblas,/ desterrado del mundo,/ 19sin familia
ni descendencia entre su pueblo,/ sin un super-
viviente en su territorio.
20De su destino se espantan los de occidente/ y
los de oriente se horrorizan.
21¡Tal es la morada del malvado,/ el lugar del
que no reconoce a Dios!

Job a Bildad

19 1Respondió Job:
2¿Hasta cuándo seguirán entristeciéndo-
me/ y aplastándome con palabras?
3Ya van diez veces que me insultan/ y me mal-
tratan desvergonzadamente.
4Si es que he cometido un error,/ con ese error
me quedo yo./ 5¿O es que quieren cantar victo-
ria/ echándome en cara mi desgracia?
6Sepan que es Dios el que me ha trastornado/
envolviéndome en sus redes.
7Grito: ¡Violencia!, y nadie me responde;/ pido
socorro y no me defienden.
8Él me ha cerrado el camino y no tengo salida,/
ha llenado de tinieblas mi sendero,/ 9me ha des-
pojado de mi honor/ y me ha quitado la corona
de la cabeza;/ 10ha demolido mis muros y tengo
que marcharme,/ ha sacado de raíz mi esperan-
za como un árbol.
11Ardiendo en ira contra mí,/ me considera su
enemigo.
12Llegan en masa sus escuadrones,/ se abrie-
ron camino hasta mí/ y han acampado cercando
mi tienda.
13Mis hermanos se alejan de mí,/ mis parien-
tes me tratan como a un extraño,/ 14me aban-
donan vecinos y conocidos/ y me olvidan los

huéspedes de mi casa;/ 15*mis esclavas me tienen*
por un extraño,/ les resulto un desconocido;/
16*llamo a mi esclavo y no me responde/ y hasta*
tengo que rogarle.
17*A mi mujer le repugna mi aliento/ y mi he-*
dor a mis propios hijos,/ 18*aun los chiquillos me*
desprecian/ y me insultan apenas me levanto;/
19*mis íntimos me aborrecen,/ los más amigos se*
vuelven contra mí.
20*Se me pegan los huesos a la piel,/ y a duras*
penas sigo con vida.
21*¡Piedad, piedad de mí, amigos míos,/ que*
me ha herido la mano de Dios!/ 22*¿Por qué me*
persiguen como lo hace Dios/ y no se cansan de
atormentarme?
23*¡Ojalá se escribieran mis palabras,/ ojalá se*
grabaran en cobre,/ 24*con cincel de hierro y con*
plomo/ se escribieran para siempre en la roca!
25*Yo sé que está vivo mi defensor/ y que al fi-*
nal se alzará sobre el polvo:/ 26*después de que me*
arranquen la piel,/ ya sin carne veré a Dios;/
27*yo mismo lo veré, no como extraño,/ mis pro-*
pios ojos lo verán./ ¡El corazón se me deshace en
el pecho!
28*Y si dicen: ¿Cómo vamos a perseguirlo?/ ¿qué*
pretexto encontraremos para procesarlo?
29*Teman la espada para ustedes,/ porque la*
espada será el pago de las culpas,/ y entonces
sabrán que hay un juez.

Discurso de Sofar II

20 1Sofar de Naamat habló a su vez y dijo:
2*Mis pensamientos me impulsan a res-*
ponder,/ pues me siento inquieto.
3*Acabo de escuchar una lección humillante,/*
y un soplo de mi inteligencia me hace contestar.
4*¿No sabes que es así desde siempre,/ desde*
que pusieron al hombre en la tierra,/ 5*que el jú-*
bilo de los malvados es pasajero/ y la alegría del
impío dura un instante?
6*Aunque su ambición suba hasta el cielo/ y to-*
que con la cabeza en las nubes,/ 7*perecerá para*
siempre, como estiércol,/ y los que lo veían pre-
guntan: ¿Dónde está?
8*Cruza como un sueño, y no lo encuentran,/*
se disipa como visión nocturna,/ 9*los ojos que lo*
miraban no lo vuelven a ver,/ desaparecerá del
lugar que ocupaba.
10*Sus hijos mendigan como pobres,/ porque él*
tuvo que devolver su fortuna.
11*Sus miembros llenos aún de juventud/ se*
acostarán con él en el polvo.
12*Si la maldad era dulce a su boca/ y la escon-*
día debajo de la lengua, 13*cuidadosamente, sin*
soltarla,/ reteniéndola contra el paladar,/ 14*ese*
manjar en las entrañas se les transforma/ en
veneno de víbora.
15*Devoró riquezas y las vomitará,/ porque*
Dios se las saca del vientre; 16*chupará veneno de*
víboras/ y lo matará la lengua de la serpiente.
17*No gozará viendo arroyos de aceite,/ ríos de*
leche y miel;/ 18*devuelve sin usarlo el fruto de sus*
fatigas/ y lo que ganó comerciando no lo disfru-
ta;/ 19*porque explotó y desamparó a los pobres/*
y se apropió casas que no había construido;/
20*porque no supo calmar su codicia,/ no salvará*
nada de sus tesoros;/ 21*nadie escapaba de su vo-*
racidad,/ por eso no durará su bienestar.
22*De la opulencia caerá en la penuria,/ las*
manos de los desgraciados caerán sobre él.
23*Para que llene su vientre/ Dios le enviará el*
incendio de su ira,/ como lluvia que le penetre
en las carnes./ 24*Si escapa del arma de hierro,/*
lo atraviesa la flecha de bronce,/ 25*una flecha le*
sale por la espalda/ y brilla la punta saliendo
por el hígado;/ el terror se apodera de él.
26*Todas las tinieblas están reservadas para*
él,/ lo devora un fuego no alimentado por hom-
bre,/ que destruye lo que aún queda de su tienda.
27*El cielo revela su culpa,/ la tierra se levanta*
contra él.
28*Una inundación se lleva su casa;/ quedará*
destruida en el día de la ira./ 29*Esta suerte re-*
serva Dios al malvado,/ esta herencia tiene des-
tinada Dios.

Job a Sofar

21 1Respondió Job:
2*Escuchen atentamente mis palabras,/*
concédanme, al menos, este consuelo./ 3*Tengan*
paciencia mientras yo hablo,/ y cuando termi-
ne, podrán burlarse./ 4*¿Acaso me quejo yo de*
algún hombre/ o pierdo la paciencia sin razón?
5*Escúchenme, que de puro asombro/ se lleva-*
rán la mano a la boca./ 6*Cuando lo recuerdo, me*
horrorizo/ y todo mi cuerpo se estremece.
7*¿Por qué siguen vivos los malvados/ y al enve-*
jecer se hacen más ricos?
8*Su descendencia está segura en su compa-*
ñía/ y ven crecer a sus retoños;/ 9*sus hogares, en*
paz y sin temor,/ el látigo de Dios no los azota;/
10*su toro fecunda sin fallar,/ su vaca les pare sin*
abortar./ 11*Dejan correr a sus chiquillos como*
cabritos,/ dejan saltar a sus críos;/ 12*cantan al*
son de cítaras y panderos/ y se regocijan oyendo
la flauta./ 13*Así consumen su vida dulcemente/*
y bajan serenamente al sepulcro.
14*Ellos que decían a Dios: Apártate de noso-*
tros,/ que no nos interesan tus caminos.
15*¿Quién es el Todopoderoso para que le sirva-*
mos?/ ¿Qué sacamos con rezarle?

16Pero no tienen la dicha en sus manos./ ¡El
plan de los malvados queda lejos de Dios!
17¿Cuántas veces se apaga la lámpara del mal-
vado/ o cae sobre ellos la desgracia?/ ¿Cuántas
veces la ira de Dios les reparte sufrimientos, 18y
son como paja que empuja el viento,/ o como
rastrojo que se lleva un huracán?
19¿Es que Dios reserva el castigo para sus hijos?
–¡Que castigue al malvado para que lo sienta!
20¡Que vea con sus ojos la desgracia/ y beba la
cólera del Todopoderoso!
21¿Qué le importa su casa una vez muerto/
cuando se haya cortado la cuenta de sus meses?
22–¿Se le pueden dar lecciones a Dios,/ siendo
que Dios gobierna en el cielo?
23Hay quien llega a la muerte lleno de vigor,/
del todo tranquilo y en paz,/ 24con sus caderas
llenas de grasa/ y sana la médula de sus hue-
sos;/ 25otro muere lleno de amargura,/ sin haber
comido nunca bien;/ 26y los dos se acuestan jun-
tos en el polvo,/ cubiertos de gusanos.
27Sí, yo sé lo que ustedes piensan/ y las ideas
perversas que tienen contra mí.
28Sé que dicen: ¿Dónde está la casa del podero-
so,/ dónde la morada de los malvados?
29¿Por qué no se lo preguntan a los que han via-
jado?/ ¿No han oído las cosas que ellos cuentan?
30Que el malvado se salva en la catástrofe/ y
que el día de la tragedia lo encuentra ausente;/
31que nadie le echa en cara su conducta/ ni le
dan su merecido;/ 32que lo conducen al sepul-
cro/ y se hace guardia junto al mausoleo/ 33y
hasta la tierra es suave para él./ Todo el mundo
en cortejo lo acompaña,/ lo sigue una multitud
innumerable.
34¿Y me quieren consolar con palabras va-
cías?/ Sus respuestas son puro engaño.

Discurso de Elifaz III

22 1Elifaz de Temán tomó la palabra y dijo:
2¿Puede un hombre ser útil a Dios?,/
¿puede un sabio serle útil?
3¿Qué saca el Todopoderoso de que tú seas jus-
to/ o qué gana si tu conducta es honrada?
4¿Acaso te reprocha el que seas religioso/ o te
lleva a juicio por ello?
5¿No será más bien porque es grande tu mal-
dad/ y por tus innumerables culpas?
6Exigías sin razón bienes en garantía a tu
hermano,/ arrancabas el vestido al desnudo,/
7no dabas agua al sediento/ y negabas el pan al
hambriento.
8Como hombre poderoso, dueño del país,/
privilegiado habitante de él,/ 9despedías a las
viudas con las manos vacías y/ quebrabas los
brazos de los huérfanos.
10Por eso te cercan lazos,/ te espantan terrores
repentinos/ 11o tinieblas que no te dejan ver/ y te
sumergen aguas desbordadas.
12Dios es la cumbre del cielo,/ ¡y mira que están
altas las estrellas!
13Tú dices: ¿Qué sabe Dios?,/ ¿puede distinguir
a través de los nubarrones?;/ 14las nubes lo ta-
pan y no lo dejan ver/ y él se pasea por los límites
del cielo.
15¿Quieres tú seguir la vieja ruta/ que han se-
guido los malvados?
16Ellos murieron muy pronto/ como arrebata-
dos por un río crecido.
17Decían a Dios: Apártate de nosotros,/ ¿qué
puede hacernos el Todopoderoso?
18Él les había llenado la casa de bienes/ y los
malvados planeaban sin contar con él.
19Los justos ven esto y se alegran,/ los ino-
centes se burlan de ellos:/ 20¡Se han acabado sus
posesiones,/ el fuego ha devorado su opulencia!
21Reconcíliate y ten paz con él/ y recibirás bie-
nes;/ 22acepta la enseñanza de su boca/ y guar-
da sus palabras en tu corazón.
23Si te conviertes al Todopoderoso, te restable-
cerá./ Aleja de tu tienda la injusticia,/ 24arro-
ja al polvo tu oro/ y tu metal de Ofir entre las
piedras del arroyo,/ 25y el Todopoderoso será tu
oro/ y tu plata a montones;/ 26él será tu delicia/
y alzarás hacia él el rostro;/ 27cuando le supli-
ques, te escuchará,/ y tú cumplirás tus prome-
sas;/ 28lo que tú decidas se hará,/ y brillará la
luz en tus caminos.
29Porque él humilla a los arrogantes/ y salva a
los que se humillan.
30Él librará al inocente/ y tú te librarás por la
pureza de tus manos.

Job a Elifaz

23 1Respondió Job:
2Hoy también me quejo amargamente,/
porque su mano agrava mis gemidos.
3¡Ojalá supiera cómo encontrarlo,/ cómo lle-
gar a su tribunal!
4Presentaría ante él mi causa/ con la boca lle-
na de argumentos.
5Sabría cuál es su respuesta/ y comprendería
lo que me dice./ 6¿Pleitearía él conmigo usando
la fuerza como argumento?/ No; más bien ten-
dría que escucharme./ 7Entonces yo discutiría
lealmente con él/ y ganaría definitivamente mi
causa.
8Pero me dirijo al oriente, y no está allí;/ al oc-
cidente, y no lo distingo;/ 9al norte, y no lo des-
cubro;/ se oculta en el sur, y no lo veo.
10Pero ya que él conoce mi conducta,/ que me
examine, y saldré como el oro.

11 Mis pies pisaban sus huellas,/ seguía su ca-
mino sin torcerme;/ 12 no me aparté de sus man-
datos/ y guardé en el pecho sus palabras.
13 Pero él no cambia: ¿quién lo hará volver
atrás?/ Quiere una cosa y la realiza.
14 Él ejecutará mi sentencia/ y otras muchas
que tiene pensadas.
15 Por eso me aterro en su presencia,/ sien-
to miedo de él solo al pensarlo/ 16 porque Dios
me tiene acobardado,/ me ha aterrado el
Todopoderoso.
17 ¡Ojalá me desvaneciera en las tinieblas/ y la
oscuridad cubriera mi rostro!

24 1 ¿Por qué el Todopoderoso no señala pla-
zos/ para que sus amigos puedan presen-
ciar sus intervenciones?
2 Los malvados mueven los linderos,/ roban
rebaños y los apacientan;/ 3 se llevan el asno del
huérfano/ y toman como garantía el buey de la
viuda,
4 Los pobres tienen que apartarse del camino/
y los miserables tienen que esconderse.
5 Como burros salvajes del desierto salen los
pobres a su tarea,/ madrugan para conseguir
algo,/ y del desierto sacan alimento para sus
pequeños;/ 6 cosechan en campo ajeno/ y rebus-
can en el huerto del rico;/ 7 pasan la noche des-
nudos,/ sin ropa con que taparse del frío,/ 8 los
empapa el aguacero de los montes/ y, a falta de
refugio, se pegan a las rocas.
9 Los malvados arrancan del pecho al huérfa-
no/ y dan como garantía al niño del pobre.
10 Andan desnudos por falta de ropa;/ cargan
el trigo y pasan hambre;/ 11 exprimen aceite en
el molino,/ pisan la uva en el lagar, y pasan sed.
12 En la ciudad gimen los moribundos/ y piden
socorro los heridos,/ y Dios no hace caso de su
súplica.
13 Otros se rebelan contra la luz,/ no conocen
sus caminos/ ni se acostumbran a sus sendas:/
14 al alba se levanta el asesino/ para matar al po-
bre y al indigente;/ de noche ronda el ladrón/
16a a oscuras penetra en las casas;/ 15 el adúltero
espera la noche/ diciéndose: Nadie me verá,/ y
se cubre la cara.
16b Durante el día se encierran,/ no quieren
nada con la luz;/ 17 la mañana es oscura pa-
ra ellos,/ acostumbrados a los miedos de las
tinieblas.
25 Si no es así, que alguien me desmienta/ y re-
duzca a nada mis palabras.

Discurso de Bildad III

25 1 Bildad de Suj tomó la palabra y dijo:
2 Dios tiene un poder que sobrecoge/
e impone paz en las alturas;/ 3 sus tropas son
innumerables,/ ¿sobre quién no brilla su luz?/
4 ¿Puede el hombre ser justo frente a Dios?,/
¿puede ser puro el nacido de mujer?
5 Si ni siquiera la luna es brillante/ ni a sus ojos
son puras las estrellas,/ 6 ¡cuánto menos el hom-
bre, ese gusano,/ el ser humano, esa lombriz!

Respuesta final de Job

26 1 Respondió Job:
2 ¡Qué manera de ayudar al débil,/ de sal-
var al que ya no tiene fuerzas!/ 3 ¡Qué bien has
aconsejado al ignorante,/ qué gran sabiduría
has demostrado!/ 4 ¿A quién has dirigido tus pa-
labras?,/ ¿quién te ha inspirado para que hables
así?
5 Los muertos se estremecen/ debajo del mar y
de sus habitantes;/ 6 el Abismo está desnudo a los
ojos de Dios,/ y sin velos, el reino de la Muerte.
7 Él extiende el cielo sobre el vacío/ y colgó la
tierra sobre la nada,/ 8 embolsa el agua en las
nubes/ y el nubarrón no se revienta con el peso;/
9 oscurece la cara de la luna llena/ desplegando
sobre ella su nube;/ 10 trazó un círculo sobre la
superficie del mar/ en la frontera de la luz y las
tinieblas.
11 Las columnas del cielo retiemblan,/ asusta-
das cuando él brama;/ 12 con su poder aquietó el
Mar,/ con su inteligencia quebrantó el Caos;/
13 a su soplo despeja el firmamento,/ y su mano
traspasó la Serpiente huidiza.
14 Y esto no es más que una parte de sus obras,/
lo que hemos oído es apenas un murmullo de él;/
el trueno de sus proezas, ¿quién lo comprenderá?

27 1 Job siguió entonando sus versos y dijo:
2 ¡Por Dios, que me niega mi derecho,/
por el Todopoderoso, que me llena de amargu-
ra,/ 3 mientras haya en mí un soplo de vida/ y el
aliento de Dios esté en mis narices,/ 4 mis labios
no dirán falsedades/ ni mi lengua pronunciará
mentiras!
5 ¡Lejos de mí darles la razón!/ Hasta el último
aliento mantendré mi honradez,/ 6 me aferraré
a mi inocencia sin ceder:/ la conciencia no me
reprocha ni uno de mis días.
7 Que mi enemigo tenga la suerte del culpable/
y mi adversario, la del hombre injusto.
Sofar tomó la palabra y dijo:
(24,18) Se desliza ligero sobre el agua,/ sus bie-
nes están malditos,/ y ya no va a trabajar a su
viña.

(24,19)Como el calor y la sequía roban el agua a
las nieves,/ así el Abismo se lleva al pecador;/
(24,20)lo olvida su propia madre, lo saborean los
gusanos,/ se acaba su memoria y se tala como
un árbol la maldad.
(24,21)Porque maltrataba a la estéril sin hijos/ y
no socorría a la viuda.
(24,22)Aunque el poderoso prolongue su vigor y
se mantenga en pie,/ no tiene segura la vida.
(24,23)Dios lo dejaba vivir confiado,/ pero sus
ojos observaban sus caminos.
(24,24)Se encumbró por un instante, y ya no exis-
te;/ se doblaron y se marchitaron como plan-
tas,/ y los cortaron como espigas.

27 8 ¿Qué esperanza le queda al impío cuando
le cortan la trama,/ cuando Dios le arran-
ca la vida?
9 ¿Oirá Dios sus reclamos/ cuando lo sorpren-
da la angustia?
10 ¿Era el Todopoderoso su delicia?,/ ¿invocaba
a Dios en toda ocasión?
11 Les explicaré el poder de Dios,/ no les ocul-
taré lo que dispone el Todopoderoso;/ 12 si todos
ustedes ya lo han comprobado,/ ¿por qué se
pierden en discursos sin sentido?
13 Esta es la suerte que Dios reserva al malva-
do,/ la herencia que los tiranos reciben del To-
dopoderoso:/ 14 si tiene muchos hijos, serán para
la espada,/ sus descendientes no se saciarán de
pan;/ 15 a los supervivientes los enterrará la pes-
te/ y sus viudas no los llorarán;/ 16 si amontona
plata como tierra/ y apila vestidos como barro,/
17 el inocente usará esa ropa/ y el justo heredará
su plata;/ 18 la casa que se construya será frágil
como telaraña,/ como choza de pastor;/ 19 si se
acuesta rico, es por última vez,/ al abrir los ojos
no le queda nada.
20 De día lo asaltan los terrores,/ de noche lo
arrebata el huracán,/ 21 se lo lleva el viento del
este,/ el torbellino lo arranca de su sitio;/ 22 Dios
lo empuja sin piedad,/ y él intenta huir por todas
partes./ 23 La gente lo aplaude por su ruina/ y lo
silban cuando marcha de su sitio.

Elogio de la Sabiduría

28 1 Hay minas de donde se extrae la plata/ y
lugares para refinar el oro,/ 2 el hierro se
extrae de la tierra,/ al fundirse la piedra, sale
el bronce.
3 El hombre pone frontera a las tinieblas,/
explora los últimos rincones, las grutas más
profundas;/ 4 perfora galerías en lugares soli-
tarios,/ olvidados de los caminantes/ allí se ba-
lancea suspendido de una soga.
5 La tierra que da pan/ se trastorna con fuego
subterráneo:/ 6 sus piedras son yacimientos de
zafiros,/ sus terrones tienen pepitas de oro.
7 Su sendero no lo conoce el buitre,/ no lo divi-
sa el ojo del halcón,/ 8 no lo pisan las fieras sal-
vajes/ ni lo recorren los leones.
9 El hombre echa mano al pedernal,/ descuaja
las montañas de raíz;/ 10 en la roca abre gale-
rías,/ y busca toda clase de piedras preciosas,/
11 explora el nacimiento de los ríos/ y saca lo
oculto a la luz.
12 Pero, ¿dónde se encuentra la Sabiduría?,/
¿dónde está el yacimiento de la prudencia?
13 El hombre no sabe su precio,/ no se encuen-
tra en la tierra de los vivos.
14 Dice el Océano: No está en mí,/ responde el
Mar: No está conmigo.
15 No se puede comprar con oro puro/ ni se
paga con plata,/ 16 no se iguala al oro de Ofir,/
a ónices preciosos o zafiros,/ 17 no se paga con
oro ni con vidrio,/ ni se cambia por vasos de
oro fino,/ 18 no cuentan el cristal ni los corales/
y adquirirla cuesta más que las perlas;/ 19 no la
iguala el topacio de Nubia/ ni se compara con
el oro más puro.
20 ¿De dónde viene la Sabiduría,/ dónde está
el yacimiento de la prudencia?/ 21 Se oculta a los
ojos de las bestias/ y se esconde de las aves del
cielo./ 22 Muerte y Abismo confiesan:/ De oídas
conocemos su fama.
23 Solo Dios sabe su camino,/ solo él conoce su
yacimiento,/ 24 porque él contempla los límites
del mundo/ y ve cuanto hay bajo el cielo.
25 Cuando señaló su fuerza al viento/ y definió
la medida de las aguas,/ 26 cuando impuso su ley
a la lluvia/ y su ruta al relámpago y al trueno,/
27 entonces la observó y la valoró,/ la examinó y
le dio su aprobación.
28 Y dijo al hombre:/ Respetar al Señor es sabi-
duría,/ apartarse del mal es prudencia.

¡Qué tiempos aquellos!

29 1 Job siguió entonando sus versos y dijo:
2 ¡Quién pudiera volver a los viejos tiem-
pos/ cuando Dios me protegía,/ 3 cuando su
lámpara brillaba encima de mi cabeza/ y a su luz
cruzaba las tinieblas!/ 4 ¡Aquellos días de mi oto-
ño,/ cuando Dios era un íntimo en mi tienda,/
5 el Todopoderoso estaba conmigo/ y me rodea-
ban mis hijos!
6 Cuando lavaba mis pies en leche,/ y el aceite
brotaba de las rocas./ 7 Cuando salía a la puerta
de la ciudad/ y tomaba asiento en la plaza,/ 8 los
jóvenes al verme se escondían,/ los ancianos se
levantaban y se quedaban de pie,/ 9 los jefes se
abstenían de hablar/ tapándose la boca con la

mano;/ 10se quedaban sin voz los notables/ y se
les pegaba la lengua al paladar.
11Oído que me oía me felicitaba,/ ojo que me
veía me aprobaba.
12Yo libraba al pobre que pedía socorro/ y al
huérfano indefenso,/ 13recibía la bendición del
vagabundo/ y alegraba el corazón de la viuda;/
14de justicia me vestía y revestía,/ el derecho era
mi manto y mi turbante.
15Yo era ojos para el ciego,/ era pies para el li-
siado,/ 16yo era el padre de los pobres/ y exami-
naba la causa del desconocido./ 17Le rompía las
mandíbulas al injusto/ para arrancarle la presa
de los dientes.
18Y pensaba: Moriré dentro de mi nido,/ con
días incontables como la arena./ 19Mis raíces
alcanzaban hasta el agua/ y el rocío se posaba en
mi ramaje;/ 20mi prestigio se renovaba conmi-
go/ y mi arco se reforzaba en mi mano.
21Me escuchaban atentos,/ y oían en silencio a
mi consejo;/ 22después de hablar yo, no añadían
nada,/ mis palabras goteaban sobre ellos,/ 23las
esperaban como lluvia temprana,/ se las bebían
como lluvia tardía;/ 24al verme sonreír, apenas lo
creían,/ y no se perdían un destello de mi rostro.
25Les trazaba el camino, y me ponía al frente,/
me instalaba como un rey entre su escolta./ Yo
guiaba y se dejaban conducir.

Se han vuelto las tornas

30 1Ahora, en cambio, se burlan de mí/ mu-
chachos más jóvenes que yo,/ a cuyos pa-
dres ni siquiera hubiera puesto/ entre los perros
de mi rebaño,/ 2cuyos brazos no me habrían ser-
vido,/ sin fuerzas como estaban.
3Andaban debilitados de hambre y necesidad,
la tierra reseca,/ de noche en el desierto desola-
do,/ 4arrancando hierbas amargas entre los ma-
torrales,/ alimentándose de raíces de retama;/
5expulsados de los poblados,/ echados a gritos,
como ladrones,/ 6habitando en barrancos es-
pantosos,/ en cuevas y cavernas,/ 7aullando
entre los matorrales,/ apretujándose bajo las
ortigas.
8¡Gente inútil, raza sin nombre,/ arrojada del
país a latigazos!/ 9Ahora, en cambio, me hacen
canciones hirientes,/ soy el tema de sus burlas,/
10me aborrecen, se distancian de mí/ y aun se
atreven a escupirme a la cara.
11Dios ha soltado mi cuerda y me ha humilla-
do/ y ellos ya no me tienen ningún respeto.
12A mi derecha se levanta una turba/ que se
abre camino para atraparme;/ 13destruyen mi
sendero, planean mi ruina/ y nadie los detie-
ne;/ 14irrumpen por una ancha brecha/ en ava-
lancha, como tormenta.
15Se vuelven contra mí los terrores,/ se disipa
como el aire mi dignidad,/ y pasa como nube mi
prosperidad.
16Ahora quiero desahogarme:/ la aflicción se
apodera de mí,/ 17la noche me taladra hasta los
huesos,/ pues no duermen las llagas que me roen.
18Él me agarra con violencia por la ropa/ y me
sujeta por el cuello de la túnica,/ 19me arroja en
el fango/ y me confundo con el barro y la ceniza.
20Te pido auxilio, y no me haces caso;/ insisto,
y me clavas la mirada./ 21Te has vuelto mi verdu-
go/ y me atacas con tu brazo musculoso./ 22Me
levantas en vilo, me paseas/ y me sacudes en el
huracán.
23Ya sé que me devuelves a la muerte,/ donde
se dan cita todos los vivientes./ 24¿No alarga uno
la mano al hundirse,/ o no grita socorro en el
desastre?/ 25¿No lloré con el oprimido,/ no tuve
compasión del pobre?
26Esperé dicha, me vino desgracia;/ esperé luz,
me vino oscuridad.
27Me hierven las entrañas y no se acallan,/
días de aflicción me salen al encuentro./ 28Ca-
mino sombrío, lejos del sol,/ y en la asamblea me
levanto a pedir auxilio;/ 29me he vuelto hermano
de los chacales/ y compañero de los avestruces.
30Mi piel se ennegrece y se me cae,/ mis huesos
se queman de fiebre.
31Mi cítara está de luto/ y mi flauta acompaña
al llanto.

¡Juro que soy inocente!

31 1Yo hice un pacto con mis ojos/ de no fi-
jarme en ninguna doncella./ 2A ver, ¿qué
suerte reserva Dios desde el cielo,/ qué herencia
el Todopoderoso desde lo alto?
3¿No reserva la desgracia para el criminal/ y
el fracaso para los malhechores?/ 4¿No ve él mis
caminos,/ no me cuenta los pasos?
5¿He caminado con el engaño,/ han corrido
mis pies tras la mentira?
6Que me pese Dios en balanza sin trampa/ y
comprobará mi honradez.
7Si aparté mis pasos del camino,/ siguiendo
los caprichos de los ojos,/ o se me pegó algo a las
manos,/ 8¡que otro coma lo que yo siembre/ y
que me arranquen mis retoños!
9Si me dejé seducir por una mujer/ y estuve es-
perando a la puerta del vecino,/ 10¡que mi mujer
trabaje para un extraño/ y que otros se acuesten
con ella!
11Porque eso sí que es una infamia,/ un de-
lito que compete a los jueces; 12es un fuego que
devora hasta lo hondo/ y acabaría de raíz mis
cosechas./ 13Si atropellé su derecho al esclavo o a
la esclava,/ cuando pleiteaban conmigo,/ 14¿qué

haré cuando Dios se levante,/ qué responderé
cuando me interrogue?
15El que me hizo a mí en el vientre, ¿no lo hizo
a él?,/ ¿no nos formó el mismo Dios en el seno?
18Desde mi infancia me crió como padre/ y
desde el seno materno me guió.
16Si negué al pobre lo que deseaba/ o dejé con-
sumirse en llanto a la viuda,/ 17si comí el pan yo
solo/ sin repartirlo con el huérfano,/ 19si vi al
vagabundo sin vestido/ y al pobre sin nada con
que cubrirse,/ 20y no me lo agradeció su cuerpo,/
abrigado con la lana de mis ovejas;/ 21si alcé la
mano contra el inocente/ cuando yo contaba con
el apoyo del tribunal,/ 22¡que se me desprenda mi
espalda del cuello/ y se me descoyunte el brazo!
23Porque el terror de Dios me espantaría/ y
ante su grandeza no podría resistir.
38Si mi tierra ha gritado contra mí/ o sus sur-
cos han llorado juntos,/ 39si comí su cosecha sin
pagarla/ explotando a los campesinos,/ 40a¡que
mi tierra dé espinas en vez de trigo;/ en vez de
cebada, ortigas!
24Lo juro: No puse en el oro mi confianza/ ni
llamé al metal precioso mi seguridad;/ 25no me
complacía con mis grandes riquezas,/ con la
fortuna amasada por mis manos.
26Mirando al sol resplandeciente/ o a la luna
caminar con esplendor,/ 27no me dejé seducir
secretamente/ ni les envié un beso con la mano.
28También esto es delito que compete a los jue-
ces,/ pues habría negado al Dios del cielo.
29No me alegré en la desgracia de mi enemi-
go,/ ni su mal fue mi alborozo,/ 30ni dejé que mi
boca pecara/ deseándole la muerte./ 31¡Lo juro!
Cuando los hombres de mi campamento/ que-
rían abusar de un extranjero,/ 32yo no lo dejaba
dormir en la calle,/ porque yo abrí mis puertas
al caminante.
33No oculté mi delito como Adán/ ni escondí en
el pecho mi culpa.
34Por temor al griterío de la gente,/ por miedo
al desprecio de mi clan,/ no me estuve encerra-
do y en silencio.
35¡Ojalá hubiera quien me escuchara!/ ¡Aquí
está mi firma! Que responda el Todopoderoso,/
que mi rival escriba su alegato:/ 36lo llevaría
al hombro/ o me lo pondría como corona;/ 37le
daría cuenta de mis pasos/ y avanzaría hacía él
como un príncipe.
40bFin de los discursos de Job.

DISCURSOS DE ELIHÚ (32–37)
Primer discurso

32 1Los tres hombres no respondieron más a
Job, convencidos de que él se tenía por
inocente. 2Pero Elihú, hijo de Baraquel, del clan
de Ram, natural de Buz, se indignó contra Job,
porque pretendía justificarse frente a Dios.
3También se indignó contra los tres compañe-
ros, porque, al no hallar respuesta, habían de-
jado a Dios por culpable. 4Elihú había esperado
mientras ellos hablaban con Job, porque eran
mayores que él; 5pero viendo que ninguno de los
tres respondía, Elihú se indignó. 6Y Elihú, hijo
de Baraquel, natural de Buz, intervino diciendo:
Yo soy joven y ustedes son ancianos;/ por
eso, temeroso, no me atrevía/ a exponerles mi
saber./ 7Me decía: que hablen los años,/ que la
edad madura enseñe sabiduría./ 8Pero lo que
hace inteligente al hombre/ es el espíritu que le
infundió el Todopoderoso.
9No es la autoridad quien da la sabiduría/ ni
por ser anciano sabe uno juzgar;/ 10por eso les
pido que me escuchen:/ yo también expondré lo
que sé.
11Yo esperé mientras hablaban,/ presté aten-
ción a sus razones/ mientras buscaban argu-
mentos;/ 12por más que escuché con atención,/
ninguno de ustedes refutó a Job/ ni respondió a
sus argumentos.
13Y no digan: Nos hemos topado con una sabi-
duría/ que solo Dios, no un hombre, puede refu-
tar./ 14Job no se ha enfrentado conmigo/ ni yo le
responderé con las razones de ustedes.
15Ellos, desconcertados, ya no responden,/
se han quedado sin palabras./ 16¿Debo esperar
porque ellos no hablan,/ porque están ahí sin
responder?
17Quiero tomar parte en la discusión,/ yo
también expondré lo que sé,/ 18porque me siento
henchido de palabras/ y su ímpetu me oprime
las entrañas;/ 19mis entrañas están como odres
nuevos/ que el vino encerrado revienta.
20Hablaré y me desahogaré,/ abriré los labios
para responder./ 21No tomaré partido por nin-
guno,/ a nadie adularé,/ 22porque no sé adular/
y porque me eliminaría mi Creador.

33 1Escucha mis palabras, Job;/ atiende a mi
discurso:/ 2mira que ya abro la boca/ y mi
lengua forma palabras con el paladar;/ 3hablo
con corazón sincero,/ mis labios expresan la pu-
ra verdad./ 4El soplo de Dios me hizo,/ el aliento
del Todopoderoso me dio vida.
5Contéstame, si puedes;/ prepárate, ponte
frente a mí./ 6Yo soy obra de Dios lo mismo que
tú,/ también yo fui modelado de arcilla./ 7No
tienes nada que temer de mí/ ni me ensañaré
contigo.
8Tú ya lo has dicho en mi presencia/ y yo te lo
he escuchado:

9Yo soy puro, no tengo delito,/ soy inocen-
te, no tengo culpa;/ 10pero él halla pretextos
contra mí,/ y me considera su enemigo,/ 11me
mete trampas a cada paso/ y vigila todos mis
movimientos.
12En eso no tienes razón –te contesto–,/ por-
que Dios es más grande que el hombre./ 13¿Có-
mo te atreves a acusarlo/ de que no da cuenta
de ninguno de sus actos?/ 14Dios sabe hablar de
un modo o de otro,/ y uno no se fija:/ 15en sue-
ños o visiones nocturnas,/ cuando el sueño cae
sobre el hombre/ que está durmiendo en su ca-
ma,/ 16entonces le abre el oído/ y lo aterroriza
con sus avisos,/ 17para apartarlo de sus malas
acciones/ y protegerlo de la soberbia,/ 18para
impedirle caer en la fosa/ y cruzar la frontera
de la Muerte.
19Otras veces lo corrige en el lecho del dolor/
con la agonía incesante de sus miembros,/
20hasta que aborrece con toda el alma la comi-
da/ y su garganta pierde el gusto por el manjar
favorito;/ 21se le consume la carne hasta que no
se lo ve,/ y los huesos, que no se veían, se le des-
cubren;/ 22su alma se acerca a la fosa/ y su vida
a las aguas de la Muerte./ 23Pero si encuentra un
ángel favorable,/ uno entre mil como interce-
sor,/ 24que tenga compasión de él y diga:/ líbralo
de bajar a la fosa,/ que he encontrado rescate
para él,/ 25entonces su carne rebosará juven-
tud/ y volverá a los días de su mocedad.
26Suplicará a Dios y él lo atenderá,/ le mos-
trará su rostro con júbilo,/ restituirá al hom-
bre su salvación,/ 23cmostrándole al mortal su
rectitud.
27Este cantará ante los hombres y dirá:/ Yo pe-
qué y quebranté el derecho,/ pero Dios no me ha
dado mi merecido;/ 28me ha librado de caer en la
fosa/ y mi vida se inunda de luz.
29Estas cosas las hace Dios/ dos y tres veces al
hombre,/ 30para sacarlo vivo de la fosa,/ para
alumbrarlo con la luz de la vida.
31Hazme caso, Job, escúchame;/ guarda silen-
cio, que voy a hablar./ 32Si tienes algo que res-
ponder, dilo;/ habla, que estoy dispuesto a darte
la razón;/ 33si no la tienes, escúchame,/ calla, y
te enseñaré sabiduría.

Segundo discurso

34 1Elihú siguió diciendo:
2Sabios, escuchen mis palabras,/ prés-
tenme atención los doctos,/ 3porque así como el
oído distingue las palabras/ y el paladar aprecia
los sabores,/ 4así nosotros buscaremos lo justo/
y distinguiremos lo que es bueno.
5Job ha afirmado: Aunque soy inocente,/ Dios
no me hace justicia;/ 6defiendo mi derecho y pa-
so por mentiroso;/ mi herida no sana, aunque no
he pecado./ 7¿Quién hay como Job,/ que suelta
insolencias como quien bebe agua,/ 8se junta
con malhechores/ y va en compañía de malva-
dos?/ 9Afirma: De nada le sirve al hombre/ gozar
del favor de Dios.
10Escúchenme, hombres sensatos:/ ¡Lejos de
Dios la maldad,/ lejos del Todopoderoso la in-
justicia!/ 11Dios paga al hombre sus obras,/ lo
retribuye según su conducta;/ 12ciertamente
Dios no obra mal,/ el Todopoderoso no quebran-
ta el derecho./ 13¿Quién le ha encomendado a él
la tierra,/ quién le ha confiado el universo?/ 14Si
decidiera por su cuenta/ retirar su espíritu y su
aliento,/ 15expirarían todos los vivientes/ y el
hombre volvería al polvo.
16Si eres inteligente, escúchame,/ presta oído
a mis palabras:/ 17¿Podrá juzgar uno que odia el
derecho?,/ ¿te atreves a condenar al más justo,/
18al que declara criminal a un rey/ y malvados a
los dignatarios?
19Dios no es parcial a favor del príncipe/ ni
favorece al rico contra el pobre,/ porque todos
son obras de sus manos./ 20De repente mueren,
a media noche,/ los nobles se agitan y pasan,/
el poderoso es derribado sin esfuerzo./ 21Porque
los ojos de Dios miran las sendas del hombre/
y vigilan todos su pasos;/ 22no hay tinieblas ni
sombras/ donde puedan esconderse los malhe-
chores./ 23Y no toca al hombre señalar un plazo/
para presentarse a juicio con Dios.
24Aplasta a los poderosos sin tener que inda-
gar/ y en su lugar nombra a otros;/ 25como co-
noce sus acciones,/ los derriba en una noche y
quedan deshechos;/ 26como a criminales los azo-
ta/ en la plaza pública,/ 27porque se apartaron
de él/ y no siguieron sus caminos,/ 28haciendo
que llegara a Dios el clamor de los pobres/ y que
oyera el clamor de los afligidos.
29Pero si Dios no interviene, ¿quién podrá con-
denarlo?,/ y si esconde su rostro, ¿quién podrá
verlo?/ Vela sobre pueblos y hombres/ 30para que
no reine el impío/ ni haya quienes engañen al
pueblo.
31Dile a Dios: Me he equivocado,/ no pecaré;/
32lo que yo no veo, enséñamelo tú,/ y si cometí
delito, no volveré a hacerlo.
33¿Debe él retribuir según tu criterio?/ Como
la decisión es tuya y no mía,/ lo que sepas dilo;/
34y los hombres sensatos que me escuchan/ y los
sabios confesarán:/ 35Job habla sin saber,/ sus
palabras no tienen sentido./ 36Que lo torturen
hasta lo último/ por sus respuestas, dignas de
un malvado;/ 37porque al pecado añade la rebe-
lión,/ ante nosotros se burla y no cesa de hablar
contra Dios.

Tercer discurso

35 1Elihú prosiguió:
2¿Te parece razonable lo que dices:/ Que
Dios debe darte la razón?
3Y añades: ¿De qué me ha servido,/ qué he ga-
nado con no pecar?
4Yo voy a responderte a ti/ y a la vez a tus ami-
gos./ 5Mira atentamente al cielo/ y fíjate en las
nubes, tan altas./ 6Si pecas, ¿qué mal le haces a
Dios?;/ si acumulas los delitos, ¿qué daño le ha-
ces?;/ 7si eres justo, ¿qué le das a él/ o qué recibe
de tu mano?/ 8Es a un hombre a quien afecta tu
maldad,/ a un ser humano, como tú, a quién be-
neficia tu justicia.
9Bajo el peso de la opresión los hombres re-
claman/ y piden socorro contra los poderosos./
10Pero no dicen: ¿Dónde está nuestro Creador,/
el que restaura nuestras fuerzas durante la no-
che,/ 11el que nos da más entendimiento que las
bestias de la tierra/ y nos hace más sabios que
las aves del cielo?
12Entonces, por más que griten, él no respon-
de/ a causa del orgullo de los malvados./ 13Por-
que Dios no escucha la falsedad,/ el Todopode-
roso no le hace caso./ 14Mucho menos cuando
tú dices que no te escucha,/ que la causa está
ante él y sigues esperando./ 15Pero, como la ira
de Dios no castiga,/ ni tiene en cuenta los de-
litos,/ 16Job abre la boca inútilmente/ uniendo
palabras sin sentido.

Cuarto discurso

36 1Elihú siguió hablando:
2Espera un poco y te enseñaré,/ que aún
queda algo por decir en defensa de Dios.
3Iré lejos a buscar mi saber/ para darle la ra-
zón a mi Creador;/ 4cierto, mis argumentos no
son falsos,/ habla contigo un sabio consumado.
5Mira, Dios es poderoso/ y no desprecia el co-
razón sincero,/ 6no deja con vida al malvado,/
hace justicia al pobre,/ 7no aparta sus ojos del
justo,/ lo sienta en tronos reales/ y lo colma de
honores para siempre.
8Y cuando los ata con cadenas/ o los sujeta con
cuerdas de aflicción,/ 9es para denunciarles sus
acciones/ y los pecados de su soberbia;/ 10les
abre el oído para que aprendan/ y los mueve a
convertirse de la maldad./ 11Si hacen caso y se
someten,/ acabarán sus días en la prosperidad/
y sus años en el bienestar./ 12Si no escuchan, pa-
sarán la frontera de la Muerte,/ expirarán sin
darse cuenta./ 13Pero los malvados, cuando los
encadena,/ en vez de pedir auxilio, acumulan
rencor;/ 14pierden la vida en plena juventud,/ y
mueren en la adolescencia.
15Con el sufrimiento él salva al que sufre,/
abriéndole el oído con el dolor.
16También a ti te impulsa a salir de las garras
de la angustia/ a un lugar espacioso y abierto/
para servirte una mesa sustanciosa,/ 17pero tú
no haces justicia contra el malvado,/ ni defien-
des el derecho del huérfano;/ 18no te dejes sedu-
cir por el regalo/ ni torcer por un rico soborno.
19¿Acaso en el peligro valdrán ante él/ tus ri-
quezas y todas tus posesiones?
20De noche no estés anhelando/ echar a la gen-
te de su sitio;/ 21no te vuelvas a la maldad,/ pues
por ella te probaron con el sufrimiento.
22Mira, Dios es sublime en poder,/ ¿qué maes-
tro se le puede comparar?/ 23¿Quién le señala el
camino,/ quién puede acusarlo de injusticia?
24Acuérdate de celebrar sus obras,/ que han
cantado los hombres;/ 25todos las contemplan,/
los humanos las miran desde lejos.
26Mira, Dios es sublime, no lo entendemos/ y
no podemos contar sus años./ 27Va apartando
gotas de agua/ y las filtra de su fuente como
lluvia;/ 28las nubes las destilan/ y caen a cha-
parrones sobre el suelo./ 31Con ellas alimentan a
los pueblos/ dándoles comida abundante.
29¿Quién calcula la extensión de las nubes/ o
la altura de su pabellón?/ 30En torno a sí des-
pliega la luz/ y asienta su trono en las raíces del
mar./ 32Esconde el rayo en sus palmas/ y lo lanza
derecho a su blanco./ 33El Altísimo hace oír su
trueno/ y su ira provoca la tormenta.

37 1Al ver eso tiembla mi corazón/ y se me sal-
ta de su sitio.
2¡Atención!, oigan el trueno de su voz/ y el re-
tumbar que sale de su boca;/ 3suelta bajo el cielo
su rayo,/ que alcanza hasta el extremo del mun-
do;/ 4luego se oye un estruendo, cuando hace
resonar su voz majestuosa/ y ya no detiene sus
rayos una vez que se escucha su voz.
5Dios truena con voz maravillosa/ y realiza
proezas que no comprendemos./ 6Ordena a la
nieve: Cae al suelo,/ y al aguacero: Apresúrate.
7Hace que los hombres se queden en sus casas/
para que todos reconozcan su obra.
8Las fieras se meten en sus madrigueras/ y se
quedan en sus guaridas.
9Del sur viene la tormenta,/ de los vientos del
norte la helada;/ 10al soplo de Dios se forma el
hielo/ y se congela la superficie del agua.
11Él carga de humedad los nubarrones/ y dis-
persa las nubes de tormenta,/ 12que giran y se
revuelven, timoneadas por él,/ para cumplir
todos sus encargos/ sobre la superficie de la tie-
rra;/ 13sea para castigar o para bendecir,/ siem-
pre se cumple su voluntad.

14Escúchame esto, Job,/ detente y fíjate en las
maravillas de Dios:
15¿Sabes cómo dirige Dios las nubes/ y cómo
hace brillar el relámpago en su nube?
16¿Sabes cómo equilibra las nubes,/ maravillas
de sabiduría consumada?
17Tú, que te sofocas de calor en tu ropa/ cuan-
do la tierra se adormece bajo el viento del de-
sierto,/ 18¿puedes ayudar a Dios a extender el
firmamento,/ y dejarlo firme como espejo de
metal fundido?
19Enséñanos qué debemos decirle,/ porque a
oscuras no podemos argumentar.
20¿Hay que advertirle sobre qué quiero ha-
blar?,/ si uno dice algo, ¿hay que informarle?
21Ahora no se ve la luz,/ oscurecida entre nu-
bes;/ pero un viento pasará limpiándolas.
22Del norte vienen resplandores de oro,/ Dios
se rodea de imponente grandeza;/ 23no podemos
alcanzar al Todopoderoso:/ sublime en poder, rico
en justicia,/ no viola el derecho./ 24Por eso lo te-
men todos los hombres/ y él no teme a los sabios.

DISCURSOS DEL SEÑOR (38,1–42,6)

Primer discurso

38 1Entonces el Señor respondió a Job desde
la tormenta:
2¿Quién es ese que pone en duda mi providen-
cia/ con palabras sin sentido?/ 3Si eres hombre,
demuestra tu valentía:/ voy a interrogarte y tú
responderás.
4¿Dónde estabas cuando cimenté la tierra?/
Dímelo, si es que sabes tanto.
5¿Quién señaló sus dimensiones? –si lo sa-
bes–,/ ¿o quién le aplicó la cinta de medir?
6¿Dónde se apoyan sus cimientos/ o quién
asentó su piedra angular/ 7mientras cantaban
a coro las estrellas del amanecer/ y vitoreaban
todos los ángeles?/ 8¿Quién cerró el mar con una
puerta/ cuando salía impetuoso del seno mater-
no,/ 9cuando le puse nubes por vestido/ y niebla
por pañales,/ 10cuando le impuse un límite/ con
puertas y cerrojos/ 11y le dije: Hasta aquí llega-
rás y no pasarás;/ aquí acabará la arrogancia
de tus olas?
12¿Has mandado en tu vida a la mañana/ o has
señalado su puesto a la aurora/ 13para que aga-
rre la tierra por los bordes/ y sacuda de ella a los
malvados,/ 14para que le dé forma como el molde
a la arcilla/ y la tiña como la ropa,/ 15para que se
les niegue su luz a los malvados/ y se quiebre el
brazo de los rebeldes?
16¿Has entrado hasta la fuente de los mares/ o
paseado por la hondura del océano?/ 17¿Te han
enseñado las puertas de la Muerte/ o has visto
los portales de las Sombras?
18¿Has examinado la anchura de la tierra?/
Cuéntamelo, si lo sabes todo.
19¿Por dónde se va a la casa de la luz/ y dónde
viven las tinieblas?
20¿Podrías conducirlas a su país/ o enseñarles
el camino de casa?
21Lo sabrás, pues ya habías nacido entonces/ y
has cumplido tantísimos años.
22¿Has entrado en los depósitos de la nieve,/
has observado los graneros del granizo,/ 23que
reservo para la hora del peligro,/ para el día de
la guerra y el combate?
24¿Por qué caminos se reparte la luz/ y se di-
funde sobre la tierra el viento del desierto?
25¿Quién ha abierto un canal para el aguace-
ro/ y una ruta al relámpago y al trueno,/ 26pa-
ra que llueva en las tierras despobladas,/ en la
estepa que no habita el hombre,/ 27para que se
sacie el desierto desolado/ y brote hierba en los
arenales?
28¿Tiene padre la lluvia?,/ ¿quién engendra
las gotas del rocío?,/ 29¿de qué seno nacen los
hielos?/ ¿Quién da a luz la escarcha del cielo/
30para que el agua se cubra con una losa/ apri-
sionando la superficie del lago?
31¿Puedes atar los lazos de las Pléyades/ o des-
atar las ligaduras de Orión?/ 32¿Puedes hacer
salir las constelaciones a su hora/ o guiar a la
Osa con sus hijos?
33¿Conoces las leyes del cielo/ o determinas
sus funciones sobre la tierra?/ 34¿Puedes levan-
tar la voz hasta las nubes/ para que te cubra el
chaparrón?
35¿Despachas a los rayos, y ellos vienen/ y te
dicen: Aquí estamos?
36¿Quién le dio sabiduría al ibis/ y al gallo
inteligencia?
37¿Quién cuenta sabiamente las nubes/ y vuel-
ca los cántaros del cielo/ 38cuando el polvo se fun-
de en una masa/ y los terrones se pegan entre sí?
39¿Le cazas tú la presa a la leona/ o sacias el
hambre de sus cachorros/ 40cuando se resguar-
dan en la guarida/ o se esconden al acecho en
la maleza?
41¿Quién provee al cuervo de sustento/ cuan-
do chillan sus pollitos a Dios/ y vagan alocados
por el hambre?

39 1¿Sabes tú cuándo dan a luz las cabras
del monte/ o has asistido al parto de las
ciervas?
2¿Les cuentas los meses de la preñez/ o conoces
ces el momento del parto?
3Se encorvan, fuerzan a salir las crías,/ echan
fuera los hijos;/ 4las crías crecen y se hacen
fuertes,/ salen a campo abierto y no vuelven.

5¿Quién da al asno salvaje su libertad,/ quién
lo deja andar suelto?
6Yo le he dado por casa el desierto/ y por mora-
da la llanura salada;/ 7y él se ríe del bullicio de la
ciudad/ y no escucha las voces del arriero;/ 8ex-
plora los montes en busca de pasto/ rastreando
cualquier rincón verde.
9¿Está el toro salvaje dispuesto a servirte/ y a
pasar la noche en tu establo?/ 10¿Puedes atarlo
en los surcos fértiles/ para que are los valles de-
trás de ti?/ 11Porque sea robusto, ¿puedes fiarte
de él/ y descargar en él tus tareas?/ 12¿Crees que
volverá/ para reunir el grano en tu granero?
13El avestruz aletea orgullosamente,/ son sus
plumas como el plumaje de la cigüeña;/ 14cuan-
do abandona en el suelo los huevos/ y los incuba
en la arena,/ 15sin pensar que unos pies pueden
destruirlos/ y una fiera pisotearlos,/ 16es cruel
con sus crías, como si no fueran suyas;/ no le
importa que se malogre su fatiga;/ 17porque Dios
le negó sabiduría/ y no le repartió inteligencia./
18Pero cuando se levanta y huye,/ se ríe de caba-
llos y jinetes.
19¿Le das al caballo su brío,/ le vistes el cuello
de crines?/ 20¿Lo haces saltar como langosta,/
con resoplido terrible y majestuoso?/ 21Escarba
nervioso en el valle y, gozoso de su fuerza,/ sale
a la batalla;/ 22se ríe del miedo, no se asusta,/ no
se vuelve ante la espada,/ 23por más que resuene
la aljaba del jinete,/ y lancen chispas las lanzas
y jabalinas;/ 24con ímpetu y estruendo devora la
distancia/ y no se para cuando suena el clarín;/
25al toque del clarín, responde con un relincho,/
olfatea de lejos la batalla,/ los gritos de mando
y los alaridos.
26¿Enseñas tú a volar al halcón,/ a desplegar
sus alas hacia el sur?/ 27¿Mandas tú remontarse
al águila/ y al buitre colgar su nido en la altu-
ra?/ 28En una roca vive y se refugia,/ un picacho
es su fortaleza,/ 29desde donde acecha su presa/
y sus ojos la miran desde lejos;/ 30sus crías se
alimentan con sangre,/ donde hay carroña allí
está ella.

40 1El Señor siguió hablando a Job:
2¿Quiere el inconforme discutir con
el Todopoderoso?/ El que critica a Dios, que
responda.

Respuesta de Job

3Job respondió al Señor:
4Me siento pequeño, ¿qué responderé?,/ me ta-
paré la boca con la mano./ 5He hablado una vez y
no insistiré;/ dos veces y no añadiré nada.

Segundo discurso

6El Señor replicó a Job desde la tormenta:
7Si eres hombre, muéstrame tu valentía,/ voy
a interrogarte y tú responderás:/ 8¿Te atreves a
decir que soy injusto/ o a condenarme para salir
tú absuelto?
9Si tienes un brazo como el de Dios/ y tu voz
atruena como la suya,/ 10vístete de gloria y
majestad,/ cúbrete de grandeza y esplendor,/
11da rienda suelta a tu enojo/ y derriba con una
mirada al soberbio,/ 12humilla con una mirada
al soberbio,/ y aplasta a los malvados;/ 13entié-
rralos juntos en el polvo,/ venda sus rostros en
la tumba.
14Entonces yo también pronunciaré tu alaban-
za:/ Tu brazo te ha dado la victoria.
15Mira al hipopótamo, que yo he creado igual
que a ti;/ come hierba como las vacas./ 16Mira
la fuerza de sus ancas,/ la potencia de su vien-
tre musculoso/ 17cuando yergue su cola como un
cedro,/ trenzando los tendones de los muslos./
18Sus huesos son tubos de bronce,/ su osamenta
barras de hierro./ 19Es la obra maestra de Dios,/
solo su Creador puede derrotarlo./ 20Los montes
le traen tributo,/ los animales salvajes retozan
junto a él;/ 21se tumba debajo de los lotos,/ se
esconde entre las cañas del pantano,/ 22lo cu-
bren los lotos con su sombra,/ lo envuelven los
sauces del torrente./ 23Aunque el río baje bravo,
no se asusta,/ está tranquilo aunque el Jordán
espumee contra su hocico./ 24¿Quién lo agarra-
rá por los ojos/ o le atravesará la nariz con una
horquilla?
25¿Puedes pescar con anzuelo al cocodrilo/ o
domar su lengua con una cuerda?/ 26¿Puedes
pasarle un junco por las narices/ o perforarle
la mandíbula con un gancho?/ 27¿Vendría a ti
con muchas súplicas/ o te hablaría cosas tier-
nas?/ 28¿Hará un contrato contigo/ para que
lo tomes como esclavo de por vida?/ 29¿Jugarás
con él como con un pájaro,/ o lo atarás como un
gorrión?/ 30¿Traficarán con él los pescadores/ o
lo cortarán en trozos para venderlo?/ 31¿Podrás
acribillarle la piel con dardos/ o la cabeza con
arpones?/ 32Ponle la mano encima:/ te acorda-
rás de la batalla y no lo repetirás.

41 4No dejaré de describir sus miembros/ ni
su fuerza incomparable./ 5¿Quién le abrió
su dura piel/ y penetró por su doble coraza?/
6¿Quién abrió las dos puertas de sus fauces/ ro-
deadas de dientes espantosos?
7Su espalda son hileras de escudos/ cerrados
y duros como la piedra,/ 8tan unidos unos con
otros/ que el aire no pasa entre ellos;/ 9soldado
cada uno con el vecino,/ se traban y no se pue-

den separar./ 10Su estornudo es como relámpa-
go,/ sus ojos parpadean como la aurora;/ 11de
sus fauces salen antorchas/ y se escapan chispas
de fuego;/ 12de sus narices sale una humareda/
como de un caldero hirviente;/ 13su aliento en-
ciende carbones/ y saltan llamaradas de sus
fauces./ 14En su cuello se asienta la fuerza,/ an-
te él danza el terror./ 15Su carne es compacta,/
firmemente pegada a su cuerpo;/ 16su corazón
es duro como roca,/ duro como piedra para mo-
ler./ 17Cuando se levanta, tiemblan los héroes,/
y se rinden consternados./ 18La espada que lo
alcance no resiste,/ ni la lanza, ni el dardo, ni
el asta,/ 19pues para él el hierro es paja/ y el
bronce madera carcomida;/ 20no lo ahuyentan
las flechas,/ polvo son para él las piedras de la
honda;/ 21para él la maza es pelusa,/ se ríe del
silbido de la flecha.
22Su panza de tejuelas afiladas/ araña el barro
como un rastrillo;/ 23hace hervir el fondo como
una caldera/ y humear el agua como una cal-
dera hirviente;/ 24detrás deja estela brillante,/
el agua como barba encanecida./ 25En la tierra
nadie se le iguala/ a él, que fue creado intrépi-
do./ 26Se encara con todo lo elevado/ y es el rey
de todas las fieras.
1Pues bien, su esperanza queda defraudada./
¿También Dios al verlo quedará derribado?/ 2No
será cruel cuando lo provoque./ ¿Quién resisti-
rá frente a mí?/ 3¿Quién me hará frente y saldrá
ileso?/ Cuanto hay bajo el cielo es mío.

Respuesta de Job

42 1Job respondió al Señor:
2Reconozco que lo puedes todo/ y ningún
plan es irrealizable para ti.
3Yo que nada comprendía,/ puse en duda
tu providencia./ Es cierto, hablé de cosas que
no entendía,/ de maravillas que superan mi
comprensión.
4Tú has dicho: Escúchame, que voy a hablar,/
voy a interrogarte y tú responderás.
5Te conocía solo de oídas,/ ahora te han visto
mis ojos;/ 6por eso retiro todas mis palabras y
me arrepiento/ echándome polvo y ceniza.

Epílogo

7Cuando el Señor terminó de decir esto a Job,
se dirigió a Elifaz de Temán: «Estoy irritado con-
tra ti y tus dos compañeros porque no han habla-
do rectamente de mí, como lo ha hecho mi sier-
vo Job. 8Por tanto, tomen siete novillos y siete
carneros, vayan a ver a mi siervo Job y ofréz-
canlos en holocausto por ustedes. Mi siervo Job
intercederá por ustedes. Yo haré caso a Job y no
les haré ningún daño, aunque se lo merecen por
no haber hablado rectamente de mí, como lo ha
hecho mi siervo Job». 9Fueron Elifaz de Temán,
Bildad de Suj y Sofar de Naamat, hicieron lo que
mandaba el Señor y el Señor hizo caso a Job.
10Cuando Job intercedió por sus compañeros,
el Señor cambió su suerte y duplicó todas sus
posesiones. 11Vinieron a visitarlo sus hermanos
y hermanas y los antiguos conocidos, comieron
con él en su casa, le dieron el pésame y lo con-
solaron de la desgracia que el Señor le había en-
viado; cada uno le regaló una suma de dinero y
un anillo de oro.
12El Señor bendijo a Job en sus últimos años
más abundantemente que al principio; sus pose-
siones fueron catorce mil ovejas, seis mil came-
llos, mil yuntas de bueyes y mil borricas. 13Tuvo
siete hijos y tres hijas: 14la primera se llamaba
Paloma, la segunda Acacia, la tercera Azabache.
15No había en todo el país mujeres más bellas
que las hijas de Job. Su padre les repartió here-
dades como a sus hermanos.
16Después Job vivió ciento cuarenta años y
conoció a sus hijos, nietos y bisnietos. 17Y Job
murió anciano y colmado de años.

ECLESIASTÉS

Prólogo

1 1Discurso de Qohelet, hijo de David, rey de Je-
rusalén: 2«¡Pura ilusión –dice Qohelet–; pura
ilusión, todo es una ilusión!».

Nada hay nuevo bajo el sol

3¿Qué provecho saca el hombre de todos los
esfuerzos que realiza bajo el sol? 4Una genera-
ción se va, otra generación viene, mientras la
tierra siempre permanece. 5Sale el sol, se pone
el sol, corre por llegar a su puesto y de allí vuel-
ve a salir. 6El viento camina al sur, gira al norte,
gira y gira, va dando vueltas y vuelve a girar.
7Todos los ríos caminan al mar y el mar nunca se
llena; cuando llegan al lugar a donde van, desde
allí vuelven a caminar.
8Todas las cosas cansan y nadie es capaz de ex-
plicarlo. ¿No se sacian los ojos de ver ni se can-
san los oídos de oír?: 9«*Lo que pasó, eso pasará;/*
lo que se hizo, eso se hará:/ no hay nada nuevo
bajo el sol». 10Si de algo se dice: «Mira, esto es
nuevo», eso ya sucedió en otros tiempos mucho
antes de nosotros. 11Nadie se acuerda de los an-
tiguos y lo mismo pasará con los que vengan: no
se acordarán de ellos sus sucesores.

Doble experimento

12Yo, Qohelet, fui rey de Israel en Jerusalén.
13Me dediqué a investigar y a explorar con sa-
biduría todo lo que se hace bajo el cielo. Una
dura tarea ha dado Dios a los hombres para que
se dediquen a ella. 14Examiné todas las acciones
que se hacen bajo el sol y me di cuenta de que
todo es pura ilusión, querer atrapar el viento:

15*Lo torcido no se puede enderezar,/ lo que fal-*
ta no se puede calcular.

16Y me dije a mí mismo: «aquí estoy yo, que
he acumulado más sabiduría que todos mis pre-
decesores en Jerusalén; mi mente alcanzó sa-
biduría y mucho saber. 17Y a fuerza de trabajo
comprendí que la sabiduría y el saber son locura
y necedad». Y comprendí que también eso es
querer atrapar el viento, 18porque a más sabi-
duría más molestias, y aumentando el saber se
aumenta el sufrir.

2 1Entonces me dije: «vamos a ensayar con la
alegría y a gozar de placeres», y también esto
resultó pura ilusión. 2A la risa la llamé locura, y
a la alegría, ¿qué consigues? 3Exploré atenta-
mente guiado por mi mente con destreza: traté
mi cuerpo con vino, me di a la frivolidad, para
averiguar si eso es lo que más le conviene al
hombre durante los contados días de su vida.

4Hice obras magníficas: me construí un pa-
lacio, me planté viñedos, 5me hice huertos y
parques y planté toda clase de árboles frutales,
6perforé pozos para regar el bosque donde cre-
cían los árboles; 7adquirí esclavos y esclavas,
tenía servidumbre y poseía rebaños de vacas y
ovejas, más que mis predecesores en Jerusalén;
8acumulé también plata y oro, las riquezas de
los reinos y provincias; me conseguí cantores
y cantoras y muchas mujeres hermosas que
son la delicia de los hombres. 9Fui más grande
y magnífico que todos los que me precedieron
en Jerusalén, mientras la sabiduría me asistía.
10No negué a mis ojos nada de cuanto me pe-
dían, no privé a mi corazón alegría alguna; sabía
disfrutar de todo mi trabajo, y ese gozo fue mi
recompensa.

Nada se saca bajo el sol

11Después examiné todas las obras de mis ma-
nos y la fatiga que me costó realizarlas: todo
resultó pura ilusión y querer atrapar el viento,
nada se saca bajo el sol.

12b¿Qué hará el sucesor del rey? Lo que ya antes
ha sido hecho. 12aMe puse a examinar la sabidu-
ría, la locura y necedad, 13y observé que la sabi-
duría es más provechosa que la necedad, como
la luz aprovecha más que las tinieblas.

14*El sabio lleva los ojos en la cara,/ el necio*
camina en tinieblas.

Pero comprendí que una suerte común les toca
a todos, 15y me dije: «la suerte del necio será
mi suerte, ¿para qué fui sabio?, ¿qué saqué en
limpio?», y pensé para mí: «también esto es pu-
ra ilusión. 16Porque nunca nadie se acordará del
necio ni tampoco del sabio, ya que con el correr
de los años todo se olvida, ¡y el sabio morirá lo
mismo que el necio!». 17Y así aborrecí la vida,
porque encontré malo todo lo que se hace bajo
el sol; que todo es pura ilusión y querer atrapar
el viento.

18Y aborrecí lo que hice con tanta fatiga bajo
el sol, porque se lo tengo que dejar a un sucesor,
19¿y quién sabe si será sabio o necio? Él heredará
lo que me costó tanta fatiga y habilidad bajo el
sol. También esto es pura ilusión. 20Y terminé
por desilusionarme de todo el trabajo que había
realizado bajo el sol. 21Hay quien se fatiga con
sabiduría, ciencia y acierto, y tiene que dejarle
su herencia a uno que no se ha fatigado. Tam-
bién esto es pura ilusión y grave desgracia.

22Entonces, ¿qué saca el hombre de todas las
fatigas y preocupaciones que lo fatigan bajo el
sol? 23De día su tarea es sufrir y penar, de no-
che no descansa su mente. También esto es pura
ilusión.

24El único bien del hombre es comer y beber y
disfrutar del producto de su trabajo, y aun esto
he visto que es don de Dios. 25Porque, ¿quién
come y goza sin su permiso? 26Al hombre que le
agrada, él le da sabiduría y ciencia y alegría; al
pecador le da como tarea juntar y acumular, para
dárselo a quien agrada a Dios. También esto es
pura ilusión y querer atrapar el viento.

El momento oportuno

3 1*Todo tiene su momento/ y cada cosa su tiem-*
po bajo el sol:

2*Tiempo de nacer y tiempo de morir;/ tiempo*
de plantar y tiempo de arrancar lo plantado;/
3*tiempo de matar y tiempo de sanar;/ tiempo*
de destruir y tiempo de construir;/ 4*tiempo de*
llorar y tiempo de reír;/ tiempo de hacer duelo
y tiempo de bailar;/ 5*tiempo de arrojar piedras*
y tiempo de recogerlas;/ tiempo de abrazar y
tiempo de separarse;/ 6*tiempo de buscar y tiem-*
po de perder;/ tiempo de guardar y tiempo de
tirar;/ 7*tiempo de rasgar y tiempo de coser;/*
tiempo de callar y tiempo de hablar;/ 8*tiempo*
de amar y tiempo de odiar;/ tiempo de guerra
y tiempo de paz.

9*¿Qué provecho saca el obrero de su trabajo?*
10*Observé todas las tareas que Dios encomendó a*
los hombres para afligirlos: 11*todo lo hizo hermo-*

so a su tiempo y dio al hombre el mundo para que
pensara; pero el hombre no abarca las obras que
hizo Dios desde el principio hasta el fin.
12Y comprendí que lo único bueno para el hom-
bre es alegrarse y disfrutar de la vida. 13Después
de todo, que el hombre coma y beba y disfrute
en medio de sus fatigas es don de Dios. 14Com-
prendí que todo lo que hizo Dios durará siempre:
no se puede añadir ni quitar nada. Porque Dios
exige que lo respeten. 15Lo que es, ya fue; lo
que será ya sucedió, porque Dios vuelve a traer
lo que pasó.

Injusticia

16Otra cosa observé bajo el sol: en el lugar de la
ley, está el delito; en el tribunal de la justicia, la
maldad; 17y pensé: al justo y al malvado los juz-
gará Dios. Hay una hora para cada asunto y un
lugar para cada acción. 18Acerca de los hombres,
pensé así: Dios los prueba para que vean que por
sí mismos son animales; 19en realidad hombres
y animales tienen la misma suerte: muere uno
y muere el otro, todos tienen el mismo aliento de
vida y el hombre no supera a los animales. Todos
son de corta duración. 20Todos caminan al mis-
mo lugar, todos vienen del polvo y todos vuelven
al polvo. 21¿Quién sabe si el aliento del hombre
sube hacia lo alto y el aliento del animal baja a
la tierra?
22Y así observé que el único bien del hombre
es disfrutar de lo que hace: esa es su paga; por-
que nadie lo traerá a disfrutar de lo que vendrá
después de él.

4 1También observé todas las opresiones que se
cometen bajo el sol: vi llorar a los oprimidos
sin que nadie los consolase, sin que nadie los
consolase del poder de los opresores; 2y consi-
deré a los muertos que ya han muerto más dicho-
sos que los vivos que aún viven, 3y mejor que los
dos el que aún no ha existido, porque no ha visto
las maldades que se cometen bajo el sol.

Trabajo

4Observé que toda la fatiga y el éxito en el
trabajo es rivalidad y envidia entre compañeros.
También esto es pura ilusión y querer atrapar el
viento. 5Es que el necio cruza los brazos y se va
consumiendo. 6Sí, pero más vale un puñado con
tranquilidad que dos con fatiga.
7Otra ilusión descubrí bajo el sol: 8hay quien
vive solo, sin compañero, sin hijos ni hermanos;
se fatiga sin descanso y no se sacia de riquezas:
¿Para quién me fatigo yo y me privo de satis-
facciones? También esto es pura ilusión y mal
negocio.
9Mejor dos juntos que uno solo: tendrá buena
paga su fatiga. 10Si uno cae, lo levanta su com-
pañero. Pobre del solo si cae: no tiene quien lo
levante. 11Más aún: si se acuestan juntos, se ca-
lientan; uno solo, ¿cómo se calentará? 12Si a uno
solo lo dominan, dos juntos resistirán: la cuerda
triple no se rompe fácilmente.

Sabiduría

13Más vale joven pobre y sabio que rey ancia-
no y necio, que no acepta consejos: 14había na-
cido pobre durante el reinado del otro, y salió
de la cárcel para reinar. 15Observé a todos los
vivientes que se movían bajo el sol, estaban de
parte del joven sucesor; 16y aunque era innu-
merable la gente que lo seguía, los que vengan
después no se alegrarán de lo que ha hecho.
También esto es pura ilusión y querer atrapar
el viento.

Votos y promesas

17Vigila tus pasos cuando vas a la casa de Dios,
porque la obediencia es más aceptable que los
sacrificios de los necios, que obran mal sin dar-
se cuenta.

5 1Cuando presentes un asunto a Dios, no te
apresures, ni con los labios ni con el pensa-
miento. Dios está en el cielo y tú en la tierra:
sean tus palabras contadas. 2En lo que soñamos
asoman nuestras preocupaciones, en las muchas
palabras se escucha al necio.
3Una vez hecha una promesa a Dios, no tardes
en cumplirla; no le agradan los necios, lo pro-
metido cúmplelo. 4Mejor no hacer promesas que
hacerlas y no cumplirlas. 5No dejes que tu boca
te haga culpable de pecado ni digas después al
mensajero que fue por inadvertencia; pues Dios
se irritará al oírte y hará fracasar tus empresas.
6Muchas preocupaciones traen pesadillas, mu-
chas palabras traen falsas ilusiones; tú respeta
a Dios.

Autoridades

7Si ves que en una región el pobre es oprimi-
do, y son quebrantados el derecho y la justicia,
no te extrañes de tal situación: cada autoridad
tiene una superior, y una suprema vigila sobre
todas. 8Con todo, sale ganando el país si el rey
está al servicio del campo.

Riquezas

9El que ama el dinero siempre quiere más/ y
el avaro no lo aprovecha:/también esto es pura
ilusión./ 10Aumentan los bienes y aumentan los
que se los comen,/ y lo único que saca el dueño es

verlo con sus ojos./ 11*Dulce es el sueño del tra-*
bajador, coma mucho o coma poco;/ al rico, sus
riquezas no lo dejan dormir.
12Hay una cosa lamentable que he observado
bajo el sol: riquezas guardadas que perjudican al
dueño. 13En un mal negocio pierde sus riquezas,
y el hijo que le nació se queda con las manos
vacías. 14Como salió del vientre de su madre, así
volverá: desnudo; y nada se llevará del trabajo
de sus manos. 15También esto es una cosa lamen-
table: tiene que irse igual que vino, y, ¿qué sacó
de tanto trabajo? Viento. 16Para colmo, toda su
vida se la pasa en tinieblas, entre muchos dis-
gustos, enfermedades y rencores.
17Esta es mi conclusión: lo bueno y lo que vale
es comer, beber y disfrutar de todo el esfuerzo
que uno realiza bajo el sol los pocos años que
Dios le concede. Esta es la recompensa. 18Si Dios
le concede a un hombre riquezas y posesiones
y le permite comer de ellas, tomar la parte que
le corresponde y disfrutar de su trabajo, eso sí
que es don de Dios. 19Porque si Dios inunda de
alegría su corazón, no pensará mucho en la bre-
vedad de su vida.

6 1Yo he visto bajo el sol una desgracia que
pesa sobre los hombres: 2Dios concedió a un
hombre riquezas, bienes y honor de fortuna, sin
que le falte nada de cuanto puede desear; pero
Dios no le concede disfrutarlas, porque un ex-
traño las disfruta. Esto es pura ilusión y muy
lamentable.
3Supongamos que un hombre tiene cien hijos
y vive muchos años; pero por mucho que viva si
no disfruta de sus bienes y después no tuviera
sepultura, yo afirmo:
Mejor es un aborto 4*que llega en un soplo y se*
marcha a oscuras,/ y la oscuridad encubre su
nombre;/ 5*no vio el sol ni lo conoció,/ pero des-*
cansa mejor que el otro.
6Y si no disfruta de la vida, aunque viva dos
veces mil años, ¿no van todos al mismo lugar?
7*Toda la fatiga del hombre es para la boca,/ y*
el estómago no se llena./ 8*¿Qué ventaja le saca el*
sabio al necio,/ o al pobre el que sabe manejarse
en la vida?/ 9*Más vale lo que ven los ojos/ que los*
deseos vagabundos./ También esto es pura ilu-
sión y como querer atrapar el viento.
10Lo que ha sucedido estaba determinado, y
se sabe que el hombre no puede enfrentarse
con uno más fuerte que él. 11Donde abundan
las palabras, abundan las falsas ilusiones: ¿qué
saca en limpio el hombre? 12¿Quién sabe lo que
es bueno para el hombre en la vida, en los días
contados de su frágil vida, que pasan como una
sombra? ¿Y quién le dice al hombre lo que va a
pasar después bajo el sol?

Más vale

7 1*Más vale buena fama que buen perfume/ y el*
día de la muerte que el del nacimiento./ 2*Más*
vale visitar la casa en duelo/ que la casa en fies-
tas,/ porque en eso acaba todo hombre;/ y el que
está vivo, que lo recuerde./ 3*Más vale sufrir que*
reír,/ pues dolor por fuera sana por dentro./ 4*El*
sabio piensa en la casa en duelo,/ el necio piensa
en la casa en fiesta./ 5*Más vale escuchar la re-*
prensión de un sabio/ que escuchar la alabanza
de un necio,/ 6*porque la risa de los necios/ es*
como crujido de los espinos bajo la olla./ Eso es
otra ilusión./ 7*Las falsas alabanzas perturban al*
sabio/ y el soborno le quita el juicio.
8*Más vale el fin de un asunto que el principio/*
y más vale paciencia que soberbia./ 9*No te dejes*
arrebatar por el enojo,/ porque el enojo se aloja
en el pecho del necio./ 10*No preguntes: ¿Por qué*
los tiempos pasados/ eran mejores que los de
ahora?/ Eso no lo pregunta un sabio.
11*Buena es la sabiduría acompañada de pa-*
trimonio,/ pero es mejor ver la luz del sol./ 12*La*
sabiduría protege, lo mismo que el dinero;/ pero
aventaja la posesión de la sabiduría/ porque da
vida a su dueño.
13Observa la obra de Dios: ¿quién podrá en-
derezar lo que él ha torcido? 14En tiempo de
prosperidad disfruta, en tiempo de adversidad
reflexiona: Dios ha creado los dos contrarios pa-
ra que el hombre no pueda averiguar su fortuna.
18Lo bueno es agarrar lo uno y no soltar lo otro,
porque el que respeta a Dios, en todo le va bien.

Honradez y sabiduría

15En mi vida sin sentido he visto de todo: gen-
te honrada que fracasa por su honradez, gente
malvada que prospera por su maldad. 16No exa-
geres tu honradez, ni te hagas demasiado sabio:
¿para qué arruinarse? 17No exageres tu maldad,
no seas necio: ¿para qué morir antes de tiempo?
19*La sabiduría hace al sabio/ más fuerte que*
diez jefes en una ciudad./ 20*No hay en el mundo*
nadie tan honrado/ que haga el bien sin pecar
nunca./ 21*No hagas caso de todo lo que se habla/*
ni escuches a tu servidor cuando te maldice,/
22*porque sabes muy bien que tú mismo/ has mal-*
decido a otros muchas veces.
23Todo esto lo he examinado con sabiduría
pensando llegar a sabio, pero es algo que está
fuera de mi alcance. 24Lo que existe es remoto y
muy oscuro: ¿quién lo encontrará?

Sobre la mujer

25Me puse a examinar a fondo buscando sa-
biduría y recta valoración, procurando conocer
cuál es la peor necedad, la necedad más absur-
da, 26y encontré algo que es más trágico que la
muerte: la mujer. Sus pensamientos son redes
y lazos y sus brazos cadenas. El que agrada a
Dios se librará de ella, el pecador quedará sujeto
en ella. 27Mira lo que he hallado –dice Qohelet–
cuando me puse a examinar todo paso a paso:
28estuve buscando sin encontrar. He logrado
encontrar un hombre entre mil, pero entre todas
esas no encontré una mujer. 29Mira lo único que
encontré: Dios hizo al hombre equilibrado, y él
se buscó preocupaciones sin límite.

Consejero real

8 1¿Quién como el sabio?, ¿quién sabe interpre-
tar un asunto? La sabiduría serena el rostro
del hombre cambiándole la dureza del semblan-
te. 2Yo digo: cumple el mandato del rey, porque
así lo juraste ante Dios; 3no te apresures a re-
tirarte de su presencia, no te rebeles; porque
puede cumplir su amenaza. 4La palabra del rey
es soberana, ¿quién le pedirá cuentas de lo que
hace? 5El que cumple sus órdenes no sufrirá nada
malo.

6El sabio atina con el momento y el modo de
cumplirlas, porque cada asunto tiene su momen-
to y su modo. El hombre está expuesto a muchos
males, 7porque no sabe lo que va a suceder y
nadie le informa de lo que va a pasar. 8El hombre
no es dueño de su vida ni puede encarcelar su
aliento; no es dueño del día de la muerte ni pue-
de librarse de la guerra. Ni la maldad librará al
que la comete. 9Esto lo he observado fijándome
en todo lo que sucede bajo el sol, mientras un
hombre domina a otro para su mal.

Retribución

10También he observado esto: sepultan a los
malvados, los llevan a lugar sagrado, y la gen-
te marcha alabándolos por lo que hicieron en la
ciudad. Y esta es otra ilusión: 11que la sentencia
dictada contra un crimen no se ejecuta ense-
guida; por eso los hombres se dedican a obrar
mal, 12porque el pecador obra cien veces mal y
tienen paciencia con él. Ya sé yo eso: Le irá bien
al que teme a Dios, porque le teme, 13y aquello:
No le irá bien al malvado, el que no teme a Dios
será como sombra, no tendrá larga vida. 14Pero
en la tierra sucede un absurdo: hay honrados a
quienes toca la suerte de los malvados, mientras
que a los malvados les toca la suerte de los hon-
rados. Y esto no tiene sentido.

15Yo alabo la alegría, porque el único bien del
hombre es comer y beber y alegrarse; eso le que-
dará de sus fatigas durante los días de su vida
que Dios le conceda vivir bajo el sol.

El destino humano

16Me dediqué a obtener sabiduría observando
todas las tareas que se realizan en la tierra: los
ojos del hombre no conocen el sueño ni de día ni
de noche. 17Después observé todas las obras de
Dios: el hombre no puede averiguar lo que se ha-
ce bajo el sol. Por más que el hombre se fatigue
buscando, no lo descubrirá; y aunque el sabio
pretenda saberlo, no lo averiguará.

9 1He reflexionado sobre todo esto y he llega-
do a esta conclusión: aunque los justos y los
sabios con sus obras están en manos de Dios, el
hombre no sabe si Dios lo ama o lo odia. Todo
lo que tiene el hombre delante 2es pura ilusión,
porque una misma suerte toca a todos: al ino-
cente y al culpable, al puro y al impuro, al que
ofrece sacrificios y al que no los ofrece, al justo
y al pecador, al que jura y al que tiene reparo
en jurar. 3Esto es lo malo de todo lo que sucede
bajo el sol: que una misma suerte toca a todos.
El corazón de los hombres está lleno de maldad:
mientras viven piensan locuras y después, ¡a
morir!

4¿Quién es preferible? Para los vivos aún hay
esperanza, pues vale más perro vivo que león
muerto. 5Los vivos saben que han de morir; los
muertos no saben nada, para ellos no hay retri-
bución, porque su nombre cayó en el olvido. 6Se
acabaron sus amores, odios y pasiones, y jamás
tomarán parte en lo que se hace bajo el sol.

7Anda, come tu pan con alegría y bebe con-
tento tu vino, porque Dios ya ha aceptado tus
obras; 8lleva siempre vestidos blancos y no falte
el perfume en tu cabeza, 9disfruta la vida con
la mujer que amas, todo lo que te dure esa vida
fugaz, todos esos años fugaces que te han con-
cedido bajo el sol; que esa es tu suerte mientras
vives y te fatigas bajo el sol. 10Todo lo que esté a
tu alcance hazlo con empeño, porque no se tra-
baja ni se planea, no hay conocimiento ni sabi-
duría en el Abismo adonde te encaminas.

11Otra cosa he observado bajo el sol: no ga-
nan la carrera los más veloces, ni los más va-
lientes la batalla; no es el pan para los sabios
ni la riqueza para los inteligentes ni la estima
para los expertos, sino que todo depende de la
ocasión y la suerte. 12Además, el hombre no adi-
vina su momento, así como los peces apresados
en la funesta red, o como los pájaros atrapados
en la trampa, así también se enredan los hom-

bres cuando un mal momento les cae encima de
repente.

Más vale maña que fuerza

13Otra cosa he visto bajo el sol, y fue para mí
una gran lección: 14había una ciudad pequeña,
de pocos habitantes; vino un rey poderoso que
la cercó, y preparó contra ella una gran maqui-
naria de guerra; 15había en la ciudad un hombre
pobre, pero hábil, capaz de salvar la ciudad con
su destreza, pero nadie se acordó de aquel pobre
hombre. 16Y me dije: sí, más vale maña que fuer-
za, solo que la sabiduría del pobre se desprecia
y nadie hace caso de sus consejos. 17Y eso que se
escuchan mejor las palabras tranquilas de un sa-
bio que los gritos de un capitán de necios. 18Más
vale maña que armas de guerra. 18Un solo error
echa a perder muchos bienes.

Proverbios varios

10 1Una mosca muerta echa a perder un per-
fume, un poco de necedad pesa más que la
sabiduría y la gloria. 2La mente del sabio piensa
rectamente, la mente del necio piensa torcido;
3el falto de seso va por su camino llamando ne-
cios a todos.

4Si el que manda se enfurece contra ti, tú no
dejes tu puesto, pues la calma sana errores gra-
ves. 5Hay un mal que he visto bajo el sol, un
error del que es responsable el gobernante: 6el
necio ocupa altos cargos mientras que la gente
que vale ocupa puestos humildes, 7he visto es-
clavos a caballo mientras príncipes iban a pie
como esclavos.

8El que cava una fosa caerá en ella, al que
agrieta un muro le morderá la culebra, 9el que
remueve piedras se lesionará con ellas, el que
corta leña se hará daño. 10Si el hacha se desafila
y no se la vuelve a afilar, hay que golpear con
mucha fuerza. Hay que hacer las cosas bien y
con sabiduría.

11Si la serpiente no se deja encantar y pica, de
nada vale el encantador. 12El sabio gana estima
con sus palabras, el necio se arruina por lo que
habla, 13comienza diciendo tonterías y dicien-
do estupideces. 14El necio charla sin medida. El
hombre no sabe lo que va a pasar, ¿quién pue-
de anunciarle lo que va a suceder? 15Al necio lo
rinde el trabajo, ni siquiera sabe cómo ir a la
ciudad.

16¡Ay del país donde reina un muchacho y sus
príncipes madrugan para sus comilonas! 17Di-
choso el país donde reina un noble y los prín-
cipes comen cuando es hora y no ponen su va-
lentía en beber. 18Al perezoso se le derrumba el
techo y al que no hace nada, la casa. 19Disfrutan
celebrando banquetes y el vino les alegra la vi-
da, y el dinero responde de todo.

20No hables mal del rey ni siquiera en pensa-
miento, no hables mal del rico ni en tu habita-
ción, porque un pajarito les lleva el cuento y la
indiscreción tiene alas.

El riesgo

11 1Echa tu pan a la superficie del mar, al
cabo del tiempo lo recobrarás; 2divídelo
en siete o en ocho partes, porque no sabes las
desgracias que pueden suceder en la tierra. 3Si
las nubes van llenas, descargan la lluvia sobre
el suelo. Caiga al sur o hacia el norte, el árbol
queda donde ha caído. 4Tanto mirar los vientos,
que no se siembra; tanto mirar las nubes, que no
se cosecha. 5Así como no sabes cómo el aliento
de vida entra a los miembros en el seno de la
mujer embarazada, tampoco puedes entender
las obras de Dios, que lo hace todo. 6De maña-
na siembra tu semilla y no dejes que los brazos
descansen hasta la tarde, porque no sabes cuál
de las dos siembras resultará o si las dos tendrán
igual éxito.

Juventud y vejez

7Dulce es la luz y los ojos disfrutan viendo el
sol. 8Pero por muchos años que viva el hombre,
y los disfrute todos, debe recordar que los años
oscuros serán muchos y que todo lo que viene
es pura ilusión. 9Disfruta, muchacho, mientras
eres joven y pásalo bien en la juventud; déjate
llevar del corazón y de lo que atrae a los ojos; y
sabe que Dios te llevará a juicio para dar cuen-
ta de todo. 10Rechaza las penas del corazón y
aleja los dolores del cuerpo: niñez y juventud
son efímeras.

12 1Acuérdate de tu Creador durante tu juven-
tud, antes de que lleguen los días difíciles
y alcances los años en que digas: «No les saco
gusto». 2Antes de que se oscurezca la luz del
sol, la luna y las estrellas, y a la lluvia siga el
nublado. 3Ese día temblarán los guardianes del
palacio y los valientes se encorvarán, las que
muelen serán pocas y dejarán de moler, las que
miran por las ventanas se ofuscarán, 4las puer-
tas de la calle se cerrarán y el ruido del molino
se apagará, se debilitará el canto de los pájaros,
las canciones se irán callando, 5darán miedo las
alturas y rondarán los terrores. Cuando florez-
ca el almendro y se arrastre la langosta y no dé
gusto la alcaparra, porque el hombre marcha a
la morada eterna y el cortejo fúnebre recorre las
calles. 6Antes de que se rompa el hilo de plata,
y se destroce la copa de oro, y se quiebre el cán-

taro en la fuente, y se caiga la cuerda al pozo, 7y
el polvo vuelva a la tierra que fue, y el espíritu
vuelva a Dios, que lo dio. 8Pura ilusión –dice el
Qohelet–, todo es pura ilusión.

Epílogo

9*El Qohelet, además de ser un sabio, ense-*
ñó al pueblo lo que él sabía. Estudió, inventó y
formuló muchos proverbios; 10*el Qohelet procu-*
ró un estilo atractivo y escribió la verdad con
acierto. 11*Las sentencias de los sabios son como*
aguijones o como clavos bien clavados de los que
cuelgan muchos objetos: las pronuncia un solo
pastor.
12*Un último aviso, hijo mío: escribir más y más*
libros es un trabajo interminable, y el mucho
estudiar desgasta el cuerpo. 13*En conclusión, y*
después de oírlo todo, honra a Dios y guarda sus
mandamientos, porque eso es ser hombre; 14*que*
Dios juzgará todas las acciones, aun las ocultas,
buenas y malas.

ECLESIÁSTICO

PRÓLOGO

1Muchas y grandes enseñanzas hemos recibido
de la ley, los profetas y los demás escritores que
los siguieron, por los cuales se debe elogiar a
Israel a causa de su instrucción y sabiduría./ 2Y
como no basta que sus lectores aprendan, sino
que deben ser capaces de ayudar a los de fue-
ra, de palabra y por escrito, 3mi abuelo Jesús,
después de dedicarse intensamente a leer la ley,
los profetas y los restantes libros paternos, y de
adquirir un buen dominio de ellos, se decidió a
componer por su cuenta algo en la línea de la
sabiduría e instrucción, para que los deseosos
de aprender, familiarizándose también con ello,
pudieran adelantar en una vida según la ley.
4Te ruego, pues, que leas con atención y bene-
volencia y que seas indulgente si, a pesar de mi
esfuerzo, no he acertado con la traducción de
algunas frases. Porque lo que se expresó origi-
nalmente en hebreo no conserva el mismo senti-
do, traducido a otra lengua. Y no solo este libro,
sino también la ley y los profetas y los restantes
libros son muy distintos en su lengua original.
5El año treinta y ocho del reinado de Bene-
factor vine a Egipto, donde pasé una tempora-
da. Y como tuve buena ocasión de aprender, me
pareció necesario aportar también mi trabajo
y esfuerzo a traducir este libro, y así dediqué
por entonces muchas vigilias y todo mi saber a
completar y publicar el libro, en beneficio de los
emigrantes deseosos de aprender y predispues-
tos por sus costumbres a vivir según la ley.

Sabiduría y temor de Dios

1 1*Toda sabiduría viene del Señor/ y está con él*
eternamente.
2*La arena de las playas, las gotas de la lluvia,/*
los días de los siglos: ¿quién los contará?
3*La altura del cielo, la anchura de la tierra,/*
la profundidad del Abismo: ¿quién las medirá?
4*La sabiduría fue creada antes que todo lo de-*
más,/ la inteligencia y la prudencia antes de los
siglos.
6*La raíz de la sabiduría, ¿a quién se reveló?;/*
los secretos de sus obras ¿quién los conoció?
8*Uno solo es sabio e impone respeto:/ el Señor,*
que está sentado en su trono.
9*Él fue quién creó la sabiduría, la conoció, la*
midió,/ y la derramó sobre todas sus obras;/ 10*la*
repartió entre los vivientes, según su generosi-
dad;/ se la regaló a los que lo aman.
11*Respetar al Señor es gloria y honor,/ es gozo*
y corona de gozo;/ 12*respetar al Señor alegra el*
corazón,/ trae gozo, alegría y vida larga.
13*Quien respeta al Señor acabará bien,/ el día*
de su muerte lo bendecirán.
14*El principio de la sabiduría es respetar al*
Señor:/ ella es creada junto con los fieles en el
seno materno.
15*Puso entre los hombres su hogar/ y se man-*
tiene fielmente con su descendencia.
16*La plenitud de la sabiduría es respetar al Se-*
ñor:/ con sus frutos embriaga a sus fieles;/ 17*lle-*
na de tesoros toda su casa/ y con sus productos
los graneros.
18*La corona de la sabiduría es respetar al Se-*
ñor:/ sus brotes son la paz y la salud.
19*Dios hace llover la inteligencia y la pruden-*
cia,/ y exalta la gloria de los que la poseen.
20*La raíz de la sabiduría es respetar al Señor,/*
y sus ramas son una vida larga.
21*El respeto del Señor rechaza los pecados/ y*
aparta sin cesar la ira divina.

Sabiduría y paciencia

22*El injusto apasionado no quedará sin casti-*
go,/ porque el ímpetu de la pasión lo hará caer.
23*El hombre paciente aguanta hasta el mo-*
mento oportuno,/ y al final su recompensa es
la alegría;/ 24*hasta el momento oportuno ocul-*
ta lo que piensa:/ por eso la gente alabará su
prudencia.
25*Tesoro de sabiduría son las sentencias pro-*
verbiales,/ pero el pecador aborrece la religión./
26*Si deseas la sabiduría, guarda los mandamien-*
tos,/ y el Señor te la concederá;/ 27*porque el res-*

peto del Señor es sabiduría y educación,/ y se complace en la fidelidad y la humildad.

Sinceridad

28 Hijo mío, no seas falso en el respeto del Señor,/ no te acerques a él con doblez de corazón;/ 29 no seas hipócrita en tu trato con los hombres,/ vigila tus labios;/ 30 no te alabes a ti mismo, porque caerás/ y traerás deshonra sobre tu persona;/ el Señor descubrirá lo que ocultas/ y te humillará en medio de la asamblea;/ porque te acercaste sin respetar al Señor/ mientras tu corazón estaba lleno de falsedad.

Confianza en el Señor

2 1 Hijo mío, cuando te acerques a servir al Señor,/ prepárate para la prueba;/ 2 mantén el corazón firme, sé valiente,/ no te asustes cuando te sobrevenga una desgracia;/ 3 pégate a él, no lo sueltes,/ y al final serás premiado.

4 Acepta todo cuanto te sobrevenga,/ aguanta enfermedad y pobreza,/ 5 porque el oro se prueba en el fuego,/ y los elegidos, en el horno de la pobreza.

6 Confía en el Señor, que él te ayudará;/ espera en él, y te enderezará el camino.

7 Los que respetan al Señor, esperen en su misericordia,/ y no se desvíen para no caer;/ 8 los que respetan al Señor, confíen en él,/ que no les retendrá el salario hasta mañana;/ 9 los que respetan al Señor, esperen sus bienes,/ alegría perpetua y misericordia.

10 Repasen la historia y verán:/ ¿quién confió en el Señor y quedó defraudado?,/ ¿quién esperó en él, y quedó abandonado?,/ ¿quién gritó a él y no fue escuchado?/ 11 Porque el Señor es compasivo y misericordioso,/ perdona el pecado y salva del peligro.

12 ¡Ay del corazón cobarde, de las manos caídas!/ ¡Ay del pecador que va por dos caminos!

13 ¡Ay del corazón débil que no confía/ porque no alcanzará protección!

14 ¡Ay de los que han perdido la paciencia!,/ ¿qué harán cuando el Señor venga a pedir cuentas?

15 Los que respetan al Señor no desobedecen sus palabras,/ los que lo aman siguen sus caminos;/ 16 los que respetan al Señor tratan de complacerlo,/ los que lo aman cumplen la ley;/ 17 los que respetan al Señor tienen el corazón dispuesto/ y se humillan delante de él.

18 Pongámonos en las manos de Dios y no en manos de los hombres,/ porque su misericordia es como su grandeza.

Honrar padre y madre

3 1 Escuchen, hijos míos, a su padre, háganlo y se salvarán./ 2 Porque el Señor quiere que el padre sea respetado por los hijos/ y afirma la autoridad de la madre sobre ellos.

3 El que honra a su padre alcanza el perdón de sus pecados,/ 4 el que respeta a su madre amontona tesoros;/ 5 el que honra a su padre se alegrará de sus hijos,/ y cuando rece, será escuchado;/ 6 quien honra a su padre tendrá larga vida,/ quien obedece al Señor honra a su madre;/ 7 quien respeta al Señor honra a sus padres/ y sirve a los que lo engendraron.

8 De palabra y de obra honra a tu padre,/ y vendrán sobre ti toda clase de bendiciones;/ 9 la bendición del padre afianza las raíces,/ la maldición de la madre arranca lo plantado.

10 No busques honra en la humillación de tu padre,/ porque no sacarás honra de ella;/ 11 la honra de un hombre es la honra de su padre,/ y la deshonra de la madre es vergüenza de los hijos.

12 Hijo mío, sé constante en honrar a tu padre,/ no lo abandones mientras viva;/ 13 aunque su inteligencia se vaya debilitando, sé comprensivo;/ no lo hagas avergonzar mientras viva.

14 La ayuda que diste a tu padre no se olvidará,/ será tenida en cuenta para pagar tus pecados;/ 15 el día del peligro Dios se acordará de ti/ y disolverá tus pecados como el calor la escarcha.

16 Quien desprecia a su padre es un blasfemo,/ quien insulta a su madre es maldecido por su Creador.

Humildad

17 Hijo mío, en todo lo que hagas actúa con humildad/ y te querrán más que al hombre generoso.

18 Cuanto más importante seas, más humilde debes ser/ y alcanzarás el favor de Dios;/ 20 porque es grande la compasión de Dios,/ y revela sus secretos a los humildes.

21 No pretendas lo que es demasiado elevado para ti/ ni investigues lo que supera tus fuerzas;/ 22 reflexiona sobre lo que te han encomendado,/ y no te preocupes por lo que está oculto;/ 23 no te inquietes por lo que te supera,/ aunque te enseñen cosas que te desbordan, 24 ¡porque son tan numerosas las opiniones de los hombres,/ y sus locas fantasías los extravían!

26 El terco terminará mal,/ quien ama lo bueno, lo conseguirá,/ 27 el terco se acarrea desgracias,/ el cobarde añade pecado a pecado.

25 Donde faltan los ojos, falta la luz;/ donde falta inteligencia, no hay sabiduría.

28 No corras a sanar la herida del orgulloso,/
porque no tiene sanación, es el brote de una ma-
la planta.
29 El sabio aprecia las sentencias de los sabios,/
el oído atento a la sabiduría se alegrará.

Limosna

30 El agua apaga el fuego ardiente/ y la limosna
consigue el perdón de los pecados.
31 Al que hace el bien lo recuerdan más tarde,/
cuando resbale encontrará apoyo.

4 *1 Hijo mío, no te burles de la vida del que su-*
fre,/ no desprecies al que sufre amargamen-
te;/ 2 no hagas sufrir al necesitado/ ni te escon-
das del que está en la miseria;/ 3 no apenes al que
se siente abatido/ ni aflijas al pobre que acude
a ti,/ ni niegues limosna al necesitado;/ 4 no re-
chaces la súplica del pobre,/ 5 ni le des ocasión de
maldecirte:/ 6 si en la amargura de su dolor cla-
ma contra ti,/ su Creador escuchará su clamor.
7 Hazte querer por la asamblea,/ inclina la ca-
beza ante el que manda;/ 8 escucha con atención
al pobre/ y responde a su saludo con sencillez;/
9 libra al oprimido del opresor/ y no te repugne
hacer justicia.
10 Sé padre para los huérfanos y como un mari-
do para las viudas,/ y Dios te llamará hijo, ten-
drá piedad y te librará de la fosa.

Habla la Sabiduría

11 La sabiduría instruye a sus hijos,/ y cuida a
los que la buscan.
12 Los que la aman, aman la vida;/ los que la
buscan, alcanzan el favor del Señor;/ 13 los que la
guardan consiguen gloria del Señor,/ la bendi-
ción de Dios los acompañará donde vayan;/ 14 los
que la sirven, sirven al Santo;/ Dios ama a los
que la aman.
15 Quien me escucha juzgará rectamente,/
quien me hace caso habitará en mi casa;/ 17 di-
simulada caminaré con él,/ comenzaré pro-
bándolo con tentaciones;/ cuando su corazón
se entregue a mí,/ 18 volveré a él para guiarlo y
revelarle mis secretos;/ 19 pero si se desvía, lo re-
chazaré y lo castigaré con la cárcel;/ si se aparta
de mí, lo arrojaré y lo entregaré a los asaltantes.

Timidez

20 Hijo mío, aprovecha la ocasión pero cuídate
del mal,/ para que no tengas que avergonzarte
de ti mismo;/ 21 porque hay una vergüenza que
acarrea culpa,/ y una vergüenza que trae gracia
y honor.
22 No tengas consentimientos que te perju-
diquen/ ni dudes perjudicándote a ti mismo;/
23 no retengas la palabra oportuna/ ni escondas
tu sabiduría;/ 24 porque hablando se muestra la
sabiduría,/ y la inteligencia, en la respuesta de
la lengua.
25 No contradigas a Dios, humíllate ante Dios;/
26 no te avergüences de confesar tu culpa,/ no te
opongas a la corriente.
27 No te sometas a un necio pero no te resis-
tas a los que mandan./ No te sientes con juez
injusto,/ porque tendrás que juzgar según su
capricho.
28 Lucha por la justicia hasta la muerte,/ y el
Señor peleará a tu favor.
29 No seas atrevido con tu boca,/ y miedoso y
cobarde en los hechos;/ 30 no seas un león para
tu familia,/ miedoso y sin autoridad con tus
servidores;/ 31 no tengas la mano abierta para
recibir/ y cerrada a la hora de dar.

Las falsas seguridades

5 *1 No confíes en tus riquezas ni digas: Me basto*
a mí mismo;/ no confíes en tus fuerzas para
seguir tus caprichos;/ 2 no sigas tus antojos y co-
dicias/ ni camines según tus pasiones.
3 No digas: Nadie puede contra mí,/ porque el
Señor te pedirá cuentas;/ 4 no digas: He pecado, y
nada malo me ha sucedido,/ porque él es un Dios
paciente./ 5 No estés tan seguro de su perdón/
para seguir cometiendo pecado tras pecado.
6 No pienses: es grande su compasión y perdo-
nará mis muchas culpas;/ porque tiene compa-
sión pero también se enoja,/ y su ira recae sobre
los malvados.
7 No tardes en volverte a él dejando pasar los
días;/ porque su furor brota de repente,/ y el día
de la venganza perecerás.
8 No confíes en riquezas adquiridas injusta-
mente,/ que no te servirán el día de la desgracia.

Sobre el hablar

9 No limpies el trigo con cualquier viento/ ni
camines en cualquier dirección.
10 Sé firme en tu modo de pensar/ y sea una
tu palabra;/ 11 sé rápido para escuchar/ y date
tiempo para responder;/ 12 si está en tu poder,
responde al prójimo,/ y si no, cállate la boca.
13 El hablar trae honra y trae deshonra,/ la len-
gua del hombre es su ruina./ 14 No tengas fama de
chismoso ni emplees la lengua para murmurar;/
para el ladrón se hizo la vergüenza,/ y los duros
castigos para el chismoso./ 15 No hagas daño, ni
poco ni mucho,/ no te conviertas de amigo en
enemigo.

6 1Porque el desprecio trae deshonor y mala fa-
ma/ de hombre perverso y chismoso.

La pasión

2No caigas víctima de tu pasión,/ porque en-
cenderá tus fuerzas contra ti,/ 3comerá tus ho-
jas, arrancará tus frutos/ y te dejará como árbol
seco;/ 4la pasión violenta destruye a quien la
tiene/ y lo hace motivo de risa de su enemigo.

Amigos

5Una palabra suave aumenta los amigos,/
unos labios amables, los saludos./ 6Sean muchos
los que te saludan,/ pero amigo íntimo, uno en-
tre mil;/ 7si quieres un amigo, comienza por pro-
barlo,/ no confíes enseguida en él;/ 8porque hay
amigos de un momento/ que no duran en tiempo
de peligro;/ 9hay amigos que se vuelven enemi-
gos/ y descubrirán tus peleas para avergonzar-
te;/ 10hay amigos que acompañan en la mesa/ y
no aparecen a la hora de la desgracia;/ 11cuando
te va bien, están contigo;/ cuando te va mal, hu-
yen de ti;/ 12si te alcanza la desgracia, te dan la
espalda/ y se esconden de tu vista.

13Apártate de tu enemigo/ y sé prudente con
tus amigos.

14El amigo fiel es refugio seguro;/ quien lo en-
cuentra, encuentra un tesoro;/ 15un amigo fiel no
tiene precio/ ni se puede pagar su valor;/ 16un
amigo fiel es algo maravilloso:/ quien respeta a
Dios lo consigue;/ 17el que teme al Señor encami-
na su amistad/ porque su amigo será como es él.

La sabiduría

18Hijo mío, desde la juventud busca la instruc-
ción,/ y hasta en la vejez te encontrarás con
sabiduría.

19Acércate a ella como quien ara y siembra,/
esperando abundante cosecha;/ cultivándo-
la trabajarás un poco,/ y mañana comerás sus
frutos.

20Al necio le resulta difícil,/ y el insensato no
puede con ella;/ 21lo oprime como piedra pesa-
da,/ y no tarda en sacársela de encima./ 22Por-
que la instrucción como su nombre lo indica/ no
se manifiesta a todos.

23Escucha, hijo mío, mi opinión/ y no rechaces
mi consejo:/ 24mete los pies en sus cadenas/ y
ofrece el cuello a su yugo,/ 25arrima el hombro
para cargar con ella/ y no te irrites con sus ata-
duras;/ 26con toda el alma acude a ella,/ con to-
das tus fuerzas sigue sus caminos;/ 27rastréala,
búscala y la alcanzarás;/ cuando la poseas, ya
no la sueltes;/ 28al fin alcanzarás su descanso,/ y
se te convertirá en alegría;/ 29sus cadenas serán
tu protección;/ sus ataduras, traje de gala;/ 30su
yugo, joya de oro;/ sus correas, cintas de púrpu-
ra;/ 31como traje de gala la llevarás,/ te la colo-
carás como corona festiva.

32Si quieres, hijo mío, llegarás a sabio;/ si te
lo propones, llegarás a entender;/ 33si te gus-
ta escuchar, aprenderás;/ si prestas oído, te
instruirás.

34Asiste a la reunión de los ancianos,/ y si hay
uno sabio, pégate a él;/ 35procura escuchar toda
clase de explicaciones,/ no se te escape un pro-
verbio sensato;/ 36observa quién es inteligente, y
madruga para visitarlo,/ que tus pies desgasten
el umbral de su puerta.

37Reflexiona sobre el respeto del Altísimo/ y
medita sin cesar sus mandamientos:/ él te dará
la inteligencia y según tus deseos te hará sabio.

Proverbios varios: serie negativa

7 1No hagas el mal, y el mal no te alcanzará;/
2aléjate del pecado, y se apartará de ti;/ 3no
siembres en los surcos de la maldad,/ si no quie-
res cosechar siete veces más.

4No pidas a Dios poder ni al rey un puesto de
honor;/ 5no presumas de justo frente a Dios ni
de prudente frente al rey;/ 6no pretendas man-
dar si te falta energía para reprimir tu sober-
bia;/ pues te acobardarás ante el noble/ ven-
diendo por dinero tu integridad.

7No te muestres injusto en la asamblea/ ni te
rebajes delante de la población.

8No te enredes dos veces en un pecado,/ por-
que ni de uno solo quedarás sin castigo.

9No digas: Dios mirará mis muchas ofrendas,/
el Altísimo recibirá mis súplicas.

10No seas impaciente en tu oración/ y no seas
avaro en tus limosnas;/ 11no desprecies al hom-
bre afligido,/ recuerda que hay quien levanta y
humilla.

12No trames violencias contra tu hermano/ ni
tampoco contra tu amigo y compañero;/ 13no te
complazcas en mentir,/ nada bueno puedes es-
perar de ello;/ 14no te metas en la deliberación de
los que gobiernan/ ni multipliques las palabras
de tu oración.

15No hagas de mala gana las tareas de servi-
cio,/ pues el trabajo lo ha creado Dios.

16No te creas que eres más que los otros;/ re-
cuerda que la cólera de Dios no tarda;/ 17humilla
más y más tu soberbia,/ pues al hombre lo espe-
ran los gusanos./ No insistas repitiendo tu sú-
plica,/ encomiéndate a Dios y acepta su camino.

18No cambies un amigo por dinero/ ni a tu her-
mano querido por oro de Ofir.

19No repudies a una mujer sensata,/ su belleza
vale más que corales.

20No maltrates al servidor cumplidor/ ni al
obrero que se dedica a su oficio.
21Ama al servidor inteligente como a ti mismo/
y no le niegues la libertad.

Serie positiva

22Si tienes ganado, cuida de él; si te es útil,
consérvalo;/ 23si tienes hijos, edúcalos; cuando
aún son jóvenes, búscales mujer;/ 24si tienes hi-
jas, vigila su cuerpo,/ y no seas condescendiente
con ellas;/ 25casa a tu hija y habrás hecho una
gran tarea,/ pero dásela a hombre prudente;/
26si tienes mujer, no la aborrezcas,/ pero no te
fíes de una que no amas.
27Honra a tu padre de todo corazón/ y no ol-
vides los dolores de tu madre;/ 28recuerda que
ellos te engendraron,/ ¿qué les darás por lo que
te dieron?
29Teme a Dios de todo corazón/ y venera a
sus sacerdotes;/ 30ama a tu Creador con todas
tus fuerzas/ y no abandones a sus servidores;/
31honra a Dios y respeta al sacerdote,/ y dale
su parte como está mandado:/ grano escogido,
contribución para el culto,/ sacrificios rituales,
ofrendas consagradas.
32Extiende la mano también al pobre,/ para
que sea completa tu bendición;/ 33sé genero-
so con todos los vivos/ y a los muertos no les
niegues tu piedad;/ 34no des las espaldas a los
que lloran/ y guarda luto con los que están de
luto;/ 35no abandones al que está enfermo,/ y él
te querrá.
36En todo lo que hagas piensa en el final,/ y
nunca pecarás.

Cautela con los demás

8 1No pongas pleito a un poderoso,/ no vayas a
parar en sus manos;/ 2no pelees con un hom-
bre rico:/ pesará tu precio, y estás perdido/ por-
que el oro ha perturbado a hombres influyentes/
y la riqueza ha extraviado a nobles.
3No discutas con un charlatán,/ que es echar
leña al fuego;/ 4no trates con el necio,/ no te va-
yan a despreciar los nobles.
5No avergüences al que se arrepiente del pe-
cado:/ recuerda que todos somos culpables;/ 6no
te burles del anciano,/ porque nosotros seremos
viejos;/ 7no te alegres de la muerte de nadie:/
recuerda que todos moriremos.

Aprender de los mayores

8No rechaces los discursos de los sabios,/ es-
tudia con dedicación sus enseñanzas;/ porque
de ellos aprenderás la instrucción/ para entrar
al servicio de los príncipes;/ 9no desprecies las
historias de los ancianos/ que ellos escucharon
a sus padres;/ porque de ellos recibirás pruden-
cia,/ para saber responder cuando haga falta.

Trato con los hombres

10No enciendas fuego en las brasas del malva-
do,/ no te vayas a quemar con sus llamas;/ 11no
huyas de la presencia del insolente,/ dejándole
que intrigue contra ti.
12No prestes a uno más fuerte que tú,/ y si le
has prestado, dalo por perdido;/ 13no des fian-
za por encima de lo que puedes,/ y si la has da-
do, prepárate a pagar;/ 14no pongas pleito a un
juez,/ porque sentenciará a su favor.
15Con el imprudente no camines, porque agra-
varás tus desgracias;/ él va derecho a lo que
quiere, y tú pagarás su locura.
16Con el que se enoja fácilmente no seas testa-
rudo,/ no cabalgues con él por el camino;/ por-
que no le importa derramar sangre,/ y cuando
nadie pueda auxiliarte, te matará.
17Con el tonto no tengas confidencias,/ porque
no sabe guardar tu secreto;/ 18ante un extraño
no hagas lo que es secreto,/ porque no sabes lo
que puede suceder.
19No le abras tu corazón a cualquiera,/ así no
espantarás tu felicidad.

Trato con las mujeres

9 1No seas celoso de tu propia mujer,/ para que
no aprenda a maltratarte;/ 2no tengas celos
de la mujer que amas,/ y no te pisoteará.
3No te acerques a mujer ajena, y no caerás en
sus redes;/ no intimes con la ramera, y no te ca-
zará en sus lazos;/ 4no trates con la que canta
coplas,/ y no te quemarás con su boca;/ 5no te
fijes demasiado en la muchacha soltera,/ y no
te entramparás por su causa;/ 6no te enredes
con la ramera,/ y no le cederás tu fortuna:/ 7sus
miradas te enloquecerán/ y te arruinarás fre-
cuentando su casa.
8Cierra tus ojos ante la mujer hermosa/ y no te
fijes en belleza que no es tuya;/ por las mujeres
se han perdido muchos,/ y su amor quema como
fuego;/ 9con mujer casada no comas ni te sientes
con ella a beber,/ no sea que tu corazón se incline
hacia ella y lo pagarás con tu vida.

Amigo de mucho tiempo

10No abandones al amigo de mucho tiempo,
porque al nuevo no lo conoces;/ amigo nuevo es
vino nuevo: deja que envejezca y lo beberás.

Relaciones con los demás

11No envidies al malvado,/ porque no sabes
cuánto vivirá;/ 12no te alegres con el insolente
que triunfa,/ piensa que no morirá sin castigo;/

13 aléjate del que puede matar, y no te espantará
la muerte;/ si te acercas, no lo ofendas, porque te
quitará la vida;/ mira que caminas entre lazos,
que avanzas por una red.
14 Responde a tu prójimo de la mejor manera/
e intima con los sabios;/ 15 comparte tus pen-
samientos con el prudente/ y tus secretos con
los entendidos;/ 16 gente honrada comparta tu
pan,/ y sea tu orgullo el temor del Señor.

Gobernantes

17 Con su destreza controla el artesano,/ el
gobernante a su pueblo con su elocuencia;/ 18 te-
rror de su ciudad es el deslenguado,/ la lengua
irrespetuosa será aborrecida.

10 1 Gobernante prudente educa a su pueblo,/
una buena administración es ordenada.
2 Como es el gobernante, así son los ministros;/
como es el jefe de la ciudad, así son los vecinos.
3 Un rey entregado a los vicios arruina la ciu-
dad,/ la prudencia de los jefes puebla la ciudad.
4 En manos de Dios está el gobierno del mun-
do:/ en él establece al hombre oportuno;/ 5 en
manos de Dios está la autoridad del hombre:/ él
confiere su autoridad al que gobierna.

Soberbia

6 Por ninguna ofensa devuelvas mal al próji-
mo,/ no marches por el camino de la soberbia.
7 La soberbia es odiosa al Señor y a los hom-
bres;/ para uno y otros es delito la opresión;/
8 el poder pasa de nación a nación/ a causa de la
violencia y la soberbia.
9 ¿Por qué se ensoberbece el que es polvo y ceni-
za/ si ya en vida se pudren sus entrañas?
10 Un achaque ligero, y el médico perplejo:/ hoy
rey, mañana cadáver.
11 Muere el hombre y hereda gusanos,/ lombri-
ces, orugas, insectos.
12 El inicio de la soberbia es la rebeldía del hom-
bre/ cuando su corazón se aparta de su Crea-
dor;/ 13 pues el pecador es pozo lleno de orgullo/
y fuente de la que nacen planes perversos;/ por
eso Dios le envía terribles plagas/ y lo castiga
hasta acabar con él.
14 Dios derribó del trono a los soberbios/ y sen-
tó sobre él a los humildes;/ 15 el Señor arrancó las
raíces de los pueblos/ y plantó en su lugar a los
oprimidos;/ 16 el Señor borró las huellas de los
pueblos/ y los destruyó hasta los cimientos;/
17 los borró del suelo y los aniquiló/ y acabó con su
apellido en la tierra.
18 No es digna del hombre la insolencia,/ ni la
crueldad del nacido de mujer.

Valor del hombre

19 ¿Una raza honrosa? –La raza humana–./
¿Una raza honrosa? –Los que respetan a Dios–./
¿Una raza despreciable? –La raza humana–./
¿Una raza despreciable? –Los que quebrantan
la ley–.
20 Entre hermanos se honra al mayor;/ pero
Dios aprecia a quien lo respeta:/ 22 forastero o
extranjero, extraño o pobre,/ su honor es res-
petar a Dios.
23 No hay que despreciar al pobre sensato,/ ni
hay que honrar al hombre violento;/ 24 príncipe,
gobernante y juez reciben honor,/ pero nadie es
mayor que quien respeta a Dios.
25 Esclavo juicioso será enaltecido,/ esclavo
hábil no tendrá que quejarse.
26 No te hagas el sabio al realizar tus negocios/
ni te glories en tiempo de necesidad;/ 27 más vale
quien trabaja y le sobra de todo/ que el que pre-
sume y le falta el pan.
28 Hijo mío, conserva tu honor con modestia,/
y te darán los bienes que te mereces;/ 29 quien a
sí mismo se declara culpable, ¿quién lo perdona-
rá?,/ ¿quién respetará al que se desprecia?
30 Hay pobres respetados por su saber,/ hay
hombres respetados por sus riquezas;/ respeta-
do por su riqueza: ¿cómo?;/ despreciado por su
pobreza: ¿cómo?
31 A quien se respeta en la pobreza, cuánto más
en la riqueza;/ a quien se desprecia en la rique-
za, cuánto más en la pobreza.

Apariencias y juicio de Dios

11 1 Por su sabiduría el pobre lleva alta la cabe-
za/ y se sentará entre los nobles.
2 No alabes a un hombre por su nobleza/ ni lo
desprecies por su fealdad:/ 3 la abeja es la menor
entre los que vuelan,/ pero su cosecha es la más
dulce.
4 No te rías del que usa ropa gastada/ ni te bur-
les de los que pasan días difíciles,/ porque las
obras del Señor son admirables/ y sus acciones,
inexplicables para los hombres.
5 Muchos miserables se han sentado en tro-
nos/ y quien no se pensaba se colocó la coro-
na;/ 6 muchos de posición elevada cayeron en
desgracia/ y también nobles cayeron en poder
de otros.
7 No critiques antes de averiguar;/ examina
primero y después juzgarás.
8 Hijo mío, no respondas antes de escuchar/ y
no interrumpas el discurso del otro;/ 9 en cosas
sin importancia no te entretengas/ ni te metas
en peleas de malvados.
10 Hijo mío, no multipliques tus ocupaciones:/
el que ansía enriquecerse no quedará sin casti-

go./ Hijo mío, por más que corras, no llegarás;/
por más que busques, no encontrarás.
11Hay quien trabaja y suda y corre,/ y con todo
llega tarde;/ 12otro es pobre y vagabundo, falto
de todo y rico en miseria,/ pero el Señor se fi-
ja en él para bien y lo levanta de la basura,/ 13le
hace levantar la cabeza,/ y muchos se asombran
al verlo.
14Bien y mal, vida y muerte,/ pobreza y rique-
za vienen del Señor;/ 15sabiduría, prudencia y
sensatez proceden del Señor,/ castigo y camino
recto proceden del Señor.
16La ignorancia y la oscuridad se crearon para
los criminales,/ y el mal acompaña a los malva-
dos;/ 17pero el don del Señor es para los honra-
dos,/ él los ama y les asegura el éxito.
18Uno se hace rico a fuerza de privaciones,/ y
se queda sin recompensa;/ 19cuando dice: Ahora
puedo descansar,/ ahora comeré de mis pensio-
nes,/ no sabe cuánto tiempo pasará hasta que
muera y lo deje todo a otro.
20Hijo mío, cumple tu deber, ocúpate de él,/ en-
vejece en tu tarea;/ 21no admires a los malhecho-
res,/ espera en el Señor y aguarda su luz;/ por-
que el Señor puede juzgar oportuno/ enriquecer
en un instante al pobre.
22La bendición del Señor es la recompensa del
honrado,/ y a su tiempo florece su esperanza.
23No digas: He arreglado todos mis asuntos,/ y
ahora, ¿qué me falta?/ 4No digas: Ya tengo bas-
tante,/ ¿qué mal me puede suceder?
25Un día dichoso hace olvidar la desgracia,/ un
día desgraciado hace olvidar la dicha;/ 26fácil es
para Dios, a la hora de la muerte,/ pagar al hom-
bre su conducta./ 27Un mal momento hace olvi-
dar los placeres;/ pero solo al final se sabe quién
es el hombre./ 28No declares dichoso a nadie antes
de informarte:/ su final mostrará si es dichoso;/
antes de que muera, no declares dichoso a nadie;/
en el desenlace se conoce el hombre.

Cautela con el desconocido

29No metas en tu casa a cualquiera:/ el vende-
dor ambulante conoce muchas trampas./ Como
jaula llena de pájaros/ están sus casas llenas de
fraudes./ 30Como pájaro encerrado en la jaula/
es el corazón soberbio: espera como lobo a su
presa./ Cuántos son los delitos del codicioso:/
como perro devora una casa./ El codicioso es
violento:/ llega y pone pleito a todos los bienes./
El vendedor ambulante, como un oso,/ acecha
la casa de los insolentes,/ como espía busca un
punto desprotegido./ 31El chismoso convierte el
bien en mal/ y cuenta mentiras sobre lo que tú
más quieres./ 32Una chispa enciende muchos
carbones;/ el malvado está listo para matar.
33Cuídate del malo, que engendra males/ y te
traerá deshonra para siempre;/ no te juntes con
el malvado, que torcerá tu camino/ y te apartará
de tus parientes;/ 34el vecino desconocido des-
viará tu conducta/ y te alejará de tus familiares.

Cautela en favorecer

12 1Si haces el bien, mira a quién,/ y podrás
esperar algo de tus favores;/ 2haz el bien al
honrado y obtendrás recompensa,/ si no de él,
al menos del Señor./ 3Nada se saca de ayudar al
malvado,/ ya que no obrará rectamente;/ 5doble
mal recibirás en tiempo de necesidad/ por to-
do el bien que le hiciste;/ no le des armas, pues
las volverá contra ti./ 6Porque Dios aborrece al
malvado/ y toma venganza de los perversos.
7Da al bueno, no socorras al malvado,/ alivia
al que sufre, no des al arrogante.

El enemigo

8En la prosperidad no se conoce el amigo,/
en la desgracia no se oculta el enemigo;/ 9en la
prosperidad aun el enemigo se vuelve amigo,/
en la desgracia aun el amigo se aparta.
10No te fíes nunca del enemigo,/ su maldad
es como bronce que se oxida;/ 11aunque te ha-
ga caso y se porte con modestia,/ ten cuidado
y desconfía de él;/ haz como quien limpia un
espejo;/ a ver si la herrumbre no terminó de
corroerlo.
12No le des un puesto a tu lado,/ porque te dará
un empujón y ocupará tu puesto;/ no lo hagas
sentarse a tu derecha,/ porque procurará ocu-
par tu asiento./ Entonces me darás la razón/ y
gemirás recordando mis advertencias.
13¿Quién compadece al encantador de ser-
pientes mordido/ o al que se acerca a una fiera
carnicera?/ 14Lo mismo al que se junta con el
arrogante/ y se mancha con sus delitos./ Mien-
tras va contigo, no se te revela;/ cuando caes,
no se agacha a librarte;/ 15mientras tú estás de
pie, no se da a conocer;/ cuando tropiezas, no
se contiene./ 16El enemigo habla con labios dul-
ces,/ y por dentro planea traiciones siniestras;/
el enemigo llora con los ojos,/ llega su ocasión, y
no se sacia de sangre;/ 17te ocurre una desgra-
cia, y allí lo encuentras;/ fingiendo apoyarte, te
pondrá una zancadilla;/ 18después sacude la ca-
beza, agita la mano,/ y hablando entre dientes,
cambia de expresión.

Trato con el rico

13 1A quien toca la brea se le pega la mano,/
quien se junta con el mentiroso aprende sus
costumbres.

2No levantes un peso superior a tus fuerzas,/ no busques la compañía de personas más ricas que tú,/ ¿puede juntarse el jarro de metal con la olla de barro?,/ chocarán y la olla se romperá.

3El rico ofende y encima se siente orgulloso,/ el pobre es ofendido y encima pide perdón.

4Si le eres útil, se servirá de ti;/ si ya no le eres útil, renuncia a ti;/ 5si tienes algo, te dirá buenas palabras,/ pero te explotará sin que le duela;/ 6si te necesita, te tratará bien,/ y con sonrisas te infundirá confianza;/ te dirá amablemente: ¿qué necesitas?,/ y con sus manjares te avergonzará;/ 7mientras se aprovecha de ti, te engaña;/ a la segunda y a la tercera te amenazará;/ más tarde, al verte, te evitará/ y moverá la cabeza riéndose de ti.

Trato con el noble

8Cuídate de ser presumido,/ no imites a los faltos de juicio./ 9Si estás cerca de un noble, guarda las distancias,/ y él insistirá para que te acerques;/ 10no te acerques mucho, no sea que te aparte;/ no te apartes mucho, no te hagas antipático;/ 11no te tomes libertades con él/ ni te fíes de sus muchos razonamientos,/ pues con sus razonamientos te pone a prueba/ y sonriendo te examina./ 12Cruelmente se burlará de ti/ y no te ahorrará cadenas./ 13Ten cuidado y ponte en guardia/ y no camines con hombres violentos.

Ricos y pobres

15Todo animal ama a los de su especie:/ lo mismo el hombre, a los que se le asemejan;/ 17no se junta el lobo con el cordero/ ni el malvado con el justo, ni el rico con el necesitado.

18¿Pueden llevarse bien la hiena y el perro?,/ ¿pueden llevarse bien el rico y el pobre?/ 19El asno salvaje es presa del león,/ el pobre es pasto del rico./ 20El soberbio aborrece al humilde,/ el rico aborrece al necesitado.

21Tropieza el rico, y su vecino lo sostiene;/ tropieza el pobre, y su vecino lo empuja;/ 22habla el rico, y muchos lo aprueban,/ y aunque hable estupideces lo felicitan;/ se equivoca el pobre y lo llenan de reproches;/ habla con acierto, y no le hacen caso;/ 23habla el rico, y lo escuchan en silencio,/ y ponen por las nubes su talento;/ habla el pobre, y dicen: ¿quién es?,/ y si cae, encima lo empujan.

24Buena es la riqueza adquirida sin culpa,/ mala es la pobreza causada por el orgullo.

La conciencia

25El corazón humano hace cambiar el rostro/ para bien o para mal:/ 26rostro sereno es señal de buena intención,/ hablar por rodeos es señal de mala idea.

14 1Dichoso el hombre que no se equivoca con sus palabras/ y no tiene que sufrir remordimiento;/ 2dichoso el hombre a quien no le reprocha la conciencia/ ni ha perdido la esperanza.

Tacaño y generoso

3El hombre mezquino no merece riquezas,/ el hombre tacaño no se merece el oro;/ 4el que se priva a sí mismo reúne para otros,/ de sus bienes disfrutará el extraño;/ 5el que es tacaño consigo, ¿con quién será generoso?;/ ni él mismo disfruta de sus bienes;/ 6el tacaño consigo es el supremo tacaño,/ su tacañería se vuelve contra él./ 7Si hace un favor es por descuido,/ al final delata su tacañería.

9El mezquino piensa que su porción es pequeña,/ toma la del prójimo y echa a perder la que le pertenece./ 10El tacaño mira ansioso la comida/ y ofrece una mesa vacía./ El generoso ofrece comida abundante,/ el pozo seco da agua para la mesa.

11Hijo mío, si tienes algo, sírvete de ello,/ si tienes algo, trátate bien, y sé generoso con Dios./ 12Recuerda que en la tumba no disfrutarás/ y que la muerte no tarda, aunque no te han dicho la hora de morir./ 13Antes de morir favorece a tu amigo,/ dale de lo que tengas a mano./ 14No te prives de un día dichoso/ y no se te pase por alto lo que es bueno y deseable.

15¿Por qué dejar a un extraño tus riquezas/ y tus sudores para que los repartan a suerte?/ 16Da a tu hermano y trátate bien,/ porque en el Abismo no hay que buscar placeres./ Todo lo que prometiste hacer cúmplelo en presencia de Dios

17Toda carne se consumirá como la ropa,/ porque el decreto eterno es: Has de morir./ 18Como crecen las hojas en un árbol frondoso,/ una se marchita, la siguiente brota,/ así las generaciones de carne y sangre:/ una muere y otra nace./ 19Todas sus tareas se pudrirán,/ lo que ganaron sus manos se irá con ellas.

La Sabiduría

20Dichoso el hombre que piensa en la Sabiduría/ y busca la Prudencia,/ 21el que presta atención a sus caminos/ y se fija en sus sendas;/ 22sale tras ella a espiarla/ y la espera junto a su portal,/ 23mira por sus ventanas/ y escucha a su puerta,/ 24acampa junto a su casa/ y clava las estacas de su tienda junto a su pared,/ 25pone su tienda junto a ella/ y se acomoda como buen vecino,/ 26pone nido en su ramaje/ y mora entre

su follaje,/ 27se protege del calor a su sombra/ y
habita en su morada.

15 1Quien respeta al Señor obrará así,/ ob-
servando la ley alcanzará la sabiduría./
2Ella le saldrá al encuentro como una madre/
y lo recibirá como la esposa de la juventud;/
3lo alimentará con el pan de la inteligencia/ y
le dará a beber agua de sabiduría;/ 4apoyado en
ella no vacilará/ y confiado en ella no fracasa-
rá;/ 5lo elevará sobre sus compañeros/ para que
abra la boca en la asamblea;/ 6alcanzará gozo
y alegría,/ y recibirá en herencia un nombre
perdurable.
7No la alcanzan los hombres falsos/ ni la verán
los arrogantes,/ 8se queda lejos de los orgullo-
sos/ y los embusteros no se acuerdan de ella;/ 9el
malvado ni la alaba,/ porque Dios no se la otor-
ga;/ 10la boca del sabio pronuncia su elogio/ y el
que la posee la enseña.

Origen del pecado

11No digas: Mi pecado viene de Dios,/ porque
él no hace lo que odia;/ 12no digas: Él me hi-
zo extraviar,/ porque no necesita de hombres
pecadores;/ 13el Señor aborrece la maldad y la
blasfemia,/ los que lo respetan no caen en ellas.
14El Señor creó al hombre al principio/ y lo en-
tregó el poder de elegir;/ 15si quieres, guardarás
sus mandatos,/ porque es prudencia cumplir su
voluntad;/ 16ante ti están puestos fuego y agua:/
elige lo que quieras;/ 17delante del hombre están
muerte y vida:/ le darán lo que él escoja.
18Es inmensa la sabiduría del Señor,/ su poder
es grande y todo lo ve;/ 19los ojos de Dios ven las
acciones,/ él conoce todas las obras del hombre;/
20a nadie mandó pecar/ ni enseñó mentiras a los
embusteros;/ no deja sin castigo a los mentiro-
sos/ ni se apiada del que practica el fraude.

Dios castiga

16 1No desees hijos hermosos pero inútiles/
ni te alegres de hijos que sean malvados;/
2aunque prosperen, no goces con ellos/ si no
respetan al Señor;/ 3no esperes que vivan mu-
cho ni confíes en que terminarán bien,/ porque
no tendrán buena descendencia;/ un cumplidor
del deber vale más que mil/ y más vale morir sin
hijos que tener descendientes arrogantes./ 4Uno
solo y estéril, si respeta al Señor, puebla una ciu-
dad;/ un grupo de bandidos la deja desierta.
5Muchas cosas de ese género han visto mis
ojos/ y muchas más ha escuchado mi oído./ 6Por
culpa de los malvados se encendió el fuego/ y
ardió la ira de Dios contra una banda de malva-
dos;/ 7no perdonó a los antiguos gigantes,/ que
se rebelaron en otro tiempo con su fuerza;/ 8no
perdonó a los vecinos de Lot/ que se pervirtie-
ron por su arrogancia;/ 9no perdonó al pueblo
condenado,/ que fue desposeído por sus críme-
nes,/ 10ni a los seiscientos mil soldados/ que fue-
ron aniquilados por su arrogancia.
11Y aunque no haya más que un rebelde/ si
escapa sin castigo, será por milagro./ Porque él
tiene compasión y enojo, absuelve y perdona,/
pero descarga su ira sobre los malvados;/ 12tan
grande como su compasión es su castigo,/ y juz-
ga a cada uno según sus obras./ 13No deja esca-
par al malvado con su presa/ ni deja sin cumplir
los deseos del justo.
14El que hace limosna tendrá recompensa,/
cada uno recibirá según sus obras.
15El Señor endureció el corazón del faraón/ –
que no lo quiso reconocer–/ para manifestar sus
obras bajo el cielo.
16Todas las criaturas conocen su compasión,/
dejó a los hombres su luz y su alabanza.

Dios ve

17No digas: Me esconderé de Dios,/ ¿quién se
acordará de mí en lo alto?/ Entre tanta gente no
me distinguirán,/ ¿quién soy yo en la anchura
del mundo?
18Mira: los cielos, el último cielo,/ la tierra y el
océano/ se ponen de pie y/ tiemblan cuando él
baja hasta ellos;/ 19las raíces de los montes, los
cimientos del mundo/ se ponen a temblar cuan-
do los mira Dios.
20En mí no se fijará/ ni hará caso de mi con-
ducta;/ 21si peco, nadie me verá;/ si miento a
escondidas, ¿quién se enterará?/ 22¿Quién le in-
forma de una buena acción,/ qué puedo esperar
de cumplir mi deber?
23Gente sin juicio piensa así,/ el hombre estú-
pido razona de ese modo.

Dios Creador

24Escúchenme y aprendan sabiduría,/ pongan
atención a mis palabras,/ 25voy a exponer con
exactitud mi pensamiento/ y con modestia mi
doctrina.
26Cuando al principio creó Dios sus obras/ y
las hizo existir, les asignó sus funciones;/ 27de-
terminó para siempre su actividad/ y sus do-
minios por todas las edades;/ no desfallecen ni
se cansan ni faltan a su obligación./ 28Ninguna
estorba a su compañera,/ nunca desobedecen
las órdenes de Dios.
29Después, el Señor se fijó en la tierra/ y la
colmó de sus bienes;/ 30cubrió su superficie con
toda clase de vivientes,/ que han de volver a ella.

17 1El Señor formó al hombre de tierra/ y a
ella lo hace volver;/ 2le concedió un plazo de
días contados/ y le dio dominio sobre la tierra;/
3lo revistió de un poder como el suyo/ y lo hizo a
su propia imagen.
4Hizo que todo viviente le temiera,/ para que
dominara a bestias y aves.
6Les formó boca y lengua y ojos/ y oídos y
mente para entender;/ 7los colmó de inteligen-
cia y sabiduría/ y les enseñó el bien y el mal;/
8les mostró sus maravillas,/ para que se fijaran
en ellas,/ 10para que alaben el santo Nombre/ y
cuenten sus grandes hazañas.
11Les concedió inteligencia/ y en herencia una
ley que da vida;/ 12hizo con ellos alianza eterna/
enseñándoles sus mandamientos.
13Sus ojos vieron la grandeza de su gloria/ y
sus oídos oyeron la majestad de su voz./ 14Les
ordenó alejarse de toda idolatría/ y les dio pre-
ceptos acerca del prójimo.

Dios retribuye

15Los caminos de los hombres están siempre en
su presencia,/ no se ocultan a sus ojos.
16Sus caminos desde la niñez se inclinan al
mal,/ no son capaces de transformar/ en cora-
zones de carne los de piedra./ Cuando dividió
sobre la tierra las naciones,/ 17puso un jefe sobre
cada nación, pero Israel es la parte del Señor./
18Por ser su primogénito lo educa/ y porque le
dio la luz de su amor no lo abandona.
19Todas las obras de los hombres están ante él
como el sol,/ sus ojos observan siempre sus ca-
minos;/ 20no se le ocultan sus injusticias,/ todos
sus pecados están a su vista.
21El Señor, que es bueno y conoce a su criatu-
ra,/ no los rechaza ni abandona, sino que los
perdona./ 22El Señor guarda, como sello suyo, la
limosna que el hombre hace,/ y sus obras de ca-
ridad, como la pupila de sus ojos./ 23Después se
levantará para retribuirlas/ y dará a cada uno
lo que merece.

Arrepentimiento

24A los que se arrepienten los deja volver/ y
reanima a los que pierden la paciencia./ 25Vuel-
ve al Señor, abandona el pecado,/ suplica en su
presencia y disminuye tus faltas;/ 26retorna
al Altísimo, aléjate de la injusticia/ y detesta
de corazón la idolatría./ En el Abismo, ¿quién
alaba al Señor/ como los vivos que le dan gra-
cias?,/ 28el muerto, como si no existiera, deja de
alabarlo,/ el que está vivo y sano alaba al Señor.
29¡Qué grande es la misericordia del Señor/ y
su perdón para los que vuelven a él!

Dios comprende y perdona

30El hombre no es como Dios,/ pues ningún hi-
jo de Adán es inmortal;/ 31¿qué hay más brillante
que el sol?/ –y sin embargo también tiene eclip-
ses–/ carne y sangre maquinan el mal./ 32Dios
pasa revista al ejército del cielo,/ cuánto más a
los hombres de polvo y ceniza.

18 1El que vive eternamente creó el universo:/
2el Señor es el único sin mancha, y no hay
otro fuera de él./ 3Dirige el universo con la pal-
ma en la mano,/ y todos cumplen su voluntad;/
es rey universal y poderoso/ que separa lo santo
de lo profano.
4Nadie es capaz de contar sus obras,/ ¿quién
rastreará sus grandezas?/ 5¿Quién podrá medir
su grandeza/ y quién contará sus favores?/ 6No
es posible aumentar ni disminuir/ ni se pueden
rastrear sus maravillas;/ 7cuando el hombre
termina, está empezando,/ y cuando se detiene,
no sale de su asombro.
8¿Qué es el hombre, para qué sirve,/ cuál es
su bondad y su maldad?/ 9Los días del hombre
son contados,/ y es mucho si llega a cien años;/
10una gota del mar, un grano de arena:/ eso son
mil años comparados con la eternidad./ 11Por
eso el Señor tiene paciencia con ellos/ y derra-
ma sobre ellos su compasión./ 12Pues sabe muy
bien que están inclinados al mal,/ y por eso
abunda su perdón.
13El hombre se compadece de su prójimo;/ el
Señor, de todos los vivientes;/ avisa, y educa, y
enseña, y guía como pastor a su rebaño.
14Se compadece de los que reciben la correc-
ción/ y de los que se esfuerzan por cumplir sus
mandamientos.

Dar con amor

15Hijo mío, cuando hagas un favor, no repren-
das,/ y cuando des limosna no ofendas con tus
palabras:/ 16el rocío alivia el calor,/ así una bue-
na palabra vale más que un regalo;/ 17¿no vale la
palabra más que un regalo/ cuando procede de
un hombre caritativo?/ 18El necio insulta sin ca-
ridad,/ un regalo de mala gana hace llorar.

Prevenir

19Antes de hablar, infórmate,/ antes de caer
enfermo, cuida tu salud;/ 20antes de ser juzgado,
examínate,/ y a la hora de la cuenta te perdo-
narán;/ 21antes de caer enfermo, humíllate,/
y cuando peques, muestra arrepentimiento./
22Nada te impida cumplir pronto una promesa,/
no esperes hasta la muerte para cumplirla.
23Antes de rezar, prepárate,/ no imites a los
que tientan al Señor.

24Acuérdate del día final de la cólera, del mo-
mento de la venganza,/ cuando ocultará su
rostro.
25En época de abundancia, acuérdate del ham-
bre,/ y cuando seas rico, de la pobreza y la nece-
sidad;/ 26de la noche a la mañana cambia la si-
tuación:/ ante el Señor todo pasa en un instante.
27Un hombre sabio siempre está prevenido;/
cuando tienta el pecado, se abstiene de obrar
mal.
28Un hombre inteligente conoce la sabiduría/
y alaba al que la alcanza.
29También los expertos en hablar están ins-
truidos/ y derramando proverbios acertados.

Dominarse

30Hijo mío, no sigas tus caprichos,/ refrena tus
deseos;/ 31si cedes al placer de tus deseos,/ tus
enemigos se reirán de ti.
32No le tomes gusto al lujo,/ porque sus gastos
te harán pobre.
33No seas amigo de fiestas y borracheras/
cuando tienes el bolsillo vacío.

19 1Quien se da a la bebida, no se hará rico;/
quien desprecia lo pequeño, se irá arrui-
nando./ 2Vino y mujeres extravían a hombres
inteligentes,/ el que anda con prostitutas se
vuelve descarado;/ 3podredumbre y gusanos se
apoderarán de él,/ y su descaro será aniquilado.

Callar y hablar

4El que confía demasiado pronto, es un irre-
flexivo;/ el que peca, se perjudica a sí mismo.
5El que goza pensando mal, será condenado;/
el que resiste a los placeres, corona su vida.
6El que domina la lengua, vivirá sin peleas;/
el que detesta los chismes, sufrirá pocos males.
7No repitas un chisme/ y no perderás nada;/
8no se lo cuentes ni a amigo ni a enemigo,/ y no
lo descubras, a no ser que incurras en pecado.
9Alguien te ha oído, se cuidará de ti,/ y un día
te odiará.
10¿Has oído algo? Que muera dentro de ti;/
aguanta, que no reventarás.
11Una noticia pone en trance al necio,/ como
la criatura a la parturienta;/ 12flecha clavada
en el muslo/ es la noticia en las entrañas del
necio.
13Pregunta a tu amigo: a lo mejor no lo ha he-
cho,/ y si ha hecho algo, para que no lo vuelva a
hacer;/ 14pregunta al prójimo: a lo mejor no lo ha
dicho,/ y si lo ha dicho, para que no lo repita;/
15pregunta al amigo: muchas veces es calum-
nia,/ no te fíes de cualquier palabra.
16Hay quien comete un error sin querer,/
¿quién no ha pecado con la lengua?;/ 17pregunta
al prójimo antes de reprenderlo/ y deja lugar a
la ley del Altísimo.

Sabiduría y temor de Dios

20Respetar al Señor es síntesis de la sabidu-
ría,/ cumplir su ley es toda la sabiduría.
22No es sabiduría ser experto en maldad,/ no
es prudencia la deliberación de los malvados./
23Hay una astucia que resulta detestable,/ los
insensatos carecen de sabiduría.
24Más vale el ignorante que respeta al Señor/
que el muy inteligente que quebranta la ley.
25Hay una astucia exacta y a la vez injusta,/
hay quien es sagaz para aparentar rectitud;/
26hay quien anda encorvado y se hace el arre-
pentido/ mientras dentro está lleno de en-
gaños:/ 27se hace el ciego, se hace el sordo,/ y
cuando no lo piensas te pone la zancadilla,/ 28y
si le falta fuerza para hacerte daño,/ cuando en-
cuentre una ocasión te perjudicará.
29Al hombre se lo conoce por su aspecto,/ al
sensato lo reconoces al encontrarlo;/ 30la mane-
ra de vestir, de reír, de caminar/ manifiestan el
carácter de un hombre.

Colección de dichos

20 1Hay reprensiones inoportunas/ y hay
quien calla por prudencia;/ 2es mejor re-
prender que irritarse;/ 3quien confiesa la culpa
se libra de la desgracia.
4Eunuco que quiere violar a una joven/ es el
que quiere hacer justicia con la violencia.
5Hay quien calla y pasa por sabio,/ hay quien
se hace antipático por su mucho charlar;/ 6hay
quien calla porque no tiene respuesta/ y hay
quien calla porque espera su momento;/ 7el sa-
bio calla hasta el momento oportuno,/ el necio
no espera la oportunidad./ 8El que habla mucho
se hace odioso,/ al que abusa de su autoridad se
le detesta.
9Hay desgracias que acaban bien/ y hay ga-
nancias que arruinan;/ 10hay regalos que no te
aprovechan/ y hay regalos que rinden el doble;/
11hay honores que traen humillaciones/ y hay
quien por la desgracia levantó cabeza;/ 12hay
quien compra mucho a poco precio/ y después lo
paga siete veces más.
13El sabio, con pocas palabras, se hace simpá-
tico,/ el necio malgasta su cortesía./ 14El regalo
del necio no te aprovecha/ porque lo ve mucho
más grande de lo que es;/ 15regala poco, critica
mucho,/ abriendo la boca como el que anuncia
grandes cosas;/ hoy presta, mañana reclama:
¡qué hombre tan odioso!

16Dice el necio: No tengo amigos,/ no hay quien
agradezca mis favores;/ 17los que comen mi pan
son malas lenguas,/ ¡cuántos y cuántas veces se
burlan de mí!/ 18Más vale resbalar en el suelo que
con la lengua;/ la caída de los malvados siempre
llega.
19Hombre antipático es como cuento inoportu-
no/ que a todas horas repiten los necios./ 20Pro-
verbio dicho por un necio se rechaza,/ porque no
sabe decirlo a tiempo./ 21Hay quien por pobreza
no puede pecar/ y descansa sin remordimientos.
22Hay quien se destruye a sí mismo por timi-
dez/ y hay quien se destruye por ser vergonzoso.
23Hay quien promete a un amigo por timidez/
y lo convierte en enemigo sin necesidad.

Mentira

24La mentira es una deshonra para el hombre,/
siempre está en la boca de los necios;/ 25mejor es
el ladrón que el embustero:/ los dos heredarán la
perdición;/ 26el mentiroso vive deshonrado/ y
siempre lo acompaña su vergüenza.

El sabio

27El que habla bien se abre camino,/ el pru-
dente agrada a los grandes;/ 28el que cultiva la
tierra recoge su cosecha,/ y al que agrada a los
grandes le perdonan las culpas./ 29Regalos y fa-
vores ciegan al sabio,/ son un bozal que impide
los reproches./ 30Sabiduría escondida y tesoro
oculto,/ ¿para qué valen?/ 31Mejor es el que ocul-
ta su necedad/ que el que oculta su sabiduría.

Sobre el pecado

21 1Hijo mío, ¿has pecado? No lo repitas,/ y
reza por los pecados pasados;/ 2huye del
pecado como de la culebra: si te acercas, te mor-
derá;/ sus dientes son dientes de león que des-
trozan vidas humanas.
3La injusticia es espada de dos filos/ y su
herida es insanable;/ 4crueldad y delirio de
grandeza destruyen la riqueza,/ la casa del so-
berbio quedará desierta;/ 5la súplica del pobre
va de la boca a los oídos/ y Dios le hace justicia
enseguida.
6Quien odia la corrección sigue las huellas del
pecador,/ quien teme al Señor se arrepiente de
corazón.
7Al charlatán se lo conoce desde lejos,/ el sen-
sato reconoce sus limitaciones.
8El que construye su casa con dinero ajeno/
recoge piedras para su mausoleo.
9Una banda de malhechores es un montón de
trapos/ que termina en una llamarada.
10El camino de los malvados está pavimenta-
do,/ pero desemboca en lo hondo del Abismo.
11El que guarda la ley domina sus pensa-
mientos,/ respetar al Señor es el culmen de la
sabiduría.

Necio y sabio

12El que no es habilidoso no aprende,/ pero hay
una habilidad que produce amargura;/ 13el saber
del sabio es como una inundación,/ su consejo es
fuente de vida;/ 14la mente del necio es vasija ro-
ta/ que no retiene ningún conocimiento.
15Cuando el inteligente oye una palabra sabia,
la alaba y añade otra;/ la oye el imbécil, se burla
y no le presta atención.
16La explicación del necio es fardo en el via-
je,/ los labios del prudente saben agradar;/ 17la
asamblea solicita el discurso del prudente/ y re-
flexiona sobre sus palabras.
18Casa en ruinas es la sabiduría del necio;/ y el
conocimiento del tonto, palabras incoherentes,
19la instrucción es para el necio como cadenas
en los pies,/ como argolla en el brazo derecho;
21la instrucción es para el inteligente joya de
oro,/ brazalete en el brazo derecho.
20El necio ríe a carcajadas/ el sabio apenas
sonríe;/ 22el pie del necio se precipita en la ca-
sa,/ el hombre de experiencia se detiene con
respeto;/ 23el necio espía la casa desde la puer-
ta,/ el bien educado se queda fuera;/ 24es mala
educación pegar el oído a la puerta,/ el sensato
se moriría de vergüenza.
25Los charlatanes hablan constantemente,/ el
prudente pesa sus palabras en la balanza;/ 26el
necio dice todo lo que piensa/ el sabio piensa
todo lo que dice.
27Cuando el impío maldice a Satanás,/ se mal-
dice a sí mismo;/ 28el que murmura se daña a sí
mismo,/ y lo detestan todos los vecinos.

22 1El perezoso se parece a una piedra ensu-
ciada:/ la gente silba al ver su indigni-
dad;/ 2el perezoso se parece al estiércol:/ el que
lo toca, sacude la mano.

Educación de los hijos

3¡Qué desgracia ser padre de un hijo malcria-
do!,/ y si es hija, no es menor desgracia.
4Hija prudente enriquece al marido,/ hija que
no tiene vergüenza es desgracia de sus padres;/
5hija de las malas costumbres afrenta a padre y
marido,/ y es despreciada de los dos.
6Advertencia inoportuna es música en duelo,/
pero corrección y látigo siempre enseñan.

El necio

9 *Enseñar a un necio es pegar una olla de barro*
rota,/ o despertar a uno de un profundo sueño;/
10 *quien da explicaciones a un necio se las da a*
uno medio dormido,/ al final le responde: ¿de
qué estás hablando?
11 *Llora al muerto porque perdió la luz,/ llora*
al necio porque perdió la inteligencia;/ aunque
mejor es llorar al muerto, que ya descansa,/
pues la vida del necio es peor que la muerte;/ 12 *el*
luto por un muerto dura siete días;/ el de un ne-
cio o impío, toda la vida.
13 No hables mucho con el tonto *ni vayas con el*
ignorante,/ guárdate de él, no sea que tropieces
o te salpique cuando se sacude;/ apártate de él
y estarás tranquilo y no te molestará su locura.
14 *¿Qué hay más pesado que el plomo?/ ¿Cómo*
se llama? Necio./ 15 Arena, sal, *una bola de hie-*
rro/ se soportan mejor que un tonto.

Ponderación

16 *Casa trabada con vigas de madera no se de-*
rrumba en el terremoto;/ decisión apoyada en
una madura reflexión no temerá en el peligro.
17 *Decisión asentada en reflexión prudente/ es*
como estuco en pared bien lisa;/ 18 *valla expuesta*
en una altura no resistirá al viento,/ decisión
cobarde de un plan insensato/ no resistirá nin-
guna amenaza.

Amistad

19 Quien hiere el ojo saca lágrimas,/ quien hie-
re un corazón revela sus sentimientos;/ 20 quien
tira piedras a los pájaros los espanta,/ quien
critica a un amigo destruye la amistad.
21 *Aunque hayas empuñado la espada contra*
el amigo,/ no pierdas la esperanza, que aún hay
remedio;/ 22 *aunque hayas abierto la boca contra*
el amigo,/ no temas, puedes reconciliarte;/ en
cambio, insultos, desprecios, descubrir secre-
tos/ y golpes a traición ahuyentan al amigo.
23 *Gánate la confianza del prójimo mientras es*
pobre,/ y gozarás con él de su prosperidad;/ du-
rante las dificultades hazle compañía,/ y com-
partirás la herencia con él.
24 *Antes de prender, el horno echa vapor y hu-*
mo;/ antes de la sangre hubo insultos.
25 *No me avergüenzo de saludar a un amigo/ ni*
me escondo de su vista;/ 26 *si algún mal me sucede*
por su culpa,/ el que se entere se cuidará de él.

Oración por el dominio propio

27 *¡Quién pusiera un centinela en mi boca/ y*
una cerradura de prudencia en mis labios/ para
no caer por su causa,/ para que no me pierda
la lengua!

23 1 *Señor, Padre y Dueño de mi vida,/ no per-*
mitas que mis ojos sean soberbios,/ no me
dejes caer por su culpa.
2 *¡Quién pusiera un guardia sobre mis pensa-*
mientos/ y un sabio instructor en mi mente/
que no perdonara mis equivocaciones ni disi-
mulara mis pecados!
3 *Para que no aumenten mis ignorancias/ ni*
se multipliquen mis pecados;/ para que no caiga
ante mis adversarios/ ni se alegre el enemigo de
mi ruina.
4 *Señor, Padre y Dios de mi vida,/* 5 *aparta de mí*
los malos deseos;/ 6 *gula y lujuria no se apoderen*
de mí,/ no me entregues a pasiones vergonzosas.

Sobre el hablar

7 Hijos, *escuchen mi instrucción sobre el ha-*
blar:/ el que la guarda no quedará atrapado.
8 *El pecador se enreda en sus propios labios,/ el*
que desprecia e injuria tropieza con ellos.
9 No te *acostumbres a pronunciar juramentos/*
ni pronuncies a la ligera el Nombre santo.
10 Como el criado sometido *a interrogato-*
rio/ no saldrá sin azotes,/ así el que jura por el
Nombre continuamente/ *no quedará limpio de*
pecado.
11 El que *mucho jura se llena de maldad,/ y el*
látigo no se apartará de su casa;/ si se equivoca,
cae en pecado,/ si no cumple, peca el doble;/ si
jura en falso no será perdonado,/ y su casa esta-
rá llena de desgracias.
12 *Hay palabras que merecen la muerte:/ ¡que*
no se pronuncien en los pueblos de Jacob!/ Los
hombres religiosos *están lejos de tales cosas/ y*
no se revuelcan en pecados.
13 No acostumbres tu boca *a mal hablar,/ por-*
que será causa de pecado;/ 14 *acuérdate de tu*
padre y tu madre/ cuando te sientes entre gente
importante:/ *no sea que te descuides cuando es-*
tés con ellos/ y eches una mancha en tu educa-
ción;/ desearás no haber nacido/ y maldecirás
el día que viste la luz./ 15 El que se *acostumbra a*
insultar/ no aprenderá en toda la vida.

Pasión sexual

16 Dos clases de hombres multiplican pecados/
y una tercera provoca la cólera de Dios:/ 17 *el*
sensual que arde como fuego,/ no se apagará
hasta consumirse;/ el que fornica con una pa-
riente,/ no cesará hasta quemarse;/ el lujurioso
que encuentra sabroso cualquier pan,/ no para-
rá hasta que el fuego lo consuma.
18 *El que es infiel al lecho matrimonial/ dicién-*
dose: ¿Quién me ve?,/ la oscuridad me rodea, las
paredes me encubren,/ nadie me ve, ¿por qué
temer?,/ el Altísimo *no tendrá en cuenta mis pe-*

cados,/ [19]solo teme la mirada de los hombres/ y
no sabe que los ojos del Altísimo/ son mil veces
más brillantes que el sol/ y contemplan todos
los caminos de los hombres/ y penetran hasta lo
más escondido.
[20]Todo lo conocía antes de crearlo/ y lo mismo
después de terminado.
[21]Pues cuando menos lo piense, será arresta-
do/ y será castigado en la plaza pública.
[22]Lo mismo la mujer que abandona al marido/
y proporciona un heredero de un extraño:/ [23]En
primer lugar, desobedeció la ley del Altísimo;/
en segundo lugar, ofendió a su marido;/ en ter-
cer lugar, se prostituyó con adulterio/ y le ha
dado hijos de un extraño.
[24]Será llevada ante la asamblea,/ y el castigo
recaerá sobre sus hijos;/ [25]sus hijos no echarán
raíces/ y sus ramas no darán fruto;/ [26]su recuer-
do será maldecido/ y su deshonra no se borrará.
[27]Los que vengan después reconocerán/ que
nada hay más importante que respetar al Señor/
ni más dulce que guardar sus mandamientos.

LA SABIDURÍA EN LO SOCIAL
(24,1–42,14)
Himno a la Sabiduría

24 [1]La sabiduría se alaba a sí misma,/ se glo-
ría en medio de su pueblo,/ [2]abre la boca
en la asamblea del Altísimo/ y se gloría delante
de su poder:/ [3]Yo salí de la boca del Altísimo/ y
como niebla cubrí la tierra,/ [4]habité en el cielo,/
mi trono estaba sobre columna de nubes;/ [5]yo so-
la recorrí el arco del cielo/ y atravesé la hondura
del Abismo,/ [6]reiné sobre las olas del mar y los
continentes/ y todos los pueblos y naciones.
[7]Entre todos ellos busqué dónde descansar/ y
un sitio donde habitar./ [8]Entonces el Creador
del universo me ordenó,/ el que me creó estable-
ció mi residencia:/ Reside en Jacob, sea Israel tu
pueblo.
[9]Desde el principio, antes de los siglos me
creó,/ y nunca dejaré de existir./ [10]En la santa
morada, en su presencia ofrecí culto/ y en Sión
me establecí;/ [11]en la ciudad amada me hizo des-
cansar,/ en Jerusalén reside mi poder.
[12]Eché raíces entre un pueblo glorioso,/ en la
parcela del Señor, en su herencia./ [13]Crecí como
cedro del Líbano/ y como ciprés del monte Her-
món,/ [14]crecí como palmera de Engadí y como
rosal de Jericó,/ como olivo crecí en la pradera y
como plátano junto al agua.
[15]Como canela y lavanda he perfumado/ y di
aroma como mirra exquisita,/ como incienso y
ámbar y bálsamo,/ como perfume de incienso
en el santuario./ [16]Como terebinto extendí mis
ramas,/ un ramaje bello y frondoso;/ [17]como vid
hermosa retoñé:/ mis flores y frutos son bellos
y abundantes.
[19]Vengan a mí los que me aman,/ y coman todo
lo que quieran de mis frutos;/ [20]mi recuerdo es
más dulce que la miel,/ poseerme es mejor que
los panales./ [21]El que me come tendrá más ham-
bre,/ el que me bebe tendrá más sed;/ [22]el que me
escucha no fracasará,/ el que me pone en prác-
tica no pecará.
[23]Todo esto es el libro de la alianza del Altísi-
mo,/ la ley que nos dio Moisés/ como herencia
para la comunidad de Jacob.
[25]Ella desborda sabiduría como el Pisón/ y
como el Tigris en primavera,/ [26]va llena de in-
teligencia como el Éufrates/ y como el Jordán
durante la cosecha,/ [27]ofrece enseñanza como
el Nilo/ y como el Guijón durante la vendimia.
[28]El primero no acabará de comprenderla/ y
el último no podrá agotarla,/ [29]porque su pen-
samiento es más ancho que el mar/ y su consejo
más que el océano.
[30]Yo salí como canal de un río/ y como acequia
que riega un jardín;/ [31]dije: Regaré mi huerto y
empaparé mis jardines,/ pero el canal se me hizo
un río y el río se me hizo un lago.
[32]Haré brillar mi enseñanza como la aurora/
para que ilumine las distancias;/ [33]derrama-
ré doctrina como profecía/ y la entregaré a las
futuras generaciones./ [34]Miren que no he tra-
bajado para mí solo,/ sino para todos los que la
buscan.

Deleite y disgusto

25 [1]Hay tres cosas que me gustan,/ que agra-
dan a Dios y a los hombres:/ concordia en-
tre hermanos, amistad entre vecinos,/ mujer y
marido que se llevan bien.
[2]Tres cosas detesta mi alma y su conducta me
resulta insoportable:/ pobre soberbio, rico taca-
ño y viejo mujeriego e irreflexivo.

Vejez

[3]Si en la juventud no has guardado,/ ¿cómo
quieres encontrar en la vejez?/ [4]¡Qué bien sien-
ta a las canas el juicio/ y a los ancianos saber
aconsejar!/ [5]¡Qué bien sienta a los ancianos la
sabiduría,/ el consejo justo a hombres venera-
bles!/ [6]La experiencia es corona de los ancia-
nos,/ y su orgullo es el temor del Señor.

Diez bienaventuranzas

[7]Mi corazón guarda nueve bienaventuranzas/
y mi boca proclamará la décima:/ Dichoso el que
se alegra con sus hijos,/ el que no tiene que ser-
vir a un inferior;/ [8]dichoso el marido de mujer
sensata,/ el que no tiene que arar con buey y as-

*no;/ dichoso el que vive para ver la derrota de
sus rivales,/ y el que no resbala con la lengua;/
9dichoso el que encuentra un amigo,/ y el que
no habla a oídos sordos;/ 10qué grande es quien
alcanza sabiduría,/ pero nadie como quien res-
peta al Señor;/ 11el respeto del Señor lo supera
todo,/ el que lo posee es incomparable.*

La mujer mala I

*13Ninguna herida como la del corazón,/ nin-
guna maldad como la de la mujer,/ 14ninguna
pelea como la de las adversarias,/ ninguna ven-
ganza como la de las rivales;/ 15no hay veneno
como el de la serpiente/ ni hay enojo como el de
la mujer;/ 16más vale vivir con un león y un dra-
gón/ que vivir con mujer pleitera./ 17La mujer
que se enoja deforma su aspecto/ y pone cara te-
rrible como de osa;/ 18cuando su marido se sien-
ta con los compañeros,/ suspira amargamente
sin poderse sostener.*

*19Cualquier maldad es pequeña junto a la de
la mujer;/ ¡caiga sobre ella la suerte del peca-
dor!;/ 20cuesta arenosa para pies ancianos/ es
mujer charlatana para marido paciente./ 21No
tropieces por la belleza de una mujer/ ni te dejes
cazar por sus riquezas:/ 22es una infamia y una
vergüenza/ que la mujer mantenga al marido./
23Corazón abatido, rostro sombrío,/ pena del
alma es la mujer malvada;/ brazos débiles, ro-
dillas vacilantes,/ cuando la mujer no hace feliz
al marido./ 24Por una mujer comenzó la culpa,/
y por ella morimos todos./ 25No abras las com-
puertas al agua/ ni des confianza a mujer mal-
vada;/ 26y si no quiere someterse a ti,/ córtala de
tu propia carne.*

La mujer buena I

26 *1Dichoso el marido de una mujer buena:/
se duplicarán los años de su vida./ 2Mujer
hacendosa es la alegría de su marido,/ y lo hará
feliz toda su vida./ 3Mujer buena es un hermoso
regalo/ que recibe el que respeta al Señor:/ 4sea
rico o pobre, estará contento/ y siempre tendrá
cara alegre.*

La mujer mala II

*5Tres cosas teme mi corazón/ y una cuarta me
asusta:/ chismes en la ciudad, motín popular,/
acusación falsa, las tres son peores que la muer-
te./ 6Pero mujer celosa es pena y dolor de cora-
zón./ Lengua hiriente es común a los cuatro.*

*7Mujer malvada es yugo que se mueve,/ el que
se la lleva agarra un alacrán./ 8Mujer borracha
es irritante,/ y no puede ocultar su vergüenza./
9Mujer adúltera tiene ojos engreídos,/ y se la
conoce en los párpados./ 10Vigila bien a la joven
atrevida,/ para que no aproveche la ocasión de
fornicar;/ 11cuídate de los ojos desvergonza-
dos,/ y no te extrañe que te ofendan./ 12Porque
abre la boca como viajero sediento/ y bebe de
cualquier agua que encuentra;/ se sienta frente
a cualquier estaca de tienda/ y abre la aljaba a
cualquier flecha.*

La mujer buena II

*13Mujer hermosa alegra a su marido,/ mujer
prudente lo robustece;/ 14mujer discreta es don
del Señor:/ no se paga un ánimo instruido;/
15mujer honesta duplica su encanto:/ no tiene
precio la que es dueña de sí misma.*

*16El sol brilla en el cielo del Señor,/ la mujer
bella en su hogar bien arreglado;/ 17lámpara que
luce en candelabro sagrado/ es un rostro her-
moso en un cuerpo esbelto;/ 18columnas de oro
sobre bases de plata/ son piernas esbeltas sobre
pies firmes.*

Exhortación

*19Hijo mío, conserva sana la flor de tu juven-
tud/ y no des tu vigor a extranjeras;/ 20busca
un lote fértil en toda la llanura/ y siembra tu
semilla, fiel a la nobleza de tu raza;/ 21así dura-
rán sus frutos/ y madurarán con la firmeza de
tu estirpe.*

*22Mujer que se vende vale un salivazo,/ la ca-
sada es torre de la muerte para los que la gozan;/
23mujer irreligiosa tocará en suerte al malvado,/
mujer religiosa, al que teme al Señor;/ 24mujer
desvergonzada vive en la deshonra,/ joven pu-
dorosa es modesta incluso ante el marido;/ 25la
mujer impúdica es una perra,/ mujer pudorosa
teme al Señor;/ 26mujer que respeta al marido es
tenida por sabia,/ la que lo desprecia con arro-
gancia es tenida por irreligiosa.*

*27Mujer chillona y charlatana/ es corneta que
toca para el combate./ Si el marido es del mismo
carácter/ vivirá siempre en pie de guerra.*

*28Dos cosas me entristecen y una tercera me da
rabia:/ rico caído en la miseria, inteligente tra-
tado con desprecio,/ hombre honrado converti-
do en pecador:/ el Señor lo entrega a la espada.*

Mercader

*29Difícilmente se libra el mercader de cometer
injusticia,/ el comerciante no quedará libre de
pecado.*

27 *1Por querer ganar dinero muchos peca-
ron,/ quien pretende enriquecerse se hace
el ciego;/ 2una estaca se clava entre piedra y pie-
dra,/ el pecado queda atrapado entre compra-
dor y vendedor./ 3Si uno no es firme y diligente*

en honrar al Señor,/ muy pronto se arruinará
su casa.

Conocer a los hombres

[4]Cuando se zarandea la criba y quedan los
residuos,/ así el desperdicio del hombre cuan-
do discute;/ [5]el horno prueba la vasija del alfa-
rero,/ el hombre se prueba en su razonar,/ [6]el
cuidado de un árbol se muestra en el fruto,/ la
mentalidad de un hombre en sus palabras;/ [7]no
alabes a nadie antes de que razone,/ porque esa
es la prueba del hombre.

Bien hablar

[8]Si buscas la sinceridad, la alcanzarás/ y te la
vestirás como traje de gala.
[9]Cada pájaro anida con los de su especie,/ la
verdad regresa al que es veraz;/ [10]el león acecha
la presa/ y el pecado al malhechor.
[11]El hombre religioso habla siempre sabia-
mente,/ el necio cambia como la luna./ [12]Entre
necios cuida tu tiempo,/ entre sabios detente;/
[13]la conversación de los necios es indignante/ y
su risa proviene de las groserías;/ [14]la conver-
sación del malhablado pone los pelos de punta;/
cuando discute hay que taparse los oídos;/ [15]pe-
lea de arrogantes es como derramar sangre,/ es
penoso escuchar sus insultos.

Guardar secreto

[16]El que descubre secretos destruye la confian-
za/ y no encontrará amigo íntimo;/ [17]ama a tu
amigo y séle fiel,/ pero si revelas su secreto no
vayas en su busca;/ [18]como uno destruye a su
enemigo,/ así has destruido la amistad de tu
amigo;/ [19]has soltado un pájaro de la mano,/ así
has soltado a tu amigo y no lo cazarás;/ [20]no lo
persigas, que ya está lejos,/ ha escapado como
cierva de la red;/ [21]se puede vendar una herida,
se puede remediar un insulto;/ pero el que revela
un secreto no tiene esperanza.

Falso amigo

[22]El que guiña el ojo trama algo malo,/ quien
lo ve se aparta de él;/ [23]en tu presencia su bo-
ca es todo dulzura, admira tus palabras;/ por
detrás cambia de lenguaje y procura cazarte
en tus palabras./ [24]Muchas cosas detesto, pero
ninguna como a él,/ porque el Señor mismo lo
detesta.

Quien la hace la paga

[25]Tira una piedra a lo alto y te caerá en la ca-
beza;/ un golpe a traición reparte heridas;/ [26]el
que cava una fosa caerá en ella,/ el que tiende
una red quedará atrapado en ella;/ [27]al que hace
el mal se le volverá contra él,/ aunque no sepa de
dónde le viene.
[28]Burlas e insultos le tocarán al orgulloso,/
pero la venganza lo acecha como un león./ Cae-
rán atrapados en la red/ [29]los que se alegran de
la caída de los buenos,/ se consumirán de pena
antes de morir.

Venganza

[30]Ira y enojo son odiosos:/ el pecador los posee.

28 [1]Del vengativo se vengará el Señor/ y lle-
vará estrecha cuenta de sus culpas./ [2]Per-
dona la ofensa a tu prójimo,/ y se te perdonarán
los pecados cuando lo pidas./ [3]¿Cómo puede un
hombre guardar rencor a otro/ y pedir la salud
al Señor?/ [4]No tiene compasión de su semejan-
te,/ ¿y pide perdón de sus pecados?/ [5]Si él, que
es un simple mortal, conserva la ira,/ ¿quién le
perdonará sus pecados?
[6]Piensa en tu fin y acaba con tu enojo,/ pien-
sa en la muerte y en la corrupción, y guarda los
mandamientos./ [7]Recuerda los mandamientos y
no te enojes con tu prójimo,/ recuerda la alianza
del Señor, y perdona las ofensas.

Riñas

[8]Huye de peleas y disminuirás los pecados,/ el
hombre violento enciende peleas;/ [9]el pecador
provoca a los amigos/ y siembra discordia entre
los que viven en paz.
[10]Cuanto más leña, más arde el fuego;/ cuan-
to más terquedad, más se enciende la pelea;/
cuanto más poder, mayor es el enojo;/ cuanto
más riqueza, más crece la ira.
[11]Una centella provoca un incendio,/ pelea
acalorada derrama sangre;/ [12]si soplas la chis-
pa, la enciendes;/ si escupes en ella, la apaga-
rás;/ las dos cosas salen de tu boca.

Calumnia

[13]Maldice al murmurador y al mentiroso,/ ha
destruido muchas amistades;/ [14]lengua entro-
metida ha hecho tambalear a muchos,/ hacién-
dolos huir de pueblo en pueblo,/ ha destruido
ciudades amuralladas/ y ha derribado palacios
de nobles;/ [15]lengua entrometida ha expulsado
a mujeres capaces/ privándolas del fruto de sus
fatigas;/ [16]el que le hace caso no tendrá paz/ ni
podrá vivir tranquilo;/ [17]golpe de látigo deja un
moretón,/ golpe de lengua rompe los huesos;/
[18]muchos cayeron a filo de espada,/ pero no tan-
tos como las víctimas de la lengua;/ [19]dichoso el
que se protege de ella y no es víctima de su fu-
ror,/ el que no arrastra su yugo ni se enreda en
sus cadenas;/ [20]porque su yugo es de hierro/ y

sus cadenas de bronce;/ 21la muerte que causa es
terrible,/ se está mejor en el Abismo.
22Pero no podrá dominar a los buenos,/ que
no se quemarán en su fuego;/ 23los que abandonan
al Señor caerán en él,/ prenderá en ellos y
no se apagará;/ lo soltarán tras ellos como un
león,/ y los destrozará como una pantera.

Exhortación

24Rodea tu posesión con cerco de espinos,/
guarda bien tu oro y tu plata;/ 25para las palabras
hazte balanza y platillos;/ para la boca,
puerta y cerrojo./ 26Cuidado, no resbales con la
lengua,/ y no caerás ante los que te acechan.

Prestar

29 1Quien presta al prójimo hace obra de misericordia,/
quien da una ayuda guarda
los mandamientos.
2Presta a tu prójimo cuando lo necesite,/ y paga
pronto lo que debes al prójimo,/ 3cumple la
palabra y séle fiel,/ y en todo momento obtendrás
lo que necesitas.
4Muchos tomaron un préstamo como un regalo/
y perjudicaron al que les prestó:/ 5hasta conseguirlo
le besan las manos,/ ante las riquezas
del prójimo humillan la voz;/ a la hora de devolver
dan largas,/ echan la culpa a las circunstancias/
y piden una prórroga.
6A fuerza de insistir apenas recobrará la mitad,/
y lo considerará buena suerte;/ en otro
caso se quedará sin dinero/ y se habrá ganado
un enemigo,/ que le pagará con maldiciones e
insultos,/ con injurias, en vez de respeto./ 7Así
muchos se niegan a prestar, no por maldad,/ sino
temiendo que los despojen sin razón.
8Con todo, ten paciencia con el pobre/ y no le
hagas esperar tu limosna;/ 9por amor a la ley recibe
al pobre,/ y en su necesidad no lo despidas
con las manos vacías;/ 10pierde tu dinero por
el hermano y el prójimo,/ no dejes que se oxide
bajo una piedra;/ 11invierte tu tesoro según el
mandato del Altísimo,/ y te producirá más que el
oro;/ 12guarda limosnas en tu despensa,/ y ellas
te librarán de todo mal;/ 13mejor que escudo resistente
o poderosa lanza,/ lucharán contra el
enemigo a tu favor.

Fianza

14El hombre bueno sale fiador por su prójimo,/
el que no tiene vergüenza lo abandona;/ 15no
olvides el favor del que fió por ti,/ pues se expuso
por tu causa;/ 16quien malgasta los bienes
del fiador es un pecador,/ quien abandona a su
salvador es un desagradecido.
17La fianza ha arruinado a muchos ricos/ y los
ha sacudido como a olas del mar;/ 18dejó sin casa
a hombres adinerados,/ que tuvieron que emigrar
al extranjero.
19El pecador que se pone a dar fianzas por afán
de lucro/ se enredará en pleitos./ 20Ayuda a tu
prójimo según tus posibilidades,/ pero ten cuidado
de no arruinarte.

En casa ajena

21Son esenciales para la vida agua, pan, casa/
y un vestido para cubrir la desnudez./ 22Más
vale vida pobre al reparo del propio techo/ que
banquete en casa ajena;/ 23conténtate con lo que
tienes, poco o mucho,/ y no oirás las burlas de
la vecindad.
24Es vida dura ir de casa en casa,/ donde eres
forastero no puedes abrir la boca;/ 25recibirás
avergonzado hospedaje y bebida,/ y encima
tendrás que oír frases hirientes:/ 26Anda, forastero,
prepara la mesa,/ dame de comer lo
que tengas;/ 27Vete, forastero, que viene gente
importante,/ llega mi hermano a hospedarse y
necesito la casa.
28Duro es esto para el hombre sensato:/ injurias
del casero, burlas del prestamista.

Educación de los hijos

30 1Quien ama a su hijo lo castiga con frecuencia/
para poder alegrarse más tarde,/
2quien castiga a su hijo sacará provecho de
él,/ y estará orgulloso de él ante los conocidos;/
3el que instruye a su hijo da envidia a su enemigo,/
y estará satisfecho de él ante los amigos.
4Fallece el padre como si no hubiera muerto,/
porque ha dejado uno semejante a él;/ 5mientras
vive lo ve y se alegra,/ cuando va a morir no se
entristece;/ 6ha dejado quien lo vengará de sus
enemigos,/ quien agradezca a los amigos.
7Quien consiente a su hijo tendrá que vendarle
las heridas,/ a cada grito se le conmoverán
las entrañas;/ 8caballo no domado se
vuelve salvaje,/ hijo consentido sale terco;/
9sé blando con tu hijo, y te hará temblar;/ sigue
sus caprichos, y lo sentirás;/ 10no festejes sus
gracias, y no llorarás con él,/ al final no rechinarás
los dientes.
11No le des autoridad en la juventud/ ni disimules
sus locuras;/ 12que baje la cabeza mientras
es muchacho/ y dale azotes cuando aún es pequeño;/
no se te vuelva terco y se te rebele,/ y te acarree
disgustos del alma.
13Corrige a tu hijo, ponle un yugo pesado/ para
que no levante el cuello contra ti.

Salud I

14Más vale pobre sano y robusto/ que rico lle-
no de achaques;/ 15la buena salud la prefiero
al oro/ y el buen ánimo a las perlas;/ 16no hay
riqueza como un cuerpo robusto/ ni hay bienes
como un corazón contento.

17Más vale morir que vivir sin provecho,/ y el
descanso eterno más que sufrimiento crónico./
18Manjares ofrecidos a una boca cerrada/ son
ofrenda presentada a un ídolo;/ 19¿de qué sirve
una ofrenda al ídolo incapaz de comer y de oler?,/
lo mismo el que posee riquezas y no puede disfru-
tar de su fortuna,/ 20mira con los ojos y suspira/
como eunuco que abraza a una doncella.

Alegría

21No te dejes vencer por la tristeza/ ni te ator-
mentes por tus culpas:/ 22alegría de corazón es
vida del hombre,/ el gozo alarga sus años;/ 23con-
suélate, recobra el ánimo, aleja de ti la pena,/
porque a muchos ha matado la tristeza,/ y no se
gana nada con la pena./ 24Celos y enojos acortan
los años,/ las preocupaciones hacen viejo antes de
tiempo./ 25Corazón alegre es como un gran ban-
quete/ que hace provecho al que lo come.

Riqueza y honradez

31 1Los desvelos del rico acaban con su salud,/
la preocupación por las riquezas aleja el
sueño./ 2Las preocupaciones no lo dejan dor-
mir/ lo perturban más que grave enfermedad.

3El rico trabaja por amontonar una fortuna,/
y si descansa es para entregarse a los lujos;/ 4el
pobre trabaja, y le faltan las fuerzas,/ y si des-
cansa, pasa necesidad.

5El que codicia el oro no quedará sin castigo,/
el que ama el dinero se extraviará por él./ 6Mu-
chos quedaron aprisionados por el oro/ y se en-
tramparon por las perlas,/ pero no les sirvieron
para librarlos de la desgracia/ ni para salvación
el día de la cólera./ 7Son una trampa para el ne-
cio,/ el inexperto se enreda en ella.

8Dichoso el hombre que se conserva íntegro/
y no se pervierte por la riqueza./ 9¿Quién es?
Vamos a felicitarlo,/ porque ha hecho algo ad-
mirable en su pueblo./ 10¿Quién en la prueba
demostró ser perfecto?/ Ese tendrá paz y ten-
drá honor./ ¿Quién pudiendo desviarse no se
desvió,/ pudiendo hacer el mal no lo hizo?/ 11Su
bondad está confirmada,/ y la asamblea pro-
nunciará su elogio.

Invitado

12Hijo mío, invitado a la mesa de un rico,/ no
seas glotón ni comentes: Cuántas cosas.
13Piensa que el ojo envidioso es malo y que Dios
lo aborrece;/ nada se ha creado más triste que el
ojo: por lo que sea, a él le toca llorar.
15Trata a tu vecino con delicadeza, como a ti
mismo,/ pensando en lo que a ti te desagrada;/
14donde él mira no pongas tú la mano,/ así no
tropezarás con él en la fuente.

16Sírvete lo que te pongan delante, no seas glo-
tón, y no quedarás mal;/ piensa que tu vecino
es como tú y come lo que te pongan./ 17Termina
el primero, como pide la educación,/ y no seas
insaciable, para que no te desprecien./ 18Si estás
entre muchos invitados,/ no te sirvas antes que
el vecino.

19Al hombre educado le basta poco,/ y en la ca-
ma no se siente mal;/ mientras que el insaciable
sufre dolores,/ insomnio, torturas, ahogo, dia-
rreas;/ 20estómago que ha digerido tendrá sue-
ño saludable,/ por la mañana se levantará bien
despierto./ 21Si lo tienes cargado de comida,/
levántate, vomita y sentirás alivio.

22Escucha, hijo mío, no me desprecies, y al final
me darás la razón:/ procede en todo con mode-
ración, y no sufrirás desgracias.

23Al huésped generoso lo bendicen los labios,/
y su buena fama es duradera;/ 24del huésped ta-
caño se murmura en la plaza,/ y la fama de su
mezquindad es duradera.

Vino

25No te hagas el valiente con el vino,/ que a
muchos ha tumbado el alcohol./ 26El horno pone
a prueba la obra del herrero,/ el vino a los prepo-
tentes cuando pelean./ 27El vino es vida para el
hombre/ si lo bebe con moderación./ ¿Qué vida
es esa cuando falta el vino,/ que fue creado desde
el principio para alegrar?

28Alegría, gozo y euforia es el vino/ bebido a
su tiempo y con moderación;/ 29dolor de cabe-
za, tartamudez, deshonra/ es el vino bebido con
pasión e irritación./ 30Mucho licor enreda al ne-
cio:/ lo deja sin fuerzas y lleno de heridas.

31Mientras se bebe vino no reprendas al veci-
no,/ ni te burles de él cuando está alegre;/ no lo
ofendas con tus palabras/ ni lo humilles delante
de los demás.

Banquetes

32 1Si te toca presidir un banquete,/ no pre-
sumas, sé como los demás;/ 2ocúpate de
ellos antes de sentarte,/ mira qué necesitan
antes de ocupar tu puesto;/ así te alegrarás
con la concurrencia/ y te darán la corona de la
cortesía.

3Tú, anciano, habla cuando te corresponda,/
pero refrena tu talento y no interrumpas el can-

to,/ 4en el momento de brindar no sueltes un
discurso,/ y aunque no haya música, no exhibas
tu sabiduría.
5Joya de azabache en collar de oro/ es el can-
to en medio del banquete,/ 6sello de esmeralda
engarzado en oro/ es la música entre la delicia
del vino.
7Tú, joven, habla si es indispensable;/ y no más
de dos y tres veces, si te lo piden;/ 8resume tus
palabras, di mucho en poco espacio,/ sé como
quien sabe y se calla.
9Con los ancianos no discutas,/ con los que
mandan no insistas./ 10Antes del granizo brilla
el relámpago,/ antes de la modestia, la simpatía.
11A la hora de despedirte no te entretengas,/
saluda al huésped y vuelve a casa;/ 12allí podrás
entretenerte/ respetando a Dios y sin cometer
faltas;/ 13da gracias por todo a tu Creador,/ que
te ha colmado de bienes.

Temor de Dios

14El que consulta a Dios, recibirá su enseñan-
za;/ el que madruga por él, obtendrá respuesta./
15El que estudia la ley llegará a dominarla,/ pero
el hipócrita se enredará en ella.
16El que teme al Señor aprenderá a juzgar,/ sus
buenas acciones brillarán como luz.
17El hombre perverso rechaza la corrección/ y
acomoda la ley a su conveniencia;/ 18el hombre
prudente no esconde la sabiduría,/ mientras
que el insolente no guarda la lengua;/ el sabio
no acepta soborno,/ el arrogante no acepta el
mandato.
19No hagas nada sin aconsejarte,/ y una vez
hecho no te arrepentirás.
20No sigas camino peligroso/ y no tropieces
dos veces en una piedra;/ 21no te animes por ca-
mino de salteadores/ y guárdate las espaldas.
23En todas tus obras vigílate,/ 22el que así obra
guarda el mandato.
24El que guarda la ley se guarda a sí mismo,/
el que confía en el Señor no queda defraudado.

Proverbios varios

33 1El que teme al Señor no sufrirá desgra-
cias,/ sino que saldrá salvo de la prueba./
2El que odia la ley no llega a sabio,/ será como
barco sacudido por la tempestad:/ 3el hombre
prudente entiende la Palabra del Señor/ y su
consejo es de fiar como un oráculo./ 4Ordena tus
asuntos antes de realizarlos/ y arregla la casa
antes de habitarla./ 5Rueda de carro es la men-
te del necio,/ aro que gira sus pensamientos./
6Amigo antipático es como caballo en celo,/ que
relincha bajo cualquier jinete.

Oposiciones

7¿Por qué un día es distinto de otro día,/ si to-
dos repiten la luz del sol?
8La sabiduría de Dios los distinguió/ y esta-
bleció entre ellos días festivos;/ 9bendijo uno
de ellos y lo santificó,/ a los demás los hizo días
ordinarios.
10Todos los hombres son piezas de barro,/ pues
de arcilla fue creado el hombre;/ 11pero la sabi-
duría de Dios los distingue,/ los hizo habitar la
tierra e hizo diferentes sus destinos.
12A unos los bendice y exalta, a unos los consa-
gra y acerca a sí;/ a otros los maldice y humilla y
los arroja de sus puestos.
13Como está el barro en mano del alfarero,/
que lo maneja a su voluntad,/ así está el hombre
en manos de su Creador,/ que le asigna un pues-
to en su presencia.
14Frente al mal está el bien, frente a la vida la
muerte,/ frente al honrado el malvado, frente a
la luz las tinieblas.
15Contempla las obras de Dios:/ todas de dos
en dos, una corresponde a otra.

El autor

16Yo, el último, me mantuve alerta/ como
quien recoge detrás de los viñadores;/ 17madru-
gué con la bendición del Señor,/ y como coseche-
ro llené mi lagar.
18Miren que no he trabajado para mí solo,/ si-
no para todos los que buscan sabiduría.
19Escúchenme, jefes de un pueblo noble;/ pon-
gan atención los que gobiernan la asamblea.

Testamentos

20aNi a hijo ni a mujer, ni a amigo ni a vecino/
des poder sobre tu vida mientras vivas;/ 21mien-
tras vivas y respires/ no te sometas a nadie;/
20bno entregues lo tuyo a otro,/ no sea que te
arrepientas y tengas que suplicarle,/ 22mejor es
que tus hijos te supliquen/ que estar tú depen-
diendo de ellos.
23Sé dueño de todos tus asuntos,/ y que no
caiga mancha en tu reputación./ 24Cuando se
cumpla el número de tus breves días,/ el día de la
muerte, repartirás tu herencia.

El trato con los servidores

25Al asno, pasto, látigo y carga; al criado, dis-
ciplina y trabajo;/ 26haz trabajar a tu servidor y
encontrarás descanso,/ si alza la cabeza, te trai-
cionará;/ 28hazlo trabajar para que no se rebele,/
29porque la pereza trae mucha malicia;/ 27con
yugo y riendas se doblega el cuello,/ 30al servidor
malo cárgalo de cadenas./ Pero no te excedas con
ningún hombre/ ni hagas nada injustamente.

31Si tienes un solo servidor, trátalo como a ti
mismo,/ pues lo has comprado a precio de san-
gre;/ si tienes un solo servidor, considéralo un
hermano,/ no tengas celos de tu propia sangre./
32Si lo maltratas, se escapará y lo perderás,/
¿por qué camino podrás encontrarlo?

Sueños

34 1La esperanza del necio es vana y engaño-
sa,/ los sueños dan alas a los insensatos,/
2caza sombras o persigue vientos/ el que se fía
de sueños;/ 3las visiones del sueño son como una
imagen,/ como un rostro reflejado en el espejo.
4¿Qué podrá limpiar la suciedad?,/ ¿qué podrá
comprobar la mentira?,/ 5magia, adivinación y
sueños son falsedad:/ puras fantasías como las
de la parturienta./ 6Si no vienen como aviso del
Altísimo,/ no les hagas caso.
7Cuántos se extraviaron con sueños/ y fián-
dose de ellos fracasaron./ 8En cambio, la ley se
ha de cumplir sin falta;/ la sabiduría es la per-
fección de una boca sincera.

Viajes

9Uno que ha viajado sabe muchas cosas,/
hombre experimentado sabe lo que dice;/
10quien no ha pasado pruebas sabe bien poco,/ el
que ha viajado aumenta sus recursos.
11He visto mucho en mis viajes/ y sé más de lo
que cuento;/ 12cuántas veces pasé peligros de
muerte/ y me libró mi experiencia.

Temor de Dios

13Los que respetan al Señor vivirán,/ porque
esperan en su salvador;/ 14el que respeta al Se-
ñor no se alarmará/ ni se acobardará, porque él
es su esperanza;/ 15dichoso el que respeta al Se-
ñor:/ ¿en quién confía, quién es su apoyo?
16El Señor se fija en los que lo aman,/ es su
robusto escudo, su firme apoyo,/ sombra para
el calor, reparo a mediodía,/ protección del que
tropieza, auxilio del que cae,/ 17levanta el ánimo,
alumbra los ojos,/ da salud y vida y bendición.

Culto y justicia

18Los sacrificios de cosas adquiridas injusta-
mente son impuros,/ ni son aceptados los dones
de los malvados;/ 19el Altísimo no acepta las
ofrendas de los impíos/ ni por sus muchos sacri-
ficios les perdona el pecado;/ 20es sacrificar un
hijo delante de su padre/ quitar a los pobres para
ofrecer sacrificio.
21El pan de la limosna es vida del pobre,/ el que
se lo niega es homicida;/ 22mata a su prójimo
quien le quita el sustento,/ quien no paga el justo
sueldo derrama sangre.
23Uno construye y otro derriba:/ ¿qué se gana
sino más trabajo?/ 24Uno reza y otro maldice:/ ¿a
quién escuchará el Señor?/ 25Uno se purifica del
contacto de un cadáver y lo vuelve a tocar:/ ¿de
qué le sirve el baño?
26Lo mismo el que ayuna por sus pecados y
luego vuelve a cometerlos,/ ¿quién escuchará
su súplica?, ¿de qué le servirá su mortificación?

35 1El que observa la ley hace una buena
ofrenda,/ el que guarda los mandamien-
tos ofrece sacrificio de comunión,/ 2el que hace
favores es como el que ofrenda la mejor harina,/
el que da limosna ofrece sacrificio de alabanza.
3Apartarse del mal es agradable a Dios,/ apar-
tarse de la injusticia es obtener el perdón de los
pecados.
4No te presentes a Dios con las manos vacías:/
esto es lo que pide la ley./ 5La ofrenda del justo
enriquece el altar,/ y su aroma llega hasta el Al-
tísimo./ 6El sacrificio del justo es aceptado,/ su
ofrenda memorial no se olvidará.
7Honra al Señor con generosidad/ y no seas
mezquino en tus ofrendas;/ 8cuando ofreces,
pon buena cara,/ y paga de buena gana los
diezmos.
9Da al Altísimo como él te dio:/ generosamen-
te, según tus posibilidades,/ 10porque el Señor
sabe pagar/ y te dará siete veces más.

Los gritos del pobre

14No pretendas sobornarlo, porque no lo acep-
tará,/ no confíes en sacrificios injustos;/ 15por-
que es un Dios justo/ y trata a todos por igual;/
16no favorece a nadie contra el pobre,/ escucha
las súplicas del oprimido;/ 17no desoye los gri-
tos del huérfano/ o de la viuda cuando repite su
queja;/ 18mientras le corren las lágrimas por las
mejillas/ 19y el gemido se añade a las lágrimas,/
20sus penas consiguen su favor/ y su grito alcan-
za las nubes;/ 21el reclamo del pobre atraviesa
las nubes/ y hasta alcanzar a Dios no descan-
sa;/ no se detiene hasta que Dios lo atiende,/ y el
juez justo le hace justicia.
22Dios tampoco se hará esperar;/ como gue-
rrero, no reposará,/ 23hasta quebrar la fuerza
del tirano/ y tomar venganza de los soberbios,/
hasta arrancar el poder de los arrogantes/ y
romper la fuerza de los malvados,/ 24hasta pa-
gar al hombre sus acciones/ y retribuir al mor-
tal sus pensamientos,/ 25hasta defender la causa
de su pueblo/ y darles la alegría de la salvación.
26Bienvenida su misericordia en el momen-
to del sufrimiento,/ como lluvia durante la
sequía.

Oración por Israel

36 1Sálvanos, Dios del universo,/ 2infunde
tu terror a todas las naciones;/ 3amena-
za con tu mano al pueblo extranjero/ para que
sienta tu poder.
4Como les mostraste tu santidad al castigar-
nos,/ muéstranos así tu gloria castigándolos a
ellos;/ 5para que sepan, como nosotros lo sabe-
mos,/ que no hay Dios fuera de ti.
6Renueva los prodigios, repite los portentos;/
7exalta tu mano, robustece tu brazo;/ 8despier-
ta la ira, derrama tu enojo;/ 9destruye al agre-
sor, dispersa al enemigo;/ 10apresura la hora y
acuérdate del juramento,/ pues ¿quién podrá
decirte: qué haces?
11Que un fuego vengador devore a los que es-
capan,/ que los opresores de tu pueblo vayan a
la ruina./ 12Aplasta la cabeza de los jefes ene-
migos/ que dicen: Nadie más que nosotros./
13Reúne a todas las tribus de Jacob/ 16y dales su
herencia como antiguamente.
17Ten compasión del pueblo que lleva tu Nom-
bre;/ de Israel, a quien nombraste tu primogé-
nito;/ 18ten compasión de tu ciudad santa,/ de
Jerusalén, lugar de tu residencia.
19Llena a Sión de tu majestad,/ y tu templo de
tu gloria.
20Con tus obras antiguas muéstrales tu favor,/
cumple las profecías pronunciadas en tu Nom-
bre,/ 21recompensa a los que esperan en ti/ y
demuestra que tus profetas dijeron la verdad,/
22escucha la súplica de tus servidores por amor a
tu pueblo/ y reconozcan los confines del mundo
que tú eres Dios eterno.

Elección de mujer

23El estómago recibe cualquier comida,/ pero
hay comidas más sabrosas que otras;/ 24el pala-
dar distingue los manjares,/ la mente distingue
las mentiras;/ 25el malintencionado provoca
desgracias,/ el experimentado las retorcerá
contra él.
26La mujer acepta cualquier marido,/ pero
unas jóvenes son más bellas que otras.
27La belleza de la mujer ilumina el rostro/ y
sobrepasa todo lo deseable;/ 28si además habla
acariciando,/ su marido no es un mortal;/ 29to-
mar mujer es la mejor fortuna:/ auxilio y defen-
sa, columna y apoyo.
30Viña sin tapia será saqueada,/ hombre sin
mujer andará vagabundo;/ 31¿quién se fía de una
banda armada/ que va de ciudad en ciudad?,/
así el hombre sin nido,/ que se acuesta donde lo
alcanza la noche.

Elección de amigo

37 1Cualquiera puede decir que es tu amigo,/
pero hay amigos solo de nombre./ 2¿No es
un disgusto mortal/ cuando el amigo íntimo se
vuelve enemigo?/ 3Ay del malpensado, ¿para qué
fuiste creado?,/ para llenar la superficie de la
tierra de traiciones./ 4El amigo desleal compar-
te la alegría de la mesa,/ pero en la desgracia se
queda a distancia./ 5El amigo fiel peleará contra
tu enemigo,/ frente a tus rivales empuñará el
escudo./ 6No olvides al amigo durante el comba-
te/ ni lo abandones al repartir el botín.

Elección de consejero

7Todo consejero indica el camino,/ pero hay
quien aconseja en propio provecho;/ 8cuidado
con quien da consejos,/ entérate primero de
sus intereses;/ porque también él piensa en sí
mismo,/ en cómo sacar provecho;/ 9a lo mejor
te dice: Vas por buen camino,/ y luego se pone a
observar tu ruina.
10No consultes con tu enemigo/ ni cuentes
tus propósitos al que te envidia:/ 11con la mujer,
acerca de su rival;/ al que busca botín, sobre la
guerra;/ con el comerciante, acerca de nego-
cios;/ al que compra, sobre una venta;/ con el
tacaño, acerca de generosidad;/ al cruel, acerca
de perdonar;/ con el ocioso, acerca de un traba-
jo;/ al empleado por un año, sobre la cosecha;/
con el servidor perezoso, acerca de la tarea:/ no
te fíes de tales consejos,/ 12sino del hombre que
siempre respeta a Dios,/ y sabes que guarda los
mandamientos,/ que siente como tú sientes,/ y
si tropiezas, te ayudará.
13Recibe también el consejo de tu corazón,/
pues, ¿quién te será más fiel que él?/ 14El corazón
del hombre le informa de la oportunidad/ mejor
que siete centinelas que vigilan en las alturas./
15Y después de todo, suplica al Señor/ que dirija
tus pasos en la verdad.

Los sabios

16El pensamiento precede a toda acción/ y la
reflexión a toda tarea.
17La mente es la raíz de toda conducta,/ y pro-
duce cuatro ramas:/ 18bien y mal, vida y muer-
te;/ su señor absoluto es la lengua.
19Hay sabios que son sabios para otros/ y para
sí mismos son insensatos;/ 20hay sabios odiosos al
hablar,/ y se privan de banquetes exquisitos.
22Hay sabios que lo son para sí,/ y cargan con
el fruto de su saber;/ 23hay sabios que lo son para
su pueblo,/ y el fruto de su saber es duradero./
24Quien es sabio para sí está colmado de ben-
diciones,/ los que lo ven lo felicitan;/ 25el sabio
para su pueblo hereda gloria,/ y su fama vive

para siempre./ [26]*La vida de un hombre son años contados,/ la vida de Israel son años sin cuento.*

Salud II

[27]*Hijo mío, mientras tienes salud, pruébate a ti mismo,/ y no te concedas lo que ves que te hace daño,/* [28]*porque no todo es bueno para todos/ ni a todos les gusta lo mismo,/* [29]*no te precipites a todo lo exquisito/ ni te entregues a todos los manjares;/* [30]*porque la gula acarrea enfermedades/ y la glotonería provoca náuseas;/* [31]*por falta de moderación muchos han muerto,/ pero el que se domina alarga su vida.*

Médico

38 [1]Respeta al médico, pues lo necesitas,/ también a él lo ha creado Dios.

[2]El médico recibe su ciencia de Dios/ y del rey su sustento./ [3]Por su ciencia lleva alta la cabeza/ y se presenta ante los nobles./ [4]Dios hace que la tierra produzca remedios:/ el hombre prudente no los desdeñará./ [5]¿No endulzó el agua con una rama,/ mostrando así a todos su poder?

[7]El médico alivia con plantas los dolores/ y el boticario prepara sus ungüentos./ [6]Dios concedió al hombre inteligencia/ para que lo alaben por sus obras poderosas,/ [8]así las obras de Dios no tienen fin/ ni la destreza de los hijos de Adán.

[9]Hijo mío, cuando caigas enfermo, no te descuides,/ reza a Dios, y él hará que te sanes;/ [10]huye del delito, lava tus manos/ y limpia tu corazón de todo pecado;/ [11]ofrece, sí, un sacrificio agradable,/ según tus posibilidades;/ [12]pero deja actuar también al médico,/ y no lo rechaces, porque también a él lo necesitas;/ [13]hay momentos en que de él depende el éxito,/ [14]y también él reza a Dios/ para que le dé acierto al diagnosticar/ y al aplicar la medicina saludable.

[15]Peca contra su Creador/ el que se hace fuerte frente al médico.

Duelo

[16]*Hijo mío, por el muerto derrama lágrimas,/ gime y entona el canto fúnebre;/ dale sepultura, según lo merece,/ y no faltes a su funeral;/* [17]*llora de dolor, guárdale luto y hazle el duelo que merece,/ uno o dos días para las lágrimas, después consuélate de la pena;/* [18]*porque la pena acarrea la muerte/ y la tristeza desgasta las fuerzas;/* [19]*en la desgracia se prolonga la pena,/ la vida del pobre le aflige el corazón./* [20]*No vuelvas a estar pensando en él,/ desecha su recuerdo y acuérdate del fin;/* [22]*recuerda su ley, que es también la tuya:/ él ayer, hoy tú.*

[21]*No sigas recordándolo, pues no tiene esperanza;/ a él no le aprovecha, a ti te perjudicas.*

[23]*Cuando muere, cesa su memoria;/ consuélate una vez que ha muerto.*

Artes y oficios

[24]*El ocio del escritor aumenta su sabiduría,/ el que está poco ocupado se hará sabio.*

[25]*¿Cómo se hará sabio el que agarra el arado/ y su orgullo es manejar la picana?/ El que guía los bueyes, dirige los toros/ y solo se ocupa de los novillos,/* [26]*se desvela por arreglar el establo/ y se preocupa de trazar los surcos.*

[27]*Lo mismo el artesano y el tejedor,/ que emplean la noche como el día./ Los que esculpen relieves de sellos procurando variar los diseños/ se esfuerzan por imitar el modelo y se desvelan por terminar la tarea.*

[28]*Lo mismo el herrero, sentado junto al yunque,/ concentrado en trabajar el hierro;/ el humo y el fuego le secan la carne,/ mientras lucha con el calor del horno;/ el ruido del martillo lo ensordece,/ mientras se fija en el modelo de la herramienta;/ se esfuerza por dar término a su tarea/ y se desvela por perfilar la obra.*

[29]*Lo mismo el alfarero, sentado al trabajo,/ hace girar el torno con los pies,/ siempre preocupado por su tarea/ y trabajando para completar la cantidad fijada;/* [30]*con el brazo modela la arcilla/ y ablanda su resistencia con los pies;/ se esfuerza por terminar el barnizado/ y se desvela por tener limpio el horno.*

[31]*Todos estos se fían de su destreza/ y son expertos en su oficio;/* [32]*sin su trabajo la ciudad no tiene casa/ ni habitantes ni transeúntes;/* [33]*con todo, no les eligen senadores ni descuellan en la asamblea,/ no toman asiento en el tribunal ni discuten la justa sentencia,/* [34]*no exponen su doctrina o su decisión ni entienden de proverbios;/ aunque mantienen la vieja creación,/ ocupados en su trabajo de artesanos.*

El sabio

39 [1]*En cambio, el que se entrega de lleno/ a meditar la ley del Altísimo/ investiga la sabiduría de los antiguos/ y estudia las profecías,/* [2]*examina las explicaciones de autores famosos/ y penetra los dichos más complicados,/* [3]*investiga el sentido oculto de proverbios/ y estudia sin cesar las sentencias enigmáticas.*

[4]*Presta servicio ante los poderosos/ y se presenta ante los jefes,/ viaja por países extranjeros/ probando el bien y el mal de los hombres;/* [5]*se propone madrugar por el Señor, su Creador,/ y reza delante del Altísimo,/ abre la boca para suplicar pidiendo perdón de sus pecados.*

[6]*Si el Señor lo quiere,/ él se llenará de espíritu de inteligencia;/ Dios le hará derramar sabias*

palabras,/ y él confesará al Señor en su ora-
ción;/ [7]*Dios guiará sus consejos prudentes,/ y*
él meditará sus misterios;/ [8]*Dios le comunicará*
su doctrina y enseñanza,/ y él se gloriará de la
ley del Altísimo.
[9]*Muchos alabarán su inteligencia, que no*
caerá en el olvido;/ nunca faltará su recuerdo,
y su fama vivirá por generaciones;/ [10]*la gente*
comentará su sabiduría/ y la asamblea pro-
nunciará su elogio;/ [11]*en vida, tendrá renombre*
entre millares,/ que le bastará cuando muera.

Exhortación: todo es bueno

[12]*He pensado más cosas y las expondré,/ pues*
estoy lleno como luna llena;/ [13]*escúchenme, hijos*
piadosos, y crecerán/ como rosal plantado junto
a la corriente;/ [14]*perfumen como incienso,/ flo-*
rezcan como azucenas, difundan fragancia,/ le-
vanten la voz cantando alabanzas,/ bendigan al
Señor por sus obras,/ [15]*proclamen la grandeza de*
su Nombre/ y alábenlo con himnos,/ con cantos
acompañados de instrumentos,/ pronuncian-
do aclamaciones:/ [16]*Las obras de Dios son todas*
buenas,/ y cumplen su función a su tiempo.
[17]*Con su palabra reunió las aguas,/ a su orden*
se congregaron.
[18]*En cada momento se cumple su voluntad,/*
y nada rechaza su obra salvadora;/ [19]*tiene de-*
lante las acciones de todo viviente,/ y nada se
esconde a su mirada;/ [20]*desde siempre y por*
siempre está mirando,/ y no tiene límite su sal-
vación./ Nada es pequeño o diminuto para él,/
nada le es difícil o imposible.
[21]*No vale decir: ¿para qué sirve esto?,/ pues*
cada cosa tiene asignada su función;/ no vale
decir: Esto es peor que aquello,/ porque cada co-
sa vale en su momento.
[22]*Su bendición desborda como el Nilo,/ como el*
Éufrates riega la tierra;/ [23]*su cólera despoja a las*
naciones/ y convierte en salobre la tierra fértil.
[24]*Sus caminos son llanos para los honrados/ y*
son escabrosos para los arrogantes.
[25]*Al principio creó bienes para los buenos,/ y*
para los malos, bienes y males./ [26]*Son esenciales*
para la vida humana: agua, fuego, hierro, sal,/
harina, leche, miel, vino, aceite, vestido./ [27]*Todo*
esto aprovecha a los buenos/ y se convierte en
daño para los malos.
[28]*Hay vientos creados para el castigo/ que con*
su furia arrancan de raíz las montañas,/ para
ejecutar la sentencia desatan su poder/ y apla-
can la cólera de su Creador.
[29]*Rayos y granizo, hambre y peste:/ también*
fueron creados para el castigo;/ [30]*bestias fero-*
ces, alacrán y víbora,/ y espada vengadora que
aniquila a los malvados./ Todo ello fue creado
para su función/ y está almacenado hasta el
momento oportuno.
[31]*Al recibir sus órdenes se alegran/ y no pro-*
testan de sus mandatos./ [32]*Por eso hace tiem-*
po que estoy convencido,/ he reflexionado y lo
he puesto por escrito:/ [33]*Las obras de Dios son*
todas buenas/ y cumplen su función a su tiem-
po./ [34]*No digas: esta es mala, ¿para qué sirve?,/*
porque cada una es útil a su tiempo./ [35]*Y ahora*
canten con toda el alma/ y bendigan el Nombre
del Dios Santo.

La condición humana

40 [1]*Dios ha asignado una penosa tarea/ y un*
yugo pesado a los hijos de Adán,/ desde
que salen del vientre materno/ hasta que vuel-
ven a la madre de los vivientes:/ [2]*preocupacio-*
nes, temor de corazón/ y la espera angustiosa
del día de la muerte.
[3]*Desde el que ocupa un trono elevado/ hasta*
el que se sienta en el polvo y la ceniza;/ [4]*desde*
el que lleva vestidos reales y corona/ hasta el
que se envuelve en un humilde manto:/ [5]*¡cuán-*
to afán y ansiedad y temor,/ miedo a la muerte,
resentimiento, peleas!/ Y cuando se echa a des-
cansar en la cama,/ el sueño nocturno lo turba:/
[6]*descansa un momento, apenas un instante,/ y*
lo agitan las pesadillas;/ aterrorizado por las
visiones de su fantasía,/ como quien escapa hu-
yendo del que lo persigue;/ [7]*y cuando se ve libre,*
se despierta/ sorprendido de que su terror no
tenía objeto.
[8]*Esto sucede a los vivientes, hombres y anima-*
les,/ y siete veces más a los pecadores:/ [9]*peste*
y asesinatos, rivalidad y puñales,/ ruina y de-
sastre, hambre y muerte./ [10]*Para el malvado fue*
creada la desgracia,/ por su culpa no se aleja la
destrucción./ [11]*Lo que viene de la tierra vuelve a*
la tierra,/ lo que viene del cielo vuelve al cielo./
[12]*Soborno e injusticia pasarán,/ la verdad dura*
para siempre:/ [13]*la ganancia del malvado se se-*
ca como torrente,/ como río crecido por lluvia
de tormenta;/ [14]*al crecer arrastra rocas/ pero*
en un instante todo se acaba./ [15]*El malvado no*
echará brotes,/ el impío echa raíces en el sa-
liente de una roca./ [16]*Como juncos a la orilla de*
un torrente,/ que se secan antes de que llueva./
[17]*Pero la misericordia no desaparece jamás,/ la*
limosna dura para siempre.

Mejor que los dos

[18]*Dulce es la vida del que se basta a sí mismo*
y del que trabaja:/ pero mejor aún es encontrar
un tesoro./ [19]*Los hijos y una ciudad perpetúan*
el nombre:/ pero mejor aún es hallar la sabi-
duría./ Los hijos y una plantación hacen flo-

recer el nombre:/ pero mejor aún es una esposa
enamorada.
20El vino y el licor alegran el corazón:/ pero
mejor aún es gozar del amor./ 21La flauta y la cí-
tara armonizan el canto:/ pero mejor aún es una
lengua sincera.
22Belleza y hermosura atraen los ojos:/ pero
mejor aún es un campo que verdea.
23Amigo y compañero ayudan en la ocasión:/
pero mejor aún es una mujer prudente./ 24Her-
mano y protector salvan del peligro:/ pero mejor
aún salva la limosna./ 25Oro y plata dan firmeza
a los pies:/ pero mejor aún es un buen consejo./
26Riqueza y poder alegran el corazón:/ pero me-
jor aún es el respeto a Dios./ A quien respeta a
Dios nada le falta:/ ni tiene que buscar apoyo.
27El respeto a Dios es paraíso de bendiciones/ y
protege más que cualquier gloria.

Vivir de limosna

28Hijo mío, no vivas de limosna,/ más vale
morir que andar mendigando;/ 29el que está
pendiente de mesa ajena/ ha de contar que no
vive;/ comida mendigada es deshonrosa/ y le
sienta mal al hombre sensato;/30el hambriento
pide con dulzura,/ pero por dentro se requema
con fuego.

Muerte

41 1¡Oh muerte, qué amargo es tu recuerdo/
para el que vive tranquilo en medio de sus
bienes,/ para el hombre contento que prospera
en todo/ y tiene salud para gozar de los placeres!
2¡Oh muerte, qué dulce es tu sentencia/ pa-
ra el hombre derrotado y sin fuerzas,/ para el
hombre que tropieza y fracasa,/ que se queja y
ha perdido la esperanza!
3No temas la muerte, que es tu destino,/ re-
cuerda que lo compartes con antepasados y su-
cesores;/ 4es el destino que Dios asigna a todo
viviente,/ ¿y vas a rechazar la ley del Altísimo?/
En la tumba nadie discutirá/ por mil años o cien
o diez.
5Gente despreciable son los hijos de los malos/
descendencia insensata habita la casa del per-
verso;/ 6de hijo injusto vino un reino malvado,/
su posteridad siempre será despreciable.
7Al padre malvado lo maldice el hijo,/ porque
por su culpa la gente lo deshonra.
8¡Ay de ustedes, poderosos,/ que abandonan la
ley del Altísimo!
9Si dan fruto es para que se malogre;/ si en-
gendran, es para el luto;/ cuando caigan, habrá
gozo eterno,/ cuando mueran, serán malditos.
10Lo que viene de la nada vuelve a la nada,/ y
así el impío del vacío vuelve al vacío.
11El hombre es un soplo en un cuerpo,/ pero el
nombre del compasivo no perece./ 12Respeta tu
nombre, porque él te acompañará/ más que mil
tesoros preciosos./ 13Los bienes de la vida duran
pocos años,/ la buena fama años sin cuento.

Vergüenza

14Sabiduría oculta y tesoro escondido,/ ¿para
qué sirven los dos?
15Mejor es quien oculta su necedad/ que el que
oculta su sabiduría.
16Hijos míos, escuchen mi instrucción sobre la
vergüenza,/ yo les enseñaré qué es lo que des-
honra:/ no está bien avergonzarse de cualquier
cosa/ ni todo sonrojo se debe aceptar./ 17Siente
vergüenza ante tu padre y tu madre de cometer
actos inmorales;/ ante el jefe y el magistrado,
de mentir;/ 18ante el señor y la señora, de false-
dad;/ ante la asamblea y el pueblo, del crimen;/
ante el amigo y compañero, de traicionarlos;/
19ante los vecinos, de arrogancia;/ de no cumplir
los pactos jurados; de meter los codos cuando
comes;/ de negar un favor que te piden;/ 21de
rechazar la visita de un amigo;/ de retener la
porción asignada a otro;/ 20de no responder a un
saludo;/ de mirar a la mujer de tu prójimo,/ 22y
de fijarte en la extraña./ De tener intimidades
con tu criada y de acechar su lecho./ De insul-
tar a un amigo;/ de acompañar un regalo con un
desprecio.

42 1De repetir lo que has escuchado y de reve-
lar secretos./ Esta será vergüenza autén-
tica que te traerá el favor de todos./ Pero de lo
siguiente no te avergüences/ ni peques por res-
petos humanos:/ 2de la ley y mandatos del Altísi-
mo,/ de declarar libre al acusado inocente,/ 3de
ajustar cuentas con el socio o el amo,/ de repar-
tir una herencia o propiedad,/ 4de usar pesas
y balanzas exactas, de pesas y medidas contro-
ladas,/ de obtener grandes y pequeñas ganan-
cias,/ 5de ganar comerciando con viajantes,/
de educar con rigor a un hijo,/ de castigar a un
mal servidor,/ 6de encerrar a la mujer infiel,/
de echar llave donde hay muchas manos,/ 7de
contar bien el dinero de un depósito,/ de anotar
lo que das o recibes,/ 8de corregir al necio y al
inexperto/ y al viejo que se aconseja con pros-
titutas./ Así serás verdaderamente prudente/ y
serás estimado de todos.

Cuidados por la hija

9Una hija es tesoro inseguro para su padre,/ le
quita el sueño por la preocupación:/ si es joven,
teme que se le quede sin casar;/ si casada, que se
la repudien;/ 10si doncella, que se la seduzcan;/

si casada, que sea infiel;/ en la casa paterna,
que quede encinta;/ en casa del marido, que sea
estéril.
11Vigila a tu hija doncella,/ para que no te
acarree mala fama,/ comentarios de la ciu-
dad, desprecio de la gente/ y burlas de los que
se reúnen en la plaza./ Donde ella vive no debe
haber ventana/ ni su entrada se debe ver de to-
das partes.
12Que no exhiba su belleza ante cualquier
hombre/ ni trate familiarmente con las muje-
res;/ 13porque del vestido sale la polilla/ y de la
mujer la malicia femenina.
14Mejor es la dureza del marido que la indul-
gencia de la mujer,/ la de mala fama trae infa-
mia a la casa.

CANTO A LA CREACIÓN Y A LA HISTORIA (42,15–50,29)

El Creador

15Voy a recordar las obras de Dios y a contar lo
que he visto:/ por la Palabra de Dios son creadas
sus obras/ y de su voluntad reciben su tarea.
16El sol sale mostrándose a todos,/ la gloria del
Señor llena todas sus obras.
17Aun los santos de Dios no bastaron/ para
contar las maravillas del Señor./ Dios fortaleció
sus ejércitos,/ para que estén firmes en presen-
cia de su gloria.
18Sondea el Abismo y el corazón,/ penetra los
secretos de ambos,/ 19declara el pasado y el futu-
ro/ y revela los misterios escondidos.
20No se le oculta ningún pensamiento/ ni se le
escapa palabra alguna.
21Ha establecido el poder de su sabiduría,/ es
el único desde la eternidad;/ nada le puede ser
quitado ni añadido ni le hace falta un maestro.
22¡Qué amables son todas tus obras!,/ y eso que
no vemos más que una chispa.
23Todas viven y duran eternamente/ y obede-
cen en todas sus funciones.
24Todas difieren unas de otras, y no ha hecho
ninguna inútil.
25Todas, una tras otra, muestran su belleza:/
¿quién se saciará de contemplar su hermosura?

La creación

43 1El firmamento límpido es belleza del
cielo,/ la bóveda celeste es espectáculo
majestuoso.
2El sol cuando sale derramando calor,/ ¡qué
obra tan maravillosa del Señor!,/ 3a medio-
día abrasa la tierra,/ ¿quién puede resistir su
ardor?
4Un horno encendido calienta la fundición,/
un rayo de sol quema los montes,/ una lengua
del astro consume la tierra habitada/ y su brillo
ciega los ojos.
5¡Qué grande el Señor que lo hizo!,/ sus órde-
nes espolean a sus campeones.
6También brilla la luna en fases y ciclos/ y rige
los tiempos como signo perpetuo,/ 7determina las
fiestas y las fechas/ y se complace menguando en
su órbita,/ 8de mes en mes se renueva,/ ¡qué ma-
ravilloso cambiar!/ Señal militar, instrumento
celeste/ que enciende el firmamento con su brillo.
9Las estrellas adornan la belleza del cielo/ y
su luz resplandece en la altura divina;/ 10a una
orden de Dios ocupan su puesto/ y no se cansan
de hacer la guardia.
11Mira el arco iris y bendice a su Creador:/ ¡qué
esplendor majestuoso!
12Abarca el horizonte con su esplendor/ cuan-
do lo tensa la mano poderosa de Dios.
13Su poder traza el relámpago/ y acelera los
rayos justicieros;/ 14abre para un destino los
depósitos del cielo/ y hace volar las nubes como
buitres.
15Su poder condensa las nubes/ y desmenuza
las piedras de granizo.
16El estruendo de su trueno estremece la tie-
rra,/ y con su fuerza sacude las montañas;/
17cuando él quiere, sopla el viento del sur,/ la
tormenta del norte, el ciclón y el huracán.
18Sacude la nieve como bandada de pájaros,/ y
al bajar se posa como langosta;/ su belleza blan-
ca deslumbra los ojos,/ y cuando cae, se extasía
el corazón;/ 19derrama escarcha como sal,/ sus
cristales destellan como zafiros.
20Hace soplar el helado viento del norte y su
frío congela el estanque,/ hiela todos los depósi-
tos y reviste el pozo con una coraza;/ 21quema la
hierba del monte como la sequía/ y los brotes de
la pradera como una llamarada;/ 22pero el rocío
que deja caer lo sana todo:/ afloja y fecunda la
tierra reseca.
23Su sabiduría somete el océano/ y planta islas
en el mar;/ 24los navegantes describen su exten-
sión,/ y al oírlos, nos asombramos;/ 25en él hay
seres extraños y maravillosos/ y toda especie de
monstruos marinos.
26Por él tiene éxito su mensajero/ y su palabra
ejecuta su voluntad./ 27Aunque siguiéramos, no
acabaríamos,/ la última palabra: Él lo es todo.
28Alabemos su grandeza impenetrable,/ él
es más grande que todas sus obras;/ 29el Señor
es temible en extremo,/ y son admirables sus
palabras.
30Los que alaban al Señor, eleven la voz,/ es-
fuércense todo lo que puedan, que aún queda
más,/ los que glorifican al Señor, redoblen las
fuerzas,/ y no se cansen, porque nunca acaba-

rán./ 31¿Quién lo ha visto que pueda describirlo?,/ ¿quién lo alabará como él es?/ 32Quedan cosas más grandes escondidas,/ solo un poco he visto de sus obras./ 33Todo lo ha hecho el Señor,/ y a sus fieles les da sabiduría.

La historia

44 1Voy a hacer el elogio de los hombres de bien,/ de la serie de nuestros antepasados:/ 2gran gloria les repartió el Altísimo,/ los engrandeció desde tiempos antiguos.

3Alabemos: a los soberanos, por su gobierno del país;/ a los hombres famosos, por sus hazañas;/ a los consejeros, por su prudencia;/ a los videntes, por su don profético;/ 4a los príncipes de naciones, por su sagacidad;/ a los jefes, por su inteligencia;/ a los sabios pensadores, por sus escritos;/ a los poetas, por sus vigilias.

5Compositores según el arte,/ que pusieron por escrito sus canciones.

6Hombres ricos y poderosos,/ que vivieron en paz en sus moradas./ 7Recibieron honor durante su vida,/ y fueron la gloria de su tiempo.

8Algunos dejaron su nombre/ para ser respetados por sus herederos.

9Otros no dejaron recuerdo, y acabaron al acabar su vida:/ fueron como si no hubieran sido, y lo mismo sus hijos tras ellos.

10No así los hombres de bien:/ su esperanza no se acabó,/ 11sus bienes perduran en su descendencia,/ su herencia pasa de hijos a nietos.

12Sus hijos siguen fieles a la alianza,/ y también sus nietos, gracias a ellos.

13Su recuerdo dura por siempre,/ su caridad no se olvidará.

14Sepultados sus cuerpos en paz,/ vive su fama por generaciones;

15el pueblo cuenta su sabiduría,/ la asamblea pregona su alabanza.

16HENOC trataba con el Señor y fue arrebatado,/ ejemplo de religión para todas las edades.

17El justo NOÉ fue un hombre íntegro,/ al tiempo de la destrucción él fue el renovador;/ por él quedó vivo un resto/ y por su alianza acabó el diluvio;/ 18con señal perpetua se sancionó su pacto/ de no destruir otra vez a los vivientes.

19ABRAHÁN fue padre de muchos pueblos,/ en su gloria no cabe mancha,/ 20porque cumplió el mandato del Altísimo/ y pactó una alianza con él,/ en su carne selló el pacto,/ y en la prueba se mostró fiel;/ 21por eso Dios le juró/ bendecir con su descendencia a las naciones,/ multiplicarlo como la arena de las playas,/ y a sus descendientes como a las estrellas del cielo;/ darle en herencia el país de mar a mar,/ desde el Gran Río hasta el extremo de la tierra.

22A ISAAC le aseguró descendencia/ en atención de Abrahán, su padre;

23le dio la alianza de sus antepasados,/ y la bendición bajó sobre ISRAEL,/ a quien confirmó la bendición y le dio la herencia,/ señaló las fronteras de las tribus repartiendo lotes a las doce./ De él nació un hombre/ amado por todos: MOISÉS.

45 1Amado de Dios y de los hombres,/ Moisés, ¡bendita su memoria!:/ 2le dio gloria como de un dios,/ lo hizo poderoso entre los grandes;/ 3a su palabra se precipitaban los signos,/ lo mostró poderoso ante el rey,/ le dio mandamientos para su pueblo y le mostró su gloria;/ 4por su fidelidad y humildad/ lo escogió entre todos los hombres,/ 5le hizo escuchar su voz/ y lo introdujo en la nube espesa;/ puso en su mano los mandamientos,/ ley de vida y de inteligencia,/ para que enseñase los preceptos a Jacob,/ sus leyes y decretos a Israel.

6Consagró a AARÓN, de la tribu de Leví,/ 7otorgándole un derecho perpetuo,/ le concedió el gran honor de servir a la majestad del Señor;/ le ciñó espléndido ornamento y lo revistió con manto de gala,/ 8le vistió ornamentos preciosos,/ insignias de poder y dignidad: calzón, túnica y manto,/ 9y un cinturón de granadas, con cascabeles alrededor/ que sonasen suavemente al caminar,/ para que el sonido se oyese en el santuario,/ como aviso para la gente.

10Ornamentos sagrados de oro y púrpura y lino, labor de artesano;/ el pectoral de las suertes, el efod y el cinturón/ 11tejido por un maestro con hilo escarlata;/ en el pectoral piedras preciosas engarzadas y grabadas como sellos,/ piedras variadas, grabadas en relieve,/ una por cada tribu de Israel.

12Corona de oro sobre el turbante/ y una flor con la inscripción Consagrado:/ honor, dignidad, gloria y poder,/ encanto de los ojos, belleza perfecta.

13Antes de él no hubo cosa semejante: ningún laico la vestirá jamás,/ solamente sus hijos y sus nietos sucesivamente.

14Su ofrenda se quema totalmente,/ dos veces al día, sin faltar.

15Moisés mismo lo consagró:/ ungiéndolo con óleo sagrado,/ así obtuvieron una alianza perpetua él/ y sus hijos, mientras dure el cielo,/ para servir a Dios como sacerdotes/ y bendecir al pueblo invocando su Nombre./ 16Lo escogió entre todos/ para ofrecer holocaustos y grasa,/ para ofrecer en obsequio aroma que aplaca,/ para hacer la expiación por los israelitas.

17Le confió los mandamientos/ y autoridad
para legislar y juzgar,/ le encomendó normas
y preceptos/ para que enseñara las normas al
pueblo/ y los preceptos a los israelitas.
18Unos laicos en el desierto/ ardían de envidia
contra él:/ la gente de Datán y Abirán,/ los se-
cuaces arrogantes de Córaj./ 19El Señor, al verlo,
se indignó/ y los consumió en el incendio de su
ira,/ envió contra ellos un prodigio:/ una llama
que los devoró.
20Pero aumentó la dignidad de Aarón, dándo-
le su herencia,/ le concedió como sustento las
ofrendas sagradas,/ 21comer lo ofrecido al Se-
ñor;/ su porción es el pan presentado/ como un
don para él y su descendencia;/ 22en cambio, no
tiene propiedad en la tierra/ ni reparte heren-
cia con el pueblo,/ su lote y herencia entre los
israelitas son las ofrendas al Señor.
23También FINEÉS, hijo de Eleazar,/ hereda en
tercer puesto esta dignidad;/ pues con su celo
por el Dios del universo/ se mantuvo firme fren-
te a la rebelión de su pueblo,/ con su corazón y
generosamente/ expió por los israelitas.
24También a él le aseguró Dios un derecho,/
alianza de paz para cuidar del santuario;/ otor-
gándole a él y sus descendientes/ el sumo sacer-
docio para siempre.
25Aunque la alianza con David,/ hijo de Jesé, de
la tribu de Judá,/ es herencia personal, debida
a su dignidad,/ la herencia de Aarón es para su
descendencia.
26Y ahora alaben al Señor, porque es bueno/ y
los corona de gloria./ Que les conceda pruden-
cia para juzgar con justicia a su pueblo;/ que no
acabe la felicidad y el poder de ustedes nunca
jamás.

46 1Soldado valiente fue JOSUÉ, hijo de Nun,/
ministro de Moisés en la profecía,/ desti-
nado para que en sus días/ los elegidos alcanza-
ran una gran victoria,/ para tomar venganza de
los enemigos y dar la herencia a Israel.
2Qué glorioso cuando alzando el brazo/ agitó
su bastón de mando contra la ciudad.
3¿Quién le pudo resistir/ cuando peleaba las
batallas del Señor?
4Por su intervención se detuvo el sol, y un día
duró lo que dos:/ 5invocó al Dios Altísimo cuan-
do lo acosaban alrededor,/ y el Dios Altísimo le
respondió/ con fuerte granizo y pedrisco,/ 6que
arrojaban contra las tropas enemigas,/ y en la
cuesta aniquiló a los adversarios;/ para que su-
pieran los pueblos condenados a la destrucción/
que el Señor velaba por sus batallas./ Porque
siguió plenamente a Dios/ 7y en tiempo de Moi-
sés se mantuvo fiel,/ él y CALEB, hijo de Jefoné,/
resistieron el motín del pueblo,/ apartaron de
la asamblea la ira de Dios/ y acabaron con la
difamación;/ 8por eso de seiscientos mil infan-
tes/ solo se libraron los dos,/ para introducir al
pueblo en su herencia,/ en la tierra que mana
leche y miel.
9El Señor dio fuerzas a Caleb,/ que lo acom-
pañaron hasta la vejez,/ para establecerlos en
los montes del país,/ y también su descenden-
cia recibió su herencia./ 10Para que supieran los
descendientes de Jacob/ que vale la pena seguir
plenamente al Señor.
11Los JUECES, cada uno por su nombre, los que
no se dejaron engañar,/ los que no se apartaron
de Dios, ¡bendita sea su memoria!/ 12Que se re-
nueve su fama en sus hijos/ y revivan sus huesos
en la tumba.
13Amado del pueblo y favorito de su Creador,/
pedido desde el vientre materno,/ consagrado
como profeta del Señor,/ SAMUEL, juez y sa-
cerdote;/ por orden de Dios nombró a un rey/
y ungió príncipes sobre el pueblo,/ 14según la ley
del Señor gobernó al pueblo/ visitando los cam-
pamentos de Jacob.
15Por su acierto se le consultaba como viden-
te,/ por su palabra se acreditó como pastor.
16También él invocó al Señor/ cuando los ene-
migos lo atacaban por todas partes,/ y ofreció
un corderito en sacrificio.
17El Señor tronó desde el cielo/ y se oyó el es-
truendo de su voz,/ 18derrotó a los jefes enemi-
gos/ y destruyó a los príncipes filisteos.
19Cuando descansaba en su cama a punto de
morir/ invocó por testigos al Señor y a su ungi-
do:/ ¿Quién me ha sobornado por un par de san-
dalias?,/ y nadie se atrevió a contestarle.
20Aun después de su muerte fue consultado/
y reveló al rey su destino,/ alzando del sepulcro
su profética voz/ y profetizando la expiación de
la culpa.

47 1Después de él surgió NATÁN,/ que estuvo
al servicio de DAVID,/ 2como la grasa se
aparta del sacrificio de comunión,/ así David
fue elegido entre los Israelitas.
3Jugaba con leones como con cabritos,/ y con
osos como con corderillos;/ 4siendo un mucha-
cho mató a un gigante,/ quitando la humillación
del pueblo,/ cuando su mano hizo girar la hon-
da,/ y derribó el orgullo de Goliat.
5Invocó al Dios Altísimo, quien fortaleció su
derecha/ para eliminar al poderoso guerrero/
y restaurar el honor de su pueblo./ 6Por eso le
cantaban las muchachas/ alabándolo por sus
diez mil.

7Ya coronado peleó y derrotó a sus enemigos
vecinos,/ derrotó a los filisteos hostiles, que-
brantando su poder hasta hoy.
8De todas sus empresas daba gracias/ alaban-
do la gloria del Dios Altísimo;/ de todo corazón
amó a su Creador,/ entonando salmos cada
día;/ 9trajo instrumentos para servicio del al-
tar/ y compuso música de acompañamiento;/
10celebró fiestas solemnes/ y ordenó el ciclo de
las solemnidades;/ cuando, de madrugada, ala-
baba el Nombre del Santo/ resonaba el júbilo de
las ceremonias.
11El Señor perdonó su delito y exaltó su poder
para siempre,/ le confirió el poder real y afianzó
su trono en Jerusalén.
12Por sus méritos le sucedió/ un hijo prudente
que vivió en paz:
13SALOMÓN, rey en tiempos tranquilos,/
porque Dios pacificó sus fronteras;/ construyó
un templo en su honor/ y fundó un santuario
perpetuo.
14¡Qué sabio eras en tu juventud,/ rebosando
doctrina como el Nilo!
15Tu saber cubría la tierra,/ y la llenaste con tu
canto sublime;/ 16tu fama llegaba hasta las cos-
tas,/ que deseaban escucharte.
17De tus cantos, proverbios, enigmas y sen-
tencias/ los pueblos quedaban pasmados;/ 18te
llamaban con el nombre glorioso con que llaman
a Israel./ Pero amontonaste oro como hierro/
y acumulabas plata como plomo;/ 19entregaste
a mujeres tus muslos/ dándoles poder sobre tu
cuerpo,/ 20echaste una mancha en tu honor/ e
infamia sobre tu lecho,/ atrayendo la ira sobre
tus descendientes/ y desgracias sobre tu poste-
ridad./ 21Por eso el pueblo se dividió en dos par-
tes/ y un reino rebelde surgió de Efraín./ 22Pero
Dios no retiró su lealtad/ ni dejó de cumplir sus
promesas;/ no aniquila a los hijos de sus esco-
gidos/ ni destruye la descendencia de sus ami-
gos,/ sino que dejó un resto a Jacob/ y a David un
retoño de su descendencia.
23Salomón descansó con sus padres/ y dejó
por sucesor a uno de sus hijos:/ rico en locura
y falto de juicio,/ que con su política hizo amo-
tinarse al pueblo./ Surgió uno –no se pronun-
cie su nombre–/ que pecó e hizo pecar a Israel;/
24fue un escándalo para Efraín, que lo condujo al
destierro;/ enorme fue su pecado, se entregó a
toda maldad.

48
1Entonces se alzó como fuego un profeta/
cuyas palabras eran horno encendido:/
2les quitó el sustento del pan,/ con su celo los
diezmó;/ 3por orden de Dios cerró el cielo/ e hizo
que cayeran tres rayos.
4¡Qué terrible eras, ELÍAS!,/ ¿quién se te com-
para en gloria?
5Tú resucitaste un muerto,/ sacándolo del
Abismo por voluntad del Señor;/ 6hiciste bajar
reyes a la tumba/ y arrojaste de sus lechos a
hombres ilustres;/ 8ungiste reyes vengadores/
y nombraste un profeta como sucesor./ 7Escu-
chaste en el Sinaí amenazas/ y sentencias ven-
gadoras en Horeb.
9Un torbellino te arrebató a la altura,/ trope-
les de fuego hacia el cielo.
10Está escrito que te reservan para el momen-
to/ de aplacar la ira antes de que estalle,/ para
reconciliar a padres con hijos,/ para restablecer
las tribus de Israel.
11Dichoso quien te vea antes de morir/ [y más
dichoso tú que vives].
12Cuando Elías fue arrebatado al cielo,/ ELI-
SEO recibió dos tercios de su espíritu./ En vida
hizo múltiples milagros y prodigios con solo de-
cirlo;/ en vida no temió a ninguno, nadie pudo
sujetar su espíritu;/ 13nada le resultaba imposi-
ble:/ y hasta en la tumba profetizó su cuerpo;/
14en vida hizo maravillas/ y en muerte obras
asombrosas.
15Y, con todo, el pueblo no se convirtió/ ni
dejó de pecar,/ hasta que fueron arrojados de
su país/ y dispersados por toda la tierra./ Ju-
dá quedó diezmada,/ con un jefe de la casa de
David./ 16Algunos reyes obraron rectamente,/
otros cometieron crímenes monstruosos.
17EZEQUÍAS fortificó la ciudad desviando el
agua hasta su interior,/ cavó con bronce la roca
y cerró los bordes del estanque.
18En su reinado, lo atacó Senaquerib y despa-
chó al copero mayor;/ extendió la mano contra
Sión y blasfemó de Dios con arrogancia.
19Entonces los valientes se acobardaron/ y se
retorcían como parturientas,/ 20invocaron al
Dios Altísimo extendiendo los brazos hacia él;/
Dios escuchó sus súplicas y los salvó por medio
de Isaías;/ 21hirió el campamento sirio/ y con
su plaga sembró el pánico./ 22Porque Ezequías
había obrado rectamente/ manteniéndose en el
camino de David,/ como le mandaba el profeta
ISAÍAS,/ famoso y acreditado por sus oráculos.
23En sus días, el sol volvió atrás/ y alargó la
vida del rey./ 24Con espíritu poderoso previó el
futuro/ y consoló a los afligidos de Sión,/ anun-
ció el futuro hasta el final/ y los secretos antes de
que sucediesen.

49
1El nombre de JOSÍAS es incienso aromá-
tico,/ mezclado por un maestro perfumis-
ta,/ su recuerdo es miel dulce al paladar/ o mú-
sica en el banquete,/ 2porque sufrió por nuestra

conversión/ y acabó con los ídolos detestables;/
3se entregó a Dios de todo corazón/ y en tiempos
violentos fue compasivo;/ 4excepto David, Eze-
quías y Josías, todos se pervirtieron,/ los reyes
de Judá abandonaron la ley del Altísimo hasta
el final./ 5Por eso entregó su poder a otros/ y su
honor a un pueblo extranjero,/ 6que incendió la
ciudad santa/ y asoló sus calles.

7JEREMÍAS lo anunció, cuando lo maltrata-
ron;/ creado profeta en el vientre materno,/ pa-
ra arrancar y arrasar y demoler,/ para edificar
y plantar y consolidar.

8EZEQUIEL tuvo una visión/ y describió los
diferentes seres del carro,/ 9también mencionó
a Job,/ que se mantuvo en el camino justo.

10También los DOCE PROFETAS, ¡florezcan sus
huesos en la tumba!,/ ellos confortaron a Jacob y
lo salvaron con firme esperanza.

11Que grande fue ZOROBABEL,/ anillo de sello
en la diestra de Dios.

12Y lo mismo JESÚS, hijo de Yosedec,/ en cuyos
días se construyó el altar,/ se reedificó el templo
santo destinado a gloria eterna.

13NEHEMÍAS, nombre glorioso; él reconstruyó
nuestras ruinas,/ reparó los muros derruidos,
colocando puertas y cerrojos.

14Pocos ha habido en el mundo como HENOC,/
también él arrebatado en persona.

15No ha nacido varón como JOSÉ,/ y sus restos
fueron sepultados.

16SEM y SET son respetados por los hombres,/
pero a todos supera la gloria de ADÁN.

50 1El más grande de los hermanos y honor de
su pueblo/ es el sacerdote SIMEÓN, hijo de
Juan./ En su tiempo se reparó el templo,/ en sus
días se restauró el santuario,/ 2en su tiempo ca-
varon el depósito de agua/ y un estanque grande
como el mar,/ 3en sus días reconstruyeron las
murallas/ con torreones para el palacio real;/
4protegió a su pueblo del saqueo/ y fortificó la
ciudad para el asedio.

5Qué majestuoso cuando salía de la tienda/
asomando detrás de las cortinas:/ 6como estre-
lla luciente entre nubes,/ como luna llena en día
de fiesta,/ 7como sol refulgente sobre el palacio
real,/ como arco iris que aparece entre nubes,/
8como rama florida en primavera,/ como azu-
cena junto a un riachuelo,/ como rama de ce-
dro en verano,/ 9como incienso ardiendo sobre
la ofrenda,/ como cadena de oro/ con piedras
preciosas engarzadas,/ 10como olivo frondoso
cargado de olivas,/ como árbol balsámico de es-
peso ramaje.

11Cuando se ponía el traje de gala y vestía los
ornamentos de fiesta,/ cuando subía al altar
glorioso dando realce a la explanada del santua-
rio,/ 12cuando de pie, junto al fuego del altar,/
recibía de sus hermanos las porciones,/ rodea-
do de una guirnalda de jóvenes/ como pimpollos
de cedros del Líbano/ y lo cercaban como sauces
junto al río/ 13los hijos de Aarón, engalanados;/
y ante toda la asamblea de Israel/ presentaba los
dones al Señor.

14Cuando terminaba el servicio del altar/ y
preparaba la ofrenda del Altísimo,/ 16aclama-
ban los sacerdotes aaronitas/ tocando las trom-
petas labradas,/ aclamaban, y su voz majes-
tuosa resonaba/ proclamando la presencia del
Altísimo;/ 17todo el pueblo a una se apresuraba/
a arrodillarse rostro en tierra,/ para adorar la
presencia del Altísimo,/ la presencia del Santo
de Israel;/ 18mientras los cantores entonaban/
sobre suave acompañamiento de arpegios,/ 19to-
do el pueblo cantaba/ suplicando al Misericor-
dioso./ Cuando terminaba el servicio del altar/
y de ofrecer a Dios lo establecido,/ 20bajaba, y al-
zando las manos/ hacia la asamblea de Israel,/
pronunciaba la bendición del Señor,/ honrán-
dose con el Nombre del Señor./ 21De nuevo el
pueblo se arrodillaba/ para recibir la bendición
del Altísimo.

22Y ahora bendigan al Señor, Dios de Israel,/
que ha hecho maravillas en la tierra,/ que cría
al hombre desde el vientre materno/ y lo forma
a su voluntad./ 23Él les conceda sabiduría/ y
que reine la paz entre ustedes./ 24Que el Señor
mantenga su fidelidad con Simón/ y le cumpla
las promesas que le hizo a Fineés,/ y no deje de
cumplirlas ni a él ni a su descendencia/ mien-
tras dure el cielo.

Tres enemigos

25Dos naciones aborrezco y la tercera ya no es
pueblo:/ 26los habitantes de Seír y Filistea y el
pueblo necio que habita en Siquén.

Envío y firma

27Enseñanza prudente, consejos oportunos/
de Simón, hijo de Jesús, hijo de Eleazar, hijo de
Sirá,/ como brotaban de su meditación/ y los
pronunciaba con sabiduría./ 28Dichoso el que
los medite, el que los estudie se hará sabio,/ 29el
que los cumpla tendrá éxito, porque respetar al
Señor es vivir.

EPÍLOGO (51,1-30)

Primera acción de gracias

51 1Te alabo, mi Dios y salvador;/ te doy gra-
cias, Dios de mi padre./ 2Contaré tu fama,
refugio de mi vida,/ porque me has salvado de
la muerte,/ detuviste mi cuerpo ante la fosa,/

libraste mis pies de las garras del Abismo,/ me libraste de las malas lenguas:/ de lenguas que flagelan,/ de labios que calumnian,/ estuviste conmigo frente a mis rivales,/ 3me auxiliaste con tu gran misericordia:/ del lazo de los que esperan mi caída,/ del poder de los que me persiguen a muerte,/ me salvaste de múltiples peligros,/ 4del cerco apretado de las llamas,/ del incendio de un fuego que no ardía,/ 5del vientre de un océano sin agua,/ de labios mentirosos e insinceros,/ de las flechas de una lengua traidora.

6Cuando estaba ya para morir/ y casi en lo profundo del Abismo,/ 7me volvía a todas partes y nadie me auxiliaba,/ buscaba un protector y no lo había,/ 8recordé la compasión del Señor y su misericordia eterna,/ que libra a los que se acogen a él y los rescata de todo mal;/ 9desde el suelo levanté la voz/ y grité desde las puertas del Abismo,/ 10invoqué al Señor: Tú eres mi Padre,/ tú tienes poder para salvarme,/ no me abandones en el peligro,/ a la hora del espanto y turbación;/ 11alabaré siempre tu Nombre/ y te llamaré en mi súplica./ El Señor escuchó mi voz, oyó mi súplica,/ 12ame salvó de todo mal, me puso a salvo del peligro./ Por eso doy gracias y alabo/ y bendigo el Nombre del Señor.

Segunda acción de gracias

12bDen gracias al Señor porque es bueno,/ porque es eterna su misericordia;/ den gracias al Dios de la alabanza,/ porque es eterna su misericordia;/ den gracias al guardián de Israel,/ porque es eterna su misericordia;/ den gracias al Creador del universo,/ porque es eterna su misericordia;/ den gracias al redentor de Israel,/ porque es eterna su misericordia;/ den gracias al que reúne a los dispersos de Israel,/ porque es eterna su misericordia;/ den gracias al que reconstruye su ciudad y santuario,/ porque es eterna su misericordia;/ den gracias al que hace rebrotar el poder de la casa de David,/ porque es eterna su misericordia;/ den gracias al que escoge un sacerdote entre los sadoquitas,/ porque es eterna su misericordia;/ den gracias al escudo de Abrahán,/ porque es eterna su misericordia;/ den gracias a la roca de Isaac,/ porque es eterna su misericordia;/ den gracias al paladín de Jacob,/ porque es eterna su misericordia;/ den gracias al que escoge a Sión,/ porque es eterna su misericordia;/ den gracias al Rey de reyes,/ porque es eterna su misericordia;/ acrecienta el poder de su pueblo, alabanza de todos sus fieles,/ de Israel, su pueblo escogido. Aleluya.

Poema a la Sabiduría

13Siendo joven, antes de extraviarme, deseé la sabiduría con toda el alma,/ 14la he buscado desde mi juventud/ y hasta la muerte la perseguiré.

15Crecía como un racimo que madura,/ y mi corazón gozaba con ella./ Yo seguí fielmente su camino,/ porque desde joven la había aprendido;/ 16en el poco tiempo que estuve escuchándola/ adquirí mucho saber.

17Someterme a ella fue un honor,/ daré gracias al que me la enseñó.

18Decidí hacer un buen negocio,/ cuando lo alcance no me avergonzaré;/ 19la deseé ardientemente/ y no apartaré de ella mi rostro;/ mi alma saboreó sus frutos,/ y jamás me apartaré de ella;/ mi mano abrió sus puertas:/ contemplaré sus secretos.

20Mi alma la siguió desde el principio,/ y la encontré en toda su pureza./ Con sus consejos adquirí prudencia/ y no la abandonaré;/ 21mis entrañas se conmovían al mirarla,/ por eso la adquirí como posesión preciosa;/ 22el Señor me concedió lo que pedían mis labios,/ con mi lengua le daré gracias.

23Ustedes, ignorantes, vengan a mí,/ y habiten en mi escuela./ 24¿Hasta cuándo quieren privarse de todo esto/ y seguir sufriendo esa terrible sed?

25Abrí la boca para hablar de ella:/ adquiéranla gratuitamente./ 26Pongan el cuello bajo su yugo/ y acepten de buena gana su carga;/ porque ella se acerca al que la busca/ y el que se entrega, la encuentra.

27Vean con sus propios ojos qué poco trabajé,/ y qué gran descanso conseguí.

28Escuchen todos lo que aprendí en mi juventud,/ y así obtendrán plata y oro./ 29¡Alégrense en mi escuela!/ ¡No se avergüencen de mis enseñanzas!/ 30Hagan sus obras con justicia/ y el Señor los recompensará a su tiempo./ Bendito sea el Señor por siempre,/ alabado sea su Nombre de edad en edad.

Hasta aquí las palabras de Simón, hijo de Jesús, apellidado hijo de Sirá./ Sabiduría de Simón, hijo de Jesús, hijo de Eleazar, hijo de Sirá./ Sea bendito el Nombre del Señor ahora y siempre.

SABIDURÍA

JUICIO DEFINITIVO (1–10)

La justicia es inmortal

1 1Amen la justicia, ustedes, los que gobiernan
la tierra;/ tengan rectos pensamientos sobre
el Señor/ y búsquenlo con sencillez de corazón./
2Lo encuentran los que no exigen pruebas/ y
se revela a los que no desconfían./ 3Los razo-
namientos retorcidos alejan de Dios,/ y su po-
der, cuando es puesto a prueba, confunde a los
necios.
4La Sabiduría no entra en un alma perversa/
ni vive en un cuerpo entregado al pecado.
5El santo espíritu que nos instruye huye del
engaño,/ se aparta de los razonamientos sin
sentido/ y se aleja cuando está presente la
injusticia.
6La Sabiduría es un espíritu amigo de los hom-
bres/ que no deja sin castigo las palabras del
blasfemo;/ Dios es testigo de sus sentimientos,
vigila puntualmente su corazón/ y escucha lo
que dice su lengua./ 7Porque el Espíritu del Se-
ñor llena la tierra/ y el que todo lo contiene co-
noce cada voz.
8Por eso quien dice cosas malas no quedará
oculto,/ no podrá evitar la acusación de la justi-
cia./ 9Los planes del impío serán investigados,/
el informe de sus palabras llegará hasta el Se-
ñor/ y quedarán probados sus delitos,/ 10porque
un oído celoso lo escucha todo/ y no le pasan in-
advertidos cuchicheos ni protestas.
11Cuídense, por tanto, de murmuraciones in-
útiles/ y absténganse de hablar mal;/ porque
aun la palabra más secreta tiene sus consecuen-
cias;/ y la boca mentirosa lleva a la muerte./
12No busquen la muerte con una vida extravia-
da/ ni se atraigan la perdición con las obras de
sus manos;
13Dios no hizo la muerte ni goza destruyendo
a los vivientes.
14Todo lo creó para que existiera;/ las criatu-
ras del mundo son saludables:/ no hay en ellas
veneno de muerte ni el Abismo impera en la tie-
rra./ 15Porque la justicia es inmortal.
16Los impíos llaman a la muerte con obras y
palabras,/ creyéndola su amiga, se perdieron
por ella;/ y han hecho con ella un pacto, porque
son dignos de formar parte de ella.

Sea nuestra fuerza la norma de la justicia

2 1Razonando equivocadamente, se dijeron:/
La vida es corta y triste, y la muerte del hom-
bre, irremediable;/ y no se sabe de nadie que
haya regresado del Abismo./ 2Nacimos casual-
mente y luego pasaremos como quien no exis-
tió;/ nuestro aliento es como el humo,/ y el pen-
samiento, chispa del corazón que late;/ 3cuando
esta se apague, el cuerpo se volverá ceniza/ y el
espíritu se desvanecerá como suave brisa.
4Nuestro nombre, con el tiempo, caerá en el
olvido/ y nadie se acordará de nuestras obras;/
pasará nuestra vida como rastro de nube, se di-
sipará como neblina/ acosada por los rayos del
sol y abrumada por su calor.
5Nuestra vida es el paso de una sombra,/ y
nuestro fin no puede ser retrasado;/ está apli-
cado el sello, no hay retorno./ 6Por eso, a dis-
frutar de los bienes presentes,/ a gozar de las
cosas con ansia juvenil;/ 7a llenarnos del mejor
vino y de perfumes,/ que no se nos escape la flor
primaveral.
8Coronémonos con capullos de rosas antes de
que se marchiten;/ 9que no quede pradera sin
probar nuestra orgía;/ dejemos en todas par-
tes huellas de nuestra alegría,/ porque esta es
nuestra suerte y nuestra fortuna.
10Atropellemos al justo que es pobre,/ no nos
apiademos de la viuda/ ni respetemos las canas
venerables del anciano;/ 11que sea nuestra fuer-
za la norma de la justicia,/ porque está visto que
la debilidad no sirve para nada.
12Tendamos trampas al justo, que nos resul-
ta incómodo:/ se opone a nuestras acciones,/
nos echa en cara las faltas contra la ley,/ nos
reprende las faltas contra la educación que nos
dieron;/ 13declara que conoce a Dios y dice que
él es hijo del Señor;/ 14se ha vuelto acusador
de nuestras convicciones,/ y su sola presen-
cia nos molesta;/ 15lleva una vida distinta de
los demás y va por un camino aparte;/ 16nos
considera de mala ley/ y se aparta de nuestras
sendas como si contaminasen;/ proclama di-
choso el final del justo/ y se gloría de tener por
padre a Dios.
17Vamos a ver si es verdad lo que dice:/ com-
probando cómo es su muerte;/ 18si el justo ese es
hijo de Dios,/ él lo auxiliará y lo arrancará de
las manos de sus enemigos./ 19Lo someteremos
a tormentos despiadados,/ para apreciar su
paciencia y comprobar su resistencia;/ 20lo con-
denaremos a muerte deshonrosa,/ pues dice que
hay alguien que cuida de él.
21Así discurren, y se engañan, porque los ciega
su maldad;/ 22no conocen los secretos de Dios,
no esperan el premio de la virtud/ ni valoran el
galardón de una vida intachable.
23Dios creó al hombre para la inmortalidad y lo
hizo imagen de su propio ser;/ 24pero la muerte
entró en el mundo por la envidia del Diablo/ y
sus seguidores tienen que sufrirla.

Los justos están en paz

3 *1La vida de los justos está en manos de Dios y*
no los tocará el tormento./ 2La gente insensa-
ta pensaba que morían,/ consideraba su muer-
te como una desgracia,/ 3y su partida de entre
nosotros, como destrucción,/ pero ellos están
en paz./ 4Pues aunque a los ojos de los hombres
sean castigados,/ ellos esperaban de lleno la in-
mortalidad;/ 5sufrieron pequeños castigos, re-
cibirán grandes favores,/ porque Dios los puso
a prueba y los encontró dignos de él;/ 6los probó
como oro en crisol,/ los recibió como sacrificio
de holocausto;/ 7a la hora del juicio brillarán/
como chispas que prenden por un cañaveral;/
8gobernarán naciones, someterán pueblos,/ y el
Señor reinará sobre ellos eternamente.
9Los que confían en él comprenderán la ver-
dad,/ los fieles a su amor seguirán a su lado;/
porque quiere a sus devotos, se apiada de ellos/ y
mira por sus elegidos.
10Los impíos serán castigados por sus razona-
mientos:/ menospreciaron al justo y se aparta-
ron del Señor;/ 11desdichado el que desprecia
la sabiduría y la instrucción:/ vana es su espe-
ranza, vacíos sus afanes e inútiles sus obras;/
12necias son sus mujeres, depravados sus hijos y
maldita su descendencia.

Dichosa la estéril irreprochable

13Feliz la mujer estéril que no se ha mancha-
do,/ que desconoce la unión pecaminosa:/ al-
canzará su fruto el día del juicio./ 14Feliz tam-
bién el eunuco que no cometió delitos con sus
manos/ ni tuvo malos deseos contra el Señor,/
por su fidelidad recibirá favores extraordina-
rios/ y un lote codiciable en el templo del Señor./
15Porque el que se preocupa por el bien obtiene
frutos espléndidos;/ la prudencia es tronco
inconmovible.
16Los hijos de los adúlteros no llegarán a la ma-
durez/ y la descendencia ilegítima desaparece-
rá./ 17Si llegan a viejos, nadie les hace caso,/ al
fin tendrán una vejez deshonrosa;/ 18si fallecen
antes, no tendrán esperanza/ ni quien los con-
suele el día del juicio;/ 19el final de la gente per-
versa es cruel.

4 *1Más vale ser virtuoso, aunque sin hijos;/ la*
virtud se inmortaliza en el recuerdo:/ la co-
nocen Dios y los hombres./ 2Cuando está pre-
sente, la imitan; cuando está ausente, la año-
ran;/ en la eternidad, ceñida la corona, desfila
triunfadora,/ victoriosa en la prueba de trofeos
bien limpios.
3La familia numerosa de los impíos no prospe-
rará:/ nacida de retoños ilegítimos, no arraiga-
rá profundamente/ ni tendrá base firme;/ 4aun-
que por algún tiempo reverdezcan sus ramas,/
como está mal asentada, la zarandeará el vien-
to/ y será arrancada de raíz por los huracanes.
5Se quebrarán sus brotes tiernos, su fruto no
servirá:/ está verde para comerlo, no se apro-
vecha para nada;/ 6pues los hijos que nacen de
sueños ilegítimos/ son testigos de cargo contra
sus padres/ a la hora del interrogatorio.

Maduró en pocos años

7El justo, aunque muera antes de tiempo, ten-
drá descanso;/ 8vejez venerable no son los mu-
chos días,/ ni se mide por el número de años;/
9canas del hombre son la prudencia,/ y la edad
avanzada, una vida sin mancha.
10Agradó a Dios, y Dios lo amó;/ vivía entre pe-
cadores, y Dios se lo llevó;/ 11lo arrebató para que
la malicia no pervirtiera su conciencia,/ para
que la maldad no sedujera su alma;/ 12porque
la fascinación del vicio ensombrece la virtud,/
el vértigo de la pasión pervierte una mente sin
malicia.
13Maduró en pocos años, cumplió mucho tiem-
po;/ 14como su alma era agradable a Dios,/ él se
dio prisa para sacarlo de la maldad;/ la gente lo
ve y no lo comprende, no se da cuenta de esto:/
15que Dios quiere a sus elegidos,/ se apiada de
ellos y es refugio para sus consagrados.
16El justo fallecido condena a los impíos que
aún viven,/ y una juventud arrebatada antes
de tiempo,/ a la prolongada vejez del malvado;/
17la gente verá el final del sabio/ y no compren-
derá lo que el Señor quería de él,/ ni por qué lo
puso a salvo.
18Lo mirarán con desprecio, pero el Señor se
reirá de ellos;/ 19después de esto se converti-
rán en cadáver sin honra,/ objeto de vergüenza
entre los muertos para siempre;/ pues los de-
rribará cabeza abajo, sin dejarles hablar,/ los
zarandeará desde los cimientos, y los arrasará
hasta lo último;/ vivirán en dolor y su recuerdo
perecerá.

Confusión de los impíos

20Se presentarán asustados por el recuento de
sus pecados/ y sus delitos los acusarán a la cara.

5 *1Aquel día el justo estará de pie sin temor/*
delante de los que lo hicieron sufrir y despre-
ciaron sus trabajos.
2Al verlo, se estremecerán de espanto y sorpre-
sa,/ porque no esperaban que se hubiera salva-
do;/ 3dirán entre sí, arrepentidos, entre sollozos
de angustia:/ 4Este es aquel de quien un día nos
reíamos/ con coplas injuriosas, nosotros, in-

sensatos;/ su vida nos parecía una locura, y su
muerte una deshonra./ 5*¿Cómo ahora lo cuen-*
tan entre los hijos de Dios/ y comparte la heren-
cia con los santos?
6*Sí, nosotros nos salimos del camino de la ver-*
dad,/ no nos iluminaba la luz de la justicia,/
para nosotros no salía el sol;/ 7*nos enredamos en*
los matorrales de la maldad y la perdición,/ re-
corrimos desiertos intransitables, sin reconocer
el camino del Señor.
8*¿De qué nos ha servido nuestro orgullo?/*
¿Qué hemos sacado presumiendo de ricos?/
9*Todo aquello pasó como una sombra, como un*
correo veloz;/ 10*como nave que surca agitadas*
aguas,/ sin que quede rastro de su travesía ni
estela de su quilla en las olas;/ 11*o como pájaro*
que vuela por el aire sin dejar vestigio de su pa-
so;/ con su aleteo azota el aire leve,/ y el aire,
hendido por la fuerza estrepitosa de sus alas,/
queda dividido y luego no queda señal de su ru-
ta;/ 12*o como flecha disparada al blanco/ cuyo*
surco en el aire inmediatamente se cierra/ difu-
minándose su estela;/ 13*igual nosotros: nacimos*
y desaparecemos,/ no dejamos ni una señal de
virtud,/ nos malgastamos en nuestra maldad.
14*Sí, la esperanza del impío es como paja que*
arrebata el viento;/ como espuma ligera que la
tempestad arrastra;/ se disipa como humo al
viento,/ pasa como el recuerdo del huésped de
un día.

Los justos viven eternamente

15*Los justos viven eternamente,/ reciben de*
Dios su recompensa, el Altísimo cuida de ellos./
16*Recibirán la noble corona, la rica diadema de*
manos del Señor,/ con su derecha los cubrirá,
con su brazo los defenderá.

Vestirá la coraza de la justicia

17*Tomará la armadura de su celo/ y la creación*
será un arma para defenderse de sus enemigos;/
18*vestirá la coraza de la justicia,/ se pondrá co-*
mo casco un juicio insobornable;/ 19*empuñará*
como escudo invencible su santidad;/ 20*afilará*
la espada de su ira incontenible/ y el universo
peleará a su lado contra los insensatos.
21*Saldrán certeras ráfagas de rayos/ y como*
del arco bien tenso de las nubes, volarán hacia
el blanco;/ 22*la catapulta de su ira lanzará espeso*
pedrisco;/ las aguas del mar se embravecerán
contra ellos,/ los ríos los inundarán sin piedad;/
23*se levantará contra ellos un viento poderoso/*
que los barrerá como un huracán,/ la iniquidad
arrasará toda la tierra/ y los crímenes derroca-
rán los tronos de los soberanos.

El poder viene del Señor

6 1*Escuchen, reyes, y entiendan;/ aprendan,*
gobernantes de todo el mundo;/ 2*pongan*
atención, ustedes los que dominan a los pueblos/
y están orgullosos de esa multitud de súbditos;/
3*el poder les viene del Señor, y la autoridad, del*
Altísimo:/ él juzgará sus obras y examinará sus
intenciones;/ 4*porque siendo ministros de su*
reino, no gobernaron rectamente,/ ni guarda-
ron la ley, ni obraron según la voluntad de Dios./
5*Él vendrá sobre ustedes de manera repentina*
y terrible,/ porque a los poderosos los juzga
implacablemente.
6*A los más humildes se los compadece y perdo-*
na,/ pero los poderosos serán examinados con
rigor;/ 7*porque el Dueño de todos no retroce-*
de ante nadie,/ ni lo intimida la grandeza:/ él
creó al pobre y al rico y se preocupa de todos por
igual,/ 8*pero a los poderosos les aguarda un ri-*
guroso examen.
9*Se lo digo a ustedes, soberanos, a ver si apren-*
den sabiduría y no pecan:/ 10*los que cumplen*
sensatamente su santa voluntad serán declara-
dos santos;/ los que se la aprendan encontrarán
quien los defienda./ 11*Deseen, entonces, mis*
palabras;/ búsquenlas ardientemente y serán
instruidos.

La Sabiduría conduce al reino

12*La Sabiduría es luminosa y eterna, la ven sin*
dificultad los que la aman,/ y los que van bus-
cándola, la encuentran;/ 13*ella misma se da a*
conocer a los que la desean.
14*Quien madruga por ella, no se cansa: la en-*
cuentra sentada a la puerta./ 15*Meditar en ella*
es la perfección de la prudencia,/ el que se des-
vela por ella pronto estará libre de preocupacio-
nes;/ 16*ella misma va de un lado a otro buscando*
a los que la merecen,/ los aborda benigna por los
caminos,/ y les sale al paso en todo proyecto.
17*Su comienzo auténtico es un deseo de ins-*
trucción;/ el afán por la instrucción es amor;/
18*el amor es la observancia de sus leyes;/ la cus-*
todia de las leyes es garantía de inmortalidad;/
19*la inmortalidad acerca a Dios;/* 20*por tanto, el*
deseo de la Sabiduría conduce al reino./ 21*Así*
que, si les gustan los tronos y los cetros,/ sobe-
ranos de las naciones,/ respeten la Sabiduría y
reinarán eternamente.
22*Les voy a explicar lo que es la Sabiduría y*
cuál es su origen,/ sin ocultarles ningún secre-
to/ me voy a remontar al comienzo de la crea-
ción,/ dándola a conocer claramente, sin pasar
por alto la verdad./ 23*No haré el camino con la*
podrida envidia,/ que no tiene nada que ver con
la Sabiduría./ 24*Muchedumbre de sabios salva al*

mundo/ y rey prudente da bienestar al pueblo./
[25]*Por tanto, déjense instruir por mi discurso, y*
sacarán provecho.

Ningún rey empezó de otra manera

7 [1]*También yo soy un hombre mortal, igual que*
todos,/ hijo del primer hombre modelado en
arcilla,/ en el vientre materno fue esculpida mi
carne;/ [2]*tardé diez meses en tomar consistencia*
en su sangre,/ gracias al semen de mi padre y
del placer que acompaña al sueño./ [3]*Al nacer,*
también yo respiré el aire común,/ y al caer en la
tierra que todos pisan,/ estrené mi voz llorando,
igual que todos;/ [4]*me criaron con mimo, entre*
pañales.
[5]*Ningún rey empezó de otra manera;/* [6]*idén-*
tica es la entrada de todos en la vida e igual es
la salida./ [7]*Por eso supliqué y se me concedió la*
prudencia,/ invoqué y vino a mí el espíritu de
Sabiduría./ [8]*La preferí a cetros y tronos,/ y en*
comparación con ella tuve en nada la riqueza;/
[9]*no la equiparé a la piedra más preciosa,/ por-*
que todo el oro a su lado es un poco de arena,/
y, junto a ella, la plata vale lo que el barro;/ [10]*la*
quise más que a la salud y la belleza/ y me pro-
puse tenerla por luz, porque su resplandor no
tiene ocaso.
[11]*Con ella me vinieron todos los bienes jun-*
tos,/ en sus manos había riquezas incontables;/
[12]*de todas gocé, porque la Sabiduría las trae,/*
aunque yo no sabía que es la madre de todas.
[13]*La aprendí sin malicia, la comparto sin envi-*
dia y no me guardo sus riquezas;/ [14]*porque es un*
tesoro inagotable para los hombres:/ los que la
adquieren se atraen la amistad de Dios,/ porque
el don de su enseñanza los recomienda.

La Sabiduría me lo enseñó

[15]*Que me conceda Dios saber expresarme/ y*
pensar como corresponde a ese don,/ pues él es
el guía a la Sabiduría y quien marca el camino a
los sabios./ [16]*Porque en sus manos estamos no-*
sotros y nuestras palabras,/ y toda la prudencia
y el talento.
[17]*Él me otorgó un conocimiento infalible de los*
seres/ para conocer la trama del mundo y las
propiedades de los elementos;/ [18]*el comienzo*
y el fin y el medio de los tiempos,/ las diversas
posiciones del sol y el cambio de las estaciones;/
[19]*los ciclos anuales y la posición de las estrellas;/*
[20]*la naturaleza de los animales y la furia de las*
fieras,/ el poder de los espíritus y las reflexio-
nes de los hombres,/ las variedades de plantas
y las virtudes de las raíces;/ [21]*todo lo sé; oculto*
o manifiesto,/ porque la Sabiduría, artífice del
universo, me lo enseñó.

Reflejo de la luz eterna

[22]*En ella hay un espíritu inteligente, santo,*
único, múltiple, sutil, ágil,/ penetrante, inma-
culado, transparente, invulnerable, bondadoso,
agudo,/ [23]*independiente, benéfico, amigo del*
hombre, firme, seguro, sereno,/ que todo lo pue-
de, que todo lo vigila, que en todos los espíritus
penetra,/ en los inteligentes, en los puros, en los
sutilísimos.
[24]*La Sabiduría es más móvil que cualquier*
movimiento,/ y, en virtud de su pureza, lo atra-
viesa y lo penetra todo;/ [25]*porque es exhalación*
del poder divino,/ emanación purísima de la
gloria del Omnipotente,/ por eso nada inmun-
do se le pega./ [26]*Es reflejo de la luz eterna,/ es-*
pejo nítido de la actividad de Dios e imagen de
su bondad./ [27]*Siendo una sola, todo lo puede;*
sin cambiar en nada, renueva el universo,/ y,
entrando en las almas buenas de cada genera-
ción,/ va haciendo amigos de Dios y profetas;/
[28]*pues Dios ama solo a quien convive con la Sa-*
biduría./ [29]*Es más bella que el sol y que todas*
las constelaciones,/ comparada a la luz del día,
sale ganando,/ [30]*pues a este lo releva la noche,/*
mientras que a la Sabiduría no la puede el mal.

8 [1]*Se despliega con vigor de un extremo al otro/*
y gobierna el universo con acierto.

La pretendí como esposa

[2]*La quise y la busqué desde muchacho/ y la*
pretendí como esposa, enamorado de su hermo-
sura./ [3]*Su unión con Dios realza su nobleza,/*
porque la ama el que es Señor de todos;/ [4]*ella*
conoce los secretos de Dios y elige lo que él hace.
[5]*Si la riqueza es un bien deseable en la vida,/*
¿quién es más rico que la Sabiduría, que lo rea-
liza todo?/ [6]*Y si es la prudencia quien lo reali-*
za,/ ¿quién, sino la Sabiduría, es la autora de
todo cuanto existe?/ [7]*Si alguien ama la justicia,*
las virtudes serán el fruto de sus esfuerzos;/ es
maestra de templanza y prudencia, de justicia
y fortaleza;/ para los hombres no hay en la vi-
da nada más provechoso que esto./ [8]*Y si alguien*
ambiciona una rica experiencia,/ ella conoce
el pasado y adivina el futuro,/ sabe los dichos
ingeniosos y la solución de los enigmas,/ com-
prende de antemano los signos y prodigios,/ y
el desenlace de cada momento, de cada época./
[9]*Por eso decidí unir nuestras vidas,/ seguro de*
que sería mi consejera en la dicha,/ y mi alivio
en las preocupaciones y tristezas:/ [10]*Gracias a*
ella me elogiará la asamblea,/ y, aun siendo jo-
ven, me honrarán los ancianos;/ [11]*en los juicios*
luciré mi agudeza y seré la admiración de los
monarcas;/ [12]*si callo, estarán a la expectativa;*

si tomo la palabra, prestarán atención,/ y si me
alargo hablando, se llevarán la mano a la boca.
13Gracias a ella alcanzaré la inmortalidad/
y dejaré a la posteridad un recuerdo
imperecedero.
14Gobernaré pueblos, someteré naciones;/
15soberanos temibles se asustarán al oír mi nombre;/
con el pueblo me mostraré bueno, y en la
guerra, valeroso./ 16Al volver a casa, descansaré
a su lado,/ porque su trato no produce amargura,/
su intimidad no deprime, sino que regocija
y alegra.
17Esto es lo que yo pensaba y sopesaba en mi
corazón:/ la inmortalidad consiste en tener parentesco
con la Sabiduría;/ 18su amistad es noble
gozo; el trabajo de sus manos, riqueza inagotable;/
su trato familiar, prudencia; conversar con
ella, celebridad;/ entonces me puse a buscarla,
tratando de llevármela a casa.
19Yo era un niño bueno por naturaleza, dotado
de un alma bondadosa;/ 20mejor dicho, siendo
bueno, entré en un cuerpo sin mancha./ 21Al
darme cuenta de que solo me la ganaría si Dios
me la otorgaba/ –y ya era un signo de prudencia
saber el origen de este don–,/ me dirigí al Señor
y le supliqué, diciendo de todo corazón:

Envíala desde el cielo

9 1Dios de los padres, Señor de misericordia,/
que todo lo creaste con tu palabra/ 2y con tu
Sabiduría formaste al hombre/ para que dominara
todas tus criaturas,/ 3gobernara el mundo
con justicia y santidad/ y administrara justicia
rectamente:/ 4dame la Sabiduría que reina
junto a ti,/ y no me excluyas de entre tus siervos./
5Porque soy siervo tuyo, hijo de tu sierva,/
hombre débil y de existencia breve,/ incapaz de
entender el derecho y la ley./ 6Por perfecto que
sea un hombre,/ si le falta tu Sabiduría, no valdrá
nada.
7Tú me has elegido como rey de tu pueblo/ y
jefe de tus hijos e hijas,/ 8me encargaste construirte
un templo en tu monte santo/ y un altar
en la ciudad de tu morada,/ copia del santuario
que fundaste al principio.
9Contigo está la Sabiduría, que conoce tus
obras,/ a tu lado estaba cuando hiciste el mundo;/
ella sabe lo que a ti te agrada, lo que responde
a tus mandamientos.
10Envíala desde el cielo sagrado, mándala
desde tu trono glorioso,/ para que esté a mi lado
y trabaje conmigo,/ enseñándome lo que te
agrada.
11Ella, que todo lo sabe y lo comprende,/ me
guiará prudentemente en mis empresas/ y me
custodiará con su gloria;/ 12así aceptarás mis
obras, juzgaré a tu pueblo con justicia/ y seré
digno del trono de mi padre./ 13Porque, ¿qué
hombre conoce los planes de Dios?/ ¿Quién comprende
lo que Dios quiere?/ 14Los pensamientos
de los mortales son mezquinos/ y nuestros razonamientos
son inseguros;/ 15porque el cuerpo
mortal es un peso para el alma/ y la tienda terrestre
abruma la mente que reflexiona.
16A duras penas adivinamos lo que hay en la
tierra/ y con trabajo encontramos lo que está
a nuestro alcance:/ ¿quién podrá rastrear las
cosas del cielo?/ 17¿Quién conocerá tu designio,
si tú no le das la Sabiduría/ enviando tu santo
espíritu desde el cielo?/ 18Solo así fueron rectos
los caminos de los que están sobre la tierra,/ así
los hombres aprendieron lo que te agrada y la
Sabiduría los salvó.

La Sabiduría salvó al justo

10 1Ella fue quien protegió al primer formado,
padre del mundo,/ único creado, y lo liberó
de su pecado,/ 2y le dio el poder de dominarlo todo./
3Se apartó de ella el criminal lleno de ira,/
y su furia fratricida le acarreó la ruina./ 4Por
su culpa vino el diluvio a la tierra, y otra vez la
salvó la Sabiduría,/ guiando al justo en un simple
tablón.
5Cuando los pueblos, unidos en la maldad,/
fueron confundidos ella se fijó en el justo/ y lo
preservó irreprochable ante Dios,/ manteniéndolo
entero sin ablandarse ante su hijo./ 6Cuando
la aniquilación de los impíos, ella puso a salvo
al justo,/ escapado del fuego llovido sobre las
cinco ciudades;/ 7testimonio de aquella maldad,
aún está el desierto humeante,/ los árboles
frutales de cosechas prematuras/ y la estatua
de sal que se levanta, monumento a un alma que
no creyó.
8Por haberse apartado de la Sabiduría,/ tuvieron
la desgracia de no conocer el bien,/ y
además dejaron a la historia un recuerdo de su
insensatez,/ para que su mal paso no quedara
oculto./ 9La Sabiduría en cambio, sacó de apuros
a sus servidores./ 10Al justo que escapaba de la
ira de su hermano/ lo condujo por sendas llanas,/
le mostró el reino de Dios y le dio a conocer
las cosas santas;/ dio éxito a sus tareas e hizo
fecundos sus trabajos;/ 11lo protegió contra la
codicia de los explotadores y lo enriqueció;/ 12lo
defendió de sus enemigos y lo puso a salvo de sus
ataques,/ le dio la victoria en la dura batalla,/
para que supiera que la piedad es más fuerte que
nada.
13No abandonó al justo vendido, sino que lo
libró del pecado;/ 14bajó con él al calabozo y no
lo dejó en la prisión,/ hasta entregarle el cetro

real y poder sobre sus opresores;/ demostró la
falsedad de sus calumniadores y le concedió glo-
ria eterna.
15 Al pueblo santo, a la raza irreprochable, lo
libró de la nación opresora;/ 16 entró en el alma
del servidor de Dios,/ que hizo frente a reyes te-
mibles con sus prodigios y señales./ 17 Dio a los
santos la recompensa de sus trabajos/ y los con-
dujo por un camino maravilloso;/ fue para ellos
sombra durante el día y resplandor de astros por
la noche./ 18 Los hizo atravesar el Mar Rojo y los
guió a través de aguas caudalosas;/ 19 sumergió a
sus enemigos,/ y luego los sacó a flote de lo pro-
fundo del Abismo./ 20 Por eso los justos despoja-
ron a los impíos/ y cantaron, Señor, un himno
a tu santo Nombre,/ celebrando a coro tu brazo
victorioso;/ 21 porque la Sabiduría abrió la boca
de los mudos/ y soltó la lengua de los niños.

JUICIOS HISTÓRICOS I (11–12)

Juicio del agua

11 1 Coronó con el éxito sus obras por medio de
un santo profeta.
2 Atravesaron un desierto inhóspito, acampa-
ron en terrenos intransitados;/ 3 hicieron frente
a ejércitos hostiles y rechazaron a sus adversa-
rios./ 4 Tuvieron sed y te invocaron:/ una roca
áspera les dio agua y les sanó la sed una piedra
dura.
5 Con lo que sus enemigos eran castigados,/
ellos, en el apuro, eran favorecidos./ 6 A cambio
del caudal permanente/ de un río enturbia-
do por la mezcla de sangre y agua/ 7 –castigo
del decreto infanticida– les diste sin esperarlo
agua abundante,/ 8 para que aprendieran, por
la sed pasada,/ cómo habías castigado a sus
adversarios.
9 En efecto, cuando sufrían una prueba, aun-
que corregidos con misericordia,/ compren-
dían los tormentos de los impíos, al ser juzgados
con ira;/ 10 porque a los tuyos los probaste como
padre que reprende,/ pero a los otros, como
rey inexorable, los examinaste y condenaste./
11 Ausentes y presentes se consumían por igual;/
12 un doble pesar se apoderó de ellos y gemían, re-
cordando el pasado;/ 13 cuando comprendieron
que sus propios castigos/ eran un bien para los
otros, reconocieron allí al Señor.
14 Al que antes expusieron y luego rechazaron
burlándose de él,/ al final de los sucesos lo ad-
miraron,/ al sufrir una sed distinta de aquella
de los justos.

Juicio de los animales

15 Su mentalidad insensata y depravada los
extravió/ hasta el punto de rendir culto a repti-
les sin razón y viles alimañas,/ y tú te vengaste
enviando contra ellos un sinfín de animales sin
razón,/ 16 para que aprendieran que en el pecado
está el castigo.
17 Bien que podía tu mano omnipotente,/ que
de materia sin forma había creado el mundo,/
soltar contra ellos osos a manadas o bravos leo-
nes,/ 18 o especies nuevas de animales recién
creados, ferocísimos,/ que lanzasen resoplidos
llameantes/ o despidiesen una humareda pesti-
lente,/ o cuyos ojos echasen chispas terribles;/
19 bestias que no solo podían aniquilarlos con su
poder maléfico,/ sino que podían exterminarlos
con su aspecto terrorífico./ 20 Aun sin esto, ellos
podían haber caído de un solo soplo,/ persegui-
dos por la justicia, barridos por tu soplo podero-
so,/ pero tú todo lo tenías predispuesto con peso,
número y medida.
21 Desplegar todo tu poder está siempre a tu
alcance;/ ¿quién puede resistir la fuerza de tu
brazo?/ 22 Porque el mundo entero es ante ti como
grano de arena en la balanza,/ como gota de ro-
cío mañanero que cae sobre la tierra.
23 Pero te compadeces de todos, porque todo
lo puedes,/ cierras los ojos a los pecados de los
hombres para que se arrepientan./ 24 Amas a to-
dos los seres y no aborreces nada de lo que has
hecho;/ si hubieras odiado alguna cosa, no la
habrías creado.
25 Y, ¿cómo subsistirían las cosas si tú no lo hu-
bieses querido?/ ¿Cómo conservarían su exis-
tencia si tú no las hubieses llamado?/ 26 Pero a
todos perdonas, porque son tuyos, Señor, amigo
de la vida.

12 1 Todos llevan tu soplo incorruptible.

Los cananeos

2 Por eso corriges poco a poco a los que caen,/
les recuerdas su pecado y los reprendes,/ para
que se conviertan y crean en ti, Señor.
3 A los antiguos pobladores de tu santa tierra/
4 los aborreciste por sus odiosas prácticas,/ ritos
sacrílegos y actos de magia,/ 5 crueles sacrifi-
cios de criaturas/ y banquetes canibalescos de
vísceras y sangre humana;/ a ellos, que prac-
ticaban tales ritos,/ 6 padres asesinos de vidas
indefensas,/ decidiste eliminarlos por medio
de nuestros padres,/ 7 para que tu tierra predi-
lecta/ acogiera a la digna colonia de los hijos de
Dios.
8 Pero aun a esos, como hombres que eran,/
los perdonaste y les enviaste, como avanzada de
tu ejército,/ avispas para exterminarlos poco a
poco.

*9Bien que podías haber entregado a los im-
píos en manos de los justos,/ en batalla campal,
o haberlos aniquilado de una vez/ por medio
de fieras terribles, o con una severa orden de
mando;/ 10pero, castigándolos poco a poco, les
diste ocasión de arrepentirse,/ sabiendo que
eran malos por naturaleza, perversos de naci-
miento,/ y que su manera de ser no cambiaría
nunca.*

*11Eran raza maldita desde su origen./ Y no
les perdonaste los delitos porque tuvieras mie-
do a nadie./ 12Porque, ¿quién puede decirte:
qué has hecho?/ ¿Quién protestará contra tu
sentencia?/ ¿Quién te denunciará por el ex-
terminio/ de las naciones que tú has creado?/
¿Quién se levantará contra ti para defender a
los injustos?*

*13Además, fuera de ti, no hay otro dios al cui-
dado de todos,/ para que puedas mostrar que no
juzgas injustamente;/ 14no hay rey ni soberano
que pueda desafiarte por haberlos castigado.*

*15Eres justo, gobiernas el universo con justicia
y juzgas indigno de tu poder/ condenar a quien
no merece castigo./ 16Porque tu poder es el prin-
cipio de la justicia/ y el ser dueño de todos te ha-
ce perdonarlos a todos.*

*17Ante el que no cree en la perfección de tu
poder despliegas tu fuerza,/ y confundes la im-
prudencia de aquellos que la conocen;/ 18pero
tú, dueño de tu fuerza, juzgas con moderación/
y nos gobiernas con mucha indulgencia;/ hacer
uso de tu poder está a tu alcance cuando quieres.*

*19Actuando así, enseñaste a tu pueblo que el
hombre justo debe ser humano,/ e infundiste a
tus hijos la esperanza,/ porque dejas arrepen-
tirse a los que pecan./ 20Si a los enemigos de tus
hijos, reos de muerte,/ los castigaste con tanto
miramiento e indulgencia,/ dándoles tiempo y
ocasión de arrepentirse de sus culpas,/ 21¿con
cuánta mayor consideración juzgarás a tus hi-
jos,/ a cuyos padres prometiste favores con ju-
ramentos y alianzas?*

Juicio de burla

*22A nosotros nos instruyes azotando mil ve-
ces a nuestros enemigos,/ para que nosotros,
a la hora de juzgar pensemos en tu benevolen-
cia/ y cuando nos toque ser juzgados esperemos
misericordia.*

*23A los necios que vivieron una vida deprava-
da/ los torturaste con sus propios ídolos;/ 24se
extraviaron muy lejos por el camino del error,/
teniendo por dioses a los animales más viles y
repugnantes,/ dejándose engañar como niños
sin inteligencia;/ 25por eso, como a niños que no
razonan,/ les enviaste un castigo que los puso
en ridículo./ 26Los que no escarmentaron con
semejante corrección/ tendrían que sufrir un
juicio digno de Dios.*

*27Al ser castigados por aquellos mismos a los
que tenían por dioses/ –y los habían hecho su-
frir e irritarse–,/ abrieron los ojos y reconocie-
ron como Dios verdadero/ al que antes no ha-
bían querido conocer;/ por eso les sobrevino el
peor de los castigos.*

IDOLATRÍA (13–15)

Fascinados por la hermosura del universo

13 *1Eran naturalmente faltos de inteligencia/
todos los hombres que ignoraban a Dios,/ y
fueron incapaces de conocer al que es/ partien-
do de las cosas buenas que están a la vista,/ y no
reconocieron al artífice fijándose en sus obras,/
2sino que tuvieron por dioses al fuego, al vien-
to, al aire leve,/ a las órbitas astrales, al agua
impetuosa,/ a las lumbreras celestes, regidoras
del mundo./ 3Si fascinados por su hermosura los
creyeron dioses,/ sepan cuánto los aventaja su
Dueño,/ pues los creó el autor de la belleza;/ 4y
si los asombró su poder y actividad,/ calculen
cuánto más poderoso es quien los hizo;/ 5pues,
partiendo de la grandeza y belleza de las criatu-
ras,/ se puede reflexionar y llegar a conocer al
que les dio el ser.*

*6Con todo, a estos poco se les puede echar en
cara,/ pues tal vez andan extraviados/ buscan-
do a Dios y queriéndolo encontrar;/ 7en efecto,
dan vueltas a sus obras, las exploran,/ y su apa-
riencia los subyuga, porque es bello lo que ven./
8Pero ni siquiera estos tienen excusa,/ 9porque
si lograron saber tanto que fueron capaces de
investigar el universo,/ ¿cómo no encontraron
antes a su Dueño?*

Ídolos de madera

*10Son unos infelices los que ponen su esperan-
za en cosas muertas,/ los que llamaron dioses
a las obras de sus manos humanas,/ al oro y la
plata labrados con arte y a figuras de anima-
les,/ o a una piedra sin valor, obra de una mano
antigua.*

*11Tomemos como ejemplo a un carpintero: ta-
la un árbol fácil de manejar,/ lo descorteza con
maña y, aplicándose a su oficio con destreza,/
hace un objeto útil para necesidades de la vi-
da;/ 12las astillas que le sobran las gasta pre-
parando la comida, y se sacia;/ 13pero queda
todavía un resto que para nada sirve,/ un palo
retorcido y nudoso; lo agarra y lo talla en sus
ratos de ocio/ y se entretiene dándole forma
hábilmente,/ hasta sacar la imagen de un hom-*

bre/ 14*o lograr el parecido de un animal despre-*
ciable; lo cubre de bermellón,/ le pinta de rojo
todo el cuerpo y recubre así sus imperfeccio-
nes;/ 15*le prepara un lugar adecuado/ y lo colo-*
ca en la pared, sujetándolo con una abrazadera.
16Sabiendo *que no puede valerse por sí mis-*
mo,/ toma sus precauciones para que no se cai-
ga:/ es una imagen y necesita ayuda./ 17Luego
le reza por sus bienes, su boda y los hijos,/ sin
sonrojarse de acudir a un ser sin vida;/ implo-
ra la salud de un ser débil,/ 18*ruega por la vida*
a un muerto, solicita ayuda al más torpe/ y un
buen viaje a quien ni de sus pies puede servirse;/
19*para sus negocios y trabajos y el éxito feliz de*
sus tareas/ pide ayuda al que menos vigor tiene
en las manos.

14 1Otros, *al hacerse a la mar, dispuestos a*
atravesar las encrespadas olas,/ invocan
a un madero más frágil que la embarcación que
los transporta./ 2Esta *la proyectó el afán de lu-*
cro y la armó la habilidad técnica;/ 3*pero es tu*
providencia quien la guía, Padre,/ tú trazaste
un camino en el mismo mar/ y una senda segura
entre las olas,/ 4*demostrando que puedes salvar*
de todo riesgo,/ para que se embarquen aun los
inexpertos.
5No *quieres que sean inútiles las obras de tu*
Sabiduría;/ por eso los hombres confían sus
vidas a un madero insignificante,/ y cruzando
el oleaje en una balsa, llegan sanos y salvos./
6En *efecto, cuando al principio perecieron los*
soberbios gigantes,/ la esperanza del mundo se
refugió en una balsa,/ que, guiada por tu mano,
transmitió la semilla de la vida a los siglos.
7Bendita *la madera que se emplea rectamen-*
te,/ 8*pero maldito el ídolo hecho por manos*
humanas y quien lo hizo;/ este por haberlo fa-
bricado,/ aquel porque, siendo corruptible,
fue considerado dios./ 9Porque *Dios aborrece*
igualmente al impío y su impiedad;/ 10*también*
la obra será castigada con su autor./ 11También
a los ídolos de los gentiles se les pedirá cuenta
por esto:/ porque, entre las criaturas de Dios,/
se han convertido en algo detestable,/ tropiezo
para las almas de los hombres/ y trampa para los
pies de los necios.

Origen de la idolatría: la desgracia y el poder

12El *principio de la inmoralidad arranca de*
proyectar ídolos,/ y su invención trajo la co-
rrupción de la vida./ 13Porque *ni existían desde el*
principio ni existirán eternamente;/ 14*en efecto,*
entraron en el mundo por la vanidad de los hom-
bres,/ y por eso tienen marcado un fin repentino.
15Un *padre, desconsolado por un luto prema-*
turo,/ hace una imagen del hijo difunto,/ y al
que antes era un hombre muerto,/ ahora lo ve-
nera como un dios/ e instituye misterios e ini-
ciaciones para sus subordinados;/ 16*más tarde,*
con el tiempo, esta impía costumbre se arraiga/
y se observa como ley./ 17También *por decreto*
de los soberanos se daba culto a sus estatuas;/
como los hombres, viviendo lejos, no podían ve-
nerarlos en persona,/ representaron a la per-
sona remota/ haciendo una imagen visible del
rey venerado,/ así, mediante esta diligencia, se
adulaba al ausente/ como si estuviera presen-
te./ 18Luego *la ambición del artista,/ promovió*
este culto, atrayendo aun a los que lo ignora-
ban;/ 19*en efecto, queriendo tal vez halagar al*
potentado,/ exageró con arte la belleza de la
imagen,/ 20*y la gente, atraída por el encanto de*
la obra,/ juzga ahora digno de adoración/ al
que poco antes veneraba como hombre./ 21Este
hecho resultó una trampa para el mundo:/ ya
que los hombres, bajo el yugo de la desgracia y
del poder,/ impusieron el nombre incomunica-
ble a la piedra y al leño.

Consecuencias de la idolatría

22Pero *no les bastó equivocarse en el conoci-*
miento de Dios,/ sino que, metidos en la guerra
cruel de la ignorancia,/ saludan a esos males
con el nombre de paz.
23En *efecto, practican ritos en los que matan a*
niños,/ o celebran cultos misteriosos, o realizan
locas orgías de extraño ritual,/ 24*ya no conser-*
van pura ni la vida ni el matrimonio,/ sino que
unos a otros se acechan para eliminarse/ o se
humillan con sus adulterios.
25En *todas partes reina la confusión: sangre*
y crimen, robo y engaño,/ corrupción, infideli-
dad, revueltas y falsos juramentos,/ 26*confusión*
de los valores, olvido de la gratitud,/ contami-
nación de las almas, perversiones sexuales,/
desórdenes matrimoniales, adulterio e inmo-
ralidad./ 27Porque *el culto a los ídolos que no*
son nada/ es principio, causa y fin de todos los
males;/ 28*en efecto, o celebran fiestas en las que*
se pierde el juicio,/ o profetizan falsedades,/ o
viven en la injusticia, o juran en falso con faci-
lidad;/ 29*como confían en ídolos sin vida,/ no*
temen que el jurar en falso les ocasione ningún
daño.
30Será *doble la condena que les caiga:/ por te-*
ner una falsa idea de Dios, al estar pendientes
de los ídolos,/ y por jurar contra la verdad y la
justicia, despreciando la santidad;/ 31*porque*
no es el poder de aquellos por quienes se jura,/
sino el justo castigo reservado a los pecadores/

quien persigue siempre las transgresiones de los
injustos.

La justicia perfecta

15 *1Pero tú, Dios nuestro, eres bueno y fiel,/*
tienes mucha paciencia y gobiernas el
universo con misericordia./ 2Aunque peque-
mos, somos tuyos, reconocemos tu poder;/ pero
no pecaremos, sabiendo que te pertenecemos./
3Conocerte a ti es justicia perfecta,/ y reco-
nocer tu poder es la raíz de la inmortalidad./
4No nos extraviaron las malas artes inventadas
por los hombres,/ ni el trabajo estéril de los
pintores/ –figuras embadurnadas de muchos
colores–;/ 5su contemplación apasiona a los
necios,/ que se entusiasman con la imagen sin
aliento de un ídolo muerto./ 6Están enamora-
dos del mal y son dignos de tales esperanzas,/
tanto los autores como los entusiastas y los
adoradores.

Ídolos de barro

7Un alfarero se esfuerza amasando y reblan-
deciendo la arcilla;/ moldea cacharros para
nuestro servicio,/ pero con la misma arcilla
modela por igual/ vasijas destinadas a menes-
teres nobles o innobles;/ el destino de cada una
lo decide el alfarero./ 8Luego, con malas artes,
modela con la misma arcilla un dios falso,/ el
que poco antes nació de la tierra/ y en breve va
adonde lo sacaron,/ cuando le reclamen la deu-
da de su alma.

9Pero no le preocupa que tenga que morir y que
su vida sea corta;/ sino que compite con orfebres
y plateros,/ imita a los escultores en bronce/ y
se enorgullece en modelar figuras engañosas./
10Su mente es ceniza; su esperanza,/ más mez-
quina que el barro,/ y su vida vale menos que la
arcilla;/ 11pues no reconoció a quien lo modeló a
él,/ le infundió un alma activa y le sopló aliento
de vida,/ 12sino que consideró la vida como un
juego,/ la existencia como una feria de nego-
cios:/ Hay que sacar partido –decía– de lo que
sea, hasta del mal./ 13Este más que nadie sabe
que peca:/ el que fabrica con materia terrosa
vasijas frágiles y estatuas.

Animales divinizados

14Pero los más faltos de inteligencia, y más in-
felices que el alma de un niño,/ son los enemigos
que oprimieron a tu pueblo,/ 15porque tuvieron
por dioses a todos los ídolos de los gentiles,/ cu-
yos ojos no les sirven para ver, ni la nariz para
respirar,/ ni las orejas para oír, ni los dedos de
las manos para tocar/ y sus pies no sirven para
andar./ 16Porque los hizo el hombre, los modeló
un ser de aliento prestado,/ y ningún hombre
puede modelar un dios a su semejanza;/ 17siendo
mortal, sus manos pecadoras producen un ca-
dáver;/ vale más él que los objetos que adora,/
pues él tiene vida, los otros jamás./ 18También
dan culto a los animales más odiosos,/ que en
cuanto a estupidez, son peores que los otros;/
19no tienen ninguna belleza que los haga atrac-
tivos/ –cosa que sucede con otros animales–,/
sino que se quedaron sin la aprobación de Dios
y sin su bendición.

JUICIOS HISTÓRICOS II (16–19)

Codornices

16 *1Por eso recibieron el castigo merecido/*
torturados por una plaga de pequeños
animales./ 2Frente a ese castigo, a tu pueblo lo
favoreciste,/ y, para satisfacer su apetito,/ les
proporcionaste codornices, manjar desusado;/
3así, mientras los otros, aunque hambrientos,
perdían el apetito natural,/ asqueados por los
bichos que les habías enviado,/ estos, después
de pasar un poco de necesidad,/ se repartían un
manjar desusado./ 4Porque era justo que a aque-
llos opresores les sobreviniera/ una necesidad
sin salida,/ y a estos se les mostrara solo cómo
eran torturados sus enemigos.

Juicio de las serpientes

5Así cuando les sobrevino la terrible furia de
las fieras/ y morían mordidos por serpientes
huidizas,/ tu ira no duró hasta el final;/ 6para
que escarmentaran, se les asustó un poco,/ pero
tenían un emblema de salud/ como recordatorio
del mandato de tu ley;/ 7en efecto, el que se volvía
hacia él sanaba/ no en virtud de lo que veía, sino
gracias a ti, Salvador de todos.

8Así convenciste a nuestros enemigos de que
eres tú quien libra de todo mal;/ 9a ellos los ma-
taron a picaduras alacranes y moscas,/ sin que
hubiera remedio para sus vidas,/ porque tenían
merecido este castigo;/ 10a tus hijos, en cam-
bio, ni los colmillos de culebras venenosas los
pudieron,/ porque acudió a sanarlos tu mise-
ricordia./ 11Las mordeduras les recordaban tus
palabras –y enseguida sanaban–/ para que no
cayeran en profundo olvido/ y se quedaran sin
experimentar tu acción benéfica./ 12Y no los sa-
nó hierba ni ungüento alguno,/ sino tu palabra,
Señor, que lo sana todo./ 13Porque tú tienes po-
der sobre la vida y la muerte,/ llevas a las puer-
tas del infierno y haces regresar;/ 14el hombre,
en cambio, aunque con su maldad dé muerte,/
no hace volver el espíritu una vez que se fue,/ ni
libera el alma ya recibida.

Juicio al fuego y al alimento

15 Imposible escapar de tu mano;/ 16 a los impíos
que no querían conocerte los azotaste con tu
brazo vigoroso:/ los perseguían lluvias desco-
nocidas y pedriscos/ y tormentas implacables,
y el fuego los devoró;/ 17 y lo más sorprendente:
en el agua, que todo lo apaga, ardía más el fue-
go,/ porque el universo combate a favor de los
justos;/ 18 unas veces se amansaba la llama,/
para no quemar a los animales enviados contra
los impíos,/ para que, viéndolos, comprendieran
que el juicio de Dios los perseguía;/ 19 pero otras
veces, aun en medio del agua,/ la llama ardía
con más fuerza que el fuego,/ para destruir la
cosecha de una tierra malvada.
20 A tu pueblo, por el contrario, lo alimentaste
con manjar de ángeles,/ proporcionándole gra-
tuitamente, desde el cielo,/ pan a punto, de mil
sabores, a gusto de todos;/ 21 este sustento tuyo
demostraba a tus hijos tu dulzura,/ pues servía
al deseo de quien lo tomaba/ y se convertía en lo
que uno quería.
22 Nieve y hielo aguantaban el fuego sin de-
rretirse,/ para que se supiera que el fuego –ar-
diendo en medio de la granizada/ y centelleando
bajo el aguacero– aniquilaba los frutos de los
enemigos;/ 23 pero él mismo, en otra ocasión, se
olvidó de su propio poder,/ para que los justos se
alimentaran./ 24 Porque la creación, sirviéndote
a ti, su Creador,/ despliega su energía para cas-
tigar a los malvados/ y se calma para beneficiar
a los que confían en ti.
25 Por eso también entonces, tomando diver-
sas formas,/ estaba al servicio de tu generosi-
dad, que da alimento a todos,/ de acuerdo con
el deseo de los que te suplicaban,/ 26 para que
aprendieran tus hijos queridos, Señor,/ que no
alimenta al hombre la variedad de frutos,/ si-
no que es tu palabra quien mantiene a los que
creen en ti./ 27 Porque lo que el fuego no devoró,/
se derritió simplemente calentado por un fugaz
rayo de sol,/ 28 para que se supiera que es preci-
so/ madrugar más que el sol para darte gracias,
y rezar al clarear el alba;/ 29 ya que la esperanza
de los ingratos se derretirá como escarcha in-
vernal/ y se escurrirá como agua sin provecho.

Juicio de las tinieblas

17 1 Tus juicios son grandiosos e inexplica-
bles;/ por eso las almas que no aprenden se
extraviaron.
2 Pensaban los malvados que oprimían a la
nación santa,/ mientras ellos permanecían pri-
sioneros de las tinieblas,/ en el calabozo de una
larga noche, recluidos bajo sus techos,/ exclui-
dos de la eterna providencia.
3 Creían pasar inadvertidos,/ con sus pecados
encubiertos bajo el tupido velo del olvido,/ pero
fueron dispersados, presa de un terrible miedo,/
sobresaltados por visiones./ 4 Porque ni el rincón
que los escondía los salvaguardaba del miedo,/
retumbaban a su alrededor ruidos aterradores/
y se les aparecían tétricos fantasmas de lúgubres
rostros./ 5 No había fuego bastante para ilumi-
narlos,/ ni el resplandor brillante de los astros/
lograban iluminar aquella noche siniestra.
6 Para ellos brillaba solamente una fogata es-
peluznante que ardía por sí sola,/ y era tal el
miedo, que cuando la visión desaparecía de su
vista,/ todavía les parecía más terrible.
7 Los trucos de la magia habían fracasado/ y
su alarde de ciencia sufría un descalabro ver-
gonzoso,/ 8 porque los que se comprometían/
a expulsar del alma enferma terrores y sobre-
saltos/ padecían ellos mismos un pánico ridí-
culo./ 9 Aunque nada inquietante les metiera
miedo,/ horrorizados por el paso de alimañas y
el silbido de reptiles,/ 10 sucumbían temblando,
negándose a mirar el aire/ del que nadie puede
escapar./ 11 Pues la maldad de por sí es cobarde y
se condena a sí misma;/ acorralada por la con-
ciencia se imagina siempre lo peor,/ 12 porque
el miedo no es otra cosa/ que la renuncia a los
auxilios que da la reflexión;/ 13 siendo menor la
esperanza,/ más grave se le hace la causa de la
tortura.
14 Durante aquella noche insoportable,/ salida
de los rincones del impotente Abismo,/ mientras
dormían el mismo sueño,/ 15 o los perseguían
monstruosos espectros,/ o al darse por vencidos
quedaban paralizados,/ porque los invadió un
miedo repentino e inesperado.
16 Así, todo el que allí caía, quienquiera que
fuese,/ quedaba encarcelado, recluido en una
prisión sin barrotes;/ 17 fuese labrador o pastor
u obrero que trabajara en lugares solitarios,/
sufría, sorprendido, el castigo inevitable;/
18 porque a todos amarraba la misma cadena de
tinieblas./ El silbido del viento,/ el canto melo-
dioso de las aves en la espesura de las ramas,/
la cadencia del agua fluyendo impetuosa,/ 19 el
golpe seco de las rocas al precipitarse,/ la invisi-
ble carrera de los animales retozando,/ el rugido
de las bestias más feroces,/ el eco retumbante en
las cavernas de los montes/ los dejaba paraliza-
dos de terror.
20 El mundo entero, iluminado por una luz ra-
diante,/ se entregaba sin trabas a sus tareas;/
21 sobre ellos solos se cernía una noche agobian-
te,/ imagen de las tinieblas que los esperaba./
Pero ellos eran para sí mismos más insoporta-
bles que las tinieblas.

18 1*Tus santos, en cambio, tenían una luz*
magnífica;/ los otros, que oían sus voces
sin ver su figura,/ los felicitaban por no haber
padecido;/ 2les daban las gracias/ porque no se
desquitaban de los malos tratos recibidos/ y pe-
dían perdón por haber estado enemistados.
3*Entonces les proporcionaste una columna de*
fuego/ que los guiara en el viaje desconocido/ y
un sol inofensivo, para su viaje glorioso.
4*Los otros merecían quedarse sin luz, prisio-*
neros de las tinieblas,/ por haber tenido reclui-
dos a tus hijos,/ que iban a transmitir al mundo
la luz incorruptible de tu ley.

Juicio de los primogénitos

5*Cuando decidieron matar a los niños de los*
santos/ –y se salvó uno solo, abandonado–,/ en
castigo les arrebataste sus hijos en masa,/ y los
eliminaste a todos juntos en las aguas enfureci-
das./ 6Aquella noche se les anunció de antemano
a nuestros padres/ para que tuvieran ánimo,/
al conocer con certeza la promesa de que se fia-
ban./ 7Tu pueblo esperaba ya la salvación de los
justos/ y la perdición de los enemigos,/ 8pues
con una misma acción castigabas a los adversa-
rios/ y nos honrabas llamándonos a ti.
9*Los piadosos, hijos de los buenos,/ ofrecían*
sacrificios a escondidas/ y, de común acuerdo,
se imponían esta ley sagrada:/ que todos los
santos serían solidarios en los peligros y en los
bienes,/ y empezaron a entonar las alabanzas de
los padres.
10*Les hacían eco los gritos destemplados de los*
enemigos,/ y se propagaban los gritos lastime-
ros del duelo por sus hijos;/ 11idéntico castigo
sufrían el esclavo y el amo,/ el hombre del pueblo
y el rey padecían lo mismo;/ 12todos sin distin-
ción tenían muertos innumerables,/ víctimas
de la misma muerte;/ los vivos no daban abasto
para enterrarlos,/ porque en un momento pere-
ció lo mejor de su raza.
13*Aunque la magia los había hecho desconfiar*
de todo,/ cuando el exterminio de los primogé-
nitos/ confesaron que el pueblo aquel era hijo de
Dios.
14*Un silencio sereno lo envolvía todo, y al me-*
diar la noche su carrera,/ 15tu palabra todopo-
derosa se abalanzó, como guerrero implacable,/
desde el trono real de los cielos al país condena-
do;/ 16llevaba la espada afilada de tu orden ter-
minante;/ se detuvo y lo llenó todo de muerte;/
pisaba la tierra y tocaba el cielo./ 17Entonces, de
repente, los sobresaltaron terribles pesadillas,/
los asaltaron temores imprevistos;/ 18tirados,
medio muertos, cada uno por su lado,/ ma-
nifestaban la causa de su muerte;/ 19pues sus
sueños turbulentos los habían prevenido,/ para
que no perecieran sin conocer el motivo de su
desgracia.

Expiación

20*También a los justos los alcanzó la prueba de*
la muerte/ y en el desierto tuvo lugar una gran
matanza,/ pero no duró mucho la ira;/ 21porque
un varón intachable se lanzó en su defensa,/
manejando las armas de su ministerio:/ la ora-
ción y el incienso expiatorio;/ hizo frente a la
cólera y puso fin a la catástrofe,/ demostrando
ser ministro tuyo;/ 22venció la indignación no a
fuerza de músculos ni empuñando las armas,/
sino que rindió con la palabra al que traía el
castigo,/ recordándole los pactos y promesas
hechos a los padres.
23*Cuando ya se amontonaban los cadáveres,*
unos encima de otros,/ se plantó en medio y ata-
jó el golpe,/ cortándole el paso hacia los que aún
vivían.
24*Pues en su vestidura de tela estaba el mundo*
entero,/ y el esplendor de los padres/ en las cua-
tro hileras de piedras talladas,/ y tu majestad en
la diadema de su cabeza.
25*Ante esto, el exterminador retrocedió atemo-*
rizado;/ una sola prueba de tu ira bastaba.

Juicio del Mar Rojo

19 1*Pero sobre los impíos descargó hasta el fin*
una ira despiadada,/ porque Dios ya sabía
lo que iban a hacer:/ 2que los dejarían marchar
y los apurarían para que se fueran,/ pero luego,
cambiando de parecer, los perseguirían.
3*En efecto, antes de terminar los funerales,/*
llorando junto a las tumbas de los muertos,/ tra-
maron otro plan insensato,/ y a los que habían
expulsado con súplicas,/ los perseguían como
fugitivos.
4*Hasta este extremo los arrastró una merecida*
fatalidad/ y los hizo olvidarse del pasado,/ para
que completaran con un nuevo castigo,/ lo que
a sus tormentos faltaba/ 5y, mientras tu pueblo
realizaba un viaje sorprendente,/ toparan ellos
con una muerte insólita./ 6Porque la creación
entera, cumpliendo tus órdenes,/ cambió radi-
calmente su naturaleza para guardar sin daño
a tus hijos./ 7Se vio la nube dando sombra al
campamento,/ la tierra firme surgiendo donde
antes había agua,/ el Mar Rojo convertido en
camino despejado/ y el violento oleaje hecho
una llanura verde;/ 8por allí pasaron, en forma-
ción compacta,/ los que iban protegidos por tu
mano,/ presenciando prodigios asombrosos./
9*Retozaban como potros y saltaban de alegría*
como corderos,/ alabándote a ti, Señor, su li-

bertador./ 10*Aún tenían en la memoria todo lo del destierro:/ cómo la tierra, y no los animales, produjo mosquitos;/ cómo, en vez de especies acuáticas, el río vomitó cantidad de ranas.*

11*Más tarde vieron también un nuevo modo de nacer los pájaros,/ cuando, acuciados por el apetito, pidieron delicados manjares;/* 12*pues, para satisfacerlos, salieron codornices del mar.*

Por esclavizar a emigrantes

13*Y a los pecadores les sobrevinieron los castigos/ no sin el previo aviso de retumbantes truenos;/ justamente sufrían por sus propios delitos,/ por haber odiado cruelmente a los extranjeros.*

14*Sí, hubo quien negó hospitalidad a unos visitantes desconocidos;/ pero estos esclavizaron a unos extranjeros que eran bienhechores./* 15*Más aún: qué castigo no les tocará a aquellos/ por haber recibido hostilmente a los extranjeros;/*
16*pero estos, después de agasajarlos a su llegada,/ cuando tenían ya los mismos derechos,/ los maltrataron con trabajos inhumanos.*

17*Y también los hirió la ceguera, como aquellos otros, a la puerta del justo,/ cuando envueltos en una densa oscuridad,/ buscaban a tientas la entrada de su casa.*

Metamorfosis de la creación

18*Los elementos se armonizan entre sí,/ como en el arpa los sonidos modifican la clase de ritmo,/ conservando siempre el mismo tono./ Y esto es lo que puede deducirse de lo que pasó:/*
19*pues los seres terrestres se volvían acuáticos,/*
y los que nadan, se paseaban por la tierra;/ 20*el*
fuego acrecentaba su propia fuerza en el agua,/
y el agua olvidaba su poder de apagar;/ 21*las llamas, por el contrario,/ no quemaban las carnes de los débiles animales/ que por allí merodeaban,/ ni derretían aquella especie de manjar divino, cristalino y soluble./* 22*Porque en todo, Señor, has engrandecido y glorificado a tu pueblo,/ y nunca y en ningún lugar dejaste de asistirlo y socorrerlo.*

NUEVO TESTAMENTO

MATEO

Genealogía de Jesús

1 1 Genealogía de Jesucristo, hijo de David, hijo
de Abrahán: 2 Abrahán engendró a Isaac; Isa-
ac engendró a Jacob; Jacob engendró a Judá y a
sus hermanos. 3 Judá engendró, de Tamar, a Fares
y Zará; Fares engendró a Esrón; Esrón engendró
a Arán. 4 Arán engendró a Aminadab; Aminadab
engendró a Naasón; Naasón engendró a Salmón.
5 Salmón engendró, de Rajab, a Booz; Booz en-
gendró, de Rut, a Obed; Obed engendró a Jesé.
6 Jesé engendró al rey David.
David engendró, de la mujer de Urías, a Sa-
lomón. 7 Salomón engendró a Roboán; Roboán
engendró a Abías; Abías engendró a Asaf. 8 Asaf
engendró a Josafat; Josafat engendró a Jorán;
Jorán engendró a Ozías. 9 Ozías engendró a Joa-
tán; Joatán engendró a Acaz; Acaz engendró a
Ezequías. 10 Ezequías engendró a Manasés; Mana-
sés engendró a Amón; Amón engendró a Josías.
11 Josías engendró a Jeconías y a sus hermanos,
en tiempos del destierro a Babilonia.
12 Después del destierro a Babilonia, Jeconías
engendró a Salatiel; Salatiel engendró a Zoro-
babel. 13 Zorobabel engendró a Abiud; Abiud en-
gendró a Eliacín; Eliacín engendró a Azor. 14 Azor
engendró a Sadoc; Sadoc engendró a Aquín;
Aquín engendró a Eliud. 15 Eliud engendró a Elea-
zar; Eleazar engendró a Matán; Matán engendró
a Jacob. 16 Jacob engendró a José, esposo de
María, de la que nació Jesús, llamado el Mesías.
17 De este modo, todas las generaciones de
Abrahán a David son catorce; de David hasta el
destierro a Babilonia, catorce; del destierro de
Babilonia hasta el Mesías, catorce.

Nacimiento de Jesús

18 El nacimiento de Jesucristo sucedió así: su
madre, María, estaba comprometida con José,
y antes del matrimonio, quedó embarazada por
obra del Espíritu Santo. 19 José, su esposo, que
era un hombre justo y no quería denunciarla
públicamente, pensó abandonarla en secreto.
20 Ya lo tenía decidido, cuando un ángel del Señor
se le apareció en sueños y le dijo: «José, hijo
de David, no temas recibir a María como espo-
sa tuya, pues la criatura que espera es obra del
Espíritu Santo. 21 Dará a luz un hijo, a quien lla-
marás Jesús, porque él salvará a su pueblo de sus
pecados». 22 Todo esto sucedió para que se cum-
pliera lo que el Señor había anunciado por medio
del profeta: 23 «*Mira, la virgen está embarazada,*
dará a luz a un hijo que se llamará Emanuel, que
significa: Dios con nosotros». 24 Cuando José se
despertó del sueño, hizo lo que el ángel del Se-
ñor le había ordenado y recibió a María como
esposa. 25 Y sin haber mantenido relaciones dio a
luz un hijo, al cual llamó Jesús.

Homenaje de los magos

2 1 Jesús nació en Belén de Judea, en tiempos
del rey Herodes. Por entonces sucedió que
unos magos de oriente se presentaron en Jeru-
salén 2 preguntando: «¿Dónde está el rey de los
judíos que acaba de nacer? Vimos su estrella en
el oriente y venimos a adorarle». 3 Al oírlo, el rey
Herodes comenzó a temblar, y lo mismo que él
toda Jerusalén. 4 Entonces, reuniendo a todos
los sumos sacerdotes y letrados del pueblo, les
preguntó en qué lugar debía nacer el Mesías. 5 Le
contestaron: «En Belén de Judea, como está es-
crito por el profeta: 6 *Tú, Belén, en territorio de*
Judá, no eres ni mucho menos la última de las
poblaciones de Judá, pues de ti saldrá un líder,
el pastor de mi pueblo Israel». 7 Entonces Hero-
des, llamando en secreto a los magos, les pre-
guntó el tiempo exacto en que había aparecido
la estrella; 8 después los envió a Belén con este
encargo: «Averigüen con precisión lo referente
al niño y cuando lo encuentren avísenme, para
que yo también vaya a adorarle». 9 Y habiendo
escuchado el encargo del rey, se fueron. De
pronto, la estrella que habían visto en oriente
avanzó delante de ellos hasta detenerse sobre
el lugar donde estaba el niño. 10 Al ver la estrella
se llenaron de una inmensa alegría. 11 Entraron
en la casa, vieron al niño con su madre, María, y
postrándose le adoraron; abrieron sus tesoros y
le ofrecieron como regalos: oro, incienso y mi-
rra. 12 Después, advertidos por un sueño de que
no volvieran a casa de Herodes, regresaron a su
tierra por otro camino.

Huida a Egipto y matanza de inocentes

13 Cuando se fueron, un ángel del Señor se
apareció en sueños a José y le dijo: «Levántate,
toma al niño y a su madre, huye a Egipto y qué-
date allí hasta que te avise, porque Herodes va a
buscar al niño para matarlo». 14 Se levantó, toda-
vía de noche, tomó al niño y a su madre y partió
hacia Egipto, 15 donde residió hasta la muerte de
Herodes. Así se cumplió lo que anunció el Señor
por el profeta: «*De Egipto llamé a mi hijo*». 16 En-
tonces Herodes, al verse burlado por los magos,
se enfureció mucho y mandó matar a todos los
niños menores de dos años en Belén y sus alre-
dedores; según el tiempo que había averiguado
por los magos. 17 Así se cumplió lo que anunció el
profeta Jeremías: 18 «*Una voz se escucha en Ra-*
má: muchos llantos y sollozos; es Raquel que llora

a sus hijos y no quiere que la consuelen porque
ya no viven».

Regreso de Egipto

19A la muerte de Herodes, el ángel del Señor se
apareció en sueños a José en Egipto 20y le dijo:
«Levántate, toma al niño y a su madre y regre-
sa a Israel, pues han muerto los que atentaban
contra la vida del niño». 21Se levantó, tomó al
niño y a su madre y se volvió a Israel. 22Pero,
al enterarse de que Arquelao había sucedido a
su padre Herodes como rey de Judea, tuvo mie-
do de ir allí. Y avisado en sueños, se retiró a
la provincia de Galilea 23y se estableció en una
población llamada Nazaret, para que se cumplie-
ra lo anunciado por los profetas: «Será llamado
Nazareno».

Juan el Bautista

3 1En aquel tiempo se presentó Juan el Bau-
tista en el desierto de Judea, 2proclamando:
«Arrepiéntanse, que está cerca el reino de los
cielos». 3Este es a quien había anunciado el pro-
feta Isaías, diciendo: «*Una voz grita en el de-*
sierto: Preparen el camino al Señor, enderecen
sus senderos». 4Juan llevaba un manto hecho de
pelos de camello, con un cinturón de cuero en la
cintura y se alimentaba de saltamontes y miel
silvestre. 5Acudían a él de Jerusalén, de toda
Judea y de la región del Jordán, 6y se hacían
bautizar en el río Jordán por él, confesando sus
pecados. 7Al ver que muchos fariseos y saduceos
acudían a que los bautizara les dijo: «¡Raza de
víboras! ¿Quién les ha enseñado a escapar de la
condena que llega? 8Muestren frutos de un sin-
cero arrepentimiento 9y no piensen que basta
con decir: Nuestro padre es Abrahán; pues yo
les digo que de estas piedras puede sacar Dios
hijos para Abrahán. 10El hacha ya está apoyada
en la raíz del árbol: árbol que no produzca frutos
buenos será cortado y arrojado al fuego. 11Yo los
bautizo con agua en señal de arrepentimiento;
pero detrás de mí viene uno con más autoridad
que yo, y yo no soy digno de quitarle sus sanda-
lias. Él los bautizará con Espíritu Santo y fuego.
12Ya empuña la horquilla para limpiar su cosecha:
reunirá el trigo en el granero, y quemará la paja
en un fuego que no se apaga».

Bautismo de Jesús

13Entonces fue Jesús desde Galilea al Jordán y
se presentó a Juan para que lo bautizara. 14Juan
se resistía diciendo: «Soy yo quien necesito que
tú me bautices, ¿y tú acudes a mí?». 15Jesús le
respondió: «Ahora haz lo que te digo pues de
este modo conviene que realicemos la justicia
plena». Ante esto Juan aceptó. 16Después de ser
bautizado, Jesús salió del agua y en ese momen-
to se abrió el cielo y vio al Espíritu de Dios que
bajaba como una paloma y se posaba sobre él.
17Se escuchó una voz del cielo que decía: «Este
es mi Hijo querido, mi predilecto».

La prueba en el desierto

4 1Entonces Jesús, movido por el Espíritu, se
retiró al desierto para ser tentado por el
Diablo. 2Hizo un ayuno de cuarenta días con sus
noches y al final sintió hambre. 3Se acercó el
Tentador y le dijo: «Si eres Hijo de Dios, di que
estas piedras se conviertan en pan». 4Él contes-
tó: «Está escrito: *No solo de pan vive el hombre,*
sino de toda palabra que sale de la boca de Dios».
5Luego el Diablo se lo llevó a la Ciudad Santa, lo
colocó en la parte más alta del templo 6y le di-
jo: «Si eres Hijo de Dios, tírate abajo, pues está
escrito: *Ha dado órdenes a sus ángeles sobre ti;*
te llevarán en sus manos para que tu pie no tro-
piece en la piedra». 7Jesús respondió: «También
está escrito: *No pondrás a prueba al Señor, tu*
Dios». 8De nuevo se lo llevó el Diablo a una mon-
taña altísima y le mostró todos los reinos del
mundo en su esplendor, 9y le dijo: «Todo esto te
lo daré si te postras para adorarme». 10Entonces
Jesús le replicó: «¡Aléjate, Satanás! Que está es-
crito: *Al Señor tu Dios adorarás, a él solo darás*
culto». 11De inmediato lo dejó el Diablo y unos
ángeles vinieron a servirle.

Comienza su proclamación

12Al saber que Juan había sido arrestado, Je-
sús se retiró a Galilea, 13salió de Nazaret y se
estableció en Cafarnaún, junto al lago, en te-
rritorio de Zabulón y Neftalí. 14Así se cumplió lo
anunciado por el profeta Isaías: 15«*Territorio de*
Zabulón y territorio de Neftalí, camino del mar,
al otro lado del Jordán, Galilea de los paganos.
16*El pueblo que vivía en tinieblas vio una luz in-*
tensa, a los que vivían en sombras de muerte les
amaneció la luz». 17Desde entonces comenzó Je-
sús a proclamar: «¡Arrepiéntanse que está cerca
el reino de los cielos!».

Llama a sus primeros discípulos

18Mientras caminaba junto al lago de Galilea,
vio a dos hermanos –Simón, llamado Pedro,
y Andrés, su hermano– que estaban echando
una red al lago, pues eran pescadores. 19Les di-
jo: «Vengan conmigo y los haré pescadores de
hombres». 20De inmediato dejando las redes le
siguieron. 21Un trecho más adelante vio a otros
dos hermanos –Santiago de Zebedeo y Juan, su
hermano– en la barca con su padre Zebedeo,

arreglando las redes. Los llamó, 22y ellos inme-
diatamente, dejando la barca y a su padre, le
siguieron.

Resumen de la actividad de Jesús

23Jesús recorría toda Galilea enseñando en
las sinagogas, proclamando la Buena Noticia
del reino y sanando entre el pueblo toda cla-
se de enfermedades y dolencias. 24Su fama se
difundió por toda Siria, de modo que le traían
todos los que padecían diversas enfermedades
o sufrían achaques: endemoniados, lunáticos,
paralíticos y él los sanaba. 25Le seguía una gran
multitud de Galilea, Decápolis, Jerusalén, Judea
y Transjordania.

Sermón del monte: las bienaventuranzas

5 1Al ver a la multitud, subió al monte. Se sen-
tó y se le acercaron los discípulos. 2Tomó la
palabra y comenzó a enseñarles del siguiente
modo: 3«Felices los pobres de corazón, porque
el reino de los cielos les pertenece. 4Felices los
afligidos, porque serán consolados. 5Felices los
desposeídos, porque heredarán la tierra. 6Feli-
ces los que tienen hambre y sed de justicia, por-
que serán saciados. 7Felices los misericordiosos,
porque serán tratados con misericordia. 8Felices
los limpios de corazón, porque verán a Dios.
9Felices los que trabajan por la paz, porque se
llamarán hijos de Dios. 10Felices los perseguidos
por causa del bien, porque el reino de los cielos
les pertenece. 11Felices ustedes cuando los in-
jurien, los persigan y los calumnien de todo por
mi causa. 12Alégrense y estén contentos pues la
paga que les espera en el cielo es abundante.
De ese mismo modo persiguieron a los profetas
anteriores a ustedes.

Los discípulos: sal y luz

13»Ustedes son la sal de la tierra. Si la sal se
vuelve insípida, ¿con qué se le devolverá su sa-
bor? Solo sirve para tirarla y que la pise la gente.
14Ustedes son la luz del mundo. No puede ocul-
tarse una ciudad construida sobre un monte.
15No se enciende una lámpara para meterla en un
cajón, sino que se pone en el candelero para que
alumbre a todos en la casa. 16Brille igualmente
la luz de ustedes ante los hombres, de modo que
cuando ellos vean sus buenas obras, glorifiquen
al Padre de ustedes que está en el cielo.

Jesús y la Ley

17»No piensen que he venido a abolir la ley o
los profetas. No vine para abolir, sino para cum-
plir. 18Les aseguro que mientras duren el cielo y
la tierra, ni una letra, ni una coma de la ley deja-
rá de realizarse. 19Por tanto, quien quebrante el
más mínimo de estos mandamientos y enseñe a
otros a hacerlo será considerado el más pequeño
en el reino de los cielos. Pero quien lo cumpla y
lo enseñe será considerado grande en el reino
de los cielos. 20Porque les digo que si el modo
de obrar de ustedes no supera al de los letrados
y fariseos, no entrarán en el reino de los cielos.

Respecto a la ofensa

21»Ustedes han oído que se dijo a los antiguos:
No matarás; el homicida responderá ante el tri-
bunal. 22Pues yo les digo que todo el que se enoje
contra su hermano responderá ante el tribunal.
Quien llame a su hermano imbécil responderá
ante el Consejo. Quien lo llame estúpido incurri-
rá en la pena del infierno de fuego. 23Si mientras
llevas tu ofrenda al altar te acuerdas de que tu
hermano tiene algo contra ti, 24deja la ofrenda
delante del altar, ve primero a reconciliarte con
tu hermano y después vuelve a llevar tu ofrenda.
25Con quien tienes pleito busca rápidamente un
acuerdo, mientras vas de camino con él. Si no,
te entregará al juez, el juez al comisario y te
meterán en la cárcel. 26Te aseguro que no saldrás
hasta haber pagado el último centavo.

Respecto al adulterio

27»Ustedes han oído que se dijo: *No cometerás
adulterio*. 28Pues yo les digo que quien mira a
una mujer deseándola ya ha cometido adulterio
con ella en su corazón. 29Si tu ojo derecho te
lleva a pecar, sácatelo y tíralo lejos de ti. Más te
vale perder una parte de tu cuerpo que ser arro-
jado entero al infierno. 30Y si tu mano derecha
te lleva a pecar, córtatela y tírala lejos de ti.
Más te vale perder una parte de tu cuerpo que
terminar entero en el infierno.

Respecto al divorcio

31»Se dijo: *Quien repudie a su mujer que le dé
acta de divorcio*. 32Pues yo les digo que quien
repudia a su mujer –salvo en caso de concubi-
nato– la induce a adulterio, y quien se case con
una divorciada comete adulterio.

Respecto a los juramentos

33»Ustedes, también, han oído que se dijo a
los antiguos: *No jurarás en falso y cumplirás tus
juramentos al Señor*. 34Pues yo les digo que no
juren en absoluto: ni por el cielo, que es trono
de Dios; 35ni por la tierra, que es tarima de sus
pies; ni por Jerusalén, que es la ciudad del gran
Rey; 36ni jures tampoco por tu cabeza, pues no
puedes convertir en blanco o negro uno solo de
tus cabellos. 37Que la palabra de ustedes sea sí,

sí; no, no. Lo que se añada luego procede del Maligno.

Respecto a la venganza

38»Ustedes han oído que se dijo: *Ojo por ojo, diente por diente*. 39Pues yo les digo que no opongan resistencia al que les hace el mal. Antes bien, si uno te da una bofetada en [tu] mejilla derecha, ofrécele también la otra. 40Al que quiera ponerte pleito para quitarte la túnica déjale también el manto. 41Si uno te obliga a caminar mil pasos, haz con él dos mil. 42Da a quien te pide y al que te solicite dinero prestado no lo esquives.

43»Ustedes han oído que se dijo: *Amarás a tu prójimo* y odiarás a tu enemigo. 44Pues yo les digo: Amen a sus enemigos, oren por sus perseguidores. 45Así serán hijos de su Padre del cielo, que hace salir su sol sobre malos y buenos y hace llover sobre justos e injustos. 46Si ustedes aman solo a quienes los aman, ¿qué premio merecen? También hacen lo mismo los recaudadores de impuestos. 47Si saludan solo a sus hermanos, ¿qué hacen de extraordinario? También hacen lo mismo los paganos. 48Por tanto, sean perfectos como es perfecto el Padre de ustedes que está en el cielo.

Sobre la práctica de las obras buenas

6 1»Cuídense de hacer obras buenas en público solamente para que los vean; de lo contrario no serán recompensados por su Padre del cielo.

Respecto a la limosna

2»Cuando des limosna no hagas tocar la trompeta por delante, como hacen los hipócritas en las sinagogas y en las calles para que los alabe la gente. Les aseguro que ya han recibido su paga. 3Cuando tú hagas limosna, no sepa tu mano izquierda lo que hace tu derecha; 4de ese modo tu limosna quedará escondida, y tu Padre, que ve en lo escondido, te lo pagará.

Respecto a la oración

5»Cuando ustedes oren no hagan como los hipócritas, que gustan rezar de pie en las sinagogas y en las esquinas para exhibirse a la gente. Les aseguro que ya han recibido su paga. 6Cuando tú vayas a orar, entra en tu habitación, cierra la puerta y reza a tu Padre a escondidas. Y tu Padre, que ve en lo escondido, te lo pagará. 7Cuando ustedes recen no sean charlatanes como los paganos, que piensan que por mucho hablar serán escuchados. 8No los imiten, pues el Padre de ustedes sabe lo que necesitan antes de que se lo pidan.

El Padrenuestro

9»Ustedes oren así: *¡Padre nuestro que estás en el cielo!/ Santificado sea tu Nombre,/* 10*venga tu reino,/ hágase tu voluntad/ en la tierra como en el cielo;/* 11*danos hoy nuestro pan de cada día,/* 12*perdona nuestras ofensas/ como también nosotros perdonamos a los que nos ofenden;/* 13*no nos dejes caer en la tentación/ y líbranos del mal.*

14»Pues si perdonan a los demás las ofensas, su Padre del cielo los perdonará a ustedes, 15pero si no perdonan a los demás, tampoco el Padre los perdonará a ustedes.

Respecto al ayuno

16»Cuando ustedes ayunen no pongan cara triste como los hipócritas, que desfiguran la cara para hacer ver a la gente que ayunan. Les aseguro que ya han recibido su paga. 17Cuando tú ayunes, perfúmate la cabeza y lávate la cara, 18de modo que tu ayuno no lo vean los demás, sino tu Padre, que está escondido; y tu Padre, que ve en lo escondido, te lo pagará.

El verdadero tesoro

19»No acumulen tesoros en la tierra, donde la polilla y la herrumbre los destruyen, donde los ladrones perforan paredes y roban. 20Acumulen tesoros en el cielo, donde no roe la polilla ni destruye la herrumbre, donde los ladrones no abren brechas ni roban. 21Pues donde está tu tesoro, allí estará también tu corazón.

Luz y tinieblas

22»La lámpara del cuerpo es el ojo: por tanto, si tu ojo está sano, todo tu cuerpo estará lleno de luz; 23pero si tu ojo está enfermo, todo tu cuerpo estará lleno de oscuridad. Y si tu fuente de luz está a oscuras, ¡cuánta oscuridad habrá!

Dios y el dinero

24»Nadie puede estar al servicio de dos señores, pues odiará a uno y amará al otro o apreciará a uno y despreciará al otro. No pueden estar al servicio de Dios y del dinero.

Confianza en Dios

25»Por eso les digo que no anden angustiados por la comida [y la bebida] para conservar la vida o por la ropa para cubrir el cuerpo. ¿No vale más la vida que el alimento?, ¿el cuerpo más que la ropa? 26Miren las aves del cielo: no siembran ni cosechan ni recogen en graneros, y sin embargo, el Padre del cielo las alimenta. ¿No valen ustedes más que ellas? 27¿Quién de ustedes puede, por mucho que se inquiete, prolongar un poco su

vida? 28¿Por qué se angustian por la vestimenta?
Miren cómo crecen los lirios silvestres, sin tra-
bajar ni hilar. 29Les aseguro que ni Salomón, en
el esplendor de su gloria, se vistió como uno de
ellos. 30Pues si a la hierba del campo, que hoy
crece y mañana la echan al horno, Dios la viste
así, ¿no los vestirá mejor a ustedes, hombres de
poca fe?
31»En conclusión, no se angustien pensando:
¿qué comeremos?, ¿qué beberemos?, ¿con qué nos
vestiremos? 32Todo eso buscan ansiosamente los
paganos. Pero el Padre del cielo sabe que ustedes
tienen necesidad de todo aquello. 33Busquen pri-
mero el reino [de Dios] y su justicia, y lo demás lo
recibirán por añadidura. 34Por eso, no se preocu-
pen del mañana, que el mañana se ocupará de sí.
A cada día le basta su problema.

El juicio a los demás

7 1»No juzguen y no serán juzgados. 2Del mismo
modo que ustedes juzguen se los juzgará. La
medida que usen para medir la usarán con uste-
des. 3¿Por qué te fijas en la pelusa que está en el
ojo de tu hermano y no miras la viga que hay en
el tuyo? 4¿Cómo te atreves a decir a tu hermano:
Déjame sacarte la pelusa del ojo, mientras llevas
una viga en el tuyo? 5¡Hipócrita!, saca primero la
viga de tu ojo y entonces podrás ver claramente
para sacar la pelusa del ojo de tu hermano.

Las cosas santas

6»No tiren las cosas santas a los perros, ni
arrojen sus perlas a los cerdos, no sea que las
pisoteen y después se vuelvan contra ustedes
para destrozarlos.

Perseverancia en la oración

7»Pidan y se les dará, busquen y encontrarán,
llamen y se les abrirá, 8porque quien pide reci-
be, quien busca encuentra, a quien llama se le
abrirá. 9¿Quién de ustedes, si su hijo le pide pan,
le da una piedra? 10¿O si le pide pescado, le da
una culebra? 11Pues si ustedes, que son malos,
saben dar cosas buenas a sus hijos, ¡cuánto más
dará el Padre del cielo cosas buenas a los que
se las pidan!

La regla de oro

12»Traten a los demás como quieren que los
demás los traten. En esto consiste la ley y los
profetas.

La puerta estrecha

13»Entren por la puerta estrecha; porque es
ancha la puerta y espacioso el camino que lleva
a la perdición, y son muchos los que entran por
ella. 14¡Qué estrecha es la puerta!, ¡qué angosto
el camino que lleva a la vida!, y son pocos los
que lo encuentran.

Todo árbol se conoce por su fruto

15»Cuídense de los falsos profetas que se
acercan disfrazados de ovejas y por dentro son
lobos rapaces. 16Por sus frutos los reconocerán.
¿Se cosechan uvas de los espinos o higos de los
cardos? 17Un árbol sano da frutos buenos, un
árbol enfermo da frutos malos. 18Un árbol sano
no puede dar frutos malos ni un árbol enfermo
puede dar frutos buenos. 19El árbol que no dé
frutos buenos será cortado y echado al fuego.
20Así pues, por sus frutos los reconocerán.

No basta decir: ¡Señor, Señor!

21»No todo el que me diga: ¡Señor, Señor!, en-
trará en el reino de los cielos, sino el que haga la
voluntad de mi Padre del cielo. 22Cuando llegue
aquel día, muchos me dirán: ¡Señor, Señor! ¿No
hemos profetizado en tu nombre? ¿No hemos
expulsado demonios en tu nombre? ¿No hemos
hecho milagros en tu nombre? 23Y yo entonces
les declararé: Nunca los conocí; apártense de
mí, ustedes que hacen el mal.

Roca y arena

24»Así pues, quien escucha estas palabras
mías y las pone en práctica se parece a un hom-
bre prudente que construyó su casa sobre roca.
25Cayó la lluvia, crecieron los ríos, soplaron los
vientos y se abatieron sobre la casa; pero no
se derrumbó, porque estaba cimentada sobre
roca.
26»Quien escucha estas palabras mías y no las
pone en práctica se parece a un hombre tonto
que construyó su casa sobre arena. 27Cayó la
lluvia, crecieron los ríos, soplaron los vientos,
golpearon la casa y esta se derrumbó. Fue una
ruina terrible».
28Cuando Jesús terminó su discurso, la multi-
tud estaba asombrada de su enseñanza; 29por-
que les enseñaba con autoridad, no como sus
letrados.

Sana a un leproso

8 1Cuando bajaba del monte le seguía una gran
multitud. 2Un leproso se le acercó, se postró
ante él y le dijo: «Señor, si quieres, puedes sa-
narme». 3Él extendió la mano y le tocó diciendo:
«Lo quiero, queda sano». Y en ese instante se
sanó de la lepra. 4Jesús le dijo: «No se lo digas
a nadie; ve a presentarte al sacerdote y, para
que les conste, lleva la ofrenda establecida por
Moisés».

Sana al criado de un centurión

5Al entrar en Cafarnaún, un centurión se le acercó y le suplicó: 6«Señor, mi muchacho está postrado en casa, paralítico, y sufre terriblemente». 7Jesús le contestó: «Yo iré a sanarlo». 8Pero el centurión le replicó: «Señor, no soy digno de que entres bajo mi techo. Basta que digas una palabra y mi muchacho quedará sano. 9También yo tengo un superior y soldados a mis órdenes. Si le digo a este que vaya, va; al otro que venga, viene; a mi sirviente que haga esto, y lo hace». 10Al oírlo, Jesús se admiró y dijo a los que le seguían: «Les aseguro, que no he encontrado una fe semejante en ningún israelita. 11Les digo que muchos vendrán de oriente y occidente y se sentarán con Abrahán, Isaac y Jacob en el reino de los cielos. 12Mientras que los ciudadanos del reino serán expulsados a las tinieblas de fuera. Allí será el llanto y el crujir de dientes». 13Al centurión, Jesús le dijo: «Ve y que suceda como has creído». En aquel instante [su] muchacho quedó sano.

Actividades en torno a la casa

14Entrando Jesús en casa de Pedro, vio a su suegra acostada con fiebre. 15La tomó de la mano, y se le fue la fiebre; entonces ella se levantó y se puso a servirle. 16Al atardecer le trajeron muchos endemoniados. Él con una palabra expulsaba los demonios, y todos los enfermos sanaban. 17Así se cumplió lo anunciado por el profeta Isaías: «*Él tomó nuestras debilidades y cargó con nuestras enfermedades*».

Exigencias del seguimiento

18Al ver Jesús la multitud que lo rodeaba, dio orden de atravesar el lago. 19Entonces se acercó un letrado y le dijo: «Maestro, te seguiré adonde vayas». 20Jesús le contestó: «Las zorras tienen madrigueras, las aves del cielo nidos, pero el Hijo del Hombre no tiene dónde recostar la cabeza». 21Otro discípulo le dijo: «Señor, déjame primero ir a enterrar a mi padre». 22Jesús le contestó: «Sígueme y deja que los muertos entierren a sus muertos».

Calma una tempestad

23Cuando subía a la barca le siguieron los discípulos. 24De pronto se levantó tal tempestad en el lago que las olas cubrían la embarcación, mientras tanto, él dormía. 25Los discípulos se acercaron y lo despertaron diciendo: «¡Señor, sálvanos, que morimos!». 26Él les dijo: «¡Qué cobardes y hombres de poca fe son!». Se levantó, increpó a los vientos y al lago, y sobrevino una gran calma. 27Los hombres decían asombrados: «¿Quién es este, que hasta los vientos y el lago le obedecen?».

Exorciza en Gadara

28Al llegar a la otra orilla y entrar en territorio de Gadara, fueron a su encuentro dos endemoniados salidos de los sepulcros; eran tan violentos que nadie se atrevía a pasar por aquel camino. 29De pronto se pusieron a gritar: «¡Hijo de Dios!, ¿qué tienes con nosotros? ¿Has venido antes de tiempo a atormentarnos?». 30A cierta distancia había una gran piara de cerdos pastando. 31Los demonios le suplicaron: «Si nos expulsas, envíanos a la piara de cerdos». 32Él les dijo: «Vayan». Ellos salieron y se metieron en los cerdos. La piara en masa se lanzó por un acantilado al lago y se ahogó en el agua. 33Los pastores huyeron, llegaron al pueblo y contaron lo que había sucedido con los endemoniados. 34Toda la población salió al encuentro de Jesús y al verlo le suplicaban que se fuera de su territorio.

Sana a un paralítico

9 1Jesús subió a una barca, cruzó a la otra orilla y llegó a su ciudad. 2Le trajeron un paralítico tendido en una camilla. Al ver Jesús la fe que tenían, dijo al paralítico: «¡Ánimo, hijo! Se te perdonan tus pecados». 3Entonces algunos letrados pensaron: «Este blasfema». 4Jesús, percibiendo sus pensamientos, dijo: «¿Por qué piensan mal? 5¿Qué es más fácil? ¿Decir se te perdonan los pecados; o decir levántate y camina?». 6Pues, para que sepan que el Hijo del Hombre tiene autoridad en la tierra para perdonar pecados, dirigiéndose al paralítico, le dijo: «Levántate, toma tu camilla y ve a tu casa». 7Él se levantó y se fue a su casa. 8La multitud al verlo quedó atemorizada y daba gloria a Dios por haber dado tal autoridad a los hombres.

Llama a Mateo: comparte la mesa con pecadores

9Cuando se iba de allí vio Jesús a un hombre llamado Mateo sentado junto a la mesa de recaudación de los impuestos. Le dijo: «Sígueme». Él se levantó y le siguió. 10Estando Jesús en casa, sentado a la mesa, muchos recaudadores de impuestos y pecadores llegaron y se sentaron con él y sus discípulos. 11Al verlo, los fariseos dijeron a los discípulos: «¿Por qué su maestro come con recaudadores de impuestos y pecadores?». 12Él lo escuchó y contestó: «No tienen necesidad del médico los sanos, sino los enfermos. 13Vayan a aprender lo que significa: *Misericordia quiero y no sacrificios*. No vine a llamar a justos, sino a pecadores».

Sobre el ayuno

14Entonces se le acercaron los discípulos de
Juan y le preguntaron: «¿Por qué nosotros y los
fariseos ayunamos [mucho] mientras que tus
discípulos no ayunan?». 15Jesús les respondió:
«¿Pueden los invitados a la boda estar tristes
mientras el novio está con ellos? Llegará un día
en que les arrebaten el novio y entonces ayu-
narán. 16Nadie usa un trozo de tela nueva para
remendar un vestido viejo; porque lo añadido
tira del vestido y la rotura se hace más grande.
17Ni se echa vino nuevo en odres viejos, pues los
odres reventarían, el vino se derramaría y los
odres se echarían a perder. El vino nuevo se echa
en odres nuevos y los dos se conservan».

Sana a una mujer y resucita a una niña

18Mientras les explicaba eso, se le acercó un
jefe, se postró y le dijo: «Mi hija acaba de morir.
Pero ven a imponerle tu mano y ella recobrará
la vida». 19Jesús se levantó y le siguió con sus
discípulos. 20Entre tanto, una mujer que llevaba
doce años padeciendo hemorragias, se le acercó
por detrás y le tocó el borde de su manto. 21Pues
se decía: «Con solo tocar su manto, quedaré
sana». 22Jesús se volvió y al verla dijo: «¡Ten
ánimo, hija! Tu fe te ha sanado». Al instante la
mujer quedó sana. 23Jesús llegó a casa del jefe
y al ver a los flautistas y el barullo de gente,
24dijo: «Retírense; la muchacha no está muer-
ta, sino dormida». Se reían de él. 25Pero, cuando
echaron a la gente, él entró, la tomó de la mano
y la muchacha se levantó. 26El hecho se divulgó
por toda la región.

Sana a dos ciegos y exorciza a un mudo

27Cuando se iba de allí, dos ciegos le seguían
dando voces: «¡Hijo de David, ten piedad de
nosotros!». 28Al entrar en casa, se le acercaron
los ciegos y Jesús les dijo: «¿Creen que puedo
hacerlo?». Contestaron: «Sí, Señor». 29Él les
tocó los ojos diciendo: «Que suceda como us-
tedes han creído». 30Se les abrieron los ojos, y
Jesús les advirtió: «¡Cuidado, que nadie lo se-
pa!». 31Pero ellos se fueron y divulgaron su fama
por toda la región. 32Mientras salían los ciegos,
le trajeron un mudo endemoniado. 33Expulsó
al demonio, y el mudo comenzó a hablar. La
multitud comentaba asombrada: «Nunca se vio
tal cosa en Israel». 34Pero los fariseos decían:
«Expulsa demonios con el poder del jefe de los
demonios».

Resumen de la actividad de Jesús

35Jesús recorría todas las ciudades y pueblos,
enseñando en sus sinagogas, proclamando la
Buena Noticia del reino y sanando toda clase de
enfermedades y dolencias.

Compasión de Jesús

36Viendo a la multitud, se conmovió por ellos,
porque estaban maltratados y abatidos, como
ovejas sin pastor. 37Entonces dijo a los discípu-
los: «La cosecha es abundante, pero los trabaja-
dores son pocos. 38Rueguen al dueño de los cam-
pos que envíe trabajadores para su cosecha».

Los Doce

10 1Y llamando a sus doce discípulos, les dio
poder sobre los espíritus inmundos, para
expulsarlos y para sanar toda clase de enferme-
dades y dolencias. 2Estos son los nombres de los
doce apóstoles: primero Simón, llamado Pedro,
y Andrés su hermano; Santiago de Zebedeo y
su hermano Juan; 3Felipe y Bartolomé; Tomás y
Mateo, el recaudador de impuestos; Santiago de
Alfeo y Tadeo; 4Simón el cananeo y Judas Isca-
riote, el que incluso le traicionó.

Misión de los Doce

5A estos doce los envió Jesús con las siguien-
tes instrucciones: «No se dirijan a países de pa-
ganos, no entren en ciudades de samaritanos;
6vayan más bien a las ovejas descarriadas de la
Casa de Israel. 7Y de camino proclamen que el
reino de los cielos está cerca. 8Sanen a los en-
fermos, resuciten a los muertos, limpien a los le-
prosos, expulsen a los demonios. Gratuitamente
han recibido, gratuitamente deben dar. 9No lle-
ven en el cinturón oro ni plata ni cobre, 10ni pro-
visiones para el camino ni dos túnicas ni sanda-
lias ni bastón. Que el trabajador tiene derecho
a su sustento. 11Cuando entren en una ciudad o
pueblo, pregunten por alguna persona respeta-
ble y quédense en su casa hasta que se vayan.
12Al entrar en la casa, salúdenla invocando la
paz; 13si la casa lo merece, entrará en ella la paz;
si no la merece, esa paz retornará a ustedes. 14Si
alguien no los recibe ni escucha el mensaje de
ustedes, al salir de aquella casa o ciudad, sacú-
danse el polvo de los pies. 15Les aseguro que el
día del juicio Sodoma y Gomorra serán tratadas
con menos rigor que aquella ciudad.

Advertencia de persecuciones

16»Miren, yo los envío como ovejas en medio
de lobos: sean astutos como serpientes y sen-
cillos como palomas. 17¡Cuidado con la gente!,
porque los entregarán a los tribunales y los azo-
tarán en sus sinagogas. 18Los harán comparecer
ante gobernadores y reyes por mi causa, para dar
testimonio ante ellos y los paganos. 19Cuando

los entreguen, no se preocupen por lo que van
a decir; 20pues no serán ustedes los que hablen,
sino el Espíritu de su Padre hablará por uste-
des. 21Un hermano entregará a la muerte a su
hermano, un padre a su hijo; se rebelarán hijos
contra padres y los matarán. 22Serán odiados por
todos a causa de mi nombre. Quien resista hasta
el final se salvará. 23Cuando los persigan en una
ciudad, escapen a otra; les aseguro que no ha-
brán recorrido todas las ciudades de Israel antes
de que venga el Hijo del Hombre. 24No está el
discípulo por encima del maestro ni el sirviente
por encima de su señor. 25Al discípulo le basta
ser como su maestro y al sirviente como su se-
ñor. Si al dueño de casa lo han llamado Belcebú,
¡cuánto más a los miembros de su casa!

Exhortación al valor

26»Por tanto no les tengan miedo. No hay nada
encubierto que no se descubra, ni escondido que
no se divulgue. 27Lo que les digo de noche dígan-
lo en pleno día; lo que escuchen al oído grítenlo
desde los techos. 28No teman a los que matan el
cuerpo y no pueden matar el alma; teman más
bien al que puede arrojar cuerpo y alma en el in-
fierno. 29¿No se venden dos gorriones por pocas
monedas? Sin embargo ni uno de ellos cae a tie-
rra sin permiso del Padre de ustedes. 30En cuan-
to a ustedes, hasta los pelos de su cabeza están
contados. 31Por tanto, no les tengan miedo, que
ustedes valen más que muchos gorriones.

Opción por Jesús

32»Al que me reconozca ante la gente yo lo re-
conoceré ante mi Padre del cielo. 33Pero al que
me niegue ante la gente, yo también lo negaré
ante mi Padre del cielo.

Radicalidad del seguimiento

34»No piensen que he venido a traer paz a la
tierra. No vine a traer paz, sino espada. 35*Vine
a enemistar a un hombre con su padre, a la hija
con su madre, a la nuera con su suegra;* 36*y así el
hombre tendrá por enemigos a los de su propia
casa.* 37Quien ame a su padre o a su madre más
que a mí no es digno de mí; quien ame a su hijo o
a su hija más que a mí no es digno de mí. 38Quien
no tome su cruz para seguirme no es digno de
mí. 39Quien se aferre a la vida la perderá, quien
la pierda por mí la conservará.

Recompensas

40»El que los recibe a ustedes a mí me recibe;
quien me recibe a mí recibe al que me envió.
41Quien recibe a un profeta por su condición de
profeta tendrá paga de profeta; quien recibe a
un justo por su condición de justo tendrá paga
de justo. 42Quien dé a beber un vaso de agua
fresca a uno de estos pequeños por su condi-
ción de discípulo, les aseguro que no quedará
sin recompensa.

11 1Cuando Jesús terminó de dar instruccio-
nes a los doce discípulos, se fue de allí a
enseñar y predicar por aquellas ciudades.

Sobre Juan el Bautista

2Juan oyó hablar en la cárcel de la actividad
del Mesías y le envió este mensaje por medio de
sus discípulos:3«¿Eres tú el que había de venir
o tenemos que esperar a otro?». 4Jesús respon-
dió: «Vayan a contar a Juan lo que ustedes ven
y oyen: 5los ciegos recobran la vista, los cojos
caminan, los leprosos quedan limpios, los sordos
oyen, los muertos resucitan, los pobres reciben
la Buena Noticia; 6y, ¡feliz el que no tropieza
por mi causa!».
7Cuando se fueron, se puso Jesús a hablar de
Juan a la multitud: «¿Qué salieron a contemplar
en el desierto? ¿Una caña sacudida por el vien-
to? 8¿Qué salieron a ver? ¿Un hombre elegante-
mente vestido? Miren, los que visten elegante-
mente habitan en los palacios reales. 9Entonces,
¿qué salieron a ver? ¿Un profeta? Les digo que
sí, y más que profeta. 10A este se refiere lo que
está escrito: *Mira, yo envío por delante a mi
mensajero para que te prepare el camino.* 11Les
aseguro, de los nacidos de mujer no ha surgido
aún alguien mayor que Juan el Bautista. Y sin
embargo, el último en el reino de los cielos es
mayor que él. 12Desde los días de Juan el Bau-
tista hasta ahora el reino de los cielos sufre
violencia, y gente violenta intenta arrebatarlo.
13Hasta Juan todos los profetas y la ley eran pro-
fecía. 14Y, si ustedes están dispuestos a acep-
tarlo, él es Elías que debía venir. 15El que tenga
oídos que escuche. 16¿Con qué compararé a esta
generación? Son como niños sentados en la pla-
za que gritan a otros: 17*Hemos tocado la flauta y
no bailaron, hemos entonado cantos fúnebres y
no hicieron duelo.* 18Vino Juan, que no comía ni
bebía, y dicen: está endemoniado. 19Vino el Hi-
jo del Hombre, que come y bebe, y dicen: miren
qué comilón y bebedor, amigo de recaudadores
de impuestos y pecadores. Pero la sabiduría se
conoce por sus obras».

¡Ay, pueblos de Galilea!

20Entonces se puso a recriminar a las ciudades
donde había realizado la mayoría de sus mila-
gros, porque no se habían arrepentido:21«¡Ay
de ti, Corozaín, ay de ti, Betsaida! Porque si los

milagros realizados entre ustedes se hubiesen hecho en Tiro y Sidón, hace tiempo habrían hecho penitencia vistiéndose humildemente y cubriéndose con ceniza. 22Pues yo les digo que el día del juicio será más llevadero para Tiro y Sidón que para ustedes. 23Y tú, Cafarnaún, ¿pretendes encumbrarte hasta el cielo? Pues caerás hasta el abismo. Porque si los milagros que se han realizado en ti se hubiesen hecho en Sodoma, esa ciudad todavía existiría. 24Yo les digo que el día del juicio será más liviano para Sodoma que para ti».

El Padre y el Hijo

25En aquella ocasión Jesús tomó la palabra y dijo: «¡Te alabo, Padre, Señor del cielo y de la tierra, porque, ocultando estas cosas a los sabios y entendidos, se las diste a conocer a la gente sencilla! 26Sí, Padre, esa ha sido tu elección. 27Todo me lo ha encomendado mi Padre: nadie conoce al Hijo, sino el Padre; nadie conoce al Padre, sino el Hijo y aquel a quien el Hijo decida revelárselo. 28Vengan a mí, los que están cansados y agobiados, y yo los aliviaré. 29Carguen con mi yugo y aprendan de mí, que soy tolerante y humilde de corazón, y encontrarán descanso para su vida. 30Porque mi yugo es suave y mi carga ligera».

Jesús y el sábado

12 1En cierta ocasión, Jesús atravesaba unos campos de trigo en día sábado. Sus discípulos, hambrientos, se pusieron a arrancar espigas y comérselas. 2Los fariseos le dijeron: «Mira, tus discípulos están haciendo en sábado una cosa prohibida». 3Él les respondió: «¿No han leído lo que hizo David y sus compañeros cuando estaban hambrientos? 4Entraron en la casa de Dios y comieron los panes consagrados que no les estaba permitido comer ni a él ni a sus compañeros, sino solamente a los sacerdotes. 5¿No han leído en la ley que, en el templo y en sábado, los sacerdotes quebrantan el reposo sin incurrir en culpa? 6Ahora bien, yo les digo que aquí hay alguien mayor que el templo. 7Si comprendieran lo que significa: *misericordia quiero y no sacrificios*, no condenarían a los inocentes. 8Porque el Hijo del Hombre es Señor del sábado».

9Se dirigió a otro lugar y entró en su sinagoga. 10Había allí un hombre que tenía una mano paralizada. Le preguntaron, con intención de acusarlo, si era lícito sanar en sábado. 11Él respondió: «Supongamos que uno de ustedes tiene una oveja y un sábado se le cae en un pozo: ¿no la agarraría y la sacaría? 12Ahora bien, ¡cuánto más vale un hombre que una oveja! Por tanto, está permitido en sábado hacer el bien». 13Entonces dijo al hombre: «Extiende la mano». Él la extendió y se le quedó tan sana como la otra. 14Los fariseos salieron y deliberaron cómo acabar con él. 15aPero Jesús se dio cuenta y se fue de allí.

Jesús el Siervo de Dios

15bLe seguían muchos; sanaba a todos 16y les pedía encarecidamente que no lo divulgaran. 17Así se cumplió lo que anunció el profeta Isaías: 18«*Miren a mi siervo, a mi elegido, a quien prefiero. Sobre él pondré mi Espíritu para que anuncie la justicia a las naciones.* 19*No gritará, no discutirá, no voceará por las calles.* 20*No quebrará la caña débil, no apagará la vela vacilante, hasta que haga triunfar la justicia.* 21*Y en su nombre esperarán las naciones*».

Jesús y Satanás

22Entonces le llevaron un endemoniado ciego y mudo. Él lo sanó, de modo que recobró la vista y el habla. 23La multitud asombrada comentaba: «¿No será este el Hijo de David?». 24Pero los fariseos al oírlo dijeron: «Este expulsa demonios con el poder de Belcebú, jefe de los demonios». 25Él, leyendo sus pensamientos, les dijo: «Un reino dividido internamente va a la ruina; una ciudad o casa dividida internamente no se mantiene en pie. 26Si Satanás expulsa a Satanás, ¿cómo se mantendrá su reino? 27Si yo expulso demonios con el poder de Belcebú, ¿con qué poder los expulsan los discípulos de ustedes? Por eso ellos los juzgarán. 28Pero si yo expulso los demonios con el Espíritu de Dios, es que ha llegado a ustedes el reino de Dios. 29¿Puede alguien acaso entrar en casa de un hombre fuerte y llevarse sus cosas si primero no lo ata? Solo así podrá saquear la casa. 30El que no está conmigo está contra mí. El que no recoge conmigo desparrama. 31Por eso les digo que cualquier pecado o blasfemia se les puede perdonar a los hombres, pero la blasfemia contra el Espíritu no tiene perdón. 32A quien diga algo contra el Hijo del Hombre se le puede perdonar; a quien lo diga contra el Espíritu Santo no se le perdonará ni en el presente ni en el futuro.

33»Planten un árbol bueno y tendrán un fruto bueno; planten un árbol enfermo y tendrán un fruto dañado. Pues por el fruto conocerán al árbol. 34¡Raza de víboras! ¿Cómo podrán decir palabras buenas si son malos? De la abundancia del corazón habla la boca. 35El hombre bueno saca cosas buenas de su tesoro de bondad; el hombre malo saca cosas malas de su tesoro de maldad. 36Les digo que el día del juicio los hombres deberán dar cuenta de cualquier palabra

inconsiderada que hayan dicho. 37Porque por tus
palabras te absolverán y por tus palabras serás
condenado.

La señal de Jonás

38Entonces algunos letrados y fariseos le dije-
ron: «Maestro, queremos verte hacer alguna se-
ñal». 39Él les contestó: «Una generación malvada
y adúltera reclama una señal, y no se le concede-
rá más señal que la señal del profeta Jonás. 40*Co-
mo estuvo Jonás en el vientre del pez tres días
y tres noches*, así estará el Hijo del Hombre en
las entrañas de la tierra, tres días y tres noches.
41Durante el juicio se alzarán los habitantes de
Nínive contra esta generación y la condenarán
porque ellos se arrepintieron por la predicación
de Jonás, y aquí hay alguien mayor que Jonás.
42La reina del sur se alzará en el juicio contra
esta generación y la condenará, porque ella vino
del extremo de la tierra para escuchar la sabidu-
ría de Salomón, y aquí hay alguien mayor que Sa-
lomón. 43Cuando un espíritu inmundo sale de un
hombre, recorre lugares áridos buscando descan-
so, y no lo encuentra. 44Entonces dice: Me vuelvo
a la casa de donde salí. Al volver, la encuentra
deshabitada, barrida y arreglada. 45Entonces va,
se asocia a otros siete espíritus peores que él, y
se meten a habitar allí. Y el final de aquel hombre
resulta peor que el comienzo. Así le sucederá a
esta generación malvada».

La familia de Jesús

46Todavía estaba hablando a la multitud,
cuando se presentaron su madre y sus hermanos,
que estaban afuera, deseosos de hablar con él.
47[Uno le dijo: «Mira, tu madre y tus hermanos
están fuera y desean hablar contigo.]» 48Él con-
testó al que se lo decía: «¿Quién es mi madre?
¿Quiénes son mis hermanos?» 49Y señalando con
la mano a sus discípulos, dijo: «¡Ahí están mi
madre y mis hermanos! 50Cualquiera que haga la
voluntad de mi Padre del cielo, ese es mi herma-
no, mi hermana y mi madre».

Parábola del sembrador

13 1Aquel día salió Jesús de casa y se sentó
junto al lago. 2Se reunió junto a él una
gran multitud, así que él subió a una barca y
se sentó, mientras la multitud estaba de pie en
la orilla. 3Les explicó muchas cosas con parábo-
las: «Salió un sembrador a sembrar. 4Al sembrar,
unas semillas cayeron junto al camino, vinieron
las aves y se las comieron. 5Otras cayeron en
terreno pedregoso con poca tierra. Al faltarles
profundidad brotaron enseguida; 6pero, al salir
el sol se marchitaron, y como no tenían raíces se
secaron. 7Otras cayeron entre espinos: crecie-
ron los espinos y las ahogaron. 8Otras cayeron
en tierra fértil y dieron fruto: unas cien, otras
sesenta, otras treinta. 9El que tenga oídos que
escuche». 10Se le acercaron los discípulos y le
preguntaron: «¿Por qué les hablas contando pa-
rábolas?». 11Él les respondió: «Porque a ustedes
se les ha concedido conocer los secretos del
reino de los cielos, pero a ellos no se les con-
cede. 12Al que tiene le darán y le sobrará; al que
no tiene le quitarán aun lo que tiene. 13Por eso
les hablo contando parábolas: porque miran y
no ven, escuchan y no oyen ni comprenden. 14Se
cumple en ellos aquella profecía de Isaías: *Por
más que escuchen, no comprenderán, por más
que miren, no verán.* 15*Se ha endurecido el cora-
zón de este pueblo; se han vuelto duros de oído, se
han tapado los ojos. Que sus ojos no vean ni sus
oídos oigan, ni su corazón entienda, ni se con-
viertan para que yo los sane.* 16Dichosos en cam-
bio los ojos de ustedes porque ven y sus oídos
porque oyen. 17Les aseguro que muchos profetas
y justos ansiaron ver lo que ustedes ven, y no lo
vieron, y escuchar lo que ustedes escuchan, y no
lo escucharon.

Explicación de la parábola del sembrador

18»Escuchen entonces la explicación de la pa-
rábola del sembrador. 19Si uno escucha la pala-
bra del reino y no la entiende, viene el Maligno
y le arrebata lo sembrado en su corazón; ese es
como lo sembrado junto al camino. 20Lo sembra-
do en terreno pedregoso es el que escucha la pa-
labra y la recibe enseguida con gozo; 21pero no
tiene raíz y es inconstante. Llega la tribulación
o persecución por causa de la palabra e inmedia-
tamente falla. 22Lo sembrado entre espinos es el
que escucha la palabra; pero las preocupaciones
mundanas y la seducción de la riqueza la ahogan
y no da fruto. 23Lo sembrado en tierra fértil es
el que escucha la palabra y la entiende. Ese da
fruto: cien o sesenta o treinta».

Parábola de la cizaña

24Les contó otra parábola: «El reino de los cie-
los es como un hombre que sembró semilla buena
en su campo. 25Pero, mientras la gente dormía,
vino su enemigo y sembró cizaña en medio del
trigo, y se fue. 26Cuando el tallo brotó y apare-
cieron las espigas, también apareció la cizaña.
27Fueron entonces los sirvientes y le dijeron al
dueño: Señor, ¿no sembraste semilla buena en
tu campo? ¿De dónde le viene la cizaña? 28Les
contestó: Un enemigo lo ha hecho. Le dijeron los
sirvientes: ¿Quieres que vayamos a arrancarla?

29Les contestó: No; porque, al arrancarla, van a
sacar con ella el trigo. 30Dejen que crezcan jun-
tos hasta la cosecha. Cuando llegue el momento,
diré a los cosechadores: Arranquen primero la
cizaña, y en atados échenla al fuego; luego re-
cojan el trigo y guárdenlo en mi granero».

Parábola de la semilla de mostaza

31Les contó otra parábola: «El reino de los cie-
los se parece a una semilla de mostaza que un
hombre toma y siembra en su campo. 32Es más
pequeña que las demás semillas; pero, cuando
crece es más alta que otras hortalizas; se hace
un árbol, vienen las aves del cielo y anidan en
sus ramas».

Parábola de la levadura

33Les contó otra parábola: «El reino de los cie-
los se parece a la levadura: una mujer la toma,
la mezcla con tres medidas de harina, hasta que
todo fermenta». 34Todo esto se lo expuso Jesús
a la multitud con parábolas; y sin parábolas no
les expuso nada. 35Así se cumplió lo que anunció
el profeta: «*Voy a abrir la boca pronunciando
parábolas, profiriendo cosas ocultas desde la
creación [del mundo]*».

Explicación de la parábola de la cizaña

36Después, despidiendo a la multitud, entró en
casa. Se le acercaron los discípulos y le dijeron:
«Explícanos la parábola de la cizaña». 37Él les
contestó: «El que sembró la semilla buena es
el Hijo del Hombre; 38el campo es el mundo; la
buena semilla son los ciudadanos del reino; la
cizaña son los súbditos del Maligno; 39el enemi-
go que la siembra es el Diablo; la cosecha es el
fin del mundo; los cosechadores son los ángeles.
40Como se junta la cizaña y se echa al fuego, así
sucederá al fin del mundo: 41El Hijo del Hombre
enviará a sus ángeles que recogerán de su reino
todos los escándalos y los malhechores; 42y los
echarán al horno de fuego. Allí será el llanto y
el crujir de dientes. 43Entonces, en el reino de
su Padre, los justos brillarán como el sol. El que
tenga oídos que escuche.

Parábola del tesoro escondido

44»El reino de los cielos se parece a un tesoro
escondido en un campo: lo descubre un hombre,
lo vuelve a esconder y, lleno de alegría, vende
todas sus posesiones para comprar aquel campo.

Parábola de la perla fina

45»El reino de los cielos se parece a un comer-
ciante de perlas finas: 46al descubrir una de gran
valor, va, vende todas sus posesiones y la compra.

Parábola de la red

47»El reino de los cielos se parece a una red
echada al mar, que atrapa peces de toda espe-
cie. 48Cuando se llena, los pescadores la sacan
a la orilla, y sentándose, reúnen los buenos en
cestas y los que no valen los tiran. 49Así su-
cederá al fin del mundo: vendrán los ángeles
y separarán a los malos de los buenos 50y los
echarán al horno de fuego. Allí será el llanto y
el crujir de dientes.

Lo nuevo y lo viejo

51»¿Lo han entendido todo?». Le responden
que sí, 52y él les dijo: «Pues bien, un letrado que
se ha hecho discípulo del reino de los cielos se
parece al dueño de una casa que saca de su teso-
ro cosas nuevas y viejas».

En la sinagoga de Nazaret

53Cuando Jesús terminó estas parábolas, se
fue de allí, 54se dirigió a su ciudad y se puso
a enseñarles en su sinagoga. Ellos preguntaban
asombrados: «¿De dónde saca este su saber y sus
milagros? 55¿No es este el hijo del carpintero?
¿No se llama su madre María y sus hermanos
Santiago, José, Simón y Judas? 56Sus hermanas,
¿no viven entre nosotros? ¿De dónde saca todo
eso?». 57Y esto era para ellos un obstáculo. Jesús
les dijo: «A un profeta solo lo desprecian en su
patria y en su casa». 58Y por su incredulidad, no
hizo allí muchos milagros.

Muerte de Juan el Bautista

14 1Por aquel tiempo oyó el tetrarca Herodes
la fama de Jesús 2y dijo a sus servidores:
«Ese es Juan el Bautista que ha resucitado, y
por eso se manifiestan en él poderes milagro-
sos». 3Herodes había hecho arrestar a Juan,
encadenarlo y meterlo en prisión por instiga-
ción de Herodías, esposa de su hermano Feli-
pe. 4Juan le decía que no le era lícito tenerla.
5Herodes quería darle muerte, pero le asustaba
la gente, que consideraba a Juan como profeta.
6Llegó el cumpleaños de Herodes y la hija de
Herodías bailó en medio de todos. A Herodes
le gustó tanto 7que juró darle lo que pidiera.
8Ella, inducida por su madre, pidió: «Dame
aquí, en una bandeja, la cabeza de Juan el Bau-
tista». 9El rey se sintió muy mal; pero, por el
juramento y por los convidados, ordenó que se
la dieran; 10y así mandó decapitar a Juan en la
prisión. 11La cabeza fue traída en una bandeja
y entregada a la joven; ella se la entregó a su
madre. 12Vinieron sus discípulos, recogieron el
cadáver y lo sepultaron; después fueron a con-
társelo a Jesús.

Da de comer a cinco mil

13Al enterarse, Jesús se fue de allí en barca,
él solo, a un paraje despoblado. Pero lo supo la
multitud y le siguió a pie desde los poblados.
14Jesús desembarcó y, al ver la gran multitud,
se compadeció y sanó a los enfermos. 15Al atar-
decer los discípulos fueron a decirle: «El lugar
es despoblado y ya es tarde; despide a la mul-
titud para que vayan a los pueblos a comprar
algo de comer». 16[Jesús] les respondió: «No
hace falta que vayan; denle ustedes de comer».
17Respondieron: «Aquí no tenemos más que cin-
co panes y dos pescados». 18Él les dijo: «Trái-
ganlos». 19Después mandó a la multitud sen-
tarse en la hierba, tomó los cinco panes y los
dos pescados, alzó la vista al cielo, dio gracias,
partió el pan y se lo dio a sus discípulos; ellos
se lo dieron a la multitud. 20Comieron todos,
quedaron satisfechos, recogieron las sobras
y llenaron doce canastos. 21Los que comieron
eran cinco mil hombres, sin contar mujeres y
niños.

Camina sobre el agua

22Enseguida mandó a los discípulos em-
barcarse y pasar antes que él a la otra orilla,
mientras él despedía a la multitud. 23Después
de despedirla, subió él solo a la montaña a
orar. Al anochecer, todavía estaba allí, solo.
24La barca se encontraba a buena distancia de
la costa, sacudida por las olas, porque tenía
viento contrario. 25Ya muy entrada la noche Je-
sús se acercó a ellos caminando sobre el lago.
26Al verlo caminar sobre el lago, los discípulos
comenzaron a temblar y dijeron: «¡Es un fan-
tasma!» Y gritaban de miedo. 27Pero [Jesús] les
dijo: «¡Anímense! Soy yo, no teman». 28Pedro
le contestó: «Señor, si eres tú, mándame ir
por el agua hasta ti». 29«Ven», le dijo. Pedro
saltó de la barca y comenzó a caminar por el
agua acercándose a Jesús; 30pero, al sentir el
[fuerte] viento, tuvo miedo, entonces empezó
a hundirse y gritó: «¡Señor, sálvame!». 31Al mo-
mento Jesús extendió la mano, lo sostuvo y le
dijo: «¡Hombre de poca fe! ¿Por qué dudaste?».
32Cuando subieron a la barca, el viento amainó.
33Los de la barca se postraron ante él diciendo:
«Ciertamente eres Hijo de Dios».

Sanaciones en Genesaret

34Terminaron la travesía y atracaron en Ge-
nesaret. 35Los hombres del lugar lo supieron y
difundieron la noticia por toda la región. Le lle-
varon todos los enfermos 36y le rogaban que les
permitiese nada más rozar el borde de su manto,
y los que lo tocaban quedaban sanos.

Sobre la tradición

15 1Entonces unos fariseos y letrados de Je-
rusalén se acercaron a Jesús y le pregun-
taron: 2«¿Por qué tus discípulos quebrantan la
tradición de los mayores? Pues no se lavan las
manos antes de comer». 3Él les respondió: «¿Y
por qué ustedes quebrantan el precepto de Dios
en nombre de su tradición? 4Pues Dios mandó:
Sustenta a tu padre y a tu madre. El que aban-
dona a su padre o su madre debe ser condenado
a muerte. 5Ustedes, en cambio, dicen: Si uno
comunica a su padre o su madre que los bienes
que tenía para ayudarlos han sido ofrecidos al
templo, 6queda libre de la obligación de susten-
tarlos. Y así en nombre de su tradición ustedes
invalidan el precepto de Dios. 7¡Hipócritas! Qué
bien profetizó de ustedes Isaías cuando dijo:
8*Este pueblo me honra con los labios, pero su*
corazón está lejos de mí; 9*el culto que me dan es*
inútil, pues la doctrina que enseñan son precep-
tos humanos.

Sobre la verdadera pureza

10Y llamando a la gente, les dijo: «Escuchen
atentamente: 11No contamina al hombre lo que
entra por la boca, sino lo que sale de ella; eso
es lo que realmente contamina al hombre». 12En-
tonces se le acercaron los discípulos y le dijeron:
«¿Sabes que los fariseos se han escandalizado al
oírte hablar así?». 13Él respondió: «Toda planta
que no plantó mi Padre del cielo será arrancada.
14Déjenlos: son ciegos y guían a otros ciegos. Y,
si un ciego guía a otro ciego, los dos caerán en
un pozo». 15Pedro contestó: «Explícanos [esta]
comparación». 16Él les dijo: «¿También ustedes
siguen sin entender? 17¿No ven que lo que entra
por la boca pasa al vientre y luego es expulsa-
do del cuerpo? 18En cambio, lo que sale por la
boca brota del corazón; y eso sí que contamina
al hombre. 19Porque del corazón salen malas in-
tenciones, asesinatos, adulterios, fornicación,
robos, falso testimonio, blasfemia. 20Esto es lo
que hace impuro al hombre y no el comer sin la-
varse las manos».

La fe de una mujer cananea

21Desde allí se fue a la región de Tiro y Sidón.
22Una mujer cananea de la zona salió gritando:
«¡Señor, Hijo de David, ten compasión de mí! Mi
hija es atormentada por un demonio». 23Él no res-
pondió una palabra. Se acercaron los discípulos y
le suplicaron. «Señor, atiéndela, para que no siga
gritando detrás de nosotros». 24Él contestó: «¡He
sido enviado solamente a las ovejas perdidas
de la Casa de Israel!». 25Pero ella se acercó y se
postró ante él diciendo: «¡Señor, ayúdame!». 26Él

respondió: «No está bien quitar el pan a los hijos
para echárselo a los perritos». 27Ella replicó: «Es
verdad, Señor; pero también los perritos comen
las migajas que caen de la mesa de sus dueños».
28Entonces Jesús le contestó: «Mujer, ¡qué fe tan
grande tienes! Que se cumplan tus deseos». Y en
aquel momento, su hija quedó sana.

Múltiples sanaciones

29Desde allí se dirigió al lago de Galilea, su-
bió a un monte y se sentó. 30Acudió una gran
multitud que traía cojos, lisiados, ciegos, mudos
y otros muchos enfermos. Los colocaban a sus
pies y él los sanaba. 31La gente quedaba admi-
rada al ver que los mudos hablaban, los cojos
caminaban, los lisiados quedaban sanados y los
ciegos recobraban la vista. Y todos glorificaban
al Dios de Israel.

Da de comer a cuatro mil

32Jesús llamó a los discípulos y les dijo: «Me
compadezco de esta gente, porque llevan tres
días junto a mí y no tienen qué comer. No quiero
despedirlos en ayunas, no sea que desfallezcan
en el camino». 33Le dijeron los discípulos: «¿Dón-
de podríamos, en un lugar tan despoblado como
este, conseguir suficiente pan para toda esta
gente?». 34Jesús les preguntó: «¿Cuántos panes
tienen?». Ellos le contestaron: «Siete y algunos
pescaditos». 35Él ordenó a la gente que se sentara
en el suelo. 36Tomó los siete panes y los pescados,
dio gracias, partió el pan y se lo dio a los discípu-
los; estos se los dieron a la multitud. 37Comieron
todos hasta quedar satisfechos; y con los restos
llenaron siete canastos. 38Los que habían comi-
do eran cuatro mil hombres, sin contar mujeres y
niños. 39Luego despidió a la multitud, subió a la
barca y se dirigió al territorio de Magadán.

Le piden una señal celeste

16 1Se acercaron los fariseos y saduceos y,
para tentarlo, le pidieron que les mos-
trara una señal del cielo. 2Él les contestó: «[Al
atardecer ustedes dicen: va a hacer buen tiempo
porque el cielo está rojo. 3Por la mañana dicen:
hoy seguro llueve porque el cielo está rojo os-
curo. Saben distinguir el aspecto del cielo y no
distinguen las señales de los tiempos.] 4Esta ge-
neración perversa y adúltera reclama una señal;
y no se le dará más señal que la de Jonás». Los
dejó y se fue.

Ceguera de los discípulos

5Al atravesar a la otra orilla, los discípulos se
olvidaron de llevar pan. 6Jesús les dijo: «¡Pon-
gan atención y cuídense de la levadura de los
fariseos y saduceos!». 7Ellos comentaban: «Se
refiere a que no hemos traído pan». 8Cayendo en
cuenta, Jesús les dijo: «¿Qué comentan, hom-
bres de poca fe? ¿Acaso no tienen pan? 9¿Todavía
no entienden? ¿No se acuerdan de los cinco pa-
nes para los cinco mil y cuántos canastos sobra-
ron? 10¿O de los siete panes para los cuatro mil y
cuántas canastas sobraron? 11¿No se dan cuenta
que no me refería a los panes? ¡Aléjense de la
levadura de los fariseos y saduceos!». 12Enton-
ces entendieron que no hablaba de cuidarse de
la levadura del pan, sino de la enseñanza de los
fariseos y saduceos.

Confesión de Pedro

13Cuando llegó Jesús a la región de Cesarea de
Felipe, preguntó a los discípulos: «¿Quién dice
la gente que es el Hijo del Hombre?». 14Ellos con-
testaron: «Unos dicen que es Juan el Bautista;
otros, que es Elías; otros, Jeremías o algún otro
profeta». 15Él les dijo: «Y ustedes, ¿quién dicen
que soy?». 16Simón Pedro respondió: «Tú eres
el Mesías, el Hijo de Dios vivo». 17Jesús le dijo:
«¡Dichoso tú, Simón, hijo de Jonás, porque no
te lo ha revelado nadie de carne y hueso, sino
mi Padre del cielo! 18Pues yo te digo que tú eres
Pedro y sobre esta piedra construiré mi Iglesia,
y el imperio de la muerte no la vencerá. 19A ti
te daré las llaves del reino de los cielos: lo que
ates en la tierra quedará atado en el cielo; lo
que desates en la tierra quedará desatado en el
cielo». 20Entonces les ordenó que no dijeran a
nadie que él era el Mesías.

Primer anuncio de la pasión y resurrección

21A partir de entonces Jesús comenzó a ex-
plicar a sus discípulos que debía ir a Jerusalén,
padecer mucho por causa de los ancianos, sumos
sacerdotes y letrados, sufrir la muerte y al tercer
día resucitar. 22Pedro se lo llevó aparte y se puso
a reprenderlo: «¡Dios no lo permita, Señor! No te
sucederá tal cosa». 23Él se volvió y dijo a Pedro:
«¡Aléjate, Satanás! Quieres hacerme caer. Pien-
sas como los hombres, no como Dios».

Condiciones para ser discípulo

24Entonces Jesús dijo a los discípulos: «El que
quiera seguirme que se niegue a sí mismo, car-
gue con su cruz y me siga. 25El que quiera salvar
su vida la perderá; pero quien pierda la vida por
mi causa la conservará. 26¿De qué le vale al hom-
bre ganar todo el mundo si pierde su vida?, ¿qué
precio pagará por su vida? 27El Hijo del Hombre
ha de venir con la gloria de su Padre y acom-
pañado de sus ángeles. Entonces pagará a cada

uno según su conducta. 28Les aseguro: hay algunos de los que están aquí que no morirán antes de ver al Hijo del Hombre venir en su reino».

Transfiguración de Jesús

17 1Seis días más tarde llamó Jesús a Pedro, a
Santiago y a su hermano Juan y se los llevó
aparte a una montaña elevada. 2Delante de ellos
se transfiguró: su rostro resplandeció como el
sol y su ropa se volvió blanca como la luz. 3De
pronto se les aparecieron Moisés y Elías conver-
sando con él. 4Pedro tomó la palabra y dijo a Je-
sús: «Señor, ¡qué bien se está aquí! Si te parece,
armaré tres chozas: una para ti, otra para Moisés
y otra para Elías». 5Todavía estaba hablando,
cuando una nube luminosa les hizo sombra y de
la nube salió una voz que decía: «Este es mi Hijo
querido, mi predilecto. Escúchenlo». 6Al oírlo,
los discípulos cayeron boca abajo temblando de
mucho miedo. 7Jesús se acercó, los tocó y les
dijo: «¡Levántense, no tengan miedo!». 8Cuando
levantaron la vista, solo vieron a Jesús. 9Mien-
tras bajaban de la montaña, Jesús les ordenó:
«No cuenten a nadie lo que han visto hasta que
el Hijo del Hombre resucite de entre los muer-
tos». 10Los discípulos le preguntaron: «¿Por qué
dicen los letrados que primero tiene que venir
Elías?». 11Jesús respondió: «Elías tiene que venir
a restablecer nuevamente el orden de todas las
cosas. 12Pero les aseguro que Elías ya vino, no lo
reconocieron y lo maltrataron. Del mismo modo
el Hijo del Hombre va a sufrir a manos de ellos».
13Entonces los discípulos comprendieron que se
refería a Juan el Bautista.

Sana a un niño epiléptico

14Cuando volvieron adonde estaba la gente, un
hombre se le acercó, se arrodilló ante él 15y le
dijo: «Señor, ten compasión de mi hijo que es
epiléptico y sufre horriblemente. Muchas veces
se cae en el fuego o en el agua. 16Se lo he traí-
do a tus discípulos y no han podido sanarlo».
17Respondió Jesús: «¡Qué generación incrédu-
la y perversa! ¿Hasta cuándo tendré que estar
con ustedes y soportarlos? Tráiganmelo aquí».
18Jesús reprendió al demonio, y este abandonó
al muchacho que desde aquel momento quedó
sano. 19Entonces los discípulos se acercaron a
Jesús y le preguntaron aparte: «¿Por qué noso-
tros no pudimos expulsarlo?». 20Él les contestó:
«Porque ustedes tienen poca fe. Les aseguro
que, si tuvieran la fe del tamaño de una semilla
de mostaza, dirían a aquel monte que se tras-
ladara allá, y se trasladaría. Y nada sería impo-
sible para ustedes». 21[[Pero esta clase solo se
expulsa con oración y ayuno.]]

Segundo anuncio de la pasión y resurrección

22Mientras paseaban juntos por Galilea, Jesús
les dijo: «El Hijo del Hombre será entregado en
manos de hombres 23que le darán muerte. Pero
al tercer día resucitará». Ellos se entristecieron
profundamente.

Sobre el impuesto del Templo

24Cuando llegaron a Cafarnaún, los recauda-
dores de impuestos se acercaron a Pedro y le
dijeron: «¿El maestro de ustedes no paga los
impuestos?». 25Pedro contestó: «Sí». Cuando en-
tró en casa, Jesús se le adelantó y le preguntó:
«¿Qué te parece, Simón? Los reyes de la tierra,
¿de quiénes cobran impuestos?, ¿de los hijos
o de los extraños?». 26Contestó que de los ex-
traños y Jesús le dijo: «Eso quiere decir que los
hijos quedan libres de pagar. 27Pero para no dar
motivo de escándalo, ve al lago, echa un anzuelo
y al primer pez que pique sácalo, ábrele la boca
y encontrarás una moneda. Tómala y paga por
mí y por ti».

¿Quién es el más importante?

18 1En aquel tiempo los discípulos se acerca-
ron a Jesús y le preguntaron: «¿Quién es el
más grande en el reino de los cielos?». 2Él llamó
a un niño, lo colocó en medio de ellos 3y dijo:
«Les aseguro que si no se convierten y se hacen
como los niños, no entrarán en el reino de los
cielos. 4El que se haga pequeño como este niño,
ese es el más grande en el reino de los cielos.
5Y el que reciba en mi nombre a uno de estos
niños a mí me recibe. 6Pero el que lleve a pecar
a uno de estos pequeños que creen en mí, más
le valdría que le colgasen al cuello una piedra
de molino y lo arrojaran al fondo del mar. 7¡Ay
del mundo por los escándalos! Es inevitable que
sucedan escándalos. Pero, ¡ay del hombre por
quien viene el escándalo! 8Si tu mano o tu pie
te lleva a pecar, córtatelo y tíralo lejos de ti.
Más te vale entrar en la vida manco o cojo que
con dos manos o dos pies ser arrojado al fue-
go eterno. 9Si tu ojo te lleva a pecar, sácatelo
y tíralo lejos de ti. Más te vale entrar en la vida
tuerto que con dos ojos ser arrojado al infierno
de fuego.

Parábola de la oveja perdida

10»Cuidado con despreciar a uno de estos pe-
queños. Pues les digo que sus ángeles en el cielo
contemplan continuamente el rostro de mi Pa-
dre del cielo. 11[[Porque el Hijo del Hombre ha
venido a salvar lo que estaba perdido.]] 12¿Qué
les parece? Supongamos que un hombre tiene

cien ovejas y se le extravía una: ¿no dejará las noventa y nueve en el monte para ir a buscar la extraviada? 13Y si llega a encontrarla, les aseguro que se alegrará más por ella que por las noventa y nueve no extraviadas. 14Del mismo modo, el Padre del cielo no quiere que se pierda ni uno de estos pequeños.

Sobre el perdón

15»Si tu hermano te ofende, ve y corrígelo, tú y él a solas. Si te escucha has ganado a tu hermano. 16Si no te hace caso, hazte acompañar de uno o dos, *para que el asunto se resuelva por dos o tres testigos.* 17Si no les hace caso, informa a la comunidad. Y si no hace caso a la comunidad considéralo un pagano o un recaudador de impuestos. 18Les aseguro que lo que ustedes aten en la tierra quedará atado en el cielo, y lo que desaten en la tierra quedará desatado en el cielo. 19Les digo también que si dos de ustedes se ponen de acuerdo en la tierra para pedir cualquier cosa, mi Padre del cielo se la concederá. 20Porque donde hay dos o tres reunidos en mi nombre, yo estoy allí, en medio de ellos. 21Entonces se acercó Pedro y le preguntó: «Señor, si mi hermano me ofende, ¿cuántas veces tengo que perdonarle? ¿Hasta siete veces?». 22Le contestó Jesús: «No te digo hasta siete veces, sino hasta setenta veces siete».

Parábola sobre el perdón

23»Por eso, el reino de los cielos se parece a un rey que decidió ajustar cuentas con sus sirvientes. 24Ni bien comenzó, le presentaron uno que le adeudaba diez mil monedas de oro. 25Como no tenía con qué pagar, mandó el rey que vendieran a su mujer, sus hijos y todas sus posesiones para pagar la deuda. 26El sirviente se arrodilló ante él suplicándole: ¡Ten paciencia conmigo, que todo te lo pagaré! 27Compadecido de aquel sirviente, el rey lo dejó ir y le perdonó la deuda. 28Al salir, aquel sirviente tropezó con un compañero que le debía cien monedas. Lo agarró del cuello y mientras lo ahogaba le decía: ¡Págame lo que me debes! 29Cayendo a sus pies, el compañero le suplicaba: ¡Ten paciencia conmigo y te lo pagaré! 30Pero el otro se negó y lo hizo meter en la cárcel hasta que pagara la deuda. 31Al ver lo sucedido, los otros sirvientes se sintieron muy mal y fueron a contarle al rey todo lo sucedido. 32Entonces el rey lo llamó y le dijo: ¡Sirviente malvado, toda aquella deuda te la perdoné porque me lo suplicaste! 33¿No tenías tú que tener compasión de tu compañero como yo la tuve de ti? 34E indignado, el rey lo entregó a los verdugos hasta que pagara toda la deuda. 35Así los tratará mi Padre del cielo si no perdonan de corazón a sus hermanos.

Sobre el divorcio

19 1Cuando Jesús terminó este discurso, se trasladó de Galilea a Judea, al otro lado del Jordán. 2Le seguía una gran multitud, y él los sanaba allí. 3Se acercaron unos fariseos y, para ponerlo a prueba, le preguntaron: «¿Puede un hombre separarse de su mujer por cualquier cosa?». 4Él contestó: «¿No han leído que al principio el Creador *los hizo hombre y mujer?* 5Y dijo: *por eso abandona un hombre a su padre y a su madre, se une a su mujer y los dos se hacen una sola carne.* 6*De suerte que ya no son dos, sino una sola carne.* Así pues, lo que Dios ha unido que no lo separe el hombre». 7Le replicaron: «Entonces, ¿por qué Moisés mandó *darle un acta de divorcio cuando uno se separa [de ella]*?». 8Les respondió: «Moisés les permitió separarse de sus mujeres a causa de la dureza de sus corazones. Pero al principio no era así. 9Les digo que quien se divorcia de su mujer –si no es en caso de concubinato– y se casa con otra, comete adulterio». 10Los discípulos le dijeron: «Si esa es la condición del marido con la mujer, más vale no casarse». 11Y él les respondió: «No todos pueden con [esto]; sólamente aquellos que reciben tal don. 12Porque hay eunucos que así nacieron desde el seno de su madre, hay eunucos hechos eunucos por los hombres y hay eunucos que a sí mismos se hicieron eunucos por el reino de los cielos. El que pueda entender que lo entienda».

Bendice a unos niños

13Entonces le llevaron unos niños para que pusiera las manos sobre ellos y pronunciara una oración. Los discípulos los reprendían. 14Pero Jesús dijo: «Dejen a los niños y no les impidan que se acerquen a mí, porque el reino de los cielos pertenece a los que son como ellos». 15Entonces impuso las manos sobre ellos y se fue.

El joven rico

16Luego se le acercó uno y le dijo: «Maestro, ¿qué obras buenas debo hacer para alcanzar la vida eterna?». 17Jesús le contestó: «¿Por qué me preguntas acerca de lo que es bueno? Uno solo es el bueno. Si quieres entrar en la vida guarda los mandamientos». 18El joven le preguntó: «¿Cuáles?». Jesús le dijo: «No matarás, no cometerás adulterio, no robarás, no perjurarás, 19honra a tu padre y a tu madre, y amarás al prójimo como a ti mismo». 20El joven le dijo: «Todo eso lo he cumplido, ¿qué me queda por hacer?». 21Jesús le contestó: «Si quieres ser perfecto, ve, vende tus bienes, dáselo a los pobres y tendrás un tesoro en el cielo; después sígueme». 22Al oírlo, el joven se fue triste, porque era muy rico.

23Jesús dijo a sus discípulos: «Les aseguro
que difícilmente entrará un rico en el reino
de los cielos. 24Se los repito, es más fácil para
un camello pasar por el ojo de una aguja que
para un rico entrar en el reino de Dios». 25Al
oírlo, los discípulos quedaron muy espantados
y dijeron: «Entonces, ¿quién podrá salvarse?».
26Jesús los quedó mirando y les dijo: «Para los
hombres eso es imposible, para Dios todo es
posible». 27Entonces Pedro le respondió: «Mira,
nosotros hemos dejado todo y te hemos segui-
do; ¿qué será de nosotros?». 28Jesús les dijo:
«Les aseguro que en el mundo nuevo, cuando el
Hijo del Hombre se siente en su trono de gloria,
ustedes, los que me han seguido, se sentarán
también en doce tronos para juzgar a las doce
tribus de Israel. 29Y todo aquel que por mí deje
casas, hermanos o hermanas, padre o madre,
hijos o campos, recibirá cien veces más y he-
redará vida eterna. 30Muchos de los primeros
serán los últimos y muchos de los últimos serán
los primeros.

Parábola de los jornaleros

20 1»El reino de los cielos se parece a un
hacendado que salió de mañana a con-
tratar trabajadores para su viña. 2Cerró trato
con ellos en un denario al día y los envió a su
viña. 3Volvió a salir a media mañana, vio en la
plaza a otros que no tenían trabajo 4y les dijo:
Vayan también ustedes a mi viña y les pagaré
lo debido. 5Ellos se fueron. Volvió a salir a me-
diodía y a media tarde e hizo lo mismo. 6Al caer
de la tarde salió, encontró otros que no tenían
trabajo y les dijo: ¿Qué hacen aquí ociosos todo
el día sin trabajar? 7Le contestan: Nadie nos ha
contratado. Y él les dice: Vayan también us-
tedes a mi viña. 8Al anochecer, el dueño de la
viña dijo al capataz: Reúne a los trabajadores
y págales su jornal, empezando por los últimos
y acabando por los primeros. 9Pasaron los del
atardecer y recibieron un denario. 10Cuando
llegaron los primeros, esperaban recibir más;
pero también ellos recibieron la misma paga.
11Al recibirlo, se quejaron contra el hacendado:
12Estos últimos han trabajado una hora y les
has pagado igual que a nosotros, que hemos so-
portado la fatiga y el calor del día. 13Él contes-
tó a uno de ellos: Amigo, no estoy siendo injus-
to; ¿no habíamos cerrado trato en un denario?
14Entonces toma lo tuyo y vete. Que yo quiero
dar al último lo mismo que a ti. 15¿O no puedo
yo disponer de mis bienes como me parezca?
¿Por qué tomas a mal que yo sea generoso? 16Así
los últimos serán los primeros y los primeros
serán los últimos».

Tercer anuncio de la pasión y resurrección

17Cuando Jesús subía hacia Jerusalén, tomó
aparte a los Doce [discípulos] y por el camino
les dijo: 18«Miren, subimos a Jerusalén, y el Hijo
del Hombre será entregado a los sumos sacer-
dotes y letrados que lo condenarán a muerte.
19Lo entregarán a los paganos para que lo mal-
traten, lo azoten y lo crucifiquen. Al tercer día
resucitará».

Contra la ambición

20Entonces se le acercó la madre de los Zebe-
deos con sus hijos y se postró para hacer una
petición. 21Él le preguntó: «¿Qué deseas?». Ella
contestó: «Manda que, cuando reines, estos dos
hijos míos se sienten uno a tu derecha y otro a
tu izquierda». 22Jesús le contestó: «No saben lo
que piden. ¿Son capaces de beber la copa que
yo he de beber?». Ellos replicaron: «Podemos».
23Jesús les dijo: «Mi copa la beberán, pero sen-
tarse a mi derecha e izquierda no me toca a mí
concederlo; esos lugares son para quienes se los
ha destinado mi Padre».
24Cuando los otros diez lo oyeron, se enojaron
con los dos hermanos. 25Pero Jesús los llamó y
les dijo: «Saben que entre los paganos los go-
bernantes tienen sometidos a sus súbditos y los
poderosos imponen su autoridad. 26No será así
entre ustedes; más bien, quien entre ustedes
quiera llegar a ser grande que se haga servidor
de los demás; 27y quien quiera ser el primero, que
se haga sirviente de los demás. 28Lo mismo que
el Hijo del Hombre no vino a ser servido, sino a
servir y a dar su vida como rescate por muchos».

Sana a dos ciegos

29Cuando se fueron de Jericó, un gran gentío
le seguía. 30Dos ciegos, que estaban sentados al
costado del camino, al oír que Jesús pasaba, se
pusieron a gritar: «¡[Señor,] Hijo de David, ten
compasión de nosotros!». 31La gente los repren-
día para que se callasen. Pero ellos gritaban más
fuerte: «¡Señor, Hijo de David, ten compasión
de nosotros!». 32Jesús se detuvo y les habló:
«¿Qué quieren que haga por ustedes?». 33Res-
pondieron: «Señor, que se nos abran los ojos».
34Compadecido, Jesús les tocó los ojos y al pun-
to recobraron la vista y le siguieron.

Entrada triunfal en Jerusalén

21 1Al llegar cerca de Jerusalén, entraron
en Betfagé, junto al monte de los Olivos.
Entonces Jesús envió a dos discípulos 2dicién-
doles: «Vayan al pueblo de enfrente y enseguida
encontrarán una burra atada y su cría junto a

ella. Desátenla y tráiganla. 3Si alguien les dice
algo, ustedes le dirán que el Señor las necesita.
Y enseguida las devolverá». 4Esto sucedió para
que se cumpliera lo anunciado por el profeta:
5«*Digan a la ciudad de Sión: mira a tu rey que es-*
tá llegando: humilde, cabalgando una burra y un
burrito, hijo de asna». 6Fueron los discípulos y,
siguiendo las instrucciones de Jesús, 7le lleva-
ron la burra y su cría. Echaron los mantos sobre
ellos y el Señor se montó. 8Una gran muchedum-
bre alfombraba con sus mantos el camino. Otros
cortaban ramas de árbol y cubrían con ellas el
camino. 9La multitud, delante y detrás de él,
aclamaba: «*¡Hosana al Hijo de David! Bendito el*
que viene en nombre del Señor. ¡Hosana en las
alturas!». 10Cuando entró en Jerusalén, toda la
población conmovida preguntaba: «¿Quién es
este?». 11Y la multitud contestaba: «Es el profe-
ta Jesús, de Nazaret de Galilea».

Purifica el Templo

12Jesús entró en el templo y echó fuera a los
que vendían y compraban en el templo, volcó las
mesas de los cambistas y las sillas de los que
vendían palomas. 13Les dijo: «Está escrito que
mi casa será casa de oración, mientras que uste-
des la han convertido en cueva de asaltantes».
14En el templo se le acercaron ciegos y cojos y él
los sanó. 15Cuando los sumos sacerdotes y letra-
dos vieron los milagros que hacía y a la gente
gritando en el templo: «¡Hosana al Hijo de Da-
vid!», se indignaron 16y le dijeron: «¿Oyes lo que
están diciendo?». Jesús les contestó: «Sí, ¿aca-
so nunca han oído aquel pasaje: *sacaré una ala-*
banza de la boca de criaturas y niños de pecho?».
17Dejándolos, salió de la ciudad y se dirigió a
Betania, donde pasó la noche.

La higuera seca

18De mañana, cuando caminaba a la ciudad,
sintió hambre, 19al ver una higuera junto al
camino, se acercó, pero no encontró más que
hojas. Entonces le dijo: «Jamás vuelvas a dar
fruto». En ese momento se secó la higuera. 20Al
verlo, los discípulos decían asombrados: «¿Cómo
es que la higuera se ha secado repentinamen-
te?». 21Jesús les respondió: «Les aseguro que,
si tuvieran una fe firme, no solo harían lo de la
higuera, sino que podrían decir a ese monte que
se quite de ahí y se tire al mar, y lo haría. 22Y
todo lo que pidan con fe lo recibirán».

La autoridad de Jesús

23Entró en el templo y se puso a enseñar. Se le
acercaron los sumos sacerdotes y los ancianos
del pueblo y le preguntaron: «¿Con qué auto-
ridad haces eso? ¿Quién te ha dado tal autori-
dad?». 24Jesús les contestó: «Yo a mi vez les haré
una pregunta, si me la responden, les diré con
qué autoridad hago esto: 25El bautismo de Juan,
¿de dónde procedía?, ¿del cielo o de los hom-
bres?». Ellos discutían la cuestión: «Si decimos
que del cielo, nos dirá que por qué no le creímos;
26si decimos que de los hombres, nos asusta la
gente, porque todos tienen a Juan por profeta».
27Así que respondieron a Jesús: «No sabemos».
Él les replicó: «Entonces yo tampoco les digo
con qué autoridad lo hago».

Parábola de los dos hijos

28«A ver, ¿qué les parece?: Un hombre tenía dos
hijos. Se dirigió al primero y le dijo: Hijo, quiero
que hoy vayas a trabajar a mi viña. 29El hijo le res-
pondió: No quiero; pero luego se arrepintió y fue.
30Acercándose al segundo le dijo lo mismo. Este
respondió: Ya voy, señor; pero no fue. 31¿Cuál de
los dos hizo la voluntad de su padre?». Le dijeron:
«El primero». Y Jesús les contestó: «Les aseguro
que los recaudadores de impuestos y las prosti-
tutas entrarán antes que ustedes en el reino de
Dios. 32Porque vino Juan, enseñando el camino
de la justicia, y no le creyeron, mientras que los
recaudadores de impuestos y las prostitutas le
creyeron. Y ustedes, aun después de verlo, no se
han arrepentido ni le han creído».

Parábola de los viñadores malvados

33»Escuchen otra parábola: Un hacendado
plantó una viña, la rodeó con una tapia, cavó
un lagar y construyó una torre; después la arren-
dó a unos viñadores y se fue. 34Cuando llegó el
tiempo de la cosecha, mandó a sus sirvientes
para recoger de los viñadores el fruto que le co-
rrespondía. 35Pero los viñadores agarraron a los
sirvientes y a uno lo golpearon, a otro lo mata-
ron, y al tercero lo apedrearon. 36Envió otros sir-
vientes, más numerosos que los primeros, y los
trataron de igual modo. 37Finalmente les envió
a su hijo, pensando que respetarían a su hijo.
38Pero los viñadores, al ver al hijo, comentaron:
Es el heredero. Lo matamos y nos quedamos con
la herencia. 39Agarrándolo, lo echaron fuera de
la viña y lo mataron. 40Cuando vuelva el dueño
de la viña, ¿cómo tratará a aquellos viñadores?».
41Le respondieron: «Acabará con aquellos malva-
dos y arrendará la viña a otros viñadores que le
entreguen su fruto a su debido tiempo».

42Jesús les dijo: «¿No han leído nunca en la Es-
critura»: *La piedra que desecharon los arquitec-*
tos es ahora la piedra angular; es el Señor quien
lo ha hecho y nos parece un milagro? 43Por eso les
digo que a ustedes les quitarán el reino de Dios y

se lo darán a un pueblo que produzca sus frutos.
44[El que tropiece con esa piedra se hará trizas;
al que le caiga encima lo aplastará.] 45Cuando
los sumos sacerdotes y los fariseos oyeron sus
parábolas, comprendieron que se refería a ellos.
46Intentaron arrestarlo, pero tuvieron miedo de
la multitud, que lo tenía por profeta.

Parábola del banquete de bodas

22 1Jesús tomó de nuevo la palabra y les ha-
bló con parábolas: 2«El reino de los cielos
se parece a un rey que celebraba la boda de su
hijo. 3Envió a sus sirvientes para llamar a los
invitados a la boda, pero estos no quisieron ir.
4Entonces envió a otros sirvientes encargándo-
les que dijeran a los invitados: Tengo el ban-
quete preparado, mis mejores animales ya han
sido degollados y todo está a punto; vengan a
la boda. 5Pero ellos se desentendieron: uno se
fue a su campo, el otro a su negocio; 6otros aga-
rraron a los sirvientes, los maltrataron y los ma-
taron. 7El rey se indignó y, enviando sus tropas,
acabó con aquellos asesinos e incendió su ciu-
dad. 8Después dijo a sus sirvientes: El banquete
nupcial está preparado, pero los invitados no se
lo merecían. 9Vayan a los cruces de caminos y a
cuantos encuentren invítenlos a la boda. 10Sa-
lieron los sirvientes a los caminos y reunieron a
cuantos encontraron, malos y buenos. El salón
se llenó de convidados. 11Cuando el rey entró
para ver a los invitados, observó a uno que no
llevaba traje apropiado. 12Le dijo: Amigo, ¿cómo
has entrado sin traje apropiado? Él enmudeció.
13Entonces el rey mandó a los guardias: Átenlo
de pies y manos y échenlo fuera, a las tinieblas.
Allí será el llanto y el crujir de dientes. 14Por-
que son muchos los invitados pero pocos los
elegidos».

Sobre el tributo al césar

15Entonces los fariseos se reunieron para buscar
un modo de enredarlo con sus palabras. 16Le en-
viaron algunos discípulos suyos acompañados de
herodianos, que le dijeron: «Maestro, nos consta
que eres sincero, que enseñas con fidelidad el
camino de Dios y que no te fijas en la condición
de las personas porque eres imparcial. 17Dinos tu
opinión: ¿es lícito pagar tributo al césar o no?».
18Jesús, adivinando su mala intención, les dijo:
«¿Por qué me tientan, hipócritas? 19Muéstrenme
la moneda del tributo». Le presentaron un dena-
rio. 20Y él les dijo: «¿De quién es esta imagen y
esta inscripción?». 21Contestaron: «Del césar».
Entonces les dijo: «Den, pues, al césar lo que es
del césar y a Dios lo que es de Dios». 22Al oírlo, se
sorprendieron, lo dejaron y se fueron.

Sobre la resurrección

23En aquella ocasión se acercaron unos sadu-
ceos –que niegan la resurrección– y le dijeron:
24«Maestro, Moisés mandó que, *cuando uno
muera sin hijos, su hermano se case con la viu-
da para dar descendencia al hermano difunto.*
25Pues bien, había en nuestra comunidad siete
hermanos. El primero se casó, murió sin tener
hijos y dejó la mujer a su hermano. 26Lo mismo
pasó con el segundo y el tercero, hasta el sépti-
mo. 27Después de todos murió la mujer. 28Cuando
resuciten, ¿de cuál de los siete será mujer? Pues
todos fueron maridos suyos». 29Les contestó
Jesús: «Están equivocados por no conocer la Es-
critura ni el poder de Dios. 30Cuando resuciten,
no se casarán ni los hombres ni las mujeres, sino
que serán como ángeles en el cielo. 31Y a pro-
pósito de la resurrección, ¿no han leído lo que
les dice Dios: 32*Yo soy el Dios de Abrahán, el Dios
de Isaac, el Dios de Jacob*? No es Dios de muer-
tos, sino de vivos. 33La multitud al oírlo estaba
asombrada de su enseñanza.

Sobre el precepto más importante

34Al enterarse los fariseos de que había tapa-
do la boca a los saduceos, se reunieron alrede-
dor de él; 35y uno de ellos, [doctor en la ley]
le preguntó maliciosamente:36«Maestro, ¿cuál
es el precepto más importante en la ley?». 37Le
respondió: «*Amarás al Señor tu Dios con todo tu
corazón, con toda tu alma, y con toda tu men-
te*. 38Este es el precepto más importante; 39pero
el segundo es equivalente: *Amarás al prójimo
como a ti mismo*. 40De estos dos mandamientos
dependen la ley entera y los profetas».

Sobre el Mesías y David

41Estando reunidos los fariseos, Jesús les hizo
esta pregunta: 42«¿Qué piensan acerca del Me-
sías? ¿De quién es hijo?». Ellos le responden: «De
David». 43Él les dijo: «Entonces, ¿cómo David,
inspirado, lo llama Señor, diciendo: 44*Dijo el
Señor a mi Señor: Siéntate a mi derecha hasta
que ponga a tus enemigos debajo de tus pies*? 45Si
David lo llama Señor, ¿cómo puede ser su hijo?».
46Ninguno pudo darle una respuesta, y en ade-
lante nadie se atrevió a hacerle preguntas.

Invectiva contra los letrados y los fariseos

23 1Entonces Jesús, dirigiéndose a la multi-
tud y a sus discípulos, 2dijo: «En la cá-
tedra de Moisés se han sentado los letrados y
los fariseos. 3Ustedes hagan y cumplan lo que
ellos digan, pero no los imiten; porque dicen y
no hacen. 4Atan fardos pesados, [difíciles de

llevar,] y se los cargan en la espalda a la gente,
mientras ellos se niegan a moverlos con el de-
do. 5Todo lo hacen para exhibirse ante la gente:
llevan cintas anchas y flecos llamativos en sus
mantos. 6Les gusta ocupar los primeros puestos
en las comidas y los primeros asientos en las
sinagogas; 7que los salude la gente por la ca-
lle y los llamen maestros. 8Ustedes no se hagan
llamar maestros, porque uno solo es su maestro,
mientras que todos ustedes son hermanos. 9En
la tierra a nadie llamen padre, pues uno solo
es su Padre, el del cielo. 10Ni se llamen jefes,
porque solo tienen un jefe que es el Mesías. 11El
mayor de ustedes que se haga servidor de los
demás. 12Quien se alaba será humillado, quien se
humilla será alabado.

13»¡Ay de ustedes, letrados y fariseos hipócri-
tas, que cierran a los hombres el reino de los
cielos! ¡No entran ni dejan entrar a los que lo
intentan! 14[[¡Ay de ustedes, letrados y fariseos
hipócritas, que devoran los bienes de las viudas,
mientras hacen largas oraciones para que los
tengan por justos! ¡La sentencia para ustedes
será más severa!]] 15¡Ay de ustedes, letrados y
fariseos hipócritas, que recorren mar y tierra
para ganar un partidario, y cuando lo consiguen,
lo hacen doblemente más merecedor del infier-
no que ustedes!

16»¡Ay de ustedes, guías ciegos, que dicen:
Quien jura por el santuario no se compromete,
quien jura por el oro del santuario queda com-
prometido! 17¡Tontos y ciegos!, ¿qué es más
importante? ¿El oro o el santuario que consa-
gra el oro? 18Dicen: Quien jura por el altar no se
compromete, quien jura por la ofrenda que hay
sobre el altar queda comprometido. 19¡Ciegos!
¿Qué es más importante? ¿La ofrenda o el altar
que consagra la ofrenda? 20Porque quien jura por
el altar jura por él y por cuanto hay sobre él; 21y
quien jura por el santuario jura por él y por quien
lo habita; 22y quien jura por el cielo jura por el
trono de Dios y por el que está sentado en él.

23»¡Ay de ustedes, letrados y fariseos hipó-
critas, que pagan el impuesto de la menta, del
anís y del comino, y descuidan lo más importan-
te de la ley: la justicia, la misericordia y la fe!
¡Eso es lo que hay que observar, sin descuidar lo
otro! 24¡Guías ciegos, que cuelan el mosquito y
se tragan el camello! 25¡Ay de ustedes, letrados
y fariseos hipócritas, que limpian por fuera la
copa y el plato, mientras por dentro están llenos
de inmoralidad y robos! 26¡Fariseo ciego, limpia
primero por dentro la copa y así quedará limpia
por fuera!

27»¡Ay de ustedes, letrados y fariseos hipó-
critas, que parecen sepulcros blanqueados: por
fuera son hermosos, por dentro están llenos de
huesos de muertos y de toda clase de inmundi-
cia! 28Así también son ustedes, por fuera parecen
honrados delante de la gente, pero por dentro
están llenos de hipocresía y maldad. 29¡Ay de
ustedes, letrados y fariseos hipócritas, que
construyen sepulcros grandiosos a los profetas y
monumentos a los justos, 30mientras comentan:
Si hubiéramos vivido en tiempo de nuestros an-
tepasados, no habríamos participado en el asesi-
nato de los profetas. 31Con lo cual reconocen que
son descendientes de los que mataron a los pro-
fetas. 32Ustedes, pues, terminen de hacer lo que
iniciaron sus antepasados. 33¡Serpientes, raza de
víboras! ¿Cómo evitarán el juicio del infierno?

34»Miren, para eso les estoy enviando pro-
fetas, sabios y letrados: a unos los matarán y
crucificarán, a otros los azotarán en las sinago-
gas y los perseguirán de ciudad en ciudad. 35Así
recaerá sobre ustedes toda la sangre inocente
derramada en la tierra, desde la sangre del justo
Abel hasta la sangre de Zacarías, hijo de Bere-
quías, a quien ustedes mataron entre el santua-
rio y el altar. 36Les aseguro que todo recaerá
sobre esta generación.

Lamentación por Jerusalén

37»¡Jerusalén, Jerusalén, que matas a los pro-
fetas y apedreas a los enviados! ¡Cuántas veces
intenté reunir a tus hijos como la gallina reúne
los pollitos bajo sus alas, y tú te negaste! 38Por
eso, la casa de ustedes quedará desierta. 39Les
digo que a partir de ahora no volverán a verme
hasta que digan: *Bendito el que viene en el nom-
bre del Señor.*

Sobre la destrucción del Templo

24 1Jesús salió del templo y, mientras cami-
naba, se le acercaron los discípulos y le
señalaron las construcciones del templo. 2Él les
contestó: «¿Ven todo eso? Les aseguro que se
derrumbará sin que quede piedra sobre piedra».

Comienzo de los dolores

3Estando sentado en el monte de los Olivos,
se le acercaron los discípulos aparte y le pre-
guntaron: «Dinos cuándo sucederá eso y cuál
es la señal de tu llegada y del fin del mundo».
4Jesús les respondió: «¡Tengan cuidado, y que
nadie los engañe! 5Porque muchos se presenta-
rán en mi nombre, diciendo que son el Mesías, y
engañarán a muchos. 6Oirán hablar de guerras
y noticias de guerras. ¡Tengan cuidado y no se
alarmen! Todo eso ha de suceder, pero todavía
no es el final. 7Se alzará pueblo contra pueblo,
reino contra reino. Habrá carestías y terremotos

en diversos lugares. 8Todo eso es el comienzo de
los dolores de parto. 9Los entregarán para tortu-
rarlos y matarlos; todos los pueblos los odiarán
a causa de mi nombre. 10Entonces muchos falla-
rán, se traicionarán y se odiarán mutuamente.
11Surgirán muchos falsos profetas que engaña-
rán a muchos. 12Y, al crecer la maldad, se en-
friará el amor de muchos. 13Pero el que aguante
hasta el final se salvará. 14La Buena Noticia del
reino se proclamará a todas las naciones, y en-
tonces llegará el final.

La gran tribulación

15»Cuando vean instalado en el lugar sagrado
el ídolo abominable anunciado por el profeta
Daniel –el lector que lo entienda–, 16entonces
los que viven en Judea que escapen a los mon-
tes; 17el que esté en la azotea que no baje a reco-
ger sus cosas; 18el que se encuentre en el campo
que no vuelva a buscar el manto. 19¡Ay de las
embarazadas y de las que tengan niños peque-
ños en aquellos días! 20Recen para que la huida
no suceda en invierno o en sábado. 21Habrá una
tribulación tan grande como no la hubo desde
el comienzo del mundo hasta ahora, ni la habrá
en el futuro. 22Si no se acortara aquel tiempo,
no se salvaría ni uno. Pero, en atención a los
elegidos, se acortará aquel tiempo. 23Entonces,
si alguien les dice que el Mesías está aquí o allí,
no le crean. 24Surgirán falsos mesías y falsos
profetas, que harán milagros y prodigios, hasta
el punto de engañar, si fuera posible, incluso a
los elegidos. 25Miren que los he prevenido. 26Si
les dicen: Miren, está en el desierto, no salgan;
o: Miren, está en un lugar secreto, no hagan ca-
so. 27Porque como el relámpago que aparece en
el oriente y brilla hasta el occidente, así será
la llegada del Hijo del Hombre. 28Donde esté el
cadáver allí se reunirán los buitres.

La parusía

29»Inmediatamente después de esa tribula-
ción, el sol se oscurecerá, la luna no irradiará
su resplandor; las estrellas caerán del cielo y los
ejércitos celestes temblarán. 30Entonces apare-
cerá en el cielo la señal del Hijo del Hombre.
Todas las razas del mundo harán duelo y verán *al
Hijo del Hombre llegar en las nubes del cielo*, con
gloria y poder grande. 31Enviará a sus ángeles
a reunir, con un gran toque de trompeta, a los
elegidos de los cuatro vientos, de un extremo
a otro del cielo.

El ejemplo de la higuera

32»Aprendan el ejemplo de la higuera: cuando
las ramas se ponen tiernas y brotan las hojas,
saben que está cerca la primavera. 33Lo mismo
ustedes, cuando vean que sucede todo eso, se-
pan que el fin está cerca, a las puertas. 34Les
aseguro que no pasará esta generación antes de
que suceda todo eso. 35Cielo y tierra pasarán,
mas mis palabras no pasarán.

Sobre el día y la hora

36»En cuanto al día y a la hora, no los conoce
nadie, ni los ángeles del cielo ni el Hijo; solo los
conoce el Padre. 37La llegada del Hijo del Hom-
bre será como en tiempos de Noé: 38en [aquellos]
días anteriores al diluvio la gente comía y bebía
y se casaban, hasta que Noé se metió en el ar-
ca. 39Y ellos no se enteraron hasta que vino el
diluvio y se los llevó a todos. Así será la llegada
del Hijo del Hombre. 40Estarán dos hombres en
un campo: a uno se lo llevarán, al otro lo deja-
rán; 41dos mujeres estarán moliendo: a una se la
llevarán, a la otra la dejarán. 42Por tanto estén
prevenidos porque no saben el día que llegará
su Señor. 43Ustedes ya saben que si el dueño de
casa supiera a qué hora de la noche va a llegar
el ladrón, estaría vigilando y no permitiría que
asalten su casa. 44Por tanto, estén preparados,
porque el Hijo del Hombre llegará cuando menos
lo esperen.

Vigilancia

45»¿Quién es el sirviente fiel y prudente, en-
cargado por su señor de repartir a sus horas la
comida a los de casa? 46Dichoso el sirviente a
quien su señor, al llegar, lo encuentre trabajan-
do así. 47Les aseguro que le encomendará todas
sus posesiones. 48En cambio, si un sirviente ma-
lo, pensando que su señor tardará, 49se pone a
pegar a los compañeros, a comer y beber con los
borrachos, 50vendrá el señor de aquel sirviente,
el día y la hora menos pensada 51y lo castigará
dándole el destino de los hipócritas. Allí será el
llanto y el crujir de dientes.

Parábola de las diez jóvenes

25 1»Entonces el reino de los cielos será como
diez muchachas que salieron con sus lám-
paras a recibir al novio. 2Cinco eran necias y cin-
co prudentes. 3Las necias tomaron sus lámparas
pero no llevaron aceite. 4Las prudentes llevaban
frascos de aceite con sus lámparas. 5Como el no-
vio tardaba, les entró el sueño y se durmieron.
6A media noche se oyó un clamor: ¡Aquí está el
novio, salgan a recibirlo! 7Todas las muchachas
se despertaron y se pusieron a preparar sus
lámparas. 8Las necias pidieron a las prudentes:
¿Pueden darnos un poco de aceite?, porque se nos
apagan las lámparas. 9Contestaron las prudentes:

No, porque seguramente no alcanzará para todas; es mejor que vayan a comprarlo a la tienda. 10Mientras iban a comprarlo, llegó el novio. Las que estaban preparadas entraron con él en la sala de bodas y la puerta se cerró. 11Más tarde llegaron las otras muchachas diciendo: Señor, Señor, ábrenos. 12Él respondió: Les aseguro que no las conozco. 13Por tanto, estén atentos, porque no conocen ni el día ni la hora.

Parábola de los talentos

14»Es como un hombre que partía al extranjero; antes llamó a sus sirvientes y les encomendó sus posesiones. 15A uno le dio cinco bolsas de oro, a otro dos, a otro una; a cada uno según su capacidad. Y se fue. 16Inmediatamente el que había recibido cinco bolsas de oro negoció con ellas y ganó otras cinco. 17Lo mismo el que había recibido dos bolsas de oro, ganó otras dos. 18El que había recibido una bolsa de oro fue, hizo un hoyo en tierra y escondió el dinero de su señor.

19»Pasado mucho tiempo se presentó el señor de aquellos sirvientes para pedirles cuentas. 20Se acercó el que había recibido cinco bolsas de oro y le presentó otras cinco diciendo: Señor, me diste cinco bolsas de oro; mira, he ganado otras cinco. 21Su señor le dijo: Muy bien, sirviente honrado y cumplidor; has sido fiel en lo poco, te pongo al frente de lo importante. Entra en la fiesta de tu señor. 22Se acercó el que había recibido dos bolsas de oro y dijo: Señor, me diste dos bolsas de oro; mira, he ganado otras dos. 23Su señor le dijo: Muy bien, sirviente honrado y cumplidor; has sido fiel en lo poco, te pondré al frente de lo importante. Entra en la fiesta de tu señor. 24Se acercó también el que había recibido una bolsa de oro y dijo: Señor, sabía que eres exigente, que cosechas donde no has sembrado y reúnes donde no has esparcido. 25Como tenía miedo, enterré tu bolsa de oro; aquí tienes lo tuyo. 26Su señor le respondió: Sirviente indigno y perezoso, si sabías que cosecho donde no sembré y reúno donde no esparcí, 27tenías que haber depositado el dinero en un banco para que, al venir yo, lo retirase con los intereses. 28Quítenle la bolsa de oro y dénsela al que tiene diez. 29Porque al que tiene se le dará y le sobrará, y al que no tiene se le quitará aun lo que tiene. 30Al sirviente inútil expúlsenlo a las tinieblas de fuera. Allí será el llanto y el crujir de dientes.

El juicio de las naciones

31»Cuando el Hijo del Hombre llegue con majestad, acompañado de todos sus ángeles, se sentará en su trono de gloria 32y todas las naciones serán reunidas en su presencia. Él separará a unos de otros, como un pastor separa las ovejas de las cabras. 33Colocará a las ovejas a su derecha y a las cabras a su izquierda. 34Entonces el rey dirá a los de la derecha: Vengan, benditos de mi Padre, a recibir el reino preparado para ustedes desde la creación del mundo. 35Porque tuve hambre y me dieron de comer, tuve sed y me dieron de beber, era emigrante y me recibieron, 36estaba desnudo y me vistieron, estaba enfermo y me visitaron, estaba encarcelado y me vinieron a ver. 37Los justos le responderán: Señor, ¿cuándo te vimos hambriento y te alimentamos, sediento y te dimos de beber, 38emigrante y te recibimos, desnudo y te vestimos? 39¿Cuándo te vimos enfermo o encarcelado y fuimos a visitarte? 40El rey les contestará: Les aseguro que lo que hayan hecho a uno solo de estos, mis hermanos menores, me lo hicieron a mí.

41»Después dirá a los de su izquierda: Apártense de mí, malditos, vayan al fuego eterno preparado para el Diablo y sus ángeles. 42Porque tuve hambre y no me dieron de comer, tuve sed y no me dieron de beber, 43era emigrante y no me recibieron, estaba desnudo y no me vistieron, estaba enfermo y encarcelado y no me visitaron. 44Ellos replicarán: Señor, ¿cuándo te vimos hambriento o sediento, emigrante o desnudo, enfermo o encarcelado y no te socorrimos? 45Él responderá: Les aseguro que lo que no hicieron a uno de estos más pequeños no me lo hicieron a mí. 46Estos irán al castigo perpetuo y los justos a la vida eterna.

Complot para matar a Jesús

26 1Cuando terminó este discurso, Jesús dijo a sus discípulos:2 «Ya saben que dentro de dos días se celebra la Pascua y el Hijo del Hombre será entregado para ser crucificado». 3Entonces se reunieron los sumos sacerdotes y los ancianos del pueblo en casa del sumo sacerdote Caifás, 4y se pusieron de acuerdo para apoderarse de Jesús mediante un engaño y darle muerte. 5Pero añadieron que no debía ser durante las fiestas, para que no se amotinara el pueblo.

Unción en Betania

6Estando Jesús en Betania, en casa de Simón el Leproso, 7se le acercó una mujer con un frasco de alabastro lleno de un perfume de mirra carísimo y se lo derramó en la cabeza mientras estaba a la mesa. 8Al verlo, los discípulos dijeron indignados: «¿Por qué este derroche? 9Se podía haber vendido bien caro para dar el producto a los pobres». 10Jesús se dio cuenta y les dijo: «¿Por qué molestan a esta mujer? Ha hecho una obra buena conmigo. 11A los pobres los tendrán siempre cer-

ca, a mí no siempre me tendrán. [12]Al derramar el
perfume sobre mi cuerpo, estaba preparando mi
sepultura. [13]Les aseguro que en cualquier parte
del mundo donde se proclame la Buena Noticia,
se mencionará lo que ha hecho ella».

Traición de Judas

[14]Entonces uno de los Doce, llamado Judas
Iscariote, se dirigió a los sumos sacerdotes [15]y
les propuso: «¿Qué me dan si lo entrego a uste-
des?». Ellos se pusieron de acuerdo en treinta
monedas de plata. [16]Desde aquel momento bus-
caba una ocasión para entregarlo.

Preparación de la cena pascual

[17]El primer día de los Ázimos se acercaron los
discípulos a Jesús y le preguntaron: «¿Dónde
quieres que te preparemos la cena de Pascua?».
[18]Él les contestó: «Vayan a la ciudad, a la casa de
tal persona, y díganle: El maestro dice: mi hora
está próxima; en tu casa celebraré la Pascua con
mis discípulos». [19]Los discípulos prepararon la
cena de Pascua siguiendo las instrucciones de
Jesús.

Anuncio de la traición

[20]Al atardecer se puso a la mesa con los Doce.
[21]Mientras comían, les dijo: «Les aseguro que
uno de ustedes me va a entregar». [22]Muy tristes,
empezaron a preguntarle uno por uno: «¿Soy yo,
Señor?». [23]Él contestó: «El que se ha servido de
la misma fuente que yo, ese me entregará. [24]El
Hijo del Hombre se va, como está escrito de él;
pero, ¡ay de aquel por quien el Hijo del Hombre
será entregado! Más le valdría a ese hombre no
haber nacido». [25]Le dijo Judas, el traidor: «¿Soy
yo, maestro?». Le respondió Jesús: «Tú lo has
dicho».

Institución de la Eucaristía

[26]Mientras cenaban, Jesús tomó pan, pronun-
ció la bendición, lo partió y se lo dio a sus dis-
cípulos diciendo: «Tomen y coman, esto es mi
cuerpo». [27]Tomando la copa, pronunció la acción
de gracias y se la dio diciendo: «Beban todos de
ella, [28]porque esta es mi sangre de la alianza,
que se derrama por todos para el perdón de los
pecados. [29]Les digo que en adelante no beberé
de este fruto de la vid hasta el día en que beba
con ustedes el vino nuevo en el reino de mi Pa-
dre». [30]Cantaron los salmos y salieron hacia el
monte de los Olivos.

Anuncia el abandono de sus discípulos

[31]Entonces Jesús les dijo: «Esta noche todos
van a fallar por mi causa, como está escrito:
Heriré al pastor y se dispersarán las ovejas del
rebaño. [32]Pero cuando resucite, iré delante de
ustedes a Galilea. [33]Pedro le contestó: «Aunque
todos fallen esta noche, yo no fallaré». [34]Jesús
le respondió: «Te aseguro que esta noche, antes
de que cante el gallo, me habrás negado tres
veces». [35]Pedro le replicó: «Aunque tenga que
morir contigo, no te negaré». Lo mismo dijeron
los demás discípulos.

Oración en el huerto

[36]Entonces Jesús fue con ellos a un lugar lla-
mado Getsemaní y dijo a sus discípulos: «Sién-
tense aquí mientras yo voy allá a orar». [37]Tomó
a Pedro y a los dos hijos de Zebedeo y empezó
a sentir tristeza y angustia. [38]Les dijo: «Siento
una tristeza de muerte; quédense aquí, y per-
manezcan despiertos conmigo». [39]Se adelantó
un poco y, postrado su rostro en tierra, oró así:
«Padre, si es posible, que se aparte de mí esta
copa. Pero no se haga mi voluntad, sino la tu-
ya». [40]Volvió a donde estaban los discípulos. Los
encontró dormidos y dijo a Pedro: «¿Será posible
que no han sido capaces de estar despiertos una
hora conmigo? [41]Estén atentos y oren para no
caer en la tentación. El espíritu está dispuesto,
pero la carne es débil». [42]Por segunda vez se ale-
jó a orar: «Padre, si esta copa no puede pasar sin
que yo la beba, que se haga tu voluntad». [43]Vol-
vió de nuevo y los encontró dormidos, porque
tenían mucho sueño. [44]Los dejó y se apartó por
tercera vez repitiendo la misma oración. [45]Des-
pués se acercó a los discípulos y les dijo: «¡To-
davía dormidos y descansando! Está próxima la
hora en que el Hijo del Hombre será entregado
en poder de los pecadores. [46]Levántense, vamos;
¡miren! se acerca el que me entrega».

Arresto de Jesús

[47]Todavía estaba hablando cuando llegó Ju-
das, uno de los Doce, acompañado de gente ar-
mada de espadas y palos, enviada por los sumos
sacerdotes y los ancianos del pueblo. [48]El traidor
les había dado una contraseña: Al que yo bese,
ese es; arréstenlo. [49]Enseguida, acercándose a
Jesús le dijo: «¡Buenas noches, maestro!». Y
le dio un beso. [50]Jesús le dijo: «Amigo, ¿a qué
has venido?». Entonces se acercaron, le echa-
ron mano y arrestaron a Jesús. [51]Uno de los que
estaban con Jesús desenvainó la espada y de un
tajo cortó una oreja al sirviente del sumo sacer-
dote. [52]Jesús le dijo: «Envaina la espada: Quien
a espada mata, a espada muere. [53]¿Crees que no
puedo pedirle al Padre que me envíe enseguida
más de doce legiones de ángeles? [54]Pero enton-
ces, ¿cómo se cumplirá lo que está escrito, que

esto tiene que suceder?». 55Entonces Jesús dijo a la multitud: «Como si se tratara de un asaltante han salido armados de espadas y palos para capturarme. Diariamente me sentaba en el templo a enseñar y no me arrestaron. 56Pero todo eso sucede para que se cumplan las profecías». Entonces todos los discípulos lo abandonaron y huyeron.

Jesús ante el Consejo

57Los que lo habían arrestado lo condujeron a casa del sumo sacerdote Caifás, donde se habían reunido los letrados y los ancianos. 58Pedro le fue siguiendo a distancia hasta el palacio del sumo sacerdote. Entró y se sentó con los empleados para ver en qué acababa aquello. 59Los sumos sacerdotes y el Consejo en pleno buscaban un testimonio falso contra Jesús que permitiera condenarlo a muerte. 60Y, aunque se presentaron muchos testigos falsos, no lo encontraron. Finalmente se presentaron dos 61que declararon: «Este ha dicho: Puedo derribar el santuario de Dios y reconstruirlo en tres días». 62El sumo sacerdote se puso en pie y le dijo: «¿No respondes a lo que estos declaran contra ti?». 63Pero Jesús seguía callado. El sumo sacerdote le dijo: «Por el Dios vivo te conjuro para que nos digas si eres el Mesías, el Hijo de Dios». 64Jesús le respondió: «Tú lo has dicho. Y añado que desde ahora *verán al Hijo del Hombre sentado a la derecha del Todopoderoso y llegando en las nubes del cielo*». 65Entonces el sumo sacerdote, rasgándose sus vestiduras, dijo: «¡Ha blasfemado! ¿Qué falta nos hacen los testigos? Acaban de oír la blasfemia. 66¿Cuál es el veredicto de ustedes?». Respondieron: «Reo de muerte». 67Entonces le escupieron al rostro, le dieron bofetadas y lo golpeaban 68diciendo: «Mesías, adivina quién te ha pegado».

Negaciones de Pedro

69Pedro estaba sentado fuera, en el patio. Se le acercó una sirvienta y le dijo: «Tú también estabas con Jesús el Galileo». 70Él lo negó delante de todos: «No sé lo que dices». 71Salió al portal, lo vio otra sirvienta y dijo a los que estaban allí: «Este estaba con Jesús el Nazareno». 72De nuevo lo negó jurando que no conocía a aquel hombre. 73Al poco tiempo se acercaron los que estaban allí y dijeron a Pedro: «Realmente tú eres uno de ellos, el acento te delata». 74Entonces empezó a echar maldiciones y a jurar que no lo conocía. En ese momento cantó un gallo 75y Pedro recordó lo que había dicho Jesús: «Antes de que cante el gallo, me habrás negado tres veces». Y saliendo afuera, lloró amargamente.

Conducido a Pilato

27 1A la mañana siguiente los sumos sacerdotes y los ancianos del pueblo tuvieron una deliberación para condenar a Jesús a muerte. 2Lo ataron, lo condujeron y lo entregaron a Pilato, el gobernador.

Muerte de Judas

3Entonces Judas, el traidor, viendo que lo habían condenado, se arrepintió y devolvió las treinta monedas a los sumos sacerdotes y ancianos, 4diciendo: «He pecado entregando a un inocente a la muerte». Le contestaron: «Y a nosotros, ¿qué? Eso es problema tuyo». 5Arrojó el dinero en el santuario, se fue y se ahorcó. 6Los sumos sacerdotes, recogiendo el dinero, dijeron: «No es lícito echarlo en la alcancía, porque es precio de una vida». 7Y, después de deliberar, compraron el Campo del Alfarero para sepultura de extranjeros. 8Por eso aquel campo se llama hasta hoy, Campo de Sangre. 9Así se cumplió lo que profetizó Jeremías: «*Tomaron las treinta monedas, precio del que fue tasado, del que tasaron los israelitas,* 10*y con ello pagaron el campo del alfarero; según las instrucciones del Señor*».

Jesús ante Pilato

11Jesús fue llevado ante el gobernador, el cual lo interrogó: «¿Eres tú el rey de los judíos?». Contestó Jesús: «Tú lo has dicho». 12Pero, cuando lo acusaban los sumos sacerdotes y los ancianos no respondía nada. 13Entonces le dijo Pilato: «¿No oyes de cuántas cosas te acusan?». 14Pero no respondió una palabra, con gran admiración del gobernador.

Condena de Jesús

15Por la Pascua acostumbraba el gobernador soltar a un prisionero, el que la gente quisiera. 16Tenía entonces un preso famoso llamado [Jesús] Barrabás. 17Cuando estaban reunidos, les preguntó Pilato: «¿A quién quieren que les suelte? ¿A [Jesús] Barrabás o a Jesús, llamado el Mesías?». 18Ya que le constaba que lo habían entregado por envidia. 19Estando él sentado en el tribunal, su mujer le envió un recado: «No te metas con ese inocente, que esta noche en sueños he sufrido mucho por su causa». 20Mientras tanto los sumos sacerdotes y los ancianos persuadieron a la multitud para que pidieran la libertad de Barrabás y la condena de Jesús. 21El gobernador tomó la palabra: «¿A cuál de los dos quieren que les suelte?». Contestaron: «A Barrabás». 22Respondió Pilato: «¿Y qué hago con Jesús, llamado el Mesías?». Contestaron todos: «Crucifícalo». 23Él les dijo: «Pero, ¿qué mal ha

hecho?». Sin embargo ellos seguían gritando:
«Crucifícalo». 24Viendo Pilato que no conseguía
nada, al contrario, que se estaban amotinando,
pidió agua y se lavó las manos ante la gente
diciendo: «No soy responsable de la muerte de
este inocente». Es cosa de ustedes. 25El pueblo
respondió: «Que su sangre caiga sobre nosotros
y sobre nuestros hijos». 26Entonces les soltó a
Barrabás, y a Jesús lo hizo azotar y lo entregó
para que lo crucificaran.

Burla de los soldados

27Entonces los soldados del gobernador con-
dujeron a Jesús al cuartel y reunieron en tor-
no a él a toda la guardia. 28Lo desnudaron, lo
envolvieron en un manto escarlata, 29trenzaron
una corona de espinas y se la colocaron en la ca-
beza, y pusieron una caña en su mano derecha.
Después, burlándose, se arrodillaban ante él y
decían: «¡Salud, rey de los judíos!». 30Le escu-
pían, le quitaban la caña y le pegaban con ella
en la cabeza. 31Terminada la burla, le quitaron
el manto y lo vistieron con su ropa. Después lo
sacaron para crucificarlo.

Crucifixión y muerte de Jesús

32A la salida encontraron a un hombre de Ci-
rene, llamado Simón, y lo forzaron a cargar con
la cruz. 33Llegaron a un lugar llamado Gólgota,
es decir, Lugar de la Calavera, 34y le dieron a
beber vino mezclado con hiel. Él lo probó, pero
no quiso beberlo. 35Después de crucificarlo, se
repartieron a suertes su ropa 36y se sentaron allí
custodiándolo. 37Encima de la cabeza pusieron
un letrero con la causa de la condena: Este es
Jesús, rey de los judíos. 38Con él estaban cruci-
ficados dos asaltantes, uno a la derecha y otro
a la izquierda. 39Los que pasaban lo insultaban
moviendo la cabeza 40y diciendo: «El que derriba
el santuario y lo reconstruye en tres días que se
salve; si es Hijo de Dios, que baje de la cruz».
41A su vez, los sumos sacerdotes con los letrados
y los ancianos se burlaban diciendo: 42«Salvó a
otros, y no puede salvarse a sí mismo. Si es rey
de Israel, que baje ahora de la cruz y creeremos
en él. 43Ha confiado en Dios: que lo libre ahora
si es que lo ama. Pues ha dicho que es Hijo de
Dios». 44También los asaltantes crucificados con
él lo insultaban.

45A partir de mediodía se oscureció todo el
territorio hasta media tarde. 46A media tarde
Jesús gritó con voz potente: «*Elí, Elí, lema sa-
bactani*», o sea: Dios mío, Dios mío, ¿por qué
me has abandonado? 47Algunos de los presentes,
al oírlo, comentaban: «Está llamando a Elías».
48Enseguida uno de ellos corrió, tomó una es-
ponja empapada en vinagre y con una caña le dio
a beber. 49Los demás dijeron: «Espera, a ver si
viene Elías a salvarlo».

50Jesús, lanzando un nuevo grito, entregó su
espíritu. 51El velo del templo se rasgó en dos
de arriba abajo, la tierra tembló, las piedras se
partieron, 52los sepulcros se abrieron y muchos
cadáveres de santos resucitaron. 53Y, cuando él
resucitó, salieron de los sepulcros y se apare-
cieron a muchos en la Ciudad Santa. 54Al ver el
terremoto y lo que sucedía, el centurión y la tro-
pa que custodiaban a Jesús decían muy espan-
tados: «Realmente este era Hijo de Dios». 55Es-
taban allí mirando a distancia muchas mujeres
que habían acompañado y servido a Jesús desde
Galilea. 56Entre ellas estaban María Magdalena,
María, madre de Santiago y José, y la madre de
los Zebedeos.

Sepultura de Jesús

57Al atardecer llegó un hombre rico de Arima-
tea, llamado José, que también había sido dis-
cípulo de Jesús. 58Se presentó ante Pilato y le
pidió el cadáver de Jesús. Pilato mandó que se
lo entregaran. 59José lo tomó, lo envolvió en una
sábana de lino limpia, 60y lo depositó en un se-
pulcro nuevo que se había excavado en la roca;
después hizo rodar una gran piedra a la entrada
del sepulcro y se fue. 61Estaban allí María Magda-
lena y la otra María sentadas frente al sepulcro.

Vigilancia del sepulcro

62Al día siguiente, el que sigue a la vigilia, se
reunieron los sumos sacerdotes con los fariseos
y fueron a Pilato 63a decirle: «Señor, recordamos
que aquel impostor dijo cuando aún vivía que
resucitaría al tercer día. 64Manda que aseguren
el sepulcro hasta el tercer día, no vayan a ir sus
discípulos a robar el cadáver, para decir al pue-
blo que ha resucitado de entre los muertos. Este
engaño sería peor que el primero». 65Les res-
pondió Pilato: «Ahí tienen una guardia: vayan
y asegúrenlo como saben». 66Ellos aseguraron el
sepulcro poniendo sellos en la piedra y colocan-
do la guardia.

Resurrección de Jesús

28 1Pasado el sábado, al despuntar el alba
del primer día de la semana, fue María
Magdalena con la otra María a examinar el sepul-
cro. 2De repente se produjo un fuerte temblor:
Un ángel del Señor bajó del cielo, llegó e hizo
rodar la piedra y se sentó encima. 3Su aspecto
era como el de un relámpago y su vestido blanco
como la nieve. 4Los de la guardia se pusieron
a temblar de miedo y quedaron como muer-

tos. 5El ángel dijo a las mujeres: «Ustedes no
teman. Sé que buscan a Jesús, el crucificado.
6No está aquí; ha resucitado como había dicho.
Acérquense a ver el lugar donde yacía. 7Después
vayan corriendo a anunciar a los discípulos que
ha resucitado y que irá por delante a Galilea; allí
lo verán. Este es mi mensaje». 8Se alejaron rápi-
damente del sepulcro, llenas de miedo y gozo, y
corrieron a dar la noticia a los discípulos.

Se aparece a las mujeres

9Jesús les salió al encuentro y les dijo: «¡Alé-
grense!». Ellas se acercaron, se abrazaron a sus
pies y se postraron ante él. 10Jesús les dijo: «No
teman; avisen a mis hermanos que vayan a Gali-
lea, donde me verán».

Informe de los vigilantes

11Mientras ellas caminaban, algunos de la
guardia fueron a la ciudad y contaron a los su-
mos sacerdotes todo lo ocurrido. 12Estos se reu-
nieron a deliberar con los ancianos y ofrecieron
a los soldados una buena suma 13encargándoles:
«Digan que durante la noche, mientras ustedes
dormían, llegaron los discípulos y robaron el
cadáver. 14Si llega la noticia a oídos del gober-
nador, nosotros lo tranquilizaremos para que
no los castigue». 15Ellos aceptaron el dinero
y siguieron las instrucciones recibidas. Así se
difundió ese cuento entre los judíos hasta [el
día de] hoy.

Se aparece a los Once

16Los once discípulos fueron a Galilea, al mon-
te que les había indicado Jesús. 17Al verlo, se
postraron, pero algunos dudaron.

Misión de los discípulos

18Jesús se acercó y les habló: «Me han conce-
dido plena autoridad en cielo y tierra. 19Vayan y
hagan discípulos entre todos los pueblos, bau-
tícenlos consagrándolos al Padre y al Hijo y al
Espíritu Santo, 20y enséñenles a cumplir todo lo
que yo les he mandado. Yo estaré con ustedes
siempre, hasta el fin del mundo».

MARCOS

Prólogo

1 1Comienzo de la Buena Noticia de Jesucristo.
[Hijo de Dios.]

Juan el Bautista

2Tal como está escrito en la profecía de Isaías:
«*Mira, envío por delante a mi mensajero para*
que te prepare el camino. 3*Una voz grita en el*
desierto: Preparen el camino al Señor, endere-
cen sus senderos». 4Así se presentó Juan en el
desierto, bautizando y predicando un bautismo
de arrepentimiento para el perdón de los peca-
dos. 5Toda la población de Judea y de Jerusalén
acudía a él, y se hacía bautizar por él en el río
Jordán, confesando sus pecados. 6Juan llevaba
un manto hecho de pelos de camello, con un cin-
turón de cuero en la cintura, y comía saltamon-
tes y miel silvestre. 7Y predicaba así: «Detrás de
mí viene uno con más autoridad que yo, y yo no
soy digno de agacharme para soltarle la correa
de sus sandalias. 8Yo los he bautizado con agua,
pero él los bautizará con Espíritu Santo».

Bautismo de Jesús

9En aquel tiempo vino Jesús desde Nazaret de
Galilea y se hizo bautizar por Juan en el Jordán.
10En cuanto salió del agua, vio el cielo abierto y
al Espíritu bajando sobre él como una paloma.
11Se escuchó una voz del cielo que dijo: «Tú eres
mi Hijo querido, mi predilecto».

La prueba en el desierto

12Inmediatamente el Espíritu lo llevó al de-
sierto, 13donde pasó cuarenta días y fue tentado
por Satanás. Vivía con las fieras y los ángeles
le servían.

Comienza su proclamación

14Cuando arrestaron a Juan, Jesús se dirigió
a Galilea a proclamar la Buena Noticia de Dios.
15Decía: «Se ha cumplido el tiempo y está cer-
ca el reino de Dios. Arrepiéntanse y crean en la
Buena Noticia».

Llama a sus primeros discípulos

16Caminando junto al lago de Galilea, vio a
Simón y a su hermano Andrés que echaban las
redes al lago, pues eran pescadores. 17Jesús les
dijo: «Vengan conmigo y los haré pescadores de
hombres». 18Inmediatamente, dejando las redes,
le siguieron. 19Un trecho más adelante vio a San-
tiago de Zebedeo y a su hermano Juan, que arre-
glaban las redes en la barca. 20Inmediatamente

los llamó. Y ellos dejando a su padre Zebedeo en
la barca con los jornaleros, se fueron con él.

Enseña y exorciza en Cafarnaún

[21]Llegaron a Cafarnaún y el sábado siguiente
entró en la sinagoga a enseñar. [22]La gente se
asombraba de su enseñanza porque lo hacía con
autoridad, no como los letrados. [23]Precisamente
en aquella sinagoga había un hombre poseído
por un espíritu inmundo, que gritó: [24]«¿Qué tie-
nes contra nosotros, Jesús de Nazaret? ¿Has ve-
nido a destruirnos? Sé quién eres tú: ¡el Consa-
grado de Dios!». [25]Jesús le increpó: «¡Calla y sal
de él!». [26]El espíritu inmundo sacudió al hombre,
dio un fuerte grito y salió de él. [27]Todos se llena-
ron de estupor y se preguntaban: «¿Qué signifi-
ca esto? ¡Una enseñanza nueva, con autoridad!
Hasta a los espíritus inmundos les da órdenes y
le obedecen». [28]Su fama se divulgó rápidamente
por todas partes, en toda la región de Galilea.

Actividades en torno a la casa

[29]Después salió de la sinagoga y con Santiago
y Juan se dirigió a casa de Simón y Andrés. [30]La
suegra de Simón estaba en cama con fiebre, y
se lo hicieron saber enseguida. [31]Él se acercó a
ella, la tomó de la mano y la levantó. Se le fue
la fiebre y se puso a servirles. [32]Al atardecer,
cuando se puso el sol, le llevaron toda clase de
enfermos y endemoniados. [33]Toda la población
se agolpaba a la puerta. [34]Él sanó a muchos en-
fermos de diversas dolencias y expulsó a nume-
rosos demonios, a los que no les permitía hablar,
porque lo conocían.

Oración y misión de Jesús

[35]Muy de madrugada, cuando todavía estaba
oscuro, se levantó, salió y se dirigió a un lugar
despoblado, donde estuvo orando. [36]Simón y sus
compañeros lo buscaron [37]y cuando lo encontra-
ron, le dijeron: «Todos te están buscando». [38]Les
respondió: «Vámonos de aquí a los pueblos ve-
cinos, para predicar también allí, pues a eso he
venido». [39]Y fue predicando en sus sinagogas y
expulsando demonios por toda Galilea.

Sana a un leproso

[40]Se le acercó un leproso y [arrodillándose]
le suplicó: «Si quieres, puedes sanarme». [41]Él
se compadeció, extendió la mano, lo tocó y le
dijo: «Lo quiero, queda sano. [42]Al instante se le
fue la lepra y quedó sano. [43]Después lo despidió
advirtiéndole enérgicamente: [44]«Cuidado con
decírselo a nadie. Ve a presentarte al sacerdote
y, para que le conste, lleva la ofrenda de tu sa-
nación establecida por Moisés». [45]Pero al salir,
aquel hombre se puso a proclamar y divulgar más
el hecho, de modo que Jesús ya no podía presen-
tarse en público en ninguna ciudad, sino que se
quedaba fuera, en lugares despoblados. Y aun
así, de todas partes acudían a él.

Sana a un paralítico

2 [1]Después de unos días volvió a Cafarnaún y
la gente se enteró de que estaba en casa.
[2]Se reunieron tantos, que no quedaba sitio ni
siquiera junto a la puerta. Y él les anunciaba la
Palabra. [3]Entonces, llegaron unos trayendo a un
paralítico entre cuatro; [4]y, como no lograban
acercárselo por el gentío, levantaron el techo
encima de donde estaba Jesús, y por el boquete
que hicieron descolgaron la camilla en que yacía
el paralítico. [5]Viendo Jesús la fe que tenían, dijo
al paralítico: «Hijo, se te perdonan los pecados».
[6]Unos letrados que estaban allí sentados discu-
rrían en su interior: [7]«¿Cómo puede este hablar
así? Blasfema. ¿Quién puede perdonar pecados,
sino solo Dios?». [8]Pero, de inmediato, Jesús su-
po lo que pensaban, y les dijo: «¿Por qué piensan
así en su interior? [9]¿Qué es más fácil? ¿Decir al
paralítico se te perdonan los pecados, o decir
levántate, toma tu camilla y camina? [10]Pero para
que sepan que el Hijo del Hombre tiene autori-
dad para perdonar pecados en la tierra» –dijo al
paralítico–: [11]«Yo te lo mando, levántate, toma
tu camilla y ve a tu casa». [12]Se levantó de inme-
diato, tomó su camilla y salió delante de todos.
De modo que todos se asombraron y glorificaban
a Dios diciendo: «Nunca vimos cosa semejante».

Llama a Leví: comparte la mesa con pecadores

[13]Salió de nuevo a la orilla del lago. Toda la
gente acudía a él y él les enseñaba. [14]Al pasar
vio a Leví de Alfeo, sentado junto a la mesa de
recaudación de los impuestos, y le dijo: «Sígue-
me». Él se levantó y le siguió. [15]Mientras estaba
comiendo en su casa, muchos recaudadores de
impuestos y pecadores estaban a la mesa con
Jesús y sus discípulos, pues muchos eran ya
sus seguidores. [16]Los letrados del partido fari-
seo, viéndolo comer con aquellos, dijeron a los
discípulos: «¿Por qué come con recaudadores de
impuestos y pecadores?». [17]Lo escuchó Jesús y
respondió: «No tienen necesidad del médico los
sanos, sino los enfermos. No vine a llamar a jus-
tos, sino a pecadores».

Sobre el ayuno

[18]Un día que los discípulos de Juan y los fari-
seos estaban de ayuno fueron a decirle a Jesús:
«¿Por qué los discípulos de Juan y de los fariseos

ayunan y tus discípulos no ayunan?». 19Jesús
les respondió: «¿Pueden los invitados a la boda
ayunar mientras el novio está con ellos? Mien-
tras tienen al novio con ellos no pueden ayunar.
20Llegará un día en que el novio les será quita-
do, y aquel día ayunarán. 21Nadie usa un trozo
de tela nueva para remendar un vestido viejo;
porque lo nuevo añadido tira del vestido viejo, y
la rotura se hace más grande. 22Nadie echa vino
nuevo en odres viejos; porque el vino revienta
los odres y se echan a perder odres y vino. A vino
nuevo, odres nuevos».

Sobre el sábado

23Un sábado mientras atravesaba unos campos
de trigo, sus discípulos se pusieron a arrancar
espigas. 24Los fariseos le dijeron: «Mira lo que
hacen en sábado: ¡Algo prohibido!». 25Les res-
pondió: «¿No han leído lo que hizo David cuando
él y sus compañeros pasaban necesidad y esta-
ban hambrientos? 26Entró en la casa de Dios,
siendo sumo sacerdote Abiatar, y comió los pa-
nes consagrados, que solo pueden comer los sa-
cerdotes, y los compartió con sus compañeros».
27Y añadió: «El sábado se hizo para el hombre,
no el hombre para el sábado. 28De manera que el
Hijo del Hombre es Señor también del sábado».

Sana en sábado

3 1Entró de nuevo en la sinagoga, estaba allí un
hombre que tenía la mano paralizada. 2Algu-
nos lo vigilaban para ver si lo sanaba en sábado,
y así acusarlo. 3Dijo Jesús al hombre de la mano
paralizada: «Levántate y ponte en medio». 4Y les
preguntó a ellos: «¿Qué está permitido en sá-
bado? ¿Hacer el bien o el mal? ¿Salvar la vida o
dar muerte?». Ellos callaban. 5Entonces los miró
indignado, aunque entristecido por la dureza
de sus corazones y dijo al hombre: «Extiende la
mano». El hombre la extendió y su mano quedó
sanada. 6Los fariseos salieron inmediatamente
y deliberaron con los herodianos cómo acabar
con él.

Una gran multitud se le acerca

7Jesús se retiró con sus discípulos junto al la-
go. [Le seguía] una gran multitud desde Galilea,
Judea, 8Jerusalén, Idumea, Transjordania y del
territorio de Tiro y Sidón. Una gran multitud
que al oír lo que hacía, acudía a él. 9Entonces
dijo a sus discípulos que le tuvieran preparada
una barca, para que el gentío no lo apretujara.
10Ya que, como sanaba a muchos, los que sufrían
achaques se le tiraban encima para tocarlo.
11Los espíritus inmundos al verlo caían a sus
pies gritando: ¡Tú eres el Hijo de Dios! 12Pero
él los reprendía severamente para que no lo
descubrieran.

Los Doce

13Subió a la montaña, fue llamando a los que
él quiso y se fueron con él. 14Nombró a doce [a
quienes llamó apóstoles] para que convivieran
con él y para enviarlos a predicar 15con poder
para expulsar demonios. 16[Nombró, pues, a los
Doce]. A Simón, a quien llamó Pedro; 17a Santiago
de Zebedeo y a su hermano Juan, a quienes llamó
Boanerges, que significa: Hijos del trueno; 18a
Andrés y Felipe; a Bartolomé y Mateo; a Tomás,
Santiago de Alfeo y Tadeo; a Simón el cananeo
19y a Judas Iscariote, el que incluso le traicionó.

Jesús y Satanás

20Entró en casa, y se reunió tal gentío que no
podían ni comer. 21Sus familiares, que lo oye-
ron, salieron a sujetarlo, pues decían que estaba
fuera de sí. 22Los letrados que habían bajado
de Jerusalén decían: «Lleva dentro a Belcebú y
expulsa los demonios con el poder del jefe de
los demonios». 23Él los llamó y por medio de
comparaciones les explicó: «¿Cómo puede Sata-
nás expulsarse a sí mismo? 24Un reino dividido
internamente no puede sostenerse. 25Una casa
dividida internamente tampoco. 26Si Satanás se
levanta contra sí mismo y se divide, no puede
mantenerse en pie, antes perece. 27Nadie puede
entrar en la casa de un hombre fuerte y llevarse
sus cosas si primero no lo ata. Solo así, podrá
saquear, luego, la casa. 28Les aseguro que a los
hombres se les pueden perdonar todos los peca-
dos y las blasfemias que pronuncien. 29Pero el
que blasfeme contra el Espíritu Santo jamás ten-
drá perdón; será culpable para siempre». 30Jesús
dijo esto porque ellos decían que tenía dentro
un espíritu inmundo.

La familia de Jesús

31Llegaron su madre y sus hermanos, se detu-
vieron fuera y lo mandaron llamar. 32La gente es-
taba sentada en torno a él y le dijeron: «Mira, tu
madre y tus hermanos [y hermanas] están fuera
y te buscan». 33Él les respondió: «¿Quién es mi
madre y [mis] hermanos?». 34Y mirando a los que
estaban sentados en círculo alrededor de él, di-
jo: «Miren, estos son mi madre y mis hermanos.
35[Porque] el que haga la voluntad de Dios, ese
es mi hermano, mi hermana y mi madre».

Parábola del sembrador

4 1En otra ocasión se puso a enseñar a orillas
del lago. Se reunió en torno a él tal gentío
que tuvo que subirse a una barca que estaba en

el agua y sentarse en ella, mientras toda la gen-
te quedaba en tierra, junto al lago. 2Les enseña-
ba muchas cosas con parábolas, esto es lo que
les decía: 3«¡Escuchen con atención! Salió un
sembrador a sembrar. 4Al sembrar, unas semillas
cayeron junto al camino; vinieron las aves y se
las comieron. 5Otras cayeron en terreno pedre-
goso con poca tierra. Al faltarles profundidad
brotaron enseguida; 6pero, al salir el sol se mar-
chitaron, y como no tenían raíces se secaron.
7Otras cayeron entre espinos: crecieron los es-
pinos y las ahogaron, y no dieron fruto. 8Otras
cayeron en tierra fértil: brotaron, crecieron y
dieron fruto; produjeron: unas treinta, otras
sesenta, otras cien». 9Y añadió: «El que tenga
oídos para oír que escuche».

Propósito de las parábolas

10Cuando se quedó a solas, los que estaban a
su alrededor junto con los Doce le preguntaron
acerca de las parábolas. 11Él les dijo: «A ustedes
se les comunica el secreto del reino de Dios; pe-
ro a los de fuera todo se les propone en parábo-
las 12de modo que: *por más que miren, no vean;*
por más que escuchen, no comprendan; no sea
que se conviertan y sean perdonados».

Explicación de la parábola del sembrador

13Y les añadió: «Si no entienden esta parábola,
¿cómo van a entender las demás? 14El que siem-
bra, siembra la Palabra. 15Los que están junto
al camino donde se siembra la Palabra son los
que en cuanto la escuchan, llega Satanás y se
lleva la Palabra sembrada en ellos. 16Otros son
como lo sembrado en terreno pedregoso: cuando
escuchan la Palabra, la reciben con gozo; 17pero
no tienen raíces, son inconstantes. Llega una
tribulación o persecución por causa de la Pala-
bra, e inmediatamente fallan. 18Otros son como
la semilla que cae entre espinos: escuchan la
Palabra, 19pero las preocupaciones del mundo,
la seducción de las riquezas y los demás deseos
ahogan la Palabra y no la dejan dar fruto. 20Y
otros son lo sembrado en tierra fértil: escuchan
la Palabra, la reciben y dan fruto al treinta o
sesenta o ciento por uno».

Diversas sentencias

21Y les dijo además: «¿Acaso se enciende una
lámpara para meterla debajo de un cajón o de-
bajo de la cama? ¿No se coloca en el candele-
ro? 22Nada hay oculto que no se descubra, nada
encubierto que no se divulgue. 23El que tenga
oídos para oír que escuche». 24Les dijo también:
«Atiendan esto que escuchan: la medida con que
midan la usarán con ustedes, y aún más. 25Por-
que al que tiene se le dará; pero al que no tiene
se le quitará aun lo que tiene».

Parábola de la vitalidad de la semilla

26Les dijo: «El reino de Dios es como un hom-
bre que sembró un campo: 27de noche se acues-
ta, de día se levanta, y la semilla germina y cre-
ce sin que él sepa cómo. 28La tierra por sí misma
produce fruto: primero el tallo, luego la espiga,
y después el grano en la espiga. 29En cuanto el
grano madura, mete la hoz, porque ha llegado
la cosecha».

Parábola de la semilla de mostaza

30Dijo también: «¿Con qué compararemos el
reino de Dios? ¿Con qué parábola lo explicare-
mos? 31Con una semilla de mostaza: cuando se
siembra en tierra es la más pequeña de las semi-
llas; 32después de sembrada crece y se hace más
alta que las demás hortalizas, y echa ramas tan
grandes que las aves del cielo pueden anidar a
su sombra».

Uso de las parábolas

33Con muchas parábolas como estas les expo-
nía la Palabra, conforme a lo que podían com-
prender. 34Sin parábolas no les exponía nada;
pero aparte, a sus discípulos les explicaba todo.

Calma una tempestad

35Aquel día al atardecer les dijo: «Pasemos a
la otra orilla». 36Ellos despidieron a la gente y
lo recogieron en la barca tal como estaba; otras
barcas lo acompañaban. 37Se levantó un viento
huracanado, las olas rompían contra la barca
que se estaba llenando de agua. 38Él dormía en
la popa sobre un cojín. Lo despertaron y le dije-
ron: «Maestro, ¿no te importa que muramos?».
39Se levantó, increpó al viento y ordenó al lago:
«¡Calla, enmudece!». El viento cesó y sobrevino
una gran calma. 40Y les dijo: «¿Por qué son tan
cobardes? ¿Aún no tienen fe?». 41Llenos de mie-
do se decían unos a otros: «¿Quién es este, que
hasta el viento y el lago le obedecen?».

Exorciza en Gerasa

5 1Pasaron a la otra orilla del lago, al territorio
de los gerasenos. 2Al desembarcar, le salió al
encuentro desde un cementerio un hombre po-
seído por un espíritu inmundo. 3Habitaba en los
sepulcros. Nadie podía sujetarlo, ni con cade-
nas; 4en muchas ocasiones lo habían sujetado
con cadenas y grillos y él los había roto. Y nadie
podía con él. 5Se pasaba las noches y los días en
los sepulcros o por los montes, dando gritos e

hiriéndose con piedras. 6Al ver de lejos a Jesús,
se puso a correr, se postró ante él, 7y, dando un
fuerte grito, dijo: «¿Qué tienes contra mí, Jesús,
Hijo del Dios Altísimo? ¡Por Dios te conjuro que
no me atormentes! 8–Porque le decía: ¡Espíritu
inmundo, sal de este hombre!–». 9Jesús le pre-
guntó: «¿Cómo te llamas?». Contestó: «Me llamo
Legión, porque somos muchos». 10Y le suplicaba
con insistencia que no los echase de la región.
11Había allí una gran piara de cerdos pastando en
la ladera del monte. 12Le suplicaron: «Envíanos
a los cerdos para que entremos en ellos». 13Y él
los permitió. Entonces los espíritus inmundos
salieron y se metieron en los cerdos. La piara
se precipitó al lago por el acantilado y unos dos
mil cerdos se ahogaron en el agua. 14Los pas-
tores huyeron, y lo contaron en la ciudad y en
los campos; y la gente vino a ver lo que había
sucedido. 15Se acercaron a Jesús y al ver al en-
demoniado, sentado, vestido y en su sano juicio,
al mismo que había tenido dentro la legión, se
asustaron. 16Los testigos les explicaban lo que
había pasado con el endemoniado y los cerdos.
17Y empezaron a suplicarle que se marchara de su
territorio. 18Cuando se embarcaba, el que había
estado endemoniado le pidió que le permitiese
acompañarlo. 19Pero no se lo permitió, sino que
le dijo: «Ve a tu casa y a los tuyos y cuéntales
todo lo que el Señor, por su misericordia, ha he-
cho contigo». 20Se fue y se puso a proclamar por
la Decápolis lo que Jesús había hecho con él, y
todos se maravillaban.

Sana a una mujer y resucita a una niña

21Jesús cruzó, de nuevo [en la barca], al otro
lado del lago, y se reunió junto a él un gran
gentío. Estando a la orilla 22llegó un jefe de la
sinagoga llamado Jairo, y al verlo se postró a sus
pies 23y le suplicó insistentemente: «Mi hijita
está agonizando. Ven e impón las manos sobre
ella para que sane y conserve la vida». 24Se fue
con él. Le seguía un gran gentío que lo apre-
taba por todos lados. 25Una mujer que llevaba
doce años padeciendo hemorragias, 26que había
sufrido mucho en manos de distintos médicos
gastando todo lo que tenía, sin obtener mejora
alguna, al contrario, peor se había puesto, 27al
escuchar hablar de Jesús, se mezcló en el gen-
tío, y por detrás le tocó el manto. 28Porque pen-
saba: «Con solo tocar su manto, quedaré sana».
29Al instante desapareció la hemorragia, y sintió
en su cuerpo que había quedado sana. 30Jesús,
consciente de que una fuerza había salido de él,
se volvió a la gente y preguntó: «¿Quién me ha
tocado el manto?». 31Los discípulos le decían:
«Ves que la gente te está apretujando, y pregun-
tas ¿quién te ha tocado?». 32Él miraba alrededor
para descubrir a la que lo había tocado. 33La mu-
jer, asustada y temblando, porque sabía lo que
le había pasado, se acercó, se postró ante él y
le confesó toda la verdad. 34Él le dijo: «Hija, tu
fe te ha sanado. Vete en paz y sigue sana de tu
dolencia».
35Aún estaba hablando cuando llegaron algu-
nos de la casa del jefe de la sinagoga y dije-
ron: «Tu hija ha muerto. No sigas molestando
al Maestro». 36Jesús, sin hacer caso de lo que
decían, dijo al jefe de la sinagoga: «No temas,
basta que tengas fe». 37Y no permitió que lo
acompañara nadie, salvo Pedro, Santiago y su
hermano Juan. 38Llegaron a casa del jefe de la
sinagoga, vio el alboroto y a los que lloraban
y gritaban sin parar. 39Entró y les dijo: «¿A qué
viene este alboroto y esos llantos? La muchacha
no está muerta, sino dormida». 40Se reían de él.
Pero él, echando afuera a todos, tomó al padre,
a la madre y a sus compañeros y entró adonde
estaba la muchacha. 41Sujetando a la niña de la
mano, le dijo: «*Talitha qum*, que significa: Chi-
quilla, te lo digo a ti, ¡levántate!». 42Al instan-
te la muchacha se levantó y se puso a caminar
–tenía doce años–. Ellos quedaron fuera de sí
del asombro. 43Entonces les encargó encareci-
damente que nadie se enterara de esto. Después
dijo que le dieran de comer.

En la sinagoga de Nazaret

6 1Saliendo de allí, se dirigió a su ciudad acom-
pañado de sus discípulos. 2Un sábado se puso
a enseñar en la sinagoga. Muchos al escucharlo
comentaban asombrados: «¿De dónde saca este
todo eso? ¿Qué clase de sabiduría se le ha dado?
Y, ¿qué hay de los grandes milagros que realiza
con sus manos? 3¿No es este el carpintero, el hijo
de María, el hermano de Santiago y José, Judas y
Simón? ¿No viven aquí, entre nosotros, sus her-
manas?». Y esto era para ellos un obstáculo. 4Je-
sús les decía: «A un profeta solo lo desprecian
en su tierra, entre sus parientes y en su casa».
5Y no pudo hacer allí ningún milagro, salvo sa-
nar a unos pocos enfermos a quienes impuso las
manos. 6Y se asombraba de su incredulidad. Des-
pués recorría los pueblos vecinos enseñando.

Misión de los Doce

7Llamó a los Doce y los fue enviando de dos
en dos, dándoles poder sobre los espíritus in-
mundos. 8Les encargó que no llevaran para el
camino más que un bastón; ni pan, ni alforja, ni
dinero en la faja, 9que calzaran sandalias pero
que no llevaran dos túnicas. 10Les decía: «Cuan-
do entren en una casa, quédense allí hasta que

se marchen. 11 Si en un lugar no los reciben ni los
escuchan, salgan de allí y sacudan el polvo de
los pies como protesta contra ellos». 12 Se fueron
y predicaban que se arrepintieran; 13 expulsaban
muchos demonios, ungían con aceite a muchos
enfermos y los sanaban.

Muerte de Juan el Bautista

14 El rey Herodes se enteró de Jesús porque su
fama se había hecho célebre. Algunos decían
que Juan el Bautista había resucitado de entre
los muertos y por eso tenía poderes milagrosos.
15 Pero otros decían que era Elías y otros que era
un profeta como los antiguos profetas. 16 Sin
embargo, Herodes decía: «Juan, a quien yo hice
decapitar, ha resucitado». 17 Herodes había man-
dado arrestar a Juan y lo había encarcelado, por
instigación de Herodías, esposa de su hermano
Felipe, con la que se había casado. 18 Juan le de-
cía a Herodes que no le era lícito tener a la mujer
de su hermano. 19 Por eso Herodías le tenía ren-
cor y quería darle muerte; pero no podía, 20 por-
que Herodes respetaba a Juan. Sabiendo que
era hombre honrado y santo, lo protegía; hacía
muchas cosas aconsejado por él y lo escuchaba
con agrado. 21 Llegó la oportunidad cuando, para
su cumpleaños, Herodes ofreció un banquete a
sus dignatarios, a sus comandantes y a la gente
principal de Galilea. 22 Entró la hija de Herodías,
bailó y gustó a Herodes y a los convidados. El
rey dijo a la muchacha: «Pídeme lo que quieras,
que te lo daré». 23 Y juró [demasiado]: «Aunque
me pidas la mitad de mi reino, te lo daré». 24 Ella
salió y preguntó a su madre: «¿Qué le pido?».
Le respondió: «La cabeza de Juan el Bautista».
25 Entró enseguida, se acercó al rey y le pidió:
«Quiero que me des inmediatamente, en una
bandeja, la cabeza de Juan el Bautista». 26 El rey
se puso muy triste; pero, por el juramento y por
los convidados, no quiso contrariarla. 27 Y envió
inmediatamente a un verdugo con orden de traer
la cabeza de Juan. Este fue y lo decapitó en la
prisión, 28 trajo en una bandeja la cabeza y se la
entregó a la muchacha; y ella se la entregó a su
madre. 29 Sus discípulos, al enterarse, fueron a
recoger el cadáver y le dieron sepultura.

Da de comer a cinco mil

30 Los apóstoles se reunieron con Jesús y le
contaron todo lo que habían hecho y enseñado.
31 Él les dijo: «Vengan ustedes solos, a un paraje
despoblado, a descansar un rato. Porque los que
iban y venían eran tantos, que no les quedaba
tiempo ni para comer». 32 Así que se fueron solos
en barca a un paraje despoblado. 33 Pero muchos
los vieron marcharse y se dieron cuenta. De to-
dos los poblados fueron corriendo a pie hasta
allá y se les adelantaron. 34 Al desembarcar, vio
un gran gentío y se compadeció, porque eran
como ovejas sin pastor. Y se puso a enseñarles
muchas cosas. 35 Como se hacía tarde, los discí-
pulos fueron a decirle: «El lugar es despoblado
y ya es muy tarde; 36 despídelos para que vayan
a los campos y a los pueblos vecinos a comprar
algo para comer». 37 Él les respondió: «Denle
ustedes de comer». Replicaron: «Tendríamos
que comprar pan por doscientos denarios para
darles de comer». 38 Les contestó: «¿Cuántos pa-
nes tienen? Vayan a ver». Lo averiguaron y le
dijeron: «Cinco panes y dos pescados». 39 Ordenó
que los hicieran recostarse en grupos sobre la
hierba verde. 40 Se sentaron en grupos de cien y
de cincuenta. 41 Tomó los cinco panes y los dos
pescados, alzó la vista al cielo, bendijo y partió
los panes y se los fue dando a [sus] discípulos
para que los sirvieran; y repartió también los
pescados entre todos. 42 Comieron todos y que-
daron satisfechos. 43 Recogieron las sobras de
los panes y los pescados y llenaron doce canas-
tas. 44 Los que comieron [los panes] eran cinco
mil hombres.

Camina sobre el agua

45 Enseguida obligó a sus discípulos a que se
embarcaran y lo precedieran a la otra orilla, a
Betsaida, mientras él despedía a la gente. 46 Des-
pués de esto, subió al monte a orar. 47 Anochecía
y la barca estaba en medio del lago y él a solas
en la costa. 48 Viéndolos fatigados de remar, por-
que tenían viento contrario, hacia la madrugada
se acercó a ellos caminando sobre el agua, in-
tentando adelantarlos. 49 Al verlo caminar sobre
el lago, creyeron que era un fantasma y gritaron,
50 porque todos lo habían visto y estaban espan-
tados. Pero él inmediatamente les habló y les
dijo: «¡Anímense! Soy yo, no teman». 51 Subió a
la barca con ellos y el viento cesó. Ellos estaban
[absolutamente] pasmados; 52 ya que no habían
entendido lo de los panes, pues tenían la mente
cerrada.

Sanaciones en Genesaret

53 Terminada la travesía, tocaron tierra en Ge-
nesaret y atracaron. 54 Cuando desembarcaron,
la gente lo reconoció. 55 Recorriendo toda la re-
gión, le fueron llevando en camillas todos los
enfermos, hasta el lugar donde habían oído que
se encontraba. 56 En cualquier pueblo, ciudad, o
campo por donde pasaba, colocaban a los en-
fermos en la plaza y le rogaban que les dejara
tocar al menos el borde de su manto. Y los que lo
tocaban se sanaban.

Sobre la tradición

7 1Se reunieron junto a él los fariseos y algu-
nos letrados venidos de Jerusalén. 2Vieron
que algunos de sus discípulos comían con ma-
nos impuras, es decir, sin lavárselas 3–porque
los fariseos y los judíos, en general, no comen
sin antes lavarse cuidadosamente las manos,
observando la tradición de sus mayores; 4y si
vuelven del mercado, no comen si no se lavan
totalmente; y observan otras muchas reglas
tradicionales, como el lavado de copas, jarras y
ollas [y mesas]–. 5De modo que los fariseos y los
letrados le preguntaron: «¿Por qué no siguen tus
discípulos la tradición de los mayores, sino que
comen con manos impuras?». 6Les respondió:
«Qué bien profetizó Isaías de la hipocresía de
ustedes cuando escribió: *Este pueblo me honra*
con los labios, pero su corazón está lejos de mí;
7*el culto que me dan es inútil, ya que la doctrina*
que enseñan son preceptos humanos. 8Ustedes
descuidan el mandato de Dios y mantienen la
tradición de los hombres».

9Y añadió: «¡Cómo dejan de lado el mandato de
Dios para mantener su propia tradición! 10Pues
Moisés dijo: Sustenta a tu padre y a tu madre, y
también: El que abandona a su padre o su madre
debe ser condenado a muerte. 11Ustedes en cam-
bio dicen: Si uno comunica a su padre o su madre
que la ayuda que debía darles es corbán, es de-
cir, ofrenda sagrada, 12entonces le está permi-
tido no ayudarlos. 13Y así invalidan el precepto
de Dios en nombre de su tradición. Y como esas
hacen muchas otras cosas».

Sobre la verdadera pureza

14Llamando de nuevo a la gente, les dijo: «Es-
cuchen todos y entiendan. 15No hay nada afuera
del hombre que, al entrar en él, pueda contami-
narlo. Lo que lo hace impuro, es lo que sale de él.
16[[El que tenga oídos para oír que escuche.]]»
17Cuando se apartó de la gente y entró en casa,
le preguntaban los discípulos el sentido de la
comparación. 18Y él les dijo: «¿Conque también
ustedes siguen sin entender? ¿No comprenden
que lo que entra en el hombre desde afuera no
puede contaminarlo, 19porque no le entra en el
corazón, sino en el vientre y después es expul-
sado del cuerpo? –Con lo cual declaraba puros
todos los alimentos–». 20Y añadió: «Lo que sale
del hombre es lo que contamina al hombre. 21De
dentro, del corazón del hombre salen los malos
pensamientos, fornicación, robos, asesinatos,
22adulterios, codicia, malicia, fraude, desen-
freno, envidia, blasfemia, arrogancia, desatino.
23Todas estas maldades salen de dentro y conta-
minan al hombre».

La fe de una mujer cananea

24Desde allí se puso en camino y se dirigió a la
región de Tiro. Entró en una casa con intención
de pasar inadvertido pero no lo logró. 25Una mu-
jer que tenía a su hija poseída por un espíritu
inmundo se enteró de su llegada, acudió y se
postró a sus pies. 26La mujer era pagana, natural
de la Fenicia siria. Le pedía que expulsase de su
hija al demonio. 27Jesús le respondió: «Deja que
primero se sacien los hijos. No está bien quitar
el pan a los hijos para echárselo a los perritos».
28Ella replicó: «Señor, también los perritos, de-
bajo de la mesa, comen de las migas que dejan
caer los niños». 29Le dijo: «Por eso que has di-
cho, puedes irte, que el demonio ha salido de
tu hija». 30Se volvió a casa y encontró a su hija
acostada en la cama; el demonio había salido.

Sana a un sordomudo

31Después salió de la región de Tiro, pasó de
nuevo por Sidón y se dirigió al lago de Galilea
atravesando la región de la Decápolis. 32Le lle-
varon un hombre sordo y tartamudo y le supli-
caban que impusiera las manos sobre él. 33Lo
tomó, lo apartó de la gente y, a solas, le metió
los dedos en los oídos; después le tocó la lengua
con saliva; 34levantó la vista al cielo, suspiró y
le dijo: «Effatá, que significa ábrete». 35[Al mo-
mento] se le abrieron los oídos, se le soltó el im-
pedimento de la lengua y hablaba normalmente.
36Les mandó que no lo dijeran a nadie; pero,
cuanto más insistía, más lo pregonaban. 37Lle-
nos de asombro comentaban: «Todo lo ha hecho
bien, hace oír a los sordos y hablar a los mudos».

Da de comer a cuatro mil

8 1En aquellos días se reunió otra vez mucha
gente y no tenían qué comer. Llamó a los
discípulos y les dijo: 2«Me compadezco de esta
gente, ya llevan tres días junto a mí y no tienen
qué comer. 3Si los despido a casa en ayunas, des-
fallecerán por el camino; y algunos han venido
de lejos». 4Le contestaron los discípulos: «¿De
dónde sacaríamos panes para alimentarlos aquí,
en despoblado?». 5Les preguntó: «¿Cuántos pa-
nes tienen?». Respondieron: «Siete». 6Ordenó
a la gente que se recostara en el suelo. Tomó
los siete panes, dio gracias, los partió y se los
dio a sus discípulos para que los sirvieran. Ellos
los sirvieron a la gente. 7Tenían también unos
pocos pescaditos. Los bendijo y mandó que los
sirvieran. 8Comieron hasta quedar satisfechos,
y recogieron las sobras en siete canastas. 9Eran
unos cuatro mil. Los despidió 10y enseguida em-
barcó con los discípulos y se dirigió al territorio
de Dalmanuta.

Le piden una señal celeste

[11]Salieron los fariseos y se pusieron a discutir
con él, pidiéndole, para ponerlo a prueba, una
señal del cielo. [12]Él suspiró profundamente y di-
jo: «¿Para qué pide una señal esta generación?
Les aseguro que a esta generación no se le dará
ninguna señal». [13]Dejándolos, se embarcó de
nuevo y pasó a la otra orilla.

Ceguera de los discípulos

[14]Los discípulos se habían olvidado de llevar
pan y no tenían en la barca más que uno. [15]Él
les daba esta recomendación: «¡Estén atentos!
Cuídense de la levadura de los fariseos y de la
de Herodes». [16]Ellos discutían porque no tenían
pan. [17]Dándose cuenta, Jesús les dijo: «¿Por qué
discuten que no tienen pan? ¿Todavía no en-
tienden ni comprenden? ¿Tienen acaso la mente
cerrada? [18]Tienen ojos, ¿y no ven?; tienen oídos,
¿y no oyen? ¿No se acuerdan? [19]Cuando repartí
los cinco panes entre los cinco mil, ¿cuántas
canastas llenas de sobras recogieron?». Le con-
testaron: «Doce». [20]«Y cuando repartí los siete
panes entre cuatro mil, ¿cuántos canastos de
sobras recogieron?». [Le] respondieron: «Siete».
[21]Entonces les dijo: «¿Todavía no comprenden?».

El ciego de Betsaida

[22]Cuando llegaron a Betsaida, le llevaron un
ciego y le pidieron que lo tocase. [23]Tomando al
ciego de la mano, lo sacó a las afueras del pue-
blo, luego de ponerle saliva en los ojos, le im-
puso las manos y le preguntó: «¿Ves algo?». [24]Y
mientras recobraba la vista dijo: «Veo hombres;
los veo como árboles, pero caminando». [25]De
nuevo le impuso las manos a los ojos. El ciego
afinó la mirada; fue sanado y distinguía todo
con claridad. [26]Jesús lo envió a casa y le dijo:
«¡Ni se te ocurra entrar en el pueblo!».

Confesión de Pedro

[27]Jesús emprendió el viaje con sus discípulos
hacia los pueblos de Cesarea de Felipe. Por el
camino preguntó a los discípulos: «¿Quién dice
la gente que soy yo?». [28]Le respondieron: «Unos
que Juan el Bautista, otros que Elías, otros que
uno de los profetas». [29]Él les preguntó a ellos: «Y
ustedes, ¿quién dicen que soy yo?». Respondió
Pedro: «Tú eres el Mesías». [30]Entonces les ordenó
que a nadie hablaran de esto.

Primer anuncio de la pasión y resurrección

[31]Y empezó a explicarles que el Hijo del Hom-
bre tenía que padecer mucho, ser rechazado
por los ancianos, los sumos sacerdotes y los
letrados, sufrir la muerte y después de tres días
resucitar. [32]Les hablaba con franqueza. Pero
Pedro se lo llevó aparte y se puso a reprenderlo.
[33]Mas él se volvió y, viendo a los discípulos,
reprendió a Pedro: «¡Aléjate de mi vista, Sata-
nás! Tus pensamientos son los de los hombres,
no los de Dios».

Condiciones para ser discípulo

[34]Y llamando a la gente con los discípulos, les
dijo: «El que quiera seguirme, niéguese a sí mis-
mo, cargue con su cruz y me siga. [35]El que quiera
salvar su vida, la perderá; quien la pierda por mí
y por la Buena Noticia, la salvará. [36]¿De qué le
vale al hombre ganar todo el mundo si pierde su
vida?, [37]¿qué precio pagará el hombre por ella?
[38]Si uno se avergüenza de mí y de mis palabras
ante esta generación adúltera y pecadora, el
Hijo del Hombre se avergonzará de él cuando
venga con la gloria de su Padre y acompañado de
sus santos ángeles».

9 [1]Y añadió: «Les aseguro que algunos de los
que están aquí presentes no sufrirán la muer-
te antes de que vean llegar el reino de Dios con
poder».

Transfiguración de Jesús

[2]Seis días más tarde tomó Jesús a Pedro, a
Santiago y a Juan y se los llevó aparte a una
montaña elevada. Delante de ellos se transfigu-
ró: [3]su ropa se volvió de una blancura resplan-
deciente, tan blanca como nadie en el mundo
sería capaz de blanquearla. [4]Se les aparecieron
Elías y Moisés conversando con Jesús. [5]Pedro
tomó la palabra y dijo a Jesús: «Maestro, ¡qué
bien se está aquí! Vamos a armar tres chozas:
una para ti, otra para Moisés y otra para Elías
[6]–No sabía lo que decía, porque estaban llenos
de miedo–». [7]Entonces vino una nube que les hi-
zo sombra, y salió de ella una voz: «Este es mi
Hijo querido. Escúchenlo». [8]De pronto miraron
a su alrededor y no vieron más que a Jesús solo
con ellos. [9]Mientras bajaban de la montaña les
encargó que no contaran a nadie lo que habían
visto, hasta que el Hijo del Hombre resucitara
de entre los muertos. [10]Ellos cumplieron aquel
encargo pero se preguntaban qué significaría
resucitar de entre los muertos. [11]Y le pregunta-
ron: «¿Por qué dicen los letrados que primero
tiene que venir Elías?». [12]Él les respondió: «Elías
vendrá primero y restaurará todo. Pero, ¿por qué
está escrito que el Hijo del Hombre ha de padec-
cer mucho y ser despreciado? [13]Yo les digo que
Elías ya vino y lo trataron a su antojo, tal como
está escrito».

Sana a un niño epiléptico

14Cuando volvieron adonde estaban los dis-
cípulos, vieron un gran gentío y unos letrados
discutiendo con ellos. 15En cuanto la gente
lo vio, quedaron sorprendidos y corrieron a
saludarlo. 16Él les preguntó: «¿De qué están
discutiendo?». 17Uno de la gente le contestó:
«Maestro, te he traído a mi hijo, poseído por
un espíritu que lo deja mudo. 18Cada vez que
lo ataca, lo tira al suelo; él echa espuma por la
boca, rechina los dientes y se queda rígido. He
pedido a tus discípulos que lo expulsaran y no
han podido». 19Él les contestó: «¡Qué genera-
ción incrédula! ¿Hasta cuándo tendré que estar
con ustedes? ¿Hasta cuándo tendré que sopor-
tarlos? Tráiganmelo». 20Se lo llevaron; y, en
cuanto el espíritu lo vio, sacudió con violencia
al muchacho, que cayó a tierra y se revolcaba
echando espuma por la boca. 21Jesús pregun-
tó al padre: «¿Desde cuándo le sucede esto?».
Contestó: «Desde niño. 22Y muchas veces inclu-
so lo tira al agua o al fuego para acabar con
él. Por eso, si puedes hacer algo, compadécete
de nosotros y ayúdanos». 23Jesús le respondió:
«¿Que si puedo? Todo es posible para quien
cree». 24Inmediatamente el padre del mucha-
cho exclamó: «Creo; pero socorre mi falta de
fe». 25Viendo Jesús que la gente se agolpaba
sobre ellos, reprendió al espíritu inmundo: «Es-
píritu sordo y mudo, yo te lo ordeno, sal de él
y no vuelvas a entrar en él». 26Dando un grito y
sacudiéndolo fuertemente, salió. El muchacho
quedó como un cadáver, tanto que muchos de-
cían que estaba muerto. 27Pero Jesús, tomán-
dolo de la mano, lo levantó y el muchacho se
puso en pie. 28Cuando Jesús entró en casa, los
discípulos le preguntaban aparte: «¿Por qué
nosotros no pudimos expulsarlo?». 29Respon-
dió: «Esa clase solo sale a fuerza de oración».

Segundo anuncio de la pasión y resurrección

30Desde allí fueron recorriendo Galilea, y no
quería que nadie lo supiera. 31A los discípulos
les explicaba: «El Hijo del Hombre va a ser entre-
gado en manos de hombres que le darán muerte;
después de morir, al cabo de tres días, resucita-
rá». 32Ellos, aunque no entendían el asunto, no
se atrevían a preguntarle.

¿Quién es el más importante?

33Llegaron a Cafarnaún y, ya en casa, les
preguntó: «¿De qué hablaban por el camino?».
34Se quedaron callados, porque por el camino
habían estado discutiendo quién era el más
importante. 35Se sentó, llamó a los Doce, y les
dijo: «El que quiera ser el primero, que se ha-
ga el último y el servidor de todos». 36Después
llamó a un niño, lo colocó en medio de ellos, lo
acarició y les dijo: 37«Quien reciba a uno de es-
tos niños en mi nombre, a mí me recibe. Quien
me recibe a mí, no es a mí a quién recibe, sino
al que me envió».

El exorcista anónimo

38Juan le dijo: «Maestro, vimos a uno que ex-
pulsaba demonios en tu nombre, y tratamos de
impedírselo porque no nos sigue». 39Jesús res-
pondió: «No se lo impidan. Aquel que haga un
milagro en mi nombre no puede luego hablar mal
de mí. 40Quien no está contra nosotros, está a
nuestro favor. 41Quien les dé a beber un vaso de
agua en atención a que ustedes son del Mesías
les aseguro que no quedará sin recompensa.

Radicalidad ante el pecado

42»Si alguien lleva a pecar a uno de estos pe-
queños que creen [en mí], más le valdría que le
atasen una piedra de molino en el cuello y lo
arrojaran al mar. 43Si tu mano te lleva a pecar,
córtatela. Más te vale entrar manco en la vida
que con las dos manos ir a parar al infierno, al
fuego inextinguible. 44[[Donde el gusano no
muere y el fuego no se apaga.]] 45Si tu pie te
lleva a pecar, córtatelo. Más te vale entrar co-
jo en la vida que con los dos pies ser arrojado
al infierno. 46[[Donde el gusano no muere y el
fuego no se apaga.]] 47Si tu ojo te lleva a pecar,
sácatelo. Más te vale entrar con un solo ojo en el
reino de Dios que con los dos ojos ser arrojado al
infierno, 48donde el gusano no muere y el fuego
no se apaga. 49Todos serán sazonados al fuego.
50La sal es buena; pero si la sal pierde el sabor,
¿con qué la sazonarán? Ustedes tengan sal y es-
tén en paz con los demás.

Sobre el divorcio

10 1Desde allí se encaminó al territorio de
Judea, al otro lado del Jordán. De nuevo
se acercó a él una multitud y, según su cos-
tumbre, se puso a enseñar. 2Llegaron unos fari-
seos y, para ponerlo a prueba, le preguntaron:
«¿Puede un hombre separarse de su mujer?».
3Les contestó: «¿Qué les mandó Moisés?». 4Res-
pondieron: «Moisés permitió escribir el acta de
divorcio y separarse». 5Jesús les dijo: «Porque
son duros de corazón Moisés escribió ese pre-
cepto. 6Pero al principio de la creación Dios los
hizo hombre y mujer, 7y por eso abandona un
hombre a su padre y a su madre, [se une a su
mujer] 8y los dos se hacen una sola carne. De
suerte que ya no son dos, sino una sola carne.

9Así pues, lo que Dios ha unido que no lo separe
el hombre». 10Una vez en casa, los discípulos le
preguntaron de nuevo acerca de aquello. 11Él
les dijo: «El que se divorcia de su mujer y se ca-
sa con otra comete adulterio contra la primera.
12Si ella se divorcia del marido y se casa con
otro, comete adulterio».

Bendice a unos niños

13Le traían niños para que los tocara, y los dis-
cípulos los reprendían. 14Jesús, al verlo, se eno-
jó y dijo: «Dejen que los niños se acerquen a mí;
no se lo impidan, porque el reino de Dios per-
tenece a los que son como ellos. 15Les aseguro,
el que no reciba el reino de Dios como un niño,
no entrará en él». 16Y los acariciaba y bendecía
imponiendo las manos sobre ellos.

El joven rico

17Cuando se puso en camino, llegó uno co-
rriendo, se arrodilló ante él y le preguntó:
«Maestro bueno, ¿qué debo hacer para heredar
vida eterna?». 18Jesús le respondió: «¿Por qué
me llamas bueno? Nadie es bueno fuera de Dios.
19Conoces los mandamientos: no matarás, no
cometerás adulterio, no robarás, no jurarás en
falso, no defraudarás, honra a tu padre y a tu
madre». 20Él le contestó: «Maestro, todo eso lo
he cumplido desde mi juventud». 21Jesús lo mi-
ró con cariño y le dijo: «Una cosa te falta: ve,
vende cuanto tienes y dáselo a [los] pobres y
tendrás un tesoro en el cielo; después sígueme».
22Ante estas palabras, se llenó de pena y se mar-
chó triste; porque era muy rico.
23Jesús mirando alrededor dijo a sus discípu-
los: «Difícilmente entrarán en el reino de Dios
los que tienen riquezas». 24Los discípulos se
asombraron de lo que decía. Pero Jesús insistió:
«¡Qué difícil es entrar en el reino de Dios! 25Es
más fácil para un camello pasar por el ojo de
una aguja que para un rico entrar en el reino
de Dios». 26Ellos llenos de asombro y temor se
decían: «Entonces, ¿quién puede salvarse?».
27Jesús los quedó mirando y les dijo: «Para los
hombres es imposible, pero no para Dios; por-
que para Dios todo es posible». 28Pedro enton-
ces le dijo: «Mira, nosotros hemos dejado todo
y te hemos seguido». 29Jesús le contestó: «Les
aseguro que todo el que deje casa o hermanos
o hermanas o madre o padre o hijos o campos
por mí y por la Buena Noticia 30ha de recibir en
esta vida cien veces más en casas y hermanos y
hermanas y madres e hijos y campos, en medio
de las persecuciones, y en el mundo futuro la
vida eterna. 31Porque muchos primeros serán los
últimos y muchos últimos serán los primeros».

Tercer anuncio de la pasión y resurrección

32Iban de camino, subiendo hacia Jerusalén.
Jesús iba adelante, los que le seguían estaban
sorprendidos y con miedo. Él reunió otra vez a
los Doce y se puso a anunciarles lo que le iba
a suceder: 33«Miren, estamos subiendo a Jeru-
salén: el Hijo del Hombre será entregado a los
sumos sacerdotes y los letrados, lo condenarán
a muerte y lo entregarán a los paganos, 34que
se burlarán de él, le escupirán, lo azotarán y le
darán muerte, y luego de tres días resucitará».

Contra la ambición

35Se le acercaron los hijos de Zebedeo, Santiago
y Juan, y le dijeron: «Maestro, queremos que nos
concedas lo que te vamos a pedir». 36Les pregun-
tó: «¿Qué quieren [de mí]?». 37Le respondieron:
«Concédenos sentarnos en tu gloria uno a tu de-
recha y otro a tu izquierda». 38Jesús replicó: «No
saben lo que piden. ¿Pueden beber la copa que
yo he de beber o recibir el bautismo que yo voy a
recibir?». 39Ellos respondieron: «Podemos». Jesús
les dijo: «La copa que yo voy a beber también la
beberán ustedes, el bautismo que yo voy a recibir
también lo recibirán ustedes; 40pero sentarse a mi
derecha y a mi izquierda no me toca a mí conce-
derlo, sino que es para quienes está reservado».
41Cuando los otros lo oyeron, se enojaron con
Santiago y Juan. 42Pero Jesús los llamó y les di-
jo: «Saben que entre los paganos los que son
tenidos por gobernantes dominan a las naciones
como si fueran sus dueños y los poderosos im-
ponen su autoridad. 43No será así entre ustedes;
más bien, quien entre ustedes quiera llegar a ser
grande que se haga servidor de los demás; 44y
quien quiera ser el primero que se haga sirviente
de todos. 45Porque el Hijo del Hombre no vino a
ser servido, sino a servir y a dar su vida como
rescate por muchos».

Sana a un ciego

46Llegaron a Jericó. Y cuando salía de allí con
sus discípulos y un gentío considerable, Barti-
meo, hijo de Timeo, un mendigo ciego, estaba
sentado al costado del camino. 47Al oír que era
Jesús de Nazaret, se puso a gritar: «¡Jesús, Hijo
de David, compadécete de mí!». 48Muchos lo re-
prendían para que se callase. Pero él gritaba más
fuerte: «¡Hijo de David, compadécete de mí!».
49Jesús se detuvo y dijo: «Llámenlo». Llamaron
al ciego diciéndole: «¡Ánimo, levántate, que te
llama!». 50Él dejó el manto, se puso en pie y se
acercó a Jesús. 51Jesús le preguntó: «¿Qué quie-
res de mí?». Contestó el ciego: «Maestro, que
recobre la vista». 52Jesús le dijo: «Vete, tu fe

te ha salvado». Al instante recobró la vista y lo seguía por el camino.

Entrada triunfal en Jerusalén

11 1Cuando se acercaban a Jerusalén, por Betfagé y Betania, junto al monte de los Olivos, envió a dos discípulos 2diciéndoles: «Vayan al pueblo de enfrente y, al entrar, encontrarán un burrito atado, que aún nadie ha montado. Desátenlo y tráiganlo. 3Y si alguien les pregunta por qué hacen eso, le dirán que le hace falta al Señor y que se lo devolverá muy pronto». 4Fueron y encontraron el burrito atado junto a una puerta, por fuera, en la calle. Lo soltaron. 5Algunos de los allí presentes les dijeron: «¿Por qué sueltan el burrito?». 6Contestaron como les había encargado Jesús, y les permitieron llevarlo. 7Llevaron el burrito a Jesús, le echaron encima sus mantos, y Jesús se montó. 8Muchos alfombraban el camino con sus mantos, otros con ramos cortados en el campo. 9Los que iban delante y detrás gritaban: «*¡Hosana! Bendito el que viene en nombre del Señor.* 10Bendito el reino de nuestro padre David que llega. *¡Hosana en las alturas!*». 11Entró en Jerusalén y se dirigió al templo. Después de inspeccionarlo todo, como era tarde, volvió con los Doce a Betania.

Maldice la higuera

12Al día siguiente, cuando salían de Betania, sintió hambre. 13Al ver de lejos una higuera frondosa, se acercó para ver si encontraba algo; pero no encontró más que hojas, pues no era el tiempo de los higos. 14Entonces le dijo: «Nunca jamás nadie coma frutos tuyos». Los discípulos lo estaban escuchando.

Purifica el Templo

15Llegaron a Jerusalén y, entrando en el templo, se puso a echar a los que vendían y compraban en el templo; volcó las mesas de los cambistas y las sillas de los que vendían palomas, 16y no dejaba a nadie transportar objetos por el templo. 17Y les explicó: «Está escrito: *Mi casa será casa de oración para todas las naciones*; en cambio ustedes la han convertido en cueva de asaltantes». 18Lo oyeron los sumos sacerdotes y los letrados y buscaban la forma de acabar con él; pero le tenían miedo, porque toda la gente admiraba su enseñanza. 19Cuando anocheció, salió de la ciudad.

La higuera seca

20Por la mañana, pasando junto a la higuera, vieron que se había secado de raíz. 21Pedro se acordó y le dijo: «Maestro, mira, la higuera que maldijiste se ha secado». 22Jesús le respondió: «Tengan fe en Dios. 23Les aseguro que si uno, sin dudar en su corazón, sino creyendo que se cumplirá lo que dice, manda a ese monte que se quite de ahí y se tire al mar, lo conseguirá. 24Por tanto les digo que, cuando oren pidiendo algo, crean que se les concederá, y así sucederá». 25Cuando se pongan a orar, perdonen lo que tengan contra otros, y el Padre del cielo perdonará sus culpas. 26[[Pero si no perdonan a los demás, tampoco el Padre del cielo los perdonará a ustedes.]]

La autoridad de Jesús

27Volvieron a Jerusalén y, mientras caminaba por el templo, se le acercaron los sumos sacerdotes, los letrados y los ancianos 28y le dijeron «¿Con qué autoridad haces eso? ¿Quién te ha dado tal autoridad para hacerlo?». 29Jesús respondió: «Les haré una pregunta, si ustedes me responden yo les diré con qué autoridad lo hago. 30El bautismo de Juan, ¿procedía del cielo o de los hombres? Respóndanme». 31Ellos discutían entre sí: «Si afirmamos que del cielo, nos dirá que, por qué no le creímos. 32¿Vamos a decir que de los hombres? –Tenían miedo a la gente, porque todos consideraban a Juan un profeta auténtico–». 33Así que respondieron: «No sabemos». Y Jesús les dijo: «Entonces yo tampoco les digo con qué autoridad lo hago».

Parábola de los viñadores malvados

12 1Se puso a hablarles con parábolas: Un hombre plantó una viña, la rodeó con una tapia, cavó un lagar y construyó una torre; se la arrendó a unos viñadores y se marchó. 2A su debido tiempo, envió un sirviente a los viñadores para cobrar su parte del fruto de la viña. 3Ellos lo agarraron, lo apalearon y lo despidieron con las manos vacías. 4Les envió un segundo sirviente; y ellos lo maltrataron y lo injuriaron. 5Envió un tercero, y lo mataron; y a otros muchos: a unos los apalearon, a otros los mataron. 6Le quedaba uno, su hijo querido, y lo envió en último término, pensando que respetarían a su hijo. 7Pero los viñadores se dijeron: Es el heredero. Lo matamos y la herencia será nuestra. 8Así que lo mataron y lo arrojaron fuera de la viña. 9Ahora bien, ¿qué hará el dueño de la viña? Irá, acabará con los viñadores y entregará la viña a otros. 10¿No han leído aquel texto de la Escritura: *La piedra que desecharon los arquitectos es ahora la piedra angular;* 11*es el Señor quien lo ha hecho; y nos parece un milagro*?». 12Intentaron arrestarlo, porque comprendieron que la parábola era para ellos. Pero, como tenían miedo a la gente, lo dejaron y se fueron.

Sobre el tributo al césar

13Después le enviaron unos fariseos y herodianos para ponerle una trampa con las palabras. 14Se acercaron y le dijeron: «Maestro, nos consta que eres sincero e imparcial porque no juzgas según la apariencia de la gente, sino que enseñas con verdad el camino de Dios. ¿Es lícito pagar tributo al césar o no? ¿Lo pagamos o no?». 15Dándose cuenta de su hipocresía, les dijo: «¿Por qué me ponen a prueba? Tráiganme una moneda, que la vea». 16Se la llevaron y les preguntó: «¿De quién es esta imagen y esta inscripción?». Le contestaron: «Del césar». 17Y Jesús replicó: «Entonces den al césar lo que es del césar y a Dios lo que es de Dios». Y quedaron sorprendidos de su respuesta.

Sobre la resurrección

18Se acercaron unos saduceos, quienes niegan la resurrección, y le dijeron: 19«Maestro, Moisés nos dejó escrito que *si alguien muere* y deja a su mujer sin hijos, *su hermano debería casarse con la mujer para así dar descendencia a su hermano difunto*. 20Eran siete hermanos: el primero se casó y murió sin descendencia; 21el segundo tomó a la viuda y murió sin descendencia; lo mismo el tercero. 22Ninguno de los siete dejó descendencia. Después de todos murió la mujer. 23En la resurrección, [cuando resuciten,] ¿de cuál de ellos será la mujer? Porque los siete estuvieron casados con ella». 24Jesús les respondió: «¿No están equivocados por esto, por no conocer las Escrituras ni el poder de Dios? 25Cuando resuciten de entre los muertos, los hombres y las mujeres no se casarán, sino que serán como ángeles en el cielo. 26Y a propósito de que los muertos resucitan, ¿no han leído en el libro de Moisés el episodio de la zarza? Dios le dijo: *Yo soy el Dios de Abrahán, el Dios de Isaac, el Dios de Jacob*. 27*No es un Dios de muertos, sino de vivos*. Ustedes están muy equivocados».

Sobre el precepto más importante

28Un letrado que escuchó la discusión y al ver lo acertado de la respuesta, se acercó y le preguntó: «¿Cuál es el precepto más importante?». 29Jesús respondió: «El más importante es: *Escucha, Israel, el Señor nuestro Dios es uno solo*. 30*Amarás al Señor, tu Dios con todo tu corazón, con toda tu alma, con toda tu mente, con todas tus fuerzas*. 31El segundo es: *Amarás al prójimo como a ti mismo*. No hay mandamiento mayor que estos». 32El letrado le respondió: «Muy bien, maestro; es verdad lo que dices: *el Señor es uno solo y no hay otro fuera de él*. 33Que amarlo con todo el corazón, con toda la inteligencia y con todas las fuerzas, y amar al prójimo como a uno mismo vale más que todos los holocaustos y sacrificios». 34Al ver Jesús que había respondido acertadamente, le dijo: «No estás lejos del reino de Dios». Y nadie se atrevió a hacerle más preguntas.

Sobre el Mesías y David

35Cuando enseñaba en el templo, Jesús tomó la palabra y dijo: «¿Por qué dicen los letrados que el Mesías es Hijo de David? 36Si el mismo David, inspirado por el Espíritu Santo, dijo: *Dijo el Señor a mi Señor: Siéntate a mi derecha, hasta que ponga a tus enemigos debajo de tus pies*. 37David mismo lo llama Señor, ¿cómo puede ser hijo suyo?». La multitud escuchaba a Jesús con gusto.

Invectiva contra los letrados

38Y él, instruyéndolos, dijo: «Cuídense de los letrados. Les gusta pasear con largas túnicas, que los saluden por la calle, 39buscan los primeros asientos en las sinagogas y los mejores puestos en los banquetes. 40Con pretexto de largas oraciones, devoran los bienes de las viudas. Ellos recibirán una sentencia más severa».

La ofrenda de la viuda

41Sentado frente a las alcancías del templo, observaba cómo la gente depositaba su limosna. Muchos ricos daban en abundancia. 42Llegó una viuda pobre y echó unas moneditas de muy poco valor. 43Jesús llamó a los discípulos y les dijo: «Les aseguro que esa pobre viuda ha dado más que todos los demás. 44Porque todos han dado de lo que les sobra; pero esta, en su indigencia, ha dado cuanto tenía para vivir».

Sobre la destrucción del Templo

13 1Cuando salía del templo, le dijo uno de sus discípulos: «Maestro, mira qué piedras y qué construcciones». 2Jesús le contestó: «¿Ven esos grandes edificios? Pues se derrumbarán sin que quede piedra sobre piedra».

Comienzo de los dolores

3Estaba sentado en el monte de los Olivos, enfrente del templo. Pedro y Santiago, Juan y Andrés le preguntaron aparte: 4«¿Cuándo sucederá todo eso? ¿Cuál es la señal de que todo está para acabarse?». 5Jesús empezó a decirles: «¡Cuidado, que nadie los engañe! 6Se presentarán muchos en mi nombre diciendo: Soy yo, y engañarán a muchos. 7Cuando oigan ruido de guerras y noticias de ellas, no se alarmen. Todo eso ha de suceder, pero todavía no es el final.

8Porque se alzará pueblo contra pueblo, reino
contra reino. Habrá terremotos en diversos lu-
gares, habrá carestías. Es el comienzo de los
dolores de parto. 9Ocúpense de ustedes mismos.
Los entregarán a los tribunales, los apalearán en
las sinagogas, y por mi causa comparecerán ante
magistrados y reyes para dar testimonio ante
ellos. 10Pero antes se ha de anunciar en todas
las naciones la Buena Noticia. 11Cuando los con-
duzcan para entregarlos, no se preocupen por lo
que tendrán que decir; lo que Dios les inspire en
aquel momento es lo que dirán. Porque no serán
ustedes los que hablen, sino el Espíritu Santo.
12Un hermano entregará a su hermano a la muer-
te, un padre a su hijo; se levantarán hijos contra
padres y les darán muerte. 13Serán odiados por
todos a causa de mi nombre. Pero el que aguante
hasta el final se salvará.

La gran tribulación

14»Cuando vean el ídolo abominable instalado
donde no debe –el lector que lo entienda–, en-
tonces los que viven en Judea que escapen a los
montes. 15El que esté en la azotea no baje ni en-
tre en casa a recoger algo; 16el que se encuentre
en el campo no vuelva a buscar el manto. 17¡Ay
de las embarazadas y de las que tengan niños
de pecho en aquellos días! 18Recen para que no
suceda en invierno. 19Aquellos días habrá una
tribulación tan grande como no la hubo desde
que Dios creó el mundo hasta ahora, ni la habrá
en el futuro. 20Y si el Señor no abreviara aquella
etapa, no se salvaría ni uno. Pero, acortará esos
días a causa de los que quiere salvar. 21Entonces,
si alguien les dice que el Mesías está aquí o allí,
no le crean. 22Porque surgirán falsos mesías y
falsos profetas, que harán milagros y prodigios,
hasta el punto de engañar, si fuera posible, a los
elegidos. 23Ustedes estén atentos, que yo los he
prevenido de todo.

La parusía

24»En aquellos días, después de esa tribulación
el sol se oscurecerá, la luna no irradiará su res-
plandor, 25las estrellas caerán del cielo y los ejér-
citos celestes temblarán. 26Entonces verán llegar
al Hijo del Hombre entre nubes, con gran poder y
gloria. 27Y enviará a los ángeles para reunir a [sus]
elegidos desde los cuatros vientos, de un extre-
mo de la tierra a un extremo del cielo.

El ejemplo de la higuera

28»Aprendan del ejemplo de la higuera: cuan-
do las ramas se ablandan y brotan las hojas,
saben que está cerca la primavera. 29Lo mismo
ustedes, cuando vean suceder aquello, sepan
que el fin está cerca, a las puertas. 30Les asegu-
ro que no pasará esta generación antes de que
suceda todo eso. 31El cielo y la tierra pasarán,
pero mis palabras no pasarán.

Sobre el día y la hora

32»En cuanto al día y la hora, no los conoce na-
die, ni los ángeles en el cielo, ni el hijo; solo los
conoce el Padre. 33¡Estén atentos y despiertos,
porque no conocen el día ni la hora! 34Será como
un hombre que se va de su casa y se la encarga a
sus sirvientes, distribuye las tareas, y al portero
le encarga que vigile. 35Así pues, estén atentos
porque no saben cuándo va a llegar el dueño de
casa, si al anochecer o a medianoche o al canto
del gallo o de mañana; 36que, al llegar de repen-
te, no los sorprenda dormidos. 37Lo que les digo
a ustedes se lo digo a todos: ¡Estén atentos!».

Complot para matar a Jesús

14 1Faltaban dos días para la fiesta de la
Pascua y de los Ázimos. Los sumos sacer-
dotes y los letrados buscaban apoderarse de él
mediante un engaño para darle muerte. 2Pero
decían que no debía ser durante las fiestas, para
que no se amotinase el pueblo.

Unción en Betania

3Estando él en Betania, invitado en casa de
Simón el Leproso, llegó una mujer con un frasco
de perfume de nardo puro muy costoso. Quebró
el frasco y se lo derramó en la cabeza. 4Algu-
nos comentaban indignados: «¿A qué viene este
derroche de perfume? 5Se podía haberlo vendi-
do por trescientos denarios para dárselos a los
pobres». Y la reprendían. 6Pero Jesús dijo: «Dé-
jenla, ¿por qué la molestan? Ha hecho una obra
buena conmigo. 7A los pobres los tendrán siem-
pre entre ustedes y podrán socorrerlos cuando
quieran; pero a mí no siempre me tendrán. 8Ha
hecho lo que podía: se ha adelantado a preparar
mi cuerpo para la sepultura. 9Les aseguro que
en cualquier parte del mundo donde se proclame
la Buena Noticia, se mencionará también lo que
ella ha hecho».

Traición de Judas

10Judas Iscariote, uno de los Doce, se dirigió
a los sumos sacerdotes para entregárselo. 11Al
oírlo se alegraron y prometieron darle dinero. Y
él se puso a buscar una oportunidad para ello.

Preparación de la cena pascual

12El primer día de los Ázimos, cuando se inmo-
laba la víctima pascual, le dijeron los discípu-
los: «¿Dónde quieres que vayamos a prepararte

la cena de Pascua?». 13Él envió a dos discípulos
encargándoles: «Vayan a la ciudad y les saldrá
al encuentro un hombre llevando un cántaro de
agua. Síganlo 14y donde entre, digan al dueño
de casa: Dice el Maestro que dónde está la sala
en la que va a comer la cena de Pascua con sus
discípulos. 15Él les mostrará un salón en el piso
superior, preparado con divanes. Preparen allí la
cena». 16Salieron los discípulos, se dirigieron a
la ciudad, encontraron lo que les había dicho y
prepararon la cena de Pascua.

Anuncio de la traición

17Al atardecer llegó con los Doce. 18Se pusieron
a la mesa y, mientras comían, dijo Jesús: «Les
aseguro que uno de ustedes me va a entregar,
uno que come conmigo». 19Entristecidos, em-
pezaron a preguntarle uno por uno: «¿Soy yo?».
20Les respondió: «Uno de los Doce, que moja el
pan conmigo en la fuente. 21El Hijo del Hombre
se va, como está escrito de él; pero, ¡ay de aquel
por quien el Hijo del Hombre será entregado! Más
le valdría a ese hombre no haber nacido».

Institución de la Eucaristía

22Mientras cenaban, tomó pan, pronunció la
bendición, lo partió y se lo dio diciendo: «To-
men, esto es mi cuerpo». 23Y tomando la copa,
pronunció la acción de gracias, se la dio y bebie-
ron todos de ella. 24Les dijo: «Esta es mi sangre,
sangre de la alianza, que se derrama por todos.
25Les aseguro que no volveré a beber el fruto de
la vid hasta el día en que beba el vino nuevo en
el reino de Dios». 26Después cantaron los salmos
y salieron hacia el monte de los Olivos.

Anuncia el abandono de sus discípulos

27Jesús les dijo: «Todos van a fallar, como es-
tá escrito: *Heriré al pastor y se dispersarán las*
ovejas. 28Pero, cuando resucite, iré delante de
ustedes a Galilea. 29Pedro le contestó: «Aunque
todos fallen, yo no». 30Le dijo Jesús: «Te aseguro
que tú hoy mismo, esta noche, antes de que el
gallo cante dos veces, me habrás negado tres».
31Él insistió: «Aunque tenga que morir contigo,
no te negaré». Lo mismo decían los demás.

Oración en el huerto

32Llegados al lugar llamado Getsemaní, dijo a
sus discípulos: «Siéntense aquí mientras yo voy
a orar». 33Llevó con él a Pedro, Santiago y Juan
y empezó a sentir tristeza y angustia. 34Entonces
les dijo: «Siento una tristeza de muerte; quéden-
se aquí y permanezcan despiertos». 35Se adelantó
un poco, se postró en tierra y oraba que, si era
posible, se alejara de él aquella hora. 36Decía:
«Abba, Padre, tú lo puedes todo, aparta de mí
esta copa. Pero no se haga mi voluntad, sino la
tuya». 37Volvió, y los encontró dormidos. Dijo a
Pedro: «Simón, ¿duermes? ¿No has sido capaz de
estar despierto una hora? 38Permanezcan des-
piertos y oren para no caer en la tentación. El
espíritu está dispuesto, pero la carne es débil».
39Se retiró otra vez y oró repitiendo las mismas
palabras. 40Al volver, los encontró otra vez dor-
midos, porque los ojos se les cerraban de sueño;
y no supieron qué contestar. 41Volvió por tercera
vez y les dijo: «¡Todavía dormidos y descansan-
do! Basta, ha llegado la hora en que el Hijo del
Hombre será entregado en poder de los pecado-
res». 42Vamos, levántense, se acerca el traidor.

Arresto de Jesús

43Todavía estaba hablando cuando se presentó
Judas, uno de los Doce, y con él gente armada
de espadas y palos, enviada por los sumos sa-
cerdotes, los letrados y los ancianos. 44El traidor
les había dado una contraseña: «Al que yo bese,
ese es; arréstenlo y llévenlo con cuidado». 45En-
seguida, acercándose a Jesús, le dijo: « ¡Maes-
tro!», y le dio un beso. 46Los otros se le tiraron
encima y lo arrestaron. 47Uno de los presentes
desenvainó la espada y de un tajo cortó una ore-
ja al sirviente del sumo sacerdote. 48Jesús se di-
rigió a ellos: «Como si se tratara de un asaltan-
te, han salido armados de espadas y palos para
capturarme. 49Diariamente estaba con ustedes
enseñando en el templo y no me arrestaron. Pero
se ha de cumplir la Escritura». 50Y todos lo aban-
donaron y huyeron.

Un joven anónimo

51Le seguía, también, un muchacho cubierto
solo por una sábana. Lo agarraron; 52pero él, sol-
tando la sábana, se les escapó desnudo.

Jesús ante el Consejo

53Condujeron a Jesús a casa del sumo sacerdo-
te, y se reunieron todos los sumos sacerdotes con
los ancianos y los letrados. 54Pedro le fue siguien-
do a distancia hasta entrar en el palacio del sumo
sacerdote. Se quedó sentado con los empleados,
calentándose junto al fuego. 55El sumo sacerdo-
te y el Consejo en pleno buscaban un testimonio
contra Jesús que permitiera condenarlo a muer-
te, y no lo encontraban, 56ya que aunque muchos
testimoniaban en falso contra él, sus testimonios
no concordaban. 57Algunos se levantaron y decla-
raron en falso contra él: 58«Le hemos oído decir:
Yo he de destruir este santuario, construido por
manos humanas, y en tres días construiré otro, no
edificado con manos humanas». 59Pero tampoco

en este punto concordaba el testimonio de ellos.
60Entonces el sumo sacerdote se puso de pie en
medio y preguntó a Jesús: «¿No respondes nada
a lo que estos declaran contra ti?» 61Él callaba y
no respondía nada. De nuevo le preguntó el sumo
sacerdote: «¿Eres tú el Mesías, el Hijo del Bendi-
to?». 62Jesús respondió: «Yo soy». Verán al Hijo
del Hombre sentado a la derecha del Todopodero-
so y llegando entre las nubes del cielo. 63El sumo
sacerdote, rasgándose sus vestiduras, dijo: «¿Qué
falta nos hacen los testigos? 64Ustedes mismos
han oído la blasfemia. ¿Qué les parece?». Todos
sentenciaron que era reo de muerte. 65Algunos se
pusieron a escupirle, a taparle los ojos y darle bo-
fetadas diciendo: «¡Adivina quién fue!». También
los empleados le daban bofetadas.

Negaciones de Pedro

66Estaba Pedro abajo en el patio, cuando una
sirvienta del sumo sacerdote, 67viendo que se
calentaba, se le quedó mirando y le dijo: «Tam-
bién tú estabas con el Nazareno, con Jesús». 68Él
lo negó: «Ni sé ni entiendo lo que dices». Salió al
vestíbulo [y un gallo cantó]. 69La sirvienta lo vio
y empezó a decir otra vez a los presentes: «Este
es uno de ellos». 70De nuevo lo negó. Al poco
tiempo también los presentes decían a Pedro:
«Realmente eres de ellos, porque eres galileo».
71Entonces empezó a echar maldiciones y a jurar
que no conocía al hombre del que hablaban. 72Al
instante cantó por segunda vez el gallo. Pedro
recordó lo que le había dicho Jesús: Antes de
que el gallo cante dos veces me habrás negado
tres. Y se puso a llorar.

Jesús ante Pilato

15 1Ni bien amaneció, el Consejo en pleno,
sumos sacerdotes, ancianos y letrados se
pusieron a deliberar. Ataron a Jesús, lo condu-
jeron y se lo entregaron a Pilato. 2Pilato lo inte-
rrogó: «¿Eres tú el rey de los judíos?». Contestó:
«Tú lo dices». 3Los sumos sacerdotes lo acusaban
de muchas cosas. 4Pilato lo interrogó de nuevo:
«¿No respondes nada? Mira de cuántas cosas te
acusan». 5Pero Jesús no le contestó, con gran
admiración de Pilato.

Condena de Jesús

6Para la fiesta solía dejarles libre un preso, el
que pedían. 7Un tal Barrabás estaba encarcelado
con otros amotinados que en una revuelta habían
cometido un homicidio. 8La gente subió y empe-
zó a pedirle el indulto acostumbrado. 9Pilato les
respondió: «¿Quieren que les suelte al rey de los
judíos?». 10Pues comprendía que los sumos sacer-
dotes lo habían entregado por envidia. 11Pero los
sumos sacerdotes incitaron a la gente para que
pidieran más bien la libertad de Barrabás. 12Pila-
to respondió otra vez: «¿Y qué [quieren] que haga
con el [que llaman] rey de los judíos?». 13Gritaron:
«¡Crucifícalo!». 14Pilato dijo: «Pero, ¿qué mal ha
hecho?». Ellos gritaban más fuerte: «¡Crucifíca-
lo!». 15Pilato, decidido a dejar contenta a la gen-
te, les soltó a Barrabás y a Jesús lo entregó para
que lo azotaran y lo crucificaran.

Burla de los soldados

16Los soldados se lo llevaron dentro del pala-
cio, al pretorio, y convocaron a toda la guardia.
17Lo vistieron de púrpura, trenzaron una corona
de espinas y se la colocaron. 18Y se pusieron a
hacerle una reverencia: «¡Salud, rey de los ju-
díos!». 19Le golpeaban la cabeza con una caña,
le escupían y doblando la rodilla le rendían
homenaje. 20Terminada la burla, le quitaron la
púrpura, lo vistieron con su ropa y lo sacaron
para crucificarlo.

Crucifixión y muerte de Jesús

21Pasaba por allí de vuelta del campo un tal Si-
món de Cirene, padre de Alejandro y Rufo, y lo
forzaron a cargar con la cruz. 22Lo condujeron al
Gólgota, que significa Lugar de la Calavera. 23Le
ofrecieron vino con mirra, pero él no lo tomó.
24Lo crucificaron y se repartieron su ropa, echan-
do a suertes lo que le tocara a cada uno. 25Eran las
nueve de la mañana cuando lo crucificaron. 26La
inscripción que indicaba la causa de la condena
decía: El rey de los judíos. 27Con él crucificaron
a dos asaltantes, uno a la derecha y otro a la iz-
quierda. 28[[Y se cumplió la Escritura que dice: Y
fue contado entre los malhechores.]]. 29Los que
pasaban lo insultaban moviendo la cabeza y de-
cían: «El que derriba el santuario y lo reconstruye
en tres días, 30sálvate a ti mismo bajando de la
cruz». 31A su vez los sumos sacerdotes, burlán-
dose entre sí, comentaban con los letrados: «Ha
salvado a otros pero a sí mismo no se puede sal-
var. 32El Mesías, el rey de Israel, baje ahora de la
cruz para que lo veamos y creamos». Y también lo
insultaban los que estaban crucificados con él.
33Al mediodía se oscureció todo el territorio
hasta media tarde. 34A esa hora Jesús gritó con
voz potente: «Eloi, eloi, lema sabaktani», que
significa: Dios mío, Dios mío, ¿por qué me has
abandonado? 35Algunos de los presentes, al oírlo,
comentaban: «Está llamando a Elías». 36Uno em-
papó una esponja en vinagre, la sujetó a una caña
y le ofreció de beber diciendo: «¡Quietos! A ver si
viene Elías a librarlo». 37Pero Jesús, lanzando un
grito, expiró. 38El velo del santuario se rasgó en
dos de arriba abajo. 39El centurión, que estaba

enfrente, al ver cómo expiró, dijo: «Realmente este hombre era Hijo de Dios». [40]Estaban allí mirando a distancia unas mujeres, entre ellas María Magdalena, María, madre de Santiago el Menor y de José, y Salomé, [41]quienes, cuando estaba en Galilea, le habían seguido y servido; y otras muchas que habían subido con él a Jerusalén.

Sepultura de Jesús

[42]Ya anochecía; y como era el día de la preparación, víspera de sábado, [43]José de Arimatea, consejero respetado, que esperaba el reino de Dios, tuvo la osadía de presentarse a Pilato a pedirle el cuerpo de Jesús. [44]Pilato se extrañó de que ya hubiera muerto. Llamó al centurión y le preguntó si ya había muerto. [45]Informado por el centurión, le concedió el cuerpo a José. [46]Este compró una sábana, lo bajó de la cruz, lo envolvió en la sábana y lo colocó en un sepulcro excavado en la roca. Después hizo rodar una piedra a la entrada del sepulcro. [47]María Magdalena y María de José observaban dónde lo habían puesto.

Resurrección de Jesús

16 [1]Cuando pasó el sábado, María Magdalena, María de Santiago y Salomé compraron perfumes para ir a ungirlo. [2]El primer día de la semana, muy temprano, cuando amanecía, llegaron al sepulcro. [3]Se decían: «¿Quién nos moverá la piedra de la entrada del sepulcro?». [4]Alzaron la vista y observaron que la piedra estaba movida. Era muy grande. [5]Al entrar al sepulcro, vieron un joven vestido con un hábito blanco, sentado a la derecha; y quedaron sorprendidas. [6]Les dijo: «No tengan miedo. Ustedes buscan a Jesús Nazareno, el crucificado. No está aquí, ha resucitado. Miren el lugar donde lo habían puesto. [7]Vayan ahora a decir a sus discípulos y a Pedro que irá delante de ellos a Galilea. Allí lo verán, como les había dicho». [8]Ellas salieron corriendo del sepulcro, asustadas y fuera de sí. Y de puro miedo, no dijeron nada a nadie.

Se aparece a María Magdalena

[9][[El primer día de la semana por la mañana resucitó Jesús y se apareció a María Magdalena, de la que había expulsado siete demonios. [10]Ella fue a contárselo a los suyos, que estaban llorando y haciendo duelo. [11]Ellos, al escuchar que estaba vivo y se le había aparecido, no le creyeron.

Se aparece a dos discípulos

[12]Después se apareció con otro aspecto a dos de ellos que iban caminando por el campo. [13]Ellos fueron a contárselo a los demás, pero tampoco a ellos les creyeron.

Se aparece a los Once

[14]Por último se apareció a los Once cuando estaban a la mesa. Les reprendió su incredulidad y obstinación por no haber creído a los que lo habían visto resucitado.

Misión de los discípulos

[15]Y les dijo: «Vayan por todo el mundo proclamando la Buena Noticia a toda la humanidad. [16]Quien crea y se bautice se salvará; quien no crea se condenará. [17]A los creyentes acompañarán estas señales: en mi nombre expulsarán demonios, hablarán lenguas nuevas, [18]agarrarán serpientes; si beben algún veneno, no les hará daño; impondrán las manos sobre los enfermos y se sanarán».

Ascensión de Jesús

[19]El Señor Jesús, después de hablar con ellos, fue llevado al cielo y se sentó a la derecha de Dios. [20]Ellos salieron a predicar por todas partes, y el Señor los asistía y confirmaba la Palabra con las señales que la acompañaban.]]

LUCAS

Prólogo

1 [1]Ya que muchos emprendieron la tarea de relatar los sucesos que nos han acontecido, [2]tal como nos lo transmitieron los primeros testigos presenciales y servidores de la palabra, [3]también yo he pensado, ilustre Teófilo, escribirte todo por orden y exactamente, comenzando desde el principio; [4]así comprenderás con certeza las enseñanzas que has recibido.

Anuncio del nacimiento de Juan el Bautista

[5]En tiempo de Herodes, rey de Judea, había un sacerdote llamado Zacarías, del grupo de Abías; su mujer era descendiente de Aarón y se llamaba Isabel. [6]Los dos eran rectos a los ojos de Dios y vivían irreprochablemente de acuerdo con los mandatos y preceptos del Señor. [7]No tenían hijos, porque Isabel era estéril y los dos eran de edad avanzada.[8]Una vez que, con los de su grupo, oficiaba ante Dios, [9]según el ritual sacerdotal, le tocó entrar en el santuario para ofrecer incienso.

[10]Mientras todo el pueblo quedaba fuera orando durante la ofrenda del incienso, [11]se le apareció un ángel del Señor, de pie a la derecha del altar del incienso. [12]Al verlo, Zacarías se asustó y quedó desconcertado. [13]El ángel le dijo: «No

temas, Zacarías, que tu petición ha sido escuchada, y tu mujer Isabel te dará un hijo, a quien llamarás Juan. 14Te llenará de gozo y alegría y muchos se alegrarán de su nacimiento. 15Será grande a los ojos del Señor; no beberá vino ni licor. Estará lleno de Espíritu Santo desde el vientre materno 16y convertirá a muchos israelitas al Señor su Dios. 17Irá por delante, con el espíritu y el poder de Elías, para reconciliar a los padres con los hijos, a los rebeldes con la sabiduría de los honrados; así preparará para el Señor un pueblo bien dispuesto». 18Zacarías respondió al ángel: «¿Qué garantía me das de eso? Porque yo soy anciano y mi mujer de edad avanzada». 19Le replicó el ángel: «Yo soy Gabriel, que sirvo a Dios en su presencia: me ha enviado a hablarte, a darte esta Buena Noticia. 20Pero mira, quedarás mudo y sin poder hablar hasta que eso se cumpla, por no haber creído mis palabras que se cumplirán a su debido tiempo».

21El pueblo aguardaba a Zacarías y se extrañaba de que se demorase en el santuario. 22Cuando salió, no podía hablar, y ellos dieron cuenta de que había tenido una visión en el santuario. Él les hacía señas y seguía mudo. 23Cuando terminó el tiempo de su servicio, volvió a casa. 24Algún tiempo después concibió Isabel su mujer, y se quedó escondida cinco meses, en ese tiempo pensaba: 25«Así me ha tratado el Señor cuando dispuso que terminara mi humillación pública».

Anuncio del nacimiento de Jesús

26El sexto mes envió Dios al ángel Gabriel a una ciudad de Galilea llamada Nazaret, 27a una virgen prometida a un hombre llamado José, de la familia de David; la virgen se llamaba María. 28Entró el ángel a donde estaba ella y le dijo: «Alégrate, llena de gracia, el Señor está contigo». 29Al oírlo, ella quedó desconcertada y se preguntaba qué clase de saludo era aquel.

30El ángel le dijo: «No temas, María, que gozas del favor de Dios. 31Mira, concebirás y darás a luz un hijo, a quien llamarás Jesús. 32Será grande, llevará el título de Hijo del Altísimo; el Señor Dios le dará el trono de David, su padre, 33para que reine sobre la Casa de Jacob por siempre y su reino no tenga fin». 34María respondió al ángel: «¿Cómo sucederá eso si no convivo con un hombre?». 35El ángel le respondió: «El Espíritu Santo vendrá sobre ti y el poder del Altísimo te cubrirá con su sombra; por eso, el consagrado que nazca llevará el título de Hijo de Dios. 36Mira, también tu pariente Isabel ha concebido en su vejez, y la que se consideraba estéril está ya de seis meses. 37Pues nada es imposible para Dios». 38Respondió María: «Yo soy la esclava del Señor: que se cumpla en mí tu palabra». El ángel la dejó y se fue.

María visita a Isabel

39Entonces María se levantó y se dirigió apresuradamente a la serranía, a un pueblo de Judea. 40Entró en casa de Zacarías y saludó a Isabel. 41Cuando Isabel oyó el saludo de María, la criatura dio un salto en su vientre; Isabel, llena de Espíritu Santo, 42exclamó con voz fuerte: «Bendita tú entre las mujeres y bendito el fruto de tu vientre. 43¿Quién soy yo para que me visite la madre de mi Señor? 44Mira, en cuanto tu saludo llegó a mis oídos, la criatura dio un salto de gozo en mi vientre. 45¡Dichosa tú que creíste! Porque se cumplirá lo que el Señor te anunció».

46María dijo: *Mi alma canta la grandeza del Señor,/* 47*mi espíritu festeja a Dios mi salvador,/* 48*porque se ha fijado en la humillación de su esclava.*

Y en adelante me felicitarán todas las generaciones./ 49*Porque el Poderoso ha hecho grandes cosas por mí,/ su nombre es santo./* 50*Su misericordia con sus fieles se extiende/ de generación en generación.*

51*Despliega la fuerza de su brazo,/ dispersa a los soberbios en sus planes,/* 52*derriba del trono a los poderosos/ y eleva a los humildes,/* 53*colma de bienes a los hambrientos/ y despide vacíos a los ricos.*

54*Socorre a Israel, su siervo,/ recordando la lealtad,/* 55*prometida a nuestros antepasados,/ en favor de Abrahán y su descendencia para siempre.*

56María se quedó con ella tres meses y después se volvió a casa.

Nacimiento de Juan el Bautista

57Cuando a Isabel se le cumplió el tiempo del parto, dio a luz un hijo. 58Los vecinos y parientes, al enterarse de que el Señor la había tratado con tanta misericordia, se alegraron con ella. 59Al octavo día fueron a circuncidarlo y querían llamarlo como su padre, Zacarías. 60Pero la madre intervino: «No; se tiene que llamar Juan». 61Le decían que nadie en la parentela llevaba ese nombre. 62Preguntaron por señas al padre qué nombre quería darle. 63Pidió una pizarra y escribió: «Su nombre es Juan». Todos se asombraron. 64En ese instante se le soltó la boca y la lengua y se puso a hablar bendiciendo a Dios. 65Todos los vecinos quedaron asombrados; lo sucedido se contó por toda la serranía de Judea 66y los que lo oían reflexionaban diciéndose: «¿Qué va a ser este niño?». Porque la mano del Señor lo acompañaba. 67Su padre Zacarías, lleno de Es-

píritu Santo, profetizó: [68]*Bendito el Señor, Dios*
de Israel,/ porque se ha ocupado de rescatar a su
pueblo./ [69]*Nos ha dado un poderoso Salvador/*
en la Casa de David, su siervo,/ [70]*como había*
prometido desde antiguo/ por boca de sus san-
tos profetas:

[71]*Para salvarnos de nuestros enemigos,/ y del*
poder de cuantos nos odian,/ [72]*manifestando su*
bondad a nuestros padres/ y recordando su alian-
za sagrada,/ [73]*lo que juró a nuestro padre Abra-*
hán,/ que nos concedería,/ [74]*ya liberados del poder*
enemigo,/ lo sirvamos sin temor en su presencia,/
[75]*con santidad y justicia toda la vida.*

[76]*Y a ti, niño, te llamarán profeta del Altísimo,/*
porque caminarás delante del Señor,/ preparán-
dole el camino;/ [77]*anunciando a su pueblo la salva-*
ción/ por el perdón de los pecados.

[78]*Por la entrañable misericordia de nuestro*
Dios,/ nos visitará desde lo alto un amanecer/
[79]*que ilumina a los que habitan en tinieblas/ y*
en sombras de muerte,/ que endereza nuestros
pasos/ por un camino de paz.

[80]El niño crecía, se fortalecía espiritualmente
y vivió en el desierto hasta el día en que se pre-
sentó a Israel.

Nacimiento de Jesús

2 [1]Por entonces se promulgó un decreto del
emperador Augusto que ordenaba a todo el
mundo inscribirse en un censo. [2]Este fue el pri-
mer censo realizado siendo Quirino gobernador
de Siria. [3]Acudían todos a inscribirse, cada uno
en su ciudad. [4]José subió de Nazaret, ciudad de
Galilea, a la Ciudad de David en Judea, llamada
Belén –pues pertenecía a la Casa y familia de
David–, [5]a inscribirse con María, su esposa, que
estaba embarazada. [6]Estando allí le llegó la ho-
ra del parto [7]y dio a luz a su hijo primogénito. Lo
envolvió en pañales y lo acostó en un pesebre,
porque no habían encontrado sitio en la posada.

[8]Había unos pastores en la zona que cuidaban
por turnos los rebaños a la intemperie. [9]Un án-
gel del Señor se les presentó. La gloria del Señor
los cercó de resplandor y ellos sintieron un gran
temor. [10]El ángel les dijo: «No teman. Miren, les
doy una Buena Noticia, una gran alegría para
todo el pueblo: [11]Hoy les ha nacido en la Ciudad
de David el Salvador, el Mesías y Señor. [12]Esto les
servirá de señal: encontrarán un niño envuelto
en pañales y acostado en un pesebre».

[13]Al ángel, en ese momento, se le juntó otra
gran cantidad de ángeles, que alababan a Dios
diciendo: [14]«¡Gloria a Dios en lo alto y en la tie-
rra paz a los hombres amados por él!». [15]Cuando
los ángeles se fueron al cielo, los pastores se
decían: «Crucemos hacia Belén, a ver lo que ha
sucedido y nos ha comunicado el Señor». [16]Fue-
ron rápidamente y encontraron a María, a José
y al niño acostado en el pesebre. [17]Al verlo, les
contaron lo que les habían dicho del niño. [18]Y
todos los que lo oyeron se asombraban de lo que
contaban los pastores. [19]Pero María conservaba
y meditaba todo en su corazón. [20]Los pastores
se volvieron glorificando y alabando a Dios por
todo lo que habían oído y visto; tal como se lo
habían anunciado.

Circuncisión y presentación de Jesús

[21]Al octavo día, al tiempo de circuncidarlo,
le pusieron por nombre Jesús, como lo había
llamado el ángel antes de que fuera concebido.
[22]Y, cuando llegó el día de su purificación, [23]de
acuerdo con la ley de Moisés, lo llevaron a Jeru-
salén para presentárselo al Señor, como manda
la ley del Señor: *Todo primogénito varón será*
consagrado al Señor; [24]además ofrecieron el sa-
crificio que manda la ley del Señor: *un par de*
tórtolas o dos pichones.

Bendición de Simeón

[25]Había en Jerusalén un hombre llamado Si-
meón, hombre honrado y piadoso, que esperaba
la liberación de Israel y se guiaba por el Espíritu
Santo. [26]Le había comunicado el Espíritu Santo
que no moriría sin antes haber visto al Mesías
del Señor. [27]Conducido por el mismo Espíritu, se
dirigió al templo. Cuando los padres introducían
al niño Jesús para cumplir con él lo mandado en
la ley, [28]Simeón lo tomó en brazos y bendijo a
Dios diciendo:

[29]*Ahora, Señor, según tu palabra,/ puedes de-*
jar que tu sirviente muera en paz/ [30]*porque mis*
ojos han visto a tu salvación,/ [31]*que has dispues-*
to ante todos los pueblos/ [32]*como luz para ilu-*
minar a los paganos/ y como gloria de tu pueblo
Israel.

[33]El padre y la madre estaban admirados de lo
que decía acerca del niño. [34]Simeón los bendijo
y dijo a María, la madre: «Mira, este niño está
colocado de modo que todos en Israel o caigan o
se levanten; será signo de contradicción [35]y así
se manifestarán claramente los pensamientos
de todos. En cuanto a ti, una espada te atrave-
sará el corazón».

Alabanza de Ana

[36]Estaba allí la profetisa Ana, hija de Fanuel,
de la tribu de Aser. Era de edad avanzada, casa-
da en su juventud había vivido con su marido
siete años, [37]desde entonces había permaneci-
do viuda y tenía ochenta y cuatro años. No se
apartaba del templo, sirviendo noche y día con

oraciones y ayunos. 38Se presentó en aquel mo-
mento, dando gracias a Dios y hablando del niño
a cuantos esperaban la liberación de Jerusalén.

De vuelta a Nazaret

39Cumplidos todos los preceptos de la ley del
Señor, se volvieron a Galilea, a su ciudad de Na-
zaret. 40El niño crecía y se fortalecía, llenándose
de sabiduría; y el favor de Dios lo acompañaba.

El niño Jesús en el Templo

41Para la fiesta de Pascua iban sus padres to-
dos los años a Jerusalén. 42Cuando cumplió doce
años, subieron a la fiesta según costumbre. 43Al
terminar esta, mientras ellos se volvían, el niño
Jesús se quedó en Jerusalén sin que sus padres
lo supieran. 44Pensando que iba en la caravana,
hicieron un día de camino y se pusieron a bus-
carlo entre los parientes y los conocidos. 45Al no
encontrarlo, regresaron a buscarlo a Jerusalén.
46Luego de tres días lo encontraron en el tem-
plo, sentado en medio de los doctores de la ley,
escuchándolos y haciéndoles preguntas. 47Y to-
dos los que lo oían estaban maravillados ante su
inteligencia y sus respuestas. 48Al verlo, se que-
daron desconcertados, y su madre le dijo: «Hijo,
¿por qué nos has hecho esto? Mira que tu padre
y yo te buscábamos angustiados». 49Él replicó:
«¿Por qué me buscaban? ¿No sabían que yo debo
estar en los asuntos de mi Padre?». 50Ellos no
entendieron lo que les dijo. 51Regresó con ellos,
fue a Nazaret y siguió bajo su autoridad. Su ma-
dre guardaba todas estas cosas en su corazón.
52Jesús crecía en [el] saber, en estatura y en
gracia delante de Dios y de los hombres.

Juan el Bautista

3 1El año quince del reinado del emperador
Tiberio, siendo gobernador de Judea Poncio
Pilato, tetrarca de Galilea Herodes, su hermano
Felipe tetrarca de Iturea y Traconítida, y Lisanio
tetrarca de Abilene, 2bajo el sumo sacerdocio de
Anás y Caifás, la Palabra del Señor se dirigió a
Juan, hijo de Zacarías, en el desierto.
3Juan recorrió toda [la] región del río Jordán
predicando un bautismo de arrepentimiento
para perdón de los pecados, 4como está escrito
en el libro del profeta Isaías: «*Una voz grita en
el desierto: Preparen el camino al Señor, ende-
recen sus senderos.* 5*Todo barranco se rellena-
rá, montes y colinas se aplanarán, lo torcido se
enderezará y lo disparejo será nivelado* 6*y todo
mortal verá la salvación de Dios*».
7A la multitud que había salido a que la bau-
tizara le decía: «¡Raza de víboras! ¿Quién les ha
enseñado a escapar de la condena que llega?
8Muestren frutos de un sincero arrepentimiento
y no se conformen con decir: Nuestro padre es
Abrahán; pues yo les digo que de estas piedras
puede sacar Dios hijos para Abrahán. 9El hacha
ya está apoyada en la raíz del árbol: árbol que no
produzca frutos buenos será cortado y arrojado
al fuego».
10Entonces le preguntaba la multitud: «¿Qué
debemos hacer?». 11Les respondía: «El que tenga
dos túnicas, dé una al que no tiene; otro tanto
el que tenga comida». 12Fueron también algunos
recaudadores de impuestos a bautizarse y le
preguntaban: «Maestro, ¿qué debemos hacer?».
13Él les contestó: «No exijan más de lo que está
ordenado». 14También los soldados le pregun-
taban: «Y nosotros, ¿qué debemos hacer?». Les
contestó: «No maltraten ni denuncien a nadie y
conténtense con su sueldo».
15Como el pueblo estaba a la expectativa
y todos se preguntaban por dentro si Juan no
sería el Mesías, 16Juan se dirigió a todos: «Yo
los bautizo con agua; pero viene uno con más
autoridad que yo, y yo no soy digno para soltarle
la correa de sus sandalias. Él los bautizará con
Espíritu Santo y fuego. 17Ya empuña la horquilla
para limpiar su cosecha y reunir el trigo en el
granero, y quemará la paja en un fuego que no se
apaga». 18Con otras muchas palabras anunciaba
al pueblo la Buena Noticia.

Encarcelamiento de Juan el Bautista

19El tetrarca Herodes, a quien Juan le había
echado en cara el que conviviera con su cuñada
Herodías, además de otros crímenes cometidos,
20llegó al colmo metiendo a Juan en la cárcel.

Bautismo de Jesús

21Todo el pueblo se bautizaba y también Jesús
se bautizó; y mientras oraba, se abrió el cielo,
22bajó sobre él el Espíritu Santo en forma de pa-
loma y se escuchó una voz del cielo: «Tú eres mi
Hijo querido, mi predilecto».

Genealogía de Jesús

23Cuando Jesús empezó su ministerio tenía
treinta años y pasaba por hijo de José, que era
hijo de Elí, 24Elí hijo de Matat, Matat hijo de Leví,
Leví hijo de Melquí, Melquí hijo de Janay, Janay
hijo de José, 25José hijo de Matatías, Matatías
hijo de Amós, Amós hijo de Nahún, Nahún hijo
de Esli, Esli hijo de Nagay, 26Nagay hijo de Maat,
Maat hijo de Matatías, Matatías hijo de Semeín,
Semeín hijo de Josec, Josec hijo de Jodá, 27Jodá
hijo de Joanán, Joanán hijo de Resá, Resá hijo
de Zorobabel, Zorobabel hijo de Salatiel, Sala-
tiel hijo de Nerí, 28Nerí hijo de Melquí, Melquí

hijo de Adí, Adí hijo de Cosán, Cosán hijo de El-
madán, Elmadán hijo de Er, 29Er hijo de Jesús,
Jesús hijo de Eliezer, Eliezer hijo de Jorín, Jorín
hijo de Matat, Matat hijo de Leví, 30Leví hijo de
Simeón, Simeón hijo de Judá, Judá hijo de José,
José hijo de Joná, Joná hijo de Eliacín, 31Eliacín
hijo de Meleá, Meleá hijo de Mená, Mená hijo
de Matatá, Matatá hijo de Natán, Natán hijo de
David, 32David hijo de Jesé, Jesé hijo de Jobed,
Jobed hijo de Booz, Booz hijo de Salá, Salá hijo
de Naasón, 33Naasón hijo de Aminadab, Amina-
dab hijo de Admín, Admín hijo de Arní, Arní hijo
de Esrón, Esrón hijo de Fares, Fares hijo de Judá,
34Judá hijo de Jacob, Jacob hijo de Isaac, Isaac
hijo de Abrahán, Abrahán hijo de Tara, Tara hijo
de Nacor, 35Nacor hijo de Saruc, Saruc hijo de
Ragau, Ragau hijo de Fálec, Fálec hijo de Eber,
Eber hijo de Salá, 36Salá hijo de Cainán, Cainán
hijo de Arfaxad, Arfaxad hijo de Sem, Sem hi-
jo de Noé, Noé hijo de Lamec, 37Lamec hijo de
Matusalén, Matusalén hijo de Henoc, Henoc hijo
de Jarec, Jarec hijo de Maleel, Maleel hijo de
Cainán, 38Cainán hijo de Enós, Enós hijo de Set,
Set hijo de Adán, Adán hijo de Dios.

La prueba en el desierto

4 1Jesús, lleno de Espíritu Santo, se alejó del
Jordán y se dejó llevar por el Espíritu al de-
sierto, 2donde permaneció cuarenta días, siendo
tentado por el Diablo. En ese tiempo no comió
nada, y al final sintió hambre. 3El Diablo le dijo:
«Si eres Hijo de Dios, di a esta piedra que se
convierta en pan». 4Le respondió Jesús: «Está
escrito: *No solo de pan vive el hombre*». 5Des-
pués lo llevó a un lugar muy alto y le mostró
en un instante todos los reinos del mundo. 6El
Diablo le dijo: «Te daré todo ese poder y su glo-
ria, porque a mí me lo han dado y lo doy a quien
quiero. 7Por tanto, si te postras ante mí, todo
será tuyo». 8Le replicó Jesús: «Está escrito: *Al
Señor tu Dios adorarás, a él solo darás culto*».
9Entonces lo condujo a Jerusalén, lo colocó en la
parte más alta del templo y le dijo: «Si eres Hijo
de Dios, tírate abajo desde aquí, 10porque está
escrito: *Ha dado órdenes a sus ángeles para que
te cuiden 11y te llevarán en sus manos, para que
tu pie no tropiece en la piedra*». 12Le respondió
Jesús: «Está dicho: *No pondrás a prueba al Se-
ñor, tu Dios*». 13Concluida la tentación, el Diablo
se alejó de él hasta otra ocasión.

Comienza su proclamación

14Impulsado por el Espíritu, Jesús volvió a Ga-
lilea, y su fama se extendió por toda la región.
15Enseñaba en sus sinagogas, y era respetado
por todos.

En la sinagoga de Nazaret

16Fue a Nazaret, donde se había criado, y según
su costumbre entró un sábado en la sinagoga y se
puso en pie para hacer la lectura. 17Le entregaron
el libro del profeta Isaías. Lo abrió y encontró el
texto que dice: 18*El Espíritu del Señor está sobre
mí, porque él me ha ungido para que dé la Buena
Noticia a los pobres; me ha enviado a anunciar la
libertad a los cautivos y la vista a los ciegos, para
poner en libertad a los oprimidos,* 19*para procla-
mar el año de gracia del Señor.* 20Lo cerró, se lo
entregó al ayudante y se sentó. Toda la sinagoga
tenía los ojos fijos en él. 21Él empezó diciéndoles:
«Hoy, en presencia de ustedes, se ha cumplido
este pasaje de la Escritura».
22Todos lo aprobaban, y estaban admirados por
aquellas palabras de gracia que salían de su bo-
ca. Y decían: «Pero, ¿no es este el hijo de José?».
23Él les contestó: «Seguro que me dirán aquel
refrán: médico, sánate a ti mismo. Lo que hemos
oído que sucedió en Cafarnaún, hazlo aquí, en
tu ciudad». 24Y añadió: «Les aseguro que ningún
profeta es aceptado en su patria. 25Ciertamente,
les digo que había muchas viudas en Israel en
tiempo de Elías, cuando el cielo estuvo cerrado
tres años y medio y hubo una gran carestía en
todo el país. 26A ninguna de ellas fue enviado
Elías, sino a una viuda de Sarepta en Sidonia.
27Muchos leprosos había en Israel en tiempo del
profeta Eliseo; pero ninguno fue sanado, sino
Naamán el sirio». 28Al oírlo, todos en la sinagoga
se indignaron. 29Levantándose, lo sacaron fuera
de la ciudad y lo llevaron a un barranco del mon-
te sobre el que estaba edificada la ciudad, con
intención de despeñarlo. 30Pero él, abriéndose
paso entre ellos, se alejó.

Enseña y exorciza en Cafarnaún

31Bajó a Cafarnaún, ciudad de Galilea, y los sá-
bados enseñaba a la gente. 32Estaban asombra-
dos de su enseñanza porque hablaba con auto-
ridad. 33Había en la sinagoga un hombre poseído
por el espíritu de un demonio inmundo, que se
puso a gritar: 34«¿Qué tienes contra nosotros,
Jesús de Nazaret? ¿Has venido a destruirnos? Sé
quién eres: ¡el Consagrado de Dios!». 35Jesús le
increpó diciendo: «¡Calla y sal de él!». El demo-
nio lo arrojó al medio y salió de él sin hacerle
daño. 36Se quedaron todos desconcertados y co-
mentaban entre sí: «¿Qué significa esto? Manda
con autoridad y poder a los espíritus inmundos, y
salen». 37Su fama se difundió por toda la región.

Actividades en torno a la casa

38Salió de la sinagoga y entró en casa de Si-
món. La suegra de Pedro estaba con fiebre muy

alta y le suplicaban que hiciera algo por ella. 39Él
se inclinó sobre ella, increpó a la fiebre y se le
fue. Inmediatamente se levantó y se puso a ser-
virles. 40Al ponerse el sol, todos los que tenían
enfermos con diversas dolencias se los llevaban.
Él ponía las manos sobre cada uno y los sanaba.
41De muchos salían demonios gritando: ¡Tú eres
el Hijo de Dios! Él los increpaba y no los dejaba
hablar, pues sabían que era el Mesías.

Oración y misión de Jesús

42Por la mañana salió y se dirigió a un lugar
despoblado. La multitud lo anduvo buscando, y
cuando lo alcanzaron, lo retenían para que no se
fuese. 43Pero él les dijo: «También a las demás
ciudades tengo que llevarles la Buena Noticia
del reino de Dios, porque para eso he sido en-
viado». 44Y predicaba en las sinagogas de Judea.

Llama a sus primeros discípulos

5 1La gente se agolpaba junto a él para escu-
char la Palabra de Dios, mientras él estaba a
la orilla del lago de Genesaret. 2Vio dos barcas
junto a la orilla, los pescadores se habían bajado
y estaban lavando sus redes. 3Subiendo a una de
las barcas, la de Simón, le pidió que se apartase
un poco de tierra. Se sentó y se puso a ense-
ñar a la multitud desde la barca. 4Cuando acabó
de hablar, dijo a Simón: «Navega lago adentro
y echa las redes para pescar». 5Le replicó Si-
món: «Maestro, hemos trabajado toda la noche
y no hemos sacado nada; pero, ya que lo dices,
echaré las redes». 6Lo hicieron y capturaron tal
cantidad de peces que reventaban las redes. 7Hi-
cieron señas a los socios de la otra barca para
que fueran a ayudarlos. Llegaron y llenaron las
dos barcas, que casi se hundían. 8Al verlo, Simón
Pedro cayó a los pies de Jesús y dijo: «¡Apártate
de mí, Señor, que soy un pecador!». 9Ya que el
temor se había apoderado de él y de todos sus
compañeros por la cantidad de peces que habían
pescado. 10Lo mismo sucedía a Juan y Santiago,
hijos de Zebedeo, que eran socios de Simón. Je-
sús dijo a Simón: «No temas, en adelante serás
pescador de hombres». 11Entonces, amarrando
las barcas, lo dejaron todo y le siguieron.

Sana a un leproso

12Mientras Jesús se encontraba en un pueblo
se presentó un leproso; el cual, viendo a Jesús,
cayó rostro en tierra y le suplicaba: «Señor, si
quieres, puedes sanarme». 13Extendió la mano
y le tocó, diciendo: «Lo quiero, queda sano». Al
instante se le fue la lepra. 14Y Jesús le ordenó:
«No se lo digas a nadie. Ve a presentarte al sa-
cerdote y, para que le conste, lleva la ofrenda de
tu sanación establecida por Moisés». 15Su fama
se difundía, de suerte que una gran multitud
acudía a escucharlo y a sanarse de sus enferme-
dades. 16Pero él se retiraba a lugares solitarios
a orar.

Sana a un paralítico

17Un día estaba enseñando y entre los asis-
tentes había unos fariseos y doctores de la ley
llegados de los pueblos de Galilea y Judea y
también de Jerusalén. Él poseía fuerza del Señor
para sanar. 18Unos hombres que llevaban en una
camilla a un paralítico, intentaban meterlo y co-
locarlo delante de Jesús. 19Como no encontraban
por donde meterlo, a causa del gentío, subieron
a la azotea y, por el tejado, lo descolgaron con la
camilla poniéndolo en medio, delante de Jesús.
20Viendo la fe que tenían, le dijo: «Hombre, se
te han perdonado tus pecados». 21Los fariseos y
los letrados se pusieron a discurrir: «¿Quién es
este, que dice blasfemias? ¿Quién, fuera de Dios,
puede perdonar pecados?». 22Jesús, leyendo sus
pensamientos, les respondió: «¿Qué están pen-
sando? 23¿Qué es más fácil? ¿Decir se te perdo-
nan los pecados, o decir levántate y camina?.
24Pero para que sepan que el Hijo del Hombre
tiene autoridad en la tierra para perdonar pe-
cados –dijo al paralítico–: Yo te digo: levántate,
toma tu camilla y ve a tu casa». 25Al instante
se levantó delante de todos, tomó lo que había
sido su camilla, y se fue a su casa dando gloria a
Dios. 26El asombro se apoderó de todos y daban
gloria a Dios; sobrecogidos decían: «Hoy hemos
visto cosas increíbles».

Llama a Leví: comparte la mesa con pecadores

27Al salir vio a un recaudador de impuestos,
llamado Leví, sentado junto a la mesa de recau-
dación de los impuestos. Le dijo: «Sígueme».
28Dejándolo todo, se levantó y le siguió. 29Leví
le ofreció un gran banquete en su casa. Había
un gran número de recaudadores de impuestos
y otras personas sentados a la mesa con ellos.
30Los fariseos y letrados murmuraban y pregun-
taban a los discípulos: «¿Cómo es que comen y
beben con recaudadores de impuestos y pecado-
res?». 31Jesús les replicó: «No tienen necesidad
del médico los que tienen buena salud, sino los
enfermos. 32No vine a llamar a justos, sino a pe-
cadores para que se arrepientan».

Sobre el ayuno

33Ellos le dijeron: «Los discípulos de Juan
ayunan con frecuencia y hacen sus oraciones,
y lo mismo hacen los discípulos de los fariseos;

en cambio los tuyos comen y beben». 34Jesús
les contestó: «¿Pueden los invitados a la boda
hacer ayuno mientras el novio está con ellos?
35Llegará un día en que el novio les será quitado,
y aquel día ayunarán». 36Y les propuso una com-
paración: «Nadie corta un trozo de un vestido
nuevo para remendar uno viejo. Porque sería
arruinar el nuevo, y el trozo nuevo no queda-
rá bien con el vestido viejo. 37Nadie echa vino
nuevo en odres viejos; pues el vino nuevo re-
ventaría los odres, se derramaría y los odres se
echarían a perder. 38El vino nuevo se ha de echar
en odres nuevos. 39Nadie que ha bebido el vino
viejo quiere vino nuevo; porque dice: el añejo
es mejor».

Sobre el sábado

6 1Un sábado cuando atravesaba unos campos
de trigo, sus discípulos arrancaban espigas,
las frotaban con las manos y comían el grano.
2Unos fariseos les dijeron: «¿Por qué hacen en
sábado una cosa prohibida?» 3Jesús les contes-
tó: «¿No han leído lo que hizo David con sus
compañeros cuando estaban hambrientos? 4En-
tró en la casa de Dios, tomó los panes consa-
grados, que pueden comer solo los sacerdotes,
comió y los compartió con sus compañeros».
5Y añadió: «El Hijo del Hombre es Señor del
sábado».

Sana en sábado

6Otro sábado entró en la sinagoga a enseñar.
Había allí un hombre que tenía la mano derecha
paralizada. 7Los letrados y los fariseos lo espia-
ban para ver si sanaba en sábado, para tener
algo de qué acusarlo. 8Él, leyendo sus pensa-
mientos, dijo al hombre de la mano paralizada:
«Levántate y ponte de pie en medio». Él se puso
en pie. 9Después se dirigió a ellos: «Yo les pre-
gunto qué está permitido en sábado: ¿Hacer el
bien o el mal? ¿Salvar una vida o destruirla?».
10Después, dirigiendo una mirada a todos, dijo al
hombre: «Extiende la mano». Lo hizo y la mano
quedó sana. 11Ellos se pusieron furiosos y discu-
tían qué hacer con Jesús.

Los Doce

12Por aquel tiempo subió a una montaña a orar
y se pasó la noche orando a Dios. 13Cuando se
hizo de día, llamó a los discípulos, eligió entre
ellos a doce y los llamó apóstoles: 14Simón, a
quien llamó Pedro; Andrés, su hermano; San-
tiago y Juan; Felipe y Bartolomé; 15Mateo y To-
más; Santiago hijo de Alfeo y Simón el rebelde;
16Judas hijo de Santiago y Judas Iscariote, el
traidor.

Una gran multitud se le acerca

17Bajó con ellos y se detuvo en un llano. Había
un gran número de discípulos y un gran gentío
del pueblo, venidos de toda Judea, de Jerusalén,
de la costa de Tiro y Sidón, 18para escucharlo y
sanarse de sus enfermedades. Los atormentados
por espíritus inmundos quedaban sanos, 19y toda
la gente intentaba tocarlo, porque salía de él
una fuerza que sanaba a todos.

Sermón del llano: dichosos y desdichados

20Dirigiendo la mirada a los discípulos, les
decía: «Felices los pobres, porque el reino de
Dios les pertenece. 21Felices los que ahora pa-
san hambre, porque serán saciados. Felices los
que ahora lloran, porque reirán. 22Felices cuando
los hombres los odien, los excluyan, los insul-
ten y desprecien su nombre a causa del Hijo del
Hombre. 23Alégrense y llénense de gozo, porque
el premio en el cielo es abundante. Del mismo
modo los padres de ellos trataron a los profetas.
24»Pero, ¡ay de ustedes, los ricos!, porque ya
tienen su consuelo. 25¡Ay de ustedes, los que
ahora están saciados!, porque pasarán hambre.
¡Ay de los que ahora ríen!, porque llorarán y
harán duelo. 26¡Ay de ustedes cuando todos los
alaben! Del mismo modo los padres de ellos tra-
taron a los falsos profetas.

Amor a los enemigos

27»A ustedes que me escuchan yo les digo:
«Amen a sus enemigos, traten bien a los que los
odian; 28bendigan a los que los maldicen, recen
por los que los injurian. 29Al que te golpee en una
mejilla, ofrécele la otra, al que te quite el manto
no le niegues la túnica; 30da a todo el que te pide,
al que te quite algo no se lo reclames. 31Traten
a los demás como quieren que ellos los traten a
ustedes. 32Si aman a los que los aman, ¿qué mérito
tienen? También los pecadores aman a sus amigos.
33Si hacen el bien a los que les hacen el bien, ¿qué
mérito tienen? También los pecadores lo hacen.
34Si prestan algo a los que les pueden retribuir,
¿qué mérito tienen? También los pecadores pres-
tan para recobrar otro tanto. 35Por el contrario
amen a sus enemigos, hagan el bien y presten sin
esperar nada a cambio. Así será grande su recom-
pensa y serán hijos del Altísimo, que es generoso
con ingratos y malvados. 36Sean compasivos como
es compasivo el Padre de ustedes. 37No juzguen y
no serán juzgados; no condenen y no serán con-
denados. Perdonen y serán perdonados. 38Den y
se les dará: recibirán una medida generosa, apre-
tada, sacudida y rebosante. Porque con la medida
que ustedes midan serán medidos».

Ciego, guía de ciegos

39Y añadió una comparación: «¿Podrá un cie-
go guiar a otro ciego? ¿No caerán ambos en un
hoyo? 40El discípulo no es más que el maestro;
cuando haya sido instruido, será como su maes-
tro. 41¿Por qué te fijas en la pelusa que está en
el ojo de tu hermano y no miras la viga que hay
en el tuyo? 42¿Cómo puedes decir a tu hermano:
Hermano, déjame sacarte la pelusa de tu ojo,
cuando no ves la viga del tuyo? ¡Hipócrita!, sa-
ca primero la viga de tu ojo y entonces podrás
ver claramente para sacar la pelusa del ojo de
tu hermano.

El árbol y sus frutos – Roca y arena

43»No hay árbol sano que dé fruto podrido, ni
árbol podrido que dé fruto sano. 44Cada árbol se
reconoce por sus frutos. No se cosechan higos de
los cardos ni se vendimian uvas de los espinos.
45El hombre bueno saca cosas buenas de su te-
soro bueno del corazón; el malo saca lo malo de
la maldad. Porque de la abundancia del corazón
habla la boca. 46¿Por qué me llaman: ¡Señor, Se-
ñor!, si no hacen lo que les digo?
47»Les voy a explicar a quién se parece el que
acude a mí, escucha mis palabras y las pone en
práctica. 48Se parece a uno que iba a construir
una casa: cavó, ahondó y colocó un cimiento
sobre la roca. Vino una crecida, el caudal se
precipitó contra la casa, pero no pudo sacudirla
porque estaba bien construida. 49En cambio, el
que escucha y no las pone en práctica se parece
a uno que construyó la casa sobre la arena, sin
cimiento. Se precipitó el caudal y la casa se de-
rrumbó. Y fue una ruina colosal.

Sana al sirviente de un centurión

7 1Cuando concluyó su discurso al pueblo,
entró en Cafarnaún. 2Un centurión tenía un
sirviente a quien estimaba mucho, que esta-
ba enfermo, a punto de morir. 3Habiendo oído
hablar de Jesús, le envió unos judíos notables
a pedirle que fuese a sanar a su sirviente. 4Se
presentaron a Jesús y le rogaban insistentemen-
te, alegando que se merecía ese favor: 5«Ama a
nuestra nación y él mismo nos ha construido la
sinagoga». 6Jesús fue con ellos. No estaba lejos
de la casa, cuando el centurión le envió unos
amigos a decirle: «Señor, no te molestes; no soy
digno de que entres bajo mi techo. 7Por eso yo
tampoco me consideré digno de acercarme a ti.
Pronuncia una palabra y mi muchacho quedará
sano. 8Porque también yo tengo un superior y
soldados a mis órdenes. Si le digo a este que
vaya, va; al otro que venga, viene; a mi sirviente
que haga esto, y lo hace». 9Al oírlo, Jesús se ad-
miró y volviéndose dijo a la gente que le seguía:
«Una fe semejante no la he encontrado ni en
Israel». 10Cuando los enviados volvieron a casa,
encontraron sano al sirviente.

Resucita al hijo de una viuda

11A continuación se dirigió a una ciudad lla-
mada Naín, acompañado de los discípulos y de
un gran gentío. 12Justo cuando se acercaba
a la puerta de la ciudad, sacaban a un muer-
to, hijo único de una viuda; la acompañaba un
grupo considerable de vecinos. 13Al verla, el
Señor sintió compasión y le dijo: «No llores».
14Se acercó, tocó el féretro, y los portadores se
detuvieron. Entonces dijo: «Muchacho, yo te lo
ordeno, levántate». 15El muerto se incorporó y
empezó a hablar. Jesús se lo entregó a su madre.
16Todos quedaron sobrecogidos y daban gloria a
Dios diciendo: «Un gran profeta ha surgido en-
tre nosotros; Dios se ha ocupado de su pueblo.
17La noticia de lo que había hecho se divulgó por
toda la región y por Judea».

Sobre Juan el Bautista

18Los discípulos de Juan le informaron de to-
dos estos sucesos. Juan llamó a dos de ellos 19y
los envió al Señor a preguntarle: «¿Eres tú el que
había de venir o tenemos que esperar a otro?».
20Los hombres se le presentaron y le dijeron:
«Juan el Bautista nos ha enviado a preguntarte
si eres tú el que había de venir o si tenemos que
esperar a otro». 21En ese momento Jesús sanó
a muchos de enfermedades, achaques y malos
espíritus; y devolvió la vista a muchos ciegos.
22Después les respondió: «Vayan a informar a
Juan de lo que han visto y oído: los ciegos re-
cobran la vista, los cojos caminan, los leprosos
quedan limpios, los sordos oyen, los muertos re-
sucitan, los pobres reciben la Buena Noticia. 23Y
dichoso el que no tropieza por mi causa».
24Cuando se fueron los mensajeros de Juan, se
puso a hablar de él a la multitud: «¿Qué salieron
a contemplar en el desierto? ¿Una caña sacudida
por el viento? 25¿Qué salieron a ver? ¿Un hombre
elegantemente vestido? Miren, los que visten
con elegancia y disfrutan de comodidades habi-
tan en palacios reales. 26Entonces, ¿qué salieron
a ver? ¿Un profeta? Les digo que sí, y más que
profeta. 27A este se refiere lo que está escrito:
Mira, envío por delante a mi mensajero para que
te prepare el camino. 28Les digo que entre los
nacidos de mujer ninguno es mayor que Juan.
Y, sin embargo, el último en el reino de Dios es
mayor que él». 29Todo el pueblo que escuchó y
hasta los recaudadores de impuestos, dieron la
razón a Dios aceptando el bautismo de Juan;

30en cambio, los fariseos y los doctores de la ley rechazaron lo que Dios quería de ellos, al no dejarse bautizar por él.

31»¿Con qué compararé a los hombres de esta generación? ¿A qué se parecen? 32Son como niños sentados en la plaza, que se dicen entre ellos: *Hemos tocado la flauta y no bailaron, hemos entonado cantos fúnebres y no lloraron.* 33Vino Juan el Bautista, que no comía pan ni bebía vino, y dicen: está endemoniado. 34Vino el Hijo del Hombre, que come y bebe, y dicen: miren qué comilón y bebedor, amigo de recaudadores de impuestos y pecadores. 35Pero la Sabiduría ha sido reconocida por sus discípulos».

Perdona a la pecadora

36Un fariseo lo invitó a comer. Jesús entró en casa del fariseo y se sentó a la mesa. 37En esto, una mujer, pecadora pública, enterada de que estaba a la mesa en casa del fariseo, acudió con un frasco de perfume de mirra, 38se colocó detrás, a sus pies, y llorando se puso a bañarle los pies en lágrimas y a secárselos con el cabello; le besaba los pies y se los ungía con la mirra. 39Al verlo, el fariseo que lo había invitado, pensó: «Si este fuera profeta, sabría quién y qué clase de mujer lo está tocando: una pecadora». 40Jesús tomó la palabra y le dijo: «Simón, tengo algo que decirte». Contestó: «Dilo, maestro». 41Le dijo: «Un acreedor tenía dos deudores: uno le debía quinientas monedas y otro cincuenta. 42Como no podían pagar, les perdonó a los dos la deuda. ¿Quién de los dos lo amará más?». 43Contestó Simón: «Supongo que aquel a quien más le perdonó». Le replicó: «Has juzgado correctamente». 44Y volviéndose hacia la mujer, dijo a Simón: «¿Ves esta mujer? Cuando entré en tu casa, no me diste agua para lavarme los pies; ella me los ha bañado en lágrimas y los ha secado con su cabello. 45Tú no me diste el beso de saludo; desde que entré, ella no ha cesado de besarme los pies. 46Tú no me ungiste la cabeza con perfume; ella me ha ungido los pies con mirra. 47Por eso te digo que se le han perdonado numerosos pecados, por el mucho amor que demostró. Pero al que se le perdona poco, poco amor demuestra». 48Y a ella le dijo: «Tus pecados te son perdonados». 49Los invitados empezaron a decirse entre sí: «¿Quién es este que hasta perdona pecados?». 50Él dijo a la mujer: «Tu fe te ha salvado. Vete en paz».

Mujeres que siguen a Jesús

8 1A continuación fue recorriendo ciudades y pueblos proclamando la Buena Noticia del reino de Dios. Lo acompañaban los Doce 2y algunas mujeres que había sanado de espíritus inmundos y de enfermedades: María Magdalena, de la que habían salido siete demonios; 3Juana, mujer de Cusa, mayordomo de Herodes; Susana y otras muchas, que los atendían con sus bienes.

Parábola del sembrador

4Se reunió un gran gentío y se añadían los que iban acudiendo de una ciudad tras otra. Entonces les propuso una parábola: 5«Salió el sembrador a sembrar la semilla. Al sembrar, unas semillas cayeron junto al camino; las pisaron y las aves del cielo se las comieron. 6Otras cayeron sobre piedras; brotaron y se secaron por falta de humedad. 7Otras cayeron entre espinos, y al crecer los espinos con ellas, las ahogaron. 8Otras cayeron en tierra fértil y dieron fruto al ciento por uno». Dicho esto, exclamó: «El que tenga oídos que escuche».

9Los discípulos le preguntaron el sentido de la parábola, 10y él les respondió: «A ustedes se les concede conocer los secretos del reino de Dios; pero a los demás se les habla en parábolas: *Para que viendo, no vean, y escuchando, no comprendan.* 11El sentido de la parábola es el siguiente: La semilla es la Palabra de Dios. 12Lo que cayó junto al camino son los que escuchan; pero enseguida viene el Diablo y les arranca del corazón la palabra, para que no crean y se salven. 13Lo que cayó entre piedras son los que al escuchar acogen con gozo la palabra, pero no echan raíces; esos creen por un tiempo, pero al llegar la prueba se echan atrás. 14Lo que cayó entre espinos son los que escuchan, pero con las preocupaciones, la riqueza y los placeres de la vida se van ahogando y no maduran. 15Lo que cae en tierra fértil son los que escuchan la palabra con un corazón bien dispuesto, la retienen y dan fruto gracias a su perseverancia.

La luz de la lámpara

16»Nadie enciende una lámpara y la cubre con una vasija o la mete debajo de la cama, sino que la coloca en el candelero para que los que entran vean la luz. 17No hay nada encubierto que no se descubra algún día, ni nada escondido que no se divulgue y se manifieste. 18Presten atención y oigan bien: porque al que tiene se le dará y al que no tiene se le quitará aun lo que parece tener».

La familia de Jesús

19Se le presentaron su madre y sus hermanos, pero no lograban acercarse por el gentío. 20Le avisaron: «Tu madre y tus hermanos están fuera y quieren verte». 21Él les replicó: «Mi madre y

mis hermanos son los que escuchan la Palabra de
Dios y la cumplen».

Calma una tempestad

22Uno de aquellos días subió él a una barca
con los discípulos y les dijo: «Vamos a cruzar a
la otra orilla del lago». Zarparon 23y, mientras
navegaban, él se quedó dormido. Se precipitó
un temporal sobre el lago, la barca se llenaba
de agua y peligraban. 24Entonces fueron a des-
pertarlo y le dijeron: «¡Maestro, que morimos!».
Él se despertó e increpó al viento y al oleaje;
el lago se apaciguó y sobrevino la calma. 25Les
dijo: «¿Dónde está la fe de ustedes?». Ellos lle-
nos de temor y admiración se decían: «¿Quién
es este que da órdenes al viento y al agua, y le
obedecen?».

Exorciza en Gerasa

26Navegaron hasta el territorio de los ge-
rasenos, que queda enfrente de Galilea. 27Al
desembarcar, le salió al encuentro un hombre
de la ciudad, que estaba endemoniado. Lleva-
ba bastante tiempo sin ponerse una túnica y no
vivía en una casa, sino en los sepulcros. 28Al ver
a Jesús, dio un grito, se echó ante él y dijo gri-
tando: «¿Qué tienes contra mí, Hijo del Dios Al-
tísimo?, te suplico que no me atormentes». 29Es
que Jesús estaba mandando al espíritu inmundo
salir de aquel hombre; ya que muchas veces se
apoderaba de él; y aunque lo ataban con cade-
nas y grillos, rompía las cadenas y el demonio
lo empujaba a lugares despoblados. 30Jesús le
preguntó: «¿Cómo te llamas?». Contestó: «Le-
gión, porque habían entrado en él muchos de-
monios». 31Estos le rogaban que no los mandase
ir al abismo. 32Había allí una piara numerosa de
cerdos pastando en el monte. Los demonios le
suplicaron a Jesús que les permitiese entrar en
los cerdos. Él se lo concedió; 33y los demonios,
saliendo del hombre, se metieron en los cerdos.
La piara, entonces, se abalanzó por un acanti-
lado al lago y se ahogó. 34Al ver lo sucedido, los
pastores escaparon y lo contaron en la ciudad
y en los campos. 35Los vecinos salieron a ver lo
sucedido y, llegando adonde estaba Jesús, en-
contraron al hombre del que habían salido los
demonios, vestido y sentado, a los pies de Jesús
y en su sano juicio. Y se asustaron. 36Los que lo
habían visto les contaron cómo se había librado
el endemoniado. 37Entonces todos los vecinos de
la región de los gerasenos le rogaron a Jesús que
se marchase; porque estaban muy atemorizados.
Jesús se embarcó de vuelta. 38El hombre del que
habían salido los demonios pidió quedarse con
él. Pero Jesús lo despidió diciendo: 39«Vuelve a
tu casa y cuenta lo que te ha hecho Dios». Él
fue por toda la ciudad proclamando lo que había
hecho Jesús.

Sana a una mujer y resucita a una niña

40Cuando volvió Jesús, lo recibió la gente,
porque todos lo estaban esperando. 41En esto
se acercó un hombre, llamado Jairo, jefe de la
sinagoga; cayendo a los pies de Jesús, le rogaba
que entrase en su casa, 42porque su hija única,
de doce años, estaba muriéndose. Mientras ca-
minaba, la multitud lo apretujaba. 43Una mujer
que llevaba doce años padeciendo hemorragias,
[que había gastado en médicos su entera for-
tuna] y que nadie le había podido sanar, 44se le
acercó por detrás y le tocó el borde de su manto.
Al instante se le cortó la hemorragia. 45Jesús
preguntó: «¿Quién me ha tocado?». Y, como to-
dos lo negaban, Pedro dijo: «Maestro, la multi-
tud te cerca y te apretuja». 46Pero Jesús replicó:
«Alguien me ha tocado, yo he sentido que una
fuerza salía de mí». 47Viéndose descubierta, la
mujer se acercó temblando, se postró ante él y
explicó delante de todos por qué lo había toca-
do y cómo se había mejorado inmediatamente.
48Jesús le dijo: «Hija, tu fe te ha salvado. Vete
en paz».
49Aún estaba hablando, cuando llegó uno de
la casa del jefe de la sinagoga y le anuncia: «Tu
hija ha muerto, no molestes más al Maestro».
50Lo oyó Jesús y respondió: «No temas; basta
que creas y se salvará». 51Cuando llegó a la casa
no permitió entrar con él más que a Pedro, Juan,
Santiago y los padres de la muchacha. 52Todos
lloraban haciendo duelo por ella. Pero él dijo:
«No lloren, que no está muerta, sino dormida».
53Se reían de él, porque sabían que estaba muer-
ta. 54Pero él, tomándola de la mano, le ordenó:
«Muchacha, levántate». 55Le volvió el aliento y
enseguida se puso de pie. Jesús mandó que le
dieran de comer. 56Sus padres quedaron sobre-
cogidos de admiración y él les encargó que no
contaran a nadie lo sucedido.

Misión de los Doce

9 1Convocó a los Doce y les dio poder y autoridad
sobre todos los demonios y para sanar enfer-
medades. 2Y los envió a proclamar el reino de Dios
y a sanar [enfermos]. 3Les dijo: «No lleven nada
para el camino: ni bastón ni alforja, ni pan ni di-
nero, ni dos túnicas. 4En la casa en que entren
permanezcan hasta que se vayan. 5Si no los reci-
ben, al salir de la ciudad sacudan el polvo de los
pies como prueba contra ellos». 6Cuando salie-
ron, recorrieron los pueblos anunciando la Buena
Noticia y sanando enfermos por todas partes.

El interés de Herodes

7Herodes se enteró de todo lo sucedido y es-
taba desconcertado; porque unos decían que era
Juan resucitado de entre los muertos, 8otros que
era Elías aparecido, otros que había surgido un
profeta de los antiguos. 9Herodes comentaba:
«A Juan yo lo hice decapitar. ¿Quién será este de
quien oigo tales cosas?». Y deseaba verlo.

Da de comer a cinco mil

10Los apóstoles volvieron y le contaron todo lo
que habían hecho. Él los tomó aparte y se retiró
por su cuenta a una ciudad llamada Betsaida.
11Pero la multitud se enteró y le siguió. Él los
recibió y les hablaba del reino de Dios y sanaba
a los que lo necesitaban. 12Como caía la tarde,
los Doce se acercaron a decirle: «Despide a la
gente para que vayan a los pueblos y campos de
los alrededores y busquen hospedaje y comida;
porque aquí estamos en un lugar despoblado».
13Les contestó: «Denle ustedes de comer». Ellos
contestaron: «No tenemos más que cinco panes
y dos pescados; a no ser que vayamos nosotros a
comprar comida para toda esa gente». 14–Los va-
rones eran unos cinco mil–. Él dijo a los discípu-
los: «Háganlos sentar en grupos de cincuenta».
15Así lo hicieron y se sentaron todos. 16Entonces
tomó los cinco panes y los dos pescados, alzó la
vista al cielo, los bendijo, los partió y se los fue
dando a los discípulos para que se los sirvieran
a la gente. 17Comieron todos y quedaron satisfe-
chos, y recogieron los trozos sobrantes en doce
canastas.

Confesión de Pedro

18Estando él una vez orando a solas, se le acer-
caron los discípulos y él los interrogó: «¿Quién
dice la multitud que soy yo?». 19Contestaron:
«Unos que Juan el Bautista, otros que Elías,
otros dicen que ha surgido un profeta de los
antiguos». 20Les preguntó: «Y ustedes, ¿quién
dicen que soy yo?». Respondió Pedro: «Tú eres
el Mesías de Dios». 21Él les ordenó que no se lo
dijeran a nadie.

Primer anuncio de la pasión y resurrección

22Y añadió: «El Hijo del Hombre tiene que pa-
decer mucho, ser rechazado por los ancianos,
sumos sacerdotes y letrados, tiene que ser con-
denado a muerte y resucitar al tercer día».

Condiciones para ser discípulo

23Y a todos les decía: «El que quiera seguirme,
niéguese a sí mismo, cargue con su cruz cada
día y sígame. 24El que quiera salvar su vida la
perderá; pero quien pierda su vida por mí la sal-
vará. 25¿De que le vale al hombre ganar el mundo
entero si se pierde o se malogra él? 26Si uno se
avergüenza de mí y de mis palabras, el Hijo del
Hombre se avergonzará de él cuando venga con
su gloria, la de su Padre y de los santos ángeles.
27Les aseguro que algunos de los que están aquí
presentes no sufrirán la muerte antes de ver el
reino de Dios».

Transfiguración de Jesús

28Ocho días después de estos discursos, tomó
a Pedro, Juan y Santiago y subió a una monta-
ña a orar. 29Mientras oraba, su rostro cambió
de aspecto y su ropa resplandecía de blancu-
ra. 30De pronto dos hombres hablaban con él:
eran Moisés y Elías, 31que aparecieron gloriosos
y comentaban la partida de Jesús que se iba a
consumar en Jerusalén. 32Pedro y sus compañe-
ros tenían mucho sueño. Al despertar, vieron su
gloria y a los dos hombres que estaban con él.
33Cuando estos se retiraron, dijo Pedro a Jesús:
«Maestro, ¡qué bien se está aquí! Vamos a armar
tres chozas: una para ti, una para Moisés y una
para Elías» –no sabía lo que decía–. 34Apenas
lo dijo, vino una nube que les hizo sombra. Al
entrar en la nube, se asustaron. 35Y se escuchó
una voz que decía desde la nube: «Este es mi
Hijo elegido. Escúchenlo». 36Al escucharse la
voz, se encontraba Jesús solo. Ellos guardaron
silencio y por entonces no contaron a nadie lo
que habían visto.

Sana a un niño epiléptico

37El día siguiente, al bajar ellos de la monta-
ña, les salió al encuentro un gran gentío. 38Un
hombre del gentío gritó: «Maestro, te ruego que
te fijes en mi hijo, que es único. 39Un espíritu
lo agarra, de repente grita, lo retuerce, lo ha-
ce echar espuma por la boca y a duras penas se
aparta dejándolo molido. 40He pedido a tus dis-
cípulos que lo expulsen y no han sido capaces».
41Jesús contestó: «¡Qué generación incrédula y
perversa! ¿Hasta cuándo tendré que estar con
ustedes y soportarlos? Trae acá a tu hijo». 42El
muchacho se estaba acercando cuando el demo-
nio lo tiró al suelo y lo retorció. Jesús increpó
al espíritu inmundo, sanó al muchacho y se lo
entregó a su padre. 43aY todos se maravillaron de
la grandeza de Dios.

Segundo anuncio de la pasión y resurrección

43bComo todos se admiraban de lo que hacía,
dijo a sus discípulos: 44«Presten atención a
estas palabras: El Hijo del Hombre va a ser en-

tregado en manos de hombres». 45Pero ellos no entendían este asunto; su sentido les resultaba encubierto; pero no se atrevían a hacerle preguntas respecto a esto.

¿Quién es el más importante?

46Surgió una discusión entre ellos sobre quién era el más grande. 47Jesús, sabiendo lo que pensaban, acercó un niño, lo colocó junto a sí 48y les dijo: «Quien recibe a este niño en mi nombre, a mí me recibe; y quien me recibe a mí recibe al que me envió. El más pequeño de todos ustedes, ese es el mayor».

El exorcista anónimo

49Juan le dijo: «Maestro, vimos a uno que expulsaba demonios en tu nombre y tratamos de impedírselo, porque no sigue con nosotros». 50Jesús respondió: «No se lo impidan. Quien no está contra ustedes está con ustedes».

Camino de Jerusalén

51Cuando se iba cumpliendo el tiempo de que se lo llevaran al cielo, emprendió decidido el viaje hacia Jerusalén, 52y envió por delante unos mensajeros. Ellos fueron y entraron en un pueblo de samaritanos para prepararle alojamiento. 53Pero estos no lo recibieron porque se dirigía a Jerusalén. 54Al ver esto, Juan y Santiago, sus discípulos, dijeron: «Señor, ¿quieres que mandemos que caiga un rayo del cielo y acabe con ellos?». 55Él se volvió y los reprendió. 56Y se fueron a otro pueblo.

Exigencias del seguimiento

57Mientras iban de camino, uno le dijo: «Te seguiré adonde vayas». 58Jesús le contestó: «Las zorras tienen madrigueras, las aves del cielo nidos, pero el Hijo del Hombre no tiene dónde recostar la cabeza». 59A otro le dijo: «Sígueme». Le contestó: «[Señor], déjame primero ir a enterrar a mi padre». 60Le dijo: «Deja que los muertos entierren a sus muertos; tú ve a anunciar el reino de Dios». 61Otro le dijo: «Te seguiré, Señor, pero primero déjame despedirme de mi familia». 62Jesús [le] dijo: «El que ha puesto la mano en el arado y mira atrás no es apto para el reino de Dios».

Misión de los setenta y dos

10 1Después de esto designó el Señor a otros setenta [y dos] y los envió por delante, de dos [en dos], a todas las ciudades y lugares adonde pensaba ir. 2Les decía: «La cosecha es abundante, pero los trabajadores son pocos. Rueguen al dueño de los campos que envíe trabajadores para su cosecha. 3Vayan, que yo los envío como ovejas entre lobos. 4No lleven bolsa ni alforja ni sandalias. Por el camino no saluden a nadie. 5Cuando entren en una casa, digan primero: Paz a esta casa. 6Si hay allí alguno digno de paz, la paz descansará sobre él. De lo contrario, la paz regresará a ustedes. 7Quédense en esa casa, comiendo y bebiendo lo que haya; porque el trabajador tiene derecho a su salario. No vayan de casa en casa. 8Si entran en una ciudad y los reciben, coman de lo que les sirvan. 9Sanen a los enfermos que haya y digan a la gente: El reino de Dios ha llegado a ustedes. 10Si entran en una ciudad y no los reciben, salgan a las calles y digan: 11Hasta el polvo de esta ciudad que se nos ha pegado a los pies lo sacudimos y se lo devolvemos. Con todo, sepan que ha llegado el reino de Dios. 12Les digo que aquel día la suerte de Sodoma será menos rigurosa que la de aquella ciudad.

¡Ay, pueblos de Galilea!

13»¡Ay de ti, Corozaín, ay de ti, Betsaida! Porque si los milagros realizados entre ustedes se hubieran hecho en Tiro y Sidón, hace tiempo habrían hecho penitencia vistiéndose humildemente y sentándose sobre cenizas. 14Y así, el juicio será más llevadero para Tiro y Sidón que para ustedes. 15Y tú, Cafarnaún, ¿pretendes encumbrarte hasta el cielo? Pues caerás hasta el abismo. 16Y dijo a sus discípulos:«El que a ustedes escucha a mí me escucha; el que a ustedes desprecia a mí me desprecia; y quien a mí me desprecia, desprecia al que me envió».

Vuelven los setenta y dos

17Volvieron los setenta [y dos] muy contentos y dijeron: «Señor, en tu nombre hasta los demonios se nos sometían». 18Les contestó: «Estaba viendo a Satanás caer como un rayo del cielo. 19Miren, les he dado poder para pisotear serpientes y escorpiones y para vencer toda la fuerza del enemigo, y nada los dañará. 20Con todo, no se alegren de que los espíritus se les sometan, sino de que sus nombres están escritos en el cielo».

El Padre y el Hijo

21En aquella ocasión, con el júbilo del Espíritu Santo, dijo: «¡Te alabo, Padre, Señor de cielo y tierra, porque, ocultando estas cosas a los sabios y entendidos, se las diste a conocer a la gente sencilla! Sí, Padre, esa ha sido tu elección. 22Todo me lo ha encomendado mi Padre: nadie conoce quién es el Hijo, sino el Padre, y quién es el Padre, sino el Hijo y aquel a quien el Hijo decida revelárselo». 23Volviéndose aparte a

los discípulos, les dijo: «¡Dichosos los ojos que
ven lo que ustedes ven! 24Les digo que muchos
profetas y reyes quisieron ver lo que ustedes
ven, y no lo vieron; escuchar lo que ustedes es-
cuchan, y no lo escucharon».

Parábola del buen samaritano

25En esto un doctor de la ley se levantó y, para
ponerlo a prueba, le preguntó: «Maestro, ¿qué
debo hacer para heredar la vida eterna?». 26Je-
sús le contestó: «¿Qué está escrito en la ley?
¿Qué es lo que lees?». 27Respondió: «*Amarás al
Señor tu Dios con todo tu corazón, con toda tu
alma, con todas tus fuerzas, con toda tu men-
te, y al prójimo como a ti mismo*». 28Entonces le
dijo: «Has respondido correctamente: obra así y
vivirás». 29Él, queriendo justificarse, preguntó a
Jesús: «¿Y quién es mi prójimo?»
30Jesús le contestó: «Un hombre bajaba de
Jerusalén a Jericó. Tropezó con unos asaltan-
tes que lo desnudaron, lo hirieron y se fueron
dejándolo medio muerto. 31Coincidió que bajaba
por aquel camino un sacerdote y, al verlo, pasó
de largo. 32Lo mismo un levita, llegó al lugar, lo
vio y pasó de largo. 33Un samaritano que iba de
camino llegó adonde estaba, lo vio y se compa-
deció. 34Le echó aceite y vino en las heridas y se
las vendó. Después, montándolo en su cabalga-
dura, lo condujo a una posada y lo cuidó. 35Al día
siguiente sacó dos monedas, se las dio al dueño
de la posada y le encargó: Cuida de él, y lo que
gastes de más te lo pagaré a la vuelta. 36¿Quién
de los tres te parece que se portó como próji-
mo del que cayó en manos de los asaltantes?».
37Contestó: «El que lo trató con misericordia». Y
Jesús le dijo: «Ve y haz tú lo mismo».

Marta y María

38Yendo de camino, entró Jesús en un pueblo.
Una mujer, llamada Marta, lo recibió en su ca-
sa. 39Tenía una hermana llamada María, la cual,
sentada a los pies del Señor, escuchaba sus pa-
labras; 40Marta ocupada en los quehaceres de la
casa dijo a Jesús: «Maestro, ¿no te importa que
mi hermana me deje sola en los quehaceres? Dile
que me ayude». 41El Señor le respondió: «Marta,
Marta, te preocupas y te inquietas por muchas
cosas, 42cuando una sola es necesaria. María es-
cogió la mejor parte y no se la quitarán».

La oración: el Padrenuestro

11 1Una vez estaba en un lugar orando. Cuan-
do terminó, uno de los discípulos le pidió:
«Señor, enséñanos a orar como Juan enseñó a
sus discípulos». 2Jesús les contestó: «Cuando
oren, digan: *Padre,/ santificado sea tu nom-
bre,/ venga tu reino;/* 3*el pan nuestro de cada
día danos hoy;/* 4*perdona nuestros pecados/
como también nosotros perdonamos/ a todos
los que nos ofenden;/ no nos dejes caer en la
tentación*».
5Y les añadió: «Supongamos que uno tiene un
amigo que acude a él a media noche y le pide:
Amigo, préstame tres panes, 6que ha llegado de
viaje un amigo mío y no tengo qué ofrecerle. 7El
otro desde dentro le responde: No me vengas
con molestias; estamos acostados yo y mis ni-
ños; no puedo levantarme a dártelo. 8Les digo
que, si no se levanta a dárselo por amistad, se
levantará a darle cuanto necesita para que deje
de molestarlo».
9Y yo les digo: «Pidan y se les dará, busquen
y encontrarán, llamen y se les abrirá, 10porque
quien pide recibe, quien busca encuentra, a
quien llama se le abre. 11¿Qué padre entre us-
tedes, si su hijo le pide pan, le da una piedra?
O, si le pide pescado, ¿le dará en vez de pescado
una culebra? 12O, si pide un huevo, ¿le dará un
escorpión? 13Pues si ustedes, que son malos, sa-
ben dar cosas buenas a sus hijos, ¡cuánto más el
Padre del cielo dará el Espíritu Santo a los que
se lo pidan!».

Jesús y Satanás

14Estaba echando un demonio [que era] mu-
do. Cuando salió el demonio, habló el mudo; y
la multitud se admiró. 15Pero algunos dijeron:
«Expulsa los demonios con el poder de Belcebú,
jefe de los demonios». 16Otros, para ponerlo a
prueba, le pedían una señal del cielo. 17Él, le-
yendo sus pensamientos, les dijo: «Un reino di-
vidido internamente va a la ruina y se derrumba
casa tras casa. 18Si Satanás está dividido inter-
namente, ¿cómo se mantendrá su reino? Porque
ustedes dicen que yo expulso los demonios con
el poder de Belcebú. 19Si yo expulso los demo-
nios con el poder de Belcebú, ¿con qué poder los
expulsan los discípulos de ustedes? Por eso ellos
los juzgarán. 20Pero si [yo] expulso los demonios
con el dedo de Dios, es que ha llegado a ustedes
el reino de Dios. 21Mientras un hombre fuerte y
armado guarda su casa, todo lo que posee está
seguro. 22Pero si llega uno más fuerte y lo vence,
le quita las armas en que confiaba y reparte sus
bienes. 23El que no está conmigo está contra mí.
El que no recoge conmigo desparrama. 24Cuando
un espíritu inmundo sale de un hombre, reco-
rre lugares áridos buscando descanso, y no lo
encuentra. [Entonces] dice: Volveré a mi casa,
de donde salí. 25Al volver, la encuentra barrida
y arreglada. 26Entonces va, toma consigo otros
siete espíritus peores que él, y se meten a habi-

tar allí. Y el final de aquel hombre resulta peor
que el comienzo».
27 Cuando decía esto, una mujer de la multitud
alzó la voz y dijo: «¡Dichoso el vientre que te
llevó y los pechos que te criaron!». 28 Él replicó:
«¡Dichosos, más bien, los que escuchan la Pala-
bra de Dios y la cumplen!».

La señal de Jonás

29 La multitud se aglomeraba y él se puso a
decirles: «Esta generación es malvada: reclama
una señal, y no se le concederá más señal que
la de Jonás. 30 Como Jonás fue una señal para
los ninivitas, así lo será el Hijo del Hombre para
esta generación. 31 El día del juicio la reina del
sur se alzará contra esta generación y la conde-
nará; porque ella vino del extremo de la tierra
para escuchar el saber de Salomón, y aquí hay
alguien mayor que Salomón. 32 El día del juicio
los ninivitas se alzarán contra esta generación
y la condenarán; porque ellos se arrepintieron
por la predicación de Jonás, y aquí hay alguien
mayor que Jonás».

Luz y tinieblas

33 No se enciende una lámpara para tenerla es-
condida [o bajo un cajón], sino que se pone en
el candelero para que los que entran vean la luz.
34 La lámpara del cuerpo es el ojo: si tu ojo está
sano, también todo tu cuerpo está lleno de luz;
pero si está enfermo, también tu cuerpo está lle-
no de oscuridad. 35 Procura que la luz que hay en
ti no se oscurezca. 36 Si el cuerpo entero está en la
luz, sin nada de sombra, tendrá tanta luz, como
cuando una lámpara te ilumina con su resplandor.

Invectiva contra los fariseos y los doctores de la Ley

37 Mientras hablaba, un fariseo lo invitó a co-
mer en su casa. Jesús entró y se sentó a la me-
sa. 38 El fariseo, que lo vio, se extrañó que no se
lavase antes de comer. 39 Pero el Señor le dijo:
«Ustedes los fariseos limpian por fuera la copa y
el plato, y por dentro están llenos de robos y ma-
licia. 40 ¡Insensatos! El que hizo lo de fuera, ¿no
hizo también lo de dentro? 41 Den, más bien, co-
mo limosna lo que tienen y todo será puro. 42 ¡Ay
de ustedes, fariseos, que pagan el impuesto de
la hierbabuena, de la ruda y de toda clase de ver-
duras y descuidan la justicia y el amor de Dios!
Eso es lo que hay que observar sin descuidar lo
otro. 43 ¡Ay de ustedes, fariseos, que buscan los
asientos de honor en las sinagogas y los saludos
por la calle! 44 ¡Ay de ustedes, porque son como
sepulcros sin señalar, que los hombres pisan sin
darse cuenta!».
45 Un doctor de la ley tomó la palabra y le
contestó: «Maestro, al decir eso, nos ofendes».
46 Jesús contestó: «¡Ay de ustedes también,
doctores de la ley, que imponen a los hombres
cargas insoportables pero ustedes ni siquiera
mueven un dedo para llevarlas! 47 ¡Ay de uste-
des que construyen mausoleos a los profetas
a quienes sus propios padres han asesinado!
48 Así se convierten en testigos y cómplices
de lo que hicieron sus padres; porque ellos los
mataron y ustedes construyen los mausoleos.
49 Por eso dice la Sabiduría de Dios: Les enviaré
profetas y apóstoles; a algunos los matarán y
perseguirán. 50 Así se pedirá cuenta a esta ge-
neración de toda la sangre de profetas derra-
mada desde la creación del mundo: 51 desde la
sangre de Abel hasta la de Zacarías, asesinado
entre el altar y el santuario. Sí, les aseguro que
a esta generación se le pedirán cuentas de todo
esto. 52 ¡Ay de ustedes, doctores de la ley, que
se han quedado con la llave del saber: ustedes
no han entrado y se lo impiden a los que quie-
ren entrar!».
53 Cuando salió de allí, los letrados y los fari-
seos se pusieron a atacarlo violentamente y a
hacerle preguntas malintencionadas. 54 Le aco-
saban para ver si lo atrapaban en alguna palabra
salida de su boca.

Contra la hipocresía

12 1 Entre tanto, miles de personas se agolpa-
ban pisándose unos a otros. Él se dirigió
primero a los discípulos: «Cuídense de la leva-
dura –o sea, de la hipocresía– de los fariseos.
2 Nada hay encubierto que no se descubra, nada
oculto que no se divulgue. 3 Porque lo que digan
de noche se escuchará en pleno día; lo que di-
gan al oído en el sótano se proclamará desde
las azoteas.

Exhortación al valor

4 »A ustedes mis amigos les digo que no teman
a los que matan el cuerpo y después no pueden
hacer nada más. 5 Yo les indicaré a quién deben
temer: teman al que después de matar tiene po-
der para arrojar al infierno. Sí, les repito, teman
a ese. 6 ¿No se venden cinco gorriones por dos
monedas? Sin embargo, Dios no olvida a ninguno
de ellos. 7 En cuanto a ustedes hasta los pelos
de su cabeza están todos contados. No ten-
gan miedo, que ustedes valen más que muchos
gorriones.

Opción por Jesús

8 »Les aseguro que a quien me reconozca abier-
tamente ante los hombres, el Hijo del Hombre

lo reconocerá ante los ángeles de Dios. 9Pero a
quien me niegue ante los hombres, lo negará an-
te los ángeles de Dios. 10Al que diga una palabra
contra el Hijo del Hombre se le perdonará; al que
blasfeme contra el Espíritu Santo no se le per-
donará. 11Cuando los conduzcan a las sinagogas,
ante los jefes o autoridades, no se preocupen de
cómo se van a defender o qué van a decir; 12el
Espíritu Santo les enseñará en aquel momento lo
que hay que decir.

Contra la ambición

13Uno de la gente dijo: «Maestro, dile a mi
hermano que reparta la herencia conmigo».
14Jesús le respondió: «Amigo, ¿quién me ha
nombrado juez o árbitro entre ustedes?». 15Y les
dijo: «¡Estén atentos y cuídense de cualquier
codicia, que, por más rico que uno sea, la vida
no depende de los bienes!». 16Y les propuso una
parábola: «Las tierras de un hombre dieron una
gran cosecha. 17Él se dijo: ¿qué haré, si no tengo
dónde guardar toda la cosecha?. 18Y dijo: Haré
lo siguiente: derribaré los graneros y construiré
otros mayores en los cuales meteré mi trigo y
mis bienes. 19Después me diré: Querido amigo,
tienes acumulados muchos bienes para muchos
años; descansa, come, bebe y disfruta. 20Pero
Dios le dijo: ¡Necio, esta noche te reclamarán
la vida! Lo que has preparado, ¿para quién será?
21Así le pasa al que acumula tesoros para sí y no
es rico a los ojos de Dios».

Confianza en Dios

22A [sus] discípulos les dijo: «Por eso les digo
que no anden angustiados por la comida para
conservar la vida o por la ropa para cubrir el
cuerpo. 23La vida vale más que la comida y el
cuerpo más que la ropa. 24Miren a los cuervos:
no siembran ni cosechan, no tienen graneros
ni despensas, y Dios los alimenta. Cuánto más
valen ustedes que las aves. 25¿Quién de uste-
des puede, por mucho que se inquiete, prolon-
gar su vida un poco? 26Si no tienen poder en
lo más pequeño, ¿por qué se preocupan de lo
demás? 27Miren cómo crecen los lirios, sin tra-
bajar ni hilar. Les aseguro que ni Salomón, en
el esplendor de su gloria, se vistió como uno
de ellos. 28Pues si a la hierba del campo, que
hoy crece y mañana la echan al horno, Dios la
viste así, ¡cuánto más a ustedes, hombres de
poca fe! 29No anden buscando qué comer o qué
beber; no se angustien. 30Todo eso son cosas
que busca la gente del mundo. En cuanto a us-
tedes el Padre sabe que las necesitan. 31Basta
que busquen su reino y lo demás lo recibirán
por añadidura».

El verdadero tesoro

32»No temas, pequeño rebaño, que el Padre de
ustedes ha decidido darles el reino. 33Vendan
sus bienes y den limosna. Consigan bolsas que
no se rompan, un tesoro inagotable en el cielo,
donde los ladrones no llegan ni los roe la polilla.
34Porque donde está el tesoro de ustedes, allí
también estará su corazón.

Vigilancia

35»Tengan la ropa puesta y las lámparas encen-
didas. 36Sean como aquellos que esperan que el
amo vuelva de una boda, para abrirle en cuanto
llegue y llame. 37Dichosos los sirvientes a quienes
el amo, al llegar, los encuentre despiertos: les
aseguro que él mismo recogerá su túnica, los hará
sentarse a la mesa y les irá sirviendo. 38Y si llega a
medianoche o de madrugada y los encuentra así,
dichosos ellos. 39Entiendan bien esto, si el dueño
de casa supiera a qué hora iba a llegar el ladrón,
no le dejaría abrir un boquete en su casa. 40Us-
tedes también estén preparados, porque cuando
menos lo piensen llegará el Hijo del Hombre».

41Pedro le preguntó: «Señor, ¿dices esta pará-
bola por nosotros o por todos?». 42El Señor con-
testó: «¿Quién es el administrador fiel y prudente
a quien el señor pondrá al frente de su personal,
para que les reparta las raciones de comida a
su tiempo? 43Dichoso aquel sirviente a quien su
señor, al llegar, lo encuentre actuando así. 44Les
aseguro que le encomendará administrar todos
sus bienes. 45Pero si aquel sirviente, pensando
que su señor tarda en llegar, se pone a pegar a los
muchachos y muchachas, a comer y beber y em-
borracharse, 46llegará el señor de aquel sirviente
el día y la hora menos esperados, lo castigará y
lo tratará como a los traidores. 47Aquel sirvien-
te que, conociendo la voluntad de su señor, no
prepara las cosas ni cumple lo mandado, recibirá
un castigo severo; 48pero aquel que sin saberlo,
cometa acciones dignas de castigo, será castiga-
do con menos severidad. A quien mucho se le dio
mucho se le pedirá; a quien mucho se le confió
mucho más se le exigirá.

Radicalidad del seguimiento

49»Vine a traer fuego a la tierra, y, ¡cómo de-
searía que ya estuviera ardiendo! 50Tengo que
pasar por un bautismo, y, ¡qué angustia siento
hasta que esto se haya cumplido! 51¿Piensan que
vine a traer paz a la tierra? No he venido a traer
la paz sino la división. 52En adelante en una fa-
milia de cinco habrá división: tres contra dos,
dos contra tres. 53Se opondrán padre a hijo e hi-
jo a padre, madre a hija e hija a madre, suegra a
nuera y nuera a suegra».

Las señales del tiempo

54A la multitud le dijo: «Cuando ven levantarse
una nube en oriente, enseguida dicen que llo-
verá, y así sucede. 55Cuando sopla el viento sur,
dicen que hará calor, y así sucede. 56¡Hipócritas!
Saben interpretar el aspecto de la tierra y el cie-
lo, ¿cómo pues no saben interpretar el momento
presente?

Llegar a acuerdos

57»¿Por qué no juzgan ustedes mismos lo que
es justo? 58Cuando acudas con tu rival al juez,
procura lograr un arreglo con él mientras vas de
camino; no sea que te arrastre hasta el juez, el
juez te entregue al guardia y el guardia te meta
en la cárcel. 59Te digo que no saldrás de allí has-
ta haber pagado el último centavo».

Exhortación al arrepentimiento

13 1En aquella ocasión se presentaron algu-
nos a informarle acerca de unos galileos
cuya sangre había mezclado Pilato con la de sus
sacrificios. 2Él contestó: «¿Piensan que aquellos
galileos, sufrieron todo eso porque eran más pe-
cadores que los demás galileos? 3Les digo que
no; y si ustedes no se arrepienten, acabarán
como ellos. 4¿O creen que aquellos dieciocho
sobre los cuales se derrumbó la torre de Siloé y
los mató, eran más culpables que el resto de los
habitantes de Jerusalén? 5Les digo que no; y si
ustedes no se arrepienten acabarán como ellos».

La higuera sin higos

6Y les propuso la siguiente parábola: «Un hom-
bre tenía una higuera plantada en su viña. Fue
a buscar fruto en ella y no lo encontró. 7Dijo al
viñador: Hace tres años que vengo a buscar fruta
en esta higuera y nunca encuentro nada. Córta-
la, que encima está malgastando la tierra. 8Él le
contestó: Señor, déjala todavía este año; cavaré
alrededor y la abonaré, 9a ver si da fruto. Si no,
el año que viene la cortarás».

Sana a una mujer encorvada

10Un sábado estaba enseñando en una sina-
goga, 11cuando se presentó una mujer que lle-
vaba dieciocho años padeciendo enfermedad
por un espíritu. Andaba encorvada, sin poder
enderezarse completamente. 12Jesús, al verla,
la llamó y le dijo: «Mujer, quedas libre de tu
enfermedad». 13Le impuso las manos y al punto
se enderezó y daba gloria a Dios. 14El jefe de la
sinagoga, indignado porque Jesús había sana-
do en sábado, intervino para decir a la gente:
«Hay seis días en que se debe trabajar: Vengan
a hacerse sanar esos días y no en sábado». 15El
Señor le respondió: «¡Hipócritas! Cualquiera de
ustedes, aunque sea sábado, ¿no suelta al buey
o al asno del pesebre para llevarlo a beber? 16Y a
esta hija de Abrahán, a quién Satanás ha tenido
atada dieciocho años, ¿no había que soltarle las
ataduras en sábado?». 17Cuando decía esto, sus
adversarios se sentían confundidos, mientras
que la gente se alegraba de las maravillas que
realizaba.

Parábola de la semilla de mostaza

18Les decía: «¿A qué se parece el reino de Dios?
¿A qué lo compararé? 19Se parece a una semilla
de mostaza que un hombre toma y siembra en
su huerto; crece, se hace un arbusto y las aves
anidan en sus ramas».

Parábola de la levadura

20Añadió: «¿A qué compararé el reino de Dios?
21Se parece a la levadura que una mujer toma
y mezcla con tres medidas de masa, hasta que
todo fermenta».

La puerta estrecha

22Jesús iba enseñando por ciudades y pueblos
mientras se dirigía a Jerusalén. 23Uno le pre-
guntó: «Señor, ¿son pocos los que se salvan?».
Les contestó: 24«Procuren entrar por la puerta
estrecha, porque les digo que muchos intenta-
rán entrar y no podrán. 25Apenas se levante el
dueño de casa y cierre la puerta, ustedes desde
afuera se pondrán a golpear diciendo: Señor,
ábrenos. Él les contestará: No sé de dónde son
ustedes. 26Entonces dirán: Hemos comido y be-
bido contigo, en nuestras calles enseñaste. 27Él
responderá: les digo que no sé de dónde son
ustedes. Apártense de mí, malhechores. 28Allí
será el llanto y el crujir de dientes, cuando vean
a Abrahán, Isaac y Jacob y a todos los profe-
tas en el reino de Dios, mientras ustedes sean
expulsados.
29»Vendrán de oriente y occidente, del norte
y el sur, y se sentarán a la mesa en el reino de
Dios. 30Porque, hay últimos que serán primeros y
primeros que serán últimos.

Lamentación por Jerusalén

31En aquel momento se acercaron unos fariseos
a decirle: «Sal y retírate de aquí, porque Herodes
intenta matarte». 32Jesús les contestó: «Vayan a
decir a ese zorro: mira, hoy y mañana expulso de-
monios y realizo sanaciones; pasado mañana ter-
minaré. 33Con todo, hoy y mañana y pasado tengo
que seguir mi viaje, porque no puede ser que un
profeta muera fuera de Jerusalén. 34¡Jerusalén,
Jerusalén, que matas a los profetas y apedreas

a los enviados, cuántas veces quise reunir a tus
hijos como la gallina reúne a los pollitos bajo sus
alas; y tú no quisiste! 35Por eso, la casa de uste-
des quedará desierta. Les digo que no me verán
hasta [el momento] en que digan: *Bendito el que
viene en nombre del Señor*».

Sana a un hidrópico

14 1Un sábado que entró a comer en casa de
un jefe de fariseos, ellos lo vigilaban. 2Se
le puso delante un hidrópico. 3Jesús tomó la pa-
labra y preguntó a los doctores de la ley y fari-
seos: «¿Está permitido sanar en sábado o no?».
4Ellos callaron. Jesús tomó al enfermo, lo sanó
y lo despidió. 5Después les dijo: «Supongamos
que a uno de ustedes se le cae un hijo o un buey
a un pozo: ¿acaso no lo sacará enseguida, por
más que sea sábado?». 6Y ellos no supieron qué
responderle.

Los primeros puestos

7Observando cómo elegían los puestos de ho-
nor, dijo a los invitados la siguiente parábola:
8«Cuando alguien te invite a una boda, no ocu-
pes el primer puesto; no sea que haya otro invi-
tado más importante que tú 9y el que los invitó
a los dos vaya a decirte que le cedas el puesto
al otro. Entonces, lleno de vergüenza, tendrás
que ocupar el último puesto. 10Cuando te invi-
ten, ve y ocupa el último puesto. Así, cuando
llegue el que te invitó, te dirá: Amigo, acércate
más. Y quedarás honrado en presencia de todos
los invitados. 11Porque quien se engrandece será
humillado, y quien se humilla será engrandeci-
do». 12Al que lo había invitado le dijo: «Cuando
ofrezcas una comida o una cena, no invites a tus
amigos o hermanos o parientes o a los vecinos
ricos; porque ellos a su vez te invitarán y que-
darás pagado. 13Cuando des un banquete, invita
a pobres, mancos, cojos y ciegos. 14Dichoso tú,
porque ellos no pueden pagarte; pero te pagarán
cuando resuciten los justos».

El banquete de bodas

15Uno de los invitados, al oírlo, dijo: «¡Dichoso
el que se siente al banquete del reino de Dios!».
16Jesús le contestó: «Un hombre daba un gran
banquete, al que invitó a muchos. 17Hacia la hora
del banquete envió a su sirviente a decir a los
invitados: Vengan, ya todo está preparado. 18Pero
todos, uno tras otro se fueron disculpando. El pri-
mero dijo: He comprado un terreno y tengo que ir
a examinarlo; te ruego me disculpes. 19El segundo
dijo: He comprado cinco yuntas de bueyes y voy a
probarlos; te ruego me disculpes. 20El tercero di-
jo: Me acabo de casar y no puedo ir. 21El sirviente
volvió a informar al dueño de casa. Este, irritado,
dijo al sirviente: Sal rápido a las plazas y calles de
la ciudad y trae aquí a pobres, mancos, ciegos y
cojos. 22Regresó el sirviente y le dijo: Señor, se ha
hecho lo que ordenabas y todavía sobra lugar. 23El
señor dijo al sirviente: Ve a los caminos y veredas
y oblígalos a entrar hasta que se llene la casa.
24Porque les digo que ninguno de aquellos invita-
dos probará mi banquete».

Presupuestos para ser discípulo

25Le seguía una gran multitud. Él se volvió y les
dijo: 26«Si alguien viene a mí y no me ama más
que a su padre y su madre, a su mujer y sus hijos, a
sus hermanos y hermanas, y hasta su propia vida,
no puede ser mi discípulo. 27Quien no carga con
su cruz y me sigue no puede ser mi discípulo. 28Si
uno de ustedes pretende construir una torre, ¿no
se sienta primero a calcular los gastos, a ver si
tiene para terminarla? 29No suceda que, habiendo
echado los cimientos y no pudiendo completarla,
todos los que miren se pongan a burlarse de él
30diciendo: este empezó a construir y no puede
concluir. 31Si un rey va a enfrentarse en batalla
contra otro, ¿no se sienta primero a deliberar si
podrá resistir con diez mil al que viene a atacarlo
con veinte mil? 32Si no puede, cuando el otro to-
davía está lejos, le envía una delegación a pedir
la paz. 33Lo mismo cualquiera de ustedes: quien
no renuncie a sus bienes no puede ser mi discípu-
lo. 34Buena es la sal; pero si la sal pierde su sabor,
¿con qué se la volverá a salar? 35Ya no sirve ni para
el campo ni para abono; hay que tirarla. El que
tenga oídos para oír que escuche».

Parábola de la oveja perdida

15 1Todos los recaudadores de impuestos y los
pecadores se acercaban a escuchar. 2Los
fariseos y los doctores murmuraban: «Este reci-
be a pecadores y come con ellos». 3Él les contes-
tó con la siguiente parábola: 4«Si uno de uste-
des tiene cien ovejas y se le pierde una, ¿no deja
las noventa y nueve en el campo y va a buscar la
extraviada hasta encontrarla? 5Al encontrarla,
se la echa a los hombros contento, 6se va a casa,
llama a amigos y vecinos y les dice: Alégrense
conmigo, porque encontré la oveja perdida. 7Les
digo que, de la misma manera habrá más fiesta
en el cielo por un pecador que se arrepienta que
por noventa y nueve justos que no necesiten
arrepentirse.

Parábola de la moneda perdida

8»Si una mujer tiene diez monedas y pierde
una, ¿no enciende una lámpara, barre la casa
y busca con mucho cuidado hasta encontrarla?

9Al encontrarla, llama a las amigas y vecinas y
les dice: Alégrense conmigo, porque encontré
la moneda perdida. 10Les digo que lo mismo se
alegrarán los ángeles de Dios por un pecador que
se arrepienta».

Parábola del hijo pródigo

11Añadió: «Un hombre tenía dos hijos. 12El me-
nor dijo al padre: Padre, dame la parte de la for-
tuna que me corresponde. Él les repartió los bie-
nes. 13A los pocos días, el hijo menor reunió todo
y emigró a un país lejano, donde derrochó su
fortuna viviendo una vida desordenada. 14Cuan-
do gastó todo, sobrevino una carestía grave en
aquel país, y empezó a pasar necesidad. 15Fue y
se puso al servicio de un hacendado del país,
el cual lo envió a sus campos a cuidar cerdos.
16Deseaba llenarse el estómago de las bellotas
que comían los cerdos, pero nadie se las daba.
17Entonces recapacitando pensó: A cuántos jor-
naleros de mi padre les sobra el pan mientras
yo me muero de hambre. 18Me pondré en camino
a casa de mi padre y le diré: He pecado contra
Dios y te he ofendido; 19ya no merezco llamarme
hijo tuyo. Trátame como a uno de tus jornaleros.
20»Y se puso en camino a casa de su padre.
Estaba aún distante cuando su padre lo divisó
y se enterneció. Corriendo, se le echó al cuello
y le besó. 21El hijo le dijo: Padre, he pecado
contra Dios y te he ofendido, ya no merezco
llamarme hijo tuyo. 22Pero el padre dijo a sus
sirvientes: Enseguida, traigan el mejor vesti-
do y vístanlo; pónganle un anillo en el dedo y
sandalias en los pies. 23Traigan el ternero en-
gordado y mátenlo. Celebremos un banquete.
24Porque este hijo mío estaba muerto y ha revi-
vido, se había perdido y ha sido encontrado. Y
empezaron la fiesta.
25»El hijo mayor estaba en el campo. Cuando se
acercaba a casa, oyó música y danzas 26y llamó a
uno de los sirvientes para informarse de lo que
pasaba. 27Le contestó: Es que ha regresado tu
hermano y tu padre ha matado el ternero en-
gordado, porque lo ha recobrado sano y salvo.
28Irritado, se negaba a entrar. Su padre salió a
rogarle que entrara. 29Pero él le respondió: Mira,
tantos años llevo sirviéndote, sin desobedecer
una orden tuya, y nunca me has dado un cabrito
para comérmelo con mis amigos. 30Pero, cuan-
do ha llegado ese hijo tuyo, que ha gastado tu
fortuna con prostitutas, has matado para él el
ternero engordado. 31Le contestó: Hijo, tú estás
siempre conmigo y todo lo mío es tuyo. 32Había
que hacer fiesta porque este hermano tuyo es-
taba muerto y ha revivido, se había perdido y ha
sido encontrado.

Parábola del administrador astuto

16 1A los discípulos les decía: «Un hombre rico
tenía un administrador. Le llegaron quejas
de que estaba derrochando sus bienes. 2Lo llamó
y le dijo: ¿Qué es lo que me han contado de ti?
Dame cuentas de tu administración, porque ya
no podrás seguir en tu puesto. 3El administrador
pensó: ¿Qué voy a hacer ahora que el dueño me
quita mi puesto? Para cavar no tengo fuerzas, pe-
dir limosna me da vergüenza. 4Ya sé lo que voy a
hacer para que, cuando me despidan, alguno me
reciba en su casa. 5Fue llamando uno por uno a
los deudores de su señor y dijo al primero: ¿Cuán-
to debes a mi señor? 6Contestó: Cien barriles de
aceite. Le dijo: Toma el recibo, siéntate enseguí-
da y escribe cincuenta. 7Al segundo le dijo: Y tú,
¿cuánto debes? Contestó: Cuarenta toneladas de
trigo. Le dice: Toma tu recibo y escribe ochenta.
8El dueño alabó al administrador deshonesto por
la astucia con que había actuado. Porque los hijos
de este mundo son más astutos con sus semejan-
tes que los hijos de la luz.

El uso del dinero

9»Y yo les digo que con el dinero sucio se
ganen amigos, de modo que, cuando se acabe,
ellos los reciban en la morada eterna. 10El que es
fiel en lo poco, es fiel en lo mucho; el que es des-
honesto en lo poco, es deshonesto en lo mucho.
11Si con el dinero sucio no han sido de confianza,
¿quién les confiará el legítimo? 12Si con lo ajeno
no han sido de confianza, ¿quién les confiará lo
que les pertenece a ustedes? 13Un empleado no
puede estar al servicio de dos señores: porque
odiará a uno y amará al otro o apreciará a uno y
despreciará al otro. No pueden estar al servicio
de Dios y del dinero.

La Ley y la Buena Noticia

14Los fariseos, que eran muy amigos del dine-
ro, oían todo esto y se burlaban de él. 15Él les di-
jo: «Ustedes pasan por justos ante los hombres,
pero Dios los conoce por dentro. Porque lo que
los hombres tienen por grande Dios lo aborrece.
16La ley y los profetas duraron hasta Juan. A par-
tir de entonces se anuncia la Buena Noticia del
reino de Dios y todos tienen que esforzarse para
entrar en él. 17Es más fácil que el cielo y tierra
dejen de existir que deje de cumplirse una sola
letra de la ley. 18Quien se divorcia de su mujer y
se casa con otra comete adulterio; quien se casa
con una mujer divorciada comete adulterio.

El rico y Lázaro

19»Había un hombre rico, que vestía de púrpura
y lino y todos los días hacía espléndidos ban-

quetes. [20]Echado a la puerta del rico había un
pobre cubierto de llagas llamado Lázaro, [21]que
ansiaba saciarse con lo que caía de la mesa del ri-
co; y hasta los perros iban a lamerle sus heridas.
[22]Murió el pobre y los ángeles lo llevaron junto a
Abrahán. Murió también el rico y lo sepultaron.
[23]Estando en el lugar de los muertos, en medio
de tormentos, alzó la vista y divisó a Abrahán
y a Lázaro a su lado. [24]Lo llamó y le dijo: Pa-
dre Abrahán, ten piedad de mí y envía a Lázaro,
para que moje la punta del dedo en agua y me
refresque la lengua; pues me torturan estas lla-
mas. [25]Respondió Abrahán: Hijo, recuerda que en
vida recibiste bienes y Lázaro por su parte des-
gracias. Ahora él es consolado y tú atormentado.
[26]Además, entre ustedes y nosotros se abre un
inmenso abismo; de modo que, aunque se quiera,
no se puede atravesar desde aquí hasta ustedes
ni pasar desde allí hasta nosotros. [27]Insistió el
rico: Entonces, por favor, envíalo a casa de mi
padre, [28]donde tengo cinco hermanos; que les
advierta no sea que también ellos vengan a pa-
rar a este lugar de tormentos. [29]Le dice Abrahán:
Tienen a Moisés y los profetas: que los escuchen.
[30]Respondió: No, padre Abrahán; si un muerto los
visita, se arrepentirán. [31]Le dijo: Si no escuchan
a Moisés ni a los profetas, aunque un muerto re-
sucite, no le harán caso.

Instrucciones a los discípulos

17 [1]A sus discípulos les dijo: «Es inevitable
que haya escándalos; pero, ¡ay del que los
provoca! [2]Más le valdría que le ataran en el cue-
llo una piedra de molino y lo arrojaran al mar,
antes que escandalizar a uno de estos pequeños.
[3]Estén en guardia: si tu hermano peca, reprén-
delo; si se arrepiente, perdónalo. [4]Si siete veces
al día te ofende y siete veces vuelve a ti dicien-
do que se arrepiente, perdónalo». [5]Los apóstoles
dijeron al Señor: «Auméntanos la fe». [6]El Señor
dijo: «Si tuvieran fe como una semilla de mos-
taza, dirían a [esta] morera: Arráncate de raíz y
plántate en el mar, y les obedecería».

El deber del discípulo

[7]»Supongamos que uno de ustedes tiene un
sirviente arando o cuidando los animales, cuan-
do este vuelva del campo, ¿le dirá que pase en
seguida y se ponga a la mesa? [8]¿No le dirá más
bien: prepárame de comer, ponte el delantal y
sírveme mientras como y bebo, después comerás
y beberás tú? [9]¿Tendrá aquel señor que agradecer
al sirviente que haya hecho lo mandado? [10]Así
también ustedes: cuando hayan hecho todo lo
mandado, digan: Somos simples sirvientes, so-
lamente hemos cumplido nuestro deber.

Sana a diez leprosos

[11]Yendo él de camino hacia Jerusalén, atrave-
saba Galilea y Samaría. [12]Al entrar en un pue-
blo, le salieron al encuentro diez leprosos, que
se pararon a cierta distancia [13]y alzando la voz,
dijeron: «Jesús, Maestro, ten piedad de noso-
tros». [14]Al verlos, les dijo: «Vayan a presentarse
a los sacerdotes». Mientras iban, quedaron sa-
nos. [15]Uno de ellos, viéndose sano, volvió glo-
rificando a Dios en voz alta, [16]y cayó a los pies
de Jesús, rostro en tierra, dándole gracias. Era
samaritano. [17]Jesús tomó la palabra y dijo: «¿No
recobraron la salud los diez? ¿Y los otros nueve
dónde están? [18]¿Ninguno volvió a dar gloria a
Dios, sino este extranjero?». [19]Y le dijo: «Ponte
de pie y vete, tu fe te ha salvado».

La llegada del reino de Dios

[20]Los fariseos le preguntaron cuándo iba a lle-
gar el reino de Dios y él les respondió: «La llegada
del reino de Dios no está sujeta a cálculos; [21]ni
dirán: míralo aquí, míralo allí. Pues está entre
ustedes». [22]Después dijo a los discípulos: «Lle-
garán días en que ustedes desearán ver uno de
los días del Hijo del Hombre y no lo verán. [23]Si
les dicen: Míralo aquí, míralo allá, no vayan ni
les sigan. [24]Porque así como el relámpago brilla
desde un extremo al otro del cielo, así será el Hijo
del Hombre [cuando llegue su día]. [25]Pero primero
tiene que padecer mucho y ser rechazado por esta
generación. [26]Lo que sucedió en tiempo de Noé
sucederá en tiempo del Hijo del Hombre: [27]co-
mían, bebían, se casaban, hasta que Noé entró
en el arca, vino el diluvio y acabó con todos. [28]O
como sucedió en tiempo de Lot: comían, bebían,
compraban, vendían, plantaban, edificaban.
[29]Pero, cuando Lot salió de Sodoma, llovió fuego
y azufre del cielo y acabó con todos. [30]Así será el
día en que se revele el Hijo del Hombre. [31]Aquel
día, si uno está en la azotea y tiene sus cosas en
la casa, no baje a buscarlas; lo mismo, si uno está
en el campo, no vuelva atrás. [32]Acuérdense de la
mujer de Lot. [33]Quien trate de conservar la vida la
perderá, pero quien la pierda la conservará. [34]Les
aseguro: esa noche estarán dos en una cama: a
uno lo arrebatarán, al otro lo dejarán; [35]habrá dos
mujeres moliendo juntas: a una la arrebatarán, a
la otra la dejarán. [36][[Estarán dos en el campo: a
uno lo arrebatarán, al otro lo dejarán».]] [37]Le pre-
guntaron: «¿Dónde, Señor?» Jesús les contestó:
«Donde está el cadáver se reúnen los buitres».

Parábola del juez y la viuda

18 [1]Para inculcarles que hace falta orar siem-
pre sin cansarse, les contó una parábola:
[2]«Había en una ciudad un juez que ni temía a

Dios ni respetaba a los hombres. 3Había en la misma ciudad una viuda que acudía a él para decirle: Hazme justicia contra mi rival. 4Por un tiempo se negó, pero más tarde se dijo: Aunque no temo a Dios ni respeto a los hombres, 5como esta viuda me está fastidiando, le haré justicia, así no seguirá molestándome». 6El Señor añadió: «Fíjense en lo que dice el juez injusto; 7y Dios, ¿no hará justicia a sus elegidos si claman a él día y noche? ¿Los hará esperar? 8Les digo que inmediatamente les hará justicia. Solo que, cuando llegue el Hijo del Hombre, ¿encontrará esa fe en la tierra?».

Parábola del fariseo y el recaudador de impuestos

9Por algunos que se tenían por justos y despreciaban a los demás, les contó esta parábola: 10«Dos hombres subieron al templo a orar: uno era fariseo, el otro recaudador de impuestos. 11El fariseo, de pie, oraba así en voz baja: Oh Dios, te doy gracias porque no soy como el resto de los hombres, ladrones, injustos, adúlteros, o como ese recaudador de impuestos. 12Ayuno dos veces por semana y pago diezmos de cuanto poseo . 13El recaudador de impuestos, de pie y a distancia, ni siquiera alzaba los ojos al cielo, sino que se golpeaba el pecho diciendo: Oh Dios, ten piedad de este pecador . 14Les digo que este volvió a casa absuelto y el otro no. Porque quien se alaba será humillado y quien se humilla será alabado».

Bendice a unos niños

15Le acercaron también unos niños para que los bendijera. Los discípulos al verlo les reprendían. 16Pero Jesús los llamó diciendo: «Dejen que los niños se acerquen a mí y no se lo impidan, porque el reino de Dios pertenece a los que son como ellos. 17Les aseguro que quien no reciba el reino de Dios como un niño, no entrará en él».

El joven rico

18Uno de los jefes le preguntó: «Maestro bueno, ¿qué debo hacer para heredar la vida eterna?». 19Jesús le contestó: «¿Por qué me llamas bueno? Nadie es bueno fuera de Dios. 20Conoces los mandamientos: no cometerás adulterio, no matarás, no robarás, no darás falso testimonio, honra a tu padre y a tu madre». 21Le contestó: «Todo esto lo he cumplido desde la adolescencia». 22Al oírlo, Jesús le dijo: «Una cosa te falta, vende cuanto tienes, repártelo a los pobres y tendrás un tesoro en [el] cielo; después sígueme». 23Al oírlo, se puso muy triste, porque era muy rico. 24Al verlo [ponerse muy triste,] Jesús dijo: «Difícilmente entrarán en el reino de Dios los que tienen riquezas. 25Es más fácil que un camello entre por el ojo de una aguja que un rico entre en el reino de Dios». 26Los que lo oían dijeron: «Entonces, ¿quién podrá salvarse?». 27Él contestó «Lo que es imposible para los hombres es posible para Dios». 28Entonces Pedro dijo: «Mira, nosotros hemos dejado todo lo que teníamos y te hemos seguido». 29Les contestó: «Les aseguro que nadie que haya dejado casa o mujer o hermanos o parientes o hijos por el reino de Dios 30dejará de recibir mucho más en esta vida y en la edad futura la vida eterna».

Tercer anuncio de la pasión y resurrección

31Llevándose aparte a los Doce, les dijo: «Miren, estamos subiendo a Jerusalén y se cumplirá en el Hijo del Hombre todo lo que escribieron los profetas: 32será entregado a los paganos: se burlarán de él, lo insultarán, lo escupirán, 33lo azotarán y lo matarán; y al tercer día resucitará». 34Ellos no entendieron nada, el asunto les resultaba oscuro y no comprendían lo que decía.

Sana a un ciego

35Cuando se acercaba a Jericó, un ciego estaba sentado junto al camino pidiendo limosna. 36Al oír que pasaba la gente, preguntó qué sucedía. 37Le dijeron que pasaba Jesús de Nazaret. 38Él gritó: «¡Jesús, Hijo de David, ten piedad de mí!» 39Los que iban delante lo reprendían para que callase. Pero él gritaba más fuerte: «Hijo de David, ten piedad de mí». 40Jesús se detuvo y mandó que se lo acercasen. Cuando lo tuvo cerca, le preguntó: 41«¿Qué quieres que te haga?». Contestó: «Señor, que recobre la vista». 42Jesús le dijo: «Recobra la vista, tu fe te ha salvado». 43Al instante recobró la vista y le seguía glorificando a Dios; y el pueblo, al verlo, alababa a Dios.

Jesús y Zaqueo

19 1Entró en Jericó y atravesó la ciudad, 2allí vivía un hombre llamado Zaqueo, jefe de recaudadores de impuestos y muy rico, 3intentaba ver quién era Jesús; pero a causa del gentío, no lo conseguía, porque era bajo de estatura. 4Se adelantó de una carrera y se subió a un árbol para verlo, pues iba a pasar por allí. 5Cuando Jesús llegó al sitio, alzó la vista y le dijo: «Zaqueo, baja pronto, porque hoy tengo que hospedarme en tu casa». 6Bajó rápidamente y lo recibió muy contento. 7Al verlo, murmuraban todos porque entraba a hospedarse en casa de un pecador. 8Pero Zaqueo se puso en pie y dijo al Señor: «Mira, Señor, la mitad de mis bienes se la doy a los

pobres, y a quien haya defraudado le devolveré
cuatro veces más». 9Jesús le dijo: «Hoy ha lle-
gado la salvación a esta casa, ya que también él
es hijo de Abrahán. 10Porque el Hijo del Hombre
vino a buscar y salvar lo perdido».

Parábola del dinero encargado

11Como la gente lo escuchaba, añadió una
parábola; porque estaban cerca de Jerusalén y
ellos creían que el reino de Dios se iba a revelar
de un momento a otro. 12Él les dijo: «Un hombre
noble se fue a un país lejano para ser nombrado
rey y volver. 13Llamó a diez sirvientes suyos, les
entregó una gran cantidad de dinero y les encar-
gó: Háganla producir hasta que yo vuelva.
14»Sus compatriotas, que lo odiaban, enviaron
tras él una comisión encargada de decir: No que-
remos que ese sea nuestro rey. 15Volvió una vez
nombrado rey y llamó a los sirvientes a quienes
había entregado el dinero para ver cómo había
negociado cada uno.
16»Se presentó el primero y dijo: Señor, tu di-
nero ha producido diez veces más. 17Le respon-
dió: Muy bien, sirviente diligente; por haber si-
do fiel en lo poco, administrarás diez ciudades.
18Se presentó el segundo y dijo: Señor, tu dinero
ha producido cinco veces más. 19Le respondió:
Pues tú administrarás cinco ciudades. 20Se pre-
sentó el tercero y dijo: Aquí tienes tu dinero,
que he guardado en un pañuelo. 21Te tenía miedo
porque eres riguroso: retiras lo que no has depo-
sitado, y cosechas lo que no has sembrado. 22Él
le respondió: Por tu boca te condeno, sirviente
indigno. Sabías que soy riguroso, que retiro lo
que no he depositado y cosecho lo que no he
sembrado. 23¿Por qué no pusiste mi dinero en
un banco, para que, al volver yo, lo cobrara con
los intereses? 24Después ordenó a los presentes:
Quítenle el dinero y dénselo al que consiguió
diez veces más. 25Le respondieron: Señor, ya
tiene diez veces más. 26Yo les digo que a quien
tiene se le dará y a quien no tiene se le quitará
aun lo que tiene.
27»En cuanto a esos enemigos, que no querían
que fuera su rey, tráiganlos aquí y mátenlos en
mi presencia.
28Dicho esto, siguió adelante, subiendo hacia
Jerusalén.

Entrada triunfal en Jerusalén

29Cuando se acercaban a Betfagé y Betania,
junto al monte de los Olivos, envió a dos dis-
cípulos 30diciéndoles: «Vayan al pueblo de en-
frente; al entrar, encontrarán un burrito atado,
que nadie ha montado hasta ahora. Desátenlo
y tráiganlo. 31Si alguien les pregunta para qué
lo desatan, díganle que el Señor lo necesita».
32Fueron los enviados y lo encontraron como les
había dicho. 33Mientras lo desataban, los due-
ños les dijeron: «¿Por qué desatan el burrito?».
34Contestaron: «Porque el Señor lo necesita».
35Se lo llevaron a Jesús, echaron sus mantos so-
bre el burrito y lo hicieron montar. 36Mientras
avanzaba, la gente alfombraba con sus mantos
el camino. 37Cuando se acercaban a la cuesta del
monte de los Olivos, los discípulos en masa y
llenos de alegría se pusieron a alabar en voz alta
a Dios por todos los milagros que habían presen-
ciado. 38Y decían: «*Bendito sea el rey que viene
en nombre del Señor*. Paz en el cielo, gloria al
Altísimo». 39Algunos fariseos de entre la gente
le dijeron: «Maestro, reprende a tus discípulos».
40Pero él respondió: «Yo les digo que, si estos
callan, gritarán las piedras».

Lamentación por Jerusalén

41Al acercarse y divisar la ciudad, dijo llorando
por ella: 42«Ojalá tú también reconocieras hoy lo
que conduce a la paz. Pero eso ahora está oculto
a tus ojos. 43Te llegará un día en que tus ene-
migos te rodearán de trincheras, te sitiarán y
te cercarán por todas partes. 44Te derribarán por
tierra a ti y a tus hijos dentro de ti, y no te deja-
rán piedra sobre piedra; porque no reconociste
el momento en que fuiste visitada por Dios».

Purifica el Templo

45Después entró en el templo y se puso a echar
a los mercaderes 46diciéndoles: «Está escrito
que mi casa es casa de oración y ustedes la han
convertido en cueva de asaltantes».
47A diario enseñaba en el templo. Los sumos
sacerdotes, los letrados y los jefes del pueblo in-
tentaban matarlo; 48pero no encontraban cómo
hacerlo, porque todo el pueblo estaba pendiente
de sus palabras.

La autoridad de Jesús

20 1Un día que estaba enseñando en el tem-
plo y anunciando la Buena Noticia al pue-
blo, se presentaron los sumos sacerdotes y los
letrados con los ancianos 2y le dijeron: «¿Con
qué autoridad haces eso? ¿Quién te ha dado esa
autoridad?». 3Jesús les respondió: «Yo a mi vez
les haré una pregunta para que me respondan.
4El bautismo de Juan, ¿procedía del cielo o de
los hombres?» 5Ellos discutían entre sí: «Si
decimos que del cielo, nos dirá que por qué no
le creímos; 6si decimos que de los hombres, el
pueblo entero nos apedreará, porque están con-
vencidos de que Juan era profeta». 7Por eso le
contestaron que no sabían de dónde procedía. 8Y

Jesús les replicó: «Yo tampoco les digo con qué
autoridad lo hago».

Parábola de los viñadores malvados

9Al pueblo le contó la siguiente parábola: «Un
hombre plantó una viña, se la arrendó a unos vi-
ñadores y se ausentó por bastante tiempo. 10A su
debido tiempo envió un sirviente a los viñadores
para que le entregasen la parte de la cosecha que
le correspondía. Pero los viñadores lo apalearon
y lo despidieron con las manos vacías. 11Envió
otro sirviente. Pero ellos lo apalearon, lo in-
sultaron y lo despidieron con las manos vacías.
12Envió un tercero, y ellos lo dejaron malherido.
13Entonces dijo el dueño de la viña: ¿Qué haré?
Enviaré a mi hijo querido; quizás a él lo respeten.
14Pero los viñadores, al verlo, deliberaban entre
ellos: Es el heredero; vamos a matarlo para que-
darnos con la finca. 15Lo echaron fuera de la viña
y lo mataron. Ahora bien: ¿qué hará con ellos el
dueño de la viña? 16Irá, acabará con aquellos vi-
ñadores y entregará la viña a otros».
Al oírlo, dijeron: «¡Dios nos libre!». 17Él, mi-
rándolos fijamente, les dijo: «Entonces, qué
significa eso que está escrito: *La piedra que
desecharon los arquitectos es ahora la piedra
angular.* 18*Quien tropiece con esa piedra se es-
trellará, a quien le caiga encima lo aplastará*».
19Los letrados y sumos sacerdotes intentaron
detenerlo en aquel momento, porque habían
comprendido que la parábola iba dirigida a
ellos; pero temieron al pueblo.

Sobre el tributo al césar

20Así que ellos comenzaron a acecharlo y le
enviaron unos espías, que fingían ser gente de
bien, para atraparlo en sus palabras y poderlo
entregar a la autoridad y jurisdicción del gober-
nador. 21Le preguntaron: «Maestro, nos consta
que hablas y enseñas rectamente, que no eres
parcial, sino que enseñas sinceramente el cami-
no de Dios. 22¿Tenemos que pagar impuestos al
césar o no?». 23Adivinando su mala intención,
les dijo: 24«Muéstrenme una moneda. ¿De quién
lleva la imagen y la inscripción?». Le contesta-
ron: «Del césar». 25Y él les dijo: «Entonces den
al césar lo que es del césar y a Dios lo que es de
Dios». 26Y no lograron atraparlo en sus palabras
delante del pueblo; al contrario, admirados de la
respuesta, se callaron.

Sobre la resurrección

27Se acercaron entonces unos saduceos, los
que niegan la resurrección, y le preguntaron:
28«Maestro, Moisés nos ordenó que si un hom-
bre casado muere sin hijos, su hermano se case
con la viuda, para dar descendencia al herma-
no difunto. 29Ahora bien, eran siete hermanos.
El primero se casó y murió sin dejar hijos. 30Lo
mismo el segundo 31y el tercero se casaron con
ella; igual los siete, que murieron sin dejar hi-
jos. 32Después murió la mujer. 33Cuando resu-
citen, ¿de quién será esposa la mujer? Porque
los siete fueron maridos suyos». 34Jesús les res-
pondió: «Los que viven en este mundo toman
marido o mujer. 35Pero los que sean dignos de
la vida futura y de la resurrección de entre los
muertos no tomarán marido ni mujer; 36porque
ya no pueden morir y son como ángeles; y, ha-
biendo resucitado, son hijos de Dios. 37Y que los
muertos resucitan lo indica también Moisés, en
lo de la zarza, cuando llama al Señor *Dios de
Abrahán y Dios de Isaac y Dios de Jacob*. 38No es
Dios de muertos, sino de vivos, porque para él
todos viven». 39Intervinieron algunos letrados y
le dijeron: «Maestro, qué bien has hablado». 40Y
no se atrevieron a hacerle más preguntas.

Sobre el Mesías y David

41Entonces él les dijo: «¿Cómo dicen que el Me-
sías es Hijo de David? 42Porque el mismo David
dice en el libro de los Salmos: *Dijo el Señor a mi
Señor: Siéntate a mi derecha,* 43*hasta que ponga
a tus enemigos debajo de tus pies*. 44Si David lo
llama Señor, ¿cómo puede ser su hijo?».

Invectiva contra los letrados

45En presencia de todo el pueblo dijo a [sus]
discípulos: 46«Cuídense de los letrados, que gus-
tan de pasear con largas vestiduras, aman los
saludos por la calle y los primeros puestos en si-
nagogas y banquetes; 47que devoran las fortunas
de las viudas con pretexto de largas oraciones.
Ellos serán juzgados con mayor severidad».

La ofrenda de la viuda

21 1Levantando la vista observó a unos ricos
que depositaban sus donativos en el arca
del templo. 2Observó también, a una viuda pobre
que ponía unas moneditas; 3dijo: «Les aseguro
que esa pobre viuda ha puesto más que todos.
4Porque todos esos han depositado donativos de
lo que les sobraba; pero ella en su pobreza, ha
puesto cuanto tenía para vivir».

Sobre la destrucción del Templo

5A unos que elogiaban las hermosas piedras
del templo y la belleza de su ornamentación les
dijo: 6«Llegará un día en que todo lo que ustedes
contemplan será derribado sin dejar piedra sobre
piedra». 7Le preguntaron: «Maestro, ¿cuándo
sucederá eso y cuál es la señal de que está para

suceder?». 8Respondió: «¡Cuidado, no se dejen
engañar! Porque muchos se presentarán en mi
nombre diciendo: Yo soy; ha llegado la hora. No
vayan tras ellos. 9Cuando oigan hablar de guerras
y revoluciones, no se asusten. Primero ha de su-
ceder todo eso; pero el fin no llega en seguida».
10Entonces les dijo: «Se alzará pueblo contra
pueblo, reino contra reino; 11habrá grandes te-
rremotos, en diversas regiones habrá hambres y
pestes, y en el cielo señales grandes y terribles.
12Pero antes de todo eso los detendrán, los per-
seguirán, los llevarán a las sinagogas y las cár-
celes, los conducirán ante reyes y magistrados a
causa de mi nombre, 13y así tendrán la oportuni-
dad de dar testimonio de mí. 14Háganse el propó-
sito de no preparar su defensa; 15yo les daré una
elocuencia y una prudencia que ningún adversa-
rio podrá resistir ni refutar. 16Hasta sus padres
y hermanos, parientes y amigos los entregarán y
algunos de ustedes serán ajusticiados; 17y todos
los odiarán a causa de mi nombre. 18Sin embargo
no se perderá ni un pelo de su cabeza. 19Gracias
a la constancia salvarán sus vidas.

La gran tribulación

20»Cuando vean a Jerusalén rodeada de ejér-
citos, sepan que está cercana su destrucción.
21Entonces los que estén en Judea escapen a los
montes; los que estén dentro de la ciudad salgan
al campo; los que estén en el campo no vuelvan
a la ciudad. 22Porque es el día de la venganza,
cuando se cumplirá todo lo que está escrito.
23»¡Ay de las embarazadas y de las que tengan
niños de pecho aquel día! Sobre el país vendrá
una gran desgracia y sobre este pueblo soplará
la ira de Dios. 24Caerán a filo de espada y serán
llevados prisioneros a todos los países. Jeru-
salén será pisoteada por paganos, hasta que la
época de los paganos se termine.

La parusía

25»Habrá señales en el sol, la luna y las es-
trellas. En la tierra se angustiarán los pueblos,
desconcertados por el estruendo del mar y del
oleaje. 26Los hombres desfallecerán de miedo,
aguardando lo que le va a suceder al mundo;
porque hasta las fuerzas del universo se tam-
balearán. 27Entonces verán al Hijo del Hombre
que llega en una nube con gran poder y gloria.
28Cuando comience a suceder todo eso, enderé-
cense y levanten la cabeza, porque ha llegado el
día de su liberación.

El ejemplo de la higuera

29Y les añadió una parábola: «Observen la hi-
guera y los demás árboles: 30cuando echan bro-
tes, se dan cuenta de que el verano está cerca.
31Igual ustedes, cuando vean que sucede eso,
sepan que se acerca el reino de Dios. 32Les ase-
guro que no pasará esta generación antes de que
suceda todo eso. 33Cielo y tierra pasarán, mas
mis palabras no pasarán».

Vigilancia y oración

34»Presten atención, no se dejen aturdir con
el vicio, la embriaguez y las preocupaciones de
la vida, para que aquel día no los sorprenda de
repente, 35porque caerá como una trampa sobre
todos los habitantes de la tierra. 36Estén des-
piertos y oren incesantemente, pidiendo poder
escapar de cuanto va a suceder, así podrán pre-
sentarse seguros ante el Hijo del Hombre. 37De
día enseñaba en el templo; de noche salía y se
quedaba en el monte de los Olivos. 38Y todo el
pueblo madrugaba para escucharlo en el templo.

Complot para matar a Jesús

22 1Se acercaba la fiesta de los Ázimos, lla-
mada Pascua. 2Los sumos sacerdotes y los
letrados buscaban una forma de terminar con él,
pero temían al pueblo. 3Satanás entró en Judas,
por sobrenombre Iscariote, uno de los Doce;
4quien acudió a discutir con los sumos sacerdo-
tes y los guardias un modo de entregarlo. 5Se
alegraron y se comprometieron a darle dinero.
6Él aceptó y andaba buscando una ocasión para
entregárselo, lejos de la gente.

Pascua y Eucaristía

7Llegó el día de los Ázimos, cuando había que
sacrificar la víctima pascual. 8Jesús envió a Pe-
dro y a Juan encargándoles: «Vayan a preparar lo
necesario para que celebremos la cena de Pas-
cua». 9Le dijeron: «¿Dónde quieres que te la pre-
paremos?». 10Él les respondió: «Cuando entren
en la ciudad, les saldrá al encuentro un hombre
llevando un cántaro de agua. Síganlo hasta la
casa donde entre 11y digan al dueño de casa: el
Maestro manda preguntarte, que dónde está la
sala en la que comerá la cena de Pascua con sus
discípulos. 12Él les mostrará un salón grande y
amueblado en el piso superior; preparen allí lo
necesario». 13Fueron, encontraron lo que les ha-
bía dicho y prepararon la cena de Pascua.

Institución de la Eucaristía

14Cuando llegó la hora, se puso a la mesa con
los apóstoles 15y les dijo: «Cuánto he deseado
comer con ustedes esta Pascua antes de mi pa-
sión. 16Les aseguro que no volveré a comerla
hasta que alcance su cumplimiento en el reino
de Dios». 17Y tomando la copa, dio gracias y dijo:

«Tomen y compártanla entre ustedes. [18]Les digo que en adelante no beberé del fruto de la vid hasta que no llegue el reino de Dios». [19]Tomando pan, dio gracias, lo partió y se lo dio diciendo: «Esto es mi cuerpo, que se entrega por ustedes. Hagan esto en memoria mía». [20]Igualmente tomó la copa después de cenar y dijo: «Esta es la copa de la nueva alianza, sellada con mi sangre, que se derrama por ustedes».

Anuncio de la traición

[21]»Pero, ¡cuidado!, que la mano del que me entrega está conmigo en la mesa. [22]El Hijo del Hombre sigue el camino que se le ha fijado; pero, ¡ay de aquel que lo entrega!». [23]Ellos comenzaron a preguntarse entre sí quién de ellos era el que iba a entregarlo.

Contra la ambición

[24]Luego surgió una disputa sobre quién de ellos se consideraba el más importante. [25]Jesús les dijo: «Los reyes de los paganos los tienen sometidos y los que imponen su autoridad se hacen llamar benefactores. [26]Ustedes no sean así; al contrario, el más importante entre ustedes compórtese como si fuera el último y el que manda como el que sirve. [27]¿Quién es mayor? ¿El que está a la mesa o el que sirve? ¿No lo es, acaso, el que está a la mesa? Pero yo estoy en medio de ustedes como quien sirve. [28]Ustedes son los que han permanecido conmigo en las pruebas, [29]por eso les encomiendo el reino como mi Padre me lo encomendó: [30]para que coman y beban, a mi mesa, en mi reino, y se sienten en doce tronos para juzgar a las doce tribus de Israel».

Anuncia la negación de Pedro

[31]»Simón, Simón, mira que Satanás ha pedido permiso para sacudirlos como se hace con el trigo. [32]Pero yo he rezado por ti para que no falle tu fe. Y tú, una vez convertido, fortalece a tus hermanos». [33]Pedro le respondió: «Señor, yo estoy dispuesto a ir contigo a la cárcel y a la muerte». [34]Le respondió Jesús: «Te digo, Pedro, que hoy antes de que cante el gallo habrás negado tres veces que me conoces». [35]Y les dijo: «Cuando los envié sin bolsa ni alforja ni sandalias, ¿les faltó algo?» Contestaron: «Nada». [36]Les dijo: «Pero ahora quien tenga bolsa lleve también alforja, quien no la tiene, venda el manto y compre una espada. [37]Les digo que se ha de cumplir en mí lo escrito: fue tenido por malhechor. Todo lo que se refiere a mí toca a su fin». [38]Le dijeron: «Señor, aquí hay dos espadas». Les contestó: «Basta ya».

Oración en el huerto

[39]Salió y se dirigió según costumbre al monte de los Olivos y le siguieron los discípulos. [40]Al llegar al lugar, les dijo: «Oren para no caer en la tentación». [41]Se apartó de ellos como a la distancia de un tiro de piedra, se arrodilló y oraba: [42]«Padre, si quieres, aparta de mí esta copa. Pero no se haga mi voluntad, sino la tuya». [43][[Se le apareció un ángel del cielo que le dio fuerzas. [44]Y, en medio de la angustia, oraba más intensamente. Le corría el sudor como gotas de sangre cayendo al suelo.]] [45]Se levantó de la oración, se acercó a sus discípulos y los encontró dormidos de tristeza; [46]y les dijo: «¿Por qué están dormidos? Levántense y oren para no sucumbir en la tentación».

Arresto de Jesús

[47]Todavía estaba hablando, cuando llegó un gentío. El llamado Judas, uno de los Doce, se les adelantó, se acercó a Jesús y le besó. [48]Jesús le dijo: «Judas, ¿con un beso entregas al Hijo del Hombre?». [49]Viendo lo que iba a pasar, los que estaban con él dijeron: «Señor, ¿usamos la espada?». [50]Uno de ellos dio un tajo al empleado del sumo sacerdote y le cortó la oreja derecha. [51]Jesús le dijo: «Ya basta». Y tocándole la oreja, lo sanó. [52]Después dijo Jesús a los sumos sacerdotes, guardias del templo y ancianos que habían venido a arrestarlo: «¿Como si se tratara de un asaltante, han salido armados de espadas y palos? [53]Diariamente estaba con ustedes en el templo y no me detuvieron. Pero esta es la hora de ustedes, ahora son las tinieblas las que dominan». [54]Lo arrestaron, lo condujeron y lo metieron en casa del sumo sacerdote. Pedro le seguía a distancia. [55]Habían encendido fuego en medio del patio y estaban sentados alrededor; Pedro se sentó entre ellos.

Negaciones de Pedro

[56]Una sirvienta lo vio sentado junto al fuego, lo miró fijamente y dijo: «También este estaba con él». [57]Pedro lo negó diciendo: «No lo conozco, mujer». [58]Poco después otro lo vio y dijo: «También tú eres uno de ellos». Pedro respondió: «No lo soy, hombre». [59]Como una hora más tarde otro insistía: «Realmente este estaba con él, además, también es galileo». [60]Pedro contestó: «No sé lo que dices, hombre». En ese momento, cuando aún estaba hablando, cantó el gallo. [61]El Señor se volvió y miró a Pedro; este recordó lo que le había dicho el Señor: «Antes de que cante el gallo, me habrás negado tres veces». [62]Salió afuera y lloró amargamente.

Jesús ante el Consejo

63 Quienes habían arrestado a Jesús se burla-
ban de él y lo golpeaban. 64 Tapándole los ojos le
decían: «Adivina quién te ha pegado». 65 Y le de-
cían otras muchas injurias. 66 Al hacerse de día se
reunieron los ancianos del pueblo, los sumos sa-
cerdotes y letrados, lo condujeron ante el Con-
sejo 67 y le dijeron: «Dinos si tú eres el Mesías».
Les respondió: «Si se lo digo, no me creerán, 68 y
si pregunto, no me responderán. 69 Pero en ade-
lante el Hijo del Hombre estará sentado a la de-
recha de la Majestad de Dios». 70 Dijeron todos:
«Entonces, ¿eres tú el Hijo de Dios?». Contestó:
«Tienen razón: Yo soy». 71 Ellos dijeron: «¿Qué
falta nos hacen los testigos? Nosotros mismos lo
hemos oído de su boca».

Jesús ante Pilato

23 1 Después se levantó toda la asamblea y, lo
condujeron ante Pilato. 2 Y empezaron la
acusación: «Hemos encontrado a este incitando
a la rebelión a nuestra nación, oponiéndose a
que paguen tributo al césar y declarándose Me-
sías rey». 3 Pilato le preguntó: «¿Eres tú el rey de
los judíos?» Jesús le respondió: «Tú lo dices».
4 Pero Pilato dijo a los sumos sacerdotes y a la
multitud: «No encuentro culpa alguna en este
hombre». 5 Ellos insistían: «Está alborotando a
todo el pueblo enseñando por toda Judea; em-
pezó en Galilea y ha llegado hasta aquí». 6 Al oír
esto, Pilato preguntó si aquel hombre era gali-
leo; 7 y, al saber que pertenecía a la jurisdicción
de Herodes, lo remitió a Herodes, que se encon-
traba por entonces en Jerusalén.

Jesús ante Herodes

8 Herodes se alegró mucho de ver a Jesús. Ha-
cía tiempo que tenía ganas de verlo, por lo que
oía de él, y esperaba verlo hacer algún milagro.
9 Le hizo muchas preguntas, pero él no le respon-
dió. 10 Los sumos sacerdotes y los letrados esta-
ban allí, insistiendo en sus acusaciones. 11 Hero-
des con sus soldados lo trataron con desprecio y
burlas, y echándole encima un manto espléndi-
do, lo envió de vuelta a Pilato. 12 Aquel día Hero-
des y Pilato que hasta entonces habían estado
enemistados, establecieron buenas relaciones.

Condena de Jesús

13 Pilato convocó a los sumos sacerdotes, a los
jefes y al pueblo, y 14 les dijo: «Me han traído a
este acusándolo de agitar al pueblo. Miren, lo in-
terrogué personalmente delante de ustedes y no
encuentro en este hombre ninguna culpa de las
que lo acusan. 15 Tampoco Herodes lo encontró cul-
pable ya que me lo ha mandado de vuelta, como
ven no ha cometido nada que merezca la muerte.
16 Le daré un castigo y lo dejaré libre». 17 [[Por la
fiesta tenía que soltarles a un preso.]] 18 Pero ellos
se pusieron a gritar: «¡Que muera este hombre!
Déjanos libre a Barrabás». 19 Barrabás estaba preso
por un homicidio cometido en un disturbio en la
ciudad. 20 Pilato, que quería dejar libre a Jesús, les
dirigió de nuevo la palabra; 21 pero ellos seguían
gritando: «¡Crucifícalo, crucifícalo!». 22 Por terce-
ra vez les habló: «Pero, ¿qué delito ha cometido
este hombre? No encuentro en él nada que merez-
ca la muerte. Le impondré un castigo y lo dejaré
libre». 23 Pero ellos insistían a gritos pidiendo que
lo crucificara; y el griterío se hacía cada vez más
violento. 24 Entonces Pilato decretó que se hiciera
lo que el pueblo pedía. 25 Dejó libre al que pedían,
que estaba preso por motín y homicidio, y entregó
a Jesús al capricho de ellos.

Crucifixión y muerte de Jesús

26 Cuando lo conducían, agarraron a un tal Si-
món de Cirene, que volvía del campo, y le pu-
sieron encima la cruz para que la llevara detrás
de Jesús. 27 Le seguía una gran multitud del
pueblo y de mujeres llorando y lamentándose
por él. 28 Jesús se volvió y les dijo: «Mujeres
de Jerusalén, no lloren por mí; lloren más bien
por ustedes y por sus hijos. 29 Porque llegará un
día en que se dirá: ¡Dichosas las estériles, los
vientres que no concibieron, los pechos que no
amamantaron! 30 Entonces se pondrán a decir a
los montes: Caigan sobre nosotros; y a las coli-
nas: Sepúltennos. 31 Porque si así tratan al árbol
verde, ¿qué no harán con el seco?». 32 Conducían
con él a otros dos malhechores para ejecutarlos.
33 Cuando llegaron al lugar llamado La Calavera,
los crucificaron a él y a los malhechores: uno a la
derecha y otro a la izquierda.

34 [[Jesús dijo: «Padre, perdónalos, porque no
saben lo que hacen».]] Después se repartieron
su ropa sorteándola entre ellos. 35 El pueblo es-
taba mirando y los jefes se burlaban de él di-
ciendo: «Ha salvado a otros, que se salve a sí
mismo, si es el Mesías, el predilecto de Dios».
36 También los soldados se burlaban de él. Se
acercaban a ofrecerle vinagre 37 y le decían:
«Si eres el rey de los judíos, sálvate». 38 Encima
de él había una inscripción que decía: Este es
el rey de los judíos. 39 Uno de los malhechores
crucificados lo insultaba diciendo: «¿No eres tú
el Mesías? Sálvate a ti y a nosotros». 40 Pero el
otro lo reprendió diciendo: «¿No tienes temor de
Dios, tú, que sufres la misma pena? 41 Lo nuestro
es justo, recibimos la paga de nuestros delitos;
pero él, en cambio, no ha cometido ningún cri-
men». 42 Y añadió: «Jesús, cuando llegues a tu

reino acuérdate de mí». 43Jesús le contestó: «Te
aseguro que hoy estarás conmigo en el paraíso».
44Era mediodía; se ocultó el sol y todo el terri-
torio quedó en tinieblas hasta media tarde. 45El
velo del santuario se rasgó por el medio. 46Jesús
gritó con voz fuerte: «Padre, en tus manos enco-
miendo mi espíritu». Dicho esto, expiró.
47Al ver lo que sucedía, el centurión glorificó a
Dios diciendo: «Realmente este hombre era ino-
cente». 48Toda la multitud que se había congre-
gado para el espectáculo, al ver lo sucedido, se
volvía dándose golpes de pecho. 49Sus conocidos
se mantenían a distancia, y las mujeres que lo
habían seguido desde Galilea lo observaban todo.

Sepultura de Jesús

50Había un hombre llamado José, natural de
Arimatea, ciudad de Judea. Pertenecía al Conse-
jo, era justo y honrado 51y no había consentido
en la decisión de los otros ni en su ejecución,
y esperaba el reino de Dios. 52Acudió a Pilato
y le pidió el cadáver de Jesús. 53Lo descolgó,
lo envolvió en una sábana y lo depositó en un
sepulcro cavado en la roca, en el que todavía
no habían enterrado a nadie. 54Era el día de la
preparación y estaba por comenzar el sábado.
55Las mujeres que lo habían acompañado desde
Galilea fueron detrás para observar el sepulcro y
cómo habían puesto el cadáver. 56Se volvieron,
prepararon aromas y ungüentos, pero el sábado
guardaron el descanso ordenado por la ley.

Resurrección de Jesús

24 1El primer día de la semana, de madruga-
da, fueron al sepulcro llevando los perfu-
mes preparados. 2Encontraron corrida la piedra
del sepulcro, 3entraron, pero no encontraron el
cadáver del Señor Jesús. 4Estaban desconcer-
tadas por el hecho, cuando se les presentaron
dos hombres con vestidos brillantes. 5Como las
mujeres, llenas de temor, miraban al suelo, ellos
les dijeron: «¿Por qué buscan entre los muertos
al que está vivo? 6No está aquí, ha resucitado.
Recuerden lo que les dijo cuando todavía es-
taba en Galilea: 7El Hijo del Hombre tiene que
ser entregado a los pecadores y será crucifica-
do; y al tercer día resucitará». 8Ellas entonces
recordaron sus palabras, 9se volvieron del se-
pulcro y contaron todo a los Once y a todos los
demás. 10Eran María Magdalena, Juana y María
de Santiago. Ellas y las demás se lo contaron a
los apóstoles. 11Pero ellos tomaron el relato de
las mujeres por una fantasía y no les creyeron.
12Pedro, en cambio, se levantó y fue corriendo
al sepulcro. Se asomó y solo vio las sábanas; así
que volvió a casa extrañado por lo ocurrido.

Camino de Emaús

13Aquel mismo día, dos de ellos iban a un pe-
queño pueblo llamado Emaús, que está a unos
diez kilómetros de Jerusalén. 14En el camino
conversaban sobre todo lo sucedido. 15Mientras
conversaban y discutían, Jesús en persona los al-
canzó y se puso a caminar con ellos. 16Pero ellos
tenían los ojos incapacitados para reconocerlo.
17Él les preguntó: «¿De qué van conversando por
el camino?». Ellos se detuvieron con rostro afli-
gido, 18y uno de ellos, llamado Cleofás, le dijo:
«¿Eres tú el único forastero en Jerusalén, que
desconoce lo que ha sucedido allí estos días?».
19Jesús preguntó: «¿Qué cosa?». Le contestaron:
«Lo de Jesús de Nazaret, que era un profeta pode-
roso en obras y palabras ante Dios y ante todo el
pueblo. 20Los sumos sacerdotes y nuestros jefes
lo entregaron para que lo condenaran a muerte,
y lo crucificaron. 21¡Nosotros esperábamos que
él fuera el liberador de Israel!, pero ya hace tres
días que sucedió todo esto. 22Es verdad que unas
mujeres de nuestro grupo nos han desconcerta-
do; ellas fueron de madrugada al sepulcro, 23y al
no encontrar el cadáver, volvieron diciendo que
se les habían aparecido unos ángeles asegurán-
doles que él está vivo. 24También algunos de los
nuestros fueron al sepulcro y encontraron todo
como habían contado las mujeres; pero a él no lo
vieron». 25Jesús les dijo: «¡Qué duros de entendi-
miento!, ¡cómo les cuesta creer lo que dijeron los
profetas! 26¿No tenía que padecer eso el Mesías
para entrar en su gloria?». 27Y comenzando por
Moisés y siguiendo por todos los profetas, les
explicó lo que en toda la Escritura se refería a él.
28Se acercaban al pueblo adonde se dirigían, y
él hizo ademán de seguir adelante. 29Pero ellos
le insistieron: «Quédate con nosotros, que se
hace tarde y el día se acaba». Entró para quedar-
se con ellos; 30y, mientras estaba con ellos a la
mesa, tomó el pan, lo bendijo, lo partió y se lo
dio. 31Entonces se les abrieron los ojos y lo re-
conocieron. Pero él desapareció de su vista. 32Se
dijeron uno al otro: «¿No sentíamos arder nues-
tro corazón mientras nos hablaba por el camino
y nos explicaba la Escritura?». 33Se levantaron
al instante, volvieron a Jerusalén y encontra-
ron a los Once con los demás compañeros, 34que
afirmaban: «Realmente ha resucitado el Señor
y se ha aparecido a Simón». 35Ellos por su parte
contaron lo que les había sucedido en el camino
y cómo lo habían reconocido al partir el pan.

Se aparece a los discípulos

36Estaban hablando de esto, cuando se pre-
sentó Jesús en medio de ellos y les dijo: «La paz
esté con ustedes». 37Espantados y temblando de

miedo, pensaban que era un fantasma. 38Pero él
les dijo: «¿Por qué se asustan tanto? ¿Por qué
tantas dudas? 39Miren mis manos y mis pies, soy
yo mismo. Tóquenme y vean, un fantasma no
tiene carne y hueso, como ven que yo tengo».
40Dicho esto, les mostró las manos y los pies.
41Era tal el gozo y el asombro que no acababan
de creer. Entonces les dijo: «¿Tienen aquí algo
de comer?». 42Le ofrecieron un trozo de pescado
asado. 43Lo tomó y lo comió en su presencia.
44Después les dijo: «Esto es lo que les decía
cuando todavía estaba con ustedes: que tenía
que cumplirse en mí todo lo escrito en la ley de
Moisés, en los profetas y en los salmos». 45Entonces
les abrió la inteligencia para que comprendieran
la Escritura. 46Y añadió: «Así está
escrito: que el Mesías tenía que padecer y resucitar
de entre los muertos al tercer día; 47que
en su nombre se predicaría penitencia y perdón
de pecados a todas las naciones, empezando por
Jerusalén». 48Ustedes son testigos de todo esto.
49Yo les enviaré lo que el Padre prometió. Por eso
quédense en la ciudad hasta que sean revestidos
con la fuerza que viene desde el cielo.

Ascensión de Jesús

50Después los condujo [fuera,] hacia Betania
y, alzando las manos, los bendijo. 51Y, mientras
los bendecía, se separó de ellos y fue llevado al
cielo. 52Ellos se postraron ante él y se volvieron
a Jerusalén muy contentos. 53Y pasaban el tiempo
en el templo bendiciendo a Dios.

JUAN

Prólogo

1 1*Al principio existía la Palabra/ y la Palabra
estaba junto a Dios,/ y la Palabra era
Dios./* 2*Ella existía al principio junto a Dios./*
3*Todo existió por medio de ella,/ y sin ella nada
existió de cuanto existe./* 4*En ella estaba la
vida,/ y la vida era la luz de los hombres;/* 5*la
luz brilló en las tinieblas,/ y las tinieblas no la
comprendieron.*

6*Apareció un hombre enviado por Dios, llamado
Juan,* 7*que vino como testigo,/ para dar
testimonio de la luz,/ de modo que todos creyeran
por medio de él.* 8*Él no era la luz, sino un
testigo de la luz.* 9*La luz verdadera que ilumina
a todo hombre/ estaba viniendo al mundo./* 10*En
el mundo estaba,/ el mundo existió por ella,/ y
el mundo no la reconoció./* 11*Vino a los suyos,/
y los suyos no la recibieron./* 12*Pero a los que la
recibieron,/ a los que creen en ella,/ los hizo capaces
de ser hijos de Dios:/* 13*ellos no han nacido
de la sangre/ ni del deseo de la carne,/ ni del deseo
del hombre,/ sino que fueron engendrados
por Dios./* 14*La Palabra se hizo carne/ y habitó
entre nosotros./ Y nosotros hemos contemplado
su gloria,/ gloria que recibe del Padre como Hijo
único,/ lleno de gracia y verdad.*

15Juan grita dando testimonio de él: «Este es
aquel del que yo decía: *El que viene detrás de
mí,/ es más importante que yo,/ porque existía
antes que yo*»./ 16*De su plenitud hemos recibido
todos:/ gracia tras gracia./* 17*Porque la ley se
promulgó por medio de Moisés,/ pero la gracia
y la verdad se realizaron por Jesús el Mesías./*
18*Nadie ha visto jamás a Dios;/ el Hijo único,
Dios,/ que estaba al lado del Padre./ Él nos lo dio
a conocer.*

Testimonio de Juan el Bautista

19Este es el testimonio de Juan, cuando los judíos
[le] enviaron desde Jerusalén sacerdotes y
levitas a preguntarle quién era. 20Él confesó y no
negó; confesó que no era el Mesías. 21Le preguntaron:
«Entonces, ¿eres Elías?». Respondió: «No
lo soy». «¿Eres el profeta?». Respondió: «No».
22Le dijeron: «¿Quién eres? Tenemos que llevar
una respuesta a quienes nos enviaron; ¿qué dices
de ti?». 23Respondió: «*Yo soy la voz del que
grita en el desierto:/ Enderecen el camino del
Señor*, según dice el profeta Isaías». 24Algunos
de los enviados eran fariseos 25y volvieron a preguntarle:
«Si no eres el Mesías ni Elías ni el profeta,
¿por qué bautizas?». 26Juan les respondió:
«Yo bautizo con agua. Entre ustedes hay alguien
a quien no conocen, 27que viene detrás de mí;
y [yo] no soy digno de soltarle la correa de su
sandalia». 28Esto sucedía en Betania, junto al
Jordán, donde Juan bautizaba.

29Al día siguiente Juan vio acercarse a Jesús y
dijo: «Ahí está el Cordero de Dios, que quita el
pecado del mundo. 30De él yo dije: Detrás de mí
viene un hombre que es más importante que yo,
porque existía antes que yo. 31Yo no lo conocía,
pero vine a bautizar con agua para que él fuera
manifestado a Israel». 32Juan dio este testimonio:
«Contemplé al Espíritu, que bajaba del cielo
como una paloma y se posaba sobre él. 33Yo no
lo conocía; pero el que me envió a bautizar me
había dicho: Aquel sobre el que veas bajar y posarse
el Espíritu es el que ha de bautizar con
Espíritu Santo. 34Yo lo he visto y atestiguo que él
es el Hijo de Dios».

Llama a sus primeros discípulos

35Al día siguiente estaba Juan con dos de sus
discípulos. 36Viendo pasar a Jesús, dice: «Ahí es-

tá el Cordero de Dios». 37Los discípulos, al oírlo
hablar así siguieron a Jesús. 38Jesús se volvió y,
al ver que le seguían, les dice: «¿Qué buscan?».
Respondieron: «Rabí –que significa maestro–,
¿dónde vives?». 39Les dice: «Vengan y vean».
Fueron, vieron dónde vivía y se quedaron con él
aquel día. Eran las cuatro de la tarde.

40Uno de los dos que habían oído a Juan y
habían seguido a Jesús era Andrés, hermano de
Simón Pedro. 41Andrés encuentra primero a su
hermano Simón y le dice: «Hemos encontrado al
Mesías» –que traducido significa Cristo–. 42Y lo
condujo a Jesús. Jesús lo miró y dijo: «Tú eres
Simón, hijo de Juan; te llamarás Cefas –que sig-
nifica Pedro».

43Al día siguiente Jesús decidió partir para
Galilea, encuentra a Felipe y le dice: «Sígueme».
44Felipe era de Betsaida, ciudad de Andrés y Pe-
dro. 45Felipe encuentra a Natanael y le dice: «He-
mos encontrado al que describen Moisés en la ley
y los profetas: Jesús, hijo de José, el de Nazaret».
46Responde Natanael: «¿Acaso puede salir algo
bueno de Nazaret?». Le dice Felipe: «Ven y ve-
rás». 47Viendo Jesús acercarse a Natanael, le dice:
«Ahí tienen un israelita de verdad, sin falsedad».
48Le pregunta Natanael: «¿De qué me conoces?».
Jesús le contestó: «Antes de que te llamara Feli-
pe, te vi bajo la higuera». 49Respondió Natanael:
«Maestro, tú eres el Hijo de Dios, el rey de Is-
rael». 50Jesús le contestó: «¿Crees porque te dije
que te vi bajo la higuera? Cosas más grandes que
estas verás». 51Y añadió: «Les aseguro que verán
el cielo abierto y los ángeles de Dios subiendo y
bajando sobre el Hijo del Hombre».

La boda de Caná

2 1Tres días después se celebraba una boda
en Caná de Galilea; allí estaba la madre de
Jesús. 2También Jesús y sus discípulos estaban
invitados a la boda. 3Se acabó el vino, y la ma-
dre de Jesús le dice: «No tienen vino». 4Jesús le
responde: «¿Qué quieres de mí, mujer? Aún no
ha llegado mi hora». 5La madre dice a los que
servían: «Hagan lo que él les diga». 6Había allí
seis tinajas de piedra destinadas a los ritos de
purificación de los judíos, con una capacidad de
setenta a cien litros cada una. 7Jesús les dice:
«Llenen de agua las tinajas». Las llenaron has-
ta el borde. 8Les dice: «Ahora saquen un poco y
llévenle al encargado del banquete para que lo
pruebe». Se lo llevaron. 9Cuando el encargado
del banquete probó el agua convertida en vino,
sin saber de dónde procedía, aunque los servi-
dores que habían sacado el agua lo sabían, se
dirige al novio 10y le dice: «Todo el mundo sirve
primero el mejor vino, y cuando los convidados
están algo bebidos, saca el peor. Tú, en cambio
has guardado hasta ahora el vino mejor». 11En
Caná de Galilea hizo Jesús esta primera señal,
manifestó su gloria y creyeron en él los discí-
pulos. 12Después, bajó a Cafarnaún con su ma-
dre, sus hermanos y discípulos, y se detuvo allí
varios días.

Purifica el templo

13Como se acercaba la Pascua judía, Jesús
subió a Jerusalén. 14Encontró en el recinto del
templo a los vendedores de bueyes, ovejas y
palomas, y a los que cambiaban dinero senta-
dos. 15Se hizo un látigo de cuerdas y expulsó a
todos del templo, ovejas y bueyes; esparció las
monedas de los que cambiaban dinero y volcó
las mesas; 16a los que vendían palomas les di-
jo: «Saquen eso de aquí y no conviertan la casa
de mi Padre en un mercado». 17Los discípulos se
acordaron de aquel texto: *El celo por tu casa me
devora*. 18Los judíos le dijeron: «¿Qué señal nos
presentas para actuar de ese modo?». 19Jesús les
contestó: «Derriben este santuario y en tres días
lo reconstruiré». 20Los judíos dijeron: «Cuarenta
y seis años ha llevado la construcción de este
santuario, ¿y tú lo vas a levantar en tres días?».
21Pero él se refería al santuario de su cuerpo. 22Y
cuando resucitó de entre los muertos, los discí-
pulos recordaron que había dicho eso y creyeron
en la Escritura y en las palabras de Jesús.

Reacciones ante Jesús

23Estando en Jerusalén por las fiestas de Pas-
cua, muchos creyeron en él al ver las señales
que hacía. 24Pero Jesús no se confiaba de ellos
porque los conocía a todos; 25no necesitaba in-
formes de nadie, porque él sabía lo que hay en el
interior del hombre.

Jesús y Nicodemo

3 1Había un hombre del partido fariseo, llama-
do Nicodemo, una autoridad entre los judíos.
2Fue a visitarlo de noche y le dijo: «Maestro, sa-
bemos que vienes de parte de Dios para enseñar,
porque nadie puede hacer las señales que tú ha-
ces si Dios no está con él». 3Jesús le respondió:
«Te aseguro que, si uno no nace de nuevo, no
puede ver el reino de Dios».

4Le responde Nicodemo: «¿Cómo puede un
hombre nacer siendo viejo? ¿Podrá entrar de
nuevo en el vientre materno para nacer?». 5Le
contestó Jesús: «Te aseguro que, si uno no nace
del agua y del Espíritu, no puede entrar en el rei-
no de Dios. 6De la carne nace carne, del Espíritu
nace espíritu. 7No te extrañes si te he dicho que
hay que nacer de nuevo. 8El viento sopla hacia

donde quiere: oyes su rumor, pero no sabes de
dónde viene ni adónde va. Así sucede con el que
ha nacido del Espíritu».
9Le respondió Nicodemo: «¿Cómo puede suce-
der esto?». 10Jesús le respondió: «Tú eres maes-
tro de Israel, ¿y no entiendes estas cosas? 11Te lo
aseguro: nosotros hablamos de lo que sabemos,
y damos testimonio de lo que hemos visto, pero
ustedes no aceptan nuestro testimonio. 12Si no
creen cuando les hablo de las cosas de la tierra,
¿cómo creerán cuando les hable de las cosas del
cielo? 13Nadie ha subido al cielo si no es el que
bajó del cielo: el Hijo del Hombre. 14Como Moisés
en el desierto levantó la serpiente, así ha de ser
levantado el Hijo del Hombre, 15para que quien
crea en él tenga vida eterna.
16»Tanto amó Dios al mundo, que entregó a su
Hijo único, para que quien crea en él no muera,
sino tenga vida eterna. 17Dios no envió a su Hijo
al mundo para juzgar al mundo, sino para que el
mundo se salve por medio de él. 18El que cree en
él no es juzgado; el que no cree ya está juzgado,
por no creer en el Hijo único de Dios. 19El juicio
consiste en esto: que la luz vino al mundo, y los
hombres prefirieron las tinieblas a la luz. Y es
que sus acciones eran malas. 20Quien obra mal
detesta la luz y no se acerca a la luz, para que
no delate sus acciones. 21En cambio el que obra
conforme a la verdad se acerca a la luz para que
se vea claramente que todo lo hace de acuerdo
con la voluntad de Dios.

Testimonio final del Bautista

22Después de esto, Jesús fue con sus discípu-
los a Judea; allí se quedó con ellos y se puso a
bautizar. 23También Juan bautizaba, en Ainón,
cerca de Salín, donde había agua abundante. La
gente acudía y se bautizaba. 24Todavía no ha-
bían metido a Juan en la cárcel. 25Surgió una
discusión de los discípulos de Juan con un judío
a propósito de las purificaciones. 26Buscaron a
Juan y le dijeron: «Maestro, el que estaba con-
tigo en la otra orilla del Jordán, del que diste
testimonio, está bautizando, y todo el mundo
acude a él». 27Respondió Juan: «No puede un
hombre recibir nada si no se lo concede del cie-
lo. 28Ustedes son testigos de que dije: Yo no soy
el Mesías, sino que me han enviado por delante
de él. 29Quien se lleva a la novia es el novio. El
amigo del novio que está escuchando se alegra
de oír la voz del novio. Por eso mi gozo es per-
fecto. 30Él debe crecer y yo disminuir.

Preeminencia de Jesús

31»Quien viene de arriba está por encima de
todos. Quien viene de la tierra es terreno y
habla de cosas terrenas. Quien viene del cielo
[está por encima de todos]. 32Él atestigua lo que
ha visto y oído, y nadie acepta su testimonio.
33Quien acepta su testimonio certifica que Dios
es veraz. 34El enviado de Dios habla de las cosas
divinas, porque Dios le da el Espíritu sin medi-
da. 35El Padre ama al Hijo y todo lo pone en sus
manos. 36Quien cree en el Hijo tiene vida eterna.
Quien no cree al Hijo, no verá la vida, porque
lleva encima la ira de Dios».

Jesús y la samaritana

4 1Los fariseos se enteraron de que Jesús tenía
más discípulos y bautizaba más que Juan; 2si
bien eran sus discípulos los que bautizaban, no
él personalmente. Cuando Jesús lo supo, 3aban-
donó Judea y se dirigió de nuevo a Galilea. 4Te-
nía que atravesar Samaría. 5Llegó a un pueblo
de Samaría llamado Sicar, cerca del terreno que
Jacob dio a su hijo José. 6Allí se encuentra el po-
zo de Jacob. Jesús, cansado del camino, se sen-
tó tranquilamente junto al pozo. Era mediodía.
7Una mujer de Samaría llegó a sacar agua. Jesús
le dice: «Dame de beber». 8Los discípulos habían
ido al pueblo a comprar comida. 9Le responde
la samaritana: «¡Cómo! ¿Tú, que eres judío, me
pides de beber a mí, que soy samaritana? Los
judíos no se tratan con los samaritanos». 10Je-
sús le contestó: «Si conocieras el don de Dios y
quién es el que te pide de beber, tú le pedirías a
él, y él te daría agua viva».
11Le dice [la mujer]: «Señor, no tienes con qué
sacar el agua y el pozo es profundo, ¿dónde vas a
conseguir agua viva? 12¿Eres, acaso, más podero-
so que nuestro padre Jacob, que nos dio este po-
zo, del que bebían él, sus hijos y sus rebaños?».
13Le contestó Jesús: «El que bebe de esta agua
vuelve a tener sed; 14quien beba del agua que yo
le daré no tendrá sed jamás, porque el agua que
le daré se convertirá dentro de él en manantial
que brota dando vida eterna».
15Le dice la mujer: «Señor, dame de esa agua,
para que no tenga sed y no tenga que venir acá
a sacarla». 16Le dice: «Ve, llama a tu marido y
vuelve acá». 17Le contestó la mujer: «No tengo
marido». Le dice Jesús: «Tienes razón al decir
que no tienes marido; 18porque has tenido cinco
hombres, y el que tienes ahora tampoco es tu
marido. En eso has dicho la verdad».
19Le dice la mujer: «Señor, veo que eres profe-
ta. 20Nuestros padres daban culto en este mon-
te; ustedes en cambio dicen que es en Jerusalén
donde hay que dar culto». 21Le dice Jesús: «Crée-
me, mujer, llega la hora en que ni en este monte
ni en Jerusalén se dará culto al Padre. 22Ustedes
dan culto a lo que no conocen, nosotros damos

culto a lo que conocemos; porque la salvación
procede de los judíos. 23Pero llega la hora, ya
ha llegado, en que los que dan culto auténtico
adorarán al Padre en espíritu y en verdad. Por-
que esos son los adoradores que busca el Padre.
24Dios es Espíritu y los que lo adoran deben ha-
cerlo en espíritu y verdad».
25Le dice la mujer: «Sé que vendrá el Mesías
–es decir, Cristo–. Cuando él venga, nos lo ex-
plicará todo». 26Jesús le dice: «Yo soy, el que
habla contigo». 27En esto llegaron sus discípulos
y se maravillaron de verlo hablar con una mujer.
Pero ninguno le preguntó qué buscaba o por qué
hablaba con ella. 28La mujer dejó el cántaro, se
fue al pueblo y dijo a los vecinos: 29«Vengan a
ver un hombre que me ha contado todo lo que
yo hice: ¿no será el Mesías?». 30Ellos salieron del
pueblo y acudieron a él.
31Entretanto los discípulos le rogaban: «Come
Maestro». 32Él les dijo: «Yo tengo un alimento
que ustedes no conocen». 33Los discípulos co-
mentaban: «¿Le habrá traído alguien de co-
mer?». 34Jesús les dice: «Mi alimento es hacer
la voluntad del que me envió y concluir su obra.
35¿No dicen ustedes que faltan cuatro meses pa-
ra la cosecha? Pero yo les digo: levanten los ojos
y observen los campos que ya están madurando
para la cosecha. 36El segador ya está recibiendo
su salario y cosechando fruto para la vida eter-
na; así lo celebran sembrador y segador. 37De ese
modo se cumple el refrán: uno siembra y otro
cosecha. 38Yo los he enviado a cosechar donde
no han trabajado. Otros han trabajado y ustedes
recogen el fruto de sus esfuerzos».
39En aquel pueblo muchos creyeron en él por
las palabras de la mujer que atestiguaba: «Me
ha dicho todo lo que hice». 40Los samaritanos
acudieron a él y le rogaban que se quedara con
ellos. Se quedó allí dos días, 41y muchos más
creyeron en él, a causa de su palabra; 42y le de-
cían a la mujer: «Ya no creemos por lo que nos
has contado, porque nosotros mismos lo hemos
escuchado y sabemos que este es realmente el
salvador del mundo». 43Pasados los dos días se
trasladó de allí a Galilea. 44Jesús mismo había
declarado que un profeta no recibe honores en
su patria. 45Cuando llegó a Galilea, los galileos
lo recibieron bien porque habían visto todo lo
que hizo en Jerusalén durante las fiestas; ya que
también ellos habían estado allá.

Sana al hijo de un funcionario real

46Fue de nuevo a Caná de Galilea, donde había
convertido el agua en vino. Había allí un funcio-
nario real cuyo hijo estaba enfermo en Cafar-
naún. 47Al oír que Jesús había llegado de Judea a
Galilea, fue a visitarlo y le suplicaba que bajase a
sanar a su hijo moribundo. 48Jesús le dijo: «Si no
ven signos y prodigios, ustedes no creen». 49Le
dice el funcionario real: «Señor, baja antes de
que muera mi muchacho». 50Jesús le dice: «Re-
gresa tranquilo, que tu hijo sigue vivo». El hom-
bre creyó lo que le decía Jesús y se puso en ca-
mino. 51Iba ya bajando, cuando sus sirvientes le
salieron al encuentro para anunciarle que su mu-
chacho estaba sano. 52Les preguntó a qué hora se
había puesto bien, y le dijeron que el día anterior
a la una se le había pasado la fiebre. 53Comprobó
el padre que era la hora en que Jesús le había
dicho que su hijo seguía vivo. Y creyó en él con
toda su familia. 54Esta fue la segunda señal que
hizo Jesús cuando se trasladó de Judea a Galilea.

Sana a un enfermo en la piscina de Betesda

5 1Pasado algún tiempo, celebraban los judíos
una fiesta, y Jesús subió a Jerusalén. 2Hay en
Jerusalén, junto a la puerta de los Rebaños, una
piscina llamada en hebreo Betesda, que tiene
cinco pórticos. 3Yacía en ellos una multitud de
enfermos, ciegos, cojos y lisiados, que aguar-
daban a que se removiese el agua. 4[[De vez en
cuando bajaba el ángel del Señor a la piscina y
agitaba el agua, y el primero que se metía ape-
nas agitada el agua, se sanaba de cualquier en-
fermedad que padeciese.]] 5Había allí un hombre
que llevaba treinta y ocho años enfermo. 6Je-
sús lo vio acostado y, sabiendo que llevaba así
mucho tiempo, le dice: «¿Quieres sanarte?». 7Le
contestó el enfermo: «Señor, no tengo a nadie
que me meta en la piscina cuando se agita el
agua. Cuando yo voy, otro se ha metido antes».
8Le dice Jesús: «Levántate, toma tu camilla y
camina». 9Al instante aquel hombre quedó sano,
tomó su camilla y empezó a caminar. Pero aquel
día era sábado; 10por lo cual los judíos dijeron al
que se había sanado: «Hoy es sábado, no pue-
des transportar tu camilla». 11Les contestó: «El
que me sanó me dijo que tomara mi camilla y
caminara». 12Le preguntaron: «¿Quién te dijo
que la tomaras y caminaras?». 13Pero el hombre
sanado lo ignoraba, porque Jesús se había reti-
rado de aquel lugar tan concurrido. 14Más tarde
lo encuentra Jesús en el templo y le dice: «Mira
que has sanado. No vuelvas a pecar, no te vaya
a suceder algo peor». 15El hombre fue y dijo a
los judíos que era Jesús quien lo había sanado.

Autoridad de Jesús

16Por ese motivo perseguían los judíos a Jesús,
por hacer tales cosas en sábado. 17Pero [Jesús]
les dijo: «Mi Padre trabaja siempre y yo también

trabajo». 18Por eso los judíos tenían aún más
deseos de matarlo, porque no solo violaba el
sábado, sino además llamaba Padre suyo a Dios,
igualándose a Él.
19Jesús tomó la palabra y les dijo: «Les ase-
guro: El Hijo no hace nada por su cuenta si no
se lo ve hacer al Padre. Lo que aquel hace lo
hace igualmente el Hijo. 20Porque el Padre ama
al Hijo y le muestra todo lo que hace; y le mos-
trará obras más grandes aún para que ustedes
queden maravillados. 21Como el Padre resucita
a los muertos y les da la vida, del mismo modo
el Hijo da vida a los que él quiere. 22El Padre
no juzga a nadie sino que encomienda al Hijo la
tarea de juzgar, 23para que todos honren al Hijo
como honran al Padre. Quien no honra al Hijo no
honra al Padre que lo envió. 24Les aseguro que
quien oye mi palabra y cree en aquel que me ha
enviado tiene vida eterna y no es sometido a
juicio, sino que ha pasado de la muerte a la vida.
25»Les aseguro que se acerca la hora, ya ha
llegado, en que los muertos oirán la voz del Hijo
de Dios, y los que la oigan vivirán. 26Así como
el Padre posee vida en sí, del mismo modo hace
que el Hijo posea vida en sí; 27y, puesto que es
el Hijo del Hombre, le ha confiado el poder de
juzgar. 28No se extrañen de esto: llega la hora en
que todos los que están en el sepulcro oirán su
voz: 29los que hicieron el bien resucitarán para
vivir, los que hicieron el mal resucitarán para
ser juzgados. 30Yo no puedo hacer nada por mi
cuenta; juzgo por lo que oigo, y mi sentencia
es justa, porque no pretendo hacer mi voluntad,
sino la voluntad del que me envió.

El testimonio de Dios legitima a Jesús

31»Si yo diera testimonio de mí mismo, mi tes-
timonio no sería válido. 32Otro atestigua a mi
favor, y yo sé que su testimonio a mi favor es
verdadero. 33Ustedes enviaron una delegación a
Juan y él dio testimonio de la verdad. 34Y, aun-
que yo no me apoyo en testimonio humano, digo
esto para la salvación de ustedes. 35Él era una
lámpara que ardía y alumbraba, y ustedes qui-
sieron disfrutar un rato de su luz.
36»Yo tengo un testimonio más valioso que el
de Juan: las obras que mi Padre me encargó ha-
cer y que yo hago atestiguan de mí que el Padre
me ha enviado.
37»También el Padre que me envió da testimo-
nio de mí. Ustedes nunca han escuchado su voz,
ni han visto su rostro, 38y su palabra no perma-
nece en ustedes, porque al que él envió no le
creen. 39Estudian la Escritura pensando que en-
cierra vida eterna, porque ella da testimonio de
mí; 40pero ustedes no quieren venir a mí para te-
ner vida. 41Yo no recibo honores de los hombres;
42además yo sé que ustedes no poseen el amor
de Dios. 43Yo he venido en nombre de mi Padre,
y no me reciben; si otro viniera en nombre pro-
pio, lo recibirían. 44¿Cómo pueden creer, si viven
pendientes del honor que se dan unos a otros, en
lugar de buscar el honor que solo viene de Dios?
45»No piensen que seré yo el que los acu-
se ante el Padre; los acusará Moisés, en quien
confían. 46Porque si creyeran a Moisés, también
creerían en mí, ya que él escribió acerca de mí.
47Y si no creen lo que él escribió, ¿cómo creerán
en mis palabras?

Da de comer a cinco mil

6 1Después de esto pasó Jesús a la otra orilla
del lago de Galilea –el Tiberíades–. 2Le se-
guía un gran gentío, porque veían las señales
que hacía con los enfermos. 3Jesús se retiró a
un monte y allí se sentó con sus discípulos. 4Se
acercaba la Pascua, la fiesta de los judíos. 5Le-
vantando la vista y viendo el gentío que acudía
a él, Jesús dice a Felipe: «¿Dónde compraremos
pan para darles de comer?» 6Lo decía para po-
nerlo a prueba, porque sabía bien lo que iba a
hacer.
7Felipe le contestó: «Doscientas monedas de
pan no bastarían para que a cada uno le toca-
se un pedazo». 8Uno de los discípulos, Andrés,
hermano de Simón Pedro, le dice: 9«Aquí hay un
muchacho que tiene cinco panes de cebada y dos
pescados; pero, ¿qué es eso para tantos?».
10Jesús dijo: «Hagan que la gente se siente».
Había hierba abundante en el lugar. Se sentaron.
Los hombres eran cinco mil. 11Entonces Jesús to-
mó los panes, dio gracias y los repartió a los que
estaban sentados. Lo mismo hizo con los pesca-
dos: dándoles todo lo que quisieron. 12Cuando
quedaron satisfechos, dice Jesús a los discípu-
los: «Recojan las sobras para que no se desapro-
veche nada». 13Las recogieron y, con los trozos
de los cinco panes de cebada que habían sobra-
do a los comensales, llenaron doce canastas.
14Cuando la gente vio la señal que había he-
cho, dijeron: «Este es el profeta que había de
venir al mundo». 15Jesús, conociendo que pen-
saban venir para llevárselo y proclamarlo rey, se
retiró de nuevo al monte, él solo.

Camina sobre el agua

16Al atardecer los discípulos bajaron hasta el
lago. 17Subieron a la barca y atravesaron el lago
hacia Cafarnaún. Había oscurecido y Jesús no los
había alcanzado aún. 18Soplaba un fuerte viento
y el lago se encrespaba. 19Cuando habían rema-
do unos cinco o seis kilómetros, ven a Jesús que

se acercaba al barco caminando sobre el agua, y
se asustaron. 20Él les dice: «Yo soy, no teman».
21Quisieron subirlo a bordo, y enseguida la barca
tocó tierra, en el lugar al que se dirigían.

Discurso eucarístico

22A la mañana siguiente la gente que se había
quedado en la otra orilla vio que allí no había
más que un bote, siendo así que los discípulos
se habían ido solos y Jesús no se había ido con
ellos. 23Desde Tiberíades llegaron otras barcas y
atracaron cerca del lugar donde el Señor dio gra-
cias y ellos comieron el pan. 24Cuando la gente
vio que ni Jesús ni sus discípulos estaban allí,
se embarcaron en los botes y se dirigieron a Ca-
farnaún en busca de Jesús. 25Lo encontraron a la
otra orilla del lago y le preguntaron: «Maestro,
¿cuándo llegaste aquí?». 26Jesús les respondió:
«Les aseguro que no me buscan por las señales
que han visto, sino porque se han hartado de
pan. 27Trabajen no por un alimento que perece,
sino por un alimento que dura y da vida eterna;
el que les dará el Hijo del Hombre. En él Dios
Padre ha puesto su sello».

28Le preguntaron: «¿Qué tenemos que hacer
para trabajar en las obras de Dios?». 29Jesús les
contestó: «La obra de Dios consiste en que uste-
des crean en aquel que él envió».

30Le dijeron: «¿Qué señal haces para que vea-
mos y creamos? ¿En qué trabajas? 31Nuestros pa-
dres comieron el maná en el desierto, como está
escrito: Les dio a comer pan del cielo». 32Les res-
pondió Jesús: «Les aseguro, no fue Moisés quien
les dio pan del cielo; es mi Padre quien les da el
verdadero pan del cielo. 33El pan de Dios es el
que baja del cielo y da vida al mundo».

34Le dijeron: «Señor, danos siempre de ese
pan». 35Jesús les contestó: «Yo soy el pan de la
vida: el que viene a mí no pasará hambre, el que
cree en mí no pasará nunca sed. 36Pero ya les
he dicho: ustedes [me] han visto y sin embar-
go no creen. 37Los que el Padre me ha confiado
vendrán a mí, y al que venga a mí no lo echaré
afuera; 38porque no bajé del cielo para hacer mi
voluntad, sino la voluntad del que me envió. 39Y
esta es la voluntad del que me envió, que no
pierda a ninguno de los que me confió, sino que
los resucite [en] el último día. 40Porque esta es
la voluntad de mi Padre, que todo el que con-
templa al Hijo y cree en él tenga vida eterna, y
yo lo resucitaré [en] el último día».

41Los judíos murmuraban porque había dicho
que era el pan bajado del cielo; 42y decían: «¿No
es este Jesús, el hijo de José? Nosotros conoce-
mos a su padre y a su madre. ¿Cómo dice que ha
bajado del cielo?». 43Jesús les dijo: «No murmu-
ren entre ustedes. 44Nadie puede venir a mí si no
lo atrae el Padre que me envió; y yo lo resucita-
ré el último día. 45Los profetas han escrito que
todos serán discípulos de Dios. Quien escucha
al Padre y aprende vendrá a mí. 46No es que al-
guien haya visto al Padre, sino el que está junto
al Padre; ese ha visto al Padre. 47Les aseguro que
quien cree tiene vida eterna. 48Yo soy el pan de
la vida. 49Sus padres comieron el maná en el de-
sierto y murieron. 50Este es el pan que baja del
cielo, para que quien coma de él no muera. 51Yo
soy el pan vivo bajado del cielo. Quien coma de
este pan vivirá siempre. El pan que yo doy para
la vida del mundo es mi carne».

52Los judíos se pusieron a discutir: «¿Cómo
puede este darnos de comer [su] carne?». 53Les
contestó Jesús: «Les aseguro que si no comen la
carne y beben la sangre del Hijo del Hombre, no
tendrán vida en ustedes. 54Quien come mi carne
y bebe mi sangre tiene vida eterna y yo lo re-
sucitaré el último día. 55Mi carne es verdadera
comida y mi sangre es verdadera bebida. 56Quien
come mi carne y bebe mi sangre habita en mí y
yo en él. 57Como el Padre que me envió vive y
yo vivo por el Padre, así quien me come vivirá
por mí. 58Este es el pan bajado del cielo y no es
como el que comieron sus padres, y murieron.
Quien come este pan vivirá siempre». 59Esto dijo
enseñando en la sinagoga de Cafarnaún.

60Muchos de los discípulos que lo oyeron co-
mentaban: «Este discurso es bien duro: ¿quién
podrá escucharlo?». 61Jesús, conociendo por
dentro que los discípulos murmuraban, les dijo:
«¿Esto los escandaliza? 62¿Qué será cuando vean
al Hijo del Hombre subir a donde estaba antes?
63El Espíritu es el que da vida, la carne no vale
nada. Las palabras que les he dicho son espíri-
tu y vida. 64Pero hay algunos de ustedes que no
creen. Desde el comienzo sabía Jesús quiénes no
creían y quién lo iba a traicionar». 65Y añadió:
«Por eso les he dicho que nadie puede venir a mí
si el Padre no se lo concede». 66Desde entonces
muchos de sus discípulos lo abandonaron y ya no
andaban con él.

Confesión de Pedro

67Así que Jesús dijo a los Doce: «¿También us-
tedes quieren abandonarme?». 68Simón Pedro
le contestó: «Señor, ¿a quién iremos? Tú tienes
palabras de vida eterna. 69Nosotros hemos creí-
do y reconocemos que tú eres el Consagrado de
Dios». 70Jesús les respondió: «¿No soy yo, acaso,
el que los eligió a ustedes, los Doce? Sin em-
bargo uno de ustedes es un diablo». 71Lo decía
por Judas Iscariote, uno de los Doce, que lo iba
a entregar.

Jesús, luz y vida del mundo

7 [1]Algún tiempo después recorría Jesús la Gali-
lea, y no quería recorrer la Judea porque los
judíos intentaban darle muerte. [2]Se acercaba la
fiesta judía de las Chozas, [3]y sus hermanos le
dijeron: «Trasládate de aquí a Judea para que
también tus discípulos vean las obras que reali-
zas. [4]Porque cuando uno quiere hacerse conocer
no actúa a escondidas. Ya que haces tales cosas,
date a conocer al mundo». [5]Efectivamente ni sus
propios parientes creían en él.
[6]Jesús les dice: «Aún no ha llegado mi hora,
mientras que para ustedes cualquier tiempo es
bueno. [7]El mundo no tiene por qué odiarlos a
ustedes; a mí me odia porque le echo en cara
que sus acciones son malas. [8]Suban ustedes a
la fiesta, que yo no subo a esta fiesta, porque
mi tiempo aún no se ha cumplido». [9]Después de
decir esto, se quedó en Galilea.
[10]Cuando ya habían subido sus parientes a la
fiesta, subió también él, no en público, sino a
escondidas. [11]Durante la fiesta lo buscaban los
judíos y preguntaban: «¿Dónde está ese?». [12]En-
tre la multitud se murmuraba mucho de él. Unos
decían que era bueno; otros que no, que engaña-
ba a la gente. [13]Pero nadie hablaba en público de
él por miedo a los judíos.
[14]A mediados de la semana de la fiesta subió Je-
sús al templo a enseñar. [15]Los judíos comentaban
sorprendidos: «¿Cómo tiene ese tal cultura si no
tiene instrucción?». [16]Jesús les contestó: «Mi en-
señanza no es mía, sino del que me envió. [17]Si uno
está dispuesto a cumplir la voluntad de aquel, po-
drá distinguir si mi enseñanza procede de Dios o
me la invento yo. [18]El que habla por cuenta propia
busca su gloria; pero el que busca la gloria del que
lo envió, ese dice la verdad y no procede con in-
justicia. [19]¿No fue Moisés quien les dio la ley? Pero
ninguno de ustedes la cumple. ¿Por qué entonces
intentan matarme?». [20]Respondió la gente: «Estás
endemoniado, ¿quién intenta matarte?»
[21]Jesús les contestó: «Por una obra que reali-
cé todos están maravillados. [22]Como Moisés les
mandó practicar el rito de la circuncisión –no
es que proceda de Moisés, sino de los patriar-
cas–, ustedes circuncidan al hombre aunque
sea en sábado. [23]Ahora bien, si se circuncida a
un hombre en sábado para no quebrantar la ley
de Moisés, ¿por qué ustedes se enojan conmigo
porque he sanado por completo a un hombre en
sábado? [24]No juzguen según las apariencias, si-
no conforme a la justicia».

Jesús y el Mesías

[25]Algunos de Jerusalén comentaban: «¿No es
este el que intentaban matar? [26]Resulta que ha-
bla públicamente y no le dicen nada. ¿Habrán
reconocido realmente las autoridades que este
es el Mesías? [27]Solo que de este sabemos de dón-
de viene; cuando venga el Mesías nadie sabrá de
dónde viene». [28]Entonces Jesús, que enseñaba
en el templo, exclamó: «A mí me conocen y sa-
ben de dónde vengo. Yo no vengo por mi cuenta,
sino que me envió el que dice la verdad. Ustedes
no lo conocen; [29]yo lo conozco porque vengo de
él y él me envió». [30]Intentaron detenerlo, pero
nadie puso las manos sobre él, porque no había
llegado su hora. [31]Muchos de la gente creyeron
en él, y decían: «Cuando venga el Mesías, ¿hará
más señales que este?».

La verdadera libertad

[32]Se enteraron los fariseos de los comentarios
de la gente. Entonces los sumos sacerdotes y
los fariseos enviaron guardias para detenerlo.
[33]Pero Jesús dijo: «Poco tiempo estaré aún con
ustedes; después volveré al que me envió. [34]Me
buscarán y no me encontrarán, porque donde yo
voy, ustedes no podrán ir». [35]Los judíos comen-
taban entre sí: «¿Dónde piensa ir este para que
no lo encontremos? ¿Pensará ir a reunirse con
los judíos dispersos entre los paganos, para ir a
enseñarles? [36]¿Qué significa esa frase: Me bus-
carán y no [me] encontrarán, porque donde yo
voy, ustedes no podrán ir?».

Jesús fuente de vida

[37]El último día, el más solemne de la fiesta,
Jesús se puso de pie y exclamó: «Quien tenga
sed venga a mí; y beba [38]quien crea en mí. Así
dice la Escritura: De sus entrañas brotarán ríos
de agua viva». [39]Se refería al Espíritu que debían
recibir los que creyeran en él. El Espíritu todavía
no había sido dado, porque Jesús aún no había
sido glorificado.

Cisma dentro del pueblo

[40]Algunos de la gente, al oír estas palabras,
decían: «Este es realmente el profeta». [41]Otros
decían: «Este es el Mesías». Otros preguntaban:
«¿Acaso el Mesías vendrá de Galilea? [42]¿No dice
la Escritura que el Mesías vendrá de la descen-
dencia de David y de Belén, el pueblo de Da-
vid?». [43]La gente estaba dividida a causa de él.
[44]Algunos intentaban arrestarlo, pero nadie se
atrevió a hacerlo.

Actitud de los dirigentes

[45]Cuando los guardias volvieron, los sumos
sacerdotes y los fariseos les preguntaron: «¿Por
qué no lo han traído?». [46]Ellos contestaron:
«Jamás hombre alguno habló como habla este

hombre». 47Replicaron los fariseos: «¿También ustedes se han dejado engañar? 48¿Quién de los jefes o de los fariseos ha creído en él? 49Solo esa maldita gente, que no conoce la ley».

50Nicodemo, uno de ellos, que había acudido a Jesús en otra ocasión, les dijo: 51«¿Acaso nuestra ley condena a alguien sin haberlo escuchado antes para saber lo que hizo?». 52Le contestaron: «¿También tú eres galileo? Estudia y verás que de Galilea no salen profetas». 53[[Y cada uno se marchó por su lado.

Jesús y la mujer adúltera

8 1Jesús se dirigió al monte de los Olivos. 2Por la mañana volvió al templo. Todo el mundo acudía a él y, sentado, los instruía. 3Los letrados y fariseos le presentaron una mujer sorprendida en adulterio, la colocaron en el centro, 4y le dijeron: «Maestro, esta mujer ha sido sorprendida en adulterio. 5La ley de Moisés ordena que mujeres como esta sean apedreadas; tú, ¿qué dices?», 6Decían esto para ponerlo a prueba, para tener de qué acusarlo.

Jesús se agachó y con el dedo se puso a escribir en el suelo. 7Como insistían en sus preguntas, se incorporó y les dijo: «El que no tenga pecado, tire la primera piedra». 8De nuevo se agachó y seguía escribiendo en el suelo. 9Los oyentes se fueron retirando uno a uno, empezando por los más ancianos hasta el último. Jesús quedó solo con la mujer, que permanecía allí en el centro. 10Jesús se incorporó y le dijo: «Mujer, ¿dónde están? ¿Nadie te ha condenado?». 11Ella contestó: «Nadie, señor». Jesús le dijo: «Tampoco yo te condeno. Ve y en adelante no peques más».]]

Jesús luz del mundo

12De nuevo les habló Jesús: «Yo soy la luz del mundo, quien me siga no caminará en tinieblas, sino que tendrá la luz de la vida». 13Le dijeron los fariseos: «Tú das testimonio a tu favor: tu testimonio no es válido». 14Jesús les contestó: «Aunque doy testimonio a mi favor, mi testimonio es válido, porque sé de dónde vengo y adónde voy; en cambio ustedes no saben de dónde vengo ni a dónde voy. 15Ustedes juzgan según criterios humanos, yo no juzgo a nadie. 16Y si juzgase, mi juicio sería válido, porque no juzgo yo solo, sino con el Padre que me envió. 17Y en la ley de ustedes está escrito que el testimonio de dos personas es válido. 18Yo soy testigo en mi causa y es testigo también el Padre que me envió». 19Le preguntaron: «¿Dónde está tu padre?». Jesús contestó: «Ustedes no me conocen ni a mí ni a mi Padre. Si me conocieran a mí, conocerían a mi Padre». 20Estas palabras las pronunció junto al lugar del tesoro, cuando enseñaba en el templo. Nadie lo detuvo, porque no había llegado su hora.

Origen y meta de Jesús

21En otra ocasión les dijo: «Yo me voy, ustedes me buscarán y morirán en su pecado. A donde yo voy ustedes no pueden venir». 22Comentaron los judíos: «¿Será que se piensa matar y por eso dice que no podemos ir a donde él va?». 23Les dijo: «Ustedes son de aquí abajo, yo soy de lo alto; ustedes son de este mundo, yo no soy de este mundo. 24Yo les dije que morirían por sus pecados. Si no creen que Yo soy, morirán por sus pecados». 25Le preguntaron: «¿Tú quién eres?». Jesús les contestó: «Esto es lo que les estoy diciendo desde el principio. 26Tengo mucho que decir y juzgar de ustedes. Pero el que me envió dice la verdad, y lo que escuché de él es lo que digo al mundo». 27No comprendieron que se refería al Padre. 28Jesús añadió: «Cuando hayan levantado al Hijo del Hombre, comprenderán que Yo soy y que no hago nada por mi cuenta, sino que hablo como mi Padre me enseñó. 29El que me envió está conmigo y no me deja solo, porque yo hago siempre lo que le agrada». 30Por estas palabras muchos creyeron en él.

La verdad libera

31A los judíos que habían creído en él Jesús les dijo: «Si se mantienen fieles a mi palabra, serán realmente discípulos míos, 32conocerán la verdad y la verdad los hará libres». 33Le contestaron: «Somos descendientes de Abrahán y nunca hemos sido esclavos de nadie. ¿Por qué dices que seremos libres?». 34Jesús les contestó: «Les aseguro que quien peca es esclavo; 35y el esclavo no permanece siempre en la casa, mientras que el hijo permanece siempre. 36Por tanto, si el Hijo les da la libertad, serán realmente libres. 37Yo se que ustedes son descendientes de Abrahán; pero tratan de matarme porque no aceptan mi palabra. 38Yo digo lo que he visto junto a mi Padre; ustedes hacen lo que han oído a su padre».

Los verdaderos hijos de Dios

39Le contestaron: «Nuestro padre es Abrahán». Replicó Jesús: «Si fueran hijos de Abrahán, harían las obras de Abrahán. 40Pero ahora intentan matarme a mí, al hombre que les dice la verdad que ha oído de Dios. Eso no lo hacía Abrahán. 41Pero ustedes obran como su padre».

[Entonces] le responden: «Nosotros no somos hijos bastardos; tenemos un solo padre, que es Dios». 42Jesús les replicó: «Si Dios fuera su padre, ustedes me amarían, porque yo vine de parte de Dios y aquí estoy. No vine por mi cuenta, sino que él me envió. 43¿Por qué no entienden mi lenguaje? Porque no son capaces de escuchar mi palabra. 44El padre de ustedes es el Diablo y ustedes quieren cumplir los deseos de su padre. Él era homicida desde el principio; no se mantuvo en la verdad, porque no hay verdad en él. Cuando dice mentiras, habla su lenguaje, porque es mentiroso y padre de la mentira. 45Pero a mí no me creen, porque les digo la verdad. 46¿Quién de ustedes probará que tengo pecado? Si les digo la verdad, ¿por qué no me creen? 47El que viene de Dios escucha las palabras de Dios. Por eso ustedes no escuchan, porque no son de Dios».

Unidad de Jesús con Dios

48Le contestaron los judíos: «¿No tenemos razón al decir que eres samaritano y estás endemoniado?». 49Jesús contestó: «No estoy endemoniado, sino que honro a mi Padre y ustedes me deshonran a mí. 50Yo no busco mi gloria; hay quien la busca y juzga. 51Les aseguro que quien cumpla mi palabra no sufrirá jamás la muerte». 52[Entonces] le dijeron los judíos: «Ahora sí estamos seguros de que estás endemoniado. Abrahán murió, lo mismo los profetas, y tú dices que quien cumpla tu palabra no sufrirá jamás la muerte. 53¿Por quién te tienes?» 54Contestó Jesús: «Si yo me glorificara a mí mismo, mi gloria no valdría nada; es mi Padre quien me glorifica, el mismo que ustedes llaman nuestro Dios, 55aunque no lo conocen. Yo en cambio lo conozco. Si dijera que no lo conozco, sería mentiroso como ustedes. Pero lo conozco y cumplo su palabra. 56Abrahán, el padre de ustedes disfrutaba esperando ver mi día: lo vio y se llenó de alegría». 57Le replicaron los judíos: «No has cumplido cincuenta años, ¿y has conocido a Abrahán?». 58Jesús les dijo: «Les aseguro, antes de que existiera Abrahán, existo yo». 59Recogieron piedras para apedrearlo; pero Jesús se escondió y salió del templo.

Sana a un ciego de nacimiento

9 1Al pasar vio un hombre ciego de nacimiento. 2Los discípulos le preguntaron: «Maestro, ¿quién pecó para que naciera ciego? ¿Él o sus padres?». 3Jesús contestó: «Ni él pecó ni sus padres; ha sucedido así para que se muestre en él la obra de Dios. 4Mientras es de día, tienen que trabajar en las obras del que me envió. Llegará la noche, cuando nadie puede trabajar. 5Mientras estoy en el mundo, soy la luz del mundo». 6Dicho esto, escupió en el suelo, hizo barro con la saliva, se lo puso en los ojos 7y le dijo: «Ve a lavarte a la piscina de Siloé» –que significa enviado–. Fue, se lavó y al regresar ya veía.

8Los vecinos y los que antes lo habían visto pidiendo limosna comentaban: «¿No es este el que se sentaba a pedir limosna?». 9Unos decían: «Es él». Otros decían: «No es, sino que se le parece». Él respondía: «Soy yo». 10Así que le preguntaron: «¿Cómo [pues] se te abrieron los ojos?». 11Contestó: «Ese hombre que se llama Jesús hizo barro, lo puso sobre mis ojos y me dijo que fuera a lavarme a la fuente de Siloé. Fui, me lavé y recobré la vista». 12Le preguntaron: «¿Dónde está él?». Responde: «No sé».

13Llevaron ante los fariseos al que había sido ciego. 14Era sábado el día que Jesús hizo barro y le abrió los ojos. 15Los fariseos le preguntaron otra vez cómo había recobrado la vista. Les respondió: «Me aplicó barro a los ojos, me lavé, y ahora veo». 16Algunos fariseos le dijeron: «Ese hombre no viene de parte de Dios, porque no observa el sábado». Otros decían: «¿Cómo puede un pecador hacer tales milagros?». Y estaban divididos. 17Preguntaron de nuevo al ciego: «Y tú, ¿qué dices del que te abrió los ojos?». Contestó: «Que es profeta».

18Los judíos no terminaban de creer que había sido ciego y había recobrado la vista; así que llamaron a los padres del que había recobrado la vista 19y les preguntaron: «¿Es este su hijo, el que ustedes dicen que nació ciego? ¿Cómo es que ahora ve?». 20Contestaron sus padres: «Sabemos que este es nuestro hijo y que nació ciego; 21pero cómo es que ahora ve, no lo sabemos; quién le abrió los ojos, no lo sabemos. Pregúntenle a él, que es mayor de edad y puede dar razón de sí». 22Sus padres dijeron esto por temor a los judíos; porque los judíos ya habían decidido que quien lo confesara como Mesías sería expulsado de la sinagoga. 23Por eso dijeron los padres que tenía edad y que le preguntaran a él.

24Llamaron por segunda vez al hombre que había sido ciego y le dijeron: «Da gloria a Dios. A nosotros nos consta que aquel es un pecador». 25Les contestó: «Si es pecador, no lo sé; de una cosa estoy seguro, que yo era ciego y ahora veo». 26Le preguntaron de nuevo: «¿Cómo te abrió los ojos?». 27Les contestó: «Ya se lo dije y no me creyeron; ¿para qué quieren oírlo de nuevo? ¿No será que también ustedes quieren hacerse discípulos suyos?». 28Lo insultaron diciendo: «¡Tú serás discípulo de ese hombre nosotros somos discípulos de Moisés! 29Sabemos que Dios le habló a Moisés; en cuanto a ese, no sabemos de dónde viene». 30Les respondió: «Eso es lo extraño, que ustedes no saben de dónde viene y a mí me abrió los ojos. 31Sabemos que Dios no escucha a los pecadores, sino que escucha al que es piadoso y cumple su voluntad. 32Jamás

se oyó contar que alguien haya abierto los ojos
a un ciego de nacimiento. 33Si ese hombre no
viniera de parte de Dios, no podría hacer nada».
34Le contestaron: «Tú naciste lleno de pecado,
¿y quieres darnos lecciones?». Y lo expulsaron.
35Oyó Jesús que lo habían expulsado y, cuando
lo encontró, le dijo: «¿Crees en el Hijo del Hom-
bre?». 36Contestó: «¿Quién es, Señor, para que
crea en él?». 37Jesús le dijo: «Lo has visto: es el
que está hablando contigo». 38Respondió: «Creo,
Señor». Y se postró ante él. 39Jesús dijo: «He ve-
nido a este mundo para un juicio, para que los
ciegos vean y los que vean queden ciegos».
40Algunos fariseos que se encontraban con él
preguntaron: «Y nosotros, ¿estamos ciegos?».
41Les respondió Jesús: «Si estuvieran ciegos, no
tendrían pecado; pero, como dicen que ven, su
pecado permanece».

El buen pastor

10 1»Les aseguro: el que no entra por la puer-
ta al corral de las ovejas, sino saltando
por otra parte, es un ladrón y asaltante. 2El que
entra por la puerta es el pastor del rebaño. 3El
cuidador le abre, las ovejas oyen su voz, él llama
a las suyas por su nombre y las saca. 4Cuando
ha sacado a todas las suyas, camina delante de
ellas y ellas le siguen; porque reconocen su voz.
5A un extraño no le siguen, sino que escapan de
él, porque no reconocen la voz de los extraños.
6Esta es la parábola que Jesús les propuso,
pero ellos no entendieron a qué se refería. 7En-
tonces, les habló otra vez: «Les aseguro que yo
soy la puerta del rebaño. 8Todos los que vinieron
[antes de mí] eran ladrones y asaltantes; pero
las ovejas no los escucharon. 9Yo soy la puerta:
quien entra por mí se salvará; podrá entrar y sa-
lir y encontrar pastos. 10El ladrón no viene más
que a robar, matar y destrozar. Yo vine para que
tengan vida, y la tengan en abundancia. 11Yo soy
el buen pastor. El buen pastor da su vida por las
ovejas. 12El asalariado, que no es pastor ni dueño
de las ovejas, cuando ve venir al lobo, escapa
abandonando las ovejas, y el lobo las arrebata
y dispersa. 13Como es asalariado no le importan
las ovejas. 14Yo soy el buen pastor: conozco a mis
ovejas y ellas me conocen a mí, 15como el Padre
me conoce y yo conozco al Padre; y doy la vida
por las ovejas. 16Tengo otras ovejas que no per-
tenecen a este corral; a esas tengo que guiarlas
para que escuchen mi voz y se forme un solo re-
baño con un solo pastor. 17Por eso me ama el Pa-
dre, porque doy la vida, para después recobrarla.
18Nadie me la quita, yo la doy voluntariamente.
Tengo poder para darla y para después recobrar-
la. Este es el encargo que he recibido del Padre».
19Estas palabras provocaron una nueva divi-
sión entre los judíos. 20Muchos decían: «Está
endemoniado y loco, ¿por qué lo escuchan?».
21Otros decían: «Esas palabras no son de un en-
demoniado. ¿Puede un endemoniado abrir los
ojos a los ciegos?».

En la fiesta de la Dedicación

22Se celebraba en Jerusalén la fiesta de la De-
dicación y era invierno. 23Jesús paseaba en el
templo, en el pórtico de Salomón. 24Lo rodearon
los judíos y le preguntaron: «¿Hasta cuándo nos
tendrás en suspenso? Si eres el Mesías, dilo cla-
ramente». 25Jesús les contestó: «Ya se lo dije y
no creen. Las obras que yo hago en nombre de
mi Padre dan testimonio de mí. 26Pero ustedes
no creen porque no son de mis ovejas. 27Mis ove-
jas escuchan mi voz, yo las conozco y ellas me
siguen; 28yo les doy vida eterna y jamás perece-
rán, y nadie las arrancará de mi mano. 29Mi Padre
que me las ha dado es más que todos y nadie
puede arrancar nada de las manos de mi Padre.
30El Padre y yo somos uno». 31Los judíos tomaron
piedras para apedrearlo. 32Jesús les dijo: «Por
encargo del Padre les hice ver muchas obras
buenas: ¿por cuál de ellas me apedrean?». 33Le
contestaron los judíos: «Por ninguna obra bue-
na te apedreamos, sino por la blasfemia, porque
siendo hombre te haces Dios».
34Jesús les contestó: «¿No está escrito en la
ley de ustedes: Yo les digo: son dioses? 35Si la
ley llama dioses a aquellos a quienes se dirigió
la Palabra de Dios, y la Escritura no puede fallar,
36¿cómo dicen: Tú blasfemas al que el Padre con-
sagró y envió al mundo, porque dijo que es Hijo
de Dios? 37Si no hago las obras de mi Padre, no
me crean. 38Pero si las hago, crean en las obras
aunque no me crean a mí, así reconocerán y sa-
brán que el Padre está en mí y yo en el Padre».
39[Entonces] intentaron arrestarlo de nuevo, pe-
ro él se les escapó de las manos. 40Pasó de nuevo
a la otra orilla del Jordán, donde Juan bautizaba
en otro tiempo, y se quedó allí. 41Acudieron mu-
chos a él y decían: «Aunque Juan no hizo señal
alguna, todo lo que dijo de este era verdad». 42Y
allí, muchos creyeron en él.

Resucita a Lázaro

11 1Había un enfermo llamado Lázaro, de
Betania, el pueblo de María y su hermana
Marta. 2María era la que había ungido al Señor
con perfumes y le había secado los pies con sus
cabellos. Su hermano Lázaro estaba enfermo.
3Las hermanas le enviaron un mensaje: «Señor,
tu amigo está enfermo». 4Al oírlo, Jesús comen-
tó: «Esta enfermedad no ha de terminar en la

muerte; es para gloria de Dios, para que el Hijo
de Dios sea glorificado por ella».
5Jesús era amigo de Marta, de su hermana y de
Lázaro. 6Sin embargo cuando oyó que estaba en-
fermo, prolongó su estadía dos días en el lugar.
7Después dice a los discípulos: «Vamos a volver a
Judea». 8Le dicen los discípulos: «Maestro, hace
poco intentaban apedrearte los judíos, ¿y quie-
res volver allá?»
9Jesús les contestó: «¿No tiene el día doce
horas? Quien camina de día no tropieza, porque
ve la luz de este mundo; 10quien camina de no-
che tropieza, porque no tiene luz». 11Dicho esto,
añadió: «Nuestro amigo Lázaro está dormido;
voy a despertarlo». 12Contestaron los discípulos:
«Señor, si está dormido, sanará». 13Pero Jesús se
refería a su muerte, mientras que ellos creyeron
que se refería al sueño. 14Entonces Jesús les dijo
abiertamente: «Lázaro ha muerto. 15Y me alegro
por ustedes de no haber estado allí, para que
crean. Vayamos a verlo». 16Tomás –que signifi-
ca mellizo– dijo a los demás discípulos: «Vamos
también nosotros a morir con él».
17Cuando Jesús llegó, encontró que llevaba
cuatro días en el sepulcro. 18Betania queda cerca
de Jerusalén, a unos tres kilómetros. 19Muchos
judíos habían ido a visitar a Marta y María para
darles el pésame por la muerte de su hermano.
20Cuando Marta oyó que Jesús llegaba, salió a su
encuentro, mientras María se quedaba en casa.
21Marta dijo a Jesús: «Si hubieras estado aquí,
Señor, mi hermano no habría muerto. 22Pero yo
sé que lo que pidas, Dios te lo concederá». 23Le
dice Jesús: «Tu hermano resucitará». 24Le dice
Marta: «Sé que resucitará en la resurrección del
último día». 25Jesús le contestó: «Yo soy la re-
surrección y la vida. Quien cree en mí, aunque
muera, vivirá; 26y quien vive y cree en mí no
morirá para siempre. ¿Lo crees?». 27Le contestó:
«Sí, Señor, yo creo que tú eres el Mesías, el Hijo
de Dios, el que había de venir al mundo».
28Dicho esto, se fue, llamó en privado a su
hermana María y le dijo: «El Maestro está aquí
y te llama». 29Al oírlo, se levantó rápidamente
y se dirigió hacia él. 30Jesús no había llegado
aún al pueblo, sino que estaba en el lugar donde
lo encontró Marta. 31Los judíos que estaban con
ella en la casa consolándola, al ver que María se
levantaba de repente y salía, fueron detrás de
ella, pensando que iba al sepulcro a llorar allí.
32Cuando María llegó a donde estaba Jesús, al
verlo, cayó a sus pies y le dijo: «Si hubieras esta-
do aquí, Señor, mi hermano no habría muerto».
33Jesús al ver llorar a María y también a los
judíos que la acompañaban, se estremeció por
dentro 34y dijo muy conmovido: «¿Dónde lo han
puesto?». Le dicen: «Ven, Señor, y lo verás».
35Jesús se echó a llorar. 36Los judíos comenta-
ban: «¡Cómo lo quería!». 37Pero algunos decían:
«El que abrió los ojos al ciego, ¿no pudo impedir
que este muriera?». 38Jesús, estremeciéndose
de nuevo, se dirigió al sepulcro. Era una caver-
na con una piedra adelante. 39Jesús dice: «Re-
tiren la piedra». Le dice Marta, la hermana del
difunto: «Señor, huele mal, ya lleva cuatro días
muerto». 40Le contesta Jesús: «¿No te dije que si
crees, verás la gloria de Dios?».
41Retiraron la piedra. Jesús alzó la vista al
cielo y dijo: «Te doy gracias, Padre, porque me
has escuchado. 42Yo sé que siempre me escuchas,
pero lo he dicho por la gente que me rodea, pa-
ra que crean que tú me enviaste». 43Dicho esto,
gritó con fuerte voz: «Lázaro, sal afuera». 44Sa-
lió el muerto con los pies y las manos sujetos
con vendas y el rostro envuelto en un sudario.
Jesús les dijo: «Desátenlo para que pueda cami-
nar». 45Muchos judíos que habían ido a visitar a
María y vieron lo que hizo creyeron en él. 46Pero
algunos fueron y contaron a los fariseos lo que
había hecho Jesús.
47Los sumos sacerdotes y los fariseos reunie-
ron entonces el Consejo y dijeron: «¿Qué hace-
mos? Este hombre está haciendo muchos mila-
gros. 48Si lo dejamos seguir así, todos creerán en
él, entonces vendrán los romanos y nos destrui-
rán el santuario y la nación». 49Uno de ellos, lla-
mado Caifás, que era sumo sacerdote aquel año,
les dijo: «No entienden nada. 50¿No ven que es
mejor que muera uno solo por el pueblo y no que
muera toda la nación? 51No lo dijo por cuenta
propia, sino que, siendo sumo sacerdote aquel
año, profetizó que Jesús moriría por la nación.
52Y no solo por la nación, sino para reunir en la
unidad a los hijos de Dios que estaban disper-
sos. 53Así, a partir de aquel día, resolvieron darle
muerte. 54Por eso Jesús ya no andaba pública-
mente entre los judíos, sino que se marchó a una
región próxima al desierto, a un pueblo llamado
Efraín, y se quedó allí con los discípulos.
55Se acercaba la Pascua judía y muchos subían
del campo a Jerusalén para purificarse antes
de la fiesta. 56Buscaban a Jesús y, de pie en el
templo, comentaban entre sí: «¿Qué les parece?
¿Vendrá a la fiesta o no?». 57Los sumos sacerdo-
tes y los fariseos habían dado órdenes para que
quien conociese su paradero lo denunciase, de
modo que pudieran arrestarlo.

Unción en Betania

12 1Seis días antes de la Pascua Jesús fue a
Betania, donde estaba Lázaro, al que ha-
bía resucitado de entre los muertos. 2Le ofre-

cieron un banquete. Marta servía y Lázaro era
uno de los comensales. 3María tomó una libra
de perfume de nardo puro, muy costoso, ungió
con él los pies a Jesús y se los enjugó con los
cabellos. La casa se llenó del olor del perfume.
4Judas Iscariote, uno de los discípulos, el que
lo iba a entregar, dijo: 5«¿Por qué no han ven-
dido ese perfume en trescientas monedas para
repartirlas a los pobres?». 6Lo decía no porque le
importaran los pobres, sino porque era ladrón; y,
como llevaba la bolsa, robaba de lo que ponían
en ella. 7Jesús contestó: «Déjala que lo guarde
para el día de mi sepultura. 8A los pobres los
tendrán siempre entre ustedes, pero a mí no
siempre me tendrán».

9Un gran gentío de judíos supo que estaba allí
y acudieron, no solo por Jesús, sino también para
ver a Lázaro, al que había resucitado de entre los
muertos. 10Los sumos sacerdotes habían decidi-
do dar muerte también a Lázaro, 11porque por su
causa muchos judíos iban y creían en Jesús.

Entrada triunfal en Jerusalén

12Al día siguiente, un gran gentío que había
llegado para la fiesta, al saber que Jesús se
dirigía a Jerusalén, 13tomaron ramas de palma
y salieron a su encuentro gritando: «*¡Hosana,
bendito el que viene en nombre del Señor, el rey
de Israel!*». 14Jesús encontró un burrito y mon-
tó en él. Como está escrito: 15«*No temas, joven
Sión: mira que llega tu rey cabalgando una cría
de asno*». 16Esto no lo entendieron los discípulos
en aquel momento. Pero, cuando Jesús fue glori-
ficado, se acordaron de que todo lo que le había
sucedido era lo que estaba escrito acerca de él.
17La gente que había asistido cuando llamó a Lá-
zaro y lo resucitó de entre los muertos contaba
el hecho. 18Por eso la gente salió a su encuen-
tro, porque se enteraron de la señal que había
realizado. 19En cambio, los fariseos comentaban
entre sí: «Ya ven que así no vamos a conseguir
nada; todo el mundo se va con él».

Los griegos y Jesús

20Había unos griegos que habían subido para
los cultos de la fiesta. 21Se acercaron a Felipe,
el de Betsaida de Galilea, y le pidieron: «Señor,
queremos ver a Jesús». 22Felipe va y se lo dice
a Andrés; Felipe y Andrés van y se lo dicen a
Jesús. 23Jesús les contesta: «Ha llegado la hora
de que el Hijo del Hombre sea glorificado. 24Les
aseguro que, si el grano de trigo caído en tierra
no muere, queda solo; pero si muere, da mucho
fruto. 25El que se aferra a la vida la pierde, el que
desprecia la vida en este mundo la conserva pa-
ra una vida eterna. 26El que quiera servirme, que
me siga, y donde yo estoy estará mi servidor;
si uno me sirve, lo honrará el Padre. 27Ahora mi
espíritu está agitado, y, ¿qué voy a decir? ¿Que
mi Padre me libre de este trance? No; que para
eso he llegado a este trance. 28Padre, da gloria
a tu Nombre».

Vino una voz del cielo: «Lo he glorificado y
de nuevo lo glorificaré». 29La gente que estaba
escuchando decía: «Ha sido un trueno». Otros
decían: «Le ha hablado un ángel». 30Jesús res-
pondió: «Esa voz no ha sonado por mí, sino por
ustedes. 31Ahora comienza el juicio de este mun-
do y el príncipe de este mundo será expulsado.
32Cuando yo sea elevado de la tierra, atraeré a
todos hacia mí». 33Lo decía indicando de qué
muerte iba a morir. 34La gente le contestó: «He-
mos oído en la ley que el Mesías permanecerá
para siempre; ¿cómo dices tú que el Hijo del
Hombre tiene que ser levantado? ¿Quién es este
Hijo del Hombre?». 35Jesús les dijo: «La luz está
todavía entre ustedes, pero por poco tiempo.
Caminen mientras tengan luz, para que no los
sorprendan las tinieblas. Quien camina a oscu-
ras no sabe adónde va. 36Mientras tengan luz,
crean en la luz y serán hijos de la luz». Así habló
Jesús; después se apartó de ellos y se escondió.

Fin del ministerio público de Jesús

37A pesar de las muchas señales que había
realizado en su presencia no creían en él. 38Así
se cumplió lo que dijo el profeta Isaías: «*Señor,
¿quién creyó nuestro anuncio? ¿A quién se reveló
el poder del Señor?*». 39Así que no podían creer,
como dice también Isaías: 40«*Él ha cegado sus
ojos, y ha endurecido su mente: para que sus ojos
no vean y su mente no entienda, para que no se
conviertan, de modo que yo los sane*». 41Eso dijo
Isaías porque vio su gloria y habló de él. 42Con
todo, muchos creyeron en él, aún entre los jefes;
pero por miedo a los fariseos no lo decían, para
que no los expulsaran de la sinagoga. 43Prefirie-
ron la gloria de los hombres a la gloria de Dios.
44Jesús exclamó: «El que cree en mí, en realidad
no cree en mí, sino en aquel que me envió; 45y
el que me ve, ve al que me envió. 46Yo soy la luz
y he venido al mundo, para que quien crea en
mí no se quede a oscuras. 47Al que escucha mis
palabras y no las cumple yo no lo juzgo; porque
no he venido a juzgar al mundo, sino a salvarlo.
48Quien me desprecia y no acepta mis palabras
tiene quien lo juzgue: la palabra que yo he dicho
lo juzgará el último día. 49Porque yo no hablé por
mi cuenta; el Padre que me envió me encarga lo
que debo decir y hablar. 50Y sé que su encargo es
vida eterna. Lo que digo lo digo como me lo ha
dicho el Padre».

Lava los pies a los discípulos

13 1Antes de la fiesta de Pascua, sabiendo
Jesús que llegaba la hora de pasar de este
mundo al Padre, después de haber amado a los
suyos que estaban en el mundo, los amó hasta
el extremo. 2Durante la cena, cuando el Diablo
había sugerido a Judas Iscariote que lo entrega-
ra, 3sabiendo que todo lo había puesto el Padre
en sus manos, que había salido de Dios y volvía
a Dios, 4se levanta de la mesa, se quita el man-
to, y tomando una toalla, se la ató a la cintura.
5Después echa agua en un recipiente y se puso
a lavarles los pies a los discípulos y a secárselos
con la toalla que llevaba en la cintura.
6Llegó a Simón Pedro, el cual le dice: «Señor,
¿tú me vas a lavar los pies?». 7Jesús respondió:
«Lo que yo hago no lo entiendes ahora, más tar-
de lo entenderás». 8Replica Pedro: «No me lava-
rás los pies jamás». Le respondió Jesús: «Si no
te lavo, no tienes nada que ver conmigo». 9Le
dice Simón Pedro: «Señor, si es así, no solo los
pies, sino las manos y la cabeza». 10Le responde
Jesús: «El que se ha bañado no necesita lavarse
más que los pies, porque está completamente
limpio. Y ustedes están limpios, aunque no to-
dos». 11Conocía al que lo iba a entregar y por eso
dijo que no todos estaban limpios.
12Después de haberles lavado los pies, se puso
el manto, volvió a la mesa y les dijo: «¿Compren-
den lo que acabo de hacer? 13Ustedes me llaman
maestro y señor, y dicen bien. 14Pero si yo, que
soy maestro y señor, les he lavado los pies, tam-
bién ustedes deben lavarse los pies unos a otros.
15Les he dado ejemplo para que hagan lo mismo
que yo hice con ustedes. 16Les aseguro que el
sirviente no es más que su señor, ni el enviado
más que el que lo envía. 17Serán felices si, sa-
biendo estas cosas las cumplen. 18No hablo de
todos ustedes, porque sé a quiénes he elegido.
Pero se ha de cumplir aquello de la Escritura: *El
que compartía mi pan se levantó contra mí*. 19Se
lo digo ahora, antes de que suceda, para que,
cuando suceda, crean que Yo soy. 20Les aseguro:
quien reciba al que yo envíe me recibe a mí, y
quien me recibe a mí recibe al que me envió».

Anuncia la traición

21Dicho esto, Jesús se estremeció por dentro
y declaró: «Les aseguro que uno de ustedes me
entregará». 22Los discípulos se miraban unos a
otros sin saber por quién lo decía. 23Uno de los
discípulos, el más amigo de Jesús, estaba recli-
nado a su derecha. 24Simón Pedro le hace un ges-
to y le dice: «Averigua a quién se refiere». 25Él se
inclinó hacia el costado de Jesús y le dijo: «Se-
ñor, ¿quién es?». 26Le responde Jesús: «Aquel a
quien le dé un trozo de pan remojado». Remojó
el pan, lo tomó y se lo dio a Judas el de Simón
Iscariote. 27Detrás del bocado Satanás entró en
él. Jesús le dice: «Lo que tienes que hacer ha-
zlo pronto». 28Ninguno de los comensales com-
prendió por qué lo decía. 29Algunos pensaron
que, como Judas tenía la bolsa, Jesús le había
encargado comprar lo necesario para la fiesta
o dar algo a los pobres. 30Y enseguida, después
de recibir el bocado, Judas salió. Era de noche.

El amor fraterno

31Cuando salió, dijo Jesús: «Ahora ha sido glo-
rificado el Hijo del Hombre y Dios ha sido glori-
ficado por él. 32[Si Dios ha sido glorificado por
él,] también Dios lo glorificará por sí, y lo hará
pronto. 33Hijitos, todavía estaré un poco con
ustedes; me buscarán y, como dije a los judíos
también lo digo ahora, a donde yo voy ustedes
no pueden venir. 34Les doy un mandamiento
nuevo, que se amen unos a otros como yo los he
amado: ámense así unos a otros. 35En eso cono-
cerán todos que son mis discípulos, en el amor
que se tengan unos a otros».
36[Le] dice Simón Pedro: «Señor, ¿adónde
vas?». Le respondió Jesús: «A donde yo voy no
puedes seguirme por ahora, me seguirás más
tarde». 37Le dice Pedro: «Señor, ¿por qué no
puedo seguirte ahora? Daré mi vida por ti». 38Le
contesta Jesús: «¿Que darás la vida por mí? Te
aseguro que antes de que cante el gallo, me ne-
garás tres veces».

Jesús, camino hacia el Padre

14 1No se inquieten. Crean en Dios y crean en
mí. 2En la casa de mi Padre hay muchas ha-
bitaciones; si no fuera así, se lo habría dicho,
porque voy a prepararles un lugar. 3Cuando haya
ido y les tenga preparado un lugar, volveré pa-
ra llevarlos conmigo, para que donde yo esté,
estén también ustedes. 4Ya conocen el camino
para ir a donde [yo] voy.
5Le dice Tomás: «Señor, no sabemos adónde
vas, ¿cómo podemos conocer el camino?». 6Le
dice Jesús: «Yo soy el camino, la verdad y la vi-
da: nadie va al Padre si no es por mí. 7Si me co-
nocieran a mí, conocerían también al Padre. En
realidad, ya lo conocen y lo han visto».
8Le dice Felipe: «Señor, enséñanos al Padre y
nos basta». 9Le responde Jesús: «Felipe, hace
tanto tiempo que estoy con ustedes ¿y todavía
no me conocen? Quien me ha visto a mí ha visto
al Padre: ¿cómo pides que te enseñe al Padre?
10¿No crees que yo estoy en el Padre y el Padre en
mí? Las palabras que yo les digo no las digo por
mi cuenta; el Padre que está en mí es el que hace

las obras. 11Créanme que yo estoy en el Padre y
el Padre está en mí; si no, créanlo por las mismas
obras. 12Les aseguro: quien cree en mí hará las
obras que yo hago, e incluso otras mayores, por-
que yo voy al Padre; 13y yo haré todo lo que pidan
en mi nombre, para que por el Hijo se manifieste
la gloria del Padre. 14Si ustedes piden algo en mi
nombre, yo lo haré. 15Si me aman, cumplirán mis
mandamientos; 16y yo pediré al Padre que les en-
víe otro Defensor que esté siempre con ustedes:
17el Espíritu de la verdad, que el mundo no puede
recibir, porque no lo ve ni lo conoce. Ustedes lo
conocen, porque él permanece con ustedes y es-
tará en ustedes. 18No los dejo huérfanos, volveré
a visitarlos. 19Dentro de poco el mundo ya no
me verá; ustedes, en cambio, me verán, porque
yo vivo y ustedes vivirán. 20Aquel día compren-
derán que yo estoy en el Padre y ustedes en mí
y yo en ustedes. 21Quien recibe y cumple mis
mandamientos, ese sí que me ama. Y el que me
ama será amado por mi Padre, y yo lo amaré y me
manifestaré a él».

22Le dice Judas –no el Iscariote–: «Señor, ¿por
qué te vas a manifestar a nosotros y no al mun-
do?». 23Jesús le contestó: «Si alguien me ama
cumplirá mi palabra, mi Padre lo amará, ven-
dremos a él y habitaremos en él. 24Quien no me
ama no cumple mis palabras, y la palabra que
ustedes oyeron no es mía, sino del Padre que me
envió. 25Les he dicho esto mientras estoy con
ustedes. 26El Defensor, el Espíritu Santo que en-
viará el Padre en mi nombre, les enseñará todo
y les recordará todo lo que [yo] les he dicho.
27La paz les dejo, les doy mi paz, y no como la
da el mundo. No se inquieten ni se acobarden.
28Oyeron que les dije que me voy y volveré a visi-
tarlos. Si me amaran, se alegrarían de que vaya
al Padre, porque el Padre es más que yo. 29Les he
dicho esto ahora, antes de que suceda, para que
cuando suceda, crean. 30Ya no hablaré mucho
con ustedes, porque está llegando el príncipe
del mundo. No tiene poder sobre mí, 31pero el
mundo tiene que saber que yo amo al Padre y
hago lo que el Padre me encargó. ¡Levántense!
Vámonos de aquí».

La vid verdadera

15 1»Yo soy la vid verdadera y mi Padre es el viña-
dor. 2Él corta los sarmientos que en mí no dan
fruto; los que dan fruto los poda, para que den aún
más. 3Ustedes ya están limpios por la palabra que
les he anunciado. 4Permanezcan en mí como yo
permanezco en ustedes. Así como el sarmiento
no puede dar fruto por sí solo, si no permanece
en la vid, tampoco ustedes, si no permanecen
en mí.

5»Yo soy la vid, ustedes los sarmientos: quien
permanece en mí y yo en él dará mucho fruto;
porque separados de mí no pueden hacer nada.
6Si uno no permanece en mí, lo tirarán afuera
como el sarmiento y se secará: los toman, los
echan al fuego y se queman. 7Si permanecen en
mí y mis palabras permanecen en ustedes, pedi-
rán lo que quieran y lo obtendrán.

8»Mi Padre será glorificado si dan fruto abun-
dante y son mis discípulos. 9Como el Padre me
amó así yo los he amado: permanezcan en mi
amor. 10Si cumplen mis mandamientos, perma-
necerán en mi amor; lo mismo que yo he cumpli-
do los mandamientos de mi Padre y permanezco
en su amor. 11Les he dicho esto para que parti-
cipen de mi alegría y sean plenamente felices.

12»Este es mi mandamiento: que se amen unos
a otros como yo los he amado. 13Nadie tiene
amor más grande que el que da la vida por los
amigos. 14Ustedes son mis amigos, si hacen lo
que yo les mando. 15Ya no los llamo sirvientes,
porque el sirviente no sabe lo que hace su señor.
A ustedes los he llamado amigos porque les he
dado a conocer todo lo que escuché a mi Padre.
16No me eligieron ustedes a mí; yo los elegí a
ustedes y los destiné para que vayan y den fruto,
un fruto que permanezca; así, lo que pidan al
Padre en mi nombre él se lo concederá. 17Esto
es lo que les mando, que se amen unos a otros.

El odio del mundo

18»Si el mundo los odia, sepan que primero me
odió a mí. 19Si ustedes fueran del mundo, el mun-
do los amaría como cosa suya. Pero, como no son
del mundo, sino que yo los elegí sacándolos del
mundo, por eso el mundo los odia. 20Recuerden lo
que les dije: Un sirviente no es más que su señor.
Si a mí me han perseguido, también a ustedes los
perseguirán; si cumplieron mi palabra, también
cumplirán la de ustedes. 21Los tratarán así a cau-
sa de mi nombre, porque no conocen al que me
envió. 22Si no hubiera venido y no les hubiera ha-
blado, no tendrían pecado; pero ahora no tienen
excusa de su pecado. 23Quien me odia a mí odia
al Padre. 24Si no hubiera hecho ante ellos obras
que ningún otro hizo, no tendrían pecado. Pero
ahora, aunque las han visto, nos odian a mí y a mi
Padre. 25Así se cumple lo escrito en la ley acerca
de ellos: «me odiaron sin causa».

El testimonio del Espíritu y de los discípulos

26»Cuando venga el Defensor que yo les envia-
ré de parte del Padre, él dará testimonio de mí;
27y ustedes también darán testimonio, porque
han estado conmigo desde el principio.

16 1»Les he dicho todo esto para que no fa-
llen. 2Los expulsarán de la sinagoga. In-
cluso más, llegará un tiempo en que el que los
mate pensará que está dando culto a Dios. 3Y
eso lo harán porque no conocen al Padre ni a mí.
4Esto se lo digo para que, cuando llegue su mo-
mento, se acuerden que ya se lo había dicho. No
les dije estas cosas desde el principio porque yo
estaba con ustedes. 5Ahora me vuelvo al que me
envió y nadie me pregunta adónde voy.

La obra del Espíritu

6»Lo que les he dicho los ha llenado de tris-
teza; 7pero les digo la verdad: les conviene que
yo me vaya. Si no me voy, no vendrá a ustedes
el Defensor, pero si me voy, lo enviaré a uste-
des. 8Cuando él venga, convencerá al mundo de
un pecado, de una justicia, y de una sentencia:
9El pecado, que no han creído en mí. 10La justi-
cia, que yo voy al Padre y no me verán más. 11La
sentencia, que el príncipe de este mundo ya ha
sido condenado. 12Muchas cosas me quedan por
decirles, pero ahora no pueden comprenderlas.
13Cuando venga él, el Espíritu de la verdad, los
guiará hasta la verdad plena. Porque no hablará
por su cuenta, sino que dirá lo que ha oído y les
anunciará el futuro. 14Él me dará gloria porque
recibirá de lo mío y se lo explicará a ustedes.
15Todo lo que tiene el Padre es mío, por eso les
dije que recibirá de lo mío y se lo explicará a
ustedes.

Alegría tras la pena

16»Dentro de poco ya no me verán, y poco des-
pués me volverán a ver». 17Los discípulos comen-
taban entre sí: «¿Qué es lo que dice? Dentro de
poco ya no me verán, y poco después me volve-
rán a ver; y qué significa eso de: Voy al Padre».
18Decían: «¿A qué poco se refiere? No entende-
mos lo que dice».
19Jesús comprendió que querían preguntarle
y les dijo: «Ustedes discuten entre sí qué sig-
nifican mis palabras: dentro de poco ya no me
verán y poco después me volverán a ver. 20Les
aseguro que ustedes llorarán y se lamentarán
mientras el mundo se divierte; estarán tristes,
pero esa tristeza se convertirá en gozo. 21Cuan-
do una mujer va a dar a luz, está triste, porque
le llega su hora. Pero, cuando ha dado a luz a la
criatura, no se acuerda de la angustia, por la
alegría que siente de haber traído un hombre al
mundo. 22Así ustedes ahora están tristes; pero
los volveré a visitar y se llenarán de alegría, y
nadie les quitará su alegría.
23»Aquel día no me preguntarán nada. Les
aseguro que todo lo que pidan a mi Padre, él
se lo concederá en mi nombre. 24Hasta ahora no
han pedido nada en mi nombre; pidan y recibi-
rán, para que su alegría sea completa. 25Les he
dicho esto en parábolas; pero llega la hora en
que ya no les hablaré en parábolas, sino que les
hablaré claramente de mi Padre.
26»Aquel día pedirán en mi nombre, y no será
necesario que yo pida al Padre por ustedes, 27ya
que el Padre mismo los ama, porque ustedes me
han amado y han creído que yo vine de parte
de Dios. 28Salí del Padre y he venido al mundo;
ahora dejo el mundo y vuelvo al Padre.
29Le dicen los discípulos: «Ahora sí que hablas
claramente, sin usar parábolas. 30Ahora sabemos
que lo sabes todo y que no hace falta que na-
die te pregunte; por eso creemos que vienes de
Dios». 31Jesús les contestó: «¿Ahora creen? 32Mi-
ren, llega la hora, ya ha llegado, en que ustedes
se dispersarán cada uno por su lado y me dejarán
solo. Pero yo no estoy solo, porque el Padre está
conmigo. 33Les he dicho esto para que gracias a
mí tengan paz. En el mundo tendrán que sufrir;
pero tengan valor: yo he vencido al mundo».

Oración sacerdotal de Jesús

17 1Así habló Jesús. Después, levantando la
vista al cielo, dijo: «Padre, ha llegado la
hora: da gloria a tu Hijo para que tu Hijo te dé
gloria; 2ya que le has dado autoridad sobre todos
los hombres para que dé vida eterna a cuantos
le has confiado. 3En esto consiste la vida eterna:
en conocerte a ti, el único Dios verdadero, y a tu
enviado, Jesús el Mesías. 4Yo te he dado gloria
en la tierra cumpliendo la tarea que me encar-
gaste hacer. 5Ahora tú, Padre, dame gloria junto
a ti, la gloria que tenía junto a ti, antes de que
hubiera mundo.
6»He manifestado tu nombre a los hombres que
separaste del mundo para confiármelos: eran
tuyos y me los confiaste y han cumplido tus pa-
labras. 7Ahora comprenden que todo lo que me
confiaste procede de ti. 8Las palabras que tú me
comunicaste yo se las comuniqué; ellos las reci-
bieron y comprendieron realmente que vine de tu
parte, y han creído que tú me enviaste. 9Yo ruego
por ellos; no ruego por el mundo, sino por los que
me has confiado, pues son tuyos. 10Todo lo mío es
tuyo y lo tuyo es mío: en ellos se revela mi glo-
ria. 11Ya no estoy en el mundo, mientras que ellos
están en el mundo; yo voy hacia ti, Padre Santo,
cuida en tu nombre, a los que me diste, para que
sean uno como nosotros. 12Mientras estaba con
ellos, yo guardaba en tu nombre a los que me
diste; los custodié, y no se perdió ninguno de
ellos; excepto el destinado a la perdición, para
cumplimiento de la Escritura. 13Ahora voy hacia

ti; y les digo esto mientras estoy en el mundo para que mi gozo sea el de ellos y su gozo sea perfecto. 14Yo les comuniqué tu palabra, y el mundo los odió, porque no son del mundo, igual que yo no soy del mundo. 15No pido que los saques del mundo, sino que los libres del Maligno. 16No son del mundo, igual que yo no soy del mundo. 17Conságralos con la verdad: tu palabra es verdad. 18Como tú me enviaste al mundo, yo los envié al mundo. 19Por ellos me consagro, para que queden consagrados con la verdad. 20No solo ruego por ellos, sino también por los que han de creer en mí por medio de sus palabras.

21»Que todos sean uno, como tú, Padre, estás en mí y yo en ti; que también ellos sean uno en nosotros, para que el mundo crea que tú me enviaste. 22Yo les di la gloria que tú me diste para que sean uno como lo somos nosotros. 23Yo en ellos y tú en mí, para que sean plenamente uno; para que el mundo conozca que tú me enviaste y los amaste como me amaste a mí.

24»Padre, quiero que los que me confiaste estén conmigo, donde yo estoy; para que contemplen mi gloria; la que me diste, porque me amaste antes de la creación del mundo. 25Padre justo, el mundo no te ha conocido; yo te he conocido y estos han conocido que tú me enviaste. 26Les di a conocer tu nombre y se lo daré a conocer, para que el amor con que tú me amaste esté en ellos, y yo en ellos».

Arresto de Jesús

18 1Dicho esto, salió Jesús con los discípulos al otro lado del torrente Cedrón, donde había un huerto; allá entró él con sus discípulos. 2Judas, el traidor, conocía el lugar, porque Jesús muchas veces se había reunido allí con sus discípulos. 3Entonces Judas tomó un destacamento y algunos empleados de los sumos sacerdotes y los fariseos, y se dirigió allá con antorchas, linternas y armas. 4Jesús, sabiendo todo lo que le iba a pasar, se adelantó y les dice: «¿A quién buscan?». 5Le respondieron: «A Jesús, el Nazareno». Les dice: «Yo soy». También Judas, el traidor, estaba con ellos. 6Cuando les dijo: «Yo soy, retrocedieron y cayeron al suelo». 7Les preguntó de nuevo: «¿A quién buscan?». Le respondieron: «A Jesús, el Nazareno». 8Contestó Jesús: «Ya les dije que yo soy, pero, si me buscan a mí, dejen ir a estos». 9Así se cumplió lo que había dicho: No he perdido ninguno de los que me has confiado. 10Simón Pedro, que iba armado de espada, la desenvainó, dio un tajo al sirviente del sumo sacerdote y le cortó la oreja derecha. El sirviente se llamaba Malco. 11Jesús dijo a Pedro: «Envaina la espada: ¿Acaso no beberé la copa que me ha ofrecido mi Padre?». 12El destacamento, el comandante y los agentes de los judíos arrestaron a Jesús, lo ataron 13y se lo llevaron primero a Anás que era suegro de Caifás, el sumo sacerdote de aquel año. 14Caifás era el mismo que había dicho a los judíos, que era mejor para ellos que un solo hombre muriese por el pueblo.

Jesús ante Anás – Negaciones de Pedro

15Seguían a Jesús Simón Pedro y otro discípulo. Como ese discípulo era conocido del sumo sacerdote, entró con Jesús en el palacio del sumo sacerdote, 16mientras Pedro se quedaba afuera, en la puerta. Salió el otro discípulo, el conocido del sumo sacerdote, habló a la portera y esta dejó entrar a Pedro. 17La sirvienta de la portería dice a Pedro: «¿No eres tú también discípulo de ese hombre?». Contesta él: «No lo soy». 18Como hacía frío, los sirvientes y los guardias habían encendido fuego y se calentaban. Pedro estaba con ellos protegiéndose del frío.

19El sumo sacerdote interrogó a Jesús sobre sus discípulos y su enseñanza. 20Jesús le contestó: «Yo he hablado públicamente al mundo; siempre enseñé en sinagogas o en el templo, donde se reúnen todos los judíos, y no he dicho nada en secreto. 21¿Por qué me interrogas? Interroga a los que me han oído hablar, que ellos saben lo que les dije». 22Apenas Jesús dijo aquello, uno de los guardias presentes le dio una bofetada y le dijo: «¿Así respondes al sumo sacerdote?». 23Jesús contestó: «Si he hablado mal, demuéstrame la maldad; pero si he hablado bien, ¿por qué me golpeas?». 24Anás lo envió atado al sumo sacerdote Caifás. 25Simón Pedro seguía junto al fuego. Le preguntan: «¿No eres tú también discípulo suyo?». Él lo negó: «No lo soy». 26Uno de los sirvientes del sumo sacerdote, pariente de aquel a quien Pedro había cortado la oreja, insistió: «¿Acaso no te vi yo con él en el huerto?». 27Pedro volvió a negarlo y en ese momento cantó el gallo.

Jesús ante Pilato

28Desde la casa de Caifás llevaron a Jesús al cuartel. Era temprano. Ellos no entraron en el cuartel para evitar contaminarse y poder comer la Pascua. 29Pilato salió afuera, a donde estaban, y les preguntó: «¿De qué acusan a este hombre?». 30Le contestaron: «Si este no fuera malhechor, no te lo habríamos entregado». 31Les replicó Pilato: «Entonces, tómenlo y júzguenlo según la legislación de ustedes». Los judíos le dijeron: «No nos está permitido dar muerte a nadie». 32Así se cumplió lo que Jesús había dicho sobre la manera en que tendría que morir. 33En-

tró de nuevo Pilato en el pretorio, llamó a Jesús
y le preguntó: «¿Eres tú el rey de los judíos?».
34Jesús respondió: «¿Eso lo preguntas por tu
cuenta o porque te lo han dicho otros de mí?».
35Pilato respondió: «¡Ni que yo fuera judío! Tu
nación y los sumos sacerdotes te han entregado
a mí. ¿Qué has hecho?». 36Contestó Jesús: «Mi
reino no es de este mundo; si mi reino fuera de
este mundo, mis soldados habrían peleado para
que no me entregaran a los judíos. Pero mi reino
no es de aquí». 37Le dijo Pilato: «Entonces, ¿tú
eres rey?». Jesús contestó: «Tú lo dices. Yo soy
rey: para eso he nacido, para eso he venido al
mundo, para dar testimonio de la verdad. Quien
está de parte de la verdad escucha mi voz». 38aLe
dice Pilato: «¿Qué es la verdad?».

Condena a muerte

38bDicho esto, salió de nuevo a donde estaban
los judíos y les dijo: «No encuentro en él culpa
alguna. 39Y ya que ustedes tienen la costumbre
de que ponga en libertad a un preso durante la
fiesta de la Pascua. ¿Quieren que suelte al rey
de los judíos?». 40Volvieron a gritar: «A ese no,
suelta a Barrabás». Barrabás era un asaltante.

19 1Entonces Pilato se hizo cargo de Jesús y
lo mandó azotar. 2Los soldados entrelaza-
ron una corona de espinas y se la pusieron en
la cabeza; lo revistieron con un manto rojo, 3y
acercándose a él le decían: «¡Salud, rey de los
judíos!». Y le pegaban en la cara. 4Salió otra vez
Pilato afuera y les dijo: «Miren, lo saco afuera
para que sepan que no encuentro en él culpa
alguna». 5Salió Jesús afuera, con la corona de
espinas y el manto rojo. Pilato les dice: «Aquí
tienen al hombre». 6Cuando los sumos sacerdo-
tes y los policías del templo lo vieron, gritaron:
«¡Crucifícalo, crucifícalo!». Les dice Pilato:
«Tómenlo ustedes y crucifíquenlo, que yo no
encuentro en él ningún motivo de condena». 7Le
replicaron los judíos: «Nosotros tenemos una
ley, y según esa ley debe morir, porque se ha
hecho pasar por hijo de Dios». 8Cuando Pilato
oyó aquellas palabras, se asustó mucho. 9Entró
en el cuartel y dice de nuevo a Jesús: «¿De dónde
eres?». Jesús no le dio respuesta. 10Le dice Pila-
to: «¿No quieres hablarme? ¿No sabes que tengo
poder para soltarte y poder para crucificarte?».
11[Le] contestó Jesús: «No tendrías poder contra
mí si no te lo hubiera dado el cielo. Por eso el
que me entrega es más culpable». 12A partir de
entonces, Pilato procuraba soltarlo, mientras
los judíos gritaban: «Si sueltas a ese, no eres
amigo del césar. El que se hace rey va contra el
césar». 13Al oír aquello, Pilato sacó afuera a Je-
sús y se sentó en el tribunal, en el lugar llamado
Enlosado, en hebreo Gábbata. 14Era la víspera de
Pascua, al mediodía. Dice a los judíos: «Ahí tie-
nen a su rey». 15Ellos gritaron: «¡Afuera, afuera,
crucifícalo!». Les dice Pilato: «¿Voy a crucificar
a su rey?». Los sumos sacerdotes contestaron:
«No tenemos más rey que el césar». 16aEntonces
se lo entregó para que fuera crucificado.

Crucifixión y muerte de Jesús

16bSe lo llevaron; 17y Jesús salió cargando él
mismo con la cruz, hacia un lugar llamado La Ca-
lavera, en hebreo Gólgota. 18Allí lo crucificaron
con otros dos: uno a cada lado y en medio Jesús.
19Pilato había hecho escribir un letrero y clavarlo
en la cruz. El escrito decía: «Jesús el Nazareno,
rey de los Judíos». 20Muchos judíos leyeron el le-
trero, porque el lugar donde Jesús fue crucifica-
do quedaba cerca de la ciudad. Además, el letre-
ro estaba escrito en hebreo, latín y griego. 21Los
sumos sacerdotes dijeron a Pilato: «No escribas:
Rey de los judíos, sino: Este ha dicho: Soy rey de
los judíos». 22Pilato contestó: «Lo escrito, escri-
to está». 23Después que los soldados crucifica-
ron a Jesús, tomaron su ropa y la dividieron en
cuatro partes, una para cada soldado; tomaron
también la túnica. Era una túnica sin costuras,
tejida de arriba abajo, de una pieza. 24Así que
se dijeron: «No la rasguemos; vamos a sortearla,
para ver a quien le toca». Así se cumplió lo es-
crito: «Se repartieron mi ropa y se sortearon mi
túnica. Es lo que hicieron los soldados».
25Junto a la cruz de Jesús estaban su madre, la
hermana de su madre, María de Cleofás y María
Magdalena. 26Jesús, viendo a su madre y al lado
al discípulo amado, dice a su madre: «Mujer, ahí
tienes a tu hijo». 27Después dice al discípulo:
«Ahí tienes a tu madre». Y desde aquel momento
el discípulo se la llevó a su casa.
28Después, sabiendo que todo había termi-
nado, para que se cumpliese la Escritura, Jesús
dijo: «Tengo sed». 29Había allí un jarro lleno de
vinagre. Empaparon una esponja en vinagre, la
sujetaron a una caña y se la acercaron a la boca.
30Jesús tomó el vinagre y dijo: «Todo se ha cum-
plido». Dobló la cabeza y entregó el espíritu.
31Era la víspera del sábado, el más solemne de
todos; los judíos pidieron a Pilato que hiciera
quebrar las piernas de los crucificados y manda-
ra retirar sus cuerpos para que no quedaran en
la cruz durante el sábado. 32Fueron los soldados
y quebraron las piernas a los dos crucificados
con él. 33Al llegar a Jesús, viendo que estaba
muerto, no le quebraron las piernas; 34sino que
un soldado le abrió el costado con una lanza. En
seguida brotó sangre y agua. 35El que lo vio lo

atestigua y su testimonio es verdadero; él sabe
que dice la verdad, para que también ustedes
crean. 36Esto sucedió de modo que se cumplie-
ra la Escritura que dice: «No le quebrarán ni un
hueso; 37y otro pasaje de la Escritura dice: Mira-
rán al que ellos mismos atravesaron».

Sepultura de Jesús

38Después de esto, José de Arimatea, que era
discípulo clandestino de Jesús, por miedo a los
judíos, pidió permiso a Pilato para llevarse el
cadáver de Jesús. Pilato se lo concedió. Él fue
y se llevó el cadáver. 39Fue también Nicodemo,
el que lo había visitado en una ocasión de no-
che, llevando cien libras de una mezcla de mi-
rra y áloe. 40Tomaron el cadáver de Jesús y lo
envolvieron en lienzos con los perfumes, según
la costumbre de sepultar que tienen los judíos.
41En el lugar donde había sido crucificado había
un huerto y en él un sepulcro nuevo, en el que
nadie había sido sepultado. 42Como era la víspe-
ra de la fiesta judía y como el sepulcro estaba
cerca, colocaron allí a Jesús.

Resurrección de Jesús

20 1El primer día de la semana, muy tempra-
no, cuando todavía estaba oscuro, María
Magdalena va al sepulcro y observa que la piedra
está retirada del sepulcro. 2Llega corriendo a
donde estaban Simón Pedro y el otro discípulo,
el que era muy amigo de Jesús, y les dice: «Se
han llevado del sepulcro al Señor y no sabemos
dónde lo han puesto». 3Salió Pedro con el otro
discípulo y se dirigieron al sepulcro. 4Corrían los
dos juntos; pero el otro discípulo corría más que
Pedro y llegó primero al sepulcro. 5Inclinándose
vio las sábanas en el suelo, pero no entró. 6Des-
pués llegó Simón Pedro, que le seguía y entró en
el sepulcro. Observó los lienzos en el suelo 7y el
sudario que le había envuelto la cabeza no en
el suelo con los lienzos, sino enrollado en lugar
aparte. 8Entonces entró el otro discípulo, el que
había llegado primero al sepulcro; vio y creyó.
9Todavía no habían entendido que, según la Es-
critura, él debía resucitar de entre los muertos.
10Los discípulos se volvieron a casa.

Se aparece a María Magdalena

11María estaba afuera, llorando junto al sepul-
cro. Mientras lloraba se inclinó hacia el sepulcro
12y ve dos ángeles vestidos de blanco, sentados:
uno a la cabecera y otro a los pies del lugar don-
de había estado el cadáver de Jesús. 13Le dicen:
«Mujer, ¿por qué lloras?». María responde: «Por-
que se han llevado a mi señor y no sé dónde lo
han puesto». 14Al decir esto, se dio media vuelta
y ve a Jesús de pie; pero no lo reconoció. 15Je-
sús le dice: «Mujer, ¿por qué lloras? ¿A quién
buscas?». Ella, creyendo que era el jardinero, le
dice: «Señor, si tú te lo has llevado, dime dónde
lo has puesto y yo iré a buscarlo». 16Jesús le di-
ce: «¡María!». Ella se vuelve y le dice en hebreo:
«Rabbuni»–que significa maestro–. 17Le dice Je-
sús: «Déjame, que todavía no he subido al Padre.
Ve a decir a mis hermanos: Subo a mi Padre, el
Padre de ustedes, a mi Dios, el Dios de ustedes».
18María Magdalena fue a anunciar a los discípu-
los: «He visto al Señor y me ha dicho esto».

Se aparece a los discípulos

19Al atardecer de aquel día, el primero de la
semana, estaban los discípulos con las puertas
bien cerradas, por miedo a los judíos. Llegó
Jesús, se colocó en medio y les dice: «La paz
esté con ustedes». 20Después de decir esto, les
mostró las manos y el costado. Los discípulos
se alegraron al ver al Señor. 21Jesús repitió: «La
paz esté con ustedes. Como el Padre me envió,
así yo los envío a ustedes». 22Al decirles esto,
sopló sobre ellos y añadió: «Reciban el Espíritu
Santo. 23A quienes les perdonen los pecados les
quedarán perdonados; a quienes se los retengan
les quedarán retenidos». 24Tomás, llamado Melli-
zo, uno de los Doce, no estaba con ellos cuan-
do vino Jesús. 25Los otros discípulos le decían:
«Hemos visto al Señor». Él replicó: «Si no veo en
sus manos la marca de los clavos, si no meto el
dedo en el lugar de los clavos, y la mano por su
costado, no creeré».

26A los ocho días estaban de nuevo los discí-
pulos reunidos en la casa y Tomás con ellos. Se
presentó Jesús a pesar de estar las puertas ce-
rradas, se colocó en medio y les dijo: «La paz es-
té con ustedes». 27Después dice a Tomás: «Mira
mis manos y toca mis heridas; extiende tu mano
y palpa mi costado, en adelante no seas incré-
dulo, sino hombre de fe». 28Le contestó Tomás:
«Señor mío y Dios mío». 29Le dice Jesús: «Porque
me has visto, has creído; felices los que crean
sin haber visto».

30Otras muchas señales hizo Jesús en presen-
cia de sus discípulos, que no están relatadas
en este libro. 31Estas quedan escritas para que
crean que Jesús es el Mesías, el Hijo de Dios, y
para que creyendo tengan vida por medio de él.

Se aparece junto al lago

21 1Después Jesús se apareció de nuevo a
los discípulos junto al lago de Tiberíades.
Se apareció así: 2Estaban juntos Simón Pedro,
Tomás, llamado el Mellizo, Natanael de Caná de
Galilea, los Zebedeos y otros dos discípulos. 3Les

dice Simón Pedro: «Voy a pescar». Le responden:
«Nosotros también vamos». Salieron, y subieron
a la barca; pero aquella noche no pescaron nada.
4Al amanecer Jesús estaba en la playa; pero los
discípulos no reconocieron que era Jesús. 5Les di-
ce Jesús: «Muchachos, ¿tienen algo de comer?».
Ellos contestaron: «No». 6Les dijo: «Tiren la red
a la derecha de la barca y encontrarán». Tiraron
la red y era tanta la abundancia de peces que no
podían arrastrarla. 7El discípulo amado de Jesús
dice a Pedro: «Es el Señor». Al oír Pedro que era
el Señor, se ciñó la túnica, que era lo único que
llevaba puesto, y se tiró al agua. 8Los demás
discípulos se acercaron en el bote, arrastrando
la red con los peces, porque no estaban lejos
de la orilla, apenas unos cien metros. 9Cuando
saltaron a tierra, ven unas brasas preparadas y
encima pescado y pan. 10Les dice Jesús: «Traigan
algo de lo que acaban de pescar». 11Pedro subió a
la barca y arrastró hasta la playa la red repleta de
peces grandes: ciento cincuenta y tres. Y, aunque
eran tantos, la red no se rompió. 12Les dice Jesús:
«Vengan a comer». Ninguno de los discípulos se
atrevía a preguntarle quién era, porque sabían
que era el Señor. 13Jesús se acercó, tomó pan y se
lo repartió e hizo lo mismo con el pescado. 14Esta
fue la tercera aparición de Jesús, ya resucitado,
a sus discípulos.

Misión de Simón Pedro

15Cuando terminaron de comer, dice Jesús a
Simón Pedro: «Simón hijo de Juan, ¿me quieres
más que estos?». Él le responde: «Sí, Señor, tú
sabes que te quiero». Jesús le dice: «Apacienta
mis corderos». 16Le pregunta por segunda vez:
«Simón hijo de Juan, ¿me quieres?». Él le res-
ponde: «Sí, Señor, tú sabes que te quiero». Jesús
le dice: «Apacienta mis ovejas». 17Por tercera
vez le pregunta: «Simón hijo de Juan, ¿me quie-
res?». Pedro se entristeció de que le preguntara
por tercera vez si lo quería y le dijo: «Señor, tú
lo sabes todo, tú sabes que te quiero». Jesús le
dice: «Apacienta mis ovejas. 18Te lo aseguro,
cuando eras joven, tú mismo te vestías e ibas
a donde querías; cuando seas viejo, extenderás
las manos, otro te atará y te llevará a donde no
quieras». 19Lo decía indicando con qué muerte
había de glorificar a Dios.

Después de hablar así, añadió: «Sígueme».
20Pedro se volvió y vio que le seguía el discí-
pulo amado de Jesús, el que se había apoyado
sobre su costado durante la cena y le había pre-
guntado quién era el traidor. 21Viéndolo, Pedro
pregunta a Jesús: «Señor, y de este, ¿qué?». 22Le
responde Jesús: «Si quiero que se quede hasta
que yo vuelva, ¿a ti qué? Tú sígueme». 23Así se
corrió el rumor entre los discípulos de que aquel
discípulo no moriría. Pero no le dijo Jesús que
no moriría, sino: «Si quiero que se quede hasta
que yo vuelva [a ti qué]».

24Este es el discípulo que da testimonio de
estas cosas y lo ha escrito; y nos consta que su
testimonio es verdadero. 25Quedan otras muchas
cosas que hizo Jesús. Si quisiéramos escribirlas
una por una, pienso que los libros escritos no
cabrían en el mundo.

HECHOS

Prólogo

1 1En mi primer libro, querido Teófilo, conté to-
do lo que Jesús hizo y enseñó desde el princi-
pio 2hasta el día que fue llevado al cielo, después
de haber dado instrucciones, por medio del Es-
píritu Santo, a los apóstoles que había elegido.

Promesa del Espíritu Santo

3Después de su pasión, se les había presenta-
do vivo durante cuarenta días, dándoles muchas
pruebas, mostrándose y hablando del reino de
Dios. 4Mientras comía con ellos, les encargó que
no se alejaran de Jerusalén, sino que esperaran
lo prometido por el Padre: la promesa que yo les
he anunciado –les dijo–: 5«que Juan bautizó con
agua, pero ustedes serán bautizados dentro de
poco con Espíritu Santo».

Ascensión de Jesús

6Estando ya reunidos le preguntaban: «Señor,
¿es ahora cuando vas a restaurar la soberanía de
Israel?». 7Él les contestó: «No les toca a ustedes
saber los tiempos y circunstancias que el Padre
ha fijado con su propia autoridad. 8Pero recibi-
rán la fuerza del Espíritu Santo que vendrá so-
bre ustedes, y serán testigos míos en Jerusalén,
Judea y Samaría y hasta el confín del mundo».
9Dicho esto, los apóstoles lo vieron elevarse, y
una nube lo ocultó de la vista. 10Seguían con los
ojos fijos en el cielo mientras él se marchaba,
cuando dos personas vestidas de blanco se les
presentaron 11y les dijeron: «Hombres de Galilea,
¿qué hacen ahí mirando al cielo? Este Jesús, que
les ha sido quitado y elevado al cielo, vendrá de
la misma manera que lo han visto partir».

Primer informe sobre la comunidad de Jerusalén

12Entonces se volvieron a Jerusalén desde el
monte de los Olivos, que dista de Jerusalén tan
solo lo que la ley permite caminar en día sába-

do. [13]Cuando llegaron, subieron al piso superior donde se alojaban. Estaban Pedro y Juan, Santiago y Andrés, Felipe y Tomás, Bartolomé y Mateo, Santiago de Alfeo, Simón el Zelota y Judas de Santiago. [14]Todos ellos, con algunas mujeres, la madre de Jesús y sus parientes, permanecían íntimamente unidos en la oración.

Elección de Matías y primer discurso de los Hechos

[15]Un día de aquellos Pedro se puso de pie en medio de los hermanos, ciento veinte personas reunidas, y dijo: [16]«Queridos hermanos, tenía que cumplirse lo que el Espíritu Santo profetizó por medio de David acerca de Judas, el que guió a los que arrestaron a Jesús, [17]que era uno de los nuestros y compartía nuestro ministerio. [18]Con el dinero que le pagaron por su maldad compró un terreno, cayó de cabeza, su cuerpo se abrió y se le salieron las entrañas. [19]Todos los vecinos de Jerusalén se enteraron, de modo que el terreno se llama en su lengua Haquéldama, es decir Campo de Sangre. [20]Porque está escrito en el libro de los Salmos: *Quede su morada despoblada sin que nadie la habite*, y *que su puesto lo ocupe otro*. [21]Ahora bien, es necesario que uno de los que nos acompañaron mientras el Señor Jesús estaba entre nosotros, [22]desde el bautismo de Juan hasta que nos fue quitado, sea constituido junto con nosotros testigo de su resurrección. [23]Designaron a dos: José, llamado Barsabás, apodado Justo, y Matías. [24]Después rezaron así: «Tú, Señor, que conoces los corazones de todos, indícanos a cuál de los dos eliges [25]para ocupar el puesto de este ministerio apostólico, que Judas abandonó para marchar al lugar que le correspondía». [26]La suerte tocó a Matías y fue incorporado a los once apóstoles.

Pentecostés

2 [1]Cuando llegó el día de Pentecostés, estaban todos reunidos. [2]De repente vino del cielo un ruido, como de viento huracanado, que llenó toda la casa donde se alojaban. [3]Aparecieron lenguas como de fuego, que descendieron por separado sobre cada uno de ellos. [4]Se llenaron todos de Espíritu Santo y empezaron a hablar en lenguas extranjeras, según el Espíritu les permitía expresarse. [5]Residían entonces en Jerusalén judíos piadosos, venidos de todos los países del mundo. [6]Al oírse el ruido, se reunió una multitud, y estaban asombrados porque cada uno oía a los apóstoles hablando en su propio idioma. [7]Fuera de sí por el asombro, comentaban:«¿Acaso los que hablan no son todos galileos? [8]¿Cómo es que cada uno los oímos en nuestra lengua nativa? [9]Partos, medos y elamitas, habitantes de Mesopotamia, Judea y Capadocia, Ponto y Asia, [10]Frigia y Panfilia, Egipto y los distritos de Libia junto a Cirene, romanos residentes, [11]judíos y prosélitos, cretenses y árabes: todos los oímos contar, en nuestras lenguas, las maravillas de Dios». [12]Fuera de sí y perplejos, comentaban: «¿Qué significa esto?». [13]Otros se burlaban diciendo: «Han tomado demasiado vino».

Pedro testigo de la resurrección

[14]Pedro se puso de pie con los Once y levantando la voz les dirigió la palabra: «Judíos y todos los que habitan en Jerusalén, sépanlo bien y presten atención a lo que voy a decir. [15]Estos hombres no están ebrios, como ustedes sospechan, ya que no son más que las nueve de la mañana. [16]Sino que está cumpliéndose lo que anunció el profeta Joel: [17]En los últimos tiempos –dice Dios– *derramaré mi espíritu sobre todos: sus hijos e hijas profetizarán, sus jóvenes verán visiones y sus ancianos tendrán sueños;* [18]*también sobre mis servidores y mis servidoras derramaré mi espíritu aquel día y profetizarán.* [19]*Haré prodigios arriba en el cielo y abajo en la tierra: sangre, fuego, humareda;* [20]*el sol aparecerá oscuro, la luna ensangrentada, antes de llegar el día del Señor, grande y glorioso.* [21]*Todos los que invoquen el nombre del Señor se salvarán.*

[22]»Israelitas, escuchen mis palabras: Jesús de Nazaret fue un hombre acreditado por Dios ante ustedes con los milagros, prodigios y señales que Dios realizó por su medio, como bien saben. [23]A este hombre, entregado conforme a los planes y propósitos que Dios tenía hechos de antemano, ustedes lo crucificaron y le dieron muerte por medio de gente sin ley. [24]Pero Dios, liberándolo de los rigores de la muerte, lo resucitó, porque la muerte no podía retenerlo. [25]David dice refiriéndose a él: *Pongo siempre delante al Señor: con él a la derecha no vacilaré.* [26]*Por eso se me alegra el corazón, mi lengua canta llena de gozo y mi carne descansa esperanzada:* [27]*porque no me dejarás en la muerte ni permitirás que tu devoto conozca la corrupción.* [28]*Me enseñaste el camino de la vida, me llenarás de gozo en tu presencia.*

[29]»Hermanos, permítanme que les diga con toda franqueza: el patriarca David murió y fue sepultado, y su sepulcro se conserva hasta hoy entre nosotros. [30]Pero como era profeta y sabía que Dios le había prometido con juramento *que un descendiente carnal suyo se sentaría en su trono*, [31]previó y predijo la resurrección del Mesías, diciendo que *no quedaría abandonado*

en la muerte ni su carne experimentaría la corrupción. 32A este Jesús lo resucitó Dios y todos nosotros somos testigos de ello. 33Exaltado a la diestra de Dios, ha recibido del Padre el Espíritu Santo prometido y lo ha comunicado como ustedes están viendo y oyendo. 34Porque David no subió al cielo, sino que dice: *Dijo el Señor a mi Señor: Siéntate a mi derecha,* 35*hasta que ponga tus enemigos debajo de tus pies.* 36Por tanto, que todo el pueblo de Israel reconozca que a este Jesús crucificado por ustedes, Dios lo ha nombrado Señor y Mesías.

37»Lo que oyeron les llegó al corazón y dijeron a Pedro y a los otros apóstoles: «¿Qué debemos hacer, hermanos?». 38Pedro les contestó: «Arrepiéntanse y háganse bautizar invocando el nombre de Jesucristo, para que se les perdonen los pecados, y así recibirán el don del Espíritu Santo. 39Porque la promesa ha sido hecha para ustedes y para sus hijos y para todos aquellos que están lejos a quienes llamará el Señor nuestro Dios». 40Y con otras muchas razones les hablaba y los exhortaba diciendo: «Pónganse a salvo, apártense de esta generación malvada». 41Los que aceptaron sus palabras se bautizaron y aquel día se incorporaron unas tres mil personas.

Segundo informe: la primera comunidad cristiana

42Se reunían frecuentemente para escuchar la enseñanza de los apóstoles, y participar en la vida común, en la fracción del pan y en las oraciones. 43Ante los prodigios y señales que hacían los apóstoles, un sentido de reverencia se apoderó de todos. 44Los creyentes estaban todos unidos y poseían todo en común. 45Vendían bienes y posesiones y las repartían según la necesidad de cada uno. 46A diario acudían fielmente e íntimamente unidos al templo; en sus casas partían el pan, compartían la comida con alegría y sencillez sincera. 47Alababan a Dios y todo el mundo los estimaba. El Señor iba incorporando a la comunidad a cuantos se iban salvando.

Sanación de un paralítico

3 1Pedro y Juan subían al templo para la oración de media tarde. 2Un hombre paralítico de nacimiento solía ser transportado diariamente y colocado a la puerta del templo llamada «la Hermosa», para pedir limosna a los que entraban en el templo. 3Al ver entrar en el templo a Pedro y a Juan, les pidió limosna. 4Pedro, acompañado de Juan, lo miró fijamente y le dijo: «Míranos». 5Él los observaba esperando recibir algo de ellos. 6Pero Pedro le dijo: «No tengo plata ni oro pero lo que tengo te lo doy: en nombre de Jesucristo, el Nazareno, levántate y camina». 7Y tomándolo de la mano derecha lo levantó. De inmediato se le robustecieron los pies y los tobillos, 8se levantó de un salto, comenzó a caminar y entró con ellos en el templo, paseando, saltando y alabando a Dios. 9Toda la gente lo vio caminar y alabar a Dios; 10y, al reconocer que era el que pedía limosna sentado a la puerta Hermosa del templo, se llenaron de asombro y estupor ante lo sucedido. 11Como seguía sujetado a Pedro y a Juan, toda la gente corrió asombrada hacia ellos, al pórtico de Salomón.

Discurso de Pedro en el pórtico

12Pedro, al verlos, les dirigió la palabra: «Israelitas, ¿por qué se asombran y se quedan así, mirándonos como si hubiéramos hecho caminar a este con nuestro propio poder o santidad? 13*El Dios de Abrahán, de Isaac y de Jacob, el Dios de nuestros padres,* ha glorificado a su siervo Jesús, al que entregaron y rechazaron ante Pilato, que había sentenciado ponerlo en libertad. 14Ustedes rechazaron al santo e inocente, y pidieron como una gracia la libertad de un homicida 15mientras dieron muerte al Señor de la vida. Dios lo ha resucitado de la muerte y nosotros somos testigos de ello. 16Porque ha creído en su Nombre, este que ustedes conocen y están viendo ha recibido de ese Nombre vigor, y la fe que proviene de él le ha dado salud completa en presencia de todos ustedes. 17Ahora bien, hermanos, sé que tanto ustedes como sus jefes lo hicieron por ignorancia. 18Solo que Dios ha cumplido así lo anunciado por todos los profetas, que su Mesías iba a padecer. 19Ahora, arrepiéntanse y conviértanse para que todos sus pecados sean perdonados, 20y así el Señor hará venir tiempos de consuelo y enviará a Jesús, el Mesías destinado desde el principio para ustedes. 21Él tiene que permanecer en el cielo hasta el tiempo de la restauración universal que anunció Dios desde antiguo por medio de sus santos profetas. 22»Moisés dijo: *El Señor Dios les hará surgir de entre sus hermanos un profeta como yo, escuchen lo que diga.* 23*El que no escuche a aquel profeta será excluido de su pueblo.* 24Todos los profetas, desde Samuel y por turno, hablaron y anunciaron estos tiempos. 25Ustedes son herederos de los profetas y de la alianza que Dios otorgó a nuestros padres, cuando dijo a Abrahán: *En tu descendencia serán benditas todas las familias del mundo.* 26Dios resucitó a su siervo y lo envió, primero a ustedes, para bendecirlos haciendo que cada uno se convierta de sus maldades».

Pedro y Juan ante el Consejo

4 1Mientras hablaban al pueblo, se les presentaron los sacerdotes, el comisario del templo y los saduceos, 2irritados porque instruían al pueblo anunciando la resurrección de la muerte por medio de Jesús. 3Los detuvieron y, como ya era tarde, los metieron en prisión hasta el día siguiente. 4Muchos de los que oyeron el discurso abrazaron la fe, y así la comunidad llegó a unos cinco mil.

5Al día siguiente se reunieron en Jerusalén los jefes, los ancianos y los letrados, 6también Anás el sumo sacerdote y Caifás, Juan y Alejandro y todos los familiares de sumos sacerdotes. 7Hicieron comparecer a los apóstoles y los interrogaban: «¿Con qué poder o en nombre de quién han hecho eso?». 8Entonces Pedro, lleno de Espíritu Santo, respondió: «Jefes del pueblo y ancianos: 9por haber hecho un bien a un enfermo, hoy nos interrogan para saber de qué manera ha sido sanado este hombre. 10Conste a todos ustedes y a todo el pueblo de Israel que este hombre ha sido sanado en nombre de Jesucristo el Nazareno, a quien ustedes crucificaron y Dios resucitó de la muerte. Gracias a él, este hombre está sano en presencia de ustedes. 11*Él es la piedra desechada por ustedes, los arquitectos, que se ha convertido en piedra angular.* 12En ningún otro se encuentra la salvación; ya que no se ha dado a los hombres sobre la tierra otro Nombre por el cual podamos ser salvados».

13Al ver la seguridad de Pedro y Juan y notando que eran hombres simples y sin instrucción, se admiraban; también sabían que habían sido compañeros de Jesús 14pero, viendo junto a ellos al hombre que había sido sanado, se quedaron sin réplica. 15Ordenaron entonces que salieran del tribunal y se pusieron a deliberar: 16¿Qué hacemos con estos hombres? Han hecho un milagro evidente, todos los vecinos de Jerusalén lo saben y no podemos negarlo. 17Pero, para que no se siga divulgando entre el pueblo, los amenazaremos para que no vuelvan a mencionar ese nombre a nadie. 18Los llamaron y les prohibieron terminantemente hablar y enseñar en nombre de Jesús.

19Pedro y Juan les replicaron: «¿Juzguen ustedes si es correcto a los ojos de Dios que les obedezcamos a ustedes antes que a él? Júzguenlo. 20Nosotros, no podemos callar lo que hemos visto y oído». 21Repitiendo sus amenazas los dejaron en libertad, ya que no encontraban la manera de castigarlos, por temor al pueblo, que daba gloria a Dios por lo sucedido. 22El hombre beneficiado con la señal de la sanación tenía más de cuarenta años.

Oración de la comunidad

23Al verse libres, se reunieron con sus compañeros y les contaron lo que les habían dicho los sumos sacerdotes y los letrados. 24Al oírlos, íntimamente unidos a una voz oraron a Dios diciendo: «Señor, que hiciste el cielo, la tierra, el mar y cuanto contienen; 25que por boca de tu siervo David, inspirado por el Espíritu Santo, dijiste: *¿Por qué se agitan las naciones y los pueblos planean en vano?* 26*Se levantaron los reyes de la tierra y los gobernantes se aliaron contra el Señor y contra su Ungido.* 27De hecho, en esta ciudad, se aliaron contra tu santo siervo Jesús, tu Ungido, Herodes y Poncio Pilato con paganos y gente de Israel, 28para ejecutar cuanto había determinado tu mano y tu designio. 29Ahora, Señor, fíjate en sus amenazas y concede a tus siervos anunciar tu mensaje con toda franqueza. 30Extiende tu mano para que sucedan sanaciones, señales y prodigios por el nombre de tu santo siervo Jesús». 31Al terminar la súplica, tembló el lugar donde estaban reunidos, se llenaron de Espíritu Santo y anunciaban el mensaje de Dios con franqueza.

Comunidad de bienes

32La multitud de los creyentes tenía una sola alma y un solo corazón. Nadie consideraba sus bienes como propios, sino que todo lo tenían en común. 33Con gran energía daban testimonio de la resurrección del Señor Jesús y eran muy estimados. 34No había entre ellos ningún necesitado, porque los que poseían campos o casas los vendían, 35y entregaban el dinero a los apóstoles, quienes repartían a cada uno según su necesidad. 36Un tal José, a quien los apóstoles llamaban Bernabé, que significa Consolado, levita y chipriota de nacimiento, 37poseía un campo: lo vendió, y puso el dinero a disposición de los apóstoles.

Ananías y Safira

5 1Un tal Ananías, de acuerdo con su mujer Safira, vendió una posesión, 2se quedó con parte del dinero, llevó lo restante y lo puso a disposición de los apóstoles. 3Pedro le dijo: «Ananías, ¿Por qué dejaste que Satanás se adueñara de ti y mentiste al Espíritu Santo quedándote con parte del precio del campo? 4¿No podías conservarlo? O, si lo vendías, ¿no podías quedarte con el precio? ¿Qué te movió a proceder así? No has mentido a los hombres, sino a Dios». 5Al oír estas palabras, Ananías cayó muerto y los que lo oyeron se atemorizaron. 6Fueron unos muchachos, lo cubrieron y lo llevaron a enterrar. 7Unas tres horas más tarde llegó su esposa sin saber

lo sucedido. [8]Pedro le dirigió la palabra: «Dime,
¿vendieron el campo a este precio?». «Sí» –con-
testó–. [9]Pedro replicó: «¿Por qué se pusieron
de acuerdo para poner a prueba al Espíritu del
Señor? Mira, los que han enterrado a tu marido
están ya pisando el umbral de la puerta para lle-
varte también a ti». [10]Al instante cayó muerta a
sus pies. Entraron los muchachos y la encontra-
ron muerta; la sacaron y la enterraron junto a su
marido. [11]Toda la Iglesia y cuantos se enteraron
quedaron llenos de temor.

Tercer informe: milagros

[12]Los apóstoles realizaban muchas señales y
milagros entre el pueblo. Todos íntimamente
unidos acudían al pórtico de Salomón; [13]pero
de los extraños nadie se atrevía a juntarse con
ellos aunque el pueblo los estimaba mucho. [14]Se
les iba agregando un número creciente de cre-
yentes en el Señor, hombres y mujeres; [15]y hasta
sacaban los enfermos a la calle y los colocaban
en catres y camillas, para que al pasar Pedro,
al menos su sombra los cubriera. [16]También los
vecinos de los alrededores de Jerusalén llevaban
enfermos y poseídos de espíritus inmundos, y
todos se sanaban.

Persecución

[17]Entonces el sumo sacerdote y los suyos, es
decir, el partido saduceo, llenos de celos, [18]hi-
cieron arrestar a los apóstoles y los metieron en
la cárcel pública. [19]Pero de noche el ángel del
Señor les abrió las puertas, los sacó de la prisión
y les encargó: [20]«Vayan al templo y anuncien al
pueblo este nuevo modo de vida». [21]Los apósto-
les obedecieron y por la mañana muy temprano
entraron al templo y se pusieron a enseñar. En-
tre tanto, se presentó el sumo sacerdote con los
suyos, convocaron el Consejo y a todo el senado
del pueblo de Israel, y enviaron gente a la cárcel
para traerlos. [22]Cuando los guardias llegaron a
la prisión no los encontraron y volvieron [23]con
este informe: «Encontramos la cárcel asegurada
con cerrojos, los guardias de pie junto a la puer-
ta; abrimos y no encontramos a nadie dentro».
[24]Al oír el informe, el comisario del templo y los
sumos sacerdotes quedaron desconcertados, sin
entender lo que había sucedido.
[25]En ese momento se presentó uno y anunció:
«Los hombres que ustedes encarcelaron están
en el templo instruyendo al pueblo». [6]Entonces
el comisario del templo salió con sus ayudantes
y trajeron a los apóstoles, pero sin violencia,
porque temían que el pueblo los apedrease.
[27]Los condujeron y los presentaron al Consejo. El
sumo sacerdote los interrogó: [28]«Les habíamos
ordenado no enseñar mencionando ese nom-
bre, y han llenado Jerusalén con su doctrina y
quieren hacernos responsables de la muerte de
ese hombre». [29]Pedro y los apóstoles replicaron:
«Hay que obedecer a Dios antes que a los hom-
bres. [30]El Dios de nuestros padres ha resucitado
a Jesús, a quien ustedes ejecutaron colgándolo
de un madero. [31]A él, Dios lo ha sentado a su
derecha, nombrándolo jefe y salvador, para ofre-
cer a Israel el arrepentimiento y el perdón de
los pecados. [32]De estos hechos, nosotros somos
testigos con el Espíritu Santo que Dios concede
a los que creen en él». [33]Al oír estas cosas se in-
dignaron y, deliberaban condenarlos a muerte.
[34]Entonces un fariseo llamado Gamaliel, doc-
tor de la ley, muy estimado de todo el pueblo se
levantó y ordenó que hicieran salir a los acusa-
dos. [35]Luego se dirigió a la asamblea diciendo:
«Israelitas, fíjense bien en lo que van a hacer
con estos hombres. [36]Porque no hace mucho sur-
gió Teudas que se hacía pasar por un gran perso-
naje, y le siguieron unos cuatrocientos hombres.
Lo mataron y todos sus seguidores se dispersa-
ron y acabaron en nada. [37]Más tarde, durante el
censo, surgió Judas el Galileo y arrastró mucha
gente del pueblo. También él pereció y todos sus
partidarios se desparramaron. [38]Por eso, ahora
les aconsejo que no se metan con esos hombres,
sino que los dejen en paz, porque si esta idea
o esta obra que ellos intentan hacer fuera co-
sa de hombres, fracasará; [39]pero si es cosa de
Dios, no podrán destruirlos y estarán luchando
contra Dios». Le hicieron caso, [40]llamaron a los
apóstoles, los azotaron, les prohibieron hablar
en nombre de Jesús y los despidieron. [41]Ellos se
marcharon del tribunal contentos de haber sido
considerados dignos de sufrir desprecios por el
nombre de Jesús. [42]Y no cesaban todo el día, en
el templo o en casa, de enseñar y anunciar la
Buena Noticia del Mesías Jesús.

La institución de los Siete

6 [1]Por entonces, al aumentar el número de los
discípulos, empezaron los de lengua griega
a murmurar contra los de lengua hebrea, por-
que sus viudas quedaban desatendidas en la
distribución diaria de los alimentos. [2]Los Doce
convocaron a todos los discípulos y les dijeron:
«No es justo que nosotros descuidemos la Pa-
labra de Dios para servir a la mesa; [3]por tanto,
hermanos, elijan entre ustedes a siete hombres
de buena fama, dotados de Espíritu y de pruden-
cia, y los encargaremos de esa tarea. [4]Nosotros
nos dedicaremos a la oración y al ministerio
de la palabra». [5]Todos aprobaron la propuesta
y eligieron a Esteban, hombre lleno de fe y Es-

píritu Santo, a Felipe, Prócoro, Nicanor, Timón,
Parmenas y Nicolás, prosélito de Antioquía. 6Los
presentaron a los apóstoles, y estos después de
orar les impusieron las manos. 7El mensaje de
Dios se difundía, en Jerusalén crecía mucho el
número de los discípulos, y muchos sacerdotes
abrazaban la fe.

Esteban detenido

8Esteban, lleno de gracia y poder, hacía gran-
des milagros y señales entre el pueblo. 9Algunos
miembros de la sinagoga de los Emancipados,
gente de Cirene y Alejandría, de Cilicia y Asia,
se pusieron a discutir con Esteban; 10pero no
conseguían contrarrestar la sabiduría y espíritu
con que hablaba. 11Entonces sobornaron a algu-
nos para que declararan haberlo oído blasfemar
contra Moisés y contra Dios. 12Amotinaron al
pueblo, incluidos ancianos y letrados, y llegando
sorpresivamente lo arrestaron y lo condujeron al
Consejo. 13Allí presentaron testigos falsos que
declararon: «Este hombre no para de hablar con-
tra nuestro lugar santo y contra la ley; 14lo he-
mos oído afirmar que Jesús el Nazareno destruirá
este lugar y cambiará las costumbres que nos dio
Moisés». 15En ese momento todos los que esta-
ban sentados en el Consejo fijaron la vista en
él y vieron que su rostro parecía el de un ángel.

Discurso y muerte de Esteban

7 1El sumo sacerdote lo interrogó: «¿Es eso ver-
dad?». 2Él contestó: «Hermanos y padres, es-
cuchen. Cuando nuestro padre Abrahán residía
en Mesopotamia, antes de trasladarse a Jarán,
se le apareció el Dios de la gloria 3y le dijo: *Sal*
de tu tierra y de tu parentela y ve a la tierra que
te indicaré. 4Así que salió de Caldea y se esta-
bleció en Jarán. Al morir su padre, lo trasladó de
allí a esta tierra, donde ustedes habitan ahora.
5Pero no le dio una propiedad donde afincarse,
sino que le prometió darle en posesión este país
a él y a su descendencia.

»Cuando aún no tenía hijos, 6Dios le habló así:
Tus descendientes serán emigrantes en tierra
extranjera; los esclavizarán y maltratarán cua-
trocientos años. 7*Al pueblo que lo esclavice yo lo*
juzgaré –dijo Dios–. *Después saldrán y me da-*
rán culto en este lugar. 8Como señal de la alianza
le dio la circuncisión. Y así al nacer su hijo Isaac
lo circuncidó al octavo día. Isaac engendró a Ja-
cob y Jacob a los doce patriarcas.

9»Los patriarcas, *envidiosos de José, lo ven-*
dieron para que lo llevaran a Egipto; pero Dios
estaba con él 10y lo libró de todas sus desgra-
cias. *Hizo que se ganase el favor del faraón, rey*
de Egipto, por su prudencia, *el cual lo nombró*
gobernador de Egipto y de su entera corte. 11So-
brevino una carestía en Egipto y Canaán, una
época de gran escasez, de suerte que nuestros
antepasados no encontraban provisiones. 12*Al*
enterarse Jacob de que había trigo en Egipto
envió en una primera expedición a nuestros
antepasados. 13En una segunda expedición, *José*
se dio a conocer a sus hermanos y el faraón se
enteró del origen de José. 14José mandó llamar a
Jacob su padre y a toda la familia, *unas setenta*
y cinco personas.

15»Jacob bajó a Egipto, donde murió, lo mismo
que nuestros antepasados. 16Sus restos fueron
trasladados a Siquén y depositados en el sepul-
cro que Abrahán había comprado por dinero a
los jamoritas de Siquén. 17Cuando se acercaba
la hora de cumplirse la promesa que Dios había
hecho a Abrahán, el pueblo *había crecido y se*
había multiplicado en Egipto.

18»*Subió al trono de Egipto un rey que no sabía*
nada de José, 19ese rey maltrató con astucia a
nuestros padres, y los obligó a abandonar a los
recién nacidos para que no sobrevivieran. 20Era
la época en que nació Moisés, *el cual agradaba*
a Dios. Durante tres meses lo criaron en la casa
paterna; 21después lo abandonaron, y *la hija del*
faraón lo adoptó y educó como hijo suyo. 22Moi-
sés se formó en toda la cultura egipcia: era efi-
caz de palabra y de obra.

23»Al cumplir cuarenta años se le ocurrió ir a
visitar a sus hermanos israelitas. 24Viendo que
uno era maltratado, salió en su defensa y ven-
gó a la víctima matando al egipcio. 25Pensaba
que sus hermanos comprenderían que Dios iba
a salvarlos por su mano; pero ellos no lo com-
prendieron. 26Al día siguiente se presentó a unos
que peleaban e intentó reconciliarlos diciendo:
ustedes son hermanos, ¿por qué se maltratan?
27Pero el que estaba golpeando al otro lo recha-
zó diciendo: *¿Quién te ha nombrado jefe y juez*
nuestro? 28*¿Pretendes matarme como mataste*
ayer al egipcio? 29Al oírlo, Moisés se escapó y
se estableció en Madián, donde engendró dos
hijos.

30»Pasados cuarenta años, *se le apareció un*
ángel en el desierto del monte Sinaí, en la llama
de una zarza que ardía. 31Moisés quedó maravi-
llado ante el espectáculo, y, cuando *se acercaba*
para reconocerlo, se oyó la voz del Señor: 32*Yo*
soy el Dios de tus padres, el Dios de Abrahán, de
Isaac y de Jacob. Moisés, temblando, *no se atre-*
vía a mirar. 33El Señor le dijo: *Quítate las sanda-*
lias de los pies, que estás en lugar sagrado. 34*He*
visto cómo sufre mi pueblo en Egipto, he escu-
chado su queja y he bajado a liberarlos. Y ahora
yo te envío a Egipto.

35»A este Moisés, a quien habían rechazado diciendo: *¿Quién te ha nombrado jefe y juez?*, Dios lo envió como liberador por medio del ángel que se le apareció en el zarzal. 36Él los sacó realizando *milagros y señales en Egipto*, en el Mar Rojo y *cuarenta años en el desierto*. 37Este es el Moisés que dijo a los israelitas: *Dios suscitará de entre ustedes un profeta como yo*. 38Este es el que en la asamblea, en el desierto, trataba con el ángel que le había hablado en el monte Sinaí a él y a nuestros padres; el que recibió palabras de vida que luego nos comunicó.

39»Nuestros padres no quisieron obedecerle, al contrario lo rechazaron *y desearon volver a Egipto*. 40Y *pidieron a Aarón: Fabrícanos un dios que vaya delante de nosotros, porque no sabemos qué ha sido de ese Moisés, que nos sacó de Egipto*. 41*Entonces hicieron el becerro, ofrecieron sacrificios* al ídolo y celebraron fiesta en honor de la obra de sus manos. 42Así que Dios decidió entregarlos al culto de los astros del cielo, como está escrito en los libros proféticos: *Casa de Israel ¿acaso ustedes me ofrecieron víctimas y sacrificios estos cuarenta años en el desierto?* 43*Transportaron la tienda de Moloc y la estrella del dios Refán y las imágenes que fabricaron para adorarlas. Por eso yo los deportaré más allá* de Babilonia.

44»Nuestros padres en el desierto tenían la tienda del Testimonio, como había ordenado Dios cuando dijo a Moisés que la fabricara, *conforme al modelo que le había mostrado*. 45Nuestros padres recibieron esta tienda como herencia y, bajo el mando de Josué, la introdujeron en el país conquistado a los paganos, a los que Dios iba expulsando a su paso; y duró hasta el tiempo de David.

46»David obtuvo el favor de Dios y solicitó permiso para *construir una morada al Dios de Jacob*. 47Pero tocó a Salomón construirle el templo; 48si bien el Altísimo no habita en construcciones humanas, como dice el profeta: 49*El cielo es mi trono y la tierra la tarima de mis pies: ¿qué casa me van a construir? –dice el Señor–, ¿qué lugar para mi descanso?* 50*¿No ha hecho mi mano todo esto?*

51»¡Ustedes, duros de cabeza, infieles de corazón, cerrados a la verdad, siempre resisten al Espíritu Santo; y son iguales a sus padres! 52¿Hubo algún profeta que sus padres no persiguieran? Mataron a los que profetizaban la venida del Justo, el mismo al que ahora han entregado y asesinado 53ustedes que recibieron la ley por intermedio de ángeles y no la cumplieron».

54Cuando oyeron estas cosas se enfurecieron y rechinaban los dientes contra él. 55Esteban, lleno del Espíritu Santo, fijando la vista en el cielo, vio la gloria de Dios y a Jesús a la derecha de Dios, 56y dijo: «Estoy viendo el cielo abierto y al Hijo del Hombre de pie a la derecha de Dios». 57Ellos comenzaron a gritar, se taparon los oídos y todos se arrojaron contra él, 58lo arrastraron fuera de la ciudad y se pusieron a apedrearlo. Los testigos habían dejado los mantos a los pies de un muchacho llamado Saulo. 59Mientras lo apedreaban, Esteban invocó: «Señor Jesús, recibe mi espíritu». 60Y arrodillado, gritó con voz potente: «Señor, no les tengas en cuenta este pecado». Y dicho esto, murió.

8 1aSaulo estaba allí y aprobó la muerte de Esteban.

Persecución y predicación en Samaría

1bAquel día se desató una violenta persecución contra la Iglesia de Jerusalén, de modo que todos, excepto los apóstoles, se dispersaron por el territorio de Judea y Samaría. 2Hombres piadosos sepultaron a Esteban y le ofrecieron un solemne funeral. 3Saulo, por su parte, perseguía a la Iglesia, se metía en las casas, tomaba a hombres y mujeres y los metía en la cárcel. 4Los dispersos recorrían el país anunciando la Buena Noticia.

5Felipe bajó a una ciudad de Samaría y allí proclamaba al Mesías. 6La multitud escuchaba con atención e íntimamente unida lo que Felipe decía, porque oían y veían las señales que realizaba. 7Espíritus inmundos salían de los poseídos dando grandes voces; muchos paralíticos y lisiados se sanaban, 8y la ciudad rebosaba de alegría.

9Desde hacía tiempo había en la ciudad un hombre llamado Simón que practicaba la magia, tenía impresionada a la gente de Samaría y se hacía pasar por un gran personaje. 10Todos, del mayor al menor, le escuchaban y comentaban: «Este es la Fuerza de Dios, esa que es llamada Grande». 11Le escuchaban porque durante bastante tiempo los había tenido encantados con su magia. 12Pero, cuando creyeron a Felipe, que les anunciaba la Buena Noticia del reino de Dios y el nombre de Jesús Mesías, todos, hombres y mujeres, se bautizaron. 13También Simón creyó y se bautizó, y seguía constantemente a Felipe, asombrado al ver los grandes milagros y señales que hacía.

14En Jerusalén los apóstoles se enteraron que Samaría había aceptado la Palabra de Dios, y les enviaron a Pedro y Juan. 15Estos bajaron y rezaron para que recibieran el Espíritu Santo 16porque todavía no había bajado sobre ninguno de ellos y solo estaban bautizados en el nombre del Señor Jesús. [17]Entonces les impusieron las manos y recibieron el Espíritu Santo.

[18]Viendo Simón que, mediante la imposición de las manos de los apóstoles, se concedía el Espíritu, les ofreció dinero [19]diciendo: «Denme también a mí ese poder de conferir el Espíritu Santo al que le imponga las manos». [20]Pedro le replicó: «¡Maldito seas tú con tu dinero, si crees que el don de Dios se compra con dinero! [21]Este poder no es para ti ni te corresponde, porque Dios no aprueba tu actitud. [22]Arrepiéntete de tu maldad y pide que se te perdone tu error. [23]Te veo convertido en hiel amarga y atado en lazos de maldad». [24]Respondió Simón: «Rueguen ustedes al Señor por mí, para que no me suceda nada de lo que acabas de decir». [25]Ellos, después de dar testimonio exponiendo el mensaje del Señor, se volvieron a Jerusalén, anunciando por el camino la Buena Noticia en muchos pueblos de Samaría.

Felipe y el eunuco

[26]El ángel del Señor dijo a Felipe: «¡Levántate! Dirígete al sur, al camino que conduce de Jerusalén a Gaza» –un camino desierto–. [27]Él se puso en camino. Sucedió que un eunuco etíope, ministro de la reina Candaces y administrador de sus bienes, [28]volvía de una peregrinación a Jerusalén, sentado en su carroza y leyendo la profecía de Isaías. [29]El Espíritu dijo a Felipe: «Acércate y camina junto a la carroza». [30]Felipe la alcanzó de una carrera y oyó que estaba leyendo la profecía de Isaías, y le preguntó: «¿Entiendes lo que estás leyendo?». Contestó: [31]«¿Y cómo voy a entenderlo si nadie me lo explica?». Y lo invitó a subir y sentarse junto a él.

[32]El texto de la Escritura que estaba leyendo era el siguiente: *Como cordero llevado al matadero, como oveja ante el esquilador, muda, así él no abrió la boca.* [33]*Lo humillaron negándole la justicia; ¿quién podrá hablar de su descendencia ya que su vida es arrancada de la tierra?*

[34]El eunuco preguntó a Felipe: «Dime, por favor, ¿por quién lo dice el profeta? ¿Por sí o por otro?». [35]Felipe tomó la palabra y, comenzando por aquel texto, le explicó la Buena Noticia de Jesús. [36]Siguiendo camino adelante llegaron a un lugar donde había agua, y el eunuco le dijo: «Ahí hay agua, ¿qué me impide ser bautizado?». [37]Contestó Felipe: «¿Crees de todo corazón?». Respondió el eunuco: «Creo que Jesucristo es el Hijo de Dios». [38]Mandó parar la carroza, bajaron los dos hasta el agua, Felipe y el eunuco, y lo bautizó. [39]Cuando salieron del agua, el Espíritu del Señor arrebató a Felipe, de modo que el eunuco no lo vio más; y continuó su viaje muy contento. [40]Felipe apareció por Azoto, y recorriendo la región iba anunciando la Buena Noticia a todas las poblaciones hasta que llegó a Cesarea.

Conversión de Pablo

9 [1]Saulo, respirando amenazas contra los discípulos del Señor, se presentó al sumo sacerdote [2]y le pidió cartas para las sinagogas de Damasco autorizándolo para llevar presos a Jerusalén a los seguidores del Camino del Señor que encontrara, hombres y mujeres. [3]Iba de camino, ya cerca de Damasco, cuando de repente lo deslumbró una luz que venía del cielo. [4]Cayó en tierra y oyó una voz que le decía: «Saulo, Saulo, ¿por qué me persigues?». [5]Contestó: «¿Quién eres, Señor?». Le dijo: «Yo soy Jesús, a quien tú persigues. [6]Ahora levántate, entra en la ciudad y allí te dirán lo que debes hacer». [7]Los acompañantes se detuvieron mudos, porque oían la voz pero no veían a nadie. [8]Saulo se levantó del suelo y, al abrir los ojos, no veía. Lo tomaron de la mano y lo hicieron entrar en Damasco, [9]donde estuvo tres días, ciego, sin comer ni beber.

[10]Había en Damasco un discípulo llamado Ananías. En una visión le dijo el Señor: «¡Ananías!». Respondió: «Aquí me tienes, Señor». [11]Y el Señor le dijo: «Encamínate a la Calle Mayor y pregunta en casa de Judas por un tal Saulo de Tarso: lo encontrarás orando». [12]En una visión Saulo contemplaba a un tal Ananías que entraba y le imponía las manos y en ese momento recobraba la vista. [13]Ananías respondió: «Señor, he oído a muchos hablar de ese hombre y contar todo el daño que ha hecho a los consagrados de Jerusalén. [14]Ahora está autorizado por los sumos sacerdotes para arrestar a los que invocan tu nombre». [15]Le contestó el Señor: «Ve, que ese es mi instrumento elegido para difundir mi nombre entre paganos, reyes e israelitas. [16]Yo le mostraré lo que tiene que sufrir por mi nombre».

[17]Salió Ananías, entró en la casa y le impuso las manos diciendo: «Saulo, hermano, me envía el Señor Jesús, el que se te apareció cuando venías por el camino, para que recobres la vista y te llenes de Espíritu Santo». [18]Al instante se le cayeron de los ojos como unas escamas, recobró la vista, se levantó, se bautizó, [19]comió y recobró las fuerzas. Y se quedó unos días con los discípulos de Damasco.

[20]Muy pronto se puso a proclamar en las sinagogas que Jesús era el Hijo de Dios. [21]Todos los oyentes comentaban asombrados: «¿No es este el que perseguía en Jerusalén a los que invocan dicho nombre y ha venido acá para llevárselos presos ante los sumos sacerdotes?». [22]Pero Saulo iba ganando fuerza y confundía a los judíos que vivían en Damasco, afirmando que Jesús era el

Mesías. [23]Pasados bastantes días los judíos decidieron eliminarlo; [24]pero Pablo se enteró de su plan. Y, como los judíos custodiaban las puertas de la ciudad día y noche para eliminarlo, [25]una noche los discípulos lo descolgaron por el muro, escondido en una canasta.

Pablo en Jerusalén

[26]Al llegar a Jerusalén, intentaba unirse a los discípulos; pero ellos le tenían miedo, porque no creían que fuera discípulo. [27]Bernabé, haciéndose cargo de él, se lo presentó a los apóstoles y él les contó cómo había visto al Señor en el camino, cómo le había hablado y con qué franqueza había anunciado en Damasco el nombre de Jesús. [28]Saulo se quedó en Jerusalén, moviéndose libremente; anunciaba valientemente el nombre de Jesús, [29]conversaba y discutía con los judíos de lengua griega, pero estos tramaban su muerte. [30]Sus hermanos, al enterarse lo acompañaron hasta Cesarea y lo enviaron a Tarso.

[31]La Iglesia entera de Judea, Galilea y Samaría gozaba de paz, se iba construyendo, vivía en el temor del Señor y crecía animada por el Espíritu Santo.

Sanación de Eneas

[32]En uno de sus viajes bajó Pedro a visitar a los consagrados que habitaban en Lida. [33]Encontró a un tal Eneas, que llevaba ocho años en cama paralítico. [34]Pedro le dijo: «Eneas, Jesucristo te sana. Levántate y arregla la cama». Al instante se levantó. [35]Todos los vecinos de Lida y Sarón lo vieron y se convirtieron al Señor.

Resurrección de Tabita

[36]En Jafa vivía una discípula llamada Tabita –que significa gacela–: repartía muchas limosnas y hacía obras de caridad. [37]Sucedió por entonces que cayó enferma y murió. La lavaron y la colocaron en el piso superior. [38]Como Lida está cerca de Jafa, los discípulos, oyendo que Pedro se encontraba allí, enviaron dos hombres a buscarlo: «Ven por acá sin tardanza». [39]Pedro se fue con ellos. Al llegar, lo llevaron al piso de arriba. Las viudas lo rodearon y llorando le mostraban las túnicas y mantos que hacía Gacela mientras vivía con ellas. [40]Pedro hizo salir a todos, se arrodilló y rezó; después, vuelto hacia el cadáver, ordenó: «Gacela, levántate». Ella abrió los ojos y, al ver a Pedro, se incorporó. [41]Él le dio la mano y la hizo levantar. Después llamó a los consagrados y a las viudas y se la presentó viva. [42]El hecho se supo en toda Jafa, y muchos creyeron en el Señor. [43]Pedro se quedó algún tiempo en Jafa, en casa de Simón el curtidor.

Pedro y Cornelio

10 [1]Vivía en Cesarea un tal Cornelio, capitán de la cohorte itálica; [2]hombre piadoso, que veneraba a Dios con toda su familia. Hacía muchas limosnas al pueblo y oraba constantemente a Dios. [3]A eso de las tres de la tarde, vio claramente en una visión a un ángel de Dios que entraba en su habitación y le decía: «Cornelio». [4]Él lo miró asustado y dijo: «¿Qué quieres, Señor?». Le contestó: «Tus oraciones y limosnas han subido a la presencia de Dios y son tenidas en cuenta. [5]Ahora envía gente a Jafa, a buscar a un tal Simón, por sobrenombre Pedro. [6]Se aloja en casa de Simón el curtidor, al lado del mar». [7]Cuando se marchó el ángel que le hablaba, llamó a dos criados y a un soldado piadoso y de confianza, [8]les explicó el asunto y los envió a Jafa.

[9]Al día siguiente, mientras ellos iban de camino y se acercaban a la ciudad, Pedro subió a la azotea para orar. Como era cerca del mediodía, [10]sintió apetito y quiso comer algo. Mientras se lo preparaban, cayó en éxtasis. [11]Vio el cielo abierto y un objeto como un mantel enorme, descolgado por las cuatro puntas hasta el suelo: [12]contenía toda clase de cuadrúpedos, reptiles y aves. [13]Y oyó una voz: «¡Vamos, Pedro, mata y come!». [14]Pedro respondió: «De ningún modo, Señor; nunca he probado un alimento profano o impuro». [15]Por segunda vez sonó la voz: «Lo que Dios declara puro tú no lo tengas por impuro». [16]Esto se repitió tres veces y enseguida el objeto fue elevado al cielo.

[17]Mientras Pedro, desconcertado, se interrogaba sobre el significado de la visión, los enviados de Cornelio que habían preguntado por la casa de Simón, se presentaron a la puerta, [18]y preguntaron si se alojaba allí Simón, de sobrenombre Pedro. [19]Pedro seguía dándole vueltas a la visión, cuando el Espíritu le dijo: «Mira, tres hombres preguntan por ti. [20]Levántate, baja y sin dudarlo vete con ellos, porque yo los he enviado». [21]Pedro bajó a donde estaban y les dijo: «Soy yo el que buscan, ¿para qué vinieron?». [22]Contestaron: «El capitán Cornelio, hombre honrado que venera a Dios, apreciado por todo el pueblo judío, ha recibido de un ángel santo el encargo de llamarte y escuchar tus palabras». [23]Pedro los hizo entrar y les dio alojamiento.

[24]Al día siguiente se puso en camino con ellos, acompañado de algunos hermanos de Jafa. Al otro día llegaron a Cesarea. Cornelio los estaba esperando y había reunido a sus parientes y amigos íntimos. [25]Cuando Pedro entró, Cornelio le salió al encuentro, y se arrodilló a sus pies en señal de veneración. [26]Pedro lo levantó y le dijo: «Levántate, que yo no soy más que un hom-

bre». 27Conversando con él, entró y encontró a
muchos reunidos, 28entonces se dirigió a ellos
diciendo: «Ustedes saben que a cualquier judío
le está prohibido juntarse o visitar a personas
de otra raza. Pero Dios acaba de enseñarme que
no se debe considerar profano o impuro a ningún
hombre. 29Por eso, cuando me llamaron, vine
sin dudarlo. Ahora deseo saber para qué me han
llamado». 30Cornelio contestó: «Hace tres días,
a esta hora, estaba yo recitando la oración de
la tarde en mi casa, cuando un hombre con un
traje resplandeciente se presentó ante mí 31y me
dijo: Cornelio, tu oración y tus limosnas han sido
escuchadas por Dios y son tenidas en cuenta.
32Envía gente a Jafa y llama a Simón, por sobre-
nombre Pedro, que se aloja en casa de Simón el
curtidor, junto al mar. 33Enseguida te hice llamar
y tú has tenido la bondad de venir. Estamos to-
dos en presencia de Dios dispuestos a escuchar
lo que el Señor te ha mandado decirnos».

En casa de Cornelio

34Pedro tomó la palabra: «Verdaderamente re-
conozco que Dios no hace diferencia entre las
personas sino que, 35acepta a quien lo respeta
y practica la justicia, de cualquier nación que
sea. 36Él comunicó su palabra a los israelitas y
anuncia la Buena Noticia de la paz por medio de
Jesús, el Mesías, que es Señor de todos. 37Uste-
des ya conocen lo sucedido por toda la Judea,
empezando por Galilea, a partir del bautismo
que predicaba Juan. 38Cómo Dios ungió a Jesús
de Nazaret con Espíritu Santo y poder: él pasó
haciendo el bien y sanando a los poseídos del
Diablo, porque Dios estaba con él. 39Nosotros
somos testigos de todo lo que hizo en Judea y
Jerusalén. Ellos le dieron muerte colgándolo de
un madero. 40Pero Dios lo resucitó al tercer día
e hizo que se apareciese, 41no a todo el pueblo,
sino a los testigos designados de antemano por
Dios: a nosotros, que comimos y bebimos con
él después de su resurrección. 42Nos encargó
predicar al pueblo y atestiguar que Dios lo ha
nombrado juez de vivos y muertos. 43Todos los
profetas dan testimonio de él, declarando que
los que creen en él, en su nombre reciben el per-
dón de los pecados».

44Pedro no había acabado de hablar, cuando
el Espíritu Santo bajó sobre todos los oyentes.
45Los creyentes convertidos del judaísmo se
asombraban al ver que el don del Espíritu San-
to también se concedía a los paganos; 46ya que
los oían hablar en diversas lenguas y proclamar
la grandeza de Dios. Entonces intervino Pedro:
47«¿Puede alguien impedir que se bauticen con
agua los que han recibido el Espíritu Santo igual
que nosotros?». 48Y ordenó que los bautizaran
invocando el nombre de Jesucristo. Ellos le ro-
garon que se quedaran unos días.

Informe de Pedro en Jerusalén

11 1Los apóstoles y los hermanos que estaban
en Judea oyeron que también los paganos
habían aceptado la Palabra de Dios. 2Cuando
Pedro subió a Jerusalén, los judíos convertidos
discutían con él 3diciendo que había entrado en
casa de incircuncisos y había comido con ellos.
4Pedro les contó detalladamente lo sucedido:
5«Estaba yo orando en Jafa, cuando tuve una vi-
sión en éxtasis: un objeto, como un mantel enor-
me, se descolgaba por las cuatro puntas desde el
cielo y llegaba hasta mí. 6Me fijé atentamente
y vi cuadrúpedos, fieras, reptiles y aves. 7Oí
una voz que me decía: ¡Pedro, levántate, mata
y come! 8Contesté: De ningún modo, Señor, yo
nunca he comido nada profano o impuro. 9Por
segunda vez me habló la voz desde el cielo: Lo
que Dios declara puro tú no lo declares impuro.
10Esto sucedió tres veces y después todo fue lle-
vado otra vez hacia el cielo. 11En aquel momento
tres hombres enviados desde Cesarea llegaron a
la casa donde me encontraba. 12El Espíritu me
ordenó ir con ellos sin dudarlo. Me acompañaron
estos seis hermanos y entramos en casa de aquel
hombre. 13Él nos explicó que había visto en casa
un ángel de pie que le decía: Envía gente a Ja-
fa y haz venir a Simón, por sobrenombre Pedro,
14el cual te dirá palabras que serán la salvación
tuya y de tu familia. 15Apenas empecé a hablar,
cuando bajó sobre ellos el Espíritu Santo, como
al principio sobre nosotros. 16Yo me acordé de lo
que había dicho el Señor: *Juan bautizó con agua,
ustedes serán bautizados con Espíritu Santo.*
17Ahora bien, si Dios les concedió el mismo don
que a nosotros, por haber creído en el Señor, Je-
sucristo, ¿quién era yo para estorbar a Dios?».

18Al oír el relato se calmaron y dieron gloria
a Dios diciendo: «Dios también ha concedido a
los paganos el arrepentimiento que conduce a
la vida».

La Iglesia de Antioquía

19Los que se habían dispersado durante la
persecución ocasionada por Esteban llegaron
hasta Fenicia, Chipre y Antioquía, anuncian-
do el mensaje solamente a los judíos. 20Entre
ellos había algunos chipriotas y cireneos que,
al llegar a Antioquía, se pusieron a hablar a los
griegos anunciándoles la Buena Noticia del Se-
ñor Jesús. 21La mano del Señor los apoyaba, de
modo que un gran número creyó y se convirtió
al Señor.

22La noticia llegó a oídos de la Iglesia de Jeru-
salén, que envió a Bernabé a Antioquía. 23Al lle-
gar y comprobar la gracia de Dios, se alegró 24y,
como era hombre bueno, lleno de fe y de Espíritu
Santo, exhortó a todos a ser fieles al Señor de
todo corazón. Un buen número de personas se
incorporó al Señor.
25Bernabé marchó a Tarso en busca de Saulo,
26y cuando lo encontró, lo condujo a Antioquía.
Un año entero actuaron en aquella Iglesia ins-
truyendo a una comunidad numerosa. En Antio-
quía los discípulos fueron llamados por primera
vez cristianos. 27Por aquel tiempo bajaron unos
profetas de Jerusalén a Antioquía. 28Uno de
ellos, llamado Ágabo, se alzó inspirado y predijo
una gran carestía universal –que sobrevino en
tiempo de Claudio–. 29Entonces los discípulos
decidieron enviar, cada cual según sus posibili-
dades, una ayuda a los hermanos que habitaban
en Judea. 30Y así lo hicieron enviando las limos-
nas a los ancianos por medio de Bernabé y Saulo.

Martirio de Santiago – Pedro encarcelado

12 1Por aquel tiempo el rey Herodes empren-
dió una persecución contra algunos miem-
bros de la Iglesia. 2Hizo degollar a Santiago, el
hermano de Juan. 3Y, viendo que esto agradaba
a los judíos, hizo arrestar a Pedro durante las
fiestas de los Ázimos. 4Lo detuvo y lo metió en
la cárcel, encomendando su custodia a cuatro
piquetes de cuatro soldados cada uno. Su inten-
ción era exponerlo al pueblo pasada la Pascua.
5Mientras Pedro estaba custodiado en la cárcel,
la Iglesia rezaba fervientemente a Dios por él.
6La noche anterior al día en que Herodes pen-
saba presentarlo al pueblo, Pedro dormía entre
dos soldados, sujeto con dos cadenas, mientras
los centinelas hacían guardia ante la puerta de
la cárcel. 7De repente se presentó un ángel del
Señor y una luz resplandeció en el calabozo. El
ángel tocó a Pedro en el costado, lo despertó
y le dijo: «Levántate rápido». Se le cayeron las
cadenas de las manos 8y el ángel le dijo: «Ponte
el cinturón y cálzate las sandalias». Así lo hizo.
Luego añadió: «Cúbrete con el manto y sígue-
me». 9Salió Pedro detrás de él, sin saber si lo
del ángel era real, porque le parecía que aquello
era una visión. 10Pasaron la primera guardia y
la segunda, llegaron a la puerta de hierro que
daba a la calle, que se abrió por sí sola. Salieron
y, cuando llegaron al extremo de una calle, el
ángel se alejó de él.
11Entonces Pedro, volviendo en sí, comentó:
«Ahora entiendo de veras que el Señor envió a
su ángel para librarme del poder de Herodes y de
todo lo que esperaba el pueblo judío». 12Ya reco-
brado, se dirigió a casa de la madre de Juan, de
sobrenombre Marcos, donde unos cuantos se ha-
bían reunido para orar. 13Golpeó la puerta, y una
criada llamada Rosa salió a abrir. 14Al reconocer
la voz de Pedro, de pura alegría, no le abrió, si-
no que corrió a anunciar que Pedro estaba ante
el portal. 15Le dijeron: «¡Estás loca!». Pero ella
insistía en que era cierto. Replicaron: «Será su
ángel». 16Pedro seguía llamando. Le abrieron y
cuando lo vieron no salían de su asombro. 17Él
hizo un gesto con la mano para que se callaran
y les contó cómo el Señor lo había sacado de la
cárcel. Y añadió: «Hagan saber esto a Santiago
y a los hermanos». Después salió y se dirigió a
otro lugar. 18Cuando se hizo de día los solda-
dos estaban muy confundidos por lo que había
pasado con Pedro. 19Herodes lo buscó y, al no
encontrarlo, interrogó a los guardias y los hizo
ejecutar. Después, bajó de Judea y se quedó en
Cesarea.

Muerte de Herodes

20Herodes estaba enemistado con los habi-
tantes de Tiro y Sidón. Ellos, de común acuer-
do, se presentaron al rey, se ganaron a Blasto,
camarero real, y pidieron la paz; ya que su país
recibía las provisiones del territorio del rey. 21El
día convenido, Herodes, vestido con traje real
se sentó en su trono y les dirigió la palabra, 22el
pueblo aclamaba: «¡Esta es voz de dios, no de
hombre!». 23De improviso lo hirió el ángel del
Señor, por no haber reconocido la gloria de Dios,
y murió comido de gusanos.
24La Palabra de Dios crecía y se difundía.
25Bernabé y Saulo, acabada su misión, se vol-
vieron a Jerusalén, llevando consigo a Juan, de
sobrenombre Marcos.

Misión de Pablo y Bernabé

13 1En la Iglesia de Antioquía había algunos
profetas y doctores: Bernabé, Simeón el
Negro, Lucio el Cireneo, Manajén, que se había
criado con el tetrarca Herodes, y Saulo. 2Un día,
mientras celebraban el culto del Señor y ayuna-
ban, el Espíritu Santo dijo: «Sepárenme a Berna-
bé y a Saulo para la tarea a la que los tengo des-
tinados». 3Ayunaron, oraron, e imponiéndoles
las manos, los despidieron. 4Así, enviados por el
Espíritu Santo, bajaron a Seleucia, de allí nave-
garon a Chipre y, 5llegados a Salamina, anuncia-
ban la Palabra de Dios en las sinagogas judías.
Llevaban a Juan como colaborador.
6Atravesando la isla, llegaron a Pafos, donde
encontraron a un mago y falso profeta judío que
se llamaba Barjesús. 7Estaba en el séquito del

gobernador Sergio Pablo, hombre inteligente, que había llamado a Bernabé y Saulo porque deseaba escuchar la Palabra de Dios. [8]Pero se les opuso el mago Elimas, que así se traduce su nombre, que procuraba apartar al gobernador de la fe. [9]Saulo, o sea Pablo, lleno de Espíritu Santo, lo miró fijamente [10]y le dijo: «¡Gran embustero y embaucador, hijo del Diablo y enemigo de toda justicia! ¿Cuándo acabarás de retorcer los caminos rectos de Dios? [11]Mira, te herirá la mano de Dios y quedarás una temporada ciego sin ver el sol». Al instante lo invadió una niebla oscura y andaba a tientas buscando a alguien que le diera la mano. [12]Al ver lo sucedido, el gobernador profundamente impresionado ante la enseñanza del Señor, abrazó la fe.

En Antioquía de Pisidia

[13]Navegando desde Pafos, Pablo y sus compañeros llegaron a Perge de Panfilia. Juan se separó de ellos y se volvió a Jerusalén. [14]Ellos continuaron desde Perge hasta Antioquía de Pisidia, y entrando un sábado en la sinagoga, tomaron asiento. [15]Terminada la lectura de la ley y los profetas, los jefes de la sinagoga les mandaron a decir: «Hermanos, si tienen alguna palabra de aliento para el pueblo, pueden decirla». [16]Pablo se levantó y, pidiendo silencio con la mano, dijo: «Israelitas y todos los que temen a Dios, escúchenme: [17]El Dios de este pueblo, el Dios de Israel eligió a nuestros padres y engrandeció al pueblo mientras residía en Egipto. Más tarde, con brazo poderoso los sacó de allí [18]y durante cuarenta años los condujo por el desierto. [19]Aniquiló a siete pueblos paganos de Canaán y entregó su territorio en heredad a Israel, [20]por cuatrocientos cincuenta años; les dio jueces hasta el profeta Samuel. [21]Entonces pidieron un rey y Dios les dio a Saúl, hijo de Quis, de la tribu de Benjamín, que reinó cuarenta años. [22]Lo depuso y nombró rey a David, de quien dio testimonio: *Encontré a David*, el de Jesé, *un hombre a mi gusto, que cumplirá todos mis deseos*. [23]De la descendencia de David, según la promesa, sacó Dios a Jesús como salvador de Israel. [24]Antes de su llegada Juan predicó un bautismo de penitencia a todo el pueblo de Israel. [25]Hacia el fin de su carrera mortal Juan dijo: *Yo no soy el que ustedes creen; detrás de mí viene uno al que no tengo derecho a quitarle las sandalias de los pies*.

[26]»Hermanos, descendientes de Abrahán, y todos los que temen a Dios: A ustedes se les envía este mensaje de salvación. [27]Los vecinos de Jerusalén y sus jefes no acogieron a Jesús ni entendieron las palabras de los profetas que se leen cada sábado. Pero, al juzgarlo, las cumplieron. [28]Pidieron a Pilato que lo condenara, aunque no encontraron causa para una sentencia de muerte. [29]Cuando se cumplió todo lo escrito de él lo descolgaron del madero y le dieron sepultura. [30]Pero Dios lo resucitó de la muerte [31]y se apareció durante muchos días a los que habían subido con él de Galilea a Jerusalén. Ellos son hoy sus testigos ante el pueblo.

[32]»Y nosotros, les anunciamos a ustedes esta Buena Noticia: la promesa que Dios hizo a nuestros padres [33]fue cumplida por él a sus descendientes, que somos nosotros, resucitando a Jesús, como está escrito en el salmo segundo: *Tú eres mi hijo, yo te he engendrado hoy*. [34]Y que lo ha resucitado para que nunca se someta a la corrupción está anunciado así: *Cumpliré las santas promesas hechas a David, aquellas que no pueden fallar*. [35]Y en otro lugar dice: *No permitirás que tu fiel sufra la corrupción*. [36]Ahora bien, David, después de haber cumplido la voluntad de Dios durante su propia generación, murió, fue sepultado y sufrió la corrupción. [37]En cambio, el que Dios resucitó no sufrió la corrupción.

[38]»Sépanlo, hermanos, se les anuncia el perdón de los pecados por medio de él, [39]y todo el que crea será perdonado de todo lo que no pudo perdonar la ley de Moisés. [40]¡Tengan cuidado! Que no les suceda lo anunciado por los profetas: [41]*Ustedes, los que desprecian, llénense de estupor y ocúltense: Porque en estos días voy a realizar algo que si alguien lo contara no lo podrían creer*».

[42]Cuando salieron, les rogaban que siguieran exponiendo el tema el sábado siguiente. [43]Al disolverse la asamblea, muchos judíos y prosélitos devotos acompañaron a Pablo y Bernabé, quienes les hablaban e invitaban a mantenerse en el favor de Dios.

[44]El sábado siguiente casi toda la población se congregó para escuchar la Palabra de Dios. [45]Pero los judíos, al ver la multitud, se llenaron de envidia y contradecían con insultos las palabras de Pablo. [46]Entonces Pablo y Bernabé hablaron con toda franqueza: «A ustedes debíamos anunciar en primer lugar la Palabra de Dios. Pero, ya que la rechazan y no se consideran dignos de la vida eterna, nos dirigiremos a los paganos. [47]Así nos lo ha ordenado el Señor: *Te hago luz de las naciones, para que mi salvación alcance hasta el confín de la tierra*».

[48]Los paganos al oírlo se alegraron, glorificaron la Palabra de Dios y los que estaban destinados a la vida eterna, abrazaron la fe. [49]Y así la Palabra de Dios se difundió por toda la región. [50]Pero los judíos incitaron a mujeres piadosas de

clase alta y a los notables de la ciudad, provocaron una persecución contra Pablo y Bernabé y los expulsaron de sus fronteras. 51 Ellos, sacudieron el polvo de sus pies en señal de protesta contra aquella gente y se marcharon a Iconio. 52 Los discípulos, por su parte, quedaron llenos de alegría y de Espíritu Santo.

En Iconio

14 1 En Iconio, Pablo y Bernabé, entraron juntos en la sinagoga judía y hablaron de tal manera que muchos judíos y griegos abrazaron la fe. 2 Los judíos no convertidos incitaron a los paganos y los pusieron en contra de los hermanos. 3 Durante una temporada se quedaron allí, y predicaban sin miedo confiados en el Señor que confirmaba su mensaje de gracia con milagros y señales que realizaba por medio de ellos. 4 La población se dividió: unos a favor de los judíos, otros a favor de los apóstoles. 5 Un grupo de paganos y judíos, con el apoyo de los jefes, se prepararon para maltratarlos y apedrearlos. 6 Al enterarse, los apóstoles escaparon a las ciudades de Licaonia, Listra, Derbe y sus alrededores. 7 Allí estuvieron anunciando la Buena Noticia.

En Listra

8 Había en Listra un hombre que tenía los pies paralizados, inválido de nacimiento, que nunca había caminado. 9 Escuchaba sentado lo que Pablo decía. Este fijó en él la mirada y, viendo que tenía fe para salvarse, 10 le dijo en voz alta: «Ponte derecho sobre los pies». Él dio un salto y se puso a caminar. 11 Al ver lo que había hecho Pablo, la gente empezó a gritar en lengua licaonia: «¡Dioses en figura de hombres han bajado hasta nosotros!». 12 A Bernabé lo llamaban Zeus y a Pablo Hermes, porque era el portavoz. 13 El sacerdote del templo de Zeus, que estaba a la entrada de la ciudad, trajo toros y guirnaldas a las puertas de la ciudad e intentaba ofrecer un sacrificio con la multitud. 14 Al oírlo, los apóstoles Bernabé y Pablo se rasgaron los vestidos y se lanzaron hacia la multitud gritando: 15 «¡Amigos! ¿Qué están haciendo? Nosotros también somos hombres igual que ustedes y les predicamos que deben abandonar los ídolos para convertirse al Dios vivo, que hizo el cielo, la tierra, el mar y cuanto contienen. 16 Aunque en otros tiempos, Él permitió a los paganos seguir sus caminos; 17 nunca dejó de manifestarse como bienhechor, enviándoles lluvias desde el cielo, buenas cosechas, alimentándolos y teniéndolos contentos».

18 Con estas palabras apenas lograron impedir que la multitud les ofreciera sacrificios. 19 Pero unos judíos, venidos de Antioquía e Iconio, convencieron a la gente para que apedrease a Pablo. Luego dándolo por muerto, lo arrastraron fuera de la ciudad. 20 Los discípulos lo rodearon, él se levantó y entró en la ciudad.

De vuelta en Antioquía

21 Al día siguiente salió con Bernabé hacia Derbe. Después de anunciar la Buena Noticia en aquella ciudad y de ganar bastantes discípulos, se volvieron a Listra, Iconio y Antioquía, 22 donde animaron a los discípulos y los exhortaron a perseverar en la fe, recordándoles que tenían que atravesar muchas tribulaciones para entrar en el reino de Dios. 23 En cada comunidad nombraban ancianos y con oraciones y ayunos los encomendaban al Señor en quien habían creído. 24 Después atravesaron Pisidia, llegaron a Panfilia, 25 predicaron el mensaje en Perge, bajaron a Atalía 26 y desde allí navegaron a Antioquía, desde donde habían partido encomendados a la gracia de Dios para realizar la obra que ahora habían acabado. 27 Al llegar, reunieron a la comunidad y les contaron lo que Dios había hecho por su medio y cómo había abierto a los paganos la puerta de la fe. 28 Y se quedaron una larga temporada con los discípulos.

El Concilio de Jerusalén

15 1 Algunos venidos de Judea enseñaban a los hermanos que, si no se circuncidaban según el rito de Moisés, no podían salvarse. 2 Pablo y Bernabé tuvieron una fuerte discusión con ellos; de modo que se decidió que Pablo y Bernabé con algunos más acudieran a Jerusalén, para tratar este asunto con los apóstoles y los ancianos. 3 Los enviados por la comunidad atravesaron Fenicia y Samaría, contando a los hermanos la conversión de los paganos y llenándolos de alegría.

4 Llegados a Jerusalén fueron recibidos por la comunidad, los apóstoles y los ancianos, y les contaron lo que Dios había hecho por su medio. 5 Pero algunos de la secta farisea que habían abrazado la fe se levantaron y dijeron que era necesario circuncidar a los paganos convertidos y obligarlos a observar la ley de Moisés. 6 Los apóstoles y los ancianos se reunieron para examinar el asunto. 7 Luego de una agitada discusión, se levantó Pedro y les dijo: «Hermanos, ustedes saben que desde el principio me eligió Dios entre ustedes, para que por mi medio los paganos escucharan la Buena Noticia y creyeran. 8 Dios, que conoce los corazones, mostró que los aceptaba dándoles el Espíritu Santo lo mismo que a nosotros, 9 Él no hizo ninguna distinción entre unos y otros y los purificó por

medio de la fe. 10¿Por qué ahora, ustedes tientan
a Dios imponiendo al cuello de los discípulos un
yugo que ni nuestros padres ni nosotros hemos
sido capaces de soportar? 11Al contrario, noso-
tros creemos que tanto ellos como nosotros he-
mos sido salvados por la gracia del Señor Jesús».
12Toda la asamblea en silencio se dispuso a es-
cuchar a Bernabé y Pablo, que les contaron los
milagros y señales que Dios había obrado por su
medio entre los paganos. 13Cuando se callaron,
les contestó Santiago: «Hermanos, les ruego
que me escuchen. 14Simón ha contado cómo Dios
desde el principio dispuso elegir entre los pue-
blos paganos un pueblo consagrado a su nom-
bre. 15Eso concuerda con lo que anunciaron los
profetas, como está escrito: 16*De nuevo recons-
truiré la choza caída de David, la reconstruiré
levantando sus ruinas,* 17*para que el resto de los
hombres busque al Señor, lo mismo que todas las
naciones que llevan mi nombre –dice el Señor–,*
18*que da a conocer todo esto desde antiguo.* 19Por
tanto pienso que no hay que poner obstáculos
a los paganos que se conviertan a Dios. 20Basta
encargarles que se abstengan de contaminarse
con los ídolos, de las uniones ilegales y de comer
carne de animales estrangulados o sangre. 21Ya
que Moisés tiene desde antiguo en cada pobla-
ción predicadores que lo leen los sábados en las
sinagogas».
22Entonces los apóstoles, los ancianos y la
comunidad entera decidieron escoger algunos
dirigentes de los hermanos, para enviarlos con
Pablo, Bernabé, Judas, por sobrenombre Barsa-
bás, y Silas a Antioquía. 23Les dieron una carta
autógrafa que decía: «Los hermanos apóstoles
y ancianos saludan a los hermanos convertidos
del paganismo de Antioquía, Siria y Cilicia: 24Nos
hemos enterado de que algunos de los nues-
tros, sin nuestra autorización, han sembrado
entre ustedes la inquietud y provocado el des-
concierto. 25Por eso hemos decidido de común
acuerdo elegir unos delegados y enviárselos con
nuestros queridos Bernabé y Pablo, 26hombres
que han entregado su vida a la causa de nues-
tro Señor Jesucristo. 27Por eso les enviamos a
Judas y Silas, que les explicarán esto de pala-
bra. 28Es decisión del Espíritu Santo y nuestra
no imponerles ninguna carga más que estas co-
sas indispensables: 29absténganse de alimentos
ofrecidos a los ídolos, de sangre, de animales
estrangulados y de relaciones sexuales prohi-
bidas. Harán bien si se privan de estas cosas.
Adiós». 30Ellos se despidieron, bajaron a Antio-
quía, reunieron a la comunidad y les entregaron
la carta. 31Cuando la leyeron, se alegraron por
los ánimos que les daba. 32Judas y Silas, que
también eran profetas, animaron y confirma-
ron a los hermanos. 33Pasada una temporada,
se despidieron de los hermanos con la paz y se
volvieron a los que los habían enviado. 34[[Pero
a Silas le pareció bien quedarse allí.]] 35Pablo y
Bernabé se quedaron en Antioquía, donde con
otros muchos, enseñaban y anunciaban la Pa-
labra de Dios.

Pablo y Bernabé se separan

36Pasados unos días Pablo dijo a Bernabé:
«Volvamos a visitar a los hermanos de cada po-
blación donde hemos anunciado la Palabra del
Señor, a ver cómo se encuentran». 37Bernabé
quería llevar consigo a Juan, de sobrenombre
Marcos. 38Pablo juzgaba que no debían llevar
consigo a uno que los había abandonado en Pan-
filia y no los había acompañado en la tarea. 39La
discusión resultó tan violenta que se separaron,
y Bernabé, tomando a Marcos, se embarcó para
Chipre. 40Pablo eligió a Silas y partió, encomen-
dado al favor del Señor por los hermanos. 41Atra-
vesó Siria y Cilicia confirmando a las Iglesias.

Timoteo acompaña a Pablo y Silas

16 1Así llegó a Derbe y Listra. Había allí un
discípulo llamado Timoteo, hijo de madre
judía convertida y de padre griego, 2muy esti-
mado por los hermanos de Listra e Iconio. 3Pablo
quería llevarlo consigo; así que lo circuncidó,
en consideración a los judíos que habitaban
por allí, porque todos sabían que su padre era
griego. 4Al atravesar las poblaciones, les encar-
gaban que observaran las normas establecidas
por los apóstoles y los ancianos de Jerusalén.
5Las Iglesias se robustecían en la fe y crecían
en número cada día. 6Como el Espíritu Santo no
les permitía predicar el mensaje en Asia, atrave-
saron Frigia y Galacia. 7Llegados a Misia, inten-
taron pasar a Bitinia, pero el Espíritu de Jesús
se lo impidió. 8Así que dejaron Misia y bajaron
hasta Tróade.

Visión de Pablo

9Una noche Pablo tuvo una visión: un ma-
cedonio estaba de pie y le suplicaba: «Ven a
Macedonia a ayudarnos». 10Apenas tuvo esa
visión, intentamos ir a Macedonia, convencidos
de que Dios nos llamaba a anunciarles la Buena
Noticia. 11Nos embarcamos en Tróade llegamos
rápidamente a Samotracia, y al día siguiente a
Neápolis; 12de allí a Filipos, la primera ciudad
de la provincia de Macedonia, colonia romana.
Nos quedamos unos días en aquella ciudad. 13Un
sábado salimos por la puerta de la ciudad a la
ribera de un río, donde pensábamos que habría

un lugar para orar. Nos sentamos y nos pusimos
a conversar con unas mujeres. 14Nos escuchaba
una mujer llamada Lidia, comerciante en púr-
pura en Tiatira y persona devota. El Señor le
abrió el corazón para que prestara atención al
discurso de Pablo. 15Se bautizó con toda su fa-
milia y nos rogaba: «Si me tienen por creyente
en el Señor, vengan a hospedarse a mi casa». Y
nos insistía.

Presos y liberados

16Una vez que nos dirigíamos a la oración nos
salió al encuentro una muchacha que tenía pode-
res de adivina y daba muchas ganancias a sus pa-
trones adivinando la suerte. 17Caminando detrás
de Pablo y de nosotros gritaba: «Estos hombres
son siervos del Dios Altísimo y nos predican el
camino de la salvación». 18Esto lo hizo muchos
días, hasta que Pablo, cansado, se volvió y dijo al
espíritu: «En nombre de Jesucristo te ordeno que
salgas de ella». Inmediatamente salió de ella.
19Viendo sus dueños que se les había escapa-
do la esperanza de negocio, tomaron a Pablo y
Silas, los arrastraron hasta la plaza, ante las
autoridades, 20y, presentándolos a los magistra-
dos, dijeron: «Estos hombres están perturbando
nuestra ciudad; son judíos 21y predican unas
costumbres que nosotros, romanos, no pode-
mos aceptar ni practicar». 22La gente se reunió
contra ellos y los magistrados ordenaron que
los desnudaran y los azotaran. 23Después de una
buena paliza, los metieron en la cárcel y orde-
naron al carcelero que los vigilara con mucho
cuidado. 24Recibido el encargo, los metió en el
último calabozo y les sujetó los pies al cepo.
25A media noche Pablo y Silas recitaban un him-
no a Dios, mientras los demás presos escuchaban.
26De repente sobrevino un terremoto que sacudió
los cimientos de la prisión. En ese instante se
abrieron todas las puertas y se les soltaron las
cadenas a los prisioneros. 27El carcelero se des-
pertó, y al ver las puertas abiertas, empuñó la
espada para matarse, creyendo que se habían es-
capado los presos. 28Pero Pablo le gritó muy fuer-
te: «¡No te hagas daño, que estamos todos aquí!».
29El carcelero pidió una antorcha, temblando co-
rrió adentro y se echó a los pies de Pablo y Silas.
30Los sacó afuera y les dijo: «Señores, ¿qué tengo
que hacer para salvarme?». 31Ellos le contestaron:
«Cree en el Señor Jesús y te salvarás, tú con tu fa-
milia». 32Enseguida le anunciaron a él y a toda la
familia el mensaje del Señor. 33Todavía de noche
se los llevó, les lavó las heridas y se bautizó con
toda su familia. 34Después los llevó a su casa, les
ofreció una comida y festejó con toda la casa el
haber creído en Dios.
35Cuando se hizo de día, los magistrados en-
viaron a los inspectores para que soltaran a
aquellos hombres. 36El carcelero informó del
asunto a Pablo: «Los magistrados han mandado
que los deje en libertad; por tanto, váyanse en
paz». 37Pablo replicó: «De modo que a nosotros,
ciudadanos romanos, nos han azotado en públi-
co y sin juicio, nos han metido en la cárcel, ¿y
ahora nos echan a ocultas? De ningún modo. Que
vengan ellos y nos hagan salir». 38Los inspecto-
res lo comunicaron a los magistrados, los cuales
se asustaron al oír que eran ciudadanos roma-
nos. 39Acudieron, se excusaron, los hicieron salir
y les rogaron que se marcharan de la ciudad.
40Al salir de la cárcel se dirigieron a casa de
Lidia, saludaron, animaron a los hermanos y se
marcharon.

En Tesalónica

17 1Atravesando Anfípolis y Apolonia llegaron
a Tesalónica, donde había una sinagoga
judía. 2Según costumbre, Pablo se dirigió a ella
y, durante tres sábados, discutió con ellos, ci-
tando la Escritura, 3explicándola y mostrando
que el Mesías tenía que padecer y resucitar al
tercer día, y que ese Jesús que les anunciaba era
el Mesías. 4Algunos de ellos se convencieron y
se unieron a Pablo y Silas; también lo hicieron
gran número de gente de nacionalidad griega
que habían aceptado la fe de los judíos y no po-
cas mujeres influyentes. 5Llenos de envidia, los
judíos reclutaron algunos maleantes del arroyo,
promovieron un alboroto y perturbaron el orden
de la ciudad. Luego se presentaron en casa de
Jasón con la intención de hacer comparecer a
Pablo y Silas ante la asamblea del pueblo. 6Al
no encontrarlos, arrastraron a Jasón y a algunos
hermanos a la presencia de los magistrados. Y
gritaron: «Estos, que han revolucionado el mun-
do, se han presentado también aquí y 7Jasón los
ha recibido en su casa. Todos estos actúan con-
tra los edictos del emperador y afirman que hay
otro rey, llamado Jesús». 8Al oírlo, la multitud
y los magistrados se asustaron, 9exigieron una
fianza a Jasón y los soltaron.

En Berea

10Enseguida, de noche, los hermanos enviaron
a Pablo y Silas a Berea. Cuando llegaron, se di-
rigieron a la sinagoga de los judíos. 11Estos eran
más tolerantes que los de Tesalónica; recibieron
con interés el mensaje y todos los días analiza-
ban la Escritura para ver si era cierto. 12Muchos
de ellos abrazaron la fe, lo mismo que algunas
mujeres nobles y no pocos hombres griegos.
13Cuando los judíos de Tesalónica se enteraron

de que Pablo había anunciado el mensaje de Dios en Berea, fueron allá para incitar y amotinar a la multitud. [14]Sin tardanza, los hermanos hicieron bajar a Pablo hasta la costa, mientras Silas y Timoteo se quedaban atrás. [15]Los que escoltaban a Pablo lo condujeron hasta Atenas; después volvieron con instrucciones para que Silas y Timoteo se reunieran con él cuanto antes.

En Atenas

[16]Mientras los esperaba en Atenas, Pablo se indignaba al observar la idolatría de la ciudad. [17]En la sinagoga discutía con judíos y con los que temen a Dios; en la plaza pública hablaba a los que pasaban por allí. [18]Algunos de las escuelas filosóficas de epicúreos y estoicos entablaban conversación con él; otros comentaban: «¿Qué querrá decir este charlatán?». Otros decían: «Parece un propagandista de divinidades extranjeras». Porque anunciaba a Jesús y la resurrección. [19]Lo llevaron al Areópago y le preguntaron: «¿Podemos saber en qué consiste esa nueva doctrina que expones? [20]Dices cosas que nos suenan extrañas y queremos saber lo que significan». [21]Porque todos los atenienses y los extranjeros que residen allí no tienen mejor pasatiempo que contar y escuchar novedades.

En el Areópago

[22]Pablo se puso en pie en medio del Areópago y habló así: «Atenienses, veo que son hombres sumamente religiosos. [23]Cuando estaba paseando y observando sus lugares de culto, encontré un altar con esta inscripción: Al Dios Desconocido. Ahora bien, yo vengo a anunciarles al que adoran sin conocer. [24]Es el Dios que hizo cielo y tierra y todo lo que hay en él. El que es Señor de cielo y tierra no habita en templos construidos por hombres [25]ni pide que le sirvan manos humanas, como si necesitase algo. Porque él da vida y aliento y todo a todos. [26]De uno solo formó toda la raza humana, para que poblase la superficie entera de la tierra. Él definió las etapas de la historia y las fronteras de los países. [27]Hizo que buscaran a Dios y que lo encontraran aun a tientas. Porque no está lejos de ninguno de nosotros, ya que [28]en él vivimos, y nos movemos y existimos, como dijeron algunos de los poetas de ustedes: porque somos también de su raza. [29]Por tanto, si somos de raza divina, no debemos pensar que Dios es semejante a la plata o el oro o la piedra modelados por la creatividad y la artesanía del hombre. [30]Ahora bien, Dios, pasando por alto la época de la ignorancia, manda ahora a todos los hombres en todas partes a que se arrepientan; [31]porque ha señalado una fecha para juzgar con justicia al mundo por medio de un hombre que él designó para esto. Y a este hombre lo ha acreditado ante todos resucitándolo de la muerte». [32]Al oír lo de la resurrección de los muertos, unos se burlaban, otros decían: «En otra ocasión te escucharemos sobre este asunto». [33]Y así Pablo abandonó la asamblea. [34]Algunos se juntaron a él y abrazaron la fe; entre ellos Dionisio el areopagita, una mujer llamada Dámaris y algunos más.

En Corinto

18 [1]Pablo salió de Atenas y se dirigió a Corinto. [2]Allí encontró a un judío llamado Áquila, natural del Ponto, y a su mujer Priscila, que habían llegado hacía poco de Italia, porque Claudio había expulsado de Roma a todos los judíos. Pablo fue a verlos y, [3]como eran del mismo oficio, se alojó en su casa para trabajar: eran fabricantes de tiendas de campaña. [4]Todos los sábados Pablo discutía en la sinagoga, intentando convencer a judíos y paganos.

[5]Cuando Silas y Timoteo bajaron de Macedonia, Pablo se dedicó a predicar, afirmando ante los judíos que Jesús era el Mesías. [6]Pero, como se oponían y lo injuriaban, se sacudió el polvo de la ropa y dijo: «Ustedes son responsables de su sangre, yo soy inocente: en adelante me dirigiré a los paganos». [7]Saliendo de allí se dirigió a casa de un hombre religioso, llamado Ticio Justo, que vivía junto a la sinagoga. [8]Crispo, jefe de la sinagoga, con toda su familia, creyó en el Señor y también muchos corintios que lo habían escuchado creyeron y se bautizaron. [9]En una visión nocturna el Señor dijo a Pablo: «No temas, sigue hablando y no te calles, [10]que yo estoy contigo y nadie podrá hacerte daño, porque en esta ciudad tengo yo un pueblo numeroso». [11]Pablo se quedó allí un año y medio enseñándoles el mensaje de Dios.

[12]Siendo Galión gobernador de Acaya, los judíos de común acuerdo se enfrentaron con Pablo y lo condujeron al tribunal, [13]acusándolo de inducir a la gente a ofrecer a Dios un culto contrario a la ley. [14]Pablo estaba por hablar, cuando Galión se dirigió a los judíos: «Si se tratara de algún delito o de una acción criminal, yo los atendería como es debido. [15]Pero como se trata de discusiones sobre palabras y nombres y sobre la ley judía, arréglense ustedes. No quiero ser juez de esos asuntos». [16]Y los despidió del tribunal. [17]Entonces [los griegos] tomaron a Sóstenes, jefe de la sinagoga, y le dieron una paliza delante del tribunal, mientras Galión se desentendía de todo. [18]Pablo se quedó allí bastante tiempo. Después se despidió de los hermanos y

se embarcó para Siria en compañía de Priscila y
Áquila. En Cencreas se afeitó la cabeza en cum-
plimiento de un voto.

Hacia Antioquía

19Llegaron a Éfeso, donde Pablo se separó de
sus compañeros y se dirigió a la sinagoga para
discutir con los judíos. 20Aunque le rogaban que
se quedara más tiempo, no accedió, 21sino que
se despidió diciendo: «Si Dios quiere, volveré a
visitarlos». Zarpó de Éfeso 22y bajó a Cesarea;
allí desembarcó para saludar a la comunidad, y
prosiguió el viaje hasta Antioquía. 23Pasada una
temporada partió y fue atravesando Galacia y
Frigia, confirmando a todos los discípulos.

Apolo en Éfeso

24Llegó a Éfeso un judío llamado Apolo, na-
tural de Alejandría, hombre elocuente y versa-
do en la Escritura. 25Lo habían instruido en el
camino del Señor, y lleno de fervor hablaba y
explicaba exactamente lo concerniente a Je-
sús, aunque conocía solo el bautismo de Juan.
26Empezó a actuar abiertamente en la sinagoga.
Lo escucharon Priscila y Áquila; se lo llevaron
aparte y le explicaron con mayor exactitud el
camino de Dios. 27Y como se disponía a marchar a
Acaya, los hermanos lo animaron y escribieron a
los discípulos para que lo recibieran de la mejor
manera posible. Al llegar prestó un gran servi-
cio a los que habían recibido la gracia de la fe,
28porque refutaba vigorosamente y en público
a los judíos, demostrando con la Escritura que
Jesús era el Mesías.

Pablo en Éfeso

19 1Mientras Apolo estaba en Corinto, Pablo
viajaba por el interior hasta llegar a Éfe-
so. Allí encontró unos discípulos 2y les preguntó
si habían recibido el Espíritu Santo después de
abrazar la fe. Le respondieron: «Ni sabíamos que
había Espíritu Santo». 3Les preguntó: «Enton-
ces, ¿qué bautismo han recibido?». Contestaron:
«El bautismo de Juan». 4Pablo replicó: «Juan
predicó un bautismo de arrepentimiento, en-
cargando al pueblo que creyera en el que venía
detrás de él, o sea, en Jesús». 5Al oírlo, se bau-
tizaron invocando el nombre del Señor Jesús.
6Pablo les impuso las manos y vino sobre ellos el
Espíritu Santo, y se pusieron a hablar en distin-
tas lenguas y a profetizar. 7Eran doce varones.
8Después entró en la sinagoga, y durante tres
meses habló abiertamente, discutiendo de mo-
do convincente sobre el reino de Dios. 9Pero, co-
mo algunos se endurecían y se negaban a creer
y difamaban el Camino ante la gente, Pablo se
apartó de ellos, llevó consigo a los discípulos y
siguió discutiendo diariamente en la escuela de
un tal Tirano. 10Esto duró dos años, de modo que
todos los habitantes de Asia, judíos y griegos,
escucharon la Palabra del Señor.

Los exorcistas

11Dios hacía milagros extraordinarios por me-
dio de Pablo; 12hasta el punto de que aplicaban
a los enfermos paños o pañuelos que él había
tocado, y les desaparecía la enfermedad y tam-
bién salían de ellos los espíritus malignos. 13Unos
exorcistas ambulantes judíos intentaron invocar
sobre los poseídos de espíritus malignos el nom-
bre de Jesús con la fórmula: «Yo los conjuro por
el Jesús que Pablo predica». 14Un sumo sacerdote
judío, llamado Escevas, tenía siete hijos que ha-
cían eso. 15Pero el espíritu maligno les dijo: «A
Jesús lo conozco, Pablo sé quién es; pero ustedes,
¿quiénes son?». 16El hombre poseído por el espí-
ritu maligno se abalanzó sobre ellos y los dominó
por la fuerza, así que tuvieron que escapar des-
nudos y malheridos de aquella casa. 17Lo supieron
los vecinos de Éfeso, judíos y griegos, y todos se
llenaron de temor. El nombre del Señor Jesús ga-
naba prestigio. 18Muchos que abrazaban la fe ve-
nían a confesar públicamente sus prácticas. 19No
pocos, que habían practicado la magia, traían sus
libros y los quemaban en presencia de todos. Cal-
culando el precio de aquellos libros, resultó ser
de cincuenta mil monedas de plata. 20Así, por el
poder del Señor, el mensaje crecía y se fortalecía.

Motín de los plateros

21Terminada toda esa tarea, Pablo se propuso
ir a Jerusalén pasando por Macedonia y Acaya; él
decía que, después de estar allí, tenía que visi-
tar Roma. 22Envió a Macedonia a dos de sus asis-
tentes, Timoteo y Erasto, y él se quedó una tem-
porada en Asia. 23Por entonces sobrevino una
gran crisis a causa del Camino del Señor. 24Un tal
Demetrio, platero, fabricaba en plata reproduc-
ciones del templo de Artemisa y proporcionaba
buenas ganancias a los artesanos. 25Los reunió
con todos los del gremio y les dirigió la pala-
bra: «Compañeros, ustedes saben que nuestra
prosperidad depende de esta actividad. 26Pero
ahora ustedes ven y oyen que ese Pablo, no solo
en Éfeso, sino en Asia entera, está ganando con
su propaganda mucha gente, diciendo que los
dioses que se fabrican con manos humanas, no
son dioses. 27Con lo cual no solo está en peli-
gro de descrédito nuestra profesión, sino que el
templo de la gran diosa Artemisa, venerada en
toda Asia y en el mundo entero, va a perder toda
su grandeza».

28Al oírlo se enfurecieron y se pusieron a gri-
tar: «¡Viva la gran Artemisa de Éfeso!». 29Se pro-
dujo un gran tumulto en la ciudad y todos se
precipitaron hacia el teatro, arrastrando consi-
go a Gayo y a Aristarco, macedonios compañeros
de Pablo. 30Pablo intentaba acudir a la asam-
blea, pero los discípulos no se lo permitieron.
31Algunas autoridades de Asia, amigos suyos,
le enviaron un mensaje aconsejándole que no
acudiera al teatro. 32Entretanto, cada uno gri-
taba una cosa, había una gran confusión en la
asamblea y muchos de la concurrencia ni siquie-
ra sabían la causa. 33Algunos de la multitud ex-
plicaron el asunto a Alejandro, a quien los judíos
habían empujado al frente de todos. Este, ha-
ciendo un gesto con la mano, intentaba dar una
explicación a la asamblea. 34Pero, al reconocer
que era judío, todos se pusieron a gritar durante
dos horas: «¡Viva la gran Artemisa de Éfeso!».

35El secretario logró calmar a la multitud y les
habló: «Efesios, ¿hay alguien que no sepa que
Éfeso custodia el templo de la gran Artemisa y
su imagen caída del cielo? 36Como eso es indis-
cutible, lo importante es que conserven la calma
y no obren con precipitación. 37Han traído a esos
hombres, que ni son sacrílegos ni han insultado
a nuestra diosa. 38Si Demetrio y sus artesanos
tienen alguna queja contra alguien, ahí están
los jueces y prefectos: que allí resuelvan su plei-
to. 39Si se trata de un asunto más grave, podrá
resolverlo la asamblea legal. 40De hecho, corre-
mos peligro de ser acusados de agitadores por el
tumulto de hoy ya que no tenemos motivo que
justifique tal alboroto». Con estas palabras di-
solvió la asamblea.

Viajes, visitas y despedidas

20 1Cuando se calmó el tumulto, Pablo man-
dó llamar a los discípulos, los animó, se
despidió y emprendió el viaje hacia Macedonia.
2Atravesó aquella región animando a los her-
manos con muchos discursos, hasta que llegó a
Grecia. 3Allí se detuvo tres meses y, cuando se
disponía a embarcarse para Siria, se enteró de
que los judíos habían hecho planes contra él, de
modo que decidió volver por tierra atravesando
Macedonia. 4Lo acompañaron [hasta Asia] Sópa-
tro, hijo de Pirro, de Berea; Aristarco y Segundo
de Tesalónica; Gayo de Derbe y Timoteo; Tíquico
y Trófimo de Asia. 5Estos se adelantaron y nos
esperaban en Tróade.

6Pasada la semana de los Ázimos zarpamos
nosotros de Filipos y a los cinco días los alcanza-
mos en Tróade, donde nos quedamos siete días.
7Un domingo que nos reunimos para la fracción
del pan, Pablo, que debía partir al día siguiente,
se puso a hablar y prolongó el discurso hasta
media noche. 8Había bastantes lámparas en el
piso superior donde estábamos reunidos. 9Un
muchacho, llamado Eutico, estaba sentado en
el borde de la ventana. Mientras Pablo hablaba
y hablaba, a Eutico lo fue venciendo el sueño,
hasta que, vencido por completo, se cayó del
tercer piso al suelo, donde lo recogieron muerto.
10Pablo bajó, se echó sobre él, lo abrazó y dijo:
«No se asusten, que aún está vivo». 11Después
subió, partió el pan y comió. Estuvo conversan-
do, hasta la aurora y entonces se marchó. 12En
cuanto al muchacho lo llevaron vivo y todos se
sintieron muy consolados.

13Nosotros nos dirigimos al barco y zarpamos
para Aso, donde debíamos recoger a Pablo. Eso
era lo convenido, ya que él hacía el viaje a pie.
14Cuando nos alcanzó en Aso, se embarcó con
nosotros y nos dirigimos a Mitilene. 15Zarpa-
mos de allí y al día siguiente llegamos frente a
Quíos, al otro día pasamos Samos y al siguiente
llegamos a Mileto. 16Pablo tenía decidido pasar
de largo por Éfeso, para no retrasarse tanto en
Asia. Porque, si era posible, quería estar en Je-
rusalén el día de Pentecostés.

Despedida de los efesios

17Desde Mileto envió un mensaje a Éfeso con-
vocando a los ancianos de la comunidad. 18Cuan-
do llegaron les dijo: «Ya saben cómo me he com-
portado siempre con ustedes desde el primer día
que pisé Asia. 19He servido al Señor con toda
humildad, con lágrimas y en todas las pruebas
que me han causado las intrigas de los judíos.
20No he dejado de hacer todo lo que pudiera ser
útil: les prediqué y les enseñé tanto en público
como en sus casas. 21A judíos y griegos les he
inculcado el arrepentimiento frente a Dios y la
fe en nuestro Señor Jesús.

22»Ahora, encadenado por el Espíritu, me diri-
jo a Jerusalén sin saber lo que allí me sucederá.
23Solo sé que en cada ciudad el Espíritu Santo
me asegura que me esperan cadenas y persecu-
ciones. 24Pero poco me importa la vida, con tal
de completar mi carrera y el ministerio que reci-
bí del Señor Jesús: anunciar la Buena Noticia de
la gracia de Dios.

25»Ahora sé que ustedes, cuyo territorio he
atravesado proclamando el reino, no volverán a
verme. 26Por eso hoy declaro que no soy respon-
sable de la muerte de ninguno, 27porque nunca
dejé de anunciar plenamente el designio de Dios.

28»Cuídense ustedes y cuiden a todo el reba-
ño que el Espíritu Santo les encomendó como
a pastores de la Iglesia de Dios, que Él adquirió
pagando con su sangre.

29»Sé que después de mi partida se meterán
entre ustedes lobos rapaces que no respetarán
el rebaño. 30Incluso de entre ustedes saldrán
algunos que dirán cosas equivocadas para arras-
trar tras de sí a los discípulos.
31»Por tanto, estén atentos y recuerden que
durante tres años no he cesado de aconsejarlos
con lágrimas ni de día ni de noche. 32Ahora los
encomiendo al Señor y al mensaje de su gracia,
que tiene poder para hacerlos crecer y otorgar la
herencia a todos los consagrados. 33No he codi-
ciado la plata ni el oro ni los vestidos de nadie.
34Ustedes saben que con mis manos he atendido
a las necesidades mías y de mis compañeros.
35Les he enseñado siempre que, trabajando así,
hay que ayudar a los débiles, recordando el di-
cho del Señor Jesús: más vale dar que recibir.
36Dicho esto, se arrodilló con todos y oró.
37Todos se pusieron a llorar; lo abrazaban y lo
besaban afectuosamente, 38entristecidos sobre
todo por lo que había dicho, que no volverían a
verlo. Después lo acompañaron hasta el barco.

Viaje a Jerusalén

21 1Nos separamos de ellos, zarpamos y na-
vegamos directamente a Cos, al día si-
guiente hasta Rodas y desde allí hasta Pátara.
2Encontrando un barco que cruzaba hacia Fe-
nicia, nos embarcamos y zarpamos. 3Avistando
Chipre y dejándola a nuestra izquierda, navega-
mos hacia Siria y llegamos a Tiro, donde la nave
tenía que descargar. 4Encontramos a los discí-
pulos y nos detuvimos allí siete días. Algunos,
movidos por el Espíritu, aconsejaban a Pablo
que no subiera a Jerusalén. 5Cuando se cumplió
nuestro plazo, salimos para continuar el viaje.
Todos, con sus mujeres e hijos, nos acompaña-
ron hasta fuera de la ciudad. Nos arrodillamos
en la playa y oramos. 6Después nos despedimos
mutuamente, embarcamos y ellos se volvieron
a casa. 7Desde Tiro atravesamos hasta llegar a
Tolemaida. Saludamos a los hermanos y nos que-
damos con ellos un día.
8Al día siguiente salimos y llegamos a Cesa-
rea; entramos en casa de Felipe, uno de los siete
evangelistas, y nos hospedamos con él. 9Tenía
este cuatro hijas solteras profetisas. 10Tras va-
rios días de estadía, bajó de Judea un profeta
llamado Ágabo. 11Se acercó a nosotros, tomó
el cinturón de Pablo y se ató con él de manos
y pies, y dijo: «Esto dice el Espíritu Santo: Al
dueño de este cinturón los judíos lo atarán en
Jerusalén y lo entregarán a los paganos».
12Al oírlo, nosotros y los vecinos del lugar le
suplicábamos a Pablo que no subiera a Jerusa-
lén. 13Pero Pablo respondió: «¿Qué hacen lloran-
do y ablandándome el corazón? Por el nombre
del Señor Jesús yo estoy dispuesto a ser encade-
nado y a morir en Jerusalén». 14Como no podía-
mos convencerlo, nos tranquilizamos diciendo:
Que se cumpla la voluntad del Señor. 15Pasados
aquellos días hicimos los preparativos y em-
prendimos la subida hacia Jerusalén. 16Algunos
discípulos de Cesarea nos acompañaron hasta la
casa de un viejo discípulo, Nasón de Chipre, que
nos dio alojamiento.

En Jerusalén

17Al llegar a Jerusalén, los hermanos nos reci-
bieron contentos. 18Al día siguiente fuimos con
Pablo a visitar a Santiago; se presentaron los
ancianos en pleno. 19Después de saludarlos, les
expuso detalladamente todo lo que Dios había
realizado por su medio entre los paganos. 20Al
oírlo, dieron gloria a Dios y dijeron a Pablo: «Ya
ves, hermano, cuántas decenas de miles de ju-
díos se han convertido a la fe, y todos son ob-
servantes de la ley. 21Corre el rumor de que a
los judíos que viven entre paganos les enseñas
a abandonar la ley de Moisés y les dices que no
circunciden a sus hijos ni sigan nuestras cos-
tumbres. 22¿Qué hacer? Seguro que se enterarán
de que has llegado; 23sigue nuestro consejo: hay
entre nosotros cuatro hombres que han hecho un
voto. 24Acude a purificarte con ellos y paga los
gastos para que se afeiten la cabeza; así sabrán
todos que los rumores que corren acerca de ti no
tienen fundamento y que eres un judío obser-
vante de la ley. 25A los paganos convertidos a la
fe les hemos comunicado nuestros decretos: que
se abstengan de la carne inmolada a los ídolos,
de la sangre, de los animales estrangulados y de
las relaciones sexuales prohibidas». 26Al día si-
guiente Pablo tomó consigo a aquellos hombres,
se purificó con ellos y fue al templo para avisar
de la fecha en que terminaría la purificación y se
llevaría la ofrenda por cada uno de ellos.

Arrestado en el templo

27Cuando se iban a cumplir los siete días, los
judíos de Asia, viéndolo en el templo, alborota-
ron a la gente y se apoderaron de él 28gritando:
«¡Auxilio, israelitas! Este es el hombre que en-
seña a todo el mundo y en todas partes una doc-
trina contraria al pueblo, a la ley y al lugar sa-
grado. Ahora acaba de introducir a unos griegos
en el templo profanando este santo lugar». 29De-
cían esto porque poco antes lo habían visto con
Trófimo el efesio y pensaban que Pablo lo había
introducido en el templo. 30La ciudad entera se
conmovió y todo el pueblo acudió corriendo. To-
maron a Pablo, lo arrastraron fuera del templo y

cerraron las puertas. 31Cuando intentaban darle
muerte, llegó al comandante de la cohorte la no-
ticia de que toda Jerusalén estaba amotinada.
32Reunió soldados y centuriones y acudió a toda
prisa. Ellos, al ver al comandante con los solda-
dos, dejaron de golpear a Pablo.
33Entonces el comandante detuvo a Pablo, lo
mandó atar con dos cadenas y luego preguntó
quién era y qué había hecho. 34Todos gritaban
al mismo tiempo. No pudiendo averiguar la ver-
dad, a causa del tumulto, el comandante mandó
que lo condujeran a la fortaleza. 35Cuando lle-
garon a la escalinata, los soldados tuvieron que
alzarlo para evitar la violencia de la multitud.
36Porque el pueblo en masa los seguía gritando:
«¡Muera!». 37Cuando lo iban a introducir en la
fortaleza, Pablo dice al comandante: «¿Puedo
decirte una palabra?». Le contestó: «¿Cómo?,
¿sabes hablar griego? 38¿No eres tú el egipcio
que hace unos días provocó un motín y llevó al
desierto a cuatro mil terroristas?». 39Respondió
Pablo: «Yo soy judío de Tarso, ciudadano de una
ciudad nada despreciable. Te pido permiso para
dirigir la palabra al pueblo». 40Se lo concedió, y
Pablo, de pie sobre la escalinata, hizo un gesto
con la mano hacia el pueblo. Se hizo un silencio
profundo y Pablo les habló en hebreo:

Discurso de Pablo

22 1«Hermanos y padres, escuchen mi defen-
sa». 2Al oír que les hablaba en hebreo, se
estuvieron más quietos. Él dijo: 3«Soy judío, na-
tural de Tarso de Cilicia, aunque educado en esta
ciudad, instruido con toda exactitud en la ley
de nuestros antepasados, a los pies de Gamaliel,
entusiasta de Dios como lo son todos ustedes
actualmente.
4»Yo perseguí a muerte a quienes seguían ese
Camino, arrestando y metiendo en la cárcel a
hombres y mujeres, 5como pueden atestiguarlo el
sumo sacerdote y el senado en pleno. De ellos re-
cibí carta para los hermanos y me puse en camino
hacia Damasco para arrestar a los de allí y con-
ducirlos a Jerusalén para que fuesen castigados.
6»Yendo de camino, cerca ya de Damasco,
hacia el mediodía, de repente una luz celeste,
intensa, resplandeció en torno a mí. 7Caí en
tierra y escuché una voz que me decía: Saulo,
Saulo, ¿por qué me persigues? 8Contesté: ¿Quién
eres, Señor? Contestó la voz: Yo soy Jesús Naza-
reno, a quien tú persigues. 9Los acompañantes
veían la luz, pero no oían la voz del que hablaba
conmigo. 10Yo le dije: ¿Qué debo hacer, Señor?
Contestó el Señor: Levántate y ve a Damasco;
allí te dirán lo que debes hacer. 11Como no veía,
deslumbrado por el brillo de aquella luz, los
acompañantes me llevaron de la mano y así lle-
gué a Damasco.
12»Un tal Ananías, hombre piadoso y obser-
vante de la ley, jde buena reputación entre to-
dos los judíos de la ciudad, 13vino a visitarme,
se presentó y me dijo: Hermano Saulo, recobra
la vista. En aquel momento pude verlo a él. 14Me
dijo: El Dios de nuestros padres te ha destinado
a conocer su designio, a ver al Justo y a escuchar
directamente su voz; 15porque serás su testigo
ante todo el mundo de lo que has visto y oído.
16Por tanto no tardes: bautízate y lávate de los
pecados invocando su nombre.
17»Cuando volví a Jerusalén, estando en ora-
ción en el templo, caí en éxtasis 18y vi al Señor
que me decía: Sal pronto de Jerusalén, porque
no van a aceptar tu testimonio acerca de mí.
19Repliqué: Señor, ellos saben que yo arrestaba
a los que creían en ti y los azotaba en las si-
nagogas. 20También que, cuando se derramaba
la sangre de tu testigo Esteban, yo estaba allí,
aprobando y guardando la ropa de los que lo ma-
taban. 21Él me dijo: Ve, que yo te envío a pueblos
lejanos.
22Hasta ese punto habían estado escuchan-
do, después alzaron la voz diciendo: «Elimina a
ese hombre; no puede seguir viviendo». 23Como
seguían gritando y rasgándose los vestidos y
echando polvo al aire, 24el comandante mandó
que lo introdujeran en la fortaleza y lo interro-
gasen a latigazos para averiguar por qué motivo
clamaban contra él.
25Cuando lo sujetaban con las correas, Pa-
blo dijo al centurión allí presente: «¿Les está
permitido azotar sin proceso a un ciudadano
romano?». 26Al oírlo, el centurión fue a avisar
al comandante: «¿Qué vas a hacer? Ese hombre
es romano». 27El comandante se acercó y le pre-
guntó: «Dime, ¿eres romano?». Contestó: «Sí».
28Repuso el comandante: «Yo he comprado la
ciudadanía por una buena suma». Pablo dijo:
«Yo la poseo de nacimiento». 29Inmediatamente
se apartaron de él los que lo iban a interrogar.
El comandante se asustó al saber que lo tenía
arrestado siendo romano. 30Al día siguiente,
queriendo saber con certeza las acusaciones que
le hacían los judíos, lo soltó y mandó reunirse a
los sumos sacerdotes y el Consejo en pleno. Des-
pués hizo bajar a Pablo y se lo presentó.

Ante el Consejo

23 1Pablo fijó la vista en el Consejo y dijo:
«Hermanos, yo he procedido ante Dios
con conciencia limpia e íntegra». 2El sumo sa-
cerdote Ananías mandó a sus asistentes que lo
golpearan en la boca. 3Pablo entonces le dijo:

«Dios te va a golpear a ti, pared blanqueada. Tú
estás sentado para juzgarme según la ley y me
mandas golpear violando la ley».
4Los soldados le dijeron: «¿Al sumo sacerdote
de Dios insultas?». 5Pablo contestó:«No sabía,
hermanos, que fuera el sumo sacerdote; por-
que está escrito: *no hablarás mal del jefe del
pueblo*».
6Advirtiendo Pablo que una parte eran sadu-
ceos y otra parte fariseos, exclamó en el Conse-
jo: «Hermanos, hasta hoy soy fariseo e hijo de
fariseos, y se me está juzgando por la esperanza
en la resurrección de los muertos». 7Apenas lo
dijo, cuando surgió una discusión entre fariseos
y saduceos, y la asamblea se dividió. 8Porque los
saduceos niegan la resurrección y los ángeles y
el espíritu, mientras que los fariseos lo afirman
todo. 9Se armó un griterío, y algunos letrados
del partido fariseo se alzaron y afirmaron polé-
micamente: «No encontramos culpa alguna en
este hombre; tal vez le ha hablado un espíritu
o un ángel».
10Como arreciaba el conflicto, temiendo el
comandante que fueran a despedazar a Pablo,
mandó bajar a la tropa, sacarlo de en medio y
llevarlo a la fortaleza. 11La noche siguiente el
Señor se le presentó y le dijo: «¡Ánimo! Lo mis-
mo que has dado testimonio de mí en Jerusalén,
tienes que darlo en Roma».

Complot contra Pablo

12Por la mañana se reunieron los judíos y se
comprometieron bajo juramento a no comer ni
beber hasta haber dado muerte a Pablo. 13Los
conspiradores eran más de cuarenta. 14Se pre-
sentaron a los sumos sacerdotes y ancianos y les
dijeron: «Hemos jurado no probar bocado hasta
no haber dado muerte a Pablo. 15Ahora les toca
a ustedes proponer al comandante y al Conse-
jo que se lo traigan, con pretexto de investigar
más atentamente su caso. Antes de que se acer-
que, estamos preparados para eliminarlo». 16El
hijo de la hermana de Pablo se enteró de lo que
tramaban, fue a la fortaleza, entró y se lo contó
a Pablo. 17Este llamó a uno de los centuriones
y le dijo: «Conduce a este muchacho al coman-
dante, porque tiene que darle una información».
18Se hizo cargo de él, lo condujo al comandan-
te y dijo: «El prisionero Pablo me ha llamado y
me ha pedido que te traiga a este muchacho,
que tiene algo que decirte». 19El comandante lo
tomó de la mano, se lo llevó aparte y le pre-
guntó: «¿Qué es lo que me tienes que contar?».
20Respondió: «Los judíos han acordado pedirte
que mañana hagas bajar a Pablo al Consejo, con
pretexto de examinar más atentamente su caso.
21No les hagas caso; porque un grupo de más de
cuarenta han tramado una emboscada contra él.
Han jurado no comer ni beber hasta haberlo eli-
minado. Ahora están preparados, esperando tu
consentimiento».
22El comandante despidió al muchacho, en-
cargándole que no dijera a nadie que le había
informado de ello.

Remitido a Félix

23Llamó a dos centuriones y les dijo: «Pasadas
las nueve de la noche tengan preparados para
viajar a Cesarea doscientos soldados de infante-
ría, setenta de caballería y doscientos lanceros.
24Preparen también caballos para Pablo y llé-
venlo sano y salvo al gobernador Félix». 25Y le
escribió una carta en los siguientes términos:
26«Claudio Lisias saluda al ilustrísimo goberna-
dor Félix. 27A este hombre lo habían secuestrado
los judíos para matarlo. Cuando supe que era
romano, intervine con la tropa y lo libré. 28Que-
riendo averiguar los cargos que tenían contra
él, lo conduje a su Consejo. 29Pero resultó que
los cargos versan sobre controversias de su ley,
y no había ningún cargo digno de muerte o de
prisión. 30Al enterarme de un atentado tramado
contra este hombre, te lo envío y aviso a los acu-
sadores que te presenten a ti sus cargos». 31Los
soldados, cumpliendo las órdenes, tomaron a
Pablo y lo condujeron de noche hasta Antípatris.
32Al día siguiente dejaron a la caballería seguir
con él y ellos se volvieron a la fortaleza. 33Los
otros llegaron a Cesarea, entregaron la carta al
gobernador y le presentaron a Pablo. 34Leyó la
carta y preguntó de qué jurisdicción era. Entera-
do de que era de Cilicia, 35le dijo: «Oiré tu causa
cuando se presenten tus acusadores». Y mandó
custodiarlo en el pretorio de Herodes.

Proceso ante Félix

24 1Cinco días más tarde bajó el sumo sacer-
dote con algunos ancianos y el abogado
Tértulo, para presentar sus cargos contra Pablo.
2Lo hicieron comparecer, y Tértulo comenzó su
acusación: 3«Ilustrísimo Félix: Gracias a ti goza-
mos de paz estable y gracias a tu sabio gobierno
esta nación consigue mejoras; todo esto lo reci-
bimos siempre y en todas partes con profundo
agradecimiento. 4Para no cansarte, solicito de
tu clemencia que escuches mi exposición resu-
mida. 5Hemos descubierto que este hombre es
una peste, que promueve discordias entre los
judíos del mundo entero y que es un dirigente
de la secta de los nazarenos. 6Cuando intenta-
ba profanar el templo, lo arrestamos y quisimos
juzgarlo por nuestra ley, 7pero el tribuno Lisias,

con gran violencia, lo arrancó de nuestras ma-
nos, mandando que sus acusadores viniesen a ti.
8Tú mismo, examinándolo, podrás comprobar la
verdad de nuestras acusaciones».
9Los judíos lo apoyaron afirmando que era
cierto. 10El gobernador hizo un gesto a Pablo y
este tomó la palabra: «Como sé que desde hace
años administras justicia a esta nación, pronun-
cio confiado mi defensa. 11Tú mismo puedes com-
probar que no han pasado más de doce días desde
que subí en peregrinación a Jerusalén. 12Ni en el
templo ni en las sinagogas ni por la ciudad me
han encontrado discutiendo con nadie ni amo-
tinando a la gente. 13No pueden probar ninguno
de sus cargos contra mí. 14Eso sí: te confieso que
venero a Dios siguiendo ese Camino que ellos lla-
man secta; creo todo lo escrito en la ley y los
profetas, 15y confiado en Dios, espero como ellos
que habrá resurrección de justos e injustos. 16Y
así, también yo procuro mantener en todo una
conciencia irreprochable ante Dios y ante los
hombres. 17Tras una ausencia de años, fui en pe-
regrinación al templo llevando limosnas para mis
compatriotas y a presentar ofrendas. 18Allí me
encontraron, en un rito de purificación, no con
una multitud ni en un tumulto. 19Pero algunos
judíos de Asia estaban allí, y esos sí tendrían que
comparecer y acusarme de lo que tengan contra
mí. 20O si no, que los aquí presentes digan qué
delito encontraron cuando comparecí ante el
Consejo, 21si no es el haber declarado en voz alta
ante ellos: Si hoy me juzgan ante ustedes es por
la resurrección de los muertos».
22Félix, que estaba bien informado sobre el
Camino, postergó la causa diciéndoles: «Cuando
venga el comandante Lisias, resolveré este plei-
to». 23Después dio orden al centurión de tener
a Pablo detenido, con cierta libertad, y de no
impedir a los suyos que lo atendieran. 24Pasados
unos días Félix mandó llamar a Pablo. Con su mu-
jer Drusila, que era judía, lo oyó disertar sobre
la fe en Jesús el Mesías. 25Pero, cuando Pablo
empezó a hablar de honradez, de la castidad y
del juicio venidero, Félix se asustó y dijo: «De
momento puedes retirarte; te llamaré en otra
ocasión». 26Félix esperaba al mismo tiempo re-
cibir dinero de Pablo y por eso lo llamaba con
frecuencia para conversar con él. 27Pasados dos
años, Porcio Festo sucedió a Félix, y como Fé-
lix quería congraciarse con los judíos, retuvo a
Pablo preso.

Pablo apela al césar

25 1Tres días después de tomar posesión del
cargo, Festo subió de Cesarea a Jerusalén.
2Los sumos sacerdotes y los jefes judíos le pre-
sentaron sus cargos contra Pablo 3y le pidieron
por favor que se lo remitiese a Jerusalén –por-
que intentaban matarlo en una emboscada por
el camino–. 4Festo respondió que Pablo seguía
custodiado en Cesarea, ya que él mismo volvería
pronto allá. 5Y añadió: «Sus responsables que
bajen conmigo y, si ese hombre es culpable de
algo, que presenten allí su acusación».
6Festo se detuvo en Jerusalén no más de ocho
o diez días; después bajó a Cesarea y al día si-
guiente hizo traer a Pablo. 7Cuando se presentó,
lo rodearon los que habían bajado de Jerusalén
y lo acusaban de muchos y graves cargos, que
no lograban probar; 8mientras Pablo se defendía
afirmando que no había cometido delito alguno
contra la ley o el templo o el emperador. 9Fes-
to, queriendo ganarse a los judíos, intervino y
preguntó a Pablo: «¿Quieres subir a Jerusalén
para someterte allí a mi juicio?». 10Pablo replicó:
«Estoy ante el tribunal imperial, donde debo ser
juzgado. Sabes muy bien que no he perjudicado
a los judíos. 11Si he cometido un delito capital
no me niego a morir; pero si no hay nada de lo
que estos me acusan, nadie puede entregarme
en su poder. Apelo al emperador». 12Entonces
Festo, después de consultarlo con sus conse-
jeros, dijo: «Has apelado al emperador, irás al
emperador».

Pablo ante Agripa

13Algunos días más tarde, el rey Agripa, acom-
pañado de Berenice, se presentó en Cesarea para
saludar a Festo. 14Y, como se detuvo allí bastan-
tes días, Festo le expuso el caso de Pablo: «Hay
aquí un prisionero que dejó Félix; 15durante mi
estadía en Jerusalén, los sumos sacerdotes y
ancianos judíos lo acusaron pidiendo su conde-
na. 16Les respondí que no es costumbre romana
entregar a un hombre antes de que pueda en-
frentarse con sus acusadores y tenga ocasión de
defenderse de los cargos. 17Cuando ellos se pre-
sentaron aquí, yo sin demora, al día siguiente,
me senté en el tribunal y mandé traer a aquel
hombre. 18Se presentaron los acusadores, pero
no adujeron ningún delito de los que yo sospe-
chaba; 19solamente traían contra él discusiones
sobre su religión y sobre un tal Jesús, muerto,
del que Pablo dice que vive. 20Y, como estaba
desconcertado acerca de la causa, le pregunté si
quería ir a Jerusalén para ser juzgado allí. 21Pa-
blo apeló y pidió que su caso sea reservado a
la jurisdicción del Augusto. Entonces yo mandé
custodiarlo hasta que pueda enviarlo al empe-
rador». 22Agripa contestó: «A mí también me
gustaría escuchar a ese hombre». Le respondió:
«Mañana lo escucharás».

[23]Al día siguiente se presentó Agripa con Berenice, con toda pompa, y entró en la audiencia acompañado de comandantes y gente principal de la ciudad. Festo hizo traer a Pablo [24]y habló así: «Rey Agripa y todos los presentes, aquí tienen al hombre por el que todos los judíos, tanto en Jerusalén como aquí, han acudido a mí clamando que no debe quedar con vida. [25]Yo pude comprobar que no había cometido nada digno de muerte. Así que, cuando él apeló al Augusto, yo decidí enviarlo. [26]Pero no tengo nada por escrito sobre el asunto. Por eso se lo he presentado a ustedes y especialmente a ti, rey Agripa, para que después de este interrogatorio yo pueda escribir un informe. [27]Porque no me parece razonable enviar un preso sin explicar los cargos contra él».

Discurso de Pablo

26 [1]Agripa dijo a Pablo: «Puedes hablar en defensa propia». Pablo, haciendo un gesto con la mano, pronunció su defensa:

[2]»De todo lo que me acusan los judíos tengo hoy la satisfacción de defenderme ante ti, rey Agripa; [3]especialmente porque eres experto en costumbres y controversias judías. Por lo cual te pido que me escuches con paciencia.

[4]»Mi vida entera desde mi adolescencia, pasada desde el principio en el seno de mi pueblo, la conocen todos los judíos de Jerusalén. [5]Y, como me conocen desde hace tanto tiempo, pueden dar testimonio de que yo pertenecía a la secta más estricta de nuestra religión: era fariseo.

[6]»Ahora me están juzgando porque espero en la promesa que Dios hizo a nuestros padres. [7]Y nuestras doce tribus, en su culto noche y día, aguardan impacientes que se cumpla esa promesa. Majestad, de esa esperanza me acusan los judíos. [8]¿Por qué les parece increíble que Dios resucite a los muertos?

[9]»En un tiempo yo pensaba que mi deber era combatir con todos los medios el nombre de Jesús Nazareno. [10]Es lo que hice en Jerusalén, con autoridad recibida de los sumos sacerdotes, metiendo en la cárcel a muchos consagrados. Y cuando los condenaban a muerte, yo añadía mi voto. [11]Muchas veces en las sinagogas yo los maltrataba para hacerlos blasfemar; y mi furia creció hasta el punto de perseguirlos en ciudades extranjeras.

[12]»Viajando en este empeño hacia Damasco, con autoridad y encargo de los sumos sacerdotes, [13]un mediodía nos envolvió a mí y a mis acompañantes una luz celeste más brillante que el sol. [14]Caímos todos a tierra y yo escuché una voz que me decía en hebreo: Saulo, Saulo, ¿por qué me persigues? De que te sirve tirar coces contra el aguijón. [15]Pregunté: ¿Quién eres, Señor? Y el Señor respondió: Soy Jesús, a quien tú persigues. [16]Ponte en pie; que para esto me he aparecido a ti, para nombrarte servidor y testigo de que me has visto y de lo que te haré ver. [17]Te defenderé de tu pueblo y de los paganos a los que te envío. [18]Les abrirás los ojos para que se conviertan de las tinieblas a la luz, del dominio de Satanás a Dios, y para que reciban, por la fe en mí, el perdón de los pecados y su parte en la herencia de los consagrados.

[19]»No desobedecí, rey Agripa, a la visión celeste, sino que me puse a predicar: [20]primero a los de Damasco, después a los de Jerusalén, en toda la Judea y a los paganos, que se arrepintieran y se convirtieran a Dios, con prácticas válidas de penitencia. [21]Por este motivo se apoderaron de mí los judíos e intentaron acabar conmigo. [22]Pero, protegido por Dios hasta hoy, he podido seguir dando testimonio ante pequeños y grandes, sin enseñar otra cosa que lo que predijeron los profetas y Moisés, a saber, [23]que el Mesías había de padecer, resucitar el primero de la muerte y anunciar la luz a su pueblo y a los paganos.

[24]Cuando Pablo terminó su defensa, Festo dijo con voz firme: «Estás loco, Pablo. Tanto estudiar te ha vuelto loco». [25]Replicó Pablo: «No estoy loco, ilustre Festo, más bien pronuncio palabras verdaderas y sensatas. [26]El rey entiende de todo esto y a él me dirijo con franqueza; porque no creo que ignore nada de esto, ya que son cosas que no sucedieron en lugares ocultos. [27]¿Crees a los profetas, rey Agripa? Sé que les crees». [28]Agripa respondió a Pablo: «Por poco y me convences de hacerme cristiano». [29]Respondió Pablo: «¡Quiera Dios que por poco o por mucho, no solo tú, sino todos los oyentes fueran hoy lo que yo soy, pero sin estas cadenas!». [30]Se levantaron el rey, el gobernador, Berenice y los asistentes, [31]y al retirarse comentaban: «Ese hombre no ha hecho nada que merezca la muerte o la cárcel». [32]Agripa dijo a Festo: «Podría haberse marchado libre si no hubiera apelado al emperador».

Navegando hacia Roma

27 [1]Cuando se decidió que navegáramos hacia Italia, encomendaron a Pablo y a otros presos a un centurión llamado Julio, de la cohorte Augusta. [2]Nos embarcamos en una nave de Adrumeto, que iba a partir hacia los puertos de Asia y zarpamos. Nos acompañaba Aristarco, un macedonio de Tesalónica. [3]Al día siguiente arribamos a Sidón, y Julio, por consideración a Pablo, le permitió ir a ver a sus amigos para que cuidaran de él. [4]Zarpando de Sidón, cos-

teamos Chipre, porque el viento era contrario.
5Después, atravesando mar abierto a lo largo
de Cilicia y Panfilia, desembarcamos en Mira de
Licia. 6Allí encontró el centurión una nave de
Alejandría que navegaba a Italia y nos embarcó
en ella. 7Por varios días avanzamos poco y nos
costó llegar a Cnido; como el viento no era favo-
rable, costeamos Creta a lo largo de Salmona, 8y
pegados a la costa alcanzamos con dificultad un
lugar llamado Puerto Bueno, próximo a la ciudad
de Lasaya. 9Habíamos perdido mucho tiempo y
la navegación se volvía peligrosa, porque ha-
bía pasado la época del ayuno, Pablo aconsejó:
10«Observo, señores, que la navegación va a aca-
rrear peligros y pérdidas, no solo a la carga y a
la embarcación, sino a nuestras vidas». 11Pero
el centurión confiaba más en el capitán y en el
patrón del barco que en Pablo. 12Como el puerto
no era apto para invernar, la mayoría prefería
hacerse a la mar, con la esperanza de alcanzar e
invernar en Fénix, un puerto de Creta orientado
a noroeste y suroeste.

Tempestad

13Se levantó un viento sur, y pensando que el
plan era realizable, levaron anclas y costearon
de cerca Creta. 14Muy pronto, del lado de la isla,
se desató un viento huracanado, que llaman Eu-
roaquilón. 15El barco fue arrastrado, y como no
podíamos navegar contra el viento, nos dejamos
llevar a la deriva. 16Mientras pasábamos al re-
paro de un islote llamado Clauda, logramos con
mucho esfuerzo controlar el bote salvavidas.
17Lo izaron a bordo y aseguraron la embarcación
con sogas de refuerzo. 18Por temor a encallar en
las Sirtes, soltamos los flotadores y navegamos
a la deriva. Al día siguiente, como la tormenta
arreciaba, empezaron a tirar parte del carga-
mento; 19al tercer día, con sus propias manos,
se deshicieron del aparejo del barco. 20Durante
varios días no se vio el sol ni las estrellas, y
como la tormenta no amainaba, se acababa toda
esperanza de salvación.
21Llevábamos días sin comer cuando Pablo se
puso de pie en medio y dijo: «Amigos, debían
haberme hecho caso y no salir de Creta, nos
hubiéramos ahorrado estos peligros y pérdi-
das. 22De todas maneras, les ruego que tengan
ánimo, que no se perderá ninguna vida; solo la
embarcación. 23Anoche se me apareció un ángel
del Dios a quien pertenezco y venero 24y me dijo:
No temas, Pablo; tienes que comparecer ante el
emperador; Dios te concede la vida de los que
viajan contigo. 25Por tanto, ¡ánimo, amigos!
Confío en Dios que sucederá lo que me han di-
cho. 26Encallaremos en una isla».
27Era ya la decimocuarta noche y seguíamos
a la deriva por el Adriático. A medianoche los
marineros presintieron que nos acercábamos a
tierra. 28Descolgaron la sonda y midieron treinta
y seis metros; al poco rato la soltaron de nuevo
y midieron unos veintisiete metros. 29Temiendo
estrellarse contra los arrecifes, soltaron cuatro
anclas a popa y rezaban para que se hiciese de
día. 30Los marineros intentaban abandonar el
barco. Ya descolgaban el bote con el pretexto de
soltar anclas a proa, 31cuando Pablo dijo al cen-
turión y a los soldados: «Si esos no se quedan
en el barco, ustedes no se salvarán». 32Así que
los soldados cortaron las cuerdas del bote y lo
dejaron caer al mar.
33Cuando amanecía, Pablo invitó a todos a co-
mer algo:«Llevan catorce días a la expectativa y
sin comer nada; 34les aconsejo que coman algo,
que les ayudará a salvarse. Nadie perderá ni un
pelo de la cabeza». 35Dicho esto, tomó pan, dio
gracias a Dios en presencia de todos, lo partió
y se puso a comer. 36Se animaron todos y comie-
ron. 37Éramos en la nave doscientas setenta y
seis personas. 38Comieron hasta saciarse y des-
pués vaciaron el barco arrojando el grano al mar.
39Se hizo de día. Los marineros no reconocían
la tierra, pero distinguieron una ensenada con
una playa, y decidieron, como pudieran, varar
la nave allá. 40Soltaron las anclas y las dejaron
caer al mar, a la vez que aflojaban las correas del
timón; izaron la vela de popa a favor del viento
y enfilaron hacia la playa. 41Pero, al pasar entre
dos corrientes, la nave se encalló, la proa se hin-
có y quedó inmóvil y la popa se deshizo por la
violencia del oleaje.
42Los soldados decidieron matar a los presos
para que ninguno escapase a nado; 43pero el
capitán, queriendo salvar la vida a Pablo, se lo
impidió y ordenó que los que sabían nadar sal-
taran los primeros y ganaran tierra. 44Los demás
seguirían en tablones o en otras piezas de la na-
ve. De ese modo todos llegaron con vida a tierra.

Malta y Roma

28 1Ya a salvo, pudimos identificar la isla de
Malta. 2Los nativos nos trataron con des-
acostumbrada amabilidad. Como llovía y hacía
frío, encendieron una hoguera y nos acogieron.
3Mientras Pablo recogía un haz de leña y la arri-
maba al fuego, una víbora, ahuyentada por el
calor, se sujetó a la mano de Pablo. 4Cuando los
nativos vieron el animal colgado de su mano,
comentaban: «Mal asesino tiene que ser este
hombre, que se ha salvado del mar y la justicia
divina no lo deja vivir». 5Pero él sacudió el ani-
mal en el fuego y no sufrió daño alguno. 6Ellos

esperaban que se hinchase o cayese muerto de
repente. Tras mucho esperar, y viendo que no le
sucedía nada de particular, cambiaron de opi-
nión y decían que era un dios.
7En aquella región tenía una finca el goberna-
dor de la isla, llamado Publio. Nos hospedó ama-
blemente tres días. 8El padre de Publio estaba en
cama con fiebre y disentería. Pablo se acercó a él,
oró, le impuso las manos y lo sanó. 9Como conse-
cuencia del suceso, los demás enfermos de la isla
acudían y se sanaban. 10Nos colmaron de honores
y, cuando partimos, nos proveyeron de lo nece-
sario. 11Al cabo de tres meses zarpamos en una
nave alejandrina que había invernado en la isla
y estaba dedicada a los Dióscuros. 12Arribamos a
Siracusa, donde nos detuvimos tres días. 13Desde
allí, dando una vuelta, alcanzamos Regio.
Al cabo de un día se levantó un viento sur, y
en dos días llegamos a Pozzuoli. 14Encontramos
unos hermanos que nos invitaron a quedarnos
con ellos una semana. Así llegamos a Roma.
15Los hermanos de allí, al oír noticias nuestras,
salieron a recibirnos al Foro Apio y Tres Taber-
nas. Pablo al verlos dio gracias a Dios y cobró
ánimo. 16Llegados a Roma permitieron a Pablo
alojarse por su cuenta con el soldado de guardia.
17Pasados tres días convocó a los judíos prin-
cipales y, cuando se reunieron, les habló: «Her-
manos, aunque no hice nada contra el pueblo
o las costumbres paternas, los de Jerusalén me
entregaron preso a los romanos. 18Estos me exa-
minaron y, al no hallar en mí ningún delito capi-
tal, decidieron dejarme libre. 19Se opusieron los
judíos y yo me vi obligado a apelar al emperador,
sin intención de acusar a mi nación. 20Por este
motivo los he llamado para verlos y hablarles.
Porque por la esperanza de Israel me encuentro
encadenado». 21Le respondieron: «Nosotros no
hemos recibido de Judea cartas acerca de ti ni
ha llegado ningún hermano con noticias o ha-
blando mal de ti. 22Con todo, nos gustaría escu-
char lo que piensas, porque estamos informados
de que por todas partes se habla de esa secta».
23Señalaron una fecha y acudieron muchos a su
alojamiento.
Desde la mañana hasta el atardecer estuvo
explicándoles sobre el reino de Dios, esforzán-
dose por ganarlos para Jesús, apelando a la ley
de Moisés y a los profetas. 24Unos se dejaban
convencer, otros se resistían a creer. 25Cuando
se despedían sin ponerse de acuerdo, Pablo
pronunció su última palabra: «Con razón dijo el
Espíritu Santo a sus padres por medio del profe-
ta Isaías: 26*Ve a decir a ese pueblo: Por más que
oigan, no comprenderán; por más que vean, no
conocerán.* 27*Porque el corazón de este pueblo se
ha endurecido, se taparon los oídos y cerraron
los ojos, por temor de que sus ojos vean, que sus
oídos oigan, que su corazón comprenda, que se
conviertan y que yo los sane.* 28Sepan entonces
que esta salvación de Dios va a ser anunciada a
los paganos y ellos la escucharán». 29[[Y después
de haber dicho esto, los judíos se fueron discu-
tiendo fuertemente entre sí.]]
30Pablo vivió dos años enteros por sus propios
medios. Recibía a todos los que acudían a él
31proclamando el reino de Dios y enseñaba con
toda libertad y sin estorbo lo concerniente al
Señor Jesucristo.

ROMANOS

Saludo

1 1Pablo, servidor de Cristo Jesús, llamado a
ser apóstol, elegido para anunciar la Buena
Noticia de Dios, 2quién ya había prometido por
medio de sus profetas en las sagradas Escritu-
ras, 3acerca de su Hijo, nacido por línea carnal
del linaje de David, 4y constituido por el Espíritu
Santo Hijo de Dios con poder a partir de la resu-
rrección: Jesucristo, nuestro Señor. 5Por medio
de él recibimos la gracia del apostolado, para
que todos los pueblos respondan con la obe-
diencia de la fe para gloria de su nombre; 6entre
ellos se encuentran también ustedes, llamados
por Jesucristo. 7A todos los que Dios amó y llamó
a ser consagrados, que se encuentran en Roma:
Gracia y paz a ustedes de parte de Dios nuestro
Padre y del Señor Jesucristo.

Deseos de visitar la comunidad de Roma

8Ante todo, por medio de Jesucristo, doy gra-
cias a mi Dios por todos ustedes, porque su fe es
alabada en el mundo entero. 9Tomo por testigo a
Dios, a quien doy culto espiritual anunciando la
Buena Noticia de su Hijo, de que yo los recuerdo
10siempre en mis oraciones; pidiendo que de una
vez, si Dios quiere, pueda realizar mi viaje para
visitarlos. 11Porque tengo muchos deseos de ver-
los a fin de comunicarles algún don espiritual que
los fortalezca 12o más bien para compartir con
ustedes el mutuo consuelo de nuestra fe común.
13Quiero que sepan, hermanos, que muchas veces
me propuse ir a visitarlos para cosechar entre us-
tedes algún fruto, como entre los demás pueblos;
pero hasta ahora me he visto impedido. 14Yo me
debo tanto a los griegos como a los que no lo son,
a los sabios como a los ignorantes; 15de ahí mi
propósito de anunciarles la Buena Noticia tam-
bién a ustedes los que habitan en Roma.

Perdón y castigo: programa

[16]Yo no me avergüenzo de la Buena Noticia,
que es una fuerza divina de salvación para todo
el que cree –primero para el judío, después para
el griego–. [17]Esta Buena Noticia nos manifiesta
la justicia de Dios que libera exclusivamente por
la fe. Según aquel texto *el justo vivirá por la fe.*
[18]Desde el cielo se revela la ira de Dios contra
toda clase de hombres impíos e injustos que por
su injusticia esconden la verdad.

La humanidad culpable

[19]Porque lo que se puede conocer de Dios lo
tienen a la vista, ya que él mismo se lo ha da-
do a conocer. [20]Lo invisible de Dios, su poder
eterno y su divinidad, se hacen reconocibles a
la razón, desde la creación del mundo por me-
dio de sus obras. Por tanto no tienen excusa;
[21]ya que, aunque conocieron a Dios, no le dieron
gloria ni gracias, sino que se extraviaron con sus
razonamientos, y su mente ignorante quedó a
oscuras. [22]Alardeaban de sabios, resultaron ne-
cios, [23]cambiaron la gloria del Dios incorruptible
por imágenes de hombres corruptibles, de aves,
cuadrúpedos y reptiles. [24]Por eso Dios dejó que
fueran dominados por sus malos deseos, que de-
gradaban sus propios cuerpos.
[25]Como cambiaron la verdad de Dios por la
mentira, veneraron y adoraron la criatura en vez
del Creador –bendito por siempre, amén–, [26]por
eso los entregó Dios a pasiones vergonzosas.
Sus mujeres sustituyeron las relaciones natura-
les con otras antinaturales. [27]Lo mismo los hom-
bres: dejando la relación natural con la mujer,
se encendieron en deseo mutuo, cometiendo
infamias hombres con hombres y recibiendo en
su persona la paga merecida por su extravío. [28]Y
como no se preocuparon por reconocer a Dios,
él los entregó a una mente depravada, para que
hicieran lo que no es debido. [29]Están repletos de
injusticia, maldad, codicia, malignidad; están
llenos de envidia, homicidios, discordias, frau-
des, perversión; son difamadores, [30]calumnia-
dores, enemigos de Dios, soberbios, arrogantes,
fanfarrones, ingeniosos para el mal, rebeldes
con sus padres, [31]sin juicio, desleales, crueles,
despiadados. [32]Y, aunque conocen el veredicto
de Dios, que declara dignos de muerte a los que
hacen estas cosas, no solo las practican, sino
que aprueban a los que las hacen.

El juicio de Dios

2 [1]Por tanto no tienes excusa, tú que juzgas,
seas quien seas; pues al juzgar al otro, tú te
condenas; ya que tú haces lo mismo que conde-
nas. [2]Sabemos que la sentencia de Dios contra
los que obran así es justa. [3]Y tú, que juzgas a los
que obran así y haces lo mismo, ¿piensas librarte
del juicio de Dios? [4]¿O desprecias su tesoro de
bondad, su paciencia y aguante, olvidando que
su bondad quiere conducirte al arrepentimien-
to? [5]Con tu cerrazón de mente y tu corazón im-
penitente estás juntando castigo para el día del
castigo, cuando se pronuncie la justa sentencia
de Dios, [6]que pagará a cada uno según sus obras:
[7]Él dará vida eterna a los que perseverando en
las buenas obras buscan la gloria, el honor y la
inmortalidad. [8]En cambio castigará con la ira y
la violencia a los que por egoísmo desobedecen
a la verdad y obedecen a la injusticia.
[9]Habrá angustia y tribulación para todo el que
obre mal –primero para el judío, después para el
griego–. [10]Habrá gloria y honor para todo el que
obre bien –primero para el judío, después para el
griego–. [11]Porque Dios no hace diferencia entre
unos y otros.
[12]Los que pecaron sin tener la ley, sin la ley
perecerán; los que pecaron bajo la ley, según la
ley serán juzgados. [13]Porque Dios no perdona a
los que escuchan la ley, sino a los que la cum-
plen. [14]Cuando los paganos, que no tienen la ley,
cumplen espontáneamente lo que exige la ley,
no teniendo ley, ellos son su ley, [15]y así demues-
tran que llevan la exigencia de la ley grabada en
el corazón. Lo demuestra también el testimonio
de su propia conciencia que unas veces los acu-
sa y otras los disculpa [16]hasta el día en que, de
acuerdo con mi Buena Noticia y por medio de
Cristo Jesús, Dios juzgará lo oculto del hombre.

Los judíos y la Ley

[17]Pero tú, que te llamas judío, tú, que te apo-
yas en la ley, y te glorías de Dios, [18]tú que dices
conocer su voluntad, e instruido por la ley pre-
tendes discernir lo que es mejor, [19]estás conven-
cido de ser guía de ciegos, luz de los que están
a oscuras, [20]maestro de necios, instructor de
ignorantes, porque tienes en la ley la suma del
conocimiento de la verdad.
[21]Tú, que enseñas a otros, ¿por qué no te
enseñas a ti? Tú, que predicas que no se robe,
¿por qué robas? [22]Tú, que prohíbes el adulterio,
¿por qué lo cometes? Tú, que aborreces los ído-
los, ¿por qué saqueas sus templos? [23]Si pones
tu orgullo en la ley, ¿por qué deshonras a Dios
quebrantando la ley? [24]Pues está escrito: Por
culpa de ustedes el nombre de Dios es blasfema-
do entre las naciones. [25]La circuncisión es útil
si cumples la ley; si la quebrantas, tu circunci-
sión te deja incircunciso. [26]En cambio, el que no
está circuncidado pero guarda los preceptos de
la ley, será tenido por un verdadero circunciso.

27 Uno físicamente incircunciso que cumpla la
ley te juzgará a ti que, con tu código y tu circun-
cisión, quebrantas la ley. 28 Ser judío no consis-
te en tener señales visibles; la circuncisión no
consiste en una señal en la carne. 29 El verdadero
judío lo es interiormente: la verdadera circunci-
sión es del corazón, según el Espíritu y no según
la ley escrita. A ese le corresponde la alabanza,
no de los hombres, sino de Dios.

Dios es fiel

3 1 Entonces, ¿qué ventaja tiene el judío o para
qué sirve la circuncisión? 2 Las ventajas son
muchas y en todos los aspectos. Primero, Dios
confió su palabra a los judíos. 3 Entonces, ¿qué
pasa si algunos fueron infieles? ¿Anula su infi-
delidad la fidelidad de Dios? 4 ¡De ningún modo!
Dios se mostrará fiel aunque todos los hombres
sean falsos. Como está escrito: *En la sentencia
tendrás razón, del juicio saldrás inocente.* 5 Pero
si nuestra culpa hace resaltar la justicia de Dios,
¿qué diremos? ¿Que Dios es injusto al aplicar el
castigo? –hablando humanamente–. 6 ¡De nin-
gún modo! De lo contrario, ¿cómo podrá Dios
juzgar al mundo? 7 Pero si mi falsedad hace resal-
tar la fidelidad de Dios, siendo así mayor su glo-
ria, ¿por qué encima me condena como pecador?
8 O debemos hacer el mal para que resulte el bien
–es lo que algunos calumniadores me atribuyen;
ellos sí merecen ser condenados–.

Todos son pecadores

9 En conclusión, ¿llevamos ventaja los judíos?
No en todo. Acabamos de demostrar que todos,
judíos y griegos, están sometidos al pecado.
10 Como está escrito: *No hay uno honrado* 11 *ni
uno sensato que busque a Dios, no hay uno que
busque el bien.* 12 *Todos se han extraviado y per-
vertido, no hay quien haga el bien, ni uno solo.*
13 *Su garganta es una tumba abierta: mienten
con sus lenguas, sus labios esconden veneno
de víboras,* 14 *su boca está llena de maldiciones
hirientes.* 15 *Sus pies corren para derramar san-
gre,* 16 *sus caminos están sembrados de ruina y
destrucción.* 17 *No conocen la ruta de la paz* 18 *ni
tienen el temor de Dios.* 19 Ahora bien, las exigen-
cias de la ley se dirigen a los súbditos de la ley; y
así a todos se les tapa la boca y el mundo entero
queda sometido al juicio de Dios. 20 Por eso nadie
será justificado ante Dios por haber cumplido la
ley, ya que la ley se limita a hacernos conocer
el pecado.

Ahora se revela la justicia de Dios

21 Pero ahora, independiente de la ley, aunque
atestiguada por la ley y los profetas, se da a co-
nocer la justicia de Dios que salva 22 por la fe
en Jesucristo; válida sin distinción para cuantos
creen. 23 Todos han pecado y están privados de
la presencia de Dios. 24 Pero son perdonados sin
merecerlo, generosamente, porque Cristo Jesús
los ha rescatado. 25 Dios lo destinó a ser con su
sangre instrumento de expiación para los que
creen. Dios mostraba así su justicia cuando
pacientemente pasaba por alto los pecados co-
metidos en el pasado. 26 Demuestra su justicia
en el presente siendo justo y haciendo justos a
los que creen en Jesús. 27 Y ahora, ¿dónde queda
el orgullo? Queda excluido. ¿En virtud de qué
ley? ¿Por la ley de las obras? Nada de eso, por
la ley de la fe. 28 Porque nosotros afirmamos que
el hombre es justificado por la fe, independien-
temente de las obras de la ley. 29 ¿Acaso Dios
es solo de los judíos? ¿No lo es también de los
paganos? Ciertamente, también de los paganos;
30 porque no hay más que un solo Dios que justi-
fica por medio de la fe a los judíos circuncisos y
a los paganos incircuncisos. 31 ¿Significa eso que
con la fe invalidamos la ley? ¡De ningún modo!
Antes bien la confirmamos.

El ejemplo de Abrahán

4 1 ¿Y qué diremos de Abrahán, nuestro padre
según la carne? 2 Si Abrahán fue justificado
por las obras, podía estar orgulloso; pero no
delante de Dios. 3 ¿Qué dice la Escritura? *Cre-
yó Abrahán a Dios y esto le fue tenido en cuenta
para su justificación.* 4 Al que trabaja le dan el
salario como paga, no como regalo. 5 Al que no
hace nada, sino que se fía en el que hace justo
al malvado, se le tiene en cuenta la fe para su
justificación. 6 Por eso David proclama la bien-
aventuranza del hombre a quien Dios tiene como
justo sin tomarle en cuenta las obras: 7 *Dichoso
aquel a quien le han perdonado el delito y le han
sepultado sus pecados;* 8 *dichoso aquel a quien el
Señor no le tiene en cuenta su pecado.* 9 Pero, esa
bienaventuranza, ¿vale solo para el circunciso o
también para el incircunciso? Hemos afirmado
que a Abrahán la fe le fue tenida en cuenta para
su justificación.

10 ¿En qué situación? ¿Antes o después de cir-
cuncidado? Evidentemente antes y no después.
11 Y como señal de la justicia que, sin estar cir-
cuncidado, había recibido por creer, recibió la
circuncisión. De ese modo quedó constituido
padre de ambos: de los incircuncisos que tienen
la fe que les es tenida en cuenta para su justifi-
cación 12 y de los circuncisos que, no contentos
con serlo, siguen las huellas de nuestro padre
Abrahán, que creyó sin estar circuncidado.

La promesa de descendencia

13No por la ley le prometieron a Abrahán o a
su descendencia que heredarían el mundo, sino
por el mérito de la fe. 14Porque, si los herederos
lo son en virtud de la ley, la fe no tiene objeto
y la promesa es nula. 15Porque la ley provoca la
condena: donde no hay ley, no hay transgresión.
16Por eso la promesa ha de basarse en la fe, como
don; y de este modo la promesa será válida para
todos los descendientes de Abrahán, tanto para
sus hijos reconocidos por la ley como para sus
hijos por la fe. Porque Abrahán es el padre de to-
dos nosotros 17como está escrito: *Te haré padre
de muchas naciones*; es padre de todos nosotros
a los ojos de Dios, en quien creyó, Aquel que da
vida a los muertos y llama a la existencia a las
cosas que no existen.
18Por la fe, Abrahán siguió esperando cuando
ya no había ninguna esperanza y así se convir-
tió en padre de muchos pueblos, según el di-
cho: *así será tu descendencia*. 19No vaciló su fe,
aun considerando su cuerpo ya sin vigor –era
un centenario– y el seno estéril de Sara. 20No
dudó con desconfianza de la promesa de Dios,
sino que robustecido por la fe, glorificó a Dios,
21convencido de que podía cumplir lo prometido.
22Por eso la fe le fue tenida en cuenta para su
justificación. 23Y cuando dice la Escritura que
Dios tuvo en cuenta su fe, no se escribió solo por
él, 24sino también por nosotros, que tenemos fe
en el que resucitó de la muerte a Jesús, Señor
nuestro, 25que se entregó por nuestros pecados
y resucitó para hacernos justos.

Consecuencias de la nueva justicia

5 1Pues bien, ahora que hemos sido justifica-
dos por la fe, estamos en paz con Dios, por
medio de Jesucristo Señor nuestro. 2También
por él –por la fe– hemos alcanzado la gracia en
la que nos encontramos, y podemos estar or-
gullosos esperando la gloria de Dios. 3No solo
eso, sino que además nos gloriamos de nuestras
tribulaciones; porque sabemos que la tribula-
ción produce la paciencia, 4de la paciencia sale
la fe firme y de la fe firme brota la esperanza.
5Y la esperanza no quedará defraudada, porque
el amor de Dios ha sido derramado en nuestro
corazón por el don del Espíritu Santo. 6Cuando
todavía éramos débiles, en el tiempo señalado,
Cristo murió por los pecadores. 7Por un inocente
quizás muriera alguien; por una persona buena
quizás alguien se arriesgara a morir. 8Ahora
bien, Dios nos demostró su amor en que, siendo
aún pecadores, Cristo murió por nosotros. 9Con
mayor razón, ahora que su sangre nos ha hecho
justos, nos libraremos por él de la condena.
10Porque si siendo enemigos fuimos reconcilia-
dos con Dios por la muerte de su Hijo, con mayor
razón, ahora ya reconciliados, seremos salvados
por su vida. 11Y esto no es todo: por medio de
Jesucristo, que nos ha traído la reconciliación,
ponemos nuestro orgullo en Dios.

Comparación entre Adán y Cristo

12Así como por un hombre penetró el pecado
en el mundo y por el pecado la muerte, así tam-
bién la muerte se extendió a toda la humanidad,
ya que todos pecaron. 13Antes de llegar la ley, el
pecado ya estaba en el mundo; pero, como no
había ley, el pecado no se tenía en cuenta. 14Con
todo, la muerte reinó desde Adán hasta Moisés,
también sobre los que no habían pecado imitan-
do la desobediencia de Adán –que es figura del
que había de venir–. 15Pero el don no es como el
delito. Porque si por el delito de uno murieron
todos, mucho más abundantes se ofrecerán a to-
dos el favor y el don de Dios, por el favor de un
solo hombre, Jesucristo.
16El don no es equivalente al pecado de uno.
Ya que por un solo pecado vino la condena, pero
por el don de Dios los hombres son declarados
libres de sus muchos pecados. 17En efecto, si por
el delito de uno solo reinó la muerte, con mayor
razón, por medio de uno, Jesucristo, reinarán y
vivirán los que reciben abundantemente la gra-
cia y el don de la justicia.
18Así pues, como por el delito de uno se ex-
tiende la condena a toda la humanidad, así por
el acto de justicia de uno solo se extiende a
todos los hombres la sentencia que concede la
vida. 19Como por la desobediencia de uno todos
resultaron pecadores, así por la obediencia de
uno todos resultarán justos. 20La ley entró para
que se multiplicara el delito; pero donde abundó
el pecado, sobreabundó la gracia. 21Así como el
pecado reinó produciendo la muerte, así la gra-
cia reinará por medio de la justicia para la vida
eterna por medio de Jesucristo Señor nuestro.

Muertos al pecado, vivos con Cristo

6 1¿Qué diremos entonces? ¿Que debemos se-
guir pecando para que abunde la gracia? 2¡Ni
pensarlo! Los que hemos muerto al pecado, ¿có-
mo vamos a seguir viviendo en él? 3¿No saben
que cuantos fuimos bautizados en Cristo Jesús,
fuimos bautizados en su muerte? 4Por el bautis-
mo fuimos sepultados con él en la muerte, para
que así como Cristo resucitó de la muerte por
la acción gloriosa del Padre, también nosotros
llevemos una vida nueva. 5Porque, si nos he-
mos identificado con él por una muerte como la
suya, también nos identificaremos con él en la

resurrección. 6Sabemos que nuestra vieja con-
dición humana ha sido crucificada con él, para
que se anule la condición pecadora y no sigamos
siendo esclavos del pecado. 7Porque el que ha
muerto ya no es deudor del pecado. 8Si hemos
muerto con Cristo, creemos que también vivi-
remos con él. 9Sabemos que Cristo, resucitado
de la muerte, ya no vuelve a morir, la muerte
no tiene poder sobre él. 10Muriendo murió al pe-
cado definitivamente; viviendo vive para Dios.
11Lo mismo ustedes, considérense muertos al pe-
cado y vivos para Dios en Cristo Jesús.

Liberados del pecado, siervos de Dios

12No permitan que el pecado reine en sus cuer-
pos mortales obedeciendo a sus bajos deseos.
13No entreguen sus miembros a disposición del
pecado como instrumentos de injusticia, sino
pónganse a disposición de Dios, como resuci-
tados de la muerte, y hagan de sus miembros
instrumentos de justicia al servicio de Dios. 14El
pecado no tendrá dominio sobre ustedes, ya que
no viven sometidos a la ley, sino bajo la gracia.
15Entonces, ¿qué? ¿Vamos a pecar porque no es-
tamos sometidos a la ley, sino bajo la gracia?
¡De ningún modo! 16¿No saben que si se ponen a
obedecer como esclavos, son esclavos de aquel
a quien obedecen? Sea del pecado, que conduce
a la muerte, sea de la obediencia, que conduce
a la justicia.
17Ustedes eran esclavos del pecado; pero
gracias a Dios se han sometido de corazón a
la doctrina de la fe que han recibido; 18y libres
del pecado, se hicieron esclavos de la justicia.
19Les hablo de una manera humana, teniendo en
cuenta la debilidad natural de ustedes. Si antes
entregaron sus miembros, haciéndolos esclavos
de la impureza y el libertinaje, para hacer el mal,
del mismo modo ofrezcan ahora sus miembros
al servicio de la justicia para que sean consa-
grados. 20Mientras eran esclavos del pecado,
ustedes estaban libres de la justicia. 21¿Y qué
sacaban en limpio? Resultados que ahora los
avergüenzan, porque acaban en la muerte. 22Pe-
ro ahora, libres del pecado y esclavos de Dios,
su fruto es una consagración que desemboca en
vida eterna. 23Porque el salario del pecado es la
muerte; mientras el don de Dios, por Cristo Je-
sús Señor nuestro, es la vida eterna.

Comparación del matrimonio

7 1Les hablo, hermanos, como a gente enten-
dida en leyes: ¿Acaso ustedes ignoran que
la ley obliga al hombre solo mientras vive? 2La
mujer casada está legalmente ligada al marido
mientras este vive. Si muere el marido, queda
libre de la ley que lo unía a él. 3Si se junta con
otro mientras vive el marido, se la considera
adúltera. Cuando muere el marido, queda libre
del vínculo legal y no es adúltera si se une con
otro. 4Del mismo modo, hermanos, por la unión
con el cuerpo de Cristo ustedes han muerto a la
ley y pueden pertenecer a otro: al que resucitó
de la muerte a fin de que diéramos frutos para
Dios. 5Mientras vivíamos bajo el instinto, las
pasiones pecaminosas, estimuladas por la ley,
actuaban en nuestros miembros y dábamos fru-
to para la muerte. 6Pero ahora, libres de la ley,
muertos a todo aquello que nos tenía esclaviza-
dos, servimos a Dios con un espíritu nuevo, y no
según una letra envejecida.

La condición pecadora

7¿Qué concluimos? ¿Que la ley es pecado? ¡De
ningún modo! Yo no hubiera conocido el peca-
do si no fuera por la ley. No sabría de codicia
si la ley no dijera: No codiciarás. 8Entonces el
pecado, aprovechándose del precepto, provocó
en mí toda clase de codicias. Porque donde no
hay ley, el pecado está muerto. 9En un tiempo yo
vivía sin ley; llegó el precepto, revivió el pecado
10y yo morí; y así el precepto destinado a darme
vida me llevó a la muerte. 11Porque el pecado,
aprovechándose de la oportunidad que le daba
el precepto, me sedujo y por medio del precepto
me dio muerte. 12O sea que la ley es santa, el
precepto es santo y justo y bueno. 13Entonces lo
bueno, ¿fue para mí mortal? ¡De ningún modo!
Antes bien, el pecado, para delatar su naturale-
za, usando el bien me provocó la muerte: así el
pecado por medio del precepto llegó a la pleni-
tud de su malicia.

Dominados por el pecado

14Nos consta que la ley es espiritual, pero yo
soy carnal y estoy vendido al pecado. 15Lo que
realizo no lo entiendo, porque no hago lo que
quiero, sino que hago lo que detesto. 16Pero si
hago lo que no quiero, con eso reconozco que la
ley es excelente. 17Ahora bien, no soy yo quien
hace eso, sino el pecado que habita en mí. 18Sé
que nada bueno hay en mí, es decir, en mis ba-
jos instintos. El deseo de hacer el bien está a
mi alcance, pero no el realizarlo. 19No hago el
bien que quiero, sino que practico el mal que no
quiero. 20Pero si hago lo que no quiero, ya no soy
yo quien lo ejecuta, sino el pecado que habita
en mí. 21Y me encuentro con esta fatalidad: que
deseando hacer el bien, se me pone al alcance el
mal. 22En mi interior me agrada la ley de Dios,
23en mis miembros descubro otra ley que lucha
con la ley de la razón y me hace prisionero de

la ley del pecado que habita en mis miembros.
24¡Desgraciado de mí! ¿Quién me librará de esta
condición mortal? 25¡Gracias a Dios por Jesucris-
to Señor nuestro! En resumen, con la razón yo
sirvo a la ley de Dios, con mis bajos instintos a
la ley del pecado.

Vida por el Espíritu

8 1En conclusión, no hay condena para los que
pertenecen a Cristo Jesús. 2Porque la ley del
Espíritu que da la vida, por medio de Cristo Je-
sús, me ha librado de la ley del pecado y de la
muerte. 3Lo que no podía hacer la ley, por la de-
bilidad de la condición carnal, lo ha hecho Dios
enviando a su Hijo, en condición semejante a la
del hombre pecador para entendérselas con el
pecado; en su carne ha condenado al pecado,
4para que la justa exigencia de la ley la cumplié-
ramos los que no procedemos movidos por bajos
instintos, sino por el Espíritu.
5En efecto, los que se dejan guiar por los ba-
jos instintos tienden a lo bajo; los que se dejan
guiar por el Espíritu tienden a lo espiritual. 6Los
bajos instintos tienden a la muerte, el Espíritu
tiende a la vida y la paz. 7Porque la tendencia de
los bajos instintos se opone a Dios; ya que no se
someten a la ley de Dios ni pueden hacerlo; 8y los
que se dejan arrastrar por ellos no pueden agra-
dar a Dios. 9Pero ustedes no están animados por
los bajos instintos, sino por el Espíritu, ya que el
Espíritu de Dios habita en ustedes. Y si alguno
no tiene el Espíritu de Cristo, no le pertenece.
10Pero si Cristo está en ustedes, aunque el cuer-
po muera por el pecado, el espíritu vivirá por la
justicia. 11Y si el Espíritu del que resucitó a Jesús
de la muerte habita en ustedes, el que resucitó a
Cristo de la muerte dará vida a sus cuerpos mor-
tales, por el Espíritu suyo que habita en ustedes.
12Hermanos, no somos deudores de los bajos
instintos para vivir a su manera. 13Porque, si
viven de ese modo, morirán; pero, si con el Es-
píritu dan muerte a las bajas acciones, entonces
vivirán. 14Todos los que se dejan llevar por el Es-
píritu de Dios son hijos de Dios. 15Y ustedes no
han recibido un espíritu de esclavos, para recaer
en el temor, sino un espíritu de hijos adoptivos
que nos permite llamar a Dios Abba, Padre. 16El
Espíritu atestigua a nuestro espíritu que somos
hijos de Dios. 17Si somos hijos, también somos
herederos: herederos de Dios, coherederos con
Cristo; si compartimos su pasión, compartire-
mos su gloria.

Esperanza de gloria

18Estimo que los sufrimientos del tiempo
presente no se pueden comparar con la gloria
que se ha de revelar en nosotros. 19La humani-
dad aguarda ansiosamente que se revelen los
hijos de Dios. 20Ella fue sometida al fracaso,
no voluntariamente, sino por imposición de
otro; pero esta humanidad, tiene la esperan-
za 21de que será liberada de la esclavitud de la
corrupción para obtener la gloriosa libertad de
los hijos de Dios. 22Sabemos que hasta ahora la
humanidad entera está gimiendo con dolores
de parto. 23Y no solo ella; también nosotros,
que poseemos las primicias del Espíritu, ge-
mimos por dentro esperando la condición de
hijos adoptivos, el rescate de nuestro cuerpo.
24Con esa esperanza nos han salvado. Una es-
peranza que ya se ve, no es esperanza; porque,
lo que uno ve no necesita esperarlo. 25Pero, si
esperamos lo que no vemos, aguardamos con
paciencia. 26De ese modo el Espíritu nos viene
a socorrer en nuestra debilidad. Aunque no sa-
bemos pedir como es debido, el Espíritu mismo
intercede por nosotros con gemidos que no se
pueden expresar. 27Y el que sondea los corazo-
nes sabe lo que pretende el Espíritu cuando
suplica por los consagrados de acuerdo con la
voluntad de Dios.

El amor de Dios

28Sabemos que Dios dispone todas las cosas
para el bien de los que le aman, de los llamados
según su designio. 29A los que escogió de ante-
mano los destinó a reproducir la imagen de su
Hijo, de modo que fuera él el primogénito de
muchos hermanos. 30A los que había destinado
los llamó, a los que llamó los hizo justos, a los
que hizo justos los glorificó.
31Teniendo en cuenta todo esto, ¿qué podemos
decir? Si Dios está de nuestra parte, ¿quién es-
tará en contra? 32El que no reservó a su propio
Hijo, sino que lo entregó por todos nosotros,
¿cómo no nos va a regalar todo lo demás con
él? 33¿Quién acusará a los que Dios eligió? Si
Dios absuelve, 34¿quién condenará? ¿Será acaso
Cristo Jesús, el que murió y después resucitó y
está a la diestra de Dios y suplica por nosotros?
35¿Quién nos apartará del amor de Cristo? ¿Tribu-
lación, angustia, persecución, hambre, desnu-
dez, peligro, espada? 36Como dice el texto: *Por
tu causa somos entregados continuamente a la
muerte, nos tratan como a ovejas destinadas al
matadero*. 37En todas esas circunstancias sali-
mos más que vencedores gracias al que nos amó.
38Estoy seguro que ni muerte ni vida, ni ángeles
ni potestades, ni presente ni futuro, ni poderes
39ni altura ni hondura, ni criatura alguna nos
podrá separar del amor de Dios manifestado en
Cristo Jesús Señor nuestro.

La situación de Israel

9 1Les voy a hablar sinceramente, como cristia-
no, sin mentir; y el Espíritu Santo confirma el
testimonio de mi conciencia. 2Siento una pena
muy grande, un dolor incesante en el alma: 3has-
ta desearía ser aborrecido de Dios y separado de
Cristo si así pudiera favorecer a mis hermanos, los
de mi linaje. 4Ellos son israelitas, adoptados co-
mo hijos de Dios, tienen su presencia, las alian-
zas, la ley, el culto, las promesas, 5los patriarcas;
de su linaje carnal desciende Cristo, Dios bendito
por siempre, que está sobre todo. Amén.

La elección de Israel

6No es que haya fallado la promesa de Dios.
Porque no todos los que descienden de Israel son
israelitas; 7ni todos los descendientes de Abra-
hán son verdaderamente sus hijos; sino que Dios
había dicho: *De Isaac nacerá tu descendencia.*
8Es decir, que los hijos de Dios no son los hijos
carnales, sino la verdadera descendencia son los
hijos de la promesa. 9La promesa dice así: *Para
esta misma fecha volveré y Sara tendrá un hijo.*
10Más aún, también Rebeca concibió dos hijos
de un solo hombre, de Isaac nuestro patriarca.
11Antes de que nacieran, antes que hicieran nada
bueno o malo –para que el designio elegido por
Dios se cumpliera, 12no por las obras, sino por la
elección–, recibió Rebeca un oráculo: *el mayor
servirá al menor.* 13Y así está escrito: *Amé a Ja-
cob, rechacé a Esaú.* 14¿Qué diremos? ¿Que Dios
es injusto? ¡De ningún modo! 15A Moisés le dice:
*Yo me apiado de quien quiero, me compadezco de
quien quiero.* 16*O sea, que no depende del querer
o del esfuerzo del hombre, sino de la misericor-
dia de Dios.* 17El texto de la Escritura le dice al
Faraón: *Para esto te he exaltado, para mostrar
en ti mi poder y para que se difunda mi fama por
toda la tierra.* 18O sea que Dios se apiada del que
quiere, y endurece al que él quiere. 19Objetarás:
¿Por qué, entonces se queja Dios, si nadie puede
oponerse a su decisión?

20Y tú, hombre, ¿quién eres para replicar a
Dios? ¿Puede la obra reclamar al artesano por qué
la hace así? 21¿No tiene el alfarero libertad para
hacer de la misma arcilla un objeto precioso y
otro sin valor? 22Si Dios quería dar un ejemplo
de castigo y manifestar su poder aguantando
con mucha paciencia a aquellos que merecían el
castigo y estaban destinados a la destrucción;
23y si al mismo tiempo quiso manifestar también
la riqueza de su gloria en los que recibieron su
misericordia, en los que él predestinó para la
gloria, 24en nosotros, a quienes llamó, no solo
entre los judíos, sino también entre los paganos.
¿Qué podemos reprocharle? 25Como dice Oseas:
*Al que no era mi pueblo, lo llamaré Pueblo-mío, y
a la que no era mi amada, Amada mía;* 26*y donde
antes les decía: No son mi pueblo, allí mismo se-
rán llamados hijos del Dios vivo.*

27Acerca de Israel, Isaías proclama: *Aunque
los israelitas fueran numerosos como la arena
del mar, solo un resto se salvará.* 28El Señor va a
ejecutar en el país la destrucción decretada. 29El
mismo Isaías predice: *Si el Señor Todopoderoso
no nos hubiera dejado un resto, seríamos como
Sodoma, semejantes a Gomorra.* 30Entonces,
¿qué diremos? Que los paganos, que no busca-
ban la justicia, la alcanzaron; se entiende, la
justicia por la fe. 31En cambio Israel, que busca-
ba una ley de justicia, no la alcanzó. 32¿Por qué?
Porque la buscaban por las obras y no por la fe; y
así tropezaron en la piedra de tropiezo, 33según
lo escrito: *Pondré en Sión una piedra de tropie-
zo, una roca que hace caer;* y también: *Quien se
apoye en ella no fracasará.*

Salvación universal

10 1Hermanos, lo que deseo de corazón, lo
que pido a Dios por ellos es que se salven.
2Doy testimonio a su favor de que sienten fer-
vor por Dios, aunque mal entendido. 3Porque no
reconociendo la justicia de Dios y queriendo
afirmar la propia, no se sometieron a la justicia
de Dios. 4Ya que el fin de la ley es Cristo, para
la justificación de todos los que creen. 5Refi-
riéndose a la justicia de la ley, Moisés escribe:
El que la cumpla vivirá por ella. 6En cambio, la
justicia que nace de la fe habla así: No digas en
tu corazón: ¿Quién subirá al cielo?, es decir, con
la idea de hacer bajar a Cristo; 7o: ¿Quién bajará
al abismo?, es decir, con la idea de hacer subir a
Cristo de entre los muertos.

8Pero, ¿qué es lo que dice la justicia? La pala-
bra está cerca de ti, en tu boca y tú corazón. Se
refiere a la palabra de la fe que proclamamos:
9si confiesas con la boca que Jesús es Señor, si
crees de corazón que Dios lo resucitó de la muer-
te, te salvarás. 10Con el corazón creemos para
ser justos, con la boca confesamos para obtener
la salvación. 11Así lo afirma la Escritura: *Quien
cree en él no quedará confundido.*

12Ya no hay diferencia entre judíos y griegos;
porque es el mismo, el Señor de todos, generoso
con todos los que lo invocan. 13Todo el que invo-
que el nombre del Señor se salvará. 14Pero, ¿có-
mo lo invocarán si no han creído en él? ¿Cómo
creerán si no han oído hablar de él? ¿Cómo oirán
si nadie les anuncia? 15¿Cómo anunciarán si no
los envían? Como está escrito: *¡Qué hermosos
son los pasos de los mensajeros de buenas noti-
cias!* 16Solo que no todos responden a la Buena

Noticia. Isaías dice: *Señor, ¿quién creyó nues-*
tro anuncio? 17La fe nace de la predicación, y lo
que se proclama es el mensaje de Cristo. 18Pero
pregunto: ¿Acaso no oyeron? Desde luego que
sí: Por toda la tierra se extiende su voz, y sus
palabras llegan hasta los confines del mundo.
19Insisto: ¿y no lo entendió Israel? Ya lo dijo
Moisés: *Les daré celos con un pueblo ilusorio, los*
provocaré con una nación insensata. 20E Isaías
se atreve a decir: *Me encontraron los que no me*
buscaban, me presenté a los que no preguntaban
por mí. 21De Israel, en cambio dice: *Todo el día*
tenía las manos extendidas hacia un pueblo re-
belde y desafiante.

El resto de Israel

11 1Pregunto: ¿ha rechazado Dios a su pue-
blo? ¡De ningún modo! Yo también soy is-
raelita, descendiente de Abrahán, de la tribu de
Benjamín. 2Dios no ha rechazado al pueblo que
había elegido. Ustedes conocen lo que cuenta
la Escritura de Elías, cómo suplicó a Dios contra
Israel: 3*Señor, han matado a tus profetas, han*
demolido tus altares; quedo yo solo, y me buscan
para matarme. 4¿Qué le responde el oráculo? *Me*
he reservado siete mil hombres que no han do-
blado la rodilla a Baal. 5Del mismo modo, hoy
queda un resto, por elección gratuita. 6Ahora
bien, si es gratuita, no se debe a las obras, por-
que entonces no sería gratuita. 7¿Qué conclu-
sión sacaremos de esto? Lo que Israel buscaba
no lo alcanzó, aunque los elegidos lo alcanza-
ron. Los demás se endurecieron, 8como está es-
crito: *Dios les dio un espíritu insensible, ojos que*
no ven, oídos que no oyen, hasta el día de hoy. 9Y
David añade: *Que su mesa se vuelva una trampa,*
una red, un tropiezo, un castigo; 10*que sus ojos se*
nublen y no vean, que su espalda siempre se en-
corve. 11Pregunto: ¿tropezaron hasta sucumbir?
¡De ningún modo! Solo que su tropiezo ha provo-
cado la salvación de los paganos, despertando
a su vez los celos de Israel. 12Ahora bien, si su
tropiezo representa una riqueza para el mundo,
si su ruina representa la riqueza de los paganos,
cuánto más lo será su conversión en masa.

Salvación de los paganos

13Ahora me dirijo a ustedes, los paganos: Dado
que soy apóstol de los paganos, hago honor a mi
ministerio, 14para dar celos a mis hermanos de ra-
za y salvar así a algunos. 15Porque, si su rechazo
ha significado la reconciliación del mundo, ¿qué
será su aceptación, sino una especie de resurrec-
ción? 16Si la primicia está consagrada, también lo
está toda la masa; si la raíz es santa, también lo
son las ramas. 17Si algunas ramas han sido corta-
das, y tú, que eres un olivo silvestre, fuiste injer-
tado en su lugar y has participado de la raíz y la
savia del olivo, 18no te consideres superior a las
otras ramas. Si lo haces, recuerda que no eres tú
quien mantiene a la raíz, sino la raíz a ti.
19Me dirás: cortaron unas ramas para injertar-
me a mí. 20De acuerdo: a ellos los cortaron por
no creer; tú, en cambio, estás firme gracias a
la fe. Pero, en vez de llenarte de orgullo, teme.
21Porque si Dios no perdonó a las ramas natu-
rales, tampoco te perdonará a ti. 22Mira más
bien la bondad y la severidad de Dios: con los
que cayeron, Dios es severo; contigo, es bueno,
siempre que te mantengas en el ámbito de la
bondad; porque también a ti te pueden cortar.
23Y si ellos no persisten en la incredulidad, serán
injertados. Porque Dios tiene poder para volver
a injertarlos. 24Si tú, siendo olivo silvestre por
naturaleza, fuiste cortado y, contra tu naturale-
za, fuiste injertado en el olivo, cuánto más ellos
que son las ramas naturales serán injertadas en
su propio olivo.

La conversión de Israel

25Quiero, hermanos, que no ignoren este se-
creto, para que no se tengan por sabios: el endu-
recimiento de una parte de Israel durará hasta
que la totalidad de los paganos se incorpore.
26Entonces todo Israel se salvará, según lo es-
crito: *De Sión saldrá el liberador para alejar los*
crímenes de Jacob. 27Y esta será mi alianza con
ellos cuando perdone sus pecados. 28En cuanto
a la Buena Noticia ellos son enemigos de Dios,
y esto ocurre para bien de ustedes; pero desde
el punto de vista de la elección son amados, en
atención a los patriarcas. 29Porque los dones y la
llamada de Dios son irrevocables.
30En efecto, ustedes antes eran enemigos de
Dios, y ahora, por la desobediencia de ellos, han
alcanzado misericordia, 31de la misma manera
ahora que ustedes han alcanzado misericordia
ellos desobedecen, pero un día también ellos
alcanzarán misericordia. 32Porque Dios ha ence-
rrado a todos en la desobediencia para apiadar-
se de todos. 33¡Qué profunda es la riqueza, la
sabiduría y prudencia de Dios! ¡Qué insondables
sus decisiones, qué incomprensibles sus cami-
nos! 34¿Quién conoce la mente de Dios? ¿Quién
fue su consejero? 35¿Quién le dio primero para
recibir en cambio? 36De él, por él, para él existe
todo. A él la gloria por los siglos. Amén.

Normas de vida cristiana

12 1Ahora, hermanos, por la misericordia de
Dios, los invito a ofrecerse como sacrificio
vivo, santo, aceptable a Dios: este es el verdade-

ro culto. 2No se acomoden a este mundo, por el
contrario transfórmense interiormente con una
mentalidad nueva, para discernir la voluntad de
Dios, lo que es bueno y aceptable y perfecto. 3En
virtud del don que he recibido, me dirijo a cada
uno de ustedes: no tengan pretensiones desme-
didas, más bien, sean moderados en su propia
estima, cada uno según el grado de fe que Dios
le haya asignado.

4Es como en un cuerpo: tenemos muchos
miembros, no todos con la misma función; 5así,
aunque somos muchos, formamos con Cristo un
solo cuerpo, y estamos unidos unos a otros co-
mo partes de un mismo cuerpo. 6Tenemos dones
diversos según la gracia que Dios ha concedido
a cada uno: por ejemplo, si hemos recibido el
don de la profecía debemos ejercerlo según la
medida de la fe, 7el que tenga el don del ser-
vicio, sirviendo; el de enseñar, enseñando. 8El
que exhorta, exhortando; el que reparte, há-
galo con generosidad; el que preside, con dili-
gencia; el que alivia los sufrimientos, de buen
humor.

9Amen con sinceridad: aborrezcan el mal y
tengan pasión por el bien. 10En el amor entre
hermanos demuéstrense cariño, estimando a los
otros como más dignos. 11Con celo incansable y
fervor de espíritu sirvan al Señor.

12Alégrense en la esperanza, sean pacientes
en el sufrimiento, perseverantes en la oración;
13solidarios con los consagrados en sus necesi-
dades, practiquen la hospitalidad.

14Bendigan a los que los persiguen, bendigan y
no maldigan nunca. 15Alégrense con los que es-
tán alegres y lloren con los que lloran. 16Vivan en
armonía unos con otros. No busquen grandezas,
pónganse a la altura de los más humildes. No
se tengan por sabios. 17A nadie devuelvan mal
por mal, procuren hacer el bien delante de todos
los hombres. 18En cuanto dependa de ustedes,
tengan paz con todos.

19No hagan justicia por ustedes mismos, que-
ridos hermanos, dejen que Dios sea el que cas-
tigue; porque está escrito: *Mía es la venganza,*
yo retribuiré, dice el Señor. 20Pero, si tu enemigo
tiene hambre, dale de comer, si tiene sed, dale
de beber, así le sacarás los colores a la cara. 21No
te dejes vencer por el mal, por el contrario vence
al mal haciendo el bien.

Obediencia a las autoridades

13 1Que cada uno se someta a las autoridades
establecidas, porque toda autoridad pro-
cede de Dios; y las que existen han sido estable-
cidas por él. 2Por eso quien resiste a la autoridad
resiste al orden establecido por Dios. Y quienes
se resisten cargarán con su castigo. 3Los gober-
nantes no están para causar miedo a los que
obran bien, sino a los malhechores. ¿Quieres
no temer a la autoridad? Obra bien y tendrás su
aprobación, 4ya que la autoridad es un instru-
mento de Dios para tu bien. Pero si obras mal,
teme, que no en vano tiene poder. La autoridad
está al servicio de Dios para aplicar el castigo al
malhechor. 5Por tanto, hay que someterse, y no
solo por miedo al castigo, sino por deber de con-
ciencia. 6Por la misma razón pagan los impues-
tos: las autoridades son funcionarios al servicio
de Dios, encargados de cumplir este oficio.

7Den a cada uno lo debido: al que se debe
impuestos, impuestos; al que se debe contri-
bución, contribución; al que respeto, respeto;
al que honor, honor. 8Que la única deuda que
tengan con los demás sea la del amor mutuo.
Porque el que ama al prójimo ya cumplió toda la
ley. 9De hecho, los mandamientos: no cometerás
adulterio, no matarás, no robarás, no codicia-
rás, y cualquier otro precepto, se resumen en es-
te: Amarás al prójimo como a ti mismo. 10Quien
ama no hace mal al prójimo, por eso el amor es el
cumplimiento pleno de la ley.

La venida de Cristo

11Reconozcan el momento en que viven, que
ya es hora de despertar del sueño: ahora la sal-
vación está más cerca que cuando abrazamos la
fe. 12La noche está avanzada, el día se acerca:
abandonemos las acciones tenebrosas y vistá-
monos con la armadura de la luz. 13Actuemos
con decencia, como de día: basta de banquetes
y borracheras, basta de lujuria y libertinaje, no
más envidias y peleas. 14Revístanse del Señor
Jesucristo y no se dejen conducir por los deseos
del instinto.

Libertad y caridad

14 1Comprendan al que es débil en la fe sin
discutir sus razonamientos. 2Uno tiene fe,
y come de todo; otro es débil, y come verduras.
3Quien come no desprecie al que no come, quien
no come no critique al que come, porque Dios
también lo ha recibido a este. 4Y tú, ¿quién eres
para criticar a un empleado ajeno? Que esté en
pie o caído es asunto de su amo. Pero no se cae-
rá, porque el Señor tiene poder para mantenerlo
en pie. 5Este da más importancia a un día que a
otro, mientras que aquel los considera a todos
iguales: cada cual que siga su convicción. 6El
que distingue un día del otro lo hace por el Se-
ñor, el que come también lo hace por el Señor, ya
que da gracias a Dios. Y el que no come también
lo hace por el Señor y le da gracias.

Somos del Señor

7Ninguno vive para sí, ninguno muere para sí.
8Si vivimos, vivimos para el Señor; si morimos,
morimos para el Señor; en la vida y en la muerte
somos del Señor. 9Para eso murió Cristo y resuci-
tó: para ser Señor de muertos y vivos. 10Tú, ¿por
qué juzgas a tu hermano? Tú, ¿por qué despre-
cias a tu hermano? Todos hemos de comparecer
ante el tribunal de Dios, 11como está escrito:
Juro –dice el Señor–, ante mí se doblará toda
rodilla, toda boca confesará a Dios. 12Por tanto,
cada uno de nosotros tendrá que rendir cuenta
de sí mismo ante Dios.

No escandalizar

13Dejemos de juzgarnos mutuamente. Procu-
ren más bien no provocar el tropiezo o la caí-
da del hermano. 14Por la enseñanza del Señor
Jesús lo sé y estoy convencido de ello: nada
es impuro en sí, solamente lo es para quien lo
considera impuro. 15Pero si lo que tú comes ha-
ce sufrir a tu hermano, ya no obras de acuerdo
con el amor. No destruyas por lo que comes a
uno por quien Cristo murió. 16No den lugar a
que se hable mal de la libertad que ustedes tie-
nen. 17El reino de Dios no consiste en comidas
ni bebidas, sino en la justicia, la paz y el gozo
del Espíritu Santo. 18Quien sirve así a Cristo
agrada a Dios y es estimado de los hombres.
19Por tanto, busquemos lo que fomenta la paz
mutua y es constructivo. 20Por un alimento no
destruyas la obra de Dios. Todo es puro, pero
es malo comer algo que provoque la caída de
otro. 21Lo mejor es abstenerse de carne, de vino
o de cualquier cosa que provoque la caída del
hermano. 22Guarda para ti, delante de Dios, tu
propia convicción. Feliz quien elige sin sen-
tirse culpable; 23pero quien come dudando es
culpable, porque no obra de acuerdo con lo que
cree. Y todo lo que no hacemos de acuerdo con
lo que creemos, es pecado.

Contentar a los demás

15 1Nosotros, los fuertes, tenemos que cargar
con las flaquezas de los débiles y no bus-
car nuestra satisfacción. 2Que cada uno trate de
agradar al prójimo para el bien y la edificación
común. 3Porque tampoco Cristo buscó su propia
satisfacción, sino que, como está escrito: caye-
ron sobre mí los ultrajes de los que te agravian.
4Lo que entonces se escribió fue para nuestra
instrucción, para que por la paciencia y el con-
suelo de la Escritura tengamos esperanza. 5El
Dios de la paciencia y el consuelo les conceda
tener los unos para con los otros los sentimien-
tos de Cristo Jesús, 6de modo que, con un solo
corazón y una sola voz, glorifiquen a Dios, Padre
de nuestro Señor Jesucristo.

La Buena Noticia para judíos y paganos

7Por tanto, acójanse unos a otros, como Cristo
los acogió para gloria de Dios. 8Quiero decir que
Cristo se hizo servidor de los circuncisos para
confirmar la fidelidad de Dios, cumpliendo las
promesas de los patriarcas; 9mientras que los
paganos glorifican a Dios por su misericordia,
como está escrito: *Te confesaré ante los paganos*
y cantaré en tu honor. 10Y en otro lugar: *Pue-*
blos extranjeros, alégrense junto con su pueblo.
11Y de nuevo: *Alaben al Señor todas las gentes,*
que todos los pueblos lo glorifiquen. 12Isaías,
por su parte, dice: *Aparecerá el brote de Jesé, se*
levantará a gobernar las naciones: y todos los
pueblos pondrán en él su esperanza. 13El Dios de
la paz los llene de gozo y paz en la fe, para que,
por la fuerza del Espíritu Santo, desborden de
esperanza.

Misión de Pablo para los paganos

14Acerca de ustedes, queridos hermanos, estoy
convencido de que están llenos de bondad y col-
mados de todo conocimiento y que también pue-
den aconsejarse mutuamente. 15Con todo, por la
gracia recibida de Dios 16de ser ministro de Cristo
Jesús para los paganos y sacerdote de la Buena
Noticia de Dios, he tenido la audacia de escri-
birles y de refrescarles su memoria, para que la
ofrenda de los paganos sea aceptable y consagra-
da por el Espíritu Santo. 17Por Cristo Jesús puedo
sentirme orgulloso ante Dios. 18Pero no hablaré si
no es de lo que Cristo ha realizado por intermedio
mío para la conversión de los paganos: de palabra
y de obra, 19con señales y prodigios, con la fuerza
del Espíritu de Dios. Partiendo de Jerusalén y su
región hasta Iliria he completado el anuncio de la
Buena Noticia de Cristo.

20Me honra haber anunciado la Buena Noticia
donde todavía no se había nombrado a Cristo,
para no construir sobre cimiento ajeno; 21sino
como está escrito: *Lo verán los que no tenían*
noticia de él, y comprenderán los que no habían
oído hablar de él. 22Ese motivo me ha impedido
repetidas veces ir a visitarlos. 23Ahora que ya
no me queda tarea por estas regiones, y con las
ganas que tengo desde hace tiempo de visitar-
los, 24espero verlos de paso en mi viaje hacia
España y confío que me ayudarán a proseguir mi
viaje, después de gozar un poco de su compañía.
25En este momento me dirijo a Jerusalén para
llevar una ayuda a esa comunidad. 26Porque los
de Macedonia y Acaya han decidido solidarizar-
se con los cristianos pobres de Jerusalén. 27Lo

han decidido como era su obligación: ya que si
los paganos se beneficiaron de sus bienes es-
pirituales, es justo que ellos los socorran con
bienes materiales. 28Cuando haya concluido este
asunto, garantizando la entrega de la colecta,
me dirigiré a España pasando por la tierra de
ustedes. 29Y sé que, cuando llegue a visitarlos,
lo haré con todas las bendiciones de Cristo.
30Por nuestro Señor Jesucristo, [hermanos,]
y por el amor que infunde el Espíritu, les re-
comiendo que luchen a mi lado rezando por mí
a Dios 31para que me libre en Judea de los que
no creen y para que mi misión entre los consa-
grados sea bien recibida. 32Así, Dios mediante,
podré visitarlos con alegría, para tomarme un
descanso junto a ustedes. 33El Dios de la paz es-
té con todos ustedes. Amén.

Saludos finales

16 1Les recomiendo a nuestra hermana Febe,
diaconisa de la Iglesia de Cencreas, 2pa-
ra que la reciban, en atención al Señor, como
merece una persona consagrada, ayudándola
en todo lo que necesite de ustedes. Ella ha pro-
tegido a muchos, empezando por mí. 3Saludos
a Prisca y Áquila, mis colaboradores en la obra
de Cristo Jesús, 4que por salvarme la vida se ju-
garon la suya; no solo yo les estoy agradecido,
sino toda la Iglesia de los paganos. 5Saludos a
la comunidad que se reúne en su casa. Saludos
a mi querido Epéneto, el primero de Asia que se
convirtió a Cristo. 6Saludos a María, que tanto
ha trabajado por ustedes. 7Saludos a Andrónico
y Junia, mis parientes y compañeros de prisión,
que descuellan entre los apóstoles y que llega-
ron a Cristo antes que yo. 8Saludos a Ampliato,
mi amigo en el Señor. 9Saludos a Urbano, mi
colaborador en la obra de Cristo, y a mi queri-
do Eustaquio. 10Saludos a Apeles, que ha dado
pruebas de fidelidad a Cristo. Saludos a la fa-
milia de Aristóbulo. 11Saludos a mi pariente He-
rodión. Saludos a los de la familia de Narciso,
quienes son del Señor. 12Saludos a Trifena y Tri-
fosa, que han trabajado por el Señor. Saludos a
la querida Pérside, que ha trabajado mucho en
el Señor. 13Saludos a Rufo, elegido del Señor,
y a su madre que es también mía. 14Saludos a
Asíncrito, Flegonte, Hermes, Patrobas, Hermas
y a los de su comunidad. 15Saludos a Filólogo y
a Julia, a Nereo y su hermana Olimpas y a todos
los consagrados de su comunidad. 16Salúdense
con el beso santo. Todas las Iglesias cristianas
les mandan saludos.
17Hermanos, les recomiendo que vigilen a los
que siembran discordias y tropiezos contra la
doctrina que ustedes han aprendido; aléjense de
ellos. 18Esas personas no sirven a Cristo Señor
nuestro, sino a su vientre, y con discursos sua-
ves y atractivos seducen a la gente sin malicia.
19La fama de la fe de ustedes se difunde por to-
das partes, y esto me llena de alegría, porque
los quiero sabios para el bien y sin contagio del
mal. 20Muy pronto el Dios de la paz aplastará a
Satanás bajo los pies de ustedes. La gracia de
nuestro Señor Jesús esté con ustedes.
21Les manda saludos Timoteo, mi colaborador,
y también Lucio, Jasón y Sosípatro, mis parien-
tes. 22Y yo, Tercio, amanuense de esta carta, los
saludo en nombre del Señor. 23También los salu-
dan Gayo, que me hospeda, con toda su comuni-
dad; Erasto, tesorero de la ciudad, y el hermano
Cuarto.
[[24La gracia de nuestro Señor Jesucristo esté
con todos ustedes. Amén.]] 25Al que tiene el po-
der de confirmarlos según la Buena Noticia que
yo anuncio proclamando a Jesucristo, según el
secreto callado durante siglos 26y revelado hoy
y, por disposición del Dios eterno, manifestado
a todos los paganos por medio de escritos pro-
féticos para que abracen la fe, 27a Dios, el único
sabio, por medio de Jesucristo, sea dada la glo-
ria por los siglos de los siglos. Amén.

1 CORINTIOS

Saludo y acción de gracias

1 1Pablo, llamado por voluntad de Dios a ser
apóstol de Cristo Jesús, y el hermano Sóste-
nes, 2a la Iglesia de Dios de Corinto, a los con-
sagrados a Cristo Jesús con una vocación santa,
y a todos los que en cualquier lugar invocan el
nombre de Jesucristo, Señor de ellos y nuestro:
3Gracia y paz a ustedes de parte de Dios nuestro
Padre y del Señor Jesucristo.
4Siempre doy gracias a mi Dios por ustedes,
por la gracia que Dios les ha dado en Cristo Je-
sús. 5En efecto, por él han recibido todas las ri-
quezas, las de la palabra y las del conocimiento.
6El testimonio sobre Cristo se ha confirmado
en ustedes, 7por eso mientras aguardan la mani-
festación de nuestro Señor Jesu[cristo], no les
falta ningún don espiritual. 8Él los mantendrá
firmes hasta el final para que en el día de nues-
tro Señor Jesucristo sean irreprochables. 9Por-
que Dios es fiel y Él los llamó a la comunión con
su Hijo, Jesucristo Señor nuestro.

Discordias en Corinto

10Hermanos, en nombre de nuestro Señor Je-
sucristo les ruego que se pongan de acuerdo y

que no haya divisiones entre ustedes, sino que
vivan en perfecta armonía de pensamiento y
opinión. 11Porque me he enterado, hermanos
míos, por la familia de Cloe, que existen discor-
dias entre ustedes. 12Me refiero a lo que anda
diciendo cada uno: yo soy de Pablo, yo de Apolo,
yo de Cefas, yo de Cristo. 13¿Está dividido Cris-
to? ¿Ha sido crucificado Pablo por ustedes o han
sido bautizados invocando el nombre de Pablo?
14Gracias a Dios no bauticé más que a Crispo y
Cayo; 15así que nadie diga que fue bautizado in-
vocando mi nombre. 16Bueno, bauticé también
a la familia de Esteban; pero, que yo sepa, no
bauticé a nadie más. 17Porque Cristo no me envió
a bautizar, sino a anunciar la Buena Noticia, sin
elocuencia alguna, para que no pierda su efica-
cia la cruz de Cristo.

El mensaje de la cruz

18Porque el mensaje de la cruz es locura pa-
ra los que se pierden; pero para los que nos
salvaremos es fuerza de Dios. 19Como está es-
crito: *Acabaré con la sabiduría de los sabios y*
confundiré la inteligencia de los inteligentes.
20¿Dónde hay un sabio, dónde un letrado, dón-
de un investigador de este mundo? ¿Acaso no
ha demostrado Dios que la sabiduría del mundo
es una locura? 21Como el mundo con su sabidu-
ría no reconoció a Dios en las obras que mani-
fiestan su sabiduría, dispuso Dios salvar a los
creyentes por la locura de la cruz. 22Porque los
judíos piden milagros, los griegos buscan sabi-
duría, 23mientras que nosotros anunciamos un
Cristo crucificado, escándalo para los judíos,
locura para los paganos; 24pero para los llama-
dos, tanto judíos como griegos, un Cristo que
es fuerza y sabiduría de Dios. 25Porque la locura
de Dios es más sabia que la sabiduría de los
hombres y la debilidad de Dios más fuerte que
la fortaleza de los hombres.

26Miren, hermanos, quiénes han sido llama-
dos: entre ustedes no hay muchos sabios huma-
namente hablando, ni muchos poderosos, ni mu-
chos nobles; 27por el contrario, Dios ha elegido
los locos del mundo para humillar a los sabios,
Dios ha elegido a los débiles del mundo para hu-
millar a los fuertes, 28Dios ha elegido a gente
sin importancia, a los despreciados del mundo
y a los que no valen nada, para anular a los que
valen algo. 29Y así nadie podrá gloriarse frente a
Dios. 30Gracias a Él ustedes son de Cristo Jesús,
que se ha convertido para ustedes en sabiduría
de Dios y justicia, en consagración y redención.
31Así se cumple lo escrito: *El que se gloría que se*
gloríe en el Señor.

Sabiduría superior

2 1Cuando llegué a ustedes, hermanos, para
anunciarles el misterio de Dios no me pre-
senté con gran elocuencia y sabiduría; 2al con-
trario decidí no saber de otra cosa que de Jesu-
cristo, y este crucificado. 3Débil y temblando de
miedo me presenté ante ustedes; 4mi mensaje y
mi proclamación no se apoyaban en [palabras]
sabias y persuasivas, sino en la demostración
del poder del Espíritu, 5para que la fe de ustedes
no se fundase en la sabiduría humana, sino en
el poder divino.

6A los maduros en la fe les proponemos una
sabiduría: no sabiduría de este mundo o de los
jefes de este mundo, que van siendo derribados.
7Proponemos la sabiduría de Dios, misteriosa y
secreta, la que Él preparó desde antiguo para
nuestra gloria. 8Ningún príncipe de este mun-
do la conoció: porque de haberla conocido, no
habrían crucificado al Señor de la gloria. 9Pero,
como está escrito: Ningún ojo vio, ni oído oyó,
ni mente humana concibió, lo que Dios preparó
para quienes lo aman.

Revelada por el Espíritu

10A nosotros nos lo ha revelado Dios por medio
del Espíritu; porque el Espíritu lo escudriña to-
do, incluso las profundidades de Dios. 11¿Quién
puede conocer lo más íntimo del hombre sino el
espíritu humano dentro de él? Del mismo modo
nadie conoce lo propio de Dios si no es el Espí-
ritu de Dios.

12Ahora bien, nosotros hemos recibido no el
espíritu del mundo, sino el Espíritu de Dios, que
nos hace comprender los dones que Dios nos ha
dado. 13Exponemos esto no con palabras ense-
ñadas por la sabiduría humana, sino enseñadas
por el Espíritu, explicando las cosas espirituales
en términos espirituales. 14El hombre puramen-
te natural no acepta lo que procede del Espíritu
de Dios, porque le parece una locura; y tampoco
puede entenderlo, porque para eso se necesita
un criterio espiritual. 15En cambio el hombre
espiritual puede juzgarlo todo y a él nadie lo
puede juzgar. 16Porque, ¿quién conoce la mente
del Señor para darle lecciones? Pero nosotros
poseemos el pensamiento de Cristo.

Inmadurez de los corintios

3 1Yo, hermanos, no pude hablarles como a
hombres espirituales, sino como a hombres
simples, como a niños en la vida cristiana. 2Les
di de beber leche y no alimento sólido, porque
aún no podían tolerarlo; como tampoco aho-
ra, 3dado que aún los guía el instinto. Si entre
ustedes hay envidias y discordias, ¿no indican

que todavía se dejan guiar por el instinto y por
criterios humanos en su conducta? 4Cuando uno
dice: yo soy de Pablo, y otro: yo soy de Apolo,
¿acaso no se comportan como cualquier hombre?
5¿Quién es Apolo?, ¿quién es Pablo? Ministros de
la fe, cada uno según el don de Dios.

6Yo planté, Apolo regó, pero era Dios quien
hacía crecer. 7De manera que ni el que planta
ni el que riega son nada, sino Dios que hace cre-
cer. 8El que planta y el que riega trabajan en
lo mismo; cada uno recibirá su salario según su
trabajo. 9Nosotros somos colaboradores de Dios,
y ustedes son el campo de Dios, el edificio de
Dios. 10Según el don que Dios me ha dado, como
arquitecto experto puse el cimiento; otro sigue
construyendo. Que cada uno se fije en cómo
construye. 11Nadie puede poner otro cimiento
que el ya puesto, que es Jesucristo. 12Sobre ese
cimiento uno coloca oro, otro plata, piedras
preciosas, madera, hierba, paja. 13La obra de
cada uno se verá claramente en el día del jui-
cio porque ese día vendrá con fuego, y el fuego
probará la calidad de la obra de cada uno. 14Si la
obra que construyó resiste, recibirá su salario.
15Si la obra se quema, será castigado, aunque se
salvará como quien escapa del fuego.

16¿No saben que son santuario de Dios y que el
Espíritu de Dios habita en ustedes? 17Si alguien
destruye el santuario de Dios, Dios lo destruirá
a él, porque el santuario de Dios, que son uste-
des, es sagrado. 18Que nadie se engañe: si uno
se considera sabio en las cosas de este mundo,
vuélvase loco para llegar a sabio; 19porque la
sabiduría de este mundo es locura para Dios,
como está escrito: Él sorprende a los sabios con
su misma astucia, 20y también: El Señor conoce
los razonamientos de los sabios y sabe que son
vanos. 21En consecuencia que nadie se gloríe de
los hombres. Todo es de ustedes: 22Pablo, Apolo,
Cefas, el mundo, la vida y la muerte, el presente
y el futuro. Todo es de ustedes, 23ustedes son de
Cristo, Cristo es de Dios.

Ministros de Cristo

4 1Que la gente nos considere como servidores
de Cristo y administradores de los secretos de
Dios. 2Ahora bien, a un administrador se le exige
que sea fiel. 3A mí poco me importa ser juzgado
por ustedes o por un tribunal humano; ni yo mis-
mo me juzgo. 4Mi conciencia nada me reprocha,
pero no por ello me siento sin culpa; quien me
juzga es el Señor. 5Por tanto, no juzguen antes
de tiempo; esperen la llegada del Señor, él ilumi-
nará lo que está oculto en las tinieblas y pondrá
al descubierto las intenciones del corazón. En-
tonces cada uno recibirá su calificación de Dios.
6Hermanos, les puse mi ejemplo y el de Apolo,
para que aprendan de nosotros aquel dicho: no
salirse de lo escrito, y así nadie tome partido or-
gullosamente a favor de uno y en contra de otro.
7¿Quién te declara superior? ¿Qué tienes que no
hayas recibido? Y si lo has recibido, ¿por qué te
glorías como si no lo hubieras recibido? 8¡Ahora
están satisfechos!, ¡ya se han enriquecido! ¡Sin
nosotros son reyes! Ojalá ya reinaran, para reinar
nosotros con ustedes. 9Pero pienso que a noso-
tros los apóstoles Dios nos ha puesto en el último
lugar, como condenados a muerte, y hemos llega-
do a ser un espectáculo para el mundo, para los
ángeles y los hombres.

10Nosotros por Cristo somos locos, ustedes
por Cristo prudentes; nosotros débiles, ustedes
fuertes; ustedes estimados, nosotros despreciа-
dos. 11Hasta el momento presente pasamos ham-
bre y sed, vamos medio desnudos, nos tratan a
golpes, no tenemos domicilio fijo, 12nos fati-
gamos trabajando con nuestras manos. Somos
insultados y bendecimos, somos perseguidos y
resistimos, 13somos calumniados y consolamos a
los demás. Somos la basura del mundo, el dese-
cho de todos hasta ahora.

14No les escribo esto para avergonzarlos, si-
no quiero corregirlos como a hijos queridos.
15Porque aunque como cristianos tengan diez
mil instructores, no tienen muchos padres. Yo
los engendré para Cristo cuando les anuncié la
Buena Noticia. 16Por lo tanto les ruego que sigan
mi ejemplo. 17Por esta razón les envié a Timoteo,
hijo mío querido y fiel al Señor; para que les re-
cuerde mis principios cristianos, tal como los
enseño por toda la Iglesia. 18Algunos, pensando
que no iría a verlos, se han hinchado de orgullo;
19pero los visitaré pronto, si Dios quiere, y enton-
ces mediré, no las palabras de los orgullosos, sino
sus acciones. 20Porque el reino de Dios no es de
palabras, sino de obras. 21¿Qué eligen?, ¿que vaya
con la vara o con amor y mansedumbre?

El incestuoso

5 1Hemos oído decir que entre ustedes hay un
caso de inmoralidad que no se da ni entre los
paganos: uno convive con la mujer de su padre.
2Y mientras tanto ustedes se sienten orgullosos,
en vez de estar de duelo, para que el que come-
tió esa acción sea expulsado de la comunidad.
3Yo, por mi parte, aunque estoy ausente corpo-
ralmente, pero presente en espíritu, ya tengo
sentenciado, como si estuviera presente, al que
comete tal delito: 4reunidos en nombre de nues-
tro Señor Jesús ustedes con mi espíritu, con el
poder de nuestro Señor Jesús, 5entreguen a ese
individuo a Satanás para mortificar su sensuali-

dad, de modo que el espíritu se salve el día del
Señor Jesús.
6El orgullo de ustedes no es razonable. ¿No
saben que con un poco de levadura fermenta
toda la masa? 7Despójense de la levadura vieja
para ser una masa nueva, porque ustedes mis-
mos son los panes sin levadura, ya que nuestra
víctima pascual, Cristo, ha sido inmolado. 8Por
consiguiente, celebremos la Pascua no con vie-
ja levadura, levadura de maldad y perversidad,
sino con los panes sin levadura de la sinceridad
y la verdad. 9Ya les escribí en mi otra carta que
no se juntaran con gente inmoral. 10No me refe-
ría en general a gente inmoral de este mundo, a
los avaros, explotadores e idólatras. De ser así,
ustedes tendrían que haber salido del mundo.
11Concretamente les escribí que no se juntaran
con aquellos que haciéndose llamar hermanos
son inmorales, avaros, explotadores, idólatras,
difamadores o borrachos. Con ellos, ¡ni coman!
12Acaso, ¿me toca a mí juzgar a los de fuera? Juz-
guen ustedes a los que están dentro. 13A los de
fuera los juzgará Dios. Expulsen al malvado de
entre ustedes.

Pleitos entre cristianos

6 1Cuando uno de ustedes tiene un pleito con
otro, ¿cómo se atreve a pedir justicia ante
los tribunales paganos en lugar de someterse
al juicio de los consagrados? 2¿No saben que
los consagrados juzgarán al mundo? Y si uste-
des van a juzgar al mundo, ¿no les parece que
son competentes en asuntos de poca importan-
cia? 3¿No saben que juzgaremos a los ángeles?
Cuánto más, entonces podemos juzgar asuntos
de la vida ordinaria. 4Si tienen litigios ordi-
narios, ¿cómo nombran jueces gente que na-
da significa para la Iglesia? 5Lo digo para que
se avergüencen. ¿O sea que entre ustedes no
hay ningún experto que pueda hacer de árbi-
tro entre hermanos? 6Al contrario, un hermano
pleitea con otro y lo hace en tribunales de no
creyentes. 7Ya es bastante desgracia que ten-
gan pleitos entre ustedes.
¿Acaso no sería mejor sufrir la injusticia? ¿O
dejarse robar? 8Pero no, ustedes mismos son los
que perjudican y roban a sus hermanos. 9¿No sa-
ben que los injustos no heredarán el reino de
Dios? No sigan engañándose: ni inmorales ni
idólatras ni adúlteros ni afeminados ni homo-
sexuales 10ni ladrones ni avaros ni borrachos
ni calumniadores ni explotadores heredarán el
reino de Dios. 11Algunos de ustedes fueron de
esos; pero han sido purificados y consagrados y
absueltos por la invocación del Señor Jesucristo
y por el Espíritu de nuestro Dios.

Libertad cristiana y fornicación

12—Todo me está permitido, dicen. Pero no
todo conviene. Todo me está permitido, pero
no me dejaré someter por nada. 13Los alimentos
para el vientre y el vientre para los alimentos,
dicen, y Dios acabará con ambos. Pero el cuerpo
no es para la fornicación, sino para el Señor, y
el Señor para el cuerpo. 14Y Dios, que resucitó al
Señor, los resucitará también a ustedes con su
poder. 15¿No saben que sus cuerpos son miem-
bros de Cristo? Y, ¿voy a tomar los miembros de
Cristo para hacerlos miembros de una prostitu-
ta? ¡De ningún modo! 16O ¿no saben que quien
se une a una prostituta se hace un cuerpo con
ella? Porque dice la Escritura que formarán los
dos una sola carne. 17Pero el que se une al Señor,
se hace un solo espíritu con él. 18Apártense de
la fornicación. Cualquier pecado que el hombre
comete queda fuera del cuerpo, pero el que for-
nica peca contra su cuerpo. 19¿No saben que su
cuerpo es santuario del Espíritu Santo, que han
recibido de Dios y habita en ustedes? De modo
que no se pertenecen a sí mismos, 20sino que
han sido comprados a un gran precio, por tanto
glorifiquen a Dios con sus cuerpos.

Matrimonio y celibato

7 1En cuanto a las preguntas que me hicieron
en su carta contesto: es mejor que el hombre
no tenga relaciones con la mujer, 2sin embargo,
para evitar la inmoralidad, cada hombre tenga
su mujer y cada mujer su marido. 3Cumpla el ma-
rido su deber con la mujer y lo mismo la mujer
con el marido. 4La mujer no es dueña de su cuer-
po, sino el marido; lo mismo el marido no es due-
ño de su cuerpo, sino la mujer. 5No se nieguen
el uno al otro, si no es de común acuerdo y por
un tiempo, para dedicarse a la oración. Después
únanse de nuevo no sea que Satanás los tiente
aprovechándose de que no pueden contenerse.
6Esto lo digo como una concesión, no como obli-
gación, 7porque desearía que todos fueran como
yo; solo que cada uno recibe de Dios un don par-
ticular, a unos este, a otros aquel.
8A los solteros y a las viudas les digo que es
mejor que se queden como yo; 9pero si no pue-
den contenerse, que se casen: más vale casarse
que vivir consumido en malos deseos. 10A los
casados les ordeno, no yo, sino el Señor, que la
mujer no se separe del marido; 11pero si se sepa-
ra, que no se case con otro o se reconcilie con
el marido, y que el marido no se divorcie de su
mujer. 12A los demás les digo yo, no el Señor: si
un hermano tiene una mujer no cristiana y ella
consiente en vivir con él, no debe divorciarse de
ella; 13si una mujer tiene un marido no cristiano

y este consiente en vivir con ella, no debe divorciarse de él. 14Pues el marido no cristiano queda consagrado por la mujer y la mujer no cristiana queda consagrada por el marido; de lo contrario los hijos de ustedes serían impuros mientras que ahora están consagrados.

15Ahora bien, si el esposo o la esposa no cristianos quieren separarse, que se separen: en tal caso, ni el hermano ni la hermana permanecen vinculados. El Señor nos ha llamado para vivir en paz. 16Tú, mujer, quizás salves a tu marido; tú, hombre, quizás salves a tu mujer.

No cambiar de condición

17En cualquier caso, cada uno siga viviendo en la situación que le asignó el Señor, tal como vivía cuando lo llamó Dios. Esta es mi norma en todas las Iglesias. 18¿Te llamaron estando circuncidado? No lo disimules. ¿Te llamaron estando sin circuncidar? No te circuncides. 19Ser circunciso o incircunciso no cuenta; lo que cuenta es cumplir los mandamientos de Dios. 20Cada uno permanezca en el estado en que fue llamado. 21¿Te llamaron siendo esclavo? No te importe, aunque si puedes conseguir la libertad, no dejes pasar la oportunidad. 22El que fue llamado siendo esclavo es hombre libre en el Señor; el que fue llamado por el Señor siendo libre es esclavo de Cristo. 23Ustedes han sido comprados por Dios a un precio: no sean esclavos de los hombres. 24Cada uno, hermanos, permanezca ante Dios en el estado en que fue llamado.

Matrimonio y virginidad

25Respecto a los que no piensan casarse no tengo órdenes del Señor, pero les doy mi opinión como persona de fiar por la misericordia del Señor. 26Pienso que, teniendo presente los tiempos difíciles en que vivimos, lo mejor es eso, que el hombre se quede como está. 27¿Estás unido a una mujer? No busques separarte. ¿No tienes mujer? No la busques. 28No obstante, si te casas no pecas, y la soltera, si se casa, no peca; pero tendrán problemas en la vida presente, y yo quiero evitárselos. 29En una palabra, hermanos, queda poco tiempo: en adelante los que tengan mujer vivan como si no la tuvieran, 30los que lloran como si no lloraran, los que se alegran como si no se alegraran, los que compran como si no poseyeran, 31los que usan del mundo como si no disfrutaran. Porque la apariencia de este mundo se está acabando.

32Quiero que estén libres de preocupaciones; mientras el soltero se preocupa de los asuntos del Señor y procura agradar al Señor, 33el casado se preocupa de los asuntos del mundo y procura agradar a su mujer, 34y está dividido. La mujer soltera y la virgen se preocupan de los asuntos del Señor para estar consagradas en cuerpo y espíritu. La casada se preocupa de los asuntos del mundo y procura agradar al marido. 35Les he dicho estas cosas para el bien de ustedes, no para ponerles un tropiezo, sino para que su dedicación al Señor sea digna y constante, sin distracciones. 36Si uno siente que se porta incorrectamente con su compañera virgen, que está en edad de casarse, de modo que hay que hacer algo, haga lo que crea conveniente y cásense, que no pecan. 37En cambio, el que decide no casarse con ella, porque se siente interiormente seguro y puede contenerse con pleno dominio de su voluntad, también obra correctamente.

38En conclusión, quien se casa con su compañera virgen hace bien, quien no se casa hace mejor. 39Una mujer está ligada a su marido mientras este vive; si muere el marido, queda libre para casarse con quien quiera, siempre que aquel sea cristiano. 40Pero a mi parecer, será más feliz si no se casa. Y pienso que también yo poseo el Espíritu de Dios.

Víctimas sacrificadas a los ídolos

8 1En cuanto a la carne inmolada a los ídolos, todos tenemos el conocimiento debido, ya lo sabemos, pero el conocimiento llena de orgullo mientras que el amor edifica. 2Si alguien cree conocer algo, aún no lo conoce como se debe conocer. 3En cambio, si uno ama a Dios, es conocido por Dios.

4En cuanto a comer carne sacrificada a los ídolos, sabemos que no existen los ídolos del mundo, y que no hay más que un solo Dios. 5Aunque existiesen en el cielo o en la tierra los llamados dioses, y hay muchos dioses y señores de esos, 6para nosotros existe un solo Dios, el Padre, que es principio de todo y fin nuestro, y existe un solo Señor, Jesucristo, por quien todo existe y también nosotros. 7Pero no todos poseen este conocimiento. Algunos, acostumbrados a la idolatría, comen la carne como realmente sacrificada a los ídolos, y su conciencia débil se contamina. 8No es la comida lo que nos acerca a Dios: nada perdemos si no comemos, nada ganamos si comemos. 9Pero, tengan cuidado no sea que esa libertad se convierta en tropiezo para los débiles. 10Porque si alguien te ve a ti, que sabes cómo se debe obrar, sentado a la mesa en un templo pagano, ¿no se animará su conciencia débil a comer carne sacrificada a los ídolos? 11Y así por tu conocimiento se pierde el débil, un hermano por quien Cristo murió. 12De ese modo, pecando contra los hermanos e hiriendo su conciencia dé-

bil, pecan contra Cristo. 13En conclusión, si un
alimento escandaliza a mi hermano, no comeré
jamás carne, para no escandalizar al hermano.

El ejemplo de Pablo

9 1Pero, ¿no soy libre?, ¿no soy apóstol?, ¿no he
visto a Jesús Señor nuestro?, ¿no son ustedes
mi obra de apóstol al servicio del Señor? 2Si para
otros no soy apóstol, para ustedes lo soy. El sello
de mi apostolado para el Señor son ustedes. 3Mi
defensa ante los que me juzgan es esta: 4¿No te-
nemos derecho a comer y beber?, 5¿no tenemos
derecho a hacernos acompañar de una esposa
cristiana como los demás apóstoles, los herma-
nos del Señor y Cefas?, 6¿o somos Bernabé y yo los
únicos que no tenemos derecho a dejar de lado
otros trabajos? 7¿Quién ha servido como soldado
pagando sus propios gastos?, ¿quién planta una
viña y no come sus frutos?, ¿quién cuida de un re-
baño y no se alimenta de su leche? 8Mi argumento
no es puramente humano, también la ley lo dice;
9en la ley de Moisés está escrito: *No pondrás bozal
al buey que trilla.* ¿Acaso se ocupa Dios de los bue-
yes?, 10¿no lo dice más bien para nosotros? Así es,
por nosotros está escrito, porque el que ara tiene
que arar con esperanza y el trillador, debe hacerlo
con la esperanza de cosechar. 11Si nosotros sem-
bramos en ustedes lo espiritual, ¿será excesivo
que cosechemos algo material? 12Si otros disfru-
tan de ese derecho sobre ustedes, ¿por qué no lo
vamos a tener nosotros? Sin embargo, no hicimos
uso de tal derecho, antes bien aguantamos todo
para no poner obstáculos a la Buena Noticia de
Cristo.

13¿No saben que los ministros del culto comen
de los dones del templo y los que atienden al
altar participan de los dones del altar? 14Del mis-
mo modo el Señor dispuso que los que anuncian
la Buena Noticia vivan de su predicación. 15Pe-
ro yo no he usado ninguno de esos derechos, y
no lo escribo ahora para que me los reconozcan
–¡más me valdría morir!–: nadie me quitará esta
gloria. 16Anunciar la Buena Noticia no es para mí
motivo de orgullo, sino una obligación a la que
no puedo renunciar. ¡Ay de mí si no anuncio la
Buena Noticia! 17Si lo hiciera por propia inicia-
tiva, recibiría mi salario; pero si no lo hago por
propia voluntad, es que me han confiado una ad-
ministración. 18¿Cuál será, entonces, mi salario?
Anunciar gratuitamente la Buena Noticia sin ha-
cer uso del derecho que su anuncio me confiere.

19Siendo del todo libre, me hice esclavo de to-
dos para ganar al mayor número posible. 20Con
los judíos me hice judío para ganar a los judíos;
me sometí a la ley con los que están sometidos a
ella, como si yo lo estuviera, aunque no lo estoy,
para ganar a los sometidos a la ley. 21Con los que
no tienen ley, yo, que no rechazo la ley de Dios,
porque estoy sometido a la ley de Cristo, me hice
como uno de ellos para ganar a los que no tienen
ley. 22Me hice débil con los débiles para ganar
a los débiles. Me hice todo a todos para salvar
por lo menos a algunos. 23Y todo lo hago por la
Buena Noticia, para participar de ella.

24¿No saben que en el estadio todos corren,
pero uno solo recibe el premio? Corran entonces
para conseguirlo. 25Los que compiten se con-
trolan en todo; y ellos lo hacen para ganar una
corona corruptible, nosotros una incorruptible.
26Por mi parte, yo corro, pero no sin conocer el
rumbo; lucho, pero no dando golpes al aire. 27Si-
no que entreno mi cuerpo y lo someto, no sea
que, después de predicar a los otros, quede yo
descalificado.

Peligro de idolatría

10 1No quiero que ignoren, hermanos, que
todos nuestros padres estuvieron bajo la
nube y atravesaron el mar; 2todos se bautizaron
en la nube y el mar uniéndose a Moisés; 3todos
comieron el mismo alimento espiritual 4y todos
bebieron la misma bebida espiritual; porque
bebían de la roca espiritual que les seguía, ro-
ca que es Cristo. 5Pero la mayoría no agradó a
Dios y quedaron tendidos en el desierto. 6Esos
sucesos nos sirven de ejemplo para que no nos
abandonemos a malos deseos como ellos lo
hicieron. 7No sean idólatras como algunos de
ellos, de quienes está escrito: *Se sentó el pueblo
a comer y beber y se levantó a danzar.* 8No nos
abandonemos a la inmoralidad sexual como hi-
cieron algunos de ellos, y en un solo día cayeron
veintitrés mil. 9No pongamos a prueba al Señor
como hicieron algunos de ellos y perecieron
mordidos por serpientes. 10No se rebelen como
algunos se rebelaron y perecieron a manos del
ángel destructor. 11Todo esto les sucedía a ellos
como figura, y se escribió para advertirnos a los
que hemos alcanzado la etapa final. 12Por con-
siguiente, quien crea estar firme, tenga cuidado
y no caiga. 13Ustedes no han tenido hasta ahora
ninguna prueba que supere sus fuerzas huma-
nas. Dios es fiel y no permitirá que sean proba-
dos por encima de sus fuerzas, al contrario, con
la prueba les abrirá una salida para que puedan
soportarla.

Comidas idolátricas y libertad cristiana

14Por esto, queridos míos, huyan de la ido-
latría. 15Hablo a gente entendida, juzguen por
ustedes mismos. 16La copa de bendición que
bendecimos, ¿no es comunión con la sangre de

Cristo? El pan que partimos, ¿no es comunión
con el cuerpo de Cristo? 17Uno es el pan y uno
es el cuerpo que todos formamos porque todos
compartimos el único pan.
18Miren a los israelitas de raza: los que comen
las víctimas sacrificadas, ¿no están en comu-
nión con el altar? 19¿Qué intento decir? ¿Que la
carne sacrificada a los ídolos tiene algún valor o
que los ídolos son algo? 20No, en absoluto. Pero,
como los sacrificios de los paganos se ofrecen a
demonios y no a Dios, no quiero que entren en
comunión con los demonios. 21No pueden beber
la copa del Señor y la copa de los demonios; no
pueden compartir la mesa del Señor y la mesa de
los demonios. 22¿Acaso queremos provocar celos
al Señor?, ¿somos acaso, más fuertes que él?
23Todo está permitido, dicen; pero no todo
conviene. Todo está permitido. Pero no todo
edifica. 24Nadie busque su interés, sino el del
prójimo. 25Coman todo lo que se vende en la car-
nicería sin hacer problema de conciencia, 26por-
que del Señor es la tierra y cuanto contiene. 27Si
un pagano los invita a comer y ustedes aceptan,
coman de todo lo que les sirva sin hacer proble-
ma de conciencia. 28Pero si alguien les avisa: es
carne sacrificada, no coman: en atención al que
les avisó y a su conciencia. 29No me refiero a la
propia conciencia, sino a la del otro. ¿Cómo?,
¿va a ser juzgada mi libertad por la concien-
cia ajena? 30Si yo doy gracias a Dios por lo que
como, ¿por qué me van a criticar por comerlo?
31Entonces, ya coman o beban o hagan lo que
sea, háganlo todo para gloria de Dios. 32No sean
motivo de escándalo ni a judíos ni a griegos ni a
la Iglesia de Dios. 33Como yo, que intento agra-
dar a todos, no buscando mi ventaja, sino la de
todos, para que se salven.

11 1Sigan mi ejemplo como yo sigo el de
Cristo.

El velo de las mujeres

2Los alabo porque siempre se acuerdan de
mí y mantienen mis enseñanzas tal como yo
se las transmití. 3Pero quiero que comprendan
que Cristo es cabeza de todo varón, el varón es
cabeza de la mujer y Dios es cabeza de Cristo.
4El varón que reza o profetiza con la cabeza cu-
bierta deshonra su cabeza; 5en cambio, la mujer
que reza o profetiza con la cabeza descubierta
deshonra su cabeza: es lo mismo que si la llevara
rapada. 6Así que, si una mujer no se cubre, que
se rape la cabeza; y si es vergonzoso cortarse
el pelo al rape, pues que se cubra. 7El varón no
tiene que cubrirse la cabeza, siendo imagen de
la gloria de Dios; mientras que la mujer es gloria
del varón. 8Pues no procede el varón de la mu-
jer, sino la mujer del varón. 9Y no fue creado el
varón para la mujer, sino la mujer para el varón.
10Por eso debe la mujer llevar en la cabeza la
señal de la autoridad, en atención a los ángeles.
11Si bien, para el Señor, no hay mujer sin varón
ni varón sin mujer. 12Pues si la mujer procede
del varón, también el varón nace de la mujer y
ambos proceden de Dios. 13Juzguen ustedes mis-
mos: ¿es apropiado que una mujer rece a Dios
con la cabeza descubierta? 14¿No les enseña la
naturaleza que es una deshonra para el hombre
llevar melena, 15mientras que es honra de la mu-
jer llevarla? Pues la melena se le da a la mujer
a manera de velo. 16Y si alguien quiere discutir,
nosotros no tenemos esa costumbre ni tampoco
las Iglesias de Dios.

Ágape y Eucaristía

17Siguiendo con mis advertencias, hay algo
que no alabo: que sus reuniones traen más per-
juicio que beneficio. 18En primer lugar, he oído
que cuando se reúnen en asamblea, hay divisio-
nes entre ustedes, y en parte lo creo; 19porque
es inevitable que haya divisiones entre ustedes,
para que se muestre quiénes son los auténticos.
20Y así resulta que, cuando se reúnen, no comen
la cena del Señor. 21Porque cada uno se adelanta
a consumir su propia cena, y mientras uno pasa
hambre, otro se emborracha. 22¿No tienen sus
casas para comer y beber? ¿O es que desprecian
la asamblea de Dios y quieren avergonzar a los
que nada poseen? ¿Qué puedo decirles?, ¿voy a
alabarlos? En esto no puedo alabarlos. 23Porque
yo recibí del Señor lo que les transmití: que el
Señor, la noche que era entregado, tomó pan,
24dando gracias lo partió y dijo: Esto es mi cuer-
po que se entrega por ustedes. Hagan esto en
memoria mía. 25De la misma manera, después de
cenar, tomó la copa y dijo: Esta copa es la nueva
alianza sellada con mi sangre. Cada vez que la
beban háganlo en memoria mía.
26Y así, siempre que coman este pan y beban
esta copa, proclamarán la muerte del Señor,
hasta que vuelva. 27Por tanto, quien coma el pan
y beba la copa del Señor indignamente, comete
pecado contra el cuerpo y la sangre del Señor.
28En consecuencia, que cada uno se examine
antes de comer el pan y beber la copa. 29Quien
come y bebe sin reconocer el cuerpo del Señor,
come y bebe su propia condena. 30Esta es la cau-
sa de que haya entre ustedes muchos enfermos
y débiles y que mueran tantos. 31Si nos exami-
namos nosotros mismos, no seremos juzgados.
32Y si nos juzga el Señor, es para corregirnos, a
fin de que no seamos condenados con el mundo.

33Así, hermanos míos, cuando se reúnan para co-
mer, espérense unos a otros. 34Si uno tiene ham-
bre, coma en su casa; así no se reunirán para ser
condenados. Los asuntos restantes los resolveré
cuando vaya.

Dones espirituales

12 1Hermanos, acerca de los dones espiritua-
les no quiero que sigan en la ignorancia.
2Ustedes saben que, cuando todavía eran pa-
ganos, se dejaban arrastrar ciegamente hacia
ídolos mudos. 3Por eso les hago notar que na-
die, movido por el Espíritu de Dios puede decir:
¡maldito sea Jesús! Y nadie puede decir: ¡Señor
Jesús! si no es movido por el Espíritu Santo.
4Existen diversos dones espirituales, pero un
mismo Espíritu; 5existen ministerios diversos,
pero un mismo Señor; 6existen actividades di-
versas, pero un mismo Dios que ejecuta todo en
todos. 7A cada uno se le da una manifestación
del Espíritu para el bien común. 8Uno por el Es-
píritu tiene el don de hablar con sabiduría, otro
según el mismo Espíritu el de enseñar cosas
profundas, 9a otro por el mismo Espíritu se le
da la fe, a este por el único Espíritu se le da el
don de sanaciones, 10a aquel realizar milagros,
a uno el don de profecía, a otro el don de dis-
tinguir entre los espíritus falsos y el Espíritu
verdadero, a este hablar lenguas diversas, a
aquel el don de interpretarlas. 11Pero todo lo
realiza el mismo y único Espíritu repartiendo a
cada uno como quiere.
12Como el cuerpo, que siendo uno, tiene mu-
chos miembros, y los miembros, siendo muchos,
forman un solo cuerpo, así también Cristo. 13To-
dos nosotros, judíos o griegos, esclavos o libres,
nos hemos bautizado en un solo Espíritu para
formar un solo cuerpo, y hemos bebido un solo
Espíritu. 14El cuerpo no está compuesto de un
miembro, sino de muchos. 15Si el pie dijera: Co-
mo no soy mano, no pertenezco al cuerpo, no
por ello dejaría de pertenecer al cuerpo. 16Si
el oído dijera: Como no soy ojo, no pertenezco
al cuerpo, no por ello dejaría de pertenecer al
cuerpo. 17Si todo el cuerpo fuera ojo, ¿cómo oi-
ría?; si todo fuera oído, ¿cómo olería? 18Dios ha
dispuesto los miembros en el cuerpo, cada uno
como ha querido. 19Si todo fuera un solo miem-
bro, ¿dónde estaría el cuerpo? 20Ahora bien, los
miembros son muchos, el cuerpo es uno. 21No
puede el ojo decir a la mano: No te necesito;
ni la cabeza a los pies: No los necesito. 22Más
aún, los miembros del cuerpo que se consideran
más débiles son indispensables, 23y a los que
consideramos menos nobles los rodeamos de
más honor. Las partes menos presentables las
tratamos con más decencia; 24ya que las otras
no lo necesitan. Dios organizó el cuerpo dando
más honor al que menos valía, 25de modo que no
hubiera división en el cuerpo y todos los miem-
bros se interesaran por igual unos por otros. 26Si
un miembro sufre, sufren con él todos los miem-
bros; si un miembro es honrado, se alegran con
él todos los miembros.
27Ustedes son el cuerpo de Cristo, y cada uno
en particular, miembros de ese cuerpo. 28Dios ha
querido que en la Iglesia haya en primer lugar
apóstoles, en segundo lugar profetas, en tercer
lugar maestros, luego vienen los que han recibi-
do el don de hacer milagros, después el don de
sanaciones, el don de socorrer a los necesitados,
el de gobierno, y el don de lenguas diversas.
29¿Son todos apóstoles?, ¿son todos profetas?,
¿son todos maestros?, ¿todos hacen milagros?,
30¿tienen todos el don de sanar?, ¿hablan todos
lenguas desconocidas?, ¿son todos intérpretes?
31Ustedes, por su parte, aspiren a los dones más
valiosos. Y ahora les indicaré un camino mucho
mejor.

Himno al amor cristiano

13 1Aunque yo hablara todas las lenguas de
los hombres y de los ángeles, si no ten-
go amor, soy como una campana que resuena
o un platillo estruendoso. 2Aunque tuviera el
don de profecía y conociera todos los misterios
y toda la ciencia, aunque tuviera una fe como
para mover montañas, si no tengo amor, no soy
nada. 3Aunque repartiera todos mis bienes y
entregara mi cuerpo a las llamas, si no tengo
amor, de nada me sirve. 4El amor es paciente,
es servicial, [el amor] no es envidioso ni busca
aparentar, no es orgulloso ni actúa con baje-
za, 5no busca su interés, no se irrita, sino que
deja atrás las ofensas y las perdona, 6nunca se
alegra de la injusticia, y siempre se alegra de
la verdad. 7Todo lo aguanta, todo lo cree, todo
lo espera, todo lo soporta. 8El amor nunca ter-
minará. Las profecías serán eliminadas, el don
de lenguas terminará, el conocimiento será eli-
minado. 9Porque nuestra ciencia es imperfecta
y nuestras profecías limitadas. 10Cuando lle-
gue lo perfecto, lo imperfecto será eliminado.
11Cuando era niño, hablaba como niño, pensaba
como niño, razonaba como niño; al hacerme
adulto, abandoné las cosas de niño. 12Ahora
vemos como en un mal espejo, confusamente,
después veremos cara a cara.
Ahora conozco a medias, después conoceré
tan bien como Dios me conoce a mí. 13Ahora nos
quedan tres cosas: la fe, la esperanza, el amor.
Pero la más grande de todas es el amor.

Profecía y lenguas arcanas

14 1Busquen el amor; y aspiren también a los
dones espirituales, sobre todo al de la pro-
fecía. 2Quien habla una lengua desconocida no
habla a hombres, sino a Dios: nadie lo entiende,
porque movido por el espíritu habla de miste-
rios. 3En cambio, quien profetiza habla a hom-
bres edificando, exhortando y animando. 4Quien
habla una lengua desconocida se edifica él
mismo; quien profetiza edifica a la Iglesia. 5Me
gustaría que todos tuvieran el don de lenguas,
pero prefiero que profeticen. Quien profetiza es
superior al que habla una lengua desconocida,
a menos que la interprete para edificación de
la Iglesia.
6Supongan, hermanos, que me presento ante
ustedes hablando lenguas desconocidas: si no
transmito alguna revelación o conocimiento o
profecía o enseñanza, ¿de qué les serviría? 7Ocu-
rre igual que con los instrumentos musicales,
por ejemplo la flauta o la cítara: si las notas
que se dan no guardan los intervalos, ¿cómo se
reconoce lo que toca la flauta o la cítara? 8Si
la trompeta no da un toque definido, ¿quién se
preparará para el combate? 9Lo mismo les pasa
a ustedes con lo que hablan: si no pronuncian
palabras inteligibles, ¿cómo se entenderá lo que
dicen? Estarían hablando al viento.
10Con tantas lenguas como existen en el
mundo, ninguna carece de significado. 11Si no
entiendo el significado de una lengua, soy un
extranjero para el que me habla y él lo es para
mí. 12Igual ustedes: ya que aspiran a dones espi-
rituales, procuren tener en abundancia aquellos
que ayudan a la edificación de la Iglesia. 13Por
tanto, quien habla una lengua desconocida pi-
da el don de interpretarla. 14Porque si rezo en
lengua desconocida, mi espíritu reza, pero mi
mente no saca ningún provecho. 15¿Qué puedo
hacer? Rezaré con mi espíritu y con mi mente,
cantaré himnos con mi espíritu y con mi mente.
16Si bendices a Dios solamente con tu espíritu,
¿cómo responderá amén a tu acción de gracias
la persona sencilla y no preparada, si no sabe lo
que dices? 17Tú das gracias bellamente, pero el
otro no sacó provecho. 18Yo, gracias a Dios, ha-
blo lenguas desconocidas más que todos uste-
des; 19pero en una asamblea, para instruir a los
demás, prefiero decir cinco palabras inteligibles
a pronunciar diez mil desconocidas.
20Hermanos, no sean niños en su modo de pen-
sar; sean niños en la malicia pero adultos en el
modo de pensar. 21En la ley está escrito: *Yo ha-*
blaré a este pueblo en lenguas extrañas, y ni aún
así me obedecerá, dice el Señor. 22De suerte que
las lenguas desconocidas son señal para los no
creyentes, no para los creyentes; mientras que
la profecía es señal para los creyentes y no para
los que no creen. 23Supongamos que se reúne la
Iglesia entera y todos se ponen a hablar lenguas
desconocidas: si entran algunos no creyentes o
gente no preparada, ¿no dirán que están todos
locos? 24En cambio, si todos profetizan, cuando
entre un no creyente o una persona no prepa-
rada, se sentirá interpelado por todos, juzgado
por todos; 25se revelarán los secretos de su cora-
zón, caerá de rodillas adorando a Dios y declara-
rá: Realmente Dios está con ustedes.
26¿Qué conclusión sacamos, hermanos? Cuando
se reúnen, que uno aporte un himno, otro una
enseñanza, otro una revelación, otro un mensaje
en lengua desconocida, otro su interpretación:
todo para la edificación común. 27Si se habla en
lenguas desconocidas, hablen dos, a lo más tres,
por turno, y que otro lo interprete. 28Si no hay
intérprete, mejor es no hablar en la asamblea y
que cada uno hable consigo mismo y con Dios.
29Tratándose de profetas, hablen dos o tres, y los
demás deben juzgar. 30Si uno de los asistentes
recibe una revelación, el que está hablando debe
callarse. 31Todos pueden profetizar por turno, pa-
ra que todos aprendan y se animen. 32Pero la ins-
piración profética está vinculada a los profetas;
33porque Dios no quiere el desorden, sino la paz.
Como en todas las Iglesias de los consagrados,
34las mujeres deben callar en la asamblea, por-
que no se les permite hablar, sino que han de so-
meterse, como manda la ley: 35Si quieren apren-
der algo, pregúntenlo a sus maridos en casa. No
está bien que una mujer hable en la asamblea.
36¿Acaso salió de ustedes la Palabra de Dios?,
¿acaso les llegó solo a ustedes? 37Si alguien se
considera profeta o inspirado, reconozca que lo
que escribo es mandato del Señor. 38Y quien no lo
reconozca no será reconocido. 39En conclusión,
hermanos, aspiren al don de la profecía y no im-
pidan hablar en lenguas desconocidas. 40Y que
todo se haga con orden y decentemente.

Resurrección de los muertos

15 1Ahora, hermanos, quiero recordarles la
Buena Noticia que les anuncié: la que us-
tedes recibieron y en la que perseveran fielmen-
te, 2por ella son salvados, siempre que conser-
ven el mensaje tal como yo se lo prediqué; de lo
contrario habrían aceptado la fe en vano. 3Ante
todo, les he transmitido lo que yo mismo había
recibido: que Cristo murió por nuestros pecados
según las Escrituras, 4que fue sepultado y resu-
citó al tercer día según las Escrituras, 5que se
apareció a Cefas y después a los Doce; 6luego
se apareció a más de quinientos hermanos de

una sola vez: la mayoría viven todavía, algunos
murieron ya; 7después se apareció a Santiago
y de nuevo a todos los apóstoles. 8Por último
se me apareció a mí, que soy como un aborto.
9Porque yo soy el último entre los apóstoles y
no merezco el título de apóstol, porque perseguí
a la Iglesia de Dios. 10Gracias a Dios soy lo que
soy, y su gracia en mí no ha resultado estéril,
ya que he trabajado más que todos ellos; no yo,
sino la gracia de Dios conmigo. 11Con todo, tanto
yo como ellos, proclamamos lo mismo y esto es
lo que ustedes han creído.

También nosotros resucitamos

12Ahora bien, si se proclama que Cristo resuci-
tó de la muerte, ¿cómo algunos de ustedes dicen
que no hay resurrección de muertos? 13Si no hay
resurrección de muertos, tampoco Cristo ha re-
sucitado; 14y si Cristo no ha resucitado, es vana
nuestra proclamación, es vana nuestra fe. 15Y
nosotros resultamos ser testigos falsos de Dios,
porque testimoniamos contra Dios diciendo que
resucitó a Cristo siendo así que no lo resucitó,
ya que los muertos no resucitan. 16Porque si los
muertos no resucitan, tampoco Cristo ha resu-
citado. 17Y si Cristo no ha resucitado, la fe de
ustedes es ilusoria, y sus pecados no han sido
perdonados, 18y los que murieron como cristia-
nos perecieron para siempre. 19Si hemos puesto
nuestra esperanza en Cristo solo para esta vida,
somos los hombres más dignos de compasión.

20Ahora bien, Cristo ha resucitado de entre los
muertos, y resucitó como primer fruto ofrecido a
Dios, el primero de los que han muerto. 21Porque,
si por un hombre vino la muerte, por un hombre
viene la resurrección de los muertos. 22Como to-
dos mueren por Adán, todos recobrarán la vida
por Cristo. 23Cada uno en su turno: el primero es
Cristo, después, cuando él vuelva, los cristianos;
24luego vendrá el fin, cuando entregue el reino a
Dios Padre y termine con todo principiado, auto-
ridad y poder. 25Porque él tiene que reinar hasta
poner a todos sus enemigos bajo sus pies; 26el
último enemigo que será destruido es la muer-
te, 27según dice la Escritura: *Todo lo ha sometido
bajo sus pies.* Pero al decir que todo le está some-
tido, es evidente que se excluye a aquel que le
somete todas las cosas. 28Cuando el universo le
quede sometido, también el Hijo se someterá al
que le sometió todo, y así Dios será todo para to-
dos. 29Si no fuera así, ¿qué hacen los que se bauti-
zan por los muertos? Si los muertos no resucitan,
¿por qué se bautizan por ellos? 30¿Por qué noso-
tros nos exponemos en todo instante al peligro?
31Cada día estoy en peligro de muerte. Lo juro,
[hermanos,] por el orgullo que siento de ustedes
ante Cristo Jesús Señor nuestro. 32Si por motivos
humanos luché con las fieras en Éfeso, ¿de qué
me sirvió? Si los muertos no resucitan, coma-
mos y bebamos, que mañana moriremos. 33No se
dejen engañar: las malas compañías corrompen
las buenas costumbres. 34Vuelvan a comportarse
como es debido y dejen de pecar, porque algunos
de ustedes todavía no saben nada de Dios –para
vergüenza de ustedes lo digo–.

¿Cómo resucitan los muertos?

35Pero preguntará alguno: «¿Cómo resucitan
los muertos?, ¿con qué cuerpo salen?». 36¡Necio!
Lo que tú siembras no llega a tener vida si antes
no muere. 37Lo que siembras no es la planta tal
como va a brotar, sino un grano desnudo, de tri-
go o de lo que sea; 38y Dios le da el cuerpo que
quiere, a cada simiente su cuerpo. 39No todos los
cuerpos son iguales. Una es la carne del hombre,
otra la de las reses, otra la de las aves, otra la
de los peces. 40Hay cuerpos celestes y cuerpos
terrestres. Uno es el resplandor de los celestes
y otro el de los terrestres. 41Uno es el resplandor
del sol, otro el de la luna, otro el de los astros;
un astro se distingue de otro en resplandor.
42Así pasa con la resurrección de los muertos:
43se siembra corruptible, resucita incorruptible;
se siembra miserable, resucita glorioso; se siem-
bra débil, resucita poderoso; 44se siembra un
cuerpo natural, resucita un cuerpo espiritual.
Si existe un cuerpo natural, existe también un
cuerpo espiritual. 45Así está escrito: el primer
hombre, Adán, se convirtió en un ser vivo; el
último Adán se hizo un espíritu que da vida. 46No
fue primero el espiritual, sino el natural, y des-
pués el espiritual. 47El primer hombre procede de
la tierra y es terreno, el segundo hombre proce-
de del cielo. 48El hombre terrenal es modelo de
los hombres terrenales; como es el celeste mo-
delo de los hombres celestes. 49Así como hemos
llevado la imagen del hombre terrestre, llevare-
mos también la imagen del celeste.50Hermanos,
les digo que la carne y la sangre no pueden here-
dar el reino de Dios, ni la corrupción heredará lo
que es incorruptible.

51Les voy a comunicar un secreto: no todos
moriremos, pero todos seremos transformados.
52En un instante, en un abrir y cerrar de ojos,
al último toque de trompeta que tocará, los
muertos resucitarán incorruptibles y nosotros
seremos transformados. 53Esto corruptible tiene
que revestirse de incorruptibilidad y lo mortal
tiene que revestirse de inmortalidad. 54Cuando
lo corruptible se revista de incorruptibilidad y
lo mortal de inmortalidad, se cumplirá lo escri-
to: *La muerte ha sido vencida definitivamente.*

55*¿Dónde está, oh muerte, tu victoria? ¿Dónde*
está, oh muerte, tu aguijón? 56*El aguijón de la*
muerte es el pecado, el poder del pecado es la ley.
57Gracias sean dadas a Dios, que nos da la victo-
ria por medio de nuestro Señor Jesucristo. 58En
conclusión, queridos hermanos, permanezcan
firmes, inconmovibles, progresando siempre en
la obra del Señor, convencidos de que sus es-
fuerzos por el Señor no serán inútiles.

Colecta para Jerusalén y saludos finales

16 1En cuanto a la colecta en favor de los con-
sagrados sigan las mismas instrucciones
que di a las Iglesias de Galacia. 2Todos los do-
mingos cada uno de ustedes aparte y deposite lo
que haya logrado ahorrar; así, cuando yo llegue,
no hará falta hacer la colecta. 3Cuando llegue,
enviaré con cartas a los que ustedes hayan ele-
gido para que lleven su donativo a Jerusalén.
4Si conviene que yo también vaya, ellos me
acompañarán.
5Los visitaré cuando atraviese Macedonia, ya
que tengo que pasar por allí. 6Es posible que per-
manezca algún tiempo o incluso pase el invierno
con ustedes, para que me ayuden a continuar
mi camino. 7En esa ocasión no quiero verlos
de pasada, sino que espero estar una tempora-
da con ustedes, si el Señor lo permite. 8Estaré
en Éfeso hasta Pentecostés, 9ya que se me ha
abierto una puerta grande y favorable, aunque
los adversarios son muchos. 10Cuando llegue
Timoteo, procuren que no se sienta incómodo
entre ustedes, ya que como yo trabaja en la obra
del Señor. 11Nadie lo desprecie. Ofrézcanle los
medios necesarios para proseguir su camino y
así pueda juntarse conmigo, porque lo esta-
mos esperando con los hermanos. 12Al hermano
Apolo le he insistido que vaya a visitarlos con
los hermanos; pero él se niega rotundamente
a ir ahora; ya irá cuando sea oportuno. 13Estén
despiertos, permanezcan firmes en la fe, sean
valientes y animosos. 14Todo lo que hagan, há-
ganlo con amor. 15Tengo que hacerles una reco-
mendación: conocen a la familia de Esteban: son
los primeros que abrazaron la fe en Acaya y se
dedicaron a servir a los consagrados. 16Les pido
que también ustedes se pongan a disposición de
gente como ellos y de cuantos colaboran en sus
trabajos y esfuerzos. 17Estoy muy contento con
la llegada de Esteban, Fortunato y Acaico: ellos
han llenado el vacío que ustedes habían dejado
18y han serenado mi espíritu y el de ustedes.
19Los saludan las Iglesias de Asia. También
les envían muchos saludos en el Señor Áquila,
Prisca y toda la comunidad que se reúne en su
casa. 20Los saludan todos los hermanos. Salú-
dense mutuamente con el beso santo. 21El saludo
es de mi puño y letra: Pablo. 22Quien no ame al
Señor sea maldito. ¡Ven, Señor! 23La gracia del
Señor Jesús esté con ustedes. 24Los amo a todos
en Cristo Jesús.

2 CORINTIOS

Saludo

1 1Pablo, apóstol de Cristo Jesús por voluntad
de Dios, y el hermano Timoteo, a la Iglesia de
Dios de Corinto y a todos los consagrados de la
provincia entera de Acaya: 2Gracia y paz a uste-
des de parte de Dios nuestro Padre y del Señor
Jesucristo.

Consuelo en la tribulación

3Bendito sea Dios, Padre de nuestro Señor
Jesucristo, Padre compasivo y Dios de todo
consuelo, 4que nos consuela en cualquier tribu-
lación, para que nosotros, podamos consolar a
los que pasan cualquier tribulación con el mis-
mo consuelo que recibimos de Dios. 5Porque así
como son abundantes nuestros sufrimientos por
Cristo, así también por Cristo abunda nuestro
consuelo. 6Si sufrimos tribulaciones, es para
consuelo y salvación de ustedes; si recibimos
consuelos, es también para consuelo de ustedes,
y esto les da fuerzas para soportar con fortaleza
los mismos sufrimientos que nosotros soporta-
mos. 7Nuestra esperanza respecto a ustedes es
firme, porque sabemos que si comparten nues-
tros sufrimientos, también compartirán nuestro
consuelo.
8No quiero, hermanos, que desconozcan lo que
tuvimos que aguantar en la provincia de Asia:
algo que nos abrumó tan por encima de nues-
tras fuerzas, que no esperábamos salir con vida.
9Nos sentíamos como condenados a muerte; así
aprendimos a no confiar en nosotros, sino en
Dios que resucita a los muertos. 10Él nos libró de
tan grave peligro de muerte y nos seguirá libran-
do. Estoy seguro de que nos librará de nuevo 11si
ustedes colaboran rezando por nosotros. Y de
esta manera, siendo muchos los que oren por
nosotros, serán muchos los que agradezcan los
beneficios recibidos.

Cambio de planes

12Nuestro orgullo se apoya en el testimonio de
nuestra conciencia: ella me asegura que por la
gracia de Dios y no por prudencia humana, me he
comportado con todo el mundo, y en particular
con ustedes, con la sencillez y sinceridad que

Dios pide. 13En nuestras cartas no había segun-
das intenciones, no hay en ellas más de lo que
ustedes han leído y entendido. 14Y espero que
comprendan plenamente lo que ya han compren-
dido en parte: que en el día de [nuestro] Señor
Jesús podrán sentirse orgullosos de nosotros,
como nosotros de ustedes. 15Con esa confianza
me propuse visitarlos primero a ustedes, para
darles una nueva alegría, 16seguir después a
Macedonia y desde allí regresar nuevamente a
ustedes, para que prepararan mi viaje a Judea.
17Al proponerme esto, ¿actué precipitadamen-
te? ¿Lo decidí por motivos humanos, en vaivén
entre el sí y el no? 18Dios me es testigo de que,
cuando me dirijo a ustedes, no confundo el sí y
el no; 19porque el Hijo de Dios, Jesucristo, el que
nosotros con Silvano y Timoteo les predicamos,
no fue un sí y un no, ya que en él se cumplió el
sí; 20en efecto, en él todas las promesas de Dios
cumplieron el sí, y así nosotros por él responde-
mos amén, a gloria de Dios. 21Y es Dios quien nos
mantiene, a nosotros y a ustedes, fieles a Cristo;
quien nos ha ungido, 22nos ha sellado y quien
ha puesto el Espíritu como garantía en nuestro
corazón.

Motivos del cambio de planes

23Juro por mi vida y pongo a Dios por testigo
que, si no fui a Corinto, fue por consideración a
ustedes. 24Porque no somos dueños de su fe –ya
que en la fe se mantienen firmes– sino colabora-
dores que queremos aumentarles la alegría.

2 1Decidí por mi cuenta no volver a visitarlos,
para no afligirlos. 2Porque si yo los aflijo,
¿cómo puedo esperar que me dé alegría aquel
a quien yo he afligido? 3Por eso les escribí, co-
mo lo hice, para que al llegar no me afligieran
los que tenían que alegrarme, convencido como
estaba de que mi alegría era también la de uste-
des. 4Les escribí con gran angustia y ansiedad,
derramando lágrimas, no para entristecerlos,
sino para que conocieran el gran amor que les
tengo.

Perdón para el ofensor

5Si alguno me ha causado pena, no ha sido so-
lamente a mí, sino en parte –por no exagerar–,
a todos ustedes. 6Y a ese es suficiente el castigo
que le ha impuesto la mayoría. 7Ahora en cam-
bio hay que perdonarlo y animarlo, no sea que la
pena excesiva acabe con él. 8Por eso les ruego
reafirmen su amor para con él. 9Al escribirles
quería ponerlos a prueba, a ver si eran capaces
de obedecer en todo. 10A quien ustedes perdo-
nen yo también le perdono; porque mi perdón,
si algo tuve que perdonar, ha sido en atención
a ustedes y en presencia de Cristo, 11para no
dar ventaja a Satanás, ya que conocemos bien
sus intenciones. 12Cuando llegué a Tróade para
anunciar la Buena Noticia de Cristo, porque el
Señor me abría las puertas, 13estuve muy pre-
ocupado porque allí no encontré a Tito mi her-
mano; así que me despedí de ellos y partí para
Macedonia.

Prisionero del triunfo de Cristo

14Doy gracias a Dios que siempre nos hace
participar de la victoria de Cristo y por nues-
tro medio difunde en todas partes el aroma de
su conocimiento. 15Porque nosotros somos el
aroma de Cristo ofrecido a Dios, para los que se
salvan y para los que se pierden. 16Para estos
olor de muerte que conduce a la muerte, para
aquellos fragancia de vida que lleva a la vida.
Pero, ¿quién está capacitado para una misión
así? 17Porque nosotros no andamos, como mu-
chos, traficando con la Palabra de Dios, sino
que hablamos con sinceridad, como enviados de
Dios, en presencia de Dios, y como miembros de
Cristo.

Los corintios, carta de recomendación de Pablo

3 1¿Empezamos otra vez a recomendarnos?
¿Acaso necesitamos cartas de recomenda-
ción de ustedes o para ustedes? 2Ustedes son
nuestra carta, escrita en nuestro corazón, reco-
nocida y leída por todo el mundo. 3Nadie puede
negar que ustedes son una carta de Cristo, que
él redactó por intermedio nuestro, escrita no
con tinta, sino con el Espíritu del Dios vivo, no
en tablas de piedra, sino en corazones de carne.

El ministerio de la nueva alianza

4Esta confianza en Dios la tenemos gracias a
Cristo. 5No es que seamos capaces de atribuirnos
algo como nuestro, ya que toda nuestra capaci-
dad viene de Dios. 6Él nos capacitó para admi-
nistrar una alianza nueva: que no se apoya en la
letra, sino en el Espíritu; porque la letra mata,
pero el Espíritu da vida. 7Pero si el ministerio
que lleva a la muerte, con sus letras grabadas en
piedra, se realizó con gloria, hasta el punto de
que los israelitas no podían fijar la mirada en el
rostro de Moisés, por el resplandor transitorio
de su rostro, 8¿cómo no va a ser más glorioso el
ministerio del Espíritu? 9Porque si el ministerio
de la condena era glorioso, ¿cuánto más lo será
el ministerio que conduce a la justicia? 10Más
aún, lo que entonces resplandecía, ya no res-
plandece, opacado por un esplendor incompara-

ble. 11Si lo transitorio fue glorioso, ¿cuánto más
glorioso será lo permanente?
12Animados con esa esperanza nos compor-
tamos con toda franqueza. 13No como Moisés,
que se cubría el rostro con un velo, para que los
israelitas no vieran el fin de un esplendor pasa-
jero. 14Con todo, se les oscureció su inteligencia
y hasta hoy, cuando leen el Antiguo Testamento,
aquel velo permanece, y no se descubre, porque
solo con Cristo desaparece. 15Hasta el día de
hoy, cuando leen a Moisés, un velo les cubre la
mente. 16Pero: al que se convierte al Señor, se
le cae el velo. 17Porque el Señor es el Espíritu,
y donde está el Espíritu del Señor allí está la
libertad. 18Y nosotros todos, con el rostro descu-
bierto, reflejamos, como en un espejo, la gloria
del Señor, y nos vamos transformando en su ima-
gen con esplendor creciente, bajo la acción del
Espíritu del Señor.

Predicación sincera

4 1Por eso, habiendo recibido este ministerio
por pura misericordia, no nos acobardamos;
2antes bien renunciamos a callar por vergüen-
za. No procedemos con astucia, falsificando la
Palabra de Dios, sino que, declarando la verdad,
nos encomendamos delante de Dios a la con-
ciencia de quien sea. 3Y si nuestra Buena Noticia
está oculta, la está solamente para los que se
pierden: 4a quienes por su incredulidad el dios
de este mundo les ha cegado la mente para que
no les amanezca la claridad de la gloriosa Buena
Noticia de Cristo, que es imagen de Dios. 5No
nos anunciamos a nosotros, sino a Jesucristo
como Señor, y nosotros no somos más que ser-
vidores de ustedes por amor de Jesús. 6El mismo
Dios que mandó a la luz brillar en las tinieblas,
es el que hizo brillar su luz en nuestros corazo-
nes para que en nosotros se irradie la gloria de
Dios, como brilla en el rostro de Cristo.

Confianza en Dios

7Ese tesoro lo llevamos en vasijas de barro,
para que se vea bien que ese poder extraordi-
nario procede de Dios y no de nosotros. 8Por
todas partes nos aprietan, pero no nos aplas-
tan; andamos con graves preocupaciones, pero
no desesperados; 9somos perseguidos, pero
no desamparados; derribados, pero no aniqui-
lados; 10siempre y a todas partes, llevamos en
nuestro cuerpo los sufrimientos de la muerte de
Jesús, para que también en nuestro cuerpo se
manifieste la vida de Jesús. 11Continuamente
nosotros, los que vivimos, estamos expuestos
a la muerte por causa de Jesús, de modo que
también la vida de Jesús se manifieste en nues-
tra carne mortal. 12Así la muerte hace su obra
en nosotros, y en ustedes, la vida. 13Pero como
poseemos el mismo espíritu de fe conforme a lo
que está escrito: creí y por eso hablé, también
nosotros creemos y por eso hablamos, 14conven-
cidos de que quien resucitó al Señor Jesús, nos
resucitará a nosotros con Jesús y nos llevará con
ustedes a su presencia. 15Todo esto es por uste-
des, para que, al multiplicarse la gracia entre
muchos, sean también numerosos los que den
gracias para gloria de Dios.

Esperanza de la gloria

16Por tanto no nos acobardamos: si nuestro
exterior se va deshaciendo, nuestro interior se
va renovando día a día. 17A nosotros la angustia
presente, que es liviana y pasajera, nos prepara
una gloria perpetua que supera toda medida, ya
que tenemos la mirada puesta en lo invisible,
no en lo visible, 18porque lo visible es pasajero,
pero lo que no se ve es para siempre.

5 1Sabemos que, si esta tienda de campaña,
nuestra morada terrenal, es destruida, tene-
mos una vivienda eterna en el cielo, no cons-
truida por manos humanas, sino por Dios.
2Entre tanto suspiramos con el deseo de reves-
tirnos de aquella morada celestial; 3porque una
vez revestidos de ella, ya no estaremos desnu-
dos. 4Mientras vivimos en esta tienda de campa-
ña suspiramos afligidos, porque no querríamos
desvestirnos, sino revestirnos, de modo que
lo mortal fuera absorbido por la vida. 5Y quien
nos preparó precisamente para ello es Dios, que
nos dio como garantía el Espíritu. 6Por eso te-
nemos siempre confianza y sabemos que mien-
tras el cuerpo sea nuestra patria, estaremos en
el destierro, lejos del Señor. 7Porque ahora no
podemos verlo, sino que vivimos sostenidos por
la fe. 8Pero tenemos confianza, y preferiríamos
salir de este cuerpo para residir junto al Señor.
9En cualquier caso, en la patria o desterrados,
nuestro único deseo es serle agradables. 10Todos
hemos de comparecer ante el tribunal de Cristo,
para recibir el pago de lo que hicimos, el bien o
el mal mientras estábamos en el cuerpo.

El criterio de la fe

11Por eso, conscientes del respeto que le debe-
mos al Señor, procuramos convencer a los hom-
bres. Dios ya nos conoce plenamente y espero
que también ustedes nos conozcan de la misma
manera. 12Y no intentamos otra vez recomen-
darnos ante ustedes; deseamos más bien darles
ocasión de estar orgullosos de nosotros frente
a los que presumen de apariencias y no de lo

que hay en el interior. 13 Si perdemos la cordura,
es por Dios, si nos controlamos, es por ustedes.
14 Porque el amor de Cristo nos apremia al pensar
que, si uno murió por todos, todos murieron. 15 Y
murió por todos para que los que viven no vivan
para sí, sino para quien por ellos murió y resuci-
tó. 16 De modo que nosotros de ahora en adelante
no consideramos a nadie con criterios humanos;
y si un tiempo consideramos a Cristo con crite-
rios humanos, ahora ya no lo hacemos.

El mensaje de la reconciliación

17 Si uno es cristiano, es una criatura nueva.
Lo antiguo pasó, ha llegado lo nuevo. 18 Y todo
es obra de Dios, que nos reconcilió con él por
medio de Cristo y nos encomendó el ministerio
de la reconciliación. 19 Es decir, Dios estaba,
por medio de Cristo, reconciliando el mundo
consigo, sin tener en cuenta los pecados de los
hombres, y confiándonos el mensaje de la re-
conciliación. 20 Somos embajadores de Cristo y
es como si Dios hablase por nosotros. Por Cristo
les suplicamos: Déjense reconciliar con Dios. 21 A
aquel que no conoció el pecado, Dios lo trató por
nosotros como un pecador, para que nosotros,
por su medio, fuéramos inocentes ante Dios.

El ministerio apostólico

6 1 Como colaboradores de Dios los exhorta-
mos a no recibir en vano la gracia de Dios.
2 Porque él nos dice en la Escritura: *En el tiempo
favorable te escuché, en el día de la salvación te
auxilié.* Miren, este es el tiempo favorable, este
el día de salvación. 3 Procuramos no dar a nadie
ocasión alguna para desacreditar nuestro minis-
terio. 4 En todo momento demostramos ser ver-
daderos ministros de Dios: con mucha paciencia
soportamos tribulaciones, penurias, angustias,
5 azotes, cárceles, motines, fatigas, noches sin
dormir y ayunos. 6 Nosotros obramos con integri-
dad, inteligencia, paciencia y bondad; con doci-
lidad al Espíritu Santo, con amor no fingido, 7 en
nosotros está la verdad y la fuerza de Dios. Usa-
mos las armas de la justicia a diestra y siniestra.
8 En la honra y en la deshonra, sea que gocemos
de buena o de mala fama. 9 Nos tratan como a
mentirosos a pesar de que decimos la verdad,
como a desconocidos cuando somos bien cono-
cidos, como moribundos cuando estamos llenos
de vida, como castigados pero no ejecutados,
10 como tristes aunque estamos siempre ale-
gres, como pobres aunque hemos enriquecido
a muchos, como necesitados aunque lo posee-
mos todo. 11 Para ustedes, corintios, mi boca se
abre con franqueza, mi corazón está dilatado.
12 Dentro de mí están todos ustedes, aunque en
su corazón, no hay lugar para nosotros. 13 Como a
hijos les pido el pago correspondiente: también
ustedes abran su corazón.

Templo de Dios

14 No se unan ustedes en un mismo yugo con
los que no creen. ¿Qué tienen en común justi-
cia e injusticia?, ¿puede la luz convivir con las
tinieblas?, 15 ¿o haber armonía entre Cristo y Be-
liar?, ¿qué hay en común entre el creyente y el
infiel? 16 ¿Es compatible el santuario de Dios con
los ídolos? Porque nosotros somos santuario del
Dios vivo. Como dijo Dios: Habitaré entre ellos
y me trasladaré con ellos. Seré su Dios y ellos
serán mi pueblo. 17 Por tanto, salgan de en medio
y apártense de ellos –dice el Señor–. No toquen
lo impuro, y yo los recibiré. 18 Seré para ustedes
un Padre y ustedes serán mis hijos e hijas –dice
el Señor Todopoderoso–.

7 1 Ya que tenemos estas promesas, queridos
míos, purifiquémonos de toda impureza de
cuerpo y espíritu, haciendo realidad la obra de
nuestra santificación y respetando a Dios.

Reacción de los corintios y de Pablo

2 Háganme un lugar en su corazón: a nadie
hemos perjudicado, a nadie arruinado, a nadie
explotado. 3 No lo digo como reproche, ya les he
dicho que los llevo en el corazón, unidos en la
vida y en la muerte. 4 Puedo hablarles con plena
franqueza y sentir plena satisfacción por us-
tedes. Estoy lleno de consuelo, y desbordo de
gozo en medio de todas las pruebas. 5 Ni siquiera
al llegar a Macedonia encontré alivio corporal,
sino toda clase de adversidades: por fuera ata-
ques, por dentro temores.

6 Pero Dios, que conforta a los abatidos, nos
confortó con la llegada de Tito. 7 No solo con su
llegada, sino también con el consuelo que ha-
bía recibido de ustedes: él me contó el afecto,
el dolor, y la preocupación que ustedes tienen
por nosotros; y eso me alegró aún más. 8 Si les
causé tristeza con mi carta, no lo lamento; sí lo
lamenté al comprobar que aquella carta de mo-
mento los había entristecido, 9 ahora me alegro:
no de su tristeza, sino del arrepentimiento que
provocó en ustedes.

Su tristeza provenía de Dios, de manera que
nosotros no les hemos hecho ningún daño. 10 La
tristeza por voluntad de Dios produce un arre-
pentimiento saludable e irreversible; la tristeza
por razones de este mundo produce la muerte.
11 Fíjense bien cuántas cosas ha suscitado en us-
tedes la tristeza que proviene de Dios: cuánta
solicitud, cuántas excusas, cuánta indignación,

cuántos respetos, cuánta añoranza, cuánto
afán, cuánto escarmiento.
Han demostrado plenamente que en este
asunto no son culpables. 12Así que, si les es-
cribí, no fue por el ofensor ni por el ofendido,
sino para que descubrieran por ustedes mismos
y delante de Dios la preocupación que ustedes
tienen por nosotros. Lo cual me llenó de con-
suelo. 13A nuestro consuelo se añadió la alegría
inmensa por el gozo de Tito, que había quedado
satisfecho de ustedes. 14Y si había presumido
de ustedes ante él, no quedé mal; todo lo con-
trario, de la misma manera que siempre les he
dicho la verdad, así nuestro orgullo por ustedes
ante Tito resultó justificado. 15Y su cariño por
ustedes crece cuando recuerda la obediencia y
la meticulosa atención con que lo recibieron.
16¡Cuánto me alegro de poder confiar plenamen-
te en ustedes!

La colecta para Jerusalén

8 1Quiero informarles, hermanos, de la gracia
que Dios concedió a las Iglesias de Macedo-
nia. 2En medio de una prueba grave desbordaban
de alegría; en su extrema pobreza derrocharon
generosidad. 3Hicieron todo lo que podían, lo
atestiguo, incluso más de lo que podían. 4Es-
pontáneamente y con insistencia nos pedían
el favor de participar en este servicio a los
consagrados. 5Superando mis esperanzas, ofre-
cieron sus personas primero a Dios y después a
nosotros, según la voluntad de Dios. 6Así que
hemos pedido a Tito que, ya que comenzó, ter-
mine entre ustedes esta generosa tarea. 7Y como
tienen abundancia de todo, de fe, elocuencia,
conocimiento, fervor para todo, afecto a noso-
tros, tengan también abundancia de esta gene-
rosidad. 8No lo digo como una orden, sino que,
viendo el entusiasmo de otros, quiero compro-
bar si el amor de ustedes es genuino.

El ejemplo de Cristo pobre

9Ya conocen la generosidad de nuestro Señor
Jesucristo, que siendo rico, se hizo pobre por
nosotros para enriquecernos con su pobreza.
10Les doy mi opinión en este asunto: ya que el
año pasado tomaron la iniciativa del proyecto
y de su ejecución, 11ahora les conviene llevar-
lo a término. Así al entusiasmo por proyectarlo
responderá el realizarlo, según sus posibilida-
des. 12Porque donde hay entusiasmo, se acepta
lo que sea, no se pide imposibles. 13No se trata
de que ustedes sufran necesidad para que otros
vivan en la abundancia sino de lograr la igual-
dad. 14Que la abundancia de ustedes remedie por
ahora la escasez de ellos, de modo que un día la
abundancia de ellos remedie la escasez de uste-
des. Así habrá igualdad. 15Como está escrito: *A
quien recogía mucho no le sobraba, a quien reco-
gía poco no le faltaba.* 16Doy gracias a Dios, que
inspiró a Tito la misma solicitud que yo tengo
por ustedes. 17Él, no solamente respondió a mi
ruego, sino que de buena gana y con toda dili-
gencia se puso en camino hacia ustedes.
18Enviamos con él al hermano que se ha hecho
famoso en todas las Iglesias como predicador de
la Buena Noticia. 19Más aún, ha sido designado
por las Iglesias como nuestro compañero de via-
je en esta colecta que administramos a gloria
del Señor y con nuestro mejor deseo. 20Quere-
mos evitar cualquier crítica a nuestra gestión
de la abundante colecta que tenemos a nuestro
cuidado. 21Por eso procuramos agradar no solo
a Dios, sino también a los hombres. 22Enviamos
con ellos otro hermano cuya diligencia hemos
comprobado en muchas ocasiones, y mucho más
ahora, por su confianza en ustedes. 23Ya se tra-
te de Tito, compañero y colaborador nuestro al
servicio de ustedes, ya de nuestros hermanos,
delegados de las Iglesias y gloria de Cristo,
24denles pruebas de su amor y demuestren ante
ellos y ante las Iglesias el orgullo que siento por
ustedes.

Insistencia en la colecta

9 1Acerca de este servicio a favor de los consa-
grados no necesito escribirles más 2porque
conozco la buena disposición de ustedes y pre-
sumo de ella ante los macedonios, diciéndoles
que Acaya está preparada desde el año pasado
y que el entusiasmo de ustedes ha servido de
estímulo a muchos más. 3Les envío a los her-
manos para que nuestro orgullo por ustedes no
resulte infundado en este asunto. Así que, como
les decía, estén preparados. 4Porque si llegan
conmigo los macedonios y los encuentran mal
preparados, nosotros, por no decir ustedes, que-
daremos defraudados en nuestras esperanzas.
5Por eso juzgué necesario rogar a los hermanos
que se adelanten y vayan preparando su dona-
tivo prometido: así preparado parecerá acto de
generosidad y no de extorsión. 6Según aquello:
A siembra mezquina cosecha mezquina, a siem-
bra generosa cosecha generosa.
7Cada uno aporte lo que en conciencia se ha
propuesto, no de mala gana ni a la fuerza, por-
que Dios ama al que da con alegría. 8Y Dios pue-
de colmarlos de dones, de modo que, teniendo
siempre lo necesario, les sobre para hacer toda
clase de obras buenas. 9Como está escrito: *re-
parte limosna a los pobres, su limosna es cons-
tante, sin falta.*

10 Dios que provee la semilla al sembrador y el
pan para comer, proveerá y multiplicará la se-
milla de ustedes y les hará crecer la cosecha de
su limosna. 11 Así enriquecidos, la generosidad
de ustedes se transformará por nuestro medio
en acción de gracias a Dios. 12 Porque este acto
de servicio no solo remedia las necesidades de
los consagrados, sino que moverá a muchos a
dar gracias a Dios. 13 Apreciando este servicio,
ellos darán gloria a Dios por la obediencia con
que ustedes confiesan la Buena Noticia de Cris-
to y por la solidaridad generosa para con ellos y
con todos. 14 Y rezarán por ustedes con todo su
afecto, al ver la gracia extraordinaria que Dios
les ha concedido. 15 Demos gracias a Dios por su
don inefable.

Defensa polémica de Pablo

10 1 Por la bondad y mansedumbre de Cristo les
ruego yo, Pablo, el tímido cuando estoy cer-
ca y el audaz cuando estoy lejos de ustedes. 2 Les
pido que cuando llegue no me vea obligado a ac-
tuar con severidad, porque me siento seguro para
hacerlo, con aquellos que me acusan de proceder
con criterios humanos. 3 Aunque procedo como
hombre que soy, no estoy bajo las órdenes del
instinto; 4 porque las armas de mi combate no son
humanas, sino son el poder de Dios para demoler
fortalezas, destruir teorías 5 y todo tipo de sober-
bia que se levante contra el reconocimiento de
Dios. Hacemos prisionero a todo razonamiento,
sometiéndolo a Cristo, 6 y estamos dispuestos a
castigar cualquier rebeldía, una vez que ustedes
lleguen a obedecer perfectamente.
7 Ustedes se fijan solamente en las apariencias.
Quien esté convencido de ser cristiano debe caer
en la cuenta de que cristianos también lo somos
nosotros. 8 Y aunque me gloriara más de la cuenta
de la autoridad que me confirió el Señor sobre
ustedes, para construir y no para destruir, no
sentiría vergüenza. 9 No quiero dar la impresión
de que pretendo atemorizarlos con mis cartas.
10 Algunos dicen: las cartas sí, son graves y enér-
gicas, pero cuando está es un hombre de presen-
cia insignificante y su palabra es despreciable.
11 Sepa quien tal cosa dice que lo que soy a dis-
tancia y de palabra, lo seré de cerca y de obra.

El poder del apóstol

12 No nos atrevemos a igualarnos ni a compa-
rarnos con algunos que se elogian a sí mismos.
Ellos en cambio, al tomarse como medida de sí
mismos, demuestran que proceden neciamente.
13 Nosotros no alardeamos más allá de lo debi-
do, sino que aceptando la medida del sector
que Dios nos ha asignado, llegamos hasta us-
tedes. 14 No nos extralimitamos como si nuestra
competencia no alcanzara hasta ustedes, ya
que fuimos nosotros los primeros en llegar pa-
ra anunciarles la Buena Noticia de Cristo. 15 No
nos excedemos alardeando de trabajos ajenos
pero esperamos que, al aumentar entre ustedes
los creyentes, podamos ampliar mucho nuestro
campo de acción 16 y aun predicar la Buena No-
ticia más allá, aunque sin alardear de campos
ajenos ya cultivados. 17 Quien se gloría que se
glorie del Señor, 18 ya que no queda aprobado el
que se recomienda a sí mismo, sino aquel a quien
recomienda el Señor.

Finge ser necio polemizando

11 1 Ojalá aguantaran ustedes un poco de lo-
cura de mi parte. Sé que me aguantarán.
2 Tengo celos de ustedes, celos de Dios: porque
los he prometido a un solo marido, Cristo, para
presentarlos a él como virgen intacta. 3 Me te-
mo que, así como la serpiente sedujo a Eva con
astucia, también ustedes se dejen corromper
abandonando la sinceridad y fidelidad a Cristo.
4 Porque si se presentara alguien anunciando un
Jesús que yo no anuncié, o recibieran un espíri-
tu diverso del que han recibido, o una Buena No-
ticia diversa de la que han aceptado, ciertamen-
te lo tolerarían. 5 Pienso no ser inferior en nada a
esos superapóstoles. 6 Aunque no tengo prepara-
ción para hablar, no me falta el conocimiento, y
esto lo he demostrado siempre y en todo.
7 ¿Hice mal en humillarme para elevarlos a
ustedes, predicando gratuitamente la Buena
Noticia de Dios? 8 He despojado otras Iglesias
aceptando su ayuda para servirlos a ustedes.
9 Mientras viví con ustedes, aunque pasé apu-
ros, no fui carga para nadie ya que los hermanos
venidos de Macedonia me socorrieron en mis
necesidades. Siempre me mantuve y me manten-
dré sin ser una carga para nadie. 10 Por Cristo les
aseguro que nadie en Acaya me privará de este
honor. 11 ¿Será acaso porque no los amo? Dios sa-
be cuánto. 12 Y lo que hago lo seguiré haciendo
para quitar de raíz todo apoyo a los que buscan
un pretexto para presumir de ser como yo. 13 Esos
tales son falsos apóstoles, obreros fingidos,
disfrazados de apóstoles de Cristo. 14 Su táctica
no debe sorprendernos: si el mismo Satanás se
disfraza de ángel de la luz, 15 no es de extrañar
que sus ministros se disfracen de agentes de la
justicia. Pero su final responderá a sus obras.

Alardes de un necio fingido

16 Lo repito: que nadie me tome por insensato;
y si me toman por tal, sopórtenme para que tam-
bién yo pueda gloriarme un poco. 17 Lo que voy a

decir, no me lo dicta el Señor, sino la necedad.
18Ya que muchos se glorían de méritos humanos,
yo también me gloriaré. 19Porque ustedes, tan
sensatos, soportan de buena gana a los insensa-
tos. 20Soportan que uno los esclavice, los explo-
te, les robe, los desprecie, los abofetee. 21Con-
fieso avergonzado que fui blando con ustedes.
Pues bien, de lo mismo que otros se glorían –lo
digo como necio– yo también me gloriaré.
22¿Que son hebreos? Yo también. ¿Que son is-
raelitas? Yo también. ¿Que son descendientes de
Abrahán? Yo también. 23¿Que son ministros de
Cristo? –hablo como demente–, yo lo soy más
que ellos. Les gano en fatigas, les gano en pri-
siones, aún más en golpes, con frecuencia estu-
ve al borde de la muerte. 24Cinco veces fui azota-
do por los judíos con los treinta y nueve golpes,
25tres veces me azotaron con varas, una vez me
apedrearon; tres veces naufragué y pasé un día
y una noche en alta mar. 26Cuántos viajes, con
peligros de ríos, peligros de asaltantes, peligros
de parte de mis compatriotas, peligros de parte
de los extranjeros, peligros en ciudades, peli-
gros en descampado, peligros en el mar, peligros
por falsos hermanos. 27Con fatiga y angustia, sin
dormir muchas noches, con hambre y con sed, en
frecuentes ayunos, con frío y sin ropa.
28Y además de estas y otras cosas, pesa so-
bre mí la carga cotidiana, la preocupación por
todas las Iglesias. 29¿Alguien enferma sin que
yo enferme? ¿Alguien cae sin que a mí me dé
fiebre? 30Si hay que gloriarse, me gloriaré de mi
debilidad. 31El Dios Padre del Señor Jesús –sea
bendito por siempre– sabe que no miento. 32En
Damasco el gobernador del rey Aretas custodia-
ba la ciudad para prenderme. 33Por una ventana
y en una canasta me descolgaron muralla abajo y
así escapé de sus manos.

Revelaciones y flaquezas

12 1¿Hay que seguir alabándose?, aunque de
poco sirva, paso a las visiones y revelacio-
nes del Señor. 2Sé de un cristiano que hace ca-
torce años –no sé si con el cuerpo o sin el cuer-
po, Dios lo sabe– fue arrebatado hasta el tercer
cielo; 3y sé que ese individuo –con el cuerpo o
sin el cuerpo, Dios lo sabe– 4fue arrebatado al
paraíso y escuchó palabras inefables, que nin-
gún hombre puede pronunciar. 5De eso podría
gloriarme, pero en cuanto a mí, solo me gloriaré
de mis debilidades. 6Aunque, si quisiera gloriar-
me, no sería necio, diría la verdad. Pero me abs-
tengo para que, en vista de tan extraordinarias
revelaciones, no vaya alguien a formarse de mí
una idea superior a lo que ve en mí o escucha de
mí. 7Ahora bien, para que no me envanezca, me
han clavado en las carnes una espina, verdadero
delegado de Satanás que me abofetea. 8A causa
de ello rogué tres veces al Señor que lo apartara
de mí. 9Y me contestó: ¡te basta mi gracia!; la
fuerza se realiza en la debilidad. Así que muy a
gusto me gloriaré de mis debilidades, para que
se aloje en mí el poder de Cristo. 10Por eso estoy
contento con las debilidades, insolencias, nece-
sidades, persecuciones y angustias por Cristo.
Porque cuando soy débil, entonces soy fuerte.

El ministerio en Corinto

11Me he portado como necio: ustedes me han
obligado. A ustedes tocaba valorarme. Porque
aunque soy nada, en nada soy inferior a los su-
perapóstoles. 12La marca del verdadero apóstol
se vio en mi trabajo entre ustedes: paciencia a
toda prueba, signos, prodigios y milagros. 13¿En
qué fueron menos que otras Iglesias salvo en que
yo no me convertí en una carga para ustedes?
Perdónenme esa ofensa. 14Miren, por tercera vez
pienso ir a visitarlos; y no seré una carga, ya que
no busco sus bienes, sino a ustedes. No les toca
a los hijos ahorrar para los padres, sino a los
padres para los hijos. 15Con sumo gusto gastaré y
me gastaré por ustedes. Y si yo los quiero tanto,
¿no seré querido en la misma medida?
16—Concedido, dirán que yo no he sido una
carga para nadie, pero como soy astuto, los he
cazado en una trampa. 17¿Acaso los he explotado
por medio de alguno de mis enviados? 18A Tito le
rogué que fuera, y con él envié al hermano: ¿los
explotó Tito? ¿No nos guía el mismo Espíritu?
¿No pisamos las mismas huellas? 19¿Piensan que
vuelvo a justificarme ante ustedes? Hablamos
en presencia de Dios y como cristianos: todo,
queridos míos, lo hice para construir su comu-
nidad. 20Pero temo que al llegar no los encuen-
tre como deseo ni ustedes a mí como quisieran.
Temo encontrar rivalidades, envidias, pasiones,
ambiciones, calumnias, murmuraciones, sober-
bia, desórdenes. 21Temo que al llegar me vuelva
a humillar Dios ante ustedes y tenga que guardar
luto por tantos que persisten en sus pecados,
sin arrepentirse de la impureza, fornicación y
desenfreno en que viven.

Últimas exhortaciones

13 1Es la tercera vez que voy a visitarlos, y
toda causa debe decidirse por el testimo-
nio de dos o tres testigos. 2A cuantos siguen
en sus pecados y a todos los demás se lo dije
ya en mi segunda visita y se lo aviso ahora aún
ausente: que cuando vuelva no tendré consi-
deraciones; 3esta será la prueba de que por mí
habla Cristo, que para ustedes no es débil, sino

poderoso. 4Porque, aunque por su debilidad fue crucificado, por el poder de Dios está vivo. Lo mismo nosotros, si compartimos su debilidad, compartiremos frente a ustedes su vida por el poder de Dios. 5Examínense para comprobar si se mantienen en la fe. ¿No logran descubrir a Jesucristo en ustedes? Señal de que no han superado la prueba. 6Pero espero que reconozcan que yo sí la he superado. 7Pido a Dios que no hagan nada malo: no para quedar bien nosotros, sino para que ustedes obren el bien, aunque yo quede descalificado. 8Nada podemos contra la verdad, sí a favor de la verdad. 9Nos alegramos de ser débiles, con tal de que ustedes sean fuertes. Es lo que pedimos, que lleguen a ser perfectos. 10Con este fin les escribo en mi ausencia, para que, cuando esté presente, no tenga que usar con severidad el poder que el Señor me ha concedido para edificar y no para destruir.

Saludos finales

11Por lo demás, hermanos, estén alegres, alcancen la perfección, anímense, vivan en armonía y en paz; y el Dios del amor y la paz estará con ustedes. 12Salúdense mutuamente con el beso santo. Los saludan todos los consagrados. 13La gracia del Señor Jesucristo, el amor de Dios y la comunión del Espíritu Santo esté con todos ustedes.

GÁLATAS

Saludo

1 1Pablo, apóstol, no enviado por hombres ni nombrado por un hombre, sino por Jesucristo y por Dios Padre, que lo resucitó de la muerte, 2y de los hermanos que están conmigo, a las Iglesias de Galacia: 3Gracia y paz a ustedes de parte de Dios nuestro Padre y del Señor Jesucristo, 4que se entregó por nuestros pecados, para sacarnos de la perversa situación presente, según el deseo de Dios nuestro Padre; 5a quien sea la gloria por los siglos de los siglos. Amén.

No hay más que una Buena Noticia

6Me maravilla que tan pronto hayan dejado al que los llamó por la gracia de Cristo, para pasarse a una Buena Noticia diversa. 7No es que haya otra, sino que algunos los están turbando para reformar la Buena Noticia de Cristo. 8Pero si nosotros o un ángel del cielo [les] anunciara una Buena Noticia diversa de la que les hemos anunciado, sea maldito. 9Como ya se lo he dicho y ahora se lo repito, si alguien les anuncia una Buena Noticia diversa de la que recibieron, sea maldito. 10¿Busco acaso la aprobación de los hombres? ¿O la de Dios? ¿Intento agradar a hombres? Si todavía quisiera agradar a los hombres, no sería servidor de Cristo.

La vocación de Pablo

11Les hago saber, hermanos, que la Buena Noticia que les anuncié no es de origen humano; 12yo no la recibí ni aprendí de un hombre, sino que me la reveló Jesucristo. 13Sin duda han oído hablar de mi anterior conducta en el judaísmo: Violentamente perseguía a la Iglesia de Dios intentando destruirla; 14en el judaísmo superaba a todos los compatriotas de mi generación en mi celo ferviente por las tradiciones de mis antepasados. 15Pero cuando [Dios,] quien me apartó desde el vientre materno y me llamó por su mucho amor, quiso 16revelarme a su Hijo para que yo lo anunciara a los paganos, inmediatamente, en vez de consultar a hombre alguno 17o de subir a Jerusalén a visitar a los apóstoles más antiguos que yo, me alejé a Arabia y después volví a Damasco. 18Pasados tres años, subí a Jerusalén para conocer a Pedro y me quedé quince días con él. 19De los otros apóstoles no vi más que a Santiago, el pariente del Señor. 20En esto que les escribo Dios es testigo que no miento. 21Más tarde me dirigí a la región de Siria y de Cilicia. 22Las Iglesias cristianas de Judea no me conocían personalmente; 23solo habían oído contar: el que antes nos perseguía ahora anuncia la Buena Noticia de la fe que en otro tiempo intentaba destruir; 24y por mi causa daban gloria a Dios.

Pablo y los otros apóstoles

2 1Pasados catorce años subí de nuevo a Jerusalén con Bernabé y llevando conmigo a Tito. 2Subí siguiendo una revelación. En privado expuse a los más respetables la Buena Noticia que predicaba a los paganos, no sea que estuviera trabajando o hubiese trabajado inútilmente. 3Pero ni siquiera a mi compañero Tito, que era griego, le obligaron a circuncidarse, 4a pesar de los falsos hermanos, que se infiltraron para coartar la libertad que tenemos gracias a Cristo Jesús, y reducirnos a la esclavitud. 5Yo no cedí un momento ni me sometí, porque tenía que mantener para ustedes la verdad de la Buena Noticia.

6En cuanto a los respetables –hasta qué punto lo eran no me importa, porque Dios no hace diferencia entre las personas–, ellos no me impusieron nada. 7Al contrario, reconocieron que se me había confiado anunciar la Buena Noticia a los paganos, así como a Pedro fue confiado el anun-

cio a los judíos; 8porque el mismo Dios que asis-
tía a Pedro en su apostolado con los judíos, me
asistía a mí en el mío con los paganos. 9Entonces
Santiago, Cefas y Juan, considerados los pilares,
reconociendo el don que se me había hecho, nos
estrecharon la mano a mí y a Bernabé en señal
de comunión; para que nosotros nos ocupáramos
de los paganos y ellos de los judíos. 10Solo pidie-
ron que nos acordáramos de los pobres, cosa que
siempre he tratado de cumplir.

Pablo se enfrenta con Pedro

11Cuando Cefas llegó a Antioquía me enfren-
té con él abiertamente, porque su conducta
era censurable. 12Ya que antes de la llegada de
algunos enviados de Santiago, solía comer con
los paganos; en cuanto llegaron, dejó de ha-
cerlo y se apartó por miedo a los judíos. 13Los
otros judíos cristianos se pusieron a disimular
como él, hasta el punto que incluso Bernabé se
dejó arrastrar a la simulación. 14Cuando vi que
no procedían rectamente según la verdad de la
Buena Noticia, dije a Pedro en presencia de to-
dos: Si tú, que eres judío, vives al modo pagano
y no al judío, ¿cómo obligas a los paganos a vivir
como judíos?

Judíos y paganos se salvan por la fe

15Nosotros, judíos de nacimiento, no peca-
dores venidos del paganismo, 16sabemos que
el hombre no es justificado por observar la ley,
sino por creer en Jesucristo; nosotros hemos
creído en Cristo Jesús para ser justificados por
la fe en Cristo y no por cumplir la ley, porque
por cumplir la ley nadie será justificado. 17Ahora
bien, si los que buscamos en Cristo nuestra jus-
tificación resulta que también somos pecado-
res, ¿será entonces Cristo un agente del pecado?
De ningún modo. 18Porque si me pongo a recons-
truir lo que había destruido, muestro que soy
transgresor. 19Por medio de la ley he muerto a la
ley para vivir para Dios. He quedado crucificado
con Cristo, 20y ya no vivo yo, sino que Cristo vive
en mí. Y mientras vivo en carne mortal, vivo de
la fe en el Hijo de Dios, que me amó y se entregó
por mí. 21No anulo la gracia de Dios: porque si
la justicia se alcanzara por la ley, Cristo habría
muerto inútilmente.

La Ley y la fe

3 1¡Gálatas insensatos! ¿Quién los ha seducido a
ustedes, ante quienes fue presentada la ima-
gen de Jesucristo crucificado? 2Una cosa quiero
que me expliquen: ¿Han recibido el Espíritu por
cumplir la ley o por haber escuchado con fe? 3¿Tan
insensatos son que habiendo empezado con el
Espíritu han acabado en el instinto? 4¿Han expe-
rimentado en vano cosas tan importantes? Impo-
sible que haya sido en vano. 5Aquel que les da el
Espíritu y hace milagros por medio de ustedes ¿lo
hace porque cumplen la ley o porque creen en la
predicación? 6Por ejemplo, Abrahán creyó en Dios
y esto le fue tenido en cuenta para su justifica-
ción. 7Comprendan entonces que los verdaderos
hijos de Abrahán son los que tienen fe.

8La Escritura preveía que los paganos alcan-
zarían la justificación por la fe, y así Dios an-
ticipa a Abrahán la Buena Noticia: *Por ti todas
las naciones serán benditas*. 9Así los creyentes
son benditos con el creyente Abrahán. 10Los que
dependen del cumplimiento de la ley caen ba-
jo una maldición. Porque está escrito: *Maldito
quien no cumple fielmente todo lo escrito en el
código de la ley*. 11Y que nadie es justificado ante
Dios por cumplir la ley se prueba porque el justo
vivirá por la fe. 12En cambio la ley no depende de
la fe, antes bien: quien la cumpla vivirá por ella.

13Cristo, nos rescató de la maldición de la ley
sometiéndose él mismo a la maldición por no-
sotros; como está escrito: *Maldito el que cuelga
de un leño*. 14Así la bendición de Abrahán, por
medio de Cristo Jesús se extiende a los paganos,
para que nosotros podamos recibir por la fe el
Espíritu prometido.

La Ley y la promesa

15Hermanos, emplearé un ejemplo de la vida
cotidiana: cuando un hombre hace un testa-
mento en forma debida, nadie puede anularlo ni
añadirle nada. 16Ahora bien, las promesas fueron
hechas a Abrahán y a su descendencia: no dice
descendientes en plural, sino en singular y a tu
descendiente, que es Cristo. 17Ahora bien les di-
go esto: un testamento ya otorgado por Dios no
puede anularlo una ley que llega cuatrocientos
treinta años más tarde, invalidando la promesa.
18Porque, si la herencia se recibe en virtud de la
ley, ya no lo es en virtud de la promesa; y a Abra-
hán se la regaló Dios en virtud de la promesa.

19Entonces, ¿para qué sirve la ley? Se añadió
para poner de manifiesto la desobediencia, has-
ta que llegara el descendiente beneficiario de la
promesa; y fue promulgada por ángeles, a tra-
vés de un mediador. 20Ahora bien, no hace falta
mediador cuando hay una sola parte; y Dios es
único.21Entonces, ¿va la ley contra las promesas
[de Dios]? De ningún modo. Si hubiéramos reci-
bido una ley capaz de dar la vida, ciertamente
por la ley se alcanzaría la justicia. 22Pero la Es-
critura incluye a todos bajo el pecado, de modo
que lo prometido se entregue a los creyentes por
la fe en Jesucristo.

Esclavos e hijos

23Antes de que llegara la fe, éramos prisione-
ros custodiados por la ley hasta que se revelase
la fe futura. 24De modo que la ley era nuestro
guía hasta que viniera Cristo y fuéramos justi-
ficados por la fe; 25pero al llegar la fe, ya no
dependemos del guía. 26Por la fe en Cristo Je-
sús todos ustedes son hijos de Dios. 27Los que
se han bautizado consagrándose a Cristo se han
revestido de Cristo. 28Ya no se distinguen judío
y griego, esclavo y libre, hombre y mujer, porque
todos ustedes son uno con Cristo Jesús. 29Y si
ustedes pertenecen a Cristo, son descendencia
de Abrahán, herederos de la promesa.

4 1Digo lo siguiente: mientras el heredero es
menor de edad, aunque sea dueño de todo,
no se distingue del esclavo; 2sino que está so-
metido a tutores y administradores hasta la
fecha fijada por su padre. 3Lo mismo nosotros,
mientras éramos menores de edad, éramos es-
clavos de los poderes que dominan este mundo.
4Pero cuando se cumplió el plazo, Dios envió a
su Hijo, nacido de mujer, nacido bajo la ley, 5pa-
ra que rescatase a los que estaban sometidos a
la ley y nosotros recibiéramos la condición de
hijos. 6Y como son hijos, Dios infundió en sus co-
razones el Espíritu de su Hijo, que clama a Dios
llamándolo: Abba, es decir, Padre. 7De modo que
no eres esclavo, sino hijo; y si eres hijo, eres he-
redero por voluntad de Dios. 8Antes, cuando no
conocían a Dios, veneraban a los que realmen-
te no son dioses. 9Ahora que reconocen a Dios,
mejor, que Él los reconoce, ¿por qué se vuelven
de nuevo a esos débiles e indigentes poderes?,
¿por qué quieren otra vez volver a venerarlos?
10¡Respetar ciertos días, meses, estaciones y
años! 11Francamente me temo haber trabajado
inútilmente por ustedes.

Pablo y los gálatas

12Por favor, hermanos, pónganse en mi lugar
como yo me pongo en el de ustedes: en nada
me han ofendido. 13Ya saben que fue en ocasión
de una enfermedad corporal cuando les anuncié
por primera vez la Buena Noticia; 14y ustedes
vencieron la tentación de despreciarme o evitar
mi contagio, al contrario, me recibieron como
a un mensajero de Dios, como a Cristo Jesús.
15¿Dónde ha quedado la alegría de entonces? Es-
toy seguro de que, si fuera posible, se habrían
sacado los ojos para dármelos. 16Y ahora, ¿acaso
me he convertido en enemigo de ustedes por de-
cirles la verdad? 17Algunos tienen mucho interés
en ustedes, pero no son buenas sus intenciones;
lo que quieren es apartarlos de mí para que se
interesen por ellos. 18Es grato recibir atencio-
nes sinceras pero no solo cuando estoy con us-
tedes, sino siempre. 19Hijitos míos, por quienes
estoy sufriendo nuevamente los dolores del
parto, hasta que Cristo sea formado en ustedes
20quisiera estar allí, ahora mismo para cambiar
el tono de voz, porque ya no sé qué hacer con
ustedes.

Agar y Sara

21Díganme, ustedes los que quieren someterse
a la ley, ¿no entienden lo que dice la ley? 22Está
escrito que Abrahán tuvo dos hijos: uno de su
esclava y otro de su mujer, que era libre. 23El hijo
de la esclava nació naturalmente; el de la mujer
libre, nació en virtud de una promesa. 24Se trata
de un simbolismo: estas dos mujeres represen-
tan las dos alianzas. La primera alianza procede
del monte Sinaí y engendra esclavos: es Agar.
25Sinaí es una montaña de Arabia que corres-
ponde a la Jerusalén actual, que vive con sus
hijos en esclavitud. 26En cambio, la Jerusalén de
arriba es libre y es nuestra madre. 27Está escrito:
Alégrate, la estéril, que no dabas a luz, rompe a
cantar de júbilo la que no tenías dolores, porque
la abandonada tendrá más hijos que la casada.
28Ustedes, hermanos, lo mismo que Isaac, son
hijos de la promesa. 29Y así como entonces el
hijo nacido naturalmente perseguía al hijo de la
promesa, así sucede hoy. 30Pero, ¿qué dice la Es-
critura? *Expulsa a esa criada y a su hijo; el hijo de*
esa esclava no compartirá la herencia con el hijo
de la mujer libre. 31Así que, hermanos, no somos
hijos de una esclava, sino de la mujer libre.

5 1Cristo nos ha liberado para ser libres: man-
ténganse firmes y no se dejen atrapar de nue-
vo en el yugo de la esclavitud.

Libertad cristiana

2Miren, yo mismo, Pablo, les digo que si uste-
des se hacen circuncidar, Cristo les servirá de
nada. 3Les aseguro de nuevo que todo el que se
circuncide está obligado a cumplir íntegramen-
te la ley. 4Los que buscan la justicia por la ley
han roto con Cristo y han caído en desgracia.
5En cuanto a nosotros, por el Espíritu y la fe es-
peramos la justicia anhelada. 6Siendo de Cristo
Jesús, no importa estar o no circuncidados; lo
que cuenta es la fe que obra por medio del amor.
7Ustedes iban tan bien: ¿quién les cortó el paso
para que no siguieran la verdad? 8El que los per-
suadió no procede del que los llamó. 9Una pizca
de levadura hace fermentar toda la masa. 10Yo
confío en el Señor que ustedes no cambiarán de
actitud. Pero el que los está confundiendo, sea

quien sea, recibirá su castigo. [11]En cuanto a mí,
hermanos, si todavía predicara la circuncisión,
no me perseguirían, ¡pero entonces habría aca-
bado el escándalo de la cruz! [12]En cuanto a esos
que los perturban, ojalá que se mutilen del todo.

Guiados por el Espíritu

[13]Ustedes, hermanos, han sido llamados para
vivir en libertad; no tomen esta libertad para
dar rienda suelta a sus bajos instintos; más bien,
háganse servidores los unos de los otros por
medio del amor. [14]Porque toda la ley se cumple
con un precepto: Amarás a tu prójimo como a ti
mismo. [15]Pero atención, que si viven mordiéndo-
se y devorándose unos a otros, acabarán destru-
yéndose todos. [16]Les pido que se dejen conducir
por el Espíritu de Dios y así no serán arrastrados
por los bajos deseos. [17]Porque los bajos ins-
tintos van en contra del Espíritu y el Espíritu
va en contra de los bajos instintos; y son tan
opuestos, que ustedes no pueden hacer todo el
bien que quisieran. [18]Pero si los guía el Espíritu,
no están sometidos a la ley. [19]Las acciones que
proceden de los bajos instintos son manifiestas:
fornicación, indecencia, libertinaje, [20]idolatría,
superstición, enemistades, peleas, envidia, có-
lera, ambición, discordias, sectarismos, [21]celos,
borracheras, comilonas y cosas semejantes. Les
prevengo, como ya los previne, que quienes ha-
cen esas cosas no heredarán el reino de Dios.
[22]Por el contrario, el fruto del Espíritu es amor,
alegría, paz, paciencia, amabilidad, bondad, fi-
delidad, [23]modestia, dominio propio. Frente a
estas cosas no hay ley que valga, [24]porque los
que son de Cristo [Jesús] han crucificado el
instinto con sus pasiones y deseos. [25]Si vivimos
por el Espíritu, sigamos al Espíritu; [26]no seamos
vanidosos, provocadores, envidiosos.

Ayuda mutua

6 [1]Hermanos, si alguien es sorprendido en
alguna falta, ustedes, que están animados
por el Espíritu, corríjanlo con modestia. Piensa
que también tú puedes ser tentado. [2]Ayúdense
mutuamente a llevar las cargas y así cumplirán
la ley de Cristo. [3]Porque quien piensa ser algo,
no siendo nada, él mismo se engaña. [4]Cada cual
examine su conducta, y entonces encontrará en
sí mismo motivo de satisfacción, sin depender
de otros. [5]Porque cada cual debe llevar su propia
carga. [6]El que recibe la enseñanza de la palabra
debe compartir sus bienes con su catequista.
[7]No se hagan ilusiones: de Dios nadie se burla.
Lo que uno siembra eso cosechará. [8]Quien siem-
bra para los bajos instintos, de ellos cosechará
corrupción; quien siembra para el Espíritu, del
Espíritu cosechará vida eterna. [9]No nos canse-
mos de hacer el bien, que a su debido tiempo
cosecharemos sin fatiga. [10]Por tanto, mientras
tengamos ocasión, hagamos el bien a todos, es-
pecialmente a la familia de los creyentes.

Conclusión y despedida

[11]Miren qué letras tan grandes, escritas con
mi propia mano.
[12]Los que quieren quedar bien en lo exterior
son los que los obligan a circuncidarse; lo hacen
solo para no ser perseguidos a causa de la cruz
de Cristo. [13]Porque ni los mismos circuncidados
observan la ley; pero quieren circuncidarlos a
ustedes para gloriarse de haberlos sometido al
rito corporal. [14]Lo que es a mí, Dios me libre de
gloriarme, si no es de la cruz de nuestro Señor
Jesucristo, por el cual el mundo está crucificado
para mí y yo para el mundo. [15]Estar o no estar
circuncidado, no tiene ninguna importancia; lo
que importa es ser una nueva criatura. [16]Paz y
misericordia para todos los que siguen esta nor-
ma, y para el Israel de Dios. [17]En adelante no
quiero que nadie me cause más dificultades, ya
llevo en mi cuerpo las marcas de Jesús. [18]Her-
manos, la gracia de nuestro Señor Jesucristo
permanezca con ustedes. Amén.

EFESIOS

Saludo

1 [1]Pablo, apóstol de Cristo Jesús por voluntad
de Dios, a los consagrados [de Éfeso], fieles a
Cristo Jesús: [2]Gracia y paz a ustedes de parte de
Dios nuestro Padre y del Señor Jesucristo.

Bendiciones

[3]*¡Bendito sea Dios,/ Padre de nuestro Señor*
Jesucristo!,/ quien por medio de Cristo/ nos
bendijo con toda clase de bendiciones/ espiri-
tuales del cielo.
[4]*Por él, antes de la creación del mundo,/ nos*
eligió para que por el amor/ fuéramos consa-
grados/ e irreprochables en su presencia./ [5]*Él*
nos predestinó a ser sus hijos adoptivos/ por
medio de Jesucristo/ conforme al beneplácito
de su voluntad/ [6]*para alabanza de la gloriosa*
gracia/ que nos otorgó por medio de su Hijo
muy querido.
[7]*Por él, por medio de su sangre,/ obtenemos el*
rescate,/ el perdón de los pecados./ Según la ri-
queza de su gracia/ [8]*derrochó en nosotros/ toda*
clase de sabiduría y prudencia,/ [9]*dándonos a*
conocer el misterio de su voluntad,/ establecido

de antemano por decisión suya,/ 10que se reali-
zaría en Cristo en la plenitud de los tiempos:/
que el universo, lo celeste y lo terrestre,/ alcan-
zaran su unidad en Cristo.
11Por medio de él/ y tal como lo había es-
tablecido el que ejecuta todo/ según su libre
decisión,/ nos había predestinado a ser here-
deros/ 12de modo que nosotros, los que ya es-
perábamos en Cristo,/ fuéramos la alabanza
de su gloria.
13Por él, también ustedes,/ al escuchar el men-
saje de la verdad,/ la Buena Noticia de la sal-
vación,/ creyeron en él y fueron marcados/ con
el sello del Espíritu Santo prometido,/ 14quien es
garantía de nuestra herencia,/ y prepara la re-
dención del pueblo que Dios adoptó:/ para ala-
banza de su gloria.

Súplica

15Por eso, también yo, al enterarme de la fe
que ustedes tienen en el Señor Jesús y el amor
que demuestran a todos los consagrados, 16no
ceso de dar gracias por ustedes, y recordándolos
en mis oraciones, pido: 17Que el Dios de nuestro
Señor Jesucristo, Padre de la gloria, les conce-
da un Espíritu de sabiduría y revelación que les
permita conocerlo verdaderamente. 18Que él ilu-
mine sus corazones para que ustedes puedan va-
lorar la esperanza a la que han sido llamados, la
espléndida riqueza de la herencia que promete a
los consagrados 19y la grandeza extraordinaria
de su poder a favor de nosotros los creyentes,
según la eficacia de su fuerza poderosa; 20poder
que ejercitó en Cristo resucitándolo de la muer-
te y sentándolo a su derecha en el cielo 21por
encima de toda autoridad y potestad y poder y
soberanía, y de cualquier otra dignidad que pue-
da mencionarse tanto en este mundo como en el
venidero. 22Todo lo ha sometido bajo sus pies, y
lo ha nombrado, por encima de todo, cabeza de
la Iglesia, 23que es su cuerpo y plenitud de aquel
que llena completamente todas las cosas.

De la muerte a la vida

2 1También ustedes estaban muertos por sus
pecados y transgresiones. 2Seguían la con-
ducta de este mundo y los dictados del jefe que
manda en el aire, el espíritu que actúa en los
rebeldes... 3Lo mismo que ellos, también noso-
tros seguíamos los impulsos de los bajos deseos,
obedecíamos los caprichos y pensamientos de
nuestras malas inclinaciones, y naturalmente,
estábamos destinados al castigo como los de-
más. 4Pero Dios, rico en misericordia, por el gran
amor que nos tuvo, 5estando nosotros muertos
por nuestros pecados, nos hizo revivir con Cristo
–¡ustedes han sido salvados gratuitamente!–;
6con Cristo Jesús nos resucitó y nos sentó en el
cielo, 7para que se revele a los siglos venideros
la extraordinaria riqueza de su gracia y la bon-
dad con que nos trató por medio de Cristo Jesús.
8Porque ustedes han sido salvados por la fe, no
por mérito propio, sino por la gracia de Dios;
9y no por las obras, para que nadie se gloríe.
10Somos obra suya, creados por medio de Cristo
Jesús para realizar las buenas acciones que Dios
nos había asignado como tarea.

Unidad por Cristo

11Por tanto, ustedes los que en un tiempo eran
paganos de cuerpo, llamados incircuncisos por
los que se llamaban circuncisos de cuerpo, re-
cuerden 12que entonces vivían lejos de Cristo,
excluidos de la ciudadanía de Israel, ajenos a la
alianza y sus promesas, sin esperanza y sin Dios
en el mundo. 13Pero, gracias a Cristo Jesús los
que un tiempo estaban lejos, ahora están cerca,
por la sangre de Cristo. 14Porque Cristo es nues-
tra paz, el que de dos pueblos hizo uno solo,
derribando con su cuerpo el muro divisorio, la
hostilidad; 15anulando la ley con sus preceptos y
cláusulas, reunió los dos pueblos en su persona,
creando de los dos una nueva humanidad; res-
tableciendo la paz. 16Y los reconcilió con Dios
en un solo cuerpo por medio de la cruz, dando
muerte en su persona a la hostilidad. 17Vino y
anunció la paz a ustedes, los que estaban lejos
y la paz a aquellos que estaban cerca. 18Porque
por medio de Cristo, todos tenemos acceso al
Padre por un mismo Espíritu. 19De modo que ya
no son extranjeros ni huéspedes, sino conciuda-
danos de los consagrados y de la familia de Dios;
20edificados sobre el cimiento de los apóstoles,
con Cristo Jesús como piedra angular. 21Por él
todo el edificio bien trabado crece hasta ser
santuario consagrado al Señor, 22por él ustedes
entran con los demás en la construcción para ser
morada de Dios en el Espíritu.

Misión de Pablo

3 1Por esta razón yo, Pablo, estoy preso por
Cristo [Jesús], a causa de ustedes, los paga-
nos. 2Supongo que están informados de la gracia
de Dios que me ha sido dispensada para prove-
cho de ustedes. 3Fue por medio de una revela-
ción como se me dio a conocer el misterio, tal
como acabo de explicárselo brevemente. 4Lean
mi carta y comprenderán cómo entiendo el mis-
terio de Cristo: 5este misterio no se dio a cono-
cer a los hombres en las generaciones pasadas;
sin embargo ahora se ha revelado a sus santos
apóstoles y profetas inspirados. 6Y consiste en

esto: que por medio de la Buena Noticia los pa-
ganos comparten la herencia y las promesas de
Cristo Jesús, y son miembros del mismo cuerpo.
7De esta Buena Noticia yo soy ministro por don
de la gracia de Dios, otorgada según la eficacia
de su poder. 8A mí, el último de los consagrados,
me han concedido esta gracia: anunciar a los
paganos la Buena Noticia, la riqueza inimagi-
nable de Cristo 9y hacer luz sobre el secreto que
Dios, creador del universo, se guardaba desde
antiguo, 10para que las fuerzas y los poderes
celestiales conocieran por medio de la Iglesia
la sabiduría de Dios en todas sus formas. 11Este
es el designio que Dios concibió desde toda la
eternidad en Cristo Jesús, Señor nuestro. 12Por
él y con la confianza que da la fe en él, tenemos
libre acceso a Dios. 13Por lo tanto les pido que
no se desanimen a causa de los sufrimientos que
padezco por ustedes, más bien han de sentirse
orgullosos de ellos.

El amor de Cristo

14Por eso doblo las rodillas ante el Padre, 15de
quien procede toda paternidad en el cielo y en
la tierra. 16Que él se digne según la riqueza de
su gloria fortalecerlos internamente con el Es-
píritu, 17que Cristo habite en sus corazones por
la fe, que estén arraigados y cimentados en el
amor, 18de modo que logren comprender, junto
con todos los consagrados, la anchura y la longi-
tud, la altura y la profundidad, 19en una palabra,
que conozcan el amor de Cristo, que supera todo
conocimiento. Así serán colmados de la plenitud
de Dios. 20Aquel que, actuando eficazmente en
nosotros, puede realizar muchísimo más de lo
que pedimos o pensamos 21reciba de la Iglesia y
de Cristo Jesús la gloria en todas las generacio-
nes por los siglos de los siglos. Amén.

Unidad del cuerpo

4 1Yo, el prisionero por el Señor, los exhorto
a vivir de acuerdo con la vocación que han
recibido. 2Sean humildes y amables, tengan
paciencia y sopórtense unos a otros con amor,
3esfuércense por mantener la unidad del espíritu
con el vínculo de la paz. 4Uno es el cuerpo, uno
el Espíritu, como una es la esperanza a que han
sido llamados, 5un solo Señor, una sola fe, un
solo bautismo, 6uno es Dios, Padre de todos, que
está sobre todos, entre todos, en todos.
7Cada uno de nosotros recibió su propio don,
en la medida que Cristo los ha distribuido. 8Por
eso se dice: *Subiendo a lo alto llevaba cautivos/*
y repartió dones a los hombres. 9–Lo de subió,
¿qué significa sino que antes había bajado a
lo profundo de la tierra?–. 10El que bajó es el
que subió por encima de los cielos para llenar el
universo. 11Él nombró a unos apóstoles, a otros
profetas, evangelistas, pastores y maestros.
12Así preparó a los suyos para los trabajos del
ministerio, para construir el cuerpo de Cristo;
13hasta que todos alcancemos la unidad de la fe
y del conocimiento del Hijo de Dios, al estado de
hombre perfecto y a la madurez de la plenitud
de Cristo. 14Así no seremos niños, juguete de las
olas, arrastrados por el viento de cualquier doc-
trina, por el engaño de la astucia humana y por
los trucos del error. 15Por el contrario, viviendo
en la verdad y el amor, crezcamos hasta alcanzar
del todo al que es la cabeza, a Cristo. 16Gracias
a él, el cuerpo entero, recibe unidad y cohesión
gracias a los ligamentos que lo vivifican y por la
acción propia de cada miembro; así el cuerpo va
creciendo y construyéndose en el amor.

Conducta cristiana

17En nombre del Señor les digo y recomiendo
que no procedan como los paganos: con sus in-
útiles pensamientos, 18con la razón oscurecida,
alejados de la vida de Dios, por su ignorancia
y dureza de corazón. 19Porque, endurecidos, se
han entregado al desenfreno y practican sin me-
dida toda clase de indecencias. 20Pero no es eso
lo que ustedes han aprendido de Cristo; 21si es
que de veras oyeron hablar de él y de él apren-
dieron en qué consiste la verdad. 22Despójense
de la conducta pasada, del hombre viejo que se
corrompe con sus malos deseos; 23renuévense
en su espíritu y en su mente; 24y revístanse del
hombre nuevo, creado a imagen de Dios con jus-
ticia y santidad auténticas.
25Por lo tanto, eliminen la mentira, y dígan-
se la verdad unos a otros, ya que todos somos
miembros del mismo cuerpo. 26Si se enojan, no
pequen. Que la puesta del sol no los sorprenda
en su enojo, 27dando así ocasión al demonio. 28El
que robaba no robe más, y póngase a trabajar ho-
nestamente con sus [propias] manos para ganar
algo y poder socorrer al que tiene necesidad. 29No
salga de sus bocas ninguna palabra ofensiva, sino
solo palabras buenas que ayuden a crecer a quien
lo necesite y agraden a quien las escucha. 30No
entristezcan al Espíritu de Dios, que los marcó
con un sello para el día del rescate. 31Eviten toda
amargura, pasión, enojo, gritos, insultos y cual-
quier tipo de maldad. 32Sean amables y compa-
sivos unos con otros. Perdónense unos a otros,
como Dios los ha perdonado en Cristo.

5 1Como hijos queridos de Dios, traten de imi-
tarlo. 2Sigan el camino del amor, a ejemplo
de Cristo que los amó hasta entregarse por us-

tedes a Dios como ofrenda y sacrificio de aroma
agradable. [3]En cuanto a la inmoralidad sexual
y a cualquier clase de impureza o de codicia,
ni se nombre entre ustedes, como corresponde
a consagrados; [4]lo mismo digo respecto de las
obscenidades, de las estupideces, y de las gro-
serías, porque todas estas cosas están fuera de
lugar; lo que deben hacer es alabar a Dios. [5]Pues
han de saber que ni el que comete inmoralidades
sexuales, ni el impuro o el avaro –que es una
forma de idolatría– recibirá una herencia en el
reino de Cristo y de Dios.

El reino de la luz

[6]Nadie los engañe con argumentos falsos:
estas cosas son, precisamente, las que atraen
la ira de Dios sobre los rebeldes. [7]No se hagan
cómplices de los que obran así. [8]Porque si en un
tiempo eran tinieblas, ahora son luz por el Se-
ñor: vivan como hijos de la luz [9]–toda bondad,
justicia y verdad es fruto de la luz–. [10]Sepan dis-
cernir lo que agrada al Señor. [11]No participen en
las obras estériles de las tinieblas, al contrario
denúncienlas. [12]Lo que ellos hacen a ocultas da
vergüenza decirlo, [13]pero todo esto ha de ser
denunciado por la luz hasta que se vuelva cla-
ridad [14]y todo lo que está al descubierto recibe
el influjo de la luz. Por eso dice: *¡Despierta, tú
que duermes,/ levántate de la muerte,/ y te ilu-
minará Cristo!* [15]Por lo tanto cuiden mucho su
comportamiento, no obren como necios, sino
como personas sensatas, [16]que saben aprove-
char bien el momento presente porque corren
tiempos malos. [17]Por eso no sean imprudentes,
antes bien, procuren entender cuál es la volun-
tad del Señor. [18]No se embriaguen con vino, que
engendra lujuria, más bien llénense de Espíritu.
[19]Entre ustedes entonen salmos, himnos y can-
tos inspirados, cantando y celebrando al Señor
de todo corazón, [20]dando gracias siempre y por
cualquier motivo a Dios Padre, en nombre de
nuestro Señor Jesucristo. [21]Sométanse los unos
a los otros en atención a Cristo.

Marido y mujer

[22]Las mujeres deben respetar a los maridos
como al Señor; [23]porque el marido es cabeza de
la mujer como Cristo es cabeza y salvador de la
Iglesia, que es su cuerpo. [24]Así, como la Igle-
sia se somete a Cristo, de la misma manera las
mujeres deben respetar en todo a los maridos.
[25]Maridos, amen a sus esposas como Cristo amó
a la Iglesia y se entregó por ella, [26]para limpiarla
con el baño del agua y la palabra, y consagrarla,
[27]para presentar una Iglesia gloriosa, sin man-
cha ni arruga ni cosa semejante, sino santa e
irreprochable. [28]Así tienen los maridos que amar
a sus mujeres, como a su cuerpo. Quien ama a
su mujer se ama a sí mismo; [29]nadie aborrece a
su propio cuerpo, más bien lo alimenta y cuida;
así hace Cristo por la Iglesia, [30]por nosotros,
que somos los miembros de su cuerpo. [31]*Por eso
abandonará el hombre a su padre y su madre, se
unirá a su mujer, y serán los dos una sola carne.*
[32]Ese símbolo es magnífico, y yo lo aplico a Cris-
to y la Iglesia. [33]Del mismo modo ustedes: ame
cada uno a su mujer como a sí mismo y la mujer
respete a su marido.

Hijos y esclavos

6 [1]Hijos, obedezcan a sus padres [en atención
al Señor], porque esto es lo justo. [2]El primer
mandamiento que contiene una promesa es este:
Honra a tu padre y a tu madre [3]*para que te vaya
bien y vivas mucho tiempo en la tierra.* [4]Padres,
no irriten a sus hijos; edúquenlos, más bien, en
la disciplina e instrúyanlos en el amor de Dios.
[5]Esclavos, obedezcan a sus amos corporales, es-
crupulosa y sinceramente, como si sirvieran a
Cristo; [6]no por servilismo o para halagarlos, sino
como siervos de Cristo que cumplen con toda el
alma la voluntad de Dios. [7]Sirvan a sus dueños
de buena gana como si se tratara del Señor, y
no de hombres; [8]conscientes de que el Señor le
pagará a cada uno lo bueno que haga, sea escla-
vo o libre. [9]Amos, compórtense con sus siervos
del mismo modo, y dejen de lado las amenazas,
conscientes de que tanto ellos como ustedes
tienen el mismo Señor que está en el cielo y que
no hace distinción de personas.

Lucha contra el mal

[10]Por lo demás, fortalézcanse con el Señor y
con su fuerza poderosa. [11]Vístanse la armadura
de Dios para poder resistir los engaños del Dia-
blo. [12]Porque no estamos luchando contra seres
de carne y hueso, sino contra las autoridades,
contra las potestades, contra los soberanos de
estas tinieblas, contra las fuerzas espirituales
del mal. [13]Por tanto, tomen las armas de Dios
para poder resistir el día funesto y permanecer
firmes a pesar de todo. [14]Cíñanse con el cinturón
de la verdad, vistan la coraza de la justicia, [15]cal-
cen las sandalias del celo para propagar la Buena
Noticia de la paz. [16]Tengan siempre en la mano el
escudo de la fe, en el que se apagarán los dardos
incendiarios del maligno. [17]Pónganse el casco de
la salvación, y empuñen la espada del Espíritu,
que es la Palabra de Dios. [18]Vivan orando y su-
plicando, oren en toda ocasión animados por el
Espíritu; permanezcan despiertos y oren con per-
severancia por todos los consagrados; [19]también

por mí, para que cuando yo abra la boca, se me conceda el don de la palabra y pueda exponer libremente el misterio de la Buena Noticia, [20]del cual soy mensajero en prisión: que pueda anunciarlo libremente, como es debido.

Saludo final

[21]Tíquico, el hermano querido y ministro fiel del Señor les informará para que sepan cómo me va y lo que hago. [22]Para eso se lo envío, para que tengan noticias mías y para que los consuele.

[23]A los hermanos paz, amor y fe de parte de Dios Padre y del Señor Jesucristo. [24]La gracia esté con todos los que aman a nuestro Señor Jesucristo con amor incorruptible.

FILIPENSES

Saludo y acción de gracias

1 [1]Pablo y Timoteo, siervos de Cristo Jesús, a todos los consagrados a Cristo Jesús que residen en Filipos, incluidos sus obispos y diáconos: [2]Gracia y paz de parte de Dios nuestro Padre y del Señor Jesucristo.

[3]Cada vez que me acuerdo de ustedes, doy gracias a mi Dios; [4]y siempre que pido cualquier cosa por todos ustedes, lo hago con alegría, [5]pensando en la colaboración que prestaron a la difusión de la Buena Noticia, desde el primer día hasta hoy. [6]Estoy seguro de que quien comenzó en ustedes la obra buena, la llevará a término hasta el día de Cristo Jesús. [7]Es justo que sienta esto de todos ustedes, porque los llevo en el corazón y porque participan conmigo de las mismas bendiciones, ya sea cuando estoy en la prisión o cuando trabajo en la defensa y confirmación de la Buena Noticia. [8]Dios es testigo de que los amo tiernamente en el corazón de Cristo Jesús. [9]Esto es lo que pido: que el amor de ustedes crezca más y más en conocimiento y en buen juicio para todo, [10]a fin de que sepan elegir siempre lo mejor. Así llegarán limpios y sin tropiezo al día de Cristo, [11]cargados con el fruto de la honradez que viene por Jesucristo, para gloria y alabanza de Dios.

Prisionero por Cristo

[12]Quiero que sepan, hermanos, que lo que me ha sucedido ha favorecido la difusión de la Buena Noticia. [13]En efecto, todos en el palacio, tanto los soldados como los demás saben que estoy preso por Cristo, [14]y la mayoría de los hermanos que confían en el Señor, con mi prisión se han animado a anunciar el mensaje sin temor. [15]Unos proclaman a Cristo por envidia y por polémica, otros lo hacen con buena voluntad. [16]Estos obran por amor, sabiendo que me encuentro así para defender la Buena Noticia; [17]aquellos en cambio anuncian a Cristo por ambición y mala intención, pensando añadir penas a mi prisión. [18]¡Qué importa! En cualquier caso, sea como pretexto o sinceramente, Cristo es anunciado, y de ello me alegro y me alegraré; [19]porque sé que esto servirá para mi salvación, gracias a las oraciones de ustedes y por el auxilio del Espíritu de Jesucristo.

[20]Espero y aguardo no desanimarme por nada; al contrario, estoy completamente seguro que ahora como siempre, viva o muera, Cristo será engrandecido en mi persona. [21]Porque para mí la vida es Cristo y morir una ganancia. [22]Pero si mi vida corporal va a producir fruto, no sé qué escoger. [23]Las dos cosas tiran de mí: mi deseo es morir para estar con Cristo, y eso es mucho mejor; [24]pero para ustedes es más necesario que siga viviendo.

[25]Ahora bien, estoy convencido de que me quedaré y seguiré con ustedes para que progresen y se alegren en la fe; [26]y así, mi vuelta y mi presencia entre ustedes les será un nuevo motivo de satisfacción en Cristo Jesús.

[27]Una cosa importa, que su conducta sea digna de la Buena Noticia de Cristo; de modo que, sea que vaya a verlos o que siga ausente, sepa que se mantienen unidos en espíritu y corazón, luchando juntos por la fe en la Buena Noticia; [28]sin dejarse asustar en nada por sus adversarios. Lo cual, por designio de Dios, será para ellos señal de perdición, y para ustedes de salvación. [29]Porque a ustedes se les ha concedido la gracia, no solo de creer en Cristo, sino de padecer por él, [30]soportando la misma pelea en la que antes me vieron y ahora oyen que sigo sosteniendo.

Amor cristiano y humildad de Cristo

2 [1]Si algo puede una exhortación en nombre de Cristo, si algo vale el consuelo afectuoso, o la comunión en el espíritu, o la ternura del cariño, [2]les pido que hagan perfecta mi alegría permaneciendo bien unidos. Tengan un mismo amor, un mismo espíritu, un único sentir. [3]No hagan nada por ambición o vanagloria, antes con humildad estimen a los otros como superiores a ustedes mismos. [4]Nadie busque su interés, sino el de los demás.

[5]*Tengan los mismos sentimientos de Cristo Jesús,/ [6]quien, a pesar de su condición divina,/ no hizo alarde de ser igual a Dios;/ [7]sino que se vació de sí y tomó la condición de esclavo,/*

haciéndose semejante a los hombres./ Y mostrándose en figura humana 8*se humilló,/ se hizo obediente hasta la muerte,/ y una muerte en cruz.*

9*Por eso Dios lo exaltó/ y le concedió un nombre superior a todo nombre,/* 10*para que, ante el nombre de Jesús,/ toda rodilla se doble,/ en el cielo, la tierra y el abismo;/* 11*y toda lengua confiese:/ ¡Jesucristo es Señor!, para gloria de Dios Padre.*

12Por tanto, queridos míos, sean obedientes como siempre: no solo en presencia mía, sino más aún en mi ausencia, trabajando con temor y temblor en su salvación. 13Porque es Dios quien, según su designio, produce en ustedes los buenos deseos y quien les ayuda a llevarlos a cabo. 14Hagan todo sin protestar ni discutir: 15así serán íntegros e intachables, hijos de Dios sin mancha en medio de una generación perversa y depravada, ante la cual brillan como estrellas en el mundo, 16mostrando el mensaje de la vida. Esa será mi gloria el día de Cristo: la prueba de que no he corrido ni me he fatigado en vano. 17Y si ahora debo derramar mi sangre como libación sobre el sacrificio y la ofrenda sagrada, que es la fe de ustedes, me alegro y comparto su alegría; 18también ustedes, alégrense y celébrenlo conmigo.

Timoteo y Epafrodito

19Confiando en el Señor Jesús, espero enviarles pronto a Timoteo, para alegrarme al recibir noticias de ustedes. 20A nadie tengo que se le iguale en su profunda preocupación por ustedes; 21porque todos buscan su propio interés y no el de Jesucristo. 22Conocen sus méritos. En el anuncio de la Buena Noticia estuvo a mi servicio como un hijo para su padre. 23Por eso espero enviárselo en cuanto vea cómo van mis asuntos. 24Y confío en el Señor que también yo iré allá pronto. 25He creído necesario enviarles de nuevo a Epafrodito, hermano, colaborador y camarada mío, al que ustedes mismos enviaron para que atendiese a mis necesidades. 26Él tiene muchos deseos de verlos a todos y está intranquilo porque ustedes se enteraron que estaba enfermo. 27Es verdad que lo estuvo y a punto de morir; pero Dios se apiadó de él; y no solo de él, sino también de mí, para que no tuviera yo más tristezas de las que ya tengo. 28Por eso se lo enviaré rápidamente, para que ustedes se alegren de verlo y yo me vea libre de esta pena. 29En nombre del Señor recíbanlo con toda alegría, y estimen mucho a gente como él 30ya que estuvo a punto de morir por servir a Cristo y expuso la vida para prestarme los servicios que ustedes no me podían prestar personalmente.

Los méritos del cristiano

3 1Por lo demás, hermanos míos, alégrense en el Señor. A mí no me cansa escribirles las mismas cosas y para ustedes es una seguridad. 2¡Cuidado con los perros, cuidado con los malos obreros, cuidado con los mutilados! 3Nosotros somos los verdaderos circuncidados, los que servimos a Dios en espíritu, ponemos en Cristo nuestra gloria y no nos apoyamos en méritos corporales. 4Si bien yo podría apoyarme en tales cosas. Nadie tendría más razones que yo para confiar en ellas, 5circuncidado el octavo día, israelita de raza, de la tribu de Benjamín, hebreo hijo de hebreos; respecto a la ley, fariseo, 6celoso perseguidor de la Iglesia; en cuanto al cumplimiento de la ley, irreprochable. 7[Pero] lo que para mí era ganancia lo consideré, por Cristo, pérdida. 8Más aún, todo lo considero pérdida comparado con el bien supremo de conocer a Cristo Jesús mi Señor; por él doy todo por perdido y lo considero basura con tal de ganarme a Cristo 9y estar unido a él, no con mi propia justicia basada en la ley, sino con aquella que nace de la fe en Cristo, la justicia que Dios concede al que cree. 10Lo que quiero es conocer a Cristo, y sentir en mí el poder de su resurrección, tomar parte en sus sufrimientos; configurarme con su muerte 11con la esperanza de alcanzar la resurrección de la muerte. 12No es que haya alcanzado la meta ni logrado la perfección; yo sigo adelante con la esperanza de alcanzarlo, como Cristo [Jesús] me alcanzó.

13Hermanos, yo no pienso haberlo alcanzado. Digo solamente esto: olvidándome de lo que queda atrás, me esfuerzo por lo que hay por delante 14y corro hacia la meta, hacia el premio al cual me llamó Dios desde arriba por medio de Cristo Jesús. 15Por tanto, los que somos maduros, debemos pensar así; y si alguno piensa de otro modo, Dios se lo revelará. 16Ahora bien, el punto al que hemos llegado nos marcará la dirección.

El ejemplo de Pablo

17Hermanos, sigan mi ejemplo y pongan la mirada en los que siguen el ejemplo que yo les he dado. 18Muchos –se lo decía frecuentemente y ahora se lo digo llorando– viven como enemigos de la cruz de Cristo: 19su destino es la perdición, su dios es el vientre, su honor lo que es vergonzoso, su mentalidad es terrena. 20Nosotros, en cambio, somos ciudadanos del cielo, de donde esperamos recibir al Señor Jesucristo; 21él transformará nuestro cuerpo mortal, haciéndolo semejante a su cuerpo glorioso, con el poder que tiene para dominar todas las cosas.

4 [1]Por eso, hermanos queridos y añorados, us-
tedes, amados míos que son mi alegría y mi
premio, sigan así fieles al Señor.

Recomendaciones

[2]Ruego a Evodia, y también a Síntique, que se
pongan de acuerdo en el Señor. [3]A ti, mi fiel com-
pañero, te pido que las ayudes, no olvides que
ellas lucharon conmigo al servicio de la Buena
Noticia, con Clemente y mis demás colaborado-
res; sus nombres están escritos en el libro de la
vida. [4]Tengan siempre la alegría del Señor; lo re-
pito, estén alegres. [5]Que la bondad de ustedes
sea reconocida por todos. El Señor está cerca.
[6]No se aflijan por nada, más bien preséntenselo
todo a Dios en oración, pídanle y también denle
gracias. [7]Y la paz de Dios, que supera todo lo que
podemos pensar, cuidará sus corazones y sus pen-
samientos por medio de Cristo Jesús. [8]Por último,
hermanos, ocúpense de cuanto es verdadero y no-
ble, justo y puro, amable y loable, de toda virtud
y todo valor. [9]Lo que aprendieron y recibieron,
escucharon y vieron en mí pónganlo en práctica.
Y el Dios de la paz estará con ustedes.

Agradecimientos y saludos finales

[10]El Señor me llenó de alegría porque otra vez
floreció su preocupación por mí; siempre la te-
nían, pero les faltaba ocasión de demostrarla.
[11]No lo digo por estar necesitado, porque he
aprendido a bastarme con lo que tengo. [12]Sé
lo que es vivir en la pobreza y también en la
abundancia. Estoy plenamente acostumbrado a
todo, a la saciedad y el ayuno, a la abundancia
y la escasez. [13]Todo lo puedo en aquel que me da
fuerzas. [14]Con todo, hicieron bien en mostrarse
solidarios de mis sufrimientos.
[15]Ustedes, filipenses, saben bien que, al prin-
cipio de mi predicación, cuando salí de Macedo-
nia, ninguna Iglesia, fuera de ustedes, se asoció
a mis cuentas de gastos y entradas. [16]Estando yo
en Tesalónica, varias veces me enviaron medios
para ayudarme en mis necesidades. [17]No es que
busque recibir; busco más bien los intereses que
aumentan su cuenta delante de Dios. [18]Por el
momento tengo todo lo que necesito, y más aún,
tengo de sobra con lo que Epafrodito me entregó
de parte de ustedes: fue como una ofrenda de
grato aroma, un sacrificio aceptable y agradable
a Dios. [19]Mi Dios, colmará todas sus necesida-
des según su riqueza y generosidad por medio
de Cristo Jesús.
[20]Al Dios y Padre nuestro sea la gloria por los
siglos de los siglos. Amén. [21]Saluden en nom-
bre de Cristo Jesús a todos los consagrados. Los
saludan los hermanos que están conmigo. [22]Los
saludan todos los consagrados, en especial los
servidores del emperador. [23]La gracia del Señor
Jesucristo esté con ustedes.

COLOSENSES

Saludo y acción de gracias

1 [1]Pablo, apóstol de Cristo Jesús por voluntad
de Dios, y el hermano Timoteo [2]a los consa-
grados de Colosas, hermanos fieles en Cristo:
Gracia y paz a ustedes de parte de Dios nuestro
Padre. [3]Siempre que rezamos por ustedes damos
gracias a Dios, el Padre de nuestro Señor Jesu-
cristo, [4]porque estamos enterados de su fe en
Cristo Jesús y del amor que tienen a todos los
consagrados, [5]a causa de la esperanza que les
está reservada en el cielo. Ustedes alcanzaron
esta esperanza cuando les llegó el mensaje ver-
dadero de la Buena Noticia; [6]el cual está dando
fruto y creciendo en todo el mundo, lo mismo
que entre ustedes, desde el día que oyeron ha-
blar y conocieron de verdad la gracia de Dios.
[7]Así lo aprendieron de Epafras, mi querido com-
pañero, fiel ministro de Cristo al servicio de
ustedes. [8]Él me ha informado del amor que les
inspira el Espíritu.

Oración por los colosenses

[9]Por eso nosotros, desde que nos enteramos,
no hemos dejado de orar por ustedes, pidiendo
que Dios les haga conocer plenamente su vo-
luntad y les dé con abundancia sabiduría y el
sentido de las cosas espirituales; [10]que lleven
una vida digna del Señor, agradándole en todo,
dando fruto de buenas obras y creciendo en el
conocimiento de Dios; [11]que él, con la fuerza de
su gloria, los haga fuertes de modo que puedan
soportarlo todo con mucha fortaleza y pacien-
cia; [12]que con alegría den gracias al Padre que
los ha preparado para compartir la suerte de los
consagrados en el reino de la luz; [13]porque *él
los arrancó del poder de las tinieblas/ y los hizo
entrar al reino de su Hijo querido,/* [14]*por quien
obtenemos el rescate,/ el perdón de los pecados.*

Cristo, salvador y primogénito de toda la creación

[15]*Él es imagen del Dios invisible,/ primogéni-
to de toda la creación,/* [16]*pues por él fue creado
todo,/ en el cielo y en la tierra:/ lo visible y lo
invisible,/ majestades, señoríos,/ autoridades y
potestades./* [17]*Todo fue creado por él y para él,/
él es anterior a todo/ y todo tiene se mantiene
en él.*

18Él es la cabeza del cuerpo, de la Iglesia./ Él
es el principio, el primogénito de los muertos,/
para ser en todo el primero.
19En él decidió Dios que residiera la plenitud;/
20por medio de él quiso reconciliar consigo todo
lo que existe,/ restableciendo la paz por la san-
gre de la cruz/ tanto entre las criaturas de la
tierra como en las del cielo.
21Antes, a causa de sus pensamientos y sus
malas obras, ustedes eran extraños y enemigos
de Dios; 22ahora, en cambio, por medio del cuer-
po carnal de Cristo, entregado a la muerte, han
sido reconciliados y presentados ante él: san-
tos, intachables, irreprochables. 23Esto requiere
de ustedes que se mantengan firmes y bien fun-
damentados en la fe, sin abandonar la esperanza
que conocieron por la Buena Noticia, proclama-
da a todas las criaturas que están bajo el cielo
y de la cual, yo, Pablo, fui constituido ministro.

Ministerio de Pablo

24Ahora me alegro de sufrir por ustedes, por-
que de esta manera voy completando en mi pro-
pio cuerpo, lo que falta a los sufrimientos de
Cristo para bien de su cuerpo que es la Iglesia.
25Por disposición de Dios he sido nombrado mi-
nistro de ella al servicio de ustedes, para dar
cumplimiento al proyecto de Dios: 26al misterio
escondido por siglos y generaciones y ahora re-
velado a sus consagrados. 27A ellos quiso Dios
dar a conocer la espléndida riqueza que significa
ese secreto para los paganos: Cristo para uste-
des, esperanza de gloria. 28Nosotros le anuncia-
mos, aconsejando y enseñando a cada uno la
verdadera sabiduría, a fin de que todos alcancen
su madurez en Cristo. 29Por esta razón trabajo
y peleo, con la energía suya que actúa eficaz-
mente en mí.

2 1Quiero que sepan lo que tuve que luchar por
ustedes, por los de Laodicea y por tantos
que no me conocen personalmente, 2para que se
sientan animados y unidos en el amor; para que
se colmen de toda clase de riquezas de conoci-
miento y así comprendan el secreto de Dios, que
es Cristo. 3En él se encierran todos los tesoros
del saber y el conocimiento. 4Lo digo para que
nadie los engañe con argumentos seductores.
5Porque, si con el cuerpo estoy ausente, en
espíritu estoy con ustedes, contento de verlos
formados y firmes en su fe en Cristo.

Vida cristiana

6Así, ya que han aceptado a Cristo Jesús como
Señor, vivan unidos con él, 7enraizados y cimen-
tados en él, apoyados en la fe que les enseñaron,
y dando siempre gracias a Dios. 8¡Tengan cuida-
do! No se dejen arrastrar por quienes los quieren
engañar con teorías y argumentos falsos, ellos
se apoyan en tradiciones humanas y en los po-
deres que dominan este mundo, y no en Cristo.
9En él reside corporalmente la plenitud de la di-
vinidad, 10y de él reciben ustedes su plenitud.
Él es la cabeza de todo mando y potestad. 11Por
él han sido circuncidados: no con la circunci-
sión que practican los hombres, descubriendo
la carne del cuerpo, sino con la circuncisión de
Cristo, 12que consiste en ser sepultados con él en
el bautismo y en resucitar con él por la fe en el
poder de Dios, que lo resucitó a él de la muerte.
13Ustedes estaban muertos por sus pecados
y la incircuncisión carnal; pero Cristo los hizo
revivir con él, perdonándoles todos los pecados.
14Canceló el documento de nuestra deuda con
sus cláusulas adversas a nosotros, y lo quitó de
en medio clavándolo consigo en la cruz. 15Des-
pojó a los principados y potestades y los hu-
milló, haciéndolos desfilar públicamente como
prisioneros en su marcha triunfal. 16Por tanto,
que nadie los juzgue por asuntos de comida o
bebida, o por no respetar fiestas, lunas nuevas o
el día sábado. 17Todo eso es sombra de lo venide-
ro; la realidad es la persona de Cristo.
18No dejen que los condenen esos que se hacen
pasar por muy humildes y que dan culto a los
ángeles, que pretenden tener visiones, y que se
hinchan de orgullo a causa de sus pensamientos
humanos; 19en vez de unirse a la cabeza, de la
cual todo el cuerpo, a través de articulaciones y
ligamentos, recibe sustento y cohesión y crece
conforme al plan de Dios.

Nueva vida con Cristo

20Si con Cristo han muerto a los poderes del
mundo, ¿por qué se someten a los dictados de
los que viven en el mundo? 21No toques eso, no
pruebes aquello, no lo tomes con tus manos 22–
cosas destinadas a gastarse con el uso–, no son
más que preceptos y enseñanzas humanas. 23Es-
tas doctrinas tienen apariencia de sabiduría,
por su religiosidad afectada, su mortificación y
su desprecio del cuerpo; pero no sirven sino para
satisfacer la sensualidad.

3 1Por tanto, si han resucitado con Cristo, bus-
quen los bienes del cielo, donde Cristo está
sentado a la derecha de Dios, 2piensen en las
cosas del cielo, no en las de la tierra. 3Porque
ustedes están muertos y su vida está escondida
con Cristo en Dios. 4Cuando se manifieste Cristo,
que es vida de ustedes, entonces también uste-
des aparecerán con él, llenos de gloria.

La praxis cristiana

5Por tanto hagan morir en ustedes todo lo terrenal: la inmoralidad sexual, la impureza, la pasión desordenada, los malos deseos y la avaricia, que es una especie de idolatría. 6Por todo eso sobrevino la ira de Dios [a los rebeldes]. 7Así se comportaban también ustedes en otro tiempo, viviendo desordenadamente. 8Pero ahora dejen todo eso: el enojo, la pasión, la maldad, los insultos y las palabras indecentes. 9No se mientan unos a otros, porque ustedes se despojaron del hombre viejo y de sus obras 10para revestirse del hombre nuevo, que por el conocimiento se va renovando a imagen de su Creador. 11Por eso ya no tiene importancia ser griego o judío, circunciso o incircunciso, bárbaro o escita, esclavo o libre, sino que Cristo lo es todo para todos.

12Por tanto, como elegidos de Dios, consagrados y amados, revístanse de sentimientos de profunda compasión, de amabilidad, de humildad, de mansedumbre, de paciencia; 13sopórtense mutuamente; perdónense si alguien tiene queja de otro; el Señor los ha perdonado, hagan ustedes lo mismo. 14Y por encima de todo el amor, que es el broche de la perfección.

15Y que la paz de Cristo dirija sus corazones, esa paz a la que han sido llamados para formar un cuerpo. Finalmente sean agradecidos.16La Palabra de Cristo habite en ustedes con toda su riqueza; instrúyanse y anímense unos a otros con toda sabiduría. Con corazón agradecido canten a Dios salmos, himnos y cantos inspirados. 17Todo lo que hagan o digan, háganlo invocando al Señor Jesús, dando gracias a Dios Padre por medio de él.

Deberes familiares y sociales

18Esposas, hagan caso a sus maridos, como pide el Señor. 19Maridos, amen a sus esposas y no las traten con aspereza. 20Hijos, obedezcan a sus padres en todo, como le agrada al Señor. 21Padres, no hagan enojar a sus hijos, para que no se desanimen. 22Esclavos, obedezcan en todo a sus amos de la tierra, no con obediencia fingida o tratando de agradar, sino con sencillez de corazón y por respeto al Señor. 23Lo que tengan que hacer háganlo de corazón, como sirviendo al Señor y no a hombres; 24convencidos de que el Señor los recompensará dándoles la herencia prometida. Es a Cristo a quien sirven. 25Quien cometa injusticia lo pagará, porque Dios no hace diferencia entre las personas.

4 1Amos, traten a sus esclavos con justicia y equidad, sabiendo que también ustedes tienen un Señor en el cielo.

Epílogo y recopilación

2Perseveren en la oración, velando en ella y dando gracias. 3Recen también por mí, para que Dios abra la puerta a la Buena Noticia y me permita exponer el misterio de Cristo, por el que estoy encarcelado. 4Recen para que logre explicarlo como es debido. 5Traten a los de fuera con sensatez, aprovechando la ocasión. 6Que sus conversaciones sean siempre agradables y de buen gusto, sabiendo responder a cada uno como conviene.

Saludos finales

7Tíquico, nuestro querido hermano, fiel ministro y compañero de servicio del Señor, les informará de todo lo mío; 8para eso se lo envío, para que tengan noticias mías y para que les dé ánimos. 9Lo acompaña Onésimo, nuestro fiel y querido hermano que es uno de ustedes. Ellos les contarán todo lo que pasa por aquí. 10Los saluda Aristarco, compañero mío de prisión, y Marcos, primo de Bernabé –acerca de él ya recibieron instrucciones: recíbanlo si va por allá–; 11también los saluda Jesús al que llaman el Justo. De los judíos conversos solamente ellos han trabajado conmigo por el reino de Dios y me han servido de alivio.

12Los saluda Epafras, también de esa comunidad, siervo de Cristo [Jesús], que en sus oraciones ruega siempre por ustedes para que sean decididos y perfectos en cumplir la voluntad de Dios. 13Yo soy testigo de lo mucho que se preocupa por ustedes y por los de Laodicea y Hierápolis. 14Los saludan Lucas, el médico querido, y Dimas. 15Saluden a los hermanos de Laodicea, a Ninfa y a la comunidad que se reúne en su casa. 16Una vez que hayan leído esta carta, hagan que la lean en la comunidad de Laodicea, y ustedes, a su vez lean la carta que ellos recibieron. 17A Arquipo díganle que procure cumplir con el ministerio que recibió del Señor. 18La firma es de mi puño y letra: Pablo. Acuérdense de que estoy preso. La gracia esté con ustedes.

1 TESALONICENSES

Saludo y acción de gracias

1 1Pablo, Silvano y Timoteo a la Iglesia de Tesalónica, en Dios Padre y en el Señor Jesucristo: Gracia y paz a ustedes.

2Siempre damos gracias a Dios por todos ustedes, teniéndolos presentes en nuestras oraciones, 3recordando su fe activa, su amor entrañable y su esperanza perseverante en nuestro

Señor Jesucristo ante Dios nuestro Padre. 4Nos
consta, hermanos queridos de Dios, que ustedes
han sido elegidos; 5porque, cuando les anuncia-
mos la Buena Noticia, no fue solo con palabras,
sino con la eficacia del Espíritu Santo y con
fruto abundante. Ya saben cómo procedimos
cuando estuvimos allí al servicio de ustedes. 6Y
ustedes, por su parte, siguieron nuestro ejemplo
y el del Señor, recibiendo el mensaje con el gozo
del Espíritu Santo en medio de graves dificulta-
des; 7hasta el punto de convertirse en modelo de
todos los creyentes de Macedonia y Acaya.

8A partir de ustedes la Palabra del Señor, no
solo se difundió en Macedonia y Acaya, sino que
a todas partes llegó la fama de su fe en Dios,
de manera que no es necesario hablar de esto.
9Ellos mismos, cuentan cómo ustedes me han re-
cibido y cómo, dejando los ídolos, se convirtie-
ron a Dios para servir al Dios vivo y verdadero,
10y esperar la venida desde el cielo de su Hijo, al
que resucitó de la muerte: Jesús, que nos libra
de la condena futura.

Ministerio de Pablo en Tesalónica

2 1Ustedes saben, hermanos, que nuestra vi-
sita no fue inútil. 2Después de sufrir malos
tratos en Filipos, como ya saben, nuestro Dios
nos dio valentía para anunciarles la Buena No-
ticia de Dios en medio de una fuerte oposición.
3Es que nuestra predicación no se inspira en el
engaño, ni en motivos sucios, ni usa el fraude;
4sino que, Dios nos encontró dignos de confiar-
nos la Buena Noticia y nosotros la predicamos,
buscando agradar no a hombres, sino a Dios, que
examina nuestros corazones.

5Ustedes saben, y Dios es testigo de ello, que
nunca los halagamos con palabras bonitas, ni
usamos pretextos para ganar dinero; 6tampo-
co hemos pretendido honores humanos, ni de
ustedes ni de otros, 7aunque podíamos, como
apóstoles de Cristo, hacer sentir nuestro peso.
Al contrario, nos portamos con ustedes con
toda bondad, como una madre que acaricia a
sus criaturas. 8Sentíamos tanto afecto por us-
tedes, que estábamos dispuestos a entregarles
no solo la Buena Noticia de Dios, sino también
nuestra propia vida: tanto los queríamos. 9Re-
cuerden, hermanos, nuestro esfuerzo y fatiga:
noche y día trabajamos para no serles una carga
mientras les proclamábamos la Buena Noticia
de Dios.

10Ustedes son testigos y también Dios del
trato santo, justo e irreprochable que mantu-
vimos con ustedes, los creyentes; 11saben que
tratamos a cada uno como un padre a su hijo,
12exhortándolos, animándolos, exigiéndoles a
llevar una vida digna de Dios, que los llamó a su
reino y gloria. 13Por eso también nosotros damos
siempre gracias a Dios, porque, cuando escu-
charon la Palabra de Dios que les predicamos, la
recibieron, no como palabra humana, sino como
realmente es, Palabra de Dios, que actúa en us-
tedes, los creyentes.

14Ustedes, hermanos, siguieron el ejemplo de
las Iglesias de Dios fieles a Cristo Jesús que es-
tán en Judea; porque sufrieron de parte de sus
compatriotas el mismo trato que ellas de parte
de los judíos; 15los cuales dieron muerte al Señor
Jesús, nos persiguieron a nosotros, no agradan
a Dios y son enemigos de todo el mundo; 16nos
impiden hablar a los paganos para que se salven;
y así están colmando la medida de sus pecados.
Pero finalmente el castigo de Dios ha venido
sobre ellos.

17Nosotros, hermanos, separados temporal-
mente de ustedes, en el cuerpo pero no en el
corazón, sentimos un ardiente deseo de volver
a verlos. 18Yo, Pablo, varias veces quise ir a vi-
sitarlos, pero me lo impidió Satanás. 19Porque,
cuando venga el Señor nuestro, Jesús, ¿quién
sino ustedes será nuestra esperanza y gozo y
la corona de la que estemos orgullosos ante él?
20Ustedes son mi gloria y mi gozo.

Preocupaciones apostólicas de Pablo

3 1Por eso, no pudiendo aguantar más, decidi-
mos quedarnos solos en Atenas 2y enviarles
a Timoteo, hermano nuestro y ministro de Dios
para la Buena Noticia de Cristo, para que los
afirmara en su fe, 3y los animara a no flaquear
en estas tribulaciones; porque ustedes mismos
saben que tenemos que sufrir estas cosas. 4Así,
cuando estábamos entre ustedes, les adver-
timos que sufriríamos persecuciones; y así ha
sucedido, como ustedes pudieron comprobarlo.
5Por eso, no pudiendo aguantar más, envié a pe-
dir informes de la fe de ustedes, temiendo que el
tentador los hubiera tentado y mi trabajo hubie-
ra resultado estéril.

Buenas noticias de Tesalónica

6Ahora Timoteo acaba de volver de allí y nos
trae buenas noticias de la fe y el amor de uste-
des, del buen recuerdo que guardan siempre de
nosotros, y de las ganas que tienen de vernos,
tanto como nosotros a ustedes. 7Y así, herma-
nos, en medio de necesidades y tribulaciones
nos consuela la fe de ustedes, 8y nos sentimos
revivir por su fidelidad al Señor.

9¿Cómo podremos dar gracias a Dios por uste-
des, por el gozo que nos hacen sentir ante nues-
tro Dios? 10Día y noche pedimos insistentemente

estar allí presentes para completar lo que todavía falte en su fe. 11 Que Dios, Padre nuestro, y el Señor nuestro Jesús nos ayuden para que podamos ir a visitarlos; 12 y a ustedes, el Señor les conceda crecer cada vez más en el amor mutuo y universal, como el que nosotros tenemos por ustedes; 13 y fortalezca sus corazones para que puedan presentarse santos e inmaculados ante Dios nuestro Padre, cuando venga nuestro Señor Jesús con todos sus santos. [Amén.]

Vida cristiana

4 1 Por lo demás, hermanos, les pedimos y rogamos en el nombre del Señor Jesús que vivan conforme a lo que han aprendido de nosotros sobre la manera de comportarse para agradar a Dios. Ustedes ya viven así, sigan haciendo progresos. 2 Ya conocen las instrucciones que les dimos en nombre del Señor Jesús. 3 Esta es la voluntad de Dios: que sean santos. Que se abstengan de las inmoralidades sexuales; 4 que cada uno sepa usar de su cuerpo con respeto sagrado, 5 sin dejarse arrastrar por los malos deseos, como hacen los paganos que no conocen a Dios. 6 Que en este asunto nadie ofenda o perjudique a su hermano, porque el Señor castiga tales ofensas, como se lo hemos dicho e inculcado. 7 Dios no los ha llamado a la impureza, sino a la santidad. 8 Por tanto, quien desprecia estas enseñanzas, no desprecia a un hombre, sino a Dios, que además les dio su Espíritu Santo.

9 Acerca del amor fraterno no hace falta escribirles porque ustedes han aprendido de Dios a amarse mutuamente, 10 y lo practican con todos los hermanos de Macedonia entera. Con todo, les rogamos que sigan progresando. 11 Pongan todo su empeño en mantener la calma, en atender sus asuntos y trabajar con sus [propias] manos, como les recomendamos. 12 Así llevarán una vida digna ante los extraños y no les faltará nada.

La venida del Señor

13 No quiero que sigan en la ignorancia acerca de los difuntos, para que no estén tristes como los demás que no tienen esperanza. 14 Porque, si creemos que Jesús murió y resucitó, de la misma manera Dios, llevará con Jesús, a los que murieron con él. 15 Esto se lo decimos apoyados en la Palabra del Señor: los que quedemos vivos hasta la venida del Señor no nos adelantaremos a los ya muertos; 16 porque el Señor mismo, al sonar una orden, a la voz del arcángel y al toque de la trompeta divina, bajará del cielo; entonces resucitarán primero los que murieron en Cristo; 17 después nosotros, los que quedemos vivos, seremos llevados juntamente con ellos al cielo sobre las nubes, al encuentro del Señor; y así estaremos siempre con el Señor. 18 Consuélense mutuamente con estas palabras.

Cristianos a la espera

5 1 Acerca de fechas y momentos no hace falta que les escriba; 2 porque ustedes saben exactamente que el día del Señor llegará como ladrón nocturno. 3 Cuando estén diciendo: qué paz, qué tranquilidad, entonces, de repente, como los dolores del parto le vienen a la mujer embarazada, se les vendrá encima la destrucción, y no podrán escapar. 4 A ustedes, hermanos, como no viven en tinieblas, no los sorprenderá ese día como un ladrón. 5 Todos ustedes son ciudadanos de la luz y del día; no pertenecemos a la noche ni a las tinieblas. 6 Por tanto, no durmamos como los demás, sino vigilemos y seamos sobrios. Los que duermen lo hacen de noche; 7 y los que se emborrachan también. 8 Nosotros, en cambio, que somos del día, permanezcamos sobrios, revestidos con la coraza de la fe y el amor, y con el casco de la esperanza de salvación. 9 A nosotros Dios no nos ha destinado al castigo, sino a poseer la salvación por medio de nuestro Señor Jesucristo, 10 el cual murió por nosotros, de modo que, despiertos o dormidos, vivamos siempre con él. 11 Por tanto, anímense y fortalézcanse mutuamente, como ya lo están haciendo.

Consejos y saludos finales

12 Les pedimos, hermanos, que tengan respeto a los que trabajan entre ustedes, los gobiernan y aconsejan en nombre del Señor; 13 muéstrenles cariño y afecto por su trabajo. Vivan en paz unos con otros. 14 Esto les recomendamos, hermanos: reprendan a los que no quieren trabajar; a los desanimados, anímenlos; a los débiles socórranlos y con todos sean pacientes. 15 Cuidado, que nadie devuelva mal por mal, busquen siempre el bien entre ustedes y con todo el mundo. 16 Estén siempre alegres, 17 oren sin cesar, 18 den gracias por todo. Eso es lo que quiere Dios de ustedes como cristianos. 19 No apaguen el fuego del espíritu, 20 no desprecien la profecía, 21 examínenlo todo y quédense con lo bueno, 22 eviten toda forma de mal.

23 El Dios de la paz los santifique completamente; los conserve íntegros en espíritu, alma y cuerpo, e irreprochables para cuando venga nuestro Señor Jesucristo. 24 El que los llamó es fiel y lo cumplirá. 25 Rueguen [también] por nosotros, hermanos. 26 Saluden a todos los hermanos con el beso santo. 27 Por el Señor les recomiendo que lean esta carta a todos los hermanos. 28 La gracia de nuestro Señor Jesucristo esté con ustedes.

2 TESALONICENSES

Saludo y acción de gracias

1 1Pablo, Silvano y Timoteo a la Iglesia de Te-
salónica, en Dios nuestro Padre y en el Señor
Jesucristo: 2Gracia y paz a ustedes de parte de
Dios [nuestro] Padre y del Señor Jesucristo.
3Siempre tenemos que dar gracias a Dios por
ustedes, hermanos, y es justo que lo hagamos,
porque la fe de ustedes va creciendo y el amor
que cada uno tiene por los otros es cada vez ma-
yor. 4Hasta el punto de que estamos orgullosos
de ustedes frente a las Iglesias de Dios, por la
constancia y la fe con que soportan las perse-
cuciones y aflicciones. 5En esto se manifiesta el
justo juicio de Dios para que ustedes sean en-
contrados dignos del reino de Dios, por el que
tienen que sufrir.

Sentido cristiano de la persecución

6Es justo que Dios pague con sufrimientos a
los que los hacen sufrir 7y a ustedes, los que su-
fren, les dé descanso, como a nosotros, cuando
se revele desde el cielo el Señor Jesús con los
ángeles de su dominio 8y con fuego ardiente,
para castigar a los que no reconocen a Dios ni
obedecen a la Buena Noticia de nuestro Señor
Jesús. 9Esos sufrirán una condena perpetua, le-
jos de la presencia del Señor y de su majestad
poderosa 10cuando venga aquel día a revelar su
gloria a los consagrados y sus maravillas a los
creyentes. Y ustedes han creído por nuestro tes-
timonio. 11Por eso rezamos continuamente por
ustedes, para que nuestro Dios los haga dignos
de su llamado y les permita cumplir eficazmente
todo buen propósito y toda acción de la fe. 12Así
el nombre de nuestro Señor Jesús será glorifica-
do por ustedes y ustedes por él, por la gracia del
Dios nuestro y del Señor Jesucristo.

La parusía o segunda venida del Señor

2 1Hermanos, en cuanto a la venida de nuestro
Señor Jesucristo y a nuestra reunión con él,
les pedimos 2que no pierdan fácilmente la ca-
beza ni se asusten por profecías o discursos o
cartas falsamente atribuidas a nosotros, como
si el día del Señor fuera inminente. 3Que nadie
los engañe de ningún modo: primero tiene que
suceder la apostasía y se tiene que manifestar el
Hombre sin ley, el destinado a la perdición, 4el
Rival que se levanta contra todo lo que lleva el
nombre de Dios o es objeto de culto, hasta llegar
a instalarse en el santuario de Dios, proclamán-
dose dios. 5¿No recuerdan que ya se lo decía yo
cuando aún estaba con ustedes? 6Ya saben qué
es lo que ahora lo retiene para que no se ma-
nifieste antes de tiempo. 7La fuerza oculta de
la iniquidad ya está actuando; solo falta que el
que la retiene se quite de en medio. 8Entonces
se revelará el Impío, al que destruirá el Señor
[Jesús] con el aliento de su boca y anulará con la
manifestación de su venida. 9El Impío se presen-
tará, por acción de Satanás, con toda clase de
milagros, señales y falsos prodigios; 10con toda
clase de engaños perversos para los que se pier-
den porque no aceptaron para salvarse el amor
a la verdad. 11Por eso les enviará Dios un poder
seductor que los haga creer la mentira; 12así se-
rán juzgados los que, en vez de creer la verdad,
prefirieron la injusticia.

Oraciones mutuas

13Siempre tenemos que dar gracias a Dios por
ustedes, hermanos amados del Señor, porque
Dios los tomó para que fueran los primeros en
alcanzar la salvación, por la consagración del
Espíritu y la fe verdadera; 14y por medio de nues-
tra predicación de la Buena Noticia, los llamó
a poseer la gloria de nuestro Señor Jesucristo.
15Así que, hermanos, sigan firmes, y conserven
fielmente las tradiciones que aprendieron de
mí, sea de palabra o por carta. 16Que nuestro
Señor Jesucristo y Dios nuestro Padre, que los
amó y los favoreció con un consuelo eterno y
una esperanza magnífica, 17anime sus corazones
y los fortalezca para que todo lo que digan y
hagan sea bueno.

3 1Por último, hermanos, oren por nosotros,
para que la Palabra del Señor se difunda y sea
recibida con honor, como sucedió entre ustedes;
2y para que nos veamos libres de gente malvada
y perversa ya que no todos tienen fe. 3El Señor,
que es fiel, los fortalecerá y protegerá del Malig-
no. 4Por lo demás, tenemos en el Señor absoluta
confianza que ustedes seguirán haciendo lo que
les mandamos como ya lo hacen. 5El Señor los
encamine hacia el amor de Dios y les dé la pa-
ciencia de Cristo.

Contra la ociosidad

6Hermanos, en nombre de nuestro Señor Jesu-
cristo les recomendamos que se aparten de cual-
quier hermano de conducta desordenada y en
desacuerdo con las instrucciones recibidas de
nosotros. 7Ustedes saben cómo deben vivir para
imitarnos: no hemos vivido entre ustedes sin
trabajar; 8no pedimos a nadie un pan sin haberlo
ganado, sino que trabajamos y nos fatigamos día
y noche para no ser una carga para ninguno de
ustedes. 9Y no es que no tuviéramos derecho;

pero quisimos darles un ejemplo para imitar.
10 Cuando estábamos con ustedes, les dimos esta
regla: el que no quiera trabajar que no coma.
11 Ahora nos hemos enterado de que algunos de
ustedes viven sin trabajar, muy atareados en no
hacer nada. 12 A esos les recomendamos y acon-
sejamos, por el Señor Jesucristo, que trabajen
tranquilamente y se ganen el pan que comen.
13 Ustedes, hermanos, no se cansen de hacer el
bien. 14 Si alguien no obedece las instrucciones
de mi carta, señálenlo y no se junten con él, pa-
ra que recapacite. 15 Pero no lo traten como ene-
migo, sino aconséjenlo como a hermano. 16 Que
el Señor de la paz les dé siempre y en todo la
paz. El Señor esté con todos ustedes. 17 El saludo
es de mi puño y letra y es la contraseña en todas
mis cartas: Pablo. 18 La gracia de nuestro Señor
Jesucristo esté con todos ustedes.

1 TIMOTEO

Saludo

1 1 Pablo, apóstol de Cristo Jesús por mandato
de Dios salvador nuestro y de Cristo Jesús
nuestra esperanza, 2 a Timoteo, hijo suyo en-
gendrado por la fe: Gracia, misericordia y paz
de parte de Dios Padre y de Cristo Jesús Señor
nuestro.

Falsos maestros

3 Como te encargué cuando salía para Macedo-
nia, quédate en Éfeso para avisar a algunos que
no enseñen doctrinas extrañas, 4 ni se dediquen
a fábulas y genealogías interminables, que fa-
vorecen las controversias y no el plan de Dios,
basado en la fe. 5 El propósito de esta exhorta-
ción es suscitar el amor que brota de un corazón
limpio, de una buena conciencia y una fe since-
ra. 6 Por haberse apartado de esto, algunos se
han perdido en discursos vacíos, 7 pretendiendo
ser doctores de la ley, sin saber lo que dicen ni
entender lo que enseñan con tanta seguridad.
8 Sabemos que la ley es buena, siempre que se
la use debidamente: 9 reconociendo que la ley no
se dicta para los honrados, sino para castigar a
rebeldes y desobedientes, a impíos y pecadores,
a los que no respetan a Dios ni a la religión, a los
que matan a su padre o a su madre, a los asesi-
nos, 10 a los que cometen inmoralidades sexuales
y a los homosexuales, a los traficantes de seres
humanos, a los estafadores, y perjuros. En una
palabra, la ley está contra todo lo que se opone
a una sana enseñanza, 11 y esta sana enseñanza
es la que se encuentra en la Buena Noticia que
me han encomendado, y que nos revela la gloria
del bienaventurado Dios.

Pablo y Timoteo

12 Doy gracias a Cristo Jesús Señor nuestro,
quien me fortaleció, se fio de mí y me tomó a
su servicio a pesar de mis blasfemias, persecu-
ciones e insolencias anteriores; 13 Él tuvo com-
pasión de mí porque yo lo hacía por ignorancia y
falta de fe. 14 Y así nuestro Señor derramó abun-
dantemente su gracia sobre mí y me dio la fe
y el amor de Cristo Jesús. 15 Este mensaje es de
fiar y digno de ser aceptado sin reservas: que
Cristo Jesús vino al mundo para salvar a los pe-
cadores, de los cuales yo soy el primero. 16 Pero
Cristo Jesús me tuvo compasión, para demostrar
conmigo toda su paciencia, dando un ejemplo a
los que habrían de creer y conseguir la vida eter-
na. 17 Al Rey de los siglos, al Dios único, inmortal
e invisible, honor y gloria por los siglos de los
siglos. Amén.
18 Te doy esta instrucción, Timoteo, hijo mío,
de acuerdo con lo que predijeron de ti algunas
profecías, para que, apoyado en ellas, pelees
valientemente, 19 con fe y buena conciencia. Al
abandonarlas, algunos naufragaron en la fe.
20 Entre ellos se cuenta Himeneo y Alejandro: los
he entregado a Satanás para que aprendan a no
blasfemar.

Sobre la oración

2 1 Ante todo recomiendo que se ofrezcan súpli-
cas, peticiones, intercesiones y acciones de
gracias por todas las personas, 2 especialmente
por los soberanos y autoridades, para que po-
damos vivir tranquilos y serenos con toda pie-
dad y dignidad. 3 Eso es bueno y aceptable para
Dios nuestro salvador, 4 que quiere que todos los
hombres se salven y lleguen a conocer la verdad.
5 No hay más que un solo Dios, no hay más que un
mediador, Cristo Jesús, hombre, él también 6 que
se entregó en rescate por todos conforme al tes-
timonio que se dio en el momento oportuno; 7 y
yo he sido nombrado su heraldo y apóstol –digo
la verdad sin engaño–, maestro de los paganos
en la fe y la verdad.

Comportamiento de hombres y mujeres

8 Quiero que los hombres oren en cualquier
lugar, elevando sus manos a Dios con pureza
de corazón, libres de enojos y discusiones.
9 Asimismo que las mujeres se arreglen decen-
temente, se adornen con modestia y sobriedad:
no con peinados rebuscados, con oro y perlas,
con vestidos lujosos, sino con buenas obras,
10 como corresponde a mujeres que se profesan

religiosas. 11La mujer debe escuchar la instruc-
ción en silencio con toda sumisión. 12No acepto
que la mujer dé lecciones ni órdenes al varón.
Quiero que permanezca callada, 13porque Adán
fue creado primero y Eva después. 14Adán no
fue engañado, la mujer fue seducida y cometió
la transgresión. 15Pero se salvará por la mater-
nidad, si mantiene con modestia la fe, el amor
y la santidad.

Categorías diversas

3 1Es muy cierta esta afirmación: Si uno aspira
al episcopado, desea una tarea importante.
2Por eso el obispo ha de ser intachable, fiel a
su mujer, sobrio, modesto, cortés, hospitalario,
buen maestro, 3no bebedor ni pendenciero, sino
amable, pacífico, desinteresado; 4ha de regir su
familia con acierto, manteniendo sumisos a los
hijos, con toda dignidad; 5porque si uno no sabe
regir la propia familia, ¿cómo se ocupará de la
Iglesia de Dios? 6No debe ser un hombre recién
convertido, no sea que se llene de orgullo y cai-
ga bajo la misma condenación en la que cayó el
Diablo. 7Es conveniente tener buena fama entre
los no creyentes, para que no se desacredite y
no lo enrede el Diablo.
8Asimismo los diáconos sean hombres respe-
tables, de una sola palabra, no dados a la bebida
ni a ganancias deshonestas; 9han de conser-
var con conciencia limpia el misterio de la fe.
10También ellos han de ser probados primero, y si
resultan irreprochables, ejercerán su ministerio.
11Asimismo las mujeres sean dignas, no murmu-
radoras, sobrias, de fiar en todo. 12Los diáconos
sean fieles a sus mujeres, buenos jefes de sus
hijos y de su casa. 13Porque los que ejercen bien
el diaconado alcanzan un rango elevado y auto-
ridad en cuestiones de fe cristiana.

Misterio cristiano y falsos maestros

14Aunque espero visitarte pronto, te escribo
estas cosas 15por si me retraso, para que se-
pas cómo comportarte en la casa de Dios, que
es la Iglesia del Dios vivo, columna y base de
la verdad. 16Grande es, sin duda, el misterio de
nuestra religión: *Cristo se manifestó corporal-
mente,/ su causa triunfó gracias al Espíritu,/
se apareció a los ángeles,/ fue proclamado a los
paganos,/ fue creído en el mundo/ y exaltado en
la gloria.*

Los deberes de Timoteo ante la comunidad

4 1El Espíritu dice expresamente que en el fu-
turo algunos renegarán de la fe y se entrega-
rán a espíritus engañosos y doctrinas demonía-
cas, 2seducidos por la hipocresía de impostores
que tienen la conciencia marcada a fuego. 3Es-
tos prohibirán el matrimonio y el consumo de
ciertos alimentos; cosas que Dios creó para que
los creyentes y conocedores de la verdad las to-
men agradecidos. 4Porque todas las criaturas de
Dios son buenas y nada es despreciable si se lo
recibe con acción de gracias, 5pues la Palabra de
Dios y la oración lo santifican.
6Si enseñas esto a los hermanos, serás buen
ministro de Cristo Jesús, alimentado con el
mensaje de la fe y la buena doctrina que has
seguido.

Conducta personal de un ministro de Dios

7Rechaza las supersticiones y los cuentos de
viejas; ejercítate en la piedad. 8Si el ejercicio
corporal trae provecho limitado, la piedad
aprovecha para todo, porque encierra una pro-
mesa de vida para el presente y para el futuro.
9Esta es doctrina cierta y absolutamente digna
de fe. 10Con ese fin nos fatigamos y luchamos,
puesta la esperanza en el Dios vivo, salvador de
todos los hombres y en especial de los creyen-
tes. 11Recomienda y enseña esto: 12Que nadie
te desprecie por ser joven; procura ser modelo
de los creyentes en la palabra, la conducta, el
amor, la fe, la pureza. 13Hasta que yo llegue,
dedícate a leer, exhortar y enseñar. 14No des-
cuides el don espiritual que posees, que te fue
concedido por indicación profética al imponer-
te las manos los ancianos. 15Cuida de eso, ocú-
pate de eso, de modo que todos puedan ver tus
progresos, 16vigila tu persona y tu enseñanza y
sé constante. Haciéndolo se salvarán tanto tú
como tus oyentes.

Sobre las viudas

5 1A un anciano no lo trates con dureza, más
bien aconséjalo como a un padre; a los jó-
venes como a hermanos, 2a las ancianas como
a madres, a las jóvenes como a hermanas, con
toda delicadeza. 3Socorre a las viudas que es-
tán necesitadas. 4Pero si una viuda tiene hijos
o nietos, estos han de aprender primero a prac-
ticar la piedad familiar y a pagar a sus padres
lo que les deben. Eso es lo que agrada a Dios.
5En cambio, la viuda de verdad, que vive sola,
tiene su esperanza en Dios y persevera rezando y
suplicando día y noche. 6Pero la viuda que lleva
una vida disipada está muerta en vida. 7Reco-
mienda esto para que sean irreprochables. 8Si
uno no cuida de los suyos, especialmente de los
que viven en su casa, ha renegado de la fe y es
peor que un incrédulo. 9En la lista de las viudas

debe estar únicamente la que haya cumplido se-
senta años, que haya sido fiel a su marido, [10]que
sea conocida por sus buenas obras: por haber
criado a sus hijos, por haber sido hospitalaria,
lavado los pies a los consagrados, socorrido a
los necesitados, por haber practicado toda clase
de obras buenas.
[11]Excluye a las viudas jóvenes, porque, cuan-
do la sensualidad las aparta de Cristo, quieren
casarse otra vez [12]y se hacen culpables de ha-
ber faltado a su compromiso. [13]Más aún, como
están ociosas, se acostumbran a ir de casa en
casa; y no solo están ociosas, sino que mur-
muran, se entrometen, hablan sin ton ni son.
[14]Las viudas jóvenes quiero que se casen, ten-
gan hijos y administren la casa, así no darán
al enemigo ocasión de escándalo. [15]Porque ya
hay algunas que se han extraviado siguiendo
a Satanás. [16]Si una cristiana tiene en su casa
viudas, que se ocupe de ellas, así no son una
carga para la Iglesia, que debe sustentar a las
viudas de verdad.

Ancianos o presbíteros

[17]Los ancianos que presiden con acierto mere-
cen doble honorario, sobre todo si trabajan en
predicar y enseñar. [18]Dice la Escritura: No pon-
drás bozal a buey que trilla; el obrero tiene dere-
cho a su salario. [19]Contra un anciano no aceptes
acusación, si no se presentan por lo menos dos
o tres testigos. [20]A los pecadores repréndelos
en público, para que los demás escarmienten.
[21]Te encargo delante de Dios y Cristo Jesús y
los ángeles elegidos, que observes estas nor-
mas sin hacer distinciones ni partidismos. [22]A
nadie impongas las manos apresuradamente, no
te hagas cómplice de culpas ajenas. Consérvate
puro. [23]Deja de beber agua sola; toma algo de
vino para la digestión y por tus frecuentes do-
lencias. [24]Los pecados de algunos son patentes
aun antes de ser juzgados, los de otros tardan en
manifestarse. [25]De modo semejante, las buenas
obras están a la vista, y las que no lo son ya se
pondrán de manifiesto.

Sobre los esclavos

6 [1]Los que están bajo el yugo de la esclavitud
han de considerar a sus amos dignos de todo
respeto, para que no se hable mal del nombre de
Dios ni de nuestra enseñanza. [2]Los que tienen
amos creyentes, no por ser hermanos en la fe
deben despreciarlos; antes bien deben servirles
mejor, porque los que gozan de sus servicios son
creyentes y hermanos amados. Eso es lo que de-
bes de enseñar y recomendar.

Sigue la polémica contra los falsos doctores

[3]Quien enseña otra cosa y no se atiene a las
palabras saludables de nuestro Señor Jesucris-
to y a una enseñanza religiosa, [4]es un vanidoso
que no entiende nada, un enfermo de disputas
y controversias de palabras. De ahí brotan envi-
dias, discordias, insultos, sospechas malignas,
[5]discusiones interminables propias de personas
corrompidas mentalmente, ajenas a la verdad,
que piensan que la religión es una fuente de ri-
queza. [6]Y claro está que la religión es una fuen-
te de riqueza para quien sabe contentarse, [7]ya
que nada trajimos al mundo y nada podremos
llevarnos. [8]Contentémonos con tener vestido y
alimento. [9]Los que se afanan por enriquecerse
caen en tentaciones y trampas y múltiples de-
seos insensatos y profanos, que precipitan a los
hombres en la ruina y la perdición. [10]La raíz de
todos los males es la codicia: por entregarse a
ella, algunos se alejaron de la fe y se atormenta-
ron con muchos sufrimientos.

Encargos a Timoteo

[11]Tú en cambio, hombre de Dios, huye de todo
eso; busca la justicia, la devoción a Dios, la fe,
el amor, la paciencia, la bondad. [12]Pelea el noble
combate de la fe. Aférrate a la vida eterna, a la
cual te llamaron cuando hiciste tu noble con-
fesión ante muchos testigos. [13]En presencia de
Dios, que da vida a todo, y de Cristo Jesús, que
dio testimonio ante Poncio Pilato con su noble
confesión, [14]te encargo que conserves el man-
dato sin mancha ni tacha, hasta que aparezca
nuestro Señor Jesucristo, [15]quien será mostra-
do a su tiempo por el bienaventurado y único
Soberano, el Rey de reyes y Señor de señores,
[16]el único que posee la inmortalidad, el que ha-
bita en la luz inaccesible, que ningún hombre ha
visto ni puede ver. A él el honor y el poder por
siempre. Amén.

Posdata

[17]A los ricos de este mundo recomiéndales que
no sean orgullosos, que pongan su esperanza no
en riquezas inciertas, sino en Dios, que nos per-
mite disfrutar abundantemente de todo. [18]Que
sean ricos de buenas obras, generosos y solida-
rios. [19]Así acumularán un buen capital para el
futuro y alcanzarán la vida auténtica. [20]Querido
Timoteo, conserva el depósito de la fe, evita la
charlatanería profana y las objeciones de una
mal llamada ciencia. [21]Algunos por profesarla se
apartaron de la fe. La gracia de Dios esté con
ustedes.

2 TIMOTEO

Saludo y acción de gracias

1 1Pablo, apóstol de Cristo Jesús, por voluntad
de Dios, según la promesa de vida cumplida
en Cristo Jesús, 2al querido hijo Timoteo: Gra-
cia, misericordia y paz de parte de Dios Padre y
de Cristo Jesús Señor nuestro.
3Doy gracias al Dios de mis antepasados, a
quien sirvo con conciencia limpia, siempre que
te menciono en mis oraciones, noche y día. 4Me
acuerdo siempre de las lágrimas que derramas-
te, y quisiera verte para llenarme de alegría.
5Recuerdo tu fe sincera, la que tuvo primero tu
abuela Loide, después tu madre Eunice y ahora
estoy seguro que también la tienes tú.

Fiel a la Buena Noticia

6Por eso te recuerdo que avives el don de Dios
que recibiste por la imposición de mis manos.
7Porque el Espíritu que Dios nos ha dado no es
un espíritu de cobardía, sino de fortaleza, amor
y templanza.
8No te avergüences de dar testimonio de Dios,
ni de mí, su prisionero; al contrario con la fuer-
za que Dios te da comparte conmigo los sufri-
mientos que es necesario padecer por la Buena
Noticia.
9Él nos salvó y llamó, destinándonos a ser san-
tos, no por mérito de nuestras obras, sino por su
propia iniciativa y gracia, que se nos concede
desde la eternidad en nombre de Cristo Jesús
10y que se manifiesta ahora por la aparición de
nuestro salvador Cristo Jesús; quien ha des-
truido la muerte e iluminado la vida inmortal
por medio de la Buena Noticia. 11De ella me han
nombrado predicador, apóstol y maestro. 12Por
esa causa padezco estas cosas, pero no me sien-
to fracasado, porque sé en quién he puesto mi
confianza y estoy convencido de que puede cus-
todiar el bien que me ha encomendado hasta el
último día.
13Consérvate fiel a las enseñanzas que me es-
cuchaste, con la fe y el amor de Cristo Jesús.
14Y guarda el precioso depósito con la ayuda del
Espíritu Santo que habita en nosotros. 15Estás
enterado de que me han abandonado todos los
de Asia, incluidos Figelo y Hermógenes. 16El Se-
ñor tenga piedad de la familia de Onesíforo, el
cual muchas veces me alivió y no se avergon-
zó de visitar a un preso. 17Estando en Roma me
buscó hasta encontrarme. 18El Señor le conce-
da alcanzar su misericordia en el día aquel. Tú
conoces mejor que nadie los servicios que me
prestó en Éfeso.

Soldado de Cristo

2 1Tú, hijo mío, saca fuerzas de los dones que
has recibido de Cristo Jesús. 2Lo que me
escuchaste en presencia de muchos testigos
transmítelo a personas de fiar, que sean capaces
de enseñárselo a otros. 3Comparte las penas co-
mo buen soldado de Cristo Jesús. 4Un soldado en
servicio activo no se enreda en asuntos civiles,
si quiere satisfacer al que lo reclutó. 5Lo mismo
un atleta: no gana el premio si no compite se-
gún el reglamento. 6El labrador que trabaja es el
primero en recibir los frutos. 7Reflexiona sobre
lo que te digo, que el Señor te hará entenderlo
todo. 8Acuérdate de Jesucristo, resucitado de
la muerte, y descendiente de David. Esta es la
Buena Noticia que yo predico 9por la que sufro
y estoy encadenado como malhechor, pero la
Palabra de Dios no está encadenada. 10Yo todo
lo sufro por los elegidos de Dios, para que, por
medio de Cristo Jesús, también ellos alcancen
la salvación y la gloria eterna. 11Esta doctrina
es digna de fe: *Si morimos con él, viviremos con*
él; 12*si perseveramos, reinaremos con él; si rene-*
gamos de él, renegará de nosotros; 13*si le somos*
infieles, él se mantiene fiel, porque no puede ne-
garse a sí mismo.
14Recuérdales esto, y encárgales delante de
Dios que dejen de discutir por cuestiones de
palabras; esas discusiones no sirven para nada,
solo perjudican a los que las escuchan.
15Esfuérzate por merecer la aprobación de Dios,
como obrero intachable que enseña debidamente
el mensaje de la verdad. 16Evita conversaciones
inútiles y extrañas a la fe, que fomentan más y
más la impiedad; 17son discursos que se propagan
como gangrena. Tal es el caso de Himeneo y File-
to: 18cuando afirman que nuestra resurrección ya
ha sucedido, se apartan de la verdad y socavan la
fe de algunos. 19Pero el firme cimiento de Dios
resiste, y lleva la siguiente inscripción: El Señor
conoce a los suyos, y: quien invoque el nombre
del Señor apártese de la injusticia.

La Iglesia, la casa grande

20En una casa grande no hay solo recipientes
de oro y plata, sino también de madera y loza,
unos para usos nobles, otros para usos humildes.
21Quien se mantenga limpio de todo lo dicho será
recipiente noble, consagrado, útil para el dueño,
disponible para cualquier tarea buena. 22Huye de
las pasiones juveniles, procura la justicia, la fe,
el amor, la paz con todos los que invocan since-
ramente al Señor. 23Evita las discusiones necias
y carentes de sentido, teniendo en cuenta que
generan peleas. 24Y un siervo del Señor no ha
de pelear; antes bien, debe mostrarse a todos

modesto, buen maestro, tolerante, 25capaz de
amonestar con suavidad a los adversarios, para
que Dios les conceda el arrepentimiento y el co-
nocimiento de la verdad. 26Así podrán recobrar el
juicio y librarse de la red del Diablo, que los tiene
prisioneros para hacer de ellos lo que quiera.

Los últimos tiempos

3 1Debes saber que en los últimos tiempos se
presentarán situaciones difíciles. 2Los hom-
bres serán egoístas y amigos del dinero, fanfa-
rrones, arrogantes, injuriosos, desobedientes a
los padres, ingratos, no respetarán la religión,
3incapaces de amar, implacables, calumniado-
res, incontrolados, inhumanos, hostiles a lo
bueno, 4traidores y atrevidos, vanidosos, más
amigos del placer que de Dios; 5aunque aparen-
tarán ser muy religiosos, pero rechazarán sus
exigencias. ¡Apártate de esa gente!
6A este grupo pertenecen esos que se meten
en las casas y engañan a débiles mujeres carga-
das de pecados, arrastradas por diversas pasio-
nes, 7siempre experimentando, pero incapaces
de comprender la verdad. 8Lo mismo que Janes
y Jambres se enfrentaron con Moisés, así estos
se enfrentan con la verdad; son gente de menta-
lidad corrompida, reprobados en la fe. 9Pero no
seguirán adelante: como en el caso de los rivales
de Moisés, su necedad quedará desenmascarada
ante todo el mundo.
10Tú, en cambio, has seguido mi enseñanza, mi
modo de proceder, mis proyectos, mi fe, pacien-
cia, amor y perseverancia; 11mis persecuciones y
sufrimientos, como los que pasé en Antioquía,
Iconio y Listra; y las persecuciones que hube de
soportar; pero de todas me libró el Señor. 12Es
cierto que todos los que quieran vivir religiosa-
mente, como cristianos, sufrirán persecuciones,
13en cambio los malhechores e impostores irán
de mal en peor, engañando y siendo engañados.

Servidor de la Palabra de Dios

14Tú permanece fiel a lo que aprendiste y
aceptaste con fe: sabes de quién lo aprendiste.
15Recuerda que desde niño conoces la Sagrada
Escritura, que puede darte sabiduría para sal-
varte por la fe en Cristo Jesús. 16Toda Escritura
es inspirada y útil para enseñar, argumentar,
encaminar e instruir en la justicia. 17Con lo cual
el hombre de Dios estará formado y capacitado
para toda clase de obras buenas.

4 1Delante de Dios y de Cristo Jesús, que ha
de juzgar a vivos y muertos, te ruego por su
manifestación como rey: 2proclama la palabra,
insiste a tiempo y destiempo, convence, repren-
de, exhorta con toda paciencia y pedagogía.
3Porque llegará un tiempo en que los hombres no
soportarán la sana doctrina, sino que, siguien-
do sus pasiones, se rodearán de maestros que
les halaguen los oídos. 4Darán la espalda a la
verdad, y se volverán para escuchar cosas fan-
tasiosas. 5Tú vigila continuamente, aguanta las
pruebas, realiza la tarea de anunciar la Buena
Noticia, cumple tu ministerio.

Recomendaciones y saludos finales

6En cuanto a mí, ha llegado la hora del sacrifi-
cio y el momento de mi partida es inminente. 7He
peleado el buen combate, he terminado la carre-
ra, he mantenido la fe. 8Solo me espera la corona
de la justicia, que el Señor como justo juez me
entregará aquel día. Y no solo a mí, sino a cuan-
tos desean su manifestación. 9Procura venir a
verme cuanto antes; 10porque Dimas, enamorado
de este mundo, me ha abandonado y se ha ido a
Tesalónica, Crescente se ha ido a Galacia, Tito a
Dalmacia. 11Solo Lucas se ha quedado conmigo.
Recoge a Marcos y tráelo contigo, ya que lo en-
cuentro muy útil en el ministerio. 12A Tíquico lo
envié a Éfeso. 13Cuando vengas, tráeme la capa
que dejé en Tróade en casa de Carpo, también los
libros y, especialmente, todos los pergaminos.
14Alejandro el herrero me ha tratado muy mal:
el Señor le pagará como se merece. 15Tú también
guárdate de él, que se ha opuesto tenazmente a
mis discursos. 16En mi primera defensa nadie me
asistió, todos me abandonaron; espero que Dios
no se lo tome en cuenta. 17El Señor, sí, me asistió
y me dio fuerzas para que por mi medio se llevase
a cabo la proclamación, de modo que la oyera to-
do el mundo; así, el Señor me arrancó de la boca
del león. 18Él me librará de toda mala partida y
me salvará en su reino celeste. A él la gloria por
los siglos de los siglos. Amén.
19Saluda a Prisca y Áquila y a la familia de
Onesíforo. 20Erasto se quedó en Corinto. A Tró-
fimo lo dejé enfermo en Mileto. 21Procura venir
antes del invierno. Te saludan Eúbulo, Pudente,
Lino, Claudia y todos los hermanos. 22El Señor
esté con tu espíritu. Gracia a todos ustedes.

TITO

Saludo

1 1Pablo, siervo de Dios y apóstol de Jesucristo
para conducir a los elegidos de Dios a la fe
y al conocimiento de la verdad religiosa, 2con
la esperanza de una vida eterna, que prometió
desde antiguo el Dios infalible 3y manifiesta

ahora de palabra con la proclamación que me
han encomendado, por disposición de nuestro
Dios y salvador, [4]a Tito, mi hijo legítimo en la fe
común: Gracia y paz de parte de Dios Padre y de
Cristo Jesús nuestro salvador.

Misión en Creta

[5]Si te dejé en Creta fue para que resolvieras
los asuntos pendientes y para que nombraras an-
cianos en cada ciudad, según mis instrucciones.
[6]Que sean irreprochables, fieles a su mujer, con
hijos creyentes, no indisciplinados ni de mala fa-
ma. [7]Porque el que preside la comunidad, como
administrador de Dios, ha de ser irreprochable:
no egoísta ni colérico ni bebedor, no penden-
ciero ni metido en negocios sucios; [8]antes bien,
hospitalario, amante del bien, moderado, justo,
devoto, controlado; [9]que se atenga a la doctrina
auténtica, de modo que pueda exhortar con una
doctrina sana y refutar a los que le contradicen.
[10]Hay muchos insumisos, charlatanes y em-
baucadores, sobre todo entre los judíos conver-
tidos. [11]A esos hay que taparles la boca porque
destruyen familias enteras, enseñando lo que no
deben por una vil ganancia. [12]Uno de sus profe-
tas dijo de ellos: Cretenses, siempre embuste-
ros, malas bestias, glotones ociosos. [13]Semejan-
te descripción es correcta. Por eso, repréndelos
severamente, a ver si recobran la salud de la fe
[14]y se dejan de fábulas judías y de preceptos de
hombres apartados de la verdad.
[15]Para los puros todo es puro; para los incré-
dulos contaminados nada es puro, porque tienen
contaminada la mente y la conciencia. [16]Afir-
man conocer a Dios y lo niegan con las acciones;
son odiosos y rebeldes, incapaces de cualquier
obra buena.

Praxis cristiana de la comunidad

2 [1]Tú, en cambio, explica lo que corresponde a
la sana doctrina: [2]que los ancianos sean so-
brios, dignos, moderados, sanos en la fe, el amor
y la paciencia. [3]Asimismo las ancianas tengan
una compostura digna de la religiosidad; no sean
esclavas de la murmuración ni de la bebida; sean
buenas maestras, [4]capaces de enseñar a las jó-
venes a amar a los maridos y los hijos, [5]a ser jui-
ciosas, castas, hacendosas, bondadosas, sumisas
al marido; de modo que la Palabra de Dios no se
desprestigie. [6]Anima también a los jóvenes a ser
moderados. [7]En todo preséntate como modelo de
buena conducta: íntegro y serio en la enseñanza,
[8]proponiendo un mensaje sano e intachable, de
modo que el adversario quede confundido al no
encontrar nada de qué acusarnos. [9]Los esclavos
sean sumisos a sus amos en todo, amables, no
respondones, [10]no ladrones, sino dignos de toda
confianza; para que cobre prestigio ante todos la
enseñanza de nuestro Dios y salvador.

La gracia de la salvación

[11]Porque la gracia de Dios que salva a todos los
hombres se ha manifestado, [12]enseñándonos a
renunciar a la impiedad y los deseos mundanos
y a vivir en esta vida con templanza, justicia y
piedad, [13]esperando la promesa dichosa y la ma-
nifestación de la gloria de nuestro gran Dios y de
nuestro salvador Jesucristo. [14]Él se entregó por
nosotros, para rescatarnos de toda iniquidad, pa-
ra adquirir un pueblo purificado, dedicado a las
buenas obras. [15]Habla de esto, exhorta, y repren-
de con plena autoridad. Que nadie te desprecie.

Conducta ciudadana ejemplar

3 [1]Encárgales a todos que se sometan y obe-
dezcan a gobernantes y autoridades, estando
dispuestos a cualquier tarea honrada. [2]Que no
hablen mal de nadie ni sean pendencieros, an-
tes bien amables, y que se muestren bondado-
sos con todos. [3]También nosotros éramos antes
necios, desobedientes, extraviados, esclavos
de pasiones y placeres diversos, maliciosos,
envidiosos, odiosos y odiándonos mutuamente.
[4]Pero cuando se manifestó la bondad de nues-
tro Dios y salvador y su amor al hombre, [5]no por
méritos que hubiéramos adquirido, sino por
su sola misericordia, nos salvó con el baño del
nuevo nacimiento y la renovación por el Espí-
ritu Santo, [6]que nos infundió con abundancia
por medio de Jesucristo nuestro salvador; [7]de
modo que, absueltos por su favor, fuéramos en
esperanza herederos de la vida eterna. [8]Esta
es una doctrina digna de fe, en la cual quiero
que insistas, de modo que los que han creído en
Dios se dediquen a cultivar una buena conducta.
[9]Evita, en cambio, discusiones necias, genealo-
gías, contiendas, controversias sobre la ley: son
inútiles y vanas. [10]Al sectario, después de dos
avisos, evítalo; [11]sabes que semejante individuo
está pervertido y sigue pecando y él mismo se
condena.

Saludos finales

[12]Cuando te mande a Artemas o a Tíquico, haz
lo posible por ir a Nicópolis, donde he decidi-
do pasar el invierno. [13]A Zenas el abogado y a
Apolo envíalos de viaje y que no les falte nada.
[14]Nuestra gente debe aprender a dedicarse a las
buenas obras, según las necesidades, para no
quedar estériles. [15]Te saludan todos los que es-
tán conmigo. Saluda a nuestros amigos en la fe.
La gracia esté con ustedes.

FILEMÓN

Saludo

1 [1]Pablo, prisionero por Cristo Jesús, y Timoteo
a nuestro querido colaborador Filemón, [2]y a la
Iglesia que se reúne en su casa, así como tam-
bién a la hermana Apia y a nuestro compañero de
lucha Arquipo: [3]Gracia y paz a ustedes de parte
de Dios nuestro Padre y del Señor Jesucristo.

Acción de gracias

[4]Siempre que te recuerdo en mis oraciones,
doy gracias a Dios [5]porque oigo hablar de tu fe y
amor al Señor Jesús y a todos los consagrados.
[6]Ojalá tu fe sea tan activa que te ilumine plena-
mente para reconocer todo el bien que está en
tu poder hacer por Cristo. [7]Tu caridad me propor-
cionó gran alegría y consuelo, porque gracias a
ti los consagrados han sido aliviados.

Autoridad de Pablo

[8]Por eso, aunque tengo plena libertad cris-
tiana para ordenarte lo que es debido, [9]prefiero
suplicarte en nombre del amor. Yo, este anciano
Pablo, y ahora prisionero por Cristo Jesús, [10]te
suplico en favor de un hijo mío, que engendré
en la prisión: Onésimo, [11]antes, él no te prestó
ninguna utilidad, pero ahora será de gran prove-
cho para ti y para mí. [12]Ahora te lo envío y con
él mi corazón. [13]Habría querido retenerlo junto
a mí, para que, en tu lugar, me sirviese en esta
prisión que sufro por la Buena Noticia. [14]Pero sin
tu consentimiento no quise hacer nada, para que
tu buena acción no sea forzada, sino voluntaria.
[15]Quizás se alejó de ti por breve tiempo para que
puedas recobrarlo definitivamente; [16]y no ya
como esclavo, sino como algo mucho mejor que
esclavo: como hermano muy querido para mí y
más aún para ti, como hombre y como cristiano.
[17]Si te consideras compañero mío, recíbelo como
a mí; [18]si te ofendió o te debe algo, apúntalo a
mi cuenta. [19]Lo firmo de mi puño y letra: yo Pa-
blo, te pagaré, aunque podría recordarte que me
debes tu persona. [20]Sí, hermano, te lo suplico
por el Señor: consuela mi corazón como herma-
no en Cristo. [21]Te escribo porque estoy seguro de
tu obediencia: sé que harás más de lo que pido.

Saludos finales

[22]Otra cosa: prepárame hospedaje, porque,
gracias a sus oraciones, espero poder visitarlos.
[23]Te saludan Epafras, compañero de prisión por
Cristo Jesús, [24]Marcos, Aristarco, Dimas y Lucas.
[25]La gracia del Señor Jesucristo esté con el espí-
ritu de ustedes. Amén.

HEBREOS

El Hijo

1 [1]En el pasado muchas veces y de muchas for-
mas habló Dios a nuestros padres por medio
de los profetas. [2]En esta etapa final nos ha
hablado por medio de su Hijo, a quien nombró
heredero de todo, y por quien creó el universo.
[3]Él es reflejo de su gloria, la imagen misma de lo
que Dios es, y mantiene el universo con su Pala-
bra poderosa. Él es el que purificó al mundo de
sus pecados, y tomó asiento en el cielo a la de-
recha del trono de Dios. [4]Así llegó a ser tan su-
perior a los ángeles, cuanto incomparablemente
mayor es el Nombre que ha heredado.
[5]¿Acaso dijo Dios alguna vez a un ángel: Tú
eres mi hijo, yo te he engendrado hoy? Y en otro
lugar: Yo seré para él un padre, él será para mí un
hijo. [6]Asimismo, cuando introduce en el mundo
al primogénito, dice: Que todos los ángeles de
Dios lo adoren. [7]Hablando de los ángeles dice:
Hace de los vientos sus ángeles, de las llamas
de fuego sus ministros. [8]Al Hijo, en cambio, le
dice: Tu trono, oh Dios, permanece para siem-
pre, cetro de rectitud es tu cetro real. [9]Amaste
la justicia, odiaste la iniquidad; por eso te ha
ungido Dios, tu Dios, con perfume de fiesta,
prefiriéndote a tus compañeros. [10]Y también
dice: Tú al principio, Señor, cimentaste la tie-
rra, y los cielos son obras de tus manos; [11]ellos
perecerán, tú permaneces; todos se gastarán
como la ropa, [12]los enrollarás como un manto,
se mudarán como ropa. Tú, en cambio, eres el
mismo, y tus años no acaban. [13]¿A cuál de los
ángeles dijo jamás: Siéntate a mi derecha hasta
que ponga a tus enemigos debajo de tus pies?
[14]¿Acaso no son todos ellos espíritus al servicio
de Dios, enviados en ayuda de los que han de
heredar la salvación?

Cristo, Hijo de Dios y hombre glorificado

2 [1]Por tanto, para no ir a la deriva, debemos
prestar más atención a lo que hemos oído.
[2]Porque si la ley promulgada por medio de los
ángeles tuvo vigencia, de modo que cualquier
transgresión o desobediencia recibió el casti-
go merecido, [3]¿cómo nos libraremos nosotros
si rechazamos semejante salvación? Fue anun-
ciada primero por el Señor, nos lo confirmaron
los que la habían escuchado [4]y Dios añadió su
testimonio con señales y portentos, con toda
clase de milagros y dones del Espíritu repartidos
según su voluntad. [5]Porque Dios no sometió a
los ángeles el mundo futuro del que hablamos,
[6]como atestigua alguien cuando dice: ¿Qué es

el hombre para que te acuerdes de él o el ser
humano para que te ocupes de él? [7]Lo hiciste
poco menos que los ángeles, lo coronaste de
gloria y honor, [8]todo lo sometiste bajo sus pies.
Al someterle todo, no deja nada sin someter. De
hecho, ahora no vemos aún que todo le esté so-
metido. [9]Vemos, en cambio, a Jesús, que por la
pasión y muerte fue algo inferior a los ángeles,
coronado de gloria y honor. Así, por la gracia de
Dios, padeció la muerte por todos.

Pionero de la salvación y Sumo Sacerdote

[10]En efecto, convenía que Dios, por quien y
para quien todo existe, queriendo conducir a la
gloria a muchos hijos, llevara a la perfección por
el sufrimiento al jefe y salvador de todos ellos.
[11]El que consagra y los consagrados tienen todos
un mismo origen por lo cual no se avergüenza de
llamarlos hermanos, [12]cuando dice: Anunciaré tu
nombre a mis hermanos, en medio de la asamblea
te alabaré, [13]y también: He puesto en él mi con-
fianza, yo y los hijos que Dios me dio. [14]Así como
los hijos de una familia tienen una misma carne
y sangre, también Jesús participó de esa condi-
ción, para anular con su muerte al que controlaba
la muerte, es decir, al Diablo, [15]y para liberar a los
que, por miedo a la muerte, pasan la vida como
esclavos. [16]Está claro que no vino en auxilio de
los ángeles, sino de los descendientes de Abra-
hán. [17]Por eso tenía que ser en todo semejante a
sus hermanos: para poder ser un sumo sacerdote
compasivo y fiel en el servicio de Dios para expiar
los pecados del pueblo. [18]Como él mismo sufrió
la prueba, puede ayudar a los que son probados.

Jesús y Moisés

3 [1]Por tanto, hermanos, ustedes que han sido
consagrados y participan de una misma voca-
ción celestial, piensen en Jesús el apóstol y sumo
sacerdote de nuestra confesión. [2]Él es fiel ante
Dios que lo nombró para este servicio, como lo
fue Moisés entre [todos] los de su casa. [3]Más dig-
no de gloria que Moisés, como es más estimado el
constructor que la casa. [4]Toda casa es construida
por alguien, pero el constructor de todo es Dios.
[5]Entre todos los de su casa, Moisés era un servi-
dor fiel, para garantizar lo que Dios iba a decir.
[6]Cristo, en cambio, como Hijo, está a cargo de la
casa; y esa casa somos nosotros si mantenemos la
confianza y nos gloriamos de la esperanza.

El hoy de Dios

[7]En consecuencia, como dice el Espíritu San-
to: Si hoy escuchan su voz, [8]no endurezcan el
corazón como cuando lo irritaron, el día de la
prueba en el desierto, [9]cuando sus padres me
pusieron a prueba y me tentaron, aunque habían
visto mis acciones [10]durante cuarenta años. Por
eso me indigné contra aquella generación y dije:
Su mente siempre se extravía y no reconoce mis
caminos. [11]Por eso, airado, juré: No entrarán en
mi descanso. [12]Cuidado, hermanos: que ninguno
de ustedes tenga un corazón perverso e incré-
dulo, que lo haga desertar del Dios vivo. [13]Antes
bien, anímense unos a otros cada día, mientras
dura este hoy, para que nadie se endurezca se-
ducido por el pecado. [14]Porque, si mantenemos
firme hasta el fin nuestra posición del principio,
seremos compañeros de Cristo.

[15]Cuando dice: Si hoy escuchan su voz, no en-
durezcan el corazón, como cuando lo irritaron.
[16]¿Quiénes, aunque oyeron, lo irritaron? Cierta-
mente, todos los que salieron de Egipto guiados
por Moisés. [17]¿Con quiénes se indignó durante
cuarenta años? Ciertamente, con los pecadores,
cuyos cadáveres cayeron en el desierto. [18]¿A
quiénes juró que no entrarían en su descanso?
Ciertamente a los rebeldes; [19]y así vemos que por
su incredulidad no pudieron entrar.

El descanso

4 [1]Mientras se mantiene en pie la promesa de
entrar en el descanso de Dios, debemos te-
ner cuidado, para que ninguno de ustedes quede
excluido; [2]porque también a nosotros, como a
ellos, nos anunciaron la Buena Noticia. Pero el
mensaje que ellos oyeron no les valió porque no
se unieron por la fe con aquellos que la acepta-
ron. [3]Nosotros, en cambio, los que hemos creído,
entraremos en ese descanso, como queda dicho:
Juré airado que no entrarán en mi descanso. Las
obras de Dios, por cierto, concluyeron con la
creación del mundo, [4]como se dice en un texto
sobre el séptimo día: El séptimo día descansó
Dios de todas sus tareas, [5]y en este otro: no en-
trarán en mi descanso. [6]Ahora bien, como que-
dan algunos por entrar en ese lugar de descanso,
y los que recibieron primero la Buena Noticia,
por su rebeldía no entraron, [7]Dios señala otro
día, un hoy, pronunciando mucho después por
medio de David, el texto antes citado: Si hoy es-
cuchan su voz, no endurezcan el corazón. [8]Si Jo-
sué les hubiera dado el descanso, no se hablaría
después de otro día.[9]Luego queda un descanso
sabático para el pueblo de Dios.

[10]Uno que entró en su descanso descansa de
sus tareas, lo mismo que Dios de las suyas. [11]Por
tanto, esforcémonos por entrar en aquel descan-
so, para que ninguno caiga imitando aquel ejem-
plo de rebeldía. [12]Porque la Palabra de Dios es
viva y eficaz y más cortante que espada de dos

filos; penetra hasta la separación de alma y es-
píritu, articulaciones y médula, y discierne sen-
timientos y pensamientos del corazón. 13No hay
criatura oculta a su vista, todo está desnudo y
expuesto a sus ojos. A ella rendiremos cuentas.

Jesús, Sumo Sacerdote

14Ya que tenemos en Jesús, el Hijo de Dios,
un sumo sacerdote excelente que penetró en el
cielo, mantengámonos firmes en nuestra confe-
sión de fe. 15El sumo sacerdote que tenemos no
es insensible a nuestra debilidad, ya que, como
nosotros, ha sido probado en todo excepto el
pecado. 16Por tanto, acerquémonos confiados al
trono de nuestro Dios, para obtener misericor-
dia y alcanzar la gracia de un auxilio oportuno.

Jesús, Sacerdote sufriente

5 1Todo sumo sacerdote es elegido entre los
hombres y nombrado su representante ante
Dios, para ofrecer dones y sacrificios por los pe-
cados. 2Puede ser indulgente con ignorantes y
extraviados, porque también él está sujeto a la
debilidad humana, 3y a causa de ella tiene que
ofrecer sacrificios por sus propios pecados, lo
mismo que por los del pueblo. 4Y nadie puede to-
mar tal dignidad para sí mismo si no es llamado
por Dios, como Aarón. 5Del mismo modo Cristo
no se atribuyó el honor de ser sumo sacerdote,
sino que lo recibió del que le dijo: Tú eres mi
hijo, yo te he engendrado hoy; 6y en otro pa-
saje: tú eres sacerdote para siempre, según el
orden de Melquisedec. 7Durante su vida mortal
dirigió peticiones y súplicas, con clamores y lá-
grimas, al que podía librarlo de la muerte, y por
esa cautela fue escuchado. 8Y aunque era Hijo de
Dios, aprendió sufriendo lo que es obedecer, 9así
alcanzó la perfección y llegó a ser para cuantos
le obedecen causa de salvación eterna, 10y Dios
lo proclamó sumo sacerdote según el orden de
Melquisedec.

Una llamada a la madurez y a la perseverancia

11Sobre este tema tenemos mucho que decir,
y es difícil explicarlo porque ustedes son len-
tos para entender. 12Después de tanto tiempo
ustedes deberían ser maestros, en cambio hace
falta que se les enseñe nuevamente las prime-
ras nociones del mensaje de Dios; están necesi-
tados de leche y no de alimento sólido. 13Quien
vive de leche es una criatura y es incapaz de
juzgar rectamente. 14El alimento sólido es para
los maduros, que con la práctica y el entrena-
miento de los sentidos, saben distinguir el bien
del mal.

6 1Por eso dejaremos lo elemental de la doctri-
na cristiana y nos ocuparemos de lo maduro.
No vamos a echar otra vez los cimientos, o sea:
el arrepentimiento de las obras que llevan a la
muerte, la fe en Dios, 2las enseñanzas sobre el
bautismo y la imposición de manos, la resurrec-
ción de muertos y el juicio definitivo. 3Eso lo
haremos, si Dios nos lo permite.
4Porque los que una vez han sido iluminados y
han gustado el don celestial, los que han parti-
cipado del Espíritu Santo, 5los que han saborea-
do la Palabra buena de Dios y las maravillas del
mundo venidero; 6si después apostatan, ya no se
les puede hacer volver a Dios, porque ellos mis-
mos están crucificando de nuevo y exponiendo a
la burla de todos al Hijo de Dios. 7Una tierra que
bebe la lluvia frecuente y produce plantas útiles
para los que la cultivan recibe una bendición de
Dios; 8pero si da cardos y espinas, es inútil y
poco menos que maldita, y terminará quemada.
9Queridos hermanos, aunque hayamos hablado
así creemos que ustedes se encuentran en una
situación mejor, la que conduce a la salvación;
10ya que Dios es justo y no olvida sus obras ni
el amor que mostraron en su Nombre sirviendo
antes y ahora a los consagrados. 11Pero deseamos
que cada uno de ustedes muestre hasta el final el
mismo entusiasmo, para alcanzar lo que esperan.
12No queremos que se vuelvan perezosos, sino
imitadores de los que, por la fe y la paciencia,
heredan las promesas. 13Cuando Dios hizo la pro-
mesa a Abrahán, como no tenía nadie más grande
que él por quien jurar, juró por sí mismo 14dicien-
do: Te he de bendecir, he de multiplicar tu des-
cendencia. 15Abrahán tuvo paciencia y alcanzó lo
prometido. 16Los hombres juran por alguien más
grande, y el juramento confirma y deja de lado
cualquier discusión. 17Así Dios, queriendo probar
abundantemente a los herederos de la promesa
que su decisión era definitiva, interpuso un ju-
ramento. 18Así, tenemos dos realidades seguras,
promesa y juramento, en las que Dios no puede
mentir. En ellas, los que hemos buscado refugio
agarrándonos a la esperanza que se nos ofrece,
tenemos un consuelo válido. 19Esta esperanza
es como un ancla firme y segura del alma, que
penetra más allá de la cortina del Templo, 20allí
donde Jesús entró por nosotros, como precursor,
nombrado sumo sacerdote perpetuo según el or-
den de Melquisedec.

Melquisedec y Jesucristo

7 1Este Melquisedec que era rey de Salem, sa-
cerdote del Dios Altísimo, salió al encuentro
de Abrahán, cuando volvía de derrotar a los
reyes, y lo bendijo; 2y Abrahán le dio un déci-

mo de todo el botín. El nombre de Melquisedec
quiere decir en primer lugar Rey de Justicia,
después, Rey de Salem, que significa Rey de
Paz. 3Figura sin padre ni madre, sin genealogía,
sin principio ni fin de su vida, y así, a seme-
janza del Hijo de Dios, sigue siendo sacerdote
por siempre. 4Fíjense ahora lo importante que
sería, que el patriarca Abrahán le dio un déci-
mo del botín.

5Los descendientes de Leví que reciben el
sacerdocio tienen orden de cobrar legalmente
diezmos al pueblo, es decir, a sus hermanos, que
descienden también de Abrahán. 6En cambio,
Melquisedec que no era descendiente de Leví
cobra diezmos a Abrahán y bendice al titular de
la promesa. 7Nadie duda que el menor es ben-
decido por el mayor. 8Además los hijos de Leví
que reciben diezmos, son hombres que han de
morir, en cambio en el caso de Melquisedec es
uno de quien se declara que vive. 9Por decirlo
así: el mismo Leví, el que cobra diezmos, pagó
los suyos a Melquisedec en la persona de Abra-
hán 10porque, en cierto sentido, ya estaba en las
entrañas de su antepasado Abrahán cuando le
salió al encuentro Melquisedec.

11Ahora bien, si por el sacerdocio levítico se
podía alcanzar la perfección –ya que por su
mediación el pueblo recibía la ley–, ¿qué fal-
ta hacía nombrar otro sacerdote en la línea de
Melquisedec y no en la línea de Aarón? 12Porque
un cambio de sacerdocio significa necesaria-
mente un cambio de ley. 13Jesús, de quien se
habla aquí, pertenece a otra tribu, de la cual
nadie ha oficiado en el altar. 14Es sabido que
nuestro Señor procede de Judá, una tribu que
no menciona Moisés cuando habla de sacerdo-
tes. 15Y resulta aún más claro, ya que este nuevo
sacerdote es nombrado a semejanza de Melqui-
sedec, 16y recibe el título, no en virtud de una
ley de sucesión carnal, sino por la fuerza de una
vida indestructible. 17De él han declarado: Tú
eres sacerdote para siempre según el orden de
Melquisedec. 18De este modo queda cancelado el
mandato anterior por inútil e ineficaz, 19porque
la ley no llevó a la perfección; en cambio ahora
se introduce una esperanza más valiosa, por la
cual nos acercamos a Dios.

20Además esto ha sido confirmado con un
juramento, mientras los descendientes de Leví
recibían el sacerdocio sin juramento, 21Jesús
lo recibe con el juramento del que le dijo: Lo
ha jurado el Señor y no se vuelve atrás: tú eres
sacerdote para siempre. 22Por lo tanto es más va-
liosa la alianza que Jesús garantiza. 23Aquellos
sacerdotes eran numerosos porque la muerte
les impedía continuar. 24Este, en cambio, como
permanece siempre, tiene un sacerdocio que no
pasa. 25Así puede salvar plenamente a los que
por su medio acuden a Dios, ya que vive siempre
para interceder por ellos.

26Él es el sumo sacerdote que necesitábamos:
santo, inocente sin mancha, apartado de los pe-
cadores, ensalzado sobre el cielo. 27Él no nece-
sita, como los otros sumos sacerdotes, ofrecer
cada día sacrificios, primero por sus pecados y
después por los del pueblo; esto lo hizo de una
vez para siempre, ofreciéndose a sí mismo. 28La
ley nombra sumos sacerdotes a hombres débiles;
pero el juramento de Dios, que fue hecho des-
pués de la ley, nombra a un Hijo que llegó a ser
perfecto para siempre.

La nueva Alianza

8 1Llego al punto central de mi exposición. Te-
nemos un sumo sacerdote que tomó asiento
en el cielo a la derecha del trono de Dios. 2Él es
el ministro del santuario y de la verdadera mo-
rada, construida por el Señor y no por hombres.

3Todo sumo sacerdote es nombrado para ofre-
cer dones y sacrificios; luego también este ne-
cesitaba algo que ofrecer. 4Si Jesús estuviera en
la tierra, no sería sacerdote, ya que hay otros
que ofrecen legalmente dones. 5Pero el culto
que ellos ofician es una figura y sombra de las
realidades celestiales, como dice el oráculo que
recibió Moisés para fabricar la tienda: Atención,
haz todo según el modelo que te mostraron en
el monte.

6Ahora bien, él ha recibido un ministerio su-
perior, ya que es mediador de una alianza me-
jor, fundada sobre promesas mejores. 7Porque
si la primera Alianza hubiera sido irreprocha-
ble, no habría lugar para la segunda. 8Pero él
pronuncia un reproche: Miren que llegan días
–oráculo del Señor– en que haré una alianza
nueva con la Casa de Israel y con la Casa de
Judá; 9no será como la alianza que hice con
sus padres, cuando los tomé de la mano para
sacarlos de Egipto; ya que ellos no permanecie-
ron fieles a mi alianza y yo me desentendí de
ellos –dice el Señor–. 10Así será la alianza que
haré con la Casa de Israel en el futuro –orácu-
lo del Señor–: Pondré mi ley en su conciencia,
la escribiré en su corazón; yo seré su Dios y
ellos serán mi pueblo. 11No tendrá que instruir
uno a su prójimo, otro a su hermano, dicien-
do: tienes que conocer al Señor; porque todos,
grandes y pequeños me conocerán. 12Porque yo
perdonaré sus culpas y olvidaré sus pecados.
13Al decir nueva, declara vieja la primera. Y lo
que envejece y queda anticuado está a punto
de desaparecer.

El sacrificio de Cristo

9 [1]La primera alianza contenía disposiciones
sobre el culto y el santuario terrestre. [2]En él
se instaló un primer recinto, llamado El Santo,
en el que estaban el candelabro y la mesa de los
panes presentados. [3]Detrás de la segunda corti-
na había otro recinto llamado El Santísimo, [4]allí
estaban el altar de oro y el arca de la alianza,
revestida toda de oro, que encerraba una jarra
de oro con maná, la vara florecida de Aarón y
las tablas de la alianza. [5]Encima de ella estaban
los querubines de la Gloria dando sombra a la
placa expiatoria. No hace falta explicarlo ahora
en detalle.
[6]Una vez instalado todo, los sacerdotes en-
tran continuamente en el primer recinto para
oficiar allí. [7]En el segundo entra solo el sumo
sacerdote, una vez al año, llevando la sangre
que ofrece por sus faltas y por las inadverten-
cias del pueblo. [8]Con lo cual el Espíritu Santo
nos da a entender que, mientras esté en pie el
primer recinto, no está abierto el acceso al san-
tuario. [9]Estos son símbolos del tiempo presente:
los dones y sacrificios que allí se ofrecen a Dios
no pueden llevar a la perfección a quienes los
ofrecen; [10]se trata solamente de comidas, bebi-
das y ciertas ceremonias de purificación que son
disposiciones humanas válidas hasta el momen-
to en que Dios cambie las cosas. [11]En cambio,
Cristo, ha venido como sumo sacerdote de los
bienes futuros. Él a través de una morada mejor
y más perfecta, no hecha a mano, es decir, no
de este mundo creado, [12]llevando no sangre de
cabras y becerros, sino su propia sangre, entró
de una vez para siempre en el santuario y logró
el rescate definitivo. [13]Porque si la sangre de ca-
bras y toros y la ceniza de becerra rociada sobre
los profanos los santifica con una pureza cor-
poral, [14]cuánto más la sangre de Cristo, que por
el Espíritu eterno se ofreció sin mancha a Dios,
purificará nuestras conciencias de las obras que
conducen a la muerte, para que demos culto al
Dios vivo. [15]Por eso es mediador de una nueva
alianza, a fin de que, habiendo muerto para
redención de los pecados cometidos durante la
primera alianza, puedan los llamados recibir la
herencia eterna prometida.
[16]Para que se cumpla un testamento tiene que
comprobarse primero la muerte del testador,
[17]ya que el testamento entra en vigor con la
muerte y no rige mientras vive el testador. [18]Por
eso tampoco la primera alianza se instituyó sin
sangre. [19]Cuando Moisés terminó de recitar al
pueblo todos los mandamientos de la ley, tomó
lana roja y una rama de hisopo las mojó en la
sangre de los becerros [y cabras], mezclada con
agua y roció el libro de la ley y a todo el pue-
blo, [20]diciendo: Esta es la sangre de la alianza
que Dios establece con ustedes. [21]Igualmente
con sangre roció la morada con todo el ajuar del
culto. [22]Según la ley, casi todo se purifica con
sangre, y sin derramar sangre no hay perdón.

El santuario

[23]De manera que, si era necesario purificar las
cosas que no son más que símbolos de las reali-
dades divinas, estas mismas realidades divinas
necesitan sacrificios superiores. [24]Ahora bien,
Cristo entró, no en un santuario hecho por los
hombres, copia del auténtico, sino en el cielo
mismo; y ahora se presenta ante Dios a favor
nuestro. [25]No es que tenga que ofrecerse repe-
tidas veces, como el sumo sacerdote, que entra
todos los años en el santuario con sangre ajena;
[26]en tal caso tendría que haber padecido muchas
veces desde la creación del mundo.
Ahora en cambio, al final de los tiempos, ha
aparecido para destruir de una sola vez con su
sacrificio los pecados. [27]Y así como el destino
de los hombres es morir una vez y después ser
juzgados, [28]así también Cristo se ofreció una vez
para quitar los pecados de todos y aparecerá por
segunda vez, ya no en relación con el pecado,
sino para salvar a los que lo esperan.

Eficacia del sacrificio de Cristo

10 [1]La ley es sombra de los bienes futuros,
no su presencia verdadera. Con los mis-
mos sacrificios ofrecidos periódicamente cada
año, la ley nunca puede hacer perfectos a los
que se acercan. [2]Porque si los hubiera purifica-
do definitivamente, al no tener conciencia de
pecado, los que rinden culto habrían dejado de
ofrecerlos. [3]Por el contrario, estos sacrificios
sirven para hacerles recordar sus pecados cada
año, [4]ya que la sangre de toros y cabras no pue-
de perdonar pecados. [5]Por eso, al entrar en el
mundo dijo: No quisiste sacrificios ni ofrendas,
pero me formaste un cuerpo. [6]No te agradaron
holocaustos ni sacrificios expiatorios. [7]Enton-
ces dije: Aquí estoy, he venido para cumplir, oh
Dios, tu voluntad –como está escrito de mí en el
libro de la ley–.
[8]Primero dice que no ha querido ni le han
agradado ofrendas, sacrificios, holocaustos ni
sacrificios expiatorios que se ofrecen legalmen-
te; [9]después añade: Aquí estoy para cumplir tu
voluntad. Así declara abolido el primer régimen
para establecer el segundo. [10]Y en virtud de esa
voluntad, quedamos consagrados por la ofrenda
del cuerpo de Jesucristo, hecha de una vez para
siempre.

11 Todo sacerdote se presenta a oficiar cada día y ofrece muchas veces los mismos sacrificios, que nunca pueden quitar pecados. 12 Cristo, en cambio, después de ofrecer un único sacrificio por los pecados, se sentó para siempre a la derecha de Dios 13 y se queda allí esperando a que pongan a sus enemigos como estrado de sus pies. 14 Porque con un solo sacrificio llevó a perfección definitiva a los consagrados. 15 También el Espíritu Santo nos lo atestigua, al decir: 16 Esta es la alianza que haré con ellos en el futuro –oráculo del Señor–: pondré mis leyes en su corazón y las escribiré en su conciencia. 17 Me olvidaré de sus pecados y delitos. 18 Ahora bien, si son perdonados, ya no hace falta ofrenda por el pecado.

Exhortación

19 Por la sangre de Jesús, hermanos, tenemos libre acceso al santuario; 20 por el camino nuevo y vivo que inauguró para nosotros a través del velo del templo, a saber, de su cuerpo. 21 Tenemos un sacerdote ilustre a cargo de la casa de Dios. 22 Por tanto, acerquémonos con corazón sincero, llenos de fe, purificados por dentro de la mala conciencia y lavados por fuera con agua pura. 23 Mantengamos sin desviaciones la confesión de nuestra esperanza, porque aquel que ha hecho la promesa es fiel. 24 Ayudémonos los unos a los otros para incitarnos al amor y a las buenas obras.

25 No faltemos a las reuniones, como hacen algunos, antes bien animémonos mutuamente tanto más cuanto que vemos acercarse el día del Señor. 26 Porque si, después de recibir el conocimiento de la verdad, pecamos deliberadamente, ya no queda otro sacrificio por el pecado, 27 sino la espera angustiosa de un juicio y el fuego voraz que consumirá a los rebeldes. 28 Quien quebrantaba la ley de Moisés, era ejecutado sin compasión por el testimonio de dos o tres testigos. 29 Cuánto más será castigado, entonces, quien pisotee al Hijo de Dios, profane la sangre de la alianza que lo consagró y afrente al Espíritu de la gracia.

30 Conocemos al que dijo: Mía es la venganza, a mí me toca retribuir, y también: El Señor juzgará a su pueblo. 31 Qué terrible es caer en manos del Dios vivo. 32 Recuerden los primeros días, cuando, recién iluminados, sostuvieron el duro combate de los padecimientos: 33 unos expuestos públicamente a injurias y malos tratos, otros solidarios de los que así eran tratados. 34 Compartieron las penas de los encarcelados, aceptaron gozosos que los privaran de sus bienes, sabiendo que poseían bienes mayores y permanentes. 35 Por tanto, no pierdan la confianza, que ella les traerá una gran recompensa. 36 A ustedes les hace falta paciencia para cumplir la voluntad de Dios y obtener lo prometido. 37 Todavía un poco, muy poco, y el que ha de venir vendrá sin tardanza. 38 Mi justo vivirá por la fe; pero si se echa atrás, no me agradará. 39 Nosotros no pereceremos por echarnos atrás, sino que salvaremos nuestra vida por la fe.

La fe – esperanza

11 1 La fe es la garantía de lo que se espera, la prueba de lo que no se ve. 2 Por ella nuestros antepasados fueron considerados dignos de aprobación. 3 Por la fe comprendemos que el mundo fue formado por la Palabra de Dios, lo visible a partir de lo invisible.

4 Por la fe Abel ofreció a Dios un sacrificio mejor que el de Caín, por ella lo declararon justo y Dios aprobó sus dones; por ella, aunque muerto, sigue hablando. 5 Por la fe Enoc fue trasladado sin pasar por la muerte, y no lo encontraron porque Dios se lo había llevado; y recibió testimonio que antes de su traslado había agradado a Dios. 6 Sin fe es imposible agradarle. Quien se acerca a Dios ha de creer que existe y que recompensa a los que lo buscan. 7 Por la fe recibió Noé aviso de lo que aún no se veía, y cauteloso construyó un arca para que se salvase su familia. La fe de Noé condenó al mundo y él alcanzó la justicia que da la fe. 8 Por fe obedeció Abrahán a la llamada de salir hacia el país que habría de recibir en herencia; y salió sin saber adónde iba. 9 Por fe se trasladó como forastero al país que le habían prometido y habitó en tiendas de campaña con Isaac y Jacob, herederos de la misma promesa. 10 Porque esperaba la ciudad construida sobre cimientos cuyo arquitecto y constructor es Dios. 11 Por fe también Sara, aun pasada la edad, recibió vigor para concebir, porque pensó que era fiel el que lo prometía. 12 Así, de uno solo, y ya cercano a la muerte, nació una multitud como las estrellas del cielo y como la arena incontable de las playas.

13 Con esa fe murieron todos esos sin haber recibido lo prometido, aunque viéndolo y saludándolo de lejos y confesándose peregrinos y forasteros en la tierra.

14 Quienes así razonan demuestran que están buscando una patria. 15 Pero si hubieran sentido nostalgia de la que abandonaron, podrían haber vuelto allá. 16 Por el contrario, aspiraban a una mejor, es decir, a la patria celestial. Por eso Dios no tiene reparo en llamarse su Dios, porque les había preparado una ciudad.

17Por fe, Abrahán, cuando Dios lo puso a
prueba, tomó a Isaac, para ofrecerlo en sa-
crificio. Ofreció a su hijo único, el que era la
garantía de la promesa, 18eso que le habían di-
cho: Isaac continuará tu descendencia; 19pero
pensó que Dios tiene poder para resucitar de
la muerte. Y así lo recobró como un símbolo.
20Por fe, bendijo Isaac el futuro de Jacob y
Esaú. 21Por fe, Jacob moribundo bendijo a los
dos hijos de José y se postró apoyándose en el
extremo del bastón. 22Por fe, José, al final de
la vida, hizo alusión al éxodo de los israelitas y
dio instrucciones acerca de sus restos. 23Por fe,
cuando nació Moisés, sus padres, viendo que
era un niño hermoso, y sin temer el decreto re-
al, lo ocultaron tres meses. 24Por fe, Moisés, ya
crecido, renunció al título de hijo de la hija del
faraón, 25y antes que el disfrute pasajero del
pecado, prefirió ser maltratado con el pueblo
de Dios; 26pensando que la humillación de Cris-
to valía más que los tesoros de Egipto, ya que
tenía puestos los ojos en la recompensa que
Dios le habría de dar. 27Por fe, abandonó Egipto
sin temer la cólera del rey, porque se aferraba
a lo invisible como si fuera visible. 28Por fe, ce-
lebró la Pascua y roció con sangre, para que el
destructor no tocase a sus primogénitos. 29Por
fe, los israelitas atravesaron el Mar Rojo como
por tierra firme, mientras que los egipcios al
intentarlo se ahogaron. 30Por fe, la muralla de
Jericó, tras ser rodeada durante siete días, se
derrumbó.31Por fe, la prostituta Rajab acogió
amistosamente a los espías y no pereció con
los rebeldes.

32¿A qué seguir? Me falta tiempo para contar
la historia de Gedeón, Barac, Sansón, Jefté,
David y Samuel y los profetas; 33los cuales por
fe conquistaron reinos, administraron justicia,
vieron cumplidas las promesas, cerraron la boca
a leones, 34extinguieron el ardor del fuego, evi-
taron el filo de la espada, se restablecieron de la
enfermedad, fueron valerosos en la guerra, re-
chazaron ejércitos extranjeros. 35Algunas muje-
res recobraron resucitados a sus maridos. Otros,
torturados, rehusaron librarse, prefiriendo una
resurrección de más valor. 36Otros sufrieron la
prueba de burlas y azotes, de cadenas y cárcel.
37Fueron apedreados, destrozados, pasados a
cuchillo; vagaban cubiertos con pieles de cabras
y ovejas, necesitados, atribulados, maltratados.
38El mundo no era digno de ellos. Vagaban por
desiertos, montañas, grutas y cavernas.

39Ninguno de ellos, aunque fueron aproba-
dos por la fe que tenían, alcanzó lo prometido,
40porque Dios nos reservaba un plan mejor: que
aquellos no cumplieran su destino sin nosotros.

Jesús, el testigo supremo de la fe

12 1Por lo tanto, nosotros, rodeados de una
nube tan densa de testigos, desprendá-
monos de cualquier carga y del pecado que nos
acorrala; corramos con constancia la carrera que
nos espera, 2fijos los ojos en el que inició y con-
sumó la fe, en Jesús. El cual, por la dicha que le
esperaba, sufrió la cruz, despreció la humilla-
ción y se ha sentado a la derecha del trono de
Dios. 3Piensen en aquel que soportó tal oposi-
ción por parte de los pecadores, y no se desalen-
tarán. 4Todavía no han tenido que resistir hasta
derramar la sangre en su lucha contra el pecado.

Dios, educador paternal

5¿Han olvidado ya la exhortación que Dios les
dirige como a hijos? Hijo mío, no desprecies la
corrección del Señor ni te desanimes si te re-
prende; 6porque el Señor corrige a quien ama y
azota a los hijos que reconoce. 7Aguanten, es
por su educación, que Dios los trata como a hi-
jos. ¿Hay algún hijo a quien su padre no cas-
tigue? 8Si no los castigan como a los demás,
es que son bastardos y no hijos. 9Más aún: a
nuestros padres corporales que nos castigaban
los respetábamos; ¿no habrá más razones para
someternos al Padre de nuestras almas y así
tener vida? 10Aquellos nos educaban por breve
tiempo, como juzgaban conveniente; este para
nuestro bien, para que participemos de su san-
tidad. 11Ninguna corrección, cuando es aplicada,
resulta agradable, más bien duele; pero más tar-
de produce en los que fueron corregidos frutos
de paz y de justicia. 12Por tanto, fortalezcan los
brazos débiles, robustezcan las rodillas vaci-
lantes, 13enderecen las sendas para sus pies, de
modo que el rengo no caiga, sino que se sane.

La gracia de Dios

14Busquen la paz con todos y la santificación,
sin la cual nadie puede ver a Dios. 15Estén aten-
tos para que nadie sea privado de la gracia de
Dios; para que ninguna raíz amarga crezca y da-
ñe y contagie a los demás. 16No haya impúdicos
ni profanadores como Esaú, que por una comida
vendió sus derechos de primogénito. 17Saben
que más tarde, cuando intentó recobrar la ben-
dición testamentaria, fue descalificado y, aun-
que lo pidió con lágrimas, no consiguió cambiar
la decisión. 18Ustedes no se han acercado a algo
tangible: fuego ardiente, oscuridad, tiniebla,
tempestad, 19ni oyeron el toque de trompetas
ni una voz hablando que, al oírla, pedían que no
continuase, 20porque no podían soportar aquella
orden: el que toque el monte, aunque sea un ani-
mal, será apedreado. 21Ese espectáculo era tan

terrible que Moisés comentó: estoy temblando
de miedo. 22Ustedes en cambio se han acercado
a Sión, monte y ciudad del Dios vivo, a la Jeru-
salén celeste con sus millares de ángeles, a la
congregación 23y asamblea de los primogénitos
inscritos en el cielo, a Dios, juez de todos, a los
espíritus de los justos consumados, 24a Jesús,
mediador de la nueva alianza, a una sangre
rociada que grita más fuerte que la de Abel.
25Atención, no rechacen al que habla. Porque si
aquellos, por rechazar al que pronunciaba orá-
culos en la tierra, no escaparon, ¿cómo podre-
mos escapar nosotros, si nos apartamos del que
habla desde el cielo? 26Si su voz entonces hizo
temblar la tierra, ahora proclama lo siguiente:
Otra vez haré temblar la tierra y también el cie-
lo. 27Al decir otra vez, muestra que serán quita-
das las cosas creadas, lo que puede ser movido,
para que permanezca lo que es inconmovible.
28Así, al recibir un reino inconmovible, seamos
agradecidos, sirviendo a Dios como a él le agra-
da, con respeto y reverencia. 29Porque nuestro
Dios es un fuego devorador.

Exhortaciones finales

13 1Que el amor fraterno sea duradero. 2No ol-
viden la hospitalidad, por la cual algunos,
sin saberlo, hospedaron a ángeles. 3Acuérdense
de los presos como si ustedes estuvieran presos
con ellos; y de los maltratados, como si ustedes
estuvieran en sus cuerpos. 4Que el matrimonio
sea respetado por todos y el lecho matrimonial
esté sin mancha; porque Dios juzgará a lujurio-
sos y adúlteros. 5Sean desinteresados en su con-
ducta y conténtense con lo que tienen; porque
él dijo: no te dejaré ni te abandonaré. 6Por lo
cual podemos decir confiados: El Señor me au-
xilia y no temo: ¿qué podrá hacerme un hombre?
7Acuérdense de quienes los dirigían, ellos les
transmitieron la Palabra de Dios; miren cómo
acabaron sus vidas e imiten su fe. 8Jesucristo
es el mismo ayer, hoy y por los siglos. 9No se
dejen llevar por doctrinas diversas y extrañas.
Conviene fortalecer el corazón con la gracia,
no con reglas sobre alimentos que no aprove-
charon a los que las observaban. 10Tenemos
un altar del que no están autorizados a comer
los ministros de la antigua alianza. 11Porque
el sumo sacerdote introduce la sangre de los
animales sacrificados en el santuario como
ofrenda para expiar los pecados y los cuerpos
se queman fuera del campamento. 12Por eso
Jesús, para consagrar con su sangre al pueblo,
padeció fuera de las puertas. 13Salgamos, tam-
bién nosotros fuera del campamento, para ir
hacia él, cargando con sus afrentas; 14porque
no tenemos aquí ciudad permanente, sino que
buscamos la futura. 15Por medio de él, ofrez-
camos continuamente a Dios un sacrificio de
alabanza, es decir, el fruto de unos labios que
confiesan su nombre.
16No se olviden de hacer el bien y de ser solida-
rios: esos son los sacrificios que agradan a Dios.
17Obedezcan y sométanse a sus guías, porque
ellos cuidan constantemente de ustedes como
quien tiene que dar cuenta; así lo harán conten-
tos y sin lamentarse, porque lamentarse no les
traería ningún provecho. 18Recen por nosotros.
Creemos tener la conciencia limpia y deseos de
proceder en todo honradamente. 19Pero insisto
en rogarles que recen, para que me devuelvan a
ustedes cuanto antes.
20El Dios de la paz, que sacó de la muerte al
gran pastor del rebaño, a Jesús nuestro Señor,
por la sangre de una alianza eterna, 21los haga a
ustedes buenos en todo para que cumplan su vo-
luntad. Que él haga en nosotros lo que le agrada,
por medio de Jesucristo. A él la gloria por los
siglos de los siglos. Amén.
22Les encargo, hermanos, que reciban con pa-
ciencia estas palabras de aliento. 23Sepan que
nuestro hermano Timoteo ha sido puesto en li-
bertad. Si llega pronto, me acompañará cuando
los visite. 24Saluden a todos sus dirigentes y a
todos los consagrados. Los hermanos de Italia
les envían saludos. 25La gracia los acompañe a
todos.

SANTIAGO

Saludo

1 1Santiago, siervo de Dios y del Señor Jesu-
cristo, saluda a las doce tribus dispersas en-
tre las naciones.

Paciencia y sensatez

2Hermanos míos, estimen como la mayor fe-
licidad el tener que soportar diversas pruebas.
3Ya saben que, cuando su fe es puesta a prue-
ba, ustedes aprenden a tener paciencia, 4que la
paciencia los lleve a le perfección, y así serán
hombres completos y auténticos, sin que les
falte nada. 5Si a alguno de ustedes le falta sabi-
duría, pídala a Dios, y la recibirá, porque él da a
todos generosamente y sin reproches. 6Pero que
pida con confianza y sin dudar. El que duda se
parece al oleaje del mar sacudido por el viento.
7No espere ese hombre alcanzar nada del Señor:
8ya que es un hombre dividido, inestable en to-
dos sus caminos.

Pobres y ricos

9El hermano de condición humilde debe sen-
tirse orgulloso si es exaltado, 10y el rico alegrar-
se cuando es humillado, porque le pasará como
a la flor de un prado. 11Al salir el sol calienta con
fuerza, la hierba se seca, la flor se marchita y su
belleza se pierde. Así se marchitará el rico en
sus negocios.

La prueba

12Dichoso el hombre que soporta la prueba,
porque, después de haberla superado, recibirá la
corona de la vida que el Señor prometió a los que
lo aman. 13Nadie en la tentación diga que Dios lo
tienta, porque Dios no es tentado por el mal y él
no tienta a ninguno. 14Cada uno es tentado por
el propio deseo que lo arrastra y seduce. 15Des-
pués el deseo concibe y da a la luz un pecado, el
pecado madura y engendra muerte. 16No se en-
gañen, hermanos míos queridos, 17todo lo que es
bueno y perfecto baja del cielo, del Padre de los
astros, en quién no hay cambio, ni sombra de de-
clinación. 18Porque quiso, nos dio vida mediante
el mensaje de la verdad, para que fuéramos los
primeros frutos de la creación.

Oír, hablar y cumplir

19Hermanos míos queridos, ya están instruidos.
Con todo, que cada uno sea veloz para escuchar,
lento para hablar, y para enojarse. 20Porque la ira
del hombre no realiza la justicia de Dios. 21Por
tanto, dejen de lado toda impureza y todo resto
de maldad y reciban con mansedumbre el mensaje
plantado en ustedes, que es capaz de salvarles la
vida. 22Pero no basta con oír el mensaje hay que
ponerlo en práctica, de lo contrario se estarían
engañando a ustedes mismos. 23Porque si uno es
oyente del mensaje y no lo practica, se parece
a aquel que se miraba la cara en el espejo: 24se
observó, se marchó y muy pronto se olvidó de có-
mo era. 25En cambio el que se fija atentamente
en la ley perfecta, que es la que nos hace libres,
y se mantiene no como oyente olvidadizo, sino
cumpliendo lo que ella manda, ese será dichoso
en su actividad. 26Si uno se tiene por religioso,
pero no refrena la lengua, se engaña a sí mismo
y su religiosidad es vacía. 27Una religión pura e
intachable a los ojos de Dios Padre consiste en
cuidar de huérfanos y viudas en su necesidad y en
no dejarse contaminar por el mundo.

Parcialidad

2 1Hermanos míos, ustedes que creen en nues-
tro glorioso Señor Jesucristo no hagan dife-
rencias entre las personas. 2Supongamos que
cuando ustedes están reunidos entra uno con
anillos de oro y traje elegante, y entra también
un pobre andrajoso; 3y ustedes fijan la mirada
en el de traje elegante y le dicen: Siéntate aquí
en un buen puesto; y al pobre le dicen: Quédate
de pie o siéntate allí, en el suelo, 4¿no están
haciendo diferencias entre las personas y siendo
jueces malintencionados?
5Escuchen, hermanos míos queridos: ¿acaso
no escogió Dios a los pobres de este mundo para
hacerlos ricos en la fe y herederos del reino que
prometió a los que lo aman? 6Ustedes, en cam-
bio, desprecian al pobre. ¿Acaso no son los ricos
los que los oprimen y arrastran a los tribunales?
7¿No son ellos quienes hablan mal del precioso
Nombre que fue invocado sobre ustedes? 8Por lo
tanto si ustedes cumplen la ley del reino, según
lo escrito: amarás a tu prójimo como a ti mismo,
procederán bien. 9Pero si hacen diferencia entre
una persona y otra, cometen pecado y son cul-
pables ante la ley de Dios. 10Quien cumpliendo
toda la ley, falla en un precepto, quebranta toda
la ley. 11El que dijo: no cometerás adulterio, dijo
también: no matarás. Si tú no cometes adulte-
rio, pero matas, has quebrantado la ley. 12Us-
tedes deben hablar y actuar como quienes van
a ser juzgados por la ley de los hombres libres.
13Será despiadado el juicio del que no tuvo mise-
ricordia, pero los misericordiosos no tienen por
qué temer al juicio.

Fe y obras

14Hermanos míos, ¿de que le sirve a uno decir
que tiene fe si no tiene obras? ¿Podrá salvarlo
la fe? 15Supongan que un hermano o hermana
andan medio desnudos, o sin el alimento nece-
sario, 16y uno de ustedes le dice: vayan en paz,
abríguense y coman todo lo que quieran; pero
no les da lo que sus cuerpos necesitan, ¿de qué
sirve? 17Lo mismo pasa con la fe que no va acom-
pañada de obras, está muerta del todo.
18Uno dirá: tú tienes fe, yo tengo obras: mués-
trame tu fe sin obras, y yo te mostraré por las
obras mi fe. 19¿Tú crees que existe Dios? ¡Muy
bien! También los demonios creen y tiemblan de
miedo. 20¿Quieres comprender, hombre necio,
que la fe sin obras es estéril? 21Nuestro padre
Abrahán, ¿no fue reconocido justo por las obras,
ofreciendo sobre el altar a su hijo Isaac? 22Estás
viendo que la fe se demostró con hechos, y por
esos hechos la fe llegó a su perfección. 23Y se
cumplió lo que dice la Escritura: Abrahán creyó
en Dios y esto le fue tenido en cuenta para su
justificación y se le llamó amigo de Dios.
24Como ven el hombre no es justificado solo
por la fe sino también por las obras. 25Lo mismo
pasó con Rajab, la prostituta, ¿no hizo méritos

con las obras, alojando a los mensajeros y ha-
ciéndolos salir por otro camino? [26]Como el cuer-
po sin el aliento está muerto, así está muerta
la fe sin obras.

La lengua

3 [1]Hermanos míos, no quieran muchos ser maes-
tros, ya saben que los que enseñamos sere-
mos juzgados más severamente. [2]Todos fallamos
muchas veces: el que no falla con la lengua es
un hombre perfecto, capaz de dominar todo el
cuerpo. [3]A los caballos les ponemos un freno en
la boca para que nos obedezcan, y así guiamos
todo su cuerpo. [4]Observen las naves: tan grandes
y arrastradas por vientos impetuosos: con un ti-
món minúsculo las guía el piloto a donde quiere.
[5]Lo mismo la lengua: es un miembro pequeño y se
cree capaz de grandes acciones. Miren cómo una
chispa incendia todo un bosque. [6]Y la lengua es
fuego. Como un mundo de maldad, la lengua, ins-
talada entre nuestros miembros, contamina a to-
da la persona y hace arder todo el ciclo de la vida
humana, alimentada por el fuego del infierno. [7]La
raza humana es capaz de domar y domesticar toda
clase de fieras: aves, reptiles y peces. [8]Pero nadie
logra dominar la lengua: mal infatigable, lleno de
veneno mortífero. [9]Con ella bendecimos al Señor
y Padre, con ella maldecimos a los hombres crea-
dos a imagen de Dios. [10]De una misma boca salen
bendición y maldición. Hermanos míos, no debe
ser así. [11]¿Brota de una fuente, por el mismo caño,
agua dulce y amarga? [12]¿Puede, hermanos míos,
dar aceitunas la higuera e higos la vid? ¿O una
fuente salada dar agua dulce?

Sabiduría auténtica

[13]¿Hay entre ustedes alguien sensato y pru-
dente? Demuestre con su buena conducta que
actúa guiado por la humildad propia de la sa-
biduría. [14]Pero si ustedes dejan que la envidia
los amargue y hacen las cosas por rivalidad, no
se engañen ni se burlen de la verdad. [15]Esa no
es sabiduría que baja del cielo, sino terrena,
animal, demoníaca. [16]Donde hay envidia y riva-
lidad, allí hay desorden y toda clase de maldad.
[17]La sabiduría que procede del cielo es ante todo
pura; además es pacífica, comprensiva, dócil,
llena de piedad y buenos resultados, sin discri-
minación ni fingimiento. [18]Los que trabajan por
la paz, siembran la paz y cosechan la justicia.

Discordias

4 [1]¿De dónde nacen las peleas y las guerras,
sino de los malos deseos que siempre están
luchando en su interior? [2]Ustedes quieren algo
y si no lo obtienen asesinan; envidian, y si no
lo consiguen, pelean y luchan. No tienen porque
no piden. [3]O, si piden, no lo obtienen porque pi-
den mal, porque lo quieren para gastarlo en sus
placeres. [4]¡Adúlteros! ¿No saben que ser amigo
del mundo es ser enemigo de Dios?, por tanto,
quien quiera ser amigo del mundo se convierte
en enemigo de Dios. [5]Por algo dice la Escritu-
ra: Dios quiere celosamente a nuestro espíritu;
[6]y en hacer favores nadie le gana. Por eso dice:
Dios resiste a los soberbios y da su gracia a los
humildes. [7]Sométanse a Dios. Resistan al Dia-
blo y huirá de ustedes; [8]acérquense a Dios, y se
acercará a ustedes. Purifiquen sus manos, peca-
dores, y santifiquen sus conciencias, indecisos.
[9]Reconozcan su miseria, hagan duelo y lloren.
Que su risa se convierta en llanto y su gozo en
tristeza. [10]Humíllense delante del Señor y él los
levantará. [11]Hermanos, no hablen mal unos de
otros. Quien habla mal o juzga al hermano, ha-
bla mal y juzga a la ley. Y si juzgas a la ley, no
eres cumplidor de la ley, sino su juez. [12]Uno es
el legislador y juez, con autoridad para salvar y
condenar. ¿Quién eres tú para juzgar al prójimo?

Ricos y satisfechos

[13]Vamos ahora con los que hablan así: Hoy o
mañana iremos a tal ciudad, pasaremos allí un
año, haremos negocios y ganaremos dinero.
[14]¿Qué saben del mañana?, ¿qué es su vida? Us-
tedes son como una neblina que aparece un rato
y enseguida desaparece. [15]Más bien tendrían que
decir: si el Señor quiere, viviremos y haremos
esto o aquello. [16]En cambio, ustedes insisten en
hablar orgullosamente. Y todo orgullo de esa
clase es malo. [17]Quien sabe hacer el bien y no lo
hace es culpable.

5 [1]Y ahora les toca a los ricos: lloren y griten
por las desgracias que van a sufrir. [2]Su rique-
za está podrida, sus ropas apolilladas, [3]su plata
y su oro herrumbrado; y su herrumbre atestigua
contra ustedes, y consumirá sus cuerpos como
fuego. Ustedes han amontonado riquezas ahora
que es el tiempo final. [4]El salario de los obreros,
que no pagaron a los que trabajaron en sus cam-
pos, alza el grito; el clamor de los cosechadores
ha llegado a los oídos del Señor Todopoderoso.
[5]Ustedes llevaron en la tierra una vida de lujo y
placeres; han engordado y se acerca el día de la
matanza. [6]Han condenado y matado al inocente
sin que él les opusiera resistencia.

Paciencia y oración

[7]Hermanos, tengan paciencia hasta que vuel-
va el Señor. Fíjense en el labrador: cómo aguarda
con paciencia hasta recibir la lluvia temprana

y tardía, con la esperanza del fruto valioso de
la tierra. 8Ustedes también, tengan paciencia y
anímense, que la llegada del Señor está próxi-
ma. 9Hermanos, no se quejen unos de otros, y
no serán juzgados: miren que el Juez ya está a
la puerta. 10Tomen como ejemplo de sufrimien-
to y paciencia a los profetas que hablaron en
nombre del Señor. 11Miren, declaramos dichosos
a los que aguantaron. Ustedes han oído contar
cómo aguantó Job sus sufrimientos y conocen lo
que al final el Señor hizo por él; porque el Señor
es compasivo y piadoso. 12Ante todo, hermanos,
no juren: ni por el cielo ni por la tierra ni por
ninguna otra cosa. Que el sí sea un sí, y el no sea
un no, y así no serán condenados.

El enfermo

13Si alguno de ustedes sufre, que ore; si está
contento que cante alabanzas. 14Si uno de uste-
des cae enfermo que llame a los ancianos de la
comunidad para que recen por él y lo unjan con
aceite invocando el nombre del Señor. 15La ora-
ción hecha con fe sanará al enfermo y el Señor lo
hará levantarse; y si ha cometido pecados, se le
perdonarán. 16Confiesen unos a otros sus peca-
dos, recen unos por otros, y se sanarán. Mucho
puede la oración fervorosa del justo. 17Elías era
hombre frágil como nosotros; pero rezó pidiendo
que no lloviese, y no llovió en la tierra tres años
y seis meses. 18Rezó de nuevo, y el cielo soltó la
lluvia y la tierra dio sus frutos. 19Hermanos míos,
si uno de ustedes se aparta de la verdad y otro lo
endereza, 20el que convierte al pecador del mal
camino salvará su vida de la muerte y obtendrá el
perdón de una multitud de pecados.

1 PEDRO

Saludo

1 1Pedro, apóstol de Jesucristo, a los elegidos
que residen fuera de su patria, dispersos en
Ponto, Galacia, Capadocia, Asia y Bitinia, 2ele-
gidos según el designio de Dios Padre, y consa-
grados por el Espíritu, para obedecer a Jesucris-
to y ser rociados con su sangre: Gracia y paz en
abundancia a ustedes.

Esperanza cristiana

3Bendito sea Dios, padre de nuestro Señor Je-
sucristo, que, según su gran misericordia y por la
resurrección de Jesucristo de la muerte, nos ha
hecho nacer de nuevo para una esperanza viva,
4a una herencia que no puede destruirse, ni man-
charse, ni marchitarse, reservada para ustedes
en el cielo. 5Porque gracias a la fe, el poder de
Dios los protege para que alcancen la salvación
dispuesta a revelarse el último día. 6Por eso alé-
grense, aunque por el momento tengan que so-
portar pruebas diversas. 7Así, la fe de ustedes,
una vez puesta a prueba será mucho más preciosa
que el oro perecedero purificado por el fuego y se
convertirá en motivo de alabanza, honor y gloria
cuando se revele Jesucristo. 8Ustedes lo aman
sin haberlo visto y creyendo en él sin verlo to-
davía, se alegran con gozo indecible y glorioso,
9ya que van a recibir, como término de [su] fe, la
salvación personal. 10Esta salvación ya fue objeto
de la búsqueda y de las investigaciones de los
profetas que profetizaron la gracia que ustedes
iban a recibir. 11Investigaban para averiguar el
tiempo y las circunstancias que indicaba el Espí-
ritu de Cristo, que habitaba en ellos, y anunciaba
anticipadamente la pasión de Cristo y su poste-
rior glorificación. 12A ellos les fue revelado que
aquello que anunciaban no era para ellos mismos,
sino para el bien de ustedes, y ahora han recibido
el anuncio de ese mensaje por obra de quienes,
inspirados por el Espíritu Santo enviado desde el
cielo les transmitieron la Buena Noticia que los
ángeles querrían presenciar.

Conducta cristiana

13Por lo tanto, tengan listo su espíritu, vivan
sobriamente y confiadamente esa gracia que se
les concederá cuando se revele Jesucristo. 14Co-
mo hijos obedientes no vivan de acuerdo a los
deseos de antes, cuando vivían en la ignorancia;
15por el contrario como el que los llamó es santo,
sean también ustedes santos en toda su conduc-
ta; 16porque así está escrito: *Sean santos, por-
que yo soy santo.*
17Y si llaman Padre al que no hace diferencia
entre las personas y juzga cada uno según sus
obras, vivan con respeto durante su perma-
nencia en la tierra. 18No olviden que han sido
liberados de la vida inútil que llevaban antes,
imitando a sus padres, no con algún rescate
material de oro y plata 19sino con la preciosa
sangre de Cristo, cordero sin mancha ni defecto,
20predestinado antes de la creación del mundo
y revelado al final de los tiempos, en favor de
ustedes. 21Por medio de él creen en Dios, que lo
resucitó de la muerte y lo glorificó; de ese modo
la fe y la esperanza de ustedes se dirigen a Dios.
22Al hacerse discípulos de la verdad ustedes
se han purificado para amar sinceramente a los
hermanos; ámense intensamente unos a otros,
de corazón 23porque han vuelto a nacer, no de
semilla corruptible, sino por la palabra inco-
rruptible y permanente del Dios vivo. 24Porque

toda carne es hierba y su belleza como flor del
campo; la hierba se seca, la flor se marchita,
25pero la Palabra del Señor permanece para
siempre. Esa palabra es la Buena Noticia que se
les ha anunciado.

Cristo, piedra viva

2 1Ahora, despojados de toda maldad, engaño
e hipocresía, de toda envidia y difamación,
2busquen, como niños recién nacidos, la leche
espiritual, no adulterada, para crecer sanos; 3ya
que han gustado qué bueno es el Señor. 4Él es la
piedra viva, rechazada por los hombres, elegida
y estimada por Dios; por eso, al acercarse a él,
5también ustedes, como piedras vivas, partici-
pan en la construcción de un templo espiritual
y forman un sacerdocio santo, que ofrece sacri-
ficios espirituales, aceptables a Dios por medio
de Jesucristo. 6Por eso se lee en la Escritura: Mi-
ren, yo coloco en Sión una piedra angular, elegi-
da, preciosa: quien se apoya en ella no fracasa.
7Es preciosa para ustedes que creen; en cambio,
para los que no creen, la piedra que rechazaron
los arquitectos es ahora la piedra angular 8y pie-
dra de tropiezo, roca de escándalo. En ella tro-
piezan los que no creen en la palabra: tal era su
destino. 9Pero ustedes son raza elegida, sacer-
docio real, nación santa y pueblo adquirido para
que proclame las maravillas del que los llamó
de las tinieblas a su maravillosa luz. 10Los que
antes no eran pueblo, ahora son pueblo de Dios;
los que antes no habían alcanzado misericordia
ahora la han alcanzado.

Vocación cristiana y ejemplo de Cristo

11Queridos hermanos, como a huéspedes y fo-
rasteros les ruego se mantengan alejados de los
malos deseos, que hacen guerra al espíritu. 12En
medio de los paganos procedan honradamente, y
así los que los calumnian como malhechores, al
presenciar las buenas obras de ustedes, glorifica-
rán a Dios el día de su visita. 13Por amor al Señor,
sométanse a cualquier institución humana: al rey
como soberano, 14a los gobernadores como envia-
dos por él para castigar a los malvados y premiar
a los honrados. 15Tal es la voluntad de Dios, que,
haciendo el bien, le tapen la boca a los necios e
ignorantes. 16Como hombres libres, que no usan
de la libertad para encubrir la maldad, sino más
bien como servidores de Dios, 17honren a todos,
amen a los hermanos, respeten a Dios, honren al
rey. 18Los empleados sométanse a sus patrones
con todo respeto, no solo a los bondadosos y
amables, sino también a los de mal genio.
19Es una gracia soportar, con el pensamiento
puesto en Dios, las penas que se sufren injus-
tamente. 20¿Qué mérito tiene aguantar golpes
cuando uno es culpable? Pero si, haciendo el
bien, tienen que aguantar sufrimientos, eso es
una gracia de Dios. 21Esa es su vocación, porque
también Cristo padeció por ustedes, dejándoles
un ejemplo para que sigan sus huellas. 22No ha-
bía pecado ni hubo engaño en su boca; 23cuando
era insultado no respondía con insultos, pade-
ciendo no amenazaba, más bien se encomenda-
ba a Dios, el que juzga con justicia. 24Él llevó
sobre la cruz nuestros pecados cargándolos en
su cuerpo, para que, muertos al pecado, viva-
mos para la justicia. Sus cicatrices nos sanaron.
25Antes andaban como ovejas extraviadas, pe-
ro ahora han vuelto al pastor y guardián de sus
vidas.

Conducta en el matrimonio

3 1Así también ustedes, las esposas, respeten
a sus maridos, de modo que, aunque algunos
de ellos no crean el mensaje, por la conducta de
sus esposas, aun sin palabras, queden ganados
2al observar el proceder casto y respetuoso de
ustedes. 3Que el adorno de ustedes no consista
en cosas externas: peinados rebuscados, joyas
de oro, trajes elegantes; 4sino en lo íntimo y
oculto: en la modestia y serenidad de un espíritu
incorruptible. Eso es lo que tiene valor a los ojos
de Dios. 5Así se adornaban en otros tiempos las
santas mujeres que esperaban en Dios y se so-
metían a sus maridos: 6Como Sara, que obedecía
a Abrahán llamándolo señor. Obrando bien y no
dejándose inquietar por ninguna clase de temor,
ustedes se hacen hijas de ella. 7Los maridos, a
su vez, sean comprensivos con sus esposas, den-
les el honor que les corresponde, no solo porque
la mujer es más delicada sino también porque
Dios les ha prometido a ellas la misma vida que
a ustedes. Háganlo así para que nada estorbe
sus oraciones.

Paciencia a ejemplo de Cristo

8Finalmente, vivan todos unidos, tengan un
mismo sentir, sean compasivos, fraternales, mi-
sericordiosos, humildes; 9no devuelvan mal por
mal ni injuria por injuria, al contrario bendigan,
ya que ustedes mismos han sido llamados a he-
redar una bendición. 10Si uno quiere vivir y pasar
años felices, guarde su lengua del mal y sus la-
bios de la falsedad, 11apártese del mal y haga el
bien, busque la paz y corra tras ella. 12Porque los
ojos del Señor se fijan en el honrado, sus oídos
escuchan sus súplicas; pero el Señor se enfrenta
con los malhechores.
13¿Quién podrá hacerles daño si ustedes se
preocupan siempre en hacer el bien? 14Y si pade-

cen por la justicia, dichosos ustedes. No teman
ni se inquieten, 15sino honren a Cristo como Se-
ñor de sus corazones. Estén siempre dispuestos
a defenderse si alguien les pide explicaciones
de su esperanza, 16pero háganlo con modestia y
respeto, con buena conciencia; de modo que los
que hablan mal de su buena conducta cristiana
queden avergonzados de sus propias palabras.
17Es mejor sufrir por hacer el bien, si así lo
quiere Dios, que por hacer el mal. 18Porque
Cristo murió una vez por nuestros pecados, el
justo por los injustos para llevarlos a ustedes
a Dios: sufrió muerte en el cuerpo, resucitó por
el Espíritu 19y así fue a proclamar también a las
almas encarceladas: 20a los que en un tiempo no
creían, cuando la paciencia de Dios esperaba
y Noé fabricaba el arca, en la cual unos pocos,
ocho personas, se salvaron atravesando el agua.
21Para ustedes, todo esto es símbolo del bau-
tismo que ahora los salva, que no consiste en
lavar la suciedad del cuerpo, sino en el compro-
miso con Dios de una conciencia limpia; por la
resurrección de Jesucristo, 22que subió al cielo
y está sentado a la derecha de Dios después de
poner bajo su dominio a los ángeles, a las potes-
tades y a las dominaciones.

Hostilidad del mundo

4 1Como Cristo padeció en su cuerpo, ármen-
se ustedes con la misma actitud. Quien ha
sufrido en la carne ha roto con el pecado 2y
lo que le queda de vida corporal, ya no sigue
los deseos humanos, sino la voluntad de Dios.
3Bastante tiempo en el pasado han vivido como
los paganos, practicando el libertinaje, vicios,
borracheras, orgías, comilonas e intolerables
idolatrías. 4Ahora, como ustedes ya no los
acompañan en los excesos de su mala vida ellos
los insultan. 5Pero tendrán que rendir cuentas al
que está dispuesto a juzgar a vivos y muertos.
6Para ello se llevó también a los muertos la Bue-
na Noticia: para que condenados como hombres
a morir corporalmente, vivieran espiritualmente
como Dios.
7Se acerca el fin del universo: por eso tengan
la moderación y sobriedad necesarias para po-
der orar. 8Ante todo, haya mucho amor entre
ustedes, porque el amor perdona una multitud
de pecados. 9Practiquen la hospitalidad mutua
sin quejarse. 10Cada uno, como buen administra-
dor de la multiforme gracia de Dios, ponga al
servicio de los demás los dones que haya reci-
bido. 11Quien predica, hable como quien entrega
palabras de Dios; el que ejerce algún ministerio
hágalo como quién recibe de Dios ese poder; de
modo que en todo sea glorificado Dios por me-
dio de Jesucristo. A quien corresponde la gloria
y el poder por los siglos de los siglos. Amén.
12Queridos, no se extrañen del incendio que ha
estallado contra ustedes, como si fuera algo ex-
traordinario; 13alégrense, más bien, de compar-
tir los sufrimientos de Cristo, y así, cuando se
revele su gloria, ustedes también desbordarán
de gozo y alegría. 14Si los insultan por ser cris-
tianos, dichosos ustedes, porque el Espíritu de
Dios y su gloria reposan en ustedes. 15Que nin-
guno de ustedes tenga que padecer por ladrón
o asesino o criminal o por meterse en asuntos
ajenos. 16Pero si padece por ser cristiano, no se
avergüence, antes dé gloria a Dios por tal título.
17Llega el momento de comenzar el juicio por la
casa de Dios. Y, si empieza por nosotros, ¿cuál
será la suerte de los que rechazaron la Buena
Noticia de Dios? 18Si el justo apenas se salva,
¿qué será del impío y del pecador? 19Por lo tan-
to, los que padecen por voluntad de Dios, sigan
haciendo el bien y confíen sus vidas al Creador,
que es fiel.

A los responsables

5 1A los ancianos que están entre ustedes les
ruego como colega, testigo de la pasión de
Cristo y partícipe de la gloria que se ha de re-
velar: 2apacienten el rebaño de Dios que les han
confiado, [cuidando de él] no a la fuerza, sino
de buena gana, como Dios quiere; no por ambi-
ción de dinero, sino generosamente; 3no como
tiranos de los que les han asignado, sino como
modelos del rebaño. 4Así, cuando se revele el
Pastor supremo, recibirán la corona eterna de la
gloria. 5Lo mismo ustedes, jóvenes, sométanse a
los ancianos. Que cada uno se revista de senti-
mientos de humildad para con los demás, porque
Dios resiste a los soberbios y otorga su favor
a los humildes. 6Por tanto, humíllense bajo la
mano poderosa de Dios, y a su tiempo él los ele-
vará. 7Encomienden a Dios sus preocupaciones,
que él se ocupará de ustedes. 8Sean sobrios,
estén siempre alertas, porque su adversario el
Diablo, como león rugiendo, da vueltas buscan-
do [a quien] devorar. 9Resístanlo firmes en la fe,
sabiendo que sus hermanos por el mundo sufren
las mismas penalidades. 10El Dios de toda gra-
cia que por Cristo [Jesús] los llamó a su gloria
eterna, después que hayan padecido un poco,
los restablecerá y fortalecerá, los hará fuertes e
inconmovibles. 11A él sea el poder y la gloria por
los siglos. Amén.

Saludos finales

12Les escribo estas breves letras por medio de
Silvano, a quien considero un hermano fiel, para

aconsejarlos y asegurarles que esa es la verda-
dera gracia de Dios: manténganse en ella. [13]Los
saluda la comunidad de elegidos de Babilonia
y también Marcos, mi hijo. [14]Salúdense mutua-
mente con el beso fraterno. Paz a todos ustedes,
los que están unidos a Cristo.

2 PEDRO

Saludo

1 [1]Simón Pedro, siervo y apóstol de Jesucristo,
a los que comparten con nosotros el privile-
gio de la fe, por la justicia de nuestro Dios y Sal-
vador Jesucristo: [2]que la gracia y la paz abunden
en ustedes por el conocimiento de Dios y de Je-
sús nuestro Señor.

Vocación cristiana

[3]El poder divino nos ha otorgado todo lo que
necesitamos para la vida y la piedad, haciéndo-
nos conocer a aquel que nos llamó con su propia
gloria y mérito. [4]Con ellas nos ha otorgado las
promesas más grandes y valiosas, para que por
ellas participen de la naturaleza divina y esca-
pen de la corrupción que habita en el mundo a
causa de los malos deseos. [5]Así, no ahorren es-
fuerzos por añadir a su fe la virtud, a la virtud el
conocimiento, [6]al conocimiento el dominio pro-
pio, al dominio propio la paciencia, a la pacien-
cia la piedad, [7]a la piedad el afecto fraterno,
al afecto fraterno el amor. [8]Si ustedes poseen
esos dones en abundancia no permanecerán in-
activos ni estériles para conocer a nuestro Señor
Jesucristo. [9]Y quien no los posee está ciego y va
a tientas, olvidando de que lo han purificado de
sus viejos pecados. [10]Por tanto, hermanos, es-
fuércense por asegurar su vocación y elección.
Si obran así, no tropezarán nunca; [11]y además se
les abrirá generosamente la entrada en el reino
perpetuo del Señor nuestro y salvador Jesucris-
to. [12]Por tanto, siempre trataré de recordarles
estas cosas aunque las saben y están firmes
en la verdad poseída; [13]y mientras vivo en esta
morada, juzgo oportuno mantenerlos despier-
tos con mis llamados. [14]Porque sé que pronto
dejaré esta morada, como me ha informado el
Señor nuestro Jesucristo. [15]Y me esforzaré para
que, después de mi partida, ustedes se acuerden
siempre de estas cosas.

Testigo de la gloria de Cristo

[16]Porque cuando les anunciamos el poder y
la venida del Señor nuestro Jesucristo, no nos
guiábamos por fábulas ingeniosas, sino que ha-
bíamos sido testigos oculares de su grandeza.
[17]En efecto, él recibió de Dios Padre honor y glo-
ria, por una voz que le llegó desde la sublime
Majestad que dijo: Este es mi Hijo querido, mi
predilecto. [18]Esa voz llegada del cielo la oímos
nosotros cuando estábamos con él en la monta-
ña santa. [19]Con ello se nos confirma el mensa-
je profético, y ustedes harán bien en prestarle
atención, como a una lámpara que alumbra en la
oscuridad, hasta que amanezca el día y el astro
matutino amanezca en sus mentes. [20]Pero deben
saber ante todo que nadie puede interpretar por
sí mismo una profecía de la Escritura, [21]porque
la profecía nunca sucedió por iniciativa huma-
na, sino que los hombres de Dios hablaron movi-
dos por el Espíritu Santo.

Contra los falsos profetas y maestros

2 [1]En el pueblo de Israel hubo también falsos
profetas, como habrá entre ustedes falsos
maestros, que introducirán sectas pernicio-
sas, y, renegando del Señor que los redimió, se
acarrearán una rápida destrucción. [2]Muchos los
seguirán en su vida viciosa y por su culpa será
desprestigiado el camino de la verdad. [3]Y por
amor al dinero abusarán de ustedes con discur-
sos engañosos. Pero la condenación los espera
a ellos sin remedio, ya que desde hace mucho
están condenados.

[4]Si Dios no perdonó a los ángeles pecadores,
antes bien los sepultó en el infierno y los sumer-
gió en el abismo de las tinieblas, reservándolos
para el juicio; [5]si tampoco perdonó a la humani-
dad de antaño, sino que, guardando con otros
siete a Noé, predicador de la justicia, envió el
diluvio al mundo de los malvados; [6]si condenó
a Sodoma y Gomorra reduciéndolas a cenizas y
dejándolas como escarmiento de futuros malva-
dos [7]–si bien libró a Lot el justo, que sufría con
la conducta de los libertinos, [8]porque teniendo
que vivir en medio de ellos, su alma de justo
se sentía constantemente torturada por las ini-
quidades que veía y escuchaba–. [9]El Señor sabe
librar a los hombres religiosos y reserva a los
malvados para castigarlos el día del juicio; [10]es-
pecialmente a los que siguen el instinto y sus
inmundos apetitos y desprecian la Soberanía.

Estos hombres, audaces e insolentes, insul-
tan a los ángeles gloriosos, [11]siendo así que los
ángeles, superiores en fuerza y poder, no los
acusan con insultos ante Dios. [12]Esos hombres,
como animales irracionales destinados por na-
turaleza a ser cazados y consumidos, insultan
lo que no entienden; pero se corromperán como
esos mismos animales [13]y recibirán así la paga
de su injusticia.

Su idea del placer es la orgía en pleno día;
sucios y asquerosos, se gozan en engañarlos
cuando comen con ustedes. [14]No pueden ver una
mujer sin desearla, nunca se cansan del pecado,
seductores de almas débiles, expertos en avari-
cia: dignos de maldición. [15]Dejando el camino
recto, se extraviaron. Siguieron el camino de
Balaán de Bosor, que ganó dinero haciendo el
mal. [16]Y fue reprendido por su pecado, pues su
burra se puso a hablar con voz humana frenando
la locura del profeta. [17]Estos maestros son fuen-
tes sin agua, nubes empujadas por la tormenta,
ellos están destinados a las densas tinieblas.
[18]Pronunciando discursos vacíos y altisonantes
alientan las pasiones y los deseos impuros de
sus oyentes recién alejados de los que viven en
el error. [19]Les prometen libertad, siendo escla-
vos de la corrupción. Porque uno se hace esclavo
de aquel que lo domina.
[20]En efecto, si uno se ha alejado de la inmun-
dicia del mundo, por el conocimiento de [nues-
tro] Señor y Salvador Jesucristo, y de nuevo se
deja enredar y se rinde, su final es peor que el
principio. [21]Más les valdría no haber conocido el
camino de la justicia que, habiéndolo conocido,
apartarse del santo mandamiento que les habían
trasmitido. [22]Les sucede lo del acertado prover-
bio: *perro que vuelve a su vómito*, o este otro:
cerdo bañado que se revuelca en el fango.

Retraso de la parusía

3 [1]Queridos hermanos, esta es ya la segunda
carta que les escribo; en las dos les refresco
la memoria para despertar, con el recuerdo, sus
mentes sinceras. [2]Recuerden lo que anunciaron
los santos profetas y el mandato del Señor y sal-
vador transmitido por los apóstoles.
[3]Ante todo deben saber que al final de los
tiempos vendrán hombres cínicos y burlones,
entregados a sus apetitos, [4]que dirán: ¿Qué ha
sido de su venida prometida? Desde que murie-
ron nuestros padres, todo sigue igual que desde
el principio del mundo. [5]Al afirmar esto, ellos no
tienen en cuenta que desde antiguo existía un
cielo y una tierra emergiendo del agua y consis-
tente en medio del agua por la palabra de Dios.
[6]Y así el mundo de entonces pereció a causa
del diluvio. [7]El cielo y la tierra actuales por la
misma palabra están conservados para el fuego,
reservados para el día del juicio y condena de los
hombres perversos.
[8]Que esto, queridos hermanos no les quede
oculto: que para el Señor un día es como mil
años y mil años como un día. [9]El Señor no se
retrasa en cumplir su promesa, como algunos
piensan, sino que tiene paciencia con ustedes,
porque no quiere que se pierda nadie, sino que
todos se arrepientan. [10]El día del Señor llegará
como un ladrón. Entonces el cielo desaparecerá
con estruendo, los elementos serán destrui-
dos en llamas, la tierra con sus obras quedará
consumida.
[11]Y si todo se ha de destruir de ese modo, ¡con
cuánta santidad y devoción deben vivir [uste-
des]!, [12]esperando y apresurando la venida del
día de Dios, cuando el cielo se consumirá en el
fuego y los elementos se derretirán abrasados.
[13]De acuerdo con su promesa, esperamos un
cielo nuevo y una tierra nueva en los que ha-
bitará la justicia. [14]Por tanto, queridos herma-
nos, mientras esperan estas cosas hagan todo
lo posible para que Dios los encuentre en paz,
sin mancha ni culpa. [15]Piensen que la pacien-
cia de Dios con ustedes es para su salvación;
como les escribió nuestro querido hermano Pa-
blo con la sabiduría que le fue concedida. [16]En
todas sus cartas trata estos temas, si bien en
ellas hay cosas difíciles de entender, que los
inexpertos y vacilantes deforman, como hacen
con el resto de la Escritura, para su perdición.
[17]Por eso, queridos hermanos, estén preveni-
dos y precavidos para que no sean arrastrados
por los engaños de hombres sin principios, y
pierdan su firmeza. [18]Crezcan, más bien, en la
gracia y el conocimiento de nuestro Señor y
Salvador Jesucristo. A él la gloria ahora y hasta
la eternidad. [Amén.]

1 JUAN

Prólogo

1 [1]Lo que existía desde el principio, lo que he-
mos oído, lo que hemos visto con nuestros
ojos, lo que hemos contemplado y han palpa-
do nuestras manos, es lo que les anunciamos:
la palabra de vida. [2]La vida se manifestó: la
vimos, damos testimonio y les anunciamos la
vida eterna que estaba junto al Padre y se nos
manifestó. [3]Lo que vimos y oímos se lo anun-
ciamos también a ustedes para que compartan
nuestra vida, como nosotros la compartimos
con el Padre y con su Hijo Jesucristo. [4]Les es-
cribimos esto para que la alegría de ustedes
sea completa.

Luz y pecado

[5]Este es el mensaje que le oímos y les anuncia-
mos: que Dios es luz sin mezcla de tinieblas. [6]Si
decimos que compartimos su vida mientras ca-
minamos a oscuras, mentimos y no procedemos

con sinceridad. [7]Pero si caminamos en la luz, co-
mo él está en la luz, estamos en comunión unos
con otros y la sangre de su Hijo Jesús nos limpia
de todo pecado. [8]Si decimos que no hemos pe-
cado, nos engañamos y no somos sinceros. [9]Si
confesamos nuestros pecados, él es fiel y justo
para perdonarnos los pecados y limpiarnos de
todo delito. [10]Si decimos que no hemos pecado,
lo hacemos pasar por mentiroso y su palabra no
está en nosotros.

2 [1]Hijos míos, les escribo esto para que no pe-
quen. Pero si alguien peca, tenemos un abo-
gado ante el Padre, Jesucristo el Justo. [2]Él se
ofreció en sacrificio para que nuestros pecados
sean perdonados y no solo los nuestros, sino los
de todo el mundo.

Verdadero conocimiento de Dios

[3]La señal de que lo conocemos es que cumpli-
mos sus mandamientos. [4]Quien dice que lo cono-
ce y no cumple sus mandamientos miente y no
es sincero. [5]Pero quien cumple su palabra, ese
ama perfectamente a Dios. En eso conocemos
que estamos con él. [6]Quien dice que permane-
ce con él ha de vivir como él vivió. [7]Queridos,
no les escribo un mandamiento nuevo, sino el
mandamiento antiguo que tenían desde el prin-
cipio. El mandamiento antiguo es el mensaje
que ustedes oyeron. [8]Y, sin embargo, se lo doy
como mandamiento nuevo, que se hace realidad
en Jesucristo y en ustedes; porque se alejan las
tinieblas y la luz verdadera ya alumbra. [9]Quien
dice que está en la luz mientras odia a su herma-
no sigue en tinieblas. [10]Quien ama a su hermano
permanece en la luz y no tropieza. [11]Quien odia
a su hermano está en tinieblas, camina en tinie-
blas y no sabe adónde va, porque la oscuridad le
ciega los ojos.

Vencer al Maligno

[12]Hijos míos, les escribo a ustedes porque sus
pecados han sido perdonados por el nombre de
Jesús.[13]Padres, les escribo a ustedes porque
conocen al que existe desde el principio. Jóve-
nes, les escribo a ustedes porque han vencido
al Maligno.
[14]Hijos, les he escrito porque ustedes conocen
al Padre. [15]No amen al mundo ni lo que hay en él:
quien ama al mundo no posee el amor del Padre.
[16]Porque todo lo que hay en el mundo, los malos
deseos de la naturaleza humana, la codicia de
los ojos y el orgullo de las riquezas no procede
del Padre, sino del mundo. [17]Y el mundo pasa con
sus codicias; pero quien cumple la voluntad de
Dios permanece por siempre.

Cristo y los anticristos

[18]Hijos míos, estamos en la última hora. Han
oído que ha de venir el Anticristo; en realidad
ya han venido muchos anticristos, y eso nos
demuestra que es la última hora. [19]Salieron de
entre nosotros, pero no eran de los nuestros.
Si hubieran sido de los nuestros, habrían per-
manecido con nosotros. Así mostraron que no
eran de los nuestros. [20]Ustedes han recibido la
unción del Espíritu, y todos tienen la verdadera
sabiduría. [21]No les escribo porque desconocen la
verdad, sino porque la conocen y porque ningu-
na mentira procede de la verdad. [22]¿Quién es el
mentiroso, sino quien niega que Jesús es el Cris-
to? Ese es el Anticristo: quien niega al Padre y
al Hijo. [23]Quien niega al Hijo no acepta al Padre;
quien confiesa al Hijo acepta al Padre.
[24]En cuanto a ustedes permanezcan fieles a
lo que oyeron desde el principio. Si conservan
en su corazón lo que oyeron al principio, tam-
bién ustedes permanecerán con el Hijo y con el
Padre. [25]Y esta es la promesa que él nos hizo:
la vida eterna. [26]Les escribo estas cosas pen-
sando en aquellos que tratan de engañarlos.
[27]Ustedes conserven la unción que recibieron de
Jesucristo y no tendrán necesidad de que nadie
les enseñe; porque su unción, que es verdadera
e infalible, los instruirá acerca de todo. Lo que
les enseñe consérvenlo. [28]Ahora, hijitos, perma-
nezcan con él, y así, cuando se manifieste, ten-
dremos confianza y no nos avergonzaremos de
él en el día de su venida. [29]Si ustedes saben que
él es justo, sabrán que quien practica la justicia
es hijo suyo.

Hijos de Dios

3 [1]Miren qué amor tan grande nos ha mostrado
el Padre: que nos llamamos hijos de Dios y
realmente lo somos. Por eso el mundo no nos
reconoce, porque no lo reconoce a él.
[2]Queridos, ya somos hijos de Dios, pero toda-
vía no se ha manifestado lo que seremos. Sabe-
mos que, cuando aparezca, seremos semejantes
a él y lo veremos como él es. [3]Todo el que tiene
puesta en Jesucristo esta esperanza se purifica,
así como él es puro. [4]Quien comete pecado que-
branta la ley: el pecado es la rebeldía a la ley. [5]Y
saben que él se manifestó para quitar los peca-
dos y él no tuvo pecado. [6]Quien permanece con él
no peca; quien peca no lo ha visto ni conocido.
[7]Hijitos, que nadie los engañe: quien practica
la justicia es justo como lo es él. [8]Quien come-
te pecado procede del Diablo, porque el Diablo
es pecador desde el principio; y el Hijo de Dios
apareció para destruir las obras del Diablo. [9]Na-
die que sea hijo de Dios comete pecado, porque

permanece en él la semilla de Dios; y no pue-
de pecar, porque ha sido engendrado por Dios.
10Los hijos de Dios y los del Diablo se reconocen
así: quien no practica la justicia ni ama a su her-
mano no procede de Dios.

El mandamiento del amor

11El mensaje que oyeron desde el principio es
que nos amemos los unos a los otros. 12No co-
mo Caín, que procedía del Maligno y asesinó a
su hermano. Y, ¿por qué lo asesinó? Porque sus
acciones eran malas y las de su hermano bue-
nas. 13No se extrañen, hermanos, si el mundo
los odia. 14Nosotros sabemos que hemos pasado
de la muerte a la vida porque amamos a los her-
manos. Quien no ama permanece en la muerte.
15Quien odia a su hermano es homicida, y saben
que ningún homicida posee la vida eterna. 16He-
mos conocido lo que es el amor en aquel que dio
la vida por nosotros. Por eso, también nosotros
debemos dar la vida por los hermanos. 17Si uno
vive en la abundancia y viendo a su hermano ne-
cesitado le cierra el corazón y no se compadece
de él, ¿cómo puede conservar el amor de Dios?
18Hijitos, no amemos de palabra y con la bo-
ca, sino con obras y de verdad. 19Así conocere-
mos que procedemos de la verdad y tendremos
ante él la conciencia tranquila, 20y aunque la
conciencia nos acuse, Dios es más grande que
nuestra conciencia y lo sabe todo. 21Queridos, si
la conciencia no nos acusa, podemos confiar en
Dios, 22y recibiremos de él lo que pidamos, por-
que cumplimos sus mandatos y hacemos lo que
le agrada. 23Y este es su mandato: que creamos
en la persona de su Hijo Jesucristo y nos ame-
mos unos a otros como él nos mandó. 24Quien
cumple sus mandatos permanece con Dios y Dios
con él. Y sabemos que permanece con nosotros
por el Espíritu que nos ha dado.

Discernimiento de espíritu

4 1Queridos míos, no crean a todos los que se
dicen inspirados, más bien, pongan a prueba
su inspiración, para ver si procede de Dios; por-
que han aparecido en el mundo muchos falsos
profetas. 2En esto reconocerán al que Dios ins-
pira todo: espíritu que confiesa que Jesucristo
vino en carne mortal procede de Dios; 3todo
espíritu que no confiesa a Jesús no procede de
Dios, sino más bien del Anticristo. Oyeron que
iba a venir, ahora ya está en el mundo.
4Hijitos míos, ustedes son de Dios y han ven-
cido a esos falsos profetas, porque el que está
en ustedes es más poderoso que el que está en
el mundo. 5Ellos son del mundo: por eso hablan
de cosas mundanas y el mundo los escucha. 6No-
sotros somos de Dios, y quien conoce a Dios nos
escucha, quien no es de Dios no nos escucha. Así
distinguimos el espíritu de la verdad y el espíri-
tu de la mentira.

Dios es amor

7Queridos, amémonos unos a otros, porque
el amor viene de Dios; todo el que ama es hijo
de Dios y conoce a Dios. 8Quien no ama no ha
conocido a Dios, ya que Dios es amor. 9Dios ha
demostrado el amor que nos tiene enviando al
mundo a su Hijo único para que vivamos gracias a
él. 10En esto consiste el amor: no en que nosotros
hayamos amado a Dios, sino en que él nos amó
y envió a su Hijo para que, ofreciéndose en sa-
crificio, nuestros pecados quedaran perdonados.
11Queridos, si Dios nos ha amado tanto, tam-
bién nosotros debemos amarnos unos a otros.
12A Dios nunca lo ha visto nadie; si nos amamos
unos a otros, Dios permanece en nosotros y el
amor de Dios ha llegado a su plenitud en no-
sotros. 13Reconocemos que está con nosotros y
nosotros con él porque nos ha hecho participar
de su Espíritu. 14Nosotros lo hemos contempla-
do y atestiguamos que el Padre envió a su Hijo
como Salvador del mundo. 15Si uno confiesa que
Jesús es Hijo de Dios, Dios permanece con él y
él con Dios. 16Nosotros hemos conocido y he-
mos creído en el amor que Dios nos tuvo. Dios
es amor: quien conserva el amor permanece con
Dios y Dios con él. 17El amor llegará en nosotros
a su perfección si somos en el mundo lo que él
fue y esperamos confiados el día del juicio. 18En
el amor no cabe el temor, antes bien, el amor
desaloja el temor. Porque el temor se refiere al
castigo, y quien teme no ha alcanzado un amor
perfecto. 19Nosotros amamos porque él nos amó
antes. 20Si uno dice que ama a Dios mientras
odia a su hermano, miente; porque si no ama
al hermano a quien ve, no puede amar a Dios a
quien no ve. 21Y el mandato que nos dio es que
quien ama a Dios ame también a su hermano.

Conclusión

5 1Todo el que cree que Jesús es el Cristo es
hijo de Dios y todo el que ama al Padre ama
también al Hijo. 2Si amamos a Dios y cumplimos
sus mandatos, es señal de que amamos a los
hijos de Dios. 3Porque el amor de Dios consiste
en cumplir sus mandatos, que no son una carga.
4Todo el que es hijo de Dios vence al mundo; y
esta es la victoria que venció al mundo: nuestra
fe. 5¿Quién vence al mundo sino el que cree que
Jesús es el Hijo de Dios? 6Es el que vino con agua
y sangre, Jesucristo: no solo con agua, sino con
agua y sangre. Y el Espíritu, que es la verdad,

da testimonio, porque el Espíritu es la verdad.
7Tres son los testigos: 8el Espíritu, el agua y la
sangre, y los tres concuerdan. 9Si aceptamos el
testimonio humano, más convincente es el tes-
timonio de Dios.
10Quien cree en el Hijo de Dios posee el testi-
monio; quien no cree a Dios lo deja por mentiro-
so al no creer el testimonio que Dios ha dejado
acerca de su Hijo. 11El testimonio declara que
Dios nos ha dado vida eterna y que esa vida está
en su Hijo. 12Quien acepta al Hijo posee la vida;
quien no acepta al Hijo de Dios no posee la vida.
13Les escribo esto a ustedes, los que creen en
la persona del Hijo de Dios para que sepan que
poseen vida eterna.
14Nos dirigimos a Dios con la confianza de
que, si pedimos algo según su voluntad, nos
escuchará. 15Y si sabemos que nos escucha
cuando le pedimos, sabemos que ya poseemos
lo que hemos pedido. 16Si uno ve a su hermano
cometiendo un pecado que no lleva a la muer-
te, rece y Dios dará vida al hermano. Me refiero
a los que cometen pecados que no llevan a la
muerte: porque hay pecados que son mortales,
por ellos no digo que rece. 17Toda maldad es
pecado, pero hay pecados que no acarrean la
muerte. 18Sabemos que el que ha nacido de Dios
no peca, porque el Engendrado por Dios lo pro-
tege para que el Maligno no lo toque. 19Sabe-
mos que procedemos de Dios, mientras que el
mundo entero pertenece al Maligno. 20Sabemos
que el Hijo de Dios ha venido y nos ha dado in-
teligencia para conocer al que es Verdadero. Y
nosotros permanecemos en el que es Verdadero
y con su Hijo Jesucristo. Él es el Dios verdadero
y la vida eterna.
21Hijitos míos, cuídense de los ídolos.

2 JUAN

1Del Anciano a la Señora elegida y a sus hi-
jos a quienes amo de verdad; y no solo yo, sino
también todos los que han conocido la verdad.
2Los amo a causa de la verdad que permanece
en nosotros y estará con nosotros para siempre.
3Que Dios el Padre y Jesucristo, Hijo del Padre,
derramen su gracia sobre ustedes y les den mise-
ricordia y paz en la verdad y el amor. 4Ha sido pa-
ra mí una gran alegría encontrar entre tus hijos
algunos que viven de acuerdo a la verdad, según
el mandato recibido del Padre.
5Ahora, Señora, no te escribo un mandamiento
nuevo, sino el que teníamos desde el principio,
que nos amemos unos a otros. 6El amor consiste
en proceder según sus mandamientos; y el man-
damiento que ustedes han aprendido desde el
principio es que vivan en el amor.
7Muchos impostores han venido al mundo
afirmando que Jesucristo no ha venido en car-
ne mortal: ellos son el impostor y el Anticristo.
8Ustedes estén atentos para no perder el fruto
de su trabajo, sino para recibir, más bien, una
recompensa perfecta.
9Quien pretende avanzar más allá de la doc-
trina de Cristo y no permanece en ella, no está
unido a Dios. En cambio, quien se mantiene en
dicha enseñanza cuenta con el Padre y con el
Hijo. 10Si alguien se les presenta y no lleva esa
enseñanza, no lo reciban en casa ni lo saluden;
11porque quien lo saluda se hace cómplice de sus
malas acciones.
12Aunque me quedan muchas cosas por escri-
bir, no he querido confiarlas al papel y la tinta,
porque espero visitarlos y hablar con ustedes
cara a cara, para que su alegría sea completa.
13Te saludan los hijos de tu Hermana elegida.

3 JUAN

1Del Anciano al querido Gayo a quien quiero
de veras.
2Querido, como te va bien espiritualmente, pi-
do que te vaya bien en todo y tengas salud. 3Me
alegré mucho cuando vinieron unos hermanos y
dieron testimonio de tu conducta fiel a la ver-
dad. 4No hay para mí mayor alegría que oír que
mis hijos son fieles a la verdad.
5Querido, es muestra de lealtad lo que haces
por los hermanos, aunque sean extranjeros.
6Delante de la comunidad han dado testimonio
de tu amor. Por eso es justo que los proveas en
su misión, como Dios se merece, 7ya que se han
puesto en camino en nombre de Cristo sin re-
cibir nada de los paganos. 8Por nuestra parte,
debemos acoger a gente como esa, para colabo-
rar con la verdad. 9Escribí algo a la comunidad;
pero Diotrefes, a quien le gusta mandar, no nos
recibe. 10Por eso, cuando vaya, denunciaré sus
acciones: con su maledicencia nos desprestigia.
No contento con ello, ni recibe él a los hermanos
ni se lo deja hacer a los que quieren, antes los
expulsa de la comunidad.
11Querido, no imites lo malo, sino lo bueno.
Quien hace el bien procede de Dios; quien hace
el mal no ha visto a Dios. 12Demetrio goza de la
estima de todos y también de la verdad; noso-
tros añadimos nuestro testimonio, y sabes que
es verdadero.

[13]Aunque me quedan muchas cosas que escri-
birte, no quiero confiarlas a la pluma y tinta.
[14]Espero verte pronto y hablar contigo cara a ca-
ra. [15]Paz contigo. Te saludan los amigos. Saluda
a cada uno de los amigos.

JUDAS

Saludo

[1]De Judas, siervo de Jesucristo, hermano de
Santiago, a los elegidos que Dios Padre ama y
Jesucristo custodia: [2]reciban ustedes misericor-
dia, paz y amor abundantes.

Falsos maestros

[3]Queridos, yo tenía un gran deseo de escri-
birles acerca de nuestra común salvación, pero
ahora juzgué necesario escribirles con el fin de
moverlos a luchar por la fe que los santos reci-
bieron de una vez para siempre. [4]Porque se han
infiltrado entre ustedes unos individuos, cuya
condenación estaba preanunciada desde hace
mucho tiempo. Son hombres sin religión, que
hacen de la gracia de nuestro Dios un pretexto
para su desenfreno y reniegan de nuestro único
dueño y Señor Jesucristo.
[5]Quiero recordarles lo que aprendieron de una
vez para siempre: el Salvador sacó de Egipto al
pueblo, pero después destruyó a los incrédulos.
[6]A los ángeles que no conservaron su rango y
abandonaron su morada los tiene guardados en
tinieblas, con cadenas perpetuas, para el juicio
del gran día. [7]De modo semejante Sodoma y Go-
morra y las ciudades limítrofes: se entregaron a
inmoralidades sexuales, se dejaron llevar por vi-
cios contra la naturaleza y ahora sufren la pena
de un fuego eterno para escarmiento de otros. [8]Y
así, también estos, perdidos en sus sueños, con-
taminan su cuerpo, desprecian la autoridad del
Señor, e insultan a los ángeles gloriosos. [9]Cuan-
do el arcángel Miguel se disputaba con el Diablo
el cuerpo de Moisés, no se atrevió a condenarlo
con insultos, sino que dijo: El Señor te reprima.
[10]Estos, en cambio, maldicen lo que no conocen
y, como animales irracionales, se corrompen con
lo que perciben por los sentidos. [11]¡Ay de ellos!
Siguieron la senda de Caín. Por ganar dinero se
han desviado como Balaán, y como Córaj mueren
por su rebeldía.
[12]Estos son los que contaminan las comidas
fraternales que ustedes celebran, comen como
sinvergüenzas sin otra preocupación que su
estómago; son como nubes arrastradas por los
vientos sin dar agua, árboles en otoño sin fruto,
muertos dos veces y arrancados de raíz; [13]olas
encrespadas del mar con la espuma de sus des-
vergüenzas, estrellas fugaces cuyo destino per-
petuo son espesas tinieblas. [14]De ellos profetizó
Enoc, el séptimo descendiente de Adán: «Miren
que llega el Señor con sus millares de santos,
[15]para juzgar a todos: para probar la culpa de
todos los impíos, por todas las impiedades que
han cometido, por todas las insolencias que han
pronunciado contra él los impíos pecadores.
[16]Estos son los que protestan quejándose de su
suerte y dejándose llevar de sus pasiones. Su bo-
ca profiere insolencias y si alaban a las personas
es por interés».

Recomendaciones

[17]En cuanto a ustedes, queridos míos, recuer-
den lo que anunciaron los apóstoles de nuestro
Señor Jesucristo: [18]«En los últimos tiempos
habrá hombres que se burlarán de todo, que
seguirán sus pasiones impías». [19]Esos son los
que provocan discordias, hombres sensuales,
que no poseen el espíritu. [20]Ustedes, en cam-
bio, queridos, edifiquen su existencia sobre la
santísima fe, oren movidos por el Espíritu Santo,
[21]consérvense en el amor de Dios y esperen de la
misericordia de nuestro Señor Jesucristo la vida
eterna. [22]Tengan compasión de los que dudan;
[23]a unos sálvenlos arrancándolos del fuego, y
tengan compasión de los otros, pero con cuida-
do, aborreciendo hasta la ropa contaminada por
su contacto. [24]Al que puede preservarlos de toda
caída y presentarlos ante su gloria sin mancha y
gozosos, [25]al Dios único, que nos salvó por Jesu-
cristo Señor nuestro, sea la gloria, la majestad,
el poder y la autoridad desde la eternidad, ahora
y por los siglos. Amén.

APOCALIPSIS

Introducción

1 [1]Revelación que Dios confió a Jesucristo para
que mostrase a sus siervos lo que va a suceder
pronto. Él envió a su ángel para transmitírsela a
su siervo Juan, [2]quien atestigua que cuanto vio
es Palabra de Dios y testimonio de Jesucristo.
[3]Feliz el que lea y felices los que escuchen las
palabras de esta profecía y observen lo escrito
en ella, porque el tiempo está cerca.

Mensaje a las siete Iglesias: saludo

[4]De Juan a las siete Iglesias de Asia: les deseo
el favor y la paz de parte de Aquel que es, que
era y que será, de parte de los siete espíritus

que están ante su trono 5y de parte de Jesucris-
to, el testigo fidedigno, el primogénito de los
muertos, el Señor de los reyes del mundo. Al que
nos ama y nos libró con su sangre de nuestros
pecados, 6e hizo de nosotros un reino, sacerdo-
tes de su Padre Dios, a él la gloria y el poder por
los siglos [de los siglos] amén. 7Mira que llega
entre las nubes: todos los ojos lo verán, tam-
bién los que lo atravesaron; y todas las razas
del mundo se darán golpes de pecho por él. Así
es, amén. 8Yo soy el alfa y la omega, dice el Se-
ñor Dios, Aquel que es, que era y que será, el
Todopoderoso.

Visión de Jesucristo

9Yo Juan, hermano de ustedes, con quienes
comparto las pruebas, el reino y la paciencia
por Jesús, me encontraba exilado en la isla de
Patmos a causa de la Palabra de Dios y del tes-
timonio de Jesús. 10Un domingo, se apoderó de
mí el Espíritu, y escuché detrás de mí una voz
potente, como de trompeta, 11que decía: «Lo que
ves escríbelo en un libro y envíalo a las siete
Iglesias: Éfeso, Esmirna, Pérgamo, Tiatira, Sar-
des, Filadelfia y Laodicea».
12Me volví para ver de quién era la voz que me
hablaba y al volverme vi siete lámparas de oro
13y en medio de las lámparas una figura huma-
na, vestida de larga túnica, el pecho ceñido de
un cinturón de oro; 14cabeza y cabello blancos
como la lana blanca o como nieve, los ojos co-
mo llama de fuego, 15los pies como de bronce
brillante y acrisolado, la voz como el estruendo
de aguas torrenciales. 16En su mano derecha su-
jetaba siete estrellas, de su boca salía una espa-
da afilada de doble filo; su aspecto como el sol
brillando con toda su fuerza.
17Al ver esto, caí a sus pies como muerto; pe-
ro él, poniéndome encima la mano derecha, me
dijo: «No temas. Yo soy el primero y el último,
18el que vive; estuve muerto y ahora ves que
estoy vivo por los siglos de los siglos, y tengo
las llaves de la muerte y el abismo. 19Escribe lo
que viste: lo de ahora y lo que sucederá después.
20Este es el símbolo de las siete estrellas que
viste en mi mano derecha y de las siete lámparas
de oro: las siete estrellas son los ángeles de las
siete Iglesias, las siete lámparas son las siete
Iglesias».

Mensaje a las siete Iglesias: contenido

2 1Al ángel de la Iglesia de Éfeso escríbele:
Esto dice el que sujeta en la mano derecha
las siete estrellas, el que camina entre las siete
lámparas de oro: 2«Conozco tus obras, tus fati-
gas, tu paciencia, que no toleras a los malvados,
que has sometido a prueba a los que se dicen
apóstoles sin serlo y has comprobado que son
falsos; 3has soportado y aguantado por mi causa
sin desfallecer. 4Pero tengo algo contra ti: que
has abandonado tu amor del principio. 5Fíjate de
dónde has caído, arrepiéntete y haz las obras del
principio. De lo contrario, si no te arrepientes,
vendré y removeré tu lámpara de su puesto. 6Sin
embargo tienes a tu favor esto, que detestas la
conducta de los nicolaítas como yo la detesto.
7El que tenga oídos escuche lo que dice el Espíri-
tu a las Iglesias. Al vencedor le permitiré comer
del árbol de la vida que está en el paraíso de
Dios».
8Al ángel de la Iglesia de Esmirna escríbele:
Esto dice el primero y el último, el que estaba
muerto y revivió: 9«Conozco tu aflicción y tu
pobreza, pero eres rico; sé que te injurian los
que se dicen judíos y son más bien la sinagoga
de Satanás. 10No te asustes por lo que has de pa-
decer; porque el Diablo va a meter en la cárcel a
algunos de ustedes y sufrirán durante diez días.
Sé fiel hasta la muerte, y te daré la corona de la
vida. 11El que tenga oídos escuche lo que dice el
Espíritu a las Iglesias. El vencedor no padecerá
la segunda muerte».
12Al ángel de la Iglesia de Pérgamo escríbele:
Esto dice el que tiene la espada afilada de doble
filo: 13«Sé que donde tú habitas tiene su trono
Satanás. A pesar de todo mantienes mi nombre
sin renegar de mí, ni siquiera cuando Antipas,
mi testigo fiel, fue asesinado en la ciudad de
ustedes, donde habita Satanás. 14Pero tengo
algo contra ti: que toleras allí a los que profe-
san la doctrina de Balaán, que indujo a Balac
a poner un tropiezo a los israelitas empuján-
dolos a comer víctimas idolátricas y a cometer
inmoralidades sexuales. 15Lo mismo tú toleras a
los que profesan la doctrina de los nicolaítas.
16Arrepiéntete; de lo contrario, iré pronto allá
para luchar contra ellos con la espada de mi bo-
ca. 17El que tenga oídos escuche lo que dice el
Espíritu a las Iglesias. Al vencedor le daré del
maná escondido, le daré una piedra blanca y gra-
bado en ella un nombre nuevo que solo conoce
el que lo recibe».
18Al ángel de la Iglesia de Tiatira escríbele:
Esto dice el Hijo de Dios, el que tiene los ojos
como llamas de fuego y los pies como bronce
lustrado: 19«Conozco tus obras, tu amor y tu fe,
tu paciencia y tu honradez, tus obras recien-
tes, mejores que las precedentes. 20Pero tengo
contra ti que toleras a Jezabel, que se declara
profetisa y engaña a mis siervos conduciéndolos
a la inmoralidad sexual y a comer carne sacrifi-
cada a los ídolos. 21Le he dado tiempo para que

se arrepienta, y no quiere arrepentirse de su
prostitución. 22Mira, a ella la postraré en cama
y a los que cometieron adulterio con ella, si no
se arrepienten de su conducta, les enviaré sufri-
mientos terribles. 23Daré muerte a sus hijos, y
sabrán todas las Iglesias que soy yo quien exa-
mina entrañas y corazones, para retribuir a cada
uno según sus obras.24A los demás de Tiatira les
digo que, si no han aceptado esa doctrina ni
aprendido los supuestos secretos de Satanás, no
les impondré otra carga. 25Basta que conserven
lo que ya tienen hasta que yo vuelva. 26Al ven-
cedor, al que permanezca fiel hasta el final le
daré poder sobre las naciones: 27los apacentará
con vara de hierro, los quebrará como vaso de
arcilla 28–es el poder que recibí de mi Padre–; y
le daré la estrella matutina. 29El que tenga oídos
escuche lo que dice el Espíritu a las Iglesias».

3 1Al ángel de la Iglesia de Sardes escríbele:
Así dice el que tiene los siete espíritus de
Dios y las siete estrellas:«Conozco tus obras: pa-
sas por vivo y estás muerto. 2Vigila y robustece
el resto que todavía no ha muerto; porque no
encuentro tus obras justas a juicio de mi Dios.
3Recuerda lo que recibiste y escuchaste: obsér-
valo y arrepiéntete. Si no estás en vela, vendré
como un ladrón, sin que sepas a qué hora llega-
ré. 4Con todo, tienes en Sardes unos cuantos que
no han contaminado sus vestiduras. Vestidos de
blanco se pasearán conmigo, porque son dignos.
5También el vencedor se vestirá de blanco y no
borraré su nombre del libro de la vida; lo confe-
saré ante mi Padre y ante mis ángeles. 6El que
tenga oídos escuche lo que dice el Espíritu a las
Iglesias».

7Al ángel de la Iglesia de Filadelfia escríbele:
Esto dice el Santo, el que dice la verdad, el que
tiene la llave de David; el que abre y nadie puede
cerrar, el que cierra y nadie puede abrir: 8«Co-
nozco tus obras. Mira, te he puesto delante una
puerta abierta que nadie puede cerrar. Aunque
tienes poca fuerza, has guardado mi palabra y
no has renegado de mí. 9Mira lo que haré a la si-
nagoga de Satanás, a los que se dicen judíos sin
serlo, porque mienten: haré que salgan a pos-
trarse a tus pies, reconociendo que yo te amo.
10Como tú guardaste mi encargo de perseverar,
yo te guardaré en la hora de la prueba, que se
echará sobre el mundo entero para probar a los
habitantes de la tierra. 11Voy a llegar pronto:
conserva lo que tienes para que nadie te arre-
bate la corona. 12Al vencedor lo haré columna
en el templo de mi Dios y no volverá a salir; en
ella grabaré el nombre de mi Dios y el nombre
de la ciudad de mi Dios, de la nueva Jerusalén
que baja del cielo desde mi Dios, y mi nombre
nuevo. 13El que tenga oídos escuche lo que dice
el Espíritu a las Iglesias».

14Al ángel de la Iglesia de Laodicea escríbele:
Así dice el Amén, el testigo fidedigno y veraz, el
principio de la creación de Dios: 15«Conozco tus
obras, no eres ni frío ni caliente. Ojalá fueras
frío o caliente; 16pero como eres tibio, ni frío
ni caliente, voy a vomitarte de mi boca. 17Di-
ces que eres rico, que tienes abundancia y no te
falta nada; y no te das cuenta de que eres des-
graciado, miserable y pobre, ciego y desnudo.
18Te aconsejo que me compres oro refinado para
enriquecerte, vestidos blancos para cubrirte y
no enseñar desnudas tus vergüenzas, y medicina
para ungirte los ojos y poder ver. 19A los que amo
yo los reprendo y corrijo. Sé fervoroso y arre-
piéntete. 20Mira que estoy a la puerta llaman-
do. Si uno escucha mi llamada y abre la puerta,
entraré en su casa y cenaré con él y él conmigo.
21Al vencedor lo haré sentarse en mi trono junto
a mí, igual que yo vencí y me senté junto a mi
Padre en su trono. 22El que tenga oídos escuche
lo que dice el Espíritu a las Iglesias».

Liturgia celeste

4 1Contemplé después una puerta abierta en
el cielo y oí la voz de trompeta que me había
hablado al principio: «Sube acá y te enseñaré
lo que va a suceder después». 2En ese momento
se apoderó de mí el Espíritu. Vi un trono co-
locado en el cielo 3y en él sentado uno cuyo
aspecto era de jaspe y cornalina; rodeando al
trono brillaba un arco iris como de esmeralda.
4Alrededor del trono había veinticuatro tro-
nos y sentados en ellos veinticuatro ancianos,
con vestiduras blancas y coronas de oro en la
cabeza. 5Del trono salían relámpagos y se es-
cuchaban truenos. Siete antorchas de fuego
ardían ante el trono, los siete espíritus de Dios.
6Delante del trono había como un mar transpa-
rente, como cristal. En el centro, rodeando el
trono, estaban cuatro seres vivientes cubiertos
de ojos por delante y por detrás. 7El primer ser
viviente tenía figura de león, el segundo de
toro, el tercero tenía rostro humano, el cuarto
tenía figura de águila volando. 8Cada uno de
los seres vivientes tenía seis alas, cubiertas
por dentro y por fuera de ojos. No descansan ni
de día ni de noche y dicen: Santo, santo, santo,
Señor Dios Todopoderoso, el que era y es y será.
9Cada vez que los seres vivientes daban gloria
y honor y gracias al que estaba sentado en el
trono, al que vive por los siglos de los siglos,
10los veinticuatro ancianos se postraban ante
el que estaba sentado en el trono, adoraban

al que vive por los siglos de los siglos y ponían
sus coronas delante del trono diciendo: [11]«Eres
digno, Señor Dios nuestro, de recibir la gloria,
el honor y el poder, porque creaste el universo y
por tu voluntad fue creado y existió».

El Cordero y el libro

5
[1]A la derecha del que estaba sentado en el
trono vi un rollo escrito por delante y por de-
trás y sellado con siete sellos. [2]Vi un ángel po-
deroso que pregonaba con voz potente: «¿Quién
es digno de abrir el rollo y romper sus sellos?».
[3]Nadie en el cielo ni en la tierra ni bajo tierra
podía abrir el rollo ni examinarlo. [4]Yo lloraba
mucho porque nadie era digno de abrir el rollo y
examinarlo. [5]Pero uno de los ancianos me dijo:
«No llores; que ha vencido el león de la tribu de
Judá, retoño de David: él puede abrir el rollo
de los siete sellos». [6]Entre el trono y los cua-
tro vivientes y los veinticuatro ancianos vi que
estaba en pie un cordero como sacrificado, con
siete cuernos y siete ojos –los [siete] espíritus
de Dios enviados por todo el mundo–. [7]Se acercó
a recibir el rollo de la mano derecha del que es-
taba sentado en el trono.
[8]Cuando lo recibió, los cuatro vivientes y
los veinticuatro ancianos se postraron ante el
cordero. Cada uno tenía una cítara y una copa
de oro llena de perfumes –las oraciones de los
santos–. [9]Cantaban un cántico nuevo: *«Eres dig-*
no de recibir el rollo y romper sus sellos, porque
fuiste degollado y con tu sangre compraste para
Dios hombres de toda raza, lengua, pueblo y na-
ción; [10]*hiciste de ellos el reino de nuestro Dios y*
sus sacerdotes, y reinarán en la tierra».
[11]Me fijé y escuché la voz de muchos ángeles
que estaban alrededor del trono, de los vivien-
tes y los ancianos: eran millones y millones, [12]y
decían con voz potente:«Digno es el Cordero de-
gollado de recibir el poder, la riqueza, el saber,
la fuerza, el honor,la gloria y la alabanza». [13]Y
escuché a todas las criaturas, cuanto hay en el
cielo y en la tierra, bajo tierra y en el mar, que
decían: «Al que está sentado en el trono y al
Cordero la alabanza y el honor y la gloria y el
poder por los siglos de los siglos». [14]Los cuatro
vivientes respondían Amén y los ancianos se
postraban adorando.

Los primeros sellos

6
[1]Vi al Cordero que abría el primero de los
siete sellos y oí a uno de los cuatro vivien-
tes que decía con voz de trueno: Ven. [2]Vi un
caballo blanco y a su jinete con un arco; le pu-
sieron una corona, y salió vencedor para seguir
venciendo.
[3]Cuando abrió el segundo sello, oí al segundo
viviente que decía: Ven. [4]Salió un caballo color
fuego; al jinete le encargaron que retirase la paz
de la tierra, de modo que los hombres se mata-
sen. Le entregaron una espada enorme.
[5]Cuando abrió el tercer sello, oí al tercer vi-
viente que decía: Ven. Vi salir un caballo negro
y su jinete llevaba una balanza en la mano. [6]Oí
una voz que salía de entre los cuatro vivientes:
Se vende una ración de trigo, por una moneda de
plata y tres raciones de cebada también por una
moneda de plata; pero no hagas daño al aceite
ni al vino.
[7]Cuando abrió el cuarto sello, oí la voz del
cuarto viviente que decía: Ven. [8]Vi salir un ca-
ballo amarillo; su jinete se llama muerte y los
acompaña el que representa el reino de la muer-
te. Les han dado poder para matar a la cuarta
parte de los habitantes del mundo, con la espa-
da, el hambre, la peste y las fieras.
[9]Cuando abrió el quinto sello, vi con vida de-
bajo del altar a los que habían sido asesinados
por la Palabra de Dios y por el testimonio que
habían dado. [10]Gritaban con voz potente: Señor
santo y verdadero, ¿cuándo juzgarás a los habi-
tantes de la tierra y vengarás nuestra sangre?
[11]Entonces les dieron a cada uno una vestidura
blanca y les dijeron que esperaran todavía un
poco, hasta que se completase el número de sus
hermanos que, en el servicio de Cristo, iban a ser
asesinados como ellos.
[12]Cuando se abrió el sexto sello, vi que so-
brevino un violento terremoto, el sol se volvió
negro como ropa de luto, la luna tomó color de
sangre, [13]las estrellas cayeron del cielo a la tie-
rra, como caen los higos verdes de la higuera
sacudida por el huracán. [14]El cielo se retiró como
un rollo que se enrolla, y todas las montañas e
islas se desplazaron de sus puestos. [15]Los reyes
del mundo, los nobles y los generales, los ricos
y poderosos, los esclavos y los hombres libres
se escondieron en grutas y cuevas de montes,
[16]y decían a los montes y peñascos: Caigan so-
bre nosotros y ocúltennos de la mirada de aquel
que se sienta en el trono y de la ira del Cordero.
[17]Porque ha llegado el día solemne de su ira y,
¿quién podrá resistir?

Los que se salvan

7
[1]Después vi cuatro ángeles de pie en los cua-
tro puntos cardinales, sujetando los cuatro
vientos de la tierra para que no soplasen sobre
la tierra, sobre el mar ni sobre los árboles. [2]Vi
otro ángel que subía desde oriente, con el sello
del Dios vivo, y gritaba con voz potente a los
cuatro ángeles encargados de hacer daño a la

tierra y al mar: 3«No hagan daño a la tierra ni al
mar ni a los árboles, hasta que no sellemos en
la frente a los servidores de nuestro Dios». 4Oí
el número de los marcados con el sello: ciento
cuarenta y cuatro mil de todas las tribus de Is-
rael: 5De la tribu de Judá doce mil, de la tribu de
Rubén doce mil, de la tribu de Gad doce mil, 6de
la tribu de Aser doce mil, de la tribu de Neftalí
doce mil, de la tribu de Manasés doce mil, 7de
la tribu de Simeón doce mil, de la tribu de Leví
doce mil, de la tribu de Isacar doce mil, 8de la
tribu de Zabulón doce mil, de la tribu de José
doce mil, de la tribu de Benjamín doce mil mar-
cados con el sello.

9Después vi una multitud enorme, que nadie
podía contar, de toda nación, raza, pueblo y len-
gua: estaban delante del trono y del Cordero,
vestidos con túnicas blancas y con palmas en
la mano. 10Gritaban con voz potente: «La vic-
toria es de nuestro Dios, que está sentado en
el trono, y del Cordero». 11Todos los ángeles se
habían puesto en pie alrededor del trono, de los
ancianos y de los cuatro vivientes. Se inclinaron
con el rostro en tierra delante del trono y adora-
ron a Dios 12diciendo: «Amén. Alabanza y gloria,
sabiduría y acción de gracias, honor y fuerza y
poder a nuestro Dios por los siglos de los siglos.
Amén».

13Uno de los ancianos se dirigió a mí y me
preguntó: «Los que llevan vestiduras blancas,
¿quiénes son y de dónde vienen?» Contesté: «Tú
lo sabes, señor». 14Me dijo: «Estos son los que
han salido de la gran tribulación, han lavado y
blanqueado sus vestiduras en la sangre del Cor-
dero. 15Por eso están ante el trono de Dios, le
dan culto día y noche en su templo, y el que se
sienta en el trono habita entre ellos. 16No pa-
sarán hambre ni sed, no les hará daño el sol ni
el calor los molestará, 17porque el Cordero que
está en el trono los apacentará y los guiará a
fuentes de agua viva. Y Dios secará las lágrimas
de sus ojos».

El séptimo sello y el incensario

8 1Cuando abrió el séptimo sello, se hizo en
el cielo un silencio de media hora. 2Vi a los
siete ángeles que estaban delante de Dios: les
entregaron siete trompetas. 3Otro ángel vino y
se colocó junto al altar con un incensario de oro;
le dieron incienso abundante para que lo aña-
diese a las oraciones de todos los santos, sobre
el altar de oro, delante del trono. 4De la mano
del ángel subió el humo del incienso con las ora-
ciones de los santos hasta la presencia de Dios.
5Después tomó el ángel el incensario, lo llenó
con brasas del fuego del altar y lo arrojó a la
tierra. Hubo truenos y estampidos, relámpagos
y un terremoto.

Las siete trompetas

6Los siete ángeles con las siete trompetas
se dispusieron a tocarlas. 7El primero dio un
toque de trompeta: hubo granizo y fuego mez-
clados con sangre, que fue arrojado a la tierra.
Se quemó la tercera parte de la tierra, junto
con la tercera parte de los árboles y toda la
hierba verde. 8El segundo ángel dio un toque
de trompeta: una montaña enorme se desplomó
ardiendo en el mar. La tercera parte del mar
se volvió sangre, 9la tercera parte de los seres
vivos marinos pereció, y la tercera parte de las
naves naufragó. 10El tercer ángel dio un toque
de trompeta: cayó del cielo una estrella gigan-
tesca, ardiendo como una antorcha; cayó sobre
la tercera parte de los ríos y sobre los manan-
tiales de agua. 11La estrella se llama Ajenjo.
Un tercio del agua se volvió ajenjo y muchos
hombres que bebieron de esas aguas murieron,
porque se habían vuelto amargas. 12El cuarto
ángel dio un toque de trompeta: se oscureció
la tercera parte del sol, de la luna y de las es-
trellas, de modo que una tercera parte de todo
se oscureció; faltó una tercera parte de la luz
del día y lo mismo sucedió con la noche. 13Vi un
águila volando por lo más alto del cielo y oí que
gritaba muy fuerte: ¡Ay, ay, ay de los habitan-
tes de la tierra cuando suenen las trompetas
que van a tocar los otros tres ángeles!

9 1El quinto ángel dio un toque de trompeta:
vi un astro caído del cielo a la tierra, que
recibió la llave del calabozo del abismo. 2Abrió
el pozo del abismo y subió un humo del pozo,
como humo de un horno gigante; el sol y el aire
se oscurecieron con el humo del pozo. 3Del humo
salieron langostas que se extendieron por la tie-
rra. Y recibieron un poder como el que tienen los
escorpiones de la tierra. 4Pero les prohibieron
hacer daño a la hierba de la tierra o al pasto o
a los árboles. Solo les permitieron hacer daño a
los hombres que no llevaban en la frente el sello
de Dios; 5no para matarlos, sino para atormen-
tarlos cinco meses. El tormento es como el de
un hombre picado por un escorpión. 6En aquel
tiempo los hombres buscarán en vano la muerte,
desearán morir, y la muerte huirá de ellos.

7Las langostas se parecen a caballos prepara-
dos para la batalla; llevan en la cabeza coronas
como de oro, tienen rostro como de hombres,
8cabello como de mujer, sus dientes como de
león. 9Llevan corazas como de hierro. El rumor
de sus alas es como el fragor de muchos carros

de caballos corriendo a la batalla. [10]Tienen colas como de escorpión, como aguijones, y en la cola poder para hacer daño a los hombres por cinco meses. [11]Su rey es el ángel del abismo, cuyo nombre en hebreo es Abadón y en griego Apolión. [12]Pasó el primer ay; atención, que detrás llega el segundo.

[13]El sexto ángel dio un toque de trompeta: escuché una voz que salía de los cuatro salientes del altar de oro que está delante de Dios [14]y decía al sexto ángel que tenía la trompeta: Suelta a los cuatro ángeles encadenados junto al río Grande –el Éufrates–. [15]Soltaron a los cuatro ángeles, que estaban preparados para una hora de un día de un mes de un año, para matar a una tercera parte de la humanidad. [16]Oí el número de los escuadrones de caballería: doscientos millones.

[17]Este es el aspecto que vi de los caballos y sus jinetes: llevaban corazas de fuego, color jacinto, y azufre. Las cabezas de los caballos como de leones; de las bocas salía fuego y humo y azufre. [18]Por esas tres plagas que salían de su boca, fuego y humo y azufre, pereció una tercera parte de la humanidad.[19]Los caballos tienen su fuerza en la boca y en la cola. Sus colas parecen serpientes con cabezas y con ellas hieren.

[20]El resto de los hombres que no murieron por estas plagas, no se arrepintieron de las obras de sus manos: no dejaron de adorar a los demonios y a los ídolos de oro, plata y bronce, de piedra y madera, que ni ven ni oyen ni caminan. [21]No se arrepintieron de sus homicidios, ni de sus brujerías, ni de sus inmoralidades sexuales ni de sus robos.

El pequeño libro

10 [1]Vi otro ángel poderoso bajando del cielo, envuelto en una nube, con el arco iris sobre la cabeza; su rostro como el sol, sus piernas como columnas de fuego. [2]Tenía en la mano un pequeño libro abierto. Apoyó el pie derecho en el mar y el izquierdo en tierra firme [3]y gritó con voz potente, como ruge un león. Cuando gritó, hablaron con su voz los siete truenos. [4]Cuando los siete truenos hablaron, me dispuse a escribir. Pero oí una voz del cielo que me decía: «Guarda en secreto lo que dijeron los siete truenos y no lo escribas».

[5]El ángel que vi de pie sobre el mar y la tierra firme alzó la mano derecha hacia el cielo [6]y juró por el que vive por los siglos de los siglos, que creó el cielo y cuanto contiene, la tierra y cuanto contiene, el mar y cuanto contiene: que ya no queda tiempo; [7]que, cuando suene el toque de trompeta del séptimo ángel, se cumplirá el plan secreto de Dios, como anunció a sus siervos los profetas.

[8]La voz celeste que había oído me dirigió de nuevo la palabra: «Anda, toma el pequeño libro que tiene abierto en la mano el ángel plantado sobre el mar y la tierra firme».

[9]Me dirigí al ángel y le pedí que me entregara el pequeño libro. Me dice: «Toma y cómelo, que en la boca te sabrá dulce como miel y amargo en el estómago». [10]Tomé el pequeño libro de mano del ángel y lo comí: en la boca era dulce como miel; pero cuando lo tragué, sentí amargo el estómago. [11]Me dicen: «Tienes que profetizar de nuevo sobre muchos pueblos, naciones, lenguas y reyes».

Los dos testigos

11 [1]Me entregaron una caña semejante a una vara de medir y me ordenaron: «Levántate y mide el templo de Dios y el altar y cuenta a los que adoran en él. [2]El atrio exterior del templo exclúyelo de la medida, porque se entrega a los paganos, que pisotearán la Ciudad Santa cuarenta y dos meses.

[3]Enviaré a mis dos testigos, que, vestidos con hábitos de penitencia, profetizarán mil doscientos sesenta días. [4]Son los olivos y las dos lámparas que están ante el Señor del mundo. [5]Si alguien intenta hacerles daño, echarán por la boca un fuego que consumirá a sus enemigos. Así ha de morir quien intente hacerles daño.

[6]Ellos tienen poder para cerrar el cielo, de modo que no llueva mientras ellos profetizan, y poder sobre las aguas para convertirlas en sangre, y poder sobre la tierra para herirla con plagas cuando quieran. [7]Cuando terminen su testimonio, la fiera que sube del abismo les declarará la guerra, los derrotará y los matará. [8]Sus cadáveres quedarán tendidos en la calle de la Gran Ciudad que lleva el nombre simbólico de Sodoma y Egipto, donde fue crucificado su Señor. [9]Durante tres días y medio, gente de diversos pueblos, razas, lenguas y naciones vigilarán sus cadáveres y no permitirán que los sepulten. [10]Los habitantes del mundo se alegrarán de su derrota, y lo festejarán enviándose mutuamente regalos, porque aquellos dos profetas los atormentaban». [11]Pasados los tres días y medio, el aliento de vida de Dios penetró en ellos, y se pusieron en pie. Los que lo vieron se llenaron de terror [12]y oyeron una voz potente, del cielo, que les decía: «Suban acá».

Subieron en una nube al cielo mientras sus enemigos los miraban.[13]En aquel momento sobrevino un gran terremoto y la décima parte de la ciudad se derrumbó y murieron en el terremoto siete mil personas. Los restantes se aterrorizaron y confesaron la gloria del Dios del cielo. 14Pasó el segundo ay; mira que pronto llega el tercero.

La séptima trompeta

15El séptimo ángel dio un toque de trompeta: voces potentes resonaron enel cielo: «Ha llegado el reinado en el mundo de nuestro Señor y de su Mesías y reinará por los siglos de los siglos». 16Los veinticuatro ancianos sentados en sus tronos delante de Dios se inclinaron hasta el suelo y adoraron a Dios 17diciendo: «Te damos gracias, Señor, Dios Todopoderoso, el que es y el que era, porque has asumido el poder supremo y el reinado. 18Los paganos se habían enfurecido, pero llegó el tiempo de tu ira, la hora de juzgar a los muertos y de dar el premio a tus siervos los profetas, a los consagrados, a los que respetan tu Nombre, pequeños y grandes; la hora de destruir a los que destruyen la tierra». 19En ese momento se abrió el templo de Dios que está en el cielo y apareció en el templo el arca de su alianza. Hubo relámpagos, estampidos, truenos, un terremoto y una fuerte granizada.

La mujer y el dragón

12 1Una gran señal apareció en el cielo: una mujer revestida del sol, la luna bajo los pies y en la cabeza una corona de doce estrellas. 2Estaba encinta y gritaba de dolor en el trance del parto. 3Apareció otra señal en el cielo: un dragón rojo enorme, con siete cabezas y diez cuernos y siete turbantes en las cabezas. 4Con la cola arrastraba la tercera parte de los astros del cielo y los arrojaba a la tierra. El dragón estaba frente a la mujer que iba a dar a luz, dispuesto a devorar a la criatura en cuanto naciera. 5Dio a luz a un hijo varón, que ha de apacentar a todas las naciones con vara de hierro. El hijo fue arrebatado hacia Dios y hacia su trono. 6La mujer huyó al desierto, donde tenía un lugar preparado por Dios para sustentarla mil doscientos sesenta días. 7Se declaró la guerra en el cielo: Miguel y sus ángeles luchaban contra el dragón; el dragón luchaba asistido de sus ángeles; 8pero no vencía, y perdieron su puesto en el cielo. 9El dragón gigante, la serpiente primitiva, llamada Diablo y Satanás, que engañaba a todo el mundo, fue arrojado a la tierra con todos sus ángeles.

10Escuché en el cielo una voz potente que decía: «Ha llegado la victoria, el poder y el reinado de nuestro Dios y la autoridad de su Cristo; porque ha sido expulsado el que acusaba a nuestros hermanos, el que los acusaba día y noche ante nuestro Dios. 11Ellos lo derrotaron con la sangre del Cordero y con su testimonio, porque despreciaron la vida hasta morir. 12Por eso que se alegren los cielos, y sus habitantes. Pero, ¡Ay de la tierra y del mar!, porque el Diablo ha bajado hasta ustedes, enfurecido, porque sabe que le queda poco tiempo».

13Cuando vio el dragón que había sido arrojado en tierra, persiguió a la mujer que había dado a luz al varón. 14A la mujer le dieron las dos alas del águila gigante, para que volase a su puesto en el desierto, donde la sustentarán un año y dos años y medio año, lejos de la serpiente. 15La serpiente echó por la boca agua como un río detrás de la mujer, para arrastrarla en la corriente. 16Pero la tierra auxilió a la mujer abriendo la boca y bebiendo el río que había echado por la boca el dragón.

17Enfurecido el dragón con la mujer, se alejó a pelear con el resto de sus descendientes, los que cumplen los preceptos de Dios y conservan el testimonio de Jesús. 18Y se detuvo a la orilla del mar.

Las dos fieras

13 1Vi salir del mar una fiera con diez cuernos y siete cabezas; en los cuernos diez turbantes y en las cabezas títulos blasfemos. 2La fiera de la visión parecía un leopardo, con patas como de oso y boca como de león. El dragón le delegó su poder, su trono y una autoridad grande. 3Una de sus cabezas parecía herida de muerte, pero la herida mortal se sanó. Todo el mundo admirado seguía a la fiera y adoraba al dragón que dio su autoridad a la fiera; 4y adoraban a la fiera diciendo: «¿Quién se mide con la fiera?, ¿quién podrá luchar con ella?» 5Le permitieron decir cosas arrogantes y blasfemas, le dieron autoridad para actuar cuarenta y dos meses. 6Abrió la boca blasfemando de Dios, blasfemando de su Nombre y su morada y de los que habitan en el cielo. 7Le permitieron hacer la guerra a los santos y vencerlos; le dieron autoridad sobre toda raza, pueblo, lengua y nación. 8La adorarán todos los habitantes de la tierra cuyos nombres no están registrados desde el principio del mundo en el libro de la vida del Cordero degollado. 9El que tenga oídos que escuche: 10El destinado al cautiverio irá cautivo, el destinado a la espada a espada morirá. ¡Aquí se pondrá a prueba la perseverancia y la fe de los santos!

11Vi subir de la tierra otra fiera, con dos cuernos como de cordero, que hablaba como un dra-

gón. 12Ejercía toda la autoridad de la primera
fiera en su presencia, y obligaba a todos los
habitantes de la tierra a adorar a la primera fie-
ra, cuya herida mortal se había sanado. 13Hace
grandes señales: hace caer rayos del cielo a la
tierra en presencia de los hombres. 14Engaña a
los habitantes de la tierra con las señales que le
permiten hacer delante de la fiera. Manda a los
habitantes de la tierra fabricar una imagen de la
fiera herida a espada y todavía viva.
15Le permitieron infundir aliento en la ima-
gen de la fiera, de modo que la imagen de la
fiera hablara e hiciera morir a los que no adora-
ban la imagen de la fiera. 16A todos, pequeños y
grandes, ricos y pobres, libres y esclavos, hace
que les pongan una marca en la mano derecha
o en la frente; 17de modo que el que no lleve
la marca con el nombre de la fiera o con los
numerales de su nombre no pueda comprar ni
vender. 18¡Aquí se pondrá a prueba el talento!
El que tenga inteligencia que calcule el número
de la fiera; es número de una persona y equi-
vale a 666.

Los salvados

14 1Vi al Cordero que estaba en el monte
Sión y con él ciento cuarenta y cuatro mil
que llevaban su nombre y el nombre del Padre
grabado en la frente. 2Oí un ruido en el cielo:
como ruido de aguas torrenciales, como ruido
de muchos truenos, el ruido que oí era como el
de muchos arpistas tocando sus arpas. 3Cantan
un cántico nuevo delante del trono, delante de
los cuatro vivientes y de los ancianos. Nadie
podía aprender el cántico fuera de los ciento
cuarenta y cuatro mil rescatados de la tierra.
4Son los que no se han contaminado con muje-
res y se conservan vírgenes. Estos acompañan
al Cordero por donde vaya. Han sido rescatados
de la humanidad como primicias para Dios y pa-
ra el Cordero. 5En su boca no hubo mentira: son
intachables.

La hora del juicio

6Vi otro ángel volando por lo más alto del
cielo llevando la Buena Noticia eterna, para
anunciarla a los que residen en la tierra, a toda
nación, raza, lengua y pueblo. 7Él proclama-
ba con voz potente: «Respeten a Dios y denle
gloria, porque ha llegado la hora de su juicio.
Adoren al que hizo el cielo y la tierra, el mar y
los manantiales».
8Un segundo ángel lo acompañaba diciendo:
«Cayó, cayó la gran Babilonia, la que embriaga-
ba a todas las naciones con el vino furioso de su
prostitución».
9Un tercer ángel los acompañaba diciendo a
grandes voces: «El que adore a la fiera y a su
imagen, el que acepte su marca en la frente o
en la mano 10habrá de beber el vino de la cólera
de Dios vertido sin mezcla en la copa de su ira;
será atormentado con fuego y azufre delante
de los santos ángeles y delante del Cordero. 11El
humo del tormento se eleva por los siglos de
los siglos. No tienen descanso de día ni de no-
che los que adoran a la fiera y a su imagen, los
que reciben la marca de su nombre. 12¡Aquí está
la constancia de los santos, que observan los
mandamientos de Dios y se mantienen fieles
a Jesús!»
13Oí una voz celeste que decía: «Escribe: Feli-
ces los que en adelante mueran fieles al Señor.
Sí –dice el Espíritu– descansarán de sus fatigas
porque sus obras los acompañan».
14Vi una nube blanca y en la nube sentada
una figura humana, con una corona de oro en
la cabeza y en la mano una hoz afilada. 15Sa-
lió otro ángel del templo y gritó en voz alta al
que estaba sentado en la nube: «Mete la hoz y
siega porque llegó la hora de la siega, cuando
la cosecha de la tierra está bien madura». 16El
que estaba sentado en la nube metió la hoz en
la tierra y la tierra quedó segada. 17Salió otro
ángel del templo del cielo, también él con una
hoz afilada. 18Salió otro ángel de junto al altar,
el que controla el fuego, y dijo a grandes vo-
ces al de la hoz afilada: «Mete la hoz afilada y
vendimia las uvas de la vid de la tierra, porque
los racimos están maduros». 19El ángel metió la
hoz en la tierra y vendimió la vid de la tierra
y echó las uvas en la cuba grande de la ira de
Dios. 20Pisaron la cuba fuera de la ciudad y se
desbordó la sangre de la cuba, que llegó a la
altura del freno de los caballos en un radio de
trescientos kilómetros.

Las siete últimas plagas

15 1Vi otra señal en el cielo, grande y admira-
ble: siete ángeles que llevan las siete úl-
timas plagas, en las que se agota la ira de Dios.
2Vi una especie de mar transparente veteado de
fuego. Los que habían vencido a la fiera, a su
imagen y al número de su nombre estaban jun-
to al mar transparente con las cítaras de Dios.
3Cantan el cántico de Moisés, siervo de Dios, y
el cántico del Cordero: «*Grandes y admirables
son tus obras, Señor Dios Todopoderoso; justos
y acertados tus caminos, Rey de las naciones.*
4*¿Quién no te respetará, Señor, quién no dará
gloria a tu nombre? Tú solo eres santo,y todas
las naciones vendrána adorarte en tu presencia,
porque se han revelado tus decisiones*».

5Después vi cómo se abría el templo, la tienda
del testimonio en el cielo. 6Del templo salieron
los siete ángeles de las siete plagas, vestidos de
lino puro resplandeciente, ceñida la cintura con
cinturones de oro. 7Uno de los cuatro vivientes
entregó a los siete ángeles siete copas de oro
llenas de la ira de Dios que vive por los siglos
de los siglos. 8El templo se llenó de humo por la
gloria y el poder de Dios, y nadie podía entrar
en el templo hasta que se completaron las siete
plagas de los siete ángeles.

Las copas de la ira

16 1Oí una voz potente que salía del templo y
decía a los siete ángeles: «Vayan a derra-
mar a la tierra las siete copas de la ira de Dios».
2Salió el primero y derramó su copa en la tie-
rra: a los que llevaban la marca de la fiera les
salieron úlceras malignas y graves.
3El segundo derramó su copa en el mar: Se
convirtió en sangre como de muerto, y murieron
todos los seres vivientes del mar.
4El tercero derramó su copa en los ríos y ma-
nantiales y se convirtieron en sangre. 5Oí que el
ángel de las aguas decía: «Justa es tu senten-
cia, oh Santo, el que eres y el que eras, 6porque
derramaron la sangre de santos y profetas; les
darás a beber sangre como se merecen». 7Y oí
decir al altar: «Sí, Señor, Dios Todopoderoso, tus
sentencias son justas y acertadas».
8El cuarto derramó su copa en el sol, y le per-
mitieron quemar a los hombres con fuego. 9Los
hombres se quemaron terriblemente y blasfe-
maron del nombre de Dios, que controla estas
plagas; pero no se arrepintieron dando gloria a
Dios.
10El quinto derramó su copa sobre el trono de
la fiera: su reino quedó en tinieblas, y se mor-
dían la lengua de dolor. 11Blasfemaron del Dios
del cielo por sus úlceras y dolores; pero no se
arrepintieron de sus acciones.
12El sexto derramó su copa en el río Grande –el
Éufrates–: su agua se secó para abrir paso a los
reyes de oriente. 13Vi salir de la boca del dragón,
de la boca de la fiera y de la boca del falso pro-
feta tres espíritus inmundos como sapos. 14Son
los espíritus de demonios que hacen señales y se
dirigen a los reyes del mundo y los reúnen para
la batalla del gran día del Dios Todopoderoso.
15¡Atención, que llego como ladrón! Dichoso el
que vela y guarda sus vestidos; así no tendrá
que pasear desnudo enseñando sus vergüen-
zas. 16Los reunió en un lugar llamado en hebreo
Har-Maggedon.
17El séptimo derramó su copa en el aire. Del
templo y del trono salió una voz potente que
decía: «¡Se terminó!». 18Hubo relámpagos, es-
tampidos y truenos; hubo un gran terremoto
como no lo ha habido desde que hay hombres en
la tierra; así de violento era el terremoto. 19La
Gran Ciudad se partió en tres y se derrumbaron
las ciudades de las naciones. Dios se acordó de
Babilonia la Grande y le hizo beber la copa de la
ira de su cólera. 20Huyeron todas las islas y no
quedaron montañas. 21Granizo gigantesco como
talentos cayó del cielo sobre los hombres. Los
hombres blasfemaron de Dios por la plaga de
granizo, que era una plaga terrible.

El juicio de la gran prostituta

17 1Uno de los siete ángeles que tenían las
siete copas se acercó a mí y me dirigió la
palabra: «Ven que te muestre el castigo de la
gran prostituta, sentada a la orilla de los gran-
des ríos 2con la que fornicaron los reyes del
mundo, y con el vino de su prostitución se em-
briagaron los habitantes del mundo».
3Me trasladó en éxtasis a un desierto. Allí vi
una mujer cabalgando una fiera color escarlata,
cubierta de títulos blasfemos, con siete cabezas
y diez cuernos. 4La mujer vestía de púrpura y
escarlata, enjoyada de oro, piedras preciosas
y perlas. En la mano sostenía una copa de oro
llena de las obscenidades e impurezas de su for-
nicación. 5En la frente llevaba un título secreto:
Babilonia la Grande, madre de las prostitutas
y las obscenidades de la tierra. 6Vi a la mujer
emborrachada con la sangre de los santos y la
sangre de los testigos de Jesús. Me llené de es-
tupor a su vista.
7El ángel me dijo: «¿De qué te admiras? Te ex-
plicaré el secreto de la mujer y de la fiera que la
soporta, la de las siete cabezas y los diez cuer-
nos». 8La fiera que viste existió y ya no existe,
pero va a subir del abismo para ser aniquilada.
Los habitantes del mundo cuyos nombres no es-
tán escritos desde el principio del mundo en el
libro de la vida se asombrarán al ver que la fiera
existió y no existe y se va a presentar.
9¡Aquí se pondrá a prueba el talento del pers-
picaz! Las siete cabezas son siete colinas, donde
está entronizada la mujer. Son también siete
reyes: 10Cinco han caído, uno está reinando,
otro no ha llegado aún; cuando venga, durará
poco. 11La fiera que existía y no existe ocupa
el octavo puesto, aunque es uno de los siete, y
será destruido. 12Los diez cuernos que viste son
diez reyes que todavía no reinan; pero durante
una hora compartirán con la fiera la autoridad.
13Tienen un solo propósito y someten su poder y
autoridad a la fiera. 14Lucharán contra el Corde-
ro, pero el Cordero los derrotará, porque es señor

de señores y rey de reyes, y los que él ha llamado
son elegidos y leales.
15Añadió: «los ríos que viste, donde está
sentada la prostituta, son pueblos, multitu-
des, naciones y lenguas. 16Los diez cuernos
que viste y la fiera aborrecerán a la prostituta,
la dejarán arrasada y desnuda, se comerán su
carne y la quemarán. 17Porque Dios los ha movi-
do a ejecutar su designio, aunando propósitos
y sometiendo sus reinos a la fiera, hasta que
se cumplan los planes de Dios. 18La mujer que
viste es la gran capital, soberana de los reyes
del mundo».

Caída de Babilonia

18 1Después vi bajar del cielo a otro ángel,
con gran autoridad, y la tierra se deslum-
bró con su resplandor. 2Gritó con voz potente:
«¡Cayó, cayó la Gran Babilonia! Se ha vuelto
morada de demonios, guarida de toda clase de
espíritus inmundos, guarida de toda clase de
aves impuras y repugnantes, 3porque todas las
naciones han bebido del vino furioso de su pros-
titución, y los reyes del mundo han fornicado
con ella y los comerciantes del mundo se han
enriquecido con su lujo fastuoso».
4Oí otra voz celeste que decía: «Pueblo mío,
salgan de ella, para no ser cómplice de sus pe-
cados y no sufrir sus castigos. 5Porque sus pe-
cados se apilan hasta el cielo, y el Señor tiene
en cuenta sus crímenes. 6Páguenle en su misma
moneda, denle el doble por sus acciones; la co-
pa en que preparó sus mezclas llénenla el do-
ble; 7cuanto fue su derroche y su lujo dénselo
de pena y tormento. Se decía: Tengo un trono
de reina; no quedaré viuda ni pasaré penalida-
des. 8Por eso, en un día le llegarán sus plagas:
matanza, duelo y hambre, y la incendiarán;
porque el Señor Dios que la condena es pode-
roso. 9Por ella llorarán y harán duelo los reyes
del mundo que con ella fornicaron y se dieron
al lujo, cuando vean el humo de su incendio, 10y
desde lejos, por miedo a su tormento, dirán:
"¡Ay, ay de la Gran Ciudad, Babilonia la podero-
sa, que en una hora se cumplió tu sentencia!".
11Los comerciantes del mundo llorarán y harán
duelo por ella, porque ya nadie compra su mer-
cancía: 12oro y plata, piedras preciosas y per-
las, lino y púrpura, seda y escarlata, maderas
aromáticas, objetos de marfil, instrumentos de
maderas preciosas, de bronce, hierro y mármol,
13canela y especias, perfumes, mirra e incien-
so, vino y aceite, flor de harina y trigo, vacas
y ovejas, caballos, carros, esclavas y esclavos.
14La ganancia que codiciabas se te escapó, tu
refinamiento y esplendor los has perdido y no
los volverás a encontrar. 15Los comerciantes en
esos productos, que se enriquecían con ella,
se mantendrán a distancia por miedo a sus
tormentos, llorarán y harán duelo 16dicien-
do: "¡Ay, ay de la Gran Ciudad, que se vestía
de lino, púrpura y escarlata, que se enjoyaba
con oro, piedras preciosas y perlas!". 17Tanta
riqueza arrasada en una hora. Todos los pilotos
y navegantes, marineros y traficantes marinos
se quedarán lejos y, al ver el humo de su incen-
dio, 18gritarán: "¿Quién como la Gran Ciudad?".
19Se echarán polvo a la cabeza, llorarán y ha-
rán duelo gritando:" ¡Ay, ay de la Gran Ciudad,
de cuya abundancia se enriquecían los que
navegan por el mar; que en una hora ha sido
arrasada! "20Alégrense por ella, cielos, santos
y apóstoles y profetas, porque, al condenarla a
ella, Dios les ha hecho justicia».
21Después un ángel poderoso levantó una pie-
dra como una rueda de molino y la arrojó al mar
diciendo: «Así será arrojada con ímpetu Babilo-
nia, la Gran Ciudad, y no se la encontrará más.
22No se escuchará en ti sonido de cítaras, can-
tores, flautistas y trompetas; no habrá allí arte-
sanos de ningún oficio; no se oirá en ti el ruido
del molino 23ni brillará en ti la luz de la lámpara,
ni se oirá en ti la voz del novio y de la novia. Tus
mercaderes eran grandes del mundo, con tus he-
chicerías se extraviaron todas las naciones, 24en
ella se derramó la sangre de profetas y santos y
de todos los asesinados en el mundo».

19 1Después escuché en el cielo un rumor
como de una gran multitud que decía:
«¡Aleluya! A nuestro Dios corresponden la vic-
toria y la gloria y el poder, 2porque son justas y
acertadas sus sentencias. Porque ha condena-
do a la gran prostituta que corrompió al mundo
con sus inmoralidades y le ha exigido cuentas
de la sangre de sus servidores». 3Y repitieron:
«¡Aleluya! El humo de ella asciende por los si-
glos de los siglos». 4Los veinticuatro ancianos
y los cuatro vivientes se postraron y adoraron
al Dios sentado en el trono y dijeron: «¡Amén,
aleluya!».

La boda del Cordero

5Del trono salió una voz que decía: «Alaben
a nuestro Dios, todos sus siervos y fieles, pe-
queños y grandes». 6Y escuché un rumor como
de una gran multitud, como ruido de aguas
torrenciales, como fragor de truenos muy fuer-
tes: «¡Aleluya ya reina el Señor, Dios [nuestro]
Todopoderoso! 7Alegrémonos, regocijémonos y
demos gloria a Dios, porque ha llegado la boda
del Cordero, y la novia está preparada. 8La han

vestido de lino puro, resplandeciente» –el lino
son las obras buenas de los santos–. 9Me dijo:
«Escribe: Dichosos los convidados a las bodas
del Cordero». Y añadió: «Son palabras auténti-
cas de Dios». 10Caí a sus pies en adoración. Pero
me dijo: «¡No lo hagas! Soy siervo como tú y co-
mo tus hermanos que mantienen el testimonio
de Jesús. A Dios has de adorar» –el testimonio
de Jesús es el espíritu profético–.

El jinete victorioso

11Vi el cielo abierto y allí un caballo blanco.
Su jinete [se llama] Fiel y Verdadero, Justo en
el gobierno y en la guerra. 12Sus ojos son llama
de fuego, en la cabeza lleva muchas diademas.
Lleva grabado un nombre que solamente él co-
noce. 13Se envuelve en un manto empapado en
sangre. Su nombre es la Palabra de Dios. 14Las
tropas celestes lo siguen cabalgando blancos
caballos, vestidos de lino blanco limpio. 15De
su boca sale una espada afilada para herir a
las naciones. Los apacentará con vara de hie-
rro y pisará la cuba del vino de la ardiente ira
de Dios Todopoderoso. 16En el manto y sobre
el muslo lleva escrito un título: Rey de reyes y
Señor de señores.

17Vi un ángel de pie sobre el sol, que gritaba a
todas las aves que vuelan por el cielo: «Vengan,
reúnanse para el gran banquete de Dios. 18Co-
merán carne de reyes, carne de generales, carne
de poderosos, carne de caballos con sus jine-
tes, carne de libres y esclavos, de pequeños y
grandes». 19Vi que la fiera y los reyes del mundo
con sus tropas se reunían para luchar contra el
jinete y su tropa. 20Cayó prisionera la fiera y con
ella el falso profeta que, haciendo señales ante
ella, engañaba a los que aceptaban la marca de
la fiera y a los que adoraban su imagen. Los dos
fueron arrojados vivos al foso de fuego y azufre
ardiente. 21Los demás fueron ejecutados con la
espada del jinete, la que sale de su boca. Y todas
las aves se cebaron en sus carnes.

El gran milenio

20 1Vi un ángel que bajaba del cielo con la
llave del abismo y una enorme cadena en
la mano. 2Sujetó al dragón, la serpiente primiti-
va, que es el Diablo y Satanás, lo encadenó por
mil años 3y lo arrojó al abismo. Cerró y selló por
fuera, para que no extravíe a las naciones hasta
que se cumplan los mil años. Después lo han de
soltar por breve tiempo.

4Vi unos tronos, y sentados en ellos los encar-
gados de juzgar; vi también las almas de los que
habían sido decapitados por el testimonio de
Jesús y la Palabra de Dios, los que no adoraron
a la fiera ni su imagen, los que no aceptaron su
marca ni en la frente ni en la mano. Vivieron y
reinaron con Cristo mil años. 5Los demás muer-
tos no revivieron hasta pasados los mil años.
Esta es la resurrección primera.

6Dichoso y santo el que tome parte en la re-
surrección primera. No tendrá poder sobre ellos
la muerte segunda, sino que serán sacerdotes
de Dios y de Cristo y reinarán con él mil años.
7Pasados los mil años soltarán de la prisión a
Satanás, 8y saldrá a extraviar a las naciones en
las cuatro partes del mundo, a Gog y a Magog.
Los reunirá para la batalla, innumerables como
la arena del mar. 9Avanzarán sobre la anchu-
ra de la tierra y cercarán la fortaleza de los
santos y la ciudad amada. Pero caerá un rayo
del cielo que los consumirá. 10El Diablo que los
había engañado fue arrojado al foso de fuego y
azufre, con la fiera y el falso profeta: allí serán
atormentados día y noche por los siglos de los
siglos.

El juicio

11Vi un trono grande y blanco y a uno sentado
en él. De su presencia huyeron la tierra y el cielo
sin dejar rastro. 12Vi a los muertos, grandes y
pequeños, de pie ante el trono. Se abrieron los
libros, y se abrió también el libro de la vida. Los
muertos fueron juzgados por sus obras, según lo
escrito en los libros. 13El mar devolvió sus muer-
tos. Muerte y abismo devolvieron sus muertos, y
cada uno fue juzgado según sus obras. 14Muerte
y abismo fueron arrojados al foso de fuego –esta
es la muerte segunda, el foso de fuego–. 15Quien
no esté inscrito en el libro de la vida será arroja-
do al foso de fuego.

Cielo nuevo y tierra nueva

21 1Vi un cielo nuevo y una tierra nueva. El
primer cielo y la primera tierra habían
desaparecido, el mar ya no existe. 2Vi la Ciudad
Santa, la nueva Jerusalén, bajando del cielo, de
Dios, preparada como novia que se arregla para
el novio. 3Oí una voz potente que salía del tro-
no: «Mira la morada de Dios entre los hombres:
habitará con ellos; ellos serán su pueblo y Dios
mismo estará con ellos. 4Les secará las lágrimas
de los ojos. Ya no habrá muerte ni pena ni llan-
to ni dolor. Todo lo antiguo ha pasado». 5El que
estaba sentado en el trono dijo: «Mira, yo hago
nuevas todas las cosas». Y añadió: «Escribe, que
estas palabras mías son verdaderas y dignas de
fe». 6Y me dijo: «Se terminó. Yo [soy] el alfa y
la omega, el principio y el fin. Al sediento le
daré a beber gratuitamente del manantial de la
vida. 7El vencedor heredará todo esto. Yo seré su

Dios y él será mi hijo. [8]En cambio, los cobardes y
desconfiados, los depravados y asesinos, los lu-
juriosos y hechiceros, los idólatras y embusteros
de toda clase tendrán su lote en el foso de fuego
y azufre ardiente» –que es la muerte segunda–.

La nueva Jerusalén

[9]Se acercó uno de los siete ángeles que te-
nían las siete copas llenas de las últimas plagas
y me habló así: «Ven que te enseñaré la novia,
la esposa del Cordero». [10]Me trasladó en éxtasis
a una montaña grande y elevada y me mostró
la Ciudad Santa, Jerusalén, que bajaba del
cielo, de Dios, [11]resplandeciente con la gloria
de Dios. Brillaba como piedra preciosa, como
jaspe cristalino.
[12]Tenía una muralla grande y alta, con doce
puertas y doce ángeles en las puertas, y graba-
dos [los nombres] de las doce tribus de Israel.
[13]A oriente tres puertas, al norte tres puertas,
al sur tres puertas, a occidente tres puertas.
[14]La muralla de la ciudad tiene doce piedras de
cimiento, que llevan los nombres de los doce
apóstoles del Cordero. [15]El que hablaba conmigo
tenía una caña de medir de oro, para medir la
ciudad y las puertas y la muralla. [16]La ciudad
tiene un trazado cuadrangular, igual de ancho
que de largo. [17]Midió con la caña la ciudad: doce
mil estadios: igual en longitud, anchura y altu-
ra. Midió la muralla: ciento cuarenta y cuatro
codos, en la medida humana que usaba el ángel.
[18]El aparejo de la muralla era de jaspe, la ciudad
de oro puro, límpido como cristal. [19]Los cimien-
tos de la muralla de la ciudad están adornados
con piedras preciosas. El primer cimiento de
jaspe, el segundo de zafiro, el tercero de cal-
cedonia, el cuarto de esmeralda, [20]el quinto de
ónice, el sexto de cornalina, el séptimo de crisó-
lito, el octavo de berilo, el noveno de topacio, el
décimo de crisopraso, el undécimo de turquesa,
el duodécimo de amatista. [21]Las doce puertas
son doce perlas, cada puerta una sola perla. Las
calles de la ciudad pavimentadas de oro puro,
límpido como cristal.
[22]No vi en ella templo alguno, porque el Señor
Dios Todopoderoso y el Cordero son su templo.
[23]La ciudad no necesita que la ilumine el sol ni
la luna, porque la ilumina la gloria de Dios, y su
lámpara es el Cordero. [24]A su luz caminarán las
naciones, y los reyes del mundo le llevarán sus
riquezas. [25]Sus puertas no se cerrarán de día. No
existirá en ella la noche. [26]Le traerán la riqueza
y el esplendor de las naciones. [27]No entrará en
ella nada profano, ni depravados ni mentirosos;
solo entrarán los inscritos en el libro de la vida
del Cordero.

22 [1]Me mostró un río de agua viva, brillante
como cristal, que brotaba del trono de
Dios y del Cordero. [2]En medio de la plaza y en
los márgenes del río crece el árbol de la vida,
que da fruto doce veces: cada mes una cosecha,
y sus hojas son medicinales para las naciones.
[3]No habrá allí nada maldito. En ella se encon-
trará el trono de Dios y del Cordero. Sus siervos
lo adorarán [4]y verán su rostro y llevarán en la
frente su nombre. [5]Allí no habrá noche. No les
hará falta luz de lámpara ni luz del sol, porque
los ilumina el Señor Dios, y reinarán por los si-
glos de los siglos.

Venida de Cristo

[6]Me dijo: «Estas palabras son verdaderas y fi-
dedignas. El Señor, Dios de los espíritus proféti-
cos, envió a su ángel para mostrar a sus siervos
lo que ha de suceder en breve. [7]Mira que llego
pronto. Dichoso el que guarde las palabras pro-
féticas de este libro».
[8]Yo soy Juan, el que ha oído y visto esto. Al
escuchar y mirar, me postré a los pies del ángel
que me lo enseñaba para adorarlo. [9]Pero él me
dijo: «¡No lo hagas! que soy siervo como tú y
tus hermanos los profetas y los que guardan las
palabras de este libro. A Dios has de adorar».
[10]Me añadió: «No ocultes las palabras proféticas
de este libro, porque su plazo está próximo. [11]El
malvado que siga en su maldad y el impuro en su
impureza, el honrado en su honradez y el santo
en su santidad. [12]Yo llegaré pronto llevando la
paga para dar a cada uno lo que merecen sus
obras. [13]Yo soy el alfa y la omega, el primero y
el último, el principio y el fin. [14]Dichosos los
que lavan sus vestidos, porque tendrán a su dis-
posición el árbol de la vida y entrarán por las
puertas en la ciudad. [15]Fuera quedarán los in-
vertidos, hechiceros, lujuriosos, asesinos, idó-
latras, los que aman y practican la mentira. [16]Yo,
Jesús, envié a mi ángel a ustedes con este tes-
timonio acerca de las Iglesias. Yo soy el retoño
que desciende de David, el astro brillante de la
mañana». [17]El Espíritu y la novia dicen: «Ven». El
que escuche diga: «Ven». Quien tenga sed ven-
ga, quien quiera recibirá sin que le cueste nada
agua de vida. [18]Yo amonesto a los que escuchan
las palabras proféticas de este libro: «Si alguien
añade algo, Dios le añadirá las plagas escritas
en este libro. [19]Si alguien quita algo de las pa-
labras proféticas de este libro, Dios le quitará
su participación en el árbol de la vida y en la
Ciudad Santa, que se describen en este libro».
[20]El que atestigua todo esto dice: «Sí, vengo
pronto. Amén. Ven, Señor Jesús». [21]La gracia del
Señor Jesús esté con todos. [[Amén.]]

LECTURAS BÍBLICAS DEL AÑO LITÚRGICO

ABREVIATURAS:

ADV: Adviento.
ASE: Ascensión del Señor.
BSE: Bautismo del Señor.
CSJ: Cuerpo y Sangre de Jesucristo.
CSE: Cena del Señor.
DRA: Domingo de Ramos.
RSE: Pascua de Resurrección del Señor.
JRU: Jesucristo, Rey del Universo.
MCE: Miércoles de Ceniza.
NSE: Natividad del Señor.
OPA: Octava pascual.
PEN: Pentecostés.
PSE: Pasión del Señor.
SCJ: Sagrado Corazón de Jesús.
SSA: Semana Santa.
TOC: Tiempo Ordinario antes de Cuaresma.
TOP: Tiempo Ordinario después de Pentecostés.
TRI: Santísima Trinidad.
VPA: Vigilia pascual.

CALENDARIO DE LAS PRINCIPALES CELEBRACIONES LITÚRGICAS

Año	Ciclo	ADV	BSE	TOC	MCE	RSE	PEN	TOP
2017	A	27 Nov (16)	08/09* Ene	VIII	01 Mar	16 Abr	04 Jun	X
2018	B	03 Dic (17)	07/08* Ene	VI	14 Feb	01 Abr	20 May	VIII
2019	C	02 Dic (18)	13 Ene	VIII	06 Mar	21 Abr	09 Jun	VII
2020	A	01 Dic (19)	12 Ene	VII	26 Feb	12 Abr	31 May	IX
2021	B	29 Nov (20)	10 Ene	VI	17 Feb	04 Abr	23 May	VII
2022	C	28 Nov (21)	09 Ene	VIII	02 Mar	17 Abr	05 Jun	X
2023	A	27 Nov (22)	08/09* Ene	VII	22 Feb	09 Abr	28 May	VIII
2024	B	03 Dic (23)	07/08* Ene	VI	14 Feb	31 Mar	19 May	VII
2025	C	01 Dic (24)	12 Ene	VIII	05 Mar	20 Abr	08 Jun	X

[*] Donde la Epifanía se celebra el domingo posterior al 1 de enero y cae el 7 u 8.

ADVIENTO

Sem	2017 (2016)	2018 (2017)	2019 (2018)	2020 (2019)	2021 (2020)	2022 (2021)	2023 (2022)	2024 (2023)	2025 (2024)
1.ª	27 Nov	03 Dic	02 Dic	01 Dic	29 Nov	28 Nov	27 Nov	03 Dic	01 Dic
2.ª	04 Dic	10 Dic	09 Dic	08 Dic	06 Dic	05 Dic	04 Dic	10 Dic	08 Dic
3.ª	11 Dic	17 Dic	16 Dic	15 Dic	13 Dic	12 Dic	11 Dic	17 Dic	15 Dic
4.ª	18 Dic	24 Dic	23 Dic	22 Dic	20 Dic	19 Dic	18 Dic	24 Dic	22 Dic

• Cuando la solemnidad de la **Inmaculada Concepción de la Virgen María** (08 Dic) cae en domingo, se traslada al lunes siguiente. Sin embargo, en España se celebra el mismo domingo, en tal caso, la 2.ª lectura corresponde al 2.º domingo de Adviento.

TIEMPO ORDINARIO ANTES DE CUARESMA

Sem	2017	2018	2019	2020	2021	2022	2023	2024	2025
BSE	08/09*	07/08*	13 Ene	12 Ene	10 Ene	09 Ene	08/09*	07/08*	12 Ene
2.ª	15 Ene	14 Ene	20 Ene	19 Ene	17 Ene	16 Ene	15 Ene	14 Ene	19 Ene
3.ª	22 Ene	21 Ene	27 Ene	26 Ene	24 Ene	23 Ene	22 Ene	21 Ene	26 Ene
4.ª	29 Ene	28 Ene	03 Feb	02 Feb	31 Ene	30 Ene	29 Ene	28 Ene	02 Feb
5.ª	05 Feb	04 Feb	10 Feb	09 Feb	07 Feb	06 Feb	05 Feb	04 Feb	09 Feb
6.ª	12 Feb	11 Feb	17 Feb	16 Feb	14 Feb	13 Feb	12 Feb	11 Feb	16 Feb
7.ª	19 Feb	—	24 Feb	23 Feb	—	20 Feb	19 Feb	—	23 Feb
8.ª	26 Feb	—	03 Mar	—	—	27 feb	—	—	02 Mar

CUARESMA

Sem	2017	2018	2019	2020	2021	2022	2023	2024	2025
MCE	01 Mar	14 Feb	06 Mar	26 Feb	17 Feb	02 Mar	22 Feb	14 Feb	05 Mar
1.ª	05 Mar	18 Feb	10 Mar	01 Mar	21 Feb	06 Mar	26 Feb	18 Feb	09 Mar
2.ª	12 Mar	25 Feb	17 Mar	08 Mar	28 Feb	13 Mar	05 Mar	25 Feb	16 Mar
3.ª	19 Mar	04 Mar	24 Mar	15 Mar	07 Mar	20 Mar	12 Mar	03 Mar	23 Mar
4.ª	26 Mar	11 Mar	31 Mar	22 Mar	14 Mar	27 Mar	19 Mar	10 Mar	30 Mar
5.ª	02 Abr	18 Mar	07 Abr	29 Mar	21 Mar	03 Abr	26 Mar	17 Mar	06 Abr
DRA	09 Abr	25 Mar	14 Abr	05 Abr	28 Mar	10 Abr	02 Abr	24 Abr	13 Abr

- Cuando la solemnidad de **San José** (19 Mar) cae en domingo, se traslada al lunes siguiente, siempre y cuando no sea Lunes Santo. En tal caso, se traslada al sábado anterior.
- Cuando la solemnidad de la **Anunciación del Señor** (25 Mar) cae en domingo se traslada al lunes siguiente, siempre y cuando no sea Lunes Santo. En tal caso, se traslada al lunes de la sem. 2.ª de Pascua. Lo mismo sucede, si cae en cualquier día de Semana Santa.

TIEMPO PASCUAL

Sem	2017	2018	2019	2020	2021	2022	2023	2024	2025
CSE	13 Abr	29 Mar	18 Abr	09 Abr	01 Abr	14 Abr	06 Abr	28 Mar	17 Abr
RSE	16 Abr	01 Abr	21 Abr	12 Abr	04 Abr	17 Abr	09 Abr	31 Mar	20 Abr
2.ª	23 Abr	08 Abr	28 Abr	19 Abr	11 Abr	24 Abr	16 Abr	07 Abr	27 Abr
3.ª	30 Abr	15 Abr	05 May	26 Abr	18 Abr	01 May	23 Abr	14 Abr	04 May
4.ª	07 May	22 Abr	12 May	03 May	25 Abr	08 May	30 Abr	21 Abr	11 May
5.ª	14 May	29 Abr	19 May	10 May	02 May	15 May	07 May	28 Abr	18 May
6.ª	21 May	06 May	26 May	17 May	09 May	22 May	14 May	05 May	25 May
ASE	25 May	10 May	30 May	21 May	13 May	26 May	18 May	09 May	28 May
7.ª	28 May	13 May	02 Jun	24 May	16 May	29 May	21 May	12 May	01 Jun
PEN	04 Jun	20 May	09 Jun	31 May	23 May	05 Jun	28 May	19 May	08 Jun

- La solemnidad de la **Ascensión del Señor** se suele trasladar al 7.º domingo del Tiempo Pascual.

TIEMPO ORDINARIO DESPUÉS DE PENTECOSTÉS

Sem	2017	2018	2019	2020	2021	2022	2023	2024	2025
7.ª	–	*21 May*	—	—	—	—	—	*20 May*	—
8.ª	–	*28 May*	—	—	*24 May*	—	*29 May*	*27 May*	—
9.ª	*05 Jun*	*04 Jun*	—	*01 Jun*	*31 May*	—	*05 Jun*	*03 Jun*	—
10.ª	*12 Jun*	10 Jun	*10 Jun*	*08 Jun*	*06 Jun*	*06 Jun*	*12 Jun*	10 Jun	*09 Jun*
11.ª	*19 Jun*	17 Jun	*17 Jun*	*15 Jun*	13 Jun	*13 Jun*	18 Jun	16 Jun	*16 Jun*
12.ª	25 Jun	24 Jun	*24 Jun*	21 Jun	20 Jun	*20 Jun*	25 Jun	23 Jun	*23 Jun*
13.ª	02 Jul	01 Jul	30 Jun	28 Jun	27 Jun	26 Jun	02 Jul	30 Jun	29 Jun
14.ª	09 Jul	08 Jul	07 Jul	05 Jul	04 Jul	03 Jul	09 Jul	07 Jul	06 Jul
15.ª	16 Jul	15 Jul	14 Jul	12 Jul	11 Jul	10 Jul	16 Jul	14 Jul	13 Jul
16.ª	23 Jul	22 Jul	21 Jul	19 Jul	18 Jul	17 Jul	23 Jul	21 Jul	20 Jul
17.ª	30 Jul	29 Jul	28 Jul	26 Jul	25 Jul	24 Jul	30 Jul	28 Jul	27 Jul
18.ª	06 Ago	05 Ago	04 Ago	02 Ago	01 Ago	31 Jul	06 Ago	04 Ago	03 Ago
19ª	13 Ago	12 Ago	11 Ago	09 Ago	08 Ago	07 Ago	13 Ago	11 Ago	10 Ago
20ª	20 Ago	19 Ago	18 Ago	16 Ago	15 Ago	14 Ago	20 Ago	18 Ago	17 Ago

Sem	2017	2018	2019	2020	2021	2022	2023	2024	2025
21.ª	27 Ago	26 Ago	25 Ago	23 Ago	22 Ago	21 Ago	27 Ago	25 Ago	24 Ago
22.ª	03 Sep	02 Sep	01 Sep	30 Ago	29 Ago	28 Ago	03 Sep	01 Sep	31 Ago
23.ª	10 Sep	09 Sep	08 Sep	06 Sep	05 Sep	04 Sep	10 Sep	08 Sep	07 Sep
24.ª	17 Sep	16 Sep	15 Sep	13 Sep	12 Sep	11 Sep	17 Sep	15 Sep	14 Sep
25.ª	24 Sep	23 Sep	22 Sep	20 Sep	19 Sep	18 Sep	24 Sep	22 Sep	21 Sep
26.ª	01 Oct	30 Sep	29 Sep	27 Sep	26 Sep	25 Sep	01 Oct	29 Sep	28 Sep
27.ª	08 Oct	07 Oct	06 Oct	04 Oct	03 Oct	02 Oct	08 Oct	06 Oct	05 Oct
28.ª	15 Oct	14 Oct	13 Oct	11 Oct	10 Oct	09 Oct	15 Oct	13 Oct	12 Oct
29.ª	22 Oct	21 Oct	20 Oct	18 Oct	17 Oct	16 Oct	22 Oct	20 Oct	19 Oct
30.ª	29 Oct	28 Oct	27 Oct	25 Oct	24 Oct	23 Oct	29 Oct	27 Oct	26 Oct
31.ª	05 Nov	04 Nov	03 Nov	01 Nov	31 Oct	30 Oct	05 Nov	03 Nov	02 Nov
32.ª	12 Nov	11 Nov	10 Nov	08 Nov	07 Nov	06 Nov	12 Nov	10 Nov	09 Nov
33.ª	19 Nov	18 Nov	17 Nov	15 Nov	14 Nov	13 Nov	19 Nov	17 Nov	16 Nov
JRU	26 Nov	25 nov	24 Nov	22 Nov	21 Nov	20 Nov	26 Nov	24 Nov	23 Nov

SOLEMNIDADES MOVIBLES EN EL TIEMPO ORDINARIO

	2017	2018	2019	2020	2021	2022	2023	2024	2025
TRI	11 Jun	27 May	16 Jun	07 Jun	30 May	12 Jun	4 Jun	26 May	15 Jun
CSJ	18 Jun	03 Jun	23 Jun	14 Jun	06 Jun	19 Jun	11 Jun	02 Jun	22 Jun
SCJ	23 Jun	08 Jun	28 Jun	19 Jun	11 Jun	24 Jun	16 Jun	07 Jun	27 Jun

Observaciones previas

• Las lecturas bíblicas de los domingos están distribuidas en tres ciclos: A, B y C (**2017 ciclo A, 2018 ciclo B, 2019 ciclo C**).

• La primera lectura de las ferias del Tiempo Ordinario se presenta en dos ciclos: **Año I** («I») para los impares y **Año II** («P») para los pares.

LECTURAS DE ADVIENTO

		1.ª lectura		2.ª lectura		Evangelio
Dom 1.º		A. Is 2,1-5 B. Is 63,16b-17.19b; 64,2b-7 C. Jr 33,14-16		A. Rom 13,11-14 B. 1 Cor 1,3-9 C. 1 Tes 3,12–4,2		A. Mt 24,37-44 B. Mc 13,33-37 C. Lc 21,25-28.34-36
Sem 1.ª	**L**	Is 2,1-5 (A. Is 4,2-6) Mt 8,5-11	**M**	Is 11,1-10 Lc 10,21-24	**Mi**	Is 25,6-10a Mt 15,29-37
	J	Is 26,1-6 Mt 7,21.24-27	**V**	Is 29,17-24 Mt 9,27-31	**S**	Is 30,19-21.23-26 Mt 9,35–10,1.5a.6-8
		1.ª lectura		**2.ª lectura**		**Evangelio**
Dom 2.º		A. Is 11,1-10 B. Is 40,1-5.9-11 C. Bar 5,1-9		A. Rom 15,4-9 B. 2 Pe 3,8-14 C. Flp 1,4-6.8-11		A. Mt 3,1-12 B. Mc 1,1-8 C. Lc 3,1-6
Sem 2.ª	**L**	Is 35,1-10 Lc 5,17-26	**M**	Is 40,1-11 Mt 18,12-14	**Mi**	Is 40,25-31 Mt 11,28-30
	J	Is 41,13-20 Mt 11,11-15	**V**	Is 48,17-19 Mt 11,16-19	**S**	Eclo 48,1-4.9-11 Mt 17,10-13

	1.ª lectura		2.ª lectura		Evangelio	
Dom 3.º	A. Is 35,1-6a.10 B. Is 61,1-2a.10-11 C. Sof 3,14-18a		A. Sant 5,7-10 B. 1 Tes 5,16-24 C. Flp 4,4-7		A. Mt 11,2-11 B. Jn 1,6-8.19-28 C. Lc 3,10-18	
Sem 3.ª	**L**	Nm 24,2-7.15-17a Mt 21,23-27	**M**	Sof 3,1-2.9-13 Mt 21,28-32	**Mi**	Is 45,6b-8.18.21b-25 Lc 7,19-23
	J	Is 54,1-10 Lc 7,24-30	**V**	Is 56,1-3a.6-8 Jn 5,33-36		

	1.ª lectura	2.ª lectura	Evangelio
Dom 4.º	A. Is 7,10-14 B. 2 Sm 7,1-5.8b-12.14a.16 C. Miq 5,1-4a	A. Rom 1,1-7 B. Rom 16,25-27 C. Heb 10,5-10	A. Mt 1,18-24 B. Lc 1,26-38 C. Lc 1,39-45

LECTURAS DE ADVIENTO (DEL 17 AL 24 DE DICIEMBRE)

• Desde el 17 de diciembre, las lecturas se rigen por la fecha y no por el día, excepto el domingo anterior a la Navidad, que es el 4.º domingo de Adviento.

ADV	**17**	Gn 49,1-2.8-10 Mt 1,1-17	**18**	Jr 23,5-8 Mt 1,18-24	**19**	Jue 13,2-7.24-25a Lc 1,5-25
	20	Is 7,10-14 Lc 1,26-38	**21**	Cant 2,8-14 o Sof 3,14-18a Lc 1,39-45	**22**	1 Sm 1,24-28 Lc 1,46-56
	23	Mal 3,1-4.23-24 Lc 1,57-66	**24**	2 Sm 7,1-5.8b-12. 14a.16 Lc 1,67-79		

LECTURAS DE NAVIDAD (DEL 25 AL 31 DE DICIEMBRE)

		1.ª lectura		2.ª lectura		Evangelio
25 NSE		Vísperas Is 62,1-5 Vigilia Is 9,1-3.5-6 Aurora Is 62,11-12 Del día Is 52,7-10		Vísperas Hch 13,16-17.22-25 Vigilia Tit 2,11-14 Aurora Tit 3,4-7 Del día Heb 1,1-6		Vísperas Mt 1,1-25 Vigilia Lc 2,1-14 Aurora Lc 2,15-20 Del día Jn 1,1-18
26	San Esteban, protomártir		**1.ª lectura**	Hch 6,8-10; 7,54-60	**Evangelio**	Mt 10,17-22
27	San Juan, ap. y ev.			1 Jn 1,1-4		Jn 20,2-8
28	Los Santos Inocentes			1 Jn 1,5–2,2		Mt 2,13-18
29	5.º día - Octava de Navidad			1 Jn 2,3-11		Lc 2,22-35
30	6.º día - Octava de Navidad			1 Jn 2,12-17		Lc 2,36-40
31	7.º día - Octava de Navidad			1 Jn 2,18-21		Jn 1,1-18
La Sagrada Familia *Domingo posterior a la Navidad o el 30 si la Navidad cae en domingo*			**1.ª** **2.ª**	Eclo 3,2-6.12-14 Col 3,12-21	**Ev**	A. Mt 2,13-15.19-23 B. Lc 2,22-40 C. Lc 2,41-52

LECTURAS DE NAVIDAD (ENERO)

• Para las lecturas en torno a los días de la Epifanía (los días anteriores y posteriores) se debe tener en cuenta si esta solemnidad se celebra el 6 de enero o el domingo posterior al 1 de enero.

Santa María, Madre de Dios 1 de enero		**1.ª** **2.ª**	Nm 6,22-27 Gál 4,4-7	**Ev**	Lc 2,16-21
Domingo 2.º de Navidad *Si la Navidad cae jueves, viernes o sábado y la Epifanía se celebra el 6*		**1.ª** **2.ª**	Eclo 24,1-4.12-16 Ef 1,3-6.15-18	**Ev**	Jn 1,1-18
02	**Antes de la Epifanía** **Si la Epifanía no se celebra el 6*	**1.ª lectura**	1 Jn 2,22-28	**Evangelio**	Jn 1,19-28
03			1 Jn 2,29–3,6		Jn 1,29-34
04			1 Jn 3,7-10		Jn 1,35-42
05			1 Jn 3,11-21		Jn 1,43-51
06*			1 Jn 5,5-13		Mc 1,6b-11
07*			1 Jn 5,14-21		Jn 2,1-12
La Epifanía del Señor 6 de enero		**1.ª** **2.ª**	Is 60,1-6 Ef 3,2-3a.5-6	**Ev**	Mt 2,1-12
07/L*	**Después de la Epifanía** **Si la Epifanía se celebra el 6 se sigue el orden del mes; si no, el orden de la semana*	**1.ª lectura**	1 Jn 3,22–4,6	**Evangelio**	Mt 4,12-17.23-25
08/M*			1 Jn 4,7-10		Mc 6,34-44
09/Mi*			1 Jn 4,11-18		Mc 6,45-52
10/J*			1 Jn 4,19–5,4		Lc 4,14-22a
11/V*			1 Jn 5,5-13		Lc 5,12-16
12/S*			1 Jn 5,14-21		Jn 3,22-30
El Bautismo del Señor *Si la Epifanía se celebra el 7 u 8 esta fiesta se traslada al lunes*		**1.ª** **2.ª**	Is 42,1-4.6-7 Hch 10,34-38	**Ev**	A. Mt 3,13-17 B. Mc 1,7-11 C. Lc 3,15-16.21-22

LECTURAS DE CUARESMA

	Miércoles de Ceniza		**1.ª** **2.ª**	Jl 2,12-18 2 Cor 5,20–6,2	**Ev**	Mt 6,1-6.16-18
	J	Dt 30,15-20 Lc 9,22-25	**V**	Is 58,1-9a Mt 9,14-15	**S**	Is 58,9b-14 Lc 5,27-32
	1.ª lectura		**2.ª lectura**		**Evangelio**	
Dom 1.º	A. Gn 2,7-9; 3,1-7 B. Gn 9,8-15 C. Dt 26,4-10		A. Rom 5,12-19 B. 1 Pe 3,18-22 C. Rom 10,8-13		A. Mt 4,1-11 B. Mc 1,12-15 C. Lc 4,1-13	
Sem 1.ª	**L**	Lv 19,1-2.11-18 Mt 25,31-46	**M**	Is 55,10-11 Mt 6,7-15	**Mi**	Jon 3,1-10 Lc 11,29-32
	J	Est 14,1.3-5.12-14 Mt 7,7-12	**V**	Ez 18,21-28 Mt 5,20-26	**S**	Dt 26,16-19 Mt 5,43-48

Dom 2.º	**1.ª lectura**		**2.ª lectura**		**Evangelio**	
	A. Gn 12,1-4a B. Gn 22,1-2.9-13.15-18 C. Gn 15,5-12.17-18		A. 2 Ti 1,8b-10 B. Rom 8,31b-34 C. Flp 3,17–4,1		A. Mt 17,1-9 B. Mc 9,2-10 C. Lc 9,28b-36	
Sem 2.ª	**L**	Dn 9,4-10 Lc 6,36-38	**M**	Is 1,10.16-20 Mt 23,1-12	**Mi**	Jr 18,18-20 Mt 20,17-28
	J	Jr 17,5-10 Lc 16,19-31	**V**	Gn 37,3-4.12-13a. 17b-28 Mt 21,33-43.45-46	**S**	Miq 7,14-15.18-20 Lc 15,1-3.11-32
Dom 3.º	**1.ª lectura**		**2.ª lectura**		**Evangelio**	
	A. Éx 17,3-7 B. Éx 20,1-17 C. Éx 3,1-8a.13-15		A. Rom 5,1-2.5-8 B. 1 Cor 1,22-25 C. 1 Cor 10,1-6.10-12		A. Jn 4,5-42 B. Jn 2,13-25 C. Lc 13,1-9	
Sem 3.ª	*Para cualquier día de los ciclos B y C, en los que el domingo no se lee el pasaje de la Samaritana*				Éx 17,3-7 Jn 4,5-42	
	L	2 Re 5,1-15a Lc 4,24-30	**M**	Dn 3,25.34-43 Mt 18,21-35	**Mi**	Dt 4,1.5-9 Mt 5,17-19
	J	Jr 7,23-28 Lc 11,14-23	**V**	Os 14,2-10 Mc 12,28b-34	**S**	Os 6,1b-6 Lc 18,9-14
Dom 4.º	**1.ª lectura**		**2.ª lectura**		**Evangelio**	
	A. 1 Sm 16,1b.6-7.10-13a B. 2 Cr 36,14-16.19-23 C. Jos 5,9a.10-12		A. Ef 5,8-14 B. Ef 2,4-10 C. 2 Cor 5,17-21		A. Jn 9,1-41 B. Jn 3,14-21 C. Lc 15,1-3.11-32	
Sem 4.ª	*Para cualquier día de los ciclos B y C, en los que el domingo no se lee el pasaje de la curación del ciego de nacimiento*				Miq 7,7-9 Jn 9,1-41	
	L	Is 65,17-21 Jn 4,43-54	**M**	Ez 47,1-9.12 Jn 5,1-3.5-16	**Mi**	Is 49,8-15 Jn 5,17-30
	J	Éx 32,7-14 Jn 5,31-47	**V**	Sab 2,1a.12-22 Jn 7,1-2.10.25-30	**S**	Jr 11,18-20 Jn 7,40-53
Dom 5.º	**1.ª lectura**		**2.ª lectura**		**Evangelio**	
	A. Ez 37,12-14 B. Jr 31,31-34 C. Is 43,16-21		A. Rom 8,8-11 B. Heb 5,7-9 C. Flp 3,8-14		A. Jn 11,1-45 B. Jn 12,20-33 C. Jn 8,1-11	
Sem 5.ª	*Para cualquier día de los ciclos B y C, en los que el domingo no se lee el pasaje de la resurrección de Lázaro*				2 Re 4,18b-21.32-37 Jn 11,1-45	
	L	Dn 13,1-9.15-17.19-30. 33-62 Jn 8,1-11 (C. Jn 8,12-20)	**M**	Nm 21,4-9 Jn 8,21-30	**Mi**	Dn 3,14-20.91-92.95 Jn 8,31-42
	J	Gn 17,3-9 Jn 8,51-59	**V**	Jr 20,10-13 Jn 10,31-42	**S**	Ez 37,21-28 Jn 11,45-57
DRA	**Entrada**	A. Mt 21,1-11 B. Mc 11,1-10 C. Lc 19,28-40	**1.ª** **2.ª**	Is 50,4-7 Flp 2,6-11	**Ev**	A. Mt 26,14–27,66 B. Mc 14,1–15,47 C. Lc 24,14–23,56

SSA	**L**	Is 42,1-7 Jn 12,1-11	**M**	Is 49,1-6 Jn 13,21-33.36-38	**Mi**	Is 50,4-9a Mt 26,14-25
	Jueves Santo Misa crismal		**1.ª** **2.ª**	Is 61,1-3a.6a.8b-9 Ap 1,5-8	**Ev**	Lc 4,16-21

LECTURAS DEL TRIDUO PASCUAL

	1.ª lectura	**2.ª lectura**	**Evangelio**
CSE	Éx 12,1-8.11-14	1 Cor 11,23-26	Jn 13,1-15
PSE	Is 52,13–53,12	Heb 4,14-16; 5,7-9	Jn 18,1–19,12
	Antiguo Testamento	**Nuevo Testamento**	**Evangelio**
VPA	Gn 1,1–2,2 Gn 22,1-18 Éx 14,15–15,1 (*Imprescindible, las demás se pueden leer todas, algunas, o ninguna*) Is 54,5-14 Is 55,1-11 Bar 3,9-15.32–4,4 Ez 36,16-28	Rom 6,3-11	A. Mt 28,1-10 B. Mc 16,1-7 C. Lc 24,1-12

LECTURAS DE PASCUA

	1.ª lectura		**2.ª lectura**		**Evangelio**	
RSE	Hch 10,34a.37-43		Col 3,1-4 o 1 Cor 5,6b-8		Jn 20,1-9 o Lc 24,13-35 (por la tarde)	
OPA	**L**	Hch 2,14.22-33 Mt 28,8-15	**M**	Hch 2,36-41 Jn 20,11-18	**Mi**	Hch 3,1-10 Lc 24,13-35
	J	Hch 3,11-26 Lc 24,35-48	**V**	Hch 4,1-12 Jn 21,1-14	**S**	Hch 4,13-21 Mc 16,9-15
	1.ª lectura		**2.ª lectura**		**Evangelio**	
Dom 2.º	A. Hch 2,42-47 B. Hch 4,32-35 C. Hch 5,12-16		A. 1 Pe 1,3-9 B. 1 Jn 5,1-6 C. Ap 1,9-11a.12-13.17-19		Jn 20,19-31	
Sem 2.ª	**L**	Hch 4,23-31 Jn 3,1-8	**M**	Hch 4,32-37 Jn 3,5a.7b-15	**Mi**	Hch 5,17-26 Jn 3,16-21
	J	Hch 5,27-33 Jn 3,31-36	**V**	Hch 5,34-42 Jn 6,1-15	**S**	Hch 6,1-7 Jn 6,16-21
	1.ª lectura		**2.ª lectura**		**Evangelio**	
Dom 3.º	A. Hch 2,14.22-33 B. Hch 3,13-15.17-19 C. Hch 5,27b-32.40b-41		A. 1 Pe 1,17-21 B. 1 Jn 2,1-5a C. Ap 5,11-14		A. Lc 24,13-35 B. Lc 24,35-48 C. Jn 21,1-19	
Sem 3.ª	**L**	Hch 6,8-15 Jn 6,22-29	**M**	Hch 7,51–8,1a Jn 6,30-35	**Mi**	Hch 8,1-8 Jn 6,35-40
	J	Hch 8,26-40 Jn 6,44-51	**V**	Hch 9,1-20 Jn 6,52-59	**S**	Hch 9,31-42 Jn 6,60-69

	1.ª lectura	2.ª lectura	Evangelio
Dom 4.º	A. Hch 2,14a.36-41 B. Hch 4,8-12 C. Hch 13,14.43-52	A. 1 Pe 2,20b-25 B. 1 Jn 3,1-2 C. Ap 7,9.14b-17	A. Jn 10,1-10 B. Jn 10,11-18 C. Jn 10,27-30

Sem 4.ª	**L**	Hch 11,1-18 Jn 10,1-10 (A. Jn 10,11-18)	**M**	Hch 11,19-26 Jn 10,22-30	**Mi**	Hch 12,24–13,5a Jn 12,44-50
	J	Hch 13,13-25 Jn 13,16-20	**V**	Hch 13,26-33 Jn 14,1-6	**S**	Hch 13,44-52 Jn 14,7-14

	1.ª lectura	2.ª lectura	Evangelio
Dom 5.º	A. Hch 6,1-7 B. Hch 9,26-31 C. Hch 14,21b-27	A. 1 Pe 2,4-9 B. 1 Jn 3,18-24 C. Ap 21,1-5a	A. Jn 14,1-12 B. Jn 15,1-8 C. Jn 13,31-33a.34-35

Sem 5.ª	**L**	Hch 14,5-18 Jn 14,21-26	**M**	Hch 14,19-28 Jn 14,27-31a	**Mi**	Hch 15,1-6 Jn 15,1-8
	J	Hch 15,7-21 Jn 15,9-11	**V**	Hch 15,22-31 Jn 15,12-17	**S**	Hch 16,1-10 Jn 15,18-21

	1.ª lectura	2.ª lectura	Evangelio
Dom 6.º	A. Hch 8,5-8.14-17 B. Hch 10,25-26.34-35.44-48 C. Hch 15,1-2.22-29	A. 1 Pe 3,15-18 B. 1 Jn 4,7-10 C. Ap 21,10-14.22-33	A. Jn 14,15-21 B. Jn 15,9-17 C. Jn 14,23-29

Sem 6.ª	**L**	Hch 16,11-15 Jn 15,26–16,4a	**M**	Hch 16,22-34 Jn 16,5-11	**Mi**	Hch 17,15.22–18,1 Jn 16,12-15
	J*	Hch 18,1-8 Jn 16,16-20	**V**	Hch 18,9-18 Jn 16,20-23a	**S**	Hch 18,23-28 Jn 16,23b-28
	**Cuando la Ascensión se celebra el domingo siguiente*					

	1.ª lectura	2.ª lectura	Evangelio
ASE	Hch 1,1-11	Ef 1,17-23	A. Mt 28,16-20 B. Mc 16,15-20 C. Lc 24,46-53

	1.ª lectura	2.ª lectura	Evangelio
Dom 7.º	A. Hch 1,12-14 B. Hch 1,15-17.20a.20c-26 C. Hch 7,55-60	A. 1 Pe 4,13-16 B. 1 Jn 4,11-16 C. Ap 22,12-14.16-17.20	A. Jn 17,1-11a B. Jn 17,11b-19 C. Jn 17,20-26

Sem 7.ª	**L**	Hch 19,1-8 Jn 16,29-33	**M**	Hch 20,17-27 Jn 17,1-11a	**Mi**	Hch 20,28-38 Jn 17,11b-19
	J	Hch 22,30; 23,6-11 Jn 17,20-26	**V**	Hch 25,13-21 Jn 21,15-19	**S**	Hch 26,16-20.30-31 Jn 21,20-25

	1.ª lectura	2.ª lectura	Evangelio
PEN	Vísperas Gn 11,1-9 o Éx 19,3-8a.16-20b o Ez 37,1-14 o Jl 3,1-5 Del día Hch 2,1-11	Vísperas Rm 8,22-27 Del día 1 Cor 12,3b-7.12-13 o B: Gál 5,16-25 o C: Rm 8,8-17	Vísperas Jn 7,37-39 Del día Jn 20,19-23 o B: Jn 15,26-27; 16,12-15 o C: Jn 14,15-16.23b-26

LECTURAS DEL TIEMPO ORDINARIO

<table>
<tr><td rowspan="2">Sem 1.ª</td><td>L</td><td>I. Heb 1,1-6
P. 1 Sm 1,1-8
Mc 1,14-20</td><td>M</td><td>I. Heb 2,5-12
P. 1 Sm 1,9-20
Mc 1,21-28</td><td>Mi</td><td>I. Heb 2,14-18
P. 1 Sm 3,1-10.19-20
Mc 1,29-39</td></tr>
<tr><td>J</td><td>I. Heb 3,7-14
P. 1 Sm 4,1-11
Mc 1,40-45</td><td>V</td><td>I. Heb 4,1-5.11
P. 1 Sm 8,4-7.10-22a
Mc 2,1-12</td><td>S</td><td>I. Heb 4,12-16
P. 1 Sm 9,1-4.17-19; 10,1a
Mc 2,13-17</td></tr>
<tr><td rowspan="2">Dom 2.º</td><td colspan="2">1.ª lectura</td><td colspan="2">2.ª lectura</td><td colspan="2">Evangelio</td></tr>
<tr><td colspan="2">A. Is 49,3.5-6
B. 1 Sm 3,3b-10.19
C. Is 62,1-5</td><td colspan="2">A. 1 Cor 1,1-3
B. 1 Cor 6,13c-15a.17-20
C. 1 Cor 12,4-11</td><td colspan="2">A. Jn 1,29-34
B. Jn 1,35-42
C. Jn 2,1-11</td></tr>
<tr><td rowspan="2">Sem 2.ª</td><td>L</td><td>I. Heb 5,1-10
P. 1 Sm 15,16-23
Mc 2,18-22</td><td>M</td><td>I. Heb 6,10-20
P. 1 Sm 16,1-13
Mc 2,23-28</td><td>Mi</td><td>I. Heb 7,1-3.15-17
P. 1 Sm 17,32-33. 37.40-51
Mc 3,1-6</td></tr>
<tr><td>J</td><td>I. Heb 7,25–8,6
P. 1 Sm 18,6-9; 19,1-7
Mc 3,7-12</td><td>V</td><td>I. Heb 8,6-13
P. 1 Sm 24,3-21
Mc 3,13-19</td><td>S</td><td>I. Heb 9,2-3.11-14
P. 2 Sm 1,1-4.11-12. 19.23-27
Mc 3,20-21</td></tr>
<tr><td rowspan="2">Dom 3.º</td><td colspan="2">1.ª lectura</td><td colspan="2">2.ª lectura</td><td colspan="2">Evangelio</td></tr>
<tr><td colspan="2">A. Is 8,23b–9,3
B. Jon 3,1-5.10
C. Neh 8,2-4a.5-6.8-10</td><td colspan="2">A. 1 Cor 1,10-13.17
B. 1 Cor 7,29-31
C. 1 Cor 12,12-30</td><td colspan="2">A. Mt 4,12-23
B. Mc 1,14-20
C. Lc 1,1-4; 4,14-21</td></tr>
<tr><td rowspan="2">Sem 3.ª</td><td>L</td><td>I. Heb 9,15.24-28
P. 2 Sm 5,1-7.10
Mc 3,22-30</td><td>M</td><td>I. Heb 10,1-10
P. 2 Sm 6,12b-15.17-19
Mc 3,31-35</td><td>Mi</td><td>I. Heb 10,11-18
P. 2 Sm 7,4-17
Mc 4,1-20</td></tr>
<tr><td>J</td><td>I. Heb 10,19-25
P. 2 Sm 7,18-19.24-29
Mc 4,21-25</td><td>V</td><td>I. Heb 10,32-39
P. 2 Sm 11,1-4a.5-10a. 13-17
Mc 4,26-34</td><td>S</td><td>I. Heb 11,1-2.8-19
P. 2 Sm 12,1-7a.10-17
Mc 4,35-41</td></tr>
<tr><td rowspan="2">Dom 4.º</td><td colspan="2">1.ª lectura</td><td colspan="2">2.ª lectura</td><td colspan="2">Evangelio</td></tr>
<tr><td colspan="2">A. Sof 2,3; 3,12-13
B. Dt 18,15-20
C. Jr 1,4-5.17-19</td><td colspan="2">A. 1 Cor 1,26-31
B. 1 Cor 7,32-35
C. 1 Cor 12,31–13,13</td><td colspan="2">A. Mt 5,1-12a
B. Mc 1,21-28
C. Lc 4,21-30</td></tr>
<tr><td rowspan="2">Sem 4.ª</td><td>L</td><td>I. Heb 11,32-40
P. 2 Sm 15,13-14.30; 16,5-13a
Mc 5,1-20</td><td>M</td><td>I. Heb 12,1-4
P. 2 Sm 18,9-10.14b. 24-25a.30–19,3
Mc 5,21-43</td><td>Mi</td><td>I. Heb 12,4-7.11-15
P. 2 Sm 24,2.9-17
Mc 6,1-6</td></tr>
<tr><td>J</td><td>I. Heb 12,18-19.21-24
P. 1 Re 2,1-4.10-12
Mc 6,7-13</td><td>V</td><td>I. Heb 13,1-8
P. Eclo 47,2-11
Mc 6,14-29</td><td>S</td><td>I. Heb 13,15-17.20-21
P. 1 Re 3,4-13
Mc 6,30-34</td></tr>
</table>

		1.ª lectura		2.ª lectura		Evangelio
Dom 5.º		A. Is 58,7-10 B. Job 7,1-4.6-7 C. Is 6,1-2a.3-8		A. 1 Cor 2,1-5 B. 1 Cor 9,16-19.22-23 C. 1 Cor 15,1-11		A. Mt 5,13-16 B. Mc 1,29-39 C. Lc 5,1-11
Sem 5.ª	**L**	I. Gn 1,1-19 P. 1 Re 8,1-7.9-13 Mc 6,53-56	**M**	I. Gn 1,20–2,4a P. 1 Re 8,22-23.27-30 Mc 7,1-13	**Mi**	I. Gn 2,4b-9.15-17 P. 1 Re 10,1-10 Mc 7,14-23
	J	I. Gn 2,18-25 P. 1 Re 11,4-13 Mc 7,24-30	**V**	I. Gn 3,1-8 P. 1 Re 11,29-32; 12,19 Mc 7,31-37	**S**	I. Gn 3,9-24 P. 1 Re 12,26-32; 13,33-34 Mc 8,1-10
		1.ª lectura		**2.ª lectura**		**Evangelio**
Dom 6.º		A. Eclo 15,15-20 B. Lv 13,1-2.44-46 C. Jr 17,5-8		A. 1 Cor 2,6-10 B. 1 Cor 10,31–11,1 C. 1 Cor 15,12.16-20		A. Mt 5,17-37 B. Mc 1,40-45 C. Lc 6,17.20-26
Sem 6.ª	**L**	I. Gn 4,1-15.25 P. Sant 1,1-11 Mc 8,11-13	**M**	I. Gn 6,5-8; 7,1-5.10 P. Sant 1,12-18 Mc 8,14-21	**Mi**	I. Gn 8,6-13.20-22 P. Sant 1,19-27 Mc 8,22-26
	J	I. Gn 9,1-13 P. Sant 2,1-9 Mc 8,27-33	**V**	I. Gn 11,1-9 P. Sant 2,14-24.26 Mc 8,34–9,1	**S**	I. Heb 11,1-7 P. Sant 3,1-10 Mc 9,2-13
		1.ª lectura		**2.ª lectura**		**Evangelio**
Dom 7.º		A. Lv 19,1-2.17-18 B. Is 43,18-19.21-22.24b-25 C. 1 Sm 26,2.7-9.12-13.22-23		A. 1 Cor 3,16-23 B. 2 Cor 1,18-22 C. 1 Cor 15,45-49		A. Mt 5,38-48 B. Mc 2,1-12 C. Lc 6,27-38
Sem 7.ª	**L**	I. Eclo 1,1-10 P. Sant 3,13-18 Mc 9,14-29	**M**	I. Eclo 2,1-11 P. Sant 4,1-10 Mc 9,30-37	**Mi**	I. Eclo 4,11-19 P. Sant 4,13b-17 Mc 9,38-40
	J	I. Eclo 5,1-8 P. Sant 5,1-6 Mc 9,41-50	**V**	I. Eclo 6,5-17 P. Sant 5,9-12 Mc 10,1-12	**S**	I. Eclo 17,1-15 P. Sant 5,13-20 Mc 10,13-16
		1.ª lectura		**2.ª lectura**		**Evangelio**
Dom 8.º		A. Is 49,14-15 B. Os 2,16b.17b.21-22 C. Eclo 27,4-7		A. 1 Cor 4,1-5 B. 2 Cor 3,1b-6 C. 1 Cor 15,54-58		A. Mt 6,24-34 B. Mc 2,18-22 C. Lc 6,39-45
Sem 8.ª	**L**	I. Eclo 17,24-29 P. 1 Pe 1,3-9 Mc 10,17-27	**M**	I. Eclo 35,1-15 P. 1 Pe 1,10-16 Mc 10,28-31	**Mi**	I. Eclo 36,1-2a.5-6. 13-22 P. 1 Pe 1,18-25 Mc 10,32-45
	J	I. Eclo 42,15-25 P. 1 Pe 2,2-5.9-12 Mc 10,46-52	**V**	I. Eclo 44,1.9-13 P. 1 Pe 4,7-13 Mc 11,11-26	**S**	I. Eclo 51,12-20a P. Jds 17,20b-25 Mc 11,27-33

		1.ª lectura		2.ª lectura		Evangelio
Dom 9.º		A. Dt 11,18.26-28 B. Dt 5,12-15 C. 1 Re 8,41-43		A. Rom 3,21-25a.28 B. 2 Cor 4,6-11 C. Gál 1,1-2.6-10		A. Mt 7,21-27 B. Mc 2,23–3,6 C. Lc 7,1-10
Sem 9.ª	**L**	I. Tob 1,1a.2; 2,1-9 P. 2 Pe 1,2-7 Mc 12,1-12	**M**	I. Tob 2,9-14 P. 2 Pe 3,12-15a.17-18 Mc 12,13-17	**Mi**	I. Tob 3,1-10a.16-17a P. 2 Tim 1,1-3.6-12 Mc 12,18-27
	J	I. Tob 6,10-11;7,1.9-14; 8,4-7 P. 2 Tim 2,8-15 Mc 12,28b-34	**V**	I. Tob 11,5-15 P. 2 Tim 3,10-17 Mc 12,35-37	**S**	I. Tob 12,1.5-15.20 P. 2 Tim 4,1-8 Mc 12,38-44
		1.ª lectura		**2.ª lectura**		**Evangelio**
Dom 10.º		A. Os 6,3-6 B. Gn 3,9-15 C. 1 Re 17,17-24		A. Rom 4,18-25 B. 2 Cor 4,13–5,1 C. Gál 1,11-19		A. Mt 9,9-13 B. Mc 3,20-35 C. Lc 7,11-17
Sem 10.ª	**L**	I. 2 Cor 1,1-7 P. 1 Re 17,1-6 Mt 5,1-12	**M**	I. 2 Cor 1,18-22 P. 1 Re 17,7-16 Mt 5,13-16	**Mi**	I. 2 Cor 3,4-11 P. 1 Re 18,20-39 Mt 5,17-19
	J	I. 2 Cor 3,15–4,1.3-6 P. 1 Re 18,41-46 Mt 5,20-26	**V**	I. 2 Cor 4,7-15 P. 1 Re 19,9a.11-16 Mt 5,27-32	**S**	I. 2 Cor 5,14-21 P. 1 Re 19,19-21 Mt 5,33-37
		1.ª lectura		**2.ª lectura**		**Evangelio**
Dom 11.º		A. Éx 19,2-6a B. Ez 17,22-24 C. 2 Sm 12,7-10.13		A. Rom 5,6-11 B. 2 Cor 5,6-10 C. Gál 2,16.19-21		A. Mt 9,36–10,8 B. Mc 4,26-34 C. Lc 7,36–8,3
Sem 11.ª	**L**	I. 2 Cor 6,1-10 P. 1 Re 21,1-16 Mt 5,38-42	**M**	I. 2 Cor 8,1-9 P. 1 Re 21,17-29 Mt 5,43-48	**Mi**	I. 2 Cor 9,6-11 P. 2 Re 2,1.6-14 Mt 6,1-6.16-18
	J	I. 2 Cor 11,1-11 P. Eclo 48,1-14 Mt 6,7-15	**V**	I. 2 Cor 11,18.21b-30 P. 2 Re 11,1-4.9-18.20 Mt 6,19-23	**S**	I. 2 Cor 12,1-10 P. 2 Cr 24,17-25 Mt 6,24-34
		1.ª lectura		**2.ª lectura**		**Evangelio**
Dom 12.º		A. Jr 20,10-13 B. Job 38,1.8-11 C. Zac 12,10-11		A. Rom 5,12-15 B. 2 Cor 5,14-17 C. Gál 3,26-29		A. Mt 10,26-33 B. Mc 4,35-41 C. Lc 9,18-24
Sem 12.ª	**L**	I. Gn 12,1-9 P. 2 Re 17,5-8. 13-15a.18 Mt 7,1-5	**M**	I. Gn 13,2.5-18 P. 2 Re 19,9b-11.14-21. 31-36 Mt 7,6.12-14	**Mi**	I. Gn 15,1-12.17-18 P. 2 Re 22,8-13; 23,1-3 Mt 7,15-20
	J	I. Gn 16,1-12.15-16 P. 2 Re 24,8-17 Mt 7,21-29	**V**	I. Gn 17,1.9-10.15-22 P. 2 Re 25,1-12 Mt 8,1-4	**S**	I. Gn 18,1-15 P. Lam 2,2.10-14.18-19 Mt 8,5-17

	1.ª lectura	2.ª lectura	Evangelio
Dom 13.º	A. 2 Re 4,8-11.14-16a B. Sab 1,13-15; 2,23-24 C. 1 Re 19,16b.19-21	A. Rom 6,3-4.8-11 B. 2 Cor 8,7.9.13-15 C. Gál 5,1.13-18	A. Mt 10,37-42 B. Mc 5,21-43 C. Lc 9,51-62

Sem 13.ª	**L**	I. Gn 18,16-33 P. Am 2,6-10.13-16 Mt 8,18-22	**M**	I. Gn 19,15-29 P. Am 3,1-8; 4,11-12 Mt 8,23-27	**Mi**	I. Gn 21,5.8-20 P. Am 5,14-15.21-24 Mt 8,28-34
	J	I. Gn 22,1-19 P. Am 7,10-17 Mt 9,1-8	**V**	I. Gn 23,1-4.19; 24,1-8.62-67 P. Am 8,4-6.9-12 Mt 9,9-13	**S**	I. Gn 27,1-5.15-29 P. Am 9,11-15 Mt 9,14-17

	1.ª lectura	2.ª lectura	Evangelio
Dom 14.º	A. Zac 9,9-10 B. Ez 2,2-5 C. Is 66,10-14c	A. Rom 8,9.11-13 B. 2 Cor 12,7b-10 C. Gál 6,14-18	A. Mt 11,25-30 B. Mc 6,1-6 C. Lc 10,1-12.17-20

Sem 14.ª	**L**	I. Gn 28,10-22 P. Os 2,16.17b-18.21-22 Mt 9,18-26	**M**	I. Gn 32,23-33 P. Os 8,4-7.11-13 Mt 9,32-38	**Mi**	I. Gn 41,55-57; 42,5-7.17-24a P. Os 10,1-3.7-8.12 Mt 10,1-7
	J	I. Gn 44,18-21.23-29; 45,1-5 P. Os 11,1.3-4.8c-9 Mt 10,7-15	**V**	I. Gn 46,1-7.28-30 P. Os 14,2-10 Mt 10,16-23	**S**	I. Gn 49,29-33; 50,15-24 P. Is 6,1-8 Mt 10,24-33

	1.ª lectura	2.ª lectura	Evangelio
Dom 15.º	A. Is 55,10-11 B. Am 7,12-15 C. Dt 30,10-14	A. Rom 8,18-23 B. Ef 1,3-14 C. Col 1,15-20	A. Mt 13,1-23 B. Mc 6,7-13 C. Lc 10,25-37

Sem 15.ª	**L**	I. Éx 1,8-14.22 P. Is 1,11-17 Mt 10,34–11,1	**M**	I. Éx 2,1-15a P. Is 7,1-9 Mt 11,20-24	**Mi**	I. Éx 3,1-6.9-12 P. Is 10,5-7.13-16 Mt 11,25-27
	J	I. Éx 3,13-20 P. Is 26,7-9.12.16-19 Mt 11,28-30	**V**	I. Éx 11,10–12,14 P. Is 38,1-6.21-22.7-8 Mt 12,1-8	**S**	I. Éx 12,37-42 P. Miq 2,1-5 Mt 12,14-21

	1.ª lectura	2.ª lectura	Evangelio
Dom 16.º	A. Sab 12,13.16-19 B. Jr 23,1-6 C. Gn 18,1-10a	A. Rom 8,26-27 B. Ef 2,13-18 C. Col 1,24-28	A. Mt 13,24-43 B. Mc 6,30-34 C. Lc 10,38-42

Sem 16.ª	**L**	I. Éx 14,5-18 P. Miq 6,1-4.6-8 Mt 12,38-42	**M**	I. Éx 14,21–15,1 P. Miq 7,14-15.18-20 Mt 12,46-50	**Mi**	I. Éx 16,1-5.9-15 P. Jr 1,1.4-10 Mt 13,1-9
	J	I. Éx 19,1-2.9-11. 16-20b P. Jr 2,1-3.7-8.12-13 Mt 13,10-17	**V**	I. Éx 20,1-17 P. Jr 3,14-17 Mt 13,18-23	**S**	I. Éx 24,3-8 P. Jr 7,1-11 Mt 13,24-30

	1.ª lectura	2.ª lectura	Evangelio
Dom 17.º	A. 1 Re 3,5.7-12 B. 2 Re 4,42-44 C. Gn 18,20-32	A. Rom 8,28-30 B. Ef 4,1-6 C. Col 2,12-14	A. Mt 13,44-52 B. Jn 6,1-15 C. Lc 11,1-13

Sem 17.ª	**L**	I. Éx 32,15-24.30-34 P. Jr 13,1-11 Mt 13,31-35	**M**	I. Éx 33,7-11; 34,5b-9.28 P. Jr 14,17-22 Mt 13,36-43	**Mi**	I. Éx 34,29-35 P. Jr 15,10.16-21 Mt 13,44-46
	J	I. Éx 40,16-21.34-38 P. Jr 18,1-6 Mt 13,47-53	**V**	I. Lv 23,1.4-11.15-16. 27.34b-37 P. Jr 26,1-9 Mt 13,54-58	**S**	I. Lv 25,1.8-17 P. Jr 26,11-16.24 Mt 14,1-12

	1.ª lectura	2.ª lectura	Evangelio
Dom 18.º	A. Is 55,1-3 B. Éx 16,2-4.12-15 C. Ecl 1,2; 2,21-23	A. Rom 8,35.37-39 B. Ef 4,17.20-24 C. Col 3,1-5.9-11	A. Mt 14,13-21 B. Jn 6,24-35 C. Lc 12,13-21

Sem 18.ª	**L**	I. Nm 11,4b-15 P. Jr 28,1-17 Mt 14,13-21 (A. Mt 14,22-36)	**M**	I. Nm 12,1-13 P. Jr 30,1-2.12-15.18-22 Mt 14,22-36 (A. Mt 15,1-2.10-14)	**Mi**	I. Nm 13,1-2.25–14,1. 26-29.34-35 P. Jr 31,1-7 Mt 15,21-28
	J	I. Nm 20,1-13 P. Jr 31,31-34 Mt 16,13-23	**V**	I. Dt 4,32-40 P. Nah 2,1.3; 3,1-3.6-7 Mt 16,24-28	**S**	I. Dt 6,4-13 P. Hab 1,12–2,4 Mt 17,14-20

	1.ª lectura	2.ª lectura	Evangelio
Dom 19.º	A. 1 Re 19,9.11-13a B. 1 Re 19,4-8 C. Sab 18,6-9	A. Rom 9,1-5 B. Ef 4,30–5,2 C. Heb 11,1-2.8-19	A. Mt 14,22-33 B. Jn 6,41-51 C. Lc 12,32-48

Sem 19.ª	**L**	I. Dt 10,12-22 P. Ez 1,2-5.24-28c Mt 17,22-27	**M**	I. Dt 31,1-8 P. Ez 2,8–3,4 Mt 18,1-5.10.12-14	**Mi**	I. Dt 34,1-12 P. Ez 9,1-7;10,18-22 Mt 18,15-20
	J	I. Jos 3,7-10a.11.13-17 P. Ez 12,1-12 Mt 18,21–19,1	**V**	I. Jos 24,1-13 P. Ez 16,1-15.60.63 Mt 19,3-12	**S**	I. Jos 24,14-29 P. Ez 18,1-10.13b.30-32 Mt 19,13-15

	1.ª lectura	2.ª lectura	Evangelio
Dom 20.º	A. Is 56,1.6-7 B. Prov 9,1-6 C. Jr 38,4-6.8-10	A. Rom 11,13-15.29-32 B. Ef 5,15-20 C. Heb 12,1-4	A. Mt 15,21-28 B. Jn 6,51-58 C. Lc 12,49-53

Sem 20.ª	**L**	I. Jue 2,11-19 P. Ez 24,15-24 Mt 19,16-22	**M**	I. Jue 6,11-24a P. Ez 28,1-10 Mt 19,23-30	**Mi**	I. Jue 9,6-15 P. Ez 34,1-11 Mt 20,1-16
	J	I. Jue 11,29-39a P. Ez 36,23-28 Mt 22,1-14	**V**	I. Rut 1,1.3-6. 14b-16.22 P. Ez 37,1-14 Mt 22,34-40	**S**	I. Rut 2,1-3.8-11; 4,13-17 P. Ez 43,1-7 Mt 23,1-12

	1.ª lectura	2.ª lectura	Evangelio
Dom 21.º	A. Is 22,15.19-23 B. Jos 24,1-2a.15-17.18b C. Is 66,18-21	A. Rom 11,33-36 B. Ef 5,21-32 C. Heb 12,5-7.11-13	A. Mt 16,13-20 B. Jn 6,60-69 C. Lc 13,22-30

Sem 21.ª	**L**	I. 1 Tes 1,1-5.8b-10 P. 2 Tes 1,1-5.11b-12 Mt 23,13-22	**M**	I. 1 Tes 2,1-8 P. 2 Tes 2,1-3a.14-17 Mt 23,23-26	**Mi**	I. 1 Tes 2,9-13 P. 2 Tes 3,6-10.16-18 Mt 23,27-32
	J	I. 1 Tes 3,7-13 P. 1 Cor 1,1-9 Mt 24,42-51	**V**	I. 1 Tes 4,1-8 P. 1 Cor 1,17-25 Mt 25,1-13	**S**	I. 1 Tes 4,9-11 P. 1 Cor 1,26-31 Mt 25,14-30

	1.ª lectura	2.ª lectura	Evangelio
Dom 22.º	A. Jr 20,7-9 B. Dt 4,1-2.6-8 C. Eclo 3,17-18.20.28-29	A. Rom 12,1-2 B. Sant 1,17-18.21b-22.27 C. Heb 12,18-19.22-24a	A. Mt 16,21-27 B. Mc 7,1-8.14-15.21-23 C. Lc 14,1.7-14

Sem 22.ª	**L**	I. 1 Tes 4,13-18 P. 1 Cor 2,1-5 Lc 4,16-30	**M**	I. 1 Tes 5,1-6.9-11 P. 1 Cor 2,10b-16 Lc 4,31-37	**Mi**	I. Col 1,1-8 P. 1 Cor 3,1-9 Lc 4,38-44
	J	I. Col 1,9-14 P. 1 Cor 3,18-23 Lc 5,1-11	**V**	I. Col 1,15-20 P. 1 Cor 4,1-5 Lc 5,33-39	**S**	I. Col 1,21-23 P. 1 Cor 4,6b-15 Lc 6,1-5

	1.ª lectura	2.ª lectura	Evangelio
Dom 23.º	A. Ez 33,7-9 B. Is 35,4-7a C. Sab 9,13-18	A. Rom 13,8-10 B. Sant 2,1-5 C. Flm 9b-10.12-17	A. Mt 18,15-20 B. Mc 7,31-37 C. Lc 14,25-33

Sem 23.ª	**L**	I. Col 1,24–2,3 P. 1 Cor 5,1-8 Lc 6,6-11	**M**	I. Col 2,6-15 P. 1 Cor 6,1-11 Lc 6,12-19	**Mi**	I. Col 3,1-11 P. 1 Cor 7,25-31 Lc 6,20-26
	J	I. Col 3,12-17 P. 1 Cor 8,1b-7.11-13 Lc 6,27-38	**V**	I. 1 Tim 1,1-2.12-14 P. 1 Cor 9,16-19.22b-27 Lc 6,39-42	**S**	I. 1 Tim 1,15-17 P. 1 Cor 10,14-22 Lc 6,43-49

	1.ª lectura	2.ª lectura	Evangelio
Dom 24.º	A. Eclo 27,30–28,7 B. Is 50,5-9a C. Éx 32,7-11.13-14	A. Rom 14,7-9 B. Sant 2,14-18 C. 1 Tim 1,12-17	A. Mt 18,21-35 B. Mc 8,27-35 C. Lc 15,1-32 o 15,1-10

Sem 24.ª	**L**	I. 1 Tim 2,1-8 P. 1 Cor 11,17-26.33 Lc 7,1-10	**M**	I. 1 Tim 3,1-13 P. 1 Cor 2,12-14.27-31a Lc 7,11-17	**Mi**	I. 1 Tim 3,14-16 P. 1 Cor 12,31–13,13 Lc 7,31-35
	J	I. 1 Tim 4,12-16 P. 1 Cor 15,1-11 Lc 7,36-50	**V**	I. 1 Tim 6,2c-12 P. 1 Cor 15,12-20 Lc 8,1-3	**S**	I. 1 Tim 6,13-16 P. 1 Cor 15,35-37.42-49 Lc 8,4-15

		1.ª lectura		2.ª lectura		Evangelio
Dom 25.º		A. Is 55,6-9 B. Sab 2,12.17-20 C. Am 8,4-7		A. Flp 1,20c-24.27a B. Sant 3,16–4,3 C. 1 Tim 2,1-8		A. Mt 20,1-16 B. Mc 9,30-37 C. Lc 16,1-13
Sem 25.ª	L	I. Esd 1,1-6 P. Prov 3,27-34 Lc 8,16-18	M	I. Esd 6,7-8.12b.14-20 P. Prov 21,1-6.10-13 Lc 8,19-21	Mi	I. Esd 9,5-9 P. Prov 30,5-9 Lc 9,1-6
	J	I. Ag 1,1-8 P. Ecl 1,2-11 Lc 9,7-9	V	I. Ag 1,15b–2,9 P. Ecl 3,1-11 Lc 9,18-22	S	I. Zac 2,5-9.14-15a P. Ecl 11,9–12,8 Lc 9,43-45
		1.ª lectura		2.ª lectura		Evangelio
Dom 26.º		A. Ez 18,25-28 B. Nm 11,25-29 C. Am 6,1a.4-7		A. Flp 2,1-11 B. Sant 5,1-6 C. 1 Tim 6,11-16		A. Mt 21,28-32 B. Mc 9,38-43.45.47-48 C. Lc 16,19-31
Sem 26.ª	L	I. Zac 8,1-8 P. Job 1,6-22 Lc 9,46-50	M	I. Zac 8,20-23 P. Job 3,1-3.11-17. 20-23 Lc 9,51-56	Mi	I. Neh 2,1-8 P. Job 9,1-12.14-16 Lc 9,57-62
	J	I. Neh 8,1-4a.5-6.7b-12 P. Job 19,21-27 Lc 10,1-12	V	I. Bar 1,15-22 P. Job 38,1.12-21; 40,3-5 Lc 10,13-16	S	I. Bar 4,5-12.27-29 P. Job 42,1-3.5-6.12-16 Lc 10,17-24
		1.ª lectura		2.ª lectura		Evangelio
Dom 27.º		A. Is 5,1-7 B. Gn 2,18-24 C. Hab 1,2-3; 2,2-4		A. Flp 4,6-9 B. Heb 2,9-11 C. 2 Tim 1,6-8.13-14		A. Mt 21,33-43 B. Mc 10,2-16 C. Lc 17,5-10
Sem 27.ª	L	I. Jon 1,1–2,1.11 P. Gál 1,6-12 Lc 10,25-37	M	I. Jon 3,1-10 P. Gál 1,13-24 Lc 10,38-42	Mi	I. Jon 4,1-11 P. Gál 2,1-2.7-14 Lc 11,1-4
	J	I. Mal 3,13-20a P. Gál 3,1-5 Lc 11,5-13	V	I. Jl 1,13-15; 2,1-2 P. Gál 3,7-14 Lc 11,15-26	S	I. Jl 4,12-21 P. Gál 3,22-29 Lc 11,27-28
		1.ª lectura		2.ª lectura		Evangelio
Dom 28.º		A. Is 25,6-10a B. Sab 7,7-11 C. 2 Re 5,14-17		A. Flp 4,12-14.19-20 B. Heb 4,12-13 C. 2 Tim 2,8-13		A. Mt 22,1-14 B. Mc 10,17-30 C. Lc 17,11-19
Sem 28.ª	L	I. Rom 1,1-7 P. Gál 4,22-24. 26-27.31–5,1 Lc 11,29-32	M	I. Rom 1,16-25 P. Gál 5,1-6 Lc 11,37-41	Mi	I. Rom 2,1-11 P. Gál 5,18-25 Lc 11,42-46
	J	I. Rom 3,21-30 P. Ef 1,1-10 Lc 11,47-54	V	I. Rom 4,1-8 P. Ef 1,11-14 Lc 12,1-7	S	I. Rom 4,13.16-18 P. Ef 1,15-23 Lc 12,8-12

	1.ª lectura	2.ª lectura	Evangelio
Dom 29.º	A. Is 45,1.4-6 B. Is 53,10-11 C. Éx 17,8-13	A. 1 Tes 1,1-5b B. Heb 4,14-16 C. 2 Tim 3,14–4,2	A. Mt 22,15-21 B. Mc 10,35-45 C. Lc 18,1-8

Sem 29.ª	**L**	I. Rom 4,20-25 P. Ef 2,1-10 Lc 12,13-21	**M**	I. Rom 5,12.15b.17-19.20b-21 P. Ef 2,12-22 Lc 12,35-38	**Mi**	I. Rom 6,12-18 P. Ef 3,2-12 Lc 12,39-48
	J	I. Rom 6,19-23 P. Ef 3,14-21 Lc 12,49-53	**V**	I. Rom 7,18-25a P. Ef 4,1-6 Lc 12,54-59	**S**	I. Rom 8,1-11 P. Ef 4,7-16 Lc 13,1-9

	1.ª lectura	2.ª lectura	Evangelio
Dom 30.º	A. Éx 22,20-26 B. Jr 31,7-9 C. Eclo 35,12-14.16-18	A. 1 Tes 1,5c-10 B. Heb 5,1-6 C. 2 Tim 4,6-8.16-18	A. Mt 22,34-40 B. Mc 10,46-52 C. Lc 18,9-14

Sem 30.ª	**L**	I. Rom 8,12-17 P. Ef 4,32–5,8 Lc 13,10-17	**M**	I. Rom 8,18-25 P. Ef 5,21-33 Lc 13,18-21	**Mi**	I. Rom 8,26-30 P. Ef 6,1-9 Lc 13,22-30
	J	I. Rom 8,31b-39 P. Ef 6,10-20 Lc 13,31-35	**V**	I. Rom 9,1-5 P. Flp 1,1-11 Lc 14,1-6	**S**	I. Rom 11,1-2a.11-12.25-29 P. Flp 1,18b-26 Lc 14,1.7-11

	1.ª lectura	2.ª lectura	Evangelio
Dom 31.º	A. Mal 1,14b–2,2b.8-10 B. Dt 6,2-6 C. Sab 11,22–12,2	A. 1 Tes 2,7b-9.13 B. Heb 7,23-28 C. 2 Tes 1,11–2,2	A. Mt 23,1-12 B. Mc 12,28b-34 C. Lc 19,1-10

Sem 31.ª	**L**	I. Rom 11,29-36 P. Flp 2,1-4 Lc 14,12-14	**M**	I. Rom 12,5-16a P. Flp 2,5-11 Lc 14,15-24	**Mi**	I. Rom 13,8-10 P. Flp 2,12-18 Lc 14,25-33
	J	I. Rom 14,7-12 P. Flp 3,3-8a Lc 15,1-10	**V**	I. Rom 15,14-21 P. Flp 3,17–4,1 Lc 16,1-8	**S**	I. Rom 16,3-9.16.22-27 P. Flp 4,10-19 Lc 16,9-15

	1.ª lectura	2.ª lectura	Evangelio
Dom 32.º	A. Sab 6,12-16 B. 1 Re 17,10-16 C. 2 Mac 7,1-2.9-14	A. 1 Tes 4,13-17 B. Heb 9,24-28 C. 2 Tes 2,16–3,5	A. Mt 25,1-13 B. Mc 12,38-44 C. Lc 20,27-38

Sem 32.ª	**L**	I. Sab 1,1-7 P. Tit 1,1-9 Lc 17,1-6	**M**	I. Sab 2,23–3,9 P. Tit 2,1-8.11-14 Lc 17,7-10	**Mi**	I. Sab 6,1-11 P. Tit 3,1-7 Lc 17,11-19
	J	I. Sab 7,22–8,1 P. Flm 7-20 Lc 17,20-25	**V**	I. Sab 13,1-9 P. 2 Jn 4-9 Lc 17,26-37	**S**	I. Sab 18,14-16; 19,6-9 P. 3 Jn 5-8 Lc 18,1-8

	1.ª lectura	2.ª lectura	Evangelio
Dom 33.º	A. Prov 31,10-13.19-20.30-31 B. Dn 12,1-3 C. Mal 3,19-20a	A. 1 Tes 5,1-6 B. Heb 10,11-14.18 C. 2 Tes 3,7-12	A. Mt 25,14-30 B. Mc 13,24-32 C. Lc 21,5-19
Sem 33.ª	**L** I. 1 Mac 1,10-15.41-43.54-57.62-64 P. Ap 1,1-4; 2,1-5a Lc 18,35-43	**M** I. 2 Mac 6,18-31 P. Ap 3,1-6.14-22 Lc 19,1-10	**Mi** I. 2 Mac 7,1.20-31 P. Ap 4,1-11 Lc 19,11-28
	J I. 1 Mac 2,15-29 P. Ap 5,1-10 Lc 19,41-44	**V** I. 1 Mac 4,36-37.52-59 P. Ap 10,8-11 Lc 19,45-48	**S** I. 1 Mac 6,1-13 P. Ap 11,4-12 Lc 20,27-40

	1.ª lectura	2.ª lectura	Evangelio
JRU	A. Ez 34,11-12.15-17 B. Dn 7,13-14 C. 2 Sm 5,1-3	A. 1 Cor 15,20-26.28 B. Ap 1,5-8 C. Col 1,12-20	A. Mt 25,31-46 B. Jn 18,33b-37 C. Lc 23,35-43
Sem 34.ª	**L** I. Dn 1,1-6.8-20 P. Ap 14,1-3.4b-5 Lc 21,1-4	**M** I. Dn 2,31-45 P. Ap 14,14-19 Lc 21,5-11	**Mi** I. Dn 5,1-6.13-14.16-17.23-28 P. Ap 15,1-4 Lc 21,12-19
	J I. Dn 6,12-28 P. Ap 18,1-2.11-23; 19,1-3.9a Lc 21,20-28	**V** I. Dn 7,2-14 P. Ap 20,1-4.11–21,2 Lc 21,29-33	**S** I. Dn 7,15-27 P. Ap 22,1-7 Lc 21,24-36

LECTURAS DE SOLEMNIDADES MOVIBLES EN EL TIEMPO ORDINARIO

	1.ª lectura	2.ª lectura	Evangelio
TRI	A. Éx 34,4b-6.8-9 B. Dt 4,32-34.39-40 C. Pro 8,22-31	A. 2 Cor 13,11-13 B. Rom 8,14-17 C. Rom 5,1-5	A. Jn 3,16-18 B. Mt 28,16-20 C. Jn 16,12-15
CSJ	A. Dt 8,2-3.14b-16a B. Éx 24,3-8 C. Gn 14,18-20	A. 1 Cor 10,16-17 B. Heb 9,11-15 C. 1 Cor 11,23-26	A. Jn 6,51-58 B. Mc 14,12-16.22-26 C. Lc 9,11b-17
SCJ	A. Dt 8,2-3.14b-16a B. Éx 24,3-8 C. Gn 14,18-20	A. 1 Jn 4,7-16 B. Ef 3,8-12.14-19 C. Rom 5,5b-11	A. Mt 11,25-30 B. Jn 19,31-37 C. Lc 15,3-7

LECTURAS DE SOLEMNIDADES Y FIESTAS DE NUESTRO SEÑOR, DE LA VIRGEN MARÍA Y DE LOS APÓSTOLES

25 Ene	(F) La Conversión del apóstol Pablo	1.ª lectura	Hch 22,3-16	Evangelio	Mc 16,15-18
02 Feb	(F) La Presentación del Señor	1.ª lectura	Mal 3,1-4 o Heb 2,14-18	Evangelio	Lc 2,22-40
22 Feb	(F) La Cátedra del apóstol Pedro	1.ª lectura	1 Pe 5,1-4	Evangelio	Mt 16,13-19
(S) San José, esposo de la Virgen María 19 de marzo		1.ª 2.ª	2 Sm 7,4-5a.12-14a.16 Rom 4,13.16-18.22	**Ev**	Mt 1,16.18-21.24a
(S) La Inmaculada Concepción de la Virgen María 25 de marzo		1.ª 2.ª	Is 7,10-14; 8,10 Heb 10,4-10	**Ev**	Lc 1,26-38
25 Abr	(F) San Marcos, evangelista	1.ª lectura	1 Pe 5,5b-14	Evangelio	Mc 16,15-20
03 May	(F) San Felipe y Santiago, apóstoles	1.ª lectura	1 Cor 15,1-8	Evangelio	Jn 14,6-14
14 May	(F) San Matías, apóstol	1.ª lectura	Hch 1,15-17.20-26	Evangelio	Jn 15,9-17
31 May	(F) La Visitación de la Virgen María	1.ª lectura	Sof 3,14-18	Evangelio	Lc 1,39-56
(S) La Natividad de san Juan Bautista 24 de junio		 1.ª 2.ª 1.ª 2.ª	Vísperas Jr 1,4-10 1 Pe 1,8-12 Del día Is 49,1-6 2ª Hch 13,22-26	Evangelio	Vísperas Lc 1,5-17 Del día Lc 1,57-66.80
(S) San Pedro y san Pablo, apóstoles 29 de junio		 1.ª 2.ª 1.ª 2.ª	Vísperas Hch 3,1-10 Gál 1,11-20 Del día Hch 12,1-11 2 Tim 4,6-8.17-18	Evangelio	Vísperas Jn 21,15-19 Del día Mt 16,13-19

03 Jul	(F) Santo Tomás, apóstol	1.ª lectura	Ef 2,19-22	Evangelio	Jn 20,24-29
22 Jul	(F) Santa María Magdalena		Ct 3, 1-4a		Jn 20,1.11-18
25 Jul	(F) Santiago, apóstol		Hch 4,33; 5,12.27-33; 12,2 o 2 Cor 4,7-15		Mt 20,20-28
06 Ago	(F) La Transfiguración del Señor		Dn 7,9-10.13-14 2 Pe 1,16-19		A. Mt 17,1-9 B. Mc 9,2-10 C. Lc 9,28b-36
(S) La Asunción de la Virgen María 15 de agosto		 1.ª 2.ª 1.ª 2.ª	Vísperas 1 Cro 15,3-4.15-16; 16,1-2 1 Cor 15,54-57 Del día Ap 11,19a; 12,1.3-6a.10 1 Cor 15,20-27a	Evangelio	Vísperas Lc 11,27-28 Del día Lc 1,39-56
24 Ago	(F) San Bartolomé, apóstol	1.ª lectura	Ap 21,9b-14	Evangelio	Jn 1,45-51
08 Sep	(F) La Natividad de la Virgen María		Miq 5,1-4a		Mt 1,1-16.18-23
14 Sep	(F) La Exaltación de la Cruz		Nm 21,4b-9 o Flp 2,6-11		Jn 3,13-17
21 Sep	(F) San Mateo, apóstol y evangelista		Ef 4,1-7.11-13		Mt 9,9-13
29 Sep	(F) Arcángeles Miguel, Gabriel y Rafael		Dn 7,9-10.13-14		Jn 1,47-51
18 Oct	(F) San Lucas, evangelista		2 Tim 4,9-17a		Lc 10,1-9
28 Oct	(F) San Simón y san Judas, apóstoles		Ef 2,19-22		Lc 6,12-19
(S) Todos los Santos 1 de noviembre		1.ª 2.ª	Ap 7,2-4.9-14 1 Jn 3,1-3	**Ev**	Mt 5,1-12a
30 Nov	(F) San Andrés, apóstol	1.ª	Rom 19,9-18		Mt 4,18-22
(S) La Inmaculada Concepción de la Virgen María 8 de diciembre		1.ª 2.ª	Gn 3,9-15.20 Ef 1,3-6.11-12	**Ev**	Lc 1,26-38

DEVOCIONARIO

I. LAS ORACIONES DEL CRISTIANO

1. La señal de la Cruz
† En el nombre del Padre, y del Hijo, y del Espíritu Santo. Amén.

2. Padrenuestro
Padre nuestro,
que estás en el cielo,
santificado sea tu nombre;
venga a nosotros tu reino;
hágase tu voluntad
en la tierra como en el cielo.
Danos hoy nuestro pan de cada día;
perdona nuestras ofensas,
como también nosotros perdonamos
a los que nos ofenden;
no nos dejes caer en la tentación,
y líbranos del mal. Amén.

3. Avemaría
Dios te salve, María,
llena eres de gracia,
el Señor es contigo,
bendita tú eres entre todas las mujeres
y bendito es el fruto de tu vientre, Jesús.
Santa María, Madre de Dios,
ruega por nosotros pecadores
ahora y en la hora de nuestra muerte.
Amén.

4. Gloria
Gloria al Padre, al Hijo, y al Espíritu Santo.
Como era en un principio, ahora y siempre
por los siglos de los siglos. Amén.

5. Invocación al Espíritu Santo
Ven, Espíritu Santo,
llena los corazones de tus fieles
y enciende en ellos el fuego de tu amor.

Guía: Envía, Señor, tu Espíritu.
Todos: Y renovarás la faz de la tierra.
Oremos: Oh, Dios, que haz iluminado los corazones de tus fieles con la luz del Espíritu Santo; concédenos ser dóciles a este mismo Espíritu y gozar siempre de su consuelo. Por Jesucristo Nuestro Señor. Amén.

6. Credo
Creo en Dios, Padre todo poderoso,
creador del cielo y de la tierra.
Creo en Jesucristo,
su único Hijo, nuestro Señor;
que fue concebido
por obra y gracia del Espíritu Santo,
nació de santa María Virgen;
padeció bajo el poder de Poncio Pilato,
fue crucificado, muerto y sepultado;
descendió a los infiernos,
al tercer día resucitó de entre los muertos,
subió a los cielos
y está sentado a la derecha de Dios,
Padre todopoderoso.
Desde allí ha de venir a juzgar
a vivos y muertos.
Creo en el Espíritu Santo,
la santa Iglesia católica,
la comunión de los santos,
el perdón de los pecados,
la resurrección de los muertos
y la vida eterna. Amén

7. Oración para pedir perdón
Padre bueno, tú saliste a nuestro encuentro, en tu Hijo único, el Señor Jesús. Él devolvió la vista a los ciegos, curó a los enfermos, perdonó a la mujer pecadora, y confirmó a Pedro en tu amor después de su caída. Recibe ahora mi súplica: en su nombre, perdona todos mis pecados, renuévame en su amor, concédeme vivir en fraterna unión con mis hermanos, para que pueda anunciar tu salvación a todos los hombres.

8. Acto penitencial
Yo confieso ante Dios todopoderoso y ante ustedes, hermanos, que he pecado mucho de pensamiento, palabra, obra y omisión: por mi culpa, por mi culpa, por mi gran culpa. Por eso ruego a santa María, siempre Virgen, a los ángeles, a los santos y a ustedes, hermanos, que intercedan por mí ante Dios, nuestro Señor.

9. Acto de contrición
Pésame, Dios mío, me arrepiento de todo corazón de haberte ofendido; pésame por el infierno que merecí y por el cielo que perdí; pero mucho más me pesa porque pecando ofendí a un Dios tan bueno y tan grande como Vos. Antes querría haber muerto que haberte ofendido, y propongo firmemente no pecar más y evitar todas las ocasiones próximas de pecado. Amén.

10. Encuentro con Jesús en el Santísimo Sacramento
10.1. Alabanza al Santísimo Sacramento
Bendito sea Dios.
Bendito sea su santo nombre.
Bendito sea Jesucristo,

verdadero Dios y verdadero hombre.
Bendito sea el nombre de Jesús.
Bendito sea su sacratísimo Corazón.
Bendita sea su preciosísima Sangre.
Bendito sea Jesús
en el Santísimo Sacramento del altar.
Bendito sea el Espíritu Santo Paráclito.
Bendita sea la excelsa Madre de Dios,
María santísima.
Bendita sea su santa
e Inmaculada Concepción.
Bendita sea su gloriosa Asunción.
Bendito sea el nombre de María,
Virgen y Madre.
Bendito sea san José, su castísimo esposo.
Bendito sea Dios
en sus ángeles y en sus santos.

10.2. Alma de Cristo

Alma de Cristo, santifícame.
Cuerpo de Cristo, sálvame.
Sangre de Cristo, embriágame.
Agua del costado de Cristo, lávame.
Pasión de Cristo, confórtame.
Oh, buen Jesús, óyeme.
Dentro de tus llagas, escóndeme.
No permitas que me aparte de ti.
Del maligno enemigo, defiéndeme.
En la hora de mi muerte, llámame.
Y mándame ir a ti,
para que con tus santos te alabe,
por los siglos de los siglos. Amén

11. Invoquemos a nuestra madre

11.1. Salve

Dios te salve,
Reina y Madre de misericordia,
vida, dulzura y esperanza nuestra,
Dios te salve.
A ti llamamos los desterrados hijos de Eva;
a ti suspiramos, gimiendo y llorando,
en este valle de lágrimas.
Ea, pues, Señora, abogada nuestra,
vuelve a nosotros
esos tus ojos misericordiosos,
y después de este destierro,
muéstranos a Jesús,
fruto bendito de tu vientre.
¡Oh clemente, oh piadosa,
oh dulce Virgen María!
Ruega por nosotros, santa Madre de Dios,
para que seamos dignos de alcanzar
las promesas de Nuestro Señor Jesucristo.
Amén.

11.2. Ángelus

Guía: El ángel del Señor anunció a María.
Todos: Y concibió por obra y gracia
del Espíritu Santo.
(*Avemaría*)

Guía: He aquí la esclava del Señor.
Todos: Hágase en mí según tu palabra.
(*Avemaría*)

Guía: Y el Verbo se hizo carne.
Todos: Y habitó entre nosotros.
(*Avemaría*)

Guía: Ruega por nosotros,
santa Madre de Dios.
Todos: Para que seamos dignos de alcanzar
las promesas de Jesucristo.
Oremos: Derrama, Señor, tu gracia sobre nosotros, que, por el anuncio del ángel, hemos conocido la encarnación de tu Hijo, para que lleguemos por su pasión y su cruz a la gloria de la resurrección. Por Jesucristo, Nuestro Señor. Amén.

11.3. Reina del cielo (Tiempo pascual)

Reina del cielo, alégrate, aleluya;
porque Aquel a quien mereciste
llevar en tu seno, aleluya;
resucitó como dijo, aleluya.
Ruega a Dios por nosotros, aleluya.
Gózate y alégrate, Virgen María, aleluya;
porque verdaderamente
el Señor Resucitó, aleluya.
Oremos: ¡Oh Dios, que por la resurrección de tu Hijo, Nuestro Señor Jesucristo, te has dignado alegrar al mundo! Concédenos, te rogamos, que por la intercesión de su Madre, la Virgen María, alcancemos los gozos de la vida eterna. Por el mismo Jesucristo, Nuestro Señor. Amén.

11.4. Bajo tu amparo

Bajo tu amparo nos acogemos,
santa Madre de Dios,
no desprecies las oraciones
que te dirigimos en nuestras necesidades,
antes bien líbranos de todo peligro,
¡oh Virgen gloriosa y bendita!

11.5. Bendita sea tu pureza

Bendita sea tu pureza
y eternamente lo sea,
pues todo un Dios se recrea
en tan graciosa belleza.
A ti celestial princesa,

Virgen sagrada, María,
yo te ofrezco en este día
alma, vida y corazón.
¡Mírame con compasión!
¡No me dejes, Madre mía!

11.6. Oración nocturna a María

Madre del Redentor,
virgen fecunda,
puerta del cielo siempre abierta,
estrella del mar,
ven a librar al pueblo que tropieza
y se quiere levantar.
Ante la admiración de cielo y tierra,
engendraste a tu santo Creador,
y permaneces siempre virgen.
Recibe el saludo del ángel Gabriel,
y ten piedad de nosotros, pecadores.

11.7. Santo Rosario

Por la señal de la santa cruz, de nuestros enemigos líbranos, Señor, Dios nuestro.
En el nombre del Padre, del Hijo y del Espíritu Santo. Amén.
Guía: Señor, abre mis labios.
Todos: Y mi boca proclamara tu alabanza.
Guía: Dios mío, ven en mi auxilio.
Todos: Señor, date prisa en socorrernos.
Guía: Gloria al Padre...
Todos: Como era en un principio...

(*A partir de aquí se enuncia el Misterio correspondiente según el día, y por cada uno vamos rezando un Padrenuestro, diez Avemarías y el Gloria*).

Misterios gozosos (lunes y sábado)

1. La anunciación del Ángel Gabriel a María (Lc 1,26-38).
2. La visita de María a su prima Isabel (Lc 1,39-59).
3. El nacimiento de Jesús en Belén (Lc 2,1-20).
4. La presentación de Jesús en el templo (Lc 2,22-35).
5. Jesús perdido y hallado en el templo (Lc 2,41-52).

Misterios dolorosos (martes y viernes)

1. La oración de Jesús en el Huerto (Mc 14,33-36).
2. La flagelación de Jesús (Jn 19,1).
3. La coronación de espinas (Jn 19,2).
4. Jesús carga con su cruz (Jn 19,7).
5. La crucifixión y muerte de Jesús (Lc 23,46).

Misterios gloriosos (miércoles y domingo)

1. La resurrección de Jesús (Mt 28,1-8).
2. La ascensión del Señor (Hch 1,6-11).
3. La venida del Espíritu Santo (Hch 2,1-13).
4. La asunción de la Virgen María al cielo (Ap 12,13-18).
5. La coronación de María como reina y señora de todo lo creado (Lc 1,46-50).

Misterios de la luz o luminosos (jueves)

1. El bautismo de Jesús en el Jordán (Mt 3,13-17).
2. Las bodas de Caná (Jn 2,1-11).
3. El anuncio del reino de Dios (Mt 3,12-17).
4. La Transfiguración de Jesús (Lc 9,28-36).
5. La institución de la Eucaristía (Mt 26,26-29).

Al final del rosario se reza por las intenciones del Papa: un Padrenuestro, tres Avemarías y un Gloria. Se puede concluir con una Salve, consagrándose a la Virgen, o recitando sus letanías:

Señor ten piedad.
R./ Señor, ten piedad.
Cristo, ten piedad.
R./ Cristo, ten piedad.
Señor, ten piedad.
R./ Señor, ten piedad.
Cristo, óyenos.
R./ Cristo, óyenos.
Cristo, escúchanos.
R./ Cristo, escúchanos.
Dios Padre celestial.
R./ Ten piedad de nosotros.
Dios, Hijo Redentor del mundo.
R./ Ten piedad de nosotros.
Dios, Espíritu Santo.
R./ Ten piedad de nosotros.
Trinidad Santa, un solo Dios.
R./ Ten piedad de nosotros.

A partir de aquí, a cada invocación respondemos: Ruega por nosotros.

Santa María...
Santa Madre de Dios...
Santa Virgen de las vírgenes...
Madre de Cristo...
Madre de la Iglesia...
Madre de la divina gracia...
Madre purísima...
Madre castísima...
Madre siempre virgen...
Madre inmaculada...
Madre amable...
Madre admirable...
Madre del buen consejo...
Madre amorosa...
Madre del Creador...
Madre del Salvador...
Madre de misericordia...
Virgen prudentísima...
Virgen digna de veneración...
Virgen digna de alabanza...
Virgen poderosa...
Virgen clemente...
Virgen fiel...
Espejo de justicia...
Hogar de la sabiduría...
Templo del Espíritu Santo...
Causa de nuestra alegría...
Vaso espiritual...
Vaso digno de honor...
Vaso de insigne devoción...
Rosa elegida...
Torre de David...
Torre de marfil...
Casa de oro...
Arca de la Alianza...
Puerta del cielo...
Estrella de la mañana...
Salud de los enfermos...
Refugio de los pecadores...
Consoladora de los afligidos...
Auxilio de los cristianos...
Honor de los pueblos...
Reina de los Ángeles...
Reina de los Patriarcas...
Reina de los Profetas...
Reina de los Apóstoles...
Reina de los Mártires...
Reina de los Confesores...
Reina de las Vírgenes...
Reina de todos los Santos...
Reina concebida sin pecado original...
Reina asunta a los Cielos...
Reina del Santísimo Rosario...
Reina de la familia...
Reina de la paz...
Reina de la misión...
Ntra. Sra. de Guadalupe...
Ntra. Sra. de Luján...
Ntra. Sra. de Itatí...

Cordero de Dios, que quitas el pecado del mundo, **R./** perdónanos, Señor.
Cordero de Dios, que quitas el pecado del mundo, **R./** escúchanos, Señor.
Cordero de Dios, que quitas el pecado del mundo, **R./** ten misericordia de nosotros.
Ruega por nosotros, Santa Madre de Dios.
R./ Para que seamos dignos de las promesas de Cristo.

Oremos: Te rogamos, Señor Dios nuestro, nos concedas gozar de continua salud de alma y cuerpo, y por la gloriosa intercesión de la bienaventurada siempre Virgen María, vernos libres de las tristezas de este mundo y disfrutar de las alegrías del cielo. Por Jesucristo nuestro Señor. Amén.

12. Al comenzar la jornada

12.1. Gracias por la aurora

Gracias, Señor, por la aurora;
gracias por el nuevo día;
gracias por la Eucaristía;
gracias por nuestra Señora.
Y gracias por cada hora
de nuestro andar peregrino.
Gracias por el don divino
de tu paz y de tu amor,
la alegría y el dolor,
al compartir tu camino.

12.2. Ofrecimiento del día

Dios, Padre nuestro,
yo te ofrezco mi jornada,
mis oraciones, pensamientos,
afectos y deseos, palabras y obras,
alegrías y sufrimientos,
en unión con tu Hijo, Jesucristo,
que sigue ofreciéndose a Ti
en la Eucaristía por la salvación del mundo.
Que el Espíritu Santo, que guió a Jesús,
sea mi guía y mi fuerza en este día
para que pueda ser testigo de tu amor.
Con María, la Madre del Señor y de la Iglesia,
te pido especialmente
por las intenciones del Papa
y de nuestros obispos para este mes.

13. En medio del trabajo

13.1. El trabajo de cada día

El trabajo, Señor, de cada día
nos sea por tu amor santificado;
convierte su dolor en alegría de amor,
que para dar Tú nos has dado.
Paciente y larga es nuestra tarea
en la noche oscura del amor que espera;
dulce huésped del alma, al que flaquea
dale tu luz, tu fuerza que aligera.
En el alto gozoso del camino,
demos gracias a Dios, que nos concede
la esperanza sin fin del don divino;
todo lo puede en Él quien nada puede.

13.2. Te está cantando el martillo

Te está cantando el martillo,
y rueda en tu honor la rueda.
Puede que la luz no pueda
librar del humo su brillo.
¡Qué sudoroso y sencillo
te pones a mediodía,
Dios en la dura porfía
de estar sin pausa creando,
y verte necesitando
del hombre más cada día!

Quien diga que Dios ha muerto
que salga a la luz y vea
si el mundo es o no tarea
de un Dios que sigue despierto.
Ya no es su sitio el desierto
ni en la montaña se esconde;
decid, si preguntan dónde,
que Dios está –sin mortaja–
en donde un hombre trabaja
y un corazón le responde.

14. Al terminar el día

14.1. Cuando la luz del sol es ya poniente

Cuando la luz del sol es ya poniente,
¡Gracias, Señor!, es nuestra melodía;
recibe, como ofrenda, amablemente,
nuestro dolor, trabajo y alegría.

Si poco fue el amor en nuestro empeño
de darle vida al día que fenece,
convierta en realidad lo que fue un sueño
tu gran amor que todo lo engrandece.

Tu cruz, Señor, redime nuestra suerte
de pecadora en justa, e ilumina
la senda de la vida y de la muerte
del hombre que en la fe lucha y camina.

Jesús, Hijo del Padre, cuando avanza
la noche oscura sobre nuestro día,
concédenos la paz y la esperanza
de esperar cada noche tu gran día.

14.2. Antes de cerrar los ojos

Antes de cerrar los ojos,
los labios y el corazón,
al final de la jornada,
¡buenas noches!, Padre Dios.
Gracias por todas las gracias
que nos ha dado tu amor;
si muchas son nuestras deudas,
infinito es tu perdón.
Mañana te serviremos,
en tu presencia, mejor.
A la sombra de tus alas,
Padre nuestro, abríganos.
Quédate junto a nosotros
y danos tu bendición.
Antes de cerrar los ojos,
los labios y el corazón,
al final de la jornada,
¡buenas noches! Padre Dios.

15. Examen de conciencia

1. Pido luz al Señor para ver el día transcurrido con sus ojos y no con los míos.
2. Doy gracias a Dios por todo cuanto me ha sucedido.
3. Repaso el día tratando de percibir cómo Dios se me ha hecho presente y cómo he respondido a sus llamadas.
4. Le pido perdón y me arrepiento por lo insuficiente de mi respuesta a amor tan grande.
5. Propongo ser más generoso a la hora de dar lo que Él me pide.

II. VÍA CRUCIS: EL CAMINO DE LA CRUZ

Es conveniente presidir esta celebración con un Crucifijo, que se llevará en alto, mostrándolo a los fieles.

Al comenzar cada estación se reza de rodillas:
Guía: Te adoramos, Cristo, y te bendecimos.
Todos: Porque por tu Santa Cruz redimiste al mundo.

Al concluir cada estación se reza:
Guía: Señor, ten misericordia de nosotros.
Todos: Porque hemos pecado contra ti.
Guía: Muéstranos, Señor, tu misericordia.
Todos: Y danos tu salvación.
Y rezamos el Padrenuestro.

Teniendo en cuenta esta estructura, presentamos dos formas de rezar el Vía Crucis:

A. Via Crucis Tradicional

1. Jesús es condenado a muerte.
2. Jesús carga con la Cruz.
3. Jesús cae bajo el peso de la Cruz.
4. Jesús se encuentra con su Madre.
5. El Cireneo ayuda a Jesús a llevar la Cruz.
6. La Verónica limpia el rostro de Jesús.
7. Jesús cae por segunda vez.
8. Jesús consuela a las mujeres de Jerusalén.
9. Jesús cae por tercera vez.
10. Jesús es despojado de sus vestiduras.
11. Jesús es clavado en la Cruz.
12. Jesús muere en la Cruz.
13. Jesús en los brazos de su Madre.
14. Jesús es colocado en el sepulcro.

B. Vía Crucis Evangélico

Estaciones propuestas por el papa Juan Pablo II, basadas en el relato bíblico de la pasión.

1. Jesús en el Huerto de los Olivos.
2. Jesús, arrestado.
3. Jesús, condenado a muerte.
4. Jesús, negado por Pedro.
5. Jesús, juzgado por Pilato.
6. Jesús, azotado y coronado de espinas.
7. Jesús carga la Cruz.
8. El Cireneo ayuda a Jesús a llevar la Cruz.
9. Jesús se encuentra con las mujeres de Jerusalén.
10. Jesús, clavado en la Cruz.
11. Jesús promete el reino al buen ladrón.
12. Jesús, colgado en la cruz, acompañado por su madre y su discípulo.
13. Jesús muere en la Cruz.
14. Jesús, colocado en el sepulcro.

III. CELEBREMOS LA EUCARISTÍA

ORDINARIO DE LA MISA

RITOS INICIALES

Sacerdote (S): En el nombre del Padre † y del Hijo y del Espíritu Santo.
Pueblo (P): Amén.
S: El Señor esté con ustedes.
P: Y con tu espíritu.

Acto penitencial

S: Para celebrar dignamente estos sagrados misterios, reconozcamos nuestros pecados.
P: Yo confieso... (véase I.8.).
S: Dios todopoderoso tenga misericordia de nosotros, perdone nuestros pecados y nos lleve a la vida eterna.
P: Amén.

Los domingos y solemnidades se canta o se recita el Gloria, excepto en Adviento y Cuaresma.
Todos: Gloria a Dios en el cielo,
y en la tierra paz
a los hombres que ama el Señor.
Por tu inmensa gloria te alabamos,
te bendecimos, te adoramos,
te glorificamos, te damos gracias,
Señor Dios, Rey celestial,
Dios Padre todopoderoso.
Señor, Hijo único, Jesucristo,
Señor Dios, Cordero de Dios, Hijo del Padre:
tú que quitas el pecado del mundo,
ten piedad de nosotros;
tú que quitas el pecado del mundo,
atiende nuestra súplica;
tú que estás sentado a la derecha del Padre,
ten piedad de nosotros:
porque sólo tú eres Santo,
sólo tú, Señor, sólo tú, Altísimo Jesucristo,
con el Espíritu Santo,
en la gloria de Dios Padre. Amén.

LITURGIA DE LA PALABRA

Primera lectura

El lector la proclama desde el ambón, mientras todos escuchan sentados. Al concluir dirá.
Lector: Palabra de Dios.
Todos: Te alabamos, Señor.
El salmista o el cantor recita o canta el salmo. El pueblo se une respondiendo con la antífona.

Segunda lectura

Si ha de proclamarse una segunda lectura, se procede como la primera.

Evangelio

Nos hacemos la señal de la cruz sobre la frente, los labios y el pecho.

S: El Señor esté con ustedes.
P: Y con tu espíritu.
S: Lectura del santo evangelio según san...
P: Gloria a ti, Señor.

Se proclama el evangelio. Al concluirlo, el diácono o el sacerdote dice:

S: Palabra del Señor.
P: Gloria a ti, Señor Jesús.

Símbolo de los apóstoles

Todos: Creo en Dios, Padre... (véase I.6.).

Finaliza la Liturgia de la Palabra con la oración universal, llamada también oración de los fieles.

LITURGIA DE LA EUCARISTÍA

S: Bendito seas, Señor, Dios del universo, por este pan, fruto de la tierra y del trabajo del hombre, que recibimos de tu generosidad y ahora te presentamos; él será para nosotros pan de vida.
P: ¡Bendito seas, por siempre, Señor!

S: Bendito seas, Señor, Dios del universo, por este vino, fruto de la vid y del trabajo del hombre, que recibimos de tu generosidad y ahora te presentamos; él será para nosotros bebida de salvación.
P: ¡Bendito seas, por siempre, Señor!

S: Oremos: hermanos, para que este sacrificio, mío y de ustedes, sea agradable a Dios Padre todopoderoso.
P: El Señor reciba de tus manos este sacrificio, para alabanza y gloria de su Nombre, para nuestro bien y el de toda su santa Iglesia.

Plegaria eucarística

S: El Señor esté con ustedes.
P: Y con tu espíritu.
S: Levantemos el corazón.
P: Lo tenemos levantado hacia el Señor.

El sacerdote proclama el PREFACIO. Concluido este, invita al pueblo a alabar a Dios cantando (o en su defecto diciendo) juntos el SANTO:

Santo, santo, santo,
es el Señor Dios del universo.
Llenos están el cielo y la tierra de su gloria.
Hosanna en el cielo.
Bendito el que viene
en el nombre del Señor.
Hosanna en el cielo.

A partir de este instante comienza el momento propio de la CONSAGRACIÓN. El sacerdote extendiendo las manos sobre las ofrendas, invoca al Espíritu Santo. Y al pronunciar las palabras de Jesús en la última cena, el pan y el vino se convierten en el Cuerpo y la Sangre de nuestro Señor Jesucristo. El pueblo de Dios acompaña este instante con gran recogimiento, de rodillas, contemplando, con la mirada puesta en su Salvador.

Concluida la consagración:

S: Este es el misterio de la Fe.
P: Anunciamos tu muerte, proclamamos tu Resurrección. ¡Ven, Señor Jesús!

Finalizada la plegaria eucarística, el sacerdote eleva la Eucaristía y en nombre del pueblo de Dios, dice al Padre:

S: Por Cristo, con Él y en Él; a ti Dios Padre todopoderoso; en la unidad del Espíritu Santo; todo honor y toda gloria, por los siglos de los siglos.
P: Amén.

RITO DE LA COMUNIÓN

Todo está dispuesto para, reunirnos como familia de Dios, en torno a la mesa de nuestro Padre, y alimentarnos del Cuerpo de nuestro Señor. El sacerdote nos invita a rezar el Padrenuestro.

S: Reconociendo que no solo nos llamamos, sino que verdaderamente somos hijos de Dios, oremos como el Señor nos enseñó.
Todos: Padre nuestro... (véase I.2.).

S: Líbranos, Señor, de todos los males y concédenos la paz en nuestros días, para que, ayudados por tu misericordia, vivamos siempre libres de pecado y protegidos de toda perturbación, mientras aguardamos con gozosa esperanza la venida de nuestro salvador Jesucristo.
P: Tuyo es el Reino, tuyo el poder y la gloria, por siempre, Señor.
S: Señor Jesucristo, que dijiste a los apóstoles: «La paz les dejo, mi paz les doy», no tengas en cuenta nuestros pecados, sino la fe de tu Iglesia, y, conforme a tu palabra, concédele la paz y la unidad. Tú que vives y reinas por los siglos de los siglos.
P: Amén.
S: La paz del Señor esté siempre con ustedes.
P: Y con tu espíritu.

El sacerdote, nos invita a darnos el saludo de la paz. Luego, mientras el sacerdote realiza sobre la Eucaristía una oración, el pueblo canta o dice:

P: Cordero de Dios, que quitas el pecado del mundo, ten piedad de nosotros.
Cordero de Dios, que quitas el pecado del mundo, ten piedad de nosotros.
Cordero de Dios, que quitas el pecado del mundo, danos la paz.

S: Este es el Cordero de Dios que quita el pecado del mundo. Felices los invitados a la Cena del Señor.
Todos: Señor, no soy digno de que entres en mi casa, pero una palabra tuya bastará para sanarme.

Nos acercamos a los ministros que distribuyen la Eucaristía.
Ministro: El Cuerpo de Cristo.
Fiel: Amén *(y comulga)*.

RITO DE CONCLUSIÓN

S: El Señor esté con ustedes.
P: Y con tu espíritu.
S: La bendición de Dios todopoderoso, Padre, Hijo † y Espíritu Santo, descienda sobre cada uno de ustedes.
P: Amén.
S: Hermanos, pueden ir en paz.
P: Demos gracias a Dios.

IV. LA IGLESIA NOS ENSEÑA

1. Los siete sacramentos de la Iglesia

Sacramentos de la iniciación cristiana:
Bautismo, eucaristía y confirmación

Sacramentos de sanación:
Reconciliación y unción de los enfermos

Sacramentos al servicio de la comunidad:
Matrimonio y Orden sagrado

2. Las tres virtudes teologales

Fe, esperanza y caridad

3. Las cuatro virtudes cardinales

Prudencia, justicia, fortaleza y templanza

4. Los siete dones deL Espíritu santo

- **Sabiduría:** nos hace gustar las cosas de Dios, y encontrar su orden en todas ellas.
- **Inteligencia:** nos permite comprender, en lo profundo, aquellas cosas que precisamos saber para nuestra salvación.
- **Consejo:** con él logramos aplicar la sabiduría y la inteligencia a situaciones concretas de la vida. Así podemos «aconsejarnos» y aconsejar a otros.
- **Fortaleza:** la fuerza, constancia, perseverancia para atravesar todo lo arduo, que se presenta en nuestro camino.
- **Ciencia:** nos enseña a juzgar rectamente sobre las cosas creadas.
- **Piedad:** es el don de sentirse hijo, de tener a Dios como Padre y disfrutarlo en una intimidad familiar.
- **Temor de Dios:** no es temor de ser castigado, por el contrario, es el temor de un hijo de entristecer al padre, de ofenderlo.

5. Los mandamientos de la Ley de Dios

1.º Amar a Dios sobre todas las cosas.
2.º No tomar su Santo nombre en vano.
3.º Santificar las fiestas.
4.º Honrar a tu padre y a tu madre.
5.º No matar.
6.º No cometer actos impuros.
7.º No robar.
8.º No levantar falso testimonio, ni mentir.
9.º No consentir pensamientos o deseos impuros.
10.º No codiciar los bienes ajenos.

Estos mandamientos se resumen en dos: Amar a Dios sobre todas las cosas y al prójimo como a ti mismo.

6. Los mandamientos de la Iglesa

1.º Oír misa entera los domingos y fiestas de precepto.
2.º Confesar los pecados mortales al menos una vez al año, y en peligro de muerte, y si se ha de comulgar.
3.º Comulgar al menos por Pascua de Resurrección.
4.º Ayunar y abstenerse de comer carne cuando lo manda la santa madre Iglesia.
5.º Ayudar a la Iglesia en sus necesidades.

7. Obras de misericordia

Espirituales:

- Enseñar al que no sabe.
- Aconsejar al que lo necesita.
- Corregir al que se equivoca.
- Perdonar las ofensas.
- Consolar al triste.
- Sufrir pacientemente los defectos del otro.
- Rogar a Dios por todos.

Corporales

- Visitar y cuidar a los enfermos.
- Dar de comer al hambriento.
- Dar de beber al sediento.
- Recibir al peregrino.
- Vestir al desnudo.
- Liberar al cautivo.
- Enterrar a los muertos.